D1653578

 **Die Bonus-Seite**

Ihr Vorteil als Käufer dieses Buches

Auf der Bonus-Webseite zu diesem Buch finden Sie zusätzliche Informationen und Services. Dazu gehört auch ein kostenloser **Testzugang** zur Online-Fassung Ihres Buches. Und der besondere Vorteil: Wenn Sie Ihr **Online-Buch** auch weiterhin nutzen wollen, erhalten Sie den vollen Zugang zum **Vorzugspreis**.

So nutzen Sie Ihren Vorteil

Halten Sie den unten abgedruckten Zugangscode bereit und gehen Sie auf **www.galileocomputing.de**. Dort finden Sie den Kasten **Die Bonus-Seite für Buchkäufer**. Klicken Sie auf **Zur Bonus-Seite / Buch registrieren**, und geben Sie Ihren **Zugangscode** ein. Schon stehen Ihnen die Bonus-Angebote zur Verfügung.

Ihr persönlicher Zugangscode: 5d3x-u2fz-k6ev-wh8t

Andreas Kühnel

Visual C# 2012
Das umfassende Handbuch

Galileo Press

Liebe Leserin, lieber Leser,

egal, ob Sie sich in C# einarbeiten möchten oder ein zuverlässiges Nachschlagewerk suchen – mit diesem bewährten Standardwerk haben Sie eine gute Wahl getroffen. Der erfahrene Entwickler Andreas Kühnel kennt alle nötigen Techniken, Tricks und Kniffe und weiß aus seiner langjährigen Tätigkeit als Trainer, wie man erfolgreich Wissen vermittelt.

Das Themenspektrum dieser aktualisierten und überarbeiteten sechsten Auflage reicht von den Grundlagen bis hin zu professionellen Anwendungen. Die ersten Kapitel bieten eine Einführung in .NET, die Sprachgrundlagen von C# und die objektorientierte Programmierung. Anschließend werden Delegates und Ereignisse, Debugging, LINQ, Multithreading, XML u. v. m. thematisiert. Ein umfangreicher Teil befasst sich mit den Konzepten der Windows Presentation Foundation zur Erstellung von Windows-Anwendungen. Und weil kaum eine Anwendung ohne Datenbank auskommt, bildet der Datenzugriff mit ADO.NET und ADO.NET Entity Framework einen weiteren Schwerpunkt des Buchs.

Die einzelnen Kapitel sind so konzipiert, dass Sie sie zur Einarbeitung systematisch der Reihe nach lesen oder – mit dem entsprechenden Vorwissen – auch zum gezielten Nachschlagen verwenden können. Alle Themen werden verständlich erklärt und an anschaulichen Beispielen erläutert, so dass es Ihnen leicht fallen wird, die beschriebenen Konzepte und Techniken in Ihren eigenen Projekten anzuwenden.

Dieses Buch wurde mit großer Sorgfalt geschrieben, geprüft und produziert. Sollte dennoch einmal etwas nicht so funktionieren, wie Sie es erwarten, freue ich mich, wenn Sie sich mit mir in Verbindung setzen. Ihre Kritik und konstruktiven Anregungen sind uns jederzeit herzlich willkommen!

Viel Erfolg mit Visual C# 2012 wünscht Ihnen nun

Ihre Anne Scheibe
Lektorat Galileo Computing

anne.scheibe@galileo-press.de
www.galileocomputing.de
Galileo Press · Rheinwerkallee 4 · 53227 Bonn

Auf einen Blick

1	Allgemeine Einführung in .NET	33
2	Grundlagen der Sprache C#	57
3	Das Klassendesign	133
4	Vererbung, Polymorphie und Interfaces	205
5	Delegates und Ereignisse	259
6	Strukturen und Enumerationen	289
7	Fehlerbehandlung und Debugging	299
8	Auflistungsklassen (Collections)	333
9	Generics – Generische Datentypen	359
10	Weitere C#-Sprachfeatures	385
11	LINQ	435
12	Arbeiten mit Dateien und Streams	467
13	Binäre Serialisierung	511
14	XML	519
15	Multithreading und die Task Parallel Library (TPL)	613
16	Einige wichtige .NET-Klassen	665
17	Projektmanagement und Visual Studio 2012	705
18	Einführung in die WPF und XAML	759
19	WPF-Layout-Container	789
20	Fenster in der WPF	809
21	WPF-Steuerelemente	833
22	Elementbindungen	921
23	Konzepte von WPF	935
24	Datenbindung	975
25	Weitere Möglichkeiten der Datenbindung	1005
26	Dependency Properties	1041
27	Ereignisse in der WPF	1057
28	WPF-Commands	1077
29	Benutzerdefinierte Controls	1097
30	2D-Grafik	1107
31	ADO.NET – Verbindungsorientierte Objekte	1127
32	ADO.NET – Das Command-Objekt	1149
33	ADO.NET – Der SqlDataAdapter	1177
34	ADO.NET – Daten im lokalen Speicher	1191
35	ADO.NET – Aktualisieren der Datenbank	1231
36	Stark typisierte DataSets	1251
37	Einführung in das ADO.NET Entity Framework	1277
38	Datenabfragen des Entity Data Models (EDM)	1301
39	Entitätsaktualisierung und Zustandsverwaltung	1335
40	Konflikte behandeln	1363
41	Plain Old CLR Objects (POCOs)	1371

Impressum

Wir hoffen sehr, dass Ihnen dieses Buch gefallen hat. Bitte teilen Sie uns doch Ihre Meinung mit. Eine E-Mail mit Ihrem Lob oder Tadel senden Sie direkt an den Lektor des Buches: *anne.scheibe@galileo-press.de*. Im Falle einer Reklamation steht Ihnen gerne unser Leserservice zur Verfügung: *service@galileo-press.de*. Informationen über Rezensions- und Schulungsexemplare erhalten Sie von: *britta.behrens@galileo-press.de*.

Informationen zum Verlag und weitere Kontaktmöglichkeiten finden Sie auf unserer Verlagswebsite *www.galileo-press.de*. Dort können Sie sich auch umfassend und aus erster Hand über unser aktuelles Verlagsprogramm informieren und alle unsere Bücher versandkostenfrei bestellen.

An diesem Buch haben viele mitgewirkt, insbesondere:

Lektorat Anne Scheibe
Korrektorat Petra Bromand, Düsseldorf
Einbandgestaltung Barbara Thoben, Köln
Herstellung Kamelia Brendel
Typografie und Layout Vera Brauner
Coverfoto Getty Images: 146365654_11@Tara Moore; Fotolia: 25826586@fotowese, 19859693@Stefan Rajewski
Satz III-satz, Husby
Druck und Bindung Beltz Druckpartner, Hemsbach

Dieses Buch wurde gesetzt aus der TheAntiquaB (9,35/13,7 pt) in FrameMaker.
Gedruckt wurde es auf chlorfrei gebleichtem Offsetpapier (90 g/m²).

Der Name Galileo Press geht auf den italienischen Mathematiker und Philosophen Galileo Galilei (1564–1642) zurück. Er gilt als Gründungsfigur der neuzeitlichen Wissenschaft und wurde berühmt als Verfechter des modernen, heliozentrischen Weltbilds. Legendär ist sein Ausspruch *Eppur si muove* (Und sie bewegt sich doch). Das Emblem von Galileo Press ist der Jupiter, umkreist von den vier Galileischen Monden. Galilei entdeckte die nach ihm benannten Monde 1610.

Bibliografische Information der Deutschen Nationalbibliothek:
Die Deutsche Nationalbibliothek verzeichnet diese Publikation in der Deutschen Nationalbibliografie; detaillierte bibliografische Daten sind im Internet über *http://dnb.d-nb.de* abrufbar.

ISBN 978-3-8362-1997-6
6., aktualisierte und erweiterte Auflage 2013
© Galileo Press, Bonn 2013

Das vorliegende Werk ist in all seinen Teilen urheberrechtlich geschützt. Alle Rechte vorbehalten, insbesondere das Recht der Übersetzung, des Vortrags, der Reproduktion, der Vervielfältigung auf fotomechanischem oder anderen Wegen und der Speicherung in elektronischen Medien.

Ungeachtet der Sorgfalt, die auf die Erstellung von Text, Abbildungen und Programmen verwendet wurde, können weder Verlag noch Autor, Herausgeber oder Übersetzer für mögliche Fehler und deren Folgen eine juristische Verantwortung oder irgendeine Haftung übernehmen.

Die in diesem Werk wiedergegebenen Gebrauchsnamen, Handelsnamen, Warenbezeichnungen usw. können auch ohne besondere Kennzeichnung Marken sein und als solche den gesetzlichen Bestimmungen unterliegen.

Inhalt

Vorwort zur 6. Auflage 31

1 Allgemeine Einführung in .NET — 33

1.1 Warum .NET? 33
  1.1.1 Ein paar Worte zu diesem Buch 35
  1.1.2 Die Beispielprogramme 37
1.2 .NET unter die Lupe genommen 38
  1.2.1 Das Entwicklerdilemma 38
  1.2.2 .NET – Ein paar allgemeine Eigenschaften 39
  1.2.3 Das Sprachenkonzept 40
  1.2.4 Die »Common Language Specification« (CLS) 42
  1.2.5 Das »Common Type System« (CTS) 43
  1.2.6 Das .NET Framework 44
  1.2.7 Die »Common Language Runtime« (CLR) 45
  1.2.8 Die .NET-Klassenbibliothek 45
  1.2.9 Das Konzept der Namespaces 47
1.3 Assemblys 48
  1.3.1 Die Metadaten 49
  1.3.2 Das Manifest 50
1.4 Die Entwicklungsumgebung 50
  1.4.1 Editionen von Visual Studio 2012 50
  1.4.2 Hard- und Softwareanforderungen 51
  1.4.3 Die Installation 51
  1.4.4 Die Entwicklungsumgebung von Visual Studio 2012 52

2 Grundlagen der Sprache C# — 57

2.1 Konsolenanwendungen 57
  2.1.1 Allgemeine Anmerkungen 57
  2.1.2 Ein erstes Konsolenprogramm 57
2.2 Grundlagen der C#-Syntax 60
  2.2.1 Kennzeichnen, dass eine Anweisung abgeschlossen ist 60
  2.2.2 Anweisungs- und Gliederungsblöcke 61
  2.2.3 Kommentare 62
  2.2.4 Die Groß- und Kleinschreibung 63
  2.2.5 Die Struktur einer Konsolenanwendung 64

2.3		**Variablen und Datentypen**	66
	2.3.1	Variablendeklaration	66
	2.3.2	Der Variablenbezeichner	67
	2.3.3	Der Zugriff auf eine Variable	68
	2.3.4	Ein- und Ausgabemethoden der Klasse »Console«	68
	2.3.5	Die einfachen Datentypen	74
	2.3.6	Typkonvertierung	80
2.4		**Operatoren**	87
	2.4.1	Arithmetische Operatoren	88
	2.4.2	Vergleichsoperatoren	91
	2.4.3	Logische Operatoren	91
	2.4.4	Bitweise Operatoren	95
	2.4.5	Zuweisungsoperatoren	98
	2.4.6	Stringverkettung	98
	2.4.7	Sonstige Operatoren	99
	2.4.8	Operator-Vorrangregeln	99
2.5		**Datenfelder (Arrays)**	100
	2.5.1	Die Deklaration und Initialisierung eines Arrays	100
	2.5.2	Der Zugriff auf die Array-Elemente	102
	2.5.3	Mehrdimensionale Arrays	103
	2.5.4	Festlegen der Array-Größe zur Laufzeit	104
	2.5.5	Bestimmung der Array-Obergrenze	105
	2.5.6	Die Gesamtanzahl der Array-Elemente	106
	2.5.7	Verzweigte Arrays	106
2.6		**Kontrollstrukturen**	108
	2.6.1	Die »if«-Anweisung	108
	2.6.2	Das »switch«-Statement	113
2.7		**Programmschleifen**	117
	2.7.1	Die »for«-Schleife	118
	2.7.2	Die »foreach«-Schleife	128
	2.7.3	Die »do«- und die »while«-Schleife	129

3 Das Klassendesign — 133

3.1		**Einführung in die Objektorientierung**	133
3.2		**Die Klassendefinition**	136
	3.2.1	Klassen im Visual Studio anlegen	136
	3.2.2	Das Projekt »GeometricObjectsSolution«	136
	3.2.3	Die Deklaration von Objektvariablen	139
	3.2.4	Zugriffsmodifizierer einer Klasse	140

	3.2.5	Splitten einer Klassendefinition mit »partial«	140
	3.2.6	Arbeiten mit Objektreferenzen	141
3.3		**Referenz- und Wertetypen**	143
	3.3.1	Werte- und Referenztypen nutzen	144
3.4		**Die Eigenschaften eines Objekts**	145
	3.4.1	Öffentliche Felder	145
	3.4.2	Datenkapselung mit Eigenschaftsmethoden sicherstellen	147
	3.4.3	Die Ergänzung der Klasse »Circle«	149
	3.4.4	Lese- und schreibgeschützte Eigenschaften	149
	3.4.5	Sichtbarkeit der Accessoren »get« und »set«	150
	3.4.6	Unterstützung von Visual Studio 2012	151
	3.4.7	Automatisch implementierte Eigenschaften	152
3.5		**Methoden eines Objekts**	153
	3.5.1	Methoden mit Rückgabewert	153
	3.5.2	Methoden ohne Rückgabewert	157
	3.5.3	Methoden mit Parameterliste	157
	3.5.4	Methodenüberladung	159
	3.5.5	Variablen innerhalb einer Methode (lokale Variablen)	162
	3.5.6	Referenz- und Wertparameter	163
	3.5.7	Besondere Aspekte einer Parameterliste	168
	3.5.8	Zugriff auf private Daten	173
	3.5.9	Die Trennung von Daten und Code	174
	3.5.10	Namenskonflikte mit »this« lösen	175
	3.5.11	Methode oder Eigenschaft?	176
	3.5.12	Umbenennen von Methoden und Eigenschaften	177
3.6		**Konstruktoren**	178
	3.6.1	Konstruktoren bereitstellen	179
	3.6.2	Die Konstruktoraufrufe	180
	3.6.3	Definition von Konstruktoren	180
	3.6.4	»public«- und »internal«-Konstruktoren	181
	3.6.5	»private«-Konstruktoren	181
	3.6.6	Konstruktorenaufrufe umleiten	182
	3.6.7	Vereinfachte Objektinitialisierung	183
3.7		**Der Destruktor**	184
3.8		**Konstanten in einer Klasse**	185
	3.8.1	Konstanten mit dem Schlüsselwort »const«	185
	3.8.2	Schreibgeschützte Felder mit »readonly«	186
3.9		**Statische Klassenkomponenten**	186
	3.9.1	Statische Eigenschaften	186
	3.9.2	Statische Methoden	189

3.9.3	Statische Klasseninitialisierer	190
3.9.4	Statische Klassen	191
3.9.5	Statische Klasse oder Singleton-Pattern?	192
3.10	**Namensräume (Namespaces)**	**193**
3.10.1	Zugriff auf Namespaces	194
3.10.2	Die »using«-Direktive	196
3.10.3	Globaler Namespace	197
3.10.4	Vermeiden von Mehrdeutigkeiten	197
3.10.5	Namespaces festlegen	198
3.10.6	Der »::«-Operator	200
3.10.7	Unterstützung von Visual Studio 2012 bei den Namespaces	201
3.11	**Stand der Klasse »Circle«**	**203**

4   Vererbung, Polymorphie und Interfaces   205

4.1	**Die Vererbung**	**205**
4.1.1	Basisklassen und abgeleitete Klassen	205
4.1.2	Die Ableitung einer Klasse	206
4.1.3	Klassen, die nicht abgeleitet werden können	208
4.1.4	Konstruktoren in abgeleiteten Klassen	208
4.1.5	Der Zugriffsmodifizierer »protected«	209
4.1.6	Die Konstruktorverkettung in der Vererbung	210
4.2	**Der Problemfall geerbter Methoden**	**214**
4.2.1	Geerbte Methoden mit »new« verdecken	216
4.2.2	Abstrakte Methoden	217
4.2.3	Virtuelle Methoden	219
4.3	**Typumwandlung und Typuntersuchung von Objektvariablen**	**220**
4.3.1	Die implizite Typumwandlung von Objektreferenzen	220
4.3.2	Die explizite Typumwandlung von Objektreferenzen	222
4.3.3	Typuntersuchung mit dem »is«-Operator	223
4.3.4	Typumwandlung mit dem »as«-Operator	224
4.4	**Polymorphie**	**224**
4.4.1	Die »klassische« Methodenimplementierung	225
4.4.2	Abstrakte Methoden	226
4.4.3	Virtuelle Methoden	227
4.5	**Weitere Gesichtspunkte der Vererbung**	**230**
4.5.1	Versiegelte Methoden	230
4.5.2	Überladen einer Basisklassenmethode	231
4.5.3	Statische Member und Vererbung	232
4.5.4	Geerbte Methoden ausblenden?	232

4.6	**Das Projekt »GeometricObjectsSolution« ergänzen**	233
	4.6.1 Die Klasse »GeometricObject«	233
4.7	**Eingebettete Klassen (Nested Classes)**	237
4.8	**Interfaces (Schnittstellen)**	237
	4.8.1 Einführung in die Schnittstellen	237
	4.8.2 Die Schnittstellendefinition	238
	4.8.3 Die Schnittstellenimplementierung	239
	4.8.4 Die Interpretation der Schnittstellen	244
	4.8.5 Änderungen am Projekt »GeometricObjects«	249
4.9	**Das Zerstören von Objekten – der »Garbage Collector«**	251
	4.9.1 Die Arbeitsweise des Garbage Collectors	251
	4.9.2 Expliziter Aufruf des Garbage Collectors	252
	4.9.3 Der Destruktor	253
	4.9.4 Die »IDisposable«-Schnittstelle	254
	4.9.5 Die Ergänzungen in den Klassen »Circle« und »Rectangle«	257

5   Delegates und Ereignisse 259

5.1	**Delegates**	259
	5.1.1 Einführung in das Prinzip der Delegates	259
	5.1.2 Verwendung von Delegates	263
	5.1.3 Vereinfachter Delegatenaufruf	263
	5.1.4 Multicast-Delegates	264
	5.1.5 Anonyme Methoden	266
	5.1.6 Kovarianz und Kontravarianz mit Delegaten	268
5.2	**Ereignisse eines Objekts**	270
	5.2.1 Ereignisse bereitstellen	271
	5.2.2 Die Reaktion auf ein ausgelöstes Ereignis	273
	5.2.3 Allgemeine Betrachtungen der Ereignishandler-Registrierung	275
	5.2.4 Wenn der Ereignisempfänger ein Ereignis nicht behandelt	276
	5.2.5 Ereignisse mit Übergabeparameter	277
	5.2.6 Ereignisse in der Vererbung	281
	5.2.7 Hinter die Kulissen des Schlüsselworts »event« geblickt	282
	5.2.8 Die Schnittstelle »INotifyPropertyChanged«	284
5.3	**Änderungen im Projekt »GeometricObjects«**	285
	5.3.1 Überarbeitung des Events »InvalidMeasure«	285
	5.3.2 Weitere Ereignisse	286

6 Strukturen und Enumerationen — 289

6.1 Strukturen – eine Sonderform der Klassen — 289
- 6.1.1 Die Definition einer Struktur — 289
- 6.1.2 Initialisieren einer Strukturvariablen — 290
- 6.1.3 Konstruktoren in Strukturen — 291
- 6.1.4 Änderung im Projekt »GeometricObjects« — 292

6.2 Enumerationen (Aufzählungen) — 295
- 6.2.1 Wertzuweisung an enum-Mitglieder — 296
- 6.2.2 Alle Mitglieder einer Aufzählung durchlaufen — 297

6.3 Boxing und Unboxing — 298

7 Fehlerbehandlung und Debugging — 299

7.1 Laufzeitfehler behandeln — 299
- 7.1.1 Laufzeitfehler erkennen — 300
- 7.1.2 Die »try...catch«-Anweisung — 302
- 7.1.3 Behandlung mehrerer Exceptions — 304
- 7.1.4 Die Reihenfolge der »catch«-Zweige — 306
- 7.1.5 Ausnahmen in einer Methodenaufrufkette — 307
- 7.1.6 Ausnahmen werfen oder weiterleiten — 307
- 7.1.7 Die »finally«-Anweisung — 308
- 7.1.8 Die Klasse »Exception« — 309
- 7.1.9 Benutzerdefinierte Ausnahmen — 314

7.2 Debuggen mit Programmcode — 319
- 7.2.1 Einführung — 319
- 7.2.2 Die Klasse »Debug« — 320
- 7.2.3 Die Klasse »Trace« — 324
- 7.2.4 Bedingte Kompilierung — 324

7.3 Fehlersuche mit Visual Studio 2012 — 327
- 7.3.1 Debuggen im Haltemodus — 327
- 7.3.2 Das »Direktfenster« — 330
- 7.3.3 Weitere Alternativen, um Variableninhalte zu prüfen — 331

8 Auflistungsklassen (Collections) — 333

8.1 Grundlagen — 333
8.2 Collections im Namespace »System.Collections« — 333
- 8.2.1 Die elementaren Schnittstellen der Auflistungsklassen — 335

8.3	**Die Klasse »ArrayList«**	337
	8.3.1 Einträge hinzufügen	337
	8.3.2 Datenaustausch zwischen einem Array und einer »ArrayList«	340
	8.3.3 Die Elemente einer »ArrayList« sortieren	341
	8.3.4 Sortieren von Arrays mit »ArrayList.Adapter«	346
8.4	**Die Klasse »Hashtable«**	348
	8.4.1 Methoden und Eigenschaften der Schnittstelle »IDictionary«	348
	8.4.2 Beispielprogramm zur Klasse »Hashtable«	349
8.5	**Die Klassen »Queue« und »Stack«**	353
	8.5.1 Die Klasse »Stack«	354
	8.5.2 Die Klasse »Queue«	355
8.6	**Eigene Auflistungen mit »yield« durchlaufen**	356

9   Generics – Generische Datentypen 359

9.1	**Problembeschreibung**	359
9.2	**Bereitstellen einer generischen Klasse**	360
	9.2.1 Mehrere generische Typparameter	362
	9.2.2 Vorteile der Generics	363
9.3	**Bedingungen (Constraints) festlegen**	363
	9.3.1 Constraints mit der »where«-Klausel	363
	9.3.2 Typparameter auf Klassen oder Strukturen beschränken	365
	9.3.3 Mehrere Constraints definieren	365
	9.3.4 Der Konstruktor-Constraint »new()«	366
	9.3.5 Das Schlüsselwort »default«	366
9.4	**Generische Methoden**	367
	9.4.1 Methoden und Constraints	368
9.5	**Generics und Vererbung**	368
	9.5.1 Virtuelle generische Methoden	369
9.6	**Konvertierung von Generics**	370
9.7	**Generische Delegates**	371
	9.7.1 Generische Delegates und Constraints	372
	9.7.2 Anpassung des Beispiels »GeometricObjects«	372
9.8	**Nullable-Typen**	373
	9.8.1 Konvertierungen mit Nullable-Typen	374
9.9	**Generische Collections**	374
	9.9.1 Die Interfaces der generischen Auflistungsklassen	375
	9.9.2 Die generische Auflistungsklasse »List<T>«	375
	9.9.3 Vergleiche mit Hilfe des Delegaten »Comparison<T>«	378

9.10	**Kovarianz und Kontravarianz generischer Typen**	379
	9.10.1 Kovarianz mit Interfaces	379
	9.10.2 Kontravarianz mit Interfaces	381
	9.10.3 Zusammenfassung	382
	9.10.4 Generische Delegaten mit varianten Typparametern	383

10 Weitere C#-Sprachfeatures — 385

10.1	**Implizit typisierte Variablen**	385
10.2	**Anonyme Typen**	386
10.3	**Lambda-Ausdrücke**	387
	10.3.1 Projektion und Prädikat	389
10.4	**Erweiterungsmethoden**	389
10.5	**Partielle Methoden**	393
	10.5.1 Wo partielle Methoden eingesetzt werden	394
10.6	**Operatorüberladung**	396
	10.6.1 Einführung	396
	10.6.2 Die Syntax der Operatorüberladung	396
	10.6.3 Die Operatorüberladungen im Projekt »GeometricObjectsSolution«	397
	10.6.4 Die Operatoren »true« und »false« überladen	402
	10.6.5 Benutzerdefinierte Konvertierungen	403
10.7	**Indexer**	407
	10.7.1 Überladen von Indexern	409
	10.7.2 Parameterbehaftete Eigenschaften	411
10.8	**Attribute**	414
	10.8.1 Das »Flags«-Attribut	415
	10.8.2 Benutzerdefinierte Attribute	418
	10.8.3 Attribute auswerten	422
	10.8.4 Festlegen der Assembly-Eigenschaften in »Assembly-Info.cs«	424
10.9	**Dynamisches Binden**	426
	10.9.1 Eine kurze Analyse	427
	10.9.2 Dynamische Objekte	427
10.10	**Unsicherer (unsafe) Programmcode – Zeigertechnik in C#**	429
	10.10.1 Einführung	429
	10.10.2 Das Schlüsselwort »unsafe«	429
	10.10.3 Die Deklaration von Zeigern	430
	10.10.4 Die »fixed«-Anweisung	431
	10.10.5 Zeigerarithmetik	432
	10.10.6 Der Operator »->«	433

11 LINQ — 435

11.1 Was ist LINQ? — 435
11.1.1 Verzögerte Ausführung — 436
11.1.2 LINQ-Erweiterungsmethoden an einem Beispiel — 437

11.2 LINQ to Objects — 440
11.2.1 Musterdaten — 440
11.2.2 Die allgemeine LINQ-Syntax — 442

11.3 Die Abfrageoperatoren — 444
11.3.1 Übersicht der Abfrageoperatoren — 444
11.3.2 Die »from«-Klausel — 445
11.3.3 Mit »where« filtern — 446
11.3.4 Die Projektionsoperatoren — 449
11.3.5 Die Sortieroperatoren — 450
11.3.6 Gruppieren mit »GroupBy« — 451
11.3.7 Verknüpfungen mit »Join« — 453
11.3.8 Die Set-Operatoren-Familie — 456
11.3.9 Die Familie der Aggregatoperatoren — 457
11.3.10 Quantifizierungsoperatoren — 460
11.3.11 Aufteilungsoperatoren — 461
11.3.12 Die Elementoperatoren — 463
11.3.13 Die Konvertierungsoperatoren — 466

12 Arbeiten mit Dateien und Streams — 467

12.1 Einführung — 467

12.2 Namespaces der Ein- bzw. Ausgabe — 468
12.2.1 Das Behandeln von Ausnahmen bei E/A-Operationen — 469

12.3 Laufwerke, Verzeichnisse und Dateien — 469
12.3.1 Die Klasse »File« — 469
12.3.2 Die Klasse »FileInfo« — 475
12.3.3 Die Klassen »Directory« und »DirectoryInfo« — 478
12.3.4 Die Klasse »Path« — 482
12.3.5 Die Klasse »DriveInfo« — 484

12.4 Die »Stream«-Klassen — 485
12.4.1 Die abstrakte Klasse »Stream« — 486
12.4.2 Die von »Stream« abgeleiteten Klassen im Überblick — 488
12.4.3 Die Klasse »FileStream« — 489

12.5 Die Klassen »TextReader« und »TextWriter« — 496

	12.5.1	Die Klasse »StreamWriter«	496
	12.5.2	Die Klasse »StreamReader«	500
12.6		Die Klassen »BinaryReader« und »BinaryWriter«	502
	12.6.1	Komplexe binäre Dateien	504

13   Binäre Serialisierung   511

13.1   Einführung in die Serialisierung   511
13.1.1   Serialisierungsverfahren 512
13.2   Serialisierung mit »BinaryFormatter«   513
13.2.1   Die Deserialisierung 515
13.2.2   Serialisierung mehrerer Objekte 516

14   XML   519

14.1   Grundlagen   519
14.2   XML-Dokumente   519
14.2.1   Wohlgeformte und gültige XML-Dokumente 520
14.2.2   Die Regeln eines wohlgeformten XML-Codes 522
14.2.3   Kommentare 525
14.2.4   Verarbeitungsanweisungen 525
14.2.5   Reservierte Zeichen in XML 526
14.2.6   CDATA-Abschnitte 526
14.2.7   Namensräume (Namespaces) 527
14.3   Die Gültigkeit eines XML-Dokuments   534
14.3.1   XML Schema Definition (XSD) 535
14.3.2   Ein XML-Dokument mit einem XML-Schema verknüpfen 536
14.3.3   Die Struktur eines XML-Schemas 539
14.4   Die Klasse »XmlReader«   545
14.4.1   XML-Dokumente mit einem »XmlReader«-Objekt lesen 545
14.4.2   Validieren eines XML-Dokuments 551
14.5   Eigenschaften und Methoden der Klasse »XmlReader«   554
14.6   Die Klasse »XmlWriter«   557
14.6.1   Die Methoden der Klasse »XmlWriter« 561
14.7   Navigation durch XML (XPath)   562
14.7.1   Die Klasse »XPathNavigator« 562
14.7.2   XPath-Ausdrücke 566
14.7.3   Der Kontextknoten 567
14.7.4   Beispiele mit XPath-Ausdrücken 569

	14.7.5	Knotenmengen mit der »Select«-Methode	571
	14.7.6	Auswerten von XPath-Ausdrücken	575
14.8	**Das Document Object Model (DOM)**		**579**
	14.8.1	Allgemeines	579
	14.8.2	Arbeiten mit »XmlDocument«	581
	14.8.3	»XmlDocument« und »XPathNavigator«	582
	14.8.4	Die Klasse »XmlNode« (Operationen mit Knoten)	582
	14.8.5	Manipulieren einer XML-Struktur	590
	14.8.6	Ändern eines Knotens	592
	14.8.7	Löschen in einem XML-Dokument	594
14.9	**Serialisierung mit »XmlSerializer«**		**596**
	14.9.1	XML-Serialisierung mit Attributen steuern	598
14.10	**LINQ to XML**		**601**
	14.10.1	Allgemeines	601
	14.10.2	Die Klassenhierarchie von LINQ to XML	601
	14.10.3	Die Klasse »XElement«	602
	14.10.4	Die Klasse »XDocument«	605
	14.10.5	Navigation im XML-Dokument	605
	14.10.6	Änderungen am XML-Dokument vornehmen	611

15 Multithreading und die Task Parallel Library (TPL) 613

15.1	**Überblick**		**613**
15.2	**Multithreading mit der Klasse »Thread«**		**614**
	15.2.1	Einführung in das Multithreading	614
	15.2.2	Threadzustände und Prioritäten	614
	15.2.3	Zusammenspiel mehrerer Threads	616
	15.2.4	Die Entwicklung einer einfachen Multithreading-Anwendung	616
	15.2.5	Die Klasse »Thread«	619
	15.2.6	Threadpools nutzen	627
	15.2.7	Die Synchronisation von Threads	629
	15.2.8	Der »Monitor« zur Synchronisation	631
	15.2.9	Das Attribut »MethodImpl«	637
	15.2.10	Das Synchronisationsobjekt »Mutex«	638
	15.2.11	Grundlagen asynchroner Methodenaufrufe	639
	15.2.12	Asynchroner Methodenaufruf	640
	15.2.13	Asynchroner Aufruf mit Rückgabewerten	644
	15.2.14	Eine Klasse mit asynchronen Methodenaufrufen	647
15.3	**Die TPL (Task Parallel Library)**		**650**
	15.3.1	Allgemeines zur Parallelisierung mit der TPL	651

	15.3.2	Die Klasse »Parallel«	651
	15.3.3	Die Klasse »Task«	657
15.4		Asynchrone Programmierung mit »async« und »await«	661

16 Einige wichtige .NET-Klassen — 665

16.1		Die Klasse »Object«	665
	16.1.1	Referenzvergleiche mit »Equals« und »ReferenceEquals«	666
	16.1.2	»ToString« und »GetType«	666
	16.1.3	Die Methode »MemberwiseClone« und das Problem des Klonens	667
16.2		Die Klasse »String«	670
	16.2.1	Das Erzeugen eines Strings	671
	16.2.2	Die Eigenschaften von »String«	672
	16.2.3	Die Methoden der Klasse »String«	672
	16.2.4	Zusammenfassung der Klasse »String«	683
16.3		Die Klasse »StringBuilder«	684
	16.3.1	Allgemeines	684
	16.3.2	Die Kapazität eines »StringBuilder«-Objekts	685
	16.3.3	Die Konstruktoren der Klasse »StringBuilder«	686
	16.3.4	Die Eigenschaften der Klasse »StringBuilder«	686
	16.3.5	Die Methoden der Klasse »StringBuilder«	687
	16.3.6	Allgemeine Anmerkungen	689
16.4		Der Typ »DateTime«	690
	16.4.1	Die Zeitspanne »Tick«	690
	16.4.2	Die Konstruktoren von »DateTime«	691
	16.4.3	Die Eigenschaften von »DateTime«	692
	16.4.4	Die Methoden der Klasse »DateTime«	693
16.5		Die Klasse »TimeSpan«	694
16.6		Ausgabeformatierung	697
	16.6.1	Formatierung mit der Methode »String.Format«	697
	16.6.2	Formatierung mit der Methode »ToString«	701
	16.6.3	Benutzerdefinierte Formatierung	701

17 Projektmanagement und Visual Studio 2012 — 705

17.1		Der Projekttyp »Klassenbibliothek«	705
	17.1.1	Mehrere Projekte in einer Projektmappe verwalten	706
	17.1.2	Die Zugriffsmodifizierer »public« und »internal«	707
	17.1.3	Friend Assemblys	707
	17.1.4	Einbinden einer Klassenbibliothek	708

17.2	**Assemblys**		709
	17.2.1 Ein Überblick über das Konzept der Assemblys		709
	17.2.2 Allgemeine Beschreibung privater und globaler Assemblys		710
	17.2.3 Die Struktur einer Assembly		711
	17.2.4 Globale Assemblys		716
17.3	**Konfigurationsdateien**		721
	17.3.1 Die verschiedenen Konfigurationsdateien		721
	17.3.2 Die Struktur einer Anwendungskonfigurationsdatei		723
	17.3.3 Eine Anwendungskonfigurationsdatei mit Visual Studio 2012 bereitstellen		726
	17.3.4 Einträge der Anwendungskonfigurationsdatei auswerten		727
	17.3.5 Editierbare, anwendungsbezogene Einträge mit <appSettings>		732
17.4	**Versionsumleitung in einer Konfigurationsdatei**		734
	17.4.1 Die Herausgeberrichtliniendatei		735
17.5	**XML-Dokumentation**		736
	17.5.1 Das Prinzip der XML-Dokumentation		737
	17.5.2 Die XML-Kommentartags		739
	17.5.3 Generieren der XML-Dokumentationsdatei		740
17.6	**Der Klassendesigner (Class Designer)**		742
	17.6.1 Ein typisches Klassendiagramm		742
	17.6.2 Hinzufügen und Ansicht von Klassendiagrammen		743
	17.6.3 Die Toolbox des Klassendesigners		744
	17.6.4 Das Fenster »Klassendetails«		745
	17.6.5 Klassendiagramme als Bilder exportieren		747
17.7	**Refactoring**		747
	17.7.1 Methode extrahieren		748
	17.7.2 Bezeichner umbenennen		749
	17.7.3 Felder einkapseln		750
17.8	**Code-Snippets (Codeausschnitte)**		750
	17.8.1 Codeausschnitte einfügen		751
	17.8.2 Die Anatomie eines Codeausschnitts		752
17.9	**»ClickOnce«-Verteilung**		753
	17.9.1 Allgemeine Beschreibung		753
	17.9.2 Erstellen einer ClickOnce-Anwendung		754
	17.9.3 Die Installation einer ClickOnce-Anwendung		757
18	**Einführung in die WPF und XAML**		**759**
18.1	**Die Merkmale einer WPF-Anwendung**		759
	18.1.1 Anwendungstypen		761

	18.1.2	Eine WPF-Anwendung und deren Dateien	762
	18.1.3	Ein erstes WPF-Beispiel	765
	18.1.4	Wichtige WPF-Features	768
	18.1.5	Der logische und der visuelle Elementbaum	770
18.2	**XAML (Extended Application Markup Language)**	773
	18.2.1	Die Struktur einer XAML-Datei	774
	18.2.2	Eigenschaften eines XAML-Elements in Attributschreibweise festlegen	776
	18.2.3	Eigenschaften im Eigenschaftsfenster festlegen	776
	18.2.4	Die Eigenschaft-Element-Syntax	777
	18.2.5	Inhaltseigenschaften	778
	18.2.6	Typkonvertierung	781
	18.2.7	Markup-Erweiterungen (Markup Extensions)	782
	18.2.8	XML-Namespaces	785
	18.2.9	XAML-Spracherweiterungen	787

19   WPF-Layout-Container   789

19.1	**Die Container-Steuerelemente**	789
	19.1.1	Gemeinsame Eigenschaften der Layout-Container	790
	19.1.2	Das »Canvas«	791
	19.1.3	Das »StackPanel«	792
	19.1.4	Das »WrapPanel«	795
	19.1.5	Das »DockPanel«	796
	19.1.6	Das »Grid«-Steuerelement	798
	19.1.7	Das »UniformGrid«	804
19.2	**Verschachteln der Layout-Container**	805

20   Fenster in der WPF   809

20.1	**Hosts der WPF**	809
20.2	**Fenster vom Typ »Window«**	810
	20.2.1	Mehrere Fenster in einer Anwendung	812
20.3	**Fenster vom Typ »NavigationWindow«**	814
	20.3.1	Das »Page«-Element	816
20.4	**Hosts vom Typ »Frame«**	817
20.5	**Navigation zwischen den Seiten**	818
	20.5.1	Navigation mit »HyperLink«	819
	20.5.2	Der Verlauf der Navigation – das Journal	820
	20.5.3	Navigation mit »NavigationService«	822
	20.5.4	Navigation im Internet	824

	20.5.5	Navigieren mit dem Ereignis »RequestNavigate« des »HyperLink«-Elements	825
20.6		**Datenübergabe zwischen den Seiten**	**825**
	20.6.1	Datenübergabe mit der Methode »Navigate«	826
20.7		**Nachrichtenfenster mit »MessageBox«**	**828**
	20.7.1	Die Methode »MessageBox.Show«	829

21 WPF-Steuerelemente — 833

21.1		**Die Hierarchie der WPF-Komponenten**	**833**
21.2		**Allgemeine Eigenschaften der WPF-Steuerelemente**	**835**
	21.2.1	Den Außenrand mit der Eigenschaft »Margin« festlegen	835
	21.2.2	Den Innenrand mit der Eigenschaft »Padding« festlegen	835
	21.2.3	Die Eigenschaft »Content«	836
	21.2.4	Die Größe einer Komponente	838
	21.2.5	Die Ausrichtung einer Komponente	839
	21.2.6	Die Sichtbarkeit eines Steuerelements	840
	21.2.7	Die Farbeinstellungen	841
	21.2.8	Die Schriften	842
21.3		**Die unterschiedlichen Schaltflächen**	**842**
	21.3.1	Die Basisklasse »ButtonBase«	843
	21.3.2	Das Steuerelement »Button«	843
	21.3.3	Das Steuerelement »ToggleButton«	844
	21.3.4	Das Steuerelement »RepeatButton«	845
	21.3.5	Das Steuerelement »Checkbox«	847
	21.3.6	Das Steuerelement »RadioButton«	847
21.4		**Einfache Eingabesteuerelemente**	**848**
	21.4.1	Das Steuerelement »Label«	848
	21.4.2	Das Steuerelement »TextBox«	849
	21.4.3	Das Steuerelement »PasswordBox«	852
	21.4.4	Das Steuerelement »TextBlock«	853
21.5		**WPF-Listenelemente**	**856**
	21.5.1	Das Steuerelement »ListBox«	857
	21.5.2	Die »ComboBox«	860
	21.5.3	Das Steuerelement »ListView«	861
	21.5.4	Das Steuerelement »TreeView«	863
	21.5.5	Das Steuerelement »TabControl«	869
	21.5.6	Die Menüleiste	870
	21.5.7	Das Kontextmenü	873

21.5.8	Symbolleisten	875
21.5.9	Die Statusleiste	878

21.6 Weitere Steuerelemente — 879

21.6.1	Das Steuerelement »ToolTip«	879
21.6.2	Die »Progressbar«	881
21.6.3	Das Steuerelement »Slider«	881
21.6.4	Das »GroupBox«-Steuerelement	882
21.6.5	Das Steuerelement »ScrollViewer«	883
21.6.6	Das Steuerelement »Expander«	885
21.6.7	Das Steuerelement »Border«	886
21.6.8	Die »Image«-Komponente	887
21.6.9	»Calendar« und »DatePicker« zur Datumsangabe	889
21.6.10	Das Steuerelement »InkCanvas«	890

21.7 Das »Ribbon«-Steuerelement — 893

21.7.1	Voraussetzungen für den Zugriff auf das »Ribbon«-Control	893
21.7.2	Ein kurzer Überblick	893
21.7.3	Der XAML-Code	894

21.8 FlowDocuments — 899

21.8.1	Allgemeine Beschreibung eines FlowDocuments	899
21.8.2	Eigenschaften eines »FlowDocuments«	900
21.8.3	Die Blöcke eines »FlowDocuments«	900
21.8.4	Inline-Elemente	905
21.8.5	»FlowDocuments« mit Code erzeugen	907
21.8.6	Speichern und Laden eines »FlowDocuments«	910

21.9 Das Element »FlowDocumentViewer« — 911

21.9.1	Das Anzeigeelement »FlowDocumentScrollViewer«	911
21.9.2	Das Anzeigeelement »FlowDocumentPageViewer«	912
21.9.3	Das Anzeigeelement »FlowDocumentReader«	912

21.10 XPS-Dokumente mit »DocumentViewer« — 913

21.10.1	Allgemeines zum XPS-Format	913
21.10.2	Beispielprogramm	914

21.11 Das Steuerelement »RichTextBox« — 915

22 Elementbindungen — 921

22.1 Einführung in die Bindungstechnik — 921

22.1.1	Ein einfaches Bindungsbeispiel	921

22.2 Die Klasse »Binding« — 924

22.2.1	Die Bindungsrichtung festlegen	925
22.2.2	Aktualisierung der Bindung	928

	22.2.3	Die Ereignisse »SourceUpdated« und »TargetUpdated«	930
	22.2.4	Beenden einer Bindung	931
22.3	**Bindungsalternativen**		**931**
	22.3.1	Die Eigenschaft »Source«	931
	22.3.2	Anbindung an relative Datenquellen	932
	22.3.3	Die Bindung an »DataContext«	934

23   Konzepte von WPF   935

23.1	**Anwendungsspezifische Ressourcen**		**935**
23.2	**Anwendungsübergreifende Ressourcen**		**937**
	23.2.1	Mehrere Ressourcenwörterbücher	939
	23.2.2	Die Suche nach einer Ressource	940
23.3	**Logische Ressourcen**		**940**
	23.3.1	Statische Ressourcen	941
	23.3.2	Dynamische Ressourcen	944
	23.3.3	Ressourcen mit C#-Code bearbeiten	945
	23.3.4	Abrufen von Systemressourcen	946
23.4	**Styles**		**948**
	23.4.1	Einfache Styles	948
	23.4.2	Typisierte Styles	952
	23.4.3	Erweitern von Styles	953
	23.4.4	EventSetter	954
23.5	**Trigger**		**956**
	23.5.1	Eigenschaftstrigger	957
	23.5.2	Datentrigger	960
	23.5.3	Ereignistrigger	961
23.6	**Templates**		**962**
	23.6.1	Allgemeines zu »ControlTemplates«	963
	23.6.2	Definition innerhalb eines Styles	968
23.7	**Ermitteln des visuellen Elementbaums**		**969**
	23.7.1	Das Tool »Expression Blend«	969
	23.7.2	Standard-Template mit Code abfragen	971

24   Datenbindung   975

24.1	**Bindung benutzerdefinierter Objekte**		**975**
	24.1.1	Ein Objekt mit XAML-Code erzeugen und binden	976
	24.1.2	Ein Objekt mit C#-Code erzeugen und binden	977
	24.1.3	Aktualisieren benutzerdefinierter Objekte	979

24.2	**Auflistungen binden**		981
	24.2.1	Allgemeine Gesichtspunkte	981
	24.2.2	Anbindung an eine »ListBox«	982
	24.2.3	Änderungen der Collection an die bindenden Elemente weiterleiten	984
24.3	**Validieren von Bindungen**		987
	24.3.1	Die Validierung im Datenobjekt	988
	24.3.2	Eine benutzerdefinierte »ValidationRule«	990
	24.3.3	Validierung mit der Schnittstelle »IDataErrorInfo«	991
	24.3.4	Fehlerhinweise individuell anzeigen	993
	24.3.5	Ereignisauslösung bei einem Validierungsfehler	995
24.4	**Daten konvertieren**		995
	24.4.1	Mehrfachbindungen und Konverterklassen	999
24.5	**Datenbindung an ADO.NET- und LINQ-Datenquellen**		1000
	24.5.1	Das Binden an ADO.NET-Objekte	1001
	24.5.2	Das Binden an LINQ-Ausdrücke	1002

25 Weitere Möglichkeiten der Datenbindung   1005

25.1	**»ItemsControl«-Steuerelemente anpassen**		1005
	25.1.1	Den Style eines »ListBoxItem«-Elements ändern	1006
	25.1.2	DataTemplates festlegen	1008
	25.1.3	»DataTemplates« mit Trigger	1010
25.2	**Alternative Datenbindungen**		1014
	25.2.1	Die Klasse »ObjectDataProvider«	1014
25.3	**Navigieren, Filtern, Sortieren und Gruppieren**		1016
	25.3.1	Navigieren	1018
	25.3.2	Sortieren	1021
	25.3.3	Filtern	1022
	25.3.4	Gruppieren	1026
25.4	**Das Steuerelement »DataGrid«**		1030
	25.4.1	Elementare Eigenschaften des »DataGrid«	1032
	25.4.2	Spalten definieren	1033
	25.4.3	Details einer Zeile anzeigen	1039

26 Dependency Properties   1041

26.1	**Die Charakteristik von Abhängigkeitseigenschaften**		1041
26.2	**Den Wert einer Abhängigkeitseigenschaft bilden**		1042
26.3	**Definition einer Dependency Property**		1043
	26.3.1	Registrieren einer Abhängigkeitseigenschaft	1044

26.3.2	Der Eigenschaftswrapper	1045
26.3.3	Die Eigenschaftsmetadaten	1046
26.3.4	Freigabe des spezifischen Eigenschaftswertes	1050
26.3.5	Vererbung von Abhängigkeitseigenschaften	1050
26.4	**Validieren einer Abhängigkeitseigenschaft**	**1051**
26.4.1	Validieren mit »ValidateValueCallback«	1051
26.4.2	Validieren mit »CoerceValueCallback«	1052
26.5	**Angehängte Eigenschaften (Attached Property)**	**1053**
26.5.1	Angehängte Eigenschaften zur Laufzeit ändern	1055

27 Ereignisse in der WPF 1057

27.1	**Ereignishandler bereitstellen**	**1057**
27.2	**Routing-Strategien**	**1058**
27.2.1	Der durchlaufene Elementbaum	1060
27.2.2	Beispielanwendung	1060
27.2.3	Sonderfall der Mausereignisse	1062
27.3	**Der Ereignishandler**	**1063**
27.3.1	Die Klasse »RoutedEventArgs«	1063
27.3.2	Die Quelle des Routing-Prozesses	1064
27.3.3	Die Eigenschaft »Handled«	1065
27.3.4	Registrieren und Deregistrieren eines Ereignishandlers mit Code	1066
27.4	**Definition eines Routed Events**	**1066**
27.4.1	Ereignisauslösung	1068
27.4.2	Das Ereignis als Attached Event verwenden	1069
27.4.3	Unterdrückte Ereignisse	1070
27.5	**Mausereignisse in der WPF**	**1071**
27.5.1	Ziehen der Maus	1071
27.5.2	Auswerten der Mausklicks	1072
27.5.3	Capturing	1073

28 WPF-Commands 1077

28.1	**Allgemeine Beschreibung**	**1077**
28.1.1	Ein einführendes Beispiel	1077
28.2	**Vordefinierte WPF-Commands**	**1079**
28.3	**Commands verwenden**	**1080**
28.3.1	Command-Bindungen einrichten	1081
28.3.2	Lokalität der Befehlsbindung	1083
28.3.3	Befehlsbindung mit Programmcode	1083

28.3.4	Das Befehlsziel mit »CommandTarget« angeben	1084
28.3.5	Zusätzliche Daten bereitstellen	1085
28.3.6	Befehle mit Maus oder Tastatur aufrufen	1086

28.4 Die Anatomie eines »Command«-Objekts 1087

28.4.1	Das Interface »ICommand«	1088
28.4.2	Die Klassen »RoutedCommand« und »RoutedUICommand«	1088
28.4.3	Das Interface »ICommandSource«	1090

28.5 Das MVVM-Pattern 1091

28.5.1	Ein simples Beispielprogramm	1093

29 Benutzerdefinierte Controls — 1097

29.1 Erstellen eines benutzerdefinierten Steuerelements 1097
29.2 Der XAML-Code 1099
29.3 Die Programmlogik des Steuerelements 1100

29.3.1	Die Eigenschaften	1100
29.3.2	Ein Ereignis bereitstellen	1102
29.3.3	Das Steuerelement um einen »Command« ergänzen	1103

29.4 Testanwendung 1104

30 2D-Grafik — 1107

30.1 Shapes 1107

30.1.1	Allgemeine Beschreibung	1107
30.1.2	Line-Elemente	1108
30.1.3	Ellipse- und Rectangle-Elemente	1109
30.1.4	Polygon- und Polyline-Elemente	1109
30.1.5	Darstellung der Linien	1109

30.2 Path-Elemente 1111

30.2.1	GeometryGroup	1112
30.2.2	CombinedGeometry	1113
30.2.3	PathGeometry	1114

30.3 Brush-Objekte 1115

30.3.1	SolidColorBrush	1116
30.3.2	LinearGradientBrush	1117
30.3.3	RadialGradientBrush	1119
30.3.4	TileBrush	1120
30.3.5	ImageBrush	1122
30.3.6	VisualBrush	1123
30.3.7	DrawingBrush	1125

31 ADO.NET – Verbindungsorientierte Objekte 1127

31.1	Allgemeines	1127
31.2	Die Datenprovider	1128
31.3	Die Verbindung zu einer Datenbank herstellen	1129
	31.3.1 Das Connection-Objekt	1129
	31.3.2 Die Verbindungszeichenfolge	1130
	31.3.3 Die Verbindung mit einer SQL Server-Instanz aufbauen	1131
	31.3.4 Öffnen und Schließen einer Verbindung	1134
	31.3.5 Das Verbindungspooling	1138
	31.3.6 Die Ereignisse eines »Connection«-Objekts	1142
	31.3.7 Verbindungszeichenfolgen aus einer Konfigurationsdatei abrufen	1144
	31.3.8 Verbindungen mit dem OleDb-Datenprovider	1146

32 ADO.NET – Das Command-Objekt 1149

32.1	Die Datenbankabfrage	1149
32.2	Das SqlCommand-Objekt	1149
	32.2.1 Erzeugen eines SqlCommand-Objekts	1150
	32.2.2 Die Methode »CreateCommand« des Connection-Objekts	1151
	32.2.3 Ausführen des SqlCommand-Objekts	1151
	32.2.4 Die Eigenschaft »CommandTimeout« des SqlCommand-Objekts	1152
32.3	Aktionsabfragen absetzen	1152
	32.3.1 Datensätze hinzufügen	1152
	32.3.2 Datensätze löschen	1153
	32.3.3 Datensätze ändern	1154
	32.3.4 Abfragen, die genau ein Ergebnis liefern	1154
32.4	Das SqlDataReader-Objekt	1154
	32.4.1 Datensätze einlesen	1155
	32.4.2 Schließen des SqlDataReader-Objekts	1157
	32.4.3 MARS (Multiple Active Resultsets)	1158
	32.4.4 Batchabfragen mit »NextResult« durchlaufen	1159
	32.4.5 Das Schema eines SqlDataReader-Objekts untersuchen	1160
32.5	Parametrisierte Abfragen	1162
	32.5.1 Parametrisierte Abfragen mit dem SqlClient-Datenprovider	1162
	32.5.2 Die Klasse »SqlParameter«	1165
	32.5.3 Asynchrone Abfragen	1165
	32.5.4 Gespeicherte Prozeduren (Stored Procedures)	1169

33 ADO.NET – Der SqlDataAdapter   1177

- 33.1 Was ist ein DataAdapter? 1177
- 33.2 Die Konstruktoren der Klasse DataAdapter 1179
- 33.3 Arbeiten mit dem SqlDataAdapter 1179
  - 33.3.1 Die Eigenschaft »SelectCommand« 1179
  - 33.3.2 Den lokalen Datenspeicher mit »Fill« füllen 1180
  - 33.3.3 Öffnen und Schließen von Verbindungen 1181
  - 33.3.4 Doppelter Aufruf der Fill-Methode 1182
  - 33.3.5 Mehrere DataAdapter-Objekte aufrufen 1182
  - 33.3.6 Die Spalten- und der Tabellenbezeichner einer DataTable .. 1183
  - 33.3.7 Paging mit der Fill-Methode 1183
- 33.4 Tabellenzuordnung mit der Klasse »TableMappings« 1184
  - 33.4.1 Spaltenzuordnungen in einem DataSet 1186
  - 33.4.2 Spaltenzuordnungen einer DataTable 1187
  - 33.4.3 Die Eigenschaft »MissingMappingAction« des DataAdapters 1188
- 33.5 Das Ereignis »FillError« des SqlDataAdapters 1188

34 ADO.NET – Daten im lokalen Speicher   1191

- 34.1 Allgemeines 1191
- 34.2 Verwenden des DataSet-Objekts 1192
  - 34.2.1 Ein DataSet-Objekt erzeugen 1192
  - 34.2.2 Die Anatomie einer DataTable 1192
  - 34.2.3 Der Zugriff auf eine Tabelle im DataSet 1193
  - 34.2.4 Der Zugriff auf die Ergebnisliste 1194
  - 34.2.5 Dateninformationen in eine XML-Datei schreiben 1195
- 34.3 Gültigkeitsprüfung im DataSet 1196
  - 34.3.1 Dem DataSet Schemainformationen übergeben 1196
  - 34.3.2 Eigenschaften einer DataColumn, die der Gültigkeitsprüfung dienen 1198
  - 34.3.3 Die Constraints-Klassen einer »DataTable« 1199
  - 34.3.4 Das Schema mit Programmcode erzeugen 1200
  - 34.3.5 Schemainformationen mit SqlDataAdapter abrufen 1201
- 34.4 Änderungen in einer DataTable vornehmen 1204
  - 34.4.1 Editieren einer DataRow 1204
  - 34.4.2 Löschen einer Datenzeile 1206
  - 34.4.3 Eine neue Datenzeile hinzufügen 1206
  - 34.4.4 Der Sonderfall: Autoinkrementspalten 1207
  - 34.4.5 Was bei einer Änderung einer Datenzeile passiert 1209
  - 34.4.6 Manuelles Steuern der Eigenschaft »DataRowState« 1213

34.5 Mit mehreren Tabellen arbeiten ... 1214
- 34.5.1 Der Weg über JOIN-Abfragen ... 1214
- 34.5.2 Mehrere Tabellen in einem DataSet ... 1216
- 34.5.3 Eine DataRelation erzeugen ... 1216
- 34.5.4 DataRelations und Einschränkungen ... 1217
- 34.5.5 In Beziehung stehende Daten suchen ... 1219
- 34.5.6 Ergänzung zum Speichern von Schemainformationen in einer XML-Schemadatei ... 1221

34.6 Filtern und suchen in einer DataTable ... 1222
- 34.6.1 Die Methode »Find« ... 1222
- 34.6.2 Die Methode »Select« ... 1223

34.7 Objekte vom Typ »DataView« ... 1224
- 34.7.1 Einen »DataView« erzeugen ... 1225
- 34.7.2 Auf die Datenzeilen in einem »DataView« zugreifen ... 1225
- 34.7.3 Die Eigenschaft »Sort« und die Methode »Find« ... 1226
- 34.7.4 Die Methode »FindRows« ... 1226
- 34.7.5 Die Eigenschaft »RowFilter« ... 1227
- 34.7.6 Die Eigenschaft »RowStateFilter« ... 1227
- 34.7.7 Änderungen an einem »DataView«-Objekt ... 1227
- 34.7.8 Aus einem »DataView« eine »DataTable« erzeugen ... 1229

35 ADO.NET – Aktualisieren der Datenbank   1231

35.1 Aktualisieren mit dem »CommandBuilder« ... 1231
- 35.1.1 Die von »SqlCommandBuilder« generierten Aktualisierungsstatements ... 1233
- 35.1.2 Konfliktsteuerung in einer Mehrbenutzerumgebung ... 1233
- 35.1.3 Die Eigenschaft »ConflictOption« des »SqlCommandBuilders« ... 1236
- 35.1.4 Die Eigenschaft »SetAllValues« ... 1237

35.2 Manuell gesteuerte Aktualisierung ... 1238
- 35.2.1 Eigene Aktualisierungslogik ... 1239
- 35.2.2 Das Beispielprogramm ... 1240

35.3 Konfliktanalyse ... 1242
- 35.3.1 Den Benutzer über fehlgeschlagene Aktualisierungen informieren ... 1243
- 35.3.2 Konfliktverursachende Datenzeilen bei der Datenbank abfragen ... 1244

35.4 Neue Autoinkrementwerte abrufen ... 1249

36 Stark typisierte DataSets   1251

36.1 Ein stark typisiertes DataSet erzeugen ... 1251
- 36.1.1 Typisierte DataSets mit dem Visual Studio Designer erstellen ... 1251

	36.1.2	Das Kommandozeilentool XSD.exe	1254
36.2	**Die Anatomie eines typisierten DataSets**		1255
	36.2.1	Die Datenzeilen einer Tabelle ausgeben	1255
	36.2.2	Datenzeilen hinzufügen	1258
	36.2.3	Datenzeilen bearbeiten	1259
	36.2.4	Datenzeilen suchen	1259
	36.2.5	NULL-Werte im typisierten DataSet	1260
	36.2.6	Die Daten in einem hierarchischen DataSet	1260
36.3	**Typisierte DataSets manuell im Designer erzeugen**		1261
	36.3.1	Eine »DataTable« manuell erzeugen	1261
	36.3.2	Der »DataTable« Spalten hinzufügen	1262
	36.3.3	Beziehungen zwischen den Tabellen erstellen	1262
36.4	**Weiter gehende Betrachtungen**		1264
36.5	**Der »TableAdapter«**		1264
	36.5.1	Einen »TableAdapter« mit Visual Studio erzeugen	1264
	36.5.2	Die Methode »Fill« des »TableAdapters«	1269
	36.5.3	Die Methode »GetData«	1270
	36.5.4	Die Methode »Update«	1270
	36.5.5	Aktualisieren mit den DBDirect-Methoden	1270
	36.5.6	TableAdapter mit mehreren Abfragen	1271
	36.5.7	Änderungen an einem »TableAdapter« vornehmen	1274
36.6	**Fazit: Typisierte oder nicht typisierte DataSets?**		1275

37   Einführung in das ADO.NET Entity Framework 1277

37.1	**Kritische Betrachtung von ADO.NET**		1277
37.2	**Ein erstes Entity Data Model (EDM) erstellen**		1279
37.3	**Das Entity Data Model im Designer**		1283
	37.3.1	Die übergeordneten Eigenschaften einer Entität	1283
	37.3.2	Eigenschaften eines Entitätsobjekts	1284
	37.3.3	Assoziationen im Entity Data Model	1287
	37.3.4	Der Kontext der Entitäten	1288
37.4	**Der Aufbau des Entity Data Models**		1289
37.5	**Die Klassen des Entity Data Models (EDM)**		1292
	37.5.1	Die Entitätsklassen	1293
	37.5.2	Der ObjectContext	1296
37.6	**Die Architektur des Entity Frameworks**		1297
	37.6.1	Object Services	1298
	37.6.2	Die Schichten des Entity Frameworks	1298

38 Datenabfragen des Entity Data Models (EDM) — 1301

38.1 Abfragen mit LINQ to Entities — 1302
- 38.1.1 Allgemeine Begriffe in LINQ — 1302
- 38.1.2 Einfache Abfragen — 1302
- 38.1.3 Navigieren in Abfragen — 1309
- 38.1.4 Aggregatmethoden — 1314
- 38.1.5 Joins in LINQ definieren — 1315
- 38.1.6 In Beziehung stehende Daten laden — 1318

38.2 Abfragen mit Entity SQL — 1324
- 38.2.1 Ein erstes Beispiel mit Entity SQL — 1324
- 38.2.2 Die fundamentalen Regeln der Entity-SQL-Syntax — 1325
- 38.2.3 Filtern mit Entity SQL — 1326
- 38.2.4 Parametrisierte Abfragen — 1328

38.3 Der EntityClient-Provider — 1329
- 38.3.1 Verbindungen mit »EntityConnection« — 1330
- 38.3.2 Die Klasse »EntityCommand« — 1331

38.4 Abfrage-Generator-Methoden (QueryBuilder-Methoden) — 1332

38.5 SQL-Direktabfragen — 1333

39 Entitätsaktualisierung und Zustandsverwaltung — 1335

39.1 Aktualisieren von Entitäten — 1335
- 39.1.1 Entitäten ändern — 1335
- 39.1.2 Hinzufügen neuer Entitäten — 1337
- 39.1.3 Löschen einer Entität — 1341

39.2 Der Lebenszyklus einer Entität im Objektkontext — 1344
- 39.2.1 Der Zustand einer Entität — 1344
- 39.2.2 Das Team der Objekte im Überblick — 1344
- 39.2.3 Neue Entitäten im Objektkontext — 1345
- 39.2.4 Die Zustände einer Entität — 1347
- 39.2.5 Zusätzliche Entitäten in den Datencache laden — 1349
- 39.2.6 Die Zustandsverfolgung mit »MergeOption« steuern — 1349

39.3 Das »ObjectStateEntry«-Objekt — 1352
- 39.3.1 Die Current- und Originalwerte abrufen — 1354
- 39.3.2 Die Methode »TryGetObjectStateEntry« — 1355
- 39.3.3 Abrufen bestimmter Gruppen — 1355
- 39.3.4 Die Methode »GetModifiedProperties« — 1356

39.4 Die Klasse »EntityKey« — 1357
- 39.4.1 Die Methoden »GetObjectByKey« und »TryGetObjectByKey« — 1357

39.5	**Komplexere Szenarien**	**1358**
	39.5.1 Die Methode »ChangeState«	1359
	39.5.2 Die Methoden »ApplyCurrentChanges« und »ApplyOriginalChanges«	1360

40 Konflikte behandeln — 1363

40.1	**Allgemeine Betrachtungen**	**1363**
	40.1.1 Das pessimistische Sperren	1364
	40.1.2 Das optimistische Sperren	1364
40.2	**Konkurrierende Zugriffe mit dem Entity Framework**	**1365**
	40.2.1 Das Standardverhalten des Entity Frameworks	1365
	40.2.2 Das Aktualisierungsverhalten mit »Fixed« beeinflussen	1366
	40.2.3 Auf die Ausnahme »OptimisticConcurrencyException« reagieren	1367
	40.2.4 Das »ClientWins«-Szenario	1368
	40.2.5 Das »StoreWins«-Szenario	1370

41 Plain Old CLR Objects (POCOs) — 1371

41.1	**Ein erstes Projekt mit POCO-Klassen**	**1371**
	41.1.1 Erstellen einfacher POCO-Klassen	1371
	41.1.2 Erstellen des Objektkontextes	1373
41.2	**Datenabfrage mit Hilfe der POCOs**	**1375**
	41.2.1 In Beziehung stehende Daten laden	1375
41.3	**Änderungen verfolgen**	**1377**
	41.3.1 Die Methode »DetectChanges«	1377
	41.3.2 In Beziehung stehende POCOs aktualisieren	1379

Index — 1385

Vorwort zur 6. Auflage

Mit dem Erscheinen vom .NET Framework im Jahr 2002 hat Microsoft einen revolutionären Schritt gewagt und eine Plattform bereitgestellt, die es möglich machte, nahezu alle erdenklichen Anwendungen mit einer Entwicklungssprache nach Wahl zu kodieren. Innerhalb dieser Sprachenvielfalt war C# die einzige wirklich von Grund auf neu gestaltete Sprache, spezialisiert und angepasst auf das neue Framework. C# war damit auch frei von allen Altlasten, die teilweise die anderen Sprachen beeinflusst haben, und hat sich als die primäre .NET-Sprache etabliert.

Die Resonanz auf das .NET Framework war anfangs geteilt. Neben der vielfach geäußerten Euphorie gab es auch Skeptiker, die der neu geschaffenen Plattform kritisch gegenüber standen und an den angepriesenen Vorteilen zweifelten. Im Laufe der Zeit mussten aber auch die Skeptiker erkennen, dass .NET viele Vorteile hat, die die Entwicklung von Programmen vereinfachen und damit Raum und Zeit schafft, bessere und effizientere Software zu schreiben.

Inzwischen sind mehr als zehn Jahre vergangen. Viele kleine und große Softwareschmieden setzen derweil auf .NET. Deutlich erkennbar ist, dass insbesondere Unternehmensanwendungen und Portale mit dem .NET Framework realisiert wurden, ASP.NET und ADO.NET auf der Basis der Version 2.0 bis 4.0 haben eine breite Akzeptanz gefunden, LINQ und die Windows Communication Foundation (WCF) werden in vielen Anwendungen eingesetzt.

In der jüngsten Version 4.5 sind natürlich ebenfalls wieder viele Neuerungen enthalten. Diese sind auf den ersten Blick nicht mehr so umfangreich wie bei den vergangenen Versionswechseln. Vielmehr wurde sehr viel Arbeit in die Verbesserung und Ergänzung bestehender Technologien investiert. Hier sei beispielsweise angeführt, dass es gelungen ist, eine deutliche Leistungssteigerung der Task Process Library (TPL) bei der Programmierung von Mehrkernprozessoren zu erzielen. In der WPF wurde endlich das Ribbon-Steuerelement offiziell eingeführt und natürlich wird auch das neue Betriebssystem Windows 8 breit unterstützt. Die Spracherweiterungen und -ergänzungen von C# sind im Gegensatz dazu sehr spärlich ausgefallen. Mit async und await wurden zwei neue Schlüsselwörter eingeführt, um eine asynchrone Operationen einfacher unterstützen zu können.

Sie werden nach der Installation von Visual Studio 2012 feststellen müssen, dass sich das Layout der Entwicklungsumgebung grundlegend verändert worden ist. Es erscheint grau, wenig farbenfreundlich und passt sich damit dem unterkühlt wirkenden Metro-Style (»Kachel-Optik«) von Windows 8 an. Zudem sind die gewohnten Symbole fast durchweg durch neue ersetzt worden, was auch bei erfahrenen Entwicklern am Anfang zumindest für Irritationen sorgen wird. Machen Sie sich gegebenenfalls selbst ein Bild von diesen Änderungen und bilden Sie sich Ihre eigene Meinung. Diskussionen über das Für und Wider gibt es zuhauf im Internet.

Kommen wir nun zum Inhalt dieses Buches selbst. Natürlich kann ich Ihnen in dem Ihnen vorliegenden Buch nicht alle Neuerungen und schon gar nicht alle Tools oder Technologien vorstellen. Dafür ist die Kombination aus Visual Studio 2012 und .NET Framework viel zu umfangreich und vielseitig. Mit der neuen, vollständig überarbeiteten 6. Auflage meines Buches zu C# versuche ich daher erst gar nicht, alle denkbaren Tiefen zu ergründen. Stattdessen werde ich, wie auch schon in den ersten Auflagen dieses Buches versuchen, ein gutes Fundament zu legen. In meinen Augen ganz wesentlich ist dabei das Verständnis der objektorientierten Programmierung mit C#, die tief gehend behandelt wird. Dieser Teil ist im Vergleich zu den vorhergehenden Auflagen noch einmal deutlich verändert worden. Hier habe ich viele Jahre Seminarerfahrung und auch Verbesserungsvorschläge meiner Seminarteilnehmer einfließen lassen.

Im weiteren Verlauf werde ich Sie mit einigen elementaren Klassen vertraut machen, die in den meisten Anwendungen eine wichtige Rolle spielen. Dem schließt sich ein deutlich umfangreicher gewordener Teil der Programmierung von Windows-Anwendungen mit der Windows Presentation Foundation (WPF) an. Natürlich können hier nicht alle Aspekte berücksichtigt werden, die während eines Entwicklungsszenarios auftreten können. Aber ein gutes Fundament zu legen, um Ihnen mehr als nur den einfachen Einstieg in XAML und WPF zu ermöglichen, war die erklärte Zielsetzung dieses Teilabschnitts.

Datenbankprogrammierung spielt bei ca. 80% der zu entwickelnden Anwendungen eine wichtige Rolle. War es in den vergangenen Jahren meistens üblich, Datenbankzugriffe mit ADO.NET umzusetzen, lässt sich ein deutlicher Trend in Richtung des Entity Frameworks nicht leugnen. Beide Technologien werden in diesem Buch daher auch behandelt. Wie bei der WPF bereits erwähnt, so gilt natürlich auch für diese beiden Teilbereiche, dass sie nur das Ziel haben können, ein ordentliches Fundament zu legen, auf dem Sie selbst unter Zuhilfenahme spezifischer Literatur weiter aufbauen können.

Zum Schluss natürlich noch der obligatorische Dank. Dank allen denjenigen, die durch Ihre konstruktive Kritik und durch Verbesserungsvorschläge mit dazu beigetragen haben, den inhaltlichen Wert dieses Buches zu steigern. Auch wenn es einige Seminarteilnehmer in der Vergangenheit gab, die den Wunsch geäußert haben, namentlich genannt zu werden, verzichte ich darauf aus mehreren Gründen.

Besonders hervorheben möchte ich aber zum Schluss die gute Zusammenarbeit mit meiner Lektorin Anne Scheibe, die an der zügigen Umsetzung dieses Buches einen erwähnenswerten Anteil hat – neben allen denjenigen, die im Hintergrund auch ihre Arbeit geleistet haben.

Aachen-Oberforstbach, im Oktober 2012
Andreas Kühnel

Kuehnel@dotnet-training.de

Kapitel 1
Allgemeine Einführung in .NET

1.1 Warum .NET?

Einem Leser, der über fundierte Grundlagenkenntnisse verfügt, eine Thematik nahezubringen, die seine Aufmerksamkeit erregt und ihm neue Kenntnisse vermittelt, ist ein nicht ganz einfaches Unterfangen. Gleichzeitig einen Programmieranfänger behutsam in die abstrakte Denkweise der Programmlogik einzuführen, ohne dabei Frust und Enttäuschung zu verbreiten, dürfte nahezu unmöglich sein. Ich versuche mit diesem Buch dennoch diesen Weg zu beschreiten, auch wenn es manchmal einer Gratwanderung zwischen zwei verschiedenen Welten gleicht. Dabei baue ich schlicht und ergreifend auf den jahrelangen Erfahrungen auf, die ich als Trainer bei den unterschiedlichsten Seminaren mit teilweise ausgesprochen heterogenen Gruppen erworben habe.

Vielleicht wissen Sie überhaupt noch nicht, was sich hinter .NET verbirgt? Vielleicht haben Sie sich für dieses Buch entschieden, ohne die Tragweite Ihres Entschlusses für .NET zu kennen. Ich möchte Ihnen das zunächst einmal erläutern.

Blicken wir ein paar Jahre zurück, sagen wir mal in die 90er-Jahre, und stellen wir uns die Frage, wie damals Anwendungen entwickelt worden sind und wie sich die IT-Welt während dieser Zeit entwickelt hat. Am Anfang des von uns betrachteten Jahrzehnts war der Hauptschauplatz der Desktop-PC, Netzwerke steckten noch mehr oder weniger in den Kinderschuhen. Grafische Benutzeroberflächen hielten langsam Einzug auf den Rechnern, das Internet war einem nur mehr oder weniger elitären Benutzerkreis bekannt und zugänglich. Desktop-PCs wurden mit immer besserer Hardware ausgestattet, ein Super-PC von 1990 galt zwei Jahre später als total veraltet und musste wegen der gestiegenen Anforderungen der Software an die Hardware oft zumindest drastisch aufgerüstet, wenn nicht sogar ersetzt werden.

Sie merken vielleicht an diesen wenigen Worten, wie dramatisch sich die IT-Welt seitdem verändert hat. Die Evolution betraf aber nicht nur Software und Hardware. Software muss, ehe sie den Benutzer bei seiner täglichen Arbeit unterstützen kann, entwickelt werden. Hier kochten viele Unternehmen ein eigenes Süppchen und warben bei den Entwicklern und Entscheidungsträgern mit Entwicklungsumgebungen, die zum einen auf den unterschiedlichsten Programmiersprachen aufsetzten und zudem auch noch mit eigenen Funktionsbibliotheken aufwarteten: Borlands Delphi, Microsofts Visual Basic, für die Puristen C und C++ – um nur die bekanntesten Vertreter zu nennen.

Die Vielfalt betraf jedoch nicht nur die Entwicklung der Software. Immer neue Plattformen, angepasst an den jeweils aktuellen Trend der Zeit, eroberten den Markt und verschwanden nicht selten auch schnell wieder. Die Unternehmensnetzwerke mussten mit der stürmischen Entwicklung Schritt halten, wurden komplexer und komplizierter und öffneten sich zunehmend auch der Welt nach außen.

In dieser Periode begann auch der Siegeszug des Internets. Obgleich es anfangs nur als weltweiter Verteiler statischer Dateninformationen positioniert war, wurden immer mehr Technologien ausgedacht, die die statischen Webseiten durch dynamische ersetzten, die dem Anwender nicht immer dieselben Informationen bereitstellten, sondern genau die, für die er sich interessierte. Datenbanken wurden hinter die Webserver geschaltet und fütterten die Webseiten mit dem aktuellsten Informationsstand.

Kluge Köpfe erkannten auch sehr schnell, dass die Spezifikationen des Internets sich auch dazu eignen, mehrere verschiedene Unternehmen zu koppeln. Damit wurde die Grundlage dafür geschaffen, dass Sie heute im Reisebüro oder im Internetbrowser eine Reise buchen können, die nicht nur den Flug, sondern gleichzeitig auch eine gültige Hotelzimmerbuchung, vielleicht sogar samt Mietwagen, beinhaltet – obwohl hierzu schon drei Informationsquellen mit unterschiedlicher Software angezapft werden müssen: ein nicht ganz einfaches Unterfangen, wenn Sie bedenken, dass möglicherweise die Schnittstellen, über die sich die verschiedenen Komponenten zwangsläufig austauschen müssen, nicht einheitlich definiert sind.

Bei dieser rasanten Entwicklung der Möglichkeiten, Daten auszutauschen oder auch nur einfach weiterzuleiten, sollten Sie nicht vergessen, dass auch die Hardware eine ähnliche Entwicklung genommen hat. Ein Handy besitzen heutzutage schon die meisten schulpflichtigen Kinder, und Pocket-PCs, PDAs und andere Kleincomputer haben schon lange ihren Siegeszug angetreten, dessen Ende auch nicht im Entferntesten erkennbar ist.

An der Schnittstelle all dieser Vielfältigkeit steht der Entwickler. Denn was nutzen die beste Hardware und die ausgeklügeltsten Spezifikationen, wenn die Bits sich nicht den Weg von einem zum anderen Endpunkt bahnen? Für diesen Bitfluss wollen Sie als Entwickler sorgen. Damit fangen aber wegen der oben erwähnten Vielgestaltigkeit der IT-Welt die Probleme an: verschiedene Plattformen, unterschiedliche Programmiersprachen, mehrere Klassenbibliotheken, eine Vielzahl zu beachtender Spezifikationen usw.

Einen ersten Schritt in Richtung Vereinheitlichung beschritt die Firma Sun mit Java. Der Erfolg, den diese plattformunabhängige Sprache hatte und auch immer noch hat, war auch ein Zeichen für Microsoft, um das Entwicklerterrain zu kämpfen. Nach einer eingehenden Analyse der Anforderungen, die gegen Ende der 90er-Jahre an die damalige Software gestellt wurden, sowie einer Trendanalyse der Folgejahre wurde das .NET Framework entwickelt. Dabei konnte Microsoft die »Gunst der späten Stunde« nutzen und die Nachteile und Schwachpunkte, die jedes Produkt, also auch Java, hat, durch neue Ideen ausmerzen.

Nein, .NET ist natürlich auch kein Heilsbringer und wird sicherlich nicht die Menschheit überdauern. Aber nach heutigen Maßstäben ist .NET das wahrscheinlich effizienteste Framework, in dessen Mittelpunkt die .NET-Klassenbibliothek steht. Diese bietet Ihnen alles, was Sie zum Entwickeln brauchen – egal, ob es sich um eine einfache Anwendung handelt, die nur ein paar Daten anzeigt, oder um eine Unternehmensanwendung großen Stils. Sie können Desktop-Anwendungen genauso erstellen wie eine hochkomplexe Internet-Anwendung. Sie können die Office-Produkte damit programmieren, fremde Datenquellen anzapfen, Programme für Ihren Pocket-PC schreiben und vieles mehr. Dazu müssen Sie sich nicht immer wieder in neue Programmiersprachen und neue Entwicklungsumgebungen einarbeiten, denn alles ist wie aus einem Guss.

Ich möchte jetzt nicht den Eindruck vermitteln, dass alles ganz einfach ist und Sie demnächst ganz tolle Anwendungen mit den tollsten Features präsentieren können. Dafür ist die .NET-Klassenbibliothek einfach zu umfangreich. Aber Sie können sich darauf verlassen, dass Sie sich nun auf das Wesentliche Ihrer Arbeit konzentrieren können: Sie arbeiten unabhängig vom Typ der zu entwickelnden Anwendung immer in derselben Umgebung, zum Beispiel mit Visual Studio 2012. Sie brauchen sich nicht immer wieder aufs Neue in andere Programmiersprachen einzuarbeiten, sondern können auf gewonnene Kenntnisse aufsetzen. Und Ihnen werden alle Mittel an die Hand gegeben, um auf wirklich einfachste Weise mit fremden Anwendungen zu kommunizieren, wenn sich diese an bestimmten, allgemein anerkannten Spezifikationen orientieren. XML ist hierbei das Zauberwort, das das alles ermöglicht.

Eine Funktionsbibliothek (eigentlich müsste ich an dieser Stelle richtigerweise von einer Klassenbibliothek sprechen) ist nur so gut, wie sie auch zukünftige Anforderungen befriedigen kann. Dass .NET hier architektonisch den richtigen Weg beschritten hat, beweist die derzeit aktuelle Version 4.5.

Genau an dieser Stelle darf ich Ihnen natürlich auch den großen Haken nicht verschweigen, den die ansonsten so hervorragende Umgebung hat: Sie werden mit Sicherheit niemals alle Tiefen von .NET ergründen. Als jemand, der von der ersten Beta-Version an mit dabei war, muss ich sagen, dass ich mich immer wieder aufs Neue davon überraschen lassen muss, welche Fähigkeiten in der .NET-Klassenbibliothek schlummern. Verabschieden Sie sich von der Idee, jemals alle Klassen mit ihren Fähigkeiten erfassen zu können. Die Klassenbibliothek ist einfach zu mächtig.

1.1.1 Ein paar Worte zu diesem Buch

Mit der Einführung von .NET in den Jahren 2001/2002 änderte sich die Philosophie der Anwendungsentwicklung – zumindest im Hause Microsoft. Die Karten wurden neu gemischt, denn das architektonische Konzept war – zumindest für das Haus Microsoft – neu. Da .NET grundsätzlich plattformunabhängig ist, ähnlich wie Java auch, zeigte Microsoft gleichzeitig zum ersten Mal ernsthaft die Akzeptanz anderer Plattformen.

.NET ist 100%ig objektorientiert. Das ist Fakt. Obwohl das objektorientierte Programmieren schon seit vielen Jahren in vielen Sprachen eingeführt worden ist, sind nicht alle professionellen Entwickler in der Lage, auf dieser Basis Programme zu entwickeln. Teilweise sträuben sie sich sogar mit Händen und Füßen gegen die Denkweise in Klassen und Objekten, denn ihre Denkweise ist zu sehr in der prozeduralen Programmierung verwurzelt.

Es spielt keine Rolle, ob man einfachste Programme zur Konsolenausgabe entwickelt, lokale Windows-Anwendungen oder Applikationen für das Internet – immer spielen Klassen und Objekte die tragende Rolle. Daher ist es unumgänglich, zunächst die Grundlagen einer .NET-Entwicklungssprache einschließlich des objektorientierten Ansatzes zu beherrschen, bevor man sich in das Abenteuer visualisierter Oberflächen stürzt.

Mit diesem Buch möchte ich Ihnen diese notwendigen Grundlagen fundiert und gründlich vermitteln und danach zeigen, wie mit der *Windows Presentation Foundation* (WPF) Windows-Anwendungen entwickelt werden und wie Sie mit ADO.NET auf Datenbanken zugreifen. Das Buch ist in Kapitel aufgeteilt, die logisch aufeinander aufbauen. Jedes Kapitel enthält wiederum einzelne Abschnitte, die ein untergeordnetes Thema abgrenzen. Die Gliederung könnte man wie folgt beschreiben:

- Einführung in die Entwicklungsumgebung
- Die Sprachsyntax von Visual C# einschließlich des objektorientierten Ansatzes
- Die wichtigsten .NET-Klassenbibliotheken
- Die Entwicklung einer grafischen Benutzerschnittstelle mit der Windows Presentation Foundation (WPF)
- Datenzugriffe mit ADO.NET und dem Entity Framework

In diesem Kapitel werden zuerst die elementaren Grundlagen von .NET erörtert. Zwangsläufig fallen deshalb schon im ersten Kapitel Begriffe, die Ihnen möglicherweise zu diesem Zeitpunkt nicht sehr viel sagen. Ich gebe gern zu, auch ich hasse Bücher, die sich zunächst ausgiebig über eine Technologie auslassen, mit Fachbegriffen jonglieren und sich erst nach einigen frustrierenden Seiten dem eigentlichen Thema widmen. Dennoch ist es unumgänglich, zuerst den Kern von .NET mit seinen Vorteilen für den Programmierer zu erläutern, bevor man sich mit der Sprache auseinandersetzt. Allerdings werde ich mir Mühe geben, Sie dabei nicht allzu sehr zu strapazieren, und mich auf das beschränken, was für den Einstieg als erste Information unumgänglich ist. Lassen Sie sich also nicht entmutigen, wenn ein Begriff fällt, den Sie nicht zuordnen können, und lesen Sie ganz locker weiter – in diesem Buch werde ich nichts als bekannt voraussetzen, Sie werden alles noch intensiv lernen.

Bevor wir uns ab Kapitel 2 der Sprache widmen, wird die überarbeitete Entwicklungsumgebung Visual Studio 2012 vorgestellt (die übrigens jetzt auch mit der WPF designt wurde). Wenn Sie mit einer alten Version von Visual Studio gearbeitet haben, werden Sie sicherlich schnell mit der neuen vertraut, obwohl sich in der neusten Version das Layout deutlich verändert hat. Sollten Sie keine Erfahrungen mitbringen, dürften am Anfang einige Probleme mit dem Handling auftreten. Dazu kann ich Ihnen nur einen Rat geben: Lassen Sie sich nicht aus der Fassung bringen, wenn sich »wie von Geisterhand« klammheimlich plötzlich ein Fenster in die Entwicklungsumgebung scrollt oder Sie die Übersicht verlieren – vor den Erfolg haben die Götter den Schweiß gesetzt.

In Kapitel 2 beginnen wir mit dem eigentlichen Thema dieses Buches. Ich stelle Ihnen die Syntax der Sprache Visual C# 2012 vor, lasse dabei aber noch sämtliche Grundsätze des objektorientierten Ansatzes weitestgehend außer Acht. Sie sollen zunächst lernen, Variablen zu deklarieren, mit Daten zu operieren, Schleifen zu programmieren usw. In den Kapiteln 3 bis 17 wenden wir uns ausführlich dem objektorientierten Ansatz zu und werden auch ein paar besondere Technologien beleuchten, in Kapitel 14 beispielsweise XML.

Diese Kapitel gehören sicherlich zu den wichtigsten in diesem Buch, denn Sie werden niemals eine .NET-basierte Anwendung entwickeln können, wenn Sie nicht in der Lage sind, klassenorientierten Code zu lesen und zu schreiben.

Anschließend stelle ich Ihnen die *Windows Presentation Foundation* (WPF) vor. Mit dieser Programmierschnittstelle können Sie Windows-Anwendungen entwickeln, basierend auf der Beschreibungssprache XAML.

Datenbanken spielen in nahezu jeder Anwendung eine wichtige Rolle. In den letzten Kapiteln werden wir uns daher mit ADO.NET und dem neuen Entity Framework beschäftigen. ADO.NET beschreibt Klassen, um auf Daten aus einer beliebigen Datenquelle, hier insbesondere einer Datenbank, zuzugreifen. Das Entity Framework bietet demgegenüber einen ganz anderen Ansatz, um Daten abzufragen, und rundet thematisch dieses Buch ab.

Vielleicht werden Sie sich fragen, wo denn ASP.NET-Webanwendungen, ASP.NET-Webdienste, .NET-Remoting, Windows Communication Foundation (WCF) usw. ihre Erwähnung finden. Meine Antwort dazu lautet: Nirgendwo in diesem Buch. Denn schauen Sie sich nur den Gesamtumfang des Buches an, das Sie gerade in den Händen halten. Die Themen, die hier beschrieben sind, werden nicht nur oberflächlich behandelt, sondern gehen oft auch ins Detail. Es bleibt kein Platz mehr für die anderen Technologien.

1.1.2 Die Beispielprogramme

Begleitend zu der jeweiligen Thematik werden in jedem Kapitel Beispiele entwickelt, die Sie auf der DVD-ROM finden, die diesem Buch beiliegt. Im Buch sind diese Beispiele am Anfang des Quellcodes wie folgt gekennzeichnet:

```
// Beispiel: ...\Kapitel 6\EinBeispielprogramm
```

Dieses Beispiel gehört demnach zu Kapitel 6, und der Name der Anwendung lautet *EinBeispielprogramm*.

Eine allgemeine Bemerkung noch zu den Beispielen und Codefragmenten. Als Autor eines Programmierbuches steht man vor der Frage, welchen Schwierigkeitsgrad die einzelnen Beispiele haben sollen. Werden komplexe Beispiele gewählt, liefert man häufig eine Schablone, die in der täglichen Praxis mit mehr oder weniger vielen Änderungen oder Ergänzungen übernommen werden kann. Andererseits riskiert man damit aber auch, dass mit der Komplexität der Blick des Lesers für das Wesentliche verloren geht und schlimmstenfalls die Beispiele nicht mit der Intensität studiert werden, die zum Verständnis der Thematik erforderlich wäre.

Ich habe mich für einfachere Beispielprogramme entschieden. Einen erfahrenen Entwickler sollte das weniger stören, weil er sich normalerweise mehr für die Möglichkeiten der Sprache interessiert, während für einen Einsteiger kleine, überschaubare Codesequenzen verständlicher und letztendlich auch motivierender sind.

1.2 .NET unter die Lupe genommen

1.2.1 Das Entwicklerdilemma

Mit .NET hat Microsoft im Jahr 2002 eine Entwicklungsplattform veröffentlicht, die inzwischen von vielen Entwicklungsteams akzeptiert und auch eingesetzt wird. Kommerzielle Gründe spielten für Microsoft sicherlich auch eine Rolle, damals einen Neuanfang in der Philosophie seiner Softwareentwicklung herbeizuführen. In den Jahren zuvor hatte sich bereits abgezeichnet, dass sich die Ansprüche an moderne Software grundlegend ändern würden. Das Internet spielte dabei wohl die wesentlichste Rolle, aber auch die Anforderung, dem erhöhten Aufkommen clientseitiger Anfragen an einen Zentralserver durch skalierbare Anwendungen zu begegnen. Der Erfolg von Java, das sich in den Jahren zuvor als eine der bedeutendsten Programmiersprachen etablierte, mag der Beweis dafür sein, denn Java spielt seine Stärken in erster Linie bei der Entwicklung webbasierter und verteilter Anwendungen aus.

Die damaligen Probleme waren nicht neu, und Technologien gab es schon länger – auch bei Microsoft. Mit COM/COM+ ließen sich zwar auch vielschichtige und skalierbare Anwendungen entwickeln, aber unzweifelhaft war die Programmierung von COM+ wegen der damit verbundenen Komplexität als nicht einfach zu bezeichnen. Es gibt nicht sehr viele Entwickler, die von sich behaupten können, diese Technologie »im Griff« gehabt zu haben. Damit trat auch ein Folgeproblem auf, denn grundsätzlich gilt: Je komplizierter eine Technologie ist, desto fehleranfälliger wird die Software. Man muss nicht unbedingt ein Microsoft-Gegner sein, um zu sagen, dass selbst der Urheber dieser Technologien diese oft nur unzureichend in den hauseigenen Produkten umsetzt.

Die Aussage, dass die Vorteile der .NET-Systemplattform nur der Entwicklung verteilter Systeme wie dem Internet zugutekommen, beschreibt ihre Möglichkeiten nur völlig unzureichend. Selbstverständlich lassen sich auch einfache Windows- und Konsolenanwendungen auf Basis von .NET entwickeln. Die Vorteile beziehen sich aber nicht nur auf Anwendungen selbst, sondern vermieden auch ein Dilemma der Entwickler. Die Entscheidung für eine bestimmte Programmiersprache war in der Vergangenheit fast schon eine Glaubensfrage – nicht nur, was die Programmiersprache anging, denn die Festlegung auf eine bestimmte Sprache war auch die Entscheidung für eine bestimmte Funktions- bzw. Klassenbibliothek.

Windows-Programme basieren alle auf der Systemschnittstelle einer Funktionssammlung, die als WinAPI-32 bezeichnet wird. Da diese Funktionssammlung einige tausend Funktionen enthält, wurden verwandte Funktionalitäten in Klassen zusammengeführt und konnten über Methodenaufrufe angesprochen werden. Dieses Prinzip vereinfachte die Programmierung deutlich, aber bedauerlicherweise gab es nicht eine einzige, sondern gleich mehrere herstellerspezifische Klassenbibliotheken, die zwar ein ähnliches Leistungsspektrum aufwiesen, aber grundlegend anders definiert waren. Die *Microsoft Foundation Classes* (MFC) für Visual C++ ist die Klassenbibliothek von Microsoft, und Borland-Inprise kochte mit der *Object Windows Library* (OWL) ein eigenes Süppchen. Der Wechsel von einer Programmiersprache zu einer anderen bedeutete in der Regel auch, sich in eine andere Bibliothek einzuarbeiten. Beides kostet nicht nur sehr viel Zeit, sondern bedeutet auch finanziellen Aufwand.

Es mag fast erstaunen (oder auch nicht) – es gibt neben Windows tatsächlich auch noch andere Betriebssysteme, denen man durchaus auch eine Existenzberechtigung zuschreiben muss. Die Entwickler von Java haben das schon vor Jahren erkannt und mit der *Virtual Machine* (VM) eine Komponente bereitgestellt, die auf verschiedene Betriebssystemplattformen portiert werden kann. Dies ist einer der größten Vorteile von Java und hat sicherlich viele Entscheidungsträger in den Unternehmen beeinflusst. Code lässt sich auf Windows-Plattformen entwickeln und auf einer Unix-Maschine installieren – ein reizvoller Gedanke, Investitionen von einem bestimmten System zu lösen und sie nicht daran zu binden.

1.2.2 .NET – Ein paar allgemeine Eigenschaften

Es ist kein Zufall, dass ich im vorherigen Abschnitt öfter Java erwähnt habe. Wenn Sie das Konzept von Java kennen oder vielleicht in der Vergangenheit sogar mit Java programmiert haben, werden Sie sehr viele Parallelen zu .NET erkennen. Microsoft ist in der Vergangenheit sicher nicht entgangen, worauf der Erfolg von Java zurückzuführen ist. In Kenntnis der Fakten hat man die Idee, die hinter Java steckt, übernommen und dabei versucht, die bekannten Schwachstellen des Ansatzes bzw. der Sprache auszumerzen. Es darf sich bei Ihnen jetzt allerdings nicht die Meinung festigen, .NET sei nur eine Kopie von Java – .NET hat die Messlatte spürbar höher gelegt.

Wir wollen uns nun ansehen, welche wesentlichen programmiertechnischen Neuerungen .NET mit sich bringt.

- **Objektorientierung**
  .NET ist 100%ig objektbasiert und bildet eine konsistente Schicht zur Anwendungsentwicklung. Es gibt keine Elemente, die sich nicht auf Objekte zurückführen lassen. Sogar so einfache Datentypen wie der Integer werden als Objekte behandelt. Auch Zugriffe auf das darunterliegende Betriebssystem werden durch Klassen gekapselt.

- **WinAPI-32-Ersatz**
  Langfristig beabsichtigt Microsoft, das Win32-API durch die Klassen des .NET Frameworks zu ersetzen. Damit verwischen auch die charakteristischen Merkmale der verschiedenen Sprachen. Ob eine Anwendung mit Visual Basic .NET programmiert wird oder mit C# oder C++ – es spielt keine Rolle mehr. Alle Sprachen greifen auf die gleiche Bibliothek zurück, sprachspezifische, operative Bibliotheken gibt es nicht mehr. Die Konsequenz ist, dass die Wahl einer bestimmten Sprache nicht mehr mit der Entscheidung gleichzusetzen ist, wie effizient eine Anwendung geschrieben werden kann oder was sie zu leisten imstande ist.

- **Plattformunabhängigkeit**
  Anwendungen, die auf .NET basieren, laufen in einer Umgebung, die mit der virtuellen Maschine von Java verglichen werden kann, in der erst zur Laufzeit einer Anwendung der Maschinencode erzeugt wird. Die Spezifikation der Laufzeitumgebung (*Common Language Runtime* – CLR) ist keine geheime Verschlusssache von Microsoft, sondern offen festgelegt. In letzter Konsequenz bedeutet das aber auch, dass sich die *Common Language Runtime* auch auf Plattformen portieren lässt, die nicht Windows heißen, z.B. auf Unix oder Linux. Als Beweis sei hier *MonoProject* genannt, mit dem .NET erfolgreich auf die Linux-Plattform portiert worden ist.

- **Sprachunabhängigkeit**
  Es spielt keine Rolle, in welcher Programmiersprache eine Komponente entwickelt wird. Eine in C# 2010 geschriebene Klasse kann aus VB.NET, F# oder jeder anderen .NET-konformen Sprache heraus aufgerufen werden, ohne den Umweg über eine spezifizierte Schnittstellentechnologie wie COM/COM+ gehen zu müssen. Darüber hinaus lässt sich beispielsweise eine in Visual C# implementierte Klasse auch aus einer VB.NET-Klasse ableiten – oder umgekehrt.

- **Speicherverwaltung**
  Die Freigabe von nicht mehr benötigtem Speicher war schon immer ein Problem. Unter .NET braucht sich ein Entwickler darum nicht mehr zu kümmern, da der im Hintergrund arbeitende Prozess des *Garbage Collectors* diese Aufgaben übernimmt und nicht mehr benötigte Objekte erkennt und automatisch aus dem Speicher entfernt.

- **Weitergabe**
  Ein .NET-Programm weiterzugeben ist viel einfacher geworden – insbesondere im Vergleich zu einem auf COM basierenden Programm, das Einträge in die Registrierungsdatenbank vornehmen muss. Im einfachsten Fall reicht es vollkommen aus, ein .NET-Programm (d.h. eine EXE- oder DLL-Datei) in das dafür vorgesehene Verzeichnis zu kopieren. Darüber hinaus ist aber auch die Verteilung mit einem Installationsassistenten und – ganz neu unter .NET 2.0 – mit ClickOnce möglich.

1.2.3 Das Sprachenkonzept

Die drei Entwicklungssprachen, die in der Vergangenheit hauptsächlich das Bild in der Anwendungsentwicklung prägten, waren C++, Java und Visual Basic 6.0. Seit dem Jahr 2002 und dem Erscheinen des .NET Frameworks 1.0 gesellten sich noch die .NET-Sprachen dazu, allen voran C#.

Betrachten wir jetzt nur die drei zuerst genannten Sprachen. Nehmen wir an, wir würden mit jeder ein einfaches ausführbares Programm schreiben. Wie sehen die Kompilate dieser drei Sprachen aus, und wie werden die drei Kompilate ausgeführt, wenn wir sie auf einen Rechner kopieren, auf dem nur das Betriebssystem installiert ist?

- Nach der Kompilierung des C/C++-Quellcodes erhalten wir eine *.exe*-Datei, die beispielsweise durch einen einfachen Doppelklick im Explorer des frisch installierten Rechners gestartet werden kann. Das Kompilat wird jedoch auf einer anderen Plattform nicht lauffähig sein, denn dazu wäre zuerst eine Neukompilierung erforderlich.

- Eine mit dem VB6-Compiler erzeugte ausführbare Datei kann auf unserer jungfräulichen Betriebssysteminstallation nicht sofort gestartet werden, obwohl die Dateiendung *.exe* lautet. Wir benötigen zur Ausführung einen Interpreter, d.h. das Laufzeitmodul von Visual Basic, der uns den kompilierten Zwischencode in den ausführbaren nativen CPU-Maschinencode übersetzt. Die Portierung eines VB-Programms auf eine andere Plattform ist nicht möglich.

- Java arbeitet prinzipiell ähnlich wie Visual Basic 6.0. Es wird ein Zwischencode generiert, der sogenannte Bytecode. Die kompilierten Dateien haben die Dateiendung *.class*. Zur Laufzeit wird dieser Code zuerst durch einen Interpreter geschickt, der als *virtuelle Maschine* (VM) bezeichnet wird. Vorausgesetzt, die VM wurde bei der Installation des Betriebssystems installiert, kann man die Java-Anwendung starten. Das Kompilat ist sogar plattformunabhängig und kann auch auf andere Systeme verteilt werden.

Insbesondere die Plattformunabhängigkeit des Kompilats ist bisher ein deutliches Argument für viele Unternehmen gewesen, nicht nur in heterogenen Umgebungen verstärkt auf Java zu setzen.

Entwickeln wir eine .NET-basierte Anwendung, ähnelt der Ablauf der Kompilierung bis zum Start der Laufzeitumgebung dem Ablauf unter Java. Zuerst wird ein Zwischencode erzeugt, der CPU-unabhängig ist. Die Dateiendung lautet *.exe*, wenn wir eine eigenstartfähige Anwendung entwickelt haben. Allerdings ist diese Datei nicht ohne Weiteres lauffähig, sie benötigt zur Laufzeit einen »Endcompiler«, der den Zwischencode in nativen, plattformspezifischen Code übersetzt. Der Zwischencode einer .NET-Anwendung wird als **MSIL**-Code (*Microsoft Intermediate Language*) oder nur kurz als **IL** bezeichnet, und der Endcompiler wird **JIT**-Compiler (*Just-In-Time*) oder auch nur kurz **JITter** genannt.

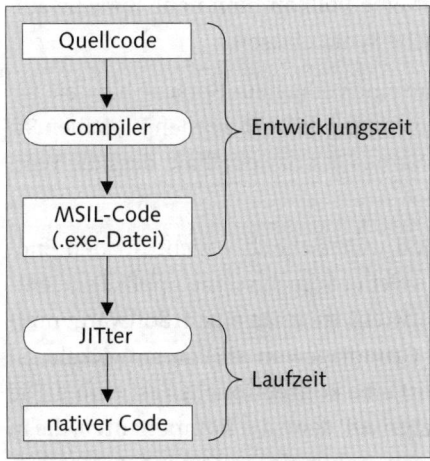

Abbildung 1.1 Der Ablauf der Entwicklung eines .NET-Programms bis zur Laufzeit

1.2.4 Die »Common Language Specification« (CLS)

Wenn Sie sich in Abbildung 1.1 den Prozessablauf vom Quellcode bis zur Ausführung einer .NET-Anwendung ansehen, müssten Sie sich sofort die Frage stellen, wo der Unterschied im Vergleich zu einer Java-Anwendung zu finden ist – das Diagramm scheint, bis auf die Namensgebung, austauschbar zu sein. Dabei verzichten wir jedoch darauf, andere spezifische Merkmale der beiden Umgebungen zu betrachten, die bei einer genaueren Analyse auch eine Rolle spielen würden.

Vielleicht ist es Ihnen nicht aufgefallen, aber ich habe die Worte ».NET-Anwendung« und »Java-Anwendung« benutzt – eine kleine Nuance mit weitreichender Konsequenz. Eine Java-Anwendung ist, darauf weist schon der Name hin, mit der Programmiersprache Java entwickelt worden; eine .NET-Anwendung hingegen ist nicht sprachgebunden. Sicher, in diesem Buch werden wir uns mit Visual C# beschäftigen, aber es macht praktisch keinen Unterschied, ob die Anwendung in Visual C# 2012, in Visual Basic 2012 oder F# entwickelt worden ist. Ausschlaggebend ist am Ende des Kompiliervorgangs nur ein kompatibler IL-Code, ungeachtet der zugrunde liegenden Sprache.

Um sprachunabhängigen Code erzeugen zu können, muss es Richtlinien geben, an die sich alle .NET-Sprachen halten müssen, um ein Fiasko zu vermeiden. Diese Richtlinien, in denen die fundamentalen Eigenschaften einer .NET-kompatiblen Sprache festgelegt sind, werden durch die **Common Language Specification** (CLS) beschrieben. Die Common Language Specification ist ein offener Standard. Das hatte schon frühzeitig zur Folge, dass lange vor der offiziellen Einführung von .NET viele Softwareunternehmen andere Sprachen, beispielsweise Delphi, Eiffel und Cobol auf .NET portiert haben.

Wenn alle Sprachen tatsächlich gleichberechtigt sind und dasselbe Ergebnis liefern, stellt sich natürlich die Frage, warum es zukünftig nicht nur eine Sprache gibt. Sogar Microsoft bietet mit C#, F#, C++ und VB .NET im Visual Studio vier verschiedene Sprachen an. Der Grund ist recht einfach: Man möchte den Entwicklern nicht eine vollkommen neue Sprache aufzwingen, sondern ihnen die gewohnte sprachspezifische Syntax lassen.

Wenn Sie nun anmerken sollten, dass es sich bei C# um eine völlig neue Sprache handelt, die mit der Veröffentlichung des .NET Frameworks zur Verfügung gestellt worden ist, haben Sie vollkommen recht. Allerdings assoziiert bereits der Name C# unzweifelhaft, dass die Wurzeln dieser Sprache in C/C++ zu finden sind.

Die Konsequenzen, die sich aus der CLS ergeben, sind weitreichend – nicht für den Endanwender, den es nicht im geringsten interessiert, in welcher Sprache seine Applikation entwickelt wird, sondern vielmehr für ein heterogenes Entwicklerteam in einem Softwareunternehmen. Die Entscheidung, eine Anwendung auf der Grundlage von .NET zu entwickeln, ist keine Entscheidung für oder gegen eine Sprache – es ist eine konzeptionelle Festlegung. Die Bedeutung der einzelnen Sprachen rückt in den Hintergrund, denn die Komponenten, die in einer .NET-konformen Sprache geschrieben sind, können problemlos miteinander interagieren. Eine Klasse, die in C# geschrieben ist, kann von einer Klasse in Visual Basic 2012 beerbt werden. Beide Klassen können Daten miteinander austauschen und Ausnahmen weiterreichen. Es gibt unter .NET keine bevorzugte Programmiersprache.

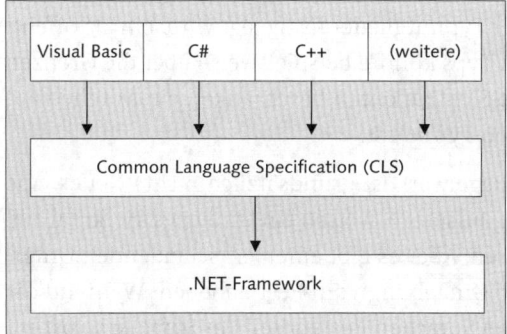

Abbildung 1.2 Die Common Language Specification als Basis der Sprachunabhängigkeit

1.2.5 Das »Common Type System« (CTS)

Jede Entwicklungsumgebung beschreibt als eines ihrer wichtigsten Merkmale ein Typsystem, in dem einerseits Datentypen bereitgestellt werden und andererseits Vorschriften definiert sind, nach denen ein Entwickler die standardmäßigen Typen durch eigene erweitern kann. Darüber hinaus muss auch eine Regelung getroffen werden, wie auf die Typen zugegriffen wird.

Mit dem Common Type System (CTS) der .NET-Plattform wird die sprachübergreifende Programmentwicklung spezifiziert und sichergestellt, dass Programmcode unabhängig von der zugrunde liegenden Sprache miteinander interagieren kann. Damit legt das Common Type System die Grundlage für die im vorhergehenden Abschnitt erläuterte Sprachunabhängigkeit.

Alle Typen, die unter .NET zur Verfügung gestellt werden, lassen sich in zwei Kategorien aufteilen:

- Wertetypen
- Referenztypen

Wertetypen werden auf dem Stack abgelegt. Zu ihnen gehören die in der Entwicklungsumgebung eingebauten ganzzahligen Datentypen und die Datentypen, die Fließkommazahlen beschreiben. Referenztypen werden hingegen auf dem Heap abgelegt. Zu ihnen gehören unter anderem die aus den Klassen erzeugten Objekte.

Obwohl Wertetypen im ersten Moment nicht den Anschein erwecken, dass sie von der .NET-Laufzeitumgebung als Objekte behandelt werden, ist dies kein Widerspruch zu der Aussage von vorhin, dass .NET nur Objekte kennt. Tatsächlich erfolgt zur Laufzeit eine automatische Umwandlung von einen Werte- in einen Referenztyp durch ein Verfahren, das als **Boxing** bezeichnet wird.

Typen können ihrerseits Mitglieder enthalten: Felder, Eigenschaften, Methoden und Ereignisse. Dem Common Type System nur die Festlegung von Typen zuzuschreiben würde die vielfältigen Aufgaben nur vollkommen unzureichend beschreiben. Das CTS gibt zudem die Regeln vor, nach denen die Sichtbarkeit dieser Typmitglieder festgelegt wird. Ein als öffentlich deklariertes Mitglied eines vorgegebenen Typs könnte beispielsweise über die Grenzen der Anwendung hinaus sichtbar sein; andere Sichtbarkeiten beschränken ein Mitglied auf die aktuelle Anwendung oder sogar nur auf den Typ selbst.

Das vom Common Type System festgelegte Regelwerk ist grundsätzlich nichts Neues. Alle anderen Sprachen, auch die, die nicht auf .NET aufsetzen, weisen ein ähnliches Merkmal auf, um ein Typsystem in die Sprache zu integrieren. Aber es gibt einen entscheidenden Unterschied, durch den sich alle Sprachen der .NET-Umgebung vom Rest abheben: Während die Definition des Typsystems bei herkömmlichen Sprachen Bestandteil der Sprache selbst ist, wandert das .NET-Typsystem in die Laufzeitumgebung. Die Folgen sind gravierend: Kommunizieren zwei Komponenten miteinander, die in unterschiedlichen Sprachen entwickelt worden sind, sind keine Typkonvertierungen mehr notwendig, da sie auf demselben Typsystem aufsetzen.

Stellen Sie sich vor, es würde keine Regelung durch das CTS geben und C# würde einen booleschen Typ definieren, der 2 Byte groß ist, während C++ .NET denselben Datentyp definiert, jedoch mit einer Größe von 4 Byte. Der uneingeschränkte Informationsaustausch wäre nicht möglich, sondern würde zu einem Merkmal der Sprache degradiert. Im gleichen Moment würde das ansonsten sehr stabile Framework wie ein Kartenhaus in sich zusammenbrechen – eine fundamentale Stütze wäre ihm entzogen. Dieses Dilemma ist nicht unbekannt und beschert anderen Sprachen große Schwierigkeiten dabei, Funktionen der WinAPI-32 direkt aufzurufen. Ein Beispiel für diese Sprachen ist Visual Basic 6.0.

1.2.6 Das .NET Framework

Ein Framework ist ein Gerüst, mit dem Anwendungen entwickelt, kompiliert und ausgeführt werden. Es setzt sich aus verschiedenen Richtlinien und Komponenten zusammen. Sie haben in Abschnitt 1.2.4 mit der Common Language Specification (CLS) und dem Common Type System (CTS) bereits einen Teil des .NET Frameworks kennengelernt. Wir müssen aber dieses Anwendungsgerüst noch um zwei sehr wichtige Komponenten ergänzen:

- die *Common Language Runtime* (CLR)
- die .NET-Klassenbibliothek
- Sie können in manchen Veröffentlichungen noch weitere Komponentenangaben finden, beispielsweise ADO.NET und ASP.NET. Es ist wohl mehr eine Sache der Definition, wo die Grenzen eines Frameworks gesetzt werden, da dieser Begriff keine klar umrissene Bedeutung hat. Die .NET-Klassenbibliothek ihrerseits stellt einen Oberbegriff dar, unter dem sich sowohl ADO.NET als auch ASP.NET eingliedern lassen.

1.2.7 Die »Common Language Runtime« (CLR)

Die *Common Language Runtime* (CLR) ist die Umgebung, in der die .NET-Anwendungen ausgeführt werden – sie ist gewissermaßen die allen gemeinsame Laufzeitschicht. Der Stellenwert dieser Komponente kann nicht hoch genug eingestuft werden, denn mit ihren Fähigkeiten bildet die CLR den Kern von .NET.

Die CLR ist ein Verwalter – auf Englisch »Manager«. Tatsächlich wird der Code, der in der Common Language Runtime ausgeführt wird, auch als verwalteter Code bezeichnet – oder im Englischen als **Managed Code**. Umgekehrt kann mit Visual Studio 2012 auch unverwalteter Code geschrieben werden. In unverwaltetem oder **Unmanaged Code** sind beispielsweise Treiberprogramme geschrieben, die direkt auf die Hardware zugreifen und deshalb plattformabhängig sind.

Sie müssen sich die Common Language Runtime nicht als eine Datei vorstellen, der eine bestimmte Aufgabe im .NET Framework zukommt, wenn verwalteter Code ausgeführt wird. Vielmehr beschreibt die CLR zahlreiche Dienste, die als Bindeglied zwischen dem verwalteten IL-Code und der Hardware den Anforderungen des .NET Frameworks entsprechen und diese sicherstellen. Zu diesen Diensten gehören:

- der **Class Loader**, um Klassen in die Laufzeitumgebung zu laden
- der **Type Checker** zur Unterbindung unzulässiger Typkonvertierungen
- der **JITter**, um den MSIL-Code zur Laufzeit in nativen Code zu übersetzen, der im Prozessor ausgeführt werden kann
- der **Exception Manager**, der die Ausnahmebehandlung unterstützt
- der **Garbage Collector**, der eine automatische Speicherbereinigung anstößt, wenn Objekte nicht mehr benötigt werden
- der **Code Manager**, der die Ausführung des Codes verwaltet
- die **Security Engine**, die sicherstellt, dass der User über die Berechtigung verfügt, den angeforderten Code auszuführen
- die **Debug Machine** zum Debuggen der Anwendung
- der **Thread Service** zur Unterstützung multithreading-fähiger Anwendungen
- der **COM Marshaller** zur Sicherstellung der Kommunikation mit COM-Komponenten (COM = Component Object Model)

Die Liste ist zwar lang, vermittelt aber einen Einblick in die verschiedenen Aufgabenbereiche der Common Language Runtime.

1.2.8 Die .NET-Klassenbibliothek

Das .NET Framework, das inzwischen in der Version 4.5 vorliegt, ist ausnahmslos objektorientiert ausgerichtet. Für Entwickler, die sich bisher erfolgreich dem objektorientierten Konzept widersetzt und beharrlich auf prozeduralen Code gesetzt haben (solche gibt es häufiger, als Sie vielleicht vermuten), fängt die Zeit des Umdenkens an, denn an der Objektorientierung führt unter .NET kein Weg mehr vorbei.

Alles im .NET Framework wird als Objekt betrachtet. Dazu zählen sogar die nativen Datentypen der *Common Language Specification* wie der Integer. Die Folgen sind weitreichend, denn schon mit einer einfachen Deklaration wie

```
int iVar;
```

erzeugen wir ein Objekt mit allen sich daraus ergebenden Konsequenzen. Wir werden darauf in einem der folgenden Kapitel noch zu sprechen kommen.

Die .NET-Klassen stehen nicht zusammenhangslos im Raum, wie beispielsweise die Funktionen der WinAPI-32, sondern stehen ausnahmslos in einer engen Beziehung zueinander, der .NET-Klassenhierarchie. Eine Klassenhierarchie können Sie sich wie einen Familienstammbaum vorstellen, in dem sich, ausgehend von einer Person, alle Nachkommen abbilden lassen. Auch die .NET-Klassenhierarchie hat einen Ausgangspunkt, gewissermaßen die Wurzel der Hierarchie: Es ist die Klasse Object. Jede andere Klasse des .NET Frameworks kann darauf zurückgeführt werden und erbt daher deren Methoden. Außerdem kann es weitere Nachfolger geben, die sowohl die Charakteristika der Klasse Object erben als auch die ihrer direkten Vorgängerklasse. Auf diese Weise bildet sich eine mehr oder weniger ausgeprägte Baumstruktur.

Für Visual C++-Programmierer ist eine Klassenhierarchie nichts Neues, sie arbeiten bereits seit vielen Jahren mit den MFC (*Microsoft Foundation Classes*). Auch Java-Programmierer haben sich an eine ähnliche Hierarchie gewöhnen müssen.

Eine Klassenhierarchie basiert auf einer Bibliothek, die strukturiert ihre Dienste zum Wohle des Programmierers bereitstellt und letztendlich die Programmierung vereinfacht. Um allerdings in den Genuss der Klassenbibliothek zu kommen, ist ein erhöhter Lernaufwand erforderlich. Wenn man aber aus dieser Phase heraus ist, kann man sehr schnell und zielorientiert Programme entwickeln, die anfänglichen Investitionen zahlen sich also schnell aus.

Einen kurzen Überblick über den Inhalt der .NET-Klassenbibliothek zu geben, ist schwer, wenn nicht sogar vollkommen unmöglich, denn es handelt sich dabei um einige Tausend vordefinierte Typen. Wenn man sich jetzt vorstellt, dass in jeder Klasse mehr oder weniger viele Methoden definiert sind, also Funktionen im prozeduralen Sinne, kommt man sehr schnell in Größenordnungen von einigen Zehntausend Methoden, die insgesamt von den Klassen veröffentlicht werden. Alle zu kennen dürfte nicht nur an die Grenze der Unwahrscheinlichkeit stoßen, sondern diese sogar deutlich überschreiten. Außerdem kann man davon ausgehen, dass im Laufe der Zeit immer weitere Klassen mit immer mehr zusätzlichen und verfeinerten Features in die Klassenhierarchie integriert werden – sowohl durch Microsoft selbst als auch durch Drittanbieter.

1.2.9 Das Konzept der Namespaces

Da jede Anwendung von Funktionalitäten lebt und der Zugriff auf die Klassenbibliothek zum täglichen Brot eines .NET-Entwicklers gehört, ist ein guter Überblick über die Klassen und insbesondere deren Handling im Programmcode sehr wichtig. Hier kommt uns ein Feature entgegen, das die Arbeit deutlich erleichtert: Es sind die **Namespaces**. Ein Namespace ist eine logische Organisationsstruktur, die völlig unabhängig von der Klassenhierarchie eine Klasse einem bestimmten thematischen Gebiet zuordnet. Damit wird das Auffinden einer Klasse, die bestimmte Leistungsmerkmale aufweist, deutlich einfacher. Das Konzept ist natürlich auch nicht ganz neu. Ob Java wieder Pate gestanden hat, wissen wir nicht. Aber in Java gibt es eine ähnliche Struktur, die als *Package* bezeichnet wird.

Dass das Auffinden einer bestimmten Klasse erleichtert wird, ist nur ein Argument, das für die Namespaces spricht. Einem zweiten kommt eine ebenfalls nicht zu vernachlässigende Bedeutung zu: Jede Klasse ist durch einen Namen gekennzeichnet, der im Programmcode benutzt wird, um daraus möglicherweise ein Objekt zu erzeugen und auf dessen Funktionalitäten zuzugreifen. Der Name muss natürlich eindeutig sein, schließlich können Sie auch nicht erwarten, dass ein Brief, der nur an *Hans Fischer* adressiert ist, tatsächlich den richtigen Empfänger erreicht. Namespaces verhindern Kollisionen zwischen identischen Klassenbezeichnern, sind also mit der vollständigen Adressierung eines Briefes vergleichbar. Nur innerhalb eines vorgegebenen Namespaces muss ein Klassenname eindeutig sein.

Die Namespaces sind auch wieder in einer hierarchischen Struktur organisiert. Machen Sie aber nicht den Fehler, die Klassenhierarchie mit der Hierarchie der Namespaces zu verwechseln. Eine Klassenhierarchie wird durch die Definition der Klasse im Programmcode festgelegt und hat Auswirkungen auf die Fähigkeiten einer Klasse, bestimmte Operationen ausführen zu können, während die Zuordnung zu einem Namespace keine Konsequenzen für die Fähigkeiten eines Objekts einer Klasse hat. Dass Klassen, die einem bestimmten Namespace zugeordnet sind, auch innerhalb der Klassenhierarchie eng zusammenstehen, ist eine Tatsache, die aus den Zusammenhängen resultiert, ist aber kein Muss.

Wenn die Aussage zutrifft, dass Namespaces in einer baumartigen Struktur organisiert werden, muss es auch eine Wurzel geben. Diese heißt im .NET Framework `System`. Dieser Namespace organisiert die fundamentalsten Klassen in einem Verbund. Weiter oben habe ich erwähnt, dass sogar die nativen Datentypen wie der Integer auf Klassendefinitionen basieren – im Namespace `System` ist diese Klasse neben vielen weiteren zu finden. (Anmerkung: Falls Sie die Klasse jetzt aus Neugier suchen sollten – sie heißt nicht Integer, sondern `Int32`).

Unterhalb von `System` sind die anderen Namespaces angeordnet. Sie sind namentlich so gegliedert, dass man schon erahnen kann, über welche Fähigkeiten die einem Namespace zugeordneten Klassen verfügen. Damit Sie ein Gefühl hierfür bekommen, sind in Tabelle 1.1 auszugsweise ein paar Namespaces angeführt.

Die Tabelle gibt kaum mehr als einen Bruchteil aller .NET-Namespaces wieder. Sie sollten allerdings erkennen, wie hilfreich diese Organisationsstruktur bei der Entwicklung einer

Anwendung sein kann. Wenn Sie die Lösung zu einem Problem suchen, kanalisieren die Namespaces Ihre Suche und tragen so zu einer effektiveren Entwicklung bei.

Namespace	Beschreibung
System.Collections	Enthält Klassen, die Auflistungen beschreiben
System.Data	Enthält die Klassen, um über ADO.NET auf Datenbanken zuzugreifen
System.Drawing	Enthält Klassen, die grafische Funktionalitäten bereitstellen
System.IO	Enthält Klassen für Ein- und Ausgabeoperationen
System.Web	Enthält Klassen, die im Zusammenhang mit dem Protokoll HTTP stehen
System.Windows.Forms	Enthält Klassen, um Windows-basierte Anwendungen zu entwickeln

Tabelle 1.1 Auszug aus den Namespaces des .NET Frameworks

Wir können in diesem Buch natürlich nicht alle Namespaces, geschweige denn alle Klassen des .NET Frameworks behandeln. Ob das überhaupt jemals ein Buch zu leisten vermag, darf mehr als nur angezweifelt werden – zu umfangreich ist die Klassenbibliothek.

Sie sollten die wichtigsten Klassen und Namespaces kennen. Was zu den wichtigsten Komponenten gezählt werden kann, ist naturgemäß subjektiv. Ich werde mich daher auf diejenigen konzentrieren, die praktisch in jeder Anwendung von Belang sind bzw. bei jeder eigenen Klassendefinition in die Überlegung einbezogen werden müssen. In diesem Sinne werde ich mich auf die fundamentalen Bibliotheken beschränken, einschließlich der Bibliotheken, die zur Entwicklung einer Windows-Anwendung notwendig sind.

1.3 Assemblys

Das Ergebnis der Kompilierung von .NET-Quellcode ist eine Assembly. Bei der Kompilierung wird, abhängig davon, welchen Projekttyp Sie gewählt haben, entweder eine EXE- oder eine DLL-Datei erzeugt. Wenn Sie nun in diesen Dateien ein Äquivalent zu den EXE- oder DLL-Dateien sehen, die Sie mit Visual Basic 6.0 oder C/C++ erzeugt haben, liegen Sie falsch – beide sind nicht miteinander vergleichbar.

Assemblys liegen im IL-Code vor. Zur Erinnerung: IL bzw. MSIL ist ein Format, das erst zur Laufzeit einer Anwendung vom JITter in nativen Code kompiliert wird. Eine Assembly kann nicht nur eine, sondern auch mehrere Dateien enthalten – sie ist daher eher als die Baugruppe einer Anwendung zu verstehen.

Assemblys liegen, wie auch die herkömmlichen ausführbaren Dateien, im PE-Format (*Portable Executable*) vor, einem Standardformat für Programmdateien unter Windows. Das Öffnen einer PE-Datei hat zur Folge, dass die Datei der Laufzeitumgebung übergeben und als Folge dessen ausgeführt wird. Daher wird Ihnen beim Starten auch kein Unterschied zwischen einer Assembly und einer herkömmlichen Datei auffallen.

1.3.1 Die Metadaten

Assemblys weisen eine grundsätzlich neue, andersartige Struktur auf. Sie enthalten nämlich nicht nur IL-Code, sondern auch sogenannte **Metadaten**. Die Struktur einer kompilierten .NET-Komponente gliedert sich demnach in

- IL-Code und
- Metadaten.

Metadaten sind Daten, die eine Komponente beschreiben. Das hört sich im ersten Moment kompliziert an, ist aber ein ganz triviales Prinzip. Nehmen wir an, Sie hätten die Klasse *Auto* mit den Methoden *Fahren*, *Bremsen* und *Hupen* entwickelt. Wird diese Klasse kompiliert und der IL-Code erzeugt, lässt sich nicht mehr sagen, was der Binärcode enthält und vor allem wie er genutzt werden kann. Wenn eine andere Komponente auf die Idee kommt, den kompilierten Code eines *Auto*-Objekts zu nutzen, steht sie vor verschlossenen Türen.

Den Zusammenhang zwischen Metadaten und IL-Code können Sie sich wie das Verhältnis zwischen Inhaltverzeichnis und Buchtext vorstellen: Man sucht unter einem Stichwort im Inhaltverzeichnis nach einem bestimmten Begriff, findet eine Seitenzahl und kann zielgerichtet im Buch das gewünschte Thema nachlesen. Viel mehr machen die Metadaten eines .NET-Kompilats auch nicht, wenn auch die Funktionsweise naturgemäß etwas abstrakter ist: Sie liefern Objektinformationen, beispielsweise die Eigenschaften eines Objekts und die Methoden. Das geht sogar so weit, dass wir über die Metadaten in Erfahrung bringen, wie die Methoden aufgerufen werden müssen.

Das grundsätzliche Prinzip der Aufteilung in Code und Metadaten ist nicht neu und wurde auch schon unter COM angewandt – allerdings mit einem kleinen, aber doch sehr wesentlichen Unterschied: COM trennt Code und Metadaten. Die Metadaten einer COM-Komponente, die man auch als Typbibliothek bezeichnet, werden in die Registry eingetragen und dort ausgewertet. Das ist nicht gut, denn schließlich sollten Sie Ihren Personalausweis immer bei sich tragen und ihn nicht irgendwo hinterlegen. Ebenso sollte auch der Code nicht von seinen Metadaten getrennt werden. COM ist dazu nicht in der Lage; erst innerhalb des .NET Frameworks wird dieser fundamentalen Forderung nach einer untrennbaren Selbstbeschreibung Rechnung getragen.

Die Metadaten versorgen die .NET-Laufzeitumgebung mit ausreichenden Informationen zum Erstellen von Objekten sowie zum Aufruf von Methoden und Eigenschaften. Sie bilden eine klar definierte Schnittstelle und vereinheitlichen den Objektzugriff, was allen .NET-Entwicklern zugutekommt: Unabhängig von der Sprache – vorausgesetzt, sie ist .NET-konform – können problemlos Objekte verwendet werden, die von anderen Entwicklern bereitgestellt werden. Dass die Objekte in einer beliebigen .NET-Sprache entwickelt sein können, braucht fast nicht erwähnt zu werden.

1.3.2 Das Manifest

Die Folgen der Trennung von Code und Selbstbeschreibung einer COM-Komponente sind uns wahrscheinlich allen bewusst: Durch die Installation einer neuen Anwendung werden alte COM-Komponenten überschrieben, die für andere Anwendungen von existenzieller Bedeutung sind. Die Auswirkungen können fatal sein: Eine Anwendung, die auf die Methoden der überschriebenen Komponente zugreifen will, kann sich im schlimmsten Fall mit einem Laufzeitfehler sang- und klanglos verabschieden.

Mit Assemblierungen gehören diese Fehler definitiv der Vergangenheit an. Verantwortlich dafür sind Metadaten, die nicht die einzelnen Objekte, sondern die Assemblierung als Ganzes beschreiben. Diese Daten werden als **Manifest** bezeichnet. Ein Manifest enthält die folgenden Informationen:

- Name und Versionsnummer der Assembly
- Angaben über andere Assemblierungen, von denen die aktuelle Assembly abhängt
- die von der Assembly veröffentlichten Typen
- Sicherheitsrichtlinien, nach denen der Zugriff auf die Assembly festgelegt wird

Das Manifest befreit eine Assembly von der Notwendigkeit, sich in die Registrierung eintragen zu müssen, und die logischen Konsequenzen gehen sogar noch weiter: Während sich COM-Komponenten erst durch eine Setup-Routine oder zusätzliche Tools in die Registrierungsdatenbank eintragen, können Sie mit den primitivsten **Copy**-Befehlen eine Assemblierung in ein beliebiges Verzeichnis kopieren – Altbewährtes ist manchmal doch nicht so schlecht.

1.4 Die Entwicklungsumgebung

.NET-Anwendungen lassen sich »notfalls« auch mit MS Editor entwickeln. Natürlich macht das keinen Spaß und ist mühevoll. Auf die Unterstützung, die eine moderne Entwicklungsumgebung bietet, werden Sie vermutlich nicht verzichten wollen. Microsoft bietet mit Visual Studio 2012 ein Entwicklungstool an, mit dem sich nahezu jede beliebige Anwendung entwickeln lässt.

1.4.1 Editionen von Visual Studio 2012

Es gibt mehrere verschiedene Editionen, die spezifisch auf die unterschiedlichen Anforderungen bei der Anwendungsentwicklung zugeschnitten sind:

- **Visual Studio 2012 Express Edition**: Die kostenlose Version von Visual Studio gibt es nunmehr als Express for Web, Express for Windows 8, Express for Windows Desktop und als Express for Team Foundation Server.

- **Visual Studio 2012 Professional:** Diese Edition ist schon für den professionellen Einsatz kleinerer Entwicklerteams gut geeignet. Alle möglichen Projektvorlagen für die Entwicklung von Office-Projekten, Webanwendungen, SharePoint, SilverLight, Windows 8 usw. sind enthalten.
- **Visual Studio 2012 Premium:** Diese Edition ist für Softwareentwickler und -tester geeignet, die Anwendungen auf dem Niveau von Enterprise entwickeln. Die Erweiterungen im Vergleich zur Professional-Edition ermöglichen eine durchgehende Qualitätssicherung.
- **Visual Studio 2012 Ultimate:** Diese höchstwertige Edition gibt auch großen Entwicklerteams Tools einer effizienten Lebenszyklusverwaltung in die Hand.

Sie können sich entscheiden, ob Sie eine der kostenlos erhältlichen Express-Editionen einsetzen oder eine der speziell für Entwickler, Tester oder Softwarearchitekten zugeschnittenen Editionen.

1.4.2 Hard- und Softwareanforderungen

Es verwundert nicht, dass die Spirale der Anforderungen an die Hardware wieder ein wenig weiter nach oben geschraubt worden ist.

- Betriebssysteme: Windows Server 2008 oder höher, Windows 7 oder Windows 8
- Architekturen: 32 Bit (x86) und 64 Bit (x64)
- Prozessor: 1,6 GHz
- RAM: >= 1 GB (x86) bzw. 2 GB (x64)
- Festplatte: mindestens 10 GB Speicherplatzbedarf
- DVD-ROM-Laufwerk
- DirectX-fähige Grafikkarte, mindestens 1.024 x 768 Auflösung

Setzen Sie die Express Edition ein, kommen Sie mit einer etwas geringeren Hardwareanforderung aus. Allerdings macht das Arbeiten dann auch nicht mehr sehr viel Spaß.

1.4.3 Die Installation

Die Installation von Visual Studio 2012 verläuft in der Regel problemlos. Daher kann ich mir an dieser Stelle ausgiebige Kommentare sparen.

Nach dem Einlegen der DVD erscheint ein Dialog, in dem Sie aufgefordert werden, die zu installierenden Features auszuwählen. Fällt Ihre Wahl auf **Vollständig**, werden alle Features und gleichzeitig auch noch alle in Visual Studio verfügbaren Sprachen installiert.

Wenn Sie sich für eine benutzerdefinierte Installation entscheiden, müssen Sie darauf achten, dass Sie alle Features installieren lassen, die Sie benötigen. Natürlich haben Sie später zu jedem Zeitpunkt auch die Möglichkeit, fehlende Features nachzuinstallieren.

1.4.4 Die Entwicklungsumgebung von Visual Studio 2012

Hoffentlich haben Sie einen ausreichend großen Monitor mit hoher Auflösung. Visual Studio 2012 bietet nämlich eine große Anzahl verschiedener informativer und hilfreicher Fenster an. Zu den wichtigsten gehören:

- der Code-Editor
- der visuelle Editor
- der Projektmappen-Explorer
- das Eigenschaftsfenster
- die Toolbox
- die Fehlerliste

Hier alle Fenster aufzuführen, mit denen Sie während der Entwicklung einer .NET-Anwendung konfrontiert werden, ist nahezu unmöglich. Ich belasse es deshalb bei den genannten, die Sie, mit Ausnahme des Code-Editors, in Abbildung 1.3 wiederfinden. Dabei entspricht die Anordnung ungefähr der, die Sie nach der Installation vorfinden, wenn Sie eine WPF-Anwendung entwickeln wollen.

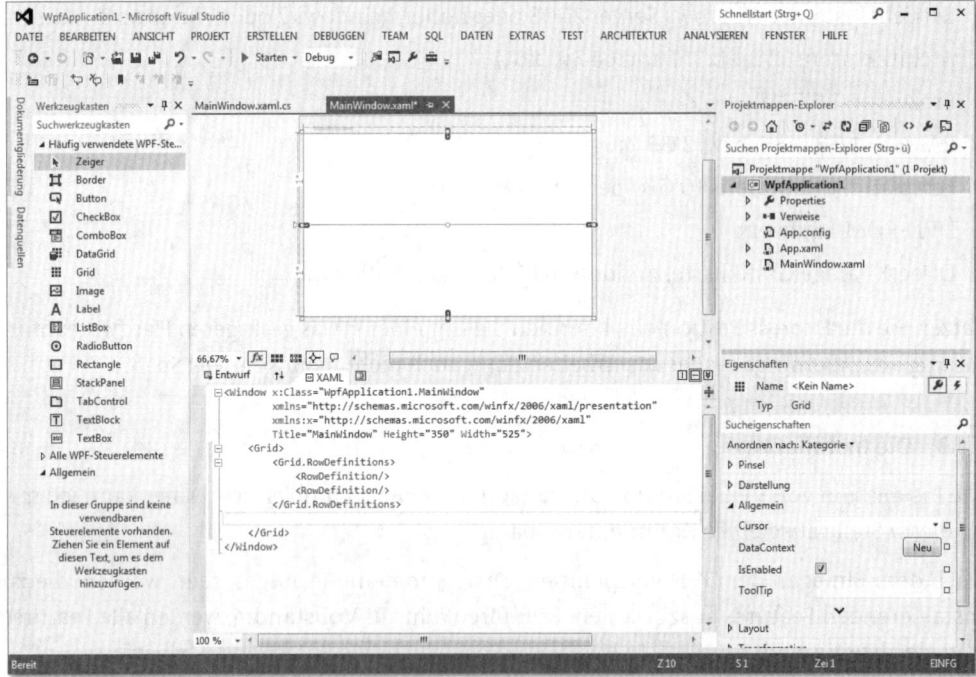

Abbildung 1.3 Die Entwicklungsumgebung

Sollten Sie mit einer älteren Version von Visual Studio vertraut sein, werden Sie einen deutlichen Unterschied hinsichtlich des Layouts feststellen. Das neue Layout wirkt trister, eintöniger, nicht mehr so farbenfreudig wie bisher. Zudem haben sich praktisch alle Symbole verändert, die altbekannten sind verschwunden und wurden durch neue ersetzt. Ich möchte hier keine neue Diskussion anfachen über den Sinn oder Unsinn dieser Veränderungen. Darüber ist im Internet bereits ausgiebig diskutiert worden. Aber Sie werden, sollten Sie eine ältere Version kennen, einige Zeit benötigen, um sich mit dem neuen Layout anzufreunden – falls es denn überhaupt gelingt.

Nachfolgend möchte ich Ihnen kurz die wichtigsten Fenster von Visual Studio 2012 vorstellen.

Der Code-Editor

Die wichtigste Komponente der Entwicklungsumgebung ist natürlich das Fenster, in dem wir unseren Programmcode schreiben. Abhängig von der gewählten Programmiersprache und der Projektvorlage wird automatisch Code generiert – gewissermaßen als Unterstützung zum Einstieg in das Projekt. Sie können in den meisten Fällen diesen Code nach Belieben ändern – solange Sie wissen, welche Konsequenz das nach sich zieht. Insgesamt gesehen ist die Handhabung des Code-Editors nicht nur sehr einfach, sondern sie unterstützt den Programmierer durch standardmäßig bereitgestellte Features. Zu diesen zählen u. a.:

- automatischer Codeeinzug (Tabulatoreinzug); die Breite des Einzugs lässt sich auch manuell anders festlegen
- automatische Generierung von Code, beispielsweise zur Kennzeichnung des Abschlusses eines Anweisungsblocks
- Ein- und Ausblendung der Anweisungsblöcke (Namespaces, Klassen, Prozeduren)
- IntelliSense-Unterstützung
- Darstellung jeder geöffneten Quellcodedatei auf einer eigenen Registerkarte
- eigene Vorder- und Hintergrundfarbe der verschiedenen Elemente

Darüber hinaus lassen sich viele Einstellungen auch benutzerdefiniert ändern und den eigenen Wünschen anpassen. Dazu öffnen Sie das Menü EXTRAS und wählen OPTIONEN...

Eine Anwendung kann sich aus mehreren Quellcodedateien zusammensetzen. Für jede geöffnete Quellcodedatei wird im Code-Editor eine eigene Registerkarte bereitgestellt. Wird die Anzahl der angezeigten Registerkarten zu groß, lässt sich jede einzelne über das spezifische Kreuz rechts oben auf der Karte wieder schließen.

Quellcode kann sehr lang und damit insgesamt auch unübersichtlich werden. Mit Hilfe der Zeichen »+« und »–« kann man Codeblöcke aufklappen und wieder schließen. Ist ein Block geschlossen, wird nur die erste Zeile angezeigt, die mit drei Punkten endet. Insgesamt trägt diese Möglichkeit maßgeblich zu einer erhöhten Übersichtlichkeit des Programmcodes bei.

Per Vorgabe zeigt Visual Studio 2012 nur einen Code-Editor im Zentralbereich an. Nicht selten werden Sie aber das Bedürfnis haben, gleichzeitig den Code von zwei Quellcodedateien einsehen zu können, und werden nicht mehr zwischen den Registerkarten hin- und herschalten wollen. Um das zu erreichen, müssen Sie im Editorbereich mit der rechten Maustaste auf eine beliebige Registerkarte klicken und damit das Kontextmenü öffnen. Sie erhalten dann die Auswahl zwischen NEUE HORIZONTALE REGISTERKARTENGRUPPE und NEUE VERTIKALE REGISTERKARTENGRUPPE.

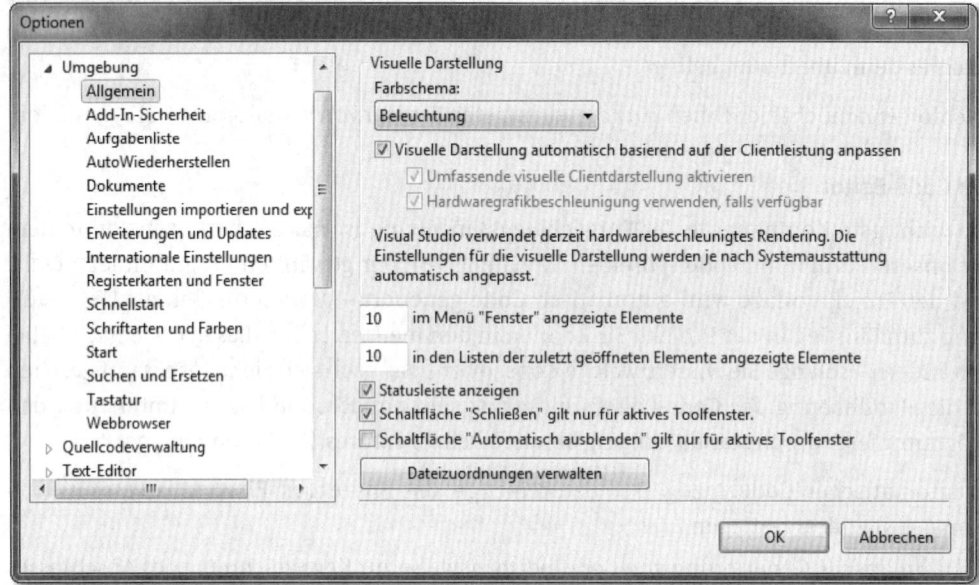

Abbildung 1.4 Der Dialog »Optionen«

Der Projektmappen-Explorer

Jede .NET-Anwendung setzt sich aus mehreren Codekomponenten zusammen, und jede .NET-Anwendung kann ihrerseits ein Element einer Gruppe von Einzelprojekten sein, die als Projektmappe bezeichnet wird. Der Projektmappen-Explorer zeigt die Struktur aller geladenen Projekte an, indem er einerseits die einzelnen Quellcodedateien, die unter Visual C# die Dateiendung .cs haben, angibt und andererseits auch alle Abhängigkeiten eines Projekts (Verweise) mitteilt.

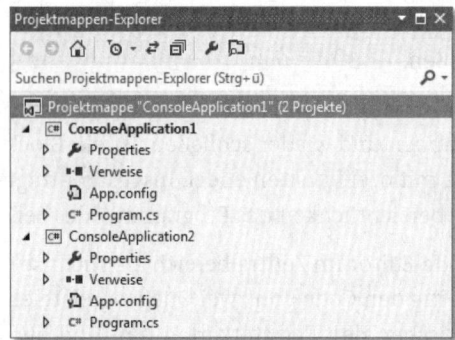

Abbildung 1.5 Der Projektmappen-Explorer

Für uns ist der Projektmappen-Explorer neben der Klassenansicht, die im folgenden Abschnitt beschrieben wird, diejenige Komponente der Entwicklungsumgebung, die uns bei der Navigation in unserem Anwendungscode maßgeblich unterstützt: Ein Doppelklick auf eine der aufgelisteten Dateien öffnet im Code-Editor eine Registerkarte, die den Quellcode der Datei enthält. Der Projektmappen-Explorer in Abbildung 1.5 enthält zwei Projekte: *ConsoleApplication1* und *ConsoleApplication2*.

Das Eigenschaftsfenster

Ein Fenster, das sich von Anfang an in der Entwicklungsumgebung einnistet, ist das Fenster EIGENSCHAFTEN. Seine ganze Stärke bei der Anwendungsentwicklung spielt dieses Fenster hauptsächlich dann aus, wenn grafische Oberflächen wie die einer Windows-Anwendung eine Rolle spielen. Man kann hier auf sehr einfache und übersichtliche Art und Weise die Eigenschaften von Schaltflächen, Forms etc. einstellen.

Abbildung 1.6 zeigt den Eigenschaften-Dialog, wenn im Projektmappen-Explorer ein WPF-Window markiert ist. Sie könnten nun beispielsweise die Eigenschaft `Background` ändern, um eine vom Standard abweichende Hintergrundfarbe des Fensters festzulegen. Ändern lassen sich natürlich nur die aktivierten Eigenschaften, die in schwarzer Schriftfarbe erscheinen. Eigenschaften in grauer Schriftfarbe sind schreibgeschützt.

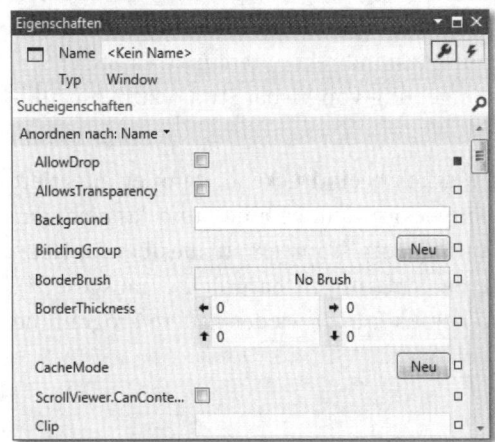

Abbildung 1.6 Das Eigenschaftsfenster

Der Werkzeugkasten (Toolbox)

Die Toolbox dient einzig und allein zur Entwicklung grafischer Oberflächen. Sie enthält die Steuerelemente, die mit Visual Studio 2012 ausgeliefert werden, und ist registerkartenähnlich in mehrere Bereiche aufgeteilt. Welche Bereiche angeboten werden, hängt vom Projekttyp ab und variiert daher auch. Abbildung 1.7 zeigt die Werkzeugsammlung eines WPF-Anwendungsprojekts. Wenn Sie beispielsweise beabsichtigen, das Layout einer Webform zu gestalten, werden in einer Registerkarte nur die Steuerelemente angeboten, die in einer HTML-Seite platziert werden können.

Im zweiten Teil dieses Buches, in dem wir uns der WPF-Programmierung widmen, werden Sie lernen, die meisten der in der Toolbox angebotenen Steuerelemente einzusetzen.

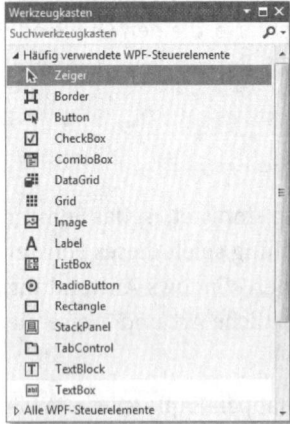

Abbildung 1.7 Der Werkzeugkasten

Der Server-Explorer

Die meisten der bisher erwähnten Dialoge der Entwicklungsumgebung dienen der direkten Entwicklungsarbeit. Ich möchte Ihnen aber an dieser Stelle noch einen weiteren Dialog vorstellen, der Sie bei der Anwendungserstellung zumindest indirekt unterstützt: Es ist der Server-Explorer. Sie können ihn zur Entwicklungsumgebung von Visual Studio 2012 hinzufügen, indem Sie ihn im Menü ANSICHT auswählen.

Die Leistungsfähigkeit des Server-Explorers ist wirklich beeindruckend, denn er integriert den Zugriff auf Dienste und Datenbanken in die Entwicklungsumgebung – und das nicht nur bezogen auf die lokale Maschine, sondern auch auf Systemressourcen, auf die über das Netzwerk zugegriffen werden kann (entsprechende Berechtigungen natürlich vorausgesetzt). Ihnen bleibt es damit erspart, aus Visual Studio heraus immer wieder andere Programme aufzurufen, um an benötigte Informationen zu gelangen.

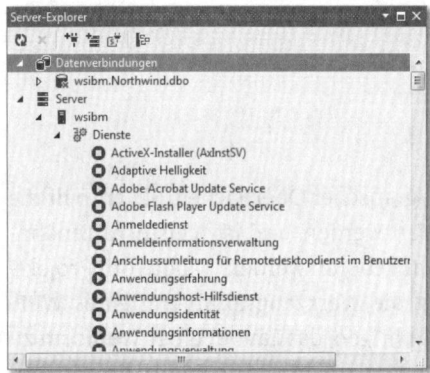

Abbildung 1.8 Der »Server-Explorer«

Kapitel 2
Grundlagen der Sprache C#

2.1 Konsolenanwendungen

2.1.1 Allgemeine Anmerkungen

Nach der Einführung im ersten Kapitel wenden wir uns nun der Programmierung zu, die sich grundsätzlich in zwei Kategorien einteilen lässt:

- in die fundamentale Sprachsyntax
- in die Objektorientierung

Ein tiefgehendes Verständnis beider Ansätze ist Voraussetzung, um eine auf .NET basierende Anwendung entwickeln zu können. Wenn Sie keine Programmierkenntnisse haben, auf die aufgebaut werden kann, ist das gleichzeitige Erlernen beider Teilbereiche schwierig und hindernisreich – ganz abgesehen von den Problemen, die der Umgang mit der komplexen Entwicklungsumgebung aufwirft. Wir werden uns daher in diesem Kapitel zunächst der Syntax von C# ohne Berücksichtigung der Objektorientierung zuwenden – zumindest weitestgehend, denn ohne den einen oder anderen flüchtigen Blick in die .NET-Klassenbibliothek werden wir nicht auskommen.

Um den Einstieg möglichst einfach zu halten, insbesondere für diejenigen Leser, die sich zum ersten Mal mit der Programmierung beschäftigen, werden wir in unseren Programmbeispielen zunächst nur Konsolenanwendungen entwickeln. Konsolenanwendungen werden im DOS-Fenster ausgeführt. Sie sind einerseits überschaubarer als Anwendungen mit visualisierter Benutzeroberfläche, andererseits kann man sich mit der Entwicklungsumgebung schrittweise vertraut machen, ohne durch die vielen Dialogfenster und automatisch generierten Code sofort den Überblick zu verlieren.

Das Ziel dieses Kapitels ist es, Ihnen die fundamentale Sprachsyntax von C# näherzubringen. Erst danach soll der objektorientierte Ansatz in den Kapiteln 3 und 4 eingehend erläutert werden.

2.1.2 Ein erstes Konsolenprogramm

Nach dem erstmaligen Öffnen eines Projekts vom Typ *Konsolenanwendung* wird im Code-Editor eine Codestruktur angezeigt, die der gewählten Vorlage entspricht. Sie sieht wie folgt aus:

```
using System;
using System.Collections.Generic;
using System.Linq;
using System.Text;
using System.Threading.Tasks;
namespace ConsoleApplication1
{
  class Program
  {
    static void Main(string[] args)
    {
    }
  }
}
```

Listing 2.1 Der automatisch generierte Code einer Konsolenanwendung

Dieser Code besitzt noch keinerlei Funktionalität, die wir zur Laufzeit des Programms beobachten könnten. Er gibt uns nur den minimalen Rahmen vor, in den wir unseren Code hineinschreiben müssen.

Eine Konsolenanwendung öffnet ein Kommandofenster und schreibt in dieses Informationen. Das wollen wir nun in unserer ersten kleinen Anwendung realisieren und uns die Zeichenfolge »C# macht Spaß.« ausgeben lassen. Dazu ergänzen Sie den Programmcode folgendermaßen:

```
static void Main(string[] args)
{
  Console.WriteLine("C# macht Spaß.");
  Console.ReadLine();
}
```

Listing 2.2 Eine erste Ausgabe in der Konsole

Wir haben zwei Zeilen Programmcode eingefügt. Die erste dient dazu, eine Ausgabe in die Konsole zu schreiben. Mit der genauen Syntax dieser Anweisung werden wir uns später noch auseinandersetzen. Würden wir auf die zweite Anweisung verzichten, träte ein hässliches Phänomen auf: Das Konsolenfenster würde sich zwar öffnen, aber auch sofort wieder schließen. Wir könnten kaum die Ausgabe der Zeichenfolge lesen. Mit

```
Console.ReadLine();
```

stellen wir sicher, dass die Konsole so lange geöffnet bleibt, bis der Anwender sie mit der ⏎-Taste schließt. Nahezu gleichwertig können Sie auch

```
Console.ReadKey();
```

schreiben. Der Unterschied ist der, dass `ReadKey` auf jede Taste reagiert.

Nun wollen wir uns vom Erfolg unserer Aktion natürlich auch überzeugen und das Laufzeitverhalten testen. Dazu gibt es mehrere Möglichkeiten:

- Sie klicken in der Symbolleiste auf die Schaltfläche STARTEN.
- Sie wählen im Menü DEBUGGEN das Element DEBUGGEN STARTEN.
- Sie drücken die F5-Taste auf der Tastatur.

> **Hinweis**
> Sie können das Projekt aus der Entwicklungsumgebung auch starten, wenn Sie im Menü DEBUGGEN das Untermenü STARTEN OHNE DEBUGGEN wählen. Das hat den Vorteil, dass Sie auf die Anweisung
>
> `Console.ReadLine();`
>
> verzichten können. Dafür wird an der Konsole automatisch die Aufforderung *Drücken Sie eine beliebige Taste* … angezeigt.

Wenn die Ausführung gestartet wird, sollte sich das Konsolenfenster öffnen und wunschgemäß die Zeichenfolge

`C# macht Spaß.`

anzeigen. Geschlossen wird die Konsole durch Drücken der ⏎-Taste. Daraufhin wird die Laufzeit beendet, und wir gelangen wieder in die Entwicklungsumgebung zurück.

Nehmen wir an, Sie hätten einen »kleinen« Fehler gemacht und vergessen, hinter der Anweisung

`Console.ReadLine()`

ein Semikolon anzugeben. Wie Sie später noch erfahren werden, muss jede C#-Anweisung mit einem Semikolon abgeschlossen werden. Nun würde ein syntaktischer Fehler vorliegen, den unser C#-Compiler natürlich nicht akzeptieren kann. Sie bekommen eine Meldung zu dem aufgetretenen Fehler in einem separaten Fenster angezeigt, in der sogenannten Fehlerliste (siehe Abbildung 2.1).

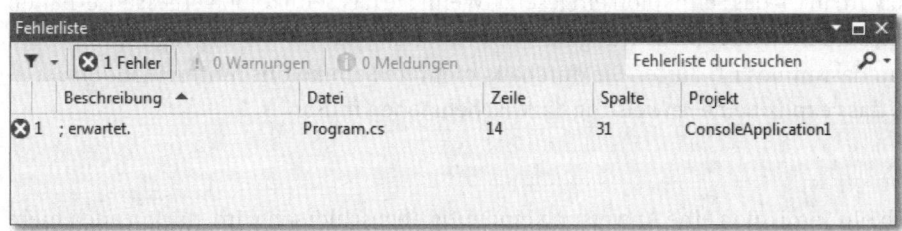

Abbildung 2.1 Die Liste mit den Fehlermeldungen

In unserem Beispiel ist nur ein Fehler aufgetreten. Wären es mehrere, würden diese der Reihe nach untereinander erscheinen. Die Beschreibung des Fehlers ist in den meisten Fällen recht informativ – zumindest wenn man etwas Erfahrung im Umgang mit .NET hat. Da sich .NET-Anwendungen in der Regel aus mehreren Dateien zusammensetzen, wird zudem die betroffene Datei genannt und die Zeile, in der der Fehler aufgetreten ist.

> **Anmerkung**
> Sollten Sie im Codefenster keine Zeilennummern sehen, können Sie die Anzeige über das Menü EXTRAS • OPTIONEN einstellen. Markieren Sie dazu in der Liste den Eintrag TEXT-EDITOR • ALLE SPRACHEN, und setzen Sie das Häkchen vor ZEILENNUMMERN.

Doppelklickt man auf einen Listeneintrag im Fenster FEHLERLISTE, springt der Eingabecursor in die Codezeile, die den Fehler verursacht hat. An dieser Stelle sei angemerkt, dass mehrere Fehlereinträge nicht zwangsläufig verschiedene Fehlerursachen haben müssen. Häufig kommt es vor, dass ein einzelner Fehler zu Folgefehlern bei der Kompilierung führt, die ihrerseits alle in der Liste erscheinen. Daher sollten Sie sich in der Fehlerliste immer zuerst dem ersten Eintrag widmen, da dessen Beseitigung oft zu einer Reduzierung oder gar kompletten Auflösung der Fehlerliste führt.

2.2 Grundlagen der C#-Syntax

2.2.1 Kennzeichnen, dass eine Anweisung abgeschlossen ist

C#-Programme setzen sich aus vielen Anweisungen zusammen, die der Reihe nach ausgeführt werden. Anweisungen legen fest, was das Programm zu tun hat und auf welche Art und Weise es das tut. Sie haben im vorherigen Abschnitt bereits Ihr erstes, wenn auch sehr kleines Programm, bestehend aus zwei Anweisungen, geschrieben:

```
Console.WriteLine("C# macht Spaß.");
Console.ReadLine();
```

Jede Anweisung verlangt nach einer Kennzeichnung, die das Ende der Anweisung bekannt gibt. Dazu wird in C# das Semikolon eingesetzt. Wenn Sie das Semikolon vergessen, erhalten Sie einen Kompilierfehler. Im vorhergehenden Abschnitt hatten wir das sogar provoziert. Auch wenn das sinnlos ist, dürfen Sie durchaus mehrere Semikolons hintereinanderschreiben, ohne dass explizit eine Anweisung dazwischenstehen muss:

```
;;;;
```

Weil durch ein Semikolon eine Anweisung eindeutig abgeschlossen wird, dürfen auch mehrere Anweisungen in eine Zeile geschrieben werden. Im Umkehrschluss kann eine Anweisung auch problemlos auf mehrere Zeilen verteilt werden, ohne dass es den Compiler stört.

Bei der Gestaltung des Programmcodes lässt C# Ihnen sehr viele Freiheiten. Leerzeichen, Tabulatoren und Zeilenumbrüche können nach Belieben eingestreut werden, ohne dass sich das auf die Kompilierung des Quellcodes oder die Ausführung des Programms auswirkt. Daher dürfte der Code unseres Beispiels auch wie folgt aussehen:

```
Console.
       WriteLine("C# macht Spaß.")     ;
  Console.
                 ReadLine    (
)
        ;
```

Listing 2.3 »Streuung« des Programmcodes

Dass eine Streuung wie die gezeigte die gute Lesbarkeit des Codes enorm beeinträchtigt, steht außer Frage. Aber C# führt diesen Code dennoch genauso aus wie zuvor. Andererseits kann man insbesondere mit den Tabulatoren über Einrückungen zu einer guten Lesbarkeit des Programmcodes beitragen. Vergleichen Sie dazu wieder das Beispiel von oben. Anweisungen, die innerhalb eines Anweisungsblocks in geschweiften Klammern stehen, werden üblicherweise nach rechts eingerückt. Wenn Sie sich an den Beispielen in diesem Buch orientieren, werden Sie sehr schnell ein Gefühl dafür bekommen, wie Sie mit Einrückungen optisch ansprechenden und leichter lesbaren Code schreiben. Feste Regeln gibt es dazu allerdings nicht, es sind stillschweigende Konventionen.

2.2.2 Anweisungs- und Gliederungsblöcke

C#-Programmcode ist blockorientiert, d.h., dass C#-Anweisungen grundsätzlich immer innerhalb eines Paars geschweifter Klammern geschrieben werden. Jeder Block kann eine beliebige Anzahl von Anweisungen enthalten – oder auch keine. Somit hat ein Anweisungsblock allgemein die folgende Form:

```
{
   Anweisung 1;
   Anweisung 2;
   [...]
}
```

Listing 2.4 Einfacher Anweisungsblock

Anweisungsblöcke lassen sich beliebig ineinander verschachteln. Dabei beschreibt jeder Anweisungsblock eine ihm eigene Ebene, z.B.:

```
{
   Anweisung 1;
   {
      Anweisung 2;
      Anweisung 3;
```

```
    }
    Anweisung 4;
}
```
Listing 2.5 Verschachtelte Anweisungsblöcke

Beachten Sie, wie Einzüge hier dazu benutzt werden, optisch die Zugehörigkeit einer oder mehrerer Anweisungen zu einem bestimmten Block aufzuzeigen. Die Anweisungen 2 und 3 sind zu einem Block zusammengefasst, der sich innerhalb eines äußeren Blocks befindet. Zum äußeren Anweisungsblock gehören Anweisung 1 und Anweisung 4 sowie natürlich auch der komplette innere Anweisungsblock.

Außer zur Blockbildung von Anweisungen werden die geschweiften Klammern dazu benutzt, Definitionsbereiche zu bilden. Beispielsweise lassen sich mehrere Klassendefinitionen damit einem Namespace zuordnen. Um dieses Thema zu erörtern, ist es allerdings noch zu früh.

2.2.3 Kommentare

Sie sollten nicht mit Kommentaren geizen. Kommentare helfen, den Programmcode der Anwendung besser zu verstehen. Sie tun nicht nur den Entwicklern damit einen Gefallen, die sich mit Ihrem Code auseinandersetzen müssen, sondern auch sich selbst. Wenn Sie bereits Programmiererfahrung haben, werden Sie wissen, wie schwierig es ist, nach dem 4-wöchigen Australien-Urlaub wieder den eigenen Code zu verstehen ☺. Ersparen Sie sich und anderen die unnötige und zeitraubende Suche nach den Antworten.

C# bietet zwei Möglichkeiten, um Kommentare, die vom Compiler während des Kompiliervorgangs ignoriert werden, in den Quellcode einzustreuen. Die am häufigsten benutzte Variante ist die Einleitung eines Kommentars mit zwei Schrägstrichen »//«:

```
// dies ist ein Kommentar
```

Ein »//«-Kommentar gilt für den Rest der gesamten Codezeile, kann jedes beliebige Zeichen enthalten und darf auch nach einer abgeschlossenen Anweisung stehen.

```
Console.WriteLine("..."); //Konsolenausgabe
```

Sollen viele zusammenhängende Zeilen zu einem längeren Kommentar zusammengefasst werden, bietet sich die zweite Alternative an, bei der ein Kommentar mit »/*« eingeleitet und mit »*/« abgeschlossen wird. Alle Zeichen, die sich dazwischen befinden, sind Bestandteil des Kommentars.

```
/* Console.WriteLine("...");
Console.ReadLine();*/
```

Tatsächlich kann man sogar mitten in einer Anweisung diesen Kommentar schreiben, ohne dass der C#-Compiler das als Fehler ansieht:

```
Console.WriteLine /* Kommentar */("...");
```

Die Entwicklungsumgebung des Visual Studio 2012 bietet eine recht interessante und einfache Alternative, um insbesondere größere Blöcke auf einen Schlag auszukommentieren. Sie müssen dazu nur sicherstellen, dass in der Entwicklungsumgebung die Symbolleiste TEXT-EDITOR angezeigt wird. Dazu brauchen Sie nur mit der rechten Maustaste das Kontextmenü einer der aktuellen Symbolleisten zu öffnen. Im Kontextmenü finden Sie alle Symbolleisten der Entwicklungsumgebung aufgelistet. Da die Anzahl als nicht gering bezeichnet werden kann, lassen sich die einzelnen Symbolleisten nach Bedarf ein- oder ausblenden.

Die Symbolleiste TEXT-EDITOR enthält zwei Schaltflächen, um markierte Codeblöcke auszukommentieren oder eine Kommentierung wieder aufzuheben (siehe Abbildung 2.2).

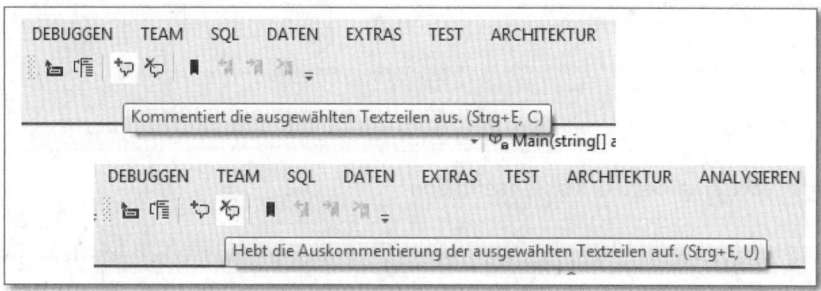

Abbildung 2.2 Kommentare mithilfe der Symbolleiste

> **Anmerkung**
> In diesem Buch werden alle Kommentare grau hinterlegt, um auf einen Blick deutlich zwischen Code und Kommentar unterscheiden zu können.

2.2.4 Die Groß- und Kleinschreibung

C# gehört zu der Gruppe von Programmiersprachen, die zwischen Groß- und Kleinschreibung unterscheiden. Falls Sie die Anweisung zur Konsolenausgabe mit

```
Console.Writeline("...");
```

codieren, werden Sie bei der Kompilierung mit einer Fehlermeldung konfrontiert. Korrekt müsste es lauten:

```
Console.WriteLine("...");
```

Die Folge ist, dass zwei gleich lautende Bezeichner, die sich nur durch Groß- und Kleinschreibung unterscheiden, in C# auch für zwei unterschiedliche Programmelemente stehen.

2.2.5 Die Struktur einer Konsolenanwendung

Sehen Sie sich noch einmal das Listing 2.1 an. Dabei handelt es sich um den Code, den uns die Entwicklungsumgebung nach dem Öffnen eines neuen Projekts erzeugt.

Wir erkennen nun mehrere verschachtelte Blockstrukturen. Der äußere Block definiert einen Namespace mit dem Namen *ConsoleApplication1*. Namespaces dienen zur Sicherstellung der Eindeutigkeit eines Bezeichners (hier der Klasse `Program`). Wir kommen auf die Details der Namespaces am Ende von Kapitel 3 noch einmal genau zu sprechen.

Im Namespace eingebettet ist eine Klassendefinition, die einen eigenen Anweisungsblock beschreibt:

```
namespace ConsoleApplication1
{
  class Program
  {
  }
}
```

Listing 2.6 Im Namespace eingebettete Klassendefinition

C# ist eine 100%ig objektorientierte Sprache. Das bedeutet, dass grundsätzlich immer eine Klassendefinition vorliegen muss, um mit einem Objekt arbeiten zu können. Eine Klasse beschreibt einen Typ, und in unserem Fall heißt dieser Typ `Program`. Der Bezeichner `Program` ist nur als Vorschlag der Entwicklungsumgebung anzusehen und darf innerhalb des aktuellen Namespaces (hier also *ConsoleApplication1*) frei vergeben werden, solange die Eindeutigkeit innerhalb des Namespaces gewährleistet bleibt.

Wie Sie sehen, kommen wir schon an dieser Stelle zum ersten Mal mit Klassen in Berührung. Was eine Klasse darstellt und wie man sie einsetzt, wird einen wesentlichen Teil der ersten Kapitel dieses Buches ausmachen. Wir wollen es hier aber zunächst bei dieser kurzen Erwähnung belassen, denn in diesem Kapitel werden Sie die grundlegende Syntax von C# lernen, ohne die Gesichtspunkte des objektorientierten Paradigmas zu berücksichtigen.

Interessanter ist für uns momentan die dritte Blockebene, die innerhalb der Klasse `Program` vordefiniert ist und die Methode `Main` beschreibt:

```
static void Main(string[] args)
{
}
```

Bei `Main` handelt es sich um eine Methode, die für uns von herausragender Bedeutung ist: Wenn wir die Laufzeitumgebung einer eigenstartfähigen Anwendung starten, wird zuerst `Main` ausgeführt. Sie dürfen den Namen dieser Prozedur auch nicht ändern und müssen natürlich auch die Großschreibweise berücksichtigen, denn beim Start der Laufzeitumgebung wird immer nach `Main` gesucht und nicht nach `main` oder nach `start`.

Weiter oben wurde gesagt, dass Anweisungen immer innerhalb eines Blocks aus geschweiften Klammern codiert werden. Wir können diese Aussage nun präzisieren: Anweisungen werden grundsätzlich immer innerhalb des Anweisungsblocks einer Methode implementiert. Wir haben das schon bei unserem ersten Beispiel gesehen:

```
static void Main(string[] args)
{
   Console.WriteLine("C# macht Spaß.");
   Console.ReadLine();
}
```

> **Anmerkung**
> In prozeduralen Programmiersprachen werden meistens die Begriffe »Prozedur« oder »Funktion« verwendet. Eine Methode ist im Grunde genommen nichts anderes als eine Prozedur oder Funktion.

Sehen wir uns noch kurz die Definition der Main-Methode an. Die beiden dem Bezeichner vorausgehenden Schlüsselwörter `static` und `void` sind zwingend notwendig. Sollten Sie bereits mit C++ oder Java Anwendungen entwickelt haben, werden Sie die Bedeutung dieser beiden Modifizierer kennen: Mit `static` werden Methoden bezeichnet, die beim Aufruf kein konkretes Objekt voraussetzen, und `void` beschreibt eine Methode ohne Rückgabewert. Im Moment soll diese Information genügen, denn eine genauere Kenntnis hätte derzeit keine Auswirkungen auf die ersten Schritte in die Welt der C#-Programme.

Ein Konsolenprogramm wird gestartet, indem man den Namen der Anwendungsdatei an der Konsole eingibt. Manchmal ist es notwendig, dem Programm beim Start Anfangswerte mitzuteilen, die vom laufenden Programm zur Ausführung und Weiterverarbeitung benötigt werden. Angenommen, Sie wollen einer Konsolenanwendung mit dem Dateinamen *MyApplication.exe* die drei Zahlen 10, 14 und 17 übergeben, sähe der Aufruf an der Eingabeaufforderung wie folgt aus:

MyApplication.exe 10 14 17

Diese drei Zahlen werden vom Parameter *args*, der hinter dem Bezeichner Main in runden Klammern angegeben ist, in Empfang genommen:

```
Main(string[] args) { [...] }
```

Wie die übergebenen Daten im Programmcode verarbeitet werden können, folgt später. Die Angabe der Parameterliste ist optional. Benötigt ein Programm bei seinem Aufruf keine Daten, kann die Parameterliste leer bleiben. Die Angabe der runden Klammern ist aber unbedingt erforderlich:

```
static void Main() { [...] }
```

2.3 Variablen und Datentypen

Dateninformationen bilden die Grundlage der Datenverarbeitung und hauchen einem Programm Leben ein: Daten können anwendungsspezifisch sein, den Zustand von Objekten beschreiben, Informationen aus Datenbanken repräsentieren oder auch nur eine Netzwerkadresse. Daten bilden also gemeinhin die Basis der Gesamtfunktionalität einer Anwendung.

2.3.1 Variablendeklaration

Praktisch jedes Programm benötigt Daten, um bestimmte Aufgaben zu erfüllen. Daten werden in Variablen vorgehalten. Dabei steht eine Variable für eine Adresse im Hauptspeicher des Rechners. Ausgehend von dieser Adresse wird eine bestimmte Anzahl von Bytes reserviert – entsprechend dem Typ der Variablen. Das, was eine Variable repräsentiert, kann vielfältiger Art sein: eine einfache Ganzzahl, eine Fließkommazahl, ein einzelnes Zeichen, eine Zeichenkette, eine Datums- oder Zeitangabe, aber auch die Referenz auf die Startadresse eines Objekts.

Der Bezeichner einer Variablen dient dazu, die Speicheradresse des Werts im Programmcode mit einem Namen anzusprechen, der sich einfach merken lässt. Er ist also vom Wesen her nichts anderes als ein Synonym oder Platzhalter eines bestimmten Speicherorts.

Variablen müssen deklariert werden. Unter einer **Deklaration** wird die Bekanntgabe des Namens der Variablen sowie des von ihr repräsentierten Datentyps verstanden. Die Deklaration muss vor der ersten Wertzuweisung an die Variable erfolgen. Dabei wird zuerst der Datentyp angegeben, dahinter der Variablenname. Abgeschlossen wird die Deklaration mit einem Semikolon. Damit lautet die allgemeine Syntax:

Datentyp Bezeichner;

Beispielsweise könnte eine zulässige Deklaration wie folgt aussehen:

```
int value;
```

Damit wird dem Compiler mitgeteilt, dass der Bezeichner *value* für einen Wert steht, der vom Typ einer Ganzzahl, genauer gesagt vom Typ `int` (Integer) ist. Mit

```
value = 1000;
```

wird dieser Variablen ein gültiger Wert zugewiesen. Man spricht dann auch von der **Initialisierung** der Variablen.

> **Hinweis**
> Variablen, die innerhalb einer Methode wie beispielsweise `Main` deklariert sind, gelten noch nicht als initialisiert. Sie enthalten keinen gültigen Wert, auch nicht die Zahl 0. Daher kann ihr Inhalt auch nicht ausgewertet werden.

Wenn Sie versuchen, auf eine nicht deklarierte Variable zuzugreifen, wird der C#-Compiler einen Fehler melden. Ebenso falsch ist es, den Inhalt einer nicht initialisierten Variablen auswerten zu wollen.

Deklaration und Initialisierung können auch in einer einzigen Anweisung erfolgen:

```
int value = 0;
```

Auf diese Weise vermeiden Sie zumindest eine nicht initialisierte Variable. Müssen Sie mehrere Variablen gleichen Typs deklarieren, können Sie die Bezeichner, getrennt durch ein Komma, hintereinander angeben:

```
int a, b, c;
```

Sie können dann auch eine oder mehrere Variablen sofort initialisieren:

```
int a, b = 9, c = 12;
```

2.3.2 Der Variablenbezeichner

Ein Variablenname unterliegt besonderen Reglementierungen:

- Ein Bezeichner darf sich nur aus alphanumerischen Zeichen und dem Unterstrich zusammensetzen. Leerzeichen und andere Sonderzeichen wie beispielsweise #, §, $ usw. sind nicht zugelassen.
- Ein Bezeichner muss mit einem Buchstaben oder dem Unterstrich anfangen.
- Ein einzelner Unterstrich als Variablenname ist nicht zulässig.
- Der Bezeichner muss eindeutig sein. Er darf nicht gleichlautend mit einem Schlüsselwort, einer Prozedur, einer Klasse oder einem Objektnamen sein.

Zur Verdeutlichung dieser Regeln folgen hier einige Beispiele für korrekte und falsche Variablenbezeichner:

```
// korrekte Variablenbezeichner
long value;
byte value_12;
int VaLuE;
// fehlerhafte Variablenbezeichner
int 34value;
string message Text;
long value%long;
```

Noch ein Hinweis zur Namensvergabe: Wählen Sie grundsätzlich beschreibende Namen, damit Ihr Code später besser lesbar wird. Einfache Bezeichner wie x oder y usw. sind wenig aussagekräftig. Besser wäre eine Wahl wie *farbe, gehalt, vorname* usw. Nur den Zählervariablen von Schleifen werden meistens Kurznamen gegeben.

> **Hinweis**
> Die hier exemplarisch angegebenen Variablenbezeichner fangen alle mit einem Kleinbuchstaben an. Folgen Sie der allgemeinen .NET-Namenskonvention, sollten alle Variablen, die in einer Methode definiert sind, mit einem Kleinbuchstaben beginnen. Man spricht bei diesen Variablen auch von »lokalen Variablen«. Alle anderen Fälle jetzt aufzuführen, würde den Rahmen momentan sprengen. Es sei aber angemerkt, dass in diesem Buch die Variablenbezeichner fast durchweg der .NET-Namenskonvention folgen.

2.3.3 Der Zugriff auf eine Variable

Wir wollen uns jetzt noch ansehen, wie wir uns den Inhalt einer Variablen an der Konsole ausgeben lassen können. Wir deklarieren dazu eine Variable vom Typ long und weisen ihr einen Wert zu, den wir danach an der Konsole ausgeben lassen.

```csharp
static void Main(string[] args)
{
  long value = 4711;
  Console.WriteLine("value = {0}", value);
  Console.ReadLine();
}
```

Deklaration und Initialisierung bieten keine Neuigkeiten, im Gegensatz zu der Anweisung, die eine Ausgabe an der Konsole bewirkt:

```csharp
Console.WriteLine("value = {0}",value);
```

Die Ausgabe im Befehlsfenster wird wie folgt lauten:

```
value = 4711
```

Sie haben bereits gesehen, dass mit `Console.WriteLine` eine einfache Konsolenausgabe codiert wird. `WriteLine` ist eine Methode, die in der Klasse `Console` definiert ist. Jetzt fehlt noch die genaue Erklärung der verwendeten Syntax.

2.3.4 Ein- und Ausgabemethoden der Klasse »Console«

Es bleibt uns nichts anderes übrig, als an dieser Stelle schon einen kleinen Ausflug in die Welt der Klassen und Objekte zu unternehmen, weil wir immer wieder mit den Methoden verschiedener Klassen arbeiten werden. Es handelt sich dabei meist um Methoden, um an der Eingabekonsole Ein- und Ausgabeoperationen durchzuführen: `Write` und `WriteLine` sowie `Read` und `ReadLine`.

Die Methoden »WriteLine«, »ReadLine«, »Write« und »Read«

Die Klasse `Console` ermöglicht es, über die beiden Methoden `Write` und `WriteLine` auf die Standardausgabeschnittstelle zuzugreifen. Der Begriff »Ausgabeschnittstelle« mag im ersten Moment ein wenig verwirren, aber tatsächlich wird darunter die Anzeige an der Konsole verstanden.

`WriteLine` und `Write` unterscheiden sich dahingehend, dass die erstgenannte Methode dem Ausgabestring automatisch einen Zeilenumbruch anhängt und den Cursor in die folgende Ausgabezeile setzt. Nach dem Aufruf der Methode `Write` verbleibt der Eingabecursor weiterhin in der aktuellen Ausgabezeile. Beide Methoden sind aber ansonsten auf identische Weise einsetzbar.

Grundsätzlich gilt: Wollen wir die Methode eines Objekts oder einer Klasse aufrufen, geben wir den Objekt- bzw. Klassennamen an und von diesem durch einen Punkt getrennt den Namen der Methode. Man spricht hierbei auch von der sogenannten **Punktnotation**. Hinter dem Methodennamen schließt sich ein Klammerpaar an. Allgemein lautet die Syntax also:

Objektname.Methodenname();

Sie können sich mit dieser Syntax durchaus schon vertraut machen, denn sie wird Ihnen ab sofort überall begegnen, da sie in objektorientiertem Programmcode elementar ist.

Das runde Klammerpaar hinter der `Read`- bzw. `ReadLine`-Methode bleibt immer leer. Bei den Methoden `Write` und `WriteLine` werden innerhalb der Klammern die auszugebenden Daten einschließlich ihres Ausgabeformats beschrieben. Allerdings dürfen auch bei den beiden letztgenannten Methoden die Klammern leer bleiben.

Im einfachsten Fall wird einer der beiden Ausgabemethoden eine Zeichenfolge in Anführungsstrichen übergeben:

```
Console.WriteLine("C# macht Spaß.");
```

Formatausdrücke in den Methoden »Write« und »WriteLine«

Damit sind die Möglichkeiten der `Write`/`WriteLine`-Methoden noch lange nicht erschöpft. Die flexiblen Formatierungsmöglichkeiten erlauben die Ausgabe von Daten an beliebigen Positionen innerhalb der Ausgabezeichenfolge. Dazu dient ein Platzhalter, der auch als **Formatausdruck** bezeichnet wird. Dieser ist an den geschweiften Klammern zu erkennen und enthält zumindest eine Zahl. Hinter der auszugebenden Zeichenfolge werden, durch ein Komma getrennt, die Informationen übergeben, was anstelle des Formatausdrucks auszugeben ist. Sehen wir uns dazu ein Beispiel an:

```
string text1 = "C#";
string text2 = "Spass";
Console.Write("{0} macht {1}.", text1, text2);
```

Listing 2.7 Formatausdruck in der Methode »Console.WriteLine«

Hier sind die beiden Variablen *text1* und *text2* vom Typ `string` deklariert, die mit einer in Anführungsstrichen gesetzten Zeichenfolge initialisiert werden.

Die auszugebende Zeichenfolge wird in Anführungsstriche gesetzt. Getrennt durch Kommata werden dahinter die beiden Variablen *text1* und *text2* bekannt gegeben. Der Inhalt der zuerst genannten Variablen *text1* ersetzt den Formatausdruck {0} innerhalb der Ausgabezeichenfolge, die zweite Variable *text2* ersetzt den Formatausdruck {1}. Entscheidend ist, dass dem ersten Parameter (*text1*) die Zahl 0 zugeordnet wird, dem zweiten (*text2*) die Zahl 1 usw. Die Konsolenausgabe lautet:

```
C# macht Spaß.
```

Innerhalb des Ausgabestrings müssen die anzuzeigenden Listenelemente nicht der Reihenfolge nach durchlaufen werden. Man kann sie beliebig ansprechen oder sogar einfach ungenutzt lassen. Die Anweisung

```
Console.Write("{1} macht {0}.", text1, text2);
```

würde demnach zu der folgenden Ausgabe führen:

```
Spaß macht C#.
```

Der Formatausdruck {} dient nicht nur der eindeutigen Bestimmung des Elements, er ermöglicht auch eine weitergehende Einflussnahme auf die Ausgabe. Soll der einzusetzende Wert eine bestimmte Breite einnehmen, gilt die syntaktische Variante:

```
{N, M}
```

Dabei gilt Folgendes:

- N ist ein nullbasierter Zähler.
- M gibt die Breite der Ausgabe an.

Unbesetzte Plätze werden durch eine entsprechende Anzahl von Leerzeichen aufgefüllt. Sehen wir uns dazu ein Codefragment an:

```
int value = 10;
Console.WriteLine("Ich kaufe {0,3} Eier", value);
Console.WriteLine("Ich kaufe {0,10} Eier", value);
```

Listing 2.8 Erweiterte Formatierungsmöglichkeiten

Die Ausgabe des Listings 2.8 lautet hier:

```
Ich kaufe  10 Eier
Ich kaufe         10 Eier
```

Die erste Ausgabe hat eine Gesamtbreite von drei Zeichen, die Zahl selbst ist allerdings nur zwei Ziffern breit. Daher wird vor der Zahl ein Leerzeichen gesetzt. Da für die Breite der zweiten Ausgabe zehn Zeichen vorgeschrieben sind, werden links von der Zahl acht Leerstellen eingefügt.

Die Breite darf auch eine negative Zahl sein. Die Ausgabe erfolgt dann linksbündig, daran schließen sich die Leerstellen an.

Sie können den Formatausdruck so spezifizieren, dass numerische Ausgabedaten eine bestimmte Formatierung annehmen. Das führt uns zu der vollständigen Syntax des Formatausdrucks:

```
// Syntax des Formatausdrucks
{N [,M ][: Format]}
```

Format spezifiziert, wie die Daten angezeigt werden. In Tabelle 2.1 werden die möglichen Optionen aufgelistet.

Formatangabe	Beschreibung
C	Zeigt die Zahl im lokalen Währungsformat an.
D	Zeigt die Zahl als dezimalen Integer an.
E	Zeigt die Zahl im wissenschaftlichen Format an (Exponentialschreibweise).
F	Zeigt die Zahl im Festpunktformat an.
G	Eine numerische Zahl wird entweder im Festpunkt- oder im wissenschaftlichen Format angezeigt. Zur Anzeige kommt das »kompakteste« Format.
N	Zeigt eine numerische Zahl einschließlich Kommaseparatoren an.
P	Zeigt die numerische Zahl als Prozentzahl an.
X	Die Anzeige erfolgt in Hexadezimalnotation.

Tabelle 2.1 Formatangaben der Formatausgabe

An alle Formatangaben kann eine Zahl angehängt werden, aus der die Anzahl der signifikanten Stellen hervorgeht. Nachfolgend sollen einige Beispiele den Einsatz der Formatangaben demonstrieren:

```
int value = 4711;
// Ausgabe: value=4,711000E+003
Console.WriteLine("value={0:E}", value);
// Ausgabe: value=4,71E+003
Console.WriteLine("value={0:E2}", value);
int value = 225;
// Ausgabe: value=E1
Console.WriteLine("value={0:X}", value);
float value = 0.2512F;
// Ausgabe: value=     0,2512
Console.WriteLine("value={0,10:G}", value);
```

```
// Ausgabe: value=25,1200%
Console.WriteLine("value={0:P4}", value);
```

Listing 2.9 Verschieden formatierte Ausgaben

Escape-Zeichen

Ähnlich wie andere Hochsprachen stellt C# eine Reihe von Escape-Sequenzen zur Verfügung, die dann verwendet werden, wenn Sonderzeichen innerhalb einer Zeichenfolge ausgegeben werden sollen. Beispielsweise kann man mit dem Zeichen \n einen Zeilenumbruch erzwingen:

```
Console.Write("C#\nmacht\nSpaß.");
```

An der Konsole wird dann

```
C#
macht
Spaß.
```

angezeigt.

Escape-Zeichen	Beschreibung
\'	Fügt ein Hochkomma in die Zeichenfolge ein.
\''	Fügt Anführungsstriche ein.
\\	Fügt einen Backslash in die Zeichenfolge ein.
\a	Löst einen Alarmton aus.
\b	Führt zum Löschen des vorhergehenden Zeichens.
\f	Löst einen Formularvorschub bei Druckern aus.
\n	Löst einen Zeilenvorschub aus (entspricht der Funktionalität der ⏎-Taste).
\r	Führt zu einem Wagenrücklauf.
\t	Führt auf dem Bildschirm zu einem Tabulatorsprung.
\u	Fügt ein Unicode-Zeichen in die Zeichenfolge ein.
\v	Fügt einen vertikalen Tabulator in eine Zeichenfolge ein.

Tabelle 2.2 Die Escape-Zeichen

Mit Escape-Sequenzen lässt sich die Ausgabe von Sonderzeichen sicherstellen. Es ist aber auch vorstellbar, dass Zeichen, die vom Compiler als Escape-Sequenz interpretiert werden, selbst Bestandteil der Zeichenfolge sind. Fügen Sie dazu nur noch einen weiteren Schrägstrich ein. Dazu ein kleines Beispiel. Angenommen, Sie möchten die Ausgabe

```
Hallo\nWelt
```

erzwingen. Sie müssten dann die folgende Anweisung codieren:

```
Console.WriteLine("Hallo\\nWelt");
```

Um die Interpretation als Escape-Sequenz für eine gegebene Zeichenfolge vollständig abzuschalten, wird vor der Zeichenfolge das Zeichen »@« gesetzt.

```
Console.Write(@"C#\nmacht\nSpaß.");
```

Jetzt lautet die Konsolenausgabe:

```
C#\nmacht\nSpaß.
```

Die Methoden »ReadLine« und »Read«

Die Methode `ReadLine` liest ein oder mehrere Zeichen aus dem Eingabestrom – in unserem Fall ist das die Tastatur. Die Bereitschaft der Methode, auf Zeichen zu warten, endet mit dem Zeilenumbruch, der jedoch selbst nicht zu den eingelesenen Daten gehört. Die eingelesene Zeichenfolge wird von der Methode als Zeichenfolge vom Typ `string` zurückgeliefert und kann einer `string`-Variablen zugewiesen werden.

```
string input = Console.ReadLine();
Console.WriteLine(input);
```

Wir haben bisher die `ReadLine`-Methode dazu benutzt, um die Konsole bis zum Drücken der ⏎-Taste geöffnet zu halten. In diesem Fall war der Eingabestrom immer leer, der Rückgabewert wurde ignoriert und landete im Nirwana.

Werfen wir nun einen Blick auf die `Read`-Methode. Diese nimmt nur ein Zeichen aus dem Eingabestrom und gibt dessen ASCII-Wert zurück. Der Rückgabewert von `Read` ist daher keine Zeichenfolge, sondern eine Zahl vom Typ `int`.

Es gibt aber noch einen weiteren, nicht weniger wichtigen Unterschied zwischen `Read` und `ReadLine`: Die `ReadLine`-Methode liest eine ganze Zeile und benutzt den Zeilenumbruch dazu, das Ende der Eingabe zu erkennen. Danach wird der Zeilenumbruch dem Eingabestrom entnommen und gelöscht. Die `Read`-Methode arbeitet anders, denn der Zeilenumbruch wird nicht aus dem Eingabestrom geholt, sondern verbleibt dort und wird so lange gepuffert, bis er von einer anderen Anweisung gelöscht wird. Das kann wiederum nur die Methode `ReadLine` sein. Schauen Sie sich dazu das folgende Listing an:

```
static void Main(string[] args)
{
   int input = Console.Read();
```

```
        Console.WriteLine(input);
        Console.ReadLine();
}
```

Listing 2.10 Ein Zeichen mit »Console.Read« einlesen

Nach dem Start des Programms wartet Read auf die Eingabe des Anwenders und erkennt am Zeilenumbruch das Eingabeende. Der Zeilenumbruch befindet sich weiterhin im Eingabestrom und harrt geduldig der kommenden Anweisungen. Die Anweisung in der letzten Zeile, die ReadLine-Methode, reagiert als Erstes wieder auf den Eingabestrom, erkennt darin den Zeilenumbruch und verarbeitet ihn. Das ist gleichzeitig auch das Signal, mit der nächsten Anweisung fortzufahren. Da aber das Ende der Main-Methode erreicht ist, schließt sich das Konsolenfenster sofort. Erst ein zweiter Aufruf von ReadLine würde den eigentlich angedachten Zweck erfüllen, nämlich das Fenster geöffnet zu halten und die Ausgabe der WriteLine-Methode auf unbestimmte Zeit anzuzeigen.

2.3.5 Die einfachen Datentypen

Die .NET-Laufzeitumgebung verfolgt das Konzept der Objektorientierung nach strengen Maßstäben. Selbst einfache Datentypen werden als Objekte angesehen, die Methoden bereitstellen, um mit einer Variablen bestimmte Aktionen auszuführen. In Tabelle 2.3 sind alle Datentypen von C# zusammenfassend aufgeführt, die allgemein als **elementare Datentypen** oder manchmal auch als **primitive Datentypen** bezeichnet werden.

.NET-Laufzeittyp	C# -Alias	CLS-konform	Wertebereich
Byte	byte	ja	0 ... 255
SByte	sbyte	nein	−128 ... 127
Int16	short	ja	-2^{15} ... $2^{15}-1$
UInt16	ushort	nein	0 ... 65535
Int32t	int	ja	-2^{31} ... $2^{31}-1$
UInt32	uint	nein	0 ... $2^{32}-1$
Int64	long	ja	-2^{63} ... $2^{63}-1$
UInt64	ulong	nein	0 ... $2^{64}-1$
Single	float	ja	$1{,}4 * 10^{-45}$ bis $3{,}4 * 10^{38}$
Double	double	ja	$5{,}0 * 10^{-324}$ bis $1{,}7 * 10^{308}$

Tabelle 2.3 Die elementaren Datentypen

.NET-Laufzeittyp	C#-Alias	CLS-konform	Wertebereich
Decimal	decimal	ja	+/−79E27 ohne Dezimalpunktangabe; +/−7.9E-29, falls 28 Stellen hinter dem Dezimalpunkt angegeben werden. Die kleinste darstellbare Zahl beträgt +/−1.0E-29.
Char	char	ja	Unicode-Zeichen zwischen 0 und 65535
String	string	ja	ca. 2^{31} Unicode-Zeichen
Boolean	bool	ja	true oder false
Object	object	ja	Eine Variable vom Typ Object kann jeden anderen Datentyp enthalten, ist also universell.

Tabelle 2.3 Die elementaren Datentypen (Forts.)

In der ersten Spalte ist der Typbezeichner in der .NET-Klassenbibliothek angeführt. In der zweiten Spalte steht der C#-Alias, der bei der Deklaration einer Variablen dieses Typs angegeben werden kann.

In der dritten Spalte ist angegeben, ob der Typ den Vorgaben der *Common Language Specification* (CLS) entspricht. Das ist, wie Sie sehen können, nicht bei allen Datentypen der Fall. Doch welche Konsequenzen hat das für Sie und Ihr Programm? Wie ich bereits in Kapitel 1 erwähnt habe, steht C# nur an der Spitze vieler .NET-spezifischen Programmiersprachen. Alle müssen der CLS entsprechen, das ist die Spielregel. Für die in Tabelle 2.3 aufgeführten nicht-CLS-konformen Datentypen bedeutet das, dass eine .NET-Sprache diese Typen nicht unterstützen muss. Infolgedessen sind auch unter Umständen keine Operatoren für diese Datentypen definiert, und es können keine mathematischen Operationen durchgeführt werden.

Wie der Tabelle 2.3 zu entnehmen ist, basieren alle Typen auf einer entsprechenden Definition im .NET Framework. Das hat zur Folge, dass anstelle der Angabe des C#-Alias zur Typbeschreibung auch der .NET-Laufzeittyp genannt werden kann. Damit sind die beiden folgenden Deklarationen der Variablen *value* absolut gleichwertig:

```
int value;
Int32 value;
```

Ganzzahlige Datentypen

C# stellt acht ganzzahlige Datentypen zur Verfügung, von denen vier vorzeichenbehaftet sind, der Rest nicht. Die uns interessierenden CLS-konformen Datentypen sind:

- Byte
- Int16

- Int32
- Int64

Int16, Int32 und Int64 haben einen Wertebereich, der nahezu gleichmäßig über die negative und positive Skala verteilt ist. Die vorzeichenlosen Datentypen, zu denen auch Byte gehört, decken hingegen nur den positiven Wertebereich, beginnend bei 0, ab. Der vorzeichenlose Typ Byte, der im Gegensatz zu SByte CLS-konform ist, ist insbesondere dann von Interesse, wenn auf binäre Daten zugegriffen wird.

Ganzzahlige Literale können in Dezimal- oder Hexadezimalform übergeben werden. Hexadezimale Zahlen (Basis = 16) erhalten zusätzlich das Präfix 0x. Die folgende Variable *value* beschreibt die Dezimalzahl 225:

```
int value = 0xE1;
```

Dezimalzahlen

Versuchen Sie einmal, die beiden folgenden Codezeilen zu kompilieren:

```
float value = 0.123456789;
Console.WriteLine(value);
```

Normalerweise würde man erwarten, dass der C#-Compiler daran nichts zu beanstanden hat. Dennoch zeigt er erstaunlicherweise einen Kompilierfehler an. Wie ist das zu erklären?

Auch ein Literal wie unsere Zahl 0,123456789 muss zunächst temporär in den Speicher geschrieben werden, bevor es endgültig der Variablen zugewiesen werden kann. Um eine Zahl im Speicher abzulegen, muss die Laufzeitumgebung aber eine Entscheidung treffen: Es ist die Entscheidung darüber, wie viel Speicherplatz dem Literal zugestanden wird. Das kommt aber auch der Festlegung auf einen bestimmten Datentyp gleich.

> **Merkregel**
>
> Literale, die eine Dezimalzahl beschreiben, werden von der .NET-Laufzeitumgebung als double-Typ angesehen.
>
> Literale hingegen, die eine Ganzzahl beschreiben, werden von der Laufzeitumgebung als int (Int32) betrachtet.

Nun kommt es bei der Zuweisung unseres Literals an *value* jedoch zu einem Problem: Das Literal ist vom Typ double, und die Variable, die den Inhalt aufnehmen soll, ist vom Typ float. Per Definition weist double aber einen größeren Wertebereich als float auf – mit der Folge, dass unter Umständen vom Literal ein Wert beschrieben sein könnte, der größer ist als der, den ein float zu speichern vermag. Der Compiler verweigert deshalb diese Zuweisung.

Es gibt einen sehr einfachen Ausweg aus diesem Dilemma: Man hängt dazu an das Literal ein passendes Suffix an, hier F (oder gleichwertig f), mit dem wir den Typ float für das Literal erzwingen:

```
float value = 0.123456789F;
Console.WriteLine(value);
```

Nun ist der C#-Compiler in der Lage, den Inhalt an der Konsole anzuzeigen – vorausgesetzt, die Zahl entspricht dem Wertebereich eines `float`.

Suffix	Fließkommatyp
F oder f	`float`
D oder d	`double`
M oder m	`decimal`

Tabelle 2.4 Typsuffix der Fließkommazahlen

Die Genauigkeit von Dezimalzahlen

Die drei Typen `float`, `double` und `decimal`, mit denen unter C# Fließkommazahlen dargestellt werden, beschreiben nicht nur unterschiedliche Wertebereiche, sondern auch – was im Grunde genommen noch viel wichtiger ist – unterschiedliche Genauigkeiten. Auf herkömmlichen Systemen beträgt die Genauigkeit eines `float`-Typs etwa zehn Stellen, die eines `double`-Typs etwa 16 Stellen, die eines `decimal`-Typs ca. 25–26. Abhängig ist die Genauigkeit dabei immer von der Anzahl der Ziffern des ganzzahligen Anteils der Dezimalzahl.

Die zeichenbasierten Datentypen »string« und »char«

Variablen vom Typ `char` können ein Zeichen des Unicode-Zeichensatzes aufnehmen. Unicode ist die Erweiterung des ein Byte großen ASCII- bzw. ANSI-Zeichensatzes mit seinen insgesamt 256 verschiedenen Zeichen. Unicode berücksichtigt die Bedürfnisse außereuropäischer Zeichensätze, für die eine Ein-Byte-Codierung nicht ausreichend ist. Jedes Unicode-Zeichen beansprucht zwei Byte, folglich ist der Unicode-Zeichensatz auch auf 65.536 Zeichen beschränkt. Die ersten 128 Zeichen (0–127) entsprechen denen des ASCII-Zeichensatzes, die folgenden 128 Zeichen beinhalten unter anderem Sonderzeichen und Währungssymbole.

Literale, die dem Typ `char` zugewiesen werden, werden in einfache Anführungsstriche gesetzt, z. B.:

```
char letter = 'A';
```

Um den ASCII-Wert eines einzelnen Zeichens zu erhalten, braucht man nur den Typ `char` einem Zahlentyp wie beispielsweise einem `int` zuzuweisen:

```
char letter = 'A';
int letterASCII = letter;
// Ausgabe: 65
Console.WriteLine(letterASCII);
```

Listing 2.11 Ermitteln des ASCII-Wertes eines Characters

Die implizite Umwandlung eines char in einen Zahlenwert bereitet anscheinend keine Probleme, der umgekehrte Weg – die Umwandlung eines Zahlenwerts in einen char – ist allerdings nicht ohne weiteres möglich.

char beschränkt sich nur auf ein Zeichen. Um eine Zeichenkette, die sich aus keinem oder bis zu maximal ca. 2^{31} Einzelzeichen zusammensetzt, zu speichern oder zu bearbeiten, deklarieren Sie eine Variable vom Datentyp string. Die Einzelzeichen werden dabei wie bei char als Unicode-Zeichen der Größe 16 Bit behandelt. Zeichenketten werden grundsätzlich in doppelte Anführungsstriche gesetzt:

```
string str = "C# ist spitze."
```

Die Datentypen »Boolean«

Variablen vom Typ bool (Boolean) können nur zwei Zustände beschreiben, nämlich true oder false, z.B.:

```
bool flag = true;
```

false ist der Standardwert.

> **Hinweis**
>
> In vielen Programmiersprachen wird false numerisch mit 0 beschrieben und true durch alle Werte, die von 0 abweichen. .NET ist hier viel strenger, denn true ist nicht 1 und auch nicht 67, sondern ganz schlicht true.

Der Datentyp »Object«

Der allgemeinste aller Datentypen ist Object. Er beschreibt in seinen vier Byte einen Zeiger auf die Speicheradresse eines Objekts. Eine Variable dieses Typs kann jeden beliebigen anderen Datentyp beschreiben: Ob es sich um eine Zahl, eine Zeichenfolge, eine Datenbankverbindung oder um ein anderes Objekt wie zum Beispiel um die Schaltfläche in einem Windows-Fenster handelt, spielt dabei keine Rolle. Zur Laufzeit wird eine auf Object basierende Variable passend aufgelöst und die gewünschte Operation darauf ausgeführt.

Um das zu demonstrieren, ist im folgenden Codefragment eine Variable vom Typ object deklariert, der zuerst ein Zahlenliteral und anschließend eine Zeichenfolge zugewiesen wird:

```
object universal;
universal = 5;
Console.WriteLine(universal);
universal = "Hallo Welt.";
Console.WriteLine(universal);
```

Listing 2.12 Zuweisungen an eine Variable vom Typ »Object«

Die Variable *universal* verarbeitet beide Zuweisungen anstandslos – an der Konsole wird zuerst die Zahl 5 und danach die Zeichenfolge angezeigt.

Damit ist bei weitem noch nicht alles zum Typ Object gesagt. Es gibt noch zahlreiche andere Gesichtspunkte, die einer Erwähnung oder Diskussion würdig wären. Aber dazu müssen wir erst in die Tiefen der Objektorientierung gehen. Für den Moment ist eine oberflächliche Erwähnung des Typs Object völlig ausreichend.

Die einfachen Datentypen als Objekte

Eine Variable zu deklarieren, sieht harmlos und unscheinbar aus. Und dennoch, hinter dem Variablennamen verbergen sich Möglichkeiten, die Sie bisher vermutlich noch nicht erahnen. In der .NET-Laufzeitumgebung wird alles durch die objektorientierte Brille betrachtet – sogar die einfachen Datentypen.

Ein simpler Short soll ein Objekt sein? Wenn Sie dieser Aussage keinen Glauben schenken wollen, schreiben Sie folgende Codezeile:

```
Int16.
```

Beachten Sie bitte hierbei den Punkt, der auf Int16 folgt. Sie werden feststellen, dass hinter der Punktangabe eine Liste aufgeklappt wird, die **IntelliSense-Unterstützung** (siehe Abbildung 2.3).

```
class Program
{
    static void Main(string[] args)
    {
        Int16.
    }
}
```
- Equals
- **MaxValue**   short short.MaxValue
- MinValue   Stellt den größtmöglichen Wert einer System.Int16-Struktur dar. Dieses Feld ist konstant.
- Parse
- ReferenceEquals
- TryParse

Abbildung 2.3 IntelliSense-Unterstützung in der Entwicklungsumgebung

In dieser Liste sind alle Eigenschaften und Methoden aufgeführt, die den Typ Int16 auszeichnen. Sie können aus dem Angebot auswählen, wenn Sie mit den Pfeiltasten zu der gewünschten Funktionalität navigieren und dann die ⇆-Taste drücken. Der ausgewählte Eintrag aus IntelliSense wird sofort vom Code übernommen, was den Vorteil hat, dass ein Schreibfehler ausgeschlossen ist.

Wenn Sie beispielsweise wissen wollen, wo die wertmäßige Ober- bzw. Untergrenze des Int16-Typs liegt, könnten Sie dies mit dem folgenden Codefragment abfragen:

```
Console.WriteLine("Int16(min) = {0}", Int16.MinValue);
Console.WriteLine("Int16(max) = {0}", Int16.MaxValue);
```

An der Konsole erfolgt danach die Anzeige:

```
Int16(min) = -32768
Int16(max) = 32767
```

Wahrscheinlich werden Sie schon festgestellt haben, dass IntelliSense nicht nur im Zusammenhang mit der Punktnotation funktioniert. Sobald Sie in einer Codezeile den ersten Buchstaben eintippen, wird IntelliSense geöffnet und bietet Ihnen alle programmierbaren Optionen an, auf die mit dem eingegebenen Buchstaben zugegriffen werden kann. Die Auswahl erfolgt analog wie oben beschrieben.

2.3.6 Typkonvertierung

Sehen wir uns die folgenden beiden Anweisungen in Listing 2.13 an:

```
int value1 = 12000;
long value2 = value1;
```

Listing 2.13 Zuweisung einer int-Variablen an eine long-Variable

Hier wird die Variable *value1* vom Typ int deklariert und ihr ein Wert zugewiesen. Im zweiten Schritt erfolgt wiederum eine Variablendeklaration, diesmal vom Typ long. Der Inhalt der zuvor deklarierten Variablen *value1* wird *value2* zugewiesen. Der C#-Compiler wird beide Anweisungen anstandslos kompilieren.

Nun ändern wir die Reihenfolge in Listing 2.13 ab und deklarieren zuerst die long-Variable, weisen ihr den Wert von 12000 zu und versuchen dann, *diese* der int-Variablen zuzuweisen:

```
long value1 = 12000;
int value2 = value1;
```

Listing 2.14 Zuweisung einer long-Variablen an eine int-Variable

Diesmal ist das Ergebnis nicht wie vielleicht erwartet – der C#-Compiler quittiert die Zuweisung mit einer Fehlermeldung, obwohl der Wertebereich eines int die Zuweisung von 12000 eindeutig verkraftet. Das auftretende Problem beruht darauf, dass der Wertebereich eines int kleiner ist als der eines long. Im Gegensatz dazu ist die Zuweisung eines int an einen long eine zulässige **Operation**, weil der long einen größeren Wertebereich als int hat und somit weitaus höhere Werte verträgt.

Immer dann, wenn bei einer Operation zwei unterschiedliche Datentypen im Spiel sind, muss der Typ, der rechts vom Zuweisungsoperator steht, in den Typ umgewandelt werden, der sich auf der linken Seite befindet. Man spricht hierbei auch von der **Konvertierung**. Prinzipiell werden zwei Arten der Konvertierung unterschieden:

- die implizite Konvertierung
- die explizite Konvertierung

Die implizite Konvertierung

Eine implizite Konvertierung nimmt der C#-Compiler selbst vor. Implizit wird immer dann konvertiert, wenn der zuzuweisende Wert grundsätzlich immer kleiner oder gleich dem Datentyp ist, der den Wert empfängt. Schauen wir uns dazu Abbildung 2.4 an.

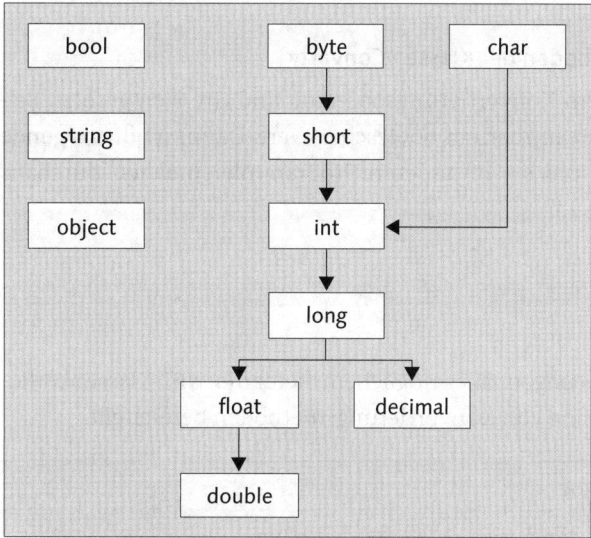

Abbildung 2.4 Die implizite Konvertierung einfacher Datentypen

Die Pfeilrichtung gibt eine implizite Konvertierung vor, entgegengesetzt der Pfeilrichtung wäre eine Konvertierung explizit. Demzufolge wird ein byte anstandslos implizit in einen short, int, long usw. konvertiert, aber nicht umgekehrt beispielsweise ein int in byte. Beachten Sie insbesondere, dass es keine impliziten Konvertierungen zwischen den Gleitkommatypen float/double und decimal gibt.

Eine besondere Stellung nehmen bool, string, char und object ein. Mit einem bool oder einem string sind keine impliziten Konvertierungen möglich, ein char kann mit Ausnahme von byte und short jedem anderen Typ zugewiesen werden. Variablen vom Typ object wiederum unterliegen Gesichtspunkten, die wir erst ab Kapitel 3 erörtern.

Die explizite Konvertierung

Unter expliziter Konvertierung versteht man die ausdrückliche Anweisung an den Compiler, den Wert eines bestimmten Datentyps in einen anderen umzuwandeln. Explizite Konvertierung folgt einer sehr einfachen Syntax: Vor dem zu konvertierenden Ausdruck wird in runden Klammern der Typ angegeben, in den die Konvertierung erfolgen soll, also:

(Zieldatentyp)Ausdruck

Man spricht bei den so eingesetzten runden Klammern auch vom **Typkonvertierungsoperator**.

Mit der expliziten Konvertierung wären die folgenden beiden Zuweisungen möglich:

```
float value1 = 3.12F;
decimal value2 = (decimal)value1;
byte value3 = 20;
char c = (char)value3;
```

Explizite Konvertierung mit den Methoden der Klasse »Convert«

Der expliziten Konvertierung mit dem Konvertierungsoperator sind Grenzen gesetzt. Beispielsweise bleibt ein boolescher Wert immer ein boolescher Wert. Damit ist die folgende Konvertierung unter C# falsch, obwohl sie in anderen Programmiersprachen durchaus zulässig ist:

```
int value = 1;
// fehlerhafte explizite Konvertierung
bool bolVar = (bool)value;
```

Um auch solche expliziten Konvertierungen zu ermöglichen, bietet die .NET-Klassenbibliothek die Klasse Convert an, die eine Reihe von Konvertierungsmethoden bereitstellt.

Methode	Beschreibung
ToBoolean(*Ausdruck*)	Konvertiert den Ausdruck in einen bool-Typ.
ToByte(*Ausdruck*)	Konvertiert den Ausdruck in einen byte-Typ.
ToChar(*Ausdruck*)	Konvertiert den Ausdruck in einen char-Typ.
ToDecimal(*Ausdruck*)	Konvertiert den Ausdruck in einen decimal-Typ.
ToDouble(*Ausdruck*)	Konvertiert den Ausdruck in einen double-Typ.
ToInt16(*Ausdruck*)	Konvertiert den Ausdruck in einen short-Typ.
ToInt32(*Ausdruck*)	Konvertiert den Ausdruck in einen int-Typ.
ToInt64(*Ausdruck*)	Konvertiert den Ausdruck in einen long-Typ.
ToSByte(*Ausdruck*)	Konvertiert den Ausdruck in einen sbyte-Typ.
ToSingle(*Ausdruck*)	Konvertiert den Ausdruck in einen float-Typ.
ToString(*Ausdruck*)	Konvertiert den Ausdruck in einen string-Typ.
ToUInt16(*Ausdruck*)	Konvertiert den Ausdruck in einen ushort-Typ.
ToUInt32(*Ausdruck*)	Konvertiert den Ausdruck in einen uint-Typ.
ToUInt64(*Ausdruck*)	Konvertiert den Ausdruck in einen ulong-Typ.

Tabelle 2.5 Die Konvertierungsmethoden der Klasse »Convert« (Auszug)

Damit ist das Codefragment

```
long value1 = 4711;
int value2 = (int)value1;
```

gleichwertig mit:

```
long value1 = 4711;
int value2 = Convert.ToInt32(value1);
```

In zwei ganz wesentlichen Punkten unterscheidet sich die Konvertierung mit den Methoden der `Convert`-Klasse von der mit dem Konvertierungsoperator:

- Es können Konvertierungen durchgeführt werden, die mit dem Typkonvertierungsoperator »()« unzulässig sind. Allerdings sind die Methoden der Klasse `Convert` nur auf elementare Datentypen beschränkt.
- Grundsätzlich werden alle Konvertierungen mit den Methoden der `Convert`-Klasse auf einen eventuellen Überlauf hin untersucht.

Den letztgenannten Punkt werden wir im folgenden Abschnitt behandeln, während wir uns an dieser Stelle zunächst dem erstgenannten Punkt zuwenden. Angenommen, wir wollen an der Eingabeaufforderung die Eingabe in einer Integer-Variablen speichern, muss die Anweisung dazu wie folgt lauten:

```
int value = Convert.ToInt32(Console.ReadLine());
```

Bekanntlich liefert `ReadLine` die Benutzereingabe als Zeichenfolge vom Typ `string` zurück. Wäre die Methode `Convert.ToInt32` gleichwertig mit dem Typkonvertierungsoperator, würde der C#-Compiler auch die folgende Anweisung anstandslos kompilieren:

```
int intDigit = (int)Console.ReadLine(); // FALSCH!!
```

Allerdings wird uns der Compiler diese Anweisung mit der Fehlermeldung

`Konvertierung des Typs 'string' zu 'int' nicht möglich`

quittieren, denn eine explizite Konvertierung des Typs `string` in einen numerischen Typ mit dem Typkonvertierungsoperator ist auch dann unzulässig, wenn die Zeichenfolge eine Zahl beschreibt. Nur die Methoden der Klasse `Convert` sind so geprägt, dass dennoch eine Konvertierung erfolgt. Natürlich muss die Konvertierung aus logischer Sicht sinnvoll sein. Solange aber eine Zeichenfolge eine Zahl beschreibt, darf auch eine Zeichenfolge in einen numerischen Typ überführt werden.

Bereichsüberschreitung infolge expliziter Konvertierung

Eine explizite Konvertierung lässt auch eine einengende Umwandlung zu, beispielsweise wenn ein `long`-Wert einer `int`-Variablen zugewiesen wird. Damit drängt sich sofort eine Frage auf: Was passiert, wenn der Wert der Übergabe größer ist als der Maximalwert des

Typs, in den konvertiert wird? Nehmen wir dazu beispielsweise an, wir hätten eine Variable vom Typ short deklariert und ihr den Wert 436 zugewiesen. Nun soll diese Variable in den Typ byte überführt werden, der den Wertebereich zwischen 0 und 255 beschreibt.

```
short value1 = 436;
byte value2 = (byte)value1;
Console.WriteLine(value2);
```

Dieser Code resultiert in der folgenden Ausgabe:

```
180
```

Um zu verstehen, wie es zu dieser zunächst unverständlichen Ausgabe kommt, müssen wir uns die bitweise Darstellung der Zahlen ansehen. Für den Inhalt der Variablen *value1* ist das:

```
436 = 0000 0001 1011 0100
```

Nach der Konvertierung liegt das Ergebnis 180 vor, beschrieben durch:

```
180 = 1011 0100
```

Vergleichen wir jetzt die bitweise Darstellung der beiden Zahlen, kommen wir sehr schnell zu der Erkenntnis, dass bei einer expliziten Konvertierung mit dem Typkonvertierungsoperator beim Überschreiten der Bereichsgrenze des Zieldatentyps die überschüssigen Bits einfach ignoriert werden. Aus dem verbleibenden Rest wird die neue Zahl gebildet.

Dieses Verhalten kann zu sehr schwer zu lokalisierenden, ernsthaften Fehlern in einer Anwendung führen. Wenn Sie Programmcode schreiben und explizit konvertieren müssen, sollten Sie daher die Kontrolle über einen eventuell eintretenden Überlauf haben. Unter C# gibt es dazu drei Alternativen:

- die Operatoren checked und unchecked
- eine entsprechende Einstellung im *Projekteigenschaftsfenster*
- der Verzicht auf den Typkonvertierungsoperator und stattdessen die Verwendung der Klasse Convert

Die Operatoren »checked« und »unchecked«

Wenden wir uns zunächst den Schlüsselwörtern checked und unchecked zu, und schauen wir uns an einem Beispiel den Einsatz und die Wirkungsweise an:

```
// Beispiel: ..\Kapitel 2\CheckedSample
static void Main(string[] args) {
  // Zahleneingabe anfordern
  Console.Write("Geben Sie eine Zahl im Bereich von ");
  Console.Write("0...{0} ein: ", Int16.MaxValue);
  // Eingabe einem short-Typ zuweisen
  short value1 = Convert.ToInt16(Console.ReadLine());
```

```
    // Überlaufprüfung einschalten
    byte value2 = checked((byte)value1);
    Console.WriteLine(value2);
    Console.ReadLine();
}
```

Listing 2.15 Arithmetischen Überlauf mit »checked« prüfen

Nach dem Starten der Anwendung wird der Benutzer dazu aufgefordert, eine Zahl im Bereich von 0 bis zum Maximalwert eines short einzugeben. Entgegengenommen wird die Eingabe durch die Methode `Console.ReadLine`, die ihrerseits die Eingabe als Zeichenfolge, also vom Typ string zurückliefert. Um die gewünschte Zahl einer short-Variablen zuweisen zu können, muss explizit konvertiert werden. Beachten Sie bitte, dass wir dazu die Methode `ToInt16` der Klasse `Convert` einsetzen müssen, da eine Konvertierung eines string in einen short mit dem Typkonvertierungsoperator nicht zulässig ist:

```
short value1 = Convert.ToInt16(Console.ReadLine());
```

Gibt der Anwender eine Zahl ein, die den Wertebereich des short-Typs überschreitet, wird ein Laufzeitfehler ausgelöst und die Laufzeit der Anwendung beendet. Falls der Wertebereich nicht überschritten wird, wird die dann folgende Anweisung ausgeführt:

```
byte value2 = checked((byte)value1);
```

In dieser Anweisung steckt allerdings eine Gemeinheit, denn nun soll der Inhalt der short-Variablen einer byte-Variablen zugewiesen werden. Je nachdem, welche Zahl der Anwender eingegeben hat, wird die Zuweisung fehlerfrei erfolgen oder – bedingt durch die Überprüfung mit checked – zu einem Fehler führen. Löschen Sie checked aus dem Programmcode, wird die Zuweisung einer Zahl, die den Wertebereich eines byte-Typs überschreitet, keinen Fehler verursachen.

checked ist ein Operator und wird verwendet, um einen eventuell auftretenden arithmetischen Überlauf zu steuern. Tritt zur Laufzeit ein Überlauf ein, weil der Anwender eine Zahl eingegeben hat, die den Wertebereich des Typs überschreitet, in den konvertiert werden soll, wird ein Laufzeitfehler ausgelöst, der unter .NET auch als Ausnahme bzw. Exception bezeichnet wird. Geben wir beispielsweise an der Konsole die Zahl 436 ein, werden wir die folgende Mitteilung erhalten:

Nach dem Schließen der Fehlermeldung wird die Anwendung unplanmäßige beendet. Nun könnten Sie argumentieren, dass das Beenden der Laufzeitumgebung auch nicht das sein kann, was unbedingt erstrebenswert ist. Dieses Argument ist vollkommen richtig, aber Laufzeitfehler lassen sich mittels Programmcode abfangen, und die Anwendung bleibt danach in einem ordnungsgemäßen Laufzeitzustand. Diesem Thema werden wir uns in Kapitel 7 dieses Buches noch ausgiebig widmen.

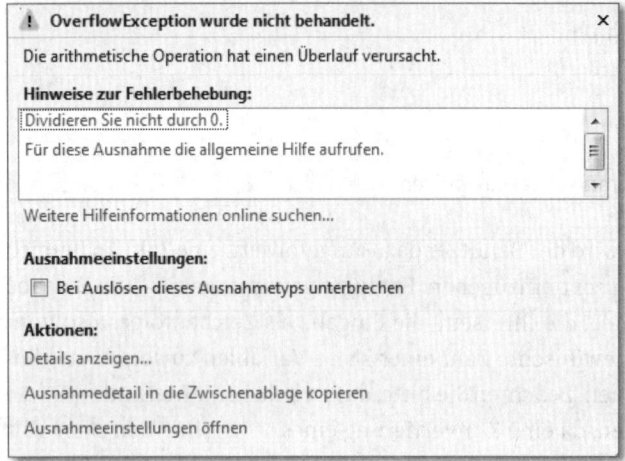

Abbildung 2.5 Fehlermeldung durch Überlauf

Falls nicht nur ein einzelner Ausdruck, sondern mehrere Ausdrücke innerhalb eines Anweisungsblocks auf einen möglichen Überlauf hin kontrolliert werden sollen, können Sie hinter checked einen Anweisungsblock angeben, innerhalb dessen der unkontrollierte Überlauf durch die Auslösung eines Laufzeitfehlers unterbunden wird. Wie diese Variante von checked eingesetzt wird, können Sie dem nachfolgenden Beispiel entnehmen.

```
static void Main(string[] args) {
  checked
  {
    short shortValue = 436;
    int integerValue = 1236555;
    byte byteValue = (byte)shtVar;
    shortValue = (short)integerValue;
    Console.WriteLine(byteValue);
    Console.ReadLine();
  }
}
```

Listing 2.16 Mehrere Ausdrücke gleichzeitig auf Überlauf hin prüfen

Wir können festhalten, dass wir mit checked eine gewisse Kontrolle ausüben können, falls zur Laufzeit bedingt durch die explizite Konvertierung ein Überlauf eintreten kann. Der Operator unchecked ist die Umkehrung der Arbeitsweise von checked, er schaltet die Überprüfung des Überlaufs aus und ist der Standard.

Während checked sich nur lokal auf den in runden Klammern stehenden Ausdruck bzw. einen eingeschlossenen Anweisungsblock bezieht, kann durch eine Änderung im *Projekteigenschaftsfenster* die Kontrolle über sämtliche auftretenden Überläufe in einer Anwendung ausgeübt werden. Öffnen Sie dieses Fenster, indem Sie im Projektmappen-Explorer das

Projekt markieren, dessen Kontextmenü mit der rechten Maustaste öffnen und dann EIGENSCHAFTEN wählen.

Das Projekteigenschaftsfenster wird als zusätzliche Lasche im Code-Editor angezeigt. Am linken Rand werden mehrere Auswahloptionen angeboten. Um unser Problem zu lösen, müssen Sie ERSTELLEN auswählen. Im sich öffnenden Registerblatt sehen Sie rechts unten die Schaltfläche ERWEITERT. Klicken Sie darauf, wird ein Dialog geöffnet, der die von uns gesuchte Option anbietet: AUF ARITHMETISCHEN ÜBER-/UNTERLAUF ÜBERPRÜFEN (Abbildung 2.6). Markieren Sie das Kontrollkästchen, um sicherzustellen, dass eine generelle Überprüfung auf eine Über- oder Unterschreitung des Wertebereichs erfolgt. Damit vermeiden Sie Datenverlust.

Mit dieser Einstellung kann man auf alle expliziten Angaben von checked verzichten, denn die Überprüfung des Unter- bzw. Überlaufs wird in der Anwendung zum Standard erklärt. Möchte man aus bestimmten Gründen auf die Überprüfung verzichten, kommt der Operator unchecked ins Spiel und hebt für den entsprechenden Ausdruck die Überprüfung wieder auf.

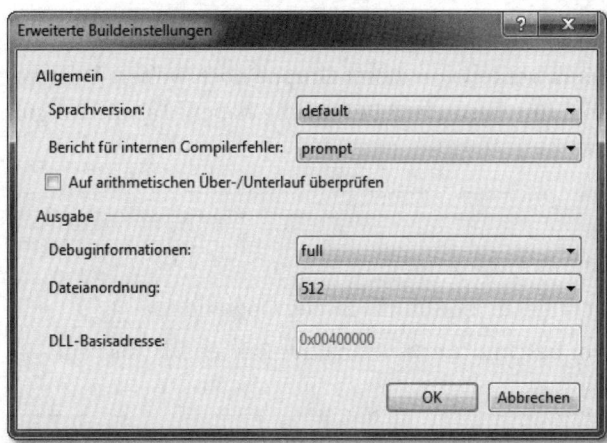

Abbildung 2.6 Einstellen der standardmäßigen Überprüfung des Überlaufs im Projekteigenschaftsfenster

2.4 Operatoren

Im vorhergehenden Abschnitt haben wir uns eingehend mit den Daten auseinandergesetzt. Nun werden Sie lernen, wie Daten mit C# verarbeitet werden können. Bevor wir uns an die Details begeben, müssen wir uns zunächst mit der Terminologie befassen.

An oberster Stelle steht der Begriff **Ausdruck**. Ein Ausdruck ist die kleinste ausführbare Einheit eines Programms und setzt mindestens einen Operator voraus. Im einfachsten Fall gilt schon die Anweisung

```
value = 22;
```

als Ausdruck. Ein Ausdruck wird immer aus mindestens einem **Operanden** und einem **Operator** gebildet. Der Operator im Beispiel oben ist der Zuweisungsoperator, als Operand gilt sowohl die Konstante 22 als auch die Variable *value*. Operatoren verknüpfen Operanden miteinander und führen Berechnungen durch. Nahezu alle Operatoren von C# benötigen zwei Operanden. Das Kernkonstrukt von Ausdrücken sind die Operatoren, die sich entsprechend ihrer Arbeitsweise in verschiedene Gruppen aufteilen lassen:

- arithmetische Operatoren
- Vergleichsoperatoren
- logische Operatoren
- bitweise Operatoren
- Zuweisungsoperatoren
- sonstige Operatoren

2.4.1 Arithmetische Operatoren

C# kennt die üblichen Operatoren der vier Grundrechenarten Addition, Subtraktion, Division und Multiplikation. Darüber hinaus werden von dieser Gruppe noch weitere Operatoren beschrieben, die in ihrem Kontext eine besondere Bedeutung haben. Tabelle 2.6 gibt zunächst einen allgemeinen Überblick.

Operator	Beschreibung
+	Hat zwei Funktionalitäten: - Als Additionsoperator bildet er die Summe zweier Operanden (x + y). - Als Vorzeichenoperator beschreibt er eine positive Zahl (+x), ist also ein einstelliger (unärer) Operator.
-	Hat ebenfalls zwei Funktionalitäten: - Als Subtraktionsoperator bildet er die Differenz zweier Operanden (x - y). - Als unärer Vorzeichenoperator beschreibt er eine negative Zahl (-x).
*	Multiplikationsoperator; multipliziert zwei Operanden (x * y).
/	Divisionsoperator; dividiert zwei Operanden (x / y), behält den Nachkommateil der Division.
%	Restwertoperator; dividiert zwei Operanden und liefert als Ergebnis den Restwert der Operation (x % y).
++	Erhöht den Inhalt des Operanden um 1. Das Ergebnis der Operation ++x ist der Wert des Operanden nach der Erhöhung. Das Ergebnis der Operation x++ ist der Wert des Operanden vor der Erhöhung.

Tabelle 2.6 Arithmetische Operatoren

Operator	Beschreibung
--	Verringert den Inhalt des Operanden um 1. Das Ergebnis der Operation --x ist der Wert des Operanden nach der Verringerung. Das Ergebnis der Operation x-- ist der Wert des Operanden vor der Verringerung.

Tabelle 2.6 Arithmetische Operatoren (Forts.)

Der Einsatz der Operatoren zur Formulierung mathematischer Ausdrücke ist trivial. Zwei Operanden werden miteinander verknüpft, und das Ergebnis der Operation wird der links vom Zuweisungsoperator stehenden Variablen zugewiesen.

```
int value1 = 30;
int value2 = 55;
int result = value1 + value2;
```

Eine besondere Stellung nimmt der %-Operator ein, dessen Ergebnis einer Division der ganzzahlige Divisionsrest ist. Dazu ein Beispiel:

```
int x = 100;
int y = 17;
Console.WriteLine("Division mit % - Ergebnis = {0}", x % y);
```

Die Zahl 17 ist fünfmal in der Zahl 100 enthalten. Damit lautet die Konsolenausgabe 15.

Dezimalzahlen als Operanden des %-Operators sind ebenfalls zugelassen, die Rückgabe ist dabei selbst eine Dezimalzahl:

```
float x = 100.35F;
float y = 17.45F;
Console.WriteLine("Division mit % - Ergebnis = {0}", x % y);
```

Wenn Sie diesen Code ausführen, wird im Konsolenfenster die Ausgabe 13,09999 erscheinen.

Widmen wir uns jetzt noch einem Beispiel, an dem die Arbeitsweise der Inkrement- bzw. Dekrementoperationen ersichtlich wird. Zunächst betrachten wir das Codefragment einer Postfixinkrementoperation:

```
int x = 5;
int y = x++;
// y hat den Inhalt 5 nach der Ausführung der Operation
```

Zuerst wird der Variablen *x* der Wert 5 zugewiesen. Im zweiten Schritt wird der aktuelle Inhalt von *x* an *y* übergeben und danach der Inhalt der Variablen *x* um eins erhöht. Nach Beendigung der zweiten Anweisung weist *x* den Inhalt 6 auf und *y* den Inhalt 5.

Ein abweichendes Ergebnis erhalten wir, wenn wir den ++-Operator als Präfixinkrementoperator einsetzen.

```
int a = 5;
int b = ++a;
// b hat den Inhalt 6
```

In diesem Fall wird zuerst der Inhalt der Variablen *a* um eins erhöht, und erst danach erfolgt die Zuweisung an die Variable *b*. Die Folge ist, dass *b* denselben Inhalt wie *a* hat.

Vielleicht wird Ihnen aufgefallen sein, dass Tabelle 2.6 keinen Potenzoperator beschreibt. Das ist keine Unterlassungssünde des Autors, da C# tatsächlich keinen bereitstellt. Stattdessen gibt es in der .NET-Klassenbibliothek eine Klasse namens Math, die diverse Methoden für mathematische Operationen bereitstellt, unter anderem auch die Methode Pow zum Potenzieren. Wollen Sie beispielsweise das Ergebnis von 2^5 berechnen, müssen Sie Folgendes codieren:

```
double value = Math.Pow(2, 5);
```

Besonderheiten einer Division

Bei einer Division zweier ganzer Zahlen gibt es einen Haken, der im ersten Moment nicht offensichtlich ist. Betrachten Sie dazu die beiden folgenden Anweisungen:

```
double value = 3/4;
Console.WriteLine(value);
```

An der Konsole wird nicht, wie zu erwarten wäre, das Ergebnis 0,75 angezeigt, sondern 0. Die Begründung dieses Phänomens ist recht einfach. Zur Laufzeit muss für die beiden Literale 3 und 4 Speicher reserviert werden. Die Laufzeitumgebung erkennt, dass es sich um ganze Zahlen handelt, und interpretiert den Typ der beiden Literale jeweils als Integer. Das Ergebnis der Division wird vor der endgültigen Zuweisung an *value* zwischengespeichert. Dazu wird Speicher reserviert, der dem Typ des größten der beiden beteiligten Operanden entspricht, mit der Folge, dass der Dezimalteil des Ergebnisses abgeschnitten wird. Bei der anschließenden Zuweisung an *value* ist das Kind bereits in den Brunnen gefallen – das Ergebnis ist falsch.

Zur Lösung dieser Problematik muss sichergestellt werden, dass einer der beiden Operanden als Dezimalzahl erkannt wird. Sie können das erreichen, indem Sie beispielsweise

```
double value = 3.0/4;
```

schreiben. Die Zahl 3 wird jetzt nicht mehr als Integer, sondern als double verarbeitet. Dieser Typ ist erfreulicherweise in der Lage, auch Nachkommastellen aufzunehmen, und das Ergebnis wird korrekt angezeigt.

Eine andere Möglichkeit wäre es, einen der Operanden explizit in eine Dezimalzahl zu konvertieren:

```
double value = (double)3 / 4;
```

2.4.2 Vergleichsoperatoren

Vergleichsoperatoren vergleichen zwei Ausdrücke miteinander. Der Rückgabewert ist immer ein boolescher Wert, also entweder `true` oder `false`. Vergleiche können auf Gleichheit bzw. Ungleichheit sowie auf »größer« und »kleiner« durchgeführt werden.

Operator	Beschreibung
a == b	(Vergleichsoperator) prüft, ob der Ausdruck **a** dem Ausdruck **b** entspricht, und gibt in diesem Fall `true` zurück.
a != b	Ergebnis der Operation ist `true`, wenn **a** ungleich **b** ist.
a > b	Ergebnis der Operation ist `true`, wenn **a** größer **b** ist.
a < b	Ergebnis der Operation ist `true`, wenn **a** kleiner **b** ist.
a <= b	Ergebnis der Operation ist `true`, wenn **a** kleiner oder gleich **b** ist.
a >= b	Ergebnis der Operation ist `true`, wenn **a** größer oder gleich **b** ist.

Tabelle 2.7 Vergleichsoperatoren

Sehen wir uns einige boolesche Ausdrücke an:

```
bool compare;
compare = value <= 100;
```

Vergleichsoperatoren genießen eine höhere Priorität als der Zuweisungsoperator, daher wird zuerst der Teilausdruck `value <= 100` ausgewertet. Das Ergebnis des Vergleichs, je nachdem, ob der Vergleich wahr oder falsch ist, wird der Variablen *compare* zugewiesen. Sie können die boolesche Operation auch direkt zur Initialisierung bei der Deklaration verwenden:

```
bool compare = intVar <= 100;
```

Mit den Vergleichsoperatoren lassen sich auch die Inhalte von zwei `string`-Variablen miteinander vergleichen:

```
string text1 = "Hallo";
string text2 = "hallo";
bool compare = text1 == text2;
```

Der Rückgabewert wird in diesem Fall `false` sein, weil beim Vergleich von Zeichenketten der Groß-/Kleinschreibung Beachtung geschenkt wird.

2.4.3 Logische Operatoren

C# bietet eine Reihe logischer Operatoren an, die ebenfalls als Resultat einen booleschen Wert liefern. Sehen wir uns zunächst die folgende Tabelle an, bevor wir uns an einigen Beispielen die Wirkungsweise dieser Operatoren verdeutlichen.

Operator	Beschreibung
!	Unärer Negationsoperator. Der Ausdruck !a ist true, wenn a einen unwahren Wert beschreibt, und false, wenn a wahr ist.
&	(And-Operator, 1. Variante) Der Ausdruck a & b ist dann true, wenn sowohl a als auch b true sind. Dabei werden in jedem Fall beide Ausdrücke ausgewertet.
|	(Or-Operator, 1. Variante) Der Ausdruck a | b ist true, wenn entweder a oder b wahr ist. Dabei werden in jedem Fall beide Ausdrücke ausgewertet.
^	(Xor-Operator) Der Ausdruck a ^ b ist true, wenn die beiden beteiligten Operanden unterschiedliche Wahrheitswerte haben.
&&	(And-Operator, 2. Variante) Der Ausdruck a && b ist true, wenn sowohl a als auch b true sind. Zuerst wird a ausgewertet. Sollte a false sein, ist in jedem Fall der Gesamtausdruck unabhängig von b auch falsch. b wird dann nicht mehr ausgewertet.
||	(Or-Operator, 2. Variante) Der Ausdruck a || b ist true, wenn entweder a oder b true ist. Zuerst wird a ausgewertet. Sollte a bereits true sein, ist in jedem Fall der Gesamtausdruck unabhängig von b auch wahr. b wird dann nicht mehr ausgewertet.

Tabelle 2.8 Logische Operatoren

Das Ergebnis einer Operation, an der logische Operatoren beteiligt sind, lässt sich am besten anhand einer Wahrheitstabelle darstellen.

Bedingung 1	Bedingung 2	And-Operator	Or-Operator	Xor-Operator
false	false	false	false	false
true	false	false	true	true
false	true	false	true	true
true	true	true	true	false

Tabelle 2.9 Wahrheitstabellen

Sehr häufig werden logische Operatoren benutzt, wenn eine Entscheidung darüber getroffen werden muss, welcher Programmcode in Abhängigkeit vom Ergebnis einer Bedingungsprüfung ausgeführt werden soll:

```
if(x != y)
  Console.WriteLine("x ist ungleich y");
```

In diesem einfachen Beispiel, das auch ohne größere Erklärung verständlich sein dürfte, wird die WriteLine-Methode dann ausgeführt, wenn die Bedingung

```
x != y
```

erfüllt ist, also true liefert.

Bedingungen können durchaus auch komplexer werden und neben logischen Operatoren auch mehrere Vergleichsoperatoren enthalten. Betrachten wir das folgende Codefragment:

```
if(x < 5 || y > 20)
  Console.WriteLine("Bedingung ist erfüllt");
```

Dieses Codefragment enthält drei verschiedene Operatoren. Da stellt sich sofort die Frage, in welcher Reihenfolge sie zur Bildung des Gesamtergebnisses herangezogen werden. Von den drei Operatoren hat der ||-Operator die geringste Priorität, < und > sind in dieser Hinsicht gleichwertig (siehe auch Abschnitt 2.4.8). Folglich wird zuerst das Ergebnis aus

```
x < 5
```

gebildet und danach das aus:

```
y > 20
```

Beide Teilergebnisse sind entweder true oder false und werden am Schluss mit || verglichen, woraus das Resultat gebildet wird. Manchmal ist es allerdings wegen der besseren Lesund Interpretierbarkeit einer komplexen Bedingung durchaus sinnvoll, auch unnötige Klammerpaare zu setzen:

```
if((x < 5) || (y > 20))
```

Interessant sind insbesondere die ähnlichen Paare & und && bzw. | und ||. Um die Unterschiede in der Verhaltensweise genau zu verstehen, wollen wir ein kleines Beispielprogramm entwickeln, das auch syntaktische Elemente enthält, die bisher noch nicht unser Thema waren.

```
// Beispiel: ..\Kapitel 2\LogischeOperatoren
class Program {
  static void Main(string[] args){
    int x = 8;
    int y = 9;
    // wenn die Bedingung wahr ist, dann dies durch eine
    // Ausgabe an der Konsole bestätigen
    if((x != y) | DoSomething())
      Console.WriteLine("Bedingung ist erfüllt");
    Console.ReadLine();
  }
  // benutzerdefinierte Methode
  static bool DoSomething() {
    Console.WriteLine("Aufruf der TestFunction");
    return true;
  }
}
```

Listing 2.17 Testen einer komplexeren Bedingungsprüfung

Neu ist in diesem Beispiel die Definition einer Methode, die hier DoSomething heißt. DoSomething macht nicht sehr viel: Sie schreibt nur eine Meldung in das Konsolenfenster und gibt immer den booleschen Wert true als Ergebnis des Aufrufs zurück. In Main werden den beiden Variablen *x* und *y* feste Werte zugewiesen. Daraus folgt, dass die Bedingung

x != y

immer wahr ist. Verknüpft wird diese Bedingung über den Oder-Operator | mit dem Aufruf der benutzerdefinierten Funktion. Da diese einen booleschen Wert zurückliefert, ist der Code syntaktisch korrekt. Führen wir das Programm aus, wird an der Konsole

```
Aufruf der TestFunction
Bedingung ist erfüllt
```

angezeigt. Halten wir an dieser Stelle die folgende Tatsache fest: Zwei Ausdrücke sind mit dem Oder-Operator | verknüpft. Beide Bedingungen werden vollständig geprüft, bevor das Gesamtergebnis der Operation feststeht. Aus der Wahrheitstabelle (Tabelle 2.9) können wir aber entnehmen, dass die Gesamtbedingung in jedem Fall true ist, wenn einer der beiden Ausdrücke wahr ist. Folglich wäre es auch vollkommen ausreichend, nach dem Prüfen der Bedingung x != y die zweite Bedingung keiner eigenen Überprüfung zu unterziehen, da das Endergebnis bereits feststeht. Hier betritt nun der zweite Oder-Operator (||) die Bühne. Wenn wir die Bedingung nun mit

```
if((x != y) || DoSomething())
```

formulieren, lautet die Ausgabe an der Konsole nur noch:

```
Bedingung ist erfüllt
```

Der Wahrheitsgehalt der zweiten Bedingung wird erst gar nicht mehr überprüft, da er das Endergebnis nicht mehr beeinflussen kann. Genauso arbeiten auch die beiden Operatoren »&« und »&&«.

In der Praxis kann diesem Unterschied große Bedeutung hinsichtlich der Performance einer Anwendung zukommen. Wenn nämlich die zweite Bedingung eine länger andauernde Ausführungszeit für sich beansprucht und das Ergebnis der ersten Operation die Prüfung der zweiten Bedingung unnötig macht, leisten || bzw. && durchaus einen kleinen Beitrag zur Verbesserung der Gesamtleistung.

2.4.4 Bitweise Operatoren

Bitweise Operatoren dienen dazu, auf die Bitdarstellung numerischer Operanden zuzugreifen. Dabei kann die Bitdarstellung eines numerischen Operanden sowohl abgefragt als auch manipuliert werden.

Operator	Beschreibung
~	Invertiert jedes Bit des Ausdrucks (Einerkomplement).
|	Aus x|y resultiert ein Wert, bei dem die korrespondierenden Bits von **x** und **y** Or-verknüpft werden.
&	Aus x&y resultiert ein Wert, bei dem die korrespondierenden Bits von **x** und **y** And-verknüpft werden.
^	Aus x^y resultiert ein Wert, bei dem die korrespondierenden Bits von **x** und **y** Xor-verknüpft werden.
<<	Aus x<<y resultiert ein Wert, der durch die Verschiebung der Bits des ersten Operanden **x** um die durch die im zweiten Operanden **y** angegebene Zahl nach links entsteht.
>>	Aus x>>y resultiert ein Wert, der durch die Verschiebung der Bits des ersten Operanden **x** um die durch die im zweiten Operanden **y** angegebene Zahl nach rechts entsteht.

Tabelle 2.10 Bitweise Operatoren

Beachten Sie bitte, dass die Operatoren & und | sowohl als Vergleichsoperatoren als auch als bitweise Operatoren eingesetzt werden können. Als Vergleichsoperatoren werden zwei boolesche Operanden miteinander verglichen, ein Wahrheitswert wird als Ergebnis der Operation zurückgeliefert, und die bitweisen Operatoren vergleichen die einzelnen Bits einer Speicheradresse und bilden daraus das Ergebnis. Wir sehen uns jetzt an einigen Beispielen an, wie diese Operatoren eingesetzt werden können.

Beispiel 1: Im Folgenden werden die beiden Literale 13 und 5 mit dem bitweisen &-Operator verknüpft:

```
a = 13 & 5;
Console.WriteLine(a);
```

Die Bitdarstellung dieser beiden Literale sieht wie folgt aus:

```
13 = 0000 0000 0000 1101
 5 = 0000 0000 0000 0101
```

An der Konsole wird als Ergebnis die Zahl 5 angezeigt, was der Bitdarstellung

```
0000 0000 0000 0101
```

entspricht. Wir können unser Ergebnis auch wie folgt interpretieren:

Eine vorgegebene Bitsequenz kann mit dem bitweisen &-Operator daraufhin untersucht werden, ob die vom rechten Operanden beschriebenen Bits in der vorgegebenen Bitfolge gesetzt sind. Das ist genau dann der Fall, wenn das Ergebnis der &-Verknüpfung dasselbe Ergebnis liefert wie im rechtsseitigen Operanden angegeben.

Beispiel 2: Verknüpfen wir nun zwei Literale mit dem bitweisen Oder-Operator |, also beispielsweise:

```
int a = 71 | 49;
Console.WriteLine(a);
```

Die Bitdarstellung dieser beiden Literale sieht wie folgt aus:

```
71 = 0000 0000 0100 0111
49 = 0000 0000 0011 0001
```

Das Ergebnis wird 119 lauten oder in Bitdarstellung:

```
0000 0000 0111 0111
```

Beispiel 3: Dem Xor-Operator ^ kommt ebenfalls eine ganz besondere Bedeutung zu, wie das folgende Beispiel zeigt:

```
int a = 53;
a = a ^ 22;
Console.WriteLine(a);
```

Sehen wir uns zunächst wieder die durch die beiden Literale beschriebenen Bitsequenzen an:

```
53 = 0000 0000 0011 0101
22 = 0000 0000 0001 0110
```

Lassen wir uns das Ergebnis an der Konsole anzeigen, wird 35 ausgegeben. Das entspricht folgender Bitfolge:

```
0000 0000 0010 0011
```

Hier wird also das zweite, dritte und das fünfte Bit des linken Operanden invertiert – so wie es der rechte Operand vorgibt. Analysieren wir das Ergebnis, kommen wir zu der folgenden Merkregel:

In einer vorgegebenen Bitsequenz können ganz bestimmte Bits mit dem bitweisen ^-Operator invertiert werden. Die Ausgangsbitfolge steht links vom Operator, und die Zahl, die die Bits repräsentiert, die invertiert werden sollen, steht rechts vom Operator.

Wenden wir auf das Ergebnis ein zweites Mal den ^-Operator an, also

```
int a = 53;
a = a ^ 22;
a = a ^ 22;
```

wird die Variable *a* wieder den ursprünglichen Wert 53 beinhalten.

Beispiel 4: Zum Abschluss nun noch ein Beispiel mit dem Verschiebeoperator »<<«. Die Bits der Zahl 37 sollen um zwei Positionen nach links verschoben werden, und die Anzeige soll sowohl im Dezimal- als auch im Hexadezimalformat erfolgen.

```
c = 37 << 2;
Console.WriteLine("dezimal    : {0}",c);
Console.WriteLine("hexadezimal: 0x{0:x}",c);
```

Die Zahl 37 entspricht der Bitdarstellung:

```
0000 0000 0010 0101
```

Nach der Verschiebung um die geforderten zwei Positionen nach links ergibt sich:

```
0000 0000 1001 0100
```

was wiederum der Zahl 148 oder in hexadezimaler Schreibweise 0x94 entspricht, was uns auch die Laufzeitumgebung bestätigt.

Mit

```
c = 37 >> 2;
```

lautet das Ergebnis 9, was zu der folgenden Aussage führt:

Bei der Bitverschiebung eines positiven Operanden mit dem <<- oder >>-Operator werden die frei werdenden Leerstellen mit 0-Bits aufgefüllt.

2.4.5 Zuweisungsoperatoren

Bis auf die Ausnahme des einfachen Gleichheitszeichens dienen alle anderen Zuweisungsoperatoren zur verkürzten Schreibweise einer Anweisung, bei der der linke Operand einer Operation gleichzeitig auch der Empfänger des Operationsergebnisses ist.

Operator	Beschreibung
=	x = y weist **x** den Wert von **y** zu.
+=	x += y weist **x** den Wert von x + y zu.
-=	x -= y weist **x** den Wert von x - y zu.
*=	x *= y weist **x** den Wert von x * y zu.
/=	x /= y weist **x** den Wert von x / y zu.
%=	x %= y weist **x** den Wert von x % y zu.
&=	x &= y weist **x** den Wert von x & y zu.
|=	x |= y weist **x** den Wert von x | y zu.
^=	x ^= y weist **x** den Wert von x ^ y zu.
<<=	x <<= y weist **x** den Wert von x << y zu.
>>=	x >>= y weist **x** den Wert von x >> y zu.

Tabelle 2.11 Zuweisungsoperatoren

2.4.6 Stringverkettung

Den +-Operator haben Sie bereits in Verbindung mit arithmetischen Operationen kennengelernt. Ihm kommt allerdings auch noch eine zweite Aufgabe zu, nämlich die Verkettung von Zeichenfolgen. Ist wenigstens einer der beiden an der Operation beteiligten Operanden vom Typ string, bewirkt der +-Operator eine Stringverkettung. Bei Bedarf wird der Operand, der nicht vom Typ string ist, implizit in einen solchen konvertiert. Das Ergebnis der Stringverkettung ist wieder eine Zeichenfolge. Nachfolgend finden Sie einige Codefragmente, die Beispiele für Stringverkettungen zeigen.

```
string text1 = "Leckere";
string text2 = "Suppe";
// text3 hat den Inhalt "leckere Suppe"
string text3 = text1 + " " + text2;
int value = 4711;
string text = "Hallo";
// text hat den Inhalt "Hallo4711"
text += value;
```

```
string text1 = "4";
string text2 = "3";
// an der Konsole wird "43" ausgegeben
Console.WriteLine(text1 + text2);
```

2.4.7 Sonstige Operatoren

Wir sind noch nicht am Ende der Aufzählung der Operatoren von C# angelangt. Es stehen dem Entwickler noch einige besondere Operatoren zur Verfügung, mit denen Sie in den vorhergehenden Abschnitten teilweise auch schon gearbeitet haben oder die Sie im weiteren Verlauf dieses Buches noch kennenlernen werden. Der Vollständigkeit halber sind die Operatoren dieser Gruppe in Tabelle 2.12 aufgeführt.

Operator	Beschreibung
.	Der Punktoperator wird für den Zugriff auf die Eigenschaften oder Methoden einer Klasse verwendet, z.B. `Console.ReadLine();`
[ ]	Der [ ]-Operator wird für Arrays, Indexer und Attribute verwendet, z.B. `arr[10]`
( )	Der ()-Operator dient zwei Zwecken: Er gibt die Reihenfolge der Operationen vor und wird auch zur Typkonvertierung eingesetzt.
?:	Der ?:-Operator gibt einen von zwei Werten in Abhängigkeit von einem dritten zurück. Er ist eine einfache Variante der `if`-Bedingungsprüfung.
new	Dient zur Instanziierung einer Klasse.
is	Prüft den Laufzeittyp eines Objekts mit einem angegebenen Typ.
typeof	Ruft das `System.Type`-Objekt für einen Typ ab.
checked / unchecked	Steuert die Reaktion der Laufzeitumgebung bei einem arithmetischen Überlauf.

Tabelle 2.12 Sonstige C#-Operatoren

2.4.8 Operator-Vorrangregeln

Enthält ein Ausdruck mehrere Operatoren, entscheiden die Operator-Vorrangregeln über die Reihenfolge der Ausführung der einzelnen Operationen. In Tabelle 2.13 sind die Operatoren so angeordnet, dass die weiter oben stehenden Vorrang vor den weiter unten stehenden haben.

Gruppe	Operator
1	x.y (Punktoperator), a[x], x++, x--, new, typeof, checked, unchecked
2	+ (unär), - (unär), !, ~, ++x, --x, (<Typ>)x
3	*, /, %
4	+ (additiv), - (subtraktiv)
5	<<, >>
6	<, >, <=, >=, is
7	==, !=
8	&
9	^
10	|
11	&&
12	||
13	?:
14	=, *=, /=, %=, +=, -=, <<=, >>=, &=, ^=, |=

Tabelle 2.13 Operator-Vorrangregeln

2.5 Datenfelder (Arrays)

Arrays, die manchmal auch als Datenfelder bezeichnet werden, ermöglichen es, eine nahezu beliebig große Anzahl von Variablen gleichen Namens und gleichen Datentyps zu definieren. Unterschieden werden die einzelnen Elemente nur anhand einer Indizierung. Arrays kommen insbesondere dann zum Einsatz, wenn in Programmschleifen dieselben Operationen auf alle oder einen Teil der Elemente ausgeführt werden sollen.

2.5.1 Die Deklaration und Initialisierung eines Arrays

Die Deklaration eines Arrays wird am besten an einem Beispiel verdeutlicht:

```
int[] elements;
```

Mit dieser Anweisung wird das Array *elements* deklariert, das Integer-Werte beschreibt. Um wie viele es sich handelt, ist noch nicht festgelegt. Die Kennzeichnung als Array erfolgt durch die eckigen Klammern, die hinter dem Datentyp angegeben werden müssen. Danach folgt der Bezeichner des Arrays.

Das Array *elements* ist zwar deklariert, aber noch nicht initialisiert. Insbesondere benötigt die Laufzeitumgebung eine Angabe darüber, wie viele Elemente sich im Array befinden. Arrays werden von der .NET-Laufzeitumgebung als Objekt angesehen, deshalb unterscheidet sich die Initialisierung von der einer herkömmlichen Variablen:

```
int[] elements;
elements = new int[3];
```

Das Schlüsselwort new kennzeichnet die Erzeugung eines Objekts, dahinter wird der Datentyp genannt. Die Anzahl der Array-Elemente – man spricht auch von der Größe des Arrays – geht aus der Zahlenangabe in den eckigen Klammern hervor: In unserem Fall verwaltet das Array *elements* genau drei Integer. Die Angabe in den eckigen Klammern der Initialisierung ist immer eine Zahl vom Typ int.

> **Hinweis**
> Die Anzahl der Elemente eines Arrays ergibt sich aus der Angabe in den eckigen Klammern bei der Initialisierung mit new.

Eine alternativ gleichwertige Deklarations- und Initialisierungsanweisung ist einzeilig und bietet sich insbesondere dann an, wenn bei der Deklaration bekannt ist, wie viele Elemente das Array haben soll:

```
int[] elements = new int[3];
```

Alle Elemente dieses Arrays sind danach mit dem Wert 0 vorinitialisiert. Steht zum Deklarationszeitpunkt bereits fest, welche Daten die Array-Elemente aufnehmen sollen, bietet sich auch die **literale Initialisierung** an, bei der die Daten in geschweiften Klammern bekannt gegeben werden:

```
int[] elements = new int[3]{23, 9, 7};
```

Gleichwertig ist auch diese Initialisierung:

```
int[] elements = new int[]{23, 9, 7};
```

Wer es ganz besonders kurz mag, darf auch die folgende Schreibweise einsetzen, bei der die Größe des Arrays automatisch anhand der Anzahl der zugewiesenen Elemente bestimmt wird:

```
int[] elements = {23, 9, 7};
```

Die literale Initialisierung setzt voraus, dass allen Elementen ein gültiger Wert übergeben wird. Deshalb ist die folgende Initialisierung falsch:

```
// falsche literale Initialisierung
int[] elements = new int[3]{23};
```

2.5.2 Der Zugriff auf die Array-Elemente

Bei der Initialisierung eines Arrays werden die einzelnen Elemente durchnummeriert. Dabei hat das erste Element den Index 0, das letzte Element den Index *Anzahl der Elemente - 1*.

Ein Array, das mit

```
int[] elements = new int[3];
```

deklariert und initialisiert worden ist, enthält somit drei Elemente:

```
elements[0]
elements[1]
elements[2]
```

Beabsichtigen wir, dem ersten Element des Arrays die Zahl 55 zuzuweisen, müsste die Anweisung wie folgt lauten:

```
elements[0] = 55;
```

Analog erfolgt auch die Auswertung des Elementinhalts durch die Angabe des Index:

```
int value = elements[0];
```

Im folgenden Beispiel werden zwei Arrays deklariert und mit Werten initialisiert, die anschließend an der Konsole ausgegeben werden.

```
// Beispiel: ..\Kapitel 2\ArraySample
class Program {
  static void Main(string[] args) {
    long[] lngVar = new long[4];
    string[] strArr = new String[2];
    // Wertzuweisungem
    lngVar[0] = 230;
    lngVar[1] = 4711;
    lngVar[3] = 77;
    strArr[0] = "C# ";
    strArr[1] = "macht Spaß!";
    // Konsolenausgaben
    Console.WriteLine("lngVar[0] = {0}",lngVar[0]);
    Console.WriteLine("lngVar[1] = {0}",lngVar[1]);
    Console.WriteLine("lngVar[2] = {0}",lngVar[2]);
    Console.WriteLine("lngVar[3] = {0}",lngVar[3]);
    Console.Write(strArr[0]);
    Console.WriteLine(strArr[1]);
    Console.ReadLine();
  }
}
```

Listing 2.18 Beispielprogramm mit einem Array

Das Array *lngVar* hat eine Größe von insgesamt vier Elementen und ist vom Typ long; das Array *strArr* vom Typ string enthält zwei Elemente. Bis auf das dritte Element des long-Arrays mit dem Index 2 wird allen Elementen ein Wert zugewiesen. Die Ausgabe des Programms zur Laufzeit lautet:

```
lngVar[0] = 230
lngVar[1] = 4711
lngVar[2] = 0
lngVar[3] = 77
C# macht Spaß!
```

2.5.3 Mehrdimensionale Arrays

Die bisher behandelten Arrays können Sie sich als eine einfache Folge von Daten auf einer Geraden vorstellen. Sie werden als eindimensionale Arrays bezeichnet. Zur Darstellung komplexer Datenstrukturen, beispielsweise räumlicher, sind eindimensionale Arrays aber nicht besonders gut geeignet. Daher kommen in der Praxis auch häufig zweidimensionale oder noch höher dimensionierte Arrays zum Einsatz.

Ein zweidimensionales Array kann man sich als Matrix oder Tabelle vorstellen. Bekanntermaßen ist jede Zelle einer Tabelle eindeutig durch die Position in einer Reihe und einer Spalte identifizierbar. Um den Inhalt einer Tabellenzelle durch ein bestimmtes Array-Element zu beschreiben, bietet sich ein zweidimensionales Array an: Eine Dimension beschreibt die Reihe, die andere Dimension die Spalte.

Angenommen, eine Tabelle hat vier Reihen und drei Spalten, dann könnte die Deklaration

```csharp
int[,] zelle = new int[4,3];
```

lauten. Etwas schwieriger ist die literale Initialisierung eines mehrdimensionalen Arrays. Jede Dimensionsebene wird durch ein Paar geschweifter Klammern dargestellt, bei einem eindimensionalen Array also – wie oben eingangs gezeigt – durch ein Klammerpaar:

{Anzahl der Elemente der ersten Dimension}

Da ein zweidimensionales Array als ein Feld zu verstehen ist, bei dem jedes Array-Element selbst wieder ein eigenes Feld gleichen Typs definiert, wird jedes Element der Initialisierung eines eindimensionalen Arrays durch ein Paar geschweifter Klammern ersetzt, in dem wiederum Werte des »Unterarrays« angegeben werden:

{{Anzahl der Elemente der zweiten Dimension}, { }, ...}

Die literale Zuweisung an ein zweidimensionales Array könnte demnach wie folgt aussehen:

```csharp
int[,] point = new int[,]{{1,2,3},{4,5,6}};
```

Zulässig ist auch ebenfalls die kürzere Schreibweise mit:

```csharp
int[,] point = {{1,2,3},{4,5,6}};
```

Diese Systematik setzt sich mit jeder weiteren Dimension fort. Beispielhaft sei das noch an einem dreidimensionalen Array gezeigt:

{{{Anzahl der Elemente der dritten Dimension}, { }, ...}, { }, ...}

Das folgende Codebeispiel zeigt anhand eines dreidimensionalen Arrays, dass die Initialisierung mit zunehmender Dimensionstiefe schon verhältnismäßig komplex und dazu auch noch schlecht lesbar ist:

```
int[,,] elements = {
                    { {1,2,3,4},{3,4,5,6},{6,7,8,9}},
                    { {3,4,6,1},{6,19,3,4},{4,1,8,7}}
                   };
```

Das Array *elements* entspricht einem Array *elements[2,3,4]*. Es weist in der dritten Dimension vier Elemente auf, in der zweiten drei und in der ersten zwei.

Beim Zugriff auf ein mehrdimensionales Array muss man jede Dimension des entsprechenden Elements angeben. Beispielsweise schreibt die Anweisung

```
Console.WriteLine(elements[1,1,1]);
```

die Zahl 19 in das Konsolenfenster.

2.5.4 Festlegen der Array-Größe zur Laufzeit

Nicht immer sind wir in der glücklichen Lage, schon zur Entwicklungszeit die Größe eines Arrays zu kennen, da diese sich möglicherweise erst zur Laufzeit ergibt. In dieser Situation kann die Festlegung der Größe auch über eine Variable erfolgen, die zur Laufzeit mit einem konkreten Wert initialisiert wird. Das folgende Beispiel demonstriert das. Die Aufgabenstellung soll dabei sein, jedem Array-Element als Wert das Quadrat seines Index zuzuweisen.

```
// Beispiel: ..\Kapitel 2\ArrayInitialisierung
class Program {
  static void Main(string[] args) {
    int[] liste;
    // Eingabe der Arraygröße
    Console.Write("Geben Sie die Anzahl der Elemente ein: ");
    int number = Convert.ToInt32(Console.ReadLine());
    // Initialisierung des Arrays
    liste = new int[number];
    // jedes Element des Arrays in einer Schleife durchlaufen
    // und jedem Array-Element einen Wert zuweisen und danach
    // an der Konsole ausgeben
    for (int i = 0; i < number; i++)
    {
      liste[i] = i * i;
      Console.WriteLine("myArr[{0}] = {1}", i, liste[i]);
```

```
    }
    Console.ReadLine();
  }
}
```

Listing 2.19 Das Beispielprogramm »ArrayInitialisierung«

Zuerst wird das Array *liste* deklariert, dessen Größe zunächst noch unbestimmt ist. Im nächsten Schritt wird der Anwender zur Angabe der gewünschten Elementanzahl aufgefordert. Die Eingabe wird von der Methode `ReadLine` entgegengenommen und als Rückgabewert vom Typ `string` geliefert. Da wir das Array mit einem Integer initialisieren müssen, muss die Benutzereingabe vor der Zuweisung an die Variable *number* zuerst in den richtigen Typ konvertiert werden. Wir benutzen dazu wieder die Methode `ToInt32` der Klasse `Convert`. Jetzt wissen wir, wie groß das Array *liste* tatsächlich werden soll, und können es mit

```
liste = new int[number];
```

initialisieren.

Thematisch noch nicht behandelt haben wir bisher Schleifen, um Anweisungen wiederholt auszuführen. Das soll uns aber in diesem Beispiel nicht davon abhalten, schon einmal einen kurzen Blick auf die for-Schleife zu werfen, die solche Anforderungen erfüllt. Die Anzahl der Schleifendurchläufe muss dabei vor dem Eintreten in die Schleife bekannt sein. Auf die Details der Syntax kommen wir in Abschnitt 2.7.1 noch zu sprechen.

In unserem Beispiel wird die Schleife vom ersten Index (= 0) bis zum letzten Index, der erst zur Laufzeit der Anwendung festgelegt wird, durchlaufen. Innerhalb des Anweisungsblocks wird anforderungsgerecht zuerst das Quadrat des Index ermittelt und das Ergebnis dem entsprechenden Array-Element zugewiesen. Anschließend erfolgt die Ausgabe an der Konsole.

Wenn Sie zur Laufzeit auf Aufforderung hin die Zahl 4 eingeben, wird im Fenster der Eingabekonsole die folgende Ausgabe erscheinen:

```
liste[0] = 0
liste[1] = 1
liste[2] = 4
liste[3] = 9
```

2.5.5 Bestimmung der Array-Obergrenze

Es kommt häufig vor, dass Sie zur Laufzeit die Array-Obergrenze ermitteln müssen, bei einem mehrdimensionalen Array vielleicht sogar die Obergrenze einer bestimmten Dimension. Insbesondere bei Arrays, deren Größe ähnlich wie im vorhergehenden Abschnitt gezeigt erst zur Laufzeit festgelegt wird, kommt dieser Fragestellung Bedeutung zu.

Da ein Array ein Objekt ist, können auf dem Array-Bezeichner Methoden aufgerufen werden. Dazu gehört auch die Methode `GetLength`, die uns für jede beliebige Dimension eines vorgegebenen Arrays die Anzahl der Elemente zurückliefert.

Auch wenn wir thematisch jetzt ein wenig vorgreifen, sollten wir uns kurz die Definition dieser Methode in der Klassenbibliothek ansehen:

```
public int GetLength(int dimension)
```

Der Zugriffsmodifizierer `public` interessiert uns an dieser Stelle noch nicht. In einem anderen Zusammenhang werden wir uns mit ihm noch genau beschäftigen. Die Methode liefert einen `int` als Resultat zurück, gekennzeichnet durch die entsprechende Angabe vor dem Methodenbezeichner. In den runden Klammern ist ebenfalls ein `int` deklariert. Hier erwartet die Methode von uns die Angabe, von welcher Dimension wir die Elementanzahl, also die Größe, erfahren wollen. Dabei gilt, dass die erste Dimension mit 0 angegeben wird, die zweite mit 1 usw.

Haben wir ein zweidimensionales Array mit

```
int[,] elements = new int[20,45];
```

deklariert, wird uns die Anweisung

```
Console.WriteLine(elements.GetLength(1));
```

die Größe der zweiten Dimension ausgeben, also 45.

2.5.6 Die Gesamtanzahl der Array-Elemente

Liegt ein mehrdimensionales Array vor, können wir die Gesamtanzahl der Elemente ermitteln, indem wir die Methode `GetLength` auf jeder Dimension aufrufen und anschließend die Rückgabewerte multiplizieren – aber es geht auch anders. Die Klasse `Array` bietet mit der Eigenschaft `Length` die Möglichkeit, auf einfache Art und Weise an die gewünschte Information zu gelangen:

```
int[,] elements = new int[20,45];
Console.WriteLine(elements.Length);
```

Die Ausgabe dieses Codefragments wird 900 sein, denn das Array enthält insgesamt 20 * 45 Elemente.

Bei einem eindimensionalen Array wird uns `Length` ebenfalls die Anzahl der Elemente liefern. In Schleifen, die Element für Element durchlaufen werden sollen, benötigen wir jedoch meist den letzten Index des Arrays. Dieser ist um genau eins niedriger als der Wert, der von `Length` zurückgegeben wird, also:

```
letzterArrayIndex = Array-Bezeichner.Length - 1;
```

2.5.7 Verzweigte Arrays

In allen bisherigen Ausführungen hatten unsere Arrays eine rechteckige Struktur. In C# haben Sie aber auch die Möglichkeit, ein Array zu deklarieren, dessen Elemente selbst wieder

Arrays sind. Ein solches Array wird als **verzweigtes Array** bezeichnet. Da die Anzahl der Dimensionen eines verzweigten Arrays für jedes Element unterschiedlich groß sein kann, ist ein solches Array äußerst flexibel.

Die Deklaration und Initialisierung eines verzweigten Arrays ist nicht mehr so einfach wie die eines herkömmlichen mehrdimensionalen Arrays. Betrachten wir dazu zunächst ein Beispiel:

```
int[][] myArray = new int[4][];
```

Das Array *myArray* enthält insgesamt vier Elemente, die ihrerseits wieder Arrays sind. Kennzeichnend für verzweigte Arrays ist die doppelte Angabe der rechteckigen Klammern sowohl links vom Gleichheitszeichen bei der Deklaration als auch rechts bei der Initialisierung. Im ersten Moment mag das verwirrend erscheinen, aber vergleichen wir doch einmal: Würden wir ein eindimensionales Array deklarieren und initialisieren, müsste die Anweisung dazu wie folgt lauten:

```
int[] myArray = new int[4];
```

Durch das Hinzufügen einer zweiten Klammer, sowohl im deklarierenden als auch im initialisierenden Teil, machen wir deutlich, dass jedes Array-Element seinerseits ein Array repräsentiert.

Hätten wir es mit einem einfachen Array zu tun, würde dieses als initialisiert gelten. Nun ist der Sachverhalt aber anders, denn jedes Element eines verzweigten Arrays muss seinerseits selbst initialisiert werden. Bezogen auf das oben deklarierte Array *myArray* könnte das beispielsweise wie folgt aussehen:

```
myArray[0] = new int[3];
myArray[1] = new int[4];
myArray[2] = new int[2];
myArray[3] = new int[5];
```

Wenn die einzelnen Elemente aller Arrays bekannt sind, kann alternativ auch literal mit

```
myArray[0] = new int[3]{1,2,3};
myArray[1] = new int[4]{1,2,3,4};
myArray[2] = new int[2]{1,2};
myArray[3] = new int[5]{1,2,3,4,5};
```

oder mit

```
int[][] myArray = {new int[]{1,2,3},
                   new int[]{1,2,3,4},
                   new int[]{1,2},
                   new int[]{1,2,3,4,5}};
```

initialisiert werden.

Beim Zugriff auf das Element eines verzweigten Arrays muss zuerst berücksichtigt werden, in welchem Unterarray sich das gewünschte Element befindet. Danach wird die Position innerhalb des Unterarrays bekannt gegeben. Angenommen, Sie möchten den Inhalt des fünften Elements im Unterarray mit dem Index 3 auswerten, würde auf dieses Element wie folgt zugegriffen:

```
Console.WriteLine(myArray[3][4]);
```

Verzweigte Arrays sind nicht nur auf eindimensionale Arrays beschränkt, sondern können auch mit mehrdimensionalen kombiniert werden. Benötigen Sie zum Beispiel ein verzweigtes, zweidimensionales Array, müssen Sie das sowohl im Deklarations- als auch im Initialisierungsteil berücksichtigen. In jedem Teil dient die jeweils zweite eckige Klammer zur Angabe der Dimensionsgröße:

```
int[][,] myArray = new int[2][,];
```

2.6 Kontrollstrukturen

Es gibt sicherlich kein Programm, das ohne die Steuerung des Programmablaufs zur Laufzeit auskommt. Das Programm muss Entscheidungen treffen, die vom aktuellen Zustand oder von den Benutzereingaben abhängen. Jede Programmiersprache kennt daher Kontrollstrukturen, um den Programmablauf der aktuellen Situation angepasst zu steuern. In diesem Abschnitt werden Sie die Möglichkeiten kennenlernen, die Sie unter C# nutzen können.

2.6.1 Die »if«-Anweisung

Die if-Anweisung bietet sich an, wenn bestimmte Programmteile nur beim Auftreten einer bestimmten Bedingung ausgeführt werden sollen. Betrachten wir dazu das folgende Beispiel:

```
static void Main(string[] args) {
  Console.Write("Geben Sie Ihren Namen ein: ");
  string name = Console.ReadLine();
  if(name == "")
    Console.WriteLine("Haben Sie keinen Namen?");
  else
    Console.WriteLine("Ihr Name ist \'{0}\'",name);
  Console.ReadLine();
}
```

Listing 2.20 Einfache »if«-Anweisung

Das Programm fordert den Anwender dazu auf, seinen Namen einzugeben. Die Benutzereingabe wird von der Methode ReadLine der Klasse Console entgegengenommen und als Rückgabewert des Aufrufs der Variablen *name* zugewiesen. Um sicherzustellen, dass der

Anwender überhaupt eine Eingabe vorgenommen hat, die aus mindestens einem Zeichen besteht, wird der Inhalt der Stringvariablen *name* mit

```
if (name == "")
```

überprüft. Wenn *name* einen Leerstring enthält, wird an der Konsole

```
Haben Sie keinen Namen?
```

ausgegeben. Beachten Sie, dass die zu prüfende Bedingung hinter dem Schlüsselwort `if` grundsätzlich immer einen booleschen Wert, also `true` oder `false`, zurückliefert. Hat der Anwender eine Eingabe gemacht, wird die Eingabe mit einem entsprechenden Begleittext an der Konsole ausgegeben.

Das Kernkonstrukt der Überprüfung ist die `if`-Struktur, deren einfachste Variante wie folgt beschrieben wird:

```
if (Bedingung)
   [...]
[else
   [...]
```

Die `if`-Anweisung dient dazu, in Abhängigkeit von der Bedingung entweder die *Anweisung1* oder die *Anweisung2* auszuführen. Ist die Bedingung wahr, wird die *Anweisung1* ausgeführt, ansonsten die *Anweisung2* hinter dem `else`-Zweig – falls ein solcher angegeben ist, denn der `else`-Zweig ist optional.

Beachten Sie, dass es sich bei der Bedingung in jedem Fall um einen booleschen Ausdruck handelt. Diese Anmerkung ist wichtig, denn wenn Sie bereits mit einer anderen Programmiersprache wie beispielsweise C/C++ gearbeitet haben, werden Sie wahrscheinlich zum Testen einer Bedingung einen von 0 verschiedenen Wert benutzt haben. In C# funktioniert das nicht! Nehmen wir an, Sie möchten feststellen, ob eine Zeichenfolge leer ist, dann müssten Sie die Bedingung wie folgt definieren:

```
// Deklaration und Initialisierung der Variablen myText
string text = "";
[...]
if(0 != text.Length)
   Console.Write("Inhalt der Variablen = {0}", text);
```

`Length` liefert, wenn sie auf die Variable einer Zeichenfolge aufgerufen wird, die Anzahl der Zeichen zurück.

Da es in C# keine Standardkonvertierung von einem `int` in einen `bool` gibt, wäre es falsch, die Bedingung folgendermaßen zu formulieren:

```
// ACHTUNG: In C# nicht zulässig
if (text.Length)...
```

In einer if-Bedingung können Sie beliebige Vergleichsoperatoren einsetzen, auch in Kombination mit den logischen Operatoren. Das kann zu verhältnismäßig komplexen Ausdrücken führen, beispielsweise:

```
if (a <= b && c != 0)...
if ((a > b && c < d)||(e != f && g < h))...
```

Bisher sind wir vereinfachend davon ausgegangen, dass unter einer bestimmten Bedingung immer nur eine Anweisung ausgeführt wird. Meistens müssen jedoch mehrere Anweisungen abgearbeitet werden. Um mehrere Anweisungen beim Auftreten einer bestimmten Bedingung auszuführen, müssen diese lediglich in einen Anweisungsblock zusammengefasst werden, beispielsweise:

```csharp
static void Main(string[] args) {
  Console.Write("Geben Sie eine Zahl zwischen 0 und 9 ein: ");
  int zahl = Convert.ToInt32(Console.ReadLine());
  if(zahl > 9 || zahl < 0) {
    Console.WriteLine("Ihre Zahl ist unzulässig");
    Console.Write("Versuchen Sie es erneut: ");
    zahl = Convert.ToInt32(Console.ReadLine());
  }
  else {
    Console.WriteLine("Korrekte Eingabe.");
    Console.WriteLine("Sie beherrschen das Zahlensystem!");
  }
  Console.WriteLine("Die Eingabe lautet:{0}", zahl);
  Console.ReadLine();
}
```

Listing 2.21 Mehrere Anweisungen zusammengefasst in einem Anweisungsblock

Eingebettete »if«-Statements

if-Anweisungen dürfen ineinander verschachtelt werden, d.h., dass innerhalb eines äußeren if-Statements eine oder auch mehrere weitere if-Anweisungen eingebettet werden können. Damit stehen wir aber zunächst vor einem Problem, wie im folgenden Codefragment gezeigt wird:

```csharp
Console.Write("Geben Sie eine Zahl zwischen 0 und 9 ein: ");
int zahl=Convert.ToInt32(Console.ReadLine());
if(zahl >= 0 && zahl <= 9)
if(zahl <= 5)
Console.Write("Die Zahl ist 0,1,2,3,4 oder 5");
else
Console.Write("Die Zahl ist unzulässig.");
```

Listing 2.22 Eingebettetes »if«-Statement

Um die ganze Problematik anschaulich darzustellen, wurde auf sämtliche Tabulatoreinzüge verzichtet, denn Einzüge dienen nur der besseren Lesbarkeit des Programmcodes und haben keinen Einfluss auf die Interpretation der Ausführungsreihenfolge.

Die Frage, die aufgeworfen wird, lautet, ob else zum inneren oder zum äußeren if-Statement gehört. Wenn wir den Code betrachten, sind wir möglicherweise geneigt zu vermuten, else mit der Meldung

```
Die Zahl ist unzulässig.
```

dem äußeren if zuzuordnen, wenn eine Zahl kleiner 0 oder größer 9 eingegeben wird. Tatsächlich werden wir aber mit dieser Meldung genau dann konfrontiert, wenn eine Zahl zwischen 6 und 9 eingegeben wird, denn der Compiler interpretiert den Code wie folgt:

```
if(zahl >= 0 && zahl <= 9)
{
  if(zahl <= 5)
    Console.Write("Die Zahl ist 0,1,2,3,4 oder 5");
  else
    Console.Write("Die Zahl ist unzulässig.");
}
```

Listing 2.23 Listing 2.22 nun mit Tabulator-Einzügen

Das war natürlich nicht unsere Absicht, denn rein logisch soll die else-Klausel der äußeren Bedingungsprüfung zugeordnet werden. Um das zu erreichen, müssen wir in unserem Programmcode das innere if-Statement als Block festlegen:

```
if(zahl >= 0 && zahl <= 9) {
  if(zahl <= 5)
    Console.Write("Die Zahl ist 0,1,2,3,4 oder 5");
}
else
  Console.Write("Die Zahl ist unzulässig.");
```

Listing 2.24 Richtige Zuordnung des »else«-Zweigs

Unsere Erkenntnis können wir auch in einer allgemeingültigen Regel formulieren:

> **Hinweis**
> Eine else-Klausel wird immer an das am nächsten stehende if gebunden. Dies kann nur durch das ausdrückliche Festlegen von Anweisungsblöcken umgangen werden.

Das eben geschilderte Problem der else-Zuordnung ist unter dem Begriff *dangling else* bekannt, zu Deutsch »baumelndes else«. Es führt zu logischen Fehlern, die nur sehr schwer aufzuspüren sind.

Es kommt in der Praxis sehr häufig vor, dass mehrere Bedingungen der Reihe nach ausgewertet werden müssen. Unter Einbeziehung der Regel über die Zuordnung der else-Klausel könnte eine differenzierte Auswertung einer eingegebenen Zahl beispielsweise wie folgt lauten:

```
Console.Write("Geben Sie eine Zahl zwischen 0 und 9 ein: ");
int zahl = Convert.ToInt32(Console.ReadLine());
if(zahl == 0)
   Console.WriteLine("Die Zahl ist 0");
else
   if(zahl == 1)
      Console.WriteLine("Die Zahl ist 1");
   else
      if(zahl == 2)
         Console.WriteLine("Die Zahl ist 2");
      else
         if(zahl == 3)
            Console.WriteLine("Die Zahl ist 3");
         else
            Console.WriteLine("Zahl > 3");
```

Listing 2.25 Komplexeres »if«-Statement (1)

Um jedes else eindeutig zuordnen zu können, weist dieses Codefragment entsprechende Einzüge auf, die keinen Zweifel aufkommen lassen. Das täuscht dennoch nicht darüber hinweg, dass die Lesbarkeit des Codes mit wachsender Anzahl der zu testenden Bedingungen unübersichtlich wird. Unter C# bietet es sich daher an, im Anschluss an das Schlüsselwort if sofort ein else anzugeben, wie im folgenden identischen Codefragment, das wesentlich überschaubarer wirkt und damit auch besser lesbar ist:

```
if(zahl == 0)
   Console.WriteLine("Die Zahl ist 0");
else if(zahl == 1)
   Console.WriteLine("Die Zahl ist 1");
else if(zahl == 2)
   Console.WriteLine("Die Zahl ist 2");
else if(zahl == 3)
   Console.WriteLine("Die Zahl ist 3");
else
   Console.WriteLine("Zahl > 3");
```

Listing 2.26 Komplexeres »if«-Statement (2)

Bedingte Zuweisung mit dem »?:«-Operator

Manchmal sehen wir uns mit der Aufgabe konfrontiert, eine Bedingung nur auf ihren booleschen Wert hin zu prüfen und in Abhängigkeit vom Testergebnis eine Zuweisung auszuführen. Eine if-Anweisung könnte dazu wie nachfolgend gezeigt aussehen:

```
int x, y;
Console.Write("Geben Sie eine Zahl ein: ");
x = Convert.ToInt32(Console.ReadLine());
if(x == 0)
    y = 1;
else
    y = x;
```

Gibt der Anwender die Zahl 0 ein, wird der Variablen *y* der Wert 1 zugewiesen. Weicht die Eingabe von 0 ab, ist der Inhalt der Variablen *x* mit der Variablen *y* identisch.

In diesem Beispiel kann auch ein von C# angebotener, spezieller Bedingungsoperator eingesetzt werden. Sehen wir uns zunächst dessen Syntax an:

```
<Variable> = <Bedingung> ? <Wert1> : <Wert2>
```

Zuerst wird die Bedingung ausgewertet. Ist deren Ergebnis true, wird *Wert1* der Variablen zugewiesen, andernfalls *Wert2*. Damit können wir das Beispiel von oben vollkommen äquivalent auch anders implementieren:

```
int x, y;
Console.Write("Geben Sie eine Zahl ein: ");
x = Convert.ToInt32(Console.ReadLine());
y = x == 0 ? 1 : x;
```

Im ersten Moment sieht der Code schlecht lesbar aus. Wenn wir allerdings zusätzliche Klammern setzen, wird die entsprechende Codezeile schon deutlicher:

```
y = (x == 0 ? 1 : x);
```

Zuerst wird die Bedingung

```
x == 0
```

geprüft. Ist das Ergebnis true, wird *y* die Zahl 1 zugewiesen. Ist das Ergebnis false, werden die beiden Variablen gleichgesetzt.

2.6.2 Das »switch«-Statement

Mit der if-Anweisung können durchaus Bedingungen auf Basis sowohl verschiedener Vergleichsoperatoren als auch verschiedener Operanden formuliert werden. In der Praxis muss jedoch häufig derselbe Operand überprüft werden. Nehmen wir beispielsweise an, eine Konsolenanwendung bietet dem Anwender eine Auswahl diverser Optionen an, mit der der weitere Ablauf des Programms gesteuert werden kann:

```
static void Main(string[] args) {
    string message = "Treffen Sie eine Wahl:\n\n";
    message += "(N) - Neues Spiel\n";
```

```csharp
      message += "(A) - Altes Spiel fortsetzen\n";
      message += "(E) - Beenden\n";
      Console.WriteLine(message);
      Console.Write("Ihre Wahl lautet: ");
      string choice = Console.ReadLine().ToUpper();
      if(choice == "N") {
        Console.Write("Neues Spiel...");
        // Anweisungen, die ein neues Spiel starten
      }
      else if(choice == "A") {
        Console.Write("Altes Spiel laden ...");
        // Anweisungen, die einen alten Spielstand laden
      }
      else if(choice == "E") {
        Console.Write("Spiel beenden ...");
        // Anweisungen, um das Spiel zu beenden
      }
      else {
        Console.Write("Ungültige Eingabe ...");
        // weitere Anweisungen
      }
      Console.ReadLine();
   }
```

Listing 2.27 Komplexe Bedingungsprüfung

Der Ablauf des Programms wird über die Eingabe »N«, »A« oder »E« festgelegt. Stellvertretend wird in unserem Fall dazu eine Konsolenausgabe angezeigt. Vor der Eingabeüberprüfung sollten wir berücksichtigen, dass der Anwender möglicherweise der geforderten Großschreibweise der Buchstaben keine Beachtung schenkt. Um diesem Umstand Rechnung zu tragen, wird die Eingabe mit

```csharp
string choice = Console.ReadLine().ToUpper();
```

in jedem Fall in einen Großbuchstaben umgewandelt. Verantwortlich dafür ist die Methode `ToUpper` der Klasse `String`, die direkt auf dem Rückgabewert aufgerufen wird.

Alternativ zur if-Struktur könnte die Programmlogik auch mit einer switch-Anweisung realisiert werden. Im obigen Beispiel müsste der if-Programmteil dann durch den folgenden ersetzt werden:

```csharp
// Beispiel: ..\Kapitel 2\SwitchSample
[...]
switch(strWahl) {
  case "N":
    Console.Write("Neues Spiel...");
    // Anweisungen, die ein neues Spiel starten
```

```
      break;
    case "A":
      Console.Write("Altes Spiel laden...");
      // Anweisungen, die einen alten Spielstand laden
      break;
    case "E":
      Console.Write("Spiel beenden...");
      // Anweisungen, um das Spiel zu beenden
      break;
    default:
      Console.Write("Ungültige Eingabe...");
      // weitere Anweisungen
      break;
}
[...]
```

Listing 2.28 Das »switch«-Statement

Sehen wir uns nun die allgemeine Syntax der switch-Anweisung an:

```
// Syntax der switch-Anweisung
switch(Ausdruck) {
  case Konstante1 :
    // Anweisungen
    Sprunganweisung;
  case Konstante2 :
    // Anweisungen
    Sprunganweisung;
  ...
  [default:
    // Anweisungen
    Sprunganweisung;]
}
```

Mit der switch-Anweisung lässt sich der Programmablauf ähnlich wie mit der if-Anweisung steuern. Dabei wird überprüft, ob der hinter switch aufgeführte Ausdruck, der entweder eine Ganzzahl oder eine Zeichenfolge sein muss, mit einer der hinter case angegebenen Konstanten übereinstimmt. Nacheinander wird dabei zuerst mit der *Konstante1* verglichen, danach mit der *Konstante2* usw. Stimmen Ausdruck und Konstante überein, werden alle folgenden Anweisungen bis zur Sprunganweisung ausgeführt. Wird zwischen dem Ausdruck und einer der Konstanten keine Übereinstimmung festgestellt, werden die Anweisungen hinter der default-Marke ausgeführt – falls eine solche angegeben ist, denn default ist optional. Achten Sie auch darauf, hinter jeder Konstanten und hinter default einen Doppelpunkt zu setzen.

Eine Sprunganweisung ist in jedem Fall erforderlich, wenn hinter dem case-Statement eine oder mehrere Anweisungen codiert sind, ansonsten meldet der Compiler einen Syntaxfehler. Die break-Anweisung signalisiert, die Programmausführung mit der Anweisung fortzusetzen, die dem switch-Anweisungsblock folgt.

Auf die Sprunganweisung kann man verzichten, wenn mehrere case-Anweisungen direkt hintereinanderstehen. Die Folge ist dann, dass die Kette so lange durchlaufen wird, bis ein break erscheint. Daher wird im folgenden Codefragment die erste Ausgabeanweisung ausgeführt, wenn *value* den Wert 1, 2 oder 3 hat.

```
int value = ...;
switch(value) {
  case 1:
  case 2:
  case 3:
    Console.Write("value = 1, 2 oder 3");
    break;
  case 4:
    Console.Write("value = 4");
    break;
}
```

Neben break gibt es mit goto noch eine weitere Sprunganweisung, hinter der eine Marke angegeben werden kann, beispielsweise:

```
goto case "E";
```

Die goto-Anweisung bietet sich insbesondere an, wenn für mehrere Konstanten dieselben Anweisungsfolgen ausgeführt werden müssen, z.B.:

```
int value = ...;
switch(value) {
  case 1:
    Console.WriteLine("Im case 1-Zweig");
    goto case 3;
  case 2:
  case 3:
    Console.Write("value = 1, 2 oder 3");
    break;
  case 4:
    Console.Write("value = 4");
    break;
}
```

Nehmen wir an, *value* hätte den Wert »1«. Das Programm reagiert wie folgt: Zuerst wird der case 1-Zweig ausgeführt und danach die Steuerung des Programms an den case 3-Zweig übergeben. Zwei Konsolenausgaben sind also die Folge:

```
Im case 1-Zweig
value = 1, 2 oder 3
```

Einschränkungen der »switch«-Anweisung

In C# gibt es keine Möglichkeit, einen zusammenhängenden Konstantenbereich hinter dem case-Statement anzugeben, wie es in einigen anderen Sprachen möglich ist. Wollen Sie beispielsweise für einen Ausdruck alle Zahlen im Bereich von 0 bis 10 gleichermaßen behandeln, müssen Sie für jede einzelne eine case-Anweisung implementieren. In solchen Fällen empfiehlt es sich, anstelle der switch-Anweisung das if-Statement zu verwenden.

Die »goto«-Anweisung

Die goto-Anweisung kann nicht nur innerhalb eines switch-Blocks angegeben, sondern auch generell dazu benutzt werden, eine beliebige Marke im Code anzusteuern. Solche Sprünge werden auch als **unbedingte Sprünge** bezeichnet, weil sie an keine besondere Bedingung geknüpft sind. Eine Marke ist ein Bezeichner, der mit einem Doppelpunkt abgeschlossen wird. Im folgenden Beispiel wird die Marke *meineMarke* definiert. Trifft das Programm zur Laufzeit auf das goto-Statement, verzweigt es zu den Anweisungen, die sich hinter der benutzerdefinierten Marke befinden.

```csharp
static void Main(string[] args) {
  int value = 4711;
  Console.WriteLine("Programmstart");
  goto meineMarke;
  Console.WriteLine("value = {0}",value);
meineMarke:
  Console.WriteLine("Programmende");
  Console.ReadLine();
}
```
Listing 2.29 Allgemeine Verwendung von »goto«

In diesem Listing wird es niemals zu der Ausgabe des Variableninhalts von *value* kommen. Das ist natürlich kein Fehler, sondern mehr eine programmiertechnische Unsauberkeit, die der Compiler sogar erkennt und im Fenster FEHLERLISTE als Warnhinweis anzeigt.

Neben der Möglichkeit, eine Sprunganweisung innerhalb einer switch-Anweisung zu codieren, bietet sich die goto-Anweisung auch dazu an, tief verschachtelte Schleifen zu verlassen (mehr dazu im folgenden Abschnitt). In allen anderen Fällen sollten Sie jedoch prinzipiell auf goto verzichten, denn es zeugt im Allgemeinen von einem schlechten Programmierstil.

2.7 Programmschleifen

Schleifen dienen dazu, Anweisungsfolgen wiederholt auszuführen. Dabei wird zwischen zwei Schleifentypen unterschieden:

- bestimmte Schleifen
- unbestimmte Schleifen

Ist beim Schleifeneintritt bekannt, wie oft die Anweisungsfolge durchlaufen werden muss, wird von einer bestimmten Schleife gesprochen. Ergibt sich erst während des Schleifendurchlaufs, wann die zyklische Bearbeitung abgebrochen werden kann oder muss, spricht man von unbestimmten Schleifen. Die Grenzen zwischen diesen beiden Typen sind dabei nicht eindeutig, sondern können durchaus verwischen. Eine bestimmte Schleife kann wie eine unbestimmte agieren, eine unbestimmte wie eine bestimmte.

2.7.1 Die »for«-Schleife

Man setzt eine for-Schleife meistens dann ein, wenn bekannt ist, wie oft bestimmte Anweisungen ausgeführt werden müssen. Die allgemeine Syntax des for-Schleifenkonstrukts sieht dabei wie folgt aus:

```
for(Ausdruck1; Ausdruck2; Ausdruck3)
{
  // Anweisungen
}
```

Die for-Schleife setzt sich aus zwei Komponenten zusammen: aus dem Schleifenkopf, der die Eigenschaft der Schleife beschreibt, und aus dem sich daran anschließenden Schleifenblock in geschweiften Klammern, der die wiederholt auszuführenden Anweisungen enthält. Handelt es sich dabei nur um eine Anweisung, kann auf die geschweiften Klammern verzichtet werden. Um die Anzahl der Durchläufe einer for-Schleife festzulegen, bedarf es eines Schleifenzählers, dessen Anfangswert durch *Ausdruck1* beschrieben wird. Der Endwert wird im *Ausdruck2* festgelegt, und im *Ausdruck3* wird schließlich bestimmt, auf welchen Betrag der Schleifenzähler bei jedem Schleifendurchlauf erhöht werden soll. Dazu ein Beispiel:

```
for(int counter = 0; counter < 10; counter++) {
   Console.WriteLine("Zählerstand = {0}",counter);
}
```

Listing 2.30 Konstruktion einer einfachen »for«-Schleife

Der Schleifenzähler heißt hier *counter*. Sein Startwert beträgt 0, und er wird bei jedem Schleifendurchlauf um den Wert 1 erhöht. Erreicht *counter* den Wert 10, wird das Programm mit der Anweisung fortgesetzt, die dem Anweisungsblock der Schleife folgt.

Führen wir den Code aus, werden wir an der Konsole die folgende Ausgabe erhalten:

```
Zählerstand = 0
Zählerstand = 1
Zählerstand = 2
Zählerstand = 3
[...]
Zählerstand = 8
Zählerstand = 9
```

Weil der Schleifenblock nur eine Anweisung enthält, könnte die for-Schleife auch wie folgt codiert werden:

```
for(int counter = 0; counter < 10; counter++)
  Console.WriteLine("Zählerstand = {0}",counter);
```

Die Arbeitsweise der »for«-Schleife

Stößt der Programmablauf auf eine for-Schleife, wird zuerst *Ausdruck1* – auch **Initialisierungsausdruck** genannt – ausgewertet. Dieser initialisiert den Zähler der Schleife mit einem Startwert. Der Zähler der Schleife in unserem Beispiel wird mit dem Startwert 0 initialisiert.

Ausdruck2, der **Bedingungsausdruck**, wertet vor jedem Schleifendurchlauf den aktuellen Stand des Zählers aus. Im Beispiel von oben lautet die Bedingung:

```
counter < 10
```

Der Bedingungsausdruck kann unter Einbeziehung der diversen Operatoren beliebig komplex werden, muss aber immer ein boolesches Ergebnis haben. Der Anweisungsblock wird nur dann ausgeführt, wenn *Ausdruck2* true ist, ansonsten setzt das Programm seine Ausführung mit der Anweisung fort, die dem Schleifenblock folgt.

Ausdruck3 (**Reinitialisierungsausdruck**) übernimmt die Steuerung des Schleifenzählers. Er wird dazu benutzt, den Schleifenzähler entweder zu inkrementieren oder zu dekrementieren. In unserem Fall wird der Zähler jeweils um +1 erhöht. Die Erhöhung erfolgt immer dann, wenn der Anweisungsblock der Schleife durchlaufen ist. Danach bewertet der Bedingungsausdruck den neuen Zählerstand.

Die Zählervariable

Grundsätzlich gibt es zwei Möglichkeiten, die Zählervariable zu deklarieren, die für das Abbruchkriterium herangezogen wird:

- innerhalb des Schleifenkopfs
- vor der Schleife

Welcher Notation Sie den Vorzug geben, hängt davon ab, über welche Sichtbarkeit der Zähler verfügen soll. Betrachten Sie dazu zunächst das folgende Codefragment:

```
static void Main(string[] args) {
  for(int index = 0; index <= 10 ;index++) {
    Console.WriteLine("Zählerstand = {0}",index);
  }
  // die folgende Codezeile verursacht einen Kompilierfehler
  Console.WriteLine(index);
}
```

Listing 2.31 Deklaration der Zählervariablen im Schleifenkopf

Eine Zählervariable, die im Schleifenkopf deklariert wird, gilt als lokale Variable der Schleife und ist deshalb auch nur innerhalb des Anweisungsblocks der for-Schleife gültig. Der Zugriff auf den Zähler von außerhalb der Schleife führt deshalb auch zu einem Kompilierfehler.

Implementieren Sie innerhalb einer Prozedur wie Main mehrere Schleifen, müssen Sie daher auch jedes Mal den Zähler neu deklarieren:

```csharp
static void Main(string[] args) {
  for(int index = 0; index <= 10 ;index++) {}
  [...]
  for(int index = 12; index <= 100 ;index += 3){}
}
```

Die bessere Lösung wäre in diesem Fall die Deklaration der Zählervariablen vor dem Auftreten der ersten Schleife:

```csharp
int index;
for(index = 0; index <= 10 ;index++) { [...] }
for(index = 12; index <= 100 ;index += 3){ [...] }
```

Wenn wir an diesem Punkt angekommen sind, stellt sich jetzt die Frage, ob beim Vorliegen einer einzigen for-Schleife die gleichzeitige Deklaration und Initialisierung im Schleifenkopf der vorgezogenen Deklaration der Zählervariablen vor dem Schleifenkopf vorzuziehen ist. Eine klare Antwort darauf gibt es nicht. Der besseren Übersichtlichkeit wegen scheint es jedoch vorteilhaft zu sein, die Deklaration im Initialisierungsausdruck vorzunehmen.

»for«-Schleifen mit beliebiger Veränderung des Zählers

In den meisten Fällen erfüllt eine ganzzahlige Schrittweite die Anforderungen vollkommen. Das ist aber nicht immer so. Manchmal werden auch kleinere Schrittweiten benötigt, also im Bereich von Fließkommazahlen. Fließkommazahlen sind naturgemäß systembedingt immer ungenau. Das kann bei Schleifen besonders fatale Folgen haben. Sehen Sie sich dazu das folgende Listing an:

```csharp
static void Main(string[] args) {
  int value = 0;
  for(double counter = 0; counter <= 2 ;counter += 0.1) {
    value++;
    Console.WriteLine("{0}. Zählerstand = {1}", value, counter);
  }
  Console.ReadLine();
}
```

Listing 2.32 »for«-Schleife mit Zähler vom Typ einer Dezimalzahl

Normalerweise würden wir auf den ersten Blick keinen Haken vermuten – erst wenn wir das Programm ausführen, werden wir feststellen, dass der letzte Zählerwert fehlt:

```
1. Zählerstand = 0
2. Zählerstand = 0,1
[...]
18. Zählerstand = 1,7
19. Zählerstand = 1,8
20. Zählerstand = 1,9
```

Die systembedingte Ungenauigkeit der Fließkommazahlen bewirkt, dass der Zählerstand im letzten Schritt nicht exakt 2 ist, sondern ein wenig größer. Damit wird der zweite Ausdruck des Schleifenkopfs zu `false` und bewirkt den vorzeitigen Ausstieg aus der Schleife – der letzte erforderliche Schleifendurchlauf wird überhaupt nicht ausgeführt.

Diese These lässt sich beweisen, wenn die Anweisung zur Ausgabe an der Konsole durch die folgende ersetzt wird:

```
Console.WriteLine("{0}. Zählerstand = {1:E16}", value, counter);
```

Wir erzwingen nun die Ausgabe in Exponentialschreibweise und geben eine Genauigkeit von 16 Nachkommastellen an – dann wird der Typ `double` an der 16. Nachkommastelle ungenau. Die Ausgabe an der Konsole sieht dann wie in Abbildung 2.7 gezeigt aus.

Abbildung 2.7 Fließkommazahl als Zähler – die Ausgabe an der Konsole

Dieser Fehler kann vermieden werden, wenn sowohl der Zähler als auch die Schrittweite ganzzahlig gemacht werden. In unserem Beispiel wird mit dem Faktor 10 die Schrittweite auf +1 gesetzt. Analog muss auch die Ausstiegsbedingung angepasst werden. Um den Effekt bei der Ausgabe wieder rückgängig zu machen, dividieren wir das auszugebende Datum am Ende durch denselben Faktor.

```csharp
static void Main(string[] args) {
  int value = 0;
  for(double counter = 0; counter <= 20 ;counter++) {
    value++;
    Console.WriteLine("{0}. Zählerstand = {1}", value, counter/10);
  }
  Console.ReadLine();
}
```

Listing 2.33 Anpassung von Code in Listing 2.32 an Ganzzahlen

Natürlich bewirkt die Division ihrerseits auch wieder eine Ungenauigkeit, aber das liegt in der Natur der Fließkommazahlen, was wir akzeptieren müssen. Andererseits haben wir aber die Gewissheit, dass zumindest die Anzahl der Schleifendurchläufe korrekt ist.

Die Initialisierung von Arrays in einer »for«-Schleife

Sie haben gesehen, dass mit for-Schleifen Anweisungssequenzen wiederholt ausgeführt werden. Dieser Schleifentyp eignet sich besonders dazu, Array-Elemente mit bestimmten Werten zu initialisieren. Machen wir uns das an einem einfachen Beispiel deutlich. Das Array *liste* soll mit Zahlen initialisiert werden, die dem Quadrat des Index des Elements entsprechen. Den höchsten vertretenen Index soll der Anwender an der Konsole eingeben. Der Code dazu sieht wie folgt aus:

```csharp
static void Main(string[] args) {
  int[] liste;
  Console.Write("Geben Sie den höchsten Array-Index ein: ");
  liste = new int[Convert.ToInt32(Console.ReadLine()) + 1];
  for(int i = 0; i < liste.Length; i++) {
    liste[i] = i * i;
    Console.WriteLine(liste[i]);
  }
  Console.ReadLine();
}
```

Listing 2.34 Ein Array in einer Schleife initialisieren

Nach der Deklaration des Arrays und der sich anschließenden Aufforderung, die Größe des Arrays festzulegen, wird das Array entsprechend der Eingabe des Anwenders initialisiert. Die Anweisung dazu erscheint im ersten Moment verhältnismäßig komplex, ist aber recht einfach zu interpretieren. Dabei geht man – genauso wie es auch die Laufzeit macht – von der innersten Klammerebene aus, im vorliegenden Fall also von der Entgegennahme der Benutzereingabe:

```csharp
Console.ReadLine()
```

Die Eingabe des Anwenders ist eine Zeichenfolge, also vom Typ `string`. Da die Indexangabe eines Arrays immer ein `int` sein muss, sind wir zu einer Konvertierung gezwungen:

```
Convert.ToInt32(Console.ReadLine())
```

Jetzt gilt es noch zu bedenken, dass per Vorgabe die Eingabe den höchsten Index des Arrays darstellt, wir aber bei einer Array-Initialisierung immer die Anzahl der Elemente angeben. Um unser Array endgültig richtig zu dimensionieren, muss die konvertierte Benutzereingabe noch um 1 erhöht werden, also:

```
Convert.ToInt32(Console.ReadLine()) + 1
```

Mit der daraus resultierenden Zahl kann das Array nun endgültig in der vom Anwender gewünschten Kapazität initialisiert werden.

Jetzt folgt die `for`-Schleife. Da wir jedem Array-Element im Schleifenblock das Quadrat seines Index zuweisen wollen, lassen wir den Schleifenzähler über alle vertretenen Indizes laufen – also von 0 bis zum höchsten Index. Letzteren ermitteln wir aus der Eigenschaft `Length` unseres Arrays, die uns die Gesamtanzahl der Elemente liefert. Diese ist immer um 1 höher als der letzte Index im Array. Daher entspricht die Bedingung

```
i < myArr.Length
```

immer den Forderungen, denn die Schleife wird jetzt so lange durchlaufen, bis die Zahl erreicht ist, die kleiner ist als die Anzahl der Elemente. Gleichwertig könnten wir auch Folgendes formulieren:

```
i <= liste.Length - 1
```

Der Schleifenkopf ist nun anforderungsgerecht formuliert, die Anweisungen des Schleifenblocks werden genauso oft durchlaufen, wie das Array Elemente aufweist. Da bei jedem Schleifendurchlauf der Schleifenzähler ein Pendant in Form eines Array-Index aufweist, können wir den Zähler dazu benutzen, jedes einzelne Array-Element anzusprechen:

```
liste[i] = i * i;
```

Beim ersten Durchlauf mit *i = 0* wird demnach *liste[0]* die Zahl 0 zugewiesen, beim zweiten Durchlauf mit *i = 1* dem Element *liste[1]* der Wert 1 usw.

Die Argumente der »Main«-Prozedur

Bisher haben wir unsere Programme immer nur durch einen einfachen Aufruf gestartet, entweder direkt aus der Entwicklungsumgebung heraus oder durch die Angabe des Dateinamens an der Eingabekonsole. Verteilen wir eine Anwendung, wird ein Anwender jedoch niemals aus der Entwicklungsumgebung heraus die Applikation starten, sondern entweder durch Doppelklick auf die EXE-Datei im Explorer, durch die Eingabe des Namens der ausführbaren Datei an der Eingabekonsole oder über die Option START • AUSFÜHREN...

Die beiden letztgenannten Punkte eröffnen noch weitere Möglichkeiten: Es können der `Main`-Methode auch Befehlszeilenparameter als zusätzliche Informationen übergeben werden, die im Array *args* der Parameterliste der `Main`-Methode entgegengenommen werden:

```
static void Main(string[] args)
```

Nehmen wir an, wir würden eine Anwendung namens *MyApplication.exe* an der Konsole wie folgt starten:

```
MyApplication Peter Willi Udo
```

Die drei Übergabeparameter »Peter«, »Willi« und »Udo« werden von `Main` im `string`-Array *args* empfangen und können von der Anwendung für weitere Operationen benutzt werden. Da das Programm zur Laufzeit jedoch nicht weiß, ob und wie viele Parameter übergeben worden sind, wird das Array *args* zunächst dahingehend abgefragt, ob überhaupt ein gültiges Element enthalten ist. Wenn die Anzahl der Elemente größer 0 ist, kann mit einer `for`-Schleife in bekannter Weise auf jedes Array-Element zugegriffen werden. Sehen wir uns das an einem konkreten Beispiel an:

```csharp
// Beispiel: ..\Kapitel 2\Befehlszeilenparameter
class Program {
  static void Main(string[] args) {
    // Prüfen, ob beim Programmaufruf eine oder mehrere
    // Zeichenfolgen übergeben worden sind
    if(args.Length > 0) {
      // die Zeichenfolgen an der Konsole anzeigen
      for(int i = 0; i < args.Length; i++)
        Console.WriteLine(args[i]);
    }
    else
      Console.WriteLine("Kein Übergabestring");
    Console.ReadLine();
  }
}
```

Listing 2.35 Auswerten der Übergabeargumente an die Methode »Main«

Das `if`-Statement stellt durch Auswertung der `Length`-Eigenschaft auf *args* fest, ob das Array leer ist oder nicht. Hat der Anwender zumindest einen Parameter übergeben, wird die `for`-Schleife ausgeführt, die den Inhalt des Parameters an der Konsole ausgibt.

Grundsätzlich werden alle übergebenen Parameter als Zeichenfolgen empfangen. Das soll uns aber nicht davon abhalten, im Bedarfsfall der Laufzeitumgebung auch Zahlen zu übergeben. Allerdings dürfen wir dann nicht vergessen, mit einer der Methoden der Klasse `Convert` die Zeichenfolge in den erforderlichen Datentyp zu konvertieren.

Verschachtelte Schleifen

for-Schleifen können praktisch beliebig verschachtelt werden. Im nächsten Beispiel wird gezeigt, wie eine verschachtelte Schleife dazu benutzt werden kann, einen Baum beliebiger Größe – hier durch Buchstaben dargestellt – an der Konsole auszugeben.

```
1:        M
2:       MMM
3:      MMMMM
4:     MMMMMMM
5:    MMMMMMMMM
6:   MMMMMMMMMMM
```

Jede Ausgabezeile setzt sich aus einer Anzahl von Leerzeichen und Buchstaben zusammen und hängt von der Größe der Darstellung ab. Für die Leerzeichen gilt:

Anzahl Leerzeichen = Gesamtanzahl der Zeilen – aktuelle Zeilennummer

Die auszugebenden Buchstaben folgen der Beziehung:

*Anzahl der Buchstaben = aktuelle Zeilennummer * 2 – 1*

Um die gewünschte Ausgabe zu erhalten, wird in einer äußeren for-Schleife jede Stufe (Zeile) des Baums separat behandelt. Darin eingebettet sind zwei weitere Schleifen implementiert, von denen jede für sich zuerst vollständig ausgeführt wird – wir haben es also mit zwei parallelen inneren Schleifen zu tun. Dabei werden in der ersten inneren Schleife zuerst die Leerzeichen geschrieben und in der zweiten die Buchstaben. Die Struktur der Schleifen sieht demnach wie folgt aus:

```csharp
// äußere Schleife beschreibt bei jedem Durchlauf eine Zeile
for(...) {
  // Leerzeichen schreiben
  for(...) {/*...*/}
  // Buchstaben schreiben
  for(...) {/*...*/}
}
```

Sehen wir uns nun den Programmcode an, der den gestellten Anforderungen genügt. Das Programm verlangt, dass der Anwender die Anzahl der Stufen als Befehlszeilenparameter angibt. Unterlässt er dies, wird das Programm mit einem entsprechenden Hinweis beendet.

```csharp
// Beispiel: ..\Kapitel 2\Baumstruktur
class Program {
  static void Main(string[] args) {
    // prüfen, ob das Array args leer ist
    if(args.Length == 0)
    {
      Console.Write("Geben Sie beim Start der Anwendung ");
      Console.Write("einen Parameter an.");
```

```
        }
        else
        {
            // das erste Element in den Typ int konvertieren
            int zeile = Convert.ToInt32(args[0]);
            // jede Stufe des Buchstabenbaums aufbauen
            for(int i = 1; i <= zeile; i++)
            {
                // Leerzeichen schreiben
                for(int j = 1; j <= zeile - i; j++)
                    Console.Write(" ");
                // Buchstaben schreiben
                for(int j = 1; j <= i * 2 - 1; j++)
                    Console.Write("M");
                Console.WriteLine();
            }
        }
        Console.ReadLine();
    }
}
```

Listing 2.36 Verschachtelte »for«-Schleifen

Vorzeitiges Beenden einer Schleife mit »break«

Es kann sich zur Laufzeit als erforderlich erweisen, nicht auf das Erfüllen der Abbruchbedingung zu warten, sondern den Schleifendurchlauf vorzeitig zu beenden. C# stellt ein Schlüsselwort zur Verfügung, das uns dazu in die Lage versetzt: break.

```
for(int i = 0; i <= 10; i++) {
  if(i == 3)
    break;
  Console.WriteLine("Zähler = {0}", i);
}
```

Listing 2.37 »for«-Schleife mit »break« vorzeitig abbrechen

Dieses Codefragment wird zu der folgenden Ausgabe an der Konsole führen:

```
Zähler = 0
Zähler = 1
Zähler = 2
```

break beendet die Schleife unabhängig von der im Schleifenkopf formulierten Abbruchbedingung und setzt den Programmablauf hinter dem Anweisungsblock der for-Schleife fort.

Sie können break auch in einer verschachtelten Schleife einsetzen. Das wirkt sich nur auf die for-Schleife aus, in deren direktem Anweisungsblock der Abbruch programmiert ist. Die äußeren Schleifen sind davon nicht betroffen.

Abbruch der Anweisungen im Schleifenblock mit »continue«

Sehr ähnlich wie break verhält sich auch die Anweisung continue. Die Bearbeitung des Codes in der Schleife wird zwar abgebrochen, aber die Steuerung wieder an den Schleifenkopf übergeben. Mit anderen Worten: Alle Anweisungen, die zwischen continue und dem Ende des Anweisungsblocks stehen, werden übersprungen. Das wollen wir uns ebenfalls an einem Codefragment ansehen:

```
for(int i = 0; i <= 10; i++) {
  if(i == 3)
    continue;
  Console.WriteLine("Zähler = {0}", i);
}
```

Listing 2.38 Abbruch eines Schleifendurchlaufs mir »break«

Die Ausgabe an der Konsole sieht wie folgt aus:

```
Zähler = 0
Zähler = 1
Zähler = 2
Zähler = 4
Zähler = 5
[...]
```

Steht der Zähler auf 3, ist die Abbruchbedingung erfüllt. Es wird continue ausgeführt mit der Folge, dass die Laufzeitumgebung die folgende Ausgabeanweisung überspringt und die Schleife mit dem Zählerstand 4 fortgesetzt wird.

Die Ausdrücke der »for«-Schleife

Zum Abschluss der Ausführungen über die Möglichkeiten der for-Schleife unter C# kommen wir noch einmal auf die drei Ausdrücke im Schleifenkopf zurück. Was bisher noch nicht erwähnt worden ist, sei an dieser Stelle nachgeholt: Alle drei Ausdrücke sind optional, müssen also nicht angegeben werden. Fehlt aber ein Ausdruck, gilt dieser stets als »erfüllt«. Im Extremfall lässt sich eine Schleife sogar ganz ohne explizit ausformulierten Schleifenkopf konstruieren. Wir erhalten dann die kürzeste for-Schleife überhaupt – allerdings handelt es sich dann auch um eine Endlosschleife, da das Abbruchkriterium in dem Sinne als erfüllt gilt, dass die Schleife nicht beendet werden soll:

```
// Endlosschleife
for(;;);
```

2.7.2 Die »foreach«-Schleife

Die for-Schleife setzt drei Ausdrücke voraus, die erst in Kombination die gewünschte Iteration ermöglichen. C# kennt noch ein weiteres Konstrukt, um ein Array vom ersten bis zum letzten Element zu durchlaufen: die foreach-Schleife. Sehen wir uns dazu ein Beispiel an, das genauso wie das oben gezeigte operiert:

```
int[] elements = {2,4,6,8};
foreach(int item in elements) {
  Console.WriteLine(item);
}
```

Anstatt jedes Element über seinen Index anzusprechen, wird nun das Array als eine Einheit angesehen, die aus mehreren typgleichen Elementen gebildet wird. Das Array wird vom ersten bis zum letzten Mitglied durchlaufen, wobei die Adressierung nun über eine Laufvariable als temporäres Element erfolgt, das hier als *item* bezeichnet wird. Der Bezeichner ist natürlich frei wählbar. Bei der Iteration wird *item* jedes Mal auf ein anderes Array-Element verweisen. Daher ist die Indexangabe auch überflüssig.

Die allgemeine Syntax der foreach-Schleife lautet:

```
// Syntax: foreach-Schleife
foreach(Datentyp Bezeichner in Array-Bezeichner) { [...] }
```

Beachten Sie, dass die Deklaration der Laufvariablen in den Klammern nicht optional ist. Daher führt das folgende Codefragment zu einem Fehler:

```
int item;
// Fehler im foreach-Statement
foreach(item in intArr) { [...] }
```

Wenn Sie ein Array von Elementen eines einfachen Datentyps durchlaufen, sind die Daten schreibgeschützt, können also nicht verändert werden, z.B.:

```
int[] elements = {1,2,3,4,5};
foreach(int item in elements)
    item = 33;   // FEHLER !!
```

> **Hinweis**
>
> Möglicherweise lesen Sie diesen Hinweis erst, wenn Sie sich bereits beim Lesen dieses Buches in einem späteren Kapitel befinden. Daher muss ich an dieser Stelle der Vollständigkeit halber darauf hinweisen, dass ein Array nur schreibgeschützt ist, wenn es Wertetypen beschreibt. Zu diesen werden fast alle elementaren Datentypen gezählt. Ein Array von Objekten, die auf Referenztypen basieren, verhält sich anders: Die Objektdaten können durchaus in einer foreach-Schleife manipuliert werden. Für alle Leser, die noch nicht weiter in diesem Buch gelesen haben: Über Werte- und Referenztypen erfahren Sie alles Notwendige in Kapitel 3.

2.7.3 Die »do«- und die »while«-Schleife

Ist die Anzahl der Iterationen bereits beim Eintritt in die Schleife bekannt, wird zumeist das for-Schleifenkonstrukt verwendet. Ergibt sich jedoch erst zur Laufzeit der Anwendung, wie oft der Schleifenkörper durchlaufen werden muss, bietet sich eher eine do- oder while-Schleife an. Grundsätzlich können alle auftretenden Anforderungen an wiederholt auszuführende Anweisungen mit einem dieser beiden Typen formuliert werden – sie können also die for-Schleife durchaus gleichwertig ersetzen.

Die »while«-Schleife

In eine Schleife wird dann eingetreten, wenn bestimmte Bedingungen erfüllt sind. Bei der for-Schleife wird diese Bedingung durch den Schleifenzähler festgelegt, bei einer while-Schleife wird die Bedingung hinter dem Schlüsselwort while in runden Klammern angegeben. Da sich die Anweisungen der Bedingungsprüfung anschließen, spricht man auch von einer kopfgesteuerten Schleife. Sehen wir uns daher zunächst die Syntax dieses Schleifentyps an:

Syntax
```
while(Bedingung)
{
   // Anweisungen
}
```

Bei der Bedingung handelt es sich um einen booleschen Ausdruck, der aus den Vergleichsoperatoren gebildet wird und entweder true oder false liefert. Eine while-Schleife wird ausgeführt, solange die Bedingung wahr, also true ist. Die Schleife wird beendet, wenn die Bedingung false ist. Ist die Bedingung schon bei der ersten Überprüfung falsch, werden die Anweisungen im Schleifenkörper überhaupt nicht ausgeführt.

Da im Gegensatz zur for-Schleife die Bedingung zum Austritt aus der while-Schleife nicht automatisch verändert wird, muss innerhalb des Schleifenkörpers eine Anweisung stehen, die es ermöglicht, die Schleife zu einem vordefinierten Zeitpunkt zu verlassen. Wenn Sie eine solche Anweisung vergessen, liegt der klassische Fall einer Endlosschleife vor.

Hinweis
Wenn Sie beim Testen eines Programms aus der Entwicklungsumgebung heraus in eine Endlosschleife geraten, können Sie mit der Tastenkombination [Strg]+[Pause] die Laufzeitumgebung unterbrechen und wieder zur Entwicklungsumgebung zurückkehren.

Im folgenden Beispiel muss der Anwender zur Laufzeit eine Zahl angeben, mit der er die Anzahl der Schleifendurchläufe festlegt. Die zusätzliche Zählervariable *counter* dient als Hilfsvariable, um die Austrittsbedingung zu formulieren. Sie wird innerhalb der Schleife bei jedem Schleifendurchlauf um 1 erhöht und bewirkt, dass die while-Schleife zum gewünschten Zeitpunkt verlassen wird.

```csharp
// Beispiel: ..\Kapitel 2\WhileSample
class Program {
  static void Main(string[] args) {
    Console.Write("Geben Sie eine Zahl zwischen\n");
    Console.Write("0 und einschließlich 10 ein: ");
    int number = Convert.ToInt32(Console.ReadLine());
    int counter = 1;
    while(counter <= number) {
      Console.WriteLine("{0}.Schleifendurchlauf",counter);
      // Änderung der Austrittsbedingung
      counter++;
    }
    Console.ReadLine();
  }
}
```

Listing 2.39 Beispielprogramm zu einer »while«-Schleife

Genauso wie eine for-Schleife kann auch eine while-Schleife entweder mit break oder mit continue unterbrochen werden. Die Auswirkungen sind bekannt:

- Mit break wird die gesamte Schleife als beendet angesehen. Das Programm setzt seine Ausführung mit der Anweisung fort, die dem Anweisungsblock der Schleife folgt.
- Mit continue wird der aktuelle Iterationsvorgang abgebrochen. Anweisungen, die innerhalb des Schleifenblocks auf continue folgen, werden nicht mehr ausgeführt. Die Steuerung wird an die Schleife zurückgegeben.

Daher würde das folgende Beispiel die Ausgabe 1,2 haben, während der Austausch von break gegen continue die Zahlenwerte 1,2, 4, 5 ausgibt.

```csharp
int value = 0;
while(value < 5) {
  value++;
  if(value == 3)
    break;
  Console.WriteLine(value);
}
```

Die »do«-Schleife

Die do-Schleife unterscheidet sich dahingehend von der while-Schleife, dass die Schleifenbedingung am Ende der Schleife ausgewertet wird. Die do-Schleife ist eine fußgesteuerte Schleife. Die Folge ist, dass die Anweisungen innerhalb des Anweisungsblocks zumindest einmal durchlaufen werden.

Syntax

```
do {
  // Anweisungen
}while(<Bedingung>)
```

Der Anweisungsblock wird so lange wiederholt ausgeführt, bis die Bedingung `false` ist. Danach wird mit der Anweisung fortgefahren, die sich unmittelbar anschließt.

Die Tatsache, dass die Laufzeit einer Anwendung mindestens einmal in den Anweisungsblock der `do`-Schleife eintaucht, kann man sich zunutze machen, wenn eine bestimmte Eingabe vom Anwender erforderlich wird. Ist die Eingabe unzulässig, wird eine Schleife so lange durchlaufen, bis sich der Anwender »überzeugen« lässt. Im folgenden Beispiel wird das demonstriert.

```csharp
// Beispiel: ..\Kapitel 2\DoSample
class Program {
  static void Main(string[] args) {
    // Informationsanzeige
    Console.Write("W - Programm fortsetzen\n");
    Console.Write("E - Programm beenden\n");
    Console.Write("----------------------\n");
    // Schleife wird so oft durchlaufen, bis der Anwender
    // eine gültige Eingabe macht
    do {
      Console.Write("Ihre Wahl: ");
      string eingabe = Console.ReadLine();
      if(eingabe == "W")
        // das Programm nach dem Schleifenende fortsetzen
        break;
      else if(eingabe == "E")
        // das Programm beenden
        return;
      else {
        // Fehleingabe!
        Console.Write("Falsche Eingabe - ");
        Console.Write("Neueingabe erforderlich\n");
        Console.Write("----------------------\n");
      }
    } while(true);
    Console.WriteLine("...es geht weiter.");
    Console.ReadLine();
  }
}
```

Listing 2.40 Beispiel zu einer »do«-Schleife

Zugelassen sind nur die beiden Eingaben »W« und »E«. Jede andere Eingabe führt zu einer erneuten Iteration. Die do-Schleife ist wegen ihrer Austrittsbedingung

```
while(true)
```

als Endlosschleife konstruiert, aus der es ein kontrolliertes Beenden nur mit der Sprunganweisung break gibt, wenn der Anwender mit der Eingabe »W« eine Fortsetzung des Programms wünscht.

Mit der Anweisung return wird das laufende Programm vorzeitig beendet. Diese Anweisung dient per Definition dazu, die aktuell ausgeführte Methode zu verlassen. Handelt es sich dabei aber um die Main-Methode einer Konsolenanwendung, kommt das dem Beenden der Anwendung gleich.

Kapitel 3
Das Klassendesign

Die objektorientierte Programmierung mit allen ihren dahinter stehenden Konzepten ist nicht einfach zu lernen. Dennoch hat sich das Konzept in den vergangenen Jahren in nahezu allen Entwicklungsumgebungen durchgesetzt. Wenn alle Welt davon spricht und der objektorientierte Ansatz in aller Munde ist, muss es für ihn ein paar schlagkräftige Argumente geben. Die beiden wichtigsten seien an dieser Stelle genannt:

Wiederverwendbarkeit: Klassen modularisieren eine Anwendung in unabhängige Einheiten. Sie verwalten zusammengehörende Daten und gruppieren ähnliche Methoden. Klassen können bausteinähnlich in verschiedenen Programmen – in der .NET-Laufzeitumgebung sogar vollkommen unabhängig von der verwendeten Programmiersprache – gleichwertig eingesetzt werden. Als Konsequenz dessen ändert sich auch der Arbeitsablauf der Programmierung: Programme müssen nicht mehr in allen Einzelheiten neu geschrieben werden, sie werden zu einem großen Teil aus fertigen Komponenten zusammengesetzt – vergleichbar mit der Entwicklung und dem Zusammenbau eines Motors, bei dem im Wesentlichen genormte Maschinenteile (Schrauben, Bolzen etc.) zum Einsatz kommen.

Wartungsaufwand: Eine Klasse kann als eigene, separate und unabhängige Einheit getestet werden. Es ist vollkommen ausreichend, die Klassenimplementierung nur einmal ausgiebig zu testen. Verläuft der Test positiv, wird die Klasse mit jeder Anwendung zufriedenstellend zusammenarbeiten. Das Testen im Umfeld mehrerer Anwendungen entfällt und stellt damit die Effizienz der Programmierung sicher.

In diesem Kapitel werden Sie lernen, wie eine Klasse definiert wird, welche Mitglieder (Member) eine Klassendefinition enthalten kann. Das Klassenkonzept werden wir im sich anschließenden Kapitel noch verbessern und verfeinern, wenn wir die Gesichtspunkte der Vererbung erörtern.

3.1 Einführung in die Objektorientierung

Die beiden wichtigsten Begriffe, die im Mittelpunkt der objektorientierten Betrachtungen stehen, sind die der **Klasse** und des **Objekts**. Was ist darunter zu verstehen?

Stellen Sie sich ein Architekturbüro vor, das ein Einfamilienwohnhaus plant und den Bauplan als Ergebnis aller anfänglichen Forderungen und der daraus resultierenden Berechnungen zeichnet. Der Bauplan enthält die Abmessungen des Grundrisses der einzelnen Etagen, die Angaben, wo Fenster und Türen eingebaut werden, die Mauerdicken, die Lage der Elektroverkabelung, der Heizungsrohre usw. Der fertige Bauplan dient anschließend als Vorlage für die Bauausführung. Vielleicht hat der Architekt sogar die Möglichkeit, den Bauplan mehrfach zu benutzen, um darauf basierend ein zweites oder gar ein drittes Haus zu erstellen. Die Häuser müssen nicht identisch sein, sie können sich in Einzelheiten unterscheiden: Die Außenfassade des ersten Hauses mag geputzt sein, die des zweiten geklinkert, ein Haus wird mit einer Ölheizung ausgestattet, das andere nutzt Fernwärme.

Der Bauplan dient also nur als Vorlage. Er ist also im weitesten Sinn eine Schablone, die zur Realisierung konkreter Häuser dient. Projiziert auf die objektorientierte Welt, ist der Bauplan als eine Klasse zu verstehen und ein fertig gebautes Haus als ein Objekt. Liegt ein Bauplan (= Klasse) vor, kann er dazu dienen, beliebig viele Häuser (= Objekte) zu erstellen, die sich durchaus unterscheiden dürfen.

In der objektorientierten Programmierung spricht man von einem Objekt oder auch von einem **konkreten Objekt**, wenn aus der Klassendefinition heraus etwas »Gegenständliches« erzeugt wird. Ein weiterer, häufig benutzter Begriff ist der der **Klasseninstanz** oder einfach nur **Instanz** bzw. **Referenz**. Sie können diese Begriffe synonym nebeneinander verwenden, sie besagen dasselbe.

Ein Objekt wird durch bestimmte, charakteristische Merkmale beschrieben, die in der Klassendefinition festgelegt werden. Diese werden als **Eigenschaften** bezeichnet. Beispielsweise könnte ein Objekt vom Typ Person im Rahmen der anwendungsspezifischen Forderungen durch den Namen der Person, deren Augenfarbe, Schuhgröße und das Geschlecht ausreichend beschrieben werden.

Im einfachsten Fall wird eine Eigenschaft als Variable innerhalb der Klassenstruktur definiert und als **Feld** bezeichnet, wie beispielsweise Name im Listing 3.1 der Klasse Person:

```
class Person {
  public string Name;
}
```

Listing 3.1 Eine einfache Klasse mit einem Feld

Ein Objekt wäre demnach beispielsweise peter:

```
Person peter = new Person();
```

Wie bei jeder Variablendeklaration in C# üblich, wird zuerst der Datentyp angegeben. Eine Klassendefinition müssen Sie grundsätzlich immer als die Beschreibung eines Datentyps verstehen. Person ist daher ein Datentyp, genauso wie String oder Integer. Der Typangabe folgt der Variablenbezeichner. Mit dem Schlüsselwort new wird das Objekt schließlich konkretisiert. Dabei wird ein sogenannter Konstruktor aufgerufen.

Eine Klasse abstrahiert Objekte aber nicht nur in der Weise, dass Objekte gleichen Typs ausschließlich durch die in der Klasse definierten Eigenschaften beschrieben werden. Objekte können auch Operationen ausführen, gewissermaßen also ein Verhalten zeigen. Beispielsweise könnte ein Person-Objekt laufen, rufen, essen usw. Dabei handelt es sich um Operationen, die im objektorientierten Sprachgebrauch als **Methoden** bezeichnet werden.

Methoden werden innerhalb einer Klasse definiert. Das folgende Listing zeigt die um die Eigenschaft Alter und die Methode Laufen ergänzte Klasse Person:

```
class Person {
  public string Name;
  public int Alter;
  public void Laufen() {
    // Anweisungen
  }
}
```

Listing 3.2 Klasse »Person« mit zwei Eigenschaften und einer Methode

Jetzt wollen wir uns ansehen, wie wir mit der Klasse arbeiten. Dazu wird die Methode Main wie folgt codiert:

```
static void Main(string[] args) {
  Person peter = new Person();
  // Festlegung des Alters
  peter.Alter = 34;
  // das Person-Objekt laufen lassen
  peter.Laufen();
}
```

Listing 3.3 Testen der Klasse »Person«

Zuerst besorgen wir uns ein Objekt vom Typ Person. Das Objekt heißt peter und hat die spezifischen Eigenschaften Name und Alter. Alle Eigenschaften (Felder) müssen nicht unbedingt auf einen objektspezifischen Wert festgelegt werden, sondern nur die, die im Kontext des Programmcodes notwendig sind. Hier ist es nur die Eigenschaft Alter, der ein Wert zugewiesen wird. Anschließend wird die Methode Laufen aufgerufen. Beachten Sie den Punktoperator, der dazu dient, eine Eigenschaft oder Methode auf ein bestimmtes Objekt aufzurufen. Handelt es sich um eine Eigenschaft, muss ihr mit dem Zuweisungsoperator der gewünschte Wert zugewiesen werden.

Spielen mehrere konkrete Person-Objekte im Programm eine Rolle, muss die Klasse Person wiederholt instanziiert werden. Im folgenden Code liegen zwei Objekte vor: peter und bettina. Beide unterscheiden sich im Alter.

```
Person peter = new Person();
peter.Alter = 34;
Person bettina = new Person();
bettina.Alter = 15;
```

Listing 3.4 Zwei Objekte vom Typ »Person«

3.2 Die Klassendefinition

3.2.1 Klassen im Visual Studio anlegen

Eine Klasse ist die grundlegendste Einheit in der objektorientierten Programmierung und dient dazu, einen Datentyp zu definieren. Starten Sie ein neues Projekt vom Typ *Konsolenanwendung*, ist die Struktur einer Klasse (Program) bereits vordefiniert. Der Quellcode befindet sich in einer Datei mit der Dateierweiterung *.cs*. Dateiname und Klassenbezeichner sind per Vorgabe identisch, müssen es aber nicht sein. In einer Quellcodedatei können Sie durchaus mehrere Klassen definieren, was allerdings nicht empfehlenswert ist, weil darunter die Übersicht leidet.

Möchten Sie eine zusätzliche Klasse in einer eigenen Quellcodedatei implementieren, haben Sie zwei Alternativen:

- Sie wählen im Menü PROJEKT der Entwicklungsumgebung das Untermenü KLASSE HINZUFÜGEN...
- Sie öffnen mit der rechten Maustaste das Kontextmenü des Projekts im Projektmappen-Explorer, wählen HINZUFÜGEN und danach aus der sich anschließend öffnenden Liste KLASSE HINZUFÜGEN...

Daraufhin öffnet sich das Dialogfenster NEUES ELEMENT HINZUFÜGEN, in dem die Vorlage *Klasse* bereits vorselektiert ist. Sie sollten einen möglichst beschreibenden Klassennamen wählen, der auch gleichzeitig zum Namen der Quellcodedatei wird. Wenn Sie wollen, können Sie später sowohl die Klasse als auch die Quellcodedatei umbenennen.

Zur Bezeichnung von Klassen gibt es Konventionen, an denen Sie sich orientieren sollten:

- Der erste Buchstabe sollte großgeschrieben werden. Setzt sich der Bezeichner einer Klasse aus mehreren einzelnen Begriffen zusammen, wird empfohlen, zur besseren Lesbarkeit jeden Begriff mit einem Großbuchstaben zu beginnen.
- Ein Klassenbezeichner sollte nicht dadurch kenntlich gemacht werden, dass ihm ein »C« oder ein anderes Präfix vorangestellt wird, wie es in anderen objektorientierten Sprachen teilweise üblich ist.

Erscheint Ihnen der Name der Quellcodedatei zu einem späteren Zeitpunkt unpassend, können Sie

- im Projektmappen-Explorer das Kontextmenü der entsprechenden Datei öffnen, UMBENENNEN wählen und den neuen Namen eingeben oder
- im Projektmappen-Explorer die umzubenennende Datei selektieren und im Eigenschaftenfenster unter DATEINAME den neuen Namen eintragen.

3.2.2 Das Projekt »GeometricObjectsSolution«

Wir wollen an dieser Stelle mit einem Projekt beginnen, das uns über viele Kapitel dieses Buches hinweg begleiten wird. Nach und nach wird das Projekt ergänzt und erweitert, und am Ende werden nahezu alle objektorientierten Features von .NET in den zu diesem Projekt gehörenden Klassen enthalten sein. Bei den Klassen handelt es sich um die syntaktischen Beschreibungen geometrischer Objekte wie zum Beispiel um die eines Kreises und eines Rechtecks. Am Ende werden wir feststellen, dass die entwickelten Klassen nicht nur in einer Konsolenanwendung sinnvoll einzusetzen sind, sondern auch anderen Anwendungen als Bibliothek zur Verfügung gestellt werden können. Mit anderen Worten: Wir werden am Ende aus der ursprünglichen Konsolenanwendung eine Klassenbibliothek machen.

In einer laufenden Instanz von Visual Studio 2012 können Sie gleichzeitig mehrere Projekte bearbeiten. Diese können miteinander in Beziehung stehen (beispielsweise bei einer Client-Server-Lösung), müssen es aber nicht zwangsläufig. Alle Projekte werden von einer sogenannten *Projektmappe* verwaltet, die die Anwendungen einer laufenden Visual-Studio-Instanz in einer SLN-Datei regelrecht zusammenschraubt. Die Dateierweiterung *SLN* steht dabei für »Solution«. Die Projektmappe wird im Dateisystem durch einen Ordner beschrieben, in dem alle zu der Projektmappe gehörenden Projekte als Unterordner enthalten sind.

Wir wollen nun mit dem angekündigten Projekt starten, das als Konsolenanwendung bereitgestellt wird. Das Projekt sollte *GeometricObjects* lauten. Zudem können Sie bereits beim Anlegen des Projekts eine Projektmappe bereitstellen und dieser einen passenden Namen geben. In unserem Beispiel sollte sie *GeometricObjectsSolution* heißen.

> **Anmerkung**
> Wie angedeutet, wird uns das Projekt *GeometricObjects* über viele Kapitel dieses Buches begleiten. Um die einzelnen Versionen unterscheiden zu können, bekommen die Projektmappenbezeichner einen Zähler angehängt.

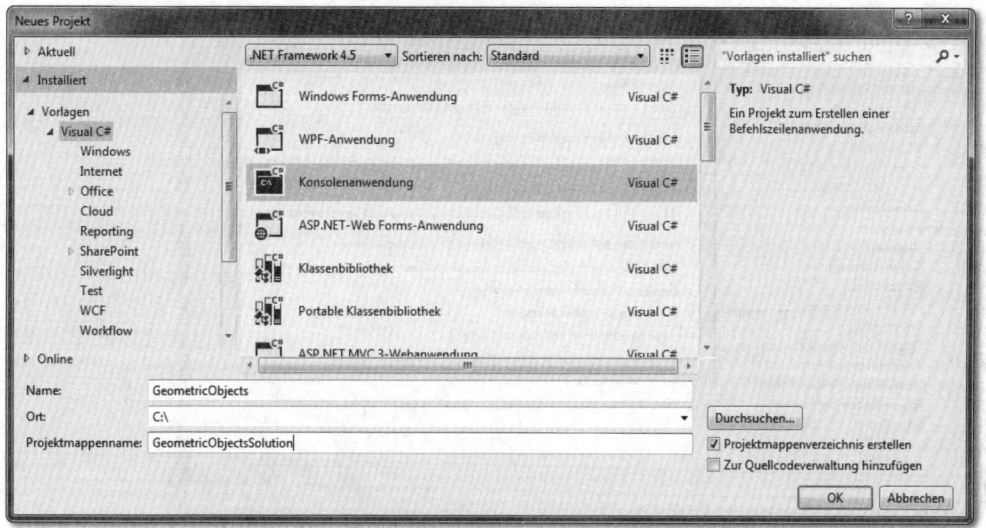

Abbildung 3.1 Anlegen einer neuen Projektmappe

Nachdem wir die Projektmappe *GeometricObjectsSolution* mit der Konsolenanwendung *GeometricObjects* angelegt haben, wollen wir uns der ersten Klasse widmen, die Circle heißen soll. Markieren Sie dazu das Projekt *GeometricObjects* im Projektmappen-Explorer, öffnen Sie das Kontextmenü, und wählen Sie HINZUFÜGEN • KLASSE... Tragen Sie den Namen der Datei im sich daraufhin öffnenden Dialog ein (*Circle.cs*), und bestätigen Sie die Angaben. Das Projekt ist danach um die Klasse Circle erweitert worden, weil der Dateibezeichner automatisch als neuer Bezeichner der Klasse verwendet wird. Dass Datei und Klasse den gleichen Namen haben, ist aber keine Notwendigkeit.

Die neue Klasse hat die folgende Struktur:

```
namespace GeometricObjects
{
  class Circle
  {
  }
}
```

Weil die Klasse später in Form einer Klassenbibliothek veröffentlicht werden soll, empfiehlt es sich, die Klasse um den Zugriffsmodifizierer public zu ergänzen, also:

```
public class Circle
```

> **Anmerkung**
> Sollte in der laufenden Instanz von Visual Studio 2012 die Projektmappe im Projektmappen-Explorer nicht zu sehen sein, können Sie das unter EXTRAS • OPTIONEN einstellen (siehe Abbildung 3.2).

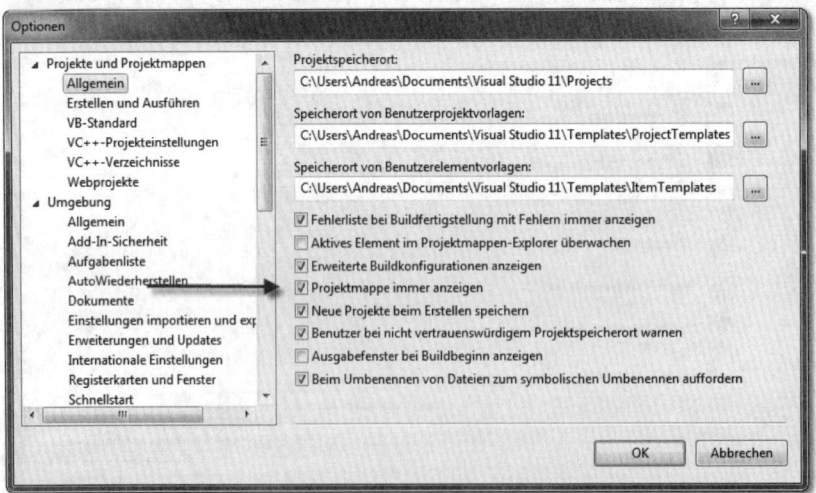

Abbildung 3.2 Einstellung zur Anzeige der Projektmappe

3.2.3 Die Deklaration von Objektvariablen

Eine Klassendefinition beschreibt den Bauplan eines Objekts und gilt als Typdefinition. Um ein Objekt eines bestimmten Typs zu erzeugen, muss zunächst für jedes Objekt eine Objektvariable deklariert werden, beispielsweise:

```
Circle kreis;
```

Eine Objektvariable verweist auf einen Speicherbereich. Man sagt daher auch, dass eine Objektvariable ein Objekt referenziert, und spricht bei einer Objektvariablen von einer **Instanz** oder von einer **Referenz**. Tatsächlich ist unter einer Referenz ein Zeiger auf die Startadresse des Speicherbereichs zu verstehen, der alle Zustandsdaten enthält. Zustandsdaten sind die Eigenschaften, die das Objekt von einem anderen Objekt desselben Typs unterscheiden.

Bei der Deklaration der Objektvariablen `kreis` wird der für das Objekt erforderliche Speicher angefordert, aber ein konkretes Objekt existiert noch nicht, denn die Objektvariable ist noch nicht initialisiert. Zur Initialisierung einer Objektvariablen bieten sich zwei gleichwertige Alternativen an:

- die zweizeilige Variante:
  ```
  Circle kreis;
  kreis = new Circle();
  ```

- die kürzere, einzeilige Schreibweise:
  ```
  Circle kreis = new Circle();
  ```

Beide weisen ein gemeinsames Merkmal auf: den Operator `new`, der für die Konkretisierung eines Objekts verantwortlich ist. Erst mit `new` beginnt die Existenz des Objekts. Dahinter verbirgt sich der Aufruf einer ganz bestimmten Methode, die als *Konstruktor* bezeichnet wird. Wir werden uns weiter unten damit noch beschäftigen.

Sie können in einer Anweisung auch mehrere Variablen desselben Typs deklarieren. Dazu werden die Objektvariablen hintereinandergeschrieben und durch ein Komma voneinander getrennt:

```
Circle kreis1, kreis2, kreis3;
```

Der C#-Compiler erlaubt auch die folgende Anweisung:

```
Circle kreis1, kreis2, kreis3 = new Circle();
```

Allerdings wird nur die zuletzt angegebene Objektvariable `kreis3` initialisiert. `kreis1` und `kreis2` gelten nur als deklariert und müssen gegebenenfalls zu einem späteren Zeitpunkt noch mit

```
kreis1 = new Circle();
kreis2 = new Circle();
```

initialisiert werden.

3.2.4 Zugriffsmodifizierer einer Klasse

Entwickeln Sie eine neue Klasse, müssen Sie einem Umstand besondere Beachtung schenken: Entwerfen Sie die Klasse, um sie ausschließlich in der Anwendung zu verwenden, in der die Klasse definiert ist, oder beabsichtigen Sie, die Klasse auch anderen Anwendungen zur Verfügung zu stellen? Diese Sichtbarkeit wird durch **Zugriffsmodifizierer** beschrieben. Bei Klassen spielen nur zwei eine Rolle: `public` und `internal`.

Modifizierer	Beschreibung
public	Die Instanziierbarkeit einer öffentlichen Klasse unterliegt keinerlei Beschränkungen. Die Klasse kann dann auch aus anderen Anwendungen heraus instanziiert werden. Auswirkungen kann dieser Zugriffsmodifizierer nur dann zeigen, wenn die Klasse innerhalb einer Klassenbibliothek codiert wird.
internal	Beabsichtigen Sie, die Sichtbarkeit einer Klasse auf die Anwendung zu beschränken, in der die Klasse definiert ist, müssen Sie die Klasse `internal` deklarieren. Aus einer anderen Anwendung heraus kann dann kein Objekt dieser Klasse erzeugt werden.

Tabelle 3.1 Die Zugriffsmodifizierer einer Klasse

Die Angabe des Zugriffsmodifizierers ist optional. Verzichten Sie darauf, gilt die Klasse als `internal`.

3.2.5 Splitten einer Klassendefinition mit »partial«

Klassendefinitionen in .NET lassen sich über mehrere Quellcodedateien verteilen. Diese Programmiertechnik erlaubt es mehreren Entwicklern, gleichzeitig an der gleichen Klasse zu arbeiten. Das Prinzip der **partiellen Klassen** wird auch von der Entwicklungsumgebung bei einigen Projektvorlagen genutzt, denn durch die Aufteilung des Klassencodes lässt sich der von Visual Studio automatisch generierte Code von dem Code, den der Entwickler schreibt, sauber trennen. Das verschafft nicht nur einen besseren Überblick über den eigenen Code, sondern reduziert auch potenzielle Probleme, die auftreten können, wenn der automatisch erzeugte Code vom Entwickler verändert werden sollte.

Partielle Klassendefinitionen sind dadurch gekennzeichnet, dass man den Modifizierer `partial` vor alle Teildefinitionen setzt. Die Signatur muss in jeder Teildefinition natürlich identisch sein. Nehmen wir beispielsweise an, Sie möchten die Klasse `Circle` auf die beiden Quellcodedateien *Circle1.cs* und *Circle2.cs* aufteilen. Dann müssten die Klassendefinitionen wie folgt lauten:

```
// in der Quellcodedatei 'Circle1.cs'
partial class Circle {
   [...]
}
```

```
// in der Quellcodedatei 'Circle2.cs'
partial class Circle {
  [...]
}
```

Listing 3.5 Partielle Klassendefinition

Eine Einschränkung des Gebrauchs partieller Typen müssen Sie jedoch beachten: Alle Klassenfragmente müssen sich in derselben Anwendung befinden.

3.2.6 Arbeiten mit Objektreferenzen

Prüfen auf Initialisierung

Eine Objektvariable gilt als initialisiert, wenn sie auf ein konkretes Objekt zeigt oder den Wert null beschreibt. Verwechseln Sie null nicht mit der Zahl »0«. null gibt an, dass eine Variable zwar initialisiert ist, aber kein konkretes Objekt referenziert. Mit

```
Circle kreis;
```

wird zwar eine Objektvariable deklariert, sie ist aber noch nicht initialisiert und hat auch **nicht** den Zustand null. Sehen wir uns an, was passiert, wenn wir eine Objektvariable deklarieren und anschließend ohne vorhergehende Initialisierung auf null testen.

```
class Program {
  static void Main(string[] args) {
    Circle kreis;
    if (kreis == null) {
      // die Variable "kreis" referenziert kein Objekt
      Console.WriteLine("Das Objekt existiert nicht!");
      kreis = new Circle();
    }
    else
      // "kreis" ist eine gültige Objektreferenz
      Console.WriteLine("Das Objekt existiert");
    // weitere Anweisungen
    Console.ReadLine();
  }
}
```

Listing 3.6 Prüfen einer Referenz auf »null« (führt zu einem Fehler)

Der C#-Compiler ist intelligent genug, um zu erkennen, dass die Objektreferenz kreis vor ihrer Prüfung im if-Statement zu keinem Zeitpunkt initialisiert worden ist, und bricht die Kompilierung mit einer Fehlermeldung ab.

Eine initialisierte Objektvariable liegt immer dann vor, wenn Sie ihr null zuweisen oder mit new ein neues Objekt erzeugen. Somit wird mit den beiden folgenden Anweisungen eine Objektvariable initialisiert:

```
Circle kreis = null;
Circle kreis = new Circle();
```

Eine Objektvariable kann nur benutzt werden, wenn sie initialisiert ist. Objekteigenschaften oder Objektmethoden lassen sich allerdings nur dann aufrufen, wenn sich hinter einer initialisierten Objektvariablen auch tatsächlich ein Objekt verbirgt und nicht null. Ist man sich über den Zustand der Variablen im Unklaren, muss dieser, wie im folgenden Codefragment gezeigt, überprüft werden:

```
if(kreis == null)
  // die Variable "kreis" referenziert kein konkretes Objekt
else
  // "kreis" ist ein gültiges Objekt
```

Ebenso gut können Sie auch mit

```
if(kreis != null) [...]
```

prüfen, ob kreis ein gültiger Objektverweis ist.

Freigabe eines Objekts

Objekte beanspruchen den Speicher. Sie sollten daher ein Objekt freigeben, wenn Sie es nicht mehr benötigen. Dazu weisen Sie der Objektvariablen null zu, wie im folgenden Codefragment zu sehen ist:

```
Circle kreis = new Circle();
[...]
kreis = null;
```

Nun steht Ihnen das Objekt kreis nicht mehr zur Verfügung. Allerdings ist die Annahme falsch, dass das Objekt nun auch im Speicher gelöscht ist. Tatsächlich existiert es dort weiter, Sie können es nur nicht mehr aus dem Code heraus ansprechen. Zu einem späteren Zeitpunkt wird ein Mechanismus, die **Garbage Collection**, alle nicht mehr referenzierten Objekte im Speicher erfassen, und der von ihnen beanspruchte Speicherplatz wird wieder freigeben. So wird es auch dem Objekt kreis ergehen. Auf die Garbage Collection kommen wir in Kapitel 4 detailliert zu sprechen.

Mehrere Referenzen auf ein Objekt

Es kommt häufiger vor, dass mehrere Referenzen auf dasselbe Objekt zeigen. Betrachten Sie dazu das folgende Listing:

```
Circle kreis1 = new Circle();
Circle kreis2 = kreis1;
```

Listing 3.7 Ein Objekt mit zwei Referenzen

Zuerst wird die Variable `kreis1` vom Typ `Circle` deklariert und initialisiert. Anschließend wird `kreis1` der Variablen `kreis2` zugewiesen. Trotz zwei namentlich unterschiedlicher Referenzen liegt nur ein konkretes Objekt vor, das sowohl über `kreis1` als auch über `kreis2` angesprochen werden kann.

Wenn Sie einem Feld über eine der beiden Referenzen einen Wert zuweisen, beispielsweise mit

```
kreis1.Radius = 10
```

können Sie auch mit der zweiten Objektreferenz den Inhalt der Eigenschaft auswerten:

```
Console.WriteLine(kreis2.Radius)
```

An der Konsole wird »10« angezeigt, da `kreis2` dasselbe Objekt referenziert wie `kreis1`. Wird ein Objekt mehrfach referenziert, spielt es demnach keine Rolle, über welche Referenz der Eigenschaft ein Wert zugewiesen bzw. ein Feld ausgelesen wird – die Operation wird auf demselben Objekt ausgeführt.

Geben Sie eine der Referenzen mit `null` frei, können Sie über die zweite Referenz das Objekt immer noch ansprechen, z. B.:

```
Circle kreis1 = new Circle();
Circle kreis2 = kreis1;
kreis2.Radius = 20;
kreis2 = null;
Console.WriteLine(kreis1.Radius);
```

Listing 3.8 Objekt nach der Freigabe einer Referenz mit »null«

An der Konsole wird immer noch der Inhalt der Eigenschaft Radius ausgegeben, also 20. Erst mit der Freigabe der letzten gültigen Referenz auf ein Objekt wird dieses tatsächlich unwiederbringlich freigegeben.

3.3 Referenz- und Wertetypen

In diesem Kapitel beschäftigen wir uns schwerpunktmäßig mit der Definition von Klassen. Das .NET-Typsystem kennt jedoch nicht nur Klassen zur Beschreibung von Typen. Insgesamt gibt es vier Typen, die uns .NET zur Verfügung stellt:

- Klassen (class)
- Strukturen (struct)
- Delegates (delegate)
- Enumerationen (enum)

Im weiteren Verlauf dieses und der folgenden Kapitel werden Sie natürlich noch alle kennenlernen. An dieser Stelle muss aber bereits erwähnt werden, dass sich die vier Typdefinitionen zwei Kategorien zuordnen lassen:

- Wertetypen
- Referenztypen

Zu den Wertetypen werden primitive Datentypen wie int und long sowie alle anderen auf Strukturen oder **Enumerationen** basierenden Typen gezählt. Zu den Referenztypen gehört beispielsweise der Typ String, alle Arrays und – ganz allgemein ausgedrückt – alle Klassen. Obwohl es im ersten Augenblick den Anschein haben mag, dass hinter Wertetypen nur »normale« Dateninformationen stehen, werden auch diese als Objekte angesehen und hinter den Kulissen der .NET-Laufzeit als solche behandelt.

3.3.1 Werte- und Referenztypen nutzen

Der Unterschied zwischen Referenz- und Wertetypen ist in der Allokierung des Systemspeichers zu finden. Eine Variable, die einen Wertetyp repräsentiert, allokiert auf dem *Stack* Speicher für die Daten. Der Stack ist im RAM angesiedelt, wird aber vom Prozessor durch einen sogenannten **Stack Pointer** direkt unterstützt. Dieser ist in der Lage, auf dem Stack neuen Speicher zu reservieren, kann ihn aber auch freigeben. Dieses Verfahren ist sehr effizient und schneller als das Allokieren von Speicher im Heap für Referenztypen. Als *Heap* wird der Speicher im RAM bezeichnet, der allgemeinen Zwecken zur Verfügung steht.

Wird mit

```
int value = 100;
```

eine int-Variable deklariert, wird der Wert auf dem Stack abgelegt, weil ein Integer als Struktur definiert ist. Beachten Sie bitte, dass bei einem Wertetyp wie dem Integer der new-Operator zur Initialisierung nicht angegeben werden muss. Bei einem Referenztyp ist das eine unabdingbare Forderung, denn erst mit

```
Circle kreis = new Circle();
```

wird auf dem Heap ein Speicherbereich allokiert und initialisiert, auf den danach die Referenz kreis zeigt.

Ein daraus folgendes, wichtiges Unterscheidungsmerkmal zwischen Referenz- und Wertetypen ist, dass Wertetypen niemals den Inhalt null haben können.

> **Hinweis**
> An dieser Stelle sei ein kurzer Hinweis erlaubt. Mit einem »Trick« kann auch ein Wertetyp den Wert null annehmen. Im Kapitel 9 werden wir darauf noch zu sprechen kommen.

Bemerkenswert ist die unterschiedliche Wirkungsweise des Zuweisungsoperators zwischen einem Werte- und einem Referenztyp. Betrachten Sie dazu zunächst die beiden folgenden Anweisungen:

```
long value1 = 64;
long value2 = value1;
```

Nach der Ausführung des Codes existieren zwei Variablen vom Typ `long`, die denselben Inhalt haben. Eine Variable vom Typ `long` wird von der *Common Language Runtime (CLR)* als Wertetyp erkannt und entsprechend behandelt. Die Änderung des Inhalts der Variablen `value1` wird sich nicht auf den Inhalt der Variablen `value2` auswirken, weil zwischen den beiden keine Verbindung existiert. Der Inhalt von `value1` wird nur nach `value2` kopiert.

Das ist bei Objekten, die auf Referenztypen basieren und grundsätzlich nichts anderes sind als Zeiger, ganz anders.

```
Circle kreis1 = new Circle();
Circle kreis2 = kreis1;
```

In diesem Fall haben wir zwar zwei Objektvariablen vorliegen, aber beide referenzieren denselben Speicherbereich, mit anderen Worten, dasselbe Objekt. Wird der Radius auf der Referenz `kreis1` verändert, kann der neue Wert auch mit der Referenz `kreis2` abgerufen werden.

3.4 Die Eigenschaften eines Objekts

3.4.1 Öffentliche Felder

Das Objekt eines bestimmten Typs unterscheidet sich von anderen typgleichen Objekten durch seine charakterisierenden Eigenschaften. So wie sich eine Person von jeder anderen durch den Namen, die Augenfarbe, das Alter, das Geschlecht, den Wohnort und viele andere Merkmale unterscheidet, unterscheidet sich ein `Circle`-Objekt von anderen `Circle`-Objekten durch seinen Radius, vielleicht auch durch seine Position und seine Farbe.

Eigenschaften werden durch Daten beschrieben. Welche das genau sind, hängt nur von den Anforderungen ab, die an das Objekt gestellt werden. Soll ein `Circle`-Objekt nicht gezeichnet werden, wird die Farbe vermutlich keine Bedeutung haben. Auf diese Eigenschaft kann dann verzichtet werden.

Alle im Programm notwendigen Objekteigenschaften müssen in der Klassendefinition Berücksichtigung finden. Gespeichert werden dazu die Werte in Variablen, die in der Klasse definiert sind. Um ein `Circle`-Objekt durch einen Radius und seine Positionskoordinaten zu charakterisieren, müssten Sie die Klassendefinition wie folgt schreiben:

```
public class Circle {
  public double XCoordinate;
  public double YCoordinate;
```

```
    public int Radius;
}
```

Listing 3.9 Die Klasse »Circle« mit drei Feldern

Eigenschaften sind zunächst einmal nur Variablen, die innerhalb einer Klasse definiert sind, und werden auch als **Felder** bezeichnet. Der Zugriffsmodifizierer, hier `public`, beschreibt die Sichtbarkeit. In unserem Beispiel sind die drei Eigenschaften ohne jegliche Einschränkung überall sichtbar und damit auch manipulierbar. Grundsätzlich kann der Datentyp einer Eigenschaft beliebig sein. Es kann sich um einen elementaren Datentyp wie `int` oder `string` handeln, aber durchaus auch um ein Array oder einen benutzerdefinierten Typ, also zum Beispiel um eine Klasse, die Sie selbst in Ihrem Programmcode geschrieben haben.

> **Hinweis**
>
> Felder haben immer einen konkreten Initialisierungswert, auch wenn er nicht explizit angegeben wird. Beispielsweise weisen alle Datentypen, die Zahlen beschreiben, den Startwert 0 oder 0,0 auf, Referenztypen den Wert `null`. Ob Sie ein Feld mit
>
> `public int Radius;`
>
> oder
>
> `public int Radius = 0;`
>
> deklarieren, ist demnach gleich. Manchmal sorgt die explizite Zuweisung eines Startwerts für eine bessere Lesbarkeit des Programmcodes.

Der Zugriff auf eine Eigenschaft ist nicht schwierig. Instanziieren Sie zuerst die Klasse, damit Sie ein Objekt haben, und geben Sie danach die Eigenschaft, getrennt durch einen Punkt von der Objektvariablen, an.

```
Circle kreis = new Circle();
kreis.Radius = 10;
```

Jetzt hat das `Circle`-Objekt einen Radius von 10 Einheiten. Sehr ähnlich wird auch der Wert einer Eigenschaft ausgewertet.

```
int value = kreis.Radius;
```

Die Angabe der Eigenschaft bewirkt die Rückgabe des in ihr gespeicherten Werts. Sie können ihn, wie gezeigt, einer Variablen zuweisen oder direkt verarbeiten, beispielsweise durch Ausgabe an der Konsole.

```
Console.WriteLine("Der Kreisradius beträgt {0}", kreis.Radius);
```

3.4.2 Datenkapselung mit Eigenschaftsmethoden sicherstellen

Analysieren Sie die Eigenschaft Radius etwas genauer, werden Sie auf Probleme stoßen, denen bisher noch keine Aufmerksamkeit geschenkt worden ist. Was ist beispielsweise, wenn mit

```
kreis.Radius = -12;
```

dem Radius eine negative Zahl übergeben wird? Sie werden mir zustimmen, dass ein negativer Wert nicht akzeptiert werden kann. Sinnvoll sind Werte, die größer oder gleich 0 sind. Was müssen wir also tun, um die Bedingung

```
Radius >= 0
```

zu erfüllen? Theoretisch gibt es mehrere denkbare Lösungen (beispielsweise einen anscheinend passenderen Datentyp zu wählen oder eine entsprechende Eingabeüberprüfung). Diese Ansätze sind jedoch aus mehreren Gründen schlecht. Der einzig gute Ansatz ist die Überprüfung in einer Methode der Klasse selbst. Zu diesem Zweck bietet .NET uns Eigenschaftsmethoden an.

Eigenschaftsmethoden können Sie sich als Container für zwei Subroutinen mit jeweils einem eigenen Anweisungsblock vorstellen: get und set. Der get-Block wird bei der Auswertung der Eigenschaft ausgeführt, der set-Block, wenn der Eigenschaft ein Wert zugewiesen wird.

Sehen wir uns zuerst die vollständige Implementierung der Eigenschaft Radius an, die die Forderung erfüllt, die Zuweisung eines negativen Radius an ein Circle-Objekt zu verhindern und nur einen zulässigen Wert zu speichern:

```
public class Circle {
  private int _Radius;
  // Eigenschaftsmethode
  public int Radius {
    get {
      return _Radius;
    }
    set {
      if (value >= 0)
        _Radius = value;
      else
        Console.Write("Unzulässiger negativer Wert.");
    }
  }
  [...]
}
```

Listing 3.10 Die Eigenschaftsmethode »Radius«

Der Wert für den Radius wird weiterhin in einem Feld gespeichert. Dieses ist nun allerdings nicht mehr public definiert, sondern private. Private Member in einer Klasse sind nur innerhalb der Klasse sichtbar. In unserem konkreten Beispiel wird damit sichergestellt, dass das Feld außerhalb der Klasse `Circle` weder sichtbar ist noch manipuliert werden kann. Ganz allgemein wird dieses Prinzip als **Datenkapselung** bezeichnet.

> **Hinweis**
> Die Datenkapselung ist eines der Schlüsselkonzepte der objektorientierten Programmierung, zu der auch noch die später zu behandelnde Vererbung und die Polymorphie gehören.

Der Zugriff auf das Feld erfolgt ausschließlich über den `set`- und `get`-Zweig der Eigenschaftsmethode. Da die öffentliche Eigenschaftsmethode `Radius` lautet, musste das private Feld aus Gründen der Eindeutigkeit umbenannt werden. Üblicherweise beginnen `private` Felder entweder mit einem Kleinbuchstaben oder es wird der öffentliche Bezeichner herangezogen, dem ein Unterstrich vorangestellt wird, hier `_Radius`.

Weisen Sie der Eigenschaft `Radius` mit

```
kreis.Radius = 10;
```

einen Wert zu, wird in der Eigenschaftsmethode automatisch der `set`-Zweig ausgeführt:

```
set {
  if (value >= 0)
    _Radius = value;
  else
    Console.Write("Unzulässiger negativer Wert.");
}
```

Der zugewiesene Wert wird von einem impliziten Parameter bereitgestellt, der immer `value` heißt. Der Datentyp von `value` entspricht dem Datentyp der Eigenschaft, in unserem Beispiel ist `value` demnach vom Typ `int`. Innerhalb des `set`-Anweisungsblocks können Anweisungen programmiert werden, die den zu übergebenden Wert auf seine Zulässigkeit hin überprüfen. Natürlich können Sie auch beliebige andere Operationen in `set` codieren, beispielsweise eine Überprüfung, ob der aktuelle Benutzer überhaupt berechtigt ist, den Eigenschaftswert festzulegen.

Die Auswertung der Eigenschaft mit

```
int value = kreis.Radius;
```

führt zum Aufruf des `get`-Blocks innerhalb der Eigenschaftsmethode:

```
get {
  return _Radius;
}
```

Meistens enthält der `get`-Block, ähnlich wie in unserem Beispiel, nur eine `return`-Anweisung, die den Inhalt des gekapselten Feldes an den Aufrufer zurückgibt. Aber selbstverständlich dürfen Sie auch an dieser Stelle beliebige zusätzliche Operationen codieren.

> **Hinweis**
> Üblicherweise wird das, was ich hier als **Eigenschaftsmethode** bezeichne, einfach nur **Eigenschaft** genannt. Persönlich halte ich diese Bezeichnung für nicht gelungen, weil meiner Meinung nach eine Objekteigenschaft nicht nur durch eine Methode beschrieben wird, sondern auch durch das dazugehörige Feld, das den Wert speichert.

3.4.3 Die Ergänzung der Klasse »Circle«

In ähnlicher Weise, wie wir die Eigenschaft Radius implementiert haben, sollten wir auch die beiden öffentlichen Felder XCoordinate und YCoordinate durch Eigenschaftsmethoden ersetzen.

```
public class Circle {
  // --------- Eigenschaftsmethoden ----------
  private double _YCoordinate;
  public double YCoordinate {
    get { return _YCoordinate; }
    set { _YCoordinate = value; }
  }
  private double _XCoordinate;
  public double XCoordinate {
    get { return _XCoordinate; }
    set { _XCoordinate = value; }
  }
  private int _Radius;
  public int Radius {
    get { return _Radius; }
    set {
      if (value >= 0)
        _Radius = value;
      else
        Console.WriteLine("Unzulässiger negativer Radius.");
    }
  }
}
```

Listing 3.11 Die Kapselung von »Radius«, »XCoordinate« und »YCoordinate«

3.4.4 Lese- und schreibgeschützte Eigenschaften

Es kommt häufig vor, dass eine Eigenschaft entweder schreib- oder lesegeschützt sein muss. Die Realisierung ist denkbar einfach: Sie erstellen eine schreibgeschützte Eigenschaft ohne set-Block. Eine so definierte Eigenschaft kann nur über get ausgewertet werden.

```
// Schreibgeschützte Eigenschaft
private int _Value;
public int Value {
  get { return _Value; }
}
```
Listing 3.12 Schreibgeschützte Eigenschaft

Ein Benutzer der Klasse kann einer schreibgeschützten Eigenschaft mit einer üblichen Zuweisung keinen Wert übergeben, daher muss es einen anderen Weg geben. Dieser führt in der Regel über den Aufruf einer anderen Methode der Klasse. Häufig werden die Werte gekapselter Felder von schreibgeschützten Eigenschaften bei der Initialisierung des Objekts im Konstruktor festgelegt. Soll eine Objekteigenschaft zur Laufzeit einer Anwendung lesegeschützt sein, darf die Implementierung der Eigenschaft nur den set-Block enthalten.

```
// Lesegeschützte Eigenschaft
private int _Value;
public int Value {
  set { _Value = value; }
}
```
Listing 3.13 Lesegeschützte Eigenschaft

Der Wert einer lesegeschützten Eigenschaft kann selbstverständlich durch eine andere Methode der Klasse zurückgegeben werden, die das gekapselte Feld auswertet.

3.4.5 Sichtbarkeit der Accessoren »get« und »set«

Wird keine andere Angabe gemacht, entspricht die Sichtbarkeit der beiden Accessoren get und set per Vorgabe der Sichtbarkeit der Eigenschaftsmethode. Ist die Eigenschaftsmethode public definiert, sind get und set automatisch ebenfalls public. Jeder Accessor darf auch eine individuelle Sichtbarkeit aufweisen. Damit lässt sich der jeweilige Zugriff im Bedarfsfall feiner steuern.

```
public int Value {
  internal get {
    return _Value;
  }
  set {
    _Value = value;
  }
}
```
Listing 3.14 Zugriffsmodifizierer einer Eigenschaft

In diesem Listing ist die Eigenschaft Value öffentlich definiert. Der set-Accessor hat keinen abweichenden Zugriffsmodifizierer und ist somit wie die Eigenschaft public. Im Gegensatz dazu schränkt der Zugriffsmodifizierer internal das Auswerten der Eigenschaft auf Code ein, der sich innerhalb der Anwendung befindet, in der auch das internal-Element codiert ist.

Beabsichtigen Sie, dem get- oder set-Zweig einen Zugriffsmodifizierer anzugeben, gelten die folgenden Regeln:

- In der Eigenschaftsmethode müssen beide Accessoren definiert sein.
- Nur bei einem der beiden Accessoren darf ein Zugriffsmodifizierer angegeben werden, der vom Zugriffsmodifizierer der Eigenschaftsmethode abweicht.
- Der Zugriffsmodifizierer des Accessors muss einschränkender sein als der der Eigenschaftsmethode.

In der Praxis sind individuelle Zugriffsmodifizierer bei den Accessoren allerdings selten anzutreffen.

3.4.6 Unterstützung von Visual Studio 2012

Es ist etwas mühevoll, die Struktur einer Eigenschaftsmethode zu schreiben. Sie können diese Aufgabe Visual Studio 2012 übetragen, indem Sie zuerst ein öffentliches Feld deklarieren, das bereits den Bezeichner aufweist, den das spätere gekapselte Feld haben soll, beispielsweise:

```
public int _Radius;
```

Gehen Sie anschließend mit dem Eingabecursor in den Feldbezeichner oder markieren Sie den Bezeichner komplett. Öffnen Sie nun das Kontextmenü mit der rechten Maustaste, und wählen Sie Umgestalten und dann Feld kapseln (siehe Abbildung 3.3).

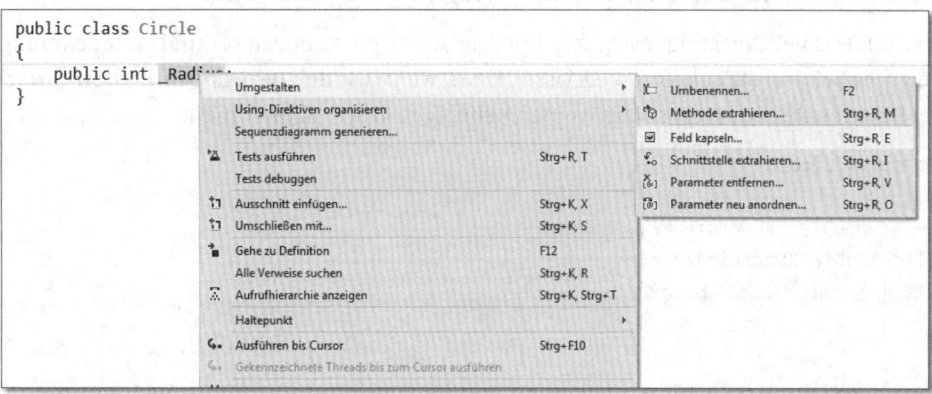

Abbildung 3.3 Feld kapseln mit Visual Studio

Nach Bestätigung wird Visual Studio die Eigenschaftsmethode mit dem set- und get-Zweig automatisch generieren. Dabei wird, in diesem Beispiel, die Eigenschaftsmethode den Bezeichner *Radius* haben. Gleichzeitig wird auch die Grundfunktionalität (Wertübergabe und Wertrückgabe) erzeugt.

> **Hinweis**
> Visual Studio unterstützt die Entwickler bei der automatischen Generierung von Programmcode noch mit einem anderen Feature: den Code-Snippets. Ich werde später in diesem Buch noch genauer auf diese Möglichkeit eingehen. Weil aber das Erstellen einer Eigenschaft mit privatem Feld und den beiden veröffentlichenden Accessoren get und set relativ mühevoll ist, hier noch ein Tipp, wie Sie das entsprechende Code-Snippet nutzen können. Geben Sie im Code-Editor einfach propfull ein, und drücken Sie dann die ⇆-Taste. Es wird anschließend im Code-Editor das folgende Grundgerüst einer Eigenschaft erzeugt:
>
> ```
> private int myVar;
> public int MyProperty
> {
>   get { return myVar; }
>   set { myVar = value; }
> }
> ```
>
> Sie müssen jetzt nur noch den passenden Datentyp und natürlich den passenden Bezeichner für die Eigenschaft eintragen.

3.4.7 Automatisch implementierte Eigenschaften

Daten sollten grundsätzlich immer gekapselt werden. Betrachten Sie diese Aussage nicht als Option, sondern als eine feste Regel. Mit anderen Worten bedeutet das, dass Sie zur Beschreibung einer Objekteigenschaft immer ein als private deklariertes Feld anlegen und den Zugriff mit den beiden Accessoren get und set einer Eigenschaft steuern.

Nicht selten werden Objekteigenschaften benötigt, ohne dass Code in set und get notwendig ist. Ein gutes Beispiel dafür liefert die Klasse Circle, wenn wir den Bezugskoordinaten gestatten, im Rahmen des Datentyps double einen beliebigen Wert anzunehmen:

```
public class Circle {
  [...]
  private double _XCoordinate;
  public double XCoordinate {
    get { return _XCoordinate; }
    set { _XCoordinate = value; }
  }
  private double _YCoordinate;
  public double YCoordinate {
    get { return _YCoordinate; }
    set { _YCoordinate = value; }
  }
}
```

Listing 3.15 Aktueller Stand der Klasse »Circle«

In solchen Fällen lässt sich der Programmcode reduzieren, wenn Sie das Feature der **automatisch implementierten Eigenschaften** benutzen. Mit dieser Spracherweiterung ist es möglich, die Eigenschaften stattdessen wie folgt zu implementieren:

```
public class Circle {
  public double XCoordinate {get; set;}
  public double YCoordinate {get; set;}
  [...]
}
```

Listing 3.16 Automatisch implementierte Eigenschaften

Hier wird das private Feld implizit bereitgestellt, und get bzw. set erlauben keinen Programmcode. Sie dürfen einen der beiden Zweige mit einem einschränkenden Zugriffsmodifizierer ausstatten, beispielsweise wenn Sie eine schreibgeschützte Eigenschaft bereitstellen wollen. Das Weglassen eines der beiden Accessoren ist nicht erlaubt.

3.5 Methoden eines Objekts

In der Objektorientierung werden Klassendefinitionen dazu benutzt, einen logischen Zusammenhang zwischen Daten und Verhaltensweisen zu beschreiben. Wie Daten innerhalb einer Klasse zu behandeln sind, hat der letzte Abschnitt gezeigt. Nun wenden wir uns den Verhaltensweisen zu, die nichts anderes sind als Prozeduren bzw. Funktionen, die in der Objektorientierung als **Methoden** bezeichnet werden.

Dabei gilt es, Methoden in zwei Gruppen zu unterteilen:

- Methoden mit Rückgabewert
- Methoden ohne Rückgabewert

3.5.1 Methoden mit Rückgabewert

Sehen wir uns zunächst die allgemeine Syntax einer Methode mit Rückgabewert an:

> **Syntax einer Methode mit Rückgabewert**
> ```
> [Modifizierer] Typ Bezeichner([Parameterliste])
> {
>   [...]
>   return Wert
> }
> ```

Einer Methode können Argumente übergeben werden, die von den Parametern in Empfang genommen werden. Parameter dienen dazu, die Anweisungen in der Methode mit Werten zu »füttern«, um auf diese Weise Einfluss auf das Verhalten auszuüben und den Ablauf zu steuern. Da die Parameterliste optional ist, gibt es auch Methoden, die parameterlos sind.

Die optionalen Modifizierer lassen sich in zwei Gruppen aufteilen:

- Modifizierer, die die Sichtbarkeit und damit den Zugriff auf eine Methode beschreiben (Zugriffsmodifizierer).
- Modifizierer, die eine weitergehende Beeinflussung der Verhaltensweise einer Methode bewirken, beispielsweise in der Vererbung (siehe Kapitel 4).

Zugriffsmodifizierer beschreiben die Sichtbarkeit. Wie Sie wissen, kann eine Klasse nur `public` oder `internal` sein. In ähnlicher Weise wird auch die Sichtbarkeit und damit der Zugriff auf Methoden gesteuert (zu denen natürlich auch die Eigenschaften zu zählen sind). Neben den beiden bereits bekannten Zugriffsmodifizierern `public` und `internal` gibt es für Methoden noch weitere, die Sie der Tabelle 3.2 entnehmen können.

Zugriffsmodifizierer	Beschreibung
`public`	Der Zugriff unterliegt keinerlei Einschränkungen.
`private`	Der Zugriff auf ein als `private` definiertes Mitglied ist nur innerhalb der Klasse möglich, die den Member definiert. Alle anderen Klassen sehen private Member nicht. Deshalb ist darauf auch kein Zugriff möglich.
`protected`	Der Zugriff auf `protected` Member ähnelt dem `private` definierter Member. Die Sichtbarkeit ist in ähnlicher Weise eingeschränkt mit dem kleinen Unterschied, dass `protected` definierte Mitglieder in abgeleiteten Klassen sichtbar sind. In Kapitel 4 werden wir uns damit noch eingehend beschäftigen.
`internal`	Der Zugriff auf `internal` Member ist nur dem Programmcode gestattet, der sich in derselben Anwendung befindet.
`protected internal`	Stellt eine Kombination aus den beiden Modifizierern `protected` und `internal` dar.

Tabelle 3.2 Zugriffsmodifizierer der Klassenmitglieder

Die Angabe eines Zugriffsmodifizierers ist optional. Wird darauf verzichtet, gilt die Methode als `private` deklariert.

Methoden können als Folge ihres Aufrufs ein Ergebnis an den Aufrufer zurückliefern. Dieses ist von einem bestimmten Datentyp und muss hinter der Liste der Modifizierer angegeben werden. Sehen wir uns das Beispiel der Klasse `Circle` an. Ergänzend zu der bisherigen Implementierung werden in der Klasse jetzt zusätzlich die beiden Methoden `GetArea` und `GetCircumference` bereitgestellt:

```csharp
public class Circle {
  [...]
  // Methoden
  public double GetArea() {
    double area = Math.Pow(Radius, 2) * Math.PI;
    return area;
  }
  public double GetCircumference() {
    double circumference = 2 * Radius * Math.PI;
    return circumference;
  }
}
```

Listing 3.17 Methoden in der Klasse »Circle«

Die Bezeichner sind so gewählt, dass sie zweifelsfrei die Funktionalität der Methode verraten. Konventionsgemäß fangen öffentliche Methodenbezeichner mit einem Großbuchstaben an und setzen sich nach Möglichkeit aus mehreren Begriffen zusammen, die ihrerseits zur besseren Lesbarkeit immer mit einem Großbuchstaben beginnen. Der Rückgabewert, also das Ergebnis beider Methoden, ist vom Typ `double`. Beide Methoden sind `public` und somit uneingeschränkt sichtbar.

Da es in C# keinen Exponentialoperator gibt, wird der fehlende Operator durch die Methode `Pow` der Klasse `Math` ersetzt. Dem ersten Parameter wird dabei die zu potenzierende Zahl übergeben, dem zweiten Parameter der Exponent. Die Zahl PI wird durch die gleichnamige Konstante der Klasse `Math` beschrieben.

Hinter `return` wird das Resultat angegeben, das dem Aufrufer zurückgeliefert wird. In `GetArea` ist das der Inhalt der lokalen Variablen `area`, in `GetCircumference` der Inhalt von `circumference`. Sie können hinter `return` auch direkt eine mathematische Operation angeben, um den Code damit etwas kürzer zu formulieren:

```csharp
public double GetCircumference() {
  return 2 * Radius * Math.PI;
}
public double GetArea() {
  return Math.Pow(Radius, 2) * Math.PI;
}
```

Listing 3.18 Kürzere Formulierung der Methoden »GetArea« und »GetCircumference«

Der Typ des hinter `return` angegebenen Werts muss mit der Typangabe in der Methodensignatur übereinstimmen oder implizit in diesen konvertiert werden können. Andernfalls ist im `return`-Statement eine explizite Konvertierung erforderlich. Sobald `return` erreicht wird, kehrt die Programmausführung zum aufrufenden Code zurück. Alle Anweisungen, die möglicherweise einem `return` folgen, werden nicht mehr ausgeführt.

Eine Methode mit Rückgabewert ist der einfachste Weg, um dem Methodenaufrufer Daten zu übermitteln. Der Methodenaufruf wird dabei wie eine Variable bewertet, da die Methode einen bestimmten Wert repräsentiert. Deshalb ist es möglich, einen Methodenaufruf in einem Ausdruck als Operand zu benutzen, wie das folgende Listing zeigt:

```
Circle kreis = new Circle();
kreis.Radius = 12;
int height = 30;
double volume = kreis.GetArea() * height
```

Listing 3.19 Aufruf von Methoden

Hier wird die Methode `GetArea` der `Circle`-Klasse dazu benutzt, das Volumen eines Zylinders zu berechnen.

Der Aufruf einer Methode

Von der Richtigkeit der beiden Methoden in der Klasse `Circle` wollen wir uns jetzt überzeugen. Um die Methode `GetArea` der Klasse `Circle` aufzurufen, muss `Circle` zuerst instanziiert werden. Anschließend legen wir den Radius des Objekts fest. `GetArea` wird auf der Referenz des Objekts mittels Punktnotation aufgerufen und liefert einen Rückgabewert, der in der Variablen `area` entgegengenommen und an der Konsole ausgegeben wird.

Obwohl `GetArea` und `GetCircumference` einen Wert liefern, muss dieser nicht unbedingt in einer Variablen zwischengespeichert werden. Es reicht vollkommen aus, das Ergebnis direkt dem Methodenaufruf zu entnehmen. Das wird anhand der Methode `GetCircumference` gezeigt.

```
class Program {
  static void Main(string[] args) {
    Circle kreis = new Circle();
    kreis.Radius = 12;
    // Kreisfläche abrufen
    double area = kreis.GetArea();
    Console.WriteLine("Fläche = {0}", area);
    // Kreisumfang abrufen
    Console.WriteLine("Umfang = {0}", kreis.GetCircumference());
    Console.ReadLine();
  }
}
```

Listing 3.20 Testen der Methoden in »Circle«

Andererseits muss der Rückgabewert einer Methode nicht zwangsläufig entgegengenommen werden, man kann ihn auch ignorieren:

```
Circle kreis = new Circle();
kreis.Radius = 12;
kreis.GetArea();
```

Das Ergebnis des Methodenaufrufs landet im Nirwana, weil es weder zwischengespeichert noch ausgegeben wird. Vielleicht werden Sie nun sagen, dass der Methodenaufruf dann keinen Sinn mehr ergibt. Aber so einfach lässt sich das nicht verallgemeinern. In unserem Beispiel ist der Aufruf von GetArea zweifelsfrei sinnlos, aber es gibt viele Methoden, deren Rückgabewert man durchaus ignorieren kann bzw. darf. Bei solchen Methoden kommt es nur auf die Operation der Methode an sich an, während der Rückgabewert nur unter bestimmten Umständen von Interesse ist.

3.5.2 Methoden ohne Rückgabewert

Wie bereits weiter oben erwähnt gibt es auch Methoden, die per Definition keinen Rückgabewert liefern.

Syntax einer Methode ohne Rückgabewert

```
[Modifizierer] void Bezeichner([Parameterliste])
{
   [...]
}
```

Bei diesen Methoden wird anstelle des Rückgabedatentyps das Schlüsselwort void angegeben. Main, der Einstiegspunkt der Laufzeit in eine Anwendung, ist ein typisches Beispiel dafür. Dem Methodennamen folgt in runden Klammern eine optionale Parameterliste, um gegebenenfalls dem Methodenaufruf Daten zu übergeben, die die Methode zur Ausführung benötigt.

Die return-Anweisung ist nicht nur auf Methoden mit Rückgabewert beschränkt. Auch void-Methoden können, falls erforderlich, damit vorzeitig verlassen werden.

3.5.3 Methoden mit Parameterliste

Viele Methoden, unabhängig davon, ob sie einen Rückgabewert haben oder nicht, benötigen Dateninformationen, die den Ablauf oder die Steuerung der Operation beeinflussen. Diese Daten werden der Methode beim Aufruf als Argumente übergeben. Die Methode nimmt die Argumente in ihrer Parameterliste in Empfang.

Nehmen wir an, dass wir in der Klasse Circle eine Methode definieren möchten, die den Bezugspunkt des Circle-Objekts in X- und Y-Richtung relativ verschiebt. Die Methode soll Move heißen. In diesem Fall müssen beim Aufruf der Methode die Werte, die die Verschiebung beschreiben, als Argumente übergeben werden:

```csharp
public void Move(double dx, double dy) {
   XCoordinate += dx;
   YCoordinate += dy;
}
```

Listing 3.21 Definition der Methode »Move«

Die Definition eines Parameters erinnert an die Deklaration einer Variablen: Zuerst wird der Typ angegeben, danach folgt der Bezeichner. Beschreibt eine Methode mehrere Parameter, werden diese durch ein Komma getrennt.

Nun wollen wir die parametrisierte Methode testen. Dazu schreiben wir den folgenden Code:

```
static void Main(string[] args){
  Circle kreis = new Circle();
  kreis.XCoordinate = -100;
  kreis.YCoordinate = 90;
  kreis.Move(120, -200);
}
```

Listing 3.22 Aufruf der Methode »Move«

Bei Methoden, die mehr als einen Parameter erwarten, müssen Sie immer die Reihenfolge der übergebenen Argumente beachten: Das erste Argument wird dem ersten Parameter zugewiesen, das zweite Argument dem zweiten Parameter usw.

Eine weitere Methode in der Klasse »Circle«

Lassen Sie uns an dieser Stelle der Klasse Circle noch eine weitere Methode hinzufügen. Die Methode soll Bigger heißen und zwei Circle-Objekte miteinander vergleichen. Der Aufruf soll wie folgt aussehen:

```
static void Main(string[] args) {
  Circle kreis1 = new Circle();
  kreis1.Radius = 12;
  Circle kreis2 = new Circle();
  kreis2.Radius = 23;
  if (kreis1.Bigger(kreis2) == -1)
    Console.WriteLine("Objekt 'kreis1' ist kleiner als Objekt 'kreis2'");
  Console.ReadLine();
}
```

Listing 3.23 Aufruf der Methode »Bigger«

Der Rückgabewert der Methode sei »1«, wenn das Objekt, auf dem die Methode aufgerufen wird, größer ist als das Objekt, das dem Parameter übergeben wird. Sind beide Objekte gleich groß, sei der Rückgabewert »0«, ansonsten »–1«.

Die Methode Bigger zu codieren, ist nicht weiter schwierig. Wir übergeben das Circle-Objekt, mit dem das aktuelle Objekt (im Listing 3.23 also kreis1) verglichen werden soll, an einen Parameter vom Typ Circle und können in der Methode den Radius des übergebenen Objekts zur Auswertung heranziehen. Der erste Entwurf würde dann wie folgt aussehen:

```
public int Bigger(Circle kreis) {
  if (Radius > kreis.Radius) return 1;
```

```
    if (Radius < kreis.Radius) return -1;
    return 0;
}
```

Allerdings müssen wir berücksichtigen, dass an den Parameter der Methode auch ein Objekt übergeben werden könnte, das mit `null` initialisiert ist. Auf diese Übergabe hin würde der Aufruf der Eigenschaft `Radius` zu einer Ausnahme führen. Allerdings können wir auch feststellen, dass dann das Objekt, auf dem die Methode `Bigger` aufgerufen wird, größer ist als `null`. Diese Überlegung führt uns zu der endgültigen Fassung unserer Methode.

```
public int Bigger(Circle kreis) {
    if (kreis == null || Radius > kreis.Radius) return 1;
    if (Radius < kreis.Radius) return -1;
    else return 0;
}
```

Listing 3.24 Die Methode »Bigger«

Beachten Sie, dass die Überprüfung auf `null` zuerst ausgeführt wird!

> **Hinweis**
> Das .NET Framework stellt uns Methoden bereit, die sehr ähnlich der hier vorgestellten Methode `Bigger` operieren. Tatsächlich werden wir in Kapitel 4 diese Methode auf eine ganz andere Komponente zurückführen und deshalb auch umbenennen müssen.

3.5.4 Methodenüberladung

Im Verlauf der weiteren Entwicklung der Klasse `Circle` könnte sich herausstellen, dass noch eine weitere Methode erforderlich ist, die nicht nur den Bezugspunkt des Objekts relativ verschieben soll (gewissermaßen eine Verschiebung im Zweidimensionalen), sondern darüber hinaus auch noch den `Radius` ändern soll, also eine dreidimensionale Verschiebung. Sie könnten jetzt eine neue Methode bereitstellen und dieser einen in der Klasse `Circle` eindeutigen Namen geben. Sie dürfen die neue Methode auch `Move` nennen, obwohl bekanntlich bereits eine Methode mit diesem Bezeichner in der Klasse existiert. Die Technik, mehrere gleichnamige Methoden in einer Klasse zu definieren, wird **Methodenüberladung** genannt. Mit anderen Worten bedeutet dies, dass Sie die beiden Methoden

```
public void Move(double dx, double dy, int dRadius) {
    XCoordinate += dx;
    YCoordinate += dy;
    Radius += dRadius;
}
```

und

```
public void Move(double dx, double dy) {
  XCoordinate += dx;
  YCoordinate += dy;
}
```

in der Klasse `Circle` bereitstellen dürfen, ohne dass dadurch ein Kompilierfehler verursacht wird.

Eine Verbesserung des Codes wollen wir auch noch vornehmen. Da die Werte für die Eigenschaften `XCoordinate` und `YCoordinate` in beiden Methoden gleich berechnet werden, bietet es sich an, in der 3-fach parametrisierten Variante die 2-fach parametrisierte `Move`-Methode aufzurufen, also:

```
public void Move(double dx, double dy, int dRadius) {
  Move(dx, dy);
  Radius += dRadius;
}
```

Listing 3.25 Überladung der Methode »Move«

Die Methodenüberladung wird üblicherweise eingesetzt, wenn die gleiche oder eine ähnliche Basisfunktionalität unter Übergabe unterschiedlicher Argumente bereitgestellt werden soll.

Von einer gültigen Methodenüberladung wird genau dann gesprochen, wenn

- sich gleichnamige Methoden in der Anzahl der Parameter unterscheiden,
- bei gleicher Parameteranzahl zumindest ein Parameter einen anderen Typ beschreibt.

Gemäß den Regeln der Methodenüberladung gelten die folgenden Methodendefinitionen einer fiktiv angenommenen Klasse als überladen:

```
public void DoSomething() {}
public void DoSomething(byte x) {}
public void DoSomething(long x) {}
public void DoSomething(long x, long y) {}
```

Eine Methode gilt als nicht gültig überladen, wenn

- sich die Parameter nur im Bezeichner unterscheiden,
- die Rückgabewerte der Methoden verschiedene Datentypen haben.

Der Compiler trifft anhand der Übergabeargumente beim Methodenaufruf die Entscheidung, welche Überladung aufzurufen ist. Das kann unter Umständen zu Irritationen führen, wenn in einer Klasse zwei Methoden wie folgt deklariert sind:

```
public void DoSomething(int x){ [...] }
public void DoSomething(long x){ [...] }
```

Wird im aufrufenden Code ein Literal (also eine Zahl) übergeben, also beispielsweise

`obj.DoSomething(78);`

wird dieses standardmäßig als `int` interpretiert. Das bedeutet, dass die Überladung mit dem `long`-Parameter nie ausgeführt wird (es sei denn, das Übergabeargument wird explizit konvertiert).

Wird an die Methode eine Variable vom Typ `byte` übergeben, wird der Compiler die Methode mit dem bestmöglichen Parametertyp suchen: In diesem Fall würde das die Methode mit dem `int`-Parameter sein.

Zugriff auf Eigenschaften des aktuellen Objekts

Wir sollten noch einen Blick auf die Methodenimplementierung von `Move` werfen:

```
public void Move(double dx, double dy) {
  XCoordinate += dx;
  YCoordinate += dy;
}
```

Dabei ist zu bemerken, dass die Verschiebung über den Aufruf des `set`-Accessors der entsprechenden Eigenschaftsmethoden führt. Natürlich hätten wir auch mit

```
public void Move(double dx, double dy) {
  _XCoordinate += dx;
  _YCoordinate += dy;
}
```

den privaten Feldern die neuen Werte direkt mitteilen können. Das wäre allerdings sehr kurzsichtig und könnte zu einem späteren Zeitpunkt zu einer fehlerhaften Klasse führen. Momentan werden zwar alle X- und Y-Koordinatenwerte ohne Einschränkung akzeptiert, aber das muss nicht zwangsläufig immer so bleiben. Vielleicht wird zu einem späteren Zeitpunkt gefordert, dass der Bezugspunkt des Objekts nicht im dritten oder vierten Quadranten des kartesischen Koordinatensystems liegen darf. In diesem Fall müssten die Eigenschaftsmethoden überarbeitet werden, um der neuen Anforderung zu genügen. Trägt die Methode `Move` die neuen Koordinatenwerte jedoch direkt in die privaten Felder ein, wären die neuen Werte unter Umständen falsch und das `Circle`-Objekt hätte einen unzulässigen Bezugspunkt. Rufen Sie in `Move` jedoch den `set`-Zweig der Eigenschaftsmethode auf, kann Ihnen ein solches Malheur nicht passieren, denn bevor den Feldern die neuen Werte übergeben werden, durchlaufen sie den prüfenden Code des `set`-Zweigs in `XCoordinate` und `YCoordinate`.

Gleiches gilt natürlich auch für das Abrufen eines Eigenschaftswertes. Meistens enthalten die `get`-Accessoren nur eine `return`-Anweisung und liefern den Wert ohne weitere Überprüfung an den Aufrufer. Aber sind Sie sich wirklich sicher, ob in naher oder ferner Zukunft nicht auch noch eine Überprüfung des Benutzers notwendig wird, weil nicht jedem Anwender die Auswertung der entsprechenden Eigenschaft gestattet werden kann?

Sie sollten daher immer den folgenden Tipp beherzigen:

> **Tipp**
> Sie sollten prinzipiell nie direkt in private Felder schreiben oder diese direkt auswerten. Benutzen Sie dazu immer, soweit vorhanden, die `get`- und `set`-Accessoren der Eigenschaftsmethoden. Damit garantieren Sie eine robuste Klassendefinition, die auch nach einer Änderung fehlerfrei arbeitet.

3.5.5 Variablen innerhalb einer Methode (lokale Variablen)

Variablen, die im Anweisungsblock einer Methode deklariert sind, gelten als **lokale Variablen**. Im nächsten Codefragment ist *value* eine lokale Variable.

```csharp
public void DoSomething() {
  long value = 34;
  [...]
}
```

Lokale Variablen sind nur in der Methode sichtbar, in der sie deklariert sind. Programmcode, der sich außerhalb der Methode befindet, kann lokale Variablen weder sehen noch manipulieren oder gar auswerten. Das gilt auch für Aufrufverkettungen, wenn beispielsweise aus einer Methode heraus eine andere aufgerufen wird.

Die Lebensdauer einer lokalen Variablen ist auf die Dauer der Methodenausführung begrenzt. Wird die Methode beendet, geht die lokale Variable samt ihrem Inhalt verloren. Ein wiederholter Methodenaufruf hat zur Folge, dass die lokale Variable neu erzeugt wird.

In C# wird eine lokale Variable nicht automatisch mit einem typspezifischen Standardwert initialisiert. Sie sollten daher alle lokalen Variablen möglichst sofort initialisieren und ihnen unter Berücksichtigung des Datentyps einen gültigen Startwert zuweisen. Der Zugriff auf eine nicht initialisierte Variable verursacht eine Fehlermeldung.

```csharp
public void DoSomething() {
  int value;
  // die folgende Anweisung verursacht einen Compilerfehler,
  // weil value nicht initialisiert ist
  Console.WriteLine(value);
}
```

Der Begriff *lokale Variable* lässt sich noch weiter ausdehnen, da nicht jede Variable, die innerhalb einer Methode deklariert ist, auch eine Sichtbarkeit aufweist, die sich über den gesamten Anweisungsblock der Methode erstreckt. Sehen Sie sich dazu das folgende Listing an.

```csharp
class Demo {
  public void DoSomething() {
```

```
    int intVar = 0;
    if(intVar > 0)
    {
      int intX = 1;
      for(int i = 0; i <=100; i++)
      {
        double dblVar = 3.14;
      }
    }
  }
}
```

Listing 3.26 Sichtbarkeit lokaler Variablen

In der Methode DoSomething sind einige Anweisungsblöcke ineinander verschachtelt. Anweisungsblöcke dienen nicht nur dazu, Anweisungssequenzen zusammenzufassen, sondern beschreiben darüber hinaus auch die Sichtbarkeit lokaler Variablen. Dabei wird die Sichtbarkeit von dem am nächsten stehenden, äußeren geschweiften Klammerpaar begrenzt. Deshalb beschränkt sich die Sichtbarkeit von dblVar auf den Anweisungsblock der for-Schleife und die Sichtbarkeit von intX auf den Anweisungsblock des if-Statements, kann aber auch innerhalb der for-Schleife verwendet werden. Die lokale Variable intVar ist in der gesamten Methode DoSomething bekannt.

3.5.6 Referenz- und Wertparameter

Parameter ohne zusätzlichen Modifizierer

Sehen Sie sich das folgende Beispiel an:

```
// Beispiel: ..\Kapitel 3\Wertuebergabe
class Program {
  static void Main(string[] args) {
    int value = 3;
    DoSomething(value);
    Console.WriteLine("value = {0}", value);
    Console.ReadLine();
  }
  static void DoSomething(int param) {
    param = 550;
  }
}
```

Listing 3.27 Parameterübergabe (Call by Value)

In Main wird die lokale Variable *value* deklariert und danach der Methode DoSomething als Argument übergeben. Die Methode DoSomething nimmt das Argument im Parameter *param* entgegen und ändert danach den Inhalt von *param* in 550. Nachdem der Methodenaufruf beendet ist, wird der Inhalt der lokalen Variablen *value* in die Konsole geschrieben. Wenn Sie das Programm starten, lautet die Ausgabe an der Konsole:

value = 3

Der Inhalt der lokalen Variablen *value* hat sich nach dem Aufruf der Methode `DoSomething` nicht verändert.

Um zu verstehen, was sich bei diesem Methodenaufruf abspielt, müssen wir einen Blick in den Teilbereich des Speichers werfen, in dem die Daten vorgehalten werden. Zunächst wird für die Variable *value* Speicher allokiert. Nehmen wir an, es sei die Speicheradresse 1000. In diese Speicherzelle (genau genommen sind es natürlich vier Byte, die ein Integer für sich beansprucht) wird die Zahl 3 geschrieben.

Ein Parameter unterscheidet sich nicht von einer lokalen Variablen. Genau das ist der entscheidende Punkt, denn folgerichtig ist ein Parameter ebenfalls ein Synonym für eine bestimmte Adresse im Speicher. Mit der Übergabe des Arguments *value* beim Methodenaufruf wird von `DoSomething` zunächst Speicher für den Parameter *param* allokiert – wir gehen von der Adresse 2000 aus. Danach wird der Inhalt des Arguments *value* – also der Wert 3 – in die Speicherzelle 2000 kopiert.

Ändert `DoSomething` den Inhalt von *param*, wird die Änderung in die Adresse 2000 geschrieben. Damit weisen die beiden in unserem Beispiel angenommenen Speicheradressen die folgenden Inhalte auf:

Adresse 1000 = 3

Adresse 2000 = 550

Nachdem der Programmablauf zu der aufrufenden Methode zurückgekehrt ist, wird der Inhalt der Variablen *value*, also der Inhalt der Speicheradresse 1000 an der Konsole ausgegeben: Es ist die Zahl 3. Diese Technik der Argumentübergabe wird als **Wertübergabe** (engl.: *Call by Value*) bezeichnet.

Parameter mit dem Modifizierer »ref«

Nehmen wir nun zwei kleine Änderungen am Listing 3.27 vor. Zuerst wird der Methodenaufruf in `Main` wie folgt codiert:

```
DoSomething(ref value);
```

Im zweiten Schritt ergänzen wir in ähnlicher Weise auch die Parameterliste von `DoSomething`:

`public void DoSomething(ref int param) {...}`

Wenn Sie jetzt das Beispiel erneut starten, wird das zu folgender Ausgabe führen:

`value = 550`

Die Ergänzung sowohl des Methodenaufrufs als auch der Parameterliste um das Schlüsselwort ref hat also bedeutende Konsequenzen für die lokale Variable *value* – sie hat nach dem Methodenaufruf genau den Inhalt angenommen, der dem Parameter *param* zugewiesen worden ist. Wie ist das zu erklären?

Beim Aufruf von DoSomething wird nicht mehr der Inhalt der Variablen *value* übergeben, sondern deren Speicheradresse, also 1000. Der empfangende Parameter *param* muss selbstverständlich wissen, was ihn erwartet (nämlich eine Speicheradresse), und wird daher ebenfalls mit ref definiert. Für *param* muss die Methode natürlich auch weiterhin Speicher allokieren – gehen wir auch in diesem Fall noch einmal von der Adresse 2000 aus. Alle Aufrufe an *param* werden nun jedoch an die Adresse *1000* umgeleitet. Die Methode DoSomething weist dem Parameter *param* die Zahl 550 zu, die in die Adresse 1000 geschrieben wird. Damit gilt:

Adresse param = Adresse value = 550

Nachdem der Programmablauf an die aufrufende Methode zurückgegeben worden ist, wird an der Konsole der Inhalt der Variablen *value* – also der Inhalt, der unter der Adresse 1000 zu finden ist – angezeigt: Es handelt sich um die Zahl 550. Diese Technik der Parameterübergabe wird als **Referenzübergabe** (engl.: *Call by Reference*) bezeichnet.

Folgende Regeln sind im Zusammenhang mit der Referenzübergabe zu berücksichtigen:

- In der Parameterliste der Methode muss der Parameter mit dem Schlüsselwort ref gekennzeichnet werden.
- Im Methodenaufruf muss dem zu übergebenden Argument das Schlüsselwort ref vorangestellt werden.
- Das zu übergebende Argument muss initialisiert sein, d.h., es muss einen gültigen Wert aufweisen.
- Das Übergabeargument darf keine Konstante sein. Lautet die Signatur einer Methode beispielsweise

    ```
    public void DoSomething(ref int x)
    ```

    ist der folgende Methodenaufruf falsch:

    ```
    @object.DoSomething(ref 16);
    ```

- Das Übergabeargument darf nicht direkt aus einem berechneten Ausdruck in Form eines Methodenaufrufs bezogen werden, z.B.:

    ```
    @object.DoSomething(ref a, ref obj.ProcB());
    ```

Parameter mit dem Modifizierer »out«

Zusätzlich zu diesen beiden Übergabetechniken kann ein Methodenparameter auch mit out spezifiziert werden, der in derselben Weise wie ref verwendet wird: Er muss sowohl als Modifizierer des Übergabearguments wie auch als Modifizierer des empfangenen Parameters in der Methodendefinition angegeben werden. Obwohl der Effekt, der mit out erzielt werden kann, derselbe wie bei ref ist, gibt es zwischen den beiden zwei Unterschiede:

- Während die Übergabe einer nicht initialisierten Variablen mit ref zu einem Kompilierfehler führt, ist dies bei out zulässig.
- Innerhalb der Methode muss einem out-Parameter ein Wert zugewiesen werden, während das bei einem ref-Parameter nicht zwingend notwendig ist.

In der folgenden Methodendefinition von DoSomething ist *param* als out-Parameter definiert:

```
public void DoSomething(out int param) {
  param = 550;
}
```

Die Methode kann wie folgt aufgerufen werden:

```
int value;
DoSomething(out value);
Console.WriteLine(value);
```

Beachten Sie, dass *value* nicht initialisiert ist. Die abschließende Konsolenausgabe lautet 550. Einem out-Parameter können Sie natürlich auch eine initialisierte Variable übergeben:

```
int value = 3;
DoSomething(out value);
```

Allerdings müssen Sie einen wichtigen Punkt bedenken: In der aufgerufenen Methode wird dem out-Parameter in jedem Fall ein neuer Wert zugewiesen. In der aufrufenden Methode hat das ziemlich brutale Konsequenzen: Die Variable, die als Argument übergeben wird, hat nach dem Methodenaufruf garantiert einen anderen Inhalt.

Die Definition eines out- oder ref-Parameters birgt gewisse Risiken, derer man sich bewusst sein sollte: Ein ref-Parameter kann den Originalwert manipulieren – was möglicherweise im laufenden Programm zu falschen Ergebnissen führt, wenn dies unkontrolliert geschieht; ein out-Parameter wird das in jedem Fall tun.

Übergabe von Objekten

Wie Sie wissen, ordnet .NET alle Datentypen zwei Gruppen zu: entweder den Werte- oder den Referenztypen. Zu den Wertetypen gehören beispielsweise bool, byte, int, double usw., zu den Referenztypen alle Typen, die auf einer Klassendefinition basieren.

Bei der Übergabe eines Objekts an einen Parameter wird deutlich, wie wichtig die Unterscheidung zwischen Referenz- und Wertetypen ist. Ein Beispiel soll das zeigen.

```
// Beispiel: ..\Kapitel 3\ UebergabeEinerReferenz
class Program {
  static void Main(string[] args) {
    Demo1 object1 = new Demo1();
```

```
    Demo2 object2 = new Demo2();
    object2.ChangeValue(object1);
    Console.WriteLine(object1.Value);
    Console.ReadLine();
  }
}
class Demo1 {
  public int Value = 500;
}
class Demo2 {
  public void ChangeValue(Demo1 @object) {
    @object.Value = 4711;
  }
}
```

Listing 3.28 Übergabe einer Referenz an eine Methode

Hier sind die beiden Klassen Demo1 und Demo2 definiert. Demo2 hat eine Methode, der im Parameter @object ein Objekt vom Typ Demo1 übergeben wird. In der Methode wird das Feld Value des Demo1-Objekts manipuliert. In Main wird je ein Objekt der beiden Klassen erzeugt. Dem Aufruf der Methode ChangeValue des Demo2-Objekts wird das Objekt vom Typ Demo1 übergeben. Nach dem Methodenaufruf wird an der Konsole der Inhalt des Feldes Value des Demo1-Objekts angezeigt – es ist der Wert 4711.

Die Zuweisung eines Objekts an einen Parameter bedeutet, dass die Referenz auf das Objekt als Argument übergeben wird, nicht irgendein Wert. Eine Referenz beschreibt aber die Adresse des Objekts, wodurch Änderungen an den Werten des Objekts im ursprünglichen Objekt gespeichert werden. Die Übergabe eines Referenztyps entspricht demnach immer der Übergabe »*by reference*«. Wollen Sie diesen Effekt vermeiden, müssen Sie zuerst eine Kopie des Objekts erzeugen und dieses an den Parameter übergeben.

Nun nehmen wir eine Ergänzung in der Methode der Klasse Demo2 vor:

```
class Demo2 {
  public void ChangeValue(Demo1 @object) {
    @object = new Demo1();
    @object.Value = 4711;
  }
}
```

Listing 3.29 Änderung der Klasse »Demo2« aus dem Listing 3.28

@object wird beim Aufruf von ChangeValue der Verweis auf das Originalobjekt übergeben. In der Methode wird der Verweis jedoch »umgebogen«, indem ihm ein neues Demo1-Objekt zugewiesen wird. In diesem Moment liegen zwei Objekte vom Typ Demo1 vor. Der Aufrufer merkt von diesem Vorgang nichts. Er behält weiterhin die Referenz auf das Original, das sich nach Beendigung der Methode auch eindeutig durch das unveränderte Feld (500) zu erkennen gibt.

Eine Änderung des Parameters @object in der Weise, ihm das Schlüsselwort ref voranzustellen, hat allerdings Konsequenzen für den Aufrufer. Denn nun wird das Originalobjekt zerstört und durch das neue ersetzt. Das lässt sich sehr einfach nachweisen, weil an der Konsole der Inhalt von *Value* als 4711 ausgegeben wird.

Zusammenfassend lässt sich feststellen, dass sich eine Wert- oder Referenzübergabe bei Referenztypen nur dann auswirkt, wenn in der aufgerufenen Methode der Parameter durch Zuweisung einer neuen Referenz überschrieben wird. Es gelten dabei dieselben Gesetze wie bei den Wertetypen.

Methodenüberladung und Parametermodifizierer

Weiter oben haben Sie gelernt, was unter der Methodenüberladung verstanden wird. An dieser Stelle ist noch eine kleine Ergänzung notwendig. Eine gültige Methodenüberladung ist nämlich auch dann gegeben, wenn der Parameter in der ersten Methode als Wertparameter definiert ist und in der überladenen Methode als Referenzparameter mit out bzw. ref. Damit ist die folgende Überladung richtig:

```
public void DoSomething(int x) { }
public void DoSomething(ref int x) { }
```

Eine unzulässige Methodenüberladung liegt dann vor, wenn sich die beiden typgleichen Parameter nur dadurch unterscheiden, dass der erste mit ref und der andere mit out definiert ist, beispielsweise:

```
// Unzulässige Methodenüberladung
public void DoSomething(out int x) { }
public void DoSomething(ref int x) { }
```

3.5.7 Besondere Aspekte einer Parameterliste

Den Typ des Arguments beachten

Nehmen Sie an, Sie hätten die Methode DoSomething in der Klasse Demo wie folgt definiert:

```
class Demo {
  public void DoSomething(int x, float y) {
    [...]
  }
}
```

Die Idee, diese Methode unter Übergabe von Literalen aufzurufen, liegt nahe:

```
Demo @object = new Demo();
@object.DoSomething(7, 3.12);
```

Der C#-Compiler wird diesen Code jedoch nicht kompilieren, denn die Übergabe des zweiten Arguments ist falsch. Im ersten Moment mag das unverständlich sein, bei einer genaueren Analyse wird es aber klar, da die Übergabe eines Arguments an einen Parameter nichts anderes ist als eine Zuweisungsoperation, also:

```
float y = 3.12
```

Ein Literal vom Typ einer Fließkommazahl wird von der Laufzeitumgebung grundsätzlich als double interpretiert. Jetzt kommen die Regeln der impliziten Konvertierung ins Spiel, nach denen ein double implizit nicht in einen float konvertiert werden kann. Das Literal muss daher zuerst in einen float umgewandelt werden:

```
@object.DoSomething(7, (float)3.12);
```

Eine Alternative wäre es, in der aufrufenden Methode eine Variable vom Typ float zu deklarieren, ihr den Wert 3.12 zu übergeben und dann die Variable selbst als Argument anzugeben:

```
float fltVar = 3.12F;
obj.DoSomething(7, fltVar);
```

Denken Sie daran, hier das Typsuffix **F** bzw. **f** bei der Zuweisung des Dezimalzahl-Literals an die float-Variable anzugeben.

Übergabe eines Arrays an die Parameterliste

Das nächste Beispiel ist ein wenig komplexer. Bisher haben wir jeweils nur einfache Daten als Argument übergeben, nun sollen es mehrere typgleiche sein. Dazu benutzen wir einen Parameter vom Typ eines Arrays.

```
// Beispiel: ..\Kapitel 3\Array_Uebergabe
class Program {
  static void Main(string[] args) {
    Demo @object = new Demo();
    int[] array = { 3, 6, 9, 4, 13, 22, 2, 29, 17 };
    Console.WriteLine("Maximalwert = {0}", @object.GetMaxValue(array));
    Console.ReadLine();
  }
}
class Demo {
  public int GetMaxValue(int[] arr) {
    int maxValue = arr[0];
    foreach (int element in arr)
      if (element > maxValue)
        maxValue = element;
    return maxValue;
  }
}
```

Listing 3.30 Parameter vom Typ eines Arrays

Die Methode `GetMaxValue` hat die Aufgabe, aus dem im Parameter übergebenen Array den größten Wert zu ermitteln. Dazu wird in der Methode zuerst die `int`-Variable `maxValue` deklariert und ihr der Inhalt des 0-indizierten Array-Elements zugewiesen. In einer `foreach`-Schleife werden danach alle Array-Elemente durchlaufen, und deren Inhalt wird geprüft. Ist dieser größer als der von `maxValue`, ersetzt der Array-Wert den alten Inhalt von `maxValue`. Am Ende wird `maxValue` an den Aufrufer zurückgegeben. Die `foreach`-Schleife bewirkt, dass das erste Array-Element insgesamt sogar zweimal ausgewertet wird: bei der Zuweisung an `maxValue` und in der Schleife. Wenn Sie das vermeiden wollen, können Sie auch eine einfache `for`-Schleife codieren:

```
for(int index = 1; index < arr.Length; index++) {[...]}
```

Der Parameter *arr* der Methode erwartet die Referenz auf ein Array. Da die Angabe des Array-Namens dieser Forderung entspricht, reicht die Übergabe von `array` beim Aufruf der Methode aus.

Der Modifizierer »params«

Stellen Sie sich vor, Sie beabsichtigen, eine Methode zu entwickeln, um Zahlen zu addieren. Eine Addition ist nur dann sinnvoll, wenn aus wenigstens zwei Zahlen eine Summe gebildet wird. Daher definieren Sie die Methode wie folgt:

```
public long Add(int value1, int value2) {
   return value1 + value2;
}
```

Vielleicht haben Sie danach noch die geniale Idee, nicht nur zwei Zahlen, sondern drei bzw. vier zu addieren. Um dieser Forderung zu genügen, könnten Sie die Methode `Add` wie folgt überladen:

```
public long Add(int value1, int value2, int value3) {[...]}
public long Add(int value1, int value2, int value3, int value4) {[...]}
```

Wenn Ihnen dieser Ansatz kritiklos gefällt, sollten Sie sich mit der Frage auseinandersetzen, wie viele überladene Methoden Sie maximal zu schreiben bereit sind, wenn möglicherweise nicht nur vier, sondern 10 oder 25 oder beliebig viele Zahlen addiert werden sollen.

Es muss für diese Problemstellung eine bessere Lösung geben – und es gibt sie auch: Sie definieren einen Parameter mit dem Modifizierer `params`. Dieser gestattet es, einer Methode eine beliebige Anzahl von Argumenten zu übergeben. Die Übergabewerte werden der Reihe nach in ein Array geschrieben.

Nun kann die Methode `Add` diesen Feinschliff erhalten. Da eine Addition voraussetzt, dass zumindest zwei Summanden an der Operation beteiligt sind, werden zuerst zwei konkrete Parameter definiert und anschließend ein `params`-Parameter für alle weiteren Werte.

```
public long Add(int value1, int value2, params int[] list) {
  long sum = value1 + value2;
  foreach(int z in list)
    sum += z;
  return sum;
}
```

Listing 3.31 Der »params«-Parameter

Werden einem params-Parameter Werte zugewiesen, wird das Array anhand der Anzahl der übergebenen Argumente implizit dimensioniert. In unserem Beispiel werden alle Elemente des Arrays in einer Schleife addiert und in der lokalen Variablen sum zwischengespeichert. Nachdem für das letzte Element die Schleife durchlaufen ist, wird mit return das Ergebnis an den Aufrufer übermittelt.

Mit einem params-Parameter sind ein paar Regeln verbunden, die eingehalten werden müssen:

- In der Parameterliste darf nur ein Parameter mit params festgelegt werden.
- Ein params-Parameter steht immer an letzter Position in einer Parameterliste.
- Eine Kombination mit den Modifikatoren out oder ref ist unzulässig.
- Ein params-Parameter ist grundsätzlich eindimensional.

Wenn Sie eine Methode aufrufen, die einen params-Parameter enthält, haben Sie zwei Möglichkeiten, diesem Werte zuzuweisen:

- Sie übergeben die Referenz auf ein Array, z.B.:

  `int[] list = {1,2,3};`

  `Console.WriteLine(obj.Add(15, 19, list));`

- Sie übergeben diesem Methodenparameter eine Liste von Elementen:

  `@object.Add(1, 2, 3, 4, 5, 6);`

Vielleicht stellen Sie sich an dieser Stelle die Frage, ob nicht die einfache Deklaration als Array dieselbe Leistung erbringen würde. Mit anderen Worten: Wo liegt der Unterschied zwischen den beiden Methoden

`public long Add(params int[] list) {[...]}`

und

`public long Add(int[] list) {[...]}`

wenn beide die Übergabe eines Arrays ermöglichen? Die Antwort ist sehr einfach: Einem params-Parameter muss nicht zwangsläufig ein Wert oder Array übergeben werden, bei einem herkömmlichen Array ist das Pflicht.

Optionale Parameter

Als optionale Parameter werden Methodenparameter bezeichnet, die beim Aufruf in der Parameterliste nicht übergeben werden müssen. Optionale Parameter sind daran zu erkennen, dass ihnen in der Methodendefinition ein Standardwert zugewiesen wird. Wird dem optionalen Parameter beim Methodenaufruf nicht ausdrücklich ein Wert übergeben, behält der optionale Parameter den Standardwert.

Folgendes Codefragment zeigt die Implementierung der Methode DoSomething, die mit value einen optionalen Parameter beschreibt, dessen Standardwert –1 ist.

```
public void DoSomething(string name, int value = -1)
{
   [...]
}
```

Listing 3.32 Methode mit optionalem Parameter

> **Hinweis**
>
> Hat eine Methode sowohl feste als auch optionale Parameter, sind zuerst die festen und danach die optionalen anzugeben.

Wollen Sie wissen, ob dem optionalen Parameter ein Wert übergeben worden ist oder nicht, brauchen Sie nur zu prüfen, ob der Parameterwert vom Standardwert in der Parameterdefinition abweicht, also beispielsweise:

```
public void DoSomething(string name, int value = -1) {
   if(value != -1)
      // dem optionalen Parameter wurde ein Wert übergeben
}
```

Die Methode DoSomething kann auf zweierlei Weise aufgerufen werden. Zunächst einmal können Sie den optionalen Parameter ignorieren, z.B.:

```
@object.DoSomething("Hallo");
```

Wollen Sie den optionalen Parameter nutzen, weisen Sie ihm einen Wert zu:

```
@object.DoSomething("Hallo", 100);
```

Mit optionalen Parametern ließe sich im Grunde genommen die Methodenüberladung durch ein Hintertürchen umgehen. Da optionale Parameter jedoch nicht zum fundamentalen Konzept der Objektorientierung gehören und auch nicht von allen .NET-basierten Programmiersprachen unterstützt werden, sollten Sie der Methodenüberladung den Vorzug geben. Optionale Parameter spielen ihre Vorzüge besonders beim Zugriff auf die Klassen der Microsoft-Office-Objektbibliotheken aus. Unter C# mussten Entwickler lange Zeit optionale

Parameter durch eine Instanz der Klasse `Missing` einsetzen, was zu mehrzeiligen Befehlen führte. Erst mit C# 4.0 hat sich das mit der Einführung optionaler Parameter geändert.

Ein Problemfall ist sicherlich der Standardwert optionaler Parameter. Eine Änderung des Standardwerts in einer neuen Version einer Bibliothek ist nicht zulässig, da das ursprünglich spezifizierte Verhalten der Methode damit zu einem inkonsistenten Verhalten der Anwendung führen kann.

Methodenaufruf mittels benannter Argumente

Ein Sprachfeature, das zusammen mit den optionalen Parametern eingeführt wurde, ist der Methodenaufruf mittels benannter Argumente. Die folgende Anweisung zeigt den Aufruf der Methode `Move` der Klasse `Circle` mit benannten Argumenten:

```
kreis.Move(dx: 100, dy: -200);
```

Dazu geben Sie bei der Argumentübergabe den Bezeichner des Parameters an und dahinter, getrennt durch einen Doppelpunkt, das Argument. Die Reihenfolge der Argumente spielt keine Rolle, weil sie eindeutig den entsprechenden Parametern zugeordnet werden können.

Sie können unbenannte und benannte Argumente bei einem Methodenaufruf verwenden. Allerdings sind die benannten immer nach den unbenannten anzugeben.

Eine besondere Rolle kommt den benannten Argumenten im Zusammenhang mit Methoden zu, die mehrere optionale Parameter haben. Angenommen, eine Methode definiert vier optionale Parameter, beispielsweise

```
public void DoSomething(int a = 10, int b = 3, int c = -5, int d = 5) {[...]}
```

Ohne die syntaktische Fähigkeit benannter Argumente bliebe Ihnen nur übrig, allen Parametern ausdrücklich einen Wert zuzuweisen. Mit

```
@object.DoSomething(d: 4711);
```

wird aber die Zuweisung an den vierten optionalen Parameter zu einer sehr überschaubaren und auch gut lesbaren Angelegenheit.

3.5.8 Zugriff auf private Daten

Eine Objektmethode kann nicht auf die privaten Daten eines anderen Objekts zugreifen. Dies war bisher die Aussage, die allerdings nicht uneingeschränkt gültig ist, wie das folgende Beispiel der Klasse `Demo` zeigen soll:

```
class Demo {
  private int _Value;
  public void DoSomething(Demo @object) {
    @object._Value = 122;
  }
}
```

```
  public int Value {
    get { return _Value; }
    set { _Value = value; }
  }
}
```

Listing 3.33 Zugriff auf die privaten Daten eines Objekts

In der Klassendefinition ist das Feld _Value *privat* definiert, um den direkten Zugriff von außen zu unterbinden. Das Feld kann also nur durch die Eigenschaftsmethode Value manipuliert werden.

Mit etwas Besonderem wartet die Methode DoSomething auf. Sie empfängt beim Aufruf im Parameter @object die Referenz auf ein anderes Objekt vom Typ Demo. Es mag überraschend klingen, aber diese Referenz soll dazu benutzt werden, um auf die private Variable _Value des übergebenen Objekts zuzugreifen und einen Wert zuzuweisen. Nach allen bisherigen Aussagen dürfte dieser Zugriff eigentlich nicht erlaubt sein. Mit dem folgenden Listing wollen wir das testen.

```
static void Main(string[] args) {
  Demo object1 = new Demo();
  Demo object2 = new Demo();
  object1.Value = 4711;
  object2.DoSomething(object1);
  Console.WriteLine("Private Variable = {0}", object1.Value);
  Console.ReadLine();
}
```

Listing 3.34 Auf private Daten desselben Typs zugreifen

Zuerst werden zwei konkrete Objekte vom Typ Demo erzeugt, und der Eigenschaft Value des Ersteren wird ein Wert zugewiesen. Im nächsten Schritt folgt der Aufruf der DoSomething-Methode des Objekts object2 unter Übergabe der Referenz auf das Objekt object1.

Tatsächlich wird an der Konsole der veränderte Inhalt des privaten Feldes angezeigt, also die Zahl 122. Die Kapselung des Feldes wird aber nur aufgebrochen, wenn man sich innerhalb eines anderen Objekts derselben Klasse befindet. Diese Regel ist die einzige Ausnahme hinsichtlich der ansonsten strengen Datenkapselung.

3.5.9 Die Trennung von Daten und Code

Ein Objekt besteht im Wesentlichen aus Eigenschaften und Methoden. Eigenschaften sind im Grunde genommen nichts anderes als Elemente, die objektspezifische Daten enthalten. Objekte werden meist durch mehrere Eigenschaften beschrieben. Für jedes Feld wird entsprechender Speicher reserviert, für einen Integer beispielsweise vier Byte. Alle Eigenschaften eines Objekts sind natürlich nicht wild verstreut im Speicher zu finden, sondern in einem zusammenhängenden Block.

Typgleiche Objekte reservieren grundsätzlich gleich große Datenblöcke, deren interne Struktur vollkommen identisch aufgebaut ist. Wenn Sie in Ihrem Code die Objektvariable der Klasse Circle deklarieren, wird Speicherbereich reserviert, der groß genug ist, um alle Daten aufzunehmen. Mit

```
Circle kreis1 = new Circle();
```

zeigt die Objektvariable kreis1 auf die Startadresse dieses Datenblocks im Speicher: Sie referenziert das Objekt. Daher stammt auch die gebräuchliche Bezeichnung **Objektreferenz**.

Das Speicherprinzip ist in der folgenden Abbildung 3.4 anhand der beiden Objekte *kreis1* und *kreis2* dargestellt. Tatsächlich sind die Vorgänge zur Laufzeit deutlich komplexer, aber zum Verständnis des Begriffs »Datenblock« und zur Erkenntnis, dass sich hinter jeder Objektvariablen eigentlich eine Speicheradresse verbirgt, trägt die Abbildung anschaulich bei.

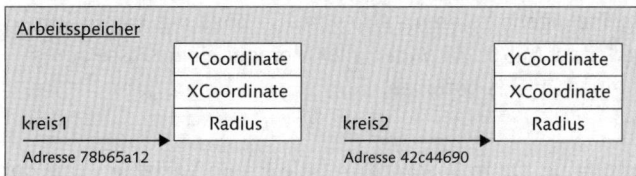

Abbildung 3.4 Prinzipielle Verwaltung von Objekten im Arbeitsspeicher

Jedes Objekt beansprucht einen eigenen Datenblock. Diese Notwendigkeit besteht nicht für die Methoden, also den Code einer Klasse. Dieser befindet sich nur einmal »en bloc« im Speicher. Der Code arbeitet zwar mit den Daten eines Objekts, ist aber trotzdem völlig unabhängig von diesen. Im objektorientierten Sprachgebrauch wird dies auch als die **Trennung von Code und Daten** bezeichnet. Der Code der Methoden wird nur einmal im Speicher abgelegt, und zwar auch dann, wenn noch kein Objekt dieses Typs existiert.

3.5.10 Namenskonflikte mit »this« lösen

Felder und lokale Variablen können und dürfen gleichnamig sein, wie das folgende Codefragment demonstriert:

```
class Demo {
  public int Value {get; set;}
  public void DoSomething1() {
    int Value = 0;
    [...]
    Value = 4711;
  }
  public void DoSomething2() {
    Value = 25;
  }
}
```

Listing 3.35 Der Einsatz der »this«-Referenz

Die Klasse Demo definiert das Feld Value, derselbe Bezeichner wurde in der Methode DoSomething1 für eine lokale Variable gewählt. Eine Anweisung in DoSomething1 wie beispielsweise

```
Value = 4711;
```

verändert den Inhalt der lokalen Variablen, denn deren Gültigkeitsbereich liegt der Anweisung näher als die Felddefinition. Soll in DoSomething1 aber das gleichnamige Feld angesprochen werden, muss dem Feldnamen das Schlüsselwort this vorausgehen, z.B.:

```
this.Value = 245;
```

> **Hinweis**
> Bei dem this-Schlüsselwort handelt es sich um den Zeiger eines Objekts auf sich selbst. Damit kann das aktuelle Objekt seine eigene Referenz, also gemäß Abbildung 3.4 die Speicheradresse, abfragen oder weiterleiten. Mit this können aller Member einer Klasse adressiert werden, die sich im Kontext eines Objekts befinden.

DoSomething2 manipuliert ebenfalls Value. Da in DoSomething2 die lokale Variable Value der Methode DoSomething1 unbekannt ist, wird der Wert direkt dem Feld zugewiesen. Es wäre aber trotzdem nicht falsch, this zu verwenden.

3.5.11 Methode oder Eigenschaft?

Vielleicht haben Sie sich bei den vorherigen Ausführungen gefragt, warum eine relativ komplexe Eigenschaftsmethode angeboten wird. Schließlich könnte man auch über einen herkömmlichen Methodenaufruf einem Feld einen Wert zuweisen bzw. diesen abrufen.

Nehmen wir das Beispiel der Eigenschaft Radius in der Klasse Circle. Um den Paradigmen der Objektorientierung zu entsprechen, wird der Wert, den die Eigenschaft beschreibt, in einem privaten Feld gekapselt und über eine Eigenschaftsmethode der Außenwelt zugänglich gemacht.

```
public class Circle {
  private int _Radius;
  public int Radius {
    get {return _Radius;}
    set {[...]}
  }
  [...]
}
```

Nun wollen wir einen alternativen Weg beschreiben. Identisch mit dem gezeigten Codefragment ist nur die private Variable _Radius. Um dieser einen Wert zuzuweisen, wird eine Methode SetRadius definiert. Der Parameter *value* empfängt den neuen Wert und weist ihn _Radius zu. Die Rückgabe des Eigenschaftswertes erfolgt über die Methode GetRadius.

```
public class Circle {
  private int _Radius;
  public void SetRadius(int value) {
    _Radius = value;
  }
  public int GetRadius() {
    return _Radius;
  }
}
```

Syntaktisch ist am Code nichts zu beanstanden. Der Aufruf von `SetRadius` bewirkt, dass dem Feld `_Radius` ein Wert zugewiesen wird, während der Aufruf von `GetRadius` den Inhalt zurückliefert. Aber diese Variante ist nicht empfehlenswert, und das hat zwei Gründe:

- Der Zugriff auf das Feld erfolgt über zwei unterschiedlich benannte Methoden. Würde in allen Klassen so verfahren, wäre der Einarbeitungsaufwand relativ groß, weil, ganz im Gegensatz zu `Circle`, die meisten Klassen eine größere Anzahl Felder beschreiben. Zudem verringert sich die Übersichtlichkeit des Codings mit der Anzahl der Klassen-Member.
- Die Syntax, um einer Eigenschaft einen Wert zuzuweisen, würde anders lauten. Normalerweise erwartet der Aufrufer, unter Angabe des Zuweisungsoperators einer Eigenschaft einen Wert zuzuweisen:

```
kreis.Radius = 100;
```

Würde stattdessen eine Methode ohne Rückgabewert implementiert, müsste der Wert als Argument in Klammern übergeben werden:

```
kreis.Radius(100);
```

Damit ist klar: Um der allgemeinen .NET-Konvention zu folgen und einer Eigenschaft mit dem Zuweisungsoperator einen Wert zuzuweisen bzw. die Eigenschaft auszuwerten, sollten Sie der Definition einer Eigenschaftsmethode den Vorzug geben.

3.5.12 Umbenennen von Methoden und Eigenschaften

Häufig werden Sie Programmcode schreiben und Variablen- oder Methodenbezeichner wählen, die Sie später ändern wollen. An dieser Stelle sei daher auch noch ein Hinweis gegeben, wie Sie mit der Unterstützung von Visual Studio 2012 auf sehr einfache Weise Methoden oder auch Eigenschaften umbenennen können.

Setzen Sie dazu den Eingabecursor auf den umzubenennenden Bezeichner. Öffnen Sie das Kontextmenü, und wählen Sie hier UMGESTALTEN und dann UMBENENNEN (siehe Abbildung 3.5). Ändern Sie nun den Bezeichner ab. Visual Studio 2012 wird Ihnen auch in einem weiteren Fenster anzeigen, welche Stellen im Code von der Änderung betroffen sind (z. B. Methodenaufrufe), und diese nach Bestätigung ebenfalls an den neuen Bezeichner anpassen.

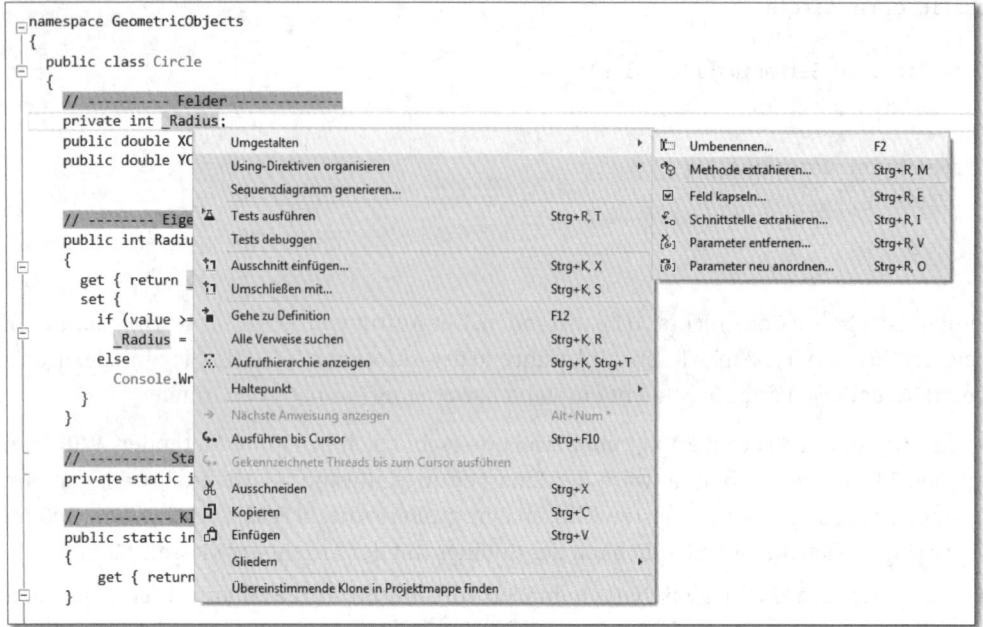

Abbildung 3.5 Umbenennen von Eigenschaften und Methoden

Alternativ können Sie das Umbenennen eines Bezeichners auch aus dem Menü UMGESTALTEN heraus erreichen.

3.6 Konstruktoren

Konstruktoren sind spezielle Methoden, die nur dann aufgerufen werden, wenn mit dem reservierten Wort new eine neue Instanz einer Klasse erzeugt wird. Sie dienen der kontrollierten Initialisierung von Objekten, um beispielsweise Eigenschaften Anfangswerte zuzuweisen, die Verbindung zu einer Datenbank aufzubauen oder eine Datei zu öffnen. Mit Konstruktoren lassen sich unzulässige Objektzustände vermeiden, damit einem Objekt nach Abschluss seiner Instanziierung nicht substanzielle Startwerte fehlen.

Genauso wie Methoden lassen sich Konstruktoren überladen. Allerdings haben Konstruktoren grundsätzlich keinen Rückgabewert, auch nicht void. Bei der Definition eines Konstruktors wird zuerst ein Zugriffsmodifizierer angegeben, direkt dahinter der Klassenbezeichner. Damit sieht der parameterlose Konstruktor der Klasse Circle wie folgt aus:

```
public Circle() {  }
```

Wird ein Objekt mit

```
Circle kreis = new Circle();
```

erzeugt, verbergen sich hinter dem Objekterstellungsprozess zwei Schritte:

- Der erforderliche Speicher für die Daten des Objekts wird reserviert.
- Ein Konstruktor wird aufgerufen, der das Objekt initialisiert.

Ein Blick in die aktuelle Implementierung der Klasse Circle wirft die Frage auf, wo der Konstruktor zu finden ist, der für die Initialisierung verantwortlich ist. Die Antwort ist einfach: Die augenblickliche Klassenimplementierung enthält zwar explizit keinen Konstruktor, er existiert aber dennoch, allerdings implizit. Diesen impliziten Konstruktor, der parameterlos ist, bezeichnet man auch als **Standardkonstruktor**.

3.6.1 Konstruktoren bereitstellen

Um nach der Instanziierung dem Circle-Objekt individuelle Daten zuzuweisen, muss der Benutzer der Klasse jede Eigenschaft einzeln aufrufen, z.B.:

```
kreis.Radius = 10;
kreis.XCoordinate = 20;
kreis.YCoordinate = 20;
```

Wäre es nicht sinnvoller, einem Circle-Objekt schon bei dessen Instanziierung den Radius mitzuteilen, vielleicht sogar auch noch gleichzeitig die Bezugspunktkoordinaten? Genau diese Aufgabe können entsprechend parametrisierte Konstruktoren übernehmen.

Das Beispiel der Circle-Klasse wollen wir daher nun so ergänzen, dass bei der Instanziierung unter drei Erstellungsoptionen ausgewählt werden kann:

- Ein Circle-Objekt kann wie bisher ohne Übergabe von Initialisierungsdaten erzeugt werden.
- Einem Circle-Objekt kann bei der Instanziierung ein Radius übergeben werden.
- Bei der Instanziierung kann sowohl der Radius als auch die Lage des Bezugspunktes festgelegt werden.

Mit diesen neuen Forderungen muss der Code der Circle-Klasse wie folgt ergänzt werden:

```
public Circle() {}
public Circle(int radius) {
  Radius = radius;
}
public Circle(int radius, double x, double y) {
  XCoordinate = x;
  YCoordinate = y;
  Radius = radius;
}
```

Listing 3.36 Konstruktoren in der Klasse »Circle«

Weiter oben haben Sie im Zusammenhang mit der Bereitstellung der Methode `Move` erfahren, dass die Zuweisung an ein gekapseltes Feld immer über die Eigenschaftsmethode führen sollte. An dieser Stelle wird dieser Sachverhalt bei der Zuweisung des Radius besonders deutlich. Würden Sie den vom ersten Parameter `radius` beschriebenen Wert direkt dem Feld `_Radius` zuweisen, könnte das `Circle`-Objekt tatsächlich einen negativen Radius aufweisen. Die Überprüfung im `set`-Accessor der Eigenschaftsmethode garantiert aber, dass der Radius des Kreises niemals negativ sein kann.

3.6.2 Die Konstruktoraufrufe

Im Allgemeinen werden Konstruktoren dazu benutzt, den Feldern eines Objekts bestimmte Startwerte mitzuteilen. Um ein `Circle`-Objekt zu erzeugen, stehen mit der obigen Konstruktorüberladung drei Möglichkeiten zur Verfügung:

- Es wird ein Kreis ohne die Übergabe eines Arguments erzeugt. Dabei wird der parameterlose Konstruktor aufgerufen:

  ```
  Circle kreis = new Circle();
  ```

  Der Kreis hat in diesem Fall den Radius 0, die Bezugspunktkoordinaten werden ebenfalls mit 0 initialisiert.

- Ein neuer Kreis wird nur mit dem Radius definiert, z.B.:

  ```
  Circle kreis = new Circle(10);
  ```

  Es wird der Konstruktor aufgerufen, der ein Argument erwartet. Da den Bezugspunktkoordinaten keine Daten zugewiesen werden, sind deren Werte 0.

- Einem Kreis werden bei der Erzeugung sowohl der Radius als auch die Bezugspunktkoordinaten übergeben.

  ```
  Circle kreis = new Circle(10, 15, 20);
  ```

Bei der Instanziierung einer Klasse muss der C#-Compiler selbst herausfinden, welcher Konstruktor ausgeführt werden muss. Dazu werden die Typen der übergebenen Argumente mit denen der Konstruktoren verglichen. Liegt eine Doppeldeutigkeit vor oder können die Argumente nicht zugeordnet werden, löst der Compiler einen Fehler aus.

3.6.3 Definition von Konstruktoren

Trotz der Ähnlichkeit zwischen Konstruktoren und Methoden unterliegen Konstruktoren bestimmten, teilweise auch abweichenden Regeln:

- Die Bezeichner der Konstruktoren einer Klasse entsprechen dem Klassenbezeichner.
- Konstruktoren haben grundsätzlich keinen Rückgabewert, auch nicht `void`.
- Die Parameterliste eines Konstruktors ist beliebig.

- Der Konstruktor einer Klasse wird bei der Instanziierung mit dem Schlüsselwort new aufgerufen.
- Ein Konstruktor kann nicht auf einem bereits bestehenden Objekt aufgerufen werden, beispielsweise um Eigenschaften andere Werte zuzuweisen.

Enthält eine Klasse keinen parametrisierten Konstruktor, wird bei der Erzeugung eines Objekts der implizite, parameterlose Standardkonstruktor aufgerufen. Nun folgt noch eine weitere, sehr wichtige Regel:

> **Hinweis**
> Der implizite, parameterlose Standardkonstruktor existiert nur dann, wenn er nicht durch einen parametrisierten Konstruktor überladen wird.

Implementieren Sie nur einen einzigen parametrisierten Konstruktor, enthält die Klasse keinen impliziten Standardkonstruktor mehr. Sie können dann mit

```
Circle kreis = new Circle();
```

kein Objekt mehr erzeugen. Wollen Sie das dennoch sicherstellen, muss der parametrisierte Konstruktor ausdrücklich codiert werden. Aus diesem Grund haben wir auch in Circle einen parameterlosen Konstruktor definiert, obwohl er keinen Code enthält. Wir entsprechen damit unserer selbst auferlegten Forderung, ein Circle-Objekt ohne Startwerte erzeugen zu können.

3.6.4 »public«- und »internal«-Konstruktoren

public deklarierte Konstruktoren stehen allen Benutzern der Klasse zur Verfügung. Das macht natürlich im Grunde genommen nur dann Sinn, wenn die Klasse in einer Klassenbibliothek implementiert wird. In dem Fall kann eine andere Anwendung die öffentlichen Konstruktoren dazu benutzen, ein Objekt nach den Vorgaben zu erzeugen, die in der Parameterliste des Konstruktors festgelegt sind. Manchmal ist es jedoch wünschenswert, einen bestimmten Konstruktor nur in der aktuellen Anwendung offenzulegen (also der Anwendung, in der die Klasse definiert ist), um damit eine bestimmte Instanziierung aus anderen Anwendungen heraus zu unterbinden. Mit dem Zugriffsmodifizierer internal können Sie eine solche Einschränkung realisieren. Denken Sie jedoch daran, dass der implizite Standardkonstruktor grundsätzlich immer öffentlich (public) ist.

3.6.5 »private«-Konstruktoren

Sie werden immer wieder Klassen entwickeln, die nicht instanziiert werden dürfen. Um die Instanziierung zu verhindern, muss der parameterlose Konstruktor, der standardmäßig public ist, mit einem private-Zugriffsmodifizierer überschrieben werden, z. B.:

```
public class Demo {
  private Demo() {[...]}
  [...]
}
```

3.6.6 Konstruktorenaufrufe umleiten

Konstruktoren können wie Methoden überladen werden. Jeder Konstruktor enthält dabei typischerweise eine aufgrund der ihm übergebenen Argumente spezifische Implementierung. Manchmal kommt es vor, dass der Konstruktor einer Klasse Programmcode enthält, der von einem zweiten Konstruktor ebenfalls implementiert werden muss. Sehen wir uns dazu die beiden parametrisierten Konstruktoren der Klasse Circle aus Listing 3.36 an:

```
public Circle(int radius) {
  Radius = radius;
}
public Circle(int radius, double x, double y) {
  XCoordinate = x;
  YCoordinate = y;
  Radius = radius;
}
```

Es fällt auf, dass in beiden Konstruktoren der Radius des Circle-Objekts festgelegt wird. Es liegt nahe, zur Vereinfachung den einfach parametrisierten Konstruktor aus dem dreifach parametrisierten heraus aufzurufen.

Da Konstruktoren eine besondere Spielart der Methoden darstellen und nur über den Operator new aufgerufen werden können, stellt C# eine syntaktische Variante bereit, mit der aus einem Konstruktor heraus ein anderer Konstruktor derselben Klasse aufgerufen wird. Hier kommt erneut das Schlüsselwort this ins Spiel:

```
public Circle(int radius) {
  Radius = radius;
}
public Circle(int radius, double x, double y) : this(radius) {
  XCoordinate = x;
  YCoordinate = y;
}
```

Listing 3.37 Konstruktoraufrufumleitung

Die Signatur des dreifach parametrisierten Konstruktors ist um

```
: this(radius)
```

ergänzt worden. Dies hat den Aufruf eines anderen Konstruktors, in unserem Fall den Aufruf des einfach parametrisierten, zur Folge. Gleichzeitig wird der vom Aufrufer übergebene

Radius, den der dreifach parametrisierte Konstruktor in seiner Parameterliste entgegennimmt, weitergeleitet. Der implizit aufgerufene einfach parametrisierte Konstruktor wird ausgeführt und gibt die Kontrolle danach an den aufrufenden Konstruktor zurück.

Konstruktorverkettung – die bessere Lösung

Betrachten wir unsere drei Konstruktoren in Circle jetzt einmal aus der Distanz und nehmen wir an, wir würden den dreifach parametrisierten aufrufen. Dieser leitet in den zweifach parametrisierten um und dieser wiederum an den parameterlosen. Solche Verkettungen über mehrere Konstruktoren hinweg können natürlich noch extremer ausfallen, wenn noch mehr Konstruktoren in der Klasse eine Rolle spielen. Nicht nur, dass die vielen zwischengeschalteten Aufrufe eine Leistungseinbuße nach sich ziehen, auch die Verteilung der Programmlogik in viele Fragmente trägt nicht dazu bei, den Code überschaubar zu halten.

Aus den genannten Gründen sollten Sie ein anderes Verkettungsprinzip bevorzugen: Leiten Sie immer direkt zu dem Konstruktor mit den meisten Parametern um. Dieser muss dann die gesamte Initialisierungslogik enthalten. Soweit möglich, werden die Übergabeargumente des aufgerufenen Konstruktors weitergeleitet, ansonsten geben Sie Standardwerte an.

Mit dieser Überlegung ändern sich die Konstruktoren in Circle wie folgt:

```
public Circle() : this(0, 0, 0) {}
public Circle(int radius) : this(radius, 0, 0) {}
public Circle(int radius, double x, double y)
{
  Radius = radius;
  XCoordinate = x;
  YCoordinate = y;
}
```

Listing 3.38 Überarbeitete Konstruktoren in der Klasse »Circle«

3.6.7 Vereinfachte Objektinitialisierung

Um einem Circle-Objekt mit dem dreifach parametrisierten Konstruktor Daten zuzuweisen, schreiben Sie den folgenden Code:

```
Circle kreis = new Circle(12, -100, 250);
```

Es geht aber auch anders. Sie können die Startwerte in derselben Anweisungszeile in geschweiften Klammern angeben, wie das folgende Beispiel zeigt:

```
Circle kreis = new Circle() { XCoordinate = -7, YCoordinate = 2, Radius = 2 };
```

Sie können mit dieser Notation sogar auf die runden Klammern verzichten. Diese Art der Objektinitialisierung wird als **vereinfachte Objektinitialisierung** bezeichnet und orientiert sich nicht an etwaig vorhandenen Konstruktoren. Mit anderen Worten bedeutet dies, dass

Sie diese Objektinitialisierung auch dann benutzen können, wenn eine Klasse nur den parameterlosen Standardkonstruktor aufweist.

Sie müssen nicht zwangsläufig alle Eigenschaften angeben. Felder, denen kein spezifischer Wert übergeben wird, werden mit dem typspezifischen Standardwert initialisiert. Die Reihenfolge der durch ein Komma angeführten Eigenschaften spielt keine Rolle, z. B.:

```
Circle kreis = new Circle {XCoordinate = -100,YCoordinate = -100,Radius = 12};
```

Die IntelliSense-Hilfe unterstützt Sie bei dieser Initialisierung und zeigt Ihnen die Eigenschaften an, die noch nicht initialisiert sind. Übergeben Sie sowohl im Konstruktoraufruf als auch in den geschweiften Klammern derselben Eigenschaft einen Wert, wird der Wert des Konstruktors verworfen. Das ist wichtig zu wissen, denn ein mit

```
Circle kreis = new Circle(50) { Radius = 678 };
```

erzeugtes Objekt hat den Radius 678.

Es hat den Anschein, dass die vereinfachte Objektinitialisierung die Bereitstellung von überladenen Konstruktoren überflüssig macht. Dem ist nicht so, und Sie sollten eine solche Idee auch schnell wieder verwerfen. Konstruktoren folgen der Philosophie der Objektorientierung und werden von jeder .NET-Sprache unterstützt. Das ist bei der vereinfachten Objektinitialisierung nicht der Fall, die im Zusammenhang mit LINQ (*Language Integrated Query*, siehe Kapitel 11) eingeführt worden ist und nicht die überladenen Konstruktoren ersetzen soll.

3.7 Der Destruktor

Ein Konstruktor wird aufgerufen, wenn das Objekt einer Klasse erzeugt wird. Damit beginnt der Lebenszyklus des Objekts, der spätestens in dem Moment endet, wenn das Pendant des Konstruktors aufgerufen wird: der **Destruktor**. Im Destruktor sind normalerweise Anweisungen enthalten, um die von einem Objekt beanspruchten Fremdressourcen (»unmanaged« Ressourcen) freizugeben. Dazu gehören unter anderem Netzwerk- oder Datenbankverbindungen, die in einer objektinternen Referenz vorgehalten werden.

Der Umstand, der zur Aufgabe eines Objekts führt, kann

- das Verlassen des Gültigkeitsbereichs der Objektvariablen oder
- die Zuweisung von null an die Objektreferenz

sein. Das bedeutet jedoch nicht, dass beim Eintreten einer dieser beiden Bedingungen sofort der Destruktor ausgeführt wird. Tatsächlich kann das noch eine unbestimmbare Zeit dauern, da für den Aufruf des Destruktors der **Garbage Collector** zuständig ist. Dieser wird normalerweise nur von der Laufzeit angestoßen. Mit anderen Worten bedeutet das aber auch, dass das Objekt zwar aus Sicht des Programms nicht mehr existiert, sich jedoch immer noch im Speicher befindet und diesen letztendlich belastet.

Ich möchte an dieser Stelle nicht die Aspekte und Hintergründe der Objektzerstörung und der damit verbundenen Garbage Collection erörtern. Dazu bedarf es noch weiter gehender Kenntnisse der Objektorientierung. Insbesondere sind damit die Interfaces gemeint, die wir im nächsten Kapitel behandeln werden. Erst im Kontext der Interfaces werden alle Zusammenhänge klar. Da wir uns in diesem Kapitel aber mit den allgemeinen Kriterien des Klassenkonzepts beschäftigen, sollte der Destruktor zumindest erwähnt werden. Für unsere Klasse Circle lautet er wie folgt:

```
~Circle()
{
  [...]
}
```

Listing 3.39 Destruktor in der Klasse »Circle«

Eingeleitet wird der Destruktor mit dem Tildezeichen, danach folgt der Klassenbezeichner mit dem obligatorischen runden Klammerpaar, dem sich der Anweisungsblock anschließt. Ein Destruktor enthält weder einen Zugriffsmodifizierer noch eine Parameterliste oder die Angabe eines Rückgabetyps.

Da ein Destruktor nicht aus dem Programmcode heraus direkt aufgerufen werden kann, soll es an dieser Stelle genügen. Wie bereits angedeutet, erhalten Sie weiter gehende Informationen rund um die Objektzerstörung in Kapitel 4.

3.8 Konstanten in einer Klasse

3.8.1 Konstanten mit dem Schlüsselwort »const«

Benötigen Sie einen Wert, der während der Laufzeit der Anwendung nicht geändert werden darf, sollten Sie eine Konstante deklarieren. Kennzeichnend für eine Konstante ist das Schlüsselwort const zwischen dem Zugriffsmodifizierer und dem Datentyp, beispielsweise:

```
public class Mathematics {
  public const double PI = 3.14;
  [...]
}
```

Um eine Konstante auszuwerten, muss der Name der Klasse, in der die Konstante definiert ist, angegeben werden, beispielsweise:

```
Mathematics.PI;
```

Der Zugriff über eine Objektreferenz ist nicht erlaubt.

Der Wert einer Konstanten wird schon bei der Kompilierung ausgewertet. Da Referenztypen erst zur Laufzeit aufgelöst werden können, kommen für diese Konstanten im Grunde genommen nur Wertetypen wie `int`, `long`, `double` usw. in Frage. Eine Ausnahme bildet nur der Typ `string`, der unter .NET zwar als Referenztyp behandelt wird, aber dennoch als `const`-Konstante angegeben werden darf.

3.8.2 Schreibgeschützte Felder mit »readonly«

Durch die Eliminierung des `set`-Blocks in einer Eigenschaft können Sie diese vor unbefugtem schreibendem Zugriff schützen. Dieses Verhalten kann auch innerhalb einer Felddefinition erreicht werden. Dazu wird die Deklaration um das reservierte Wort `readonly` ergänzt, z.B.:

```
public readonly double PI = 3.14;
```

Im Gegensatz zu einer `const`-Konstanten kann die Festlegung des Wertes einer `readonly`-Konstanten sowohl bei der Deklaration als auch innerhalb eines Konstruktors erfolgen. Das Festlegen in einer Methode ist nicht möglich. Eine `readonly`-Konstante ist besonders in den Fällen sehr gut geeignet, wenn die Konstante einen Referenztyp beschreiben soll. Im Gegensatz zu einer `const`-Konstanten wird eine `readonly`-Konstante auf einer Objektreferenz aufgerufen.

Im folgenden Codebeispiel werden in der Klasse `Coordinate` die beiden Konstanten `XCoordinate` und `YCoordinate` beim Aufruf des Konstruktors festgelegt.

```
class Coordinate {
  public readonly int XCoordinate;
  public readonly int YCoordinate;
  public Coordinate(int x, int y) {
    XCoordinate = x;
    YCoordinate = y;
  }
}
```

Listing 3.40 »readonly«-Konstanten definieren und einen Wert zuweisen

Die Auswertung der beiden Konstanten zeigen die folgenden drei Anweisungen:

```
Coordinate point = new Coordinate(-12, 76);
Console.WriteLine("X: " + point.XCoordinate);
Console.WriteLine("Y: " + point.YCoordinate);
```

Listing 3.41 Auswertung von »readonly«-Konstanten

3.9 Statische Klassenkomponenten

3.9.1 Statische Eigenschaften

In der Klasse `Circle` sind mit `Radius`, `XCoordinate` und `YCoordinate` drei Eigenschaften definiert, die den Zustand eines Objekts dieses Typs beschreiben.

Jede Instanz der Klasse reserviert für ihre Daten einen eigenen Speicherbereich, der vollkommen unabhängig von den Daten anderer Objekte ist. Auch alle bisher implementierten Methoden nehmen Bezug auf Objekte, da sie mit deren Daten arbeiten.

Was ist aber, wenn Felder oder Methoden benötigt werden, die für alle Objekte einer Klasse gleichermaßen gültig sein sollen, also ohne feste Bindung an ein bestimmtes, konkretes Objekt sind? Stellen Sie sich vor, Sie beabsichtigen, in der Klasse Circle einen Zähler zu implementieren, der die Aufgabe hat, die Gesamtanzahl der Circle-Objekte festzuhalten. Ein solcher Zähler entspricht der Forderung nach einem allgemeinen, objektunabhängigen Merkmal. Um den Objektzähler zu realisieren, brauchen wir ein Feld, das unabhängig von jedem konkreten Objekt ist und nur in einer festen Bindung zur Klasse Circle steht. Der Objektzähler wäre damit als eine gemeinsame Eigenschaft aller Objekte dieses Typs zu betrachten.

Probleme dieser Art, allen typgleichen Objekten klassen-, aber nicht objektgebundene Elemente zur Verfügung zu stellen, werden von C# durch das reservierte Wort static gelöst. Bezogen auf die Forderung nach einem Objektzähler, könnte die Problemlösung wie folgt aussehen:

```
public class Circle {
   public static int CountCircles;
   [...]
}
```

Listing 3.42 Definition eines statischen Feldes

static deklarierte Felder sind nicht an ein bestimmtes Objekt gebunden, sondern gehören dem Gültigkeitsbereich einer Klasse an. Sie werden als **Klassenvariablen** bezeichnet. Demgegenüber werden an Objekte gebundene Variablen (Felder) als **Instanzvariablen** bezeichnet. In der Klasse Circle ist das _Radius, _XCoordinate und _YCoordinate.

Da Klassenvariablen unabhängig von jedem konkreten Objekt sind, ist es unzulässig, sie auf einer Objektreferenz aufzurufen. Stattdessen werden sie unter Angabe des Klassenbezeichners angesprochen. Den Objektzähler in Circle werten Sie daher mit

```
int x = Circle.CountCircles;
```

aus.

Für statische Felder gelten dieselben Regeln der Datenkapselung wie für Instanzvariablen. Eine Klassenvariable wie CountCircles sollte daher in derselben Weise gekapselt werden, um nicht mit dem objektorientierten Paradigma der Datenkapselung zu brechen. Dazu wird sie private deklariert. Um den Zugriff von außerhalb sicherzustellen, implementieren wir in der Klasse Circle zusätzlich eine statische Eigenschaftsmethode. Damit eine Manipulation des Zählers von außen nicht möglich ist, muss die Eigenschaft durch Verzicht auf den set-Accessor schreibgeschützt sein.

```csharp
public class Circle
{
  // Klasseneigenschaft
  private static int _CountCircles;
  public static int CountCircles {
    get { return _CountCircles; }
  }
  [...]
}
```

Listing 3.43 Objektzähler in der Klasse »Circle«

Nun enthält die Circle-Klasse den angestrebten Objektzähler. Allerdings ist die Klassendefinition noch unvollständig, denn es fehlt die Programmlogik, um den Zähler mit jeder neuen Objektinstanz zu erhöhen. Dazu bieten sich die Konstruktoren an. Hierbei nutzen wir das Prinzip der Konstruktorverkettung und erhöhen den Objektzähler nur in dem Konstruktor, der von anderen Initialisierungsroutinen aufgerufen wird:

```csharp
// Konstruktoren
public Circle() : this(0, 0, 0) { }
public Circle(int radius) : this(radius, 0, 0)) { }
public Circle(int radius, double x, double y) {
  XCoordinate = x;
  YCoordinate = y;
  Radius = radius;
  Circle._CountCircles++;
}
```

Listing 3.44 Erhöhung des Objektzählers

> **Anmerkung**
>
> An dieser Stelle ein wichtiger Hinweis: Nehmen wir an, aus irgendwelchen Gründen wird im Konstruktor eine Ausnahme ausgelöst. Das bedeutet aber auch, dass der Konstruktoraufruf nicht korrekt zu Ende geführt wird, und hat zur Konsequenz, dass kein Objekt erstellt wird. Deshalb sollte der Zähler erst dann erhöht werden, wenn alle anderen Anweisungen bereits fehlerfrei ausgeführt worden sind, also als letzte Anweisung im Konstruktor stehen.

Im Zusammenhang mit dem Objektzähler müssen wir uns natürlich auch Gedanken über die Reduzierung des Objektzählers machen. Dazu fällt uns sofort der Destruktor ein, der sich zu diesem Zweck zunächst gut zu eignen scheint. Der Haken ist allerdings, dass Sie den Destruktor nicht aus dem Code heraus aufrufen können. Dafür ist der Garbage Collector verantwortlich. Wann der Garbage Collector aber seine Aufräumarbeiten durchführt, lässt sich nicht vorherbestimmen. Daher scheidet dieser Lösungsansatz im Grunde genommen aus.

Eine zweite Variante wäre es, den Zähler beim expliziten Aufruf einer Objektmethode zu verringern. Die Garantie, dass diese Methode aufgerufen wird, haben Sie aber ebenfalls nicht. Somit ist auch dies keine Lösung der erkannten Problematik.

Um es gleich zu sagen: Eine 100%ige Lösung gibt es nicht. Daher können Sie auch keine Gewähr für die Korrektheit der Zählerangabe übernehmen. Die insgesamt beste Lösung ist es, die beiden zuvor genannten Varianten zu kombinieren, auch wenn wir damit auf ein neues Problem stoßen: Der Destrukor und die angedeutete Objektmethode müssen synchronisiert werden, damit der Zähler nicht mehrfach reduziert wird. Wie dieser Lösungsansatz realisiert wird, werden Sie in Kapitel 4 erfahren.

3.9.2 Statische Methoden

Nicht nur Felder, auch Methoden können objektunabhängig sein. Für solche Methoden gilt ebenfalls, dass sie mit `static` signiert werden müssen. Der Aufruf dieser sogenannten **Klassenmethoden** erfolgt wie bei den statischen Eigenschaften auf dem Klassenbezeichner.

Klassenmethoden wurden schon häufig in den Listings dieses Buches benutzt: Es sind die Methoden `WriteLine` und `ReadLine`, die von der Klasse `Console` bereitgestellt werden. Auch `Main` ist `static` definiert. Ein anderer typischer Vertreter ist die Klasse `Math`, in der ausnahmslos alle Member `static` sind. Wozu sollte auch eine Instanz der Klasse `Math` dienlich sein, um den Sinus von 45° zu ermitteln?

Sind in einer Klasse sowohl statische als auch objektbezogene Eigenschaften bzw. Methoden definiert, unterliegt der wechselseitige Zugriff der beiden Elementtypen den folgenden beiden Regeln:

▶ Aus einer Instanzmethode heraus lassen sich Klassenvariablen manipulieren und Klassenmethoden aufrufen.

▶ Der umgekehrte Weg, nämlich aus einer statischen Methode heraus auf Instanzeigenschaften und Instanzmethoden zuzugreifen, ist nicht möglich. Das ist auch logisch, denn der Zugriff ist grundsätzlich nicht eindeutig, da es immer mehrere Objekte des entsprechenden Typs geben kann.

In `Circle` wollen wir nun auch noch ein paar Klassenmethoden bereitstellen. Hier bietet es sich zunächst an, eine allgemeine `GetArea`-Methode und eine klassenspezifische Methode `GetCircumference` zu implementieren. Damit wird es dem Benutzer der Klasse ermöglicht, die Kreisfläche oder den Kreisumfang eines x-beliebigen Kreises zu ermitteln, ohne dafür vorher ein `Circle`-Objekt zu erstellen.

```
public static double GetArea(int radius) {
  return Math.PI * Math.Pow(radius, 2);
}
```

```
public double GetCircumference(int radius) {
  return 2 * Math.PI * radius;
}
```

Listing 3.45 Klassenmethoden in der Klasse »Circle«

Beide Methoden haben allgemeingültigen Charakter, denn die erforderlichen Dateninformationen werden nicht aus einem Objekt bezogen, sondern über einen Parameter den Methoden mitgeteilt. Damit sind `GetArea` und `GetCircumference` nach den Regeln der Methodenüberladung korrekt implementiert, denn die Parameterlisten unterscheiden sich von denen der beiden Instanzmethoden. Vielleicht erinnern Sie sich noch: Modifikatoren, zu denen auch `static` zählt, sind kein Kriterium, das bei der Bewertung eine Rolle spielt, ob eine Methodenüberladung gültig ist oder nicht.

Darüber hinaus soll die Klasse `Circle` um die Methode `Bigger` ergänzt werden, die in der Lage ist, zwei Kreisobjekte miteinander zu vergleichen. Eine ähnliche Methode ist in `Circle` bereits enthalten, allerdings als Instanzmethode.

In der Methode muss natürlich ebenfalls dem Umstand Rechnung getragen werden, dass eines der beiden Übergabearumente `null` ist oder sogar beide gleichzeitig.

```
public static int Bigger(Circle kreis1, Circle kreis2) {
  if (kreis1 == null && kreis2 == null) return 0;
  if (kreis1 == null) return -1;
  if (kreis2 == null) return 1;
  if(kreis1.Radius > kreis2.Radius) return 1;
  if(kreis1.Radius < kreis2.Radius) return -1;
  return 0;
}
```

Listing 3.46 Eine weitere Klassenmethode in »Circle«

3.9.3 Statische Klasseninitialisierer

Bei der Instanziierung einer Klasse wird ein Konstruktor aufgerufen. Auf Klassenbasis gibt es dazu ein Pendant, das als **statischer Konstruktor** oder **statischer Initialisierer** bezeichnet wird. Der statische Konstruktor ist eine an die Klasse gebundene Methode, die nur auf die statischen Mitglieder der Klasse Zugriff hat. Der Aufrufzeitpunkt ist zwar nicht bekannt, erfolgt aber auf jeden Fall, bevor der erste statische Member einer Klasse ausgeführt oder eine Instanz der Klasse erzeugt wird. Zudem wird der statische Konstruktor einer Klasse während eines Programmlaufs nur ein einziges Mal aufgerufen.

Die Definition des statischen Konstruktors in `Circle` sieht folgendermaßen aus:

```
static Circle() {[...]}
```

Beachten Sie, dass ein statischer Konstruktor keinen Zugriffsmodifizierer akzeptiert. Da ein statischer Konstruktor automatisch aufgerufen wird und niemals direkt, macht eine Parameterliste keinen Sinn – die runden Klammern sind daher grundsätzlich leer.

Statische Konstruktoren bieten sich an, um komplexe Initialisierungen vorzunehmen. Dabei könnte es sich beispielsweise um das Auslesen von Dateien oder auch um die Initialisierung statischer Arrays handeln.

Aufrufreihenfolge der Konstruktoren

Statische Klasseninitialisierer und Konstruktoren sind sich in der Funktionsweise ähnlich. Während ein Klasseninitialisierer Klassendaten bereitstellt, versorgen Konstruktoren die objektspezifischen Felder mit Daten. Sobald Sie eine Objektvariable deklarieren, wird der statische Konstruktor ausgeführt und erst danach der Konstruktor. Im Bedarfsfall dürfen Sie also im Konstruktor Code implementieren, der die vorhergehende Initialisierung der statischen Klassenmitglieder voraussetzt.

3.9.4 Statische Klassen

Es gibt Klassen, die nur statische Mitglieder enthalten. Meistens handelt es sich dabei um Klassen, die allgemeingültige Operationen bereitstellen. In der .NET-Klassenbibliothek gibt es davon einige, die Klasse Math gehört auch dazu. Ein besonderes Merkmal statischer Klassen ist, dass sie nicht instanziiert werden können.

Das folgende Listing zeigt die benutzerdefinierte Klasse Mathematics, die die beiden Methoden Add und Subtract definiert.

```
public static class Mathematics {
  public static double Add(params double[] values) {
    [...]
  }
  public static double Subtract(params double[] values) {
    [...]
  }
  [...]
}
```

Listing 3.47 Beispiel einer statischen Klasse

Der Aufruf statischer Klassen erfolgt unter Angabe des Klassenbezeichners, bezogen auf die Klasse Mathematics also mit:

```
Mathematics.Add(2, 77, 99);
```

Wenn Sie static als Modifizierer einer Klasse angeben, müssen Sie die folgenden Punkte beachten:

- Statische Klassen dürfen nur statische Klassenmitglieder haben. Der Modifizierer `static` ist auch bei den Membern anzugeben.
- Statische Klassen enthalten keine Konstruktoren und können deshalb auch nicht instanziiert werden. Der parameterlose Konstruktor ist implizit `private`.

3.9.5 Statische Klasse oder Singleton-Pattern?

Eine statische Klasse ist sinnvoll, wenn Sie keine Instanziierung der Klasse zulassen wollen. Man könnte auch sagen, in der Anwendung gibt es nur ein Objekt dieses Typs, obwohl der Begriff »Objekt« im Zusammenhang mit statischen Klassen nicht präzise verwendet wird. Dasselbe Ziel wird auch von einem Design Pattern verfolgt, das als **Singleton-Pattern** bekannt ist.

> **Anmerkung**
> Als Design Pattern bezeichnet man allgemein verwendbare Lösungsansätze für immer wiederkehrende Probleme im Umfeld eines Softwareentwurfs. Design Patterns beschreiben also im weitestgehenden Sinn Schablonen, die in einem bestimmten Kontext einer Software immer wieder verwendet werden können.

Betrachten wir das Singleton-Pattern an dem konkreten Beispiel der Klasse `Demo`. Ergänzend zum allgemein verwendeten Pattern beschreibt die Klasse zu Demonstrationszwecken mit `Value` eine Eigenschaft.

```
public class Demo {
  private static Demo _Instance = null;
  public int Value { get; set;}
  private Demo() { }
  public static Demo Instance {
    get {
      if (_Instance == null) {
        _Instance = new Demo();
      }
      return _Instance;
    }
  }
}
```

Listing 3.48 Klassendesign nach dem Singleton-Pattern

Werfen wir einen Blick in die Klassendefinition. Es fällt auf, dass der parameterlose Standardkonstruktor `private` implementiert ist. Da kein weiterer Konstruktor in der Klasse enthalten ist, kann die Klasse nicht instanziiert werden. In der Klasse ist ein statisches Feld vom Typ `Demo` definiert. Sie erinnern sich, statische Member können in einer laufenden Anwendung nur einmal existieren. Mit `Instance` enthält die Klasse `Demo` auch eine statische Methode. Der

Clou ist, dass innerhalb der Methode das statische Feld dahingehend geprüft wird, ob es ein konkretes Demo-Objekt beschreibt oder null ist. Im letztgenannten Fall wird ein Demo-Objekt erzeugt und die Referenz im statischen Feld _Instance gespeichert. Hat das statische Feld jedoch nicht den Inhalt null, handelt es sich um ein Demo-Objekt, dessen Referenz an den Aufrufer der Methode Instance zurückgeliefert wird.

Nein, es ist kein Widerspruch darin zu sehen, dass die Klasse keinen öffentlichen Konstruktor enthält und plötzlich dennoch ein Objekt erzeugen kann. Der Konstruktor ist natürlich innerhalb der Klasse aufrufbar, somit kann auch ein Objekt erzeugt werden. Die Logik der Methode Instance garantiert jedoch, dass nur einmal ein Demo-Objekt erzeugt werden kann.

Prüfen lässt sich die Klasse ganz simpel mit dem folgenden Listing:

```
Demo demo = Demo.Instance;
demo.Value = 128;
Demo demo1 = Demo.Instance;
Console.WriteLine(demo1.Value);
```

Listing 3.49 Testen eines Singleton-Klassendesigns

Trotz des zweimaligen Aufrufs von Instance wird an der Konsole der Wert 128 ausgegeben – der Beweis dafür, dass tatsächlich nur ein Demo-Objekt existiert.

Dasselbe Ergebnis können wir auch erzielen, wenn wir eine statische Klasse bereitstellen. Dabei können wir sogar auf die Methode *Instance* verzichten, der Code wird also einfacher. Welche Vorteile und Nachteile zwischen dem Singleton-Pattern und einer statischen Klassendefinition sind also zu notieren? Im Grunde genommen beschränken sich die Unterschiede auf zwei wesentliche Punkte:

- Bei Verwendung des Singleton-Patterns wird tatsächlich ein Objekt erzeugt, das zu einem späteren Zeitpunkt vom Garbage Collector zerstört werden muss. Eine statische Klasse beschreibt hingegen kein Objekt und fällt damit auch nicht in den Aufgabenbereich des Garbage Collectors. Ein Pluspunkt für die statische Klasse.
- Statische Klassen können nicht abgeleitet werden. Auch wenn uns die damit im Zusammenhang stehende Vererbung thematisch erst im nächsten Kapitel beschäftigen wird, sei dieser Punkt, der generell als ein Nachteil bewertet werden muss, an dieser Stelle erwähnt.

3.10 Namensräume (Namespaces)

Die .NET-Klassenbibliothek enthält zahlreiche Klassendefinitionen, die dem Entwickler im Bedarfsfall ihre individuellen Dienste über Methoden bereitstellen. Es kann davon ausgegangen werden, dass sich das Angebot im Laufe der Zeit durch neue Technologien noch deutlich erweitern wird. Dabei sind die benutzerdefinierten Klassen noch nicht berücksichtigt.

Gäbe es für dieses große Angebot keine besondere Verwaltungsstruktur, wäre das Chaos perfekt. Erfahrene Entwickler wissen, wie schwierig es ist, aus den ca. 5.000 bis 6.000 verschiedenen Betriebssystemfunktionen eine bestimmte zu finden. Da hilft auch kein von Microsoft sorgfältig gewählter, beschreibender Funktionsname weiter: Die Suche gleicht dem Stöbern nach der berühmten Stecknadel im Heuhaufen. Dieser Problematik waren sich die .NET-Architekten bewusst und haben das Konzept der **Namespaces** (Namensräume) eingeführt. Namespaces sind hierarchische, logische Organisationsstrukturen. Sie kategorisieren Typdefinitionen, um das Auffinden einer bestimmten Funktionalität auf ein Minimum an Aufwand zu reduzieren und Mehrdeutigkeiten zu vermeiden.

Namespaces lassen sich sehr gut mit der Ordnerstruktur eines Dateisystems vergleichen. Dabei ähnelt ein Namespace einem Verzeichnis. Jedes Verzeichnis enthält Dateien, die meist logisch miteinander in Beziehung stehen: Beispielsweise können die Dateien eine Anwendung bilden, oder es handelt sich um gemeinsam verwaltete Benutzerdokumente. Innerhalb eines Namespaces werden ebenfalls logisch zusammenhängende Typen verwaltet. Beim Vergleich mit dem physikalischen Dateisystem entspricht eine Typdefintion einer Datei. Innerhalb eines Ordners muss der Name einer Datei eindeutig sein – innerhalb eines Namespaces gilt dasselbe für die Typbezeichner. Im Dateisystem können Verzeichnisse Unterverzeichnisse enthalten, um eine feinere Gliederung zu erzielen. Aus denselben Gründen können Namespaces weitere Namespaces einbetten.

Ein Namespace ist ein Verwaltungskonstrukt, in dem ein oder mehrere Typen logisch gruppiert werden, die funktional in einer verwandtschaftlichen Beziehung stehen. Beispielsweise sind alle Klassen des .NET-Frameworks, die Dateioperationen zur Verfügung stellen, dem Namespace System.IO zugeordnet. Der größte Namespace ist der mit der Bezeichnung System. Er enthält die wichtigsten .NET-Typen und hat aus organisatorischen Gründen weitere, untergeordnete Namespaces.

Zwischen einem Namespace und einer Bibliotheksdatei (DLL), die Typdefinitionen enthält, besteht keine 1:1-Beziehung. Vielmehr kann sich ein Namespace über mehrere DLLs erstrecken. Umgekehrt können in einer DLL-Datei auch mehrere Namespaces definiert werden.

Grundsätzlich ist jede Typdefinition Mitglied eines Namespaces. Folgerichtig wird auch jedweder Programmcode in Namespaces verwaltet. Jedes neue Projekt eröffnet dazu einen neuen Namespace, in dem alle Typen des aktuellen Projekts verwaltet werden.

3.10.1 Zugriff auf Namespaces

Es ist ein Irrtum zu glauben, man könne ohne weitere Maßnahme auf jeden beliebigen Namespace und eine darin verwaltete Klasse Zugriff erhalten. Vielmehr muss dem Projekt die Klassenbibliothek, die den gewünschten Namespace enthält, bekannt gegeben werden.

Damit jedes Projekt von Anfang an eine gewisse Grundfunktionalität hat, werden die wichtigsten Bibliotheken von Anfang an in jedes Projekt eingebunden. Sie finden die Liste der entsprechenden Dateiverweise im Projektmappen-Explorer, wenn Sie den Knoten Verweise öffnen. Die Dateiendung wird in der Verweisliste nicht mit angegeben (siehe Abbildung 3.6).

3.10 Namensräume (Namespaces)

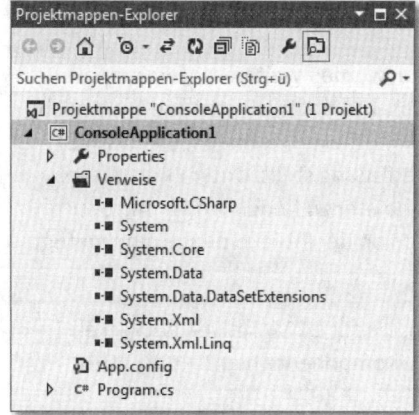

Abbildung 3.6 Der geöffnete Knoten »Verweise«

Damit stehen dem Entwickler bereits nach dem Anlegen eines neuen Projekts sehr viele Klassen zur Verfügung – nämlich die, die in den Bibliotheken enthalten sind, auf die verwiesen wird. Sollte es sich im Laufe der Entwicklungszeit herausstellen, dass darüber hinaus noch weitere benötigt werden, muss die Verweisliste mit den entsprechenden Bibliotheken ergänzt werden. Dazu öffnen Sie das Kontextmenü des Knotens VERWEISE im Projektmappen-Explorer und wählen VERWEIS HINZUFÜGEN.... Daraufhin wird das in Abbildung 3.7 dargestellte Dialogfenster VERWEIS-MANAGER angezeigt. In der Registerkarte .NET wird die gewünschte Datei markiert und über die Schaltfläche OK zur Liste der ausgewählten Komponenten hinzugefügt. In Tabelle 3.3 sind die Registerkarten des Dialogs erläutert.

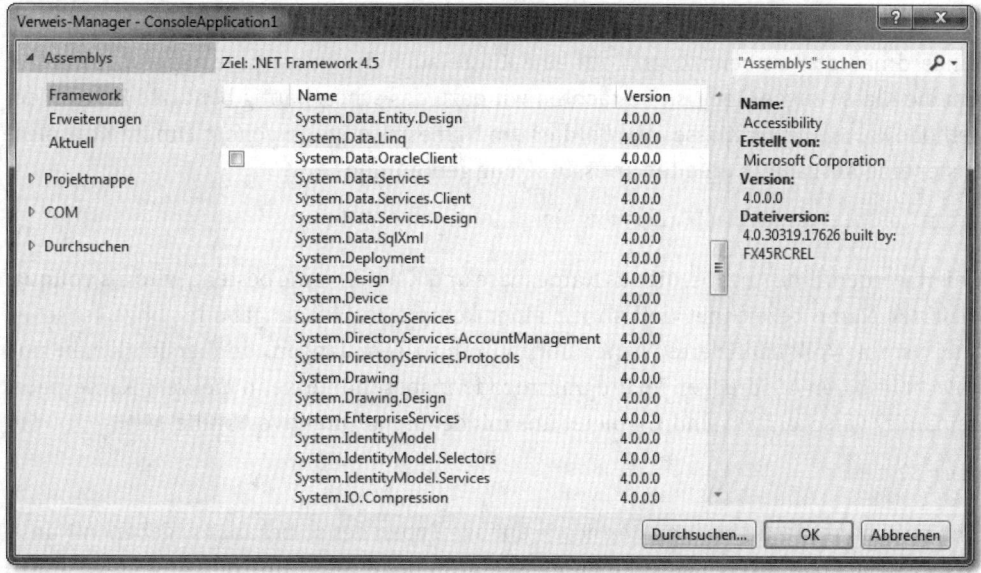

Abbildung 3.7 Der Dialog zum Hinzufügen von Verweisen

Registerkarte	Beschreibung
Assemblies	Wenn diese Registerkarte aktiviert wird, werden weitere Untergruppen angezeigt: FRAMEWORK, ERWEITERUNGEN und unter Umständen auch noch AKTUELL. Unter FRAMEWORK sind alle Bibliotheken zu finden, die das .NET Framework in der Ausgangslage zur Verfügung stellt. Unter ERWEITERUNGEN sind die Komponenten externer Anbieter zu finden, und in AKTUELL findet man alle Verweise, die abweichend von der Projektvorlage hinzugefügt worden sind.
COM	Möchten Sie eine Komponente nutzen, die für COM/ActiveX entwickelt worden ist, suchen Sie die gewünschte Komponente hier.
Durchsuchen	Über diese Lasche können Sie zu einer Komponente im Dateisystem navigieren.
Projektmappe	Hier werden alle (kompatiblen) Projekte in der Projektmappe aufgelistet.

Tabelle 3.3 Die Registerkarten des Dialogs »Verweis-Manager«

Wenn Sie wissen, welche Klasse Sie in Ihrem Projekt benötigen, stellt sich nur noch die Frage, in welcher Datei die Klasse zu finden ist. Die Lösung ist sehr einfach, wenn Sie sich das Datenblatt der entsprechenden Klasse in der .NET-Dokumentation ansehen. Darin werden Sie sowohl die Angabe des Namespaces finden, dem die Klasse zugeordnet ist, als auch die Angabe der zugehörigen Bibliotheksdatei.

3.10.2 Die »using«-Direktive

Standardmäßig muss beim Zugriff auf eine Klasse auch der Namespace angeführt werden, dem die Klasse zugeordnet ist. Betrachten wir dazu das schon häufig benutzte Beispiel der Methode WriteLine der Klasse Console, die zum Namespace System gehört. Um im Konsolenfenster eine Ausgabe zu erhalten, müsste streng genommen

```
System.Console.WriteLine("Hallo Welt");
```

codiert werden. Eine Angabe, die aus Namespace und Klassenname besteht, wird als **vollqualifizierter Name** bezeichnet und ähnelt einer kompletten Pfadangabe im physikalischen Dateisystem. Vollqualifizierte Namen führen oft zu sehr langen, unübersichtlichen und schlecht lesbaren Ausdrücken im Programmcode, insbesondere wenn mehrere Namespaces ineinander verschachtelt sind. C# bietet uns mit der using-Direktive Abhilfe. Mit

```
using System;
```

kann an späterer Stelle im Programmcode auf alle Typen des so bekannt gegebenen Namespaces unter Angabe des Typbezeichners zugegriffen werden, ohne den vollqualifizierten Namen angeben zu müssen:

```
Console.WriteLine("Hallo Welt");
```

using-Direktiven stehen außerhalb der Klassendefinitionen und beziehen sich nur auf die Quellcodedateien, in denen sie angegeben sind.

3.10.3 Globaler Namespace

In .NET gibt es einen sogenannten globalen Namespace. Diesem werden die folgenden Elemente zugeordnet:

- alle Top-Level-Namespaces
- alle Typen, die keinem Namespace zugeordnet sind

Der Zugriff auf den globalen Namespace unterliegt einer speziellen Syntax und wird in Abschnitt 3.10.5 erläutert.

3.10.4 Vermeiden von Mehrdeutigkeiten

Namespaces dienen zur Strukturierung und Gruppierung von Klassen mit ähnlichen Merkmalen, aber auch zur Vermeidung von Mehrdeutigkeiten. Konflikte aufgrund gleicher Typbezeichner werden durch Namespaces vermieden. Allerdings kann die Bekanntgabe mehrerer Namespaces mit using Probleme bereiten, sollten in zwei verschiedenen Namespaces jeweils gleichnamige Typen existieren. Dann hilft using auch nicht weiter. Angenommen, in den beiden fiktiven Namespaces MyApplication und YourApplication wäre jeweils eine Klasse Person definiert, dann würde der folgende Code wegen der Uneindeutigkeit des Klassenbezeichners einen Fehler verursachen:

```
using MyApplication;
using YourApplication;
class Demo {
  static void Main(string[] arr) {
    Person obj = new Person();
    [...]
  }
}
```

Die Problematik lässt sich vermeiden, wenn der Namespace der Klasse Person näher spezifiziert wird, beispielsweise mit:

```
MyApplication.Person person = new MyApplication.Person();
```

Es gibt auch noch eine weitere Möglichkeit, um den Eindeutigkeitskonflikt oder eine überlange Namespace-Angabe zu vermeiden: die Definition eines Alias. Während die einfache Angabe ohne Alias hinter using nur einen Namespace erlaubt, ersetzt ein Alias den vollständig qualifizierenden Typbezeichner. Damit könnte die Klasse Person in den beiden Namespaces auch wie folgt genutzt werden:

```
using FirstPerson = MyApplication.Person;
using SecondPerson = YourApplication.Person;
[...]
FirstPerson person = new FirstPerson();
```

Genauso können Sie, falls Sie Spaß daran haben, die Klasse Console »umbenennen«, z.B. in Ausgabe:

```
using Ausgabe = System.Console;
[...]
Ausgabe.WriteLine("Hallo Welt");
```

3.10.5 Namespaces festlegen

Jedem neuen C#-Projekt wird von der Entwicklungsumgebung automatisch ein Namespace zugeordnet. Standardmäßig sind Namespace- und Projektbezeichner identisch.

Solange sich Typen innerhalb desselben Namespaces befinden, können sie sich gegenseitig direkt mit ihrem Namen ansprechen. Die Klassen DemoA, DemoB und DemoC des folgenden Codefragments sind demselben Namespace zugeordnet und benötigen deshalb keine vollqualifizierte Namensangabe.

```
namespace MyApplication
{
  class DemoA {[...]}
  class DemoB {{...]}
  class DemoC {[...]}
}
```

Jeden Namespace können Sie selbstverständlich nach eigenem Ermessen benennen. Häufig verwenden die Unternehmen dazu ihren Unternehmensnamen. Zudem lassen sich auch mehrere Namespaces angeben, wie das folgende Listing zeigt:

```
using System;
using MyApp;
using ConsoleApplication;
namespace ConsoleApplication
{
  class Program {
    static void Main(string[] args) {
      // erfordert: using MyApp;
      Demo obj = new Demo();
    }
  }
}
namespace MyApp
{
  public class Demo {
    public void Test() {
```

```
        // erfordert: using ConsoleApplication;
        Program obj = new Program();
    }
  }
}
```

Listing 3.50 Angabe mehrerer Namespaces

Das Beispiel zeigt die beiden parallelen Namespaces ConsoleApplication und MyApp. Jeder enthält eine Klasse mit einer Methode, in der ein Objekt vom Typ der Klasse aus dem anderen Namespace instanziiert wird. Da der Zugriff namespace-übergreifend ohne die Angabe des vollqualifizierten Bezeichners erfolgt, müssen beide Namespaces durch using bekannt gegeben werden.

Eingebettete Namespaces

Ein Namespace kann mit einem Ordner des Dateisystems verglichen werden. So wie ein Ordner mehrere Unterordner enthalten kann, können auch Namespaces eine hierarchische Struktur bilden. Der oberste Namespace, der entweder dem Projektnamen entspricht oder manuell verändert worden ist, bildet die Wurzel der Hierarchie, ähnlich einer Laufwerksangabe.

Soll dieser Stamm-Namespace eine feinere Strukturierung aufweisen und eingebettete Namespaces verwalten, wird innerhalb eines Namespaces ein weiterer, untergeordneter Namespace definiert:

```
namespace Outer {
  class DemoA {
    static void Main(string[] args) {
      DemoB obj = new DemoB();
    }
  }
  namespace Inner {
    class DemoB {
      public void TestProc() {/*...*/}
    }
  }
}
```

Listing 3.51 Verschachtelte Namespaces

Ein Typ in einem übergeordneten Namespace hat nicht automatisch Zugriff auf einen Typ in einem untergeordneten Namespace. Damit das Codefragment auch tatsächlich fehlerfrei kompiliert werden kann, ist es erforderlich, mit

```
using Outer.Inner;
```

den inneren Gültigkeitsbereich den Typen in der übergeordneten Ebene bekannt zu geben.

3.10.6 Der »::«-Operator

Auch für Namespaces lässt sich ein Alias festlegen, beispielsweise:

```
using EA = System.IO;
```

Sie können nun wie gewohnt den Punktoperator auf den Alias anwenden, also:

```
EA.StreamReader reader = new EA.StreamReader("...");
```

Seit dem .NET Framework 2.0 bietet sich aber auch die Möglichkeit, mit dem ::-Operator auf Typen aus Namespace-Aliasen zu verweisen.

```
EA::StreamReader reader = new EA::StreamReader("...");
```

Die Einführung des ::-Operators hatte den Grund, unschöne Effekte zu vermeiden, die sich im Zusammenhang mit Namespace-Aliasen und dem Punkt-Operator ergeben können. Sehen Sie dazu den folgenden Beispielcode an:

```
using System;
using Document = Tollsoft.Developement.Office;
namespace ConsoleApplication {
  class Program {
    static void Main(string[] args) {
      Document.Demo demo = new Document.Demo();
    }
  }
}
namespace Tollsoft.Developement.Office {
  class Demo { }
}
```

Richten Sie Ihr Augenmerk auf die Anweisung in der Methode Main. Die Syntax Document.Demo lässt nicht eindeutig erkennen, ob es sich bei *Document* um einen Namespace handelt oder um einen Namespace-Alias. Zudem wäre auch noch denkbar, dass Demo eine innere Klasse von Document ist. Die Verwendung des ::-Operators würde zumindest demjenigen Entwickler eine Hilfe sein, der sich in den Quellcode neu einarbeiten muss. Besser wäre also die folgende Anweisung:

```
Document::Demo demo = new Document::Demo();
```

Noch bedeutender wird der ::-Operator, wenn in einer anderen Assembly, auf die im Projekt verwiesen wird, ein Namespace oder ein Typ mit dem gleichen Namen wie der Alias angeboten wird. Die Syntax Document.Demo würde dann sogar zu einem Fehler führen, während Document::Demo eindeutig ist.

Der ::-Operator gestattet auch den Zugriff auf den globalen Namespace. Das setzt nur die Voranstellung des C#-Schlüsselworts global voraus. Auf Typen, die Sie nicht explizit einem Namespace zugeordnet haben, können Sie auf diese Weise zugreifen (siehe Abbildung 3.8).

Hinweis

Man sollte diese Überlegung nicht einfach mit der Hand vom Tisch wischen, wenn aktuell kein Konflikt mit einem Namespace oder Typ in einer anderen Assembly vorliegt. Möglicherweise wird die Assembly, auf die verwiesen wird, später in einer neueren Version ausgeliefert. Spätestens dann könnte es zu einem Eindeutigkeitskonflikt kommen.

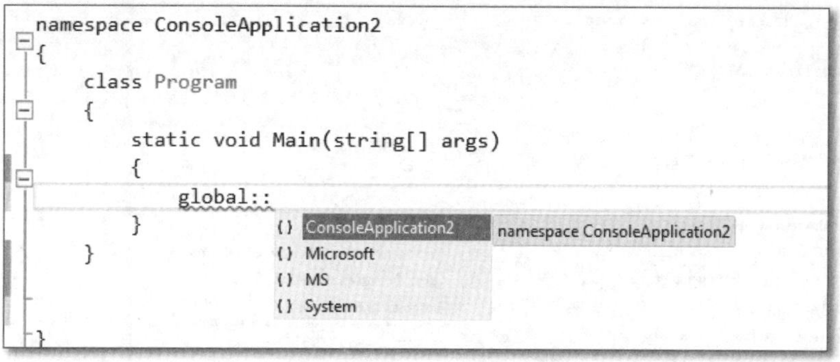

```
namespace ConsoleApplication2
{
    class Program
    {
        static void Main(string[] args)
        {
            global::
        }
    }
}
```
{} ConsoleApplication2   namespace ConsoleApplication2
{} Microsoft
{} MS
{} System

Abbildung 3.8 Der globale Namespace

Halten wir an dieser Stelle den Einsatz des ::-Operators fest:

- Der ::-Operator ist notwendig, um mit Hilfe von global auf den globalen Namespace zuzugreifen.
- Der ::-Operator sollte benutzt werden, um bei Verwendung eines Namespace-Alias kenntlich Eindeutigkeitskonflikte zu vermeiden.

3.10.7 Unterstützung von Visual Studio 2012 bei den Namespaces

Mit dem Anlegen eines neuen Projekts gibt Visual Studio eine Reihe von Namespaces mit using an. Welche das sind, hängt von der Projektvorlage ab. Dabei sind Namespaces, die durchaus benötigt werden, aber auch solche, von denen angenommen wird, dass ein Entwickler sie vielleicht gebrauchen könnte.

Sie können die in einer Quellcodedatei nicht benötigten Namespaces mit Hilfe der Entwicklungsumgebung sehr einfach loswerden. Öffnen Sie dazu das Kontextmenü des Code-Editors, und wählen Sie hier USING-DIREKTIVEN ORGANISIEREN. Anschließend können Sie entweder die nicht benötigten Direktiven löschen oder alle sortieren lassen (siehe Abbildung 3.9).

Ein ebenfalls sehr sinnvolles Feature ist das automatische Hinzufügen von benötigten using-Direktiven. Das setzt allerdings voraus, dass Sie die Klasse und natürlich auch deren Schreibweise hinsichtlich der Groß- und Kleinschreibung kennen. Geben Sie einfach den Klassenbezeichner im Editor ein, z.B. StreamReader. Anschließend setzen Sie den Mauscursor auf die

Typangabe, öffnen das Kontextmenü und wählen hier AUFLÖSEN. Sie können sich dann entscheiden, ob die entsprechende using-Direktive in den Kopf der Quellcodedatei geschrieben werden soll oder der Typ vollqualifizierend im Code angegeben wird (siehe Abbildung 3.10).

Abbildung 3.9 Verwalten der »using«-Direktiven in Visual Studio 2012

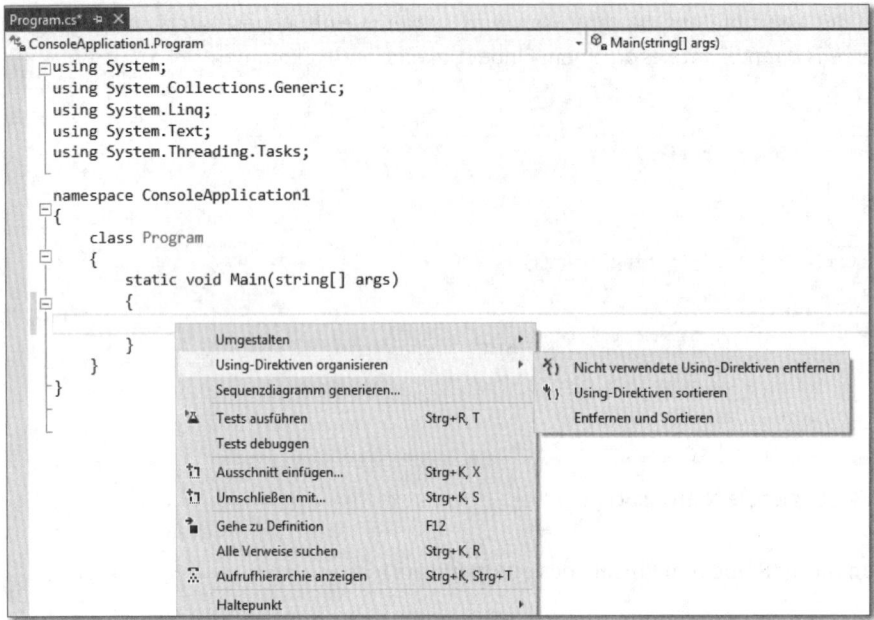

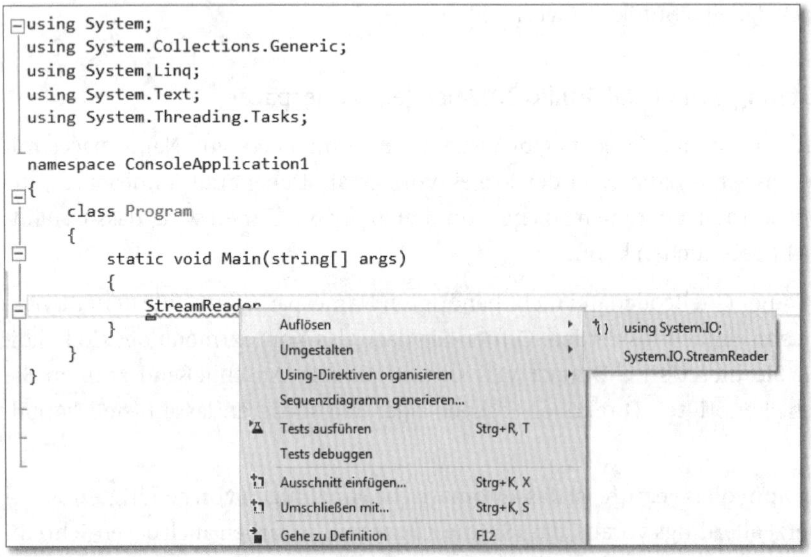

Abbildung 3.10 Unterstützung bei der Angabe der erforderlichen »using«-Direktiven

3.11 Stand der Klasse »Circle«

Ehe wir uns im nächsten Kapitel den nächsten Themen widmen, wollen wir noch alle Codefragmente unserer Klasse Circle übersichtlich zusammenfassen.

```
// Beispiel: ..\Kapitel 3\GeometricObjectsSolution_1
public class Circle {
  // ---------- Klasseneigenschaft ------------------
  private static int _CountCircles;
  public static int CountCircles {
    get { return _CountCircles; }
  }
  // ---------- Konstruktoren ----------------
  public Circle() : this(0, 0, 0) { }
  public Circle(int radius) : this(radius, 0, 0) { }
  public Circle(int radius, double x, double y) {
    Radius = radius;
    XCoordinate = x;
    YCoordinate = y;
    Circle._CountCircles++;
  }
  // --------- Eigenschaften -----------
  public double XCoordinate { get; set; }
  public double YCoordinate { get; set; }
  private int _Radius;
  public int Radius {
    get { return _Radius; }
    set {
      if (value >= 0)
        _Radius = value;
      else
        Console.WriteLine("Unzulässiger negativer Radius.");
    }
  }
  // ---------- Instanzmethoden ----------
  public double GetArea() {
    return Math.Pow(Radius, 2) * Math.PI;
  }
  public double GetCircumference() {
    return 2 * Radius * Math.PI;
  }
  public int Bigger(Circle kreis) {
    if (kreis == null || Radius > kreis.Radius) return 1;
    if (Radius < kreis.Radius) return -1;
    else return 0;
  }
```

```csharp
    public void Move(double dx, double dy) {
      XCoordinate += dx;
      YCoordinate += dy;
    }
    public void Move(double dx, double dy, int dRadius) {
      XCoordinate += dx;
      YCoordinate += dy;
      Radius += dRadius;
    }
    // --------- Klassenmethoden ------------
    public static double GetArea(int radius) {
      return Math.Pow(radius, 2) * Math.PI;
    }
    public static double GetCircumference(int radius) {
      return 2 * radius * Math.PI;
    }
    public static int Bigger(Circle kreis1, Circle kreis2) {
      if (kreis1 == null && kreis2 == null) return 0;
      if (kreis1 == null) return -1;
      if (kreis2 == null) return 1;
      if (kreis1.Radius > kreis2.Radius) return 1;
      if (kreis1.Radius < kreis2.Radius) return -1;
      return 0;
    }
}
```

Kapitel 4
Vererbung, Polymorphie und Interfaces

4.1 Die Vererbung

Die objektorientierte Programmierung baut auf drei Säulen auf: Datenkapselung, Vererbung und Polymorphie. Viele Entwickler sprechen sogar von vier Säulen, weil sie die Klassendefinition mit einbeziehen. Über Letzteres lässt sich trefflich diskutieren, da eine Klassendefinition selbst wieder das Fundament der anderen drei Säulen ist. Aber wie dem auch sei, zwei Säulen bleiben für uns noch übrig, nämlich die Vererbung und die Polymorphie. Beiden wollen wir uns in diesem Kapitel widmen.

4.1.1 Basisklassen und abgeleitete Klassen

Welche Fähigkeit würden Sie von einem Circle-Objekt neben den bereits implementierten Fähigkeiten noch erwarten? Wahrscheinlich eine ganz wesentliche, nämlich die Fähigkeit, sich in einer beliebigen grafikfähigen Komponente visualisieren zu können. Bisher fehlt dazu noch eine passende Methode.

Die Klasse Circle soll jedoch von uns als abgeschlossen betrachtet werden. Damit simulieren wir zwei Ausgangssituationen, die in der täglichen Praxis häufig auftreten:

- Die Implementierung einer Klasse, wie beispielsweise Circle, ist für viele Anwendungsfälle völlig ausreichend. Eine Ergänzung der Memberliste würde nicht allgemeinen, sondern nur speziellen Zusatzanforderungen genügen.
- Die Klasse liegt im kompilierten Zustand vor. Damit besteht auch keine Möglichkeit, den Quellcode der Klasse um weitere Fähigkeiten zu ergänzen.

Wie kann das Problem gelöst werden, eine Klasse um zusätzliche Fähigkeiten zu erweitern, damit sie weiter gehenden Anforderungen gewachsen ist?

Die Antwort ist sehr einfach und lautet: Es muss eine weitere Klasse entwickelt werden. Diese soll im weiteren Verlauf GraphicCircle heißen. Die zusätzliche Klasse soll einerseits alle Fähigkeiten der Klasse Circle haben und darüber hinaus auch noch eine Methode namens Draw, um das Objekt zu zeichnen. Mit der **Vererbung**, einer der eingangs erwähnten Säulen der objektorientierten Programmierung, ist die Lösung sehr einfach zu realisieren.

Eine Klasse, die ihre Member als Erbgut einer abgeleiteten Klasse zur Verfügung stellt, wird als **Basisklasse** bezeichnet. Die erbende Klasse ist die **Subklasse** oder einfach nur die **abgeleitete Klasse**. Dem Grundprinzip der Vererbung folgend, verfügen abgeleitete Klassen normalerweise über mehr Funktionalitäten als ihre Basisklasse.

Zwei Klassen, die miteinander in einer Vererbungsbeziehung stehen, werden, wie in Abbildung 4.1 gezeigt, durch einen Beziehungspfeil von der abgeleiteten Klasse in Richtung der Basisklasse dargestellt.

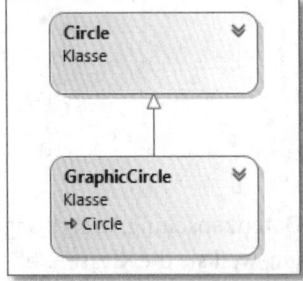

Abbildung 4.1 Die Vererbungsbeziehung zwischen den Klassen »Circle« und »GraphicCircle«

Die Vererbungslinie ist nicht zwangsläufig mit dem Ableiten einer Klasse aus einer Basisklasse beendet. Eine Subklasse kann ihrerseits selbst zur Basisklasse mutieren, wenn sie selbst abgeleitet wird. Es ist auch möglich, von einer Klasse mehrere Subklassen abzuleiten, die dann untereinander beziehungslos sind. Am Ende kann dadurch eine nahezu beliebig tiefe und weit verzweigte Vererbungshierarchie entstehen, die einer Baumstruktur ähnelt.

Jeder Baum hat einen Stamm. Genauso sind auch alle Klassen von .NET auf eine allen gemeinsame Klasse zurückzuführen: `Object`. Diese Klasse ist die einzige in der .NET-Klassenbibliothek, die selbst keine Basisklasse hat. Geben Sie bei einer Klassendefinition keine Basisklasse explizit an, ist `Object` immer die direkte Basisklasse. Deshalb finden Sie in der IntelliSense-Hilfe auch immer die Methoden `Equals`, `GetType`, `ToString` und `GetHashCode`, die aus `Object` geerbt werden.

Prinzipiell wird in der Objektorientierung zwischen der **Einfach-** und der **Mehrfachvererbung** unterschieden. Bei der einfachen Vererbung hat eine Klasse nur eine direkte Basisklasse, bei der Mehrfachvererbung können es mehrere sein. Eine Klassenhierarchie, die auf Mehrfachvererbung basiert, ist komplex und kann unter Umständen zu unerwarteten Nebeneffekten führen. Um solchen Konflikten aus dem Weg zu gehen, wird die Mehrfachvererbung von .NET nicht unterstützt. Damit werden einerseits zwar bewusst Einschränkungen in Kauf genommen, die aber andererseits durch die Schnittstellen (`interfaces`) nahezu gleichwertig ersetzt werden. Das Thema der Interfaces wird uns später in diesem Kapitel noch beschäftigen.

4.1.2 Die Ableitung einer Klasse

Wenden wir uns nun wieder unserem Beispiel zu, und ergänzen wir das Projekt `GeometricObjectsSolution` um die Klasse `GraphicCircle`, die die Klasse `Circle` ableiten soll. Zudem soll `GraphicCircle` um die typspezifische Methode `Draw` erweitert werden. Die Ableitung wird in der neuen Klassendefinition durch einen Doppelpunkt und die sich daran anschließende Bekanntgabe der Basisklasse zum Ausdruck gebracht:

```
public class GraphicCircle : Circle
{
  public void Draw() {
    Console.WriteLine("Der Kreis wird gezeichnet");
  }
}
```

Listing 4.1 Die Definition der abgeleiteten Klasse »GraphicCircle«

> **Anmerkung**
> Wir wollen an dieser Stelle das Kreisobjekt nicht wirklich zeichnen, sondern nur stellvertretend eine Zeichenfolge an der Konsole ausgeben.

Die Konsequenz der Vererbung können Sie zu diesem Zeitpunkt bereits sehen, wenn Sie ein Objekt des Typs `GraphicCircle` mit

```
GraphicCircle gCircle = new GraphicCircle();
```

erzeugen und danach die Punktnotation auf den Objektverweis anwenden: In der IntelliSense-Hilfe werden neben der neuen Methode `Draw` alle öffentlichen Mitglieder der Klasse `Circle` angezeigt, obwohl diese in der abgeleiteten Klasse nicht definiert sind (siehe Abbildung 4.2). Natürlich fehlen auch nicht die aus `Object` geerbten Methoden, die ebenfalls über die »Zwischenstation« `Circle` zu Mitgliedern der Klasse `GraphicCircle` werden.

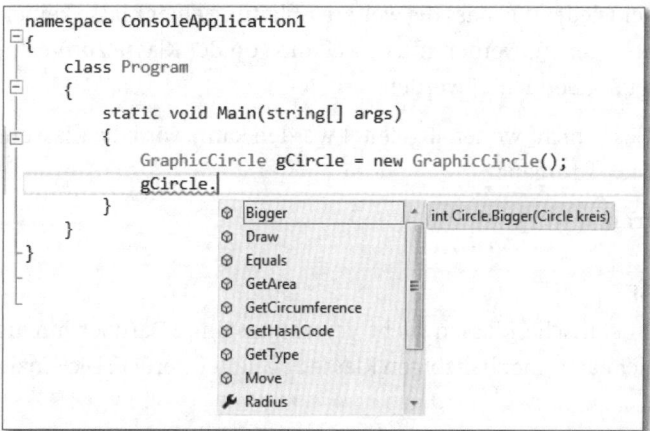

Abbildung 4.2 Die von der Klasse »Circle« geerbten Fähigkeiten

Die Tatsache, dass ein Objekt vom Typ `GraphicCircle` alle Komponenten der Klasse `Circle` offenlegt, lässt unweigerlich den Schluss zu, dass das Objekt einer abgeleiteten Klasse auch gleichzeitig ein Objekt der Basisklasse sein muss. Zwischen den beiden in der Vererbungshierarchie in Beziehung stehenden Klassen existiert eine Beziehung, die als **Ist-ein(e)-Beziehung** bezeichnet wird.

> **Merkregel**
> Ein Objekt vom Typ einer abgeleiteten Klasse ist gleichzeitig auch **immer** ein Objekt vom Typ seiner Basisklasse.

Das bedeutet konsequenterweise, dass ein Objekt vom Typ `GraphicCircle` gleichzeitig auch ein Objekt vom Typ `Object` ist – so wie auch ein `Circle`-Objekt vom Typ `Object` ist. Letztendlich ist alles im .NET Framework vom Typ `Object`. Eine weitere wichtige Schlussfolgerung kann ebenfalls daraus gezogen werden: In Richtung der Basisklassen werden die Objekte immer allgemeiner, in Richtung der abgeleiteten Klassen immer spezialisierter.

Die Aussage, dass es sich bei der Vererbung um die codierte Darstellung einer *Ist-ein(e)-Beziehung* handelt, sollten Sie sich sehr gut einprägen. Es hilft dabei, Vererbungshierarchien sinnvoll und realitätsnah umzusetzen. Sie werden dann sicher nicht auf die Idee kommen, aus einem Elefanten eine Mücke abzuleiten, nur weil der Elefant vier Beine hat und eine Mücke sechs. Sie würden in dem Sinne zwar aus einer Mücke einen Elefanten machen, aber eine Mücke ist nicht gleichzeitig ein Elefant ...

4.1.3 Klassen, die nicht abgeleitet werden können

Klassen, die als »sealed« definiert sind

Klassen, die abgeleitet werden, vererben den abgeleiteten Klassen ihre Eigenschaften und Methoden. Es kommt aber immer wieder vor, dass die weitere Ableitung einer Klasse keinen Sinn ergibt oder sogar strikt unterbunden werden muss, weil die von der Klasse zur Verfügung gestellten Dienste als endgültig betrachtet werden.

Um sicherzustellen, dass eine Klasse nicht weiter abgeleitet werden kann, wird die Klassendefinition um den Modifizierer `sealed` ergänzt:

`public sealed class GraphicCircle {[...]}`

Statische Klassen und Vererbung

Neben `sealed`-Klassen sind auch statische Klassen nicht vererbungsfähig. Darüber hinaus dürfen statische Klassen auch nicht aus einer beliebigen Klasse abgeleitet werden. Die einzig mögliche Basisklasse ist `Object`.

4.1.4 Konstruktoren in abgeleiteten Klassen

Bei der Erzeugung des Objekts einer abgeleiteten Klasse gelten dieselben Regeln wie beim Erzeugen des Objekts einer Basisklasse:

- Es wird generell ein Konstruktor aufgerufen.
- Der Subklassenkonstruktor darf überladen werden.

Konstruktoren werden grundsätzlich nicht von der Basisklasse an die Subklasse weitervererbt. Daher müssen alle erforderlichen bzw. gewünschten Konstruktoren in der abgeleiteten Klasse definiert werden. Das gilt auch für den statischen Initialisierer. Abgesehen vom impliziten, parameterlosen Standardkonstruktor

```
public GraphicCircle(){}
```

ist die Klasse `GraphicCircle` daher noch ohne weiteren Konstruktor. Um dem Anspruch zu genügen, einem `Circle`-Objekt auch hinsichtlich der Instanziierbarkeit gleichwertig zu sein, benötigen wir insgesamt drei Konstruktoren, die in der Lage sind, entweder den Radius oder den Radius samt den beiden Bezugspunktkoordinaten entgegenzunehmen. Außerdem müssen wir berücksichtigen, dass Objekte vom Typ `GraphicCircle` gleichzeitig Objekte vom Typ `Circle` sind. Die logische Konsequenz ist, den Objektzähler mit jedem neuen `GraphicCircle`-Objekt zu erhöhen. Mit diesen Vorgaben, die identisch mit denen in der Basisklasse sind, sieht der erste und, wie Sie noch sehen werden, etwas blauäugige und sogar naive Entwurf der Erstellungsroutinen in der Klasse `GraphicCircle` zunächst wie in Listing 4.2 gezeigt aus:

```
public class GraphicCircle : Circle {
  public GraphicCircle() : this(0, 0, 0) { }
  public GraphicCircle(int radius) : this(radius, 0, 0) { }
  public GraphicCircle(int radius, double x, double y) {
    Radius = radius;
    XCoordinate = x;
    YCoordinate = y;
    Circle._CountCircles++;
  }
}
```

Listing 4.2 Erste Idee der Konstruktorüberladung in »GraphicCircle«

Der Versuch, diesen Programmcode zu kompilieren, endet jedoch in einem Fiasko, denn der C#-Compiler kann das Feld `_CountCircles` nicht erkennen und verweigert deswegen die Kompilierung. Der Grund hierfür ist recht einfach: Das Feld ist in der Basisklasse `Circle` private deklariert. Private Member sind aber grundsätzlich nur in der Klasse sichtbar, in der sie deklariert sind. Obwohl aus objektorientierter Sicht ein Objekt vom Typ `GraphicCircle` auch gleichzeitig ein Objekt vom Typ `Circle` ist, kann die strikte Kapselung einer privaten Variablen durch die Vererbung nicht aufgebrochen werden. Nur der Code in der Klasse `Circle` hat Zugriff auf die in dieser Klasse definierten privaten Klassenmitglieder.

4.1.5 Der Zugriffsmodifizierer »protected«

Einen Ausweg aus diesem Dilemma, ein Klassenmitglied einerseits gegen den unbefugten Zugriff von außen zu schützen, es aber andererseits in einer abgeleiteten Klasse sichtbar zu machen, bietet der Zugriffsmodifizierer protected. Member, die als protected deklariert sind, verhalten sich ähnlich wie private deklarierte: Sie verhindern den unzulässigen Zugriff von außerhalb, garantieren jedoch andererseits, dass in einer abgeleiteten Klasse direkt darauf zugegriffen werden kann.

Diese Erkenntnis führt zu einem Umdenken bei der Implementierung einer Klasse: Muss davon ausgegangen werden, dass die Klasse als Basisklasse ihre Dienste zur Verfügung stellt, sind alle privaten Member, die einer abgeleiteten Klasse zur Verfügung stehen sollen, protected zu deklarieren. Daher müssen (oder besser »sollten« – siehe dazu auch die Anmerkung weiter unten) wir in der Klasse Circle noch folgende Änderungen vornehmen:

```
// Änderung der privaten Felder in der Klasse Circle
protected int _Radius;
protected static int _CountCircles;
```

Erst jetzt vererbt die Klasse Circle alle Member an die Ableitung GraphicCircle, und der C#-Compiler wird keinen Fehler mehr melden.

> **Anmerkung**
>
> Selbstverständlich könnte man an dieser Stelle auch argumentieren, dass der Modifikator private eines Feldes aus der Überlegung heraus gesetzt worden ist, mögliche unzulässige Werte von vornherein zu unterbinden und – zumindest im Fall unseres Radius – den Zugang nur über get und set der Eigenschaftsmethode zu erzwingen. Andererseits kann man dem auch entgegenhalten, dass man bei der Bereitstellung einer ableitbaren Klasse nicht weiß, welche Intention hinter der Ableitung eine wichtige Rolle spielt. Mit dieser Argumentation ist eine »Aufweichung« des gekapselten Zugriffs durch protected durchaus vertretbar. In einer so geführten Diskussion muss dann aber auch noch ein weiterer Gesichtspunkt angeführt werden: Die Eigenschaftsmethode kann in einer ableitbaren Klasse auch neu implementiert werden. Darauf kommen wir später in diesem Kapitel noch zu sprechen.
>
> Was also ist zu tun? private oder protected? Eine allgemeingültige Antwort gibt es nicht. Im Einzelfall müssen Sie selbst entscheiden, welchen Zugriffsmodifikator Sie für das Feld benutzen. Einfacher gestaltet sich die Diskussion nur hinsichtlich der Methoden. Wenn Sie den Zugriff aus einer abgeleiteten Klasse heraus auf eine Methode nicht wünschen, muss sie private definiert werden, ansonsten protected.

4.1.6 Die Konstruktorverkettung in der Vererbung

Wir wollen nun die Implementierung in Main testen, indem wir ein Objekt des Typs GraphicCircle erzeugen und uns den Stand des Objektzählers, der von der Circle-Klasse geerbt wird, an der Konsole ausgeben lassen. Der Code dazu lautet:

```
static void Main(string[] args) {
  GraphicCircle gc = new GraphicCircle();
```

```
Console.WriteLine("Anzahl der Kreise = {0}", GraphicCircle.CountCircles);
}
```

Listing 4.3 Testen der Konstruktoren von »GraphicCircle« mit unerwartetem Resultat

Völlig unerwartet werden wir mit folgender Situation konfrontiert: Mit

```
Anzahl der Kreise = 2
```

wird uns suggeriert, wir hätten zwei Kreisobjekte erzeugt, obwohl wir doch tatsächlich nur einmal den new-Operator benutzt haben und sich folgerichtig auch nur ein konkretes Objekt im Speicher befinden kann.

Das Ergebnis ist falsch und beruht auf der bisher noch nicht berücksichtigten Aufrufverkettung zwischen den Sub- und Basisklassenkonstruktoren. Konstruktoren werden bekanntlich nicht vererbt und müssen deshalb – falls erforderlich – in jeder abgeleiteten Klasse neu definiert werden. Dennoch kommt den Konstruktoren der Basisklasse eine entscheidende Bedeutung zu. Bei der Initialisierung eines Subklassenobjekts wird nämlich in jedem Fall zuerst ein Basisklassenkonstruktor aufgerufen. Es kommt zu einer Top-down-Verkettung der Konstruktoren, angefangen bei der obersten Basisklasse (Object) bis hinunter zu der Klasse, deren Konstruktor aufgerufen wurde (siehe Abbildung 4.3).

Die Verkettung der Konstruktoraufrufe dient dazu, zunächst die geerbten Komponenten der Basisklasse zu initialisieren. Erst danach wird der Konstruktor der direkten Subklasse ausgeführt, der eigene Initialisierungen vornehmen kann und gegebenenfalls auch die Vorinitialisierung der geerbten Komponenten an die spezifischen Bedürfnisse der abgeleiteten Klasse anpasst. Standardmäßig wird dabei immer zuerst der parameterlose Konstruktor der Basisklasse aufgerufen.

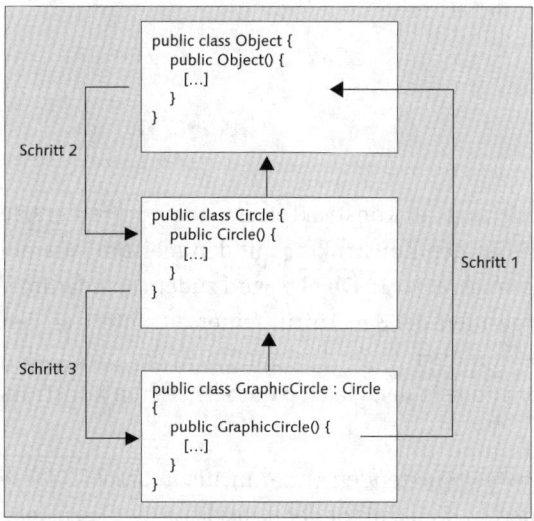

Abbildung 4.3 Die Verkettung der Konstruktoraufrufe in einer Vererbungshierarchie

Die Konstruktorverkettung hat maßgeblichen Einfluss auf die Modellierung einer Klasse, die parametrisierte Konstruktoren enthält. Eine »konstruktorlose« Klasse hat grundsätzlich immer einen impliziten, parameterlosen Konstruktor. Ergänzt man jedoch eine Klasse um einen parametrisierten Konstruktor, existiert der implizite, parameterlose nicht mehr. Wird nun das Objekt einer abgeleiteten Klasse erzeugt, kommt es zum Aufruf des parameterlosen Konstruktors der Basisklasse. Wird dieser durch parametrisierte Konstruktoren überschrieben und nicht explizit codiert, meldet der Compiler einen Fehler.

Sie sollten sich dessen bewusst sein, wenn Sie eine ableitbare Klasse entwickeln und parametrisierte Konstruktoren hinzufügen. Das Problem ist sehr einfach zu lösen, indem Sie einen parameterlosen Konstruktor in der Basisklasse definieren.

Die Konstruktorverkettung mit »base« steuern

Nun erklärt sich auch das scheinbar unsinnige Ergebnis des Objektzählers im vorhergehenden Abschnitt, der bei der Instanziierung eines Objekts vom Typ GraphicCircle behauptete, zwei Kreisobjekte würden vorliegen, obwohl es nachweisbar nur ein einziges sein konnte. Durch die Konstruktorverkettung wird zunächst der parameterlose Konstruktor der Basisklasse Circle aufgerufen, danach der der Klasse GraphicCircle. In beiden wird der Objektzähler erhöht, was letztendlich zu einem falschen Zählerstand führt. Die Ursache des Problems ist die Duplizität der Implementierung der beiden parameterlosen Konstruktoren, nämlich in Circle:

```
public Circle(...) {
  [...]
  Circle._CountCircles++;
}
```

und in der von Circle abgeleiteten Klasse GraphicCircle:

```
public GraphicCircle(...) {
  [...]
  Circle._CountCircles++;
}
```

Betrachten wir noch einmal die Implementierung der Konstruktoren in GraphicCircle: Alle Konstruktoraufrufe werden derzeit mit this an den Konstruktor mit den meisten Parametern weitergeleitet. Bei der Erzeugung eines GraphicCircle-Objekts wird zudem standardmäßig der parameterlose der Klasse Circle aufgerufen, der den Aufruf seinerseits intern an den dreifach parametrisierten in dieser Klasse weiterleitet. Außerdem entspricht der Code in den Konstruktoren von GraphicCircle exakt dem Code in den gleich parametrisierten Konstruktoren in Circle.

Optimal wäre es, anstelle des klassenintern weiterleitenden this-Aufrufs in GraphicCircle den Aufruf direkt an den gleich parametrisierten Konstruktor der Basisklasse Circle zu delegieren. Dabei müssten die dem Konstruktor übergebenen Argumente an den gleich parametrisierten Konstruktor der Basisklasse weitergeleitet werden.

C# bietet eine solche Möglichkeit mit dem Schlüsselwort base an. Mit base kann der Konstruktoraufruf einer Klasse an einen bestimmten Konstruktor der direkten Basisklasse umgeleitet werden. base wird dabei genauso wie this eingesetzt, das heißt, Sie können base Argumente übergeben, um einen bestimmten Konstruktor in der Basis anzusteuern.

Das objektorientierte Paradigma schreibt vor, dass aus einer abgeleiteten Klasse heraus mittels Aufrufverkettung zuerst immer ein Konstruktor der Basisklasse ausgeführt werden muss. Per Vorgabe ist das bekanntermaßen der parameterlose. Mit base können wir die implizite, standardmäßige Konstruktorverkettung durch eine explizite ersetzen und die Steuerung selbst übernehmen: Es kommt zu keinem weiteren impliziten Aufruf des parameterlosen Basisklassenkonstruktors mehr.

In unserem Beispiel der Klasse Circle bietet es sich sogar an, sofort den dreifach parametrisierten Konstruktor der Basis aufzurufen. Sehen wir uns nun die überarbeitete Fassung der GraphicCircle-Konstruktoren an:

```
public GraphicCircle : base(0, 0, 0) { }
public GraphicCircle(int radius) : base(radius, 0, 0) { }
public GraphicCircle(int radius, double x, double y) : base(radius, x, y){ }
```

Listing 4.4 Die endgültige Version der Konstruktoren in »GraphicCircle«

Schreiben wir jetzt eine Testroutine, z. B.:

```
GraphicCircle gCircle = new GraphicCircle();
Console.WriteLine("Anzahl der Kreise = {0}", GraphicCircle.CountCircles);
```

Jetzt wird die Ausgabe des Objektzählers tatsächlich den korrekten Stand wiedergeben.

Der Zugriff auf die Member der Basisklasse mit »base«

Mit base kann nicht nur die Konstruktorverkettung explizit gesteuert werden. Sie können dieses Schlüsselwort auch dazu benutzen, um innerhalb einer abgeleiteten Klasse auf Member der Basisklasse zuzugreifen, solange sie nicht private deklariert sind. Dabei gilt, dass die Methode der Basisklasse, auf die zugegriffen wird, durchaus eine von dieser Klasse selbst geerbte Methode sein kann, also aus Sicht der base-implementierenden Subklasse aus einer indirekten Basisklasse stammt, beispielsweise:

```
class BaseClass {
  public void DoSomething() {
    Console.WriteLine("In 'BaseClass.DoSomething()'");
  }
}
class SubClass1 : BaseClass {}
```

```csharp
class SubClass2 : SubClass1 {
  public void BaseTest() {
    base.DoSomething();
  }
}
```

Listing 4.5 Methodenaufruf in der direkten Basisklasse

Ein umgeleiteter Aufruf an eine indirekte Basisklasse mit

```csharp
// unzulässiger Aufruf
base.base.DoSomething();
```

ist nicht gestattet. Handelt es sich bei der über `base` aufgerufenen Methode um eine parametrisierte, müssen den Parametern die entsprechenden Argumente übergeben werden.

`base` ist eine implizite Referenz und als solche an eine konkrete Instanz gebunden. Das bedeutet konsequenterweise, dass dieses Schlüsselwort nicht zum Aufruf von statischen Methoden verwendet werden kann.

4.2 Der Problemfall geerbter Methoden

Um das objektorientierte Konzept zu erläutern, habe ich mich bisher meistens des Beispiels der beiden Klassen `Circle` und `GraphicCircle` bedient. Sie haben mit diesen beiden Klassen gelernt, wie die Struktur einer Klasse samt ihren Feldern, Methoden und Konstruktoren aufgebaut ist. Sie wissen nun auch, wie durch die Vererbung eine Klasse automatisch mit Fähigkeiten ausgestattet wird, die sie aus der Basisklasse erbt. Nun werden wir uns einer zweiten Klassenhierarchie zuwenden, um weitere Aspekte der Objektorientierung auf möglichst anschauliche Weise zu erklären.

Ausgangspunkt ist die Klasse `Luftfahrzeug`, die von den beiden Klassen `Flugzeug` und `Hubschrauber` beerbt wird. In der Klasse `Luftfahrzeug` sind die Felder definiert, die alle davon abgeleiteten Klassen gemeinsam aufweisen: `Hersteller` und `Baujahr`. Die Spannweite ist eine Eigenschaft, die nur ein Flugzeug hat, und ist daher in der Klasse `Flugzeug` implementiert. Ein Hubschrauber wiederum hat demgegenüber einen Rotordurchmesser. Da die abgeleiteten Typen starten können, ist die entsprechende Methode in der Basisklasse `Luftfahrzeug` implementiert.

Das nachfolgende Codefragment bildet die Situation ab. Dabei enthält die Methode `Starten` nur »symbolischen« Code.

```csharp
public class Luftfahrzeug {
  public string Hersteller {get; set;}
  public int Baujahr {get; set;}
  public void Starten() {
    Console.WriteLine("Das Luftfahrzeug startet.");
  }
}
```

```csharp
public class Flugzeug : Luftfahrzeug {
  public double Spannweite {get; set;}
}
public class Hubschrauber : Luftfahrzeug {
  public double Rotor {get; set;}
}
```

Listing 4.6 Klassen der Hierarchie der Luftfahrzeuge

In Abbildung 4.4 sehen Sie die Zusammenhänge auf anschauliche Art.

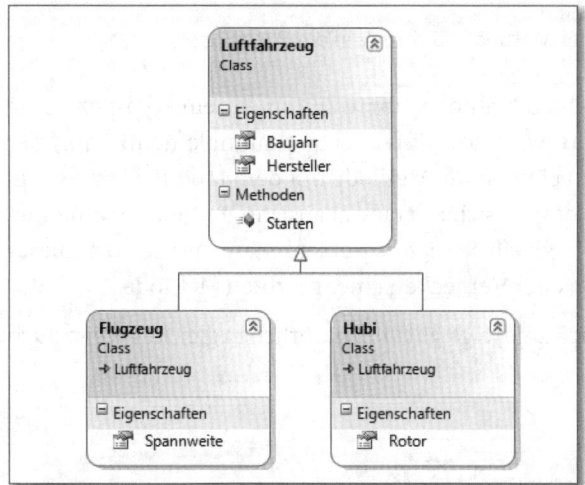

Abbildung 4.4 Die Hierarchie der Luftfahrzeuge

Grundsätzlich scheint die Vererbungshierarchie den Anforderungen zu genügen, aber denken Sie einen Schritt weiter: Ist die Implementierung der Methode Starten in der Basisklasse Luftfahrzeug anforderungsgerecht? Denn im Grunde genommen startet ein Flugzeug anders als ein Hubschrauber – zumindest in den meisten Fällen. Ganz allgemein ausgedrückt stehen wir vor der folgenden Frage: Wie kann eine Methode in der Basisklasse implementiert werden, wenn sich das operative Verhalten in den Methoden der abgeleiteten Klassen unterscheidet? Einfach auf die Bereitstellung der Methode in der Basisklasse zu verzichten, ist definitiv keine Lösung. Denn unsere Absicht sei es, zu garantieren, dass jede abgeleitete Klasse die Methode – in unserem Fall Starten – bereitstellt.

Prinzipiell bieten sich drei Lösungsansätze an:

- Wir verdecken die geerbten Methoden der Basisklasse in der abgeleiteten Klasse mit dem Modifizierer new.
- Wir stellen in der Basisklasse abstrakte Methoden bereit, die von den erbenden Klassen überschrieben werden müssen.
- Wir stellen in der Basisklasse virtuelle Methoden bereit.

Nachfolgend wollen wir alle drei Alternativen genau untersuchen.

4.2.1 Geerbte Methoden mit »new« verdecken

Nehmen wir an, dass in der Basisklasse die Methode Starten wie folgt codiert ist:

```
public class Luftfahrzeug {
  public void Starten() {
    Console.WriteLine("Das Luftfahrzeug startet.");
  }
}
```

Listing 4.7 Annahme: Implementierung der Methode »Starten« in der Basisklasse

In den beiden abgeleiteten Klassen soll die Methode Starten nunmehr eine typspezifische Implementierung aufweisen. Realisiert wird das durch eine Neuimplementierung der Methode in der abgeleiteten Klasse. Dabei muss die Methode mit dem Modifizierer new signiert werden, um deutlich zu machen, dass es sich um eine beabsichtigte Neuimplementierung handelt und nicht um einen unbeabsichtigten Fehler. Man spricht bei dieser Vorgehensweise auch vom **Ausblenden** oder **Verdecken** einer geerbten Methode.

Exemplarisch sei das an der Klasse Flugzeug gezeigt, gilt aber natürlich in gleicher Weise auch für den Typ Hubschrauber:

```
public class Flugzeug : Luftfahrzeug {
  public new void Starten() {
    Console.WriteLine("Das Flugzeug startet.");
  }
}
```

Listing 4.8 Verdecken der geerbten Methode mit dem Modifikator »new«

Vom Verdecken oder Ausblenden einer geerbten Basisklassenmethode wird gesprochen, wenn in der abgeleiteten Klasse eine Methode implementiert wird,

- die den gleichen Namen und
- eine identische Parameterliste

besitzt wie eine Methode in der Basisklasse, diese aber durch eine eigene Implementierung vollständig ersetzt. Das ist beispielsweise der Fall, wenn die Implementierung in der Basisklasse für Objekte vom Typ der abgeleiteten Klasse falsch ist oder generell anders sein muss. Entscheidend für das Verdecken einer geerbten Methode ist die Ergänzung der Methodendefinition in der Subklasse um den Modifizierer new.

Wird eine Basisklassenmethode in der abgeleiteten Klasse verdeckt, wird beim Aufruf der Methode auf Objekte vom Typ der Subklasse immer die verdeckende Version ausgeführt. Zum Testen in Main schreiben wir den folgenden Code:

```
Flugzeug flg = new Flugzeug();
flg.Starten();
Hubschrauber hubi = new Hubschrauber();
hubi.Starten();
```

Listing 4.9 Testen der Methode »Starten«

Im Befehlsfenster kommt es zu den Ausgaben »Das Flugzeug startet.« und »Der Hubschrauber startet.«.

> **Hinweis**
> Sie finden das Beispiel auf der Buch-DVD unter ..\Beispiele\Kapitel 4\Aircrafts\Sample1.

Statische Member überdecken

In gleicher Weise, wie eine geerbte Instanzmethode in einer ableitenden Klasse verdeckt werden kann, lassen sich mit new auch Eigenschaftsmethoden und statische Komponenten einer Basisklasse verdecken und durch eine typspezifische Implementierung ersetzen. Die in den folgenden Abschnitten noch zu behandelnden Modifizierer abstract, virtual und override sind im Zusammenhang mit statischen Membern nicht erlaubt.

4.2.2 Abstrakte Methoden

Mit dem Modifizierer new können die aus der Basisklasse geerbten Methoden in der ableitenden Klasse überdeckt werden. Allerdings ist dieser Lösungsweg mit einem Nachteil behaftet, denn er **garantiert nicht**, dass alle ableitenden Klassen die geerbte Methode Starten durch eine typspezifische Implementierung ersetzen. Jede unserer abgeleiteten Klassen sollte aber hinsichtlich der Behandlung einer Basisklassenoperation gleichwertig sein. Wird die Neuimplementierung beispielsweise in der Klasse Hubschrauber vergessen, ist dieser Typ mit einem möglicherweise entscheidenden Fehler behaftet, weil er keine typspezifische Neuimplementierung hat.

Wie können wir aber alle Typen, die die Klasse Luftfahrzeug ableiten, dazu zwingen, die Methode Starten neu zu implementieren? Gehen wir noch einen Schritt weiter und stellen wir uns die Frage, ob wir dann überhaupt noch Code in der Methode Starten der Klasse Luftfahrzeug benötigen. Anscheinend nicht! Dass wir die Methode in der Basisklasse definiert haben, liegt im Grunde genommen nur daran, dass wir die Methode Starten in allen ableitenden Klassen bereitstellen wollen.

Mit dieser Erkenntnis mag die Lösung der aufgezeigten Problematik im ersten Moment verblüffen: Tatsächlich wird Starten in der Basisklasse nicht implementiert – sie bleibt einfach ohne Programmcode. Damit wäre aber noch nicht sichergestellt, dass die ableitenden Klassen die geerbte »leere« Methode typspezifisch implementieren. Deshalb wird in solchen Fällen sogar auf den Anweisungsblock verzichtet, der durch die geschweiften Klammern beschrieben wird.

In der objektorientierten Programmierung werden Methoden, die keinen Anweisungsblock haben, als **abstrakte Methoden** bezeichnet. Neben den Methoden, die das Verhalten eines Typs beschreiben, können auch Eigenschaften abstrakt definiert werden.

Abstrakte Methoden werden durch die Angabe des abstract-Modifizierers in der Methodensignatur gekennzeichnet, am Beispiel unserer Methode Starten also durch:

```
public abstract void Starten();
```

Abstrakte Methoden enthalten niemals Code. Die Definition einer abstrakten Methode wird mit einem Semikolon direkt hinter der Parameterliste abgeschlossen, die geschweiften Klammern des Anweisungsblocks entfallen.

Welchen Stellenwert nimmt aber eine Klasse ein, die eine Methode veröffentlicht, die keinerlei Verhalten aufweist? Die Antwort ist verblüffend einfach: Eine solche Klasse kann nicht instanziiert werden – sie rechtfertigt ihre Existenz einzig und allein dadurch, den abgeleiteten Klassen als Methodenbereitsteller zu dienen. Damit wird das Prinzip der objektorientierten Programmierung, gemeinsame Verhaltensweisen auf eine höhere Ebene auszulagern, nahezu auf die Spitze getrieben.

Eine nicht instanziierbare Klasse, die mindestens einen durch abstract gekennzeichneten Member enthält, ist ihrerseits selbst abstrakt und wird deshalb als **abstrakte Klasse** bezeichnet. Abstrakte Klassen sind nur dann sinnvoll, wenn sie abgeleitet werden. Syntaktisch wird dieses Verhalten in C# durch die Ergänzung des Modifikators abstract in der Klassensignatur beschrieben:

```
public abstract class Luftfahrzeug {
  public abstract void Starten();
  [...]
}
```

Listing 4.10 Abstrakte Definition der Methode »Starten«

Neben abstrakten Methoden darf eine abstrakte Klasse auch vollständig implementierte, also nichtabstrakte Methoden und Eigenschaften bereitstellen.

Die Signatur einer Methode und infolgedessen auch der dazugehörigen Klasse mit dem Modifizierer abstract kommt einer Forderung gleich: Alle nichtabstrakten Ableitungen einer abstrakten Klasse müssen die abstrakten Methoden der Basisklasse überschreiben. Wird in einer abgeleiteten Klasse das abstrakte Mitglied der Basisklasse nicht überschrieben, muss die abgeleitete Klasse ebenfalls abstract gekennzeichnet werden. Als Konsequenz dieser Aussagen bilden abstrakte Klassen das Gegenkonstrukt zu den Klassen, die mit sealed als nicht ableitbar gekennzeichnet sind. Daraus folgt auch, dass die Modifizierer sealed und abstract nicht nebeneinander verwendet werden dürfen.

> **Hinweis**
> Eine Klasse, die eine abstrakt definierte Methode enthält, muss ihrerseits selbst abstrakt sein. Der Umkehrschluss ist allerdings nicht richtig, denn eine abstrakte Klasse ist nicht zwangsläufig dadurch gekennzeichnet, mindestens ein abstraktes Mitglied zu enthalten. Eine Klasse kann auch dann abstrakt sein, wenn keiner ihrer Member abstrakt ist. Auf diese Weise wird eine Klasse nicht instanziierbar und das Ableiten dieser Klasse erzwungen.

`abstract` kann nur im Zusammenhang mit Instanzmembern benutzt werden. Statische Methoden können nicht abstrakt sein, deshalb ist das gleichzeitige Auftreten von `static` und `abstract` in einer Methodensignatur unzulässig.

Abstrakte Methoden überschreiben

Das folgende Codefragment beschreibt die Klasse `Hubschrauber`. In der Klassenimplementierung wird die abstrakte Methode `Starten` der Basisklasse überschrieben. Zur Kennzeichnung des Überschreibens einer abstrakten Basisklassenmethode dient der Modifizierer `override`:

```
class Hubschrauber : Luftfahrzeug {
  public override void Starten() {
    Console.WriteLine("Der Hubschrauber startet.");
  }
}
```

Listing 4.11 Überschreiben der geerbten abstrakten Methode

Sollten Sie dieses Beispiel ausprobieren, müssen Sie `Starten` selbstverständlich auch in der Klasse `Flugzeug` mit `override` überschreiben.

> **Hinweis**
> Sie finden das komplette Beispiel auf der Buch-DVD unter ..*Beispiele\Kapitel 4\Aircrafts\Sample2*.

4.2.3 Virtuelle Methoden

Widmen wir uns nun der dritten anfangs aufgezeigten Variante, den virtuellen Methoden. Ausgangspunkt sei dabei folgender: Wir wollen `Starten` in der Basisklasse vollständig implementieren. Damit wären wir wieder am Ausgangspunkt angelangt mit einem kleinen Unterschied: Wir ergänzen die Methoden `Starten` mit dem Modifizierer `virtual`. Dann sieht die Klasse `Luftfahrzeug` wie folgt aus:

```
public class Luftfahrzeug {
  public virtual void Starten() {
    Console.WriteLine("Das Luftfahrzeug startet.");
```

    }
}
```

**Listing 4.12** Virtuelle Definition der Methode »Starten«

Nun ist die Methode virtuell in der Basisklasse definiert. Eine ableitende Klasse hat nun die Wahl zwischen drei Alternativen:

- Die ableitende Klasse erbt die Methode, ohne eine eigene, typspezifische Implementierung vorzusehen, also:

  ```
  public class Flugzeug : Luftfahrzeug { }
  ```

- Die ableitende Klasse verdeckt die geerbte Methode mit `new`, hier also:

  ```
  public class Flugzeug : Luftfahrzeug {
    public new void Starten() {
      Console.WriteLine("Das Flugzeug startet.");
    }
  }
  ```

- Die ableitende Klasse überschreibt die geerbte Methode mit `override`, also

  ```
  public class Flugzeug : Luftfahrzeug {
    public override void Starten() {
      Console.WriteLine("Das Flugzeug startet.");
    }
  }
  ```

> **Hinweis**
> Sie finden das komplette Beispiel auf der Buch-DVD unter ..\Beispiele\Kapitel 4\Aircrafts\Sample3.

Sie werden sich an dieser Stelle wahrscheinlich fragen, worin sich die beiden letztgenannten Varianten unterscheiden. Diese Überlegung führt uns nach der Datenkapselung und der Vererbung zum dritten elementaren Konzept der Objektorientierung: der **Polymorphie**. Ehe wir uns aber mit der Polymorphie beschäftigen, müssen wir vorher noch die Typumwandlung in einer Vererbungshierarchie verstehen.

4.3 Typumwandlung und Typuntersuchung von Objektvariablen

4.3.1 Die implizite Typumwandlung von Objektreferenzen

Die Klasse `Luftfahrzeug` beschreibt Eigenschaften und Operationen, die allen Luftfahrzeugen, unabhängig vom Typ, eigen sind. Die Klassen `Flugzeug` und `Hubschrauber` beerben als abgeleitete Klassen die Basisklasse.
  ```

Betrachten wir einen Ausschnitt der Klassenhierarchie, nämlich die beiden Klassen Flugzeug und Luftfahrzeug. Wenn wir unsere Erkenntnisse aus der realen Welt auf unseren Code projizieren, kommen wir zu der Aussage, dass ein Flugzeug ein Luftfahrzeug ist. Andererseits ist aber ein Luftfahrzeug nicht zwangsläufig ein Flugzeug, denn es könnte sich auch um einen Hubschrauber handeln. Die Tatsache, dass das Objekt einer abgeleiteten Klasse (hier Flugzeug) auch gleichzeitig ein Objekt der Basisklasse (hier Luftfahrzeug) ist, wird als **Ist-ein(e)-Beziehung** bezeichnet. Diese Aussage ist nicht neu, sie wurde bereits am Anfang dieses Kapitels gemacht.

Die Vererbung hat Konsequenzen, denn aufgrund dieser Beziehung kann man die Referenz eines Subklassenobjekts einer Basisklassenreferenz zuweisen:

```
Flugzeug flg = new Flugzeug();
Luftfahrzeug lfzg = flg;
```

Stehen zwei Klassen miteinander in einer Vererbungsbeziehung, kann eine Referenz vom Typ der abgeleiteten Klasse der Referenz vom Typ einer der Basisklassen mit

Basisklassenreferenz = Subklassenreferenz

zugewiesen werden. Dabei wird **implizit konvertiert**.

Die beiden Variablen *flg* und *lfzg* referenzieren denselben Speicherbereich – jedoch mit einer kleinen Einschränkung: Die Laufzeitumgebung betrachtet *lfzg* nur als Objekt vom Typ Luftfahrzeug und nicht als Flugzeug. Damit hat die Objektreferenz *lfzg* auch keinen Zugriff auf die Member, durch die sich ein Objekt vom Typ Flugzeug auszeichnet.

Bei einer Zuweisung einer Subklassenreferenz an eine Basisklassenreferenz müssen alle Member der links vom Zuweisungsoperator angegebenen Referenz einen konkreten Bezug zu einem Mitglied der rechts vom Zuweisungsoperator stehenden Referenz haben. Betrachten Sie dazu die Abbildung 4.5, die diesen Sachverhalt veranschaulicht. Dass dabei das Feld Spannweite einer Flugzeug-Referenz keinen Abnehmer in der Luftfahrzeug-Referenz findet, spielt keine Rolle.

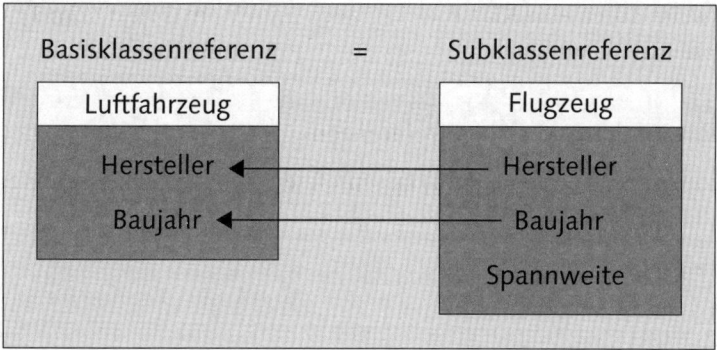

Abbildung 4.5 Zuweisung einer Subklassenreferenz an eine Basisklassenreferenz

Die Tatsache, dass ein Objekt vom Typ einer abgeleiteten Klasse auch gleichzeitig ein Objekt vom Typ seiner Basisklasse ist, kann man sich bei der Typfestlegung eines Parameters zunutze machen:

```
public void DoSomething(Luftfahrzeug lfzg) {
  [...]
}
```

Die Methode `DoSomething` erwartet vom Aufrufer die Referenz auf ein `Luftfahrzeug`. Ob es sich dabei um ein Objekt vom Typ `Hubschrauber` oder `Flugzeug` handelt, spielt keine Rolle. Ausschlaggebend ist ausschließlich, dass der Typ der übergebenen Referenz vom Typ `Luftfahrzeug` oder davon abgeleitet ist. `Flugzeug` erfüllt diese Bedingung. Daher kann die Methode `DoSomething` folgendermaßen aufgerufen werden:

```
Flugzeug flg = new Flugzeug();
@object.DoSomething(flg);
```

Parameter vom Typ einer Basisklasse werden häufig dann eingesetzt, wenn unabhängig vom genauen Typ innerhalb der Methode auf einen in der Basisklasse definierten Member zugegriffen wird. Beispielsweise könnte man sich vorstellen, dass in `DoSomething` die Methode `Starten` des übergebenen Objekts aufgerufen wird:

```
public void DoSomething(Luftfahrzeug lfzg) {
  [...]
  lfzg.Starten();
  [...]
}
```

Da sowohl ein `Flugzeug`- als auch ein `Hubschrauber`-Objekt über diese Methode verfügt, ist `DoSomething` eine hinsichtlich der Luftfahrzeuge allgemein gehaltene Methode. Das erspart Ihnen, zwei verschiedene Methoden `DoSomething` zur Verfügung zu stellen. Denn genau das müssten Sie machen, gäbe es die implizite Konvertierung und Vererbung nicht. Zudem ist auch sichergestellt, dass die Methode `DoSomething` bei einer späteren Erweiterung der Vererbungshierarchie, beispielsweise durch eine Klasse `Rocket`, auch mit einem Objekt vom Typ `Rocket` einwandfrei funktioniert.

4.3.2 Die explizite Typumwandlung von Objektreferenzen

Wenn es erforderlich ist, können Sie auch eine Basisklassenreferenz in eine Subklassenreferenz konvertieren. Also:

```
Flugzeug flg = new Flugzeug();
Luftfahrzeug lfzg = flg;
[...]
Flugzeug flugzeug = (Flugzeug)lfzg;
```

Listing 4.13 Explizite Typkonvertierung

Bei der expliziten Typumwandlung gilt die folgende Regel:

Subklassenreferenz = (Zieldatentyp)Basisklassenreferenz

Den Zieldatentyp geben Sie in runden Klammern vor der umzuwandelnden Referenz an. Der Erfolg der Typumwandlung setzt allerdings voraus, dass vorher eine implizite Konvertierung des Subklassentyps in den Typ der Basisklasse stattgefunden hat. Die explizite Konvertierung ist demnach die Umkehrung der impliziten Konvertierung, die nur dann erfolgt, wenn sich Ausgangs- und Zieldatentyp in einer Vererbungsbeziehung befinden.

Die explizite Konvertierung innerhalb einer Vererbungshierarchie auf horizontaler Ebene in einer Klassenhierarchie, beispielsweise vom Typ Flugzeug in den Typ Hubschrauber, ist nicht gestattet.

4.3.3 Typuntersuchung mit dem »is«-Operator

Manchmal ist es notwendig, den sich hinter einer Basisklassenreferenz verbergenden Typ festzustellen, beispielsweise wenn ein typspezifischer Member aufgerufen werden soll. Zur Lösung dieser Aufgabe bietet uns C# den is-Operator an.

Sehen wir uns dazu ein konkretes Beispiel an, und nehmen wir an, in der Methode DoSomething soll in Abhängigkeit vom übergebenen Typ entweder die Spannweite oder der Rotordurchmesser ausgegeben werden. Wir müssen dann die Methode wie nachfolgend gezeigt ergänzen:

```
public void DoSomething(Luftfahrzeug lfzg) {
  if (lfzg != null)
  {
    if (lfzg is Flugzeug)
      Console.WriteLine("Spannweite: ", ((Flugzeug)lfzg).Spannweite);
    else if (lfzg is Hubschrauber)
      Console.WriteLine("Rotor: ", ((Hubschrauber)lfzg).Rotor);
    else
      Console.WriteLine("Unbekannter Typ.");
  }
}
```

Listing 4.14 Typuntersuchung mit dem Operator »is«

In der Methode wird der Parameter *lfzg* zwei Überprüfungen unterzogen. Dabei steht links vom is-Operator die zu überprüfende Referenz, rechts davon der Typ, auf den hin die Referenz geprüft werden soll. Der Vergleich liefert true, wenn der Ausdruck, also die Referenz, in den rechts von is stehenden Typ umgewandelt werden kann.

Da der Methodenaufruf auch dann richtig ist, wenn dem Parameter null übergeben wird, sollte der Parameter als Erstes mit

```
if (lfzg != null)
```

daraufhin untersucht werden, ob er auch tatsächlich ein konkretes Objekt beschreibt. Beachten Sie im Codefragment auch die Konsolenausgabe, z.B.:

```
((Flugzeug)lfzg).Spannweite
```

Der Ausdruck (Flugzeug)lfzg ist in runden Klammern gesetzt, um eine Typkonvertierung vor dem Aufruf der Eigenschaft zu erzwingen. Grund dafür ist, dass der Punktoperator eine höhere Priorität besitzt als der Konvertierungsoperator. Nach der zusätzlichen Klammerung bezieht der Punktoperator seine Informationen aus dem Zieldatentyp der Umwandlung.

4.3.4 Typumwandlung mit dem »as«-Operator

Eine Referenz kann mit dem ()-Konvertierungsoperator in einen anderen Typ konvertiert werden, wenn vorher eine implizite Konvertierung stattgefunden hat. Beispielsweise kann eine Instanz der Klasse Luftfahrzeug in den Typ Flugzeug konvertiert werden:

```
Flugzeug flg = (Flugzeug)lfzg;
```

C# bietet mit dem as-Operator noch eine weitere Konvertierungsvariante an:

```
Flugzeug flg = lfzg as Flugzeug;
```

Das Ergebnis ist dasselbe, wenn sich hinter der Referenz *lfzg* auch tatsächlich eine Flugzeug-Referenz verbirgt. Beide Möglichkeiten, der Konvertierungs- und der as-Operator, verhalten sich aber unterschiedlich, wenn die Basisklassenreferenz keine Flugzeug-, sondern beispielsweise eine Hubschrauber-Referenz beschreibt:

- Die Typumwandlung mit dem Konvertierungsoperator löst eine Exception (Ausnahme) aus, wenn die Konvertierung scheitert.
- Der as-Operator liefert als Ergebnis null.

Der as-Operator bietet sich daher auch in einem if-Statement als Bedingung an:

```
if(lfzg as Flugzeug != null)
    [...]
```

Beachten Sie, dass der as-Operator nur im Zusammenhang mit Referenztypen genutzt werden kann.

4.4 Polymorphie

In Abschnitt 4.2 haben Sie erfahren, dass die Methode Starten in der Klasse Luftfahrzeug unterschiedlich bereitgestellt werden kann. Es ist nun an der Zeit, darauf einzugehen, welche Konsequenzen die drei Varianten haben.

Dazu schreiben wir in der Main-Methode zunächst Programmcode, mit dem abstrakt, virtuell und klassisch implementierte Methoden getestet werden sollen.

```
static void Main(string[] args) {
  Luftfahrzeug[] arr = new Luftfahrzeug[4];
  arr[0] = new Flugzeug();
  arr[1] = new Hubschrauber();
  arr[2] = new Hubschrauber();
  arr[3] = new Flugzeug();
  foreach(Luftfahrzeug temp in arr) {
    temp.Starten();
  }
  Console.ReadLine();
}
```

Listing 4.15 Code, um die Methode »Starten« zu testen

Zuerst wird ein Array vom Typ Luftfahrzeug deklariert. Jedes Array-Element ist vom Typ Luftfahrzeug. Weil die Klassen Flugzeug und Hubschrauber von diesem Typ abgeleitet sind, kann jedem Array-Element nach der Regel der impliziten Konvertierung auch die Referenz auf ein Objekt vom Typ der beiden Subklassen zugewiesen werden:

```
arr[0] = new Flugzeug();
arr[1] = new Hubschrauber();
[...]
```

Danach wird innerhalb einer foreach-Schleife auf alle Array-Elemente die Methode Starten aufgerufen. Die Laufvariable ist vom Typ Luftfahrzeug, also vom Typ der Basisklasse. In der Schleife wird auf diese Referenz die Starten-Methode aufgerufen.

4.4.1 Die »klassische« Methodenimplementierung

Wir wollen an dieser Stelle zunächst die klassische Methodenimplementierung in der Basisklasse testen. Die beiden ableitenden Klassen sollen die geerbte Methode Starten mit dem Modifizierer new überdecken:

```
public class Luftfahrzeug {
  public void Starten() {
    Console.WriteLine("Das Luftfahrzeug startet.");
  }
}
public class Flugzeug : Luftfahrzeug {
  public new void Starten() {
    Console.WriteLine("Das Flugzeug startet.");
  }
}
```

Listing 4.16 Testen der in der abgeleiteten Klasse überdeckenden Methode

Starten wir die Anwendung, wird die folgende Ausgabe viermal im Konsolenfenster angezeigt:

Das Luftfahrzeug startet.

Das Ergebnis ist zwar nicht spektakulär, hat aber weitreichende Konsequenzen. Wir müssen uns nämlich die Frage stellen, ob die Ausgabe das ist, was wir erreichen wollten. Vermutlich nicht, denn eigentlich sollte doch jeweils die typspezifische Methode Starten in der abgeleiteten Klasse ausgeführt werden.

Das ursächliche Problem ist das statische Binden des Methodenaufrufs an die Basisklasse. Statisches Binden heißt, dass die auszuführende Operation bereits zur Kompilierzeit festgelegt wird. Der Compiler stellt fest, von welchem Typ das Objekt ist, auf dem die Methode aufgerufen wird, und erzeugt den entsprechenden Code. Statisches Binden führt dazu, dass die Methode der Basisklasse aufgerufen wird, obwohl eigentlich die »neue« Methode in der abgeleiteten Klasse erforderlich wäre.

Das Beispiel macht deutlich, welchen Nebeneffekt das Überdecken einer Methode mit dem Modifizierer new haben kann: Der Compiler betrachtet das Objekt, als wäre es vom Typ der Basisklasse, und ruft die unter Umständen aus logischer Sicht sogar fehlerhafte Methode in der Basisklasse auf.

4.4.2 Abstrakte Methoden

Nun ändern wir den Programmcode in der Basisklasse Luftfahrzeug und stellen die Methode Starten als abstrakte Methode zur Verfügung. Die ableitenden Klassen erfüllen die Vertragsbedingung und überschreiben die geerbte Methode mit override. Am Programmcode in Main nehmen wir keine Änderungen vor.

```
public abstract class Luftfahrzeug {
   public abstract void Starten();
}
public class Flugzeug : Luftfahrzeug {
   public override void Starten() {
      Console.WriteLine("Das Flugzeug startet.");
   }
}
```

Listing 4.17 Testen der überschreibenden Methode

Ein anschließender Start der Anwendung bringt ein ganz anderes Ergebnis als im ersten Versuch:

Das Flugzeug startet.
Der Hubschrauber startet.
Der Hubschrauber startet.
Das Flugzeug startet.

Tatsächlich werden nun die typspezifischen Methoden aufgerufen.

Anscheinend ist die Laufvariable *temp* der `foreach`-Schleife in der Lage, zu entscheiden, welche Methode anzuwenden ist. Dieses Verhalten unterscheidet sich gravierend von dem, was wir im Zusammenhang mit den mit `new` ausgestatteten, überdeckenden Methoden zuvor gesehen haben. Die Bindung des Methodenaufrufs kann nicht statisch sein, sie erfolgt dynamisch zur Laufzeit.

Die Fähigkeit, auf einer Basisklassenreferenz die typspezifische Methode aufzurufen, wird als **Polymorphie** bezeichnet und ist neben der Kapselung und der Vererbung die dritte Säule der objektorientierten Programmierung. Polymorphie bezeichnet ein Konzept der Objektorientierung, das besagt, dass Objekte bei gleichen Methodenaufrufen unterschiedlich reagieren können. Dabei können Objekte verschiedener Typen unter einem gemeinsamen Oberbegriff (d.h. einer gemeinsamen Basis) betrachtet werden. Die Polymorphie sorgt dafür, dass der Methodenaufruf automatisch bei der richtigen, also typspezifischen Methode landet.

Polymorphie arbeitet mit dynamischer Bindung. Der Aufrufcode wird nicht zur Kompilierzeit erzeugt, sondern erst zur Laufzeit der Anwendung, wenn die konkreten Typinformationen vorliegen. Im Gegensatz dazu legt die statische Bindung die auszuführende Operation wie gezeigt bereits zur Kompilierzeit fest.

4.4.3 Virtuelle Methoden

Überschreibt eine Methode eine geerbte abstrakte Methode, zeigt die überschreibende Methode ausnahmslos immer polymorphes Verhalten. Wird in einer Basisklasse eine Methode »klassisch« implementiert und in der ableitenden Klasse durch eine Neuimplementierung mit `new` verdeckt, kann die verdeckende Methode niemals polymorph sein.

Vielleicht erahnen Sie an dieser Stelle schon, wozu virtuelle Methoden dienen. Erinnern wir uns: Eine Methode gilt als virtuell, wenn sie in der Basisklasse voll implementiert und mit dem Modifizierer `virtual` signiert ist, wie im folgenden Listing noch einmal gezeigt wird:

```
public class Luftfahrzeug {
  public virtual void Starten() {
    Console.WriteLine("Das Luftfahrzeug startet.");
  }
}
```

Listing 4.18 Virtuelle Methode in der Basisklasse

Sie müssen eine virtuelle Methode als ein Angebot der Basisklasse an die ableitenden Klassen verstehen. Es ist das Angebot, die geerbte Methode entweder so zu erben, wie sie in der Basisklasse implementiert ist, sie bei Bedarf polymorph zu überschreiben oder eventuell auch einfach nur (nichtpolymorph) zu überdecken.

Polymorphes Überschreiben einer virtuellen Methode

Möchte die ableitende Klasse die geerbte Methode neu implementieren und soll die Methode polymorphes Verhalten zeigen, muss die überschreibende Methode mit dem Modifizierer `override` signiert werden, z.B.:

```csharp
public class Flugzeug : Luftfahrzeug {
  public override void Starten() {
    Console.WriteLine("Das Flugzeug startet.");
  }
}
```

Listing 4.19 Polymorphes Überschreiben einer geerbten virtuellen Methode

Das Ergebnis des Aufrufs von Starten auf eine Basisklassenreferenz ist identisch mit dem Aufruf einer abstrakten Methode: Es wird die typspezifische Methode ausgeführt. An dieser Stelle lässt sich sofort schlussfolgern, dass der Modifizierer override grundsätzlich immer Polymorphie signalisiert.

Nicht-polymorphes Überdecken einer virtuellen Methode

Soll eine ableitende Klasse eine geerbte virtuelle Methode nichtpolymorph überschreiben, kommt der Modifizierer new ins Spiel:

```csharp
public class Flugzeug : Luftfahrzeug {
  public new void Starten() {
    Console.WriteLine("Das Flugzeug startet.");
  }
}
```

Listing 4.20 Nicht-polymorphes Überschreiben einer geerbten virtuellen Methode

Die mit new neu implementierte virtuelle Methode zeigt kein polymorphes Verhalten, wenn wir die Testanwendung starten. Auch hier können wir unter Berücksichtigung des Verdeckens klassisch implementierter Methoden sagen, dass im Zusammenhang mit dem Modifizierer new niemals polymorphes Verhalten eintritt.

Weiter gehende Betrachtungen

Es ist möglich, innerhalb einer Vererbungskette ein gemischtes Verhalten von Ausblendung und Überschreibung vorzusehen, wie das folgende Codefragment zeigt:

```csharp
public class Luftfahrzeug {
  public virtual void Starten() { }
}
public class Flugzeug : Luftfahrzeug {
  public override void Starten () { [...] }
}
public class Segelflugzeug : Flugzeug {
  public new void Starten() { [...] }
}
```

Listing 4.21 Überschreiben und Ausblenden in einer Vererbungskette

Luftfahrzeug bietet die virtuelle Methode Starten an, und die abgeleitete Klasse Flugzeug überschreibt diese mit override polymorph. Die nächste Ableitung in Segelflugzeug überdeckt jedoch nur noch mit new. Wenn Sie nun nach der Zuweisung

```
Luftfahrzeug lfzg = new Segelflugzeug();
```

auf der Referenz *lfzg* die Methode Starten aufrufen, wird die Methode Starten in Flugzeug ausgeführt, da diese die aus Luftfahrzeug geerbte Methode polymorph überschreibt. Starten zeigt aber in der Klasse Segelflugzeug wegen des Modifikators new kein polymorphes Verhalten mehr.

Das Überschreiben einer mit new überdeckenden Methode mit override ist hingegen nicht möglich, wie das folgende Codefragment zeigt:

```
public class Flugzeug : Luftfahrzeug {
  public new void Starten() { [...] }
}
public class Segelflugzeug : Flugzeug {
  public override void Starten () { [...] }
}
```

Listing 4.22 Fehlerhaftes Überschreiben und Ausblenden in einer Vererbungskette

Ein einmal verloren gegangenes polymorphes Verhalten kann nicht mehr reaktiviert werden.

Zusammenfassende Anmerkungen

Um polymorphes Verhalten einer Methode zu ermöglichen, muss sie in der Basisklasse als virtual definiert sein. Virtuelle Methoden haben immer einen Anweisungsblock und stellen ein Angebot an die ableitenden Klassen dar: Entweder wird die Methode einfach nur geerbt, oder sie wird in der ableitenden Klasse neu implementiert. Zur Umsetzung des zuletzt angeführten Falls gibt es wiederum zwei Möglichkeiten:

- Wird in der abgeleiteten Klasse die geerbte Methode mit dem Schlüsselwort override implementiert, wird die ursprüngliche Methode überschrieben – die abgeleitete Klasse akzeptiert das Angebot der Basisklasse. Ein Aufruf an eine Referenz der Basisklasse wird polymorph an den sich tatsächlich dahinter verbergenden Typ weitergeleitet.

- In der abgeleiteten Klasse wird eine virtuelle Methode mit dem Modifizierer new ausgeblendet. Dann verdeckt die Subklassenmethode die geerbte Implementierung der Basisklasse und zeigt kein polymorphes Verhalten.

Eine statische Methode kann nicht virtuell sein. Ebenso ist eine Kombination des Schlüsselworts virtual mit abstract oder override nicht zulässig. Hinter der Definition einer virtuellen Methode verbirgt sich die Absicht, polymorphes Verhalten zu ermöglichen. Daher ergibt es auch keinen Sinn, ein privates Klassenmitglied virtual zu deklarieren – es kommt zu einem Kompilierfehler. new und override schließen sich gegenseitig aus.

> **Tipp**
>
> Entwickeln Sie eine ableitbare Klasse, sollten Sie grundsätzlich immer an die ableitenden Klassen denken. Polymorphie gehört zu den fundamentalen Prinzipien des objektorientierten Ansatzes. Methoden, die in abgeleiteten Klassen neu implementiert werden müssen, werden vermutlich immer polymorph überschrieben. Vergessen Sie daher die Angabe des Modifizierers virtual in keiner Methode – es sei denn, Sie haben handfeste Gründe, polymorphe Aufrufe bereits im Ansatz zu unterbinden.
>
> Andererseits sollte man sich beim Einsatz von virtual auch darüber bewusst sein, dass die Laufzeitumgebung beim polymorphen Aufruf einer Methode dynamisch nach der typspezifischen Methode suchen muss, was natürlich zu Lasten der Performance geht. Man sollte folglich nicht prinzipiell virtual mit dem Gießkannenprinzip auf alle Methoden verteilen, sondern sich auch über den erwähnten Nachteil im Klaren sein.

Die Methode »ToString()« der Klasse »Object« überschreiben

Die Klasse Object ist die Basis aller .NET-Typen und vererbt jeder Klasse eine Reihe elementarer Methoden. Dazu gehört auch ToString. Diese Methode ist als virtuelle Methode definiert und ermöglicht daher polymorphes Überschreiben. ToString liefert per Vorgabe den kompletten Typbezeichner des aktuellen Objekts als Zeichenfolge an den Aufrufer zurück, wird aber von vielen Klassen des .NET Frameworks überschrieben. Aufgerufen auf einen int liefert ToString beispielsweise den von der int-Variablen beschriebenen Wert als Zeichenfolge.

Wir wollen das Angebot der Methode ToString wahrnehmen und sie in der Klasse Circle ebenfalls polymorph überschreiben. Der Aufruf der Methode soll dem Aufrufer typspezifische Angaben liefern.

```
public class Circle {
  [...]
  public override string ToString() {
    return "Circle, R=" + Radius + ",Fläche=" + GetArea();
  }
}
```

Listing 4.23 Überschreiben der geerbten Methode »Object.ToString()«

4.5 Weitere Gesichtspunkte der Vererbung

4.5.1 Versiegelte Methoden

Standardmäßig können alle Klassen abgeleitet werden. Ist dieses Verhalten für eine bestimmte Klasse nicht gewünscht, kann sie mit sealed versiegelt werden. Sie ist dann nicht ableitbar.

In ähnlicher Weise können Sie auch dem weiteren Überschreiben einer Methode einen Riegel vorschieben, indem die Definition der Methode um den Modifizierer sealed ergänzt wird:

```
class Flugzeug : Luftfahrzeug {
  public sealed override void Starten() {
    Console.WriteLine("Das Flugzeug startet");
  }
}
```

Listing 4.24 Definition einer versiegelten Methode

Eine von Flugzeug abgeleitete Klasse erbt zwar die versiegelte Methode Starten, kann sie aber selbst nicht mit override überschreiben. Es ist jedoch möglich, in einer weiter abgeleiteten Klasse eine geerbte, versiegelte Methode mit new zu überdecken, um eine typspezifische Anpassung vornehmen zu können.

Der Modifizierer sealed kann nur zusammen mit override in einer Methodensignatur einer abgeleiteten Klasse verwendet werden, wenn die Methode in der Basisklasse als virtuelle Methode bereitgestellt wird. Die Kombination sealed new ist unzulässig (weil sinnlos), ebenso das alleinige Verwenden von sealed in der Methodensignatur.

4.5.2 Überladen einer Basisklassenmethode

Oft ist es notwendig, die von einer Basisklasse geerbten Methoden in der Subklasse zu überladen, um ein Objekt vom Typ der Subklasse an speziellere Anforderungen anzupassen. Von einer Methodenüberladung wird bekanntlich gesprochen, wenn sich zwei gleichnamige Methoden einer Klasse nur in ihrer Parameterliste unterscheiden. Derselbe Begriff hat sich geprägt, wenn eine geerbte Methode in der Subklasse nach den Regeln der Methodenüberladung ergänzt werden muss.

Betrachten wir dazu noch einmal die Starten-Methode in Luftfahrzeug. Die Klasse Flugzeug leitet Luftfahrzeug und überlädt die geerbte Methode:

```
public class Flugzeug : Luftfahrzeug {
  public void Starten(double distance) {
    [...]
  }
}
```

Wird ein Objekt vom Typ Flugzeug erzeugt, kann auf die Referenz mit beiden Methoden operiert werden, z.B.:

```
flg.Starten();
flg.Starten(300);
```

4.5.3 Statische Member und Vererbung

Statische Member werden an die abgeleiteten Klassen vererbt. Eine statische Methode kann man auf die Klasse anwenden, in der die Methode definiert ist, oder auf die Angabe der abgeleiteten Klasse. Bezogen auf das Projekt *GeometricObjects* können Sie demnach die statische Methode `Bigger` entweder mit

```
Circle.Bigger(kreis1, kreis2);
```

oder mit

```
GraphicCircle.Bigger(kreis1, kreis2);
```

aufrufen. Dabei sind *kreis1* und *kreis2* Objekte vom Typ `Circle`.

Unzulässig ist die Definition einer statischen Methode mit `virtual`, `override` oder `abstract`. Wollen Sie dennoch eine geerbte statische Methode in der ableitenden Klasse neu implementieren, können Sie die geerbte Methode mit einer Neuimplementierung verdecken, die den Modifizierer `new` aufweist.

4.5.4 Geerbte Methoden ausblenden?

Zugriffsmodifizierer beschreiben die Sichtbarkeit. Ein `public` deklariertes Mitglied ist über die Grenzen der aktuellen Anwendung hinaus bekannt, während der Modifizierer `internal` die Sichtbarkeit auf die aktuelle Assemblierung beschränkt. `private` Klassenmitglieder hingegen sind nur in der definierenden Klasse sichtbar.

Ein verdeckender Member muss nicht zwangsläufig denselben Zugriffsmodifizierer haben wie das überdeckte Mitglied in der Basisklasse. Machen wir uns das kurz an der Klasse `Flugzeug` klar und verdecken wir die geerbte öffentliche Methode `Starten` der Klasse `Luftfahrzeug` durch eine `private`-Implementierung in `Flugzeug`.

```
public class Flugzeug : Luftfahrzeug {
  private new void Starten() {
    Console.WriteLine("Das Flugzeug startet.");
  }
}
```

Die verdeckende Methode `Starten` ist nun nur innerhalb von `Flugzeug` sichtbar. Einen interessanten Effekt stellen wir fest, wenn wir jetzt den folgenden Code schreiben:

```
static void Main(string[] args) {
  Flugzeug flg = new Flugzeug();
  flg.Starten();
}
```

Im Konsolenfenster wird »Das Luftfahrzeug startet.« ausgegeben.

Aus allem, was bisher gesagt worden ist, müssen wir die Schlussfolgerung ziehen, dass das vollständige Ausblenden eines geerbten Mitglieds nicht möglich ist, auch nicht durch »Privatisierung«. Das führt uns zu folgender Erkenntnis:

> **Merksatz**
> Grundsätzlich werden alle Member der Basisklasse geerbt. Davon gibt es keine Ausnahme. Auch das Ausblenden durch Privatisierung in der erbenden Klasse ist nicht möglich.

Wollen Sie unter keinen Umständen eine Methode aus der Basisklasse erben, bleibt Ihnen nur ein Weg: Sie müssen das Konzept Ihrer Klassenhierarchie neu überdenken.

4.6 Das Projekt »GeometricObjectsSolution« ergänzen

Wir wollen uns nun noch einmal dem von uns immer weiter entwickelten Beispielprojekt *GeometricObjects* zuwenden. Wir werden den Entwurf im ersten Schritt um zwei weitere Klassen, nämlich Rectangle und GraphicRectangle, ergänzen und uns dabei die in diesem Kapitel gewonnenen Kenntnisse zunutze machen. Die Klasse Rectangle soll ein Rechteck beschreiben, und die Klasse GraphicRectangle soll eine Operation bereitstellen, um ein Rectangle-Objekt in einer grafikfähigen Komponente darzustellen – analog zur Klasse GraphicCircle.

Ebenso wie ein Circle-Objekt soll auch ein Rectangle-Objekt seine Lage beschreiben. Um bei der üblichen Konvention grafischer Benutzeroberflächen zu bleiben, soll es sich dabei um den oberen linken Punkt des Rechtecks handeln. Die Größe eines Rechtecks wird durch seine Breite und Länge definiert. Außerdem sind Methoden vorzusehen, um Umfang und Fläche zu berechnen und zwei Rectangle-Objekte zu vergleichen.

> **Anmerkung**
> Auf der Buch-DVD finden Sie die beiden neuen Klassen im Projekt ..\Beispiele\Kapitel 4\ *GeometricObjectsSolution_2*.

4.6.1 Die Klasse »GeometricObject«

Es ist zu erkennen, dass sich die Klassen Rectangle und Circle in vielen Punkten ähneln. Dies spricht dafür, den beiden Klassen eine Basisklasse vorzuschalten, die die gemeinsamen Merkmale eines Kreises und eines Rechtecks beschreibt: Wir werden diese Klasse im Folgenden GeometricObject nennen.

Ein weiteres Argument für diese Lösung ist die sich daraus ergebende Gleichnamigkeit der gemeinsamen Merkmale: Es werden dann die Methoden, die ihren Fähigkeiten nach Gleiches leisten, unabhängig vom Typ des zugrunde liegenden Objekts in gleicher Weise aufgerufen. Einerseits lässt sich dadurch die abstrahierte Artverwandtschaft der beiden geometrischen Objekte Kreis und Rechteck verdeutlichen, andererseits wird die Benutzung der Klassen wesentlich vereinfacht, weil dann nicht zwei unterschiedlich benannte Methoden dasselbe Leistungsmerkmal beschreiben. Nach diesen ersten Überlegungen soll nun die Klasse GeometricObject implementiert werden.

Vergleichen wir jetzt Schritt für Schritt die einzelnen Klassenmitglieder von Circle und Rectangle, um daraus ein einheitliches Konzept für den Entwurf des Oberbegriffs Geometric-Object zu formulieren.

Instanzvariablen und Eigenschaftsmethoden

Die Lage eines Circle- und Rectangle-Objekts wird durch XCoordinate und YCoordinate beschrieben. Es bietet sich an, diese beiden Eigenschaften in die gemeinsame Basisklasse auszulagern. Da wir auch berücksichtigen sollten, dass eine zukünftige Ableitung möglicherweise die Eigenschaftsmethoden überschreibt (z.B. um den Bezugspunkt im 4. Quadranten des kartesischen Koordinatensystems zu vermeiden), sollten wir die Eigenschaften virtual signieren.

```
// Eigenschaften
public virtual double XCoordinate { get; set; }
public virtual double YCoordinate { get; set; }
```

Die Konstruktoren

Da sich Konstruktoren nicht an die abgeleiteten Klassen vererben, bleiben die Erstellungsroutinen in Circle und Rectangle unverändert. Ein eigener Konstruktor in GeometricObject ist nicht notwendig.

Die Instanzmethoden

Widmen wir uns zunächst den Methoden GetArea und GetCircumference. Wir wollen die Methoden zur Flächen- und Umfangsberechnung in jeder ableitenden Klasse garantieren, aber die Implementierung unterscheidet sich abhängig vom geometrischen Typ grundlegend. GetArea und GetCircumference können in GeometricObject deklariert werden, müssen aber abstrakt sein. Infolgedessen muss auch GeometricObject mit dem Modifizierer abstract gekennzeichnet werden.

```
public abstract double GetArea();
public abstract double GetCircumference();
```

Ein Vergleich hinsichtlich der Instanzmethoden beider Klassen führt zu der Erkenntnis, dass beide die gleichnamige überladene Methode Bigger veröffentlichen, die zwei Objekte miteinander vergleicht und einen Integer als Rückgabewert liefert.

Aus logischer Sicht leistet diese Methode sowohl in Circle als auch in Rectangle dasselbe und unterscheidet sich nur im Parametertyp: Die Bigger-Methode in der Circle-Klasse nimmt die Referenz auf ein Circle-Objekt entgegen, in der Klasse Rectangle die Referenz auf ein

Rectangle-Objekt. Wir können uns den Umstand zunutze machen, dass sowohl die Circle- als auch die Rectangle-Klasse nunmehr aus derselben Basisklasse abgeleitet werden, und müssen dazu nur den Typ des Parameters und der Rückgabe entsprechend in GeometricObject ändern. Als Nebeneffekt beschert uns diese Verallgemeinerung, dass wir nun in der Lage sind, die Flächen von zwei verschiedenen Typen zu vergleichen, denn nun kann die Bigger-Methode auf einer Circle-Referenz aufgerufen und als Argument die Referenz auf ein Rectangle-Objekt übergeben werden.

```
public virtual int Bigger(GeometricObject @object) {
   if (@object == null || GetArea() > @object.GetArea()) return 1;
   if (GetArea() < @object.GetArea()) return -1;
   return 0;
}
```

Listing 4.25 Anpassung der Implementierung der Methode »Bigger« in der Basisklasse

In der Methode wird zum Vergleich die Methode GetArea herangezogen. Da wir sie als abstrakte Methode in der Basisklasse deklariert haben, erfolgt der Aufruf polymorph. Zudem sollten wir Bigger auch als virtuelle Methode bereitstellen. Damit ermöglichen wir den ableitenden Klassen, eine unter Umständen andere Implementierung unter Gewährleistung der Polymorphie zu implementieren.

Die zweifach parametrisierte Methode Move kann ebenfalls in GeometricObject implementiert werden, während die Überladung (in Circle mit drei und in Rectangle mit vier Parametern) kein Kandidat ist. Auch diese Methode wird mit dem Modifizierer virtual signiert.

```
public virtual void Move(double dx, double dy) {
   XCoordinate += dx;
   YCoordinate += dy;
}
```

Die Klassenmethoden

Die Argumentation, die uns dazu brachte, die Instanzmethode Bigger in der Basisklasse zu codieren, gilt auch bei der gleichnamigen Klassenmethode. Wir müssen jeweils nur den Typ des Parameters ändern.

```
public static int Bigger(GeometricObject object1, GeometricObject object2) {
   if (object1 == null || object2 == null) return 0;
   if (object1 == null) return -1;
   if (object2 == null) return 1;
   if (object1.GetArea() > object2.GetArea()) return 1;
   if (object1.GetArea() < object2.GetArea()) return -1;
   return 0;
}
```

Listing 4.26 Anpassung der statischen Methode »Bigger« in der Basisklasse

Der Objektzähler

Aus den allgemeinen Betrachtungen der objektorientierten Programmierung fällt der Objektzähler grundsätzlich zunächst einmal heraus. Hier sind es die Anforderungen an die Anwendung, ob ein gemeinsamer Objektzähler für alle geometrischen Objekte den Forderungen genügt oder ob Circle- und Rectangle-Objekte separat gezählt werden sollen. Darüber hinaus könnte man sich auch vorstellen, beide denkbaren Zählervarianten bereitzustellen. So wird es auch in unserem Beispiel gelöst.

Um einen gemeinsamen Objektzähler in GeometricObject zu realisieren, muss der Klasse ein Konstruktor hinzugefügt werden, der für die Aktualisierung des Zählers sorgt. Hier kommt uns zugute, dass bei der Instanziierung einer abgeleiteten Klasse die Konstruktorverkettung dafür sorgt, dass der Konstruktor der Basisklasse aufgerufen wird.

```
public abstract class GeometricObject {
  // Statische Eigenschaft
  private static int _CountGeometricObjects;
  public static int CountGeometricObjects {
    get { return _CountGeometricObjects; }
  }
  // Konstruktor
  protected GeometricObject() {
    _CountGeometricObjects++;
  }
  [...]
}
```

Listing 4.27 Objektzähler in der Basisklasse »GeometricObject«

Änderungen in den Klassen »Circle« und »Rectangle«

Zum Schluss sollten wir auch noch einen Blick in die Klassen Circle und Rectangle werfen. Nach den entsprechenden Änderungen aufgrund der Ableitung von GeometricObject sollten wir in Circle die Eigenschaftsmethode Radius und die Überladung von Move noch virtual kennzeichnen. Analog wird auch in Rectangle mit Width, Length und der Überladung von Move verfahren.

Unter dem Gesichtspunkt, die Draw-Methode in GraphicCircle und GraphicRectangle polymorph anzubieten, erhalten beide Implementierungen ebenfalls den virtual-Modifizierer.

> **Anmerkung**
> Sie finden die vollständige Zusammenfassung des Codes zu diesem Beispiel auf der Buch-DVD unter ...*Beispiele\Kapitel 4\GeometricObjectsSolution_3*.

4.7 Eingebettete Klassen (Nested Classes)

Nicht sehr häufig anzutreffen sind Klassen (oder ganz allgemein gesprochen »Typen«), die innerhalb anderer Klassen definiert sind. Diese Technik, die als **Nested Classes** oder auch als **verschachtelte Klassen** bezeichnet wird, kann im Einzelfall dazu benutzt werden, um entweder eine enge Beziehung zwischen zwei Typen zu beschreiben oder die innere Klasse vor dem Zugriff von außen zu schützen, weil sie nur innerhalb des Codes der äußeren Klasse sinnvoll ist.

Sehen wir uns an einem Beispiel die Codierung einer inneren Klasse an:

```
class Outer {
  public class Inner {
    [...]
  }
}
```

Listing 4.28 Struktur einer inneren Klasse

Die innere Klasse Inner ist hier public deklariert und ermöglicht daher, von außerhalb der Klasse Outer ein Objekt zu erzeugen. Dabei erfolgt der Zugriff über die Angabe der äußeren Klasse, z.B.:

```
Outer.Inner @object = new Outer.Inner();
```

Wird die eingebettete Klasse jedoch private definiert, ist ihre Existenz nur im Kontext der umgebenden äußeren Klasse sinnvoll. Von außen kann dann kein Objekt der inneren Klasse mehr erzeugt werden.

Da Nested Classes nicht sehr häufig im .NET Framework auftreten, wollen wir hier auch nicht weiter in diese Programmiertechnik einsteigen.

4.8 Interfaces (Schnittstellen)

4.8.1 Einführung in die Schnittstellen

Das Konzept der Schnittstellen ist am einfachsten zu verstehen, wenn man sich deutlich macht, worin genau der Unterschied zwischen einer Klasse und einem Objekt besteht. *Klassen* sind Schablonen, in denen Methoden und Eigenschaften definiert sind. Die Methoden manipulieren die Eigenschaften und stellen damit das Verhalten eines Objekts sicher. Ein *Objekt* wird jedoch nicht durch sein Verhalten, sondern durch seine Daten beschrieben, die über Eigenschaften manipuliert werden.

Treiben wir die Abstraktion noch weiter. Wenn Objekte durch Daten beschrieben werden und in einer Klasse Eigenschaften und Methoden definiert sind, dann muss es auch ein Extrem geben, das nur Verhaltensweisen festlegt. Genau diese Position nehmen die Schnittstellen ein.

Die Aufgaben der Schnittstellen gehen über die einfache Fähigkeit, Verhaltensweisen bereitzustellen, hinaus. Bekanntlich wird in .NET die Mehrfachvererbung nicht unterstützt. Damit sind die .NET-Architekten möglichen Schwierigkeiten aus dem Weg gegangen, die mit der Mehrfachvererbung (z.B. in C++) verbunden sind. Mehrfachvererbung ist nur schwer umzusetzen und wird deshalb in der Praxis auch nur selten eingesetzt. Andererseits hielten die .NET-Architekten es aber für erstrebenswert, neben der Basisklasse weitere »Oberbegriffe« zuzulassen, um gemeinsame Merkmale mehrerer ansonsten unabhängiger Klassen beschreiben zu können. Mit der Schnittstelle wurde ein Konstrukt geschaffen, das genau diese Möglichkeiten bietet.

Sie müssen sich Schnittstellen wie eine Vertragsvereinbarung vorstellen. Sobald eine Klasse eine Schnittstelle implementiert, hat der auf ein Objekt dieser Klasse zugreifende Code die Garantie, dass die Klasse die Member der Schnittstelle aufweist. Mit anderen Worten: Eine Schnittstelle legt einen Vertragsrahmen fest, den die implementierende Klasse erfüllen muss.

4.8.2   Die Schnittstellendefinition

Schnittstellen können

- Methoden
- Eigenschaften
- Ereignisse
- Indexer

vorschreiben. (Hinweis: Indexer und Ereignisse waren bisher noch kein Thema und werden erst in Kapitel 5 bzw. Kapitel 10 behandelt.) Schnittstellen enthalten selbst keine Codeimplementierung, sondern nur abstrakte Definitionen. Schauen wir uns dazu eine einfache, fiktive Schnittstelle an:

```
public interface ICopy
{
   string Caption {get; set;};
   void Copy();
}
```

Listing 4.29 Definition eines Interfaces

Die Definition einer Schnittstelle ähnelt der Definition einer Klasse, bei der das Schlüsselwort `class` gegen das Schlüsselwort `interface` ausgetauscht worden ist. Fehlt die Angabe eines Zugriffsmodifizierers, gilt eine Schnittstelle standardmäßig als `internal`, ansonsten kann eine Schnittstelle noch `public` sein. Hinter der Definition werden in geschweiften Klammern alle Mitglieder der Schnittstelle aufgeführt. Beachten Sie, dass das von den abstrakten Klassen her bekannte Schlüsselwort `abstract` in einer Schnittstellendefinition nicht auftaucht.

> **Hinweis**
> Konventionsgemäß wird dem Bezeichner einer Schnittstelle ein »I« vorangestellt. Man kann von Konventionen halten, was man will, aber diese sollten Sie einhalten.

Die Schnittstelle ICopy beschreibt die Eigenschaft Caption sowie die Methode Copy. Weil eine Schnittstelle grundsätzlich nur abstrakte Definitionen bereitstellt, hat kein Mitglied einen Anweisungsblock. Es ist auch kein Zugriffsmodifizierer angegeben. Der C#-Compiler reagiert sogar mit einer Fehlermeldung, wenn Sie einem Schnittstellenmitglied einen Zugriffsmodifizierer voranstellen. Alle von einer Schnittstelle vorgeschriebenen Member gelten grundsätzlich als public.

4.8.3 Die Schnittstellenimplementierung

Bei der Vererbung wird von **Ableitung** gesprochen, analog hat sich bei den Schnittstellen der Begriff **Implementierung** geprägt. Eine Schnittstelle ist wie ein Vertrag, den eine Klasse unterschreibt, sobald sie eine bestimmte Schnittstelle implementiert. Das hat Konsequenzen: Eine Klasse, die eine Schnittstelle implementiert, muss ausnahmslos jedes Mitglied der Schnittstelle übernehmen. Das erinnert uns an das Ableiten einer abstrakten Klasse: Die ableitende Klasse muss die abstrakten Member implementieren – zumindest, solange sie nicht ihrerseits selbst abstrakt sein soll.

Eine zu implementierende Schnittstelle wird, getrennt durch einen Doppelpunkt, hinter dem Klassenbezeichner angegeben. In der Klasse werden alle Member, die aus der Schnittstelle stammen (in unserem Beispiel die Methode Copy sowie die Eigenschaft Caption), mit den entsprechenden Anweisungen codiert.

```
class Document : ICopy {
  public void Copy() {
    Console.WriteLine("Das Dokument wird kopiert.");
  }
  public string Caption {
    get{ [...] }
    set{ [...] }
  }
  [...]
}
```

Listing 4.30 Implementierung einer Schnittstelle

Grundsätzlich können Sie jeden beliebigen Code in die Schnittstellenmethoden schreiben. Das ist aber nicht Sinn und Zweck. Stattdessen sollten Sie sich streng daran halten, was die Dokumentation beschreibt. Das bedeutet im Umkehrschluss aber auch, dass eine Schnittstelle ohne Dokumentation wertlos ist. Nur die Dokumentation gibt Auskunft darüber, was eine Methode leisten soll und wie ihre Rückgabewerte zu interpretieren sind.

Eine Klasse ist nicht nur auf die Implementierung *einer* Schnittstelle beschränkt, es dürfen – im Gegensatz zur Vererbung – auch mehrere sein, die durch ein Komma voneinander getrennt werden.

```
class Document : ICopy, IDisposable {
  [...]
}
```

Eine Klasse, die eine oder mehrere Schnittstellen implementiert, darf durchaus auch eine konkrete Basisklasse haben. Dabei wird die Basisklasse vor der Liste der Schnittstellen aufgeführt. Im folgenden Codefragment bildet Frame die Basis von Document.

```
class Document : Frame, ICopy, IDisposable {
  [...]
}
```

Schnittstellen dürfen nach der Veröffentlichung, d.h. nach der Verteilung, unter keinen Umständen verändert werden, da sowohl das Interface als auch die implementierende Klasse in einem Vertragsverhältnis zueinander stehen. Die Bedingungen des Vertrags müssen von beiden Vertragspartnern eingehalten werden.

> **Hinweis**
> Sollten Sie nach dem Veröffentlichen einer Schnittstelle Änderungen oder Ergänzungen vornehmen wollen, müssen Sie eine neue Schnittstelle bereitstellen.

Mit der Veröffentlichung einer Schnittstelle erklärt sich eine Klasse bereit, die Schnittstelle exakt so zu implementieren, wie sie entworfen wurde. Die von der Klasse übernommenen Mitglieder der Schnittstelle müssen daher in jeder Hinsicht identisch zu ihrer Definition sein:

- Der Name muss dem Namen in der Schnittstelle entsprechen.
- Der Rückgabewert und die Parameterliste dürfen nicht von denen in der Schnittstellendefinition abweichen.

Ein aus einer Schnittstelle stammender Member darf nur public sein. Zulässig sind außerdem die Modifizierer abstract und virtual, während static und const nicht erlaubt sind.

Aus Schnittstellen stammende Methoden zeigen in der implementierenden Klasse immer polymorphes Verhalten. Das setzt sich jedoch nicht automatisch bei den Klassen durch, die eine schnittstellenimplementierende Klasse ableiten. Eine ableitende Klasse kann daher im Weiteren die Schnittstellenmethode mit new verdecken. Soll die Schnittstellenmethode den ableitenden Klassen jedoch polymorph angeboten werden, muss sie mit virtual signiert werden.

Die Unterstützung von Visual Studio 2012

Insbesondere wenn eine Klasse eine Schnittstelle mit vielen Membern implementieren soll, lohnt es sich, diese mit Hilfe von Visual Studio automatisch hinzuzufügen. Gehen Sie dazu mit dem Mauszeiger auf den Schnittstellenbezeichner, und öffnen Sie das Kontextmenü, wie in Abbildung 4.6 gezeigt. In diesem wird Ihnen SCHNITTSTELLE IMPLEMENTIEREN und SCHNITTSTELLE EXPLIZIT IMPLEMENTIEREN angeboten. In der Regel werden Sie sich für den erstgenannten Punkt entscheiden. Die explizite Schnittstellenimplementierung werden wir weiter unten noch behandeln.

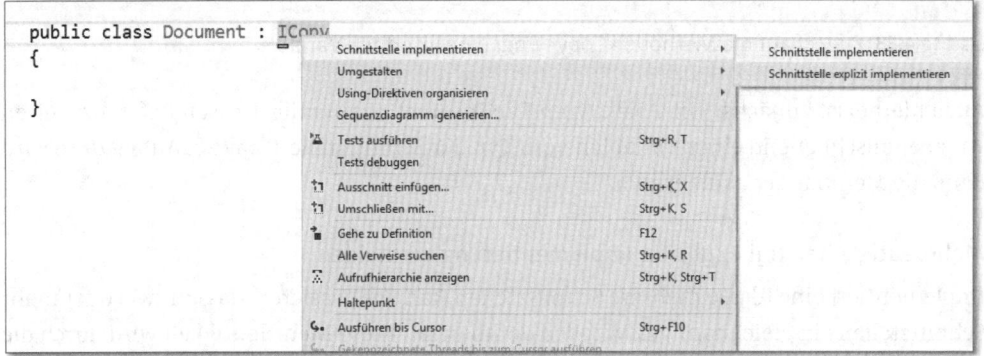

Abbildung 4.6 Die Unterstützung von Visual Studio bei der Schnittstellenimplementierung

Wählen Sie SCHNITTSTELLE IMPLEMENTIEREN, erzeugt Visual Studio den nachfolgend gezeigten Code automatisch.

```
class Document : ICopy
{
  public string Caption {
    get {
      throw new NotImplementedException();
    }
    set {
      throw new NotImplementedException();
    }
  }
  public void Copy() {
    throw new NotImplementedException();
  }
}
```

Listing 4.31 Klasse, die das Interface »ICopy« implementiert

Zugriff auf die Schnittstellenmethoden

Der Aufruf einer aus einer Schnittstelle stammenden Methode unterscheidet sich nicht vom Aufruf einer Methode, die in der Klasse implementiert ist:

```
Document doc = new Document();
doc.Copy();
```

Listing 4.32 Zugriff auf die Methode »Copy« über eine Instanzvariable

Sie instanziieren zuerst die Klasse und rufen auf das Objekt die Methode auf. Es gibt aber auch noch eine andere Variante, die ich Ihnen nicht vorenthalten möchte:

```
Document doc = new Document();
ICopy copy = doc;
copy.Copy();
```

Listing 4.33 Zugriff auf die Methode »Copy« über eine Interface-Variable

Auch hierbei ist zunächst ein Objekt vom Typ Document notwendig. Dessen Referenz weisen wir aber anschließend einer Variablen vom Typ der Schnittstelle ICopy zu. Auf letztere wird dann die Methode Copy aufgerufen.

Mehrdeutigkeiten mit expliziter Implementierung vermeiden

Implementiert eine Klasse mehrere Schnittstellen, kann es passieren, dass in zwei oder mehr Schnittstellen ein gleichnamiges Mitglied definiert ist. Diese Mehrdeutigkeit wird durch die **explizite Implementierung** eines Schnittstellenmembers aus der Welt geschafft. Eine explizite Implementierung ist der vollständig kennzeichnende Name eines Schnittstellenmitglieds. Er besteht aus dem Namen der Schnittstelle und dem Bezeichner des implementierten Mitglieds, getrennt durch einen Punkt.

Nehmen wir an, in den beiden Schnittstellen ICopy und IAddress wäre jeweils eine Eigenschaft Caption definiert:

```
public interface ICopy {
  string Caption { get; set; }
  void Copy();
}
public interface IAddress {
  string Caption { get; set; }
}
```

Listing 4.34 Mehrdeutigkeit bei Schnittstellen

In einer Klasse Document, die beide Schnittstellen aus Listing 4.34 implementiert, könnten die Methoden, wie im folgenden Codefragment gezeigt, explizit implementiert werden, um sie eindeutig den Schnittstellen zuzuordnen:

```
class Document : ICopy, IAddress {
  void ICopy.Caption() {
    Console.WriteLine("Caption-Methode in ICopy");
  }
```

```
  void IAddress.Caption() {
    Console.WriteLine("Caption-Methode in IAdresse");
  }
  [...]
}
```

Listing 4.35 Explizite Schnittstellenimplementierung

Es müssen nicht zwangsläufig beide Caption-Methoden explizit implementiert werden. Um eine eindeutige Schnittstellenzuordnung zu gewährleisten, würde eine explizite Implementierung vollkommen ausreichen.

Explizit implementierte Schnittstellenmember haben keinen Zugriffsmodifizierer, denn im Zusammenhang mit der expliziten Schnittstellenimplementierung ist eine wichtige Regel zu beachten:

> **Merkregel**
> Bei der expliziten Implementierung eines Schnittstellenmembers darf weder ein Zugriffsmodifizierer noch einer der Modifikatoren abstract, virtual, override oder static angegeben werden.

Auf die explizite Implementierung eines Schnittstellenmembers kann nur über eine Schnittstellenreferenz zugegriffen werden, wie im folgenden Codefragment gezeigt wird:

```
Document doc = new Document();
ICopy copy = doc;
copy.Caption = "Dokumentkopie";
IAddress adresse = doc;
adresse.Caption = "Bremen";
```

Listing 4.36 Aufruf eines explizit implementierten Schnittstellenmembers

Schnittstellen, die selbst Schnittstellen implementieren

Mehrere Schnittstellen lassen sich zu einer neuen Schnittstelle zusammenfassen. Das folgende Codefragment zeigt, wie die Schnittstelle ICopy die Schnittstelle ICompare implementiert:

```
public interface ICompare {
  bool Compare(Object obj);
}
public interface ICopy : ICompare {
  void Copy();
}
```

Listing 4.37 Schnittstelle, die selbst eine Schnittstelle implementiert

Eine Klasse, die sich die Dienste der Schnittstelle ICopy sichern möchte, muss beide Methoden bereitstellen: die der Schnittstelle ICompare und die spezifische der Schnittstelle ICopy:

```
class Document : ICopy {
  public void Copy() {
    [...]
  }
  public bool Compare(object obj) {
    [...]
  }
}
```

Listing 4.38 Implementierung der Schnittstelle »ICopy« aus Listing 4.37

4.8.4 Die Interpretation der Schnittstellen

Schnittstellen zu codieren ist sehr einfach. Da werden Sie mir zustimmen. Aber wahrscheinlich werden Sie sich nun fragen, welchen Sinn bzw. welche Aufgabe eine Schnittstelle hat. Schließlich ließen sich die Schnittstellenmember doch auch direkt in einer Klasse codieren, ohne vorher den Umweg der Implementierung eines interface-Typs gehen zu müssen.

Natürlich steckt hinter einem interface nicht die Absicht, den Programmcode unnötig komplex zu gestalten. Tatsächlich lässt sich die Existenz durch zwei Punkte rechtfertigen:

- Mit einer Schnittstelle wird die fehlende Mehrfachvererbung ersetzt, ohne gleichzeitig deren gravierende Nachteile in Kauf nehmen zu müssen.
- Mit einer Schnittstelle kann ein Typ vorgegeben werden, dessen exakte Typangabe nicht bekannt ist.

Der letzte Punkt ist dabei nur eine logische Konsequenz des zuerst aufgeführten. Beide Aussagen möchte ich Ihnen im Folgenden beweisen.

Schnittstellen als Ersatz der Mehrfachvererbung

Weiter oben im Listing 4.33 haben wir die folgenden beiden Anweisungen im Programmcode geschrieben:

```
Document doc = new Document();
ICopy copy = doc;
```

Kommt Ihnen das nicht bekannt vor? Sehr ähnlich sahen zwei Anweisungen aus, die wir in Abschnitt 4.3.1 geschrieben hatten:

```
Flugzeug flg = new Flugzeug();
Luftfahrzeug lfzg = flg;
```

Die beiden Anweisungen bildeten die Grundlage für die Aussage, dass Sie eine Subklassenreferenz einer Basisklassenreferenz zuweisen können. Wie das vorletzte Codefragment zeigt, können Sie einer Interface-Variablen die Referenz eines Objekts übergeben, das die entsprechende Schnittstelle implementiert. Das führt zu der folgenden Aussage:

> **Merkregel**
> Im Programmcode kann eine Schnittstelle genauso behandelt werden, als würde es sich um eine Basisklasse handeln.

Die daraus resultierende Konsequenz und Interpretation möchte ich am Beispiel des Projekts *GeometricObjectsSolution* weiter verdeutlichen. Erinnern Sie sich bitte an die Aussage, dass alle abgeleiteten Klassen gleichzeitig auch vom Typ der Basisklasse sind. Das bedeutet mit anderen Worten, bei Objekten vom Typ Circle, Rectangle, GraphicCircle und GraphicRectangle handelt es sich um geometrische Objekte. GeometricObject beschreibt demnach eine Familie geometrischer Objekte, weil die ableitenden Klassen alle Member der Basisklasse GeometricObject aufweisen.

Betrachten wir nun die beiden Klassen GraphicCircle und GraphicRectangle. Beide weisen mit der Methode Draw ein gemeinsames Merkmal auf. Wir können die Methode Draw auch über eine Schnittstelle bereitstellen, die von GraphicCircle und GraphicRectangle implementiert wird.

```
public interface IDraw {
  void Draw();
}
public class GraphicCircle : Circle, IDraw {
  [...]
  public virtual void Draw() {
    Console.WriteLine("Der Kreis wird gezeichnet");
  }
}
public class GraphicRectangle : Rectangle, IDraw {
  [...]
  public virtual void Draw() {
    Console.WriteLine("Das Rechteck wird gezeichnet");
  }
}
```

Listing 4.39 Ergänzung des Beispielprogramms »GeometricObjectsSolution« um »IDraw«

Ein erster Blick auf den überarbeiteten Programmcode scheint uns eher Nachteile als Vorteile zu bescheren, denn er ist komplexer geworden. Nun betrachten Sie bitte Abbildung 4.7. Entgegen der ansonsten üblichen Darstellungsweise wird hier die Schnittstelle IDraw wie eine Basisklasse dargestellt. GeometricObject beschreibt alle geometrischen Objekte und bildet damit eine Familie. In gleicher Weise beschreibt IDraw alle Objekte, die gezeichnet werden können. Dazu gehören GraphicCircle und GraphicRectangle. Die beiden letztgenannten sind damit sogar Mitglieder von zwei ganz unterschiedlichen Familien.

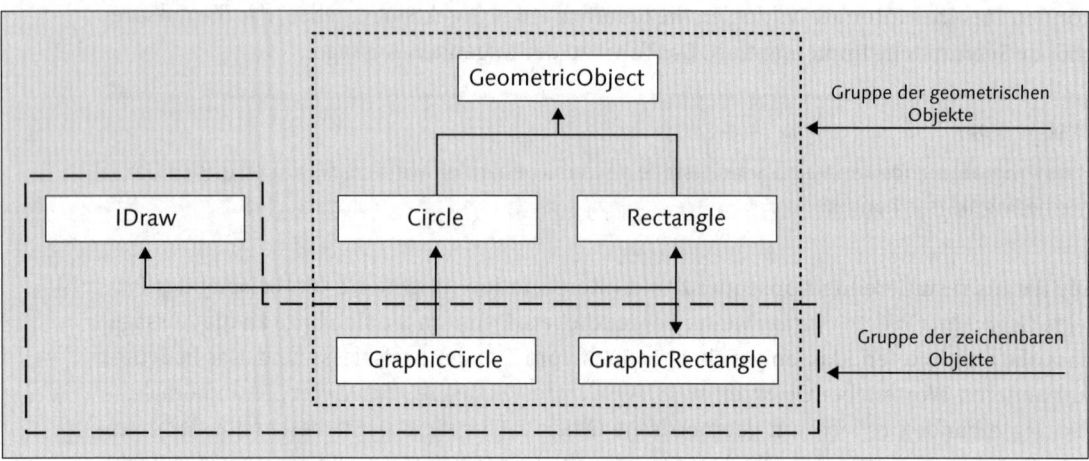

Abbildung 4.7 Die Interpretation einer Schnittstelle als Basisklasse und deren Folgen

Nutzen können wir daraus erst ziehen, wenn wir eine weitere Klasse codieren – nennen wir sie Auto –, die ebenfalls die Schnittstelle IDraw implementiert.

```
public class Auto : IDraw {
  [...]
  public virtual void Draw() {
    Console.WriteLine("Das Auto wird gezeichnet");
  }
}
```

Listing 4.40 Die fiktiv angenommene Klasse »Auto«

Was hat nun die Klasse Auto mit beispielsweise GraphicCircle zu tun? Eigentlich nichts! Dennoch haben beide ein gemeinsames Merkmal: Objekte dieser beiden Klassen lassen sich zeichnen, weil beide dieselbe »Basis« haben und die Methode Draw implementieren.

Sie könnten nun Objekte vom Typ Auto, GraphicCircle und GraphicRectangle in ein Array vom Typ IDraw stecken und in einer Schleife die allen gemeinsame Methode Draw aufrufen, z. B.:

```
IDraw[] arr = new IDraw[5];
arr[0] = new GraphicCircle();
arr[1] = new GraphicRectangle();
arr[2] = new Auto();
arr[3] = new GraphicCircle();
arr[4] = new Auto();
foreach (IDraw item in arr)
  item.Draw();
```

Listing 4.41 Gemeinsame Behandlung mehrerer Typen mit derselben Schnittstellenimplementierung

Die Laufvariable in der Schleife ist vom Typ IDraw. Auf die Referenz der Laufvariablen wird im Anweisungsblock der Schleife die Methode Draw aufgerufen. Da GraphicCircle, GraphicRectangle und Auto die Schnittstelle IDraw implementieren und das damit verbundene Vertragsverhältnis erfüllen, wird der Code fehlerfrei ausgeführt. Natürlich erfolgt der Methodenaufruf polymorph.

Nichts anderes haben wir bereits gemacht, als wir Flugzeug- und Hubschrauber-Objekte einem Array vom Typ der Basisklasse Luftfahrzeug hinzugefügt haben, um anschließend die allen gemeinsame Methode Starten aufzurufen. Hier noch einmal zum Vergleich der angesprochene Code:

```
Luftfahrzeug[] arr = new Luftfahrzeug[5];
arr[0] = new Flugzeug();
arr[1] = new Zeppelin();
arr[2] = new Hubschrauber();
[...]
foreach (Luftfahrzeug item in arr) {
  item.Starten();
}
```

Anhand dieser beiden Beispiele bestätigt sich die Aussage, dass Schnittstellen eine Alternative zu der von .NET nicht unterstützten Mehrfachvererbung darstellen.

Schnittstellen als Ersatz exakter Typangaben

Nun wollen wir mehrere verschiedene geometrische Objekte miteinander vergleichen und dabei eine Liste erstellen, in der die Objekte der Größe nach sortiert sind. Als Kriterium der Größe soll uns die Fläche der Objekte dienen, so dass wir auch Rechtecke mit Kreisen vergleichen können. Wir müssen nicht unbedingt eine eigene Methode mit einem Sortieralgorithmus schreiben, wir können dabei auf Methoden zurückgreifen, die in der .NET-Klassenbibliothek zu finden sind.

Jetzt stellt sich sofort die Frage: Wie soll das denn geschehen, denn die Architekten der .NET-Klassenbibliothek wussten doch nicht, dass wir mehrere Objekte vom Typ GeometricObject einem Vergleich unterziehen wollen? Wir hätten unsere Klassen Circle, GraphicCircle, Rectangle und GraphicRectangle auch ganz anders benennen können.

Auch bei der Lösung dieses Problems spielen Schnittstellen die alles entscheidende Rolle. Ich möchte Ihnen das an einem Beispiel zeigen, in dem die zu sortierenden Objekte in einem Array zusammengefasst werden:

```
GeometricObject[] arr = new GeometricObject[5];
arr[0] = new Circle(34);
arr[1] = new Rectangle(10, 230);
[...]
```

Listing 4.42 Zusammenfassen mehrerer Objekte in einem Array

Mit Hilfe der Klasse `Array`, die uns die statische Methode `Sort` zur Verfügung stellt, können wir unsere geometrischen Objekte sortieren. Die Methode ist vielfach überladen. Für uns ist die folgende Überladung von Interesse:

```
public static void Sort(Array array, IComparer comparer)
```

Dem ersten Parameter übergeben wir das zu sortierende Array, in unserem Fall also *arr*. Der zweite Parameter ist vom Typ der Schnittstelle `IComparer`. Natürlich können Sie dem Methodenaufruf keine Instanz vom Typ `IComparer` übergeben, da Schnittstellen nicht instanziierbar sind. So ist die Typangabe des zweiten Parameters auch nicht zu verstehen. Stattdessen verlangt der zweite Parameter lediglich, dass das ihm übergebene Argument ein Objekt ist, das die Schnittstelle `IComparer` implementiert – egal, ob das Objekt vom Typ `DemoClass`, `Circle`, `Auto` oder `HalliGalli` ist.

Denken Sie noch einmal an die Aussagen in diesem Kapitel: Das Objekt einer abgeleiteten Klasse ist gleichzeitig auch ein Objekt der Basisklasse. Außerdem kann eine Schnittstelle wie eine Basisklasse betrachtet werden. Dadurch, dass ein Parameter vom Typ einer Schnittstelle definiert ist, wird uns lediglich vorgeschrieben, dass die Member der Schnittstelle von der Klasse implementiert sind. Im Fall von `IComparer` handelt es sich um die Methode `Compare`, die zwei Objekte des angegebenen Arrays miteinander vergleicht. Welche weiteren Member sich noch in der Klasse tummeln, die `ICompare` implementiert, interessiert in diesem Zusammenhang nicht.

Sehen wir uns nun die Definition der Schnittstellenmethode an:

```
int Compare(Object x, Object y)
```

Die Methode `Sort` der Klasse `Array` kann natürlich nicht wissen, nach welchen Kriterien zwei zu vergleichende Objekte als größer oder kleiner eingestuft werden sollen. Dies ist die Aufgabe des Codes in der Schnittstellenmethode, den Sie schreiben müssen. Anhand des Rückgabewerts (siehe auch Tabelle 4.1) werden die Objekte im Array nach einem internen Algorithmus in `Sort` umgeschichtet, und zwar so lange, bis alle Array-Elemente in der richtigen Reihenfolge stehen.

Wert	Bedingung
< 0	x ist kleiner als y
0	x und y sind gleich groß
> 0	x ist größer als y

Tabelle 4.1 Die Rückgabewerte der Methode »Compare« des Interfaces »IComparer«

Das folgende Beispielprogramm zeigt das komplette Coding. Es enthält mit `ComparerClass` eine separate Klasse, die nur der Implementierung der Schnittstelle `IComparer` dient. Man könnte diese Klasse auch als »Vergleichsklasse« bezeichnen.

```
// Beispiel: ..\Kapitel 4\Sorting
class Program {
  static void Main(string[] args) {
    GeometricObject[] arr = new GeometricObject[5];
    arr[0] = new Circle(34);
    arr[1] = new Rectangle(10, 230);
    arr[2] = new GraphicCircle(37);
    arr[3] = new Circle(20);
    arr[4] = new GraphicRectangle(12,70);
    Array.Sort(arr, new ComparerClass());
    foreach (GeometricObject item in arr)
      Console.WriteLine(item.ToString());
    Console.ReadLine();
  }
}
class ComparerClass : IComparer {
  public int Compare(object x, object y) {
    return ((GeometricObject)x).Bigger((GeometricObject)y);
  }
}
```

Listing 4.43 Programmcode des Beispielprogramms »Sorting«

In der Methode `Compare` kommt uns die Methode `Bigger` zugute, die in der Klasse `GeometricObject` enthalten ist und zwei geometrische Objekte miteinander vergleicht. `Bigger` liefert genau den Rückgabewert, den wir der Methode `Sort` zur Weiterverarbeitung übergeben können.

Kommen wir noch einmal zurück zu der Behauptung, dass mit einer Schnittstelle ein Typ vorgegeben werden kann, dessen exakte Typangabe nicht bekannt ist. Genau das macht die Methode `Sort`. Sie kennt zwar nicht den genauen Typ, der ihr übergeben wird, aber sie kann sich darauf verlassen, dass das Objekt garantiert die Methode `Compare` implementiert, weil ein Objekt vom Typ der Schnittstelle `IComparer` im zweiten Parameter vorgeschrieben ist. Da `IComparer` zum .NET Framework gehört, ist diese Schnittstelle beiden Parteien, der Anwendung und der `Sort`-Methode bekannt – beide können darüber kommunizieren, sich gegenseitig austauschen.

4.8.5 Änderungen am Projekt »GeometricObjects«

Die Schnittstelle `IDraw`, von der die beiden Klassen `GraphicCircle` und `GraphicRectangle` durch Implementierung profitieren, haben wir bereits erörtert. Aber es gibt noch eine weitere Möglichkeit, sinnvoll eine Schnittstelle einzusetzen. Den Hinweis dazu liefert die einfach parameterlose Methode `Sort` der Klasse `Array`. Diese Methode erwartet nur das zu sortierende Array, schreibt aber eine Schnittstelle vor, die von den zu sortierenden Objekten unterstützt werden muss. Es handelt sich um das Interface `IComparable`, die die Methode `CompareTo` vorschreibt, die wie folgt beschrieben wird:

```
int CompareTo(Object obj);
```

Diese Methode erinnert sehr stark an die Instanzmethode `Bigger` in `GeometricObject`. Es macht nicht allzu viel Mühe, die derzeitige Implementierung

```
public virtual int Bigger(GeometricObject @object) {
  if (@object == null || GetArea() > @object.GetArea()) return 1;
  if (GetArea() < @object.GetArea()) return -1;
  return 0;
}
```

Listing 4.44 Aktuelle Implementierung der Methode »Bigger«

umzuschreiben. Im Wesentlichen müssen wir nur den Typ des Parameters an die Vorschrift der Schnittstelle anpassen und natürlich den Methodenbezeichner ändern. Innerhalb der Methode ist eine Konvertierung des Übergabeparameters vom Typ `Object` in `GeometricObject` notwendig. Dazu bietet sich unter anderem der `as`-Operator an, der `null` zurückliefert, falls die Konvertierung nicht möglich ist.

Das einzige Problem, das gemeistert werden muss, ist der Fall des Scheiterns der Konvertierung. Theoretisch könnte man einen festgeschriebenen Fehlerwert an den Aufrufer zurückliefern, aber dieser würde mit hoher Wahrscheinlichkeit zu einer Fehlinterpretation seitens des Aufrufers führen. Um einen zweckmäßigen, lauffähigen Code zu haben, ist es optimal, in diesem Fall eine Ausnahme auszulösen. Nehmen Sie das Auslösen der Exception zunächst einmal so hin, wie es im Code unten gemacht wird. In Kapitel 7 werden wir uns noch näher damit beschäftigen.

```
public virtual int CompareTo(Object @object) {
  GeometricObject geoObject = @object as GeometricObject;
  if (geoObject != null) {
    if (GetArea() < geoObject.GetArea()) return -1;
    if (GetArea() == geoObject.GetArea()) return 0;
    return 1;
  }
  // Auslösen einer Ausnahme
  throw new ArgumentException("Es wird der Typ 'GeometricObject' erwartet.");
}
```

Listing 4.45 Ändern der ursprünglichen Methode »Bigger« in der Klasse »GeometricObject«

Natürlich dürfen wir nicht vergessen, die Klasse `GeometricObject` um die Implementierung der Schnittstelle `IComparable` zu ergänzen, also:

```
public abstract class GeometricObject : IComparable
```

> **Anmerkung**
> Sie finden die vollständige Zusammenfassung des Codes auf der Buch-DVD unter ...*Beispiele\Kapitel 4\GeometricObjectsSolution_4*.

4.9 Das Zerstören von Objekten – der »Garbage Collector«

4.9.1 Die Arbeitsweise des Garbage Collectors

Ein Konstruktor wird aufgerufen, wenn das Objekt einer Klasse erzeugt wird. Damit beginnt der Lebenszyklus des Objekts. Objekte benötigen Speicherressourcen für ihre Daten. Solange ein Objekt noch referenziert wird, müssen die Daten im Speicher bleiben. Verliert ein Objekt seine letzte Referenz oder wird der Objektreferenz null zugewiesen, beispielsweise mit

```
Circle kreis = new Circle();
[...]
kreis = null;
```

können die vom Objekt beanspruchten Speicherressourcen freigegeben werden. Das geschieht jedoch nicht automatisch. Vielmehr beanspruchen die Objekte weiterhin Speicher, obwohl sie vom laufenden Programm nicht mehr genutzt werden können. Unter .NET ist es, im Gegensatz zu anderen Programmierumgebungen, nicht möglich, mittels Programmcode den Speicher eines Objekts freizugeben. Stattdessen sorgt eine spezielle Komponente der Common Language Runtime (CLR) für die notwendige Speicherbereinigung: der **Garbage Collector** (GC).

Der Garbage Collector arbeitet nichtdeterministisch, das heißt, es kann nicht vorhergesagt werden, wann der Garbage Collector aktiv wird. Damit stellt sich sofort die Frage, nach welchen Kriterien der GC seine Arbeit aufnimmt und eine Speicherbereinigung durchführt.

Als selbstständige Ausführungseinheit (Thread) genießt der GC keine hohe Priorität und kann erst dann den Prozessor in Anspruch nehmen, wenn die Anwendung beschäftigungslos ist. Theoretisch könnte das bedeuten, dass eine viel beschäftigte Anwendung dem GC keine Chance lässt, jemals aktiv zu werden. Dem ist tatsächlich so, es gibt aber eine wichtige Einschränkung: Noch bevor den Speicherressourcen der Anwendung die »Luft ausgeht«, ist die zweite Bedingung erfüllt, um die Speicherbereinigung mit dem GC anzustoßen. Der Garbage Collector wird also spätestens dann nach allen aufgegebenen Objekten suchen und deren Speicherplatz freigeben, wenn die Speicherressourcen knapp werden. Die dritte Situation ist gegeben, wenn die Anwendung geschlossen wird. Auch in diesem Moment wird der Garbage Collector aktiv. Das hängt damit zusammen, dass dies die letzte Chance darstellt, von einem Objekt beanspruchte Fremdressourcen freizugeben.

> **Hinweis**
> Der Garbage Collector ist nur im Zusammenhang mit Referenztypen von Bedeutung. Daten, die auf Wertetypen basieren und ihr Dasein auf dem Stack fristen, hören automatisch auf zu existieren, wenn die Methode verlassen wird, in der sie als lokale Variablen definiert sind.

Die Arbeit des Garbage Collectors ist sehr zeitintensiv, da sich im Hintergrund sehr viele einzelne Aktivitäten abspielen. Dabei werden beispielsweise Objekte in andere Bereiche des Heap kopiert und die entsprechenden Verweise auf diese Objekte aktualisiert.

Damit nicht unnötig viel Zeit vom Garbage Collector beansprucht wird, ist der Speicherbereinigungsprozess ein ausgesprochen ausgeklügeltes System. Unter anderem werden die Objekte auf drei separate Speicherbereiche aufgeteilt, die als **Generationen** bezeichnet werden. Das Konzept der Speicherbereinigung unter Berücksichtigung der Generationen ist dabei wie folgt:

- Generation 0 bleibt den neuen Objekten vorbehalten. Ist dieser Speicherbereich voll, wird der Garbage Collector aktiv und gibt die Speicherressourcen der nicht mehr benötigten Objekte frei. Objekte der Generation 0, die weiter referenziert werden, werden in den Bereich der Generation 1 kopiert.
- Sollte der erste Vorgang nicht genügend Speicherressourcen freigesetzt haben, erfasst der Garbage Collector auch den Bereich der Objekte, die der Generation 1 zugeordnet sind. Objekte, die dort nicht mehr referenziert werden, werden gelöscht, alle anderen in den Bereich der Generation 2 verschoben.
- Reicht auch danach der Speicher immer noch nicht aus, wird der Garbage Collector auch alle nicht mehr benötigten Objekte der Generation 2 löschen.

Die Idee, die hinter dem Prinzip der Generationen steckt, beruht darauf, dass die meisten Objekte nur für eine relativ kurze Zeitspanne benötigt werden. Je »älter« aber ein Objekt ist, umso größer ist die Wahrscheinlichkeit, dass es auch weiterhin benötigt wird. Das ist der Grund, warum der Garbage Collector sich zuerst um die Objekte der Generation 0 (also verhältnismäßig »junge« Objekte) kümmert und nur dann die der Generation 1 und eventuell auch die der Generation 2 erfasst, wenn die freigegebenen Ressourcen anschließend immer noch nicht ausreichend sind.

4.9.2 Expliziter Aufruf des Garbage Collectors

Sie können mittels Code nicht die Speicherressourcen eines einzelnen Objekts freigeben, aber immerhin können Sie veranlassen, dass der Garbage Collector aktiv wird. Dazu wird die statische Methode Collect der Klasse GC aufgerufen:

```
GC.Collect();
```

Dieser Aufruf veranlasst den Garbage Collector, alle drei Generationen zu bereinigen. Sie können den Aufruf optimieren, indem Sie der Methode mitteilen, welche die letzte noch zu bereinigende Generation sein soll. Mit

```
GC.Collect(1);
```

erreichen Sie, dass die verwaisten Objekte der Generationen 0 und 1 zerstört werden.

Die Klasse GC eignet sich auch, um in Erfahrung zu bringen, welcher Generation ein bestimmtes Objekt zugeordnet ist. Rufen Sie dazu die statische Methode GetGeneration unter Übergabe des abzufragenden Objekts auf:

```
int generation = GC.GetGeneration(kreis);
```

4.9.3 Der Destruktor

Der Garbage Collector sorgt dafür, dass der Speicherplatz nicht mehr referenzierter Objekte freigegeben wird. Es gibt aber auch Objekte, die ihrerseits Referenzen auf externe Fremdressourcen halten. Dabei kann es sich zum Beispiel um Datenbankverbindungen oder geöffnete Dateien handeln. Solche Fremdressourcen werden vom Garbage Collector nicht verwaltet und konsequenterweise auch nicht freigegeben. In solchen Fällen sind die Objekte selbst dafür verantwortlich.

Ein zweistufiges Modell unterstützt bei der Freigabe der Fremdressourcen:

- der Destruktor
- die Schnittstelle IDisposable

Widmen wir uns zuerst dem Destruktor, dessen Syntax wie folgt lautet:

```
~Klassenbezeichner() { [...] }
```

Eingeleitet wird der Destruktor mit dem Tildezeichen, danach folgt der Klassenbezeichner mit dem obligatorischen runden Klammerpaar und zum Schluss der Anweisungsblock. Ein Destruktor hat weder einen Zugriffsmodifizierer noch eine Parameterliste oder die Angabe eines Rückgabetyps. Der C#-Compiler wandelt den Destruktor in eine Überschreibung der von Object geerbten Methode Finalize um und markiert das Objekt gleichzeitig als »finalisierungsbedürftig«.

Bei der Instanziierung eines Objekts werden die Konstruktoren beginnend bei Object über den Konstruktor der davon direkt abgeleiteten Klasse bis hin zu der Klasse, von der das Objekt erstellt werden soll, durchlaufen (siehe Abbildung 4.3). Bei den Destruktoren dreht sich dieser Sachverhalt genau um: Es wird zuerst der Destruktor der am meisten abgeleiteten Klasse aufgerufen und abgearbeitet, danach der der direkten Basisklasse und so weiter – bis hin zum Destruktor von Object (siehe Abbildung 4.8).

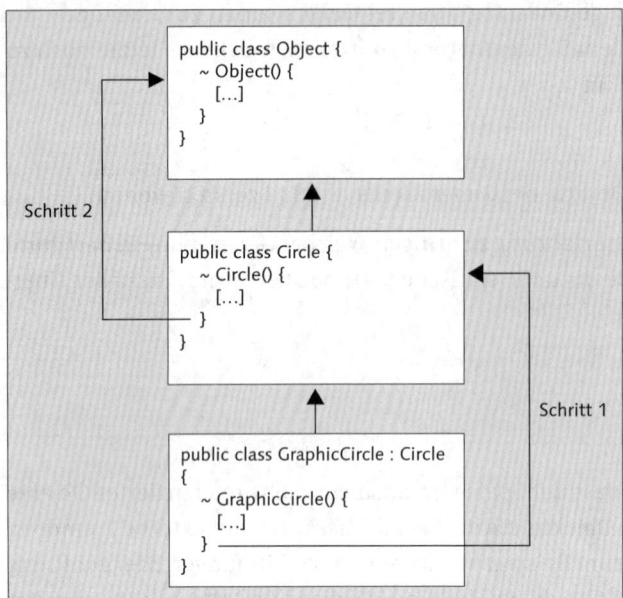

Abbildung 4.8 Verkettung der Destruktoraufrufe

Aus dem Programmcode heraus kann der Destruktor nicht aufgerufen werden. Das kann nur der Garbage Collector bei seinen Aufräumarbeiten. Trifft der Garbage Collector auf ein verwaistes und zur Finalisierung anstehendes Objekt, erzeugt er einen neuen Objektverweis und stellt danach das Objekt in eine Finalisierungswarteschlange. Ein separater Thread arbeitet diese Warteschlange ab, ruft die Methode Finalize auf und markiert das Objekt. Erst beim nächsten Speicherbereinigungsprozess wird das Objekt komplett entfernt und dessen Speicherplatz freigegeben.

Der gesamte Vorgang ist sehr aufwändig und muss mit einer Leistungseinbuße bezahlt werden. Sie sollten daher nur dann einen Destruktor bereitstellen, wenn er tatsächlich benötigt wird.

4.9.4 Die »IDisposable«-Schnittstelle

Mit einem Destruktor sind zwei gravierende Nachteile verbunden:

- Wenn ein Destruktor implementiert ist, kann nicht exakt vorherbestimmt werden, wann er vom Speicherbereinigungsprozess ausgeführt wird.
- Ein Destruktor kann nicht explizit aus dem Code heraus aufgerufen werden.

Wie Sie bereits wissen, werden die Aufräumarbeiten angestoßen, wenn durch die Beschäftigungslosigkeit einer laufenden Anwendung der niedrig priorisierte Thread des Garbage Collectors seine Arbeit aufnimmt oder sich die Speicherressourcen verknappen. Tatsächlich sind sogar Situationen denkbar, die niemals zum Destruktoraufruf führen – denken Sie nur an den Absturz des Rechners. Folglich kann auch nicht garantiert werden, dass der GC überhaupt jemals seine ihm zugedachte Aufgabe verrichtet. Wenn ein Objekt aber kostspielige oder begrenzte Ressourcen beansprucht, muss sichergestellt sein, dass diese so schnell wie möglich wieder freigegeben werden.

Um dem Problem zu begegnen, können Sie zusätzlich zum Destruktor eine öffentliche Methode implementieren, die der Benutzer der Klasse explizit aufrufen kann. Grundsätzlich kann dazu jede beliebige Methode geschrieben werden, jedoch empfiehlt es sich, die Schnittstelle IDisposable zu implementieren, die die Methode Dispose vorschreibt.

> **Hinweis**
> Es ist unüblich, anstelle der Methode Dispose eine Methode Close zu definieren. Trotzdem weisen viele Klassen in der .NET-Klassenbibliothek die Methode Close auf, in der aber in der Regel Dispose aufgerufen wird.

Destruktor und Dispose müssen miteinander harmonieren, denn sie sind voneinander abhängig. Deshalb sollten Sie bei der Codierung von Destruktor und Dispose auf die folgenden Punkte achten:

- Alle Fremdressourcen sollten von Dispose oder spätestens im Destruktor freigegeben werden.
- Wird Dispose auf ein Objekt aufgerufen, ist der Aufruf des Destruktors während des Finalisierungsprozesses unnötig und sollte vermieden werden, um unnötige Performanceverluste zu vermeiden und auch mögliche Fehlerquellen im Keim zu ersticken. Dazu wird in Dispose die statische Methode SuppressFinalize der Klasse GC unter Angabe des betroffenen Objekts aufgerufen. Die Folge ist, dass das Objekt nicht mehr in die Finalisierungswarteschlange gestellt und der Destruktor nicht ausgeführt wird.
- Für den Fall, dass die Methode Dispose nicht explizit aufgerufen wird, sollte der Aufruf aus dem Destruktor heraus erfolgen.
- Im Destruktor dürfen nur externe, nicht verwaltete Ressourcen freigegeben werden. Das bedeutet andererseits, dass Felder, die auf Referenztypen basieren, nur in Dispose freigegeben werden dürfen (z.B. durch Setzen auf null oder den Aufruf der Dispose-Methode dieser Objekte). Der Grund dafür ist, dass beim Aufruf von Dispose noch alle Objekte über einen Verweis erreichbar sind, bei der Ausführung des Destruktors jedoch nicht mehr.
- Möglicherweise sollte die Methode Dispose der Basisklasse aufgerufen werden.
- Sie sollten sicherstellen, dass Dispose bei einem mehrfachen Aufruf ohne Fehler reagiert.

Ein Codemuster, das den Anforderungen der genannten Punkte genügt, wird üblicherweise wie folgt implementiert:

```
public class Demo : IDisposable {
  bool disposed = false;
  public void Dispose() {
    // wird nur beim ersten Aufruf ausgeführt
```

```
      if (!disposed) {
        Dispose(true);
        GC.SuppressFinalize(this);
        disposed = true;
      }
    }
    protected virtual void Dispose(bool disposing) {
      if (disposing) {
        // Freigabe verwalteter Objekte
      }
      // Freigabe von Fremdressourcen
    }
    // Destruktor
    ~Demo() {
      Dispose(false);
    }
  }
```

Listing 4.46 Pattern zur Implementierung von »IDisposable« und Destruktor

Neben der parameterlosen Methode Dispose, die aus der Schnittstelle IDisposable stammt, und dem Konstruktor enthält die Klasse eine zweite, überladene Dispose-Methode. In dieser ist die Freigabe der Fremdressourcen und die Freigabe etwaig vorhandener verwalteter Objekte codiert.

Wie bereits oben beschrieben, dürfen verwaltete Ressourcen während der Destruktorausführung nicht mehr freigegeben werden. Daher wird die überladene Dispose-Methode vom Destruktor unter Übergabe von false, aus der parameterlosen Dispose-Methode unter Übergabe von true aufgerufen. Der Wert des booleschen Parameters wird ausgewertet und dazu benutzt, festzustellen, um welchen Aufrufer es sich handelt. Nach der Sondierung werden Fremdressourcen und verwaltete Ressourcen entsprechend bereinigt.

Die »using«-Anweisung zur Zerstörung von Objekten

C# stellt eine alternative Möglichkeit bereit, ein Objekt schnellstmöglich zu zerstören. Es handelt sich hierbei um das Schlüsselwort using, das in diesem Fall nicht als Direktive, sondern als Anweisung eingesetzt wird.

```
using (Demo @object = new Demo()) {
  @object.DoSomething();
}
```

Im Ausdruck wird ein Objekt instanziiert, auf dem nach dem Verlassen des Anweisungsblocks automatisch die Dispose-Methode aufgerufen wird. Die Klasse, die im Ausdruck instanziiert wird, muss nur eine Bedingung erfüllen: Sie muss die Schnittstelle IDisposable implementieren.

4.9.5 Die Ergänzungen in den Klassen »Circle« und »Rectangle«

Zum Abschluss der Betrachtungen zur Objektzerstörung sollen noch die Klassen Circle und Rectangle überarbeitet werden. Bisher ist es nämlich noch immer so, dass die Objektzähler zwar erhöht, aber bei Zerstörung eines Objekts nicht reduziert werden.

Wir implementieren daher in den genannten Klassen die IDisposable-Schnittstelle und den jeweiligen Destruktor. Nachfolgend wird das exemplarisch anhand der Klasse Circle gezeigt.

```
public class Circle : GeometricObject, IDisposable {
  private bool disposed;
  public void Dispose() {
    if (!disposed) {
      Circle._CountCircles--;
      GeometricObject._CountGeometricObjects--;
      GC.SuppressFinalize(this);
      disposed = true;
    }
  }
  ~Circle() {
    Dispose();
  }
}
```
Listing 4.47 Destruktor und »Dispose« in der Klasse »Circle«

Bei der Bereitstellung der Dispose-Methode in Circle und Rectangle müssen wir beachten, auch den allgemeinen Zähler in GeometricObject zu reduzieren. Dazu ist in Dispose die Anweisung

```
GeometricObject._CountGeometricObjects--;
```

notwendig.

Obwohl nun Destruktor und Dispose dafür sorgen, den Objektzähler bei Freigabe eines Objekts zu reduzieren, müssen Sie sich darüber bewusst sein, dass Sie zu keinem Zeitpunkt garantieren können, dass der Zähler den richtigen Stand hat. Sie bleiben weiter darauf angewiesen, dass die Dispose-Methode explizit aufgerufen wird oder der Garbage Collector aktiv wird.

> **Hinweis**
> Das komplette Beispiel des Projekts *GeometricObjects* mit allen Änderungen, die sich im Laufe dieses Kapitels ergeben haben, finden Sie auf der Buch-DVD unter ...*Beispiele\Kapitel 4\GeometricObjectsSolution_5*.

Kapitel 5
Delegates und Ereignisse

5.1 Delegates

5.1.1 Einführung in das Prinzip der Delegates

»Delegate« ist das englische Wort für »Delegierter«, also für jemanden, der einen Auftrag weiterleiten soll. Tatsächlich leitet ein Delegat weiter, er leitet nämlich einen Methodenaufruf an eine bestimmte Methode weiter. Die Technik, die sich dahinter verbirgt, wird in der Sprache C auch als **Funktionszeiger** bezeichnet. Wie Sie wissen, basiert ausnahmslos alles in .NET auf Objekten. Da verwundert es nicht, dass auch die Funktionszeiger in ein Objekt verpackt und als **Delegate** bezeichnet ihren Weg in die Laufzeitumgebung finden.

> **Definition**
> Ein Delegate ist ein Typ, der den Zeiger auf eine Methode beschreibt.

Bevor wir uns mit den Details von Delegaten beschäftigen, wollen wir uns zunächst an einem einfachen Beispiel die grundsätzliche Arbeitsweise verdeutlichen.

Die Operation, die von diesem Code ausgeführt wird, ist recht einfach: Der Anwender gibt zwei Zahlen an der Konsole ein und hat anschließend die Wahl, ob beide Zahlen addiert oder subtrahiert werden sollen. Das Resultat der Operation wird abhängig von der Wahl des Anwenders an der Konsole ausgegeben.

```csharp
// Beispiel: ..\Kapitel 5\SimpleDelegate
public delegate double CalculateHandler(double value1, double value2);
class Program {
  static void Main(string[] args) {
    // Variable vom Typ des Delegaten
    CalculateHandler calculate;
    do {
      // Eingabe der Operation
      Console.Clear();
      Console.Write("Geben Sie den ersten Operanden ein: ");
      double input1 = Convert.ToDouble(Console.ReadLine());
      Console.Write("Geben Sie den zweiten Operanden ein: ");
      double input2 = Convert.ToDouble(Console.ReadLine());
      // Wahl der Operation
```

```
      Console.Write("Operation: Addition - (A) oeder Subtraktion - (S)? ");
      string wahl = Console.ReadLine().ToUpper();
      // In Abhängigkeit von der Wahl des Anwenders wird die Variable 'calculate'
      // mit einem Zeiger auf die auszuführende Methode initialisiert
      if (wahl == "A")
        calculate = new CalculateHandler(Demo.Add);
      else if (wahl == "S")
        calculate = new CalculateHandler(Demo.Subtract);
      else {
        Console.Write("Ungültige Eingabe");
        Console.ReadLine();
        return;
      }
      // Aufruf der Operation 'Add' oder 'Subtract' über den Delegaten
      double result = calculate(input1, input2);
      Console.WriteLine("----------------------------------");
      Console.WriteLine("Ergebnis = {0}\n\n", result);
      Console.WriteLine("Zum Beenden F12 drücken.");
    } while (Console.ReadKey(true).Key != ConsoleKey.F12);
  }
}
class Demo {
  public static double Add(double x, double y) {
    return x + y;
  }
  public static double Subtract(double x, double y) {
    return x - y;
  }
}
```

Listing 5.1 Das Beispielprogramm »SimpleDelegate«

In der Klasse Demo sind zwei statische Methoden definiert, die aus Main heraus aufgerufen werden und die beiden Operationen Add und Subtract beschreiben. Die Wahl, ob die beiden Zahlen addiert oder subtrahiert werden sollen, trifft der Anwender durch die Eingabe von »A« oder »S« an der Konsole. Um die Eingabe in Kleinschreibweise ebenfalls zu berücksichtigen, wird die Eingabe mit der Methode ToUpper der Klasse String in Großschreibweise umgewandelt.

```
string wahl = Console.ReadLine().ToUpper();
```

Nachdem der Anwender seine Wahl getroffen hat, wird geprüft, wie diese ausgefallen ist, um entsprechend im Programmcode zu reagieren. Vermutlich hätten Sie eine solche Aufgabenstellung bisher wie folgt gelöst:

```
double result;
if(wahl == "A")
  result = Demo.Add(input1, input2);
```

```
else if(wahl == "S")
  result = Demo.Subtract(input1, input2);
[...]
```

Es gibt keinen Zweifel daran, dass diese Implementierung natürlich auch zum richtigen Ergebnis führt. Das Resultat der Operation wird in den Anweisungsblöcken hinter if bzw. else if abgerufen.

Nun betrachten wir die entscheidenden Anweisungen der Lösung im Beispiel *SimpleDelegate*:

```
if(wahl == "A")
  calculate = new CalculateHandler(Demo.Add);
else if(wahl == "S")
  calculate = new CalculateHandler(Demo.Subtract);
[...]
```

Das Ergebnis der Addition bzw. Subtraktion wird nun nicht mehr in den beiden Anweisungsblöcken der if-Struktur abgerufen, sondern außerhalb derselben mit der Anweisung

```
double result = calculate(input1, input2);
```

Da außerhalb der if-Struktur die Wahl des Anwenders nicht bekannt sein kann, stehen wir vor der Frage, wie es möglich ist, die gewünschte Methode aufzurufen. Die Antwort darauf ist prinzipiell nicht schwierig: Wir müssen in einer Variablen die Laufzeitadresse auf die entsprechende Methode vorhalten, also einen Verweis konstruieren. Dieser kann später an einer beliebigen Stelle im Code ausgewertet werden.

Bisher kennen wir Verweise nur im Zusammenhang mit Objekten. Mit Objektverweisen werden zusammenhängende Datenblöcke im Hauptspeicher adressiert, in denen die Zustandsdaten eines ganz bestimmten Objekts beschrieben werden. Ein Verweis auf Programmcode ist im Grunde genommen nicht anders, zeigt aber auf Bytesequenzen, die anders interpretiert werden müssen – nämlich als ausführbarer Programmcode. Damit ist auch klar, dass ein Verweis auf Code anders definiert werden muss als ein Verweis auf Datenblöcke, den wir bisher immer verwendet haben. Aus diesem Grund wurden in .NET die Delegates eingeführt.

Wie oben erwähnt, kapselt ein Delegat den Zeiger auf eine Methode, beschreibt also eine Speicheradresse. Sehen wir uns jetzt an, wie diese Anforderung gelöst wird. Im Code des Beispiels *SimpleDelegate* wird mit

```
public delegate double CalculateHandler(double value1, double value2);
```

ein Delegat definiert. Diese Definition erinnert ein wenig an die Signatur einer Methode namens *CalculateHandler*, die zwei Parameter vom Typ double empfängt und als Rückgabewert einen double liefert – nur ergänzt um das Schlüsselwort delegate.

Ein Delegat-Objekt kapselt den Zeiger auf eine Methode – oder mit anderen Worten: Er steht für einen beliebigen Methodenaufruf. Ganz beliebig ist der Methodenaufruf allerdings nicht, denn jede Methode hat eine exakt definierte Parameterliste mit Parametern eines bestimmten Typs. Ein Delegat beschreibt einen Zeiger auf eine Methode, wobei die Typen der Parameterliste der Methode, auf die der Delegat zeigt, mit der Parameterliste der delegate-Definition übereinstimmen müssen.

In unserem Beispiel werden in der Parameterliste des Delegates CalculateHandler zwei Parameter vom Typ double aufgeführt. Damit ist ein Delegat-Objekt in der Lage, jede x-beliebige Methode eines x-beliebigen Objekts aufzurufen – vorausgesetzt, die Methode definiert eine Parameterliste, die genau zwei double-Argumente erwartet. Die adressierte Methode darf natürlich auch statisch sein oder sich in einer anderen Klasse befinden – das alles spielt keine Rolle. Die einzige Bedingung ist, dass die durch den Delegaten beschriebene Methode mit Programmcode angesprochen werden kann, also erreichbar ist.

Neben der Parameterliste spielt auch der Rückgabewert eine entscheidende Rolle. Im Beispiel des Delegates CalculateHandler muss die Methode in jedem Fall einen Rückgabewert vom Typ double haben.

Nicht jede Methode hat einen Rückgabewert. Beabsichtigen Sie beispielsweise, einen Delegaten zu definieren, der in der Lage ist, einen Zeiger auf sämtliche Methoden zu beschreiben, die parameterlos sind und keinen Rückgabewert haben, sähe die Definition folgendermaßen aus:

```
public delegate void MyDelegate();
```

Sie können die Definition eines Delegates mit der Definition einer Klasse vergleichen, denn beide beschreiben einen Typ. Um ein konkretes Objekt zu erhalten, muss zuerst eine Variable vom Typ der Klasse deklariert werden – das ist bei einem Delegaten nicht anders. Im Beispiel oben dient dazu folgende Anweisung:

```
CalculateHandler calculate;
```

Damit ist die Variable *calculate* vom Typ CalculateHandler deklariert, aber noch nicht initialisiert. Mit anderen Worten: *calculate* ist ein Delegat und kann auf eine Methode zeigen, die zwei double-Argumente erwartet und einen double als Resultat des Aufrufs zurückliefert. In diesem Moment weiß der Delegate allerdings noch nicht, um welche Methode es sich dabei genau handelt.

Die Initialisierung erfolgt – analog zur Instanziierung einer Klasse – mit dem Operator new unter Angabe des Delegattyps. Delegates haben nur einen einfach parametrisierten Konstruktor, der den Bezeichner der Methode erwartet, die später aufgerufen werden soll. In unserem Beispiel handelt es sich um

```
calculate = new CalculateHandler(Demo.Add);
```

bzw. um

```
calculate = new CalculateHandler(Demo.Subtract);
```

Jetzt ist dem Delegate bekannt, welche Methode ausgeführt werden soll: entweder Add oder Subtract. Allerdings wird die Methode, auf die der Delegat in Form eines Zeigers verweist, noch nicht sofort ausgeführt, denn dazu bedarf es eines Anstoßes durch den Aufruf des Delegates:

```
double result = calculate(input1, input2);
```

Der Aufruf erinnert an den Aufruf einer Methode, dabei wird allerdings der Methodenname durch die Variable vom Typ des Delegates ersetzt. In den Klammern werden die erforderlichen Argumente an die Methode übergeben.

Damit die Anwendung nicht schon nach der ersten Berechnung beendet wird, ist die gesamte Programmlogik der Methode Main in einer do/while-Schleife codiert. Im Schleifenfuß erfolgt eine Überprüfung, ob der Anwender die Anwendung beenden möchte. Dazu muss er die Taste F12 drücken.

```
do {
   // Anweisungen
} while (Console.ReadKey(true).Key != ConsoleKey.F12);
```

Die statische Methode ReadKey ruft dabei die gedrückte Zeichen- oder Funktionstaste ab. Das Übergabeargument true sagt aus, dass das entsprechende Zeichen nicht in die Konsole geschrieben werden soll. Der Rückgabewert der Methode ReadKey ist vom Typ ConsoleKeyInfo. Darauf rufen wir mit der Eigenschaft Key die gedrückte Taste ab, die über die Konstantenauflistung ConsoleKey beschrieben wird.

5.1.2 Verwendung von Delegates

Nachdem wir uns im letzten Abschnitt mit dem Einsatz der Delegates beschäftigt haben, steht nunmehr die Frage im Raum, wann Delegates verwendet werden. Grundsätzlich kann man sagen, dass Delegates genau dann verwendet werden, wenn zur Entwicklungszeit noch nicht bekannt ist, wie die Methode heißt, die ausgeführt werden soll. Um es noch einmal zu erwähnen: Von der aufzurufenden Methode ist nur die Parameterliste und der Typ der Rückgabe vorgeschrieben.

Ein typisches Verwendungsgebiet werden Sie in Kapitel 15 noch kennenlernen: Es sind Threads und die zu diesem Themenkomplex gehörenden asynchronen Methodenaufrufe. Aber insbesondere wenn Sie sich mit der Entwicklung grafischer Benutzerschnittstellen beschäftigen sollten (WinForm-Anwendungen, WPF-Anwendungen, ASP.NET usw.), kommen Sie an Delegaten nicht vorbei – obwohl Delegates hier unter dem Begriff »Ereignis« verwendet werden. Darüber erfahren Sie in Abschnitt 5.2 alles Wesentliche.

5.1.3 Vereinfachter Delegatenaufruf

Es gibt noch eine weitere Notation, um einen Delegaten zu instanziieren und ihm gleichzeitig die auszuführende Methode anzugeben. Diese ist etwas einfacher in der Handhabung und erspart uns etwas Tipparbeit. Sie können nämlich anstelle der Anweisung

```
CalculateHandler calculate = new CalculateHandler(Demo.Addition);
```

auch wie folgt codieren:

```
CalculateHandler calculate = Demo.Add;
```

5.1.4 Multicast-Delegates

.NET bietet die Möglichkeit, mehrere Delegates zu einem einzigen zusammenzufassen. Dadurch entsteht ein Delegaten-Verbund, der auch als **Multicast-Delegates** bezeichnet wird. Der Vorteil ist, dass durch den Aufruf eines Delegates mehrere Delegates der Reihe ausgeführt werden können.

Es gibt zwei Möglichkeiten, um aus einem Delegaten einen Multicast-Delegaten zu machen:

- die Methode Combine der Klasse Delegate
- der +=-Operator

Die Methode Combine wird selten verwendet. Vielmehr treffen Sie in der Regel auf den genannten Operator. Dennoch werden wir uns auch kurz mit der Methode auseinandersetzen.

Die Methode »Combine()«

Mit der statischen Methode Combine der Klasse Delegate lassen sich mehrere Delegates miteinander verknüpfen. Die Methode ist wie folgt überladen:

```
public static Delegate Combine(Delegate[]);
public static Delegate Combine(Delegate del1, Delegate del2);
```

Sie können als Argument entweder ein Array vom Typ Delegate übergeben oder haben die Alternative, zwei Delegates anzugeben. Der Rückgabewert ist in beiden Fällen vom Typ Delegate. An einem Beispiel sehen wir uns das nun auch an.

```
// Beispiel: ..\Kapitel 5\MulticastDelegateSample1
public delegate void MyDelegate();
class Program {
  static void Main(string[] args) {
    MyDelegate del = (MyDelegate)Delegate.Combine(new MyDelegate(DoSomething),
                                  new MyDelegate(DoSomethingMore));
    // Multicast-Delegaten ausführen
    del();
    Console.ReadLine();
  }
  public static void DoSomething() {
    Console.WriteLine("In der Methode 'DoSomething'");
  }
```

```
    public static void DoSomethingMore() {
      Console.WriteLine("In der Methode 'DoSomethingMore'");
    }
}
```

Listing 5.2 Das Beispielprogramm »MulticastDelegateSample1«

In der Klasse `Program` sind mit `DoSomething` und `DoSomethingMore` zwei statische, parameterlose Methoden definiert. In `Main` wird mit `del` ein `MyDelegate`-Objekt erzeugt. Dazu wird die Methode `Combine` aufgerufen, und dabei werden zwei konkrete Delegates übergeben, die auf die beiden Methoden `DoSomething` und `DoSomethingMore` verweisen. Da `Combine` eine `Delegate`-Referenz zurückliefert, muss diese noch in den tatsächlichen Typ umgewandelt werden. Anschließend wird *del* ausgeführt. In der Konsolenausgabe ist zu erkennen, dass beide Methoden ausgeführt werden. Beachten Sie dabei auch, dass dem resultierenden `MyDelegate`-Objekt *del* nicht anzusehen ist, dass es intern zwei – oder auch noch mehr – andere Delegates beschreibt.

Angemerkt sei hier noch abschließend, dass sich mit `Remove` ein Delegate aus der Liste auch wieder entfernen lässt.

Der »+=«-Operator

Die `Combine`-Methode einzusetzen, ist nicht besonders schwierig. Aber uns steht noch eine andere Variante zur Verfügung, die kürzer und damit wohl auch besser lesbar ist. Es handelt sich um den Operator »+=«. Um das zu demonstrieren, soll die `Main`-Methode des Beispielprogramms *MulticastDelegateSample1* entsprechend umgeschrieben werden.

```
// Beispiel: ..\Kapitel 5\MulticastDelegateSample2
static void Main(string[] args) {
  MyDelegate del = new MyDelegate(DoSomething);
  del += new MyDelegate(DoSomethingMore);
  // Multicast-Delegaten ausführen
  del();
  Console.ReadLine();
}
```

Listing 5.3 Das Beispielprogramm »MulticastDelegateSample2«

Analog zur Methode `Remove` lassen sich Delegaten mit dem -=-Operator auch aus der Aufrufliste der Delegaten entfernen. Beachten Sie bitte unbedingt, dass Sie beim Hinzufügen eines weiteren Delegaten zu einem bestehenden auch wirklich den +=-Operator verwenden. Mit dem einfachen Zuweisungsoperator würden Sie nämlich nur die bestehende Aufrufliste durch einen anderen Delegaten komplett ersetzen.

Wenn Sie möchten, können Sie die Zuweisungen im Beispielprogramm *MulticastDelegateSample2* auch noch kürzer schreiben:

```csharp
MyDelegate del = DoSomething;
del += DoSomethingMore;
```

Ich selber bin nicht unbedingt ein Fan dieser Schreibweise, die meiner Meinung nach einen nicht unbedingt besser lesbaren Code produziert.

5.1.5 Anonyme Methoden

Delegates haben wir bisher konstruiert, indem wir den Delegate instanziiert und dem Konstruktor einen Methodenbezeichner übergeben haben. Das setzt voraus, dass die Methode im Programmcode namentlich bekannt ist.

Es geht aber auch noch anders, wenn wir mit einer **anonymen Methode** arbeiten. Unter einer anonymen Methode wird ein Anweisungsblock verstanden, der nicht über einen Methodenbezeichner namentlich aufrufbar ist. Wir wollen uns das an einem Beispiel ansehen und ändern dazu das Beispielprogramm *SimpleDelegate* so ab, dass anstelle der Methoden Add und Subtract nun anonyme Methoden verwendet werden.

```csharp
// Beispiel: ..\Kapitel 5\AnonymeMethoden
public delegate double CalculateHandler(double value1, double value2);
class Program {
  static void Main(string[] args) {
    // Variable vom Typ des Delegaten
    CalculateHandler calculate;
    do {
      // Eingabe der Operanden
      Console.Clear();
      Console.Write("Geben Sie den ersten Operanden ein: ");
      double input1 = Convert.ToDouble(Console.ReadLine());
      Console.Write("Geben Sie den zweiten Operanden ein: ");
      double input2 = Convert.ToDouble(Console.ReadLine());
      // Wahl der Operation
      Console.Write("Operation: Addition - (A) oder Subtraktion - (S)? ");
      string wahl = Console.ReadLine().ToUpper();
      if (wahl == "A")
        calculate = delegate(double x, double y)
          {
            return x + y;
          };
      else if (wahl == "S")
        calculate = delegate(double x, double y)
          {
            return x - y;
          };
      else
      {
        Console.Write("Ungültige Eingabe");
```

```
            Console.ReadLine();
            return;
        }
        double result = calculate(input1, input2);
        Console.WriteLine("---------------------------------");
        Console.WriteLine("Ergebnis = {0}\n\n", result);
        Console.WriteLine("Zum Beenden F12 drücken.");
    } while (Console.ReadKey(true).Key != ConsoleKey.F12);
  }
}
```

Listing 5.4 Das Beispielprogramm »AnonymeMethoden«

Der Code, der vorher noch in den Methoden Add und Subtract implementiert war, wird nun direkt nach der Deklaration der Variablen vom Typ des Delegates angegeben.

```
if (wahl == "A")
  calculate = delegate(double x, double y)
              {
                return x + y;
              };
```

Das Schlüsselwort delegate dient dazu, einen Delegate zu instanziieren und das Objekt direkt mit einer anonymen Methode zu verbinden. Hinter delegate ist die Parameterliste entsprechend der Delegate-Definition angegeben. Handelt es sich um eine parameterlose, anonyme Methode, bleibt die Liste leer, und man kann auf die Angabe der runden Klammern verzichten.

Da sich der Anweisungsblock einer anonymen Methode immer innerhalb einer anderen Methode befindet, kann aus der anonymen Methode heraus auf jede andere Variable der umgebenden Methode zugegriffen werden.

Anonyme Methoden unterliegen im Vergleich zu anderen Anweisungsblöcken nur einer Einschränkung: Mit den Sprunganweisungen continue, break und goto darf innerhalb einer anonymen Methode nicht zu einer Anweisung verzweigt werden, die außerhalb der anonymen Methode codiert ist. Ebenfalls unzulässig ist eine Sprunganweisung außerhalb einer anonymen Methode, deren Ziel innerhalb einer anonymen Methode zu finden ist.

> **Anmerkung**
> Vielleicht werden Sie sich an dieser Stelle sagen: »Brauche ich nicht. Der Code ist dadurch viel schlechter zu lesen und zu interpretieren«. Mit Ihrem bisherigen Kenntnisstand ist das nachvollziehbar. Aber den .NET-Architekten fällt immer wieder etwas Neues ein – auch hinsichtlich der anonymen Methoden, die mit .NET 2.0 eingeführt worden sind. Bei den später eingeführten Neuerungen handelt es sich um die sogenannten Lambda-Ausdrücke, die ich Ihnen in Kapitel 10 noch erklären werde. In diesem Zusammenhang werden wir uns noch einmal mit den anonymen Methoden beschäftigen.

5.1.6 Kovarianz und Kontravarianz mit Delegaten

Delegaten sind typsichere Methodenzeiger. Jede Methode, die der Signatur des Delegaten entspricht, kann dem Delegaten zugewiesen werden. Sobald der Delegate auf eine Methode zeigt, verhält er sich so wie die Methode.

Bereits mit .NET 3.5 wurde die sogenannte Varianzunterstützung in allen Delegaten eingeführt. Das bedeutet, dass nicht nur Methoden, die über eine exakt übereinstimmende Signatur hinsichtlich der Parametertypen und des Rückgabedatentyps verfügen, einem Delegaten übergeben werden können, sondern auch davon abgeleitete Typen. Dabei wird zwischen der Kovarianz (Flexibilität hinsichtlich des Rückgabedatentyps) und der Kontravarianz (Flexibilität hinsichtlich der Parameterdatentypen) unterschieden. Das klingt kompliziert, daher wollen wir uns auch sofort entsprechende Beispiele ansehen.

Delegates und Kovarianz

Von Kovarianz wird gesprochen, wenn der Datentyp der Rückgabe einer Methode einen höheren Ableitungsgrad hat als der, den der Delegate definiert. Beispielsweise hat in unserem Beispielprogramm *GeometricObjects* die Klasse Circle einen höheren Ableitungsgrad als die Klasse GeometricObject.

Das folgende Beispiel demonstriert die Kovarianz. Auch hier spielen die beiden Klassen GeometricObject und Circle eine Rolle. Dabei kommt es aber nicht auf die Implementierung selbst an, so dass die Klassen keinen weiteren Programmcode enthalten.

```
// Beispiel: ..\Kapitel 5\KovarianzSample
class GeometricObject { }
class Circle : GeometricObject { }
delegate GeometricObject CovarianceHandler();
class Program {
  static void Main(string[] args)
  {
    CovarianceHandler handler = DoSomething;
    GeometricObject geo = handler();
    Console.WriteLine(geo.GetType());
    Console.ReadLine();
  }
  public static Circle DoSomething(){
    return new Circle();
  }
}
```

Listing 5.5 Beispiel zur Kovarianz von Delegates

Richten Sie Ihr Augenmerk in dem Beispiel zuerst auf die Definition des Delegates, der eine parameterlose Methode beschreibt, der Rückgabewert vom Typ GeometricObject ist:

```
delegate GeometricObject CovarianceHandler();
```

In der Klasse Program ist neben Main mit DoSomething noch eine weitere Methode definiert. Interessant ist, dass die Methode einen Rückgabewert vom Typ Circle beschreibt.

```
public static Circle DoSomething() {
  return new Circle();
}
```

Nun analysieren wir noch die Anweisung

`CovarianceHandler handler = DoSomething;`

Der Handler beschreibt ein GeometricObject, die Methode DoSomething liefert ein Circle-Objekt, das selber ein GeometricObject ist. Da die Zuweisung der Referenz eines abgeleiteten Typs an die Referenz eines Basistyps mit der impliziten Konvertierung möglich ist, kann DoSomething dank der Kovarianz durch den beschriebenen Delegaten referenziert werden.

Kontravarianz mit Delegates

Kontravarianz ist der Kovarianz sehr ähnlich, bezieht sich aber nicht auf die Rückgabedatentypen, sondern auf die Datentypen der Parameter. Kontravarianz ermöglicht uns, Delegates zu benutzen, deren vorgeschriebener Parametertyp abgeleitet ist von dem Parametertyp der Methode, die der Delegate referenziert. Verständlich wird der Sachverhalt, wenn wir uns auch hierzu ein Beispiel ansehen, das mit den Klassen GeometricObject und Circle sehr ähnlich dem vorhergehenden Beispiel aufgebaut ist.

```
// Beispiel: ..\Kapitel 5\KontravarianzSample
class GeometricObject { }
class Circle : GeometricObject { }
delegate void ContravarianceHandler(Circle circle);
class Program
{
  static void Main(string[] args)
  {
    ContravarianceHandler handler = DoSomething;
    handler(new Circle());
    Console.ReadLine();
  }
  public static void DoSomething(GeometricObject geoObject) { }
}
```

Listing 5.6 Beispiel zur Kontravarianz von Delegates

Der Delegate definiert in diesem Beispiel einen Parameter vom Typ Circle. Die Methode, die das Delegate-Objekt in Main referenziert, beschreibt in ihrem Parameter mit GeometricObject einen Basistyp von Circle. Hier spiegelt sich genau das wider, was auch für alle Methoden gilt: Man kann an den Parameter einer Methode ein Objekt übergeben, das vom gleichen Typ ist wie der Parameter oder davon abgeleitet.

5.2 Ereignisse eines Objekts

Ein klassischer Methodenaufruf geht immer in Richtung vom Aufrufer zum Objekt, das daraufhin die Methode ausführt. Man könnte in diesem Fall auch von einer Client-Server-Konstellation sprechen, wobei der Aufrufer der Client ist, das aufgerufene Objekt der Server. Da der Client den Typ des Servers kennt, kann er die Methode auch namentlich angeben, z.B.:

```
class Program{
  static void Main(string[] args) {
    Circle kreis = new Circle();
    kreis.Move(-100, 200);
  }
}
```

Hier ist die Klasse Program der Client, das Circle-Objekt der Server. Das ist so weit noch sehr einfach. Gehen wir nun einen Schritt weiter. Stellen wir uns vor, aus Move heraus soll der Methodenaufrufer (also der Client) davon in Kenntnis gesetzt werden, dass die Verschiebung erfolgreich verlaufen ist. Dann müsste in der Methode Move ein Methodenaufruf codiert werden, der eine Methode im Client – bezogen auf unser Codefragment also in der Klasse Program – adressiert. Ein solcher Methodenaufruf wäre hinsichtlich der Aufrufrichtung genau entgegengesetzt der Richtung des klassischen Methodenaufrufs – nämlich vom Client zum Server. Genau das ist ein **Ereignis**, im Englischen auch als **Event** bezeichnet. Ein Ereignis ist somit nichts anderes als ein Methodenaufruf. Im Allgemeinen spricht man bei einem solchen Methodenaufruf auch vom »Auslösen eines Ereignisses«.

Ereignisse spielen eine herausragende Rolle bei der Programmierung grafischer Benutzeroberflächen (GUIs) und lassen sich so abstrahieren, dass sie den Nachrichtenverkehr zwischen einer Ereignisquelle und einem Ereignisempfänger beschreiben. Bezogen auf unsere Annahme würde das Circle-Objekt die Ereignisquelle sein, die Klasse Program der Ereignisempfänger.

Nun stellt sich eine Frage: Wenn die Auslösung eines Ereignisses einem Methodenaufruf gleichgesetzt werden kann, welche Methode im Client wird dann ausgeführt? Zunächst einmal können wir festhalten, dass der potenzielle Ereignisempfänger auf ein Ereignis nicht reagieren muss – es ist eine Option. Dann muss man weitblickend auch feststellen, dass es unterschiedliche Clients, also Ereignisempfänger, geben kann: Im Codefragment oben ist es die Klasse Program, es könnte aber auch eine Klasse namens Demo sein oder ein Auto-Objekt oder wer auch immer. Als logische Konsequenz können wir auch nicht den Bezeichner der Methode kennen, die als Reaktion auf die Auslösung eines Ereignisses aufgerufen werden soll.

Merken Sie etwas? Hatten wir nicht eine ähnliche Situation im Zusammenhang mit dem Delegaten kennengelernt? Erinnern wir uns an die folgende Anweisung im Beispielprogramm *SimpleDelegate*:

```
double result = calculate(input1, input2);
```

Die Variable *calculate* beschreibt einen Delegaten. Zur Entwicklungszeit ist nicht bekannt, welche Methode zur Laufzeit bei der Ausführung dieser Anweisung aufgerufen wird: Es konnte Add sein oder Subtract. Im Grunde genommen kann die Situation der Variablen *calculate* mit der beim Auslösen eines Ereignisses verglichen werden: Beide haben keine Kenntnis von der Methode, die daraufhin ausgeführt wird. Folgerichtig muss ein Ereignis ein Delegat sein.

Genug der Vorrede. Lassen Sie uns nun das Ganze an einem konkreten Beispiel erfahren. Es wird nicht im Zusammenhang mit der Methode Move stehen (das werden wir am Ende des Kapitels aber noch machen), sondern zunächst einen anderen Ansatzpunkt haben.

5.2.1 Ereignisse bereitstellen

Erinnern wir uns dazu zunächst an die aktuelle Implementierung der Eigenschaftsmethode Radius in der Circle-Klasse:

```
public virtual int Radius {
  get{return _Radius;}
  set{
    if(value >= 0)
      _Radius = value;
    else
      Console.Write("Unzulässiger negativer Radius.");
  }
}
```

Listing 5.7 Aktuelle Implementierung der Eigenschaft »Radius« in der Klasse »Circle«

Uns interessiert nunmehr der set-Accessor und dort wiederum dessen Verhalten, wenn der Eigenschaft ein negativer Wert übergeben wird. Nach dem derzeitigen Stand führt das zu einer Benachrichtigung an der Konsole. Der Code funktioniert tadellos, unterliegt jedoch einer Einschränkung: Der Client muss die Nachricht entgegennehmen – ob er will oder nicht.

> **Anmerkung**
> In der Praxis ist das Auslösen eines Ereignisses beim Auftreten eines Fehlers auch keine optimale Lösung, da eine Reaktion auf ein ausgelöstes Ereignis immer nur eine Option ist. Stattdessen sollte eine Ausnahme (Exception) »geworfen« werden, die behandelt werden muss. Zur Ehrenrettung unserer Idee muss an dieser Stelle aber auch festgestellt werden, dass es im .NET Framework Methoden gibt, die im Fehlerfall beide Alternativen anbieten: Entweder reagiert der Client auf ein Ereignis oder er behandelt die Exception. Genauso werden wir später noch die Klasse Circle ergänzen, wenn wir uns in Kapitel 7 mit den Ausnahmen beschäftigen.

Ein weiterer schwerwiegender Nachteil des bisherigen Lösungsansatzes: In einem GUI-Projekt, also beispielsweise einer WinForm- oder WPF-Anwendung, wird das Konsolenfenster überhaupt nicht geöffnet. Unsere augenblickliche Lösung ist also vollkommen indiskutabel.

Besser wäre es, wenn das `Circle`-Objekt stattdessen im Client eine Methode aufrufen würde, um damit zu signalisieren, dass die Wertübergabe nicht akzeptabel war. Mit anderen Worten: Wir wollen in dieser Situation ein Ereignis auslösen. Der Client kann dann als Ereignisempfänger auf das Ereignis reagieren.

Unser Ziel sei es nun, die Anweisung

`Console.Write("Unzulässiger negativer Radius.");`

durch eine Ereignisauslösung zu ersetzen. Das Ereignis wollen wir `InvalidMeasure` nennen.

Der Programmablauf bis zu einer eventuellen Ereignisauslösung würde wie folgt aussehen:

- Der Client erzeugt ein Objekt der Klasse `Circle` und weist der Eigenschaft `Radius` einen unzulässigen Wert zu.
- In der Eigenschaftsmethode `Radius` wird der übergebene Wert geprüft und im Fall der Unzulässigkeit das Ereignis `InvalidMeasure` ausgelöst. Das hat zur Folge, dass im Client nach einer Methode gesucht wird, die das Ereignis behandelt, also darauf reagiert.
- Erklärt sich der Client bereit, das Ereignis zu behandeln, wird im Client eine dem Ereignis zugeordnete Methode ausgeführt.

Kommen wir nun zu den Details der Ereignisimplementierung in der Ereignisquelle (hier: `Circle`). Jedes Ereignis muss in der Klassendefinition bekannt gegeben werden. Die allgemeine Syntax einer Ereignisdefinition lautet wie folgt:

Syntax einer Event-Definition

`[<Zugriffsmodifizierer>]` **event** `<Delegate-Typ> <Event-Bezeichner>;`

Dem optionalen Zugriffsmodifizierer (der Standard ist `private`) folgt das Schlüsselwort `event`, und dahinter wird der Typ des Ereignisses bekannt gegeben. Dabei handelt es sich immer um einen Delegaten. Weil ein Delegat den Zeiger auf eine Methode mit einer bestimmten Parameterliste und einem bestimmten Rückgabetyp beschreibt, wird damit gleichzeitig die Signatur der ereignisbehandelnden Methode im Client vorgeschrieben. Abgeschlossen wird die Deklaration mit dem Bezeichner des Ereignisses.

Unsere Anwendung müssen wir daher noch um eine Delegatdefinition ergänzen und in der Klasse `Circle` einen Event vom Typ dieses Delegaten deklarieren, um der selbst gestellten Anforderung zu genügen:

```
// Delegate
public delegate void InvalidMeasureEventHandler();
public class Circle : GeometricObject, IDisposable {
```

```
// Ereignis
public event InvalidMeasureEventHandler InvalidMeasure;
[...]
}
```
Listing 5.8 Definition des Events »InvalidMeasure« in der Klasse »Circle«

> **Hinweis**
> Delegates, die den Ereignissen als Typvorgabe dienen, haben im .NET Framework per Konvention das Suffix `EventHandler`.

Ausgangspunkt unserer Überlegungen war, bei einer unzulässigen Zuweisung an die Eigenschaft Radius eines Circle-Objekts das Ereignis InvalidMeasure auszulösen. Die Ereignisauslösung erfolgt, wenn die Überprüfung des Übergabewertes zu einer Ablehnung geführt hat. Die Ereignisauslösung selbst ist trivial, wir brauchen dazu nur den Namen des Ereignisses anzugeben. Diese Anweisung ersetzt in der Eigenschaft Radius die Konsolenausgabe im else-Zweig des set-Accessors:

```
public virtual int Radius {
  get {return _Radius;}
  set {
    if(value >= 0)
      _Radius = value;
    else
      // Ereignis auslösen
      InvalidMeasure();
  }
}
```
Listing 5.9 Ereignisauslösung in der Eigenschaft »Radius«

Übergibt der Client der Eigenschaft Radius nun einen Wert, der der Bedingung

`Radius < 0`

entspricht, wird der Delegat aktiv und sucht im Aufrufer nach einer parameterlosen Methode ohne Rückgabewert.

5.2.2 Die Reaktion auf ein ausgelöstes Ereignis

Wie sich der Ereignisempfänger verhält, ob er die Ereignisauslösung ignoriert oder darauf reagiert, bleibt ihm selbst überlassen. Es ist eine Option, die wahrgenommen werden kann oder auch nicht. In Kenntnis der Tatsache, dass ein Circle-Objekt ein Ereignis auslösen kann, wenn der Eigenschaft Radius ein unzulässiger Wert übergeben wird, entwickeln wir zunächst eine Methode, die bei der Auslösung des Ereignisses InvalidMeasure ausgeführt werden soll.

Solche Methoden werden auch als **Ereignishandler** bezeichnet. Da der Typ unseres Ereignisses `InvalidMeasure` ein parameterloser Delegat ist, muss die Parameterliste unserer Methode natürlich leer sein.

```
public class Program {
  static void Main(string[] args) {
    Circle kreis = new Circle();
    [...]
  }
  // Ereignishandler
  public static void kreis_InvalidMeasure() {
    Console.WriteLine("Unzulässiger negativer Radius.");
  }
}
```

Listing 5.10 Bereitstellen eines Ereignishandlers

> **Hinweis**
> Es ist üblich, einem Ereignishandler nach einem bestimmten Muster einen Bezeichner zu geben. Dabei wird zuerst der Objektname angegeben, gefolgt von einem Unterstrich und dem sich anschließenden Ereignisbezeichner, also
>
> *Objektname_Ereignisname*
>
> Sie können selbstverständlich von dieser Konvention abweichen. Die von Visual Studio automatisch generierten Ereignishandler folgen diesem Namensmuster.

Wir können dem Objekt *kreis* nun einen Radius von beispielsweise »-1« zuweisen, aber die Methode `kreis_InvalidMeasure` würde daraufhin nicht ausgeführt. (Ganz im Gegenteil sogar: Es tritt eine Ausnahme auf. Aber dem Phänomen widmen wir uns später noch.) Woher soll das Objekt *kreis* auch wissen, welche Methode bei der Ereignisauslösung im Client ausgeführt werden soll? Es könnten schließlich x-beliebig viele parameterlose `void`-Methoden im Ereignisempfänger definiert sein und prinzipiell als Ereignishandler in Frage kommen.

Um das Objekt entsprechend in Kenntnis zu setzen, müssen wir den von uns bereitgestellten Ereignishandler an das Ereignis `InvalidMeasure` des Objekts binden. Dazu übergeben wir dem Ereignis des Objekts mit dem +=-Operator eine Instanz des Delegates `InvalidMeasureEventHandler` mit Angabe des Handlers:

```
kreis.InvalidMeasure += new InvalidMeasureEventHandler(kreis_InvalidMeasure);
```

Dieser Vorgang wird als das »Abonnieren eines Ereignisses« oder auch als »Registrieren eines Ereignishandlers« bezeichnet. Natürlich ist auch die Kurzform

```
kreis.InvalidMeasure += kreis_InvalidMeasure;
```

erlaubt. Die einzige Bedingung ist, dass die dem Konstruktor bekannt gegebene Methode den vom Delegaten festgelegten Kriterien hinsichtlich der Parameterliste und des Rückgabewerts genügt. Unser Code in Main könnte nun wie folgt lauten:

```
public void Main(string[] args) {
  Circle kreis = new Circle();
  kreis.InvalidMeasure += kreis_InvalidMeasure;
  kreis.Radius = -1;
  Console.ReadLine();
}
```

Listing 5.11 Code, um den Ereignishandler zu testen

Wenn wir Code ausführen, der versucht, der Eigenschaft Radius den ungültigen Wert »–1« zuzuweisen, wird der Client durch die Auslösung des Ereignisses InvalidMeasure und den Aufruf des Handlers kreis_InvalidMeasure über die ungültige Zuweisung benachrichtigt.

> **Hinweis**
>
> Ein Tipp am Rande. Sie brauchen sich nicht die Mühe zu machen, den Delegaten des Ereignisses zu instanziieren und anschließend den Ereignishandler manuell anzugeben. Stattdessen können Sie Visual Studio 2012 die Arbeit überlassen. Achten Sie einmal darauf, dass Ihnen nach der Eingabe des +=-Operators angeboten wird, die ⇥-Taste zu drücken (siehe Abbildung 5.1). Nutzen Sie das Angebot, wird der Typ des Ereignisses automatisch instanziiert. Ein zweites Drücken der ⇥-Taste bewirkt das automatische Erzeugen des Ereignishandlers nach der oben beschriebenen Namenskonvention.

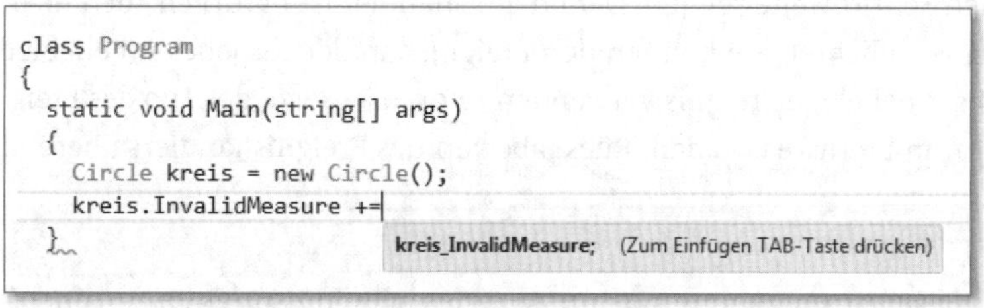

```
class Program
{
  static void Main(string[] args)
  {
    Circle kreis = new Circle();
    kreis.InvalidMeasure +=|
  }              kreis_InvalidMeasure;  (Zum Einfügen TAB-Taste drücken)
```

Abbildung 5.1 Automatisches Erzeugen des Ereignishandlers

5.2.3 Allgemeine Betrachtungen der Ereignishandler-Registrierung

In Abschnitt 5.1.4 habe ich die Multicast-Delegates und den +=-Operator beschrieben. Da ein Ereignis immer vom Typ eines Delegaten ist, gelten die Regeln hinsichtlich der Multicast-Delegates natürlich auch für Ereignisse. So können Sie beispielsweise mehrere verschiedene Ereignishandler für ein Ereignis abonnieren:

```
Circle kreis = new Circle();
kreis.InvalidMeasure += kreis_InvalidMeasure;
```

```
kreis.InvalidMeasure += RadiusError;
[...]
```

Listing 5.12 Mehrere Ereignishandler registrieren

Analog zum Binden eines Ereignishandlers mit dem +=-Operator können Sie mit dem -=-Operator diese Bindung zu jedem beliebigen Zeitpunkt wieder lösen. Mit

```
Circle kreis = new Circle();
kreis.InvalidMeasure += kreis_InvalidMeasure;
kreis.InvalidMeasure -= kreis_InvalidMeasure;
[...]
```

Listing 5.13 Ereignishandler deregistrieren

weist das Objekt keinen registrierten Ereignishandler mehr auf. Es wird also beim Auslösen des Events nichts passieren.

Ereignishandler sind nicht nur von einem Objekt nutzbar, sondern können von mehreren Objekten gleichermaßen verwendet werden. Mit

```
Circle kreis1 = new Circle();
Circle kreis2 = new Circle();
kreis1.InvalidMeasure += kreis_InvalidMeasure;
kreis2.InvalidMeasure += kreis_InvalidMeasure;
```

Listing 5.14 Bei mehreren Objekten denselben Ereignishandler registrieren

wird der Ereignishandler sowohl vom Objekt *kreis1* als auch vom Objekt *kreis2* benutzt. Sie können sogar noch einen Schritt weiter gehen: Der Ereignishandler ist natürlich auch nicht einem bestimmten Typ verpflichtet. Sie können den Ereignishandler für jedes x-beliebige Objekt und hier für jedes x-beliebige Ereignis verwenden – vorausgesetzt, der Typ des Ereignisses stimmt mit der Parameterliste und dem Rückgabewert des Ereignishandlers überein.

> **Hinweis**
> Beachten Sie bitte, dass auf ein ausgelöstes Ereignis erst nach dem Abonnieren des Events reagiert werden kann. In Konsequenz bedeutet das aber auch, dass das Ereignis InvalidMeasure noch nicht behandelt werden kann, wenn wir einem Konstruktor einen negativen Wert für die Eigenschaft Radius übergeben.

5.2.4 Wenn der Ereignisempfänger ein Ereignis nicht behandelt

Clientseitig muss das von einem Objekt ausgelöste Ereignis nicht zwangsläufig an einen Ereignishandler gebunden werden. Legt man keinen Wert darauf, kann das Ereignis auch unbehandelt im Sande verlaufen, es findet dann keinen Abnehmer. Sehen wir uns in der Klasse `Circle` noch einmal die Eigenschaft `Radius` mit dem Ereignisauslöser an:

```
public virtual int Radius {
  get{return _Radius;}
  set{
    if(value >= 0)
      _Radius = value;
    else
      InvalidMeasure();
  }
}
```

Die Implementierung ist noch nicht so weit vorbereitet, dass der potenzielle Ereignisempfänger das Ereignis ignorieren könnte. Wenn nämlich mit

```
Circle kreis = new Circle();
kreis.Radius = -2;
```

fälschlicherweise ein unzulässiger negativer Wert zugewiesen wird und das Ereignis im Ereignisempfänger nicht behandelt wird, kommt es zur Laufzeit zu einer Ausnahme des Typs `NullReferenceException`, weil das Ereignis keinen Abnehmer findet.

Vor der Auslösung eines Events muss daher in der Ereignisquelle geprüft werden, ob der Ereignisempfänger überhaupt die Absicht hat, auf das Ereignis zu reagieren. Mit einer `if`-Anweisung lässt sich das sehr einfach feststellen:

```
public virtual int Radius {
  get { return _Radius; }
  set {
    if (value >= 0)
      _Radius = value;
    else if (InvalidMeasure != null)
      InvalidMeasure();
  }
}
```

Listing 5.15 Vollständiger Code zur Ereignisauslösung

5.2.5 Ereignisse mit Übergabeparameter

Bekanntgabe des Ereignisauslösers

Werfen wir noch einmal einen Blick auf den Ereignishandler, der den Event `InvalidMeasure` eines `Circle`-Objekts behandelt:

```
public void kreis_InvalidMeasure() {
  Console.WriteLine("Unzulässiger negativer Radius.");
}
```

Einer kritischen Betrachtung kann der Code nicht standhalten, denn wir müssen erkennen, dass der Handler bisher nur allgemeingültig ist, da er keine Möglichkeit bietet, das auslösende Objekt zu identifizieren. Deshalb können wir auch nicht innerhalb des Ereignishandlers den Radius neu festlegen, was doch durchaus erstrebenswert wäre.

Das Problem ist sehr einfach zu lösen, indem der Ereignishandler einen Parameter bereitstellt, der die Referenz auf das ereignisauslösende Objekt beschreibt. Mit dem Parameter ist es dann möglich, dem Radius einen neuen Wert zuzuweisen.

```
public void kreis_InvalidMeasure(Circle sender) {
  Console.Write("Unzulässiger negativer Radius. Neueingabe: ");
  sender.Radius = Convert.ToInt32(Console.ReadLine());
}
```

Listing 5.16 Übergabe des ereignisauslösenden Objekts an den Ereignishandler

Jetzt ist der Ereignishandler so konstruiert, dass innerhalb des Handlers auf das auslösende Objekt zugegriffen werden kann. Wir nutzen den Parameter, um dem Radius einen neuen, dann hoffentlich akzeptablen Wert zuzuweisen.

Diese Überlegung hat auch weitere Änderungen zur Folge. Zunächst einmal muss die Definition des Delegates entsprechend geändert werden:

```
public delegate void InvalidMeasureEventHandler(Circle sender);
```

Listing 5.17 Änderung der Delegatdefinition

Das ist nicht die einzige Änderung. Auch die Klasse Circle muss noch angepasst werden, denn jetzt muss das Ereignis dem Ereignishandler auch ein Argument übergeben, mit dem die Referenz auf das auslösende Objekt beschrieben wird. Da sich der Code innerhalb des auslösenden Objekts befindet, kann das Objekt die Referenz auf sich selbst mit this angeben.

```
public virtual int Radius {
  get{return _Radius;}
  set {
    if(value >= 0)
      _Radius = value;
    else if(InvalidMeasure != null)
      InvalidMeasure(this);
  }
}
```

Listing 5.18 Berücksichtigung der Delegatänderung aus Listing 5.17

Jetzt haben wir einen Stand erreicht, der auch einer kritischen Analyse standhält: Das Ereignis InvalidMeasure ist insgesamt so definiert, dass mit einem Ereignishandler mehrere Circle-Objekte gleich behandelt werden können.

Ereignishandler im .NET Framework

Obwohl wir nun im Ereignishandler das ereignisauslösende Objekt eindeutig identifizieren können, haben wir noch nicht den Stand erreicht, den alle Ereignishandler im .NET Framework haben. Denn alle Ereignishandler im .NET Framework weisen nicht nur einen, sondern zwei Parameter auf:

- Im ersten Parameter gibt sich das auslösende Objekt bekannt.
- Im zweiten Parameter werden ereignisspezifische Daten bereitgestellt.

Den ersten Parameter haben wir im letzten Abschnitt zwar schon behandelt, aber wir müssen noch eine kleine Nachbetrachtung anstellen. Grundsätzlich ist nämlich der erste Parameter immer vom Typ Object. Der Grund ist recht einfach, denn die den Ereignissen zugrunde liegenden Delegates sollen prinzipiell mehreren unterschiedlichen Ereignissen zur Verfügung stehen, die auch von unterschiedlichen Typen ausgelöst werden können.

In einem zweiten Parameter werden immer ereignisspezifische Daten geliefert. Wir wollen uns dies am Beispiel der Klasse Circle verdeutlichen.

Nach dem derzeitigen Entwicklungsstand können wir im Ereignishandler nicht feststellen, welche Zuweisung an Radius nicht akzeptiert worden ist. Vielleicht möchten wir aber diese Information dem Ereignishandler bereitstellen, damit beispielsweise die Konsolenausgabe

Ein Radius von -22 ist nicht zulässig.

ermöglicht wird.

Zur Bereitstellung von ereignisspezifischen Daten werden spezielle Klassen benötigt, die von EventArgs abgeleitet sind. Damit lassen sich die Typen der zweiten Parameter auf eine gemeinsame Basis zurückführen. EventArgs dient seinerseits selbst einigen Ereignissen als Typvorgabe (beispielsweise den Click-Ereignissen). Allerdings stellt EventArgs keine eigenen Daten zur Verfügung und ist daher als Dummy anzusehen, um der allgemeinen Konvention zu entsprechen, dass alle Ereignishandler zwei Parameter haben.

In unserem Beispiel könnte die Klasse für den zweiten Parameter wie folgt codiert sein:

```
public class InvalidMeasureEventArgs : EventArgs
{
  private int _InvalidMeasure;
  public int InvalidMeasure {
    get { return _InvalidMeasure; }
  }
  public InvalidMeasureEventArgs(int invalidMeasure) {
    _InvalidMeasure = invalidMeasure;
  }
}
```

Listing 5.19 Bereitstellung einer »EventArgs«-Klasse

> **Hinweis**
> Üblicherweise werden die Klassen, die als Typvorgabe für die Objekte der zweiten Parameter im Eventhandler dienen, mit dem Suffix `EventArgs` ausgestattet. Häufig wird dem der Ereignisname vorangestellt.

In unserem Fall wollen wir dem Ereignishandler nur den Wert des fehlgeschlagenen Zuweisungsversuchs mitteilen. Es reicht dazu aus, den Wert in einer schreibgeschützten Eigenschaft zu kapseln.

Sehen wir uns nun alle Änderungen an, die sich aus unseren Überlegungen ergeben. Da wäre zunächst einmal die Anpassung des Delegaten `InvalidMeasureEventHandler`, der nun im ersten Parameter den Typ `Object` vorschreibt und im zweiten ein Objekt vom Typ `InvalidMeasureEventArgs`.

```
public delegate void InvalidMeasureEventHandler(Object sender,
                                InvalidMeasureEventArgs e);
```

Listing 5.20 Endgültige Definition des Delegaten »InvalidMeasureEventHandler«

Nun müssen wir auch die Eigenschaft `Radius` in der Klasse `Circle` anpassen:

```
public virtual int Radius {
  get { return _Radius; }
  set {
    if (value >= 0)
      _Radius = value;
    else if (InvalidMeasure != null)
      InvalidMeasure(this, new InvalidMeasureEventArgs(value));
  }
}
```

Listing 5.21 Berücksichtigung des Delegaten aus Listing 5.20

Der Ereignishandler muss natürlich ebenfalls entsprechend parametrisiert werden. Er gestattet uns nun nicht nur, zu erfahren, welches Objekt für die Ereignisauslösung verantwortlich ist, sondern auch die Auswertung, welcher Wert nicht akzeptiert werden konnte.

> **Anmerkung**
> Selbstverständlich können Sie in der `EventArgs`-Klasse die Eigenschaft auch mit einem set-Accessor ausstatten. Das könnte aber zu einer Verwirrung im Ereignishandler führen, sollte mit
>
> `e.Radius = 10;`
>
> ein neuer Wert festgelegt werden. Der Grund ist recht einfach: In der Eigenschaft `Radius` der Klasse `Circle` wird diese Zuweisung nicht ausgewertet, sie verpufft im Nirwana. Weiter

> unten, in Abschnitt 5.3, werden Sie bei der Ergänzung des Projekts *GeometricObjectsSolution* einen Fall kennenlernen, bei dem der set-Zweig in einer Eigenschaft des EventArgs-Objekts von Bedeutung ist.

```
void kreis_InvalidMeasure(object sender, InvalidMeasureEventArgs e){
  Console.Write("Ein Radius von {0} ist nicht zulässig.", e.InvalidMeasure);
  Console.Write("Neueingabe: ");
  ((Circle)sender).Radius = Convert.ToDouble(Console.ReadLine());
}
```

Zusammenfassung

Fassen wir an dieser Stelle noch einmal alle Erkenntnisse hinsichtlich der Ereignishandler im .NET Framework zusammen:

- Ereignishandler liefern niemals einen Wert an den Aufrufer zurück, sie sind immer void und haben zwei Parameter.
- Der erste Parameter ist grundsätzlich immer vom Typ Object. Hier gibt sich der Auslöser des Events bekannt.
- Der zweite Parameter ist vom Typ EventArgs oder davon abgeleitet. Er stellt ereignisspezifische Daten zur Verfügung. Dieser Parameter hat das Suffix EventArgs.

Nach diesen Vorgaben werden auch die Delegaten definiert, die als Typvorgabe der Ereignisse dienen.

5.2.6 Ereignisse in der Vererbung

Ereignisse können nur in der Klasse ausgelöst werden, in der sie definiert sind. Mit anderen Worten bedeutet das auch, dass Ereignisse nicht vererbt werden. In der Klasse GraphicCircle könnte nach dem derzeitigen Stand des Klassencodes niemals das Ereignis InvalidMeasure ausgelöst werden.

Aus diesem Grund wird in der Klasse, in der ein Ereignis bereitgestellt wird, grundsätzlich eine zusätzliche Methode definiert, in der das Ereignis ausgelöst wird. Üblicherweise sind diese Methoden geschützt, also protected. Es ist eine allgemeine Konvention im .NET Framework, dass diese Methoden, die einzig und allein der Ereignisauslösung dienen, mit dem Präfix »On« gekennzeichnet werden, gefolgt vom Bezeichner des Events. Die OnXxx-Methoden definieren in der Regel genau einen Parameter. Bei diesem handelt es sich in der Regel um den ereignisspezifischen EventArgs-Typ.

Für unser Ereignis InvalidMeasure würde die Methode wie folgt aussehen:

```csharp
protected virtual void OnInvalidMeasure(InvalidMeasureEventArgs e) {
  if (InvalidMeasure != null)
    InvalidMeasure(this, e);
}
```
Listing 5.22 Methode, die ein Ereignis ableitenden Klassen zur Verfügung stellt

Die `OnXxx`-Methode wird von allen abgeleiteten Klassen geerbt. Weil die Methode in der Klasse definiert ist, in der auch das Ereignis bereitgestellt wird, bewirkt der Aufruf dieser Methode in der abgeleiteten Klasse auch die Auslösung des Events. Der Modifikator `virtual` gestattet zudem, in der Ableitung die geerbte Methode polymorph zu überschreiben, um möglicherweise typspezifische Anpassungen im Kontext der Ereignisauslösung vorzunehmen. Dieser Fall ist gar nicht selten im .NET Framework.

5.2.7 Hinter die Kulissen des Schlüsselworts »event« geblickt

Rufen wir uns zum Abschluss noch einmal in Erinnerung, wie wir ein Ereignis definieren:

```csharp
public event InvalidMeasureEventHandler InvalidMeasure;
```

Es stellt sich die Frage, warum ein Ereignis mit dem Schlüsselwort `event` deklariert werden muss. Da ein Ereignis vom Typ eines Delegaten ist, könnte doch vermutlich auch auf die Angabe von `event` verzichtet werden, also:

```csharp
public InvalidMeasureEventHandler InvalidMeasure;
```

Tatsächlich verbirgt sich hinter dem Schlüsselwort ein Mechanismus, der ähnlich wie eine Eigenschaft aufgebaut ist. Unser Ereignis `InvalidMeasure` wird, zusammen mit dem `event`-Schlüsselwort, implizit wie folgt umgesetzt:

```csharp
private InvalidMeasureEventHandler _InvalidMeasure;
public event InvalidMeasureEventHandler InvalidMeasure
{
  add { _InvalidMeasure += value; }
  remove { _InvalidMeasure -= value; }
}
```
Listing 5.23 Das Schlüsselwort »event« hinter den Kulissen

Durch das Schlüsselwort `event` werden die beiden Zweige `add` und `remove` implizit erzeugt. Der eigentliche Delegat bleibt in einem `private`-Feld verborgen. Nehmen wir an, wir würden auf die Angabe von `event` verzichten. Der Code wäre dann zwar syntaktisch nicht zu beanstanden, aber er würde auch gestatten, die Aufrufliste mit

```csharp
kreis.InvalidMeasure = null;
```

5.2 Ereignisse eines Objekts

zu löschen. Bei der Definition eines Ereignisses mit event ist das nicht möglich, denn event kapselt den direkten Zugriff.

Mit event wird implizit ein add- und ein remove-Accessor bereitgestellt. Mit den beiden Operatoren »+=« und »-=« wird bei der Registrierung eines Ereignishandlers gesteuert, welcher der beiden Zweige ausgeführt werden soll. Die Entwicklungsumgebung wird einen Kompilierfehler ausgeben, wenn Sie stattdessen nur den einfachen Zuweisungsoperator »=« benutzen.

Sie können per Programmcode ein Ereignis mit den beiden Routinen add und remove nachbilden. Im folgenden Beispielprogramm wird das demonstriert. In der Klasse Demo ist das Ereignis OutOfCoffee definiert – ohne event anzugeben. Außer Ihnen die Möglichkeit zu geben, hinter die Kulissen eines Events zu schauen, vollbringt das Beispiel ansonsten keine besonderen Leistungen.

```csharp
// Beispiel: ..\Kapitel 5\EventDemonstration
class Program {
  static void Main(string[] args) {
    Demo demo = new Demo();
    demo.OutOfCoffee += new EventHandler(demo_OutOfCoffee);
    demo.DoSomething();
    Console.ReadLine();
  }
  // Ereignishandler
  static void demo_OutOfCoffee(object sender, EventArgs e) {
    Console.WriteLine("Im Ereignishandler von 'OutOfCoffee'");
  }
}
class Demo {
  // gekapselter Delegate
  private EventHandler _OutOfCoffee;
  // Definition des Events
  public event EventHandler OutOfCoffee {
    add { _OutOfCoffee += value; }
    remove { _OutOfCoffee -= value; }
  }
  // Ereignisauslösende Methode
  public void DoSomething() {
    if (_OutOfCoffee != null)
      this._OutOfCoffee(this, new EventArgs());
  }
}
```

Listing 5.24 Fundamentale Implementierung eines Ereignisses

5.2.8 Die Schnittstelle »INotifyPropertyChanged«

Im Zusammenhang mit den Ereignissen sollten wir an dieser Stelle auch eine besondere Schnittstelle berücksichtigen. Es handelt sich dabei um INotifyPropertyChanged. Das Interface schreibt der implementierenden Klasse das Ereignis PropertyChanged vor. Per Vorgabe soll das Ereignis ausgelöst werden, nachdem sich eine Eigenschaft geändert hat, also im set-Zweig. INotifyPropertyChanged kommt eine besondere Bedeutung insbesondere im Zusammenhang mit neueren Technologien zu. In der WPF beispielsweise informiert dieser Event die datenbindenden Komponenten, dass die Anzeige des Eigenschaftswerts aktualisiert werden muss. Wir kommen darauf im Kontext dieser Thematik noch zu sprechen.

Natürlich wollen wir die Schnittstelle auch in den beiden Klassen Circle und Rectangle benutzen, um eine Änderung an Radius, Length oder Width zu signalisieren. Um die Schnittstelle zu implementieren, sollten wir zuerst noch mit

```
using System.ComponentModel;
```

den Namespace bekannt geben, in dem das Interface definiert ist. Dann können wir das Interface problemlos implementieren und sollten auch daran denken, eine entsprechende OnXxx-Methode bereitzustellen. Dabei ist zu berücksichtigen, dass das EventArgs-Objekt einen Parameter vom Typ string definiert, dem wir den Bezeichner der geänderten Eigenschaft übergeben. Das Interface INotifyPropertyChanged wird von der Klasse GeometricObject implementiert, damit die beiden abgeleiteten Klassen Circle und Rectangle gleichermaßen davon profitieren können.

```
public class GeometricObject : INotifyPropertyChanged
{
  // Ereignis der Schnittstelle 'INotifyPropertyChanged'
  public event PropertyChangedEventHandler PropertyChanged;
  protected virtual void OnPropertyChanged(string propertyName)
  {
    if (PropertyChanged != null)
      PropertyChanged(this, new PropertyChangedEventArgs(propertyName));
  }
  [...]
}
```

Listing 5.25 Bereitstellung des Interfaces »INotifyPropertyChanged«

So ausgerüstet, kann nun die Eigenschaft Radius von diesem Ereignis profitieren:

```
public virtual int Radius {
  get { return _Radius; }
  set {
    if (value >= 0) {
      _Radius = value;
      OnPropertyChanged("Radius");
```

```
      }
      else
        OnInvalidMeasure(new InvalidMeasureEventArgs(value));
    }
  }
```

Listing 5.26 Änderung der Eigenschaft »Radius« aufgrund von Listing 5.25

In gleicher Weise sollten auch die Eigenschaften `Length` und `Width` von `Rectangle` und `XCoordinate` sowie `YCoordinate` in `GeometricObject` angepasst werden.

5.3 Änderungen im Projekt »GeometricObjects«

5.3.1 Überarbeitung des Events »InvalidMeasure«

In Abschnitt 5.2 wurde das Ereignis `InvalidMeasure` in der Klasse `Circle` eingeführt. Eine inakzeptable Wertzuweisung kann natürlich auch die beiden Eigenschaften `Length` und `Width` der Klasse `Rectangle` betreffen. Wir sollten daher das Ereignis in der Basisklasse `GeometricObject` bereitstellen, einschließlich der entsprechenden `OnXxx`-Methode.

Nun könnte es natürlich sein, dass den Benutzer einer der von `GeometricObject` abgeleiteten Klassen interessiert, welche Eigenschaft von der Ablehnung der Zuweisung betroffen ist. Um auch diese Information zu liefern, wollen wir die Klasse `InvalidMeasureEventArgs` um eine Eigenschaft vom Typ `string` ergänzen, in der der Bezeichner der betroffenen Eigenschaft angegeben wird. Falls der Name der fehlerverursachenden Eigenschaft nicht ausdrücklich namentlich angegeben oder `null` übergeben wird, soll bei einer Auswertung von `PropertyName` die Ausgabe `[unknown]` erfolgen.

Nach diesen Vorgaben sieht der Code in der Klasse `InvalidMeasureEventArgs` wie folgt aus:

```
public class InvalidMeasureEventArgs : EventArgs {
  // Felder
  private int _InvalidMeasure;
  private string _PropertyName;
  // Eigenschaften
  public int InvalidMeasure {
    get { return _InvalidMeasure; }
  }
  public string PropertyName {
    get { return _PropertyName; }
  }
  // Konstruktor
  public InvalidMeasureEventArgs(int invalidMeasure, string propertyName) {
    _InvalidMeasure = invalidMeasure;
    if (propertyName == "" || propertyName == null)
      _PropertyName = "[unknown]";
```

```
    else
      _PropertyName = propertyName;
  }
}
```
Listing 5.27 Die Definition der Klasse »InvalidMeasureEventArgs«

Natürlich müssen Sie diese Erweiterung auch in den Eigenschaften `Radius`, `Width` und `Length` berücksichtigen.

5.3.2 Weitere Ereignisse

Das Ereignis `InvalidMeasure` ist eher untypisch, weil es im Fehlerfall ausgelöst wird (später werden wir diese Stelle im Programm auch noch viel besser codieren). Nun wollen wir unser Projekt auch um zwei sehr typische Ereignisse erweitern, die in der Methode `Move` ausgelöst werden sollen. Es sind die Ereignisse `Moving` (wird ausgelöst vor der eigentlichen Verschiebung) und `Moved` (wird ausgelöst nach erfolgter Verschiebung). Solche Ereignispärchen treten häufig im .NET Framework auf und entsprechen in ihrem Verhalten immer demselben Muster. Werden die `Xxxing`-Ereignisse abonniert, besteht die Möglichkeit, die eingeleitete Operation im buchstäblich letzten Moment doch noch abzubrechen. Üblicherweise stellt das `EventArgs`-Objekt dieser Ereignisse dazu eine Eigenschaft namens `Cancel` bereit, die in der Ereignisquelle nach der Eventauslösung ausgewertet werden muss. Zum Abbrechen der Operation muss der Ereignisempfänger `Cancel` nur auf `true` setzen.

```
public class MovingEventArgs : EventArgs
{
  public bool Cancel { get; set; }
}
```
Listing 5.28 Die Klasse »MovingEventArgs«

`MovingEventArgs` ist sehr einfach implementiert. Da die Eigenschaft `Cancel` im Ereignishandler unter Umständen einen neuen Wert erhält, der ausgewertet werden muss, genügt uns die einfache Deklaration einer booleschen Variablen.

Das `Moved`-Ereignis, das nach der Verschiebeoperation ausgelöst wird, dient nur dazu, dem Benutzer die Möglichkeit zu eröffnen, nach der Verschiebung nach eigenem Ermessen zusätzliche Operationen zu codieren. Das `EventArgs`-Objekt soll selbst keine weiteren, zusätzlichen Daten bereitstellen. Daher können wir direkt auf die Klasse `EventArgs` zurückgreifen.

Mit diesen Überlegungen lassen sich die beiden notwendigen Delegates beschreiben.

```
public delegate void MovingEventHandler(Object sender, MovingEventArgs e);
public delegate void MovedEventHandler(Object sender, EventArgs e);
```
Listing 5.29 Zusätzliche Delegaten im Projekt »GeometricObjects«

In der Klasse `GeometricObject` ist die `Move`-Methode definiert, in der die beiden Ereignisse `Moving` und `Moved` ausgelöst werden sollen. Folglich gilt es, in dieser Klasse die beiden Ereignisse zu definieren. Dazu gehören auch die entsprechenden geschützten Methoden, die die Ereignisauslösung kapseln.

`Move` wird um den Code ergänzt, der prüft, ob der Anwender die eingeleitete Verschiebung des Bezugspunktes abbrechen möchte. Dazu wird die Eigenschaft `Cancel` des `MovingEventArgs`-Objekts untersucht. Hat der Benutzer mit `true` kundgetan, doch nicht zu verschieben, wird `Move` mit `return` beendet.

```csharp
public abstract class GeometricObject {
  // Ereignisse
  public event MovingEventHandler Moving;
  public event MovedEventHandler Moved;
  // Geschützte Methoden
  protected virtual void OnMoving(MovingEventArgs e){
    if (Moving != null)
      Moving(this, e);
  }
  protected virtual void OnMoved(EventArgs e){
    if (Moved != null)
      Moved(this, e);
  }
  public virtual void Move(double dx, double dy){
    // Moving-Ereignis
    MovingEventArgs e = new MovingEventArgs();
    OnMoving(e);
    if (e.Cancel == true) return;
    XCoordinate += dx;
    YCoordinate += dy;
    // Moved-Ereignis
    OnMoved(new EventArgs());
  }
  [...]
}
```

Listing 5.30 Ergänzung der Klasse »GeometricObject«

Damit sind wir aber noch nicht fertig. Wir müssen uns noch einmal die Überladung der Methode `Move` in `Circle` genau ansehen, die momentan immer noch wie folgt implementiert ist:

```csharp
public virtual void Move(double dx, double dy, int dRadius)
{
  Move(dx, dy);
  Radius += dRadius;
}
```

Beim Aufruf von Move in der ersten Anweisung könnte die eingeleitete Verschiebung noch abgebrochen werden. Das wird auch gemacht, aber nur halbherzig. Denn die Bezugskoordinaten werden zwar in X- und Y-Richtung nicht verschoben, aber der Radius wird trotzdem geändert, weil die zweite Anweisung in der dreifach parametrisierten Move-Methode keine Kenntnis vom Abbruch der Operation bekommt. Besser wäre es stattdessen, den Aufruf der zweifach parametrisierten Methode durch die vollständige Implementierung zu ersetzen:

```
public virtual void Move(double dx, double dy, int dRadius) {
  MovingEventArgs e = new MovingEventArgs();
  // Moving-Ereignis auslösen
  OnMoving(e);
  if (e.Cancel == true) return;
  XCoordinate += dx;
  YCoordinate += dy;
  Radius += dRadius;
  // Moved-Ereignis auslösen
  OnMoved(new EventArgs());
}
```

Listing 5.31 Änderung der überladenen »Move«-Methode

In gleicher Weise muss auch die vierfach parametrisierte Move-Methode in Rectangle angepasst werden.

> **Anmerkung**
> Sie finden den kompletten Code des überarbeiteten Beispiels auf der Buch-DVD unter \Beispiele\Kapitel 5\GeometricObjectsSolution_6.

Kapitel 6
Strukturen und Enumerationen

6.1 Strukturen – eine Sonderform der Klassen

.NET stellt mit der Struktur ein Konstrukt bereit, das einer Klasse sehr ähnlich ist. Strukturen gehören zur Gruppe der Wertetypen und werden somit nicht im Heap, sondern auf den Stack gespeichert.

Strukturen werden meistens dann eingesetzt, wenn sehr viele Objekte eines bestimmten Typs erwartet werden können. Nehmen wir dazu beispielsweise an, Sie beabsichtigen, jedes Pixel des Monitors durch ein Objekt zu beschreiben. Selbst bei einer »Standardauflösung« von 1.024 x 768 würde man 786.432 Objekte benötigen. Das ist schon eine Zahl, bei der man sich Gedanken darüber machen sollte, ob anstatt einer Klasse nicht eine Strukturdefinition die hohen Speicher- und Performanceanforderungen besser erfüllen könnte. Denn im Gegensatz zu klassenbasierten Objekten, für die ein verhältnismäßig hoher Verwaltungsaufwand notwendig ist, beanspruchen strukturbasierte Objekte, die zu den Wertetypen gerechnet werden, relativ wenige Verwaltungsressourcen und sind deshalb performancetechnisch deutlich besser.

6.1.1 Die Definition einer Struktur

Stellen Sie sich vor, Sie möchten eine Person durch eine Klassendefinition beschreiben. Eine Person sei durch ihren Namen und das Alter gekennzeichnet. Außerdem soll die Klasse die Methode Run veröffentlichen. Die Klassendefinition könnte folgendermaßen lauten:

```csharp
public class Person {
  public string Name { get; set; }
  public int Age { get; set; }
  public void Run() {
    [...]
  }
}
```

Listing 6.1 Definition einer Klasse »Person«

Tatsächlich unterscheidet sich die analoge Definition des Typs Person durch eine Struktur kaum von der einer Klasse – abgesehen vom Austausch des Schlüsselwortes class durch struct:

```
public struct Person {
  [...]
}
```
Listing 6.2 Definition der Struktur »Person«

Im ersten Moment mag das zu der ersten Schlussfolgerung verleiten, man könne eine komplette Klasse gleichwertig durch eine Struktur ersetzen, denn Strukturen können Eigenschaften, Methoden und auch Ereignisse definieren, Schnittstellen implementieren und Methoden nach den bekannten Regeln überladen. Es gibt jedoch auch ein paar Einschränkungen, die in Kauf genommen werden müssen, wenn Sie sich anstelle einer Klasse für eine Struktur entscheiden:

- Eine Struktur kann nicht aus einer beliebigen Klasse abgeleitet werden. Grundsätzlich ist ValueType die Basisklasse aller Strukturen. ValueType selbst ist direkt von Object abgeleitet.
- Eine Struktur kann nicht abgeleitet werden.
- Strukturen besitzen immer einen parameterlosen Konstruktor, der auch nicht überschrieben werden darf.
- Felder dürfen nicht mit einem Wert vorinitialisiert werden. Damit würde die folgende Strukturdefinition zu einem Fehler führen:

```
struct Person {
  private int Age = 0;
  [...]
}
```

6.1.2 Initialisieren einer Strukturvariablen

Wäre der Typ Person als Klasse definiert, müsste vor dem ersten Aufruf eine Instanz durch das Aufrufen des Operators new erzeugt werden:

```
// Annahme: Person liegt als class-Definition vor
Person pers = new Person();
pers.Age = 34;
```

Eine Struktur wird demgegenüber von der Laufzeitumgebung jedoch wie die Variable eines elementaren Datentyps eingesetzt, da kein Verweis damit verknüpft ist. Der Zugriff auf die Elemente einer Struktur erfolgt ebenfalls mit dem Punktoperator.

```
// Person liegt als struct-Definition vor
Person pers = new Person();
pers.Name = "Willi Jakob";
pers.Age = 34;
```

Die Eigenschaften Name und Age sind einem ganz bestimmten Element zugeordnet, nämlich *pers*. Das erinnert an die Instanzvariablen einer Klasse. Der Vergleich ist auch nicht falsch, denn eine Strukturvariable ist einem Objektverweis sehr ähnlich und deutet darauf hin, dass es innerhalb einer Struktur einen Konstruktor geben muss, der parameterlos ist. Mit new wird dieser Konstruktor aufgerufen, der – wie auch der Konstruktor einer Klasse – die Felder des Objekts initialisiert.

Vereinfachte Initialisierung

Eine abweichende, einfachere Initialisierung eines Strukturtyps ist unter Umständen ebenfalls möglich. Nehmen wir an, die Klasse Person wäre folgendermaßen implementiert:

```
struct Person {
  public string Name;
  public int Age;
}
```

Nun lässt sich ein Objekt vom Typ Person auch ohne Angabe des Konstruktors erstellen, z.B.:

```
Person pers;
pers.Name = "Hans";
```

Dabei ist aber Vorsicht angesagt. Dem Feld Name wird in diesem Fall ausdrücklich ein Wert zugewiesen. Damit ist es auch initialisiert. Das Feld Age hingegen ist noch nicht initialisiert, denn es wird schließlich auch kein Konstruktor aufgerufen. Der Zugriff auf ein nichtinitialisiertes Feld mündet in einen Fehler.

Sie können ohne den Operator new ein Objekt erzeugen, wenn die Struktur ausschließlich Felder hat (automatisch implementierte Eigenschaften zählen nicht zu den Feldern) und keine Methoden. Enthält die Struktur jedoch Methoden, müssen zuerst alle Felder initialisiert werden, um die Methoden des Objekts fehlerfrei aufrufen zu können.

6.1.3 Konstruktoren in Strukturen

Standardmäßig stellt eine Struktur einen parameterlosen Konstruktor bereit, der mit

```
Person pers = new Person();
```

aufgerufen werden kann. Strukturen lassen die Definition weiterer Konstruktoren zu, die jedoch parametrisiert sein müssen, denn das Überschreiben des parameterlosen Konstruktors einer Struktur ist nicht erlaubt. Fügen Sie einen parametrisierten Konstruktor hinzu, muss eine Bedingung erfüllt werden: Alle Felder der Struktur müssen initialisiert werden. Im folgenden Listing wird das gezeigt:

```
public struct Person {
  public string Name { get; set; }
  public int Age { get; set; }
  // Konstruktor
  public Person(string name) {
    Age = 0;
```

```
    Name = name;
  }
}
```
Listing 6.3 Konstruktor in einer Struktur

Der Aufruf eines parametrisierten Konstruktors führt nur über den new-Operator. Vorsicht ist hierbei geboten, denn das folgende Codefragment hat die doppelte Initialisierung der Variablen *pers* zur Folge, weil in der zweiten Anweisung ein parametrisierter Konstruktor aufgerufen wird:

```
Person pers;
pers = new Person("Willi");
```

Läge Person eine Klasse zugrunde, würde es nur zu einem Konstruktoraufruf kommen.

6.1.4 Änderung im Projekt »GeometricObjects«

Wir wollen uns nun erneut der Anwendung *GeometricObjectsSolution* zuwenden. An einer Stelle bietet es sich an, eine Struktur einzusetzen: Es handelt sich dabei um die beiden Mittelpunktskoordinaten XCoordinate und YCoordinate, die in der Klasse GeometricObject definiert sind und nun durch die Struktur Point ersetzt werden sollen. Der Typ Point ist sehr einfach aufgebaut und hat nur zwei Eigenschaften, die später den Bezugspunkt des geometrischen Objekts beschreiben sollen. Selbstverständlich werden die entsprechenden Felder auch gekapselt, d.h. über die Kombination der beiden Accessoren get und set veröffentlicht. Außerdem enthält die Struktur einen zweiparametrigen Konstruktor, dem beim Aufruf die Punktkoordinaten übergeben werden.

```
public struct Point {
  // Felder
  private double _X;
  private double _Y;
  // Eigenschaften
  public double X {
    get { return _X; }
    set { _X = value; }
  }
  public double Y {
    get { return _Y; }
    set { _Y = value; }
  }
  // Konstruktor
  public Point(double x, double y) {
    _X = x;
    _Y = y;
```

      }
    }

Listing 6.4 Komplette Definition der Struktur »Point«

In der Klasse `GeometricObject` zieht das selbstverständlich Änderungen nach sich. Wir definieren zuerst ein Feld vom Typ der Struktur. Dieses soll in der überarbeiteten Fassung die Werte des Bezugspunktes aufnehmen.

```
protected Point _Center = new Point();
```

Dabei sollte explizit der parameterlose Konstruktor aufgerufen werden, damit X und Y im Feld `_Center` von Anfang an initialisiert sind und einen definierten Anfangszustand haben.

Einen wichtigen Punkt dürfen wir an dieser Stelle nicht außer Acht lassen. Da wir nun mit dem Feld `_Center` eine `Point`-Struktur eingeführt haben, die die Werte von `XCoordinate` und `YCoordinate` speichern soll, müssen wir die beiden noch vorhandenen privaten Felder `_XCoordinate` und `_YCoordinate` aus der Klasse `GeoemtricObject` löschen. Darüber hinaus gilt es, die beiden Eigenschaften `XCoordinate` und `YCoordinate` so anzupassen, dass die den Eigenschaften übergebenen Werte an die Felder der Point-Struktur übergeben bzw. daraus ausgelesen werden.

```
public virtual double XCoordinate {
  get { return _Center.X; }
  set {
    _Center.X = value;
    OnPropertyChanged("XCoordinate");
  }
}
public virtual double YCoordinate {
  get { return _Center.Y; }
  set {
    _Center.Y = value;
    OnPropertyChanged("YCoordinate");
  }
}
```

Listing 6.5 Änderung der Eigenschaften »XCoordinate« und »YCoordinate«

Von der Einführung der Struktur `Point` sind auch die Konstruktoren von `Circle` und `Rectangle` betroffen, die die beiden Mittelpunktskoordinaten in ihren Parametern erwarten.

```
public Circle(int radius, double x, double y) {
  Radius = radius;
  _Center.X = x;
  _Center.Y = y;
  Circle._CountCircles++;
}
```

```
public Rectangle(int length, int width, double x, double y) {
  Length = length;
  Width = width;
  _Center.X = x;
  _Center.Y = y;
  Rectangle._CountRectangles++;
}
```

Listing 6.6 Änderung der Konstruktoren in »Circle« und »Rectangle«

Eine gute Klassendefinition zeichnet sich nicht nur dadurch aus, dass sie die Implementierung auf das Notwendigste beschränkt, sondern deckt auch die Fälle ab, die für einen Benutzer unter Umständen sinnvoll sein könnten. Soll der Mittelpunkt eines Kreisobjekts diagonal verschoben werden, sind zwei Anweisungen notwendig. Vorteilhafter ist es, dasselbe mit einer Anweisung zu erreichen. Die Verbesserung soll durch eine Methode erzielt werden, die wir als Move bezeichnen. Sie nimmt ein Point-Objekt vom Aufrufer entgegen und wird in GeometricObject definiert.

```
public virtual void Move(Point center) {
   _Center = center;
}
```

Da eine Struktur ein Wertetyp ist, schreiben sich die Felder X und Y der im Parameter *center* übergebenen Koordinaten in die gleichlautenden Felder von _Center.

Sehen wir uns nun in einem Codefragment an, wie einfach es ist, diese Methode zu benutzen. Es wird dabei davon ausgegangen, dass ein konkretes Circle-Objekt namens *kreis* vorliegt. Mit

```
Point pt = new Point(150, 315);
kreis.Move(pt);
```

übergeben wir der Methode ein Point-Objekt. Benötigen wir dieses Objekt zur Laufzeit der Anwendung nicht mehr, kann es auch in der Argumentenliste erzeugt werden.

```
kreis.Move(new Point(150, 315));
```

Zuletzt ergänzen wir die Klassen Circle und Rectangle noch um einen Konstruktor, der neben dem Radius bzw. den entsprechenden Längenangaben eine Point-Referenz als Argument erwartet:

```
public Circle(int radius, Point center) {
  Radius = radius;
  _Center = center;
  Circle._CountCircles++;
}
```

```
public Rectangle(int length, int width, Point center) {
  Length = length;
  Width = width;
  _Center = center;
  Rectangle._CountRectangles++;
}
```
Listing 6.7 Zusätzliche Konstruktoren in »Circle« und »Rectangle«

Da bei Aufruf dieses Konstruktors kein weiterer der Klasse ausgeführt wird, ist es auch notwendig, den Objektzähler der jeweiligen Klasse zu erhöhen.

Damit wird eine Instanziierung der Klasse Circle beispielsweise mit

```
Circle kreis = new Circle(2, new Point(5, 12));
```

möglich.

> **Anmerkung**
> Den Code des Beispiels *GeometricObjectsSolution* mit allen Änderungen, die wir bisher in diesem Kapitel vorgenommen haben, finden Sie auf der Buch-DVD unter ...*Kapitel 6\GeometricObjectsSolution_7*.

6.2 Enumerationen (Aufzählungen)

Eine Enumeration (häufig auch als »Aufzählung« bezeichnet) ist als Gruppierung mehrerer Konstanten zu verstehen, die miteinander in einer logischen Beziehung stehen und zur Laufzeit nicht verändert werden können. Enumerationen werden meistens dazu verwendet, um besser lesbaren Programmcode schreiben zu können, und sind von der gemeinsamen Basisklasse Enum abgeleitet. Enumerationen werden zu den Wertetypen gerechnet.

Die Werte, die von den Konstanten einer Enumeration gebildet werden, sind vom gleichen Datentyp. Dabei kann es sich um byte, short, int oder long handeln. Andere Datentypen sind nicht zugelassen. Solange nicht anders angegeben, sind alle Enumerationsmember Integer.

Betrachten Sie das folgende Beispiel der Enumeration Spielkarte:

```
public enum Spielkarte {
  Karo = 9,
  Herz = 10,
  Pik = 11,
  Kreuz = 12
}
```

Listing 6.8 Die Enumeration »Spielkarte«

Eine Enumeration wird mit dem Schlüsselwort `enum` eingeleitet. Hinter der Angabe des Bezeichners kann optional der von den Konstanten beschriebene Datentyp angegeben werden. Da `Spielkarte` keine Angabe enthält, sind die vier Konstanten vom Typ Integer. Wird jedoch der Typ `long` gewünscht, ist dieser, getrennt durch einen Doppelpunkt, hinter dem Bezeichner der Enumeration anzugeben, z.B.:

```
public enum Spielkarte : long { [...] }
```

Der `enum`-Block enthält alle erforderlichen Konstanten, die bis auf das letzte Element untereinander durch ein Komma getrennt werden. Der von den Konstanten beschriebene Wert muss nicht ausdrücklich angegeben werden, es ist eine Option. Fehlt die Angabe, wird dieser nach einem bestimmten Algorithmus automatisch vergeben. Zur Wertbildung gibt es nur zwei Regeln:

- Wird der ersten Konstanten nicht ausdrücklich ein Wert zugewiesen, repräsentiert sie den Wert 0.
- Für alle anderen Konstanten ohne explizite Wertangabe gilt: Wert des Vorgängerelements plus eins.

Demnach würde es ausreichen, die Enumeration `Spielkarte` wie folgt zu definieren:

```
public enum Spielkarte {
   Karo = 9,
   Herz,
   Pik,
   Kreuz
}
```

Listing 6.9 Gleichwertige Enumeration »Spielkarte«

6.2.1 Wertzuweisung an enum-Mitglieder

Enumerationen gehören zu der Gruppe der Wertetypen. Daher reicht auch eine einfache Variablendeklaration aus:

```
Spielkarte myGame;
```

Die Variable *myGame* kann nun für eine beliebige Konstante der Aufzählung `Spielkarte` stehen. Um welche es sich genau handelt, muss mit der Punktnotation angegeben werden:

```
myGame = Spielkarte.Herz;
```

Wenn Sie am Zahlenwert, der dieser Konstanten zugeordnet ist, interessiert sind, müssen Sie explizit konvertieren:

```
long value = (int)Spielkarte.Herz;
```

6.2.2 Alle Mitglieder einer Aufzählung durchlaufen

Enumerationen werden uns im weiteren Verlauf dieses Buches noch häufig begegnen. Manchmal kann es sinnvoll sein, im Programmcode die Mitglieder einer Aufzählung in einer Schleife abzugreifen. Ich möchte Ihnen am Beispiel der Aufzählung *Spielkarte* demonstrieren, wie das programmiertechnisch umgesetzt wird.

```
// Beispiel: ..\Kapitel 6\EnumerationSample
class Program
{
  static void Main(string[] args) {
    foreach (Spielkarte karte in Enum.GetValues(typeof(Spielkarte)))
      Console.WriteLine(karte);
    Console.ReadLine();
  }
}
public enum Spielkarte
{
  Karo = 9,
  Herz,
  Pik,
  Kreuz
}
```

Listing 6.10 Die Liste der Enumerationsmitglieder durchlaufen

Eingangs wurde bereits erwähnt, dass alle Enumerationen aus der Klasse Enum abgeleitet werden. Diese stellt mit GetValues eine statische Methode zur Verfügung, die uns eine Array-Referenz aller in der Enumeration enthaltenen Konstanten zurückliefert. GetValues ist wie folgt definiert:

```
public static Array GetValues(Type enumType);
```

Der Rückgabewert ist vom Typ Array, das Übergabeargument vom Typ Type. Letztgenannter Typ liefert Informationen über einen Datentyp, beispielsweise über die von einer Klasse veröffentlichten Methoden und Felder. Dazu müssen wir uns nur den Type eines bestimmten Datentyps besorgen. Hier hilft die C#-spezifische Funktion typeof weiter, der wir als Argument den Typbezeichner übergeben. Der Ausdruck

```
Enum.GetValues(typeof(Spielkarte)))
```

liefert die Elemente der Enumeration als Array, das wir in der Schleife vom ersten bis zum letzten Element durchlaufen. Der Konstantenbezeichner wird in der Konsole ausgegeben.

6.3 Boxing und Unboxing

Zu den Referenztypen werden Klassen und Delegates gerechnet, Strukturen und Enumerationen bilden die Familie der Wertetypen. Um noch einmal die wichtigsten Unterschiede dieser beiden Kategorien auf den Punkt zu bringen: Objekte, die auf Klassen- oder Delegatedefinitionen basieren, werden auf dem Heap verwaltet, Objekte vom Typ einer Struktur oder Enumeration auf dem Stack. Die Verwaltung auf dem Stack schont die Ressourcen und verbessert die Performance, weil der komplexe Overhead der Objektverwaltung im Heap entfällt. Wertetypen sind deshalb dann besonders gut geeignet, wenn sehr viele Objekte dieses Typs erwartet werden können.

In diesem Zusammenhang müssen wir noch eine weitere Technik erörtern: das **Boxing** und **Unboxing**. Was ist darunter zu verstehen? Betrachten wir das einfache Beispiel einer Integer-Variablen:

```
int value = 2;
```

Im nächsten Schritt weisen wir diese Variable einer `Object`-Variablen zu. Das ist grundsätzlich überhaupt kein Problem, da hierbei eine implizite Konvertierung stattfindet:

```
object @object = value;
```

Listing 6.11 Boxing eines Integers

Beachten Sie, dass dabei ein auf dem Stack abgelegter Wertetyp einem Referenztyp zugewiesen wird, der auf dem Heap gespeichert ist. Der als »Boxing« bezeichnete Vorgang erfordert natürlich einen Mehraufwand der Laufzeitumgebung im Vergleich zu einer Operation, bei der eine Referenzvariable der `Objekt`-Variablen zugewiesen wird.

Zu einem bestimmten Zeitpunkt soll die implizite Konvertierung auch wieder rückgängig gemacht werden. Bei dieser als »Unboxing« bezeichneten Operation muss der korrekte Zieldatentyp angegeben werden:

```
int item = (int)@object;
```

Listing 6.12 Unboxing eines Integers

Aus einem auf dem Heap verwalteten Objekt wird nunmehr erneut ein Objekt, das auf dem Stack liegt. Auch dieser Vorgang geht deutlich zu Lasten der Performance. Microsoft selbst gibt dazu in der Dokumentation einen Faktor von bis zu 20 an, der aber wohl selten erreicht werden dürfte. Dennoch sollten Sie sich merken, dass die Boxing-Operationen nach Möglichkeit in einem Programm vermieden werden sollten – auch wenn das natürlich nicht immer möglich ist.

Kapitel 7
Fehlerbehandlung und Debugging

7.1 Laufzeitfehler behandeln

Fast alle Beispiele dieses Buches waren bisher so angelegt, als könnte nie ein Fehler auftreten. Aber Ihnen ist es beim Testen eines Beispielcodes sicherlich schon passiert, dass Sie anstatt einer Zahl einen Buchstaben eingegeben haben oder umgekehrt – genau entgegengesetzt zu dem, was das Programm in diesem Moment erwartete. Sie wurden danach mit einem Laufzeitfehler konfrontiert, was zur sofortigen Beendigung des Programms führte.

Dieser Umstand ist natürlich insbesondere dann unangenehm und inakzeptabel, wenn bei einem Endanwender ein solcher Fehler auftritt. Sollten diesem dann noch Daten unwiederbringlich verloren gegangen sein, ist der Ärger vorprogrammiert. Sie haben einen unzufriedenen Kunden, der an Ihren Qualitäten als Entwickler zweifelt, und anschließend noch die undankbare Aufgabe, den oder gar die Fehler zu lokalisieren und in Zukunft auszuschließen.

Welcher Entwickler kann zuverlässig voraussehen, welche Eingabe ein Anwender tätigt und vielleicht gar noch in welcher Reihenfolge, wenn er die grafische Benutzeroberfläche einer Applikation bedient? Welcher Anwender kann nach einem Fehler genau sagen, welche Arbeitsschritte und Eingaben zu der Fehlerauslösung geführt haben, welche Programme er über das Internet installiert hat usw.? Anwender sind fehlerfrei, sie machen alles richtig, nur das Programm ist schlecht. Seien wir doch einmal ehrlich zu uns selbst: Gibt es ein Softwarehaus, das von sich selbst behaupten kann, unter der Last des Termindrucks nicht schon mindestens einmal ein Programm ausgeliefert zu haben, das eine unzureichende Testphase durchlaufen hat?

Es gibt aber auch eine Fehlergattung, die nicht das unplanmäßige Beenden des Programms nach sich zieht, sondern nur falsche Ergebnisse liefert: die logischen Fehler. Dies ist deshalb sehr unangenehm, weil solche Fehler oft sehr spät erkannt werden und weitreichende Konsequenzen haben können. Denken Sie einmal daran, welche Auswirkungen es haben könnte, wenn ein Finanz- und Buchhaltungsprogramm (FIBU) einen falschen Verkaufspreis ermitteln würde. Es kommt nicht zu einem Laufzeitfehler, der anzeigt, dass etwas nicht richtig abläuft. Solche Fehler können im schlimmsten Fall sogar die Existenz eines gesamten Unternehmens gefährden. Um dieses Dilemma zu vermeiden, muss die Software ausgiebig getestet werden, wobei der Debugger der Entwicklungsumgebung wesentliche Unterstützung bietet und somit das wichtigste Hilfsmittel ist.

In diesem Abschnitt wollen wir uns mit der Fehlergattung auseinandersetzen, die zum Auslösen einer Ausnahme zur Laufzeit führt und die verschiedensten Ursachen haben kann:

- Anwender geben unzulässige Werte ein.
- Es wird versucht, eine nicht vorhandene Datei zu öffnen.
- Es wird versucht, eine Division durch »0« durchzuführen.
- Beim Zugriff auf eine Objektmethode ist der Bezeichner der Objektvariablen noch nicht initialisiert.
- Eine Netzwerkverbindung ist instabil.
- ...

Die Liste ist schier endlos lang. Aber allen Fehlern ist eines gemeinsam: Sie führen zum Absturz des Programms, wenn der auftretende Fehler nicht behandelt wird.

7.1.1 Laufzeitfehler erkennen

Das folgende Listing demonstriert einen typischen Laufzeitfehler und die daraus resultierenden Konsequenzen. Die Aufgabe, die das Programm ausführen soll, ist dabei simpel: Es soll eine Textdatei öffnen und deren Inhalt in die Konsole schreiben.

```
using System.IO;
class Program {
  static void Main(string[] args) {
    StreamReader stream = new StreamReader(@"C:\Text.txt");
    Console.WriteLine(stream.ReadToEnd());
    stream.Close();
    Console.ReadLine();
  }
}
```

Listing 7.1 Öffnen und Lesen einer Textdatei

> **Hinweis**
> Beachten Sie bitte, dass ein Backslash in einer Zeichenfolge als Escape-Sequenz interpretiert wird. Um diese Interpretation aufzuheben, geben Sie entweder zwei aufeinanderfolgende Backslashs an oder stellen Sie, wie oben gezeigt, der Zeichenfolge ein »@«-Zeichen voran.

Die Klassenbibliothek des .NET Frameworks bietet zum Öffnen einer Textdatei die Klasse `StreamReader` im Namespace `System.IO` an. Einer der Konstruktoren dieser Klasse erwartet den vollständigen Pfad zu der zu öffnenden Datei:

```
public StreamReader(string path);
```

Aus dem Datenstrom können mit `Read` einzelne Zeichen gelesen werden, mit `ReadLine` eine komplette Zeile. `ReadToEnd` hingegen liest den ganzen Datenstrom vom ersten bis zum letzten Zeichen. Im Beispiel wird die letztgenannte Methode benutzt und die Rückgabe aus dem Datenstrom als Argument der `WriteLine`-Methode der `Console` übergeben.

Solange die angegebene Datei existiert, wird die Anwendung fehlerfrei ausgeführt. Wenn Sie dem Konstruktor der Klasse `StreamReader` allerdings eine Zeichenfolge auf eine nicht vorhandene Datei übergeben, wird die Laufzeit der Anwendung mit einer Ausnahme (Exception) beendet und eine Fehlermeldung angezeigt (siehe Abbildung 7.1).

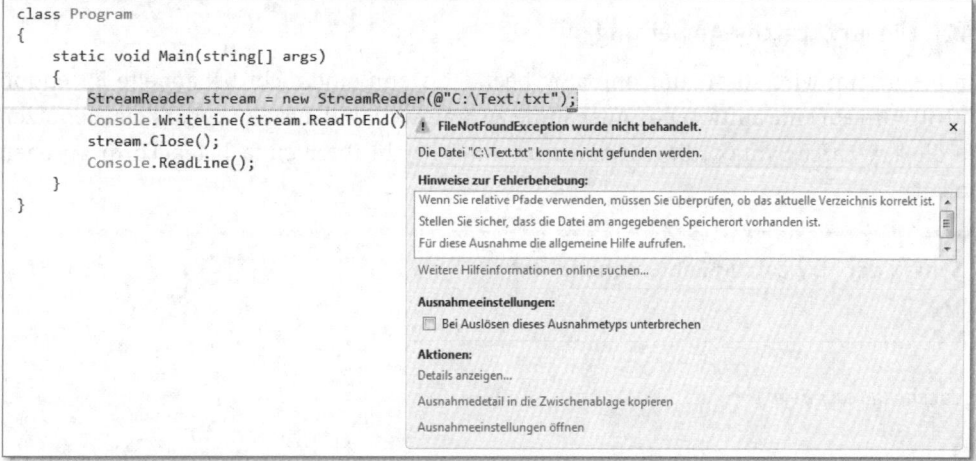

Abbildung 7.1 Anzeige der Exception in Visual Studio 2012

Sollte Ihnen der Hinweis auf die Ursache der Ausnahme nicht ausreichen, können Sie sich auch weitere Details dazu anzeigen lassen. Klicken Sie dazu auf den Link DETAILS ANZEIGEN im Ausnahmefenster. Daraufhin öffnet sich ein Dialog, dem Sie möglicherweise weitere interessante Details im Zusammenhang mit der Exception entnehmen können (siehe Abbildung 7.2).

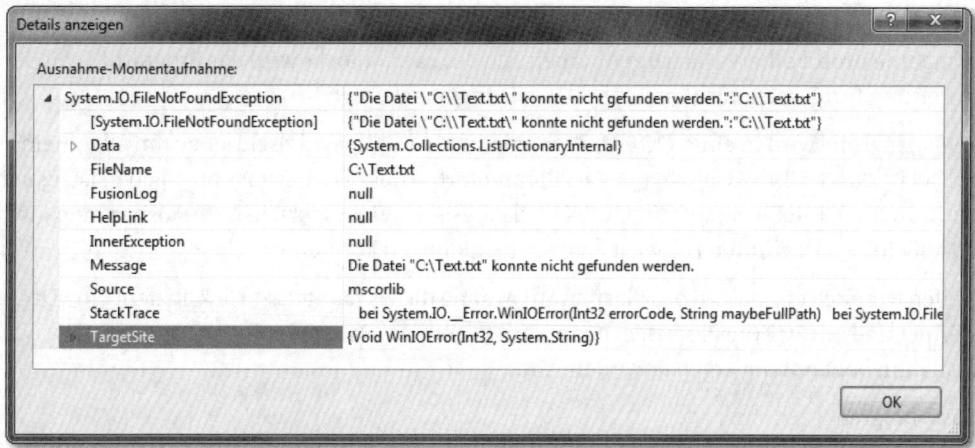

Abbildung 7.2 Details einer Exception

Fehler dieser Art müssen schon während der Programmierung erkannt und behandelt werden. Die Fehlerbehandlung hat die Zielsetzung, dem Anwender beispielsweise durch eine Eingabekorrektur die Fortsetzung des Programms zu ermöglichen oder – schlimmstenfalls – zumindest alle notwendigen Daten zu sichern, bevor das Programm ordentlich beendet wird.

7.1.2 Die »try...catch«-Anweisung

Ein Programm wird sofort unplanmäßig beendet, wenn eine nicht behandelte Exception auftritt. Um auf eine auftretende Ausnahme zu reagieren und diese zu behandeln, benutzen Sie die try-catch-Syntax, die wir uns nun zunächst in ihrer einfachsten Form ansehen wollen.

Syntax der »try-catch«-Fehlerbehandlung
```
try {
  [...]
}
catch(Ausnahmetyp) {
  [...]
}
[...]
```

Der try-Block beinhaltet zumindest die Anweisungen, die potenziell eine Ausnahme verursachen können. Tritt kein Laufzeitfehler auf, werden alle Anweisungen im try-Block ausgeführt. Danach setzt das Programm hinter dem catch-Block seine Arbeit fort. Verursacht eine der Anweisungen innerhalb des try-Blocks jedoch einen Fehler, werden alle folgenden Anweisungen innerhalb dieses Blocks ignoriert, und der Programmablauf führt den Code im catch-Anweisungsblock aus. Hier könnten beispielsweise Benutzereingaben gesichert oder Netzwerkverbindungen getrennt werden. Oft werden hier auch die Details der ausgelösten Ausnahme protokolliert. Nach der Abarbeitung des catch-Blocks wird das Programm mit der Anweisung fortgesetzt, die dem catch-Anweisungsblock folgt.

Eine Ausnahme wird in einer OOP-Umgebung durch ein Objekt beschrieben. Im allgemeinsten Fall ist das der Typ Exception, der als Parametertyp des catch-Zweigs anzugeben ist. Es sei schon an dieser Stelle darauf hingewiesen, dass es sehr viele spezialisierte Ausnahmen gibt, um auf einen bestimmten Fehler spezifisch reagieren zu können.

Greifen wir noch einmal auf das Beispiel am Anfang dieses Kapitels zurück, in dem eine Datei geöffnet und an der Konsole ausgegeben werden soll. Das Beispiel soll nun um eine passende Ausnahmebehandlung ergänzt werden.

```
class Program {
  static void Main(string[] args) {
    StreamReader stream = null;
    Console.Write("Welche Datei soll geöffnet werden? ... ");
    string path = Console.ReadLine();
```

```
    // Fehlerbehandlung einleiten
    try {
       // die folgende Anweisung kann zu einer Exception führen
       stream = new StreamReader(path);
       Console.WriteLine(stream.ReadToEnd());
       stream.Close();
    }
    catch(Exception ex) {
       // Ausgabe einer Fehlermeldung
       Console.WriteLine(ex.Message);
    }
    Console.WriteLine("Nach der Exception-Behandlung");
    Console.ReadLine();
  }
}
```

Listing 7.2 Komplette Fehlerbehandlung zum Öffnen einer Datei

Starten Sie das Programm, und geben Sie nach der Aufforderung einen gültigen Zugriffspfad an, wird die Datei geöffnet und der Inhalt an der Konsole angezeigt. Das Programm wird bis zum catch-Statement ausgeführt und verzweigt danach zu der Anweisung, die dem catch-Block folgt, was durch eine Konsolenausgabe bestätigt wird.

Das ist der Normalfall – oder ist vielleicht eher eine falsche Benutzereingabe als normal anzusehen? Wie dem auch sei, unser kleines Programm ist in der Lage, auch damit umzugehen. Die Anweisung, die eine Ausnahme im obigen Beispiel auslösen könnte, ist anscheinend der Aufruf des Konstruktors der Klasse StreamReader, dem eine Pfadangabe als Argument übergeben wird:

```
stream = new StreamReader(str);
```

Bei einer Ausnahme verzweigt der Programmablauf in den catch-Block und führt die darin enthaltenen Anweisungen aus. Häufig wird man hier die Eigenschaft Message des Exception-Objekts abfragen, die eine benutzerfreundliche Fehlerbeschreibung liefert, z.B.:

```
Console.WriteLine(ex.Message);
```

Nach der Ausführung des catch-Blocks wird das Programm ordnungsgemäß mit den sich daran anschließenden Anweisungen fortgesetzt. Damit haben wir unser Ziel erreicht: Obwohl ein Laufzeitfehler aufgetreten ist, kontrollieren wir weiterhin das Laufzeitverhalten.

> **Hinweis**
> Sie müssen nicht unbedingt dem catch-Zweig eine Exception angeben, wie das folgende Codefragment zeigt:

> ```
> catch
> {
>   [...]
> }
> ```
> Auch wenn die Variante jede Ausnahme abfängt und behandelt, können ausnahmespezifische Informationen nicht ausgewertet werden. Daher eignet sich diese allgemeine Form nur in wenigen Fällen und sollte in der Regel vermieden werden.

7.1.3 Behandlung mehrerer Exceptions

Der Grund für eine Ausnahme kann vielfältig sein. Beispielsweise kann in unserem Listing bei dem Versuch, eine Datei zu öffnen, ein falscher Dateiname oder ein nicht vorhandenes Verzeichnis angegeben werden. Oder es wird eine leere Zeichenfolge übergeben. Alle diese Fehler lösen unterschiedliche Exceptions aus.

Vielleicht werden Sie sich die Frage stellen, woher die Kenntnis stammt, welche Ausnahmen beim Aufruf des Konstruktors der Klasse StreamReader zumindest theoretisch ausgelöst werden können. Die Antwort ist sehr einfach: Die Angaben sind in der Dokumentation der entsprechenden Klasse zu finden. Ein Blick in die Dokumentation des in unserem Beispiel eingesetzten StreamReader-Konstruktors verrät, dass dieser fünf unterschiedliche Ausnahmen auslösen kann:

- ArgumentException
- ArgumentNullException
- FileNotFoundException
- DirectoryNotFoundException
- IOException

Die Ausnahme ArgumentException wird ausgelöst, wenn der Anwender an der Konsole nach der Aufforderung zur Eingabe des Pfades keine Angabe macht und das Programm fortsetzt. Eine ähnliche Ausnahme, ArgumentNullException, würde bei der Übergabe eines nichtinitialisierten Strings auftreten:

```
string path = null;
StreamReader dataStream = new StreamReader(path);
```

Geben Sie einen nicht existenten Datei- oder Ordnernamen ein, kommt es zu einer Ausnahme vom Typ FileNotFoundException bzw. DirectoryNotFoundException. Der letzten in der Dokumentation aufgeführten Ausnahme, IOException, kommt eine besondere Bedeutung zu, der wir uns gleich widmen werden.

Egal welchen Fehler Sie im Beispielcode oben auch provozieren, er wird immer behandelt. Das hängt damit zusammen, dass alle Ausnahmen durch Klassen beschrieben werden, die auf die gemeinsame Basis Exception zurückzuführen sind (siehe Abbildung 7.3). Damit finden alle Ausnahmen im catch-Zweig mit dem Parametertyp Exception eine passende Behandlungsroutine.

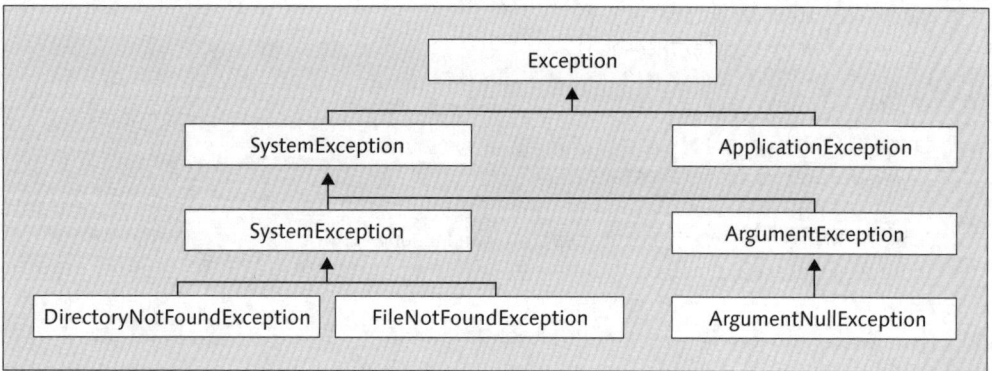

Abbildung 7.3 Die Hierarchie der Exceptions (Auszug)

Nur einen catch-Zweig zu codieren hat einen Nachteil, wenn man auf bestimmte Ausnahmen speziell reagieren möchte. Um auf verschiedene Ausnahmen spezifisch reagieren zu können, geben wir mehrere catch-Anweisungsblöcke an, von denen jeder auf einen bestimmten Ausnahmetyp reagiert.

```
// Beispiel: ..\Kapitel 7\TryCatchSample
class Program {
  static void Main(string[] args) {
    StreamReader stream = null;
    Console.Write("Welche Datei soll geöffnet werden? ... ");
    string path = Console.ReadLine();
    try {
      stream = new StreamReader(path);
      Console.WriteLine("--- Dateianfang ---");
      Console.WriteLine(stream.ReadToEnd());
      Console.WriteLine("--- Dateiende -----");
      stream.Close();
    }
    // Datei nicht gefunden
    catch (FileNotFoundException ex) {
      Console.WriteLine(ex.Message);
    }
    // Verzeichnis existiert nicht
    catch (DirectoryNotFoundException ex) {
      Console.WriteLine(ex.Message);
    }
    // Pfadangabe war 'null'
```

```
    catch (ArgumentNullException ex) {
      Console.WriteLine(ex.Message);
    }
    // Pfadangabe war leer ("")
    catch (ArgumentException ex) {
      Console.WriteLine(ex.Message);
    }
    // allgemeine Exception
    catch (Exception ex) {
      Console.WriteLine(ex.Message);
    }
    Console.WriteLine("Nach der Exception-Behandlung");
    Console.ReadLine();
  }
}
```

Listing 7.3 Beispielprogramm mit detaillierter Fehleranalyse

Jeder catch-Zweig beschreibt nun einen bestimmten Ausnahmetyp. Beim Auftreten einer Ausnahme werden die catch-Zweige so lange der Reihe nach angesteuert, bis der Typ gefunden wird, der die ausgelöste Ausnahme beschreibt. Anschließend wird der Programmablauf mit den Anweisungen fortgesetzt, die sich hinter dem letzten catch-Zweig befinden.

Im Beispiel oben wird demnach zuerst geprüft, ob der Exception eine nicht existierende Datei zugrunde liegt (FileNotFoundException). Hat die Ausnahme eine andere Ursache, wird geprüft, ob dem Konstruktor ein ungültiges Verzeichnis übergeben wurde (DirectoryNotFoundException). War das auch nicht der Fall, wird der aufgetretene Fehler mit ArgumentNullException verglichen. Das setzt sich so lange fort, bis möglicherweise auch noch der letzte catch-Zweig aufgerufen wird. Kann in diesem die Ausnahme auch nicht behandelt werden, gilt sie als unbehandelt und das Programm wird beendet.

Grundsätzlich plädiere ich dafür, in jeder Ausnahmebehandlung im letzten (oder vielleicht auch einzigen) catch-Zweig den Typ Exception anzugeben. Damit ist man als Entwickler immer auf der sicheren Seite, dass die Anwendung nicht unplanmäßig beendet wird (auch wenn der Anwender möglicherweise mit der Meldung »Unbekannter Fehler« konfrontiert werden muss). Verzichten wir auf den letzten catch-Zweig im Beispiel *TryCatchSample*, könnte nämlich trotz aller catch-Zweige immer noch eine Ausnahme auftreten. Es ist die Methode ReadToEnd, die eine OutOfMemoryException wirft, falls die Datei mangels Speicher nicht komplett eingelesen werden kann. Mal ganz ehrlich, hätten Sie daran gedacht?

7.1.4 Die Reihenfolge der »catch«-Zweige

Die Abarbeitung der catch-Zweige folgt dem »Ist-eine«-Prinzip der Vererbung. Daraus folgt, dass eine bestimmte Reihenfolge bei der Angabe der catch-Zweige eingehalten werden muss, und die lautet: Ausgehend vom ersten bis hin zum letzten catch-Zweig werden die angegebenen Ausnahmen immer allgemeiner. Sollten Sie diese Richtlinie nicht beachten, wird Visual Studio Sie darauf aufmerksam machen, weil dann Programmcode vorliegt, der nicht erreicht werden kann.

7.1.5 Ausnahmen in einer Methodenaufrufkette

Eine Ausnahme muss in jedem Fall behandelt werden, um das laufende Programm vor dem Absturz zu bewahren. Kennzeichnend war bisher, dass wir eine Ausnahme in der Methode behandelten, in der sie auftrat. Das muss aber nicht unbedingt so sein.

Stellen Sie sich vor, der Code zum Öffnen einer Datei unseres Beispiels *TryCatchSample* wäre nicht in Main, sondern einer anderen Methode, nennen wir sie wieder DoSomething, implementiert. Tatsächlich muss ein etwaig auftretender Fehler nicht in DoSomething mit try-catch behandelt werden, es kann auch in der Methode Main geschehen, wie das folgende Codefragment zeigt:

```
static void Main(string[] args) {
  try {
    DoSomething();
  }
  // Behandlung der Ausnahme
  catch (Exception ex) {
    Console.WriteLine(ex.Message);
  }
}
static void DoSomething() {
  // hier wird eine Exception ausgelöst, die nicht behandelt wird
}
```

Listing 7.4 Laufzeitfehler in einem Aufrufstack

Wird aus einer Methode heraus (hier Main) eine zweite (hier DoSomething) aufgerufen und tritt in letztgenannter eine Ausnahme auf, sucht die Laufzeitumgebung zunächst in der fehlerauslösenden Methode nach einer passenden Ausnahmebehandlung. Ist hier keine implementiert oder wird die Ausnahme von keinem der catch-Zweige behandelt, wird die Ausnahme an den Aufrufer übergeben. Nimmt sich dieser des ausgelösten Fehlers an, ist den Anforderungen Genüge getan, und die Anwendung wird klaglos weiterlaufen, ansonsten gilt die Ausnahme als nicht behandelt und die Anwendung stürzt unweigerlich ab.

Die Methodenaufrufkette darf auch durchaus noch mehr Stationen haben. Wichtig ist nur, dass spätestens der Auslöser der Aufrufkette auf die Exception reagiert.

7.1.6 Ausnahmen werfen oder weiterleiten

In der Praxis werden Sie häufig auf den Umstand treffen, dass in einer Komponente eine Ausnahme ausgelöst und mit try-catch behandelt wird, die Ausnahme aber dennoch an den

Aufrufer weitergeleitet werden muss. Das ist häufig der Fall, wenn Sie dem Anwender nicht direkt aus der auslösenden Komponente eine Information zukommen lassen können.

Um eine Ausnahme an den Aufrufer weiterzuleiten oder ganz generell eine neue (auch benutzerdefinierte) Ausnahme auszulösen, wird das throw-Statement benutzt, z.B.:

```
throw new XyzExcpetion();
```

Wird in einem catch-Block mit throw eine Exception geworfen, muss diese vom Aufrufer der fehlerverursachenden Methode behandelt werden.

7.1.7 Die »finally«-Anweisung

Die strukturierte Fehlerbehandlung bietet optional noch eine weitere, bislang noch nicht erwähnte Klausel an, in der unterschiedliche Aufgaben erledigt werden können: die finally-Klausel, die unmittelbar dem letzten catch-Block folgt, falls sie angegeben wird.

```
[...]
try {
  [...]
}
catch(Exception ex) {
  [...]
}
finally {
  [...]
}
[...]
```

Listing 7.5 Fehlerbehandlung mit »finally«-Zweig

Folgende Begleitumstände führen zur Abarbeitung der Anweisungen im finally-Block:

- Es wird keine Ausnahme ausgelöst: Der try-Block wird komplett abgearbeitet, danach verzweigt das Programm zur finally-Klausel und wird anschließend mit der Anweisung fortgesetzt, die dem finally-Anweisungsblock folgt.
- Es tritt eine Exception auf: Von der fehlerauslösenden Codezeile im try-Block aus sucht die Laufzeitumgebung nach der passenden catch-Klausel, führt diese aus und verzweigt zur finally-Klausel. Anschließend wird die Anweisung ausgeführt, die dem finally-Anweisungsblock folgt.

Der finally-Block wird demnach in jedem Fall ausgeführt, unabhängig davon, ob eine Ausnahme aufgetreten ist oder nicht. Diese Feststellung gilt auch für alle Anweisungen, die dem finally-Block folgen.

Es gibt aber zwei Situationen, in denen der dem finally-Block folgende Code nicht mehr ausgeführt wird:

- Nehmen wir an, dass Sie nach der Behandlung der Ausnahme im catch-Block die Methode verlassen wollen, weil die Anweisungen, die sich den catch-Blöcken anschließen, nicht ausgeführt werden sollen. Sie werden dann im catch-Anweisungsblock mit return die Methode verlassen, z.B.:

```
catch(Exception ex) {
   [...]
   return;
}
```

In diesem Fall hat return aber nicht die durchschlagende Konsequenz, die wir bisher von diesem Statement gewohnt sind. Die Methode wird nämlich nicht sofort verlassen, sondern es wird zunächst nach dem optionalen finally-Block gesucht. Ist er vorhanden, wird er ausgeführt. Es kommt nicht mehr zu der Ausführung der Anweisungen, die dem finally-Block folgen.

- Die zweite Situation tritt im Zusammenhang mit dem throw-Statement auf, das in einem catch-Block die Weiterleitung einer Exception erzwingt. Auch hierbei wird nicht sofort die Exception geworfen, sondern erst nachdem finally abgearbeitet worden ist.

finally gestattet es somit, diverse Operationen unabhängig davon auszuführen, ob eine Exception aufgetreten ist oder nicht. Dabei handelt es sich in der Regel um die Freigabe von Fremdressourcen, beispielsweise um das Schließen einer Datenbankverbindung oder um die Freigabe einer Datei. finally ist nur sinnvoll im Zusammenhang mit throw oder return in einem catch-Block, weil dann die dem finally folgenden Anweisungen nicht mehr ausgeführt werden.

7.1.8 Die Klasse »Exception«

Die Basisklasse aller Ausnahmen bildet die Klasse Exception, die zum Namespace System gehört. Grundsätzlich sind alle Ausnahmetypen auf diese Klasse zurückzuführen. Exception hat in der .NET-Klassenbibliothek nur zwei direkte Ableitungen, mit denen eine Unterscheidung zwischen system- und anwendungsdefinierten Ausnahmen vordefiniert wird:

- Die von Exception abgeleitete Klasse SystemException beschreibt alle Ausnahmen, die im Zusammenhang mit der *Common Language Runtime* (CLR) stehen. Ausnahmen aus diesem Bereich lassen sich als schwerwiegende Ausnahmen interpretieren, die aber noch vom Programm behandelt werden können.

- Die Klasse ApplicationException, die ebenfalls direkt von Exception abgeleitet ist, dient per Definition allen benutzerdefinierten Ausnahmeklassen als Basis. Allerdings wird diese »Vorschrift« inzwischen von Microsoft selbst aufgeweicht, weil erkannt worden ist, dass anwendungsspezifische Ausnahmen, die von ApplicationException abgeleitet sind, keinen Vorteil gegenüber den Ausnahmen haben, die Exception selbst ableiten.

In Abbildung 7.3 weiter oben ist der Zusammenhang zwischen Exception, SystemException und ApplicationException dargestellt.

Um den Code, der eine Ausnahme behandelt, mit möglichst vielen guten Informationen über die Ursache zu versorgen, stellt die Basis `Exception` eine Reihe von Eigenschaften bereit. In Tabelle 7.1 sind diese aufgeführt.

Eigenschaft	Beschreibung
Data	Stellt zusätzliche Informationen zu der Ausnahme bereit.
HelpLink	Verweist auf eine Hilfedatei, die diese Ausnahme beschreibt.
InnerException	Falls bei der Behandlung einer Ausnahme eine weitere Exception ausgelöst wird, beschreibt diese Eigenschaft die neue (innere) Ausnahme.
Message	Liefert eine Zeichenfolge mit der Beschreibung des aktuellen Fehlers. Die Information sollte so formuliert sein, dass sie auch von einem Anwender verstanden werden kann.
Source	Liefert einen String zurück, der die Anwendung angibt, in der die Ausnahme ausgelöst worden ist.
StackTrace	Beschreibt in einer Zeichenfolge die aktuelle Aufrufreihenfolge aller Methoden.
TargetSite	Liefert zahlreiche Informationen zu der Methode, in der die Ausnahme ausgelöst worden ist.

Tabelle 7.1 Die Eigenschaften der Basisklasse »Exception«

Wir sollten uns die wichtigsten Eigenschaften nun etwas genauer ansehen.

Die Eigenschaft »Message«

Die wohl am häufigsten ausgewertete Eigenschaft einer Ausnahme ist `Message`. Diese Eigenschaft beschreibt dem Anwender in leicht verständlicher Form die Ursache der aufgetretenen Ausnahme. `Message` ist schreibgeschützt, so dass Sie ihr nicht direkt einen Wert zuweisen können. Der einzige Weg, der Ausnahme eine spezifische Beschreibung mit auf den Weg zu geben, führt über den Konstruktor der Klasse. In Abschnitt 7.1.9 wird Ihnen das gezeigt.

Die Eigenschaft »StackTrace«

Wie Sie wissen, muss eine Ausnahme nicht unbedingt in der Methode behandelt werden, in der die Ausnahme aufgetreten ist. Diesem Umstand trägt `StackTrace` Rechnung, denn diese Eigenschaft dokumentiert alle Methoden, die zum Zeitpunkt einer Ausnahme ausgeführt werden. An oberster Stelle ist dabei die Methode zu finden, die Auslöser der Exception ist.

Dazu ein einfaches Beispiel. Aus `Main` heraus wird die Methode `DoSomething1` aufgerufen, die selbst `DoSomething2` aufruft. In `DoSomething2` wird eine Exception vom Typ `ArgumentNullException` ausgelöst. Behandelt wird die Ausnahme im Initiator `Main`.

```
// Beispiel: ..\Kapitel 7\StackTraceSample
static void Main(string[] args) {
  try {
    DoSomething1();
  }
  catch (Exception ex) {
    Console.WriteLine(ex.StackTrace);
  }
  Console.ReadLine();
}
static void DoSomething1() {
  DoSomething2();
}
static void DoSomething2() {
  // hier wird die Exception ausgelöst
  throw new ArgumentNullException();
}
```

Listing 7.6 Beispiel zur Eigenschaft »StackTrace«

Die Ausgabe an der Konsole sehen Sie in Abbildung 7.4.

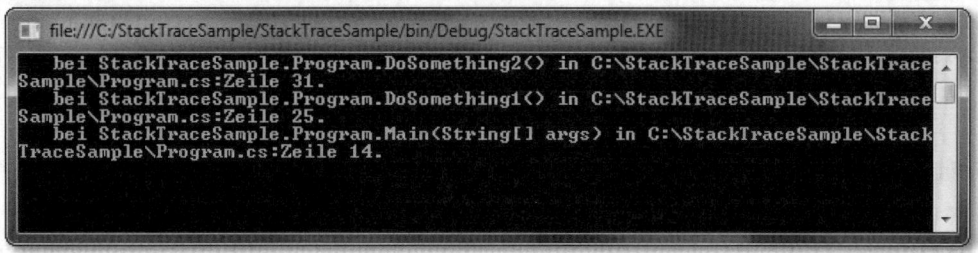

Abbildung 7.4 Die Ausgabe der Eigenschaft »StackTrace« des Beispielcodes

Die Eigenschaft »Data«

Die Eigenschaft Data ermöglicht, im Ausnahmeobjekt mehrere Zusatzinformationen an die Routine weiterzuleiten, die die Ausnahme behandelt. Die von Data beschriebenen Informationen werden an ein Objekt weitergereicht, das die Schnittstelle IDictionary implementiert. Um es genauer zu formulieren: Bei dem Objekt handelt es sich um eine Collection, ähnlich einem Array. Allerdings werden die Daten nicht indexbasiert gespeichert und ausgewertet, sondern mit Hilfe eines eindeutigen Keys, bei dem es sich meistens um eine Zeichenfolge handelt.

> **Hinweis**
> In Kapitel 8 werden wir uns mit den wichtigsten Collections noch genauer auseinandersetzen.

Einträge in die von Data referenzierte Liste erfolgen durch Aufruf der Methode Add. Dieser Methode wird zuerst der eindeutige Key genannt, danach der zu speichernde Wert.

Data soll nicht die Eigenschaft Message der Exception ersetzen, sondern dient vielmehr dazu, zusätzliche, meist detailliertere Informationen über die Ausnahme bereitzustellen. Data wird beispielsweise häufig dazu benutzt, um der Fehlerbehandlung mitzuteilen, wann die Ausnahme aufgetreten ist, gewissermaßen liefert Data dann einen *TimeStamp*. Auch das wollen wir uns an einem Beispiel ansehen.

```
// Beispiel: ..\Kapitel 7\DataSample
static void Main(string[] args) {
  try {
    DoSomething();
  }
  catch(Exception ex) {
    Console.WriteLine("Message: {0}", ex.Message);
    Console.WriteLine("{0} {1}",ex.Data["Info"], ex.Data["Date"]);
  }
  Console.ReadLine();
}
static void DoSomething() {
  Exception ex = new Exception();
  ex.Data.Add("Info", "Datum/Zeit:");
  ex.Data.Add("Date", DateTime.Now);
  throw ex;
}
```

Listing 7.7 Die Eigenschaft »Data« der Klasse »Exception«

DoSomething hat hier die Aufgabe, eine Ausnahme auszulösen. Dazu wird ein Objekt der Klasse Exception erzeugt (es könnte aber auch ein beliebiger anderer Ausnahmetyp sein). Zwei zusätzliche Dateninformationen werden in den Keys *Info* und *Date* bereitgestellt. Die Namen der Keys sind frei gewählt. Während *Info* nur eine allgemeine Beschreibung beinhaltet, wird in *Date* das aktuelle Datum samt Uhrzeit gespeichert. Dazu wird die Eigenschaft Now der Klasse DateTime abgerufen. Beide Informationen stehen in der Fehlerbehandlung von Main zur Verfügung und werden auch ausgewertet.

Die Eigenschaft »TargetSite«

Die Eigenschaft TargetSite liefert zahlreiche Informationen über die Methode, die die Ausnahme verursacht hat. Dabei können Sie im Bedarfsfall sogar so weit gehen, sich Informationen über die Parameterliste und deren Typen, den Rückgabewert der Methode und vieles weitere zu besorgen. Im folgenden Codefragment wird das Beispiel des vorhergehenden Abschnitts zugrunde gelegt und der catch-Zweig in Main wie folgt geändert:

```
[...]
catch(Exception ex) {
  Console.WriteLine(ex.TargetSite.Name);
  Console.WriteLine(ex.TargetSite);
}
[...]
```

Listing 7.8 Weiter gehende Information mit der Eigenschaft »TargetSite«

In die Ausgabe der Konsole werden die folgenden Informationen geschrieben:

DoSomething
void DoSomething()

Die Informationen, die `TargetSite` liefern kann, sind noch deutlich vielfältiger, als unser Beispiel hier beschreibt. Sollten Sie sich dafür interessieren, lesen Sie bitte die Dokumentation.

Die Eigenschaft »HelpLink«

`TargetSite`, `StackTrace` und `Data` sind mit ihrem Informationsgehalt wohl eher dem Entwickler bei einer Fehleranalyse hilfreich, während die Eigenschaft `Message` per Definition dem Anwender eine leicht verständliche Fehlerbeschreibung liefert. Möchten Sie dem Anwender über `Message` hinaus zusätzliche Informationen bereitstellen, weisen Sie der Eigenschaft `HelpLink` eine URL zu, die die Adresse eines Dokuments mit den entsprechenden Zusatzinformationen beschreibt. Wie Sie `HelpLink` einsetzen, zeigt das folgende Listing.

```
try {
  DoSomething();
}
catch (Exception e) {
  Console.WriteLine("Mehr Infos unter '{0}'", e.HelpLink);
}
public static void DoSomething() {
  Exception ex = new Exception();
  ex.HelpLink = "http://www.Tollsoft.de/Error712.htm";
  throw ex;
}
```

Listing 7.9 Mit »HelpLink« dem Anwender eine weitere Informationsquelle nennen

Innere Exceptions

Nehmen wir an, Sie möchten innerhalb eines `catch`-Blocks alle mit der Exception verbundenen Informationen in einer Datei protokollieren, beispielsweise in einer Datei mit dem Pfad *C:\Log\Exception.txt*. Das Schreiben in Dateien ist genauso wie das Lesen grundsätzlich immer mit einem Ausnahmerisiko behaftet, da in diesem Zusammenhang eine weitere Ausnahme ausgelöst werden könnte. Was ist, wenn das Verzeichnis nicht mehr existiert oder die

Datei gelöscht worden ist? Sie müssen folglich im `catch`-Zweig, der die eigentlich aufgetretene Ausnahme behandelt, eine weitere, innere Ausnahmebehandlung codieren.

Tritt während einer Ausnahmebehandlung eine andere Ausnahme auf (im Allgemeinen als »innere Ausnahme« bezeichnet), kann die Ausnahmebehandlung als gescheitert angesehen werden. Die ursprüngliche Ausnahme muss erneut ausgelöst und an den Aufrufer weitergeleitet werden. Dabei sollte zusätzlich die innere Ausnahme angegeben werden. Dazu dient die Eigenschaft `InnerException`.

Sehen wir uns die Vorgehensweise an einem Codebeispiel an. Angenommen, es sei im Code versucht worden, durch die Zahl »0« zu dividieren. Den Gesetzen der gehobenen Mathematik nach ist das keine gültige mathematische Operation, und es wird die Ausnahme `DivideByZeroException` ausgelöst. Nehmen wir zudem an, wir möchten die Ausnahme protokollieren. Dabei müssen wir berücksichtigen, dass auch das Schreiben in die Protokolldatei zu einer Ausnahme führen könnte.

```
[...]
catch(DivideByZeroException ex) {
  try {
    FileStream stream = File.Open(...);
    [...]
  }
  catch(Exception ex2) {
    throw new DivideByZeroException(ex.Message, ex2);
  }
}
[...]
```

Listing 7.10 Auslösen einer inneren Ausnahme

Zur Beschreibung einer inneren Exception müssen Sie nur den passenden Konstruktor der entsprechenden `Exception`-Klasse aufrufen. Wie wir später noch sehen werden, sollte jede `Exception`-Klasse (mindestens) vier Konstruktoren aufweisen. Eine Überladung nimmt dabei neben der Fehlerbeschreibung der äußeren Ausnahme auch die Referenz auf die neue, innere Ausnahme entgegen. Sollte das Öffnen der Protokolldatei fehlschlagen, wird die ursprüngliche (äußere) Exception an den Aufrufer weitergeleitet, der dann über die Auswertung der Eigenschaft `InnerException` die Möglichkeit hat, auch die innere, tatsächliche Fehlerquelle auszuwerten.

7.1.9 Benutzerdefinierte Ausnahmen

Die .NET-Klassenbibliothek stellt sehr viele Ausnahmeklassen zur Verfügung, mit denen die üblichen Ausnahmen im Rahmen einer Anwendung abgedeckt werden. Sehr oft reichen die vordefinierten `Exception`-Klassen jedoch nicht aus, weil anwendungsspezifische Umstände eine spezielle Ausnahme erfordern. In solchen Fällen ist man gezwungen, eigene Ausnahmeklassen bereitzustellen, die den folgenden Regeln entsprechen sollten:

- Leiten Sie Ihre benutzerdefinierte Ausnahme von der Klasse Exception oder ApplicationException ab. Die ursprüngliche Idee von Microsoft, dass ApplicationException die Basis aller benutzerdefinierten Ausnahmen darstellen soll, hat in der Praxis keine Vorteile gezeigt. Inzwischen empfiehlt auch Microsoft die Klasse Exception als Basis.
- Der Bezeichner jeder Ausnahme sollte mit Exception enden. Das ist zwar keine zwingende Vorschrift, sondern nur eine Konvention. Aber sie hilft, den Code besser zu verstehen.
- Sie sollten in jeder Ausnahmeklasse mindestens vier Konstruktoren vorsehen. Die Parameterlisten sollten dabei identisch mit den Parameterlisten der Konstruktoren von Exception sein. Natürlich können Sie darüber hinaus auch weitere Konstruktoren codieren.
- Die Ausnahmeklasse sollte mit dem Attribut Serializable markiert werden, um die Ausnahme serialisierbar zu machen. (Anmerkung: Bisher haben wir über die Themen »Attribute« und den »Serialisierungsprozess« noch nicht gesprochen. Trotzdem gehört dieser Punkt unbedingt in die Liste der zu berücksichtigenden Kriterien.)

Benutzerdefinierte Ausnahmen im Projekt »GeometricObjects«

Wir wollen nun eine benutzerdefinierte Ausnahme an einem Beispiel entwickeln. Dazu benutzen wir das Beispiel der Circle-Klasse des Projekts *GeometricObjects*. Wie Sie sich sicherlich noch erinnern, hatten wir festgelegt, dass die Übergabe an die Eigenschaft Radius größer oder gleich 0 sein muss. Die Eigenschaftsmethode Radius der Klasse Circle löst das Ereignis InvalidMeasure aus, wenn versucht wird, dem Radius einen negativen Wert zuzuweisen.

Das ist definitiv keine gute Lösung, denn beim Auftreten eines Fehlers sollte der Aufrufer gezwungen sein, diesen zu behandeln. Auf einen Event zu reagieren ist hingegen nur eine Option, die wahrgenommen werden kann oder auch nicht. Es gibt noch einen zweiten Punkt, den wir berücksichtigen müssen. Betrachten Sie dazu ein Codefragment, in dem einem Circle-Objekt bei der Instanziierung ein negativer Radius übergeben wird:

```
Circle kreis = new Circle(-5);
kreis.InvalidMeasure += kreis_InvalidMeasure;
[...]
```

Listing 7.11 Registrieren des Ereignishandlers für den Event »InvalidMeasure«

Die Bindung des Ereignishandlers an das Ereignis erfolgt erst, nachdem der Konstruktoraufruf beendet ist. Folglich kann das Ereignis auch nicht während des Konstruktoraufrufs ausgelöst werden, und der Aufrufer erhält keine Informationen, dass der übergebene Wert nicht akzeptiert werden konnte.

Fehler sollten nicht zur Auslösung eines Ereignisses führen. Solche Lösungen sind nicht nur schlecht, sie sind sogar inakzeptabel. Ein Fehler muss immer das Auslösen einer Exception zur Folge haben, die behandelt werden muss. Allerdings, das sei an dieser Stelle bereits angedeutet, können Sie sehr wohl eine Kombination von Exception und Ereignis in Betracht ziehen. Dazu gibt es auch einige Beispiele in der .NET-Klassenbibliothek. Eine solche Lösung sei am Ende der Ausführungen auch unser Ziel. Doch der Reihe nach ...

Zuerst wollen wir eine eigene Ausnahme bereitstellen, die wir als `InvalidMeasureException` bezeichnen. Um allen denkbaren Szenarien im Umfeld einer Ausnahme und deren möglichen Ableitungen zu entsprechen, sollten sich die vier Konstruktoren der Klasse `Exception` auch in einer benutzerdefinierten Ausnahme wiederfinden. Visual Studio unterstützt Sie dabei mit einem Code-Snippet (siehe Abbildung 7.5).

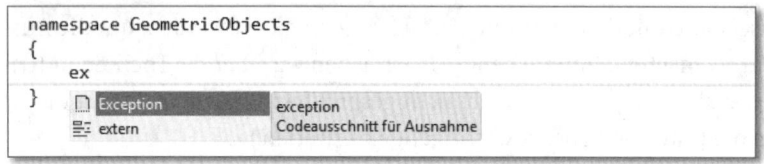

Abbildung 7.5 Das Code-Snippet einer Ausnahme

Nachdem Sie das Snippet eingefügt und den Standardbezeichner in `InvalidMeasureException` umbenannt haben, steht das Gerüst der neuen Ausnahme. Es enthält vier Konstruktoren:

```
[Serializable]
public class InvalidMeasureException : Exception
{
  public InvalidMeasureException() { }
  public InvalidMeasureException(string message) : base(message) { }
  public InvalidMeasureException(string message, Exception inner)
        : base(message, inner) { }
  protected InvalidMeasureException(SerializationInfo info,
        StreamingContext context) : base(info, context) { }
}
```

Listing 7.12 Vom »Exception«-Snippet erzeugter Code (Bezeichner bereits angepasst)

Da in der Basisklasse `Exception` jeweils ein gleich parametrisierter Konstruktor definiert ist, werden die Parameter mit `base` an den gleich parametrisierten Konstruktor der Basisklasse weitergeleitet.

Neben dem parameterlosen Konstruktor enthält die Klassendefinition zwei Konstruktoren, die in ihrer Parameterliste einen Parameter namens *message* vom Typ `String` definieren. Hierbei handelt es sich um die Zeichenfolge, die bei der Ausnahmebehandlung mit der Eigenschaft `Message` abgerufen werden kann und eine kurze, leicht verständliche Beschreibung der Fehlerursache anzeigt.

Der vierte, mit protected gekennzeichnete Konstruktor dient zusammen mit dem Attribut [Serializable] der Objektserialisierung. Da weder das Thema der Attribute noch das der Serialisierung bisher behandelt worden ist, gehe ich auf diesen Konstruktor nicht näher ein. Um aber die Vollständigkeit unserer Klasse zu gewährleisten, ist der Konstruktor hier mit aufgeführt.

Es spricht nichts dagegen, die Klassendefinition noch um weitere Konstruktoren oder andere Member wie Eigenschaften und Methoden zu ergänzen. Das würde sich anbieten, wenn im Zusammenhang mit der Ausnahme weiter gehende Anforderungen gestellt werden.

Die Ausnahme InvalidMeasureException soll ausgelöst werden, wenn die Überprüfung in der Eigenschaft Radius die Unzulässigkeit des Wertes festgestellt hat. Nach dem aktuellen Stand der Klasse Circle wird immer noch ein Ereignis ausgelöst – eine nicht akzeptable Lösung. Allerdings wollen wir das Ereignis nicht durch die Exception ersetzen, sondern stellen die folgenden Anforderungen an den Code:

- Die Ausnahme wird in jedem Fall ausgelöst, wenn ein unzulässiger Wert zugewiesen werden soll.
- Registriert der aufrufende Code einen Ereignishandler für InvalidMeasure, muss die Ausnahme nicht behandelt werden. Stattdessen wird die Ausnahme in einer weiteren Eigenschaft des EventArgs-Objekts bereitgestellt.
- Wird kein Ereignishandler registriert, muss die Ausnahme behandelt werden.

> **Hinweis**
> Diese Verhaltensweise, entweder ein Ereignis zu behandeln oder die ausgelöste Ausnahme, findet sich auch im .NET Framework wieder. Ein gutes Beispiel dafür ist in ADO.NET das Ereignis RowUpdated des DataAdapter-Objekts.

Um die drei Forderungen zu erfüllen, müssen wir im ersten Schritt die Klasse InvalidMeasureEventArgs überarbeiten. Sie wird um die schreibgeschützte Eigenschaft Error vom Typ Exception ergänzt. Außerdem erhält der Konstruktor einen dritten Parameter, der das Exception-Objekt entgegennimmt.

```
// Ergänzte und geänderte InvalidMeasureEventArgs-Klasse
public class InvalidMeasureEventArgs : EventArgs {
  // Felder
  private Exception _Error;
  // Eigenschaften
  public Exception Error {
    get { return _Error; }
  }
  // Konstruktor
```

```csharp
    public InvalidMeasureEventArgs(int invalidMeasure,
                                   string propertyName, Exception error) {
      _InvalidMeasure = invalidMeasure;
      _Error = error;
      if (propertyName == "" || propertyName == null)
        _PropertyName = "[unknown]";
      else
        _PropertyName = propertyName;
    }
}
```

Listing 7.13 Die ergänzte Klasse »InvalidMeasureEventArgs«

Im nächsten Schritt müssen wir die Eigenschaft Radius anpassen. Ist der übergebene Wert unzulässig, wird zuerst ein Objekt der Ausnahme InvalidMeasureException erzeugt, ein Zeitstempel an die Eigenschaft Data übergeben und anschließend die geschützte Methode OnInvalidMeasure aufgerufen, die für die Auslösung des Ereignisses sorgt.

```csharp
// Überarbeitete Eigenschaft
public virtual int Radius {
  get { return _Radius; }
  set {
    if (value >= 0)
      _Radius = value;
    else
    {
      InvalidMeasureException ex = new InvalidMeasureException
                      ("Ein Radius von " + value + " ist nicht zulässig.");
      ex.Data.Add("Time", DateTime.Now);
      OnInvalidMeasure(new InvalidMeasureEventArgs(value, "Radius", ex));
    }
  }
}
```

Listing 7.14 Änderung der Eigenschaft »Radius« in der Klasse »Circle«

In der Methode OnInvalidMeasure der Klasse GeometricObject wird noch der else-Zweig ergänzt, in dem die Ausnahme geworfen wird, falls kein Ereignishandler registriert ist.

```csharp
protected void OnInvalidMeasure(InvalidMeasureEventArgs e){
  if (InvalidMeasure != null)
    InvalidMeasure(this, e);
  else
    throw e.Error;
}
```

Listing 7.15 Änderung der Methode »OnInvalidMeasure« in »GeometricObject«

Zum Schluss bleibt noch, sich vom Erfolg der Implementierung zu überzeugen. Dazu dient der folgende Beispielcode, in dem beide Varianten einem Test unterzogen werden.

```csharp
class Program {
  static void Main(string[] args) {
    Circle kreis1 = null;
    Circle kreis2 = null;
    try {
      kreis1 = new Circle();
      kreis1.InvalidMeasure += kreis_InvalidMeasure;
      kreis1.Radius = -100;
      kreis2 = new Circle(-89);
      kreis2.Radius = -9;
    }
    catch (InvalidMeasureException ex){
      Console.WriteLine("Im Catch-Block: " + ex.Message);
    }
    Console.ReadLine();
  }
  // der Ereignishandler
  static void kreis_InvalidMeasure(object sender, InvalidMeasureEventArgs e) {
    Console.WriteLine("Ereignishandler: " + e.Error.Message);
  }
}
```

Listing 7.16 Hauptprogramm zum Testen der Ausnahme

Das Objekt *kreis1* registriert das Ereignis InvalidMeasure, während *kreis2* auf diese Option verzichtet. Entsprechend wird auch auf die Ausnahme reagiert: Die Übergabe eines unzulässigen Radius an *kreis1* führt zur Ausführung des Ereignishandlers, während das Objekt *kreis2* die Exception behandeln muss.

> **Anmerkung**
>
> In der Gesamtlösung des Beispiels *GeometricObjects* auf der Buch-DVD unter *Beispiele\Kapitel 7\GeometricObjectsSolution_8* sind neben der Änderung an der Klasse Circle auch die entsprechenden Änderungen an der Klasse Rectangle vorgenommen worden.

7.2 Debuggen mit Programmcode

7.2.1 Einführung

In Abschnitt 7.1 haben wir uns mit Fehlern beschäftigt, die nach der erfolgreichen Kompilierung zur Laufzeit auftreten können und, falls sie nicht behandelt werden, unweigerlich zum Absturz des Programms führen. Vielleicht noch schlimmer sind Fehler, die weder vom Compiler erkannt werden noch einen Laufzeitfehler verursachen. Es sind die logischen Fehler, aus denen ein falsches oder zumindest unerwartetes Ergebnis resultiert. Um logische Fehler aufzuspüren, muss die Anwendung unter Zuhilfenahme des integrierten Debuggers untersucht werden.

Das .NET Framework stellt Ihnen eine Reihe von Hilfsmitteln zur Verfügung, um den Programmcode zu debuggen. Die Spanne reicht von der einfachen Ausgabe von Meldungen im AUSGABE-Fenster bis zur Umleitung der Meldungen in eine Datei oder das Windows-Ereignisprotokoll. Dabei können Sie das Laufzeitverhalten einer Anwendung sowohl mit Programmcode als auch mit der Unterstützung von Visual Studio überprüfen. Wir werden in den nächsten Abschnitten auf alle Debugging-Techniken eingehen.

7.2.2 Die Klasse »Debug«

In den vorangegangenen Beispielen haben wir uns sehr häufig eines Kommandos bedient, um beispielsweise den Inhalt von Variablen zu überprüfen. Es war die Methode WriteLine der Klasse Console:

```
int value = 12;
Console.WriteLine(value);
```

Diese Technik hat zur Folge, dass die Ausgabe an der Konsole unübersichtlich wird und zwischen den erforderlichen Programminformationen immer wieder Informationen zu finden sind, die im Grunde genommen nur dazu dienen, die Entwicklung zu unterstützen. Bevor ein solches Programm an den Kunden ausgeliefert wird, müssen die Testausgaben aus dem Programmcode gelöscht werden.

Die Entwicklungsumgebung bietet uns eine bessere Alternative an. Dazu wird die Ausgabe nicht in das Konsolenfenster geschrieben, sondern in das AUSGABE-Fenster von Visual Studio. Standardmäßig wird dieses Fenster am unteren Rand der Entwicklungsumgebung angezeigt. Sie können es sich anzeigen lassen, indem Sie im Menü ANSICHT den Menüpunkt AUSGABE wählen.

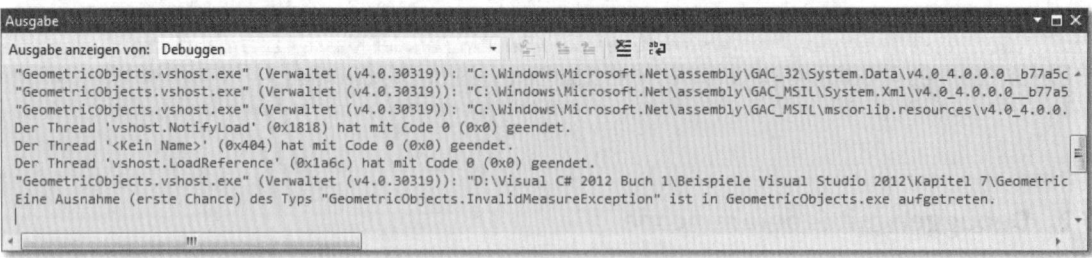

Abbildung 7.6 Das Fenster »Ausgabe«

Sie haben dieses Fenster wahrscheinlich schon häufig gesehen und aufmerksam seinen Inhalt gelesen, denn bei jeder Kompilierung werden hier Informationen ausgegeben, beispielsweise ob die Kompilierung fehlerfrei war. Das AUSGABE-Fenster zeigt uns aber nicht nur Informationen an, die der Compiler hineinschreibt, wir können auch eigene Meldungen in dieses Fenster umleiten.

Eine Debug-Information in das AUSGABE-Fenster zu schreiben, ist genauso einfach wie die Ausgabe an der Konsole. Wir müssen nur die Anweisung

```
Console.WriteLine("...");
```

durch

```
Debug.WriteLine("...");
```

ersetzen. `Debug` ist eine nicht ableitbare Klasse des Namespaces `System.Diagnostics`, die ausschließlich statische Member bereitstellt.

Die Methode `Debug.WriteLine` unterscheidet sich von der Methode `Console.WriteLine` dahingehend, dass sie keine Formatierungsmöglichkeiten erlaubt. Um mehrere Informationen in einer gemeinsamen Zeichenfolge unterzubringen, müssen Sie daher den Verknüpfungsoperator »+« benutzen:

```
Debug.WriteLine("Inhalt von value = " + value);
```

Programmablaufinformationen anzeigen

`Debug.WriteLine` ist mehrfach überladen und kann ein Argument vom Typ `string` oder `object` entgegennehmen. Eine parameterlose Überladung gibt es nicht.

```
public static void WriteLine(object value);
public static void WriteLine(string message);
```

Optional können wir auch ein zweites `string`-Argument übergeben, das eine detaillierte Beschreibung bereitstellt, die vor der eigentlichen Debug-Information ausgegeben wird.

```
public static void WriteLine(object value, string category);
public static void WriteLine(string message, string category);
```

Sehen wir uns das an einem Beispiel an. Die Anweisung

```
Debug.WriteLine("Inhalt von value = " + value, "Variable value");
```

wird in das AUSGABE-Fenster

```
Variable value: Inhalt von value = 34
```

schreiben – vorausgesetzt, der Inhalt von *value* ist 34.

Neben `WriteLine` sind in der Klasse `Debug` noch weitere Methoden zur Ausgabe von Informationen definiert. Tabelle 7.2 gibt darüber Auskunft.

Methode	Beschreibung
Write	Schreibt Debug-Informationen ohne Zeilenumbruch.
WriteLine	Schreibt Debug-Informationen mit Zeilenumbruch.
WriteIf	Schreibt Debug-Informationen ohne Zeilenumbruch, wenn eine bestimmte Bedingung erfüllt ist.
WriteLineIf	Schreibt Debug-Informationen mit Zeilenumbruch, wenn eine bestimmte Bedingung erfüllt ist.

Tabelle 7.2 Ausgabemethoden der Klasse »Debug«

Die beiden zuletzt aufgeführten Methoden WriteIf und WriteLineIf schreiben nur dann Debug-Informationen, wenn eine vordefinierte Bedingung erfüllt ist. Damit lässt sich der Programmcode übersichtlicher gestalten. Beide Methoden sind genauso überladen wie Write bzw. WriteLine, erwarten jedoch im ersten Parameter zusätzlich einen booleschen Wert, z. B.:

```
public static void WriteIf(bool condition, string message);
```

Verdeutlichen wir uns den Einsatz an einem Beispiel. Um den Inhalt des Feldes *value* zu testen, könnten wir in herkömmlicher Weise codieren:

```
if (value == 77)
  Debug.WriteLine("Inhalt von value ist 77");
```

Mit WriteLineIf wird daraus eine Codezeile:

```
Debug.WriteLineIf(value == 77, "Inhalt von value ist 77");
```

Einrücken der Ausgabeinformation

Die Klasse Debug stellt uns Eigenschaften und Methoden zur Verfügung, um die Debug-Ausgaben einzurücken. Mit der Methode Indent wird die Einzugsebene um eins erhöht, mit Unindent um eins verringert. Standardmäßig beschreibt eine Einzugsebene vier Leerzeichen. Mit der Eigenschaft IndentSize kann ein anderer Wert bestimmt werden. IndentLevel erlaubt, eine bestimmte Einzugsebene festzulegen, ohne Indent mehrfach aufrufen zu müssen. An einem Beispiel wollen wir uns noch die Auswirkungen ansehen.

```
Debug.WriteLine("Ausgabe 1");
Debug.Indent();
Debug.WriteLine("Ausgabe 2");
Debug.IndentLevel = 3;
Debug.WriteLine("Ausgabe 3");
Debug.Unindent();
Debug.WriteLine("Ausgabe 4");
```

```
Debug.IndentSize = 2;
Debug.IndentLevel = 1;
Debug.WriteLine("Ausgabe 5");
```

Listing 7.17 Strukturierte Ausgabe im »Ausgabe«-Fenster

Der Code führt zu folgender Ausgabe:

```
Ausgabe 1
    Ausgabe 2
            Ausgabe 3
        Ausgabe 4
  Ausgabe 5
```

Die Methode »Assert«

Mit der Methode Assert können Sie eine Annahme prüfen, um beispielsweise unzulässige Zustände festzustellen. Die Methode zeigt eine Fehlermeldung an, wenn ein Ausdruck mit false ausgewertet wird.

```
Debug.Assert(value >= 0, "value ist negativ");
```

Hat die Eigenschaft *value* einen Wert, der kleiner 0 ist, erscheint auf dem Bildschirm die in Abbildung 7.7 gezeigte Nachricht.

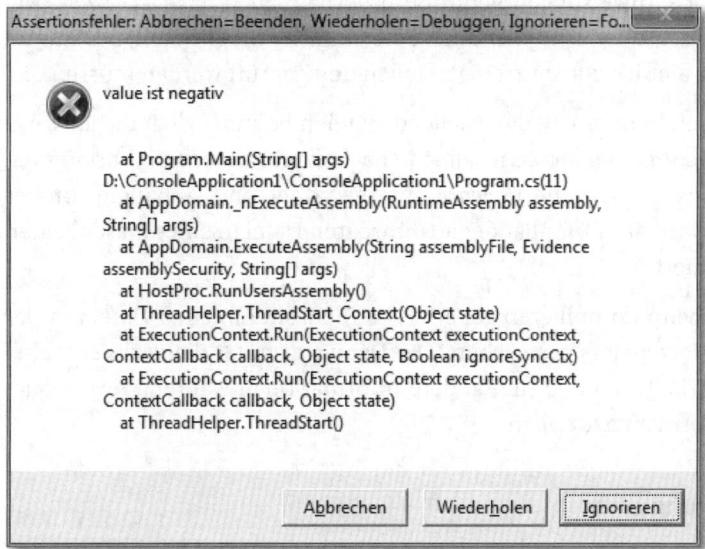

Abbildung 7.7 Die Meldung der Methode »Debug.Assert«

Das Dialogfenster enthält neben der dem zweiten Parameter übergebenen Zeichenfolge auch Informationen darüber, in welcher Klasse und welcher Methode der Assertionsfehler aufgetreten ist.

7.2.3 Die Klasse »Trace«

Die Klasse Trace unterscheidet sich in der Liste ihrer Eigenschaften und Methoden nicht von Debug. Dennoch gibt es einen Unterschied, der sich nur bei einem Wechsel der Build-Konfiguration zwischen **Release** und **Debug** bemerkbar macht (siehe Abbildung 7.8).

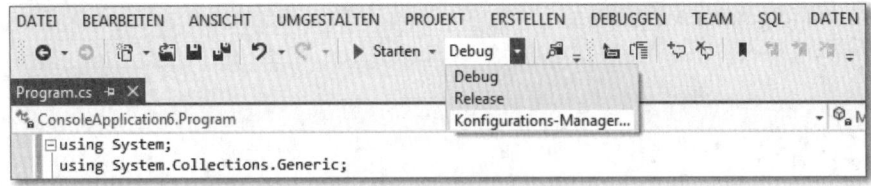

Abbildung 7.8 Die Einstellung der Debug/Release-Build-Konfiguration

Die Debug/Release-Konfiguration

Standardmäßig ist bei jedem neuen Projekt die Konfiguration Debug eingestellt. Anweisungen, die auf den Klassen Debug oder Trace basieren, werden dann grundsätzlich immer bearbeitet. Wird jedoch die Konfiguration Release gewählt, ignoriert der C#-Compiler Aufrufe der Klasse Debug, während Aufrufe auf Trace weiterhin bearbeitet werden.

Das ist aber noch nicht das Wesentlichste. Viel wichtiger ist die Tatsache, dass Aufrufe auf Trace kompiliert werden – unabhängig davon, ob Sie die Konfiguration Debug oder Release eingestellt haben. Viele Trace-Anweisungen vergrößern deshalb auch das DLL- bzw. EXE-Kompilat. Andererseits hat der Entwickler hier auch eine einfache Möglichkeit, bestimmte Zustände zu protokollieren, die sich zur Laufzeit einstellen und geprüft werden müssen.

Unterhalb des Verzeichnisses, in dem sich die Quellcodedateien befinden, legt die Entwicklungsumgebung das Verzeichnis \bin an, dem selbst je nach eingestellter Build-Konfiguration die beiden Verzeichnisse \Debug und \Release untergeordnet sind. Abhängig von der Konfigurationseinstellung wird das Kompilat der ausführbaren Datei in eines dieser beiden Unterverzeichnisse gespeichert.

Debug-Informationen, die beim Kompilieren generiert werden, sind in einer Datei mit der Dateierweiterung .pdb im Verzeichnis gespeichert. Der Debugger nutzt die darin enthaltenen Informationen, um Variablennamen und andere Informationen während des Debuggens in einem sinnvollen Format anzuzeigen.

7.2.4 Bedingte Kompilierung

Die bedingte Kompilierung ermöglicht es, Codeabschnitte oder Methoden nur dann zu kompilieren, wenn ein bestimmtes Symbol definiert ist. Üblicherweise werden bedingte Codeabschnitte dazu benutzt, während der Entwicklungsphase den Zustand der Anwendung zur Laufzeit zu testen. Bevor ein *Release*-Build der Anwendung erstellt wird, wird das Symbol entfernt. Die Abschnitte, deren Code als bedingt kompilierbar gekennzeichnet ist, werden dann nicht kompiliert.

Der folgende Code zeigt ein Beispiel für bedingte Kompilierung:

```
#define MYDEBUG
using System;
class Program {
  static void Main(string[] args) {
    #if(MYDEBUG)
       Console.WriteLine("In der #if-Anweisung");
    #elif(TEST)
       Console.WriteLine("In der #elif-Anweisung");
    #endif
  }
}
```

Mit der Präprozessordirektive `#define` wird das Symbol MYDEBUG definiert. Symbole werden immer vor der ersten Anweisung festgelegt, die selbst keine `#define`-Präprozessordirektive ist. Werte können den Symbolen nicht zugewiesen werden. Die Präprozessordirektive gilt nur in der Quellcodedatei, in der sie definiert ist, und wird nicht mit einem Semikolon abgeschlossen.

Mit `#if` oder `#elif` wird das Vorhandensein des angegebenen Symbols getestet. Ist das Symbol definiert, liefert die Prüfung das Ergebnis true, und der Code wird ausgeführt. `#elif` ist die Kurzschreibweise für die beiden Anweisungen `#else` und `#if`. Da im Beispielcode kein Symbol namens TEST definiert ist, wird die Ausgabe wie folgt lauten:

```
In der #if-Anweisung
```

Standardmäßig sind in C#-Projekten die beiden Symbole DEBUG und TRACE vordefiniert. Diese Vorgabe ist im Projekteigenschaftsfenster eingetragen (siehe Abbildung 7.9) und hat anwendungsweite Gültigkeit. Das Projekteigenschaftsfenster öffnen Sie, indem Sie im Projektmappen-Explorer den Knoten PROPERTIES doppelt anklicken. Sie können die Symbole löschen oder auch weitere hinzufügen, die ihrerseits alle durch ein Semikolon voneinander getrennt werden müssen.

Das Projekteigenschaftsfenster bietet darüber hinaus den Vorteil, dass sich die Symbole einer bestimmten *Build*-Konfiguration zuordnen lassen. Wählen Sie in der Dropdown-Liste KONFIGURATION die *Build*-Konfiguration aus, für welche die unter BEDINGTE KOMPILIERUNGSKONSTANTEN angegebenen Symbole gültig sein sollen. Wenn Sie beispielsweise keine `#define`-Präprozessordirektive im Code angeben, dafür aber der Debug-Konfiguration das Symbol DEBUG zugeordnet haben, wird der in `#if` - `#endif` eingeschlossene Code im *Debug*-Build mitkompiliert, im *Release*-Build jedoch nicht.

Die im Projekteigenschaftsfenster definierten Konstanten gelten projektweit. Um in einer einzelnen Codedatei die Wirkung eines Symbols aufzuheben, müssen Sie das Symbol hinter der `#undef`-Direktive angeben.

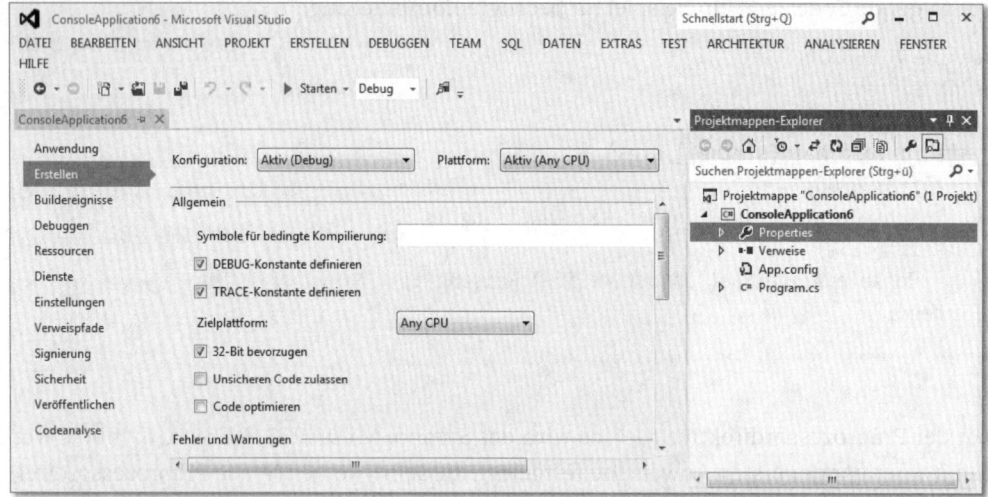

Abbildung 7.9 Festlegung der Symbole im Projekteigenschaftsfenster

Bedingte Kompilierung mit dem Attribut »Conditional«

Häufig ist es wünschenswert, eine komplette Methode als bedingt zu kompilierende Methode zu kennzeichnen. Hier hilft Ihnen .NET mit dem Attribut Conditional aus dem Namespace System.Diagnostics weiter.

> **Anmerkung**
>
> Und wieder muss ich Attribute erwähnen, ohne dass wir uns bisher diesem Thema gewidmet haben. Ich weiß, es ist nicht immer schön, auf Features zuzugreifen, die noch nicht behandelt worden sind. Ich mag das bei den Büchern, die ich lese, auch nicht. Nur leider lässt es sich nicht immer vermeiden, weil die Zahnrädchen des .NET Frameworks so komplex ineinandergreifen. Also noch einmal der Hinweis: In Kapitel 10 werde ich Ihnen alles Wissenswerte zu den Attributen erzählen.

Damit eine komplette Methode als bedingt kompilierbar gekennzeichnet wird, muss das Conditional-Attribut (wie im folgenden Beispiel gezeigt) vor dem Methodenkopf in eckigen Klammern angegeben werden. In den runden Klammern wird das Symbol als Zeichenfolge genannt:

```
[Conditional("DEBUG")]
public void ConditionalTest() {
   [...]
}
```

Listing 7.18 Methode mit dem Attribut »Conditional«

Die Methode ConditionalTest wird jetzt nur dann kompiliert, wenn das Symbol DEBUG gesetzt ist. Sie können auch mehrere Attribute mit unterschiedlichen Symbolen angeben.

Kann eines der Symbole ausgewertet werden, wird die Methode ausgeführt. Anders als bedingter Code, der durch #if - #endif eingeschlossen ist, wird eine Methode, der das Conditional-Attribut angeheftet ist, immer kompiliert.

Sie müssen beachten, dass eine Methode mit einem Conditional-Attribut immer den Rückgabetyp void haben muss und nicht mit dem Modifizierer override gekennzeichnet sein darf.

7.3 Fehlersuche mit Visual Studio 2012

Unter dem Begriff **Debugging** ist die Suche nach Fehlern in einem Programm zu verstehen. Sie müssen ein Programm debuggen, wenn es nicht so funktioniert, wie Sie es sich vorgestellt haben, oder wenn es falsche Ergebnisse liefert. Die Ursache für das Fehlverhalten kann das Debuggen liefern. Visual Studio 2011 unterstützt das Debuggen sowohl von lokalen als auch von entfernten (Remote-) .NET-Anwendungen. Da wir uns in diesem Buch nur mit lokalen Anwendungen beschäftigen, schenken wir dem Remote Debugging keine Beachtung.

Der Debugger kann nur zur Laufzeit eines Programms benutzt werden. Darüber hinaus muss das Programm auch noch angehalten sein. Hier gibt es drei verschiedene Möglichkeiten:

- Die Laufzeit der Anwendung erreicht einen Haltepunkt.
- Die Anwendung führt die Methode Break der Klasse Debugger aus.
- Es tritt eine Ausnahme auf.

7.3.1 Debuggen im Haltemodus

Auf der linken Seite im Codeeditor ist ein grauer, vertikaler Balken zu sehen. Dieser dient nicht dazu, die Optik des Codefensters zu verbessern, sondern in bestimmten Codezeilen Haltepunkte zu setzen. Dazu klicken Sie mit der Maus auf den grauen Balken. Alternativ können Sie auch den Cursor in die Zeile setzen, der ein Haltepunkt hinzugefügt werden soll, und dann die Taste F9 drücken. Haltepunkte können jeder Codezeile hinzugefügt werden, die eine Programmanweisung enthält. Ein roter Punkt symbolisiert den Haltepunkt, der beim Anklicken und durch die F9 -Taste wieder entfernt wird.

Trifft die Laufzeitumgebung auf einen Haltepunkt, hält der Debugger an dieser Stelle die Programmausführung an. Die mit dem Haltepunkt gekennzeichnete Codezeile ist in diesem Moment noch nicht ausgeführt. Im Haltemodus können Sie einzelne Variableninhalte untersuchen, ändern oder den Programmcode in gewünschter Weise fortsetzen. Dabei werden Sie auch von mehreren Fenstern des Debuggers unterstützt: ÜBERWACHEN, LOKAL und AUTO.

Um ein unterbrochenes Programm fortzusetzen, haben Sie mehrere Möglichkeiten: über das Menü DEBUGGEN, die gleichnamige Symbolleiste (diese wird standardmäßig nicht angezeigt und muss gegebenenfalls der Entwicklungsumgebung hinzugefügt werden) und diverse Tastenkürzel.

Befindet sich die Laufzeit einer Anwendung im Haltemodus, können Sie die weitere Programmausführung wie folgt beeinflussen:

- **Einzelschritt** – Der Programmcode wird Zeile für Zeile ausgeführt. Das Tastaturkürzel dafür ist F11. Mit F11 wird auch in einer aufgerufenen benutzerdefinierten Methode jede Codezeile einzeln ausgeführt.
- **Prozedurschritt** – Der Programmcode wird weiterhin in Einzelschritten ausgeführt. Stößt er jedoch auf den Aufruf einer benutzerdefinierten Methode, wird diese sofort vollständig ausgeführt. Das Tastaturkürzel ist F10.
- **Ausführen bis Rücksprung** – Die aktuelle Methode wird bis zu ihrem Ende sofort ausgeführt. Danach wird der Haltemodus wieder aktiviert. Die Tastenkombination ist ⇧ + F11.

Bei den Haltepunkten müssen Sie eine Besonderheit von Visual Studio im Zusammenhang mit den Eigenschaften beachten. Per Vorgabe werden die Eigenschaftsmethoden wie Variablen behandelt, was zur Konsequenz hat, dass beim Bearbeiten einer Eigenschaft nicht in die Eigenschaftsmethode gesprungen wird. Dieses Standardverhalten können Sie im OPTIONEN-Dialog abändern, indem Sie den Dialog unter EXTRAS • OPTIONEN öffnen und dort unter DEBUGGING • ALLGEMEIN die entsprechende Einstellung ändern (siehe Abbildung 7.10).

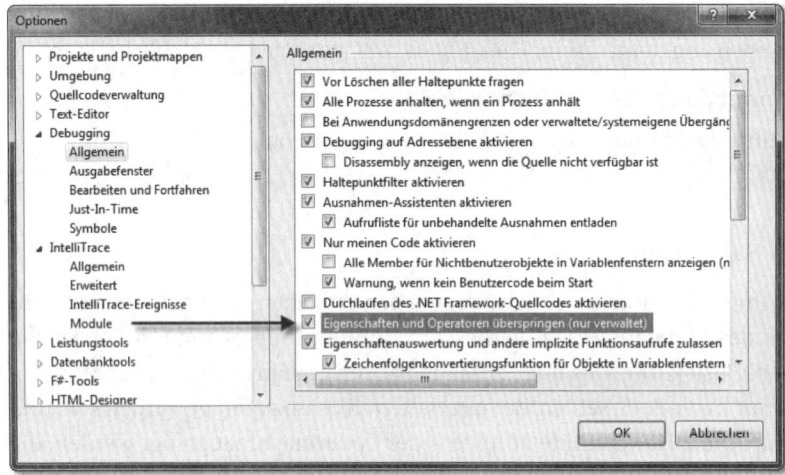

Abbildung 7.10 Option zum Überspringen von Eigenschaftsmethoden

Variableninhalte in einem »QuickInfo«-Fenster

Um sich den aktuellen Zustand einer Variablen anzeigen zu lassen, fährt man im Haltemodus mit dem Mauszeiger auf den Variablenbezeichner. Der Inhalt einschließlich einer kleinen Beschreibung wird daraufhin in einem QUICKINFO-Fenster angezeigt. Im QUICKINFO-Fenster können Sie sogar den Inhalt der Variablen verändern.

Bedingte Haltepunkte

Die im vorhergehenden Abschnitt beschriebenen Haltepunkte unterbrechen in jedem Fall die Programmausführung, weil sie an keine Bedingungen gebunden sind. Der Debugger ermöglicht auch die Festlegung von Haltepunkten, die eine Anwendung nur dann in den Haltemodus setzen, wenn bei Erreichen des Haltepunkts bestimmte Bedingungen erfüllt sind. Um eine Bedingung festzulegen, gehen Sie mit dem Cursor in die Codezeile des betreffenden Haltepunkts, öffnen das Kontextmenü und wählen HALTEPUNKT • BEDINGUNG.... Das Fenster, das sich daraufhin öffnet, sehen Sie in Abbildung 7.11.

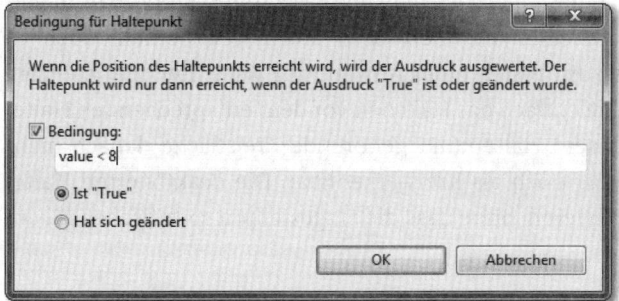

Abbildung 7.11 Festlegen einer Haltepunktbedingung

Legen Sie nun die Bedingung fest, unter der der Haltepunkt zur Laufzeit berücksichtigt werden soll. In der Abbildung wäre das genau dann der Fall, wenn die Variable *value* einen Wert kleiner 8 aufweist. Ist *value* gleich oder größer 8, wird das laufende Programm in dieser Codezeile nicht unterbrochen. Alternativ kann auch das Optionsfeld HAT SICH GEÄNDERT markiert werden. Der Debugger prüft dann zuerst, ob sich der Wert der Variablen seit dem letzten Erreichen des Haltepunktes geändert hat. Wenn dies der Fall ist, ist die Bedingung erfüllt, und das Programm wird unterbrochen.

Haltepunkt mit Trefferanzahl aktivieren

Im Kontextmenü eines Haltepunktes können Sie sich auch für die Option TREFFERANZAHL... entscheiden. Wenn für einen Haltepunkt keine Trefferanzahl angegeben wurde, wird das Programm immer unterbrochen, wenn der Haltepunkt erreicht wird oder die definierte Bedingung erfüllt ist. Die Festlegung der Trefferanzahl bietet sich z.B. an, wenn die Anzahl der Schleifendurchläufe festgelegt werden soll, bis der Haltepunkt aktiv wird. Ist eine Vorgabe getroffen, wird die Ausführung nur bei Erreichen der Trefferanzahl unterbrochen. Aus einem Kombinationslistenfeld können Sie eine der vier angebotenen Einstellungen wählen.

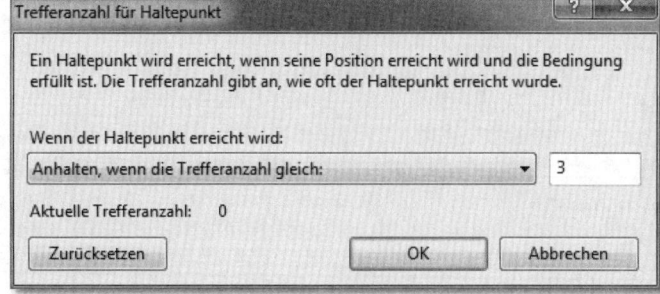

Abbildung 7.12 Festlegen der Trefferanzahl

Verwalten der Haltepunkte

Die Eigenschaften aller Haltepunkte kann man sich im Haltepunktfenster anzeigen lassen. Wählen Sie dazu das Menü DEBUGGEN • FENSTER • HALTEPUNKTE. Dieses Fenster ist als Verwaltungstool sehr nützlich, um sich einen Überblick über alle gesetzten Haltepunkte zu verschaffen, die Bedingungen jedes einzelnen zu überprüfen und gegebenenfalls auch zu verändern. Können oder wollen Sie zum Testen einer Anwendung auf einen oder mehrere Haltepunkte verzichten, entfernen Sie einfach das Häkchen vor dem entsprechenden Haltepunkt. Im Codeeditor ist die zu diesem Haltepunkt gehörende Kreisfläche danach nicht mehr farblich ausgefüllt, sondern nur noch als Kreis erkennbar. Die deaktivierten Haltepunkte lassen sich später wieder aktivieren, ohne dass die eingestellten spezifischen Eigenschaften verloren gehen.

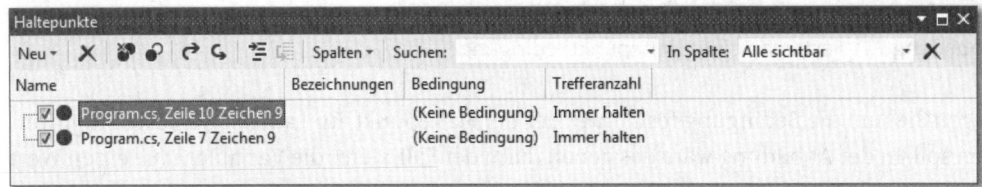

Abbildung 7.13 Die Liste aller Haltepunkte

7.3.2 Das »Direktfenster«

Das DIREKTFENSTER wird für Debug-Zwecke, das Auswerten von Ausdrücken, das Ausführen von Anweisungen, das Drucken von Variablenwerten usw. verwendet. Es ermöglicht die Eingabe von Ausdrücken, die von der Entwicklungssprache während des Debuggens ausgewertet oder ausgeführt werden sollen. Um das Direktfenster anzuzeigen, wählen Sie im Menü DEBUGGEN • FENSTER und dann DIREKT.

Welche Möglichkeiten sich hinter dem Direktfenster verbergen, sollten wir uns an einem Beispiel verdeutlichen. Zu Demonstrationszwecken bedienen wir uns des folgenden Programmcodes:

```
class Program {
  static void Main(string[] args) {
    int x = 10;
    int y = 23;
    int z = x + y;
    Console.Write(z);
  }
  static void DebugTestProc() {
    Console.WriteLine("In DebugTestProc");
  }
}
```

Listing 7.19 Code zum Testen des Direktfensters

Operationen im Direktfenster setzen den Haltemodus voraus. Daher legen wir einen Haltepunkt in der Codezeile

```
int z = x + y;
```

fest. Nach dem Starten des Projekts stoppt das Programm die Ausführung am Haltepunkt. Sollte das Direktfenster in der Entwicklungsumgebung nicht angezeigt werden, müssen Sie es noch öffnen. Sie können nun im Direktfenster

```
?x
```

eingeben, um sich den Inhalt der Variablen x anzeigen zu lassen. Das Fragezeichen ist dabei notwendig. Ausgegeben wird im Befehlsfenster der Inhalt 10.

Wenn Sie Lust haben, können Sie auch den Inhalt aus dem Direktfenster heraus ändern. Dazu geben Sie

```
x = 250
```

ein. Wenn Sie danach den Code ausführen lassen, wird an der Konsole der Inhalt von z zu 273 berechnet und nicht, wie ursprünglich zu vermuten gewesen wäre, zu 33. Die Änderung einer Variablen im Direktfenster wird also von der Laufzeit berücksichtigt.

Sogar die Methode *DebugTestProc* können wir aus dem Direktfenster heraus aufrufen. Dazu geben wir nur

```
DebugTestProc()
```

ein.

7.3.3 Weitere Alternativen, um Variableninhalte zu prüfen

Logische Fehler basieren darauf, dass Variablen unerwartete Inhalte aufweisen, der Programmcode aber syntaktisch richtig ist. Das Direktfenster ist eine Möglichkeit, Variablen zu prüfen, die jedoch nicht sehr komfortabel ist, wenn der Programmcode eines größeren Projekts untersucht werden muss. Visual Studio stellt aber mehrere weitere Alternativen zur Verfügung, die noch bessere und detailliertere Informationen bereitstellen. Allen Alternativen ist gemeinsam, dass sie nur im Haltemodus geöffnet werden können. Sie können dazu das Menü DEBUGGEN • FENSTER benutzen, teilweise auch das Kontextmenü des Codeeditors. Die Variableninhalte lassen sich, wie auch im Befehlsfenster, verändern, um beispielsweise das Laufzeitverhalten der Anwendung in Grenzsituationen zu testen.

Das »Auto«-Fenster

Das AUTO-Fenster zeigt alle Variablen der Codezeile an, in der sich der Haltemodus aktuell befindet, sowie alle Variablen der vorausgehenden Codezeile. Angezeigt werden neben dem Namen der Inhalt und der Datentyp. Wird beispielsweise in der Zeile 5 des folgenden Programmcodes ein Haltepunkt gesetzt, werden im AUTO-Fenster die aktuellen Inhalte der Variablen x, y und z angezeigt (siehe Abbildung 7.14).

```
1:  static void Main(string[] args) {
2:      double a = 22.5;
3:      int x = 10;
4:      int y = 23;
5:      int z = x + y;
6:      Console.Write(z);
7:  }
```

Listing 7.20 Programmcode zum Testen des »Auto«-Fensters

Name	Wert	Typ
x	10	int
y	23	int
z	0	int

Abbildung 7.14 Das »Auto«-Fenster

Das »Lokal«-Fenster

Das Fenster LOKAL enthält alle Variablen mit Namen, Wert und Typ, die in der aktuellen Methode definiert sind. Variablen, die sich zwar im Gültigkeitsbereich einer Methode befinden, aber außerhalb deklariert sind, werden nicht vom LOKAL-Fenster erfasst.

Das »Überwachen«-Fenster

Sie können ein Überwachungsfenster öffnen und die Variablen angeben, die vom Debugger überwacht werden sollen. Um eine Variable einem Überwachungsfenster zuzuordnen, markieren Sie die entsprechende Variable zur Laufzeit im Haltemodus und wählen im Kontextmenü ÜBERWACHUNG HINZUFÜGEN. Wollen Sie weitere Variablen überwachen lassen, können Sie diese auch manuell eintragen oder ebenfalls über das Kontextmenü der Variablen hinzufügen.

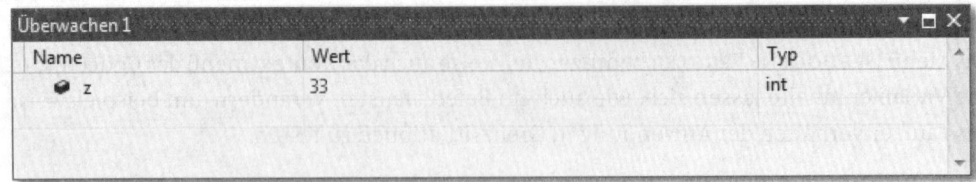

Name	Wert	Typ
z	33	int

Abbildung 7.15 Das Fenster »Überwachen«

Kapitel 8
Auflistungsklassen (Collections)

8.1 Grundlagen

Ein charakteristisches Merkmal der Arrays ist die freie Verfügbarkeit ihrer Indizes. Sie können ein Element einem Array an einer x-beliebigen Position hinzufügen – unabhängig davon, ob der Index bereits von einem anderen Element belegt ist oder nicht. Wird ein Element aus einem Array entfernt, bleibt ein unbesetzter Index zurück. Ein Array ist somit ein statischer Pool freier und belegter Elementpositionen ohne die Fähigkeit, sich bei Änderungen dynamisch anpassen zu können.

An dieser Stelle treten Klassen in Erscheinung, die ähnlich den Arrays als Container meist typgleicher Elemente dienen. Im Unterschied zu den herkömmlichen Arrays arbeiten diese Klassen jedoch dynamisch: Sie vergrößern ihre Kapazität entsprechend der Anzahl der Einträge und haben keine »leeren« Indizes. Ganz allgemein werden diese Klassen als **Collections**, als **Auflistungen** oder ganz einfach nur als Listen bezeichnet und sind in den beiden Namespaces

- System.Collections
- System.Collections.Specialized

zu finden. Jede Klasse unterscheidet sich von der anderen durch besondere Fähigkeiten und Charakteristiken – sei es die interne Verwaltung der Objekte, der Zugriff auf die Einträge oder die Geschwindigkeit, mit der innerhalb einer Liste nach einem bestimmten Eintrag gesucht werden kann.

> **Anmerkung**
> Es gibt noch eine zweite Gruppe von Auflistungen: Es handelt sich um die sogenannten generischen Listenklassen. Es sei an dieser Stelle schon verraten, dass es sich dabei um typisierte Listen handelt. Auf diese Gruppe werden wir in Kapitel 9 zu sprechen kommen, nachdem wir das Thema »Generics« allgemein behandelt haben.

8.2 Collections im Namespace »System.Collections«

In Tabelle 8.1 erhalten Sie einen Überblick über die wichtigsten Auflistungsklassen im Namespace System.Collections.

Klasse	Beschreibung
ArrayList	Bei dieser Liste handelt es sich wohl um die universellste. Sie nimmt beliebige Objekte auf und gestattet den wahlfreien Zugriff auf die Listenelemente.
BitArray	Verwaltet ein Array von Bits.
CollectionsUtil	Eine Auflistung, bei der keine Unterscheidung zwischen Groß- und Kleinschreibung erfolgt.
Hashtable	Die Elemente werden als Schlüssel-Wert-Paare gespeichert. Der Zugriff auf die Elemente erfolgt über den jeweiligen Schlüssel.
HybridDictionary	Das Verhalten orientiert sich an der Anzahl der Listenelemente. Ist die Anzahl der Elemente gering, operiert diese Klasse als ListDictionary-Collection, wird die Anzahl größer, als Hashtable.
ListDictionary	Solange die Anzahl der Elemente kleiner als zehn ist, werden die Operationen mit den Elementen schneller ausgeführt als bei einer Hashtable.
NameValueCollection	Verwaltet ein Schlüssel-Wert-Paar, wobei sowohl der Schlüssel als auch der Wert durch Zeichenfolgen beschrieben werden. Einem Schlüssel können mehrere Zeichenfolgen zugeordnet werden, d. h., der Schlüssel ist nicht eindeutig.
SortedList	Diese Auflistung verwaltet Schlüssel-Wert-Paare, die nach den Schlüsseln sortiert sind und auf die sowohl über Schlüssel als auch über Indizes zugegriffen werden kann. Damit vereint sie die Merkmale von Hashtable und ArrayList.
StringCollection	Eine Auflistung, die nur Zeichenfolgen enthält.
StringDictionary	Ähnlich einer Hashtable; der Schlüssel ist jedoch immer eine Zeichenfolge.

Tabelle 8.1 Auflistungsklassen im Namespace »System.Collections« (Auszug)

Diese Klassen unterscheiden sich in den Methoden, mit denen der Zugriff auf die Elemente erfolgt, und in der Speicherverwaltung der Elemente. Jede Listenklasse hat ihre eigene Charakteristik, auch hinsichtlich der Operationen, die auf den Elementen ausgeführt werden können.

Als zwei typische Vertreter der Auflistungsklassen im .NET Framework werden wir uns in diesem Kapitel exemplarisch auf die Charakteristik der beiden Klassen ArrayList und Hashtable konzentrieren und deren wesentlichste Merkmale herausarbeiten. Zunächst einmal möchte ich die beiden Klassen allgemein beschreiben.

Die Klasse »ArrayList«

ArrayList ähnelt einem klassischen Array. Im Gegensatz zu einem herkömmlichen und damit statischen Array ist ein ArrayList-Objekt dynamisch. Sie können so lange Objekte zur Liste hinzufügen, bis dem Speicher regelrecht die Puste ausgeht. Der Zugriff auf ein Element einer ArrayList erfolgt über die Angabe des entsprechenden Listenindex.

Die Klasse »Hashtable«

Die Klasse Hashtable beschreibt eine Liste von Elementen, die im Gegensatz zur ArrayList nicht durch Indizes verwaltet werden, sondern durch ein Schlüssel-Wert-Paar. Der Vorteil eines Hashtable-Objekts ist, dass innerhalb der Liste sehr schnell nach bestimmten Objekten gesucht werden kann. Der Name der Klasse hat seine Ursache darin, dass für die Verwaltung der Elemente ein Hashcode für den Schlüssel verwendet wird. Ein Hashcode ist ein Wert, der aus den Daten eines Objekts gebildet wird und somit für gleiche Objekte gleich ist. Der Zugriff auf ein Element in dieser Liste erfolgt über den Schlüsselwert, der grundsätzlich ein beliebiges Objekt sein kann. In der Praxis wird dazu meist eine Zeichenfolge benutzt.

8.2.1 Die elementaren Schnittstellen der Auflistungsklassen

Die Grundfunktionalität aller Auflistungen lässt sich auf elementare Methoden zurückführen. Es ist deshalb nicht verwunderlich, dass die Gemeinsamkeiten durch Interfaces beschrieben werden, die von den Auflistungsklassen implementiert werden. Im Wesentlichen handelt es sich dabei um die Schnittstellen

- IEnumerable
- ICollection
- IDictionary
- IList

Die beiden zuerst aufgeführten Schnittstellen IEnumerable und ICollection werden von allen Standardauflistungsklassen implementiert und stellen Verhaltensweisen sicher, über die jede Auflistungsklasse verfügt.

Das elementare Verhalten einer Auflistungsklasse (also entweder die Indexverwaltung oder die Verwaltung mit einem Schlüssel-Wert-Paar) wird durch die Implementierung des Interfaces IList oder des Interfaces IDictionary beschrieben. IList ist elementar für indexbasierte Auflistungen, IDictionary ist die Schnittstelle der Listen, die durch Schlüssel-Wert-Paare beschrieben werden.

Ohne zu sehr in die Details zu gehen, wollen wir uns nun ein wenig genauer die vier genannten Schnittstellen ansehen.

Die Schnittstelle »IEnumerable«

Die Schnittstelle IEnumerable wird von allen Auflistungen implementiert. Sie ermöglicht, dass eine Liste in einer foreach-Schleife durchlaufen werden kann, und weist nur die

Methode `GetEnumerator` auf, die ein Objekt zurückliefert, das die Schnittstelle `IEnumerator` implementiert. Dieser Enumerator verfügt über die Fähigkeit, eine Auflistung elementweise zu durchlaufen. Damit gleicht dieses Objekt einem Positionszeiger, dem drei Methoden `Current`, `MoveNext` und `Reset` zu eigen sind.

Der Enumerator positioniert sich standardmäßig vor dem ersten Eintrag einer Auflistung. Um ihn auf den ersten Eintrag und anschließend auf alle Folgeeinträge zeigen zu lassen, muss die Methode `MoveNext` ausgeführt werden. Mit `Current` wird auf den Eintrag zugegriffen, auf den der Enumerator aktuell zeigt. `Reset` setzt den Enumerator an seine Ausgangsposition zurück, also vor den ersten Eintrag.

> **Hinweis**
> In Abschnitt 8.6 werden wir noch einmal auf das Interface `IEnumerable` eingehen, wenn es darum geht, eigene Klassen zu entwickeln, die in einer `foreach`-Schleife durchlaufen werden können.

Die Schnittstelle »ICollection«

Die Schnittstelle `ICollection` stellt allen Auflistungen die Eigenschaften `Count`, `IsSynchronized` und `SyncRoot` zur Verfügung, und darüber hinaus auch die Methode `CopyTo`. Die Eigenschaft `Count` liefert die Anzahl der Elemente einer Auflistung zurück, die Methode `CopyTo` kopiert die Elemente in ein Array.

Auflistungen sind kritisch beim gleichzeitigen Zugriff mehrerer Threads. Um diesem Umstand Rechnung zu tragen, wird die Methode `Synchronized` bereitgestellt. Die Eigenschaft `IsSynchronized` gibt an, ob die Auflistung synchronisiert wird.

Wegen der gemachten Aussagen ist es nicht verwunderlich, dass praktisch alle Standardauflistungen das Interface `ICollection` implementieren.

Die Schnittstelle »IList«

Auflistungen, die `IList` implementieren, verwalten ihre Elemente über Indizes. Das beste Beispiel hierfür dürfte die Klasse `ArrayList` sein.

Die wichtigsten Methoden, die von `IList` zur Verfügung gestellt werden, sind `Add`, `Clear`, `Contains`, `Insert`, `IndexOf` und `Remove`. Sie werden Listen, die diese Methoden aufweisen, überall im .NET Framework begegnen: sei es innerhalb der WinForm-API oder bei verschiedenen Klassen von ADO.NET.

> **Hinweis**
> Auch die Klasse `Array`, auf der alle herkömmlichen Arrays basieren, implementiert das Interface `IList`.

Die Schnittstelle »IDictionary«

IDictionary ist der Gegenspieler von IList. Während IList-implementierende Auflistungen den Zugriff auf die Elemente über einen Index sicherstellen, erfolgt er bei IDictionary-Auflistungen über einen Schlüssel. An dieser Stelle mehr über dieses Interface zu berichten würde zu tief ins Detail führen. Aber wir werden im Zusammenhang mit der Klasse Hashtable noch darauf zu sprechen kommen.

8.3 Die Klasse »ArrayList«

ArrayList gehört zu den Klassen, die das Interface IList implementieren. Ein Objekt vom Typ ArrayList hat standardmäßig eine Kapazität von null Elementen. Fügen Sie das erste Element hinzu, wird die Kapazität auf vier Elemente erhöht. Wird das fünfte Element hinzugefügt, verdoppelt sich automatisch die Kapazität auf acht Elemente. Grundsätzlich wird die Kapazität immer verdoppelt, wenn versucht wird, ein Element mehr hinzuzufügen, als es die aktuelle Kapazität erlaubt. Dabei werden die ArrayList-Elemente im Speicher umgeschichtet, was einen Leistungsverlust zur Folge hat, der umso größer ist, je mehr Elemente sich bereits in der ArrayList befinden.

Sie sollten daher von Anfang an der ArrayList eine angemessene Kapazität zugestehen. Am besten ist es, einfach den parametrisierten Konstruktor aufzurufen und diesem die gewünschte Anfangskapazität mitzuteilen. Eine weitere Möglichkeit bietet auch die Eigenschaft Capacity.

8.3.1 Einträge hinzufügen

Mit der Methode Add lassen sich Objekte einer ArrayList-Instanz hinzufügen. Das erste Element wird dann den Index »0« haben, das zweite den Index »1« usw. Sie haben mit der Add-Methode keinen Einfluss darauf, an welcher Position der Liste das Objekt hinzugefügt wird, denn es wird immer an das Listenende angehängt. Wollen Sie wissen, welchen Index ein hinzugefügtes Objekt erhalten hat, brauchen Sie nur den Rückgabewert der Add-Methode auszuwerten.

```
ArrayList liste = new ArrayList();
int index = liste.Add("Werner");
```

Die Add-Methode ist sehr typflexibel und definiert einen Parameter vom Typ Object. Sie können also alle Typen kunterbunt in die Liste packen, vom String über einen booleschen Wert, von einem Button- bis hin zu einem Circle-Objekt. Spätestens dann, wenn Sie die einzelnen Elemente auswerten wollen, werden Sie jedoch in Schwierigkeiten geraten, falls Sie nicht exakt wissen, welcher Typ sich hinter einem bestimmten Listenindex verbirgt. Genau das ist auch der Nachteil der ArrayList.

Über die Methode Add hinaus bietet ArrayList mit AddRange eine weitere, ähnliche Methode an, der Sie auch ein herkömmliches Array übergeben können:

```
ArrayList liste = new ArrayList();
int[] array = {0, 10, 22, 9, 45};
liste.AddRange(array);
```

Listing 8.1 Die Methode »AddRange« der Klasse »ArrayList«

Liegt das Array schon bei der Instanziierung von `ArrayList` vor, kann das Array auch direkt dem Konstruktor übergeben werden:

```
ArrayList arr = new ArrayList(intArr);
```

Collection-Initialisierer

Eine weitere Möglichkeit, einer `ArrayList` Elemente hinzuzufügen, sind Auflistungs-Initialisierer. Mithilfe von Collection-Initialisierern kann man bei der Initialisierung eines Auflistungs-Objekts elegant Elemente hinzufügen. Man verwendet geschweifte Klammern, in denen die einzelnen Elemente durch Kommata voneinander getrennt sind – was dann beispielsweise wie folgt aussieht:

```
ArrayList liste = new ArrayList() {"Aachen", "Bonn", "Köln", "Düsseldorf" };
```

Collection-Initialisierer verringern den Codierungsaufwand, da nicht immer wieder die `Add`-Methode aufgerufen werden muss.

Einträge aus einer »ArrayList« löschen

Mit der Methode `Clear` können alle Elemente aus der `ArrayList` gelöscht werden. Die `ArrayList` wird danach, obwohl sie leer ist, ihre ursprüngliche Kapazität beibehalten, sie schrumpft also nicht.

Löschen Sie einzelne Elemente, bieten sich die Methoden `Remove` und `RemoveAt` an. `Remove` erwartet das zu löschende Objekt, `RemoveAt` den Index des zu löschenden Objekts. Beim Löschen ist ein ganz besonderes Verhalten der `IList`-basierten Auflistungen zu erkennen, das wir uns nun in einem Beispiel ansehen wollen.

```
// Beispiel: ..\Kapitel 8\ArrayListSample
using System;
using System.Collections;
class Program {
  static void Main(string[] args) {
    ArrayList liste = new ArrayList {"Peter", "Andreas", "Conie", "Michael",
                                     "Gerd", "Freddy"};
    PrintListe(liste);
    liste.Remove("Andreas");
    Console.WriteLine("--- Element gelöscht ---");
    PrintListe(liste);
    Console.ReadLine();
  }
```

```
// Ausgabe der Liste
static void PrintListe(IList liste) {
  foreach (string item in liste)
    Console.WriteLine("Index: {0,-3}{1}", liste.IndexOf(item), item);
  }
}
```

Listing 8.2 Beispiel mit einer einfachen ArrayList

> **Anmerkung**
>
> Beachten Sie bitte bei diesem und allen anderen Beispielen in diesem Kapitel, dass Sie den Namespace System.Collections mit using bekannt geben.

Die benutzerdefinierte Methode PrintListe sorgt für die Ausgabe der Elemente an der Konsole. Das Übergabeargument ist als Typ IList definiert. Daher kann der Methode jedes Objekt übergeben werden, das die Schnittstelle IList implementiert, beispielsweise ein herkömmliches Array – vorausgesetzt, es verwaltet Zeichenfolgen.

Nach dem Füllen der Auflistung wird der Inhalt an der Konsole ausgegeben. Neben der Zeichenfolge wird dabei auch noch der aktuelle Index, unter dem die Zeichenfolge eingetragen ist, angezeigt. Der aktuelle Index eines Elements lässt sich mit der Methode IndexOf unter Übergabe des Elements sehr einfach ermitteln.

Nach der Ausgabe der Liste wird das an zweiter Position (Index = 1) befindliche Element mit Remove aus der Auflistung gelöscht. Die Ausgabe der aktualisierten Liste beweist die weiter oben angedeutete typische Charakteristik der indexbasierten Collections: Der Index, den das aus der Liste gelöschte Element innehatte, bleibt nicht leer. Stattdessen verschieben sich alle nachfolgenden Elemente in der Weise, dass kein leerer Index zurückbleibt (siehe auch Abbildung 8.1).

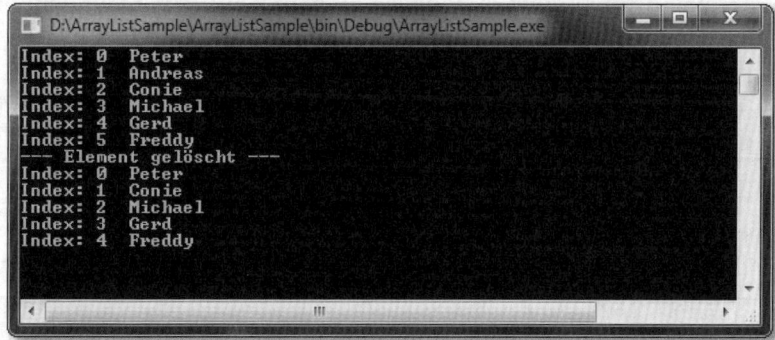

Abbildung 8.1 Element aus der Auflistung löschen

Möchten Sie während eines Schleifendurchlaufs ein Element aus der Liste löschen, ist eine foreach-Schleife als Schleifenkonstrukt denkbar ungeeignet, denn die Methoden des Interfaces IEnumerator funktionieren nur dann, wenn sich die Liste während des Schleifendurchlaufs nicht verändert.

> **Hinweis**
>
> Sollte sich dasselbe Objekt mehrfach in der Liste befinden, wird nur das Objekt entfernt, das zuerst gefunden wird. Nehmen wir an, der Name *Andreas* würde auch noch unter Index = 6 zu finden sein, wird nur der Eintrag mit dem Index = 1 entfernt. Sie können doppelte Einträge in eine Liste vermeiden, wenn Sie vor dem Hinzufügen des Elements mit Contains prüfen, ob sich das Element eventuell bereits in der Liste befindet.

Eine Lösung in solchen Fällen ist die Verwendung der for- oder while-Schleife, z.B.:

```
for(int index = 0; index < liste .Count; index++)
{
  if( (string)liste[index] == "Andreas")
     liste.RemoveAt(index);
}
```

Listing 8.3 Löschen eines ArrayList-Elements in einer Schleife

Auf ein Listenelement wird über seinen Index zugegriffen, indem der Index in eckige Klammern gesetzt wird. Da die Elemente als Object-Typen in die ArrayList eingetragen werden, ist eine Konvertierung in den passenden Typ notwendig, in unserem Code also in string.

8.3.2 Datenaustausch zwischen einem Array und einer »ArrayList«

Auflistungen zeichnen sich durch die beiden Interfaces IEnumerable und ICollection aus. Aus dem letztgenannten Interface stammt die Methode CopyTo, die es ermöglicht, die Einträge einer Auflistung in ein Array zu kopieren.

```
ArrayList liste = new ArrayList();
liste.Add("Anton");
liste.Add("Gustaf");
liste.Add("Fritz");
string[] arr = new string[10];
liste.CopyTo(arr, 3);
```

Listing 8.4 ArrayList-Elemente in ein Array kopieren

Der zweite Parameter von CopyTo gibt den Startindex im Array an, ab dem die Elemente der ArrayList in das Array kopiert werden. Das Array muss groß genug sein, um alle Elemente aufzunehmen, sonst wird eine Exception ausgelöst. Handelt es sich bei den zu kopierenden Einträgen um Objektreferenzen, werden nicht die Objekte, sondern nur die Referenzen kopiert. ArrayList überlädt CopyTo, so dass auch spezifizierte Teilbereiche der Liste kopiert werden können.

8.3.3 Die Elemente einer »ArrayList« sortieren

Zum Sortieren der Mitglieder einer ArrayList dient die Methode Sort. Diese Methode ist mehrfach überladen. Wir wollen uns zunächst mit der parameterlosen Version beschäftigen.

Die parameterlose »Sort«-Methode

Um die Elemente einer ArrayList mit der parameterlosen Sort-Methode zu sortieren, müssen die Elemente das Interface IComparable unterstützen. Diese Schnittstelle beschreibt nur die Methode CompareTo:

```
public interface IComparable {
  int CompareTo(object obj);
}
```

Eine Klasse, die IComparable implementiert, garantiert die Existenz der Methode CompareTo. Darauf ist die parameterlose Variante der Sort-Methode angewiesen. Aus der .NET-Dokumentation zu CompareTo können wir entnehmen, dass das Objekt, auf dem Sort aufgerufen wird, mit dem an den Parameter übergebenen Objekt verglichen wird. Als Resultat liefert der Methodenaufruf eines der drei folgenden Ergebnisse:

- < 0, wenn das Objekt, auf dem die Methode aufgerufen wird, kleiner als das Objekt *obj* ist.
- 0, wenn das Objekt, auf dem die Methode aufgerufen wird, gleich dem Objekt *obj* ist.
- > 0, wenn das Objekt, auf dem die Methode aufgerufen wird, größer als das Objekt *obj* ist.

> **Anmerkung**
> Die Regel, nach der im deutschsprachigen Raum eine Zeichenfolge sortiert wird, vergleicht die Zeichen unter Berücksichtigung der Groß- und Kleinschreibung wie folgt:
> 1 < 2 ... < a < A < b < B < c < C ... < y < Y < z < Z

Da die parameterlose Sort-Methode das Interface IComparable voraussetzt, sind alle Klassen, die diese Schnittstelle implementieren, ohne zusätzlichen Programmcode dazu geeignet, innerhalb einer ArrayList sortiert zu werden. Das trifft insbesondere auf die elementaren Datentypen wie string, int oder double zu. Somit ist es uns auch möglich, die Listenelemente aus dem Beispiel *ArrayListSample* durch den Aufruf von Sort unkompliziert sortieren zu lassen.

```
static void Main(string[] args) {
  ArrayList liste = new ArrayList() {"Peter", "Andreas", "Conie",
                                     "Michael", "Gerd", "Freddy"};
  liste.Sort();
  PrintListe(liste);
  Console.ReadLine();
}
```

Listing 8.5 Sortieren einer ArrayList

Die Ausgabe der sortierten Liste sehen Sie in Abbildung 8.2.

```
file:///D:/ArrayListSample/ArrayListSample/bin/Debug/ArrayListSample.EXE
Index:  0    Andreas
Index:  1    Conie
Index:  2    Freddy
Index:  3    Gerd
Index:  4    Michael
Index:  5    Peter
```

Abbildung 8.2 Die mit der Methode »Sort()« sortierten Listenelemente

Eigene Klassen mit »IComparable«

Viele Klassen des .NET Frameworks implementieren die IComparable-Schnittstelle. Das folgende Beispielprogramm soll zeigen, wie Sie dieses Interface auch für eigene Klassen einsetzen können. Dabei werden wir der Einfachheit halber nur mit einer sehr einfachen Klasse arbeiten, die neben der Schnittstellenimplementierung nur einen Integer-Wert in der Eigenschaft Value beschreibt.

```
public class Demo : IComparable {
  public int Value {get; set;}
  public int CompareTo(object obj) {
    if(obj == null) return 1;
    Demo demo = obj as Demo;
    if (demo != null) return Value.CompareTo(((Demo)obj).Value);
    throw new ArgumentException("Object ist nicht vom Typ Demo");
  }
}
```

Listing 8.6 Implementieren der Schnittstelle »IComparable«

Die Klasse Demo implementiert das Interface IComparable. Daher sind Objekte dieses Typs darauf vorbereitet, innerhalb einer ArrayList sortiert zu werden. Die Sortierreihenfolge soll sich am Inhalt des Felds Value orientieren. Da CompareTo den Parameter vom Typ Object definiert, müssen wir zwei besondere Situationen berücksichtigen:

- An den Parameter *obj* wird null übergeben.
- Da der Parameter vom Typ Object ist, könnte auch die Referenz auf ein Objekt übergeben werden, das nicht vom Typ Demo oder davon abgeleitet ist.

Daher überprüfen wir im ersten Schritt, ob die Übergabe an den Parameter null ist. Sollte das der Fall sein, wird die Methode unter Rückgabe des Wertes 1 verlassen. Sollte das Übergabeargument von null abweichen, wird im nächsten Schritt mit dem Operator as geprüft, ob es sich um ein Objekt vom Typ Demo handelt. Die Überprüfung mit as liefert null, falls es sich nicht um ein Demo-Objekt handelt.

Der konkrete Vergleich zwischen zwei Objekten vom Typ Demo ist sehr einfach. Da der Vergleich sich auf die Eigenschaft Value bezieht, die vom Typ Integer ist, können wir davon profitieren, dass Int32 selbst die Schnittstelle IComparable implementiert und somit auch die Methode CompareTo bereitstellt.

Generell sollten Sie die Methode CompareTo der Schnittstelle IComparable wie gezeigt implementieren, um gegen alle unzulässigen Aufrufe gewappnet zu sein und als robust zu gelten.

Natürlich wollen wir nun auch testen, ob wir unser Ziel erreicht haben. Dazu dient der folgende Code:

```
// Beispiel: ..\Kapitel 8\IComparableSample
class Program {
  static void Main(string[] args) {
    Demo[] arr = new Demo[] { new Demo { Value = 56 }, new Demo{ Value = 72 },
                              new Demo { Value = 35 }, new Demo{ Value = 3 }};
    ArrayList liste = new ArrayList();
    liste.AddRange(arr);
    liste.Sort();
    foreach (Demo item in liste) {
      Console.WriteLine("Index: {0}/Wert: {1}",liste.IndexOf(item), item.Value);
    }
    Console.ReadLine();
  }
}
```

Listing 8.7 Sortieren von Demo-Objekten (siehe Listing 8.5)

An der Konsole werden die Werte der Felder in der Reihenfolge 3, 35, 56 und 72 ausgegeben. Der Vergleich und die anschließende Sortierung finden also wie erwartet statt.

Vergleichsklassen mit »IComparer«

Das Sortieren einer ArrayList mit der parameterlosen Sort-Methode gestattet nur, ein durch das Interface IComparable vorgeschriebenes Vergleichskriterium zu nutzen. Manchmal ist es jedoch erforderlich, unterschiedliche Sortierkriterien zu berücksichtigen. Nehmen wir zum Beispiel die Klasse Person, die die beiden Felder Name und City beschreibt:

```
class Person {
  public string Name {get; set;}
  public string City {get; set;}
}
```

Listing 8.8 Die Definition der Klasse »Person«

Würde die Klasse die Schnittstelle IComparable implementieren, müsste die Entscheidung getroffen werden, nach welchem Feld Objekte dieser Klasse sortiert werden können. Nun sollen beide Möglichkeiten angeboten werden: sowohl die Sortierung nach City als auch nach Name.

Die Lösung des Problems führt über die Bereitstellung sogenannter Vergleichsklassen, die die Schnittstelle IComparer implementieren. Jede Vergleichsklasse beschreibt genau ein Vergleichskriterium. Wollen wir einen bestimmten Objektvergleich erzwingen, müssen wir der Sort-Methode mitteilen, welche Vergleichsklasse dafür bestimmt ist. Dafür stehen uns zwei Überladungen zur Verfügung, denen die Referenz auf ein Objekt übergeben wird, das die Schnittstelle IComparer implementiert:

```csharp
public virtual void Sort(IComparer);
public virtual void Sort(int, int, IComparer);
```

Mit der Überladung, die zwei Integer erwartet, können der Startindex und die Länge des zu sortierenden Bereichs festgelegt werden. Bei sehr großen Auflistungen steigert eine solche Bereichseingrenzung die Performance, da Sortiervorgänge immer sehr rechenintensiv sind.

Die Schnittstelle IComparer stellt die Methode Compare für den Vergleich zweier Objekte bereit:

```csharp
int Compare(object x, object y);
```

Compare funktioniert ähnlich wie die weiter oben erörterte Methode CompareTo und gibt die folgenden Werte zurück:

- < 0, wenn das erste Objekt kleiner als das zweite Objekt ist
- 0, wenn das erste Objekt gleich dem zweiten Objekt ist
- > 0, wenn das erste Objekt größer als das zweite Objekt ist

Für die Klasse Person wollen wir nun die beiden Vergleichsklassen NameComparer und CityComparer entwickeln, die gemäß unserer Anforderung die Schnittstelle IComparer implementieren und nach City bzw. Name sortieren.

```csharp
// Vergleichsklasse - Kriterium City
class CityComparer : IComparer {
  public int Compare(object x, object y) {
    // Prüfen auf null-Übergabe
    if(x == null && y == null) return 0;
    if(x == null) return -1;
    if(y == null) return 1;
    // Typüberprüfung
    if(x.GetType() != y.GetType())
      throw new ArgumentException("Ungültiger Vergleich");
    // Vergleich
    return ((Person)x).City.CompareTo(((Person)y).City);
  }
}
// Vergleichsklasse - Kriterium Name
class NameComparer : IComparer {
  public int Compare(object x, object y) {
```

```
    // Prüfen auf null-Übergabe
    if(x == null && y == null) return 0;
    if(x == null) return -1;
    if(y == null) return 1;
    // Typüberprüfung
    if(x.GetType() != y.GetType())
      throw new ArgumentException("Ungültiger Vergleich");
    // Vergleich
    return ((Person)x).Name.CompareTo(((Person)y).Name);
  }
}
```

Listing 8.9 Vergleichsklassen für die Klasse »Person« aus Listing 8.8

Die Implementierung ähnelt der der Methode `CompareTo`. Zuerst sollte wieder ein Vergleich mit `null` durchgeführt werden und anschließend eine Prüfung, ob beide Parameter denselben Typ beschreiben oder zumindest einen vergleichbaren Typ besitzen. Sollte keine Bedingung zutreffen, kann der Vergleich der Objekte erfolgen. Dabei unterstützt uns die Klasse `String`, die selbst die `IComparable`-Schnittstelle implementiert und folglich die Methode `CompareTo` veröffentlicht.

Haben wir ein `ArrayList`-Objekt mit `Person`-Objekten gefüllt, steht es uns frei, welche Vergleichsklasse wir zur Sortierung der Objekte benutzen, denn beide sind auf dieselbe Schnittstelle zurückzuführen und gegenseitig austauschbar.

Natürlich können Sie auch jederzeit die Klasse `Person` um die Schnittstelle `IComparer` erweitern. Syntaktisch bereitet das zumindest bei einem erforderlichen Vergleichskriterium überhaupt kein Problem. Andererseits müssen Sie sich auch vor Augen halten, wie Sie die `Sort`-Methode aufrufen müssten:

```
liste.Sort(new Person());
```

Dieser Code suggeriert, dass wir es mit einem weiteren, neuen `Person`-Objekt zu tun haben, obwohl wir das Objekt doch eigentlich nur dazu missbrauchen, das Vergleichskriterium der `Sort`-Methode anzugeben. Ähnlich schlecht lesbarer und interpretierbarer Code wäre das Resultat, wenn wir mit

```
liste.Sort(person1);
```

irgendein existentes `Person`-Objekt übergeben. Daher sollten Sie von dieser Codeimplementierung Abstand nehmen.

Sehen wir uns nun das Beispielprogramm an, in dem die oben beschriebenen Vergleichskriterien benutzt werden.

```
// Beispiel: ..\Kapitel 8\IComparerSample
class Program {
  static void Main(string[] args) {
```

```
      ArrayList arrList = new ArrayList();
      // ArrayList füllen
      Person pers1 = new Person { Name = "Meier", City = "Berlin" };
      arrList.Add(pers1);
      Person pers2 = new Person { Name = "Arnhold", City = "Köln" };
      arrList.Add(pers2);
      Person pers3 = new Person { Name = "Graubär", City = "Aachen" };
      arrList.Add(pers3);
      // nach Cities sortieren
      arrList.Sort(new CityComparer());
      Console.WriteLine("Liste nach Wohnorten sortiert");
      ShowSortedList(arrList);
      // nach Namen sortieren
      arrList.Sort(new NameComparer());
      Console.WriteLine("Liste nach Namen sortiert");
      ShowSortedList(arrList);
   }
   static void ShowSortedList(IList liste) {
      foreach(Person temp in liste) {
         Console.Write("Name = {0,-12}", temp.Name);
         Console.WriteLine("Wohnort = {0}", temp.City);
      }
      Console.WriteLine();
   }
}
```

Listing 8.10 Das Beispielprogramm »IComparerSample«

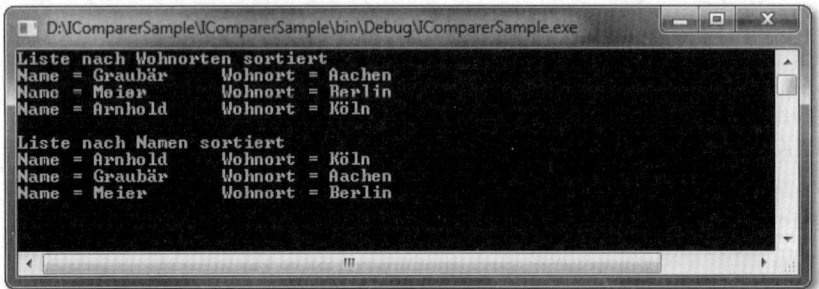

Abbildung 8.3 Ausgabe des Beispiels »IComparerSample«

8.3.4 Sortieren von Arrays mit »ArrayList.Adapter«

Ein herkömmliches Array bietet von Hause aus keine Möglichkeit, die in ihm enthaltenen Elemente zu sortieren. Es gibt dennoch einen Weg, der über die klassische Methode Adapter der Klasse ArrayList führt.

```
public static ArrayList Adapter(IList list);
```

Der Methode wird ein `IList`-Objekt übergeben. Der »Zufall« will es, dass ein klassisches Array diese Schnittstelle implementiert. `Adapter` legt einen Wrapper (darunter ist eine Klasse zu verstehen, die gewissermaßen um eine andere herumgelegt wird) um das `IList`-Objekt. Der Rückgabewert ist die Referenz auf ein neues `ArrayList`-Objekt, auf dessen Methoden, unter anderem auch `Sort`, sich das `IList`-Objekt manipulieren lässt.

Wie Sie die Methode `Adapter` einsetzen können, möchte ich Ihnen an einem Beispiel zeigen. Dabei dient wieder die Klasse `Person` aus dem Beispiel *IComparerSample* als Grundlage. Zudem soll auch wieder die Möglichkeit eröffnet werden, entweder nach `Name` oder `City` zu sortieren. Dazu können die Vergleichsklassen des Beispiels *IComparerSample* des letzten Abschnitts wiederverwendet werden.

```csharp
// Beispiel: ..\Kapitel 8\ArrayListAdapterSample
class Program {
  static void Main(string[] args){
    Person[] pers = new Person[3];
    pers[0] = new Person { Name = "Peter", City = "Celle" };
    pers[1] = new Person { Name = "Alfred", City = "München" };
    pers[2] = new Person { Name = "Hugo", City = "Aachen" };
    ArrayList liste = ArrayList.Adapter(pers);
    // Sortierung nach Namen
    liste.Sort(new NameComparer());
    Console.WriteLine("Sortiert nach den Namen:");
    for (int index = 0; index < 3; index ++)
      if( liste[index] != null)
        Console.WriteLine(((Person)liste[index]).Name);
    // Sortierung nach dem City
    Console.WriteLine("\nSortiert nach dem Wohnort:");
    liste.Sort(new CityComparer());
    for (int index = 0; index < 3; index ++)
      if( liste[index] != null)
        Console.WriteLine(((Person)liste[index]).City);
    Console.ReadLine();
  }
}
```

Listing 8.11 Beispielprogramm mit der Methode »ArrayList.Adapter«

Bei der Ausgabe der sortierten Listenelemente müssen wir ein wenig vorsichtiger sein. Denn im Gegensatz zur `ArrayList`, die uns garantiert, dass sich hinter jedem Index ein gültiges Objekt verbirgt, kann der Index in einem klassischen Array `null` sein. Der Versuch einer Ausgabe oder ganz allgemein des Zugriffs auf ein `null`-Element würde mit einer Ausnahme quittiert. Daher ist unbedingt darauf zu achten, vor der Ausgabe mit

```csharp
if (liste[index] != null)
```

auf den Inhalt `null` zu prüfen.

8.4 Die Klasse »Hashtable«

IList-Auflistungen verwalten ihre Elemente über Indizes. Dieses Konzept hat einen Nachteil: Wenn man nach einem bestimmten Element sucht und dessen Position nicht kennt, muss man die Liste so lange durchlaufen, bis man eine Übereinstimmung findet. Enthält die Auflistung sehr viele Einträge, kann das sehr zeitaufwendig sein und kostet Rechenleistung.

Kommt es nicht auf die Reihenfolge der Elemente an, kann man sich für eine Auflistung entscheiden, die das Interface IDictionary implementiert. Zu dieser Gruppe gehört die Klasse Hashtable, die in diesem Abschnitt exemplarisch vorgestellt wird. In IDictionary-Auflistungen kann ein bestimmtes Element zwar schnell gefunden werden, allerdings muss man dabei in Kauf nehmen, keinen Einfluss auf die Positionierung der Elemente in der Liste zu haben, denn die Elemente werden in einer für sie passenden Reihenfolge sortiert.

8.4.1 Methoden und Eigenschaften der Schnittstelle »IDictionary«

Die meisten der von IDictionary veröffentlichten Methoden sind uns bereits von der Schnittstelle IList her bekannt. Das erleichtert zwar einerseits die Einarbeitung, zwingt uns aber andererseits dennoch in einigen Fällen zu einer etwas genaueren Betrachtung. Jeder Listeneintrag in einer IDictionary-Auflistung wird durch ein Schlüssel-Wert-Paar beschrieben, was sich in der Parameterliste der Add-Methode niederschlägt:

```
void Add(object key, object value);
```

Der erste Parameter wird als Schlüssel für das hinzuzufügende Element verwendet und sorgt für die Identifizierbarkeit innerhalb einer Liste. Der zweite Parameter ist die Referenz auf das hinzuzufügende Element. Wir stoßen hier zum ersten Mal auf die Tatsache, dass von IDictionary-Auflistungen anstelle eines Index ein Schlüssel verwendet wird.

Der Schlüssel begleitet uns durch alle Methoden und wird auch von Remove verwendet, um ein Objekt aus der Auflistung zu entfernen:

```
void Remove(object key);
```

Da IDictionary-Objekte nicht über Indizes verwaltet werden, brauchen nach dem Löschen eines Elements etwaige Folgeelemente auch keine Lücke zu schließen.

Dem Indexer kommt nicht nur die Aufgabe zu, unter der Angabe des Schlüssels den Zugriff auf das gewünschte Element zu gewährleisten, vielmehr kann er auch dazu benutzt werden, den Wert eines Objekts zu verändern.

```
object this[object key] {get; set;}
```

Gibt man einen Schlüssel an, der sich noch nicht in der Auflistung befindet, wird das Element hinzugefügt. Dabei bleibt der Wert leer, ist also null, was durchaus zulässig ist.

Die Schlüssel und die Werte werden in eigenen Auflistungen verwaltet. Die Referenz auf diese internen Auflistungen liefern die Eigenschaften Keys und Values.

```
ICollection Keys {get;}
ICollection Values {get;}
```

Mit `Clear` kann eine `IDictionary`-Auflistung geleert werden, und mit `Contains` können wir prüfen, ob ein bestimmter Schlüssel bereits in der Liste enthalten ist.

Um nach einem Element in einer `IDictionary`-Auflistung zu suchen, wird eine Schlüsselinformation benötigt, der ein Wert zugeordnet ist. `IDictionary`-Auflistungen enthalten Elemente mit Schlüssel-Wert-Kombinationen. Der Schlüssel muss eindeutig sein und darf nicht den Inhalt `null` haben.

8.4.2 Beispielprogramm zur Klasse »Hashtable«

Die wichtigste Auflistung, die das `IDictionary`-Interface implementiert, wird von der Klasse `Hashtable` beschrieben. Im folgenden Beispiel wird eine Hashtabelle verschiedene Objekte vom Typ Artikel verwalten. Für die wichtigsten Eigenschaften und Methoden einer Hashtable werden in diesem Beispielprogramm jeweils separate Methoden bereitgestellt.

```
// Beispiel: ..\Kapitel 8\HashtableSample
class Artikel {
  public int Artikelnummer { get; set; }
  public string Bezeichner { get; set; }
  public double Preis { get; set; }
  public Artikel(int artNummer, string bezeichner, double preis){
    Artikelnummer = artNummer;
    Bezeichner = bezeichner;
    Preis = preis;
  }
}
```

Listing 8.12 Die Klasse »Artikel« im Beispielprogramm »HashtableSample«

Listenelemente hinzufügen

Gefüllt wird die `Hashtable` mit mehreren `Artikel`-Objekten durch den Aufruf der benutzerdefinierten Methode `GetFilledHashtable`. Im Gegensatz zur `ArrayList` (oder präziser ausgedrückt `IList`) stellt `Hashtable` mit `Add` nur eine Methode zur Verfügung, um der Auflistung Objekte hinzuzufügen. Üblicherweise wird für den Schlüssel eine Zeichenfolge verwendet, obwohl der schlüsselbeschreibende erste Parameter vom Typ `Object` ist. Das soll auch in unserem Beispiel nicht anders sein, wir verwenden dazu den Bezeichner des Artikels.

```
// Objekte der Hashtable hinzufügen
public static Hashtable GetFilledHashtable() {
  Hashtable hash = new Hashtable();
  Artikel artikel1 = new Artikel(101, "Wurst", 1.98);
  Artikel artikel2 = new Artikel(45, "Käse", 2.98);
  Artikel artikel3 = new Artikel(126, "Kuchen", 3.50);
  Artikel artikel4 = new Artikel(6, "Fleisch", 7.48);
```

```
    Artikel artikel5 = new Artikel(22, "Milch", 0.98);
    Artikel artikel6 = new Artikel(87, "Schokolade", 1.29);
    hash.Add(artikel1.Bezeichner, artikel1);
    hash.Add(artikel2.Bezeichner, artikel2);
    hash.Add(artikel3.Bezeichner, artikel3);
    hash.Add(artikel4.Bezeichner, artikel4);
    hash.Add(artikel5.Bezeichner, artikel5);
    hash.Add(artikel6.Bezeichner, artikel6);
    return hash;
}
```

Listing 8.13 Füllen der Hashtable im Beispielprogramm »HashtableSample«

Die Listen der Schlüssel und Werte einer »Hashtable«

Zur Ausgabe aller Schlüsselwerte wird die Liste aller Schlüssel mit der Eigenschaft Keys abgerufen. Da wir für die Schlüssel Zeichenfolgen verwendet haben, kann die Laufvariable der Schleife vom Typ string sein.

```
// Ausgabe der Schlüsselliste
public static void GetKeyList(Hashtable hash) {
    foreach (string item in hash.Keys)
        Console.WriteLine(item);
}
```

Listing 8.14 Ausgabe der Schlüsselliste im Beispielprogramm »HashtableSample«

Sehr ähnlich besorgen wir uns auch die Liste aller gespeicherten Werte. Die Werte werden von der Hashtable durch Aufruf der Eigenschaft Values bereitgestellt. Die Einzelwerte selbst sind in unserem Beispiel Artikel-Objekte, deren Eigenschaften wir in die Konsole schreiben.

```
// Ausgabe der Wertliste
public static void GetValueList(Hashtable hash) {
    foreach (Artikel item in hash.Values)
        Console.WriteLine("{0,-4}{1,-12}{2}",
                item.Artikelnummer, item.Bezeichner, item.Preis);
}
```

Listing 8.15 Ausgabe der Wertliste im Beispielprogramm »HashtableSample«

Auf Listenelemente zugreifen

Wir haben bisher ganz ausdrücklich die in der Auflistung enthaltenen Schlüssel und Werte mit den Eigenschaften Keys und Values abgefragt. Nun interessiert uns ein Listeneintrag als Ganzes. Dabei treffen wir auf ein ganz besonderes Charakteristikum einer IDictionary-Auflistung, denn die Laufvariablen der Schleifen können nicht dazu benutzt werden, auf das Listenelement zuzugreifen. Daher wird zur Laufzeit eine Ausnahme ausgelöst, wenn Sie versuchen, die Laufvariable mit

```csharp
// Achtung: Falscher Zugriff auf die Hashtable
foreach(Artikel item in hash)
  Console.WriteLine(item.Bezeichner);
```
auszuwerten oder mit

```csharp
// Achtung: Falscher Zugriff auf die Hashtable
foreach(object item in hash)
  Console.WriteLine(((Artikel)item.Bezeichner;
```

zu konvertieren. Um auf ein Listenelement in einer `foreach`-Schleife zugreifen zu können, müssen Sie die Laufvariable vom Typ `DictionaryEntry` deklarieren. Von diesem Typ sind die Elemente in einer `Hashtable`. `DictionaryEntry` ist eine Struktur, die das Schlüssel-Wert-Paar für einen Hashtabelleneintrag enthält. Über die Eigenschaften `Key` und `Value` können wir die notwendigen Informationen beziehen. Während uns `Key` nur den Schlüssel liefert, können wir über den Rückgabewert von `Value` nach vorheriger Typumwandlung auf das Objekt zugreifen:

```csharp
// Schlüssel-Wert-Paar über ein DictionaryEntry-Objekt ausgeben
public static void GetCompleteList(Hashtable hash) {
  foreach (DictionaryEntry item in hash) {
    Console.Write(item.Key);
    Console.WriteLine(" - {0}", item.Value);
  }
}
```

Listing 8.16 Ausgabe der Elemente im Beispielprogramm »HashtableSample«

Prüfen, ob ein Element bereits zur »Hashtable« gehört

Eine `Hashtable` dient zur Verwaltung mehrerer meist gleichartiger Objekte und hat im Vergleich zu anderen Auflistungen den Vorteil, einen sehr schnellen Zugriff über den Indexer zu ermöglichen. Manchmal interessiert auch die Antwort auf die Frage, ob in einer `Hashtable` bereits ein bestimmtes Element eingetragen ist. Sie können dabei so vorgehen, dass Sie entweder nach einem Schlüssel suchen oder nach einem bestimmten Wert.

Beginnen wir mit der Suche nach einem Schlüssel. Hierzu können wir zwei Methoden benutzen, die gleichwertig sind: `Contains` und `ContainsKey`. Beide liefern als Resultat einen booleschen Wert zurück.

```csharp
// Prüfen, ob ein bestimmter Schlüssel enthalten ist
public static void SearchForKey(Hashtable hash) {
  string text = "\n\nGeben Sie das auszuwertende Element an: ";
  string input;
  do {
    Console.Write(text);
    input = Console.ReadLine();
    if (hash.Contains(input))
      Console.WriteLine("ArtikelNr.: {0,-4} Preis: {1}",
                        ((Artikel)hash[input]).Artikelnummer,
                        ((Artikel)hash[input]).Preis);
```

```
    else
      Console.WriteLine("Nicht Element der Hashtable");
    Console.WriteLine("Zum Beenden F12 drücken ...");
  }
  while (Console.ReadKey(true).Key != ConsoleKey.F12);
}
```

Listing 8.17 Key-Suche im Beispielprogramm »HashtableSample«

Nicht nur über den Schlüssel lässt sich prüfen, ob ein Element Mitglied der Hashtabelle ist. Auch über den booleschen Rückgabewert von `ContainsValue` ist das möglich. Hierzu dient im Beispielprogramm die benutzerdefinierte Methode `SearchForValue`. Dieser Methode wird neben der Referenz auf die Auflistung auch noch das `Artikel`-Objekt übergeben, dessen Eintrag in der Liste zu prüfen ist.

```
// Prüfen, ob ein bestimmter Wert enthalten ist
public static void SearchForValue(Hashtable hash, Artikel artikel) {
  if (hash.ContainsValue(artikel))
    Console.WriteLine("Das Objekt '{0}' ist enthalten.", artikel.Artikelnummer);
  else
    Console.WriteLine("Das Objekt '{0}' ist nicht enthalten.",
                                          artikel.Artikelnummer);
}
```

Listing 8.18 Wert-Suche im Beispielprogramm »HashtableSample«

Testen der Methoden

Zum Schluss an dieser Stelle auch noch das Beispielprogramm, in dem die zuvor gezeigten Methoden aufgerufen werden. Am Ende des Programms wird die Methode `SearchForValue` aufgerufen, um nach einem bestimmten Artikel zu suchen. Dabei wird ein neues `Artikel`-Objekt erzeugt mit Daten, die sich bereits in der Liste befinden. Trotzdem wird zur Laufzeit festgestellt, dass das Objekt noch kein Mitglied der Liste ist. Das Ergebnis verwundert nicht, da von unserer `Hashtable` nach Objektreferenzen bewertet wird und nicht nach den darin enthaltenen Daten.

```
static void Main(string[] args){
  Hashtable hash = GetFilledHashtable();
  // Liste der Schlüssel ausgeben
  Console.WriteLine("===== Schlüsselliste =====");
  GetKeyList(hash);
  // Liste der Werte ausgeben
  Console.WriteLine();
  Console.WriteLine("===== Werteliste =====");
  GetValueList(hash);
  // Liste der Schlüssel und Werte ausgeben
  Console.WriteLine();
```

```
  Console.WriteLine("===== Schlüssel-/Wertepaare =====");
  GetCompleteList(hash);
  // Suche nach einem bestimmten Schlüssel
  SearchForKey(hash);
  // Suche nach einem bestimmten Wert
  SearchForValue(hash, new Artikel(45, "Käse", 2.98));
  Console.ReadLine();
}
```

Listing 8.19 Hauptprogramm des Beispielprogramms »HashtableSample«

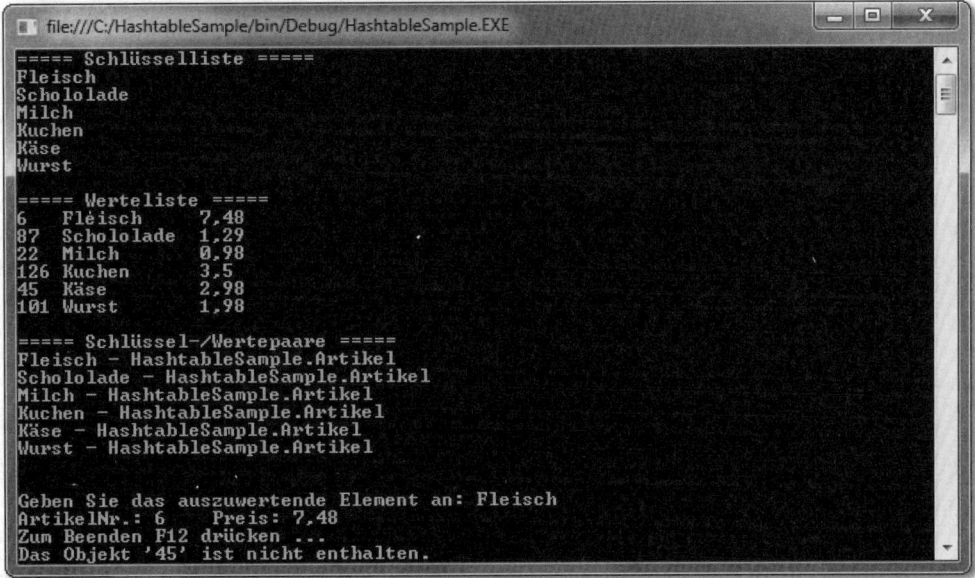

Abbildung 8.4 Ausgabe des Beispielprogramms »HashtableSample«

8.5 Die Klassen »Queue« und »Stack«

Ganz spezielle Listen werden durch die Klassen Stack und Queue zur Verfügung gestellt, denn beide implementieren weder das Interface IList noch IDictionary. Dennoch werden sie den Auflistungen zugerechnet, weil sie die Schnittstellen ICollection und somit auch IEnumerable implementieren.

Stack ist eine Datenstruktur, die nach dem LIFO-Prinzip (Last In First Out) arbeitet: Das Element, das als Letztes eingefügt wurde, wird beim folgenden Lesevorgang als Erstes wieder entnommen. Daraus folgt, dass man auf das Element, das als Erstes auf den Stack gelegt worden ist, erst dann wieder zugreifen kann, wenn alle anderen Elemente den Stack verlassen haben.

Ein Queue-Objekt ist das Pendant zu Stack. Es arbeitet nach dem FIFO-Prinzip (First In First Out): Das zuerst in die Queue geschobene Element wird auch als Erstes wieder entnommen. Das Prinzip gleicht also einer Warteschlange an der Kasse eines Fußballstadions.

8.5.1 Die Klasse »Stack«

Schauen wir uns an einem Beispiel an, wie man mit der Klasse Stack arbeitet.

```
// Beispiel: ..\Kapitel 8\StackSample
class Program {
  static void Main(string[] args) {
    Stack myStack = new Stack(11);
    // Stack füllen
    for(int i = 0; i <= 10; i++)
      myStack.Push(i * i);
    // Ausgabe in der Konsole
    PrintStack(myStack);
    Console.ReadLine();
  }
  public static void PrintStack(Stack obj) {
    // alle Elemente aus dem Stack holen
    while(obj.Count != 0) {
      Console.WriteLine(obj.Pop());
    }
  }
}
```

Listing 8.20 Beispielprogramm mit der Klasse »Stack«

Das Hinzufügen neuer Elemente geschieht durch den Aufruf der Methode Push, die als Argument ein Objekt erwartet. Im Beispielcode wird eine Schleife durchlaufen, in der insgesamt elf Zahlen auf den Stack gelegt werden. Es handelt sich dabei immer um das Quadrat des aktuellen Schleifenzählers.

Zugegriffen werden kann nur auf das oberste Element im Stack. Dabei handelt es sich immer um das Objekt, das als Letztes mit der Push-Methode auf den Stack gelegt wurde.

Es bieten sich zwei Alternativen an, das oberste Element auszuwerten: Mit Pop wird das oberste Element nicht nur zurückgeliefert, sondern gleichzeitig auch der Stack-Verwaltung entzogen. Mit Peek erhält man zwar die Referenz, ohne das Element jedoch gleichzeitig zu entfernen. Im Beispiel wird der Stack so lange mit Pop abgegriffen, bis die Liste wieder leer ist. Die Reihenfolge der Zahlen beim Hinzufügen lautete:

0 1 4 9 16 25 36 ... 81 100

Die Rückgabe erfolgt mit:

100 81 64 ... 25 16 9 4 1 0

Der Aufruf des parameterlosen Konstruktors der Klasse Stack führt zu einer Kapazität von zehn Elementen, die bei Bedarf automatisch erhöht wird, um weitere Elemente aufzunehmen. Dabei werden alle Elemente in ein neues Array kopiert. Wenn Sie wissen, dass Sie diese Anzahl überschreiten werden, sollten Sie aus Gründen einer besseren Performance den parametrisierten Konstruktor wählen, der die Übergabe der erforderlichen Startkapazität ermöglicht:

```
Stack stack = new Stack(100);
```

Reicht das immer noch nicht aus und wird zur Laufzeit die Initialisierungsgröße trotzdem überschritten, verdoppelt sich die Kapazität automatisch.

8.5.2 Die Klasse »Queue«

Das Beispiel, das vorhin die Klasse Stack veranschaulichte, wird nun auf ein Queue-Objekt umgeschrieben:

```
// Beispiel: ..\Kapitel 8\QueueSample
class Program {
  static void Main(string[] args) {
    Queue myQueue = new Queue();
    // Queue füllen
    for(int i = 0; i <= 10; i++)
      myQueue.Enqueue(i * i);
    // Ausgabe in der Konsole
    PrintQueue(myQueue);
    Console.ReadLine();
  }
  public static void PrintQueue(Queue obj) {
    // alle Elemente aus der Queue holen
    while(obj.Count != 0) {
      Console.WriteLine(obj.Dequeue());
    }
  }
}
```

Listing 8.21 Beispielprogramm mit der Klasse »Queue«

Diesmal sind es die beiden Methoden Enqueue und Dequeue, mit denen Elemente in die Liste geschoben und wieder aus ihr geholt werden. Dequeue liefert nicht nur die Referenz des am Anfang befindlichen Elements, es holt dieses Element auch aus der Warteschlange. Wie bei der Klasse Stack können Sie sich mit Peek auch die Referenz dieses Elements besorgen und es gleichzeitig in der Liste lassen.

Der Elementzugriff erfolgt in derselben Reihenfolge, in der die Objekte der Liste hinzugefügt wurden: Das erste hinzugefügte Element wird auch als Erstes herausgeholt, danach kann man das zweite in die Warteschlange gelegte Element holen usw. Ein Zugriff auf ein beliebiges Element ist weder beim Stack noch bei der Queue möglich.

Die Standardkapazität eines Queue-Objekts beträgt 32 Elemente, die Sie mit Hilfe eines anderen Konstruktors bei der Instanziierung bedarfsgerecht festlegen können.

8.6 Eigene Auflistungen mit »yield« durchlaufen

Nehmen wir an, wir hätten eine Klassendefinition wie folgt:

```
public class Months {
  string[] months = { "Januar", "Februar", "März", "April",
                      "Mai", "Juni", "Juli", "August",
                      "September", "Oktober", "November", "Dezember"
                    };
}
```
Listing 8.22 Definition der Klasse »Months«

Wäre es nicht schön, mit einer foreach-Schleife den Datenspeicher des Objekts *months* zu durchlaufen und Zugriff auf alle Elemente zu erhalten, etwa wie folgt:

```
Months monate = new Months();
foreach(string temp in monate) {
  Console.WriteLine(temp);
}
```
Listing 8.23 Ein »Months«-Objekt in einer foreach-Schleife durchlaufen

Dass daran Bedingungen geknüpft sind, wurde weiter oben schon erwähnt. Die Klasse Months muss dazu die Schnittstelle IEnumerable implementieren.

```
public class Months : IEnumerable
```

Die einzige in IEnumerable definierte Methode GetEnumerator liefert ein Objekt, das wiederum die Schnittstelle IEnumerator unterstützt.

```
IEnumerator GetEnumerator();
```

Das von der Methode GetEnumerator zurückgelieferte IEnumerator-Objekt muss die Methoden MoveNext und Reset sowie die Eigenschaft Current implementieren, damit das Durchlaufen des Objekts mit foreach möglich wird.

MoveNext positioniert den Enumerator nach dem ersten Aufruf vor das erste Element der Auflistung und setzt den Positionszeiger mit jedem Aufruf auf das nächste Element in der Liste. Gleichzeitig wird ein boolescher Wert zurückgeliefert, der true ist, wenn der Enumerator auf ein Element gesetzt werden konnte, und false, falls der Enumerator das Ende der Liste überschritten hat. Die Methode Reset setzt den Positionszeiger auf die Position vor dem ersten Element der Liste, und Current ruft das aktuelle Element ab.

8.6 Eigene Auflistungen mit »yield« durchlaufen

Die Beschreibung macht deutlich, dass einiges an Tippaufwand erforderlich ist, um aus einer Klasse wie Months eine Liste zu machen, die in einer foreach-Schleife durchlaufen werden kann.

Durch den Einsatz des Schlüsselwortes yield geht es aber auch einfacher. Sie müssen zwar immer noch die Schnittstelle IEnumerable und damit auch die Methode GetEnumerator implementieren, benötigen aber keinen IEnumerator-Typ mehr. Stattdessen liefern Sie die Daten nur noch mit dem neuen Schlüsselwort yield, gefolgt von return, aus.

```csharp
// Beispiel: ..\Kapitel 8\YieldSample
class Program {
  static void Main(string[] args) {
    Months months = new Months();
    foreach(string temp in months)
      Console.WriteLine(temp);
    Console.ReadLine();
  }
}
public class Months : IEnumerable
{
  string[] month = { "Januar", "Februar", "März", "April",
                     "Mai", "Juni", "Juli", "August", "September",
                     "Oktober", "November", "Dezember"
                   };
  // Methode der Schnittstelle IEnumerable
  public IEnumerator GetEnumerator() {
    for (int i = 0; i < month.Length; i++)
      yield return month[i];
  }
}
```

Listing 8.24 Klasse, die in einer foreach-Schleife durchlaufen werden kann

yield in Kombination mit return wird zur Angabe des zurückgegebenen Wertes verwendet. Bei Erreichen von yield return wird die aktuelle Position gespeichert, und beim nächsten Aufruf der Schleife wird die Ausführung von dieser Position neu gestartet. Mehr haben Sie nicht zu tun, denn im Hintergrund generiert der Compiler automatisch die Methoden Current und MoveNext der IEnumerator-Schnittstelle, wenn er yield erkennt.

Sie können das Programm sogar noch einfacher schreiben und auf die Implementierung von IEnumerable verzichten. Überlassen Sie einfach alles dem Compiler und yield return. Dazu schreiben Sie ebenfalls eine Methode, deren spezielle Aufgabe es ist, die Objektmenge zurückzuliefern. Die Methode dürfen Sie beliebig benennen. Der Rückgabewert ist ein Objekt, das die Schnittstelle IEnumerable implementiert – und somit auch implizit die Methode GetEnumerator. Hinter den Kulissen wird der Compiler dafür sorgen, dass der Iterator der anfragenden foreach-Schleife alle Daten der Reihe nach übergibt.

Das folgende Listing zeigt, wie einfach jetzt der Code ist. Beachten Sie bitte auch, dass in der foreach-Schleife nun die Methode GetList für die Bereitstellung der Objekte sorgt.

```csharp
class Program {
  static void Main(string[] args) {
    Months months = new Months();
    foreach(string temp in months.GetList())
      Console.WriteLine(temp);
    Console.ReadLine();
  }
}
public class Months
{
  string[] month = { [...] };
  public IEnumerable GetList() {
    for (int i = 0; i < month.Length; i++)
      yield return month[i];
  }
}
```

Listing 8.25 Klasse ohne das Interface »IEnumerable«

Einschränkungen von »yield return«

Der Einsatz von `yield return` unterliegt zwei Einschränkungen:

- `yield return` kann nicht innerhalb einer anonymen Methode codiert werden.
- `yield return` darf weder in einem `catch`-Block noch in einem `try`-Block verwendet werden, wenn Letzterer eine `catch`-Klausel hat. Die Verwendung in einem `try`-Block, dem sich nur noch ein `finally`-Block anschließt, ist jedoch möglich.

Weitere Möglichkeiten

`yield return` ist für den Compiler der Anstoß, automatisch einen Iterator zu erzeugen, der von einer `foreach`-Schleife genutzt werden kann. Sie können auch mehrfach hintereinander `yield` aufrufen, wie das folgende Codefragment zeigt:

```csharp
// Methode der Schnittstelle IEnumerable
public IEnumerator GetEnumerator() {
  yield return "Januar";
  yield return "Februar";
  yield return "März";
}
```

Listing 8.26 Mehrere Aufrufe von »yield«

Es werden der Reihe nach die drei Monate ausgegeben.

In einem Iterator-Block ist das Statement `return` nicht zulässig. Zum Abbruch einer Iteration kombinieren Sie stattdessen `yield` mit `break`:

```csharp
yield break;
```

Kapitel 9
Generics – Generische Datentypen

9.1 Problembeschreibung

In der Programmierung dienen Variablen als Platzhalter für Daten. Die Idee, die hinter den Generics steckt, geht noch einen konsequenten Schritt weiter. Generics sind ebenfalls Platzhalter, allerdings für Datentypen. Mit Generics lassen sich Klassen und Methoden definieren, für die bestimmte Datentypen geprägt sind. Lassen Sie mich diese Aussage sofort an dem konkreten Beispiel zeigen. Dazu dient die benutzerdefinierte Klasse Stack mit den beiden Methoden Push und Pop als Ausgangspunkt der Überlegungen. Die Klasse sei zunächst noch »klassisch« definiert.

```
class Stack {
  private readonly int size;
  private Object[] elements;
  private int pointer = 0;
  public Stack(int size) {
    this.size = size;
    elements = new Object[size];
  }
  public void Push(Object element) {
    if (pointer >= this.size)
      throw new StackOverflowException();
    elements[pointer] = element;
    pointer++;
  }
  public Object Pop() {
    pointer--;
    if (pointer >= 0)
      return elements[pointer];
    else {
      pointer = 0;
      throw new InvalidOperationException("Der Stack ist leer");
    }
  }
  public int Length {
    get { return this.pointer; }
  }
}
```

Listing 9.1 Die Definition einer Klasse, die einen allgemeinen Stack beschreibt

Die internen Daten werden in einem `Object`-Array gespeichert. Instanziiert werden kann diese Klasse über den Aufruf des einfach parametrisierten Konstruktors, dem ein `int` übergeben wird, mit dem die Größe des internen Arrays initialisiert wird.

Mit `Push` wird der `Stack`-Instanz ein Objekt übergeben. Sollte zu diesem Zeitpunkt die Kapazität des Arrays bereits ausgeschöpft sein, ist eine Ausnahme die Folge. Mit einer Ausnahme reagiert auch die Methode `Pop`, falls ein weiteres Element abgerufen wird, das Array aber bereits geleert ist und kein weiteres Element mehr enthält.

Jedes vom `Stack`-Objekt im Array verwaltete Element ist vom Typ `Object`. Das ist für eine Auswertung jedoch nicht präzise genug, was dazu führt, dass das Element in den richtigen Typ konvertiert werden muss. Das folgende Codefragment soll das verdeutlichen:

```
Stack stack = new Stack(10);
stack.Push(2);
int str = (int)stack.Pop();
```

Würden wir versuchen, das vom Stack geholte Element beispielsweise in eine Zeichenfolge zu konvertieren, also

```
string str = (string)stack.Pop();
```

wäre das Auslösen einer Ausnahme vom Typ `InvalidCastException` die unweigerliche Folge. Wie Sie sehen können, birgt die Flexibilität des Typs `Object` gravierende Nachteile in sich. Sie können natürlich versuchen, mehrere Klassen zu entwickeln, die auf einen bestimmten Datentyp spezialisiert sind, z.B.:

```
public class StackInt {
  private int[] elemente
  public void Push(int number) {...}
  [...]
}
```

Damit wäre gewährleistet, dass ein Objekt dieser Klasse nur Integer verwalten kann. Die Auswertung der einzelnen Objekte macht somit kein Problem. Andererseits führt dieser Ansatz im Extremfall zu einer großen Anzahl ähnlicher Klassen, die jeweils nur für einen spezifischen Typ geeignet sind. Solche Lösungen sind zwar umsetzbar, allerdings schlecht zu warten. Zudem könnte sich in naher oder ferner Zukunft der Bedarf nach einem weiteren Stack mit einem noch nicht berücksichtigten Typ ergeben, so dass man rückblickend mit dem Ergebnis nicht zufrieden wäre. Genau an diesem Punkt spielen Generics ihre ganze Stärke aus.

9.2 Bereitstellen einer generischen Klasse

Generics erlauben die Verwendung von Datentypen, die man zum Zeitpunkt der Entwicklung noch nicht festlegen kann oder will. Dazu wird anstelle eines konkreten Datentyps in der Klassendefinition ein Platzhalter angegeben, der innerhalb von spitzen Klammern steht. Dabei hat sich das Verwenden von Buchstaben eingebürgert. Am häufigsten trifft man auf das »T«, das für »Typ« steht. In der generischen Klasse kann der Platzhalter wie ein regulärer Datentyp verwendet werden.

Im folgenden Beispiel wird gezeigt, wie aus der Klasse Stack des Listings 9.1 eine generische Klasse Stack<T> (gesprochen: »Stack of T« und nicht nur »Stack«) wird.

```
// Beispiel: ..\Kapitel 9\GenerischerStack
class Stack<T> {
  private readonly int size;
  private T[] elements;
  private int pointer = 0;
 public Stack(int size) {
    this.size = size;
    elements = new T[size];
  }
  public void Push(T element) {
    if (pointer >= this.size)
      throw new StackOverflowException();
    elements[pointer] = element;
    pointer++;
  }
  public T Pop() {
    pointer--;
    if (pointer >= 0)
      return elements[pointer];
    else {
      pointer = 0;
      throw new InvalidOperationException("Der Stack ist leer");
    }
  }
  public int Length {
    get { return this.pointer; }
  }
}
```

Listing 9.2 Beispiel einer generischen »Stack«-Klasse

Instanziieren Sie die generische Klasse Stack<T>, müssen Sie den Platzhalter T, der als **generischer Typparameter** bezeichnet wird, durch einen konkreten Datentyp ersetzen. In der folgenden Anweisung handelt es sich beispielsweise um int:

```
Stack<int> stack = new Stack<int>(10);
```

Aus der Klasse Stack<T> ist nun ein Objekt vom Typ Stack<int> geworden. Alle Member der Klasse, in denen der Typparameter T verwendet wird, ersetzen ihn nun durch den gewählten konkreten Datentyp und akzeptieren nur noch Integer-Werte (siehe Abbildung 9.1).

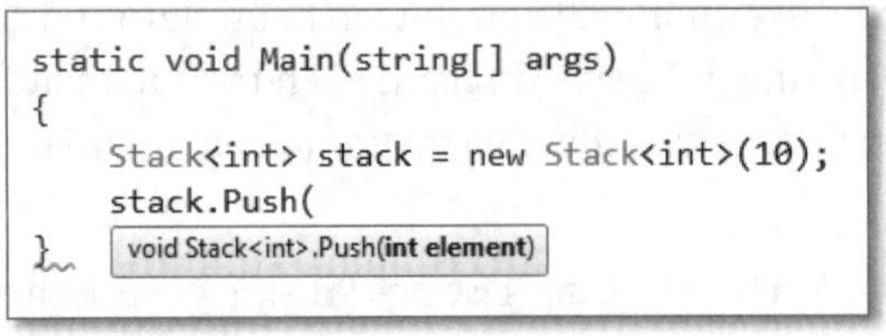

```
static void Main(string[] args)
{
    Stack<int> stack = new Stack<int>(10);
    stack.Push(
}          void Stack<int>.Push(int element)
```

Abbildung 9.1 Aufruf der »Push«-Methode der Klasse »Stack<int>«

Den Zugriff auf die generische Klasse Stack<int> zeigt nachfolgend die Methode Main. Der Code ist in einen try-Block gefasst, um ausgelöste Ausnahmen behandeln zu können.

```
static void Main(string[] args) {
  try {
    Stack<int> stack = new Stack<int>(10);
    stack.Push(123);
    stack.Push(4711);
    stack.Push(34);
    for (int i = stack.Length; i > 0; i--) {
      Console.WriteLine(stack.Pop());
    }
    stack.Pop();
  }
  catch (Exception e) {
    Console.WriteLine(e.Message);
  }
  Console.ReadLine();
}
```

Listing 9.3 Auswerten des generischen Stacks aus Listing 9.2

In der for-Schleife werden alle Elemente der Reihe nach vom Stack geholt. Um eine Ausnahme zu provozieren, wird, nachdem der Stack bereits geleert ist, ein weiteres Mal die Pop-Methode aufgerufen.

> **Hinweis**
>
> Die .NET-Klassenbibliothek stellt eine generische Klasse Stack<T> im Namespace System.Collections.Generic zur Verfügung und eine nichtgenerische in System.Collections.

9.2.1 Mehrere generische Typparameter

Die zuvor verwendete generische Klasse Stack<T> definiert einen generischen Datentyp. Je nachdem, wie die Anforderungen an die generische Klasse definiert sind, kann der Bedarf an Typparametern jedoch auch größer sein. Sie könnten durchaus eine Klasse definieren, die zwei oder auch noch mehr generische Typparameter aufweist. Diese werden innerhalb der spitzen Klammern durch ein Komma voneinander getrennt, z. B.: `Demo<T, A, B>`. Hier handelt es sich sogar um die drei generischen Typparameter T, A und B.

9.2.2 Vorteile der Generics

Der offensichtlich größte Vorteil der Generics ist deren Typsicherheit. Sie programmieren nur eine Klasse und können diese für unterschiedliche Datentypen prägen. Dass die Datentypen sogar bestimmten Bedingungen unterworfen werden können, lernen Sie im nächsten Abschnitt. Verwenden Sie im Programmcode einen generischen Typ, stellt bereits der Compiler fest, wenn Sie einen unzulässigen Datentyp verwenden. Natürlich sorgt auch die Laufzeitumgebung für die Gewährleistung der Typsicherheit.

Neben der Typsicherheit spricht für die Generics das bessere Leistungsverhalten, insbesondere bei der Verwaltung von Wertetypen. Stellen Sie sich nur einfach vor, Sie würden in einer `ArrayList` zahlreiche Integer-Werte speichern:

```
ArrayList liste = new ArrayList();
liste.Add(55);
[...]
```

Obwohl eine `ArrayList` sehr komfortabel zu handhaben ist, müssen Wertetypen vor der Zuweisung und bei der Auswertung implizit mit dem Boxing- bzw. Unboxing-Verfahren in Referenztypen umgewandelt werden. Das geht, wie in Abschnitt 6.3 beschrieben, zu Lasten der Anwendungsleistung und macht sich insbesondere bei großen Auflistungen deutlich bemerkbar.

9.3 Bedingungen (Constraints) festlegen

9.3.1 Constraints mit der »where«-Klausel

Mit der Definition

```
public class Stack<T> { [...] }
```

teilen wir dem Compiler mit, dass der verwaltete Datentyp zur Entwicklungszeit noch unbekannt ist. Der generische Typparameter kann in diesem Fall durch jeden x-beliebigen Datentyp ersetzt werden.

Müssen Sie innerhalb des Codes der generischen Klasse jedoch ein bestimmtes Klassenmitglied des verwendeten Typs aufrufen (beispielsweise eine Methode), ist eine explizite und damit auch unsichere Konvertierung notwendig. Fehler, die eventuell auftreten, weil der verwendete Datentyp dieses Klassenmitglied nicht veröffentlicht, würden erst zur Laufzeit der Anwendung erkannt.

Um die Problematik zu verstehen, sehen Sie sich das folgende Listing 9.4 an. Die Klasse `Demo<T>` enthält die Methode `DoSomething`, die einen Parameter des Typs T definiert. Was genau die Methode leisten soll, interessiert bei dieser Betrachtung nicht. Jedoch wird innerhalb der Methode auf das an den Parameter übergebene Objekt die Methode `Dispose` aufgerufen, die aus der Schnittstelle `IDisposable` stammt.

```
class Demo<T> {
  public void DoSomething(T param) {
    [...]
    param.Dispose();
    [...]
  }
}
```

Listing 9.4 Generische Klasse, die die Methode »IDisposable.Dispose« voraussetzt

Bereits das Kompilieren wird zu einem Fehler führen, da der Typparameter T die Methode `Dispose` nicht generell beschreibt. Wir haben hier eine Bedingung (Constraint) vorliegen, die vom Typparameter erfüllt werden muss, nämlich die Implementierung der Schnittstelle `IDisposable`, um die Methode `Dispose` zu garantieren.

Die Lösung der Problematik ist sehr einfach. Bedingungen an Typparameter werden ähnlich wie in einer SQL-Abfrage mit dem Schlüsselwort `where` spezifiziert. In unserem fiktiven Szenario müsste demnach die Klasse `Demo` folgendermaßen implementiert werden:

```
class Demo<T> where T : IDisposable {
  public void DoSomething(T param) {
    [...]
    param.Dispose();
    [...]
  }
}
```

Listing 9.5 Generische Klasse mit einem Constraint

Jetzt ist eine Bedingung festgelegt, die der spätere konkrete Typ erfüllen muss: Er muss die Schnittstelle `IDisposable` unterstützen.

Mit einem Constraint lassen sich generische Typen einschränken, um damit vorzugeben, wie der generische Typ auszusehen hat, welche Verhaltensweisen erforderlich sind. Diese Typparameter werden auch als **gebundene Typparameter** bezeichnet (generische Typparameter ohne Constraints heißen entsprechend auch **ungebundene Typparameter**).

Dabei ist das Festlegen der Constraints äußerst flexibel und gestattet zahlreiche Möglichkeiten. So können Sie – falls erforderlich – auch mehrere Interfaces angeben, die voneinander durch ein Komma getrennt werden:

```
class Demo<T> where T : IDisposable, ICloneable, IComparable
```

Jetzt wird vorgeschrieben, dass der generische Typparameter nur durch Typen ersetzt werden kann, die gleichzeitig die drei Schnittstellen `IDisposable`, `ICloneable` und `IComparable` implementieren.

Eine Bedingung ist nicht nur auf Schnittstellen beschränkt. Sie können auch eine Klasse angeben und legen damit die Basisklasse des an den Typparameter T übergebenen konkreten Typs fest. Um beispielsweise vorzugeben, dass der generische Typparameter vom Typ `GeometricObject` (oder davon abgeleitet) sein muss, geben Sie die Klasse hinter where an:

```
class Demo<T> where T : GeometricObject
```

Sollten Sie eine Bedingung formulieren, die sowohl eine Klasse als auch eine Schnittstelle vorschreibt, muss die Angabe der Klasse vor der Schnittstelle stehen. Mehrere Klassen anzugeben ist nicht erlaubt.

9.3.2 Typparameter auf Klassen oder Strukturen beschränken

Die Angabe einer Einschränkung ist nicht nur auf konkrete Typen möglich. Sie können auch festlegen, dass der generische Typparameter entweder eine `class`- oder `struct`-Definition voraussetzt, z. B.:

```
class Demo<T> where T : class
{
  [...]
}
```

Listing 9.6 Generischer Typparameter, der auf Referenztypen beschränkt

Mit diesen Constraints lassen sich, allgemein formuliert, Werte- oder Referenztypen vorschreiben. Allerdings müssen Sie dabei berücksichtigen, dass die Bedingung `struct` nicht erlaubt, dass `Nullable`-Typen verwendet werden. Mit `class` ist das andererseits möglich.

> **Hinweis**
> Auf `Nullable`-Typen, die eine weitere Spielart der Generics sind, werden wir in Abschnitt 9.8 noch eingehen.

9.3.3 Mehrere Constraints definieren

Beschreibt eine Klasse mehrere generische Typparameter, lassen sich Bedingungen für jeden einzelnen generischen Typparameter festlegen. Dazu müssen Sie den Constraint für jeden einzelnen Platzhalter mit where einleiten:

```
public class Demo<T, A> where T : IComparable, ICloneable
                       where A : IDisposable
{
  [...]
}
```

Listing 9.7 Mehrere generische Typparameter einschränken

9.3.4 Der Konstruktor-Constraint »new()«

Nehmen wir an, Sie möchten in einer generischen Klasse ein Objekt vom Typ des generischen Typparameters erzeugen. Das Problem dabei ist, dass der C#-Compiler nicht weiß, ob die den Typparameter ersetzende Klasse einen passenden Konstruktor hat. Die Folge wäre ein Kompilierfehler. Um in dieser Situation eine Lösung zu bieten, können Sie an die Liste der Constraints new() anhängen, wie im folgenden Codefragment gezeigt wird:

```
public class Demo<T> where T : new()
{
  public T DoSomething() {
    return new T();
  }
}
```

Listing 9.8 Generischer Typparameter, der den parameterlosen Konstruktor vorschreibt

Der generische Typparameter kann nunmehr nur durch Objekte konkretisiert werden, die einen öffentlichen, parameterlosen Konstruktor unterstützen. Einen parametrisierten Konstruktor vorzuschreiben ist nicht möglich. Werden mehrere Bedingungen definiert, steht new() grundsätzlich immer am Ende der Aufzählung.

9.3.5 Das Schlüsselwort »default«

Im Beispiel *GenerischerStack* wird eine Exception ausgelöst, wenn die Methode Pop aufgerufen wird und der Stack leer ist. Eine andere Lösung hätte vermutlich auch zum Ziel geführt: die Rückgabe mit return.

```
public T Pop() {
  pointer--;
  if (pointer >= 0)
    return elements[pointer];
  else {
    pointer = 0;
    // Problemfall: der Rückgabewert
    return null;
  }
}
```

Listing 9.9 Rückgabewert der Methode »Pop« der »Stack<T>«-Klasse

Dieser Ansatz ist richtig, solange der Typparameter durch einen Referenztyp beschrieben wird. Handelt es sich jedoch um einen Wertetyp, wird die Laufzeit in einem Desaster enden, da einem Wertetyp `null` nicht zugewiesen werden kann; die Rückgabe muss dann 0 sein. Andererseits kann bei Referenztypen nicht einfach der Wert 0 zurückgeliefert werden, denn hier muss es `null` sein.

Die Lösung des Problems führt über das C#-Schlüsselwort `default`. Dieses kann zwischen Referenz- und Wertetypen unterscheiden und liefert `null`, wenn es sich bei dem konkreten Typ um einen Referenztyp handelt, bzw. 0, wenn es ein den Wertetypen zugerechneter Typ ist.

```
public T Pop() {
  pointer--;
  if (pointer >= 0)
    return elements[pointer];
  else {
    pointer = 0;
    return default(T);
  }
}
```
Listing 9.10 Rückgabewert »default(T)«

9.4 Generische Methoden

Generische Typen sind nicht nur im Zusammenhang mit Klassen möglich, sondern auch mit Methoden. Dabei ist es nicht zwingend notwendig, dass die Typparameter einer Methode denen der Klasse entsprechen:

```
class Demo<T> {
  public void DoSomething<K>(K param) { [...] }
}
```

Im Gültigkeitsbereich der Klasse ist in diesem Fall der Typ »T« bekannt, »K« nur innerhalb der Methode. Sie dürfen generische, methodenspezifische Typparameter auch angeben, wenn die Klasse selbst keine definiert:

```
class Demo {
  public void DoSomething<T>(T param) { [...] }
}
```

Der Aufruf einer Methode mit generischen Typparametern ist sehr einfach. Sie instanziieren in gewohnter Weise zuerst die Klasse und rufen die Methode unter Angabe des gewünschten konkreten Datentyps auf:

```
Demo<string> @object = new Demo<string>();
@object.DoSomething<int>(25);
```

Sie können es sogar noch kürzer formulieren, wenn Sie auf die Typangabe beim Methodenaufruf verzichten. Der C#-Compiler wird in diesem Fall die richtige Schlussfolgerung ziehen. Daher ist auch der folgende Aufruf gleichwertig:

```
@object.DoSomething(25);
```

Generische Typparameter und Constraints können sowohl für Instanzmethoden als auch für statische Methoden festgelegt werden.

> **Hinweis**
> Dass Felder auf Klassenebene und Methodenparameter gleichnamig sein dürfen, ist Ihnen bekannt. Diese Freizügigkeit haben Sie mit generischen Typparametern nicht: Ein Platzhalter, der auf Klassenebene angegeben ist, darf für eine Methode nicht mehr verwendet werden, da der C#-Compiler nicht in der Lage ist, diese Doppeldeutigkeit aufzulösen.
> ```
> class Demo<T> {
>   // fehlerhafter Typparameter
>   public void DoSomething<T>(T obj) { [...] }
> }
> ```
> Richtig müsste es lauten:
> ```
> class Demo {
>   public void DoSomething<T>(T obj) { [...] }
> }
> ```
> oder
> ```
> class Demo<T> {
>   public void DoSomething(T obj) { [...] }
> }
> ```

9.4.1 Methoden und Constraints

Muss der generische Typparameter einer Methode bestimmten Bedingungen genügen, legen Sie einen Constraint fest. Die Syntax entspricht der der Constraints einer Klasse. Allerdings ist es nicht möglich, einen Constraint für einen generischen Typparameter einer Methode zu definieren, der bereits auf Klassenebene festgelegt ist.

```
public void DoSomething<T>(T param) where T: IComparable {
   [...]
}
```

9.5 Generics und Vererbung

Generische Klassen können abgeleitet werden. Die Regeln sind ähnlich denen, die wir schon kennen. Aufgrund der besonderen Natur generischer Klassen sind dabei jedoch ein paar Besonderheiten zu beachten.

Ist die Basisklasse generisch, kann die abgeleitete Klasse den generischen Typparameter übernehmen und selbst generisch sein.

```
class BaseClass<T> { [...] }
class SubClass<T> : BaseClass<T> { [...] }
```

Die Basisklasse könnte die konkreten Datentypen durch einen Constraint auf ganz bestimmte Typen eingrenzen. Dieser Constraint gilt auch für die abgeleitete Klasse und muss hinter der Angabe der Basisklasse berücksichtigt werden.

```
class BaseClass<T> where T : IComparable {
  [...]
}
class SubClass<T> : BaseClass<T> where T : IComparable {
  [...]
}
```

Soll die abgeleitete Klasse nicht generisch sein, muss der generische Typparameter der Basisklasse durch einen konkreten Datentyp in der abgeleiteten Klasse ersetzt werden, wie nachfolgend gezeigt wird:

```
class BaseClass<T> {
  [...]
}
class SubClass : BaseClass<int> {
  [...]
}
```

Sie können umgekehrt auch dann eine generische Subklasse entwickeln, wenn die Basisklasse nicht generisch ist.

9.5.1 Virtuelle generische Methoden

Sind in der Basisklasse virtuelle Methoden definiert, wird es noch einmal spannend, denn die Methode könnte in der Basisklasse einen generischen Typparameter haben. Virtuelle Methoden können mit `override` überschrieben werden. Ob der generische Typparameter durch einen konkreten Datentyp ersetzt werden muss oder ob der Typparameter auch in der überschreibenden Methode angeführt werden darf, entscheidet sich schon bei der Festlegung der Subklasse.

Spielen wir den Fall durch, dass die ableitende Klasse den geerbten generischen Typparameter konkret ersetzt, also:

```
class BaseClass<T> {
  public virtual T DoSomething() { [...] }
}
```

```csharp
class SubClass : BaseClass<int> {
  public override int DoSomething() { [...] }
}
```

Wie weiter oben beschrieben wurde, muss der Typparameter durch eine konkrete Angabe ersetzt werden. Das verpflichtet auch dazu, den gewünschten Datentyp in der Signatur der überschreibenden Methode zu benennen. Dass sich die Methode polymorph verhalten wird, bedarf kaum noch einer Erwähnung.

Soll auch die abgeleitete Klasse generisch sein, muss die virtuelle Methode mit generischen Typparametern überschrieben werden.

```csharp
class BaseClass<T> {
  public virtual T DoSomething() { [...] }
}
class SubClass<T> : BaseClass<T> {
  public override T DoSomething() { [...] }
}
```

9.6 Konvertierung von Generics

Die implizite Konvertierung eines generischen Typparameters ist nur statthaft, wenn der Zieldatentyp Object ist oder einer der Typen, die als Constraint hinter where angeführt sind.

```csharp
class Demo<T> where T : DemoBase, IComparable {
  public void DoSomething(T param) {
    IComparable var1 = param;
    DemoBase var2 = param;
    Object var3 = param;
  }
}
```

Listing 9.11 Konvertierung eines generischen Typparameters

Die Klasse Demo beschreibt den Typparameter T, der den folgenden Bedingungen genügen muss: Der konkrete Typ muss von der Klasse DemoBase abgeleitet sein und das Interface IComparable implementieren. Die Zuweisungen in DoSomething sind damit gültig und typsicher.

An Demo wollen wir nun noch eine Manipulation vornehmen, indem wir auf die Constraints verzichten. Wir haben dann immer noch die Möglichkeit, implizit in Object zu konvertieren. Die Konvertierung in eine Schnittstelle muss explizit erfolgen. Weil der Compiler zur Kompilierzeit nicht weiß, durch welchen konkreten Typ der Typparameter zur Laufzeit ersetzt wird, wird er diese Konvertierung akzeptieren. Nicht erlaubt ist hingegen die explizite Konvertierung in irgendeine Klasse.

```
class Demo<T> {
  public void DoSomething(T param) {
    // korrekt !!!
    IComparable var1 = (IComparable)param;
    // fehlerhaft !!!
    DemoBase var2 = (DemoBase)param;
    Object var3 = param;
  }
}
```

Listing 9.12 Typkonvertierung eines allgemeinen generischen Typparameters

Obwohl der Compiler die explizite Konvertierung in eine Schnittstelle akzeptiert, bleibt festzustellen, dass diese Operation nicht ganz ungefährlich ist und zur Laufzeit eine Ausnahme verursachen kann, wenn der generische Typ die Schnittstelle nicht implementiert. Um dieser potenziellen Gefahr aus dem Weg zu gehen, bietet sich eine Alternative mit den Operatoren is bzw. as an. Zur Erinnerung: Mit beiden Operatoren lässt sich der Typ einer Referenz überprüfen. is liefert true zurück, wenn der linke Operand vom Typ des rechten ist. Der as-Operator führt in diesem Fall sogar eine Konvertierung durch, andernfalls ist der Rückgabewert null.

Das folgende Listing zeigt, wie Sie die genannten Operatoren zur Typüberprüfung einsetzen können.

```
class Demo<T> {
  public void DoSomething(T param) {
    if (param is IComparable) {...}
    // oder alternativ:
    if (param as IComparable!= null) {...}
  }
}
```

Listing 9.13 Konvertierung eines generischen Typparameters mit »is« oder »as«

9.7 Generische Delegates

Generische Delegates erweisen sich als besonders nützlich, wenn mehrere ähnliche Events ausgelöst werden. Ein kleiner Satz generischer Delegates, die sich in der Anzahl und dem Typ der Parameter unterscheiden, reicht oftmals vollkommen aus, um alle Ereignishandler bedienen zu können.

Sehen wir uns den generischen Delegaten EventHandler<TEventArgs> an, der in der Klassenbibliothek zu finden ist:

```
public delegate void EventHandler<TEventArgs>(object sender, TEventArgs e)
                              where TEventArgs : EventArgs;
```

Der generische Typparameter TEventArgs akzeptiert in diesem Fall alle Objekte, die auf die Basis EventArgs zurückzuführen sind. Mit dieser Delegatdefinition lassen sich prinzipiell alle Delegaten beschreiben, die als Typvorgabe von Ereignissen dienen. Leider wurden die Generics nicht schon mit .NET 1.0 eingeführt, sondern erst mit .NET 2.0. So müssen wir uns leider mit sehr vielen Delegaten auseinandersetzen, obwohl ein einziger bereits den Anforderungen vollends genügen würde.

9.7.1 Generische Delegates und Constraints

Die Definition eines generischen Delegates erlaubt es uns, eine Bedingung mit where zu formulieren. Wollen Sie beispielsweise den Typparameter T des Delegates MyDelegate auf die Typen begrenzen, die von der Klasse Demo abgeleitet sind und die Schnittstelle IDisposable implementieren, würde die Anweisung wie folgt lauten:

```
public delegate void MyDelegate<T>(T param) where T : Demo, IDisposable;
```

9.7.2 Anpassung des Beispiels »GeometricObjects«

Wir wollen aus der Erkenntnis des letzten Abschnitts Nutzen ziehen und im Projekt *GeometricObjects* eine Änderung vornehmen, indem wir auf alle Delegatdefinitionen verzichten. Damit die Anwendung anschließend fehlerfrei kompiliert wird und wir weiterhin unsere Ereignisse InvalidMeasure, Moving und Moved auslösen können, müssen wir eine Typanpassung bei den Ereignissen, die in der Klasse GeometricObject definiert sind, vornehmen:

```
public abstract class GeometricObject : IComparable {
  // Ereignisse
  public event EventHandler<MovingEventArgs> Moving;
  public event EventHandler<EventArgs> Moved;
  public event EventHandler<InvalidMeasureEventArgs> InvalidMeasure;
  [...]
}
```

Listing 9.14 Änderung der Klasse »GeometricObject«

Das ist bereits alles. Bei der Registrierung des Ereignishandlers zum Testen müssen wir natürlich die Änderung berücksichtigen.

```
class Program {
  static void Main(string[] args) {
    Circle kreis = new Circle();
    kreis.InvalidMeasure +=
        new EventHandler<InvalidMeasureEventArgs>(kreis_InvalidMeasure);
    kreis.Radius = -10;
    Console.ReadLine();
  }
  static void kreis_InvalidMeasure(object sender, InvalidMeasureEventArgs e) {
```

```
            Console.WriteLine("Der Radius von {0} ist falsch.", e.InvalidMeasure);
    }
}
```
Listing 9.15 Testen der Änderung aus Listing 9.14

Natürlich ist es auch möglich, mit

```
kreis.InvalidMeasure += kreis_InvalidMeasure
```

den Ereignishandler bekannt zu geben.

> **Hinweis**
>
> Sie finden den Code des Beispiels auf der Buch-DVD unter ..*Beispiele\Kapitel 9\ GeometricObjectsSolution_9*.

9.8 Nullable-Typen

Angenommen, Sie greifen auf das Feld einer Tabelle in einer Datenbank zu. Der Datentyp des Feldes sei ein Integer. Damit ist der zulässige Wertebereich des Feldes bereits exakt beschrieben, der zwischen dem Minimal- und dem Maximalwert des Integers liegt. Spalten einer Datenbanktabelle müssen aber nicht zwangsläufig mit einem durch den Datentyp beschriebenen Wert gefüllt sein, sie dürfen auch leer bleiben (haben also den Inhalt NULL) und werden trotzdem als gültig anerkannt. In diesem Fall ist neben einem Zahlenwert auch null akzeptiert. Das steht aber im Gegensatz zu der Vorgabe, dass ein Integer-Wert nicht durch null beschrieben werden kann.

Probleme dieser Art können nun ganz einfach durch Nullable-Typen gelöst werden. Dabei spielt der Typ Nullable<T>, der im Namespace System definiert ist, die entscheidende Rolle. Die Signatur deutet bereits an, dass es sich um eine generische Klasse handelt mit dem Ziel, einem Wertetyp die Verwendung von null zu ermöglichen. Die Definition lautet wie folgt:

```
public struct Nullable<T> where T : struct
```

Nullable<T> ist also als Struktur definiert und schränkt die Verwendung auf Strukturen ein. Das ist auch sinnvoll, da Referenztypen grundsätzlich durch null beschrieben werden können. Nullable<T> kann beispielsweise wie folgt verwendet werden:

```
Nullable<int> x = 4711;
Nullable<int> y = null;
```

C# verfügt darüber hinaus auch über eine eigene syntaktische Variante, die die Verwendung einfacher macht. Dafür wurde der neue Modifizierer »?« eingeführt, der aus einem Datentyp einen null-fähigen Typ macht. Damit kann die Notation der beiden Anweisungen auch vereinfachend wie folgt lauten:

```csharp
int? x = 4711;
int? y = null;
```

Da wir es jetzt mit einem neuen Datentyp zu tun haben, der auch `null` unterstützt, wird in der Klasse `Nullable` mit `HasValues` eine Eigenschaft angeboten, die einen booleschen Wert beschreibt. Er ist `true`, wenn der Inhalt der null-fähigen Variablen einen gültigen Wert aufweist, also ungleich `null` ist.

```csharp
if (x.HasValue)
  Console.WriteLine("Der Wert ist ungleich null");
else
  Console.WriteLine("Der Wert ist null");
```

Der Inhalt der Variablen kann mit der Eigenschaft `Value` abgefragt werden. Sie liefert einen gültigen Wert, wenn `HasValue` den Wert `true` liefert. Ansonsten wird eine Ausnahme vom Typ `InvalidOperationException` ausgelöst.

Darüber hinaus können Sie Nullable-Typen auch in der üblichen Form eines Referenztyps verwenden und beispielsweise mit `null` vergleichen:

```csharp
if(x != null) {
  ...
}
```

9.8.1 Konvertierungen mit Nullable-Typen

Ein Nullable-Typ ist gegenüber seinem zugrunde liegenden Datentyp um die Fähigkeit erweitert worden, auch `null` zu unterstützen. Eine Zuweisung wie im folgenden Codefragment kommt einer aufweitenden Operation gleich und wird daher implizit vorgenommen.

```csharp
int x = 20;
int? y = x;
```

Soll im umgekehrten Fall die Zuweisung eines `null`-fähigen Typs an seinen elementaren Typ erfolgen, muss explizit konvertiert werden.

```csharp
int? x = 20;
int y = (int)x;
```

Hat *x* in diesem Beispiel den Inhalt `null`, wird eine Ausnahme ausgelöst.

9.9 Generische Collections

Ein ganz wesentlicher Nachteil der Auflistungen des Namespaces `System.Collections` ist, dass sie immer den Typ `Object` verwalten. Damit können Sie in einem Auflistungsobjekt alles speichern, von einem Integer über einen Stream bis hin zur Datenbanktabelle. Wissen Sie nicht, welche Typen von der Auflistung verwaltet werden, haben Sie praktisch keine Chance, die Elemente auszuwerten. Bedenken Sie, dass Sie jedes Element der Auflistung zuerst in den richtigen Typ konvertieren müssen, um dessen spezifische Eigenschaften nutzen zu können.

Generische Auflistungsklassen haben diesen Nachteil nicht. Sie sind für einen bestimmten Typ geprägt. Der Code wird dadurch einfacher und besser lesbar, und eine Konvertierung ist nicht notwendig, um auf die spezifischen Member der verwalteten Elemente zuzugreifen.

Im Wesentlichen habe ich Ihnen in Kapitel 8 zwei nichtgenerische Auflistungsklassen vorgestellt: die indexbasierte ArrayList und das Dictionary Hashtable. Beide haben einen generischen Gegenspieler in List<T> und Dictionary<TKey, TValue>. In diesem Abschnitt werde ich Ihnen List<T> vorstellen. Anhand des hier Gesagten erübrigt sich eine weitere Vertiefung der Klasse Dictionary<TKey, TValue>.

9.9.1 Die Interfaces der generischen Auflistungsklassen

Sie wissen, dass alle nichtgenerischen Auflistungsklassen die beiden Schnittstellen ICollection und IEnumerable implementieren. Zudem implementieren die indexbasierten Auflistungen die Schnittstelle IList, alle Schlüssel-Wert-Paar-Auflistungen hingegen die Schnittstelle IDictionary. Haben wir es mit generischen Auflistungsklassen zu tun, sind auch diese Schnittstellen generisch. Somit handelt es sich um

- IEnumerable<T>
- ICollection<T>
- IDictionary<TKey, TValue>
- IList<T>

Eine genauere Beschreibung dieser Interfaces ist nicht notwendig, da sie sich in ihrem elementaren Verhalten nicht von den nichtgenerischen unterscheiden.

9.9.2 Die generische Auflistungsklasse »List<T>«

Im Großen und Ganzen ist kein wesentlicher Unterschied zwischen den Methoden und Eigenschaften einer ArrayList und List<T> festzustellen. Sie fügen mit Add oder AddRange Objekte hinzu, Sie löschen Auflistungselemente mit Remove oder RemoveAt und besorgen sich den Index eines Elements mit IndexOf. Natürlich sind alle Methoden generisch geprägt, also auf einen bestimmten Typ hin spezialisiert, den Sie bei der Instanziierung der Klasse angegeben haben. Konzentrieren wir uns daher sofort auf ein Beispielprogramm.

Sortieren einer indexbasierten Collection

In Kapitel 8 habe ich Ihnen im Beispielprogramm IComparerSample den Einsatz von Vergleichsklassen vorgestellt, um die Elemente einer ArrayList nach eigenen Kriterien zu sortieren. Ausgangspunkt war die Klasse Person mit den beiden Feldern Name und City. In der Anwendung wurden mehrere Person-Objekte einem ArrayList-Objekt hinzugefügt und konnten entweder nach City oder Name sortiert an der Konsole ausgegeben werden. Vielleicht erinnern Sie sich noch, dass eine verhältnismäßig komplexe Konvertierung notwendig war, um den Rückgabewert des Vergleichs zu bilden. In der Vergleichsklasse NameComparer sah die Anweisung wie folgt aus:

```
return ((Person)x).Name.CompareTo(((Person)y).Name);
```

Mit der generischen Auflistungsklasse IList<T> geht alles viel einfacher:

```
List<Person> liste = new List<Person>();
```

Damit ist die Auflistung streng typisiert: Sie verwaltet nur Objekte vom Typ Person und wird andere Typen strikt abweisen.

Unser Ziel sei es auch im folgenden Beispiel, entweder nach Name oder City sortieren zu können. So wie die Klasse ArrayList bietet auch List<T> eine Methode Sort an, die das gewährleistet. Schauen wir uns deren Definition an:

```
public void Sort(IComparer<T> comparer)
```

Im Gegensatz zur Methode Sort der ArrayList wird nun ein Objekt erwartet, das eine generische Schnittstelle implementiert. Sehen wir uns zuerst die Definition der Schnittstellenmethode an:

```
public interface IComparer<T> {
  int Compare(T x, T y);
}
```

Compare vergleicht zwei Objekte miteinander, deren Typ durch den Typparameter T beschrieben wird. Bezogen auf unser Beispiel bedeutet das, den Typparameter T durch Person zu ersetzen. Damit werden die Referenzen, die der Methode Compare als Argumente übergeben werden, vor dem Eintritt in den Code der Methode gefiltert.

Diese Erkenntnis wollen wir nun auch umsetzen. Dazu sind die beiden Klassen NameComparer und CityComparer im Vergleich zur ersten Version des Beispielprogramms ein wenig zu ändern – oder besser gesagt, zu vereinfachen. Anhand der Klasse CityComparer sei dies gezeigt.

```
// Vergleichsklasse - Kriterium City
class CityComparer : IComparer<Person> {
  public int Compare(Person x, Person y) {
    if (x == null && y == null) return 0;
    if (x == null) return -1;
    if (y == null) return 1;
    return x.City.CompareTo(y.City);
  }
}
```

Listing 9.16 Vergleichsklasse des Beispiels »GenericListSample«

Auch wenn der Umgang mit generischen Klassen und Schnittstellen im ersten Moment vielleicht ein wenig gewöhnungsbedürftig erscheint, ist der Vergleich zweier Objekte deutlich einfacher geworden, weil keine Typkonvertierung mehr notwendig ist. Das ist darauf zurückzuführen, dass wir durch Einsatz der generischen Schnittstellenmethode garantieren können, ausschließlich Person-Objekte zu vergleichen. Zudem können wir uns auch die Typüberprüfung sparen, die in der Ursprungsversion unseres Beispiels noch notwendig war.

Zum Schluss folgt hier der gesamte Code des Beispiels:

```
// Beispiel: ..\Kapitel 9\GenericListSample
class Program {
  static void Main(string[] args) {
    List<Person> liste = new List<Person>();
    // generische Liste füllen
     Person pers1 = new Person { Name = "Meier", City = "Berlin"};
    liste.Add(pers1);
    Person pers2 = new Person { Name = "Arnold", City = "Köln"};
    liste.Add(pers2);
    Person pers3 = new Person { Name = "Fischer", City = "Aachen"};
    liste.Add(pers3);
    // nach City sortieren
    liste.Sort(new CityComparer());
    Console.WriteLine("Liste nach Wohnorten sortiert");
    ShowSortedList(liste);
    // nach Namen sortieren
     liste.Sort(new NameComparer());
    Console.WriteLine("\nListe nach Namen sortiert");
    ShowSortedList(liste);
    Console.ReadLine();
  }
  static void ShowSortedList(IList<Person> liste) {
    foreach (Person temp in liste) {
      Console.Write("Name = {0,-12}", temp.Name);
      Console.WriteLine("Wohnort = {0}", temp.City);
    }
    Console.WriteLine();
  }
}
class Person {
  public string Name {get; set; }
  public string City { get; set; }
}
```

Listing 9.17 Das Beispielprogramm »GenericListSample«

9.9.3 Vergleiche mit Hilfe des Delegaten »Comparison<T>«

Im Vergleich zur Klasse ArrayList hat die Klasse List<T> noch eine weitere interessante Überladung der Methode Sort, die es uns gestattet, den Code noch kürzer und intuitiver zu schreiben. Sehen wir uns die Definition der Methode an.

```
public void Sort(Comparison<T> comparison)
```

Die Überladung erwartet die Übergabe eines Comparison<T>-Objekts. Dabei handelt es sich um einen Delegaten, der auf die Methode zeigt, die den Vergleich zweier T-Objekte durchführt und das Resultat des Vergleichs an den Aufrufer liefert. Hier auch noch die Definition des Delegaten:

```
public delegate int Comparison<T>(T x, T y);
```

Bezogen auf das Beispielprogramm *GenericListSample* können wir auf die beiden Vergleichsklassen verzichten und stattdessen zwei Methoden bereitstellen, die dasselbe leisten. Das folgende Beispielprogramm zeigt, wie Sie diese Überladung von Sort einsetzen können.

```csharp
// Beispiel: ..\Kapitel 9\GenericListWithComparison
class Program {
  static void Main(string[] args) {
    List<Person> arrList = new List<Person>();
    ...
    // nach City sortieren
    arrList.Sort(CompareByCity);
    Console.WriteLine("Liste nach Wohnorten sortiert");
    ShowSortedList(arrList);
    // nach Namen sortieren
    arrList.Sort(CompareByName);
    Console.WriteLine("Liste nach Namen sortiert");
    ShowSortedList(arrList);
    Console.ReadLine();
  }
  public static int CompareByName(Person x, Person y) {
    // Prüfen auf null-Übergabe
    if (x == null && y == null) return 0;
    if (x == null) return -1;
    if (y == null) return 1;
    // Vergleich
    return x.Name.CompareTo(y.Name);
  }
  public static int CompareByCity(Person x, Person y) {
    // Prüfen auf null-Übergabe
    if (x == null && y == null) return 0;
    if (x == null) return -1;
    if (y == null) return 1;
```

```
                                                   // Vergleich
    return x.City.CompareTo(y.City);
  }
  static void ShowSortedList(IList<Person> liste) { ... }
}
```

Listing 9.18 Das Beispielprogramm »GenericListWithComparison«

9.10 Kovarianz und Kontravarianz generischer Typen

In Abschnitt 5.1.6 haben wir uns bereits mit der Kovarianz und der Kontravarianz von Delegaten beschäftigt. Kovarianz und Kontravarianz wurden mit .NET 4.0 auch für generische Delegates und Interfaces eingeführt. Allerdings sind nicht alle generischen Delegates und Interfaces von Kovarianz und Kontravarianz betroffen, sondern nur einige wenige »Auserwählte«. Damit wurde es möglich, Code intuitiver zu schreiben.

9.10.1 Kovarianz mit Interfaces

Lassen Sie uns zunächst ansehen, was unter der Kovarianz eines Interfaces zu verstehen ist. Um das zu zeigen, sind die elementaren Klassen unseres Projekts *GeometricObjects* hervorragend geeignet, die wir auch hier zur Veranschaulichung einsetzen wollen. Stellen Sie sich einfach vor, Sie würden eine Methode `DoSomething` schreiben, deren Parameter Sie Listen von `Circle`- oder `Rectangle`-Objekten übergeben wollen. Eine erste Idee könnte es sein, die Methode wie im folgenden Listing gezeigt zu überladen.

```
static void DoSomething(IEnumerable<Circle> param)
{
  [...]
}
static void DoSomething(IEnumerable<Rectangle> param)
{
  [...]
}
```

Listing 9.19 Methode mit Parameter vom Typ »IEnumerable<T>«

Der Zugriff auf diese Methoden könnte im Hauptprogramm folgendermaßen erfolgen:

```
static void Main(string[] args) {
  List<Circle> objects1 = new List<Circle>();
  objects1.Add(new Circle { Radius = 77 });
  objects1.Add(new Circle { Radius = 23 });
  List<Rectangle> objects2 = new List<Rectangle>();
  objects2.Add(new Rectangle { Length = 120, Width = 10 });
  objects2.Add(new Rectangle { Length = 80, Width = 20 });
  DoSomething(objects1);
```

```
      DoSomething(objects2);
      Console.ReadLine();
}
```

Listing 9.20 Zugriff auf die Methoden aus Listing 9.19

Welche Operationen sich innerhalb der Methode DoSomething abspielen, ist bei unserer Betrachtung bedeutungslos. Beachten Sie hingegen, dass die Methoden einen Parameter vom Typ der Schnittstelle IEnumerable<T> definieren, der entweder für den Typ Circle oder den Typ Rectangle geprägt ist. Wäre es nicht intuitiver, die Überladung der Methode DoSomething durch eine allgemeingültige Version zu ersetzen, die die gemeinsame Basis GeometricObject angibt? Also ändern wir die Methode wie in Listing 9.21 gezeigt ab.

```
static void DoSomething(IEnumerable<GeometricObject> param)
{
   [...]
}
```

Listing 9.21 Ersatz der Methoden aus Listing 9.19

Der Code wird in Visual Studio 2010 und 2012 einwandfrei kompiliert und fehlerfrei ausgeführt. Vielleicht steht Ihnen auch noch eine ältere Version von Visual Studio zur Verfügung, beispielsweise Visual Studio 2008. Versuchen Sie, den Code auch hier auszuführen, wird bereits das Kompilieren zu einem Fehler führen. Es funktioniert schlicht und ergreifend nicht.

Betrachten wir noch einmal die beiden Listings 9.19 und 9.21. Dass die Übergabe eines List<Circle>-Objekts an den Parameter der Methode DoSomething, der durch den Typ der Schnittstelle IEnumerable<Circle> beschrieben wird, keine Kopfschmerzen bereiten wird, geht aus der Beschreibung der Generics in diesem Kapitel bereits hervor.

Die Übergabe des List<Circle>-Objekts an den Parameter der Methode DoSomething aus Listing 9.21 entspricht im Grunde genommen der folgenden Zuweisungsoperation:

```
IEnumerable<GeometricObject> @object = new List<Circle>();
```

Die Zuweisung erscheint intuitiv, denn sie erinnert uns an die Polymorphie. Dennoch ist sie etwas Besonderes und wurde, wie schon erwähnt, erst mit .NET 4.0 eingeführt. Diese Zuweisungsoperation wird erst durch die **kovariante** Definition des generischen Typparameters möglich. Kovarianz wird durch die Angabe des Schlüsselwortes out vor dem generischen Typparameter sichergestellt. Nachfolgend sehen Sie die Definition des Interfaces IEnumerable<T>, wie es seit .NET 4.0 definiert ist.

```
public interface IEnumerable<out T>
{
   IEnumerator<T> GetEnumerator();
}
```

Listing 9.22 Die Definition der kovarianten Schnittstelle »IEnumerable<T>«

Kovarianz bedeutet, dass auch ein abgeleiteter Typ anstelle des vom generischen Typparameter definierten verwendet werden kann. Das Schlüsselwort out gibt dabei an, dass der Typparameter nur als Typ einer Rückgabe verwendet werden kann (Ausgabe = Output). Dabei handelt es sich im Fall der IEnumerable<T>-Schnittstelle um die Rückgabe der Methode GetEnumerator.

> **Hinweis**
>
> Sie finden das komplette Beispiel auf der Buch-DVD unter ..\Kapitel 9\KovarianzSample.
>
> Die Klassen Circle, Rectangle und GeometricObject sind in diesem Beispielprogramm auf das Wesentliche reduziert.

9.10.2 Kontravarianz mit Interfaces

Während ein kovarianter Typparameter den Typ der Rückgabe beschreibt, dient ein **kontravarianter** Typparameter der Typangabe des Übergabearguments an eine Methode. Es ist daher auch naheliegend, dass kontravariante Typparameter durch das Schlüsselwort in ergänzt werden, um zu signalisieren, dass es sich dabei um Eingabetypen handelt. Zu den generischen Schnittstellen mit einem kontravarianten Typparameter gehört auch die Schnittstelle IComparer<T>.

```
public interface IComparer<in T>
{
  int Compare(T x, T y);
}
```

Listing 9.23 Die Definition der kontravarianten Schnittstelle »IComparer<T>«

Erst die Definition als kontravarianter Typparameter ermöglicht uns eine Vergleichsklasse zu schreiben, deren generischer Typparameter auf GeometricObject festgelegt ist und die dennoch auch von allen Objekten genutzt werden kann, die von GeometricObject abgeleitet sind.

Das folgende Beispielprogramm nutzt das kontravariante Interface IComparer<T>, um eine Liste des Typs List<Circle> zu sortieren.

```
// Beispiel: ..\Kapitel 9\KontravarianzSample
class Program {
  static void Main(string[] args) {
    List<Circle> liste = new List<Circle>();
    liste.Add(new Circle { Radius = 88 });
    liste.Add(new Circle { Radius = 22 });
    liste.Add(new Circle { Radius = 42 });
    liste.Add(new Circle { Radius = 76 });
    liste.Sort(new GeoComparer());
    foreach (GeometricObject item in liste)
```

```csharp
      Console.WriteLine(item.GetArea());
    Console.ReadLine();
  }
}
class GeoComparer : IComparer<GeometricObject> {
  public int Compare(GeometricObject x, GeometricObject y) {
    return x.GetArea().CompareTo(y.GetArea());
  }
}
```

Listing 9.24 Beispielprogramm zur Kontravarianz

Es braucht wahrscheinlich kaum noch erwähnt zu werden, dass auch dieses Beispielprogramm in Visual Studio 2008 (oder älter) zu einem Kompilierfehler führt.

9.10.3 Zusammenfassung

Kovarianz wird durch das Schlüsselwort out vor dem generischen Typparameter festgelegt und führt dazu, dass der generische Typparameter nur zur Beschreibung eines Rückgabedatentyps verwendet werden kann. Kontravarianz hingegen definiert einen generischen Typparameter, der nur der Übergabe an eine Methode dient und mit dem Schlüsselwort in verziert wird.

Um den Sachverhalt noch einmal deutlich darzulegen, sollten Sie das folgende Listing der fiktiven Schnittstelle IFactory<T> betrachten.

```csharp
// CreateInstance verursacht Kompilierfehler
public interface IFactory<in T> {
  void DoSomething(T param);
  T CreateInstance();
}
```

Listing 9.25 Fehlerverursachende Schnittstelle mit kontravariantem Typparameter

Der generische Typparameter ist mit in kontravariant definiert. Damit kann die Methode DoSomething korrekt bedient werden, während CreateInstance einen Kompilierfehler verursacht.

Definieren Sie nun einen kovarianten Typparameter (siehe Listing 9.26), wird CreateInstance kein Problem mehr verursachen. Jedoch ist DoSomething nun der Urheber eines Kompilierfehlers, weil die Methode einen kontravarianten Typparameter voraussetzt.

```csharp
// DoSomething verursacht Kompilierfehler
public interface IFactory<out T> {
  void DoSomething(T param);
  T CreateInstance();
}
```

Listing 9.26 Fehlerverursachende Schnittstelle mit kovariantem Typparameter

Damit wird deutlich, dass es keine gleichzeitige Kovarianz und Kontravarianz für einen Parameter gibt. Es ist eine Entscheidung »Entweder-oder«. Es sollte auch klar sein, dass nicht alle Interfaces einen kovarianten oder kontravarianten Typparameter definieren müssen. In der .NET-Klassenbibliothek sind daher aktuell nur IEnumerable<T>, IEnumerator<T>, IQueryable<T> und IGrouping<T,K> kovariant, während zu den Schnittstellen mit kontravarianten generischen Typparametern IComparer<T> und IComparable<T> gerechnet werden.

9.10.4 Generische Delegaten mit varianten Typparametern

In .NET werden mit Action<> und Func<> generische Delegates bereitgestellt, die allgemeinen Anforderungen genügen. Einfach gesagt beschreibt ein Delegat vom Typ Action<> eine void-Methode, also eine Methode ohne Rückgabewert, Func<> hingegen eine Methode mit Rückgabewert.

Mit Action<> können wir Methoden beschreiben, die 1 bis 16 Parameter definieren, mit Func<> Methoden mit 0 bis maximal 16 Parametern. Sehen wir uns exemplarisch die Definition von jeweils einer Version dieser beiden Delegates an.

```
public delegate TResult Func<in T, out TResult>(T arg)
public delegate void Action<in T1, in T2>(T1 arg1, T2 arg2)
```

Hinsichtlich der beiden Schlüsselwörter in und out gilt dasselbe, was auch schon im Abschnitt zuvor erklärt worden ist: in gibt den Rahmen für die Typen der Eingabeparameter vor, out den Bereich der Typen für den Rückgabewert.

Das folgende Beispielprogramm zeigt den Einsatz dieser beiden Delegates. Das Programm selbst hat keinerlei Logik und soll nur dazu dienen, durch Austausch der Typen der generischen Typparameter die Verhaltensänderung zu untersuchen.

```
// Beispiel: ..\Kapitel 9\Kovariante_Kontravariante_Delegates
class GeometricObject { }
class Circle : GeometricObject { }
class Rectangle : GeometricObject { }
class Program
{
  static void Main(string[] args) {
    Func<Circle, Circle> handler1 = DoSomething1;
    Action<Rectangle> handler2 = DoSomething2;
  }
  static Circle DoSomething1(GeometricObject @object) {
    return new Circle();
  }
  static void DoSomething2(GeometricObject @object) { }
}
```

Listing 9.27 Das Beispielprogramm »Kovariante_Kontravariante_Delegates«

> **Hinweis**
> In Abschnitt 5.1.6 habe ich Ihnen bereits die allgemeine Kovarianz und Kontravarianz von Delegaten vorgestellt.

Kapitel 10
Weitere C#-Sprachfeatures

10.1 Implizit typisierte Variablen

Bei der Deklaration einer Variablen müssen Sie deren Datentyp angeben. So haben Sie es gelernt. Mit Einführung von C# 3.0 hat sich das geändert. Die Typinferenz gestattet es Ihnen, eine Variable mit dem neuen Schlüsselwort var zu deklarieren, ohne dabei den Datentyp angeben zu müssen:

```
var x = 5;
```

Das Schlüsselwort var bewirkt, dass der Compiler den am besten passenden Datentyp aus dem Ausdruck rechts vom Zuweisungsoperator ableitet. In unserem Beispiel wäre es ein Integer. Der Compiler behandelt die Variable dann so, als wäre sie von diesem Typ deklariert worden.

Bei dem abgeleiteten Typ kann es sich um einen integrierten Typ, einen anonymen Typ, einen benutzerdefinierten Typ, einen in der .NET Framework-Klassenbibliothek definierten Typ oder um einen Ausdruck handeln. Im folgenden Listing 10.1 sehen Sie noch einige Beispiele, die den Einsatz implizit typisierter Variablen demonstrieren.

```
// value wird als Integer behandelt
var value = 5;
// city wird als String behandelt
var city = "Aachen";
// arr wird als int[]-Array behandelt
var arr = new[] { 0, 1, 2 };
// liste wird als List<int> behandelt
var liste = new List<int>();
```

Listing 10.1 Implizit typisierte Variablen

Das Konzept implizit typisierter Variablen hat einige Einschränkungen:

- Die Variable muss eine lokale Variable sein.
- Die Initialisierung muss bei der Deklaration erfolgen.
- Einer implizit typisierten Variablen darf nicht null zugewiesen werden.
- Ein Methodenparameter darf nicht mit var deklariert werden.
- Der Rückgabetyp einer Methode darf ebenfalls nicht var sein.

Die Verwendung implizit typisierter Variablen ist nicht nur auf die Verwendung als lokale Variable beschränkt. Sie können sie auch in einer `for`- oder `foreach`-Schleife verwenden, wie in den beiden folgenden Codefragmenten gezeigt wird.

```
for (var x = 0; x < 100; x++) [...]
foreach (var element in liste) [...]
```

Sie werden sich vermutlich nun fragen, wozu implizit typisierte Variablen dienen. Betrachten Sie sie einfach nur als syntaktisches Hilfsmittel, das Sie zwar einsetzen können. Dennoch sollten Sie nach Möglichkeit darauf verzichten. Unverzichtbar werden implizit typisierte Variablen im Zusammenhang mit LINQ-Abfrageausdrücken (siehe auch Kapitel 11) und den dort anzutreffenden »anonymen Typen«. Letztgenannte wollen wir uns als Nächstes ansehen.

10.2 Anonyme Typen

In C# können Sie auch Objekte erstellen, ohne deren Typ explizit anzugeben. Dabei wird implizit eine neue Klasse erstellt – ein sogenannter anonymer Typ, z.B.:

```
var @object = new { Name = "Peter", Ort = "Hamburg" };
```

Die so generierte Klasse hat zwei private Felder und zwei öffentliche Eigenschaftsmethoden, die `Name` und `Ort` lauten. Das Objekt der anonymen Klasse wird anschließend einer implizit typisierten Variablen zugewiesen und kann über die Referenz *@object* abgefragt werden. Wegen der engen Beziehung zwischen der impliziten Typisierung mit `var` und dem anonymen Typ kann ein anonymer Typ nur lokal in einer Methode und nicht auf Klassenebene erzeugt werden.

Wenn Sie einen weiteren anonymen Typ erzeugen und dabei identisch benannte Eigenschaften angeben, sind die beiden anonymen Typen typgleich. Allerdings ist dabei nicht nur der Bezeichner maßgeblich entscheidend, sondern darüber hinaus auch die Reihenfolge der Parameter. Im folgenden Codefragment sind die beiden Referenzen *obj1* und *obj2* typgleich; *obj3* weist jedoch eine andere Reihenfolge auf und wird daher als neuer anonymer Typ bewertet. Sie können sich das bestätigen lassen, indem Sie die von `Object` geerbte Methode `GetType` aufrufen.

```
var obj1 = new { Name = "Peter", Ort = "Hamburg" };
var obj2 = new { Name = "Uwe", Ort = "München" };
var obj3 = new { Ort = "Berlin", Name = "Hans" };
Console.WriteLine(obj1.GetType());
Console.WriteLine(obj2.GetType());
Console.WriteLine(obj3.GetType());
```

Listing 10.2 Mehrere anonyme Typen und die Typausgabe an der Konsole

Die Ausgabe des Listings 10.3 wird wie folgt lauten:

```
<>f__AnonymousType0'2[System.String,System.String]
<>f__AnonymousType0'2[System.String,System.String]
<>f__AnonymousType1'2[System.String,System.String]
```

10.3 Lambda-Ausdrücke

In Kapitel 5 hatte ich Ihnen im Zusammenhang mit den Delegates das Beispielprogramm *AnonymeMethoden* vorgestellt. Zur Erinnerung: An der Konsole wurde der Anwender zur Eingabe von zwei Zahlen aufgefordert. Anschließend konnte der Benutzer entscheiden, ob er die beiden Zahlen addieren oder subtrahieren möchte. Später wurden im gleichen Kapitel anstelle des Delegaten anonyme Methoden verwendet. Im folgenden Listing noch einmal die Passage, die für uns im weiteren Verlauf von Interesse ist:

```
[...]
if (wahl == "A")
  calculate = delegate(double x, double y)
  {
    return x + y;
  };
  else if (wahl == "S")
    calculate = delegate(double x, double y)
    {
      return x - y;
    };
  else {
    Console.Write("Ungültige Eingabe");
    Console.ReadLine();
    return;
  }
[...]
```

Listing 10.3 Teilausschnitt aus dem Beispiel »AnonymeMethoden«

Ausgehend von diesem Beispiel möchte ich Ihnen nun die **Lambda-Ausdrücke** vorstellen. Bei einem Lambda-Ausdruck handelt es sich um eine anonyme Methode, die Ausdrücke und Anweisungen enthalten und für die Erstellung von Delegaten verwendet werden kann. Mit Hilfe von Lambda-Ausdrücken können Sie den Code von oben auch wie folgt formulieren:

```
[...]
if (wahl == "A")
  calculate = (double x, double y) => { return x + y;};
else if (wahl == "S")
  calculate = (double x, double y) => { return x - y; };
[...]
```

Listing 10.4 Lambda-Ausdrücke anstatt anonymer Methoden

Die beiden Lambda-Ausdrücke in diesem Codefragment sind dabei

```
(double x, double y) => { return x + y;};
```

und

```
(double x, double y) => { return x - y; }
```

Lambda-Ausdrücke verwenden den Operator »=>«. Links davon werden die Eingabeparameter angegeben, rechts davon ist der Anweisungsblock. Beachten Sie, dass der Lambda-Operator das in der ursprünglichen Fassung vorhandene Schlüsselwort delegate ersetzt.

Der Anweisungsblock eines Lambda-Ausdrucks benötigt wie jeder andere auch eine geschweifte Klammer und kann beliebig viele Anweisungen enthalten. Häufig anzutreffen sind Lambda-Ausdrücke, deren einzige Anweisung ein return ist. In einem solchen Fall dürfen Sie die return-Anweisung weglassen und können gleichzeitig auch auf die geschweiften Klammern verzichten.

```
[...]
if (wahl == "A")
   calculate = (double x, double y) => x + y;
else if (wahl == "S")
   calculate = (double x, double y) => x - y;
[...]
```

Listing 10.5 Lambda-Ausdrücke ohne »return«

Bisher scheint es so zu sein, dass die Einführung der Lambda-Ausdrücke nur rein syntaktischer Natur ist. Dem ist aber nicht so. Sehen Sie sich dazu das folgende Listing an:

```
[...]
if (wahl == "A")
   calculate = (x, y) => x + y;
else if (wahl == "S")
   calculate = (x, y) => x - y;
[...]
```

Listing 10.6 Lambda-Ausdrücke in der kürzesten Fassung

Beachten Sie, dass nun auch noch die Angabe der Parametertypen entfernt worden ist. Es handelt sich jetzt um implizit typisierte Parameter, und der Compiler leitet die Parametertypen richtig ab. Vorausgesetzt werden muss dabei natürlich, dass der Operator »+« für den konkreten Typ von x und y definiert ist. In unserem Beispiel ist das der Fall.

Der Lambda-Ausdruck

```
(x, y)  => x + y
```

hat zwei Parameter, die in runden Klammern eingeschlossen und durch ein Komma getrennt sind. Liegt nur ein Parameter vor, können die runden Klammern aus der Parameterliste entfernt werden:

```
x => x + x
```

Hat der Lambda-Ausdruck eine leere Parameterliste, müssen die runden Klammern angegeben werden:

```
() => a * b
```

Ein Lambda-Ausdruck, der lediglich eine `return`-Anweisung enthält, wird als **Ausdrucksrumpf** bezeichnet.

10.3.1 Projektion und Prädikat

Der Datentyp der Rückgabe eines Lambda-Ausdrucks kann sich vom Datentyp des Parameters unterscheiden. Liegt ein solcher Lambda-Ausdruck vor, wird von einer **Projektion** gesprochen. Die folgende Anweisung zeigt eine solche. Dabei wird eine Zeichenfolge übergeben und deren Länge geprüft. Der Rückgabewert ist vom Typ Integer.

```
(str) => str.Length
```

Ein **Prädikat** hingegen liefert einen booleschen Wert als Ergebnis einer Operation:

```
(alter) => alter > 65
```

10.4 Erweiterungsmethoden

Erweiterungsmethoden stellen ein wenig das strenge Konzept der Objektorientierung auf den Kopf. Unsere Aussage war bisher immer, dass die zu einer Klasse gehörenden Methoden in dieser Klasse implementiert werden müssen und an die ableitenden Klassen vererbt werden (falls die Klasse nicht `sealed` ist). Erweiterungsmethoden weichen dieses Prinzip auf, indem auch außerhalb einer Klasse Methoden definiert werden können, die sich wie eine Instanzmethode aufrufen lassen.

Nehmen wir dazu das Beispiel der hinlänglich bekannten Klasse `Circle`. Vielleicht genügt uns das Angebot an Methoden nicht, weil wir noch zusätzlich gern eine Methode hätten, um auf Grundlage des Radius das Kugelvolumen zu berechnen, beispielsweise so:

```csharp
Circle kreis = new Circle(5);
Console.WriteLine("Kugelvolumen = {0}", kreis.GetVolume());
```

Durch Bereitstellung einer Erweiterungsmethode ist das kein Problem.

```csharp
static class Extensionmethods {
  // Erweiterungsmethode zur Berechnung des Kugelvolumens
  // eines Objekts vom Typ Circle
  public static double GetVolume(this Circle kreis) {
    return Math.Pow(kreis.Radius, 3) * Math.PI * 4 / 3;
  }
}
```

Listing 10.7 Definition einer Erweiterungsmethode

Erweiterungsmethoden werden in `static`-Klassen implementiert und müssen daher selbst `static` sein. Beachten Sie bitte, dass Erweiterungsmethoden trotz der `static`-Definition später wie Instanzmethoden aufgerufen werden. Der erste Parameter in der Parameterliste muss das Schlüsselwort `this` vor dem Parametertyp aufweisen. Damit wird der Typ angegeben, der um die Methode erweitert wird. In unserem Beispiel handelt es sich um `Circle`. Sie können beliebig viele Erweiterungsmethoden für einen Typ schreiben, ganz so, wie Sie es benötigen. Üblicherweise werden Erweiterungsmethoden in eigens dafür vorgesehenen Klassenbibliotheken definiert.

> **Anmerkung**
>
> Die oben gezeigte Erweiterungsmethode `GetVolume` hat zwar einen Parameter, ist aber für den Typ `Circle` nur eine parameterlose Methode. Selbstverständlich können Sie auch beliebig parametrisierte Erweiterungsmethoden bereitstellen. Die Regeln dazu unterscheiden sich nicht von den Regeln der herkömmlichen Methoden – einschließlich einer möglichen Methodenüberladung.

Mit Erweiterungsmethoden können Sie alle Klassen beliebig erweitern und so an Ihre spezifischen Anforderungen anpassen. Erweiterungsmethoden stellen die einzige Möglichkeit dar, sogar Klassen, die mit `sealed` als nicht ableitbar definiert worden sind, um eigene spezifische Methoden zu ergänzen. Eine von den Klassen, die in der Praxis häufig um Erweiterungsmethoden ergänzt werden, ist `String`. Da diese Klasse `sealed` ist, können Sie nicht durch eine Ableitung weitere Features hinzufügen. Das ist im Grunde genommen sehr bedauerlich, da insbesondere die Verarbeitung von Zeichenfolgen oft nach spezifischen Gesichtspunkten erfolgen soll. Mit Erweiterungsmethoden ist das alles nun kein Problem mehr.

Dem Einsatz von Erweiterungsmethoden sind aber auch Grenzen gesetzt, denn Erweiterungsmethoden können nur `public`-Member der zu erweiternden Klasse aufrufen.

Wird eine Klasse um eine Erweiterungsmethode ergänzt, vererbt sich diese auch an die abgeleitete Klasse weiter. Bezogen auf unser Beispiel oben könnten Sie demnach `GetVolume` auch auf ein Objekt vom Typ `GraphicCircle` aufrufen. Hinsichtlich der Überladungsfähigkeit gelten dieselben Regeln wie bei den herkömmlichen Methoden.

Die Prioritätsregeln

Da Erweiterungsmethoden auch von Entwicklern geschrieben werden, die nicht Urheber der erweiterten Klasse sind, haben Erweiterungsmethoden nur eine untergeordnete Priorität. Betrachten Sie dazu das folgende Listing 10.8, in dem die Klasse `Circle` um die Methode `Draw` erweitert wird.

```csharp
public static class Extensionmethods {
  // Erweiterungsmethode GetVolume
  public static double GetVolume(this Circle kreis) {
    return Math.Pow(kreis.Radius, 3) * Math.PI * 4 / 3;
  }
```

```
    // Erweiterungsmethode Draw
    public static void Draw(this Circle kreis) {
      Console.WriteLine("Draw in Erweiterungsmethode.");
    }
}
```

Listing 10.8 Zwei Erweiterungsmethoden für die Klasse »Circle«

Circle ist um die Methode Draw erweitert worden, die sich an GraphicCircle weitervererbt. Da in GraphicCircle eine gleichnamige Instanzmethode existiert, muss die Entscheidung getroffen werden, welche der beiden zur Ausführung kommt: Es handelt sich definitiv um die Draw-Methode der Klasse GraphicCircle.

```
static void Main(string[] args) {
  Circle kreis = new Circle(5);
  kreis.Draw();
  GraphicCircle g = new GraphicCircle();
  g.Draw();
}
```

Listing 10.9 Testen der geerbten Erweiterungsmethode »Draw«

Die Ausgabe dieses Codefragments wird lauten:

```
Draw in der Erweiterungsmethode.
Der Kreis wird gezeichnet.
```

Ob eine Erweiterungsmethode aufgerufen wird, hängt davon ab, ob eine gleichnamige Instanzmethode existiert. Wie Sie gesehen haben, hat eine Instanzmethode in jedem Fall Priorität vor einer gleichnamigen Erweiterungsmethode.

Die Erweiterungsmethode einer Klasse kann stets durch eine spezifischere Version ersetzt werden, die für einen Typ definiert ist. Gewissermaßen haben wir es dabei mit einer Überschreibung zu tun. Angenommen, die Klasse Object sei um die Methode Display erweitert worden. Damit steht jeder Klasse die Erweiterungsmethode zur Verfügung – soweit sie sich im aktuellen Namespace befindet oder in einem Namespace, der mit using importiert wird. Eine spezifische Version von Display kann aber auch für alle Objekte vom Typ Circle bereitgestellt werden. Die Circle-Version überdeckt in diesem Fall die »geerbte« Erweiterungsmethode der Klasse Object.

```
static class Extensionmethods {
  public static void Display(this object obj) {
    Console.WriteLine(obj.ToString());
  }
  public static void Display(this Circle kreis) {
    Console.WriteLine("Kreis mit Radius {0}", kreis.Radius);
  }
}
```

Listing 10.10 Überdecken einer geerbten Erweiterungsmethode

Die Spezialisierung einer Erweiterungsmethode für einen bestimmten Typ setzt sich auch in den abgeleiteten Klassen durch. Damit wird ein `GraphicCircle`-Objekt ebenfalls von der spezifischen Version profitieren, es sei denn, für den abgeleiteten Typ gibt es wiederum eine eigene Version der Erweiterungsmethode, die noch spezialisierter ist.

```csharp
Circle kreis = new Circle(5);
kreis.Display();
GraphicCircle g = new GraphicCircle(3);
g.Display();
```

Listing 10.11 Aufruf der Erweiterungsmethode »Display«

Generische Erweiterungsmethoden

Erweiterungsmethoden lassen sich generisch prägen. Damit wird es möglich, eine Erweiterungsmethode beispielsweise nur für eine bestimmte Gruppe von Objekten zur Verfügung zu stellen. Der folgende Code beschreibt die Erweiterungsmethode `GetFlaechen`. Diese Methode erweitert alle Arrays vom Typ `GeometricObject` und somit auch Arrays vom Typ `Circle`, `Rectangle` usw.

```csharp
class Program {
  static void Main(string[] args) {
    GeometricObject[] geoArr = new GeometricObject[3];
    geoArr[0] = new Circle(5);
    geoArr[1] = new GraphicCircle(9);
    geoArr[2] = new Rectangle(12, 7);
    geoArr.GetFlaechen();
    Console.ReadLine();
  }
}
static class Extensionmethods {
  public static void GetFlaechen<T>(this T[] objects)
                                  where T : GeometricObject
  {
    foreach (GeometricObject geoObj in objects)
      Console.WriteLine(geoObj.GetFlaeche());
  }
}
```

Listing 10.12 Generische Erweiterungsmethode

Richtlinien für Erweiterungsmethoden

Mit den Erweiterungsmethoden wird uns ein sehr interessantes Feature an die Hand gegeben, um vorhandene Klassen zu erweitern. Im Allgemeinen sollten Sie aber darauf achten, dass Sie nur dann Erweiterungsmethoden implementieren, wenn es unbedingt notwendig ist. Meistens ist es ratsamer, eine Klasse abzuleiten, anstatt eine Erweiterungsmethode bereitzustellen.

Vermeiden Sie es, eine Klassenbibliothek zu veröffentlichen und die darin enthaltenen Typen bereits um Erweiterungsmethoden zu ergänzen. Diese sind nur dann ein sinnvolles Feature, wenn Ihnen anderweitig keine Möglichkeit mehr bleibt, beispielsweise weil Sie eine `sealed`-Klasse, also eine nicht ableitbare Klasse erweitern möchten.

Sie sollten sich aber auch darüber im Klaren sein, dass die Versionsänderung einer Assembly dazu führen kann, dass eine zuvor für eine Klasse bereitgestellte Erweiterungsmethode wirkungslos wird, weil die entsprechende Klasse um eine gleichnamige Instanzmethode ergänzt worden ist.

10.5 Partielle Methoden

Partielle Klassen kennen Sie bereits, ich habe in Kapitel 3 darüber geschrieben. Noch einmal zur Erinnerung: Eine Klasse kann mit dem Schlüsselwort `partial` auf zwei oder mehr Quellcode-Dateien verteilt werden. Zur Kompilierzeit wird die auf mehrere Quellcodedateien verteilte Klasse so behandelt, als würde sie in einer Quellcodedatei vorliegen.

Es gibt neben den partiellen Klassen aber auch partielle Methoden. Partielle Methoden stellen eine Option dar, die wahrgenommen werden kann, aber nicht muss. Das erinnert uns ein wenig an Ereignisse, auf deren Auslösung wir mit einem Ereignishandler reagieren können oder auch nicht. Tatsächlich sind sich Ereignisse und partielle Methoden sehr ähnlich. Doch ehe wir uns das im Detail ansehen, lassen Sie uns zuerst über die Bedingungen sprechen, die beim Einsatz partieller Methoden beachtet werden müssen:

▶ Partielle Methoden setzen eine partielle Klassendefinition voraus.

▶ Der Rückgabetyp einer partiellen Methode ist grundsätzlich `void`.

▶ Partielle Methoden dürfen keine `out`-Parameter haben.

▶ Eine partielle Methode darf weder einen Zugriffsmodifizierer noch `virtual`, `abstract`, `override`, `new` und `sealed` aufweisen.

Nun wollen wir uns auch eine einfache Klasse ansehen, in der zwei partielle Methoden definiert sind.

```
// Beispiel: ..\Kapitel 10\PartielleMethoden
public partial class Person {
  // Felder
  private string _Name { get; set; }
  public int Alter { get; set; }
  // Partielle Methoden
  partial void ChangingName(string name);
  partial void ChangedName();
  // Eigenschaft
  public string Name {
    get { return _Name; }
    set {
```

```
      ChangingName(_Name);
      _Name = value;
      ChangedName();
    }
  }
}
```

Listing 10.13 Das Beispielprogramm »PartielleMethoden«

Die partiellen Methoden `ChangingName` und `ChangedName` werden aufgerufen, bevor beziehungsweise nachdem sich der Wert der Eigenschaft `Name` geändert hat. Erfährt diese Klasse keine Erweiterung durch eine partielle Definition, wird der Compiler die partiellen Methoden nicht kompilieren und die Aufrufe der partiellen Methoden ignorieren.

Möglicherweise sind wir aber an einer Reaktion im Zusammenhang mit der Namensänderung interessiert. Vielleicht möchten wir diese sogar protokollieren oder uns ganz einfach nur die Änderung anzeigen lassen. Das ist ganz einfach zu realisieren, indem wir in der Klasse `Person` das Angebot der partiellen Methoden nutzen und diesen Code schreiben.

```
public partial class Person {
  partial void ChangingName(string name) {
    Console.WriteLine("Der alte Name '{0}' wird geändert.", name);
  }
  partial void ChangedName() {
    Console.WriteLine("Name erfolgreich geändert.");
  }
}
```

Listing 10.14 Die partiellen Methoden des Beispielprogramms

Zum Testen der Klasse `Person` genügt uns ganz einfacher Programmcode:

```
static void Main(string[] args){
  Person pers = new Person { Name = "Fischer", Alter = 67 };
  pers.Name = "Müller";
  Console.WriteLine(pers.Name);
  Console.ReadLine();
}
```

Listing 10.15 Testen des Beispielprogramms

Die Ausgabe an der Konsole zeigt uns an, dass wir den Namen der `Person` verändert haben. Also nichts, was besonders aufregend wäre.

10.5.1 Wo partielle Methoden eingesetzt werden

Partielle Methoden sind dort anzutreffen, wo Assistenten (natürlich insbesondere die von Visual Studio) automatisch Code erzeugen. Nehmen wir beispielsweise an, ein Assistent würde die Klasse `Person` wie folgt erzeugen:

```csharp
public class Person {
  // Felder
  private string _Name { get; set; }
  public int Alter { get; set; }
  // Eigenschaft
  public string Name {
    get { return _Name; }
    set { _Name = value; }
  }
}
```

Listing 10.16 Nichtpartielle Klasse »Person«

Beachten Sie, dass die Klasse Person im Listing 10.16 nicht partial ist und folgerichtig auch keine partiellen Methoden anbieten kann. Sie können den Quellcode nach eigenem Ermessen anpassen oder verändern, beispielsweise in der Eigenschaft Name wie folgt:

```csharp
public string Name {
  get { return _Name; }
  set {
    Console.WriteLine("Der alte Name '{0}' wird geändert.", _Name);
    _Name = value;
    Console.WriteLine("Name erfolgreich geändert.");
  }
}
```

Listing 10.17 Benutzerdefinierte Anpassung der Eigenschaft »Name«

Dagegen ist grundsätzlich nichts einzuwenden. Jetzt kommt das große Aber: Viele Assistenten ermöglichen eine Aktualisierung der automatisch erzeugten Klassen. In unserem fiktiven Fall wäre davon die Klasse Person betroffen. Aktualisiert der Assistent jedoch die Klasse Person, sind die Änderungen, die wir in der Eigenschaft Name vorgenommen haben, verloren. Sie werden schlichtweg überschrieben.

Und genau in solchen Situationen spielen partielle Methoden ihre Stärke aus. Hinterlegen Sie den zusätzlichen, benutzerdefinierten Programmcode nämlich in partiellen Methoden (wie im Beispiel *PartielleMethoden* gezeigt), werden die Codeergänzungen nicht überschrieben: Sie bleiben erhalten. Darüber hinaus ist auch weiterhin gewährleistet, dass die partiellen Methoden aufgerufen werden – zumindest solange der Assistent partielle Methoden bereitstellt. Aber das ist in der Regel der Fall.

> **Anmerkung**
> Weiter hinten im Buch, wenn wir uns mit dem ADO.NET Entity Framework beschäftigen, werden Ihnen partielle Methoden wieder über den Weg laufen.

10.6 Operatorüberladung

10.6.1 Einführung

C# verfügt über eine Reihe von Operatoren, die Sie für allgemeine Operationen einsetzen können. Werden zwei Zahlen dividiert, müssen Sie sich keine Gedanken darüber machen, welcher Code im Hintergrund vom Compiler erzeugt wird:

```
double ergebnis = value1 / value2;
```

Die Frage nach dem Typ der Operanden ist nicht bedeutungslos. Handelt es sich um ganzzahlige Typen, wird ein anderes Kompilat erzeugt, als würde es sich um zwei Dezimalzahlen handeln. Abhängig vom Typ der Operanden werden intern zwei unterschiedliche Operationen ausgeführt. Der Compiler entscheidet darüber, um welche Operation es sich dabei handelt, denn der /-Operator ist überladen. Insbesondere für die elementaren Datentypen wie `int`, `long`, `double` usw. sind die meisten Operatoren überladen.

Eine der großen Stärken von C# ist, dem Entwickler das Instrumentarium an die Hand zu geben, um im Bedarfsfall Operatoren nach eigenem Ermessen zu überladen.

10.6.2 Die Syntax der Operatorüberladung

Um Operatoren in einer Klasse oder einer Struktur zu überladen, stellt C# das Schlüsselwort `operator` zur Verfügung, das nur in Verbindung mit `public static` verwendet werden darf. Hinter dem `operator`-Schlüsselwort wird der Operator angegeben, der überladen werden soll. Die folgende Syntax gilt für **binäre Operatoren**, die zwei Operanden für ihre Operation benötigen:

Überladen binärer Operatoren

public static <*Ergebnistyp*> operator <*Operator*> (<*Operand1*>, <*Operand2*>)

Neben den binären gibt es auch **unäre Operatoren**, die nur einen Operanden verlangen. Stellvertretend seien hier die Operatoren »++« und »--« genannt. Für diese Operatorengruppe ändert sich die Syntax wie folgt:

Überladen unärer Operatoren

public static <*Ergebnistyp*> operator <*Operator*> (<*Operand*>)

Wenn Sie eine Klasse um Methoden zur Operatorüberladung erweitern, sollten Sie folgende Punkte berücksichtigen:

▶ Es können nur vordefinierte Operatoren überladen werden. Neue Operatoren zu »erfinden« ist nicht möglich.

- Die Operationen von Operatoren auf den elementaren Datentypen können nicht umdefiniert werden.
- Die Grundfunktionalität eines Operators bleibt immer erhalten: Ein binärer Operator benötigt immer zwei Operanden, ein unärer immer nur einen. Die Vorrangregeln können nicht beeinflusst werden.

In Tabelle 10.1 sind alle Operatoren aufgeführt, die in einer Klasse oder Struktur überladen werden dürfen.

C#-Operator	Bedeutung
+, -, !, ~, ++, --, true, false	Unäre Operatoren
+, -, *, /, %, &, |, ^, <<, >>	Binäre Operatoren
==, !=, <, >, <=, >=	Relationale Operatoren
[]	Dieser Operator kann eigentlich nicht überladen werden. Es gibt jedoch ein Ersatzkonstrukt (Indexer), das die gleiche Funktionalität bietet (siehe Abschnitt 10.7).

Tabelle 10.1 Überladbare Operatoren

Einige Operatoren können nur paarweise überladen werden. Wollen Sie zum Beispiel den Vergleichsoperator »==« überladen, müssen Sie auch den Operator »!=« überladen. Damit erzwingt C# eine konsistente Prüfung auf Übereinstimmung und Nichtübereinstimmung.

Einschränkungen der Operatorüberladung

Nicht alle Operatoren sind überladungsfähig. Ausgeschlossen ist unter anderem auch der Zuweisungsoperator »=«. Überladen Sie einen binären Operator, z.B. »+«, wird der Additionszuweisungsoperator »+=« automatisch implizit überladen.

Zu den anderen nichtüberladbaren Operatoren gehören der Punktoperator, der bedingte Operator »?:« sowie die Operatoren new, is, typeof und sizeof. Ebenso wenig überladbar sind die runden Klammern, mit denen eine Typkonvertierung durchgeführt wird. Stattdessen sollten benutzerdefinierte Konvertierungen codiert werden. Dieses Thema beschäftigt uns weiter unten.

10.6.3 Die Operatorüberladungen im Projekt »GeometricObjectsSolution«

Wir wollen uns die Operatorüberladung jetzt an einem Beispiel ansehen. Dazu rufen wir uns die Methode Bigger der Klasse GeometricObject in Erinnerung:

```
public static int Bigger(GeometricObject object1, GeometricObject object2)
{
  if (object1 == null || object2 == null) return 0;
```

```
    if (object1 == null) return -1;
    if (object2 == null) return 1;
    if (object1.GetArea() > object2.GetArea()) return 1;
    if (object1.GetArea() < object2.GetArea()) return -1;
    return 0;
}
```

Listing 10.18 Die Methode »Bigger« der Klasse »GeometricObject«

Übergeben wir zwei `Circle`-Objekte, können wir zweifelsfrei feststellen, welches der beiden größer ist als das andere, z. B.:

```
if(GeometricObject.Bigger(kreis1, kreis2) == 1) [...]
```

Selbstkritisch müssen wir aber auch feststellen, dass der gleichwertige Ausdruck

```
if(kreis1 > kreis2)
```

eher einer üblichen Vergleichsoperation entspricht. Bisher ist diese Vergleichsoperation jedoch nicht möglich, weil sie für Objekte vom Typ der Basisklasse `GeometricObject` oder in einer der abgeleiteten Klassen nicht definiert ist. Um dieses Defizit auszugleichen, wollen wir jetzt den >-Operator so überladen, dass er zur Laufzeit auf zwei Objekte vom Typ `GeometricObject` angewendet werden kann. Dabei müssen wir berücksichtigen, dass einer der beiden Operanden `null` sein könnte. In diesem Fall ist es üblich, eine Ausnahme auszulösen.

```
public static bool operator >(GeometricObject object1,
                             GeometricObject object2) {
  if (object1 == null || object2 == null)
    throw new InvalidOperationException();
  return object1.GetArea() > object2.GetArea() ? true: false;
}
```

Listing 10.19 Überladen des »>«-Operators

Kompilieren wir die so ergänzte Klassendefinition, erhalten wir einen Compilerfehler, weil sich ein `GeometricObject`-Objekt jetzt nicht mehr eindeutig verhält. Wir werden gezwungen, einen weiteren Vergleichsoperator zu überladen, nämlich den, der die Umkehrung der bereits überladenen Vergleichsfunktion beschreibt.

```
public static bool operator <(GeometricObject object1,GeometricObject object2) {
  if (object1 == null || object2 == null)
    throw new InvalidOperationException();
  return object1.GetArea() < object2.GetArea()? true: false;
}
```

Listing 10.20 Überladen des »<«-Operators

Nach dem anschließenden erfolgreichen Kompilieren können wir mit

```
Circle kreis1 = new Circle(6);
Circle kreis2 = new Circle(3);
if(kreis1 > kreis2) {
   [...]
}
```

alternativ zu der von uns implementierten Methode `Bigger` Vergleichsoperationen mit Objekten unserer Klasse ausführen. Da die Überladung für alle Objekte vom Typ `GeometricObject` gilt, lässt sich auch ein `Circle` mit einem `Rectangle` vergleichen.

Überladen von Gleichheitsoperatoren

Im Abschnitt zuvor haben wir die Operatoren »<« und »>« überladen, um die Größe zweier geometrischer Objekte miteinander zu vergleichen. Vielleicht ist Ihnen aufgefallen, dass bisher der Vergleich mit dem ==-Operator nicht bereitgestellt worden ist. Das wollen wir nun tun. Dazu muss ich ein wenig ausholen, denn die Lösung der Problematik ist nicht ganz trivial.

Jede Klasse beerbt die Klasse `Object`. Damit hat jedes Objekt die Methoden, die in `Object` definiert sind. Zu diesen Methoden gehört auch die Methode `Equals`, mit der von Hause aus zwei Referenzen auf Gleichheit hin untersucht werden können. Das wollen wir uns an einem kleinen Beispiel zuerst ansehen:

```
Circle kreis1 = new Circle(12);
Circle kreis2 = kreis1;
if(kreis1.Equals(kreis2))
   Console.WriteLine("Referenzielle Gleichheit");
else
   Console.WriteLine("Zwei verschiedene Objekte");
```

Listing 10.21 Referenzen auf Gleichheit mit »Equals« hin prüfen

Verweisen beide Referenzen auf dasselbe Objekt, liefert die `Equals`-Methode als Rückgabewert `true`. Das ist das Standardverhalten dieser Methode. In gleicher Weise arbeitet auch der »==«-Vergleichsoperator. Wir könnten demnach die `if`-Anweisung auch wie folgt formulieren:

```
if(kreis1 == kreis2)
   [...]
```

Der Vergleichsoperator »==« soll laut Definition die Syntax für den Vergleich mit `Equals` vereinfachen. Wird der Vergleichsoperator überladen, muss er von der Logik her mit `Equals` übereinstimmen. Der C#-Compiler gibt sogar eine Warnmeldung aus, wenn gegen diese Regel verstoßen wird.

Da es unser Ziel ist, den Vergleichsoperator »==« zu überladen, dürfen wir das Überschreiben der virtuellen `Equals`-Methode nicht vergessen. Und selbstverständlich gilt es auch, den Vergleich mit »!=« zu implementieren.

Widmen wir unser Augenmerk zuerst der Überladung des Operators »==«. Die wird dabei wie folgt definiert:

```
public static bool operator ==(GeometricObject obj1,GeometricObject obj2)
```

Jetzt müssen wir mehrere Situationen betrachten:

1. Die beiden Parameter *obj1* und *obj2* verweisen auf dasselbe Objekt. Der Vergleich liefert dann den Rückgabewert `true`.
2. Entweder *obj1* oder *obj2* wird durch `null` beschrieben. Dann sollte der Rückgabewert in jedem Fall `false` sein.
3. Trifft keiner der vorgenannten Punkte zu, erfolgt der Vergleich anhand der Methode `GetArea`.

Widmen wir uns dem ersten Punkt. Um einen Referenzvergleich anstellen zu können, kommt die Methode `Equals` nicht mehr in Betracht, da wir sie später überschreiben müssen. Eine andere Möglichkeit liefert uns die statische Methode `ReferenceEquals` der Klasse `Object`, die wie folgt definiert ist:

```
public static bool ReferenceEquals(Object object1, Object object2)
```

Der Rückgabewert dieser Methode ist `true`, wenn es sich bei *object1* und *object2* um dieselbe Instanz handelt. Wird an einen der beiden Parameter aber `null` übergeben, ist der Rückgabewert `false`.

Mit dieser Erkenntnis können wir den Vergleichsoperator »==« nun wie im Listing 10.22 gezeigt überladen:

```csharp
public static bool operator ==(GeometricObject obj1, GeometricObject obj2)
{
  if (ReferenceEquals(obj1, obj2)) return true;
  if (ReferenceEquals(obj1, null)) return false;
  return obj1.Equals(obj2);
}
```

Listing 10.22 Überladen des »==«-Operators

In der Überladung wird `Equals` aufgerufen. Die Idee, die sich dahinter verbirgt, ist, dass in `Equals` der tatsächliche Größenvergleich durchgeführt werden soll, also:

```csharp
public override bool Equals(object @object)
{
  if (@object == null) return false;
  if (GetArea() == ((GeometricObject)@object).GetArea()) return true;
  return false;
}
```

Listing 10.23 Überschreiben der Methode »Equals«

Vielleicht stellen Sie sich die Frage, warum in der ersten Anweisung noch einmal eine Überprüfung auf null stattfindet, die doch eigentlich bereits in der Operatorüberladungsmethode durchgeführt worden ist. Aber vergessen Sie nicht, dass Equals auch unabhängig von der Nutzung des überladenen Vergleichsoperators auch auf eine GeometricObject-Referenz aufgerufen werden könnte. Was uns nun noch fehlt, ist die Überladung des !=-Operators. Aber das ist nun wirklich keine schwierige Aufgabe mehr.

```csharp
public static bool operator !=(GeometricObject obj1, GeometricObject obj2)
{
  return !(obj1 == obj2);
}
```

Listing 10.24 Überladung des »!=«-Operators

Starten Sie mit diesen Ergänzungen und dem folgenden Testcode die Anwendung.

```csharp
static void Main(string[] args) {
  Circle kreis1 = new Circle(2);
  Circle kreis2 = new Circle(1);
  kreis1 = null;
  if (kreis1 == kreis2)
    Console.WriteLine("k1 == k2");
  else
    Console.WriteLine("k1 != k2");
  Console.ReadLine();
}
```

Listing 10.25 Testen der überladenen Operatoren »==« und »!=«

Sie werden feststellen, dass die Operatorüberladungen das tun, was wir von ihnen erwarten. Allerdings gibt es noch einen kleinen Wermutstropfen, denn wir erhalten einen Warnhinweis, der besagt, dass im Falle eines Überschreibens der Equals-Methode auch die von der Klasse Object geerbte Methode GetHashCode überschrieben werden muss, damit der Typ in einer Hashtabelle korrekt funktioniert.

```csharp
public override int GetHashCode() {
  return base.GetHashCode();
}
```

Listing 10.26 Überschreiben der Methode »GetHashCode«

> **Hinweis**
>
> Sie finden das komplette Beispielprojekt *GeometricObjectsSolution* auf der Buch-DVD unter ..\Kapitel 10\GeometricObjectsSolution_10.
>
> Die Klasse GeometricObject ist im Projekt der Vollständigkeit halber auch noch um die Überladung der Operatoren »<=« und »>=« ergänzt worden.

Überladene Operatoren in der Vererbung

Wird aus einer Klasse, die Operatoren überlädt, eine weitere Klasse abgeleitet, vererben sich die überladenen Operatoren an die abgeleitete Klasse. In unserem Beispielprojekt werden somit die Klassen `Circle` und `Rectangle` von den Operatorüberladungen profitieren können.

10.6.4 Die Operatoren »true« und »false« überladen

Wenn Sie Tabelle 10.1 aufmerksam studiert haben, werden Ihnen vielleicht zwei ungewöhnlich erscheinende, überladungsfähige Operatoren aufgefallen sein: `true` und `false`. Diese dienen dazu, Operationen wie beispielsweise

```
if (@object)
  [...]
```

zu ermöglichen. Diese Bedingungsprüfung ist sinnvoll, wenn der Rückgabewert direkt von einem Feld abhängt. Soll außerdem auch noch der Negationsoperator berücksichtigt werden, muss auch der `!`-Operator überladen werden.

```
if(!@object)
  [...]
```

Die Operatoren `true` und `false` gehören ebenfalls zu der Gruppe der Operatoren, die man paarweise überladen muss. Die Rückgabe ist ein boolescher Wert. Im folgenden Beispiel wird die Überladung der drei Operatoren »true«, »false« und »!« gezeigt. Dazu wird festgelegt, dass ein Objekt dann als `true` zu bewerten ist, wenn der Inhalt des objektspezifischen Felds ungleich 0 ist.

```csharp
// Beispiel: ..\Kapitel 10\Operatorüberladung_True_False
class Program {
  static void Main(string[] args) {
    Demo obj = new Demo { Value = 12 };
    obj.Value = 8;
    if(obj)
      Console.Write("Wert ungleich 0");
    else
      Console.Write("Wert gleich 0");
    Console.ReadLine();
  }
}
// Klasse Demo
class Demo {
  public int Value { get; set;}
  // Überladung des true-Operators
  public static bool operator true(Demo @object) {
    return @object.Value != 0 ? true : false;
  }
  // Überladung des false-Operators
```

```
    public static bool operator false(Demo obj) {
      return obj.Value != 0 ? false : true;
    }
    // Überladung des Negationsoperators
    public static bool operator !(Demo obj) {
      return obj.Value != 0 ? false : true;
    }
}
```

Listing 10.27 Das Beispielprogramm »Operatorüberladung_True_False«

Die dem Feld zugewiesene Zahl 12 wird mit

```
if (obj)
```

zu der Anzeige

```
Wert ungleich 0
```

führen. Benutzen wir im Ausdruck den !-Operator, kehrt sich die Logik um und führt zu folgender Ausgabe:

```
Wert gleich 0
```

10.6.5 Benutzerdefinierte Konvertierungen

Implizite benutzerdefinierte Konvertierung

Stellen Sie sich vor, Sie hätten die Klasse Demo folgendermaßen definiert:

```
public class Demo {
  public int Value { get; set; }
}
```

Demo enthält nur ein Integer-Feld. Diese Definition könnte dazu verleiten, eine Referenz der Klasse Demo einer int-Variablen wie folgt zuzuweisen:

```
Demo obj = new Demo { Value = 10 };
int x = obj;
```

Selbstverständlich wird es nur bei einem Versuch bleiben, denn der Compiler stellt eine unzulässige Konvertierung des Demo-Typs in einen int fest und macht das Unterfangen zunichte.

C# bietet uns die Möglichkeit, bestimmte Typkonvertierungen zu gestatten. Angenommen, unser Ziel sei es, das Codefragment tatsächlich einwandfrei zu kompilieren. Dazu müssen wir die Klasse wie folgt um die Definition einer benutzerdefinierten Konvertierung erweitern:

```
public class Demo {
  public int Value { get; set; }
```

```
    public static implicit operator int(Demo @object) {
      return @object.Value;
    }
}
```

Listing 10.28 Benutzerdefinierte Konvertierung

Sehen wir uns den Methodenkopf genauer an. Im Vergleich zu einer Methode, die einen Operator überlädt, ist die Definition der Methode zur Typkonvertierung um das neue Schlüsselwort `implicit` ergänzt worden. Den Schlüsselwörtern `implicit operator` folgt der Datentyp, in den implizit konvertiert wird. In unserem Beispiel ist es `int`. Der Parameter definiert den Typ, der konvertiert werden soll.

Die allgemeine Syntax der impliziten benutzerdefinierten Typkonvertierung lautet:

Implizite Konvertierung (benutzerdefiniert)
`public static implicit operator <Zieldatentyp>(<Eingabetyp>)`

Die Aussage in unserem Beispiel ist also die folgende: Konvertiere ein Objekt vom Typ `Demo` implizit in einen Integer.

Benutzerdefinierte Konvertierungen liefern ein Ergebnis: Es ist genau von dem Typ, der hinter `operator` angegeben wird. Im Anweisungsblock der Konvertierungsmethode muss deshalb ein `return`-Statement, gefolgt vom entsprechenden Rückgabewert, angegeben werden – in unserem Fall der Inhalt des Feldes `Value` des Objekts, dessen Referenz die Methode im Parameter `@object` empfängt.

Weil ein `int` vom System implizit in den Datentyp `long` konvertiert wird, wird jetzt auch das folgende Listing fehlerfrei kompiliert:

```
Demo @object = new Demo();
@object.Value = 1;
long x = @object;
```

Listing 10.29 Die benutzerdefinierte Konvertierung nutzen

Explizite benutzerdefinierte Konvertierung

Eine implizite Konvertierung sollte nur in Betracht gezogen werden, wenn bei einer Konvertierung keine Daten verloren gehen. Nehmen wir nun an, die Klasse `Demo` sei etwas anspruchsvoller:

```
public class Demo {
  public int Value { get; set; }
  public string Text { get; set; }
}
```

Wir wollen wieder sicherstellen, dass die Referenz auf ein Demo-Objekt in einen Integer konvertiert werden kann. Dazu könnten wir auch hier eine implizite benutzerdefinierte Konvertierung anbieten. Tatsache ist aber, dass uns bei der Typumwandlung Informationen verloren gehen, auch wenn diese vom empfangenden Element nicht benötigt werden. Im Beispiel ist es das Feld vom Typ string. Wenn Sie Wert auf eine stilistisch saubere Programmierung legen, sollten Sie eine explizite Konvertierung vorschreiben. Sie vermeiden dadurch außerdem, dass eine implizite Konvertierung automatisch ausgeführt wird, ohne dass der Aufrufer sie gewünscht hat.

Um eine benutzerdefinierte, explizite Typumwandlung zu implementieren, muss das Schlüsselwort explicit in der Methodensignatur angegeben werden. Ansonsten ähnelt die Syntax der der impliziten benutzerdefinierten Konvertierung:

```
public static explicit operator <Zieldatentyp>(<Eingabedatentyp>)
```

Sehen wir uns dazu das vollständige Beispiel an:

```csharp
public class Demo {
  public int Value { get; set; }
  public string Text { get; set; }
  public static explicit operator int(Demo @object) {
    return @object.Value;
  }
  public static explicit operator string(Demo @object) {
    return @object.Text;
  }
}
```

Listing 10.30 Benutzerdefinierte explizite Typkonvertierung

Demo beschreibt nun sogar zwei explizite Konvertierungen: in einen int und in einen string. Programmcode, der ein Demo-Objekt einem Integer zuweisen möchte, würde jetzt zu einer expliziten Konvertierung gezwungen, z. B.:

```csharp
Demo obj = new Demo { Value = 10, Text = "Hallo" };
int x = (int)obj;
```

Analog lässt sich mit der Anweisung

```csharp
string str = (string)obj;
```

eine Referenz vom Typ Demo auch einer string-Variablen zuweisen.

> **Hinweis**
> Das gleichzeitige Implementieren einer expliziten und einer impliziten Konvertierungsfunktion mit demselben Zieldatentyp ist unzulässig.

Konvertierungen Im Projekt »GeometricObjects«

Ich weiß, es ist ein wenig »an den Haaren herbeigezogen«, aber lassen Sie uns trotzdem die beiden Klassen `Circle` und `Rectangle` um benutzerdefinierte Konvertierungen erweitern: Dabei soll ein `Circle`-Objekt einer `Rectangle`-Referenz zugewiesen werden können und umgekehrt. Beide Konvertierungen sollen als explizite Konvertierungen bereitgestellt werden.

Sehen wir uns zuerst die Konvertierung eines `Circle`-Objekts in ein Rechteck an. Dabei muss zuvor eine Vereinbarung getroffen werden: Da das Verhältnis von Breite zu Länge des Rechtecks unbestimmbar ist, soll das Ergebnis der Konvertierung ein Quadrat sein, also der Sonderfall eines Rechtecks. Hierbei soll es sich um das Quadrat handeln, in dem das `Circle`-Objekt so eingebettet ist, dass es die vier Kanten des Quadrats innen berührt. Berücksichtigen sollten wir dabei auch, dass der Bezugspunkt des Kreises gleichzeitig dessen Mittelpunkt ist, während das Rechteck (bzw. das Quadrat) seinen Bezugspunkt auf der linken oberen Ecke definiert.

```
public class Circle {
   [...]
   public static explicit operator Rectangle(Circle circle) {
      return new Rectangle(2 * circle.Radius, 2 * circle.Radius,
                           circle.XCoordinate - circle.Radius,
                           circle.YCoordinate - circle.Radius);
   }
}
```

Listing 10.31 Explizite Konvertierung eines »Circle«-Objekts in den Typ »Rectangle«

Etwas schwieriger gestaltet sich die Konvertierung eines Rechtecks in einen Kreis. Wir müssen zuerst die Fläche des Rechtecks ermitteln, um basierend auf der Fläche einen Radius für das `Circle`-Objekt zu berechnen. Wegen der Konvertierung eines `double` in einen `int` wird das Ergebnis natürlich an Genauigkeit verlieren.

Den Mittelpunkt des Kreises verschieben wir auf den Schnittpunkt der Diagonalen des Rechtecks.

```
public class Rectangle
{
   [...]
   public static explicit operator Circle(Rectangle rect) {
      int radius = (int)Math.Sqrt(rect.GetArea() / Math.PI);
      return new Circle(radius, rect.Length/2, rect.Width/2);
   }
}
```

Listing 10.32 Explizite Konvertierung eines »Rectangle«-Objekts in einen »Circle«

Nun wollen wir das Ergebnis noch mit dem folgenden Code testen.

```
static void Main(string[] args)
{
  Circle kreis = new Circle(100, 100, 100);
  Rectangle rect = (Rectangle)kreis;
  Console.WriteLine("Length|Width = {0}, X = {1}, Y = {2}",
                    rect.Length, rect.XCoordinate, rect.YCoordinate);
  Rectangle rect1 = new Rectangle(100, 50);
  Circle kreis1 = (Circle)rect1;
  Console.WriteLine("Radius = {0}, X = {1}, Y = {2}",
                    kreis1.Radius, kreis1.XCoordinate, kreis1.YCoordinate);
  Console.ReadLine();
}
```

Listing 10.33 Hauptprogramm zum Testen der expliziten Konvertierung

> **Hinweis**
>
> Auf der Buch-DVD finden Sie die Ergänzung des Projekts *GeometricObjectSolution* unter ..*Kapitel 10\GeometricObjectsSolution_11*.

10.7 Indexer

In Kapitel 2 haben Sie gelernt, mit Arrays zu arbeiten. Sie wissen, wie Sie ein Array deklarieren und auf die einzelnen Elemente zugreifen können, z.B.:

```
int[] arr = new int[10];
arr[3] = 125;
```

Mit C# können Sie Klassen und Strukturen so definieren, dass deren Objekte wie ein Array indiziert werden können. Indizierbare Objekte sind in der Regel Objekte, die als Container für andere Objekte dienen – vergleichbar einem Array. Das .NET Framework stellt uns mit den Collections eine Vielzahl solcher Klassen zur Verfügung.

Stellen Sie sich vor, Sie würden die Klasse Team entwickeln. Eine Mannschaft setzt sich aus vielen Einzelspielern zusammen, die innerhalb der Klasse in einem Array vom Typ Player verwaltet werden. Wenn Sie die Klasse Team mit

```
Team Wacker = new Team();
```

instanziieren, wäre es doch zweckdienlich, sich von einem bestimmten Spieler mit der Anweisung

```
string name = Wacker[2].Name;
```

den Zunamen zu besorgen. Genau das leistet ein Indexer. Wir übergeben dem Objekt einen Index in eckigen Klammern, der ausgewertet wird und die Referenz auf ein Player-Objekt zurückliefert. Darauf können wir mit dem Punktoperator den Zunamen des gewünschten Spielers ermitteln, vorausgesetzt, diese Eigenschaft ist in der Klasse Player implementiert.

Ein Indexer ist prinzipiell eine Eigenschaft, die mit this bezeichnet wird und in eckigen Klammern den Typ des Index definiert. Weil sich this immer auf ein konkretes Objekt bezieht, können Indexer niemals static deklariert werden.

Definition des Indexers
<Modifikatoren> <Datentyp> this[<Parameterliste>]

Als Modifizierer sind neben den Zugriffsmodifikatoren auch new, virtual, sealed, override und abstract zulässig. Wenn wir uns in Erinnerung rufen, was wir im vorhergehenden Abschnitt über Operatorüberladung gelernt haben, kommt man auch nicht an der Aussage vorbei, Indexer als eine Überladung des []-Operators zu betrachten.

Wenn eine Klasse einen Indexer definiert, darf diese Klasse keine Item-Methode haben, weil interessanterweise ein Indexer als Item-Methode interpretiert wird.

Mit diesem Wissen ausgestattet, sollten wir uns nun die Implementierung der Klasse Mannschaft ansehen.

```
// Beispiel: ..\Kapitel 10\IndexerSample
class Program {
  static void Main(string[] args) {
    Team Wacker = new Team();
    // Spieler der Mannschaft hinzufügen
    Wacker[0] = new Player { Name = "Fischer", Age = 23 };
    Wacker[1] = new Player { Name = "Müller", Age = 19 };
    Wacker[2] = new Player { Name = "Mamic", Age = 33 };
    Wacker[3] = new Player { Name = "Meier", Age = 31 };
    // Spielerliste ausgeben
    for (int index = 0; index < 25; index++) {
      if (Wacker[index] != null)
        Console.WriteLine("Name: {0,-10}Alter: {1}",
                    Wacker[index].Name, Wacker[index].Age);
    }
    Console.ReadLine();
  }
}
// Mannschaft
public class Team {
  private Player[] team = new Player[25];
  // Indexer
  public Player this[int index] {
    get { return team[index]; }
    set {
```

```
      // prüfen, ob der Index schon besetzt ist
      if (team[index] == null)
        team[index] = value;
      else
        // nächsten freien Index suchen
        for (int i = 0; i < 25; i++)
          if (team[i] == null) {
            team[i] = value;
            return;
          }
    }
  }
}
// Spieler
public class Player {
  public string Name { get; set;}
  public int Age { get; set; }
}
```

Listing 10.34 Beispielprogramm zum Indexer

Jede Instanz der Klasse Team verhält sich wie ein Array. Dafür verantwortlich ist der Indexer, der über das Schlüsselwort this deklariert wird und einen Integer entgegennimmt. Der Indexer ist vom Typ Player. Der lesende und schreibende Zugriff auf ein Element erfolgt unter Angabe seines Index, also beispielsweise:

`Wacker[6];`

Die interne Struktur eines Indexers gleicht der einer Eigenschaftsmethode: Sie enthält einen get- und einen set-Accessor. get wird aufgerufen, wenn durch die Übergabe des int-Parameters Letzterer als Index der Player-Arrays ausgewertet wird und den entsprechenden Spieler aus dem privaten Array zurückgibt. Die Zuweisung eines weiteren Spielers hat den Aufruf des set-Zweiges zur Folge. Dabei wird überprüft, ob der angegebene Index noch frei oder bereits belegt ist. Im letzteren Fall wird der erste freie Index gesucht.

10.7.1 Überladen von Indexern

In einem herkömmlichen Array erfolgt der Zugriff auf ein Element grundsätzlich über den Index vom Typ int, aber Indexer lassen auch andere Datentypen zu. In vielen Situationen ist es sinnvoll, anstelle des Index eine Zeichenfolge anzugeben, mit der ein Element identifiziert wird. Meistens handelt es sich dabei um den Namen des Elements. Sind mehrere unterschiedliche Zugriffe wünschenswert, können Indexer nach den bekannten Regeln hinsichtlich Anzahl und Typ der Parameter überladen werden.

Das folgende Beispiel zeigt eine Indexerüberladung. Dazu benutzen wir das Beispiel aus dem vorherigen Abschnitt und ergänzen die Klasse Team um einen weiteren Indexer in der Weise, dass wir auch über den Namen des Spielers auf das zugehörige Objekt zugreifen können, also zum Beispiel mit

```
Player spieler = Wacker["Fischer"];
```

Angemerkt sei dabei, dass das Beispiel nur wunschgemäß funktioniert, solange die Namen eindeutig sind. Sollten mehrere Spieler gleichen Namens in der Liste zu finden sein, müssten weitere Kriterien zur eindeutigen Objektbestimmung herangezogen werden. Das soll aber nicht das Thema an dieser Stelle sein.

```csharp
// Beispiel: ..\Kapitel 10\IndexerUeberladungSample
class Program {
  static void Main(string[] args) {
    Team Wacker = new Team();
    // Spieler der Mannschaft hinzufügen
    Wacker[0] = new Player { Name = "Fischer", Age = 23 };
    Wacker[1] = new Player { Name = "Müller", Age = 19 };
    Wacker[2] = new Player { Name = "Mamic", Age = 33 };
    Wacker[3] = new Player { Name = "Meier", Age = 31 };
    // Spieler suchen
    Console.Write("Spieler suchen: ... ");
    string spieler = Console.ReadLine();
    if (Wacker[spieler] != null){
      Console.WriteLine("{0} gefunden, Alter = {1}",
                        Wacker[spieler].Name, Wacker[spieler].Age);
      Console.WriteLine(Wacker[spieler].Age);
    }
    else
      Console.WriteLine("Der Spieler gehört nicht zum Team.");
    Console.ReadLine();
  }
}
// Mannschaft
public class Team {
  private Player[] team = new Player[25];
  // Indexer
  public Player this[int index] {
    [...]
  }
  public Player this[string name] {
    get {
      for (int index = 0; index < 25; index++) {
        if (team[index] != null &&  team[index].Name == name)
          return team[index];
      }
```

```
        return null;
      }
    }
}
```

Listing 10.35 Beispiel mit Indexerüberladung

Die Überladung des Indexers mit einem `string` enthält nur den `get`-Accessor, da die Zuweisung eines neuen `Player`-Objekts nur anhand seines Namens in diesem Beispiel unsinnig wäre. Im `get`-Accessor wird eine Schleife über alle Indizes durchlaufen. Jeder Index wird dahingehend geprüft, ob er einen von `null` abweichenden Inhalt hat. Ist der Inhalt nicht `null` und verbirgt sich hinter dem Index auch das `Player`-Objekt mit dem gesuchten Namen, wird das Objekt an den Aufrufer zurückgegeben. Diese Operation wird durch

```
if (team[index] != null &&  team[index].Name == name)
  return team[index];
```

beschrieben. Sollte sich ein Spieler mit dem gesuchten Namen nicht in der Mannschaft befinden, ist der Rückgabewert `null`.

10.7.2 Parameterbehaftete Eigenschaften

Eigenschaften sind per Definition parameterlos. Mit anderen Worten: Sie können einen Eigenschaftswert nicht in Abhängigkeit von einer oder mehreren Nebenbedingungen setzen. Aber es geht doch! Tatsächlich ließe sich die folgende Wertzuweisung an eine Eigenschaft programmieren:

```
@object.MyProperty[2] = 10;
```

In der fiktiven Eigenschaft `MyProperty` lautet die Randbedingung »2«. Unter dieser Prämisse soll der Eigenschaft die Zahl 10 zugewiesen werden. Der Code ähnelt ohne Zweifel einem Array und lässt sich auch so interpretieren: Es handelt sich um eine indizierte Sammlung gleichnamiger Eigenschaftselemente. Daher führt der Weg zur Lösung auch in diesem Fall über Indexer. Wir sollten uns das Verfahren an einem konkreten Beispiel ansehen und stellen uns daher vor, wir würden eine Klasse `Table` codieren mit einer Eigenschaft `Cell`. Wenn *table* eine Instanz der Klasse `Table` ist, soll mit

```
table.Cell[2,1] = 97;
```

einer bestimmten Zelle der Tabelle ein Wert zugewiesen werden.

Ein Indexer setzt ein Objekt voraus, denn wie wir wissen, überladen wir den `[]`-Operator in `this`, dem aktuellen Objekt also. Daraus kann gefolgert werden, dass wir zusätzlich zur Klasse `Table` eine zweite Klasse definieren müssen, die ihrerseits die Eigenschaft beschreibt. Im Folgenden soll der Name dieser Klasse `Content` lauten.

Wir könnten nun beide Klassen mit

```
public class Table { [...] }
public class Content { [...] }
```

festlegen.

Ein Objekt vom Typ Content soll einem Benutzer als schreibgeschützte Eigenschaft eines Table-Objekts angeboten werden. Wir ergänzen deshalb die Klassendefinition Table um ein Feld, das die Referenz auf ein Content-Objekt zurückliefert, und veröffentlichen diese über den get-Zweig der Eigenschaft Cell:

```
class Table {
  private Content _Cell = new Content();
  public Content Cell {
    get { return _Cell; }
  }
}
```

Die Klasse Table können wir bereits als fertig betrachten. Widmen wir uns nun der Klasse Content und dem in dieser Klasse programmierten Indexer. Da wir die Absicht haben, als Randbedingung der Eigenschaft Cell den Index der Zeile und Spalte der von uns angesprochenen Zelle mitzuteilen, sieht ein erster Entwurf des Indexers wie folgt aus:

```
class Content {
  public int this[int row, int column] {
    get { return arr[row, column]; }
    set { arr[row, column] = value; }
  }
}
```

Die Tabelle soll durch ein zweidimensionales Array dargestellt werden. Daher müssen wir sicherstellen, dass bei Übergabe der Bedingung nicht die Arraygrenzen überschritten werden – sowohl im set- als auch im get-Zweig. Eine private Methode in Content bietet sich zu diesem Zweck an:

```
private void CheckIndex(int row, int column) {
  if (row < arr.GetLength(0) && column < arr.GetLength(1))
    return;
  else
    throw new IndexOutOfRangeException("Ungültiger Index");
}
```

Die Variable *arr* sei die Referenz auf das Array, das die Tabellendaten repräsentiert. CheckIndex wird im set- und get-Zweig der Eigenschaft Cell aufgerufen.

Damit sind wir nahezu fertig mit dem Beispielprogramm. Was noch fehlt ist die Datenquelle, also das Array, und entsprechender Code zum Testen. Das Array können wir zu Testzwecken in der Klasse Content hinterlegen, das soll an dieser Stelle genügen.

Den gesamten Code zur Implementierung der parametrisierten Eigenschaft fassen wir an dieser Stelle endgültig zusammen.

```csharp
// Beispiel: ..\Kapitel 10\ParametrisierteProperty
class Program {
  static void Main(string[] args) {
    Table table = new Table();
    PrintArray(table);
    table.Cell[2,1] = 97;
    Console.WriteLine();
    PrintArray(table);
    Console.ReadLine();
  }
  // Ausgabe des Arrays im Tabellenformat
  static void PrintArray(Table tbl) {
    for(int row = 0; row < 4; row++) {
      for(int col = 0; col < 3; col++)
        Console.Write("{0,-3}",tbl.Cell[row, col]);
      Console.WriteLine();
    }
  }
}
// Klasse Table
class Table {
  private Content _Cell = new Content();
  public Content Cell
  {
    get { return _Cell; }
  }
}
// Klasse Content
class Content {
  private int[,] arr = { {1,2,3}, {4,5,6}, {7,8,9}, {10,11,12} };
  // Indexer
  public int this[int row, int column]
  {
    get {
      CheckIndex(row, column);
      return arr[row, column];
    }
    set {
      CheckIndex(row, column);
      arr[row, column] = value;
    }
  }
  // Prüfen der Arraygrenzen
```

```csharp
    private void CheckIndex(int row, int column) {
      if (row < arr.GetLength(0) && column < arr.GetLength(1))
        return;
      else
        throw new IndexOutOfRangeException("Ungültiger Index");
    }
  }
```

Listing 10.36 Definition einer parameterbehafteten Eigenschaft

10.8 Attribute

Ein Attribut ist ein Feature von .NET, das einer Komponente deklarativ Zusatzinformationen bereitstellt oder einfach nur alleine durch seine Anwesenheit bestimmte Operationen ermöglicht oder gar steuert. Attribute gehören zu den Metadaten eines Programms und können zur Laufzeit ausgewertet werden.

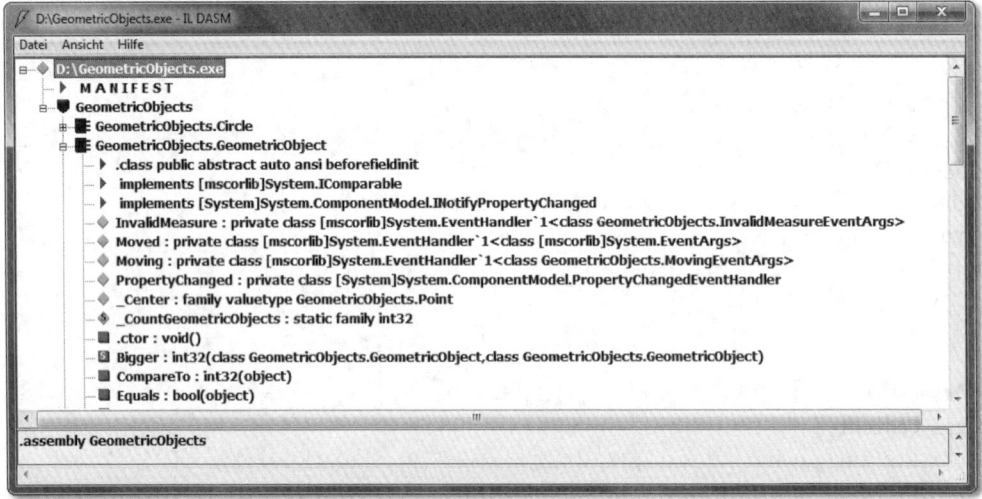

Abbildung 10.1 Die Metadaten der Klasse »GeometricObject«

> **Anmerkung**
> Metadaten sind ein Pflichtbestandteil jeder .NET-Anwendung. Metadaten beschreiben sprachneutral die gesamte Struktur einer Assembly. Dazu gehören alle enthaltenen Typen, Methoden, Eigenschaften, Ereignisse, Konstruktoren, implementierte Interfaces usw. Zudem gehören zu den Metadaten auch weiter gehende Informationen, beispielsweise die Parameterlisten der Methoden einschließlich der Typangabe, die Sichtbarkeit der einzelnen Komponenten, Basisklassenangaben und viele andere Details. Der Vorteil ist, dass die Metadaten mit Hilfe der Reflection-API gelesen und ausgewertet werden können. Dazu muss noch

nicht einmal eine Klasse geladen, geschweige denn ein Objekt erstellt werden. Die IntelliSense-Liste greift zum Beispiel auch die Metadaten ab, woher sollte sie auch sonst die Informationen beziehen?

Sie können sich die Metadaten natürlich selber ansehen. Dazu stellt Visual Studio das Tool *IL-Disassembler* (*ildasm.exe*) zur Verfügung. Wenn Sie das Tool starten, müssen Sie nur die entsprechende EXE-Datei angeben, um die Metadaten zu sehen. Abbildung 10.1 zeigt exemplarisch das Kompilat der Datei *GeometricObjects.exe* des Beispielprogramms *GeometricObjectsSolution_11*.

Mit einem Attribut lässt sich das Laufzeitverhalten praktisch aller .NET-Komponenten beeinflussen: Assemblys, Klassen, Interfaces, Strukturen, Delegates, Enumerationen, Konstruktoren, Methoden, Eigenschaften, Parameter, Ereignisse, ja sogar die Rückgabewerte von Methoden.

Ein ganz typisches Attribut ist das `SerializableAttribute`. Es kann zum Beispiel mit einer Klasse, Enumeration, Struktur oder einem Delegaten verknüpft werden, z.B.:

```
[SerializableAttribute]
public class Circle { [...] }
```

Und wozu dient dieses Attribut? Die Antwort ist ganz einfach: Es legt allein mit seiner Anwesenheit fest, dass der Typ, hier `Circle`, binär serialisiert werden kann. Ist das Attribut nicht vorhanden, geht es nicht. Somit kommt diesem Attribut, wie vielen anderen auch, einzig und allein die Bedeutung einer booleschen Variablen zu, die `true` oder `false` gesetzt ist. Der Clou an der Sache ist, dass dazu nicht erst eine Klasse geladen oder gar ein Objekt erstellt werden muss. Stattdessen werden zur Laufzeit nur die Metadaten per *Reflection* ausgewertet, und die Information steht bereit, da Attribute in den Metadaten zu finden sind.

Basisklasse aller Attribute ist die abstrakte Klasse `System.Attribute`. Schaut man in die Online-Dokumentation zu `Attribute`, wird man feststellen, dass das .NET Framework sehr viele Attribute vordefiniert. Alle denkbaren Anforderungen werden damit sicherlich nicht abgedeckt, deshalb können Sie auch benutzerdefinierte Attribute entwickeln und dadurch die Flexibilität Ihrer Anwendung erhöhen.

10.8.1 Das »Flags«-Attribut

Wir wollen uns die Wirkungsweise der Attribute exemplarisch am Attribut `FlagsAttribute` ansehen, das zum .NET Framework gehört und ausschließlich mit Enumerationen verknüpft werden kann. Mit dem Attribut lässt sich angeben, dass die Enumeration auch als Kombination von Bits, also ein Bit-Feld, aufgefasst werden kann.

Das wollen wir uns an einem Beispiel ansehen. Nehmen wir an, wir hätten eine benutzerdefinierte Enumeration namens `Keys` bereitgestellt, die drei Zustandstasten ⇧, Strg und Alt beschreibt.

```
public enum Keys {
  Shift = 1,
  Ctrl = 2,
  Alt = 4
}
```

Listing 10.37 Benutzerdefinierte Enumeration »Keys«

Die Enumerationsmitglieder sollen nun befähigt werden, als Bit-Feld interpretiert zu werden. Dazu wird das Attribut in eckige Klammern gefasst und vor der Definition der Enumeration angegeben.

```
[FlagsAttribute]
public enum Keys {
  Shift = 1,
  Ctrl = 2,
  Alt = 4
}
```

Listing 10.38 Benutzerdefinierte Enumeration »Keys« mit dem »FlagsAttribute«

Nun können wir eine Variable vom Typ *Keys* deklarieren und ihr einen Wert zuweisen, der den Zustand der beiden gleichzeitig gedrückten Tasten [Strg] und [⇧] beschreibt. Beide Member verknüpfen wir mit dem |-Operator:

```
Keys tastenkombination = Keys.Ctrl | Keys.Shift;
```

Mit den bitweisen Operatoren kann nun geprüft werden, ob der Anwender eine bestimmte Taste oder gar Tastenkombination gedrückt hat.

```
Keys tastenkombination = Keys.Ctrl | Keys.Shift;
if ((tastenkombination & Keys.Alt) == Keys.Alt)
  Console.WriteLine("Alt gedrückt");
else
  Console.WriteLine("Alt nicht gedrückt");
```

Listing 10.39 Prüfen, ob eine bestimmte Tastenkombination gedrückt ist

Hier wird natürlich die Ausgabe lauten, dass die [Alt]-Taste nicht gedrückt ist, da die Variable *tastenkombination* die beiden Tasten [Ctrl] und [⇧] beschreibt.

> **Hinweis**
> Eine ähnliche Enumeration, die dann allerdings jede Taste der Tastatur beschreibt, gibt es übrigens auch im Namespace `System.Windows.Forms`.

Lassen wir uns nun den Inhalt der Variablen *tastenkombination* mit

```
Console.WriteLine(tastenkombination.ToString());
```

ausgeben, erhalten wir:

```
Shift, Ctrl
```

Hätten wir `FlagsAttribute` nicht gesetzt, würde die Ausgabe 3 lauten. Sie müssen berücksichtigen, dass die Mitglieder solchermaßen definierter Enumerationen Zweierpotenzen sind (also 1, 2, 4, 8, 16, 32, 64, …). Alternativ sind auch hexadezimale Zahlenwerte zulässig.

Attribute setzen

Attributbezeichner enden immer mit dem Suffix *Attribute*. Wird ein Attribut mit einem Element verknüpft, darf auf das Suffix `Attribute` verzichtet werden. Bezogen auf unser Beispiel dürfen Sie also

```
[FlagsAttribute]
public enum Keys {
   [...]
}
```

und

```
[Flags]
public enum Keys {
   [...]
}
```

gleichwertig verwenden. Bemerkt die Laufzeit die Verknüpfung eines Attributs mit einem Element, sucht sie nach einer Klasse, die mit dem angegebenen Attributbezeichner übereinstimmt und gleichzeitig die Klasse `Attribute` ableitet, also beispielsweise nach einer Klasse namens `Flags`. Wird die Laufzeit nicht fündig, hängt sie automatisch das Suffix `Attribute` an den Bezeichner an und wiederholt seine Suche.

Sie können auch mehrere Attribute gleichzeitig setzen. Beispielsweise könnten Sie mit dem `ObsoleteAttribute` das Element zusätzlich als veraltet kennzeichnen, z. B.:

```
[FlagsAttribute]
[Obsolete("Diese Enumeration ist veraltet.");
 public enum Keys {
   [...]
}
```

Listing 10.40 Verknüpfung von »Keys« mit den Attributen »Obsolete« und »Flags«

> **Anmerkung**
> Innerhalb einer mit `Flags` verknüpften Enumeration können Sie zur Zuweisung auch die bereits in der Enumeration angegebenen Konstanten verwenden. Stellen Sie sich beispiels-

weise vor, in unserer `Keys`-Enumeration soll zusätzlich der Member `All` hinzugefügt werden, der alle anderen Enumerationsmember beschreibt. Sie können das wie folgt umsetzen:

```csharp
[FlagsAttribute]
public enum Keys {
  Shift = 1,
  Ctrl = 2,
  Alt = 4
  All = Shift | Ctrl | Alt
}
```

10.8.2 Benutzerdefinierte Attribute

Attribute basieren auf Klassendefinitionen und können daher alle klassentypischen Elemente enthalten. Dazu gehören neben Konstruktoren auch Felder. Insbesondere diese beiden Elemente ermöglichen es, über ein Attribut dem attributierten Element Zusatzinformationen bereitzustellen. Wie das in der Praxis aussieht, wollen wir uns am Beispiel eines benutzerdefinierten Attributs verdeutlichen.

Obwohl das .NET Framework zahlreiche Attribute vordefiniert, können Sie auch für eigene Zwecke Attributklassen selber schreiben. Allerdings müssen Sie für die Auswertung des Attributs zur Laufzeit dann auch selber sorgen.

Drei Punkte müssen Sie beachten, um ein benutzerdefiniertes Attribut zu programmieren:

- Der Definition eines benutzerdefinierten Attributs selbst geht immer die Definition des Attributs `AttributeUsageAttribute` voraus.
- Die Klasse wird aus `Attribute` abgeleitet.
- Dem Klassenbezeichner sollte das Suffix `Attribute` angehängt werden.

Lassen Sie uns an dieser Stelle exemplarisch ein eigenes Attribut erstellen, dessen Aufgabe es ist, sowohl den Entwickler einer Klasse oder Methode als auch dessen Personalnummer anzugeben. Das folgende Beispiel zeigt die noch unvollständige Definition der Attributklasse:

```csharp
[AttributeUsage(AttributeTargets.Class | AttributeTargets.Method,
                Inherited = false,
                AllowMultiple = false)]
public class DeveloperAttribute : Attribute
{
   [...]
}
```

Listing 10.41 Grundstruktur des benutzerdefinierten Attributs »DeveloperAttribute«

Die Voranstellung des Attributs `AttributeUsage` vor der Klasse legt elementare Eigenschaften der neuen Attributklasse fest. In diesem Zusammenhang sind drei Parameter besonders interessant:

- `AttributeTargets`
- `Inherited`
- `AllowMultiple`

Während `AttributeTargets` angegeben werden muss, sind die beiden anderen Angaben optional.

AttributeTargets

Jedes Attribut kann sich nur auf bestimmte Codeelemente auswirken. Diese werden mit `AttributeTargets` bekannt gegeben. Das Attribut `Flags` kann beispielsweise mit Klassen, Enumerationen, Strukturen und Delegaten verknüpft werden. Man kann den Einsatz eines Attributs ebenso gut nur auf Methoden oder Felder beschränken. Es steht dabei immer folgende Frage im Vordergrund: Was soll das Attribut letztendlich bewirken, welche Elemente sollen über das Attribut beeinflusst werden?

`AttributeTargets` ist als Enumeration vordefiniert und weist seinerseits selbst das `Flags`-Attribute auf, um mehrere Zielelemente angeben zu können. In Tabelle 10.2 finden Sie alle möglichen Elemente, die generell mit Attributen verknüpft werden können.

Mitglieder	Beschreibung
All	Das Attribut gilt für jedes Element der Anwendung.
Assembly	Das Attribut gilt für die Assemblierung.
Class	Das Attribut gilt für die Klasse.
Constructor	Das Attribut gilt für den Konstruktor.
Delegate	Das Attribut gilt für den Delegate.
Enum	Das Attribut gilt für die Enumeration.
Event	Das Attribut gilt für das Ereignis.
Field	Das Attribut gilt für das Feld.
Interface	Das Attribut gilt für die Schnittstelle.
Method	Das Attribut gilt für die Methode.
Module	Das Attribut gilt für das Modul.

Tabelle 10.2 Mitglieder der »AttributeTargets«-Enumeration

Mitglieder	Beschreibung
Parameter	Das Attribut gilt für den Parameter.
Property	Das Attribut gilt für die Property.
ReturnValue	Das Attribut gilt für den Rückgabewert.
Struct	Das Attribut gilt für die Struktur.

Tabelle 10.2 Mitglieder der »AttributeTargets«-Enumeration (Forts.)

Im folgenden Listing sehen Sie den Teilausschnitt unseres benutzerdefinierten Attributs. Das Attribut kann entweder Klassen oder Methoden angeheftet werden.

```
[AttributeUsage(AttributeTargets.Class | AttributeTargets.Method)]
public class DeveloperAttribute : Attribute { [...] }
```

Listing 10.42 Die Zielmember des Attributs angeben

Inherited

Eine Klasse kann ihre Mitglieder einer abgeleiteten Klasse vererben. Einem Entwickler stellt sich natürlich die Frage, ob das Attribut in den Vererbungsprozess mit einbezogen wird oder ob es Gründe gibt, es davon auszuschließen. Einem benutzerdefinierten Attribut teilen wir dies durch den booleschen Parameter Inherited mit, den wir optional AttributeUsageAttribute übergeben können. Standardmäßig ist der Wert auf true festgelegt. Demnach vererbt sich ein gesetztes Attribut in einer Vererbungshierarchie weiter.

AllowMultiple

In wohl eher seltenen Fällen kann es erforderlich sein, ein Attribut demselben Element mehrfach zuzuweisen. Diese Situation wäre denkbar, wenn man über das Attribut einem Element mehrere Feldinformationen zukommen lassen möchte. Dann muss man die mehrfache Anwendung eines Attributs explizit gestatten. Zur Lösung geben Sie den Parameter

```
AllowMultiple = true
```

an. Verzichten Sie auf diese Angabe, kann ein Attribut per Definition mit einem bestimmten Element nur einmal verknüpft werden.

Felder und Konstruktoren eines Attributs

Sie können in Attributklassen öffentliche Felder und Eigenschaften definieren, deren Daten an den Benutzer des Attributs weitergeleitet werden. Initialisiert werden die Felder über Konstruktoren.

Unser DeveloperAttribute soll nun um die beiden Felder Name und Identifier ergänzt werden. Das Feld Name wird beim Konstruktoraufruf initialisiert.

```
[AttributeUsage(AttributeTargets.Class | AttributeTargets.Method)]
public class DeveloperAttribute : Attribute {
  public string Name { get; set; }
  public int Identifier { get; set; }
  public DeveloperAttribute(string name) {
    Name = name;
  }
}
```

Listing 10.43 Vollständiges benutzerdefiniertes Attribut

Der Konstruktor nimmt einen Parameter entgegen, nämlich den Wert für das Feld `Name`. Bevor Sie sich darüber Gedanken machen, wie man das Feld `Identifier` initialisiert, sehen Sie sich an, wie das Attribut auf eine Klasse angewendet wird:

```
[DeveloperAttribute("Meier")]
public class Demo {
  [...]
}
```

Listing 10.44 Verwenden des benutzerdefinierten Attributs

Mit dieser Definition wird der Konstruktor unter Übergabe einer Zeichenfolge aufgerufen. Das zweite Feld des Attributs (`Identifier`) wird mit keinem bestimmten Wert initialisiert, es enthält 0.

Positionale und benannte Parameter

Um `Identifier` einen individuellen Wert zuzuweisen, lässt sich `DeveloperAttribute` auch wie folgt mit der Klasse verknüpfen:

```
[DeveloperAttribute("Meier", Identifier = 8815)]
public class Demo {
  [...]
}
```

Listing 10.45 Verwendung positionaler und benannter Parameter

Beachten Sie, dass wir jetzt zwei Argumente übergeben, obwohl der Konstruktor nur einen Parameter definiert. Dies ist ein besonderes Merkmal der Attribute, denn beim Initialisieren eines Attributs können Sie sowohl **positionale** als auch **benannte Parameter** verwenden.

- **Positionale Parameter** sind die Parameter für den Konstruktoraufruf und müssen immer angegeben werden, wenn das Attribut gesetzt wird.
- **Benannte Parameter** sind optionale Parameter. In unserem Beispiel ist `Name` ein positionaler Parameter, dem die Zeichenfolge »Meier« übergeben wird, während `Identifier` ein benannter Parameter ist.

Benannte Parameter sind sehr flexibel. Einerseits können sie Standardwerte aufweisen, die grundsätzlich immer gültig sind, andererseits kann der Wert im Bedarfsfall individuell festgelegt werden.

Die Möglichkeit, benannte Parameter vorzusehen, befreit Sie von der Verpflichtung, für jede denkbare Kombination von Feldern und Eigenschaften überladene Konstruktoren in der Attributdefinition vorsehen zu müssen. Andererseits wird Ihnen damit aber nicht die Alternative entzogen, dennoch den Konstruktor zu überladen. Da unterscheiden sich die herkömmlichen Klassendefinitionen nicht von denen der Attribute.

Verknüpfen Sie ein Attribut mit einem Element und verwenden dabei positionale und benannte Parameter, müssen Sie eine wichtige Regel beachten: Zuerst werden die positionalen Parameter aufgeführt, danach die benannten. Die Reihenfolge der benannten Parameter ist beliebig, da der Compiler aufgrund der Parameternamen die angegebenen Werte richtig zuordnen kann. Benannte Parameter können alle öffentlich deklarierten Felder oder Eigenschaften sein – vorausgesetzt, sie sind weder statisch noch konstant definiert.

10.8.3 Attribute auswerten

Operationen, die auf die Existenz eines Attributs angewiesen sind, müssen zuerst feststellen, ob das erforderliche Attribut gesetzt ist oder nicht. Im folgenden Beispielprogramm soll dies für das Beispiel unseres eben entwickelten DeveloperAttribute gezeigt werden. Beachten Sie hier bitte, dass der Namespace System.Reflection bekannt gegeben werden muss.

```csharp
// Beispiel: ..\Kapitel 10\AttributeSample
using System.Reflection;
[Developer("Meier")]
class Demo {
  [Developer("Fischer", Identifier=455)]
  public void DoSomething() { }
  public void DoMore() { }
}
[AttributeUsage(AttributeTargets.Class | AttributeTargets.Method)]
public class DeveloperAttribute : Attribute {
  public string Name { get; set; }
  public int Identifier { get; set; }
  public DeveloperAttribute(string name) {
    Name = name;
  }
}
class Program {
  static void Main(string[] args) {
    Type tDemo = typeof(Demo);
    Type tAttr = typeof(DeveloperAttribute);
    MethodInfo mInfo1 = tDemo.GetMethod("DoSomething");
    MethodInfo mInfo2 = tDemo.GetMethod("DoMore");
```

```csharp
    // Prüfen, ob das Attribut bei der Klasse 'Demo' gesetzt ist
    DeveloperAttribute attr =
      (DeveloperAttribute)Attribute.GetCustomAttribute(tDemo, tAttr);
    if (attr != null) {
      Console.WriteLine("Name: {0}", attr.Name);
      Console.WriteLine("Identifier: {0}", attr.Identifier);
    }
    else
      Console.WriteLine("Attribut nicht gesetzt");
    // Prüfen, ob das Attribut bei der Methode 'DoSomething' gesetzt ist
    attr = (DeveloperAttribute)Attribute.GetCustomAttribute(mInfo1, tAttr);
    if (attr != null) {
      Console.WriteLine("Name: {0}", attr.Name);
      Console.WriteLine("Identifier: {0}", attr.Identifier);
    }
    // Prüfen, ob das Attribut bei der Methode 'DoMore' gesetzt ist
    bool isDefinied = Attribute.IsDefined(mInfo2, tAttr);
    if (isDefinied)
      Console.WriteLine("DoMore hat das Attribut.");
    else
      Console.WriteLine("DoMore hat das Attribut nicht.");
    Console.ReadLine();
  }
}
```

Listing 10.46 Beispielprogramm zur Auswertung eines Attributs

Das benutzerdefinierte Attribut `DeveloperAttribute` ist identisch mit demjenigen, das wir bereits vorher in diesem Abschnitt behandelt haben. Es erlaubt, mit einer Klasse oder einer Methode verknüpft zu werden. Die Klasse `Demo`, die dieses Attribut aufweist, enthält mit `DoSomething` und `DoMore` zwei Methoden, von denen nur die erstgenannte mit dem Attribut verknüpft ist.

Zur Beantwortung der Frage, ob ein bestimmtes Element mit dem `DeveloperAttribute` verknüpft ist oder nicht, greifen wir auf die Möglichkeiten einer Technik zurück, die als **Reflection** bezeichnet wird. Die Reflection gestattet es, die Metadaten einer .NET Assembly und der darin enthaltenen Datentypen zu untersuchen und auszuwerten. Zur Abfrage von Attributen stellt die Reflection die Klasse `Attribute` mit der statischen Methode `GetCustomAttribute` bereit. Da wir sowohl die Klasse als auch die Methoden untersuchen wollen, müssen wir auf zwei verschiedene Überladungen zurückgreifen. Für die Klasse ist es die folgende:

```csharp
public static Attribute GetCustomAttribute(Module, Type);
```

Um eine Methode zu untersuchen, ist es die folgende Überladung:

```csharp
public static Attribute GetCustomAttribute(MemberInfo, Type);
```

Im ersten Argument geben wir den Typ des zu untersuchenden Elements an, im zweiten Parameter den Typ des Attributs. Zur Beschreibung des Typs mittels Code wird von der Reflection die Klasse `Type` bereitgestellt. Diese beschreibt den Datentyp und kann auf zweierlei Art und Weise erzeugt werden:

- unter Verwendung des Operators `typeof`, dem der Typbezeichner übergeben wird (z. B. `typeof(Demo)`)
- unter Aufruf der Methode `GetType()` auf eine Objektreferenz (z. B. `myObject.GetType()`)

Um die Attribute einer Klasse auszuwerten, übergeben Sie der Methode `GetCustomAttribute` nur den Typ der Klasse und den `Type` des gesuchten Attributs. Zur Auswertung einer Methode ist ein `MemberInfo`-Objekt erforderlich. `MemberInfo` ist eine abstrakte Klasse im Namespace `System.Reflection`. Wir erhalten die Metadaten der zu untersuchenden Methode, wenn wir die Methode `GetMethod` des `Type`-Objects unter Angabe des Methodenbezeichners aufrufen. Der Typ der Rückgabe ist `MethodInfo`, eine von `MemberInfo` abgeleitete Klasse.

Der Typ der Rückgabe der beiden Überladungen von `GetCustomAttribute` ist `Attribute`. Dabei handelt es sich entweder um die Referenz auf das gefundene Attribut oder `null`, falls das Attribut nicht mit dem im ersten Parameter angeführten Element verknüpft ist. Daher erfolgt zuerst eine Konvertierung in das Zielattribut und anschließend eine Überprüfung, ob der Rückgabewert `null` ist.

```
DeveloperAttribute attr = (DeveloperAttribute)Attribute.GetCustomAttribute(tDemo, tAttr);
if (attr != null) {
  Console.WriteLine("Name: {0}", attr.Name);
  Console.WriteLine("Identifier: {0}", attr.Identifier);
}
else
  Console.WriteLine("Attribut nicht gesetzt");
```

Listing 10.47 Auswertung, ob ein Attribut gesetzt ist

Da wir bei der Implementierung von `Main` wissen, dass nur unser benutzerdefiniertes Attribut `DeveloperAttribute` gesetzt ist (oder auch nicht), genügt uns diese Untersuchung. Ein Element kann natürlich auch mit mehreren Attributen verknüpft sein. Im Code müssten wir dann die Elemente auf alle gesetzten Attribute abfragen.

10.8.4 Festlegen der Assembly-Eigenschaften in »Assembly-Info.cs«

Jedes .NET-Projekt weist neben den Quellcodedateien auch die Datei *AssemblyInfo.cs* auf, die Metadaten über die Assemblierung beschreibt. Ganz allgemein dient diese Datei dazu, Zusatzinformationen zu der aktuellen Assemblierung bereitzustellen, beispielsweise eine Beschreibung, Versionsinformationen, Firmenname, Produktname und mehr. Diese werden im Windows Explorer in den Dateieigenschaften angezeigt. Da die Informationen die Assemblierung als Ganzes betreffen, müssen die Deklarationen außerhalb einer Klasse stehen und dürfen auch nur einmal gesetzt werden.

```
[assembly: AssemblyTitle("AssemblyTitle")]
[assembly: AssemblyDescription("AssemblyDescription")]
[assembly: AssemblyConfiguration("AssemblyConfiguration")]
[assembly: AssemblyCompany("Tollsoft")]
[assembly: AssemblyProduct("AssemblyProduct")]
[assembly: AssemblyCopyright("Copyright ©Tollsoft 2008")]
[assembly: AssemblyTrademark("AssemblyTrademark")]
[assembly: AssemblyCulture("")]
[assembly: ComVisible(false)]
[assembly: Guid("948efa6b-af3a-4ba2-8835-b54b058015d4")]
[assembly: AssemblyVersion("1.0.0.0")]
[assembly: AssemblyFileVersion("1.0.0.0")]
```

Listing 10.48 Die Datei »AssemblyInfo.cs«

Sie können die gewünschten Assembly-Informationen in der Datei *AssemblyInfo.cs* eintragen, Sie können aber auch die Einträge im Eigenschaftsdialog des Projekts vornehmen. Dazu öffnen Sie das Eigenschaftsfenster des Projekts und wählen die Lasche ANWENDUNG. Auf dieser Registerkarte sehen Sie die Schaltfläche ASSEMBLY-INFORMATION..., über die der in Abbildung 10.2 gezeigte Dialog geöffnet wird.

Abbildung 10.2 Eintragen der Assembly-Informationen in Visual Studio 2012

10.9 Dynamisches Binden

Seit der Version 4.0 hat C# auch die Fähigkeit, das sogenannte späte Binden zu realisieren. Was ist darunter zu verstehen? Schauen wir uns dazu einmal das folgende Beispiel an:

```csharp
class Program {
  static void Main(string[] args) {
    Mathematics math = new Mathematics();
    long result = math.Addition(56, 88);
  }
}
class Mathematics {
  public long Addition(int x, int y) {
    return x + y;
  }
}
```

Listing 10.49 Statisches Binden

Die Klasse `Mathematics` wird instanziiert, ein statischer Vorgang, der bereits zur Kompilierzeit durchgeführt wird.

Mit Hilfe der *Reflection* ließ sich ein solcher Aufruf auch früher schon dynamisch formulieren, wie das folgende Listing zeigt.

```csharp
object math = new Mathematics();
Type mathType = math.GetType();
object obj = mathType.InvokeMember("Addition",
                                  BindingFlags.InvokeMethod,
                                  null,
                                  math,
                                  new object[] { 56, 88 });
long result = (long)obj;
```

Listing 10.50 Dynamisches Binden mit der Reflection

Das Listing setzt voraus, dass der Namespace `System.Reflection` mit `using` bekannt gegeben worden ist.

Das Resultat des Konstruktoraufrufs von `Mathematics` wird einer Variablen vom Typ `Object` zugewiesen. Darauf besorgt man sich den `Type` des Objekts und ruft darauf die Methode `InvokeMember` auf. Unter Übergabe des Methodenbezeichners, des Elementtyps, der Referenz des abzurufenden Objekts und der Argumente für den Methodenaufruf wird ein Resultat gebildet, das am Ende nur noch in den Ergebnistyp `long` konvertiert werden muss.

Dieses Coding lässt sich unter Zuhilfenahme des Schlüsselworts `dynamic` auch deutlich kürzer ausdrücken:

```
dynamic obj = new Mathematics();
long result = obj.Addition(56, 88);
```

Listing 10.51 Dynamisches Binden mit »dynamic«

Das `dynamic`-Schlüsselwort wird zur Kompilierzeit statisch geprüft. Die Methode `Addition` hingegen ist dynamisch und wird nicht zur Kompilierzeit geprüft. Natürlich werden Sie auch keine IntelliSense-Hilfe nach dem Punktoperator nutzen können, Sie müssen die Methode `Addition` manuell angeben.

Bei *obj* handelt es sich um ein dynamisches Objekt, der Aufruf der Methode selbst ist dynamisch und wird erst zur Laufzeit geprüft.

10.9.1 Eine kurze Analyse

Lassen Sie uns an dieser Stelle eine Betrachtung hinsichtlich der Objektvariablen durchführen und diese direkt miteinander vergleichen. Sie kennen mit dem in diesem Abschnitt beschriebenen Schlüsselwort `dynamic` inzwischen drei Varianten:

- `Object myObject = new Mathematics();`
- `var myObject = new { [...] };`
- `dynamic myObject = new Mathematics();`

Die zuerst aufgeführte Instanziierung deklariert eine Variable vom Typ `Mathematics`. Die Variable ist vom Typ `Object`, der Code ist streng typisiert. Sie können der Variablen jedes Objekt zuweisen, vorausgesetzt, es ist vom Typ `Object` und bekannt.

Flexibler ist bereits der zweite Ausdruck. Auch hier liegt eine strenge Typisierung vor, aber der Typ muss erst zur Laufzeit gebildet werden. Typischerweise handelt es sich dabei um anonyme Typen, die zur Kompilierzeit gebildet werden.

Auch die letzte Variante mit `dynamic` wird sehr wohl auch statisch geprüft, aber der Aufruf auf die `dynamic`-Variable erfolgt dynamisch. Zur Kompilierzeit steht noch nicht fest, welche Operationen mit dem Typ ausgeführt werden. Daher ist auch keine IntelliSense-Hilfe sichtbar.

10.9.2 Dynamische Objekte

Mit der Einführung des Schlüsselworts `dynamic` wurden auch einige Klassen zum .NET Framework hinzugefügt, die auf `dynamic` aufsetzen. Diese Klassen befinden sich im Namespace `System.Dynamic`. Am interessantesten scheint hier die Klasse `DynamicObject` zu sein, mit der Klassen zur Laufzeit dynamisch erweitert werden können. Sie müssen die Klasse ableiten und können die abgeleitete Klasse zur Laufzeit um Objekteigenschaften erweitern und diese abrufen. Sehen wir uns das im folgenden Beispielprogramm an.

```
// Beispiel: ..\Kapitel 10\DynamicObjects
using System;
using System.Dynamic;
```

```csharp
using System.Collections.Generic;
using System.Reflection;
class Program {
  static void Main(string[] args)  {
    dynamic pers = new Person();
    pers.Name = "Peter";
    pers.Alter = 12;
    pers.Ort = "Bonn";
    pers.Telefon = 0181812345;
    Console.WriteLine("{0}, {1}, {2}, {3}", pers.Name, pers.Alter, pers.Ort,
                                                                pers.Telefon);
    Console.ReadLine();
  }
}
class Person : DynamicObject {
  Dictionary<string, Object> dic = new Dictionary<string, object>();
  public string Name { get; set; }
  public int Alter { get; set; }
  public override bool TryGetMember(GetMemberBinder binder,
                                    out object result) {
    return dic.TryGetValue(binder.Name, out result);
  }
  public override bool TrySetMember(SetMemberBinder binder, object value) {
    dic[binder.Name] = value;
    return true;
  }
}
```

Listing 10.52 Dynamische Objekte

Es ist die Klasse Person definiert, die die Klasse DynamicObject ableitet. Mit Name und Alter sind zwei Eigenschaften konkret festgelegt. Darüber hinaus enthält die Klasse Person ein Feld vom Typ der generischen Klasse Dictionary<>. Hierbei handelt es sich um eine generische Collection, in der alle Daten mit Hilfe eines Schlüssel-Werte-Paares beschrieben werden.

Das Dictionary<>-Objekt speichert Eigenschaften, die zur Laufzeit festgelegt werden. In **Main** sind das zum Beispiel die beiden Eigenschaften Ort und Telefon eines Person-Objekts, das zuvor mit dynamic erstellt wird – eine Voraussetzung für alle Typen, die von DynamicObject abgeleitet sind.

Damit die dynamischen Eigenschaften sich auch in das Objekt eintragen können, sind die beiden geerbten Methoden **TrySetMember** und **TryGetMember** überschrieben. Beide weisen mit **GetMemberBinder** und **SetMemberBinder** sehr ähnliche erste Parameter auf, die den dynamischen Member repräsentieren. Der Bezeichner der dynamischen Eigenschaft ist in der Eigenschaft Name der beiden Binding-Objekte zu finden.

Interessant werden dürfte die Klasse `DynamicObject` vermutlich in Zukunft im Zusammenhang mit Daten, deren Strukturen nicht vorhersehbar sind oder sich von Fall zu Fall ändern. In diesem Zusammenhang sei an die Tabellen einer Datenbank erinnert. Wie einfach ließen sich die Felder durch dynamische Member eines `DynamicObject`-Objekts beschreiben?

10.10 Unsicherer (unsafe) Programmcode – Zeigertechnik in C#

10.10.1 Einführung

Manchmal ist es erforderlich, auf die Funktionen einer in C geschriebenen herkömmlichen DLL zuzugreifen. Viele C-Funktionen erwarten jedoch Zeiger auf bestimmte Speicheradressen oder geben solche als Aufrufergebnis zurück. Es kann auch vorkommen, dass in einer Anwendung der Zugriff auf Daten erforderlich ist, die sich nicht im Hauptspeicher, sondern beispielsweise im Grafikspeicher befinden. Das Problem ist im ersten Moment, dass C#-Code, der unter der Obhut der CLR läuft und als sicherer bzw. verwalteter (managed) Code eingestuft wird, keine Zeiger auf Speicheradressen gestattet.

Ein Entwickler, der mit dieser Einschränkung in seiner Anwendung nicht leben kann, muss unsicheren Code schreiben. Trotz dieser seltsamen Bezeichnung ist unsicherer Code selbstverständlich nicht wirklich »unsicher« oder wenig vertrauenswürdig. Es handelt sich hierbei lediglich um C#-Code, der die Typüberprüfung durch den Compiler einschränkt und den Einsatz von Zeigern und Zeigeroperationen ermöglicht.

10.10.2 Das Schlüsselwort »unsafe«

Der Kontext, in dem unsicherer Code gewünscht wird, muss mit Hilfe des Schlüsselworts `unsafe` deklariert werden. Es kann eine komplette Klasse oder eine Struktur ebenso als unsicher markiert werden wie eine einzelne Methode. Es ist sogar möglich, innerhalb des Anweisungsblocks einer Methode einen Teilbereich als unsicher zu kennzeichnen.

Ganz allgemein besteht ein nicht sicherer Bereich aus Code, der in geschweiften Klammern eingeschlossen ist und dem das Schlüsselwort `unsafe` vorangestellt wird. Im folgenden Codefragment wird die Methode `Main` als unsicher deklariert:

```
static unsafe void Main(string[] args) {
  [...]
}
```

Listing 10.53 Definition einer »unsafe«-Methode

Die Angabe von `unsafe` ist aber allein noch nicht ausreichend, um unsicheren Code kompilieren zu können. Zusätzlich muss auch noch der Compilerschalter /unsafe gesetzt werden. In Visual Studio 2012 legen Sie diesen Schalter im Projekteigenschaftsfenster unter ERSTELLEN • UNSICHEREN CODE ZULASSEN fest. Wenn Sie vergessen, den Compilerschalter einzustellen, wird bei der Kompilierung ein Fehler generiert.

10.10.3 Die Deklaration von Zeigern

In C/C++ sind Zeiger ein klassisches Hilfsmittel der Programmierung, in .NET hingegen nehmen Zeiger eine untergeordnete Rolle ein und werden meist nur in Ausnahmesituationen benutzt. Wir werden daher nicht allzu tief in die Thematik einsteigen und uns auf das Wesentlichste konzentrieren. Wenn Sie keine Erfahrungen mit der Zeigertechnik in C oder in anderen zeigerbehafteten Sprachen gesammelt haben und sich dennoch weiter informieren wollen, sollten Sie C-Literatur zur Hand nehmen.

Zeiger sind Verweise auf Speicherbereiche und werden allgemein wie folgt deklariert:

Datentyp* Variable

Dazu ein Beispiel. Mit der Deklaration

```
int value = 4711;
int* pointer;
```

erzeugen wir eine `int`-Variable namens *value* und eine Zeigervariable *pointer*. *pointer* ist noch kein Wert zugewiesen und zeigt auf eine Speicheradresse, deren Inhalt als `Integer` interpretiert wird. Der *-Operator ermöglicht die Deklaration eines typisierten Zeigers und bezieht sich auf den vorangestellten Typ – hier `Integer`.

Wollen wir dem Zeiger *pointer* mitteilen, dass er auf die Adresse der Variablen *value* zeigen soll, müssen wir *pointer* die Adresse von *value* übergeben:

```
pointer = &value;
```

Der &-Adressoperator liefert eine physikalische Speicheradresse. In der Anweisung wird die Adresse der Variablen *value* ermittelt und dem Zeiger *pointer* zugewiesen.

Wollen wir den Inhalt der Speicheradresse erfahren, auf die der Zeiger verweist, muss dieser dereferenziert werden:

```
Console.WriteLine(*pointer);
```

Das Ergebnis wird 4711 lauten.

Fassen wir den gesamten (unsicheren) Code zusammen. Wenn Sie die Zeigertechnik unter C kennen, werden Sie feststellen, dass es syntaktisch keinen Unterschied gibt:

```csharp
class Program {
  static unsafe void Main(string[] args) {
    int value = 4711;
    int* pointer;
    pointer = &value;
    Console.WriteLine(*pointer);
  }
}
```

Listing 10.54 Zeigertechnik mit C#

C# gibt einen Zeiger nur von einem Wertetyp und niemals von einem Referenztyp zurück. Das gilt jedoch nicht für Arrays und Zeichenfolgen, da Variablen dieses Typs einen Zeiger auf das erste Element bzw. den ersten Buchstaben liefern.

10.10.4 Die »fixed«-Anweisung

Während der Ausführung eines Programms werden dem Heap viele Objekte hinzugefügt oder aufgegeben. Um eine unnötige Speicherbelegung oder Speicherfragmentierung zu vermeiden, schiebt der Garbage Collector die Objekte hin und her. Auf ein Objekt zu zeigen ist natürlich wertlos, wenn sich seine Adresse unvorhersehbar ändern könnte. Die Lösung dieser Problematik bietet die fixed-Anweisung. fixed weist den Garbage Collector an, das Objekt zu »fixieren« – es wird danach nicht mehr verlagert. Da sich dies negativ auf das Verhalten der Laufzeitumgebung auswirken kann, sollten als fixed deklarierte Blöcke nur kurzzeitig benutzt werden.

Hinter der fixed-Anweisung wird in runden Klammern ein Zeiger auf eine verwaltete Variable festgelegt. Diese Variable ist diejenige, die während der Ausführung fixiert wird.

Syntax eines fixierten Anweisungsblocks
```
fixed (<Typ>* <pointer> = <Ausdruck>)
{
   [...]
}
```

Ausdruck muss dabei implizit in *Typ** konvertierbar sein.

Am besten sind die Wirkungsweise und der Einsatz von fixed anhand eines Beispiels zu verstehen. Sehen Sie sich daher zuerst das folgende Listing an:

```csharp
class Program {
  int value;
  static void Main() {
    Program obj = new Program();
    // unsicherer Code
    unsafe {
      // fixierter Code
      fixed(int* pointer = &obj.value) {
        *pointer = 9;
        System.Console.WriteLine(*pointer);
      }
    }
  }
}
```

Listing 10.55 Fixierter Programmcode

Im Code wird ein Objekt vom Typ Program in Main erzeugt. Es kann grundsätzlich nicht garantiert werden, dass das Program-Objekt *obj* vom Garbage Collector nicht im Speicher verschoben wird. Da der Zeiger *pointer* auf das objekteigene Feld *value* verweist, muss sichergestellt sein, dass sich das Objekt bei der Auswertung des Zeigers immer noch an derselben physikalischen Adresse befindet. Die fixed-Anweisung mit der Angabe, worauf *pointer* zeigt, garantiert, dass die Dereferenzierung an der Konsole das richtige Ergebnis ausgibt.

Beachten Sie, dass in diesem Beispiel nicht die gesamte Methode als unsicher markiert ist, sondern nur der Kontext, in dem der Zeiger eine Rolle spielt.

10.10.5 Zeigerarithmetik

Sie können in C# Zeiger addieren und subtrahieren, so wie in C oder in anderen Sprachen. Dazu bedient sich der C#-Compiler intern des sizeof-Operators, der die Anzahl der Bytes zurückgibt, die von einer Variablen des angegebenen Typs belegt werden. Addieren Sie beispielsweise zu einem Zeiger vom Typ int* den Wert 1, verweist der Zeiger auf eine Adresse, die um 4 Byte höher liegt, da ein Integer eine Breite von 4 Byte hat.

Im folgenden Beispiel wird ein int-Array initialisiert. Anschließend werden die Inhalte der Array-Elemente nicht wie üblich über ihren Index, sondern mittels Zeigerarithmetik an der Konsole ausgegeben.

```csharp
class Program {
  unsafe static void Main(string[] args) {
    int[] arr = {10, 72, 333, 4550};
    fixed(int* pointer = arr) {
      Console.WriteLine(*pointer);
      Console.WriteLine(*(pointer + 1));
      Console.WriteLine(*(pointer + 2));
      Console.WriteLine(*(pointer + 3));
    }
  }
}
```

Listing 10.56 Zeigerarithmetik mit C#

Ein Array ist den Referenztypen und damit den verwalteten Typen zuzurechnen. Der C#-Compiler erlaubt es aber nicht, außerhalb einer fixed-Anweisung mit einem Zeiger auf einen verwalteten Typ zu zeigen. Mit

```csharp
fixed(int* pointer = arr)
```

kommen wir dieser Forderung nach. Das Array *arr* wird implizit in den Typ int* konvertiert und ist gleichwertig mit folgender Anweisung:

```csharp
int* pointer = &arr[0]
```

In der ersten Ausgabeanweisung wird *pointer* dereferenziert und der Inhalt 10 angezeigt, weil ein Zeiger auf ein Array immer auf das erste Element zeigt. In den folgenden Ausgaben wird die Ausgabeadresse des Zeigers um jeweils eine Integer-Kapazität erhöht, also um jeweils 4 Byte. Da die Elemente eines Arrays direkt hintereinander im Speicher abgelegt sind, werden der Reihe nach die Zahlen 72, 333 und 4550 an der Konsole angezeigt.

10.10.6 Der Operator »->«

Strukturen sind Wertetypen aus mehreren verschiedenen Elementen auf dem Stack und können ebenfalls über Zeiger angesprochen werden. Nehmen wir an, die Struktur Point sei wie folgt definiert:

```
public struct Point {
  public int X;
  public int Y;
}
```

Innerhalb eines unsicheren Kontexts können wir uns mit

```
Point point = new Point();
Point* ptr = &point;
```

einen Zeiger auf ein Objekt vom Typ Point besorgen. Beabsichtigen wir, das Feld X zu manipulieren und ihm den Wert 150 zuzuweisen, muss der Zeiger *ptr* zuerst dereferenziert werden. Mittels Punktnotation wird dann das Feld angegeben, dem der Wert zugewiesen werden soll. Der gesamte Ausdruck sieht dann wie folgt aus:

```
(*ptr).X = 150;
```

C# bietet uns mit dem Operator »->« eine einfache Kombination aus Dereferenzierung und Feldzugriff an. Der Ausdruck kann daher gleichwertig auch so formuliert werden:

```
ptr->X = 150;
```

Kapitel 11
LINQ

11.1 Was ist LINQ?

LINQ (*Language Integrated Query*) ist eine Sprachergänzung von .NET, die mit .NET 3.5 eingeführt worden ist. Die Idee, die sich hinter LINQ verbirgt, ist, die Abfrage von Daten aus verschiedenen Datenquellen zu vereinfachen. Zu diesem Zweck stellt LINQ ein Modell zur Verfügung, mit dem einheitlich auf Daten aus verschiedensten Datenquellen zugegriffen werden kann, beispielsweise auf SQL-Datenbanken, auf XML-Dokumente und .NET-Auflistungen. Das Besondere ist dabei, dass Abfragen direkt als Code in C# oder andere .NET-Sprachen eingebunden werden können und nicht nur wie bisher als Zeichenfolge. Infolgedessen muss man also nicht mehr zwangsläufig SQL lernen, um Datenbanken abzufragen, oder XML Query, um Daten aus einem XML-Dokument zu lesen.

Die Syntax von LINQ ähnelt verblüffend den Abfragebefehlen von SQL, und so sind auch in LINQ Sprachelemente wie `select`, `from` oder `where` zu finden. Ein weiterer Vorteil von LINQ ist, dass dieses Abfragemodell als Teil der Sprache kompiliert werden kann und damit von IntelliSense unterstützt wird. Anders als etwa bei SQL-Abfragen, die erst zur Laufzeit ausgeführt werden, können Fehler so viel schneller gefunden werden.

Das folgende Beispiel soll Ihnen einen ersten Eindruck von LINQ vermitteln.

```csharp
// Beispiel: ..\Kapitel 11\FirstLINQSample
class Program
{
  static void Main(string[] args)
  {
    Person[] persons = {
                        new Person { Name = "Meier", Age = 34 },
                        new Person { Name = "Müller", Age = 51 },
                        new Person { Name = "Schmidt", Age = 30 },
                        new Person { Name = "Fischer", Age = 25 },
                        new Person { Name = "Schulz", Age = 67 },
                       };
    var query = from pers in persons
                where pers.Age >= 50
                select pers;
    foreach (var item in query)
      Console.WriteLine("{0,-8}{1}", item.Name, item.Age);
    Console.ReadLine();
```

```
    }
}
class Person
{
    public string Name { get; set; }
    public int Age { get; set; }
}
```

Listing 11.1 Beispielprogramm »FirstLINQSample«

Im Beispiel wird ein Array aus mehreren Personen gebildet, das anschließend in der Weise gefiltert wird, dass nur alle Personen, die 50 Jahre alt sind oder älter, in die Ergebnismenge aufgenommen werden. Zur Bildung der Ergebnismenge wird ein LINQ-Ausdruck verwendet:

```
var query = from pers in persons
            where pers.Age >= 50
            select pers;
```

Listing 11.2 Abfragesyntax

Die von LINQ verwendete Syntax ähnelt der, die Sie vielleicht von SQL her kennen. An dieser Stelle sei bereits angedeutet, dass auch die Formulierung eines LINQ-Ausdrucks mit Erweiterungsmethoden möglich ist und zum gleichen Resultat führt:

```
var query = persons
            .Where(p => p.Age >= 50)
            .Select(p => p);
```

Listing 11.3 Erweiterungsmethodensyntax

Es spielt keine Rolle, woher die Daten in der Liste der Personen stammt: Es könnte sich zum Beispiel auch um die Ergebnismenge einer Datenbankabfrage handeln. LINQ ist in jedem Fall datenquellenneutral.

Die Einführung von LINQ mit C# 3.5 zwang das .NET-Entwicklerteam dazu, die .NET-Sprachen zu ergänzen. Dazu gehören Lambda-Ausdrücke, implizite Typisierung, Objektinitialisierer, anonyme Typen und Erweiterungsmethoden. Diese Sprachfeatures haben wir uns in den vergangenen Kapiteln bereits angesehen. Sie können LINQ-Abfragen in C# mit SQL Server-Datenbanken, XML-Dokumenten, ADO.NET-Datasets schreiben sowie jede Auflistung von Objekten abfragen. Es gibt allerdings dabei eine wichtige Bedingung zu beachten: Die Liste muss das Interface IEnumerable<T> implementieren.

11.1.1 Verzögerte Ausführung

LINQ-Abfragen haben ein besonderes Charakteristikum. Sie werden nämlich nicht sofort ausgeführt, sondern erst, wenn die Ergebnismenge benötigt wird. Das könnte beispielsweise eine foreach-Schleife sein, innerhalb deren die Abfrageresultate verarbeitet werden.

Greifen Sie wiederholt auf die Ergebnismenge zu, wird die Abfrage jedes Mal erneut ausgeführt – die Ergebnismenge wird also nicht gecacht. Hat sich in der Zwischenzeit die Datenquelle geändert, erhalten Sie die aktualisierten Daten und profitieren von diesem Verhalten. Andererseits geht die erneute Ausführung natürlich auch zu Lasten der Leistung.

Ob das Verhalten der verzögerten Ausführung positiv oder eher negativ zu bewerten ist, hängt vom Einzelfall ab. In einer Anwendung, die mehrfach auf die Abfrageresultate zugreifen muss, können Sie mit den Methoden `ToArray`, `ToList` oder `ToDictionary` die Ergebnismenge zwischenspeichern. Keine Angst, Sie haben noch nichts verpasst, denn auf die genannten Methoden werden wir später noch eingehen.

11.1.2 LINQ-Erweiterungsmethoden an einem Beispiel

Das Fundament von LINQ sind die zahlreichen Erweiterungsmethoden, die im Namespace `System.Linq` definiert sind. Ehe wir uns eingehender mit LINQ beschäftigen, möchte ich Ihnen zeigen, wie eine LINQ-Erweiterungsmethode zustande kommt.

Dazu erzeugen wir ein `String`-Array mit mehreren Vornamen. Unser Ziel soll es sein, nur die Namen auszugeben, die einer bestimmten Maximallänge entsprechen. Für die Ausgabe soll eine Methode namens `GetShortNames` implementiert werden. Normalerweise würde die Überprüfung der Länge der einzelnen Namen in dieser Methode codiert. Um möglichst flexibel zu sein, wird die Überprüfung in eine andere Methode ausgelagert, die `FilterName` lauten soll. Der Methode `GetShortNames` wird neben dem Zeichenfolge-Array auch ein Delegat auf `FilterName` übergeben.

```csharp
class Program {
  delegate bool FilterHandler(string name);
  static void Main(string[] args) {
    string[] arr = { "Peter", "Uwe", "Willi", "Udo", "Gernot" };
    FilterHandler del = FilterName;
    GetShortNames(arr, del);
    Console.ReadLine();
  }
  static void GetShortNames(string[] arr, FilterHandler del) {
    foreach (string name in arr)
      if (del(name)) Console.WriteLine(name);
  }
  static bool FilterName(string name) {
    if (name.Length < 4) return true;
    return false;
  }
}
```

Listing 11.4 Filtern eines Zeichenfolgearrays

So weit funktioniert der Code einwandfrei. Was würden Sie aber machen, wenn Sie in einem anderen Kontext nicht die Namen selektieren wollen, die weniger als vier Buchstaben aufweisen, sondern beispielsweise mehr als sieben? Richtig, Sie würden eine weitere Methode bereitstellen, die genau das leistet. Und nun eine ganz gemeine Frage: Wie viele unterschiedliche Methoden wären Sie bereit zu implementieren, um möglichst viele Filter zu berücksichtigen?

Es geht auch anders, denn dasselbe Ergebnis wie in Listing 11.4 erreichen Sie, wenn Sie einen Lambda-Ausdruck benutzen. Der Code zur Überprüfung der Zeichenfolgelänge wird hierbei direkt in der Parameterliste von `GetShortNames` aufgeführt.

```
class Program {
  static void Main(string[] args) {
    string[] arr = { "Peter", "Uwe", "Willi", "Udo" };
    GetShortNames(arr, name => name.Length < 4);
    Console.ReadLine();
  }
  static void GetShortNames<T>(T[] names, Func<T, bool> getNames) {
    foreach (T name in names)
      if (getNames(name))
        Console.WriteLine(name);
  }
}
```

Listing 11.5 Filtern eines Zeichenfolgearrays mit einem Lambda-Ausdruck

Beachten Sie bitte den zweiten Parameter der Methode `GetShortNames`. Dessen Typ `Func<T, bool>` wird durch das .NET Framework bereitgestellt. Dabei handelt es sich um einen generischen Delegaten. Schauen wir uns dessen Definition an:

```
public delegate TResult Func<T, TResult>(T arg)
```

Der Delegat kann auf eine Methode zeigen, die einen Parameter entgegennimmt. Der generische Typ `T` beschreibt den Typ des Übergabeparameters, `TResult` den Typ der Rückgabe.

> **Hinweis**
>
> Im .NET Framework sind noch zahlreiche weitere `Func`-Delegaten vordefiniert. Damit werden Methoden beschrieben, die nicht nur einen, sondern bis zu 16 Parameter definieren. Eines haben aber alle `Func`-Definitionen gemeinsam: Der letzte generische Typparameter beschreibt immer den Datentyp der Ergebnismenge.

Vielleicht erinnern Sie sich: Ein Delegat kann auch durch einen Lambda-Ausdruck beschrieben werden. Das haben wir in Listing 11.5 durch die Übergabe von

```
Func<T, bool> getNames = name => name.Length < 4
```

genutzt. Der Übergabewert ist hier ein `String`, das Ergebnis der Operation ein boolescher Wert.

Wichtig ist, dass Sie erkennen, dass die Methode `GetShortNames` jetzt mit ganz unterschiedlichen Filtern aufgerufen werden kann. Vielleicht wollen Sie beim nächsten Mal alle Namen selektieren, die mit dem Buchstaben »H« beginnen. Kein Problem: Sie brauchen dazu keine weitere Methode zu schreiben und können die vorliegende benutzen, da der Lambda-Ausdruck in der Methode `GetShortNames` zur Auswertung herangezogen wird.

Rufen wir uns an dieser Stelle noch einmal das einführende LINQ-Beispiel des Listings 11.3 ins Gedächtnis zurück:

```
var query = persons
           .Where(p => p.Age >= 50)
           .Select(p => p);
```

Sieht die Filterung mit `GetShortNames` in Listing 11.5 nicht bereits sehr ähnlich der Filterung mit der `Where`-Methode aus?

Es gibt aber noch einen entscheidenden Unterschied: Wir übergeben der Methode `GetShortNames` die zu sortierende Liste als Argument. Besser wäre es, wir würden die Methode auf das Listenobjekt aufrufen. Dazu muss die Methode als Erweiterungsmethode definiert werden, wobei sich noch die Frage stellt, welche Klassen erweitert werden sollen und welchen Rückgabewert die Methode haben soll. Um die Allgemeingültigkeit der Methode sicherzustellen, legen wir fest, dass die Methode die Klassen erweitern soll, die `IEnumerable<T>` implementieren. Diese Schnittstelle soll auch gleichzeitig den Rückgabewert beschreiben, um damit zu gewährleisten, dass die Ergebnismenge in einer `foreach`-Schleife durchlaufen werden kann.

Diese Überlegungen erfordern es, dass der Code in Listing 11.5 an die Erweiterungsmethode `GetShortNames` angepasst werden muss. Bekanntlich müssen Erweiterungsmethoden in einer statischen Klasse definiert sein. Im folgenden Listing ist daher eine weitere Klasse definiert, die unsere Erweiterungsmethode enthält. Darüber hinaus wird der Bezeichner `GetShortNames` in `Where` geändert.

```
// Beispiel: ..\Kapitel 11\UserDefinedFilter
using System;
using System.Collections.Generic;
using System.Collections;
class Program {
  static void Main(string[] args)
  {
    string[] arr = { "Peter", "Uwe", "Willi", "Udo" };
    IEnumerable<string> query = arr.Where(name => name.Length < 4);
    foreach (string item in query)
      Console.WriteLine(item);
    Console.ReadLine();
  }
}
static class Extensionmethod {
  // Erweiterungsmethode
```

```
    public static IEnumerable<T> Where<T>(this IEnumerable<T> liste,
                                          Func<T, bool> filter)
    {
      List<T> result = new List<T>();
      foreach (T name in liste)
        if (filter(name))
          result.Add(name);
      return result;
    }
}
```
Listing 11.6 Beispielprogramm »UserDefinedFilter«

Das Resultat zur Laufzeit wird dasselbe wie vorher sein. Allerdings haben wir nun eine Erweiterungsmethode entwickelt, die nicht nur ein `String`-Array nach einer bestimmten Bedingung filtern kann, sondern jede x-beliebige Liste – vorausgesetzt, sie implementiert das Interface `IEnumerable<T>`. Tatsächlich funktioniert die LINQ-Erweiterungsmethode `Where` in derselben Weise. Werfen wir deshalb einen Blick auf die Definition der Methode von LINQ:

```
public static IEnumerable<TSource> Where<TSource>(
                    this IEnumerable<TSource> source,
                    Func<TSource, bool> predicate);
```

Der erste Parameter kennzeichnet `Where` als Erweiterungsmethode für alle Typen, die die Schnittstelle `IEnumerable<T>` implementieren. Der zweite Parameter ist ein Delegat, der im ersten generischen Parameter den in der Liste enthaltenen Typ beschreibt. Der zweite Typparameter gibt den Rückgabewert `Boolean` des Delegaten an.

11.2 LINQ to Objects

11.2.1 Musterdaten

Wir werden uns in den folgenden Abschnitten mit den wichtigsten Erweiterungsmethoden von LINQ beschäftigen. Dazu müssen wir uns noch eine passende Datenquelle beschaffen. Die meisten Beispiele in diesem Kapitel arbeiten daher mit Daten, die von einer Klassenbibliothek bereitgestellt werden. Sie finden das Projekt auf der Buch-DVD unter *\Beispiele\Kapitel 11\Musterdaten*. In der Anwendung sind die vier Klassen `Customer`, `Product`, `Order` und `Service` sowie die Enumeration `Cities` definiert.

```
public class Order {
  public int OrderID { get; set; }
  public int ProductID { get; set; }
  public int Quantity { get; set; }
  public bool Shipped { get; set; }
}
```

```csharp
public class Customer {
  public string Name { get; set; }
  public Cities City { get; set; }
  public Order[] Orders { get; set; }
}
public class Product {
  public int ProductID { get; set; }
  public string ProductName { get; set; }
  public double Price { get; set; }
}
public enum Cities {
  Aachen,
  Bonn,
  Köln
}
```

Listing 11.7 Die elementaren Klassen der »Musterdaten«

In der Klasse `Service` werden drei Arrays definiert, die mehrere Produkte, Kunden und Bestellungen beschreiben. Beachten Sie bitte, dass die einzelnen Bestellungen den Kunden direkt in einem Feld zugeordnet werden. Zudem sind in `Service` drei Methoden implementiert, die als Datenlieferant entweder die Liste der Kunden, der Bestellungen oder der Produkte zurückliefern. Sämtliche Klassenmitglieder sind statisch definiert.

```csharp
public class Service {
  public static Product[] GetProducts() { return product; }
  public static Customer[] GetCustomers() { return customers; }
  public static Order[] GetOrders() { return orders; }
  public static Product[] product =
  {
    new Product{ ProductID = 1, ProductName = "Käse", Price = 10},
    new Product{ ProductID = 2, ProductName = "Wurst", Price = 5},
    new Product{ ProductID = 3, ProductName = "Obst", Price = 8.56},
    new Product{ ProductID = 4, ProductName = "Gemüse", Price = 4},
    new Product{ ProductID = 5, ProductName = "Fleisch", Price = 17.5},
    new Product{ ProductID = 6, ProductName = "Süßwaren", Price = 3},
    new Product{ ProductID = 7, ProductName = "Bier", Price = 2.8},
    new Product{ ProductID = 8, ProductName = "Pizza", Price = 7}
  };
  public static Order[] orders =
  {
    new Order{ OrderID= 1, ProductID = 4, Quantity = 2, Shipped = true},
    new Order{ OrderID= 2, ProductID = 1, Quantity = 1, Shipped = true},
    new Order{ OrderID= 3, ProductID = 5, Quantity = 4, Shipped = false},
    new Order{ OrderID= 4, ProductID = 4, Quantity = 5, Shipped = true},
    new Order{ OrderID= 5, ProductID = 8, Quantity = 6, Shipped = true},
    new Order{ OrderID= 6, ProductID = 3, Quantity = 3, Shipped = false},
```

```
        new Order{ OrderID= 7, ProductID = 7, Quantity = 2, Shipped = true},
        new Order{ OrderID= 8, ProductID = 8, Quantity = 1, Shipped = false},
        new Order{ OrderID= 9, ProductID = 4, Quantity = 1, Shipped = false},
        new Order{ OrderID= 10, ProductID = 1, Quantity = 8, Shipped = true},
        new Order{ OrderID= 11, ProductID = 3, Quantity = 3, Shipped = true},
        new Order{ OrderID= 12, ProductID = 6, Quantity = 6, Shipped = true},
        new Order{ OrderID= 13, ProductID = 1, Quantity = 4, Shipped = false},
        new Order{ OrderID= 14, ProductID = 6, Quantity = 3, Shipped = true},
        new Order{ OrderID= 15, ProductID = 5, Quantity = 7, Shipped = true},
        new Order{ OrderID= 16, ProductID = 1, Quantity = 9, Shipped = true}
    };
    public static Customer[] customers =
    {
        new Customer{ Name = "Herbert", City = Cities.Aachen,
            Orders = new Order[]{orders[3], orders[2],orders[8], orders[10]}},
        new Customer{ Name = "Willi", City = Cities.Köln,
            Orders = new Order[]{orders[6], orders[7], orders[9] } },
        new Customer{ Name = "Hans", City = Cities.Bonn,
            Orders = new Order[]{orders[4], orders[11], orders[14] } },
        new Customer{ Name = "Freddy", City = Cities.Bonn,
            Orders = new Order[]{orders[1], orders[5], orders[13] } },
        new Customer{ Name = "Theo", City = Cities.Aachen,
            Orders = new Order[]{orders[15], orders[12] } }
    };
}
```

Listing 11.8 Die Klasse »Service« der »Musterdaten«

Sollten Sie selbst in einem eigenen Projekt mit den Daten experimentieren, müssen Sie die Assembly *Musterdaten.dll* unter VERWEISE in das Projekt einbinden und den Namespace Musterdaten mit using bekannt geben.

11.2.2 Die allgemeine LINQ-Syntax

> **Anmerkung**
> Viele der folgenden Listings in diesem Kapitel finden Sie auf der Buch-DVD in der Anwendung *..\Kapitel 11\Listings*.
>
> Die Beispiele sind entsprechend mit der Listing-Nummer gekennzeichnet. Wenn Sie die Listings auf der Buch-DVD ausprobieren wollen, müssen Sie nur die entsprechende Auskommentierung der Listing-Nummer aufheben.

Beginnen wir mit einer einfachen Abfrage, die alle bekannten Kunden aus den Musterdaten der Reihe nach ausgibt. Dabei soll sich die Ausgabe auf die Kunden beschränken, deren Name weniger als sechs Buchstaben hat. In die Ergebnismenge soll der Name des Kunden sowie sein Wohnort aufgenommen werden. Sie können die entsprechende LINQ-Abfrage auf zweierlei Arten definieren. Entweder als **Abfrage-Syntax** oder als **Erweiterungsmethoden-Syntax**. Sehen wir uns zuerst die Abfrage-Syntax an:

```
Customer[] customers = Service.GetCustomers();
var cust = from customer in customers
           where customer.Name.Length < 6
           select new { customer.Name, customer.City };
foreach (var item in cust)
  Console.WriteLine("Name: {0}, Ort: {1}", item.Name, item.City);
```

Listing 11.9 Dieses Listing finden Sie auch auf der Buch-DVD.

Grundsätzlich beginnt eine LINQ-Abfrage mit `from` und nicht wie bei einem SQL-Statement mit `select`. Der Grund dafür ist, dass zuerst die Datenquelle ausgewählt sein muss, auf der alle nachfolgenden Operationen Element für Element ausgeführt werden. Das ist auch der Grund, warum die Datenquelle das Interface `IEnumerable<T>` implementieren muss.

Die Angabe der Datenquelle zu Beginn gestattet es uns darüber hinaus, mit der IntelliSense-Hilfe im Codeeditor zu arbeiten. Mit `where` wird das Filterkriterium beschrieben, und `select` legt fest, welche Daten tatsächlich in die Ergebnisliste eingetragen werden. Das Ergebnis wird einer implizit typisierten Variablen zugewiesen, die mit `var` beschrieben wird. Diese Anweisung könnte auch durch

```
IEnumerable<string> cust = from customer in customers ...
```

ersetzt werden, da eine LINQ-Abfrage als Resultat eine Liste liefert, die die Schnittstelle `IEnumerable<T>` implementiert.

In unserer Ergebnisliste wollen wir die einzelnen `Customer`-Objekte nicht mit allen ihren Eigenschaften aufnehmen. Um bestimmte Eigenschaften zu filtern, übergeben Sie dem `select` einen anonymen Typ, der sich aus den gewünschten Elementen zusammensetzt. In unserem Beispielcode handelt es sich um die Eigenschaften `Name` und `City`. Die Ausgabe der Ergebnismenge erfolgt in einer `foreach`-Schleife. Die Laufvariable wird vom Typ `var` deklariert.

Die zweite Variante ist die Erweiterungsmethoden-Syntax. Mit dieser können Sie die Abfrage auch wie folgt formulieren:

```
var cust = customers
           .Where(customer => customer.Name.Length < 6)
           .Select(c => new { c.Name, c.City });
```

Listing 11.10 Die Abfrage des Listings 11.9 als Erweiterungsmethoden-Syntax formuliert

Welche der beiden Varianten Sie bevorzugen, bleibt Ihnen überlassen. Die Abfrage-Syntax sieht auf den ersten Blick etwas einfacher aus, aber mit etwas Übung gewöhnen Sie sich auch schnell an die Erweiterungsmethoden-Syntax.

> **Hinweis**
> Zwischen der Abfrage-Syntax und der Erweiterungsmethoden-Syntax gibt es noch einen Unterschied zu beachten: Verwenden Sie nämlich die Abfrage-Syntax, müssen Sie auch `select` angeben, um damit den Typ der Ergebnisliste zu beschreiben. Bei Verwendung der Erweiterungsmethoden-Syntax ist jedoch die Angabe des Abfrageoperators `Select` nicht zwingend vorgeschrieben.

11.3 Die Abfrageoperatoren

11.3.1 Übersicht der Abfrageoperatoren

LINQ stellt Ihnen zahlreiche Erweiterungsmethoden zur Verfügung, die auch als Abfrageoperatoren bezeichnet werden. Sie sind alle in der Klasse `Enumerable` des Namespaces `System.Linq` definiert. In Tabelle 11.1 sind alle LINQ-Abfrageoperatoren angegeben.

Operatortyp	Operator
Aggregatoperatoren	Aggregate, Average, Count, LongCount, Min, Max, Sum
Konvertierungsoperatoren	Cast, OfType, ToArray, ToDictionary, ToList, ToLookup
Elementoperatoren	DefaultIfEmpty, ElementAt, ElementAtOrDefault, First, FirstOrDefault, Last, LastOrDefault, Single, SingleOrDefault
Gleichheitsoperatoren	EqualAll
Sequenzoperatoren	Empty, Range, Repeat
Gruppierungsoperatoren	GroupBy
Join-Operatoren	Join, GroupJoin
Sortieroperatoren	OrderBy, ThenBy, OrderByDescending, ThenByDescending, Reverse
Aufteilungsoperatoren	Skip, SkipWhile, Take, TakeWhile
Quantifizierungsoperatoren	All, Any, Contains
Restriktionsoperatoren	Where
Projektionsoperatoren	Select, SelectMany
Set-Operatoren	Concat, Distinct, Except, Intersect, Union

Tabelle 11.1 Die LINQ-Abfrageoperatoren

Wir werden im weiteren Verlauf des Kapitels auf viele der hier aufgeführten LINQ-Abfrageoperatoren genauer eingehen.

11.3.2 Die »from«-Klausel

Ein LINQ-Abfrageausdruck beginnt mit der from-Klausel. Diese gibt vor, welche Datenquelle abgefragt werden soll, und definiert eine lokale Bereichsvariable, die ein Element in der Datenquelle repräsentiert. Die Datenquelle muss entweder die Schnittstelle IEnumerable<T> oder IEnumerable implementieren. Zu den abfragbaren Datenquellen zählen auch diejenigen, die sich auf IQueryable<T> zurückführen lassen.

> **Anmerkung**
> Die LINQ-Abfragen arbeiten mit Methoden, die meist Sequenzen verwenden. Diese Objekte implementieren entweder die IEnumerable<T>- oder die IQueryable<T>-Schnittstelle. Es stellt sich oft die Frage nach dem Unterschied, weil in beiden Fällen die Methode GetEnumerator() veröffentlicht wird.
>
> Mit IEnumerable<T> kann man gut mit einer Datenstruktur im Speicher arbeiten. Die einzelnen Erweiterungsmethoden arbeiten im Prinzip wie sequenzielle Filter – das Ergebnis des ersten Filters ist der Input für den zweiten Filter usw. Mit einer externen Datenquelle will man so normalerweise nicht arbeiten, denn es wäre extrem ineffizient, zunächst eine ganze Tabelle in den Cache zu laden und diese als IEnumerable<T> zu repräsentieren, um dann anschließend und auf der Ergebnisliste eine Where-Filterbedingung anzuwenden. Deshalb arbeiten IQueryable<T>-implementierende Objekte so, dass sie erst mal den kompletten Abfrageausdruck zusammenbauen, der dann als Ganzes gegen die Datenquelle abgesetzt wird.

Datenquelle und Bereichsvariable sind streng typisiert. Wenn Sie mit

```
from customer in customers
```

das Array aller Kunden als Datenquelle angeben, ist die Bereichsvariable vom Typ Customer.

Etwas anders ist der Sachverhalt, wenn die Datenquelle beispielsweise vom Typ ArrayList ist. Wie Sie wissen, können in einer ArrayList Objekte unterschiedlichsten Typs verwaltet werden. Um auch solche Datenquellen abfragen zu können, muss die Bereichsvariable explizit typisiert werden, z.B.:

```
ArrayList arr = new ArrayList();
arr.Add(new Circle());
arr.Add(new Circle());
var cust = from Circle kreis in arr
           select kreis;
```

Listing 11.11 from-Klausel und ArrayList

Manchmal kommt es vor, dass jedes Element einer Datenquelle seinerseits selbst eine Liste untergeordneter Elemente beschreibt. Ein gutes Beispiel dafür ist in unserer Anwendung zu finden, die unsere Musterdaten für dieses Kapitel bereitstellt.

```
public class Customer {
  public string Name { get; set; }
  public Cities City { get; set; }
  public Order[] Orders { get; set; }
}
```

Jedem Kunden ist ein Array vom Typ Order zugeordnet. Um die Bestellungen abzufragen, muss eine weitere from-Klausel angeführt werden, die auf die Bestellliste des jeweiligen Kunden zugreift. Jede from-Klausel kann separat mit where gefiltert oder beispielsweise mit orderby sortiert werden.

```
Customer[] customers = Service.GetCustomers();
var query = from customer in customers
            where customer.Name == "Hans"
            from order in customer.Orders
            where order.Quantity > 6
            select new {order.OrderID, order.ProductID};
```

Listing 11.12 Filtern einer untergeordneten Menge (Abfrage-Syntax)

In diesem Codefragment wird die Liste aller Kunden zuerst nach *Hans* durchsucht. Die gefundene Dateninformation extrahiert anschließend die Bestellinformationen und beschränkt das Ergebnis auf alle Bestellungen von *Hans*, die eine Bestellmenge > 6 haben.

Es sei an dieser Stelle auch dieselbe Abfrage in Erweiterungsmethoden-Syntax gezeigt:

```
Customer[] customers = Service.GetCustomers();
var query = customers
            .Where(c => c.Name == "Hans")
            .SelectMany(c => c.Orders)
            .Where(order => order.Quantity > 6)
            .Select(order => new { order.OrderID, order.ProductID});
```

Listing 11.13 Untergeordnete Menge mit »SelectMany« (siehe Buch-DVD)

Enthält ein gefundenes Element eine Untermenge (hier werden die Bestellungen eines Customer-Objekts durch ein Array beschrieben), benötigen wir den Operator SelectMany. An diesem Beispiel können Sie erkennen, dass sich in manchen Fällen Abfrage-Syntax und Erweiterungsmethoden-Syntax doch deutlich unterscheiden.

11.3.3 Mit »where« filtern

Angenommen, Sie möchten alle Kunden auflisten, deren Wohnort *Aachen* ist. Um eine Folge von Elementen zu filtern, verwenden Sie den Where-Operator.

```
Customer[] customers = Service.GetCustomers();
var result = from cust in customers
             where cust.City == Cities.Aachen
             select cust;
foreach (var item in result)
  Console.WriteLine(item);
```

Listing 11.14 Die »where«-Klausel (siehe Buch-DVD)

Mit dem Select-Operator geben Sie das Element an, das in die Ergebnisliste aufgenommen werden soll. In diesem Fall ist das der Name jeder entsprechend durch den Where-Operator gefundenen Person. Die Ergebnisliste wird in der foreach-Schleife durchlaufen und an der Konsole ausgegeben. Sie werden *Herbert* und *Theo* in der Ergebnisliste finden.

Sie können die Abfrage-Syntax auch durch die Erweiterungsmethoden-Syntax ersetzen. Geben Sie dabei direkt das zu durchlaufende Array an. An der Codierung der Konsolenausgabe ändert sich nichts.

```
var result = customers
             .Where( cust => cust.City == Cities.Aachen)
             .Select(cust => cust.Name);
```

Listing 11.15 Die »where«-Klausel (Erweiterungsmethoden-Syntax)

Auch mehrere Filterkriterien zu berücksichtigen ist nicht weiter schwierig. Sie müssen nur den where-Operator ergänzen und benutzen zur Formulierung des Filters die C#-spezifischen Operatoren. Im nächsten Codefragment werden alle noch nicht ausgelieferten Bestellungen gesucht, deren Bestellmenge größer 3 ist.

```
Order[] orders = Service.GetOrders();
var result = from order in orders
             where order.Quantity > 3 && order.Shipped == false
             select order.OrderID;
```

oder:

```
 var result = orders
             .Where(order => order.Quantity > 3 &&
                  order.Shipped == false)
             .Select(ord => ord.OrderID);
```

Listing 11.16 Mehrere Filterkriterien

Die Überladungen des Where-Operators

Wenn Sie sich die .NET-Dokumentation des Where-Operators ansehen, finden Sie die beiden folgenden Signaturen:

```
public static IEnumerable<T> Where<T>(
    this IEnumerable<T> source,
    Func<T, bool> predicate
public static IEnumerable<T> Where<T>(
    this IEnumerable<T> source,
    Func<T, int, bool> predicate
```

Die erste wird für Abfragen verwendet, wie wir sie weiter oben eingesetzt haben. Die IEnumerable<T>-Collection wird dabei komplett gemäß den Filterkriterien durchsucht.

Mit der zweiten Signatur können Sie den Bereich der Ergebnisliste einschränken, und zwar anhand des nullbasierten Index, der als Integer angegeben wird. Nehmen wir an, Sie interessieren sich für alle Bestellungen, deren Bestellmenge > 3 ist. Allerdings möchten Sie, dass die Ergebnisliste sich auf Indizes in der Datenquelle beschränkt, die < 10 sind. Es werden demnach nur die Indizes 0 bis einschließlich 9 in der Datenquelle *orders* berücksichtigt.

```
Order[] orders = Service.GetOrders();
var result = orders
            .Where((order, index) => order.Quantity > 3 && index < 10)
            .Select(ord => ord.OrderID, ord.ProductID, ord.Quantity});
foreach (var item in result)
  Console.WriteLine("{0,-5}{1,-5}{2}",
                    item.OrderID, item.ProductID, item.Quantity);
```

Listing 11.17 Resultate mit »where« einschränken (siehe Buch-DVD)

Das Ergebnis wird mit den Bestellungen gebildet, die die OrderIDs 3, 4, 5 und 10 haben.

Wie funktioniert der »Where«-Operator?

Betrachten wir noch einmal die folgende Anweisung:

```
var result = customers.Where(cust => cust.City == Cities.Aachen)
```

Where ist eine Erweiterungsmethode der Schnittstelle IEnumerable<T> und gilt auch für das Array vom Typ Customer. Der Ausdruck

```
cust => cust.City == Cities.Aachen
```

ist ein Lambda-Ausdruck, im eigentlichen Sinne also der Delegat auf eine anonyme Methode. In der Definition des Where-Operators wird dieser Delegate durch den Delegate

```
Func<T, bool> predicate
```

beschrieben (siehe Definition von Where weiter oben). Der generische Typparameter T wird durch den Datentyp der Elemente in der zugrunde liegenden Collection beschrieben, die bekanntlich die Schnittstelle IEnumerable<T> implementiert. In unserer Anweisung handelt es sich um Customer-Objekte. Daher können wir bei korrekter Codierung innerhalb des Lambda-Ausdrucks auch auf die IntelliSense-Liste zurückgreifen. Der zweite Parameter teilt uns mit, von welchem Datentyp der Rückgabewert des Lambda-Ausdrucks ist. Hier wird ein boolescher Typ vorgegeben, denn über `true` weiß LINQ, dass auf das untersuchte Element das Suchkriterium zutrifft und bei einer Rückgabe von `false` eben nicht.

Das Zusammenspiel zwischen den Lambda-Ausdrücken und Erweiterungsmethoden im Kontext generischer Typen und Delegates ist hier sehr gut zu erkennen. In ähnlicher Weise funktionieren auch viele andere Operatoren. Ich werde daher im Folgenden nicht jedes Mal erneut das komplexe Zusammenspiel der verschiedenen Operatoren erörtern.

11.3.4 Die Projektionsoperatoren

Der »Select«-Operator

Der `Select`-Operator macht die Ergebnisse der Abfrage über ein Objekt verfügbar, das die Schnittstelle `IEnumerable<T>` implementiert, z.B.:

```
var result = from order in orders
             select order.OrderID;
```

oder alternativ:

```
var result = orders.Select(order => order.OrderID);
```

Die Rückgabe ist in beiden Fällen eine Liste mit den Bestellnummern der in der Liste vertretenen Bestellungen.

Soll der `Select`-Operator eine Liste neu strukturierter Objekte liefern, müssen Sie einen anonymen Typ als Ergebnismenge definieren:

```
var result = from customer in customers
             select new { customer.Name, customer.City };
```

Hierbei wird auch von einer *Selektion* gesprochen.

Der Operator »SelectMany«

`SelectMany` kommt dann zum Einsatz, wenn es sich bei den einzelnen Elementen in einer Elementliste um Arrays handelt, deren Einzelelemente von Interesse sind. In der Anwendung *Musterdaten* trifft das auf alle Objekte vom Typ `Customer` zu, weil die Bestellungen in einem Array verwaltet werden.

```
var query = customers
        .Where(c => c.Name == "Hans")
        .SelectMany(c => c.Orders)
        .Where(order => order.Quantity > 6)
        .Select(order => new { order.OrderID, order.ProductID});
```

Listing 11.18 Der Operator »SelectMany«

In Listing 11.14 hatten wir bereits dieses Beispiel, so dass an dieser Stelle auf weitere Ausführungen verzichtet wird.

11.3.5 Die Sortieroperatoren

Sortieroperatoren ermöglichen eine Sortierung von Elementen in Ausgabefolgen mit einer angegebenen Sortierrichtung. Mit dem Operator `OrderBy` können Sie auf- und absteigend sortieren, mit `OrderByDescending` nur absteigend. Nachfolgend sehen Sie ein Beispiel für eine aufsteigende Sortierung. Dabei werden die Bestellmengen aller Bestellungen der Reihe nach in die Ergebnisliste geschrieben.

```
Order[] orders = Service.GetOrders();
var result = from order in orders
             orderby order.Quantity
             select new { order.OrderID, order.Quantity };
foreach (var item in result)
  Console.WriteLine("ID: {0,-3}{1}", item.OrderID, item.Quantity);
```

Listing 11.19 Sortieren mit »orderby« in Abfrage-Syntax (siehe Buch-DVD)

Sehen wir uns diese LINQ-Abfrage noch in der Erweiterungsmethoden-Syntax an:

```
var result = orders
            .OrderBy(order => order.Quantity)
            .Select(order => new { order.OrderID, order.Quantity });
```

Listing 11.20 Sortieren mit »OrderBy« in Erweiterungsmethoden-Syntax

Durch die Ergänzung von `descending` lässt sich auch eine absteigende Sortierung erzwingen:

```
orderby order.Quantity descending
```

Das folgende Listing zeigt, wie Sie mit dem Operator `OrderByDescending` zum gleichen Ergebnis kommen:

```
var result = orders
            .OrderByDescending(order => order.Quantity)
            .Select(order => new { order.OrderID, order.Quantity });
```

Listing 11.21 Sortieren mit »OrderByDescending«

Wenn Sie mehrere Sortierkriterien festlegen wollen, helfen Ihnen die beiden Operatoren `ThenBy` beziehungsweise `ThenByDescending` weiter. Deren Einsatz setzt aber die vorhergehende Verwendung von `OrderBy` oder `OrderByDescending` voraus. Nehmen wir an, die erste Sortierung soll die Bestellmenge berücksichtigen und die zweite, ob die Bestellung bereits ausgeliefert ist. Der Programmcode dazu lautet:

```
Order[] orders = Service.GetOrders();
var result = orders
            .OrderBy(order => order.Quantity)
            .ThenBy(order => order.Shipped)
            .Select(order =>  new {order.OrderID, order.Quantity, order.Shipped });
```

```csharp
foreach (var item in result)
  Console.WriteLine("ProductID: {0,-3}Menge:{1,-4} Geliefert:{2}",
            item.OrderID, item.Quantity, item.Shipped);
```

Listing 11.22 Mehrere Sortierkriterien (siehe Buch-DVD)

Manchmal kann es vorkommen, dass Sie die gesamte Ergebnisliste in umgekehrter Reihenfolge benötigen. Hier kommt der Operator `Reverse` zum Einsatz, der am Ende auf die Ergebnisliste angewendet wird:

```csharp
var result = orders
            .Select(order => new {order.ProductID, order.Quantity })
            .Reverse();
```

Listing 11.23 Ergebnisliste mit »Reverse« umkehren

Wie Sie wissen, werden einige Abfrageoperatoren als Schlüsselwörter von C# angeboten und gestatten die sogenannte Abfrage-Syntax. `Reverse` und `ThenBy` zählen nicht dazu. Möchten Sie die von einer Abfrage-Syntax gelieferte Ergebnismenge umkehren, können Sie sich eines kleinen Tricks bedienen. Sie schließen die Abfrage-Syntax in runde Klammern ein und können darauf den Punktoperator mit folgendem `Reverse` angeben:

```csharp
var result = (from order in orders
             select new {order.ProductID, order.Quantity })
            .Reverse();
```

Listing 11.24 Sortieren mit »OrderByDescending« (Abfrage-Syntax)

11.3.6 Gruppieren mit »GroupBy«

Manchmal ist es notwendig, Ergebnisse anhand spezifischer Kriterien zu gruppieren. Dazu dient der Operator `GroupBy`. Machen wir uns das zuerst an einem Beispiel deutlich. Ausgangspunkt sei das Array mit `Customer`-Objekten. Es sollen die Kunden (`Customer`-Objekte) nach deren Wohnsitz (`Cities`) gruppiert werden.

```csharp
Customer[] customers = Service.GetCustomers();
var result = customers
            .GroupBy(cust => cust.City);
foreach (IGrouping<Cities, Customer> temp in result) {
  Console.WriteLine(new string('=', 40));
  Console.WriteLine("Stadt: {0}", temp.Key);
  Console.WriteLine(new string('-', 40));
  foreach (var item in temp)
    Console.WriteLine("      {0}", item.Name);
}
```

Listing 11.25 Gruppieren der Ergebnisliste (siehe Buch-DVD)

Die Ausgabe in der Konsole sehen Sie in Abbildung 11.1.

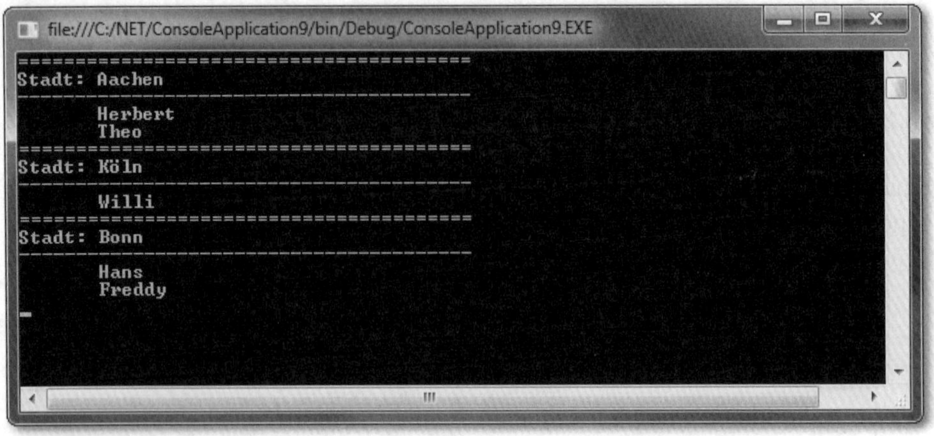

```
file:///C:/NET/ConsoleApplication9/bin/Debug/ConsoleApplication9.EXE
===========================================
Stadt: Aachen
        Herbert
        Theo
===========================================
Stadt: Köln
        Willi
===========================================
Stadt: Bonn
        Hans
        Freddy
```

Abbildung 11.1 Die Ausgabe des Listings 11.26

Der Operator GroupBy ist vielfach überladen. Sehen wir uns eine davon an:

```
public static IEnumerable<IGrouping<K,T>> GroupBy<T,K>(
  this IEnumerable<T> source, Func<T,K> keyselector);
```

Alle Überladungen geben dabei den Typ IEnumerable<IGrouping<K,T>> zurück. Die Schnittstelle IGrouping<K,T> ist eine spezialisierte Form von IEnumerable<T>. Sie definiert die schreibgeschützte Eigenschaft Key, die den Wert der zu bildenden Gruppe abruft.

```
public interface IGrouping<K,T> : IEnumerable<T> {
  K key { get; }
}
```

Im Beispiel oben werden mittels *key* die Städte aus dem generischen Typ K (also Cities) abgefragt. Betrachten wir nun die äußere Schleife:

```
foreach (IGrouping<Cities, Customer> temp in result)
```

Sie müssen der Schnittstelle IGrouping im ersten Typparameter in unserem Beispiel Cities zuweisen, den Datentyp des Elements, nach dem gruppiert werden soll. Der zweite Typparameter beschreibt den Typ des zu gruppierenden Elements.

Die äußere Schleife durchläuft die einzelnen Gruppen und gibt als Resultat alle Elemente zurück, die zu der entsprechenden Gruppe gehören. In unserem Beispielcode wird diese Untergruppe mit der Variablen *item* beschrieben. In der inneren Schleife werden anschließend alle Elemente von *temp* erfasst und die gewünschten Informationen ausgegeben.

Der GroupBy-Operator kann auch in der Schreibweise der Abfrage-Syntax dargestellt werden.

```
var result = from customer in customers
             group customer by customer.City
```

11.3.7 Verknüpfungen mit »Join«

Mit dem Join-Operator definieren Sie Beziehungen zwischen mehreren Auflistungen, ähnlich wie Sie in SQL mit dem gleichnamigen JOIN-Statement Tabellen miteinander in Beziehung setzen.

In unseren Musterdaten liegen insgesamt 16 Bestellungen vor. Es soll nun für jede Bestellung die Bestellnummer des bestellten Artikels, die Bestellmenge und der Einzelpreis des Artikels ausgegeben werden. Die Listen der Produkte und Bestellungen spielen in diesem Fall eine entscheidende Rolle.

```
Order[] orders = Service.GetOrders();
Product[] products = Service.GetProducts();
var liste = orders
          .Join(products,
              ord => ord.ProductID,
              prod => prod.ProductID, (a, b) => new {a.OrderID,
                                                    a.ProductID,
                                                    b.Price,
                                                    a.Quantity
                                                   });
foreach(var m in liste)
  Console.WriteLine("Order: {0,-3} Product: {1} Menge: {2} Preis: {3}",
    m.OrderID, m.ProductID, m.Quantity, m.Price);
```

Listing 11.26 Einsatz des »Join«-Operators (siehe Buch-DVD)

Der Join-Operator ist überladen. In diesem Beispiel haben wir den folgenden benutzt:

```
public static IEnumerable<V> Join<T, U, V, K>(
    this Enumerable<T> outer,
    IEnumerable<U> inner,
    Func<T, K> outerKeySelector,
    Func<U, K> innerKeySelector,
    Func<T, U, V> resultSelector);
```

Join wird als Erweiterungsmethode der Liste definiert, auf die Join aufgerufen wird. In unserem Beispiel ist es die durch *orders* beschriebene Liste aller Bestellungen. Die innere Liste wird durch das erste Argument beschrieben und ist in unserem Beispielcode die Liste aller Produkte *products*. Als zweites Argument erwartet Join im Parameter *outerKeySelector* das Schlüsselfeld der äußeren Liste (hier: *orders*), das mit dem im dritten Argument angegebenen Schlüsselfeld der inneren Liste in Beziehung gesetzt wird.

Im vierten Argument wird die Ergebnisliste festgelegt. Dazu werden zwei Parameter übergeben: Der erste projiziert ein Element der äußeren Liste, der zweite ein Element der inneren Liste in das Ergebnis der Join-Abfrage.

Beachten Sie, dass in der Definition von Join der generische Typ T die äußere Liste beschreibt und der Typ U die innere. Die Schlüssel (in unserem Beispiel werden dazu die Felder genommen), die die `ProductID` beschreiben, verstecken sich hinter dem generischen Typ K, die Ergebnisliste hinter V.

Sie können eine `Join`-Abfrage auch in Abfrage-Syntax notieren:

```
var liste = from ord in orders
            join prod in products
                on ord.ProductID equals prod.ProductID
            select new { ord.OrderID, ord.ProductID,
                         prod.Price, ord.Quantity};
```

Listing 11.27 Joins mit der Abfrage-Syntax

Die Ergebnisliste sehen Sie in Abbildung 11.2.

Sie sollten darauf achten, dass Sie beim Vergleich links von `equals` den Schlüssel der äußeren Liste angeben, rechts davon den der inneren. Wenn Sie beide vertauschen, erhalten Sie einen Compilerfehler.

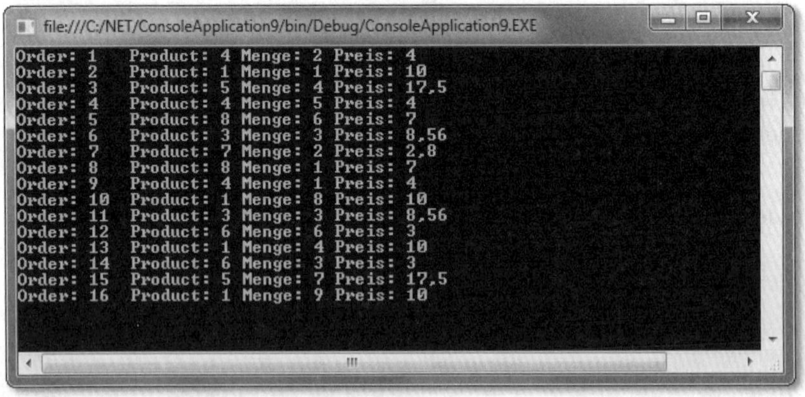

![Abbildung 11.2: Konsolenausgabe mit 16 Order-Einträgen]

Abbildung 11.2 Resultat der Join-Abfrage

Der Operator »GroupJoin«

`Join` führt Daten aus der linken und rechten Liste genau dann zusammen, wenn die angegebenen Kriterien alle erfüllt sind. Ist eines oder sind mehrere der Kriterien nicht erfüllt, befindet sich kein Datensatz in der Ergebnismenge. Damit ist der `Join`-Operator mit dem INNER JOIN-Statement einer SQL-Abfrage vergleichbar.

Suchen Sie ein Äquivalent zu einem LEFT OUTER JOIN oder RIGHT OUTER JOIN, hilft Ihnen der `GroupJoin`-Operator weiter. Nehmen wir an, Sie möchten wissen, welche Bestellungen für die einzelnen Produkte vorliegen. Sie können die LINQ-Abfrage dann wie folgt definieren:

```
Product[] products = Service.GetProducts();
Customer[] customers = Service.GetCustomers();
var liste = products
            .GroupJoin(customers.SelectMany(cust => cust.Orders),
```

```
                prod => prod.ProductID,
                ord  => ord.ProductID,
                     (a, b) => new { a.ProductID, Orders = b });
foreach (var t in liste) {
  Console.WriteLine("ProductID: {0}", t.ProductID, t.Orders);
  foreach (var order in t.Orders)
      Console.WriteLine("   OrderID: {0}", order.OrderID);
}
```

Listing 11.28 LEFT OUTER JOIN mit dem Operator »GroupJoin«

`GroupJoin` arbeitet sehr ähnlich wie der `Join`-Operator. Der Unterschied zwischen den beiden Operatoren besteht darin, was in die Ergebnismenge aufgenommen wird. Mit `Join` sind es nur Daten, deren Schlüssel sowohl in der *outer*-Liste als auch in der *inner*-Liste vertreten sind. Findet `Join` in der *inner*-Liste kein passendes Element, wird das *outer*-Element nicht in die Ergebnisliste aufgenommen.

Ganz anders ist das Verhalten von `GroupJoin`. Dieser Operator nimmt auch dann ein Element aus der *outer*-Liste in die Ergebnisliste auf, wenn keine entsprechenden Daten in *inner* vorhanden sind. Sie können das sehr schön in Abbildung 11.3 sehen, denn der Artikel mit der `ProductID=2` ist in keiner Bestellung zu finden.

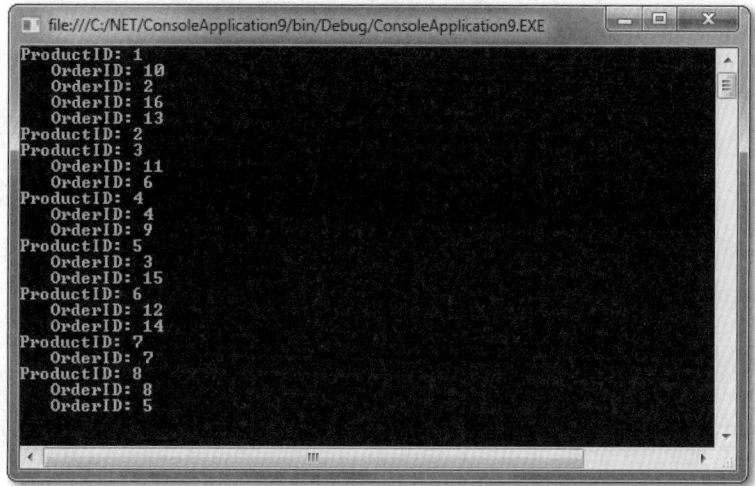

Abbildung 11.3 Ergebnisliste der LINQ-Abfrage mit dem »GroupJoin«-Operator

Sie können den `GroupJoin`-Operator auch in einem Abfrageausdruck beschreiben. Er wird mit join... into... definiert.

```
Product[] products = Service.GetProducts();
Customer[] customers = Service.GetCustomers();
var liste = from cust in customers
            from ord in cust.Orders
```

```
            select ord;
var expr = from prod in products
           join custord in liste
           on prod.ProductID equals custord.ProductID into allOrders
           select new { prod.ProductID, Orders = allOrders};
```

Listing 11.29 LEFT OUTER JOIN in der Abfrage-Syntax

11.3.8 Die Set-Operatoren-Familie

Der Operator »Distinct«

Vielleicht kennen Sie die Wirkungsweise von DISTINCT bereits von SQL. In LINQ hat der Distinct-Operator die gleiche Aufgabe: Er garantiert, dass in der Ergebnismenge ein Element nicht doppelt auftritt.

```
string[] cities = {"Aachen", "Köln", "Bonn", "Aachen", "Bonn", "Hof"};
var liste = (from p in cities select p).Distinct();
foreach (string city in liste)
   Console.WriteLine(city);
```

Listing 11.30 Der Operator »Distinct« (siehe Buch-DVD)

Im Array cities kommen die beiden Städte Aachen und Bonn je zweimal vor. Der auf die Ergebnismenge angewendete Distinct-Operator erkennt dies und sorgt dafür, dass jede Stadt nur einmal angezeigt wird.

Der Operator »Union«

Der Union-Operator verbindet zwei Listen miteinander. Dabei werden doppelte Vorkommen ignoriert.

```
string[] cities = {"Aachen", "Bonn", "Aachen", "Frankfurt"};
string[] namen  = {"Peter", "Willi", "Hans"};
var listeCities = from c in cities
                  select c;
var listeNamen  = from n in namen
                  select n;
var listeComplete = listeCities.Union(listeNamen);
foreach (var p in listeComplete)
  Console.WriteLine(p);
```

Listing 11.31 Der »Union«-Operator (siehe Buch-DVD)

In der Ergebnisliste werden der Reihe nach *Aachen, Köln, Bonn, Frankfurt, Peter, Willi* und *Hans* erscheinen.

Der Operator »Intersect«

Der Intersect-Operator bildet eine Ergebnisliste aus zwei anderen Listen. In der Ergebnisliste sind aber nur die Elemente enthalten, die in beiden Listen gleichermaßen enthalten sind. Intersect bildet demnach eine Schnittmenge ab.

```
string[] cities1 = {"Aachen", "Köln", "Bonn", "Aachen", "Frankfurt"};
string[] cities2 = {"Düsseldorf", "Bonn", "Bremen", "Köln"};
var listeCities1 = from c in cities1
                   select c;
var listeCities2 = from n in cities2
                   select n;
var listeComplete = listeCities1.Intersect(listeCities2);
foreach (var p in listeComplete)
  Console.WriteLine(p);
```

Listing 11.32 Der Operator »Intersect« (siehe Buch-DVD)

Das Ergebnis wird durch die Städte *Köln* und *Bonn* gebildet.

Der Operator »Except«

Während Intersect die Gemeinsamkeiten aufspürt, sucht der Operator Except nach allen Elementen, durch die sich die Listen voneinander unterscheiden. Dabei sind nur die Elemente in der Ergebnisliste enthalten, die in der ersten Liste angegeben sind und in der zweiten Liste fehlen.

Verwenden Sie in Listing 11.33 anstelle von Intersect den Operator Except, enthält die Ergebnisliste die Orte *Aachen* und *Frankfurt*.

11.3.9 Die Familie der Aggregatoperatoren

LINQ stellt mit Count, LongCount, Sum, Min, Max, Average und Aggregate eine Reihe von Aggregatoperatoren zur Verfügung, um Berechnungen an Quelldaten durchzuführen.

Die Operatoren »Count« und »LongCount«

Sehr einfach einzusetzen sind die beiden Operatoren Count und LongCount. Beide unterscheiden sich dahingehend, dass Count einen int als Typ zurückgibt und LongCount einen long. Um Count zu testen, wollen wir zuerst wissen, wie viele Bestellungen insgesamt eingegangen sind:

```
Order[] orders = Service.GetOrders();
var anzahl = (from x in orders
              select x).Count();
Console.WriteLine("Anzahl der Bestellungen gesamt = {0}", anzahl);
```

Listing 11.33 Der Operator »Count« (siehe Buch-DVD)

Alternativ können Sie auch Folgendes formulieren:

```
var anzahl = orders.Count();
```

Das Ergebnis lautet 16.

Vielleicht interessiert uns auch, wie viele Bestellungen jeder einzelne Kunde aufgegeben hat. Wir müssen dann den folgenden Code schreiben:

```
Customer[] customers = Service.GetCustomers();
var orderCounts = from c in customers
                  select new { c.Name, OrderCount = c.Orders.Count() };
foreach (var k in orderCounts)
  Console.WriteLine("{0} - {1}", k.Name, k.OrderCount);
```

Listing 11.34 Anzahl der Elemente einer untergeordneten Menge (siehe Buch-DVD)

Der Operator »Sum«

Sum ist grundsätzlich zunächst einmal sehr einfach einzusetzen. Der Operator liefert eine Summe als Ergebnis der LINQ-Abfrage. Im folgenden Codefragment wird die Summe aller Integer-Werte ermittelt, die das Array bilden. Das Ergebnis lautet 114.

```
int[] arr = new int[] { 1, 3, 7, 4, 99 };
var sumInt = arr.Sum();
Console.WriteLine("Integer-Summe = {0}", sumInt);
```

Listing 11.35 Der einfache Einsatz des Operators »Sum«

Das folgende Listing ist nicht mehr so einfach. Hier soll der Gesamtbestellwert über alle Produkte für jeden Kunden ermittelt werden.

```
var allOrders =
   from cust in customers
   from ord in cust.Orders
   join prod in products on ord.ProductID equals prod.ProductID
   select new { cust.Name, ord.ProductID,
                OrderAmount = ord.Quantity * prod.Price};
var summe =
   from cust in customers
   join ord in allOrders
   on cust.Name equals ord.Name into custWithOrd
   select new { cust.Name, TotalSumme = custWithOrd.Sum(s => s.OrderAmount) };
foreach(var s in summe)
   Console.WriteLine("Name: {0,-7} Bestellsumme: {1}",
                     s.Name, s.TotalSumme);
```

Listing 11.36 Der Operator »Sum« (siehe Buch-DVD)

Analysieren wir den Code schrittweise, und überlegen wir, was das Resultat des folgenden Abfrageteilausdrucks ist.

```
var allOrders = from cust in customers
   from ord in cust.Orders
   join prod in products on ord.ProductID equals prod.ProductID
   select new { cust.Name, ord.ProductID,
                OrderAmount = ord.Quantity * prod.Price };
```

Zuerst ist es notwendig, die Bestellungen aus jedem `Customer`-Objekt zu filtern. Danach wird ein Join gebildet, der die `ProductID`s aus den einzelnen Bestellungen eines Kunden mit der `ProductID` aus der Liste der Artikel verbindet. Das Ergebnis ist eine Art Tabelle mit Spalten für den Besteller, die `ProductID` und die Gesamtsumme für diesen Artikel, die anhand der Bestellmenge gebildet wurde (siehe Abbildung 11.4).

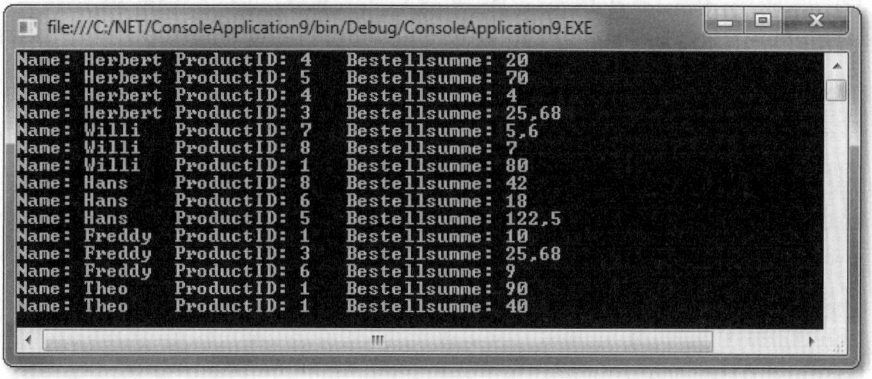

Abbildung 11.4 Bestellwert als Zwischenergebnis

Nun gilt es noch, die Ergebnisliste nach den Kunden zu gruppieren und dann die Gesamtsumme aller Bestellungen zu bilden:

```
var summe =
   from cust in customers
   join ord in allOrders
   on cust.Name equals ord.Name into custWithOrd
   select new { cust.Name,
        TotalSumme = custWithOrd.Sum(s => s.OrderAmount) };
```

Wir sollten uns daran erinnern, dass der `GroupJoin`-Operator (hier vertreten durch das Schlüsselwort `join`) mit diesen Fähigkeiten ausgestattet ist. Es müssen zuerst die beiden Listen *customers* und *allOrders* zusammengeführt werden. Sie können sich das so vorstellen, dass die Gruppierung mit `GroupJoin` zur Folge hat, dass für jeden `Customer` eine eigene »Tabelle« erzeugt wird, in der alle seine Bestellungen beschrieben sind. Die Variable `s` steht hier für ein Gruppenelement, letztendlich also für eine Bestellung. Die Gruppierung nach `Customer`-Objekten gestattet es uns nun, mit dem Operator `Sum` den Inhalt der Spalte `OrderAmount` zu summieren.

Das Resultat der kompletten LINQ-Abfrage sehen Sie in Abbildung 11.5.

```
file:///C:/NET/ConsoleApplication9/bin/Debug/Consol...
Name: Herbert  Bestellsumme: 119,68
Name: Willi    Bestellsumme: 92,6
Name: Hans     Bestellsumme: 182,5
Name: Freddy   Bestellsumme: 44,68
Name: Theo     Bestellsumme: 130
```

Abbildung 11.5 Ergebnis der Abfrage der Gesamtbestellsumme

Die Operatoren »Min«, »Max« und »Average«

Die Aggregatoperatoren Min und Max ermitteln den minimalen bzw. maximalen Wert in einer Datenliste, Average das arithmetische Mittel. Der Einsatz der Operatoren ist sehr einfach, wie das folgende Codefragment exemplarisch an Max zeigt:

```
var max = (from p in products
           select p.Price).Max();
```

Das funktioniert aber auch nur, solange numerische Werte als Datenquelle vorliegen. Sie brauchen den Code nur wie folgt leicht zu ändern, um festzustellen, dass nun eine ArgumentException geworfen wird.

```
var max = (from p in products
           select new { p.Price }).Max();
```

Die Meldung zu der Exception besagt, dass mindestens ein Typ die IComparable-Schnittstelle implementieren muss. In der ersten funktionsfähigen Version des Codes stand in der Ergebnisliste ein numerischer Wert, der der Forderung entspricht. Im zweiten, fehlerverursachenden Codefragment hingegen wird ein anonymer Typ beschrieben, der die geforderte Schnittstelle nicht implementiert. Die Lösung dieser Problematik ist nicht schwierig. Die Operatoren sind alle so überladen, dass auch ein Selektor übergeben werden kann. Dazu geben Sie das gewünschte Element aus der Liste der Elemente, die den anonymen Typ bilden, als Bedingung an.

```
var max = (from p in products
           select new { p.Price })
          .Max(x => x.Price);
```

11.3.10 Quantifizierungsoperatoren

Beabsichtigen Sie, die Existenz von Elementen in einer Liste anhand von Bedingungen oder definierten Regeln zu überprüfen, helfen die Quantifizierungsoperatoren Ihnen weiter.

Der Operator »Any«

Any ist ein Operator, der ein Prädikat auswertet und einen booleschen Wert zurückliefert. Nehmen wir an, Sie möchten wissen, ob der Kunde *Willi* auch das Produkt mit der ProductID = 7 bestellt hat. Any hilft, das festzustellen.

```
Customer[] customers = Service.GetCustomers();
bool result = (from cust in customers
               from ord in cust.Orders
               where cust.Name == "Willi"
               select new { ord.ProductID })
              .Any(ord => ord.ProductID == 7);
if (result)
  Console.WriteLine("ProductID=7 ist enthalten");
else
  Console.WriteLine("ProductID=7 ist nicht enthalten");
```

Listing 11.37 Lising 11.38: Der Operator »Any« (siehe Buch-DVD)

Die Elemente werden so lange ausgewertet, bis der Operator auf ein Element stößt, das die Bedingung erfüllt.

Der Operator »All«

Während Any schon true liefert, wenn für ein Element die Bedingung erfüllt ist, liefert der Operator All nur dann true, wenn alle untersuchten Elemente der Bedingung entsprechen. Möchten Sie beispielsweise feststellen, ob die Preise aller Produkte > 3 sind, genügt die folgende LINQ-Abfrage:

```
bool result = (from prod in products
               select prod).All(p => p.Price > 3);
```

11.3.11 Aufteilungsoperatoren

Mit where und select filtern Sie eine Datenquelle nach vorgegebenen Kriterien. Das Ergebnis ist eine Datenmenge, die den vorgegebenen Kriterien entspricht. Möchten Sie nur eine Teilmenge der Datenquelle betrachten, ohne Filterkriterien einzusetzen, eignen sich die Aufteilungsoperatoren.

Der Operator »Take«

Sie könnten zum Beispiel daran interessiert sein, nur die ersten drei Produkte aus der Liste aller Produkte auszugeben. Mit dem Take-Operator ist das sehr einfach zu realisieren:

```
Product[] prods = Service.GetProducts();
var result = prods.Take(3);
foreach (var prod in result)
  Console.WriteLine(prod.ProductName);
```

Wir greifen in unserem Beispiel auf eine Datenquelle zu, die uns der Aufruf der Methode GetProducts liefert. Natürlich kann die zu untersuchende Datenquelle zuvor durch einen anderen LINQ-Ausdruck gebildet werden:

```
Product[] prods = Service.GetProducts();
var result = (from prod in prods
```

```
            where prod.Price > 3
            select new { prod.ProductName, prod.Price }).Take(3);
foreach (var prod in result)
  Console.WriteLine("{0,-7}{1}", prod.ProductName, prod.Price);
```

Listing 11.38 Der Operator »Take« (siehe Buch-DVD)

Der Operator »TakeWhile«

Der Operator Take basiert auf einem Integer als Zähler. Sehr ähnlich arbeitet auch TakeWhile. Im Unterschied zum Operator Take können Sie eine Bedingung angeben, die als Filterkriterium angesehen wird. TakeWhile durchläuft die Datenquelle und gibt das gefundene Element zurück, wenn das Ergebnis der Bedingungsprüfung true ist. Beendet wird der Durchlauf unter zwei Umständen:

- Das Ende der Datenquelle ist erreicht.
- Das Ergebnis einer Untersuchung lautet false.

Wir wollen uns das an einem Beispiel ansehen. Auch dabei wird als Quelle auf die Liste der Produkte zurückgegriffen. Das Prädikat sagt aus, dass die Produkte in der Ergebnisliste erfasst werden sollen, deren Preis höher als 3 ist:

```
Product[] prods = Service.GetProducts();
var result = (from prod in prods
              select new { prod.ProductName, prod.Price })
              .TakeWhile(n => n.Price > 3);
foreach (var prod in result)
  Console.WriteLine("{0,-7}{1}", prod.ProductName, prod.Price);
```

Listing 11.39 Operationen mit »TakeWhile« (siehe Buch-DVD)

Es werden die folgenden Produkte angezeigt: *Käse*, *Wurst*, *Obst*, *Gemüse* und *Fleisch*. Beachten Sie, dass in der Ergebnisliste das Produkt *Pizza* nicht enthalten ist, da die Schleife beendet wird, ehe *Pizza* einer Untersuchung unterzogen werden kann, weil das erste Produkt, das die Bedingung nicht mehr erfüllt (*Süßwaren*, siehe die Liste der Produkte in Abschnitt 11.2.1), das Ende der Schleife erzwingt.

Die Operatoren »Skip« und »SkipWhile«

Take und TakeWhile werden um Skip und SkipWhile ergänzt. Skip überspringt eine bestimmte Anzahl von Elementen in einer Datenquelle. Der verbleibende Rest bildet die Ergebnismenge. Um zum Beispiel die ersten beiden in der Liste enthaltenen Produkte aus der Ergebnisliste auszuschließen, codieren Sie die folgenden Anweisungen:

```
Product[] prods = Service.GetProducts();
var result = (from prod in prods
              select new { prod.ProductName, prod.Price })
              .Skip(2);
```

SkipWhile erwartet ein Prädikat. Die Elemente werden damit verglichen. Dabei werden die Elemente so lange übersprungen, wie das Ergebnis der Überprüfung true liefert. Sobald eine Überprüfung false ist, werden das betreffende Element und auch alle Nachfolgeelemente in die Ergebnisliste aufgenommen.

Das Prädikat im folgenden Codefragment sucht in der Liste aller Produkte nach dem ersten Produkt, für das die Bedingung nicht gilt, dass der Preis > 3 ist. Dieses und alle darauf folgenden Elemente werden in die Ergebnisliste geschrieben.

```
Product[] prods = Service.GetProducts();
var result = (from prod in prods
              select new { prod.ProductName, prod.Price })
             .SkipWhile(x => x.Price > 3 );
```

Ausgegeben werden folgende Produkte: *Süßwaren*, *Bier* und *Pizza*.

11.3.12 Die Elementoperatoren

Bisher lieferten uns alle Operatoren immer eine Ergebnismenge zurück. Möchten Sie aber aus einer Liste ein bestimmtes Element herausfiltern, stehen Ihnen zahlreiche weitere Operatoren zur Verfügung. Diesen wollen wir uns nun widmen.

Der Operator »First«

Der First-Operator sucht das erste Element in einer Datenquelle. Dabei kann es sich um das erste Element aus einer Liste handeln oder um das erste Element einer mit einem Prädikat gebildeten Ergebnisliste. Daraus können Sie den Schluss ziehen, dass der First-Operator überladen ist. Das folgende Beispiel zeigt, wie einfach der Einsatz von First ist. Aus der Gesamtliste aller Produkte soll nur das an erster Position stehende Produkt als Resultat zurückgeliefert werden.

```
Product[] prods = Service.GetProducts();
var result = (from prod in prods
              select new { prod.ProductName })
             .First();
Console.WriteLine("{0}", result.ProductName);
```

Listing 11.40 Der Operator »First« (siehe Buch-DVD)

Als Ergebnis wird *Käse* an der Konsole ausgegeben. Vielleicht möchten Sie aber eine Liste aller Produkte haben, deren Preis kleiner 10 ist, und aus dieser Liste nur das erste Listenelement herausfiltern. Dazu können Sie mit einem Lambda-Ausdruck eine Bedingung formulieren, die als Argument an First übergeben wird.

```
Product[] prods = Service.GetProducts();
var result = (from prod in prods
              select new { prod.ProductName, prod.Price })
```

```
            .First(item => item.Price < 10);
Console.WriteLine("{0}", result.ProductName);
```

Listing 11.41 Der Operator »First« mit Filterung

Hier lautet das Produkt *Wurst*. Dasselbe Resultat erreichen Sie natürlich auch, wenn Sie stattdessen die LINQ-Abfrage wie folgt formulieren:

```
var result = (from prod in prods
              where prod.Price < 10
              select new { prod.ProductName, prod.Price }).First();
```

Der Operator »FirstOrDefault«

Versuchen Sie einmal, das letzte Beispiel mit dem Prädikat

```
item => item.Price < 1
```

auszuführen. Sie werden eine Fehlermeldung erhalten, weil kein Produkt in der Datenquelle enthalten ist, das der genannten Bedingung entspricht. In solchen Fällen empfiehlt es sich, anstelle des Operators First den Operator FirstOrDefault zu benutzen. Wird kein Element gefunden, liefert der Operator default(T) zurück. Handelt es sich um einen Referenztyp, ist das null.

FirstOrDefault liegt ebenfalls in zwei Überladungen vor. Sie können neben der parameterlosen Variante auch die parametrisierte Überladung benutzen, der Sie das gewünschte Prädikat übergeben.

```
Product[] prods = Service.GetProducts();
var result = (from prod in prods
              select new { prod.ProductName, prod.Price })
             .FirstOrDefault(item => item.Price < 1);
if (result == null)
  Console.WriteLine("Kein Element entspricht der Bedingung.");
else
  Console.WriteLine("{0}", result.ProductName);
```

Listing 11.42 Der Operator »FirstOrDefault« mit Filterung

Die Operatoren »Last« und »LastOrDefault«

Sicherlich können Sie sich denken, dass die beiden Operatoren Last und LastOrDefault Ergänzungen der beiden im Abschnitt zuvor behandelten Operatoren sind. Beide operieren auf die gleiche Weise wie First und FirstOrDefault, nur dass das letzte Element der Liste das Ergebnis bildet.

```
Product[] prods = Service.GetProducts();
var result = (from prod in prods
              select new { prod.ProductName, prod.Price })
```

```
              .LastOrDefault(item => item.Price < 5);
if (result == null)
  Console.WriteLine("Kein Element entspricht der Bedingung.");
else
  Console.WriteLine("{0}", result.ProductName);
```

Listing 11.43 Der Operator »LastOrDefault« mit Filterung

Die Operatoren »Single« und »SingleOrDefault«

Alle bislang vorgestellten Elementoperatoren lieferten eine Ergebnismenge, aus der ein Element herausgelöst wurde: Entweder liefern sie das erste oder das letzte Element. Mit Single bzw. SingleOrDefault können Sie nach einem bestimmten, *eindeutigen* Element Ausschau halten. Eindeutig bedeutet in diesem Zusammenhang, dass es kein Zwischenergebnis gibt, aus dem anschließend ein Element das Ergebnis bildet. In der Musterdaten-Anwendung ist beispielsweise das Feld *ProductID* eindeutig, vergleichbar mit der Primärschlüsselspalte einer Datenbanktabelle.

Mit Single und SingleOrDefault können Sie nach einem eindeutig identifizierbaren Element suchen. Werden mehrere gefunden, wird eine InvalidOperationException ausgelöst. Auch für dieses Operator-Pärchen gilt: Besteht die Möglichkeit, dass kein Element gefunden wird, sollten Sie den Operator SingleOrDefault einsetzen, der ebenfalls default(T) als Rückgabewert liefert und keine Ausnahme auslöst, wie das bei dem Einsatz von Single der Fall wäre.

Sie können beide Operatoren parameterlos aufrufen oder ein Prädikat angeben.

```
Product[] prods = Service.GetProducts();
var result = (from prod in prods
              select new { prod.ProductID, prod.ProductName })
             .Single( p => p.ProductID == 2);
if (result == null)
  Console.WriteLine("Kein Element entspricht der Bedingung.");
else
  Console.WriteLine("{0}", result.ProductName);
```

Listing 11.44 Der Operator »Single« mit Filterung

Die Operatoren »ElementAt« und »ElementOrDefault«

Möchten Sie ein bestimmtes Element aus einer Liste anhand seiner Position extrahieren, sollten Sie entweder die Methode ElementAt oder die Methode ElementAtOrDefault verwenden. ElementAtOrDefault liefert wieder den Standardwert, falls der Index negativ oder größer als die Elementanzahl ist.

Bekanntermaßen werden Listenelemente mit Indizes versehen. Den beiden Methoden übergeben Sie einfach nur den Index des gewünschten Elements aus der Liste. Sind Sie zum Beispiel am vierten Element aus einer Liste interessiert, übergeben Sie die Zahl 3 als Argument an ElementAt oder ElementAtOrDefault, z.B.:

```
Product[] prods = Service.GetProducts();
var result = (from prod in prods
              select new { prod.ProductID, prod.ProductName})
             .ElementAtOrDefault(3);
if (result == null)
   Console.WriteLine("Kein Element entspricht der Bedingung.");
else
   Console.WriteLine("{0}", result.ProductName);
```

Listing 11.45 Der Operator »ElementAtOrDefault«

Der Operator »DefaultIfEmpty«

Standardmäßig liefert dieser Operator eine Liste von Elementen ab. Sollte die Liste jedoch leer sein, führt dieser Operator nicht sofort zu einer Exception. Stattdessen ist der Rückgabewert dann entweder default(T) oder – falls Sie die überladene Fassung von DefaultIfEmpty eingesetzt haben – ein spezifischer Wert.

```
List<string> liste = new List<string>();
liste.Add("Peter");
liste.Add("Uwe");
foreach (string tempStr in liste.DefaultIfEmpty("leer")) {
  Console.WriteLine(tempStr);
}
```

Listing 11.46 Der Operator »DefaultIfEmpty«

In diesem Codefragment wird vorgegeben, dass bei einer leeren Liste die Zeichenfolge *leer* das Ergebnis der Operation darstellt.

11.3.13 Die Konvertierungsoperatoren

Die Konvertierungsoperatoren dienen dazu, eine Sequenz in eine andere Collection umzuwandeln. Insbesondere die Operatoren ToList und ToArray sind oft hilfreich, wenn die sofortige Ausführung einer Abfrage gewünscht wird und das Resultat zwischengespeichert werden soll. Das Abfrageergebnis ist eine Momentaufnahme der Daten. Dabei speichert ToList das Abfrageergebnis in einer List<T> und ToArray in einem typisierten Array.

Die beiden folgenden Listings zeigen den Einsatz der Methoden ToList und ToArray.

```
IEnumerable<string> names = (Service.GetCustomers()
                   .Select(cust =>  cust.Name ).ToArray());
```

Listing 11.47 Die Konvertierungsmethode »ToArray«

```
List<string> customers = (Service.GetCustomers()
                   .Select(cust => cust.Name).ToList());
```

Listing 11.48 Die Konvertierungsmethode »ToList«

Kapitel 12
Arbeiten mit Dateien und Streams

12.1 Einführung

Das .NET Framework bietet eine Klassenbibliothek, die in Namespaces organisiert ist. Jeder Namespace beschreibt eine zusammenhängende oder zumindest doch verwandte Thematik. Mit Daten zu operieren, egal ob man Daten schreibt oder liest, steht im Zusammenhang mit Dateien. Daher ist es auch nicht erstaunlich, dass sich die wichtigsten Klassen, die mit Dateien und Datenoperationen zu tun haben, in einem Namespace wiederfinden: `System.IO`.

Wollte man ein kurzes, allgemein gehaltenes Inhaltsverzeichnis von `System.IO` angeben, müsste dieses drei Hauptabschnitte umfassen:

1. Klassen, die ihre Dienste auf der Basis von Dateien und Verzeichnissen anbieten
2. Klassen, die den Datentransport beschreiben
3. Ausnahmeklassen

Der Schwerpunkt liegt wohl eher auf den Klassen, die durch Punkt 2 beschrieben werden, und geht weit über die Operationen hinaus, die im direkten Zusammenhang mit Dateien stehen. Daraus resultiert letztendlich auch die Namensangabe des Namespaces `IO` für Input/Output-Operationen oder, wie es auch sehr häufig in der deutschen Übersetzung lautet, E/A-Operationen (für die Ein- und Ausgabe).

In diesem Kapitel geht es primär darum, Dateninformationen aus einer beliebigen Datenquelle zu holen und an ein beliebiges Ziel zu schicken. Meist sind sowohl die Quelle als auch das Ziel eines Datenstroms Dateien, aber es kann auch noch ganz andere Anfangs- und Endpunkte geben, beispielsweise:

- eine Benutzeroberfläche
- Netzwerkverbindungen
- Speicherblöcke
- Drucker
- andere Peripheriegeräte

In gehobenen Programmiersprachen wird ein Datenfluss als **Stream** bezeichnet. Ein Stream hat einen Anfangs- und einen Endpunkt: eine Quelle, an der der Datenstrom entspringt, und das Ziel, das den Datenstrom empfängt. Die Methoden `Console.WriteLine` und `Console.ReadLine`, mit denen wir quasi schon von der ersten Seite dieses Buches an arbeiten, erzeugen auch solche Datenströme.

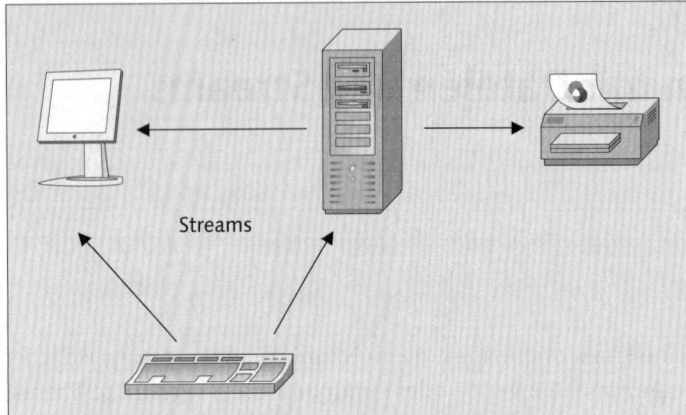

Abbildung 12.1 Datenströme einer lokalen Arbeitsstation

Streams haben individuelle Charakteristiken. Das ist auch der Grund, weshalb es nicht nur eine `Stream`-Klasse gibt, sondern mehrere. Jeder Stream dient ganz speziellen Anforderungen und kann diese mehr oder weniger gut erfüllen. Beispielsweise gibt es Streams, deren Daten direkt als Text interpretiert werden, während andere nur Bytesequenzen transportieren, die der Empfänger erst in das richtige Format bringen muss, um den Inhalt zu interpretieren.

Ein Stream ist nicht dauerhaft: Er wird geöffnet und liest oder schreibt Daten. Nach dem Schließen sind die Daten verloren, wenn sie nicht von einem Empfänger, beispielsweise einer Datei, dauerhaft gespeichert werden.

12.2 Namespaces der Ein- bzw. Ausgabe

Die elementarsten Klassen für die Ein- und Ausgabe sind im Namespace `System.IO` organisiert. Es sollte nicht unerwähnt bleiben, dass die .NET-Klassenbibliothek mit weiteren Namespaces aufwartet, die Klassen für besondere Aufgaben bereitstellen.

- Im Namespace `System.IO.Compression` werden mit `DeflateStream` und `GZipStream` zwei Klassen angeboten, die Methoden und Eigenschaften zur Datenkomprimierung und -dekomprimierung bereitstellen.

- Mit den Klassen des Namespaces `System.IO.IsolatedStorage` wird eine Art virtuelles Dateisystem beschrieben. Dieses ermöglicht die Speicherung von Einstellungen und temporären Daten, die mit der Anwendung eindeutig verknüpft sind. Typischerweise werden im isolierten Speicher Daten abgelegt, die ansonsten beispielsweise in der Registry gespeichert werden müssten. Das Besondere dabei ist, dass weniger vertrauenswürdiger Code auf die im isolierten Speicher befindlichen Daten nicht zugreifen kann.

- Streams müssen nicht zwangsläufig mit Dateien oder Verzeichnissen in direktem Zusammenhang stehen, sondern beschreiben Datenströme in allgemeiner Form. Wollen Sie die serielle Schnittstelle programmieren, werden Sie daher auch auf die Methoden und Eigenschaften der Klassen im Namespace System.IO.Ports zurückgreifen müssen.

12.2.1 Das Behandeln von Ausnahmen bei E/A-Operationen

Bei fast allen Dateioperationen kann es zur Laufzeit eines Programms aus den verschiedensten Gründen sehr schnell zu Ausnahmen kommen. Beispielsweise wird eine zu kopierende Datei im angegebenen Pfad nicht gefunden, das Zielverzeichnis existiert nicht, als Quelle oder Ziel wird ein Leerstring übergeben usw. Daher sollten Sie unbedingt darauf achten, eine Fehlerbehandlung zu implementieren. Die Dokumentation unterstützt Sie, wenn es darum geht, auf mögliche Fehler zu reagieren, denn dort werden alle Ausnahmen aufgeführt, die beim Aufruf einer Methode auftreten könnten.

Alle Ausnahmen im Zusammenhang mit E/A-Operationen werden auf eine gemeinsame Basis zurückgeführt: IOException. Sie sollten auch diesen allgemeinen Fehler immer behandeln, damit der Anwender nicht Gefahr läuft, durch eine unberücksichtigte Ausnahme die Laufzeitumgebung des Programms unfreiwillig zu beenden.

12.3 Laufwerke, Verzeichnisse und Dateien

Die Klassenbibliothek des .NET Frameworks unterstützt den Entwickler mit mehreren Klassen, die Laufwerke, Verzeichnisse und Dateien beschreiben. Diese wollen wir als Erstes ansehen. Dabei handelt es sich um:

- File
- FileInfo
- Directory
- DirectoryInfo
- Path
- DriveInfo

File bzw. FileInfo und Directory bzw. DirectoryInfo liefern sehr ähnliche Daten zurück. Bei File/FileInfo handelt es sich um Daten, die eine Datei betreffen, bei Directory/DirectoryInfo um Daten von Verzeichnissen. Möchten Sie Pfadangaben ermitteln, hilft Ihnen Path weiter. Erwähnenswert ist zudem DriveInfo, um Laufwerksinformationen abzufragen.

12.3.1 Die Klasse »File«

Methoden der Klasse »File«

Die Klasse File ist statisch definiert und stellt daher nur statische Methoden zur Verfügung. Die Methoden der sehr ähnlichen Klasse FileInfo hingegen sind Instanzmethoden. Funktionell sind sich beide Klassen ähnlich und unterscheiden sich nicht gravierend.

Mit den Klassenmethoden von File lässt sich eine Datei erstellen, kopieren, löschen usw. Sie können auch die Attribute einer Datei lesen oder setzen, und – was auch sehr wichtig ist – Sie können eine Datei öffnen. In Tabelle 12.1 sind die wichtigsten Methoden samt Rückgabetyp aufgeführt.

Methode	Rückgabetyp	Beschreibung
AppendAllText	void	Öffnet eine Datei und fügt die angegebene Zeichenfolge an die Datei an.
AppendText	StreamWriter	Hängt Text an eine existierende Datei an.
Copy	void	Kopiert eine bestehende Datei an einen anderen Speicherort.
Create	FileStream	Erzeugt eine Datei in einem angegebenen Pfad.
CreateText	StreamWriter	Erstellt oder öffnet eine Textdatei.
Delete	void	Löscht eine Datei.
Exists	Boolean	Gibt einen booleschen Wert zurück, der false ist, wenn die angegebene Datei nicht existiert.
GetAttributes	FileAttributes	Liefert das Bitfeld der Dateiattribute.
GetCreationTime	DateTime	Liefert das Erstellungsdatum und die Uhrzeit einer Datei.
GetLastAccessTime	DateTime	Liefert Datum und Uhrzeit des letzten Zugriffs.
GetLastWriteTime	DateTime	Liefert Datum und Uhrzeit des letzten Schreibzugriffs.
Move	void	Verschiebt eine Datei in einen anderen Ordner oder benennt sie um.
Open	FileStream	Öffnet eine Datei.
OpenRead	FileStream	Öffnet eine Datei zum Lesen.
OpenText	StreamReader	Öffnet eine Textdatei zum Lesen.
OpenWrite	FileStream	Öffnet eine Datei zum Schreiben.
ReadAllBytes	byte[]	Öffnet eine Binärdatei und liest den Inhalt der Datei in ein Byte-Array ein.
ReadAllLines	string[]	Öffnet eine Textdatei und liest alle Zeilen der Datei in ein Zeichenfolgen-Array ein.

Tabelle 12.1 Methoden der Klasse »File«

Methode	Rückgabetyp	Beschreibung
ReadAllText	string	Öffnet eine Textdatei, liest alle Zeilen der Datei in eine Zeichenfolge ein und schließt dann die Datei.
SetAttributes	void	Setzt Dateiattribute.
SetCreationTime	void	Setzt Erstellungsdatum und -uhrzeit.
SetLastAccessTime	void	Setzt Datum und Uhrzeit des letzten Zugriffs.
SetLastWriteTime	void	Setzt Datum und Uhrzeit des letzten Schreibzugriffs.
WriteAllBytes	void	Erstellt eine neue Datei und schreibt das angegebene Byte-Array in die Datei.
WriteAllLines	void	Erstellt eine neue Datei und schreibt das angegebene Zeichenfolgen-Array in die Datei.
WriteAllText	void	Erstellt eine neue Datei und schreibt das angegebene Zeichenfolgen-Array in die Datei.

Tabelle 12.1 Methoden der Klasse »File« (Forts.)

Wie Sie sehen können, geben viele Methoden ein Stream-Objekt zurück. Das hat seinen Grund, denn mit einer geöffneten Datei will man arbeiten, sei es, um den Inhalt zu lesen, oder sei es, um etwas in die Datei zu schreiben. Diese Operationen setzen aber einen Stream voraus, was das .NET Framework durch die Definition verschiedener Stream-Klassen abdeckt. Ein FileStream beschreibt dabei einfache Bytesequenzen, ein StreamReader arbeitet mit ASCII-basierten Dateien.

Kopieren einer Datei

Zum Kopieren einer Datei dient die Methode Copy, beispielsweise:

```
File.Copy("C:\\Test.txt", "D:\\Test.txt");
```

Das erste Argument erwartet die Angabe des Dateinamens der zu kopierenden Datei. Befindet sich die zu kopierende Datei in keinem bekannten Suchpfad, muss der gesamte Zugriffspfad beschrieben werden. Im zweiten Argument müssen Sie das Zielverzeichnis und den Namen der Dateikopie angeben. Den Namen der kopierten Datei dürfen Sie gemäß den systemspezifischen Richtlinien festlegen, er muss nicht mit dem Ursprungsnamen der Datei übereinstimmen. Versucht man, ein Ziel anzugeben, in dem bereits eine gleichnamige Datei existiert, wird die Ausnahme DirectoryNotFoundException ausgelöst.

Wenn Sie die Pfadangabe in einer Zeichenfolge beschreiben, müssen Sie beachten, dass das einfache Backslash-Zeichen als Escape-Zeichen interpretiert wird. Um diese Interpretation aufzuheben, müssen Sie entweder zwei Backslashes hintereinander angeben oder alternativ der Zeichenfolge ein @-Zeichen voranstellen.

```
File.Copy(@"C:\Test.txt", @"D:\Test.txt");
```

Sie können die Methode `Copy` auch einsetzen, wenn im Zielverzeichnis bereits eine Datei existiert, die denselben Namen hat wie die Datei, die Sie im zweiten Argument angeben. Rufen Sie dann die Überladung von `Copy` auf, die im dritten Parameter einen booleschen Wert erwartet. Übergeben Sie `true`, wird keine Ausnahme ausgelöst und die bereits vorhandene Datei durch den Inhalt der im ersten Argument übergebenen Datei überschrieben.

Löschen einer Datei

Zum Löschen einer Datei dient die statische Methode `Delete`. Dieser wird der komplette Pfad der zu löschenden Datei übergeben, z.B.:

```
File.Delete(@"C:\MyDocuments\MyDoc.txt");
```

Die Pfadangabe kann absolut oder relativ sein.

Verschieben einer Datei

Mit `Move` lassen sich Dateien aus einem Quellverzeichnis in ein anderes Zielverzeichnis verschieben:

```
File.Move(@"C:\MyDocuments\MyDoc.txt", @"C:\Allgemein\MyDoc.Doc");
```

Diese Methode kann auch zum Umbenennen von Dateinamen benutzt werden.

Prüfen, ob eine Datei existiert

Beabsichtigen Sie, eine bestimmte Datei zu öffnen, stellt sich zunächst die Frage, ob eine Datei dieses Namens in dem angegebenen Pfad tatsächlich existiert. Die Klasse `File` veröffentlicht zur Beantwortung die Methode `Exists`, die den booleschen Wert `false` zurückliefert, wenn die Datei nicht gefunden wird.

```
[...]
string path = @"C:\MyFile.txt";
if (File.Exists(path)) {
  // Datei existiert im angegebenen Pfad
}
[...]
```
Listing 12.1 Prüfen, ob eine bestimmte Datei bereits existiert

Eine ähnliche Codesequenz ist in jedem Programm sinnvoll, in dem eine Operation die Existenz einer Datei zwingend voraussetzt. Das erspart die Codierung einer Ausnahmebehandlung.

Öffnen einer Datei

Zum Öffnen einer Datei benutzen Sie eine der Methoden `OpenRead`, `OpenText`, `OpenWrite` oder `Open` (siehe auch Tabelle 12.1). Sehen wir uns exemplarisch die komplexeste Überladung der letztgenannten Methode an.

```
public static FileStream Open(string path, FileMode mode,
                              FileAccess access, FileShare share);
```

Dem Parameter *path* wird beim Aufruf die Pfadangabe als Zeichenfolge mitgeteilt. Diese besteht aus dem Pfad und dem Dateinamen.

Für das Öffnen einer Datei ist das Betriebssystem zuständig, das wissen muss, wie es die Datei öffnen soll. Der *mode*-Parameter vom Typ `FileMode` steuert dieses Verhalten. Dabei handelt es sich um eine im Namespace `System.IO` definierte Enumeration, die insgesamt sechs Konstanten definiert (siehe Tabelle 12.2).

FileMode-Konstante	Beschreibung
Append	Öffnet eine bestehende Datei und setzt den Dateizeiger an das Dateiende. Damit wird das Anhängen von Dateninformationen an die Datei ermöglicht. Existiert die Datei noch nicht, wird sie erzeugt.
Create	Erzeugt eine neue Datei. Existiert bereits eine gleichnamige Datei, wird diese überschrieben.
CreateNew	Erzeugt in jedem Fall eine neue Datei. Existiert im angegebenen Pfad bereits eine gleichnamige Datei, wird die Ausnahme `IOException` ausgelöst.
Open	Öffnet eine bestehende Datei. Wird diese unter der Pfadangabe nicht gefunden, kommt es zur Ausnahme `FileNotFoundException`.
OpenOrCreate	Öffnet eine bestehende Datei. Sollte diese im angegebenen Pfad nicht existieren, wird eine neue erzeugt.
Truncate	Öffnet eine Datei und löscht deren Inhalt. Nachfolgende Leseoperationen führen dazu, dass eine Ausnahme ausgelöst wird.

Tabelle 12.2 Die Konstanten der Enumeration »FileMode«

Der *mode*-Parameter beschreibt das Verhalten des Betriebssystems beim Öffnen einer Datei, gibt jedoch nicht an, was mit dem Inhalt der Datei geschehen soll. Soll er nur gelesen werden, oder möchte der Anwender in die Datei schreiben? Vielleicht sind auch beide Operationen gleichzeitig gewünscht. Diese Festlegung wird im Parameter *access* getroffen, der ebenfalls auf einer Aufzählung basiert – `FileAccess`. Diese hat nur drei Mitglieder: `Read`, `Write` und `ReadWrite`.

FileAccess-Konstante	Beschreibung
Read	Datei wird für den Lesezugriff geöffnet.
Write	Datei wird für den Schreibzugriff geöffnet.
ReadWrite	Datei wird für den Lese- und Schreibzugriff geöffnet.

Tabelle 12.3 Die Konstanten der Enumeration »FileAccess«

Eine Datei, die mit `FileAccess.Read` geöffnet wird, ist schreibgeschützt. Eine lesegeschützte Datei, deren Inhalt verändert werden soll, wird mit `FileAccess.Write` geöffnet. Die dritte Konstante `FileAccess.ReadWrite` beschreibt sowohl einen lesenden als auch einen schreibenden Zugriff.

Kommen wir nun zum letzten Parameter der `Open`-Methode – *share*. Dieser beschreibt das Verhalten der Datei, wenn nach dem ersten Öffnen weitere Zugriffe auf die Datei erfolgen. Wie schon von den beiden vorher besprochenen Parametern bekannt ist, wird auch dieser durch Konstanten beschrieben, die einer Enumeration des Namespaces `System.IO` zugerechnet werden – `FileShare`. Die Mitglieder ähneln denen der Enumeration `FileAccess`, werden aber um ein weiteres Mitglied ergänzt (genau genommen sind es zwei, aber das zweite spielt für uns keine Rolle).

FileShare-Konstante	Beschreibung
None	Alle weiteren Versuche, diese Datei zu öffnen, werden konsequent abgelehnt.
Read	Diese Datei darf von anderen Anwendungen oder Threads nur zum Lesen geöffnet werden.
Write	Diese Datei darf von anderen Anwendungen oder Threads nur zum Editieren geöffnet werden.
ReadWrite	Diese Datei darf von anderen Anwendungen oder Threads sowohl zum Lesen als auch zum Editieren geöffnet werden.

Tabelle 12.4 Die Konstanten der Enumeration »FileShare«

Damit haben wir die Parameterliste der Methode `Open` abgehandelt. Ihnen stehen alle Hilfsmittel zur Verfügung, eine beliebige Datei unter bestimmten Voraussetzungen und Begleitumständen zu öffnen. Führen Sie sich aber vor Augen, dass eine geöffnete Datei nicht automatisch ihre Dateninformationen liefert oder sich manipulieren lässt. Diese Operationen haben mit dem Vorgang des Öffnens noch nichts zu tun, setzen ihn aber voraus. Beachten Sie in diesem Zusammenhang, dass Operationen, die den Inhalt einer Datei beeinflussen, auf dem zurückgegebenen Objekt vom Typ `FileStream` ausgeführt werden.

In der folgenden Codezeile wird exemplarisch eine Datei mit `Open` unter Angabe verschiedener Optionen geöffnet:

```
FileStream stream = File.Open(@"C:\MyTestfile.txt",
    FileMode.OpenOrCreate, FileAccess.ReadWrite, FileShare.None);
```

Die Parameter besagen, dass die Datei *MyTestfile.txt* im Laufwerk *C:* geöffnet werden soll – falls es dort eine solche Datei gibt. Wenn nicht, wird sie neu erzeugt. Der Inhalt der Datei lässt sich nach dem Öffnen sowohl lesen als auch ändern. Gleichzeitig werden weitere Zugriffe auf die Datei strikt unterbunden.

Der einfachste Weg, in eine Datei zu schreiben und daraus zu lesen

Der Weg, um in eine Datei zu schreiben oder eine Datei zu lesen, erforderte bisher immer mehrere Codezeilen. Eigentlich viel zu viel Aufwand, um eben schnell eine einfache Dateioperation auszuführen. Das .NET Framework wartet mit einer kaum vollständig zu beschreibenden Vielzahl an Möglichkeiten auf, die uns das Leben als Entwickler vereinfachen sollen. Besonders erwähnt werden sollen an dieser Stelle exemplarisch die Methoden `ReadAllBytes`, `ReadAllLines` und `ReadAllText` zum Lesen und `WriteAllBytes`, `WriteAllLines` und `WriteAllText` zum Schreiben. Diese gehören zur Klasse `File`. Mit der simplen Anweisung

```
File.WriteAllText(@"C:\MyTextFile.txt", text);
```

können Sie bereits den Inhalt der Variablen *text* in die angegebene Datei schreiben. Existiert die Datei schon, wird sie einfach überschrieben. Genauso einfach ist auch die inhaltliche Auswertung der Datei:

```
Console.WriteLine(File.ReadAllText(@"C:\MyTextFile.txt"));
```

12.3.2 Die Klasse »FileInfo«

Die ebenfalls nicht ableitbare Klasse `FileInfo` ist das Pendant zu der im vorigen Abschnitt beschriebenen Klasse `File`. Während `File` nur statische Methoden veröffentlicht, beziehen sich die Methoden der Klasse `FileInfo` auf eine konkrete Instanz. Um diese zu erhalten, steht nur ein Konstruktor zur Verfügung, dem Sie als Argument die Pfadangabe zu der Datei übergeben müssen, z. B.:

```
FileInfo myFile = new FileInfo(@"C:\MyDocuments\MyFile.txt");
```

Der Konstruktor prüft nicht, ob die Datei tatsächlich existiert. Bevor Sie Operationen auf das Objekt ausführen, sollten Sie deshalb in jedem Fall vorher mit `Exists` sicherstellen, dass die Datei existiert.

```
if (myFile.Exists) {
  // Datei existiert
}
```

Während Exists in der Klasse File als Methode implementiert ist, der die Pfadangabe beim Aufruf übergeben werden muss, handelt es sich in der Klasse FileInfo um eine schreibgeschützte Eigenschaft des FileInfo-Objekts.

Die Eigenschaften eines »FileInfo«-Objekts

FileInfo veröffentlicht eine Reihe von Eigenschaften, denen der Zustand der Datei entnommen werden kann. So können Sie beispielsweise die Länge der Datei abfragen oder sich ein Objekt vom Typ Directory zurückgeben lassen (ein Directory-Objekt beschreibt ein Verzeichnis als Objekt, ähnlich wie FileInfo eine Datei beschreibt).

Eigenschaft	Beschreibung
Attributes	Ermöglicht das Setzen oder Auswerten der Dateiattribute (*Hidden*, *Archive*, *ReadOnly* usw.).
CreationTime	Liefert oder setzt das Erstellungsdatum der Datei.
Directory	Liefert eine Instanz des Verzeichnisses.
DirectoryName	Liefert eine Zeichenfolge mit der vollständigen Pfadangabe, jedoch ohne den Dateinamen.
Extension	Liefert die Dateierweiterung einschließlich des vorangestellten Punktes.
FullName	Gibt einen String mit der vollständigen Pfadangabe einschließlich des Dateinamens zurück.
LastAccessTime	Liefert oder setzt die Zeit des letzten Zugriffs auf die Datei.
LastWriteTime	Liefert oder setzt die Zeit des letzten schreibenden Zugriffs auf die Datei.
Length	Gibt die Länge der Datei zurück.
Name	Gibt den vollständigen Namen der Datei zurück.

Tabelle 12.5 Die Eigenschaften eines Objekts vom Typ »FileInfo«

Dateiattribute setzen und auswerten

Wir wollen uns aus Tabelle 12.5 die Eigenschaft Attributes genauer ansehen, die ihrerseits vom Typ FileAttributes ist. Attributes beschreibt ein Bit-Feld bestimmter Größe. Jedes Attribut einer Datei wird durch Setzen eines bestimmten Bits in diesem Bit-Feld beschrieben. Um festzustellen, ob ein Dateiattribut gesetzt ist, muss das alle Attribute beschreibende Bit-Feld mit dem gesuchten Dateiattribut bitweise »&«-verknüpft werden. Weicht das Ergebnis von der Zahl 0 ab, ist das Bit gesetzt.

Dazu ein Zahlenbeispiel: Nehmen wir an, das Attribut XYZ würde durch die Bitkombination 0000 1000 (= 8) beschrieben und das Bit-Feld würde aktuell 0010 1001 (= 41) enthalten. Um zu prüfen, ob das Attribut XYZ durch das Bit-Feld beschrieben wird, gilt:

```
        0000 1000
&       0010 1001
--------------
=       0000 1000
```

Das Ergebnis ist nicht »0« und daher so zu interpretieren, dass das Attribut im Bit-Feld gesetzt ist.

Um aus einer Datei ein bestimmtes Attribut herauszufiltern, beispielsweise Hidden, müssten wir daher wie folgt vorgehen:

```
FileInfo f = new FileInfo(@"C:\Testfile.txt");
if (0 != (f.Attributes & FileAttributes.Hidden))
{
    // Datei ist versteckt (hidden)
    [...]
}
```

Listing 12.2 Prüfen des Hidden-Attributs

Soll das Attribut gesetzt werden, bietet sich der ^-Operator an:

```
f.Attributes = f.Attributes ^ FileAttributes.Hidden;
```

In gleicher Weise können Sie mit den Methoden GetAttributes und SetAttributes der Klasse File arbeiten.

Die Methoden eines »FileInfo«-Objekts

Die Klassen File und FileInfo sind sich in den Funktionalitäten, die dem Entwickler angeboten werden, sehr ähnlich: Es lassen sich Dateien löschen, verschieben, umbenennen, kopieren, öffnen usw. Viele geben ein Stream-Objekt für weiter gehende Operationen zurück.

Methode	Rückgabetyp	Beschreibung
AppendText	StreamWriter	Hängt Text an eine existierende Datei an.
CopyTo	FileInfo	Kopiert die Datei an einen anderen Speicherort.
Create	FileStream	Erzeugt eine Datei.
CreateText	StreamWriter	Erzeugt eine neue Textdatei.
Delete		Löscht die Datei.
Exists	Boolean	Gibt einen booleschen Wert zurück, der false ist, wenn die angegebene Datei nicht existiert.

Tabelle 12.6 Die Methoden eines Objekts vom Typ »FileInfo«

Methode	Rückgabetyp	Beschreibung
MoveTo		Verschiebt die Datei in einen anderen Ordner oder benennt sie um.
Open	FileStream	Öffnet eine Datei.
OpenRead	FileStream	Öffnet eine Datei zum Lesen.
OpenText	StreamReader	Öffnet eine Textdatei zum Lesen.
OpenWrite	FileStream	Öffnet eine Datei zum Schreiben.

Tabelle 12.6 Die Methoden eines Objekts vom Typ »FileInfo« (Forts.)

12.3.3 Die Klassen »Directory« und »DirectoryInfo«

Die Klasse File veröffentlicht statische Methoden, um mit Dateien zu operieren, und die Klasse FileInfo beschreibt die Referenz auf ein konkretes Dateiobjekt. Ähnlich gestaltet sind die Klassen Directory und DirectoryInfo: Directory hat nur statische Methoden, und DirectoryInfo basiert auf einer konkreten Instanz. Es stellt sich natürlich sofort die Frage, warum die Architekten der Klassenbibliothek jeweils zwei Klassen mit nahezu gleichen Fähigkeiten vorgesehen haben.

Der entscheidende Unterschied liegt in der Art und Weise, wie die Klassen im Hintergrund arbeiten. Zugriffe auf das Dateisystem setzen immer operative Berechtigungen voraus. Verfügt der Anwender nicht über die entsprechenden Rechte, wird die angeforderte Aktion abgelehnt. Die beiden Klassen File und Directory prüfen das bei jedem Zugriff erneut und belasten so das System unnötig, während die Überprüfung von den Klassen DirectoryInfo und FileInfo nur einmal ausgeführt wird.

Mit Directory kann man Ordner anlegen, löschen oder verschieben, die in einem Verzeichnis physikalisch gespeicherte Dateinamen abrufen. Man kann mit Directory außerdem verzeichnisspezifische Eigenschaften sowie das Erstellungsdatum oder das Datum des letzten Zugriffs ermitteln. Tabelle 12.7 liefert einen Überblick über die Methoden von Directory.

Methode	Beschreibung
CreateDirectory	Erzeugt ein Verzeichnis oder Unterverzeichnis.
Delete	Löscht ein Verzeichnis.
Exists	Überprüft, ob das angegebene Verzeichnis existiert.
GetCreationTime	Liefert das Erstellungsdatum samt Uhrzeit.

Tabelle 12.7 Methoden der Klasse »Directory«

Methode	Beschreibung
GetDirectories	Liefert die Namen aller Unterverzeichnisse eines spezifizierten Ordners.
GetFiles	Liefert alle Dateinamen eines spezifizierten Ordners zurück.
GetFileSystemEntries	Liefert die Namen aller Unterverzeichnisse und Dateien eines spezifizierten Ordners.
GetParent	Liefert den Namen des übergeordneten Verzeichnisses.
Move	Verschiebt ein Verzeichnis samt Dateien an einen neuen Speicherort.
SetCreationTime	Legt Datum und Uhrzeit eines Verzeichnisses fest.

Tabelle 12.7 Methoden der Klasse »Directory« (Forts.)

Die Fähigkeiten der Klasse `DirectoryInfo` ähneln denen von `Directory`, setzen jedoch ein konkretes Objekt für den Zugriff auf die Elementfunktionen voraus.

Beispielprogramm

Im folgenden Beispielprogramm werden einige Methoden und Eigenschaften der Klassen `File`, `FileInfo` und `Directory` benutzt. Das Programm fordert den Anwender dazu auf, an der Konsole ein beliebiges Verzeichnis anzugeben, dessen Unterverzeichnisse und Dateien ermittelt und unter Angabe der Dateigröße und der Dateiattribute an der Konsole ausgegeben werden.

```csharp
// Beispiel: ..\Kapitel 12\FileDirectorySample
class Program {
  public static void Main() {
    Program dirTest = new Program();
    FileInfo myFile;
    // Benutzereingabe anfordern
    string path = dirTest.PathInput();
    int len = path.Length;
    // alle Ordner und Dateien holen
    string[] str = Directory.GetFileSystemEntries(path);
    Console.WriteLine();
    Console.WriteLine("Ordner und Dateien im Verzeichnis {0}", path);
    Console.WriteLine(new string('-', 80));
    for (int i = 0; i <= str.GetUpperBound(0); i++) {
      // prüfen, ob der Eintrag ein Verzeichnis oder eine Datei ist
      if(0 == (File.GetAttributes(str[i]) & FileAttributes.Directory)) {
        // str(i) ist kein Verzeichnis
        myFile = new FileInfo(str[i]);
```

```csharp
        string fileAttr = dirTest.GetFileAttributes(myFile);
        Console.WriteLine("{0,-30}{1,25} kB {2,-10} ",
                                      str[i].Substring(len - 1),
                                      myFile.Length / 1024,
                                      fileAttr);
      }
      else
        Console.WriteLine("{0,-30}{1,-15}", str[i].Substring(len), "Dateiordner");
    }
    Console.ReadLine();
  }
  // Benutzer zur Eingabe eines Pfads auffordern
  string PathInput() {
    Console.Write("Geben Sie den zu durchsuchenden ");
    Console.Write("Ordner an: ");
    string searchPath = Console.ReadLine();
    // wenn die Benutzereingabe als letztes Zeichen kein'\'
    // enthält, muss dieses angehängt werden
    if(searchPath.Substring(searchPath.Length - 1) != "\\")
      searchPath += "\\";
    return searchPath;
  }
  // Feststellung, welche Dateiattribute gesetzt sind, und
  // Rückgabe eines Strings, der die gesetzten Attribute enthält
  string GetFileAttributes(FileInfo strFile) {
    string strAttr;
    // prüfen, ob das Archive-Attribut gesetzt ist
    if(0 != (strFile.Attributes & FileAttributes.Archive))
      strAttr = "A ";
    else
      strAttr = "  ";
    // prüfen, ob das Hidden-Attribut gesetzt ist
    if(0 != (strFile.Attributes & FileAttributes.Hidden))
      strAttr += "H ";
    else
      strAttr += "  ";
    // prüfen, ob das ReadOnly-Attribut gesetzt ist
    if(0 != (strFile.Attributes & FileAttributes.ReadOnly))
      strAttr += "R ";
    else
      strAttr += "  ";
    // prüfen, ob das System-Attribut gesetzt ist
    if(0 != (strFile.Attributes & FileAttributes.System))
      strAttr += "S ";
    else
      strAttr += "  ";
```

```
    return strAttr;
  }
}
```

Listing 12.3 Analyse eines Verzeichnisses

Starten Sie die Anwendung, könnte die Ausgabe an der Konsole ungefähr so wie in Abbildung 12.2 dargestellt aussehen.

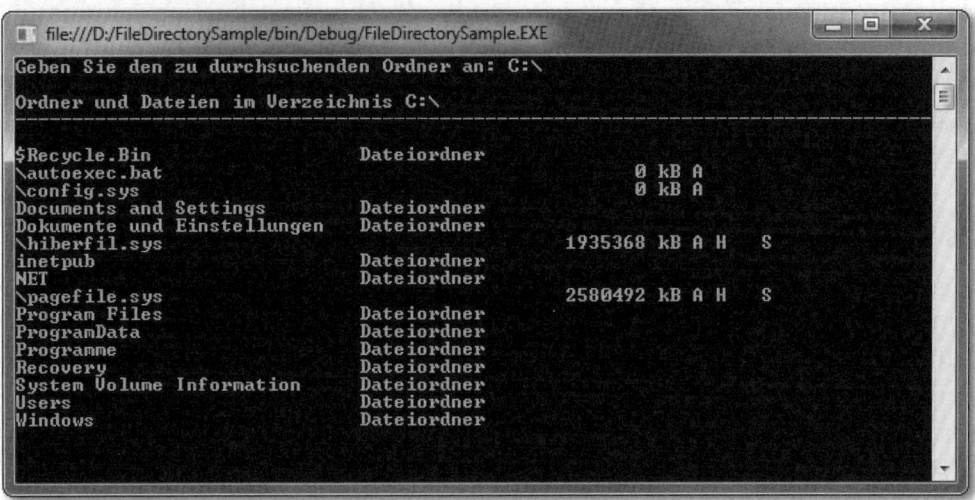

Abbildung 12.2 Ausgabe des Beispiels »FileDirectorySample«

Die komplette Anwendung ist in der Klasse Program realisiert. Die Klasse enthält neben der statischen Methode Main die Methoden PathInput und GetAttributes. Die Methode PathInput liefert eine Zeichenfolge zurück, die den Pfad des Verzeichnisses enthält, dessen Inhalt abgefragt werden soll. Wichtig ist im Kontext des Beispiels, die Rückgabezeichenfolge mit einem Backslash abzuschließen, da ansonsten die spätere Ausgabe an der Konsole nicht immer gleich aussieht.

GetFileSystemEntries liefert als Ergebnis des Aufrufs ein String-Array, das dem Feld *str* zugewiesen wird.

```
string str = Directory.GetFileSystemEntries(path);
```

Jedes Element des Arrays kann sowohl eine Datei- als auch eine Verzeichnisangabe enthalten. Daher wird in einer for-Schleife das Array vom ersten bis zum letzten Element durchlaufen, um festzustellen, ob das Element eine Datei oder ein Verzeichnis beschreibt. Handelt es sich um ein Verzeichnis, ist das Attribut Directory gesetzt. Mit

```
if(0 == (File.GetAttributes(str[i]) & FileAttributes.Directory))
```

wird das geprüft. Die Bedingung liefert true, wenn eine Datei vorliegt.

Nun folgt ein ganz entscheidender Punkt. Da das Programm die Größe der Datei ausgeben soll, können wir nicht mit `File` arbeiten, da in dieser Klasse keine Methode vorgesehen ist, die uns die Länge der Datei liefert. Dies ist nur über eine Instanz der Klasse `FileInfo` mit der Auswertung der schreibgeschützten Eigenschaft `Length` möglich, die bei jedem Schleifendurchlauf auf eine andere Datei verweist.

Die benutzerdefinierte Methode `GetAttributes` dient dazu, das übergebene `FileInfo`-Objekt auf die Attribute `Hidden`, `ReadOnly`, `Archive` und `System` hin zu untersuchen. Aus dem Ergebnis wird eine Zeichenfolge zusammengesetzt, die den Anforderungen der Anwendung entspricht. Zum Schluss erfolgt noch die formatierte Ausgabe an der Konsole. Für den Verzeichnis- bzw. Dateinamen ist eine maximale Breite von 30 Zeichen vorgesehen. Ist dieser Wert größer, ist das Ergebnis eine zwar etwas unansehnliche Ausgabe, aber unseren Ansprüchen soll sie genügen.

12.3.4 Die Klasse »Path«

Eine Pfadangabe beschreibt den Speicherort einer Datei oder eines Verzeichnisses. Die Schreibweise der Pfadangabe wird vom Betriebssystem vorgegeben und ist nicht auf allen Plattformen zwangsläufig identisch. Bei manchen Systemen muss die Pfadangabe mit dem Laufwerksbuchstaben beginnen, bei anderen Systemen ist das nicht unbedingt vorgeschrieben. Pfadangaben können sich auch auf Dateien beziehen. Es gibt Systeme, die ermöglichen als Dateierweiterung zur Beschreibung des Dateityps maximal drei Buchstaben, während andere durchaus mehr zulassen.

Das sind nicht die einzigen Unterscheidungsmerkmale, die plattformspezifisch sind. Denken Sie nur an die Separatoren, mit denen zwei Verzeichnisse oder ein Verzeichnis von einer Datei getrennt werden. Windows-basierte Plattformen benutzen dazu das Zeichen Backslash (\), andere Systeme schreiben einen einfachen Slash (/) vor.

Methoden der Klasse »Path«

Alle Mitglieder der Klasse `Path` sind statisch und haben die Aufgabe, eine Pfadangabe in einer bestimmten Weise zu filtern. Sie benötigen daher keine Instanz der Klasse `Path`, um auf ein Feld oder eine Methode dieser Klasse zugreifen zu können.

Methode	Beschreibung
GetDirectoryName	Liefert aus einer gegebenen Pfadangabe das Verzeichnis zurück.
GetExtension	Liefert aus einer gegebenen Pfadangabe die Dateierweiterung einschließlich des führenden Punktes zurück.
GetFileName	Liefert den vollständigen Dateinamen zurück.

Tabelle 12.8 Methoden der Klasse »Path«

Methode	Beschreibung
GetFileNameWithoutExtension	Liefert den Dateinamen ohne Dateierweiterung zurück.
GetFullPath	Liefert die komplette Pfadangabe zurück.
GetPathRoot	Liefert das Stammverzeichnis.

Tabelle 12.8 Methoden der Klasse »Path« (Forts.)

Beachten Sie dabei, dass keine dieser Methoden testet, ob die Datei oder das Verzeichnis tatsächlich existiert. Es werden lediglich die Zeichenkette und die Vorschriften der spezifischen Plattform zur Bestimmung des Ergebnisses herangezogen.

Mit

```
string strPath = @"C:\Windows\system32\kernel32.dll"
```

liefern die Methoden die folgenden Rückgaben:

```
// liefert C:\
Console.WriteLine(Path.GetPathRoot(strPath));
// liefert C:\Windows\system32
Console.WriteLine(Path.GetDirectoryName(strPath));
// liefert kernel32
Console.WriteLine(Path.GetFileNameWithoutExtension(strPath));
// liefert kernel32.dll
Console.WriteLine(Path.GetFileName(strPath));
// liefert C:\windows\system32\kernel32.dll
Console.WriteLine(Path.GetFullPath(strPath));
// liefert .dll
Console.WriteLine(Path.GetExtension(strPath));
```

Temporäre Verzeichnisse

Sehr viele Anwendungen arbeiten mit Verzeichnissen, in die Dateien temporär, also nicht dauerhaft geschrieben werden. Die Klasse Path bietet mit GetTempPath eine Methode an, die das temporäre Verzeichnis des aktuell angemeldeten Benutzers liefert.

```
public static string GetTempPath()
```

Unter Windows 7 ist dieses Verzeichnis standardmäßig unter dem Namen *Temp* in

```
C:\Users\<Username>\AppData\Local\Temp\
```

zu finden.

Mit GetTempFileName wird eine leere Datei im temporären Verzeichnis angelegt, der Rückgabewert ist die komplette Pfadangabe:

```
public static string GetTempFileName()
```

Eine temporäre Datei kann von den anderen Methoden dazu benutzt werden, Zwischenergebnisse zu speichern, Informationen kurzfristig zu sichern und Abläufe zu protokollieren. Allerdings sollten Sie nicht vergessen, temporäre Dateien auch wieder zu löschen, wenn sie nicht mehr benötigt werden.

12.3.5 Die Klasse »DriveInfo«

Mit `DriveInfo` können Sie herausfinden, welche Laufwerke verfügbar sind und um welchen Typ von Laufwerk es sich dabei handelt. Zudem können Sie mit Hilfe einer Abfrage die Kapazität und den verfügbaren freien Speicherplatz auf dem Laufwerk ermitteln.

Eigenschaft	Rückgabetyp	Beschreibung
AvailableFreeSpace	long	Gibt die Menge an verfügbarem freiem Speicherplatz auf einem Laufwerk an.
DriveFormat	string	Ruft den Namen des Dateisystems ab.
DriveType	DriveType	Ruft den Laufwerkstyp ab.
IsReady	bool	Der Rückgabewert gibt an, ob das Laufwerk bereit ist.
Name	string	Liefert den Namen des Laufwerks.
RootDirectory	DirectoryInfo	Liefert das Stammverzeichnis des Laufwerks.
TotalFreeSpace	long	Liefert den verfügbaren Speicherplatz.
TotalSize	long	Ruft die Gesamtgröße des Speicherplatzes auf einem Laufwerk ab.
VolumeLabel	string	Ruft die Datenträgerbezeichnung eines Laufwerks ab.

Tabelle 12.9 Eigenschaften der Klasse »DriveInfo«

Die Eigenschaft `DriveType` sollten wir uns noch etwas genauer ansehen. Sie liefert als Ergebnis des Aufrufs eine Konstante der gleichnamigen Enumeration ab. Diese hat insgesamt sieben Mitglieder, die Sie Tabelle 12.10 entnehmen können.

Member	Beschreibung
CDRom	Optischer Datenträger (z. B. CD oder DVD)
Fixed	Festplatte
Network	Netzlaufwerk
NoRootDirectory	Das Laufwerk hat kein Stammverzeichnis.

Tabelle 12.10 Mitglieder der Enumeration »DriveType«

Member	Beschreibung
Ram	RAM-Datenträger
Removable	Wechseldatenträger
Unknown	Unbekannter Laufwerkstyp

Tabelle 12.10 Mitglieder der Enumeration »DriveType« (Forts.)

12.4 Die »Stream«-Klassen

Ein Stream ist die abstrahierte Darstellung eines Datenflusses aus einer geordneten Abfolge von Bytes. Welcher Natur dieser Datenstrom ist – ob er aus einer Datei stammt, ob er die Eingabe eines Benutzers an der Tastatur enthält oder ob er möglicherweise aus einer Netzwerkverbindung bezogen wird – bleibt zunächst einmal offen. Die Beschaffenheit des Datenflusses hängt nicht nur von Sender und Empfänger ab, sondern auch ganz entscheidend vom Betriebssystem.

Ein Entwickler soll seine Aufgabe unabhängig von diesen spezifischen Details lösen. E/A-Streams werden deshalb von Klassen beschrieben, die Allgemeingültigkeit garantieren. Das spielt insbesondere bei der Entwicklung von .NET-Anwendungen eine wesentliche Rolle, um die Plattformunabhängigkeit des Codes zu gewährleisten.

Streams dienen generell dazu, drei elementare Operationen ausführen zu können:

- Dateninformationen müssen in einen Stream geschrieben werden. Nach welchem Muster das geschieht, wird durch den Typ des Streams vorgegeben.
- Aus dem Datenstrom muss gelesen werden, ansonsten könnte man die Daten nicht weiterverarbeiten. Das Ziel kann unterschiedlich sein: Die Bytes können Variablen oder Arrays zugewiesen werden, sie könnten aber auch in einer Datenbank landen und zur Ausgabe an einem Peripheriegerät wie dem Drucker oder dem Monitor dienen.
- Nicht immer ist es erforderlich, den Datenstrom vom ersten bis zum letzten Byte auszuwerten. Manchmal reicht es aus, erst ab einer bestimmten Position zu lesen. Man spricht dann vom wahlfreien Zugriff.

Nicht alle Datenströme können diese drei Punkte gleichzeitig erfüllen. Beispielsweise unterstützen Datenströme im Netzwerk nicht den wahlfreien Zugriff.

Bei den Streams werden grundsätzlich zwei Typen unterschieden:

- **Base-Streams**, die direkt aus einem Strom Daten lesen oder in diesen hineinschreiben. Diese Vorgänge können z. B. in Dateien, im Hauptspeicher oder in einer Netzwerkverbindung enden.
- **Pass-Through-Streams** ergänzen einen Base-Stream um spezielle Funktionalitäten. So können manche Streams verschlüsselt oder im Hauptspeicher gepuffert werden. Pass-

Through-Streams lassen sich hintereinander in Reihe schalten, um so die Fähigkeiten eines Base-Streams zu erweitern. Auf diese Weise lassen sich sogar individuelle Streams konstruieren.

12.4.1 Die abstrakte Klasse »Stream«

Die Klasse Stream ist die abstrakte Basisklasse aller anderen Stream-Klassen. Sie stellt alle fundamentalen Eigenschaften und Methoden bereit, die von den abgeleiteten Klassen geerbt werden und letztendlich deren Funktionalität ausmachen.

Die von der Klasse Stream abgeleiteten Klassen unterstützen mit ihren Methoden nur Operationen auf Bytesequenzen. Da allein durch eine Bytesequenz noch keine Aussage darüber getroffen ist, welcher Datentyp sich hinter mehreren aufeinanderfolgenden Bytes verbirgt, muss der Inhalt eines solchen Stroms noch interpretiert werden.

Die Eigenschaften der Klasse »Stream«

Streams stellen Schreib-, Lese- und Suchoperationen bereit. Allerdings unterstützt nicht jeder Stream gleichzeitig alle Operationen. Um in einem gegebenen Stream dessen Verhaltensweisen festzustellen, können Sie die Eigenschaften CanRead, CanWrite und CanSeek abfragen, die einen booleschen Wert zurückliefern und damit Auskunft über die Charakteristik dieses Stream-Objekts liefern. Die Eigenschaft Length liefert die Länge des Streams und Position die aktuelle Position innerhalb des Streams. Letztere wird allerdings nur von den Streams bereitgestellt, die auch die Positionierung mit der Seek-Methode unterstützen.

Eigenschaft	Beschreibung
CanRead	Ruft in einer abgeleiteten Klasse einen Wert ab, der angibt, ob der aktuelle Stream Lesevorgänge unterstützt.
CanWrite	Ruft in einer abgeleiteten Klasse einen Wert ab, der angibt, ob der aktuelle Stream Schreibvorgänge unterstützt.
CanSeek	Ruft in einer abgeleiteten Klasse einen Wert ab, der angibt, ob der aktuelle Stream Suchvorgänge unterstützt.
Length	Ruft in einer abgeleiteten Klasse die Länge des Streams in Byte ab.
Position	Ruft in einer abgeleiteten Klasse die Position im aktuellen Stream ab oder legt diese fest.

Tabelle 12.11 Eigenschaften der abstrakten Klasse »Stream«

Die Methoden der Klasse »Stream«

Die wichtigsten Methoden aller Stream-Klassen dürften Read, Write und Seek sein. Sehen wir uns zunächst die Definitionen der beiden Methoden Read und Write an, die von jeder abgeleiteten Klasse überschrieben werden müssen.

```csharp
public abstract int Read(in byte[] buffer,int offset,int count);
public abstract void Write(byte[] buffer, int offset, int count);
```

Einem schreibenden Stream müssen Sie die Daten übergeben, die in den Datenstrom geschrieben werden sollen. Die `Write`-Methode benutzt dazu den ersten Parameter, liest die Elemente byteweise ein und schreibt sie in den Strom. Der Empfänger des Datenstroms kann die Bytes mit `Read` im ersten Parameter entnehmen. Der zweite Parameter *offset* bestimmt die Position im Array, ab der der Lese- bzw. Schreibvorgang beginnen soll. Meistens wird hier die Zahl 0 eingetragen, d.h., die Operation greift auf das erste Array-Element zu – entweder lesend oder schreibend. Im dritten und letzten Parameter wird angegeben, wie viele Bytes gelesen oder geschrieben werden sollen.

Beachten Sie auch, dass `Write` als Methode ohne Rückgabewert implementiert ist, während `Read` einen `int` liefert, dem Sie die Anzahl der gelesenen Bytes entnehmen können, die in den Puffer – also das Array – geschrieben worden sind. Der Rückgabewert ist 0, wenn das Ende des Streams erreicht ist. Er kann aber auch kleiner sein als im dritten Parameter angegeben, wenn weniger Bytes im Stream eingelesen werden.

Die abstrakte Klasse `Stream` definiert zwei weitere, ähnliche Methoden, die jedoch jeweils nur immer ein Byte aus dem Datenstrom lesen oder in diesen hineinschreiben: `ReadByte` und `WriteByte`. Beide Methoden sind parameterlos und setzen den Positionszeiger innerhalb des Streams um eine (Byte-)Position weiter.

```csharp
public virtual int ReadByte();
public virtual void WriteByte(byte value);
```

Der Rückgabewert der `ReadByte`-Methode ist –1, wenn das Ende des Datenstroms erreicht ist.

Um in einem Datenstrom ab einer vorgegebenen Position zu lesen oder zu schreiben, bietet sich die `Seek`-Methode an:

```csharp
public abstract long Seek(long offset, SeekOrigin origin);
```

Mit den beiden Parametern *offset* und *origin* wird der Startpunkt für den Positionszeiger im Stream festgelegt, ab dem weitere E/A-Operationen aktiv werden. *offset* beschreibt die Verschiebung in Bytes ab der unter *origin* festgelegten Ursprungsposition. *origin* ist vom Typ der Aufzählung *SeekOrigin*, in der die drei Konstanten aus Tabelle 12.12 definiert sind.

Member	Beschreibung
Begin	Gibt den Anfang eines Streams an.
Current	Gibt die aktuelle Position innerhalb eines Streams an.
End	Gibt das Ende eines Streams an.

Tabelle 12.12 Konstantenliste der Aufzählung »SeekOrigin«

Mit `SeekOrigin.Begin` wird der Positionszeiger auf das erste Byte des Datenstroms gesetzt, mit `SeekOrigin.Current` behält er seine augenblickliche Position bei, und mit `SeekOrigin.End` wird er auf das Byte gesetzt, das als Erstes den Bytes des vollständigen Streams folgt. Ausgehend von *origin* wird durch Addition von *offset* die gewünschte Startposition ermittelt.

Ein Stream, der einmal geöffnet worden ist und Daten in den Puffer geschrieben hat, sollte ordnungsgemäß mit `Close` geschlossen werden.

Sie haben jetzt so viele Methoden im Schnelldurchlauf kennengelernt, dass alle erwähnten noch einmal in übersichtlicher tabellarischer Form zusammengefasst werden sollen (siehe Tabelle 12.13).

Methode	Beschreibung
Close	Schließt den aktuellen Stream und gibt alle dem aktuellen Stream zugeordneten Ressourcen frei.
Read	Liest eine Folge von Bytes aus dem aktuellen Stream und setzt den Datenzeiger im Stream um die Anzahl der gelesenen Bytes weiter.
ReadByte	Liest ein Byte aus dem Stream und erhöht die Position im Stream um ein Byte. Der Rückgabewert ist –1, wenn das Ende des Streams erreicht ist.
Seek	Legt die Position im aktuellen Stream fest.
Write	Schreibt eine Folge von Bytes in den aktuellen Stream und erhöht den Datenzeiger im Stream um die Anzahl der geschriebenen Bytes.
WriteByte	Schreibt ein Byte an die aktuelle Position im Stream und setzt den Datenzeiger um eine Position im Stream weiter.

Tabelle 12.13 Methoden der abstrakten Klasse »Stream«

12.4.2 Die von »Stream« abgeleiteten Klassen im Überblick

Sie haben in den vorherigen Ausführungen nur die wichtigsten Methoden und Eigenschaften der Klasse `Stream` kennengelernt. Die bisherigen Aussagen sollten genügen, um eine Vorstellung davon zu erhalten, welche wesentlichen Verhaltensweisen an die abgeleiteten Klassen weitervererbt werden.

Den in Tabelle 12.14 aufgeführten Klassen dient `Stream` als Basisklasse. Dabei ist die Tabelle nicht vollständig, sondern beinhaltet nur die wichtigsten Typen. Beachten Sie bitte, dass die verschiedenen ableitenden Klassen nicht alle demselben Namespace angehören.

Stream-Typ	Beschreibung
BufferedStream	Die Klasse BufferedStream wird benutzt, um Daten eines anderen E/A-Datenstroms zu puffern. Ein Puffer ist ein Block von Bytes im Arbeitsspeicher des Rechners, der dazu benutzt wird, den Datenstrom zu cachen, um damit die Anzahl der Aufrufe an das Betriebssystem zu verringern. Dadurch lässt sich insgesamt die Effizienz verbessern. Diese Klasse wird immer im Zusammenhang mit anderen Klassen eingesetzt.
CryptoStream	Daten, die nicht in ihrem Originalzustand in einen Strom geschrieben werden sollen, lassen sich mit der Klasse CryptoStream verschlüsseln. CryptoStream wird immer zusammen mit einem anderen Stream kombiniert.
FileStream	Diese Klasse wird dazu benutzt, um Daten in Dateien des Dateisystems zu schreiben. Eine Netzwerkverbindung kann ebenfalls das Ziel dieses Datenstroms sein.
GZipStream	Mit den Methoden dieser Klasse können Sie Byteströme komprimieren und dekomprimieren.
MemoryStream	Meistens sind Dateien oder Netzwerkverbindungen das Ziel der Datenströme. Es kann jedoch auch sinnvoll sein, Daten bewusst temporär in den Hauptspeicher zu schreiben und sie später von dort wieder zu lesen. Viele Anwendungen arbeiten nach dem Prinzip, Daten in eine temporäre Datei zu speichern. Ein MemoryStream kann temporäre Dateien ersetzen und trägt damit zur Steigerung der Leistungsfähigkeit einer Anwendung bei, da das Schreiben und Lesen in den Hauptspeicher um ein Vielfaches schneller ist als das Schreiben auf die Festplatte.
NetworkStream	Ein Datenfluss, der auf der Klasse NetworkStream basiert, sendet die Daten basierend auf Sockets. Das Besondere an diesem Datenstrom ist, dass er nur die Fähigkeit hat, Daten vollständig in den Strom zu schreiben oder aus diesem zu lesen. Der Zugriff auf beliebige Daten innerhalb des Stroms ist nicht möglich.

Tabelle 12.14 Die von »Stream« abgeleiteten Klassen

12.4.3 Die Klasse »FileStream«

Die Klasse FileStream ist die universellste Klasse und erscheint damit in vielen Anwendungsfällen am geeignetsten. Sie hat die Fähigkeit, sowohl byteweise aus einer Datei zu lesen als auch byteweise in eine Datei zu schreiben. Außerdem kann ein Positionszeiger auf eine beliebige Position innerhalb des Streams gesetzt werden. Ein FileStream puffert die Daten, um die Ausführungsgeschwindigkeit zu erhöhen. Die Größe des Puffers beträgt standardmäßig 8 KByte.

Die `FileStream`-Klasse bietet eine Reihe von Konstruktoren an, um dem Objekt bestimmte Verhaltensweisen und Eigenschaften mit auf den Lebensweg zu geben:

```
public FileStream(string, FileMode);
public FileStream(string, FileMode, FileAccess);
public FileStream(string, FileMode, FileAccess, FileShare);
public FileStream(string, FileMode, FileAccess, FileShare, int);
public FileStream(string, FileMode, FileAccess, FileShare, int, bool);
```

Sie können ein `FileStream`-Objekt erzeugen, indem Sie im ersten Parameter eine Pfadangabe als Zeichenfolge übergeben. Der Parameter `FileMode` beschreibt, wie das Betriebssystem die Datei öffnen soll (`FileMode.Append`, `FileMode.Create`, `FileMode.CreateNew` ...). `FileAccess` hingegen gibt an, wie auf die Datei zugegriffen werden darf (`FileAccess.Read`, `FileAccess.Write` oder `FileAccess.ReadWrite`). Sie haben diese Typen bereits im Abschnitt zur Klasse `File` kennengelernt (siehe auch die Tabellen 12.2 und 12.3). Der Parameter vom Typ `FileShare` gibt an, ob ein gemeinsamer Zugriff auf die Datei möglich ist oder nicht (siehe auch Tabelle 12.4).

Der Puffer, in den ein `FileStream` die Daten zur Steigerung der Leistungsfähigkeit schreibt, ist standardmäßig 8 KByte groß. Mit dem Parameter vom Typ `int` können Sie die Größe des Puffers bei der Instanziierung beeinflussen. Mit dem letzten Parameter vom Typ `bool` kann noch angegeben werden, ob das Objekt asynchrone Zugriffe unterstützen soll.

Das Schreiben in einen »FileStream«

Das folgende Listing demonstriert, wie mit einem `FileStream`-Objekt Daten in eine Datei geschrieben werden:

```
static void Main(string[] args) {
  byte[] arr = {10, 20, 30, 40, 50, 60, 70, 80, 90, 100};
  string path = @"D:\Testfile.txt";
  FileStream fs = new FileStream(path, FileMode.Create);
  fs.Write(arr, 0, arr.Length);
  fs.Close();
}
```

Listing 12.4 Schreiben in eine Datei mit einem »FileStream«-Objekt

Zunächst wird ein `Byte`-Array deklariert und mit insgesamt zehn Zahlen initialisiert. In der zweiten Anweisung wird der Name der Datei festgelegt, in die das Array geschrieben werden soll.

Bei der Instanziierung des `FileStream`-Objekts werden dem Konstruktor im ersten Argument der Pfad und die Datei bekannt gegeben, auf der der Stream operieren soll. Die Fähigkeiten dieses Streams beschreibt das zweite Argument: Die Konstante `FileMode.Create` teilt dem Konstruktor mit, dass das `FileStream`-Objekt eine neue Datei erzeugen kann oder, falls im angegebenen Pfad bereits eine gleichnamige Datei existiert, diese überschreiben soll. Mit

```
fs.Write(arr, 0, arr.Length);
```

wird der Inhalt des Arrays *arr* dem Stream-Objekt übergeben. Die Syntax der Methode Write der Klasse FileStream lautet wie folgt:

```
public void Write(byte[] array, int offset, int count);
```

Dabei haben die drei Parameter die folgende Bedeutung:

Parameter	Beschreibung
array	Ein Byte-Array, in das die übergebenen Daten gelesen werden
offset	Die Indexposition im Array, an der die Leseoperation beginnen soll
count	Die Anzahl der zu lesenden Bytes

Tabelle 12.15 Die Parameter der Methode »Write« eines »FileStream«-Objekts

Der Schreibvorgang des Beispiels startet mit dem ersten Array-Element. Das sagt der zweite Parameter der Write-Methode aus. Die Anzahl der zu schreibenden Bytes bestimmt der dritte Parameter – in unserem Beispiel werden alle Array-Elemente dem Datenstrom zugeführt. Zum Schluss wird der FileStream mit der Methode Close geschlossen.

Das Lesen aus einem »FileStream«

Wir wollen uns nun auch vom Erfolg unserer Bemühungen überzeugen und die Datei auswerten. Dazu wird der Programmcode des Listings 12.4 wie folgt ergänzt:

```
static void Main(string[] args) {
  [...]
  byte[] arrRead = new byte[10];
  fs.Read(arrRead, 0, 10);
  for (int i = 0; i < arr.Length; i++)
    Console.WriteLine(arrRead[i]);
  fs.Close();
}
```

Listing 12.5 Lesen einer Datei mit einem »FileStream«-Objekt

Wir deklarieren ein weiteres Array (*arrRead*), in das wir das Ergebnis der Leseoperation hineinschreiben. Da uns bekannt ist, wie viele Byte-Elemente sich in unserer Datei befinden (wie unfair), können wir die Array-Grenze schon im Voraus festlegen.

Nun kommt es zum Aufruf der Read-Methode. Zuerst wollen wir uns wieder die Syntax dieser Methode anschauen:

```
public override int Read(in byte[] array, int offset, int count);
```

Die Parameter sind denen der Write-Methode sehr ähnlich. Das FileStream-Objekt, auf dem die Read-Methode aufgerufen wird, repräsentiert eine bestimmte Datei. Diese wurde bereits über den Konstruktor bekannt gegeben. Aus der Datei werden die Daten in das Array eingelesen, das durch den Parameter *array* beschrieben wird. Der erste Array-Index, der der Schreiboperation zur Verfügung steht, wird im Parameter *offset* angegeben, die Anzahl der aus dem FileStream zu lesenden Bytes im dritten Parameter *count*.

Wir wollen den ersten Byte-Wert aus dem Datenstrom in das mit 0 indizierte Element des Arrays *arrRead* schreiben und geben das im zweiten Parameter bekannt. Die Gesamtanzahl der zu lesenden Bytes teilen wir dem dritten Parameter mit. In einer Schleife wird danach das eingelesene Array durchlaufen und an der Konsole ausgegeben.

Starten Sie nun die Laufzeit des Programms, wird die Enttäuschung groß sein und Sie an den eigenen Programmierfähigkeiten zweifeln lassen! Denn bedauerlicherweise werden nicht die Zahlenwerte ausgegeben, die wir in die Datei geschrieben haben, sondern nur Nullen. Haben wir etwas falsch gemacht, und wenn ja, wie ist das zu erklären?

Der Positionszeiger

Die Schreib- bzw. Leseposition in einem Datenstrom wird durch einen Positionszeiger beschrieben. Schließlich muss der Strom wissen, auf welchem Byte die folgende Operation ausgeführt werden soll. Bei der Instanziierung eines Stream-Objekts verweist der Zeiger zunächst auf das erste Byte im Stream. Mit dem Aufruf der Write-Methode wird ein Wert daher genau an diese Position geschrieben. Anschließend wird der Positionszeiger auf die folgende Byte-Position verschoben.

Dieser Vorgang wiederholt sich bei jedem Schreibvorgang, von denen es in unserem Beispiel zehn gibt, nämlich für jedes zu schreibende Array-Element einen. Am Ende, wenn wir unsere zehn Bytes in den Strom geschrieben haben, verweist der Positionszeiger auf das folgende, nun elfte Byte im Stream (siehe Abbildung 12.3).

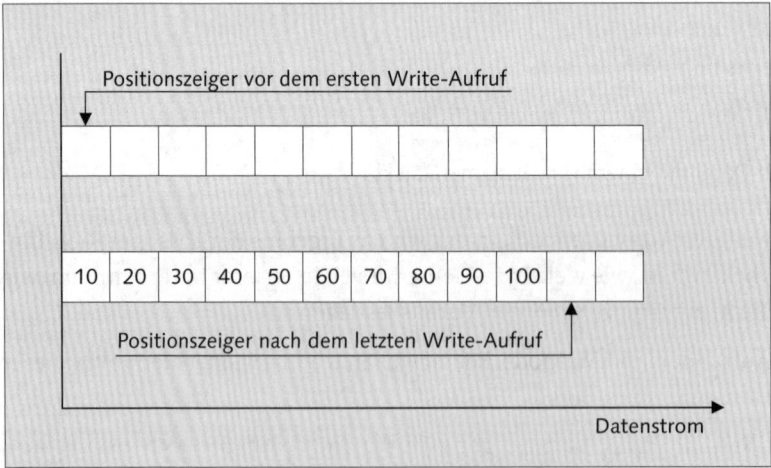

Abbildung 12.3 Der Positionszeiger in einem »Stream«-Objekt

Genau das verursacht nun ein Problem. Wir rufen auf dem `FileStream`-Objekt die `Read`-Methode auf und lesen ab der Position, die aktuell durch den Datenzeiger beschrieben wird. Das ist aber die elfte Stelle im Datenstrom – und nicht die erste, wie wir es eigentlich erwartet haben bzw. wie es hätte sein sollen.

Kommen wir nun zur Lösung. `FileStream` beerbt die Klasse `Stream` und hat daher auch eine `Seek`-Methode, mit der wir den Positionszeiger beliebig einstellen können:

```
public override long Seek(long offset, SeekOrigin origin);
```

Wir überlegen uns, wohin wir den Ursprung des Positionszeigers verlegen wollen – natürlich an den Anfang des Datenstroms. Also muss der zweite Parameter der `Seek`-Methode auf

```
origin = SeekOrigin.Begin
```

festgelegt werden (siehe dazu auch Tabelle 12.13). Nun geben wir im ersten Argument den tatsächlichen und endgültigen Startpunkt des Positionszeigers bezogen auf den im zweiten Parameter definierten Ursprung an. Er lautet 0, denn schließlich wollen wir den Zeiger auf die erste Position des Datenstroms setzen.

```
[...]
fs.Write(arr, 0, arr.Length);
[...]
fs.Seek(0, SeekOrigin.Begin);
fs.Read(arrRead, 0, 10);
[...]
```

Natürlich wäre es auch möglich, zunächst das `FileStream`-Objekt zu schließen und es danach neu zu instanziieren. Damit hätten wir wieder einen Positionszeiger, der auf das erste Byte im Stream zeigt.

Wenn wir nach der Ergänzung mit `Seek` das Programm noch einmal starten, wird das Ergebnis wie erwartet ausgegeben.

Zum Schluss wollen wir noch einmal den gesamten Code zusammenfassen.

```
// Beispiel: ..\Kapitel 12\FileStreamSample
class Program {
  static void Main(string[] args) {
    byte[] arr = {10, 20, 30, 40, 50, 60, 70, 80, 90, 100};
    string path = "D:\\Testfile.txt";
    // Stream öffnen
    FileStream fs = new FileStream(path, FileMode.Create);
    // in den Stream schreiben
    fs.Write(arr, 0, arr.Length);
    byte[] arrRead = new byte[10];
    // Positionszeiger auf den Anfang des Streams setzen
    fs.Seek(0, SeekOrigin.Begin);
    // Stream lesen
```

```csharp
    fs.Read(arrRead, 0, 10);
    for (int i = 0; i < arr.Length; i++)
      Console.WriteLine(arrRead[i]);
    Console.ReadLine();
    // FileStream schließen
    fs.Close();
  }
}
```

Listing 12.6 Das komplette Beispiel des Einsatzes der Klasse »FileStream«

Wir müssen nicht zwangsläufig das komplette Byte-Array vom ersten bis zum letzten Element in die Datei schreiben. Mit

```csharp
fs.Write(arr, 2, arr.Length - 2);
```

ist das erste zu schreibende Element dasjenige, das die Zahl 30 enthält (entsprechend dem Index 2). Wenn wir allerdings den dritten Parameter, der die Anzahl der zu lesenden Bytes angibt, nicht entsprechend anpassen, wird über das Ende des Arrays hinaus gelesen, was zu der Exception `ArgumentException` führt.

Eine Textdatei mit »FileStream« lesen

Obwohl es spezialisierte Klassen zum Lesen und Schreiben in eine Textdatei gibt, lässt sich das auch mit einem `FileStream`-Objekt realisieren. Wir wollen uns das im Folgenden ansehen:

```csharp
// Beispiel: ..\Kapitel 12\TextdateiMitFileStream
class Program {
  static void Main(string[] args) {
    // Benutzereingabe anfordern
    Console.Write("Geben Sie die zu öffnende Datei an: ");;
    string strFile = Console.ReadLine();
    // prüfen, ob die angegebene Datei existiert
    if (! File.Exists(strFile)) {
      Console.WriteLine("Die Datei {0} existiert nicht!", strFile);
      Console.ReadLine();
      return;
    }
    // Datei öffnen
    FileStream fs = File.Open(strFile, FileMode.Open);
    // Byte-Array, in das die Daten aus dem Datenstrom eingelesen werden
    byte[] puffer = new Byte[fs.Length];
    // die Zeichen aus der Datei lesen und in das Array
    // schreiben, der Lesevorgang beginnt mit dem ersten Zeichen
    fs.Read(puffer, 0, (int)fs.Length);
    // das Byte-Array elementweise einlesen und jedes Array-Element
```

```
    // in Char konvertieren
    for (int i = 0; i < fs.Length; i++)
      Console.Write(Convert.ToChar(puffer[i]));
    Console.ReadLine();
  }
}
```

Listing 12.7 Textdatei mit einem »FileStream«-Objekt einlesen

Nach dem Start der Laufzeitumgebung wird der Benutzer dazu aufgefordert, den Pfad zu einer Textdatei anzugeben. Diesmal beschreiten wir allerdings einen anderen Weg und rufen den Konstruktor nicht direkt auf, sondern die Methode Open der Klasse File:

```
FileStream fs = File.Open(strFile, FileMode.Open);
```

Diese Anweisung funktioniert tadellos, weil der Rückgabewert der File.Open-Methode die Referenz auf eine FileStream-Instanz liefert. Gegen den Weg über einen FileStream-Konstruktor, der diese Möglichkeit auch bietet, ist grundsätzlich auch nichts einzuwenden. Im folgenden Schritt wird das Byte-Array *puffer* deklariert und mit einer Kapazität initialisiert, die der Größe der Datei entspricht:

```
byte[] puffer = new Byte[fs.Length];
```

Die Größe der Datei besorgen wir uns mit der Eigenschaft Length der Klasse FileStream, die uns die Größe des Datenstroms liefert. Daran schließt sich die Leseoperation mit Read an, die den Inhalt der Textdatei byteweise liest und in das Array *puffer* schreibt:

```
fs.Read(puffer, 0, (int)fs.Length);
```

Weil der dritte Parameter der Read-Methode ein Datum vom Typ int erwartet und die Eigenschaft Length einen long liefert, müssen wir noch in den richtigen Datentyp konvertieren.

Ein FileStream-Objekt arbeitet grundsätzlich nur auf der Basis von Bytes, es weiß nichts von dem tatsächlichen Typ, der sich im Datenstrom verbirgt. Eine Textdatei enthält aber Zeichen, die, als ANSI-Zeichen interpretiert, erst den wirklichen Informationsgehalt liefern. Deshalb müssen wir jedes einzelne Byte des Streams in einen char-Typ konvertieren. Das geschieht in einer Schleife, die alle Bytes des Arrays abgreift, konvertiert und danach an der Konsole ausgibt.

```
for (int i = 0; i < fs.Length; i++)
  Console.Write(Convert.ToChar(puffer[i]));
```

Würde den Daten aus der Datei ein anderer Typ zugrunde liegen, beispielsweise int oder float, müsste dieser Zieldatentyp angegeben werden. Wissen Sie nicht, welcher Typ in der Datei gespeichert ist, können Sie mit dem Inhalt praktisch nichts anfangen.

12.5 Die Klassen »TextReader« und »TextWriter«

Wie Sie in den vorhergehenden Abschnitten gesehen haben, stellt die Klasse Stream Operationen bereit, mit denen Sie unformatierte Daten byteweise lesen und schreiben können. Stream-Objekte bieten sich daher insbesondere für allgemeine Operationen an, beispielsweise für das Kopieren von Dateien. Die Klasse Stream beziehungsweise die daraus abgeleiteten Klassen sind aber weniger gut für textuelle Ein- und Ausgabeoperationen geeignet.

Um den üblichen Anforderungen von Textoperationen zu entsprechen, stellt die .NET-Klassenbibliothek die beiden abstrakten Klassen TextReader und TextWriter bereit. Objekte, die aus der Klasse Stream abgeleitet werden, unterstützen den vollständigen Satz an E/A-Operationen, also sowohl das Lesen als auch das Schreiben. Nun wird die Bearbeitung auf zwei Klassen aufgeteilt, die entweder nur lesen oder nur schreiben können.

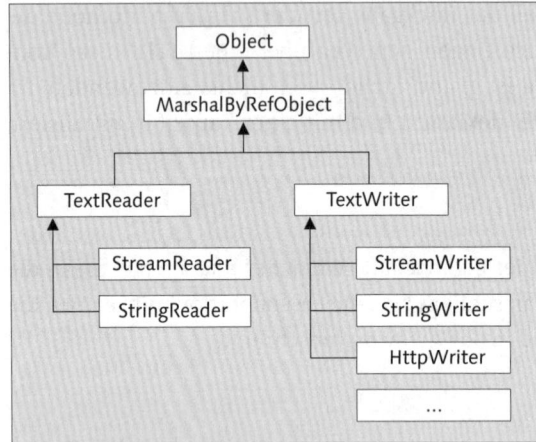

Abbildung 12.4 Objekthierarchie der »Reader«- und »Writer«-Klassen

TextReader und TextWriter sind abstrakt definiert und müssen daher abgeleitet werden. Das .NET Framework bietet solche Ableitungen mit StreamReader und -Writer sowie StringReader und -Writer an. Von TextWriter gibt es auch noch weitere, spezialisierte Ableitungen. Im Folgenden werden wir uns mit den Klassen StreamReader und StreamWriter beschäftigen.

12.5.1 Die Klasse »StreamWriter«

Die Konstruktoren der Klasse »StreamWriter«

Wir werden uns daher zunächst einigen Konstruktoren der Klasse StreamWriter zuwenden, um zu sehen, auf welcher Basis sich ein Objekt dieses Typs erzeugen lässt.

```
public StreamWriter(Stream);
public StreamWriter(string);
public StreamWriter(Stream, Encoding);
```

```
public StreamWriter(string, bool);
public StreamWriter(Stream, Encoding, int);
public StreamWriter(string, bool, Encoding);
public StreamWriter(string, bool, Encoding, int);
```

Es fällt zunächst auf, dass wir jedem Konstruktor entweder eine Zeichenfolge oder ein Objekt vom Typ `Stream` übergeben müssen. Entscheiden wir uns für eine Zeichenfolge, enthält diese die Pfadangabe zu einer Datei.

Da die Klasse `Stream` abstrakt ist, können wir natürlich keine Referenz auf ein konkretes `Stream`-Objekt übergeben. Aber die Klasse `Stream` wird abgeleitet, beispielsweise von `FileStream`. Die Referenz auf ein Objekt einer aus `Stream` abgeleiteten Klasse gilt aber nach den Paradigmen der Objektorientierung gleichzeitig als ein Objekt vom Typ der Basisklasse. Also kann dem Parameter im Konstruktor, der den Typ `Stream` erwartet, ein Objekt vom Typ einer aus `Stream` abgeleiteten Klasse übergeben werden.

Nun sehen wir uns natürlich sofort mit der Frage konfrontiert, welchen Sinn es hat, ein `Stream`-Objekt als Argument an den Konstruktor zu übergeben. Wie Sie sich vielleicht noch erinnern, werden die `Stream`-Objekte generell in zwei Typen klassifiziert: in Base-Streams und Pass-Through-Streams. Ein Base-Stream endet zum Beispiel direkt in einer Datei oder in einer Netzwerkverbindung, ein Pass-Through-Stream ist ein »Durchlaufobjekt«, das die Fähigkeiten eines Base-Streams erweitert.

Betrachten wir zunächst den Konstruktor der Klasse `StreamWriter`, der in einem String eine Pfadangabe entgegennimmt:

```
public StreamWriter(string);
```

Ein Objekt, das basierend auf dieser Erstellungsroutine instanziiert wird, weiß, wohin die Daten geschrieben werden – nämlich in die Datei, die durch das `String`-Argument beschrieben wird, z.B.:

```
StreamWriter myStreamWriter = new StreamWriter(@"D:\MyText.txt");
```

Wir erzeugen mit dieser Anweisung einen Base-Stream, der die Daten – genauer gesagt eine Zeichenfolge – in eine Datei schreiben kann. Nun wollen wir ein anderes `StreamWriter`-Objekt erzeugen, diesmal allerdings auf Basis der Übergabe eines `FileStream`-Objekts.

```
FileStream fs = new FileStream(@"D:\Test.txt", FileMode.CreateNew);
StreamWriter myStreamWriter = new StreamWriter(fs);
```

In der ersten Anweisung wird ein Objekt vom Typ `FileStream` erstellt, das eine neue Datei namens *Test.txt* in der Root *D:* erzeugt. Dieses Objekt wird seinerseits als Argument an den Konstruktor der Klasse `StreamWriter` übergeben. Als Resultat liegt eine Hintereinanderschaltung von zwei `Stream`-Objekten vor, woraus sich Nutzen ziehen lässt. Wie Sie wissen, schreiben und lesen Objekte, die auf der `Stream`-Klasse basieren, nur elementare Bytes. Demgegenüber schreiben `StreamWriter`-Objekte Zeichen mit einer speziellen Verschlüsselung (Encoding) in den Datenstrom. Sie arbeiten im Endeffekt mit einem Datenstrom, der die Charakteristika beider Datenflüsse kombiniert. In ähnlicher Weise könnten Sie natürlich auch einen `MemoryStream` oder `NetworkStream` als Argument übergeben.

Standardmäßig verschlüsselt `StreamWriter` nach UTF-8, eine Abweichung davon wird durch die Wahl eines Konstruktors erreicht, der einen Parameter vom Typ `Encoding` aus dem Namespace `System.Text` entgegennimmt. Sie können hier beispielsweise ein Objekt vom Typ `UTF7Encoding` oder `UnicodeEncoding` (entspricht der UTF-16-Kodierung) übergeben.

> **Anmerkung**
>
> Schreiben wir Zeichen in einen Stream, müssen die Bytes in bestimmter Weise interpretierbar sein. Standardmäßig wird in Mitteleuropa zur Kodierung der ANSI-Zeichensatz (Codeseite 1252) benutzt, der Zeichencodes zwischen 0 und 255 zulässt und unter anderem auch Sonderzeichen wie »ä«, »ö« und »ü« beschreibt. Damit unterscheidet sich der ANSI-Zeichensatz vom ASCII-Zeichensatz, der nur die Codes von 0 bis 127 festlegt. Um einen Text korrekt zu übertragen und anzuzeigen, dürfte streng genommen nur der ASCII-Zeichensatz verwendet werden, weil nur die Codes 0–127 unter ANSI und ASCII identisch sind.
>
> Um Probleme dieser Art zu vermeiden, wurde mit Unicode ein neuer Zeichensatz geschaffen. Allerdings hat auch Unicode unterschiedliche Formate, denn es wird zwischen UTF-7, UTF-8, UTF-16 und UTF-32 unterschieden. Der UTF-8-Zeichensatz ist wohl der wichtigste, denn er ist der Standard unter .NET. In diesem Zeichensatz werden Unicode-Zeichen in einer unterschiedlichen Anzahl Bytes verschlüsselt. Die ASCII-Zeichen werden in einem Byte gespeichert, alle anderen Zeichen in weiteren zwei bis vier Byte. Das hat den Vorteil, dass Systeme, die nur ASCII- oder ANSI-Zeichen verarbeiten, mit der UTF-8-Kodierung klarkommen.

Einige Konstruktoren erwarten zusätzlich einen booleschen Wert. Dieser kommt nur im Zusammenhang mit den Konstruktoren vor, die in einer Zeichenfolge die Pfadangabe zu der Datei erhalten, in die der Datenstrom geschrieben werden soll. Mit `true` werden die zu schreibenden Daten an das Ende der Datei gehängt – vorausgesetzt, es existiert bereits eine Datei gleichen Namens in dem Verzeichnis. Mit der Übergabe von `false` wird eine existierende Datei überschrieben.

Der letzte Parameter, der Ihnen in zwei Konstruktoren zur Verfügung steht, empfängt einen Wert vom Typ `int`, mit dem Sie die Größe des Puffers beeinflussen können.

Das Schreiben in den Datenstrom

Schauen wir uns zunächst ein Codefragment an, mit dem wir eine Datei erzeugen, in die wir den obligatorischen Text »Visual C# macht Spaß« schreiben:

```
StreamWriter sw = new StreamWriter(@"D:\NewFile.txt");
sw.WriteLine("Visual C#");
```

```
sw.WriteLine("macht Spaß!");
sw.Close();
```

Listing 12.8 Mit »StreamWriter« in eine Textdatei schreiben

Einfacher geht es nicht mehr! Zunächst wird ein Konstruktor aufgerufen und diesem zur Initialisierung des `StreamWriter`-Objekts eine Zeichenkette als Pfadangabe übergeben. Daraufhin wird entweder die Datei erzeugt oder eine existierende gleichnamige Datei im angegebenen Verzeichnis überschrieben. Mit jedem Aufruf der von `TextWriter` geerbten Methode `WriteLine` wird eine Zeile in die Datei geschrieben und ihr am Ende ein Zeilenumbruch angehängt. Mit unserem Codefragment erzeugen wir also eine zweizeilige Textdatei.

Es liegt die Vermutung nahe, dass `StreamWriter` eine zweite Methode zum Schreiben in den Datenstrom bereitstellt, die ohne den automatisch angehängten Zeilenumbruch in den Strom schreibt. Ein Blick in die Klassenbibliothek bestätigt die Vermutung: Es gibt eine Methode `Write`. Diese Methode ist genauso überladen wie die Methode `WriteLine`. `Write` und `WriteLine` bilden den Kern der Klasse `StreamWriter`. Viel mehr Methoden hat die Klasse auch nicht anzubieten, denn alle anderen sind bereits gute Bekannte: `Close`, um einen auf dieser Klasse basierenden Strom zu schließen, und `Flush`, um die im Puffer befindlichen Daten in den Strom zu schreiben und den Puffer zu leeren. Tabelle 12.16 gibt die wichtigsten Methoden eines `StreamWriter`-Objekts wieder.

Methode	Beschreibung
Close	Schließt das aktuelle Objekt sowie alle eingebetteten Streams.
Flush	Schreibt die gepufferten Daten in den Stream und löscht danach den Inhalt des Puffers.
Write	Schreibt in den Stream, ohne einen Zeilenumbruch anzuhängen.
WriteLine	Schreibt in den Stream und schließt mit einem Zeilenumbruch ab.

Tabelle 12.16 Methoden eines »StreamWriter«-Objekts

Die Eigenschaften der Klasse »StreamWriter«

Mit `AutoFlush` veranlassen Sie, dass Daten aus dem Puffer in den Datenstrom geschrieben werden, sobald eine der `Write`/`WriteLine`-Methoden aufgerufen wird und diese Eigenschaft auf `true` gesetzt ist. Wollen Sie das aktuelle Textformat erfahren, können Sie die Eigenschaft `Encoding` auswerten:

```
StreamWriter sw = new StreamWriter(@"C:\NewFile.txt", false, Encoding.Unicode);
Console.WriteLine("Format: {0}", sw.Encoding.ToString());
```

Als dritte und letzte Eigenschaft steht Ihnen noch `BaseStream` zur Verfügung, die das Objekt des Base-Streams liefert, auf dem das `StreamWriter`-Objekt basiert.

Eigenschaften	Beschreibung
AutoFlush	Löscht den Puffer nach jedem Aufruf von Write oder WriteLine.
BaseStream	Liefert eine Referenz auf den Base-Stream zurück.
Encoding	Liefert das aktuelle Encoding-Schema zurück.

Tabelle 12.17 Die Eigenschaften der Klasse »StreamWriter«

12.5.2 Die Klasse »StreamReader«

Die aus der Klasse TextReader abgeleitete Klasse StreamReader ist das Gegenstück zur Klasse StreamWriter. Betrachtet man ihre Möglichkeiten, sind die Klassen praktisch identisch – abgesehen von der Tatsache, dass das charakteristische Merkmal dieser Klasse in der Fähigkeit zu finden ist, Daten einer bestimmten Kodierung aus einem Strom zu lesen.

Die Konstruktoren ähneln denen der Klasse StreamWriter. Sie nehmen im einfachsten Fall die Referenz auf einen Stream oder eine Pfadangabe als String entgegen. Sie gestatten aber auch, die eingelesenen Zeichen nach einem durch Encoding beschriebenen Schema zu interpretieren oder die Puffergröße zu variieren. Tabelle 12.18 enthält die wichtigsten Methoden eines StreamReaders.

Methode	Beschreibung
Peek	Liest ein Zeichen aus dem Strom und liefert den int-Wert zurück, der das Zeichen repräsentiert, verarbeitet das Zeichen aber nicht. Der Zeiger wird nicht auf die Position des folgenden Zeichens gesetzt, wenn Peek aufgerufen wird, sondern verbleibt in seiner Stellung. Verweist der Zeiger hinter den Datenstrom, ist der Rückgabewert –1.
Read	Liest ein oder mehrere Zeichen aus dem Strom und liefert den int-Wert zurück, der das Zeichen repräsentiert. Ist kein Zeichen mehr verfügbar, ist der Rückgabewert –1. Der Positionszeiger verweist auf das nächste zu lesende Zeichen. Eine zweite Variante dieser überladenen Methode liefert die Anzahl der eingelesenen Zeichen.
ReadLine	Liest eine Zeile aus dem Datenstrom – entweder bis zum Zeilenumbruch oder bis zum Ende des Stroms. Der Rückgabewert ist vom Typ string.
ReadToEnd	Liest von der aktuellen Position des Positionszeigers bis zum Ende des Stroms alle Zeichen ein.

Tabelle 12.18 Methoden der Klasse »StreamReader«

Wir wollen nun an einem Codebeispiel das Lesen aus einem Strom testen.

```
// Beispiel: ..\Kapitel 12\StreamReaderSample
class Program {
  static void Main(string[] args) {
    // Datei erzeugen und mit Text füllen
    StreamWriter sw = new StreamWriter(@"D:\MyTest.kkl");
    sw.WriteLine("Visual C#");
    sw.WriteLine("macht viel Spass.");
    sw.Write("Richtig??");
    sw.Close();
    // die Datei an der Konsole einlesen
    StreamReader sr = new StreamReader(@"D:\MyTest.kkl");
    while(sr.Peek() != -1)
      Console.WriteLine(sr.ReadLine());
    sr.Close();
    Console.ReadLine();
  }
}
```

Listing 12.9 Textdatei mit »StreamReader« lesen

Zunächst wird mit einem `StreamWriter`-Objekt eine Datei mit dem Namen *MyTest.kkl* erzeugt. Die Dateierweiterung ist frei gewählt, sie muss nicht zwangsläufig *.txt* zur Kennzeichnung als Textdatei lauten. Wichtig ist nur, die Daten der Datei beim späteren Lesevorgang richtig zu interpretieren. Solange wir wissen, dass wir es mit einer Textdatei zu tun haben, bereitet uns eine individuelle Dateierweiterung keine Probleme.

In den Datenstrom *sw* vom Typ `StreamWriter` werden drei Textzeilen geschrieben. Danach darf man nicht vergessen, den Strom wieder zu schließen, denn ansonsten wird man mit einer Fehlermeldung konfrontiert, wenn nachfolgend der Versuch unternommen wird, die Datei zum Lesen zu öffnen.

Um den Dateiinhalt zu lesen, nutzen wir ein Objekt vom Typ `StreamReader`, dessen Konstruktor wir den Pfad zu der Datei übergeben. Mit der `ReadLine`-Methode wird Zeile für Zeile aus dem Strom gelesen. Um den Lesevorgang zum richtigen Zeitpunkt wieder zu beenden, müssen wir das Ende der Datei feststellen. Hierbei ist die Methode `Peek` behilflich, deren Rückgabewert –1 ist, wenn der Zeiger auf die Position hinter dem Ende des Stroms verweist. Dieses Verhalten machen wir uns zunutze, indem wir daraus die Abbruchbedingung der Schleife formulieren. In der `while`-Schleife werden so lange mit der `ReadLine`-Methode des `StreamReader`-Objekts Zeilen aus dem Datenstrom geholt (und dabei wird automatisch der Zeiger auf das nächste einzulesende Zeichen gesetzt), bis die Abbruchbedingung erfüllt wird, d.h. `Peek` –1 zurückliefert.

Die Ausgabe an der Konsole wird wie folgt lauten:

```
Visual C#
macht Spass.
Richtig??
```

Da wir die komplette Textdatei auslesen wollen, könnten wir auch einen einfacheren Weg gehen und die komplette while-Schleife gegen die folgende Programmcodezeile austauschen:

```
Console.WriteLine(sr.ReadToEnd());
```

12.6 Die Klassen »BinaryReader« und »BinaryWriter«

Daten werden in einer Datei byteweise gespeichert. Dieses Grundprinzip macht sich die Klasse FileStream zunutze, indem sie Daten Byte für Byte in den Datenstrom schreibt oder aus einem solchen liest. Dazu werden Methoden angeboten, die entweder nur ein einzelnes Byte behandeln oder auf Basis eines Byte-Arrays operieren. Eine spezialisiertere Form der einfachen, byteweisen Vorgänge bieten uns die Klassen BinaryReader bzw. BinaryWriter. Mit BinaryReader lesen Sie aus dem Datenstrom, mit BinaryWriter schreiben Sie in einen solchen hinein. Das Besondere an den beiden Klassen ist die Behandlung der übergebenen oder ausgewerteten Daten.

Die Methoden der Klassen »BinaryReader« und »BinaryWriter«

Fast schon erwartungsgemäß veröffentlicht die Klasse BinaryWriter eine Write-Methode, die vielfach überladen ist. Sie können dieser Methode einen beliebigen primitiven Typ als Argument übergeben, der mit der ihm eigenen Anzahl von Bytes in der Datei gespeichert wird. Ein int schreibt sich demnach mit vier Bytes in eine Datei, ein long mit acht.

Ähnliches gilt auch für die Methode Read, der noch der Typ als Suffix angehängt wird, der gelesen wird, z.B. ReadByte, ReadInt32, ReadSingle usw.

Die Konstruktoren der Klassen »BinaryReader« und »BinaryWriter«

In den beiden Klassen BinaryReader und BinaryWriter stehen Ihnen nur jeweils zwei Konstruktoren zur Verfügung. Dem ersten können Sie die Referenz auf ein Objekt vom Typ Stream übergeben, dem zweiten zusätzlich noch eine Encoding-Referenz.

Binäre Datenströme auswerten

Aus einem Strom die Bytes auszulesen, ist kein Problem. Halten Sie aber nur die rohen Bytes in den Händen, werden diese in den meisten Fällen nur von geringem Nutzen sein. Das Problem ist, eine bestimmte Sequenz von Bytes in richtiger Weise zu interpretieren. Kennen Sie den Typ der Dateninformationen nicht, sind die Bytes praktisch wertlos. Betrachten Sie dazu das folgende Beispiel:

```csharp
// Beispiel: ..\Kapitel 12\BinaryReaderSample_1
class Program {
  static void Main(string[] args) {
    // eine Datei erzeugen und einen Integer-Wert in die Datei schreiben
    FileStream fileStr = new FileStream(@"D:\Binfile.mic", FileMode.Create);
    BinaryWriter binWriter = new BinaryWriter(fileStr);
    int intArr = 500;
    binWriter.Write(intArr);
    binWriter.Close();
    // Datei öffnen und den Inhalt byteweise auslesen
    FileInfo fi = new FileInfo(@"D:\Binfile.mic");
    FileStream fs = new FileStream(@"D:\Binfile.mic", FileMode.Open);
    byte[] byteArr = new byte[fi.Length];
    // Datenstrom in ein Byte-Array einlesen
    fs.Read(byteArr, 0, (int)fi.Length);
    // Konsolenausgabe
    Console.Write("Interpretation als Byte-Array: ");
    for (int i = 0; i < fi.Length; i++)
      Console.Write(byteArr[i] + " ");
    Console.Write("\n\n");
    fs.Close();
    // Dateiinhalt textuell auswerten
    StreamReader strReader = new StreamReader(@"D:\Binfile.mic");
    Console.Write("Interpretation als Text: ");
    Console.WriteLine(strReader.ReadToEnd());
    strReader.Close();
    Console.ReadLine();
  }
}
```

Listing 12.10 Auswerten binärer Datenströme

Zuerst wird ein Objekt vom Typ `FileStream` erzeugt, um eine neue Datei anzulegen bzw. eine gleichnamige Datei zu überschreiben. Die Objektreferenz wird einem Konstruktor der Klasse `BinaryWriter` übergeben. Die Methode `Write` schreibt anschließend einen Integer mit dem Inhalt 500 in die Datei. Anschließend wird die Datei ausgelesen. Wir stellen uns dabei dumm und tun so, als wüssten wir nicht, von welchem Datentyp die in der Datei *D:\Binfile.mic* gespeicherte Zahl ist. Also testen wir den Dateiinhalt, zuerst byteweise und danach auch noch zeichenorientiert, in der Hoffnung, ein sinnvolles Ergebnis zu erhalten.

Zum byteweisen Lesen greifen wir auf die Klasse `FileStream` zurück, lesen den Datenstrom aus der Datei in das Byte-Array *byteArr* ein und geben dann die Elemente des Arrays an der Konsole aus:

```
Interpretation als Byte-Array: 244 1 0 0
```

Ein Unbedarfter wird vielleicht wegen der fehlerfreien Ausgabe in Verzückung geraten, wir wissen aber, dass es nicht das ist, was wir ursprünglich in die Datei geschrieben haben. Wie aber ist die Ausgabe zu interpretieren, die mit Sicherheit auf jedem Rechner genauso lauten wird?

Die vier Zahlen repräsentieren die vier Bytes aus der Datei. Dabei erfolgt die Anzeige vom Lower-Byte bis zum Higher-Byte. In die »richtige«, besser gesagt, gewohnte Reihenfolge gebracht müssten wir demnach

0 0 1 244

schreiben. Wir wissen, dass diese Bytes einen Integer beschreiben – und sie tun es auch, wenn wir uns nur die Bitfolge ansehen:

0000 0000 0000 0000 0000 0001 1111 0100

Die Kombination aller Bits ergibt tatsächlich die Dezimalzahl 500. Ein Benutzer, der nicht weiß, wie die vier Bytes zu interpretieren sind, hat die Qual der Wahl: Handelt es sich um vier einzelne Bytes oder um zwei Integer oder vielleicht um eine Zeichenfolge? Letzteres testet unser Code ebenfalls, das Ergebnis der Ausgabe ist ernüchternd: Uns grinst ein Smiley mit ausgestreckter Zunge an.

Ändern wir nun den Lesevorgang der Daten so ab, dass wir den Dateiinhalt tatsächlich als int auswerten:

```
FileStream fs = new FileStream(@"D:\Binfile.mic", FileMode.Open);
BinaryReader br = new BinaryReader(fs);
Console.WriteLine(br.ReadInt32());
```

Das Ergebnis wird diesmal mit der korrekten Ausgabe an der Konsole enden.

12.6.1 Komplexe binäre Dateien

Der Informationsgehalt binärer Dateien kann nur dann korrekt ausgewertet werden, wenn der Typ, den die Daten repräsentieren, bekannt ist. Im vorhergehenden Abschnitt haben Sie dazu ein kleines Beispiel gesehen. Binäre Dateien können aber mehr als nur einen einzigen Typ speichern, es können durchaus unterschiedliche Typen in beliebiger Reihenfolge sein. Um zu einem späteren Zeitpunkt auf die Daten zugreifen zu können, muss nur der strukturelle Aufbau der Datei – das sogenannte Dateiformat – der gespeicherten Informationen bekannt sein, ansonsten ist die Datei praktisch wertlos.

Dateien unterscheiden sich im Dateiformat: Eine Bitmap-Datei wird die Informationen zu den einzelnen Pixeln anders speichern, als Word den Inhalt eines Dokuments speichert; eine JPEG-Datei unterscheidet sich wiederum von einer MPEG-Datei. Die Dateierweiterung ist als Kennzeichnung einer bestimmten Spezifikation anzusehen, nämlich als Spezifikation der Datenstruktur in der Datei. Praktisch alle Binärdateien werden sich in ihrem Dateiformat unterscheiden.

Wir wollen uns nun in einem etwas aufwendigeren Beispiel dem Thema komplexer Binärdateien nähern, um das Arbeiten mit solchen Dateien zu verstehen, ohne zugleich in zu viel Programmcode die Übersicht zu verlieren. Sie können das Konzept, das sich hinter diesem Beispiel verbirgt, in ähnlicher Weise auch auf andere bekannte Dateiformate anwenden.

Dazu geben wir uns zunächst eine Struktur vor, die ein Point-Objekt beschreibt:

```
public struct Point {
   public int XPos {get; set;}
   public int YPos {get; set;}
   public long Color {get; set;}
}
```

Listing 12.11 Definition der Struktur »Point« für das folgende Beispiel

Der Typ Point veröffentlicht drei Daten-Member: XPos und YPos jeweils vom Typ int sowie Color vom Typ long. Nun wollen wir eine Klasse entwickeln, die in der Lage ist, die Daten vieler Point-Objekte in einer Datei zu speichern und später auch wieder auszulesen. Außerdem soll eine Möglichkeit geschaffen werden, um auf die Daten eines beliebigen Point-Objekts in der Datei zugreifen zu können.

Die erste Überlegung ist, wie das Format einer Datei aussehen muss, um den gestellten Anforderungen zu entsprechen. Die Daten mehrerer Point-Objekte hintereinander zu speichern, ist kein Problem. Stellen Sie sich aber nun vor, Sie würden versuchen, die Informationen des zehnten Punkts aus einer Datei zu lesen, in der nur die Daten für fünf Punkte enthalten sind. Das kann zu keinem erfolgreichen Ergebnis führen.

Wir wollen daher eine Information in die Datei schreiben, der wir die gespeicherte Point-Anzahl entnehmen können. Der Typ dieser Information muss klar definiert sein, damit jedes Byte in der Datei eine klare Zuordnung erhält. Im Folgenden wird diese Information in einem int gespeichert, und zwar am Anfang der Datei.

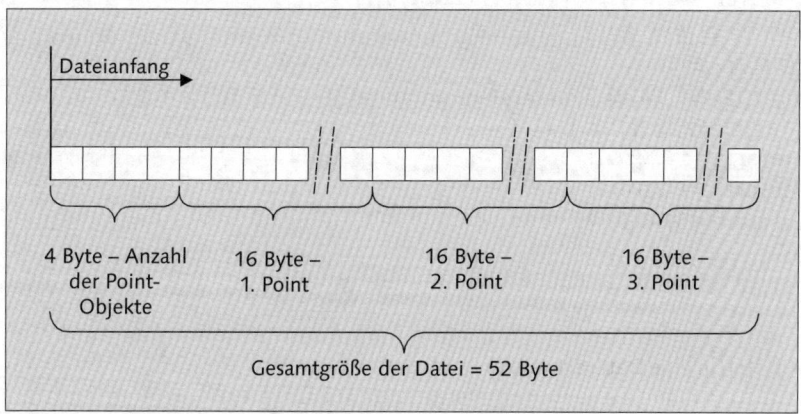

Abbildung 12.5 Datei mit drei gespeicherten Point-Objekten

Damit haben wir die Spezifikation der binären Datei festgelegt. Die Auswertung der ersten vier Bytes liefert die Anzahl der gespeicherten *Point*-Objekte, und die folgenden insgesamt 16 Byte großen Blöcke beschreiben jeweils einen Punkt. Wir könnten jetzt noch festlegen, dass Dateien dieses Typs beispielsweise die Dateierweiterung *.pot* erhalten, aber eine solche Festlegung wird der Code des folgenden Beispiels nicht berücksichtigen.

Da wir uns nun auf ein Dateiformat geeinigt haben, wollen wir uns das weitere Vorgehen überlegen. Wir könnten die gesamte Programmlogik in `Main` implementieren mit dem Nachteil, dass etwaige spätere Änderungen zu Komplikationen führen könnten. Besser ist es, sich das objektorientierte Konzept der Modularisierung in Erinnerung zu rufen. Deshalb wird eine Klasse definiert, deren Methoden die Dienste zur Initialisierung der *Point*-Objekte, zum Speichern in einer Datei, zum Lesen der Datei und zur Ausgabe der Daten eines beliebigen *Point*-Objekts zur Verfügung stellen. Der Name der Klasse sei `PointReader`, die Bezeichner der Methoden lauten `WriteToFile`, `GetFromFile` und `GetPoint`.

Grundsätzlich können Methoden als Instanz- oder Klassenmethoden veröffentlicht werden. Instanzmethoden würden voraussetzen, dass die Klasse `PointReader` instanziiert wird. Das Objekt wäre dann an eine bestimmte Datei gebunden, die *Point*-Objekte enthält. Statische Methoden sind flexibler einsetzbar, verlangen allerdings auch bei jedem Aufruf die Pfadangabe zu der Datei. In diesem Beispiel sollen die Methoden statisch sein.

Widmen wir uns der Methode `WriteToFile`. Sie hat die Aufgabe, eine Datei zu generieren, die die Anforderungen unserer Spezifikation zur Speicherung von *Point*-Objekten erfüllt. Die Pfadangabe muss der Methode als Argument übergeben werden.

Wie wird der Code in dieser Methode arbeiten? Zunächst muss eine `int`-Zahl in die Datei geschrieben werden, die der Anzahl der *Point*-Objektdaten entspricht. Danach werden *Point* für *Point* alle Objektdaten übergeben, bis das Array durchlaufen ist.

```csharp
public static void WriteToFile(string path, Point[] array) {
   FileStream fileStr = new FileStream(path, FileMode.Create);
   BinaryWriter binWriter = new BinaryWriter(fileStr);
   // Anzahl der Punkte in die Datei schreiben
   binWriter.Write(array.Length);
   // die Point-Daten in die Datei schreiben
   for(int i = 0; i < array.Length; i++) {
      binWriter.Write(array[i].XPos);
      binWriter.Write(array[i].YPos);
      binWriter.Write(array[i].Color);
   }
   binWriter.Close();
}
```

Listing 12.12 »Point«-Daten in eine Datei schreiben

Die Daten der *Point*-Objekte sollen mit einer Instanz der Klasse `BinaryWriter` in die Datei geschrieben werden. Dazu benötigen wir auch ein Objekt vom Typ `FileStream`. Da alle Daten hintereinander in eine neue Datei geschrieben werden sollen, müssen wir `FileStream` im Modus `Create` öffnen.

Nachdem wir die Referenz auf den `FileStream` an den Konstruktor der `BinaryWriter`-Klasse übergeben haben, wird die Anzahl der `Points` in die Datei geschrieben. In einer Schleife greifen wir danach jedes `Point`-Objekt im Array ab und schreiben die Daten nacheinander in die Datei. Zum Schluss muss der `Writer` ordnungsgemäß geschlossen werden.

Unsere Datei ist erzeugt, und nur mit dem Kenntnisstand der Spezifikation, wie die einzelnen Bytes zu interpretieren sind, liefern die Daten die richtigen Werte. Die Methode `GetFromFile` zum Auswerten des Dateiinhalts muss sich an unsere Festlegung halten. Daher wird auch zuerst der Integer aus der Datei gelesen und daran anschließend die Daten der `Point`-Objekte. Der Rückgabewert der Methode ist die Referenz auf ein intern erzeugtes `Point`-Array.

```csharp
public static Point[] GetFromFile(string path) {
  FileStream fs = new FileStream(path, FileMode.Open);
  BinaryReader br = new BinaryReader(fs);
  // liest die ersten 4 Bytes aus der Datei, die die Anzahl der
  // Point-Objekte enthält
  int anzahl = br.ReadInt32();
  // Lesen der Daten aus der Datei
  Point[] arrPoint = new Point[anzahl];
  for (int i = 0; i < anzahl; i++) {
    arrPoint[i].XPos = br.ReadInt32();
    arrPoint[i].YPos = br.ReadInt32();
    arrPoint[i].Color = br.ReadInt64();
  }
  br.Close();
  return arrPoint;
}
```

Listing 12.13 Lesen der »Point«-Daten aus einer Datei

Da wir die Kontrolle über jedes einzelne gespeicherte Byte der Datei haben und dieses richtig zuordnen können, muss es auch möglich sein, die Daten eines beliebigen `Point`-Objekts einzulesen. Dazu dient die Methode `GetPoint`. Bei deren Aufruf wird zunächst die Pfadangabe übergeben und als zweites Argument die Position des `Point`-Objekts in der Datei. Der Rückgabewert ist die Referenz auf das gefundene Objekt.

```csharp
public static Point GetPoint(string path, int pointNo) {
  FileStream fs = new FileStream(path, FileMode.Open);
  int pos = 4 + (pointNo - 1) * 16;
  BinaryReader br = new BinaryReader(fs);
  // Prüfen, ob der user eine gültige Position angegeben hat
```

```csharp
  if (pointNo > br.ReadInt32() || pointNo == 0) {
    string message = "Unter der angegebenen Position ist";
    message += " kein \nPoint-Objekt gespeichert.";
    throw new PositionException(message);
  }
  // den Zeiger positionieren
  fs.Seek(pos, SeekOrigin.Begin);
  // Daten des gewünschten Points einlesen
  Point savedPoint = new Point();
  savedPoint.XPos = br.ReadInt32();
  savedPoint.YPos = br.ReadInt32();
  savedPoint.Color = br.ReadInt64();
  br.Close();
  return savedPoint;
}
```

Listing 12.14 Einlesen eines bestimmten »Point«-Objekts

Die wesentliche Funktionalität der Methode steckt in der richtigen Positionierung der Zeigers, die aus der Angabe des Benutzers berechnet wird. Dabei muss berücksichtigt werden, dass am Dateianfang vier Bytes die Gesamtanzahl der Objekte in der Datei beschreiben und dass die Länge eines einzelnen `Point`-Objekts 16 Byte beträgt.

```csharp
int pos = 4 + (pointNo - 1) * 16;
```

Die so ermittelte Position wird der `Seek`-Methode des `BinaryReader`-Objekts übergeben. Die Positionsnummer des ersten Bytes in der Datei ist 0, daher verweist der Zeiger mit der Übergabe der Zahl 4 auf das fünfte Byte. Wir setzen in diesem Fall natürlich den Ursprung *origin* des Zeigers auf den Anfang des Datenstroms.

```csharp
fs.Seek(pos, SeekOrigin.Begin)
```

Da damit gerechnet werden muss, dass der Anwender eine Position angibt, die keinem Objekt in der Datei entspricht, sollte eine Ausnahme ausgelöst werden. Diese ist benutzerdefiniert und heißt `PositionException`.

```csharp
public class PositionException : Exception {
  public PositionException() {}
  public PositionException(string message) : base(message) {}
  public PositionException(string message, Exception inner):base(message, inner){}
}
```

Listing 12.15 Anwendungsspezifische Exception

Damit ist unsere Klassendefinition fertig, und wir können abschließend die Implementierung testen. Dazu schreiben wir entsprechenden Testcode in die Methode `Main`:

```csharp
// Beispiel: ..\Kapitel 12\BinaryReaderSample_2
public class Program {
  static void Main(string[] args) {
    // Point-Array erzeugen
    Point[] pArr = new Point[2];
    pArr[0].XPos = 10;
    pArr[0].YPos = 20;
    pArr[0].Color = 310;
    pArr[1].XPos = 40;
    pArr[1].YPos = 50;
    pArr[1].Color = 110;
    // Point-Array speichern
    PointReader.WriteToFile(@"D:\Test.pot",pArr);
    // gespeicherte Informationen aus der Datei einlesen
    Point[] x = PointReader.GetFromFile(@"D:\Test.pot");
    // alle eingelesenen Point-Daten ausgeben
    for(int i = 0; i < 2; i++) {
      Console.WriteLine("Point-Objekt-Nr.{0}", i + 1);
      Console.WriteLine();
      Console.WriteLine("p[{0}].XPos = {1}", i, x[i].XPos);
      Console.WriteLine("p[{0}].YPos = {1}", i, x[i].YPos);
      Console.WriteLine("p[{0}].Color = {1}", i, x[i].Color);
      Console.WriteLine(new string('=',30));
    }
    // einen bestimmten Point einlesen
    Console.Write("\nWelchen Punkt möchten Sie einlesen? ");
    int position = Convert.ToInt32(Console.ReadLine());
    try {
      Point myPoint = PointReader.GetPoint(@"D:\Test.pot", position);
      Console.WriteLine("p.XPos = {0}", myPoint.XPos);
      Console.WriteLine("p.YPos = {0}", myPoint.YPos);
      Console.WriteLine("p.Color = {0}", myPoint.Color);
    }
    catch(PositionException e) {
      Console.WriteLine(e.Message);
    }
    Console.ReadLine();
  }
}
```

Listing 12.16 Komplettes Beispielprogramm

Weil die Main-Methode nur zum Testen der zuvor entwickelten Klasse dient, werden auch nur zwei Point-Objekte erzeugt, die uns als Testgrundlage für die weiteren Operationen dienen. Außerdem ist die Datei, in die gespeichert wird, immer dieselbe. Für unsere Zwecke ist das völlig ausreichend. Nach dem Speichern mit

```
PointReader.WriteToFile(@"D:\Test.pot", pArr);
```

wird die Datei sofort wieder eingelesen und die zurückgegebene Referenz einem neuen Array zugewiesen:

```
Point[] x = PointReader.GetFromFile(@"D:\Test.pot");
```

In einer Schleife werden danach alle eingelesenen Objektdaten an der Konsole ausgegeben.

Aufregender ist es hingegen, die Daten eines bestimmten Punktes zu erfahren. Dem Aufruf von `GetPoint` wird neben der Pfadangabe auch noch die Position des `Point`-Objekts in der Datei übergeben. Die Übergabe einer unzulässigen Position führt dazu, dass die spezifische Ausnahme `PositionException` mit einer entsprechenden Fehlermeldung ausgelöst wird, andernfalls werden die korrekten Werte angezeigt.

Kapitel 13
Binäre Serialisierung

13.1 Einführung in die Serialisierung

Sämtliche Daten, unabhängig vom Verwendungszweck, werden durch die Felder der Klassen beschrieben. Ein Anwender interessiert sich nicht für diese Details. Er arbeitet mit den Daten, manipuliert sie und erwartet ein fehlerfreies Laufzeitverhalten. Dazu zählt auch, dass nach dem Schließen und dem späteren Neustart des Programms exakt der Zustand wiederhergestellt wird, den ein Objekt vor dem Schließen hatte. Mit anderen Worten heißt das für Sie als Entwickler, alle Daten dauerhaft zu sichern, um sie später wiederherstellen zu können.

Wenn wir aber die damit verbundene Problematik im Detail betrachten, zeigen sich einige Hürden:

Die Daten einer Anwendung werden in verschiedenen Typen vorgehalten. Doch welche sind notwendig, um ein bestimmtes Objekt wiederherzustellen? Zwangsläufig müssen das nicht alle sein, denn ein Objekt könnte auch Daten enthalten, die spezifisch für die aktuelle Laufzeitumgebung sind und nach dem erneuten Starten der Anwendung keine Bedeutung mehr haben.

Alle gespeicherten Daten sind einem bestimmten Typ zuzuordnen. Wenn der Inhalt der Eigenschaft *Name* eines Objekts der Klasse *Kunde* gesichert wird, darf dieser Wert nach dem Neustart nicht dem Feld *Name* eines Objekts vom Typ *Lieferant* zugeordnet werden – die Folgen wären fatal. Auch ein zweiter Gesichtspunkt ist relevant. Angenommen, die zu speichernden Daten gehören zu einem Spiel, an dem zwei oder mehr Personen beteiligt sind. Dass später der aktuelle Stand jedes Spielers eindeutig wiederhergestellt werden muss, steht außer Frage. Konsequenterweise bedeutet das aber auch, dass bei mehreren typgleichen Objekten die Daten demselben Kontext zugeordnet werden müssen.

Die sich auftürmenden Probleme scheinen schier unüberwindlich zu sein. Wir brauchen uns darüber aber nicht unnötig den Kopf zu zerbrechen, da uns .NET bei der Lösung vorbildlich unterstützt. Die Technologie, die sich dahinter verbirgt, wird als **Serialisierung** bezeichnet. Die Serialisierung ist ein Prozess mit der Fähigkeit, ein im Hauptspeicher befindliches Objekt in ein bestimmtes Format zu konvertieren und in eine Datei zu schreiben. Das schließt auch die Rekonstruktion der Objekte in ihrem ursprünglichen Format mit ein.

Die Serialisierung ist ein Prozess, der automatisch abläuft und bei dem der Name der Anwendung, der Name der Klasse und die Daten-Member eines Objekts binär gespeichert werden. Dadurch wird die spätere Rekonstruktion in einer exakten Kopie möglich.

13.1.1 Serialisierungsverfahren

Die dauerhaft zu speichernden Dateninformationen müssen in ein definiertes Format überführt werden, das bei späterer Deserialisierung eine eindeutige Interpretation sicherstellt. Dazu werden die Daten einem Bytestrom übergeben, der für die physikalische Persistenz verantwortlich ist. Die .NET-Klassenbibliothek stellt zur Lösung dieser komplexen Aufgabe drei Klassen bereit.

Klasse	Beschreibung
BinaryFormatter	Überträgt die zu serialisierenden Daten in ein binäres Format. Zirkuläre Referenzen werden unterstützt.
SoapFormatter	Überträgt die zu serialisierenden Daten im SOAP-Format (Simple Object Access Protocol). Die Serialisierung erfordert die Einbindung der Bibliothek *System.Runtime.Serialization.Formatters.Soap.dll*. Zirkuläre Referenzen werden unterstützt.
XmlSerializer	Überträgt die zu serialisierenden Daten im XML-Format. Die Serialisierung erfordert die Einbindung der Bibliothek *System.Xml.dll*. Zirkuläre Referenzen werden nicht unterstützt.

Tabelle 13.1 Die .NET-Serialisierungsklassen

Sollten die Fähigkeiten der drei Serialisierungsklassen für eine bestimmte Anforderung unzureichend sein, können Sie auch eine eigene entwickeln. Alle drei Typen stellen für die Serialisierung und die Deserialisierung jeweils eine Methode zur Verfügung: Serialize und Deserialize.

Betrachten wir zuerst die Definition von Serialize:

```
public void Serialize(Stream, object);
```

Dem ersten Argument wird die Referenz auf ein Objekt vom Typ Stream übergeben. Dabei wird es sich meistens um ein FileStream-Objekt handeln, das die serialisierten Daten in einer Datei speichert. Die Referenz des Objekts, das serialisiert werden soll, wird dem zweiten Parameter übergeben.

Zur Rekonstruktion eines Objekts dient die Methode Deserialize:

```
public object Deserialize(Stream);
```

Der Parameter erwartet eine Stream-Referenz, die auf die zuvor serialisierten Daten des Objekts verweist. Der Rückgabewert ist vom Typ Object und muss deshalb noch in den richtigen Typ konvertiert werden.

> **Hinweis**
> In diesem Kapitel werden wir uns ausschließlich mit der binären Serialisierung beschäftigen. Die XML-Serialisierung folgt in Kapitel 14.

13.2 Serialisierung mit »BinaryFormatter«

Ein Objekt unter .NET binär serialisieren zu können, ist genial einfach gelöst. Allerdings muss man sich schon bei der Entwicklung einer Klasse darüber klar sein, dass Objekte der Klasse dem Serialisierungsprozess zugeführt werden sollen. Dazu wird die Klasse nur mit dem Attribut Serializable markiert:

```
[Serializable()]
public class Person {
  [...]
}
```

Listing 13.1 Attribut »Serializable«, um eine Klasse binär zu serialisieren

Fehlt das Attribut, wird die Ausnahme SerializationException ausgelöst. Alle Felder der Klasse Person, unabhängig davon, ob sie privat oder öffentlich deklariert sind, werden damit von der Serialisierung erfasst. Es gibt aber auch eine Einschränkung: Lokale Variablen und statische Klassendaten nehmen nicht an einem Serialisierungsprozess teil.

Wir wollen nun die Klassendefinition komplettieren, um anhand eines einfachen Beispiels zu sehen, wie die Serialisierung angestoßen und später das serialisierte Objekt rekonstruiert wird. Dazu implementieren wir in der Klasse Person ein privates und ein öffentliches Feld. Beide Felder werden über einen parametrisierten Konstruktor initialisiert.

```
[Serializable()]
class Person {
  public string Name {get; set;}
  private int _Alter;
  // ----- Konstruktor -----
  public Person(int alter, string name) {
    _Alter = alter;
    Name = name;
  }
  public int Alter {
    get { return _Alter; }
  }
}
```

Bei der Serialisierung greift der Prozess den Inhalt von `Alter` und `Name` und speichert ihn entweder in einer Datei, im Netzwerk oder in einer Datenbank.

Der Code, der ein Objekt vom Typ der Klasse `Person` serialisiert, könnte folgendermaßen aussehen:

```
using System.Runtime.Serialization.Formatters.Binary;
class Program {
  static void Main(string[] args) {
    [...]
    Person pers = new Person(56, "Schmidt");
    FileStream stream;
    stream = new FileStream(@"D:\MyPerson.dat", FileMode.Create);
    BinaryFormatter formatter = new BinaryFormatter();
    formatter.Serialize(stream, pers);
    stream.Close();
    [...]
  }
}
```

Listing 13.2 Serialisierung eines Objekts

Im Code wird ein `FileStream` generiert, der die binäre Datei *MyPerson.dat* anlegt oder, falls eine Datei dieses Namens bereits existiert, die alte überschreibt. Anschließend erzeugen wir ein Objekt vom Typ `BinaryFormatter`, dessen Methode `Serialize` wir aufrufen. Dabei übergeben wir das `Stream`-Objekt und die zu serialisierende Objektreferenz.

Felder als nichtserialisierbar kennzeichnen

Mit dem Attribut `Serializable` werden alle Felder einer Klasse, sowohl `public` als auch `private` definierte, serialisiert. Das mag im Einzelfall aber nicht immer wünschenswert sein. Eigenschaften, die der Serialisierungsprozess nicht erfassen soll, können durch das Setzen des Attributs `NonSerialized` vor der Deklaration ausgeschlossen werden.

```
[Serializable()]
class Person {
  public string Name {get; set;}
  // das Feld Alter wird nicht serialisiert
  [NonSerialized()]
  private int _Alter;
  [...]
}
```

Das Codefragment enthält die Klassendefinition der Felder `Name` und `Alter`. Beide würden normalerweise während der Serialisierung abgegriffen. Die Deklaration der privaten Variablen `Alter` ist allerdings als `NonSerialized` markiert und entzieht **das Feld** dem Serialisierungsprozess.

Serialisierung in einer abgeleiteten Klasse

Das `Serializable`-Attribut wird nicht vererbt. Wenn Sie also beispielsweise unserer Klasse `Circle` das `Serializable`-Attribut spendieren, erbt die abgeleitete Klasse `GraphicCircle` das Attribut nicht. Soll auch ein Objekt vom Typ `GraphicCircle` serialisierbar sein, muss diese Klasse ebenfalls mit `Serializable` verknüpft werden. Ansonsten gilt die abgeleitete Klasse als nicht serialisierbar.

13.2.1 Die Deserialisierung

Die Deserialisierung des gespeicherten Objekts ist genauso einfach. Beachtet werden muss dabei nur, dass der Rückgabewert vom Typ `Object` ist und deshalb noch in den richtigen Typ konvertiert werden muss:

```
[...]
Person pers;
BinaryFormatter formatter = new BinaryFormatter();
FileStream stream = new FileStream(@"D:\MyPerson.dat", FileMode.Open);
pers = (Person)formatter.Deserialize(stream);
stream.Close();
[...]
```

Listing 13.3 Deserialisierung eines Objekts

Fassen wir nun den Code in einem Beispielprogramm zusammen. Serialisierung und Deserialisierung werden in je einer eigenen Methode behandelt, die aus `Main` heraus aufgerufen wird. Nach der Serialisierung des Objekts *pers* wird der neuen Objektvariablen *oldPerson* der Rückgabewert der Deserialisierung zugewiesen. Zum Schluss werden die rekonstruierten Objektdaten an der Konsole ausgegeben.

Beispiel: ..\Kapitel 13\BinaryFormatterSample
```
using System.IO;
using System.Runtime.Serialization.Formatters.Binary;
class Program {
  static BinaryFormatter formatter;
  static FileStream stream;
  static void Main(string[] args) {
    formatter = new BinaryFormatter();
    Person pers = new Person(67, "Fischer");
    SerializeObject(pers);
    Person oldPerson = DeserializeObject();
    Console.WriteLine("Ergebnis der Deserialisierung:");
    Console.WriteLine(oldPerson.Alter);
    Console.WriteLine(oldPerson.Name);
  }
  // Objekt serialisieren
```

```csharp
   public static void SerializeObject(Object obj) {
     stream = new FileStream(@"D:\MyObject.dat", FileMode.Create);
     formatter.Serialize(stream, obj);
     stream.Close();
   }
   // Objekt deserialisieren
   public static Person DeserializeObject() {
     FileStream stream = new FileStream(@"D:\MyObject.dat", FileMode.Open);
     return (Person)formatter.Deserialize(stream);
   }
}
// binär serialisierbare Klasse
[Serializable()]
class Person {
  private int _Alter;
  public string Name {get; set;}
  // Konstruktor
  public Person(int alter, string name) {
    Name = name;
    _Alter = alter;
  }
  public int Alter {
    get { return _Alter; }
  }
}
```

Listing 13.4 Beispielprogramm zur binären Serialisierung

13.2.2 Serialisierung mehrerer Objekte

Natürlich können mit einem Serialisierungsprozess auch beliebig viele, auch typunterschiedliche Objekte serialisiert werden. Dazu muss man für jedes Objekt `Serialize` auf demselben `Stream`-Objekt aufrufen. Die formatierten Daten werden entsprechend der Aufrufreihenfolge serialisiert.

Die Deserialisierung erfolgt in gleicher Weise: Es wird auf demselben `Stream`-Objekt so lange `Deserialize` aufgerufen, bis der Datenstrom versiegt. Das Lesen über das Ende des Datenstroms hinaus hat eine Ausnahme zur Folge. Dabei muss natürlich die Reihenfolge beachtet werden, in der die Objekte serialisiert worden sind, denn die Deserialisierung mehrerer Objekte folgt dem FIFO-Prinzip: Das zuerst serialisierte Objekt muss auch als Erstes wieder deserialisiert werden.

Für jedes einzelne Objekt `Serialize` aufzurufen, kann sehr arbeitsaufwendig sein. Außerdem muss die Anzahl der zu serialisierenden Objekte bekannt sein. Ist die Anzahl nicht vorhersehbar, muss ein anderer Weg beschritten werden. Es bietet sich dann an, alle Objekte in einer Objektauflistung zu verwalten und mit einem einzigen `Serialize`-Aufruf die gesamte

Collection in den Datenstrom zu schreiben. Im folgenden Beispielprogramm wird das an vier Objekten demonstriert.

Sehen wir uns jedoch zuerst den Programmcode an. Dazu werden einer Auflistung vom Typ `List<GeometricObject>` insgesamt vier `Circle`- und `Rectangle`-Objekte hinzugeführt. Anschließend wird die Liste serialisiert und zur Probe auch deserialisiert.

Vorher müssen die Klassen `GeometricObject`, `Circle`, `GraphicCircle`, `Rectangle`, `GraphicRectangle` und natürlich auch die Struktur `Point` mit dem `Serializable`-Attribut verknüpft werden. Die Klasse `List<T>` hat natürlich dieses Attribut.

```csharp
// Beispiel: ...\Kapitel 13\GeometricObjectsSolution_12
class Program {
  static void Main(string[] args) {
    List<GeometricObject> liste = new List<GeometricObject>();
    liste.Add(new Circle(100, -50, 75));
    liste.Add(new Rectangle(120, 46, 310, 210));
    liste.Add(new Circle(69, 70, -200));
    liste.Add(new Rectangle(58, 45, -10, -20));
    // Liste serialisieren
    SaveList(liste);
    // Liste deserialisieren
    List<GeometricObject> newList = GetListObjects();
    foreach (var item in newList)
    {
      Circle circle = item as Circle;
      if (circle != null)
        Console.WriteLine("Circle: Radius = {0,-5}X={1,-5}Y={2}",
                circle.Radius, circle.XCoordinate, circle.XCoordinate);
      else
      {
        Rectangle rect = item as Rectangle;
        Console.WriteLine("Rectangle: Length ={0,-5}Width={1,-5}
                           X={2,-5}Y={3}", rect.Length, rect.Width,
                          rect.XCoordinate, rect.XCoordinate);
      }
    }
    Console.ReadLine();
  }
  public static void SaveList(IList<GeometricObject> elements) {
    FileStream stream = new FileStream(@"D:\GeoObjects.dat",
                                    FileMode.Create);
    BinaryFormatter binFormatter = new BinaryFormatter();
    binFormatter.Serialize(stream, elements);
    stream.Close();
  }
```

```
public static List<GeometricObject> GetListObjects() {
  FileStream stream = new FileStream(@"D:\GeoObjects.dat", FileMode.Open);
  List<GeometricObject> oldList = null;
  try
  {
    BinaryFormatter formatter = new BinaryFormatter();
    oldList = (List<GeometricObject>)formatter.Deserialize(stream);
  }
  catch (SerializationException e)
  {
    // die Datei kann nicht serialisiert werden
    Console.WriteLine(e.Message);
  }
  catch (IOException e)
  {
    // Beim Versuch, die Datei zu öffnen, ist ein Fehler aufgetreten
    Console.WriteLine(e.Message);
  }
  return oldList;
 }
}
```

Listing 13.5 Serialisierung geometrischer Objekte

Die Entscheidung für eine Auflistung hat einen entscheidenden Vorteil: Wir brauchen nicht jedes Mitgliedsobjekt der Auflistung einzeln zu serialisieren, sondern können mit einem einzigen Aufruf von Serialize unter Übergabe der List<T>-Referenz automatisch jedes Objekt in den Datenstrom schreiben. Das geschieht in der Methode SaveList, der im Parameter *elements* die Referenz auf ein Objekt vom Typ List<GeometricObject> übergeben wird.

In der Methode GetListObjects ist nur ein Deserialize-Aufruf notwendig, um die Daten aller von der Collection verwalteten Objekte wiederzuerhalten. Der Rückgabewert vom Typ List<GeometricObject> liefert die vollständig deserialisierte Liste als Referenz an den Aufrufer zurück.

Im Hauptprogramm wird nach der Deserialisierung die von der Methode GetListObjects zurückgegebene Liste in einer foreach-Schleife durchlaufen. Um auch die typspezifischen Member Radius, Length und Width abrufen zu können, ist eine Typkonvertierung notwendig. Im Beispiel wird das mit dem as-Operator durchgeführt.

Kapitel 14
XML

14.1 Grundlagen

Sicherlich mag es Ausnahmen geben, aber in fast allen Anwendungen spielen Daten eine eminent wichtige Rolle: Denken Sie nur an Datenbanken, Textdokumente oder die Tabellen eines Kalkulationsprogramms. In der Vergangenheit war es bei den Softwareunternehmen üblich, eigene, proprietäre Formate zur Datenspeicherung zu entwickeln. Dabei mag die Bindung der Kunden an ein bestimmtes Produkt ein ganz wesentlicher Gedanke gewesen sein.

Das Thema dieses Kapitels ist XML sowie die XML-Basisklassen des .NET Frameworks. XML (Extensible Markup Language) hat sich zu einem wichtigen Standard entwickelt, um Daten auszutauschen. Viele Anwendungen tauschen gegenseitig Daten via XML aus, Webservices und RSS-Feeds basieren grundlegend auf XML. Auch innerhalb des .NET Frameworks gibt es kaum einen Bereich, in dem XML keine Rolle spielt: XML wird in Konfigurationsdateien verwendet, die WPF (Windows Presentation Foundation) baut auf XML auf und ebenso ADO.NET – um nur einige Beispiele zu nennen.

14.2 XML-Dokumente

XML ist eine Spezifikation, die es ermöglicht, Daten im ASCII-Format zu beschreiben. ASCII ist auch der kleinste gemeinsame Nenner aller Plattformen, denn ASCII ist ein von jeder Plattform verstandenes, universelles Format. Sie können XML-Dokumente in jedem beliebigen Texteditor öffnen, ändern und die Änderungen speichern. Grundsätzlich ist demnach also keine spezielle Software für XML erforderlich. XML-Dokumente sind somit auch plattformunabhängig.

Auf den ersten Blick sehen XML-Dokumente, die als Datei gespeichert die Dateierweiterung *.xml* haben, HTML-Dokumenten sehr ähnlich. Es gibt auch eine Reihe von Gemeinsamkeiten zwischen HTML und XML. Genauso wie in HTML verwendet XML Tags und Attribute. In HTML ist die Bedeutung aller Tags und Attribute genau festgelegt. Das ist bei XML nicht der Fall, denn um die von XML dargestellten Daten zu beschreiben, sind in XML keine Tags fest vorgeschrieben. Der Entwickler einer Anwendung kann die Namen der Tags, deren Schreibweise, die Häufigkeit des Auftretens und auch die Bedeutung selbst festlegen. Grundsätzlich muss er sich dabei an keine inhaltlichen Vorgaben halten.

Nachfolgend sehen Sie ein typisches XML-Dokument. In diesem sind verschiedene Tags definiert: *Personen*, *Person*, *Vorname* usw. Das Dokument beschreibt die privaten Daten einer

Person. Dieses Dokument könnte aber auch die Daten von x-beliebig vielen Personen im Dokument beschreiben.

```xml
<?xml version="1.0" encoding="utf-8" ?>
<Personen>
  <Person>
    <Vorname>Manfred</Vorname>
    <Zuname>Fischer</Zuname>
    <Alter>45</Alter>
    <Adresse Ort="Berlin" Strasse="Bahnhofstr. 34"></Adresse>
  </Person>
</Personen>
```

Listing 14.1 Einfaches XML-Dokument

14.2.1 Wohlgeformte und gültige XML-Dokumente

Bei aller Freizügigkeit hinsichtlich Struktur und Bezeichnung der Elemente innerhalb eines XML-Dokuments sind dennoch einige Regeln zu beachten, die die sogenannte Wohlgeformtheit beschreiben. XML ist nicht so freizügig wie HTML. Beispielsweise müssen Sie die Groß-/Kleinschreibung der Tags exakt beachten, was in HTML nicht erforderlich ist. In HTML können Sie »vergessen«, den ausleitenden Tag zu definieren, ohne dass Ihnen der Browser das übel nehmen wird – zumindest in vielen Fällen. In XML hingegen ist ein ausleitender Tag ein absolutes Muss.

Den XML-spezifischen Regeln werden wir uns später noch eingehend widmen. Ein XML-Dokument, das die XML-Regeln einhält, gilt als **wohlgeformt**. Ein wohlgeformtes XML-Dokument ist syntaktisch fehlerfrei nach den Vorschriften von XML gestaltet. Da die Tags und deren Reihenfolge grundsätzlich frei wählbar sind, bedeutet das folglich aber auch, dass die Struktur eines XML-Dokuments nicht klar definiert ist. Betrachten Sie dazu das Beispiel oben. Sie können das Tag `<Personen></Personen>` auch durch `<Menschen></Menschen>` ersetzen oder auf das Tag `<Zuname></Zuname>` verzichten. Dennoch ist das XML-Dokument weiterhin wohlgeformt, weil es den sprachlichen Regeln von XML entspricht. Sie können es sich sogar im Internet Explorer anzeigen lassen, denn der integrierte XML-Parser sieht keine Verletzung der Wohlgeformtheit.

Grundsätzlich spielt die Struktur eines XML-Dokuments, die Bezeichnung der Tags sowie deren Reihenfolge und auch die Häufigkeit des Auftretens der Elemente hinsichtlich der Wohlgeformtheit keine Rolle. Die beiden folgenden Personenbeschreibungen gelten gleichermaßen als wohlgeformt, obwohl die Angaben *Vorname* und *Zuname* bei der zweiten Person fehlen.

```xml
<?xml version="1.0" encoding="utf-8" ?>
<Personen>
  <Person>
    <Vorname>Manfred</Vorname>
```

```
        <Zuname>Fischer</Zuname>
        <Alter>45</Alter>
        <Adresse Ort="Berlin" Strasse="Bahnhofstr. 34"></Adresse>
    </Person>
    <Person>
        <Alter>23</Alter>
        <Adresse Ort="Aachen" Strasse="Neustr. 1"></Adresse>
    </Person>
</Personen>
```

Listing 14.2 XML-Dokument mit mehreren Personen

Aber was ist, wenn die Angabe von *Zuname* und *Vorname* einer Person zwingend erforderlich ist? Kann eine Software hier noch die Elemente korrekt interpretieren und verarbeiten?

Was Sie benötigen, ist eine Möglichkeit, die über die Wohlgeformtheit hinausgeht und bestimmte Regeln (Einschränkungen) durchsetzt, die auf das Dokument angewendet werden. Solche Regeln können einem XML-Dokument vorschreiben, welche Elemente es enthalten muss, sie können die Anordnung der Elemente und deren Häufigkeit vorschreiben und darüber hinaus sogar, von welchem Datentyp die beschriebenen Werte sein müssen. Eine solche Regel könnte bei dem oben gezeigten XML-Dokument beispielsweise durchsetzen, dass jedes Element *Person* genau ein untergeordnetes Element *Vorname* und *Zuname* haben muss.

Die Struktur eines XML-Dokuments und die auf das XML-Dokument anzuwendenden Regeln können optional durch ein XML-Schema beschrieben werden. Ein XML-Schema kann sowohl als separate Datei als auch innerhalb eines XML-Dokuments als Inline-Schema definiert sein. Wird ein Schema mit einem XML-Dokument in Beziehung gesetzt, muss das XML-Dokument nicht nur wohlgeformt sein, sondern auch den Vorgaben im Schema entsprechen. Dann gilt ein XML-Dokument auch noch als **gültig**.

XML-Schemas sind nicht allgemeingültig für alle XML-Dokumente, sondern meist spezifisch für ein ganz bestimmtes. Zudem können sie im Bedarfsfall auf die speziellen Bedürfnisse angepasst werden.

Es gibt drei Arten von Schemata, die bei der XML-Programmierung verwendet werden. Dabei handelt es sich um **Document Type Definition** (DTD), **XML Data Reduced** (XDR) und **XML Schema Definition** (XSD).

XSD-Schemata sind eine Empfehlung vom W3C aus dem Jahr 2001. Seitdem hat sich dieser Standard überall durchgesetzt. Ein ganz wesentlicher Grund dafür ist, dass XSD selbst auf XML basiert und darüber hinaus eine große Zahl von Datentypen unterstützt. Allerdings gibt es dabei nicht die Freizügigkeit wie bei den XML-Dokumenten, denn die Elemente eines XSD-Schemas sind fest vordefiniert.

Damit Sie an dieser Stelle schon eine ungefähre Vorstellung davon bekommen, wie ein XSD-Schema aussieht, sei hier das Schema gezeigt, mit dem die Regeln zur Beschreibung einer Person in einem XML-Dokument festgelegt werden.

```xml
<?xml version="1.0" encoding="utf-8"?>
<xs:schema id="Personen" xmlns=""
    xmlns:xs=http://www.w3.org/2001/XMLSchema
    xmlns:msdata="urn:schemas-microsoft-com:xml-msdata">
  <xs:element name="Personen" msdata:IsDataSet="true"
              msdata:Locale="en-US">
    <xs:complexType>
      <xs:choice minOccurs="0" maxOccurs="unbounded">
        <xs:element name="Person">
          <xs:complexType>
            <xs:sequence>
              <xs:element name="Vorname" type="xs:string"
                          minOccurs="0" />
              <xs:element name="Zuname" type="xs:string"
                          minOccurs="0" />
              <xs:element name="Alter" type="xs:string"
                          minOccurs="0" />
              <xs:element name="Adresse" minOccurs="0"
                          maxOccurs="unbounded">
                <xs:complexType>
                  <xs:attribute name="Ort" type="xs:string" />
                  <xs:attribute name="Strasse" type="xs:string" />
                </xs:complexType>
              </xs:element>
            </xs:sequence>
          </xs:complexType>
        </xs:element>
      </xs:choice>
    </xs:complexType>
  </xs:element>
</xs:schema>
```

Listing 14.3 Beispiel einer XSD-Schemadatei

14.2.2 Die Regeln eines wohlgeformten XML-Codes

Der Prolog

Jedes XML-Dokument muss mit einer Verarbeitungsanweisung beginnen, die auch als Prolog bezeichnet wird und eine Software davon in Kenntnis setzt, dass es sich um ein Dokument mit XML-Daten handelt. Dabei muss die Versionsnummer der XML-Syntax angegeben werden:

```xml
<?xml version="1.0"?>
```

oder gleichwertig mit Angabe des Zeichensatzes

```xml
<?xml version="1.0" encoding="utf-8"?>
```

UTF-8 (Uniform Transformation Format 8-Bit) ist eine universelle Zeichencodierung, die es auch gestattet, Inhalte in Griechisch oder Russisch anzuzeigen. Demgegenüber ist der Zeichensatz ISO-8859-1, der alternativ zu UTF-8 angegeben werden kann, mehr auf die westeuropäischen Bedürfnisse ausgerichtet.

XML-Elemente

Die Syntax eines Elements sieht folgendermaßen aus:

```
<Elementname>Inhalt</Elementname>
```

Alle Elemente bestehen aus einem Start- und einem Endtag. In den spitzen Klammern wird der Tagbezeichner angegeben. Das Endtag erhält vor dem Bezeichner das Zeichen »/«. Optional können im Starttag auch Attribute angegeben werden.

In einem XML-Dokument sind die Elementnamen frei wählbar, müssen aber den folgenden Regeln entsprechen:

- Sie dürfen keine Leerzeichen enthalten.
- Sie dürfen nicht mit **xml**, einer Zahl oder einem Satzzeichen beginnen.
- Zwischen der spitzen Klammer und dem Elementnamen darf kein Leerzeichen stehen.
- Die Groß- und Kleinschreibung muss bei dem Start- und dem Endtag identisch sein, d.h., `<Person>` darf nicht mit `</person>` ausgeleitet werden.
- Ein Element, das keinen Inhalt hat, darf auch nur aus dem Endtag bestehen (z.B. `<Person/>`).
- Elemente können ineinander verschachtelt werden, dürfen sich dabei aber nicht überlappen. Das heißt, dass die folgende Codierung korrekt ist:

```
<Person>
   <Zuname>Fischer</Zuname>
</Person>
```

Das folgende Fragment ist hingegen nicht wohlgeformt, weil sich die Elemente überlappen:

```
<Person>
   <Zuname>
   </Person>
   Fischer
</Zuname>
```

Das Stammelement (Wurzelelement)

Die genannten Regeln sind nicht schwierig zu verstehen. Dazu gesellt sich noch eine weitere, die sich auf das gesamte XML-Dokument bezieht: Ein XML-Dokument muss genau ein Element enthalten, das als Stamm- oder auch Wurzelelement bezeichnet wird. Zwei oder gar noch mehr parallele Elemente als Stammelemente sind nicht zulässig. Im Beispiel weiter oben ist das Element `<Personen></Personen>` das Stammelement.

Dem Stammelement sind alle anderen Elemente untergeordnet. Unterhalb des Stammelements können beliebig viele Elemente parallel angeordnet werden, die nicht zwangsläufig gleichnamig sein müssen. Jedes Unterelement des Wurzelelements darf wieder eigene Unterelemente haben. Da diese Struktur der Struktur eines Baumes ähnelt, wird sie auch als Baumstruktur bezeichnet.

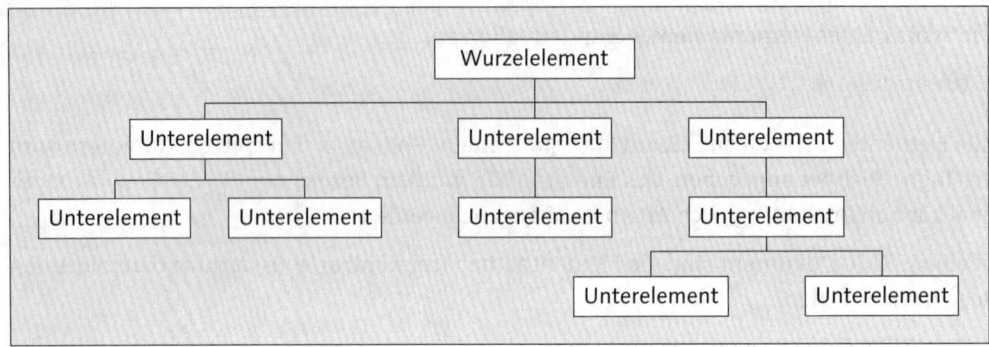

Abbildung 14.1 Die Struktur eines XML-Dokuments

Attribute

Attribute bestehen aus einem Bezeichner und einem zugewiesenen Wert. Die allgemeine Syntax von Attributen sieht wie folgt aus:

```
<Elementname Attributname="Inhalt"></Elementname>
```

Grundsätzlich darf ein Element beliebig viele Attribute haben, die voneinander durch ein Leerzeichen getrennt werden. Der Attributname darf kein Leerzeichen enthalten und muss auch innerhalb seines Elements eindeutig sein. Mehrere verschiedene Elemente hingegen dürfen auch gleichlautende Attribute aufweisen. Der Wert eines Attributs wird in einfache oder doppelte Anführungszeichen eingeschlossen und durch ein Gleichheitszeichen vom Attributbezeichner getrennt. In unserem Beispiel oben weist das Element *Adresse* die beiden Attribute *Ort* und *Strasse* auf.

```
<Adresse Ort="Berlin" Strasse="Bahnhofstr. 34"></Adresse>
```

Attributbezeichner können Sie wie auch die Elementbezeichner selbst festlegen. Welche Attribute in einem Element vorgeschrieben werden und welchen Wert ein Attribut haben darf, kann in einem Schema (XSD) festgelegt werden.

Attribut oder Element?

Vielleicht werden Sie sich an dieser Stelle fragen, was der Unterschied zwischen einem Attribut und einem untergeordneten Element ist. Ließe sich das Element *Adresse* mit seinen beiden Attributen *Ort* und *Strasse*, also

```
<Adresse Ort="Berlin" Strasse="Bahnhofstr. 34"></Adresse>
```

auch gleichwertig in folgender Struktur darstellen?

```
<Adresse>
  <Ort>Berlin</Ort>
  <Strasse>Bahnhofstr. 34</Strasse>
</Adresse>
```

Die Antwort lautet Ja. Letztendlich spielt es keine Rolle, ob Sie ein Attribut definieren oder stattdessen ein untergeordnetes Element. Es bleibt Geschmacksache. Im vorliegenden Fall würde ich subjektiv betrachtet eher zu einem Attribut tendieren, da Ort und Straße meiner Meinung nach eng an eine Adresse gebunden sind.

14.2.3 Kommentare

Kommentare erfüllen in XML-Dokumenten denselben Zweck wie im klassischen Programmcode: Sie erleichtern das Lesen und die Interpretation des Inhalts und geben darüber hinaus auch zusätzliche Informationen.

XML-Kommentare werden mit `<!--` eingeleitet und mit `-->` beendet. Sie können anstelle des doppelten Bindestrichs am Anfang auch drei Bindestriche angeben. Am Ende drei Bindestriche zu verwenden, ist jedoch nicht zulässig. Damit ist

```
<!-- Dies ist ein Kommentar. -->
```

ein gültiger Kommentar, ebenso

```
<!--- Dies ist ein Kommentar. -->
```

Innerhalb eines Kommentars darf kein doppelter Bindestrich angegeben werden. Kommentare dürfen zudem nicht innerhalb eines Tags eingeschlossen werden und dürfen auch nicht vor der ersten Verarbeitungsanweisung, dem Prolog, vorkommen (also nicht vor `<?xml ... ?>`). Damit ist

```
<Zuname>Meier<!-- Der Zuname der Person. --></Person>
```

unzulässig.

14.2.4 Verarbeitungsanweisungen

Eine XML-Verarbeitungsanweisung (engl.: Processing Instruction, PI) dient dazu, eine Befehlsinformation in einem XML-Dokument aufzunehmen, die von der Anwendung oder dem XML-Prozessor verwendet wird. Ein XML-Dokument kann beliebig viele Verarbeitungsanweisungen beinhalten. Vergleichbar ist eine Arbeitsanweisung mit Scriptcode, der innerhalb eines HTML-Dokuments in einem Kommentar eingebettet wird.

Verarbeitungsanweisungen beginnen mit einer öffnenden spitzen Klammer, gefolgt von einem Fragezeichen. Beendet wird eine Verarbeitungsanweisung ebenfalls mit einem Fragezeichen, gefolgt von der schließenden spitzen Klammer. Verarbeitungsanweisungen bestehen immer aus zwei Teilen: Der erste Teil enthält den Namen der Anwendung, von der die Anweisung verarbeitet wird, der zweite Teil beschreibt die eigentliche Anweisung.

<?Ziel Daten?>

Das folgende Beispiel zeigt eine Verarbeitungsanweisung, die ein SQL-Statement beschreibt, das von einer Anwendung namens *MyApplication* ausgewertet werden könnte:

`<?MyApplication SELECT * FROM Products ?>`

Ein Sonderfall stellt die Verarbeitungsanweisung dar, die grundsätzlich am Anfang eines XML-Dokuments zu setzen ist und auch als Prolog bezeichnet wird:

`<?xml version="1.0" ?>`

Sie beginnt mit dem reservierten Schlüsselwort xml und dient dazu, die XML-Version des Dokuments und optional die Zeichencodierung anzugeben. Weiter oben haben wir bereits den Prolog behandelt.

14.2.5 Reservierte Zeichen in XML

Einige Zeichen werden von XML reserviert. Dazu gehören unter anderem auch die spitzen Klammern, mit denen Tags ein- bzw. ausgeleitet werden. Um ein reserviertes Zeichen innerhalb eines XML-Dokuments zu verwenden, müssen Sie Entitätsverweise setzen. In Tabelle 14.1 sind diese aufgeführt.

Reserviertes Zeichen	Entitätsverweis
&	&amp;
<	&lt;
>	&gt;
' (einfaches Hochkomma)	&apos;
" (doppeltes Hochkomma)	&quot;

Tabelle 14.1 Reservierte Zeichen und deren Entitätsverweise in XML

14.2.6 CDATA-Abschnitte

CDATA-Abschnitte dürfen überall dort stehen, wo auch Zeichendaten erlaubt sind. Sie dienen dazu, ganze Textblöcke zu schützen, die Zeichen enthalten, die normalerweise als Markup interpretiert würden. In solchen Abschnitten dürfen Sie daher auch die ansonsten reservierten Sonderzeichen benutzen, ohne dass Sie dadurch Schwierigkeiten bekommen.

Die Syntax eines CDATA-Abschnitts sieht wie folgt aus:

`<Element><![CDATA[`*Inhalt*`]]></Element>`

Eingeleitet wird ein CDATA-Abschnitt mit `<![CDATA[`, und beendet wird er mit `]]>`. Dazwischen dürfen Sie alle beliebigen Zeichen und Zeichenkombinationen verwenden. Die einzige Ausnahme ist die schließende Zeichenfolge (`]]>`), denn das könnte zu einer Fehlinterpretation führen.

CDATA-Abschnitte werden gerne verwendet, um das Eingeben und Lesen von langen Programmen oder XML-Code zu erleichtern. Hierzu ein Beispiel:

`<Element><![CDATA[<gruss>An alle meine Freunde</gruss>]]></Element>`

Zwischen dem Starttag `<Element>` und dem Endtag `</Element>` (deren Bezeichnung natürlich frei wählbar ist) wird ein Text eingebettet, der mit den spitzen Klammern seinerseits selbst Zeichen enthält, die ansonsten reserviert sind. Der CDATA-Abschnitt hebt die ansonsten falsche Interpretation auf und verbirgt den beschriebenen textuellen Inhalt.

14.2.7 Namensräume (Namespaces)

Anwendungen, die XML-Daten verarbeiten, werden mit jedem Element spezifische Operationen ausführen. Stößt eine Anwendung in einem XML-Dokument beispielsweise auf das Element *Person*, könnte eine gleichnamige Klasse in der Anwendung instanziiert werden. Die Elemente *Vorname*, *Zuname*, *Alter* usw. im XML-Dokument würden dann dazu dienen, die Eigenschaften des *Person*-Objekts festzulegen.

Das funktioniert, solange die Elemente innerhalb eines XML-Dokuments eindeutig sind. Spätestens im Web könnten aber Schwierigkeiten auftreten, weil es dort üblich ist, Daten gemeinsam zu verwenden oder gar XML-Dokumente zusammenzuführen. Dabei kann es dazu kommen, dass mehrere identische Bezeichner für Elemente oder Attribute auftreten. Eine korrekte Interpretation und Verarbeitung der Elemente ist nicht möglich, weil die Elemente nicht eindeutig zugeordnet werden können. Ein typisches Beispiel hierfür zeigt das folgende XML-Fragment, das die Bestellung eines Kunden bei einem Versandunternehmen beschreibt.

```
<Lieferung>
  <Kunde>
    <Konto>
      <Nummer>25027</Nummer>
      <Bank BLZ="0815"></Bank>>
    </Konto>
  </Kunde >
  <Artikel>
    <Bank>
      <ArtNummer>12345</ArtNummer>
      <Farbe>braun</Farbe>
    </Bank>
  </Artikel>
</Lieferung>
```

Listing 14.4 XML-Dokument mit nicht eindeutigem Element >Bank>

Das Element *Konto* hat den untergeordneten Knoten *Bank*, der zur Angabe der Bankleitzahl dient. Zu einem Namenskonflikt führt, dass es noch ein zweites Element namens *Bank* im XML-Dokument gibt, womit hier der vom Kunden bestellte Artikel gemeint ist. Die Eindeutigkeit des Elements *Bank* ist bereits in diesem kurzen XML-Fragment nicht gewährleistet.

Potenzielle Namenskonflikte sind auch in der Programmierung nicht neu. Im .NET Framework wurden sie durch die Einführung der Namensräume (Namespaces) gelöst. Eine sehr ähnliche Lösung bietet auch eine Empfehlung des W3-Konsortiums aus dem Jahr 1999: **XML-Namespaces**. Ehe wir uns den XML-Namespaces detailliert widmen, möchte ich Ihnen zeigen, wie das Problem der Eindeutigkeit in unserem Beispieldokument gelöst werden könnte.

```xml
<?xml version="1.0" encoding="utf-8" ?>
<Lieferung xmlns:customer="http://www.MyCompany.de"
           xmlns:product="http://www.MyCompany.de/products">
  <Kunde>
    <customer:Konto>
      <customer:KtoNummer>25027</customer:KtoNummer>
      <customer:Bank BLZ="0815"></customer:Bank/>
    </customer:Konto>
  </Kunde >
  <Artikel>
    <product:Bank>
      <ArtNummer>12345</ArtNummer>
      <Farbe>braun</Farbe>
    </product:Bank>
  </Artikel>
</Lieferung>
```

Listing 14.5 XML-Dokument mit XML-Namespaces

XML-Namespaces werden in der Regel über einen **Uniform Resource Identifier** (URI) beschrieben. Dabei handelt es sich um normale Webadressen. Ob sich dahinter tatsächlich eine reale Website verbirgt oder der URI fiktiv ist, spielt keine Rolle, da er nicht zu einem Webaufruf verwendet wird. Wichtig ist ausschließlich, dass ein XML-Namespace innerhalb eines Dokuments eindeutig ist und der XML-Prozessor die Elemente einem XML-Namespace zuordnen kann. Nur eindeutig zugeordnete Elemente können korrekt interpretiert und nach bestimmten Regeln verarbeitet werden.

In dem Beispiel sind mit

```
xmlns:customer="http://www.MyCompany.de"
xmlns:product="http://www.MyCompany.de/products"
```

zwei XML-Namespaces deklariert. *http://www.MyCompany.de* dient dabei der Identifizierung der Kundendaten, *http://www.MyCompany.de/products* der Identifizierung des bestellten Artikels.

Das World Wide Web Consortium (W3C) hat im Mai 1997 mit der im RFC 2141 spezifizierten URN-Syntax (URN = Unified Resource Name) versucht, eine Lösung für die Vermeidung von ins Leere weisenden Hyperlinks anzubieten. Das Neue an URNs ist, dass sie keine absoluten Adressangaben verwenden, sondern unter Ausnutzung der Namespace-Funktionalität interpretierbare, abstrakte Zielbezeichnungen einführen.

```
xmlns="urn:schemas-microsoft-com:xml-data"
```

Die allgemeine URN-Syntax ist wie folgt definiert:

```
urn:<namespace identifier>:<namespace specific string>
```

Ob Sie selbst URIs oder URNs bevorzugen, hat zumindest technisch keine Auswirkungen. Im Allgemeinen haben sich aber URNs nicht durchgreifend durchgesetzt.

Interpretation von Namespaces

Die Nutzung von Namespaces ist nicht immer optional. Ihnen wird in vielen Dokumenten eine bestimmte Namespace-Angabe vorgeschrieben. In einem XML-Schema beispielsweise müssen Sie den Namespace

```
http://www.w3.org/2001/XMLSchema
```

angeben, in einer WPF-Anwendung sind beispielsweise

```
http://schemas.microsoft.com/winfx/2006/xaml
```

und

```
http://schemas.microsoft.com/winfx/2006/xaml/presentation
```

vorgeschrieben. Sie dürfen an den Angaben keinerlei Änderungen vornehmen, auch nicht hinsichtlich der Groß-/Kleinschreibung. Eine Software, die ein bestimmtes XML-Dokument oder einen bestimmten XML-Typ untersuchen soll, wird versuchen, die Elemente anhand des zugeordneten Namensraums eindeutig zu identifizieren, um darauf die erforderlichen Operationen auszuführen. Sogar geringste Abweichungen von der Vorgabe führen dazu, dass das XML-Dokument nicht mehr gelesen werden kann. Eine Fehlermeldung ist die resultierende Konsequenz.

Deklaration eines XML-Namespaces

XML-Namespaces werden grundsätzlich als Attribute deklariert und müssen einer strengen syntaktischen Vorgabe entsprechen. Sehen wir uns zunächst die Syntax der XML-Namespace-Deklaration an.

Die Deklaration wird mit xmlns eingeleitet. Getrennt durch einen Doppelpunkt wird festgelegt, welches Präfix im XML-Dokument für den jeweiligen Namespace verwendet werden soll. Das Präfix kann frei gewählt werden. Hinter dem Präfix gibt man den URI an.

Abbildung 14.2 Syntax der Deklaration eines XML-Namespaces

Elementen, die einem bestimmten XML-Namespace zugeordnet werden sollen, wird das Präfix vorangestellt. Präfix und Elementname werden dabei durch einen Doppelpunkt getrennt, z. B.:

```
<customer:Bank> ... </customer:Bank>
```

Das Präfix muss sowohl im einleitenden als auch im ausleitenden Tag angegeben werden.

XML-Namespaces werden als Attribut innerhalb eines beliebigen Elements bekannt gegeben. In der Beispiellösung wurde dazu das Stammelement *Lieferung* verwendet. Allerdings muss bei der Wahl des Elements eine Sichtbarkeitsregel beachtet werden, denn ein XML-Namespace kann erst ab dem Element verwendet werden, in dem der XML-Namespace als Attribut deklariert wird. Das bedeutet, dass die Deklaration eines XML-Namespaces spätestens im Starttag des Elements erfolgen muss, das den in seinem Attribut angegebenen Namespace das erste Mal verwendet.

Durch die Wahl des Stammelements *Lieferung* stehen die beiden Präfixe *customer* und *product* jedem Element unseres XML-Dokuments zur Verfügung, auch *Lieferung* selbst. Hätten wir uns für die folgende XML-Namespace-Deklaration entschieden, wäre die Situation anders:

```
<?xml version="1.0" encoding="utf-8" ?>
<Lieferung>
  <Kunde xmlns:customer="http://www.MyCompany.de">
    ...
  </Kunde>
  <Artikel xmlns:product="http://www.MyCompany.de/products">
    ...
  </Artikel>
</Lieferung>
```

Listing 14.6 Element-Namespace-Zuordnung

Der Namespace *http://www.MyCompany.de* mit dem Präfix *customer* ist nun als Attribut des Elements *Kunde* deklariert. Das Element *Kunde* sowie dessen untergeordnete Elemente (*Konto*, *KtoNummer* und *Bank*) können dem Kontext *customer* zugeordnet werden, dem Element *Artikel* und dessen untergeordneten Elementen *Bank*, *ArtNummer* und *Farbe* jedoch nicht (siehe dazu auch Listing 14.5).

Es können in einem Element auch mehrere Namespaces deklariert werden. Dabei ist allerdings auf die Verschachtelung der Elemente zu achten. Würden im Element *Kunde* beide Namespaces deklariert, also

```
<Kunde xmlns:customer="http://www.MyCompany.de"
       xmlns:product="http://www.MyCompany.de/products">
  ...
</Kunde>
<Artikel>
  <product:Bank>
    <ArtNummer>12345</ArtNummer>
      <Farbe>braun</Farbe>
  </product:Bank>
</Artikel>
```

Listing 14.7 Verschachtelte Elemente und deren Zuordnung zu Namespaces

wäre das XML-Dokument nicht mehr wohlgeformt, weil das Präfix *product* in einem nebengeordneten Element Verwendung findet und nicht in einem untergeordneten. Richtig wäre es hingegen, nun die Namespace-Deklarationen im Stammelement *Lieferung* vorzunehmen:

```
<Lieferung xmlns:customer="http://www.MyCompany.de"
           xmlns:product="http://www.MyCompany.de/products">
```

Die Präfixe *customer* und *product* können jetzt von jedem Element im XML-Dokument benutzt werden. Zudem lässt sich auch nicht von der Hand weisen, dass das Dokument besser lesbar ist. Genau diesen Lösungsansatz finden Sie auch im Beispiel oben.

Standard-Namespaces

In einem XML-Dokument, in dem kein Namespace deklariert ist, gehören die Elemente auch keinem Namespace an. Sie können aber bei Bedarf alle Elemente ohne Präfix einem bestimmten Standard-Namespace zuordnen. Ein Standard-Namespace wird deklariert, indem man bei der Deklaration des XML-Namespaces auf die Angabe des Präfixes verzichtet, z. B.:

```
xmlns="http://www.DefaultNamespace.de"
```

Alle Elemente ohne Präfixangabe gehören nun zu dem Kontext, der durch den Standard-Namespace beschrieben wird.

Namespace-Zuordnung untergeordneter Elemente

Untergeordnete Elemente eines Elements mit Präfixangabe besitzen nicht automatisch denselben Namensraum wie deren übergeordnetes Element. Im folgenden Beispiel ist dem Element das Präfix »x« zugeordnet, das den Namensraum *TestURN* beschreibt. Die Elemente

Person, *Zuname* und *Adresse* weisen kein Präfix auf und gehören keinem spezifischen Namespace an.

```xml
<?xml version="1.0" encoding="utf-8" ?>
<x:Personen xmlns:x="TestURN">
  <Person>
    <Zuname>Fischer</Zuname>
    <Adresse Ort="Bonn"></Adresse>
  </Person>
</x:Personen>
```

Listing 14.8 Namespace-Zuordnung untergeordneter Elemente (1)

Anders ist die Situation, wenn ein Standard-Namespace definiert wird. Dieser gilt dann tatsächlich für alle Elemente gleichermaßen. Im folgenden Beispiel sind also die Elemente *Personen*, *Person*, *Zuname* und *Adresse* Mitglieder des Namespaces *TestURN*.

```xml
<?xml version="1.0" encoding="utf-8" ?>
<Personen xmlns="TestURN">
  <Person>
    <Zuname>Fischer</Zuname>
    <Adresse Ort="Bonn"></Adresse>
  </Person>
</Personen>
```

Listing 14.9 Namespace-Zuordnung untergeordneter Elemente (2)

Zum Abschluss noch ein drittes Beispiel. Hier sei ein Namespace im Wurzelelement definiert, dem ein Präfix zugeordnet ist. Das Präfix wird aber von keinem der Elemente im XML-Dokumente benutzt. Alle Elemente des Dokuments können demnach nicht dem Namespace zugeordnet werden und gehören tatsächlich keinem Namespace an.

```xml
<?xml version="1.0" encoding="utf-8" ?>
<Personen xmlns:x="TestURN">
  <Person>
    <Zuname>Fischer</Zuname>
    <Adresse Ort="Bonn"></Adresse>
  </Person>
</Personen>
```

Listing 14.10 Namespace-Zuordnung untergeordneter Elemente (3)

Beispielprogramm

Auf der Beispiel-CD zu diesem Buch finden Sie das Projekt *XMLNamespaces*. Zu dem Projekt gehört die XML-Datei *Lieferung.xml*, die folgendermaßen definiert ist:

```xml
<?xml version="1.0" encoding="utf-8" ?>
<Lieferung xmlns:customer="http://www.MyCompany.de"
```

```
            xmlns:product="http://www.MyCompany.de/products"
            xmlns="http://MyDefaultNamespace">
  <Kunde>
    <customer:Konto>
      <customer:KtoNummer>25027</customer:KtoNummer>
      <customer:Bank BLZ="0815"></customer:Bank>/>
    </customer:Konto>
  </Kunde >
  <product:Artikel>
    <product:Bank>
      <ArtNummer>12345</ArtNummer>
      <Farbe>braun</Farbe>
    </product:Bank>
  </product:Artikel>
</Lieferung>
```

Der zu diesem Projekt gehörende Programmcode soll an dieser Stelle nicht erläutert werden. Starten Sie die Anwendung, wird die XML-Datei analysiert und jeder relevante Knoten mit dem Namespace ausgegeben, der ihm zugeordnet ist (siehe Abbildung 14.3). Sie können zudem durch einfache Änderungen an der XML-Datei ausprobieren, wie sich eine Änderung der Namespaces auf die Zuordnung des entsprechenden Elements auswirkt.

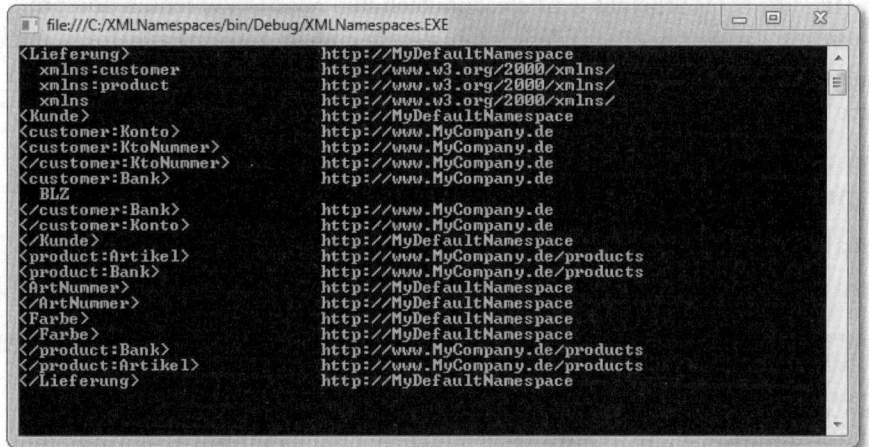

Abbildung 14.3 Die XML-Namespaces der Datei »Lieferung.xml«

Anmerkung

Der Markt ist überschwemmt von vielen XML-Tools zur Erzeugung von XML-Dokumenten. Manche sind kostenlos erhältlich, teilweise ist dafür ein erheblicher Preis zu zahlen. An dieser Stelle sollte erwähnt werden, dass Microsoft mit XML-Notepad 2007 ein solches Tool anbietet, das Sie kostenlos von der Microsoft-Website downloaden können.

> *Einem geschenkten Gaul schaut man nicht ins Maul* – dieser Spruch gilt sicherlich auch für XML-Notepad. Es kann sicherlich nicht alle Anforderungen erfüllen, die an ein professionelles Tool gestellt werden. Es eröffnet aber auf einfache Weise Möglichkeiten, intuitiv XML-Dokumente zu erzeugen. Insbesondere um die Ausführungen des folgenden Abschnitts nachzuvollziehen, sollten Sie sich dieses Werkzeug herunterladen. Auf eine weiter gehende Beschreibung der Bedienung sei an dieser Stelle verzichtet, denn sie ist – wie bereits erwähnt – einfach und intuitiv.

14.3 Die Gültigkeit eines XML-Dokuments

Der XML-Standard definiert selbst keine Elemente (Tags), sondern beschreibt nur die Wohlgeformtheit. Für den Datenaustausch zwischen Anwendungen oder Systemen ist das meist nicht ausreichend, denn dazu bedarf es zusätzlich eines festen Musters, wie die Elemente im XML-Dokument strukturiert werden. Wird ein XML-Dokument zwischen zwei Anwendungen ausgetauscht, müssen sich beide Anwendungen in dieser Hinsicht an dieselben Vorgaben halten, um die korrekte Interpretation der Daten zu gewährleisten.

In der Datenverarbeitung ist ein Schema ein allgemein gültiger Begriff für eine Beschreibung einer Menge von Daten. Im Kontext von XML ist ein **Schema** die Beschreibung eines XML-Dokuments. Mit Hilfe eines Schemas wird die Gültigkeit von XML-Dokumenten überprüft. Ein XML-Dokument, das die im Schema definierten Regeln einhält, gilt als wohlgeformt und gültig. Ein solches Dokument kann von jeder Anwendung in Verbindung mit dem Schema richtig verarbeitet werden.

Ein Schema wird speziell für ein ganz bestimmtes XML-Dokument bereitgestellt und kann auf zweierlei Art mit einem Dokument verknüpft werden:

- Das Schema ist selbst Bestandteil des XML-Dokuments.
- Das Schema wird als separate Datei bereitgestellt.

> **Hinweis**
> Es gibt drei wesentliche Schemata zur Beschreibung der Gültigkeit: Document Type Definition (DTD), XML Schema Definition (XSD) und XDR (XML Data Reduced). In den vergangenen Jahren hat sich XSD zu einem Quasistandard entwickelt. Das liegt sicher nicht nur daran, dass XSD mehr Möglichkeiten bietet als DTD, sondern darüber hinaus kann ein XSD-Schema mittels passender Tools schneller bereitgestellt werden als eine auf DTD basierende Dokumenttyp-Definition. XDR ist eine Schemadefinition aus dem Haus Microsoft, die aber von Microsoft selbst nicht mehr unterstützt wird. Aus den genannten Gründen werden wird uns an dieser Stelle ausschließlich mit XSD beschäftigen.

14.3.1 XML Schema Definition (XSD)

XSD (XML Schema Definition) ist seit 2001 eine Empfehlung des W3-Konsortiums, um den Inhalt und die Struktur eines XML-Dokuments zu beschreiben. XML-Schemata basieren ihrerseits selbst auf XML. Nach dem aktuellen Stand stehen Ihnen insgesamt 44 vordefinierte Datentypen zur Verfügung, z.B. int, short, float oder date. Zudem lassen sich aber auch benutzerdefinierte Typen und die Reihenfolge des Auftretens der Elemente beschreiben.

Betrachten wir exemplarisch die folgende XML-Datei *Personen.xml*:

```xml
<?xml version="1.0" encoding="utf-8"?>
<Personen>
  <Person>
    <Name>Walter Meier</Name>
    <Wohnort>Frankfurt</Wohnort>
  </Person>
</Personen>
```

Listing 14.11 XML-Dokument

Die Schemadatei *Personen.xsd*, die die Struktur dieses XML-Dokuments beschreibt, lautet wie folgt:

```xml
<?xml version="1.0" encoding="utf-8"?>
<xs:schema id="Personen" xmlns=""
        xmlns:xs="http://www.w3.org/2001/XMLSchema"
        xmlns:msdata="urn:schemas-microsoft-com:xml-msdata">
  <xs:element name="Personen" msdata:IsDataSet="true" msdata:Locale="en-US">
    <xs:complexType>
      <xs:choice minOccurs="0" maxOccurs="unbounded">
        <xs:element name="Person">
          <xs:complexType>
            <xs:sequence>
              <xs:element name="Name" type="xs:string" minOccurs="0" />
              <xs:element name="Wohnort" type="xs:string" minOccurs="0" />
            </xs:sequence>
          </xs:complexType>
        </xs:element>
      </xs:choice>
    </xs:complexType>
  </xs:element>
</xs:schema>
```

Listing 14.12 Schemadatei des XML-Dokuments aus Listing 14.11

Das Tool xsd.exe

Ein neues XML-Dokument zu erstellen stellt keine große Hürde dar, wenn die Regeln der Wohlgeformtheit beachtet werden. Ganz anders sieht es aus, wenn Sie ein XML-Schema bereitstellen möchten, mit dessen Hilfe Sie ein bestimmtes XML-Dokument validieren wollen. Dazu sind viele spezifische Kenntnisse erforderlich, um am Ende das erforderliche Ergebnis zu erreichen. Erfreulicherweise wird uns aber die Arbeit von dem Kommandozeilentool **xsd.exe** abgenommen, das zusammen mit Visual Studio 2012 geliefert wird.

Sie können das Tool auf vielfältige Weise einsetzen. Wenn Sie eine XML-Datei angeben (Erweiterung **.xml**), leitet *xsd.exe* ein Schema aus den Daten in der Datei ab und erstellt ein XSD-Schema. Die Ausgabedatei erhält den Namen der XML-Datei mit der Erweiterung *.xsd*, z.B.:

xsd.exe Personen.xml

Mit dieser Anweisung wird zu der XML-Datei *Personen.xml* ein passendes XML-Schema namens *Personen.xsd* erzeugt. Obwohl Ihnen *xsd.exe* eigentlich die meiste Arbeit abnimmt, sollten Sie dennoch die wesentlichsten Elemente eines XML-Schemas verstehen, denn möglicherweise sind weitere Anpassungen nötig. Dem Verständnis des Inhalts eines XML-Schemas wollen wir uns nun widmen.

14.3.2 Ein XML-Dokument mit einem XML-Schema verknüpfen

Um ein XML-Dokument mit einem externen XML-Schema zu verbinden, müssen Sie im Stammelement des XML-Dokuments den Namespace

```
xmlns:xsi="http://www.w3.org/2001/XMLSchema-instance"
```

angeben. Üblicherweise wird dabei das Präfix `xsi` verwendet. Anschließend wird die mit dem XML-Dokument zu verknüpfende Schemadatei festgelegt. Dazu bieten sich mit den Attributen

- `noNamespaceSchemaLocation` und
- `schemaLocation`

zwei Möglichkeiten. Ausgangspunkt der nachfolgenden Betrachtungen sei erneut das XML-Dokument *Personen.xml* aus Listing 14.11.

Das Attribut »noNamespaceSchemaLocation«

Das Attribut `noNamespaceSchemaLocation` verwenden Sie, wenn den im XSD-Dokument beschriebenen Elementen kein spezifischer Namespace zugeordnet werden soll. Das ist in unserem Beispieldokument der Fall. Wir können das XML-Dokument mit einer Schemadatei verknüpfen, indem wir das Attribut `noNamespaceSchemaLocation` verwenden und die Schemadatei angeben.

```
<Personen xmlns:xsi="http://www.w3.org/2001/XMLSchema-instance"
          xsi:noNamespaceSchemaLocation="Personen.xsd">
```

Als Wert verwenden Sie die absolute oder relative Pfadangabe der Schemadatei.

14.3 Die Gültigkeit eines XML-Dokuments

Die Validierung lässt sich recht gut mit XML-Notepad 2007 prüfen. Öffnen Sie das Tool, und laden Sie die XML-Datei in den Editor. Es wird kein Fehler angezeigt.

Sie können nun die Auswirkung eines Validierungsfehlers testen und müssen dazu zuerst eine Änderung in der XSD-Datei vornehmen. Dazu öffnen Sie die Schemadatei und ändern das Attribut minOccurs des Elements *Name* vom Wert »0« in »1« ab.

```
<xs:element name="Name" type="xs:string" minOccurs="1" />
```

Damit legen Sie fest, dass das Element *Name* in jedem Fall angegeben werden muss. Speichern Sie die Schemadatei, und öffnen Sie *Personen.xml*.

Im nächsten Schritt löschen Sie das *<Name>*-Element in der XML-Datei, speichern diese und öffnen sie erneut in XML-Notepad. Da das XML-Dokument nicht mehr den Vorgaben in der Schemadatei entspricht, wird sofort ein Validierungsfehler angezeigt (siehe Abbildung 14.4).

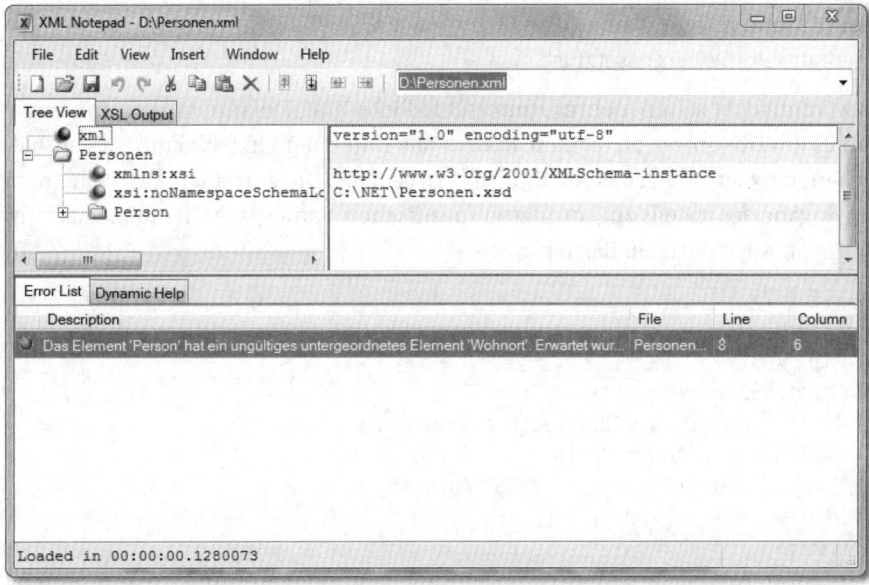

Abbildung 14.4 Anzeige eines Validierungsfehlers in XML-Notepad 2007

> **Hinweis**
>
> Anstatt des hier beschriebenen Attributs noNamespaceSchemaLocation können Sie auch das im folgenden Abschnitt gezeigte Attribut schemaLocation verwenden.

Das Attribut »schemaLocation«

Das Attribut schemaLocation findet Verwendung, wenn die in einer Schemadatei beschriebenen Elemente im XML-Dokument mit einem spezifischen Namespace in Beziehung gesetzt werden sollen. Angenommen, wir würden für das Element ‹Person› einen Namespace wie folgt festlegen:

```
<?xml version="1.0" encoding="utf-8"?>
<Personen xmlns:pers=http://www.tollsoft.de
          xmlns:xsi=http://www.w3.org/2001/XMLSchema-instance
          xsi:schemaLocation="http://www.tollsoft.de Personen.xsd">
  <pers:Person>
    <Name>Walter</Name>
    <Wohnort>Frankfurt</Wohnort>
  </pers:Person>
</Personen>
```

Listing 14.13 Angabe von »schemaLocation« im XML-Dokument

Es wird im XML-Dokument auf die Schemadatei *Personen.xsd* verwiesen. Alle dort beschriebenen Elemente werden dem Namespace *http://www.tollsoft.de* zugeordnet, für den im XML-Dokument das Präfix *pers* gesetzt ist.

In der Praxis werden nicht selten mehrere unterschiedliche XML-Dokumente zusammengeführt, um daraus ein Dokument zu formen, in dem alle Daten der Einzeldokumente enthalten sind. Auch hierzu eignet sich das Attribut schemaLocation. Die einzelnen XML-Schemata werden unter Angabe des jeweils zugeordneten spezifischen Namespaces der Reihe nach im Attribut aufgelistet. Auch dazu ein Beispiel.

```
<?xml version="1.0"?>
<p:Person
    xmlns:p="http://NS1"
    xmlns:a="http://NS2"
    xmlns:xsi="http://www.w3.org/2001/XMLSchema-instance"
            xsi:schemaLocation="http://NS1 Person.xsd
                                http://NS2 Auto.xsd">
  <Name>John</Name>
  <Alter>45</Alter>
  <a:Auto>
    <Farbe>rot</Farbe>
    <Sitze>4</Sitze>
  </a:Auto>
</p:Person>
```

Listing 14.14 Mehrere »schemaLocation«-Angaben in einem XML-Dokument

Das gezeigte XML-Dokument führt die in zwei separaten XML-Dokumenten enthaltenen Daten zusammen. Das erste Dokument beschreibt das *Person*-Element, das zweite das *Auto*-Element. Das Gesamtdokument soll dem Zweck dienen, einer Person ein bestimmtes Auto zuzuordnen. Die Schemainformationen stammen aus den Schemadateien *Person.xsd* und *Auto.xsd*. Im Attribut schemaLocation wird *Person.xsd* mit dem Namespace *NS1* in Beziehung gesetzt, *Auto.xsd* mit dem Namespace *NS2*. Darüber hinaus werden mit

```
xmlns:p="http://NS1"
xmlns:a="http://NS2"
```

beide Namespaces durch Präfixe beschrieben. Die beiden Elemente *Person* und *Auto* im XML-Dokument können nun aufgrund der Präfixangabe eindeutig einem XML-Schema zugeordnet werden.

Weiter unten in diesem Kapitel wird noch das Attribut targetNamespace eines XML-Schemas erläutert. In diesem Zusammenhang werden Sie auch noch weitere Informationen hinsichtlich der hier vorgestellten Attribute noNamespaceSchemaLocation und schemaLocation erhalten.

14.3.3 Die Struktur eines XML-Schemas

Die Grundstruktur

Das folgende Beispiel zeigt Ihnen einige grundlegende Elemente in einer einfachen Struktur. Darin sind Elemente enthalten, die in fast jedem XML-Schema auftreten können.

```
<?xml version="1.0" encoding="utf-8"?>
<xs:schema xmlns:xs="http://www.w3.org/2001/XMLSchema" ... >
  <xs:element name="Stammelement">
    <xs:complexType>
      <xs:sequence>
        <xs:element name="Unterelement1"/>
        <xs:element name="Unterelement2"/>
      </xs:sequence>
    </xs:complexType>
  </xs:element>
</xs:schema>
```

Listing 14.15 Die Grundstruktur eines XML-Schemas

Das Element schema bildet das Wurzelelement eines XML-Schemas. Es beschreibt eine Reihe von Namespaces. Der wichtigste ist in dem Beispiel angegeben, nämlich *http://www.w3.org/ 2001/XMLSchema*, der üblicherweise durch das Präfix xs beschrieben wird. Diesem Namespace sind alle vordefinierten Elemente des XML-Schemas zugeordnet.

Einfache Elemente

Ein Element, das selbst keine Attribute und untergeordneten Elemente enthalten kann, wird als einfaches Element bezeichnet. Es beschreibt ein Tag in einem XML-Dokument. Einfache Elemente werden über xs:element definiert. Der Bezeichner wird über das Attribut name festgelegt, der Datentyp über type.

```
<xs:element name="Elementname" type="xs:Datentyp" />
```

Mit dem zusätzlichen Attribut default können Sie einen Standardwert bestimmen, mit fixed einen festen Wert.

Attribute

Ein einfaches Element, wie es im Abschnitt zuvor beschrieben worden ist, kann keine Attribute haben. Ein Element mit Attributen im XML-Dokument muss als komplexes Element definiert sein (siehe dazu auch den folgenden Abschnitt). Innerhalb eines komplexen Elements wird ein Attribut ähnlich einem einfachen Element beschrieben.

```
<xs:attribute name ="Attributname" type="xs:Datentyp" />
```

Darüber hinaus lassen sich auch die zusätzlichen Attribute default und fixed angeben, die dieselbe Bedeutung haben wie bei den einfachen Elementen.

Interessant ist noch ein weiteres mögliches Attribut: use. Mit diesem lässt sich festlegen, ob das Attribut im XML-Dokument angegeben werden muss. Die möglichen Werte für use sind required (zwingend erforderlich), optional (wahlweise) und prohibited (verboten). Wird use nicht angegeben, gilt ein Attribut als optional. Beispiel:

```
<xs:attribute name ="Attributname" type="xs:Datentyp" use="required" />
```

Eine besondere Bedeutung kommt der Positionsangabe der Attribute im XML-Schema zu, denn die Definition von Attributen darf nur am Ende eines komplexen Elements, direkt vor dem schließenden Tag </xs:element> erfolgen.

Soll zum Beispiel das Element

```
<Adresse Ort="Bonn" Strasse="Neuestr.34"></Adresse>
```

in einem XML-Schema beschrieben werden, müsste die entsprechende Passage wie folgt lauten:

```
<xs:element name="Adresse" minOccurs="0" maxOccurs="unbounded">
  <xs:complexType>
    <xs:attribute name="Ort" type="xs:string" />
    <xs:attribute name="Strasse" type="xs:string" />
  </xs:complexType>
</xs:element>
```

Komplexe Elemente

Komplexe Elemente in einem XML-Schema beschreiben XML-Dokument-Elemente, die Attribute oder weitere, untergeordnete Elemente aufweisen. Betrachten Sie als Beispiel den folgenden Ausschnitt aus einer XML-Datei:

```
<Person>
  <Vorname>Manfred</Vorname>
  <Telefon/>
  <Zuname>Fischer</Zuname>
</Person>
```

Listing 14.16 Ausschnitt aus einem XML-Dokument

Das Element *Person* wird beschrieben durch die untergeordneten Elemente *Vorname*, *Zuname* und *Telefon*. Dieser Ausschnitt könnte in einem XML-Schema folgendermaßen definiert werden:

```xml
<xs:element name="Person">
  <xs:complexType>
    <xs:sequence>
      <xs:element name="Vorname" type="xs:string" minOccurs="0" />
      <xs:element name="Telefon" type="xs:string" minOccurs="0" />
      <xs:element name="Zuname" type="xs:string" minOccurs="0" />
    </xs:sequence>
  </xs:complexType>
</xs:element>
```

Listing 14.17 Schemadefinition des XML-Ausschnitts aus Listing 14.16

Wie zu erkennen ist, wird das Element *Person* mit `<complexType>` als komplexes Element angelegt. Das Element `<sequence>` legt fest, dass die nachfolgenden Elemente in der angegebenen Reihenfolge im XML-Dokument erscheinen müssen, also zuerst *Vorname*, dann *Telefon* und zum Schluss *Zuname*.

Dürfen die Unterelemente in einer beliebigen Reihenfolge im XML-Dokument auftreten, dann wird die Liste dieser Elemente anstatt mit `<sequence>` mit `<all>` beschrieben.

```xml
<xs:element name="Person">
  <xs:complexType>
    <xs:all>
      <xs:element name="Vorname" type="xs:string" minOccurs="0" />
      <xs:element name="Telefon" type="xs:string" minOccurs="0" />
      <xs:element name="Zuname" type="xs:string" minOccurs="0" />
    </xs:all>
  </xs:complexType>
</xs:element>
```

Listing 14.18 Schema einer komplexen Datenstruktur

Es gibt mit `<choice>` noch eine dritte Variante, komplexe Elemente zu beschreiben. Damit lässt sich eine Auswahl von Elementen festlegen. In einem XML-Dokument darf allerdings nur eines der angegebenen Elemente auftreten. Im folgenden Codefragment muss entweder *Mann* oder *Frau* als Element von Person erscheinen.

```xml
<xs:element name="Person">
  <xs:complexType>
    <xs:choice>
      <xs:element name="Mann" type="xs:string" />
      <xs:element name="Frau" type="xs:string" />
    </xs:choice>
```

```
    </xs:complexType>
</xs:element>
```
Listing 14.19 »choice« zur Beschreibung einer Auswahlmöglichkeit

minOccurs und maxOccurs

Die Attribute `minOccurs` und `maxOccurs` werden nur in komplexen Typdefinitionen angezeigt. Damit wird einschränkend festgelegt, wie oft in Folge das entsprechende Element in der entsprechenden Position in einem XML-Dokument angezeigt werden kann.

```
<xs:element name="Telefon" type="xs:string"
            minOccurs="0" maxOccurs="unbounded" />
```

Die Werte dieser beiden Attribute sind immer positive Zahlen. `maxOccurs` kann auch auf `unbounded` gesetzt werden, so dass eine unbegrenzte Anzahl von Elementen auftreten kann. Für `sequence`, `all` und `choice` sind die Werte von `minOccurs` und `maxOccurs` standardmäßig immer 1.

Die Attribute »elementFormDefault« und »attributeFormDefault«

Das Attribut `elementFormDefault="qualified"` erzwingt, dass alle untergeordneten Elemente im XML-Dokument demselben Namespace wie das globale Element zugeordnet sind. Betrachten Sie dazu das folgende Fragment eines XML-Schemas:

```
<xs:schema xmlns:xsi="http://www.w3.org/2001/XMLSchema-instance"
    attributeFormDefault="unqualified"
    elementFormDefault="qualified"
    targetNamespace="TestURN"
    xmlns:xs="http://www.w3.org/2001/XMLSchema">
```
Listing 14.20 Die Attribute »elementFormDefault« und »attributeFormDefault«

Das folgende Dokument ist gültig, denn alle Elemente sind zweifelsfrei dem Standard-Namespace zuzuordnen, der durch *TestURN* beschrieben wird.

```
<!--Dokument valide -->
<Personen xmlns="TestURN"
    xmlns:xsi="http://www.w3.org/2001/XMLSchema-instance"
    xsi:schemaLocation="TestURN Personen.xsd">
  <Person>
    <Zuname>Fischer</Zuname>
    <Adresse Ort="Bonn"></Adresse>
  </Person>
</Personen>
```

Das folgende XML-Dokument ist allerdings ungültig, da *Personen* das Präfix »*x*« vorangestellt ist. Damit wird *Personen* durch den Namespace *TestURN* qualifiziert, während alle anderen Elemente keinem spezifischen Namespace angehören.

```
<!--Dokument nicht valide -->
<x:Personen xmlns:x="TestURN"
    xmlns:xsi="http://www.w3.org/2001/XMLSchema-instance"
    xsi:schemaLocation="TestURN Personen.xsd">
  <Person>
    <Zuname>Fischer</Zuname>
    <Adresse Ort="Bonn"></Adresse>
  </Person>
</x:Personen>
```

In diesem Fall müssten auch die Elemente *Person, Zuname* und *Adresse* mit dem Präfix *x* qualifiziert werden, damit das Dokument wieder gültig ist.

Die Einstellung `elementFormDefault="unqualified"` schreibt den lokalen Elementen im XML-Dokument vor, dass sie keine qualifizierende Namespace-Angabe haben dürfen. Sehen wir uns auch dazu ein Beispiel an.

```
<xs:schema xmlns:xsi="http://www.w3.org/2001/XMLSchema-instance"
    attributeFormDefault="unqualified"
    elementFormDefault="unqualified"
    targetNamespace="TestURN"
    xmlns:xs="http://www.w3.org/2001/XMLSchema">
```

Listing 14.21 Das Attribut »elementFormDefault«

Die Validierung des folgenden XML-Dokuments schlägt fehl, denn das Element *Person* gehört zu dem durch den Standard-Namespace beschriebenen Namespace *TestURN*.

```
<!-- Dokument nicht valide -->
<Personen xmlns="TestURN"
    xmlns:xsi="http://www.w3.org/2001/XMLSchema-instance"
    xsi:schemaLocation="TestURN Personen.xsd">
  <Person>
    <Zuname>Fischer</Zuname>
    <Adresse Ort="Bonn"></Adresse>
  </Person>
</Personen>
```

Listing 14.22 Nicht valides XML-Dokument

Damit das XML-Dokument gültig ist, muss das Stammelement *Personen* über ein Präfix dem spezifischen Namespace *TestURN* zugeordnet werden, und das lokale Element *Person* darf nicht qualifiziert werden.

```
<!-- Dokument valide -->
<x:Personen xmlns:x="TestURN"
    xmlns:xsi="http://www.w3.org/2001/XMLSchema-instance"
    xsi:schemaLocation="TestURN Personen.xsd">
  <Person>
```

```xml
      <Zuname>Fischer</Zuname>
      <Adresse Ort="Bonn"></Adresse>
   </Person>
</x:Personen>
```

Das `attributeFormDefault`-Attribut behält am besten seinen Standardwert `unqualified`, nicht qualifiziert, da die meisten Schemaautoren nicht alle Attribute ausdrücklich durch Präfixe mit Namespaces qualifizieren möchten.

Das Attribut »targetNamespace«

Das Attribut `targetNamespace` (Zielnamensraum) legt im XML-Schema fest, welchem Namespace alle beschriebenen Elemente angehören. Im folgenden Ausschnitt ist der Zielnamensraum *TestURN*.

```xml
<xs:schema xmlns:xsi="http://www.w3.org/2001/XMLSchema-instance"
   attributeFormDefault="unqualified"
   elementFormDefault="unqualified"
   targetNamespace="TestURN"
   xmlns:xs="http://www.w3.org/2001/XMLSchema">
```

Listing 14.23 Festlegen des Zielnamensraums

Ist im XML-Schema das Attribut `targetNamespace` festgelegt, müssen Sie das im XML-Dokument berücksichtigen, indem Sie dort die Verknüpfung zwischen dem XML-Dokument und dem XML-Schema über das Attribut `schemaLocation` definieren. `schemaLocation` setzt sich aus zwei Einträgen zusammen: Im ersten beschreibt man den im XML-Schema festgelegten Zielnamensraum, im zweiten den absoluten oder relativen Pfad zur XSD-Datei.

```xml
<Personen xmlns="TestURN"
   xmlns:xsi="http://www.w3.org/2001/XMLSchema-instance"
   xsi:schemaLocation="TestURN Personen.xsd">
```

Sie müssen vorsichtig sein, wenn Sie den Elementen im XML-Dokument einen Namespace zuordnen. Im letzten XML-Fragment ist mit

`xmlns="TestURN"`

der Standard-Namespace auf den im XML-Schema angegebenen Zielnamensraum festgelegt. Somit können alle Elemente anhand des Schemas validiert werden. Benutzen Sie eine andere Namensraumangabe, beispielsweise

`xmlns="urn:Personen-schema"`

werden alle Elemente im XML-Dokument einem anderen Namespace zugeordnet und können nicht mehr gegen die Schemadatei validiert werden.

14.4 Die Klasse »XmlReader«

14.4.1 XML-Dokumente mit einem »XmlReader«-Objekt lesen

Das .NET Framework bietet mehrere Möglichkeiten, die von einem XML-Dokument beschriebenen Daten zu lesen. In diesem Abschnitt wollen wir uns mit der einfachsten Variante beschäftigen, nämlich dem Einlesen über ein XmlReader-Objekt.

Ein Objekt vom Typ XmlReader liest die Elemente eines XML-Dokuments einzeln und der Reihe nach einmal ein. Die gelesenen Daten sind schreibgeschützt und bleiben nicht im Arbeitsspeicher. Das mag ein Nachteil sein, hat aber auch zur Folge, dass die Speicherressourcen geschont werden und der Lesevorgang schnell ist. Damit bietet sich die Klasse XmlReader besonders an, wenn es ausreicht, ein XML-Dokument nur sequenziell zu lesen und nicht innerhalb des Dokuments nach bestimmten Daten zu suchen. Die Klasse ist abstract definiert und kann demnach nicht instanziiert werden. Allerdings bietet die Klasse mit der statischen Methode Create die Möglichkeit, sich eine Instanz zu besorgen.

```
XmlReader reader = XmlReader.Create(@"MeineDaten.xml");
```

Beachten Sie bitte, dass Sie den Namespace System.Xml mit using bekannt geben sollten.

Nachdem Sie das XmlReader-Objekt erzeugt haben, rufen Sie in einer Schleife die Methode Read auf, die alle Knoten im XML-Dokument nacheinander abruft. Der Rückgabewert der Methode ist true, wenn noch mindestens ein weiterer Knoten eingelesen werden kann.

```
while(reader.Read())
{
   [...]
}
```

In der Schleife muss zuerst untersucht werden, welcher Knoten aktuell gelesen wird. Hier interessieren vorrangig Typ und Name des Knotens. Den Typ des Knotens rufen Sie mit der Eigenschaft NodeType ab, die durch einen Wert der Enumeration XmlNodeType beschrieben wird. Tabelle 14.2 beschreibt einen Auszug aus dieser Enumeration.

Bezeichner	Beschreibung
Element	Beschreibt ein Element, z. B. <Artikel>.
Attribute	Beschreibt ein Attribut.
Text	Beschreibt den Textinhalt eines Knotens.
CDATA	Beschreibt einen CDATA-Abschnitt.
ProcessingInstruction	Beschreibt eine Verarbeitungsanweisung, z. B. <?pi Testanweisung?>.

Tabelle 14.2 Auszug aus der Enumeration »XmlNodeType«

Bezeichner	Beschreibung
Comment	Beschreibt einen Kommentar, z. B. `<!-- Ich bin ein Kommentar -->`.
Whitespace	Beschreibt Leerraum zwischen Markup.
EndElement	Beschreibt ein Endelementtag, z. B. `</Artikel>`.
XmlDeclaration	Beschreibt die XML-Deklaration, z. B. `<?xml version='1.0'?>`.

Tabelle 14.2 Auszug aus der Enumeration »XmlNodeType« (Forts.)

Die Struktur einer Schleife könnte also wie folgt codiert sein:

```
while (reader.Read()) {
  switch (reader.NodeType) {
    case XmlNodeType.XmlDeclaration:
      [...]
      break;
    case XmlNodeType.CDATA:
      [...]
      break;
    [...]
  }
}
```

Die Untersuchung des Knotentyps hat eine besondere Bedeutung hinsichtlich der Auswertung, denn je nach Typ möchten Sie entweder den Knotenbezeichner oder den von einem Knoten beschriebenen Inhalt auswerten. Dazu dienen die beiden Eigenschaften `Name` und `Value` des `XmlReader`-Objekts.

Mit `Value` rufen Sie den Inhalt des aktuellen Knotens ab. Von den in Tabelle 14.2 angeführten Knotentypen können nur `Attribute`, `CDATA`, `Comment`, `ProcessingInstruction`, `Text`, `Whitespace` und `XmlDeclaration` einen Wert zurückgeben. Alle anderen Knoten liefern `String.Empty`.

Die Eigenschaft `Name` hingegen liefert den Bezeichner des aktuellen Knotens. Auch diese Eigenschaft ist auf bestimmte Knotentypen beschränkt. Dazu gehören `Attribute`, `Element`, `EndElement`, `ProcessingInstruction` und `XmlDeclaration`.

Die Attribute eines Elements auswerten

Eine »spezielle« Behandlung erfahren die Attribute eines Knotens vom Typ `XmlNodeType.Element`. Eigentlich würde man erwarten, dass ein Attribut als Knoten erkannt wird und das `XmlReader`-Objekt sich bei jedem Aufruf von `Read` auch von Attribut zu Attribut hangelt. Tatsächlich aber liest der `XmlReader` ein `XmlNodeType.Element` samt seinen Attributen komplett ein, so dass die Attribute beim nächsten Aufruf der Read-Methode nicht mehr im Datenstrom enthalten sind. Sie haben dann zwar den Inhalt des Elements ausgewertet, aber die Attribute unberücksichtigt gelassen.

Ist nicht exakt bekannt, ob und wie viele Attribute ein Element hat, hilft Ihnen die Eigenschaft `HasAttributes` des `XmlReader`-Objekts weiter, die `true` oder `false` zurückliefert. Diese Eigenschaft wird aufgerufen, wenn es sich bei dem aktuellen Knoten um den Typ `XmlNodeType.Element` handelt. Mit der Eigenschaft `AttributeCount` lässt sich die Anzahl der Attribute in Erfahrung bringen. Den zurückgelieferten Wert können Sie in einer `for`-Schleife verwenden. Die Methode `GetAttribute` unter Angabe entweder des Index oder des Attributbezeichners liefert den Wert des Attributs.

```
[...]
case XmlNodeType.Element:
  if (reader.HasAttributes) {
    for (int i = 0; i < reader.AttributeCount; i++) {
      Console.WriteLine(reader.GetAttribute(i));
    }
  }
  break;
[...]
```

Listing 14.24 Struktur der Auswertung einer Liste von Attributen (1)

Alternativ können Sie auch mit der Methode `MoveToNextAttribute` durch die Liste der Attribute navigieren. Ähnlich der `Read`-Methode des `XmlReader`-Objekts liefert auch diese Methode `true` zurück, falls das Element noch ein weiteres Attribut enthält.

```
[...]
case XmlNodeType.Element:
  if (reader.HasAttributes) {
    while (reader.MoveToNextAttribute()) {
      [...]
    }
  }
  break;
[...]
```

Listing 14.25 Struktur der Auswertung einer Liste von Attributen (2)

Beispielprogramm

Wir wollen uns nun die bisherigen Erkenntnisse in einem kompletten Beispielprogramm ansehen. Dazu bedarf es einer XML-Datei. Um nicht nur die XML-Datei, sondern auch deren Analyse und Ausgabe nicht zu aufwendig zu gestalten, wird mit dem Dokument nur eine Person mit den wichtigsten Eckdaten beschrieben.

```
<?xml version="1.0" encoding="utf-8" ?>
<!-- Liste von Personen-->
```

```xml
<Personen>
  <Person>
    <Befehl><![CDATA[Ich stehe unter CDATA]]></Befehl>
    <Vorname>Manfred</Vorname>
    <Telefon/>
    <Zuname>Fischer</Zuname>
    <Alter>45</Alter>
    <Adresse Ort="Bonn" Strasse="Neuestr.34"></Adresse>
  </Person>
</Personen>
```

Listing 14.26 XML-Dokument für das Beispielprogramm »XmlReaderSample«

Auf eine genaue Erklärung des folgenden Programmbeispiels werde ich an dieser Stelle verzichten. Es enthält ausschließlich Passagen, die bereits zuvor erläutert worden sind. Sie sollten den Code jedoch einmal mit der Konsolenausgabe, die Sie in Abbildung 14.5 sehen, vergleichen.

```csharp
// Beispiel: ..\Kapitel 14\XmlReaderSample
static void Main(string[] args) {
  XmlReader reader = XmlReader.Create(@"..\..\Personen.xml");
  while (reader.Read()) {
    switch (reader.NodeType) {
      case XmlNodeType.XmlDeclaration:
        Console.WriteLine("{0,-20}<{1}>", "DEKLARATION", reader.Value);
        break;
      case XmlNodeType.CDATA:
        Console.WriteLine("{0,-20}{1}", "CDATA", reader.Value);
        break;
      case XmlNodeType.Whitespace:
        Console.WriteLine("{0,-20}","WHITESPACE");
        break;
      case XmlNodeType.Comment:
        Console.WriteLine("{0,-20}<!--{1}-->","COMMENT", reader.Value);
        break;
      case XmlNodeType.Element:
        if (reader.IsEmptyElement)
          Console.WriteLine("{0,-20}<{1} />","EMPTY_ELEMENT", reader.Name);
        else {
          Console.WriteLine("{0,-20}<{1}>", "ELEMENT", reader.Name);
          // Prüfen, ob der Knoten Attribute hat
          if (reader.HasAttributes) {
            // Durch die Attribute navigieren
            while (reader.MoveToNextAttribute()) {
              Console.WriteLine("{0,-20}{1}",
                  "ATTRIBUT", reader.Name + "=" + reader.Value);
            }
          }
```

```
        }
        break;
      case XmlNodeType.EndElement:
        Console.WriteLine("{0,-20}</{1}>", "END_ELEMENT", reader.Name);
        break;
      case XmlNodeType.Text:
        Console.WriteLine("{0,-20}{1}", "TEXT", reader.Value);
        break;
    }
  }
  Console.ReadLine();
}
```

Listing 14.27 Das Beispielprogramm »XmlReaderSample«

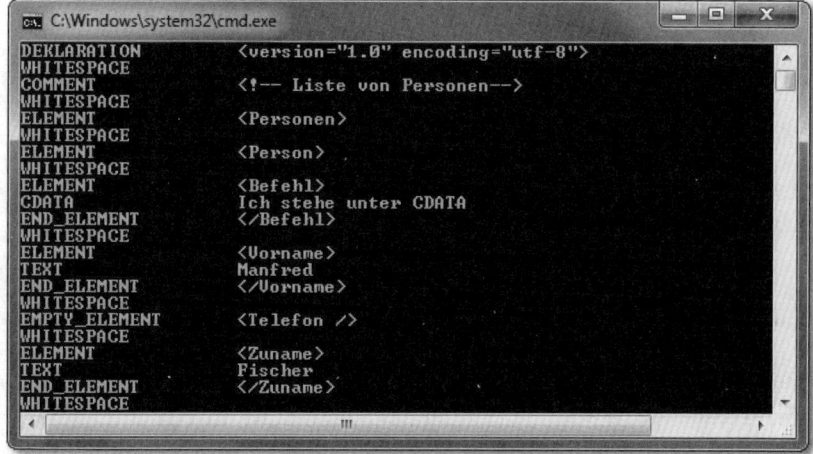

Abbildung 14.5 Ausgabe des Beispielprogramms »XmlReaderSample«

Die Daten eines XML-Dokuments verarbeiten

Das folgende Beispiel zeigt, wie die Daten eines XML-Dokuments dazu benutzt werden können, Objekte zu erstellen, die die gelesenen Daten in einem sinnvollen Kontext speichern. Ausgangspunkt sei wieder eine XML-Datei, die in diesem Fall aber nicht nur eine, sondern mehrere Personen beschreibt. Eine Person sei durch *Vorname*, *Zuname*, *Alter* sowie eine *Adresse* beschrieben.

```
<Person>
  <Vorname>Manfred</Vorname>
  <Zuname>Fischer</Zuname>
  <Alter>45</Alter>
  <Adresse Ort="Bonn" Strasse="Neuestr.34"></Adresse>
</Person>
```

Listing 14.28 XML-Struktur einer »Person« für das nächste Beispielprogramm

Die Daten zu einer Person sollen in einem Objekt vom Typ *Person* gespeichert werden. Für die Angaben der Adresse einer Person steht eine weitere Klasse *Adresse* zur Verfügung, die mit *Ort* und *Strasse* zwei Eigenschaften hat.

```
// Beispiel: ..\Kapitel 14\UsingXmlData
static void Main(string[] args) {
  XmlReader reader;
  reader = XmlReader.Create(@"..\..\Personen.xml");
  List<Person> liste = new List<Person>();
  Person person = null;
  Adresse adresse = null;
  while (reader.Read()) {
    // Prüfen, ob es sich aktuell um ein Element handelt
    if (reader.NodeType == XmlNodeType.Element) {
      // Alle relevanten Elemente untersuchen
      switch(reader.Name) {
        case "Person":
          // Neue Person erzeugen und in Liste eintragen
          person = new Person();
          liste.Add(person);
          break;
        case "Vorname":
          person.Vorname = reader.ReadString();
          break;
        case "Zuname":
          person.Zuname = reader.ReadString();
          break;
        case "Alter":
          person.Alter = reader.ReadElementContentAsInt();
          break;
        case "Adresse":
          // Neue Adresse erzeugen und der Person zuordnen
          adresse = new Adresse();
          person.Adresse = adresse;
          if (reader.HasAttributes) {
            // Attributsliste durchlaufen
            while (reader.MoveToNextAttribute())
            {
              if (reader.Name == "Ort")
                adresse.Ort = reader.Value;
              else if (reader.Name == "Strasse")
                adresse.Strasse = reader.Value;
            }
          }
          break;
      }
    }
  }
}
```

```
    // Liste an der Konsole ausgeben
    GetList(liste);
    reader.Close();
    Console.ReadLine();
}
// Ausgabe der Listeneinträge
static void GetList(List<Person> liste) {
    foreach (Person temp in liste)
    {
        Console.WriteLine("Vorname: {0}\nZuname: {1}\nAlter: {2}",
              temp.Vorname, temp.Zuname, temp.Alter);
        Console.WriteLine("Ort: {0}\nStrasse: {1}\n",
              temp.Adresse.Ort, temp.Adresse.Strasse);
    }
}
```

Listing 14.29 Das Beispielprogramm »UsingXmlData«

In der while-Schleife interessieren im Zusammenhang mit der Aufgabenstellung nur die Elemente, die Daten beschreiben. Trifft der Reader auf einen Knoten vom Typ XmlNodeType.Element, wird mit einer switch-Anweisung der Elementbezeichner ausgewertet. In den case-Zweigen wird der beschriebene Wert des Elements ermittelt und der entsprechenden Eigenschaft eines Person-Objekts zugewiesen, das bei Erreichen des Elements *Person* erzeugt und einer generischen Liste hinzugefügt wird. Trifft die Laufzeit auf das Element *Adresse*, wird ein Objekt der gleichnamigen Klasse erzeugt und die Liste der Attribute des Elements ausgewertet.

> **Hinweis**
> Den vollständigen Code einschließlich der Klassen *Person* und *Adresse* finden Sie auf der Buch-DVD.

14.4.2 Validieren eines XML-Dokuments

Die XML-Dokumente in den beiden zuvor gezeigten Beispielprogrammen sind wohlgeformt. Sie erkennen das daran, dass die gesamte Datei eingelesen wird, ohne dass es zu einer Ausnahme vom Typ XmlException kommt. Das bedeutet aber noch nicht, dass das Dokument valide, also gültig ist. Wie Sie wissen, bedarf es dazu einer XML-Schemadatei. Mit dem Tool *xsd.exe* oder Visual Studio ist eine solche sehr einfach zu erzeugen.

Um ein XML-Dokument, das mit einem XmlReader-Objekt sequenziell eingelesen wird, zu validieren, müssen wir auf eine Überladung der Methode Create der Klasse XmlReader zurückgreifen, die in einem zweiten Parameter nach einem Objekt vom Typ XmlReaderSettings verlangt.

```
public static XmlReader Create(string, XmlReaderSettings)
```

Ein XmlReaderSettings-Objekt dient nicht nur dazu, die Validierung vorzuschreiben. Es kann darüber hinaus das XmlReader-Objekt mit spezifischen Eigenschaften ausstatten. Beispielsweise könnte das XmlReaderSettings-Objekt das Einlesen der Kommentare oder die Berücksichtigung der Whitespaces unterbinden.

Doch widmen wir uns hier der Validierung. Zunächst müssen wir die Klasse XmlReaderSettings instanziieren und anschließend die Eigenschaft ValidationType einstellen. Wollen wir das Dokument gegen ein XML-Schema validieren, müssen wir ValidationType.Schema angeben, z.B.:

```
XmlReaderSettings readerSettings = new XmlReaderSettings();
readerSettings.ValidationType = ValidationType.Schema;
```

Im nächsten Schritt ist das XML-Schema zu benennen. Da es sich auch um mehrere handeln könnte, kommt eine Auflistung ins Spiel, der alle XML-Schemata hinzugefügt werden. Die Referenz auf diese Auflistung erhalten wir über die Eigenschaft Schemas des XmlReaderSettings-Objekts. Darauf rufen wir die Methode Add auf, die im ersten Parameter den im Schema angegebenen targetNamespace erwartet. Enthält das XML-Schema kein Attribut targetNamespace oder legen Sie auf den Namespace der im XML-Schema beschriebenen Elemente keinen Wert, können Sie dem ersten Parameter auch null übergeben. Dem zweiten Parameter teilen Sie den URI der XML-Schemadatei mit.

```
readerSettings.Schemas.Add(null, @"..\..\Personen.xsd");
```

Sollte bei der Validierung des XML-Dokuments ein Fehler auftreten, wird das XmlReaderSettings-Objekt das Ereignis ValidationEventHandler auslösen. Wir müssen bei dem Objekt jetzt nur noch einen passenden Ereignishandler registrieren.

```
readerSettings.ValidationEventHandler += ValidationCallback;
```

Scheitert die Validierung, wird die Überprüfung des XML-Dokuments abgebrochen. Der Rest des Dokuments wird zwar weiterhin eingelesen, bleibt aber ungeprüft, und folgende Validierungsfehler werden nicht mehr erkannt. Besser ist es, im Fall des Scheiterns der Validierung eine Ausnahme auszulösen. Dies ermöglicht uns der Parameter vom Typ ValidationEventArgs des Ereignishandlers, der drei spezifische Eigenschaften hat, die Sie der Tabelle 14.3 entnehmen können.

Eigenschaft	Beschreibung
Exception	Ruft die dem Validierungsfehler zugeordnete Exception vom Typ XmlSchemaException ab.
Message	Liefert eine textuelle Beschreibung des aufgetretenen Validierungsfehlers.
Severity	Ruft den Schweregrad des Validierungsfehlers ab. Dabei werden zwei Schweregrade unterschieden: Warning, falls kein XML-Schema vorhanden ist, anhand dessen validiert werden kann, und Error, wenn ein Validierungsfehler auftritt.

Tabelle 14.3 Die Eigenschaften des »ValidationEventArgs«-Objekts

Bitte beachten Sie, dass die Klasse `ValidationEventArgs` im Namespace `System.Xml.Schema` enthalten ist, der über `using` bekannt gegeben werden sollte.

Nachdem nun alle vorbereitenden Maßnahmen ergriffen worden sind, müssen wir zum Schluss noch dem `XmlReader`-Objekt das konfigurierte `XmlReaderSettings`-Objekt übergeben.

```
XmlReader reader = XmlReader.Create(@"..\..\Personen.xml", readerSettings);
```

Beispielprogramm zur Validierung

Die XML-Datei aus dem Beispiel *XmlReaderSample* soll nun anhand eines XML-Schemas validiert werden. Tritt ein Validierungsfehler auf, soll eine Ausnahme ausgelöst werden, die wir dem zweiten Parameter des Ereignishandlers entnehmen.

Darüber hinaus interessieren uns in der Ausgabe weder die Kommentare noch die Whitespaces. Diese werden durch die Einstellungen `IgnoreWhitespace` und `IgnoreComments` des `XmlReaderSettings`-Objekts ignoriert.

```
// Beispiel: ..\Kapitel 14\ValidationSample
static void Main(string[] args) {
  XmlReaderSettings readerSettings = new XmlReaderSettings();
  readerSettings.IgnoreWhitespace = true;
  readerSettings.IgnoreComments = true;
  readerSettings.ValidationType = ValidationType.Schema;
  readerSettings.Schemas.Add(null, @"..\..\Personen.xsd");
  readerSettings.ValidationEventHandler += ValidationCallback;
  XmlReader reader = XmlReader.Create(@"..\..\Personen.xml", readerSettings);
  try {
    while (reader.Read()) {
      // Code wie im Beispielprogramm "XmlReaderSample"
    }
  }
  catch(Exception ex) {
    Console.WriteLine("Validierung fehlgeschlagen. \n{0}", ex.Message);
  }
  reader.Close();
  Console.ReadLine();
}
// Ereignishandler
static void ValidationCallback(object sender, ValidationEventArgs e)
{
  throw e.Exception;
}
```

Listing 14.30 Beispielprogramm zur Validierung von XML

Die XSD-Datei zu diesem Beispielprogramm liegt im Verzeichnis der Sourcecode-Dateien. Die Validierung wird zunächst ergeben, dass das XML-Dokument wohlgeformt und gültig ist. Sie können, um eine fehlgeschlagene Validierung zu simulieren, in der XML-Schemadatei beispielsweise das Element *Befehl* in *Befehl1* ändern.

14.5 Eigenschaften und Methoden der Klasse »XmlReader«

Einige Eigenschaften und Methoden der Klasse `XmlReader` kennen Sie bereits. In diesem Abschnitt sollen auch die bisher nicht erwähnten genannt werden. Der besseren Übersicht wegen sind die Methoden und Eigenschaften nach Funktion bzw. Verhalten gruppiert.

Navigation mit dem »XmlReader«

Methoden	Beschreibung
`IsStartElement`	Überprüft, ob der aktuelle Inhaltsknoten ein Starttag ist. Intern wird dabei `MoveToContent()` aufgerufen.
`MoveToContent`	Enthält der aktuelle Knoten keine Daten, werden alle folgenden Whitespaces, Kommentare usw. so lange übersprungen, bis die Methode auf einen Knoten mit Daten stößt.
`Read`	Die Methode springt zum folgenden XML-Knoten. Der Rückgabewert ist `true`, wenn noch ein weiteres XML-Element gelesen werden kann.

`ReadToDescendant("Element")`	Die Methode setzt den `XmlReader` auf das nächste XML-Element, das dem aktuellen XML-Element untergeordnet ist. Wird kein passendes gefunden, wird der `XmlReader` auf das nächste Startelement gesetzt. Dazu ein Beispiel. Hat das XML-Dokument die Struktur
	
	`<a><b><c></c></b></a><d></d>`
	
	und steht der Reader aktuell auf Element *a*, wird die Anweisung
	
	`reader.ReadToDescendant("b")`
	
	erfolgreich sein, während die Anweisung
	
	`reader.ReadToDescendant("d")`
	
	als Ergebnis `false` liefert.

Tabelle 14.4 Navigationsmethoden der Klasse »XmlReader«

Methoden	Beschreibung
ReadToFollowing("Element")	Liest, bis ein Element mit dem angegebenen qualifizierten Namen gefunden wird, z.B.: reader.ReadToFollowing("Person") Der Rückgabewert ist true, wenn ein übereinstimmendes Element gefunden wird.
ReadToNextSibling("Element")	Die Methode setzt den Reader auf das nächste XML-Element, das sich auf derselben Hierarchieebene wie das aktuelle Element befindet. Wird kein passendes Element gefunden, wird der Reader auf das Endelement des übergeordneten Elements gesetzt.
Skip	Die Methode überspringt den Inhalt des aktuellen XML-Elements und aller darin enthaltenen untergeordneten Elemente.

Tabelle 14.4 Navigationsmethoden der Klasse »XmlReader« (Forts.)

Eigenschaften und Methoden im Zusammenhang mit Attributen

Methoden/Eigenschaften	Beschreibung
AttributeCount	(Eigenschaft) Liefert die Anzahl der Attribute des aktuellen XML-Elements.
HasAttributes	(Eigenschaft) Gibt an, ob das aktuelle Element Attribute hat.
MoveToFirstAttribute	Methode, die zum ersten Attribut des aktuellen XML-Elements springt.
MoveToNextAttribute	Methode, die zum nächsten Attribut des aktuellen XML-Elements springt.
MoveToAttribute	Methode, die zum angegebenen Attribut des aktuellen Elements springt, beispielsweise: reader.MoveToAttribute("Ort")
MoveToElement	Methode, die von der Ebene der Attribute zurück zur Elementebene springt.

Tabelle 14.5 Methoden und Eigenschaften, die die Attribute betreffen

Eigenschaften und Methoden im Zusammenhang mit Namespaces

Methode/Eigenschaft	Beschreibung
`LocalName`	Eigenschaft, die den Elementnamen liefert, jedoch ohne Präfix.
`LookupNamespace`	Liefert den Namespace-URI zum angegebenen Präfix, z.B.: `reader.LookupNamespace("a")`
`Name`	Eigenschaft, die den Element- oder Attributbezeichner liefert, einschließlich des vorangestellten Präfixes.
`NamespaceURI`	Liefert den Namespace-URI zum aktuellen Element.
`Prefix`	Diese Eigenschaft liefert das Präfix des aktuellen XML-Elements.
`ReadXxx`	Diese Methode liest das durch Name und Namespace-URI spezifizierte XML-Element.

Tabelle 14.6 Methoden und Eigenschaften, um Namespaces auszuwerten

Daten lesen

Methode	Beschreibung
`ReadContentAsXxxx`	Diese Methode liefert den Inhalt von Knoten (z.B. CDATA, Text etc.), wenn diese einen solchen haben können. Ausgeschlossen sind allerdings XML-Elemente. Dabei wird der Inhalt im gewünschten Datentyp gelesen, z.B. als `ReadContentAsString` oder `ReadContentAsInt`. Anschließend wird der Reader auf den nächsten Knoten gesetzt.
`ReadElementContentAsXxx`	Liefert den Inhalt des aktuellen XML-Elements im gewünschten Datentyp. Die Methode ist allerdings nur auf XML-Elementen anwendbar, die selbst keine Unterelemente haben. Anschließend wird der Reader auf den nächsten Knoten gesetzt.
`ReadElementString`	Diese Methode liest einfache Nur-Text-Elemente. Sie ruft `MoveToContent` auf, um den nächsten Inhaltsknoten zu suchen, und analysiert dann dessen Wert als einfache Zeichenfolge.
`ReadString`	Liefert den Inhalt des aktuellen Knotens als Zeichenfolge.
`ReadInnerXml`	Diese Methode gibt den gesamten Inhalt des aktuellen Knotens zurück. Der aktuelle Knoten (Starttag) und der entsprechende Endknoten (Endtag) werden nicht zurückgegeben.
`ReadOuterXml`	Diese Methode gibt den gesamten aktuellen Knoten zurück, einschließlich des Start- und Endtags.

Tabelle 14.7 Methoden zum Lesen von Daten

14.6 Die Klasse »XmlWriter«

Das schreibende Pendant zur Klasse `XmlReader` ist die Klasse `XmlWriter`. Erzeugt wird ein `XmlWriter`-Objekt mit der Methode `Create`. Sie können das resultierende XML-Dokument in eine Datei schreiben oder einem `TextWriter`-, `StringBuilder`- oder `Stream`-Objekt übergeben.

```
XmlWriter writer = XmlWriter.Create(@"C:\Personen.xml");
```

In einer Überladung schreibt die Methode `Create` in einem zweiten Parameter ein Objekt vom Typ `XmlWriterSettings` vor. Mit diesem lässt sich die Ausgabe des resultierenden XML-Dokuments steuern. Beispielsweise legen Sie mit der Eigenschaft `Indent` fest, ob die Zeilen eingerückt werden sollen, und mit `IndentChars`, mit welchen Zeichen eingerückt werden soll. Die Eigenschaft `Encoding` legt die Codierung fest, die standardmäßig auf UTF-8 voreingestellt ist.

Ähnlich wie beim `XmlReader` ist mit der Klasse `XmlWriter` nur die Vorwärtsbewegung erlaubt. Sehr angenehm dabei ist, dass die spitzen Klammern der Tags nicht berücksichtigt werden müssen. Das eigentliche Schreiben erfolgt durch eine der zahlreichen `Write`-Methoden.

Ein neues Dokument wird mit `WriteStartDocument` erzeugt. Am Ende muss noch die Methode `WriteEndDocument` aufgerufen werden, die das `XmlWriter`-Objekt wieder in den Ausgangszustand zurückversetzt. Einzelne Elemente ohne Daten werden mit `WriteStartElement` beschrieben. Diese Elemente werden dann untergeordnete Elemente haben. Als Argument wird dabei der Elementbezeichner übergeben. Das Endtag des Elements wird mit `WriteEndElement` gesetzt.

```
writer.WriteStartElement("Person");
[...]
writer.WriteEndElement();
```

Elemente, die Daten enthalten, erzeugen Sie mit der Methode `WriteElementString`. Übergeben Sie der Methode zuerst den Elementbezeichner und danach den Wert, z.B.:

```
writer.WriteElementString("Zuname", "Schmidt");
```

Das Ergebnis dieser Anweisung wird lauten:

```
<Zuname>Schmidt</Zuname>
```

Die Methode erzeugt also das Startelement, den Elementinhalt und das schließende Tag. Alternativ können Sie ein datenführendes Element auch mit `WriteStartElement` und `WriteEndElement` beschreiben. Der Inhalt des Elements wird dann mit einer der Methoden `WriteString`, `WriteBase64` oder `WriteChars` geschrieben.

Soll ein Element ein Attribut haben, rufen Sie die Methode `WriteAttributeString` auf. Im Minimalfall übergeben Sie zwei Argumente: Das erste gibt den Bezeichner des Attributs an, das zweite den Wert.

Das folgende Beispielprogramm erzeugt eine einfache XML-Datei, in der die zuvor beschriebenen Methoden eingesetzt werden.

```csharp
// Beispiel: ..\Kapitel 14\XmlWriterSample
static void Main(string[] args) {
  XmlWriterSettings settings = new XmlWriterSettings();
  settings.Indent = true;
  settings.IndentChars = "  "; // 2 Leerzeichen
  XmlWriter writer = XmlWriter.Create(@"D:\Personen.xml", settings);
  writer.WriteStartDocument();
  // Starttag des Stammelements
  writer.WriteStartElement("Personen");
  writer.WriteComment("Die Datei wurde mit XmlWriter erzeugt");
  // Starttag von 'Person'
  writer.WriteStartElement("Person");
  writer.WriteElementString("Zuname", "Kleynen");
  writer.WriteElementString("Vorname", "Peter");
  // Element mit Attributen
  writer.WriteStartElement("Adresse");
  writer.WriteAttributeString("Ort", "Eifel");
  writer.WriteAttributeString("Strasse", "Am Wald 1");
  writer.WriteValue("Germany");
  writer.WriteEndElement();
  // Endtag von 'Person'
  writer.WriteEndElement();
  // Endtag des Stammelements
  writer.WriteEndElement();
  writer.WriteEndDocument();
  writer.Close();
  Console.WriteLine(@"Datei D:\Personen.xml erzeugt.");
  Console.ReadLine();
}
```

Listing 14.31 Das Beispielprogramm »XmlWriterSample«

Die XML-Datei sieht nach der Ausführung des Programms folgendermaßen aus:

```xml
<?xml version="1.0" encoding="utf-8"?>
<Personen>
  <!--Die Datei wurde mit XmlWriter erzeugt-->
  <Person>
    <Zuname>Kleynen</Zuname>
    <Vorname>Peter</Vorname>
    <Adresse Ort="Eifel" Strasse="Am Wald 1">Germany</Adresse>
  </Person>
</Personen>
```

Listing 14.32 Aus Listing 14.31 erzeugte Datei

Namespaces festlegen

Manchmal ist es zwingend erforderlich, Elemente einem bestimmten Namespace zuzuordnen, um sie eindeutig zuordnen und interpretieren zu können. Im Beispiel oben wurde darauf vollkommen verzichtet. Das wollen wir nun nachholen.

Möchten Sie einen Standard-Namespace für alle Elemente des XML-Dokuments beschreiben, rufen Sie die Überladung der Methode WriteStartElement auf, die zwei Parameter definiert. Dem ersten übergeben Sie den Elementbezeichner und dem zweiten den gewünschten Namespace. Mit

```
writer.WriteStartElement("Personen", "http://www.MyNS.com");
```

wird das Element *Personen* wie folgt in das Ziel geschrieben:

```
<Personen xmlns="http://www.MyNS.com">
```

Eine weitere Überladung mit drei Parametern gestattet es, ein Präfix festzulegen. Dieses wird dem ersten Parameter übergeben, die Reihenfolge der beiden folgenden entspricht der zweifach parametrisierten Variante.

```
writer.WriteStartElement("x", "Personen", "http://www.MyNS.com");
```

Nun sieht das Element *Personen* folgendermaßen aus:

```
<x:Personen xmlns:x="http://www.MyNS.com">
```

Die untergeordneten Elemente gehören nicht automatisch diesem Namensraum an, sondern müssen dem Namespace ausdrücklich zugeordnet werden. Dabei hilft ebenfalls die dreiparametrige Überladung der Methode WriteStartElement weiter:

```
writer.WriteStartElement("x", "Personen", "http://www.MyNS.com");
writer.WriteStartElement("x", "Person", "http://www.MyNS.com");
```

Wichtig dabei ist, dass beide Namespace-Angaben absolut identisch sind, auch hinsichtlich der Groß-/Kleinschreibung. Nur dann wird das Element *Person* dem unter dem Element *Personen* angegebenen Namespace zugeordnet. Das aufgeführte Präfix spielt keine Rolle.

```
<x:Personen xmlns:x="http://www.MyCompany.com">
  <x:Person>
```

Geben Sie einen abweichenden Namespace an, wird das als neuer Namensraum interpretiert. Dann sollten Sie aber auch ein anderes Präfix benutzen.

In einigen XML-Dokumenten werden mehrere Namespaces im Stammelement definiert. Eine passende Überladung der Methode WriteStartElement gibt es dafür nicht. Abhilfe schafft die Methode WriteAttributString, die ebenfalls überladen ist und eine drei- und vierparametrige Variante bereitstellt. Letztgenannte wollen wir uns an einem Beispiel ansehen.

```
writer.WriteStartElement("Personen");
writer.WriteAttributeString("xmlns","x", null,"http://www.MyNS.de");
```

Dem ersten Parameter wird das Namespace-Präfix des Attributs übergeben, dem zweiten der Bezeichner des Attributs. Dabei handelt es sich um das Präfix, das den Elementen zur Identifizierung vorangestellt wird. Ist das Attribut einem spezifischen Namespace zugeordnet, ist dieser dem dritten Parameter zu übergeben. Hier ist der Wert `null` angegeben, da es sich bei `xmlns` um ein reserviertes Attribut handelt. Der vierte und letzte Parameter erwartet den Wert des Attributs. Die beiden Anweisungen werden zu folgender Ausgabe führen:

```
<Personen xmlns:x="http://www.MyNS.de">
```

Beispielprogramm

Wir wollen uns nun ein Beispiel ansehen, das das folgende XML-Dokument mittels Code erzeugt. Dabei werden zwei Namespaces definiert: ein Standard-Namespace und ein spezifischer Namespace, dem das Präfix »*x*« zugeordnet wird. Die Elemente *Personen*, *Person*, *Zuname* und *Vorname* sollen dem spezifischen Namespace zugeordnet werden, das Element *Adresse* dem Standard-Namespace.

```xml
<?xml version="1.0" encoding="utf-8"?>
<x:Personen xmlns="http://www.MyDefaultNS.de"
            xmlns:x="http://www.MyNS.de">
  <x:Person>
    <x:Zuname>Kleynen</x:Zuname>
    <x:Vorname>Peter</x:Vorname>
    <Adresse Ort="Eifel" Strasse="Am Wald 1">Germany</Adresse>
  </x:Person>
</x:Personen>
```

Listing 14.33 Das resultierende XML-Dokument des Listings 14.34

Dazu nun der Programmcode.

```csharp
// Beispiel: ..\Kapitel 14\XmlWriterWithNamespaces
static void Main(string[] args) {
  XmlWriterSettings settings = new XmlWriterSettings();
  settings.Indent = true;
  settings.IndentChars = "  "; // 2 Leerzeichen
  XmlWriter writer = XmlWriter.Create(@"D:\Personen.xml", settings);
  writer.WriteStartDocument();
  // Starttag des Stammelements
  writer.WriteStartElement("x","Personen", "http://www.MyNS.de");
  writer.WriteAttributeString("xmlns", "http://www.MyDefaultNS.de");
  // Starttag von 'Person'
  writer.WriteStartElement("x", "Person", "http://www.MyNS.de");
  writer.WriteElementString("x", "Zuname", "http://www.MyNS.de", "Kleynen");
  string prefix = writer.LookupPrefix("http://www.MyNS.de");
  writer.WriteElementString(prefix, "Vorname", "http://www.MyNS.de", "Peter");
  // Element mit Attributen
```

```
        writer.WriteStartElement("Adresse");
        writer.WriteAttributeString("Ort", "Eifel");
        writer.WriteAttributeString("Strasse", "Am Wald 1");
        writer.WriteValue("Germany");
        writer.WriteEndElement();
        // Endtag von 'Person'
        writer.WriteEndElement();
        // Endtag des Stammelements
        writer.WriteEndElement();
        writer.WriteEndDocument();
        writer.Close();
        Console.WriteLine(@"Datei D:\Personen.xml erzeugt.");
        Console.ReadLine();
    }
```

Listing 14.34 XML-Dokument mit Namespaces erzeugen

Der Code enthält neben den schon zuvor behandelten Methoden zur Erzeugung von Elementen, Attributen und Namespaces nur eine Methode, die bisher noch nicht erwähnt worden ist: `LookupPrefix`. Dieser wird in Form einer Zeichenfolge ein Namespace-URI übergeben, der Rückgabewert ist das dazugehörende Präfix.

14.6.1 Die Methoden der Klasse »XmlWriter«

Die folgende Tabelle enthält die wohl wichtigsten Methoden der Klasse `XmlWriter`. Die meisten davon sind in diesem Abschnitt genau erläutert und in den Beispielprogrammen verwendet worden.

Methode	Beschreibung
`LookupPrefix`	Liefert das Präfix, das im aktuellen Namespace-Bereich für den angegebenen Namespace-URI definiert ist.
`WriteStartDocument`	Schreibt die XML-Deklaration mit der Version 1.0.
`WriteEndDocument`	Setzt den `XmlWriter` in den Anfangszustand.
`WriteStartElement`	Schreibt das Starttag.
`WriteEndElement`	Schreibt das Endtag.
`WriteElementString`	Schreibt ein Element mit einem Zeichenfolgewert.
`WriteAttributeString`	Schreibt ein Attribut mit dem angegebenen Wert.
`WriteComment`	Schreibt einen Kommentar.
`WriteStartAttribute`	Schreibt ein Attribut.

Tabelle 14.8 Methoden der Klasse »XmlWriter«

Methode	Beschreibung
WriteEndAttribute	Beendet das mit WriteStartAttribute eingeleitete Attribut.
WriteCData	Schreibt einen <![CDATA[...]]>-Block mit dem angegebenen Text.
WriteValue	Schreibt einen typisierten Wert (z.B. DateTime, Double, Int64).
WriteString	Schreibt einen Textinhalt.

Tabelle 14.8 Methoden der Klasse »XmlWriter« (Forts.)

14.7 Navigation durch XML (XPath)

14.7.1 Die Klasse »XPathNavigator«

Der XmlReader ermöglicht nur eine Vorwärtsbewegung durch ein XML-Dokument. In manchen Situationen mag das durchaus genügen, aber häufig wird man nach bestimmten Elementen und den von Ihnen beschriebenen Daten suchen und dabei wahlfrei navigieren wollen. Hierbei werden wir von einem Objekt vom Typ XPathNavigator unterstützt, das zum Namensraum System.Xml.XPath gehört. Mit einem XPathNavigator können Sie zum Beispiel auch rückwärts navigieren und darüber hinaus Suchmuster angeben, die ein Filtern der Daten ermöglichen. Diese Suchmuster werden als **XPath-Ausdrücke** bezeichnet. Die XPath-Navigator-Klasse unterstützt die Funktionen von XPath 2.0.

Das hört sich sehr positiv an, ist aber mit einem Nachteil verbunden, denn das ganze XML-Dokument muss zuerst in den Speicher geladen werden. Sie müssen also einen Verlust an Performance und je nach Größe des XML-Dokuments auch eine vergleichsweise hohe Speicherbelastung akzeptieren.

Ein XPathNavigator kann ausgehend von

- einem XPathDocument-Objekt oder
- einem XmlDocument-Objekt

mit der Methode CreateNavigator erstellt werden. Ein XPathDocument-Objekt dient nur dem schnellen Einlesen eines XML-Dokuments, die Daten sind schreibgeschützt und erlauben keinerlei weitere Verarbeitung. Daten hingegen, die ein XmlDocument-Objekt zur Verfügung stellt, können auch verändert werden. Auf die zahlreichen Möglichkeiten, die sich hinter XmlDocument verbergen, kommen wir im nächsten Kapitel zu sprechen.

Um die Vorteile eines XPathNavigator-Objekts nutzen zu können, benötigen Sie zuerst ein XPathDocument-Objekt (oder alternativ ein XmlDocument-Objekt). Dem Konstruktor können Sie den Pfad zu der XML-Datei oder einen Stream übergeben, der die XML-Daten liefert. Anschließend rufen Sie die Methode CreateNavigator auf, die die Referenz auf ein XPathNavigator-Objekt liefert.

```
XPathDocument xPathDoc = new XPathDocument(@"D:\Personen.xml");
XPathNavigator navigator = xPathDoc.CreateNavigator();
```

Jetzt können die Methoden des `XPathNavigator`-Objekts zur Navigation des im Speicher befindlichen XML-Dokuments benutzt werden. Dabei gilt es, zwei Techniken zu unterscheiden:

- Navigation mit den `Move`-Methoden
- Navigation unter Zuhilfenahme von XPath-Ausdrücken

Die zahlreichen `Move`-Methoden gestatten die beliebige Navigation durch ein XML-Dokument. Allerdings ist der Code insbesondere bei komplexen XML-Strukturen oft nur schwierig nachvollziehbar. Greifen Sie auf XPath-Ausdrücke zurück, wird der Code kürzer und hat dabei auch noch den Vorteil, nach mehreren Elementen gleichzeitig suchen zu können. Nachteilig dabei ist, dass der Einsatz von XPath-Ausdrücken voraussetzt, dass Sie sich zuvor mit der Syntax von XPath anfreunden. Eine Einführung dazu erhalten Sie später.

Navigieren mit den »Move«-Methoden

`XPathNavigator` verfolgt ein cursorbasiertes Modell, bei dem eine Art Zeiger immer auf einen Knoten im XML-Dokument zeigt. Ausgehend von dem aktuellen Knoten, der auch als Kontextknoten bezeichnet wird, kann man mit einer der zahlreichen Methoden beliebig durch das Dokument navigieren.

An dieser Stelle alle Methoden und Eigenschaften eines `XPathNavigator`-Objekts vollständig zu beschreiben, würde den Rahmen sprengen. Daher möchte ich mich auf ein paar wenige Navigationsmethoden beschränken, um ein Gefühl dafür zu vermitteln, welche Möglichkeiten in dieser Klasse stecken.

Methode	Beschreibung
MoveTo	Dieser Methode wird eine `XPathNavigator`-Instanz übergeben, die auf dem Knoten positioniert ist, zu dem der aktuelle Knoten wechseln soll.
MoveToFirstAttribute	Verschiebt den `XPathNavigator` beim Überschreiben in einer abgeleiteten Klasse auf das erste Attribut des aktuellen Knotens.
MoveToAttribute	Verschiebt den `XPathNavigator` zu dem Attribut mit dem angegebenen Namen und Namespace-URI.
MoveToRoot	Verschiebt die Position des Cursors auf den Stammknoten.
MoveToFirst	Verschiebt den Cursor auf den ersten nebengeordneten Knoten des aktuellen Knotens. Der Rückgabewert ist `true`, wenn es einen nebengeordneten Knoten gibt, ansonsten `false`.

Tabelle 14.9 Die »Move«-Methoden eines »XPathNavigator«-Objekts (Auszug)

Methode	Beschreibung
MoveToNext	Verschiebt den Cursor auf den nächsten nebengeordneten Knoten des aktuellen Knotens. Der Rückgabewert ist true, wenn es einen nebengeordneten Knoten gibt, ansonsten false.
MoveToPrevious	Verschiebt den Cursor auf den vorhergehenden nebengeordneten Knoten des aktuellen Knotens. Der Rückgabewert ist true, wenn es einen nebengeordneten Knoten gibt, ansonsten false.
MoveToChild	Verschiebt den Cursor auf den angegebenen untergeordneten Knoten. Der Rückgabewert ist true, wenn es den untergeordneten Knoten gibt, ansonsten false.
MoveToFirstChild	Verschiebt den Cursor auf den ersten untergeordneten Knoten des aktuellen Knotens. Der Rückgabewert ist true, wenn es einen untergeordneten Knoten gibt, ansonsten false.
MoveToFollowing	Verschiebt den Cursor auf das Element mit dem angegebenen lokalen Namen oder einen bestimmten XPathNodeType.
MoveToParent	Verschiebt den Cursor auf den übergeordneten Knoten des aktuellen Knotens. Der Rückgabewert ist true, wenn die Aktion erfolgreich durchgeführt werden konnte, ansonsten false.

Tabelle 14.9 Die »Move«-Methoden eines »XPathNavigator«-Objekts (Auszug) (Forts.)

Wie Sie durch ein XML-Dokument navigieren, möchte ich Ihnen nun in Einzelschritten zeigen. Dabei dient wieder die Datei *Personen.xml* als Basis der einzulesenden XML-Struktur. Nachdem Sie sich ein XPathNavigator-Objekt mit

```
XPathDocument xPathDoc = new XPathDocument(@"D:\Personen.xml");
XPathNavigator navigator = xPathDoc.CreateNavigator();
```

besorgt haben, müssen Sie den Cursor zuerst auf das Stammelement des XML-Dokuments positionieren. Dazu bieten sich die Methoden MoveToFollowing oder MoveToFirstChild an. Der Methode MoveToFollowing müssen Sie dabei ausdrücklich den Bezeichner des Stammelements übergeben, gegebenenfalls auch noch den Namespace-URI.

```
navigator.MoveToFollowing("Personen", "");
```

Einfacher ist die Handhabung der Methode MoveToFirstChild, die parameterlos ist.

```
navigator.MoveToFirstChild();
```

Damit steht der Cursor auf dem Stammelement *Personen*. Um zum ersten untergeordneten Knoten *Person* zu navigieren, muss MoveToFirstChild ein weiteres Mal aufgerufen werden.

Das Element *Person* hat mehrere untergeordnete Elemente. Möchte man diese der Reihe nach durchlaufen, muss der Cursor zuerst auf das erste untergeordnete, also *Vorname* positioniert werden. Das bedeutet bereits den dritten Aufruf der Methode `MoveToFirstChild` hintereinander. Alle nebengeordneten Elemente *Zuname*, *Alter* und *Adresse* erhält man über jeweils einen Aufruf der Methode `MoveToNext`.

Zeigt der Cursor auf einen *Person*-Knoten, müssen Sie nicht alle Elemente *Vorname*, *Zuname* und *Alter* abrufen, um *Adresse* auszuwerten. Sie können dazu auch die Methode `MoveToChild` bemühen, der Sie den Bezeichner des gewünschten Elements sowie dessen Namespace-URI angeben.

```
navigator.MoveToChild("Adresse", "http://www.MyNS.de");
```

Ist das entsprechende Element keinem Namensraum zugeordnet, übergeben Sie eine leere Zeichenfolge.

Beispielprogramm

Sehen wir uns nun ein komplettes Beispiel an, in dem ein XML-Dokument vollständig durchlaufen wird. Dabei wird eine rekursive Programmiertechnik benutzt, die alle Knoten des Dokuments auswertet. Die Methode *Navigate* hat die Aufgabe, durch das Dokument zu navigieren, *WriteNode* gibt die Knotenbezeichner und die von ihnen beschriebenen Werte aus.

```csharp
// Beispiel: ..\Kapitel 14\XPathNavigatorSample
static void Main(string[] args) {
  XPathDocument doc = new XPathDocument(@"..\..\Personen.xml");
  XPathNavigator navi = doc.CreateNavigator();
  // Zum Stammknoten navigieren
  navi.MoveToRoot();
  Navigate(navi);
  Console.ReadLine();
}
// Methode, die durch die Knoten navigiert
static void Navigate(XPathNavigator navi) {
  WriteNode(navi);
  // Verschiebt den Cursor auf den ersten untergeordneten Knoten
  if (navi.MoveToFirstChild()) {
  // Verschiebt den Cursor zum nächsten nebengeordneten Knoten
    do {
      Navigate(navi);
    } while (navi.MoveToNext());
    navi.MoveToParent();
  }
}
// Methode zur Ausgabe an der Konsole
static void WriteNode(XPathNavigator navi) {
  switch (navi.NodeType)
  {
    case XPathNodeType.Element:
```

```
        if (navi.HasAttributes) {
          Console.Write("<" + navi.Name + " ");
          navi.MoveToFirstAttribute();
          do {
            Console.Write(navi.Name + "=" + navi.Value + " ");
          } while (navi.MoveToNextAttribute());
          Console.WriteLine(">");
          navi.MoveToParent();
        }
        else {
          Console.WriteLine("<" + navi.Name + ">");
        }
        break;
      case XPathNodeType.Text:
        Console.WriteLine(navi.Value);
        break;
    }
  }
}
```

Listing 14.35 Beispielprogramm mit der Klasse »XPathNavigator«

14.7.2 XPath-Ausdrücke

XPath ist eine Entwicklung des W3-Konsortiums und dient dazu, nach einem oder mehreren Knoten in einer XML-Struktur zu suchen. XPath wird normalerweise im Zusammenhang mit anderen Standards eingesetzt und stellt eine XML-Struktur als einen Baum dar, der aus Knoten besteht. Die Lokalisierung eines oder mehrerer Knoten ähnelt der Notation einer URL – vermutlich stammt auch daher der Name XPath. Für die effiziente Arbeit mit XML ist XPath unabdingbar. Daher wollen wir uns in diesem Abschnitt auch ein wenig mit der XPath-Spezifikation beschäftigen. Dabei auf jedes Detail einzugehen, würde den Rahmen sprengen. Wenn Sie aber über diesen Abschnitt hinaus nach weiteren Informationen suchen, finden Sie diese unter *http://www.w3.org/TR/xpath/*.

Aber wie sieht ein XPath-Ausdruck aus? Nehmen wir an, Sie interessieren sich für alle Zunamen in dem XML-Dokument, das durch die Datei *Personen.xml* beschrieben wird. Mit dem folgenden Codefragment können Sie das bereits erreichen.

```
XPathDocument xPathDoc = new XPathDocument(@"..\..\Personen.xml");
XPathNavigator navigator = xPathDoc.CreateNavigator();
navigator.MoveToFirstChild();
XPathNodeIterator iterator = navigator.Select("//Zuname");
while (iterator.MoveNext())
{
  Console.WriteLine(iterator.Current.Value);
}
```

Listing 14.36 Einfache Navigation mit XPath

Hätten Sie nur die Methoden der Klasse `XPathNavigator` benutzt, wäre der Code deutlich aufwendiger ausgefallen. Der XPath-Ausdruck *//Zuname* vereinfacht den Zugriff auf die Zunamen sehr deutlich.

Wie bereits erwähnt, stellt XPath eine XML-Dokumentstruktur als Baum dar. Dabei gibt es verschiedene Knotentypen, zum Beispiel Elementknoten, Textknoten oder Attributknoten. Die Lokalisierung der verschiedenen Ebenen besteht aus maximal drei Teilen:

- eine Achse, die zum Navigieren innerhalb der XML-Struktur dient
- eine Knotenprüfung, um weitere Kriterien zu definieren; damit lassen sich bestimmte Knoten selektieren
- einem Prädikat, um die selektierten Knoten weiter filtern zu können

Die Angaben von Achse und Knotenprüfung sind vorgeschrieben, während ein Prädikat optional ist. Die allgemeine Syntax eines XPath-Ausdrucks lautet:

```
achse::knotenprüfung[prädikat]
```

Beschreibt ein XPath-Ausdruck ein Prädikat, dann wird dieses in eckige Klammern eingeschlossen.

14.7.3 Der Kontextknoten

Das Resultat einer XPath-Abfrage hängt davon ab, von wo die Suche gestartet wird. Startet die Suche beim Wurzelelement, kann das Ergebnis ein ganz anderes sein, als würde die Suche bei einem Unterelement beginnen. Daher ist das Startelement von ganz wesentlicher Bedeutung. XPath verwendet das Konzept eines sogenannten **Kontextknotens**. Dieser Kontextknoten ist der aktuelle Knoten, an dem die Suche gestartet wird.

Die Achsen

Bei der Ausführung einer XPath-Abfrage kann eine bestimmte Richtung vorgeschrieben werden. Diese wird als **Achse** bezeichnet. Eine Analogie findet sich im Dateisystem, denn Sie können beispielsweise mit ».. « zum übergeordneten Verzeichnis wechseln.

Da einige Achsen sehr häufig benötigt werden, besitzen sie eine Abkürzung. In der folgenden Tabelle sind die wichtigsten Achsen beschrieben.

Achse	Beschreibung
attribute	Hiermit werden die Attribute des Kontextknotens bestimmt. (Abkürzung: @)
child	Mit dieser Achse werden die dem Kontextknoten untergeordneten Elemente (Nachkommen) beschrieben.

Tabelle 14.10 Achsen in XPath-Ausdrücken

Achse	Beschreibung
descendant	Irgendein untergeordnetes Element des Kontextknotens. Dabei kann es sich auch um einen Nachkommen über zwei oder mehr Ebenen handeln.
descendant-or-self	Wie descendant, jedoch unter Einbeziehung des Kontextknotens. (Abkürzung: //)
following	Mit dieser Achse werden die Knoten angesprochen, die sich auf der Ebene des Kontextknotens befinden und diesem nachfolgen. Zu der Ergebnismenge gehören auch die untergeordneten Elemente der gefundenen Knoten.
parent	Das dem Kontextknoten übergeordnete Element. (Abkürzung: ..)
preceding	Vorherige Knoten des Kontextknotens auf gleicher Ebene, einschließlich der ihnen untergeordneten Knoten.

Tabelle 14.10 Achsen in XPath-Ausdrücken (Forts.)

In XPath steht das Pfad-Trennzeichen »/« für tatsächliche Namen von Knoten. Beginnt ein XPath-Ausdruck nicht mit »/« oder »//«, beginnt die Suche immer an der aktuellen Cursorposition. Die Suche beschränkt sich dann auf die Elemente des Teils der XML-Struktur, der an der Cursorposition beginnt.

Knotenprüfungen

Ein weiteres Kriterium zur Filterung eines Elements können Sie nach der Angabe der Achse festlegen. Es handelt sich um die Knotenprüfung, die anhand der Achse eine Auswahl der zu selektierenden Elemente trifft. Die Angabe der Prüfung kann direkt der Elementname sein.

Knotentyp	Beschreibung
node()	Es werden alle Knoten, auch unter Einbeziehung von Namensraum- und Attributsknoten, ausgewählt.
comment()	Auswahl eines Kommentarknotens.
text()	Auswahl von Knoten, die einen Text enthalten.
processing-instruction()	Auswahl der Prozessoranweisungen im XML-Dokument.

Tabelle 14.11 Knotenprüfungen in XPath-Ausdrücken

Prädikate

Auf allen Knoten, die die Ergebnismenge nach der Achsenbestimmung und der Knotenprüfung bilden, können Sie spezielle Prädikate anwenden, um die selektierten Knoten weiter zu filtern:

- **Logische Operatoren**: or, and, !, <, >, <=, >=, =, !=
- **Arithmetische Operatoren**: +, -, div, *, mod

Da die Zeichen »<« und »>« in XML eine besondere Bedeutung haben, müssen Sie sie durch < sowie > ersetzen.

14.7.4 Beispiele mit XPath-Ausdrücken

Nachfolgend zeige ich Ihnen einige XPath-Ausdrücke und deren Ergebnismenge. Alle Beispiele basieren auf einem XML-Dokument, in dem insgesamt vier *Person*-Elemente definiert sind und zusätzlich noch das Element *Mitarbeiter*. Das Stammelement lautet auch hier *Personen*.

```
<Personen>
  <Person>
    <Vorname>Manfred</Vorname>
    <Zuname>Fischer</Zuname>
    <Alter>45</Alter>
    <Adresse Ort="Bonn" Strasse="Neuestr.34"></Adresse>
  </Person>
  [...]
  <Mitarbeiter>
    <Vorname>Peter</Vorname>
    <Zuname>Goldbach</Zuname>
    <Position>Chef</Position>
  </Mitarbeiter>
</Personen>
```

Listing 14.37 Zugrunde liegendes XML-Dokument für XPath-Ausdrücke

Beispiel 1: Die Auswertung des folgenden Positionspfades liefert alle *Person*- und *Mitarbeiter*-Elemente, einschließlich der den Elementen *Person* und *Mitarbeiter* untergeordneten Elemente, jedoch ohne die Attribute. In der Ergebnisliste steht nur ein Gesamtergebnis. Das Ergebnis ist unabhängig von der Cursorposition.

//Personen

Die Achse »//« ist sehr nützlich, um Elemente unabhängig von ihrer Position in der Struktur zu finden.

Beispiel 2: Zum gleichen Ergebnis führt auch der Ausdruck

/Personen

Zu keinem Ergebnis führt jedoch die Auswertung des folgenden Aufrufs, da hier die Angabe des Stammelements fehlt:

/Person

Anders hingegen das nächste Beispiel. Der Ausdruck beschreibt alle *Person*-Elemente, unabhängig von deren Position innerhalb der XML-Struktur. In der Ergebnisliste steht für jede Person ein separates Resultat. Da das XML-Dokument vier Personen beschreibt, liegen somit auch vier Teilergebnisse vor.

`//Person`

Möchten Sie vielleicht auf ein bestimmtes *Person*-Element zugreifen, dessen Position Sie im XML-Dokument kennen? Der nächste XPath-Ausdruck liefert das dritte *Person*-Element zurück.

`//Person[3]`

XPath unterstützt auch Platzhalter. Der folgende Ausdruck wählt alle Elemente aus, die dem Stammelement *Personen* untergeordnet sind. Es liegen auch hier fünf Resultate in der Ergebnismenge vor, da sowohl *Person* als auch *Mitarbeiter* ausgewertet werden. Besonders sinnvoll ist der Ausdruck, wenn dem Stammelement mehrere verschiedene Elemente untergeordnet sind und alle in der Ergebnismenge stehen sollen.

`/Personen/*`

Den Platzhalter können Sie auch angeben, um auf die Attribute des Elements *Adresse* zuzugreifen.

`/Personen/Person/Adresse/@*`

Interessieren hingegen nur die Werte, die durch das Attribut *Ort* beschrieben werden, geben Sie den Attributsbezeichner anstelle des Platzhalters an.

`/Personen/Person/Adresse/@Ort`

Nehmen wir nun an, der Positionscursor zeige auf das erste Element *Person* in der XML-Struktur. Mit dem XPath-Ausdruck

`Vorname`

wird als Ergebnis *Manfred* ausgegeben. Wird explizit keine Achse angegeben, gilt `child` als Vorgabe. Somit führt der gezeigte Ausdruck zum gleichen Ergebnis wie

`child::Vorname`

Hätte der Cursor eine andere Position eingenommen, wäre die Ergebnismenge leer.

Unabhängig von der Cursorposition wird der nächste XPath-Ausdruck alle Vornamen ausgeben, da er gleichbedeutend mit dem XPath-Ausdruck `Vorname` ist:

`//child::Vorname`

Mit

`/child::Vorname`

bleibt die Ergebnismenge jedoch leer.

Mit optionalen Prädikaten lassen sich Ergebnismengen weiter filtern. Sie sind Teil des Positionspfades, der in eckigen Klammern erscheint. Der nächste Ausdruck verwendet ein Prädikat, um die Auswahl der *Person*-Elemente auf die Personen einzugrenzen, deren Alter größer 40 ist.

```
//Person[Alter > 40]
```

Sehr ähnlich wird mit dem folgenden Ausdruck gefiltert. Hierbei interessieren uns alle Personen, die in *Bonn* wohnen. Da der *Ort* als Attribut definiert ist, muss auf den Attributinhalt zugegriffen werden.

```
//Person/Adresse[@Ort = 'Bonn']
```

Prädikate dürfen gemäß XPath-Spezifikation auch mit and oder or verknüpft werden. Im folgenden XPath-Ausdruck werden die beiden zuvor gezeigten Ausdrücke benutzt, um alle *Person*-Elemente zu finden, die sowohl älter als 40 sind als auch in Bonn wohnen.

```
//Person[Alter > 40 and Adresse[@Ort = 'Bonn']]
```

XPath unterstützt integrierte Funktionen, die häufig in Prädikaten verwendet werden. Die Auswertung des folgenden Ausdrucks ergibt alle *Person*-Elemente, deren Vorname mit dem Buchstaben »P« beginnt.

```
//Person[starts-with(Vorname, 'P')]
```

Zum Abschluss der XPath-Beispiele möchte ich Ihnen noch zeigen, wie der Ausdruck lauten muss, um nach allen Personen innerhalb der XML-Struktur zu suchen, deren Zuname »Schmidt« oder »Meier« lautet.

```
//Zuname[text()='Meier' or text()='Schmidt']
```

Die bis hier gezeigten Beispiele können vielleicht einen Eindruck darüber vermitteln, wie mächtig XPath-Ausdrücke formuliert werden können. Hier alle Möglichkeiten zu zeigen, ist aus Platzgründen nicht möglich. Für das weitere Vorgehen und das Verständnis der folgenden Beispiele reichen die Ausführungen aber aus. Wenn Sie intensiver in das Thema XPath einsteigen wollen, empfiehlt es sich, einen Blick in die Originalspezifikation zu werfen, deren Link Sie am Anfang des Kapitels finden.

14.7.5 Knotenmengen mit der »Select«-Methode

In Abschnitt 14.7.1 haben Sie gesehen, wie Sie mit den Methoden der Klasse XPathNavigator durch die Struktur einer XML-Vorlage navigieren können. Mit den Kenntnissen von XPath-Ausdrücken ausgestattet lässt sich ein XPathNavigator-Objekt aber noch effektiver einsetzen.

Um einen XPath-Ausdruck gegen ein XML-Dokument abzusetzen, steht Ihnen die Methode Select zur Verfügung. Das Ergebnis des Methodenaufrufs ist eine Menge von Knoten, die von einem `XPathNodeIterator`-Objekt beschrieben werden. Der `XPathNodeIterator` ist zunächst auf dem Kontextknoten positioniert, der Ausgangspunkt der XPath-Abfrage ist. Um zum ersten Knoten in der Ergebnismenge zu gelangen, muss daher zuerst `MoveNext` auf das Iterator-Objekt aufgerufen werden. `MoveNext` eignet sich sehr gut, um in einer Schleife eingesetzt zu werden, da der Rückgabewert `true` ist, falls noch ein weiterer Knoten in der Ergebnismenge vorliegt.

```
XPathDocument xPathDoc = new XPathDocument(@"C:\Personen.xml");
XPathNavigator navigator = xPathDoc.CreateNavigator();
XPathNodeIterator iter = navigator.Select("//Person");
while (iter.MoveNext()) {
   Console.WriteLine(iter.Current.Value);
}
```

Listing 14.38 Navigieren zum ersten Knoten mit »MoveNext«

Die Eigenschaft `Current` des Iterators ist schreibgeschützt und liefert ein neues `XPathNavigator`-Objekt, das auf das aktuelle XML-Element in der Ergebnismenge zeigt:

```
public XPathNavigator Current {get;}
```

`Current` ist nicht nur wichtig für die Auswertung des gefundenen Knotens, sondern kann darüber hinaus auch Ausgangspunkt für weitere Suchoperationen sein.

Das `XPathNodeIterator`-Objekt hat neben `Current` noch zwei weitere interessante Eigenschaften: `Count` und `CurrentPosition`. `Count` liefert die Anzahl der Knoten in der Ergebnismenge und `CurrentPosition` den Index der aktuellen Position in der Ergebnismenge. Aber Vorsicht, denn der Index ist nicht 0-basiert, sondern 1-basiert. Der Index 0 gibt nämlich an, dass keine Knoten ausgewählt sind.

Ändern des Kontextknotens

Das `XPathNavigator`-Objekt, auf das die `Select`-Methode aufgerufen worden ist, ändert seine Position auch dann nicht, wenn die Ergebnismenge durchlaufen wird. Der Kontextknoten bleibt also gleich. Wenn der XPath-Ausdruck nicht mit »/« oder »//« beginnt, beginnt die Suche nach den Elementen an der aktuellen Cursorposition des `XPathNavigator`-Objekts.

Um die Cursorposition auf eines der Suchergebnisse zu setzen, können Sie anstatt der Methode `Select` die Methode `SelectSingleNode` des `XPathNavigator`-Objekts einsetzen. Der Rückgabewert ist ein neues `XPathNavigator`-Objekt, das Sie der `MoveTo`-Methode übergeben.

```
bool result = navigator.MoveTo(navigator.SelectSingleNode("XPath-Ausdruck"));
```

Der Aufruf liefert `true`, wenn die Position des Navigators verschoben werden konnte, bei `false` bleibt die Cursorposition unverändert.

14.7 Navigation durch XML (XPath)

Weitere »Select«-Methoden

Neben Select gibt es mit

- SelectAncestors
- SelectChildren
- SelectDescendants

noch drei weitere Varianten zur Filterung von XML-Elementen. SelectAncestors wählt alle übergeordneten Knoten des aktuellen Knotens aus, SelectChildren alle **direkt** untergeordneten Knoten und SelectDescendants ausnahmslos alle untergeordneten Knoten. Allen drei genannten Methoden können Sie bestimmte Kriterien für die Filterung übergeben: Entweder Sie geben den Namen des gesuchten Elements an oder den Knotentyp (XmlNodeType).

Das folgende Beispiel zeigt, wie die genannten Select-Methoden benutzt werden können. Als Grundlage dazu dient uns die Datei *Personen.xml*, die jedoch um das zusätzliche Element *Geschlecht* ergänzt worden ist, das *Zuname* untergeordnet ist.

```
<Person>
  <Vorname>Manfred</Vorname>
  <Zuname>Fischer
    <Geschlecht>Männlich</Geschlecht>
  </Zuname>
  <Alter>45</Alter>
  <Adresse Ort="Bonn" Strasse="Neuestr.34"></Adresse>
</Person>
```

Listing 14.39 XML-Dokument für das Listing 14.40

Hier nun der Code des Beispielprogramms:

```
// Beispiel: ..\Kapitel 14\SelectSample
static void Main(string[] args) {
  string trenner = new string('-', 45);
  XPathDocument doc = new XPathDocument("..\\..\\Personen.xml");
  XPathNavigator navigator = doc.CreateNavigator();
  navigator.MoveToChild("Personen","");
  navigator.MoveToChild("Person", "");
  // Alle untergeordneten Elemente einer 'Person'
  XPathNodeIterator descendant =
  navigator.SelectDescendants("", "", false);
  Console.WriteLine("Alle untergeordneten Elemente von 'Person':");
  Console.WriteLine(trenner);
  while (descendant.MoveNext()) {
    Console.WriteLine(descendant.Current.Name);
  }
  // Alle direkt untergeordneten Elemente einer 'Person'
```

```
    XPathNodeIterator children = navigator.SelectChildren("", "");
    Console.WriteLine("\nDirekt untergeordnete Elemente von 'Person':");
    Console.WriteLine(trenner);
    while (children.MoveNext()) {
      Console.WriteLine(children.Current.Name);
    }
    // Die übergeordneten Elemente von 'Zuname'
    navigator.MoveToChild("Zuname", "");
    XPathNodeIterator ancestors = navigator.SelectAncestors("", "", false);
    Console.WriteLine("\nÜbergeordnete Elemente von 'Zuname':");
    Console.WriteLine(trenner);
    while (ancestors.MoveNext()) {
      Console.WriteLine(ancestors.Current.Name);
    }
    Console.ReadLine();
  }
```

Listing 14.40 Das Beispielprogramm »SelectSample«

Als Grundlage der Select-Methoden wird jeweils die Überladung benutzt, die im ersten Parameter den Knotenbezeichner erwartet. Gibt man eine leere Zeichenfolge an, werden der Ergebnismenge alle gefundenen Knoten hinzugefügt. Der zweite Parameter erwartet den Namespace-URI. Da in unserem XML-Dokument kein Namespace definiert ist, wird hier eine leere Zeichenfolge übergeben. Der dritte Parameter der Methoden SelectAncestors und SelectDescendants schließlich erwartet einen booleschen Wert, der angibt, ob der aktuelle Knoten (der Kontextknoten) in die Ergebnismenge aufgenommen werden soll. In beiden Fällen wurde unter Angabe von false darauf verzichtet.

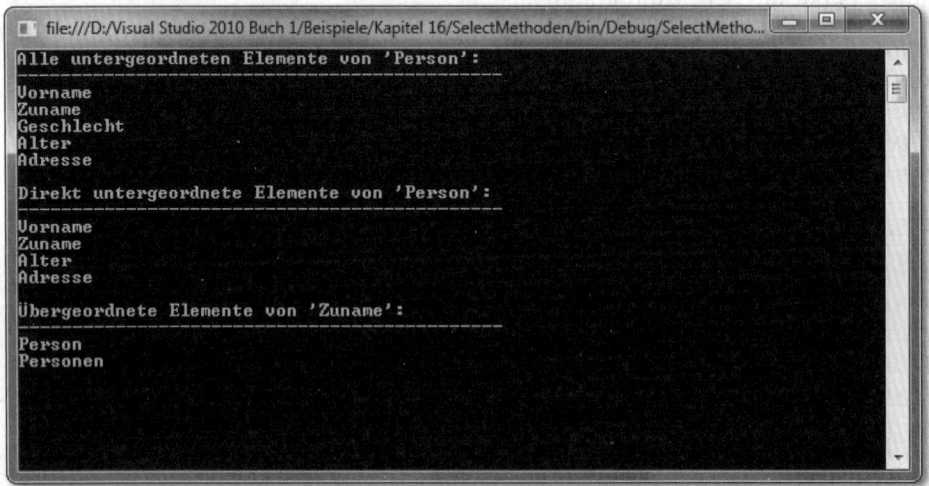

Abbildung 14.6 Ergebnisliste des Beispiels »SelectSample«

Kompilieren von XPath-Ausdrücken

Bei der Filterung von Knoten mit XPath-Ausdrücken führt der Parser immer wieder eine Analyse und Optimierung der Abfrage durch. Bei Abfragen, die wiederholt verwendet werden, bedeutet das eine Leistungseinbuße. Um dem zu begegnen, besitzen die Methoden, die einen XPath-Ausdruck akzeptieren, auch eine Überladung für einen kompilierten Ausdruck, der durch XPathExpression dargestellt wird. Dazu zählt auch Select.

Ein XPathExpression-Objekt erhalten Sie als Rückgabewert der statischen Methode Compile der Klasse XPathExpression.

```
public static XPathExpression Compile(string xpath)
```

Der Einsatz eines kompilierten XPath-Ausdrucks kann insbesondere bei komplexen Ausdrücken eine durchaus deutliche Steigerung der Abfrageleistung bringen.

```
XPathDocument xPathDoc = new XPathDocument(@"D:\Personen.xml");
XPathNavigator navigator = xPathDoc.CreateNavigator();
XPathExpression xpathExpr = XPathExpression.Compile("//Person");
XPathNodeIterator iter = navigator.Select(xpathExpr);
while (iter.MoveNext()) {
  Console.WriteLine(iter.Current.Value);
}
```

Listing 14.41 Kompilierter XPath-Ausdruck

14.7.6 Auswerten von XPath-Ausdrücken

Die Methode »Evaluate«

Bisher habe ich Ihnen nur gezeigt, wie Sie mit XPath-Ausdrücken eine auf Knoten basierende Ergebnismenge auswerten können. XPath-Ausdrücke ermöglichen es aber auch, Berechnungen auszuführen. Dabei hilft die Methode Evaluate des XPathNavigator-Objekts weiter:

```
public virtual Object Evaluate(string xpath)
```

Es gibt weitere Überladungen, die auch ein XPathExpression- oder XPathNodeIterator-Objekt entgegennehmen.

Dazu sofort ein Beispiel. Angenommen, Sie interessieren sich für das Durchschnittsalter aller Personen, die in der Datei *Personen.xml* beschrieben werden. Der XPath-Ausdruck dazu lautet:

```
sum(//Alter) div count(//Alter)
```

Die Funktion sum liefert die Summe der in der Ergebnismenge *//Alter* enthaltenen Werte, und count liefert die Anzahl der zurückgegebenen Ergebnisse aus der Abfrage *//Alter*. Die Funktion div ist der Divisionsoperator.

```
string xPath = "sum(//Alter) div count(//Alter)";
XPathDocument xPathDoc = new XPathDocument(@"D:\Personen.xml");
XPathNavigator navigator = xPathDoc.CreateNavigator();
double result = Convert.ToDouble(navigator.Evaluate(xPath));
Console.WriteLine("Durchschnittsalter = {0}",result);
```

Listing 14.42 Die Methode »Evaluate«

Da der Rückgabewert von Evaluate vom Typ Object ist, muss noch in den passenden Typ konvertiert werden.

Die Methode »Matches«

Mit der Methode Matches können Sie feststellen, ob der aktuelle Knoten des XPathNavigators einem bestimmten XPath-Ausdruck entspricht.

```
public virtual bool Matches(string xpath)
```

Matches akzeptiert auch einen kompilierten XPath-Ausdruck vom Typ XPathExpression.

Im folgenden Codefragment wird untersucht, ob der Cursor das *Personen*-Element beschreibt. Der Rückgabewert ist in diesem Fall true, da zuvor mit MoveToFirstChild zum Stammelement des XML-Dokuments navigiert wird.

```
XPathDocument xPathDoc = new XPathDocument(@"D:\Personen.xml");
XPathNavigator navigator = xPathDoc.CreateNavigator();
navigator.MoveToFirstChild();
Console.WriteLine(navigator.Matches("//Personen").ToString());
```

Listing 14.43 Die Methode »Matches«

Namensräume

In nahezu jedem XML-Dokument wird die Technik der Namensräume benutzt, um Elemente eindeutig zuordnen zu können. XPathNavigator unterstützt mit mehreren Eigenschaften und Methoden die Namensräume.

Eigenschaft/Methode	Beschreibung
LocalName	(Eigenschaft) Ruft den Bezeichner des aktuellen Knotens ohne Namespace-Präfix ab. Die ähnliche Eigenschaft Name liefert den Bezeichner samt Präfix.
NamespaceURI	(Eigenschaft) Ruft den Namespace-URI des aktuellen Knotens ab.
Prefix	(Eigenschaft) Ruft das Namespace-Präfix des aktuellen Knotens ab.
GetNamespacesInScope	(Methode) Gibt alle im Gültigkeitsbereich befindlichen Namespaces des aktuellen Knotens zurück.

Tabelle 14.12 Eigenschaften und Methoden, die die Namespaces betreffen

Eigenschaft/Methode	Beschreibung
LookupNamespace	(Methode) Ruft den Namespace-URI für das angegebene Präfix ab.
LookupPrefix	(Methode) Ruft das Namespace-Präfix für das angegebene Präfix ab.
MoveToFirstNamespace	(Methode) Verschiebt den XPathNavigator auf den ersten Namespace-Knoten des aktuellen Knotens.
MoveToNextNamespace	(Methode) Verschiebt den XPathNavigator auf den nächsten Namespace-Knoten des aktuellen Knotens.

Tabelle 14.12 Eigenschaften und Methoden, die die Namespaces betreffen (Forts.)

Die Eigenschaften LocalName, NamespaceURI und Prefix sind schon vom XmlReader her bekannt und werden auf dem aktuellen Knoten ausgewertet. LookupNamespace und LookupPrefix liefern Informationen, die das gesamte XML-Dokument betreffen, aber nur auf ein Präfix oder einen Namensraum bezogen sind.

Die Methode GetNamespacesInScope müssen wir uns noch genauer ansehen, da ihr Einsatz etwas komplexer ist. Die Methode liefert alle Namespaces, die sich im Gültigkeitsbereich des aktuellen Knotens befinden. Ist der Navigator auf das Stammelement positioniert, handelt es sich folgerichtig um alle Namespaces des XML-Dokuments. Der Rückgabewert der Methode ist eine generische Collection, in der die einzelnen Elemente über ein Key-Value-Paar beschrieben werden. Jeder Namespace-Eintrag wird in der Collection durch den Typ KeyValuePair<string, string> beschrieben.

Sie müssen GetNamespacesInScope mitteilen, ob die gelieferte Liste gefiltert werden soll. Dazu übergeben Sie der Methode ein Argument vom Typ der Enumeration XmlNamespaceScope.

Enumerationswert	Beschreibung
All	Liefert alle Namespaces, die sich im Gültigkeitsbereich des aktuellen Knotens befinden. Dies beinhaltet auch den xmlns:xml-Namespace, der immer implizit deklariert wird.
ExcludeXml	Liefert alle Namespaces, die im Gültigkeitsbereich des aktuellen Knotens definiert sind. Davon ausgeschlossen ist der xmlns:xml-Namespace, der immer implizit deklariert ist.
Local	Liefert alle Namespaces, die am aktuellen Knoten lokal definiert sind.

Tabelle 14.13 Konstanten der Enumeration »XmlNamespaceScope«

Im folgenden Codefragment wird die Liste der Namespaces eines XML-Dokuments abgefragt, ohne den impliziten xmlns:xml-Namespace zu berücksichtigen.

```
IDictionary<string, string> liste =
  navi.GetNamespacesInScope(XmlNamespaceScope.ExcludeXml);
foreach (KeyValuePair<string, string> temp in liste)
  Console.WriteLine("Key: {0,-3} Value: {1}", temp.Key, temp.Value);
```

Listing 14.44 Liste aller Namespaces abfragen

Alternativ zu `GetNamespacesInScope` bieten sich auch die Methoden `MoveToFirstNamespace` und `MoveToNextNamespace` an, die beide auf den aktuellen Knoten bezogen sind. Beide Methoden liefern einen booleschen Wert zurück, der `true` ist, wenn der `XPathNavigator` auf den ersten bzw. nächsten Namespace positioniert werden kann.

```
if (navigator.MoveToFirstNamespace())
do {
  Console.WriteLine("Präfix: {0} - Namespace: {1} ",
                    navigator.Name, navigator.Value);
} while (navigator.MoveToNextNamespace());
```

Beachten Sie, dass ein Präfix mit der Eigenschaft `Name` ausgewertet wird und der zugehörige Namensraum mit der Eigenschaft `Value`.

Namespaces in XPath-Ausdrücken

Eine etwas andere Behandlung erfahren die Namespaces, die in XPath-Ausdrücken verwendet und korrekt ausgewertet werden sollen. Grundsätzlich verlangt die XPath-Syntax, dass vor dem Elementnamen das Präfix angegeben wird, also:

Präfix:Elementbezeichner

Eine Überladung der `Select`-Methode des `XPathNavigators` berücksichtigt genau diesen Fall und schreibt ein Objekt mit `IXmlNamespaceResolver` vor. Diese Schnittstelle wird von der Klasse `XmlNamespaceManager` implementiert. Sie müssen also nur ein Objekt dieses Typs der `Select`-Methode übergeben.

Ein `XmlNamespaceManager` verwaltet alle Namespaces und die ihnen zugeordneten Präfixe. Dabei müssen die Elemente, die sich im Standardnamensraum befinden, besonders behandelt werden, denn in XML-Dokumenten ist diesen Elementen kein Präfix vorangestellt. Die XPath-Syntax verlangt aber auch in diesem Fall ein Präfix. Daher ist es erforderlich, dass Sie auch diesen Elementen ein Präfix zuordnen.

Das folgende Beispiel zeigt, wie Sie die Klasse `XmlNamespaceManager` einsetzen und einen Standard-Namespace definieren können. Beachten Sie dabei, dass jeder gefundene Namespace explizit dem `XmlNamespaceManager`-Objekt mit `AddNamespace` hinzugefügt werden muss.

```
// Beispiel: ..\Kapitel 14\XPathWithNamespaces
static void Main(string[] args)
{
  XPathDocument xPathDoc = new XPathDocument(@"..\..\Personen.xml");
```

```csharp
XPathNavigator navigator = xPathDoc.CreateNavigator();
// XmlNamespaceManager instanziieren
XmlNamespaceManager mgr = new XmlNamespaceManager(new NameTable());
navigator.MoveToRoot();
if (navigator.MoveToChild(XPathNodeType.Element)) {
  foreach (KeyValuePair<string, string> temp in
      navigator.GetNamespacesInScope(XmlNamespaceScope.All))
    // Namespaces zum XmlNamespaceManager hinzufügen
    if (temp.Key == "")
      mgr.AddNamespace("default", temp.Value);
    else
      mgr.AddNamespace(temp.Key, temp.Value);
}
// Ausgabe aller Person-Elemente, die dem durch 'x'
// beschriebenen Namespace zugeordnet werden
XPathNodeIterator iterator = navigator.Select("//x:Person", mgr);
while (iterator.MoveNext()) {
  Console.WriteLine(iterator.Current.Value);
}
Console.ReadLine();
}
```

Listing 14.45 Beispielprogramm »XPathWithNamespaces«

Die verwendete *Personen.xml* ist in diesem Fall:

```xml
<?xml version="1.0" encoding="utf-8"?>
<x:Personen xmlns="http://www.MyDefaultNS.de"
           xmlns:x="http://www.MyNS.de">
  <x:Person>
    <x:Zuname>Kleynen</x:Zuname>
    <x:Vorname>Peter</x:Vorname>
    <Adresse Ort="Eifel" Strasse="Am Wald 1">Germany</Adresse>
  </x:Person>
</x:Personen>
```

Listing 14.46 Das in Listing 14.45 verwendete XML-Dokument

14.8 Das Document Object Model (DOM)

14.8.1 Allgemeines

Die Klasse `XmlReader` bietet nur einen schreibgeschützten, vorwärts gerichteten Lesezugriff, mit `XmlWriter` nur einen vorwärts gerichteten Schreibzugriff. Zum Bearbeiten des Inhalts eines Elements, zum Einfügen neuer oder zum Löschen enthaltener Elemente gibt es weder Methoden noch Eigenschaften.

Abhilfe schafft das **Document Object Model**, kurz **DOM** genannt. Hierbei handelt es sich um eine Spezifikation einer Schnittstelle für den beliebigen Zugriff auf die Elemente in einem XML-Dokument. Diese Spezifikation ist vom W3-Konsortium definiert worden.

Beim Arbeiten auf Basis von DOM wird das komplette XML-Dokument in den Speicher geladen und wird in Form einer Baumstruktur dargestellt. Wenn XML in das Dokumentobjektmodell (DOM) eingelesen wird, werden die einzelnen Teile in Knoten umgesetzt. Diese enthalten zusätzliche Metadaten über sich selbst, z.B. ihren Knotentyp und ihre Werte. Der Knotentyp besteht aus seinem Objekt und bestimmt, welche Aktionen ausgeführt und welche Eigenschaften festgelegt oder abgerufen werden.

Wie das intern realisiert wird, möchte ich Ihnen anhand des folgenden einfachen XML-Codes zeigen:

```
<Person>
  <Name>Fischer</Name>
</Person>
```

Dieser XML-Code wird im Speicher durch die in der folgenden Abbildung gezeigte Knotenstruktur dargestellt.

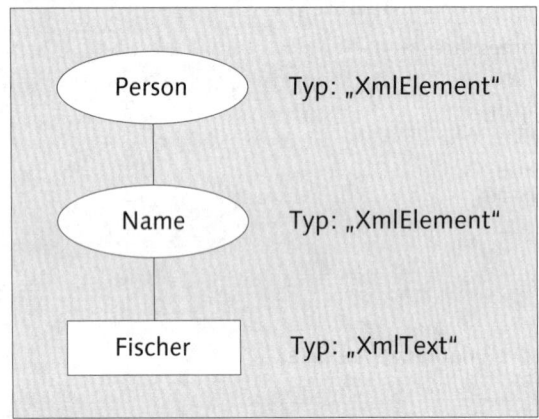

Abbildung 14.7 Einfache DOM-Struktur

Das *Person*-Element wird zu einem XmlElement-Objekt, ebenso wie das folgende Element *Name*. Der Elementinhalt wird zu einem XmlText-Objekt. Die Methoden und Eigenschaften von XmlElement unterscheiden sich von denen, die für ein XmlText-Objekt verfügbar sind. Folglich ist es wichtig, zu wissen, in welchen Knotentyp das XML-Markup umgesetzt wird, da der Knotentyp bestimmt, welche Aktionen ausgeführt werden können.

Projizieren wir dieses kleine Beispiel auf ein größeres XML-Dokument, präsentiert sich dieses im Speicher als komplexe Baumstruktur. Zur Verdeutlichung diene die folgende XML-Struktur.

```xml
<?xml version="1.0" encoding="utf-8" ?>
<Personen>
  <Person>
    <Name>Fischer</Name>
    <Alter>45</Alter>
    <Ort="Aachen" PLZ="52072"></Ort>
  </Person>
</Personen>
```

Listing 14.47 XML-Dokument der in Abbildung 14.7 gezeigten DOM-Struktur

In Abbildung 14.8 sehen Sie, wie dieses an sich noch sehr kleine XML-Fragment durch eine bereits verhältnismäßig komplexe Struktur im Speicher repräsentiert wird.

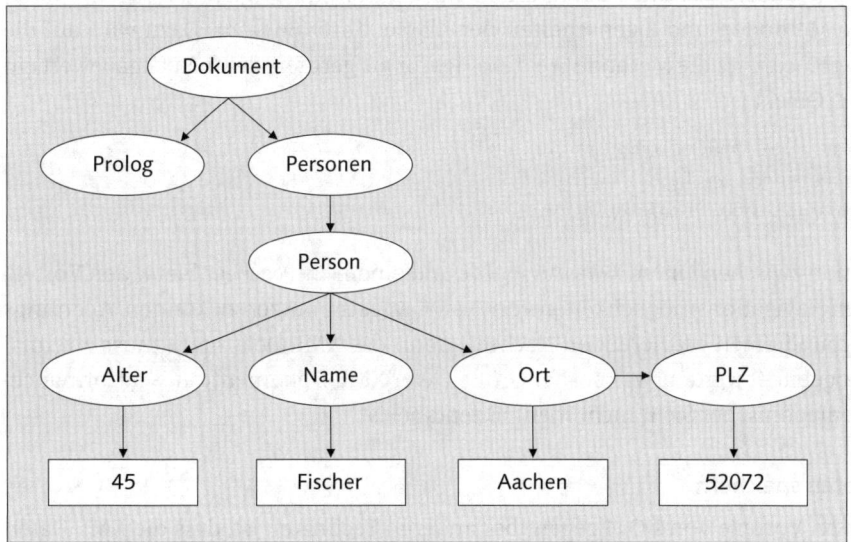

Abbildung 14.8 Darstellung eines XML-Dokuments als Baumstruktur

14.8.2 Arbeiten mit »XmlDocument«

XML-Daten laden

Ein `XmlDocument`-Objekt enthält manipulierbare XML-Daten auf der Basis von DOM. Nach der Instanziierung der Klasse stehen Ihnen mit `Load` und `LoadXml` zwei Methoden zur Verfügung, um das Objekt mit Daten zu füllen.

Der Methode `Load` können Sie eine URL als Zeichenfolge übergeben. Die URL kann eine lokale Datei oder eine HTTP-URL (also eine Webadresse) sein. Weitere Überladungen erlauben auch die Übergabe eines `Stream`-, `TextReader`- oder `XmlReader`-Objekts.

```
XmlDocument doc = new XmlDocument();
doc.Load(@"D:\Personen.xml");
```

Liegt das XML-Dokument in einer Zeichenfolge vor, bietet sich die Methode `LoadXml` an. Bedingung ist, dass die Zeichenfolge wohlgeformtes XML beschreibt, da ansonsten eine `XmlException` geworfen wird.

```
XmlDocument doc = new XmlDocument();
doc.LoadXml("<Person><Zuname>Franz</Zuname></Person>");
```

Die Variable *doc* beschreibt nun das im Speicher befindliche XML-Dokument. Mit den Eigenschaften und Methoden des `XmlDocument`-Objekts können Sie anschließend beliebig durch die Baumstruktur der Knoten navigieren und diese beliebig bearbeiten.

14.8.3 »XmlDocument« und »XPathNavigator«

Es gibt noch eine andere Variante, durch die Baumstruktur zu navigieren. Ausgangspunkt sind dabei die Methoden und Eigenschaften der Klasse `XPathNavigator`. Dazu wird auf die Referenz des `XmlDocuments` die Methode `CreateNavigator` aufgerufen, deren Rückgabewert ein `XPathNavigator`-Objekt ist.

```
XmlDocument doc = new XmlDocument();
doc.Load(@"D:\Personen.xml");
XPathNavigator navi = doc.CreateNavigator();
```

Die Kombination zwischen einem `XPathNavigator` und einem `XmlDocument` bietet den Vorteil, die zahlreichen Navigationsmöglichkeiten von `XPathNavigator` nutzen zu können. Allerdings hat dieser Verbund einen gravierenden Nachteil, denn das XML-Dokument muss zweimal im Speicher abgebildet werden, was bei der Größe vieler XML-Dokumente aus performance- und ressourcentechnischer Sicht nicht mehr akzeptabel ist.

Geänderte Daten speichern

Einer der großen Vorteile von DOM gegenüber anderen Techniken ist, dass die XML-Daten geändert und gespeichert werden können. Dazu stellt das `XmlDocument`-Objekt die Methode `Save` bereit, der als Argument eine den Speicherort beschreibende Zeichenfolge oder ein `Stream`-, `TextWriter`- oder `XmlWriter`-Objekt übergeben wird.

14.8.4 Die Klasse »XmlNode« (Operationen mit Knoten)

Ein Objekt vom Typ `XmlNode` repräsentiert im Speicher einen einzelnen Knoten eines XML-Dokuments. `XmlNode` ist eine abstrakte Klasse, die viele Methoden und Eigenschaften bereitstellt, um durch eine Knotenstruktur zu navigieren, sie zu ändern oder auch zu ergänzen.

Zahlreiche Ableitungen von `XmlNode` beschreiben die unterschiedlichen Knotentypen innerhalb eines XML-Dokuments und erweitern die geerbten Eigenschaften und Methoden um knotenspezifische. Zu diesen Ableitungen gehören auch die Klassen, die beispielsweise ein Attribut oder die XML-Deklaration beschreiben, sowie die Klasse `XmlDocument`. Einen Überblick über die Vererbungshierarchie erhalten Sie in Abbildung 14.9.

14.8 Das Document Object Model (DOM)

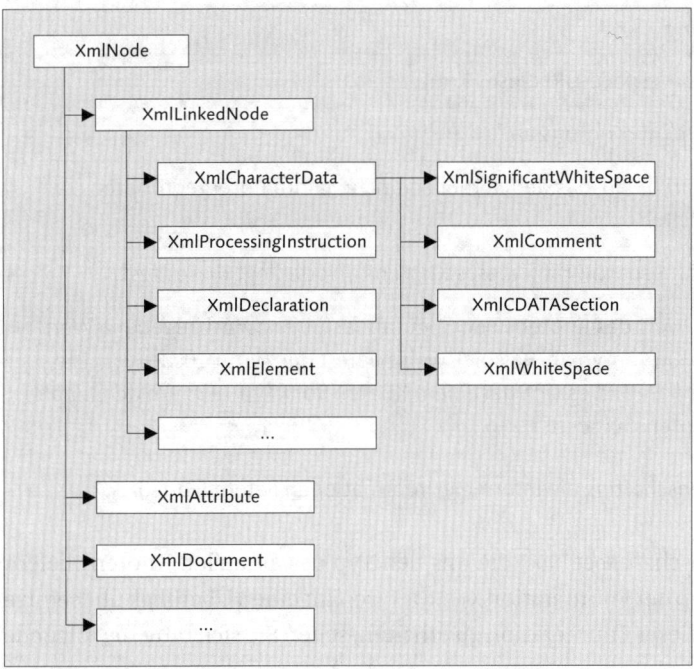

Abbildung 14.9 Die Ableitungen der Klasse »XmlNode«

Wenn Sie sich die Liste der Eigenschaften in der Dokumentation der Klasse XmlNode ansehen, werden Sie feststellen, dass sich die meisten zwei Kategorien zuordnen lassen: Sie werden einige Eigenschaften finden, die rein der informellen Analyse eines Knotens dienen, und eine zweite Gruppe, die der Navigation dient.

Den Inhalt eines Knotens auswerten

Sehen wir uns in der folgenden Tabelle zuerst die Eigenschaften an, die informellen Charakter haben.

Eigenschaft	Beschreibung
InnerText	Ruft die verketteten Werte des Knotens und sämtlicher ihm untergeordneten Knoten ab oder legt diese fest. Die zurückgegebene Zeichenfolge enthält kein XML-Markup.
InnerXml	Liefert das Markup, das nur die untergeordneten Knoten dieses Knotens darstellt, oder legt dieses fest.
IsReadOnly	Gibt an, ob der Knoten schreibgeschützt ist.
Name	Ruft den Bezeichner des Knotens ab.

Tabelle 14.14 »XmlNode«-Eigenschaften, die informelle Informationen liefern

Eigenschaft	Beschreibung
NamespaceURI	Ruft den Namespace-URI dieses Knotens ab.
NodeType	Ruft den Typ des Knotens ab.
OuterXml	Ruft das Markup ab, das den aktuellen und alle ihm untergeordneten Knoten darstellt.
Prefix	Ruft das Namespace-Präfix dieses Knotens ab oder legt dieses fest.
Value	Liefert den Wert des Knotens oder legt ihn fest. Der zurückgegebene Wert hängt vom Knotentyp ab. Beispielsweise liefert der Typ XmlNodetype.Element null, während es sich bei einem Knoten vom Typ Text um den Inhalt des Textknotens handelt.

Tabelle 14.14 »XmlNode«-Eigenschaften, die informelle Informationen liefern (Forts.)

Ein Wort noch zu der Eigenschaft NodeType, die uns den Typ des aktuellen Knotens liefert. Diese Eigenschaft ist vom Typ der Enumeration XmlNodeType. Um einen Überblick über einige der wichtigeren Mitglieder dieser Enumeration zu erhalten, sehen Sie sich bitte die folgende Tabelle an.

Konstante	Beschreibung
Element	Beschreibt ein Element (z.B. <Person>).
Attribute	Beschreibt ein Attribut.
Text	Beschreibt den Textinhalt eines Knotens.
CDATA	Beschreibt einen CDATA-Abschnitt.
EntityReference	Beschreibt eine Entität (z.B. <).
Comment	Beschreibt einen Kommentar.
WhiteSpace	Beschreibt Leerraum zwischen Markup.

Tabelle 14.15 Member der Enumeration »XmlNodeType« (Auszug)

Die Ausgaben der Eigenschaften InnerText, InnerXml, Name und Value hängen vom Knotentyp ab. Handelt es sich dabei beispielsweise um XmlNodeType.Element oder XmlNodeType.Attribute, wird der entsprechende Bezeichner ausgegeben. Nicht jeder Knotentyp hat einen Bezeichner, der auswertbar ist. Daher liefert Name für diese Knotengruppe einen alternativen Text, z.B. #text, #comment oder #cdata-section. Andererseits haben einige Knoten keinen Inhalt, der mit Value abgerufen werden könnte. Dann ist die Rückgabe null.

Nehmen wir an, im XML-Fragment

`<Person>Franz</Person>`

würde die Variable *node* vom Typ `XmlNode` den Knoten *Person* beschreiben. (Anmerkung: Befindet sich das genannte Element in einem XML-Dokument, muss zuerst dorthin navigiert werden.) Rufen wir die `Name`-Eigenschaft ab, wird uns

Person

ausgegeben. `InnerXml` und `InnerText` liefern beide gleichermaßen

Franz

zurück, während `Value` keinen Inhalt hat und `null` ist. Navigieren wir nun weiter, so dass *node* auf den Textknoten zeigt, wird `Name` die Ausgabe

#text

haben und `Value` sowie `InnerText` den gewünschten Inhalt *Franz* anzeigen.

Das folgende Beispielprogramm zeigt die informellen Ausgaben im Zusammenhang. An `LoadXml` wird dabei eine XML-Struktur übergeben. Anschließend wird mit der Eigenschaft `DocumentElement` das Stammelement der Struktur abgerufen und in der Variablen *root* gespeichert. Der Rückgabewert der Eigenschaft `DocumentElement` ist vom Typ `XmlElement`, auf das danach exemplarisch Eigenschaften aufgerufen werden.

```
// Beispiel: ..\Kapitel 14\XmlNodeSample
static void Main(string[] args) {
  XmlDocument doc = new XmlDocument();
  doc.LoadXml("<Person><Name Zuname='Müller'><Alter>34</Alter>" +
              "Peter</Name></Person>");
  XmlNode root = doc.DocumentElement;
  // Eigenschaft 'Name'
  Console.WriteLine("Name:");
  Console.WriteLine("{0}\n", root.Name);
  // Eigenschaft 'OuterXml'
  Console.WriteLine("OuterXml:");
  Console.WriteLine("{0}\n", root.OuterXml);
  // Eigenschaft 'InnerXml'
  Console.WriteLine("InnerXml:");
  Console.WriteLine("{0}\n", root.InnerXml);
  // Eigenschaft 'Value'
  Console.Write("Value:");
  if (root.Value == null)
    Console.WriteLine("   <leer>\n");
  else
    Console.WriteLine("\n{0}\n",root.Value);
```

```
// Eigenschaft 'InnerText'
Console.WriteLine("InnerText:");
Console.WriteLine("{0}",root.InnerText);
Console.ReadLine();
}
```

Listing 14.48 Das Beispielprogramm »XmlNodeSample«

Die Ausgabe an der Konsole können Sie in Abbildung 14.10 sehen.

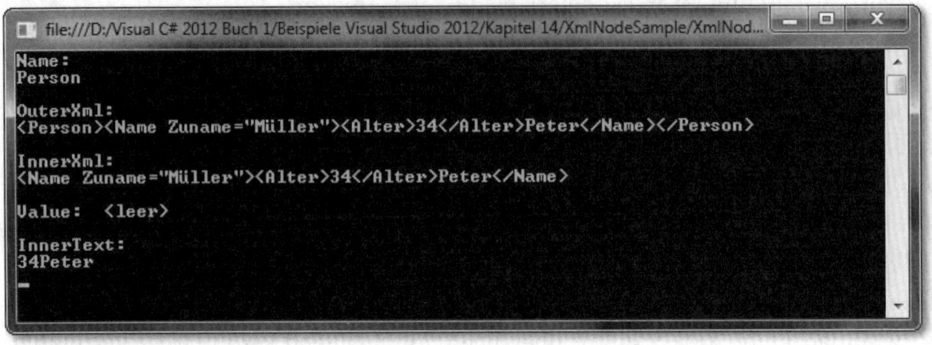

Abbildung 14.10 Die Ausgabe des Beispiels »XmlNodeSample«

Mit den Eigenschaften eines »XmlNode«-Objekts navigieren

Jetzt wollen wir uns die Eigenschaften eines XmlNode-Objekts anschauen, die der Navigation in einer XML-Struktur dienen. Auch hier sollten Sie sich zunächst einen Überblick über die Eigenschaften anhand einer Tabelle verschaffen.

Eigenschaft	Beschreibung
Attributes	Diese Eigenschaft ruft eine Auflistung vom Typ XmlAttributCollection ab, die die Attribute des aktuellen Knotens enthält.
ChildNodes	Ruft alle untergeordneten Knoten des Knotens ab.
FirstChild	Ruft das erste untergeordnete Element des aktuellen Knotens ab.
HasChildNodes	Ruft einen Wert ab, der angibt, ob dieser Knoten über untergeordnete Knoten verfügt.
Item	Ruft das erste untergeordnete Element mit dem angegebenen Bezeichner ab.
LastChild	Ruft das letzte untergeordnete Element des aktuellen Knotens ab.
NextSibling	Ruft den nächsten nebengeordneten Knoten ab, der dem aktuellen Knoten folgt.

Tabelle 14.16 Eigenschaften des »XmlNode«-Objekts zur Navigation

Eigenschaft	Beschreibung
ParentNode	Ruft das übergeordnete Element des aktuellen Knotens ab.
PreviousSibling	Ruft den vorhergehenden nebengeordneten Knoten des aktuellen Knotens ab.

Tabelle 14.16 Eigenschaften des »XmlNode«-Objekts zur Navigation (Forts.)

Die Vorgehensweise beim Einsatz dieser Eigenschaften ähnelt der Navigation mit `XmlReader` oder `XPathNavigator`. Von jedem beliebigen `XmlNode`-Objekt aus können Sie mit den Eigenschaften `FirstChild`, `LastChild`, `NextSibling`, `PreviousSibling` und `ParentNode` zum nächsten untergeordneten Element, zum letzten untergeordneten Element, zum nächsten bzw. letzten nebengeordneten Element oder gar zum übergeordneten Element wechseln.

Die Collection »XmlChildNodes«

Die Eigenschaft `ChildNodes` liefert eine Liste aller direkt untergeordneten Knoten ab. Diese wird durch den Typ `XmlNodeList` beschrieben. Viele Möglichkeiten bietet diese Liste nicht, aber Sie können diese Liste in einer Schleife durchlaufen, sich mit `Count` die Anzahl der untergeordneten Knoten besorgen oder mit `Item` einen bestimmten Knoten an der angegebenen Indexposition in der Liste abfragen.

```
XmlDocument doc = new XmlDocument();
doc.Load(@"D:\Personen.xml");
XmlNode root = doc.DocumentElement;
XmlNodeList nodeList = root.ChildNodes;
foreach (XmlNode node in nodeList)
{
  [...]
}
```

Listing 14.49 Die Liste aller direkt untergeordneten Knoten abfragen

Die Schleifenvariable `node` kann natürlich dazu benutzt werden, um den damit aktuell referenzierten Knoten weiter zu untersuchen, ob er seinerseits selbst untergeordnete Knoten hat.

Um einen bestimmten untergeordneten Knoten auszuwerten, können Sie sich die Referenz auf das diesen Knoten beschreibende `XmlNode`-Objekt mit

```
XmlNode node = irgendeinKnoten.ChildNodes[2];
```

oder alternativ auch mit

```
XmlNode node = nodeList[2];
```

besorgen. In beiden Fällen erhalten Sie die Referenz auf den dritten untergeordneten Knoten.

Auswerten eines kompletten XML-Dokuments

Um ein XML-Dokument komplett auszuwerten, bietet sich ein rekursiver Aufruf einer Methode an, in der eine Untersuchung des aktuellen Knotens stattfindet. Hier spielen die beiden Eigenschaften Attributes und HasChildNodes ihre ganze Stärke aus.

```
// Beispiel: ..\Kapitel 14\XmlNodeNavigation
static void Main(string[] args) {
  XmlDocument doc = new XmlDocument();
  doc.Load(@"..\..\Personen.xml");
  XmlNode root = doc.DocumentElement;
  GetNodes(root, 0);
  Console.ReadLine();
}
static void GetNodes(XmlNode node, int level) {
  switch (node.NodeType) {
    // Prüfen, ob es sich um ein Element handelt
    case XmlNodeType.Element:
      Console.Write(new string(' ', level * 2));
      Console.Write("<{0}", node.Name);
      // Prüfen, ob das aktuelle Element Attribute hat
      if (node.Attributes != null) {
        foreach (XmlAttribute attr in node.Attributes)
          Console.Write(" {0}='{1}'", attr.Name, attr.Value);
      }
      Console.Write(">");
      // Prüfen, ob das aktuelle Element untergeordnete Elemente hat
      if (node.HasChildNodes)
        foreach (XmlNode child in node.ChildNodes) {
          if (child.NodeType != XmlNodeType.Text)
            Console.WriteLine();
          GetNodes(child, level + 1);
        }
      break;
    // Prüfen, ob es sich um auswertbare Daten handelt
    case XmlNodeType.Text:
      Console.Write(node.Value);
      break;
  }
}
```

Listing 14.50 Das Beispielprogramm »XmlNodeNavigation«

Liefert Attributes einen Wert ungleich null, hat das aktuelle Element Attribute, die in einer Schleife abgefragt werden können. HasChildNodes liefert einen Boolean. Ist dieser true, kann die Liste der untergeordneten Knoten mit der Eigenschaft ChildNodes durchlaufen werden. Dabei kommt es zu einem rekursiven Aufruf der benutzerdefinierten Methode *GetNodes*.

In diesem Beispiel wurden keine Namespaces und Präfixe zur eindeutigen Identifizierung der Elemente in der XML-Datei benutzt. Bei der Navigation spielt das keine Rolle, da etwaig vorhandene Namespaces als Attribute bewertet werden und die Elemente samt dem Präfix ausgegeben werden. Der Parameter *level* der Methode *ChildNodes* dient dazu, optisch ansprechende Einzüge in der Ausgabe darstellen zu können.

```
<Personen>
    <Person>
        <Vorname>Manfred
        <Zuname>Fischer
        <Alter>45
        <Adresse Ort='Bonn' Strasse='Neuestr.34'>
    <Person>
        <Vorname>Klaus
        <Zuname>Meier
        <Alter>20
        <Adresse Ort='Köln' Strasse='Bahnhofstr.6'>
    <Person>
        <Vorname>Petra
        <Zuname>Schmidt
        <Alter>43
        <Adresse Ort='Düsseldorf' Strasse='Sauerteig 18'>
    <Person>
        <Vorname>Rolf
        <Zuname>Klose
        <Alter>66
        <Adresse Ort='Frankfurt' Strasse='Hanauerstr.78'>
```

Abbildung 14.11 Ausgabe des Beispiels »XmlNodeNavigation«

XPath-Ausdrücke verwenden

Um ein Element in einer XML-Struktur eindeutig zu adressieren, können Sie auch einen XPath-Ausdruck festlegen. Die Klasse XmlNode kennt zwei Methoden, denen Sie einen XPath-Ausdruck übergeben können: SelectNodes und SelectSingleNode. Beide Methoden werden auch von der Klasse XmlDocument unterstützt und können daher auch auf die Referenz des XmlDocument-Objekts aufgerufen werden.

SelectNodes liefert eine Auflistung des Typs XmlNodeList mit allen gefundenen Elementen zurück, die dem XPath-Ausdruck entsprechen. Das folgende Codefragment gibt die Liste aller Zunamen aus der XML-Datei *Personen.xml* aus.

```
XmlDocument doc = new XmlDocument();
doc.Load(@"..\..\Personen.xml");
XmlNodeList liste = doc.SelectNodes("//Person//Zuname");
foreach(XmlNode temp in liste)
  Console.WriteLine("Name: {0}", temp.InnerXml);
```

Listing 14.51 Mit »SelectNodes« mehrere Knoten abrufen

Sind Sie nur am ersten Element interessiert, liefert der Aufruf von `SelectSingleNode` genau dieses.

```
XmlNodeList liste = root.SelectNodes("//Person//Zuname");
```

Beide Methoden haben zudem noch jeweils eine Überladung, die ein Objekt vom Typ `Xml-NamespaceManager` erwartet, mit dem Sie die Präfixe der Elemente auflösen können. Diese Klasse wurde bereits in Abschnitt 14.7.6 behandelt.

Suche nach bestimmten Elementen

Im folgenden Beispielprogramm wird demonstriert, wie die Inhalte bestimmter Elemente ausgewertet werden können. Im Mittelpunkt steht dabei die Methode `GetElementsByTagName`, der das zu durchsuchende Element angegeben wird.

```
// Beispiel: ..\Kapitel 14\SearchForElements
static void Main(string[] args){
  XmlDocument doc = new XmlDocument();
  doc.Load(@"..\..\Personen.xml");
  XmlElement root = doc.DocumentElement;
  XmlNodeList elemList = root.GetElementsByTagName("Zuname");
  // Resultate anzeigen
  for (int i = 0; i < elemList.Count; i++) {
    Console.WriteLine(elemList[i].InnerXml);
  }
  Console.ReadLine();
}
```

Listing 14.52 Beispielprogramm »SearchForElements«

Als Ergebnis werden die Namen aller im XML-Dokument enthaltenen Personen ausgegeben.

14.8.5 Manipulieren einer XML-Struktur

Zahlreiche Methoden sind in den Klassen `XmlDocument`, `XmlNode` und `XmlNodeList` definiert, um neue Knoten hinzuzufügen, vorhandene zu ändern oder gar zu löschen. Um einen besseren Überblick über die sich bietenden Möglichkeiten zu bekommen, wird den drei Operationen des Hinzufügens, Editierens und Löschens jeweils ein eigener Abschnitt gewidmet.

Hinzufügen eines Knotens

Um zu zeigen, wie zusätzliche Knoten einer XML-Struktur hinzugefügt werden, soll im nächsten Codefragment zunächst eine komplett neue XML-Struktur bereitgestellt werden, die wie folgt aussieht:

```
<?xml version="1.0" encoding="ibm850" ?>
<!--Dies ist ein Kommentar-->
<Personen>
```

```
    <Person>Peter</Person>
</Personen>
```

Code, der dies leistet, würde wie folgt lauten:

```
XmlNode nodePerson, nodeName;
XmlDocument doc = new XmlDocument();
XmlComment cmt = doc.CreateComment("Dies ist ein Kommentar");
doc.AppendChild(cmt);
XmlNode nodeRoot = doc.CreateElement("Personen");
doc.AppendChild(nodeRoot);
nodePerson = doc.CreateElement("Person");
nodeRoot.AppendChild(nodePerson);
nodeName = doc.CreateTextNode("Peter");
nodePerson.AppendChild(nodeName);
doc.Save(Console.Out);
```

Listing 14.53 Einen Knoten einem XML-Dokument hinzufügen

Die resultierende XML-Struktur weist insgesamt vier Knoten auf, die der Reihe nach erzeugt werden. Dazu stellt die Klasse XmlDocument mehrere passende CreateXxx-Methoden bereit. Im Code werden mit CreateComment, CreateElement und CreateTextNode ein Kommentar, zwei Elementknoten und ein Textknoten erzeugt.

Die Basisklasse aller Knoten, XmlNode, vererbt an alle Ableitungen, also auch an XmlDocument, die Methode AppendChild. Der Aufruf dieser Methode auf einen bestimmten Knoten bewirkt, dass die dem Parameter übergebene XmlNode-Referenz zu einem untergeordneten Knoten des Knotens wird, auf dem die Methode aufgerufen wird.

Nach allem bleibt festzuhalten, dass es sich immer um zwei Schritte handelt, einen neuen Knoten einem existierenden XML-Dokument hinzuzufügen:

1. Erzeugen des neuen Knotens mit einer Create-Methode auf die Referenz des XmlDocument-Objekts.

2. Aufrufen der Methode AppendChild auf den Knoten, dem der neue Knoten hinzugefügt werden soll. Die Referenz des neuen Knotens wird dabei als Argument dem Methodenaufruf übergeben.

Wird ein neues XML-Dokument erzeugt, dürfen Sie auf dessen Referenz nur einmal die CreateElement-Methode aufrufen, da das so hinzugefügte Element das Wurzelelement des XML-Dokuments beschreibt, von dem es bekanntlich zur Sicherstellung der Wohlgeformtheit nur eines geben darf.

In der folgenden Tabelle finden Sie eine Übersicht der gängigsten CreateXxx-Methoden von XmlDocument.

Methode	Beschreibung
CreateAttribute	Erstellt ein neues Objekt vom Typ XmlAttribute.
CreateCDataSection	Erstellt ein neues Objekt vom Typ XmlCDataSection.
CreateComment	Erstellt ein neues Objekt vom Typ XmlComment.
CreateDefaultAttribute	Erstellt ein Standardattribut mit dem angegebenen Präfix, lokalen Namen und Namespace-URI.
CreateElement	Erstellt ein neues Objekt vom Typ XmlElement.
CreateNode	Erstellt ein neues Objekt vom Typ XmlNode.
CreateProcessingInstruction	Erstellt ein neues Objekt vom Typ XmlProcessingInstruction.
CreateTextNode	Erstellt ein neues Objekt vom Typ XmlText.
CreateXmlDeclaration	Erstellt ein neues Objekt vom Typ XmlDeclaration.

Tabelle 14.17 Die »Create«-Methoden der Klasse »XmlDocument« (Auszug)

14.8.6 Ändern eines Knotens

Um einen Knoten zu ändern, benötigen Sie zuerst die Referenz auf den entsprechenden Knoten. Dabei kommen die diversen Navigationsmethoden in Frage oder, was deutlich besser ist, ein XPath-Ausdruck. Das zeigt das folgende Beispielprogramm, das zum Ziel hat, in der Datei *Personen.xml* das Alter von *Klaus Meier* neu festzulegen.

```
// Beispiel: ..\Kapitel 14\EditXmlNode
static void Main(string[] args) {
  XmlDocument doc = new XmlDocument();
  doc.Load(@"..\..\Personen.xml");
  XmlNode root = doc.DocumentElement;
  // Referenz auf das zu ändernde Element besorgen
  XmlNode node = root.SelectSingleNode("//Person[Zuname ='Meier']/Alter");
  if (node != null)
  {
    XmlNode nodeAlter = node.FirstChild;
    // Das Alter ändern
    nodeAlter.Value = "33";
    XmlNode parent = node.ParentNode;
    GetNodes(parent, 0);
    Console.ReadLine();
    return;
```

```
  }
  else
  {
    Console.WriteLine("Der angegebene Zuname existiert nicht.");
    Console.ReadLine();
  }
}
static void GetNodes(XmlNode node, int level) {
  switch (node.NodeType) {
    // Prüfen, ob es sich um ein Element handelt
    case XmlNodeType.Element:
      Console.Write(new string(' ', level * 2));
      Console.Write("<{0}>", node.Name);
      if (node.HasChildNodes)
        foreach (XmlNode child in node.ChildNodes) {
          if (child.NodeType != XmlNodeType.Text)
            Console.WriteLine();
          GetNodes(child, level + 1);
        }
      break;
    // Prüfen, ob es sich um auswertbare Daten handelt
    case XmlNodeType.Text:
      Console.Write(node.Value);
      break;
  }
}
```

Listing 14.54 Ändern eines Knotens

Nach dem Laden der Datei und der Referenzierung des Wurzelelements wird mit `SelectSingleNode` ein XPath-Ausdruck abgesetzt, der anhand des Elements *Zuname* nach *Meier* sucht:

```
//Person[Zuname ='Meier']/Alter
```

Man sollte berücksichtigen, dass die entsprechende Person nicht vom XML-Dokument beschrieben wird. Der Rückgabewert der Methode `SelectSingleNode` ist in dem Fall `null`. Wird das Element *Meier* gefunden, liefert das Ergebnis des XPath-Ausdrucks das Element *Alter* und wird mit `FirstChild` auf den Textknoten verschoben, dessen Inhalt anschließend über die Eigenschaft `Value` verändert wird. Alternativ hätten Sie auch direkt die Referenz auf das Element *Alter* benutzen können, um die Änderung vorzunehmen. Sie müssen dann die Eigenschaft `InnerText` ändern:

```
XmlNode node = root.SelectSingleNode("//Person[Zuname ='Meier']/Alter");
if (node != null) {
  node.InnerText = "33";
  [...]
```

Um uns vom Erfolg zu überzeugen, wird am Ende das die Person *Meier* betreffende Element komplett ausgegeben. Hierzu dient die Methode *GetNodes*, die ich Ihnen in ähnlicher Form bereits in Abschnitt 14.8.4 im Beispielprogramm *XmlNodeNavigation* vorgestellt habe.

Attribute ändern

Um einem Element ein Attribut hinzuzufügen, muss auf die Referenz des entsprechenden Elements die Methode `SetAttribute` aufgerufen werden. Der Aufruf von `SetAttribute` erzeugt aber nur dann ein neues Attribut, wenn es ein solches namentlich noch nicht gibt. Ansonsten wird der Inhalt des gefundenen Attributs nur geändert.

Im folgenden Listing wird sowohl ein neues Attribut zu einem `XmlElement` hinzugefügt als auch ein vorhandenes editiert.

```
static void Main(string[] args) {
  XmlDocument doc = new XmlDocument();
  doc.LoadXml("<Personen><Person><Name>Fischer</Name>" +
              "<Daten alter='56' ort='Bonn'/></Person></Personen>");
  XmlNode root = doc.DocumentElement;
  string xpath = "/Personen/Person/Daten";
  XmlElement node = (XmlElement)root.SelectSingleNode(xpath);
  // Attribut 'ort' ändern
  node.SetAttribute("ort", "Aachen");
  // Attribut 'plz' hinzufügen
  node.SetAttribute("plz", "52072");
  // Ausgabe der XML-Struktur
  Console.WriteLine(doc.InnerXml);
}
```

Listing 14.55 Ändern eines Attributs

14.8.7 Löschen in einem XML-Dokument

Löschen eines Elements

Um ein Element aus einer XML-Struktur zu entfernen, rufen Sie die Methode `RemoveChild` auf das übergeordnete Element des zu löschenden Elements auf. Der Methode wird die Referenz auf das Element übergeben, das entfernt werden soll. Im folgenden Codefragment wird aus der Datei die dritte Person (*Petra Schmidt*) gelöscht.

```
XmlDocument doc = new XmlDocument();
doc.Load("Personen.xml");
XmlNode root = doc.DocumentElement;
XmlNode node = root.SelectSingleNode("//Person[Zuname='Schmidt']");
root.RemoveChild(node);
```

Listing 14.56 Löschen eines Elements aus einem XML-Dokument

Löschen von Attributen

Zum Entfernen eines Attributs stellt Ihnen die Klasse `XmlElement` vier Methoden zur Verfügung, die Sie der folgenden Tabelle entnehmen können.

Methode	Beschreibung
RemoveAllAttributes	Löscht alle angegebenen Attribute des Elements.
RemoveAttribute	Entfernt das angegebene Attribut, dessen Bezeichner der Methode übergeben wird.
RemoveAttributeAt	Entfernt den Attributknoten mit dem angegebenen Index aus dem Element.
RemoveAttributeNode	Löscht das angegebene Attribut, das als `XmlAttribute`-Referenz angegeben wird.

Tabelle 14.18 Methoden zum Löschen von Attributen

Im nächsten Codebeispiel wird exemplarisch das Attribut *Ort* der Person *Meier* gelöscht. Dabei wird die Methode `RemoveAttribute` verwendet. Zum Auffinden dient ein XPath-Ausdruck, dessen Rückgabe bekanntlich vom Typ `XmlNode` ist. Da die Löschmethode jedoch in der Klasse `XmlElement` definiert ist, muss das Resultat der Methode `SelectSingleNode` entsprechend typumgewandelt werden.

```
string xpath = "//Person[Zuname='Meier']/Adresse";
XmlDocument doc = new XmlDocument();
doc.Load(@"..\..\Personen.xml");
XmlNode root = doc.DocumentElement;
XmlElement element = (XmlElement)root.SelectSingleNode(xpath);
Console.WriteLine(element.Name);
element.RemoveAttribute("Ort");
```

Listing 14.57 Löschen mit »RemoveAttribute«

Untergeordnete Elemente und Attribute löschen

Mit `RemoveAll` stellen die Klassen `XmlNode` und `XmlElement` eine Methode bereit, die gleichzeitig alle angegebenen Attribute und untergeordneten Elemente des aktuellen Knotens entfernt.

```
XmlDocument doc = new XmlDocument();
doc.LoadXml("<Person ort='Aachen' plz='52072'>" +
            "<Name>Franz Schmitz</Name></Person>");
XmlNode root = doc.DocumentElement;
root.RemoveAll();
```

Listing 14.58 Löschen aller Attribute mit »RemoveAll«

Als Resultat bleibt als Ergebnis nur noch

`<Person></Person>`

stehen.

14.9 Serialisierung mit »XmlSerializer«

Bisher sind wir immer davon ausgegangen, dass die Daten bereits im XML-Format vorliegen. Das .NET Framework bietet zahlreiche Möglichkeiten, Daten in ein XML-Format zu überführen. Das können Sie sogar mit den Daten x-beliebiger Objekte umsetzen. Diese Technik wird als XML-Serialisierung bezeichnet.

> **Hinweis**
> In Kapitel 13 wurde bereits die binäre Serialisierung besprochen, die nun in diesem Abschnitt ihre Fortsetzung findet.

Für die XML-Serialisierung ist die Klasse `XmlSerializer` zuständig, die zum Namespace `System.Xml.Serialization.XmlSerializer` gehört. Um Objektdaten in das XML-Format überführen zu können, sind einige Einschränkungen zu beachten:

- Die zu serialisierende Klasse muss `public` definiert sein.
- Es werden nur `public` deklarierte Felder oder Eigenschaften serialisiert. Die Eigenschaften müssen den lesenden und schreibenden Zugriff zulassen.
- Die zu serialisierende Klasse muss einen öffentlichen, parameterlosen Konstruktor haben.
- Die Steuerung der XML-Serialisierung erfolgt mit Attributen, die im Namespace `System.Xml.Serialization` zu finden sind. Damit ist es beispielsweise möglich, bestimmte Felder vom Serialisierungsprozess auszuschließen.
- Im Gegensatz zu `BinaryFormatter` (siehe Kapitel 13) ist das `Serializable`-Attribut nicht zwingend vorgeschrieben.

Im folgenden Beispiel wird das Prinzip der XML-Serialisierung gezeigt.

```
// Beispiel: ..\Kapitel 14\XMLSerialisierung
using System;
using System.IO;
using System.Xml.Serialization;
class Program {
  static XmlSerializer serializer;
  static FileStream stream;
```

14.9 Serialisierung mit »XmlSerializer«

```csharp
static void Main(string[] args) {
  serializer = new XmlSerializer(typeof(Person));
  Person person = new Person("Jutta Speichel", 34);
  SerializeObject(person);
  Person oldPerson = DeserializeObject();
  Console.WriteLine("Name: " + oldPerson.Name);
  Console.WriteLine("Alter: " + oldPerson.Alter);
  Console.ReadLine();
}
// Objekt serialisieren
public static void SerializeObject(object obj) {
  stream = new FileStream(@"D:\PersonData.xml", FileMode.Create);
  serializer.Serialize(stream, obj);
  stream.Close();
}
// Objekt deserialisieren
public static Person DeserializeObject() {
  stream = new FileStream(@"D:\PersonData.xml", FileMode.Open);
  return (Person)serializer.Deserialize(stream);
}
}
// Zu serialisierende Klasse
public class Person {
  // Felder
  public int Alter { get; set; }
  private string _Name;
  // ----- Konstruktoren -----
  public Person() { }
  public Person(string name, int alter) {
    Name = name;
    Alter = alter;
  }
  // Eigenschaft
  public string Name {
    get { return _Name; }
    set { _Name = value; }
  }
}
```

Listing 14.59 Beispielprogramm zur XML-Serialisierung

Zur Einleitung des Serialisierungsprozesses wird der Konstruktor von XmlSerializer aufgerufen, der die Type-Angabe über das zu serialisierende Objekt entgegennimmt.

```csharp
XmlSerializer serializer = new XmlSerializer(typeof(Person));
```

Wie bei der binären Serialisierung mit der Klasse `BinaryFormatter` werden die Objekte mit der Methode `Serialize` serialisiert. Sehen wir uns den Inhalt der XML-Datei an:

```xml
<?xml version="1.0"?>
<Person xmlns:xsi="http://www.w3.org/2001/XMLSchema-instance"
        xmlns:xsd="http://www.w3.org/2001/XMLSchema">
  <Alter>34</Alter>
  <Name>Jutta Speichel</Name>
</Person>
```

Listing 14.60 Das Ergebnis der XML-Serialisierung aus Listing 14.59

Mit `Deserialize` werden die XML-Daten deserialisiert und in ein Objekt geschrieben. Da `Deserialize` den Typ `Object` ausliefert, müssen wir abschließend nur noch eine Typumwandlung in `Person` vornehmen.

14.9.1 XML-Serialisierung mit Attributen steuern

Die XML-Serialisierung lässt sich auch mit zusätzlichen Attributen steuern, um das Ausgabeformat der serialisierten Daten zu bestimmen. Diese Attribute gehören zum Namespace `System.Xml.Serialization`. Die folgende Tabelle gibt einen kleinen Überblick über die wichtigsten Attribute.

Attribut	Beschreibung
XmlArray	Gibt an, dass ein bestimmter Klassen-Member als Array serialisiert werden soll.
XmlArrayItem	Legt den Bezeichner in der XML-Datei für den vom Array verwalteten Typ fest.
XmlAttribute	Die Eigenschaft wird als XML-Attribut und nicht als XML-Element serialisiert.
XmlElement	Dieses Attribut legt den Elementnamen in der XML-Datei fest. Standardmäßig wird der Bezeichner des Feldes verwendet.
XmlIgnore	Legt fest, dass die Eigenschaft nicht serialisiert werden soll.
XmlRoot	Legt den Bezeichner des Wurzelelements der XML-Datei fest. Standardmäßig wird der Bezeichner der zu serialisierenden Klasse verwendet.

Tabelle 14.19 Attribute zur Steuerung der Ausgabe in einer XML-Datei

Am folgenden Beispiel wollen wir uns die Wirkungsweise der Attribute verdeutlichen. In der Anwendung ist erneut eine Klasse `Person` definiert. Mehrere Objekte vom Typ `Person` können von einem Objekt der Klasse `Personenliste` verwaltet werden.

```csharp
// Beispiel: ..\Kapitel 14\XMLAttributeSample
using System.Xml.Serialization;
using System.IO;
[...]
[XmlRoot("PersonenListe")]
public class PersonenListe {
  [XmlElement("Listenbezeichner")]
  public string Listenname;
  [XmlArray("PersonenArray")]
  [XmlArrayItem("PersonObjekt")]
  public Person[] Personen;
  // Konstruktoren
  public PersonenListe() { }
  public PersonenListe(string name) {
    this.Listenname = name;
  }
}
public class Person {
  [XmlElement("Name")]
  public string Zuname;
  [XmlElement("Wohnort")]
  public string Ort;
  [XmlElement("Alter")]
  public int Lebensalter;
  [XmlAttribute("PersID", DataType = "string")]
  public string ID;
  // Konstruktoren
  public Person() { }
  public Person(string zuname, string ort, int alter, string id) {
    this.Zuname = zuname;
    this.Ort = ort;
    this.Lebensalter = alter;
    this.ID = id;
  }
}
```

Listing 14.61 XML-Serialisierung mit »Attribute« beeinflussen

Ehe wir uns die Auswirkung der Attributierung ansehen, folgt hier zuerst der Code, der Person-Objekte mit XmlSerializer serialisiert:

```csharp
class Program {
  static void Main(string[] args) {
    PersonenListe catalog = new PersonenListe("Teilnehmerliste");
    catalog.Listenname = "Teilnehmerliste";
    Person[] persons = new Person[2];
    // Personen erzeugen
    persons[0] = new Person("Peter", "Berlin", 45, "117");
```

```
      persons[1] = new Person();
      persons[1].Zuname = "Franz-Josef";
      persons[1].Ort = "Aschaffenburg";
      catalog.Personen = persons;
      // serialisieren
      XmlSerializer serializer = new XmlSerializer(typeof(PersonenListe));
      FileStream fs = new FileStream("Personenliste.xml", FileMode.Create);
      serializer.Serialize(fs, catalog);
      fs.Close();
      catalog = null;
      // deserialisieren
      fs = new FileStream("Personenliste.xml", FileMode.Open);
      catalog = (PersonenListe)serializer.Deserialize(fs);
      serializer.Serialize(Console.Out, catalog);
      Console.ReadLine();
   }
}
```

Listing 14.62 Serialisierung der Typen aus Listing 14.61

Das Array *persons* beschreibt ein Array von Person-Objekten, das zwei Objekte dieses Typs enthält. Die Referenz auf *persons* wird der Eigenschaft Personen eines PersonenListe-Objekts zugewiesen. Danach erfolgt die Serialisierung mit XmlSerializer in eine XML-Datei.

Nach der Serialisierung wird die Datei deserialisiert und ein serialisierender Datenstrom erzeugt, der in der Konsole seinen Abnehmer findet. So können wir uns den Inhalt des XML-Stroms direkt im Konsolenfenster ansehen, ohne die XML-Datei öffnen zu müssen (siehe Abbildung 14.12).

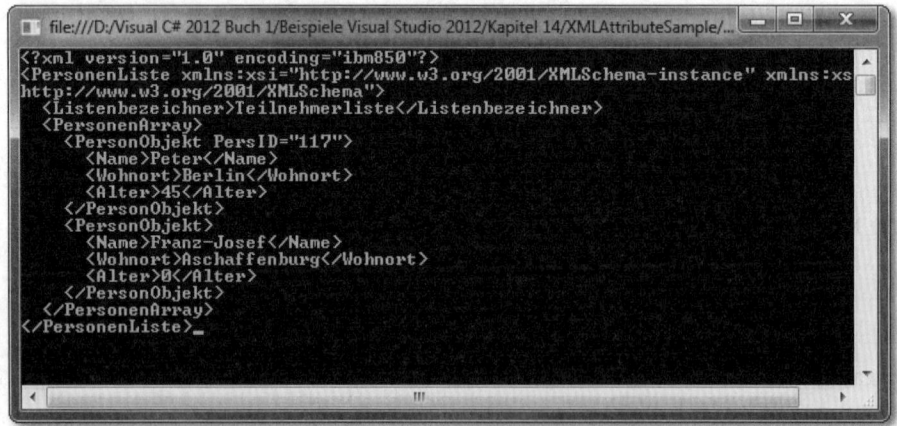

Abbildung 14.12 Ausgabe der Listings 14.61 und 14.62

Beachten Sie, wie die Verwendung der Attribute Einfluss auf die Elementbezeichner in der XML-Ausgabe nimmt.

14.10 LINQ to XML

14.10.1 Allgemeines

LINQ to XML vereinigt die Fähigkeiten von DOM und die von XPath beschriebenen Möglichkeiten, die im Speicher befindlichen XML-Daten zu verwalten, abzufragen und darüber hinaus auch zu ändern. Mit LINQ to XML soll dem Entwickler, der sich vorher mit mehreren unterschiedlichen APIs auseinandersetzen musste, die Arbeit mit XML einfacher gemacht werden. Im Folgenden werden wir uns mit der in .NET 3.5 eingeführten Technik beschäftigen. Da LINQ to XML eine eigenständige API (Klassenbibliothek) ist, gestattet LINQ to XML das Arbeiten mit XML-Dokumenten, ohne dass dabei zwangsläufig LINQ-Abfragen eingesetzt werden müssen.

Damit Sie die Bibliothek einsetzen können, müssen Sie auf die Assembly *System.Xml.Linq* verweisen und sollten auch den gleichnamigen Namespace bekannt geben.

14.10.2 Die Klassenhierarchie von LINQ to XML

Ehe wir uns die Fähigkeiten von LINQ to XML ansehen, sollten wir einen Blick auf die Klassenbibliothek werfen. Allzu viele hat LINQ to XML nicht zu bieten, was die Einarbeitung sicherlich deutlich vereinfacht. In Abbildung 14.13 ist die Klassenhierarchie dargestellt.

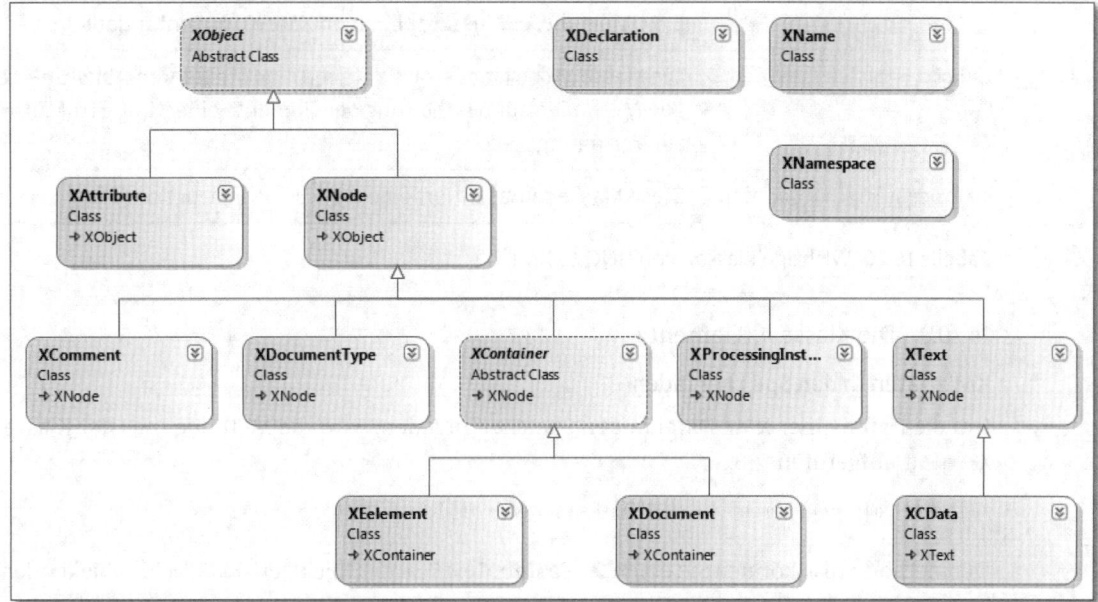

Abbildung 14.13 Die LINQ to XML-Klassenhierarchie

Da in diesem Buch nur ein kurzer Abriss von LINQ to XML erfolgt, soll es genügen, wenn an dieser Stelle nur die wichtigsten Klassen beschrieben werden.

Klasse	Beschreibung
XElement	Bei dieser Klasse handelt es sich wohl um die wichtigste von LINQ to XML. Die Klasse beschreibt einen XML-Element-Knoten, der untergeordnete Elemente enthalten kann. Die Klasse stellt eine Vielzahl von Methoden zur Verfügung, um innerhalb der XML-Struktur zu navigieren oder auch um XML-Elemente zu bearbeiten.
XDocument	XDocument ist der Klasse XElement sehr ähnlich. Das wichtigste Unterscheidungsmerkmal im Vergleich zur Klasse XElement ist, dass ein XDocument-Objekt auch XML-Deklarationen und mehrere XML-Prozessinstruktionen bearbeiten kann.
XAttribute	Diese Klasse repräsentiert XML-Attribute und stellt passende Methoden zum Verwalten und Erzeugen zur Verfügung. Die Arbeit mit Attributen ähnelt dem Arbeiten mit den Elementen. Intern werden Attribute als Name-Wert-Paar behandelt, das einem Element zugeordnet ist.
XDeclaration	Die XDeclaration wird für die Angabe der XML-Version und der Codierung benötigt.
XComment	Ein Objekt dieser Klasse stellt einen XML-Kommentar dar.
XNode	Die Klasse XNode ist abstrakt definiert und stellt ihren Ableitungen Methoden zur Bearbeitung der Elemente einer XML-Struktur zur Verfügung.
XProcessingInstruction	Diese Klasse repräsentiert eine Processing Instruction (PI).

Tabelle 14.20 Wichtige Klassen von LINQ to XML

14.10.3 Die Klasse »XElement«

XML-Daten in den Speicher laden

Um die Daten einer XML-Datei in den Speicher zu laden, wird die Methode Load der Klasse XElement aufgerufen, z.B.:

```
XElement xml = XElement.Load(@"D:\Personen.xml");
```

Der Methode Load können Sie einen Stream, ein TextReader-Objekt, ein XmlReader-Objekt oder eine Zeichenfolge übergeben. Bei der Zeichenfolge darf es sich auch um einen URI oder eine relative Angabe handeln, die dann relativ zum Anwendungsordner gilt. Darüber hinaus finden sich weitere Überladungen, die einen zweiten Parameter vom Typ LoadOptions beschreiben. Mit der Option LoadOptions.PreserveWhitespace ließe sich beispielsweise angeben, dass die Leerzeichen beibehalten werden sollen.

> **Anmerkung**
> Es gibt auch einige wenige Fälle, in denen das XML nicht in einer Datei vorliegt oder aus einem URI bezogen wird. Stattdessen wird das XML durch eine einfache Zeichenfolge beschrieben. Für diesen Fall stellt die Klasse XElement die statische Methode Parse zur Verfügung, die ein XElement-Objekt aus einer XML-Zeichenfolge erstellt, z.B.:
>
> ```
> string xml = "<Name>Andreas</Name>";
> XElement element = XElement.Parse(xml);
> ```

XML-Daten erzeugen und speichern

Ein XElement-Objekt beschreibt als Container weitere untergeordnete Elemente. Über die Konstruktoren werden die Elemente ineinander verschachtelt, um so die gewünschte XML-Struktur abzubilden. Exemplarisch wollen wir die folgende XML-Struktur mit der LINQ to XML-API abbilden.

```
<?xml version="1.0" encoding="utf-8"?>
<Personen>
  <Person>
    <Name>Fischer</Name>
    <Vorname>Manfred</Vorname>
    <Alter>45</Alter>
  </Person>
</Personen>
```

Der Code, der dieses XML erzeugt, lautet wie folgt:

```
XElement persons = new XElement("Personen",
                    new XElement("Person",
                      new XElement("Name", "Fischer"),
                      new XElement("Vorname", "Manfred"),
                      new XElement("Alter", "45")
                    )
                  );
persons.Save(@"D:\Personen.xml");
```

Listing 14.63 XML-Dokument mit LINQ to XML

Mit einer einzigen Anweisung hat man bereits das XML erzeugt – übrigens einschließlich des Prologs. Diese Anweisung in eine Zeile zu schreiben ist wenig ratsam. Sie sollten stattdessen eine Schachtelung im Code vornehmen, aus dem auch die Struktur der XML-Tags ersichtlich ist. Das ist natürlich deutlich intuitiver, als dazu beispielsweise die Klasse XmlWriter zu verwenden (vergleichen Sie dazu bitte mit dem Beispielprogramm *XmlWriterSample* in Abschnitt 14.6). Zum Schluss wird durch Aufruf der Methode Save das mit Code beschriebene XML in einer Datei gespeichert. Es erweist sich als vorteilhaft, dass Sie sich nicht weiter um die Endtags Gedanken machen müssen, denn diese sind bereits durch die Klammerung des Programmcodes vorgegeben und werden damit bereits zur Entwurfszeit sichergestellt.

Der Konstruktor der Klasse `XElement` hat drei Überladungen. In unserem Beispiel haben wir die folgende benutzt:

```
public XElement(XName name, Object content)
```

Sehen wir uns zuerst den ersten Parameter an. Dieser ist vom Typ `XName`. Übergeben wir an dieser Stelle einen String, wird die Zeichenfolge hinter den Kulissen implizit in ein `XName`-Objekt konvertiert. Das vereinfacht die Übergabe an den ersten Parameter ganz deutlich.

Dem zweiten Parameter können wir ein x-beliebiges Objekt übergeben. Am meisten kommen hier die folgenden zum Einsatz:

- ein `XElement`-Objekt, das als untergeordnetes Element eingefügt wird
- eine Zeichenfolge, die als Textinhalt bewertet wird
- ein `XAttribute`-Objekt, das als Attribut dem Element hinzugefügt wird
- eine `XProcessingInstruction` oder ein `XComment`
- ein `XText`-Objekt, das häufig einen `CData`-Wert beschreibt

Namespaces definieren

Um einen Namespace festzulegen, benutzen Sie das Element `XAttribute`.

```
XNamespace ns = "http://www.tollsoft.de";
XElement persons = new XElement(ns + "Personen");
```

Dabei wird das folgende XML erzeugt:

```
<Personen xmlns="http://www.tollsoft.de" />
```

Um einen Namespace mit einem Präfix zu verbinden, können Sie an das Element ein `XAttribute`-Element anhängen. Übergeben Sie dem Konstruktor zuerst den durch die Eigenschaft `Xmlns` des `XNamespace`-Elements beschriebenen Namespace, und verbinden Sie diesen mit dem Präfix. Dem zweiten Parameter übergeben Sie die `XNamespace`-Variable.

Das hört sich kompliziert an, deshalb dazu auch sofort ein Beispiel. Nehmen wir dazu das Beispiel von oben. Es soll ein Namespace definiert werden (»http://www.tollsoft.de«), der als Präfix *pers* vor jedem XML-Element angegeben werden soll. Der Code sieht dann wie folgt aus:

```
XNamespace ns = "http://www.tollsoft.de";
XElement persons = new XElement(ns + "Personen",
                    new XAttribute(XNamespace.Xmlns + "pers", ns),
                        new XElement(ns + "Person",
                            new XElement(ns + "Name", "Fischer"),
                            new XElement(ns + "Vorname", "Manfred"),
```

```
                  new XElement(ns + "Alter", "45")
              )
          );
```

Listing 14.64 Namespaces mit LINQ to XML

Aus diesem Codefragment resultiert das folgende XML-Dokument:

```
<?xml version="1.0" encoding="utf-8"?>
<pers:Personen xmlns:pers="http://www.tollsoft.de">
  <pers:Person>
    <pers:Name>Fischer</pers:Name>
    <pers:Vorname>Manfred</pers:Vorname>
    <pers:Alter>45</pers:Alter>
  </pers:Person>
</pers:Personen>
```

Listing 14.65 Resultierendes XML aus Listing 14.64

14.10.4 Die Klasse »XDocument«

Die beiden Klassen XElement und XDocument sind sich sehr ähnlich. Mit beiden können Sie XML-Daten laden und speichern sowie die XML-Daten bearbeiten. Der wesentlichste Unterschied ist, dass mit XDocument auch die XML-Deklaration bearbeitet werden kann und mehrere XML-Prozessinstruktionen hinzugefügt werden können. Möchten Sie also in den geladenen Daten auf XML-Kommentare, die XML-Deklaration oder XML-Prozessinstruktionen zugreifen, ist die Klasse XDocument jedenfalls die bessere Wahl. Dazu ein Beispiel.

```
XDocument doc = new XDocument(
  new XDeclaration("1.0", "utf-8", "yes"),
  new XComment("Dokument enthält Personen"),
  new XProcessingInstruction("XML-StyleSheet", "meine.xsl"),
  new XElement("Personen",
    new XElement( ...)));
```

Listing 14.66 Einsatz der Klasse »XDocument«

14.10.5 Navigation im XML-Dokument

Die beiden Klassen XElement und XDocument unterscheiden sich nicht wesentlich. Das wurde bereits eben erwähnt. Die gleiche Aussage gilt auch hinsichtlich der Navigationsmöglichkeiten. XElement und XDocument weisen zahlreiche Möglichkeiten zur Navigation durch ein XML-Dokument auf. Hier auf alle einzugehen, würde den Rahmen des Buches sprengen. Allerdings sollen Sie mit den wichtigsten Navigationsmethoden, die auch oft als Achsenmethoden bezeichnet werden, das Prinzip der Navigation sehen.

Als Ausgangspunkt dient uns dabei eine XML-Datei, die die Daten von drei Personen und einem Kunden beschreibt:

```xml
<?xml version="1.0" encoding="utf-8"?>
<Personen>
  <Person>
    <Name>Fischer</Name>
    <Vorname>Manfred</Vorname>
    <Alter>45</Alter>
    <Adresse Ort="Aachen" Strasse="Gasse 1"></Adresse>
  </Person>
  <Kunde>
    <Name>Tollsoft AG</Name>
  </Kunde>
  <Person>
    <Name>Meier</Name>
    <Vorname>Franz</Vorname>
    <Alter>76</Alter>
    <Adresse Ort="Ulm" Strasse="Avenue 12"></Adresse>
  </Person>
  <Person>
    <Name>Schmidt</Name>
    <Vorname>Detlef</Vorname>
    <Alter>28</Alter>
    <Adresse Ort="Bonn" Strasse="Weg 34"></Adresse>
  </Person>
</Personen>
```

Listing 14.67 Das XML-Dokument für die folgenden Ausführungen

Die Methode »Element«

Die Methode `Element` gestattet uns, ein Element aufgrund seines Namens zu selektieren. Wir wollen das sofort testen und schreiben den folgenden Code, um auf das erste *Person*-Element zuzugreifen.

```
XElement root = XElement.Load(@"..\..\Personen.xml");
XElement element = root.Element("Person");
Console.WriteLine(element);
```

Listing 14.68 Auswahl eines Elements mit der Methode »Element«

Hier wird die `Load`-Methode der Klasse `XElement` dazu benutzt, um auf die Datei *Personen.xml* zuzugreifen. Die Variable *root* referenziert danach das Stammelement *Personen* des geöffneten XML-Dokuments. Darauf rufen Sie die Methode `Element` auf und übergeben ein `XName`-Objekt. Alternativ lässt sich auch der Bezeichner des gesuchten Elements als Zeichenfolge angeben, die implizit in den Typ `XName` konvertiert wird. Die Ausgabe an der Konsole wird lauten:

```
<Person>
  <Name>Fischer</Name>
  <Vorname>Manfred</Vorname>
  <Alter>45</Alter>
  <Adresse Ort="Aachen" Strasse="Gasse 1"></Adresse>
</Person>
```
Listing 14.69 Konsolenausgabe des Listings 14.68

Ändern Sie die Ausgabeanweisung in der Weise ab, dass Sie das XElement *element* in eine Zeichenfolge konvertieren. Das ist möglich, weil die Klasse XElement eine ganze Reihe expliziter Typumwandlungen definiert, unter anderem auch in string:

```
Console.WriteLine((string)element);
```

Nun werden nur noch die Werte der Elemente angezeigt, also:

```
FischerManfred45
```

Übergeben Sie der Methode Element einen Bezeichner, der nicht im XML-Dokument gefunden wird, ist der Rückgabewert null.

Die Methode »Elements«

Gehen wir nun einen Schritt weiter. Wie Sie dem XML-Dokument entnehmen können, sind unterhalb des Stammelements drei *Person*-Elemente und ein *Kunde*-Element angeordnet. Uns interessieren jetzt ausschließlich die *Person*-Elemente, aber nicht das *Kunde*-Element. Hier hilft uns die Methode Elements weiter, die im Gegensatz zu Element nicht nur das erste, sondern alle übereinstimmenden Elemente zurückliefert. Der Rückgabewert ist vom Typ IEnumerable<XElement>. Sie können die Methode parameterlos aufrufen oder ein Element vom Typ XName übergeben (oder, wie im Abschnitt zuvor bereits erwähnt, eine Zeichenfolge). Die Liste der *Person*-Elemente erhalten wir mit den folgenden Anweisungen:

```
XElement root = XElement.Load(@"..\..\Personen.xml");
IEnumerable<XElement> elements = root.Elements("Person");
foreach (XElement item in elements)
  Console.WriteLine(item);
```

Listing 14.70 Elemente filtern mit der Methode »Elements«

Die Anzeige an der Konsole gibt uns alle *Person*-Elemente einschließlich der untergeordneten Elemente aus.

```
<Person>
  <Name>Fischer</Name>
  <Vorname>Manfred</Vorname>
  <Alter>45</Alter>
  <Adresse Ort="Aachen" Strasse="Gasse 1"></Adresse>
</Person>
```

```
[...]
<Person>
  <Name>Schmidt</Name>
  <Vorname>Detlef</Vorname>
  <Alter>28</Alter>
  <Adresse Ort="Bonn" Strasse="Weg 34"></Adresse>
</Person>
```

Listing 14.71 Ausgabe des Listings 14.70

Die Methode `Elements` lässt sich auch parameterlos aufrufen, also:

```
XElement root = XElement.Load(@"..\..\Personen.xml");
IEnumerable<XElement> elements = root.Elements();
```

Es werden daraufhin alle Elemente angezeigt, die dem Element untergeordnet sind, auf dem die Methode aufgerufen wird.

```
<Person> ... </Person>
<Kunde> ... </Kunde>
<Person> ... </Person>
<Person> ... </Person>
```

Die Methode »Attribute«

Das Element *Adresse* hat mit *Ort* und *Strasse* zwei Attribute. Wir wollen nun in Erfahrung bringen, welcher Wert sich hinter dem Attribut *Strasse* des ersten Elements verbirgt. Dazu navigieren wir zum ersten *Person*-Element und von dort aus zum Element *Adresse*. Auf dessen Referenz rufen wird die Methode `Attribut` auf und geben dabei den Attributbezeichner an. Genauso wie die Methode `Element` liefert uns `Attribut` das erste passende Element. Wird kein übereinstimmendes Element gefunden, ist der Rückgabewert auch in diesem Fall `null`.

```
XElement root = XElement.Load(@"..\..\Personen.xml");
XElement element = root.Element("Person");
XElement address = element.Element("Adresse");
XAttribute attr = address.Attribute("Strasse");
Console.WriteLine(attr);
```

Listing 14.72 Attribute mit der Methode »Attribute« auswerten

Aus dem Code resultiert die folgende Konsolenausgabe:

```
Strasse="Gasse 1"
```

Die Methode »Descendants«

Die Methode `Descendants` (Nachfahren) ermittelt alle Elemente, die einem bestimmten Knoten untergeordnet sind. Wir wollen uns die Methode `Descendants` wieder am Beispiel unseres XML-Dokuments ansehen. Unser Ziel sei es, alle Elemente zu finden, die dem ersten *Person*-Element untergeordnet sind.

```
XElement root = XElement.Load(@"..\..\Personen.xml");
XElement element = root.Element("Person");
IEnumerable<XElement> elements = element.Descendants();
foreach (XElement item in elements)
  Console.WriteLine(item);
```

Listing 14.73 Nachfahren ermitteln mit der Methode »Descendants« (1)

Weil wir durch den Aufruf der Methode Element zum ersten passenden *Person*-Element navigieren, wird die Ausgabe wie folgt lauten:

```
<Name>Fischer</Name>
<Vorname>Manfred</Vorname>
<Alter>45</Alter>
<Adresse Ort="Aachen" Strasse="Gasse 1"></Adresse>
```

Listing 14.74 Ausgabe des Listings 14.73

Vergleichen Sie diese Ausgabe mit der sehr ähnlichen der Methode Element: Das aktuelle Element ist nicht Bestandteil der Ergebnismenge.

Sie können der Methode Descendants auch ein XName-Objekt übergeben. Die Methode liefert dann alle untergeordneten Elemente, die dem mit XName beschriebenen Element entsprechen. Vielleicht interessieren Sie sich für sämtliche Namen im Dokument. Hier sind dazu die Anweisungen:

```
XElement root = XElement.Load(@"..\..\Personen.xml");
IEnumerable<XElement> elements = root.Descendants("Name");
foreach (XElement item in elements)
  Console.WriteLine((string)item);
```

Listing 14.75 Nachfahren ermitteln mit der Methode »Descendants« (2)

Da die Laufvariable *item* in einen String umgewandelt wird, lautet die Ausgabe:

```
Fischer
Tollsoft AG
Meier
Schmidt
```

Die Methode »Ancestors«

Mit der Methode Descendants suchen Sie nach Elementen, die weiter im Inneren eines XML-Dokuments, also untergeordnet sind. Die Methode Ancestors (Vorfahren) arbeitet in exakt entgegengesetzter Richtung: Sie sucht nach übereinstimmenden Elementen oberhalb des aktuellen Knotens.

Nachdem wir bisher gesehen haben, wie wir mit verschiedenen Methoden der Klasse XElement innerhalb eines XML-Dokuments navigieren können, wollen wir die Methode Ancestors dazu benutzen, endlich einen LINQ-Ausdruck zu verwenden, um ein bestimmtes Ziel bei der Auswertung zu erreichen. Es sollen uns dabei die Daten interessieren, die die Person mit dem Namen Meier beschreiben.

```
XElement root = XElement.Load(@"..\..\Personen.xml");
// Nach der Person 'Meier' suchen
XElement person = root.Descendants("Name")
                      .Where(pers => (string)pers == "Meier")
                      .First();
// Den Knoten 'Person' des gefundenen Elements referenzieren
var elemts = person.Ancestors("Person");
// Alle Elemente abfragen
foreach(var item in elemts.Elements())
  // Prüfen, ob das aktuelle Element Attribute hat
  if (item.HasAttributes){
    // Liste aller Attribute abfragen
    foreach (var temp in item.Attributes())
      Console.WriteLine((string) temp);
  }
  else
    Console.WriteLine((string)item);
```

Listing 14.76 LINQ-Ausdruck zur Filterung eines bestimmten Elements

Nach dem Laden des XML-Dokuments mit der Methode Load suchen wir mit Descendants alle *Name*-Elemente im Dokument. Mit der Erweiterungsmethode Where filtern wir alle Personen aus der Menge, die *Meier* heißen. Mit der Erweiterungsmethode First wird sichergestellt, dass jedoch nur eine Person namens *Meier* das Ergebnis bildet. Dabei handelt es sich um die zuerst gefundene Person.

Da *Name* nur eines von mehreren datenbeschreibenden Elementen ist, müssen wir mit Ancestors in der Dokumentstruktur eine Ebene höher gehen, um das dazugehörige *Person*-Element zu referenzieren. Die Methode Elements gestattet es dann, auf das gefundene *Person*-Element alle untergeordneten Elemente mit Elements abzurufen. Dabei kommt erschwerend hinzu, dass eines der untergeordneten Elemente Attribute hat, die ebenfalls ausgewertet werden müssen. Daher prüfen wir die Elemente mit HasAttributes dahingehend, ob durch das aktuelle Element auch Attribute beschrieben werden. Sollte das der Fall sein, durchlaufen wir diese in einer Schleife. Die Liste aller Attribute stellt uns die Methode Attributes zur Verfügung.

> **Hinweis**
> Die Codefragmente zur Navigation finden Sie auf der Buch-DVD innerhalb des Beispielprogramms *NavigationSamples*.

14.10.6 Änderungen am XML-Dokument vornehmen

Sicherlich werden Sie nicht nur ein XML-Dokument einlesen, sondern es darüber hinaus auch bearbeiten wollen. Dazu zählt sowohl das Ändern vorhandener Daten als auch das Hinzufügen oder Löschen vorhandener Elemente.

Editieren eines XML-Dokuments

Um den Wert eines bestimmten Elements zu ändern, müssen wir es zunächst einmal referenzieren. Angenommen, die Altersangabe des Herrn Schmidt in unserem Dokument sei deutlich zu jung ausgefallen, und wir müssen es ändern. Dazu müssen wir Herrn Schmidt zunächst im XML-Dokument ausfindig machen, ehe wir die Anpassung vornehmen können.

Zur Änderung eines Elements dient die Methode `SetElementValue`. Zur Änderung muss der Aufruf auf dem übergeordneten Element erfolgen. `SetElementValue` erwartet zwei Parameter: Der erste beschreibt ein `XName`-Objekt, der zweite ist vom Typ `Object`. Das `XName`-Objekt kann durch den Bezeichner des zu ändernden Elements beschrieben werden, der zweite Parameter erwartet den neuen Wert.

Das folgende Listing zeigt, wie Sie das zu ändernde Element aufspüren und ändern können.

```
XElement root = XElement.Load(@"D:\Personen.xml");
XElement name = root.Descendants("Name")
                .Where(pers => (string)pers == "Fischer")
                .First();
XElement person = name.Parent;
person.SetElementValue("Alter", 18);
```

Listing 14.77 Ändern eines Elements mit »SetElementValue«

Wie schon im letzten Beispielcode suchen wir zuerst den Eintrag *Fischer* im XML-Dokument. Im nächsten Schritt muss das direkt übergeordnete Element referenziert werden. Die im letzten Abschnitt vorgestellte Methode `Ancestors` ist dazu wenig geeignet, da sie uns eine Liste liefert, in der anschließend ein erneuter Suchvorgang ausgeführt werden müsste. Deutlich besser eignet sich die Eigenschaft `Parent`, die das direkt übergeordnete `XElement` liefert, also die Referenz auf das *<Person>*-Element des Herrn *Fischer*. Darauf wird die `SetElementValue`-Methode aufgerufen.

Hinzufügen eines Elements

Zum Hinzufügen von Elementen stehen Ihnen mehrere Möglichkeiten zur Verfügung. Zuerst seien die Methoden `Add`, `AddAfterSelf`, `AddBeforeSelf` und `AddFirst` genannt. Diese werden durch das `XElement`-Objekt zur Verfügung gestellt. Dabei wird `AddBeforeSelf` das neue Element vor dem aktuell referenzierten Element einfügen, `AddAfterSelf` nach dem aktuell referenzierten Element – jeweils auf derselben Strukturebene. `AddFirst` hingegen fügt das neue Element als erstes untergeordnetes Element ein, `Add` als letztes aller untergeordneten. Allen vier Methoden übergeben Sie das neue Element als `XElement`-Objekt, z.B.:

```
person.Add(new XElement("Telefon", 12345));
```

Sie können aber auch die im vorigen Abschnitt vorgestellte Methode `SetElementValue` zum Hinzufügen eines neuen untergeordneten Elements einsetzen. Übergeben Sie dazu dem ersten Parameter ein `XName`-Objekt (oder eine entsprechende Zeichenfolge), das namentlich nicht als untergeordnetes Element erkannt wird, wird das `XName`-Objekt als neu hinzuzufügendes Element interpretiert.

Genauso soll es nun dem einzigen Kunden in unserem Dokument ergehen.

```
XElement root = XElement.Load(@"D:\Personen.xml");
XElement name = root.Descendants("Name")
                .Where(pers => (string)pers == "Tollsoft AG")
                .First();
XElement person = name.Parent;
person.SetElementValue("Telefon", 123456);
```

Listing 14.78 Hinzufügen eines Elements mit »SetElementValue«

Löschen eines Elements

Auch zum Löschen eines Elements werden von der Klasse `XElement` mehrere Methoden angeboten (z.B. `Remove`, `RemoveAll`, `RemoveAttribute`). Da uns die Methode `SetElementValue` aber bereits sehr vertraut geworden ist, wollen wir sie dazu benutzen. Sie müssen dazu nur im zweiten Parameter null übergeben. Das ist bereits alles.

Um das noch zuvor zugestandene Element für die Telefonnummer des Kunden wieder zu entfernen, genügt die folgende Anweisung:

```
person.SetElementValue("Telefon", null);
```

Kapitel 15
Multithreading und die Task Parallel Library (TPL)

15.1 Überblick

Seit den Anfängen von .NET lassen sich mit mehr oder weniger viel Aufwand Multithreading-fähige Anwendungen programmieren. Grundlage war die Klasse Thread aus dem Namespace System.Threading. Mit Thread ließen sich nach Bedarf neue Threads ins Leben rufen, Threadprioritäten setzen und auch komplexe Synchronisationsmechanismen realisieren. Sie wussten (hoffentlich) zu jedem Zeitpunkt der Laufzeit über den Threadzustand Bescheid, konnten nach Bedarf Einfluss darauf ausüben.

Aber die Entwicklung der Hardware begann aus technischen Gründen einen Weg einzuschlagen, dem die Klasse Thread nicht mehr gewachsen war: die Multi-Core-Prozessoren. Während in all den Jahren zuvor die Taktfrequenz immer weiter nach oben getrieben worden ist, sahen sich die Entwicklungsfirmen bei einer Taktfrequenz von ca. 3 GHz einer natürlichen Grenze gegenüber: Prozessoren mit noch höherer Taktfrequenz ließen sich nicht mehr ausreichend kühlen. Um dennoch leistungsverbesserte Prozessoren anbieten zu können, wurden die Multi-Core-Prozessoren entwickelt. Zuerst waren es Double-Core-Prozessoren, schnell folgte die nächste Welle mit Quad-Core-Prozessoren. Ein Ende der Entwicklung ist derzeit nicht auszumachen.

Mit der Klasse Thread Anwendungen zu entwickeln, die die Möglichkeiten der Multi-Core-Prozessoren ausreizen, ist nur schwer möglich, denn die Klasse Thread wurde zu einer Zeit entwickelt, als es darum ging, mehrere Ausführungsstränge quasigleichzeitig auf einer CPU laufen zu lassen.

Dem hardwaretechnischen Fortschritt wird in .NET nunmehr mit der Einführung der TPL (Task Parallel Library) Rechnung getragen. TPL ist eine neue API, die uns in die Lage versetzt, Mehrkernprozessoren in unseren Anwendungen zu nutzen, ohne dass dabei die Komplexität des Programmcodes zunimmt. Ganz im Gegenteil, es ist sogar einfacher, die neue TPL zu programmieren, als die »alte« Klasse Thread. Nichtsdestotrotz kommen Ihnen die Kenntnisse der klassischen Multithreading-Programmierung bei dem Einsatz von TPL zugute. Nicht nur aus diesem Grund habe ich in diesem Buch auf die grundlegende Programmierung mehrerer Threads nicht verzichtet.

15.2 Multithreading mit der Klasse »Thread«

15.2.1 Einführung in das Multithreading

Stellen Sie sich eine beliebige Anwendung vor, die in der Lage ist, Mails zu versenden. Das Versenden kann, wenn die Mail mehrere größere Anhänge hat, durchaus einen längeren Zeitraum in Anspruch nehmen. Während des Versendens wird eine Sanduhr angezeigt, und der Anwender kann nicht mit der Applikation weiterarbeiten. Erstrebenswert ist es, dem Anwender eine Anwendung auszuliefern, die ohne eine Verzögerung auskommt. Dazu wäre nur eine Applikation in der Lage, die das **Multithreading** beherrscht. Mit einer solchen Anwendung könnte der Benutzer weiterarbeiten, während (scheinbar) gleichzeitig die Mail verschickt wird.

Die Entgegennahme der Benutzereingabe und das Versenden der Mail sind zwei Operationen, die in einer multithreading-fähigen Anwendung voneinander unabhängig sind und innerhalb eines einzigen Prozesses ablaufen. Beide Operationen können dabei dieselben Daten benutzen. Jeder Operation wird dazu ein eigener **Thread** zugeordnet. Ein Thread ist eine Ausführungseinheit und besteht aus einer kontinuierlichen Abfolge von Anweisungen. Sie werden weiter unten in den Beispielen noch sehen, wie das zu verstehen ist.

Jeder gestarteten Anwendung ist ein Prozess zugeordnet, in dem mindestens ein Thread existiert. Somit ist ein Thread die kleinste Ausführungseinheit und gehört im Umkehrschluss grundsätzlich immer zu einem Prozess. Wird der letzte Thread eines Prozesses zerstört, wird die Laufzeitumgebung der Anwendung beendet.

Wenn man eine Ein-Prozessor-Maschine voraussetzt, kann zu einem gegebenen Zeitpunkt nur ein Thread von der CPU bearbeitet werden. Stehen mehrere Threads derselben oder auch unterschiedlicher Anwendungen zur Ausführung in einer Warteschlange, erfolgt der Austausch der Threads in der CPU in sehr kleinen Zeitintervallen (Standard: 20 ms). Für die Zuteilung der CPU ist eine Komponente des Systems zuständig, der **Scheduler**. Einem Anwender fällt das nicht auf – aus seiner Sicht erscheint es so, als würde die Ausführung gleichzeitig erfolgen.

Im Kontext jedes Threads sind alle Informationen enthalten, um die unterbrochene Ausführung zu einem späteren Zeitpunkt wieder problemlos aufnehmen zu können. Dazu gehören die Inhalte der CPU-Register zu dem Zeitpunkt, zu dem der Thread den Prozessor verlassen hat, sowie alle Informationen, die den Zustand des Threads beschreiben.

15.2.2 Threadzustände und Prioritäten

Wartende, bereite und laufende Threads

Jeder Thread kann sich in einem von drei möglichen Zuständen befinden:

- *wartend* (waiting)
- *bereit* (ready)
- *laufend* (running)

Ein **laufender** Thread befindet sich aktuell im Prozessor und wird ausgeführt. Ein Prozessor kann zu einem gegebenen Zeitpunkt immer nur einen Thread bearbeiten. Nach Ablauf der zugestandenen Zeitspanne muss der laufende Thread die CPU räumen. Er reiht sich wieder in die Warteschlange auf der Zeitscheibe ein und hofft darauf, dass ihm möglichst schnell wieder Prozessorzeit zugeteilt wird.

Die Threads, die in der Warteschlange stehen, werden als **bereit** bezeichnet. Nur einem bereiten Thread kann ein Zeitquantum der CPU zugestanden werden.

Es gibt aber auch Threads, die während ihrer Ausführung freiwillig den Prozessor räumen und auch danach zunächst nicht mehr willens sind, sich in die Warteschlange der bereiten Threads einzuordnen. Diese Threads werden als **wartend** bezeichnet. Ein wartender Thread muss den Anstoß von einem anderen Thread bekommen, um in den bereiten Zustand überführt zu werden.

Bezogen auf einen Prozessor kann sich zu einem gegebenen Zeitpunkt nur ein Thread im laufenden Zustand befinden. Die anderen Threads sind entweder *bereit* oder *wartend*. Der aktuell ausgeführte Thread muss unter folgenden Bedingungen den Prozessor aufgeben:

- Das ihm zugestandene Zeitquantum ist abgelaufen.
- Der Thread muss auf ein anderes Objekt oder eine Benachrichtigung warten. Er tritt in den Zustand *wartend* ein.
- Ein anderer Thread mit einer höheren Priorität befindet sich in der Warteschlange.

Während die beiden zuerst aufgeführten Punkte aufgrund der vorherigen Ausführungen einleuchtend sein sollten, ist der dritte neu.

Threadprioritäten

Jedem Thread wird eine bestimmte **Priorität** zugeordnet. Stehen mehrere Threads in der Warteschlange, erhält derjenige Thread Prozessorzeit, dessen Priorität am höchsten ist. Windows kennt die Prioritätsstufen 1 bis 31, die allerdings nicht alle genutzt werden. Viele Systemthreads laufen mit einer höheren Priorität als die Threads »normaler« Anwendungen. Der Prioritätszuordnung eines Threads und den daraus resultierenden Konsequenzen bei der Prozessorzuteilung kommt eine sehr große Bedeutung zu. Gäbe es die Zuordnung einer Priorität nicht, wäre es unter anderem nicht möglich, aus einer laufenden Windows-Anwendung heraus eine andere zu aktivieren. Das System fängt nämlich in einem Thread hoher Priorität den Mausklick auf das Fenster einer inaktiven Anwendung ab, ordnet die Mauszeigerposition dem direkt darunter liegenden Fenster zu und aktiviert es.

Die Priorität eines Threads kann bei Bedarf erhöht werden. Damit kann man erreichen, dass Aufgaben, die Vorrang vor anderen haben sollen, nicht gleichberechtigt mit den anderen Threads behandelt werden, sondern bevorzugt. Umgekehrt kann die Priorität eines Threads auch verringert werden, um ihn einerseits bereitzuhalten, ihn aber andererseits nur in bestimmten Situationen zur Ausführung zu bringen, möglicherweise auch erst nach vorheriger Erhöhung der Priorität.

Einen Thread mit niedriger Priorität haben Sie schon kennengelernt: Es ist der Thread des *Garbage Collectors*. Dieser erhält erst dann Prozessorzeit, wenn keine andere Ausführungseinheit die CPU beansprucht oder die Ressourcen knapp werden. Tritt die letztgenannte Situation ein, wird die Priorität des Garbage Collectors angehoben, damit die Speicherbereinigung ihre Arbeit verrichten kann.

Ein Thread, dessen Zeit auf der Zeitscheibe abgelaufen ist, wird als *bereit* markiert und sichert den Zustand der Daten im Stack. Danach sucht das Betriebssystem nach dem Thread, der sowohl als *bereit* markiert ist als auch gleichzeitig die höchste Priorität besitzt. Befinden sich mehrere bereite Threads auf derselben Prioritätsstufe, weist der Scheduler dem in der Reihenfolge stehenden Thread den Prozessor zu.

15.2.3 Zusammenspiel mehrerer Threads

Eine multithreading-fähige Anwendung zu schreiben ist nicht einfach und birgt immer die latente Gefahr von Fehlern. Eine der größten Fehlerquellen ist der gleichzeitige Zugriff mehrerer Komponenten auf eine gemeinsame Ressource. Wartet zum Beispiel ausnahmslos jede der beteiligten Komponenten auf die Antwort der anderen, wäre ein *Deadlock* die Folge – die Anwendung kann nicht mehr weiterarbeiten und hängt sich auf. Wir können in diesem Kapitel nicht alle Aspekte erörtern, die in diesem Zusammenhang von Bedeutung sind. Sie sollten aber immer daran denken, dass mit steigender Anzahl der Threads das Gefahrenpotenzial exponentiell steigt, die Komplexität der Anwendung drastisch zunimmt und der Ablauf der Anwendung nur noch schwierig nachzuvollziehen ist.

Trotz der Schwierigkeiten, die sich bei der Entwicklung einer Multithreading-Anwendung ergeben, gibt es eine Reihe von Situationen, in denen der Einsatz mehrerer Threads sinnvoll ist. Meistens handelt es sich um Operationen, die generell eine längere Zeitspanne für ihre Ausführung benötigen, z.B. bei der Kommunikation mit anderen Rechnern über das Netzwerk oder bei Tasks, die als zeitkritisch eingestuft werden müssen.

15.2.4 Die Entwicklung einer einfachen Multithreading-Anwendung

Im folgenden Beispiel wird auf einfachste Weise neben dem Hauptthread, der beim Starten einer Anwendung automatisch erzeugt wird, ein zweiter Thread per Programmcode ins Leben gerufen. Anhand dieses kleinen Programms wollen wir uns mit den wichtigsten Grundlagen einer multithreading-fähigen Anwendung vertraut machen.

```
// Beispiel: ..\Kapitel 15\EinfacherThread
class Program {
  static void Main(string[] args) {
    ThreadStart del;
    del = new ThreadStart(TestMethod);
    Thread thread = new Thread(del);
    // den zweiten Thread starten
    thread.Start();
```

```
    for(int i = 0; i <= 100; i++) {
      for(int k = 1; k <= 20; k++)
        Console.Write(".");
      Console.WriteLine("Primär-Thread " + i);
    }
    Console.ReadLine();
  }
  // diese Methode wird in einem eigenen Thread ausgeführt
  public static void TestMethod() {
    for(int i = 0; i <= 100; i++) {
      for(int k = 1; k <= 20; k++)
        Console.Write("X");
      Console.WriteLine("Sekundär-Thread " + i);
    }
  }
}
```

Listing 15.1 Einen einfachen Thread erzeugen

Alle Klassen, die mit der Entwicklung multithreading-fähiger Anwendungen unter .NET in Zusammenhang stehen, sind im Namespace System.Threading zu finden, der am Anfang des Programms mit using bekannt gegeben werden sollte. Die wichtigste Klasse innerhalb dieses Namespaces dürfte die Klasse Thread sein, mit der ein neuer Thread erzeugt wird. Werfen wir einen Blick auf den eingesetzten Konstruktor dieser Klasse:

```
public Thread(ThreadStart start);
```

Bei dem Parameter vom Typ ThreadStart handelt es sich um einen Delegate, der die Methode angibt, deren Anweisungen in einem neuen Thread ausgeführt werden sollen. Die Definition dieses Delegates lautet wie folgt:

```
public sealed delegate void ThreadStart();
```

Die Instanz eines Delegates kapselt den Zeiger auf die Speicheradresse einer Methode. Die Typen der Parameterliste des Delegates müssen den Typen der Parameterliste der Methode entsprechen, auf die der Delegate verweist. Demzufolge kann man dem Konstruktor der Klasse Thread über den Delegate nur die Adresse einer parameterlosen Methode zuweisen – in unserem Beispiel ist es die Methode TestMethod:

```
ThreadStart del = new ThreadStart(TestMethod);
Thread thread = new Thread(del);
```

Im ersten Schritt wird die Variable *del* vom Typ des Delegates ThreadStart deklariert. Dem Delegate wird die Adresse der benutzerdefinierten Methode übergeben. Danach kann die Thread-Klasse unter Übergabe der Referenz des Delegates instanziiert werden. Mit

```
Thread thread = new Thread(new ThreadStart(TestMethod));
```

können Sie den Code auch einzeilig formulieren, da die Referenz auf den Delegate nicht mehr benötigt wird.

Die Instanziierung der Thread-Klasse ist noch nicht ausreichend, um den zweiten Thread der Anwendung zu aktivieren. Entscheidend ist vielmehr die Methode Start des Thread-Objekts:

thread.Start();

Mit dem Start der Anwendung wird bereits der erste Thread, der Primärthread, automatisch erstellt. Der zweite Thread wird erst mit Aufruf von Start auf die Thread-Referenz zum Leben erweckt. In dem neuen Thread wird TestMethod ausgeführt.

Beide Threads arbeiten zwei verschachtelte Schleifen ab. Die Schleifen sind so konstruiert, dass eine Zeitscheibeneinheit nicht ausreicht, um jeweils vollständig die Schleifen zu durchlaufen, denn dann könnten wir den Effekt des Multithreadings an der Konsole nicht erkennen. In der inneren Schleife wird eine Ausgabe in die Konsole geschrieben. Beim Primärthread handelt es sich um 20 Punkte pro Schleifendurchlauf, beim Sekundärthread sind es jeweils 20-mal der Buchstabe »X«. Daran schließt sich noch die Angabe an, welcher Thread für die Ausgabe verantwortlich ist. Darüber hinaus wird der aktuelle Zählerstand der äußeren Schleife angehängt.

Schauen wir uns nun die Ausgabe an, die abhängig von der Hardwareausstattung, der Systemkonfiguration und anderen laufenden Anwendungen durchaus anders aussehen kann. Die Interpretation der Ausgabe hilft, die Arbeitsweise der Threads im Zusammenhang mit der Zeitscheibe und der quasiparallelen Ausführung zu verstehen. Auch wenn die Anzeige ziemlich chaotisch anmutet, am Ende werden beide Threads ihre Aufgabe vollständig erledigt haben.

Abbildung 15.1 Die Ausgabe der Anwendung »EinfacherThread«

Der Delegate »ParameterizedThreadStart«

Den Delegate `ThreadStart`, mit dem die in einem separaten Thread laufende Methode beschrieben wird, haben wir im vorigen Abschnitt behandelt. `ThreadStart` hat jedoch ein Manko, denn diese Methode muss parameterlos sein. Manchmal ist es aber notwendig, der Threadmethode Daten zu übergeben. Dazu wird uns eine Alternative mit dem Delegate `ParameterizedThreadStart` geboten:

```
public sealed delegate void ParameterizedThreadStart(object obj);
```

Die Instanz eines solchen Delegates kapselt den Zeiger auf eine Methode, die die Referenz auf ein beliebiges Objekt erwartet. Hier werden uns alle Türen geöffnet, denn wir können, falls mehrere Daten an die Methode übergeben werden sollen, auch ein Array oder eine Auflistung angeben.

Die Erzeugung des Threads erfolgt in bekannter Weise. Der einzige Unterschied ist im Konstruktor der Klasse `Thread` zu finden, dem wir eine Instanz des Delegaten vom Typ `ParameterizedThreadStart` übergeben:

```
Thread thread = new Thread(new ParameterizedThreadStart(ThreadMethod));
```

Um die gewünschten Daten an die Threadmethode zu leiten, greifen wir auf eine Überladung der `Start`-Methode zu, der wir das entsprechende Argument mitteilen:

```
thread.Start(IrgendEinObjekt);
```

Das übergebene Objekt enthält die Daten, die von der vom Thread ausgeführten Methode verwendet werden sollen.

15.2.5 Die Klasse »Thread«

Zugriff eines Threads auf sich selbst

Ein Thread wird erzeugt, wenn die Klasse `Thread` unter Übergabe eines Delegates instanziiert wird. Dies stellt nicht die einzige Möglichkeit dar, sich die Referenz auf einen Thread zu besorgen. Wenn es beispielsweise notwendig ist, auf dem Hauptthread Operationen auszuführen, steht Ihnen diese Referenz explizit nicht zur Verfügung, da der Thread implizit beim Start der Anwendung erzeugt wird. Abhilfe schafft die statische Eigenschaft `CurrentThread`, die eine Referenz auf den aktuellen Thread liefert. Nehmen wir an, dass ein Thread seine eigene Priorität mit der Eigenschaft `Priority` erhöhen soll. Dann müssten Sie

```
Thread.CurrentThread.Priority = Prioritätswert;
```

codieren, damit der Thread auf sich selbst zugreifen kann. Auf die Eigenschaft `Priority` kommen wir später zu sprechen.

Einen Thread für eine bestimmte Zeitdauer anhalten

Im Beispiel *EinfacherThread* wurde eine Schleife konstruiert, um eine kleine Zeitverzögerung zu erreichen. Ohne Schleife könnte es sein, dass die gesamte Schleife des ersten Threads bereits vollständig abgearbeitet ist, bevor der zweite Thread zum ersten Mal in seine eigene Schleife eintritt. Die Thread-Klasse bietet für solche Fälle mit der Methode Sleep eine bessere Alternative, um einen Thread für eine bestimmte Zeitdauer anzuhalten und damit die Ausführung zu verzögern.

Die Methode ist statisch definiert und kann nicht auf eine bestimmte Threadinstanz aufgerufen werden. Der aktuelle Thread zieht sich damit selbst aus dem Verkehr. Sleep ist übrigens unabhängig von der Taktfrequenz des Computers. Wird Sleep die Zahl 0 übergeben, wird der Thread dazu veranlasst, auf den verbleibenden Rest seiner Ausführungszeit zu verzichten und die CPU für den nächsten anstehenden Thread frei zu machen. Er reiht sich danach sofort wieder in die Warteschlange ein.

Sicheres Beenden eines Threads

Mit der Methode Abort lässt sich ein Thread terminieren. Der Aufruf bewirkt in der Laufzeitschicht die Auslösung der Ausnahme ThreadAbortException. Damit ist es möglich, die Methode ordnungsgemäß zu beenden, beispielsweise um dabei offene Ressourcen zu schließen.

Dazu zunächst ein Beispiel. Diesmal wird die Routine, die in einem zweiten Thread ausgeführt wird, in einer eigenen Klasse definiert. Damit ändert sich grundsätzlich nichts, da dem Delegate nun die Adresse der Instanzmethode in der Klasse mitgeteilt wird.

```
// Beispiel: ..\Kapitel 15\AbortThread
class Program {
  static void Main(string[] args) {
    Demo obj = new Demo();
    ThreadStart del = new ThreadStart(obj.TestMethod);
    Thread thread = new Thread(del);
    Console.WriteLine("Thread wird jetzt gestartet");
    // Sekundärthread starten
    thread.Start();
    Console.WriteLine("Thread ist gestartet");
    Thread.Sleep(200);
    // der sekundäre Thread wird durch den Primärthread mit
    // der Methode Abort zerstört
    thread.Abort();
    Thread.Sleep(100);
    if (thread.IsAlive)
      Console.WriteLine("Der Sek.-Thread lebt noch");
    else
      Console.WriteLine("Der Sek.-Thread ist aufgegeben");
    Thread.Sleep(5000);
  }
}
```

```csharp
class Demo {
  public void TestMethod() {
    try
    {
      Console.WriteLine("Sek.-Thread gestartet.");
      // die Schleife zwingt Thread eine länger dauernde Ausführung auf
      for(int i = 0; i <= 100; i++) {
        Console.WriteLine("Sek.-Thread-Zähler = {0}", i);
        Thread.Sleep(50);
      }
    }
    catch (ThreadAbortException ex)
    {
      Console.WriteLine("Sek.-Thread/im Catch-Block");
    }
    finally {
      Console.WriteLine("Sek.-Thread/in Finally");
    }
    Console.WriteLine("Sek.-Thread/nach Finally");
    for (int i = 0; i <= 20; i++) {
      Console.Write(".");
      Thread.Sleep(50);
    }
  }
}
```

Listing 15.2 Das Beenden eines Threads

Nach dem Instanziieren der Thread-Klasse wird der zweite Thread gestartet. Da wir die Abort-Methode testen wollen, müssen wir dafür sorgen, dass Abort nicht auf einen Thread trifft, der nicht mehr ausgeführt wird. Deshalb ist in *ThreadExecution* der Klasse Demo eine Schleife eingebaut, die eine längere Zeit für einen vollständigen Durchlauf benötigt. Die Zeit muss so lang angesetzt werden, dass Abort auf die noch in Arbeit befindliche Schleife trifft.

Vor dem Aufruf von Abort wird der Primärthread zunächst mit Sleep gebremst, damit der Sekundärthread etwas Zeit zu arbeiten hat. Nach dem Aufruf von Abort bekommt das System mit einem zweiten Sleep-Aufruf noch Zeit, den Sekundärthread endgültig zu beenden. Durch Auswertung der Eigenschaft IsAlive auf dem Sekundärthread wird festgestellt, ob dieser noch aktiv ist oder nicht. Würden wir dem Hauptthread keine Ruhepause gönnen, könnte eine falsche Aussage die Folge sein, da die if-Bedingungsprüfung vor der Aufgabe des Sekundärthreads durchgeführt wird, weil sich Abort und if innerhalb derselben Zeitscheibe befinden und der freigegebene Thread noch keine Möglichkeit erhalten hat, die Ausnahme auszulösen. Die zweite Schleife in der Methode TestMethod der Klasse Demo soll ebenfalls eine länger andauernde Operation simulieren.

An der Konsole erfolgt die folgende Ausgabe:

```
Thread wird jetzt gestartet
Thread ist gestartet
Sek.-Thread gestartet
Sek.-Thread-Zähler = 0
Sek.-Thread-Zähler = 1
Sek.-Thread-Zähler = 2
Sek.-Thread-Zähler = 3
Sek.-Thread/in Catch-Block
Sek.-Thread/in Finally
Der Sek.-Thread ist aufgegeben
```

Hier ergibt sich anscheinend ein Widerspruch zu der Aussage in Kapitel 7, dass die hinter `finally` stehenden Anweisungen ausgeführt werden: Der Aufruf von `Abort` löst die Exception `ThreadAbortException` aus, aber die zweite Schleife im Sekundärthread wird nicht mehr durchlaufen. Genau in diesem Punkt liegt das Besondere dieser Ausnahme, denn sie wird ausgelöst und auch abgefangen, aber die Anweisungen hinter dem Ende der Ausnahmebehandlung kommen nicht mehr zur Ausführung, da der Thread in diesem Moment bereits terminiert ist. Allerdings unterstützt die Laufzeitschicht abschließende Anweisungen in `finally`.

Gegen das außerplanmäßige Beenden kann sich der betroffene Thread allerdings auch zur Wehr setzen. Dazu muss im `catch`-Block des Exception Handlers die statische Methode `ResetAbort` aufgerufen werden:

```
[...]
catch (ThreadAbortException e) {
  Thread.ResetAbort();
  Console.WriteLine("Sek.-Thread/im Catch-Block");
  [...]
}
```

Listing 15.3 Einsatz der Methode »ResetAbort«

Bauen Sie diese Anweisung in den Programmcode des Beispiels ein, wird auch die zweite Schleife in `TestMethod` ausgeführt, und die bedingte Prüfung mit `if` führt zu dem Ergebnis, dass der Thread noch lebt – das allerdings auch nur, weil die zweite Schleife ebenfalls wieder eine längere Zeit in Anspruch nimmt oder der Thread nicht schon auf normalem Wege aufgegeben worden ist, bevor die Prüfung erfolgt.

Abhängige Threads – die Methode »Join«

Nun wäre die folgende Ausgangssituation vorstellbar: Der Primärthread beendet den Sekundärthread mit `Abort` und muss dabei sicherstellen, dass die Anweisungen im Sekundärthread zuerst vollständig abgearbeitet sind, bevor die nächste Anweisung im Primärthread ausgeführt wird. Solche Situationen können auftreten, wenn der Code des Primärthreads auf das ordnungsgemäße Beenden angewiesen ist. Das heißt aber auch, dass der Aufruf synchron erfolgen muss – dass also auf die quasigleichzeitige Ausführung, die ansonsten die Threads auszeichnet, bewusst verzichtet wird.

Wir wollen, um uns der Problematik bewusst zu werden, zunächst eine kleine Änderung in Main vornehmen. Die Implementierung der Klasse Demo bleibt wie im Beispiel *AbortThread* erhalten (also ohne den Aufruf von ResetAbort, falls Sie damit experimentiert haben sollten).

```
static void Main(string[] args) {
  Demo obj = new Demo();
  ThreadStart firstThread;
  firstThread = new ThreadStart(obj.TestMethod);
  Thread TheThread = new Thread(firstThread);
  Console.WriteLine("Thread wird jetzt gestartet");
  // sekundären Thread starten
  TheThread.Start();
  Console.WriteLine("Thread ist gestartet");
  Console.WriteLine("vor Abort.............");
  // der sekundäre Thread wird durch den Primärthread mit
  // der Methode Abort zerstört
  Thread.Sleep(200);
  TheThread.Abort();
  // die folgende Anweisung simuliert Code, der vom Beenden
  // des Sekundärthreads abhängig ist
  Console.WriteLine("nach Abort.............");
  Thread.Sleep(100);
  if (TheThread.IsAlive)
    Console.WriteLine("Der Sek.-Thread lebt noch");
  else
    Console.WriteLine("Der Sek.-Thread ist aufgegeben");
  Thread.Sleep(5000);
}
```

Listing 15.4 Änderung des Beispielprogramms »ThreadAbort«

Main enthält eine Anweisung, die nach dem Aufruf der Abort-Methode die Konsolenausgabe

nach Abort................

erzwingt. Damit sollen Anweisungen simuliert werden, die auf das ordnungsgemäße Terminieren des sekundären Threads angewiesen sind. Sehen wir uns die Konsolenausgabe des Programmcodes in Abbildung 15.2 an.

Deutlich ist zu erkennen, dass der sekundäre Thread nach Abort immer noch aktiv ist – die catch- und finally-Blöcke werden nach der abhängigen Anweisung ausgeführt.

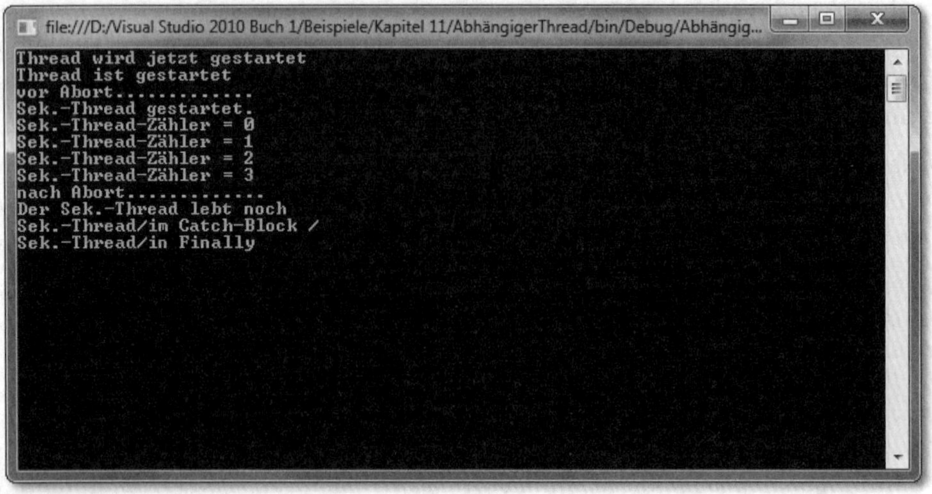

```
Thread wird jetzt gestartet
Thread ist gestartet
vor Abort.............
Sek.-Thread gestartet.
Sek.-Thread-Zähler = 0
Sek.-Thread-Zähler = 1
Sek.-Thread-Zähler = 2
Sek.-Thread-Zähler = 3
nach Abort.............
Der Sek.-Thread lebt noch
Sek.-Thread/im Catch-Block /
Sek.-Thread/in Finally
```

Abbildung 15.2 Abhängige Threads – unerwünschter Programmfluss

Jetzt hilft eine andere Methode der Klasse Thread weiter: Join, die den aktuellen, also aufrufenden Thread so lange blockiert, bis der Sekundärthread vollständig terminiert ist. Sinnvollerweise wird Join direkt hinter Abort aufgerufen. Der Programmablauf kehrt erst dann zum Aufrufer zurück, wenn die Threadausführung ordnungsgemäß beendet ist.

```
// Beispiel: ..\Kapitel 15\AbhängigerThread
class Program {
  static void Main(string[] args) {
    [...]
    // der sekundäre Thread wird durch den Primärthread mit
    // der Methode Abort zerstört
    Thread.Sleep(200);
    TheThread.Abort();
    TheThread.Join();
    // die folgende Anweisung simuliert Code, der vom
    // Beenden des Sekundärthreads abhängig ist
    Console.WriteLine("nach Abort.............");
    [...]
  }
}
[...]
```

Listing 15.5 Abhängige Threads

Wenn Sie dieses Programm starten, gibt die Konsole das in Abbildung 15.3 gezeigte Ergebnis aus.

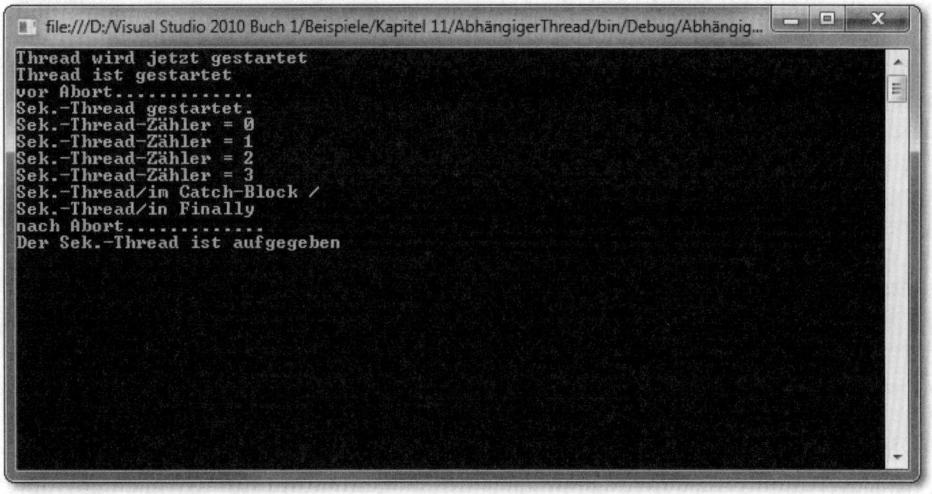

Abbildung 15.3 Ausgabe nach dem sicheren Beenden des Threads

Wenn wir diese Ausgabe mit der vergleichen, die wir ohne Join hatten (Abbildung 15.2), können wir eindeutig erkennen, dass der Thread, dessen Terminierung angestoßen wurde, zuerst vollständig abgearbeitet wird, bevor der Aufrufer seinen eigenen Programmfluss fortsetzt.

Threadprioritäten festlegen

Jeder Thread hat eine Priorität. Mit der Eigenschaft Priority lässt sich die Priorität eines Threads erhöhen, verringern oder einfach nur auswerten. Die Priorität spielt eine entscheidende Rolle bei der Vergabe der Zeitscheibe: Ein Thread hat Vorrang vor einem anderen Thread mit niedrigerer Priorität – vorausgesetzt natürlich, dass sich beide durch den Zustand *bereit* beschreiben lassen.

Priority ist vom Typ der Enumeration ThreadPriority, die fünf Member definiert: Highest, AboveNormal, Normal, BelowNormal, Lowest.

Die Prioritäten können von der höchsten Stufe (Threadpriority.Highest) bis zur niedrigsten (ThreadPriority.Lowest) eingestellt werden. Die automatisch einem Thread zugewiesene Priorität lautet Normal.

Der Thread mit der höchsten Priorität erhält die Zeitscheibe und läuft so lange, bis er sich selbst mit Sleep einfriert, seine Operationen beendet sind, Abort auf ihm aufgerufen wird oder bis ein Thread höherer Priorität lauffähig ist und Anspruch auf die CPU erhebt.

Am häufigsten ist der Fall anzutreffen, dass sich mehrere Threads gleicher Priorität in die Warteschlange zur CPU eingeordnet haben. Alle erhalten gleiche Zeitanteile der CPU nach einem Verfahren, das als *Round-Robin-Verteilungsverfahren* bezeichnet wird. Im folgenden Beispielprogramm wollen wir die Auswirkungen der Prioritätsfestlegung in einer Anwendung studieren.

```csharp
// Beispiel: ..\Kapitel 15\ThreadPriorität
class Program {
  // Starten des primären Threads
  static void Main(string[] args) {
    Demo obj = new Demo();
    Thread thread1, thread2;
    thread1 = new Thread(new ThreadStart(obj.Execution1));
    thread2 = new Thread(new ThreadStart(obj.Execution2));
    // die Priorität von thread1 hochsetzen
     thread1.Priority = ThreadPriority.AboveNormal;
    // thread 1 starten
    thread1.Start();
    // thread 2 starten
    thread2.Start();
    Console.ReadLine();
  }
}
class Demo {
  public void Execution1() {
    for (int i = 0; i <= 500; i++) {
      Console.Write(".");
    }
  }
  public void Execution2() {
    for (int number = 0; number <= 10; number++)
      Console.WriteLine("It's me,Thread2");
  }
}
```

Listing 15.6 Festlegen von Threadprioritäten

Um den Unterschied deutlich zu machen, empfiehlt es sich, beim ersten Versuch die Anweisung zur Erhöhung der Priorität des ersten Threads auszukommentieren. Wenn Sie mit dieser Vorgabe die Laufzeitumgebung starten, werden Sie eine Konsolenausgabe erhalten (siehe Abbildung 15.4). *thread1* wird gestartet, schreibt ein paar Punkte in die Ausgabe und übergibt danach dem Prozessor den *thread2*, der sich durch eine eigene Zeichenfolge bemerkbar macht. Die Zeitscheibe dauert lange genug, um die Anweisungen von *thread2* vollständig zu bearbeiten. Danach übernimmt wieder *thread1* die CPU und beendet seine Ausführung.

Einem Thread eine gewisse Sonderstellung durch die Erhöhung der Priorität einzuräumen, mag vielleicht manchmal ganz verlockend klingen. Bedenken Sie jedoch, dass dieser Thread bei einer lang andauernden Operation eine bremsende Wirkung auf die anderen Threads hat. Man spricht auch von einem Aushungern des Systems. Gehen Sie daher sorgfältig mit dem Erhöhen von Prioritäten um, und achten Sie darauf, dass keine unnötigen Operationen von einem solchen Thread ausgeführt werden, sondern nur solche, die für den weiteren Ablauf der Anwendung unbedingt notwendig sind.

Abbildung 15.4 Ausgabe des Beispielprogramms »ThreadPriorität«

Vorder- und Hintergrundthreads

Threads werden in zwei Kategorien unterteilt: in Vorder- und in Hintergrundthreads. Ein Prozess wird ausgeführt, solange noch mindestens ein Vordergrundthread existiert. Mit dem Beenden des letzten Vordergrundthreads wird der Prozess der Anwendung selbst dann beendet, wenn Hintergrundthreads noch aktiv sind und die ihnen auferlegte Aufgabe noch nicht vollständig ausgeführt haben. Das Beenden eines Hintergrundthreads hat im umgekehrten Fall aber nicht zur Konsequenz, dass der Vordergrundthread beendet wird.

Die Eigenschaft IsBackground beschreibt, ob ein Thread als Vorder- oder Hintergrundthread eingestuft ist. Grundsätzlich sind alle Threads, die aus der Klasse Thread erzeugt werden, zunächst Vordergrundthreads. Mit IsBackground lässt sich ein Thread aber auch zu einem Hintergrundthread degradieren.

15.2.6 Threadpools nutzen

Die Arbeit mit mehreren Threads lässt sich durch Threadpools wesentlich vereinfachen, denn die Laufzeitumgebung erzeugt eine bestimmte Anzahl von Threads, wenn sie gestartet wird. Sie können diese Threads nutzen und brauchen nicht eigens neue zu erzeugen, wenn Sie welche benötigen. Nach der Beendigung einer Threadmethode wird der frei gewordene Thread in den Pool zurückgeführt und steht anderen Aufgaben zur Verfügung.

Angesprochen wird der Threadpool mit der gleichnamigen Klasse Threadpool. Mit deren statischer Methode QueueUserWorkItem wird der Threadpool aktiviert. Dabei wird der Methode ein Delegate vom Typ WaitCallback übergeben, der die Methode beschreibt, die mit dem Thread ausgeführt werden soll.

Grau ist alle Theorie, daher sehen wir uns zuerst ein komplettes Beispiel an.

```csharp
// Beispiel: ..\ Kapitel 15\ThreadpoolSample
class Program {
  static void Main(string[] args) {
    // den Threadpool erforschen
    int maxThreads;
    int asyncThreads;
    ThreadPool.GetMaxThreads(out maxThreads, out asyncThreads);
    Console.WriteLine("Max. Anzahl Threads: {0}", maxThreads);
    Console.WriteLine("Max. Anzahl E/A-Threads: {0}", asyncThreads);
    Console.WriteLine(new string('-', 40));
    // Benachrichtigungsereignis, Zustand 'nicht signalisieren'
    AutoResetEvent ready = new AutoResetEvent(false);
    // Anfordern eines Threads aus dem Pool
    ThreadPool.QueueUserWorkItem(new WaitCallback(Calculate), ready);
    Console.WriteLine("Der Hauptthread wartet ...");
    // Hauptthread in den Wartezustand setzen
    ready.WaitOne();
    Console.WriteLine("Sekundärthread ist fertig.");
    Console.ReadLine();
  }
  public static void Calculate(object obj) {
    Console.WriteLine("Im Sekundärthread");
    Thread.Sleep(5000);
    // Ereigniszustand auf 'signalisieren' festlegen
    ((AutoResetEvent)obj).Set();
  }
}
```

Listing 15.7 Nutzen des Threadpools

Die Methode `Calculate` soll in einem Thread aus dem Threadpool ausgeführt werden. Bevor diese Operation eingeleitet wird, wollen wir aber noch feststellen, wie viele Threads uns der Pool zur Verfügung stellt, und rufen dazu die statische Methode `GetMaxThreads` auf. Über den ersten Parameter werden uns die Threads geliefert, der zweite Parameter gibt darüber hinaus Auskunft über die maximale Anzahl der möglichen E/A-Anforderungen. Sie werden feststellen, dass sich 25 Threads im Pool befinden, und zwar pro Prozessor.

Das Beispiel ist so entwickelt, dass nicht nur ein Thread aus dem Pool zur Ausführung der Methode `Calculate` herangezogen wird. Darüber hinaus wird auch ein Synchronisationsszenario in Gang gesetzt, das bewirkt, dass während der Ausführung von `Calculate` der aufrufende Code in Wartestellung versetzt wird und auf ein Signal von `Calculate` wartet, bevor er seine Arbeit wieder aufnimmt. Mehr zur Synchronisierung erfahren Sie im folgenden Abschnitt.

Dem Aufruf der statischen Methode `QueueUserWorkItem` wird ein Delegate übergeben, der die Methode beschreibt, die im Thread ausgeführt werden soll. Darüber hinaus kann `QueueUser-`

WorkItem ein zweites Argument übergeben werden, um der Threadmethode Daten bereitzustellen. Hier wird dem zweiten Parameter ein Objekt vom Typ `AutoResetEvent` übergeben. Dieses Objekt versetzt zwei Threads in die Lage, über Signale miteinander zu kommunizieren. Erzeugt wird das Objekt im Code mit:

```
AutoResetEvent ready = new AutoResetEvent(false);
```

Der Übergabeparameter `false` besagt, dass der anfängliche Zustand des Objekts auf »nicht signalisiert« festgelegt wird. Mit

```
ready.WaitOne();
```

wird der aktuelle Thread so lange blockiert, bis er ein Signal erhält. Dieses stammt aus der Threadmethode und wird durch Aufruf der `Set`-Methode des `AutoResetEvent`-Objekts ausgelöst:

```
((AutoResetEvent)obj).Set();
```

Hier profitieren wir davon, dass wir der Threadmethode im zweiten Parameter die Referenz auf das `AutoResetEvent` übergeben haben.

15.2.7 Die Synchronisation von Threads

Solange nur ein Thread eine bestimmte Methode aufruft, hat man die Garantie, dass der Code von der ersten bis zur letzten Anweisung durchlaufen wird. Sind mehrere Threads im Spiel, könnte einer der Threads eine Methode in einem ungültigen Zustand hinterlassen, wenn das System ihm die Zeitscheibe quasi mitten in der Ausführung der Methode entzieht und der nächste Thread mit derselben Methode auf demselben Objekt zu arbeiten beginnt. Der Thread, der den Objektzustand von seinem Vorgänger übernommen hat, produziert dann möglicherweise Ergebnisse, die nicht vorhersehbar und in der Regel auch falsch sind.

Hier kommt ein neuer Begriff ins Spiel, der Ihnen vielfach in der Dokumentation zur .NET-Klassenbibliothek begegnen wird: die Threadsicherheit.

> **Hinweis**
> Unter Threadsicherheit versteht man, dass ein Objekt auch dann in einem gültigen Zustand bleibt, wenn mehrere Threads gleichzeitig auf dieselbe Ressource zugreifen. Threadsicher bedeutet nichts anderes, als dass mehrere Threads gleichzeitig dieselbe Methode desselben Objekts aufrufen dürfen, ohne dass es zu Konflikten kommt.

Unsynchronisierte Threads

Bevor wir uns mit den Details der Threadsicherheit beschäftigen, wollen wir uns an einem Beispiel verdeutlichen, was unter einem ungültigen Zustand zu verstehen ist und welche Auswirkungen das haben kann.

```
class Program {
  static void Main(string[] args) {
    Demo obj = new Demo();
    Thread thread1, thread2;
    thread1 = new Thread(new ThreadStart(obj.Worker));
    thread2 = new Thread(new ThreadStart(obj.Worker));
    thread1.Start();
    thread2.Start();
    Console.ReadLine();
  }
}
class Demo {
  private int value;
  public void Worker() {
    while(true) {
      value++;
      if (value > 100) break;
        Console.WriteLine(value);
    }
  }
}
```

Listing 15.8 Unsynchronisierte Threads

Das Projekt enthält zusätzlich zu Main noch die Definition der Methode Worker in Demo. In Main werden zwei Threads konstruiert, die beide die Methode Worker aufrufen. Worker selbst durchläuft eine Schleife, in der die Variable *value* hochgezählt und der aktuelle Inhalt an der Konsole ausgegeben wird. Mit dem Endwert von 100 wird die Methode wieder verlassen.

Beide Threads greifen auf dasselbe Objekt zu und teilen sich die Arbeit mehr oder weniger abwechselnd, um das Feld *value* hochzuzählen und dessen Inhalt anzuzeigen. Eigentlich sollte man erwarten, dass die Zahlen chronologisch hintereinander ausgegeben werden, jedoch kommt es an der Konsole beispielsweise zu folgender Ausgabe: 1, 2, 3, 4, ... , 39, 41, 42, 43, ..., 99, 100, 40. Beide Threads greifen unsynchronisiert auf die Variable *value* zu, wobei die Operation des ersten Threads mitten in der Schleife unterbrochen wird. Dieses ist dem Anschein nach genau der Moment, nachdem der Feldinhalt mit der Anweisung

`value++;`

zwar schon auf 40 erhöht, aber mit

`Console.WriteLine(value);`

noch nicht an der Konsole ausgegeben wurde. Der unterbrochene Thread weiß natürlich genau, mit welcher Anweisung er seine Arbeit wieder aufnehmen muss, wenn ihm der Scheduler wieder Prozessorzeit zuteilt: Er muss zuerst die Zahl 40 ausgeben. Diesen Zwischenstand, dessen Informationen durch den Inhalt der CPU-Register beschrieben werden, speichert das System im Stack und räumt daraufhin den Prozessor für den nächsten Thread in der Warteschlange.

Der zweite Thread, dem anschließend die CPU zugeteilt wird, tritt nun seinerseits zum ersten Mal in die Schleife ein, erkennt den aktuell gültigen Feldinhalt der Variablen (er beträgt 40), erhöht diesen zunächst auf 41, gibt den Wert aus und setzt die Schleife so lange fort, bis seine Zeit abgelaufen ist. Dann verlässt der zweite Thread die CPU, das System liest die im Stack gesicherten Daten des ersten Threads in die CPU ein und setzt die Arbeit mit genau der Anweisung fort, bei der er unterbrochen wurde: mit der Ausgabe der Zahl 40 an der Konsole.

15.2.8 Der »Monitor« zur Synchronisation

Beide Threads des Beispiels arbeiten ohne Synchronisation und hinterlassen ihrem Nachfolger die Ressource in einem ungültigen Zustand. Das wollen wir natürlich vermeiden – die Feldinhalte sollen so ausgegeben werden, dass sie dem tatsächlich aktuellen Stand des Feldes entsprechen.

Wenn wir die Arbeitsweise der Methode Worker analysieren, stellen wir zu fest, dass ein ganz bestimmter Codeteil als kritisch angesehen werden kann. Es sind die beiden Anweisungen:

```
value++;
Console.WriteLine(intVar);
```

Die Ausgabe wird nur dann unseren Erwartungen entsprechen, wenn ein laufender Thread seine Ausführung nicht zwischen diesen beiden Anweisungen unterbrechen muss, denn zur Erhöhung des Feldwertes gehört auch die Anzeige an der Konsole. Dieser Zusammenhang muss für jeden der beiden Threads ersichtlich sein.

An dieser Stelle kommt eine neue Klasse ins Spiel, die die Aufgabe der Synchronisation übernimmt: Monitor. Mit dieser Klasse lässt sich verhindern, dass mehrere Threads gleichzeitig einen bestimmten Codeteil im Programm durchlaufen. Mit anderen Worten bedeutet das, dass zu einem Zeitpunkt immer nur ein Thread dieses Codesegment durchlaufen kann. Andere Threads, die ebenfalls dieses Codesegment ausführen wollen, müssen warten, bis der laufende Thread das Codesegment verlassen hat.

Mit den Methoden Enter und Exit der Klasse Monitor können kritische Codeabschnitte definiert werden, die zu einem gegebenen Zeitpunkt nur von einem Thread betreten werden dürfen. Mit Enter wird das Codesegment so lange blockiert, bis die Sperrung mit Exit wieder aufgehoben wird. Damit sind ungültige Zustände, die ein Thread hinterlassen könnte, wenn ihm die Zeitscheibe entzogen wird, nicht mehr möglich. Monitor protokolliert, ob der Vorgängerthread den kritischen Abschnitt mit Exit ordnungsgemäß verlassen hat oder nicht.

Sowohl Enter als auch Exit sind statische Methoden der Klasse Monitor. Als Argument wird den beiden Methoden die Referenz auf das zu synchronisierende Objekt übergeben, das auch this sein darf.

Wir ändern jetzt das Beispiel oben und schaffen die Voraussetzung dafür, dass die Zugriffe auf die kritischen Anweisungen synchronisiert erfolgen. Zur Bestätigung lassen wir uns diesmal zusätzlich noch den Hashcode des jeweiligen Threads ausgeben, der die angezeigte Zahl erzeugt hat.

```
// Beispiel: ..\Kapitel 15\SynchronisierteThreads
[...]
class Demo {
  private int value;
  public void Worker() {
    while(true) {
      // Sperre setzen
      Monitor.Enter(this);
      value++;
      if (value > 100) break;
      Console.WriteLine("Zahl = {0,5} Thread = {1,3}", value,
                        Thread.CurrentThread.GetHashCode().ToString());
      Thread.Sleep(5);
        // Sperre aufheben
        Monitor.Exit(this);
    }
  }
}
```

Listing 15.9 Synchronisation mit der Klasse »Monitor«

Nun erhalten wir wunschgemäß die Ausgabe der chronologisch geordneten Zahlen von 1 bis 100.

Neben der `Enter`-Methode gibt es in der `Monitor`-Klasse noch die Methode `TryEnter`. Diese überprüft zuerst, ob der geschützte Codeabschnitt frei ist, sperrt ihn dann und führt den Code aus. Ist das Codesegment jedoch gesperrt, liefert `TryEnter` den Rückgabewert `false`. Darauf kann der Entwickler beispielsweise in einer `if`-Anweisung reagieren.

Das »lock«-Statement

Neben `Enter` und `Exit` der Klasse `Monitor` gibt es noch eine andere, sprachspezifische Möglichkeit, den Zugriff zu synchronisieren. Unter C# ist das die `lock`-Anweisung. Die Syntax dazu lautet:

```
lock (Ausdruck)
{
  // zu synchronisierende Anweisungen
}
```

Durch den Anweisungsblock hinter `lock` werden die Anweisungen eingeschlossen, die es zu synchronisieren gilt. Dieses Statement ist sehr einfach zu handhaben, aber es besitzt nicht die Möglichkeiten, mit denen die Klasse `Monitor` ausgestattet ist.

Die Methoden »Wait« und »Pulse«

Die Klasse `Monitor` ist nicht instanziierbar, da jedem Objekt nur ein Monitor zugeordnet werden kann. Mehrere Objekte können den Anspruch auf die Nutzung des Monitors eines anderen Objekts erheben, aber nur einem Objekt aus der Warteschlange wird er zugestanden.

Stellen Sie sich den Monitor wie ein Fernglas vor, das Sie mit in den Urlaub genommen haben, um damit die Landschaft aus der Nähe zu betrachten. Solange Sie das Fernglas benutzen, hat keine andere Person die Möglichkeit, die schönen Dinge der Natur aus der Nähe zu betrachten. Eine andere Person, die auch einen Blick durch das Fernglas werfen möchte, wird sich in die Warteschlange einreihen müssen. Erst wenn Sie das Fernglas zur Seite gelegt haben, kann es von einer Person aus der Warteschlange aufgenommen werden. Alle anderen Personen müssen sich weiter gedulden.

Nehmen wir jetzt an, Sie wären mit einem Ihrer Freunde im Urlaub. Während Sie durch das Fernglas schauen, erhebt auch Ihr Freund darauf Anspruch. Sie legen das Fernglas freiwillig zur Seite, informieren Ihren Freund darüber, dass er es nun benutzen darf, und treten freiwillig in die Warteschlange.

Die letzten beiden Aktionen lassen sich auch auf den Monitor projizieren. Sobald Sie das Fernglas mit der Absicht zur Seite legen, es zu einem späteren Zeitpunkt noch einmal zu benutzen, versetzen Sie sich in den Wartezustand und begeben sich in die Warteschlange. Die `Monitor`-Klasse beschreibt diese Operation mit der statischen Methode `Wait`. Das Informieren des nächsten Interessenten in der Warteschlange entspricht der ebenfalls statischen Methode `Pulse`. Beide Methoden können nur innerhalb eines Synchronisationsblocks aufgerufen werden.

Mit `Wait` wird der aktuelle Thread blockiert und gleichzeitig die Sperrung des Objekts aufgehoben. Damit kann ein anderer Thread das freigegebene Objekt nutzen. Schauen wir uns eine Definition der überladenen `Wait`-Methode an:

```
public static bool Wait(object obj);
```

Der Parameter nimmt die Referenz auf das Objekt entgegen, dessen Sperrung aufgehoben werden soll. Ein wenig sonderbar verhält sich der Rückgabewert. Er ist `true`, wenn kein anderer Thread das Objekt sperrt und der aktuelle Thread selbst die Verantwortung der Sperrung übernimmt. Ansonsten kommt kein boolescher Wert zurück, was eine Einreihung in die Warteschlange zur Folge hat. Damit bietet sich `Wait` auch dazu an, als Bedingung für den Eintritt in eine Schleife behilflich zu sein:

```
while(Monitor.Wait(obj)) {
  // Thread tritt in den synchronisierten Block ein
}
```

Es besteht ein großer Unterschied zwischen einem Thread, der mit `Enter` auf den Eintritt in eine synchronisierte Methode wartet, und einem Thread, der sich mit `Wait` in den Wartezustand versetzt hat. Ein Thread, der eine synchronisierte Methode mit `Enter` betreten möchte, befindet sich im Zustand *bereit*. Er reiht sich in die Threads ein, die auf Anweisung des Schedulers hin ein Segment der Zeitscheibe erhalten. Ein Thread, der mit Wait die Sperrung eines Objekts aufgehoben hat, befindet sich in einer Warteliste – allerdings nicht in der Warteliste, aus der der Scheduler einem *bereiten* Thread die CPU zuteilt, sondern in einer Warteliste aller der Threads, die durch den Zustand *wartend* gekennzeichnet sind.

Um einen Thread aus seinem Wartezustand zu holen, muss ein anderer Thread die Methode Pulse oder PulseAll auf dem gesperrten Objekt aufrufen. Das Problem ist, dass Pulse keinen bestimmten wartenden Thread aus der Liste holt, sondern – falls sich mehrere Threads darin befinden – einen mehr oder weniger willkürlich gewählten, während mit PulseAll alle Threads den Zustand *wartend* aufgeben und in *bereit* übergehen. Damit stehen sie wieder in der Warteschlange der Zeitscheibe – der Scheduler kann ihnen wieder Prozessorzeit zuteilen.

Ein Thread, der mit Wait die Sperrung des kritischen Codebereichs aufgehoben hat, wartet auf einen Anstoß von außen, um wieder aktiv werden zu können. Er selbst hat keine Möglichkeit, diesen Zustand zu beenden. Wenn kein anderer Thread Pulse oder PulseAll aufruft, wird ein wartender Thread daher niemals mehr laufen können.

> **Hinweis**
> Im Extremfall kann der Wartezustand der Threads einer Anwendung zu einem Phänomen führen, das unter der Bezeichnung **Deadlock** bekannt ist. Dabei befinden sich ausnahmslos alle Threads im blockierten Wartezustand. Die Anwendung hängt sich in diesem Moment auf.

Wir wollen nun die vorgestellten Methoden in einem Beispiel testen. Dazu werden wir ein Programm entwickeln, das in Lage ist, Zahlen zu erzeugen. Das ist eigentlich nichts Weltbewegendes, und wir haben auch schon in den anderen Beispielen Zahlen erzeugt. Das Besondere ist jedoch, dass jede Zahl genau einmal von einem Verbraucher ausgewertet werden soll. Der Verbrauch soll durch eine Konsolenausgabe simuliert werden. Erzeuger und Konsument sollen in einem eigenen Thread laufen.

```
// Beispiel: ..\ Kapitel 15\Zahlenkonsument
class Program {
  public static bool finished = false;
  public static bool thread1Waiting = false;
  public static bool thread2Waiting = false;
  static void Main(string[] args) {
    MyNumber zahl = new MyNumber();
    ProduceNumber prod = new ProduceNumber(zahl);
    ConsumeNumber cons = new ConsumeNumber(zahl);
    Thread thread1, thread2;
    // Threads instanziieren
    thread1 = new Thread(new ThreadStart(prod.MakeNumber));
    thread2 = new Thread(new ThreadStart(cons.GetNumber));
    // Threads starten
```

```csharp
      thread1.Start();
      thread2.Start();
      Console.ReadLine();
    }
  }
  // ------ erzeugt eine Zahl -------------
  class ProduceNumber {
    private MyNumber obj;
    public ProduceNumber(MyNumber obj) {
      this.obj = obj;
    }
    public void MakeNumber() {
      Random rnd = new Random();
      Monitor.Enter(obj);
      for (int i = 0; i <= 10; i++) {
        Program.thread1Waiting = true;
        // falls der Konsumerthread noch nicht im Wartezustand ist,
        // selbst in den Wartezustand gehen
        if(Program.thread2Waiting == false)
          Monitor.Wait(obj);
        obj.Number = rnd.Next(0, 1000);
        Console.WriteLine("Nummer {0} erzeugt", obj.Number);
        // dem nächsten in der Warteschlange stehenden Objekt
        // den Monitor übergeben
        Monitor.Pulse(obj);
        Program.thread2Waiting = false;
      }
      Program.finished = true;
      Monitor.Exit(obj);
    }
  }
  // ---------- verbraucht eine Zahl -------------
  class ConsumeNumber {
    private MyNumber obj;
    public ConsumeNumber(MyNumber obj) {
      this.obj = obj;
    }
    public void GetNumber() {
      Monitor.Enter(obj);
      // wenn sich der Erzeugerthread im Wartezustand
      // befindet, ihn 'bereit' schalten
      if(Program.thread1Waiting)
        Monitor.Pulse(obj);
      Program.thread2Waiting = true;
      while(Monitor.Wait(obj)) {
        Console.WriteLine("Nummer {0} verbraucht",obj.Number);
        Monitor.Pulse(obj);
        if(Program.finished) Thread.CurrentThread.Abort();
```

```
      }
      Monitor.Exit(obj);
    }
  }
}
// ------------- repräsentiert eine Zahl --------------------
class MyNumber {
  private int intValue;
  public int Number {
    get {return intValue;}
    set {intValue = value;}
  }
}
```

Listing 15.10 Synchronisation zweier Threads

Der Kern der Anwendung wird durch die beiden Klassen `ProduceNumber` und `ConsumeNumber` beschrieben. `ProduceNumber` erzeugt mit der Methode `MakeNumber` auf Basis des Zufallszahlengenerators Zahlen zwischen 0 und 999 und schreibt diese in das Feld eines Objekts vom Typ der Klasse `MyNumber`, das in `Main` erzeugt wird und dessen Referenz den Konstruktoren der Klassen `ConsumeNumber` und `ProduceNumber` übergeben wird. Damit ist sichergestellt, dass sowohl der Erzeuger als auch der Verbraucher mit demselben `MyNumber`-Objekt operieren.

Betrachten wir nun die prinzipielle Arbeitsweise des Verbrauchers und des Konsumenten unter der Prämisse, dass zuerst der Erzeugerthread und danach der Verbraucherthread gestartet wird. Der gesamte Code in der Routine `MakeNumber` ist synchronisiert. Insgesamt werden elf Zahlen in einer Schleife erzeugt. Direkt nach dem Schleifeneintritt wird die `Wait`-Methode des Monitors aufgerufen und die Sperre des Objekts vom Typ `MyNumber` aufgehoben. Jetzt kann ein anderer Thread auf das freigegebene `MyNumber`-Objekt zugreifen und die Zahl »verbrauchen«, die im Schleifendurchlauf zuvor erzeugt worden ist. Der Erzeugerthread verharrt so lange in Wartestellung, bis der Verbraucherthread `Pulse` aufruft und den Erzeugerthread wieder in den Zustand *bereit* versetzt. Ist dessen Wartezustand aufgehoben, wird die nächste Zahl erzeugt. Bevor der nächste Schleifendurchlauf ausgeführt wird, wird der Verbraucher mit `Pulse` in den Zustand *bereit* erhoben.

In der Methode `GetNumber` des Verbrauchers ist der Programmcode ebenfalls synchronisiert. Direkt nach dem Eintritt in den Synchronisierungsabschnitt wird `Pulse` aufgerufen, um den wartenden Erzeugerthread nach dem Start der Anwendung in den Zustand *bereit* zu versetzen. Anschließend ruft der Konsument `Wait` auf. Damit wird der Monitor des Objekts an den Erzeuger weitergegeben, der eine Zahl erzeugt. Gibt der Erzeuger die Sperre an den Konsumenten zurück, wird die neue Zahl zuerst an der Konsole angezeigt und anschließend `Pulse` aufgerufen. Jetzt ist der Erzeugerthread wieder im Zustand *bereit*, während der Konsument seinerseits anschließend den Monitor freigibt und sich in den Wartezustand versetzt.

Damit der Verbraucherthread überhaupt erfährt, wann der Erzeuger die letzte Zahl bereitgestellt hat, ist die boolesche Variable *finished* in `Program` deklariert, die vom Erzeuger nach dem letzten Schleifendurchlauf auf `true` gesetzt wird.

So viel zur prinzipiellen Arbeitsweise. Es gibt aber noch ein Problem, dem wir bisher noch keine Beachtung geschenkt haben: Wir können nämlich nicht garantieren, dass der Erzeugerthread als Erstes gestartet wird. Erhält nach dem Starten der Anwendung der Konsument vor dem Erzeuger die CPU, würde es zu einem klassischen Deadlock kommen, wenn sich beide Threads gleichzeitig im Zustand *wartend* befinden. Wir müssen also eine genaue Steuerung des Programmablaufs in der Weise erzwingen, dass sich der Verbraucherthread im Wartezustand befindet, wenn die erste Zahl erzeugt wird. Diese Steuerung wird über die beiden booleschen Variablen *thread1Waiting* und *thread2Waiting* erreicht, deren Auswertung garantiert, dass sich – unabhängig von der Startreihenfolge – zu einem gegebenen Zeitpunkt immer nur ein Thread im Wartezustand befindet.

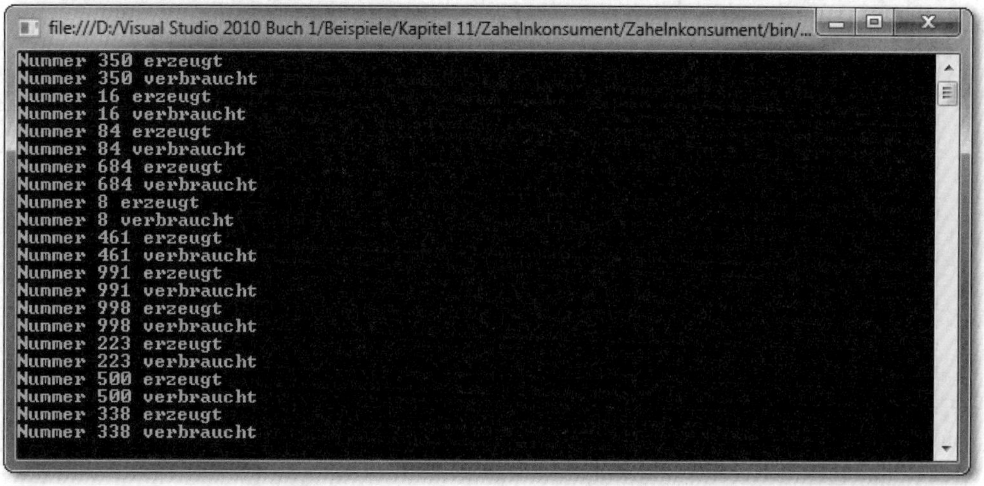

Abbildung 15.5 Die Ausgabe des Beispielprogramms »Zahlenkonsument«

15.2.9 Das Attribut »MethodImpl«

Es gibt noch eine weitere Alternative, um die Synchronisierung zwischen mehreren Threads zu erzielen: mit dem Attribut MethodImpl. Die zugrunde liegende Klasse ist im Namespace System.Runtime.CompilerServices zu finden. Das Attribut kann nur auf Konstruktoren und Methoden angewendet werden. Es ersetzt die Klasse Monitor mit dem Unterschied, dass nicht nur ein bestimmtes Codesegment eingehüllt wird, sondern in einem Zug gleich die gesamte Methode. Somit kann auch immer nur ein Thread zu einem bestimmten Zeitpunkt diese Methode ausführen. Dazu ein Beispiel:

```
[MethodImpl(MethodImplOptions.Synchronized)]
public void Calculate() {
    // Anweisungen
}
```

Listing 15.11 Synchronisation mit dem Attribut »MethodImplAttribute«

Dem Attribut `MethodImpl` können verschiedene Parameter übergeben werden. Zur Synchronisation verwenden Sie `MethodImplOptions.Synchronized`.

15.2.10 Das Synchronisationsobjekt »Mutex«

Die Klasse `Monitor` eignet sich nur zur Synchronisation von Threads, die innerhalb eines Prozessraums laufen. Manchmal müssen Abläufe aber auch über Prozessgrenzen hinweg synchronisiert werden. In diesen Fällen müssen Sie die Klasse `Mutex` einsetzen. Ich möchte Ihnen hierzu ein Beispiel zeigen, bei dem ein `Mutex`-Objekt dazu benutzt wird, zu verhindern, dass eine Anwendung mehrfach gestartet werden kann.

```csharp
// Beispiel: ..\Kapitel 15\MutexSample
class Program {
  private static Mutex mutex;
  static void Main(string[] args) {
    if (IsApplicationStarted()) {
      Console.WriteLine("Die Anwendung wurde bereits gestartet");
      Console.WriteLine("Ein zweiter Start ist nicht möglich.");
    }
    else {
      Console.WriteLine("Die Anwendung wird gestartet.");
      Console.WriteLine("Die Anwendung läuft.");
    }
    Console.ReadLine();
  }
  public static bool IsApplicationStarted() {
    string mutexName = Application.ProductName;
    mutex = new Mutex(false, mutexName);
    if (mutex.WaitOne(0, true))
      return false;
    else
      return true;
  }
}
```

Listing 15.12 Einsatz eines Mutex

Ein Mutex ist ein einfaches Systemobjekt und durch einen eindeutigen Namen gekennzeichnet. Ein `Mutex`-Objekt gestattet nur jeweils einem Thread exklusiven Zugriff auf die gemeinsam genutzte Ressource. In unserem Beispiel wird das die Anwendung selbst sein. Wenn ein Thread ein `Mutex`-Objekt erhält, wird ein zweiter Thread, der dieses Objekt abruft, so lange angehalten, bis der erste Thread das `Mutex`-Objekt freigibt.

Die Klasse `Mutex` stellt mehrere Konstruktoren zur Verfügung. Für unsere Belange ist der geeignet, dem wir den Namen des Mutex mitteilen können. Die Schwierigkeit besteht bei der Namensvergabe darin, dass der Name systemeindeutig sein muss, um den Mutex identifizieren zu können. Es bietet sich hier der Anwendungsname an, obwohl dieser auch keine Garantie für Eindeutigkeit gibt. Möglicherweise müssen Sie hier noch Zusatzinformationen hinzufügen, um die Eindeutigkeit zumindest mit hoher Wahrscheinlichkeit zu gewährleisten. Der entsprechende Konstruktor erwartet darüber hinaus auch noch einen booleschen Wert, der angibt, ob dem aufrufenden Thread der anfängliche Besitz des Mutex zugewiesen werden soll. Er ist `true`, um dem aufrufenden Thread den anfänglichen Besitz des benannten Mutex zuzuweisen.

Über die Methode `WaitOne` kann eine Ressource das `Mutex`-Objekt anfordern. Ist der Rückgabewert `true`, ist das Objekt nicht im Besitz eines anderen Threads, sonst wäre der Rückgabewert `false`.

`WaitOne` werden zwei Argumente übergeben: Das erste beschreibt ein Zeitintervall, das angibt, wie lange auf ein Signal gewartet werden soll. Über das zweite Argument können Sie bei Anwendungen, die vor dem Warten auf den `Mutex` den Zugriff auf Objekte oder Klassen über `lock` sperren, festlegen, dass die Sperrung vor dem Warten aufgehoben und nach dem Warten wieder gesetzt wird. Für uns hat dieser Parameter keine Bedeutung, wir setzen ihn auf `true`.

Im Beispielprogramm dient die Methode `IsApplicationStarted` dazu, zu prüfen, ob das `Mutex`-Objekt sich bereits im Besitz eines anderen Threads befindet. Je nachdem, wie das Ergebnis der Prüfung ausfällt, wird eine entsprechende Konsolenausgabe erscheinen.

15.2.11 Grundlagen asynchroner Methodenaufrufe

Wird aus einer Methode A heraus die Methode B aufgerufen, wird A erst dann mit den Operationen fortfahren, wenn B vollständig abgearbeitet ist. Die Ausführung der beiden Methoden erfolgt hintereinander, was als **synchron** bezeichnet wird. Synchrone Operationen haben einen gravierenden Nachteil, denn solange die Methode B ausgeführt wird, ist die Methode A blockiert. Um diese Problematik zu vermeiden, sollten beide Methoden **asynchron**, d. h. parallel nebeneinander operieren.

Asynchrone Bearbeitung setzt mindestens zwei Threads voraus. Sie haben auf den vergangenen Seiten die wichtigsten Techniken kennengelernt, um mit Threads zu arbeiten. Sie wissen nun, wie Sie Threads erzeugen und diese möglicherweise synchronisieren können, damit Elemente nicht in einem ungültigen Zustand hinterlassen werden. Ihnen dürfte dabei nicht entgangen sein, dass die Technik sehr komplex ist und einer genauen Planung bedarf, um keine unbeabsichtigten und bösen Überraschungen zu erleben.

Auch in der .NET-Klassenbibliothek finden sich sehr viele Klassen, die Dienste anbieten, deren Ausführung möglicherweise länger dauern kann. Die Dateioperationen zum Lesen und Schreiben zählen dazu. Betrachten wir dazu exemplarisch die Klasse `FileStream`, die das Schreiben in eine Datei bzw. das Lesen aus einer Datei ermöglicht. (Anmerkung: Wir werden uns den Klassen zur Ein- und Ausgabe in Kapitel 10 zuwenden.) Neben den obligatorischen Methoden `Read` und `Write`, die beide synchron ausgeführt werden, werden von dieser Klasse aufgrund der weisen Voraussicht des .NET-Entwicklerteams auch die asynchron operierenden Methoden `BeginRead` und `BeginWrite` veröffentlicht. Sehen wir uns kurz die Definition der erstgenannten Methode an, die aus einem Datenstrom in ein `byte`-Array einliest:

```
public override IAsyncResult BeginRead(byte[] array,
                                       int offset,
                                       int numBytes,
                                       AsyncCallback userCallback,
                                       object stateObject);
```

Der Rückgabewert des Methodenaufrufs ist ein Objekt, das die Schnittstelle `IAsyncResult` implementiert. Der Parameter vom Typ `AsyncCallback` ist ein Delegate, der eine Methode im Client beschreibt, die nach der Beendigung der Leseoperation aufgerufen wird.

Sowohl `BeginRead` als auch `BeginWrite` haben jeweils eine Partnermethode: `EndRead` und `EndWrite`:

```
public override int EndRead(IAsyncResult asyncResult);
public override void EndWrite(IAsyncResult asyncResult);
```

Auch diese Methoden erwarten eine Referenz vom Typ `IAsyncResult`.

Zwei Dinge fallen sofort auf:

▸ Die Methoden arbeiten gemäß Dokumentation asynchron, ohne dass im Aufrufer explizit ein separater Thread gestartet werden muss. Diese Leistung wird von den Methoden intern erbracht.

▸ Es treten zwei Typen auf, denen Sie hier zum ersten Mal begegnen und deren Bedeutung noch unbekannt ist: `IAsyncResult` und `AsyncCallback`.

Wir wollen uns nun mit der Codierung einer asynchronen Ausführung beschäftigen. Danach wird auch die im ersten Moment sehr kompliziert erscheinende Parameterliste asynchron arbeitender Methoden (wie `BeginRead`) in einem anderen Licht erscheinen.

15.2.12 Asynchroner Methodenaufruf

Der C#-Compiler stellt mit `BeginInvoke` und `EndInvoke` jedem Delegate zwei Methoden zur Verfügung, die im Rahmen einer asynchronen Operation von entscheidender Bedeutung sind.

> **Hinweis**
>
> Beachten Sie bitte, dass es sich bei `BeginInvoke` und `EndInvoke` um sprachspezifische Methoden handelt, die nicht in der Klasse `Delegate` definiert sind, aber dennoch von jedem .NET-Compiler veröffentlicht werden sollten – möglicherweise auch unter einem anderen Namen.

Die Methode `BeginInvoke` ist sehr mächtig, denn wenn Sie sie auf der Referenz eines Delegates aufrufen, wird ein Hintergrundthread erzeugt, in dem die vom Delegate beschriebene Methode ausgeführt wird. Der aufrufende Thread macht mit seiner eigenen Arbeit weiter, anstatt auf die Beendigung der aufgerufenen Methode zu warten.

Dazu ein kleines Beispiel. Nehmen wir an, dass die Methode `DoSomething`, die eine längere Zeit zur Ausführung benötigt, aufgerufen werden soll. `DoSomething` sei wie folgt definiert:

```
public void DoSomething() {
  for(int i = 0; i <= 30; i++) {
    Console.Write(".X.");
    Thread.Sleep(10);
  }
}
```

Listing 15.13 Eine Methode, die längere Zeit für die Ausführung benötigt

Ein Client, der diese Methode asynchron ausführen möchte, kann einen Delegate deklarieren und diesem die Adresse der Methode *DoSomething* übergeben:

```
public delegate void MyDelegate();
[...]
MyDelegate del = new MyDelegate(obj.DoSomething);
del.BeginInvoke(...);
```

Das reicht bereits aus, um `DoSomething` in einem separaten Thread abzuarbeiten.

Dem Aufruf von `BeginInvoke` müssen Argumente übergeben werden, die unsere Anweisung noch nicht enthält. Sehen wir uns deshalb nun die Definition von `BeginInvoke` an.

```
public IAsyncResult BeginInvoke([Parameterliste,]
                    AsyncCallback, Object);
```

Aufgerufen wird `BeginInvoke` auf die Instanz eines Delegates, der auf eine bestimmte Methode zeigt. Weist die aufzurufende Methode eine Parameterliste auf, müssen die erforderlichen Argumente von `BeginInvoke` an die Methode weitergeleitet werden. Dazu dient die optionale Parameterliste.

Theoretisch wäre das bereits vollkommen ausreichend, um die aufgerufene Methode asynchron auszuführen. In der Regel benötigt der aufrufende Code aber Kenntnis von der Beendigung der asynchronen Ausführung, beispielsweise wenn er die Rückgabewerte verarbeitet. Folglich muss es eine Möglichkeit geben, die es der asynchron aufgerufenen Methode ermöglicht, den Aufrufer davon zu unterrichten, dass sie ihre Operationen beendet hat. Dabei kann es sich nur um den Aufruf einer Methode im Initiator der asynchronen Operation handeln.

Konsequenterweise muss der asynchron aufgerufenen Methode die Adresse der Rückrufmethode im Aufrufer bekannt sein. Das klingt wieder verdächtig nach einem Delegate – und tatsächlich ist dem so, denn dem Aufruf von `BeginInvoke` werden nicht nur die Argumente übergeben, die die asynchron aufgerufene Methode benötigt, sondern darüber hinaus auch ein Objekt vom Typ `AsyncCallback`, bei dem es sich um den erforderlichen Delegate handelt.

Die Definition des Delegates `AsyncCallback` lautet:

```
public delegate void AsyncCallback(IAsyncResult ar);
```

Die Methode, die aus der asynchron ausgeführten Methode zurückgerufen wird, muss den Rückgabetyp `void` aufweisen und einen Parameter vom Typ `IAsyncResult` definieren. `BeginInvoke` verfügt noch über einen weiteren Parameter vom Typ `object`. Hier kann beim Start der asynchronen Operation ein beliebiges Objekt übergeben werden, das Informationen beliebiger Art enthält.

Das hört sich komplizierter an, als es tatsächlich ist. Daher wollen wir den Ablauf schrittweise an einem kleinen Beispiel verfolgen. Gegeben seien dazu die beiden Klassen `Program` und `Demo` wie folgt:

```csharp
class Program {
  static void Main(string[] args) {
    [...]
  }
}
class Demo {
  public void DoSomething() {
    [...]
  }
}
```

Aus `Main` heraus soll die Methode `DoSomething` in der Klasse `Demo` asynchron aufgerufen werden. Diese Forderung bewirkt, dass wir `BeginInvoke` auf einem Delegate aufrufen müssen, der die asynchron auszuführende Methode im Objekt vom Typ `Demo` beschreibt. Dazu wird zunächst ein Delegate mit

```csharp
public delegate void MyDelegate();
```

deklariert. Anschließend verschaffen wir uns ein Objekt vom Typ des Delegates, dem als Argument die asynchron auszuführende Methode übergeben wird.

```csharp
private MyDelegate del;
[...]
del = new MyDelegate(obj.DoSomething);
```

Mit

```csharp
del.BeginInvoke(...);
```

wird die asynchrone Ausführung von DoSomething in einem Hintergrundthread gestartet. Allerdings ist die Anweisung noch unvollständig – symbolisiert durch die Punkte. Wir sollten in Program nämlich noch eine Methode bereitstellen, mit der der Hintergrundthread das Objekt vom Typ Program über das Ende seiner Operation benachrichtigt. Die Definition der Rückrufmethode muss der Vorgabe des Delegates AsyncCallback entsprechen, demnach also einen Parameter vom Typ IAsyncResult enthalten. Wir nennen diese Methode CallbackMethod.

```csharp
class Program {
  [...]
  static void Main(string[] args) {...}
  public static void CallbackMethod(IAsyncResult ar) {
    [...]
  }
}
```

Das Objekt vom Typ IAsyncResult entspricht dem Rückgabewert von BeginInvoke. Es veröffentlicht insgesamt sechs Eigenschaften. Dazu gehört unter anderem auch IsCompleted. Über IsCompleted kann der Aufrufer jederzeit feststellen, ob die asynchrone Ausführung bereits beendet ist. Eine zweite, sehr interessante Eigenschaft ist AsyncState, die genau das Objekt abruft, das als letzter Parameter dem Aufruf von BeginInvoke übergeben worden ist. Sie werden später in einem anderen Beispiel die sinnvolle Auswertung dieses Objekts sehen.

Wir wollen nun unser Beispiel komplettieren und Code einsetzen, der tatsächlich einige Zeit in Anspruch nimmt, damit wir den Effekt des asynchronen Aufrufs beobachten können.

```csharp
// Beispiel: ..\Kapitel 15\AsynchronerAufruf_1
public delegate void MyDelegate();
class Program {
  private static MyDelegate del;
  static void Main(string[] args) {
    Demo obj = new Demo();
    del = new MyDelegate(obj.DoSomething);
    AsyncCallback callback = new AsyncCallback(CallbackMethod);
    // die Methode AsyncTest in Demo asynchron aufrufen
    del.BeginInvoke(callback, null);
    // zeitaufwendige Ausführung
    for(int i = 0; i <= 100; i++) {
      Console.Write(".");
      Thread.Sleep(10);
    }
    Console.ReadLine();
  }
  // die zurückgerufene Methode
  public static void CallbackMethod(IAsyncResult ar) {
    Console.Write("Ich habe fertig.");
  }
}
```

```
class Demo {
  // asynchron aufzurufende Methode
  public void DoSomething() {
    // zeitintensive Ausführung
    for(int i = 0; i <= 30; i++) {
      Console.Write("X");
      Thread.Sleep(10);
    }
  }
}
```

Listing 15.14 Asynchroner Methodenaufruf

In Abbildung 15.6 ist das Ergebnis des Aufrufs zu sehen. Es ist eindeutig zu erkennen, dass die Punkte und »X«-Zeichen mehr oder weniger abwechselnd ausgegeben werden, denn beide Methoden arbeiten parallel. Beendet wird die asynchrone Operation durch den Rückruf von CallbackMethod, was durch die Ausgabe des bekannten Satzes »Ich habe fertig« bestätigt wird.

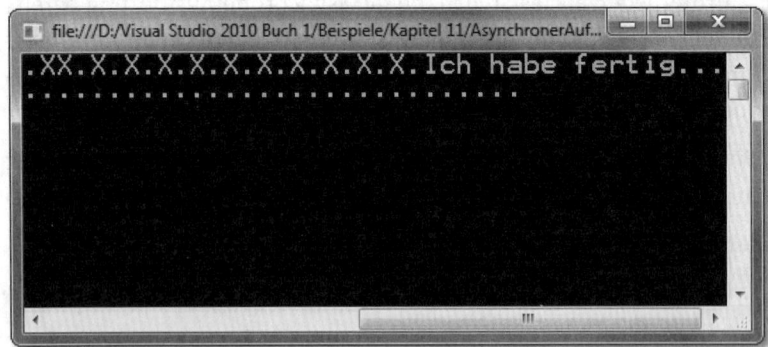

Abbildung 15.6 Ausgabe eines asynchronen Aufrufs

15.2.13 Asynchroner Aufruf mit Rückgabewerten

Möglicherweise liefert die asynchrone Methode als Resultat ihrer Operation einen Rückgabewert. Vielleicht werden auch über die Parameterliste Ergebnisse bereitgestellt. Wird aus dem Hintergrundthread heraus die Rückrufmethode des Initiators der asynchronen Operation aufgerufen, stehen die Ergebnisse jedoch nicht automatisch zur Verfügung. Sie müssen ausdrücklich abgerufen werden. Dazu dient die Methode EndInvoke des Delegates.

```
public Datentyp EndInvoke([Parameterliste,] IAsyncResult);
```

Wie bei BeginInvoke müssen Sie auch an EndInvoke eine vorgeschriebene Parameterliste übergeben, die nicht identisch mit der Parameterliste von BeginInvoke ist: Sie darf nur die Referenzparameter der asynchronen Methode enthalten, damit EndInvoke die Resultate dort hineinschreiben kann. Die Angabe der Werteparameter ist nicht erlaubt. Der einzige grundsätzlich immer zwingend erforderliche Parameter ist vom Typ `IAsyncResult`. Hier wird das Objekt übergeben, das beim Aufruf von `BeginInvoke` dem letzten Parameter übergeben worden ist.

Wir wollen nun das Beispiel *AsynchronerAufruf_1* ändern, um zu sehen, wie eine asynchrone Methode behandelt wird, die sowohl Werte- als auch Referenzparameter erwartet und darüber hinaus auch noch einen Rückgabewert hat. Dazu implementieren wir die Methode `DoSomething` wie folgt:

```
public string DoSomething(int x, ref long y) {
  // zeitaufwendige Ausführung
  for(int i = 0; i <= 30; i++) {
    Console.Write("X");
    Thread.Sleep(10);
  }
  y = 12345;
  return "Ich habe fertig.";
}
```

Listing 15.15 Methode mit Rückgabewert

Die Parameterliste enthält jetzt den Referenzparameter *y* und den Werteparameter *x*, außerdem liefert die Methode eine Zeichenfolge zurück.

Die Änderung der Signatur hat natürlich auch im auslösenden Thread Konsequenzen. Der Delegate, der den Aufruf der Methode kapselt, muss an die veränderten Bedingungen angepasst werden:

```
public delegate string MyDelegate(int x, ref long y);
```

Gleiches gilt auch für den Start der asynchronen Bearbeitung, denn nun reicht es nicht mehr aus, mit `BeginInvoke` einfach nur einen Delegate auf die Rückrufmethode zu übergeben sowie die Referenz auf ein Objekt, in das der asynchrone Aufruf Informationen schreiben könnte. Wir müssen stattdessen auch die Parameter der asynchronen Methode in der richtigen Reihenfolge bedienen:

```
del.BeginInvoke(intVar, ref lngVar, callback, null);
```

`DoSomething` nimmt nun eine Kopie des `int`-Wertes und die Adresse des `long`-Wertes entgegen, kann mit diesen die erforderlichen Operationen ausführen und zum Abschluss durch Aufruf der über *callback* bekannt gegebenen Adresse die Methode `CallbackMethod` informieren.

Der Implementierung der Rückrufmethode kommt nun eine entscheidende Bedeutung zu. Es gilt, sowohl den Rückgabewert als auch den in diesem Fall geänderten Inhalt der Variablen *lngVar* auszuwerten. Dem Aufruf von `EndInvoke` übergeben wir die Adresse von *lngVar* und holen uns den Rückgabewert an der Konsole ab:

```csharp
public static void CallbackMethod(IAsyncResult ar) {
  Console.Write(del.EndInvoke(ref lngVar, ar));
  Console.Write("..Wert y = {0}", lngVar);
}
```

Listing 15.16 Implementierung der Rückrufmethode

Die Konsolenausgabe bestätigt, dass unser Unterfangen von Erfolg beschieden ist: Wir erhalten sowohl die Zeichenfolge als auch den veränderten Inhalt des Feldes *intVar*.

Zum Abschluss fassen wir das Beispielprogramm noch einmal zusammen.

```csharp
// Beispiel: ..\ Kapitel 15\AsynchronerAufruf_2
public delegate string MyDelegate(int x, ref long y);
class Program {
  private static MyDelegate del;
  private static int intVar = 4711;
  private static long lngVar;
  static void Main(string[] args) {
    Demo obj = new Demo();
    del = new MyDelegate(obj.DoSomething);
    AsyncCallback callback = new AsyncCallback(CallbackMethod);
    // die Methode AsyncTest in Demo asynchron aufrufen
    del.BeginInvoke(intVar, ref lngVar, callback, null);
    // zeitaufwendige Ausführung
    for(int i = 0; i <= 100; i++) {
      Console.Write(".P.");
      Thread.Sleep(10);
    }
    Console.ReadLine();
  }
  public static void CallbackMethod(IAsyncResult ar) {
    Console.Write(del.EndInvoke(ref lngVar, ar));
    Console.Write("..Wert y = {0}", lngVar);
  }
}
class Demo {
  public string DoSomething(int x, ref long y) {
    // zeitaufwendige Ausführung
    for(int i = 0; i <= 30; i++) {
      Console.Write(".X.");
      Thread.Sleep(10);
    }
    y = 12345;
    return "Ich habe fertig.";
  }
}
```

Listing 15.17 Asynchroner Methodenaufruf mit Rückgabewert

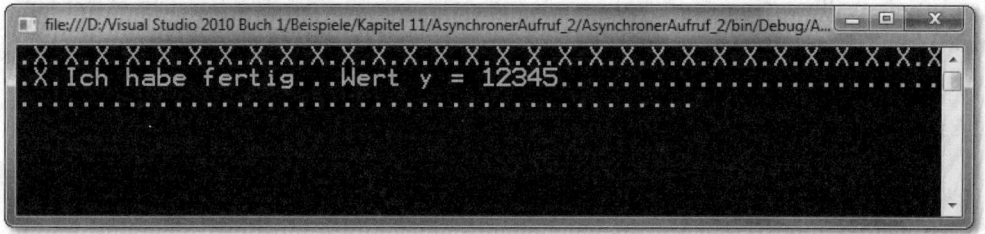

Abbildung 15.7 Ausgabe des Beispiels »AsynchronerAufruf_2«

15.2.14 Eine Klasse mit asynchronen Methodenaufrufen

Am Anfang dieses Abschnitts wurde schon darauf hingewiesen, dass einige Klassen der .NET-Klassenbibliothek Methoden mit asynchroner Verarbeitung anbieten. Die Klasse `FileStream` im Namespace `System.IO` ist ein Beispiel dafür. Es werden allerdings nicht die Methoden `BeginInvoke` und `EndInvoke` aufgerufen, sondern zwei ähnlich lautende: `BeginRead` und `EndRead` bzw. `BeginWrite` und `EndWrite`.

Wir wollen uns nun ansehen, wie eine Klasse aufgebaut ist, die ähnlich wie `FileStream` implementiert ist. Dabei lernen wir einerseits, wie wir die asynchronen Methoden der Klassen des .NET Frameworks behandeln müssen, andererseits aber auch, diese Technik in eigenen Klassen zu nutzen.

Am Anfang steht die Idee, eine Methode zu entwickeln, von der wir annehmen, dass sie in Abhängigkeit von den Umgebungsbedingungen und der Art der Operation eine längere Zeit zur Bearbeitung in Anspruch nehmen kann. Wir wollen diese Methode nachfolgend `Calculate` nennen, die Klasse dazu `Mathematics`.

```
class Mathematics {
  public int Calculate(int x) {
    Console.Write("---Bearbeitung startet---");
    for (int i = 0; i <= 20; i++) {
      Console.Write(".X.");
      Thread.Sleep(10);
    }
    Console.Write("---Bearbeitung beendet---");
    return x * x;
  }
}
```

Listing 15.18 Klasse mit einer zeitaufwendigen Methode

Die `for`-Schleife simuliert eine länger andauernde Operation. Diese Implementierung arbeitet synchron. Da wir uns bewusst sind, dass *Calculate* vielleicht auch eine Stunde zur vollständigen Ausführung brauchen könnte (wir sind mit unserer Annahme sehr großzügig), bieten wir zusätzlich eine asynchrone Variante an. Dazu benötigen wir zwei weitere Methoden, die einer allgemeinen Konvention folgend als `BeginXxx` und `EndXxx` bezeichnet werden – in unserer Klasse demnach `BeginCalculate` und `EndCalculate`. Die noch unvollständige Klassenstruktur sieht dann folgendermaßen aus:

```
class Mathematics {
  // Methode Calculate wird synchron ausgeführt
  public int Calculate(int x) {
    ...
  }
  // Start der asynchronen Ausführung
  public ... BeginCalculate(...) {
    ...
  }
  // Beenden der asynchronen Ausführung
  public ... EndCalculate(...) {
    ...
  }
}
```

An dieser Stelle kommt es zu der wichtigsten Entscheidung überhaupt. Was wir beabsichtigen, ist die asynchrone Ausführung der Methode `Calculate`. Asynchronität heißt aber auch, dass ein weiterer Thread gestartet werden muss, sobald die Methode `BeginCalculate` aufgerufen wird. Wenn wir in dieser Methode ein Objekt vom Typ `Thread` erzeugen und seinem Konstruktor einen Delegate übergeben, bräuchten wir auch noch ein Objekt, das das Interface `IAsyncResult` implementiert, müssten zwangsläufig dessen Methoden implementieren usw.

Die Entwicklung auf diese Weise zu gestalten, ist sehr aufwendig. Es gibt eine viel einfachere Lösung, da die beiden Methoden `BeginInvoke` und `EndInvoke` genau das leisten, was wir brauchen. Also benutzen wir sie auch, um das Ziel effizient zu erreichen. Dazu wird die Logik, die in den Abschnitten 15.5.2 und 15.5.3 beschrieben wurde, innerhalb der Klasse `Mathematics` implementiert.

```
// Beispiel: ..\ Kapitel 15\AsynchronerAufruf_3
class Mathematics {
  private delegate int CalculateHandler(int x);
  CalculateHandler del;
  // Methode Calculate wird synchron ausgeführt
  public int Calculate(int x) {
    Console.Write("---Bearbeitung startet---");
    for (int i = 0; i <= 20; i++) {
      Console.Write("X");
      Thread.Sleep(10);
    }
    Console.Write("---Bearbeitung beendet---");
    return x * x;
  }
```

```csharp
// Start der asynchronen Ausführung
public IAsyncResult BeginCalculate(int intVar,
        AsyncCallback callback, object state) {
  del = new CalculateHandler(Calculate);
  // Aufruf der Methode Calculate, die in einem eigenen
  // Thread ausgeführt wird
  return del.BeginInvoke(intVar, callback, state);
}
// Beenden der asynchronen Ausführung
public int EndCalculate(IAsyncResult ar) {
  return del.EndInvoke(ar);
}
}
```

Listing 15.19 Klasse mit Methode für den synchronen und asynchronen Aufruf

Dem Aufruf der Methode BeginCalculate werden die Daten übergeben, die die Methode Calculate für ihre Operation benötigt. In unserem Beispiel handelt es sich nur um einen als Werteparameter deklarierten Integer. Der zweite Parameter erhält die Referenz auf einen Delegate, der die Rückrufmethode im Aufrufer beschreibt. Der dritte und letzte Parameter dient dazu, ein Objekt bereitzustellen, mit dem Daten zwischen dem aufrufenden und dem aufgerufenen Objekt ausgetauscht werden. Ein solches Objekt ist in unserem Beispielcode nicht vorgesehen.

Der Aufruf von BeginCalculate orientiert sich an dem von BeginInvoke – und das ist typisch für Klassen im .NET Framework, die asynchrone Methoden offenlegen. Unter ähnlicher Prämisse wird auch EndCalculate implementiert; der Rückgabewert des internen EndInvoke-Aufrufs wird zum Rückgabewert der Instanzmethode.

Zum Schluss müssen wir noch testen, ob die Klassenimplementierung auch unseren Anforderungen genügt.

```csharp
class Program
{
  static void Main(string[] args)
  {
    Mathematics math = new Mathematics();
    int value = 23;
    AsyncCallback callback = new AsyncCallback(CallbackMethod);
    // Aufruf der asynchronen Ausführung
    math.BeginCalculate(value, callback, math);
    for (int i = 0; i <= 100; i++) {
      Console.Write(".{0}.", i);
      Thread.Sleep(5);
    }
    Console.ReadLine();
  }
```

```
// diese Methode wird vom Server aufgerufen
public static void CallbackMethod(IAsyncResult ar)
{
  Mathematics math = (Mathematics)ar.AsyncState;
  // das Ergebnis der asynchronen Operation abholen
  int result = math.EndCalculate(ar);
  Console.Write("---Resultat = {0} ", result);
  Console.Write("---FERTIG---");
}
}
```

Listing 15.20 Testen des asynchronen Methodenaufrufs

Beachten Sie bitte die Variable *math* vom Typ `Mathematics`. Sie ist als lokale Variable in der Methode `Main` definiert und daher auch außerhalb der Methode nicht sichtbar. Um dennoch die `EndCalculate`-Methode dieses Objekts aufrufen zu können, wird die Referenz an den letzten Parameter von `BeginCalculate` übergeben. In `BeginCalculate` wird das Objekt an `BeginInvoke` weitergeleitet. Die Folge ist, dass wir in unserer Callback-Methode nur die Eigenschaft `AsyncState` auswerten müssen, denn hier kommt das `Mathematics`-Objekt genau dort an, wo wir dessen `EndCalculate`-Methode aufrufen müssen, um das Resultat der Operation abzufragen. Die Ausgabe an der Konsole wird so aussehen wie in Abbildung 15.8.

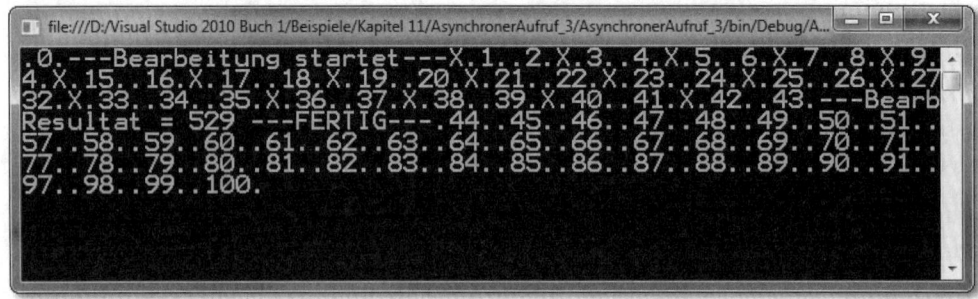

Abbildung 15.8 Ausgabe des Beispiels »AsynchronerAufruf_3«

15.3 Die TPL (Task Parallel Library)

Mit dem .NET Framework 4.0 ist die Entwicklung multithread-fähiger Anwendungen um die Bibliothek TPL (Task Parallel Library) ergänzt worden. Dabei muss der Entwickler sich nicht mehr um jeden Thread einzeln kümmern, sondern für ihn steht primär die Aufgabenstellung im Vordergrund, Tasks zu definieren und zu synchronisieren. Das Erstellen der Threads wird zur Laufzeit automatisch erfolgen, und das sogar unter optimaler Ausnutzung der Hardwareausstattung. Das bedeutet, wenn eine Anwendung auf einem Dual-Core-Prozessor ausgeführt wird, wird der Task in zwei Threads abgearbeitet. Läuft die Anwendung hingegen auf einem Quad-Core-Prozessor, werden vier Threads erzeugt.

Das hört sich alles bereits sehr verlockend an. Allerdings sollte bereits am Anfang darauf hingewiesen werden, dass die parallele Programmierung mit TPL nicht automatisch dazu führt, dass die Anwendungen schneller ausgeführt werden. Ganz im Gegenteil, unter Umständen können Anwendungen sogar langsamer werden. Was sich paradox anhört, ist sehr einfach zu erklären. Mit dem Verteilen über mehrere Prozessorkerne ist ein gewaltiger Overhead verbunden: Daten müssen in die Kerne eingelesen werden, Daten müssen die Kerne auch wieder verlassen und zwischengespeichert werden. Stimmt das Verhältnis zwischen reiner Rechenzeit und den Verwaltungsoperationen nicht, kann die Performance durch Nutzen der Parallelisierung darunter leiden.

Es lässt sich nicht eindeutig sagen, wann die Parallelverarbeitung Vorteile bringt. Als Daumenregel können Sie nehmen: Je mehr Prozessorkerne genutzt werden können, desto aufwendiger und zeitintensiver sollten die Operationen sein, um von der parallelen Verarbeitung profitieren zu können. Im Zweifelsfall sollten Sie das Programm testen – auch auf Rechnern mit unterschiedlicher Ausstattung.

15.3.1 Allgemeines zur Parallelisierung mit der TPL

Die Klassen zur parallelen Programmierung mit der TPL sind im Namespace `System.Threading.Tasks` zu finden. Allerdings gibt es auch weitere Klassen in anderen Namespaces, die im Zuge der TPL eingeführt worden sind und die Parallelisierung nutzen. Der Namespace `System.Collections.Concurrent` mit seinen neuen Auflistungsklassen sei an dieser Stelle erwähnt.

Setzen Sie die Task Parallel Library ein, werden Sie es hauptsächlich mit zwei Klassen zu tun haben:

- Die Klasse `Parallel`: Mit dieser Klasse werden in erster Linie Schleifen parallel ausgeführt. Dazu wird die zu verarbeitende Datenmenge in Teilmengen aufgeteilt. Wie viele Teilmengen verarbeitet werden, entscheidet die Klasse selbst. Dabei kann es aber durchaus vorkommen, dass keine Teilmengen gebildet werden, also keine parallele Verarbeitung stattfindet. Dieses Verhalten zeugt von einer ausgeprägten Optimierung der Klasse hinsichtlich des Performancegewinns. Die notwendigen Threads bezieht die TPL übrigens aus dem Threadpool.

- Die Klasse `Task` (und deren Ableitung `Task<TResult>`): Diese Klasse unterstützt die parallele Abarbeitung von Methoden. Liefert ein Task einen Wert zurück, verwenden Sie die Klasse `Task<TResult>`. Die `Task`-Klasse bietet Möglichkeiten, wie sie auch von der Klasse `Thread` her bekannt sind, allerdings unter Verwendung des Threadpools. Im Vergleich zu `Thread` ist Task aber einfacher zu handhaben.

15.3.2 Die Klasse »Parallel«

Die statische Klasse `Parallel` unterstützt die Parallelisierung von Codebereichen und Schleifen. Dafür werden insgesamt nur drei Methoden angeboten:

- For
- ForEach
- Invoke

Alle drei Methoden sind überladen (und natürlich statisch). Damit können Sie gewissermaßen ein Feintuning der parallelen Verarbeitung steuern, beispielsweise um die Anzahl der benutzten Prozessorkerne zu beschränken.

Die Methode »Parallel.Invoke«

Die einfachste Art, parallele Operationen anzustoßen, ist die Methode Invoke der Klasse Parallel. Die Methode definiert ein Paramater-Array, dem Sie Action-Objekte übergeben. Die Syntax lautet:

```
public static void Invoke(params Action[] action)
```

Action ist ein Delegate und kapselt eine Methode, die über keine Parameter verfügt und keinen Wert zurückgibt. Erst wenn alle Methoden abgearbeitet sind, wird die Programmausführung mit der auf Invoke folgenden Anweisung fortgesetzt. Invoke blockiert also den Programmablauf und hat synchronen Charakter.

Sie müssen sicherstellen, dass innerhalb der Methoden nicht dieselben Variablen benutzt werden. Ansonsten erleben Sie unliebsame Überraschungen.

Im folgenden Beispielprogramm werden mit Task1, Task2 und Task3 drei Methoden beschrieben. Sie leisten nichts Besonderes und geben nur innerhalb einer Schleife Konsolenmeldungen aus, die mit Thread.Sleep noch ein wenig gebremst werden.

```
// Beispiel: ..\Kapitel 15\ParallelInvokeSample
class Program {
  static void Main(string[] args) {
    Parallel.Invoke(Task1, Task2, Task3);
    Console.ReadLine();
  }
  static void Task1() {
    for (int i = 0; i < 10; i++) {
      Thread.Sleep(50);
      Console.Write(" #1 ");
    }
  }
  static void Task2() {
    for (int i = 0; i < 10; i++) {
      Thread.Sleep(50);
      Console.Write(" #2 ");
    }
  }
```

```csharp
static void Task3() {
  for (int i = 0; i < 10; i++) {
    Thread.Sleep(50);
    Console.Write(" #3 ");
  }
}
}
```

Listing 15.21 Methoden auf mehrere Prozessorkerne verteilen

Abbildung 15.9 beweist, dass alle Tasks parallel ausgeführt werden. Besser gesagt, ich kann das hiermit nur für Task1 und Task2 beweisen. Der dritte Task wird am Ende komplett auf einmal abgearbeitet – daran können Sie sehen, dass diese Abbildung auf einer Dual-Core-Maschine erstellt worden ist.

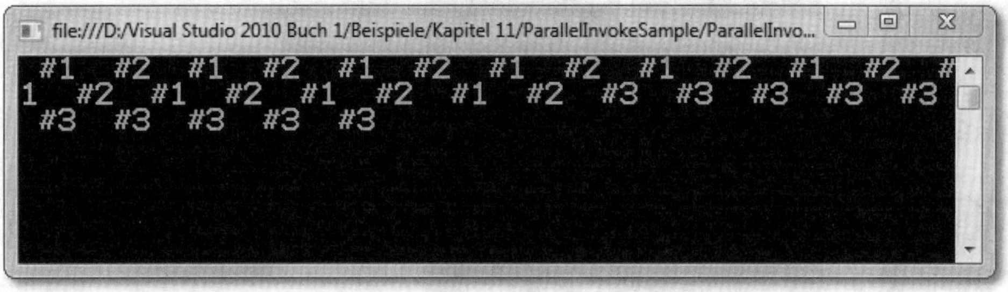

Abbildung 15.9 Ausgabe des Beispielprogramms »ParallelInvokeSample«

Im TASK-MANAGER können Sie auch beobachten, dass bei der Ausführung einer parallelen Operation die einzelnen CPUs ihre Arbeit verrichten. Allerdings werden Sie wahrscheinlich praktisch keine Reaktion sehen, wenn Sie unser Beispielprogramm laufen lassen. Dafür wird die Fähigkeit einer CPU von unserem Beispiel viel zu wenig herausgefordert – die CPU langweilt sich, ist praktisch beschäftigungslos. Um in Abbildung 15.10 wenigstens etwas Aktivität deutlich zu machen, wurde die Anzahl der Schleifendurchläufe des Beispielprogramms auf 100000 erhöht.

Nicht unüblich ist die Angabe der Tasks durch Lambda-Ausdrücke. Der Code ist kürzer, aber auch zunächst schlechter lesbar.

```csharp
static void Main(string[] args) {
  Parallel.Invoke(() => { for (int i = 0; i < 10; i++) {
                            Thread.Sleep(50);
                            Console.Write(" #1 ");
                          } },
                  () => { for (int i = 0; i < 10; i++) {
                            Thread.Sleep(50);
                            Console.Write(" #2 ");
                          } },
```

```
                    () => { for (int i = 0; i < 10; i++) {
                                    Thread.Sleep(50);
                                    Console.Write(" #3 ");
                            } });
    Console.ReadLine();
}
```

Listing 15.22 Verwendung von Lambda-Ausdrücken

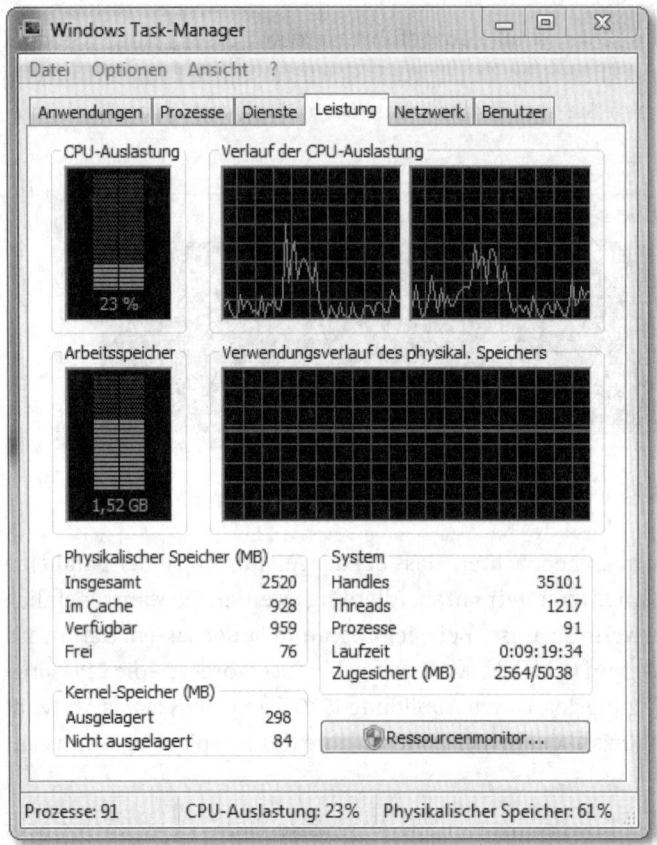

Abbildung 15.10 Anzeige der CPU-Auslastung im Task-Manager

Schleifen mit »Parallel.For«

Mit Parallel.For und Parallel.Foreach lassen sich einfache Schleifendurchläufe parallelisieren. Der Effekt der Performancesteigerung wird sich sicher nicht bei 10 oder 100 Schleifendurchläufen bemerkbar machen, die Anzahl sollte schon deutlich darüber liegen und hängt auch von der Anzahl der beteiligten Prozessorkerne ab.

Die Syntax der For-Methode ähnelt sehr der for-Schleife:

```
public static ParallelLoopResult For(int fromInclusive,int toExclusive,
                                     Action<int> body )
```

Der erste Parameter erwartet den Startindex (inclusive), der zweite den Endindex (exklusive). Der letzte Parameter ist wieder ein Delegate, der auf den Code zeigt, der innerhalb der Schleife ausgeführt wird. Der Rückgabewert vom Typ `ParallelLoopResult` gibt Auskunft, ob die Schleife komplett ausgeführt worden ist oder vorzeitig beendet wurde. Zudem können Sie den Index abrufen, bei dem die Schleife abgebrochen worden ist.

Im nächsten Beispielprogramm wird `Parallel.For` nicht nur demonstriert, sondern auch die Zeitspanne zwischen einer herkömmlichen Schleife und einer parallelisierten in Millisekunden gemessen. Zur Messung der Zeitspanne, die die Laufzeit zur Abarbeitung der Schleifen braucht, greifen wir auf die Klasse `StopWatch` aus dem Namespace `System.Diagnostics` zurück.

```
// Beispiel: ..\Kapitel 15\ParallelForSample
class Program {
  static void Main(string[] args) {
    Stopwatch watch = new Stopwatch();
    watch.Start();
    ParallelTest();
    watch.Stop();
    Console.WriteLine(watch.ElapsedMilliseconds);
    watch.Reset();
    watch.Start();
    SynchTest();
    watch.Stop();
    Console.WriteLine(watch.ElapsedMilliseconds);
    Console.ReadLine();
  }
  static void SynchTest() {
    double[] arr = new double[1000000];
    for(int i = 0; i < 1000000; i++)
      arr[i] = Math.Pow(i, 0.333) * Math.Sqrt(Math.Sin(i));
  }
  static void ParallelTest() {
    double[] arr = new double[1000000];
    Parallel.For(0, 1000000, i =>
            {
              arr[i] = Math.Pow(i, 0.333) * Math.Sqrt(Math.Sin(i));
            });
  }
}
```

Listing 15.23 Parallel verarbeitete Schleife

Testen Sie das Programm auf Ihrem Rechner, haben Sie mit Sicherheit andere Werte. Aber die Tendenz dürfte ähnlich sein: Die parallele Ausführung dauert im Schnitt 140 ms, die synchrone 268. Das bedeutet fast 50% Performancegewinn. Je geringer Sie die Anzahl der Schleifendurchläufe festlegen, desto geringer ist auch der Vorteil der Parallelisierung.

> **Anmerkung**
>
> Die Erhöhung des Schleifenzählers ist immer +1. Möchten Sie andere Schrittweiten festlegen, müssen Sie im Schleifenblock eine entsprechende Umrechnung vornehmen. Angenommen, Sie sind an allen ganzzahligen Werten zwischen 0 und 100 interessiert, könnten Sie im Schleifenkörper den folgenden Code schreiben:
>
> ```
> Parallel.For(0, 50, i =>
> {
>    int newIndex = i * 2;
>    Console.Write(" {0} ", newIndex);
> });
> ```
>
> Außerdem ist nur eine positive Iteration möglich.

Schleifenunterbrechung

In der parallelen Verarbeitung muss natürlich eine Schleife anders abgebrochen werden als in einer herkömmlichen Schleife. Die Klasse `Parallel` stellt dazu eine Überladung der Methode `For` zur Verfügung, deren Syntax wir uns zuerst ansehen:

```
public static ParallelLoopResult For(int fromInclusive,int toExclusive,
                                     Action<int, ParallelLoopState> body )
```

Hier wird eine andere Variante des Delegaten `Action` benutzt. Sie geben hier ein Objekt vom Typ `ParallelLoopState` an, das unter anderem auch die Methode `Stop` zum Abbruch einer parallel ausgeführten Schleife bereitstellt.

```
Parallel.For(0, 1000000, (i, option) =>
{
   arr[i] = Math.Pow(i, 0.333) * Math.Sqrt(Math.Sin(i));
   if (i > 1000) option.Stop();
});
```

Es gibt neben der Methode `Stop` auch noch die Methode `Break`. Diese Methode gibt an, dass die Schleife nach der aktuellen Iteration beendet werden soll.

> **Hinweis**
>
> Die `For`-Methode hat noch mehr Überladungen als die beiden hier vorgestellten. Wir werden aber darauf nicht weiter eingehen.

Auswerten des Status der Schleifenoperation

Die Methode For liefert einen Rückgabewert vom Typ ParallelLoopResult. Mit IsCompleted und LowestBreakIteration hat die Klasse nur zwei Eigenschaften. In beiden Fällen bezieht sich die Auswertung auf einen möglichen vorzeitigen Schleifenabbruch.

IsCompleted gibt an, ob die Schleife bis zum Abschluss ausgeführt wurde. LowestBreakIteration gibt den Indexwert an, bei dem eine Schleife mit Break unterbrochen worden ist. Wurde eine Schleife mit Stop beendet, ist der Rückgabewert null.

Collection mit »ForEach« parallel durchlaufen

Die Parallelisierung der For-Schleife mit Parallel.For habe ich Ihnen gezeigt. Es gibt auch noch die sehr ähnliche Methode ForEach der Klasse Parallel, um auch auf Collections parallel zugreifen zu können.

Grundsätzlich ähnelt der Einsatz der ForEach-Methode dem der For-Methode. Daher soll an dieser Stelle auch nur kurz gezeigt werden, wie die Methode eingesetzt wird.

```
string[] namen = { "Peter", "Uwe", "Udo", "Willi",
                   "Pia", "Michael", "Conie" };
Parallel.ForEach(namen, name =>
{
  Console.WriteLine(name);
});
```

Listing 15.24 Parallele Verarbeitung mit »ForEach«

Sie können übrigens nicht erwarten, dass die Namen in der Reihenfolge ausgegeben werden, in der sie in der Liste angegeben sind.

15.3.3 Die Klasse »Task«

Oben habe ich bereits erwähnt, dass die Klasse Task durchaus der Klasse Thread ähnelt. Widmen wir uns nun dieser Klasse.

Einen Task erstellen

Zunächst einmal gilt es, sich ein Objekt vom Typ Task zu besorgen. Dazu bieten sich zwei Möglichkeiten:

- Sie instanziieren in gewohnter Weise mit new und übergeben dabei ein Objekt vom Typ Action (Sie erinnern sich, es handelt sich dabei um einen Delegate).
- Sie rufen Task.factory.StartNew unter Übergabe eines Action-Objekts auf.

Der Unterschied zwischen diesen beiden Varianten ist, dass der Task im ersten Fall noch explizit gestartet werden muss, während im zweiten Fall der Task bereits automatisch gestartet wird. Im folgenden Listing werden beide Möglichkeiten gezeigt.

```
static void Main(string[] args) {
  Task task1 = Task.Factory.StartNew(DoSomething);
  Task task2 = new Task(Test);
  task2.Start();
}
public static void DoSomething() {
  Console.WriteLine("Task wird ausgeführt ...");
}
```
Listing 15.25 Einsatz der Klasse »Task«

Die durch das Objekt *task1* beschriebene Operation wird sofort gestartet, während es des Aufrufs der Methode Start beim Objekt *task2* bedarf.

Natürlich können Sie die Operation auch unter Verwendung eines Lambda-Ausdrucks mitteilen, z. B.:

```
Task task1 = Task.Factory.StartNew(() =>
{
  Console.WriteLine("Task wird ausgeführt ...");
});
```

Daten an den Task übergeben

Manche parallel auszuführende Operationen werden eine Datenübergabe voraussetzen. Natürlich geht auch das. Sehen wir uns zuerst die entsprechende Überladung der Methode StartNew an:

```
public Task StartNew(Action<Object> action, Object state)
```

Jetzt wird es etwas komplexer, denn StartNew definiert zwei Parameter. Fangen wir mit dem zweiten an. An dieser Position geben wir unser Übergabeargument an, das als Object-Typ entgegengenommen wird. Der erste Parameter beschreibt nicht nur die parallele Operation (die, wie Sie vorher gesehen haben, »parameterlos« ist), sondern wir müssen hier einen beliebigen Parameter beschreiben, der innerhalb der Operation dazu dient, den tatsächlichen Typ des zweiten Übergabearguments zu bestimmen. Das hört sich kompliziert an, deshalb auch sofort ein einfaches Beispiel.

```
string name = "Andreas";
Task.Factory.StartNew((str) => { /* ... */ }, name);
```

Ich habe bewusst auf die Angabe jeglicher Operationen verzichtet, damit der Code gut lesbar bleibt. Das zweite Argument ist hier name, mit str wird das erforderliche erste Argument beschrieben.

Jetzt sehen wir uns ein konkretes Beispiel an. In diesem wird ein Integer-Array an die parallele Operation übergeben und dort in die Konsole geschrieben.

```csharp
int[] arr = { 1, 2, 3, 4, 5 };
Task.Factory.StartNew((liste) =>
{
  int[] p = (int[])liste;
  foreach(int item in arr)
    Console.WriteLine(item);
}, arr);
```

Listing 15.26 Datenübergabe an »Task«

Hier können Sie erkennen, wie der erste Parameter `liste` innerhalb der Methode in den tatsächlichen Typ `int[]` konvertiert wird und uns den nachfolgenden Zugriff auf die Elemente des Arrays ermöglicht.

Auf das Beenden eines Tasks warten

Oftmals hängt die weitere Programmausführung davon ab, ob der Task oder die Tasks die Bearbeitung beendet haben. In solchen Situation bieten sich mit `Wait`, `WaitAny` und `WaitAll` gleich mehrere Möglichkeiten, auf das Ende eines Tasks zu warten.

Warten Sie auf das Ende der Ausführungen eines bestimmten Tasks, bietet sich die Methode `Wait` an, die auf die Referenz des `Task`-Objekts aufgerufen wird.

```csharp
Task task = Task.Factory.StartNew(() =>
{
  Console.WriteLine("Lange Operation ....");
  Thread.Sleep(5000);
  Console.WriteLine("Ich bin fertig ...");
});
task.Wait();
Console.WriteLine("Task hat Arbeit beendet ...");
```

Listing 15.27 Auf das Beenden eines Tasks warten

Sie können `Wait` auch mitteilen, dass Sie nur für eine bestimmte Dauer warten möchten, und übergeben dann die entsprechende Zeitspanne in Millisekunden als Argument. Dieser Fall dürfte aber eher selten auftreten.

Sind mehrere Tasks gestartet, können Sie auf das Beenden eines bestimmten oder auch aller Tasks mit der statischen Methode `WaitAll` warten, der Sie die Referenzen auf die Tasks angeben, von denen der weitere Ablauf des Programms abhängt.

```csharp
Task task1 = Task.Factory.StartNew(() =>
{
  Thread.Sleep(10000);
  Console.WriteLine("Task #1: fertig ...");
});
Task task2 = Task.Factory.StartNew(() =>
```

```
{
  Thread.Sleep(3000);
  Console.WriteLine("Task #2: fertig ...");
});
Task task3 = Task.Factory.StartNew(() =>
{
  Thread.Sleep(6000);
  Console.WriteLine("Task #3: fertig ...");
});
Task.WaitAll(task1, task2, task3);
```

Listing 15.28 Warten auf das Beenden mehrerer Tasks

Alternativ bietet sich bei mehreren laufenden Aufgaben auch `WaitAny` an. `WaitAny` erwartet eine Liste von Aufgaben. Das Programm wird nach `WaitAny` fortgesetzt, wenn eine der aufgeführten Aufgaben beendet wird.

Rückgabewerte auswerten

Tasks müssen nicht zwangsläufig vom Typ `void` sein, sie können auch Rückgabewerte haben. Für solche Aufgaben ist die Klasse `Task` nicht mehr geeignet. Stattdessen greifen wir auf `Task<TResult>` zurück, die eine Ableitung von `Task` ist. Der generische Typparameter beschreibt den Datentyp des Rückgabewerts.

Das Ergebnis der parallelen Operation holen wir uns mit der Eigenschaft `Result` des `Task<TResult>`-Objekts ab. Der Ergebniswert entspricht dem Typparameter der Aufgabe. `Result` wartet übrigens so lange, bis das Ergebnis vorliegt. Im folgenden Listing wird eine int-Variable an die Operation übergeben und damit eine einfache mathematische Berechnung angestellt. Um zeigen zu können, dass `Result` tatsächlich bis zum Eintreffen des Rückgabewerts wartet, wird die Dauer der Operation um drei Sekunden verzögert.

```
int value = 12;
Task<long> task = Task<long>.Factory.StartNew((wert) =>
{
  int var = (int)wert;
  Thread.Sleep(3000);
  return var * var;
}, value);
Console.WriteLine("Ich warte ...");
Console.WriteLine("Resultat: {0}", task.Result);
```

Listing 15.29 Auswerten von Rückgabewerten

Abbruch einer parallelen Operation von außen

Innerhalb einer parallelen Operation können Sie mit `return` die Operation abbrechen. Von außerhalb ist schon etwas mehr Coding erforderlich. Im Mittelpunkt steht dabei ein Objekt vom

Typ `CancellationTokenSource`, mit dem einem Task signalisiert wird, dass er seine parallele Ausführung beenden soll. Dem `CancellationTokenSource`-Objekt ist ein `CancellationToken`-Objekt zugeordnet, das für die Weitergabe einer Abbruchbenachrichtigung verantwortlich ist.

Der Abbruch einer parallelen Ausführung wird mit der Methode `Cancel` des `CancellationTokenSource`-Objekts eingeleitet. Das Token gibt in seiner Eigenschaft `IsCancellationRequested` Auskunft darüber, ob ein Abbruch gewünscht ist. Ist der Wert true, kann mit der Auslösung der Exception `OperationCanceledException` darauf reagiert werden. Sehr einfach geht die Auslösung der Exception durch den Aufruf der Methode `ThrowIfCancellationRequested` auf das Token-Objekt.

Das hört sich ziemlich komplex an, deshalb wollen wir uns auch dazu ein Beispiel ansehen.

```
// Beispiel: ..\Kapitel 15\CancellationSample
class Program {
  static void Main(string[] args) {
    var cts = new CancellationTokenSource();
    CancellationToken token = cts.Token;
    Task task = Task.Factory.StartNew(() =>
    {
       Thread.Sleep(1000);
       while(true) {
          if (token.IsCancellationRequested) {
             token.ThrowIfCancellationRequested();
          }
       }
    }, cts.Token);
    cts.Cancel();
    Console.WriteLine("Abbruch der parallelen Operation ...");
    try {
       task.Wait();
    }
    catch (Exception ex) {
       Console.WriteLine("In catch: " + ex.InnerException.Message);
    }
    Console.ReadLine();
  }
}
```

Nach der Definition des Tasks wird die Methode `Cancel` aufgerufen und in einem try-Block mit `Wait` auf das Beenden der parallelen Operation gewartet.

15.4 Asynchrone Programmierung mit »async« und »await«

In den Abschnitten 15.2.12 bis 15.2.14 haben wir uns mit den asynchronen Aufrufen von Methoden auseinandergesetzt. Mit dem .NET Framework 4.5 wurde eine weitere, gänzlich neue Variante eingeführt. Diese soll dabei helfen, asynchrone Operationen einfacher auszuführen. Dazu wurden zwei neue Schlüsselwörter für C# ins Spiel gebracht: async und await.

Ehe ich Ihnen die Zusammenhänge erläutere, möchte ich ein kleines Beispiel vorstellen.

```
// Beispiel: ..\Kapitel 15\AwaitSample
class Program
{
  static void Main(string[] args)
  {
    DoSomethingAsync();
    for (int i = 0; i < 1000; i++)
      Console.Write(".");
    Console.ReadLine();
  }
  static async void DoSomethingAsync()
  {
    Console.Write("Start");
    Console.Write(await TestAsync());
  }
  static async Task<string> TestAsync()
  {
    await Task.Delay(20);
    return "Fertig";
  }
}
```

Listing 15.30 Aufruf einer »async«-Methode

Das Resultat des Aufrufs sehen Sie in Abbildung 15.11.

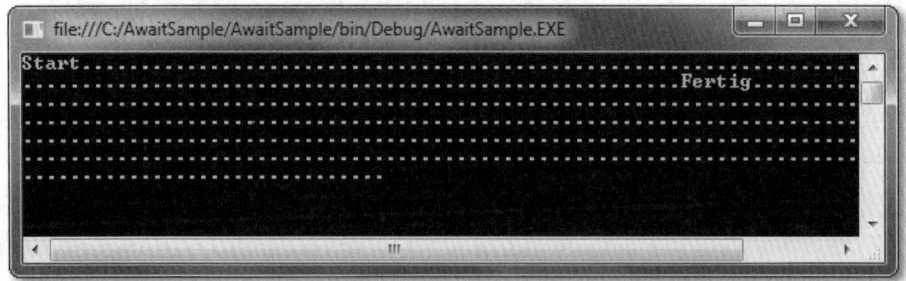

Abbildung 15.11 Ausgabe des Beispielprogramms »AwaitSample«

Bei der asynchron aufgerufenen Methode handelt es sich hier um TestAsync. Diese Methode ist mit dem in .NET 4.5 neu eingeführten Modifikator async gekennzeichnet. Um eine länger andauernde Aufgabe zu simulieren, wird innerhalb der Methode TestAsync mit Task.Delay eine Verzögerung von zwei Sekunden erzwungen. Mit async gekennzeichnete Methoden ermöglichen einem Aufrufer, seine Arbeit fortzusetzen. Er wird also nicht blockiert. Üblicherweise erhalten solche Methoden auch das Suffix Async.

Im .NET Framework 4.5 wurden zahlreichen Methoden eingeführt, die dem neuen Async-Pattern entsprechen. Die Klassen, die um solche Methoden erweitert worden sind, können hauptsächlich den Bereichen Internetzugriff, dem Lesen und Schreiben von Dateien und dem Laden von Images zugeordnet werden. Eine der typischen, neuen Methoden ist zum Beispiel GetStringAsync der Klasse HttpClient. Unsere Methode TestAsync soll nur eine der neuen asynchron operierenden Methoden des Frameworks vertreten.

async-Methoden haben einen vorgeschriebenen Rückgabewert. Er ist entweder void oder liefert den Typ Task oder Task<TResult> zurück. Unsere Stellvertretermethode TestAsync liefert Task<string> zurück. Beachten Sie dabei bitte, dass die Rückgabe mit return innerhalb der Methode tatsächlich den Typ string bereitstellt. Auch die Parameter einer async-Methode unterliegen einer Einschränkung: Sie dürfen nämlich weder ref noch out sein.

Aufgerufen wird TestAsync aus der Methode DoSomethingAsync heraus. Dabei kommt auch der neue Operator await ins Spiel. Die Aufgabe von await ist zu warten, bis der angegebene Task fertig ist. Dennoch kann der Aufrufer mit den darauf folgenden Anweisungen den Programmablauf fortsetzen, ohne blockiert zu sein.

Im Grunde genommen hätten wir auch auf DoSomethingAsync verzichten können und deren Programmcode direkt in Main codieren können. Allerdings hätten wir dann Main mit async signieren müssen, was für den Einstiegspunkt in eine Anwendung nicht erlaubt ist. Andererseits können aber Ereignishandler durchaus mit async spezifiziert werden, was dann natürlich besonders bei Anwendungen mit einer grafischen Benutzeroberfläche wieder sehr interessant wird.

Kapitel 16
Einige wichtige .NET-Klassen

16.1 Die Klasse »Object«

Alle Klassen in der Klassenbibliothek des .NET Frameworks sind Mitglieder einer Klassenhierarchie, die sich über viele Verzweigungen in aufgabenspezifische Bereiche gliedert. Alle Klassen, so tief sie auch im Dickicht dieser Hierarchie stecken mögen, lassen sich aber auf die gemeinsame Basisklasse Object zurückführen. Wenn Sie eine benutzerdefinierte Klasse entwickeln, müssen Sie nicht explizit angeben, dass Ihre Klasse von Object abgeleitet ist – diese Ableitung geschieht implizit. Dass sich alle Klassen von Object ableiten, hat eine ganz wesentliche Konsequenz: Jeder Typ des Systems weist ein Minimum gemeinsamer Verhaltensweisen auf.

Object hat nur einen parameterlosen Konstruktor und insgesamt sieben Methoden. Fünf dieser Methoden sind public und damit öffentlich, die beiden anderen Methoden sind protected und erlauben daher nur den Zugriff aus einer erbenden Klasse heraus. Sehen wir uns zunächst in Tabelle 16.1 alle Methoden in einem Überblick an.

Methoden	Beschreibung
Equals	Diese Methode vergleicht zwei Objektreferenzen und liefert einen booleschen Wert zurück, dem entnommen werden kann, ob die beiden Referenzen auf dasselbe Objekt zeigen.
Finalize	Dient dazu, Ressourcen der Klasse freizugeben, wenn das Objekt zerstört wird.
GetHashCode	Liefert einen eindeutigen numerischen Identifizierer.
GetType	Liefert die Referenz auf eine Type-Instanz zurück, die den Typ des aktuellen Objekts beschreibt.
MemberwiseClone	Dupliziert die aktuelle Instanz und liefert die Referenz auf das Duplikat zurück.
ReferenceEquals	Vergleicht zwei Objektreferenzen und liefert einen booleschen Wert zurück, dem entnommen werden kann, ob die beiden Referenzen auf dasselbe Objekt zeigen.
ToString	Liefert den vollqualifizierten Namen einer Klasse.

Tabelle 16.1 Die Methoden der Klasse »Object«

16.1.1 Referenzvergleiche mit »Equals« und »ReferenceEquals«

Die beiden Methoden `Equals` und `ReferenceEquals` sind sich per Definition sehr ähnlich. Es werden zwei Objektvariablen miteinander verglichen, um festzustellen, ob beide dasselbe Objekt im Speicher referenzieren:

```
Demo object1 = new Demo();
Demo object2;
object2 = object1;
Console.WriteLine(Object.Equals(object1, object2));
```

Listing 16.1 Referenzvergleich mit »Equals«

In diesem Codefragment wird die Referenz *object1* der Variablen *object2* zugewiesen. Beide Referenzen zeigen auf dasselbe konkrete Objekt, was der Aufruf der `Equals`-Methode bestätigt: Es wird `true` ausgegeben, was als referenzielle Identität der beiden Objektvariablen zu interpretieren ist. In diesem Fall können Sie sogar `Equals` gegen `ReferenceEquals` austauschen, am Ergebnis wird sich nichts ändern.

`Equals` wird sowohl als Instanz- als auch als Klassenmethode angeboten. Die Instanzmethode ist `virtual` gekennzeichnet und kann von jeder Klasse polymorph überschrieben werden. Die statische `Equals`-Variante ist nicht überschreibbar, ebenso die ähnlich lautende Methode `ReferenceEquals`. Damit ist auch garantiert, dass das Ergebnis des Aufrufs einer dieser beiden Methoden immer den Vergleich zwischen zwei Objektreferenzen liefert: Es ist `true`, wenn beide Referenzen auf ein und dasselbe Objekt verweisen, andernfalls lautet das Ergebnis `false`.

16.1.2 »ToString« und »GetType«

`ToString` liefert per Definition eine Zeichenfolge zurück, die den vollqualifizierten Namen der Klasse, also einschließlich der Angabe des Namespaces, enthält. Viele Klassen überschreiben diese Methode und haben somit einen abweichenden Rückgabewert. Sehen wir uns das an zwei Beispielen an:

```
string text = "Visual C# 5.0 ist spitze!";
Console.WriteLine(text.ToString());
int value = 4711;
Console.WriteLine(value.ToString());
```

Listing 16.2 Rückgabewerte der Methode »ToString«

Die Ausgabe lautet:

```
Visual C# 5.0 ist spitze!
```

und

```
4711
```

Die Typen String und int überschreiben demnach ToString und liefern den Inhalt der Variablen, auf der die Methode aufgerufen worden ist.

Mit GetType können Sie sich den Typ der Klasse besorgen, allerdings müssen Sie dazu die Rückgabe in einen String konvertieren, z.B.:

```
int value = 10;
Console.WriteLine(Convert.ToString(value.GetType()));
```

Jetzt wird nicht der Inhalt der Variablen *value*, sondern der Datentyp ausgegeben. Sie müssen an dieser Stelle eine Konvertierung vornehmen, weil der Rückgabewert vom Typ Type ist. Die Klasse Type liefert eine Referenz auf das Type-Objekt eines konkreten Objekts zurück. Dieses versetzt uns in die Lage, den Datentyp einer genaueren Analyse zu unterziehen.

16.1.3 Die Methode »MemberwiseClone« und das Problem des Klonens

Kommen wir zu einem leider etwas nebulösen Teil des .NET Frameworks. Es handelt sich dabei um das Klonen von Objekten. Nebulös deshalb, weil es Microsoft versäumt hat, exakt zu spezifizieren, ob bei den jeweiligen Klonvorgängen eine flache oder tiefe Kopie erzeugt werden soll.

Flache Kopien

Unter einer **flachen Kopie** versteht man, dass nur eine einfache Kopie eines Objekts erstellt wird. Enthält das zu kopierende Objekt einen Verweis auf ein anderes Objekt (nennen wir es »untergeordnetes Objekt«), wird letzteres nicht dupliziert. Stattdessen verweist auch die Kopie auf dasselbe untergeordnete Objekt wie das Original. Sehen Sie dazu das folgende Listing an, in dem die beiden Klassen Owner und Account beschrieben werden.

```
public class Owner {
  public string Name { get; set; }
  public int Alter { get; set; }
}
public class Account {
  public int AccountNo { get; set; }
  public Owner Owner { get; set; }
}
```

Listing 16.3 Die Definition der Klassen »Owner« und »Account«

Beachten Sie, dass die Klasse Account eine Eigenschaft vom Typ Owner beschreibt, einem Referenztyp. Das von dieser Eigenschaft referenzierte Objekt ist das oben erwähnte »untergeordnete Objekt«. Wenn wir die flache Kopie eines bestehenden Account-Objekts erzeugen, wird zwar ein neues Account-Objekt erstellt, aber die Kopie verweist in ihrer Eigenschaft Owner auf dasselbe Owner-Objekt wie das Original-Account-Objekt. Das Owner-Objekt wird bei einer flachen Kopie nicht neu erzeugt, also dupliziert.

Die Methode `MemberwiseClone` der Klasse `Object` erstellt eine flache Kopie des aktuellen Objekts und liefert die Referenz auf die Kopie. Da `MemberwiseClone` `protected` definiert ist, wird eine andere Methode erforderlich, um das Klon an den Aufrufer zurückzugeben. Lassen Sie uns eine solche Methode bereitstellen. Wir können dazu auf das Interface `ICloneable` des .NET Frameworks zurückgreifen, über das die Methode `Clone` vorgeschrieben wird.

```
public class Account : ICloneable {
  public int AccountNo { get; set; }
  public Owner Owner { get; set; }
  // Methode des Interfaces ICloneable
  public object Clone() {
    return this.MemberwiseClone();
  }
}
```

Listing 16.4 Die Klasse »Account« mit dem Interface »ICloneable«

`Clone` ruft `MemberwiseClone` des aktuellen Objekts auf. Dabei werden alle Felder des Originals bitweise kopiert. Das betrifft sowohl die Felder, die auf Wertetypen basieren, als auch die Felder, die auf Referenztypen basieren. Das hat zur Konsequenz, dass die Eigenschaften, die Referenztypen beschreiben, nur die ursprüngliche Referenz in den Klon schreiben, aber kein neues Objekt erzeugen (siehe Abbildung 16.1).

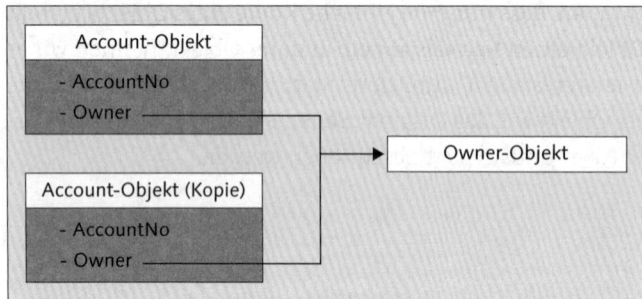

Abbildung 16.1 Prinzip der »flachen Kopie«

Tiefe Kopien

Bei einer **tiefen Kopie** werden nicht nur die auf Wertetypen basierenden Felder kopiert, sondern auch die Felder, die auf Referenztypen basieren und damit untergeordnete Objekte beschreiben. Bezogen auf die Klassen in Listing 16.4 würde das bedeuten, dass beim Klonen eines `Account`-Objekts auch eine Kopie des untergeordneten Objekts `Owner` erstellt wird (siehe Abbildung 16.2).

Die unpräzise Spezifizierung des Klonens bei der Implementierung der Schnittstelle `ICloneable` hat zu vielen Diskussionen geführt. Soll mit diesem Interface flach oder tief kopiert werden? Es gibt darüber keine allgemeingültige Aussage. Es gibt leider auch keine andere Schnittstelle, die eine tiefe Kopie vorschreiben würde. Da sehr viele Klassen des .NET Frameworks die Schnittstelle ICloneable implementieren, bleibt Ihnen im Zweifelsfall nichts anderes übrig, als die entsprechende Dokumentation zu lesen.

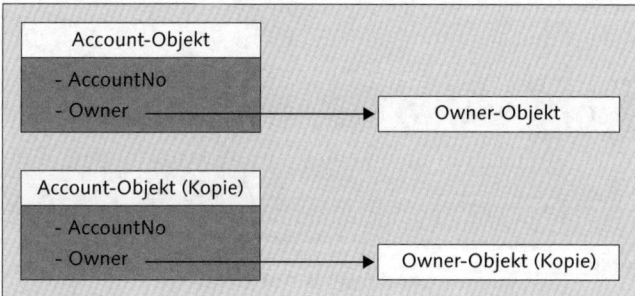

Abbildung 16.2 Prinzip der »tiefen Kopie«

Wenden wir uns wieder den beiden Klasse Owner und Account zu. Optimalerweise implementieren wir in beiden Klassen das Interface ICloneable. Die Methode Clone in der Klasse Owner erzeugt intern mit MemberwiseClone nur einen »einfachen« Klon von sich selbst. In Account hingegen muss darüber hinaus auch noch ein Klon des Eigenschaftswertes Owner erstellt werden. Erst damit ist eine tiefe Kopie eines Account-Objekts gewährleistet.

Im folgenden Beispielprogramm ist der gesamt Code der beiden angesprochenen Klassen gezeigt. Zum Testen des Erfolgs des tiefen Klonens reicht es in diesem Fall völlig aus, in Main den Hashcode des untergeordneten Owner-Objekts abzufragen.

```
// Beispiel: ..\Kapitel 16\MemberwiseClonen
class Program {
  static void Main(string[] args) {
    Owner owner = new Owner { Name = "Herbert Meier", Alter = 28 };
    Account account = new Account { Owner = owner, AccountNo = 1 };
    // Erstellen einer tiefen Kopie
    Account copy = (Account)account.Clone();
    Console.WriteLine("Hash des Originals: {0}",
                      account.Owner.GetHashCode());
    Console.WriteLine("Hash der Kopie:     {0}", copy.Owner.GetHashCode());
    Console.ReadLine();
  }
}
public class Owner : ICloneable {
  public string Name { get; set; }
  public int Alter { get; set; }
  public object Clone()
  {
    return this.MemberwiseClone();
  }
}
```

```
public class Account : ICloneable {
  public int AccountNo { get; set; }
  public Owner Owner { get; set; }
  public object Clone()
  {
    Account acc = (Account)MemberwiseClone();
    acc.Owner = (Owner)Owner.Clone();
    return acc;
  }
}
```

Listing 16.5 Erstellen einer »tiefen Kopie«

Der Prozess des tiefen Kopierens muss den gesamten Objektgraphen erfassen und alle darin beschriebenen Objekte duplizieren. Am Ende haben die geklonten Objekte keinerlei Bezug mehr zu ihrem Original. Eine tiefe Kopie zu erstellen ist daher nicht immer so einfach, wie dieses Beispielprogramm vielleicht suggerieren mag. Je nach Typ und je nachdem, ob untergeordnete Objekte ihrerseits selbst wieder untergeordnete Objekte haben, die tief kopiert werden müssen, kann das Erstellen einer tiefen Kopie sehr aufwendig werden.

> **Hinweis**
>
> Es gibt mit dem Prozess der Serialisierung noch eine andere Möglichkeit, eine tiefe Kopie zu erstellen. Das setzt voraus, dass die Klassen mit dem `Serializable`-Attribut verknüpft sind. Das zu serialisierende Objekt wird einfach in einen Stream vom Typ `MemoryStream` serialisiert und anschließend sofort wieder deserialisiert.
>
> ```
> public object Clone()
> {
>   MemoryStream stream = new MemoryStream();
>   BinaryFormatter formatter = new BinaryFormatter();
>   formatter.Serialize(stream, this);
>   stream.Position = 0;
>   return formatter.Deserialize(stream);
> }
> ```
>
> Dabei darf nicht vergessen werden, die aktuelle Position des Streams nach der Serialisierung auf »0« zurückzusetzen.

16.2 Die Klasse »String«

`String`-Variablen repräsentieren Zeichenfolgen mit einem ganz wesentlichen Charakteristikum: Sie sind unveränderlich. Ändern Sie den Inhalt einer Zeichenfolgevariablen durch eine neue Zuweisung, wird ein neues `String`-Objekt erzeugt und das alte verworfen. Dieses Phänomen können Sie sehr einfach verstehen, wenn Sie das folgende Listing ausprobieren:

```
string text = "Hallo";
Console.WriteLine(text.GetHashCode());
text = "Berlin";
Console.WriteLine(text.GetHashCode());
```

Listing 16.6 Ändern des Inhalts einer »String«-Variablen

Das Ergebnis wird sein, dass unterschiedliche Hashcodes in der Konsole angezeigt werden. Daraus kann der Schluss gezogen werden, dass beim Ändern des Werts der String-Variablen tatsächlich ein neues Objekt erzeugt worden ist.

Diesem anscheinenden Nachteil steht aber auch ein Vorteil gegenüber, denn intern verwaltet die Laufzeitumgebung eine Tabelle, die jeden String einer Anwendung enthält. Wenn Sie zur Laufzeit ein neues String-Objekt erzeugen, wird zuerst die Tabelle nach einem identischen String durchsucht. Ist ein solcher vorhanden, wird der neuen String-Variablen eine Referenz auf die bereits existierende Instanz zurückgeliefert, andernfalls wird der Pool vergrößert. Auch das können Sie sehr einfach prüfen, wenn Sie das Codefragment ein klein wenig ändern:

```
string text = "Hallo";
Console.WriteLine(text.GetHashCode());
string text1 = "Hallo";
Console.WriteLine(text1.GetHashCode());
```

Listing 16.7 »String«-Variablen gleichen Inhalts

Nun werden an der Konsole identische Hashcodes angezeigt.

Wird eine Zeichenfolge häufig verändert, werden die vorhandenen Ressourcen möglicherweise an den Rand ihrer Möglichkeiten getrieben, mit der Konsequenz der Performanceeinbuße.

> **Hinweis**
> Sie sollten in Fällen, in denen eine Zeichenfolge oft geändert wird, auf die Klasse StringBuilder zurückgreifen, die die beschriebenen Nachteile nicht hat. In Abschnitt 16.3 wird diese Klasse Thema für uns sein. Verschwiegen werden darf dabei jedoch auch nicht, dass die Fähigkeiten einer StringBuilder-Zeichenfolge deutlich eingeschränkter sind als die einer string-Zeichenfolge.

16.2.1 Das Erzeugen eines Strings

Im einfachsten Fall wird ein Objekt vom Typ String durch eine einfache Deklaration erzeugt:

```
string str = "C# ist spitze!";
```

Das ist der Weg, den wir bisher meistens beschritten haben und der wohl auch die Regel darstellt. Es gibt aber noch weitere Möglichkeiten. Dazu sind in der Klasse String mehrere

Konstruktoren definiert. Beispielsweise können Sie einem Konstruktor ein `char`-Array übergeben, aus dem ein `String`-Objekt erstellt wird:

```
char[] charArr = {'C','#',' ','5','.','0'};
string strText = new String(charArr);
Console.WriteLine(strText);
```

Dieses Codefragment bildet aus dem `char`-Array die Zeichenfolge »C# 5.0«.

Mit einem weiteren Konstruktor können Sie eine Zeichenfolge erzeugen, die sich aus einer bestimmten Anzahl gleicher Zeichen zusammensetzt. Benötigen Sie beispielsweise eine Zeichenfolge aus zehn »*«, könnten Sie das mit

```
string strtext = new String('*', 10);
```

erreichen.

16.2.2 Die Eigenschaften von »String«

`String` weist nur zwei Eigenschaften auf: `Length` und `Chars`. `Length` liefert die Anzahl der Zeichen, und mit `Chars` können Sie auf ein einzelnes Zeichen aus der Zeichenfolge zugreifen. Die Definition von `Chars`, die in C# als Indexer implementiert ist, lautet wie folgt:

```
public char this[int index] {get;}
```

Übergeben wird dem Indexer eine Zahl, die die Position eines Zeichens innerhalb der Zeichenfolge beschreibt, z. B.:

```
string text = "HALLO";
char newChar = text[2];
```

Die `char`-Variable enthält damit das Zeichen »L«.

16.2.3 Die Methoden der Klasse »String«

Sie werden sich oft mit der einfachen Existenz einer Zeichenfolge nicht zufrieden geben, da es sehr häufig vorkommt, dass Zeichenfolgen verglichen oder manipuliert werden müssen oder eine formatierte Ausgabe erwünscht ist. Die Klasse `String` bietet zu diesem Zweck eine Reihe von Methoden an, die wir uns nun ansehen wollen.

Zeichenfolgen-Vergleiche

Um zwei Zeichenfolgen zu vergleichen, haben Sie die Qual der Wahl, denn dazu stehen Ihnen mit `Equals`, `Compare`, `CompareTo` und `CompareOrdinal` gleich vier Methoden zur Verfügung. Alle sind sich ähnlich und unterscheiden sich nur in kleinen Nuancen.

Bekanntlich werden mit `Equals` standardmäßig zwei Referenzen miteinander verglichen. Da zwei `String`-Variablen, die denselben Inhalt haben, ein und dasselbe Objekt im Speicher referenzieren, können Sie diese Methode auch dazu benutzen, den Inhalt der Variablen miteinander zu vergleichen. Verweisen zwei Strings auf dieselbe Speicheradresse, muss deren Inhalt zwangsläufig identisch sein.

Sehr ähnlich arbeitet auch Compare. Die Methode liefert jedoch keinen booleschen Wert, sondern einen Integer, der entweder < 0, 0 oder > 0 ist. Dazu ein Beispiel:

```
string strText = "Hallo";
string myString = "Hallo";
if(String.Compare(strText, myString) == 0)
    Console.WriteLine("Die beiden Strings sind identisch");
```

Listing 16.8 Zeichenfolgenvergleich mit der Methode »Compare«

Das Ergebnis an der Konsole bestätigt, dass beide Zeichenfolgen denselben Inhalt aufweisen. Ändern wir nun einen der beiden Strings von »Hallo« in »hallo«, und wir testen noch einmal. Diesmal erhalten wir keine Bestätigung, was uns zu folgender Aussage führt:

> **Hinweis**
> Standardmäßig wird bei String-Variablen zwischen Groß- und Kleinschreibung unterschieden.

Die Interpretation der Rückgabewerte von Compare, die ebenfalls für die Vergleichsmethode CompareTo gilt, können Sie Tabelle 16.2 entnehmen.

Rückgabewert	Beschreibung
< 0	Der String des ersten Arguments ist kleiner als der des zweiten.
0	Beide Strings sind gleich.
> 0	Der String des ersten Arguments ist größer als der des zweiten.

Tabelle 16.2 Die Rückgabewerte von String-Vergleichsoperationen

Die spezifische Ländereinstellung entscheidet darüber, wann ein Zeichen als größer oder kleiner im Vergleich zu einem zweiten gilt. Im mitteleuropäischen Sprachraum ist festgelegt, dass den Großbuchstaben ein größerer Wert zugeordnet ist als ihrem kleingeschriebenen Pendant. Daher gilt:

```
A > a
B > b
```

Innerhalb von Groß- bzw. Kleinbuchstaben gilt die Reihenfolge, dass A < B < C bzw. a < b < c ist. Ganz allgemein kann man die Sortierregel dann wie folgt beschreiben:

```
a < A < b < B < c < C ... < y < Y < z < Z
```

Compare durchläuft die beiden zu vergleichenden Zeichenfolgen Zeichen für Zeichen. Dabei wird zunächst die Wertigkeit eines Buchstabens im Alphabet festgestellt, und bei Gleichheit wird zwischen Groß- und Kleinschreibung unterschieden.

CompareOrdinal vergleicht zwei Zeichenfolgen auf Basis der ANSI-Werte. Die Methode durchläuft dazu die beiden Zeichenfolgen Zeichen für Zeichen. Stimmt auch das letzte Zeichen in beiden Zeichenfolgen überein, ist der Rückgabewert 0. Stellt die Methode an einer Ordinalposition keine Übereinstimmung fest, bricht die Methode ab und liefert als Rückgabewert die Differenz der Zeichencodes. Tabelle 16.3 zeigt dies mit den Zeichenfolgen *text1* und *text2*.

text1	text2	Rückgabewert
H	A	7
H	a	−25
H	P	−8
H	p	−40
H	H	0
H	h	−32
h	H	32

Tabelle 16.3 »CompareOrdinal«-Vergleichsergebnisse

Fassen wir zum Abschluss noch einmal alle Vergleichsoperationen zur besseren Übersicht in einer Tabelle zusammen.

Vergleichsmethode	Beschreibung
Equals	Stellt fest, ob zwei Strings denselben Inhalt und folglich auch dieselbe Referenz haben
Compare	Klassenmethode, die die lexikalische Reihenfolge der Zeichen in zwei Strings miteinander vergleicht
CompareOrdinal	Klassenmethode, die die lexikalische Reihenfolge der Zeichen in zwei Strings auf Basis der ANSI-Werte miteinander vergleicht
CompareTo	Instanzmethode, die die lexikalische Reihenfolge der Zeichen in zwei Strings miteinander vergleicht

Tabelle 16.4 Die Vergleichsmethoden der »String«-Klasse

Suchen in einer Zeichenkette

Viele Aufgaben, die sich im Zusammenhang mit Zeichenfolgen stellen, beziehen sich auf die Suche nach einem bestimmten Zeichen oder nach einer Abfolge von Zeichen innerhalb einer Zeichenfolge. Das Ergebnis der Suche wird beispielsweise zur Konstruktion eines neuen Strings oder als Anweisung innerhalb einer anderen, äußeren Anweisung benötigt. Wir wollen uns im Folgenden diese Methoden und ihren Einsatz anschauen. Doch zunächst verschaffen wir uns einen ersten Überblick:

- StartsWith
- EndsWith
- IndexOf
- LastIndexOf
- Substring

Fangen wir mit den beiden erstgenannten Methoden an, die in ihrer Funktionalität einander sehr ähnlich sind: Mit StartsWith und EndsWith wird der Anfang oder das Ende einer Zeichenfolge auf eine vorgegebene Zeichensequenz hin überprüft. Beide liefern als Ergebnis ihres Aufrufs einen booleschen Wert zurück.

Die Anzahl der dem Parameter mitgeteilten Zeichen spielt keine Rolle, es kann sich um ein einzelnes handeln oder um eine Zeichenfolge. Mit

```
string text = "Eine Kröte überquert die Fahrbahn";
if (text.StartsWith("Ein"))
   [...]
```

Listing 16.9 Die Methode »String.StartsWith«

werden Sie demnach das Ergebnis true erhalten. In gleicher Weise lässt sich die Methode EndsWith einsetzen:

```
string text = "Eine Kröte überquert die Fahrbahn";
if (text.EndsWith("Bahn"))
   [...]
```

Listing 16.10 Die Methode »EndsWith«

Beachten Sie, dass die Groß- und Kleinschreibung auch bei der Untersuchung einer Zeichenfolge berücksichtigt wird. Daher wird der Rückgabewert in diesem Fall false sein.

Mit IndexOf bzw. LastIndexOf lässt sich das erste oder das letzte Auftreten eines Zeichens oder einer Zeichenkette ermitteln. Beide Methoden sind vielfach überladen und erlauben die Übergabe eines char ebenso wie die Übergabe einer Zeichenfolge, nach der gesucht werden soll. Der Rückgabewert ist die Position, an der das oder die Zeichen zum ersten Mal auftritt bzw. auftreten. Ist die Suche erfolglos, ist der Rückgabewert –1.

Im einfachsten Fall ähnelt die Funktionalität der beiden Methoden der von StartsWith und EndsWith. Die Überladung ermöglicht es aber, die Suche ab einer bestimmten Position zu beginnen und – falls gewünscht – die Anzahl der Positionen anzugeben, an denen das Original mit dem Suchstring verglichen wird. Das folgende Codefragment demonstriert den Einsatz der IndexOf-Methode.

```
string = "Da wird der Hund in der Pfanne verrückt.";
int position = -1;
do {
  position++;
  pos = text.IndexOf("der", position);
  if(position == -1)
    Console.WriteLine("Ende des Strings erreicht.");
  else
    Console.WriteLine("Vorkommen an Position {0}", position);
} while(!(position == -1));
```

Listing 16.11 Die Methode »String.IndexOf«

Wir geben zwar nur eine statische Zeichenfolge vor, aber das sollte uns in dieser Demonstration genügen. Gesucht wird in dieser Zeichenfolge der Teilstring »der«. Wir deklarieren zunächst die Variable *position*, die in der folgenden do-Schleife als Positionszeiger dient und der das Ergebnis des Aufrufs IndexOf zugewiesen wird. Wird der gesuchte Teilstring gefunden, muss der Positionszeiger um eine Position verschoben werden, um nicht in einer Endlosschleife zu enden. Das hat aber zur Konsequenz, dass vor dem Eintritt in die Schleife *position* mit −1 vorinitialisiert werden muss, damit die Suche beim ersten Schleifendurchlauf auch mit 0 startet.

Der Ausstieg aus der Schleife ist gewährleistet, wenn IndexOf das Ergebnis −1 liefert. Innerhalb des zu durchsuchenden Strings ist der Suchstring an den Positionen 8 und 20 enthalten. Beachten Sie, dass dem ersten Zeichen im zu durchsuchenden String der Index 0 zugeordnet ist.

Etwas allgemeiner gehalten ist die sehr flexibel einsetzbare Methode Substring, die überladen ist und aus einer gegebenen Zeichenfolge einen Teilstring zurückliefert. Substring wird in jedem Fall der Index der Startposition übergeben, ab der ein vorhandener String ausgewertet wird. Übergeben Sie einen zweiten Parameter, können Sie zudem die Anzahl der einzulesenden Zeichen ab der im ersten Parameter angegebenen Position festlegen. Wollen Sie beispielsweise die ersten sieben Zeichen einer Zeichenfolge einlesen, würde die Anweisung dazu wie folgt lauten:

```
string text = "Projektmappen-Explorer";
string teilString = text.Substring(0, 7);
```

Listing 16.12 Die Methode »String.SubString«

Die Variable *teilString* wird den Inhalt »Projekt« haben. Benötigen Sie einen Teilabschnitt vom Ende eines Strings – nehmen wir an, die letzten acht Zeichen –, setzen Sie den Positionszeiger auf das erste einzulesende Zeichen, indem Sie von der Gesamtlänge des Strings die Anzahl der einzulesenden Zeichen subtrahieren:

```
String text = "Projektmappen-Explorer";
string teilString = teilString.Substring(teilString.Length - 8, 8);
```

Nun lautet der Inhalt von *teilString* »Explorer«.

Die Methoden »Trim« und »Pad«

Stellen Sie sich vor, Sie schreiben ein Programm, das auf eine Datenbank zugreift. In der Datenbank befindet sich eine Tabelle mit dem Kundenstamm eines Unternehmens. Aus dieser Tabelle soll ein ganz bestimmter Datensatz herausgegriffen werden, beispielsweise um die Kundendaten einzusehen oder zu ändern. Um nicht die gesamte Kundenliste der Reihe nach zu durchforsten (natürlich auch, um die Ressourcen zu schonen und um eine gute Performance der Anwendung zu gewährleisten), sollte der Anwender dazu aufgefordert werden, den Namen des Unternehmens anzugeben. Diese Eingabe wird nachfolgend dazu benutzt, in der Tabelle den passenden Datensatz zu suchen und ihn an den Anwender zurückzugeben.

Nehmen wir an, der Anwender sucht nach dem Unternehmen »Tollsoft GmbH« und gibt dazu das folgende Suchkriterium ein, nach dem der Kundenstamm der Tabelle durchsucht wird:

```
 Tollsoft GmbH
```

Fällt Ihnen etwas auf? Wenn nicht, dann sei Ihnen gesagt, Sie machen denselben Fehler wie unser fiktiver Anwender – der Datensatz wird nämlich nicht gefunden. Der Grund ist ganz trivial: Vor dem Namen des Unternehmens steht – kaum bemerkbar – ein Leerzeichen. "Tollsoft GmbH" und "Tollsoft GmbH" sind aber unterschiedliche Firmennamen – zumindest aus Sicht des Programms. Fehler dieser Art schleichen sich sehr schnell ein und müssen daher schon in der Entwicklungsphase ausgeschlossen werden.

Die Klasse String stellt Ihnen zur Lösung die Methoden Trim, TrimStart und TrimEnd zur Verfügung. Trim entfernt bestimmte Zeichen sowohl am Anfang als auch am Ende einer Zeichenfolge, und TrimStart und TrimEnd entfernen bestimmte Zeichen am Anfang bzw. Ende einer Zeichenfolge.

Sehen wir uns die Definition der Methode Trim an, die einfach überladen ist:

```
public string Trim();
public string Trim(params char[]);
```

Die erste Variante wird auf ein String-Objekt aufgerufen und entfernt automatisch die Leerzeichen, die sich am Anfang und am Ende der Zeichenfolge befinden. Die parameterlose Trim-Methode ist damit auf Leerzeichen spezialisiert und dürfte in den meisten Anwendungsfällen genügen.

Die parametrisierte Version ist deutlich leistungsfähiger. Ihr wird ein char-Array übergeben, das diejenigen Zeichen enthält, die weder am Anfang noch am Ende der Zeichenfolge erlaubt sind. Das folgende Codefragment zeigt die Wirkungsweise der Methode:

```
string text = "Am Straßenrand sitzt eine Kröte.";
char[] charArr = {' ','m','A','.'};
text = text.Trim(charArr);
```

Listing 16.13 Die Methode »String.Trim«

Wir definieren das Array so, dass weder das Leerzeichen noch ein Punkt oder die Buchstaben »A« und »m« zugelassen sind. Die aus dem Aufruf der Trim-Methode resultierende Zeichenfolge wird lauten:

```
Straßenrand sitzt eine Kröte
```

Sehr ähnlich arbeiten auch die beiden Methoden TrimStart und TrimEnd, die nicht überladen sind und ein char-Array als Übergabeparameter erwarten.

Die Methoden PadLeft und PadRight schneiden keine Zeichen an den String-Enden ab, sondern fügen bestimmte Zeichen entweder am Anfang oder Ende der Zeichenfolge hinzu. Auch diese Methoden sind überladen. Wir wollen uns kurz beide Parameterlisten anschauen:

```
public string PadLeft(int);
public string PadLeft(int, char);
```

Dieselbe Überladungsliste weist auch die Methode PadRight auf.

Die einfach parametrisierte Variante hängt Leerzeichen an den Anfang (PadLeft) oder das Ende (PadRight) der Zeichenfolge an. Der Integer gibt an, wie lang die am Ende resultierende Zeichenfolge insgesamt werden soll – einschließlich der Anzahl der Zeichen des Strings selbst. Wenn Sie einen Wert übergeben, der gleich oder kleiner der Länge der Zeichenfolge ist, verpufft der Methodenaufruf wirkungslos. Daher ist es sinnvoll, die Länge der Zeichenfolge zu bestimmen und dazu die Anzahl der gewünschten Leerzeichen zu addieren.

```
string text = "Kaffeepause";
Console.WriteLine(text.PadLeft(text.Length + 3));
```

Listing 16.14 Die Methode »String.PadLeft«

Wenn Sie ein anderes Zeichen am Anfang oder Ende des Strings wünschen, müssen Sie sich für die zweite Variante der Methode entscheiden. Dem zweiten Parameter übergeben Sie das gewünschte Zeichen als char:

```
string text = "Kaffeepause";
text = text.PadLeft(text.Length + 3, '*');
text = text.PadRight(text.Length + 3, '*');
```

Listing 16.15 Die Methoden »String.PadLeft« und »String.PadRight«

Das Ergebnis der Operationen lautet »***Kaffeepause***«.

Zeichenfolgen ändern

Bisher haben wir Strings verglichen, nach bestimmten Zeichensequenzen in einer Zeichenfolge gesucht und am Anfang oder am Ende einer Zeichenfolge Zeichen beliebiger Länge angehängt. Eine Reihe weiterer Methoden eröffnet uns die Möglichkeit, in der Zeichenfolge einzelne Zeichen zu manipulieren, indem wir sie durch andere ersetzen oder einfach aus dem String löschen. Zu diesen Methoden gehören:

- Insert
- Remove
- Replace
- Split
- ToUpper
- ToLower

ToUpper und ToLower sind sehr einfach einzusetzen. Sie wandeln alle Zeichen einer Zeichenfolge entweder in Großbuchstaben (ToUpper) oder in Kleinbuchstaben (ToLower) um. Aus

```
string text = "Visual Studio .NET";
```

wird mit

```
text = text.ToUpper();
```

der Inhalt zu:

```
VISUAL STUDIO .NET
```

Einsetzen oder Ersetzen eines Teilstrings

Manchmal ist es notwendig, eine Zeichenfolge ab einer bestimmten Position zu erweitern, ohne dabei aus dem Original Zeichen durch Überschreiben zu löschen. Hier spielt Insert seine Möglichkeiten aus:

```
public string Insert(int, string);
```

Dem ersten Parameter übergeben Sie die Position, ab der die im zweiten Parameter genannte Zeichenkette eingefügt werden soll. Aus der Zeichenfolge

```
string text = "C# ist spitze.";
```

wollen wir die noch näher an der Wahrheit liegende Zeichenfolge

```
"C# ist absolut spitze."
```

formulieren. Den String, den wir mittels Insert einfügen wollen, kennen wir. Was noch fehlt, ist die Position, ab der er eingefügt werden soll. Dabei hilft IndexOf weiter:

```
text = text.Insert(text.IndexOf("spitze"), "absolut ");
```

Diese Methode liefert den Index des ersten Zeichens der übergebenen Zeichenfolge *spitze*, der als Einfügemarke für das zusätzliche Wort von `Insert` benutzt wird.

Mit `Replace` können Sie einen String – man sollte besser von einem Teilstring sprechen – durch einen anderen ersetzen. `Replace` ist aber nicht nur auf den Austausch einer bestimmten Zeichensequenz in einer Zeichenfolge beschränkt, es kann auch jedes Zeichen durch ein anderes ersetzt werden.

```
public string Replace(char, char);
public string Replace(string, string);
```

Der erste Parameter beschreibt das zu ersetzende Zeichen bzw. die zu ersetzende Zeichenfolge. Wodurch ersetzt werden soll, weiß der zweite Parameter zu berichten. Sollte Ihnen der Satz »Schule macht viel Spaß« nicht gefallen, können Sie ihn mit

```
text = text.Replace("viel", "nie");
```

in eine möglicherweise ehrlichere Aussage überführen.

Die »Split«-Methode

Es können Situationen auftreten, in denen mehrere Zeichenketten vorliegen, die Sie für eine bestimmte Operation wie eine einzige Zeichenkette behandeln wollen. Stellen Sie sich dazu vor, Sie möchten Ihre Adresse über das Netzwerk einer anderen Person mitteilen. Dazu können Sie zuerst Ihren Vornamen bekannt geben, im Anschluss daran Ihren Zunamen, schließlich den Wohnort usw. Besser wäre es, die vollständige Information in einem String zu verschicken und sich mit dem Empfänger auf ein Format zu einigen, nach dem der übermittelte String wieder in seine ursprünglichen Einzelstrings zerlegt werden kann und die Substrings zu interpretieren sind. Schließlich müssen beide Parteien wissen, ob es sich bei *Otto* um den Vor- oder Zunamen handelt.

Neben der Interpretationsreihenfolge müssen Sie ein als Separator dienendes Zeichen festlegen, das die Teilzeichenfolgen voneinander trennt. Haben sich Sender und Empfänger darüber geeinigt, lässt sich die beim Empfänger eingehende Zeichenfolge in die ursprünglichen Teilstrings zerlegen.

Die `String`-Klasse unterstützt mit ihrer Methode `Split` das eben beschriebene Szenario des Zerlegens einer Zeichenfolge in Teilstrings. Schauen wir uns zunächst einmal die Definition der `Split`-Methode an:

```
public string[] Split(params char[]);
```

Die Methode durchsucht den String, auf den `Split` aufgerufen wird, nach den spezifizierten Separatoren, die dem Parameter mitgeteilt werden. Da dieser Parameter als `params`-Parameter definiert ist, können durchaus mehrere verschiedene Trennzeichen spezifiziert werden.

Das eröffnet Interpretationsmöglichkeiten hinsichtlich der Teilzeichenfolgen. So könnten Sie beispielsweise festlegen, dass als Separator zwischen dem Vor- und dem Zunamen ein Semikolon benutzt wird, zwischen dem Zunamen und dem Wohnort ein Ausrufezeichen usw. Die einzelnen Teilstrings werden in einem String-Array an den Aufrufer zurückgegeben.

Wir wollen uns die Arbeitsweise dieser etwas komplexeren Methode an einem Beispiel verdeutlichen und legen dazu fest, das Semikolon als Separator zu benutzen. Eine Methode, die in der Lage ist, eine ihr übergebene Zeichenfolge wieder in die ursprünglichen Teilstrings zu zerlegen, könnte wie folgt aussehen:

```
public static void GetSubstrings(string text) {
  string[] liste = text.Split(';');
  for(int i = 0; i <= liste.GetUpperBound(0); i++)
    Console.WriteLine(liste[i]);
}
```

Listing 16.16 Zerlegen einer Zeichenfolge in Teilstrings

Beim Aufruf der Methode GetSubstrings wird dem Parameter *text* eine Zeichenfolge übergeben, deren Teilstrings durch ein Semikolon getrennt sind. In der Methode wird *text* in seine Teilstrings zerlegt und dem Array *liste* zugewiesen. Die Aufsplittung erfolgt mit der Split-Methode auf das Objekt *text*. Der Semikolon-Separator wird der Split-Methode als Argument übergeben. In den einzelnen Elementen des String-Arrays liegen danach alle Teilzeichenfolgen vor, die in einer Schleife der Reihe nach an der Konsole angezeigt werden.

Nun wollen wir die Methode testen und entwickeln dazu ein kleines Beispielprogramm:

```
static void Main(string[] args) {
  string[] str = new String[4];
  str[0] = "Busch;";
  str[1] = "Fridolin;";
  str[2] = "Schlauberger Gasse 12;";
  str[3] = "München";
  string strArr;
  strArr = string.Concat(str);
  GetSubstrings(strArr);
  Console.ReadLine();
}
```

Listing 16.17 Testen der Methode »GetSubstrings« aus Listing 16.16

Der Konvention folgend, ist bis auf die Angabe des Wohnortes hinter jedem String ein Strichpunkt als Abschluss gesetzt. Jeder String wird als Element eines Arrays gespeichert.

Um aus allen Teilstrings einen einzigen zu erstellen, könnten wir mit dem +-Operator arbeiten, aber die Klasse String bietet uns eine Alternative in Form der Methode Concat an. Diese dient dazu, aus mehreren Einzelstrings einen Gesamtstring zu erzeugen. Concat ist überladen, um den vielfältigen Anforderungen gerecht zu werden, die sich bei der String-Verknüpfung ergeben. Im Beispielcode fiel die Entscheidung auf die überladene Methode, die als Argument ein String-Array erwartet und aus allen Array-Elementen einen String erzeugt, der unserer benutzerdefinierten Methode GetSubstrings übergeben wird.

Die Ausgabe an der Konsole beweist die korrekte Interpretation: Der übergebene String wird wieder in seine ursprünglichen Substrings zerlegt. Beachten Sie, dass die Split-Methode die Trennzeichen im String erkennt und weiß, dass diese nicht zu den einzelnen String-Objekten gehören. Sie werden deshalb automatisch entfernt.

Zeichenfolgen und »char«-Arrays

Sie werden, wenn Sie sich intensiver mit den Klassen des .NET Frameworks beschäftigen, immer wieder auf Methoden treffen, die Parameter entweder vom Typ eines char-Arrays oder vom Typ string deklarieren. Je nach Ausgangssituation im Programm ist dann die Umwandlung eines char-Arrays in string oder umgekehrt notwendig. Möchten Sie aus einem char-Array einen String erzeugen, übergeben Sie dem passenden string-Konstruktor die Referenz auf das Array, beispielsweise:

```
char[] charArr = {'K','a','r','n','e','v','a','l'};
string text = new string(charArr);
```

Der umgekehrte Weg, die einzelnen Zeichen einer string-Referenz in ein char-Array zu schreiben, scheint ein wenig kniffliger zu sein. Mit den bisher gezeigten Methoden der Klasse String sollte das kein allzu großes Problem sein, aber die .NET-Baumeister haben Ihnen diese Arbeit bereits abgenommen, wie ein Blick in die Dokumentation der String-Klasse verrät. Diese veröffentlicht die Methode ToCharArray:

```
public char[] ToCharArray();
public char[] ToCharArray(int, int);
```

Entscheiden Sie sich für die parameterlose Methode, werden die Zeichen des gesamten Strings, auf dem die Methode aufgerufen wird, einem char-Array zugewiesen. Wollen Sie ab einer bestimmten Position einen Teil des Strings einem char-Array zuweisen, entscheiden Sie sich für die parametrisierte ToCharArray-Methode. Das folgende Listing benutzt die parameterlose Methode, um das Array zu füllen und anschließend die einzelnen Elemente zeilenweise an der Konsole auszugeben:

```
string text = "Quantenmechanik";
char[] charArray = text.ToCharArray();
for(int i = 0; i<= charArray.GetUpperBound(0); i++)
   Console.WriteLine(charArray[i]);
```

Listing 16.18 Zeichenfolge in ein »char«-Array umwandeln

An der Konsole wird das Wort, das ursprünglich durch einen String gebildet wurde, nun Buchstabe für Buchstabe in je einer Zeile angezeigt.

16.2.4 Zusammenfassung der Klasse »String«

Zum Abschluss unserer Betrachtungen der Klasse String wollen wir des besseren Gesamtüberblicks wegen in tabellarischer Form noch einmal alle in diesem Abschnitt erwähnten Methoden auflisten.

Methode	Beschreibung
Compare	(Klassenmethode) Vergleicht zwei String-Objekte und liefert einen booleschen Wert zurück.
CompareOrdinal	Vergleicht zwei String-Objekte. Dabei wird der ANSI-Code berücksichtigt.
CompareTo	Wie Compare, jedoch als Instanzmethode implementiert.
EndsWith	Prüft, ob das Ende eines gegebenen String-Objekts einer bestimmten Zeichenfolge entspricht.
IndexOf	Liefert den Index des ersten Auftretens einer bestimmten Zeichenfolge oder eines char-Typs in einer Zeichenfolge zurück.
IndexOfAny	Liefert den Index des ersten Auftretens eines bestimmten char-Arrays in einer Zeichenfolge zurück.
Insert	Fügt eine Zeichenfolge ab einer bestimmten Position in eine Zeichenfolge ein.
LastIndexOf	Liefert den Index des letzten Auftretens einer bestimmten Zeichenfolge oder eines char-Typs in einer Zeichenfolge.
PadLeft	Fügt eine bestimmte Anzahl gleicher Zeichen vor dem ersten Zeichen des String-Objekts ein.
PadRight	Fügt eine bestimmte Anzahl gleicher Zeichen nach dem letzten Zeichen des String-Objekts ein.
Remove	Löscht eine Anzahl von Zeichen ab einer spezifizierten Position aus der Zeichenfolge.
Replace	Ersetzt eine Anzahl von Zeichen in einer Zeichenfolge.
Split	Erzeugt aus einer Zeichenfolge mehrere Teilzeichenfolgen mit einem spezifizierten Separator.
StartsWith	Prüft, ob der Anfang eines gegebenen String-Objekts einer bestimmten Zeichenfolge entspricht.
Substring	Liefert eine Zeichenfolge bestimmter Größe aus einem String-Objekt zurück.

Tabelle 16.5 Übersicht über die Methoden der Klasse »String«

Methode	Beschreibung
ToCharArray	Weist die Zeichen eines String-Objekts einem char-Array zu.
ToLower	Konvertiert alle Zeichen eines Strings in Kleinbuchstaben.
ToUpper	Konvertiert alle Zeichen eines Strings in Großbuchstaben.
Trim	Löscht alle voraus- oder nachlaufenden Leerzeichen einer Zeichenfolge.

Tabelle 16.5 Übersicht über die Methoden der Klasse »String« (Forts.)

16.3 Die Klasse »StringBuilder«

16.3.1 Allgemeines

Objekte der Klasse String sind unveränderlich, d.h., dass bei jeder Änderung im Speicher ein neues Objekt angelegt wird. Das ist sogar unabhängig davon, ob sich die Länge der Zeichenkette ändert. Führen Sie viele manipulierende Operationen aus, hat das Einbußen der Systemleistung zur Folge.

Um sich einen Eindruck davon zu verschaffen, wie sehr die Effizienz bei vielen String-Operationen beeinträchtigt wird, sollten wir einen sehr einfachen Test machen. Dazu lassen wir in einer Schleife 50.000 Änderungen an einer Zeichenfolge vornehmen. Folgerichtig müssen auch ebenso viele neue Objekte erzeugt und, bis auf das letzte, freigegeben werden. Messen lässt sich die verstrichene Zeit mit einem Objekt vom Typ Stopwatch. Mit der Methode Start wird die Zeitmessung gestartet, mit Stop beendet. Die Zeit in Millisekunden zwischen den beiden Methodenaufrufen liefert die Eigenschaft ElapsedMilliseconds. Sie sollten nicht vergessen, den Namespace System.Diagnostics mit using bekannt zu geben, in dem die Klasse Stopwatch definiert ist.

```
// Beispiel: ..\Kapitel 16\String_Leistungstest
using System.Diagnostics;
static void Main(string[] args) {
  Stopwatch watch = new Stopwatch();
  string text = "";
  watch.Start();
  for (int i = 0; i < 50000; i++)
    text += "x";
  watch.Stop();
  Console.WriteLine("Zeit: {0}", watch.ElapsedMilliseconds);
  Console.ReadLine();
}
```

Listing 16.19 Zeitmessung einer Zeichenfolgenoperation (String)

Probieren Sie das Listing einmal aus! Auch auf einem gut ausgestatteten Rechner werden die Operationen eine längere Zeitspanne beanspruchen, bis das Ergebnis vorliegt. Mein derzeitiger Rechner gibt mir Werte im Bereich von 700 ms aus.

Das ist natürlich unvertretbar lang, ganz abgesehen davon, dass der Speicher massiv belastet wird. Einen Ausweg aus diesem Dilemma bietet die Klasse StringBuilder, die zum Namespace System.Text gehört. StringBuilder-Objekte sind dynamisch. Sie können verändert werden, ohne dass damit zwangsläufig Allokieren von Speicher erforderlich wird. Natürlich interessiert uns auch der Performancegewinn. Daher schreiben wir das Codefragment von oben so um, dass anstelle des Typs String die Klasse StringBuilder eingesetzt wird:

```
// Beispiel: ..\Kapitel 16\StringBuilder_Leistungstest
using System.Diagnostics;
static void Main(string[] args) {
  Stopwatch watch = new Stopwatch();
  StringBuilder str = new StringBuilder();
  watch.Start();
  for (int i = 0; i < 50000; i++)
    str = str.Append("x");
  watch.Stop();
  Console.WriteLine("Zeit: {0}", watch.ElapsedMilliseconds);
  Console.ReadLine();
}
```

Listing 16.20 Zeitmessung einer Zeichenfolgenoperation (StringBuilder)

Auf meinem Rechner wird ein Wert angezeigt, der bei 1 ms liegt. Der Leistungsgewinn ist also mehr als deutlich und beweist, welchem Typ der Vorzug gegeben werden sollte: eindeutig dem StringBuilder.

16.3.2 Die Kapazität eines »StringBuilder«-Objekts

Sie müssen zwei Begriffe sorgfältig trennen, wenn Sie die Arbeitsweise des StringBuilders verstehen wollen: die *Kapazität* und die *Länge* der beschriebenen Zeichenfolge. Die Kapazität beschreibt die maximale Anzahl der Zeichen, die ein StringBuilder-Objekt aufnehmen kann. Die Kapazität wird somit immer größer sein als die Länge der Zeichenfolge, aber nicht umgekehrt.

Nehmen wir dazu ein Beispiel. Wir erzeugen mit einem der Konstruktoren ein StringBuilder-Objekt und weisen ihm die Zeichenfolge »Visual C#« zu:

```
using System.Text;
[...]
StringBuilder strB = new StringBuilder("Visual C#");
```

Die Zeichenfolge ist neun Zeichen lang. Da wir keine explizite Aussage über die Kapazität getroffen haben, wird ein Objekt von der Größe der Standardkapazität erzeugt – und die beträgt 16 Zeichen. Weisen Sie dem StringBuilder-Objekt eine Zeichenkette zu, die mehr als 16 Zeichen, jedoch weniger als 33 Zeichen umfasst, wird die Kapazität auf 32 Zeichen festgelegt. Beträgt die Länge des Strings mehr als 32 Zeichen, jedoch weniger als 65, verdoppelt sich die Kapazität von 32 auf 64 Zeichen usw.

Werden Methoden auf dieses Objekt angewendet, die zur Folge haben, dass die Kapazitätsgrenze nicht überschritten wird, wird kein neuer Speicher allokiert. Die Änderungen laufen innerhalb der alten Speicherressourcen ab. Sollten bei einer Änderung jedoch die Kapazitätsgrenzen überschritten werden, wird die Kapazität des StringBuilder-Objekts automatisch vergrößert.

16.3.3 Die Konstruktoren der Klasse »StringBuilder«

Vornehmlich geht es bei den Konstruktoren darum, dem StringBuilder-Objekt eine Initialisierungszeichenfolge zuzuweisen und die Anfangskapazität festzulegen.

```
public StringBuilder();
public StringBuilder(int);
public StringBuilder(string);
public StringBuilder(string, int);
```

Bei der Festlegung der Kapazität im Parameter vom Typ int müssen Sie sich nicht an die Sprünge 16, 32, 64, 128 usw. halten, die das StringBuilder-Objekt im Bedarfsfall automatisch durchführt. Theoretisch kann eine Zeichenfolge die Größe von $2^{31}-1$ Zeichen aufnehmen. Um diesem nahezu endlosen Spiel einen Riegel vorzuschieben, bietet sich ein weiterer Konstruktor an, mit dem Sie die maximale Kapazitätsgrenze festlegen können:

```
public StringBuilder(int, int);
```

Der erste Parameter erwartet die Startkapazität, der zweite die zulässige Maximalgröße. Wird diese zur Laufzeit überschritten, wird die Ausnahme ArgumentOutOfRangeException ausgelöst.

16.3.4 Die Eigenschaften der Klasse »StringBuilder«

Die Liste der Eigenschaften umfasst nur insgesamt vier Mitglieder. Mit Capacity können Sie die aktuelle Kapazität abfragen oder neu festlegen. Verwechseln Sie Capacity nicht mit der Eigenschaft Length, die die Anzahl der Zeichen der vom Objekt repräsentierten Zeichenfolge wiedergibt. MaxCapacity beschreibt die maximale Kapazität. Diese Eigenschaft ist schreibgeschützt und kann daher nur gelesen werden. Nur über die Konstruktoren sind Sie in der Lage, Einfluss darauf auszuüben. Wird MaxCapacity nicht festgelegt, gibt diese Eigenschaft die theoretische Maximalkapazität von $2^{31}-1$ zurück.

Die vierte und letzte Eigenschaft lautet Chars und ist gleichzeitig der Indexer der StringBuilder-Klasse:

```
public char this[int] {get; set;}
```

Chars liefert ein Zeichen aus der gegebenen Zeichenfolge zurück, dessen Index übergeben wird. Um sich aus der Zeichenfolge

```
StringBuilder builder = new StringBuilder("Freitagabend");
```

den fünften Buchstaben zurückgeben zu lassen, lautet die Anweisung:

```
char c = builder[4];
```

Eigenschaft	Methode
Capacity	Liefert oder setzt die Kapazität des StringBuilder-Objekts.
Chars	Liefert das Zeichen an einer genau spezifizierten Position aus der Zeichenfolge. Diese Eigenschaft ist der Indexer der Klasse.
Length	Liefert die Länge der Zeichenfolge.
MaxCapacity	Liefert die Maximalkapazität des StringBuilder-Objekts.

Tabelle 16.6 Die Eigenschaften der Klasse »StringBuilder«

16.3.5 Die Methoden der Klasse »StringBuilder«

Wenn Sie sich zum ersten Mal die Liste der Methoden anschauen, werden Sie erstaunt sein, dass entgegen aller Erwartungen kaum mehr als eine Handvoll Operationen angeboten wird. Diese wollen wir uns nun ansehen.

Methode	Eigenschaft
Append	Hängt eine Zeichenfolge an eine bestehende StringBuilder-Instanz an.
AppendFormat	Fügt der StringBuilder-Instanz eine Zeichenfolge mit Formatangaben an. Nähere Informationen zur Formatierung finden Sie in Abschnitt 16.6.
AppendLine	Eine Zeile hinzufügen
CopyTo	Kopiert einen Teil des Objekts in ein char-Array.
EnsureCapacity	Stellt sicher, dass die Kapazität des StringBuilder-Objekts mindestens so groß wie angegeben ist.
Insert	Fügt an einer spezifizierten Position eine Zeichenfolge ein.
Remove	Löscht aus einer Zeichenfolge ab einer bestimmten Position eine Zeichensequenz.
Replace	Ersetzt in der gesamten Zeichenfolge ein Zeichen durch ein anderes.

Tabelle 16.7 Methoden der Klasse »StringBuilder«

Eine Zeichenkette einem »StringBuilder«-Objekt zuweisen

Soll einem `StringBuilder`-Objekt eine Zeichenfolge zugewiesen werden, kommt die Methode `Append` zum Einsatz, der aufgrund der vielen Überladungen praktisch jeder Datentyp übergeben werden kann:

```
public StringBuilder Append(string);
public StringBuilder Append(int);
public StringBuilder Append(byte);
...
```

In den meisten Fällen wird dies vermutlich eine Zeichenfolge sein, z.B.:

```
builder = builder.Append("Visual Studio");
```

Der Rückgabewert der `Append`-Methode ist die Referenz auf ein Objekt vom Typ `StringBuilder`, das die entsprechende Zeichenfolge enthält. Sie müssen `Append` auch aufrufen, wenn eine Referenz auf ein Objekt vom Typ `StringBuilder` vorliegt, das noch nicht initialisiert ist. Wenn Sie `Append` mehrfach hintereinander anwenden, wird bei jedem Aufruf der Methode eine weitere Zeichenfolge hinter der bestehenden angehängt. Das entspricht dem +-Operator auf `String`-Objekte.

Halten Sie sich immer vor Augen, dass ein `StringBuilder`-Objekt keine Zeichenfolge repräsentiert – dafür dient der Datentyp `string`. Wollen Sie sich den Inhalt eines `StringBuilder`-Objekts von einer Methode ausgeben lassen, die den Datentyp `string` als Übergabeparameter erwartet, müssen Sie deshalb mit der Methode `ToString` das `StringBuilder`-Objekt in einen `string` konvertieren.

```
StringBuilder builder = new StringBuilder();
builder.Append("Hello again");
Console.WriteLine(builder.ToString());
```

Listing 16.21 »StringBuilder«-Objekt als Zeichenfolge ausgeben

Eine Zeichenfolge mit »Insert« einfügen

Um an einer spezifizierten Position in einer Zeichenfolge eine zusätzliche Zeichenfolge einzufügen, rufen Sie die `Insert`-Methode auf. Diese ist in gleicher Weise wie `Append` überladen, allerdings ist die Parameterliste jeweils um einen Parameter vom Typ `int` ergänzt, der dem Index übergeben wird, ab dem die Zeichenfolge eingefügt werden soll.

```
StringBuilder builder = new StringBuilder();
builder = builder.Append("fällt Schnee");
builder = builder.Insert(0, "Im Winter ");
```

Listing 16.22 Einfügen einer Zeichenfolge mit »Insert«

Die Ausgabe dieses Codefragments lautet:

```
Im Winter fällt Schnee
```

Aus einer Zeichenfolge löschen

Während mit Insert eine Zeichenfolge eingefügt wird, kann mit Remove ab einer bestimmten Position eine bestimmte Anzahl von Zeichen gelöscht werden.

```
builder.Remove(3, 2);
```
Mit dem ersten Parameter wird der Index beschrieben, bei dem der Löschvorgang beginnen soll. In unserem Beispiel beginnt er mit dem vierten Zeichen. Über den zweiten Parameter teilen wir die Anzahl der zu löschenden Zeichen mit.

Ein Zeichen oder eine Zeichenfolge ersetzen

Die letzte der von uns behandelten Methoden ist Replace, die im Wesentlichen dieselben Möglichkeiten wie die Replace-Methode der Klasse String bietet.

```
public StringBuilder Replace(char, char);
public StringBuilder Replace(string, string);
```

Dem ersten Parameter wird mitgeteilt, welches Zeichen bzw. welche Zeichenfolge des StringBuilder-Objekts ersetzt werden soll, und im zweiten Parameter geben Sie an, wodurch ersetzt wird.

```
StringBuilder builder = new StringBuilder();
builder.Append("Ich hätte gerne ein Bier");
builder = builder.Replace("ein", "drei");
Console.Write("Meine Bestellung: ");
Console.WriteLine(builder.ToString());
```

Listing 16.23 Ersetzen einer Teilzeichenfolge mit »Replace«

Sie sehen, mit Replace können Sie es sogar vermeiden, mangels Flüssigkeitszufuhr aufgrund einer unüberlegt aufgegebenen Bestellung zu verdursten.

16.3.6 Allgemeine Anmerkungen

Damit sind aber auch schon die Möglichkeiten der Klasse StringBuilder nahezu ausgeschöpft. Es gibt keine Methoden, die das Auswerten eines Teilstrings ermöglichen, oder Methoden, die Teilstrings zurückliefern. Damit wird auch der doch recht eingeschränkte Einsatzbereich von StringBuilder-Objekten deutlich. Die Klasse String ist in ihren Fähigkeiten weit voraus und lässt mit ihren überladenen Methoden kaum Wünsche offen.

StringBuilder-Objekte werden Ihnen nicht sehr oft begegnen. Die meisten Methoden in der .NET-Klassenbibliothek, die mit Zeichenfolgen operieren, verwenden den Typ string oder Arrays vom Typ char. Am ehesten sind StringBuilder-Objekte dort sinnvoll einzusetzen, wo in einer Schleife bei jedem Schleifendurchlauf eine Operation mit der Zeichenfolge ausgeführt wird. Wenn die Kapazität des StringBuilder-Objekts groß genug festgelegt worden ist, ersparen Sie sich zudem die permanente Neuinstanziierung von string-Objekten und können so einen Beitrag zu einer besseren Performance der Anwendung leisten.

16.4 Der Typ »DateTime«

Um ein Datum einschließlich einer Zeitangabe in einer Variablen zu speichern, deklarieren Sie die Variable vom Typ DateTime, beispielsweise:

```
DateTime myDate = new DateTime(2003, 12, 6);
Console.WriteLine(myDate);
```

Die Ausgabe wird lauten:

06.12.2003 00:00:00

Mit einer Variablen des Typs DateTime lässt sich ein Datum zwischen dem 1. Januar 01 und dem 31. Dezember 9999 behandeln – nach dem gregorianischen Kalender, um präzise zu sein.

16.4.1 Die Zeitspanne »Tick«

Die Zeitmessung erfolgt in Einheiten von 100 Nanosekunden, die als **Tick** bezeichnet werden! Diese Aussage muss man sich auf der Zunge zergehen lassen: Die .NET-Zeitmessung beginnt am 1.1.0001 um 0:00 Uhr, und es können Intervalle von 0.0000001 Sekunden (in Worten: ein Zehnmillionstel) unterschieden werden. Die Anzahl der Ticks seit Beginn dieser Zeitrechnung kann in einer long-Variablen gespeichert werden, die damit groß genug ist, alle Intervalle bis zum Ende des Jahres 9999 abdecken zu können.

Wenn Sie das aktuelle Datum und die aktuelle Zeit ausgedrückt in Ticks sehen wollen, dann geben Sie den folgenden Code ein:

```
Console.WriteLine(DateTime.Now.Ticks);
```

Zuerst rufen Sie die statische Methode Now auf, die das aktuelle Systemdatum einschließlich der Zeit als DateTime zurückliefert. Darauf wird die Eigenschaft Ticks angewendet, die Ihnen eine kaum noch fehlerfrei abschreibbare Zahl liefert.

Umgekehrt können Sie natürlich auch aus einem long, der als Tick interpretiert werden soll, das Datum und die Zeit ermitteln. Dazu wird die Klasse DateTime instanziiert und dabei ein Konstruktor aufgerufen, der einen long erwartet, der als die Anzahl der Ticks seit Beginn der .NET-Zeitrechnung interpretiert wird.

```
DateTime actualDate = new DateTime(631452984963219664);
Console.WriteLine(actualDate.ToString());
```

Die Ausgabe lautet:

30.12.2001 08:41:36

Sie haben jetzt einen ersten Eindruck vom Umgang mit Datum und Uhrzeit gewonnen. Wir wollen uns nun die Details der Klasse DateTime ansehen.

16.4.2 Die Konstruktoren von »DateTime«

Wenn Ihnen die Anzahl der Ticks vorliegt, genügt der einparametrige Konstruktor, um ein Objekt zu erzeugen:

```
public DateTime(long ticks);
```

Da in den meisten Fällen vermutlich kaum die Anzahl der Tick-Intervalle bekannt sein dürfte, kommt diesem Konstruktor relativ geringe Bedeutung zu.

Wollen Sie mit einem bestimmten Datum operieren, bei dem die Uhrzeit keine Rolle spielt, bietet sich der folgende Konstruktor an:

```
public DateTime (int year, int month, int day);
```

Den Parametern wird das Jahr, der Monat und der Tag jeweils als `int` übergeben. Dabei ist die Jahresangabe auf die Zahlen zwischen einschließlich 1 und 9999 begrenzt, die Monatsangabe natürlich auf 1 bis 12, und die Anzahl der Tage hängt vom Kalendermonat ab. Da bei diesem Konstruktor auf die Zeitangabe verzichtet wird, bezieht sich das Datum immer auf Mitternacht, also exakt 0:00 Uhr.

Im folgenden Listing setzen wir diesen Konstruktor ein, um das Datum 12. Mai 1965 abzubilden, und lassen uns an der Konsole die Ticks ausgeben, die dieser Angabe entsprechen:

```
DateTime date = new DateTime(1965, 5, 12);
Console.WriteLine("Datum: {0}", date);
Console.WriteLine("Ticks: {0}", date.Ticks);
```

Listing 16.24 Abbildung des Datums 12. Mai 1965

Für eine weitere Präzisierung durch eine zusätzliche Zeitangabe stehen zwei Konstruktoren zur Verfügung. Während der erste zusätzlich zu der Angabe des Datums in drei weiteren Parametern Stunde, Minute und Sekunde entgegennimmt, kann dem anderen in einem siebten Parameter die Anzahl der Millisekunden übergeben werden:

```
public DateTime (int year, int month, int day, int h, int min, int sec);
public DateTime (int year, int month, int day, int h, int min, int sec, int msec);
```

Für jeden dieser Konstruktoren gibt es noch eine weitere Überladung, die um eine Referenz vom Typ `System.Globalization.Calendar` ergänzt ist. Damit kann man gegebenenfalls das Kalenderformat vom gregorianischen Kalender auf einen anderen umschalten.

Mit `DateTime` können Sie auch festlegen, auf welcher Basis die Zeitangabe erfolgt. Dazu gibt es drei Möglichkeiten:

- Die Zeitangabe bezieht sich auf die lokale Systemzeit.
- Die Zeitangabe legt die koordinierte Weltzeit (UTC) zugrunde.
- Die Zeitangabe ist nicht genau spezifiziert.

Die Festlegung muss bereits bei der Instanziierung erfolgen. Dazu stehen einige Konstruktoren zur Verfügung, denen ein Argument vom Typ DateTimeKind übergeben wird. Bei DateTimeKind handelt es sich um eine Enumeration mit den Elementen Local, Unspecified und Utc. Der Standard ist Unspecified.

```
public DateTime (long ticks, DateTimeKind kind);
```

Liegt ein DateTime-Objekt vor, lässt sich die Zeitbasis nicht mehr verändern. Sie können die Einstellung jedoch mit der Eigenschaft Kind jederzeit auswerten.

16.4.3 Die Eigenschaften von »DateTime«

Liegt ein gültiges Datum vor, lassen sich daraus vom Jahr bis hin zu den Millisekunden sämtliche Informationen extrahieren. Die Namen der Eigenschaften sind sehr einprägsam: Year, Month, Day, Hour, Minute, Second und Millisecond.

Nehmen wir an, wir wollen das aktuelle Systemdatum, das wir mit der Eigenschaft Now ermitteln können, in seine Detailinformationen zerlegen, könnte das wie nachfolgend gezeigt erfolgen:

```
DateTime newDate = DateTime.Now;
Console.WriteLine("Jahr     = {0}", newDate.Year);
Console.WriteLine("Monat    = {0}", newDate.Month);
Console.Write("Tag      = {0}", newDate.Day);
Console.WriteLine(" ({0})", newDate.DayOfWeek.ToString());
Console.WriteLine("Stunde   = {0}", newDate.Hour);
Console.WriteLine("Minute   = {0}", newDate.Minute);
Console.WriteLine("Sekunde  = {0}", newDate.Second);
Console.WriteLine("MilliSek. = {0}", newDate.Millisecond);
```

Listing 16.25 Datum- und Zeitanteile aus »DateTime.Now« extrahieren

Weil die Ausgabe der Eigenschaft Day nur das aktuelle Tagesdatum liefert, ohne den Wochentag anzugeben, bietet sich eine weitere Eigenschaft von DateTime an, die aus einem gegebenen Datum sogar den Wochentag ermittelt: DayOfWeek. Der Rückgabewert ist vom Typ DayOfWeek, einer Enumeration des System-Namespaces, die für den Sonntag 0 festlegt, für Montag 1 usw. Mit dem Aufruf von ToString auf DayOfWeek erhalten wir die Zeichenfolge, die der Konstanten entspricht.

Bedauerlich ist, dass es keine gleichwertige Auflistung für die Monate gibt. Wenn Sie daher auch den Monatsnamen in der Ausgabe als Text und nicht nur als Zahl lesen wollen, müssen Sie die Zahlen 1–12 selbst den Monatsnamen zuordnen, beispielsweise mit Hilfe eines switch-Statements.

Now liefert die aktuelle Systemzeit und hängt damit unter Windows-Plattformen von der Einstellung in der *Systemsteuerung* ab. Eine sehr ähnliche Eigenschaft ist UtcNow, die aus den Einstellungen in der Systemsteuerung die *Greenwich Mean Time* (GMT) ermittelt.

Wenn auf die Zeitangabe, die uns Now liefert, verzichtet werden kann oder muss, können Sie auch auf die statische Eigenschaft Today zurückgreifen, die das Datum ohne Zeitangabe liefert. Diese wird auf 00:00:00 gesetzt.

16.4.4 Die Methoden der Klasse »DateTime«

Nahezu alle Methoden lassen sich in zwei operativen Gruppen zusammenfassen:

- Methoden, die der Ausgabeformatierung dienen
- die Gruppe der Add-Methoden, mit der zu einem gegebenen Datum eine Zeitspanne addiert oder subtrahiert werden kann

Methoden zum Extrahieren von Datum und Zeit

Mit insgesamt vier vordefinierten Methoden lässt sich die Textausgabe eines DateTime-Objekts verändern:

- ToLongDateString und ToShortDateString
- ToLongTimeString und ToShortTimeString

Wir können den Effekt dieser Methoden am besten anhand von Beispielen sehen. Dazu deklarieren wir eine Variable vom Typ DateTime und führen darauf alle vier Methoden aus:

```
// Datum = 3. Februar 2006 5:25:30
DateTime date = new DateTime(2006, 2, 3, 5, 25, 30);
// Ausgabe: Mittwoch, 3. Februar 2006
Console.WriteLine(date.ToLongDateString());
// Ausgabe: 03.02.2006
Console.WriteLine(date.ToShortDateString());
// Ausgabe: 05:25:30
Console.WriteLine(date.ToLongTimeString());
// Ausgabe: 05:25
Console.WriteLine(date.ToShortTimeString());
```

Listing 16.26 Mehrere Ausgabemöglichkeiten von Datum und Zeit

Die Methode »ToFileTime«

Weitaus interessanter als diese Formatmethoden ist eine andere, die ihre Leistungsfähigkeit erst auf den zweiten Blick offenbart: ToFileTime.

```
public long ToFileTime();
```

Der Rückgabewert vom Typ long enthält die Anzahl der Ticks seit dem 1. Januar 1601, 12 Uhr. Welchen Hintergrund diese scheinbar zufällige Jahreszahl hat, verrät uns die Dokumentation nicht. Das soll uns aber auch nicht weiter interessieren, viel wichtiger ist die Tatsache, mit dieser Methode ein Mittel in den Händen zu halten, das es uns ermöglicht, die Zeitspanne zwischen zwei Ereignissen zu messen – und dafür brauchen wir einen präzise definierten, gleichermaßen gültigen Ursprung, egal wie er definiert ist.

Rechenoperationen mit »DateTime«-Objekten

Die Add-Methoden decken alle Bedürfnisse hinsichtlich der Änderung eines Datums oder einer Zeit ab. Aus dem Bezeichner ist sofort zu erkennen, welche Einheit zu einem DateTime-Objekt addiert werden soll:

- AddDays
- AddHours
- AddMonths usw.

Allen Methoden wird ein Wert vom Typ int bzw. double übergeben, und der Rückgabewert ist vom Typ DateTime, z.B.:

```
public DateTime AddSeconds(double);
```

Im folgenden Listing wird ein DateTime-Objekt erzeugt, das das Datum 2. August 1995 und die Zeit 23:00 Uhr beschreibt. Davon werden mit der Methode AddHours 30 Stunden subtrahiert:

```
DateTime now = new DateTime(1995, 8, 2, 23, 0, 0);
now = now.AddHours(-30);
Console.WriteLine(now);
```

Listing 16.27 Rechenoperationen mit »DateTime«

An der Konsole wird

```
01.08.1995 17:00:00
```

ausgegeben, was beweist, dass die Methode automatisch auch ein neues Datum berücksichtigt, das aus der Addition resultiert.

16.5 Die Klasse »TimeSpan«

Aus den Methoden zur Manipulation einer DateTime-Instanz ragt eine heraus, deren Parametertyp sich von denen der anderen, gleichartigen Methoden unterscheidet. Es ist die Methode Add, deren Definition wir uns anschauen wollen:

```
public DateTime Add(TimeSpan);
```

Dem Parameter wird ein Objekt vom Typ TimeSpan übergeben. Dieser Typ scheint nur auf den ersten Blick dem Typ DateTime zu ähneln, aber beide unterscheiden sich grundlegend: Mit DateTime wird ein Datum beschrieben, mit TimeSpan eine Zeitspanne. Dies machen auch die Konstruktoren der TimeSpan-Klasse deutlich, die Tage, Stunden, Minuten usw. entgegennehmen.

Der folgende Beispielcode zeigt, wie eine Referenz auf eine TimeSpan-Instanz an die Methode Add übergeben wird:

```
DateTime now = new DateTime(2002, 2, 3, 12, 0, 0);
TimeSpan span = new TimeSpan(3, 12, 15);
now = now.Add(span);
Console.WriteLine(now);
```

Listing 16.28 Zeitspanne für Rechenoperation mit »DateTime« angeben

In der ersten Codezeile wird die Klasse DateTime instanziiert und dem Konstruktor das Datum 3. Februar 2002, 12:00 Uhr übergeben. In der folgenden Anweisung erzeugen wir das TimeSpan-Objekt *span*. Der Konstruktor mit drei Parametern übernimmt als Argumente Stunden, Minuten und Sekunden – er beschreibt demnach eine Zeitspanne von drei Stunden, zwölf Minuten, 15 Sekunden. Der Add-Methode wird danach das TimeSpan-Objekt übergeben, mit dem Datum und Zeit neu bestimmt werden.

Eine Reihe vordefinierter Konstanten erleichtert die Umrechnung von Zeiteinheiten in Ticks, wenn unterschiedliche Zeitangaben mit Hilfe eines Faktors auf eine gemeinsame Einheitsbasis gebracht werden müssen – diese Basis bilden bekanntlich die Ticks. So beschreibt die Konstante TicksPerDay beispielsweise die Anzahl der Ticks pro Tag, und TicksPerHour gibt die Ticks pro Stunde an.

Das folgende Beispielprogramm zeigt, wie diese Konstanten sinnvoll eingesetzt werden können. Die benutzerdefinierten Funktionen *DiffHours* und *DiffSeconds* nehmen jeweils eine Referenz vom Typ DateTime entgegen und berechnen den Unterschied zwischen zwei Datumswerten in Stunden bzw. Sekunden. Dabei ist der erste Datumswert das aktuelle Systemdatum, das wie üblich über Now ermittelt wird, und den zweiten Datumswert muss der Anwender an der Konsole eingeben.

```
// Beispiel: ..\Kapitel 16\Zeitdifferenz
class Program {
  static void Main(string[] args) {
    // aktuelle Systemzeit ermitteln
    DateTime actDate = DateTime.Now;
    // das zu vergleichende Datum eingeben
    Console.Write("Geben Sie das Vergleichsdatum ");
    Console.Write("im Format tt.mm.jjjj ein: ");
    string strDate = Convert.ToString(Console.ReadLine());
    // die Eingabe passend formatieren
    strDate = strDate.Replace('.', '/');
    DateTime newDate = Convert.ToDateTime(strDate);
    // Ausgabe der Differenz in Stunden
    Console.Write("Die Differenz in Stunden: ");
    Console.WriteLine(DiffHours(actDate, newDate));
    // Ausgabe der Differenz in Sekunden
    Console.Write("Die Differenz in Sekunden: ");
    Console.WriteLine(DiffSeconds(actDate, newDate));
    Console.ReadLine();
  }
```

```
    public static long DiffHours(DateTime d1,DateTime d2) {
      long x = d2.Ticks - d1.Ticks;
      return Convert.ToInt64(x / TimeSpan.TicksPerHour);
    }
    public static long DiffSeconds(DateTime d1,DateTime d2) {
      long x = d2.Ticks - d1.Ticks;
      return Convert.ToInt64(x / TimeSpan.TicksPerSecond);
    }
}
```

Listing 16.29 Das Beispielprogramm »Zeitdifferenz«

Der Algorithmus des Programmcodes in den beiden Methoden *DiffHours* und *DiffSeconds* ist ähnlich. Beide Routinen nehmen in ihren Parametern Referenzen des Typs `DateTime` entgegen und rechnen das jeweilige Datum mit der Eigenschaft `Ticks` zunächst in die Basiseinheit um, um im Anschluss daran die Differenz zu bilden. Die abschließende Division durch `TicksPerHour` bzw. `TicksPerSecond` liefert einen `long`, der dem Aufrufer zurückgegeben wird.

Weitere Möglichkeiten der Klasse »TimeSpan«

Eine `TimeSpan`-Instanz beschreibt eine Zeitspanne aus Tagen, Stunden, Minuten, Sekunden und Millisekunden. Diese Zeitspanne lässt sich in einem String abbilden, der dem folgenden Format entspricht:

Tag.Stunden:Minuten:Sekunden.Sekundenbruchteil

Dazu ein Beispiel. Mit

```
TimeSpan span = new TimeSpan(2, 12, 30, 22, 100);
Console.WriteLine(span.ToString());
```

erhalten Sie die folgende Ausgabe:

```
2.12:30:22.1000000
```

Manchmal ist es notwendig, die Angabe einer Zeitspanne in eine konkrete Zeiteinheit umzurechnen oder aus der Angabe einer Zahl, die eine Zeiteinheit widerspiegelt, ein `TimeSpan`-Objekt zu erzeugen. Auch dazu liefert die Klasse `TimeSpan` die passenden Methoden. Nehmen wir an, Sie wollten das mit

```
TimeSpan span = new TimeSpan(1, 35, 45);
```

erzeugte Objekt, das einen Tag, 35 Minuten und 45 Sekunden beschreibt, in eine Zahl umwandeln. Es stellt sich mit den Möglichkeiten der Klasse nur noch die Frage, ob Sie eine Ganzzahl oder eine Dezimalzahl benötigen. Für beide Fälle gibt es die passenden Eigenschaften. Beispielsweise liefert:

- die `Hours`-Eigenschaft einen `int` und
- die `TotalHours`-Eigenschaft einen `double`.

Die Anweisung

```
Console.WriteLine(span.TotalHours);
```

wird das Ergebnis 1,5958333333333 haben. Beim Aufruf von Hours wird der Dezimalteil abgeschnitten. Analog lautende Eigenschaften gibt es auch, um mit Tagen, Minuten oder Sekunden zu operieren.

Einige statische Methoden des Typs TimeSpan ermöglichen es auch ohne Initialisierung, einer TimeSpan-Variablen einen Wert zuzuweisen. Diese Methoden beginnen mit dem Präfix From, beispielsweise FromSeconds, FromMinutes, FromDays.

```
// Zeitspanne von 3 Stunden
TimeSpan ts = TimeSpan.FromHours(3);
```

16.6 Ausgabeformatierung

Zur Formatierung einer Ausgabe stehen Ihnen zwei Möglichkeiten zur Verfügung:

- die statische Methode Format der Klasse String
- die Methode ToString der Schnittstelle IFormatable

16.6.1 Formatierung mit der Methode »String.Format«

Rufen wir uns zuerst in Erinnerung, wie die Ausgabe der Methode DateTime.Now an der Konsole lautet:

```
Console.WriteLine(DateTime.Now.ToString());
```

Es wird das Datum einschließlich der Uhrzeit angezeigt:

```
17.09.2003 20:51:56
```

Mit der Format-Methode können wir eine andere, individuell passendere Ausgabe erzwingen:

```
Console.WriteLine(String.Format("{0:F}", DateTime.Now));
```

Damit würde die Anzeige lauten:

```
Mittwoch, 17. September 2003 20:51:56
```

Es bietet sich auch die Möglichkeit an, mit

```
Console.WriteLine(String.Format("{0:D}", DateTime.Now));
```

auf die Zeitangabe ganz zu verzichten.

Formatierungsvarianten

Die einfachsten Varianten der überladenen Format-Methode lauten:

```
public static string Format(string format, object arg);
public static string Format(string format, params object[] args);
```

Der erste Parameter beschreibt eine Zeichenfolge mit einem oder mehreren Formatierungsausdrücken, die in geschweiften Klammern angegeben werden. Dem zweiten Parameter werden die zu formatierenden Objekte übergeben. Die Syntax erinnert sofort an die Formatierungen der Methode Console.WriteLine, die sich tatsächlich intern der Format-Methode bedient.

Unter den weiteren vier Überladungen ist eine besonders hervorzuheben, mit der festgelegt werden kann, welche Sprache bzw. Kultur für die Formatierung verwendet werden soll:

```
public static string Format(IFormatProvider provider,
                            string format, params object[] args);
```

Im ersten Parameter erwartet die Methode String.Format nun ein Objekt, das die Schnittstelle IFormatProvider implementiert. Im .NET Framework sind das drei Klassen:

- CultureInfo
- DateTimeFormatInfo
- NumberFormatInfo

Diese Klassen gehören alle zum Namespace System.Globalization. Die Klasse CultureInfo stellt Informationen über eine bestimmte Kultur bereit, einschließlich des Schriftsystems sowie des verwendeten Kalenders. DateTimeFormatInfo definiert die Anzeige von Datum und Uhrzeit und NumberFormatInfo die Darstellung numerischer Werte – immer abhängig von der jeweiligen Kultur.

Um beispielsweise das aktuelle Systemdatum in italienischer Sprache auszugeben, müssen Sie nur ein entsprechendes CultureInfo-Objekt bereitstellen, das die italienische Kultur beschreibt:

```
CultureInfo culture = new CultureInfo("it-IT");
// Ausgabe: sabato 20 settembre 2003
Console.WriteLine(String.Format(culture, "{0:D}", DateTime.Now));
```

Listing 16.30 Datumsausgabe in Italienisch

Mit den Eigenschaften DateTimeFormat und NumberFormat der Klasse CultureInfo kann das Ausgabeformat der spezifischen Kultur abgefragt und sogar neu festgelegt werden. Dazu veröffentlichen die beiden Klassen DateTimeFormatInfo und NumberFormatInfo eine größere Anzahl Eigenschaften. Wie Sie das Dezimaltrennzeichen einer gegebenen Kultur abweichend vom Standard spezifisch festlegen können, zeigt das folgende Codefragment:

```csharp
double dbl = 12.25;
CultureInfo culture = new CultureInfo("de-DE");
NumberFormatInfo nfi = culture.NumberFormat;
nfi.NumberDecimalSeparator = "*";
Console.WriteLine(String.Format(culture, "{0}", dbl));
```

Listing 16.31 Individuelles Dezimaltrennzeichen festlegen

Es wird zuerst ein `CultureInfo`-Objekt erzeugt, das mit `de-DE` die deutsche Kultur beschreibt. Über dessen Eigenschaft `NumberFormat` wird die dazu entsprechende Referenz auf `NumberFormatInfo` ermittelt. Der Eigenschaft `NumberDecimalSeparator` wird anschließend das Zeichen »*« als neues Dezimaltrennzeichen zugewiesen.

Es kann sich als nützlich erweisen, ein kulturunabhängiges Format zur Verfügung zu stellen. Dieses erhalten Sie mit der statischen Eigenschaft `InvariantCulture` der Klasse `CultureInfo`. Das zurückgegebene `CultureInfo`-Objekt ist der englischen Sprache zugeordnet, ohne dabei landesspezifische Unterschiede zu berücksichtigen.

Standardformatzeichen der Klasse »NumberFormatInfo«

In Tabelle 16.8 sind die Standardformatzeichen für die einzelnen Standardmuster der `NumberFormatInfo`-Klasse aufgeführt. Teilweise können die Standardmuster auch durch Eigenschaften verändert werden. Genauere Informationen dazu entnehmen Sie bitte der .NET-Dokumentation zu der Klasse.

Formatzeichen	Beschreibung
C oder c	Ausgabe im Währungsformat (einschließlich des Währungssymbols der aktuellen Ländereinstellung)
D oder d	Wird nur von ganzzahligen Datentypen unterstützt. Durch das Anhängen einer Zahl kann spezifiziert werden, wie viele Stellen die auszugebende Zahlenfolge aufweisen soll. Fehlende Ziffern werden mit Nullen aufgefüllt.
E oder e	Ausgabe im Exponentialformat
F oder f	Hängt an das Ende einer Zahl Dezimalstellen an. Die Anzahl der Nachkommastellen kann hinter dem Formatspezifizierer angegeben werden. Der Standard sind zwei Stellen.
G oder g	Allgemein formatierte Ausgabe
N oder n	Die Ausgabe erfolgt im Format ddd.ddd.ddd,dd.
P oder p	Ausgabe als Prozentzahl

Tabelle 16.8 Formatzeichen der Methode »String.Format«

Formatzeichen	Beschreibung
R oder r	Roundtrip-Format. Es wird sichergestellt, dass ein Zurückkonvertieren nicht zu Genauigkeitsverlusten führt.
X oder x	Ausgabe als Hexadezimalzahl (ausschließlich für Ganzzahlenformate)

Tabelle 16.8 Formatzeichen der Methode »String.Format« (Forts.)

Standardformatzeichen der Klasse »DateTimeFormatInfo«

In Tabelle 16.9 sind die wichtigsten Standardmuster zur Formatierung von Datum und Uhrzeit aufgezählt. Maßgeblich sind auch hier die Einstellungen unter *Ländereinstellung*. Wie schon bei den Standardformatmustern der Klasse NumberFormatInfo können Sie über Eigenschaften einige der Standardmuster nach eigenen Vorstellungen ändern. Weitere Informationen entnehmen Sie auch hier der .NET-Dokumentation.

Formatzeichen	Beschreibung
d	Kurzes Datum (22.09.2003)
D	Langes Datum (Montag, 22. September 2003)
f	Langes Datum, inklusive Zeitangabe (Montag, 22. September 2003 22:30)
F	Langes Datum, inklusive langer Zeitangabe (Montag, 22. September 2003 22:30:45)
g	Kurzes Datum, inklusive Zeitangabe (22.09.2003 22:30)
G	Kurzes Datum, inklusive langer Zeitangabe (22.09.2003 22:30:45)
M oder m	Tag und Monat (22 September)
R oder r	Datum nach dem Muster des RFC1123 (Mon, 22 Sep 2003 22:30:45 GMT)
t	Kurze Zeitangabe (22:30)
T	Lange Zeitangabe (22:30:45)
Y oder y	Monat und Jahr (September 2003)

Tabelle 16.9 Formatcodes für Datum und Uhrzeit

Dazu zwei Beispiele:

```
// Ausgabe: Dienstag, 23. September 2003 12:12:55
string date = String.Format("{0:F}", DateTime.Now)
// Ausgabe: 23 September
string date = String.Format("{0:M}", DateTime.Now)
```

16.6.2 Formatierung mit der Methode »ToString«

Von der Klasse `Object` erbt jede .NET-Klasse die parameterlose Methode `ToString`. Darüber hinaus werden sowohl von den numerischen Typen als auch von der Klasse `String` Überladungen angeboten, die direkt auf dem zu formatierenden Wert aufgerufen werden. Sie können sich zum Beispiel mit

```
float d = 0.01985F;
Console.WriteLine(d.ToString("P"));
```

die `float`-Zahl als Prozentzahl oder mit

```
float d = 123.505F;
Console.WriteLine(d.ToString("E"));
```

im Exponentialformat ausgeben lassen. Auch hier wird die Einstellung der aktuellen Kultur berücksichtigt. Sie können als Formatierungszeichenfolge alle Formatzeichen angeben, die in den Tabellen 16.8 und 16.9 aufgeführt sind. Die geschweiften Klammern sind nicht erforderlich. Um landesspezifische Ausgaben zu ermöglichen, können Sie auch ein `IFormatProvider`-Objekt übergeben.

```
public virtual string ToString(IFormatProvider);
```

Beachten Sie, dass die verschiedenen Datentypen unterschiedlich viele Überladungen von `ToString` zur Verfügung stellen.

16.6.3 Benutzerdefinierte Formatierung

Zahlen und Zeichenfolgen

Über die vordefinierten Formate hinaus können Sie auch eigene Formatierungen festlegen. Dazu wird Ihnen von .NET eine Reihe von Formatzeichen bereitgestellt, um die Ausgabe von Ganz- und Dezimalzahlen sowie Zeichenfolgen nach eigenen Vorstellungen zu beeinflussen.

Formatzeichen	Beschreibung
0	Die Zahl 0 dient als Platzhalter für eine Zahl. Nichtsignifikante Nullen werden durch die Zahl 0 dargestellt.
#	Die Zahl 0 dient als Platzhalter für eine Zahl. Nichtsignifikante Nullen werden durch Leerzeichen dargestellt.
.	Das erste '.'-Zeichen in der Formatzeichenfolge bestimmt die Position des Dezimaltrennzeichens im formatierten Wert.
,	Dient als Tausendertrennung. Jedes Auftreten des Zeichens bewirkt eine Division durch 1000.
%	Das Zeichen bewirkt die Multiplikation mit 100. Das Prozentzeichen wird angehängt.
E0, E+0, E-0, e0, e+0, e-0	Die Codes bewirken die Exponentialdarstellung einer Zahl. Mit E+0 und e+0 wird das positive Vorzeichen immer angezeigt, mit allen anderen immer nur das negative. Die Anzahl der Nullen bestimmt die Mindestanzahl von Ziffern des Exponenten.
\	Das folgende Zeichen in der Formatzeichenfolge wird als Escape-Sequenz interpretiert.
"ABC"	Die in Anführungszeichen stehenden Zeichen werden direkt in die Ergebniszeichenfolge kopiert.

Tabelle 16.10 Formatzeichen für benutzerdefinierte Zahlen- und Zeichenformate

Nachfolgend wird an einigen Beispielen gezeigt, wie die Formatzeichen eingesetzt werden und zu welchem Ergebnis die Anweisungen führen:

```
double value = 12345.67890;
string text = value.ToString("000");         // Ausgabe: 12346
text = value.ToString("0000000");            // Ausgabe: 0012346
text = value.ToString("###");                // Ausgabe: 12346
text = value.ToString("#,#####");            // Ausgabe: 12.346
text = value.ToString("#.##");               // Ausgabe: 12345,68
text = value.ToString("#.#####");            // Ausgabe: 12345,6789
text = value.ToString("000e+000");           // Ausgabe: 123e+002
text = value.ToString("0%");                 // Ausgabe: 1234568%
```

Datums- und Zeitangaben

Wenn Sie wollen, können Sie mit vordefinierten Codes eigene Mustervorgaben zur Darstellung des Datums und der Uhrzeit festlegen. Die Codes werden von der Klasse `DateTimeFormatInfo` bereitgestellt.

```
// Ausgabe: Sep.2004.12
string text = DateTime.Now.ToString("MMM/yyyy/dd");
// Ausgabe: 09:22:30
string text = DateTime.Now.ToString("HH:mm:ss");
```

Formatmuster	Beschreibung
d	Monatstag ohne führende 0 (1–31)
dd	Monatstag mit führender 0 (01–31)
ddd	Abkürzung des Wochentags (Mon)
dddd	Vollständiger Name des Wochentags (Montag)
M	Monat ohne führende 0 (1–12)
MM	Monat mit führender 0 (01–12)
MMM	Abkürzung des Monatsnamens (Jan)
MMMM	Vollständiger Monatsname (Januar)
y	Zweistellige Jahreszahl ohne führende 0 (3)
yy	Zweistellige Jahreszahl mit führender 0 (03)
yyyy	Vollständige Jahreszahl (2003)
gg	Angabe der Zeitära
h	Stundenangabe in 12-Stunden-Schreibweise ohne führende 0
hh	Stundenangabe in 12-Stunden-Schreibweise mit führender 0
H	Stundenangabe in 24-Stunden-Schreibweise ohne führende 0
HH	Stundenangabe in 24-Stunden-Schreibweise mit führender 0
m	Minutenangabe ohne führende 0 (0–59)
mm	Minutenangabe mit führender 0 (00–59)
s	Sekundenangabe ohne führende 0 (0–59)
ss	Sekundenangabe mit führender 0 (00–59)
f–ffffff	Angabe von Sekundenbruchteilen
t	Das erste Zeichen des AM/PM-Kennzeichners (A entspricht AM, P entspricht PM)

Tabelle 16.11 Formatzeichen für benutzerdefinierte Datums- und Zeitformate

Formatmuster	Beschreibung
tt	AM oder PM
z	Zeitzonenangabe ("+" oder "–", gefolgt von der Stundenangabe; ohne führende 0)
zz	Zeitzonenangabe ("+" oder "–", gefolgt von der Stundenangabe; mit führender 0)
zzz	Vierstellige Zeitzonenangabe
/	Es wird das Standardtrennzeichen für Datumsangaben eingesetzt.
:	Es wird das Standardtrennzeichen für Zeitangaben eingesetzt.

Tabelle 16.11 Formatzeichen für benutzerdefinierte Datums- und Zeitformate (Forts.)

Kapitel 17
Projektmanagement und Visual Studio 2012

17.1 Der Projekttyp »Klassenbibliothek«

Insbesondere in den Kapiteln 3, 4 und 5 haben wir mit *GeometricObjects* eine etwas größere Anwendung entwickelt, in deren Mittelpunkt die Klassen Circle, GraphicCircle, Rectangle, GraphicRectangle und GeometricObject standen. Alle Klassen haben wir auf Grundlage der Projektvorlage einer Konsolenanwendung entwickelt. Das Kompilat ist eine EXE-Datei. Denken wir nun einen Schritt weiter, und nehmen wir an, die Klassen seien so genial, dass wir sie auch in anderen Anwendungen benutzen wollen. Auf die in einer EXE-Datei enthaltenen Typdefinitionen, also Klassen, Strukturen, Delegates usw., kann aber aus anderen Anwendungen heraus grundsätzlich nicht zugegriffen werden. Dazu müssen die zu veröffentlichenden Typen in einer Datei implementiert sein, deren Kompilat die Dateiendung DLL hat. Diese .NET-Kompilate werden auch als **Assemblys** bezeichnet.

Es gibt eine Reihe von Projektvorlagen in Visual Studio 2012, die diese Bedingung erfüllen. Im Moment kommt für uns aber nur eine in Betracht, nämlich die *Klassenbibliothek*. Eine Klassenbibliothek wird zu einer DLL-Datei kompiliert und ist somit auch nicht eigenstartfähig. Versuchen Sie dennoch, das Projekt einer Klassenbibliothek aus der Entwicklungsumgebung heraus zu starten, erhalten Sie eine Fehlermeldung. Sie können jedoch weiterhin das Klassenbibliotheksprojekt über das Menü ERSTELLEN kompilieren.

Normalerweise werden Sie schon von Anfang an die Überlegung anstellen, ob Sie Ihre zu entwickelnden Klassen in einer Klassenbibliothek bereitstellen wollen oder in einer anderen Projektvorlage. Da wir aber mit einer Konsolenanwendung angefangen haben, müssen wir unsere fertigen Klassen nun in einer Klassenbibliothek unterbringen. Hierbei gibt es mehrere Möglichkeiten:

▶ Klicken Sie im Projektmappen-Explorer auf den Knoten PROPERTIES. Es öffnet sich daraufhin das **Projekteigenschaftsfenster**. Wählen Sie hier die Lasche ANWENDUNG aus, und stellen Sie im Listenfeld AUSGABETYP den gewünschten Projekttyp ein, also Klassenbibliothek. Das Kompilat ist anschließend eine DLL. In diesem Fall können Sie die Klasse Program mit der Startmethode Main löschen.

▶ Erstellen Sie ein neues Projekt vom Typ Klassenbibliothek. Anschließend wird eine Klasse mit dem Namen *Class1* bereitgestellt. In der Regel wollen Sie Ihrer Klasse jedoch einen anderen Bezeichner geben. Markieren Sie dazu im Projektmappen-Explorer die Quellcodedatei *Class1.cs*, öffnen Sie danach deren Kontextmenü, und wählen Sie hier UMBENENnen. Nachdem Sie der Quellcodedatei einen neuen Namen gegeben haben (der dem der Klasse entsprechen sollte), werden Sie gefragt, ob auch der Klassenbezeichner entsprechend geändert werden soll. Sie brauchen das nur zu bestätigen.

17.1.1 Mehrere Projekte in einer Projektmappe verwalten

Bisher haben wir in der Entwicklungsumgebung immer nur mit einem Projekt gearbeitet. Visual Studio ermöglicht aber auch, mehrere Projekte parallel zu bearbeiten. Verwaltet werden die einzelnen Projekte in einer Projektmappe, die die Aufgabe eines Containers hat. Visual Studio generiert bereits beim Erstellen eines neuen Projekts eine Projektmappe, die anschließend um beliebig viele, auch unterschiedliche Projekttypen erweitert werden kann. Damit erübrigt sich das mehrfache Öffnen von Visual Studio, wenn mehrere Projekte gleichzeitig bearbeitet werden sollen. Die von einer Projektmappe verwalteten Projekte können in einem logischen Zusammenhang stehen, müssen es aber nicht zwangsläufig.

Auch Projektmappen haben einen spezifischen Bezeichner. Dieser kann vergeben werden, sobald Sie die Entwicklungsumgebung starten und ein neues Projekt erstellen. Sollten Sie im Projektmappen-Explorer keinen Knoten für die Projektmappe sehen, öffnen Sie das Menü EXTRAS und wählen OPTIONEN. Im Dialog, der daraufhin geöffnet wird, wählen Sie in der linken Liste den Knoten PROJEKTE UND PROJEKTMAPPEN aus. Im rechten Bereich des Dialogs wird Ihnen daraufhin eine Option angeboten, die Projektmappe immer anzuzeigen.

Der Standardbezeichner einer Projektmappe ist der des ersten Projekts, sollte allerdings insbesondere dann einen spezifischen Namen bekommen, wenn Sie wissen, dass Sie im Laufe der Entwicklungstätigkeit mindestens noch ein weiteres Projekt hinzufügen wollen.

Um die Entwicklungsumgebung um ein weiteres Projekt zu ergänzen, müssen Sie im Projektmappen-Explorer den Knoten der Projektmappe markieren, dessen Kontextmenü öffnen und HINZUFÜGEN • NEUES PROJEKT... auswählen. Daraufhin öffnet sich ein Dialog, der alle Projekttypen zur Auswahl stellt.

Werden von einer Projektmappe mehrere Projekte verwaltet, kann nur eines davon ausgeführt werden, wenn man auf die Schaltfläche STARTEN in der Symbolleiste von Visual Studio klickt. Es ist immer das Projekt, dessen Projektbezeichner fett geschrieben ist. Um ein anderes Projekt zum Startprojekt zu erklären, gibt es mehrere Möglichkeiten. Eine davon ist, das Kontextmenü des Projekts zu öffnen, mit dem gestartet werden soll. Wählen Sie im Kontextmenü dieses Projekts ALS STARTPROJEKT FESTLEGEN aus.

> **Anmerkung**
> Das von uns bearbeitete Projekt *GeometricObjects* befindet sich bereits in einer Projektmappe mit dem Namen *GeometricObjectsSolution*. Sie sollten diese um eine Konsolenanwendung mit dem Bezeichner *TestApplication* ergänzen, die wir im weiteren Verlauf dieses Kapitels noch benötigen.

Physikalisch werden die Projekte innerhalb einer Projektmappe als Unterordner des übergeordneten Ordners der Projektmappe gespeichert. Im Verzeichnis der Projektmappe ist eine Datei mit der Dateierweiterung *.sln* zu finden, in der die einzelnen untergeordneten Projekte angegeben sind.

17.1.2 Die Zugriffsmodifizierer »public« und »internal«

Klassen können sowohl als public wie auch als internal definiert sein. public bedeutet, dass die so gekennzeichnete Komponente überall sichtbar ist. In einer Konsolenanwendung eine Klasse nicht mit public zu kennzeichnen, hat keine besonderen Auswirkungen, denn alle Typdefinitionen innerhalb eines Projekts, das zu einer EXE-Datei kompiliert wird, können nicht veröffentlicht werden.

Dem Zugriffsmodifizierer public kommt eine besondere Bedeutung innerhalb einer Klassenbibliothek zu, denn damit teilen wir dem Compiler unsere Absicht mit, dass auch Anwendungen außerhalb der Klassenbibliothek auf diese Klasse zugreifen dürfen. Der Verzicht auf die Angabe von public bedeutet, dass die Typdefinition außerhalb der Klassenbibliothek nicht sichtbar ist. Dies ist gleichbedeutend mit dem ausdrücklichen Setzen des Zugriffsmodifizierers internal.

> **Hinweis**
> Obwohl hier nur Klassen erwähnt worden sind, gilt das Gesagte natürlich gleichermaßen für Interfaces, Delegates, Strukturen und Enumerationen.

17.1.3 Friend Assemblys

Um den Zugriff auf die Mitglieder einer Assembly von einer zweiten Assembly aus sicherzustellen, muss neben der Klasse auch das Mitglied public deklariert sein. Der Zugriffsmodifizierer internal einer Klasse macht die Klasse innerhalb einer Assembly zugreifbar, sie ist aber außerhalb der Assemblierung nicht zu sehen. Dasselbe gilt auch für die Member einer Klasse.

Um eine noch bessere Steuerung des Zugriffs zu ermöglichen, gibt es Assemblierungen, die ihre internal-Klassen und Mitglieder nur ganz bestimmten Anwendungen zur Verfügung stellen. Sehen Sie sich dazu das folgende Beispiel der Klasse Demo an:

```
namespace ClassLibrary {
  internal class Demo {
    internal void TestMethod() {
      Console.WriteLine("In der Friend-Assembly");
    }
  }
}
```

Demo ist `internal` definiert. Andere Klassen, die sich innerhalb derselben Assemblierung befinden, sehen die Definition von Demo und können darauf zugreifen. Nutzt jedoch eine andere Anwendung diese Klassenbibliothek, erfährt er nichts von der Existenz des Typs Demo.

Nehmen wir an, wir wollten nun den Typ Demo einer ganz bestimmten Anwendung zur Verfügung stellen, deren Name *TestApplication* sei. Tatsächlich ist so etwas möglich. Dazu muss die Bibliothek, in der *Demo* definiert ist, mit dem Attribut `InternalsVisibleTo` verknüpft werden. Dem Attribut wird ein Zeichenfolgeparameter mit dem Namen der Anwendung übergeben, für die alle nicht öffentlichen Typen sichtbar gemacht werden sollen.

```
[assembly:InternalsVisibleTo("TestApplication")]
namespace ClassLibrary {
  class Class1 {... }
}
```

Das Attribut gehört zum Namespace `System.Runtime.CompilerServices`. Gesetzt wird der Eintrag in der Datei *AssemblyInfo.cs*, die sich unterhalb des PROPERTIES-Knotens im Projektmappen-Explorer befindet.

17.1.4 Einbinden einer Klassenbibliothek

Kommen wir zurück zur Projektmappe *GeometricObjectsSolution*. Uns liegen nun mit *TestApplication* und *GeometricObjects* zwei Projekte in der Projektmappe vor. *TestApplication* dient dazu, das nun als Klassenbibliothek vorliegende Projekt *GeometricObjects* zu testen. Allerdings weiß die Konsolenanwendung noch nicht, dass die Klassenbibliothek existiert. Das müssen wir zuerst sicherstellen. Dazu dient der Knoten VERWEISE im Projektmappen-Explorer. Im Kontextmenü dieses Knotens wählen Sie VERWEIS HINZUFÜGEN... Daraufhin öffnet sich der bereits in Kapitel 3 gezeigte Dialog (Abbildung 3.7). Bezogen auf die uns vorliegende Projektmappe *GeometricObjectsSolution* ist es am einfachsten, die Registerkarte PROJEKTMAPPE auszuwählen, da wir hier sofort die Klassenbibliothek *GeometricObjects* angeboten bekommen.

Jetzt haben wir in der Anwendung Zugriff auf die öffentlichen Elemente in *GeometricObjects* und können beispielsweise die Klasse `Circle` instanziieren. Dabei müssen wir aber auch den Namespace, in dem `Circle` definiert ist, berücksichtigen. Entweder geben wir den vollqualifizierten Bezeichner an, beispielsweise

```
GeometricObjects.Circle kreis = new GeometricObjects.Circle();
```

oder – was eine deutlich bessere Lösung ist – wir geben den Namespace mit `using` vorher bekannt und können direkt die Klasse ansprechen:

```
using GeometricObjects;
[...]
Circle kreis = new Circle();
```

17.2 Assemblys

17.2.1 Ein Überblick über das Konzept der Assemblys

Entwickeln Sie eine Konsolen-, Windows- oder Windows-Dienst-Anwendung, wird eine EXE-Datei erzeugt. Ist das Projekt zum Beispiel vom Typ Klassenbibliothek, wird eine DLL-Datei generiert. Die Kompilate werden, abhängig von der Konfigurationseinstellung, im Ordner */bin/Debug* bzw. *obj/Debug* unterhalb des Projektordners gespeichert.

Für etwas Verwirrung kann die Endung DLL (Dynamic Link Library) sorgen. DLLs waren ursprünglich als reine Funktionssammlungen gedacht (denken Sie beispielsweise an die Betriebssystemfunktionen der Win32-API oder die Funktionen in der ODBC-API), später wurde dieselbe Dateierweiterung aber auch für COM-basierte InProc-Server benutzt. Unter .NET haben wir es mit einem weiteren Typus zu tun, der auf der Common Language Runtime (CLR) basiert. Zumindest eines ist allen DLL-Typen gemeinsam: Sie sind, um sie ausführen zu können, immer auf die Unterstützung einer ausführbaren EXE-Datei angewiesen.

Die Softwarekomponenten allgemein verfügbar zu machen, ist ein Ziel, das viele Hersteller anstreben. Microsoft hat in den 90er-Jahren dazu eine Technologie entwickelt, die sich über viele Jahre hinweg auf den Windows-Plattformen etablierte und im Laufe der Zeit immer mächtiger und komplexer wurde: COM und DCOM. Diese schnittstellenorientierten Technologien beschreiben, wie Softwarekomponenten miteinander kommunizieren, auch wenn sie in unterschiedlichen Programmiersprachen realisiert worden sind. Der Datenaustausch musste dabei über ein COM-spezifisches, von den Programmiersprachen unabhängiges Typsystem abgewickelt werden.

Das war aber nicht das einzige Problem, das COM/DCOM bereitete. Ein ganz wesentlicher Nachteil war die Trennung des Programmcodes von seiner Selbstbeschreibung, die in der Typbibliothek der Registrierungsdatenbank zu finden ist. Zudem war es nicht möglich, mehrere versionsunterschiedliche COM-Komponenten gleichzeitig auf einem Rechner zu installieren. Das führte in der Vergangenheit häufig dazu, dass Programme, die für den Zugriff auf eine ältere Komponentenversion geschrieben waren, ihren Dienst quittierten, wenn mit einem anderen Programm eine neuere Komponentenversion installiert wurde.

Um diesen Kreislauf aufzubrechen, wurde ein völlig neues Konzept spezifiziert, das die folgenden Anforderungen definierte:

- Eine Anwendung muss ihre Dienste selbst beschreiben können, ohne von anderen Systemdiensten wie der Registrierungsdatenbank abhängig zu sein. Dementsprechend müssen Code und Selbstbeschreibung einer Komponente eine kompakte Einheit bilden.
- Zur Vermeidung von Versionskonflikten müssen mehrere Versionen einer Komponente parallel installiert werden können. Damit wird gewährleistet, dass eine Anwendung, die sich der Dienste einer Komponente bedient, nicht durch die Installation einer neuen, jedoch inkompatiblen Komponente in das laufzeittechnische Nirwana befördert wird.
- Die verschiedenen Versionen einer Softwarekomponente müssen gleichzeitig ausführbar sein. Da eine neu zu verteilende Komponentenversion durchaus auch nur das Ziel haben

kann, einen bekannt gewordenen Fehler zu beseitigen, sollte eine von dieser Komponente abhängige Anwendung in der Lage sein, aus einer Vielzahl gleicher, jedoch versionsverschiedener Komponenten diejenige zu finden, mit der problemlos zusammengearbeitet werden kann.

- Es muss sichergestellt werden, dass die von einer Anwendung geforderte, richtige Version der Komponente geladen und ausgeführt wird.

Bei allen genannten Punkten setzt das Konzept der Assemblys an. Mehrere Versionen derselben Softwarekomponente dürfen auf einem Rechner installiert sein – mehr noch, sie dürfen sogar gleichzeitig ausgeführt werden. Damit wird zwar einerseits das Prinzip der Abwärtskompatibilität aufgegeben, das unter COM eine elementare Forderung war, andererseits ist Abwärtskompatibilität auch nicht mehr notwendig, weil an eine Anwendung ebenfalls Forderungen hinsichtlich des Komponentenzugriffs gestellt werden.

Die Selbstbeschreibung einer COM-Komponente erfolgt in der Typbibliothek, die als eigenständige Einheit getrennt vom Binärcode existiert. Die Beschreibung einer Assembly samt ihren internen Komponenten hingegen erfolgt in einem Block, der als **Manifest** bezeichnet wird und mit dem Code unzertrennlich verbunden ist.

Eine Assembly lässt sich nicht nur als die Baugruppe einer Anwendung verstehen. Sie bildet auch gleichzeitig die Einheit, die verteilt wird, beschreibt Sicherheitsrichtlinien und ist die Basis der Versionierung.

17.2.2 Allgemeine Beschreibung privater und globaler Assemblys

Die Frage, die bei jeder Anwendungsentwicklung neu gestellt werden muss, ist, ob der Code in einer .NET-DLL (Assembly) nur einer Anwendung zugänglich sein soll oder ob auch andere Programme darauf zugreifen dürfen. Aus der Fragestellung, wie und von wem eine Assemblierung genutzt werden darf, folgt die Definition zweier unterschiedlicher Assembly-Typen:

- **Private Assemblys**, die nur von einer Anwendung genutzt werden können
- **Gemeinsame Assemblys** (globale Assemblys), die allen Anwendungen gleichermaßen ihre Dienste offenlegen

Eine private Assembly zu entwickeln, ist denkbar einfach: Man muss nichts Besonderes dafür tun, private Assemblys sind der Standard. Genauso verhält es sich auch mit der weiter oben bereitgestellten Klassenbibliothek *GeometricObjects*. Sie gehört zur Anwendung *TestApplication*. EXE- und DLL-Dateien müssen bei der Verteilung gemeinsam installiert werden. Dabei muss die Klassenbibliothek im gleichen Verzeichnis liegen wie die darauf zugreifende Anwendung.

Nutzen mehrere Anwendungen die gleiche Klassenbibliothek, gilt diese Regel für jede Installation. Im Extremfall kann das dazu führen, dass ein und dieselbe Klassenbibliothek mehrfach auf einem Rechner vorliegt. Das ist zwar grundsätzlich ein Nachteil, weil dadurch Speicherressourcen verschwendet werden, andererseits relativiert sich dieser im Zeitalter der TByte-Festplatten. Gravierender ist jedoch die Auswirkung, wenn die Assembly geändert wird, beispielsweise aufgrund eines Bugs. Das hätte zur Folge, dass man jede einzelne Assembly suchen und austauschen müsste.

Hier betreten die globalen Assemblys die Bühne, die an einem zentralen Ort gespeichert sind und von jeder Anwendung gleichermaßen genutzt werden können. Dieser zentrale Ort ist nicht, wie vielleicht zu vermuten wäre, die Registry, sondern der **Global Assembly Cache**, kurz GAC genannt. Für eine Veröffentlichung im GAC ist ein kryptografischer Schlüssel Voraussetzung. Dieser gewährleistet, dass eine Assembly von einer anderen, zufälligerweise gleichnamigen Assembly eines anderen Entwicklers eindeutig unterschieden werden kann.

17.2.3 Die Struktur einer Assembly

Allgemeine Beschreibung

Eine Assembly muss vielen Anforderungen gerecht werden, um die gesteckten Ziele einer einfachen und sicheren Versionierung und Verteilung zu erreichen. Der wesentlichste Punkt ist die Zusammenfassung von Code und Selbstbeschreibung. Überlegen wir, was zu einer Selbstbeschreibung alles gehört:

- der Name, um die Assembly zu identifizieren
- Informationen, um anderen Assemblys mitzuteilen, ob die vorliegende Assembly das ursprüngliche Original oder eine neuere Version ist
- Informationen darüber, von welchen anderen Komponenten sie abhängt; dazu gehören unter anderem der Name und die Versionsnummer der von ihr referenzierten Assemblys
- Informationen über die von der Assembly exportierten Typen
- die Bezeichner aller Methoden, einschließlich der Parameternamen und -typen, sowie der Typ des Rückgabewertes

Diese Punkte lassen sich in zwei logische Kategorien zusammenfassen:

- Metadaten, die eine Assembly ganzheitlich beschreiben und als **Manifest** der Assembly bezeichnet werden
- Daten zur Beschreibung des IL-Codes, die **Typmetadaten**

Metadaten sind Daten, die andere Daten beschreiben. Wenn Ihnen das zu abstrakt ist, denken Sie an die Tabelle einer Datenbank. Die Entitäten (Spalten bzw. Felder) der Tabelle werden ebenfalls über Metadaten beschrieben. Dazu gehören beispielsweise die Typdefinition eines Feldes, Gültigkeitsregeln, Standardwerte usw.

Selbst die einfachste Assemblierung setzt sich damit konsequenterweise aus drei Blöcken zusammen:

- aus den Metadaten, die die Assembly allgemein beschreiben (das Manifest)
- aus den Typmetadaten, die die öffentlichen Typen beschreiben
- aus dem IL-Code

Assemblys können nicht nur Module für Typen enthalten, oft gehören auch Ressourcen dazu, beispielsweise BMP-, JPEG- und HTML-Dateien, die von der Assembly zur Laufzeit benötigt werden. Diese Dateien sind dann ebenfalls Bestandteil einer Assembly. Man kann sich auch eine Assembly vorstellen, die weder Code noch Ressourcen enthält – ob eine solche Assembly allerdings noch einen Sinn ergibt, lassen wir dahingestellt.

Manifest und Metadaten

Metadaten sind binäre Informationen, die beim Kompilieren einer Datei, sei es in eine DLL- oder EXE-Datei, hinzugefügt werden und die Daten ganzheitlich beschreiben. Jeder Typ, den man innerhalb einer Anwendung definiert oder einbindet, wird von den Metadaten erfasst. Zur Laufzeit werden die Metadaten in den Speicher geladen und von der Common Language Runtime dazu benutzt, die benötigten Informationen zu beziehen, die zur Erstellung und Verwendung eines Objekts erforderlich sind.

Der Informationsgehalt der Metadaten ist vielseitiger Natur und lässt sich in zwei Gruppen einteilen:

- das **Manifest**, das die Struktur einer Assembly beschreibt. Zu dem Informationsgehalt eines Manifests gehören:
  - der Typname
  - die Versionsnummer
  - der öffentliche Schlüssel
  - die Liste aller Dateien, aus denen sich die Assembly zusammensetzt
  - die Liste aller weiteren Assemblys, die statisch an die aktuelle Assembly gebunden sind
  - Sicherheitsrichtlinien, die die Berechtigungen an der Assembly steuern
- **Typmetadaten**, die die Typen innerhalb einer Komponente beschreiben. Das schließt den Namen des Typs, seine Sichtbarkeit, seine Basisklassen und die von ihm implementierten Schnittstellen ein.

Mit dem Manifest und den Typmetadaten verfügt die Common Language Runtime über genügend Informationen, um Klassen aus einer Datei zu laden, Objekte zu erstellen, Methodenaufrufe aufzulösen und auf Objektdaten zuzugreifen.

Es spielt keine Rolle, in welcher Sprache eine Assembly entwickelt worden ist. Das Manifest verwischt die Spuren des zugrunde liegenden Quellcodes. Unter COM war zur binären Bindung zweier Komponenten noch Bindecode notwendig (IDL – Interface Definition Language), um eine gemeinsame Basis für die Kommunikation und den Datenaustausch beider Komponenten zu schaffen. Die *Intermediate Language* (IL) und die *Common Language Runtime* (CLR) schaffen mit Hilfe des Manifests die Voraussetzung für den problemlosen Austausch, ohne dass man solche Behelfsbrücken bauen muss.

Der IL-Disassembler

Sie können sich die Metadaten einer Komponente ansehen, wenn Sie das mit Visual Studio 2012 gelieferte Tool *ildasm.exe*, den sogenannten IL-Disassembler, an der Konsole aufrufen. Sie finden diese Datei in einem Unterordner der Visual-Studio-Installation. Haben Sie die Standardvorgaben bei der Installation übernommen, wird es sich um

..\Programme\Microsoft SDKs\Windows\v6.0A\Bin

handeln. Optional geben Sie beim Aufruf des Tools den Pfad zu einer Anwendung bzw. Assembly an, beispielsweise:

ildasm C:\MeineProjekte\MyFirstAssembly.exe

Wenn Sie das Tool ohne Dateiangabe starten, können Sie über das Menü DATEI • ÖFFNEN die zu inspizierende Assembly wählen.

Wir wollen uns nun mit Hilfe des ILDASM-Tools das Manifest einer Konsolenanwendung ansehen, die neben dem Ausgabecode der Methode Main in derselben Quellcodedatei noch die Definition der Klasse ClassA enthält. In einer zweiten Quellcodedatei des Projekts ist die Klasse ClassB definiert. Um den Informationsgehalt im IL-Tool zu verdeutlichen, enthält der Typ ClassB insgesamt drei Variablendeklarationen mit unterschiedlichen Sichtbarkeiten.

```csharp
// die Klassen ClassA und ClassB sind in der Quellcodedatei ClassA.cs definiert
using System;
using System.Data;
namespace MyAssembly {
  class Program {
    static void Main(string[] args) {
      DataColumn col = new DataColumn();
      Console.WriteLine("Hallo Welt.");
      Console.ReadLine();
    }
  }
  public class ClassA {
    public int intVar;
  }
}
// Klasse ClassB ist in der Quellcodedatei ClassB.cs definiert
public class ClassB {
  public int intVar;
  private long lngVar;
  protected string strText;
}
```

Der Name der Assembly sei *MyAssembly*. Beachten Sie bitte, dass in Main zu Demonstrationszwecken ein Objekt vom Typ DataColumn erstellt wird, also auf die standardmäßig eingebundene Datei *System.Data.dll* zugegriffen wird. Sehen wir uns jetzt an, was uns das IL-Tool liefert, ohne dabei allzu sehr in die Details zu gehen (siehe Abbildung 17.1).

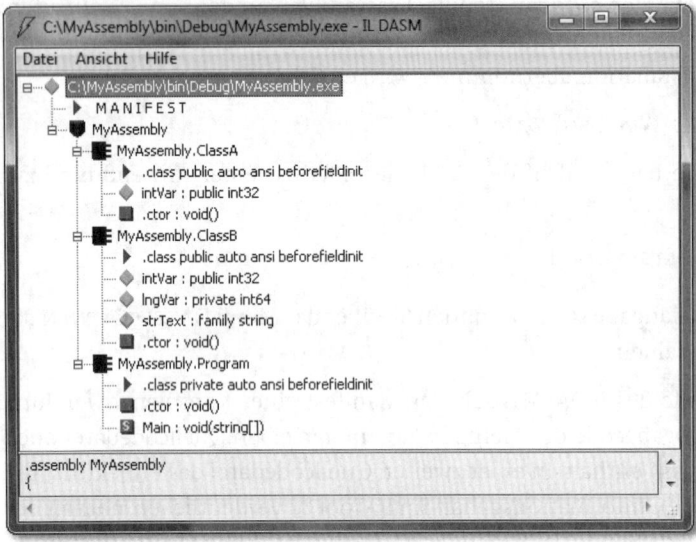

Abbildung 17.1 Die Anzeige des ILDASM-Tools

Unterhalb des Wurzelknotens, der den Pfad zu der Assemblierung angibt, ist – mit einem roten Dreieck gekennzeichnet – das Manifest angeführt. Darunter befindet sich der Knoten *MyAssembly*, der in der Abbildung bereits vollständig geöffnet ist. Das blaue Rechteck, das mit seinen drei nach rechts weisenden Linien an einen Stecker erinnert, symbolisiert Klassendefinitionen.

Neben den Typmetadaten listet das Tool alle Variablen und Klassenmethoden auf – in unserem Beispiel nur die statische Methode `Main` aus `Program` sowie die mit **.ctor** bezeichneten Konstruktoren – und gibt den Sichtbarkeitsbereich der Variablen an. Der Rückgabewert der Methoden wird, getrennt durch einen Doppelpunkt, hinter dem Methodennamen angeführt.

Werfen wir jetzt einen Blick auf das Manifest dieser Assemblierung. Ein Doppelklick auf den *Manifest*-Eintrag des Disassemblers öffnet ein weiteres Fenster, das die Metadaten der Assemblierung wiedergibt (siehe Abbildung 17.2).

Der Reihe nach werden alle externen Assemblys aufgelistet, von denen die aktuelle Anwendung abhängt. Dazu gehört die wichtigste aller Assemblys, die **mscorlib** (beschrieben durch die Datei *mscorlib.dll*). Ihr folgt die Assembly, die aufgrund der Erzeugung des Objekts vom Typ `DataColumn` ebenfalls von der Anwendung benutzt wird: `System.Data` (bzw. die Datei *System.Data.dll*). Da in der Assemblierung *MyAssembly* keine weitere externe Assembly eine Rolle spielt, werden auch keine anderen im Manifest aufgeführt. Der Liste der externen Assemblierungen schließt sich im Block

```
.assembly MyAssembly
```

eine Liste diverser Attribute an, mit denen die Assemblierung beschrieben wird. Die Attribute können in der Datei *AssemblyInfo.cs* der Entwicklungsumgebung festgelegt werden. Sehen wir uns nun die Angaben zu einer externen Assembly genauer an, die beispielsweise folgendermaßen lautet:

```
.assembly extern mscorlib
{
  .publickeytoken = (B7 7A 5C 56 19 34 E0 89 )
  .ver 1:0:3300:0
}
```

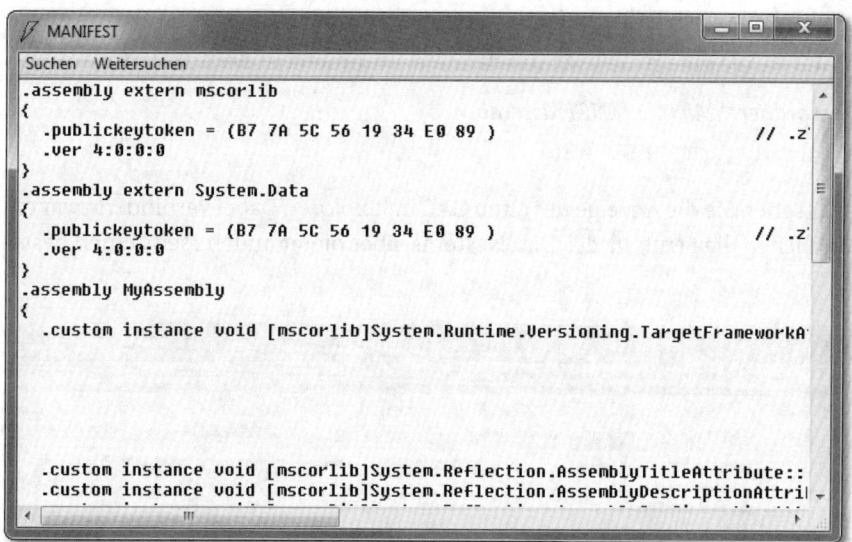

Abbildung 17.2 Das Manifest einer Assembly

Weiter oben wurde bereits ein wesentlicher Unterschied zwischen einer privaten und einer gemeinsam genutzten, externen Assembly beschrieben: Eine gemeinsam genutzte, globale Assembly verfügt über einen öffentlichen Schlüssel. Im Manifest wird dieser Schlüssel hinter dem Attribut **.publickeytoken** in geschweiften Klammern angegeben. Neben dem Namen einer Assemblierung trägt unter anderem auch der Schlüssel zur eindeutigen Identifizierung der Assembly bei und sichert gleichzeitig die Identität des Komponentenentwicklers. Auf dieses Thema werden wir gleich zurückkommen.

Unter .NET dürfen mehrere gleichnamige, allerdings versionsunterschiedliche Assemblierungen nebeneinander existieren, ohne damit Konflikte zu verursachen. Die Versionsinformationen sind in einem standardisierten Format dargestellt, das im Manifest der referenzierenden Assemblierung mit dem Attribut **.ver** gekennzeichnet ist.

17.2.4 Globale Assemblys

Eine **globale Assembly** stellt ihre Dienste allen .NET-Anwendungen des Systems gleichermaßen zur Verfügung. Das beste Beispiel globaler Assemblys sind die Klassen des .NET Frameworks. Die Entscheidung, ob eine Assembly global zur Verfügung stehen soll, muss schon vor der Kompilierung berücksichtigt werden, weil standardmäßig immer eine private Assembly erzeugt wird. Globale Assemblys werden in einem speziellen Verzeichnis installiert: dem **Global Assembly Cache** (GAC). Der GAC ist ein Speicherort, in dem sogar mehrere unterschiedliche Versionen derselben Assembly installiert werden dürfen.

Es gibt seit der Version .NET 4.0 zwei verschiedene Lokalitäten für den GAC. Bis einschließlich der Version .NET 3.5 befindet sich der GAC im Verzeichnis

\<Betriebssystemordner>\assembly

Ab der Version 4.0 wurde eine neue Lokalität definiert. Nunmehr ist der GAC unter

\<Betriebssystemordner>\Microsoft.NET\assembly

zu finden.

In Abbildung 17.3 sehen Sie die Anzeige des alten GAC im Explorer. Dabei verhindert zwar ein Plug-in den Einblick in die Struktur des Dateisystems, aber bietet andererseits einen besseren Überblick.

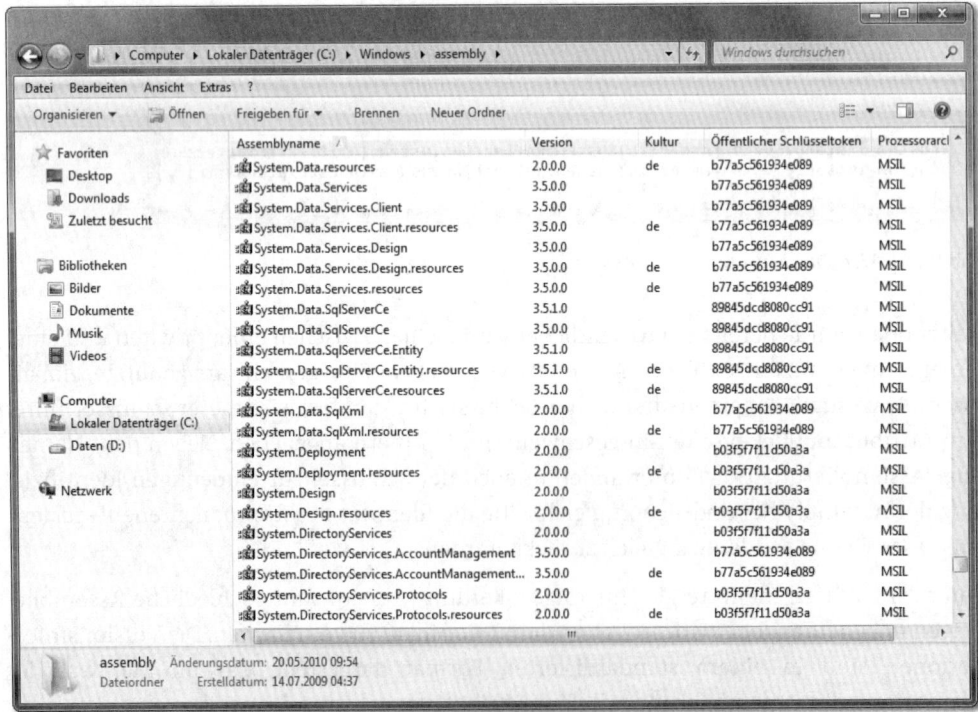

Abbildung 17.3 Der Global Assembly Cache (GAC) bis einschließlich .NET 3.5

Der GAC ist so strukturiert, dass für jede eingetragene Assembly ein auf dem Dateibezeichner basierender Unterordner angelegt wird. Bei diesem Unterordner wird auf die Dateiextension verzichtet. Dieser Ordner enthält seinerseits weitere Unterordner, deren Bezeichner sich aus der Versionsnummer, der Kultur (das bedeutet, der Sprachversion) und dem öffentlichen Schlüssel der Assembly zusammensetzt. Erst im letztgenannten Unterordner findet sich die entsprechende DLL. Das gilt sowohl für den GAC bis Version 3.5 als auch für den GAC ab Version 4.0.

Doch nach welchen Kriterien wird nun eine von einer Anwendung benötigte Assemblierung gesucht? Das Prinzip ist sehr einfach. Die Common Language Runtime wertet beim Starten einer Anwendung das Manifest aus. Wie Sie wissen, enthält das Manifest alle Angaben zu den benötigten externen Assemblierungen (siehe dazu auch Abbildung 17.2). Mit den Informationen zu Dateiname, Version, Kultur und öffentlichem Schlüssel aus dem Manifest der Anwendung sucht die CLR die passende Assembly im GAC. Wird die CLR fündig, wird die entsprechende Komponente geladen. War die Suche erfolglos, wird im Verzeichnis der Anwendung weitergesucht, weil die CLR dann davon ausgehen muss, dass es sich um eine private Assembly handelt.

Streng genommen geht die Suche sogar noch weiter, weil unter Umständen auch noch mögliche Vorgaben in den Konfigurationsdateien eine wichtige Rolle spielen. Auf diese Gesichtspunkte und auf die Konfigurationsdateien komme ich in Abschnitt 17.3 noch zu sprechen.

Versionierung von Assemblys

Zur Laufzeit ermittelt die Common Language Runtime anhand der Versionsnummer, welche Version einer Assembly von einer Anwendung benutzt werden soll. Standardmäßig wird die Version geladen, die im Manifest der Anwendung angegeben ist.

Die Beschreibung einer Version folgt nach einer festgelegten Spezifikation. Jede Baugruppe hat eine Versionsnummer, die sich aus vier Elementen zusammensetzt, beispielsweise:

1.0.2.2

Die ersten beiden Zahlen beschreiben die Haupt- und Nebenversion. Werden an einer Komponente Änderungen vorgenommen, die inkompatibel zu der Vorgängerversion dieser Komponente sind (beispielsweise durch die Änderung der Parameterliste einer Methode), müssen sich die beiden Komponenten in der Haupt- oder Nebenversionsangabe unterscheiden, z.B.:

2.0.2.2

Eine abwärtskompatible Änderung wird durch die Elemente *Build* und *Revision* beschrieben. Änderungen, die über diese beiden Elemente bekannt gegeben werden, sind nur Korrekturen oder Fehlerbeseitigungen im Programmcode, die auf den Client keinen Einfluss ausüben – zumindest nicht im negativen Sinne, denn normalerweise dürfte ein Client von solchen Änderungen nur profitieren.

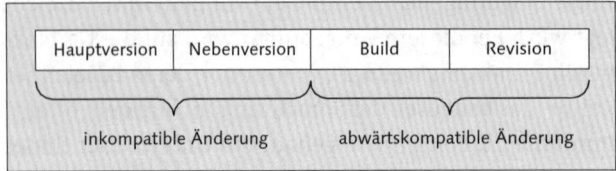

Abbildung 17.4 Das Schema der Versionierung

Die Versionsnummer wird vor der Kompilierung einer Assembly als Attribut in der Datei *AssemblyInfo.cs* festgelegt.

[Assembly: AssemblyVersion("1.0.1.0")]

Alternativ können Sie die Version auch im Eigenschaftsfenster des Projekts festlegen. Klicken Sie dazu auf den Knoten PROPERTIES im Projektmappen-Explorer, und vergewissern Sie sich, dass die Registerkarte ANWENDUNG angezeigt wird. In dieser finden Sie die Schaltfläche ASSEMBLYINFORMATIONEN. Darüber gelangen Sie zu einem Dialog, wie er in Abbildung 17.5 zu sehen ist. Hier können Sie übrigens nicht nur die Version festlegen, sondern auch eine Reihe weiterer allgemeiner Informationen, die nach dem Schließen des Dialogs in die Datei *AssemblyInfo.cs* eingetragen werden.

Abbildung 17.5 Festlegen der Assemblyversion

Die Schlüsseldatei erzeugen

Globale Assemblys sind dadurch gekennzeichnet, dass sie mit einem binären Schlüsselpaar signiert sind, das aus einem öffentlichen und einem privaten Schlüssel besteht. Beide kryptografischen Schlüssel dienen einerseits zur Identifizierung einer Assembly und gewährleisten andererseits bei einer Änderung, dass der Autor der neuen Version derselbe ist wie der der alten Version. Nur der Entwickler der Ursprungsversion ist im Besitz von beiden Schlüsseln.

Beim Kompiliervorgang wird ein Teil des öffentlichen Schlüssels (Token) in das Manifest geschrieben und die Datei, die das Manifest enthält, mit dem privaten Schlüssel signiert. Der öffentliche Schlüssel ist ein Teil der Informationen, die eine Clientanwendung zur eindeutigen Identifikation einer bestimmten Assembly benötigt. Der private Schlüssel ist für den Aufrufer bedeutungslos, er sichert aber die Arbeit des Komponentenentwicklers und schützt gleichzeitig vor unbefugter oder gar böswilliger Änderung einer globalen Assemblierung. Privater und öffentlicher Schlüssel korrespondieren miteinander, mit anderen Worten: Zu einem öffentlichen Schlüssel gehört auch ein bestimmter privater – das ist ein wichtiger Aspekt, der in seiner Bedeutung nicht hoch genug eingeschätzt werden darf.

Der öffentliche und der private Schlüssel werden durch eine Schlüsseldatei beschrieben, die mit dem Tool **sn.exe** erzeugt wird. Sie können dieses Tool an der Kommandozeile aufrufen und die notwendigen Optionsschalter setzen. Eleganter und einfacher ist es jedoch, wenn Sie dazu Visual Studio 2012 nutzen. Öffnen Sie dazu das Projekteigenschaftsfenster, und wählen Sie die Lasche SIGNIERUNG. Markieren Sie anschließend die Auswahlbox ASSEMBLY SIGNIEREN. Daraufhin wird die Auswahlliste aktiviert, die die Suche nach einer bereits vorhandenen Schlüsseldatei oder das Erstellen einer neuen ermöglicht. Wenn Sie sich für letztgenannte Alternative entscheiden, geben Sie in einem zusätzlichen Dialogfenster den Schlüsseldateinamen an. Darüber hinaus können Sie die Schlüsseldatei auch mit einem Kennwort schützen.

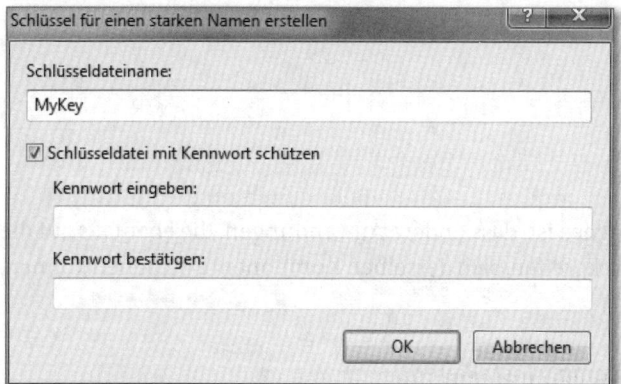

Abbildung 17.6 Eine Schlüsseldatei mit Visual Studio 2012 erzeugen

Beim Signieren einer Assembly haben Sie möglicherweise nicht immer Zugriff auf den privaten Schlüssel. So kann ein Unternehmen beispielsweise ein stark gesichertes Schlüsselpaar haben, auf das die Entwickler nicht täglich zugreifen können. In diesem Fall müssen Sie eine verzögerte Signierung vornehmen, um zunächst nur den öffentlichen Schlüssel verfügbar zu machen. Markieren Sie hierzu in der Registerkarte SIGNIERUNG den Optionsschalter NUR VERZÖGERTE SIGNIERUNG. Das Hinzufügen des privaten Schlüssels wird auf den Zeitpunkt verschoben, zu dem die Assembly bereitgestellt wird.

Die Installation einer Assembly im GAC mit dem Tool gacutil.exe

Eine Assembly global bereitzustellen erfordert zwei Arbeitsgänge:

- Der Quellcode wird kompiliert, und dabei wird eine vorher erzeugte oder bereits vorhandene Schlüsseldatei eingebunden. Damit ist die Assembly zur gemeinsamen Nutzung vorbereitet.
- Das Kompilat muss im GAC installiert werden.

Wie der erste Punkt erfüllt wird, habe ich Ihnen im Abschnitt zuvor gezeigt. Zur Erfüllung des zweiten bieten sich zwei Alternativen:

- das Kommandozeilenprogramm **gacutil.exe** des .NET Frameworks
- eine Installationsroutine mit dem *Microsoft Windows Installer*

Widmen wir uns zunächst dem Kommandozeilentool **gacutil.exe**. Wie alle anderen Tools findet man **gacutil.exe** unter:

\Programme\Microsoft SDKs\Windows\V6.0A\bin

Die allgemeine Aufrufsyntax lautet:

```
gacutil [Optionen] [Assemblyname]
```

Aus der Liste der Optionen ragen zwei besonders heraus: der Schalter /i, um die darauf folgend angegebene Assembly im GAC zu installieren, und der Schalter /u, um eine gemeinsam genutzte Assembly zu deinstallieren, z. B.:

```
gacutil /i MyGlobalAssembly.dll
```

beziehungsweise:

```
gacutil /u MyGlobalAssembly
```

Der Vorteil des Global Assembly Caches ist, dass andere Anwendungen, die ebenfalls auf die Dienste von *GeometricObjects* zurückgreifen, sich derselben Komponente bedienen können, weil sie zentral registriert ist.

Eine neue Version der globalen Assembly installieren

Nicht ungewöhnlich für eine allgemein zur Verfügung stehende Komponente ist, dass eine neue Version von ihr verteilt wird – sei es, um Bugs zu beseitigen oder um die alte Komponentenversion um neue Fähigkeiten zu erweitern. Sie müssen nur dafür sorgen, dass Sie eine neuere Versionsnummer vor dem Kompilieren angeben. Diese stellen Sie im Dialog ASSEMBLYINFORMATIONEN ein, der in Abbildung 17.5 zu sehen ist.

Eine Anwendung, die mit der alten Version kompiliert worden ist, wird auch weiterhin diese benutzen, weil es dafür den entsprechenden Eintrag im Manifest gibt. Wie Sie dennoch die Anwendung dazu bringen, die neuere Assemblyversion zu benutzen, wird in Abschnitt 17.4 erläutert.

17.3 Konfigurationsdateien

Konfigurationsdateien können das Laufzeitverhalten einer Anwendung beeinflussen, ohne dass die Anwendung neu kompiliert werden muss. In einer Konfigurationsdatei werden Vorgaben getroffen, die beim Starten einer Anwendung von der Common Language Runtime (CLR) ausgewertet werden. Darüber hinaus ist auch während der Laufzeit der Zugriff auf eine Konfigurationsdatei mittels Programmcode möglich.

Doch was beschreiben Konfigurationsdateien? Letztendlich handelt es sich dabei um Daten, die von einer Anwendung während der Ausführung benötigt werden. Dabei kann es sich um Daten handeln, die sicherstellen, dass der Zustand einer Anwendung bei einem Neustart genauso restauriert wird, wie es beim Schließen der Anwendung der Fall war. Es kann sich um Variableninhalte handeln, um Verbindungszeichenfolgen für ADO.NET oder auch um die Angabe darüber, welche Version einer bestimmten Assembly aus dem Global Assembly Cache (GAC) geladen werden soll.

Es gibt mehrere verschiedene Konfigurationsdateien, die unter .NET eine mehr oder weniger entscheidende Rolle einnehmen. Wir haben uns im Rahmen dieses Buches mit Anwendungen auf der lokalen Maschine beschäftigt, deshalb können wir eine Aufzählung auch auf drei Typen beschränken:

- Anwendungskonfigurationsdateien
- Herausgeberrichtliniendateien
- die Maschinenkonfigurationsdatei (*machine.config*)

In erster Linie werden uns in diesem Abschnitt die Anwendungskonfigurationsdateien beschäftigen.

Anwendungskonfigurationsdateien splitten sich in zwei Gruppen auf, die unterschiedliche Daten beschreiben:

- Anwendungsdaten, die für die gesamte Anwendung gültig und unabhängig vom jeweiligen Benutzer sind
- Daten, die benutzerspezifisch sind

Das werden wir im weiteren Verlauf dieses Kapitels noch genauer untersuchen.

17.3.1 Die verschiedenen Konfigurationsdateien

Bevor wir uns exemplarisch eine Konfigurationsdatei ansehen, sollten wir uns darüber bewusst sein, dass es unter .NET mehrere verschiedene Konfigurationsdateien gibt, die durchaus auch identische Elemente aufweisen können. Typisch für alle Konfigurationsdateien ist die Dateierweiterung *.config*. Der Inhalt wird durch XML beschrieben. Verschaffen wir uns zuerst einen allgemeinen Überblick.

Anwendungskonfigurationsdatei

Falls einer .NET-Anwendung eine Anwendungskonfigurationsdatei zugeordnet wird, ist diese immer im Stammverzeichnis der Anwendung zu finden. Der Name einer Konfigurationsdatei setzt sich aus dem Namen der Programmdatei und dem Suffix *.config* zusammen. Heißt die Programmdatei *MyApplication.exe*, heißt die Konfigurationsdatei demnach *MyApplication.exe.config*.

Eine Konfigurationsdatei, die dieser Namenskonvention folgt, muss im Stammverzeichnis der Anwendung gespeichert werden und wird vor dem Start der Anwendung von der CLR ausgewertet. Die Einstellungen in der Anwendungskonfigurationsdatei sind daher für die Anwendung spezifisch und haben keine Auswirkungen auf andere Anwendungen.

Publisherrichtliniendatei (Herausgeberrichtliniendatei)

Dieser Konfigurationsdateityp kann zusammen mit dem Update oder Service Pack einer globalen Assembly ausgeliefert werden. Eine Publisherrichtliniendatei, in der .NET-Dokumentation auch als Herausgeberrichtliniendatei bezeichnet, kann nur vom Entwickler einer globalen Assembly für eine bestimmte Assemblierung bereitgestellt werden. Sie hat die Aufgabe, den Zugriff der Anwendungen, die normalerweise die Dienste der »alten« globalen Assembly in Anspruch nehmen würden, auf eine neue Version umzuleiten. Damit hat zumindest der Hersteller der Komponente das Seinige getan, um zu vermeiden, dass Anwendungen weiterhin eine möglicherweise fehlerhafte Version benutzen. Weitere Informationen, insbesondere das Erzeugen einer Publisherrichtliniendatei, finden Sie unter »Erstellen einer Publisherrichtliniendatei« in der Online-Hilfe.

Maschinenkonfigurationsdatei

Der Name dieser Konfigurationsdatei lautet *machine.config*. Haben Sie bei der Installation keine anderen Vorgaben getroffen, befindet sich diese Datei in folgendem Ordner:

\Windows\Microsoft .NET\Framework\v4.0.30319\Config

In der Computerkonfigurationsdatei sind viele .NET betreffende Einstellungen des lokalen Rechners zentral beschrieben. Daher ist diese Konfigurationsdatei auch sehr groß und erscheint mit ihren zahllosen Einträgen, die sich auf das gesamte Laufzeitverhalten von .NET-Anwendungen und -Komponenten auswirken, unüberschaubar.

Die Aufrufreihenfolge der Konfigurationsdateien

Die Suche nach den Konfigurationsdateien erfolgt dabei in der folgenden Reihenfolge:

1. Anwendungskonfigurationsdatei
2. Herausgeberrichtliniendatei (Publisherrichtliniendatei)
3. Maschinenkonfigurationsdatei

Wie schon erwähnt wurde, lässt sich mit einer Konfigurationsdatei auch steuern, welche Version einer bestimmten globalen Assembly eine Anwendung aufrufen soll. Wie das gemacht wird, zeige ich Ihnen später. Wird die Anwendung gestartet, ist zunächst das Manifest ausschlaggebend dafür, welche Version der Assembly geladen werden soll. Die Laufzeitumgebung merkt sich die Version und sucht anschließend nach einer eventuell vorhandenen Anwendungskonfigurationsdatei. Gibt es eine solche im Anwendungsverzeichnis und enthält sie einen Eintrag, der die Umleitung zu einer anderen Version beschreibt, überschreibt der Eintrag in der Anwendungskonfigurationsdatei den Eintrag im Manifest.

Nach der Suche und der Auswertung der Anwendungskonfigurationsdatei interessiert sich die Laufzeitumgebung für eine möglicherweise existierende Publisherrichtliniendatei. Hat der Entwickler der globalen Assembly eine solche bereitgestellt und ist sie im GAC installiert, überschreibt deren Versionsangabe diejenige, die bis zu diesem Zeitpunkt gültig war.

Im letzten Schritt durchforstet die Laufzeitumgebung die Maschinenkonfigurationsdatei, die im Gegensatz zu den beiden vorher aufgeführten Dateien nicht optional ist. Hat der Anwender in *machine.config* eine Versionsumleitung eingetragen (dazu sind administrative Rechte notwendig), gilt diese vor allen anderen.

Entscheidend dafür, auf welche Assemblyversion die Anwendung zugreift, ist der zuletzt gefundene Eintrag. Sollen alle Anwendungen grundsätzlich mit einer bestimmten Version arbeiten, genügt ein Eintrag in die Maschinenkonfigurationsdatei. Auf eine Anwendungskonfigurationsdatei kann in diesem Fall verzichtet werden – es sei denn, von der Anwendungskonfigurationsdatei werden andere Vorgaben oder Einstellungen beschrieben, die nichts mit dem Versionsaufruf zu tun haben.

Es könnte auch passieren, dass in der Maschinenkonfigurationsdatei die Umleitung auf eine bestimmte Version angegeben ist, die sich aber als nicht abwärtskompatibel für eine ganz bestimmte Anwendung erweist, während andere Anwendungen problemlos damit zusammenarbeiten können. Dann besteht die Möglichkeit, in der Anwendungskonfigurationsdatei der betroffenen Anwendung den Automatismus der Versionsumleitung abzuschalten.

17.3.2 Die Struktur einer Anwendungskonfigurationsdatei

Da eine Anwendungskonfigurationsdatei optional ist, muss sie einem Programm ausdrücklich hinzugefügt werden. Sie können dazu Visual Studio 2012 benutzen, Sie können die Anwendungsdatei einer .NET-Anwendung aber auch erst nach deren Installation bereitstellen. Im einfachsten Fall schreiben Sie den gewünschten XML-Code mit dem MS-Editor oder einem anderen, beliebigen ASCII-Editor. Anschließend speichern Sie die Textdatei als XML-Datei mit dem vorgeschriebenen Bezeichner im Anwendungsverzeichnis. Das ist schon alles.

Wir wollen nun zum ersten Mal mit Visual Studio 2012 eine Konfigurationsdatei einem Projekt hinzufügen. Markieren Sie dazu im Projektmappen-Explorer das Projekt, öffnen Sie dessen Kontextmenü, und wählen Sie Hinzufügen... • Neues Element hinzufügen. Im nächsten Schritt markieren Sie im Dialogfenster den Typ Anwendungskonfigurationsdatei und bestätigen die Auswahl.

Die Projektdateien werden danach um die Datei *App.config* ergänzt. Den Namen *App.config* dürfen Sie nicht ändern, weil der Compiler nur eine Datei mit diesem Namen als spätere Anwendungskonfigurationsdatei interpretiert. Bei der Kompilierung des Projekts wird aus *App.config* automatisch der Dateiname generiert, der der Namenskonvention entspricht.

Im Arbeitsbereich der Entwicklungsumgebung wird ein neues Fenster mit dem Inhalt der Datei *App.config* angezeigt. Sie enthält bereits den elementarsten XML-Code:

```xml
<?xml version="1.0" encoding="utf-8" ?>
<configuration>
</configuration>
```

Mit der ersten Zeile, die als XML-Deklaration oder auch als Prolog bezeichnet wird, wird der Einstiegspunkt in das Dokument festgelegt. Neben der Versionsnummer wird auch der zum Lesen des Dokuments verwendete Zeichensatz, hier UTF-8, beschrieben.

Jedes XML-Dokument hat ein sogenanntes Stammelement. Bei allen Konfigurationsdateien ist es das `<configuration>`-Element. Alle Informationen, die zwischen dem einleitenden und dem ausleitenden Tag stehen und ihrerseits selbst Elemente sind, werden dazu benutzt, die Anwendung zu konfigurieren.

Ich möchte Ihnen nun eine Konfigurationsdatei zeigen, die nicht nur den erforderlichen Strukturrahmen aufweist, sondern gleichzeitig auch bereits Informationen in sich birgt.

```xml
<?xml version="1.0" encoding="utf-8" ?>
<configuration>
  <configSections>
    <sectionGroup name="userSettings" ...>
      <section name="AppConfigSample.Properties.Settings" .../>
    </sectionGroup>
    <sectionGroup name="applicationSettings" ...>
      <section name="AppConfigSample.Properties.Settings" .../>
    </sectionGroup>
  </configSections>
  <appSettings>
    <add key="Test" value="123"/>
  </appSettings>
  <userSettings>
    <AppConfigSample.Properties.Settings>
      <setting name="Variable1" serializeAs="String">
        <value>Hallo Andreas!</value>
      </setting>
    </ AppConfigSample.Properties.Settings>
  </userSettings>
  <applicationSettings>
    <AppConfigSample.Properties.Settings>
      <setting name="Variable2" serializeAs="String">
        <value>Hallo Leute!</value>
      </setting>
```

```
          </ AppConfigSample.Properties.Settings>
      </applicationSettings>
</configuration>
```

Listing 17.1 Anwendungskonfigurationsdatei mit zahlreichen Einträgen

Ich habe in dieser Konfigurationsdatei sehr viel kürzen müssen, denn selbst im Code-Editor ist die gesamte Konfigurationsdatei unüberschaubar. Für die folgenden Betrachtungen spielt das aber keine Rolle. Zudem dürfen Sie das Beispiel auch nicht so verstehen, dass ich Ihnen alle denkbaren Möglichkeiten aufzeigen möchte. Ich möchte mich vielmehr auf ein paar wenige Merkmale konzentrieren. Wenn Sie möchten, können Sie sich die komplette Konfigurationsdatei ansehen. Sie ist im Beispielprogramm *AppConfigDemo* zu finden, das wir gleich besprechen werden.

Innerhalb von `<configuration>` sind vier Sektionen definiert:

- `<configSections>`
- `<appSettings>`
- `<userSettings>`
- `<applicationSettings>`

Diesen Abschnitten kommt eine besondere Bedeutung zu. In der Erklärung kurzfassen kann ich mich, was den Abschnitt `<configSections>` angeht. Dieser beschreibt nur die beiden untergeordneten Sektionen `<applicationSettings>` und `<userSettings>`.

Die Notation in den beiden Abschnitten `<applicationSettings>` und `<userSettings>` ist identisch. Zunächst wird ein neuer untergeordneter Abschnitt eröffnet, der eine Klasse angibt, hier z. B.:

`AppConfigDemo.Properties.Settings`

Die Klasse heißt `Settings`, der Namespace `AppConfigDemo.Properties`. Namespace und Klasse werden von Visual Studio 2012 automatisch erzeugt. Die Klasse `Settings` definiert dabei hauptsächlich Eigenschaftsmethoden, um den Zugriff auf die Daten zu ermöglichen, die in der Konfigurationsdatei abgelegt sind.

Die untergeordneten `<setting>`-Elemente beschreiben mit dem Attribut `name` den Bezeichner der gespeicherten Variablen, `serializeAs` gibt den Datentyp an. Meist werden die Daten als Zeichenfolge serialisiert, ansonsten sind auch noch `xml`, `binary` und `custom` mögliche Alternativen. Das Tag `<value>` schließlich beschreibt den gespeicherten Wert.

Der Abschnitt `<applicationSettings>`

Benutzerunabhängige Daten sind in der Sektion `<applicationSettings>` festgelegt. Alle Informationen, die dieser Abschnitt beschreibt, gelten uneingeschränkt für jeden Benutzer der Anwendung. Im Beispiel oben wird nur eine Dateninformation in diesem Abschnitt festgelegt, die die Bezeichnung *Variable2* hat und die Zeichenfolge »Hallo Leute!« beschreibt.

Variable2 kann beim Starten der Anwendung ausgewertet und von der laufenden Anwendung weiterverarbeitet werden. Solange sich nichts am Inhalt von *Variable2* ändert, käme das der Deklaration einer gleichnamigen Variablen im Code gleich. Sollte jedoch ein abweichender Wert wünschenswert sein, kann dieser in der Konfigurationsdatei geändert werden, ohne dass eine Neukompilierung erforderlich ist. Ein besonderes Charakteristikum von <applicationSettings> ist, dass sich die Werte nicht mittels Code zur Laufzeit editieren lassen.

Der Abschnitt <userSettings>

<applicationSettings> ist denkbar ungeeignet, benutzerspezifische Einstellungen zu speichern. Abgesehen davon, dass die Größe der Konfigurationsdatei bei steigender Benutzeranzahl schnell wächst, würde der Inhalt auch jedem anderen Benutzer offengelegt wie ein Buch. Deshalb werden benutzereigene Einstellungen in der Sektion <userSettings> der Anwendungskonfigurationsdatei beschrieben. Daten, die hier eingetragen werden, gelten als Standardwerte für jeden Anwender. Kommt es zu einer Änderung der Daten, werden diese in einer Datei mit dem Namen *user.config* im jeweiligen Windows-Benutzerprofil unter *Dokumente und Einstellungen\<Benutzer>\Lokale Einstellungen\Anwendungsdaten\<Firma>\<Anwendung>* gespeichert. Daraus können Sie auch entnehmen, dass im Gegensatz zu <applicationSettings> die Daten, die im Abschnitt <userSettings> definiert sind, mittels Code verändert werden können.

Der Abschnitt <appSettings>

<appSettings> erfüllt die gleiche Aufgabe wie die Sektion <applicationSettings>, kann jedoch aus dem Code der laufenden Anwendung heraus editiert werden.

17.3.3 Eine Anwendungskonfigurationsdatei mit Visual Studio 2012 bereitstellen

Eine Konfigurationsdatei wie die oben beschriebene müssen Sie natürlich nicht mit dem MS-Editor oder ähnlichen Programmen mühevoll selbst schreiben. Greifen Sie besser auf die Fähigkeiten von Visual Studio 2012 zurück.

Doppelklicken Sie dazu auf den Knoten PROPERTIES im Projektmappen-Explorer, und wählen Sie hier die Lasche EINSTELLUNGEN. In dem sich daraufhin öffnenden Fenster können Sie Einträge für die Abschnitte <userSettings> und <applicationSettings> vornehmen. In der Spalte NAME tragen Sie den Namen der Variablen ein, und unter TYP legen Sie deren Datentyp fest. Ob es sich um eine allgemeine oder um eine benutzerspezifische Variable handelt, wählen Sie aus der Liste aus, die der Spalte BEREICH zugeordnet ist. In der letzten Spalte können Sie auch den Startwert der Variablen bestimmen. Eine Vorgabe ist hier nicht notwendig. Abbildung 17.7 zeigt die Einstellungen für die weiter oben gezeigte Anwendungskonfigurationsdatei.

Beim Schließen des Editors werden Sie dazu aufgefordert, die vorgenommenen Einträge zu speichern. Das geschieht natürlich in der Datei *App.config*, die automatisch hinzugefügt wird, falls es in dem Projekt noch keine gibt.

17.3 Konfigurationsdateien

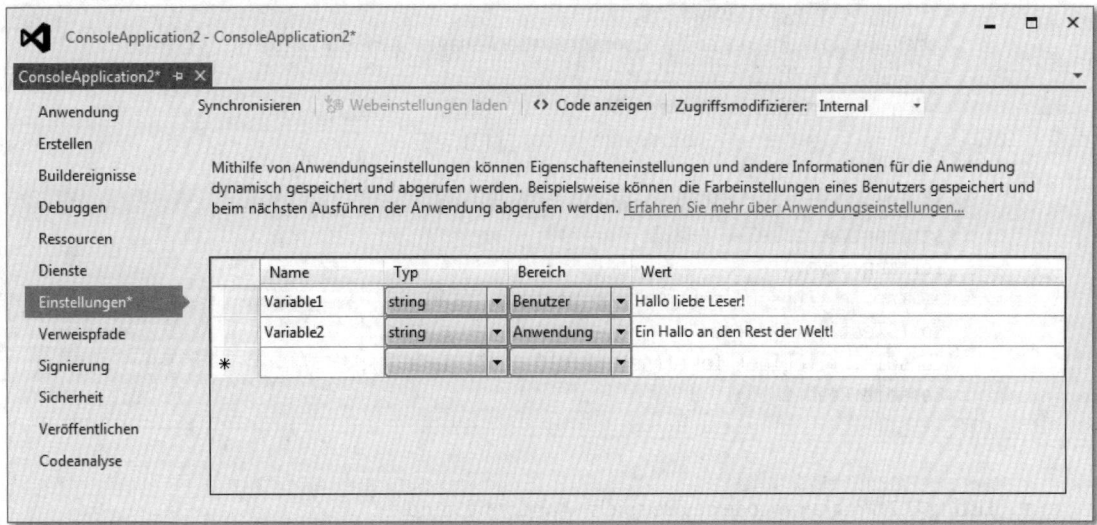

Abbildung 17.7 Festlegen der Konfigurationseinstellungen in Visual Studio 2012

Damit sind aber auch schon die Möglichkeiten des Editors erschöpft. Möchten Sie noch weitere Sektionen festlegen, beispielsweise <appSettings>, öffnen Sie *App.config* und nehmen diese Ergänzung manuell vor. Dabei werden Sie auch durch eine IntelliSense-Hilfe unterstützt.

17.3.4 Einträge der Anwendungskonfigurationsdatei auswerten

Jetzt wollen wir uns auch sofort anhand eines Beispiels die Auswertung einer Konfigurationsdatei ansehen. Im folgenden Beispielprogramm werden alle drei Sektionen (<appSettings>, <applicationSettings> und <userSettings>) ausgelesen, und darüber hinaus werden auch den Variablen in <appSettings> und <userSettings> neue Werte übergeben. <applicationSettings> scheidet bekanntlich im letzten Schritt aus, da Inhalte dieser Sektion nicht per Code verändert werden können.

```
// Beispiel: ...\Kapitel 17\AppConfigSample
using AppConfigDemo.Properties;
using System.Configuration;
using System.Collections.Specialized;
class Program {
  static void Main(string[] args) {
    // <userSettings> und <applicationSettings> auswerten
    Settings setting = new Settings();
    string variable1 = setting.Variable1;
    string variable2 = setting.Variable2;
    Console.WriteLine("Variable1 = {0}", variable1);
    Console.WriteLine("Variable2 = {0}", variable2);
```

```
    // <appSettings> auswerten
    NameValueCollection col = ConfigurationManager.AppSettings;
    for (int i = 0; i < col.Count; i++) {
      Console.WriteLine("Name: {0} - Wert: {1}",
                       col.Keys[i], col[i]);
    }
    // <userSettings> einen neuen Wert zuordnen
    setting.Variable1 = "Hallo Peter!";
    setting.Save();
    // <appSettings> einen anderen Wert zuweisen
    col["Test"] = "Aachen";
    Console.WriteLine("Test (neu): {0}", col["Test"]);
    Console.ReadLine();
  }
}
```

Listing 17.2 Programmcode des Beispiels »AppConfigSample«

An diesem Code ist einiges erklärungsbedürftig. Betrachten Sie bitte zuerst die folgende Anweisung:

```
Settings setting = new Settings();
```

Wenn es Sie interessiert, auf welcher Grundlage diese Anweisung basiert, öffnen Sie die Datei *Settings.Designer.cs*, die Sie innerhalb des Knotens PROPERTIES im Projektmappen-Explorer finden. Diese Datei wird automatisch von Visual Studio 2012 generiert. Sie enthält die Beschreibung der Klasse Settings, die von ApplicationSettingsBase abgeleitet ist. Settings ist ein Wrapper um die Anwendungskonfigurationsdatei und somit das Bindeglied zwischen den Konfigurationseinstellungen und dem Programmcode. Der Namespace, dem Settings zugeordnet ist, lautet *AppConfigSample.Properties*. Dieser Namespace ist mit using bekannt gegeben worden.

In der Klasse werden alle Einstellungen aus der Anwendungskonfigurationsdatei als Eigenschaftsmethoden veröffentlicht. Die benutzerspezifischen haben folgerichtig einen get- und einen set-Zweig, die anwendungsspezifischen implementieren nur get und liefern deshalb nur den Wert zurück.

Wenn wir Setting instanziieren, erhalten wir den Zugriff auf die Variablen, die in <applicationSettings> und <userSettings> definiert sind.

```
string variable1 = setting.Variable1;
string variable2 = setting.Variable2;
```

Schauen wir uns nun die beiden folgenden Anweisungen an:

```
setting.Variable1 = "Hallo liebe Leser!";
setting.Save();
```

Variable1 gehört zu der Sektion `<userSettings>`. Während beim ersten Aufruf noch der Inhalt *Andreas* lautet, wird dieser nach der Konsolenausgabe geändert. Das bewirkt, dass die Zeichenfolge *Hallo Andreas!* in die Datei *user.config* geschrieben wird, die unter *Dokumente und Einstellungen\<Benutzer>\Lokale Einstellungen\Anwendungsdaten\<Firma>\<Anwendung>* zu finden ist. Der Inhalt lautet wie folgt:

```xml
<?xml version="1.0" encoding="utf-8"?>
<configuration>
  <userSettings>
    <AppConfigSample.Properties.Settings>
      <setting name="Variable1" serializeAs="String">
        <value>Hallo liebe Leser!</value>
      </setting>
    </AppConfigSample.Properties.Settings>
  </userSettings>
</configuration>
```

Listing 17.3 Inhalt der Datei »User.config«

Bei allen folgenden Aufrufen wird anschließend immer die benutzerbezogene Zeichenfolge angezeigt.

Hinter `Setting` steckt noch ein kleines Geheimnis, denn es handelt sich um eine partielle Klasse. Vielleicht haben Sie das Beispiel von der Buch-DVD ausprobiert und mussten feststellen, dass an der Konsole die Ausgabe *Der Wert für Variable1 wurde verändert* angezeigt wird, ohne dass diese Ausgabe in `Main` codiert ist.

Sehen Sie noch einmal Abbildung 17.7 an. In dem abgebildeten Dialog sehen Sie im oberen Bereich eine Schaltfläche CODE ANZEIGEN. Klicken Sie auf die Schaltfläche, öffnet sich ein Code-Editor mit der partiellen Klasse `Settings` und dem Codegerüst von zwei Ereignishandlern, die zu den beiden Ereignissen `SettingsChanging` und `SettingsSaving` gehören, die ein `Settings`-Objekt auslösen kann. Beide Ereignishandler sind noch nicht bei den Ereignissen registriert. Dazu müssen Sie nur die Auskommentierungen im Konstruktor aufheben:

```csharp
internal sealed partial class Settings {
  public Settings() {
    // this.SettingChanging += this.SettingChangingEventHandler;
    // this.SettingsSaving += this.SettingsSavingEventHandler;
  }
  private void SettingChangingEventHandler(object sender,
                             SettingChangingEventArgs e)
  {
  }
  private void SettingsSavingEventHandler(object sender, CancelEventArgs e)
  {
  }
}
```

Das `SettingsSaving`-Ereignis wird von der `Save`-Methode ausgelöst, bevor die Anwendungseinstellung gespeichert wird. Der zugeordnete Ereignishandler vom Typ `CancelEventArgs` kann den eingeleiteten Speichervorgang abbrechen.

Das `SettingChanging`-Ereignis tritt ein, bevor eine Anwendungseinstellung über den Indexer geändert wird. Der zweite Parameter des Ereignishandlers ermöglicht das Abrufen der zu ändernden Einstellung sowie des zugewiesenen Werts und darüber hinaus auch den Abbruch der Operation. Und genau dieser Ereignishandler ist im Beispielprogramm programmiert und führt zu der im ersten Moment erstaunlichen Konsolenausgabe.

Die Klassen »Configuration« und »ConfigurationManager«

Mit der Anweisung

```
NameValueCollection col = ConfigurationManager.AppSettings;
```

machen Sie nun zum ersten Mal Bekanntschaft mit der Klasse `ConfigurationManager`. Wenn wir diese Klasse betrachten, müssen wir gleichzeitig auch die Klasse `Configuration` besprechen. Beide gehören zum Namespace `System.Configuration`. Um die Klassen nutzen zu können, ist es erforderlich, einen Verweis auf `System.Configuration` zu legen.

`ConfigurationManager` und `Configuration` dienen dazu, Konfigurationsdateien auszuwerten und zu ändern. Dass uns zwei Klassen angeboten werden, ist wohl historisch bedingt, denn `Configuration` wurde erst mit .NET 2.0 bereitgestellt, während `ConfigurationManager` schon in .NET 1.0 vertreten war.

Die `ConfigurationManager`-Klasse ermöglicht es Ihnen, auf Maschinen- und Anwendungskonfigurationsinformationen zuzugreifen. Die beiden einzigen Eigenschaften, die `ConfigurationManager` veröffentlicht, lauten `AppSettings` und `ConnectionStrings`, über die der Zugriff auf die Abschnitte `<appSettings>`- und `<connectionStrings>` möglich wird.

Eigenschaft	Beschreibung
`AppSettings`	Ruft die `AppSettingsSection`-Daten für die Standardkonfiguration ab.
`ConnectionStrings`	Ruft die `ConnectionStringsSection`-Daten für die Standardkonfiguration ab.

Tabelle 17.1 Die Eigenschaften der Klasse »ConfigurationManager«

Nicht viel größer ist die Anzahl der Methoden. Die wichtigsten finden Sie in Tabelle 17.2.

Methode	Beschreibung
`GetSection`	Ruft einen angegebenen Konfigurationsabschnitt für die Standardkonfiguration ab.

Tabelle 17.2 Die Methoden der Klasse »ConfigurationManager«

Methode	Beschreibung
OpenExeConfiguration	Öffnet die angegebene Clientkonfigurationsdatei als Configuration-Objekt.
OpenMachineConfiguration	Öffnet die Computerkonfigurationsdatei auf dem aktuellen Computer als Configuration-Objekt.
RefreshSection	Aktualisiert den benannten Abschnitt.

Tabelle 17.2 Die Methoden der Klasse »ConfigurationManager« (Forts.)

Configuration repräsentiert die Einstellungen einer Anwendung oder des Computers. Die Implementierung der Klasse berücksichtigt dabei, dass Anwendungen die Einstellungen in *machine.config* erben. Configuration ist konstruktorlos. Die Klasse ConfigurationManager stellt beim Aufruf entsprechender Methoden (OpenExeConfiguration und OpenMachineConfiguration) die Referenz auf das Configuration-Objekt zur Verfügung.

Configuration gibt uns mit seinen Eigenschaften und Methoden alle Mittel an die Hand, um Sektionen bzw. Sektionsgruppen abzurufen, den physikalischen Pfad der Konfigurationsdatei abzurufen und Einstellungen zu speichern. In den beiden folgenden Tabellen sind die wichtigsten Eigenschaften und Methoden aufgeführt.

Eigenschaft	Beschreibung
AppSettings	Ruft den Konfigurationsabschnitt des AppSettingsSection-Objekts ab.
ConnectionStrings	Ruft ein ConnectionStringsSection-Konfigurationsabschnittsobjekt ab.
FilePath	Ruft den physikalischen Pfad zu der Konfigurationsdatei ab.
Locations	Ruft die in diesem Configuration-Objekt definierten Speicherorte ab.
RootSectionGroup	Ruft die Stamm-ConfigurationSectionGroup ab.
SectionGroups	Ruft eine Auflistung der von dieser Konfiguration definierten Abschnittsgruppen ab.
Sections	Ruft eine Auflistung der von dieser Konfiguration definierten Abschnitte ab.

Tabelle 17.3 Die Eigenschaften eines »Configuration«-Objekts

Methode	Beschreibung
GetSection	Gibt das angegebene ConfigurationSection-Objekt zurück.
GetSectionGroup	Ruft das angegebene ConfigurationSectionGroup-Objekt ab.
Save	Schreibt die Konfigurationseinstellungen in die aktuelle XML-Konfigurationsdatei.
SaveAs	Schreibt die Konfigurationseinstellungen in die angegebene XML-Konfigurationsdatei.

Tabelle 17.4 Die Methoden eines »Configuration«-Objekts

Wie Sie die Klassen Configuration und ConfigurationManager einsetzen können, zeige ich Ihnen im folgenden Abschnitt.

17.3.5 Editierbare, anwendungsbezogene Einträge mit <appSettings>

Einträge, die Sie in der Anwendungskonfigurationsdatei im Abschnitt <applicationSettings> vornehmen, sind nicht editierbar – zumindest aus dem Code einer Anwendung heraus. Man kann die Werte jedoch jederzeit ändern, indem man die Datei mit einem beliebigen Editor öffnet. Das ist insofern sinnvoll, als auf diese Weise nicht ein Benutzer von den Änderungen eines anderen Benutzers abhängig gemacht wird.

Nichtsdestotrotz könnten Sie als Entwickler auch einmal in die Situation kommen, aus dem Code heraus eine anwendungsweite Einstellung ändern zu wollen oder eine neue hinzuzufügen. Das kann nur in der Sektion <appSettings> erfolgen. Das folgende Beispiel *AppSettingsSample* zeigt, wie Sie mit den Klassen Configuration und ConfigurationManager die Einstellungen in <appSettings> beeinflussen können.

```
// Beispiel: ..\Kapitel 17\AppSettingsSample
class Program {
  static void Main(string[] args) {
    Console.WriteLine("Ursprüngliche 'appSettings'-Einstellungen:");
    ShowAppSettings();
    Console.WriteLine("\nHinzufügen eines Eintrags:");
    // Bezeichner des Eintrags festlegen
    string entry = "Nummer" + ConfigurationManager.AppSettings.Count;
    // 'appSettings'-Eintrag hinzufügen
    Configuration config = ConfigurationManager.
        OpenExeConfiguration(ConfigurationUserLevel.None);
    config.AppSettings.Settings.Add(entry, DateTime.Now.ToLongTimeString());
    // Ändern des ersten Eintrags
    if (config.AppSettings.Settings.Count > 2)
       config.AppSettings.Settings["Nummer" +
         (config.AppSettings.Settings.Count - 3)].Value = "veraltet";
```

```
  // Speichern aller Änderungen
  config.Save(ConfigurationSaveMode.Modified);
  // Erneutes Auslesen der Sektion 'appSettings'
  ConfigurationManager.RefreshSection("appSettings");
  Console.WriteLine("\nGeänderte 'appSettings'-Einstellungen:");
  ShowAppSettings();
  // Anzeige des letzten Eintrags in der Konfigurationsdatei
  Console.WriteLine("\nDer letzte Eintrag ist {0}",
              ConfigurationManager.AppSettings[entry]);
  Console.ReadLine();
}
static void ShowAppSettings() {
  string[] names = ConfigurationManager.AppSettings.AllKeys;
  NameValueCollection appStgs = ConfigurationManager.AppSettings;
  for (int i = 0; i < appStgs.Count; i++) {
    Console.WriteLine("Nr.{0} - Wert: {1}", i, appStgs[i]);
  }
}
```

Wenn Sie die Anwendung testen wollen, dürfen Sie sie nicht aus der Entwicklungsumgebung heraus starten, sondern müssen das Kompilat starten. Ansonsten werden Sie den Effekt nicht sehen können, weil die Datei *App.config* permanent neu geschrieben wird. Abbildung 17.8 zeigt die Ausgabe der Anwendung.

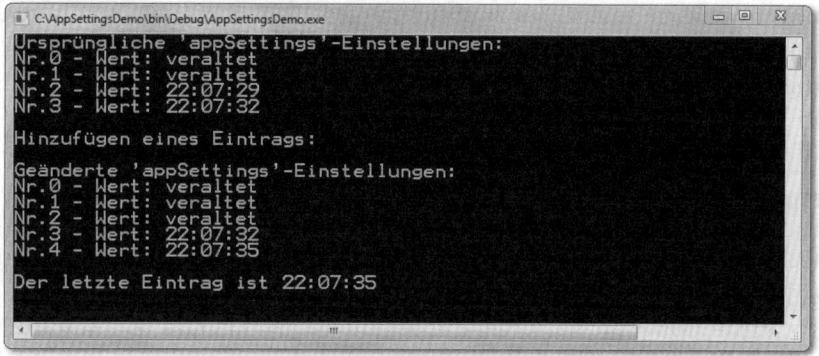

Abbildung 17.8 Die Ausgabe des Beispiels »AppSettingsSample«

Bei jedem Neustart wird ein zusätzlicher Eintrag in die Anwendungskonfigurationsdatei geschrieben. Es handelt sich hierbei um die aktuelle Uhrzeit. Allerdings sollen nur die beiden letzten Starts auf diese Weise protokolliert werden, alle anderen Einträge werden mit »veraltet« überschrieben.

Für die Ausgabe des aktuellen Inhalts sorgt die Methode *ShowAppSettings*, in der zuerst alle namentlichen Einträge mit

```
string[] names = ConfigurationManager.AppSettings.AllKeys;
```

abgefragt werden. `ConfigurationManager.AppSettings` liefert uns die Referenz auf ein Objekt vom Typ `NameValueCollection`. In diesem sind alle Elemente mit einem eindeutigen Schlüssel, einer Zeichenfolge, eingetragen. Alle Schlüssel werden als Array von der Eigenschaft `AllKeys` bereitgestellt. In einer Schleife werden alle Schlüssel abgegriffen und die zugeordneten Werte an der Konsole ausgegeben.

Als Collection stellt eine `NameValueCollection` passende Methoden bereit, um die Einträge zu manipulieren. Wir benutzen die Methode `Add`, um einen Neueintrag hinzuzufügen, und übergeben als Argumente den zuvor gebildeten neuen Elementnamen und anschließend die aktuelle Uhrzeit.

```
config.AppSettings.Settings.Add(entry, DateTime.Now.ToLongTimeString());
```

Da wir beabsichtigen, den Neueintrag auch zu speichern, benötigen wir ein `Configuration`-Objekt. Mit

```
Configuration config =
ConfigurationManager.OpenExeConfiguration(ConfigurationUserLevel.None);
```

holen wir uns die Referenz auf das benötigte Objekt, das die Anwendungskonfigurationsdatei verkörpert. Für das Speichern steht uns mit `Save` die passende, überladene Methode zur Verfügung.

```
config.Save(ConfigurationSaveMode.Modified);
```

Wir müssen nur sagen, welche Elemente wir zu speichern gedenken. Dazu erwartet die von uns bevorzugte Überladung die entsprechende Angabe. Die Enumeration `ConfigurationSaveMode` beschreibt mit `Full`, `Minimal` und `Modified` alle denkbaren Fälle.

17.4 Versionsumleitung in einer Konfigurationsdatei

Kommen wir noch einmal zurück auf das Thema Global Assembly Cache (GAC) aus Abschnitt 17.2. Zur Erinnerung, eine Assembly kann mit dem Tool *gacutil.exe* in den GAC eingetragen werden. Zur Identifizierung der globalen Assemblierung dient unter anderem auch die Versionsnummer. Auf diese Weise lassen sich auch mehrere gleiche Assemblys, die sich nur in der Versionsnummer unterscheiden, im GAC eintragen. Allerdings wird eine Anwendung immer die globale Assembly aufrufen, die im Manifest eingetragen ist.

Es ist nicht weiter schwierig, die Anwendung dazu zu bewegen, anstatt der ursprünglichen Assembly eine neuere aufzurufen. Dazu muss nur eine entsprechende Versionsumleitung in der Anwendungskonfigurationsdatei definiert werden. Wie eine solche aussehen kann, zeigt das folgende Listing. Um das Prinzip zu verdeutlichen, sei hier als Bezeichner der globalen Assembly *GeometricObjects* gewählt.

```xml
<?xml version="1.0"?>
<configuration>
  <runtime>
    <assemblyBinding
            xmlns="urn:schemas-microsoft-com:asm.v1">
      <dependentAssembly>
        <assemblyIdentity name="GeometricObjects"
                          publicKeyToken="3e8e8aeaabe7ee94" />
        <bindingRedirect oldVersion="1.0.0.0"
                         newVersion="2.0.0.0" />
      </dependentAssembly>
    </assemblyBinding>
  </runtime>
</configuration>
```

Listing 17.4 Versionsumleitung in der Anwendungskonfigurationsdatei

Maßgeblich sind die beiden Attribute `oldVersion` und `newVersion`, die die Versionsumleitung bewirken. Wie reagiert aber die Laufzeitumgebung, wenn unter `oldVersion` und/oder `newVersion` Angaben enthalten sind, die nicht den Einträgen im GAC entsprechen?

Die Angabe der alten, zu ersetzenden Komponentenversion spielt zunächst keine Rolle. Existiert die Version nicht, wird die Versionsumleitung ignoriert und die notwendige Bindungsinformation aus dem Manifest bezogen. Etwas sensibler ist die Reaktion, wenn unter `newVersion` eine Versionsnummer angegeben ist, die im GAC nicht vertreten ist – es kommt zu einem Laufzeitfehler vom Typ `FileLoadException`. Es gilt die Regel: Verweist das Attribut `oldVersion` auf eine Komponentenversion, die im GAC registriert ist, muss auch das Attribut `newVersion` eine bekannte Versionsnummer beinhalten.

Häufig kommt es vor, dass mehrere ältere Versionen durch eine neue ersetzt werden können. Um einer Anwendungskonfigurationsdatei mehr Allgemeingültigkeit mit auf den Weg zu geben, kann man hinter `oldVersion` einen Versionsbereich festlegen, z.B.:

```xml
<bindingRedirect oldVersion="3.0.3.0-3.0.7.0" newVersion="3.0.12.0"/>
```

Sind auf dem Anwenderrechner mehrere .NET-Anwendungen installiert, die sich der Komponente *GeometricObjects* bedienen, müssen Sie nicht zu jeder Anwendung eine Anwendungskonfigurationsdatei bereitstellen, um den Aufruf auf die neuere Version zu initiieren. Tragen Sie stattdessen alle mit der Umleitung in Beziehung stehenden XML-Elemente in *machine.config* ein.

17.4.1 Die Herausgeberrichtliniendatei

Eine Herausgeberrichtliniendatei ist eine Konfigurationsdatei, die vom Komponentenentwickler zu einer Assembly kompiliert und im GAC installiert worden ist. Das Kompilat, die sogenannte Herausgeberrichtlinienassembly, wird zusammen mit einer überarbeiteten globalen Assembly ausgeliefert. Herausgeberrichtliniendateien bieten sich insbesondere dann an, wenn in der älteren Version einer globalen Assembly ein Fehler festgestellt wurde und der Entwickler der globalen Assembly sicherstellen möchte, dass sich alle Anwendungen an die neue Version binden.

Der Inhalt der Herausgeberrichtliniendatei entspricht strukturell dem einer Anwendungskonfigurationsdatei. Der Name der Datei darf beliebig festgelegt werden. Für das Erzeugen der Herausgeberrichtlinienassembly müssen Sie allerdings auf ein Kommandozeilentool zurückgreifen, weil es keinen entsprechenden Assistenten in Visual Studio 2012 gibt. Bei dem Tool handelt es sich um den Assembly Linker *al.exe*, der im Verzeichnis

\Programme\Microsoft SDKs\Windows\v6.0A\bin

zu finden ist. An der Eingabeaufforderung muss ein verhältnismäßig komplexer Befehl abgesetzt werden, in dem zuerst der Name der Publisherrichtliniendatei, also der XML-Datei, angegeben wird, daran anschließend der Name der resultierenden Herausgeberrichtlinienassembly und zum Schluss auch noch die Schlüsseldatei.

al /link:<Publisherrichtliniendatei> /out:<Ausgabedatei> /keyfile:<SNK-Datei>

Dem Bezeichner der Ausgabedatei, also der Herausgeberrichtlinienassembly, ist besondere Aufmerksamkeit zu widmen, da sie ein besonderes Format aufweisen muss. Er könnte beispielsweise lauten:

```
policy.1.0.GeometricObjects.dll
```

Dem Bezeichner ist das Wort `policy` voranzustellen, dem sich, jeweils durch einen Punkt getrennt, die Versionsnummer der Assembly anschließt, die aus einer Haupt- und einer Nebennummer besteht. Danach wird noch die DLL-Datei der Assemblierung genannt.

Damit könnte der Befehl zur Generierung einer Publisherrichtlinienassembly wie folgt lauten:

```
al /link:new.config /out:policy.1.0.GeometricObjects.dll /keyfile:MyKey.snk
```

Eine Bindung an eine neue Assemblyversion im GAC umzuleiten, ist ein gravierender Eingriff auf dem Rechner eines Benutzers. Durch die Angabe der Schlüsseldatei, die natürlich dieselbe sein muss wie diejenige, mit der auch der starke Name der Assembly erzeugt wird, sichert der Entwickler seine Berechtigung für diesen Eingriff zu.

Die Herausgeberrichtlinienassembly muss zusammen mit der Assembly im GAC installiert werden. Dazu können Sie wieder das Tool gacutil mit dem Schalter »/i« benutzen, z.B.:

```
gacutil /i policy.1.0.ProcessServer.dll
```

17.5 XML-Dokumentation

In C# lässt sich der Programmcode bereits innerhalb des Code-Editors dokumentieren. Dazu werden XML-Tags in spezielle Kommentarfelder des Quellcodes eingefügt, die unmittelbar vor dem Codeblock stehen, auf den sie sich beziehen. Auf diese Weise können Typen wie Klassen, Enumerationen, Delegates, Schnittstellen und Strukturen sowie deren Eigenschaften, Felder, Methoden, Ereignisse usw. beschrieben werden.

Der Clou bei der XML-Dokumentation ist, den Code mit zusätzlichen Informationen zu versorgen, die sowohl in der IntelleSense-Hilfe als auch im Objektkatalog nachzulesen sind. Darüber hinaus lässt sich die XML-Dokumentation auch in XML-Dateien veröffentlichen. Die XML-Dokumentationsdateien ersetzen sicherlich nicht eine konventionelle und aufwendige Dokumentation, können aber dennoch zumindest bei der Entwicklung hilfreich sein.

17.5.1 Das Prinzip der XML-Dokumentation

Nehmen wir zu Demonstrationszwecken die Methode *GetArea* der Klasse *Circle*, die wir dokumentieren möchten:

```
public static double GetFlaeche(int radius) {
  return Math.PI * Math.Pow(radius, 2);
}
```

XML-Dokumentationen werden dem Element vorangestellt, das dokumentiert werden soll. Eingeleitet werden die Kommentarfelder mit drei Schrägstrichen. Wenn Sie den Cursor vor das zu dokumentierende Element positionieren und die drei einleitenden Schrägstriche in den Code vor eine Klassendefinition schreiben, wird der folgende XML-Kommentar automatisch ergänzt:

```
/// <summary>
///
/// </summary>
/// <param name="radius"></param>
/// <returns></returns>
```

Zwischen dem ein- und ausleitenden `<summary>`-Tag können Sie eine Beschreibung eintragen, die später vom zu generierenden XML-Dokument übernommen wird. Zudem wird die Beschreibung in der IntelliSense-Hilfe und im Objektkatalog angezeigt. Die Beschreibung zwischen `<summary>` und `</summary>` sollte kurz gehalten werden. Für ausführlichere Beschreibungen steht Ihnen mit `<remarks>` ein geeigneteres Tag zur Verfügung.

Sie können sehen, dass über `<summary>` hinaus noch weitere vordefinierte XML-Dokumentationstags angeboten werden. Das Attribut name des `<param>`-Tags enthält den Bezeichner des Parameters. Zwischen dem ein- und ausleitenden Tag dürfen Sie auch eine spezifische Beschreibung eintragen. Diese wird vom späteren XML-Dokument übernommen und im Objektkatalog angezeigt, allerdings nicht in IntelliSense. `<returns>` dient zur Beschreibung des Rückgabewertes. Für dieses Tag gilt hinsichtlich der Anzeige dasselbe wie für `<param>`.

Sehen wir uns an dieser Stelle einmal einen etwas aufwendigeren XML-Kommentar sowie dessen Auswirkungen an.

```
/// <summary>
/// Berechnet die Fläche eines beliebigen Kreises
/// </summary>
/// <param name="radius">Geben Sie hier den Radius des zu
                        berechnenden Kreises an
/// </param>
/// <returns>Liefert die Kreisfläche</returns>
/// <remarks>Die Methode ist 'static' definiert.
/// <para>Sie müssen diese Methode auf den Klassenbezeichner aufrufen.
/// </para>
/// </remarks>
public static double GetFlaeche(double radius) {
  return Math.PI * Math.Pow(radius, 2);
}
```

Mit dem OBJEKTKATALOG, der über das Menü ANSICHT geöffnet wird, können Sie Objekte (Namespaces, Klassen, Strukturen, Schnittstellen, Typen, Enumerationen usw.) und ihre Member (Eigenschaften, Methoden, Ereignisse, Variablen, Konstanten, Enumerationselemente) aus verschiedenen Komponenten suchen und überprüfen. Bei diesen Komponenten kann es sich um Projekte in der Projektmappe, um referenzierte Komponenten innerhalb dieser Projekte und um externe Komponenten handeln.

Schauen Sie sich im Objektkatalog nun die Ausgabe zu der Methode GetArea an (siehe Abbildung 17.9).

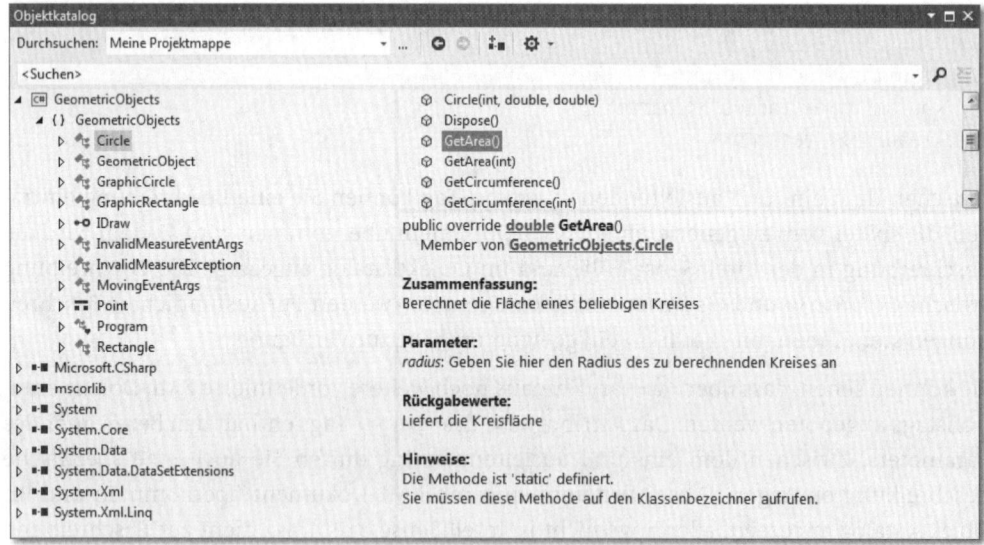

Abbildung 17.9 Ausgabe des XML-Kommentars im Objektkatalog

Ich glaube, dass Sie auch ohne eine langatmige Beschreibung erkennen können, welche Bereiche den einzelnen Tags zugeordnet werden. Im Code-Editor hingegen wird nur die Beschreibung angezeigt, die hinter `<summary>` angegeben ist (siehe Abbildung 17.10).

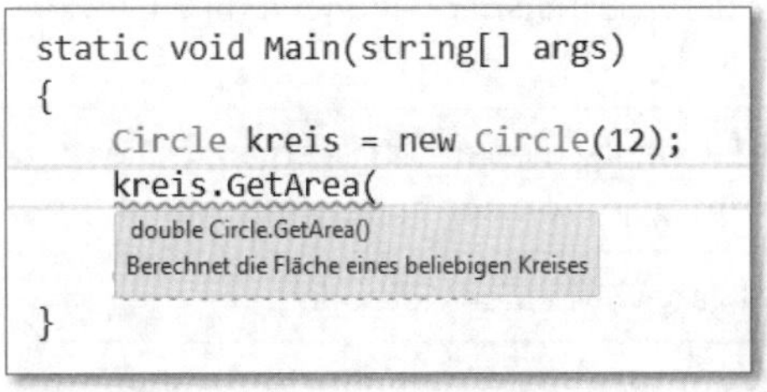

```
static void Main(string[] args)
{
    Circle kreis = new Circle(12);
    kreis.GetArea(
        double Circle.GetArea()
        Berechnet die Fläche eines beliebigen Kreises
}
```

Abbildung 17.10 Anzeige der XML-Dokumentinformationen im Code-Editor

17.5.2 Die XML-Kommentartags

Ich habe Ihnen bisher einige, aber nicht alle Tags vorgestellt, die zur XML-Dokumentation dienen. In Tabelle 17.5 stelle ich Ihnen alle der Übersicht halber vor.

XML-Dokumentationstag	Beschreibung
`<c>`	Kennzeichnet, dass dieser Text in einer Beschreibung als Code erscheinen soll.
`<code>`	Kennzeichnet, dass mehrere Zeilen als Code dargestellt werden sollen.
`<example>`	Kennzeichnet ein Beispiel zur Verwendung einer Klasse oder Methode.
`<exception>`	Wird zur Dokumentation der Ausnahmen verwendet, die von einer Klasse ausgelöst werden können.
`<include>`	Mit diesem Tag kann auf Kommentare in anderen Dateien verwiesen werden, die die Typen und Member im Quellcode beschreiben.
`<list>`	Kennzeichnet eine Liste von Elementen.
`<para>`	Dieses Tag ist für die Verwendung innerhalb eines Tags, wie beispielsweise `<summary>`, `<remarks>` und `<returns>` vorgesehen und ermöglicht die Strukturierung des Textes.
`<param>`	Dieses Tag sollte im Kommentar für eine Methodendeklaration verwendet werden, um einen der Parameter der Methode zu beschreiben. Der Text wird in IntelliSense und im Objektkatalog über Codekommentare angezeigt.

Tabelle 17.5 Die vordefinierten XML-Dokumentationstags

XML-Dokumentationstag	Beschreibung
`<paramref>`	Ein Verweis auf einen anderen Parameter.
`<permission>`	Wird zur Beschreibung der Zugriffsberechtigungen für einen Member verwendet.
`<remarks>`	Eine Beschreibung des Elements, die `<summary>` ergänzt. Die Informationen werden im Objektkatalog angezeigt.
`<returns>`	Dokumentiert den Rückgabewert einer Methode.
`<see>`	Wird zum Querverweis auf verwandte Elemente verwendet.
`<seealso>`	Eine Verknüpfung zum »Siehe auch«-Abschnitt der Dokumentation.
`<summary>`	Eine kurze Beschreibung des Elements, die in IntelliSense und im Objektkatalog angezeigt wird.
`<typeparam>`	Dieses Tag sollte in dem Kommentar für einen generischen Typ oder eine Methodendeklaration zum Beschreiben eines Typparameters verwendet werden. Fügen Sie für jeden Typparameter des generischen Typs oder der Methode ein Tag hinzu.
`<typeparamref>`	Der Name des Typparameters.
`<value>`	Beschreibt den Wert einer Eigenschaft.

Tabelle 17.5 Die vordefinierten XML-Dokumentationstags (Forts.)

17.5.3 Generieren der XML-Dokumentationsdatei

Die Typen und deren Member mit XML-Kommentar zu versehen reicht zwar schon aus, um im Objektkatalog oder in der IntelliSense-Hilfe den Benutzer mit grundlegenden Informationen zu versorgen, aber damit wird nicht sofort ein XML-Dokument erzeugt, das sich beispielsweise zu einer Integration in eine Hilfe eignet und durchaus auch noch weitere Informationen bereitstellen kann.

Um aus den XML-Kommentaren eine XML-Dokumentationsdatei zu erzeugen, müssen Sie das Projekteigenschaftsfenster öffnen. Doppelklicken Sie dazu auf den Knoten PROPERTIES. Am rechten Rand sind mehrere Laschen gruppiert; klicken Sie hier auf ERSTELLEN (siehe Abbildung 17.11). Auf der nun angezeigten Registerkarte setzen Sie ein Häkchen neben XML-DOKUMENTATIONSDATEI. Damit ist alles Notwendige erledigt. Die Vorgabe des Ausgabeordners und den Bezeichner der XML-Dokumentationsdatei können Sie im Bedarfsfall auch ändern.

17.5 XML-Dokumentation

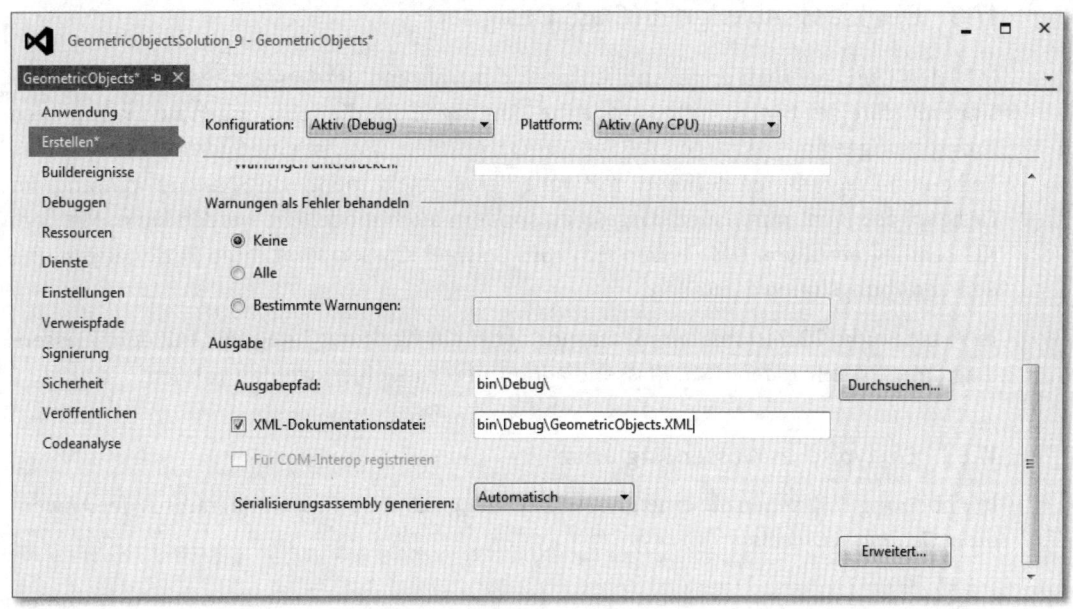

Abbildung 17.11 Das Erzeugen eines XML-Dokumentationsdokuments einstellen

Wir sollten auch einen Blick in das erzeugte Dokument werfen. Das gesamte Dokument wird in `<doc>`-Tags eingefasst. `<doc>` umfasst neben der Bekanntgabe des Dokumentationsnamens in `<assembly>` im Bereich `<members>` auch alle Tags, die wir im Code-Editor aufgeführt haben.

```xml
<?xml version="1.0"?>
<doc>
  <assembly>
    <name>CircleApplication6</name>
  </assembly>
  <members>
    <member name="M:CircleApplication.Circle.GetFlaeche(System.Double)">
    <summary> Berechnet die Fläche eines beliebigen Kreises
    </summary>
    <param name="radius">Geben Sie hier den Radius des zu berechnenden Kreises an
    </param>
    <returns>Liefert die Kreisfläche</returns>
    <remarks>Die Methode ist 'static' definiert.
    <para>Sie müssen diese Methode auf den Klassenbezeichner aufrufen.
    </para>
    </remarks>
    </member>
  </members>
</doc>
```

Listing 17.5 Inhalt der XML-Dokumentationsdatei

17.6 Der Klassendesigner (Class Designer)

In vielen Unternehmen erstellen die Entwickler während der Designphase das Klassendesign mit Hilfe der UML (Unified Modeling Language), um die schwierigen und komplexen Anforderungen an eine ausgefeilte Software zu erfüllen. UML ist eine Spezifikation, die eine Reihe von Diagrammen definiert, mit denen eine objektorientierte Software während der Designphase nicht nur visuell dargestellt, sondern auch modelliert werden kann. Mit dem Klassendiagramm von UML lassen sich zum Beispiel Klassen samt ihren Beziehungen und den Vererbungslinien darstellen.

In Visual Studio 2012 ist mit dem Klassendesigner ein Werkzeug integriert, mit dem Klassendiagramme, ähnlich den UML-Klassendiagrammen, modelliert werden können.

17.6.1 Ein typisches Klassendiagramm

In Abbildung 17.12 sehen Sie einen Ausschnitt des gesamten Klassendiagramms der Anwendung *GeometricObjects*.

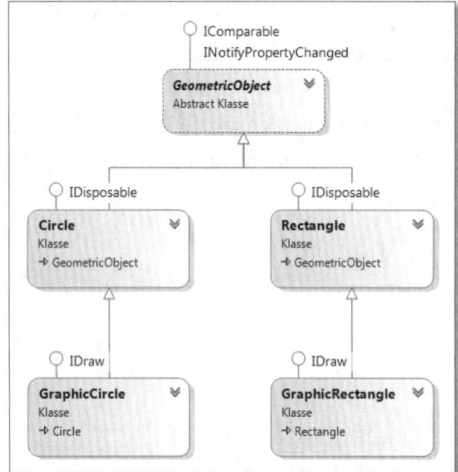

Abbildung 17.12 Ein typisches Klassendiagramm

Wie Sie anhand der Abbildung vermutlich schon erahnen, können Sie im Klassendesigner anschaulich komplexe Zusammenhänge zwischen den Klassen erkennen und deren Struktur analysieren. Dabei ist ein Klassendiagramm nicht nur auf Klassen beschränkt, wie im ersten Moment vielleicht zu vermuten wäre. Ebenso lassen sich alle anderen Typdefinitionen des .NET Frameworks abbilden, also Strukturen, Delegates, Schnittstellen usw.

Änderungen und Ergänzungen, die Sie im Klassendesigner vornehmen, tragen sofort im Programmcode Früchte: Er passt sich den Änderungen im Klassendiagramm an und übernimmt beispielsweise zusätzliche Typdefinitionen. Ändern Sie den Programmcode, werden die Änderungen auch vom Klassendiagramm direkt übernommen. Das hört sich nicht nur gut an, es funktioniert auch ganz prima. Leider können Sie im Designer immer noch keine generischen Typen definieren. Im Vergleich zu den Vorgängerversionen von Visual Studio hat sich da bedauerlicherweise nichts geändert.

In Abbildung 17.13 sehen Sie den Klassendesigner in der Entwicklungsumgebung von Visual Studio 2012. In erster Linie haben wir es während der Klassenmodellierung mit drei Fenstern zu tun:

- mit der Toolbox, in der uns alle Elemente angeboten werden, die wir mit Drag & Drop in den Designer ziehen können
- mit dem Klassendiagramm, in dem alle am Designprozess beteiligten Typen visualisiert dargestellt sind
- mit dem Fenster der Klassendetails, mit denen die Member eines Typs analysiert, geändert oder hinzugefügt werden können

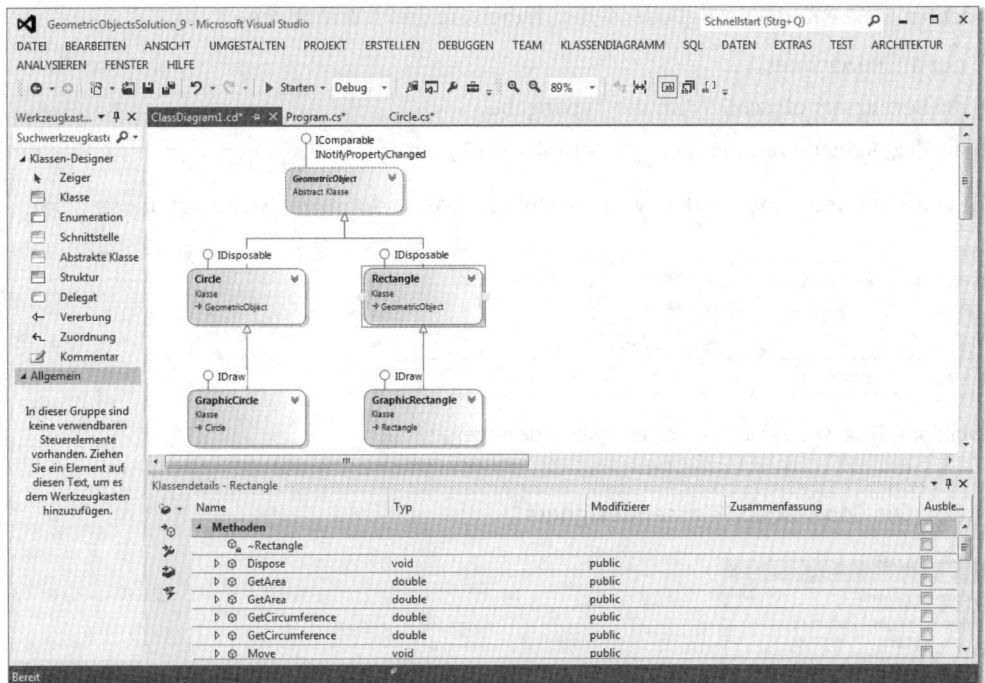

Abbildung 17.13 Die Entwicklungsumgebung des Klassendesigners

17.6.2 Hinzufügen und Ansicht von Klassendiagrammen

Ein Klassendiagramm ist die Sicht auf die Typstruktur des Programmcodes. Klassendiagramme sind zwar Teil eines Projekts, müssen aber ausdrücklich hinzugefügt werden. Öffnen Sie dazu das Kontextmenü des Projekts im Projektmappen-Explorer, und wählen Sie KLASSENDIAGRAMM ANZEIGEN. Sie kommen auch über den Menüpunkt HINZUFÜGEN • NEUES ELEMENT... zum Ziel.

Dem Projekt wird eine Datei mit der Endung *.cd* hinzugefügt. Handelt es sich um die erste Klassenansicht im Projekt, lautet der Bezeichner der Datei standardmäßig *ClassDiagram1.cd*. Im Designbereich von Visual Studio 2012 sehen Sie anschließend das Klassendiagramm mit allen Typen, die bis zu diesem Zeitpunkt im Projekt mittels Programmcode definiert worden sind. Bei einem zuvor angelegten Konsolenprojekt ist das nur die Klasse *Program*. Die *.cd*-Datei ist eine XML-Datei, die nicht nur die einzelnen Typen, sondern auch deren Eigenschaften, Methoden usw. samt deren Parametern exakt beschreibt, die im Klassendiagramm dargestellt werden.

Die in einem Klassendiagramm visualisierten Typen können Sie sich ganz nach Wunsch mehr oder weniger detailliert anzeigen lassen. Wenn Sie nur an den Beziehungen zwischen den Typen interessiert sind, benötigen Sie keine weiteren Memberangaben, die in diesem Moment nur überflüssig wären. Sie können die gewünschte Ansicht (mit bzw. ohne Memberliste) einstellen, indem Sie im Designer auf den Doppelpfeil klicken, der links oben im Typrahmen zu sehen ist.

Möchten Sie die Klassenmitglieder sehen, haben Sie drei Alternativen:

- nur die Bezeichner
- die Bezeichner einschließlich der Typangabe
- die Bezeichner einschließlich der kompletten Signatur

Die Umschaltung erfolgt in der Symbolleiste des Klassendesigners (siehe Abbildung 17.14).

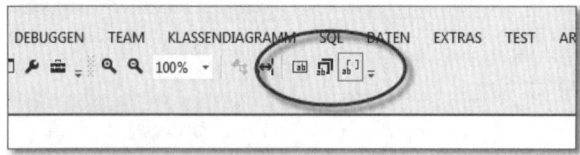

Abbildung 17.14 Die Symbolleiste des Klassendesigners

17.6.3 Die Toolbox des Klassendesigners

Abbildung 17.15 Die Toolbox des Klassendesigners

In der Toolbox (auch als WERKZEUGKASTEN bezeichnet) werden ganz im Sinne des Klassendesigners Elemente angeboten, die Sie per Drag & Drop in den Designbereich ziehen können. Dazu zählen nicht nur Klassen, Strukturen, Delegates und Enumerationen, sondern auch Vererbungs- und Zuordnungslinien.

17.6.4 Das Fenster »Klassendetails«

Für die im Klassendiagramm aktuell markierte Klasse werden die Klassenmitglieder im Fenster KLASSENDETAILS unterhalb des Klassendiagramms angezeigt. Sollte bei Ihnen dieses Fenster nicht zu sehen sein, können Sie es über ANSICHT • WEITERE FENSTER öffnen. Dieses Fenster erlaubt das Hinzufügen und Editieren folgender Klassenmitglieder:

- Methoden
- Eigenschaften
- Felder
- Ereignisse

Das Fenster hat zudem eine linksbündige Symbolleiste mit fünf Schaltflächen. Die unteren vier dienen zur Navigation innerhalb der Liste. Mit der oberen können Sie alle denkbaren Mitgliedstypen hinzufügen, einschließlich der Angabe von Typ und Zugriffsmodifizierer. Die Spalte *Zusammenfassung* unterstützt das `<summary>`-Tag der XML-Dokumentation.

Die rechte Spalte, *Ausblenden*, hat keinen Einfluss auf die Klassendefinition und wirkt sich nur auf die Anzeige des betreffenden Members im Klassendiagramm aus.

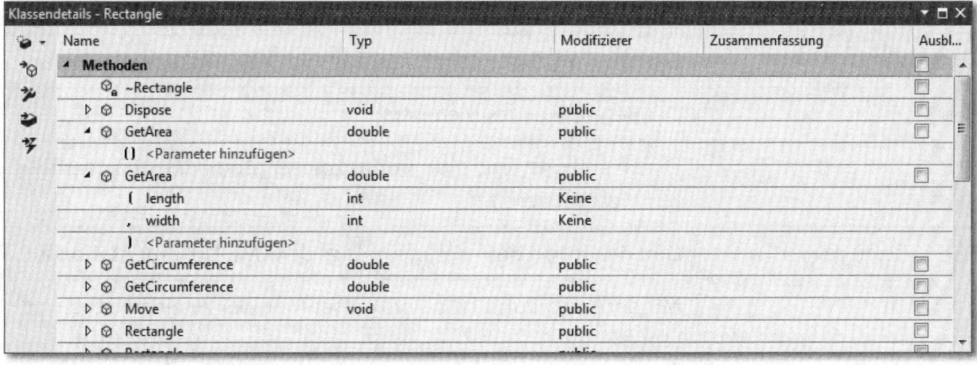

Abbildung 17.16 Das Fenster »Klassendetails«

Jeder Methodeneintrag ist mit einem Knoten versehen. Wenn Sie diesen öffnen, können Sie für die entsprechende Methode alle notwendigen Parameter definieren. Geben Sie den Parameternamen an, tragen Sie den gewünschten Datentyp ein, und wählen Sie – falls erforderlich – einen Parametermodifizierer aus der Liste der Spalte *Modifizierer* aus.

Vielleicht fällt Ihnen auf, dass die Modifizierer, die im Zusammenhang mit der Vererbung stehen, nicht zur Auswahl anstehen: `abstract`, `override`, `virtual`, `sealed`. Tatsächlich können diese nur im Eigenschaftsfenster der ausgewählten Methode eingestellt werden. Das Eigenschaftsfenster sollten wir uns noch etwas genauer ansehen, denn hier bieten sich noch weitere Optionen an, die nicht nur die Vererbungsmodifizierer betreffen.

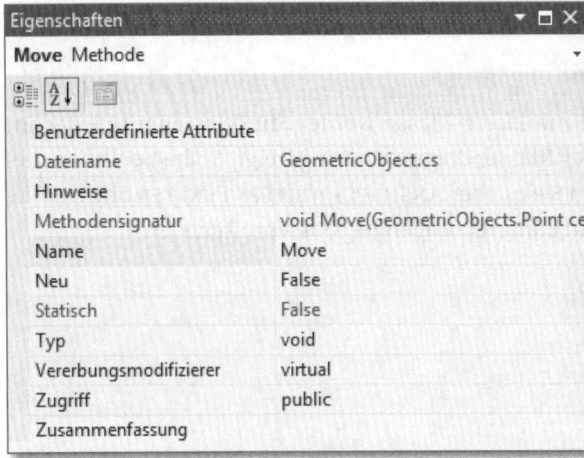

Abbildung 17.17 Das Eigenschaftsfenster einer Methode im Klassendesigner

Eigenschaft	Beschreibung
Benutzerdefinierte Attribute	Der Name ist ein wenig irreführend. Tatsächlich können Sie hier alle Attribute angeben, die mit der Methode verknüpft werden sollen.
Hinweise	Gibt den Inhalt des <remarks>-Tags der XML-Dokumentation an.
Name	Der Bezeichner des Members.
Neu	Die Einstellung True gibt an, dass dieser Member einen geerbten Member verbirgt.
Rückgabewerte	Gibt den Inhalt des <returns>-Tags der XML-Dokumentation an.
Statisch	Mit der Einstellung True wird dieser Member zu einem statischen.
Typ	Gibt den Typ des Members an.
Vererbungsmodifizierer	Hier geben Sie an, welcher Modifizierer, der im Zusammenhang mit der Vererbung steht, der Signatur hinzugefügt werden soll.
Zugriff	Gibt den Zugriffsmodifizierer an.
Zusammenfassung	Gibt den Inhalt des <summary>-Tags der XML-Dokumentation an.

Tabelle 17.6 Die editierbaren Eigenschaften einer Methode im Eigenschaftsfenster

Das Hinzufügen der anderen Mitglieder (Konstruktoren, Eigenschaften etc.) unterscheidet sich nicht wesentlich von dem Hinzufügen einer Methode. Daher erübrigt es sich an dieser Stelle, darauf im Detail einzugehen. Auch für sie gilt, dass im Eigenschaftsfenster einige Optionen angeboten werden, die Sie im Fenster KLASSENDETAILS vermissen.

17.6.5 Klassendiagramme als Bilder exportieren

Der Klassendesigner bietet Ihnen an, ein Klassendiagramm als Bild in verschiedenen Bildformaten zu exportieren. Damit haben Sie neben den entwicklungstechnischen Fähigkeiten des Klassendesigners die Möglichkeit, Dokumentationen anschaulich um die Darstellung der Struktur einer Klassenhierarchie zu ergänzen oder das Bild in eine Präsentation (wie zum Beispiel mit MS PowerPoint) zu integrieren. Zu den angebotenen Formaten zählen unter anderem auch BMP, GIF und JPEG.

Dazu öffnen Sie in Visual Studio 2012 das Menü KLASSENDIAGRAMM und wählen im Untermenü DIAGRAMM ALS BILD EXPORTIEREN.... Es öffnet sich ein Dialog, in dem Sie die zu exportierenden Klassendiagramme auswählen, den Speicherort festlegen und aus einer Liste das gewünschte Bildformat einstellen können.

17.7 Refactoring

Mit Refactoring wurde in Visual Studio 2005 erstmals eine Technik eingeführt, die bisher nur durch das Einbinden zusätzlicher Tools zu nutzen war. Refactoring ist hauptsächlich dann sinnvoll einzusetzen, wenn die Software bereits fertig ist. Sie können mit dieser Technik Änderungen am Code vornehmen, ohne dass sich das Verhalten der Anwendung ändert.

Sie werden mir beipflichten, dass während des Entwicklungsprozesses insbesondere größerer und komplexerer Software oft der Überblick über den Code verloren geht. Codepassagen wiederholen sich, Methoden werden zu komplex, weil der Modularisierung des Programmcodes zu wenig Aufmerksamkeit geschenkt wird, Variablennamen sind unpassend vergeben – typische Phänomene bei vielen Projekten. Mit der Technik des Refactorings können Sie dazu beitragen, dass der Code überschaubarer und klarer strukturiert wird. Dazu bieten sich mehrere Verfahren an:

▶ Methode extrahieren
▶ Bezeichner umbenennen
▶ Felder einkapseln
▶ Schnittstellen extrahieren
▶ Lokale Variable auf Parameter heraufstufen
▶ Parameter entfernen
▶ Parameter neu anordnen

In den deutschsprachigen Versionen von Visual Studio 2012 werden Sie den Begriff »Refactoring« nicht finden. Er wurde – bedauernswerterweise – in »Umgestaltung« übersetzt. Unter der deutschen Übersetzung sollten Sie nach Bedarf auch in der .NET-Dokumentation nachschlagen.

Ich möchte hier nicht auf jede der aufgeführten Möglichkeiten detailliert eingehen, sondern nur die am häufigsten benutzten vorstellen.

17.7.1 Methode extrahieren

Der Sinn der Modularisierung ist es, viele kleine Methoden zu haben, die leichter zu überblicken und besser zu verstehen sind als lange und bildschirmfüllende. Der Methodenbezeichner sollte zudem so gewählt werden, dass man sofort weiß, was die Aufgabe der Methode ist. Gerät Ihnen bei der Entwicklung mal eine Methode »aus den Fugen«, müssen Sie die Codezeilen finden, die zusammengehören. Anschließend schneiden Sie diese aus und setzen sie in eine neue Methode ein. An die Stelle der Codezeilen, die Sie ausgegliedert haben, setzen Sie den Aufruf der neuen Methode.

Diese Abfolge wird mit METHODE EXTRAHIEREN von Visual Studio 2012 übernommen. Dazu markieren Sie die Codezeilen, die in eine eigene Methode überführt werden sollen, im Menü UMGESTALTEN • METHODE EXTRAHIEREN oder über das Kontextmenü des markierten Codes. Die neue Methode wird mit dem ausgewählten Code erstellt, und der im vorhandenen Member ausgewählte Code wird durch einen Aufruf der neuen Methode ersetzt.

Als anschauliches Beispiel soll uns die folgende Methodendefinition dienen:

```
public static double TestProc() {
  int intVar;
  intVar = 10;
  double result = Math.Pow(2, intVar);
  Console.WriteLine("Das Ergebnis lautet: {0}", result);
  return result;
}
```

In Abbildung 17.18 ist das Szenario des Auslagerns von Code zu erkennen. Zu Demonstrationszwecken ist hier bis auf die Deklaration der lokalen Variablen *intVar* der gesamte Code markiert. Der Dialog öffnet sich, sobald Sie der Entwicklungsumgebung mitgeteilt haben, dass Sie die markierten Codezeilen extrahieren wollen. Tragen Sie hier nur noch einen passenden Bezeichner für die neue Methode ein. Eine Vorschau zeigt die Signatur der Methode. Der Rest wird von Visual Studio erledigt.

Das Ergebnis ist wie folgt:

```
public static double TestProc() {
  int intVar;
  return NewMethod(out intVar);
}
```

```
private static double NewMethod(out int intVar) {
  intVar = 10;
  double result = Math.Pow(2, intVar);
  Console.WriteLine("Das Ergebnis lautet: {0}", result);
  return result;
}
```

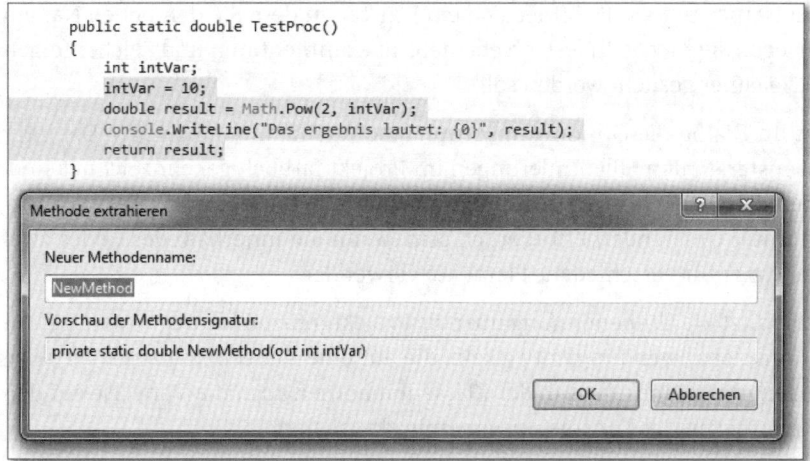

Abbildung 17.18 In diesem Dialog geben Sie den Namen der neuen Methode ein.

Die ausgeschnittenen Codezeilen werden durch den Aufruf der neuen Methode ersetzt. Ich habe mit Absicht die Anweisung zur Deklaration der lokalen Variablen nicht mit extrahiert. Wie sehr schön zu erkennen ist, berücksichtigt der Umgestaltungsprozess, dass *intVar* in der neuen Methode gesetzt und zur Berechnung einer Potenzzahl ausgewertet wird. Da *intVar* nur deklariert, jedoch nicht initialisiert ist, erwartet die extrahierte Methode einen out-Parameter. Wäre die Initialisierung vor dem Aufruf der extrahierten Methode erfolgt, wäre der Parameter ohne out erzeugt worden.

17.7.2 Bezeichner umbenennen

Der erste Schritt zu einem verständlichen und gut interpretierbaren Code ist eine Namensgebung, die bereits Rückschlüsse auf den Einsatzzweck des betreffenden Mitglieds zulässt. Eine Methode namens *CreateDatabase* verrät bereits sehr viel, *TestProc* hingegen gar nichts.

Am Ende eines Projekts, wenn man den geschriebenen Code noch einmal durchsieht, fallen oft Bezeichner ins Auge, die möglicherweise besser hätten gewählt werden können. Früher hätten Sie wahrscheinlich darauf verzichtet, den unpassenden Bezeichner durch einen besser beschreibenden zu ersetzen, denn im Anschluss daran hätten Sie den gesamten Code durchforsten müssen, um ihn an allen Stellen auszutauschen. Abgesehen davon, dass sich dabei Fehler durch Versäumnisse einschleichen können, kann die dafür benötigte Zeit anders investiert werden.

Auch für diese Fälle bietet das Refactoring durch Umbenennung eine Lösung. Umbenannt werden können Felder, Eigenschaften, lokale Variablen, Methoden, Namespaces und Typdefinitionen. Der Umbenennungsprozess erfasst dabei nicht nur Deklarationen und Aufrufe, er kann auch auf Kommentare und in Zeichenfolgen angewandt werden. Er ist zudem intelligent genug, alle Vorkommen des Elements zu erfassen.

Positionieren Sie den Cursor in dem betreffenden Bezeichner, und klicken Sie im Menü UMGESTALTEN auf UMBENENNEN. Es öffnet sich ein Fenster, in dem Sie den neuen Namen eintragen. Zudem legen Sie hier auch fest, ob ebenfalls in Kommentaren und Zeichenfolgen nach dem alten Bezeichner gesucht werden soll.

Vorausgewählt ist im Dialog die Option VORSCHAU DER VERWEISÄNDERUNGEN. Dahinter verbirgt sich ein Fenster, in dem alle Änderungen im Projekt farblich gekennzeichnet sind. Sie können im oberen Teil des Fensters die Änderungsvorschläge annehmen oder auch verwerfen. Das kann unter Umständen erforderlich sein, wenn Sie innerhalb des Codes zwei gleichnamige Bezeichner für verschiedene Elemente verwenden.

Visual Studio unterstützt die Umbenennung über die Projektgrenzen hinweg. Wenn Sie beispielsweise eine Konsolenanwendung entwickeln, die auf eine Klassenbibliothek verweist, werden beim Umbenennen eines Typs in der Klassenbibliothek auch die Verweise auf den Typ der Klassenbibliothek in der Konsolenanwendung aktualisiert.

17.7.3 Felder einkapseln

Nach den Paradigmen der Objektorientierung sollten alle Felder gekapselt werden. .NET-Anwendungen lösen das mit Hilfe von Eigenschaften, die einen `get`- und einen `set`-Accessor haben. Nicht immer werden Sie sich an die objektorientierten Grundsätze halten, Sie müssen es auch nicht. Daher kann es vorkommen, dass Sie eine Variable als `public` definiert haben, aber zu einem späteren Zeitpunkt feststellen, dass die Kapselung in einer Eigenschaft unbedingt erforderlich ist. Über das Menü UMGESTALTEN • FELD KAPSELN ist das sehr schnell möglich, wenn Sie den Cursor vorher in die Codezeile des betreffenden Feldes gesetzt haben. Weil mit der Kapselung möglicherweise auch eine Änderung des Aufrufs verbunden ist, werden im Code auch die Anweisungen herausgefiltert, die von der Änderung betroffen sind.

17.8 Code-Snippets (Codeausschnitte)

Visual Studio 2012 enthält ein Feature, das Ihnen während des Programmierens sehr hilfreich sein kann. Es handelt sich um die **Code-Snippets**, die in der Dokumentation auch unter dem Begriff **Codeausschnitte** zu finden sind.

Wie kann diese Hilfe aussehen? Nehmen wir an, Sie beabsichtigen, eine `for`-Schleife zu implementieren. Das Grundkonstrukt dieser Schleife ist immer identisch und würde sich also generell dazu anbieten, automatisch so in den Code eingespielt zu werden, dass der Entwickler nur noch Startwert, Austrittsbedingung und Schrittweite angibt. Genau das leisten Code-Snippets bzw. Codeausschnitte.

Codeausschnitte haben einen Namen. Der, der eine leere `for`-Schleife erzeugt, heißt beispielsweise `for`. Visual Studio 2012 wird mit einer ganzen Reihe von Codeausschnitten geliefert, die Sie nutzen und auch durch eigene ergänzen können.

17.8.1 Codeausschnitte einfügen

Code-Snippets können Sie auf drei verschiedene Arten einfügen:

- Wenn Sie den Bezeichner kennen, tragen Sie diesen in den Code ein und drücken anschließend die ⇆-Taste. Der durch den Codeausschnitt beschriebene Code wird sofort in den Code-Editor eingespielt.
- Positionieren Sie den Eingabecursor an der Position, an der das Code-Snippet eingefügt werden soll. Öffnen Sie dann das Kontextmenü, und wählen Sie den Menüpunkt AUSSCHNITT EINFÜGEN. Sie erhalten daraufhin eine Auswahl mehrerer Komponenten angeboten. Klicken Sie hier auf VISUAL C#, und in der IntelliSense-Hilfe werden die Ihnen zur Verfügung stehenden Snippets angezeigt, aus denen Sie das von Ihnen gewünschte auswählen.
- Öffnen Sie das Menü BEARBEITEN, und wählen Sie den Untermenüpunkt INTELLISENSE und anschließend AUSSCHNITT EINFÜGEN. Der weitere Ablauf ist wie unter Punkt 2 beschrieben.

Je nachdem, welchen Codeausschnitt Sie hinzugefügt haben, sind möglicherweise Nacharbeiten erforderlich. Bei der oben beschriebenen `for`-Schleife sind das die Deklaration des Schleifenzählers und die Angabe der Austrittsbedingung. Visual Studio zeigt die entsprechenden Elemente in einer anderen Hintergrundfarbe an (siehe Abbildung 17.19).

```
class Program
{
    static void Main(string[] args)
    {
        for (int i = 0; i < length; i++)
        {

        }
    }
}
```

Abbildung 17.19 Die durch ein Code-Snippet hinzugefügte »for«-Schleife

Einige Codeausschnitte sind umschließende Codeausschnitte, mit deren Hilfe Sie Codezeilen markieren und dann einen Codeausschnitt auswählen können, der die markierten Codezeilen einschließt. Durch das Markieren von Codezeilen und das anschließende Aktivieren des `for`-Codeausschnitts wird beispielsweise eine `for`-Schleife erstellt, die die markierten Codezeilen innerhalb des Schleifenblocks enthält.

17.8.2 Die Anatomie eines Codeausschnitts

Bei Codeausschnitten handelt es sich um XML-Dateien mit der Dateinamenerweiterung *.snippet*. Wir wollen uns nun exemplarisch die Datei ansehen, die für den Codeausschnitt der for-Schleife verantwortlich ist.

```xml
<?xml version="1.0" encoding="utf-8"?>
<CodeSnippets xmlns="...">
  <CodeSnippet Format="1.0.0">
    <Header>
      <Title>for</Title>
        <Shortcut>for</Shortcut>
          <Description>
            Codeausschnitt für for-Schleife
          </Description>
          <Author>Microsoft Corporation</Author>
          <SnippetTypes>
            <SnippetType>Expansion</SnippetType>
            <SnippetType>SurroundsWith</SnippetType>
          </SnippetTypes>
    </Header>
    <Snippet>
      <Declarations>
        <Literal>
          <ID>index</ID>
          <Default>i</Default>
          <ToolTip>Index</ToolTip>
        </Literal>
        <Literal>
          <ID>max</ID>
          <Default>length</Default>
          <ToolTip>Maximale Länge</ToolTip>
        </Literal>
      </Declarations>
      <Code Language="csharp">
        <![CDATA[for (int $index$ = 0; $index$ < $max$; $index$++)
        {
           $selected$ $end$
        }]]>
      </Code>
    </Snippet>
  </CodeSnippet>
</CodeSnippets>
```

Listing 17.6 Definition eines Code-Snippets

Das ganze Dokument mit all seinen XML-Tags wollen wir an dieser Stelle nicht analysieren. Sollten Sie sich dafür interessieren, um einen eigenen Codeausschnitt zu definieren oder einen vorhandenen zu ändern, suchen Sie in der Dokumentation nach dem mit *Schemareferenz für Codeausschnitte* betitelten Dokument. Die meisten XML-Tags sind wahrscheinlich aufgrund ihrer Namensgebung sowieso selbsterklärend.

Code-Snippets sind natürlich sprachspezifisch. Besonders bedacht worden sind die VB-Programmierer, denen weitaus mehr Snippets zur Verfügung gestellt werden als den C#-Programmierern. Sie brauchen sich nur die Dateilisten anzusehen, die die Suchoperation des Betriebssystems anzeigt, wenn Sie nach *.snippet* suchen lassen. Die Snippets, die für C# vordefiniert sind, finden Sie unter: *\Programme\Microsoft Visual Studio 12.0\VC#\Snippets\1031\Visual C#*

17.9 »ClickOnce«-Verteilung

17.9.1 Allgemeine Beschreibung

Eine gravierende Änderung wurde in Visual Studio 2012 gegenüber den Vorgängerversionen vollzogen: Während die alten Versionen immer den MS-Installer als Installationsprogramm integriert hatten, hat man seitens Microsoft davon nun Abstand genommen. Dieses Tool suchen Sie vergeblich, es wird auch nach Aussage von Microsoft nicht mehr weiterentwickelt. Viele werden diese Entscheidung begrüßen, denn der MS-Installer mutete doch ziemlich altbacken an und lief in seiner Bedienung und seinem Komfort der Zeit weit hinterher. Stattdessen hat man »InstallShield Limited Edition for Visual Studio« aufgenommen, das allerdings erst noch nachinstalliert werden muss.

Eine andere, hausinterne Verteilungsvariante ist aber weiterhin Bestandteil von Visual Studio: die **ClickOnce**-Verteilung. Was steckt hinter ClickOnce? Während eine herkömmliche Windows-Anwendung auf dem lokalen Rechner installiert wird, wird eine mit ClickOnce veröffentlichte Anwendung auf einem Server zur Verfügung gestellt. Dabei kann es sich um einen Webserver oder um eine Netzwerkdateifreigabe handeln. Zudem ist die Veröffentlichung auf einem CD-ROM-Datenträger möglich.

Wird eine Anwendung mit ClickOnce auf einem Webserver veröffentlicht, wird dem Benutzer innerhalb einer Webseite nur ein Link auf die Programmdatei zur Verfügung gestellt. Öffnet der Anwender den Link, werden die Programmdateien auf die lokale Maschine heruntergeladen und dort ausgeführt. Dabei werden die heruntergeladenen Dateien nicht etwa in einem Unterordner von *Programme* abgelegt, sondern in einem verschlüsselten Pfad im Benutzerprofil des aktuell angemeldeten Anwenders (*Dokumente und Einstellungen\<Benutzer>\Lokale Einstellungen\Apps*). Aus Sicherheitsgründen nimmt eine mit ClickOnce verteilte Anwendung weder Einträge in der Registrierungsdatenbank noch unter *Desktop* vor.

Ein besonderes Merkmal ist auch die Art und Weise der Aktualisierung. Bei der Bereitstellung mit der Installationsroutine muss der Benutzer bei jeder Aktualisierung die gesamte Anwendung neu installieren. Bei der ClickOnce-Bereitstellung werden Aktualisierungen der Anwendung automatisch zur Verfügung gestellt. Der Client ist dabei selbst in der Lage, festzustellen, ob eine neue Version vorliegt. Bei der Aktualisierung werden nur die Teile der Anwendung heruntergeladen, die geändert wurden. Anschließend wird die vollständige aktualisierte Anwendung von einem neuen parallelen Ordner aus neu installiert.

ClickOnce bietet die Möglichkeit, Anwendungen so einzurichten, dass der Benutzer sowohl online als auch offline mit der Anwendung arbeiten kann. Im Offline-Modus wird ein Programmpunkt im Startmenü angelegt, der die Anwendung startet. Diesen Eintrag gibt es nicht, wenn der Benutzer nur online mit der Anwendung arbeiten kann. Er kann die Anwendung nur starten, wenn er auf den erwähnten Link klickt.

Der Kern der neuen Architektur beruht auf zwei XML-Manifestdateien:

- dem Anwendungsmanifest
- dem Bereitstellungsmanifest

Das **Anwendungsmanifest** beschreibt die Anwendung einschließlich der Assemblys und der Dateien, aus denen die Anwendung besteht, sowie des Speicherorts, an dem Updates verfügbar sein werden. Das **Bereitstellungsmanifest** beschreibt, wie die Anwendung bereitgestellt wird, einschließlich des Speicherorts des Anwendungsmanifests sowie der Version der Anwendung, die auf den Clients ausgeführt wird. Beide Manifeste werden automatisch von Visual Studio 2012 erzeugt.

Das Ziel von ClickOnce ist, die Verteilung von Anwendungen zentral zu verwalten und zu vereinfachen. Aber es gibt auch Einschränkungen, die schon in der Planungsphase zu berücksichtigen sind. Während der Einrichtung einer ClickOnce-Anwendung sind keine Operationen erlaubt, die administrative Rechte voraussetzen. Dazu gehören der Zugriff auf das Dateisystem und der Zugriff auf die Registrierungsdatenbank. Genauso wenig können Assemblys in den Global Assembly Cache (GAC) eingetragen oder als Windows-Dienste eingerichtet werden.

17.9.2 Erstellen einer ClickOnce-Anwendung

So viel zur Theorie. Nun wollen wir uns das Ganze natürlich auch in der praktischen Entwicklung ansehen. Legen Sie ein neues Projekt an. Um ClickOnce zu verstehen, müssen Sie überhaupt keinen Code schreiben.

Alle Optionen, die ClickOnce anbietet, können Sie innerhalb eines Dialogs festlegen. Öffnen Sie dazu das Eigenschaftsfenster des Projekts, und aktivieren Sie die Lasche VERÖFFENTLICHEN. In Abbildung 17.20 sehen Sie die Registerkarte. Alle Einstellungen, die Sie hier vornehmen, werden gespeichert und stehen beim Veröffentlichen auf dem Server zur Verfügung.

Entscheidend ist zunächst einmal der Ort, an dem die ClickOnce-Komponente abgelegt wird. Über die Schaltfläche rechts neben dem Eingabefeld gelangen Sie zu einem Dialog (siehe Abbildung 17.21), der Ihnen alle Möglichkeiten offenlässt.

17.9 »ClickOnce«-Verteilung

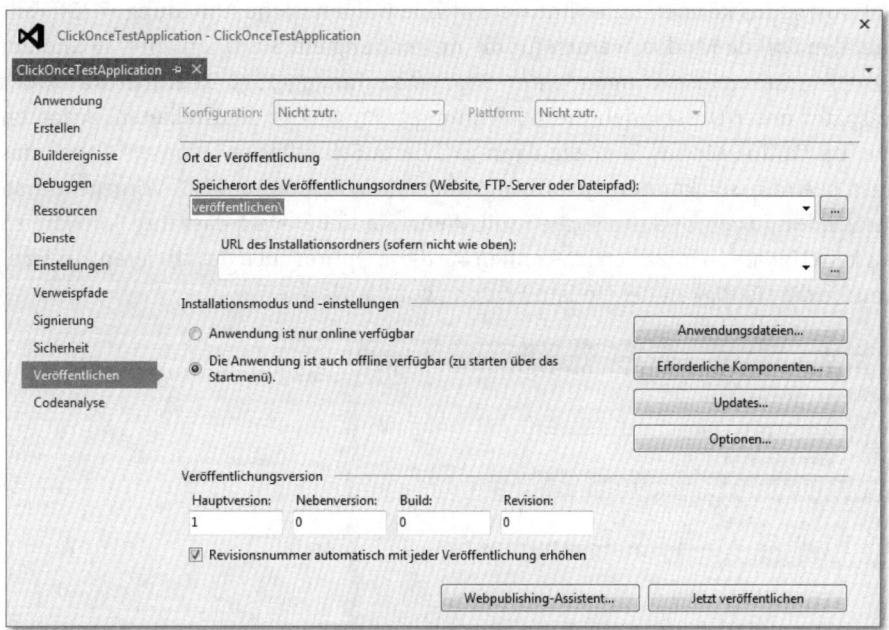

Abbildung 17.20 Die »ClickOnce«-Optionen einer Anwendung

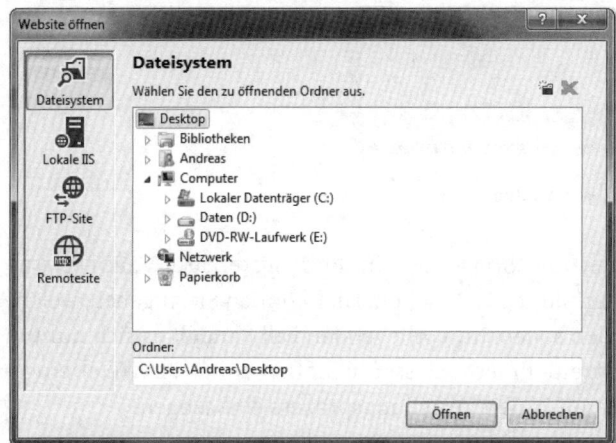

Abbildung 17.21 Dialog zum Einstellen des Orts der Veröffentlichung

Sie können einen der folgenden Orte angeben, an den die Anwendung kopiert werden soll:

- einen Dateipfad
- auf den lokalen Webserver (IIS)
- auf einen FTP-Server
- auf eine entfernte Website, die mit den FrontPage-Servererweiterungen konfiguriert ist

Als Installationsmodus können Sie online oder offline wählen (siehe Abbildung 17.20). Fällt die Wahl auf den Offline-Modus, werden für die Anwendung ein Startmenüeintrag und ein Eintrag in den Systemeinstellungen unter SOFTWARE hinzugefügt. Hierüber kann der Anwender später unter Umständen die Anwendung auch wieder deinstallieren. Beachten Sie, dass Sie im Offline-Modus über die dann aktivierte Schaltfläche UPDATES... auch das Aktualisieren beeinflussen können. Den Dialog sehen Sie in Abbildung 17.22. Vorgegeben ist, dass die Anwendung nach Updates suchen soll. Wenn Sie sicher sind, dass Ihre Software so gut ist, dass kein Update zu erwarten ist, können Sie diese Option auch deaktivieren. Andernfalls können Sie die Häufigkeit der Update-Prüfung konfigurieren.

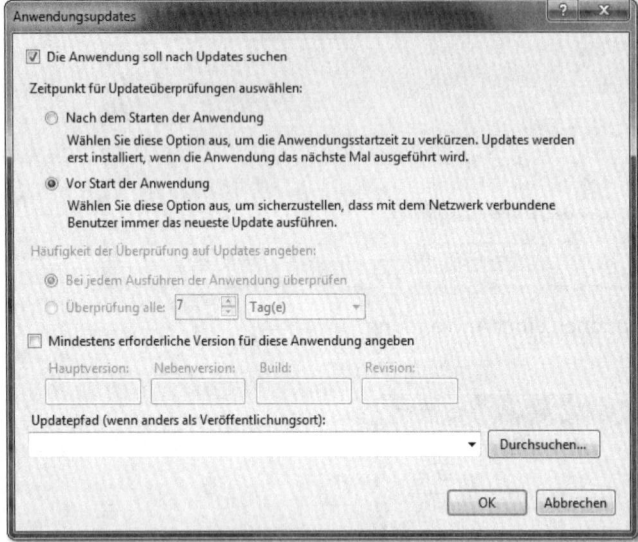

Abbildung 17.22 Konfiguration der Update-Suche

Ein Klick auf die Schaltfläche ANWENDUNGSDATEIEN... in der Registerkarte VERÖFFENTLICHEN öffnet den Dialog, den Sie in Abbildung 17.23 sehen. Hier können Sie angeben, welche Dateien auf den Server kopiert werden sollen. Im vorliegenden Fall handelt es sich nur um die Programmdatei. Wäre eine benutzerdefinierte Klassenbibliothek unter VERWEISE eingebunden, würde die DLL automatisch mit in den Verteilungsprozess einbezogen.

Abbildung 17.23 Die zur Installation notwendigen Dateien

Im Dialog ERFORDERLICHE KOMPONENTEN... wählen Sie die Komponenten aus, die ebenfalls auf den Server kopiert werden sollen (siehe Abbildung 17.24). Zuletzt können Sie noch unter OPTIONEN... diverse Einstellungen vornehmen, die mehr allgemeiner Natur sind.

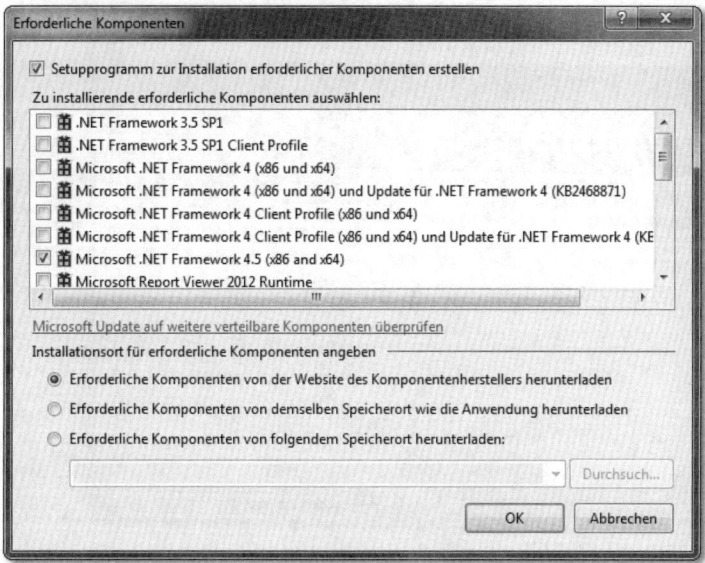

Abbildung 17.24 Bereitstellung zusätzlicher Komponenten

Nachdem Sie die Konfiguration fertiggestellt haben, steht der Veröffentlichung nichts mehr im Wege. Ich gehe im Weiteren davon aus, dass die Anwendung auf den lokalen Webserver kopiert wird und die Offline-Ausführung der ClickOnce-Anwendung ausgewählt worden ist. Auf dem Webserver wird ein virtuelles Verzeichnis angelegt, das standardmäßig namentlich identisch mit dem Projektbezeichner ist. Das Verzeichnis enthält neben dem Bereitstellungsmanifest (das ist die Datei mit der Erweiterung *.application*) auch eine **setup.exe**-Datei, die die Installation startet, sowie die Datei *publish.htm*, die der Anwender aufruft, um die Anwendung zu installieren. Zudem wird der Root der Anwendung ein Unterverzeichnis hinzugefügt, dessen Name sich aus dem Bezeichner der Anwendung, ergänzt um die vierstellige Versionsnummer, ergibt. Die Punkte der Versionsnummer sind dabei gegen Unterstriche ausgetauscht worden. Dieses Verzeichnis enthält die tatsächlichen Anwendungsdaten und das Anwendungsmanifest mit der Erweiterung *.manifest*.

17.9.3 Die Installation einer ClickOnce-Anwendung

Nun wollen wir auch noch die Anwendung installieren. Dazu öffnen wir im Internet Explorer die Datei *publish.htm*. Die Webseite enthält eine Schaltfläche, über die die Anwendung im lokalen Cache eingerichtet wird. Zuvor müssen Sie jedoch die Installation der Anwendung bestätigen, da der Herausgeber als nicht vertrauenswürdig eingestuft wird – obwohl Sie in diesem Fall selbst der Herausgeber sind. Anschließend wird das Programm gestartet.

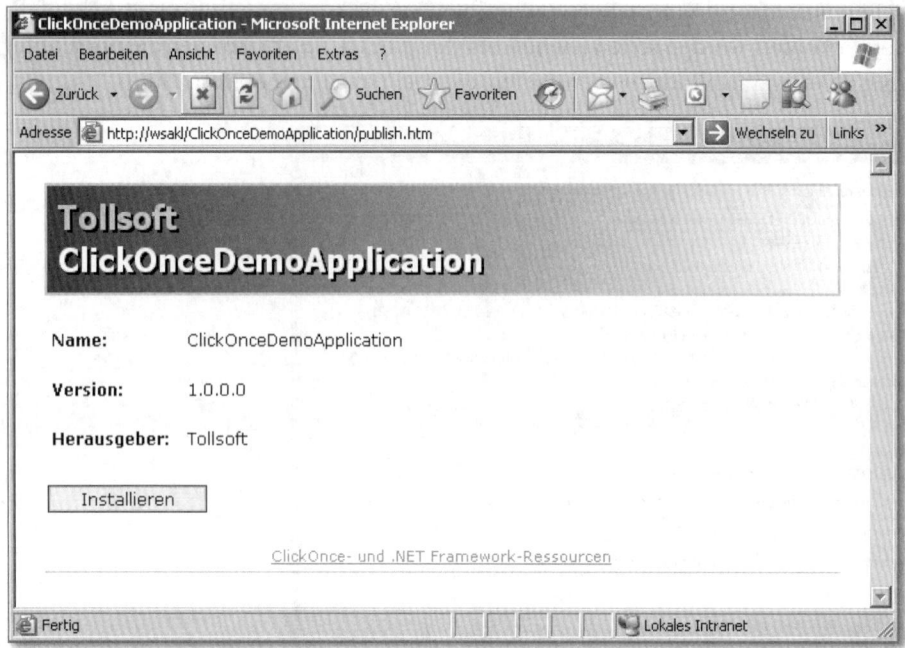

Abbildung 17.25 Die Ansicht der Seite »publish.htm«

Da die Anwendung für den Offline-Modus eingerichtet worden ist, können Sie diese nachfolgend über das Startmenü starten. Dazu ist keine Verbindung zum Webserver notwendig. Sie können das selbst testen, indem Sie im Internetdienste-Manager den Webserver anhalten. Es wird zwar versucht, Kontakt zum Webserver aufzunehmen, aber das Starten der Laufzeitumgebung ist nicht davon abhängig. Hätten Sie sich für den Online-Modus bei der Kompilierung der Anwendung entschieden, wäre ein Aufruf von *publish.htm* notwendig gewesen. Diese steht aber nur dann zur Verfügung, wenn der Webserver seine Dienste ausführt.

Wie verhält sich nun die Anwendung, wenn sie in irgendeiner Weise verändert und erneut veröffentlicht wird? Sie können das sehr einfach testen, indem Sie der Form eine Schaltfläche hinzufügen oder einfach nur die Hintergrundfarbe ändern. Veröffentlichen Sie die Anwendung erneut, wird automatisch die Versionsnummer erhöht – falls Sie auf der Registerkarte VERÖFFENTLICHEN des Projekteigenschaftsfensters keine andere Vorgabe getroffen haben. Die erste Versionsnummer lautete 1.0.0.0, die neue 1.0.0.1. Auf dem Webserver wird ein zweites Unterverzeichnis für die neue Version angelegt, und im Bereitstellungsmanifest wird die Umleitung darauf eingetragen.

Wenn Sie die Anwendung über das Startmenü aufrufen, sucht der Client nach eventuellen Updates. Ist der Webserver in Betrieb, wird die neue Version erkannt, geladen und ausgeführt. Der Anwender braucht in diesem Fall in keiner Weise einzugreifen oder selbst für die Neuinstallation der Anwendung zu sorgen. Der ClickOnce-Prozess übernimmt das vollkommen automatisch.

Kapitel 18
Einführung in die WPF und XAML

Mit der Einführung von .NET 1.0 wurde eine neue Technologie zur Entwicklung von Windows-Anwendungen eingeführt: die WinForm-API. Im Grunde genommen war die WinForm-API keine Neuentwicklung, da sie die Windows-API nutzte. Trotz der Erweiterung der Windows-API wurde an der grundlegenden Architektur nichts verändert.

Unter dem Codenamen *Avalon* startete Microsoft Mitte des letzten Jahrzehnts die Entwicklung einer neuen Bibliothek für grafische Benutzeroberflächen, die im Jahr 2006 unter dem Bezeichner *Windows Presentation Foundation* (WPF) als Teil von .NET 3.0 veröffentlicht worden ist. Bereits in Visual Studio 2008 wurde die WPF neben der traditionellen Technologie für die WinForm-API fest in die Entwicklungsumgebung integriert. Nach einigen Startschwierigkeiten, die nicht nur auf Mängel zurückzuführen sind, fand die WPF eine breite Akzeptanz in der Entwicklergemeinde und gehört nunmehr zur bevorzugten Technologie zur Entwicklung von Windows-Anwendungen.

In den kommenden Kapiteln werden wir uns mit WPF beschäftigen. Dabei können wir nicht alle Aspekte und Konzepte berücksichtigen. Aber ich möchte Ihnen einen Einstieg in die Technologie geben und Ihnen zeigen, wie Windows-Anwendungen mit der WPF entwickelt werden. Sie werden feststellen, dass die Lernkurve nicht so steil ist wie bei der nun auf das Abstellgleis geschobenen WinForm-API.

> **Anmerkung**
> Nach Aussagen von Microsoft wird die WinForm-API nicht mehr weiterentwickelt. Dennoch ist sie auch weiterhin elementarer Bestandteil in Visual Studio 2012 und wird es meiner Ansicht nach auch noch länger bleiben. Im Grunde genommen brauchen Sie nicht zu fürchten, ein neues Projekt mit der WinForm-API zu starten, aber andererseits sind Sie dann nicht mehr up to date und können die vielen interessanten und auch positiv zu bewertenden Programmiertechniken nicht nutzen. Sollten Sie in Zukunft, aus welchen Gründen auch immer, planen, Ihre WinForm-Anwendung auf WPF umzustellen, fangen Sie von vorne an. Die Frage, ob WinForms oder WPF, sollte sich somit eigentlich gar nicht stellen.

18.1 Die Merkmale einer WPF-Anwendung

Am Anfang stellt sich zuerst die Frage, welche typischen Charakteristika eine WPF-Anwendung auszeichnen und wo die Vorteile im Vergleich zu den WinForms zu suchen sind. Die folgende Liste soll diese Fragen beantworten.

- Die Benutzeroberfläche wird mit einer an XML angelehnten Sprache beschrieben: mit **XAML** (e**X**tensible **A**pplication **M**arkup **L**anguage, gesprochen *Xemmel*). Dadurch wird es möglich, die Beschreibung der Benutzeroberfläche vom Code strikt zu trennen – ähnlich wie es mit ASP.NET bereits seit Jahren mit dem sogenannten Code-Behind-Modell der Fall ist. XAML ist ausgesprochen mächtig und offenbart erstaunliche Fähigkeiten. Zusammen mit den in WPF eingeführten Konzepten werden Sie vergleichsweise wenig Programmcode schreiben, sondern sich mehr auf XAML konzentrieren. Die Folge wird sein, dass der XAML-Code sehr umfangreich werden kann, während der reine C#-Code sich nur noch auf wenige Operationen beschränkt.
- WPF-Anwendungen bieten eine umfangreiche Unterstützung von 2D- und 3D-Grafiken. Dabei wird die schnelle Grafikausgabe durch DirectX genutzt. Das wiederum bedeutet, dass die Grafikkarte zur Berechnung der grafischen Elemente herangezogen wird und nicht die CPU. Das führt zu einer deutlich verbesserten Performance.
- WPF-Anwendungen bieten vielfältige Datenbindungsmöglichkeiten für die Komponenten. Das ist mit Sicherheit eine der stärksten Seiten der WPF. Deshalb werden wir uns mit dieser Thematik noch intensiv auseinandersetzen. Andererseits muss man hinsichtlich der Datenbindungsmöglichkeiten auch einen der großen Nachteile der WPF anführen: Die Unterstützung von ADO.NET lässt doch zu wünschen übrig, während das Entity Framework sehr gut unterstützt wird.
- Die WPF-Ausgabe ist vektorbasiert. Das bedeutet, dass auch beim Skalieren keine hässlichen Pixel zu sehen sind, sondern immer ein fließender Verlauf der grafischen Darstellung.
- WPF-Anwendungen bieten vielfältige grafische Unterstützung, z.B. für die Darstellung der Steuerelemente, grafische Animationen, Unterstützung von Videos, Bildern und Audio-Dateien.
- Grundsätzlich besteht die Möglichkeit, eine Benutzeroberfläche bereitzustellen, die entweder in einem herkömmlichen Fenster oder im Browser angezeigt wird.
- Im Vergleich zur WinForm-API gibt es neue Layoutoptionen durch Verschachtelung der Elemente. Damit bietet die WPF im Vergleich zur WinForm-API deutlich bessere Gestaltungsmöglichkeiten.
- Nicht unerwähnt bleiben sollte auch, dass die WPF ein altes Problem der WinForms gelöst hat. Früher war es kaum möglich, das Fenster automatisch an die Monitorauflösung (DPI) anzupassen. Das konnte dazu führen, dass Randbereiche von Dialogen möglicherweise nicht mehr angezeigt wurden und im Extremfall einige Bedienelemente der Oberfläche unerreichbar waren.

Die grafischen Fähigkeiten von WPF stellen alles Vergangene deutlich in den Schatten. Wollen Sie runde Buttons? Kein Problem. Wollen Sie runde Fenster? Ebenfalls kein Problem. Neben den Vorteilen der grafischen Gestaltung können auch andere Gesichtspunkte wie die der umfangreichen Datenbindungsmöglichkeiten die Entscheidung für die WPF und somit gegen die WinForm-API beeinflussen. Darüber hinaus muss bei der Entscheidungsfindung auch noch berücksichtigt werden, dass Microsoft die WinForm-API nicht mehr weiterverfolgt und voll auf WPF setzt, die inzwischen bekanntermaßen auch schon in *Silverlight* eingeflossen ist.

Die strikte Trennung von Oberflächenbeschreibung und Code gestattet es, dass die Oberfläche von einem Grafiker gestaltet wird, während der Entwickler den Code dazu schreibt. Die Oberflächenbeschreibung erfolgt in XAML, während die Programmlogik in C#, VB.NET oder einer anderen .NET-Sprache codiert werden kann. Übrigens gibt es von Microsoft mit **Expression Blend** ein Tool, das vornehmlich für Designer gedacht ist.

18.1.1 Anwendungstypen

Visual Studio 2012 bietet Ihnen im Zusammenhang mit der WPF vier verschiedene Projektvorlagen an:

- WPF-Anwendung
- WPF-Browseranwendung
- WPF-Benutzersteuerelementbibliothek
- Benutzerdefinierte WPF-Steuerelemente

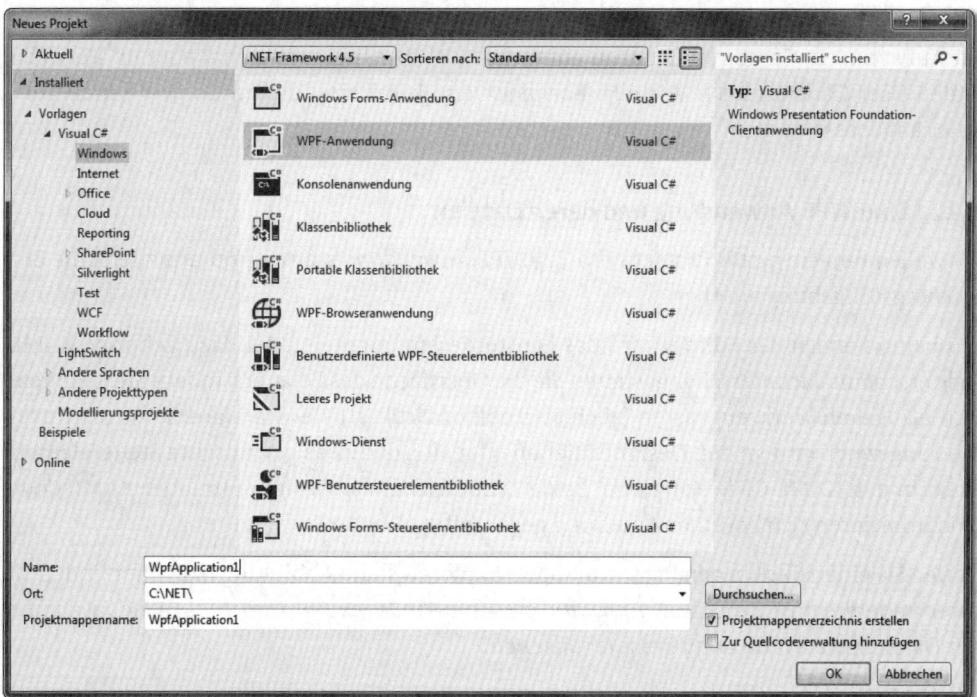

Abbildung 18.1 WPF-Projektvorlagen

WPF-Anwendung

Dieser Anwendungstyp entspricht im Wesentlichen einer herkömmlichen Windows-Anwendung. Die charakteristischen Eigenschaften gleichen denen einer WinForm-Anwendung. WPF-Anwendungen werden in einem eigenen Fenster ausgeführt und können mit dem MS Installer (MSI) oder ClickOnce installiert werden. Mit beiden Installationsvarianten werden wir uns im letzten Kapitel dieses Buches noch beschäftigen.

WPF-Browseranwendung

Im Gegensatz zu WPF-Anwendungen stellen WPF-Browseranwendungen keine eigenen Fenster bereit – die Ausgabe erfolgt im Browser. Außerdem werden WPF-Browseranwendungen nicht auf der lokalen Maschine installiert, was zur Folge hat, dass es nicht möglich ist, einen Verweis auf die Anwendung im Startmenü zu hinterlegen.

Benutzerdefinierte WPF-Steuerelementbibliothek (User Control)

Visual Studio 2012 stellt zwei Projektvorlagen zum Entwickeln eigener Steuerelemente bereit. Die Variante mit einem User Control ist die einfachere von beiden. Etwas vereinfacht gesagt, wird dabei ein neues Steuerelement aus mehreren bestehenden Steuerelementen gebildet.

WPF-Benutzersteuerelementbibliothek (Custom Control)

Der Aufwand, ein Custom Control zu entwickeln, ist deutlich größer, hat aber im Vergleich zu den User Controls auch Vorteile. Beispielsweise kann ein Custom Control durch Templates angepasst werden.

18.1.2 Eine WPF-Anwendung und deren Dateien

Wir wollen nun ein erstes Projekt vom Typ *WPF-Anwendung* starten und uns zuerst die Entwicklungsumgebung ansehen.

Im oberen Bereich des Editors wird das Fensterdesign angezeigt, der dazu gehörige XAML-Code erscheint darunter. Hier gestalten Sie die Oberfläche des Fensters, indem Sie Steuerelemente aus dem Werkzeugkasten (auch als Toolbox tituliert), der standardmäßig am linken Rand angezeigt wird, in den Designer ziehen oder alternativ das gewünschte Steuerelement direkt in den XAML-Code schreiben. Beide Teilbereiche, der Designer und der XAML-Code, synchronisieren sich bei einer Änderung gegenseitig.

Werfen Sie einen Blick in den Projektmappen-Explorer (siehe Abbildung 18.2). Hier finden Sie unter anderem mit *App.xaml*, *App.xaml.cs*, *MainWindow.xaml* und *MainWindow.xaml.cs* vier Dateien, die wir uns nun genauer ansehen.

18.1 Die Merkmale einer WPF-Anwendung

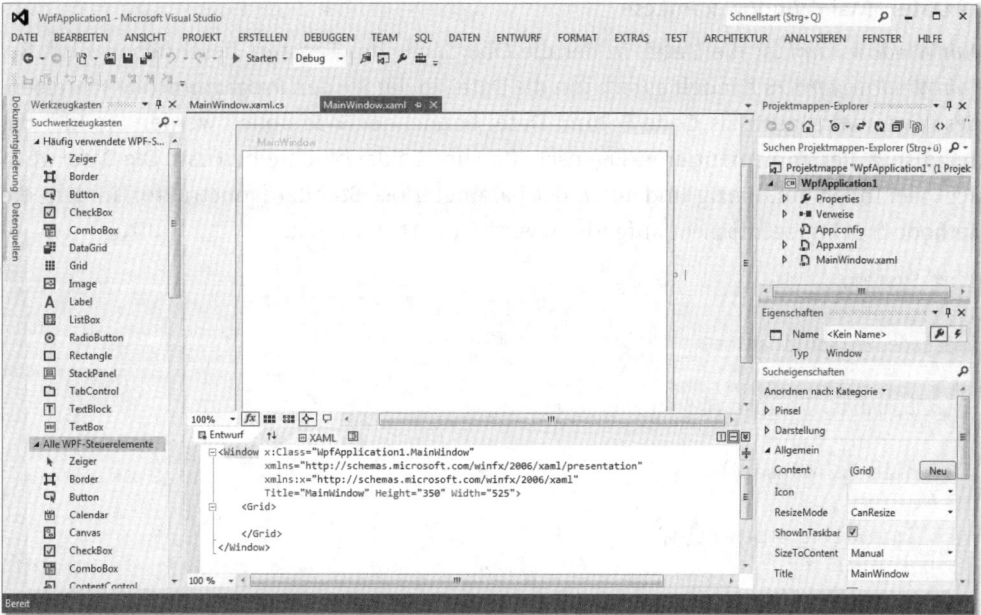

Abbildung 18.2 Die Entwicklungsumgebung einer WPF-Anwendung

Die Datei »MainWindow.xaml«

In dieser Datei steckt der XAML-Code des Fensters, den Sie im unteren Bereich des Code-Editors sehen.

```
<Window x:Class="WpfApplication1.MainWindow"
        xmlns="http://schemas.microsoft.com/winfx/2006/xaml/presentation"
        xmlns:x="http://schemas.microsoft.com/winfx/2006/xaml"
        Title="MainWindow" Height="350" Width="525">
    <Grid>
    </Grid>
</Window>
```

Listing 18.1 Der standardmäßig erzeugte XAML-Code eines Fensters

In der ersten Zeile wird mit `x:Class="WpfApplication1.MainWindow` der Bezug zum C#-Code hergestellt. Danach sind mit `xmlns` zwei Namespaces angegeben, denen mit `Title` die Beschriftung der Titelleiste folgt. `Height` und `Width` geben die Ausgangsgröße des Fensters an.

Alle Steuerelemente einer WPF-Anwendung positionieren sich innerhalb eines Layout-Containers. Mit `Grid` wird sofort ein Vorschlag gemacht, den Sie aber nach eigenem Ermessen durch einen anderen Container ersetzen können. Die Container werden in Kapitel 19 besprochen.

Die Datei »MainWindow.xaml.cs«

MainWindow.xaml ist die Datei, in der die Oberfläche des Fensters beschrieben wird. Bei *MainWindow.xaml.cs* handelt es sich um die Datei, in der Sie den Programmcode schreiben. Diese Datei wird auch als **Code-Behind-Datei** bezeichnet. Wie üblich werden Sie hier die Ereignishandler implementieren, Eigenschaften und Felder beschreiben usw. Die Datei weist nicht viel Inhalt auf. Einzig und allein der parameterlose Standardkonstruktor, in dem die Methode `InitializeComponent` aufgerufen wird, ist dort zu finden.

```
using System;
[...]
namespace WpfApplication1
{
  public partial class MainWindow : Window
  {
    public MainWindow()
    {
      InitializeComponent();
    }
  }
}
```

Listing 18.2 Der Inhalt der Datei »MainWindow.xaml.cs«

Die Methode `InitializeComponent` lädt die für das Fenster benötigten Komponenten, die in der Datei *MainWindow.xaml* definiert sind, indem die statische Methode `LoadComponent` der Klasse `Application` aufgerufen wird.

Die Datei »App.xaml«

Auch zu dieser Datei gehört eine Code-Behind-Datei, die mit dem Attribut `x:Class` angegeben wird. Mit `xmlns` werden hier zwei Namespaces angegeben, und das Attribut `StartupUri` gibt an, mit welchem Fenster die Anwendung gestartet werden soll.

```
<Application x:Class="WpfApplication1.App"
  xmlns=http://schemas.microsoft.com/winfx/2006/xaml/presentation
  xmlns:x=http://schemas.microsoft.com/winfx/2006/xaml
  StartupUri="MainWindow.xaml">
  <Application.Resources>
  </Application.Resources>
</Application>
```

Listing 18.3 Der XAML-Code in der Datei »App.xaml«

Im Bereich zwischen dem einleitenden Tag `<Application.Resources>` und dem ausleitenden `</Application.Resources>` können Sie anwendungsweit bekannte Ressourcen eintragen.

Die Datei »App.xaml.cs«

Hierbei handelt es sich um die Code-Behind-Datei zu *App.xaml*. Sie definiert die Klasse App, die von Application abgeleitet ist, und weist noch keinen Code auf. Die Klasse App veröffentlicht Eigenschaften und löst Ereignisse aus, auf die Sie hier reagieren können.

```
using System;
[...]
namespace WpfApplication1
{
  public partial class App : Application
  {
  }
}
```

Listing 18.4 Der Code der Datei »App.xaml.cs«

18.1.3 Ein erstes WPF-Beispiel

Ein paar allgemeine Dinge rund um WPF-Anwendungen haben Sie nun erfahren. Wahrscheinlich sind Sie auch schon gespannt, wie die Oberfläche einer WPF-Anwendung tatsächlich aussehen kann. Um Ihnen ein Gefühl dafür zu vermitteln, sehen Sie sich bitte die folgende Abbildung 18.3 einer – zugegebenermaßen – sehr einfachen Oberfläche an. Wir werden ein sehr ähnliches Beispiel später in diesem Buch wiederfinden. An dieser Stelle soll es nicht darauf ankommen, irgendwelche Details zu beschreiben, vielmehr kommt es darauf an, einen ersten Eindruck zu bekommen.

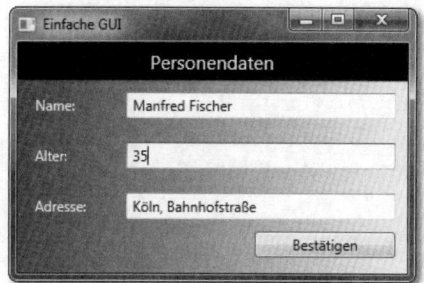

Abbildung 18.3 Eine erste, einfache WPF-Oberfläche

Dieser Benutzeroberfläche (auch als GUI, für *Graphical User Interface* bezeichnet) liegt der folgende XAML-Code zugrunde:

```
<Window x:Class="SimpleBinding.MainWindow"
        xmlns=http://schemas.microsoft.com/winfx/2006/xaml/presentation
        xmlns:x=http://schemas.microsoft.com/winfx/2006/xaml
        Title="Einfache GUI" Height="230" Width="350">
  <Window.Background>
    <LinearGradientBrush EndPoint="1,0.5" StartPoint="0,0.5">
```

```xml
      <GradientStop Color="#FF606079" Offset="0" />
      <GradientStop Color="WhiteSmoke" Offset="1" />
    </LinearGradientBrush>
  </Window.Background>
  <Window.Resources>
    <Style x:Key="style1">
      <Setter Property="Control.Margin" Value="10, 0, 20, 0" />
      <Setter Property="Control.Foreground" Value="White" />
      <Setter Property="Control.VerticalAlignment" Value="Center" />
    </Style>
  </Window.Resources>
  <Grid>
    <Grid.RowDefinitions>
      <RowDefinition Height="Auto" />
      <RowDefinition Height="Auto" />
      <RowDefinition Height="Auto" />
      <RowDefinition Height="Auto" />
      <RowDefinition Height="Auto" />
    </Grid.RowDefinitions>
    <Grid.ColumnDefinitions>
      <ColumnDefinition Width="Auto" />
      <ColumnDefinition />
    </Grid.ColumnDefinitions>
    <StackPanel Background="Black" Grid.ColumnSpan="2">
      <Label Foreground="White" FontSize="16"
             HorizontalAlignment="Center">Personendaten</Label>
    </StackPanel>
    <Label Style="{StaticResource style1}" Grid.Row="1" >Name:</Label>
    <TextBox  Grid.Column="1" Grid.Row="1"
              Text="{Binding Path=Name}" Margin="10"  />
    <Label Style="{StaticResource style1}" Grid.Row="2">Alter:</Label>
    <TextBox Grid.Column="1" Grid.Row="2" Text="{Binding Path=Alter}"
             Margin="10" />
    <Label Style="{StaticResource style1}" Grid.Row="3">Adresse:</Label>
    <TextBox Grid.Column="1" Grid.Row="3"
             Text="{Binding Path=Adresse}" Margin="10"  />
    <Button Grid.Row="4" Grid.Column="1" Width="120"
            HorizontalAlignment="Right"
            Margin="0, 0, 10, 0">Bestätigen</Button>
  </Grid>
</Window>
```

Listing 18.5 Der XAML-Code des Fensters aus Abbildung 18.3

Lassen Sie uns einen kleinen Blick auf den XAML-Code werfen, ohne dabei die Details genau zu beschreiben. Diese werden Sie im Laufe der folgenden Kapitel erfahren. Zudem sei auch angemerkt, dass dieses einfache Beispiel nicht alle Möglichkeiten der WPF beinhalten kann oder soll.

Eingerahmt wird der gesamte XAML-Code durch das Element Window. In diesem ist alles im Zusammenhang mit der Darstellung des Fensters (und auch noch mehr) enthalten.

Im Window-Element finden Sie den durch `<Grid>`…`</Grid>` eingerahmten Bereich, der die Oberfläche mit Ihren Steuerelementen enthält. Ein `Window` kann nur exakt ein solches als Container-Control bezeichnetes Steuerelement enthalten. Container-Controls teilen den sogenannten Clientbereich des Fensters auf, arrangieren damit gewissermaßen die enthaltenen Steuerelemente. `StackPanel`, `Canvas` oder auch `DockPanel` sind ebenfalls typische Vertreter solcher Container-Controls. Einige `Label`-Controls, `TextBox`-Controls und ein `Button` bilden die Gesamtheit der Steuerelemente in diesem Fenster.

In der Sektion `<Window.BackGround>`…`</Window.BackGround>` wird der Hintergrund des Fensters festgelegt. Hier sehen Sie, dass auch im Grunde genommen einfache Eigenschaften (hier `BackGround`) durch Verschachtelung zu interessanten Effekten führen können. Diese Elementverschachtelung beschränkt sich jedoch nicht nur auf grafische Komponenten. Auch Steuerelemente lassen sich in gleicher Weise verschachteln. Mit dieser Technik können Sie letztendlich Steuerelemente nach eigenen Vorstellungen aufbauen und ihnen eine eigene Charakteristik geben. Das ist übrigens mit ein Grund, weshalb die WPF im Vergleich zu der herkömmlichen WinForm-API mit verhältnismäßig wenig Steuerelementen auskommt.

Ein weiterer wichtiger Abschnitt innerhalb des Fensters wird durch `<Window.Resources>`…`</Window.Resources>` beschrieben. Bei vielen WPF-Fenstern ist das der Bereich, der den meisten XAML-Code enthält. In unserem kleinen Beispiel wird hier nur ein sogenannter `Style` beschrieben, der von einigen `Label`-Steuerelementen benutzt wird, um die im `Style` aufgeführten Eigenschaftseinstellungen gemeinsam zu nutzen. Das Prinzip erinnert doch sehr an die *Cascading Style Sheets* (CCS) in HTML-Seiten.

Der XAML-Code dient aber nicht nur dazu, eine neue Art der Oberflächenbeschreibung zu bieten. Die Fähigkeiten gehen noch deutlich weiter. Verhaltensweisen und Techniken, die früher nur durch Programmcode ausgedrückt werden konnten, lassen sich mit XAML umsetzen. Das führt zwangsläufig dazu, dass der Code der Operationen, die im Hintergrund ablaufen, deutlich reduziert werden kann. Andererseits können Sie selbstverständlich alles das, was mit XAML ausgedrückt wird, auch mit C#-Code erreichen.

> **Hinweis**
> Wie Sie bereits an diesem einfachen Beispiel erkennen können, ist der XAML-Code relativ umfangreich. Ich werde daher bei vielen der folgenden Beispielprogramme nicht alle Einzelheiten des XAML-Codes im Detail angeben, sondern mich zumeist auf die wesentlichen Merkmale beschränken.

18.1.4 Wichtige WPF-Features

Dass die WPF-Oberflächen anders gestaltet werden als beispielsweise die GUI einer WinForm-Anwendung, konnten Sie im letzten Beispiel sehen. Die WPF wartet noch mit zahlreichen Features auf, die bisher noch keine Erwähnung fanden. Alle möchte und kann ich Ihnen an dieser Stelle noch nicht aufzählen, aber auf zwei muss ich an dieser Stelle bereits eingehen, da sie erst in einem späteren Kapitel ausführlich erörtert werden, die Begriffe aber bereits im Vorfeld immer wieder erwähnt werden. Dabei handelt es sich um die **Dependency Properties** und die **Routed Events**.

Dependency Properties

Das Konzept der Eigenschaften haben wir in Kapitel 3 dieses Buches behandelt: Eine private deklarierte Variable innerhalb einer Klasse wird durch eine Property, die einen get- und einen set-Zweig enthält, veröffentlicht. Nennen wir solche Eigenschaften im weiteren Verlauf einfach CLR-Eigenschaften. Jedes Objekt besitzt einen Pool von Eigenschaften, bei gleichen Typen ist auch deren Anzahl gleich.

Die WPF führt einen ganz anderen Eigenschaftstypus ein: die Dependency Properties, die im Deutschen auch als Abhängigkeitseigenschaften bezeichnet werden. Das Konzept ist ein ganz anderes. Alle Eigenschaften eines bestimmten Typs liegen in einem gemeinsam nutzbaren Container – zumindest solange die Dependency Property nicht von einem definierten Standardwert abweicht. Wird eine Abhängigkeitseigenschaft eines Objekts aber individuell für das Objekt festgelegt, wird die Eigenschaft zu einer objektspezifischen.

Dependency Properties sind mit zahlreichen eigenen Verhaltensmerkmalen ausgestattet. Dazu zählt beispielsweise auch, dass die Bindung an ein anderes Element voraussetzt, dass die bindende Eigenschaft eine Dependency Property ist. Sie finden ein solches Beispiel übrigens in Listing 18.5. Hier ist es unter anderem der Ausdruck Text="{Binding Path=Name}" eines der Label-Steuerelemente. Die Eigenschaft Text des Labels wird an ein Objekt gebunden und hier wiederum an dessen Eigenschaft Name (das Objekt ist im XAML-Code des Listings nicht beschrieben). Da die Text-Eigenschaft gebunden wird, muss sie als Abhängigkeitseigenschaft implementiert sein.

Das sollte in diesem Moment als Information genügen. In Kapitel 26 werde ich Ihnen zeigen, wie Dependency Properties codiert werden.

Im Zusammenhang mit den Dependency Properties muss noch eine verwandte Eigenschaftsgruppe erwähnt werden: die Attached Properties (im Deutschen auch als angehängte Eigenschaften bezeichnet). Als angehängte Eigenschaften werden solche bezeichnet, die ein Steuerelement zwar hat, die aber nicht im Steuerelement selbst definiert werden, sondern in einem hierarchisch übergeordneten. Auch dazu findet sich in Listing 18.5 ein Beispiel. Es handelt sich um alle Angaben von Grid.Column und Grid.Row. Mit diesen Eigenschaften wird die Position des betreffenden Steuerelements im Container-Control beschrieben, das durch ein Grid-Element beschrieben wird. Das Grid stattet mit den beiden genannten Eigenschaften alle ihm untergeordneten Controls aus. Würden die betroffenen Steuerelemente in einem anderen Container liegen, gäbe es diese beiden Eigenschaften nicht.

Auch angehängte Eigenschaften werden in Kapitel 26 erläutert.

Routed Events

In Listing 18.5 ist sehr schön zu erkennen, dass XAML es ermöglicht, verschiedene Elemente ineinander zu verschachteln. Dieses Konzept kann in Konsequenz dazu führen, dass innerhalb eines `Button`-Elements ein `Label` positioniert ist, innerhalb dessen wiederum ein `Image`-Element zu finden ist. Berücksichtigt man dazu noch, dass der `Button` innerhalb einer `Grid`-Zelle positioniert ist, die ihrerseits dem `Window`-Element untergeordnet ist, ergibt sich die folgende Elementhierarchie:

```
<Window>
  <Grid>
    <Button ...>
      <Label ...>
        <Image ... />
      </Label>
    </Button>
  </Grid>
</Window>
```

Listing 18.6 Verschachtelung verschiedener WPF-Elemente

Nehmen wir nun an, der Anwender würde auf das `Image`-Element klicken. Betrachten wir die Situation ganz nüchtern, müssen wir uns die Frage stellen, ob mit der Aktion tatsächlich das `Image` angeklickt werden sollte oder der entsprechende `Button`. Mit den herkömmlichen Techniken der Events ist diese Frage einfach zu beantworten, denn ohne besondere Maßnahmen kann nur das Image das Ereignis behandeln.

Genau an dieser Stelle kommen die Routed Events ins Spiel. Routed Events leiten die Ereignisse an übergeordnete Elemente weiter. Dabei kommt es zu zwei Ereignisketten: Zuerst werden die getunnelten Events (engl.: **Tunneled Events**) ausgelöst, die beim `Window` starten und über das `Grid`, den `Button` und das `Label` am Ende beim `Image` landen. Anschließend werden die Ereignisse zurückgebubbelt (engl.: **Bubbled Events**). Diesmal geht die Ereigniskette beim `Image` los und setzt sich über das `Label`, den `Button`, das `Grid` bis zurück zum Ausgangspunkt `Window` fort.

Auch den Routed Events wird in diesem Buch ein eigenes Kapitel gewidmet, in dem Sie mehr dazu erfahren (Kapitel 27).

Nicht alle Ereignisse in der WPF werden als Routed Events definiert. Die Gruppe der Ereignisse, die nur von dem Element, bei dem das Ereignis aufgetreten ist, verarbeitet werden, werden im Kontext der WPF als **direkte Events** bezeichnet. Diese Ereignisse unterscheiden sich nicht von den sonst üblichen im .NET Framework.

> **Hinweis**
> Streng genommen gehören auch direkte Events zu den Routed Events, obwohl sie nicht geroutet werden. Dieser scheinbare Widerspruch erklärt sich aber im Laufe von Kapitel 27.

18.1.5 Der logische und der visuelle Elementbaum

Erstellen Sie eine Benutzeroberfläche mit der WPF, erzeugen Sie eine Hierarchie ineinander verschachtelter Elemente. Dabei gibt es mit `Window` immer ein Wurzelelement, in dem die anderen Elemente enthalten sind. Jedes Element kann seinerseits wieder praktisch unbegrenzt untergeordnete Elemente enthalten. Auf diese Weise bildet sich eine durchaus tief gehende Elementstruktur, die als **Elementbaum** bezeichnet wird. Aufgrund der Architektur der WPF wird zwischen zwei Baumstrukturen unterschieden:

- logischer Elementbaum
- visueller Elementbaum

Zur Verdeutlichung der Unterschiede zwischen den genannten beiden Elementbäumen soll der folgende XAML-Code dienen, der innerhalb eines `Grid`-Controls ein `Label`- und ein `Button`-Steuerelement beschreibt.

```xml
<Window x:Class="ElementTree.MainWindow" ...>
  <Stackpanel>
    <Label Content="Label" />
    <Button Content="Button" />
  </Stackpanel>
</Window>
```

Der **logische Elementbaum** wird in diesem XAML-Beispiel durch die Elemente `MainWindow`, `StackPanel`, `Label` und `Button` gebildet. Er enthält demnach alle Elemente, die in XAML bzw. im Code definiert sind. Grundsätzlich gehören zu einem logischen Baum weder Füllmuster noch Animationen. Jedes WPF-Steuerelement ist selbst durch eine mehr oder weniger große Anzahl visueller Einzelkomponenten aufgebaut. Zum Beispiel besitzt eine Schaltfläche kein fixes Layout, sondern setzt sich aus den Einzelkomponenten `ButtonChrome` und `ContentPresenter` zusammen. Alle Einzelkomponenten, die als Basis einer der beiden Klassen

- `System.Windows.Media.Visual` oder
- `System.Windows.Media.Media3D.Visual3D`

angehören, bilden zusammen den **visuellen Elementbaum**. Andere Elemente, beispielsweise `String`-Objekte, gehören nicht zum visuellen Elementbaum, weil sie kein eigenes Renderverhalten benötigen. Zu den Elementen des visuellen Elementbaums hingegen sind die Klassen `Button` und `Label` zu zählen. In Abbildung 18.4 ist die Zugehörigkeit der Einzelkomponenten zu den verschiedenen Elementbäumen dargestellt. Die Ausgangsbasis ist hierbei der am Anfang dieses Abschnitts gezeigte XAML-Code.

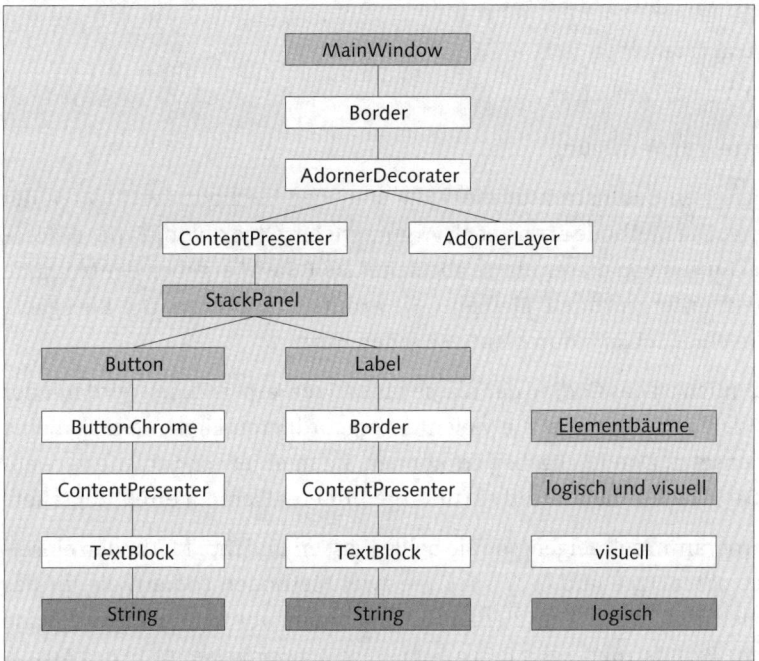

Abbildung 18.4 Logischer und visueller Elementbaum

Warum wird zwischen den Elementbäumen unterschieden?

WPF-Steuerelemente haben kein eigenes, fixes Layout. Beim Rendern wird der visuelle Elementbaum jeder einzelnen Komponente durchlaufen. Beispielsweise ist der Rahmen einer Schaltfläche zwar Bestandteil der Schaltfläche, kann aber jederzeit durch ein anderes Element ersetzt werden.

> **Anmerkung**
> Aus der letzten Aussage heraus ergeben sich vielfältige, individuelle Gestaltungsmöglichkeiten.

Infolgedessen kommt es aber auch zu einem Problem hinsichtlich der Auslösung von Ereignissen. Da der Rahmen einer Schaltfläche praktisch beliebig beschrieben werden kann, muss der Button in der Lage sein, zu erkennen, ob er innerhalb oder außerhalb des Rahmens angeklickt wird. Dazu ist ein Ansatz notwendig, der sich am tatsächlichen Layout orientiert. In der WPF werden auch aus diesem Grund die *Routed Events* beschrieben, die sich nicht am logischen, sondern am visuellen Elementbaum orientieren.

Elementbäume mit Code ermitteln

Sie können den logischen und den virtuellen Elementbaum auch mit Code ermitteln. Dazu stellt Ihnen die WPF mit den beiden Klassen

- System.Windows.LogicalTreeHelper
- System.Window.Media.VisualTreeHelper

die benötigten Hilfsmittel zur Verfügung.

Zur Ermittlung der logischen Baumstruktur dient die statische Methode GetChildren der Klasse LogicalTreeHelper. Die Methode erwartet als Argument ein Objekt vom Typ DependencyObject, d.h., das Objekt muss von dieser Klasse abgeleitet sein. Sie übergeben der Methode das Objekt, dessen direkt untergeordnete Elemente Sie ermitteln möchten. Der Rückgabewert ist eine Liste, die in einer Schleife durchlaufen werden kann.

Vom Ansatz her sehr ähnlich ist das Coding der Klasse VisualTreeHelper. Zuerst wird mit der Methode GetChildrenCount ermittelt, aus wie vielen untergeordneten Elementen sich eine Komponente zusammensetzt. Den Rückgabewert können Sie in einer for-Schleife verwenden. Mit der Methode GetChild können Sie auf ein untergeordnetes Element direkt zugreifen.

Das folgende Beispielprogramm soll zeigen, wie Sie beide Klassen und ihre Methoden einsetzen. Dazu sind mit GetLogicalTree und GetVisualTree zwei Methoden codiert, die für das Auswerten des logischen bzw. virtuellen Elementbaums verantwortlich zeichnen. Beide schreiben die spezifische Baumstruktur mit Debug.WriteLine-Anweisungen so in das Ausgabefenster, dass die Hierarchie durch Einrückungen zu erkennen ist.

```
// Beispiel: ..\Kapitel 18\ElementBaeume
public partial class MainWindow : Window {
  public MainWindow() {
    InitializeComponent();
    Debug.WriteLine("");
    GetLogicalTree(0, this);
  }
  protected override void OnContentRendered(EventArgs e) {
    base.OnContentRendered(e);
    Debug.WriteLine("");
    GetVisualTree(0, this);
  }
  void GetLogicalTree(int depth, object obj) {
    Debug.WriteLine(new string('-', depth) + obj);
    if (obj is DependencyObject == false) return;
      foreach (object child in LogicalTreeHelper.GetChildren(
                                obj as DependencyObject))
    GetLogicalTree(depth + 4, child);
  }
```

```
void GetVisualTree(int depth, DependencyObject obj) {
  Debug.WriteLine(new string('-', depth) + obj.ToString());
  for (int i = 0; i < VisualTreeHelper.GetChildrenCount(obj); i++)
    GetVisualTree(depth + 4, VisualTreeHelper.GetChild(obj, i));
}
```

Der logische Elementbaum kann gezeichnet werden, sobald im Konstruktor das `Window` mit der Methode `InitializeComponent` initialisiert worden ist. Der virtuelle Elementbaum kann erst abgefragt werden, wenn das Fenster gerendert worden ist. Das ist der Fall bei der Auslösung des Ereignisses `ContentRendered`. Um das Ereignis um die Ausgabe im Ausgabefenster zu erweitern, wird die Methode `OnContentRendered` überschrieben. Sie können den Programmcode in jeder WPF-Anwendung einsetzen, um die Struktur im Fenster AUSGABE zu analysieren.

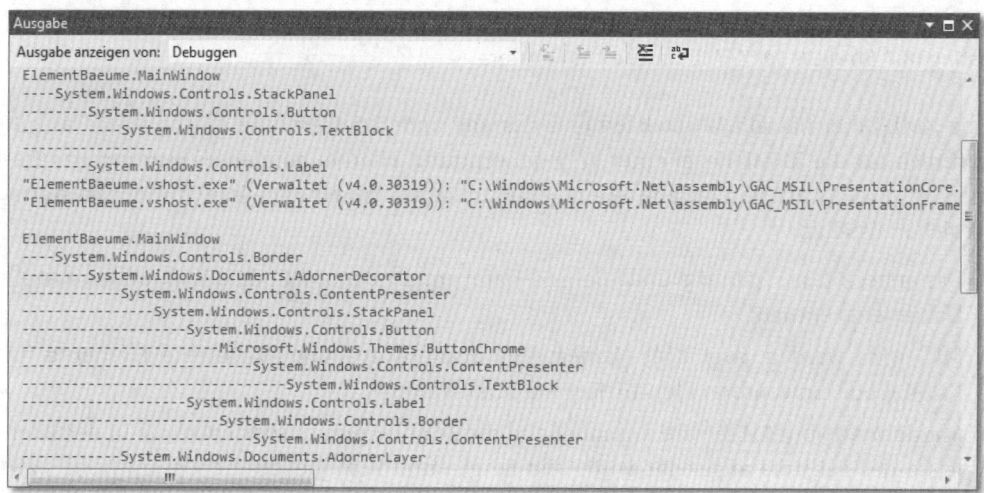

Abbildung 18.5 Ausgabe des logischen und visuellen Elementbaums

18.2 XAML (Extended Application Markup Language)

XAML ist eine deklarative Programmiersprache, deren Wurzeln auf XML zurückzuführen sind. XAML unterliegt damit auch denselben strengen Regeln wie XML:

- Elemente werden durch Tags beschrieben.
- Jedes Starttag bedarf zwingend eines Endtags.
- Die Groß-/Kleinschreibung muss berücksichtigt werden.

Auf eine detaillierte Einführung in XML soll an dieser Stelle verzichtet werden. Sollten Sie dennoch noch nicht mit XML Bekanntschaft gemacht haben, sollten Sie in Abschnitt 14.2 über wohlgeformten XML-Code nachlesen.

XAML ist eine Erweiterung der XML-Spezifikation. Sie werden viele bekannte Regeln der XML wiederfinden, aber auch mit Neuerungen konfrontiert, die mit XAML eingeführt worden sind, um das Gesamtkonzept besser unterstützen zu können.

18.2.1 Die Struktur einer XAML-Datei

Sehen wir uns den XAML-Code an, den Visual Studio 2012 beim Erstellen eines neuen Fensters erzeugt.

```
<Window x:Class="WpfApplication1.MainWindow"
        xmlns="http://schemas.microsoft.com/winfx/2006/xaml/presentation"
        xmlns:x="http://schemas.microsoft.com/winfx/2006/xaml"
        Title="MainWindow" Height="350" Width="525">
  <Grid>
  </Grid>
</Window>
```

Listing 18.7 Struktur der XAML-Datei eines Fensters

Jede XML-Datei hat ein Wurzelelement, das alle anderen Elemente einschließt. Das gilt natürlich für die XAML-Datei einer WPF-Anwendung. Hierbei handelt es sich um das Element `Window`. Es weist von Anfang an einige Attribute auf, um eine gewisse Grundcharakteristik sicherzustellen:

- Das erste, `x:Class`, gibt die Code-Behind-Datei an, die den C#-Code des aktuellen XAML-Dokuments enthält.
- Mit `xmlns` werden zwei XML-Namespaces bekannt gegeben, damit die Elemente im XAML-Code einwandfrei identifiziert werden können.
- Mit dem Attribut `Title` wird anschließend die Zeichenfolge beschrieben, die in der Titelleiste des Fensters angezeigt wird, und `Height` und `Width` legen die Gesamthöhe bzw. -breite des Fensters fest.

Im Wurzelelement `Window` sind alle Komponenten enthalten, aus denen sich das Fenster zusammensetzt: Schaltflächen, Textboxen, Listenfelder usw. Da `Window` jedoch grundsätzlich nur ein direkt untergeordnetes Element haben kann, handelt es sich dabei in der Regel um ein Containersteuerelement, das seinerseits selbst beliebig viele Steuerelemente aufnehmen kann. Per Vorgabe wird immer ein `Grid`-Element vorgeschlagen. Es gibt aber noch zahlreiche weitere, die alle in irgendeiner Weise auf eine bestimmte Präsentation oder Ausrichtung der in ihnen enthaltenen Steuerelemente spezialisiert sind. In Kapitel 19 lernen Sie alle Containersteuerelemente kennen.

Neben dem `Grid` ist beispielsweise das `StackPanel` ein häufig verwendetes Containersteuerelement. Containersteuerelemente zeichnen sich dadurch aus, dass sie über die Eigenschaft `Children` verfügen, die eine Auflistung von `UIElement`-Objekten verwaltet. Im folgenden Codefragment sehen Sie das Stammelement `Window` nebst dem untergeordneten Container vom Typ `Grid`. Dieser enthält ein `Button`-Element.

```
<Window x:Class="WpfApplication1.MainWindow"
        xmlns=http://schemas.microsoft.com/winfx/2006/xaml/presentation
        xmlns:x=http://schemas.microsoft.com/winfx/2006/xaml
        Title="MainWindow" Height="163" Width="300">
  <Grid>
    <Button FontSize="18" Background="LightGray"
        Name="btnButton1" Content="Der erste Button"></Button>
  </Grid>
</Window>
```

Listing 18.8 Grid mit einem eingebetteten Button

Beachten Sie, dass die Schaltfläche keine Angaben zu ihren Abmessungen enthält. Es liegt in der Natur des übergeordneten `Grid`-Containers, dass der dem `Grid` als einziges Element untergeordnete `Button` dann den gesamten Containerbereich für sich beansprucht (siehe Abbildung 18.6). Wie Sie in dem Bereich des `Grid`s auch mehrere Steuerelemente unterbringen können, werden Sie später noch sehen.

Abbildung 18.6 Die grafische Benutzeroberfläche des Listings 18.8

Das Element `Button` entspricht der gleichnamigen Klassendefinition im Namespace `System.Windows.Control`. Die Angabe `<Button>` im XAML-Code bewirkt die Instanziierung des entsprechenden Elements über den parameterlosen Konstruktor. Die Attribute `FontSize`, `Background`, `Content` und `Name` sind Eigenschaften der Klasse `Button`. Alternativ können Sie die Schaltfläche auch im Programmcode der Code-Behind-Datei erzeugen, beispielsweise nach dem Aufruf der Methode `InitializeComponent` im Konstruktor:

```
public MainWindow()
{
  InitializeComponent();
  Button btnButton1 = new Button();
  btnButton1.FontSize = 18;
  btnButton1.Background = new SolidColorBrush(Colors.LightGray);
  btnButton1.Content = "Der erste Button";
  this.AddChild(btnButton1);
}
```

Listing 18.9 Button aus Abbildung 18.6 mit Programmcode erzeugen

Mit der letzten Anweisung im Listing wird die Schaltfläche ihrem übergeordneten Container zugeordnet.

18.2.2 Eigenschaften eines XAML-Elements in Attributschreibweise festlegen

Jedes WPF-Element hat zahlreiche Eigenschaften. Eine Möglichkeit ist es, diese im XAML-Code durch Attribute anzugeben. Beabsichtigen Sie, beispielsweise die Beschriftung, die Breite und die Höhe einer Schaltfläche festzulegen, müssen Sie die Eigenschaften Content, Height und Width als Attribute angeben:

```
<Button Height="50" Width="100" Content="Mein erster Button"></Button>
```

Allen Attributen werden Werte grundsätzlich immer als String übergeben. Die Zeichenfolge wird von einem Typkonverter anschließend in den von der Eigenschaft beschriebenen Datentyp umgewandelt. Bei Height und Width ist das die Umwandlung in den Datentyp Double.

Nicht immer muss der Zieldatentyp so einfach sein. Legen Sie zum Beispiel die Hintergrundfarbe Background fest, verbirgt sich dahinter die Konvertierung in den schon verhältnismäßig komplexen Typ Brush.

18.2.3 Eigenschaften im Eigenschaftsfenster festlegen

Sie müssen natürlich die Eigenschaften eines Elements nicht im XAML-Code direkt angeben – auch wenn es dank der IntelliSense-Unterstützung nicht weiter schwierig ist. Sie können stattdessen die Eigenschaften auch im Eigenschaftsfenster von Visual Studio für die aktuell im Designer ausgewählte Komponente festlegen (siehe Abbildung 18.7). Das Eigenschaftsfenster ist sehr aufwendig gestaltet und keineswegs »langweilig«, sondern weist je nach Eigenschaft sehr viele trickreiche, aber auch intuitive Facetten auf. Diese im Einzelnen zu erörtern, würde den Rahmen sprengen. Ich kann Sie nur dazu auffordern, sich selbst ein wenig in diesem Fenster umzusehen und zu experimentieren.

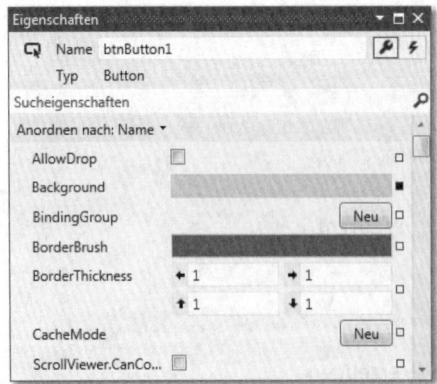

Abbildung 18.7 Das Eigenschaftsfenster einer WPF-Komponente

18.2.4 Die Eigenschaft-Element-Syntax

Die Attributschreibweise ist zwar kompakt, birgt aber den Nachteil, dass einer Eigenschaft nur eine Zeichenfolge zugewiesen werden kann. Diese wird meistens auf einen elementaren Datentyp zurückgeführt. Eigenschaften können aber auch komplexer Natur sein. Nehmen wir exemplarisch die Eigenschaft Background, die die Hintergrundfarbe beschreibt. Soll diese einheitlich Blau sein, ist die Attributschreibweise vollkommen ausreichend:

```
<Button Background="Blue"></Button>
```

Was ist aber, wenn die Hintergrundfarbe nicht durch eine konkrete Farbe, sondern einen Farbverlauf beschrieben werden soll? Dafür sind entsprechende Objekte notwendig, die von WPF bereitgestellt werden. In solchen Fällen ist die Attributschreibweise völlig ungeeignet, und es kommt die sogenannte **Eigenschaft-Element-Syntax** ins Spiel. Bei dieser Schreibweise wird zuerst der Typ des Elements genannt und dahinter, durch einen Punkt getrennt, die Eigenschaft.

```
<Button Height="100" Width="200">
  <Button.Background>
    <LinearGradientBrush>
      <GradientStop Color="RoyalBlue" Offset="0.0" />
      <GradientStop Color="White" Offset="1.0" />
    </LinearGradientBrush>
  </Button.Background>
    Mein erster Button
</Button>
```

Listing 18.10 Button mit Farbverlauf

Das Codefragment beschreibt mit einem Objekt vom Typ LinearGradientBrush den linearen Farbverlauf des Hintergrunds einer Schaltfläche. Die beiden GradientStop-Objekte geben Position und Farbe des Farbverlaufs an.

Abbildung 18.8 Button mit linearem Farbverlauf

Die Eigenschaft-Element-Schreibweise können Sie auch bei einfachen Eigenschaften wie zum Beispiel Height und Width verwenden. Sie geben dann den gewünschten Wert zwischen den beiden Tags an:

```
<Button>
  <Button.Height>50</Button.Height>
  <Button.Width>100</Button.Width>
  Mein erster Button
</Button>
```

Listing 18.11 Eigenschaft-Element-Syntax elementarer Properties

18.2.5 Inhaltseigenschaften

Sie kennen nun die Attributschreibweise und die Eigenschaft-Element-Syntax. Doch wie verhält es sich mit der Beschriftung einer Schaltfläche? Diese ist tatsächlich ein Sonderfall unter den Eigenschaften, da die Beschriftung auf zweierlei Art und Weise vorgenommen werden kann. Entweder Sie geben dazu die Eigenschaft Content als Attribut an oder zwischen dem ein- und ausleitenden Element. Also entweder schreiben Sie

```
<Button Content=" Mein erster Button"></Button>
```

oder

```
<Button>Mein erster Button</Button>
```

Beide Varianten sind gleichwertig. Es steht nun die Frage im Raum, warum wir in der letztgenannten Form nicht ausdrücklich die Eigenschaft angeben müssen, also:

```
<Button>
  <Button.Content>
    Mein erster Button
  </Button.Content>
</Button>
```

Die Antwort lautet: Weil Content als sogenannte **Inhaltseigenschaft** für das Button-Element definiert ist. Bei einer Inhaltseigenschaft kann auf die explizite Angabe der Eigenschaft in der Eigenschaft-Element-Schreibweise verzichtet werden. Bei einer Schaltfläche ist die Eigenschaft Content auch gleichzeitig die Inhaltseigenschaft, weil das Steuerelement Button von der Basis ContentControl abgeleitet ist. Hintergrund dabei ist, dass ContentControl mit dem Attribut ContentPropertyAttribute verknüpft ist, mit dem die Inhaltseigenschaft aller ableitenden Komponenten angegeben wird:

```
[ContentProperty("Content")]
public class ContentControl : Control, IAddChild { [...] }
```

Listing 18.12 Definition einer Inhaltseigenschaft

Das Besondere der Inhaltseigenschaft Content ist deren Datentyp Object. Dadurch lässt sich der Inhaltseigenschaft des betreffenden Elements, also auch dem Button, ein beliebiges Objekt zuordnen, beispielsweise ein Rectangle-Element, wie im folgenden Listing gezeigt.

```
<Button Height="100" Width="200" Background="LightGray">
  <Rectangle Height="30" Width="100" Fill="DarkBlue" />
</Button>
```

Listing 18.13 Eigenschaft »Content« einer Schaltfläche beschreibt ein »Rectangle«

Verschachteln von Elementen

Es lässt sich am Listing 18.13 sehr schön erkennen, wie das Element `Rectangle` in das Element `Button` eingebettet ist. Natürlich muss es sich bei dem eingebetteten Element nicht unbedingt um ein grafisches Element handeln, es kann auch ein herkömmliches Steuerelement sein, zum Beispiel eine `ListBox`:

```
<Button Height="100" Width="200">
  <ListBox Width="80">
    <ListBoxItem>Niederlande</ListBoxItem>
    <ListBoxItem>Belgien</ListBoxItem>
    <ListBoxItem>Frankreich</ListBoxItem>
  </ListBox>
</Button>
```

Listing 18.14 Das Steuerelement »ListBox« mit mehreren eingebetteten Elementen

Wollen Sie mehrere Elemente der Schaltfläche unterordnen, beispielsweise ein `Label`, eine `ListBox` und darüber hinaus auch noch ein `Image`, scheint das im ersten Moment nicht möglich zu sein, weil die `Content`-Eigenschaft nur ein Element zulässt. Dennoch ist die Lösung ganz simpel. Sie wählen dann als dem `Button` untergeordnetes Element eines der Containersteuerelemente (z.B. ein `Grid`), in dem Sie die gewünschten Steuerelemente entsprechend positionieren. Die Verschachtelung der Elemente ineinander hat nahezu keine Grenzen und ist eine der Stärken der WPF. Es ermöglicht uns, mit relativ einfachen Mitteln neue Steuerelemente zu erstellen oder das Layout bestehender Steuerelemente nach unseren eigenen Vorstellungen oder denen unserer Kunden anzupassen.

Klassen mit beliebigen Inhalten

`Content` ist die Inhaltseigenschaft aller Steuerelemente, die von `ContentControl` abgeleitet sind. Dazu gehört auch die Klasse `Button`. In der WPF sind insgesamt sogar vier Klassen definiert, die eine Inhaltseigenschaft vorschreiben. Jede dieser Basisklassen zwingt ihren Ableitungen eine bestimmte Charakteristik hinsichtlich der Inhaltsbeschreibung auf. Bei einer `ListBox` sind es zum Beispiel gleich mehrere Elemente, die angegeben werden können, ohne dass die entsprechende Inhaltseigenschaft `Items` angegeben werden muss:

```
<ListBox>
  <ListBoxItem>Freitag</ListBoxItem>
  <ListBoxItem>Samstag</ListBoxItem>
  <ListBoxItem>Sonntag</ListBoxItem>
</ListBox>
```

Listing 18.15 »ListBox«-Control mit mehreren Einträgen

Der Tabelle 18.1 sind die vier Klassen, die eine Inhaltseigenschaft vorschreiben, zu entnehmen.

Klasse	Beschreibung
ContentControl	Legt die Eigenschaft Content als Inhaltseigenschaft fest. Diese Eigenschaft kann nur ein Element eines beliebigen Typs beschreiben (z. B. Button, CheckBox, Label).
HeaderedContentControl	Diese Klasse ist selbst von ContentControl abgeleitet und ergänzt die Fähigkeit der Inhaltseigenschaft um die Möglichkeit eines beschreibenden Headers (z. B. Expander, GroupBox, TabItem).
ItemsControl	Legt die Eigenschaft Items als Inhaltseigenschaft fest. Items kann eine Auflistung mehrerer Elemente beschreiben (z. B. ListBox, ComboBox, Menu).
HeaderedItemsControl	Diese von ItemsControl abgeleitete Klasse dient als Basisklasse aller Steuerelemente, die mehrere Elemente enthalten, die durch genau einen Header beschrieben werden (z. B. MenuItem, ToolBar).

Tabelle 18.1 Klassen, die Inhaltseigenschaften beschreiben

Klassen, die UI-Elemente enthalten

Einen Sonderfall hinsichtlich der Inhaltseigenschaften bilden die Klassen, die selbst Steuerelemente enthalten und verwalten. Dabei handelt es sich um alle Layout-Container wie beispielsweise das Grid, das StackPanel oder das DockPanel. In Kapitel 19 werden wir alle Layout-Container eingehend besprechen. Aber an dieser Stelle sei im Zusammenhang mit den Inhaltseigenschaften schon das Folgende verraten: Alle diese Klassen leiten sich von der Basis Panel ab, in der die Eigenschaft Children als Inhaltseigenschaft festgelegt ist. Die Eigenschaft Children selbst beschreibt eine UIElementCollection, in der Objekte verwaltet werden, die sich auf den Typ UIElement zurückführen lassen. Dazu gehören beispielsweise alle Steuerelemente. Sehen wir uns nun noch im folgenden Listing am Beispiel des StackPanels an, wie der Inhaltseigenschaft Children Elemente hinzugefügt werden können.

```
<StackPanel>
  <Button>OK</Button>
  <Button>Übernehmen</Button>
  <Button>Abbrechen</Button>
</StackPanel>
```

Listing 18.16 Hinzufügen von Steuerelementen zur Eigenschaft »Children« in XAML

Entwickeln Sie eine WPF-Anwendung, wird Ihr Schwerpunkt die XAML-Codierung sein. Nichtsdestotrotz können Sie alles, was Sie im XAML-Code schreiben, auch mit C#-Code erreichen. Um beispielsweise den XAML-Code aus Listing 18.16 durch C#-Code abzubilden, sind die folgenden Anweisungen notwendig:

```
StackPanel stackPanel = new StackPanel();
Button btnOK = new Button();
btnOK.Content = "OK";
Button btnUebernehmen = new Button();
btnUebernehmen.Content = "Übernehmen";
Button btnAbbrechen = new Button();
btnAbbrechen.Content = "Abbrechen";
stackPanel.Children.Add(btnOK);
stackPanel.Children.Add(btnUebernehmen);
stackPanel.Children.Add(btnAbbrechen);
this.AddChild(stackPanel);
```

Listing 18.17 Die Elemente des Listings 18.16 durch C#-Code erzeugt

Dieses Beispiel zeigt eindrucksvoll, dass XAML deutlich kürzer und kompakter ist als die Beschreibung der Oberfläche mittels Programmcode.

18.2.6 Typkonvertierung

Die im XAML-Code definierten Elemente entsprechen einer Klasse, die Attribute einer Eigenschaft. Dabei wird den Attributen ein Wert immer als Zeichenfolge übergeben. Die meisten Eigenschaften sind aber nicht vom Datentyp String und müssen daher in den tatsächlichen Datentyp konvertiert werden. Betrachten wir dazu das einfache Beispiel der Eigenschaften Width und Height eines Buttons.

```
<Button Height="100" Width="200">Beenden</Button>
```

Beide Eigenschaften sind vom Typ Double. Die Folge ist, dass die angegebenen Werte in die Fließkommazahlen 100,0 bzw. 200,0 konvertiert werden müssen. In der WPF sind zahlreiche Typkonvertierungen vordefiniert. Das obige Beispiel zeigt eine recht einfache Typkonvertierung bei der Wertzuweisung an die Eigenschaft Width, nämlich von String in Double. Ein komplexer Fall liegt vor, wenn wir der Eigenschaft Background eine Farbe übergeben.

```
<Button Background="Blue"></Button>
```

Tatsächlich ist die Eigenschaft Background vom Typ Brush. Da die Klasse Brush abstrakt definiert ist, muss sie in eine ihrer Ableitungen konvertiert werden. Solange wir es mit einer monochromen Farbe zu tun haben, wird es eine Konvertierung in den Typ SolidColorBrush sein. Dieser Sachverhalt wird deutlich, wenn wir uns die entsprechende Eigenschaft-Element-Schreibweise ansehen:

```
<Button>
  <Button.Background>
    <SolidColorBrush Color="Blue" />
  </Button.Background>
</Button>
```

Hier muss natürlich noch der Farbwert *Blue* konvertiert werden, da der Typ einer Farbe nicht String, sondern Color ist.

Die Technik der Typkonvertierung wird in XAML auch benutzt, um mehrere ähnliche Eigenschaften zusammenzufassen, um auf diese Weise den XAML-Code kompakter zu gestalten. Margin gehört zu dieser Gruppe von Eigenschaften. Margin ist vom Typ Thickness und legt den äußeren Rand eines Elements fest. In der Eigenschaft-Element-Schreibweise können Sie Margin wie folgt in einem StackPanel einsetzen:

```
<StackPanel>
  <StackPanel.Margin>
    <Thickness Left="100" Top="30" Right="50" Bottom="10" />
  </StackPanel.Margin>
  <Button>Button1</Button>
</StackPanel>
```

Listing 18.18 Festlegen der Eigenschaft »Margin« (aufwendige Schreibweise)

Typkonvertierung ist hierbei noch nicht im Spiel. Sie können aber die Eigenschaft Margin auch wie folgt festlegen:

```
<StackPanel Margin="100, 30, 50, 10">
  <Button>Button1</Button>
</StackPanel>
```

Listing 18.19 Festlegen der Eigenschaft »Margin« (kompakte Schreibweise)

Diese Form des Einsatzes von Margin setzt voraus, dass die Zeichenfolge von einem Typkonvertierer passend umgesetzt wird (was natürlich der Fall ist). Selbstverständlich ist die Eigenschaft mit der erforderlichen Verhaltensweise ausgestattet, die Werte entsprechend zu verarbeiten.

18.2.7 Markup-Erweiterungen (Markup Extensions)

Die Eigenschaften eines Elements werden in XAML durch Attribute beschrieben, die als Zeichenfolge angegeben und passend ausgewertet werden. Dieses Konzept wird auch in XML benutzt, hat aber seine Grenzen, wenn ein Eigenschaftswert durch einen Objektverweis beschrieben werden muss. An dieser Stelle kommen Markup-Erweiterungen ins Spiel, die uns das ermöglichen.

Im Grunde genommen stellen auch Typkonvertierer einen Weg dar, um ein Objekt an eine Eigenschaft zu binden. Der Unterschied zwischen einem Typkonvertierer und einer Markup-Erweiterung ist jedoch, dass Typkonvertierer nach einer festgelegten Regel arbeiten und im Hintergrund agieren, während Markup-Erweiterungen allgemein verwendbar sind.

Markup-Erweiterungen sind Attributwerte, die in geschweiften Klammern eingeschlossen angegeben sind. Im folgenden Beispielcode wird das Konzept der Markup-Erweiterung dazu benutzt, den Inhalt der Eigenschaft Text der TextBox *txtUnten* an die Eigenschaft Text der TextBox *txtOben* zu binden. Das hat zur Folge, dass zur Laufzeit eine Eingabe in der oberen TextBox sofort von der unteren TextBox übernommen wird.

```
<StackPanel>
  <TextBox Name="txtOben"></TextBox>
  <TextBox Name="txtUnten"
           Text="{Binding ElementName=txtOben, Path=Text}">
  </TextBox>
</StackPanel>
```

Listing 18.20 Die Eigenschaft »Text« mit einer Markup-Erweiterung

Mit den geschweiften Klammern geben wir an, dass der Attributwert weder ein Literal noch ein über einen Typkonvertierer umwandelbarer Wert ist. Die Klasse, die innerhalb der Markup-Erweiterung verwendet wird, ist Binding. Dieser Typ gehört zum Namespace System.Windows.Data. Der Parameter ElementName gibt das Element an, an das gebunden wird, Path beschreibt die Eigenschaft des Quellelements, aus der der Wert bezogen werden soll. Beachten Sie, dass zwischen den Parametern ein Komma gesetzt werden muss.

> **Hinweis**
> Eine Steuerelementeigenschaft, die mit einer Markup Extension an eine andere Eigenschaft gebunden wird, muss als Abhängigkeitseigenschaft implementiert sein (siehe Abschnitt 18.1.4).

Werden den Parametern einer Markup-Erweiterung mit dem Zuweisungsoperator = Werte übergeben (wie ElementName und Path in Listing 18.20), wird die Markup-Erweiterung Binding mit dem parameterlosen Konstruktor instanziiert. Die Parameterwerte für ElementName und Path werden den gleichnamigen Eigenschaften des Binding-Objekts übergeben.

Enthalten die Parameter hingegen kein =-Zeichen, werden sie an den Konstruktor der Markup-Erweiterung weitergeleitet. Selbstverständlich müssen dann Anzahl und Typ mit dem des Konstruktors übereinstimmen. Da die Klasse Binding einen Konstruktor beschreibt, der einen String für die Eigenschaft Path entgegennehmen kann, wäre auch die folgende Markup Extension zulässig:

```
<TextBox Name="txtUnten" Text="{Binding Text, ElementName=txtOben}">
```

Markup-Erweiterungen werden nicht nur durch den Typ Binding beschrieben. StaticResource, DynamicResource oder auch x: sind weitere wichtige Erweiterungen, die uns noch beschäftigen werden. Erwähnt werden sollte auch, dass das enorme Potenzial der WPF hinsichtlich der Datenbindung erst durch Markup-Erweiterungen voll ausgeschöpft wird.

Die Eigenschaft-Element-Schreibweise ist auch im Zusammenhang mit Markup-Erweiterungen möglich. Listing 18.21 zeigt das Beispiel aus Listing 18.20 noch einmal, ist aber in Eigenschaft-Element-Schreibweise formuliert.

```xml
<StackPanel>
  <TextBox Name="txtOben"></TextBox>
  <TextBox Name="txtUnten">
    <TextBox.Text>
      <Binding ElementName="txtOben" Path="Text" />
    </TextBox.Text>
  </TextBox>
</StackPanel>
```

Listing 18.21 Markup-Erweiterung mit der Eigenschaft-Element-Syntax

Zudem werden Sie noch sehen, dass auch mehrfach verschachtelte Markup-Erweiterungen möglich sind.

Markup-Erweiterungen durch C#-Code beschreiben

Markup-Erweiterungen lassen sich nicht nur deklarativ im XAML-Code festlegen, sondern auch durch Programmcode beschreiben. Wir wollen uns das am Beispiel der beiden Textboxen ansehen.

```csharp
public MainWindow() {
    InitializeComponent();
    // StackPanel erstellen
    StackPanel panel = new StackPanel();
    this.AddChild(panel);
    // TextBox oben erstellen
    TextBox txtOben = new TextBox();
    panel.Children.Add(txtOben);
    // TextBox unten erstellen
    TextBox txtUnten = new TextBox();
    panel.Children.Add(txtUnten);
    // Bindung erzeugen
    Binding binding = new Binding("Text");
    binding.Source = txtOben;
    txtUnten.SetBinding(TextBox.TextProperty, binding);
}
```

Listing 18.22 Bindung mittels Programmcode

Der Code ist im Konstruktor des Fensters nach dem Aufruf der Methode `InitializeComponent` implementiert. Zuerst wird das `StackPanel`-Objekt erzeugt und dem `Window` durch Aufruf von `AddChild` als untergeordnetes Element übergeben. Die beiden Textboxen werden nach der Instanziierung zu untergeordneten Elementen des `StackPanels`. Dieser Container liefert durch Aufruf der Eigenschaft `Children` die Referenz auf ein `UIElementCollection`-Objekt, dem mit der Methode `Add` die Textboxen hinzugefügt werden.

Die Bindung der unteren an die obere `TextBox` erfordert ein `Binding`-Objekt, dessen Konstruktor Sie die Eigenschaft des Elements bekannt geben, an die gebunden werden soll. Das Element, an das gebunden wird, gibt man der Eigenschaft `Source` an.

Aktiviert wird die Bindung der unteren an die obere `TextBox` mit der Methode `SetBinding`. Während das zweite übergebene Argument keiner besonderen Erklärung bedarf, erscheint das erste ungewöhnlich. Aber genau so wird eine Abhängigkeitseigenschaft angesprochen.

18.2.8 XML-Namespaces

Bei den XML-Namespaces handelt es sich um eine Vorschrift, um Elemente im XAML-Code eindeutig zuordnen und somit interpretieren zu können. Beispielsweise könnte das Element `<Button>` in einem XAML-Dokument zwei unterschiedliche Schaltflächen, also Klassen, beschreiben. Erst die Zuordnung zu einem Namespace gestattet die eindeutige Identifizierbarkeit. Prinzipiell kommt den XAML-Namespaces somit die gleiche Bedeutung zu wie den CLR-Namespaces.

Im Wurzelelement `Window` einer XAML-Datei werden bereits beim Anlegen eines Fensters zwei Namespaces verfügbar gemacht:

```
xmlns=http://schemas.microsoft.com/winfx/2006/xaml/presentation
xmlns:x=http://schemas.microsoft.com/winfx/2006/xaml
```

Listing 18.23 Standardvorgabe der XML-Namespaces

Namespaces werden mit dem Attribut `xmlns` eingeleitet. Optional kann dahinter, durch einen Doppelpunkt getrennt, ein Namespace-Präfix angegeben werden. Dem wird dann oft ein URI zugeordnet.

Sehen wir uns die beiden Namespaces im `Window` an. Der erste weist kein Präfix auf und ist der sogenannte **Standard-Namespace**. Alle diesem Namespace zugeordneten Elemente können ohne Präfixangabe in XAML verwendet werden. Dazu gehören beispielsweise die Elemente `<Grid>`, `<Button>` oder `<TextBox>`.

Da nur ein XML-Namespace ohne Präfix als Standard-Namespace angegeben werden darf, müssen alle anderen Elemente, die nicht dem Standard-Namespace zugeordnet werden, ein Präfix aufweisen. Die zweite Namespace-Angabe im Element `Window` definiert ein solches mit x. Dieser Namespace dient den XAML-Spracherweiterungen. Verwenden Sie ein Element dieses Namespaces, müssen Sie vor dem Element das Namespace-Präfix, gefolgt von einem Doppelpunkt, angeben. Ein gutes Beispiel liefert bereits die XAML-Struktur eines Fensters mit

```
<Window x:Class="WpfApplication1.MainWindow" ...>
```

CLR-Namespaces verwenden

Viele WPF-Anwendungen benötigen über die Standardvorgaben hinaus noch weitere Namespaces. Dabei könnte es sich durchaus auch um CLR-Namespaces handeln.

Angenommen, wir möchten in einer WPF-Anwendung mit XAML auf die Klasse `Circle` der Assembly *GeometricObjects.dll* zugreifen. Nachdem Sie in der WPF-Anwendung einen Verweis auf die Klassenbibliothek gelegt haben, geben Sie den Namespace im Wurzelelement `Window` wie folgt an:

```
<Window x:Class="WpfApplication1.Window1"
   xmlns="http://schemas.microsoft.com/winfx/2006/xaml/presentation"
   xmlns:x="http://schemas.microsoft.com/winfx/2006/xaml"
   xmlns:geo="clr-namespace:GeometricObjects;assembly=GeometricObjects"
   Title="Window1" Height="300" Width="300">
</Window>
```

Listing 18.24 Bekanntgabe eines CLR-Namespaces

Das Präfix, hier *geo*, ist frei wählbar, muss aber eindeutig in der aktuellen XAML-Datei sein. Danach folgen zwei Name-Wert-Paare, die durch ein Semikolon voneinander getrennt sind. Das erste Paar wird mit `clr-namespace` eingeleitet. Dahinter folgt ein Doppelpunkt und anschließend der CLR-Namespace, dem die Klasse `Circle` zugeordnet ist. Das zweite Name-Wert-Paar wird mit `assembly` eingeleitet. Nach dem »=«-Zeichen wird die Assembly angegeben, jedoch ohne die Dateiendung DLL.

Jetzt können Sie die Klasse `Circle` im XAML-Code verwenden und den Eigenschaften die gewünschten Werte übergeben. Der Elementangabe müssen Sie dabei das gewählte Präfix voranstellen, hier also *geo*.

```
<geo:Circle Radius="77" XCoordinate="100" YCoordinate="-250">
</geo:Circle>
```

Etwas einfacher wird die Bekanntgabe eines Namespaces, wenn dieser zum aktuellen Projekt gehört. Sie können in diesem Fall auf die Angabe von `assembly` verzichten, es reicht `clr-namespace` aus, z.B.:

```
xmlns:local="clr-namespace:WpfApplication1"
```

Mehrere CLR-Namespaces zusammenfassen

Entwickeln Sie Klassenbibliotheken, sollten Sie daran denken, die Klassen für den Einsatz in XAML passend vorzubereiten. Dazu gehört auch die Berücksichtigung der Namespaces. Das gilt insbesondere dann, wenn in einer Klassenbibliothek mehrere CLR-Namespaces definiert sind. Nehmen wir exemplarisch an, die beiden Klassen `Rectangle` und `Circle` seien unterschiedlichen Namespaces zugeordnet.

```
namespace Namespace1 {
   public class Circle { [...] }
}
namespace Namespace2 {
   public class Rectangle { [...] }
}
```

Ohne weitere Maßnahmen zu ergreifen, können Sie beide Typen nur dann im XAML-Code nutzen, wenn Sie beide Namespaces im Wurzelelement angeben, z.B.:

```
xmlns:geo1="clr-namespace:Namespace1;assembly=GeometricObjects"
xmlns:geo2="clr-namespace:Namespace2;assembly=GeometricObjects"
```

Beide Namespaces lassen sich aber auch auf einen gemeinsamen XML-Namespace abbilden. Dazu muss die entsprechende Vorkehrung bereits in der Klassenbibliothek erfolgen. Die notwendigen Angaben sind in der Datei *AssemblyInfo.cs* der Klassenbibliothek zu machen. Ergänzen Sie diese dazu, wie nachfolgend gezeigt, um zwei Attributangaben:

```
[assembly: XmlnsDefinition("http://www.tollsoft.de", "Namespace1")]
[assembly: XmlnsDefinition("http://www.tollsoft.de", "Namespace2")]
```

Um auf das Attribut `XmlnsDefinition` zugreifen zu können, müssen Sie zuerst einen Verweis auf die Bibliothek *System.Xaml.dll* legen. Darüber hinaus sollten Sie auch den Namespace `System.Windows.Markup` mit `using` bekannt geben.

Das Attribut beschreibt zwei Parameter. Dem ersten übergeben Sie den gewünschten XML-Namespace, dem zweiten Parameter teilen Sie mit, welcher CLR-Namespace auf diesen XML-Namespace abgebildet werden soll. Der XAML-Code reduziert sich daraufhin auf die folgende Angabe im Wurzelelement:

```
xmlns:geo="http://www.tollsoft.de"
```

Sie können anschließend mit dem Präfix *geo* Elemente sowohl vom Typ `Circle` als auch vom Typ `Rectangle` in Ihren XAML-Code einbetten.

```
<geo:Circle><geo:Circle>
```

18.2.9 XAML-Spracherweiterungen

XAML definiert eine Reihe von Attributen, die besondere Aspekte bei der Entwicklung berücksichtigen und keine Entsprechungen in einer Klasse besitzen. Hiermit werden nur Zusatzinformationen geliefert, die einer besonderen Verarbeitung bedürfen. Tabelle 18.2 stellt Ihnen einige davon vor. In den folgenden Kapiteln werden Sie in den Beispielen auf einige dieser Schlüsselwörter stoßen.

Schlüsselwort	Bedeutung
x:Class	Dieses Attribut stellt die Beziehung zwischen dem Wurzelelement im XAML-Code und der Code-Behind-Datei her.
x:Code	Die Trennung von Code und Oberflächenbeschreibung ist keine strikte Vorgabe. Sie können auch Code innerhalb einer XAML-Datei implementieren. Mit x:Code wird ein Codebereich im XAML-Code definiert.

Tabelle 18.2 Schlüsselwörter von XAML (Auszug)

Schlüsselwort	Bedeutung
x:Key	Gibt den eindeutigen Namen eines Elements in einer Ressource an.
x:Name	Mit diesem Attribut können Sie einem Element einen Namen geben, wenn das Element selbst nicht über eine Eigenschaft Name verfügt.

Tabelle 18.2 Schlüsselwörter von XAML (Auszug) (Forts.)

Markup-Erweiterungen

Es gibt mehrere Markup-Erweiterungen, die nicht spezifisch für die WPF-Anwendung sind, sondern Implementierungen für Funktionen von XAML als Sprache sind. Auch diese Markup-Erweiterungen sind durch das »x:«-Präfix in der Verwendung identifizierbar.

Erweiterung	Beschreibung

x:Array	Hiermit lassen sich Arrays in XAML definieren. Beispiel:
	
	`<x:Array Type="clr:Int32">`
	`  <clr:Int32>36</clr:Int32>`
	`  <clr:Int32>1270</clr:Int32>`
	`  <clr:Int32>5</clr:Int32>`
	`</x:Array>`
	
	Beachten Sie bitte, dass für die Verwendung des Integers der CLR-Namespace System bekannt gegeben werden muss. Im Beispiel wurde dazu das Präfix *clr* verwendet.

x:Null	Wird verwendet, um einem Element null zuzuweisen. Beispiel: `<Button Background="{x:Null}" />`
x:Static	Referenziert eine statische Variable oder Eigenschaft eines Objekts oder eine Konstante oder einen Enumerationswert. Beispiel: `<Button Background="{x:Static Brushes.Red}" />`
x:Type	Wird beispielsweise in Stildefinitionen benutzt, um einen Typ anzugeben. Beispiel: `<Style TargetType="{x:Type TextBox}" />`

Tabelle 18.3 Markup-Erweiterungen von XAML

Kapitel 19
WPF-Layout-Container

Nachdem Sie nun alle wesentlichen Grundlagen von XAML kennen, wollen wir uns in diesem Kapitel mit der Gestaltung der grafischen Benutzerschnittstelle beschäftigen und hierzu die verschiedenen Layout-Container etwas genauer unter die Lupe nehmen. Auch wenn in diesem Kapitel bereits mit Steuerelementen gearbeitet wird, werden wir diese erst im folgenden Kapitel 21 »offiziell« behandeln.

19.1 Die Container-Steuerelemente

In einer auf der WinForm-API basierenden Windows-Anwendung dürfen Sie ganz unbekümmert und nach Belieben die Steuerelemente anordnen. In einer WPF-Anwendung geht das nicht ganz so einfach. Hier übernehmen Layout-Container die Anordnung und Darstellung der darin enthaltenen Steuerelemente. Die Folge ist, dass sich die Anordnung nicht mehr an der Angabe der absoluten Koordinaten orientiert, sondern am Aufbau des Fensters. Ein WPF-Fenster skaliert automatisch, wenn der Benutzer Einstellungen ändert oder die Größe des Fensters ändert.

> **Anmerkung**
> Es sei an dieser Stelle angemerkt, dass mit Canvas ein Layout-Container bereitgestellt wird, der mit absoluten Positionsangaben arbeitet. Auch wenn es möglicherweise sehr verlockend erscheint, sollten Sie diesen Container dennoch nach Möglichkeit nicht einsetzen, um die angebotenen Vorzüge der anderen WPF-Layout-Container zu nutzen.

Die Idee, die hinter den Layout-Containern steckt, ist, einer Komponente eine bestimmte Position im Fenster zuzuteilen. Das hat den Vorteil, dass die Komponente immer an der gleichen Stelle angezeigt wird und die relative Lage zu allen anderen Komponenten erhalten bleibt. Layout-Container helfen dabei, bestimmte Vorstellungen hinsichtlich des Layouts erfolgreich umzusetzen. Deshalb unterscheiden sich die Layout-Container in ihrer Charakteristik.

Oft ist das gewünschte Layout mit einem einzigen Layout-Container nicht zu realisieren. Das ist aber nicht weiter tragisch, da auch Layout-Container genauso verschachtelt werden können wie die anderen WPF-Komponenten. Es ist nur eine Frage der Idee, um mit den Bordmitteln der WPF schnell und einfach das Ziel zu erreichen.

Bevor wir uns die einzelnen Layout-Container im Detail ansehen, sollten wir uns zuerst einen Überblick über alle von WPF angebotenen verschaffen.

Layout-Container	Kurzbeschreibung
Canvas	Die Steuerelemente werden an einer angegebenen Position in einer festgelegten Größe angezeigt.
DockPanel	Die Steuerelemente können an den Rändern angedockt werden.
Grid	Dieser Container stellt eine tabellenartige Struktur zur Verfügung, in deren Zellen die einzelnen Controls positioniert werden können.
StackPanel	Die Steuerelemente werden vertikal oder horizontal angeordnet (gestapelt).
UniformGrid	Dieser Container stellt ein Raster aus gleich großen Zellen dar.
WrapPanel	Mit diesem Container werden die Controls vertikal oder horizontal angeordnet. Falls die Breite oder die Höhe nicht ausreichen, werden die enthaltenen Steuerelemente in die nächste Zeile umbrochen.

Tabelle 19.1 Layout-Container im Überblick

Hinweis

Auf der Buch-DVD finden Sie unter Kapitel 19 die Projektmappe Layout-Container, in der zu jedem der Layout-Container ein Beispielprojekt enthalten ist. Die einzelnen Projekte sollen Ihnen als Grundlage eigener Experimente dienen.

19.1.1 Gemeinsame Eigenschaften der Layout-Container

Alle Layout-Container sind direkt oder indirekt auf eine gemeinsame Basisklasse zurückzuführen: Panel. Damit ist klar, dass diese Klasse Eigenschaften und Methoden beschreibt, die jeder Layout-Container aufweist. Um hier alle Eigenschaften und Methoden aufzuführen, ist die Liste zu lang. Stattdessen möchte ich Ihnen einen kleinen Überblick verschaffen, damit Sie eine erste Orientierung haben. Bei Bedarf informieren Sie sich bitte in der Dokumentation.

Eigenschaft	Beschreibung
Background	Die Hintergrundfarbe des Containers.
Children	Liefert die Referenz auf eine Collection (UIElementCollection) von den Komponenten, die sich im Container befinden.

Tabelle 19.2 Eigenschaften der Klasse »Panel« (Auszug)

Eigenschaft	Beschreibung
Cursor	Legt den angezeigten Cursor fest.
Focusable	Legt fest, ob der Container fokussierbar ist.
Height	Die Höhe des Containers.
HorizontalAlignment	Beschreibt die horizontale Ausrichtung im Container.
Margin	Legt den Abstand des Containers zu seiner übergeordneten Komponente fest.
MaxHeight	Legt die maximale Höhe des Panels fest.
MaxWidth	Legt die maximale Breite des Panels fest.
MinHeight	Legt die minimale Höhe des Panels fest.
MinWidth	Legt die minimale Breite des Panels fest.
VerticalAlignment	Beschreibt die vertikale Ausrichtung im Container.
Width	Die Breite des Containers.

Tabelle 19.2 Eigenschaften der Klasse »Panel« (Auszug) (Forts.)

19.1.2 Das »Canvas«

Canvas ist nicht nur der einfachste aller Layout-Container, es ist auch ein ganz spezieller. Mit ihm lassen sich die darin enthaltenen Steuerelemente in klassischer Weise absolut positionieren. Das bedeutet, es wird das kartesische X/Y-Koordinatensystem verwendet. Canvas stellt dazu allen in ihm enthaltenen Komponenten die angehängten Eigenschaften Canvas.Left, Canvas.Right, Canvas.Top und Canvas.Bottom zur Verfügung.

Alle vier Eigenschaften eines Steuerelements gleichzeitig zu setzen führt nicht zu dem vielleicht erwarteten Resultat. Aus den beiden Pärchen Canvas.Left/ Canvas.Right beziehungsweise Canvas.Top/Canvas.Bottom können Sie immer nur eine Eigenschaft festlegen, also beispielsweise Canvas.Left und Canvas.Bottom oder Canvas.Right und Canvas.Bottom. Verwenden Sie gleichzeitig Canvas.Left und Canvas.Right, könnte man der Meinung sein, dass WPF diese beiden Angaben in der Weise umsetzt, dass daraus die Breite des Steuerelements resultiert. Dem ist aber nicht so. Die Angabe von Canvas.Left hat eine höhere Priorität als Canvas.Right. Letztgenannte Eigenschaft wird ignoriert, und das Steuerelement wird in seiner Standardbreite dargestellt.

Im folgenden Beispielcode wird diese Situation durch *Button1* deutlich gezeigt, bei dem sowohl Canvas.Left als auch Canvas.Right gesetzt sind. *Button2* wird durch die Angabe von Canvas.Left und Canvas.Top im Fenster fixiert, *Button3* durch Canvas.Right und Canvas.Bottom.

```xml
<Canvas>
    <Button Canvas.Left="25" Canvas.Right="35"
            Height="30">Button1</Button>
    <Button Canvas.Left="55" Canvas.Top="50"
            Height="30" Width="80">Button2</Button>
    <Button Canvas.Right="55" Canvas.Bottom="50"
            Height="30" Width="80">Button3</Button>
</Canvas>
```

Listing 19.1 Drei Schaltflächen in einem »Canvas«

In Abbildung 19.1 sehen Sie die drei Schaltflächen aus Listing 19.1 zur Laufzeit.

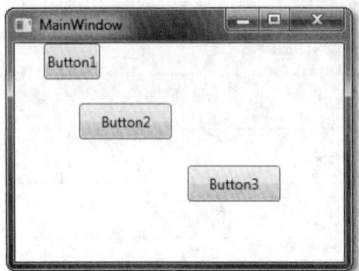

Abbildung 19.1 Button-Anordnung in einem »Canvas«

Verkleinern Sie das Fenster zur Laufzeit so weit, bis sich zwei Steuerelemente überschneiden, werden die Steuerelemente im Canvas-Container in der Reihenfolge aufgebaut, in der sie in der XAML-Datei angegeben sind.

19.1.3 Das »StackPanel«

Die Steuerelemente in einem StackPanel werden entweder horizontal oder vertikal angeordnet. Die Vorgabe ist eine vertikale Anordnung. Möchten Sie eine horizontale erreichen, stellen Sie die Eigenschaft Orientation auf Horizontal ein.

Ohne die explizite Angabe der Breite beansprucht ein Steuerelement bei vertikaler Ausrichtung im StackPanel dessen gesamte Breite (siehe Abbildung 19.2). Dafür ist das Attribut HorizontalAlignment verantwortlich, dessen Wert auf Stretch eingestellt ist.

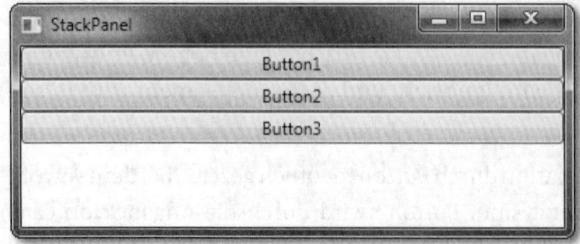

Abbildung 19.2 Vertikal ausgerichtete Buttons in einem »StackPanel«

Die Höhe des Controls wird minimal sein. Für einen Button bedeutet das, dass die Beschriftung noch so eben angezeigt wird. Andere Steuerelemente sind aber aufgrund ihrer geringen Minimalhöhe möglicherweise kaum noch zu erkennen.

Sie können bei jeder Komponente durch Angabe der Eigenschaft Width die Breite ausdrücklich festlegen. Mit dieser Einstellung werden die Steuerelemente in einem StackPanel die angegebene Breite einnehmen und in der Mitte zentriert angezeigt. Dieses Verhalten lässt sich mit der Eigenschaft HorizontalAlignment ändern, indem Sie einen der beiden Werte Left oder Right festlegen. Das entsprechende Steuerelement positioniert sich dann am linken oder rechten Containerrand. Mit Center werden die Steuerelemente in einer Breite dargestellt, die beim Button zum Beispiel von der Beschriftung abhängt.

Der nachfolgende XAML-Code beschreibt die linke Ausrichtung von drei Schaltflächen unterschiedlicher Breite. In Abbildung 19.3 sehen Sie die daraus resultierende Form zur Laufzeit.

```
<StackPanel HorizontalAlignment="Left">
  <Button Width="180">Button1</Button>
  <Button Width="100">Button2</Button>
  <Button>Button3</Button>
</StackPanel>
```

Listing 19.2 Listing der Abbildung 19.3

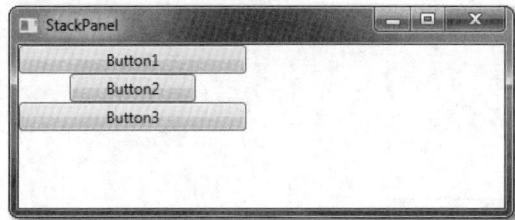

Abbildung 19.3 Steuerelemente fester Breite in linker Ausrichtung

Beachten Sie, dass das breiteste Steuerelement die Ausrichtung bzw. Zentrierung der weniger breiten Steuerelemente beeinflusst.

Per Vorgabe werden die Elemente im StackPanel in voller Breite vom oberen Fensterrand aus nach unten dargestellt. Die Eigenschaft VerticalAlignment erlaubt die Anordnung von unten nach oben. Die Anordnung erfolgt zwar vom unteren Fensterrand aus nach oben, aber die Reihenfolge der Elemente bleibt erhalten, das heißt, *Button1* steht weiterhin über *Button2*.

```
<StackPanel VerticalAlignment="Bottom">
  <Button>Button1</Button>
  <Button>Button2</Button>
  <Button>Button3</Button>
</StackPanel>
```

Listing 19.3 Listing der Abbildung 19.4

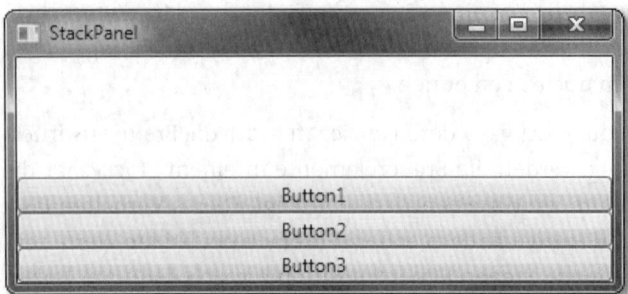

Abbildung 19.4 Vertikale Ausrichtung der Komponenten

Vom Prinzip her gleicht die horizontale Ausrichtung der eben beschriebenen vertikalen. Wenn Sie das Attribut Orientation des StackPanel-Elements auf Horizontal setzen, werden alle Steuerelemente im StackPanel vom linken Fensterrand aus nach rechts aufgereiht angezeigt. Die Höhe der Controls entspricht standardmäßig der Höhe des Panels. Die Breite wird automatisch so gewählt, dass das Steuerelement noch so eben angezeigt wird. Für eine beschriftete Schaltfläche bedeutet das, dass sich die Steuerelementbreite an der Beschriftung orientiert (siehe Abbildung 19.5).

```
<StackPanel Orientation="Horizontal">
   <Button>Button1</Button>
   <Button>Button2</Button>
   <Button>Button3</Button>
</StackPanel>
```

Listing 19.4 Listing der Abbildung 19.5

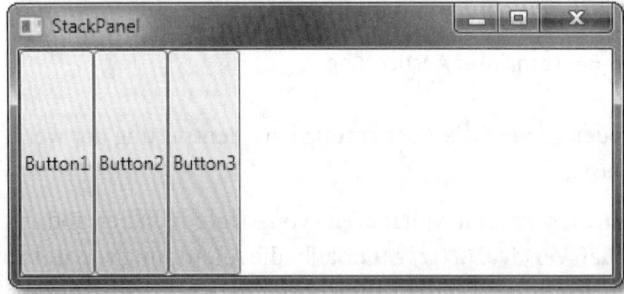

Abbildung 19.5 Horizontale Ausrichtung der Controls im »StackPanel«

Über FlowDirection können Sie die Reihenfolge der Anordnung beeinflussen. Dabei stehen Ihnen die Optionen LeftToRight und RightToLeft zur Verfügung. Die Vorgabe ist die Ausgabe der Buttons von links nach rechts.

```
<StackPanel Orientation="Horizontal" FlowDirection="RightToLeft">
  <Button Height="100">Button1</Button>
  <Button Height="80" VerticalAlignment="Top">Button2</Button>
  <Button>Button3</Button>
</StackPanel>
```

Listing 19.5 Listing der Abbildung 19.6

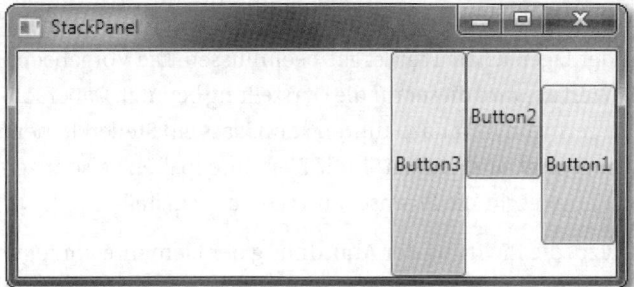

Abbildung 19.6 Fließrichtung von rechts nach links

19.1.4 Das »WrapPanel«

Das `WrapPanel` ähnelt dem `StackPanel`. Die Komponenten werden der Reihe nach hinzugefügt, entweder zeilen- oder spaltenweise. Die Standardvorgabe ist zeilenweise. Passen alle Steuerelemente nicht in eine Zeile (oder Spalte), wird eine neue Zeile oder Spalte angefangen. Bei Bedarf bricht das `WrapPanel` in die nächste Zeile oder Spalte um – je nach Einstellung.

Die Höhe einer Zeile orientiert sich am Platzbedarf des Steuerelements mit der größten Höhe. Enthält eine Zeile beispielsweise mehrere Schaltflächen, von denen sich eine durch die explizite Angabe von `Height` oder durch Einstellung der Eigenschaft `Margin` von den anderen unterscheidet, wird sich die Höhe aller anderen Schaltflächen entsprechend einstellen – allerdings auch nur in der Zeile, in der der Button mit der abweichenden Höhe auftritt. Die umgebrochene Zeile ist davon nicht betroffen und bewertet nur die in ihr auftretenden Elemente.

```
<WrapPanel>
  <Button  Margin="10">Button 1</Button>
  <Button>Button 2</Button>
  <Button>Button 3</Button>
  <Button>Button 4</Button>
  <Button>Button 5</Button>
  <Button>Button 6</Button>
  <Button>Button 7</Button>
</WrapPanel>
```

Listing 19.6 Listing der Abbildung 19.7

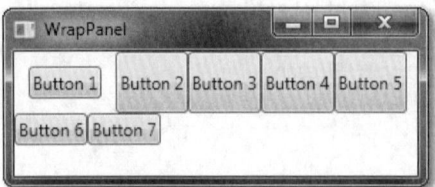

Abbildung 19.7 Elementanordnung in einem »WrapPanel«

Die Zeilenbreite lässt sich auch mit der Eigenschaft `ItemHeight` beeinflussen. Die Vorgabeeinstellung lautet `Auto`. Geben Sie einen Wert an, wird dieser für die Darstellung benutzt. Dabei sollten Sie aber vorsichtig sein, da ein zu geringer Wert dazu führen kann, dass ein Steuerelement möglicherweise nicht mehr korrekt angezeigt wird. Lassen Sie die Elemente spaltenweise anzeigen, müssen Sie statt der Eigenschaft `ItemHeight` die Eigenschaft `ItemWidth` einstellen.

Die Eigenschaft `Orientation` dient dazu, die Richtung der Anordnung der Elemente vorzugeben. Mögliche Werte sind `Horizontal` und `Vertical`. Dabei werden die Steuerelemente von links nach rechts bzw. von oben nach unten angeordnet. Mit der Eigenschaft `FlowDirection` und der Einstellung `RightToLeft` können Sie Controls aber auch von rechts nach links und von unten nach oben der Reihe nach anordnen.

19.1.5 Das »DockPanel«

Viele Fenster weisen ein grundlegendes Layout auf. Denken Sie nur beispielsweise an den Windows-Explorer. Für solche Fenster benutzen Sie am besten einen Container vom Typ `DockPanel`. Dieser Container erlaubt es Ihnen, festzulegen, an welcher Seite die enthaltenen Controls ausgerichtet werden sollen. Die Komponenten können dabei links, rechts, oben oder unten am `DockPanel` positioniert werden. Die Ausrichtung wird bei jedem Steuerelement durch die angehängte Eigenschaft `DockPanel.Dock` festgelegt.

```
<DockPanel>
  <Button DockPanel.Dock="Top">Button1</Button>
  <Button DockPanel.Dock="Left">Button2</Button>
  <Button DockPanel.Dock="Left">Button3</Button>
  <Button DockPanel.Dock="Right">Button4</Button>
  <Button DockPanel.Dock="Bottom">Button5</Button>
  <Button DockPanel.Dock="Bottom">Button6</Button>
</DockPanel>
```

Listing 19.7 Listing der Abbildung 19.8

Die Reihenfolge der Steuerelemente im XAML-Code bestimmt die Darstellung im Fenster. Es gilt die Regel, dass die Komponente, die zuletzt eingefügt worden ist, per Vorgabe den verbleibenden Rest des Containers in Anspruch nimmt. Dabei spielt es keine Rolle, ob Sie eine Dockposition angegeben haben oder nicht. So baut sich das Layout innerhalb des `DockPanels`

Element für Element auf. Elemente gleicher Ausrichtung werden dabei horizontal oder vertikal gestapelt, wie im Beispielcode *Button2* und *Button3*.

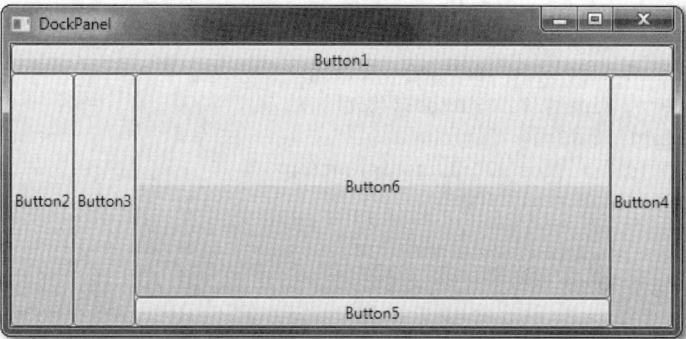

Abbildung 19.8 Steuerelementanordnung in einem »DockPanel«

Das Verhalten, dass das letzte Element den verbleibenden Rest des Containers ausfüllt, können Sie ändern, indem Sie das Attribut LastChildFill auf false setzen. Die Vorgabe ist true. Wie danach das letzte Element dargestellt wird, hängt davon ab, ob das letzte Element mit DockPanel.Dock eine explizite Ausrichtung erfährt oder nicht. Verzichten Sie darauf, wird das Element an der linken Seite des verbleibenden Freiraums angedockt. Ansonsten folgt es der Einstellung von DockPanel.Dock. In jedem Fall verbleibt eine freie Fläche im Container.

```
<DockPanel LastChildFill="False">
    <Button DockPanel.Dock="Top">Button1</Button>
    <Button DockPanel.Dock="Left">Button2</Button>
    <Button DockPanel.Dock="Left">Button3</Button>
    <Button DockPanel.Dock="Right">Button4</Button>
    <Button DockPanel.Dock="Bottom">Button5</Button>
    <Button DockPanel.Dock="Bottom">Button6</Button>
</DockPanel>
```

Listing 19.8 Listing der Abbildung 19.9

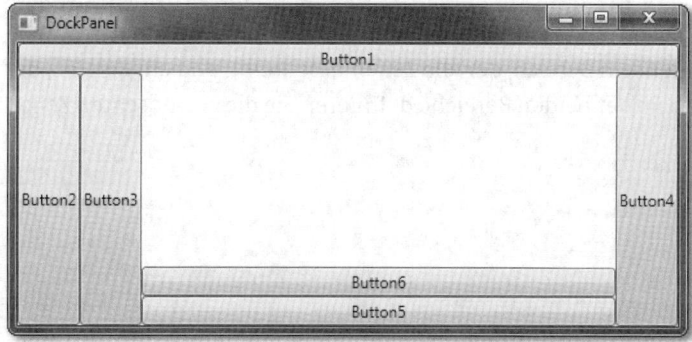

Abbildung 19.9 Auswirkung der Einstellung »LastChildFill=False«

Die im `DockPanel` enthaltenen Elemente müssen nicht unbedingt ganze Bereiche ausfüllen. Sie können über die Eigenschaften `Width` und `Height` die Darstellungsgröße festlegen.

```
<DockPanel LastChildFill="False">
  <Button DockPanel.Dock="Top" Width="80">Button1</Button>
  <Button DockPanel.Dock="Left" Width="20">Button2</Button>
  <Button DockPanel.Dock="Left" Width="70">Button3</Button>
  <Button DockPanel.Dock="Right">Button4</Button>
  <Button DockPanel.Dock="Bottom" Width="30">Button5</Button>
  <Button DockPanel.Dock="Bottom">Button6</Button>
</DockPanel>
```

Listing 19.9 Listing der Abbildung 19.10

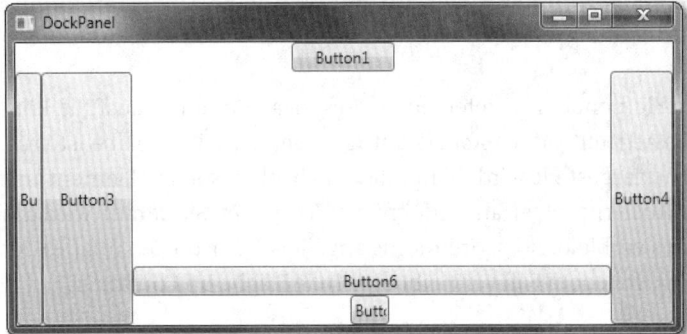

Abbildung 19.10 Darstellungsgröße der Steuerelemente im »DockPanel«

19.1.6 Das »Grid«-Steuerelement

Der sicherlich flexibelste Container der WPF wird durch `Grid` beschrieben. Das ist sicherlich auch der Grund, weshalb in einem neuen WPF-Window das `Grid` als Layout-Container vorgeschlagen wird.

Die Struktur eines »Grid« festlegen

Der Bereich im `Grid` wird in Zeilen und Spalten aufgeteilt. Dazu sind innerhalb des `<Grid>`-Tags zwei Bereiche zu definieren: ein Bereich, der alle Zeilen beschreibt, und ein Bereich, der alle Spalten beschreibt. Innerhalb der beiden Bereiche definieren Sie die gewünschten Zeilen und Spalten.

```
<Grid>
  <Grid.RowDefinitions>
    <RowDefinition />
    <RowDefinition />
  </Grid.RowDefinitions>
  <Grid.ColumnDefinitions>
```

```
      <ColumnDefinition />
      <ColumnDefinition />
   </Grid.ColumnDefinitions>
</Grid>
```

Listing 19.10 Die Definition von Zeilen und Spalten in einem »Grid«

Grid.RowDefinitions grenzt den Definitionsbereich für die Zeilen ein, Grid.ColumnDefinitions den der Spalten. Innerhalb dieser beiden Bereiche wird mit RowDefinition eine Zeile und mit ColumnDefinition eine Spalte beschrieben. Bei dieser Aufteilung werden alle Zellen in gleicher Größe dargestellt. Zur Laufzeit führt eine Veränderung der Fenstergröße dazu, dass sich die Spalten und Zeilen im gleichen Verhältnis vergrößern oder verkleinern.

Die Breite jeder einzelnen Spalte können Sie mit der Eigenschaft Width anpassen. Analog kann die Höhe jeder Zeile mit Height festgelegt werden. Sie können die Angabe in Pixeln machen, aber es bieten sich noch andere Möglichkeiten, beispielsweise Auto. Mit dieser Einstellung wird die Spaltenbreite beziehungsweise die Zeilenhöhe anhand des breitesten beziehungsweise höchsten Controls bestimmt.

Die Komponenten, die in den Zellen positioniert werden sollen, müssen als eigenständiger Bereich parallel neben Grid.RowDefinitions und Grid.ColumnDefinitions innerhalb von Grid eingetragen sein. Um eine Komponente eindeutig einer Zelle im Grid zuzuordnen, verwenden Sie die angehängten Eigenschaften Grid.Column und Grid.Row. Beiden übergeben Sie den Zeilen- bzw. Spaltenindex, der jeweils 0-basiert ist. Geben Sie den Zeilen-oder Spaltenindex nicht an, wird dieser automatisch mit »0« festgelegt.

Im folgenden Listing ist ein Grid in jeweils zwei Zeilen und Spalten aufgeteilt. Die Spaltenbreite soll sich mit Auto automatisch anpassen. In drei der vier Zellen wird jeweils ein Button platziert. *Button1* hat eine Breite von 200 Pixeln. Der in der Zeile darunter befindliche *Button3* weist nur eine Breite von 100 Pixeln auf. Weil die Spalte sich an der Breite des größten Elements orientiert, wird *Button3* zentriert in seiner Zelle angezeigt. *Button2* andererseits weist eine Breite auf, die in Summe mit der Breite von *Button1* größer ist als die Fensterbreite von 300. Daher wird *Button2* nicht mehr vollständig angezeigt, wie in Abbildung 19.11 zu sehen ist.

```
<Window ...
  Height="200" Width="300">
<Grid>
  <Grid.RowDefinitions>
    <RowDefinition></RowDefinition>
    <RowDefinition></RowDefinition>
  </Grid.RowDefinitions>
  <Grid.ColumnDefinitions>
    <ColumnDefinition Width="Auto"></ColumnDefinition>
    <ColumnDefinition Width="Auto"></ColumnDefinition>
  </Grid.ColumnDefinitions>
```

```
    <Button Grid.Column="0" Grid.Row="0" Width="200">Button1</Button>
    <Button Grid.Column="1" Grid.Row="0" Width="150">Button2</Button>
    <Button Grid.Column="0" Grid.Row="1" Width="100">Button3</Button>
  </Grid>
</Window>
```

Listing 19.11 Listing der Abbildung 19.11

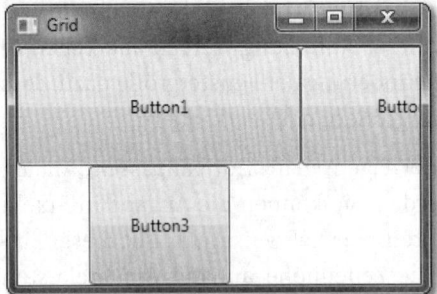

Abbildung 19.11 »Grid«-Steuerelement mit automatischer Spaltenbreite

Vergrößern Sie die Breite des Fensters über die Summe der Breiten der Schaltflächen *Button1* und *Button2* hinaus, verbleibt im rechten Fensterbereich ein ungenutzter Bereich. Einen ähnlichen Effekt können Sie auch bei der Festlegung der Höhen beobachten. Daher sollten Sie bei zumindest einer Zeile und einer Spalte des Grid das Wildcard-Zeichen »*« benutzen. Diese Zeile oder Spalte füllt dann den verbleibenden Platz aus.

```
<Window ...
 Height="200" Width="400">
<Grid>
  <Grid.RowDefinitions>
    <RowDefinition></RowDefinition>
    <RowDefinition></RowDefinition>
  </Grid.RowDefinitions>
  <Grid.ColumnDefinitions>
    <ColumnDefinition Width="Auto"></ColumnDefinition>
    <ColumnDefinition Width="*"></ColumnDefinition>
  </Grid.ColumnDefinitions>
  [...]
</Grid>
</Window>
```

Listing 19.12 Listing der Abbildung 19.12

Beachten Sie bitte, dass eine Wildcard nur dann ihre Stärken ausspielen kann, wenn die Breite des Fensters die Gesamtbreite der beiden Schaltflächen überschreitet.

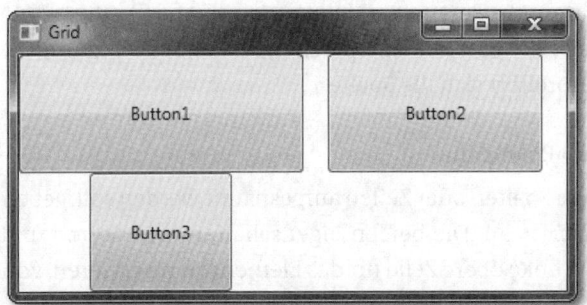

Abbildung 19.12 Fenster mit Einsatz der Wildcard »*«

Die Wildcard »*« kann auch Verhältnisse bezüglich Höhe und Breite bilden. Geben Sie beispielsweise »3*« an, bedeutet dies, dass die Höhe beziehungsweise Breite dem dreifachen Wert einer mit »*« gekennzeichneten Spalte oder Reihe entspricht. Angenommen, Sie hätten drei Spalten mit den Breiten »*«, »2*« und »3*« spezifiziert, wird die Gesamtbreite des Fensters in sechs gleich große Einheiten aufgeteilt. Dabei wird die erste Spalte eine Einheit breit, die zweite zwei Einheiten und die dritte drei Einheiten (siehe Abbildung 19.13). Da für den Zahlenwert der Typ double erlaubt ist, können Sie eine sehr feine Zellenstruktur erzielen.

```
<Grid>
  <Grid.ColumnDefinitions>
    <ColumnDefinition Width="3*"></ColumnDefinition>
    <ColumnDefinition Width="2*"></ColumnDefinition>
    <ColumnDefinition Width="*"></ColumnDefinition>
  </Grid.ColumnDefinitions>
  <Grid.RowDefinitions>
    <RowDefinition></RowDefinition>
  </Grid.RowDefinitions>
</Grid>
```

Listing 19.13 Listing der Abbildung 19.13

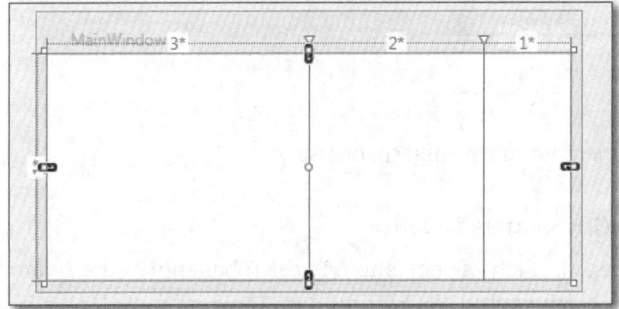

Abbildung 19.13 Die Aufteilung der Spalten mit »*«

Die Wildcard »*« lässt sich mit absoluten Mindestmaßen kombinieren. Mit `MinWidth="50"` und `Width="*"` erreichen Sie beispielsweise, dass die entsprechende Spalte 50 Pixel nicht unterschreitet. Reicht der Platz aus, verbreitert sich die Spalte.

Die Eigenschaften »ColumnSpan« und »RowSpan«

Bei einer Komponente, die über mehrere Spalten oder Zeilen aufgespannt werden soll, geben Sie `Grid.ColumnSpan` oder/und `Grid.RowSpan` an. Die beiden Eigenschaften `Grid.Column` und `Grid.Row` dienen in diesem Fall dazu, die linke obere Zelle für das Element zu reservieren, von der ausgehend sich die Zelle über mehrere Spalten und/oder Zeilen erstreckt.

```xml
<Grid>
  <Grid.RowDefinitions>
    <RowDefinition></RowDefinition>
    <RowDefinition></RowDefinition>
    <RowDefinition></RowDefinition>
    <RowDefinition></RowDefinition>
  </Grid.RowDefinitions>
  <Grid.ColumnDefinitions>
    <ColumnDefinition></ColumnDefinition>
    <ColumnDefinition></ColumnDefinition>
    <ColumnDefinition></ColumnDefinition>
  </Grid.ColumnDefinitions>
  <Button Grid.Column="1" Grid.Row="1"
      Grid.ColumnSpan="2" Grid.RowSpan="2">Button1</Button>
</Grid>
```

Listing 19.14 Listing der Abbildung 19.14

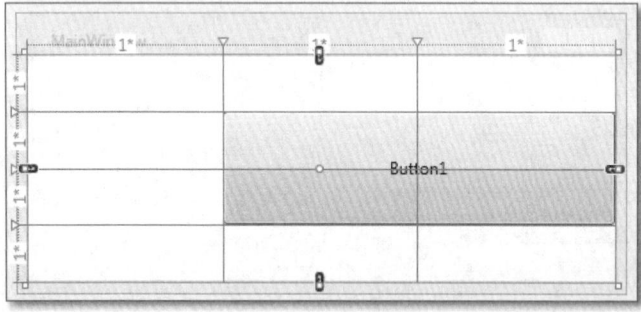

Abbildung 19.14 Ein Button, der über mehrere Zellen aufgespannt ist

Die Spalten- und Zeilenbreite mit »GridSplitter« ändern

Möchten Sie dem Anwender erlauben, ähnlich wie bei einem Excel-Tabellenblatt die Zeilenhöhe oder Spaltenbreite mit der Maus zu verändern, kommt das Element `GridSplitter` ins Spiel. Für einen `GridSplitter` müssen Sie eine eigene Spalte beziehungsweise Reihe bereitstellen, die auch über eine ausreichende Höhe oder Breite verfügt. Zudem sollten Sie einen nicht zu kleinen Randabstand mit der Eigenschaft Margin festlegen. Ansonsten könnte es sein, dass der Splitter zur Laufzeit so weit gezogen wird, dass er nicht bedient werden kann. Diese Komponente hat also einen Haken, wenn Sie beim Design nicht genügend aufpassen.

Eine Eigenschaft sollte an dieser Stelle auch sofort erwähnt werden: ShowPreview. Setzen Sie diese auf true, wird beim Greifen und Ziehen mit der Maus der Splitter in seiner ursprünglichen Lage weiterhin angezeigt. Erst beim Loslassen der Maus wird der neue Zustand endgültig angenommen, und die Komponenten, die sich in den Zellen befinden, werden an die neue Zellengröße angepasst.

Im folgenden Listing ist sowohl ein vertikaler als auch ein horizontaler GridSplitter definiert. Beachten Sie, wie mit den Eigenschaften Column, Row, ColumnSpan und RowSpan die vertikale und horizontale Ausrichtung und Größe festgelegt wird.

```xml
<Grid>
  <Grid.RowDefinitions>
    <RowDefinition />
    <RowDefinition />
    <RowDefinition MinHeight="20" Height="20"></RowDefinition>
    <RowDefinition />
    <RowDefinition />
  </Grid.RowDefinitions>
  <Grid.ColumnDefinitions>
    <ColumnDefinition />
    <ColumnDefinition MinWidth="20" Width="20"></ColumnDefinition>
    <ColumnDefinition />
    <ColumnDefinition />
  </Grid.ColumnDefinitions>
  <Button Grid.Column="0" Grid.Row="0">Button1</Button>
  <Button Grid.Column="2" Grid.Row="1">Button2</Button>
  <Button Grid.Column="3" Grid.Row="3">Button3</Button>
  <Button Grid.Column="4" Grid.Row="4">Button4</Button>
  <GridSplitter ShowsPreview="True"
                Grid.Column="1"
                Grid.Row="0"
                Grid.RowSpan="3"
                HorizontalAlignment="Stretch"
                Margin="0,0,0,10" Width="2" Background="Black" />
  <GridSplitter ShowsPreview="True"
                Grid.Row="2"
                Grid.ColumnSpan="3"
                HorizontalAlignment="Stretch"
                Margin="5,5,5,5"
                Height="2" Background="Black" />
</Grid>
```

Listing 19.15 Listing der Abbildung 19.15

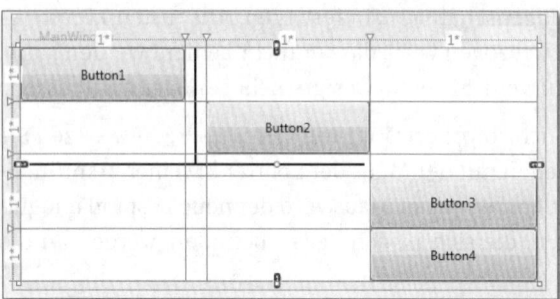

Abbildung 19.15 Vertikaler und horizontaler »GridSplitter«

19.1.7 Das »UniformGrid«

Das UniformGrid ist eine einfache Variante des im letzten Abschnitt behandelten Grid-Steuerelements. Im UniformGrid werden alle enthaltenen Elemente in einer Gitterrasterung dargestellt. Dabei ist es nicht notwendig, die Anzahl der Zeilen oder Spalten anzugeben. Der UniformGrid erhöht die Anzahl automatisch, wenn es notwendig ist. Fügen Sie das erste Steuerelement ein, beansprucht dieses den gesamten Containerbereich für sich. Es wird nur eine Zeile und eine Spalte bereitgestellt. Fügt man eine zweite Komponente hinzu, wird die Anzahl von Zeilen und Spalten jeweils um eins erhöht. Dabei wird die zweite Komponente in der zweiten Spalte der ersten Zeile angezeigt. Das Verhalten der gleichzeitigen Vergrößerung setzt sich immer weiter fort. Für eine fünfte Komponente wird demnach eine dritte Zeile und eine dritte Spalte eröffnet.

```
<UniformGrid>
   <Button>Button1</Button>
   <Button>Button2</Button>
   [...]
   <Button>Button5</Button>
</UniformGrid>
```

Listing 19.16 Listing der Abbildung 19.16

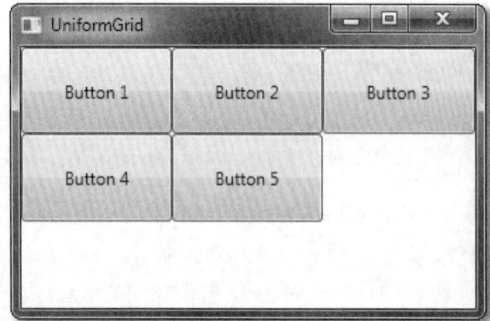

Abbildung 19.16 Das »UniformGrid« mit fünf Elementen

Wie bei den anderen Containern auch können Sie das Anzeigeverhalten im Container beeinflussen. Das Attribut `FlowDirection` kennen Sie bereits, so dass sich eine weitere Erklärung erübrigt. Mit `Rows` und `Columns` geben Sie an, wie viele Zeilen und Spalten im `UniformGrid` dargestellt werden sollen. Allerdings müssen Sie sich dann auch über einen Nebeneffekt im Klaren sein: Reicht die Anzahl der Zellen im `UniformGrid` für die anzuzeigenden Elemente nicht aus, werden alle überschüssigen Komponenten zur Laufzeit nicht angezeigt. Sollte Ihnen dieses Malheur zur Entwicklungszeit unterlaufen, können Sie das im Designer von Visual Studio 2012 erkennen (siehe Abbildung 19.17).

```
<UniformGrid Columns="2" Rows="2">
  <Button>Button1</Button>
  <Button>Button2</Button>
  <Button>Button3</Button>
  <Button>Button4</Button>
  <Button>Button5</Button>
</UniformGrid>
```

Listing 19.17 Listing der Abbildung 19.17

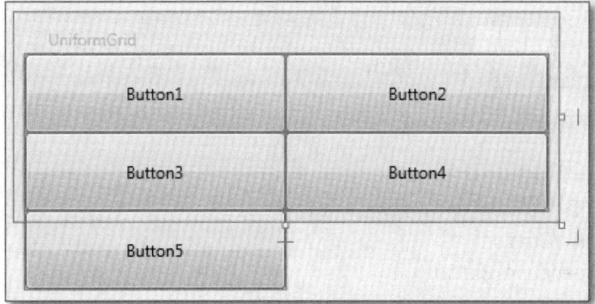

Abbildung 19.17 Überschüssiges Element im »UniformGrid«

19.2 Verschachteln der Layout-Container

Sie haben nun die Layout-Container und deren Einsatzmöglichkeiten kennengelernt. Wenn Sie eine etwas aufwendigere Form bereitstellen wollen, werden Sie mit ziemlicher Sicherheit nicht mit einem Layout-Container auskommen. Meistens werden Sie mehrere ineinander verschachtelte einsetzen.

Da wir nun der Reihe nach die Layout-Container mit einfachem XAML-Beispielcode im Einsatz erlebt haben, ist es an der Zeit, eine etwas aufwendigere Form zu erstellen. Darin sind mehrere Steuerelemente enthalten, über die erst gesprochen werden muss, aber zu gestalterischen Zwecken erübrigt sich an dieser Stelle wohl eine Erklärung. Zudem ist auch kein Programmcode hinterlegt, da es uns vorrangig auf die Oberflächengestaltung ankommt. Sehen wir uns das `Window` zur Laufzeit an (Abbildung 19.18).

Abbildung 19.18 Ausgabe des Beispielprogramms »Mitarbeiterliste«

Als dem Window direkt untergeordneter Container wird das DockPanel eingesetzt. In diesem sind mit zwei Grids und einem StackPanel insgesamt drei weitere Panels enthalten. In der letzten Zeile des zweiten Grids regelt ein StackPanel die Anordnung der beiden Schaltflächen *OK* und *Beenden*.

```
// Beispiel: ..\Kapitel 19\Mitarbeiterliste
<Window ... Height="300" Width="350">
<DockPanel>
  <StackPanel DockPanel.Dock="Bottom" Height="Auto"
          HorizontalAlignment="Right" Orientation="Horizontal">
    <Button Width="80" Margin="3">OK</Button>
    <Button Width="80" Margin="3">Beenden</Button>
  </StackPanel>
  <Grid DockPanel.Dock="Bottom" Height="Auto">
    <Grid.ColumnDefinitions>
      <ColumnDefinition />
      <ColumnDefinition />
    </Grid.ColumnDefinitions>
    <Grid.RowDefinitions>
      <RowDefinition />
      <RowDefinition />
      <RowDefinition Height="11"/>
    </Grid.RowDefinitions>
    <CheckBox Margin="2" Grid.Row="0" Grid.Column="0">Chef</CheckBox>
    <RadioButton Margin="2" Grid.Row="0" Grid.Column="1">Frau</RadioButton>
    <CheckBox Margin="2" Grid.Row="1" Grid.Column="0">
      Angestellter
    </CheckBox>
    <RadioButton Margin="2" Grid.Row="1" Grid.Column="1" IsChecked="True">
```

```
      Herr
    </RadioButton>
  </Grid>
  <Grid>
    <Grid.ColumnDefinitions>
      <ColumnDefinition Width="2*" />
      <ColumnDefinition Width="*" />
    </Grid.ColumnDefinitions>
      <Grid.RowDefinitions>
      <RowDefinition Height="Auto" />
      <RowDefinition />
      <RowDefinition Height="11"/>
    </Grid.RowDefinitions>
    <Label Grid.Row="0" Grid.Column="0" Background="Black"
           Foreground="WhiteSmoke">Liste aller Mitarbeiter</Label>
    <ListBox Margin="5,5" Grid.Row="1" Background="WhiteSmoke">
      <ListBoxItem>Peter Müller</ListBoxItem>
      <ListBoxItem>Andreas Fischer</ListBoxItem>
      <ListBoxItem>Gernot Haltmann</ListBoxItem>
      <ListBoxItem>Franz Schulze</ListBoxItem>
      <ListBoxItem>Beate Meier</ListBoxItem>
    </ListBox>
    <StackPanel Grid.Row="1" Grid.Column="1">
      <Button Margin="5">Neu ...</Button>
      <Button Margin="5">Löschen</Button>
    </StackPanel>
  </Grid>
</DockPanel>
</Window>
```

Listing 19.18 Komplexer verschachtelter Layout-Container

Kapitel 20
Fenster in der WPF

In einer traditionellen Windows-Anwendung wird die Laufzeit der Anwendung hauptsächlich über Menüs und Symbolleistenschaltflächen gesteuert. Der Anwender wählt zum Beispiel ein Menü aus, worauf sich ein neues Fenster öffnet. Nicht ungewöhnlich ist es, dass dabei viele Fenster der Anwendung gleichzeitig geöffnet sind und der Anwender zwischen diesen Fenstern hin- und herspringt.

Dieses Interaktionsverhalten ist auch mit WPF-Anwendungen möglich. Grundlage dieser Art der Navigation zwischen verschiedenen Inhalten ist das Element Window. Andererseits wird innerhalb des Browsers ein gänzlich anderes, seitenbasiertes Navigationsmodell verwendet. Hier ermöglichen zwei Schaltflächen das Vor- und Zurückspringen zur Anzeige der unterschiedlichen Seiteninhalte.

In der Welt der Anwendungen werden also zwei grundsätzlich unterschiedliche Navigationsverfahren benutzt. Es ist erfreulich, dass die WPF beide Verfahren unterstützt. Dabei lässt sich das vom Browser her bekannte seitenbasierte Navigieren auch in einem gewöhnlichen Fenster integrieren, ohne dass dabei der Browser als Host unbedingt erforderlich wäre (was zwar möglich ist, wir aber im Rahmen dieses Buches nicht behandeln).

20.1 Hosts der WPF

Zur Umsetzung der beiden Navigationsverfahren werden von der WPF sogar drei unterschiedliche Hosts angeboten:

- Window
- NavigationWindow
- Frame

Bei Window handelt es sich um die Umsetzung eines klassischen Fensters. Dabei werden die Inhalte in mehreren separaten Fenstern angezeigt. Der Anwender navigiert durch die Anwendung, indem er immer wieder neue Fenster öffnet und schließt. Solche Anwendungen setzen sich daher in der Regel aus vielen einzelnen Fenstern zusammen. Nicht selten ist die Folge, dass zur Laufzeit eines Programms viele unterschiedliche Fenster der Anwendung geöffnet sind.

Das Navigationskonzept der Fenster vom Typ NavigationWindow erinnert an das Navigieren innerhalb eines Internet-Browsers, bei dem unterschiedliche Inhalte in einem gemeinsamen

Fenster dargestellt werden. Setzen Sie diese Idee mit NavigationWindow in einer WPF-Anwendung um, werden nur die Inhalte auf mehrere Seiten vom Typ Page aufgeteilt, die untereinander verlinkt sind. Der Anwender navigiert durch die Anwendung, ohne gleichzeitig mehrere Fenster öffnen zu können, da ein NavigationWindow allen beteiligten Seiten als gemeinsamer Host dient. Zur Navigation stehen wie im Browser eine Vor- und eine Zurück-Schaltfläche zur Verfügung. Wahrscheinlich haben Sie mit diesem Fenstertyp bereits Bekanntschaft gemacht, denn spätestens seit Vista wird diese Navigationstechnik auch vom Betriebssystem vermehrt eingesetzt. Ein typisches Beispiel ist das Fenster *Systemsteuerung* (siehe Abbildung 20.1).

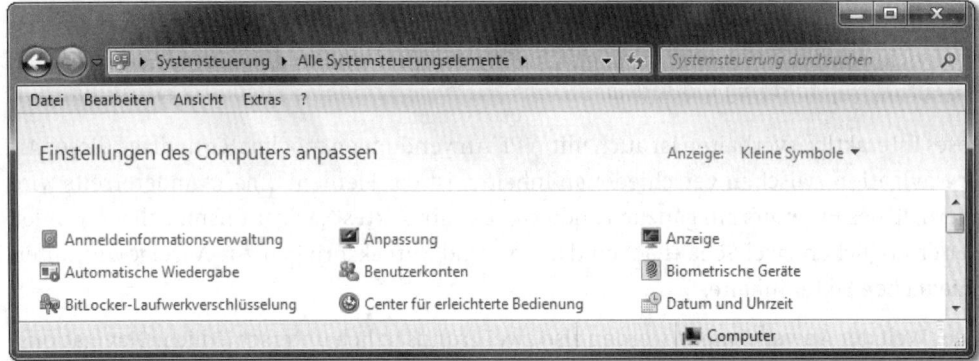

Abbildung 20.1 Die Systemsteuerung von Windows 7

Da ein NavigationWindow mit seinen angestammten Navigationsschaltflächen dem Element Window eines traditionellen Fensters nicht untergeordnet werden kann, wird die dritte Alternative in Form des Frame-Elements angeboten. Es dient dazu, auch innerhalb eines Window-Elements die seitenbasierte Navigation zu ermöglichen.

> **Anmerkung**
> Die WPF unterstützt keine MDI-Fenster. Möchten Sie dennoch diese Art der Fensterverwaltung einsetzen, müssen Sie das mit Hilfe der Interop-Techniken umsetzen.

20.2 Fenster vom Typ »Window«

Mit der Klasse Window wird ein Fenster beschrieben, also das wohl wichtigste Element einer klassischen Windows-Anwendung. Ein Window ist ein Container für alle darin enthaltenen Steuerelemente. Da Window direkt von ContentControl abgeleitet ist, besitzt diese Klasse eine Content-Eigenschaft, die aber nicht explizit angegeben werden muss. Die Content-Eigenschaft kann genau ein Element aufnehmen, das im Fall des Window praktisch immer ein Layout-Container sein dürfte.

Mit der Eigenschaft Title wird der Inhalt der Titelleiste beschrieben, mit den Eigenschaften Height und Width die Breite und die Höhe des Fenster. Diese drei Eigenschaften werden direkt im XAML-Code angeboten, nachdem Sie eine neue WPF-Anwendung gestartet oder ein zusätzliches Window der Anwendung hinzugefügt haben.

Damit sind zumindest die drei wahrscheinlich wichtigsten Eigenschaften schon festgelegt. Neben den genannten können Sie mit vielen weiteren Eigenschaften das Aussehen und das Verhalten eines Window-Objekts beeinflussen. Einen Überblick der wichtigsten Eigenschaften können Sie der folgenden Tabelle entnehmen.

Eigenschaft	Beschreibung
Icon	Per Vorgabe wird als Symbol ein Standard-Icon verwendet. Wollen Sie dieses durch ein anwendungsspezifisches austauschen, geben Sie der Eigenschaft Icon eine ICO-Datei an.
ResizeMode	ResizeMode gibt an, ob und wie sich die Größe des betreffenden Window-Elements ändern kann. Die Eigenschaft lässt die Einstellungen NoResize, CanMinimize, CanResize und CanResizeWithGrip zu. Je nach Wahl der Einstellung werden die Schaltflächen zum Minimieren und Maximieren in der Titelleiste angezeigt. Der Standard ist CanResize.
ShowInTaskBar	Die Eigenschaft legt fest, ob das minimierte Fenster in der Taskleiste angezeigt wird. Der Vorgabewert ist true.
SizeToContent	Legt fest, ob die Größe eines Fensters automatisch an die Größe des Inhalts angepasst wird. Die Standardeinstellung Manual bedeutet, dass sich die Größe aus den Einstellungen Height und Width des Fensters ergibt. Die Eigenschaft selbst lässt darüber hinaus auch die Einstellungen Width, Height und WidthAndHeight zu. Bei letztgenannter Einstellung wird die angezeigte Breite und Höhe des Fensters automatisch an die Breite und Höhe des Inhalts angepasst.
Topmost	Wird diese Eigenschaft auf true eingestellt, erscheint dieses Fenster immer über allen anderen Fenstern der Anwendung.
WindowStartupLocation	Legt die Position des Fensters fest, wenn es zum ersten Mal angezeigt wird. Die möglichen Einstellungen sind Manual, CenterScreen und CenterOwner. Manual ist der Standard und wird durch die Eigenschaften Left und Top des Fensters beschrieben. Mit CenterScreen wird das Fenster in Bildschirmmitte angezeigt, mit CenterOwner mittig bezüglich eines anderen Fensters, aus dem heraus das aktuelle Fenster aufgerufen wird.

Tabelle 20.1 Eigenschaften der Klasse »Window« (Auszug)

Eigenschaft	Beschreibung
WindowState	Diese Eigenschaft beschreibt die drei Fensterzustände Normal, Minimized und Maximized.
WindowStyle	Gibt den Rahmentyp für das Fenster an. Die möglichen Einstellungen hier lauten None (weder Rahmen noch Titelleiste werden angezeigt), SingleBorderWindow (das ist der Standard), ThreeDBorderWindow (Fenster mit 3D-Rahmen) und ToolWindow (verankertes Toolfenster mit minimierten Fensterrändern).

Tabelle 20.1 Eigenschaften der Klasse »Window« (Auszug) (Forts.)

20.2.1 Mehrere Fenster in einer Anwendung

Enthält eine WPF-Anwendung nur ein Fenster, wird die Anwendung mit dem Schließen des Fensters beendet. Anwendungen mit nur einem Fenster stellen aber eher die Ausnahme dar, die meisten Anwendungen weisen mehr oder weniger viele Fenster auf. Entwickeln Sie eine Anwendung mit mehreren Fenstern, können Sie das gewünschte Startfenster im Wurzelelement Application der Datei *App.xaml* angeben. Dazu ändern Sie einfach nur die Angabe des Attributs StartupUri passend ab.

```
<Application ...
            StartupUri="MainWindow.xaml">
  <Application.Resources>
  </Application.Resources>
</Application>
```

Listing 20.1 Angabe des Startfensters in der Datei »App.xaml«

Beendet wird eine WPF-Anwendung mit dem Schließen des letzten Fensters.

Jedes neu zu öffnende Fenster muss zuerst als Objekt vorliegen. Dazu instanziieren Sie die Klasse und rufen die Methode Show auf.

```
Window1 frm = new Window1();
frm.Show();
```

Das Fenster wird nichtmodal geöffnet. Das heißt, der Benutzer kann ein anderes Fenster der laufenden Anwendung aktivieren. Fenster lassen sich auch modal öffnen. Modal geöffnete Fenster erlauben nicht, ein anderes Fenster der aktuellen Anwendung zu aktivieren. Das modale Fenster muss erst wieder geschlossen werden. Üblicherweise werden modale Fenster auch als **Dialogfenster** bezeichnet. Eingesetzt werden sie da, wo der Anwender Angaben machen muss, die von der Anwendung sofort in irgendeiner Form umgesetzt werden.

Um ein Fenster als Dialogfenster modal zu öffnen, rufen Sie anstatt der Methode Show die Methode ShowDialog auf. Im Gegensatz zu Show hat die Methode ShowDialog einen Rückgabewert vom Typ `Boolean?` (mit anderen Worten handelt es sich um einen null-fähigen Boolean). Die Rückgabe kann also `true`, `false` oder `null` sein, der Standardwert ist `false`. Wie Sie gleich noch sehen werden, benötigen wir diesen Rückgabewert zur Auswertung, welche Aktion zum Schließen des Dialogs geführt hat.

Fenster schließen

Um ein Fenster zu schließen, stehen Ihnen zwei Möglichkeiten zur Verfügung: die Methoden `Hide` und `Close`.

Mit `Hide` wird das Fenster nur unsichtbar gemacht, bleibt aber weiterhin im Speicher. Sie können das Fenster durch den erneuten Aufruf der Methode `Show` zur Anzeige bringen, ohne dass eine Neuinstanziierung notwendig ist. Das Fenster wird in dem Zustand geöffnet, den es vor dem Aufruf von `Hide` hatte.

Mit `Close` wird das Fenster geschlossen, und die beanspruchten Ressourcen werden freigegeben. Das bringt natürlich Ressourcenvorteile im Vergleich zum Verstecken des Fensters. Benötigen Sie das Fenster erneut, müssen Sie die zugrunde liegende Klasse instanziieren.

Beim Schließen eines Fensters treten nacheinander die beiden Ereignisse `Closing` und `Closed` auf. Beide unterscheiden sich in der Programmierung dahingehend, dass im Ereignishandler von `Closing` der eingeleitete Schließvorgang im letzten Augenblick noch abgebrochen werden kann. Dazu setzen Sie die Eigenschaft `Cancel` des `EventArgs`-Parameters auf `true`, z.B.:

```
private void Window_Closing(object sender, CancelEventArgs e)
{
  MessageBoxResult result = MessageBox.Show("Schließen?", "Beenden",
                      MessageBoxButton.YesNo,
                      MessageBoxImage.Question,
                      MessageBoxResult.No);
  if (result == MessageBoxResult.No)
    e.Cancel = true;
}
```

Listing 20.2 Den eingeleiteten Schließvorgang optional abbrechen

Diese Chance gibt es nicht mehr, wenn das Ereignis `Closed` ausgelöst wird. Im Zweifelsfall sind jetzt noch die Benutzereingaben zu speichern, ansonsten sind sie unwiederbringlich verloren.

Modale Fenster schließen

Modale Fenster haben in der Regel zwei Schaltflächen. Diese sind meistens mit *OK* und *Abbrechen* beschriftet. Von einem modalen Fenster wird erwartet, dass es nach dem Klicken einer der beiden Schaltflächen geschlossen wird. Die *OK*-Schaltfläche signalisiert dabei dem aufrufenden Fenster, dass der Anwender seine Eingaben im Dialog bestätigt, die *Abbrechen*-Schaltfläche, dass die Aktion abgebrochen worden ist.

Bei der *Abbrechen*-Schaltfläche sollten Sie deren Eigenschaft `IsCancel` auf `true` einstellen. Damit wird das Fenster geschlossen, wenn der Anwender auf die Schaltfläche klickt (was übrigens auch mit Drücken der `Esc`-Taste erfolgen kann). Sie benötigen dann auch keinen separaten Ereignishandler für diese Aktion. Im XAML-Code könnten damit die beiden Schaltflächen *OK* und *Abbrechen* wie im folgenden Listing gezeigt definiert sein:

```
<Button Content="OK" Click="btnOK_Click" ... />
<Button Content="Abbrechen" IsCancel="True" ... />
```

Listing 20.3 »OK«- und »Abbrechen«-Schaltfläche im Dialogfenster

Bei der *OK*-Schaltfläche eines Dialogfensters hingegen wird ein Ereignishandler für den Schließvorgang benötigt. Meistens handelt es sich um den Handler, der auf das `Click`-Ereignis der *OK*-Schaltfläche reagiert. Im Ereignishandler legen Sie die Eigenschaft `DialogResult` des WPF-Fensters auf `true` fest, z.B.:

```
private void btnOK_Click(object sender, RoutedEventArgs e){
  DialogResult = true;
}
```

Listing 20.4 »OK«-Schaltfläche eines modalen Dialogs

Mit dem Setzen der Eigenschaft ist auch gleichzeitig das Schließen des Dialogs verbunden.

Sie können durch das Festlegen der Eigenschaft `IsDefault=true` der *OK*-Schaltfläche dem Dialog mitteilen, dass es sich bei dieser Schaltfläche um die Standardschaltfläche handelt, die der Anwender durch Drücken der `↵`-Taste erreichen kann. Das bedeutet mit anderen Worten: Unabhängig davon, welches Steuerelement im Fenster aktuell den Fokus hat, wird beim Drücken der `↵`-Taste das `Click`-Ereignis der *OK*-Schaltfläche ausgelöst und der entsprechende Ereignishandler abgearbeitet.

20.3 Fenster vom Typ »NavigationWindow«

Weiter oben wurde schon erklärt, dass ein Fenster vom Typ `NavigationWindow` dem Benutzer eine Navigation anbietet, die der eines Browsers ähnelt. Die Umsetzung der Navigation macht mit `NavigationWindow` keine Schwierigkeiten, da alle notwendigen Verhaltensweisen bereits zur Verfügung gestellt werden.

Die Klasse `NavigationWindow` ist von der Klasse `Window` abgeleitet und weist daher dieselben Eigenschaften und Methoden auf. Allerdings repräsentiert `NavigationWindow` nur einen Rahmen als Grundstruktur, der weder Programmlogik noch Steuerelemente enthalten sollte. Dabei ist die Navigationsleiste, mit der der Anwender durch die Seiten navigiert, bereits vordefiniert. Über die Reihenfolge der vom Anwender aufgerufenen Seiten müssen Sie als Entwickler keinen Gedanken verlieren, denn das `NavigationWindow` protokolliert die aufgerufenen Seiten automatisch in einem Journal.

Innerhalb des `NavigationWindow` werden die Inhalte durch `Page`-Objekte beschrieben. Für jeden darzustellenden Inhalt müssen Sie ein `Page`-Objekt erstellen, das die Logik und die Steuerelemente des Inhalts beschreibt. `Page` ähnelt zwar in vielerlei Hinsicht dem Inhalt eines `Window`-Objekts, kann aber nicht ohne einen Host angezeigt werden. Daher werden Sie auch keine Eigenschaften vorfinden, die die Größe und Position eines `Page`-Objekts betreffen.

Das `NavigationWindow` wird nicht als Vorlage angeboten. Möchten Sie Ihrer Anwendung ein `NavigationWindow` hinzufügen, bleibt Ihnen nichts anderes übrig, als zunächst einmal ein `Window`-Element als Grundlage zu benutzen. Dann müssen Sie drei Punkte »von Hand« erledigen:

- Ersetzen Sie in der XAML-Datei das Stammelement `Window` durch `NavigationWindow`.
- Löschen Sie das `Grid`-Element in der XAML-Datei.
- Passen Sie in der Code-Behind-Datei die Basisklasse an, und ersetzen Sie auch hier `Window` durch `NavigationWindow`.

Das folgende Listing zeigt Ihnen die notwendigen Anpassungen.

```
// im XAML-Code
<NavigationWindow x:Class="WpfApplication1.MainWindow"
    xmlns=http://schemas.microsoft.com/winfx/2006/xaml/presentation
    xmlns:x=http://schemas.microsoft.com/winfx/2006/xaml
    Title="MainWindow" Height="350" Width="525">
</NavigationWindow>
// in der Code-Behind-Datei
public partial class MainWindow : NavigationWindow {
  public MainWindow() {
    InitializeComponent();
  }
}
```

Listing 20.5 Notwendige Änderungen, um ein »NavigationWindow« bereitzustellen

In der Entwicklungsumgebung sind noch keine Navigationsschaltflächen zu sehen. Dazu müssen Sie erst die Laufzeit starten. In Abbildung 20.2 sehen Sie die Anzeige eines `NavigationWindow`-Fensters zur Laufzeit, jedoch noch ohne jeglichen Inhalt.

Abbildung 20.2 Das »NavigationWindow« zur Laufzeit

20.3.1 Das »Page«-Element

Nun ist es Zeit, sich mit der Darstellung der Inhalte in einem `NavigationWindow` zu beschäftigen. Dazu wird ein `Page`-Objekt benötigt. `Page` wird als Vorlage angeboten, so dass Sie eine `Page` über das Kontextmenü des Projekts im Projektmappen-Explorer sowie die Option Hinzufügen des Projekts bereitstellen können. In der deutschsprachigen Version von Visual Studio 2012 heißt die Vorlage *Seite*. Dabei wird der folgende XAML-Code erzeugt:

```xaml
<Page x:Class="WpfApplication1.Page1"
    xmlns=http://schemas.microsoft.com/winfx/2006/xaml/presentation
    xmlns:x=http://schemas.microsoft.com/winfx/2006/xaml
    [...]
    Title="Page1">
  <Grid>
  </Grid>
</Page>
```

Listing 20.6 XAML-Code der Vorlage »Seite«

Es muss jetzt die Beziehung zwischen dem `NavigationWindow` und der `Page` hergestellt werden. Dazu dient die Eigenschaft `Source` des `NavigationWindow`.

```xaml
<NavigationWindow ...
    Source="Page1.xaml">
</NavigationWindow>
```

Listing 20.7 Das »Page«-Objekt dem »NavigationWindow« bekannt geben

Ein `NavigationWindow` ist in der Lage, als Host für mehrere `Page`-Objekte seinen Dienst zu tun. Beim Starten der Anwendung wird aber automatisch die Seite aufgerufen, die unter der Eigenschaft `Source` eingetragen ist.

Die `Page` hat eine Eigenschaft `Title`. In der Titelleiste des `NavigationWindow` wird jedoch nicht der Text angezeigt, den `Title` beschreibt. Die Eigenschaft `Title` dient nur als Titelangabe in der Dropdown-Liste, die rechts neben den beiden Navigationsschaltflächen geöffnet werden kann. Um einen spezifischen Text in der Titelleiste des übergeordneten `NavigationWindow` anzuzeigen, verwenden Sie stattdessen die Eigenschaft `WindowTitle` der Seite.

Falls es notwendig ist, können Sie die Darstellungsgröße des `NavigationWindow` an den Inhalt der `Page` anpassen. Legen Sie dazu die Eigenschaften `WindowHeight` und `WindowWidth` der Seite fest. Möchten Sie mit Links oder beispielsweise Buttons selbst die Navigation in die Hand nehmen, können Sie mit

```
ShowNavigationUI=false
```

die Navigationssteuerelemente im Container ausblenden.

Es werden nur sehr wenige spezifische Informationen gespeichert, wenn eine `Page` zur Laufzeit der Anwendung verlassen wird. Viele Einstellungen der Seite gehen dadurch verloren.

Dieses Verhalten dient der Schonung der Speicherressourcen. Andererseits kann es problematisch werden, wenn die Seite Objekte erzeugt hat, die später noch einmal verwendet werden müssen. Mit der Einstellung

```
KeepAlive=true
```

lässt sich das Standardverhalten ändern (die Standardvorgabe lautet `false`). Die Seite wird dann komplett im Speicher gehalten. In Abschnitt 20.5.2 kommen wir auf diese Thematik noch einmal zurück.

Die bisher erwähnten Eigenschaften eines `NavigationWindow` sind in Tabelle 20.2 wegen des besseren Überblicks noch einmal aufgeführt.

Eigenschaft	Beschreibung
KeepAlive	Legt fest, ob die Seite im Speicher gehalten wird. Die Vorgabe ist `false`.
ShowNavigationUI	Legt fest, ob die Navigationsschaltflächen angezeigt werden. Die Vorgabe ist `true`.
Title	Legt den Titel der Page fest.
WindowHeight	Legt die Höhe des Hosts der Seite fest.
WindowTitle	Legt den Titel des Hosts fest.
WindowWidth	Legt die Breite des Hosts der Seite fest.

Tabelle 20.2 Spezifische Eigenschaften einer Seite (Auszug)

20.4 Hosts vom Typ »Frame«

Eine Alternative zum `NavigationWindow` wird mit dem Steuerelement `Frame` angeboten. Sie können es dazu benutzen, um in einem definierten Teilbereich eines herkömmlichen Fensters (`Window`) die Navigation zu ermöglichen. Damit lässt sich die Einschränkung umgehen, dass es nicht möglich ist, in einem `NavigationWindow` Steuerelemente direkt anzuzeigen.

In Abbildung 20.3 ist ein Fenster zu sehen, das in seinem linken Bereich einen Frame aufweist, im rechten Teilbereich werden die eigentlichen Inhalte angezeigt. Diesem liegt die folgende XAML-Struktur zugrunde:

```
// Beispiel: ..\Kapitel 20\FrameSample
<Window ...>
  <Grid>
    <Grid.ColumnDefinitions>
      <ColumnDefinition Width="150" />
      <ColumnDefinition Width="*" />
    </Grid.ColumnDefinitions>
    <Frame Grid.Column="0" Source="Page1.xaml"
```

```
            NavigationUIVisibility="Visible" />
    <StackPanel Grid.Column="1">
      <Image Margin="10,10,10,10" Source="Koala.JPG" />
      <StackPanel Orientation="Horizontal"
                  HorizontalAlignment="Center">
        <Button Width="70">Pevious</Button>
        <Button Width="70">Next</Button>
      </StackPanel>
    </StackPanel>
  </Grid>
</Window>
```

Listing 20.8 Beispielprogramm mit »Frame« als Host einer Seite

Mit der Eigenschaft Source legen Sie im Frame-Element fest, welche Seite angezeigt werden soll, sobald die Anwendung startet. Dieses Beispielprogramm weist insgesamt zwei Seiten auf, um den Effekt des Frames und das Navigieren testen zu können.

Da nicht nur die Eigenschaft Source, sondern auch alle anderen eines Frames ansonsten mit denen der Klasse NavigationWindow übereinstimmen, erübrigt sich eine genauere Beschreibung.

Abbildung 20.3 »Frame« als Host einer Seite in einem Fenster

20.5 Navigation zwischen den Seiten

Ein NavigationWindow dient als Host für eine oder x-beliebig viele Pages. Um dem Benutzer die Navigation zwischen den Seiten der Anwendung zu ermöglichen, werden Ihnen mit

- HyperLink und
- NavigationService

zwei Möglichkeiten angeboten. Darüber hinaus sind auch die Zustandsdaten in der navigationsauslösenden Seite ein wichtiger Gesichtspunkt. Bleiben sie erhalten, wenn zu der ursprünglichen Seite zurücknavigiert wird, oder sind sie verloren? Wie können Daten an eine neu anzuzeigende Seite übergeben werden? Diesen Fragen wollen wir uns in den folgenden Abschnitten widmen.

20.5.1 Navigation mit »HyperLink«

Verwenden Sie ein HyperLink-Element zur Navigation, müssen Sie sowohl die Zieladresse als auch einen Text angeben, auf den der Benutzer klicken soll.

```
<TextBlock>
  <Hyperlink NavigateUri="Page2.xaml">Zur Seite 2</Hyperlink>
</TextBlock>
```

Listing 20.9 Hyperlink zur Navigation zu einer anderen Seite

Das HyperLink-Element muss entweder in einem TextBlock oder einem FlowDocument eingebettet sein. Das Ziel des Hyperlinks wird in der Eigenschaft NavigateUri angegeben. Dabei muss man beachten, dass die XAML-Datei angegeben wird und nicht der Klassenbezeichner. Anstatt einer Zeichenfolge lassen sich, wie in HTML-Seiten, auch Bilder verlinken.

```
<TextBlock>
  <Hyperlink NavigateUri="Page2.xaml">
    <Image Source="TraumFrau.jpg" />
  </Hyperlink>
</TextBlock>
```

Listing 20.10 Ein Image zur Navigation über »HyperLink«

> **Hinweis**
>
> Befindet sich die verlinkte XAML-Datei im aktuellen Verzeichnis, genügt die einfache Dateiangabe wie gezeigt. In der Entwicklungsumgebung können Sie aber innerhalb eines Projekts auch eine Verzeichnisstruktur festlegen, beispielsweise um Ressourcen besser verwalten zu können. Angenommen, die Seite mit dem Namen *Page1.xaml* würde sich im Ordner *Friends* befinden, müssten Sie die Seite wie folgt adressieren:
>
> NavigateUri="../Friends/Page1.xaml
>
> Beachten Sie jedoch, dass es sich dabei nicht um ein Verzeichnis handelt, das nach dem Kompilieren im Ausgabeverzeichnis des Kompilats zu finden ist.

20.5.2 Der Verlauf der Navigation – das Journal

Die Navigation mit Seiten erinnert uns an die Navigation in einem Browser. Immer dann, wenn wir zu einer neuen Seite navigieren, wird die alte Seite in eine »Zurück«-Liste eingetragen. Klicken wir in der zweiten Seite auf die »Zurück«-Schaltfläche, wird die erste Seite aus einem Stack geholt und angezeigt, während die zweite Seite in eine »Vorwärts«-Liste eingetragen wird.

Die Vorgänge, die sich dabei in WPF-Navigationsfenstern bei der Navigation im Hintergrund abspielen, sind ziemlich komplex. Nehmen wir an, in der WPF-Anwendung wären die beiden Seiten *Page1* und *Page2* vorhanden. Unterstellen wir nun eine Navigation von *Page1* nach *Page2* und wieder zurück zu *Page1*. Der letzte Schritt, zurück zu *Page1* zu navigieren, resultiert in einer neuen Instanz von *Page1*.

So weit ist das noch alles sofort verständlich. Nun bauen wir aber in *Page1* neben dem Hyperlink auf *Page2* eine TextBox ein.

```
<StackPanel>
  <TextBlock Height="15" Margin="20, 20, 20, 0">
    <Hyperlink NavigateUri="Page2.xaml">Seite2 anzeigen</Hyperlink>
  </TextBlock>
  <TextBox Height="25" Margin="20" Background="AntiqueWhite" />
</StackPanel>
```

Listing 20.11 Inhalt der »Page1«

Starten Sie nun die Anwendung, und tragen Sie einen beliebigen Text in die TextBox ein. Navigieren Sie anschließend zu *Page2* und danach zurück zu *Page1*. Die TextBox hat ihren Inhalt behalten. Stimmt jetzt die Aussage etwa nicht, dass bei der Navigation ein neues Page-Objekt erstellt wird?

Doch, sie stimmt. Aber wie ich schon zuvor erwähnt habe, sind die Vorgänge, die sich dabei abspielen, sehr komplex. Zunächst einmal werden tatsächlich die Page-Objekte beim Verlassen während der Navigation zerstört. Das hat einen ziemlich einfachen Grund, denn eine Seite kann sehr viele speicherintensive Ressourcen beschreiben. Denken Sie dabei nur an Grafiken, Video- bzw. Audiomedien oder Animationen. In einer Anwendung mit sehr vielen Seiten, in denen die Page-Objekte nicht zerstört würden, hätte das eine extreme Beanspruchung der Systemressourcen zur Folge. Daher speichert die WPF nur die Zustände der Steuerelemente der Seite. Führt die Navigation wieder zurück zu der ursprünglichen Seite, werden die Zustände der Steuerelemente wiederhergestellt. Dieses Verfahren schont die Ressourcen, weil nicht der gesamte visuelle Baum der Objekte gespeichert werden muss.

Nun müssen wir noch ein weiteres Detail betrachten, denn es werden nicht alle Steuerelementzustände einer Seite gespeichert. Sie können das sehr leicht testen, wenn Sie den XAML-Code aus Listing 20.11 um eine Schaltfläche erweitern, in der die Hintergrundfarbe der Seite neu festgelegt wird (siehe Listing 20.12).

```
// im XAML-Code
<StackPanel>
  <TextBlock Height="15" Margin="20, 20, 20, 0">
    <Hyperlink NavigateUri="Page2.xaml">Seite2 anzeigen</Hyperlink>
  </TextBlock>
  <TextBox Height="25" Margin="20" Background="AntiqueWhite" />
  <Button Content="Button1" Width="100" Click="Button1_Click"/>
</StackPanel>
// in der Code-Behind-Datei
private void Button1_Click(object sender, RoutedEventArgs e) {
  Background = new SolidColorBrush(Colors.Yellow);
}
```

Listing 20.12 Inhalt von »Page1«, ergänzt um eine Schaltfläche

> **Hinweis**
> Sie finden dieses Beispiel auf der Buch-DVD unter \Kapitel 20\NavigationHistory.

Sie werden feststellen, dass beim Zurücknavigieren die eingestellte Hintergrundfarbe verlorengeht, der Inhalt der `TextBox` jedoch nicht. Das Beispiel beweist, dass nicht die Zustände aller Eigenschaften gespeichert werden, sondern nur ein bestimmter Teil. Tatsächlich verfährt die WPF in der Weise, dass der gesamte Elementbaum durchlaufen und nach allen abhängigen Eigenschaften gesucht wird. Abhängige Eigenschaften haben eine ganze Reihe von zusätzlichen Eigenschaften, den sogenannten Metadaten. Zu diesen gehört auch das **Journal**-Flag, mit dem eine abhängige Eigenschaft kennzeichnet, dass der Zustand bei einer Navigation protokolliert werden soll.

> **Hinweis**
> Abhängige Eigenschaften sind vollkommen anders implementiert als CLR-Eigenschaften. Daher werden Sie eben mit etwas Verwunderung zur Kenntnis genommen haben, dass abhängige Eigenschaften durch Metadaten charakterisiert werden und auch ein Journal-Flag haben. Seien Sie geduldig, wir werden in einem späteren Kapitel noch sehen, wie abhängige Eigenschaften implementiert werden.

Was also können Sie tun, wenn Sie entgegen dem Standardverhalten alle Daten bewahren wollen? Es gibt dazu mehrere Ansätze. Der sicherlich einfachste Weg führt über die Eigenschaft `KeepAlive` der Seite, die Sie auf `true` festlegen können. Der Standard ist `false`. Damit werden alle Daten einer Seite gespeichert und nicht nur die mit dem Journal-Flag.

Die `KeepAlive`-Option sollten Sie mit Bedacht einsetzen und wirklich nur die Seiten so ausstatten, bei denen es wirklich notwendig ist. Wie angedeutet gibt es noch weitere Möglichkeiten, die aber im Rahmen dieses Buches nicht erörtert werden.

20.5.3 Navigation mit »NavigationService«

Das `HyperLink`-Element eignet sich besonders zur Angabe im XAML-Code. Das ist sehr einfach umzusetzen, beispielsweise wenn Sie mit den Seitenaufrufen sequenziell Benutzereingaben anfordern, ähnlich wie bei einem Assistenten. In komplexeren Szenarien stellt sich das `HyperLink`-Element jedoch sehr schnell als unzureichend heraus. An dessen Stelle betritt die Klasse `NavigationService` die Bühne, die sowohl von einem `NavigationWindow` als auch von einem `Frame` zur Verfügung gestellt wird. Sie können sich die Referenz auf das `NavigationService`-Objekt besorgen, wenn Sie die statische Methode `GetNavigationService` aufrufen und die Referenz auf den Host als Argument übergeben, auf dessen `NavigationService` Sie zurückgreifen wollen:

```
NavigationService nav = NavigationService.GetNavigationService(this);
```

Listing 20.13 Abrufen des »NavigationService«-Objekts eines Hosts

Eine andere Möglichkeit bietet das `Page`-Objekt mit seiner Eigenschaft `NavigationService`. Diese liefert die Referenz auf den `NavigationService` des eigenen Hosts.

Die wohl wichtigste Methode des `NavigationService`-Objekts ist `Navigate`, der Sie die Seite als URI übergeben, zu der navigiert werden soll.

```
NavigationService nav = NavigationService.GetNavigationService(this);
Uri uri = new Uri("Page2.xaml", UriKind.RelativeOrAbsolute);
nav.Navigate(uri);
```

Listing 20.14 Übergabe eines »Uri«-Objekts an die Methode »Navigate«

Erwähnenswert im Zusammenhang mit `Navigate` ist, dass die Methode asynchron aufgerufen wird. Dieses Verhalten ist natürlich sinnvoll, da eine Seite durchaus auch Inhalte haben kann, deren Ladevorgang verhältnismäßig lange dauert. Hier seien noch einmal Mediendateien exemplarisch genannt.

Eine weitere Möglichkeit bietet sich, indem Sie ein Objekt der `Page` neu erzeugen, zu der navigiert werden soll, und dieses als Argument an `Navigate` übergeben:

```
NavigationService nav = NavigationService.GetNavigationService(this);
nav.Navigate(new Page2());
```

Listing 20.15 Übergabe eines »Page«-Objekts an die Methode »Navigate«

Sie dürfen die beiden in Listing 20.14 und Listing 20.15 nicht beliebig verwenden, weil es einen großen Unterschied gibt: Während bei der Übergabe des URI (siehe Listing 20.14) nur die entsprechenden Journal-befähigten Eigenschaften protokolliert werden, ist es beim Erzeugen eines neuen `Page`-Objekts über den Konstruktor (wie in Listing 20.15 gezeigt) das gesamte Objekt.

> **Hinweis**
> Diesem Nachteil der Objekterstellung über den Konstruktor steht aber andererseits der Vorteil gegenüber, dass Sie einen parametrisierten Konstruktor aufrufen können und damit der neu anzuzeigenden Seite Daten übergeben können.

Wollen Sie eine über die standardmäßigen Navigationsschaltflächen des Hosts hinausgehende Navigation in einer Seite realisieren (beispielsweise mit separaten Schaltflächen), können Sie die Methoden `GoForward` oder `GoBack` des `NavigationService`-Objekts benutzen. Beide Methoden lösen eine Ausnahme vom Typ `InvalidOperationException` aus, wenn die Navigation fehlschlägt. Um das zu vermeiden, sollte daher zuerst geprüft werden, ob eine Navigation zurück oder nach vorne überhaupt möglich ist. Auch dazu hilft Ihnen das `NavigationService`-Objekt weiter, diesmal mit seinen beiden Eigenschaften `CanGoBack` und `CanGoForward`. Beide liefern `true` als Ergebnis, wenn ein Navigationsverlauf nach vorne oder zurück möglich ist.

Wie bereits angedeutet, werden die Inhalte der aufgerufenen Seite mit der Methode `Navigate` asynchron abgerufen. So wundert es nicht, dass das `NavigationService`-Objekt mit `StopLoading` eine Methode bereitstellt, um die Navigation abzubrechen oder mit der Methode `Refresh` eine Seite neu zu laden.

Ereignisse des »NavigationService«-Objekts

Das Navigieren zu einer anderen Seite mit dem `NavigationService`-Objekt ist ein relativ komplexer Vorgang. Dabei werden mehrere Schritte der Reihe nach ausgeführt:

- Die aufgerufene Seite muss zuerst lokalisiert werden.
- Die Seiteninformationen müssen abgerufen werden.
- Alle Ressourcen, die in der zu ladenden Seite enthalten sind, müssen geladen werden.
- Erst nach den genannten drei Schritten ist die Seite so weit vorbereitet, dass sie erstellt werden kann, was zu der Auslösung der Ereignisse `Initialized` und `Loaded` der Seite führt. Das gilt natürlich nicht, wenn die Informationen aus dem Journal entnommen werden.
- Zum Schluss wird die Seite dargestellt (gerendert).

Während des beschriebenen Ablaufs werden eine Reihe von Ereignissen durch das `NavigationService`-Objekt ausgelöst. In Tabelle 20.3 sind die wichtigsten Ereignisse aufgeführt.

Ereignis	Beschreibung
Navigating	Dieses Ereignis wird kurz vor dem Seitenwechsel ausgelöst. In diesem Ereignis kann der Seitenwechsel im letzten Moment noch abgebrochen werden, indem die Eigenschaft `Cancel` des `EventArgs`-Parameters auf `true` gesetzt wird.

Tabelle 20.3 Die Ereignisse eines »NavigationService«-Objekts

Ereignis	Beschreibung
Navigated	Wird dieses Ereignis ausgelöst, hat die Navigation bereits begonnen.
NavigationProgress	Dieses Ereignis tritt während des Ladevorgangs der Seite permanent auf. Im Ereignishandler lässt sich das EventArgs-Objekt auswerten. So können Sie die Eigenschaft MaxBytes auswerten, um zu erfahren, wie viele Daten die Seite insgesamt erfordert, während ReadBytes angibt, wie viele Daten bereits übertragen worden sind. Dieses Ereignis wird übrigens immer dann ausgelöst, wenn 1 KByte Daten geladen worden sind. Es eignet sich daher gut, um den Ladefortschritt anzuzeigen.
LoadCompleted	Dieses Ereignis wird ausgelöst, wenn der Inhalt der Seite, zu der navigiert worden ist, geladen wurde und die Seite mit dem Rendering begonnen hat.
NavigationFailed	Das Ereignis wird ausgelöst, wenn während des Ladevorgangs ein Fehler auftritt. Das kann beispielsweise der Fall sein, wenn die angegebene Seite nicht gefunden wird.
NavigationStopped	Dieses Ereignis wird infolge des Methodenaufrufs StopLoading ausgelöst.

Tabelle 20.3 Die Ereignisse eines »NavigationService«-Objekts (Forts.)

Die aufgeführten Ereignisse werden auch von den Klassen Application, NavigationWindow und Frame ausgelöst. Somit ist es möglich, in Anwendungen, in denen mehrere Navigations-Hosts enthalten sind, die Navigation für jeden Host separat zu behandeln oder, über das Application-Objekt, eine gemeinsame Behandlung zu implementieren. Das Page-Objekt selbst löst im Zusammenhang mit der Navigation keine Ereignisse aus.

20.5.4 Navigation im Internet

Die Navigation ist nicht zwangsläufig auf die Seiten der aktuellen Anwendung beschränkt. Sie können der Eigenschaft Source des NavigationWindow auch eine Webadresse übergeben. Gleiches gilt auch für die Methode Navigate. Allerdings müssen Sie dann auch der Methode mitteilen, dass es sich um eine Absolutadresse handelt, beispielsweise mit:

```
nav.Navigate(new Uri("http://dotnet-training.de", UriKind.Absolute));
```

Sollten Sie nun der Meinung sein, Sie hätten es hierbei mit einer abgespeckten Variante eines WebBrowser-Steuerelements zu tun, liegen Sie falsch. Das Navigationsverhalten des NavigationWindow protokolliert unverständlicherweise nicht die besuchten Seiten im Internet. Drücken Sie die Zurück-Taste im Fenster, landen Sie wieder bei der Page, von der aus Sie sich die erste Webseite haben anzeigen lassen.

20.5.5 Navigieren mit dem Ereignis »RequestNavigate« des »HyperLink«-Elements

Eine weitere Variante zur Navigation bietet das Ereignis `RequestNavigate` des `HyperLink`-Objekts. Sehen wir uns das am besten an einem Beispiel an. Beginnen wir mit dem XAML-Code, in dem an das Ereignis `RequestNavigate` ein Ereignishandler gebunden wird.

```xml
<TextBlock>
  <Hyperlink NavigateUri="Page2.xaml"
             RequestNavigate="Hyperlink_RequestNavigate">
      Zur Seite 2
  </Hyperlink>
</TextBlock>
```

Listing 20.16 Ereignishandler im XAML-Code registrieren

In der Code-Behind-Datei der Seite wird ebenfalls die Methode `Navigate` von `NavigationService` aufgerufen. Als Argument wird die Eigenschaft `Uri` des `EventArgs`-Objekts weitergeleitet. Durch das Setzen von `true` der Eigenschaft `Handled` teilen wir dem Objekt mit, die Aktion selbst übernommen zu haben. Alle weiteren Operationen des Hyperlinks werden damit unterbunden.

```csharp
private void Hyperlink_RequestNavigate(object sender, RequestNavigateEventArgs e){
   NavigationService.Navigate(e.Uri);
   e.Handled = true;
}
```

Listing 20.17 Der Ereignishandler des Events »RequestNavigate«

Mit dem Ereignishandler gewinnen wir ein hohes Maß an Flexibilität, die uns gestattet, parallel zur Navigation weitere Operationen auszuführen.

20.6 Datenübergabe zwischen den Seiten

Daten von einer Seite an eine andere zu übergeben stellt grundsätzlich kein Problem dar. Wir benötigen dazu nur einen parametrisierten Konstruktor. Allerdings müssen wir dann auch Programmcode schreiben, da der Aufruf eines parametrisierten Konstruktors aus XAML-Code heraus nicht möglich ist. Zur Vorbereitung muss nur der Konstruktor der betreffenden Seite überladen werden, z.B.:

```csharp
public partial class Page2 : Page {
  public int Value { get; set; }
  public Page2() {
    InitializeComponent();
  }
```

```
    public Page2(int param) : this() {
      Value = value;
    }
}
```

Listing 20.18 Parametrisierter Konstruktor einer »Page«

Sie dürfen dabei nicht vergessen, den Aufruf des parametrisierten Konstruktors an den parameterlosen weiterzuleiten, in dem die Methode `InitializeComponent` dafür sorgt, die Seite mit den gewünschten Steuerelementen auszustatten. Natürlich kann `InitializeComponent` auch direkt im parametrisierten Konstruktor angegeben werden. Vergessen Sie jedoch den Aufruf der Methode, zeigt Ihre Seite keine Steuerelemente an und bleibt leer.

Die Übergabe von Daten beim Aufruf der neuen Seite bedarf nun keiner besonderen Erklärung mehr. Der Code könnte zum Beispiel lauten:

```
NavigationService.Navigate(new Page2(20));
```

20.6.1 Datenübergabe mit der Methode »Navigate«

Eine andere Alternative bietet die Methode `Navigate`. Wir haben diese Methode bisher immer nur in ihrer einfachsten, parameterlosen Form benutzt, aber die Überladungen gestatten auch die Übergabe eines Arguments vom Typ `Object`. Der aufgerufenen Seite wird der Übergabewert in der Eigenschaft `ExtraData` des `EventArgs`-Parameters des Ereignisses `LoadCompleted` zur Verfügung gestellt.

Was sich im ersten Moment noch sehr einfach anhört, wird sich schnell als Hürde erweisen. Das Problem dabei ist die Registrierung des Ereignishandlers für das Ereignis `LoadCompleted` des `NavigationService`-Objekts. Stellen wir uns dazu vor, wir würden beabsichtigen, mit der parametrisierten `Navigate`-Methode von *Page1* zu *Page2* zu navigieren. Dazu muss der Ereignishandler für `LoadCompleted` des `NavigationService`-Objekts des Hosts in der *Page2* registriert werden. Erst dann kann *Page2* von den Informationen des `EventArgs`-Objekts profitieren. Allerdings stellt sich die Frage, wo die Registrierung des Ereignishandlers programmiert werden soll. Prinzipiell würden sich zwei Ereignisse der Seite anbieten: `Initialized` und `Loaded`. Jetzt kommt der Haken: Im `Initialized`-Event hat die Eigenschaft `NavigationService` der Seite noch den Wert `null`. Wird das Ereignis `Loaded` der Seite ausgelöst, hat das `NavigationService`-Objekt seinerseits bereits das Ereignis `LoadCompleted` ausgelöst. Mit anderen Worten: Das Ereignis `Initialized` kommt zu früh, `Loaded` zu spät.

Die Lösung dieses Dilemmas ist in einer zusätzlichen Methode zu finden, die von der aufgerufenen Seite bereitgestellt werden muss. Im folgenden Beispielprogramm, das die beiden Seiten *Page1* und *Page2* enthält, wird der Ablauf verdeutlicht. In *Page1* befindet sich ein Button, von dem aus zur *Page2* navigiert wird. Dabei wird der Inhalt der in *Page1* befindlichen `TextBox` an die zweite Seite weitergeleitet (siehe auch Abbildung 20.4). Sehen wir uns aber zuerst das komplette Listing an.

```xml
// Beispiel: ..\Kapitel 20\NavigationSample
<NavigationWindow ...
    Title="MainWindow" Height="200" Width="300"
    Source="Page1.xaml">
</NavigationWindow>
<!-- Page1 -->
<Page ...
    WindowTitle="Seite 1"
    Title="Page1" WindowHeight="200">
  <StackPanel>
    <TextBox Name="TextBox1" ...></TextBox>
    <Button Name="Button1" Click="Button1_Click" ...>
      Zur Seite 2 navigieren
    </Button>
  </StackPanel>
</Page>
<!--Page2 -->
<Page ...
    WindowTitle="Seite 2"
    Title="Page2" WindowHeight="150">
  <StackPanel>
    <TextBox Name="TextBox1" ...></TextBox>
  </StackPanel>
</Page>
```

```csharp
// Code in Page1
public partial class Page1 : Page {
  private void Button1_Click(object sender, RoutedEventArgs e) {
    Page2 page = new Page2();
    NavigationService nav = NavigationService.GetNavigationService(this);
    page.SetLoadCompletedHandler(nav);
    nav.Navigate(page,TextBox1.Text);
  }
}
// Code in Page2
public partial class Page2 : Page {
  public void SetLoadCompletedHandler(NavigationService nav) {
    nav.LoadCompleted += new LoadCompletedEventHandler(nav_LoadCompleted);
  }
  void nav_LoadCompleted(object sender, NavigationEventArgs e) {
    if (e.ExtraData != null && (e.ExtraData is String))
      TextBox1.Text = (string)e.ExtraData;
    this.NavigationService.LoadCompleted -= nav_LoadCompleted;
  }
}
```

Listing 20.19 Das Beispielprogramm »NavigationSample«

Abbildung 20.4 Ausgabe des Beispielprogramms »NavigationSample«

Betrachten wir zuerst den Code in *Page2*. Die Seite stellt mit `SetLoadCompletedHandler` eine öffentliche Methode zur Verfügung, in der das Ereignis `LoadCompleted` registriert wird. Im Ereignishandler erfolgt die Auswertung der übermittelten Daten, die von der Eigenschaft `ExtraData` des `NavigationEventArgs`-Objekts bereitgestellt werden. Nach der notwendigen Überprüfung, ob die Daten von `null` abweichen und ob es sich um Daten vom Typ `String` handelt, wird der Übergabewert nach vorhergehender Typkonvertierung in die `TextBox` der *Page2* eingetragen. Danach sollte die Registrierung des Ereignishandlers in jedem Fall wieder aufgehoben werden.

In *Page1* wird nach der Instanziierung der Klasse *Page2* die Methode `SetLoadCompletedHandler` aufgerufen und das `NavigationService`-Objekt als Argument übergeben. Damit sind alle vorbereitenden Maßnahmen getroffen, und die `Navigate`-Methode kann unter Übergabe des Inhalts der `TextBox` in *Page1* aufgerufen werden.

20.7 Nachrichtenfenster mit »MessageBox«

Sicherlich sind Ihnen Dialoge wie der in Abbildung 20.5 gezeigte geläufig.

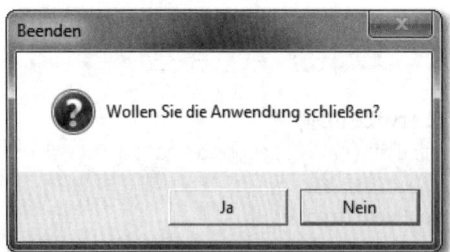

Abbildung 20.5 Ein typisches Nachrichtenfenster

Nachrichtenfenster werden immer modal angezeigt. Das heißt, es kann kein anderes Fenster der Anwendung aktiviert werden, bis das modale Fenster geschlossen wird. Weil Dialoge wie der gezeigte sehr häufig zur einfachen Interaktion mit dem Anwender oder auch nur zur

Bereitstellung von Informationen in Anwendungen eingesetzt werden, ist im Namespace `System.Windows` eine Klasse vordefiniert, mit der bereits sehr viele Anforderungen erfüllt werden können. Es handelt sich um `MessageBox`. Der abgebildete Dialog beruht auf der folgenden Anweisung:

```
MessageBox.Show("Wollen Sie die Anwendung schließen?",
                "Beenden",
                MessageBoxButton.YesNo,
                MessageBoxImage.Question,
                MessageBoxResult.No);
```

Listing 20.20 Der Code des Dialogs in Abbildung 20.5

Man braucht eigentlich kaum erklärende Worte zu verlieren, denn der Code beschreibt sich nahezu von selbst: Im ersten Argument wird der Meldungstext übergeben, im zweiten die Beschriftung der Titelleiste, im dritten die anzuzeigenden Schaltflächen. Das vierte Argument beschreibt das Symbol im Clientbereich, und das fünfte und letzte Argument gibt vor, welche Schaltfläche nach dem Start der Anzeige fokussiert werden soll.

20.7.1 Die Methode »MessageBox.Show«

`MessageBox` verfügt nur über eine typspezifische Methode: Es ist die vielfach überladene statische Methode `Show`, die mit insgesamt 12 Überladungen aufwartet. Die einfachste ist die, die nur die Zeichenfolge des Meldungstextes entgegennimmt:

```
MessageBox.Show("Visual C# macht Spaß");
```

Ein solches Nachrichtenfenster verfügt nur über eine *OK*-Schaltfläche, die Titelleiste ist leer. Klickt der Anwender auf die Schaltfläche, wird das Meldungsfenster automatisch geschlossen.

Optisch wirkt eine leere Titelleiste stümperhaft. Deshalb werden Sie bestimmt in allen Fällen einen Text vorsehen. Häufig verwendet man dazu den Namen der Anwendung.

In einem dritten Argument können Sie die im Meldungsfenster angezeigten Schaltflächen festlegen. Dazu übergeben Sie eine der in der Enumeration `MessageBoxButton` vordefinierten Konstanten (siehe Tabelle 20.4).

Konstante	Beschreibung
OK	Das Meldungsfenster enthält die *OK*-Schaltfläche.
OKCancel	Das Meldungsfenster enthält die *OK*- und *Abbrechen*-Schaltflächen.
YesNoCancel	Das Meldungsfenster enthält die *Ja*-, *Nein*- und *Abbrechen*-Schaltflächen.
YesNo	Das Meldungsfenster enthält die *Ja*- und *Nein*-Schaltflächen.

Tabelle 20.4 Konstanten der Enumeration »MessageBoxButton« (Auszug)

In welcher Sprache die Schaltflächen beschriftet sind, hängt von der Sprachversion des Betriebssystems ab.

Um im linken Bereich des Meldungsfensters ein Symbol anzuzeigen, wählen Sie eine Konstante aus der folgenden Tabelle 20.5 aus.

Konstante	Beschreibung
None	Zeigt kein Symbol an.
Hand	Zeigt ein Handsymbol.
Question	Zeigt ein Fragezeichen.
Exclamation	Zeigt ein Ausrufungszeichen.
Asterisk	Zeigt ein Sternchen.
Stop	Zeigt ein Stoppsymbol.
Error	Zeigt ein Fehlersymbol.
Warning	Zeigt ein Warnsymbol.
Information	Zeigt ein Informationssymbol.

Tabelle 20.5 Konstanten der Enumeration »MessageBoxImage«

Erzeugen Sie ein Meldungsfenster mit mehreren Schaltflächen, kommt der Wahl der vorfokussierten Schaltfläche eine besondere Bedeutung zu. Drückt nämlich der Anwender die ⏎-Taste, entspricht das dem Klicken auf die vorfokussierte Schaltfläche. Daher sollte immer die Schaltfläche vorfokussiert werden, bei deren Klicken keine Nachteile entstehen, zum Beispiel durch den Verlust eingegebener, aber nicht gespeicherter Daten. Die Vorfokussierung erfolgt mit Hilfe der Enumeration MessageBoxResult.

Konstante	Beschreibung
None	Gibt keinen Wert zurück.
OK	Der Anwender hat auf die Schaltfläche *OK* geklickt.
Cancel	Der Anwender hat auf die Schaltfläche *Abbrechen* geklickt.
Yes	Der Anwender hat auf die Schaltfläche *Ja* geklickt.
No	Der Anwender hat auf die Schaltfläche *No* geklickt.

Tabelle 20.6 Konstanten der Enumeration »MessageBoxResult«

Diese Aufzählung dient gleichzeitig als Rückgabewert der Show-Methode, denn schließlich muss nach dem Aufruf und dem Schließen des Nachrichtenfensters per Code geprüft werden, welche der angebotenen Schaltflächen der Anwender gedrückt hat. Nur für den Fall, dass das Meldungsfenster nur einen *OK*-Button hat, erübrigt sich die Auswertung.

Im folgenden Ereignishandler einer Schaltfläche wird ein Meldungsfenster angezeigt, das den Anwender um die Bestätigung bittet, ob er die Anwendung schließen möchte oder nicht. Der Code reagiert in Abhängigkeit von der im Meldungsfenster gewählten Schaltfläche.

```
string message = "Möchten Sie die Daten speichern?";
MessageBoxResult result= MessageBox.Show(message,
                                "Meine Anwendung",
                                MessageBoxButton.OKCancel,
                                MessageBoxImage.Question,
                                MessageBoxResult.OK);
if(result == MessageBoxResult.OK)
   [...]
else
   [...]
```

Listing 20.21 Auswertung mit »if-else«

In einer if-Anweisung wird der Rückgabewert überprüft. Hat der Anwender *OK* angeklickt, werden die Daten gespeichert, ansonsten kann eine andere Reaktion erfolgen. Wahrscheinlich wird in diesem Fall keine Reaktion erforderlich sein.

Alternativ könnte der gesamte if-Block auch durch switch-case ersetzt werden:

```
switch( result) {
  case MessageBoxResult.OK:
    // Daten speichern
    break;
  case MessageBoxResult.Cancel:
    // andere Anweisungen
    break;
}
```

Listing 20.22 Auswertung mit »switch«

Kapitel 21
WPF-Steuerelemente

21.1 Die Hierarchie der WPF-Komponenten

Alle WPF-Komponenten befinden sich innerhalb einer tief reichenden Vererbungshierarchie. Ausgehend von Object werden mit jeder weiteren Ableitung neue Eigenschaften und Methoden eingeführt, was zu einer immer weiter fortschreitenden Spezialisierung der Typen führt. In Abbildung 21.1 sehen Sie einen Ausschnitt aus dieser Vererbungshierarchie. Sie erhebt keinen Anspruch auf Vollständigkeit, soll Ihnen aber einen Überblick über die wichtigsten Basisklassen verschaffen, die in diesem und dem folgenden Kapitel häufiger genannt werden.

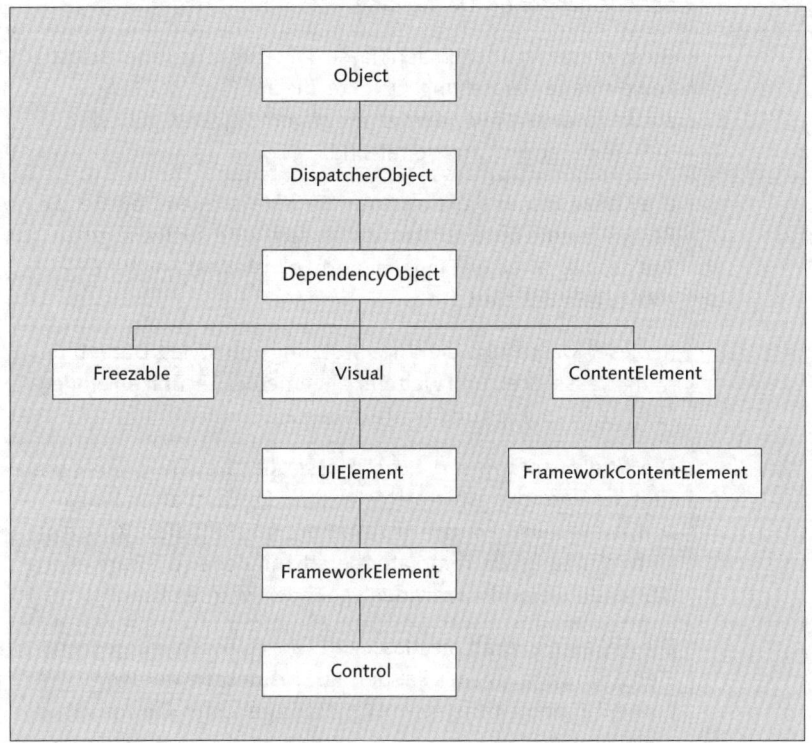

Abbildung 21.1 Die Vererbungshierarchie der WPF-Komponenten

In der folgenden Tabelle 21.1 werden die wichtigsten Merkmale der Klassen beschrieben.

Klasse	Beschreibung
DispatcherObject	Die von dieser Klasse abgeleiteten Klassen erlauben nur den Zugriff aus dem Thread, in dem das Objekt erzeugt worden ist. Die meisten Klassen haben DispatcherObject als Basis, sind deshalb auch nicht threadsicher.
DependencyObject	Diese Klasse ist die Basis für alle Klassen, die abhängige Eigenschaften unterstützen. In dieser Klasse sind die Methoden GetValue und SetValue definiert.
Freezable	Die Klasse Freezable dient als Basis für alle die Objekte, die in einen schreibgeschützten Zustand (read-only) gesetzt werden können, der auch als fixed bezeichnet wird. Fixierte Freezable-Objekte gelten, im Gegensatz zu DispatcherObject-Objekten, als threadsicher. Um ein paar Vertreter dieser Gruppe zu nennen: Pen, Brush oder auch Transform.
Visual	Die Klasse Visual dient als elementare Basis für alle Objekte. Sie unterstützt das Rendering von Controls und ist damit verantwortlich für die Darstellung.
ContentElement	Diese Klasse ist ähnlich der Klasse UIElement, hat aber selbst keine eigene Darstellung. Objekte, die auf ContentElement zurückzuführen sind, werden meist von Objekten gehostet, die von UIElement abgeleitet sind.
UIElement	Die Klasse Visual dient als Basis für alle visuellen Objekte, die Routed Events unterstützen. Außerdem wird auch ein großer Teil des allgemeinen Eingabe- und Fokusverhaltens für Elemente hier definiert.
FrameworkElement	In dieser Klasse wird die Unterstützung von Styles, Datenbindung, Ressourcen und weiterer allgemeiner Techniken eingeführt (z.B. Tooltips und Kontextmenüs).
Control	Die Klasse Control ist die Basisklasse aller Steuerelemente und fügt der Vererbungshierarchie weitere Eigenschaften hinzu (z.B. Background, Foreground). Außerdem stellt diese Klasse die Unterstützung von Templates bereit, mit denen die Darstellung der Steuerelemente individuell geändert werden kann.
ContentElement	Diese Klasse enthält die Klasse UIElement, beschreibt jedoch Elemente ohne eigenes Rendering. Stattdessen werden ContentElement-Objekte von Objekten gehostet, die von Visual abgeleitet sind.
FrameworkContentElement	Entspricht der Beschreibung der Klasse FrameworkElement, gilt allerdings für ContentElement-Objekte.

Tabelle 21.1 Allgemeine Beschreibung der wichtigsten Klassen

21.2 Allgemeine Eigenschaften der WPF-Steuerelemente

Der in Abbildung 21.1 gezeigte Vererbungsbaum hat zur Folge, dass viele Eigenschaften und Methoden in den Steuerelementen identisch sind. Um im weiteren Verlauf dieses Kapitels nicht zu jedem Steuerelement immer wieder dieselben Eigenschaften zu erwähnen, sollen die wichtigsten an dieser Stelle genannt werden.

21.2.1 Den Außenrand mit der Eigenschaft »Margin« festlegen

Die Eigenschaft `Margin` legt den Abstand zum Rand eines umgebenden Layout-Containers fest. Demnach wird der Abstand zwischen dem Außenrand einer Komponente und dem Layout-Container mit ihr festgelegt. Sie können `Margin` auf drei verschiedene Weisen einsetzen:

- Mit `Margin="10"` wird ein Rand von zehn Pixeln nach allen vier Seiten gewährleistet.
- Geben Sie zwei Werte an, z.B. `Margin="10,20"`, legt der erste Wert den linken und rechten Rand fest, während der zweite Wert den oberen und unteren Rand bestimmt.
- Wenn Sie `Margin` vier Werte mitteilen, beispielsweise `Margin="10, 20, 5, 25"`, gilt die folgende Reihenfolge für die Randabstände: links, oben, rechts, unten.

```
<Window ... SizeToContent="WidthAndHeight">
  <Grid>
    <Button Margin="10, 30, 40, 5" Height="50">Button1</Button>
  </Grid>
</Window>
```

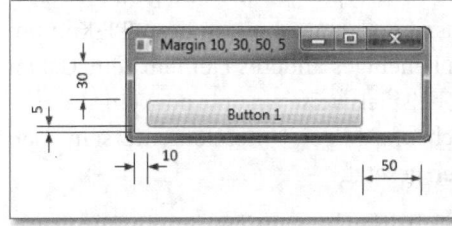

Abbildung 21.2 Festlegung des Außenabstands mit »Margin«

21.2.2 Den Innenrand mit der Eigenschaft »Padding« festlegen

Den Abstand des Außenrands einer Komponente zu dem Container, der sie umgibt, legen Sie mit der Eigenschaft `Margin` fest. Mit `Padding` wird auch ein Randabstand beschrieben, allerdings der Abstand einer Komponente zu ihrem eigenen Inhalt. Gewissermaßen schafft `Padding` einen inneren Rahmen im Steuerelement. Der Abstand kann durch einen Wert beschrieben werden, der rundum gilt. Legen Sie vier Werte fest, gelten diese der Reihenfolge nach für den linken, oberen, rechten und unteren Randabstand.

Im folgenden Beispiel wird diese Eigenschaft durch die Positionierung der Beschriftung innerhalb einer Schaltfläche gezeigt.

```
<Canvas>
  <Button Canvas.Left="50" Canvas.Top="50"
          Padding="40, 10, 0, 20" FontSize="16">
    Padding 40, 10, 0, 20
  </Button>
</Canvas>
```

Listing 21.1 Festlegen der Eigenschaft »Padding«

In Abbildung 21.3 können Sie den Effekt, der durch `Padding` verursacht wird, sehr schön erkennen.

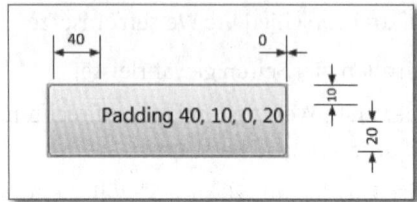

Abbildung 21.3 Festlegen des Innenabstands mit »Padding«

21.2.3 Die Eigenschaft »Content«

Sehr viele Steuerelemente, zu denen auch `Button` zu rechnen ist, sind auf die Basisklasse `ContentControl` zurückzuführen, die ihrerseits selbst direkt aus `Control` abgeleitet ist. Damit erben die Schaltflächen die Eigenschaft `Content`, die vom Typ `Object` ist und genau ein Element enthalten kann. `Content` gehört zu den herausragenden Merkmalen der WPF-Komponenten und kann entweder ein Text oder auch ein beliebiges anderes Element sein. Geben Sie der Eigenschaft `Content` ein anderes Element an, beispielsweise ein `Grid` oder ein `StackPanel`, kann dieses selbst wieder Container praktisch unzähliger Unterelemente sein. Den Gestaltungsmöglichkeiten sind damit keine Grenzen gesetzt.

Betrachten wir an dieser Stelle exemplarisch eine Schaltfläche vom Typ `Button`. Die Eigenschaft `Content` der Schaltfläche beschreibt den Text, mit dem ein Button beschriftet wird.

Sie können die Eigenschaft als Attribut angeben, also

```
<Button Content="OK"></Button>
```

Eine weitere Möglichkeit, den Inhalt des Buttons zu definieren, besteht darin, innerhalb des öffnenden und schließenden XAML-Tags den Text anzugeben:

```
<Button>OK</Button>
```

Das Ergebnis ist bei beiden Schreibweisen identisch, der Button wird mit der Zeichenfolge »OK« beschriftet.

Da aber der durch Content beschriebene Inhalt vom Typ Object ist, eröffnen sich noch weiter reichende Möglichkeiten. Im folgenden Listing wird ein Bild anstelle eines Textes verwendet:

```
<Button>
  <Image ... ></Image>
</Button>
```

Listing 21.2 Inhaltsbeschreibung durch ein »Image«

Die Einschränkung, dass nur ein Element von Content beschrieben werden kann, lässt sich sehr einfach umgehen, indem Sie ein Element einfügen, das seinerseits wieder über mehrere Unterelemente verfügt.

```
<Button>
  <StackPanel>
    <TextBox Width="100" Text=""></TextBox>
    <Image ...></Image>
  </StackPanel>
</Button>
```

Listing 21.3 Inhaltsbeschreibung durch einen Layout-Container

Damit sind den Gestaltungsmöglichkeiten keine Grenzen gesetzt.

Es stellt sich nun die Frage, woher XAML weiß, dass der Inhalt zwischen dem ein- und ausleitenden Element der Eigenschaft Content zugeordnet werden soll. Die Antwort auf diese Frage ist in der Definition der Klasse ContentControl zu finden. In dieser wird mit dem Attribut ContentPropertyAttribute die Eigenschaft Content als diejenige festgelegt, die den Inhalt zwischen den Tags aufnehmen soll.

```
[ContentPropertyAttribute("Content")]
public class ContentControl : Control, IAddChild
{ [ ... ] }
```

Listing 21.4 Festlegung der Inhaltseigenschaft der Klasse »ContentControl«

Sie können nicht davon ausgehen, dass der Inhalt zwischen dem ein- und ausleitenden Tag immer einer Eigenschaft Content zugeordnet wird. Es kann sich auch um eine beliebige andere Eigenschaft handeln. Als typisches Beispiel sei an dieser Stelle die Klasse TextBox angeführt, die als Content-Eigenschaft die eigene Property Text festlegt.

```
[ContentPropertyAttribute("Text")]
public class TextBox : TextBoxBase, IAddChild
{ [...] }
```

Listing 21.5 Festlegung der Inhaltseigenschaft der Klasse »TextBox«

21.2.4 Die Größe einer Komponente

Ehe wir uns den Eigenschaften zur Festlegung der Komponentengröße widmen, ein paar allgemeine Worte. In der Regel ist es nicht notwendig, die Abmessungen der Steuerelemente explizit festzulegen, ebenso wenig deren Position. Sie nehmen damit einem WPF-Fenster seine angestammte Fähigkeit, selbst die optimale Größe und Lage eines Controls zu finden.

Um einige Größen- oder auch Positionsangaben werden Sie nicht herumkommen, beispielsweise die Startgröße eines Fensters oder die durch die Eigenschaften `Padding` und `Margin` beschriebenen Abstände.

Auch die Maßeinheit für die Größen- und Positionsangaben sollten an dieser Stelle erwähnt werden. Für alle Angaben gelten sogenannte *device-independent pixel*, zu Deutsch geräteunabhängige Pixel. Diese Pixel sind mit einer Größe von 1/96 Zoll definiert. Arbeitet ein Anwender mit einer Darstellung von 96 DPI, entspricht ein WPF-Pixel tatsächlich einem Pixel auf dem Monitor. Das gilt auch für die Einstellung der Schriftgröße in einer WPF-Anwendung.

> **Anmerkung**
> Die Maßeinheit DPI steht für »Dots per inch«. Sie gibt an, wie viele Pixel pro Zoll auf dem Monitor angezeigt werden. Die tatsächliche Einstellung hängt von der Konfiguration ab.

Anzumerken ist, dass die Maßangaben vom Typ `Double` sind.

Mit der Einführung der WPF ist es erstmals möglich, Steuerelemente beliebig zu skalieren. Das hat zur Folge, dass ein Button, der eine Länge von einem Zoll auf einem kleinen Bildschirm hat, auch in der Länge von einem Zoll auf einem großen Bildschirm angezeigt wird – vorausgesetzt, die DPI-Einstellungen sind bei beiden Systemen identisch.

Sie können die Skalierung einer WPF-Oberfläche sehr gut im Designer von Visual Studio testen. Dazu müssen Sie nur den Zoomregler links oben im Designer verstellen. Hierbei gilt: Ein höherer DPI-Wert wird durch eine Zoomeinstellung größer 100 % simuliert.

Kommen wir nach diesem Ausflug in die Grundlagen zurück zum eigentlichen Thema, der Größe der Steuerelemente, und betrachten hierzu einen `Button`. Wie alle anderen Steuerelemente hat der `Button` die Eigenschaften `Width` und `Height`. Stellen Sie diese nicht explizit ein, nimmt der Button automatisch die Größe an, die erforderlich ist, um seinen Inhalt (`Content`) darzustellen.

Betrachten wir nun eine Schaltfläche innerhalb einer `Panel`-Komponente oder einer Zelle des `Grid`-Steuerelements. Hier wird der `Button` die komplette Breite und Höhe des Containers ausfüllen. Zurückzuführen ist dieses Verhalten auf die Eigenschaften `HorizontalAlignment` und `VerticalAlignment`, deren Vorgabeeinstellung `Stretch` ist. Wie die Schaltfläche letztendlich dargestellt wird, ist vom übergeordneten Layout-Container abhängig. In einem `StackPanel` beispielsweise wird der `Button` die komplette Breite des Containers einnehmen.

Hier wird HorizontalAlignment ausgewertet, während die Höhe sich aus der Höhe des Inhalts bestimmt. In einer Grid-Zelle hingegen werden beide Eigenschaften bewertet, so dass die Schaltfläche die Zelle komplett ausfüllt.

Grenzfälle der Größenfestlegung gibt es natürlich auch. Stellen Sie sich nur eine TextBox-Komponente vor, die mit der Benutzereingabe in ihrer Breite wächst. Gleichermaßen kann es sein, dass Steuerelemente sich auf eine Breite von 0 reduzieren. Um diesen Extremen vorzubeugen, können Sie mit den Eigenschaften MinWidth, MaxWidth, MinHeight und MaxHeight die minimalen und maximalen Ausdehnungen eines Steuerelements begrenzen.

21.2.5 Die Ausrichtung einer Komponente

Zur Ausrichtung einer Komponente in ihrem umgebenden Container dienen die beiden Eigenschaften HorizontalAlignment und VerticalAlignment. HorizontalAlignment kann die Werte Left, Right, Center und Stretch einnehmen, VerticalAlignment die Werte Top, Bottom, Center und Stretch. Verzichten Sie auf die explizite Angabe der beiden Eigenschaften, gilt die Einstellung Stretch. Eine solche Komponente würde, wäre sie innerhalb einer Grid-Zelle platziert, die Zelle komplett ausfüllen.

In Abbildung 21.4 sind die Auswirkungen der verschiedenen Einstellungen zu sehen. Der Abbildung liegt der folgende XAML-Code zugrunde:

```xaml
<Grid ShowGridLines="True">
  <Grid.RowDefinitions>
    <RowDefinition />
    <RowDefinition />
    <RowDefinition />
    <RowDefinition />
  </Grid.RowDefinitions>
  <Grid.ColumnDefinitions>
    <ColumnDefinition />
    <ColumnDefinition />
  </Grid.ColumnDefinitions>
  <Button Grid.Row="0" VerticalAlignment="Top">Button1</Button>
  <Button Grid.Row="1" VerticalAlignment="Bottom">Button2</Button>
  <Button Grid.Row="2" VerticalAlignment="Center">Button3</Button>
  <Button Grid.Row="3">Button4</Button>
  <Button Grid.Row="0" Grid.Column="1"
          HorizontalAlignment="Left">Button5</Button>
  <Button Grid.Row="1" Grid.Column="1"
          HorizontalAlignment="Right">Button6</Button>
  <Button Grid.Row="2" Grid.Column="1"
          HorizontalAlignment="Center">Button7</Button>
  <Button Grid.Row="3" Grid.Column="1" >Button8</Button>
</Grid>
```

Listing 21.6 XAML-Code für Abbildung 21.4

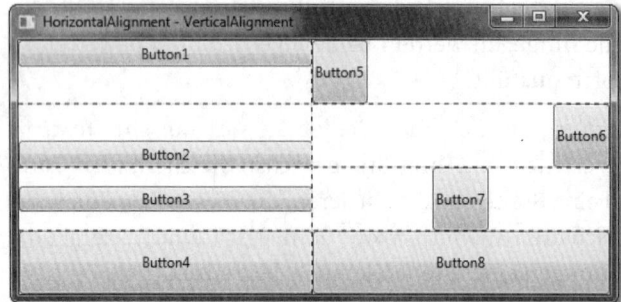

Abbildung 21.4 Die Ausrichtung mit »HorizontalAlignment« und »VerticalAlignment«

Wenn wir uns allgemein über die Ausrichtung unterhalten, müssen wir auch die Ausrichtung des Inhalts innerhalb eines Steuerelements erwähnen. Dieser wird durch die beiden Eigenschaften

- HorizontalContentAlignment
- VerticalContentAlignment

beschreiben. Beide ermöglichen Einstellungen, die den Werten entsprechen, die weiter oben schon beschrieben worden sind.

21.2.6 Die Sichtbarkeit eines Steuerelements

Die Eigenschaft Visibility gibt an, ob ein Steuerelement sichtbar ist oder nicht. Normalerweise würde man dahinter einen booleschen Datentyp vermuten, der mit true und false die Sichtbarkeit steuert. In WPF ist das nicht der Fall, denn Visibility erlaubt Einstellungen, die in der Enumeration Visibility definiert sind.

Wert	Beschreibung
Visible	Das Steuerelement ist sichtbar.
Hidden	Das Steuerelement ist unsichtbar, beansprucht aber weiterhin den ihm angestammten Platz.
Collapsed	Das Steuerelement ist unsichtbar und hat die Größe 0. Andere Steuerelemente können den freigegebenen Platz nutzen.

Tabelle 21.2 Die Werte der Enumeration »Visibility«

Der Unterschied zwischen den Werten Hidden und Collapsed zeigt das folgende Listing. *Button1* ist Hidden, behält aber seine Größe und Position bei. *Button3* hingegen ist Collapsed. Die darunter liegende Schaltfläche *Button4* rutscht nach oben und nimmt die Position von *Button3* ein (siehe auch Abbildung 21.5).

```xml
<StackPanel Background="#FFA0A0A0">
  <Button Padding="10" Visibility="Hidden">Button1</Button>
  <Button Padding="10">Button2</Button>
  <Button Padding="10" Visibility="Collapsed">Button3</Button>
  <Button Padding="10">Button4</Button>
</StackPanel>
```

Listing 21.7 XAML-Code für Abbildung 21.5

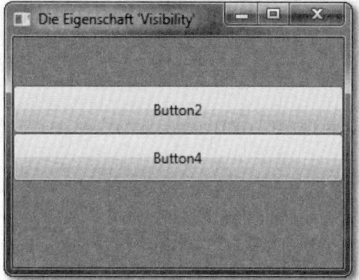

Abbildung 21.5 Die Auswirkungen der Einstellung der Eigenschaft »Visibility«

21.2.7 Die Farbeinstellungen

Die Vorder- und Hintergrundfarbe wird bei den Steuerelementen mit den Eigenschaften Foreground und Background eingestellt. Beide Eigenschaften sind vom Typ Brush. Bei Brush handelt es sich um eine abstrakte Klasse, folglich kommt als konkrete Angabe nur eine der Ableitungen in Frage. Hierbei handelt es sich um die in der folgenden Tabelle aufgeführten sechs Klassen.

Klasse	Beschreibung
SolidColorBrush	Beschreibt eine einheitliche Farbe.
ImageBrush	Zeichnet ein Bild in den entsprechenden Bereich. Das Bild kann entweder skaliert oder mehrfach gezeichnet werden.
DrawingBrush	Entspricht ImageBrush mit dem Unterschied, dass anstelle einer Bitmap eine Vektorgrafik gezeichnet wird.
LinearGradientBrush	Beschreibt einen linearen Farbverlauf zwischen zwei oder noch mehr Farben.
RadialGradientBrush	Zeichnet einen kreisförmigen Übergang zwischen zwei oder mehr Farben.
VisualBrush	Zeichnet ein Visual-Objekt in den angegebenen Bereich.

Tabelle 21.3 Die abgeleiteten Klassen von »Brush«

Auf eine weitere Beschreibung dieser Klassen soll an dieser Stelle verzichtet werden. Wir werden das in einem späteren Kapitel noch nachholen.

21.2.8 Die Schriften

Lassen Sie uns auch noch über die Festlegung der Schrift sprechen. Zunächst einmal ist festzuhalten, dass alle Steuerelemente die Einstellungen der Schrift von ihrem übergeordneten Container übernehmen. Ändern Sie beispielsweise die Schriftart in `Window`, wird diese von allen Steuerelementen des Fensters automatisch übernommen. Um in einem Steuerelement eine spezifische Schrift zu verwenden, muss die Schriftart des betreffenden Steuerelements anders festgelegt werden.

Die Schrift kann über insgesamt fünf Eigenschaften manipuliert werden.

Eigenschaft	Beschreibung
FontFamily	`FontFamily` gibt die Schriftart an. Dabei handelt es sich ausschließlich um TrueType-Schriften. Die Vorgabe ist *Segoe UI*.
FontSize	Mit `FontSize` wird die Schriftgröße in WPF-Pixeln angegeben.
FontStretch	`FontStretch` gibt an, ob eine Schrift zusammengedrückt oder gestreckt angezeigt werden soll. Die Eigenschaft lässt mehrere Einstellungen zu, wird aber nicht von jeder Schriftart unterstützt.
FontStyle	`FontStyle` gibt an, ob eine Schrift normal oder kursiv dargestellt wird.
FontWeight	Die Eigenschaft beschreibt, wie fett die Schrift dargestellt werden soll. Dabei sind sehr viele Grade einstellbar, die aber nicht von allen Schriftarten gleichermaßen unterstützt werden.

Tabelle 21.4 Die Eigenschaften eines Fonts

21.3 Die unterschiedlichen Schaltflächen

Schaltflächen sind ein wesentlicher Bestandteil jeder Windows-Anwendung und relativ einfach aufgebaut. Wir wollen uns daher als Erstes dieser Familie zuwenden. Grundsätzlich werden zu den Schaltflächen fünf verschiedene Steuerelemente gerechnet:

- Button
- ToggleButton
- RepeatButton
- RadioButton
- CheckBox

In der Toolbox werden Sie die Steuerelemente `ToggleButton` und `RepeatButton` nicht finden, da diese beiden Typen ausschließlich anderen Steuerelementen als Basisklasse dienen. Alle genannten Typen sind aber auf die gemeinsame Basisklasse `ButtonBase` zurückzuführen.

21.3.1 Die Basisklasse »ButtonBase«

Das grundlegende Verhalten aller Schaltflächen-Steuerelemente ist bereits in der Basisklasse `ButtonBase` festgelegt. Das auffälligste Merkmal dürfte sein, dass sie angeklickt werden können. Die Eigenschaft `IsPressed` liefert die Information, ob der Button aktuell gedrückt ist oder nicht.

Interessant ist, dass festgelegt werden kann, unter welchen Umständen das `Click`-Ereignis ausgelöst wird. Traditionell wurde das Ereignis bisher grundsätzlich immer beim Loslassen der Maustaste ausgelöst. Das ist in WPF zwar auch die Vorgabe, kann aber durch entsprechendes Setzen der Eigenschaft `ClickMode` geändert werden. `ClickMode` gestattet drei verschiedene Einstellungen, `Release`, `Press` und `Hover`, deren Beschreibung Sie der folgenden Tabelle entnehmen können.

Member	Beschreibung
Release	Das Ereignis wird ausgelöst, wenn auf eine Schaltfläche geklickt und die Maustaste losgelassen wird. Dies ist die Standardvorgabe.
Press	Das Ereignis wird ausgelöst, wenn auf eine Schaltfläche geklickt wird, sie aber noch nicht losgelassen wird.
Hover	Das Ereignis wird ausgelöst, wenn der Mauszeiger über ein Steuerelement bewegt wird.

Tabelle 21.5 Die Enumeration »ClickMode«

21.3.2 Das Steuerelement »Button«

Schaltflächen vom Typ `Button` sind vielleicht die am häufigsten anzutreffenden Steuerelemente. Ihr Einsatz ist denkbar einfach. Ziehen Sie das Element aus der Toolbox in das `Window`, oder schreiben Sie direkt den XAML-Code. Nach der Festlegung der Eigenschaften hinsichtlich Größe und Position legen Sie noch die Eigenschaft `Content` fest.

`Button`-Objekte weisen eine besondere Eigenschaft auf. Sie können in einem Fenster je einen Button mit `IsDefault=true` bzw. `IsCancel=true` kennzeichnen. Dann reagieren Schaltflächen auf die ⏎ - bzw. Esc -Taste. Wurde das zugehörige Fenster mit der Methode `ShowDialog` geöffnet, bewirken diese Schaltflächen gleichzeitig auch das Schließen des Fensters. Dabei wird an `ShowDialog` der Wert `true` oder `false` übergeben.

> **Hinweis**
>
> Leicht zu verwechseln sind die beiden Eigenschaften IsDefault und IsDefaulted. Letztgenannte gehört zu einer langen Liste weiterer Eigenschaften, die über spezifische Zustände eines Steuerelements Auskunft geben. IsDefaulted gibt an, ob ein Button die Schaltfläche ist, der die Eingabetaste mit IsDefault=true zugeordnet worden ist. IsDefaulted ist schreibgeschützt.

Schaltflächen können häufig mit der Tastenkombination [Alt] + Buchstabe aktiviert werden. Im XAML-Code kennzeichnen Sie den sogenannten Mnemonics-Buchstaben durch das Voranstellen eines Unterstrichs, z.B.:

```
<Button Height="35" Width="120">_Abbrechen</Button>
```

Der Unterstrich ist nur im laufenden Programm zu sehen, wenn der Benutzer die [Alt]-Taste drückt. Diese Fähigkeit geht natürlich verloren, wenn Sie anstatt einer Zeichenfolge der Content-Eigenschaft ein anderes Steuerelement übergeben.

Hinsichtlich der Ereignisse gibt es nicht viel zu erzählen. In der Regel werden Sie nur das Ereignis Click programmieren.

21.3.3 Das Steuerelement »ToggleButton«

Ein Button-Objekt wird nach dem Anklicken wieder seinen ursprünglichen Zustand einnehmen. In dieser Hinsicht verhält sich ein ToggleButton anders, obwohl er im ersten Moment optisch einem Button entspricht. ToggleButton ist im Namespace System.Windows.Controls.Primitives definiert.

Ein ToggleButton behält nach dem Klicken seinen Zustand bei. Wird er angeklickt, behält er so lange seine Position bei, bis er erneut angeklickt wird.

> **Hinweis**
>
> Das Control ToggleButton wird nicht im Werkzeugkasten angeboten. Sie müssen dieses Steuerelement daher direkt im XAML-Code erzeugen.

Der aktuelle Zustand kann mit der Eigenschaft IsChecked ausgewertet werden. Normalerweise wird das Steuerelement true (aktiviert) oder false (deaktiviert) zurückliefern. Ein ToggleButton kann aber auch drei Zustände beschreiben: true, false und null. Mit dem dritten Zustand wird es als undefiniert beschrieben. Das wäre zum Beispiel der Fall, wenn mit dem ToggleButton beschrieben werden soll, ob ein markierter Textabschnitt in einem Dokument fett dargestellt wird oder nicht. Der undefinierte Zustand wäre dann gegeben, wenn nur Teile des markierten Textes fett sind.

Diesen Zustand IsChecked=null kann ein ToggleButton-Objekt nur annehmen, wenn die Eigenschaft IsThreeState=true gesetzt ist. Das folgende Listing zeigt, wie die drei Zustände aktiviert werden und gleichzeitig der Zustand mit undefiniert angegeben werden kann.

```
<ToggleButton IsChecked="{x:Null}" IsThreeState="True">
  ToggleButton1
</ToggleButton>
```

Listing 21.8 »ToggleButton« im XAML-Code

Hinsichtlich der Ereignisse ist erwähnenswert, dass mit Checked, Unchecked und Intermediate Ereignisse ausgelöst werden, je nachdem, welcher Zustand erreicht wird. In der Code-Behind-Datei können Sie die Ereignishandler programmieren, beispielsweise:

```
private void toggleButton1_Checked(object sender, RoutedEventArgs e) {
  MessageBox.Show("Aktueller Zustand: Checked");
}
private void toggleButton1_Unchecked(object sender, RoutedEventArgs e) {
  MessageBox.Show("Aktueller Zustand: Unchecked");
}
```

Alternativ zu Checked und Unchecked kann der Zustand auch über das Click-Ereignis ermittelt werden:

```
private void toggleButton1_Click(object sender, RoutedEventArgs e) {
  if((bool)toggleButton1.IsChecked)
    MessageBox.Show("Zustand: Checked");
  else
    MessageBox.Show("Zustand: Unchecked");
}
```

21.3.4 Das Steuerelement »RepeatButton«

Ähnlich wie der zuvor besprochene Button agiert auch ein RepeatButton. Der Unterschied ist, dass dieser Schaltflächentyp kontinuierlich Click-Ereignisse auslöst, solange der Mauszeiger bei gedrückter Maustaste auf das Steuerelement weist. Die Häufigkeit des Auftretens der Click-Ereignisse hängt von den Einstellungen der Eigenschaften Delay und Interval ab. Die Zeitspanne vom Drücken bis zur ersten Click-Auslösung wird von Delay beschrieben und ist eine Angabe in Millisekunden. Die Zeitspanne zwischen den sich wiederholenden Ereignissen beschreibt Interval (ebenfalls in Millisekunden). Ähnlich wie ein ToggleButton gehört auch dieses Steuerelement zum Namespace System.Windows.Controls.Primitives und wird nicht im Werkzeugkasten angeboten. Meistens findet es Verwendung im Zusammenhang mit anderen, komplexeren Steuerelementen.

Sinnvoll ist dieses Steuerelement, wenn es darum geht, Werte kontinuierlich zu erhöhen oder zu reduzieren. Sie können dieses Steuerelement dazu verwenden, um beispielsweise ein »Up-Down«-Steuerelement zu entwickeln, wie es im folgenden Beispiel gezeigt wird.

```xml
// Beispiel: ..\Kapitel 21\RepeatButtonSample
<Window ...>
  <StackPanel>
    <Border Margin="5" HorizontalAlignment="Left" BorderThickness="1"
            BorderBrush="Black">
      <Grid>
        <Grid.RowDefinitions>
          <RowDefinition />
          <RowDefinition />
        </Grid.RowDefinitions>
        <Grid.ColumnDefinitions>
          <ColumnDefinition />
          <ColumnDefinition />
        </Grid.ColumnDefinitions>
        <Label Name="lblNumber" Grid.RowSpan="2" Content="0"
               VerticalAlignment="Center" MinWidth="40"  />
        <RepeatButton Name="btnUp" Grid.Column="1" Click="btnUp_Click">
          <Polygon Margin="4,0" Points="3,0 6,6 0,6 3,0"
                   Stroke="Black" Fill="Black"/>
        </RepeatButton>
        <RepeatButton Name="btnDown" Grid.Row="1" Grid.Column="1"
                      Click="btnDown_Click">
          <Polygon Margin="4,0" Points="3,6 6,0 0,0 3,6"
                   Stroke="Black" Fill="Black"/>
        </RepeatButton>
      </Grid>
    </Border>
  </StackPanel>
</Window>
```

Listing 21.9 Einfache Definition einer »Up-Down«-Schaltfläche

Im XAML-Code sind zwei Elemente vom Typ `RepeatButton` angegeben. Das erste dient dazu, eine Zahl, die in einem `Label` angezeigt wird, zu erhöhen, das zweite Element dazu, die Zahl zu reduzieren. Die `Content`-Eigenschaft der beiden `RepeatButton`-Steuerelemente wird jeweils durch ein `Polygon`-Element beschrieben. Mit der Eigenschaft `Points` wird dabei ein Dreieck beschrieben, das entweder mit einer Spitze nach oben oder nach unten zeigt.

Zu diesem XAML-Code gehört der folgende C#-Code, der so einfach gehalten ist, dass er keiner weiteren Erläuterung bedarf.

```csharp
private void btnUp_Click(object sender, RoutedEventArgs e) {
   lblNumber.Content = Convert.ToInt32(lblNumber.Content.ToString()) + 1;
}
private void btnDown_Click(object sender, RoutedEventArgs e) {
   lblNumber.Content = Convert.ToInt32(lblNumber.Content.ToString()) - 1;
}
```

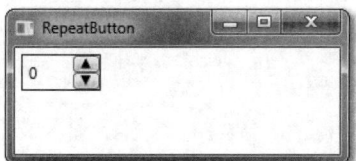

Abbildung 21.6 Ausgabe des Beispiels »RepeatButtonSample«

21.3.5 Das Steuerelement »Checkbox«

Die `CheckBox` ähnelt vom Verhalten her einem `ToggleButton`, hat aber eine andere Darstellung, da der Zustand durch ein Zustandshäkchen angezeigt wird.

21.3.6 Das Steuerelement »RadioButton«

Auch ein `RadioButton` ist ein `ToggleButton`, allerdings mit einem etwas anderen Verhalten in der Hinsicht, dass mehrere `RadioButton`-Elemente eine Gruppe bilden, innerhalb deren nur ein `RadioButton` ausgewählt sein kann.

Befinden sich mehrere `RadioButtons` in einem übergeordneten `Panel`, bilden diese automatisch eine Gruppe. Benötigen Sie mehrere voneinander unabhängige Gruppen in einem `Panel`, stellen Sie die Eigenschaft `GroupName` ein. Alle `RadioButton`-Elemente mit demselben `GroupName`-Bezeichner gehören dann zu einer gemeinsamen Gruppe. Eine andere Möglichkeit ist, für alle zu gruppierenden Steuerelemente ein separates Panel bereitzustellen. Dabei kann es sich um Layout-Container handeln, aber auch um Steuerelemente wie `Panel` oder `GroupBox`.

Im folgenden Beispielcode sind zwei Gruppen definiert, die sich im gleichen Container befinden. Die Gruppenzugehörigkeit wird durch `GroupName` beschrieben. Innerhalb jeder Gruppe ist jeweils ein `RadioButton` durch Angabe der Eigenschaft `IsSelected` vorselektiert.

```xml
<Window ... >
  <StackPanel Margin="10">
    <!-- Gruppe 1 -->
    <RadioButton Content="Schornsteinfeger" GroupName="Gruppe1"
            Margin="5,0,5,5" />
    <RadioButton Content="Bäckermeister" GroupName="Gruppe1"
            Margin="5,0,5,5" IsChecked="True" />
    <RadioButton Content="Dachdecker" GroupName="Gruppe1"
            Margin="5,0,5,20" />
    <!-- Gruppe 2 -->
    <RadioButton Content="Mann" GroupName="Gruppe2"
            Margin="5,0,5,5" />
    <RadioButton Content="Frau" GroupName="Gruppe2"
            Margin="5,0,5,5" IsChecked="True" />
  </StackPanel>
</Window>
```

Listing 21.10 Gruppieren von »RadioButton«-Elementen

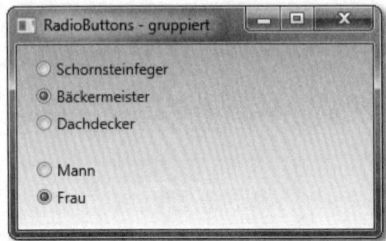

Abbildung 21.7 Gruppierte RadioButtons

21.4 Einfache Eingabesteuerelemente

21.4.1 Das Steuerelement »Label«

Ein Label dient in einer Benutzeroberfläche dazu, Text anzuzeigen. Es gehört zu den sogenannten Inhaltssteuerelementen, hat also eine Eigenschaft Content. Die Größe eines Labels ergibt sich aus dem Inhalt. Sie sollten daher die Größe nicht ausdrücklich angeben, da der anzuzeigende Text ansonsten unter Umständen abgeschnitten wird.

Ein Label kann von Hause aus nicht fokussiert werden. Dennoch erlaubt dieses Steuerelement die Definition eines Hotkeys. Zur Laufzeit hat das die folgende Auswirkung: Wird die [Alt]-Taste zusammen mit dem Hotkey gedrückt, erhält ein anderes, bestimmtes Steuerelement den Tastaturfokus. Das Tastenkürzel wird im Text des Label-Steuerelements übrigens durch einen Unterstrich ausgedrückt. Die Zuordnung des Steuerelements, das den Tastaturfokus erhalten soll, erfolgt mit der Target-Eigenschaft. So könnten Sie beispielsweise festlegen, dass beim Drücken von [Alt] + [W] die TextBox mit dem Bezeichner *txtWohnort* den Fokus erhält. Das entsprechende Codefragment dazu sieht wie folgt aus:

```
<Label Target="{Binding ElementName=txtWohnort}"
       Height="28" Name="label1" Width="80">_Wohnort:</Label>
<TextBox Height="25" Name="txtWohnort" Width="120" />
```

Listing 21.11 Weiterleiten des Fokus mit der Eigenschaft »Target«

Beachten Sie, dass bei der Angabe des Zielsteuerelements die Markup-Erweiterung benutzt wird, unter Angabe des Bezeichners des Zielsteuerelements. Zur Laufzeit wird der Hotkey erst dann sichtbar, wenn die Taste [Alt] gedrückt wird. Wollen Sie innerhalb der Zeichenfolge einen Unterstrich schreiben, müssen Sie zwei davon im XAML-Code angeben.

Ein Label unterstützt von Hause aus keine Zeilenumbrüche. Dennoch gibt es zwei Möglichkeiten, Zeilenumbrüche zu erzwingen:

- TextBlock
- AccessText

Bei `TextBlock` handelt es sich um ein Steuerelement, das wir später noch behandeln werden. Das Zusammenspiel zwischen der `Content`-Eigenschaft des `Label`s mit einem `TextBlock`-Objekt gestattet es, Zeilenumbrüche darzustellen.

```
<Label>
  <TextBlock TextWrapping="Wrap">
    Hier wird ein Zeilenumbruch gezeigt.
  </TextBlock>
</Label>
```

Listing 21.12 Zeilenumbruch eines Labels mit Hilfe eines »TextBlock«-Elements

Nachteilig ist der Einsatz eines `TextBlock`-Elements, wenn Sie einen Hotkey bereitstellen wollen. Der `TextBlock` wird den Unterstrich nämlich auch als solchen darstellen. Für eine Kombination aus Zeilenumbruch und `Hotkey` eignet sich das `AccessText`-Element.

```
<Label Target="{Binding TextBox1}">
  <AccessText TextWrapping="Wrap">
    Hier wird ein _Zeilenumbruch mit Hotkey gezeigt.
  </AccessText>
</Label>
```

Listing 21.13 Zeilenumbruch eines Labels mit Hilfe eines »AccessText«-Elements

21.4.2 Das Steuerelement »TextBox«

Die `TextBox` dient dazu, die Texteingabe eines Benutzers entgegenzunehmen oder einfach nur Text anzuzeigen. Dabei kann es sich um ein- oder mehrzeiligen unformatierten Text handeln. Von Hause aus ist die `TextBox` bereits mit vielen Fähigkeiten ausgestattet. Beispielsweise beherrscht sie den Datenaustausch über die Zwischenablage, hat eine eingebaute Rechtschreibkorrektur und darüber hinaus auch noch eine mehrstufige UNDO-Funktion. Alle angeführten Verhaltensweisen können genutzt werden, ohne dass Sie eine Zeile Code schreiben müssen.

Die Größe des Steuerelements

Die Größe einer `TextBox` ergibt sich aus ihrem Inhalt. Je nachdem, in welchem Panel die `TextBox` platziert ist, kann ihre Größe auf unvertretbares Maß schrumpfen. Empfehlenswert ist es daher, eine `TextBox` in einem Panel unterzubringen, das zumindest die Breite des Inhalts vorgibt. Das wäre beispielsweise in einem `StackPanel` oder einer `Grid`-Zelle mit der Einstellung `Width=*`. Sie können zwar auch die Eigenschaft `MinWidth` einstellen, aber damit geht unter anderem auch die Anpassungsfähigkeit an andere Schriftgrößen verloren.

Berücksichtigen sollten Sie auch die Höhe einer `TextBox`, die mehrere Zeilen anzeigen kann. Anstatt `MinHeight` und `MaxHeight` festzulegen, sollten Sie besser die Eigenschaften `MinLines` und `MaxLines` verwenden. Diese limitieren die Zeilen und berücksichtigen dabei die aktuelle Schriftart und -größe.

Text eingeben

Per Vorgabe ist die Eingabe in einer TextBox immer einzeilig. Mit der Einstellung AcceptsReturn=True geben Sie an, dass beim Drücken der Eingabetaste eine neue Zeile eingefügt werden kann. Der Benutzer kann dann auch mehrzeilige Texte eingeben. Behalten Sie die Vorgabe AcceptsReturn=False bei, wird beim Drücken der Eingabetaste der Standard-Button betätigt. Ähnliches gilt für die Eigenschaft AcceptsTab. Stellen Sie die Eigenschaft auf True ein, wird ein Tabulator in die TextBox eingefügt. Mit False wird zum nächsten Steuerelement in der Aktivierungsreihenfolge geschaltet.

Bei umfangreichen Texten sollten Sie Schiebebalken aktivieren. Das geschieht mit den Eigenschaften

- VerticalScrollBarVisibility und
- HorizontalScrollBarVisibility

die Sie auf Auto stellen sollten. Beide Eigenschaften sind vom Typ der Enumeration ScrollBarVisibility, deren Werte Sie der Tabelle 21.6 entnehmen können.

Einstellung	Beschreibung
Auto	Falls notwendig, wird ein Rollbalken automatisch angezeigt.
Disabled	Der Rollbalken wird nur im Bedarfsfall angezeigt.
Hidden	Ein Rollbalken wird auch dann nicht angezeigt, wenn es erforderlich wäre.
Visible	Der Rollbalken wird immer angezeigt.

Tabelle 21.6 Die Werte der Enumeration »ScrollBarVisibility«

Überschreitet die Benutzereingabe die Breite der TextBox, wird über den rechten Rand hinausgeschrieben. Sie können mit der Eigenschaft TextWrapping=Wrap erzwingen, dass die Eingabezeile umgebrochen wird, sobald das Ende der TextBox erreicht ist (die Standardvorgabe ist TextWrapping=NoWrap). Dabei sollten Sie aber Vorsicht walten lassen. Handelt es sich um ein sehr langes Wort, wird dieses mittendrin umgebrochen. Könnte ein solcher Fall auftreten, sollten Sie sich besser für die dritte Einstellmöglichkeit WrapWithOverFlow entscheiden. Diese bricht das Wort zwar nicht in der Mitte um, hat aber den Nachteil, dass die Zeile länger wird, als von der angegebenen Größe der TextBox vorgesehen ist.

Die Textanzeige

Der Inhalt der TextBox wird durch die Eigenschaft Text beschrieben. Dabei handelt es sich gleichzeitig auch um die Inhaltseigenschaft. Sie können diese Eigenschaft auch mit Code festlegen oder auswerten. Zur Ausrichtung des Textes dient die Eigenschaft TextAlignment. Zulässige Werte sind vom Typ der Enumeration TextAlignment und der Tabelle 21.7 zu entnehmen.

Wert	Beschreibung
Center	Der Text wird in der TextBox zentriert ausgerichtet.
Left	Der Text wird in der TextBox links ausgerichtet.
Right	Der Text wird in der TextBox rechts ausgerichtet.
Justify	Der Text wird in der TextBox so ausgerichtet, dass alle Zeilen die gleiche Länge haben.

Tabelle 21.7 Die Textausrichtung mit der Enumeration »TextAlignment«

Mit der Eigenschaft TextDecoration lässt sich der Text »verzieren«. Genauer gesagt, können Sie die Dekorationen Overline, Underline, Baseline und Strikethrough einstellen.

```
<TextBox FontSize="36" TextDecorations="Underline">
  Testtext
</TextBox>
```

Listing 21.14 Unterstrichener Text

Dekorationen können in vielerlei Hinsicht gestylt werden. So können Sie gestrichelte Dekorationen und auch Dekorationen mit Farbverlauf realisieren.

> **Hinweis**
> Fette oder kursive Schrift wird nicht über TextDecorations eingestellt, sondern über die Eigenschaften FontWeight bzw. FontStyle der eingestellten Schriftart.

Markierter Text

Die Eigenschaft SelectedText liefert den vom Anwender markierten Text. Die Länge des selektierten Textes kann mit SelectionLength abgefragt werden. Die dritte Eigenschaft in diesem Zusammenhang, SelectionStart, gibt an, bei welchem Buchstaben die Auswahl beginnt. Dabei wird von Textbeginn an gezählt, wobei der erste Buchstabe den Wert 0 hat. Ist in dem Text »Aachen« beispielsweise die Teilzeichenfolge »chen« selektiert, liefert SelectionStart den Wert 2.

Methoden zur Bearbeitung von Text

Zum Kopieren, Ausschneiden und Einfügen stehen die Methoden Copy, Cut und Paste zur Verfügung. Mit der Methode SelectAll wird der komplette Inhalt der TextBox markiert. Undo macht die letzte Aktion rückgängig, und Redo macht den letzten Rückgängig-Befehl rückgängig.

Die Anzahl der Undo- und Redo-Aktionen ist theoretisch unbegrenzt, d.h., die Grenzen werden nur durch den zur Verfügung stehenden Speicher gesetzt. So ist zumindest die Voreinstellung. Ein sinnvoller Grenzwert kann mit der Eigenschaft UndoLimit festgelegt werden. Möchten Sie die Undo- und Redo-Aktionen generell ausschalten, stellen Sie die Eigenschaften CanUndo und CanRedo auf false ein.

Interessant ist in diesem Zusammenhang auch, mehrere Bearbeitungsschritte mit den Methoden BeginChange und EndChange zusammenzufassen. Diese Aktionen werden dann als ein einziger Undo-Schritt gewertet. Allerdings geht das natürlich nur im Programmcode.

Rechtschreibprüfung

Wie ich weiter oben schon erwähnt habe, unterstützt die TextBox die Rechtschreibprüfung, die allerdings aktiviert werden muss. Stellen Sie dazu die Eigenschaft SpellCheck.IsEnabled=true im XAML-Code ein. Es kommt dann automatisch die in den Systemeinstellungen ausgewählte Sprache zur Anwendung. Wünschen Sie eine andere Sprache, geben Sie diese der Eigenschaft Language als Sprachcode an (z.B. Language="en-us"). Sie können sogar zwischen der alten und der neuen Rechtschreibung auswählen. Auch dafür dient die Eigenschaft SpellCheck, die neben IsEnabled auch noch SpellingReform anbietet.

Einen Haken hat die Rechtschreibprüfung aber immer noch. Auch in der neusten Version des .NET Frameworks sucht man immer noch vergeblich nach einer ausreichenden Dokumentation. Sie war und ist weiterhin verbesserungswürdig. Zudem gibt es auch keine Möglichkeit, die Rechtschreibkontrolle durch eigene Wörterbücher zu verbessern.

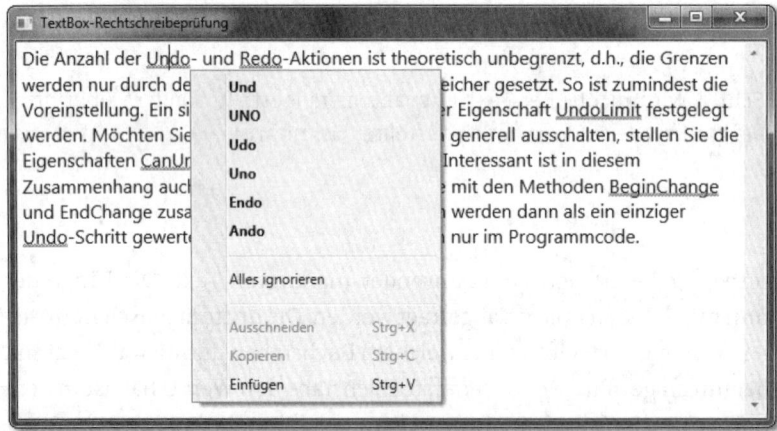

Abbildung 21.8 Rechtschreibprüfung einer TextBox

21.4.3 Das Steuerelement »PasswordBox«

Das Steuerelement PasswordBox dient zur Eingabe eines Passworts. Dieses Control ist deutlich einfacher in der Handhabung als eine TextBox, da viele Eigenschaften und Methoden einer TextBox nicht angeboten werden.

Das vom Benutzer eingegebene Passwort wird nicht als Text angezeigt, da die einzelnen Buchstaben durch ein Maskierungszeichen ersetzt werden. Per Vorgabe handelt es sich dabei um einen fetten Punkt. Sie können mit der Eigenschaft `PasswordChar` aber auch ein anderes Zeichen festlegen. Die eingegebene Zeichenfolge kann über die Eigenschaft `Password` ausgewertet werden.

Erwähnenswert ist ein Ereignis dieses Steuerelements: `PasswordChanged`. Das Ereignis tritt auf, wenn sich die Eigenschaft `Password` ändert. Damit wäre es Ihnen zum Beispiel möglich, die Anzahl der Fehlversuche zu protokollieren und gegebenenfalls weitere Eingabeversuche zu unterbinden.

21.4.4 Das Steuerelement »TextBlock«

Das `TextBox`-Steuerelement ist nur zur Anzeige unformatierter Texte geeignet. Stilistische Änderungen innerhalb des angezeigten Textes sind nicht möglich. Eine `TextBlock`-Komponente ist in dieser Hinsicht etwas attraktiver. Allerdings nimmt es keine Tastatureingaben entgegen. Lassen Sie uns ansehen, welche Möglichkeiten in einem `TextBlock` stecken. Dabei soll nur ein kleiner Auszug gezeigt werden.

Silbentrennung

Mit der Eigenschaft `IsHyphenationEnabled=true` legen Sie fest, dass die automatische Silbentrennung von Wörtern aktiviert ist. Aber Vorsicht beim Einsatz dieser Eigenschaft, denn die Silbentrennung funktioniert nicht immer einwandfrei. Und das, obwohl die .NET-Dokumentation aussagt, dass die Standardregeln der Grammatik zugrunde liegen.

Zeilenumbruch (manuell)

Mit dem Element `<LineBreak/>` können Sie einen manuellen Zeilenumbruch in den angezeigten Text einfügen.

Zeilenumbruch (automatisch)

Geben Sie in einem `TextBlock` einen sehr langen Text ein, wird er standardmäßig am Ende abgeschnitten. Die Einstellung `TextWrapping=Wrap` bewirkt einen automatischen Zeilenumbruch, allerdings auch mitten im Wort. Mit `TextWrapping=WrapWithOverflow` wird ein Umbruch möglich, aber nicht mitten im Wort. Mit der Einstellung `NoWrap` wird kein Zeilenumbruch ausgeführt.

Textbeschneidungen

Wird ein Text innerhalb einer dargestellten Zeile zu lang, wird er normalerweise abgeschnitten oder umgebrochen. Eine dritte Variante besteht darin, Fortsetzungszeichen in Form von drei Punkten anzuzeigen. Für dieses Verhalten ist die Eigenschaft `TextTrimming` verantwortlich. `TextTrimming` kennt drei Werte, die Sie der folgenden Tabelle entnehmen können.

Wert	Beschreibung
None	Der Text wird nicht abgeschnitten.
CharacterEllipsis	Der Text wird an einer Zeichengrenze abgeschnitten, und drei Punkte werden als Auslassungszeichen dargestellt.
WordEllipsis	Der Text wird an einer Wortgrenze abgeschnitten, und drei Punkte werden als Auslassungszeichen dargestellt.

Tabelle 21.8 Die Werte der »TextTrimming«-Enumeration

Im folgenden Listing 21.15 und in der dazugehörigen Abbildung 21.9 sind die Auswirkungen der beiden Eigenschaften TextTrimming und TextWrapping deutlich zu sehen.

```
<StackPanel>
  <TextBlock Margin="5" TextWrapping="Wrap"
                        TextTrimming="CharacterEllipsis">
    DasIstWortEins DasIstWortzwei DasIstWortDrei
  </TextBlock>
  <TextBlock Margin="5" TextWrapping="NoWrap"
                        TextTrimming="CharacterEllipsis">
    DasIstWortEins DasIstWortzwei DasIstWortDrei
  </TextBlock>
  <TextBlock Margin="5" TextWrapping="NoWrap"
                        TextTrimming="WordEllipsis">
    DasIstWortEins DasIstWortzwei DasIstWortDrei
  </TextBlock>
  <TextBlock Margin="5" TextWrapping="WrapWithOverflow"
                        TextTrimming="CharacterEllipsis">
    DasIstWortEins DasIstWortzwei DasIstWortDrei
  </TextBlock>
</StackPanel>
```

Listing 21.15 Auswirkung der Eigenschaft »TextWrapping« und »TextTrimming«

Abbildung 21.9 Die Ausgabe des Listings 21.15

Allgemeine Textdarstellung

Mit den Elementen <Bold> und <Italic> lassen sich einzelne Wörter fett oder kursiv anzeigen. Tatsächlich können Sie auch mit dem von HTML bekannten <Span>-Element besondere Textdarstellungen erreichen, beispielsweise um den vom <Span>-Element eingegrenzten Textbereich farblich anders zu gestalten oder eine andere Schriftart zu verwenden. Im folgenden Listing werden einige der zuvor aufgeführten Elemente innerhalb eines TextBlock-Elements gezeigt.

```
<Grid>
  <Border Padding="10">
    <TextBlock FontSize="18" TextWrapping="Wrap" IsHyphenationEnabled="True">
      Das ist ein <Italic>sehr</Italic> langer <Bold>Text</Bold>
      in einem TextBlock-Element.
      <LineBreak/><LineBreak/>
      Bitte schauen Sie sich an, wie einzelne Textabschnitte innerhalb
      dieses Textes unterschiedlich formatiert werden können.
      <LineBreak/>
      Natürlich kann auch die <Span FontFamily="Courier New">
      Schriftart</Span>, die <Span Foreground="Red" FontWeight="Bold">
      Schriftfarbe</Span> oder der <Span Background="Red">Hintergrund</Span>
      angepasst werden.
    </TextBlock>
  </Border>
</Grid>
```

Listing 21.16 Spezifische Textdarstellung

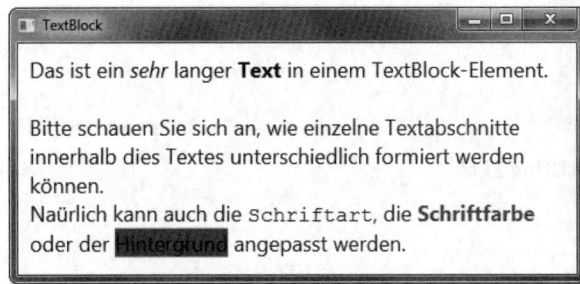

Abbildung 21.10 Ausgabe des Listings 21.16

Text-Effekte

Unter Zuhilfenahme von Transformationen können Sie die gesamte TextBlock-Komponente manipulieren, mit der Eigenschaft TextEffects geht das sogar mit einzelnen Buchstaben. TextEffects verwaltet dazu eine Auflistung von TextEffect-Objekten. Jedes TextEffect-Objekt wird durch eine Reihe von Eigenschaften beschrieben, wobei die wichtigsten PositionStart, PositionCount und Transform sind. PositionStart legt dabei den Buchstaben fest, ab dem der Effekt beginnen soll, PositionCount die Anzahl der Buchstaben. Transform schließlich beschreibt den Effekt.

Das folgende Beispiel soll Ihnen zumindest ansatzweise zeigen, welche Möglichkeiten sich hinter TextEffects verbergen. Hier werden jeweils die Anfangsbuchstaben zweier Wörter gedreht.

```xml
<StackPanel>
  <TextBlock FontSize="30">
    Hallo Aachen
    <TextBlock.TextEffects>
      <TextEffect PositionStart="0" PositionCount="1">
        <TextEffect.Transform>
          <RotateTransform Angle="-45" CenterX="10" CenterY="15" />
        </TextEffect.Transform>
      </TextEffect>
      <TextEffect PositionStart="6" PositionCount="1">
        <TextEffect.Transform>
          <RotateTransform Angle="40" CenterX="90" CenterY="25" />
        </TextEffect.Transform>
      </TextEffect>
    </TextBlock.TextEffects>
  </TextBlock>
</StackPanel>
```

Listing 21.17 Spielereien mit Texteffekten

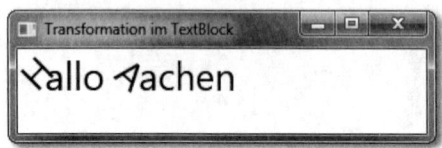

Abbildung 21.11 Anzeige des Beispiels aus Listing 21.17

21.5 WPF-Listenelemente

Eine Reihe verschiedener WPF-Steuerelemente sind in der Lage, Listen anzuzeigen. Zu diesen Controls werden unter anderem die ListBox, die ComboBox, das TabControl, der ListView und das TreeView-Control gerechnet. Die von diesen Controls dargestellten Listenelemente lassen sich in zwei Gruppen kategorisieren:

- ItemControls
- HeaderedItemControls

Listensteuerelemente, die Listenelemente der Gruppe der ItemControls anzeigen, zeichnen sich durch die Eigenschaft Items aus. Diese Eigenschaft gewährleistet den Zugriff auf die einzelnen Elemente der Liste, der über den Index des Elements erfolgen kann. Typische Vertreter für Steuerelemente, die ItemControls aufnehmen, sind die ListBox und die ComboBox. Je nach Typ des Steuerelements werden die Listenelemente durch besondere Klassen beschrieben. Im Fall einer ListBox handelt es sich um ListBoxItem, bei der ComboBox sind es Elemente vom Typ ComboBoxItem.

Von der Klasse ItemControls ist die Klasse HeaderedItemControls abgeleitet. Es ist die Eigenschaft Header, die Elemente dieses Typs auszeichnet. Mit der Eigenschaft Header kann einem Element ein »Titel« zugewiesen werden, dem eine Spalte zugeordnet wird. Steuerelemente der Gruppe der HeaderedItemControls bilden somit keine einfache lineare, sondern eine hierarchische Struktur ab. Typische Vertreter dieser Gruppe sind die Klassen MenuItem, TreeView und auch ToolBar.

21.5.1 Das Steuerelement »ListBox«

Eine ListBox bietet eine Liste von möglichen Auswahlalternativen an, aus denen der Anwender eine oder auch mehrere wählen kann. Per Vorgabe gestattet eine ListBox nur die Einfachauswahl. Damit auch die Auswahl mehrerer Einträge möglich ist, müssen Sie die Eigenschaft SelectionMode auf Multiple oder Extended festlegen. Multiple gestattet die Auswahl durch einen einfachen Klick. Bei der Einstellung Extended muss der Anwender beim Anklicken des Listenelements die ⇧-Taste gedrückt halten.

Um eine klassische ListBox zu erzeugen, verwenden Sie für jedes Listenelement die Klasse ListBoxItem.

```
<ListBox Name="listBox1">
  <ListBoxItem>Peter</ListBoxItem>
  <ListBoxItem>Franz</ListBoxItem>
  <ListBoxItem>Rolf</ListBoxItem>
  <ListBoxItem>Hans-Günther</ListBoxItem>
</ListBox>
```

Listing 21.18 »ListBox« mit mehreren Listeneinträgen (XAML-Code)

Sie können der ListBox sowohl im XAML-Code als auch in der Code-Behind-Datei Listenelemente hinzufügen. Alle Listenelemente werden in der ListBox von einer Collection verwaltet, deren Referenz die Eigenschaft Items liefert. Durch Aufruf der Methode Add fügen Sie nach Bedarf Elemente hinzu:

```
listBox1.Items.Add("Beate");
listBox1.Items.Add("Gudrun");
```

Listing 21.19 Elemente mit C#-Code hinzufügen

Damit nicht genug: Anstatt eine Liste von `ListBoxItems` zu definieren, können Sie jeden Listeneintrag auch durch ein anderes Steuerelement beschreiben. Im folgenden Codefragment sind beispielsweise `CheckBox`en hinzugefügt worden:

```xaml
<ListBox Name="listBox1">
  <CheckBox Name="chkBox1" Margin="3">Peter</CheckBox>
  <CheckBox Name="chkBox2" Margin="3">Franz</CheckBox>
  <CheckBox Name="chkBox3" Margin="3">Rolf</CheckBox>
  <CheckBox Name="chkBox4" Margin="3">Hans-Günter</CheckBox>
</ListBox>
```

Listing 21.20 »ListBox«-Einträge dargestellt durch »CheckBoxen«

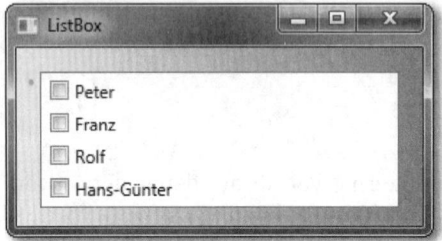

Abbildung 21.12 Ausgabe des XAML-Codes aus Listing 21.20

Das Hinzufügen von Listboxeinträgen in Form von `CheckBox`en ist natürlich auch mit Programmcode möglich:

```csharp
CheckBox chkBox4 = new CheckBox();
chkBox4.Content = "Beate";
chkBox4.Margin = new Thickness(3);
CheckBox chkbox5 = new CheckBox();
chkBox5.Content = "Gudrun";
chkBox5.Margin = new Thickness(3);
listBox1.Items.Add(chkBox4);
istBox1.Items.Add(chkBox5);
```

Listing 21.21 Hinzufügen von CheckBoxen mit C#-Code

Beachten Sie in diesem Codefragment, dass die Eigenschaft `Margin` durch den Typ `Thickness` beschrieben wird.

Zugriff auf das ausgewählte Element

Um die in einer `ListBox` ausgewählten Elemente im Programmcode für weitere Operationen nutzen zu können, stellt das Steuerelement die Eigenschaften `SelectedIndex`, `SelectedItem` und `SelectedItems` bereit, die es erlauben, die ausgewählten Listenelemente auszuwerten (siehe Tabelle 21.9).

Eigenschaft	Beschreibung
SelectedIndex	Gibt den Index des ersten Elements in der aktuellen Auswahl zurück. Ist die Auswahl leer, ist der Rückgabewert -1. Mit dieser Eigenschaft kann auch ein Element vorselektiert werden.
SelectedItem	Gibt das erste Element in der aktuellen Auswahl zurück. Ist die Auswahl leer, ist der Rückgabewert null.
SelectedItems	Ruft alle ausgewählten Elemente ab.

Tabelle 21.9 Eigenschaften der ListBox (Elementauswahl)

Möchten Sie, dass ein bestimmtes Listenelement beim Öffnen des Fensters vorselektiert ist, verwenden Sie die Eigenschaft SelectedIndex. Da die Liste der Elemente nullbasiert ist, genügt die Anweisung

```
listBox1.SelectedIndex = 0;
```

um das erste Element zu markieren.

Etwas schwieriger gestaltet es sich, den Inhalt eines ausgewählten Elements auszuwerten. Nehmen wir dazu den folgenden XAML-Code:

```
<ListBox Name="ListBox1">
  <ListBoxItem>Frankreich</ListBoxItem>
  <ListBoxItem>Italien</ListBoxItem>
  <ListBoxItem>Polen</ListBoxItem>
  <ListBoxItem>Dänemark</ListBoxItem>
</ListBox>
```

Um sich den Inhalt des ausgewählten Elements in einer MessageBox anzeigen zu lassen, ist der folgende Code notwendig:

```
MessageBox.Show(((ListBoxItem)ListBox1.SelectedItem).Content.ToString());
```

Zuerst lassen wir uns das erste ausgewählte Element mit der Methode SelectedItem zurückgeben, das wir in den Typ konvertieren, der die Listenelemente beschreibt. Hier handelt es sich um ListBoxItem. Dieser Typ verfügt über die Eigenschaft Content, die vom Typ Object ist. Da wir aber wissen, dass es sich um eine Zeichenfolge handelt, können wir diese mit ToString abrufen.

Auswahl mehrerer Elemente

Durch Einstellen der Eigenschaft SelectionMode=Multiple oder Extended kann der Anwender mehrere Listenelemente gleichzeitig auswählen. Um diese auszuwerten, eignet sich SelectedItems, die uns die Liste aller ausgewählten Elemente bereitstellt. Sie können diese Liste beispielsweise in einer foreach-Schleife durchlaufen:

```
private void btnShowItems_Click(object sender, RoutedEventArgs e) {
  string items = "";
  foreach (ListBoxItem item in ListBox1.SelectedItems)
    items += item.Content +"\n";
  MessageBox.Show(items);
}
```

Listing 21.22 Ausgabe der Liste aller ausgewählten Listenelemente

21.5.2 Die »ComboBox«

Die ComboBox ähnelt der eben behandelten ListBox. Der Unterschied zwischen diesen beiden Steuerelementen ist, dass die ComboBox immer nur ein Element anzeigt und somit auch nicht viel Platz in Anspruch nimmt.

Per Vorgabe kann der Anwender zur Laufzeit keine neuen Elemente in die ComboBox eintragen. Möchten Sie das zulassen, müssen Sie die Eigenschaft IsEditable=true setzen. Mit der Eigenschaft ReadOnly legen Sie fest, ob der Inhalt der ComboBox editiert werden kann. Die Kombination beider Eigenschaften entscheidet maßgeblich über die Handhabung des Steuerelements. Stellen Sie beispielsweise beide auf true ein, kann der Anwender kein Zeichen in die ComboBox eintragen. Ändern Sie allerdings IsEditable auf false, kann der Anwender bei fokussierter ComboBox ein Zeichen an der Tastatur eingeben. Befindet sich ein Element mit dem entsprechenden Anfangsbuchstaben in der Liste der Elemente, wird dieses ausgewählt.

Die einer ComboBox zugeordneten Elemente sind vom Typ ComboBoxItem:

```
<ComboBox Height="20" Name="comboBox1" Width="120">
  <ComboBoxItem>Berlin</ComboBoxItem>
  <ComboBoxItem>Hamburg</ComboBoxItem>
  <ComboBoxItem>Bremen</ComboBoxItem>
  <ComboBoxItem>Düsseldorf</ComboBoxItem>
  <ComboBoxItem>Dresden</ComboBoxItem>
  <ComboBoxItem>München</ComboBoxItem>
</ComboBox>
```

Listing 21.23 ComboBox mit Listenelementen im XAML-Code

Um per Programmcode ein Element hinzuzufügen, rufen Sie mit Items die ItemCollection der ComboBox ab. Deren Methode Add übergeben Sie einfach den gewünschten zusätzlichen Eintrag:

```
comboBox1.Items.Add("Stuttgart");
```

Das ausgewählte Element einer ComboBox können Sie mit der Eigenschaft Text abrufen. Mit dieser Eigenschaft lässt sich auch festlegen, welches Listenelement nach dem Laden des Fensters angezeigt werden soll. Gleichwertig können Sie mit SelectedIndex auch den Index des gewünschten Elements angeben.

Nur zwei Ereignisse sind für die ComboBox spezifisch: DropDownOpened und DropDownClosed. DropDownOpened wird beim Öffnen der Liste ausgelöst, DropDownClosed bei deren Schließen.

21.5.3 Das Steuerelement »ListView«

Das Steuerelement ListView ähnelt nicht nur der ListBox, es ist sogar aus ListBox abgeleitet. Im Gegensatz zur ListBox kann ein ListView-Steuerelement die Einträge unterschiedlich darstellen. Was sich im ersten Moment noch positiv anhört, relativiert sich aber auch wieder, denn derzeit ist das nur mit einem GridView-Element direkt möglich. GridView ist aus ViewBase abgeleitet. Sie können auch eigene Darstellungsansichten durch Ableiten von ViewBase ermöglichen, aber der Aufwand dafür ist nicht unerheblich.

Sehen wir uns zur Veranschaulichung den einfachen Einsatz des ListView-Controls als einspaltiges Listenfeld in einem Codefragment an (siehe auch Abbildung 21.13):

```xml
<Grid>
  <ListView>
    <ListView.View>
      <GridView>
        <GridViewColumn Header="Name" />
      </GridView>
    </ListView.View>
    <ListViewItem>Peter Müller</ListViewItem>
    <ListViewItem>Franz Goldschmidt</ListViewItem>
    <ListViewItem>Rudi Ratlos</ListViewItem>
    <ListViewItem>Conie Serna</ListViewItem>
  </ListView>
</Grid>
```

Listing 21.24 XAML-Code eines einfachen »ListView«-Steuerelements

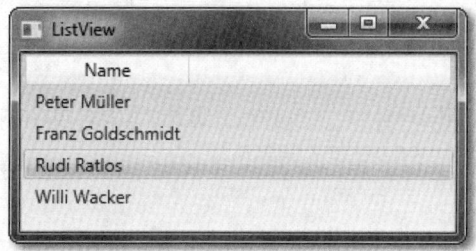

Abbildung 21.13 Einfacher Einsatz des ListView-Controls

Die Beschreibung der Kopfzeile wird innerhalb des GridView-Elements mit GridViewColumn vorgenommen. Das GridView-Element seinerseits ist der Eigenschaft View des ListView-Controls zugeordnet. Für einfache Einträge reicht das ListViewItem-Element vollkommen aus.

Mehrspaltiges Listenfeld

Um in einem `ListView` eine Tabelle darzustellen, ist die Bindung an eine Datenquelle erforderlich. Mit der Datenbindung werden wir uns in Kapitel 24 noch näher beschäftigen, daher sei an dieser Stelle nicht näher darauf eingegangen. Bei der Datenquelle muss es sich um ein Objekt handeln, das die Schnittstelle `IEnumerable` implementiert. Das Datenobjekt wird der Eigenschaft `ItemSource` des `ListView` zugewiesen.

Für jede Spalte ist ein `GridViewColumn`-Element zuständig. Wie in Listing 21.24 gezeigt, wird mit der Eigenschaft `Header` die Beschriftung der Kopfzeile festgelegt. Die Eigenschaft `DisplayMemberBinding` bestimmt, welche Objekteigenschaft in der Spalte angezeigt wird.

Das folgende Beispielprogramm soll die Vorgehensweise demonstrieren. Dazu stellen wir uns zuerst einmal eine Datenquelle zur Verfügung. Diese soll aus mehreren `Person`-Objekten bestehen, die auf der folgenden Klassendefinition basieren:

```csharp
class Person {
  public string Name { get; set; }
  public int Alter { get; set; }
  public string Wohnort { get; set; }
}
```

Listing 21.25 Klassendefinition für das folgende Beispielprogramm

Eine Methode erzeugt mehrere `Person`-Objekte und liefert als Rückgabewert ein Objekt vom Typ `List<Person>` an den Aufrufer. Das ist die Liste, die uns als Datenquelle dienen soll.

```csharp
private List<Person> CreatePersonList() {
  List<Person> liste = new List<Person>();
  liste.Add(new Person { Name = "Meier", Wohnort = "Celle", Alter = 35 });
  [...]
  return liste;
}
```

Listing 21.26 Liste von Personen erzeugen

Für die Bindung der Datenquelle an die Eigenschaft `ItemSource` eignet sich der Konstruktor des `Window`-Objekts. Das `ListView`-Objekt soll den Namen *lstView* haben.

```csharp
public MainWindow() {
  InitializeComponent();
  lstView.ItemsSource = CreatePersonList();
}
```

Listing 21.27 Datenquelle mit dem »ListView«-Steuerelement verbinden

Was uns nun nur noch bleibt, ist der XAML-Code. Die Ausgabe des Beispiels sehen Sie in Abbildung 21.14.

```
// Beispiel: ..\Kapitel 21\ListViewSample
<Grid>
  <ListView Name="lstView">
    <ListView.View>
      <GridView>
        <GridView.Columns>
          <GridViewColumn Header="Name" Width="100"
                          DisplayMemberBinding="{Binding Path=Name}" />
          <GridViewColumn Header="Wohnort" Width="100"
                          DisplayMemberBinding="{Binding Path=Wohnort}" />
          <GridViewColumn Header="Alter" Width="80"
                          DisplayMemberBinding="{Binding Path=Alter}" />
        </GridView.Columns>
      </GridView>
    </ListView.View>
  </ListView>
</Grid>
```

Listing 21.28 »ListView« mit mehreren Spalten

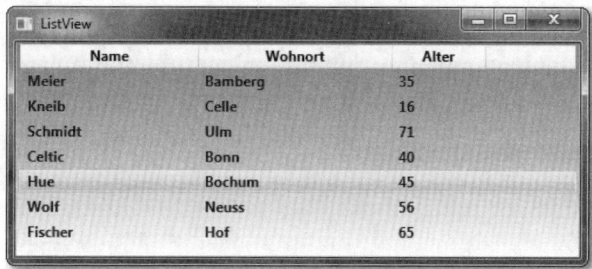

Abbildung 21.14 Ausgabe des Beispielprogramms »ListViewSample«

21.5.4 Das Steuerelement »TreeView«

Mit dem TreeView-Steuerelement lassen sich Daten hierarchisch strukturiert darstellen. Sie kennen dieses Steuerelement, denn es wird auch im Windows-Explorer auf der linken Seite benutzt, um die Ordnerhierarchie darzustellen. Bei den Elementen eines TreeView-Controls handelt es sich nicht um eine lineare Liste, da jedes Element selbst wieder eine Liste untergeordneter Elemente haben kann.

Der folgende Code zeigt, wie die Elemente ineinander verschachtelt werden. In Abbildung 21.15 ist die Ausgabe des Codes zu sehen, wobei alle Knoten geöffnet sind.

```
<Grid>
  <TreeView Name="treeView1">
    <TreeViewItem Header="Asien">
      <TreeViewItem Header="China" />
      <TreeViewItem Header="Vietnam" />
```

```
        <TreeViewItem Header="Philippinen" />
      </TreeViewItem>
      <TreeViewItem Header="Europa">
        <TreeViewItem Header="Deutschland">
          <TreeViewItem Header="NRW" />
          <TreeViewItem Header="Hessen" />
        </TreeViewItem>
        <TreeViewItem Header="Italien" />
        <TreeViewItem Header="Österreich" />
      </TreeViewItem>
    </TreeView>
  </Grid>
```

Listing 21.29 »TreeView« im XAML-Code

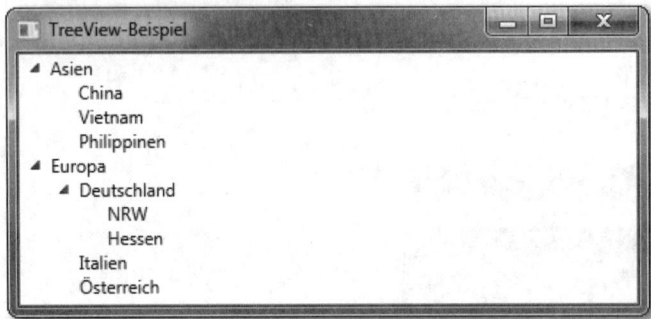

Abbildung 21.15 Das »TreeView«-Steuerelement

Alle Elemente innerhalb des TreeView-Objekts sind vom Typ TreeViewItem beschrieben. Sowohl alle TreeViewItem-Objekte als auch der TreeView selbst haben eine Auflistung vom Typ ItemCollection, die die üblichen Interfaces IList, ICollection und IEnumerable implementiert. Der Zugriff auf diese Auflistung erfolgt über die Eigenschaft Items. Damit ist klar, dass man mit der Methode Add ein untergeordnetes Element hinzufügen kann, mit Remove ein Element löscht und mit Clear alle untergeordneten Elemente löschen kann. Eine sehr nützliche Eigenschaft der Klasse TreeViewItem ist Parent, mit der Sie die Referenz des direkt übergeordneten Elements abrufen können. Dabei müssen Sie aber aufpassen, von welchem Typ das übergeordnete Element ist, denn für alle Elemente der ersten Ebene handelt es sich dabei um das TreeView, ansonsten um ein TreeViewItem. Die Eigenschaft Header eines TreeViewItem-Objekts dient zur Anzeige des sichtbaren Eintrags, ist selbst aber vom Typ Object.

Um ein TreeViewItem-Element per Code zu selektieren, können Sie über die Eigenschaft Items unter Angabe des Index des TreeView das gewünschte Element per Code ansprechen und setzen dessen Eigenschaft IsSelected auf true, z.B.:

```
((TreeViewItem)treeView1.Items[0]).IsSelected = true;
```

Sehr ähnlich können Sie auch einen Knoten auf- und zuklappen. Dafür dient die Eigenschaft `IsExpanded` des `TreeViewItem`-Elements.

Der `TreeView` hat drei besonders erwähnenswerte Methoden: `SelectedItem`, `SelectedValue` und `SelectedValuePath`. Die Beschreibungen können Sie der folgenden Tabelle entnehmen.

Eigenschaft	Beschreibung
`SelectedItem`	Liefert das ausgewählte Element zurück.
`SelectedValue`	Ruft die Eigenschaft ab, die unter `SelectedValuePath` angegeben ist.
`SelectedValue-Path`	Diese Eigenschaft gibt an, welche Eigenschaft beim Aufruf von `SelectedValue` zurückgeliefert werden soll. `SelectedValuePath` ist per Vorgabe leer und vom Datentyp `string`.

Tabelle 21.10 Drei spezifische Eigenschaften eines »TreeView«-Elements

Die Ereignisse im Umfeld des »TreeView«-Steuerelements

Mit zahlreichen Ereignissen lässt sich nicht nur das `TreeView`, sondern auch seine untergeordneten `TreeViewItem`-Elemente steuern. Alle im Einzelnen zu behandeln würde zusammen mit der schier endlosen Liste von Eigenschaften fast schon ein Buch für sich füllen. Aber lassen Sie mich an dieser Stelle ein wichtiges Ereignis des `TreeView`-Steuerelements erwähnen: `SelectedItemChanged`. Es wird immer dann ausgelöst, wenn der Anwender einen anderen Eintrag im `TreeView` selektiert.

Das Interessante an dem Ereignis sind zwei Eigenschaften im `EventArgs`-Parameter: `OldValue` und `NewValue`. Dabei liefern beide Eigenschaften ein Objekt zurück, das in den Typ `TreeViewItem` konvertiert werden muss. Darauf lässt sich anschließend mit der Eigenschaft `Header` die Beschriftung des Listeneintrags abrufen. Im folgenden Listing wird die Vorgehensweise gezeigt.

```
private void treeView1_SelectedItemChanged(object sender,
                        RoutedPropertyChangedEventArgs<object> e)
{
  TreeViewItem item = e.OldValue as TreeViewItem;
  if(e.OldValue != null)
    MessageBox.Show("Old:" + item.Header.ToString());
  MessageBox.Show(("New:" + (e.NewValue as TreeViewItem).Header.ToString());
}
```

Listing 21.30 Das Ereignis »SelectedItemChanged« eines »TreeView«

Unter Umständen müssen Sie dabei berücksichtigen, dass im Moment der Ereignisauslösung noch kein Listenelement selektiert ist. Das würde dazu führen, dass `e.OldValue` den Inhalt `null` hat. Damit es zu keiner Ausnahme kommt, sollten Sie den Zustand der Eigenschaft `OldValue` vor der Auswertung dahingehend überprüfen.

Falls Sie in der TreeView-Klasse auch noch Ereignisse erwarten, die beim Auf- und Zuklappen eines Knotens ausgelöst werden, liegen Sie falsch. Solche Ereignisse gibt es, sie heißen Collapsed und Expanded und gehören zur Klasse TreeViewItem.

Beispielprogramm

Im folgenden Beispielprogramm werden einige der vorgestellten Eigenschaften und Methoden des TreeView-Steuerelements verwendet. Es enthält die in Listing 21.29 verwendeten Einträge und ergänzt diese. Im Fenster ist es möglich, neue Elemente zum TreeView hinzuzufügen oder das aktuell ausgewählte Element zu löschen. Bei einem Wechsel des selektierten Elements wird in einer TextBox das alte, in einer zweiten TextBox das neu ausgewählte Element angezeigt. Wird mit der rechten Maustaste auf einen Knoten geklickt, wird automatisch die diesem Element untergeordnete Struktur geöffnet.

Am schwierigsten gestaltet sich das Hinzufügen eines neuen Elements. Im Normalfall werden immer untergeordnete Elemente hinzugefügt. Allerdings muss auch dem Umstand Rechnung getragen werden, dass der TreeView möglicherweise leer ist oder ein Element zur ersten Hierarchieebene hinzugefügt werden soll. Das letztgenannte Problem wird mit einer CheckBox gelöst, das erste (TreeView enthält keine Elemente) durch Programmcode.

Die Benutzeroberfläche im komplett geöffneten Zustand sieht zur Laufzeit der Anwendung wie in Abbildung 21.16 gezeigt aus.

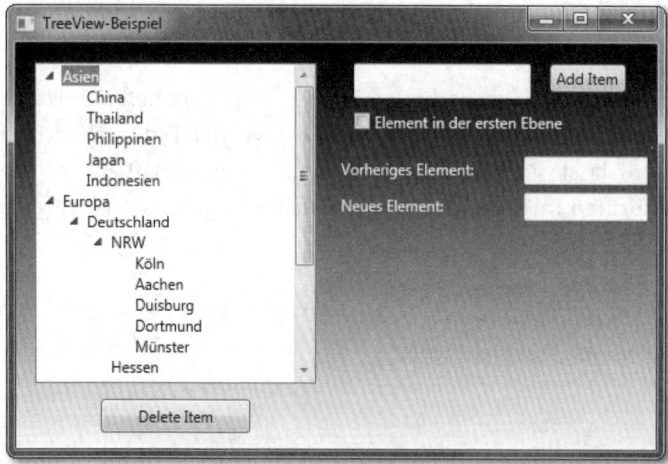

Abbildung 21.16 Ausgabe des Beispielprogramms »TreeViewSample«

```
// Beispiel: ..\Kapitel 21\TreeViewSample
<Window ...>
  <Grid>
    <Grid.ColumnDefinitions>
      <ColumnDefinition/>
      <ColumnDefinition/>
```

```xml
      <Grid.ColumnDefinitions>
      <Grid.RowDefinitions>
        <RowDefinition Height="*"/>
        <RowDefinition Height="50"/>
      </Grid.RowDefinitions>
      <TreeView Name="treeView1"
                SelectedItemChanged="treeView1_SelectedItemChanged">
        <TreeViewItem Header="Asien" MouseDown="TreeViewItem_MouseDown">
          [...]
        </TreeViewItem>
        <TreeViewItem Header="Europa"
                      MouseDown="TreeViewItem_MouseDown">
          [...]
        </TreeViewItem>
      </TreeView>
      <Button Grid.Row="1" Grid.RowSpan="2" Name="btnDelete"
              Click="btnDelete_Click" >Delete Item</Button>
      <StackPanel Grid.Column="1">
        <StackPanel Orientation="Horizontal">
          <TextBox Name="txtNewItem" ></TextBox>
          <Button Name="btnAdd" Click="btnAdd_Click">Add Item</Button>
        </StackPanel>
        <CheckBox Name="chkBox1" >
          Element in der ersten Ebene
        </CheckBox>
        <Grid>
          <Grid.ColumnDefinitions>
            <ColumnDefinition Width="150" />
            <ColumnDefinition Width="*" />
          </Grid.ColumnDefinitions>
          <Grid.RowDefinitions>
            <RowDefinition />
            <RowDefinition/>
          </Grid.RowDefinitions>
          <Label Foreground="White">Vorheriges Element:</Label>
          <TextBox Grid.Column="1" Name="txtOld"></TextBox>
          <Label Foreground="White" Grid.Row="1" >Neues Element:</Label>
          <TextBox Grid.Row="1" Grid.Column="1" Name="txtNew" />
        </Grid>
      </StackPanel>
    </Grid>
</Window>
```

Dazu gehört der folgende C#-Code in der Code-Behind-Datei:

```csharp
public MainWindow() {
  InitializeComponent();
  ((TreeViewItem)treeView1.Items[0]).IsSelected = true;
}
private void treeView1_SelectedItemChanged(object sender,
                                RoutedPropertyChangedEventArgs<object> e) {
  TreeViewItem itemOld = e.OldValue as TreeViewItem;
  TreeViewItem itemNew = e.NewValue as TreeViewItem;
  if (e.OldValue != null) {
    txtOld.Text = itemOld.Header.ToString();
    txtNew.Text = itemNew.Header.ToString();
  }
}
private void TreeViewItem_MouseDown(object sender, MouseButtonEventArgs e) {
  TreeViewItem tvItem = sender as TreeViewItem;
  if (tvItem != null) {
    if (e.RightButton == MouseButtonState.Pressed) {
      tvItem.IsExpanded = true;
      Expand(tvItem);
    }
  }
}
private void Expand(TreeViewItem item) {
  foreach (TreeViewItem node in item.Items) {
    node.IsExpanded = true;
    if (node.Items.Count > 0) Expand(node);
  }
}
private void btnAdd_Click(object sender, RoutedEventArgs e) {
  if (treeView1.Items.Count == 0 || chkBox1.IsChecked == true) {
    treeView1.Items.Add(new TreeViewItem { Header = txtNewItem.Text });
    return;
  }
  TreeViewItem selectedItem = (TreeViewItem)treeView1.SelectedItem;
  if (selectedItem != null)
    selectedItem.Items.Add(new TreeViewItem { Header = txtNewItem.Text });
}
private void btnDelete_Click(object sender, RoutedEventArgs e) {
  TreeViewItem del = treeView1.SelectedItem as TreeViewItem;
  if (del != null) {
    TreeViewItem parent = del.Parent as TreeViewItem;
    if (parent != null)
      parent.Items.Remove(del);
    else
```

```
            treeView1.Items.Remove(del);
        }
    }
```

Listing 21.31 Der XAML- und C#-Code des Beispielprogramms »TreeViewSample«

21.5.5 Das Steuerelement »TabControl«

In vielen Anwendungen werden gruppierte Inhalte durch TabControl-Steuerelemente dargestellt. Das entsprechende WPF-Steuerelement ist erstaunlich einfach zu erstellen. Jede Registerkarte wird durch ein TabItem-Element beschrieben. Die Beschriftung wird mit der Eigenschaft Header festgelegt. Für die Darstellung des Inhalts dient die Eigenschaft Content, die genau ein Element aufnehmen kann. Wie Sie aber wissen, kann es sich dabei um ein Container-Steuerelement handeln, so dass der Gestaltung des Registerkarteninhalts kaum Grenzen gesetzt sind.

Oft sind die Registerkarten oben angeordnet. Mit der Eigenschaft TabStripPlacement ist es möglich, diese auch links, rechts oder unten anzuordnen. Soll die Beschriftung dabei auch noch entsprechend gedreht werden, bietet sich die Eigenschaft LayoutTransform an, der mit RotateTransform ein Element untergeordnet wird, das den Drehwinkel im Uhrzeigersinn beschreibt.

Das folgende Codefragment zeigt ein TabControl, dessen Tabs rechts angeordnet sind. Die Beschriftung der einzelnen Tabs ist um 90° gedreht.

```xaml
<Grid>
  <TabControl TabStripPlacement="Right">
    <TabItem Header="Tab 1" Height="30">
      <TabItem.LayoutTransform>
        <RotateTransform Angle="90" />
      </TabItem.LayoutTransform>
      <TabItem.Content>
        Hier steht der Inhalt der 1. Registerkarte.
      </TabItem.Content>
    </TabItem>
    <TabItem Header="Tab 2">
      <TabItem.LayoutTransform>
        <RotateTransform Angle="90" />
      </TabItem.LayoutTransform>
      <TabItem.Content>
        Hier steht der Inhalt der 2. Registerkarte.
      </TabItem.Content>
    </TabItem>
    <TabItem Header="Tab 3">
      <TabItem.LayoutTransform>
        <RotateTransform Angle="90" />
      </TabItem.LayoutTransform>
```

```
            <TabItem.Content>
               Hier steht der Inhalt der 3. Registerkarte.
            </TabItem.Content>
         </TabItem>
      </TabControl>
</Grid>
```

Listing 21.32 Das »TabControl« im XAML-Code

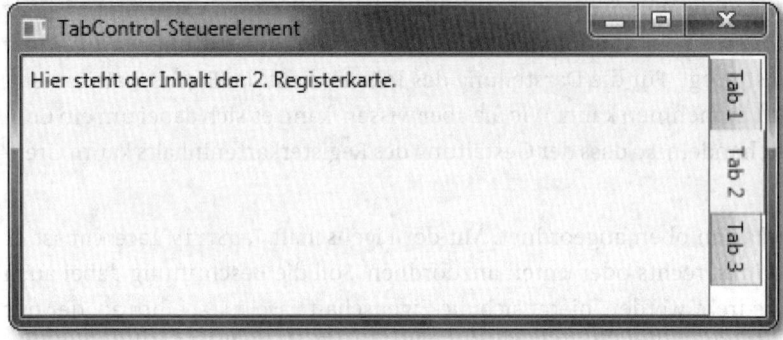

Abbildung 21.17 Das Steuerelement »TabControl«

21.5.6 Die Menüleiste

Bisher haben wir uns mit den wichtigsten Steuerelementen beschäftigt, die mehr oder weniger einfach zu erstellen sind. Es ist nun an der Zeit, uns mit einem etwas komplexeren Steuerelement auseinanderzusetzen – mit der Menüleiste.

Die Menüleiste wird durch die Klasse Menu beschrieben, die untergeordneten Menüpunkte durch MenuItem. Trennstriche werden durch Separator beschrieben. Die Struktur eines Menüs sehen wir uns am besten an einem Beispiel an.

```
<DockPanel>
  <Menu DockPanel.Dock="Top" Name="mnuMenu">
    <MenuItem Header="_Datei">
       <MenuItem Header="_Neu" />
       <MenuItem Header="_Öffnen" />
       <Separator />
       <MenuItem Header="_Speichern" />
       <MenuItem Header="Speichern _unter ..." />
       <Separator />
       <MenuItem Header="_Senden an">
          <MenuItem Header="_Mail" />
          <MenuItem Header="_Desktop" />
       </MenuItem>
       <MenuItem Header="_Beenden" />
```

```
        </MenuItem>
        <MenuItem Header="_Bearbeiten" />
        <MenuItem Header="_Hilfe" />
    </Menu>
    <StackPanel>
    </StackPanel>
</DockPanel>
```

Listing 21.33 Menüleiste mit Untermenüs im XAML-Code

Menüs werden meistens oben am Rand des Arbeitsbereichs des Windows verankert. Dazu bietet sich das DockPanel an. Im Menü selbst wird die Eigenschaft DockPanel.Dock auf Top festgelegt. Um den verbleibenden Bereich auszufüllen, ist im XAML-Code nach Menu noch ein StackPanel aufgeführt.

In der ersten dem Menu-Steuerelement untergeordneten Ebene sind alle Elemente des Hauptmenüs aufgeführt. Diese sind vom Typ MenuItem. Jedes MenuItem kann für sich wieder eine ihm selbst untergeordnete Ebene eröffnen. Eingeschlossen wird eine Ebene jeweils zwischen dem öffnenden und dem schließenden Tag von MenuItem. Die Beschriftung der Menüelemente erfolgt mit der Eigenschaft Header. Wie bei anderen Steuerelementen auch kann mit einem Unterstrich ein Access-Key festgelegt werden. In Abbildung 21.18 sehen Sie die Ausgabe des XAML-Codes.

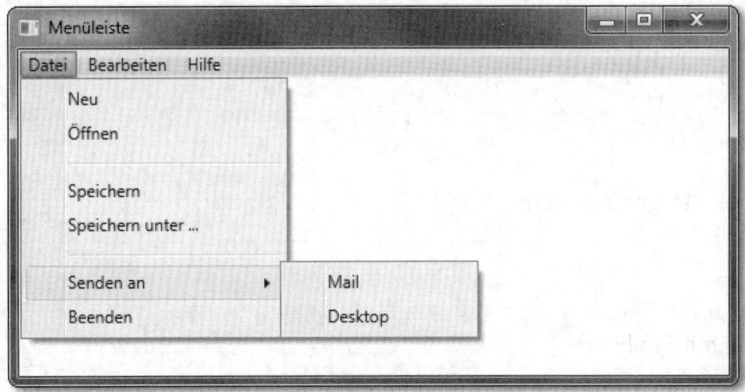

Abbildung 21.18 Ein Menü mit Untermenü in einem »Window«

Zur Programmierung eines Menüelements ist nicht viel Neues zu sagen. Hier handelt es sich um das Ereignis Click, das ausgelöst wird, wenn ein Anwender auf das Menüelement klickt.

Weitere Möglichkeiten der Menüleiste

Die Klasse MenuItem stellt mit vielen Eigenschaften Möglichkeiten zur Verfügung, Einfluss auf das Layout auszuüben. Vier davon sollen an dieser Stelle vorgestellt werden.

Eigenschaft	Beschreibung
Icon	Legt das Symbol fest, das in einem MenuItem angezeigt wird.
IsCheckable	Gibt an, ob ein MenuItem aktiviert werden kann.
IsChecked	Gibt an, ob das MenuItem aktiviert ist.
InputGestureText	Beschreibt die Tastenkombination.

Tabelle 21.11 Eigenschaften der Klasse »MenuItem« (Auszug)

Symbole anzeigen

Um einem Menüelement ein Symbol zuzuordnen, können Sie über die Eigenschaft Icon ein Bild zuordnen. Benutzen Sie dazu ein Image-Element, und geben Sie dessen Attribut Source die Position zu einer Bilddatei an. Im folgenden Codeabschnitt sehen Sie die Ergänzung der oben gezeigten Menüleiste um zwei Symbole:

```xml
<DockPanel>
  <Menu DockPanel.Dock="Top" Name="mnuMenu">
    <MenuItem Header="_Datei">
      <MenuItem Header="_Neu" />
      <MenuItem Header="_Öffnen">
        <MenuItem.Icon>
          <Image Source="Images/openHS.png" />
        </MenuItem.Icon>
      </MenuItem>
      <Separator />
      <MenuItem Header="_Speichern">
        <MenuItem.Icon>
          <Image Source="Images/saveHS.png" />
        </MenuItem.Icon>
      </MenuItem>'
[...]
```

Listing 21.34 Menüelement mit Symbol

Tastenkürzel

Tastenkürzel mit der ⟨Alt⟩-Taste werden durch einen Unterstrich kenntlich gemacht. Um einen Shortcut zu verwenden, müssen Sie diese Angabe über die Eigenschaft InputGesture-Text zuweisen:

```xml
<MenuItem Header="_Öffnen" InputGestureText="Strg+O">
  <MenuItem.Icon>
    <Image Source="Images/openHS.png" />
  </MenuItem.Icon>
</MenuItem>
```

Listing 21.35 Menüelement mit Shortcut

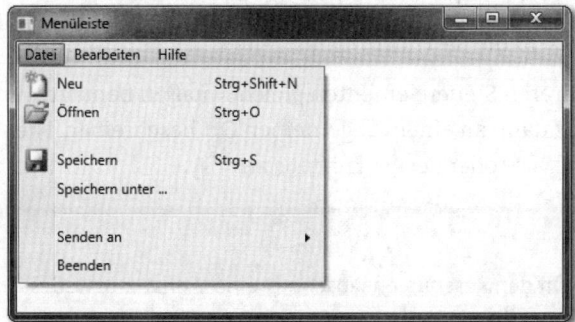

Abbildung 21.19 Untermenü mit Symbolen und Shortcuts

Aktivierbare Menüelemente

Manche Menüelemente sind Ein/Aus-Schaltern ähnlich. Sie signalisieren ihren augenblicklichen Zustand durch ein Häkchen. Damit ähneln Sie in gewisser Hinsicht einer CheckBox. Die Voraussetzung für dieses Verhalten wird in einem WPF-Menü durch die Eigenschaft IsCheckable geschaffen. Mit IsChecked können Sie darüber hinaus festlegen, ob die Option des Menüelements ausgewählt ist oder nicht.

```xml
<MenuItem Header="Schriftstil">
  <MenuItem Header="Fett" IsCheckable="True" IsChecked="True" />
  <MenuItem Header="Kursiv" IsCheckable="True" IsChecked="False" />
</MenuItem>
```

Listing 21.36 Menüelement mit CheckBox-Verhalten

Um ein Menüelement zu aktivieren bzw. zu deaktivieren, dient die Eigenschaft IsEnabled. Legen Sie diese auf False fest, um das Menüelement zu deaktivieren.

21.5.7 Das Kontextmenü

Kontextmenüs ähneln der eben vorgestellten Menüleiste. Im einfachsten Fall wird ein Kontextmenü direkt einem Steuerelement zugeordnet. Die Zuordnung erfolgt mit der Eigenschaft ContextMenu des betreffenden Steuerelements. Im folgenden Beispiel wird das Kontextmenü eines Buttons entwickelt:

```xml
<Button Name="Button1" Height="25" Content="Kontextdemo">
  <Button.ContextMenu>
    <ContextMenu>
      <MenuItem Name="cMenu1" Header="Kopieren" />
      <MenuItem Name="cMenu2" Header="Ausschneiden" />
      <MenuItem Name="cMenu3" Header="Einfügen" />
    </ContextMenu>
  </Button.ContextMenu>
</Button>
```

Listing 21.37 Bereitstellen eines Kontextmenüs

Jedes Menüelement wird, wie auch bei der Menüleiste, durch ein Objekt vom Typ MenuItem beschrieben. Mit der Eigenschaft Header wird die Beschriftung festgelegt.

Häufig wird ein Kontextmenü von mehreren Steuerelementen gleichermaßen benutzt. Sie sollten die Definition des Kontextmenüs dann an einem allgemeinen Ort beschreiben. Hier bietet sich der Resources-Abschnitt des Window oder der Application an.

> **Anmerkung**
> In Kapitel 23 gehen wir noch detaillierter auf den Ressourcen-Abschnitt eines Fenster bzw. des Application-Objekts ein. Nur so viel sei an dieser Stelle bereits verraten: Dieser Abschnitt bietet noch viel mehr Möglichkeiten als die hier gezeigten im Zusammenhang mit dem Kontextmenü.

Um ContextMenu eindeutig einem bestimmten Steuerelement zuordnen zu können, muss ein eindeutiger Identifizierer mit dem Attribut Key festgelegt werden, über den das Steuerelement sein zugeordnetes ContextMenu-Element identifizieren kann.

```
<Window ...>
  <Window.Resources>
    <ContextMenu x:Key="contextMenu1">
      <MenuItem Header="_Ausschneiden">
        <MenuItem.Icon>
          <Image Source="Images/CutHS.png" Height="16" Width="16" />
        </MenuItem.Icon>
      </MenuItem>
      <MenuItem Header="_Kopieren">
        <MenuItem.Icon>
          <Image Source="Images/CopyHS.png" Height="16" Width="16" />
        </MenuItem.Icon>
      </MenuItem>
      <MenuItem Header="_Einfügen" Click="Event_EditPaste">
        <MenuItem.Icon>
          <Image Source="Images/PasteHS.png" Height="16" Width="16" />
        </MenuItem.Icon>
      </MenuItem>
    </ContextMenu>
  </Window.Resources>
</Window.Resources>
```

Listing 21.38 Kontextmenü im Abschnitt »Window.Resources«

Die Zuordnung des im Resources-Abschnitt definierten Kontextmenüs erfolgt durch Zuweisung als statische Ressource an die Eigenschaft ContextMenu des Steuerelements.

Das Kontextmenü kann mit Hilfe der Klasse ContextMenuService hinsichtlich Verhalten, Positionierung und Layout beeinflusst werden. Die Eigenschaft HasDropShadow legt beispielsweise fest, ob das Kontextmenü einen Schatteneffekt zeigen soll, und Placement, wo das Kontextmenü erscheinen soll. Mit HorizontalOffset und VerticalOffset können Sie festlegen, wo das Kontextmenü relativ zu seinem Steuerelement angezeigt werden soll.

Der folgende XAML-Code zeigt die Einbindung eines im Resources-Abschnitt definierten Kontextmenüs. Hier wird eine TextBox als Elternelement festgelegt und zudem demonstriert, wie ContextMenuService zur spezifischen Beschreibung eingesetzt wird.

```
<DockPanel>
  <TextBox ContextMenu="{StaticResource contextMenu1}"
                      ContextMenuService.HasDropShadow="True"
                      ContextMenuService.Placement="Mouse" />
</DockPanel>
```

Listing 21.39 Einbindung der Ressource für das Kontextmenü

Beachten Sie, dass wir hier mit einer Markup-Erweiterung auf den Resources-Abschnitt zugreifen. Die Syntax der Einbindung mit StaticResource sollten Sie an dieser Stelle einfach nur zur Kenntnis nehmen. Auch darauf werden wir in Kapitel 23 eingehen.

21.5.8 Symbolleisten

Auch wenn es im ersten Moment den Anschein haben mag, dass Symbolleisten zu den komplexen WPF-Steuerelementen zu rechnen sind, ist dem nicht so. Eigentlich handelt es sich dabei nur um einen Container, der durch das Element ToolBar beschrieben wird und andere Controls beherbergt.

Eine ToolBar kann beliebige andere Steuerelemente aufnehmen und anzeigen, aber meistens handelt es sich dabei um Elemente vom Typ Button. Üblicherweise wird eine Symbolleiste unterhalb der Menüleiste angedockt. Als Container wird daher in der WPF ein DockPanel eingesetzt, dessen oberstes Element das Menu ist, gefolgt von der Symbolleiste.

```
<Window ...>
  <DockPanel>
    <Menu DockPanel.Dock="Top" Name="mnuMenu">
      [...]
    </Menu>
    <ToolBar DockPanel.Dock="Top" Height="30">
      <Button>
      <Image Source="Images/openHS.png" />
      </Button>
      <Button>
        <Image Source="Images/saveHS.png" />
      </Button>
      <Separator />
      <ComboBox Width="80" SelectedIndex="0">
        <ComboBoxItem>Arial</ComboBoxItem>
        <ComboBoxItem>Courier</ComboBoxItem>
```

```
            <ComboBoxItem>Windings</ComboBoxItem>
         </ComboBox>
      </ToolBar>
      <StackPanel>
      </StackPanel>
   </DockPanel>
</Window>
```
Listing 21.40 Fenster mit »DockPanel«, »Menu« und »ToolBar«

Beim Verkleinern des Fensters könnte es passieren, dass die Fensterbreite nicht mehr ausreicht, um alle in einer `ToolBar` enthaltenen Elemente anzuzeigen. Es wird dann ein Überlaufbereich erzeugt, an dessen Ende eine Schaltfläche mit einem Pfeil angezeigt wird. Über diese Schaltfläche lässt sich ein Menü aufklappen, in dem die nicht mehr darstellbaren Elemente angezeigt werden.

Einzelnen Steuerelementen kann das Überlaufverhalten vorgeschrieben werden. Dazu wird der zugeordneten Eigenschaft `OverflowMode` ein Wert der gleichnamigen Enumeration übergeben.

Member	Beschreibung
Always	Das Steuerelement wird immer im Überlaufbereich angezeigt.
AsNeeded	Das Steuerelement wird bei Bedarf im Überlaufbereich angezeigt.
Never	Das Steuerelement wird nie im Überlaufbereich angezeigt.

Tabelle 21.12 Die Mitglieder der Enumeration »OverflowMode«

Der folgende Code beschreibt eine Symbolleiste mit drei `ComboBoxen`. Jeder ist eine andere Einstellung der Eigenschaft `OverflowMode` zugewiesen.

```
<ToolBar Height="30">
   <Button>
      <Image Source="Images/openHS.png" />
   </Button>
   <Button>
      <Image Source="Images/saveHS.png" />
   </Button>
   <Separator />
   <ComboBox Width="80" SelectedIndex="0"
             ToolBar.OverflowMode="Always">
      <ComboBoxItem>Arial</ComboBoxItem>
      <ComboBoxItem>Courier</ComboBoxItem>
      <ComboBoxItem>Windings</ComboBoxItem>
   </ComboBox>
   <ComboBox Width="80" SelectedIndex="0"
```

```
            ToolBar.OverflowMode="AsNeeded">
    <ComboBoxItem>Bonn</ComboBoxItem>
    <ComboBoxItem>München</ComboBoxItem>
    <ComboBoxItem>Nürnberg</ComboBoxItem>
  </ComboBox>
  <ComboBox Width="80" SelectedIndex="0"
            ToolBar.OverflowMode="Never">
    <ComboBoxItem>Test1</ComboBoxItem>
    <ComboBoxItem>Test2</ComboBoxItem>
    <ComboBoxItem>Test3</ComboBoxItem>
  </ComboBox>
</ToolBar>
```

Listing 21.41 Die Einstellung »ToolBar.OverflowMode«

In Abbildung 21.20 sind die Auswirkungen deutlich zu erkennen. Das Kombinationslistenfeld mit der Einstellung OverflowMode=Always ist auch dann nur über die Dropdown-Schaltfläche in der Symbolleiste zu erreichen, wenn die Breite der Form eigentlich zur Darstellung ausreichen würde. Wird die Fensterbreite verringert, wird nur noch die ComboBox in der Symbolleiste angezeigt, deren Einstellung OverflowMode=Never lautet.

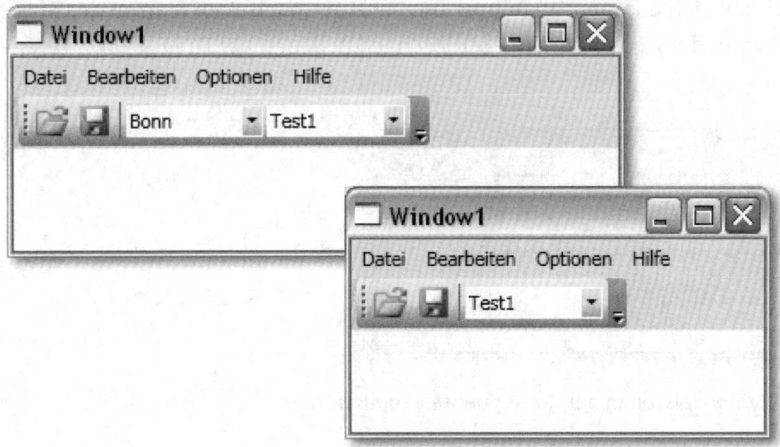

Abbildung 21.20 Der Einfluss der Eigenschaft »OverflowMode«

Positionieren mit der Komponente »ToolBarTray«

Möchten Sie mehrere ToolBars in einer Form anzeigen, bietet sich die Komponente ToolBarTray an. Dabei handelt es sich um einen Container, der das Positionieren aller darin enthaltenen ToolBars steuert. Mit einer ToolBarTray-Komponente wird es möglich, Symbolleisten hintereinander oder in mehreren Reihen anzuzeigen und per Drag & Drop zu verschieben.

Zu diesem Zweck stellt das ToolBar-Steuerelement mit Band und BandIndex zwei Eigenschaften zur Verfügung, die sich auf die Positionierung im ToolBarTray auswirken. Mit Band geben

Sie an, in welcher Zeile die ToolBar erscheinen soll. Mit BandIndex legen Sie deren Position innerhalb der Zeile fest, wenn die Zeile von mehreren ToolBars in Anspruch genommen wird.

```
<ToolBarTray DockPanel.Dock="Top" IsLocked="False">
  <ToolBar Height="30" Band="0" BandIndex="0">
    [...]
  </ToolBar>
  <ToolBar Height="30" Band="0" BandIndex="1">
    [...]
  </ToolBar>
  <ToolBar Height="30" Band="1" BandIndex="0">
    [...]
  </ToolBar>
  <ToolBar Height="30" Band="1" BandIndex="1">
    [...]
  </ToolBar>
</ToolBarTray>
```

Listing 21.42 Die Eigenschaften »Band« und »BandIndex« einstellen

Die Einstellungen wirken sich auf die Darstellung der ToolBars nach dem Starten des Fensters aus. Zur Laufzeit kann der Anwender die Position nach Belieben per Drag & Drop verändern.

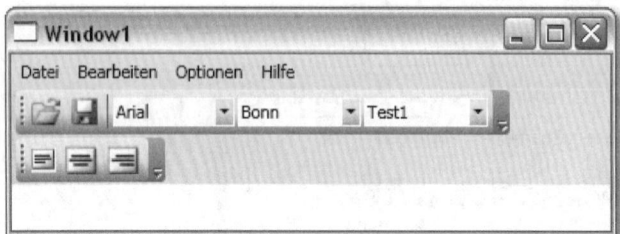

Abbildung 21.21 Zwei Symbolleisten in der Komponente »ToolBarTray«

21.5.9 Die Statusleiste

Die meist unten im Window angezeigten Statusleisten informieren den Anwender über den Zustand des laufenden Programms. WPF stellt Ihnen mit StatusBar eine Komponente zur Verfügung, mit der Sie das umsetzen können.

Sie können in die StatusBar beliebige Komponenten einfügen, z. B. TextBox oder Label. Besser ist es allerdings, stattdessen mit StatusBarItem-Elementen Bereiche zu definieren, in die die Komponenten eingebettet sind. Das ermöglicht es Ihnen, die Ausrichtung der Komponenten einfach zu gestalten. Dazu bietet sich die Eigenschaft HorizontalAlignment oder auch VerticalAlignment an.

```
<DockPanel>
    <Menu DockPanel.Dock="Top" Name="mnuMenu">
      [...]
    </Menu>
    <ToolBarTray DockPanel.Dock="Top" IsLocked="False">
      <ToolBar Height="30" BandIndex="0" Band="0">
         [...]
      </ToolBar>
    </ToolBarTray>
    <StatusBar DockPanel.Dock="Bottom" Height="30">
       <Button Width="80">Start</Button>
       <Label>Suchen:</Label>
       <StatusBarItem Width="100" HorizontalContentAlignment="Stretch">
         <TextBox>Suchbegriff</TextBox>
       </StatusBarItem>
       <Separator />
       <StatusBarItem HorizontalAlignment="Right">
              Anzahl: 2</StatusBarItem>
    </StatusBar>
    <StackPanel>
    </StackPanel>
</DockPanel>
```

Listing 21.43 Statusleiste in einem Fenster

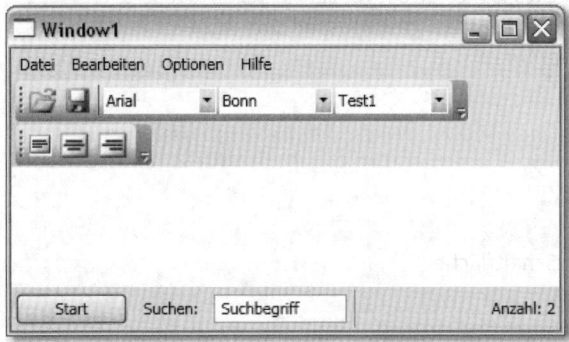

Abbildung 21.22 Fenster mit Statusleiste

21.6 Weitere Steuerelemente

21.6.1 Das Steuerelement »ToolTip«

Es ist guter Stil in Windows-Anwendungen, Zusatzinformationen über kleine Rechtecke bereitzustellen, die als Tooltips bezeichnet werden. Angezeigt werden Tooltips immer dann, wenn die Maus sich über einem Steuerelement oder einer Komponente befindet und eine Weile nicht bewegt wird. Jeder Komponente kann ein eigener Tooltip zugeordnet werden.

Dazu dient die Eigenschaft ToolTip der Komponenten. Im einfachsten Fall kann ein ToolTip-Element wie im folgenden Listing gezeigt festgelegt werden:

```
<StackPanel>
  <Button Height="40" Width="150">
    Beenden
    <Button.ToolTip>
       Hiermit schließen Sie das Fenster
    </Button.ToolTip>
  </Button>
</StackPanel>
```

Listing 21.44 Eine Schaltfläche mit einem zugeordneten »ToolTip«

Sie können aber die Fähigkeiten der WPF nutzen und den Inhalt der ToolTip-Eigenschaft frei definieren. Im folgenden Listing wird dazu ein StackPanel verwendet, das seinerseits ein Label- und ein TextBlock-Element enthält.

```
<StackPanel>
  <Button Height="40" Width="150">
    Beenden
    <Button.ToolTip>
      <StackPanel>
        <Label FontSize="14" HorizontalAlignment="Center" Foreground="Red"
            FontWeight="Bold">Achtung!</Label>
        <TextBlock MaxWidth="250" TextWrapping="Wrap">Durch Klicken dieser
            Schaltfläche wird das Fenster geschlossen und alle
            Änderungen gehen verloren.
        </TextBlock>
      </StackPanel>
    </Button.ToolTip>
  </Button>
</StackPanel>
```

Listing 21.45 Komplexer »ToolTip« für eine Schaltfläche

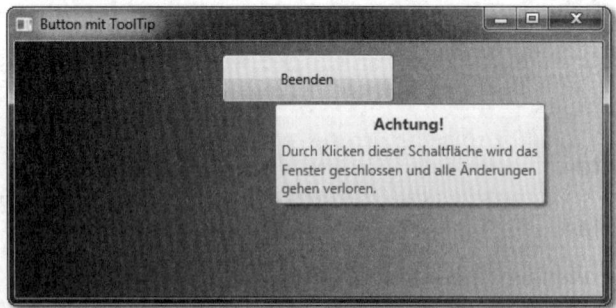

Abbildung 21.23 Button mit »ToolTip«-Steuerelement aus Listing 21.45

Sie können die Anzeige des `ToolTips` nach eigenem Ermessen konfigurieren. Dazu verwenden Sie die Klasse `ToolTipService`. Mit deren Hilfe können Sie beispielsweise mit der Eigenschaft `ShowDuration` die Anzeigedauer festlegen und mit `InitialShowDelay` die Verzögerung, bis ein Tooltip angezeigt wird. Die Zeitangaben erfolgen in Millisekunden.

Standardmäßig erfolgt die Anzeige des Tooltips beim Mauszeiger, kann aber mit den Eigenschaften `HorizontalOffset`, `VerticalOffset`, `PlacementTarget` und `PlacementRectangle` auch nach eigenen Vorstellungen eingestellt werden. Auch diese Eigenschaften stellen Sie mit `ToolTipService` direkt im betreffenden Element ein.

```
<Button Height="40" Width="150"
        ToolTipService.ShowDuration="3000"
        ToolTipService.InitialShowDelay="500">
  Beenden
  [...]
</Button>
```

Listing 21.46 »ToolTip« individuell einstellen mit »ToolTipService«

21.6.2 Die »Progressbar«

Das Element `ProgressBar` dient dazu, den Benutzer bei einer lang andauernden Verarbeitung über den aktuellen Fortschritt zu informieren. Die wichtigsten Eigenschaften sind schnell genannt: `Minimum` beschreibt den Minimalwert, `Maximum` den Maximalwert, und `Value` bestimmt die aktuelle Position.

```
<ProgressBar Minimum="0" Maximum="100" Value="35" Height="25"/>
```

Listing 21.47 Definition eines »ProgressBar«-Controls

Eine interessante Eigenschaft der `ProgressBar` soll nicht unerwähnt bleiben: `IsIndeterminate`. Sie können diese Eigenschaft auf `true` festlegen, wenn die aktuelle Fortschrittsposition nicht festzustellen bzw. unbekannt ist. In diesem Fall werden die drei Eigenschaften `Minimum`, `Maximum` und `Value` ignoriert, und anstelle des Fortschrittsbalkens wird eine Animation angezeigt.

21.6.3 Das Steuerelement »Slider«

Mit dem `Slider`-Steuerelement kann der Anwender einen bestimmten Wert einstellen. Zur Festlegung des minimalen und maximalen Werts dienen auch hier die Eigenschaften `Minimum` und `Maximum`, die Eigenschaft `Value` beschreibt den aktuellen Wert. Mit der Eigenschaft `TickFrequency` können Sie eine Hilfsskala einblenden, die mit `TickPlacement` am `Slider` ausgerichtet werden kann. Der an `TickFrequency` zugewiesene Wert beschreibt den Abstand der Hilfslinien. Mit der Eigenschaft `IsSnapToTickEnabled=true` bewirken Sie, dass der Anwender nicht einen beliebigen Wert einstellen kann, sondern nur Werte, die durch die Hilfslinien vorgegeben werden. Der Schieberegler rastet also ein.

```
<Slider TickFrequency="5" TickPlacement="BottomRight" Minimum="0"
        Maximum="100" IsSnapToTickEnabled="True"></Slider>
```

Listing 21.48 Das Steuerelement »Slider« im XAML-Code

Abbildung 21.24 Das »Slider«-Steuerelement

Normalerweise wird der Minimalwert links und der Maximalwert rechts angezeigt. Mit IsDirectionReversed kann die Ausrichtung umgedreht werden.

Klickt der Anwender links oder rechts vom Schieberegler, wird zum aktuellen Wert der unter LargeChange eingestellte Wert addiert bzw. subtrahiert. Soll stattdessen die exakte Klickposition zur Festlegung des neuen Wertes herangezogen werden, ist die Eigenschaft IsMoveToPointEnabled auf True einzustellen.

21.6.4 Das »GroupBox«-Steuerelement

Bei der GroupBox handelt es sich um ein Steuerelement, das mehrere andere Steuerelemente visuell zusammenfassen kann. Der Inhalt einer GroupBox wird durch die Eigenschaft Content beschrieben. Dabei kann es sich um einen Layout-Container handeln, so dass im Grunde genommen beliebig viele Elemente zugeordnet werden können.

Eine GroupBox kann eine Beschriftung aufweisen. Dazu dient die Eigenschaft Header. Natürlich kann Header seinerseits auch durch ein Steuerelement beschrieben werden.

Der folgende XAML-Code zeigt GroupBox-Elemente. Das untere hat ein CheckBox-Element in der Eigenschaft Header.

```
<Grid>
  <Grid.RowDefinitions>
    <RowDefinition /><RowDefinition />
  </Grid.RowDefinitions>
  <GroupBox Grid.Row="0" Header="Schriftstil" BorderThickness="2" BorderBrush="Black">
    <StackPanel>
      <CheckBox>Fett</CheckBox>
      <CheckBox>Kursiv</CheckBox>
      <CheckBox>Unterstrichen</CheckBox>
    </StackPanel>
  </GroupBox>
  <GroupBox Grid.Row="1" BorderThickness="2" BorderBrush="Black">
```

```
        <GroupBox.Header>
          <CheckBox>Aktivierung</CheckBox>
        </GroupBox.Header>
        <StackPanel>
          <TextBox Margin="5"></TextBox>
          <TextBox Margin="5"></TextBox>
        </StackPanel>
      </GroupBox>
</Grid>
```

Listing 21.49 Definition von zwei »GroupBox«-Elementen

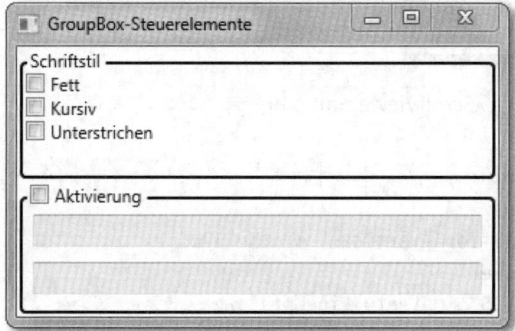

Abbildung 21.25 Zwei »GroupBox«-Steuerelemente

21.6.5 Das Steuerelement »ScrollViewer«

Einige WPF-Steuerelemente sind zwar in der Lage, einen umfangreichen Inhalt anzuzeigen, unterstützen aber leider keine Rollbalken. Dieses Manko kann durch das Steuerelement ScrollViewer behoben werden. Ein ScrollViewer zeigt Rollbalken an, sobald der Inhalt eines Elements größer wird als sein Anzeigebereich und die beiden Eigenschaften

▶ HorizontalScrollBarVisibility und

▶ HorizontalScrollBarVisibility

auf Visible eingestellt sind.

Eine Reihe von Methoden ermöglichen es, den angezeigten Inhalt beliebig zu verschieben, z. B. ScrollToLeftEnd oder LineRight.

Um die Wirkungsweise der Methoden einfach zu erfahren, dient das folgende Beispielprogramm. Für die in Frage kommenden Methoden sind in der linken Hälfte des Fensters Buttons angeordnet. Die Methode, die von dem jeweiligen Button aufgerufen wird, ist in der Beschriftung angegeben. Der XAML- und C#-Code wird an dieser Stelle aus Platzgründen nur stark gekürzt wiedergegeben.

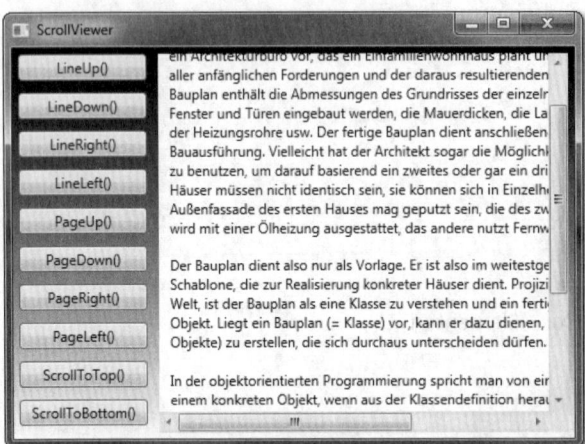

Abbildung 21.26 Ausgabe des Beispielprogramms »ScrollViewerSample«

```
// Beispiel: ..\Kapitel 21\ScrollViewerSample
<DockPanel>
  <StackPanel DockPanel.Dock="Left" Orientation="Vertical" Width="120"
              ButtonBase.Click="ButtonHandler" >
    <Button Name="btnLineUp" Margin="5,5,5,5" Content="LineUp()" />
    <Button Name="btnLineDown" Margin="5,5,5,5" Content="LineDown()" />
    <Button Name="btnLineRight" Margin="5,5,5,5" Content="LineRight()" />
    <Button Name="btnLineLeft" Margin="5,5,5,5" Content="LineLeft()" />
    [...]
  </StackPanel>
  <ScrollViewer Name="scrViewer" Margin="5"
                HorizontalScrollBarVisibility="Visible"
                VerticalScrollBarVisibility="Visible">
    <TextBlock Padding="10" TextWrapping="Wrap" Width="500">
      [...]
    </TextBlock>
  </ScrollViewer>
</DockPanel>
```

Zu diesem XAML-Code gehört der folgende C#-Code:

```
private void ButtonHandler(object sender, RoutedEventArgs e) {
  Button btn = e.Source as Button;
  switch (btn.Name) {
    case "btnLineUp":
      scrViewer.LineUp();
      break;
    case "btnLineDown":
      scrViewer.LineDown();
      break;
    case "btnLineRight":
```

```
      scrViewer.LineRight();
      break;
    [...]
  }
}
```

Listing 21.50 Programmbeispiel »ScrollViewerSample«

21.6.6 Das Steuerelement »Expander«

Das Steuerelement Expander ist der Gruppe der Steuerelemente zuzurechnen, die dem Design dienen. Das Element kann ein untergeordnetes Element beinhalten. Der Bereich, der von dem untergeordneten Steuerelement beschrieben wird, kann aufgeklappt oder zusammengeklappt dargestellt werden. Im zusammengeklappten Zustand wird lediglich ein Pfeil angezeigt, über den der verdeckte Inhalt wieder sichtbar gemacht werden kann. Expander-Objekte eignen sich besonders dann, wenn ein Detailbereich für den Anwender eingeblendet werden soll.

Der Zustand des Expander-Objekts wird mit der Eigenschaft IsExpanded beschrieben. Die Eigenschaft ExpandedDirection gibt die Richtung an, in die aufgeklappt wird. Dabei sind die Richtungen links, rechts, oben und unten möglich. Wird der Inhalt in vertikaler Richtung aufgeklappt, passt sich die Höhe des angezeigten Bereichs dem Inhalt an. Entsprechendes gilt, wenn in horizontaler Richtung aufgeklappt wird. Hier ist es natürlich die Breite, die sich dem Inhalt anpasst.

Erwähnenswert ist, dass beim Öffnen und Schließen des Expander-Objekts die Ereignisse Expanded und Collapsed ausgelöst werden. Sie können somit auf diese Aktionen auch mit entsprechenden Operationen reagieren.

```
// Beispiel: ..\Kapitel 21\ExpanderSample
<StackPanel>
  <Expander Margin="10">
    <Expander.Background>
      <LinearGradientBrush StartPoint="0,0" EndPoint="1,2">
        <GradientStop Offset="0" Color="White" />
        <GradientStop Offset="1" Color="Blue" />
      </LinearGradientBrush>
    </Expander.Background>
    <StackPanel>
      <Button Height="30" Margin="5">Button 1</Button>
      <Button Height="30" Margin="5">Button 2</Button>
      <Button Height="30" Margin="5">Button 3</Button>
    </StackPanel>
  </Expander>
  <Expander Margin="10">
    <Expander.Background>
      <LinearGradientBrush StartPoint="0,0" EndPoint="1,2">
```

```
                <GradientStop Offset="0" Color="White" />
                <GradientStop Offset="1" Color="Red" />
            </LinearGradientBrush>
        </Expander.Background>
        <StackPanel>
            <Button Height="30" Margin="5">Button 4</Button>
            <Button Height="30" Margin="5">Button 5</Button>
            <Button Height="30" Margin="5">Button 6</Button>
        </StackPanel>
    </Expander>
</StackPanel>
```

Listing 21.51 Beispiel mit zwei »Expander«-Steuerelementen

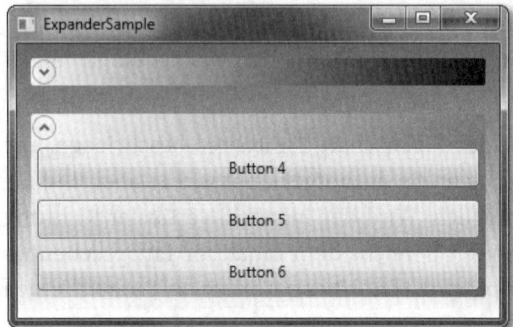

Abbildung 21.27 Zwei »Expander«-Objekte (das obere ist zusammengeklappt)

21.6.7 Das Steuerelement »Border«

Das Border-Steuerelement ist ein sehr einfaches Steuerelement, das dazu dient, einen visuellen Rahmen um andere Steuerelemente zu zeichnen. Border ist ein Inhaltssteuerelement. Das bedeutet, dass es direkt nur ein anderes Element beinhalten kann. Üblicherweise handelt es sich dabei um einen Layout-Container.

Nur wenige Eigenschaften sind erwähnenswert: Mit CornerRadius können die Ecken abgerundet werden, BorderThickness legt die Breite fest, und BorderBrush das Aussehen des Rahmens.

```
<Grid>
    <Border CornerRadius="20" BorderThickness="25" Margin="5">
        <Border.BorderBrush>
            <LinearGradientBrush StartPoint="0,0" EndPoint="1,1">
                <GradientStop Offset="0" Color="LightGray" />
                <GradientStop Offset="1" Color="Black" />
            </LinearGradientBrush>
        </Border.BorderBrush>
        <StackPanel>
```

```
            <Button Height="40" Margin="20, 20, 20, 10">Button 1</Button>
            <Button Height="40" Margin="20, 10, 20, 20">Button 2</Button>
        </StackPanel>
    </Border>
</Grid>
```

Listing 21.52 »Border«-Element zur Unterstützung des Designs

Die Ausgabe dieses Beispiels sehen Sie in Abbildung 21.28.

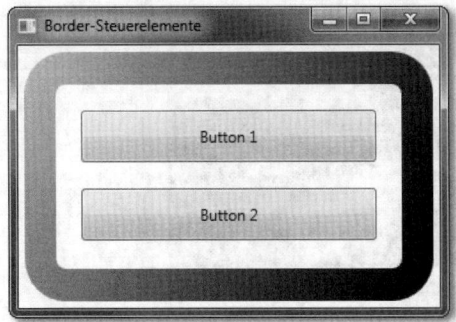

Abbildung 21.28 Ausgabe des Listings 21.52

21.6.8 Die »Image«-Komponente

Mit dem Image-Control lassen sich Grafiken in einem Window anzeigen. Die wichtigste Eigenschaft ist Source, die den relativen oder absoluten Pfad zu einer Grafikdatei beschreibt. Image ermöglicht die Anzeige der folgenden Bildtypen: .BMP, .GIF, .ICO, .JPG, .PNG, .WDP und .TIFF.

Unterscheiden sich die Größe des Image-Controls und die der Grafik, können Sie mit den Eigenschaften Stretch und StretchDirection festlegen, wie die Grafik gestreckt werden soll. StretchDirection erlaubt die Werte Both, DownOnly und UpOnly. Mit DownOnly wird das Bild nur verkleinert dargestellt, mit UpOnly nur vergrößert, und Both ermöglicht beide Änderungen. Letzteres ist auch die Standardvorgabe.

Ist Stretch auf None eingestellt, wird das Bild ausschließlich in seiner Originalgröße dargestellt. Mit Fill wird das Bild so skaliert, dass es den Bereich des Image-Steuerelements komplett einnimmt. UniFormFill agiert ähnlich, achtet aber darauf, dass die Proportionen erhalten bleiben. Leere Flächen innerhalb des Steuerelements verbleiben nicht. Uniform vergrößert oder verkleinert das Bild in der Weise, dass die Proportionen erhalten bleiben. Möglicherweise bleiben dabei aber wieder freie Flächen im Image-Steuerelement.

Abbildung 21.29 zeigt, wie sich das Strecken eines Bildes auf die Darstellung auswirkt. Der Abbildung liegt der folgende Code zugrunde:

```xml
<WrapPanel>
  <Image Source="Images/Seychellen.JPG" Margin="10" Height="200" />
  <Image Source="Images/Seychellen.JPG" Margin="10" Height="200"
         Width="350" Stretch="Fill" />
</WrapPanel>
```

Listing 21.53 Bild in richtiger Größe und gestreckt angezeigt

Abbildung 21.29 Bildanzeige »richtig« (links) und gestreckt (rechts)

Grafik zur Laufzeit laden

Wenn Sie mittels Code ein Bitmap laden, kommt die Klasse `BitmapImage` ins Spiel, die im Namespace `System.Windows.Media.Imaging` definiert ist. Der Ladevorgang wird zunächst mit der Methode `BeginInit` initialisiert und mit `EndInit` abgeschlossen.

Das `BitmapImage`-Objekt erwartet in der Eigenschaft `UriSource` die Angabe der Datenquelle, die als Objekt vom Typ `Uri` übergeben wird. Dem `Uri`-Konstruktor übergeben Sie den Pfad zu der Bitmap und teilen ihm darüber hinaus mit, ob es sich um eine relative oder absolute Pfadangabe handelt. Der Code in der XAML-Datei lautet:

```xml
<WrapPanel>
  <Image Name="holidays" />
</WrapPanel>
```

Das Bild soll beim Starten des Windows geladen werden. Dazu bietet sich das Ereignis `Loaded` an:

```csharp
private void Window_Loaded(object sender, RoutedEventArgs e) {
  BitmapImage bitmap = new BitmapImage();
  bitmap.BeginInit();
  bitmap.UriSource = new Uri("Images/Egypt.jpg", UriKind.Relative);
  bitmap.EndInit();
  holidays.Source = bitmap;
}
```

Listing 21.54 Laden einer Bitmap mit Programmcode

21.6.9 »Calendar« und »DatePicker« zur Datumsangabe

Die Steuerelemente Calendar und DatePicker ermöglichen es dem Anwender, ein Datum auszuwählen. Beide Steuerelemente sind sich sehr ähnlich und unterscheiden sich hauptsächlich durch den beanspruchten Platzbedarf im Fenster. Während das Calendar-Control einen kompletten Monat anzeigt, aus dem der Anwender mit Pfeiltasten einen anderen auswählen kann, erscheint das DatePicker-Steuerelement als eine Art TextBox, in der das Datum angezeigt wird. Das Calendar-Steuerelement wird beim DatePicker erst in dem Moment geöffnet, wenn der Anwender auf die rechts im Steuerelement untergebrachte Schaltfläche klickt.

In Abbildung 21.30 sehen Sie beide Steuerelemente. Das DatePicker ist in der Abbildung zweimal vertreten. Rechts oben ist der eingeklappte Normalzustand zu erkennen, darunter die Situation, wenn der Anwender ein Datum auswählt.

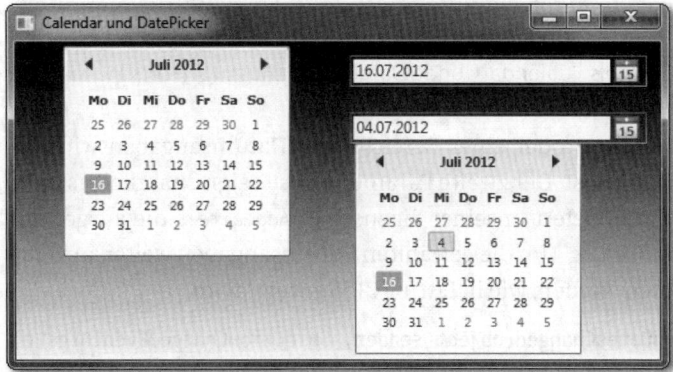

Abbildung 21.30 »Calendar« und »DatePicker«

Hinsichtlich der Eigenschaften gibt es ein paar wenige Unterschiede. Beispielsweise können Sie im DatePicker mit der Eigenschaft SelectedDateFormat das Anzeigeformat Short oder Long auswählen, was dazu führt, dass das Datum entweder in Kurzform (z.B. 16.7.2012) oder im Langformat (z.B. Montag, 16. Juli 2012) angezeigt wird. Im Calendar können Sie mit DisplayMode auch Einfluss auf das Anzeigeformat ausüben. Dabei haben Sie aber die Möglichkeit, zwischen Month, Year und Decade zu entscheiden. Ein paar spezielle Eigenschaften der beiden Steuerelemente sollten wir uns noch in der Tabelle 21.13 ansehen.

Eigenschaft	Beschreibung
BlackoutDates	Legt eine Liste von Datumsangaben fest, aus denen nicht ausgewählt werden kann.
DisplayDate	Legt das anzuzeigende Datum fest.
DisplayDateStart / DisplayDateEnd	Legt das erste bzw. letzte im Kalender verfügbare Datum fest.

Tabelle 21.13 Eigenschaften der Controls »Calendar« und »DatePicker« (Auszug)

Eigenschaft	Beschreibung
DisplayMode	Legt fest, ob im Kalender ein Monat, ein Jahr oder ein Jahrzehnt angezeigt werden soll. Diese Eigenschaft hat nur der Typ Calendar.
FirstDayOfWeek	Legt den Tag fest, der als Wochenanfang gelten soll.
SelectedDate	Ruft das aktuell ausgewählte Datum ab oder legt es fest.
SelectedDates	Ruft eine Liste ausgewählter Datumsangaben ab.
SelectionMode	Diese Eigenschaft ist nur beim Calendar verfügbar. Diese Eigenschaft bestimmt, ob der Calendar keine Auswahl, die Auswahl eines einzelnen Datums oder die Auswahl mehrerer Datumsangaben zulässt. Verfügbare Einstellungen sind None, SingleDate, SingleRange und MultiRange.

Tabelle 21.13 Eigenschaften der Controls »Calendar« und »DatePicker« (Auszug) (Forts.)

Bei der Wahl eines einzelnen Datums oder eines Bereichs von Datumsangaben wird das Ereignis SelectedDatesChanged ausgelöst. Der zweite Parameter des Ereignishandlers ist vom Typ SelectionChangedEventArgs und liefert in seiner Eigenschaft AddedItems die ausgewählten Datumsangaben in einer Auflistung. Um die gewählten Datumsangaben weiter zu verarbeiten, muss die Liste durchlaufen werden, wie in Listing 21.55 gezeigt wird.

```
private void Calendar_SelectedDatesChanged(object sender, SelectionChangedEventArgs e)
{
  foreach(DateTime date in e.AddedItems) {
    if (date.DayOfWeek == DayOfWeek.Sunday)
      MessageBox.Show("Diese Auswahl ist leider nicht möglich.");
    else
      MessageBox.Show("Die Wahl: " + date.ToShortDateString());
  }
}
```

Listing 21.55 Auswerten der Datumswahl

21.6.10 Das Steuerelement »InkCanvas«

Das InkCanvas-Steuerelement ist im Grunde genommen ein Layout-Container, ohne dass es von der Basis Panel abgeleitet wird. Es bietet eine einfache Möglichkeit, Freihandeingaben zu erfassen und anzuzeigen. Freihandeingaben erfolgen im Allgemeinen mit Hilfe eines Tablettstifts, man kann jedoch auch eine Maus anstelle eines Tablettstifts verwenden.

Das InkCanvas birgt in sich zwei Auflistungen. Die erste, Children, gestattet es, ähnlich wie bei dem Canvas, beliebig viele andere Steuerelemente aufzunehmen, die mit den angehängten Eigenschaften Left, Right, Top und Bottom des InkCanvas-Elements absolut positioniert werden.

Die zweite Auflistung, Strokes, enthält die Freihandeingaben des Benutzers, die durch Objekte vom Typ Stroke beschrieben werden. Dabei wird jede Linie oder auch Kurve durch ein Stroke beschrieben. Die wohl wichtigste spezifische Eigenschaft eines InkCanvas-Objekts ist EditingMode. Diese gibt an, wie das Eingabegerät mit dem InkCanvas interagiert. EditingMode ist vom Typ der Enumeration InkCanvasEditingMode und kann die Werte annehmen, die in der folgenden Tabelle 21.14 beschrieben werden.

Wert	Beschreibung
None	Es erfolgt keine Aktion.
Ink	Freihandeingaben werden auf dem InkCanvas gezeichnet.
GestureOnly	Freihandeingaben werden zwar zunächst auf dem InkCanvas dargestellt, aber bei einer Unterbrechung der Datensendung des Eingabegeräts verworfen. In der Dokumentation wird hier auch von »Gesten« gesprochen.
InkAndGesture	Das InkCanvas erhält Freihandeingaben und Gesten.
Select	Ermöglicht das Auswählen von Strichen und sogar Elementen, die sich im InkCanvas befinden.
EraseByPoint	Löscht den Teil des Striches, auf den das Eingabegerät zeigt.
EraseByStroke	Löscht den gesamten Strich, auf den das Eingabegerät zeigt.

Tabelle 21.14 Die Mitglieder der Enumeration »InkCanvasEditingMode«

Wir sollten uns nun das Steuerelement InkCanvas an einem konkreten Beispiel ansehen. Nach dem Start der Anwendung wird das Fenster wie in Abbildung 21.31 gezeigt dargestellt.

Abbildung 21.31 Anwendung mit »InkCanvas« nach dem Starten

Der Code, der der Abbildung zugrunde liegt, ist der folgende.

```xml
// Beispiel: ..\Kapitel 21\InkCanvasSample
<Grid>
  <Grid.RowDefinitions>
    <RowDefinition Height="Auto"></RowDefinition>
    <RowDefinition></RowDefinition>
  </Grid.RowDefinitions>
  <StackPanel Margin="5" Orientation="Horizontal">
    <TextBlock Margin="5">Modus:</TextBlock>
    <ComboBox Name="cboBox" Width="120" VerticalAlignment="Center" />
  </StackPanel>
  <InkCanvas Name="inkCanvas" Grid.Row="1" Margin="10" Background="LightGray"
        EditingMode="{Binding ElementName=cboBox,Path=SelectedItem}" >
    <StackPanel InkCanvas.Top="10" InkCanvas.Left="350">
      <Button Margin="10" Width="100">Testschaltfläche 1</Button>
      <Button Width="100">Testschaltfläche 2</Button>
    </StackPanel>
    <Image Source="Koala.jpg" InkCanvas.Top="10" InkCanvas.Left="10"
          Width="230" Height="172" />
  </InkCanvas>
</Grid>
```

Dazu gehört auch noch der folgende C#-Code, um das Kombinationslistenfeld mit den Konstanten aus der Enumeration InkCanvasEditingMode zu füllen.

```csharp
public MainWindow() {
  InitializeComponent();
  foreach (InkCanvasEditingMode mode
        in Enum.GetValues(typeof(InkCanvasEditingMode))) {
    cboBox.Items.Add(mode);
    cboBox.SelectedItem = inkCanvas.EditingMode;
  }
}
```

Listing 21.56 Beispielprogramm zur Demonstration des »InkCanvas«-Controls

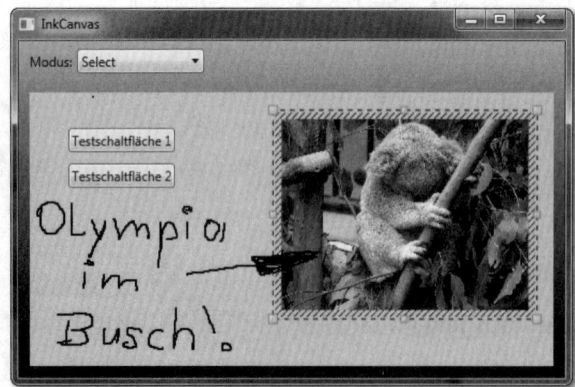

Abbildung 21.32 Änderungen am »InkCanvas« zur Laufzeit

Probieren Sie die verschiedenen Editiermodi einmal aus. Das Ergebnis könnte etwa wie in Abbildung 21.32 aussehen.

21.7 Das »Ribbon«-Steuerelement

Endlich ist es so weit, denn endlich wird mit .NET 4.5 ein Steuerelement ausgeliefert, das es schon länger gibt, aber bislang separat installiert werden musste: das `Ribbon`-Control oder, wie es in der deutschsprachigen Dokumentation auch genannt wird, das Menüband.

Das Menüband ist eine Kombination von Menü und Symbolleiste und wurde erstmals mit Office 2007 eingeführt. Es soll das Auffinden von Funktionen erleichtern und dem Anwender dabei helfen, die Anwendung schneller zu erlernen. Es lässt sich trefflich darüber streiten, ob mit dem Menüband die gesteckten Ziele erreicht werden. Aber diese Diskussion wollen wir an dieser Stelle nicht führen und uns stattdessen ansehen, wie wir das `Ribbon`-Steuerelement in der WPF einsetzen können.

21.7.1 Voraussetzungen für den Zugriff auf das »Ribbon«-Control

In der Toolbox werden Sie das gewünschte `Ribbon`-Steuerelement nicht finden. Damit Sie es nutzen können, sind vorab einige Schritte erforderlich:

- Legen Sie im Projektmappen-Explorer einen Verweis auf die Assembly *System.Windows.Controls.Ribbon.dll*.
- Im nächsten Schritt ist ein XML-Namespace in der XAML-Datei zu definieren, um auf das Steuerelement im XAML-Code zugreifen zu können, beispielsweise:

    ```
    xmlns:ribbon="clr-namespace:System.Windows.Controls.Ribbon;
    assembly=System.Windows.Controls.Ribbon"
    ```

- Es ist noch eine weitere Änderung in der XAML-Datei notwendig. Ersetzen Sie das Element `Window` durch `RibbonWindow` (aber vergessen Sie dabei das Namespace-Präfix nicht, also beispielsweise `ribbon:RibbonWindow`).
- Geben Sie in der Code-Behind-Datei mit `using` den Namespace

    `System.Windows.Controls.Ribbon`

    bekannt, und ändern Sie die Basisklasse von `Window` in `RibbonWindow` ab.

Erst jetzt haben Sie alle Voraussetzungen erfüllt und können beginnen.

21.7.2 Ein kurzer Überblick

Sollten Sie erwarten, dass wir dieses durchaus sehr interessante Steuerelement ausgiebig besprechen, dann liegen Sie falsch. Es ist einfach zu mächtig und gestattet zahllose Möglichkeiten, das Layout und auch das Verhalten zur Laufzeit zu beeinflussen. Die vielen Klassen, die zu dem Framework des Ribbon-Controls gehören, legen Zeugnis davon ab. Wir wollen uns daher nur auf das im ersten Moment Wesentliche beschränken. Beabsichtigen Sie, das Ribbon-Steuerelement demnächst in Ihren eigenen Anwendungen einzusetzen, wird die dazugehörige Dokumentation Ihnen sicher viele Fragen beantworten können.

Selbstverständlich möchte ich Ihnen auch ein kleines Beispiel zeigen, an dem wir die Kernelemente des Ribbon erkennen können. Dazu werden wir die XAML-Struktur des in Abbildung 21.33 gezeigten Menübands analysieren.

Abbildung 21.33 Das Menüband der folgenden Betrachtungen

Hinweis
Sie finden das Beispiel auf der Buch-DVD unter \Kapitel 21\RibbonSample.

21.7.3 Der XAML-Code

Fenster, die ein Ribbon-Steuerelement enthalten, sind in der WPF nicht vom Typ Window, sondern vom Typ RibbonWindow. Das Menüband selbst, das Ribbon, wird am besten in einem DockPanel in der Position Top angedockt. Im Ribbon können insgesamt bis zu vier unterschiedliche Bereiche festgelegt werden, die wir nun alle kurz ansprechen wollen (siehe auch Abbildung 21.34).

▶ RibbonTab: Sicherlich das im ersten Moment auffälligste Merkmal sind die Registerkarten. In den Tabs sind die Steuerelemente enthalten, die die Anwendung steuern. Das Ribbon-Framework bietet viele eigene Steuerelemente an, die alle das Präfix Ribbon haben und auf die Bedürfnisse des Menübands abgestimmt sind.

- QuickAccessToolBar: Diese Leiste dient dem Schnellzugriff für einige wenige Operationen, die im Grunde genommen in jeder Situation zur Laufzeit vom Anwender ausgeführt werden können. Üblicherweise befinden sich hier drei Schaltflächen: eine zum Speichern und je eine weitere für die Arbeitsschritte Undo und Redo.
- ApplicationMenu: Das durch diese Eigenschaft beschriebene Element wird in der Reihe der Registerkarten links angezeigt und beschreibt ein Pulldown-Menü, in dem alle allgemeinen Befehle zusammengefasst sind. Die Befehle zum Drucken, zum Speichern und auch zum Beenden der Anwendung sind typisch für dieses Menü.
- HelpPaneContent: Dieses Element legt den Hilfebereich fest.

Bis auf das Element RibbonTab werden alle anderen drei Bereiche durch gleichnamige Eigenschaften des Ribbon-Controls beschrieben, in denen entsprechende Elemente eingelagert sind.

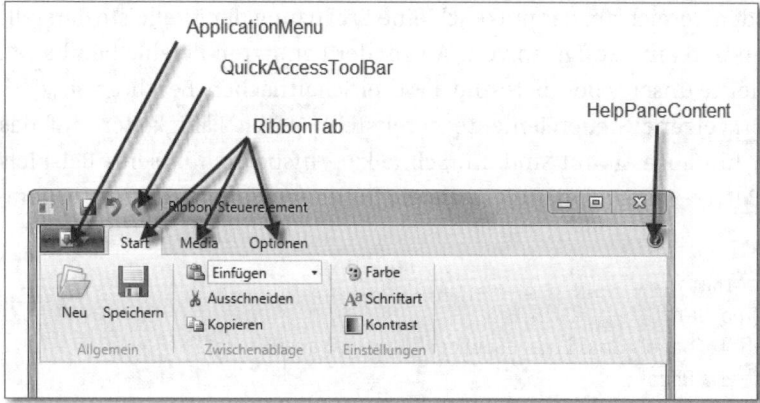

Abbildung 21.34 Die vier Bereiche eines »Ribbon«-Steuerelements

Ein Blick auf die Gesamtstruktur

Wir sollten uns nun in einem Listing die Struktur des Menübands ansehen. Aus Gründen der Übersichtlichkeit habe ich bewusst darauf verzichtet, bereits an dieser Stelle die Inhalte der aufgeführten Bereiche anzugeben. Sie werden die im Abschnitt zuvor beschriebenen Bereiche sofort erkennen.

```
<ribbon:RibbonWindow ...
    xmlns:ribbon="clr-namespace:System.Windows.Controls.Ribbon;
                  assembly=System.Windows.Controls.Ribbon">
  <DockPanel LastChildFill="True">
    <ribbon:Ribbon DockPanel.Dock="Top">
      <Ribbon.QuickAccessToolBar>[...]</Ribbon.QuickAccessToolBar>
      <Ribbon.ApplicationMenu>[...]</Ribbon.ApplicationMenu>
      <Ribbon.HelpPaneContent>[...]</Ribbon.HelpPaneContent>
      <RibbonTab Header="Start">[...]</RibbonTab>
```

```xml
        <RibbonTab Header="Einfügen">[...]</RibbonTab>
        <RibbonTab Header="Optionen">[...]</RibbonTab>
      </ribbon:Ribbon>
      <StackPanel>
        <!-- Inhalte -->
      </StackPanel>
    </DockPanel>
</ribbon:RibbonWindow>
```

Listing 21.57 Die Struktur eines kompletten Menübands

Hinter dem `Ribbon`-Steuerelement ist ein `StackPanel` angegeben. Dieses dient dazu, alle anderen Elemente aufzunehmen, die von der Anwendung benötigt werden.

Die Leiste für den Schnellzugriff

Sehen wir uns zuerst den Bereich an, der praktisch eine Ergänzung der Titelleiste darstellt und die elementarsten und am häufigsten vom Anwender benutzten Befehle beinhaltet. In der Schnellzugriffsleiste unseres Beispiels sind das drei Schaltflächen. Beachten Sie, dass das Ribbon-Framework eigene Steuerelemente bereitstellt, deren Fähigkeiten auf das `Ribbon`-Steuerelement hin abgestimmt sind. Im Schnellzugriffsbereich unseres Beispiels sind dazu drei `RibbonButton`-Elemente definiert, die die für diesen Bereich üblichen Operationen anbieten.

```xml
<Ribbon.QuickAccessToolBar>
  <RibbonQuickAccessToolBar>
    <RibbonButton Label="Save" SmallImageSource="Images/saveHS.png"/>
    <RibbonButton Label="Undo"
        SmallImageSource="Images/112_ArrowReturnLeft_Blue_16x16_72.png"/>
    <RibbonButton Label="Redo"
        SmallImageSource="Images/112_ArrowReturnRight_Blue_16x16_72.png"/>
  </RibbonQuickAccessToolBar>
</Ribbon.QuickAccessToolBar>
```

Listing 21.58 Die Menüleiste für den Schnellzugriff

Das Anwendungsmenü

Das aufgeklappte Anwendungsmenü habe ich Ihnen noch nicht gezeigt. Sehen Sie sich daher begleitend zum Listing 21.59 die Abbildung 21.35 an.

```xml
<Ribbon.ApplicationMenu>
  <RibbonApplicationMenu SmallImageSource="Images/FillDownHS.png" >
    <RibbonApplicationMenuItem Header="Neues Dokument"
                       ImageSource="Images/NewDocumentHS.png" />
    <RibbonApplicationMenuItem Header="Öffnen" />
    <RibbonApplicationMenuItem Header="Speichern"
                       ImageSource="Images/saveHS.png"/>
```

```xml
[...]
<RibbonApplicationMenu.AuxiliaryPaneContent>
  <RibbonGallery CanUserFilter="False"
              ScrollViewer.VerticalScrollBarVisibility="Auto">
    <RibbonGalleryCategory Background="Transparent"  MaxColumnCount="1">
      <RibbonGalleryItem Content="Verbindung zum Internet herstellen"/>
      <RibbonGalleryItem Content="Datenverbindungen prüfen"/>
      <RibbonGalleryItem Content="Datenübertragung"/>
    </RibbonGalleryCategory>
  </RibbonGallery>
</RibbonApplicationMenu.AuxiliaryPaneContent>
</RibbonApplicationMenu>
</Ribbon.ApplicationMenu>
```

Listing 21.59 Der XAML-Code des Anwendungsmenüs

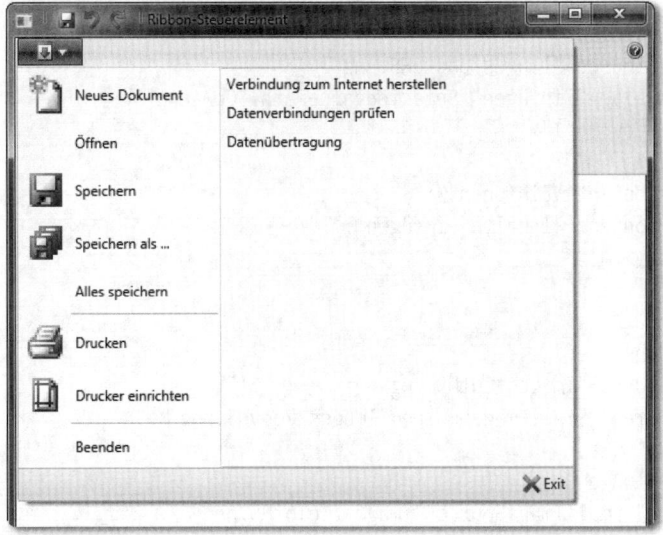

Abbildung 21.35 Das Anwendungsmenü

Das Hilfemenü

Der Menüpunkt, um sich die Hilfe anzeigen zu lassen, repräsentiert den kleinsten Bereich im XAML-Code.

```xml
<Ribbon.HelpPaneContent>
  <RibbonButton Content="Hilfe" SmallImageSource="Images/Help.png"/>
</Ribbon.HelpPaneContent>
```

Listing 21.60 Das Hilfemenü

Die Registerkarten

Kommen wir zum Abschluss unserer Betrachtungen zu den Registerkarten, die im `Ribbon` durch den Typ `RibbonTab` beschrieben werden. Innerhalb einer Registerkarte können Sie mehrere Gruppen vom Typ `RibbonGroup` definieren. In der ersten Registerkarte unseres Beispiels (*Start*) sind es die drei Gruppen *Allgemein*, *Zwischenablage* und *Einstellungen*. Innerhalb der Gruppen sind die Ribbon-Steuerelemente enthalten. Näher eingehen werde ich auf die Steuerelemente nicht.

```
<RibbonTab Header="Start">
  <RibbonGroup Header="Allgemein">
    <RibbonButton Label="Neu"
                  LargeImageSource="Images/NewDocuments_32x32.png" />
    <RibbonButton Label="Speichern"
                  LargeImageSource="Images/base_floppydisk_32.png" />
  </RibbonGroup>
  <RibbonGroup Header="Zwischenablage">
    <RibbonComboBox IsEditable="False"
                    SmallImageSource="Images/pasteHS.png">
      <RibbonGallery SelectedValue="Einfügen" SelectedValuePath="Content"
                     MaxColumnCount="1">
        <RibbonGalleryCategory>
          <RibbonGalleryItem Content="Einfügen"/>
          <RibbonGalleryItem Content="Inhalte einfügen ..."/>
        </RibbonGalleryCategory>
      </RibbonGallery>
    </RibbonComboBox>
    <RibbonButton Label="Ausschneiden"
                  SmallImageSource="Images/CutHS.png" />
    <RibbonButton Label="Kopieren" SmallImageSource="Images/CopyHS.png"/>
  </RibbonGroup>
  <RibbonGroup Header="Einstellungen">
    <RibbonButton Label="Farbe" SmallImageSource="Images/ColorHS.png" />
    <RibbonButton Label="Schriftart" SmallImageSource="Images/FontHS.png" />
    <RibbonButton Label="Kontrast"
                  SmallImageSource="Images/EditBrightContrastHS.png" />
  </RibbonGroup>
</RibbonTab>
<RibbonTab Header="Media">
  <RibbonGroup Header="Einstellungen">
    <RibbonButton Label="Mikrofon"
                  LargeImageSource="Images/Microphone.png" />
    <RibbonButton Label="Lautsprecher"
                  LargeImageSource="Images/base_speaker_32.png" />
    <RibbonButton Label="Animieren" SmallImageSource="Images/Animate.png"/>
    <RibbonButton Label="Bild anzeigen"
                  SallImageSource="Images/InsertPictureHS.png" />
```

```
        </RibbonGroup>
    </RibbonTab>
    <RibbonTab Header="Optionen"></RibbonTab>
```

Listing 21.61 Die Registerkarten

21.8 FlowDocuments

21.8.1 Allgemeine Beschreibung eines FlowDocuments

Mit den Steuerelementen `Label` und `TextBlock` haben Sie zwei Steuerelemente kennengelernt, die zur Laufzeit keine Textänderungen zulassen. Mit einer `TextBox`-Komponente ermöglichen Sie dem Anwender, eigene Einträge vorzunehmen. Der eingegebene Text ist allerdings unformatiert, das bedeutet, in einer `TextBox` kann der Inhalt nur in einer Schriftart dargestellt werden. Beispielsweise ist er entweder komplett fett oder kursiv und lässt auch keine unterschiedliche Farbwahl innerhalb des Elements zu. Verglichen mit den Möglichkeiten, die selbst HTML bietet, ist das geradezu erbärmlich, genügt aber den Anforderungen, die an ein einfaches Eingabesteuerelement gestellt werden.

Hinsichtlich der Verarbeitung und Darstellung von Text hat die WPF aber noch weitaus mehr zu bieten als die genannten einfachen Steuerelemente `Label` oder `TextBox`. Eines haben Sie bereits kennengelernt, nämlich den `TextBlock`. Ein `TextBlock` lässt bereits kurze, formatierte Texte zu. Sollen innerhalb eines `TextBlocks` darüber hinaus auch Listen, Tabellen oder Bilder angezeigt werden, ist das Steuerelement bereits an den Grenzen seiner Fähigkeiten angelangt.

Für solche komplexeren Anforderungen bietet Ihnen die WPF mit

- `FlowDocumentReader`
- `FlowDocumentPageViewer`
- `FlowDocumentScrollViewer`

drei weitere Steuerelemente an, mit denen beliebig strukturierte Dokumente in einem Fenster angezeigt werden können.

Ehe wir uns aber diesen drei Steuerelementen im Detail widmen, müssen wir uns mit dem Element `FlowDocument` beschäftigen. Dabei handelt es sich um ein Dokument, das in einem der drei genannten Steuerelemente angegeben wird, wie im folgenden Listing gezeigt wird:

```
<FlowDocumentReader>
    <FlowDocument>
        <!-- Inhalt, der durch Blöcke beschrieben wird -->
    </FlowDocument>
</FlowDocumentReader>
```

Listing 21.62 »FlowDocument«, eingebettet im Element »FlowDocumentReader«

21.8.2 Eigenschaften eines »FlowDocuments«

Um ein `FlowDocument` zu beschreiben, stehen Ihnen viele Eigenschaften zur Verfügung. Einige sind Ihnen bereits geläufig, beispielsweise `Padding`, `Margin`, `FontStyle` usw. Auf einige spezifische Eigenschaften soll aber an dieser Stelle eingegangen werden. Sehen Sie sich dazu bitte die folgende Tabelle an.

Eigenschaft	Beschreibung
IsHyphenationEnabled	Diese Eigenschaft gibt an, ob eine Silbentrennung durchgeführt werden soll.
IsOptimalParagraphEnabled	Wird diese Eigenschaft auf `true` gestellt, wird der Absatzumbruch optimiert. Das vermindert zu große Abstände zwischen den Wörtern.
LineHeight	Diese Eigenschaft gibt den Zeilenabstand innerhalb eines Absatzes an.
Style	Mit dieser Eigenschaft können Sie Formatierungen durch externe Styles beschreiben. Wir werden später in diesem Buch die Styles noch thematisieren.
TextAlignment	Diese Eigenschaft gibt die Textausrichtung an und kann auf `Left`, `Right`, `Center` und `Justify` eingestellt werden.

Tabelle 21.15 Eigenschaften eines »FlowDocuments«

> **Anmerkung**
> Für eine umfassende Beschreibung aller WPF-Klassen und deren Fähigkeiten eines `FlowDocument`-Objekts reicht der Platz in diesem Buch einfach nicht aus. Deshalb sei auch an dieser Stelle auf die MSDN-Onlinehilfe verwiesen, die diesbezüglich natürlich deutlich mehr Informationen liefert.

21.8.3 Die Blöcke eines »FlowDocuments«

`FlowDocuments` beschreiben einen textuellen Inhalt. Die Darstellung erfolgt, wie nicht anders zu erwarten ist, in XML. Die Grundstruktur eines `FlowDocuments` setzt sich aus einem oder mehreren sogenannten Blöcken zusammen. Dabei stehen Ihnen fünf unterschiedliche Blöcke zur Gestaltung der Grundstruktur zur Verfügung. Diese können Sie Tabelle 21.15 entnehmen. Alle Blöcke werden durch entsprechende Klassen beschrieben und lassen sich auf die Basisklasse `Block` zurückführen, die zum Namespace `System.Windows.Documents` gehört.

Block	Beschreibung

Paragraph	Ein `Paragraph`-Element beschreibt Text. Dieses Element beschreibt also gewissermaßen das Fleisch des `FlowDocuments`.
	
	```<Paragraph>```
	`  <!-- Textinhalt -->`
	`</Paragraph>`

Section	Das `Section`-Element dient dazu, mehrere Blöcke zusammenzuführen, um eine einheitliche Formatierung aller enthaltenen Blöcke zu erreichen.
	
	`<Section>`
	`  <!-- weitere Blöcke -->`
	`</Section>`

List	Das `List`-Element beschreibt eine Auflistung von `ListItem`-Elementen. Damit werden Listen innerhalb eines `FlowDocuments` beschrieben. Jedes `ListItem`-Element darf seinerseits einen beliebigen `Block`-Typ enthalten, natürlich auch wieder selbst ein `List`-Element, um eine verschachtelte Liste abzubilden.
Table	Das `Table`-Element bildet eine Tabelle ab. Jede Zelle der Tabelle darf einen beliebigen `Block`-Typ enthalten.

BlockUIContainer	Das `BlockUIElement` kann ein beliebiges `UIElement`-Element enthalten, beispielsweise einen `Button` oder eine `TextBox`. Damit lassen sich Dokumente erstellen, die programmierbar sind.
	
	`<BlockUIContainer>`
	`  <Button... />`
	`</BlockUIContainer>`

Tabelle 21.16 Die Blöcke eines »FlowDocuments«

`Paragraph`, `Section` und `BlockUIContainer` sind recht simpel und bedürfen keiner weiteren Beschreibung. `List` und `Table` hingegen sind etwas komplexer, so dass wir uns mit diesen beiden Blöcken weiter unten noch genauer beschäftigen werden.

Beispielprogramm

Das folgende Beispielprogramm *FlowDocumentSample* zeigt, wie ein einfaches `FlowDocument` durch XAML-Code ausgedrückt wird. Um das Grundprinzip zu verdeutlichen, wird in diesem Beispiel nur der `Paragraph`-Block verwendet.

```
// Beispiel: ..\Kapitel 21\FlowDocumentSample
<FlowDocumentReader>
  <FlowDocument>
    <Paragraph FontSize="20" FontFamily="Arial"
```

```
                 FontWeight="Bold" Foreground="Blue">
      Kapitel 3: das Klassendesign
    </Paragraph>
    <Paragraph FontSize="16" FontFamily="Arial" FontWeight="Bold">
      3.1 Einführung in die Objektorientierung
    </Paragraph>
    <Paragraph FontSize="12" FontFamily="Arial">
      Die beiden wichtigsten ...
    </Paragraph>
    <Paragraph FontSize="12" FontFamily="Arial">
      Stellen Sie sich ein Architekturbüro ...
    </Paragraph>
    <Paragraph FontSize="12" FontFamily="Arial">
      Der Bauplan dient also ...
    </Paragraph>
  </FlowDocument>
</FlowDocumentReader>
```

Listing 21.63 Der XAML-Code des Beispielprogramms »FlowDocumentSample«

In Abbildung 21.36 sehen Sie die Ausgabe des Beispielprogramms.

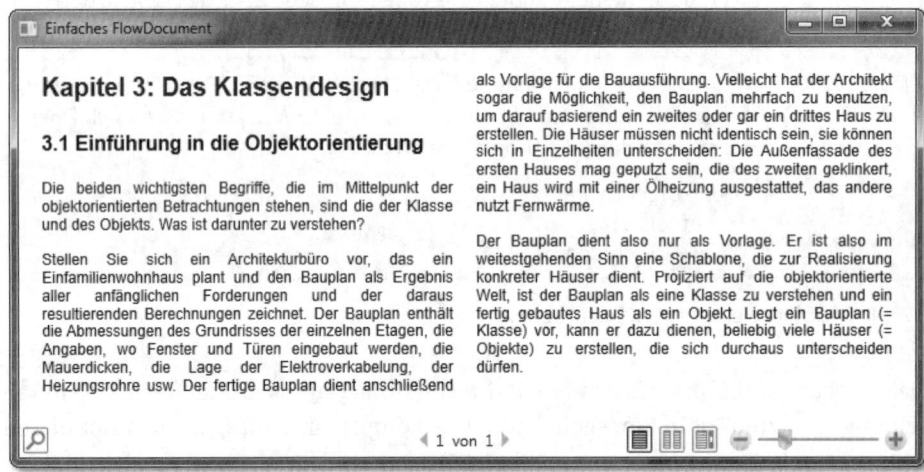

Abbildung 21.36 Ausgabe des Beispielprogramms »FlowDocumentSample«

Wie das Beispiel sehr schön zeigt, werden Fließtexte innerhalb von Paragraph-Elementen beschrieben. Der Text weist im Beispiel keinerlei Formatierungen auf. Wie schon oben angedeutet, können Sie jedoch auch innerhalb eines Textes einzelne Wörter oder Passagen unterschiedlich formatieren. Dazu dienen Inline-Elemente, mit denen wir uns in Abschnitt 21.8.4 beschäftigen werden. Zuvor aber sollten wir uns noch zwei der in Tabelle 21.15 aufgeführten Blockelemente etwas detaillierter ansehen: List und Table.

Der »List«-Block

Dieses List-Element dient zum Erzeugen von Aufzählungen. Jeder Listeneintrag wird innerhalb von List durch ein ListItem-Element beschrieben. ListItem-Elemente beinhalten ihrerseits Blockelemente, so dass Sie den anzuzeigenden Text zum Beispiel in ein Paragraph-Element einschließen können.

Mit der Eigenschaft MarkerStyle legen Sie das Aufzählungszeichen fest. Es entstammt der Enumeration TextMarkerStyle und enthält zehn verschiedene Varianten – angefangen bei einfachen Symbolen bis hin zu Zahlen und Buchstaben. Verwenden Sie Zahlen, kann mit der Eigenschaft StartIndex der Index des ersten Elements festgelegt werden. Den Abstand zwischen den Aufzählungszeichen und dem Text des Listeneintrags können Sie bei Bedarf mit der Eigenschaft MarkerOffset definieren.

```xaml
<Window ...>
  <Grid>
    <FlowDocumentReader>
      <FlowDocument>
        <List MarkerStyle="Decimal" FontFamily="Arial">
          <ListItem>
            <Paragraph>Erster Listeneintrag</Paragraph>
          </ListItem>
          <ListItem>
            <Paragraph>Zweiter Listeneintrag</Paragraph>
          </ListItem>
        </List>
      </FlowDocument>
    </FlowDocumentReader>
  </Grid>
</Window>
```

Listing 21.64 Das Blockelement »List« im XAML-Code

Dieser XAML-Code führt zu einer Ausgabe zur Laufzeit, wie sie in Abbildung 21.37 zu sehen ist.

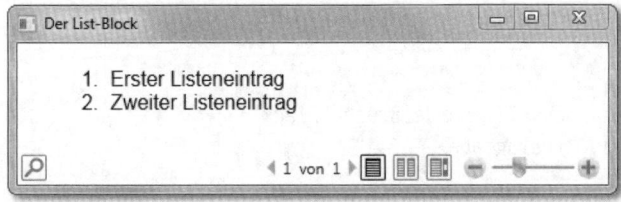

Abbildung 21.37 Ausgabe des Listings 21.64

Der »Table«-Block

Ein Block vom Typ Table beschreibt eine Tabelle. Innerhalb des Table-Elements werden mit TableRowGroup die Zeilen innerhalb der Tabelle beschrieben. Ausgedrückt wird dabei jede

Zeile durch ein `TableRow`-Element, jede Zelle der Datenzeile durch das Element `TableCell`. Ein `Table`-Element kann auch mehrere `TableRowGroup`-Elemente enthalten. Das ergibt einen Sinn, wenn mehrere Zeilen innerhalb der Tabelle unterschiedlich formatiert werden sollen.

Geben Sie innerhalb einer Tabellendefinition keine Spalten an, werden diese alle gleich breit dargestellt. Möchten Sie Spaltenbreiten individuell festlegen, sollten Sie im `Table`-Element auch einen `Table.Columns`-Abschnitt definieren, der als Container für die definierten `TableColumn`-Elemente dient. Geben Sie jedem `TableColumn`-Element die gewünschte Breite mit `Width` an. Dabei können Sie entweder die absolute Breite einstellen, z.B. mit `Width=70`, oder die relative Breite, beispielsweise mit `Width=3*`.

```xml
<Window ...>
  <Grid>
    <FlowDocumentReader>
      <FlowDocument>
        <Table CellSpacing="10" Padding="0" Background="Yellow"
               FontFamily="Arial" FontSize="12">
          <!-- Spaltendefinition -->
          <Table.Columns>
            <TableColumn Width="70" />
            <TableColumn Width="120" />
            <TableColumn Width="200"/>
          </Table.Columns>
          <!-- Zeilendefinition -->
          <TableRowGroup Background="LightCyan">
            <TableRow>
              <TableCell BorderThickness="1" BorderBrush="Black">
                <Paragraph>Zelle 0,0</Paragraph>
              </TableCell>
              <TableCell BorderThickness="1" BorderBrush="Black">
                <Paragraph>Zelle 0,1</Paragraph>
              </TableCell>
              <TableCell BorderThickness="1" BorderBrush="Black">
                <Paragraph>Zelle 0,2</Paragraph>
              </TableCell>
            </TableRow>
            <TableRow>
              <TableCell BorderThickness="1" BorderBrush="Black" >
                <Paragraph>Zelle 1,0</Paragraph>
              </TableCell>
              <TableCell BorderThickness="1" BorderBrush="Black">
                <Paragraph>Zelle 1,1</Paragraph>
              </TableCell>
              <TableCell BorderThickness="1" BorderBrush="Black">
                <Paragraph>Zelle 1,2</Paragraph>
              </TableCell>
```

```
            </TableRow>
          </TableRowGroup>
        </Table>
      </FlowDocument>
    </FlowDocumentReader>
  </Grid>
</Window>
```

Listing 21.65 Ein »Table«-Block innerhalb eines »FlowDocuments«

In Abbildung 21.38 sehen Sie die Ausgabe der Tabelle zur Laufzeit.

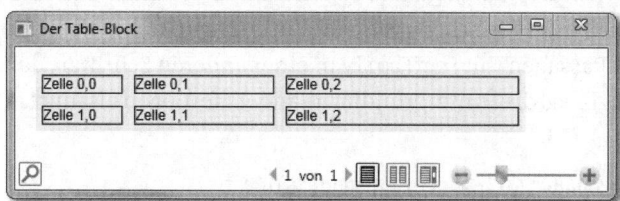

Abbildung 21.38 Ausgabe des Listings 21.65

21.8.4 Inline-Elemente

Innerhalb eines Fließtextes können Formatierungen am Text vorgenommen werden. Dazu dienen Inline-Elemente, die intern von der abstrakten Klasse Inline abgeleitet sind.

- **LineBreak**: Mit diesem Element wird ein Zeilenumbruch durchgeführt.
- **Bold**, **Italic** und **Underline**: Diese Inline-Elemente formatieren den enthaltenen Text fett, kursiv oder unterstrichen. Sie können Inline-Elemente grundsätzlich auch ineinander verschachteln, also Textpassagen auch fett und gleichzeitig kursiv darstellen, wie im folgenden XAML-Code gezeigt wird:

```
<Paragraph>
   Ein typisches Urlaubsland ist
   <Italic><Bold>Österreich</Bold></Italic>.
</Paragraph>
```

- **Figure**: Diese Elemente können Sie sich als ein FlowDocument vorstellen, das in einem übergeordneten Bereich eingebettet wird, beispielsweise dem Paragraph-Element. Der umgebende Inhalt umschließt das Figure-Element, wobei Sie mit den Eigenschaften HorizontalAnchor und VerticalAnchor sowie HorizontalOffset und VerticalOffset die Positionierung beliebig selbst festlegen dürfen. Height und Width legen die Abmessungen fest. Sollte der gewünschte Inhalt nicht in das Figure-Element passen, wird er abgeschnitten. Das Element eignet sich gut für Werbung, Zusatzinformationen oder auch Bilder.
- **Floater**: Dieses Element ist eine vereinfachte Form des Figure-Elements. Im Gegensatz zum Figure kann es nicht positioniert werden. Der Inhalt wird dort angezeigt, wo entspre-

chender Platz zur Verfügung steht. Für ein Floater-Element können Sie weder eine Offset- noch eine Anchor-Eigenschaft angeben. Im Allgemeinen eignen sich Floater eher zum Einfügen fortlaufender Inhalte.

- **InlineUIContainer**: Dieses Element verwenden Sie, um andere UIElement-Elemente in den Fließtext einzubetten, beispielsweise einen Button. Mit diesem Element können Sie zwar nur UI-Elemente direkt angeben, aber es steht Ihnen frei, dazu einen Container zu verwenden, der natürlich seinerseits mehrere Elemente aufnehmen kann. Im Großen und Ganzen ähnelt es dem Element BlockUIContainer.

- **Span**: Obwohl Sie mit den Elementen Bold, Underline und Italic Möglichkeiten haben, einzelne Passagen des Textes besonders darzustellen, reichen diese oft nicht aus. Hier kommt das Span-Element ins Spiel, das wesentlich mehr Gestaltungsspielraum bietet. So lassen sich einzelne Wörter oder Passagen mit FontFamily in einer anderen Schriftart darstellen, oder Sie können mit Background die Hintergrundfarbe anders festlegen als im restlichen Teil des Dokuments.

```
<Paragraph>Dies ist<Span Background="Yellow" Foreground="Blue"
  FontFamily="Californian FB">Beispiel</Span> für das <Span
  FontFamily="Courier New">Span</Span>-Element.
</Paragraph>
```

- **Hyperlink**: Dieses Element stellt einen Hyperlink dar. Dem Attribut NavigateUri geben Sie einen URI an, der nach dem Klicken auf das Element angezeigt werden soll. Stellen Sie dem URI das Zeichen »#« voran, können Sie sogar zu einer benannten Stelle im Dokument wechseln. Mit dem Attribut TargetName legen Sie das Ziel der Navigation fest. Dabei kann es sich zum Beispiel um ein Fenster oder einen Frame handeln.

- **Run**: Das Element Run gibt einen unformatierten Text aus. Dieser kann durch umschließende Elemente wieder eine eigene Formatierung erhalten.

Das folgende Beispielprogramm demonstriert den Einsatz des Figure-Elements. Sicher ist das Layout des Windows durchaus deutlich verbesserungsbedürftig, aber dem Autor fehlt dazu einfach die erforderliche Begabung ☺.

```
// Beispiel: ..\Kapitel 21\FigureElementSample
<FlowDocumentReader>
  <FlowDocument>
    <Paragraph FontSize="22" Background="LightBlue" FontStyle="Oblique"
            FontFamily="Arial" TextAlignment="Center" Padding="10">
      <TextBlock  VerticalAlignment="Center">
        <Bold>Seychellen-Infos</Bold>
      </TextBlock>
    </Paragraph>
    <Paragraph FontFamily="Arial" FontSize="15">
      Zu den vermutlich schönsten ...
      <Figure Width="150" HorizontalAnchor="PageLeft"
                  VerticalAnchor="PageCenter">
```

```
                    HorizontalOffset="0"
                    VerticalOffset="40">
      <BlockUIContainer>
        <Image  Source="1.jpg"></Image>
      </BlockUIContainer>
    </Figure>
    <Figure Width="150" HorizontalAnchor="PageRight"
                    VerticalAnchor="PageCenter"
                    VerticalOffset="-5">
      <BlockUIContainer>
        <Image Source="2.jpg"></Image>
      </BlockUIContainer>
    </Figure>
  </Paragraph>
</FlowDocument>
</FlowDocumentReader>
```

Listing 21.66 Das Beispielprogramm »FigureElementSample«

Abbildung 21.39 Die Ausgabe des Beispiels »FigureElementSample«

> **Anmerkung**
> Alle hier behandelten Inline-Elemente wurden in den Codebeispielen in Paragraph-Elementen verwendet. Grundsätzlich unterstützt aber auch das TextBlock-Element alle Inlines.

21.8.5 »FlowDocuments« mit Code erzeugen

Nicht immer werden Sie Ihre FlowDocuments im XAML-Code von Visual Studio 2012 bereitstellen können. Hier bieten sich Ihnen zwei weitere Alternativen an:

- Sie beschreiben den Inhalt des `FlowDocuments` mit Programmcode.
- Sie greifen auf eine bereitgestellte XAML-Datei zurück.

In diesem Abschnitt wollen wir uns zunächst mit der Codierung beschäftigen, daran anschließend mit dem Einlesen aus einer Datei.

Das Schreiben des Programmcodes gestaltet sich zu einem mittleren Drama. Nicht die Komplexität ist dafür verantwortlich, sondern vielmehr der Gesamtumfang. Vielleicht sollten Sie sich daher zunächst einmal Abbildung 21.40 ansehen.

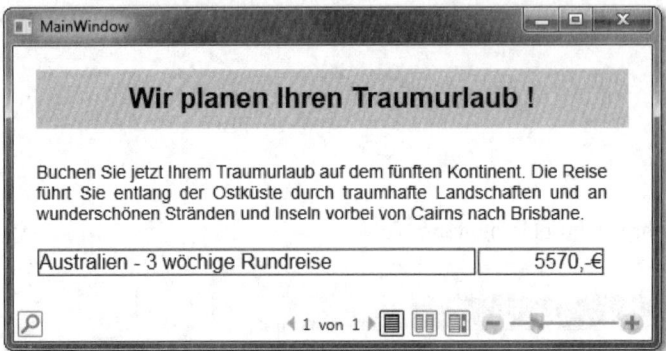

Abbildung 21.40 Ausgabe des Beispielprogramms »FlowDocumentWithCode«

Eigentlich wird nicht viel dargestellt, das `FlowDocument` enthält auch keine besonderen »Spezialitäten«. Doch schauen Sie sich jetzt den Beispielcode an, der dieser Ausgabe zugrunde liegt.

```
// Beispiel: ..\Kapitel 21\FlowDocumentWithCode
private void Window_Loaded(object sender, RoutedEventArgs e) {
  FlowDocumentReader flowReader = new FlowDocumentReader();
  FlowDocument document = new FlowDocument();
  flowReader.Document = document;
  this.Content = flowReader;
  // Erster Block - Paragraph
  Paragraph para1 = new Paragraph();
  para1.FontSize = 22;
  para1.Background = new SolidColorBrush(Colors.LightBlue);
  para1.FontFamily = new FontFamily("Arial");
  para1.TextAlignment = TextAlignment.Center;
  para1.Padding = new Thickness(10);
  TextBlock textBlock1 = new TextBlock();
  textBlock1.VerticalAlignment = System.Windows.VerticalAlignment.Center;
  textBlock1.Inlines.Add(new Bold(new Run("Wir planen ...")));
  para1.Inlines.Add(textBlock1);
  document.Blocks.Add(para1);
  // Zweiter Block - Paragraph
```

```csharp
    Paragraph para2 = new Paragraph();
    TextBlock textBlock2 = new TextBlock();
    textBlock2.FontSize = 14;
    textBlock2.TextWrapping = TextWrapping.Wrap;
    textBlock2.FontFamily = new FontFamily("Arial");
    textBlock2.Inlines.Add(new Run("Buchen Sie ..."));
    para2.Inlines.Add(textBlock2);
    document.Blocks.Add(para2);
    // Dritter Block - Tabelle
    Table table = new Table();
    table.FontFamily = new FontFamily("Arial");
    // 1. Spalte
    TableColumn col1 = new TableColumn();
    col1.Width = new GridLength(350);
    table.Columns.Add(col1);
    // 2. Spalte
    TableColumn col2 = new TableColumn();
    col2.Width = new GridLength(100);
    table.Columns.Add(col2);
    TableRowGroup rowGroup = new TableRowGroup();
    TableRow row1 = new TableRow();
    // Zelle 1, Reihe 1
    TableCell cell00 = new TableCell(
       new Paragraph(new Run("Australien - 3 wöchige Rundreise")));
    cell00.BorderThickness = new Thickness(1);
    cell00.BorderBrush = new SolidColorBrush(Colors.Black);
    row1.Cells.Add(cell00);
    // Zelle 2, Reihe 1
    TableCell cell01 = new TableCell(new Paragraph(new Run("5570,-€")));
    cell01.TextAlignment = TextAlignment.Right;
    cell01.BorderThickness = new Thickness(1);
    cell01.BorderBrush = new SolidColorBrush(Colors.Black);
    row1.Cells.Add(cell01);
    rowGroup.Rows.Add(row1);
    table.RowGroups.Add(rowGroup);
    document.Blocks.Add(table);
}
```

Listing 21.67 Das Beispielprogramm »FlowDocumentWithCode«

Erstellt wird das FlowDocument im Ereignis Loaded des Window. Als Viewer des Dokuments wird auch in diesem Fall ein FlowDocumentReader benutzt. Das FlowDocument beschreibt drei Blöcke, unter ihnen eine Tabelle. Um den Code nicht unnötig aufzublähen, ist in der Tabelle nur eine Zeile definiert. Das wird aber ausreichen, um den Ablauf zu erklären.

Sehen wir uns exemplarisch die erste Paragraph-Definition an. Ein Paragraph-Objekt verwaltet eine Collection von Inline-Objekten, die über die Eigenschaft Inlines veröffentlicht wird.

Jedes zu einem `Paragraph`-Objekt gehörende `Inline`-Objekt muss dieser Collection hinzugefügt werden. In unserem Beispielprogramm handelt es sich um ein `TextBlock`-Objekt. Sehr ähnlich wird auch das zweite `Paragraph`-Objekt behandelt.

Ein `Table`-Block beschreibt mindestens ein `TableGroup`-Objekt, das seinerseits mehrere Zeilen beherbergt. Eine Zeile wiederum ist durch `TableCell`-Objekte beschrieben. Jedes `TableCell`-Objekt muss der Collection aller Zellen einer Tabellenzeile hinzugefügt werden, z.B.

```
row1.Cells.Add(cell00);
```

`row1` ist hierbei die Referenz einer Tabellenzeile.

Mit

```
rowGroup.Rows.Add(row1);
```

wird die Zeile zum Mitglied des `TableRowGroup`-Objekts. Die `TableRowGroup` wird mit

```
table.RowGroups.Add(rowGroup);
```

zu einem Mitglied der Tabelle.

Ein `FlowDocument` beschreibt mit einer Collection vom Typ `BlockCollection` alle in ihm enthaltenen Blöcke. Natürlich müssen auch diese Blöcke erst dem Dokument bekannt gegeben werden. Im Fall unserer Tabelle ist das die Anweisung

```
document.Blocks.Add(table);
```

Das `FlowDocument` muss natürlich auch noch dem Viewer übergeben werden, der sich selbst auch noch dem `Window`-Objekt bekannt machen muss. Hierfür sind die beiden Anweisungen

```
flowReader.Document = document;
this.Content = flowReader;
```

zuständig.

21.8.6 Speichern und Laden eines »FlowDocuments«

Sie können ein `FlowDocument` als XAML-Datei speichern. Hierbei kommt die Klasse `XamlWriter` ins Spiel, deren Namespace `System.Windows.Markup` Sie mit `using` bekannt geben sollten. Mit der statischen Methode `Save` der Klasse wird das Dokument in die angegebene Datei geschrieben.

```
FileStream fs = new FileStream(@"C:\Test.xaml", FileMode.Create);
XamlWriter.Save(FlowDocument, fs);
fs.Close();
```

Listing 21.68 Speichern eines »FlowDocuments«

Zum Laden eines `FlowDocument` kommt die Klasse `XamlWriter` zum Einsatz. Hier ist es die statische Methode `Load()`, die das Laden initiiert.

```
File.OpenRead(@"C:\test.xaml");
DocumentViewer.DocumentProperty = XamlReader.Load(fs);
fs.Close();
```

Listing 21.69 Laden eines »FlowDocuments«

21.9 Das Element »FlowDocumentViewer«

Nachdem Sie nun wissen, wie ein FlowDocument definiert wird, ist es an der Zeit, sich mit den Komponenten zu befassen, die ein FlowDocument anzeigen können. Die WPF sieht dazu drei Steuerelemente vor, die sich in den Anzeigemöglichkeiten unterscheiden. Dass mit einer gesteigerten Anzeigeanforderung auch der Ressourcenverbrauch steigt, ist selbstredend.

21.9.1 Das Anzeigeelement »FlowDocumentScrollViewer«

Dieses Element hat den geringsten Ressourcenverbrauch. Das Steuerelement zeigt den Fließtext fortlaufend an. Kann das Dokument inhaltlich nicht komplett angezeigt werden, wird ein vertikaler Schiebebalken angezeigt. Der Text wird immer einspaltig angezeigt, dessen Breite ergibt sich aus der Breite des Steuerelements.

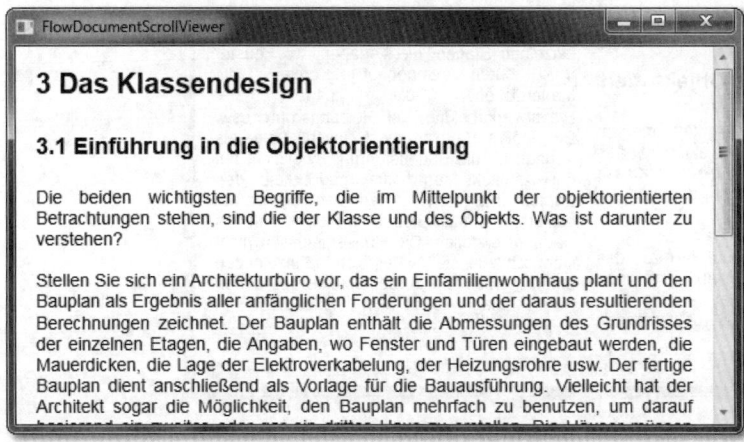

Abbildung 21.41 Das Element »FlowDocumentScrollViewer«

> **Hinweis**
> Sie finden auf der Buch-DVD die entsprechenden Beispiele zu den drei in diesem Abschnitt besprochenen Viewern, die sich auch in den Abbildungen wiederfinden. Auf die Wiedergabe des Programmcodes habe ich an dieser Stelle bewusst verzichtet, da es nicht auf den XAML-Code, sondern vielmehr auf die Darstellungsform eines größeren Dokuments zur Laufzeit ankommt.

21.9.2 Das Anzeigeelement »FlowDocumentPageViewer«

In diesem Viewer wird das Dokument seitenweise angezeigt. Anstelle des Rollbalkens wird ein Pfeilbutton zum Blättern von einer Seite zur anderen angezeigt. Darüber hinaus ist es möglich, das Dokument zu zoomen.

Im Beispiel *FlowDocumentPageViewer* wird das gleiche Dokument angezeigt wie im Beispiel *FlowDocumentScrollViewer* im Abschnitt zuvor. Wenn Sie dieses Beispiel testen und zur Laufzeit die Breite des Window vergrößern, werden Sie feststellen, dass der Text automatisch auf zwei oder auch noch mehr Spalten aufgeteilt wird, um zu lange Zeilen zu vermeiden. Für dieses Verhalten sind drei Eigenschaften des FlowDocument-Elements verantwortlich: ColumnWidth, ColumnGap und IsColumnWidthFlexible. Die Eigenschaft ColumnWidth legt die Spaltenbreite fest. Per Vorgabe ist Auto eingestellt, mit der die Spaltenbreite automatisch auf das Zwanzigfache der aktuellen FontSize-Einstellung festgelegt wird. ColumnGap legt den Wert für den Spaltenabstand fest. Auch dieser Wert ist per Vorgabe Auto, was der aktuellen Einstellung der Eigenschaft LineHeight entspricht. ColumnWidthFlexible schließlich gibt an, ob die Eigenschaft ColumnWidth fix oder flexibel festgelegt ist. Der Standardwert dieser Eigenschaft ist true.

Abbildung 21.42 Das Element »FlowDocumentPageViewer«

21.9.3 Das Anzeigeelement »FlowDocumentReader«

Mit dem FlowDocumentReader können Sie zwischen drei Darstellungsformen umschalten. Es bieten sich hier die beiden Ansichten an, die von den Elementen FlowDocumentScrollViewer und FlowDocumentPageViewer angeboten werden, und darüber hinaus eine Zwei-Seiten-Ansicht, die zwei Seiten nebeneinander zeigt. Eine weitere Besonderheit hat dieses Anzeigeelement noch mit der zusätzlich angebotenen Suchfunktion zu bieten.

Abbildung 21.43 Das Element »FlowDocumentReader«

21.10 XPS-Dokumente mit »DocumentViewer«

21.10.1 Allgemeines zum XPS-Format

Mit dem XPS-Format (*XML Paper Specification*) hat Microsoft das Pendant zu Adobes PDF-Format ins Rennen geschickt. Unter .NET werden XPS-Dokumente als FixedDocument-Objekte dargestellt. Im Gegensatz zu FlowDocument-Objekten ist deren Seitenformat unveränderlich. XPS-Dokumente besitzen auf dem Bildschirm und auf dem Drucker immer die gleiche Darstellung.

XPS-Dokumente haben unter anderem die folgenden Eigenschaften:

- XPS-Dokumente können nicht bearbeitet werden und haben immer die gleiche Struktur.
- Die Daten eines XPS-Dokuments befinden sich in einer XPS-Datei, die im ZIP-Format gespeichert wird.
- Mit der Installation des .NET Frameworks (ab Version 3.0) kann auch der Internet Explorer als Viewer von XPS-Dokumenten verwendet werden.
- Microsofts Betriebssysteme ab Vista verfügen über einen XPS-Druckertreiber.
- Das Office-Paket unterstützt das Exportieren von XPS-Dokumenten.

Inwieweit sich das XPS-Format gegenüber dem PDF-Format etablieren oder gar durchsetzen kann, bleibt abzuwarten. Der Internet Explorer als Betrachter von XPS-Dokumenten bleibt mit seinen Fähigkeiten noch immer hinter dem Adobe Reader zurück. Zudem sind XPS-Dokumente wesentlich größer als gleichwertige PDF-Dateien.

21.10.2 Beispielprogramm

Zur Darstellung von XPS-Dokumenten stellt die WPF mit DocumentViewer ein eigenes Steuerelement bereit. An der Darstellung eines XPS-Dokuments lässt sich nichts ändern, so dass dem Steuerelement einzig und allein die Aufgabe zukommt, Einfluss auf die Darstellungsform zu nehmen und eine Navigation bereitzustellen.

Im XAML-Code brauchen Sie nur das Element DocumentViewer zu definieren. Da im Code später darauf zugegriffen wird, ist die Angabe der Eigenschaft Name erforderlich.

```
// Beispiel: ..\Kapitel 21\DocumentViewer
<Window ...>
  <Grid>
    <DocumentViewer Name="myDocViewer" />
  </Grid>
</Window>
```

Listing 21.70 Das Beispielprogramm »DocumentViewer«

Das Laden der XPS-Datei erfolgt im Ereignis Loaded des Window-Objekts. Diesem Beispielprogramm habe ich einen Teil von Kapitel 3 als XPS-Dokument zu Demonstrationszwecken hinzugefügt. Um ein XPS-Dokument zu laden, benötigen Sie die Klasse XpsDocument. Diese befindet sich im Namespace System.Windows.Xps.Packaging der Bibliothek *ReachFramework.dll*. Letztere müssen Sie unter VERWEISE einbinden.

```
private void Window_Loaded(object sender, RoutedEventArgs e) {
  XpsDocument xpsDoc = new XpsDocument(@"..\..\Kapitel 3.xps", FileAccess.Read);
  myDocViewer.Document = xpsDoc.GetFixedDocumentSequence();
  xpsDoc.Close();
}
```

Listing 21.71 Programmcode des Beispielprogramms »DocumentViewer«

Wie schon von den anderen Viewern her bekannt, hat auch das Element DocumentViewer eine Document-Eigenschaft, der Sie die Referenz auf das XPS-Dokument übergeben. Mit der Methode GetFixedDocumentSequence werden die XPS-Daten im erforderlichen Format bereitgestellt.

Das DocumentViewer-Element stellt standardmäßig Schaltflächen zur Verfügung, um die dargestellte Größe zu ändern oder um im Text nach Begriffen zu suchen. Sogar das Drucken des Dokuments ist möglich. Eine individuelle Gestaltung des Viewers ist praktisch nicht möglich.

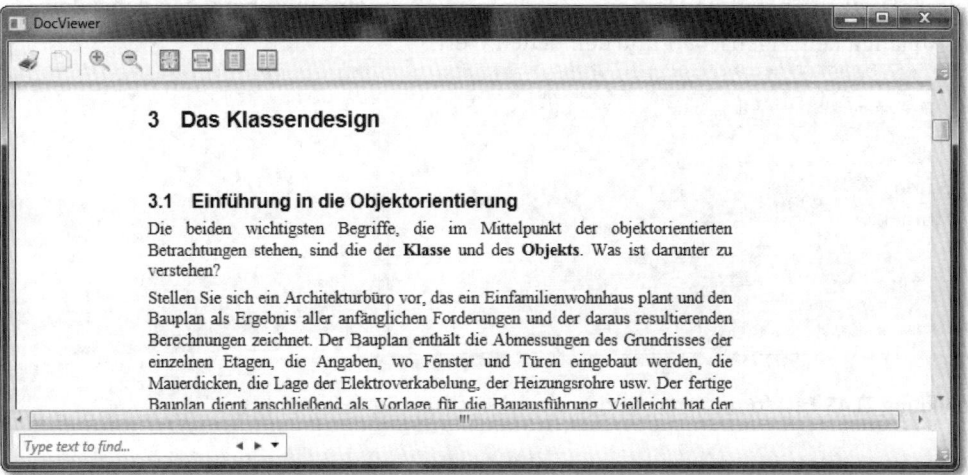

Abbildung 21.44 Das Element »DocumentViewer«

21.11 Das Steuerelement »RichTextBox«

Alle zuvor vorgestellten Anzeigesteuerelemente `FlowDocumentScrollViewer`, `FlowDocumentPageViewer` und `FlowDocumentReader`, die über vielfältige Darstellungsmöglichkeiten verfügen, sind schreibgeschützt und erfüllen ihre Aufgabe nur als Komponenten zur Anzeige. Das `RichTextBox`-Steuerelement unterstützt den Anwender dabei, eigene Dokumente zu erstellen, deren Textdarstellung über die einer einfachen `TextBox` hinausgeht. Da eine `TextBox` und eine `RichTextBox` in der Klasse `TextBoxBase` eine gemeinsame Basisklasse haben, verwundert es nicht, dass beide über eine Vielzahl gemeinsamer Eigenschaften und Methoden verfügen.

Formatieren des Inhalts

Die `RichTextBox` gestattet viele Formatierungsmöglichkeiten des eingegebenen Textes. Neben der fetten oder kursiven Darstellung einzelner Wörter oder gar Buchstaben können Sie einzelnen Textpassagen, Wörtern und Zeichen eine andere Farbe oder eine andere Schriftart zuweisen. Dabei wird nur derjenige Text wunschgemäß formatiert, der aktuell ausgewählt ist.

Wir wollen uns ein Beispiel ansehen, mit dem wir den aktuell ausgewählten Text fett formatieren wollen. Die Eigenschaft `Selection` liefert zunächst den markierten Text. Darauf wird die Methode `GetPropertyValue` aufgerufen, der als Parameter die gewünschte Abhängigkeitseigenschaft übergeben wird. Damit werten wir die aktuelle Formatierung aus. In unserem Fall ist das die Eigenschaft `FontWeightProperty`. Der Rückgabewert ist vom Typ `Object`, den wir in diesem Fall in `FontWeight` umwandeln müssen. Damit haben wir die aktuelle Markierung erfahren. Wird der markierte Text in Normaldarstellung angezeigt, müssen wir ihn nun fett darstellen, ansonsten die fette Darstellung in Normaldarstellung. Nach einer Überprüfung mit entsprechender neuer Festlegung gilt es, das neue Format dem selektierten Text zuzuweisen. Dazu rufen wir die Methode ApplyPropertyValue auf und übergeben dabei den Typ der Abhängigkeitseigenschaft und den neuen Wert.

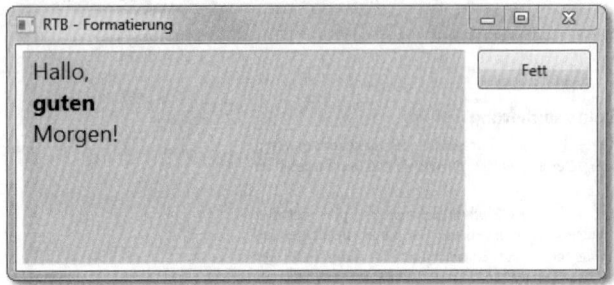

Abbildung 21.45 Fett formatierter Text in einem »RichTextBox«-Control

```xml
<Window ...
    Title="RTB-Formatierung" Height="300" Width="500">
<DockPanel>
  <StackPanel Orientation="Vertical" Width="100" DockPanel.Dock="Right">
    <Button Height="30" Name="btnFett" Click="btnFett_Click">Fett</Button>
  </StackPanel>
  <RichTextBox Name="rtbDocument" Margin="5,5,5,5"
               Background="LightGray" FontSize="18"></RichTextBox>
</DockPanel>
```

Listing 21.72 »RichTextBox«im XAML-Code

```csharp
// Ereignishandler
private void btnFett_Click(object sender, RoutedEventArgs e) {
  Object fett= rtbDocument.Selection.GetPropertyValue(FontWeightProperty);
  FontWeight actFontWeight = (FontWeight)fett;
  FontWeight newFontWeight;
  if (actFontWeight == FontWeights.Bold)
    newFontWeight = FontWeights.Normal;
  else
    newFontWeight = FontWeights.Bold;
            rtbDocument.Selection.ApplyPropertyValue(
                    FontWeightProperty, newFontWeight);
    rtbDocument.Focus();
}
```

Listing 21.73 Textpassagen per Code fett darstellen

Laden und Speichern

Das einfache Ändern einer Textformatierung mit Code ist nicht in einer Zeile zu erledigen. Ähnliches gilt für das Laden und Speichern von Text. Sehen wir uns zuerst den kompletten Ereignishandler einer Schaltfläche an, die das Laden eines Dokuments bewirkt.

```csharp
private void btnLaden_Click(object sender, RoutedEventArgs e) {
  OpenFileDialog dialog = new OpenFileDialog();
  dialog.Filter = "Text-Dateien|*.txt|XAML-Dateien|*.xaml|RTF-Dateien|
                  *.rtf|Alle Dateien|*.*";
  bool? result = dialog.ShowDialog();
  if (result == true) {
    string format = null; ;
    switch(dialog.FilterIndex) {
      case 1:
      case 4:
        format = DataFormats.Text;
        break;
      case 2:
        format = DataFormats.Xaml;
        break;
      case 3:
        format = DataFormats.Rtf;
        break;
    }
    FlowDocument document = rtbDocument.Document;
    TextRange range = new TextRange(document.ContentStart, document.ContentEnd);
    FileStream stream = new FileStream(dialog.FileName, FileMode.Open,
                                      FileAccess.ReadWrite);
    range.Load(stream, format);
  }
}
```

Listing 21.74 Laden eines Dokuments

Es gilt, zuerst den Inhalt des RichTextBox-Steuerelements zu referenzieren. Dazu wird auf der Objektreferenz die Eigenschaft Document ausgewertet, die ein Objekt vom Typ FlowDocument liefert. Immerhin müssen wir nicht zwangsläufig das gesamte Dokument laden oder speichern, es kann sich auch um eine einzelne Passage handeln, die durch ein Objekt vom Typ TextRange beschrieben wird. Der Konstruktor der Klasse TextRange erwartet die Angabe des Anfangs- und Endpunkts der zu behandelnden Passage. Möchten Sie das komplette Dokument laden bzw. speichern, werden die Eigenschaften ContentStart und ContentEnd des FlowDocument-Objekts angegeben.

Die Methoden Load und Save des TextRange-Objekts übernehmen das Laden und Speichern. Dazu übergeben Sie dem ersten Parameter ein Stream-Objekt, dem zweiten Parameter teilen Sie das Datenformat mit. Letzteres wird durch eine der zahlreichen statischen Felder der Klasse DataFormats beschrieben.

Standarddialoge werden von der WPF nicht direkt unterstützt. Allerdings gibt es mit einem kleinen Trick einen Weg, auch die Windows-internen Dialoge nutzen zu können. Dazu muss man zuerst den Namespace Microsoft.Win32 mit using bekannt geben. In diesem Namespace befinden sich die Klassen `OpenFileDialog` und `SaveFileDialog`. Beide Klassen müssen vor ihrer Nutzung instanziiert werden. Mit der Methode `ShowDialog` werden die Dialoge zur Anzeige gebracht. Der Rückgabewert ist `bool?`. Ist er `true`, hat der Anwender eine entsprechende Auswahl mit der ÖFFNEN-Schaltfläche des Dialogs bestätigt.

Zahlreiche Eigenschaften gestatten die individuelle Gestaltung. Im Code wurde die Eigenschaft `Filter` dazu verwendet, im Öffnen-Dialog die angezeigten Daten zu filtern. In unserem Beispiel werden entweder TXT-, XAML-, RTF- oder gleich alle Dateien angezeigt. Je nach Filtereinstellung des Benutzers wird diese zur Festlegung eines entsprechenden Datenformats ausgewertet. Ausgewertet wird die Dateiwahl des Anwenders durch Abrufen der Eigenschaft `FileName` des `OpenFileDialogs`.

In ähnlicher Weise wird auch der Ereignishandler zum Speichern der Daten implementiert.

Im folgenden Beispielprogramm wird das Codebeispiel zur Formatierung erweitert. Der XAML-Code ist noch um zwei Buttons ergänzt, deren Ereignishandler das Laden und Speichern eines Dokuments ermöglicht.

```csharp
// Beispiel: ..\Kapitel 21\RichTextBoxSample
private void btnLaden_Click(object sender, RoutedEventArgs e) {
  OpenFileDialog dialog = new OpenFileDialog();
  dialog.Filter = "Text-Dateien|*.txt|XAML-Dateien|*.xaml|RTF-Dateien|
                   *.rtf|Alle Dateien|*.*";
  bool? result = dialog.ShowDialog();
  if (result == true) {
    string format = null; ;
    switch (dialog.FilterIndex) {
      case 1:
      case 4:
        format = DataFormats.Text;
        break;
      case 2:
        format = DataFormats.Xaml;
        break;
      case 3:
        format = DataFormats.Rtf;
        break;
    }
    FlowDocument document = rtbDocument.Document;
    TextRange range = new TextRange(document.ContentStart, document.ContentEnd);
    FileStream stream = new FileStream(dialog.FileName, FileMode.Open,
                             FileAccess.ReadWrite);
    range.Load(stream, format);
    stream.Close();
  }
}
```

```csharp
private void btnSpeichern_Click(object sender, RoutedEventArgs e) {
  SaveFileDialog dialog = new SaveFileDialog();
  dialog.Filter = "Text-Dateien|*.txt|XAML-Dateien|*.xaml|RTF-Dateien|*.rtf";
  bool? result = dialog.ShowDialog();
  if (result == true) {
    string format = null; ;
    switch (dialog.FilterIndex) {
      case 1:
        format = DataFormats.Text;
        break;
      case 2:
        format = DataFormats.Xaml;
        break;
      case 3:
        format = DataFormats.Rtf;
        break;
    }
    FlowDocument document = rtbDocument.Document;
    TextRange range = new TextRange(document.ContentStart, document.ContentEnd);
    FileStream stream = new FileStream(dialog.FileName, FileMode.Create,
                                      FileAccess.ReadWrite);
    range.Save(stream, format);
    stream.Close();
  }
}
```

Listing 21.75 C#-Code des Beispielprogramms »RichTextBoxSample«

Kapitel 22
Elementbindungen

In den Kapiteln 19 bis 21 wurden viele Aspekte der Oberflächengestaltung diskutiert. Nun wird es Zeit, sich näher mit den speziellen WPF-Techniken zu beschäftigen. Dazu starten wir mit einem Thema, das sich durch die folgenden Kapitel wie ein roter Faden ziehen wird: den Bindungen. Man unterscheidet dabei zwei grundlegende Techniken: die Element- und die Datenbindung. Bei der Elementbindung wird die Eigenschaft eines Elements an die Eigenschaft eines anderen Elements gebunden, bei der Datenbindung handelt es sich um die Bindung einer Elementeigenschaft an eine allgemeine Datenquelle. In diesem Kapitel wird schwerpunktmäßig auf die Elementbindung eingegangen. In Kapitel 24 sehen wir uns noch die Details der allgemeinen Datenbindung an.

22.1 Einführung in die Bindungstechnik

Bindungen werden zwischen zwei Elementen definiert. Auf der einen Seite befindet sich eine Datenquelle, auf der anderen das Datenziel. Im Datenziel wird eine Eigenschaft oder auch mehrere an Daten gebunden, die die Datenquelle zur Verfügung stellt. Datenquellen können ausgesprochen vielfältig sein:

- Es kann sich bei der Datenquelle um die Eigenschaft eines anderen Elements (z.B. ein Steuerelement) handeln.
- Die Daten können aus einer XML-Datei bezogen werden.
- Daten können aus einer Auflistung oder gar aus einer Datenbank stammen.

Eine Voraussetzung muss dabei seitens des Datenziels erfüllt sein: Die Datenbindung funktioniert nur, wenn die Eigenschaft des Datenziels, an die eine Datenquelle gebunden wird, als Abhängigkeitseigenschaft (Dependency Property) implementiert ist. Erfreulicherweise erfüllen die meisten Eigenschaften der WPF-spezifischen Klassen diese Bedingung.

22.1.1 Ein einfaches Bindungsbeispiel

Bevor wir uns mit den Details der Elementbindung beschäftigen, wollen wir uns ein einfaches Beispiel ansehen, um den Bindungseffekt zu verstehen.

Die einfachste Bindung in der WPF ist sicherlich die Elementbindung zwischen zwei WPF-Elementen. Auch hier wird zwischen der Datenquelle und dem Datenziel unterschieden. Die

Datenquelle stellt einen Wert zur Verfügung, das Datenziel bindet eine Eigenschaft an diesen Wert. Sollte sich der Wert in der Datenquelle ändern, wird auch die gebundene Eigenschaft des Datenziels geändert. Wie bereits erwähnt, muss die gebundene Eigenschaft des Datenziels dabei eine Bedingung erfüllen: Es muss eine Abhängigkeitseigenschaft (Dependency Property) sein.

Kommen wir zum angekündigten ersten Beispiel, und sehen Sie sich bitte Abbildung 22.1 an. Im Fenster ist oben eine TextBox und unten eine ListBox platziert. Die ListBox enthält ein paar Namen, von denen einer ausgewählt werden kann. Die Eigenschaft Text der TextBox ist an die ListBox in der Weise gebunden, dass der in der ListBox selektierte Name sofort in der TextBox angezeigt wird.

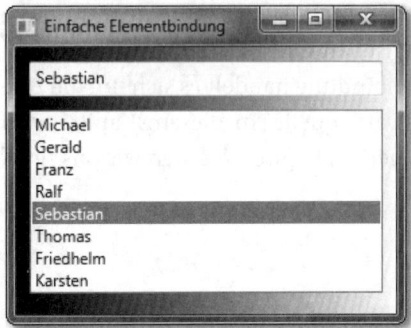

Abbildung 22.1 Einfache Datenbindung zwischen »TextBox« und »ListBox«

Sehen wir uns den XAML-Code an, auf dem die Abbildung basiert.

```
// Beispiel: ..\Kapitel 22\SimpleBinding
<Window ... >
  <StackPanel>
    <TextBox Height="25" Margin="10, 10, 10, 0" Name="textBox1"
             Text="{Binding ElementName=listBox1,
                    Path=SelectedItem.Content}"/>
    <ListBox Margin="10, 10, 10, 10" Name="listBox1">
      <ListBoxItem>Michael</ListBoxItem>
      <ListBoxItem>Gerald</ListBoxItem>
      <ListBoxItem>Franz</ListBoxItem>
      <ListBoxItem>Ralf</ListBoxItem>
      <ListBoxItem>Sebastian</ListBoxItem>
      <ListBoxItem>Thomas</ListBoxItem>
      <ListBoxItem>Friedhelm</ListBoxItem>
      <ListBoxItem>Karsten</ListBoxItem>
    </ListBox>
  </StackPanel>
</Window>
```

Listing 22.1 Der XAML-Code des Beispielprogramms »SimpleBinding«

Die Datenquelle ist in diesem Beispiel die `ListBox`. Für die Datenbindung sind bei diesem Element keine besonderen Maßnahmen notwendig. Die Bindung selbst ist in der `TextBox` definiert, dem Datenziel. Anstatt der Eigenschaft `Text` eine fixe Zeichenfolge zu übergeben, wird die Eigenschaft mit

```
Text="{Binding ElementName=listBox1, Path=SelectedItem.Content}"
```

an die `ListBox` gebunden. Datenbindungen werden mit der Markup-Erweiterung von XAML umgesetzt, d. h. innerhalb der geschweiften Klammern beschrieben. In der Markup-Erweiterung wird zuerst ein Objekt vom Typ `Binding` angegeben. Es müssen zwei Eigenschaften dieses Objekts festgelegt werden: `ElementName` und `Path`. `ElementName` beschreibt den Bezeichner des Elements, an das gebunden wird. `Path` gibt die Eigenschaft der Datenquelle an, an die gebunden werden soll. Die WPF verwendet den Ausdruck `Path` und nicht wie vielleicht erwartet `Property`, weil `Path` auf die Eigenschaft einer Eigenschaft zeigen kann – wie auch in unserem Beispiel `SelectedItem.Content`. In anderen Situationen kann es sich natürlich auch um die einfache Angabe einer Eigenschaft handeln (z. B. `Text`).

Wem die Bindung innerhalb einer Markup Extension zu unübersichtlich ist, kann die längere, besser strukturierte Schreibweise über XML-Knoten wählen.

```xml
<TextBox Height="25" Margin="10, 10, 10, 0" Name="textBox1" >
  <TextBox.Text>
    <Binding ElementName="listBox1" Path="SelectedItem.Content" />
  </TextBox.Text>
</TextBox>
```

Listing 22.2 Lange Schreibweise einer Datenbindung

Um die Darstellung unseres ersten Beispiels zu vervollständigen, darf nicht unerwähnt bleiben, dass seine Datenbindung natürlich auch mit Programmcode möglich ist. Bezogen auf unser Beispielprogramm könnte die Bindung im Konstruktor des `Window` erfolgen, nach dem Aufruf der Methode `InitializeComponent`:

```csharp
public MainWindow() {
  InitializeComponent();
  Binding binding = new Binding("SelectedItem.Content");
  binding.ElementName = "listBox1";
  textBox1.SetBinding(TextBox.TextProperty, binding);
}
```

Listing 22.3 Datenbindung mit C#-Code

Bemerkenswert ist die Anbindung der Eigenschaft `Text` an die durch das `Binding`-Objekt beschriebene Datenquelle mit der Methode `SetBinding`, der zwei Argumente übergeben werden. Dem ersten wird die Abhängigkeitseigenschaft des Datenziels genannt. Wahrscheinlich haben Sie hier `textBox1.Text` erwartet. Stattdessen wird aber `TextBox.TextProperty` angegeben. Dieser Schreibweise begegnen wir hier zum ersten Mal. Sie ist typisch für Methoden, die einen Parameter vom Typ `DependencyProperty` definieren.

22.2 Die Klasse »Binding«

Ein `Binding`-Objekt beschreibt die Bindung zwischen einer Datenquelle und der bindenden Komponente. Meistens wird die Bindung im XAML-Code beschrieben, aber selbstverständlich kann die Bindung wie in Listing 22.3 gezeigt auch im C#-Code erfolgen.

Die wichtigsten Eigenschaften des `Binding`-Objekts können Sie der folgenden Tabelle entnehmen. Viele der aufgeführten Eigenschaften werden Sie im Verlauf des Kapitels noch innerhalb der Beispielprogramme wiederfinden.

Eigenschaft	Beschreibung
Converter	Diese Eigenschaft gibt an, welches Objekt als Konverter zwischen zwei Datentypen dienen soll.
ElementName	Diese Eigenschaft gibt den Bezeichner des Steuerelements an, das als Datenquelle dient.
FallbackValue	Diese Eigenschaft definiert einen Standardwert, der verwendet wird, wenn das `Binding`-Objekt noch keinen Wert zurückliefert.
IsAsync	Wird diese Eigenschaft auf `true` gesetzt (Standard ist `false`), werden die Daten aus der Datenquelle asynchron geladen oder asynchron in die Datenquelle geschrieben.
Mode	Legt den Bindungsmodus fest. Damit lässt sich die Verhaltensweise einer eventuellen gegenseitigen Aktualisierung zwischen Datenquelle und Datenziel steuern.
NotifyOnSourceUpdate/ NotifyOnTargetUpdate	Mit diesen Eigenschaften werden Ereignisse ermöglicht, die beim Aktualisieren der Datenquelle oder des Datenziels auftreten.
Path	Mit `Path` wird die Eigenschaft festgelegt, an die Daten gebunden werden sollen.
RelativeSource	Diese Eigenschaft legt die Datenquelle fest, allerdings relativ zum Datenziel.
Source	Die Eigenschaft `Source` legt das Objekt fest, das die Quelle der Datenbindung sein soll.
UpdateSourceTrigger	Mit dieser Eigenschaft wird angegeben, wann die Datenquelle aktualisiert werden soll.

Tabelle 22.1 Die Eigenschaften eines »Binding«-Objekts

Der Eigenschaft Path können auf unterschiedlichste Weise Pfade angegeben werden. Im einfachsten Fall geben Sie nur die Eigenschaft an, z. B.:

```
Path=Text
```

Es kann sich natürlich um eine untergeordnete Eigenschaft handeln, wie das Beispielprogramm *SimpleBinding* gezeigt hat:

```
Path=SelectedItem.Content
```

Sie könnten auch ohne Probleme an einen bestimmten Listeneintrag der ListBox binden:

```
Path=Items[0].Content
```

Nicht unerwähnt bleiben sollte auch, dass mehrere verschachtelte Eigenschaften möglich sind.

Sie können auf die explizite Angabe von Path auch verzichten und direkt die Eigenschaft nennen. Allerdings muss das sofort nach der Angabe des Binding-Objekts in der Markup Extension erfolgen:

```
Text="{Binding Text, ElementName= ...}"
```

22.2.1 Die Bindungsrichtung festlegen

Das letzte Beispielprogramm wollen wir für einen weiteren Test benutzen. Wählen Sie dazu zur Laufzeit einen der in der ListBox eingetragenen Namen aus. Dieser wird wegen der definierten Bindung in der TextBox angezeigt. Ändern Sie nun den Namen in der TextBox, und fokussieren Sie durch Drücken der ⇥-Taste erneut die ListBox. Sie werden feststellen, dass der neue Name in der TextBox den ursprünglichen im Listenfeld ersetzt. Anscheinend ist sogar das Datenziel in der Lage, die Datenquelle zu aktualisieren. Wir ergänzen nun den Bindungscode der TextBox wie folgt um die Eigenschaft Mode=OneWay:

```
Text="{Binding ElementName=listBox1, Path=SelectedItem.Content, Mode=OneWay}"
```

Listing 22.4 Änderung der Datenbindung im Beispielprogramm »SimpleBinding«

Wenn Sie denselben Test nun erneut durchführen, werden Sie einen gravierenden Unterschied feststellen: Der Eintrag in der ListBox wird jetzt nicht mehr verändert.

Durch Angabe des Bindungsmodus mit der Eigenschaft Mode des Binding-Objekts lassen sich offensichtlich die wechselseitigen Änderungen zwischen der Datenquelle und dem Datenziel steuern. Mode kann alle Werte annehmen, die in der Enumeration BindingMode beschrieben werden. Diese können Sie Tabelle 22.2 entnehmen.

Bindungstyp	Beschreibung
Default	Hiermit wird der Standardmodus beschrieben, der für die Eigenschaft vordefiniert ist. Dabei handelt es sich meistens um den Modus TwoWay.
OneTime	Der Wert wird nur einmal von der Quelle zum Ziel übertragen. Danach findet keine Aktualisierung mehr statt.
OneWay	Der Wert wird nur von der Quelle zum Ziel übertragen.
OneWayToSource	Der Wert wird von der Quelle zum Ziel übertragen. Ändert sich der Wert im Datenziel, wird die Datenquelle ebenfalls aktualisiert.
TwoWay	Die Werte sowohl von der Quelle als auch vom Ziel werden in beide Richtungen übertragen.

Tabelle 22.2 Bindungsarten der Enumeration »BindingMode«

Am besten lassen sich die Einstellungen verstehen, wenn die entsprechenden Effekte in einem Beispiel geprüft werden können. Dazu dient das folgende Beispielprogramm *BindungsModi*, dessen Darstellung zur Laufzeit Abbildung 22.2 zeigt.

```xml
// Beispiel: ..\Kapitel 22\BindungsModi
<Grid>
  <Grid.ColumnDefinitions>
    <ColumnDefinition Width="120" /><ColumnDefinition Width="*" />
    <ColumnDefinition Width="*" />
  </Grid.ColumnDefinitions>
  <Grid.RowDefinitions>
    <RowDefinition Height="25"/><RowDefinition />
    <RowDefinition /><RowDefinition />
    <RowDefinition /><RowDefinition />
  </Grid.RowDefinitions>
  <Label Content="Bindungsart" />
  <Label Content="Quelle" />
  <Label Content="Ziel" />
  <Label Content="Default" />
  <TextBox Name="txtDefaultQuelle" Grid.Column="1" Grid.Row="1" />
  <TextBox Name="txtDefaultZiel" Grid.Column="2" Grid.Row="1"
           Text="{Binding ElementName=txtDefaultQuelle, Path=Text, Mode=Default}"/>
  <Label Content="OneWay" />
  <TextBox Name="txtOneWayQuelle" Grid.Column="1" Grid.Row="2"/>
  <TextBox Name="txtOneWayZiel" Grid.Column="2" Grid.Row="2"
           Text="{Binding ElementName=txtOneWayQuelle, Path=Text, Mode=OneWay}"/>
  <Label Content="TwoWay" />
  <TextBox Name="txtTwoWayQuelle" Grid.Column="1" Grid.Row="3" />
  <TextBox Name="txtTwoWayZiel" Grid.Column="2" Grid.Row="3"
```

```
            Text="{Binding ElementName=txtTwoWayQuelle, Path=Text, Mode=TwoWay}"/>
<Label Content="OneTime" />
<TextBox Name="txtOneTimeQuelle" Grid.Column="1" Grid.Row="4" />
<TextBox Name="txtOneTimeZiel" Grid.Column="2" Grid.Row="4"
        Text="{Binding ElementName=txtTwoWayQuelle, Path=Text,
               Mode=OneTime}" Focusable="False" />
<Label Content="OneWayToSource" />
<TextBox Name="txtOneWayToSourceQuelle" Grid.Column="1" Grid.Row="5" />
<TextBox Name="txtOneWayToSourceZiel" Grid.Column="2" Grid.Row="5"
        Text="{Binding ElementName=txtOneWayToSourceQuelle, Path=Text,
               Mode=OneWayToSource}" />
</Grid>
```

Listing 22.5 Der XAML-Code des Beispielprogramms (gekürzt)

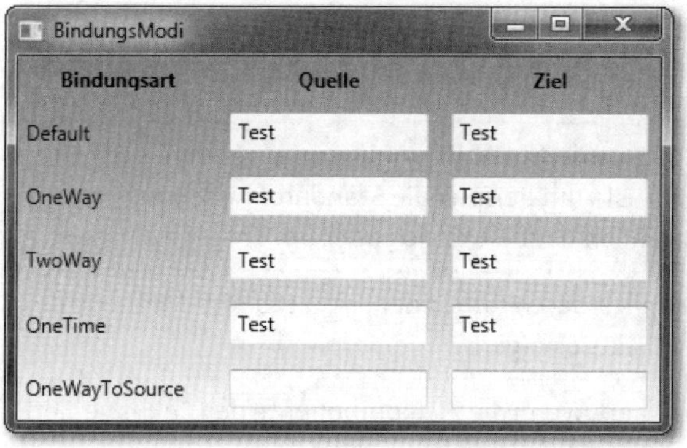

Abbildung 22.2 Ausgabe des Beispielprogramms »BindungsModi«

In der mittleren Spalte des Grid-Steuerelements sind die Eingabesteuerelemente zu finden, die als Datenquelle dienen, in der rechten Spalte sind die Zielobjekte angeordnet. Sie können in die TextBoxen beider Spalten Änderungen eintragen und dabei beobachten, wie sich der entsprechende Gegenpart der Datenbindung verhält. Beachten Sie, dass Sie in Abhängigkeit vom Modus erst die TextBox verlassen müssen, in der Sie eine Änderung vorgenommen haben, damit die Änderung auf der anderen Seite der Bindung umgesetzt wird.

Auffällig bei den verschiedenen Modi in Tabelle 22.2 sind OneWay und OneWayToSource, die im Grunde genommen beide eine Bindung in der Art einer Einbahnstraße festschreiben. Der Unterschied ist, dass Sie OneWayToSource auch auf der Seite des Datenziels angeben können und es auf diese Weise schaffen, die angebundene Eigenschaft einer Datenquelle auch dann zu aktualisieren, wenn sie nicht als Abhängigkeitseigenschaft implementiert ist, sondern nur als einfache CLR-Eigenschaft.

Der Modus OneWay bietet sich an, wenn dem Benutzer schreibgeschützte Daten angezeigt werden sollen. Die TwoWay-Bindung ist empfehlenswert, wenn der Benutzer in der Lage sein soll, die Daten im Steuerelement zu ändern, und wenn diese Änderung in die Datenquelle zurückgeschrieben werden soll.

22.2.2 Aktualisierung der Bindung

Sehen wir uns noch einmal das Beispielprogramm *SimpleBinding* an, und hier besonders die Modi TwoWay und OneWay. Ändert sich die Quelle, wird das Ziel der Bindung sofort aktualisiert. Ändert sich hingegen das Datenziel, wird die Quelle erst dann geändert, wenn das Zielelement den Fokus verliert. Das ist nicht immer wünschenswert und kann mit der Eigenschaft UpdateSourceTrigger des Binding-Objekts gesteuert werden. Darüber lässt sich festlegen, dass bei einer Änderung des Zielelements die Quelle erst durch den Aufruf einer Methode aktualisiert wird.

Die möglichen Einstellungen der Eigenschaft UpdateSourceTrigger sind in der gleichnamigen Enumeration UpdateSourceTrigger festgelegt.

Wert	Beschreibung
Default	Die Standardeinstellung variiert in Abhängigkeit vom verwendeten Element. Bei einer TextBox ist zum Beispiel die Standardeinstellung LostFocus. In den meisten Fällen handelt es sich aber um PropertyChanged.
Explicit	Die Änderung muss explizit durch Aufruf der UpdateSource-Methode des BindingExpression-Objekts erfolgen.
LostFocus	Die Quelle wird aktualisiert, wenn die Zielkomponente den Fokus verliert.
PropertyChanged	Die Aktualisierung erfolgt bei jeder Änderung. Allerdings beansprucht diese Einstellung die Ressourcen sehr intensiv.

Tabelle 22.3 Einstellungen der Eigenschaft »UpdateSourceTrigger«

Denken Sie immer daran, dass die in Tabelle 22.3 angegebenen Werte keinen Einfluss darauf haben, wie das Datenziel aktualisiert wird. Mit UpdateSourceTrigger legen Sie ausschließlich fest, wie die Quelle aktualisiert wird.

Mit diesem Wissen ausgestattet können Sie nun eine Datenbindung auf der Seite des Datenziels definieren, die bei jeder Änderung die Quelle über die Änderung informiert.

```
<TextBox Text="{Binding ElementName=textBox1, Path=Text, Mode=TwoWay,
         UpdateSourceTrigger=PropertyChanged}"/>
```

Listing 22.6 Änderung der Bindungsdaten bei jeder Änderung

Sie sollten insbesondere bei dem Element TextBox berücksichtigen, dass jede Änderung mit der einhergehenden Aktualisierung zu Lasten der Performance geht. Das ist auch der Grund für die Vorgabeeinstellung LostFocus.

Beispiel der Einstellung »UpdateSourceTrigger.Explicit«

Betrachten wir an dieser Stelle die Einstellung Explicit der Eigenschaft UpdateSourceTrigger, da sie sich von den anderen Modi unterscheidet. Dabei wird die Aktualisierung der Quelle durch Aufruf der Methode UpdateSource der Klasse BindingExpression von außen angestoßen. Das könnte beispielsweise durch das Drücken der ⏎-Taste der Fall sein oder auch innerhalb eines Ereignishandlers programmiert sein, wie das folgende Beispiel zeigt (siehe auch Abbildung 22.3).

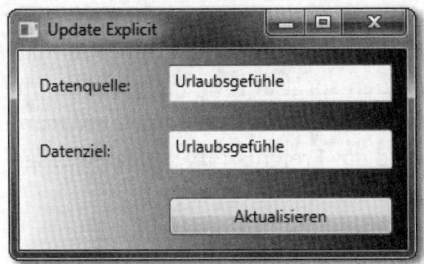

Abbildung 22.3 Fenster des Beispiels »ExplicitUpdate«

```
// Beispiel: ..\Kapitel 22\ExplicitUpdate
<Window ... >
  <StackPanel>
    <TextBox Name="txtSource" Margin="10"></TextBox>
    <TextBox Name="txtTarget" Margin="10"
            Text="{Binding ElementName=txtSource, Path=Text,
            UpdateSourceTrigger=Explicit}"/>
    <Button Name="btnUpdate" Margin="10" Width="120"
            Click="btnUpdate_Click">Aktualisieren</Button>
  </StackPanel>
</Window>
```

Dazu gehört der Ereignishandler der Schaltfläche in der Code-Behind-Datei:

```
private void btnUpdate_Click(object sender, RoutedEventArgs e) {
  BindingExpression binding = txtTarget.GetBindingExpression(TextBox.TextProperty);
  binding.UpdateSource();
}
```

Listing 22.7 C#-Code des Beispiels »ExplicitUpdate«

Hier betritt mit BindingExpression eine weitere Klasse die Bühne. Während ein Objekt vom Typ Binding lediglich die Eigenschaften einer Bindung beschreibt und sich somit auch für mehrere Bindungen eignet, repräsentiert das BindingExpression-Objekt die eigentliche Datenbindung zwischen der Quelle und dem Ziel. Das BindingExpression-Objekt erhalten Sie übrigens auch als Rückgabewert der Methode SetBinding (siehe Listing 22.3).

Neben der im Beispielprogramm eingesetzten Methode UpdateSource besitzt das BindingExpression-Objekt auch eine Methode UpdateTarget, mit der die Eigenschaft im Datenziel aktualisiert werden kann. Diese Methode lässt sich sinnvoll einsetzen, wenn die Datenquelle nur eine gewöhnliche CLR-Eigenschaft ist und nicht das Interface INotifyPropertyChanged implementiert (mehr dazu weiter unten).

22.2.3 Die Ereignisse »SourceUpdated« und »TargetUpdated«

Ändert sich das Datenziel oder die Datenquelle, werden, je nach Situation, die Ereignisse SourceUpdated und TargetUpdated ausgelöst. Das ermöglicht uns, im Kontext einer Aktualisierung weitere Operationen auszuführen. Für Irritationen sorgt am Anfang meistens die Namensgebung. SourceUpdated wird nämlich ausgelöst, wenn sich die Datenquelle aufgrund einer Änderung des Datenziels geändert hat. Analog wird das Ereignis TargetUpdated ausgelöst, wenn sich das Datenziel wegen einer Änderung der Datenquelle anpasst.

Ereignis	Beschreibung
SourceUpdated	Dieses Ereignis wird ausgelöst, wenn sich die Datenquelle wegen einer Änderung des Datenziels aktualisiert.
TargetUpdated	Dieses Ereignis wird ausgelöst, wenn sich das Datenziel wegen einer Änderung der Datenquelle aktualisiert.

Tabelle 22.4 Ereignisse bei der Aktualisierung datengebundener Komponenten

Die beiden Ereignisse werden nicht standardmäßig ausgelöst, sie müssen vorher aktiviert werden. Dazu dienen die beiden Eigenschaften NotifyOnSourceUpdated und NotifyOnTargetUpdated, die beide auf true festgelegt werden müssen. Darüber hinaus sind natürlich bei Bedarf die Ereignishandler der beiden Ereignisse zu registrieren, die als *Attached Events* in der Klasse Binding definiert sind.

Sehen wir uns das im folgenden Beispiel an. Dabei wird auf das Fenster aus dem Beispiel *ExplicitUpdate* des vorhergehenden Abschnitts zurückgegriffen, und es wird um das Ereignis SourceUpdated ergänzt.

```
<Window ...>
  [...]
  <TextBox Grid.Column="1" Name="txtSource" Margin="10"></TextBox>
  <TextBox Grid.Column="1" Grid.Row="1" Name="txtTarget" Margin="10"
           Binding.SourceUpdated="txtTarget_SourceUpdated"
           Text="{Binding ElementName=txtSource, Path=Text,
                  UpdateSourceTrigger=Explicit,
                  NotifyOnSourceUpdated=True}"/>
  <Button Name="btnUpdate" Grid.Column="1" Grid.Row="2" Margin="10"
```

```
            Click="btnUpdate_Click">Aktualisieren</Button>
    [...]
</Window>
```

Hier noch der C#-Code des Ereignishandlers:

```
private void txtTarget_SourceUpdated(object sender,
                                DataTransferEventArgs e) {
  MessageBox.Show("Aktualisierung durchgeführt.");
}
```

Listing 22.8 Ergänzungen im Beispielprogramm »ExplicitUpdate«

Ändern Sie Daten in der als Datenziel definierten unteren TextBox, wird die obere TextBox, die eigentliche Datenquelle erst in dem Moment aktualisiert, wenn auf die Schaltfläche geklickt wird. Gleichzeitig wird das Ereignis SourceUpdated ausgelöst und signalisiert mit einem Nachrichtenfenster die durchgeführte Aktualisierung.

22.2.4 Beenden einer Bindung

Um eine Bindung zu lösen, wird die statische Methode ClearBinding der Klasse BindingOperations aufgerufen und dabei das Zielobjekt und die abhängige Eigenschaft angegeben:

```
BindingOperations.ClearBinding(textBox1, TextBox.TextProperty);
```

Hier wird beispielsweise die Eigenschaft Text eines Elements mit dem Namen *textBox1* gelöst. Sind mehrere Eigenschaften der Zielkomponente datengebunden, können Sie auch mit einem einzigen Methodenaufruf alle Bindungen mit einer Anweisung lösen. Dazu dient die Methode ClearAllBindings:

```
BindingOperations.ClearAllBindings(textBox1);
```

22.3 Bindungsalternativen

Bisher haben wir die Datenbindung nur zwischen zwei Elementen mit der Eigenschaft ElementName kennengelernt. Möchten Sie eine Datenbindung mit einem nichtvisuellen Objekt, müssen Sie anstelle von ElementName eine der drei folgenden Eigenschaften einsetzen:

- Source
- RelativeSource
- DataContext

22.3.1 Die Eigenschaft »Source«

Die Eigenschaft Source ist die allgemeinste von allen. Sie können damit praktisch jedes CLR-Objekt zur Datenquelle erklären. Nehmen wir an, Sie hätten eine Klasse Person implementiert und würden im XAML-Code in einem Ressourcenabschnitt ein Objekt davon erstellen. Die Bindung des Objekts an eine `TextBox` würde mit der Eigenschaft `Source` erfolgen, z. B.:

```
<Window.Resources>
  <local:Person x:Key="pers" Name="Hans im Glück" />
</Window.Resources>
<Grid>
  <TextBox Text="{Binding Source={StaticResource pers}, Path=Name}" />
</Grid>
```

Listing 22.9 Bindung an ein CLR-Objekt

Auch ohne dass wir uns bisher über die Möglichkeiten des `Resources`-Abschnitts unterhalten haben, dürfte das Listing verständlich sein. In Kapitel 23 werden wir die Möglichkeiten dieses Abschnitts noch genauer untersuchen.

22.3.2 Anbindung an relative Datenquellen

Bindungen müssen sich nicht zwangsläufig auf ein anderes Steuerelement beziehen. Eine Bindung kann mit `RelativeSource` auch auf relative Quellen verweisen.

Der folgende XAML-Code beschreibt einen `Slider`, der vom Minimalwert 0 bis zum Maximalwert 10 seinen jeweils aktuellen Wert in einem `ToolTip`-Element anzeigt.

```
<Slider ToolTip="{Binding RelativeSource={RelativeSource Self},
                  Path=Value}"></Slider>
```

Listing 22.10 »RelativeSource« mit Verweis auf sich selbst

Dieser Relativverweis kann auch ohne Markup Extension definiert werden:

```
<Slider>
  <Slider.ToolTip>
    <Binding Path="Value">
      <Binding.RelativeSource>
        <RelativeSource Mode="Self"></RelativeSource>
      </Binding.RelativeSource>
    </Binding>
  </Slider.ToolTip>
</Slider>
```

Listing 22.11 Relativer Verweis ohne Markup Extension

Neben dem `Self`-Modus gibt es noch drei weitere Modi zur Angabe relativer Bezüge.

Modus	Beschreibung
Self	Verweis auf sich selbst.
TemplatedParent	Dieser Modus ist nur innerhalb eines Templates sinnvoll und verweist auf sich selbst in einem Template (Self würde ControlTemplate liefern und nicht das Element selbst).
PreviousData	In einer Auflistung kann über diesen Modus der vorherige Datensatz abgerufen werden.
FindAncestor	Relative Navigation durch den Elementbaum, mit Hilfe des gewünschten Typs und des Levels.

Tabelle 22.5 Die Modi von »RelativeSource«

Sehen wir uns noch ein Beispiel zu dem Modus FindAncestor an. Er dient dazu, die Datenquelle auf ein im Elementbaum höher liegendes Element eines bestimmten Typs zu setzen. Dieser Modus verlangt, dass in der AncestorType-Eigenschaft des RelativeSource-Objekts der gesuchte Typ angegeben wird.

In unserem Codefragment wollen wir die Eigenschaft Text einer TextBox an die Beschriftung der Titelleiste des Window-Elements binden (Eigenschaft Title).

```
<TextBox Text="{Binding
         RelativeSource={RelativeSource FindAncestor,
         AncestorType={x:Type Window}},
         Path=Title}" />
```

Listing 22.12 Bindung an ein im Elementbaum höher liegendes Element

Natürlich gibt es andere Fälle, in denen der angegebene Typ mehrfach im Elementbaum auftritt. Sie haben dann die Möglichkeit, mit der Eigenschaft AncestorLevel den n-ten gefundenen Typ anzugeben. Dabei entspricht der Wert 1 dem ersten gefundenen Element dieses Typs. In Listing 22.13 wird der Modus FindAncestor verwendet, um die Content-Eigenschaft eines Button-Objekts an die Eigenschaft Text der TextBox zu binden. Es wird dabei nach der zweiten Schaltfläche gesucht.

```
<TextBox Text="{Binding
         RelativeSource={RelativeSource FindAncestor,
         AncestorType={x:Type Button}, AncestorLevel=1},
         Path=Content}" />
```

Listing 22.13 Die Bindung an die zweite übergeordnete Schaltfläche im Elementbaum

22.3.3 Die Bindung an »DataContext«

`DataContext` ist eine Eigenschaft, die von allen Klassen bereitgestellt wird, die von `FrameworkElement` oder `FrameworkContentElement` abgeleitet sind. Die Eigenschaft `DataContext` beschreibt eine Datenquelle. Dabei kann es sich um ein einfaches benutzerdefiniertes Objekt handeln, aber auch um eine Tabelle, die nach einer Datenbankabfrage im lokalen Cache vorliegt.

`DataContext` hat eine besondere Charakteristik: Man kann ihr im Elementbaum weit oben eine Datenquelle angeben, beispielsweise im `Window`, z.B.:

```
this.DataContext = [Datenquelle];
```

Listing 22.14 Angabe der Datenquelle im »Window«

Allen im `Window` untergeordneten Elementen stehen nun die Daten zur Verfügung.

Die Bindung der Elemente an die durch `DataContext` beschriebene Datenquelle erfolgt auch in diesem Fall mit einem `Binding`-Objekt. Allerdings ist es völlig ausreichend, nur die `Path`-Eigenschaft festzulegen:

```
<TextBox Text="{Binding Path=Name}" />
```

Listing 22.15 Bindung an die in einem übergeordneten Element beschriebene Datenquelle

Sollte in einem Element die explizite Angabe der Datenquelle wie in Listing 22.15 fehlen, wird die WPF zuerst die `DataContext`-Eigenschaft des betreffenden Elements untersuchen. Sollte diese `null` sein, sucht die WPF den Elementbaum so lange ab, bis sie zum ersten Mal auf eine `DataContext`-Eigenschaft stößt, die nicht `null` ist. Diese wird dann als Datenquelle genutzt. Sollten alle `DataContext`-Eigenschaften `null` aufweisen, kann dem Element auch kein Wert zugewiesen werden.

Natürlich kann ein Steuerelement im Bedarfsfall trotzdem auf eine andere Datenquelle verweisen, wenn das gewünscht ist. Dazu ist nur `ElementName`, `Source` oder `RelativeSource` dem `Binding`-Objekt anzugeben.

> **Anmerkung**
> Auf ein Beispiel soll an dieser Stelle verzichtet werden. In Kapitel 24 werden Sie noch genügend Beispiele finden, die über `DataContext` eine Datenquelle angeben.

Kapitel 23
Konzepte von WPF

Unter der WPF müssen wir zwei Gruppen von Ressourcen unterscheiden:

- binäre Ressourcen
- logische Ressourcen

Bei den binären Ressourcen kann es sich um Videos, Musik oder auch Bilder handeln, für die binäre Datenströme (Streams) notwendig sind. Im Grunde genommen handelt es sich dabei um nicht ausführbare Dateien, die mit einer Anwendung ausgeliefert werden müssen. Binäre Daten wurden schon von der ersten Version des .NET Frameworks unterstützt und stellen somit keine Besonderheit im Zusammenhang mit der WPF dar.

Ganz anders verhält es sich mit logischen Ressourcen, einem mit der WPF eingeführten neuen Konzept. Dabei handelt es sich um .NET-Objekte, die an mehreren Stellen einer WPF-Anwendung genutzt werden können. Ressourcen werden in einem mit Resources gekennzeichneten Abschnitt eines WPF-Elements angegeben. Resources ist als Eigenschaft in der Klasse FrameworkElement definiert, so dass nahezu jedes WPF-Element einen Resources-Abschnitt beschreiben kann.

Die später in diesem Kapitel behandelten **Styles** und **Templates** setzen das Feature logischer Ressourcen voraus. Daher werden wir uns zuerst mit den allgemeinen Kriterien zur Bereitstellung von Ressourcen beschäftigen müssen. Anschließend folgen thematisch die Styles und Templates. Styles fassen Eigenschaften zusammen, die auf mehrere Steuerelemente angewendet werden können und das Layout vereinheitlichen. Templates gehen sogar noch einen Schritt weiter und ermöglichen es, Steuerelemente vollständig umzugestalten. Sie können mit Templates zum Beispiel runde Schaltflächen definieren.

23.1 Anwendungsspezifische Ressourcen

Logische Ressourcen werden meistens im XAML-Code definiert. Alles, was Sie im XAML-Code festlegen, können Sie natürlich auch mit C#-Code erreichen. Allerdings ist der Weg über XAML der einfachere und normalerweise auch derjenige, der zu bevorzugen ist.

Ressourcen lassen sich an drei Lokalitäten festlegen:

- Eine Ressource kann innerhalb eines WPF-Elements angegeben werden. Die Sichtbarkeit der Ressource beschränkt sich dann allein auf das definierende Element. Andere Elemente können diese Ressource nicht nutzen. Diese Variante wird aufgrund ihrer begrenzten

Sichtbarkeit allerdings nur selten eingesetzt, muss aber der Vollständigkeit halber erwähnt werden. Im folgenden Beispiel wird eine Ressource für ein `Grid`-Element und eine Ressource für ein `Button`-Element erstellt. Jede der beiden Ressourcen kann nur von dem Element genutzt werden, das die Ressource definiert.

```xml
<Grid>
   <Grid.Resources>
      <!-- Ressourcen des Grids -->
   </Grid.Resources>
   <Button>
      <Button.Resources>
         <!-- Ressourcen der Schaltfläche -->
      </Button.Resources>
   </Button>
</Grid>
```

▶ Wird eine logische Ressource in einem `Window` definiert, steht sie allen WPF-Elementen, die sich innerhalb des Fensters befinden, gleichermaßen zur Verfügung. Sie müssen den `Resources`-Abschnitt manuell hinzufügen, er wird nicht automatisch erstellt.

```xml
<Window x:Class="WpfApplication.MainWindow"
   xmlns="http://..."
   xmlns:x="http://..."
   Title="MainWindow" Height="300" Width="350">
   <Window.Resources>
      <!-- Windows-eigene Ressourcen -->
   </Window.Resources>
</Window>
```

▶ Möchten Sie, dass eine logische Ressource von allen Elementen der Anwendung gleichermaßen genutzt werden kann, muss die Ressource in der Datei *App.xaml* definiert werden. Der entsprechende Abschnitt ist dafür bereits per Vorgabe angelegt:

```xml
<Application x:Class="WpfApplication.App"
      xmlns=http://...
      xmlns:x=http://...
      StartupUri="MainWindow.xaml">
   <Application.Resources>
   </Application.Resources>
</Application>
```

Die `Resources`-Eigenschaft wird von den meisten WPF-Elementen angeboten. Die einzige Bedingung ist, dass das entsprechende Element von `FrameworkElement`, `FrameworkContentElement` oder `Application` abgeleitet ist.

Die Eigenschaft `Resources` ist vom Typ `ResourceDictionary`. Dabei handelt es sich um eine Auflistung, die Objekte vom Typ `Object` beschreibt. Sie können also praktisch jedes .NET-Objekt in beliebiger Anzahl dieser Auflistung hinzufügen.

23.2 Anwendungsübergreifende Ressourcen

Egal ob Sie eine Ressource in einer *App.xaml*-Datei hinterlegen, im Window oder einer WPF-Komponente, die Ressource ist nur in der aktuellen Anwendung bekannt. Vielfach werden aber auch Ressourcen benötigt, die von mehreren Anwendungen genutzt werden sollen. Dahinter könnte die Idee stecken, der Software ein allgemeines, unternehmensspezifisches Layout zu geben, beispielsweise einen hübschen, in jedem Fenster einheitlich verwendeten Hintergrund. Logische Ressourcen lassen sich in eine oder mehrere Ressourcendateien auslagern. Ressourcendateien können von mehreren verschiedenen Anwendungen gleichberechtigt genutzt werden, der XAML-Code wird übersichtlicher, und die Anwendung weist eine bessere Strukturierung auf. Zudem können Ressourcendateien zur Laufzeit ganz nach Bedarf nachgeladen werden.

Eine separate Ressourcendatei fügen Sie einer WPF-Anwendung als sogenanntes **Ressourcenwörterbuch** hinzu. Dafür gibt es eine namensgleiche Vorlage, die Sie der Anwendung zuerst hinzufügen müssen (siehe Abbildung 23.1). Über das Kontextmenü HINZUFÜGEN des Projekts können Sie die Vorlage auswählen.

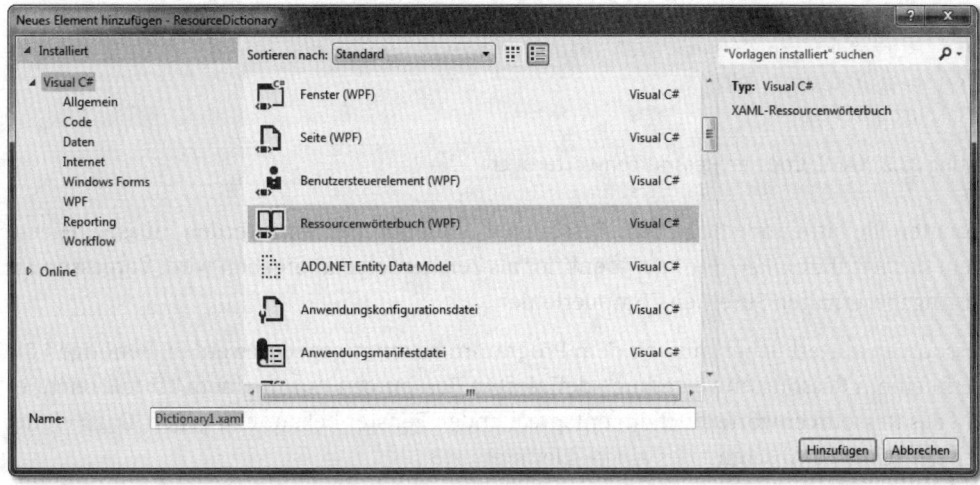

Abbildung 23.1 Die Vorlage »Ressourcenwörterbuch«

Ein Ressourcenwörterbuch ist eine XAML-Datei. Die XAML-Grundstruktur eines Ressourcenwörterbuchs wird mit dem Wurzelelement ResourceDictionary beschrieben und sieht wie in Listing 23.1 gezeigt aus.

```
<ResourceDictionary
    xmlns=http://schemas.microsoft.com/winfx/2006/xaml/presentation
    xmlns:x="http://schemas.microsoft.com/winfx/2006/xaml">
    <!-- Ressourcen -->
</ResourceDictionary>
```

Listing 23.1 Grundstruktur eines Ressourcenwörterbuchs

Im neu hinzugefügten Ressourcenwörterbuch sind neben dem Wurzelelement ResourceDictionary alle erforderlichen Namespaces angegeben. Tragen Sie hier alle Ressourcen ein, die Sie anwendungsübergreifend zur Verfügung stellen wollen.

Wir wollen uns den Einsatz der Ressourcenwörterbücher und deren Nutzung sofort an einem konkreten Beispiel ansehen. Dazu wird einem WPF-Anwendungsprojekt (Name: *ResourceDictionarySample*) ein Ressourcenwörterbuch mit dem Dateinamen *Backgrounds.xaml* hinzugefügt, und darin werden zwei Ressourcen definiert, die jeweils einen Farbverlauf beschreiben.

```
// Beispiel: ..\Kapitel 23\ResourceDictionarySample
<ResourceDictionary
      xmlns="http://schemas.microsoft.com/winfx/2006/xaml/presentation"
      xmlns:x="http://schemas.microsoft.com/winfx/2006/xaml">
  <LinearGradientBrush x:Key="background1"  StartPoint="0,0" EndPoint="1,1">
    <GradientStop Offset="0.0" Color="White" />
    <GradientStop Offset="1.0" Color="#FF646464" />
  </LinearGradientBrush>
  <LinearGradientBrush x:Key="background2"  StartPoint="0,0" EndPoint="1,1">
    <GradientStop Offset="0.0" Color="#FFF3E7E7" />
    <GradientStop Offset="1.0" Color="#FF615C5C" />
  </LinearGradientBrush>
</ResourceDictionary>
```

Listing 23.2 XAML-Code im Ressourcenwörterbuch

Beachten Sie bitte unbedingt, dass Ressourcen eindeutig benannt werden müssen. Hierzu dient das Attribut x:key, dem der Identifier als Zeichenfolge übergeben wird. Vergessen Sie die Angabe, erhalten Sie einen Compilerfehler.

Ressourcenwörterbücher müssen dem Programm bekannt gegeben werden. Benötigen Sie die in einem Ressourcenwörterbuch definierten Ressourcen nur in einem Window, reicht es aus, das Ressourcenwörterbuch im entsprechenden Fenster bekannt zu geben. Dazu eignet sich der Resource-Abschnitt des Window-Elements, z.B.:

```
<Window ... Background="{DynamicResource background1}">
  <Window.Resources>
    <ResourceDictionary Source="backgrounds.xaml" />
  </Window.Resources>
  <Grid>
    <Grid.ColumnDefinitions>
      <ColumnDefinition Width="2*"/>
      <ColumnDefinition Width="*"/>
    </Grid.ColumnDefinitions>
    <Grid.RowDefinitions>
      <RowDefinition/>
      <RowDefinition/>
    </Grid.RowDefinitions>
```

```xml
    <StackPanel Grid.Column="1" >
      <Button Background="{StaticResource background2}" Margin="5">
        Button 1
      </Button>
      <Button Background="{StaticResource background2}" Margin="5">
        Button 2
      </Button>
      <Button Background="{StaticResource background2}" Margin="5">
        Button 2
      </Button>
    </StackPanel>
  </Grid>
</Window>
```

Listing 23.3 Der XAML-Code des Beispielprogramms »ResourceDictionarySample«

> **Hinweis**
> Auf die Beschreibung, wie ein Element auf eine Ressource zugreifen und sie nutzen kann, gehe ich an dieser Stelle noch nicht ein. Das wird ausführlich in Abschnitt 23.3 erörtert.

Wollen Sie die in einem Ressourcenwörterbuch zur Verfügung gestellten Ressourcen anwendungsweit nutzen, eignet sich dazu die Datei *App.xaml*. Geben Sie das Ressourcenwörterbuch einfach im Resources-Abschnitt an.

23.2.1 Mehrere Ressourcenwörterbücher

Logische Ressourcen lassen sich auch mehreren Ressourcenwörterbüchern entnehmen. Diese müssen dann im Abschnitt ResourceDictionary des Resources-Abschnitts mit der Eigenschaft MergedDictionarys zusammengeführt werden. Die Zusammenführung kann entweder lokal im Window oder in der Datei *App.xaml* erfolgen.

```xml
<Window x:Class="ExterneRessourcendatei.MainWindow"
        xmlns="http://schemas.microsoft.com/winfx/2006/xaml/presentation"
        xmlns:x="http://schemas.microsoft.com/winfx/2006/xaml"
        Title="MainWindow" Height="350" Width="525">
  <Window.Resources>
    <ResourceDictionary>
      <ResourceDictionary.MergedDictionaries>
        <ResourceDictionary Source="Images.xaml" />
        <ResourceDictionary Source="Backgrounds.xaml" />
        [...]
      </ResourceDictionary.MergedDictionaries>
    </ResourceDictionary>
<Window.Resources>
```

Listing 23.4 Mehrere Ressourcenwörterbücher im »Window« zusammenführen

Innerhalb eines Ressourcenwörterbuches müssen die Ressourcen eindeutig benannt werden. Leider lässt sich aber eine Doppeldeutigkeit nicht vermeiden. Dann wird nach der folgenden Regel verfahren: Sollten sich in mehreren Wörterbüchern gleichnamige Ressourcen befinden, wird letztendlich die Ressource abgerufen, die zuletzt genannt ist. Da bei mehreren Ressourcenwörterbüchern die Eindeutigkeit der Schlüssel nicht gewährleistet ist, sollten Sie das Ressourcenwörterbuch mit Vorrang zuletzt zur MergedDictionaries-Eigenschaft hinzufügen.

23.2.2 Die Suche nach einer Ressource

Bei so vielen unterschiedlichen Ebenen, in denen Ressourcen bereitgestellt werden können, stellt sich unweigerlich die Frage, nach welchem Muster die Suche nach einer Ressource abläuft. Im Grunde genommen ist der Ablauf sehr einfach.

Es lassen sich drei Bereiche angeben, in denen die Suche der Reihe nach durchgeführt wird:

1. Die Suche beginnt im **logischen Elementbaum**. Hier wird zuerst die Resources-Eigenschaft des Elements geprüft, das die Suche initiiert hat. Anschließend wird der logische Elementbaum aufwärts untersucht. Dabei wird in jedem Element, das sich auf dem Pfad bis hin zum Wurzelelement befindet, nach dem entsprechenden Schlüssel gesucht.
2. Wird im logischen Elementbaum der Schlüssel nicht gefunden, wird im Application-**Objekt** (entspricht dem Resource-Abschnitt in der Datei *App.xaml*) gesucht.
3. Dem Application-Objekt sind noch die **Systemressourcen** übergeordnet. Zu den Systemressourcen werden die in den Klassen SystemColors, SystemParameters und SystemFonts vordefinierten Schlüssel gerechnet.

Wird die Ressource nicht gefunden, sind die Auswirkungen unterschiedlich, weil sie davon abhängen, wie die Ressource gebunden wird. Sie werden im folgenden Abschnitt erfahren, dass es die beiden Alternativen StaticResource und DynamicResource gibt. Es sei an dieser Stelle bereits erwähnt, dass die Suche nach einer statischen Ressource mit einer Ausnahme endet, wenn die Ressource nicht gefunden wird, während eine dynamische Ressource nicht zwangsläufig gefunden werden muss.

23.3 Logische Ressourcen

Im letzten Abschnitt haben Sie gelernt, wo in einer WPF-Anwendung überall Ressourcen definiert werden können. Nun ist es Zeit, sich mit dem Thema zu beschäftigen, wie eine Ressource definiert wird. Wie Sie im weiteren Verlauf dieses und der folgenden Kapitel noch sehen werden, können Ressourcen sehr vielfältig geprägt sein. Das geht weit darüber hinaus, nur simple Hintergrundfarben einer Anwendung zu verallgemeinern. Tatsächlich ist der Einsatzbereich so weit gesteckt, dass in den Resources-Abschnitten ein Großteil des XAML-Codes zu finden ist.

Zunächst einmal wollen wir uns den als »logische Ressourcen« bezeichneten Ressourcen widmen. Logische Ressourcen sind Objekte, die als Ressourcen definiert sind und innerhalb der Anwendung referenziert werden können.

Logische Ressourcen lassen sich mit Cascading Style Sheets (CSS) vergleichen, die ebenfalls zentral außerhalb ihres Einsatzgebietes definiert werden. Da Sie beliebig viele Ressourcen festlegen können, muss jede Ressource über einen eindeutigen Schlüssel identifizierbar sein. Dieser wird mit dem Key-Attribut beschrieben, das einem Namespace zugeordnet ist, der per Vorgabe durch x: beschrieben wird.

```
<Window ...>
  <Window.Resources>
    <LinearGradientBrush x:Key="color">
      <GradientStop Color="Black" Offset="0.0" />
      <GradientStop Color="White" Offset="1.0" />
    </LinearGradientBrush>
  </Window.Resources>
  [...]
</Window>
```

Listing 23.5 Definition einer logischen Ressource

Elemente, die Ressourcen referenzieren, verwenden zwei Markup-Erweiterungen:

- StaticResource
- DynamicResource

Beispielsweise könnte man eine Schaltfläche mit der in Listing 23.5 definierten Ressource wie folgt verbinden:

```
<Button Background="{StaticResource color}">Button 1</Button>
```

23.3.1 Statische Ressourcen

Der Name StaticResource suggeriert im ersten Moment, dass hiermit eine Ressource statisch eingebunden wird. Das ist auch richtig, aber es stellt sich die Frage, was genau unter statisch zu verstehen ist. Zur Beantwortung hilft das folgende Beispielprogramm. In diesem ist eine Ressource im Abschnitt Window.Resources definiert, die der Einfachheit halber nur ein SolidColorBrush-Objekt beschreibt. Die Ressource wird von einem Button mit StaticResource referenziert. Zwei weitere Schaltflächen dienen dazu, die Ressource auf unterschiedliche Art und Weise zu ändern.

```
// Beispiel: ..\Kapitel 23\StaticResourceSample
<Window ...>
  <Window.Resources>
    <SolidColorBrush x:Key="btnBackground" Color="Yellow" />
  </Window.Resources>
  <Grid>
```

```xml
    <Grid.ColumnDefinitions>
      <ColumnDefinition/>
      <ColumnDefinition/>
    </Grid.ColumnDefinitions>
    <Button Name="button1" Margin="10" VerticalAlignment="Top" Height="40"
            Background="{StaticResource btnBackground}">Button 1</Button>
    <StackPanel Grid.Column="1">
      <Button Name="btnChangeColor1" Margin="5"
              Click="btnChangeColor1_Click">Ressource ändern</Button>
      <Button Name="btnChangeColor2" Margin="5,0,5,5"
              Click="btnChangeColor2_Click">Ressource erstellen</Button>
    </StackPanel>
  </Grid>
</Window>
```

Listing 23.6 XAML-Code des Beispielprogramms »StaticResourceSample«

Zu diesem XAML-Code gehören zwei Ereignishandler, die in der Code-Behind-Datei codiert sind.

```csharp
private void btnChangeColor1_Click(object sender, RoutedEventArgs e) {
   SolidColorBrush brush = (SolidColorBrush)FindResource("btnBackground");
   brush.Color = Colors.Red;
}
private void btnChangeColor2_Click(object sender, RoutedEventArgs e) {
   SolidColorBrush brush = new
   SolidColorBrush(Colors.Green);
   this.Resources["btnBackground"] = brush;
}
```

Listing 23.7 Code der beiden Ereignishandler

Im Ereignishandler der Schaltfläche *btnChangeColor1* wird mit `FindResource` die Referenz auf die Ressource per Schlüssel gesucht und anschließend die Farbe geändert. Im zweiten Ereignishandler wird ein neues Objekt vom Typ `SolidColorBrush` erzeugt und danach an die existente Ressource *btnBackground* übergeben.

> **Hinweis**
> Der Zugriff auf Ressourcen mit Programmcode (hier mit `FindResource`) war bisher noch nicht das Thema. Dennoch sollte der C#-Code verständlich sein.

Sie werden feststellen, dass die ressourcengebundene Schaltfläche die Hintergrundfarbe ändert, wenn Sie auf die obere Schaltfläche klicken. Klicken Sie auf die untere, passiert nichts – auch keine Ausnahme. Das ist mit der Verhaltensweise von `StaticResource` zu erklären. Die Eigenschaft, hier `Background` der bindenden Komponente, wird an ein Objekt der Ressource

SolidColorBrush gebunden. Die Änderung einer Eigenschaft der Ressource (hier Color) wird von der bindenden Komponente erkannt und umgesetzt. Das Klicken der unteren Schaltfläche hingegen hat keine Auswirkungen auf die bindende Komponente, weil im Programmcode ein neues Objekt erzeugt wird.

Zusammenfassend muss man also feststellen, dass StaticResource immer dasselbe Ressourcenobjekt referenziert, aber durchaus in der Lage ist, dessen Eigenschaftsänderungen umzusetzen.

Ein Sonderfall: Elemente als Ressourcen

Als Ressource kann prinzipiell jedes beliebige Objekt verwendet werden. Eine Ressource kann per Vorgabe auch nur einmal instanziiert werden. Jeder Zugriff, ob im XAML- oder im C#-Programmcode, ist ein Zugriff auf dieselbe Instanz.

Diese Charakteristik der Ressourcen führt uns in eine Situation, die wir an dieser Stelle betrachten müssen. Bisher haben wir nur mit einem einfachen Brush-Objekt die Ressource beschrieben. Es ist aber auch denkbar, ein Steuerelement in einer Ressource zu beschreiben. Im nächsten Beispiel wird dazu ein Image genommen, das ein Bildchen beschreibt.

```xaml
// Beispiel: ..\Kapitel 23\StaticResourceWithControl
<Window ...>
  <Window.Resources>
    <Image x:Key="image" Source="smiley.jpg"  />
  </Window.Resources>
  <Grid>
    <Grid.ColumnDefinitions>
      <ColumnDefinition/>
      <ColumnDefinition/>
    </Grid.ColumnDefinitions>
    <Button Grid.Column="0" Content="{StaticResource image}" />
    <Button Grid.Column="1" Content="{StaticResource image}"/>
  </Grid>
</Window>
```

Listing 23.8 XAML-Code des Beispielprogramms »StaticResourceWithControl«

Nach dem Start der Anwendung werden Sie feststellen, dass die Ressource nur einmal genutzt wird (siehe Abbildung 23.2).

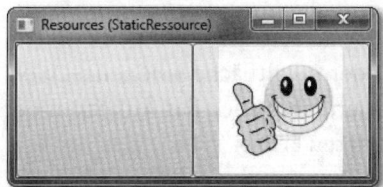

Abbildung 23.2 Ausgabe des Beispielprogramms »StaticResourceWithControl«

Der Grund ist, dass ein Image Teil des Elementbaums ist und nur einmal verwendet werden kann. Die Brush-Objekte, die wir vorher als Ressourcen definiert hatten, sind nicht Teil des Elementbaums und konnten daher von mehreren Elementen verwendet werden.

Eine Lösung des Problems wird natürlich von der WPF angeboten. Per Vorgabe werden die Ressourcenobjekte nur einmal instanziiert. Jedes Element, das dieselbe Ressource referenziert, erhält dieselbe Referenz. Wird die Ressource jedoch mit dem Attribut x:Shared=false erweitert, wird die Ressource bei jedem Zugriff instanziiert. Die Standardeinstellung des Attributs ist demzufolge true. Ändern Sie also die Ressource wie im folgenden Listing ab:

```
<Image x:Key="image" Source="smiley.jpg" x:Shared="false" />
```

Listing 23.9 Ressource mehrfach instanziieren

Danach wird die Anwendung die Ressource so benutzen, wie Sie es sich vorgestellt haben (siehe Abbildung 23.3).

Abbildung 23.3 Ausgabe des Beispielprogramms »StaticResourceWithControl« nach der Änderung

23.3.2 Dynamische Ressourcen

Ganz anders als statische Ressourcen verhalten sich Ressourcen, die mit DynamicResource eingebunden werden. Eine Änderung der Referenz der Ressource wird dazu führen, dass die bindende Komponente die neue Ressource zur Kenntnis nimmt und darauf entsprechend reagiert. Sie können das sehr leicht ausprobieren, wenn Sie im Beispielprogramm *StaticResourceSample* die Bindung mit StaticResource gegen DynamicResource austauschen, also:

```
[...]
<Button Name="button1" Margin="10" VerticalAlignment="Top" Height="40"
        Background="{DynamicResource btnBackground}">Button 1</Button>
[...]
```

Listing 23.10 Änderung im Beispielprogramm »StaticResourceSample«

Jetzt werden beide Schaltflächen genau die Verhaltensweise zeigen, die von ihnen erwartet wird. Weiterhin wird die Änderung der Eigenschaft Color der Schaltfläche *btnChangeColor1* dazu führen, dass die bindende Schaltfläche sich aktualisiert, aber auch das Anklicken der unteren Schaltfläche *btnChangeColor2* führt zu dem erwarteten Erfolg.

> **Hinweis**
> Es mag im ersten Moment verlockend sein, immer mit DynamicResource an Ressourcen zu binden. Sie sollten sich das aber genau überlegen, da jeder dynamische Vorgang immer zu Lasten der Performance geht. Das gilt selbstverständlich auch für DynamicResource. Wenn Sie davon ausgehen können, dass sich die Ressource nicht ändert, sollten Sie daher immer mit StaticResource binden.

23.3.3 Ressourcen mit C#-Code bearbeiten

Alles, was in XAML möglich ist, kann auch mit Programmcode erreicht werden. Dazu zählt auch die Suche nach einer Ressource und deren Anbindung an eine Eigenschaft. Im Beispielprogramm *StaticResourceSample* wurde bereits eine Ressource mit Code geändert. Es ist nun an der Zeit, hierzu die entsprechenden Hintergründe zu beleuchten.

Zuweisung einer statischen Ressource

Am einfachsten gestaltet sich der Zugriff auf eine statische Ressource, wenn sich die Ressource im aktuellen Fenster befindet und sie namentlich bekannt ist. Mit der Eigenschaft Resources rufen Sie die Ressource ab und geben dabei den Namen der gesuchten Ressource an. Angenommen, die Ressource *background* sei unter Window.Resources definiert, würde die Anweisung wie folgt lauten:

```
button1.Background = (Brush)Resources["background"];
```

Listing 23.11 Ressource innerhalb des Fensters mit »Resources« lokalisieren

Die gefundene Ressource muss noch in den entsprechenden Typ konvertiert werden, weil jeder Ressourceneintrag vom Typ Object ist. Da die Hintergrundfarbe einer Schaltfläche vom Typ Brush ist, erfolgt die Konvertierung in der vorangehenden Anweisung in genau diesen Typ.

Befindet sich die Ressource nicht im aktuellen Fenster, eignet sich die gezeigte Anweisung nicht. Stattdessen muss die Ressource in der gesamten Hierarchie gesucht werden. Hierzu eignet sich die Methode FindResource, die jedes Steuerelement hat. Sie rufen die Methode auf das Objekt auf, dem die Ressource zugewiesen werden soll, und übergeben als Argument den Bezeichner der Ressource. Die gefundene Ressource muss natürlich ebenfalls in den Datentyp der entsprechenden Eigenschaft konvertiert werden.

```
button1.Background = (Brush)button1.FindResource("background");
```

Listing 23.12 Ressource mit »FindResource« lokalisieren

Wird die angegebene Ressource nicht gefunden, ist eine Exception die Folge. Daher ist es in vielen Fällen vorteilhaft, alternativ die Methode TryFindResource zu benutzen. Im Gegensatz zu FindResource liefert TryFindResource eine null-Referenz, falls die Ressource nicht gefunden wird.

Zuweisung einer dynamischen Ressource

Mit den Methoden `FindResource` und `TryFindResource` wird die Markup-Erweiterung `Static-Resource` mittels Code beschrieben. Eine Ressource dynamisch zu binden, ist mit diesen Methoden nicht möglich. Zur Anbindung an eine dynamische Ressource dient die Methode `SetResourceReference`. Die Methode hat zwei Parameter. Dem ersten wird die Abhängigkeitseigenschaft übergeben, die an die Ressource dynamisch gebunden werden soll, dem zweiten Parameter der Ressourcenbezeichner.

```
button1.SetResourceReference(Button.BackgroundProperty, "background");
```

Listing 23.13 Dynamische Ressource mit »SetResourceReference« binden

Beachten Sie hierbei, dass die Angabe einer Abhängigkeitseigenschaft (Dependency Property) erfordert, diese direkt zu benennen, in unserem Fall demnach `Button.BackgroundProperty`.

23.3.4 Abrufen von Systemressourcen

Bisher haben wir nur benutzerdefinierte Ressourcen verwendet. Sie können aber auch auf Ressourcen zugreifen, die vom System bereitgestellt werden. WPF enthält im Namespace `System.Windows` drei Klassen, mit denen sich bestimmte Eigenschaften des Systems auswerten lassen:

- `SystemParameters`
- `SystemColors`
- `SystemFonts`

`SystemFonts` beschreibt Eigenschaften, die die Systemressourcen für Schriftarten verfügbar machen, `SystemColors` beschreibt die vom System verwendeten Farben, und `SystemParameters` enthält Eigenschaften, die Sie zum Abfragen von Systemeinstellungen verwenden können. Die drei Klassen enthalten in ihren Eigenschaften immer die aktuellen Werte des Betriebssystems, die von den Einstellungen in der Systemsteuerung abhängen.

Wenn Sie sich die Dokumentation dieser Klassen ansehen, werden Sie feststellen, dass für jede Systemeigenschaft zwei Eigenschaften definiert sind, zum Beispiel

- `CaptionHeight`
- `CaptionHeightKey`

in der Klasse `SystemParameters`. Doch wozu braucht man zwei ähnliche Eigenschaften?

`CaptionHeight` ist vom Typ `double` und gibt die Höhe der Titelleiste in Pixeln an. `CaptionHeightKey` hingegen ist vom Typ `ResourceKey`. Darüber wird der Name der Systemressource gekennzeichnet, die den Wert der Eigenschaft zurückliefert.

Möchten Sie auf eine Ressource statisch zugreifen, reicht die Angabe der Eigenschaft ohne das Suffix `Key` vollkommen aus. In diesem Fall reagiert die Anwendung nicht auf Änderungen an den Systemeinstellungen. Sehen wir uns eine statische Ressourcenabfrage an. Beachten Sie, dass für den Zugriff auf die Systemressourcen die Markup-Erweiterung `x:Static` vorgeschrieben ist.

```
<Label Content="{StaticResource {x:Static SystemParameters.CaptionHeightKey}}" />
```

Die Angabe der Markup-Erweiterung `StaticResource` bewirkt, dass eine Suche nach der Ressource entlang der Hierarchie angestoßen wird. Das geht zu Lasten der Performance.

> **Anmerkung**
> Mit der XAML-Markup-Erweiterung `x:Static` greift man auf die statischen Eigenschaften, Felder oder Konstanten einer Klasse oder Aufzählung zu.

Besser ist es, direkt auf den Wert der Eigenschaft mit

```
<Label Content="{x:Static SystemParameters.CaptionHeight}" />
```

zuzugreifen. Im C#-Code können Sie den Wert der Eigenschaft mit

```
double height = SystemParameters.CaptionHeight;
```

ermitteln.

Bei einer Änderung des Werts in der Systemsteuerung nimmt die Anwendung zur Laufzeit keine Notiz von der Änderung. Soll sich die Anwendung der Änderung anpassen, müssen Sie die Ressource mit `DynamicResource` einbinden.

```
<Label Content="{DynamicResource {x:Static SystemParameters.CaptionHeightKey}}"/>
```

Systemressourcen anpassen

Wie weiter oben schon erläutert, läuft die Suche nach einer bestimmten Ressource nach einem vorgegebenen Schema ab. Sie beginnt im Logical Tree bei dem Element, auf dem die Markup-Erweiterung `StaticResource` oder `DynamicResource` verwendet oder die Methode `FindResource` aufgerufen wird. Wird die Ressource nicht gefunden, wird im `Application`-Objekt danach gesucht. Die letzte Ebene der Suche bilden die Systemressourcen, in denen sich die Einstellungen des Betriebssystems befinden.

Dieser Suchprozess gestattet, eine »höher liegende« Ressource durch eine tiefer liegende zu überschreiben, denn sobald die Suche erfolgreich war, wird sie beendet. Folglich lassen sich auch die vorgegebenen Systemressourcen sehr einfach durch anwendungsspezifische ersetzen.

Damit ist es beispielsweise sehr einfach, die Hintergrundfarbe aller Fenster einer Anwendung festzulegen. Verantwortlich dafür ist die Ressource `WindowBrushKey` in der Klasse `SystemColors`. Wünschen Sie einen roten Hintergrund bei allen Fenstern der Anwendung, ergänzen Sie den `Resource`-Abschnitt der Datei *App.xaml* einfach wie folgt:

```xml
<Application.Resources>
  <SolidColorBrush Color="Red" x:Key="{x:Static SystemColors.WindowBrushKey}" />
</Application.Resources>
```

Einen Farbverlauf festzuschreiben ist mit der Ressource `WindowBrushKey` nicht möglich, da der durch diese Ressource beschriebene Wert vom Typ `SolidColorBrush` ist.

23.4 Styles

Das Layout grafischer Komponenten können Sie im XAML-Code nahezu beliebig konfigurieren. Das Einstellen der individuellen Eigenschaften für Font, Farbe, Größe usw. ist aber mit einem nicht unbeträchtlichen Aufwand verbunden. Insbesondere wenn mehrere Steuerelemente einheitlich gestaltet werden sollen, ist das Endergebnis eine riesige XAML-Datei, in der die Einstellungen der Controls redundant auftreten.

An dieser Stelle betreten die **Styles** die Bühne der WPF. Styles gestatten das Zusammenfassen mehrerer Einstellungen, die zentral zur Verfügung gestellt werden. Das Prinzip erinnert an das von CSS (*Cascading Style Sheets*) in HTML. Allerdings werden Styles nicht in separate Dateien verpackt, sondern als logische Ressourcen angeboten. Daraus folgt, dass Styles lokal im Fenster, in der *App.xaml*-Datei oder in einem externen Ressourcenwörterbuch bereitgestellt werden können. Weil Styles in der Regel dazu benutzt werden, der Anwendung ein einheitliches, leicht und zentral änderbares Layout zu geben, scheidet in vielen Fällen die lokale Definition in einem Fenster aus.

23.4.1 Einfache Styles

Das Prinzip einer Style-Definition soll sofort an einem Beispiel gezeigt werden. Nehmen wir dazu zunächst an, Sie möchten ein `Window` bereitstellen, in dem sich drei Schaltflächen befinden. Alle Schaltflächen sollen als besonderes Design einen Farbverlauf haben, der mittels XAML-Code in jeder der drei Schaltflächen angegeben wird.

```xml
[...]
<Button Height="35" Margin="10">
  <Button.Background>
    <LinearGradientBrush>
      <GradientStop Offset="0.0" Color="Blue" />
      <GradientStop Offset="1.0" Color="LightCyan" />
    </LinearGradientBrush>
  </Button.Background>
  <Button.FontSize>18</Button.FontSize>
        Button1
  </Button>
<Button Height="35" Margin="10">
  <Button.Background>
```

```xml
        <LinearGradientBrush>
            <GradientStop Offset="0.0" Color="Blue" />
            <GradientStop Offset="1.0" Color="LightCyan" />
        </LinearGradientBrush>
    </Button.Background>
    <Button.FontSize>18</Button.FontSize>
            Button2
</Button>
<Button Height="35" Margin="10">
    <Button.Background>
        <LinearGradientBrush>
            <GradientStop Offset="0.0" Color="Blue" />
            <GradientStop Offset="1.0" Color="LightCyan" />
        </LinearGradientBrush>
    </Button.Background>
    <Button.FontSize>18</Button.FontSize>
            Button3
</Button>
```

Listing 23.14 Drei Schaltflächen mit gleichem Design

Das Problem des redundanten Codes wird in diesem kleinen Beispiel bereits deutlich, denn bis auf die Beschriftung ist der Code für alle drei Schaltflächen identisch. Zudem wirkt der XAML-Code unübersichtlich.

Die Gemeinsamkeiten der drei Schaltflächen sollen nun von einem Style beschrieben werden, der von den Schaltflächen gemeinsam genutzt wird. Styles werden in einem Resources-Abschnitt definiert. Daher bieten sich insgesamt vier Bereitstellungsorte an:

- Styles können direkt im Element angegeben werden. Allerdings ist das eher eine theoretische Option, die ausscheidet, da der Style nur von der betreffenden Komponente genutzt werden könnte.

- Etwas besser ist es, Styles im Resources-Abschnitt des Window-Objekts anzugeben. Die Nutzbarkeit ist so auf das aktuelle Fenster beschränkt, andere Fenster können von dem Style nicht profitieren. Eine Ausnahme wäre beispielsweise, wenn es sich bei dem Fenster um das Hauptfenster der Anwendung handeln würde, dem alle anderen Fenster untergeordnet sind.

- Damit alle Komponenten eines Programms von einer Style-Definition gleichermaßen profitieren können, sollten Sie den Style global beschreiben. Dafür eignet sich die Datei *App.xaml* oder – anwendungsübergreifend – ein externes Ressourcenwörterbuch.

Nun sollten wir uns zuerst die Lösung mit einer Style-Definition ansehen.

```
// Beispiel: ..\Kapitel 23\SimpleStyle
<Window x:Class="SimpleStyle.MainWindow"
        xmlns="http://schemas.microsoft.com/winfx/2006/xaml/presentation"
        xmlns:x="http://schemas.microsoft.com/winfx/2006/xaml"
        Title="SimpleStyle" Height="180" Width="300">
  <StackPanel>
    <Button Style="{StaticResource btnStyle}">
        Button1
    </Button>
    <Button Style="{StaticResource btnStyle}">
        Button2
    </Button>
    <Button Style="{StaticResource btnStyle}">
        Button3
    </Button>
  </StackPanel>
</Window>
```

Listing 23.15 XAML-Code des Beispielprogramms »SimpleStyle«

In der *App.xaml*-Datei ist der Style als Ressource definiert:

```
<Application x:Class="SimpleStyle.App"
     xmlns="http://schemas.microsoft.com/winfx/2006/xaml/presentation"
     xmlns:x="http://schemas.microsoft.com/winfx/2006/xaml"
     StartupUri="MainWindow.xaml">
  <Application.Resources>
    <Style x:Key="btnStyle">
      <Setter Property="Button.Height" Value="35" />
      <Setter Property="Button.FontSize" Value="18" />
      <Setter Property="Button.Margin" Value="10" />
      <Setter Property="Button.Background">
        <Setter.Value>
          <LinearGradientBrush>
            <GradientStop Offset="0.0" Color="Blue" />
            <GradientStop Offset="1.0" Color="LightCyan" />
          </LinearGradientBrush>
        </Setter.Value>
      </Setter>
    </Style>
  </Application.Resources>
</Application>
```

Listing 23.16 Style-Definition in der Datei »App.xaml«

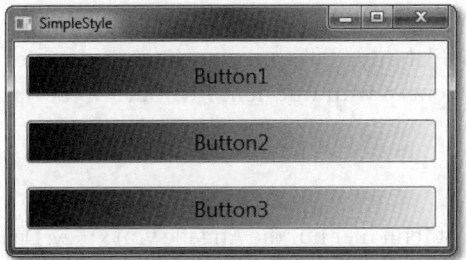

Abbildung 23.4 Die Ausgabe des Beispielprogramms »SimpleStyle«

Styles sind logische Ressourcen und werden durch das Element Style beschrieben. Mit x:Key erhält jeder Style einen Schlüssel, unter dem er aufrufbar ist:

`<Style x:Key="btnStyle">`

Die Eigenschaften, die ein Style vordefinieren soll, werden durch Setter-Elemente beschrieben. Dessen Attribut Property gibt die Eigenschaft an. Die Bezeichnung setzt sich aus dem Typ der Zielkomponente und dem Namen der Eigenschaft zusammen. Die Angabe ist notwendig, damit WPF die Abhängigkeitseigenschaft korrekt auflösen kann.

> **Hinweis**
> Es gibt eine Bedingung hinsichtlich der Eigenschaften, die in Setter Property genannt werden können: Es muss sich um eine Abhängigkeitseigenschaft (Dependency Property) handeln.

Über das Attribut Value teilen Sie den Wert mit, z.B.:

`<Setter Property="Button.Height" Value="35" />`

Um komplexere Eigenschaftswerte zu definieren, können Sie beim Attribut Value auch auf die Eigenschaft-Element-Schreibweise zurückgreifen. In unserem Beispiel oben wird das anhand der Eigenschaft Background gezeigt.

Da es sich bei einer Style-Definition um eine Ressource handelt, kann eine Komponente den Stil mit der Markup-Erweiterung StaticResource oder DynamicResource nutzen.

`<Button Style="{StaticResource btnStyle}">`

Den Elementen, die einen vordefinierten Style nutzen sollen, muss das ausdrücklich mitgeteilt werden. Dafür weisen alle Typen, die von FrameworkElement abgeleitet sind, die in dieser Klasse definierte Eigenschaft Style auf. Dazu wird der Style über die Markup-Extension StaticResource oder DynamicResource referenziert.

`<Button **Style="{StaticResource btnStyle}**">`

23.4.2 Typisierte Styles

Es ist möglich, bereits dem Element Style den Zieldatentyp bekannt zu geben, an den sich die Eigenschaftseinstellungen richten. Der Zieldatentyp wird mit dem Attribut TargetType angegeben, z.B.:

```
<Style TargetType="{x:Type Button}">
```

Im Gegensatz zu den Aussagen im letzten Abschnitt fehlt hier nur die Angabe von x:Key. Das Zielelement bereits in der Style-Definition zu nennen hat den Vorteil, dass die Steuerelemente dieses Typs den Style nicht mehr referenzieren müssen, denn er wird automatisch auf alle Steuerelemente des angegebenen Typs angewendet. Allerdings können Sie die damit frei gewordene Style-Eigenschaft eines Steuerelements nicht dazu benutzen, um einen weiteren Style anzugeben.

```
// Beispiel: ..\Kapitel 23\TypedStyle
<Window ... >
  <StackPanel>
    <Button>Button1</Button>
    <Button>Button2</Button>
    <Button>Button3</Button>
  </StackPanel>
</Window>
```

Hier noch der XAML-Code in der Datei App.xaml:

```
<Application ...>
  <Application.Resources>
    <Style TargetType="{x:Type Button}">
      <Setter Property="Height" Value="35" />
      <Setter Property="FontSize" Value="18" />
      <Setter Property="Background">
        <Setter.Value>
          <LinearGradientBrush>
            <GradientStop Offset="0.0" Color="Blue" />
            <GradientStop Offset="1.0" Color="LightCyan" />
          </LinearGradientBrush>
        </Setter.Value>
      </Setter>
    </Style>
  </Application.Resources>
</Application>
```

Listing 23.17 Typisierter Style

Den benutzerdefinierten Standard-Style ausblenden

Möchten Sie, dass eine Komponente nicht von der unter `TargetType` angegebenen `Style`-Definition profitiert, legen Sie eine leere `Style`-Definition an, die als Dummy dient. Diesen Style geben Sie in der `Style`-Eigenschaft der betreffenden Komponente an, die dann in der Standarddarstellung angezeigt wird:

```
<Style x:Key="DummyStyle" />
[...]
<Button Style="DummyStyle" ... />
```

Listing 23.18 Anlegen eines Dummy-Styles

23.4.3 Erweitern von Styles

Styles lassen sich ähnlich dem Prinzip der Vererbung erweitern. Dabei erbt ein Style die bestehenden `Setter`-Objekte eines anderen Styles. Die Beziehung des erweiterten Styles zu einem Basis-Style wird mit der Eigenschaft `BasedOn` der Klasse `Style` erstellt.

Bereits definierte Eigenschaftswerte können bei diesem Verfahren auch im Bedarfsfall überschrieben werden. Haben Sie im Basis-Style `TargetType` angegeben, müssen Sie im abgeleiteten Stil ebenfalls eine `TargetType`-Angabe machen. Diese muss denselben oder einen davon abgeleiteten Typ beschreiben. Im folgenden Beispielprogramm wird das gezeigt.

```
// Beispiel: ..\Kapitel 23\BasedOnSample
<Window...>
  <Window.Resources>
    <Style x:Key="Style1" TargetType="{x:Type Button}">
      <Setter Property="Button.Height" Value="35" />
      <Setter Property="Button.FontSize" Value="18" />
      <Setter Property="Button.Margin" Value="10" />
      <Setter Property="Button.Background">
        <Setter.Value>
          <LinearGradientBrush>
            <GradientStop Offset="0.0" Color="Blue" />
            <GradientStop Offset="1.0" Color="LightCyan" />
          </LinearGradientBrush>
        </Setter.Value>
      </Setter>
    </Style>
    <Style x:Key="Style2" TargetType="{x:Type Button}"
           BasedOn="{StaticResource Style1}">
      <Setter Property="Button.FontFamily" Value="Courier New" />
      <Setter Property="Button.FontSize" Value="12" />
    </Style>
  </Window.Resources>
```

```xml
<StackPanel>
  <Button Style="{StaticResource Style2}">Button1</Button>
  <Button Style="{StaticResource Style1}">Button2</Button>
  <Button Style="{StaticResource Style2}">Button3</Button>
</StackPanel>
</Window>
```

Listing 23.19 Erweitern eines Styles mit »BasedOn«

In diesem Beispiel werden zwei Styles im Resources-Abschnitt des Fensters definiert. Der zuerst aufgeführte Stil *Style1* legt neben der Höhe des Steuerelements dessen Schriftfarbe, den Randabstand und die Hintergrunddarstellung fest. Der zweite Style, *Style2*, übernimmt die Vorgaben des ersten Styles. Dabei wird die Vorgabe des Basis-Styles hinsichtlich der Schriftgröße geändert. Zusätzlich definiert *Style2* auch eine andere Schriftart.

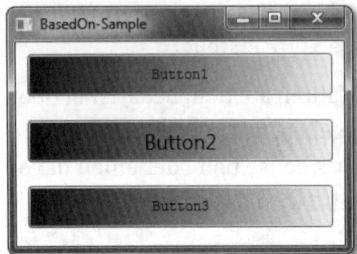

Abbildung 23.5 Ausgabe des Beispielprogramms »BasedOnSample«

Abbildung 23.5 zeigt die Ausgabe des Beispiels. Der Effekt des Überschreibens der Schriftgröße der oberen und der unteren Schaltfläche ist hier deutlich zu erkennen.

23.4.4 EventSetter

Bei der Verwendung von Styles steht Ihnen neben Setter auch das Objekt EventSetter zur Verfügung. Mit EventSetter können Sie den Elementen, die den Style benutzen, einen Ereignishandler für ein bestimmtes Ereignis zuordnen. Bei den Ereignissen muss es sich um *Routed Events* handeln. Die Definition eines EventSetters lautet wie folgt:

```xml
<Style>
  <EventSetter Event="..." Handler="..." />
</Style>
```

Dem Attribut Event wird das Ereignis genannt, dem Attribut Handler der entsprechende Ereignishandler. Registrieren Sie sowohl im Style als auch im XAML-Code der Komponente einen Ereignishandler, werden beide ausgeführt. Dabei kommt es immer zuerst zu der Ausführung des Ereignishandlers, der in der Komponente direkt angegeben ist.

Im folgenden Beispiel enthält ein `StackPanel` zwei `ListBoxen` sowie zwei in einem zweiten `StackPanel` horizontal ausgerichtete `TextBoxen`. Die `Listboxen` sind an einen typisierten Style gebunden, in dem das Ereignis `SelectionChanged` mit einem Ereignishandler verknüpft wird. Das gleiche Ereignis wird im XAML-Code der unteren `ListBox` zudem mit einem weiteren Ereignishandler verknüpft. Der den beiden `ListBoxen` gemeinsame Ereignishandler schreibt den Inhalt des selektierten Elements in die linke `TextBox`, der zusätzliche Ereignishandler der unteren `ListBox` darüber hinaus in die rechte `TextBox`.

```
// Beispiel: ..\Kapitel 23\EventSetterSample
<Window ...>
  <Window.Resources>
    <Style TargetType="ListBox">
      <Setter Property="Margin" Value="10" />
      <EventSetter Event="SelectionChanged"
                   Handler="listbox1_SelectionChanged" />
    </Style>
  </Window.Resources>
  <StackPanel>
    <ListBox Background="AntiqueWhite" Name="listbox1">
      <ListBoxItem>Australien</ListBoxItem>
      <ListBoxItem>Thailand</ListBoxItem>
      <ListBoxItem>Seychellen</ListBoxItem>
    </ListBox>
    <ListBox Background="LightSkyBlue" Name="listbox2"
             SelectionChanged="listbox2_SelectionChanged" >
      <ListBoxItem>Hamburg</ListBoxItem>
      <ListBoxItem>München</ListBoxItem>
      <ListBoxItem>Berlin</ListBoxItem>
    </ListBox>
    <StackPanel Orientation="Horizontal">
      <TextBox Width="120" Margin="10" Name="txtLinks"
               Background="AliceBlue">...</TextBox>
      <TextBox Width="120" Margin="10" Name="txtRechts"
               Background="AliceBlue">...</TextBox>
    </StackPanel>
  </StackPanel>
</Window>
```

Listing 23.20 Definition eines EventSetters

Der Code in der Code-Behind-Datei enthält die beiden Ereignishandler mit dem folgenden Code:

```
public partial class MainWindow : Window {
  private void listbox1_SelectionChanged(...) {
    ListBox listbox = sender as ListBox;
    txtLinks.Text = ((ListBoxItem)listbox.SelectedItem).Content.ToString();
  }
```

```csharp
    private void listbox2_SelectionChanged(...) {
      ListBox listbox = sender as ListBox;
      txtRechts.Text = ((ListBoxItem)listbox.SelectedItem).Content.ToString();
    }
}
```
Listing 23.21 C#-Code des Beispielprogramms »EventSetterSample«

23.5 Trigger

Werte, die wir bisher an einen Style gebunden hatten, waren immer statisch. Der Wert wurde gesetzt und konnte nicht mehr verändert werden. Häufig möchte man aber zur Laufzeit Aktionen ausführen, wenn bestimmte Bedingungen erfüllt sind. Die Lösung hierfür bieten Trigger. Trigger werden häufig für die Reaktion auf Ereignisse, Eigenschaftsänderungen usw. verwendet.

Jedes `Trigger`-Objekt basiert auf einer Klasse, die von `TriggerBase` abgeleitet ist. Es gibt insgesamt fünf Klassen, die von `TriggerBase` abgeleitet sind. Sie können sie Tabelle 23.1 entnehmen.

Klasse	Beschreibung
`Trigger`	Dieser oft als Eigenschaftstrigger bezeichnete Trigger reagiert, wenn eine Abhängigkeitseigenschaft einen bestimmten Wert annimmt. Ein `Setter`-Objekt dient dazu, den Style des betreffenden Elements zu ändern.
`MultiTrigger`	Dieser Trigger ähnelt einem einzelnen `Trigger`-Objekt, beschreibt aber mehrere Bedingungen.
`EventTrigger`	Ereignistrigger werden beim Auftreten eines Routed Events gefeuert.
`DataTrigger`	Dieser Trigger reagiert, wenn eine herkömmliche .NET-Eigenschaft einen bestimmten Wert annimmt.
`MultiDataTrigger`	Dieser Triggertyp ähnelt `DataTrigger`, beschreibt aber mehrere Bedingungen.

Tabelle 23.1 Die von »TriggerBase« abgeleiteten Klassen

Trigger werden oft zusammen mit den Styles eingesetzt, können aber auch der Eigenschaft `Triggers` einer Komponente direkt zugewiesen werden. Eine Komponente kann auch mit mehreren Triggern verbunden werden, um auf verschiedene Zustandsänderungen unterschiedlich zu reagieren.

23.5.1 Eigenschaftstrigger

Eigenschaftstrigger werden in einem `Style` definiert. Sie müssen entweder mit `x:Key` dem Style einen Identifier geben oder mit `TargetType` den Typ des Zielelements angeben. Das ist genauso wie bei jeder anderen `Style`-Definition.

Ein `Style`-Objekt verfügt über eine Auflistung aller definierten Trigger. Die Referenz darauf liefert die Eigenschaft `Triggers`. Innerhalb eines `Trigger`-Objekts wird mit der Eigenschaft `Property` die zu prüfende Abhängigkeitseigenschaft genannt, mit `Value` der Wert, gegen den geprüft werden soll. Hat die Elementeigenschaft den unter `Value` eingetragenen Wert, gilt die Bedingung als erfüllt, und die Darstellung des Elements verändert sich nach den Angaben, die unter `Setter` angegeben sind. Da bei einer erfüllten Bedingung häufig mehrere `Setter`-Objekte definiert werden, hat ein `Trigger`-Objekt eine Auflistung von `Setter`-Objekten, die über die Eigenschaft `Setters` aufgerufen wird.

In Tabelle 23.2 sind alle spezifischen Eigenschaften eines Eigenschaftstriggers aufgeführt.

Eigenschaft	Beschreibung
Property	Hier wird eine Abhängigkeitseigenschaft angegeben, die mit dem Wert in der `Value`-Eigenschaft des Triggers verglichen wird.
Setters	Diese Eigenschaft beschreibt eine Auflistung vom Typ `SetterBaseCollection`, in der alle `Setter`-Objekte aufgeführt sind, die ausgeführt werden, wenn die unter `Property` genannte Eigenschaft den Wert von `Value` annimmt.
SourceName	Soll nicht die Eigenschaft unter `Property`, sondern die eines anderen Elements ausgewertet werden, wird das auszuwertende Element mit `SourceName` benannt.
Value	Diese Eigenschaft legt den Wert fest, der mit der unter `Property` angegebenen Abhängigkeitseigenschaft verglichen werden soll.

Tabelle 23.2 Die Eigenschaften eines »Trigger«-Objekts

Damit sieht die Grundstruktur eines `Trigger`-Objekts wie im folgenden Listing gezeigt aus:

```xml
<Style>
  <Style.Triggers>
    <Trigger Property="..." Value="...">
      <Trigger.Setters>
        <Setter .../>
        <Setter .../>
      </Trigger.Setters>
    </Trigger>
  </Style.Triggers>
</Style>
```

Listing 23.22 Grundstruktur eines »Trigger«-Objekts

Sehen wir uns zunächst die Trigger an einem konkreten Beispiel an. In dem Beispiel ändert sich die Darstellung von zwei `TextBox`-Elementen in Abhängigkeit davon, ob sich der Mauszeiger über dem betreffenden Element befindet oder das Element sogar fokussiert wird. Dazu sind sogar zwei Trigger notwendig.

```xaml
// Beispiel: ..\Kapitel 23\TriggerSample
<Window ...
    Name="form" Title="TriggerSample" Height="189" Width="304">
  <Window.Resources>
    <Style TargetType="{x:Type TextBox}">
      <Setter Property="Height" Value="25" />
      <Setter Property="Width"
              Value="{Binding ElementName=form, Path=Width}" />
      <Setter Property="Margin" Value="10" />
      <Setter Property="FontSize" Value="14" />
      <Setter Property="Control.Background" Value="AntiqueWhite" />
      <Style.Triggers>
        <Trigger Property="IsMouseOver" Value="True">
          <Trigger.Setters>
            <Setter Property="Control.Background" Value="Cyan" />
          </Trigger.Setters>
        </Trigger>
        <Trigger Property="IsFocused" Value="True">
          <Trigger.Setters>
            <Setter Property="Background" Value="MidnightBlue" />
            <Setter Property="Foreground" Value="White" />
          </Trigger.Setters>
        </Trigger>
      </Style.Triggers>
    </Style>
  </Window.Resources>
  [...]
  <StackPanel>
    <TextBox Width="Auto"></TextBox>
    <TextBox Width="Auto"></TextBox>
  </StackPanel>
</Window>
```

Listing 23.23 Der XAML-Code des Beispielprogramms »TriggerSample«

Abbildung 23.6 Ausgabe des Beispielprogramms »TriggerSample«

In diesem Zusammenhang ist es wichtig zu wissen, dass WPF-Elemente Eigenschaften anbieten, aus denen der Zustand ausgelesen werden kann. Dazu gehören unter anderem auch die beiden Eigenschaften `IsMouseOver` und `IsFocused` der `TextBox`, die beide mit einem booleschen Wert den entsprechenden Elementzustand beschreiben. Beide Properties sind für die Trigger unseres Beispielprogramms wichtig, denn mit ihnen werden die Prüfbedingungen formuliert.

> **Anmerkung**
> Die Prüfung einer Bedingung beschränkt sich nicht nur auf `IsXxx`-Eigenschaften. So ließe sich zum Beispiel auch die Eigenschaft `Text` einer `TextBox` auf einen bestimmten Inhalt hin untersuchen.

Ein Trigger nimmt Änderungen an einer oder mehreren Komponenten vor. Ändern sich die Bedingungen erneut, werden die Änderungen wieder rückgängig gemacht. Verlässt in unserem Beispiel der Mauszeiger den Bereich einer `TextBox`, kehrt diese in ihren Ausgangszustand zurück.

MultiTrigger

Das Auslösen eines Triggers muss nicht zwangsläufig nur von einer Bedingung abhängen. WPF stellt mit `MultiTrigger` ein Element zur Verfügung, das es uns erlaubt, mehrere Bedingungen zu formulieren, die alle gleichzeitig erfüllt sein müssen, damit der Trigger gefeuert wird. Das Element `MultiTrigger` beschreibt eine Collection, in der alle Bedingungen erfasst werden. Die Eigenschaft `MultiTrigger.Conditions` liefert die Referenz auf die Collection, die einzelnen Bedingungen werden durch `Condition`-Elemente beschrieben.

Im folgenden Beispiel enthält das `Window` eine `TextBox`-Komponente mit einem Textinhalt. Wenn die `TextBox` leer ist und sich gleichzeitig der Mauszeiger über der `TextBox` befindet, wird deren Hintergrund in Rot dargestellt.

```xml
// Beispiel: ..\Kapitel 23\MultiTriggerSample
<Window ...>
  <Window.Resources>
    <Style TargetType="{x:Type TextBox}">
      <Style.Triggers>
        <MultiTrigger>
          <MultiTrigger.Conditions>
            <Condition Property="IsMouseOver" Value="true" />
            <Condition Property="Text" Value="" />
          </MultiTrigger.Conditions>
          <Setter Property="TextBox.Background" Value="Red" />
        </MultiTrigger>
      </Style.Triggers>
    </Style>
  </Window.Resources>
  <StackPanel>
```

```
        <TextBox Margin="10" Width="Auto">
            Windows Presentation Foundation WPF
        </TextBox>
    </StackPanel>
</Window>
```

Listing 23.24 Multitrigger einer TextBox

23.5.2 Datentrigger

Datentrigger sind vom Typ `DataTrigger`. Sie ähneln den im letzten Abschnitt besprochenen Eigenschaftstriggern. Der Unterschied zwischen diesen beiden ist, dass Datentrigger nicht den Wert einer Abhängigkeitseigenschaft (also die Eigenschaft `Property` eines Trigger-Objekts) verwenden, sondern den Wert aus einer Datenbindung beziehen. Damit wird es auch möglich, auf die Änderung einer beliebigen Eigenschaft zu reagieren, also auch einer herkömmlichen CLR-Eigenschaft. Die Klasse `DataTrigger` definiert nur drei spezifische Eigenschaften, die Sie Tabelle 23.3 entnehmen können.

Eigenschaft	Beschreibung
Binding	Diese Eigenschaft definiert das `Binding`-Objekt, dessen Wert mit dem Wert unter `Value` verglichen wird.
Setters	Diese Eigenschaft beschreibt eine Auflistung vom Typ `SetterBaseCollection`, in der alle `Setter`-Objekte aufgeführt sind, die ausgeführt werden, wenn die unter `Property` genannte Eigenschaft den Wert von `Value` annimmt.
Value	Diese Eigenschaft definiert den Wert, der mit dem Wert des unter `Binding` angegebenen Objekts verglichen werden soll.

Tabelle 23.3 Die Eigenschaften eines »DataTrigger«-Objekts

Um einen Datentrigger zu definieren, muss ein `DataTrigger` zur Collection `Style.Triggers` hinzugefügt werden. Da Datentrigger auch mit Eigenschaften umgehen können, die nicht zu den Abhängigkeitseigenschaften gezählt werden, wird anstelle der Eigenschaft `Property` (die bekanntlich die Angabe einer Abhängigkeitseigenschaft erfordert) die Eigenschaft `Binding` angegeben.

Das folgende Beispiel zeigt den Einsatz eines Datentriggers. Im Fenster ist eine `TextBox` enthalten. Wird zur Laufzeit die Zeichenfolge »Weg damit« eingetragen, wird die `TextBox` deaktiviert.

```
// Beispiel: ..\Kapitel 23\DataTriggerSample
<Window ...>
  <Window.Resources>
    <Style TargetType="{x:Type TextBox}">
      <Style.Triggers>
        <DataTrigger Binding="{Binding
```

```
                    RelativeSource={RelativeSource Self}, Path=Text}"
                Value="Weg damit">
          <Setter Property="IsEnabled" Value="False" />
        </DataTrigger>
      </Style.Triggers>
    </Style>
  </Window.Resources>
  <StackPanel>
    <TextBox Margin="10" Width="Auto" FontSize="16"
             Background="AntiqueWhite" />
  </StackPanel>
</Window>
```

Listing 23.25 Definition eines DataTriggers

23.5.3 Ereignistrigger

Ereignistrigger werden durch Ereignisse vom Typ `RoutedEvent` ausgelöst. Anstelle des Aufrufs eines Ereignishandlers können Ereignistrigger Animationen starten. Allerdings sollten Sie unter dem Begriff »Animation« nicht nur grafische Spielereien verstehen. Auch Tabellen, die sich aktualisierende Daten in Diagrammen optisch ansprechend anzeigen, gehören zu der Gruppe der Animationen.

Sehen wir uns zuerst an, wie Ereignistrigger in XAML definiert werden:

```
<Style TargetType="{x:Type Button}">
  <Style.Triggers>
    <EventTrigger RoutedEvent="...">
      <EventTrigger.Actions>
        [...]
      </EventTrigger.Actions>
    </EventTrigger>
  </Style.Triggers>
</Style>
```

Listing 23.26 Struktur eines EventTriggers

Ereignistrigger werden in einem `Style`-Element oder alternativ direkt in einer Komponente definiert. Das `EventTrigger`-Element beschreibt den Ereignistrigger. Als Attribut muss `RoutedEvent` angegeben sein. Hier wird das Ereignis angegeben, das den Trigger auslöst. Darunter wird ein `EventTrigger.Actions`-Element angegeben, in dem die Aktionen festgelegt werden, die beim Auslösen des Triggers ausgeführt werden sollen.

Das folgende Beispiel demonstriert den Einsatz eines einfachen Ereignistriggers. Getriggert wird das Ereignis `MouseEnter`. Zur Laufzeit bewirkt das Ziehen der Maus über die Schaltfläche, dass diese zunächst unsichtbar wird, denn die Eigenschaft `Opacity` wird innerhalb der Animation zuerst auf 0 gesetzt. Bis zur vollen Wiederherstellung der Sichtbarkeit sind 10 Sekunden festgelegt.

```
// Beispiel: ..\Kapitel 23\EventTriggerSample
<Window ...>
  <Window.Resources>
    <Style TargetType="{x:Type Button}">
      <Style.Triggers>
        <EventTrigger RoutedEvent="MouseEnter">
          <EventTrigger.Actions>
            <BeginStoryboard>
              <Storyboard>
                <DoubleAnimation From="0" To="1" Duration="0:0:10"
                    Storyboard.TargetProperty="(Opacity)" />
              </Storyboard>
            </BeginStoryboard>
          </EventTrigger.Actions>
        </EventTrigger>
      </Style.Triggers>
    </Style>
  </Window.Resources>
  <Grid>
    <Button>Button1</Button>
  </Grid>
</Window>
```

Listing 23.27 Ein EventTrigger in Aktion

Mit den Komponenten `BeginStoryBoard` und `StopStoryBoard` werden die Aktionen gestartet und beendet. Eine `StoryBoard`-Komponente müssen Sie sich als einen Container vorstellen, in dem die Animation über eine Zeitlinie hinweg abläuft.

> **Hinweis**
> Eigenschaften in einem Ereignistrigger direkt zu ändern ist nicht möglich.

23.6 Templates

Um mehreren Steuerelementen ein identisches Layout zu verleihen und dabei redundanten Code zu vermeiden, eignen sich *Styles* ganz hervorragend. Die grundlegende optische Darstellung der Steuerelemente wird dabei aber nicht verändert, ein `Button`-Steuerelement wird beispielsweise immer als Rechteck dargestellt. Die Möglichkeiten eines *Styles* sind daher vergleichsweise beschränkt.

Templates gehen in dieser Hinsicht einen Schritt weiter, denn sie gestatten die individuelle Gestaltung des Layouts der Steuerelemente durch eigenen XAML-Code, ohne die elementare Funktionsweise dabei zu beeinflussen. Möglich wird das durch die konsequente Aufteilung von Logik und Darstellung in WPF. Unter Windows Forms waren Logik und Darstellung so miteinander verkoppelt, dass man eigene Steuerelemente entwickeln musste, um eine individuelle Darstellung zu erzielen. Das war mit nicht unerheblichem Programmieraufwand verbunden, weil die Logik in das neue Steuerelement eingepflegt werden musste.

Doch nicht nur das Layout eines Steuerelements kann mit einem Template verändert werden. Auch die Darstellung von einzelnen Daten oder Datengruppen lässt sich mit Templates nach eigenen Vorstellungen anpassen. Deshalb werden in der WPF auch drei Arten von Templates unterschieden:

- ControlTemplates
- ItemsPanelTemplates
- DataTemplates

Mit einem ControlTemplate wird das Layout eines Steuerelements beschrieben, und ein DataTemplate übernimmt die Darstellung der Daten eines bestimmten Typs in einem ContentControl. Mit ItemsPanelTemplate passen wir das Layout eines Steuerelements an, das mehrere Elemente aufnehmen kann. Dabei handelt es sich um die Steuerelemente, die von der Klasse ItemsControl abgeleitet sind (ListBox, ComboBox, Menu usw.).

In diesem Kapitel werden wir uns ausschließlich mit dem ControlTemplate beschäftigen, da DataTemplates und ItemsPanelTemplates meistens im Zusammenhang mit der Darstellung eingesetzt werden. Dieses Thema wird uns aber erst in Kapitel 24 und 25 beschäftigen.

23.6.1 Allgemeines zu »ControlTemplates«

ControlTemplates sind für das Layout der Steuerelemente verantwortlich. Es ist nicht sehr schwierig, das Standard-Template eines Steuerelements durch ein eigenes auszutauschen, um einem Steuerelement ein individuelles Layout zu verpassen.

Nicht alle Steuerelemente lassen sich mit Templates umgestalten. Templates sind nur bei Steuerelementen möglich, die von der Klasse Control abgeleitet sind. Bei allen anderen erfolgt die Darstellung auch weiterhin mit Programmcode. Einige Steuerelemente bieten zudem die Möglichkeit, Teilbereiche zu ändern.

Grundlagen der Templates

ControlTemplates werden durch die gleichnamige Klasse beschrieben und können im XAML-Code sehr einfach definiert werden. Die Inhaltseigenschaft VisualTree von ControlTemplate beschreibt den visuellen Elementbaum, der für die Darstellung des Steuerelements verantwortlich ist. Am Beispiel einer Schaltfläche soll das erläutert werden. Dabei werden wir schrittweise die Darstellung eines Button-Objekts ändern, so dass am Ende eine optisch ansprechende, elliptische Schaltfläche das Ergebnis sein wird. Das folgende Listing soll uns als Ausgangspunkt dienen. Hier wird zunächst nur das Layout der neuen Schaltfläche beschrieben.

```xml
[...]
<Window.Resources>
   <ControlTemplate x:Key="ellipseButton">
      <Grid>
         <Ellipse Name="ellipse" Width="100" Height="60">
            <Ellipse.Fill>
               <RadialGradientBrush>
                  <GradientStop Offset="0" Color="Wheat" />
                  <GradientStop Offset="1" Color="DarkGray" />
               </RadialGradientBrush>
            </Ellipse.Fill>
         </Ellipse>
      </Grid>
   </ControlTemplate>
<Window.Resources>
[...]
```

Listing 23.28 Das Layout einer benutzerdefinierten Schaltfläche

Innerhalb von `ControlTemplate` ist ein `Grid`-Element mit nur einer Zelle definiert. Das ist vorteilhaft, da das `Grid` die Größe aller enthaltenen Elemente automatisch anpasst. Natürlich ist auch möglich, einen anderen, beliebigen Container zu verwenden.

Innerhalb des `Grid` wird ein `Ellipse`-Objekt beschrieben. Dieses soll unseren elliptischen Button darstellen. Die Eigenschaften `Height` und `Width` sind derzeit noch statisch definiert. Das hat zur Folge, dass die Ellipse immer gleich groß dargestellt wird, unabhängig davon, welche Abmessungen die Schaltfläche tatsächlich aufweist. Wir werden später noch eine entsprechende Anpassung vornehmen müssen, damit sich die Ellipse den Außenabmessungen der Schaltfläche anpasst. Das Füllmuster der Ellipse weist einen Farbverlauf auf, auf den an dieser Stelle aber nicht weiter eingegangen wird.

Jedes Template muss mit einem eindeutigen Identifier signiert werden, der dem Attribut `x:Key` bekannt gegeben wird. Im Gegensatz zu einem Style ist dieses Attribut keine Option, sondern Pflicht. Das Template kann zudem von jedem Steuerelementtyp verwendet werden, vorausgesetzt, er ist von `Control` abgeleitet. Möchten Sie das Template aber auf einen bestimmten Typ beschränken, müssen Sie zusätzlich noch das Attribut `TargetType` angeben, z. B.:

```xml
<ControlTemplate x:Key="ellipseButton" TargetType="Button">
   [...]
</ControlTemplate>
```

Listing 23.29 Struktur des Elements »ControlTemplate«

Templates lassen sich innerhalb eines beliebigen Resources-Abschnitts definieren. Man wird sich aber kaum die Mühe machen, ein Template nur für ein oder mehrere Steuerelemente in einem Fenster zu entwickeln. Vielmehr soll die ganze Anwendung davon profitieren. Deshalb sind Templates meistens global innerhalb der Datei *App.xaml* oder gar in einem Ressourcenwörterbuch definiert.

Jeder Steuerelementtyp hat sein eigenes, spezifisches Standard-Template, das von der WPF vorgegeben wird. Unser Ziel ist es, dieses durch unser eigenes Template zu ersetzen. Dazu stellen die Steuerelemente, die von Control abgeleitet sind, die Eigenschaft Template bereit. Dieser geben wir mit StaticResource den Verweis auf unser Template bekannt:

```
<Button Template="{StaticResource ellipseButton}">
   Button
</Button>
```

Listing 23.30 Eine Schaltfläche mit einem »ControlTemplate« verbinden

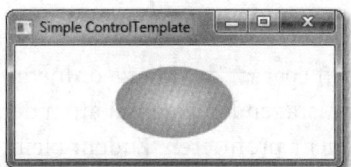

Abbildung 23.7 Button in elliptischer Darstellung

Verfeinerung des Entwurfs

Obwohl das Ergebnis zum jetzigen Zeitpunkt durchaus schon optisch respektabel ist, müssen wir selbstkritisch noch die folgenden Mängel feststellen:

▶ Die Größe der angezeigten Ellipse ist unveränderlich. Auch eine Änderung der Eigenschaften Height und Width beispielsweise im Eigenschaftsfenster der Schaltfläche oder im XAML-Code wird daran nichts ändern, die Ellipse erscheint weiterhin in derselben Größe.

▶ Unsere neue Schaltfläche weist keine Beschriftung auf. Hier sind anscheinend noch Stellschrauben zu bedienen, um die Inhaltseigenschaft der zugrunde liegenden Schaltfläche auf unsere eigene Schaltfläche zu übertragen.

▶ Unsere Benutzerschaltfläche zeigt keine optischen Änderungen, wenn die Maus darüber gezogen wird oder sie gar angeklickt wird, obwohl sie durchaus auf das Click-Ereignis reagiert.

Diesen drei Punkten wollen wir uns nun der Reihe nach widmen und dabei weiter gehende Erkenntnisse hinsichtlich der Templates sammeln.

Wertübernahme mit »TemplateBinding«

Damit das ControlTemplate auch in verschiedenen Größen dargestellt werden kann, muss es die entsprechenden Daten aus dem übergeordneten Element beziehen. Bei dem übergeordneten Element handelt es sich um dasjenige, dem das ControlTemplate als Vorlage zugewiesen wird. In unserem Beispiel handelt es sich also um einen Button. Die Datenübernahmen geschehen mittels Datenbindung, die mit der Markup Extension TemplateBinding umgesetzt wird. TemplateBinding muss immer dort angegeben werden, wo Werte aus den Eigenschaften benötigt werden.

In unserem Beispiel ist die elliptische Form noch wie folgt definiert:

```
<Ellipse Name="ellipse" Width="100" Height="60">
```

Wir ergänzen das Ellipse-Element nun wie folgt und zeichnen auch gleichzeitig einen Rahmen um die äußere Kontur.

```
<Ellipse Name="ellipse"
         Width="{TemplateBinding Width}"
         Height="{TemplateBinding Height}"
         Stroke="Black"
         StrokeThickness="1">
```

Listing 23.31 Datenübernahme mit »TemplateBinding«

In ähnlicher Weise widmen wir uns auch noch der Eigenschaft Content des übergeordneten Steuerelements. Denn bisher können wir von einer der herausragenden Eigenschaften der WPF, dem Verschachteln mehrerer Steuerelemente, noch nicht profitieren. Zudem bleibt uns noch immer die Möglichkeit verwehrt, den elliptischen Button zu beschriften. Hier bietet die WPF das Element ContentPresenter an, das speziell für den Entwurf von Templates bereitgestellt wird.

```
<ControlTemplate x:Key="ellipseButton" TargetType="Button">
  <Grid>
    <Ellipse ...>
      [...]
    </Ellipse>
    <ContentPresenter HorizontalAlignment="Center"
                      VerticalAlignment="Center"
                      Content="{TemplateBinding Content}" >
    </ContentPresenter>
  </Grid>
</ControlTemplate>
```

Listing 23.32 Die »Content«-Eigenschaft übernehmen

Da wir den Inhalt nicht am Bezugspunkt links oben ausgerichtet haben wollen, sondern zentral innerhalb der Ellipse, wird der Inhalt mit HorizontalAlignment und VerticalAlignment mittig dargestellt. Mit der Markup Extension TemplateBinding binden wird die Content-Eigenschaft des ContentPresenter-Elements an die Content-Eigenschaft der übergeordneten Schaltfläche.

Interaktivität mit Trigger

Obwohl unser Template schon recht weit gediehen ist, reagiert es immer noch nicht auf den Anwender. Zieht man zum Beispiel mit der Maus über die Komponente, signalisiert keine farbliche Änderung, dass das Steuerelement nun aktiv ist und angeklickt werden kann.

Zur Lösung dieser Problematik bieten sich wieder Trigger an, ähnlich wie bei den Styles. Trigger werden der Eigenschaft `Triggers` des `ControlTemplate` zugewiesen. Das folgende Beispiel beschreibt die Änderung der Darstellung, wenn mit der Maus über die Ellipse, also den Button, gezogen wird. Ist der Wert von `IsMouseOver` true, wird der Trigger ausgelöst. Mit Hilfe von `Setter`-Elementen werden dann die Eigenschaften des Steuerelements verändert. Im Code des Beispiels wird nur der Rand der Ellipse in der Farbe Rot angezeigt.

```xml
<ControlTemplate.Triggers>
   <Trigger Property="Button.IsMouseOver" Value="True">
     <Setter TargetName="ellipse" Property="StrokeThickness" Value="3" />
     <Setter TargetName="ellipse" Property="Stroke" Value="Red" />
   </Trigger>
   [...]
</ControlTemplate.Triggers>
```

Listing 23.33 Triggern der Maus

Im Allgemeinen wird diese Verhaltensänderung für sich alleine nicht ausreichen. Klickt der Anwender auf die Schaltfläche, soll vermutlich auch die Füllfarbe die Aktion visualisieren. Hierzu ist ein zweiter Trigger erforderlich, der ausgelöst wird, wenn die Eigenschaft `IsPressed` den Wert true hat. Der entsprechende XAML-Code wäre dann zum Beispiel wie folgt:

```xml
<ControlTemplate x:Key="ellipseButton" TargetType="Button">
  <Grid>
    [...]
  </Grid>
  <ControlTemplate.Triggers>
    <Trigger Property="Button.IsMouseOver" Value="True">
      <Setter TargetName="ellipse"
              Property="StrokeThickness" Value="3" />
      <Setter TargetName="ellipse"
              Property="Stroke" Value="Red" />
    </Trigger>
    <Trigger Property="Button.IsPressed" Value="True">
      <Setter TargetName="ellipse" Property="StrokeThickness" Value="2" />
      <Setter TargetName="ellipse" Property="Stroke" Value="Red" />
      <Setter TargetName="ellipse" Property="Fill">
         <Setter.Value>
           <RadialGradientBrush>
             <GradientStop Offset="0" Color="Blue" />
             <GradientStop Offset="1" Color="WhiteSmoke" />
           </RadialGradientBrush>
```

```
            </Setter.Value>
         </Setter>
      </Trigger>
   </ControlTemplate.Triggers>
</ControlTemplate>
```

Listing 23.34 Komplette Trigger des Beispiels

In Abbildung 23.8 sehen Sie das Ergebnis der Bemühungen. Links ist die »normale« Darstellung des Buttons zu sehen, rechts ein Button, während auf ihn geklickt wird.

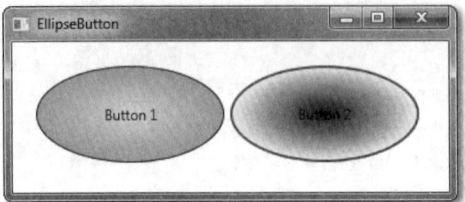

Abbildung 23.8 »EllipseButton«-ControlTemplate

> **Hinweis**
>
> Das komplette Beispiel des ControlTemplates finden Sie auf der Buch-DVD unter *Beispiele\Kapitel 23\ControlTemplateSample*.

23.6.2 Definition innerhalb eines Styles

Häufig wird innerhalb einer Anwendung ein Template definiert, das auf alle Steuerelemente des gleichen Typs angewendet werden soll, so dass das Template anwendungsintern zum Standard-Template der Steuerelemente mutiert. Dafür sind Styles besonders gut geeignet. Damit erübrigt sich ein manuelles Zuweisen des Templates.

Je nachdem, wo das Template definiert ist, wird zwischen einer expliziten und impliziten Definition von ControlTemplates unterschieden. Das folgende Codefragment zeigt ein explizites Template. Hier wird in der Eigenschaft Template des Setter-Elements auf die statische Ressource verwiesen.

```
<ControlTemplate x:Key="EllipseButton" TargetType="Button">
   [...]
</ControlTemplate>
<Style x:Key="MyEllipseButton"
       TargetType="{x:Type Button}" >
  <Setter Property="Template" Value="{StaticResource EllipseButton}" />
</Style>
```

Listing 23.35 Explizites ControlTemplate

Im Steuerelement wird anschließend der Style bekannt gegeben.

`<Button Style="{StaticResource MyEllipseButton}" ... />`

Das `ControlTemplate` kann auch innerhalb eines Styles definiert werden. Das erleichtert nicht nur die Wartbarkeit, sondern es entfällt beim Steuerelement auch die Angabe der Ressource mit `Template` oder `Style`.

```
<Style TargetType="{x:Type Button}">
  <Setter Property="Template">
    <Setter.Value>
      <ControlTemplate TargetType="Button">
        ...
      </ControlTemplate>
    </Setter.Value>
  </Setter>
</Style>
```

Listing 23.36 Implizites ControlTemplate

23.7 Ermitteln des visuellen Elementbaums

Es hört sich sehr verlockend an, aus einer rechteckigen Schaltfläche beispielsweise eine runde zu machen. Allerdings ist das Redesign eines Steuerelements mit sehr viel Codierungsaufwand verbunden, denn jedes Steuerelement baut auf einem mehr oder weniger umfangreichen Standard-Template auf. Um ein Steuerelement individuell zu designen, ist daher oftmals die Kenntnis des visuellen Elementbaums des betreffenden Steuerelements notwendig. In der Dokumentation ist dieser leider nicht zu finden. Sie sind also auf sich selbst gestellt, das herauszufinden.

23.7.1 Das Tool »Expression Blend«

Widmen wir uns daher nun der Aufgabe, den Visual Tree eines Steuerelements zu ermitteln. Visual Studio 2012 bietet uns dazu keine direkte Lösung an. So müssen wir entweder auf ein anderes Tool zurückgreifen oder die sich bietenden Möglichkeiten des .NET Frameworks nutzen.

Als Tool bietet sich beispielsweise *Microsoft Expression Blend* an, das mit Visual Studio 2012 ausgeliefert wird. Expression Blend dient der Gestaltung von Benutzeroberflächen, unter anderem auch der von WPF-Anwendungen. In der folgenden Abbildung wird gezeigt, wie Sie sich den Visual Tree eines `Button`-Steuerelements in Expression Blend ausgeben lassen können. Im Kontextmenü für den Button wählen Sie VORLAGE BEARBEITEN und darunter den Punkt KOPIE BEARBEITEN. Sie müssen jetzt der Kopie noch einen neuen Namen geben oder akzeptieren den vorgeschlagenen.

23 Konzepte von WPF

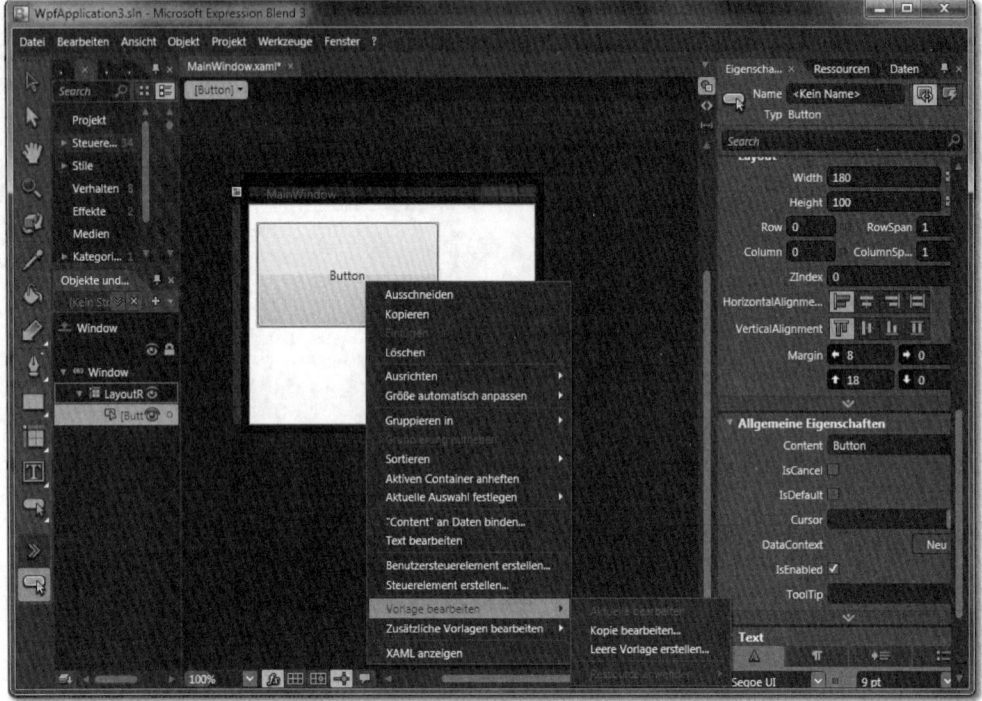

Abbildung 23.9 Expression Blend

Expression Blend erzeugt damit einen Style auf Basis des Standard-Styles und verknüpft diesen automatisch mit dem Button. Sie können sich das Grundgerüst des Styles ansehen, wenn Sie im Menü ANSICHT • AKTIVE DOKUMENTANSICHT aus der Designeransicht in die XAML-Ansicht umschalten. Innerhalb des Styles sind auch diverse Trigger hinterlegt.

Der folgende XAML-Code zeigt den kopierten Style mit dem Template und soll nur einen Eindruck vermitteln, wie umfangreich sich der Standard-Style einer Schaltfläche darstellt. Um nicht unnötig Platz zu verschwenden, ist er sogar noch deutlich gekürzt worden.

```xml
<Window ...>
  <Window.Resources>
    <Style x:Key="ButtonFocusVisual">
      <Setter Property="Control.Template">
      <Setter.Value>
        <ControlTemplate>
          <Rectangle Stroke="Black" StrokeDashArray="12"
                     StrokeThickness="1" Margin="2"
                     SnapsToDevicePixels="true"/>
        </ControlTemplate>
      </Setter.Value>
    </Setter>
   </Style>
```

```xml
        <LinearGradientBrush x:Key="ButtonNormalBackground"
                             EndPoint="0,1" StartPoint="0,0">
          <GradientStop Color="#F3F3F3" Offset="0"/>
            [...]
        </LinearGradientBrush>
        <SolidColorBrush x:Key="ButtonNormalBorder" Color="#FF707070"/>
        <Style x:Key="ButtonStyle1" TargetType="{x:Type Button}">
          <Setter Property="FocusVisualStyle"
                  Value="{StaticResource ButtonFocusVisual}"/>
                [...]
          <Setter Property="Template">
            <Setter.Value>
              <ControlTemplate TargetType="{x:Type Button}">
                <Microsoft_Windows_Themes:ButtonChrome
                    x:Name="Chrome" SnapsToDevicePixels="true"
                    Background="{TemplateBindingBackground}"
                    BorderBrush="{TemplateBinding BorderBrush}"
                    RenderDefaulted="{TemplateBinding IsDefaulted}"
                    RenderMouseOver="{TemplateBinding IsMouseOver}"
                    RenderPressed="{TemplateBinding IsPressed}">
                  <ContentPresenter ... />
                </Microsoft_Windows_Themes:ButtonChrome>
                <ControlTemplate.Triggers>
                  <Trigger Property="IsKeyboardFocused" Value="true">
                    <Setter Property="RenderDefaulted"
                        TargetName="Chrome" Value="true"/>
                  </Trigger>
                    [...]
                </ControlTemplate.Triggers>
              </ControlTemplate>
            </Setter.Value>
          </Setter>
        </Style>
      </Window.Resources>
      <Grid x:Name="LayoutRoot">
        <Button Style="{DynamicResource ButtonStyle1}"/>
      </Grid>
    </Window>
```

Listing 23.37 Standard-Template eines Buttons

23.7.2 Standard-Template mit Code abfragen

Steht Ihnen das Werkzeug Expression Blend nicht zur Verfügung, lässt sich das Standard-Template auch mit Code ermitteln. Im folgenden Beispielprogramm *GetStandardTemplate* wird das demonstriert. Die Oberfläche des Programms zeigt Abbildung 23.10. In der TextBox tragen Sie den Typ des Steuerelements ein, dessen Standard-Template im unteren TextBlock angezeigt werden soll. Beachten Sie dabei unbedingt die Groß-/Kleinschreibung. Wie bereits weiter oben angedeutet, ist eine Voraussetzung, dass das angegebene Steuerelement auch die Basis `Control` hat, da sonst eine Exception ausgelöst wird.

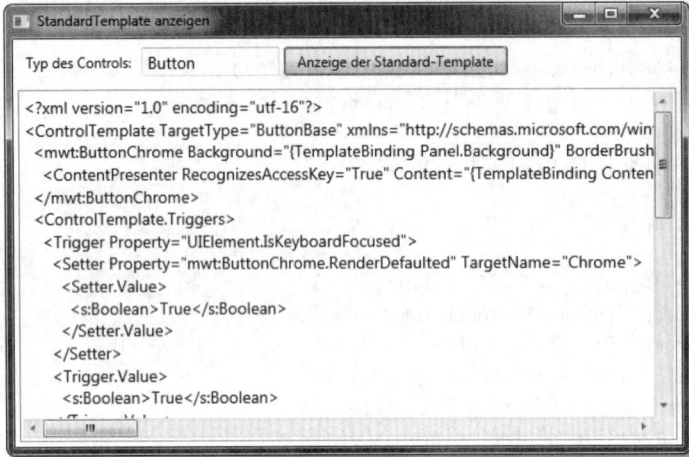

Abbildung 23.10 Ausgabe des Beispielprogramms »GetStandardTemplate«

Den XAML-Code entnehmen Sie bitte der dem Buch beigefügten DVD. Interessanter ist die genauere Betrachtung des Ereignishandlers der Schaltfläche. Die Aktionen, die innerhalb des Ereignishandlers ausgeführt werden müssen, lassen sich durch zwei Schwerpunkte beschreiben:

- Aus der Typangabe, die in der `TextBox` eingetragen ist, muss zuerst ein passendes Objekt erzeugt werden und zu einem Mitglied des `Window` werden.
- Im zweiten Schritt kann das Standard-Template des Objekts abgefragt und das `TextBlock`-Steuerelement eingetragen werden.

Der Programmcode setzt das Bekanntgeben der Namespaces `System.Reflection`, `System.Xml` und `System.Windows.Markup` voraus.

```csharp
// Beispiel: ..\Kapitel 23\GetStandardTemplate
private void btnShowTemplate_Click(object sender, RoutedEventArgs e) {
  try {
    // Erzeugen eines Objekts von dem in der Textbox angegebenen Typ
    Assembly assembly = Assembly.GetAssembly(stackPanel.GetType());
    Type controlType = assembly.GetType("System.Windows.Controls." +
                    txtControl.Text.Trim());
    Control ctrl = (Control)controlType.GetConstructor
                    (Type.EmptyTypes).Invoke(null);
    stackPanel.Children.Add(ctrl);
    // Standard-Template ermitteln und im TextBlock-Control eintragen
    StringBuilder builder = new StringBuilder();
    XmlWriterSettings settings = new XmlWriterSettings();
```

```
        settings.Indent = true;
        XmlWriter writer = XmlWriter.Create(builder, settings);
        XamlWriter.Save(ctrl.Template, writer);
        writer.Close();
        txtOutput.Text = builder.ToString();
        stackPanel.Children.Remove(ctrl);
    }
    catch(Exception ex) {
        txtOutput.Text = "FEHLER: " + ex.Message;
    }
}
```

Es bedarf einiger Kniffe, um aus der in der TextBox eingetragenen Zeichenfolge ein Steuerelement-Objekt zu erzeugen. Dazu nutzen wir die Möglichkeiten der Reflection. Mit

```
Assembly assembly = Assembly.GetAssembly(stackPanel.GetType());
```

besorgen wir uns zunächst die Referenz auf die aktuelle Assembly. Diese benötigen wir, um anschließend mit

```
Type controlType = assembly.GetType("System.Windows.Controls." +
                            txtControl.Text.Trim());
```

die Type-Informationen der entsprechenden Klasse abzurufen. Nun bedarf es nur noch des Konstruktoraufrufs, um ein Objekt des gewünschten Typs in den Speicher zu laden. Dazu dient die folgende Anweisung:

```
Control ctrl = (Control)controlType.GetConstructor(Type.EmptyTypes).Invoke(null);
```

Die Methode GetConstructor sucht den öffentlichen Konstruktor des Steuerelements in den Typinformationen. Durch Übergabe von Type.EmptyTypes sprechen wir den parameterlosen Konstruktor an, der mit Invoke schließlich aufgerufen wird. Um das Standard-Template des Controls abrufen zu können, müssen wir das Objekt nun nur noch dem Elementbaum hinzufügen:

```
stackPanel.Children.Add(ctrl);
```

Grundlage der nun endlich folgenden Ausgabe des Standard-Templates ist die Klasse XamlWriter, mit der XAML ausgegeben werden kann. Der Methode Save dieser Klasse übergeben Sie das Template des Steuerelements, indem Sie die Eigenschaft Template des Steuerelements abrufen. Template ist in der Klasse Control definiert. Für den Aufruf der mehrfach überladenen Methode Save ist im Beispiel die Variante gewählt, die in einem zweiten Parameter ein XmlWriter-Objekt erwartet, in das die Standardvorlage des Steuerelements geschrieben wird.

Die Wahl für diese Überladung der Methode Save hat einen Vorteil, denn die Ausgabe des XmlWriter-Objekts kann mit einem XmlWriterSettings-Objekt beeinflusst werden. Mit dessen

Eigenschaft Indent wird festgelegt, ob die Elemente eingezogen ausgegeben werden sollen. Bekanntermaßen sind String-Objekte unveränderlich. Das hätte in unserem Beispiel zur Folge, dass die Speicherressourcen wesentlich belastet werden können. Um das zu vermeiden, wird stattdessen ein StringBuilder-Objekt verwendet.

Kapitel 24
Datenbindung

In Kapitel 22 haben wir uns mit den elementarsten Grundzügen der Datenbindung beschäftigt. Das Kapitel diente als Vorbereitung zu Kapitel 23, in dem wir uns mit Styles, Triggern und anderen WPF-Techniken beschäftigt haben, die zumindest auf Grundkenntnisse der WPF-Bindung aufsetzen.

In diesem Kapitel werden wir das Thema der Bindungen tiefer ausleuchten. Dabei werden wir uns mit der Bindung an Klassen und Listen und natürlich auch mit der Bindung an Datenbanken beschäftigen. Das Thema geht aber noch weiter, denn Bindungen verlangen durchaus auch die Validierung von Daten und manchmal auch eine Typkonvertierung. Das alles wird in diesem Kapitel behandelt.

24.1 Bindung benutzerdefinierter Objekte

Nehmen wir an, wir hätten in unserer Anwendung die Klasse Person wie folgt definiert:

```
public class Person {
  private string _Name;
  public string Name {
    get { return _Name; }
    set { _Name = value; }
  }
  private int? _Alter;
  public int? Alter {
    get { return _Alter; }
    set { _Alter = value; }
  }
  private string _Adresse;
  public string Adresse {
    get { return _Adresse; }
    set { _Adresse = value; }
  }
}
```

Listing 24.1 Definition der Klasse »Person«

Ein Objekt dieser Klasse soll mit den Eigenschaften Name, Alter und Adresse an je eine TextBox gebunden werden. Um die Klasse noch ein wenig zu würzen, ist Alter ein null-fähiger Integer.

Sie haben zwei Möglichkeiten, ein Objekt vom Typ Person in einer WPF-Anwendung zu erzeugen:

- im XAML-Code
- mittels C#-Code

Beide Möglichkeiten wollen wir uns nun ansehen.

24.1.1 Ein Objekt mit XAML-Code erzeugen und binden

Im XAML-Code können innerhalb der Eigenschaft Objekte beliebiger Klassen erzeugt werden. Voraussetzung ist zunächst einmal, dass der Namespace, zu dem die Klasse gehört, bekannt gegeben wird. Sollte sich die Klasse zudem in einer externen Assembly befinden, ist auch diese zu nennen. Angenommen, die Klasse Person würde in der aktuellen Anwendung zum Namespace *SimpleBinding* gehören, könnte die Bekanntgabe wie folgt lauten:

```
<Window ... xmlns:local="clr-namespace:SimpleBinding">
```

Listing 24.2 Bekanntgabe des Namespaces

Das Namespace-Präfix ist frei wählbar, muss aber innerhalb des Window-Elements eindeutig sein. Hier lautet es local.

Im Resources-Abschnitt kann die Klasse Person nun instanziiert werden. Den Eigenschaften des Objekts kann auch sofort ein Anfangswert übergeben werden. Allerdings sind daran zwei Bedingungen geknüpft:

- Damit die Klasse im XAML-Code instanziiert werden kann, muss sie einen parameterlosen Konstruktor haben.
- Um den Eigenschaften Werte zuzuweisen, müssen diese als Property geprägt sein, d.h., sie müssen einen set- und get-Accessor haben.

Diese Bedingungen werden von der Klasse Person in Listing 24.1 erfüllt, so dass mit dem XAML-Code in Listing 24.3 ein Person-Objekt erzeugt werden kann.

```
<Window.Resources>
  <local:Person x:Key="pers" Adresse="Köln" Name="Hans Glück" />
</Window.Resources>
```

Listing 24.3 Erzeugen eines Objekts vom Typ »Person« im XAML-Code

Den Eigenschaften Name und Adresse werden bereits zwei Eigenschaftswerte übergeben. Man darf natürlich nicht vergessen, der Ressource mit x:Key einen Identifier anzugeben.

Nun wollen wir die Eigenschaft Name des Objekts an die Eigenschaft Text einer TextBox binden. Zunächst einmal ist dazu ein Binding-Objekt notwendig, das innerhalb einer Markup-Extension erzeugt wird. Die Eigenschaft Source des Binding-Objekts beschreibt bekanntlich die Datenquelle. Hier müssen wir in einer weiteren, verschachtelten Markup-Erweiterung unter Angabe von `StaticResource` und dem Identifier die Ressource ansprechen und können mit `Path` an die gewünschte Eigenschaft des `Person`-Objekts binden.

```
<TextBox Text="{Binding Source={StaticResource pers}, Path=Name}" />
```

Listing 24.4 Bindung an die Eigenschaft »Name« des »Person«-Objekts

24.1.2 Ein Objekt mit C#-Code erzeugen und binden

Häufiger werden Sie auf die Fälle treffen, in denen ein Objekt im C#-Code erzeugt wird. Hier kommt die Eigenschaft `DataContext` ins Spiel, um das Objekt zu binden. In Abschnitt 22.3.3 wurde diese Eigenschaft bereits erwähnt. Noch einmal zur Erinnerung: Über eine Eigenschaft `DataContext` verfügen alle WPF-Elemente, die von `FrameworkElement` oder `FrameworkContentElement` abgeleitet sind. Folglich gehören zu diesen Elementen das `Window`, das `Grid`, das `StackPanel`, aber auch die `TextBox`.

Angenommen, wir würden mit C#-Programmcode ein `Person`-Objekt erzeugen und beabsichtigen, dieses mit dem Datenkontext des `Window` zu verbinden. Dann könnte die Bindung wie in Listing 24.5 gezeigt innerhalb des Konstruktors nach dem Aufruf der Methode `InitializeComponent` erfolgen.

```csharp
// Beispiel: ..\Kapitel 24\SimpleBinding
public partial class MainWindow : Window {
  Person pers = new Person { Name = "Manfred Fischer",
                             Alter = null,
                             Adresse="Köln, Bahnhofstraße" };
  public MainWindow() {
    InitializeComponent();
    this.DataContext = pers;
  }
}
```

Listing 24.5 Bindung an die Eigenschaft »DataContext«

Im XAML-Code erfolgt dann, wie in Listing 24.6 gezeigt, die Bindung an die Eigenschaften des Objekts.

```xml
<Window ...>
  <Grid>
    <Grid.RowDefinitions>
      [...]
    </Grid.RowDefinitions>
    <Grid.ColumnDefinitions>
      [...]
    </Grid.ColumnDefinitions>
    <StackPanel Background="Black" Grid.ColumnSpan="2">
      <Label>Personendaten</Label>
    </StackPanel>
```

```xml
        <Label>Name:</Label>
        < TextBox Text="{Binding Path=Name}"/>
        <Label>Alter:</Label>
        <TextBox Text="{Binding Path=Alter}"/>
        <Label>Adresse:</Label>
        <TextBox Text="{Binding Path=Adresse}"/>
    </Grid>
</Window>
```

Listing 24.6 Bindung eines WPF-Elements an eine »DataContext«-Datenquelle

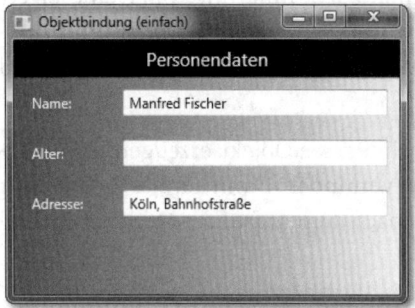

Abbildung 24.1 Ausgabe des Beispielprogramms »SimpleBinding«

Die Bindung erfolgt, ohne dass explizit die Datenquelle mit den Eigenschaften ElementName oder Source des Binding-Objekts angegeben wird. In diesen Fällen durchsucht WPF die Data-Context-Eigenschaften des Elementbaums und fängt dabei beim aktuellen Element an. Wird hier keine Angabe gefunden, wird das in der Hierarchie weiter oben stehende Objekt abgefragt. In unserem Beispiel handelt es sich um das Grid. Hat auch die DataContext-Eigenschaft des Grid den Inhalt null, wird noch im Window gesucht. Hier wird die WPF fündig und bindet die unter Path angegebene Objekteigenschaft an das Steuerelement an.

> **Hinweis**
> Die Suche nach der ersten DataContext-Eigenschaft, die nicht null ist, kann man sich zunutze machen. Dieses Verhalten ermöglicht, durchaus auch mehrere Datenquellen an mehrere Elemente zu binden. Durch ein geschicktes Layout lassen sich auf diese Weise in einem Fenster mehrere Bereiche mit unterschiedlichen Datenquellen festlegen.

Binden von »null«-Werten

Das Alter eines Person-Objekts kann per Definition in der entsprechenden Klasse null sein. Damit ähnelt diese Eigenschaft vielen Feldern in Datenbanktabellen, die ebenfalls null zulassen. Die Konsequenz ist, dass in dem Element, das an ein solches Feld gebunden ist, nichts angezeigt wird (siehe Abbildung 24.1).

Die WPF bietet uns eine Möglichkeit einer vordefinierten Anzeige an, die immer dann erscheint, wenn der Feldwert null ist. Dazu gibt man der Eigenschaft TargetNullValue die Zeichenfolge an, die in diesem Fall angezeigt werden soll:

```
<TextBox Text="{Binding Path=Alter, TargetNullValue=[keine Angabe]}"/>
```

Listing 24.7 Binden von Feldern, deren Inhalt »null« ist

Natürlich sind die eckigen Klammern nicht unbedingt notwendig. Sie dienen vielmehr dazu, dem Anwender zu signalisieren, dass es sich hier um keinen gültigen Wert aus der Datenquelle handelt.

24.1.3 Aktualisieren benutzerdefinierter Objekte

Wir wollen jetzt aber noch einen Schritt weiter gehen und die Daten des Objekts im Beispielprogramm *SimpleBinding* ändern. Die Änderung soll zur Laufzeit erfolgen, wenn der Anwender auf eine Schaltfläche klickt, die dem Fenster noch hinzugefügt werden muss.

```
<Button Name="button1" Click="button1_Click">
   Objektdaten ändern
</Button>
```

Der Code des Ereignishandlers:

```
private void button1_Click(object sender, RoutedEventArgs e) {
   pers.Name = "Hans Frisch";
   pers.Alter = 35;
   pers.Adresse = "Köln, Hauptstraße";
}
```

Listing 24.8 Codeergänzung des Beispielprogramms »SimpleBinding«

Mit dieser Ergänzung werden wir aber nicht, wie vielleicht erhofft, die geänderten Person-Daten in den Textboxen sehen. Diese zeigen immer noch die alten und nun auch nicht mehr aktuellen Daten an. Woher sollen die Textboxen auch die Informationen bekommen, dass sich das Objekt geändert hat?

Um dieses Problem zu lösen, bieten sich drei Alternativen an:

- Sie können jede Eigenschaft als Abhängigkeitseigenschaft implementieren. Diese Variante ist mit verhältnismäßig viel Aufwand verbunden und wird bevorzugt bei Objekten benutzt, die eine grafische Präsentation haben. Zudem sollte man auch einen unter Umständen wesentlichen Nachteil der Dependency Properties nicht außer Acht lassen: Beim Multithreading kann es zu Problemen kommen.
- Sie können in jeder Eigenschaft des Objekts ein separates Ereignis bereitstellen. Jedes Ereignis muss einen Bezeichner haben, bei dem zuerst der Eigenschaftsname angegeben ist, gefolgt vom Suffix Changed. In unserem Beispiel würden die drei erforderlichen Events NameChanged, AlterChanged und AdresseChanged lauten.

- Die dritte Möglichkeit ist die Implementierung der Schnittstelle `INotifyPropertyChanged`. Dieses Interface gehört zum Namespace `System.ComponentModel` und schreibt das Ereignis `PropertyChanged` vor, das nach der Eigenschaftsänderung ausgelöst werden soll.

Die letztgenannte Lösung mit dem Interface drängt sich in unserem Beispiel geradezu auf. Daher implementieren wir dieses Interface und kapseln darüber hinaus das Ereignis in der geschützten Methode `OnPropertyChanged`:

```csharp
public class Person : INotifyPropertyChanged {
  public event PropertyChangedEventHandler PropertyChanged;
  protected virtual void OnPropertyChanged(PropertyChangedEventArgs e) {
    if (PropertyChanged != null)
      PropertyChanged(this, e);
  }
  [...]
}
```

Listing 24.9 Implementieren des Interfaces »INotifyPropertyChanged«

Das Ereignis `PropertyChanged` muss ausgelöst werden, wenn sich eine Eigenschaft ändert, also innerhalb des `set`-Zweigs der Eigenschaftsmethoden. Dabei teilen Sie dem Konstruktor des `PropertyChangedEventArgs`-Objekts mit, wie der Name der geänderten Eigenschaft lautet.

```csharp
public int? Alter {
  get { return _Alter; }
  set {
      _Alter = value;
      OnPropertyChanged(new PropertyChangedEventArgs("Alter"));
  }
}
public string Name {
  get { return _Name; }
  set {
      _Name = value;
      OnPropertyChanged(new PropertyChangedEventArgs("Name"));
  }
}
public string Adresse {
   get { return _Adresse; }
   set {
      _Adresse = value;
      OnPropertyChanged(new PropertyChangedEventArgs("Adresse"));
   }
}
```

Listing 24.10 Ergänzung der Klasse »Person«

Jetzt ist die Klasse `Person` so weit vorbereitet, dass die an ein Objekt dieses Typs gebundenen Steuerelemente Notiz von einer Änderung an `Adresse`, `Alter` oder `Name` nehmen und den angezeigten Inhalt danach an die neuen Daten in der Quelle anpassen können.

> **Hinweis**
> Sie finden das komplette Beispielprogramm auf der Buch-DVD unter ...*Kapitel 24\Change-NotificationSample*.

Sie müssen noch nicht einmal in jedem set-Zweig das PropertyChanged-Ereignis auslösen. Es genügt, wenn Sie das Ereignis nur einmal auslösen und dem PropertyChangedEventArgs-Objekt einen Leerstring oder null übergeben. Der WPF wird damit signalisiert, dass sich alle Eigenschaften geändert haben; sie wird die Bindung der Elemente an das Objekt daraufhin neu aufbauen. Wählen Sie dann aber auch die Eigenschaft des Objekts, die als Letztes geändert wird, als diejenige aus, die den Event auslöst. Bezogen auf unseren Click-Ereignishandler in Listing 24.8 wäre das die Eigenschaft Adresse.

24.2 Auflistungen binden

Die Bindung eines einzelnen Objekts an ein Steuerelement haben Sie nun gesehen. Meistens hat man jedoch nicht mit einzelnen Objekten, sondern mit Listen zu tun, die viele Objekte enthalten. Der recht allgemeine Begriff »Liste« kann durch viele spezielle Mengen ersetzt werden: Es kann sich dabei um ein herkömmliches Array handeln, um eine Collection oder gar um die Tabelle einer Datenbank.

Das Binden einer Liste an ein Steuerelement ist nicht mehr ganz so einfach wie das Binden eines einzelnen Objekts. Auch die Anforderungen, die an die bindungsfähigen Listensteuerelemente gestellt werden, sind komplexer. Wir müssen uns daher zuerst einmal ansehen, wie wir Listen an die entsprechenden Steuerelemente binden können.

24.2.1 Allgemeine Gesichtspunkte

Allzu viele bindungsfähige Steuerelemente hat die WPF nicht zu bieten. Mit ComboBox, ListBox, ListView und DataGrid sind bereits alle wesentlichen genannt. Diese Elemente sind alle von der gemeinsamen Basisklasse ItemsControl abgeleitet, die den Steuerelementen die Fähigkeit verleiht, Listen anzubinden.

Auch wenn Ihnen im ersten Moment die Auswahl spärlich erscheint, sollten Sie berücksichtigen, dass auch das Layout der bindungsfähigen Listenelemente mit Templates an die unterschiedlichsten Anforderungen angepasst werden kann. Natürlich werden wir auch darauf noch zu sprechen kommen.

Wenn wir uns über die Bindung von Listen unterhalten, sind es immer drei Eigenschaften, die eine entscheidende Rolle spielen. Diese sind Tabelle 24.1 zu entnehmen.

An ItemsControl-Steuerelemente lassen sich alle möglichen Auflistungen binden. Es kann sich ebenso um einfache Arrays handeln wie um spezialisierte Auflistungen. Die einzige Bedingung ist die Unterstützung durch das Interface IEnumerable. Es sei bereits an dieser

Stelle darauf hingewiesen, dass zum Ändern oder Hinzufügen von Listenelementen noch weitere Gesichtspunkte eine wichtige Rolle spielen.

Eigenschaft	Beschreibung
DisplayMemberPath	Diese Eigenschaft beschreibt einen Pfad zu einem Wert im Objekt. Der Wert wird zur Anzeige verwendet.
ItemsSource	Diese Eigenschaft verweist auf ein Objekt vom Typ IEnumerable. Dabei handelt es sich um das Listenobjekt, das im Steuerelement angezeigt wird.
ItemTemplate	Diese Eigenschaft definiert ein DataTemplate für die im Steuerelement enthaltenen Objekte.

Tabelle 24.1 Eigenschaften der Klasse »ItemsControl« im Zusammenhang mit der Bindung

24.2.2 Anbindung an eine »ListBox«

Im Beispiel *ChangeNotificationSample* hatten wir eine Person an die Controls im Fenster gebunden. Im nächsten Beispiel verwenden wir wieder dieselbe Klasse, möchten uns aber eine Liste von Personen in einer ListBox anzeigen lassen. Darüber hinaus sollen die Daten der aktuell in der ListBox selektierten Person in Textboxen angezeigt werden. Das Window zur Laufzeit können Sie in Abbildung 24.2 sehen.

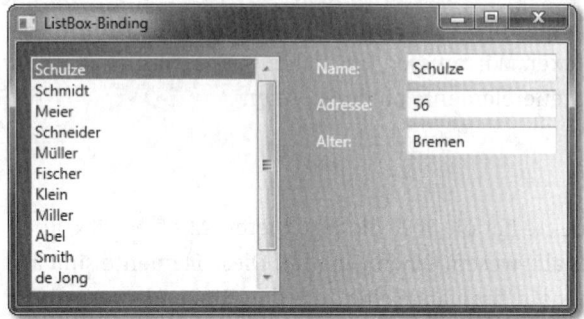

Abbildung 24.2 Ausgabe des Beispiels »ListBoxBindingSample«

Sehen wir uns zuerst den gesamten XAML- und C#-Code des Beispiels an.

```
// Beispiel: ..\Kapitel 24\ListBoxBindingSample
<Window ...>
  <Grid>
    <Grid.ColumnDefinitions>
      <ColumnDefinition/>
      <ColumnDefinition/>
    </Grid.ColumnDefinitions>
```

```
    <ListBox Name="listBox1"></ListBox>
    <Grid DataContext="{Binding ElementName=listBox1, Path=SelectedItem}">
      <Grid.ColumnDefinitions>
        <ColumnDefinition Width="Auto"/>
        <ColumnDefinition Width="*"/>
      </Grid.ColumnDefinitions>
      <Grid.RowDefinitions>
        <RowDefinition Height="Auto"/>
        <RowDefinition Height="Auto"/>
        <RowDefinition Height="Auto"/>
      </Grid.RowDefinitions>
      <Label>Name:</Label>
      <Label>Alter:</Label>
      <Label>Adresse:</Label>
      <TextBox Text="{Binding Path=Name}"></TextBox>
      <TextBox Text="{Binding Path=Alter}"></TextBox>
      <TextBox Text="{Binding Path=Adresse}"></TextBox>
    </Grid>
  </Grid>
</Window>
```

Der C#-Code in der Code-Behind-Datei:

```
public partial class MainWindow : Window {
  public MainWindow() {
    InitializeComponent();
    listBox1.ItemsSource = GetPersons();
    listBox1.DisplayMemberPath = "Name";
    listBox1.SelectedIndex = 0;
    listBox1.Focus();
  }
  private List<Person> GetPersons() {
    List<Person> liste = new List<Person>();
    liste.Add(new Person { Name = "Schulze", Alter = 56,
                    Adresse = "Bremen" });
    [...]
    return liste;
  }
}
```

Listing 24.11 Programmcode des Beispiels »ListBoxBindingSample«

Die Bindung der ListBox an die Daten, die in diesem Beispiel durch die Methode GetPersons geliefert werden, erfolgt im Konstruktor mit der Methode ItemsSource. Jedes ListBoxItem-Element beschreibt genau eine Person mit ihren insgesamt drei Eigenschaften. Wir müssen deshalb mit der Eigenschaft DisplayMemberPath die anzuzeigende Eigenschaft spezifizieren, da wir ansonsten nur den voll qualifizierten Klassenbezeichner in der ListBox sehen.

Das aktuell in der `ListBox` selektierte `ListBoxItem` und das sich dahinter befindende `Person`-Objekt wird im zweiten, untergeordneten `Grid` mit dessen Eigenschaft `DataContext` gebunden:

```
<Grid DataContext="{Binding ElementName=listBox1, Path=SelectedItem}">
  [...]
</Grid>
```

Die Textboxen, die sich innerhalb dieses `Grid` befinden, können sich ihrerseits an die durch den Datenkontext beschriebene Datenquelle (also das selektierte `ListBoxItem`) binden, müssen aber mit `Path` die Eigenschaft angeben, die von der Property `Text` angezeigt werden soll:

```
<TextBox Text="{Binding Path=Name}"></TextBox>
```

Wenn Sie dieses Beispiel zur Laufzeit ausprobieren, werden Sie feststellen, dass Änderungen, die Sie in den Textboxen eintragen, sofort im `Person`-Objekt gespeichert sind. Sie brauchen dazu nur innerhalb der Liste zu einem anderen Eintrag und wieder zurück zum edierten Element zu navigieren, um das bewiesen zu sehen. Dieses Verhalten wird durch den voreingestellten Two-Way-Modus der `TextBox` sichergestellt.

24.2.3 Änderungen der Collection an die bindenden Elemente weiterleiten

In Abschnitt 24.1.3 haben Sie gesehen, dass an eine Klasse besondere Anforderungen gestellt werden, damit sie Änderungen an die bindenden Elemente weiterleitet. Zur Erinnerung: Dazu war die Implementierung des Interfaces `INotifyPropertyChanged` notwendig. Das gilt sehr ähnlich auch für eine Collection. Hier lautet die Forderung, dass die Auflistung neben `INotifyPropertyChanged` eine weitere Schnittstelle implementieren muss, nämlich `INotifyCollectionChanged`. Erst mit dieser Schnittstelle ist es möglich, bindende Elemente zu informieren, wenn der Auflistung ein neues Objekt hinzugefügt oder ein Auflistungsmitglied gelöscht worden ist.

Sie brauchen aber nicht selbst eine solche Klasse zu entwickeln, denn mit der generischen Klasse `ObservableCollection<>` im Namespace `System.Collections.ObjectModel` stellt Ihnen .NET bereits eine passende zur Verfügung. Diese Collection kann ähnlich benutzt werden wie eine herkömmliche Auflistung. Damit wird es sehr einfach, eine Liste mehrerer Objekte vom Typ `Person` zu beschreiben:

```
ObservableCollection<Person> liste = new ObservableCollection<Person>();
```

Damit steht uns ein Auflistungsobjekt zur Verfügung, das wir zum Füllen von Steuerelementen wie der `ComboBox` oder der `ListBox` einsetzen können.

Erweiterung des Beispiels »ListBoxBindingSample«

Es bietet sich an dieser Stelle natürlich an, das Beispiel aus dem letzten Abschnitt (*ListBoxBindingSample*) zu ändern und es um Fähigkeiten zu ergänzen, Änderungen am Inhalt der Collection den bindenden Elementen automatisch mitzuteilen. Das Layout des Fensters soll so gestaltet werden, wie in Abbildung 24.3 zu sehen ist.

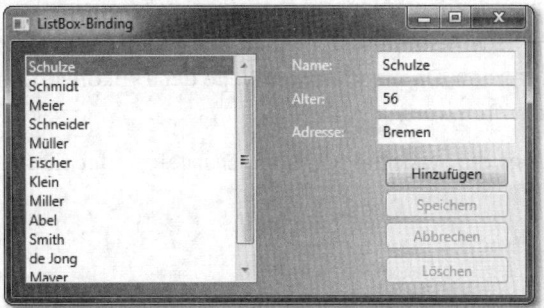

Abbildung 24.3 Fenster des Beispiels »ObservableCollectionSample«

Klickt der Anwender auf die Schaltfläche HINZUFÜGEN, werden die drei Textboxen geleert, und der Anwender kann die Daten der neuen Person eintragen. Gleichzeitig werden auch die beiden Schaltflächen SPEICHERN und ABBRECHEN aktiviert, die nach dem Starten der Anwendung zunächst deaktiviert sind. Das Löschen aus der Liste bezieht sich immer auf die in dem Moment in der ListBox ausgewählte Person.

Als Erstes muss die Methode GetPersons statt eines Objekts vom Typ List<Person> ein Objekt vom Typ ObservableCollection<Person> zurückliefern:

```
private ObservableCollection<Person> GetPersons()
{
  liste.Add(new Person { Name = "Schulze", Alter = 56,
                         Adresse = "Bremen" });
  [...]
  return liste;
}
```

Listing 24.12 Die Anpassung der Methode »GetPersons«

Die Instanziierung des Collection-Objekts erfolgt sinnvollerweise auf Klassenebene, damit auch andere Methoden Zugriff auf das Objekt haben.

Nach der Ergänzung des Window um die entsprechenden Schaltflächen offenbaren sich bei der Entwicklung schnell zwei Probleme:

- Wir müssen den Inhalt der TextBox, die das Alter der Person als Zeichenfolge angibt, in einen null-fähigen Integer konvertieren.
- Nicht minder schwer ist ein anderes Problem, das im Zusammenhang mit der Datenbindung der Textboxen auftaucht. Im Grunde genommen soll ja erst in dem Moment die Collection und auch die Anzeige in der ListBox aktualisiert werden, wenn auf die Schaltfläche SPEICHERN geklickt wird. Bedingt durch die Datenbindung wird aber schon beim Verlassen jeder TextBox die ListBox aktualisiert – also zu einem zu frühen Zeitpunkt.

Lassen Sie uns zunächst das erstgenannte Problem lösen. Dieses tritt auf, wenn auf die Schaltfläche HINZUFÜGEN geklickt wird und die Inhalte der Textboxen dazu verwendet werden, das neue Person-Objekt mit den entsprechenden Eigenschaftswerten zu erzeugen. Das Alter kann per Definition in der Klasse null sein. Also muss der Inhalt der TextBox, also eine Zeichenfolge, in den Typ int? konvertiert werden. Da die üblichen Wege der Typkonvertierung versagen, muss ein anderer Weg beschritten werden.

Eine relativ einfache Lösung bietet sich über die statische Methode ChangeType der Klasse Convert an, die wie folgt definiert ist:

```
public static Object ChangeType(Object, Type)
```

Dem ersten Parameter wird ein Objekt übergeben, das die Schnittstelle IConvertible implementiert. Ein Blick in die Dokumentation verrät uns, dass String dieses Interface unterstützt. Der zweite Parameter gibt den Typ des zurückzugebenden Objekts an. Da der Rückgabewert der Methode ChangeType vom Typ Object ist, muss am Ende nur noch eine entsprechende Typkonvertierung durchgeführt werden.

Es bietet sich an, für die endgültige Konvertierung eines String in int? eine Methode zu definieren, die als Erweiterungsmethode der Klasse String bereitgestellt wird:

```csharp
static class ExtensionMethods {
  public static T To<T>(this string text) {
    return (T)Convert.ChangeType(text, typeof(T));
  }
}
```

Listing 24.13 Erweiterungsmethode zur Typkonvertierung

Damit ist das erste der beiden Probleme gelöst. Kommen wir nun zum zweiten.

Eine einmal eingestellte Datenbindung ist immer aktiv. Nehmen wir an, der Anwender möchte eine neue Person hinzufügen. Er klickt also die entsprechende HINZUFÜGEN-Schaltfläche an und trägt als Erstes den Namen der neuen Person ein. Wird die TextBox verlassen, wird der Wert sofort in die ListBox eingetragen, ohne dass das neue Objekt tatsächlich schon angelegt ist. Das ist der Preis der Datenbindung – in diesem Moment allerdings ein Preis, der nicht vorteilhaft ist.

Die Lösung dieses Problems ist recht einfach. Wir müssen die Bindung mit C#-Programmcode aufheben, wenn der Anwender die Schaltfläche HINZUFÜGEN anklickt. Die Bindung muss allerdings aktiviert werden, wenn der Anwender auf eine der beiden Schaltflächen ABBRECHEN oder SPEICHERN geklickt hat.

```csharp
// Beispiel: ..\Kapitel 24\ObservableCollectionSample
private void btnAdd_Click(object sender, RoutedEventArgs e) {
  txtName.Text = ""; txtAddress.Text = ""; txtAge.Text = "";
  txtName.Focus();
  // Bindung lösen
  BindingOperations.ClearBinding(txtName, TextBox.TextProperty);
  BindingOperations.ClearBinding(txtAddress, TextBox.TextProperty);
  BindingOperations.ClearBinding(txtAge, TextBox.TextProperty);
```

```csharp
  [...]
}
private void btnSave_Click(object sender, RoutedEventArgs e) {
  Person person = new Person { Name = txtName.Text,
                               Adresse = txtAddress.Text };
  if (txtAge.Text == "") person.Alter = null;
  else person.Alter = (txtAge.Text).To<int>();
  liste.Add(person);
  // Bindung erstellen
  SetBinding();
  [...]
}
private void btnCancel_Click(object sender, RoutedEventArgs e) {
  // Bindung erstellen
  SetBinding();
  listBox1.SelectedIndex = 0;
  [...]
}
private void SetBinding() {
  // Bindungen neu festlegen
  Binding binding = new Binding("Name");
  txtName.SetBinding(TextBox.TextProperty, binding);
  binding = new Binding("Adresse");
  txtAddress.SetBinding(TextBox.TextProperty, binding);
  binding = new Binding("Alter");
  txtAge.SetBinding(TextBox.TextProperty, binding);
}
private void btnDelete_Click(object sender, RoutedEventArgs e) {
  int index = listBox1.SelectedIndex;
  liste.RemoveAt(index);
  if (liste.Count == 0) btnDelete.IsEnabled = false;
  else listBox1.SelectedIndex = 0;
}
```

Listing 24.14 C#-Code aus dem Beispiel »ObservableCollectionSample«

24.3 Validieren von Bindungen

Zu den wichtigen Charakteristiken einer Datenbindung gehört die Validierung. Unter der Validierung wird das Verhalten verstanden, falsche Eingaben oder nicht akzeptable Werte abzulehnen.

Die WPF bietet drei Wege an, um Daten zu validieren:

- mit einem ExceptionValidationRule-Objekt
- durch Ableiten der Klasse ValidationRule
- durch Implementierung des Interfaces IDataErrorInfo

Eine Validierung wird nur stattfinden, wenn ein Wert aus dem Zielobjekt an die Datenquelle übergeben wird. Damit ist klar, dass eine Validierung nur im Zusammenhang mit den beiden Modi TwoWay und OneWayToSource durchgeführt werden kann.

24.3.1 Die Validierung im Datenobjekt

Eine Datenvalidierung kann im set-Zweig einer Eigenschaft erfolgen. Betrachten wir exemplarisch die Klasse Person aus dem letzten Abschnitt und hier insbesondere deren Eigenschaft Alter. Das Alter darf zwar per Definition null sein, aber ein negatives Alter ergibt keinen Sinn. Also könnte man im set-Zweig eine Exception auslösen, wenn eine unzulässige negative Zuweisung erfolgt.

```
public class Person {
  private int? _Alter;
  public int? Alter
  {
    get { return _Alter; }
    set {
      if (value < 0)
        throw new ArgumentException("Das Alter kann nicht negativ sein.");
      else {
        _Alter = value;
        OnPropertyChanged(new PropertyChangedEventArgs("Alter"));
      }
    }
  }
  [...]
}
```

Listing 24.15 Die Eigenschaft »Alter« mit einer Exception im »set«-Zweig

Wir wollen uns nun das Verhalten einer WPF-Anwendung ansehen, falls ein Anwender zur Laufzeit einen ungültigen Wert an die Eigenschaft Alter eines Person-Objekts übergibt. Dazu soll das Window neben der Eingabemöglichkeit für Name und Alter auch in einer Spalte die in dem Moment aktuellen Objektdaten anzeigen.

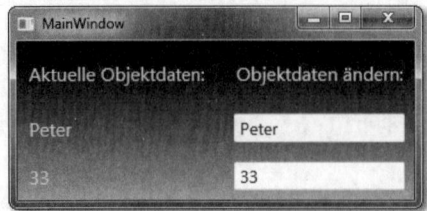

Abbildung 24.4 Das Fensterlayout des Listings 24.16

Der Abbildung liegt der folgende XAML-Code zugrunde:

24.3 Validieren von Bindungen

```
<Window >
  <Grid>
    <Grid.RowDefinitions>
      <RowDefinition Height="*"/>
      <RowDefinition Height="40"/>
      <RowDefinition Height="40"/>
    </Grid.RowDefinitions>
    <Grid.ColumnDefinitions>
      <ColumnDefinition Width="180"/>
      <ColumnDefinition/>
    </Grid.ColumnDefinitions>
    <Label>Aktuelle Objektdaten:</Label>
    <Label">Objektdaten ändern:</Label>
    <Label Grid.Row="1" Content="{Binding Path=Name}"></Label>
    <Label Grid.Row="2" Content="{Binding Path=Alter}"></Label>
    <TextBox Grid.Column="1" Grid.Row="1" Text="{Binding Path=Name}" />
    <TextBox Grid.Column="1" Grid.Row="2"
             Text="{Binding Path=Alter}" Margin="8" />
  </Grid>
</Window>
```

Listing 24.16 XAML-Code des Dialogs aus Abbildung 24.4

Wenn Sie das Kompilat dieser Anwendung starten (also nicht aus Visual Studio heraus, sondern tatsächlich die exe-Datei), werden Sie feststellen, dass eine Änderung des Namens dazu führt, dass das Objekt den neuen Wert aus der entsprechenden TextBox übernimmt. Das gilt auch für das Alter – zumindest solange Sie einen gültigen Wert übergeben. Tragen Sie jedoch einen negativen Wert ein, wird dieser nicht an das Objekt übergeben. So soll es auch sein. Aber andererseits wird der Anwender überhaupt nicht davon in Kenntnis gesetzt, dass der negative Wert nicht übernommen worden ist. Es wird auch keine Ausnahme ausgelöst, wie man vielleicht vermuten könnte.

Damit die Ausnahme zumindest eine Warnung beim Benutzer hervorruft, muss der Fehler der Bindung mitgeteilt werden. Das geschieht über die Eigenschaft ValidationRules des Binding-Objekts, der ein Objekt vom Typ ExceptionValidationRule übergeben wird:

```
[...]
<TextBox UpdateSourceTrigger="PropertyChanged">
  <Binding Path="Alter">
    <Binding.ValidationRules>
      <ExceptionValidationRule/>
    </Binding.ValidationRules>
  </Binding>
</TextBox>
[...]
```

Listing 24.17 Änderung der Bindung der TextBox

Mit dieser Änderung im Vergleich zu Listing 24.16 erreichen wir, dass die `TextBox` bei einer Fehleingabe innerhalb eines roten Rahmens dargestellt wird und somit dem Anwender zumindest einen optischen Hinweis liefert. Natürlich wird auch weiterhin der ungültige Wert nicht dem `Person`-Objekt übergeben. Beachten Sie, dass auch die Eigenschaft `UpdateSource-Trigger` auf `PropertyChanged` der `TextBox` eingestellt worden ist. Damit wird dem Anwender der Fehler bereits signalisiert, wenn er ein Minuszeichen einträgt.

Anstatt des doch ziemlich aufwendigen XAML-Codes des Listings 24.17 können Sie auch eine kürzere Variante benutzen. Dazu legen Sie die Eigenschaft `ValidatesOnExceptions` auf `True` fest, wie in Listing 24.18 gezeigt wird:

```xml
<TextBox Text="{Binding Path=Alter, UpdateSourceTrigger=PropertyChanged,
        ValidatesOnExceptions=True}" />
```

Listing 24.18 Die Eigenschaft »ValidatesOnExceptions«

> **Hinweis**
> Sie finden das komplette Beispielprogramm auf der Buch-DVD unter ...*Kapitel 24\Validati-onSamples\ExceptionValidationRuleSample*.

24.3.2 Eine benutzerdefinierte »ValidationRule«

Die nächste Variante eignet sich besonders dann, wenn Sie keine Möglichkeit haben, die Datenklasse (in unserem Beispiel also die Klasse `Person`) zu verändern. Die Vorgehensweise ist sehr einfach: Sie stellen eine Klasse bereit, die von `ValidationRule` abgeleitet ist, und überschreiben die geerbte Methode `Validate`.

Bezugnehmend auf die Eigenschaft `Alter` einer `Person` könnte die Validierung wie im folgenden Listing gezeigt aussehen:

```csharp
public class AgeValidationRule : ValidationRule {
  public override ValidationResult Validate(object value, CultureInfo cultureInfo)
  {
    int wert = Convert.ToInt32(value);
    if (wert < 0)
      return new ValidationResult(false, "Das Alter darf nicht negativ sein.");
    return new ValidationResult(true, null);
  }
}
```

Listing 24.19 Bereitstellen einer Klasse vom Typ »ValidationRule«

Im ersten Parameter der Methode `Validate` wird der Wert übergeben, der validiert werden soll. Unabhängig davon, ob die Validierung zu einem positiven oder negativen Ergebnis führt, wird ein `ValidationResult`-Objekt erzeugt. Der Konstruktor von `ValidationResult` beschreibt zwei

Parameter. Der erste ist der entscheidende, denn er gibt über einen Boolean bekannt, ob erfolgreich validiert worden ist (true) oder die Validierung gescheitert ist (false). Der zweite Parameter des Konstruktors dient dazu, Informationen zur fehlgeschlagenen Validierung zu liefern.

Im XAML-Code ändert sich im Vergleich zu dem aus Listing 24.17 nicht viel. Zunächst müssen Sie den Namespace bekannt geben, in dem die Klasse AgeValidationRule definiert ist. Der Eigenschaft ValidationRules des Binding-Objekts geben Sie anschließend noch ein Objekt der Klasse an.

```
<Window
    xmlns:local="clr-namespace:ValidationRuleSample"
    ...>
    [...]
    <TextBox Grid.Column="1" Grid.Row="2">
      <Binding Path="Alter" UpdateSourceTrigger="PropertyChanged">
        <Binding.ValidationRules>
          <local:AgeValidationRule />
        </Binding.ValidationRules>
      </Binding>
    </TextBox>
    [...]
</Window>
```

Listing 24.20 Bekanntgabe des »ValidationRule«-Objekts im XAML-Code

Das Verhalten zur Laufzeit unterscheidet sich nicht von dem Verhalten, wenn Sie den Typ ExceptionValidationRule benutzen.

> **Hinweis**
> Sie finden das komplette Beispielprogramm auf der Buch-DVD unter ..\Kapitel 24\ValidationSamples\ValidationRuleSample.

24.3.3 Validierung mit der Schnittstelle »IDataErrorInfo«

Kommen wir nun zur dritten Validierungsvariante, bei der das Interface IDataErrorInfo eine Rolle spielt. Die Schnittstelle IDataErrorInfo wird von der Datenklasse implementiert – in unserem Beispiel somit von der Klasse Person. Hier stellt sich zunächst einmal die Frage, warum den Datenklassen hiermit noch eine weitere Validierungsmöglichkeit geboten wird? Im Grunde genommen hängt es damit zusammen, dass eine Ausnahme nur dann ausgelöst werden sollte, wenn schwerwiegende Fehler aufgetreten sind. Das lässt sich aber im Zusammenhang mit einer falschen Benutzereingabe kaum behaupten. Gewissermaßen wird dann mit Kanonen auf Spatzen geschossen.

IDataErrorInfo verpflichtet zur Implementierung von zwei Eigenschaften: Error und this, also einem Indexer. Im Gegensatz zu anderen Technologien, denen auch die Schnittstelle zur Verfügung steht, nutzt die WPF aber nur den Indexer. Sehen wir uns jetzt die Überarbeitung der Klasse Person an.

```
public class Person : INotifyPropertyChanged, IDataErrorInfo {
  public string Error {
    get { return null; }
  }
  public string this[string propertyName] {
    get
    {
      if (propertyName == "Alter")
      {
        if(_Alter < 0)
          return "Das Alter darf nicht negativ sein.";
      }
      return null;
    }
  }
  private int? _Alter;
  public int? Alter {
    get { return _Alter; }
    set {
      _Alter = value;
      OnPropertyChanged(new PropertyChangedEventArgs("Alter"));
    }
  }
}
```

Listing 24.21 Das Interface »IDataErrorInfo« zur Validierung verwenden

Dem Indexer wird die zu prüfende Eigenschaft als Zeichenfolge übergeben. Die Validierung erfolgt nach Feststellung der Eigenschaft, die für den Aufruf des Indexers sorgt. Anschließend prüft der übliche Code, ob die Eigenschaft einen gültigen Wert hat. Beachten Sie, dass der neue Wert bereits in das private Feld geschrieben worden ist, unabhängig von der Akzeptanz. Wird der Inhalt der Eigenschaft als Fehler erkannt, wird eine einfache Zeichenfolge zurückgegeben, die damit den Fehler signalisiert. Ansonsten ist der Rückgabewert null.

Im XAML-Code muss der Eigenschaft ValidationRules nur ein DataErrorValidationRule-Objekt übergeben werden:

```
[...]
<TextBox>
  <Binding Path="Alter" UpdateSourceTrigger="PropertyChanged">
    <Binding.ValidationRules>
      <DataErrorValidationRule />
    </Binding.ValidationRules>
  </Binding>
</TextBox>
[...]
```

Listing 24.22 Übergabe eines »DataErrorValidationRule«-Objekts

Auch in diesem Fall können Sie im XAML-Code alternativ eine kürzere Schreibweise verwenden:

<TextBox Text="{Binding Path=Alter, **ValidatesOnDataErrors=True**}" />

> **Hinweis**
> Sie finden das komplette Beispielprogramm auf der Buch-DVD unter ..*Kapitel 24\ValidationSamples\IDataErrorInfoSample*.

24.3.4 Fehlerhinweise individuell anzeigen

Die Anzeige des Fehlers durch einen roten Rahmen ist recht unscheinbar. Zudem werden die Fehlermeldungen, die von der Validierung bereitgestellt werden, nicht angezeigt. Um eine aussagekräftigere Fehlermeldung anzuzeigen, können Sie für die Fehlermeldungen ein eigenes Template schreiben. Dabei betritt die Klasse ControlTemplate, die wir bereits in Kapitel 23 kennengelernt haben, erneut die Bühne.

Aber zuvor wenden wir uns kurz der Klasse Validation zu, die dem Datenziel einer Bindung drei Eigenschaften anhängt, die wir im folgenden XAML-Code auch verwenden werden: Es sind Errors, HasError und ErrorTemplate. Die Beschreibung der genannten Eigenschaften können Sie der folgenden Tabelle entnehmen.

Eigenschaft	Beschreibung
Errors	Ruft die Liste aller ValidationError-Objekte des gebundenen Elements ab.
ErrorsTemplate	Diese Eigenschaft legt das ControlTemplate fest, das bei Validierungsfehlern angezeigt wird. Die Vorgabe ist ein roter Rahmen.
HasError	Diese Eigenschaft liefert true, wenn ein Binding-Objekt einen Fehler zurückliefert.

Tabelle 24.2 Die Eigenschaften der Klasse »Validation«

Ausgehend von unserem letzten Beispielprogramm (*IDataErrorInfoSample*) wollen wir nun die Fehlermeldungen in einem ToolTip zur Anzeige bringen. Zur optischen Ergänzung wird der Rahmen um die fehlerauslösende TextBox in der Farbe Gelb gezeichnet, und vor der TextBox werden drei Sternchensymbole angezeigt. In Abbildung 24.5 können Sie das Resultat unserer Bestrebungen bereits bewundern.

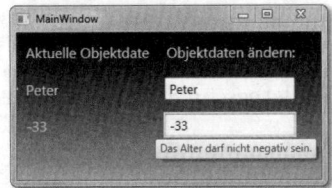

Abbildung 24.5 Ein Template für eine Fehlermeldung

Insgesamt ist der dafür notwendige XAML-Code schon relativ komplex.

```xml
<Style TargetType="TextBox">
  <Setter Property="Validation.ErrorTemplate">
    <Setter.Value>
      <ControlTemplate>
        <DockPanel>
          <TextBlock DockPanel.Dock="Left" Foreground="Red"
              FontSize="14" FontWeight="Bold"
            ToolTip="{Binding ElementName=adorner,
                Path=AdornedElement.(Validation.Errors)[0].ErrorContent}">
              ***
          </TextBlock>
          <Border BorderBrush="Yellow" BorderThickness="2">
            <AdornedElementPlaceholder Name="adorner" />
          </Border>
        </DockPanel>
      </ControlTemplate>
    </Setter.Value>
  </Setter>
</Style>
```

Listing 24.23 Grundstruktur der benutzerdefinierten Fehlermeldung

Es wird zuerst ein Style definiert. Dieser beschreibt die Eigenschaft `Validation.ErrorTemplate` eines `TextBox`-Elements. Tritt ein Validierungsfehler auf, wird dieser Style aktiv. Das Layout der Fehleranzeige wird innerhalb eines `ControlTemplate`-Elements beschrieben.

Mit `Border` wird ein Rahmen beschrieben, der um ein anderes Element gezeichnet wird. Hier ist dieses Element vom Typ `AdornedElementPlaceholder`. Ein `AdornedElementPlaceholder` wird in einem `ControlTemplate` verwendet und stellt einen Platzhalter für das Element dar, das mit der Fehlermeldung markiert sein soll. Adorner werden meist relativ zu dem Element positioniert, an das der Adorner gebunden ist, und stehen stets visuell im Vordergrund.

Mit dem Ausdruck

`ToolTip="{Binding ElementName=adorner, Path=AdornedElement ...`

wird das unter dem `AdornedElementPlaceholder` gelegene Element abgerufen, was in unserem Beispiel die `TextBox` ist. Um auf den aktuellen Fehler zugreifen zu können, muss die Eigenschaft `Validation.Errors` der `TextBox` abgerufen werden. Hierbei handelt es sich um eine angefügte Eigenschaft, daher sind die runden Klammern anzugeben. Danach wird mit

`Path=AdornedElement.(Validation.Errors)[0].ErrorContent}`

auf den ersten Fehler aus der Collection zugegriffen und dessen Fehlerbeschreibung abgerufen.

> **Hinweis**
>
> Sie finden das komplette Beispielprogramm auf der Buch-DVD unter ..*Kapitel 24\ValidationSamples\TemplateForValidationError*.

24.3.5 Ereignisauslösung bei einem Validierungsfehler

Natürlich können Sie bei einem Validierungsfehler auch ein Ereignis auslösen – anstatt oder zusätzlich zu einer optischen Anzeige, wie im letzten Abschnitt erläutert. Dazu muss die Eigenschaft NotifyOnValidationError der Bindung auf true gesetzt werden, z.B.:

```
<Binding Path="Alter" UpdateSourceTrigger="PropertyChanged"
      NotifyOnValidationError="True">
```

Listing 24.24 Zulassen der Ereignisauslösung

Der ausgelöste Validation.Error-Event wird im Elementbaum noch oben gebubbelt. Daher bietet es sich an, die Registrierung des Ereignishandlers im Container-Element vorzunehmen. Somit kann der Ereignishandler auch von mehreren Steuerelementen genutzt werden.

```
<Grid Validation.Error="Grid_Error">
   [...]
</Grid>
```

Listing 24.25 Registrierung des Ereignishandlers

Der zweite Parameter des Ereignishandlers ist vom Typ ValidationErrorEventArgs. Dieser Typ beinhaltet in seiner Eigenschaft Error zahlreiche Informationen, die den Validierungsfehler detailliert beschreiben. So können Sie selbstverständlich auch die Fehlerbeschreibung aus der Eigenschaft ErrorContent abrufen, wie im folgenden Listing gezeigt wird.

```
private void Grid_Error(object sender, ValidationErrorEventArgs e)
{
   MessageBox.Show(e.Error.ErrorContent.ToString());
}
```

Listing 24.26 Der Ereignishandler des Events »Validation.Error«

24.4 Daten konvertieren

Haben Sie sich schon einmal darüber Gedanken gemacht, wie die folgende Angabe umgesetzt wird?

```
<Button Background="Blue" />
```

Wir übergeben der Eigenschaft `Background` eine Zeichenfolge, obwohl die Eigenschaft vom Typ `Brush` ist. Die Zeichenfolge wird anscheinend in ein Objekt vom Typ `Brush` umgewandelt. Dabei spielen Klassen eine wichtige Rolle, die als Konvertierungsklassen oder **ValueConverter** bezeichnet werden.

Konvertierungsklassen kommen zum Einsatz, wenn man Objekteigenschaften anders anzeigen möchte, als es die `ToString`-Methode vorgibt. Darüber hinaus können Sie auch Konvertierungsklassen bereitstellen, die Werte berechnen, beispielsweise

```
<TextBlock Text="{Binding Nettopreis*1.19}"
```

oder

```
<TextBlock Text="{Binding Vorname} {Binding Zuname}" />
```

Konvertierungsklassen werden durch Klassen beschrieben, die das Interface `IValueConverter` implementieren. Die Schnittstelle, die zum Namespace `System.Windows.Data` gehört, erzwingt die Bereitstellung der beiden Methoden `Convert` und `ConvertBack`. `Convert` beschreibt dabei eine Konvertierung der Daten aus der Datenquelle in Richtung Datenziel, `ConvertBack` die entgegengesetzte Richtung – falls das überhaupt möglich oder notwendig ist.

Das Interface ist wie folgt definiert:

```
public interface IValueConverter {
  public object Convert(object value, Type targetType,
                        object parameter, CultureInfo culture);
  public object ConvertBack(object value, Type targetType,
                            object parameter, CultureInfo culture)
}
```

Listing 24.27 Die Definition des Interfaces »IValueConverter«

Der erste Parameter beschreibt jeweils den Wert der Bindungsquelle, der zweite den Typ der Zieleigenschaft. Benötigt der Konverter weitere Parameter, können diese dem dritten Parameter übergeben werden. Mit dem vierten Parameter vom Typ `CultureInfo` kann der Konverter für eine bestimmte Kultur spezifiziert werden.

Stellen wir uns vor, wir hätten die folgende Klasse `Aktie` geschrieben:

```
public class Aktie {
  public string Unternehmen { get; set; }
  public double Wert { get; set; }
}
```

Listing 24.28 Die Klasse »Aktie«

Im `Windows.Resources`-Abschnitt soll ein Objekt dieses Typs angelegt werden. Dazu ist zuerst der Namespace, in dem sich die Klassendefinition befindet, auf ein Namespace-Präfix abzubilden, z.B.:

```
<Window ...
        xmlns:local="clr-namespace:ConverterSample">
<Window.Resources>
  <local:Aktie x:Key="aktie" Unternehmen="Tollsoft" Wert="211.73536"/>
</Window.Resources>
```

Listing 24.29 Erzeugen eines »Aktie«-Objekts im XAML-Code

Der Wert der Aktie und der des Unternehmens sollen in einem `Window` angezeigt werden. Allerdings sollen vom Aktienpreis nur die ersten beiden Nachkommastellen berücksichtigt werden – ein Fall für einen Konverter.

```
[ValueConversion(typeof(Double), typeof(String))]
class NumberConverter : IValueConverter {
  public object Convert(object value, Type targetType,
                        object parameter, CultureInfo culture)
  {
    string param = parameter as string;
    return ((double)value).ToString(param);
  }
  public object ConvertBack(object value, Type targetType,
                            object parameter, CultureInfo culture)
  {
    string amount = value as string;
    return System.Convert.ToDouble(amount);
  }
}
```

Listing 24.30 Konverter, um eine bestimmte Anzahl Nachkommastellen anzuzeigen

> **Anmerkung**
> Die Implementierung der Methode `ConvertBack` ist nur dann erforderlich, wenn der `Mode` des `Binding`-Objekts `TwoWay` oder `OneWayToSource` ist.

Die Klasse implementiert natürlich die erforderliche Schnittstelle `IValueConverter` mit den beiden Methoden `Convert` und `ConvertBack`.

Die Idee, die sich hinter der Konvertierungsmethode `Convert` verbirgt, ist, eine Überladung der `ToString`-Methode des Typs `Double` zu benutzen, um mit einer numerischen Formatierungszeichenfolge das Ausgabeformat festzulegen. Die Formatierungszeichenfolge erwarten wir im dritten Parameter der Methode `Convert`. Da dieser Parameter vom Typ `Object` ist, müssen wir zuerst in einen `String` konvertieren. Anschließend wird der Übergabeparameter `value` in den Typ `Double` konvertiert und dann mit der Methode `ToString` unter Übergabe der Formatierungszeichenfolge als `String` an den Aufrufer zurückgeliefert.

Darüber hinaus ziert die Klasse das Attribut ValueConversionAttribute. Sie müssen das Attribut nicht unbedingt angeben, alles funktioniert auch ohne Attribut. Aber es ist ein guter Stil, weil es dadurch möglich ist, von »außen« zu erkennen, welche Konvertierung der Konverter durchführt. Der erste Typ im Attribut beschreibt übrigens den Datentyp der Quelle, der zweite den Datentyp des Ziels.

Den Konverter geben wir ebenfalls im Abschnitt Window.Resources an. Natürlich dürfen wir auch hier nicht vergessen, den Namespace bekannt zu geben, zu dem die Konverterklasse gehört (es sei denn, der CLR-Namespace ist bereits auf einen XML-Namespace gemappt).

```xml
<Window.Resources>
  <local:NumberConverter x:Key="converter" />
  <local:Aktie x:Key="aktie" Unternehmen="Tollsoft" Wert="211.73536" />
</Window.Resources>
```

Listing 24.31 Konverterobjekt im Abschnitt »Window.Resources« erzeugen

Was wir noch nicht behandelt haben, ist, wie wir die Bindung dazu bringen, den Konverter zu benutzen. Das ist sehr einfach, denn das Binding-Objekt hat zu diesem Zweck die Eigenschaft Converter, der wir das Konverterobjekt übergeben. Dazu benötigen wir erneut eine Markup-Erweiterung und greifen mit StaticResource auf das Konverterobjekt zu. Zur Übergabe der erforderlichen Parameter geben wir diese der ConverterParameter-Eigenschaft des Binding-Objekts an.

Zum Schluss bleibt mir noch, Ihnen den XAML-Code zu zeigen.

```xml
<Window ...
        xmlns:local="clr-namespace:ConverterSample" >
  <Window.Resources>
    <local:NumberConverter x:Key="converter" />
    <local:Aktie x:Key="aktie" Unternehmen="Tollsoft" Wert="211.73536" />
  </Window.Resources>
  <StackPanel>
    <TextBox Margin="10"
        Text="{Binding Source={StaticResource aktie},
                       Path=Wert,
                       Converter={StaticResource converter},
                       ConverterParameter='#.##'}" />
    <TextBox Margin="10" Text="{Binding Source={StaticResource aktie},
                                        Path=Unternehmen}" />
  </StackPanel>
</Window>
```

Listing 24.32 Nutzung der Konverterklasse im XAML-Code

> **Hinweis**
>
> Sie finden das komplette Beispielprogramm auf der Buch-DVD unter ..*Kapitel 24\ValidationSamples\ConverterSample*.

24.4.1 Mehrfachbindungen und Konverterklassen

Bisher haben wir nur mit Datenbindungen gearbeitet, die es zuließen, eine Steuerelementeigenschaft mit genau einer Eigenschaft eines Datenobjekts zu binden. Liegt der Datenbindung ein Objekt der Klasse Person mit den beiden Eigenschaften Vorname und Zuname zugrunde, müssen wir deren Werte mit dem derzeitigen Kenntnisstand in zwei separaten Steuerelementen anzeigen lassen, beispielsweise:

```
<Window.Resources>
  <local:Person x:Key="pers" Vorname="Peter" Zuname="Holzschuh" />
</Window.Resources>
<StackPanel>
  <TextBox Text="{Binding Source={StaticResource pers}, Path=Vorname}"/>
  <TextBox Text=", " />
  <TextBox Text="{Binding Source={StaticResource pers}, Path=Zuname}"/>
</StackPanel>
```

Listing 24.33 Einfache Datenbindung von zwei Objekteigenschaften

Unsere Zielsetzung lautet nun aber, beide Angaben in einer TextBox zusammenzufassen. Für solche Anwendungsfälle bietet die WPF mit der Klasse MultiBinding eine einfache Lösung an, die wie folgt aussehen könnte:

```
<TextBlock>
  <TextBlock.Text>
    <MultiBinding>
      <Binding Source="{StaticResource person}" Path="Zuname" />
      <Binding Source="{StaticResource person}" Path="Vorname" />
    </MultiBinding>
  </TextBlock.Text>
</TextBlock>
```

Listing 24.34 Mehrfache Bindung an eine Elementeigenschaft

Tippen Sie diesen Code in den Code-Editor, gibt es eine Fehlermeldung. Der Grund ist, dass das MultiBinding-Objekt nicht weiß, wie es die Daten verarbeiten soll. Dazu ist auch in diesem Fall ein Konverter notwendig. Da mehrere Daten an den Konverter übertragen werden müssen, eignet sich ein Konverter vom Typ IValueConverter nicht mehr. Stattdessen kommt jetzt die Schnittstelle IMultiValueConverter ins Spiel.

Die Schnittstelle IMultiValueConverter ist der Schnittstelle IValueConverter sehr ähnlich. Der Unterschied bei der Methode Convert ist im ersten Übergabeparameter zu finden, der vom Typ object[] ist und somit mehrere Werte empfangen kann. Bei ConvertBack ist es dementsprechend der zweite Parameter, der vom Typ Type[] ist.

```
[ValueConversion(typeof(String), typeof(String))]
class PersonConverter : IMultiValueConverter {
  public object Convert(object[] values, Type targetType, object parameter,
                  CultureInfo culture) {
```

```
      return (string)values[0] + ", " + (string)values[1];
    }
    public object[] ConvertBack(object value, Type[] targetTypes,
                 object parameter, CultureInfo culture) {
      throw new NotSupportedException();
    }
}
```

Listing 24.35 Die Konverterklasse »PersonConverter«

Zum Schluss bleibt noch, das `MultiBinding`-Element um den entsprechenden Konverter zu ergänzen. Dafür stellt uns das Objekt die Eigenschaft `Converter` bereit.

```
<Window ...
        xmlns:local="clr-namespace:MultiBindingSample">
  <Window.Resources>
    <local:PersonConverter x:Key="converter" />
    <local:Person x:Key="pers" Vorname="Peter" Zuname="Holzschuh" />
  </Window.Resources>
  <StackPanel>
    <TextBox>
      <TextBox.Text>
        <MultiBinding Converter="{StaticResource converter}">
          <Binding Source="{StaticResource pers}" Path="Zuname" />
          <Binding Source="{StaticResource pers}" Path="Vorname" />
        </MultiBinding>
      </TextBox.Text>
    </TextBox>
  </StackPanel>
</Window>
```

Listing 24.36 Multiple Bindung im XAML-Code

> **Hinweis**
> Sie finden das komplette Beispielprogramm auf der Buch-DVD unter ..\Kapitel 24\ValidationSamples\MultiBindingSample.

24.5 Datenbindung an ADO.NET- und LINQ-Datenquellen

In den bisherigen Beispielen wurden immer benutzerdefinierte CLR-Objekte als Datenquelle verwendet, manchmal nur als einzelne Objekte, in anderen Beispielen in Form von Auflistungen. In den meisten Fällen werden aber Daten aus einer Datenbank bezogen und in einem Fenster zur Anzeige gebracht. Mit ADO.NET und dem Entity Framework gibt es unter .NET zwei herausragende Technologien, die den Zugriff auf Datenbanken unterstützen. In diesem Abschnitt wollen wir uns ansehen, wie wir Daten aus diesen beiden Quellen in der WPF nutzen können.

> **Anmerkung**
>
> Die Themen ADO.NET und Entity Framework werden erst nach dem Themenkomplex der WPF behandelt. Auch wenn Sie möglicherweise noch keine Kenntnisse in den beiden Technologien haben, sollten wir das Thema der Bindung der WPF-Elemente an diese Datenquellen nicht verschieben. Hier kommt es auch weniger auf die Details an, wie die Daten bereitgestellt werden, sondern vielmehr darauf, wie das Resultat der Datenabfrage in der WPF verarbeitet wird. Sollten Sie aber dennoch wissen wollen, was sich hinter einem bestimmten Typ und einer bestimmten Syntax verbirgt, sollten Sie das entsprechende Kapitel vorab lesen.
>
> Ein weiterer Hinweis sei an dieser Stelle gestattet. In diesem Buch wird, wenn wir die Themenkreise ADO.NET und das Entity Framework erörtern, mit der altbekannten, fast schon als klassisch zu bezeichnenden Datenbank *Northwind* gearbeitet. In Kapitel 31 ist beschrieben, wie Sie diese Datenbank beziehen und in SQL Server 2008 Express Edition einbinden können.

24.5.1 Das Binden an ADO.NET-Objekte

In den letzten Abschnitten haben wir mit benutzerdefinierten Klassen gearbeitet, die uns als Datenquelle dienten. Im Grunde genommen ändert sich zunächst einmal nichts, wenn Sie die spezifischen ADO.NET-spezifischen Objekte DataSet bzw. DataTable an WPF-Elemente binden wollen.

Im folgenden Listing wird die Tabelle Products der *Northwind*-Datenbank abgefragt und an den Datenkontext des Window übergeben:

```csharp
public MainWindow()
{
  InitializeComponent();
  SqlConnection con = new SqlConnection(@"Data Source=.\SQLEXPRESS;"
                  + "DataBase=Northwind;Integrated Security=True");
  SqlCommand cmd = new SqlCommand("SELECT * FROM Products", con);
  DataSet ds = new DataSet();
  SqlDataAdapter da = new SqlDataAdapter(cmd);
  da.Fill(ds);
  this.DataContext = ds.Tables[0];
}
```

Listing 24.37 Das Binden einer ADO.NET-Tabelle an einen Datenkontext

Die durch ds.Tables[0] beschriebene Tabelle wird genauso dem DataContext übergeben, als sei es eine ganz normale Collection.

Es gibt allerdings einen Unterschied, den Sie beachten müssen, wenn Sie eine DataTable an die Eigenschaft ItemsSource eines Listensteuerelements binden wollen. Die Eigenschaft ItemsSource verlangt nämlich, dass die anzubindende Datenquelle die Schnittstelle IEnumerable unterstützt. Genau das ist bei einem DataTable-Objekt nicht der Fall. In solchen Fällen bietet sich die Lösung an, auf die DataTable deren Methode DefaultView aufzurufen, wie im nächsten Listing gezeigt wird.

```
[...]
DataTable tbl = ds.Tables[0];
dataGrid1.ItemsSource = tbl.DefaultView;
```

Listing 24.38 Binden einer DataTable an die Eigenschaft »ItemsSource«

Hier sei *dataGrid1* der Bezeichner eines WPF-DataGrid-Elements.

Die Methode DefaultView liefert ein Objekt vom Typ DataView zurück, das die erforderliche Schnittstelle IEnumerable implementiert. Dabei handelt es sich um eine Sicht (View) auf die Tabelle, mit der die Tabelle auch gefiltert, sortiert und durchsucht werden kann.

24.5.2 Das Binden an LINQ-Ausdrücke

Eine zweite wichtige Datenquelle wird durch LINQ-Ausdrücke beschrieben. LINQ-Ausdrücke werden unter anderem auch vom Entity Framework zur Abfrage von Daten benutzt. LINQ-Ausdrücke liefern als Resultat einer Abfrage ein Ergebnis, das durch das Interface IEnumerable<T> beschrieben wird. Wenige Zeilen vorher haben Sie erfahren, dass zur Bindung einer Datenquelle an die Eigenschaft ItemsSource die Datenquelle die Schnittstelle IEnumerable implementieren muss. ItemsSource und das Ergebnis einer LINQ-Abfrage passen also prima zusammen, da IEnumerable<T> natürlich IEnumerable implementiert. Somit müssen wir nicht im Geringsten in eine Trickkiste greifen, sondern können das Resultat einer LINQ-Abfrage direkt an die ItemsSource-Eigenschaft binden.

Das folgende Listing werden Sie später im Buch noch einmal wiederfinden, wenn ich Ihnen die Grundzüge des Entity Frameworks erläutere. Es wird auch hier die *Products*-Tabelle der *Northwind*-Datenbank abgefragt, wobei in die Ergebnismenge nur die Datensätze geschrieben werden, deren Einzelpreis größer oder gleich 50 ist.

```
NorthwindEntities context = new NorthwindEntities();
var products = from p in context.Products
               where p.UnitPrice >= 50
               select new { p.ProductID, p.ProductName, p.UnitPrice};
dataGrid1.ItemsSource = products;
```

Listing 24.39 Anbindung einer LINQ-Datenquelle

Wo Licht ist, ist auch Schatten. So auch in diesem Fall. Im Gegensatz zu ObservableCollection und DataTable wird vom IEnumerable<T>-Interface das Hinzufügen und Löschen von Listenmitgliedern nicht unterstützt. Doch LINQ bietet mit den beiden Methoden ToList und ToArray einfach umzusetzende Lösungen.

Während ToArray ein Array vom Typ T (also ein Array generischer Typen) zurückliefert, ist es bei der Methode ToList der Typ List<T>. Damit liegen in beiden Fällen Auflistungen vor, die sich in ihrer Verhaltensweise nicht von den anderen Auflistungen unterscheiden und – um es wieder auf den Punkt zu bringen – auch das Hinzufügen und Löschen von Listenelementen ermöglichen.

Betrachten wir den LINQ-Ausdruck aus Listing 24.39. Mit dem Aufruf der Methode ToList wandeln wir das IEnumerable<T>-Resultat nun noch in List<T> um:

```
var products = from p in context.Products
               where p.UnitPrice >= 50
               select new { p.ProductID, p.ProductName, p.UnitPrice};
List<Product> liste = products.ToList();
```

Listing 24.40 LINQ-Abfrageresultat in den Typ »List<T>« umwandeln

Kapitel 25
Weitere Möglichkeiten der Datenbindung

Die einfache Datenbindung war das Thema des letzten Kapitels. Meistens werden aber Datenquellen gebunden, die viele Elemente enthalten: Tabellen einer Datenbank beispielsweise oder auch nur einfache Collections. Die Elemente werden meistens bevorzugt in Steuerelementen angezeigt, die dem Benutzer mehr als nur einen Datensatz oder ein Listenelement anzeigen. Hier kommen die WPF-ItemsControls ins Spiel, Steuerelemente also, die von der Basis ItemsControl abgeleitet sind. Die WPF hat einige davon zu bieten:

- ComboBox
- ListBox
- ListView
- TabControl
- ToolBar
- Menu
- MenuItem
- TreeViewItem
- ContextMenu
- StatusBar

Diese Steuerelemente können mit der Eigenschaft DataContext oder alternativ mit der Eigenschaft ItemsSource an eine Datenquelle gebunden werden. Die Fähigkeiten gehen aber noch weiter, denn mit DataTemplates lässt sich auch die Darstellung jedes einzelnen Items innerhalb der Controls nahezu beliebig an eigene Vorstellungen anpassen. Zudem wird jede auf einer – ganz allgemein gesagt – Liste basierende Datenquelle von der WPF automatisch in einen View gepackt, um die Navigation, Sortierung, Filterung und Gruppierung der Daten zu ermöglichen. Das sind die Themen, denen wir uns in diesem Kapitel schwerpunktmäßig widmen.

25.1 »ItemsControl«-Steuerelemente anpassen

Alle von der Basis ItemsControl abgeleiteten Klassen unterstützen auf zweierlei Art und Weise die Anpassung des Layouts der anzuzeigenden Daten:

- Styles
- DataTemplates

Styles sind nur mit elementaren Möglichkeiten ausgestattet und stellen ein einfaches, aber auch limitiertes Hilfsmittel zur Gestaltung des Layouts eines Listeneintrags dar. Denken wir exemplarisch an eine `ListBox`. Die angezeigten Elemente einer `ListBox` sind vom Typ `ListBoxItem` und können mit einem `Style` in ihrem Aussehen beeinflusst werden. Beispielsweise ließe sich die Hintergrundfarbe ändern oder eine andere Schriftart festlegen. Aber es bleiben immer `ListBoxItem`-Elemente, die darüber hinaus auch nur eine einzige Bindung beschreiben können.

Mit einem `DataTemplate` unterliegen Sie keiner Einschränkung. `DataTemplates` ermöglichen die Bindung an mehrere Eigenschaften eines Datenquellenelements und gestatten es, dem Item eines `ItemsControls` durch eine beliebige Kombination mehrerer WPF-Elemente das Layout zu geben, das Sie sich vorstellen.

Zu diesem Zweck stellt die Klasse `ItemsControl` den abgeleiteten Klassen zahlreiche Eigenschaften zur Verfügung. Sie können einige davon der folgenden Tabelle entnehmen. Diese Eigenschaften – neben zahlreichen anderen – werden auch im Verlauf des Kapitels in den Beispielen konkret gezeigt.

Eigenschaft	Beschreibung
`AlternationCount`	Mit dieser Eigenschaft lassen sich die einzelnen Elemente in einem `ItemsControl` unterschiedlich darstellen.
`DisplayMemberPath`	Diese Property gibt die Eigenschaft des Elements an, die zur Anzeige im Steuerelement verwendet wird.
`GroupStyle`	Diese Eigenschaft definiert einen `Style`, der zum Gruppieren von Elementen verwendet wird.
`ItemContainerStyle`	Diese Eigenschaft definiert den `Style` jedes einzelnen Elements.
`ItemsSource`	Beschreibt eine Menge von Elementen, die in diesem Steuerelement zur Anzeige verwendet wird. Der `ItemsSource`-Eigenschaft können nur Objekte vom Typ `IEnumerable` zugewiesen werden.
`ItemTemplate`	Diese Eigenschaft definiert das DataTemplate für die im Steuerelement enthaltenen Elemente.

Tabelle 25.1 Eigenschaften eines »ItemsControl«-Steuerelements

25.1.1 Den Style eines »ListBoxItem«-Elements ändern

Wir wollen uns als Erstes ansehen, wie wir den Stil eines `ListBoxItem`-Elements beeinflussen können. Dazu greifen wir auf das Beispielprogramm *ListBoxBindingSample* zurück, das wir uns in Kapitel 24 angesehen haben (siehe auch Abbildung 24.2).

Unser Ziel sei es, die Darstellung der ListBox-Einträge ansprechender zu gestalten. Dazu soll jeder Eintrag eine individuelle, alternierende Hintergrundfarbe erhalten und mit einer grauen Umrandung angezeigt werden. Das aktuell ausgewählte ListBox-Element soll ebenfalls einen eigenen Stil haben und farblich abgesetzt von den anderen erkennbar sein. Hier zunächst der XAML-Code, um den der bisherige ergänzt werden muss.

```xaml
// Beispiel: ..\Kapitel 25\ItemContainerStyleSample
<ListBox Name="listBox1" Margin="10" AlternationCount="2">
  <ListBox.ItemContainerStyle>
    <Style TargetType="{x:Type ListBoxItem}">
      <Setter Property="Background" Value="AntiqueWhite" />
      <Setter Property="Margin" Value="1"></Setter>
      <Setter Property="Padding" Value="1"></Setter>
      <Setter Property="BorderBrush" Value="Gray" />
      <Setter Property="BorderThickness" Value="1" />
      <Style.Triggers>
        <Trigger Property="ItemsControl.AlternationIndex" Value="1">
          <Setter Property="Background" Value="LightGreen" />
          <Setter Property="BorderBrush" Value="Gray" />
          <Setter Property="BorderThickness" Value="1" />
        </Trigger>
        <Trigger Property="IsSelected" Value="True">
          <Setter Property="Background" Value="LightBlue" />
          <Setter Property="Foreground" Value="White" />
          <Setter Property="BorderBrush" Value="Gray" />
          <Setter Property="BorderThickness" Value="1" />
        </Trigger>
      </Style.Triggers>
    </Style>
  </ListBox.ItemContainerStyle>
</ListBox>
```

Listing 25.1 XAML-Code des Beispielprogramms »ItemContainerStyleSample«

Abbildung 25.1 Laufzeitdarstellung des Beispiels »ItemContainerStyleSample«

Der Style der einzelnen `ListBox`-Einträge wird durch die Eigenschaft `ItemContainerStyle` beschrieben. Innerhalb des `Style`-Abschnitts beschreibt der erste Abschnitt ein »normales« Listenelement (Standardschablone). Die WPF unterstützt für alternierende Einträge zwei Eigenschaften: `AlternationCount` und `AlternationIndex`. `AlternationCount` gibt an, wie viele Listeneinträge eine Gruppe bilden sollen. In unserem Beispiel handelt es sich um zwei. Per Vorgabe ist `AlternationCount` auf »0« eingestellt.

Jedem `ListBoxItem` ist ein `AlternationIndex` zugeordnet, der die Position innerhalb der Gruppe angibt. Für alle Elemente, die von der Listenposition »0« abweichen, muss ein eigener Trigger bereitgestellt werden, der `AlternationIndex` angibt und die Darstellung der entsprechend indizierten Einträge beschreibt.

Nehmen wir beispielsweise an, wir hätten eine `ListBox` mit der Einstellung `AlternationCount=3`. Dann würde dem ersten Listenelement die Standardschablone zugewiesen, dem zweiten Element die Schablone mit `AlternationIndex=1`, dem dritten die mit `AlternationIndex=2`. Das vierte Element schließlich wird wieder in der Standardschablone dargestellt.

Sie müssen berücksichtigen, dass `AlternationIndex` eine angehängte Eigenschaft ist, die in der `ListBox` definiert ist. Daher muss im Trigger der Klassenname mit

`Property="ItemsControl.AlternationIndex"`

spezifiziert werden.

25.1.2 DataTemplates festlegen

In der `ListBox` des vorhergehenden Beispiels wird nur der Name angezeigt. Im Grunde genommen erstaunt das nicht, denn woher soll die `ListBox` auch wissen, welche Darstellungsform der Anzeige wir uns wünschen. Die `ListBox` reagiert nur auf die Angabe, die wir unter der Eigenschaft `DisplayMemberPath` gemacht haben. Diese Eigenschaft selbst erlaubt keine komplexeren Darstellungsmöglichkeiten.

`DataTemplates` schaffen hier Abhilfe. Sie gestatten es, die Inhalte und deren Darstellung exakt festzulegen. Damit wird es uns möglich, nicht nur mehrere Inhalte in einer Zeile auszugeben. Wir können darüber hinaus auch in jeder anderen Weise die Darstellung manipulieren, beispielsweise durch alternierende Farben. `DataTemplates` ähneln den `ControlTemplates`. Sie können Sie im `Window.Resources`-Abschnitt festlegen und die Darstellung der Daten ähnlich beschreiben, wie Sie auch einem Steuerelement mit einem `ControlTemplate` zu einer anderen Darstellung verhelfen.

Es werden in Abhängigkeit vom Typ des Steuerelements zwei Datenschablonen unterschieden:

- `ContentTemplate` dient als Vorlage eines `Content`-Steuerelements.
- `DataTemplate` dient als Datenvorlage aller Steuerelemente, die von `ItemsControl` abgeleitet sind.

Mit einem `DataTemplate` ist es möglich, ein Listenelement auch komplex durch mehrere WPF-Elemente anzuzeigen. Denken wir dazu noch einmal an die Klasse `Person`, die die Eigenschaften `Name`, `Alter` und `Adresse` beschreibt. In einer `ListBox` wird ein Item genau die Eigenschaft anzeigen, die durch die Eigenschaft `DisplayMemberPath` beschrieben wird. Mit einem `DataTemplate` lässt sich ein Item der `ListBox` beschreiben, in dem sich möglicherweise alle Eigenschaften wiederfinden.

Der folgende XAML-Code zeigt ein `DataTemplate`, um in einem `ItemsControl`-Element neben dem Namen der Person auch deren Alter und Adresse auszugeben. Beachten Sie die Angabe des Datenobjekts mit `DataType` als Eigenschaft des `DataTemplate`-Elements. Damit wird zum Ausdruck gebracht, dass `Person`-Objekte durch diese Schablone beschrieben werden.

```xaml
// Beispiel: ..\Kapitel 25\ListBoxWithDataTemplate
<Window.Resources>
  <DataTemplate x:Key="PersonTemplate" DataType="{x:Type local:Person}">
    <Grid>
      <Grid.ColumnDefinitions>
        <ColumnDefinition />
        <ColumnDefinition />
        <ColumnDefinition />
      </Grid.ColumnDefinitions>
      <TextBlock Width="100" Grid.Column="0"
                 Text="{Binding Path=Name}"/>
      <TextBlock Width="30" Grid.Column="1"
                 Text="{Binding Path=Alter}"/>
      <TextBlock Width="30" Grid.Column="2"
                 Text="{Binding Path=Adresse}"/>
    </Grid>
  </DataTemplate>
</Window.Resources>
```

Listing 25.2 Ein einfaches »DataTemplate«-Beispiel

In diesem `DataTemplate` wird für ein `Person`-Item ein `Grid` mit drei Spalten verwendet, in denen die drei Eigenschaften einer Person in jeweils einem `TextBlock` ausgegeben werden. Jeder `TextBlock` ist an eine `Person`-Eigenschaft gebunden und bezieht die Daten aus dem jeweiligen Item.

Eine Anpassung des `ItemsControl`-Elements ist ebenfalls notwendig. Es benötigt nicht mehr die Angabe der Eigenschaft `DisplayMemberPath`, sondern erwartet in seiner Eigenschaft `ItemTemplate` den Key der Ressource des `DataTemplate`.

```xaml
<ListBox Grid.Column="0" Name="lstPersonen"
         ItemTemplate="{StaticResource PersonTemplate}" />
```

Listing 25.3 Anbindung des »DataTemplate«

In Abbildung 25.2 sehen Sie, wie die `ListBox` unter Zuhilfenahme des `DataTemplate` die Elemente anzeigt.

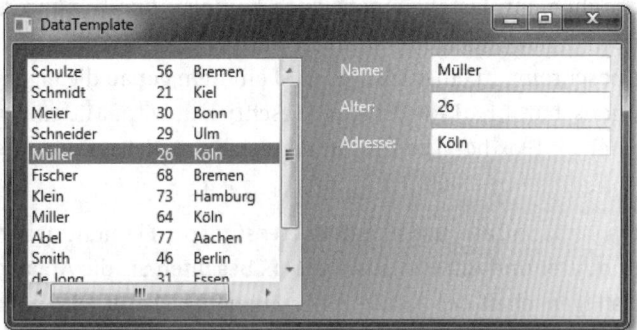

Abbildung 25.2 ListBox mit »DataTemplate«

Die Schablone lässt sich auch direkt im Steuerelement angeben. Hierfür wird die Eigenschaft ItemTemplate bereitgestellt, in die das DataTemplate eingebettet wird.

```
<ListBox Grid.Column="0" Name="listBox1">
  <ListBox.ItemTemplate>
    <DataTemplate DataType="{x:Type local:Person}">
      <Grid>
        [...]
      </Grid>
    </DataTemplate>
  </ListBox.ItemTemplate>
</ListBox>
```

Listing 25.4 »DataTemplate« innerhalb eines Elements

Der Nachteil im Vergleich zu einem im Resource-Abschnitt definierten DataTemplate ist, dass dieses DataTemplate nicht von anderen Steuerelementen genutzt werden kann.

25.1.3 »DataTemplates« mit Trigger

Vorlagen können mit Trigger ausgestattet werden. Das gilt nicht nur für ContentTemplate, sondern auch für DataTemplate. Trigger gestatten es einem Template, auf Veränderungen von Daten zu reagieren und die Darstellung anzupassen. Definieren Sie einen herkömmlichen Trigger, kann dieser nur auf die Veränderung des Steuerelements selbst reagieren. Um auf eine Veränderung der Datenquelle reagieren zu können, stellt die WPF zwei Klassen bereit:

- DataTrigger
- MultiDataTrigger

DataTrigger arbeiten mit der Datenbindung. Sie können eine beliebige Eigenschaft des Objekts abfragen, um unter bestimmten Umständen auf deren Wert zu reagieren. Das sei am Beispiel der Klasse Person gezeigt. Dabei sollen die Person-Objekte, die das Rentenalter erreicht oder überschritten haben, in der ListBox mit rotem Hintergrund dargestellt werden. Aus diesem Grund erweitern wir die Klasse Person um die Eigenschaft Rente. Zudem muss auch die Eigenschaft Alter ergänzt werden um eine Überprüfung im set-Zweig, ob das neue Alter die Altersgrenze überschreitet.

```
public class Person : INotifyPropertyChanged {
  private bool _Rente;
  public bool Rente {
    get { return _Rente; }
    private set {
      _Rente = value;
      OnPropertyChanged(new PropertyChangedEventArgs("Rente"));
    }
  }
  private int? _Alter;
  public int? Alter {
    get { return _Alter; }
    set {
      _Alter = value;
      if (Alter >= 65) Rente = true;
      else Rente = false;
      OnPropertyChanged(new PropertyChangedEventArgs("Alter"));
    }
  }
  [...]
}
```

Listing 25.5 Änderungen an der Klasse »Person«

Auch das DataTemplate muss angepasst werden, da eine Ergänzung um die Festlegung der Eigenschaft DataTemplate.DataTriggers erforderlich ist, innerhalb deren der Trigger definiert wird.

```
// Beispiel: ..\Kapitel 25\DataTriggerSample
<DataTemplate x:Key="PersonTemplate" DataType="{x:Type local:Person}">
  <Grid Name="grid1">
    <Grid.ColumnDefinitions>
      <ColumnDefinition />
      <ColumnDefinition />
      <ColumnDefinition />
    </Grid.ColumnDefinitions>
    <TextBlock Width="100" Grid.Column="0" Text="{Binding Path=Name}"/>
    <TextBlock Width="30" Grid.Column="1" Text="{Binding Path=Alter}"/>
    <TextBlock Width="100" Grid.Column="2" Text="{Binding Path=Adresse}"/>
  </Grid>
  <DataTemplate.Triggers>
    <DataTrigger Binding="{Binding Path=Rente}" Value="True">
```

```
      <Setter Property="Background" Value="Red" TargetName="grid1" />
    </DataTrigger>
  </DataTemplate.Triggers>
</DataTemplate>
```

Listing 25.6 Ergänzung des XAML-Codes um einen »DataTrigger«

Nun wollen wir noch die Möglichkeiten für den Anwender erweitern. Er soll zur Laufzeit eine neue Person zur Liste hinzufügen, das Alter ändern oder die in der `ListBox` aktuell ausgewählte Person löschen können. Dazu ergänzen wir das `Window` um drei Schaltflächen, die alle auf das Ereignis `Click` reagieren sollen und entsprechende Änderungen an der Liste vornehmen. Die Ansicht des Fensters zur Laufzeit sehen Sie in Abbildung 25.3.

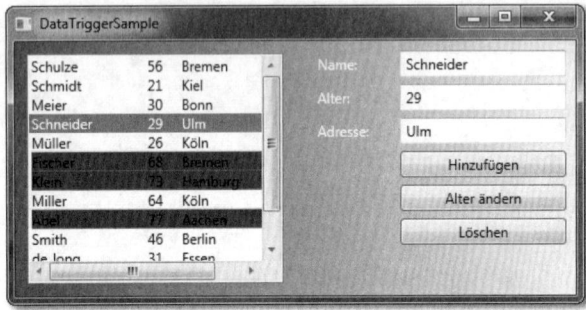

Abbildung 25.3 Erweitertes Window mit »DataTrigger«

```
<Window ...
        xmlns:local="clr-namespace:DataTriggerSample">
  <Window.Resources>
    <Style x:Key="style1">
      [...]
    </Style>
    <DataTemplate x:Key="PersonTemplate" DataType="{x:Type local:Person}">
      [...]
      <DataTemplate.Triggers>
        <DataTrigger Binding="{Binding Path=Rente}" Value="True">
          <Setter Property="Background" Value="Red" TargetName="grid1" />
        </DataTrigger>
      </DataTemplate.Triggers>
    </DataTemplate>
  </Window.Resources>
  <Grid>
    <Grid.ColumnDefinitions>
      <ColumnDefinition/>
      <ColumnDefinition/>
    </Grid.ColumnDefinitions>
    <ListBox Name="listBox1" Margin="10"
             ItemTemplate="{StaticResource PersonTemplate}">
```

```xml
    </ListBox >
    <Grid Grid.Column="1" Margin="5"
          DataContext="{Binding ElementName=listBox1, Path=SelectedItem}">
      <Grid.ColumnDefinitions>
        <ColumnDefinition Width="Auto"/>
        <ColumnDefinition Width="*"/>
      </Grid.ColumnDefinitions>
      <Grid.RowDefinitions>
      <RowDefinition Height="Auto"/>
      [...]
      <Label Style="{StaticResource style1}">Name:</Label>
      <Label Style="{StaticResource style1}" Grid.Row="1">Alter:</Label>
      <Label Style="{StaticResource style1}" Grid.Row="2">Adresse:</Label>
      <TextBox Grid.Column="1" Grid.Row="0" Margin="3"
               Text="{Binding Path=Name}/">
      <TextBox Grid.Column="1" Grid.Row="1" Margin="3"
               Text="{Binding Path=Alter}" />
      <TextBox Grid.Column="1" Grid.Row="2" Margin="3"
               Text="{Binding Path=Adresse}" />
      <Button Name="btnAdd" Grid.Column="1" Grid.Row="3" Margin="3"
              Click="btnAdd_Click">Hinzufügen</Button>
      <Button Name="btnEditAge" Grid.Column="1" Grid.Row="4" Margin="3"
              Click="btnEditAge_Click">Alter ändern</Button>
      <Button Name="btnDelete" Grid.Column="1" Grid.Row="5" Margin="3"
              Click="btnDelete_Click">Löschen</Button>
    </Grid>
  </Grid>
</Window>
```

Listing 25.7 Der XAML-Code des Beispielprogramms »DataTriggerSample«

Was natürlich noch fehlt, sind die drei Ereignishandler für die Schaltflächen. Der Code ist sehr einfach gehalten und gestattet nur statische Änderungen beim Hinzufügen und der Altersänderung. Es ist aber kein großes Problem, auch hier zuerst die Daten beim Benutzer abzufragen.

```csharp
private void btnAdd_Click(object sender, RoutedEventArgs e) {
  liste.Add(new Person { Name = "Walter", Alter = 74,
                         Adresse = "München" });
}
private void btnEditAge_Click(object sender, RoutedEventArgs e) {
  ((Person)listBox1.SelectedItem).Alter = 69;
}
private void btnDelete_Click(object sender, RoutedEventArgs e) {
  liste.Remove((Person)listBox1.SelectedItem);
}
```

Listing 25.8 Der C#-Code der Ereignishandler im Beispiel »DataTriggerSample«

25.2 Alternative Datenbindungen

Mit `DataContext` oder `ItemsSource` lassen sich Datenquellen an Steuerelemente binden. In XAML gibt es darüber hinaus noch weitere Wege, um auf Datenquellen zuzugreifen:

- `ObjectDataProvider`
- `XmlDataProvider`

Ich werde Ihnen an dieser Stelle noch den sehr interessanten `ObjectDataProvider` vorstellen. Der begrenzte Umfang dieses Buches erlaubt es leider nicht, darüber hinaus den `XmlDataProvider` zu erläutern.

25.2.1 Die Klasse »ObjectDataProvider«

Lassen Sie uns an dieser Stelle zuerst zurückblicken und uns in Erinnerung rufen, wie wir Objekte im `Resource`-Abschnitt eines Elements definieren:

```
<Window.Resources>
  <local:Person x:Key="pers" Name="Meier" />
</Window.Resources>
```

Listing 25.9 Ein CLR-Objekt im XAML-Code erstellen

Dazu ist es notwendig, zuerst den Namespace und möglicherweise die Assemblierung als XML-Namespace-Angabe bekannt zu geben. Unter Voranstellung des Namespace-Präfixes erstellen Sie ein Objekt (in Listing 25.9 vom Typ `Person`) und können dem Objekt sofort Daten mit auf den Lebensweg geben. Diese Form der Instanziierung verwendet den parameterlosen Konstruktor.

Die Klasse `ObjectDataProvider` gestattet ebenfalls Objekte im XAML-Code zu erstellen. Aber die Möglichkeiten dieser Klasse gehen über die angesprochene Instanziierung hinaus, denn mit dieser Klasse können Sie auch parametrisierte Konstruktoren und sogar Methoden des Objekts aufrufen. Letzteres gestattet es, Methoden aufzurufen, die als Rückgabewert eine Liste von Elementen liefern.

Die Klasse, an der wir `ObjectDataProvider` testen wollen, soll wieder `Person` sein. Sie ist mit der Methode `DoSomething` ausgestattet, die im Grunde genommen nichts mit einer `Person` zu tun hat. Sie dient nur zu Testzwecken.

```
class Person {
  public string Name {get;set;}
  public Person() { }
  public Person(string name) {
    Name = name;
  }
  public string DoSomething(int value){
```

```
        return Math.Pow(value, 2).ToString();
    }
}
```

Listing 25.10 Die Vorgabe der Klasse »Person«

Im weiteren Verlauf des Beispiels werden wir zwei Namespaces benutzen, die wir zuerst bekannt geben und mit einem Präfix versehen:

```
xmlns:local="clr-namespace:ObjectDataProviderSample"
xmlns:sys="clr-namespace:System;assembly=mscorlib"
```

Listing 25.11 Bekanntgabe der notwendigen XML-Namespaces

Aufruf eines parametrisierten Konstruktors

Widmen wir uns zunächst dem ObjectDataProvider, mit dem wir den parametrisierten Konstruktor von Person aufrufen:

```
<ObjectDataProvider x:Key="pers1" ObjectType="{x:Type local:Person}">
  <ObjectDataProvider.ConstructorParameters>
    <sys:String>Manfred Fischer</sys:String>
  </ObjectDataProvider.ConstructorParameters>
</ObjectDataProvider>
```

Listing 25.12 Aufruf des parametrisierten Konstruktors

Dem ObjectDataProvider-Objekt teilen wir mit der Eigenschaft ObjectType mit, von welchem Typ das von uns angeforderte Objekt ist. Über die Eigenschaft ConstructorParameters übergeben wir dem parametrisierten Konstruktor das erforderliche Argument. Eingefasst wird das Übergabeargument in ein datentypbeschreibendes Element. Um uns vom Erfolg des Konstruktoraufrufs zu überzeugen, reicht ein einfaches TextBlock-Element:

```
<TextBlock Text="{Binding Source={StaticResource pers1}, Path=Name}" />
```

Listing 25.13 Bindung an das durch einen parametrisierten Konstruktor erstellte Objekt

Objektmethode aufrufen

Sehr ähnlich, wie wir einen parametrisierten Konstruktor ansprechen, rufen wir auch eine Methode auf. Hierzu stellt uns das ObjectDataProvider-Objekt mit MethodName eine Eigenschaft zur Verfügung, der wir die aufzurufende Methode übergeben. Definiert die aufzurufende Methode darüber hinaus auch noch Parameter, werden diese der Eigenschaft MethodParameters bekannt gegeben. Mit der Eigenschaft ObjectInstance des ObjectDataProvider-Elements können wir auf das bereits zuvor erstellte Person-Objekt *pers1* zugreifen.

```
<ObjectDataProvider x:Key="pers2"
                    ObjectInstance="{StaticResource pers1}"
                    MethodName="DoSomething">
```

```
    <ObjectDataProvider.MethodParameters>
      <sys:Int32>12</sys:Int32>
    </ObjectDataProvider.MethodParameters>
</ObjectDataProvider>
```

Listing 25.14 Methodenaufruf im XAML-Code definieren

Um die Eigenschaft eines Steuerelements an den Rückgabewert der Methode zu binden, erstellen wir ein `Binding`-Objekt und teilen diesem in seiner Eigenschaft `Source` mit, dass auf eine Ressource statisch zugegriffen werden soll. Die Bindung sehen Sie im folgenden Listing.

```
<TextBlock Text="{Binding Source={StaticResource pers2}}" />
```

Listing 25.15 Binden an die Methode eines »ObjectDataProvider«-Objekts

Würde der Rückgabewert der Methode eine Menge sein, müsste man natürlich an die Eigenschaft `DataContext` oder `ItemsSource` eines entsprechenden `ItemsControls` binden.

Bindung an eine statische Methode

Ganz einfach gestaltet sich auch der Zugriff auf eine statische Methode. Sie brauchen dazu nur keinen Konstruktor aufzurufen.

```
<ObjectDataProvider x:Key="pers3"
                    ObjectType="{x:Type local:Person}"
                    MethodName="DoSomething2">
  <ObjectDataProvider.MethodParameters>
    <sys:Int32>17</sys:Int32>
  </ObjectDataProvider.MethodParameters>
</ObjectDataProvider>
```

Listing 25.16 Aufruf einer statischen Methode

> **Hinweis**
>
> Sie finden das komplette Beispiel auf der Buch-DVD unter *Beispiele\Kapitel 25\ObjectDataProviderSample*.

25.3 Navigieren, Filtern, Sortieren und Gruppieren

Neben der reinen Datendarstellung spielen oft auch andere Aspekte eine wichtige Rolle. Beispielsweise wollen die Anwender nicht alle Daten sehen, sondern diese nach gewissen Kriterien filtern. Oder die Anwender möchten die Daten sortieren und zwischen den Daten wahlfrei navigieren können. Das alles mit der WPF umzusetzen ist nicht besonders schwierig, weil die wichtigsten Komponenten dazu von der WPF bereitgestellt werden.

Binden Sie eine Auflistung von Daten an ein WPF-Steuerelement, binden Sie im Grunde genommen nicht direkt an die Daten. Stattdessen erzeugt die WPF einen View auf die Collection, die wie ein Wrapper agiert. Der automatisch erstellte View vom Typ CollectionView implementiert das Interface ICollectionView. Von CollectionView gibt es drei verschiedene Ableitungen:

- ItemCollection
- ListCollectionView
- BindingListCollectionView

Je nachdem, um welche Art von Liste der Wrapper gelegt wird, wird ein passender View erzeugt. Der folgenden Tabelle können Sie Details dazu entnehmen.

Klasse	Beschreibung
ItemCollection	Diese Klasse wird nur von den Steuerelementen verwendet, die von ItemsControl abgeleitet sind. Diese Klasse ist ohne Konstruktor und wird von den Steuerelementen intern verwendet. Die Eigenschaft Items ist vom Typ ItemCollection.
CollectionView	Dieser View ist für einfache Auflistungen gedacht, die das Interface IEnumerable implementieren.
ListCollectionView	Mit diesem View werden die Auflistungen gekapselt, die das Interface IList implementieren.
BindingListCollectionView	Mit diesem View werden die Auflistungen gekapselt, die das Interface IBindingList oder IBindingListView implementieren. Ein typischer Vertreter ist die Klasse System.Data.DataView.

Tabelle 25.2 Klassen, die das Interface »ICollectionView« implementieren

Ein CollectionView hat neben dem Sortieren, Filtern und Gruppieren einer Liste auch noch eine andere wichtige Aufgabe: Er verfolgt das aktuell in einem ItemsControl ausgewählte Item. Da sich mehrere Steuerelemente an denselben View binden können, werden neu ausgewählte Listeneinträge automatisch mit den Inhalten der Steuerelemente synchronisiert, die denselben View binden.

> **Anmerkung**
> Interessant ist auch die Tatsache, dass die drei Klassen ItemCollection, ListCollectionView und BindingListCollectionView die Schnittstelle IEditableCollectionView implementieren. Über dieses Interface werden den Views Methoden wie beispielsweise AddNew, Remove, RemoveAt oder auch CancelEdit verfügbar gemacht.

Die durch die WPF automatisch implizit erzeugte ICollectionView wird auch als DefaultView bezeichnet. Sie wird erstellt, wenn der ItemsSource-Eigenschaft eines ItemsControl-Elements eine Auflistung zugewiesen wird. Es sei angemerkt, dass Sie auch explizit einen CollectionView erstellen und diesen der ItemsSource-Eigenschaft angeben können. Die WPF ihrerseits erzeugt dann keinen DefaultView.

Die Referenz auf den CollectionView kann man auch mit Programmcode abrufen. Dazu dient die statische Methode GetDefaultView der Klasse CollectionViewSource. Der Methode wird als Argument die Datenquelle übergeben, z.B.:

```
ICollectionView view = CollectionViewSource.GetDefaultView(liste);
```

Listing 25.17 Die Referenz auf den DefaultView abrufen

25.3.1 Navigieren

Haben Sie eine Collection von Datenobjekten an ein Fenster gebunden und beabsichtigen Sie, nur die jeweiligen Eigenschaftswerte eines Datenobjekts in ContentControls anzuzeigen, müssen Sie eine Navigation zu den anderen Datenobjekten ermöglichen. Umgesetzt wird so etwas in der Regel mit Navigationsschaltflächen, die eine Navigation zum nächsten Listenelement und zurück zum vorherigen ermöglichen. Üblicherweise wird meist auch die Navigation zum ersten und zum letzten Datenobjekt in der Liste bereitgestellt.

Über die Schnittstelle ICollectionView werden zur Umsetzung dieser Anforderungen zahlreiche Methoden angeboten. Dazu gehören:

- MoveCurrentToFirst
- MoveCurrentToLast
- MoveCurrentToNext
- MoveCurrentToPrevious
- MoveCurrentToPosition

In Abbildung 25.4 ist das nächste Beispielprogramm dargestellt, in dem einige wichtige Methoden der Navigation verwendet werden.

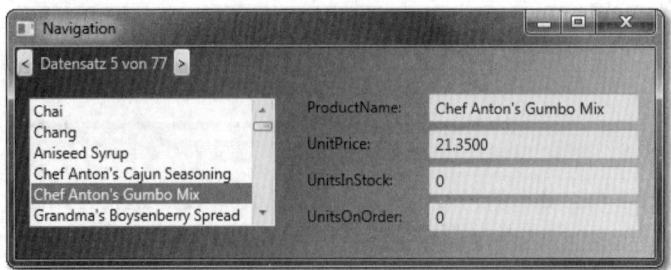

Abbildung 25.4 Ausgabe des Beispielprogramms »NavigationSample«

25.3 Navigieren, Filtern, Sortieren und Gruppieren

Grundlage des Beispiels ist eine ADO.NET-Datenbankabfrage der Datenbank *Northwind*. Es wird dabei die Tabelle *Products* abgefragt. Wenn Sie den Code der ADO.NET-Abfrage nicht verstehen, ist das nicht entscheidend zum Verständnis des Beispiels.

In einer `ListBox` werden alle Artikel aus der Tabelle mit ihrem Artikelbezeichner (Spalte *ProductName*) angezeigt. Wird zur Laufzeit ein neuer Eintrag ausgewählt, werden im rechten Teilbereich des Fensters einige Detailinformationen zum ausgewählten Artikel in Textboxen angezeigt. Die Navigation zum nächsten oder zum vorherigen Datensatz wird mit Hilfe von zwei Schaltflächen im oberen Bereich des Fensters unterstützt. Darüber hinaus wird die Position des aktuell ausgewählten Datensatzes nebst der Gesamtanzahl eingespielt.

Sehen wir uns zunächst den C#-Programmcode in der Code-Behind-Datei des Fensters an.

```csharp
// Beispiel: ..\Kapitel 25\NavigationSample
public partial class MainWindow : Window
{
  private BindingListCollectionView view;
  public MainWindow() {
    // Tabelle aus der Datenbank abrufen
    SqlConnection con = new SqlConnection();
    con.ConnectionString = @"Server=.\SQLEXPRESS;Database=Northwind; " +
                            "Integrated Security=SSPI";
    DataSet ds = new DataSet();
    SqlDataAdapter da = new SqlDataAdapter("SELECT * FROM Products", con);
    da.Fill(ds);
    InitializeComponent();
    this.DataContext = ds.Tables[0];
    view = (BindingListCollectionView)CollectionViewSource.
                                GetDefaultView(this.DataContext);
    view.CurrentChanged += view_CurrentChanged;
  }
}
```

Listing 25.18 Vorläufiger Programmcode in der Code-Behind-Datei

Es ist auf Klassenebene ein Feld vom Typ `BindingListCollectionView` deklariert, das im Konstruktor initialisiert wird. Die Entscheidung für diesen Typ hängt damit zusammen, dass wir später ein `DataSet` mit der Tabelle der Produkte vorliegen haben, die wir in einen `DataView` umwandeln müssen. Gemäß Tabelle 25.1 kommt daher nur der `BindingListCollectionView` als View-Objekt in Frage.

Nach der Datenbankabfrage und dem Aufruf der Methode `InitializeComponent` wird die Tabelle an den Datenkontext des `Window` gebunden. Anschließend wird die `BindingListCollectionView`-Variable wie oben beschrieben initialisiert.

Die Klasse `CollectionView` vererbt ihren Ableitungen neben Eigenschaften und Methoden auch einige Ereignisse. Eines davon ist `CurrentChanged`, das ausgelöst wird, wenn sich das aktuell ausgewählte Element im View geändert hat. Wir binden an das Ereignis einen Ereignishandler, um die aktuelle Position innerhalb der Liste anzuzeigen.

Widmen wir uns nun der `ListBox`. Hier zunächst der XAML-Code, um die Bindung an die Datenquelle zu verstehen:

```xml
<ListBox Name="lstProducts"
         DisplayMemberPath="ProductName"
         ItemsSource="{Binding}"
         SelectionChanged="lstProducts_SelectionChanged" />
```

Listing 25.19 Datenbindung der ListBox

Mit der Eigenschaft `ItemsSource` wird auf die Bindung des `Window` zurückgegriffen, und mit `DisplayMemberPath` wird die Spalte angegeben, die in der `ListBox` angezeigt werden soll. Es wird zudem das Ereignis `SelectionChanged` behandelt, da wir den View davon in Kenntnis setzen müssen, dass sich die ausgewählte Datenzeile geändert hat. Hier auch dazu sofort der Ereignishandler:

```csharp
private void lstProducts_SelectionChanged(object sender,
                                    SelectionChangedEventArgs e){
  view.MoveCurrentTo(lstProducts.SelectedItem);
}
```

Listing 25.20 Festlegung des neuen aktuellen Elements

Einfach zu verstehen sind die beiden Ereignishandler der Schaltflächen zur Navigation zum nächsten oder vorherigen Artikel im View.

```csharp
private void cmdNext_Click(object sender, RoutedEventArgs e) {
  view.MoveCurrentToNext();
}
private void cmdPrevious_Click(object sender, RoutedEventArgs e) {
  view.MoveCurrentToPrevious();
}
```

Listing 25.21 Ereignishandler der Navigationsschaltflächen

Jetzt fehlt nur noch der Ereignishandler des Events `CurrentChanged`.

```csharp
void view_CurrentChanged(object sender, EventArgs e) {
  txtPosition.Text = "Datensatz " + (view.CurrentPosition + 1).ToString() +
                " von " + view.Count.ToString();
  cmdPrevious.IsEnabled = view.CurrentPosition > 0;
  cmdNext.IsEnabled = view.CurrentPosition < view.Count - 1;
}
```

Listing 25.22 Der Ereignishandler des Ereignisses »CurrentChanged«

Der View liefert in der Eigenschaft CurrentPosition die Indexposition des aktuellen Elements der Liste. Da diese Eigenschaft die Ordinalposition liefert, müssen wir das durch die Addition der Zahl 1 zur Ausgabe der Position des Listenelements berücksichtigen. Zudem nutzen wir CurrentPosition auch dazu aus, im Bedarfsfall eine der beiden Navigationsschaltflächen zu deaktivieren, falls der erste oder der letzte Datensatz aus der Liste das aktuell ausgewählte Element ist.

25.3.2 Sortieren

Die Sortierung nach einer Eigenschaft der durch einen View beschriebenen Elemente ist nicht schwierig. Dazu stellt die Schnittstelle ICollectionView den implementierenden Klassen mit SortDescriptions eine passende Eigenschaft bereit, der das gewünschte Sortierkriterium angegeben wird. Da diese Eigenschaft eine Liste beschreibt, können Sie auch mehrere Sortierkriterien angeben.

Jedes Sortierkriterium wird durch ein Objekt vom Typ SortDescription beschrieben. Um ein Sortierkriterium zu definieren, übergeben Sie dem Konstruktor zwei Argumente. Im ersten Argument wird die Eigenschaft genannt, nach der die Liste sortiert werden soll. Das zweite Argument beschreibt die Richtung der Sortierung mit der Enumeration ListSortDirection, die die beiden Member Ascending (für eine aufsteigende Reihenfolge) und Descending (für eine absteigende Reihenfolge) enthält.

Um Ihnen zu zeigen, wie Sie eine Sortierung umsetzen können, greifen wir auf das Beispielprogramm *NavigationSample* des letzten Abschnitts zurück und wollen die Produkte, die in der ListBox angezeigt werden, dem Artikelnamen nach sortieren. Den erforderlichen Programmcode können wir grundsätzlich in jedem passenden Ereignishandler implementieren, in unserem Beispiel bietet sich aber der Konstruktor bestens an.

```
// Beispiel: ..\Kapitel 25\ViewSortSample
public MainWindow()
{
  [...]
  this.DataContext = ds.Tables[0];
  view = (BindingListCollectionView)CollectionViewSource.
                       GetDefaultView(this.DataContext);
  view.CurrentChanged += view_CurrentChanged;
  SortDescription sort = new SortDescription("ProductName",
                       ListSortDirection.Ascending);
  view.SortDescriptions.Add(sort);
  lstProducts.SelectedIndex = 0;
}
```

Listing 25.23 Sortieren eines Views

Zur Umsetzung mehrerer Sortierkriterien werden mehrere SortDescription-Objekte benötigt, die nacheinander abgearbeitet werden. So ließe sich die Produktliste zuerst nach Kategorien sortieren (Eigenschaft `CategoryID`) und danach innerhalb der Kategorien nach dem Preis (Eigenschaft `UnitPrice`).

```
[...]
SortDescription sortCat = new SortDescription("CategoryID",
                                    ListSortDirection.Ascending);
SortDescription sortPrice = new SortDescription("Unitprice",
                                    ListSortDirection.Ascending);
view.SortDescriptions.Add(sortCat);
view.SortDescriptions.Add(sortPrice);
[...]
```

Listing 25.24 Mehrere Sortierkriterien

25.3.3 Filtern

Das Filtern ermöglicht uns, aus einer Liste nur diejenigen Elemente anzuzeigen, die einer bestimmten Bedingung genügen. Hinsichtlich des Filterns eines Views müssen wir jedoch zwei Fälle unterscheiden: das Filtern einer herkömmlichen Collection und das Filtern einer ADO.NET-`DataTable`. Wir wollen uns beide Varianten ansehen.

Das Filtern einer Collection

Das Filtern einer Collection erfolgt mit der Eigenschaft `Filter` des Views. Am besten sehen wir uns zuerst die Definition der `Filter`-Eigenschaft an:

```
public virtual Predicate<Object> Filter { get; set;}
```

Die Eigenschaft erwartet einen Delegaten vom Typ `Predicate`, der auf eine Filtermethode zeigt, die Sie bereitstellen müssen. Auch die Definition des Delegates müssen wir uns ansehen, um den Filter zu verstehen:

```
public delegate bool Predicate<Object>(Object item)
```

Der Rückgabewert ist `bool`. Innerhalb der Filtermethode wird jedes Listenelement aufgerufen und dahingehend einer Prüfung unterzogen, ob es den Bedingungen entspricht oder nicht. Im ersten Fall muss die Filtermethode `true` zurückliefern. Um beispielsweise aus einer Auflistung von `Person`-Objekten, in denen die Eigenschaften `Name`, `Alter` und `Ort` beschrieben werden, alle Personen herauszufiltern, die in einer bestimmten Stadt wohnen, könnte der Code wie folgt aussehen:

```
// Beispiel: ..\Kapitel 25\CollectionFilterSample
public partial class MainWindow : Window {
  private List<Person> liste = new List<Person>();
  public MainWindow() {
    FillListe();
    InitializeComponent();
    lstPersons.ItemsSource = liste;
```

```
      ListCollectionView view = CollectionViewSource.GetDefaultView(
                              lstPersons.ItemsSource) as ListCollectionView;
      view.Filter = new Predicate<object>(FilterPersons);
    }
    public bool FilterPersons(object item) {
      Person pers = (Person)item;
      return (pers.Ort == "Essen");
    }
    private void FillListe() {
      liste.Add(new Person { Name = "Müller", Alter=43, Ort = "Duisburg" });
      liste.Add(new Person { Name = "Meier", Alter=43, Ort = "Bonn" });
      liste.Add(new Person { Name = "Schmidt", Alter=43, Ort = "Essen" });
      [...]
    }
}
class Person {
    public string Name { get; set; }
    public int Alter { get; set; }
    public string Ort { get; set; }
}
```

Listing 25.25 Festlegen eines Filters

Der XAML-Code zum Testen des hardcodierten Filters ist denkbar einfach:

```
<Window ...
        Title="MainWindow" Height="150" Width="150">
  <Grid>
    <ListBox Name="lstPersons" DisplayMemberPath="Name"></ListBox>
  </Grid>
</Window>
```

Listing 25.26 XAML-Code des Beispiels »CollectionFilterSample«

Auch wenn dieses Beispiel sehr gut funktioniert, hat es einen gravierenden Nachteil. Es ist hinsichtlich der Filterbedingung unflexibel, da ein Benutzer nicht in der Lage ist, das Filterkriterium zur Laufzeit der Anwendung dynamisch festzulegen.

Das wollen wir natürlich anders gestalten und bedienen uns dazu eines simplen Tricks. Wir implementieren die Filtermethode in einer separaten Klasse. Innerhalb der Klasse legen wir eine Eigenschaft fest, die die Filterbedingung beschreibt. Bevor der Filter gesetzt wird, muss die Klasse instanziiert werden und ihr dabei die Bedingung übergeben werden. Dazu eignet sich der Konstruktor. Innerhalb der Filtermethode wird die Bedingung beim Setzen des Filters ausgewertet.

```
// Beispiel: ..\Kapitel 25\CollectionDynamicFilterSample
class FilterPersonByCity {
    public string Ort { get; set; }
```

```csharp
  public FilterPersonByCity(string city) {
    Ort = city;
  }
  public bool FilterPersons(object item) {
    Person pers = (Person)item;
    return (pers.Ort == Ort);
  }
}
```
Listing 25.27 Wrapper-Klasse um die Filtermethode

Diese Klasse wollen wir nun testen und ergänzen das Fenster des Beispiels *CollectionFilterSample* um eine TextBox und eine Schaltfläche. Der Anwender kann eine Stadt in die TextBox eintragen. Beim Klicken auf die Schaltfläche wird der Filter entsprechend neu gesetzt und aktiviert, und in der ListBox werden alle Personen angezeigt, die der Bedingung entsprechen. Bleibt die TextBox leer, wird der Filter durch Setzen auf null gelöscht.

```csharp
public partial class MainWindow : Window {
  private List<Person> liste = new List<Person>();
  private ListCollectionView view;
  public MainWindow() {
    FillListe();
    InitializeComponent();
    lstPersons.ItemsSource = liste;
    view = CollectionViewSource.GetDefaultView
            (lstPersons.ItemsSource) as ListCollectionView;
  }
  private void btnSetFilter_Click(object sender, RoutedEventArgs e) {
    FilterPersonByCity filter = new FilterPersonByCity(txtCity.Text);
    if (txtCity.Text == "")
      view.Filter = null;
    else
      view.Filter = new Predicate<object>(filter.FilterPersons);
  }
}
```
Listing 25.28 Änderungen und Ergänzungen im Code des »Window«

Filtern einer »DataTable«

Das Filtern eines Views vom Typ ListCollectionView ist mit der Eigenschaft Filter möglich. Auch die Klasse BindingListCollectionView, die im Zusammenhang mit einer ADO.NET-DataTable verwendet wird, stellt eine Filter-Eigenschaft zur Verfügung. Allerdings nur offiziell, denn diese Eigenschaft wird von BindingListCollectionView nicht weiter unterstützt und wirft eine Ausnahme, wenn man dennoch versucht, sie zu benutzen.

Stattdessen wird von BindingListCollectionView die Eigenschaft CustomFilter unterstützt. Diese Eigenschaft erwartet den Filter in Form einer Zeichenfolge. Das macht den Einsatz sehr einfach, da die Zeichenfolge entsprechend der aus SQL bekannten Filterbedingung als WHERE-Klausel formuliert wird.

Das folgende Beispielprogramm nutzt erneut die Tabelle *Products* der *Northwind*-Datenbank. Der Filter wird in einer TextBox festgelegt und durch Klicken auf eine Schaltfläche aktiviert.

```
// Beispiel: ..\Kapitel 25\DataTableFilterSample
<Window ...
        Title="DataTableFilter" Height="250" Width="550">
  <Grid>
    <Grid.ColumnDefinitions>
      <ColumnDefinition Width="250" />
      <ColumnDefinition />
    </Grid.ColumnDefinitions>
    <ListBox Name="lstProducts" DisplayMemberPath="ProductName"
             Margin="10"></ListBox>
    <StackPanel Grid.Column="1">
      <Grid>
        <Grid.ColumnDefinitions>
          <ColumnDefinition Width="60"/>
          <ColumnDefinition/>
        </Grid.ColumnDefinitions>
        <TextBlock HorizontalAlignment="Left" VerticalAlignment="Center"
                   Foreground="Wheat" Text="UnitPrice > " />
        <TextBox Grid.Column="1" Name="txtUnitPrice" Margin="5"
                 Background="AntiqueWhite"></TextBox>
      </Grid>
      <Button Name="btnSetFilter" Margin="5" Click="btnSetFilter_Click">
        Filter setzen
      </Button>
    </StackPanel>
  </Grid>
</Window>
```

Dazu gehört der folgende C#-Code:

```
public partial class MainWindow : Window {
  private BindingListCollectionView view;
  public MainWindow() {
    [...]
    da.Fill(ds);
    InitializeComponent();
    lstProducts.ItemsSource = ds.Tables[0].DefaultView;
    view = (BindingListCollectionView)CollectionViewSource.
        GetDefaultView(lstProducts.ItemsSource);
  }
```

```csharp
    private void btnSetFilter_Click(object sender, RoutedEventArgs e) {
      view.CustomFilter = "UnitPrice > " + txtUnitPrice.Text;
    }
  }
}
```

Listing 25.29 Code des Beispielprogramms »DataTableFilterSample«

Sie können in der TextBox auch eine Filterbedingung festlegen, die mehrere Filterbedingungen mit AND oder OR verknüpft. Das sollte auch nicht erstaunen, da der Filter gemäß den Regeln der SQL-WHERE-Klausel formuliert wird (siehe Abbildung 25.5).

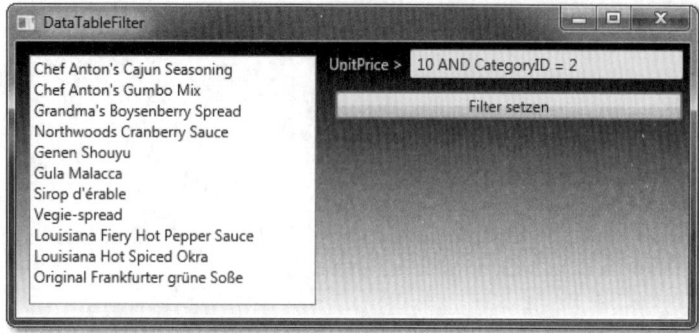

Abbildung 25.5 Das Beispielprogramm mit mehreren Filtern

25.3.4 Gruppieren

Das Gruppieren der angezeigten Daten erfolgt ebenfalls über ein View-Objekt. Um präziser zu sein, die Schnittstelle ICollectionView stellt dafür allen Ableitungen die Eigenschaft GroupDescriptions zur Verfügung, die vom Typ ObservableCollection<GroupDescription> ist. Da die Klasse GroupDescription ihrerseits selbst abstrakt definiert ist, gibt es mit PropertyGroupDescription eine spezialisierte Klasse, die minimal eine Zeichenfolge entgegennimmt, die die Eigenschaft angibt, nach der gruppiert werden soll, z.B.:

```csharp
view.GroupDescriptions.Add(new PropertyGroupDescription("CategoryID"));
```

In dieser Anweisung wird die Tabelle *Products* nach der *CategoryID* gruppiert.

Um die Gruppierung anzeigen zu können, vererbt die Klasse ItemsControl allen Ableitungen die Eigenschaft GroupStyle. Auch diese Eigenschaft beschreibt eine Collection, diesmal vom Typ ObservableCollection<GroupStyle>. Die GroupStyle-Klasse verfügt über die Eigenschaft HeaderTemplate, mit der die Darstellung der Kopfzeile einer Gruppe als DataTemplate beschrieben wird.

Angenommen, wir würden beabsichtigen, die in der Tabelle *Products* enthaltenen Artikel der Kategorie nach zu gruppieren und in einer ListBox anzuzeigen.

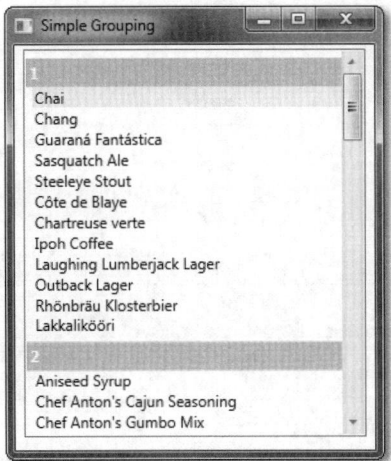

Abbildung 25.6 Ausgabe des Beispielprogramms »SimpleGroupingSample«

Der XAML-Code dazu sieht wie folgt aus:

```
// Beispiel: ..\Kapitel 25\SimpleGroupingSample
<Window ... Title="MainWindow" Height="350" Width="300">
  <Window.Resources>
    <CollectionViewSource x:Key="groupView">
      <CollectionViewSource.GroupDescriptions>
        <PropertyGroupDescription PropertyName="CategoryID" />
      </CollectionViewSource.GroupDescriptions>
    </CollectionViewSource>
  </Window.Resources>
  <Grid>
    <Grid.RowDefinitions>
      <RowDefinition Height="Auto"></RowDefinition>
      <RowDefinition></RowDefinition>
    </Grid.RowDefinitions>
    <ListBox Grid.Row="1" Margin="7,3,7,10" Name="lstProducts"
      ItemsSource="{Binding Source={StaticResource groupView}}" >
      <ListBox.ItemTemplate>
        <DataTemplate>
          <TextBlock Text="{Binding ProductName}"/>
        </DataTemplate>
      </ListBox.ItemTemplate>
      <ListBox.GroupStyle>
        <GroupStyle>
          <GroupStyle.HeaderTemplate>
            <DataTemplate>
              <TextBlock Text="{Binding Path=Name}" FontWeight="Bold"
                         Foreground="White" Background="LightGreen"
                         Margin="0,5,0,0" Padding="3"/>
```

```
          </DataTemplate>
        </GroupStyle.HeaderTemplate>
      </GroupStyle>
    </ListBox.GroupStyle>
   </ListBox>
  </Grid>
</Window>
```

Jetzt folgt natürlich auch noch der C#-Code:

```
public MainWindow() {
  // Tabelle Products in den Speicher laden
  InitializeComponent();
  CollectionViewSource viewSource =
      (CollectionViewSource)this.FindResource("groupView");
  viewSource.Source = ds.Tables[0].DefaultView;
}
```

Listing 25.30 Code des Beispielprogramms »SimpleGroupingSample«

Im Konstruktor des `Window` wird zuerst die Tabelle *Products* mit ADO.NET-Code in den Speicher geladen und anschließend als View einem in der XAML-Datei definierten `CollectionViewSource`-Objekt als Datenquelle übergeben.

In der XAML-Datei ist das `CollectionViewSource`-Objekt im `Resource`-Abschnitt definiert. Mit `PropertyGroupDescription` wird die Gruppierung aller Artikel anhand der Eigenschaft *CategoryID* festgelegt.

```
<CollectionViewSource x:Key="groupView">
  <CollectionViewSource.GroupDescriptions>
    <PropertyGroupDescription PropertyName="CategoryID" />
  </CollectionViewSource.GroupDescriptions>
</CollectionViewSource>
```

Listing 25.31 Gruppierungseigenschaft festlegen

Die Eigenschaft `GroupStyle` legt den Stil der Gruppendarstellung fest. Dazu wird der Eigenschaft `HeaderTemplate` ein `DataTemplate` übergeben, das ein `TextBlock`-Element enthält, das gebunden werden muss.

Hinsichtlich der Bindung des `TextBlocks` muss man allerdings ein wenig in die Trickkiste greifen, um zum gewünschten Ziel zu kommen (die *CategoryID* in der Kopfzeile anzuzeigen). Sie dürfen nämlich nicht an die Eigenschaft *CategoryID* binden, wie zuerst zu vermuten wäre. Stattdessen erfolgt die Bindung an die `Name`-Eigenschaft des `PropertyGroupDescription`-Objekts:

```
<TextBlock Text="{Binding Path=Name}" ... />
```

Erweiterte Gruppierung

Sehen wir uns noch einmal Abbildung 25.6 an. Die Werte der Spalte *CategoryID* als Text in das `HeaderTemplate` zu schreiben ist mit Sicherheit nicht das, was wir dem Anwender anbieten wollen. Hier wäre der Kategoriename hinter *CategoryID* wünschenswert. Dieser verbirgt sich in der Spalte *CategoryName* der Tabelle *Categories*, die sich in einer 1:n-Beziehung zur Tabelle *Products* befindet.

Das Problem könnte sehr einfach mit einer SQL-JOIN-Abfrage gelöst werden. Diesen Weg möchte ich Ihnen aber nicht zeigen, weil er zu wenig Allgemeingültigkeit hat. Wir wollen uns stattdessen den gewünschten Kategoriebezeichner direkt aus der Tabelle *Categories* besorgen und den durch *CategoryID* beschriebenen Zahlenwert durch den Namen der Kategorie ersetzen. Hier bietet es sich an, einen passenden Konverter zu schreiben, der genau diese Anforderung erfüllt.

```csharp
// Beispiel: ..\Kapitel 25\AdvancedGroupingSample
public class GroupingConverter : IValueConverter {
  private DataSet ds = new DataSet();
  public GroupingConverter()  {
    SqlConnection con = new SqlConnection();
    con.ConnectionString = @"...";
    string sql = "SELECT CategoryID, CategoryName FROM Categories";
    SqlDataAdapter da = new SqlDataAdapter(sql, con);
    da.FillSchema(ds, SchemaType.Source);
    da.Fill(ds);
  }
  public object Convert(object value, Type targetType, object parameter,
                                                      CultureInfo culture)
  {
    DataRow row = ds.Tables[0].Rows.Find((int)value);
    return row["CategoryName"].ToString();
  }
  public object ConvertBack(object value, Type targetType,
                            object parameter, CultureInfo culture)
  {
    throw new NotImplementedException();
  }
}
```

Listing 25.32 Die »Converter«-Klasse

Im XAML-Code geben wir nun den Namespace dieser Klasse mit

`xmlns:local="clr-namespace:AdvancedGroupingSample"`

bekannt und erstellen im `Resource`-Abschnitt des Fensters ein Objekt dieser Klasse:

```xml
<Window.Resources>
  <local:GroupingConverter x:Key="converter" />
  [...]
</Window.Resources>
```

Nun folgt noch der letzte Schritt, denn dem `PropertyGroupDescription`-Objekt muss das `Converter`-Objekt mit der Eigenschaft `Converter` bekannt gegeben werden:

```xml
<PropertyGroupDescription PropertyName="CategoryID"
                    Converter="{StaticResource converter}" />
```

> **Hinweis**
>
> Das Beispiel *SimpleGroupingSample* auf der Buch-DVD wurde zudem um die Sortierung ergänzt. Dabei werden zunächst alle Kategorien sortiert, und innerhalb derselben wird nach dem Produktnamen sortiert:
>
> ```xml
> <CollectionViewSource x:Key="groupView">
>   [...]
>   <CollectionViewSource.SortDescriptions>
>     <sys:SortDescription PropertyName="CategoryID"
>                          Direction="Ascending"/>
>     <sys:SortDescription PropertyName="ProductName"
>                          Direction="Ascending"/>
>   </CollectionViewSource.SortDescriptions>
> </CollectionViewSource>
> ```
>
> Da der Typ `SortDescription` keinem XML-Namespace zugeordnet ist, müssen die Datei *WindowsBase.dll* und der CLR-Namespace `System.ComponentModel`, in dem diese Klasse definiert ist, mit
>
> ```
> xmlns:sys="clr-namespace:System.ComponentModel;assembly=WindowsBase"
> ```
>
> bekannt gegeben werden.

25.4 Das Steuerelement »DataGrid«

Die Datenbindungsmöglichkeiten der WPF-Steuerelemente sind wirklich bemerkenswert. Ob `ListBox`, `ComboBox`, `TreeView` oder `ListView`, Sie können die Daten ganz nach Wunsch in einem ganz individuellen Layout präsentieren. Alle zu beschreiben, würde den Rahmen dieses Buches deutlich sprengen. Dennoch sollten wir uns ein Steuerelement noch einmal etwas genauer ansehen: das `DataGrid`. Dabei handelt es sich sicher zugleich um das Control mit den meisten Möglichkeiten.

25.4 Das Steuerelement »DataGrid«

Ein DataGrid zeigt die Daten einer beliebigen Datenliste in Zeilen und Spalten an. Sie können ein DataGrid mit dessen Eigenschaft ItemsSource an eine Datenquelle binden, die über DataContext beschrieben wird. Hier zunächst der C#-Code, der dem DataGrid die *Products*-Tabelle der *Northwind*-Datenbank übergibt:

```
gridProducts.DataContext = ds.Tables[0];
```

Nun kann das DataGrid an DataContext gebunden werden:

```
<DataGrid Name="gridProducts" ItemsSource="{Binding}" />
```

Hinweis

Eine direkte Übergabe der ADO.NET-DataTable an die Eigenschaft ItemsSource scheitert, weil die DataTable nicht in die Schnittstelle IEnumerable konvertiert werden kann. Mit diesem Code werden alle erforderlichen Spalten automatisch erzeugt, weil die Eigenschaft AutoGenerateColumns des DataGrids per Vorgabe auf true eingestellt ist.

Sie können Einfluss auf das Erstellen der Spalten nehmen, indem Sie das Ereignis AutoGeneratingColumn behandeln, das beim Erzeugen jeder Spalte ausgelöst wird.

```
<DataGrid Name="gridProducts" ItemsSource="{Binding}"
          AutoGeneratingColumn="gridProducts_AutoGeneratingColumn" />
```

Listing 25.33 Registrieren des Ereignishandlers von »AutoGeneratingColumn«

Der EventArgs-Parameter des Events liefert in seinen Eigenschaften zahlreiche Informationen, um auf die Spaltendarstellung Einfluss auszuüben. So beschreibt die Eigenschaft Column beispielsweise die Referenz auf die neu hinzuzufügende Spalte oder PropertyName den Spaltenbezeichner. Sie können sehr einfach das Erstellen einer bestimmten Spalte unterbinden, wenn Sie die Eigenschaft Cancel des EventArgs-Parameters auf true setzen oder die Kopfzeile im DataGrid umbenennen, wie das folgende Listing zeigt:

```
private void gridProducts_AutoGeneratingColumn(object sender,
                       DataGridAutoGeneratingColumnEventArgs e) {
  if (e.PropertyName == "ReorderLevel" ||
      e.PropertyName == "Discontinued")
    e.Cancel = true;
  else if (e.PropertyName == "ProductName")
    e.Column.Header = "Artikelname";
}
```

Listing 25.34 Beeinflussen der Spaltenanzeige mit dem Event »AutoGeneratingColumn«

Abbildung 25.7 zeigt das Resultat der Maßnahme aus Listing 25.34.

25　Weitere Möglichkeiten der Datenbindung

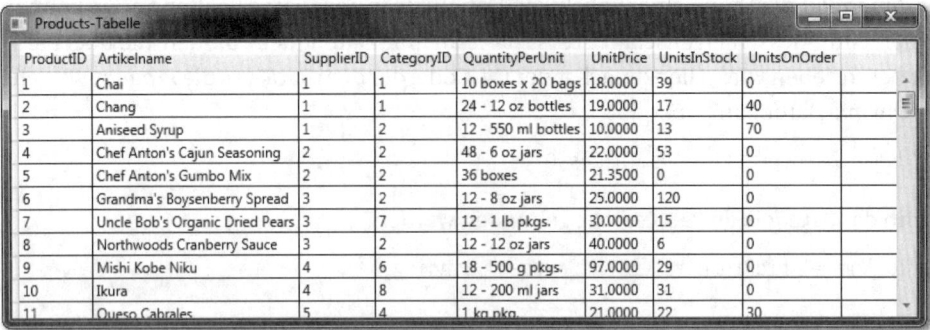

Abbildung 25.7 Änderung der Spalten im »DataGrid«

25.4.1　Elementare Eigenschaften des »DataGrid«

Es gibt zahlreiche Eigenschaften, mit denen sich das allgemeine Layout des Tabellenelements zur Laufzeit beeinflussen lässt. Die wichtigsten Eigenschaften können Sie der folgenden Tabelle entnehmen.

Eigenschaft	Beschreibung
ColumnHeaderHeight	Die Höhe der Zeile, in der die Spaltenbezeichner angezeigt werden.
ColumnWidth	Legt die Standardspaltenbreite fest. Diese Eigenschaft wird durch den Typ DataGridLength beschrieben, der mit seinen Eigenschaften zahlreiche Optionen beschreibt. Der Standard ist SizeToHeader.
GridLinesVisibility	Diese Eigenschaft legt fest, welche Linien zwischen den einzelnen Zellen angezeigt werden sollen. Mögliche Optionen beschreibt die Enumeration DataGridGridlines mit All, None, Vertical und Horizontal.
HeadersVisibility	Diese Eigenschaft legt die Sichtbarkeit der Zeilen- und Spaltenköpfe fest.
HorizontalGridLinesBrush	Legt den Brush fest, mit dem die Linien zwischen den Zeilen im DataGrid gezeichnet werden.
RowBackGround bzw. AlternatingRowBackGround	Legt fest, mit welchem Hintergrund jede Zeile und jede alternierende Zeile gezeichnet werden soll.
RowHeight	Legt die Höhe jeder Zeile fest.
VerticalGridLinesBrush	Legt den Brush fest, mit dem die Linien zwischen den Spalten im DataGrid gezeichnet werden.

Tabelle 25.3 Elementare Eigenschaften des »DataGrid«-Elements

25.4.2 Spalten definieren

Mit der Standardeinstellung `AutoGenerateColumns=true` werden – abhängig vom dargestellten Datentyp in der Spalte – fast alle Spalten als `TextBlock`-Spalten erzeugt. Das ist nicht sehr flexibel und gestattet keinerlei Gestaltungsspielraum. Legen Sie jedoch `AutoGenerateColumns` auf `false` fest, haben Sie die Option, aus insgesamt fünf Spaltentypen denjenigen auszusuchen, der Ihren Wünschen am besten entspricht. In Tabelle 25.4 sind die erwähnten fünf Spaltentypen beschrieben.

Spaltentyp	Beschreibung
`DataGridTextColumn`	Dieser Typ beschreibt `DataGrid`-Spalten, die zur Darstellung von Textinhalten dienen. Dazu dient für jede Zelle ein `TextBlock`-Element, das nur dann gegen `TextBox` ausgetauscht wird, wenn die Zelle editiert werden soll.
`DataGridCheckBoxColumn`	In der Spalte wird in jeder Zelle eine `CheckBox` angezeigt. Dieser Typ wird auch automatisch eingesetzt, wenn die Spalte einen booleschen Wert beschreibt.
`DataGridHyperLinkColumn`	In der Spalte wird ein anklickbarer Link angezeigt.
`DataGridComboBox`	Diese Spalte sieht zunächst so aus wie eine Spalte vom Typ `DataGridTextColumn`. Im Editiermodus wird daraus dann eine ComboBox.
`DataGridTemplateColumn`	Diese Spalte stellt die flexibelste Variante dar. Sie ermöglicht mit einem `DataTemplate` eine freie Gestaltungsmöglichkeit.

Tabelle 25.4 Spaltentypen eines »DataGrid«-Elements

Wir wollen uns den Einsatz einiger der aufgeführten Spaltentypen an einem Beispiel ansehen. Auch dazu greifen wir auf eine Tabelle der *Northwind*-Datenbank zurück. Diesmal wird es aber nicht die Tabelle *Products* sein, weil sie in dieser Hinsicht zu wenig Potenzial bietet. Stattdessen wollen wir mit der Tabelle *Orders* arbeiten, die in Abbildung 25.8 mit der Einstellung `AutoGenerateColumns=true` angezeigt wird.

Im folgenden, schrittweisen Aufbau einer individuellen Anzeige wollen wir uns auf einige Spalten der Tabelle beschränken. Schwerpunktmäßig werden uns dabei die Spalten *ShippedDate*, *CustomerID* und *ShipVia* interessieren, deren Spaltentyp wir an allgemein übliche Anforderungen anpassen wollen. Dabei soll die Spalte *ShippedDate* vom Typ `DataGridTemplateColumn` sein, damit der Anwender im Editiermodus ein intuitiv besser zu handhabendes `DatePicker`-Element zur Änderung des Datums benutzen kann. Die Spalten für *CustomerID* und *ShipVia* sollen hingegen durch `DataGridComboBox`-Typen dargestellt werden.

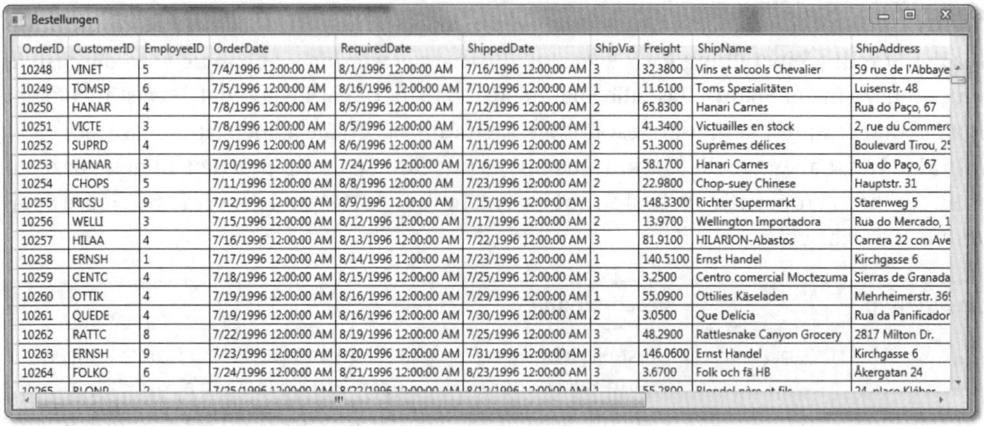
Bestellungen

OrderID	CustomerID	EmployeeID	OrderDate	RequiredDate	ShippedDate	ShipVia	Freight	ShipName	ShipAddress
10248	VINET	5	7/4/1996 12:00:00 AM	8/1/1996 12:00:00 AM	7/16/1996 12:00:00 AM	3	32.3800	Vins et alcools Chevalier	59 rue de l'Abbaye
10249	TOMSP	6	7/5/1996 12:00:00 AM	8/16/1996 12:00:00 AM	7/10/1996 12:00:00 AM	1	11.6100	Toms Spezialitäten	Luisenstr. 48
10250	HANAR	4	7/8/1996 12:00:00 AM	8/5/1996 12:00:00 AM	7/12/1996 12:00:00 AM	2	65.8300	Hanari Carnes	Rua do Paço, 67
10251	VICTE	3	7/8/1996 12:00:00 AM	8/5/1996 12:00:00 AM	7/15/1996 12:00:00 AM	1	41.3400	Victuailles en stock	2, rue du Commerc
10252	SUPRD	4	7/9/1996 12:00:00 AM	8/6/1996 12:00:00 AM	7/11/1996 12:00:00 AM	2	51.3000	Suprêmes délices	Boulevard Tirou, 2
10253	HANAR	3	7/10/1996 12:00:00 AM	7/24/1996 12:00:00 AM	7/16/1996 12:00:00 AM	2	58.1700	Hanari Carnes	Rua do Paço, 67
10254	CHOPS	5	7/11/1996 12:00:00 AM	8/8/1996 12:00:00 AM	7/23/1996 12:00:00 AM	2	22.9800	Chop-suey Chinese	Hauptstr. 31
10255	RICSU	9	7/12/1996 12:00:00 AM	8/9/1996 12:00:00 AM	7/15/1996 12:00:00 AM	3	148.3300	Richter Supermarkt	Starenweg 5
10256	WELLI	3	7/15/1996 12:00:00 AM	8/12/1996 12:00:00 AM	7/17/1996 12:00:00 AM	2	13.9700	Wellington Importadora	Rua do Mercado, 1
10257	HILAA	4	7/16/1996 12:00:00 AM	8/13/1996 12:00:00 AM	7/22/1996 12:00:00 AM	3	81.9100	HILARION-Abastos	Carrera 22 con Ave
10258	ERNSH	1	7/17/1996 12:00:00 AM	8/14/1996 12:00:00 AM	7/23/1996 12:00:00 AM	1	140.5100	Ernst Handel	Kirchgasse 6
10259	CENTC	4	7/18/1996 12:00:00 AM	8/15/1996 12:00:00 AM	7/25/1996 12:00:00 AM	3	3.2500	Centro comercial Moctezuma	Sierras de Granada
10260	OTTIK	4	7/19/1996 12:00:00 AM	8/16/1996 12:00:00 AM	7/29/1996 12:00:00 AM	1	55.0900	Ottilies Käseladen	Mehrheimerstr. 36
10261	QUEDE	4	7/19/1996 12:00:00 AM	8/16/1996 12:00:00 AM	7/30/1996 12:00:00 AM	2	3.0500	Que Delícia	Rua da Panificador
10262	RATTC	8	7/22/1996 12:00:00 AM	8/19/1996 12:00:00 AM	7/25/1996 12:00:00 AM	3	48.2900	Rattlesnake Canyon Grocery	2817 Milton Dr.
10263	ERNSH	9	7/23/1996 12:00:00 AM	8/20/1996 12:00:00 AM	7/31/1996 12:00:00 AM	3	146.0600	Ernst Handel	Kirchgasse 6
10264	FOLKO	6	7/24/1996 12:00:00 AM	8/21/1996 12:00:00 AM	8/23/1996 12:00:00 AM	3	3.6700	Folk och fä HB	Åkergatan 24

Abbildung 25.8 Die Ausgabe der Tabelle »Orders«

Benutzerdefinierte Anpassung der Spaltentypen

Stellen Sie die Eigenschaft `AutoGenerateColumn` des `DataGrid` auf `false` ein, wird das Festlegen der anzuzeigenden Spalten im `DataGrid` Ihnen überlassen. Nun können Sie selbst explizit angeben, welche Spalten der Tabelle angezeigt werden sollen und von welchem Spaltentyp diese sein sollen. Alles, was Sie tun müssen, ist das Füllen der Eigenschaft `DataGrid.Columns` mit den entsprechenden Spalten. Das könnte beispielsweise wie im folgenden Listing gezeigt aussehen.

```
<Window ...
        Title="Bestellungen" Height="350" Width="760">
  <Grid>
    <DataGrid Name="gridProducts" ItemsSource="{Binding}"
              AutoGenerateColumns="False">
      <DataGrid.Columns>
        <DataGridTextColumn Header="Bestell-Nr."
                            Binding="{Binding OrderID}"/>
        <DataGridTextColumn Header="Kunde"
                            Binding="{Binding CustomerID}"/>
        <DataGridTextColumn Header="Lieferdatum"
                            Binding="{Binding ShippedDate}"/>
        <DataGridTextColumn Header="Lieferant"
                            Binding="{Binding ShipVia}"/>
        <DataGridTextColumn Header="Lieferadresse"
                            Binding="{Binding ShipAddress}"/>
        <DataGridTextColumn Header="Stadt"
                            Binding="{Binding ShipCity}"/>
        <DataGridTextColumn Header="Land"
                            Binding="{Binding ShipCountry}"/>
      </DataGrid.Columns>
```

```xml
        </DataGrid>
    </Grid>
</Window>
```

Listing 25.35 Einfache benutzerdefinierte Spaltengenerierung

Das Listing ist sehr einfach gehalten, denn es wird für die gewünschten Spalten nur der Standardspaltentyp `DataGridTextColumn` verwendet. Jede Spalte des `DataGrid` wird an eine Spalte der Tabelle *Orders* mit `Binding` gebunden. Bemerkenswert ist im Grunde genommen nur, dass die Spaltenüberschrift im Tabellensteuerelement mit `Header` explizit angegeben wird.

Der Spaltentyp »DataGridTemplateColumn«

Zuerst widmen wir uns der Spalte im `DataGrid`, die an die Spalte *ShippedDate* der Tabelle gebunden wird. In der Spalte wird das Lieferdatum angezeigt. Das legt natürlich sofort nahe, im Editiermodus die Eingabe des Benutzers durch ein `DatePicker`-Element zu unterstützen. Da ein solches nicht direkt als Spaltentyp angegeben werden kann (siehe auch Tabelle 25.4), müssen wir den Weg über ein Objekt vom Typ `DataGridTemplateColumn` gehen.

Ein `DataGridTemplateColumn` hat zwei Eigenschaften, die es uns ermöglichen, zwischen dem normalen Ansichtsmodus und dem Editiermodus zu unterscheiden:

- `CellTemplate`
- `CellEditingTemplate`

Innerhalb jeder der beiden genannten Eigenschaften kann mit einem `DataTemplate`-Objekt beschrieben werden, was innerhalb einer Zelle der betreffenden Spalte angezeigt werden soll. In der Normalansicht soll es ein TextBlock-Element sein, im Editiermodus, wie oben erwähnt, ein `DatePicker`-Element.

```xml
<DataGridTemplateColumn Header="Lieferdatum">
    <DataGridTemplateColumn.CellEditingTemplate>
        <DataTemplate>
            <DatePicker SelectedDate="{Binding ShippedDate}" />
        </DataTemplate>
    </DataGridTemplateColumn.CellEditingTemplate>
    <DataGridTemplateColumn.CellTemplate>
        <DataTemplate>
            <TextBlock Text="{Binding Path=ShippedDate}" />
        </DataTemplate>
    </DataGridTemplateColumn.CellTemplate>
</DataGridTemplateColumn>
```

Listing 25.36 Änderung der Spalte »ShippedDate«

Ersetzen Sie die alte Spaltendefinition durch die in Listing 25.36 gezeigte, sieht das Resultat schon ganz passabel aus, wenn wir in einer Zelle dieser Spalte durch Doppelklick in den Editiermodus wechseln. Ein Kalender öffnet sich und ermöglicht die einfache Auswahl eines neuen Datums. Störend wird aber zumindest im deutschen Sprachraum das amerikanische Anzeigeformat des Datums einschließlich der Zeitangabe sein. Das hat sich nicht gegenüber dem geändert, was bereits in Abbildung 25.8 zu sehen ist.

Um eine im deutschen Sprachraum übliche Datumsanzeige zu ermöglichen, müssen wir eine Converter-Klasse bereitstellen und die Methode Convert der Schnittstelle IValueConverter entsprechend implementieren. Dazu wird der Übergabewert an die Methode Convert in den Typ DateTime umgewandelt und darauf die Methode ToShortDateString aufgerufen. Berücksichtigen müssen wir dabei allerdings, dass der Inhalt des zu konvertierenden Zelleninhalts leer sein kann. Die zweite Methode des Interfaces, ConvertBack, spielt hier keine Rolle und muss daher nicht implementiert werden.

```
public class DateConverter : IValueConverter {
  public object Convert(object value, Type targetType,
        object parameter, CultureInfo culture) {
    if (value.ToString() == "") return "";
      return ((DateTime)value).ToShortDateString();
    }
  public object ConvertBack(object value, Type targetType,
                  object parameter, CultureInfo culture) {
    return DateTime.Parse(value.ToString());
  }
}
```

Listing 25.37 Die »Converter«-Klasse

Um den Konverter benutzen zu können, legen wir im Resources-Abschnitt des Window-Elements ein Objekt vom Typ DateConverter an. Dabei dürfen wir nicht vergessen, den Namespace, in dem sich die Klasse befindet, als XML-Namespace bekannt zu geben. Dann bleibt nur noch, den Konverter dem TextBlock im DataTemplate der Eigenschaft DataGridTemplateColumn.CellTemplate anzugeben.

```
<Window ...
       xmlns:local="clr-namespace:DataGridSample"
       Title="Bestellungen" Height="350" Width="760">
  <Window.Resources>
    <local:DateConverter x:Key="dateConverter" />
  </Window.Resources>
  <Grid>
    <DataGrid Name="gridProducts" ItemsSource="{Binding}"
          AutoGenerateColumns="False">
      <DataGrid.Columns>
        [...]
        <DataGridTemplateColumn Header="Lieferdatum">
          <DataGridTemplateColumn.CellEditingTemplate>
            <DataTemplate>
              <DatePicker SelectedDate="{Binding ShippedDate}" />
```

```xml
        </DataTemplate>
      </DataGridTemplateColumn.CellEditingTemplate>
      <DataGridTemplateColumn.CellTemplate>
        <DataTemplate>
          <TextBlock Text="{Binding Path=ShippedDate,
                     ConverterCulture=de-DE,
                     Converter={StaticResource dateConverter}}" />
        </DataTemplate>
      </DataGridTemplateColumn.CellTemplate>
    </DataGridTemplateColumn>
    [...]
   </DataGrid.Columns>
  </DataGrid>
 </Grid>
</Window>
```

Listing 25.38 Ergänzungen im XAML-Code

Der Spaltentyp »DataGridComboBoxColumn«

Einfacher als eine DataGridTemplateColumn ist das Bereitstellen einer DataGridComboBoxColumn. Wir wollen diesen Spaltentyp für die Spalten *CustomerID* und *ShipVia* einsetzen, um statt der für den Anwender uninteressanten Identifier den Namen des Kunden bzw. den des Lieferanten anzuzeigen. Um an die letztgenannten Informationen zu gelangen, ist es notwendig, die entsprechenden Tabellen aus der Datenbank abzufragen. Auch hierzu werden wieder ADO.NET-Klassen benutzt, obwohl man die Informationen leichter mit dem EDM (Entity Data Model) des Entity Frameworks erhalten würde. In der Praxis hat sich das Entity Framework aber bisher noch nicht so weit durchgesetzt, dass dessen Bevorzugung in diesem Beispiel gerechtfertigt wäre. Hier zunächst der C#-Code, um die drei notwendigen Tabellen *Orders*, *Customers* und *Shippers* in den lokalen Speicher zu laden.

```csharp
public MainWindow() {
  SqlConnection con = new SqlConnection(@"...");
  DataSet ds = new DataSet();
  SqlDataAdapter da = new SqlDataAdapter("SELECT * FROM Orders", con);
  da.Fill(ds, "Orders");
  da = new SqlDataAdapter("SELECT CustomerID, " + "CompanyName FROM Customers", con);
  da.Fill(ds, "Customers");
  da = new SqlDataAdapter("SELECT ShipperID, CompanyName " + "FROM Shippers", con);
  da.Fill(ds, "Shippers");
  InitializeComponent();
  gridProducts.DataContext = ds.Tables["Orders"];
  customerColumn.ItemsSource = ds.Tables["Customers"].DefaultView;
  shippersColumn.ItemsSource = ds.Tables["Shippers"].DefaultView;
}
```

Listing 25.39 Laden der Tabellen mit ADO.NET

Die Bezeichner *customerColumn* und *shippersColumn* sind die beiden DataGridComboBox-Column-Objekte.

Es reicht, wenn wir uns an dieser Stelle nur der Spalte mit den Lieferanten widmen. Die Spalte der Kunden wird analog aufgebaut. Aus der Tabelle der Lieferanten (*Shippers*) werden die beiden Spalten *ShipperId* und *CompanyName* abgefragt. Die ComboBox hat die Aufgabe, statt der ID des Lieferanten im DataGrid dessen Firmennamen anzuzeigen. Dazu ist die Eigenschaft ItemsSource des Objekts an die Tabelle der Lieferanten im lokalen Speicher gebunden (siehe Listing 25.39).

Wir setzen nun die Eigenschaft DisplayMemberPath auf die Spalte der Tabelle, die in der ComboBox angezeigt werden soll, also *CompanyName*. Die Eigenschaft SelectedValuePath gibt die Spalte der gebundenen Tabelle an, die mit einer Spalte einer in Beziehung stehenden Tabelle steht. Hier ist es also *ShipperID*. SelectedValueBinding bindet sich schließlich an die in Beziehung stehende Tabelle (also *Orders*) und hier wiederum an die Spalte *ShipVia*.

```
<DataGridComboBoxColumn x:Name="shippersColumn" Header="Lieferung"
                        DisplayMemberPath="CompanyName"
                        SelectedValuePath="ShipperID"
                        SelectedValueBinding="{Binding ShipVia}" />
```

Listing 25.40 Das »DataGridComboBoxColumn«-Objekt der Spalte »ShipVia«

Sehr ähnlich ist auch die Definition der zweiten Spalte für die Kunden.

```
<DataGridComboBoxColumn x:Name="customerColumn" Header="Kunde"
                        DisplayMemberPath="CompanyName"
                        SelectedValuePath="CustomerID"
                        SelectedValueBinding="{Binding CustomerID}" />
```

Listing 25.41 Das »DataGridComboBoxColumn«-Objekt der Spalte »CustomerID«

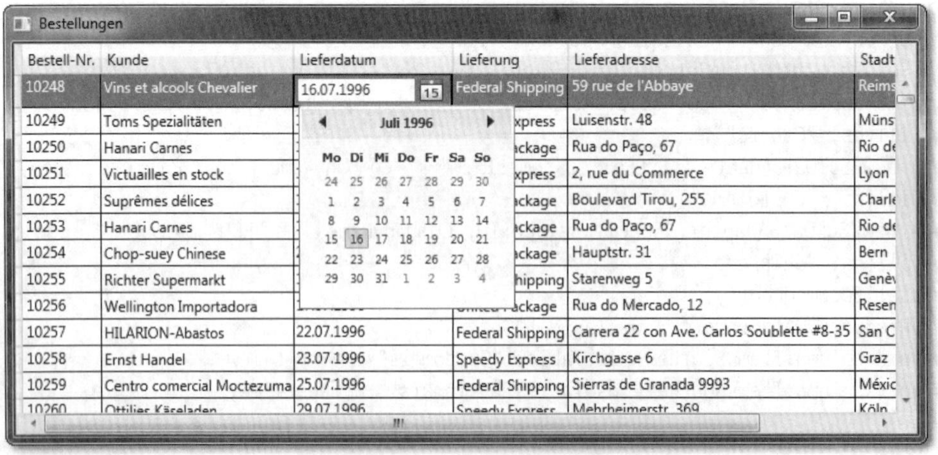

Abbildung 25.9 Die Spalte »Lieferdatum« im Editiermodus

In beiden Spalten werden nun die Namen und nicht mehr die Identifier angezeigt. Wechselt der Anwender in den Editiermodus, werden in den `ComboBox`en nunmehr alle Kunden bzw. Lieferanten angezeigt.

In Abbildung 25.9 ist das Ergebnis der benutzerdefinierten Spalten zu sehen. Die Spalte *Lieferdatum* befindet sich dabei im Editiermodus (weil dieser am spektakulärsten ist, also reine Effekthascherei ☺).

25.4.3 Details einer Zeile anzeigen

Das `DataGrid` unterstützt auch einen speziellen Bereich, der unterhalb der aktuell ausgewählten Zeile angezeigt werden kann und dazu dient, dem Anwender Details der Zeile zu präsentieren. In Abbildung 25.10 sehen Sie, was damit gemeint ist.

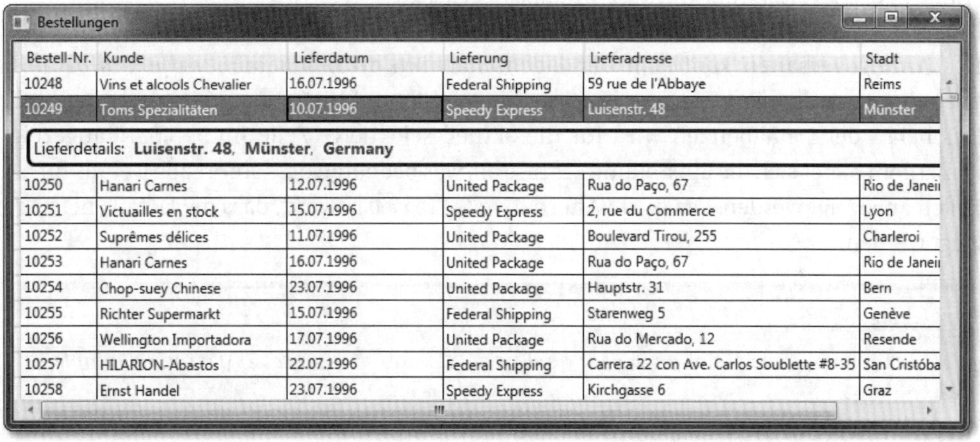

Bestell-Nr.	Kunde	Lieferdatum	Lieferung	Lieferadresse	Stadt
10248	Vins et alcools Chevalier	16.07.1996	Federal Shipping	59 rue de l'Abbaye	Reims
10249	Toms Spezialitäten	10.07.1996	Speedy Express	Luisenstr. 48	Münster
Lieferdetails: **Luisenstr. 48**, **Münster**, **Germany**					
10250	Hanari Carnes	12.07.1996	United Package	Rua do Paço, 67	Rio de Janei
10251	Victuailles en stock	15.07.1996	Speedy Express	2, rue du Commerce	Lyon
10252	Suprêmes délices	11.07.1996	United Package	Boulevard Tirou, 255	Charleroi
10253	Hanari Carnes	16.07.1996	United Package	Rua do Paço, 67	Rio de Janei
10254	Chop-suey Chinese	23.07.1996	United Package	Hauptstr. 31	Bern
10255	Richter Supermarkt	15.07.1996	Federal Shipping	Starenweg 5	Genève
10256	Wellington Importadora	17.07.1996	United Package	Rua do Mercado, 12	Resende
10257	HILARION-Abastos	22.07.1996	Federal Shipping	Carrera 22 con Ave. Carlos Soublette #8-35	San Cristóba
10258	Ernst Handel	23.07.1996	Speedy Express	Kirchgasse 6	Graz

Abbildung 25.10 Zusätzliche Detailansicht der ausgewählten Datenzeile

Zur Darstellung dieses speziellen Bereichs dient die Eigenschaft `RowDetailsTemplate` des `DataGrid`-Elements. Innerhalb der Eigenschaft beschreibt ein `DataTemplate` den Aufbau des Anzeigebereichs. Zur Umsetzung des `RowDetail`-Bereichs aus Abbildung 25.10 wird innerhalb des `DataTemplate` zunächst ein `Border`-Element beschrieben, das seinerseits ein `StackPanel` in horizontaler Elementausrichtung enthält. `TextBlock`-Elemente zeigen die Daten an, die aus Bindungen bezogen werden.

```
<DataGrid>
  [...]
  <DataGrid.RowDetailsTemplate>
    <DataTemplate>
      <Border Margin="5" Padding="3" BorderBrush="Blue"
              BorderThickness="3" CornerRadius="5">
        <StackPanel Orientation="Horizontal">
          <TextBlock Foreground="Black" FontSize="14"
                     Text="Lieferdetails:  "/>
```

```xml
            <TextBlock Foreground="Red" FontWeight="Bold" FontSize="14"
                  Text="{Binding ShipAddress}" />
            <TextBlock Foreground="Red" FontSize="14" Text=", "/>
            <TextBlock Foreground="Red" FontWeight="Bold" FontSize="14"
                  Text="{Binding ShipCity}"/>
            <TextBlock Foreground="Red" FontSize="14" Text=", "/>
            <TextBlock Foreground="Red" FontWeight="Bold" FontSize="14"
                  Text="{Binding ShipCountry}"/>
        </StackPanel>
      </Border>
    </DataTemplate>
  </DataGrid.RowDetailsTemplate>
</DataGrid>
```

Listing 25.42 Das »DataGrid.RowDetailsTemplate«-Objekt

Das Anzeigeverhalten kann mit der Eigenschaft `RowDetailsVisibilityMode` des `DataGrid` beeinflusst werden. Per Vorgabe ist diese Eigenschaft auf `VisibleWhenSelected` eingestellt. Das heißt, der Detailbereich wird für die aktuell selektierte Zeile im `DataGrid` angezeigt. Außerdem bietet sich die Einstellung `Visible` an, was bedeutet, dass sofort alle Details für alle Zeilen angezeigt werden. Die dritte Alternative `Collapsed` bewirkt, dass die Details nie angezeigt werden.

> **Hinweis**
> Das komplette Beispiel finden Sie auf der Buch-DVD unter ..*Kapitel 25\DataGridSample*.

Kapitel 26
Dependency Properties

In den vorhergehenden Abschnitten haben Sie einen Überblick darüber erhalten, wie die Struktur und der Aufbau einer WPF-Anwendung aussehen. Sie haben erfahren, dass die Benutzeroberfläche mit XAML beschrieben wird, und die Syntax von XAML gelernt. Einige WPF-spezifische Techniken habe ich Ihnen auch gezeigt, beispielsweise die Styles und die Datenbindungen.

Widmen wir uns nun einem Thema, das im Verlauf des WPF-Teils dieses Buches immer wieder erwähnt wurde, aber noch nicht tiefergehend behandelt worden ist: die Abhängigkeitseigenschaften, im Englischen auch *Dependency Properties*. Wie Sie wissen, sind Dependency Properties im Zusammenhang mit Datenbindungen, Styles und auch Animationen zwingend notwendig. Viele mit der WPF eingeführte Programmiertechniken setzen also Abhängigkeitseigenschaften voraus.

Im engen Zusammenhang mit den Abhängigkeitseigenschaften stehen auch die angehängten Eigenschaften (*Attached Properties*). Dabei handelt es sich um Eigenschaften, die nicht in der Klasse eines Elements definiert sind, sondern von einer hierarchisch übergeordneten Komponente bereitgestellt werden. Die Eigenschaften Grid.Row und Grid.Column sind typische angehängte Eigenschaften, die uns immer dazu dienten, ein Element in einer bestimmten Zelle eines Grid zu positionieren. Angehängte Eigenschaften werden uns zum Schluss dieses Kapitels beschäftigen.

26.1 Die Charakteristik von Abhängigkeitseigenschaften

Mit CLR-Eigenschaften haben wir schon viel gearbeitet. Sie sind uns vertraut geworden. Wir wissen, dass eine CLR-Eigenschaft ein private oder protected deklariertes Feld ist, wobei der Zugriff auf den Wert des Feldes über die in einer Eigenschaftsmethode definierten get- und set-Zweige erfolgt. Ferner wissen wir, dass jedes Objekt eines bestimmten Typs die gleichen Eigenschaften aufweist, die für jedes einzelne Objekt separat gespeichert werden.

Bei einer genauen Analyse muss man feststellen, dass diese Art der Objektbeschreibung unnötig viele Speicherressourcen in Anspruch nimmt. Warum das? Betrachten wir zur Verdeutlichung exemplarisch eine Schaltfläche (Typ Button) aus der WinForm-API. Mit ca. 50 verschiedenen Eigenschaften wird eine Schaltfläche beschrieben. Enthält ein WinForm drei davon, werden ungefähr 150 Daten für die drei Objekte im Speicher vorgehalten. Stellen wir uns nun die Frage, wie viele Eigenschaften tatsächlich für jedes der drei Button-Objekte individuell eingestellt sind: die Positionswerte, die Beschriftung, wahrscheinlich auch die Größe.

Die meisten Eigenschaften behalten jedoch ihren ursprünglichen Standardwert bei. Wäre es nicht ressourcenschonender, alle unveränderten Standardwerte in einem zentralen Speicher allen Schaltflächen gemeinsam zur Verfügung zu stellen? Die WinForm-API kann diese Überlegung nicht umsetzen, die WPF mit den Abhängigkeitseigenschaften hingegen schon.

Die Abhängigkeitseigenschaften der WPF gehen mit den zur Verfügung stehenden Ressourcen also ausgesprochen ökonomisch um. Solange die Eigenschaft eines Objekts nicht individuell eingestellt wird, wird dafür auch kein Speicherplatz in Anspruch genommen und der Wert einem allgemeinen »Reservoir« entnommen. Erst wenn die Eigenschaft eines Objekts individuell eingestellt wird, stellt das System dafür lokale Ressourcen zur Verfügung.

Wir brauchen uns keine großen Gedanken über die Verwaltung der Abhängigkeitseigenschaften zu machen. Das WPF-Subsystem erledigt alle damit im Zusammenhang stehenden Aufgaben für uns. Wir müssen lediglich die Eigenschaft als Dependency Property dem System bekannt geben, besser ausgedrückt, wir müssen sie registrieren. Wie das gemacht wird und was dabei zu berücksichtigen ist, erfahren Sie in diesem Kapitel.

> **Anmerkung**
> Die WPF unterstützt nicht nur Abhängigkeitseigenschaften, sondern darüber hinaus auch die herkömmlichen CLR-Eigenschaften. Diese sind jedoch eindeutig in der Minderheit. Einer Eigenschaft kann man auf den ersten Blick nicht ansehen, ob sie als CLR- oder Abhängigkeitseigenschaft implementiert ist. Im Zweifelsfall müssen Sie das in der Dokumentation nachlesen.

26.2 Den Wert einer Abhängigkeitseigenschaft bilden

Dependency Properties beziehen ihren Wert nicht ausschließlich aus einem vom WPF-Subsystem verwalteten Zentralspeicher. Der Wert einer Abhängigkeitseigenschaft kann auch aus einer Datenbindung stammen, beispielsweise aus einem Feld eines Datensatzes, aus einem Style oder einer Animation. Es kommen also mehrere potenzielle Quellen als Datengeber in Frage, die einer Abhängigkeitseigenschaft ihren endgültigen Wert »vorschreiben« – falls er nicht individuell für eine Komponente eingestellt wird.

Wenn es viele Faktoren gibt, aus denen der finale Eigenschaftswert gebildet wird, dann muss es auch eine Ablaufreihenfolge geben. Es handelt sich genau genommen um zwei Ablauflisten: Die erste bildet aus statischen Angaben zunächst einen sogenannten Basiswert, die zweite berücksichtigt darüber hinaus auch dynamische Einflüsse. Sehen wir uns als Erstes die Ablaufliste an, die den statischen Basiswert bildet:

1. Der Standardwert der Abhängigkeitseigenschaft wird ausgewertet.
2. Es wird geprüft, ob die Eigenschaft von einem übergeordneten Element im Elementbaum geerbt wird.

3. Es wird geprüft, ob der Eigenschaftswert in einem Style vordefiniert ist (streng genommen müsste dieser Punkt sogar noch weiter unterteilt werden).
4. Zuletzt wird nachgesehen, ob für das Element ein lokaler Wert gesetzt worden ist.

Diese Liste, die ihrerseits eine steigende Priorität widerspiegelt, wird von der WPF durchlaufen, um den Basiswert zu bilden. Dabei muss der Basiswert nicht zwangsläufig auch der finale Wert der Abhängigkeitseigenschaft sein, denn danach werden auch noch dynamische Einflüsse berücksichtigt:

1. Es wird geprüft, ob Datenbindungen oder Ressourcen den Basiswert beeinflussen.
2. Läuft aktuell eine Animation, könnte diese den Eigenschaftswert verändern.
3. Der bis zu diesem Zeitpunkt gebildete Eigenschaftswert wird einem gegebenenfalls definierten ValidateValueCallback-Delegaten übergeben. Hier wird der Wert einer ganz allgemeinen Gültigkeitsüberprüfung unterzogen.
4. Der letzte Schritt ist die Weiterleitung des Wertes an einen optional definierten CoerceValueCallback-Delegaten. Dieser überprüft, ob der bis zu diesem Punkt gebildete Eigenschaftswert im Kontext anderer Eigenschaften des gleichen Objekts als gültig angesehen werden kann.

> **Anmerkung**
> Einige der in den beiden Listen aufgeführten Punkte sind Ihnen an dieser Stelle sicherlich noch nicht geläufig. Im Verlauf der weiteren Kapitel werden wir alle noch eingehend erläutern.

26.3 Definition einer Dependency Property

Dependency Properties können nur in Klassen definiert werden, die von der Klasse DependencyObject abgeleitet sind. Diese Bedingung wird von allen wesentlichen Klassen der WPF erfüllt.

Sehen wir uns jetzt exemplarisch an, wie eine Abhängigkeitseigenschaft mit dem Namen Radius in der Klasse Circle bereitgestellt wird. Grundsätzlich werden alle Abhängigkeitseigenschaften durch ein Objekt vom Typ DependencyProperty beschrieben. In unserem Beispiel lautet die Definition folgendermaßen:

```
public class Circle : DependencyObject
{
  public static readonly DependencyProperty RadiusProperty;
}
```

Listing 26.1 Grundgerüst einer Abhängigkeitseigenschaft

Wichtig ist, die abhängige Eigenschaft static readonly zu kennzeichnen. Damit werden zwei Verhaltensmerkmale erzwungen:

▶ Da eine Abhängigkeitseigenschaft static definiert ist, wird sie nur einmal bereitgestellt – nicht nur für alle Circle-Objekte, sondern auch für alle Objekte, die auf Klassen basieren, die von Circle abgeleitet sind. Alle auf Circle zurückzuführenden Objekte nutzen die Dependency Property gemeinsam.

▶ Durch den Modifikator readonly im Zusammenhang mit static wird eine Konstante definiert, deren Wert spätestens im statischen Konstruktor festgeschrieben werden muss. Wie Sie in diesem Kapitel noch lernen werden, zeichnen sich Abhängigkeitseigenschaften durch spezifische, unveränderliche Merkmale aus, so dass die Vorstellung von einer Konstanten auch im Zusammenhang mit den Eigenschaften durchaus gerechtfertigt ist.

Per Konvention muss dem beabsichtigten Eigenschaftsbezeichner (in unserem Beispiel Radius) das Suffix Property angehängt werden. In unserem Beispiel heißt deshalb das Feld der Abhängigkeitseigenschaft RadiusProperty.

26.3.1 Registrieren einer Abhängigkeitseigenschaft

Mit der Felddefinition alleine ist eine abhängige Eigenschaft natürlich noch nicht vollständig beschrieben. Es fehlen zu diesem Zeitpunkt noch viele Detailinformationen, beispielsweise der von der Eigenschaft beschriebene Datentyp, gegebenenfalls der Standardwert sowie viele andere Merkmale im Umfeld des Einsatzes innerhalb der WPF. Zudem muss eine Abhängigkeitseigenschaft dem WPF-Subsystem bekannt gegeben werden.

Um alle Bedingungen zu erfüllen, muss eine Abhängigkeitseigenschaft mit der statischen Methode Register der Klasse DependencyProperty registriert werden. Die Methode ist vielfach überladen. Sehen wir uns zuerst die einfachste Definition an:

```
public static DependencyProperty Register(String, Type, Type)
```

Die drei Parameter lassen sich wie folgt beschreiben:

▶ Aus dem ersten Parameter geht der Bezeichner der Eigenschaft hervor. Dieser muss für den an den dritten Parameter übergebenen Besitzertyp eindeutig sein.

▶ Der zweite Parameter erwartet die Angabe des Datentyps, den die Eigenschaft beschreibt.

▶ Dem dritten Parameter wird mitgeteilt, für welchen Typ die abhängige Eigenschaft registriert werden soll.

Für das Beispiel unserer Abhängigkeitseigenschaft Radius könnte das wie folgt aussehen:

```
static Circle() {
    RadiusProperty = DependencyProperty.Register("Radius", typeof(int),
                                    typeof(Circle));
}
```

Listing 26.2 Registrierung der Eigenschaft »Radius« als Abhängigkeitseigenschaft

26.3.2 Der Eigenschaftswrapper

Damit würde unsere Abhängigkeitseigenschaft bereits beim WPF-Subsystem registriert und wäre prinzipiell bereits fertig. Mit den folgenden Anweisungen kann bereits zu diesem Zeitpunkt der Radius eines Circle-Objekts wie nachfolgend gezeigt festgelegt werden:

```
Circle kreis = new Circle();
kreis.SetValue(Circle.RadiusProperty, 118);
```

Listing 26.3 Festlegen eines Wertes einer Abhängigkeitseigenschaft

Bei SetValue handelt es sich um eine Methode, die von der Basisklasse DependencyObject geerbt wird. Zwei Argumente werden von der Methode erwartet: Im ersten Argument wird die Abhängigkeitseigenschaft angeführt, deren Wert lokal gesetzt werden soll, das zweite Argument beschreibt den Wert selbst.

Sehr ähnlich erfolgt auch die Auswertung. Hierzu dient die Methode GetValue, der die auszuwertende Abhängigkeitseigenschaft als Argument übergeben wird:

```
kreis.GetValue(Circle.RadiusProperty);
```

Listing 26.4 Auswerten einer Abhängigkeitseigenschaft

Es fällt in den beiden Codefragmenten auf, dass die traditionelle Zuweisung mit dem Zuweisungsoperator nicht möglich ist und sogar zu einem Fehler führt:

```
kreis.Radius = 118;
```

Selbstverständlich möchte man auf die von den CLR-Eigenschaften her gewohnte Variante der Eigenschaftswertfestlegung nicht verzichten. Zudem wäre es nach dem momentanen Stand auch nicht möglich, die Eigenschaft Radius im XAML-Code festzulegen, der immer die Existenz eines get- und set-Zweigs voraussetzt. Deshalb gehört zu jeder Registrierung einer Abhängigkeitseigenschaft auch die Bereitstellung eines Eigenschaftswrappers. Am Beispiel der Eigenschaft Radius würde man den Wrapper wie folgt definieren:

```
public int Radius
{
  get { return (int)GetValue(RadiusProperty); }
  set { SetValue(RadiusProperty, value); }
}
```

Listing 26.5 Eigenschaftswrapper der Eigenschaft »Radius«

Dabei kommen erneut die beiden bereits oben erwähnten Methoden SetValue und GetValue ins Spiel. Das Festlegen und die Auswertung eines Radius kann nun in bekannter Weise mit

```
Circle kreis = new Circle();
kreis.Radius = 120;
int radius = kreis.Radius;
```

erfolgen.

In einem Eigenschaftswrapper sollten Sie niemals Code schreiben, der zur Validierung dient oder ein Ereignis auslöst. Der Grund dafür ist, dass viele WPF-spezifische Features keine Notiz vom Eigenschaftswrapper nehmen und mit der Eigenschaft nur unter Aufruf von SetValue und GetValue operieren. Code, der im Eigenschaftswrapper steht, würde also niemals ausgeführt. Zur Validierung eines Eigenschaftswertes bzw. zur Auslösung von Ereignissen bei einer Eigenschaftsänderung stellt die WPF alternativ andere Möglichkeiten bereit, die wir in den nächsten Abschnitten noch kennenlernen werden.

> **Hinweis**
>
> Tatsächlich ist es so, dass der Eigenschaftswrapper eine Voraussetzung dafür ist, dass einer Eigenschaft im XAML-Code ein Wert zugewiesen wird, in unserem Fall beispielsweise mit
>
> ```
> <Window.Resources>
>   <local:Circle x:Key="kreis" Radius="120" />
> </Window.Resources>
> ```
>
> Natürlich muss dabei gewährleistet sein, dass Radius einen Wert beschreibt, der größer oder gleich null ist.
>
> Erfolgt die Validierung innerhalb des set-Zweigs, z. B.
>
> ```
> set {
>   if (value > 0)
>     SetValue(RadiusProperty, value);
>   else
>     throw new Exception();
> }
> ```
>
> werden Sie feststellen, dass die Ausnahme nicht ausgelöst wird und das Circle-Objekt tatsächlich einen negativen Radius hat. Das lässt sich sehr einfach beweisen, indem man den folgenden XAML-Code benutzt:
>
> ```
> <Window xmlns:local="clr-namespace:WpfApplication1" ...>
>   <Window.Resources>
>     <local:Circle x:Key="k" Radius="-120" />
>   </Window.Resources>
>   <Grid>
>     <TextBlock Text="{Binding Source={StaticResource k}, Path=Radius}" />
>   </Grid>
> </Window>
> ```
>
> Im TextBlock des Fensters wird der negative Wert angezeigt.

26.3.3 Die Eigenschaftsmetadaten

CLR-Eigenschaften sind recht einfach gestrickt. Sie repräsentieren einen gültigen Wert des Objekts, der über einen set-Zweig gesetzt und über einen get-Zweig ausgewertet wird. Ganz anders sind die an eine Abhängigkeitseigenschaft gestellten Anforderungen. Einige Abhängigkeitseigenschaften üben bei ihrer Änderung einen Einfluss auf die im Elementbaum über- oder untergeordnete Komponente aus, andere verändern das Layout oder werden ihrerseits selbst durch Animationen, Styles oder Templates beeinflusst. WPF-Datenbindungen wären ohne Abhängigkeitseigenschaften in ihren Fähigkeiten nicht denkbar.

Die oben vorgestellte einfache Registrierung einer Dependency Property birgt in sich noch nicht die Möglichkeiten, die aufgezählten Merkmale umzusetzen. Zudem kann mit diesem Ansatz keine Datenvalidierung umgesetzt werden. Um alle Features auszuschöpfen, bietet sich die folgende Überladung der `Register`-Methode an:

```
public static DependencyProperty Register(String,
                                          Type,
                                          Type,
                                          PropertyMetadata,
                                          ValidateValueCallback)
```

Listing 26.6 Überladung der »Register«-Methode

Die drei ersten Parameter entsprechen exakt denen, die bereits beschrieben worden sind. Der vierte Parameter vom Typ `PropertyMetadata` legt die WPF-spezifischen Merkmale der Abhängigkeitseigenschaft fest, die sogenannten Eigenschaftsmetadaten. Der fünfte und letzte Parameter beschreibt schließlich einen Delegaten, der für die Validierung des Eigenschaftswertes sorgt.

Sehen wir uns zuerst den vierten Parameter etwas genauer an. Per Definition handelt es sich dabei um ein Objekt vom Typ `PropertyMetadata`. Im Wesentlichen benutzt man exakt diesen Metadatentyp, wenn einer Abhängigkeitseigenschaft nur ein Standardwert mit auf den Lebensweg gegeben werden soll. Meistens wird das aber nicht ausreichend sein, so dass entweder die von `PropertyMetadata` abgeleiteten Typen `UIPropertyMetadata` oder `FrameworkPropertyMetadata` eingesetzt werden. Dabei erweitert `UIPropertyMetadata` die Klasse `PropertyMetadata` nur um Merkmale im Zusammenspiel mit Animationen. In der Regel wird man deshalb auf ein Objekt vom Typ der Ableitung `FrameworkPropertyMetadata` zurückgreifen.

Die meisten Eigenschaften der Klasse `FrameworkPropertyMetadata` beschreiben boolesche Werte, die zunächst auf `false` eingestellt sind. Eine Eigenschaft des Typs ermöglicht zudem die Angabe einer Rückrufmethode (Callback), in der Aufgaben im Zusammenhang mit der Festlegung des Eigenschaftswertes ausgeführt werden können (`PropertyChangedCallback`). Einer weiteren Eigenschaft kann über einen Delegaten eine Methode zur internen Validierung (`CoerceValueCallback`) mitgeteilt werden.

Um Ihnen einen Überblick zu verschaffen, sind in Tabelle 26.1 einige Eigenschaften der Klasse `FrameworkPropertyMetadata` aufgeführt.

Eigenschaft	Beschreibung
AffectsMeasure	Gibt an, dass nach einer Änderung der Abhängigkeitseigenschaft die Abmessungen neu ermittelt werden.
AffectsArrange	Gibt an, dass nach einer Änderung der Abhängigkeitseigenschaft die Anordnung der enthaltenen Steuerelemente neu ermittelt wird.
AffectsParentMeasure	Gibt an, dass nach einer Änderung der Abhängigkeitseigenschaft die Abmessungen des übergeordneten Steuerelements neu ermittelt werden.
AffectsParentArrange	Gibt an, dass nach einer Änderung der Abhängigkeitseigenschaft die Anordnung der Steuerelemente in der übergeordneten Komponente neu ermittelt wird.
AffectsRender	Gibt an, ob eine Abhängigkeitseigenschaft Einfluss auf das allgemeine Layout hat und möglicherweise das Element zwingt, sich neu zu zeichnen.
BindsTwoWayByDefault	Legt fest, ob die Abhängigkeitseigenschaft das »Two-Way-Binding« unterstützt. Der Standard ist »One-Way-Binding«.
CoerceValueCallback	Beschreibt einen Delegaten auf eine Methode, die den Wert der abhängigen Eigenschaft »korrigiert«.
DefaultValue	Ruft den Standardwert der Eigenschaft ab oder legt ihn fest.
Inherits	Gibt an, ob der Wert der Abhängigkeitseigenschaft vererbbar ist, oder legt den Wert fest.
IsAnimationProhibited	Ist diese Eigenschaft true, kann die Abhängigkeitseigenschaft nicht in einer Animation verwendet werden.
IsNotDataBindable	Diese Eigenschaft wird auf true gesetzt, wenn sie nicht als Ziel einer Datenbindung verwendet werden darf.
Journal	In einer navigierbaren Anwendung soll der Wert der Abhängigkeitseigenschaft im Journal gespeichert werden. Damit bleibt dieser erhalten, wenn zurücknavigiert wird.
PropertyChangedCallback	Eignet sich zum Beispiel auch dazu, hier ein Ereignis auszulösen, das auf Clientseite behandelt werden kann.

Tabelle 26.1 Eigenschaften der Klasse »FrameworkPropertyMetadata« (Auszug)

Mit diesen Charakteristiken könnte man sich zum Beispiel vorstellen, die Eigenschaft RadiusProperty wie folgt zu initialisieren:

```csharp
static Circle() {
  FrameworkPropertyMetadata meta = new FrameworkPropertyMetadata();
  meta.DefaultValue = 0;
  meta.AffectsRender = true;
  meta.BindsTwoWayByDefault = true;
  meta.PropertyChangedCallback = new PropertyChangedCallback(OnRadiusChanged);
  RadiusProperty = DependencyProperty.Register("Radius",
                                      typeof(int),
                                      typeof(Circle),
                                      meta);
}
```

Listing 26.7 Initialisieren und Registrieren von »Radius«

Die Abhängigkeitseigenschaft hat den Standardwert 0. Ferner wird im Bedarfsfall ein Neuzeichnen erzwungen und die Unterstützung des *Two-Way-Bindings* festgeschrieben. Ändert sich der Wert des Radius, wird die Methode OnRadiusChanged ausgeführt.

Um zumindest einen funktionsfähigen Code zu haben, sollten wir auch die Rückrufmethode OnRadiusChanged bereitstellen. Der Delegate PropertyChangedCallback schreibt vor, dass die Methode zwei Parameter haben muss: Der erste ist vom Typ DependencyObject und liefert die Referenz auf das auslösende Objekt. Der zweite Parameter ist vom Typ DependencyPropertyChangedEventArgs. Die Eigenschaften des EventArgs-Objekts liefern neben dem Bezeichner der auslösenden Eigenschaft auch deren alten und neuen Wert ab. Im nachfolgenden Code benutzen wir die Callback-Methode dazu, ein Ereignis auszulösen.

```csharp
public class Circle : DependencyObject {
  public event EventHandler RadiusChanged;
  public static readonly DependencyProperty RadiusProperty;
  static Circle() {
    [...]
  }
  public static void OnRadiusChanged(DependencyObject sender,
                          DependencyPropertyChangedEventArgs e) {
    Circle kreis = (Circle)sender;
    if( kreis.RadiusChanged != null)
      kreis.RadiusChanged(kreis, null);
  }
  public int Radius {
    get { return (int)GetValue(RadiusProperty); }
    set { SetValue(RadiusProperty, value); }
  }
}
```

Listing 26.8 Klasse »Circle« mit Callback-Methode

Die Enumeration »FrameworkMetadataOptions«

Der Konstruktor der Klasse `FrameworkPropertyMetadata` ist überladen. Darunter sind auch mehrere Konstruktoren zu finden, die einen Parameter vom Typ `FrameworkPropertyMetadataOptions` beschreiben. Bei diesem Typ handelt es sich um eine Enumeration, deren Member sich bitweise verknüpfen lassen. Die einzelnen Mitglieder beschreiben die Eigenschaften der Klasse `FrameworkPropertyMetadata`, die vom Typ `Boolean` sind. Wird ein Member dieser Enumeration angegeben, wird das vom Compiler entsprechend als `true` bewertet.

Somit ließe sich die Initialisierung des Objekts `RadiusProperty` alternativ auch folgendermaßen umsetzen:

```
static Circle() {
    FrameworkPropertyMetadata meta = new FrameworkPropertyMetadata(0,
              FrameworkPropertyMetadataOptions.AffectsRender |
              FrameworkPropertyMetadataOptions.BindsTwoWayByDefault);
    meta.PropertyChangedCallback = new PropertyChangedCallback(OnRadiusChanged);
    RadiusProperty = DependencyProperty.Register("Radius", typeof(int),
                                    typeof(Circle), meta);
}
```

Listing 26.9 Alternative Angabe der Metadaten einer Dependency Property

> **Hinweis**
> Visual Studio 2012 bietet ein Code-Snippet an, mit dem man sehr einfach das Grundgerüst einer Dependency Property erstellen kann. Geben Sie dazu einfach in der Klasse `propdp` ein, und drücken Sie anschließend die ⇥-Taste.

26.3.4 Freigabe des spezifischen Eigenschaftswertes

In manchen Situationen kann es sinnvoll sein, den individuellen lokalen Eigenschaftswert einer Komponente zu löschen, um wieder auf den Standardwert zurückzugreifen. Die einfache Übergabe des Standardwertes an die Eigenschaft reicht dazu nicht aus. Stattdessen ruft man die Methode `ClearValue` auf und übergibt ihr als Argument die Abhängigkeitseigenschaft, z.B.:

```
kreis.ClearValue(Circle.RadiusProperty);
```

Listing 26.10 Zurücksetzen der Eigenschaft auf die Standardeinstellung

26.3.5 Vererbung von Abhängigkeitseigenschaften

Auf alle Eigenschaften der Klasse `FrameworkPropertyMetadata` (siehe Tabelle 26.1) einzugehen, würde in diesem Buch zu weit führen. Aber lassen Sie uns einen Blick auf eine besondere Eigenschaft werfen. Eine Option ist die Einstellung `Inherits`. Auch wenn der Bezeichner im ersten Moment etwas anderes suggeriert, mit der aus der OOP bekannten Vererbung hat diese Einstellung nichts zu tun. Stattdessen gibt die Option `Inherits` an, ob der Wert der Abhängigkeitseigenschaft an die im Elementbaum untergeordneten Elemente weitergereicht wird. Ein einfaches Beispiel soll das Verhalten verdeutlichen:

```
<Window ...
    Title="MainWindow" Height="350" Width="525" FontSize="26">
  <StackPanel>
    <Button>
      <Label>Hallo</Label>
    </Button>
  </StackPanel>
</Window>
```

Listing 26.11 Weitervererbte Eigenschaft »FontSize«

Die Eigenschaft `FontSize` wird für das `Window`-Element festgelegt. `FontSize` ist eine Eigenschaft, die »weitervererbt« wird. Das hat zur Konsequenz, dass das weiter unten im Elementbaum positionierte `Label` den Text *Hallo* in der Schriftgröße 26 anzeigt.

Einige Controls werden ein davon abweichendes Verhalten zeigen. Dazu gehören unter anderem `Menu`, `ToolTip` und auch `StatusBar`. Der Grund ist, dass diese Komponenten die Schriftgröße intern selbst festlegen. Genau genommen beziehen diese Steuerelemente ihre Informationen aus den aktuellen Systemeinstellungen.

26.4 Validieren einer Abhängigkeitseigenschaft

Nun müssen wir noch auf einen ausgesprochen wichtigen Punkt zu sprechen kommen. Bei der Definition von CLR-Eigenschaften haben wir bisher immer die set- und get-Zweige dazu benutzt, Überprüfungen im Zusammenhang mit der Wertübergabe oder der Auswertung vorzunehmen oder möglicherweise Ereignisse auszulösen. Von diesem allgemeinen Prinzip sollten Sie beim Wrapper einer Abhängigkeitseigenschaft grundsätzlich immer Abstand nehmen. Stattdessen bieten sich uns mit den Delegaten `ValidateValueCallback` und `CoerceValueCallback` Alternativen an, die die Aufgabe der Validierung übernehmen.

26.4.1 Validieren mit »ValidateValueCallback«

Dieser Delegat kann den neuen Eigenschaftswert ganz allgemein entweder akzeptieren oder verwerfen, repräsentiert also einen `Boolean`. Er ersetzt die Überprüfung des Wertes, die bei herkömmlichen CLR-Eigenschaften normalerweise im set-Zweig erfolgt.

Der `ValidateValueCallback`-Delegat hat prinzipiell dieselbe Aufgabe wie der noch zu diskutierende `CoerceValueCallback`-Delegat. Bei der Validierung hat der `ValidateValueCallback`-Delegat jedoch keine Kenntnis vom Objekt selbst. Daher wird der Delegat immer dann eingesetzt, wenn eine Überprüfung allgemeingültig ist, also für jedes Objekt die gleichen Bedingungen angesetzt werden können. Objekteigenschaften können zur Validierung des neuen Wertes nicht herangezogen werden. Hinsichtlich unserer Klasse Circle wäre es zum Beispiel naheliegend, sicherzustellen, dass der Radius nicht kleiner 0 sein darf.

Die Bekanntgabe des ValidateValueCallback-Delegaten erfolgt als Argumentübergabe an die Register-Methode der Klasse DependencyProperty.

```
RadiusProperty = DependencyProperty.Register("Radius", typeof(int),
                   typeof(Circle), meta,
                   new ValidateValueCallback(IsRadiusValid));
```

Listing 26.12 Validieren einer Dependency Property

Die auf den Delegaten beruhende Rückrufmethode erwartet als einziges Argument den Wert, den es zu überprüfen gilt. Die Übergabe des zu prüfenden Wertes erfolgt an einen Parameter vom Typ Object und muss demnach innerhalb der validierenden Methode in den passenden Datentyp konvertiert werden. Der Rückgabewert ist true, wenn der Wert akzeptiert werden kann, ansonsten false.

```
private static bool IsRadiusValid(object value) {
  if ((int)value >= 0) return true;
  return false;
}
```

Listing 26.13 Die Definition der Rückrufmethode

Die Rückgabe von false löst eine Ausnahme aus, die behandelt werden muss.

26.4.2 Validieren mit »CoerceValueCallback«

Der Delegat CoerceValueCallback wird dazu benutzt, festzustellen, ob der bis zu diesem Zeitpunkt gebildete neue Eigenschaftswert im Kontext anderer Objekteigenschaften als gültig angesehen werden kann. Nehmen wir dazu das typische Beispiel eines ProgressBar-Steuerelements (Fortschrittsbalken). Mit den Werten Minimum und Maximum werden die Bereichsgrenzen abgesteckt, mit Value der aktuelle Wert. Überschreitet Value den von Maximum definierten Grenzwert, kann das nicht akzeptiert werden. Andererseits darf Value auch die Einstellung von Minimum nicht unterschreiten. Zur Vermeidung dieser Inkonsistenz eignet sich der CoerceValueCallback-Delegat.

Der Delegat beschreibt eine Methode mit zwei Parametern. Der erste liefert dabei die Referenz auf das Objekt, für das der Eigenschaftswert geprüft werden soll. Dabei muss es sich um ein Objekt vom Typ DependencyObject handeln. Der zweite Parameter ist der zu validierende Wert. Der Rückgabewert ist vom Typ Object und beschreibt den eventuell umgewandelten, akzeptablen Eigenschaftswert.

Ein CoerceValueCallback-Delegat wird über die gleichnamige Eigenschaft des PropertyMetadata-Objekts definiert (siehe auch Tabelle 26.1), beispielsweise folgendermaßen:

```
FrameworkPropertyMetadata meta = new FrameworkPropertyMetadata(...);
meta.CoerceValueCallback = new CoerceValueCallback(CoerceRadius);
```
Listing 26.14 Definition des »CoerceValueCallback«-Delegaten

Nehmen wir an, in der Klasse `Circle` wäre noch eine CLR-Eigenschaft `Maximum` definiert, die den maximalen Radius eines `Circle`-Objekts festschreiben soll. In diesem Fall dürfte der Wert des `Radius` den vorgegebenen Maximalwert nicht überschreiten. Da die Eigenschaft `Maximum` für jedes Objekt unterschiedlich sein kann, muss eine Validierung gegen den objektspezifischen Wert durchgeführt werden.

```
private static object CoerceRadius(DependencyObject d, object value) {
  if (((Circle)d).Maximum >= (int)value)
    return value;
  return ((Circle)d).Maximum;
}
```
Listing 26.15 Prüfen gegen eine objektspezifische Eigenschaft

Es würde sich auch hinsichtlich der Eigenschaft `Maximum` anbieten, diese als Abhängigkeitseigenschaft zu implementieren. Um den Code überschaubar zu halten, wird die Eigenschaft als normale CLR-Property angegeben.

> **Hinweis**
>
> Den kompletten Code der Klasse `Circle` finden Sie auf der Buch-DVD unter `..\Beispiel\Kapitel 26\DependencyPropertySample`.

26.5 Angehängte Eigenschaften (Attached Property)

Angehängte Eigenschaften werden vom Konstrukt her auch als `DependencyProperty` implementiert, zeigen aber eine andere Verhaltensweise. Angehängte Eigenschaften werden nämlich nicht im Objekt selbst abgelegt, sondern in den Objekten anderer Klassen. Dies wird insbesondere bei den Layout-Containern praktiziert, wenn eine Abhängigkeitseigenschaft vom Layout-Container an das untergeordnete Element weitergegeben wird.

Das folgende Codefragment zeigt einen typischen Einsatzfall. Innerhalb eines `Grid`-Steuerelements ist eine Schaltfläche in der zweiten Zeile und der zweiten Spalte des `Grid` platziert.

```
<Grid>
  <Grid.RowDefinitions>
    <RowDefinition />
    <RowDefinition />
  </Grid.RowDefinitions>
  <Grid.ColumnDefinitions>
```

```
      <ColumnDefinition/>
      <ColumnDefinition/>
   </Grid.ColumnDefinitions>
   <Button Name="btnButton" Grid.Column="1" Grid.Row="1" />
</Grid>
```

Listing 26.16 Typischer Einsatz einer angehängten Eigenschaft

Um den `Button` passend zu positionieren, wird den beiden angehängten Eigenschaften `Grid.Column` und `Grid.Row` der entsprechende Spalten- und Zeilenindex übergeben. `Grid.Column` und `Grid.Row` sind keine Eigenschaften der Schaltfläche, sondern werden der Schaltfläche durch das `Grid`-Objekt hinzugefügt.

Wir wollen uns das Konzept der angehängten Eigenschaften am Beispiel der `Grid.Column`-Eigenschaft ansehen.

```
public class Grid : DependencyObject {
   public static readonly DependencyProperty ColumnProperty;
   static Grid() {
      FrameworkPropertyMetadata metadata = new FrameworkPropertyMetadata(0);
      Grid.ColumnProperty = DependencyProperty.RegisterAttached("Column",
                  typeof(int), typeof(Grid), metadata);
   }
   public static int GetColumn(UIElement element) {
      if (element == null) throw new ArgumentNullException();
      return (int)element.GetValue(Grid.ColumnProperty);
   }
   public static void SetColumn(UIElement element, int value)
   {
      if (element == null) throw new ArgumentNullException();
      element.SetValue(Grid.ColumnProperty, value);
   }
}
```

Listing 26.17 Definition der angehängten Eigenschaft »Grid.Column«

Der Code soll keinen Anspruch auf Vollständigkeit erheben. Beispielsweise zeigt er keinerlei Validierungen, um eine gültige Indexposition zu gewährleisten.

Eine angehängte Eigenschaft zu definieren ähnelt der Definition einer Abhängigkeitseigenschaft. Allerdings wird eine angehängte Eigenschaft mit der Methode `RegisterAttach` beim WPF-Subsystem registriert. Ein `FrameworkPropertyMetadata`-Objekt sorgt auch hier für individuelle Einstellungen der angehängten Eigenschaft.

Angehängte Eigenschaften weisen keinen Eigenschaftswrapper auf. Stattdessen werden zwei statische Methoden bereitgestellt, um den Eigenschaftswert zu setzen bzw. auszuwerten. Die Methodenbezeichner sollten dem Muster Set<*Eigenschaftsname*> und Get<*Eigenschafts-*

name> folgen. Intern rufen die beiden Methoden die von `DependencyObject` geerbten Methoden `SetValue` und `GetValue` auf.

> **Hinweis**
>
> Visual Studio 2012 bietet auch für angehängte Eigenschaften ein Code-Snippet an, um das Grundgerüst einer Attached Property zu erstellen. Geben Sie dazu einfach in der Klasse `propa` ein, und drücken Sie anschließend die ⇆-Taste.

26.5.1 Angehängte Eigenschaften zur Laufzeit ändern

Zur Festlegung eines Wertes im XAML-Code sind die Eigenschaften `SetColumn` bzw. `SetRow` eines `Grid`-Steuerelements nicht geeignet. Sie lassen sich aber dazu benutzen, um mit C#-Code zur Laufzeit einen neuen Wert zu setzen. Soll der zu Beginn dieses Abschnitts gezeigte Button beispielsweise von der Zeile mit dem Index 1 in die Zeile mit dem Index 0 verschoben werden, genügt die folgende Anweisung:

```
btnButton.SetValue(Grid.RowProperty, 0);
```

Listing 26.18 Ändern einer angehängten Eigenschaft

Kapitel 27
Ereignisse in der WPF

Die WPF stellt neben den herkömmlichen CLR-Eigenschaften auch Abhängigkeitseigenschaften bereit. In ähnlicher Weise wird von der WPF auch das Konzept der üblichen Ereignisse um die sogenannten **Routed Events** ergänzt. Die übliche Verschachtelung mehrerer WPF-Komponenten im XAML-Code hat dieses Konzept erforderlich gemacht. Einfache Ereignisse, wie beispielsweise in WinForm-Anwendungen oder auch unter ASP.NET realisiert, genügen dem Prinzip der Elementbäume der WPF nicht mehr.

In diesem Kapitel lernen Sie, was unter der Strategie der Routed Events verstanden wird, wie man sie umsetzt und sinnvoll einsetzt. Am Ende dieses Kapitels werden wir uns noch wichtigen Ereignisgruppen widmen.

27.1 Ereignishandler bereitstellen

So wie alle Anwendungen mit grafischer Benutzeroberfläche reagiert auch eine WPF-Anwendung immer dann, wenn ein Ereignis ausgelöst wird – beispielsweise durch die Aktion des Anwenders. Ist für das ausgelöste Ereignis ein Ereignishandler registriert, wird dieser ausgeführt.

Sehen wir uns als Erstes an, wie man grundsätzlich mit Ereignissen in der WPF umgeht. Nehmen wir dazu an, im XAML-Code sei innerhalb eines Grid-Elements ein Button positioniert, der auf das Click-Ereignis reagieren soll. Dazu muss bekanntlich ein Ereignishandler registriert werden. Am einfachsten ist es, die IntelliSense-Hilfe im XAML-Code zu nutzen und daraus Click auszuwählen. Durch zweimaliges Drücken der ⇆-Taste wird im XAML-Code das Ereignis an einen Ereignishandler gebunden, der automatisch in der Code-Behind-Datei bereitgestellt wird.

```
<Grid>
  <Button Click="button1_Click" Height="30" Name="button1"
          Margin="70,95,133,0">Button1</Button>
</Grid>
```

Listing 27.1 Registrieren eines Ereignishandlers im XAML-Code

> **Hinweis**
> Sie können einen Ereignishandler auch im Eigenschaftsfenster bereitstellen. Dazu schalten Sie im Eigenschaftsfenster die Ansicht EIGENSCHAFTEN auf die Ansicht EREIGNISSE um, indem Sie auf das Blitzsymbol klicken. Ein Doppelklick auf das gewünschte Ereignis genügt, um den Ereignishandler mit der üblichen Namenskonvention zu erzeugen.

Verfügt eine Komponente über ein Standardereignis, lässt sich ein Ereignishandler auch mit einem Doppelklick auf die Komponente im Designer bereitstellen. Das ist beispielsweise der Fall, wenn Sie auf den Button doppelt klicken. Es wird danach der Ereignishandler für das Standardereignis Click erzeugt. Dieser könnte in der Code-Behind-Datei wie folgt aussehen:

```
void button1_Click(object sender, RoutedEventArgs e) { }
```

So wie alle anderen Ereignishandler in .NET weisen auch die Ereignishandler in der WPF zwei Parameter auf: Der erste ist vom Typ Object und liefert die Referenz auf die ereignisauslösende Komponente, der zweite stellt ereignisspezifische Daten zur Verfügung.

Die Verknüpfung zwischen einem Ereignis und einem Ereignishandler können Sie auch im Code festlegen, z.B.:

```
public partial class MainWindow : Window {
  public MainWindow() {
    InitializeComponent();
    button1.Click += new RoutedEventHandler(button1_Click);
  }
  void button1_Click(object sender, RoutedEventArgs e) {
    MessageBox.Show("Im Click-Ereignishandler");
  }
}
```

Listing 27.2 Registrierung eines Ereignishandlers mit Programmcode

Beachten Sie, dass dem Steuerelement in diesem Fall ausdrücklich ein Objektbezeichner (Eigenschaft Name) zugewiesen sein muss.

27.2 Routing-Strategien

Auch wenn es bis jetzt den Anschein hat, dass die Ereignisse in der WPF keine Besonderheiten bergen – dem ist nicht so. Der Grund ist, dass in einer WPF-Benutzeroberfläche die Elemente ineinander verschachtelt werden können, beispielsweise:

```
<Window>
  <StackPanel>
    <Button Height="110" Width="250" Margin="10">
```

```
        <StackPanel Orientation="Horizontal">
          <Image Source="smile.jpg" Stretch="None" />
          <Label VerticalAlignment="Center">Abbrechen</Label>
        </StackPanel>
      </Button>
      [...]
  </StackPanel>
</Window>
```

Listing 27.3 Verschachtelte Elemente im XAML-Code

Hier enthält ein StackPanel einen Button, der seinerseits als Inhaltseigenschaft ein weiteres StackPanel beschreibt. In diesem sind eine Image- und eine Label-Komponente horizontal angeordnet. Mit der Vorgabe dieser Struktur könnte zur Laufzeit das Folgende passieren: Der Anwender möchte auf den Button klicken, trifft dabei aber das Label. In herkömmlichen GUIs würde das Label sein eigenes Click-Ereignis auslösen, während der Button keine Reaktion zeigt. Das gilt natürlich auch, wenn auf das Image geklickt wird. Probleme dieser Art gibt es eigentlich in allen Benutzeroberflächen. Natürlich lässt sich im Falle unseres auf dem Button positionierten Labels auch in herkömmlichen GUIs das Click-Ereignis der Schaltfläche auslösen, aber der Aufwand dafür ist nicht unerheblich.

Um eine einfache Lösung zu ermöglichen, erweitert die WPF das traditionelle Konzept der Ereignisse um die Routed Events. Dabei müssen wir drei verschiedene Routing-Strategien unterscheiden:

- **Direkte Events**: Als direkte Ereignisse werden die Ereignisse bezeichnet, die nur von dem Element, bei dem das Ereignis aufgetreten ist, ausgelöst werden. Direkte Ereignisse unterscheiden sich nicht von den sonst üblichen Ereignissen im .NET Framework. Das Ereignis Click ist beispielsweise ein direkter Event.

- **Tunneling-Events**: Beim **Tunneling** beginnt die Ereigniskette beim Wurzelelement. In der Regel wird es sich dabei um ein Window handeln. Das Ereignis wird also zuerst im Window ausgelöst und danach im nächsten untergeordneten Element. Von dort setzt sich die Ereignisauslösung im nächsten untergeordneten Element fort. In Listing 27.3 wäre das das StackPanel. Das geschieht so lange, bis der eigentliche Auslöser erreicht ist. Tunneling-Events sind durch das Präfix Preview gekennzeichnet.

- **Bubbling-Events**: Das Bubbling beschreibt genau die Umkehrung des Tunneling-Prinzips. Zuerst wird der Event in der eigentlichen Komponente ausgelöst, anschließend wird die Ereignisauslösung der Reihe nach an die übergeordneten Elemente im Elementbaum weitergereicht bis hin zum Wurzelelement.

Bei den Routed Events kommt es also zu einer klaren Abfolge von Ereignisauslösungen. Legen wir das Listing 27.3 von oben zugrunde, würde zuerst das Ereignis im Window ausgelöst, anschließend im StackPanel und dann im Button. Da die Schaltfläche ihrerseits ein StackPanel enthält, ist dieses der nächste Empfänger. Zuletzt kommt dann eventuell noch das Image oder das Label.

Ist die Kette der Tunneling-Events durchlaufen, geht es mit den Bubbling-Events in entgegengesetzter Richtung zurück. Also zuerst der Bubbling-Event im Image oder Label, dann folgt das innere StackPanel, der Button, das äußere StackPanel und letztendlich das Window. Abbildung 27.1 verdeutlicht den Zusammenhang.

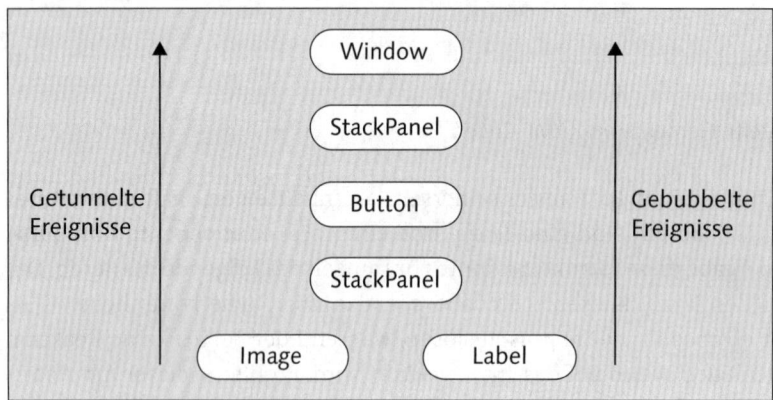

Abbildung 27.1 Elementbaum aus Listing 27.3 und Routed Events

Es werden in der Kette alle Handler aufgerufen, die sich bei dem Ereignis registriert haben. Behandelt ein Element innerhalb des Elementbaums das aufgetretene Ereignis nicht, wird die Ereigniskette nicht unterbrochen.

27.2.1 Der durchlaufene Elementbaum

In der WPF wird zwischen dem visuellen Elementbaum (Visual Tree) und dem logischen Elementbaum (Logical Tree) unterschieden (siehe Kapitel 18). In der Regel wird von einem Routed Event der Visual Tree durchlaufen. Aus der Wortwahl können Sie entnehmen, dass das nicht immer so ist. Hintergrund ist, dass Routed Events nur von Komponenten ausgelöst werden können, die auf eine der folgenden Klassen zurückzuführen sind: UIElement, UIElement3D oder ContentElement. ContentElement-Instanzen gehören aber nicht zum Visual Tree, sondern zum Logical Tree. Somit wäre es nicht richtig, zu sagen, dass ausschließlich der Virtual Tree durchlaufen wird – obwohl das im überwiegenden Teil der Fälle so ist.

27.2.2 Beispielanwendung

Die Routed Events wollen wir uns nun an einem Beispiel ansehen, dem das Codefragment von oben zugrunde liegt. Es werden hier die Ereignisse PreviewMouseRightButtonDown (getunnelt) und MouseRightButtonDown (gebubbelt) behandelt, die beim Drücken der rechten Maustaste ausgelöst werden. Damit die Abfolge der Ereigniskette auch optisch sichtbar wird, enthält das Window zusätzlich noch eine ListBox, in der sich jeder ausgelöste Event einträgt. Der entsprechende Code dafür ist in der Code-Behind-Datei zu finden.

```
// Beispiel: ..\Kapitel 27\RoutedEventSamples\Sample1
<Window ...
        PreviewMouseRightButtonDown="PreviewMouseRight"
        MouseRightButtonDown="MouseRight">
  <StackPanel MouseRightButtonDown="MouseRight"
              PreviewMouseRightButtonDown="PreviewMouseRight">
    <Button MouseRightButtonDown="MouseRight"
            PreviewMouseRightButtonDown="PreviewMouseRight">
      <StackPanel Orientation="Horizontal" MouseRightButtonDown="MouseRight"
                  PreviewMouseRightButtonDown="PreviewMouseRight">
        <Image MouseRightButtonDown="MouseRight"
               PreviewMouseRightButtonDown="PreviewMouseRight"/>
        <Label MouseRightButtonDown="MouseRight"
               PreviewMouseRightButtonDown="PreviewMouseRight">
               Abbrechen
        </Label>
      </StackPanel>
    </Button>
    <ListBox x:Name="listBox1"></ListBox>
    <Grid>

      <Grid.ColumnDefinitions>
        <ColumnDefinition/>
        <ColumnDefinition Width="120"/>
      </Grid.ColumnDefinitions>
      <Button Click="Button_Click">Liste löschen</Button>
    </Grid>
  </StackPanel>
</Window>
// Code in der Code-Behind-Datei
private void MouseRight(object sender, MouseButtonEventArgs e) {
  listBox1.Items.Add(sender.ToString());
}
private void PreviewMouseRight(object sender, MouseButtonEventArgs e) {
  listBox1.Items.Add("Preview: " + sender.ToString());
}
private void Button_Click(object sender, RoutedEventArgs e) {
  listBox1.Items.Clear();
}
```

Listing 27.4 Demonstration der Routed Events

Das Klicken auf das Image führt zu der in Abbildung 27.2 gezeigten Ausgabe.

Abbildung 27.2 Routed Events beim Klicken auf das Image mit der rechten Maustaste

27.2.3 Sonderfall der Mausereignisse

Werden die beiden Ereignisse PreviewMouseRightButtonDown und MouseRightButtonDown durch die Paare PreviewMouseLeftButtonDown/ MouseLeftButtonDown bzw. PreviewMouseDown/MouseDown ersetzt, tritt ein seltsames Phänomen auf: Bei den gebubbelten Events wird der letzte Ereignishandleraufruf vom StackPanel ausgeführt, das sich innerhalb des Buttons befindet. Alle anderen gebubbelten Events werden unterdrückt und nicht mehr ausgelöst. Offensichtlich wird die Ereigniskette an dieser Stelle unterbrochen (siehe Abbildung 27.3).

Ursache für diese Verhaltensweise ist, dass im Ereignis MouseLeftButtonDown (und auch MouseLeftButtonUp) das Click-Ereignis ausgelöst wird. Dieses ersetzt MouseLeftButtonDown und MouseLeftButtonUp und unterbricht den Bubbling-Prozess, indem der ausgelöste Event als behandelt gekennzeichnet wird. Wie man dennoch die gebubbelte Ereigniskette weiter fortsetzen kann, werde ich Ihnen später noch zeigen.

Abbildung 27.3 Routed Events, wenn die Ereigniskette des »MouseDown-Events« durchlaufen wird

Das Beispielprogramm, dem Abbildung 27.3 zugrunde liegt, ist unter \Kapitel 27\Routed-EventSamples\Sample4 zu finden. Wie Sie den beschriebenen Effekt unterbinden können, wird in Abschnitt 27.4.3 beschrieben.

27.3 Der Ereignishandler

Lassen Sie uns jetzt einen Blick auf die Ereignishandler der Routed Events werfen. Im Grunde genommen unterscheiden sich die Parameter nicht von denen der klassischen CLR-Ereignisse: Im ersten Parameter gibt sich der Auslöser des Events bekannt, im zweiten werden ereignisspezifische Daten bereitgestellt. Während in CLR-Ereignissen der zweite Parameter immer vom Typ EventArgs ist, basiert der zweite Parameter eines Routed Events auf dem Typ RoutedEventArgs (der übrigens selbst von EventArgs abgeleitet ist).

Alle EventArgs-Parameter in der WPF sind von RoutedEventArgs abgeleitet. Im Code des letzten Beispiels handelt es sich dabei um ein Objekt vom Typ MouseButtonEventArgs. Dieser Typ ist über seine direkte Basis MouseEventArgs auf RoutedEventArgs zurückzuführen.

27.3.1 Die Klasse »RoutedEventArgs«

RoutedEventArgs liefert insgesamt vier interessante Informationen, die Sie Tabelle 27.1 entnehmen können.

Eigenschaft	Beschreibung
Handled	Diese Eigenschaft ermöglicht es, den Routing-Prozess zu stoppen. Dazu ist Handled auf true zu setzen. Dadurch wird die Ereigniskette nicht nur unterbrochen, sondern beendet.
RoutedEvent	Diese Eigenschaft liefert die RoutedEvent-Instanz, die mit dem RoutedEventArgs-Objekt verbunden ist.
Source	Gibt das Element an, das für die Einleitung des Routing-Prozesses verantwortlich zeichnet.
OriginalSource	Liefert das Objekt aus dem Visual Tree, das ursächlich das Ereignis ausgelöst hat.

Tabelle 27.1 Die Eigenschaften der Klasse »RoutedEventArgs«

Vermutlich wird Ihnen der Unterschied zwischen den beiden Eigenschaften Source und OriginalSource nicht sofort klar sein. Die Konfusion wird vermutlich perfekt, wenn außer diesen beiden Eigenschaften auch noch der erste Parameter (sender) des Ereignishandlers in unsere Betrachtung einbezogen wird. Worin unterscheiden sich sender, Source und OriginalSource?

27.3.2 Die Quelle des Routing-Prozesses

Am besten verständlich wird der Unterschied, wenn wir die Ausgabe des Beispiels *Sample1* von oben entsprechend anpassen. Dabei ist es vollkommen ausreichend, wenn wir uns auf die gebubbelten Events beschränken.

```
// Beispiel: .. \Kapitel 27\RoutedEventSamples\Sample2
<Window ...
        MouseRightButtonDown="MouseRight">
  <StackPanel MouseRightButtonDown="MouseRight">
    <Button MouseRightButtonDown="MouseRight">
      <StackPanel MouseRightButtonDown="MouseRight">
        <Image MouseRightButtonDown="MouseRight"/>
        <Label MouseRightButtonDown="MouseRight">Abbrechen</Label>
      </StackPanel>
    </Button>
    <ListBox x:Name="listBox1"></ListBox>
    <Grid>
      <Grid.ColumnDefinitions>
        <ColumnDefinition/>
        <ColumnDefinition Width="120"/>
      </Grid.ColumnDefinitions>
      <Button Grid.Column="1" Click="Button_Click">Liste löschen</Button>
    </Grid>
  </StackPanel>
</Window>
// Programmcode in der Code-Behind-Datei
private void MouseRight(object sender, MouseButtonEventArgs e) {
  string message = "Sender: " + sender + "\n";
  message += "Source: " + e.Source + "\n";
  message += "OriginalSource: " + e.OriginalSource + "\n";
  listBox1.Items.Add(message);
}
```

Listing 27.5 Demonstration der EventArgs-Parameter

Klicken wir auf das `Label`, werden die Resultate in der `ListBox` angezeigt. Der besseren Übersicht wegen sei die Ausgabe tabellarisch wiedergegeben.

Sender	Source	OriginalSource
Label	Label	TextBlock
StackPanel	Label	TextBlock
Button	Label	TextBlock
StackPanel	Label	TextBlock

Tabelle 27.2 Ausgaben, wenn auf das Label geklickt wird

Sender	Source	OriginalSource
Window	Label	TextBlock

Tabelle 27.2 Ausgaben, wenn auf das Label geklickt wird (Forts.)

Die Aussage, dass die gebubbelten Ereignisse ausgehend vom Label im Elementbaum nach oben bis zum Fenster weitergereicht werden, sehen wir in der Ausgabe des Parameters sender bestätigt. Der Parameter liefert die Komponente, die aktuell das Ereignis ausgelöst hat – obwohl der Verursacher der Ereigniskette eine ganz andere Komponente ist.

Die Eigenschaft Source beschreibt den tatsächlichen Auslöser des Routing-Prozesses: Hier ist es das Label. Allgemein gesprochen handelt es sich dabei um die Komponente, die sowohl im Virtual Tree als auch im Logical Tree zu finden ist.

Die Angabe OriginalSource geht ins Detail. Hierzu sei erklärend gesagt, dass jedes Steuerelement durch eine »Schablone« beschrieben wird, das sogenannte ControlTemplate. Die Komponente TextBlock ist innerhalb des ControlTemplates eines Labels die Komponente, die für die Ausgabe des Textes sorgt. Somit beschreibt die Eigenschaft OriginalSource das Element aus dem Visual Tree, das im Hintergrund tatsächlich für die Eventauslösung verantwortlich ist.

27.3.3 Die Eigenschaft »Handled«

Innerhalb eines Ereignishandlers kann die Eigenschaft Handled dazu verwendet werden, ein Ereignis als »behandelt« zu markieren. Dazu wird Handled=true gesetzt. Die Folge ist, dass die Aufrufe aller weiteren Ereignishandler, die auf der Route des Ereignisses liegen, unterdrückt werden. Dies lässt sich sehr schnell anhand des Beispiels *Sample2* überprüfen.

```
private void MouseRight(object sender, MouseButtonEventArgs e) {
  string message = "Sender: " + sender + "\n";
  message += "Source: " + e.Source + "\n";
  message += "OriginalSource: " + e.OriginalSource + "\n";
  listBox1.Items.Add(message);
  if (sender is Button) e.Handled = true;
}
```

Listing 27.6 Ergänzung des Ereignishandlers aus dem Beispiel »Sample2«

Das »äußere« StackPanel und das Window werden den Ereignishandler nicht mehr aufrufen.

> **Hinweis**
>
> Auch wenn Handled auf true gesetzt ist, durchläuft das System weiterhin die komplette Route. Tatsächlich gibt es sogar die Möglichkeit, einen Ereignishandler ausführen zu lassen, wenn vorher das Ereignis bereits mit Handled=true für behandelt erklärt wird. Wie das gemacht wird, sehen Sie am Beispiel des Buttons in Abschnitt 27.4.3.

27.3.4 Registrieren und Deregistrieren eines Ereignishandlers mit Code

Zur Installation des Ereignishandlers eines Routed Events stehen Ihnen zwei Möglichkeiten zur Verfügung. Sie können einerseits mit »+=« in bekannter Weise das Ereignis mit einem Ereignishandler verbinden, z.B.:

```
button1.Click += new RoutedEventHandler(button1_Click);
```

Die zweite Variante stellt die Methode `AddHandler` dar, die von den Klassen `UIElement`, `UIElement3D` und `ContentElement` bereitgestellt wird und auf das von diesen Klassen implementierte Interface `IInputElement` zurückzuführen ist.

```
button1.AddHandler(Button.ClickEvent, new RoutedEventHandler(button1_Click))
```

Das Deregistrieren eines Event Handlers erfolgt ähnlich. Entweder Sie benutzen `-=`, also z.B.

```
button1.Click -= new RoutedEventHandler(button1_Click);
```

oder die Methode `RemoveHandler`:

```
button1.RemoveHandler(Button.ClickEvent, new RoutedEventHandler(button1_Click))
```

27.4 Definition eines Routed Events

Routed Events können nur in Klassen implementiert werden, die von einer der folgenden Basen abgeleitet sind:

- `UIElement`
- `UIElement3D`
- `ContentElement`

Hintergrund dessen ist, dass die Schnittstelle `IInputElement` implementiert sein muss, die unter anderen die Methoden `AddHandler`, `RemoveHandler` und `RaiseEvent` vorschreibt. Alle drei Methoden werden wir in diesem Abschnitt noch einsetzen.

Das Ereignismodell der Routed Events ähnelt dem der Dependency Properties. Ein Routed Event wird ebenfalls durch ein `static readonly`-Feld beschrieben, das beim WPF-Subsystem registriert werden muss. Der Typ ist dabei immer `RoutedEvent`. Per Konvention wird dem Bezeichner das Suffix `Event` angehängt.

> **Anmerkung**
> In diesem Abschnitt möchte ich Ihnen zeigen, wie ein Routed Event bereitgestellt wird. Damit alles nicht schwieriger wird als notwendig, wird dazu die Klasse `Button` aus dem Namespace `System.Windows.Controls` abgeleitet und um das Ereignis `SayHello` erweitert. Sie finden das komplette Beispiel auf der Buch-DVD unter \Kapitel 27\RoutedEventSamples\Sample3.

```
public class SpecializedButton : Button {
  public static readonly RoutedEvent SayHelloEvent;
}
```
Listing 27.7 Definition des Events »SayHello«

Für die Registrierung eignet sich auch in diesem Fall der statische Konstruktor. Die Registrierung erfolgt mit der statischen Methode `RegisterRoutedEvent` der Klasse `EventManager`. Der erste Parameter der Methode erwartet den Namen des Events. Das zweite Argument beschreibt die verfolgte Routing-Strategie und kann auf `Direct`, `Bubble` oder `Tunnel` eingestellt werden. Dem dritten Parameter wird der Typ des Delegaten mitgeteilt, und der vierte Parameter beschreibt den Typ der Klasse, in dem der Event definiert ist.

```
static SpezializedButton() {
  SayHalloEvent = EventManager.RegisterRoutedEvent("SayHello",
                              RoutingStrategy.Bubble,
                              typeof(RoutedEventHandler),
                              typeof(SpezializedButton));
}
```
Listing 27.8 Registrierung des Routed Events im statischen Konstruktor

Zum Schluss muss nur noch je ein Accessor zum Hinzufügen und Entfernen eines Ereignishandlers geschrieben werden, denn ansonsten wäre einerseits die klassische Verbindung eines Ereignisses mit einem Ereignishandler mit »+=« nicht möglich, andererseits ließe sich ein Routed Event auch nicht im XAML-Code benutzen. Auch das erinnert wieder stark an die Dependency Properties mit ihrem get-/set-Wrapper.

```
public event RoutedEventHandler SayHello {
  add {
    AddHandler(SpezializedButton.SayHelloEvent, value);
  }
  remove {
    RemoveHandler(SpezializedButton.SayHelloEvent, value);
  }
}
```
Listing 27.9 Bereitstellung der Accessoren

Die Signatur sieht aus wie die Definition eines gewöhnlichen CLR-Ereignisses. Der Event-Wrapper beherbergt die beiden Accessoren add und remove. Bei value handelt es sich, genauso wie bei einem set-Accessor, um einen impliziten Parameter, der den Delegaten beschreibt, der entweder hinzugefügt oder entfernt werden soll. Die beiden Methoden AddHandler und RemoveHandler stammen aus dem Interface IInputElement.

> **Anmerkung**
>
> Ein direkter Event verhält sich in gleicher Weise wie ein klassischer CLR-Event. Er wird in einer Komponente ausgelöst und kann nicht von umgebenden Komponenten verarbeitet werden. Betrachten wir die Methode RegisterRoutedEvent der Klasse Eventmanager, stellen wir fest, dass uns auch die Option RoutingStrategy.Direct angeboten wird. Damit stellt sich die Frage, ob wir ein direktes Ereignis klassisch bereitstellen oder uns für die Registrierung beim EventManager entscheiden sollten.
>
> Die Antwort ist eindeutig: Sie sollten sich für die zweite Variante entscheiden, also auch direkte Events beim EventManager registrieren. Der Grund dafür ist in verschiedenen Fähigkeiten der WPF zu finden, die voraussetzen, dass ein direkter Event als Routed Event implementiert ist. Dazu gehört beispielsweise die Fähigkeit von XAML, mit EventTriggern auf Ereignisse zu reagieren.

27.4.1 Ereignisauslösung

So weit vorbereitet muss ein Event nur noch ausgelöst werden. Wann das genau passiert, ist eine Entscheidung, die der Entwickler treffen muss. Die Methode, in der das Ereignis ausgelöst wird, kann jede beliebige sein.

Das Feuern eines Routed Events unterscheidet sich von dem eines klassischen CLR-Events. Dem EventArgs-Parameter werden zuerst alle erforderlichen Informationen übergeben. Anschließend wird ein Routed Event, im Gegensatz zu den CLR-Ereignissen, mit der Methode RaiseEvent ausgelöst. Angenommen, wir wollen das Ereignis SayHello der SpecializedButton-Instanz in einer Methode namens DoSomething auslösen, könnte der Code wie folgt aussehen:

```
public void DoSomething() {
  RoutedEventArgs e = new RoutedEventArgs();
  e.RoutedEvent = SayHalloEvent;
  e.Source = this;
  RaiseEvent(e);
}
```

Listing 27.10 Auslösen des Ereignisses »SayHello«

Vielleicht stellen Sie sich beim ersten Betrachten des Codes die Frage, wo die Information über den Typ des auszulösenden Events zu finden ist. Es ist die Eigenschaft RoutedEvent, die die Instanz des auszulösenden Events beschreibt. Somit nimmt das RoutedEventArgs-Objekt eine zentrale Position innerhalb der WPF ein, anders als das herkömmliche EventArgs-Objekt außerhalb der WPF. Im Codefragment wird der einfache Einsatz des RoutedEventArgs-Parameters gezeigt, der bis auf die in Tabelle 27.1 aufgeführten Eigenschaften keine ereignisspezifischen Daten bereitstellt. Der Parameter kann natürlich auch durch ein spezifisches RoutedEventArgs-Objekt beschrieben werden, in dem ereignisspezifische Daten an den registrierten Ereignishandler gesendet werden. In einem solchen Fall müssen Sie eine separate

Klasse codieren, die von RoutedEventArgs abgeleitet ist und das EventArgs-Objekt mit den gewünschten Daten vor dem Auslösen des Ereignisses versorgt.

> **Anmerkung**
>
> Um das Ereignis SayHello zu Testzwecken auslösen zu können, wird in der Klasse SpecializedButton die geerbte Methode OnClick in der Weise überschrieben, dass in ihr unser Event SayHello ausgelöst wird, also:
>
> ```
> protected override void OnClick() {
>   DoSomething();
> }
> ```
>
> Man könnte also sagen, dass wir damit Click durch SayHello ersetzen.

27.4.2 Das Ereignis als Attached Event verwenden

Steuerelemente, die beispielsweise von UIElement abgeleitet sind, weisen von Anfang an zahlreiche Events auf, die als Routed Events definiert sind. Dazu gehören auch die von uns zu Beginn dieses Kapitels benutzten Ereignisse PreviewMouseLeftButtonDown und MouseLeftButtonDown. Jede Komponente innerhalb eines Elementbaums kann sich somit bei einem getunnelten oder gebubbelten Event direkt anmelden, weil es über diese Ereignisse verfügt.

Etwas anders ist der Sachverhalt, wenn wir in einer Komponente ein typspezifisches Ereignis einführen, wie beispielsweise den Event SayHello unserer Klasse SpecializedButton. Obwohl als Routed Event geprägt, genauer als gebubbelter Event, verfügt eine umgebende Komponente wie beispielsweise ein Grid nicht über das Ereignis SayHello.

Damit auch solche Ereignisse den Elementbaum durchlaufen können, definiert XAML die Attached-Event-Syntax. Damit lassen sich Ereignishandler für diesen Event auch in einer umgebenden Komponente installieren. Die allgemeine Syntax dazu sieht wie folgt aus:

```
[Typ].[Event] = "[Ereignishandler]"
```

Ist ein Objekt vom Typ SpecializedButton innerhalb einer Grid-Zelle positioniert, kann das Grid mit dem gebubbelten Ereignis wie im folgenden Code gezeigt verknüpft werden.

```
<Window ...
        xmlns:local="clr-namespace:Sample3">
  <Grid local:SpecializedButton.SayHello="Grid_SayHello">
    <local:SpecializedButton x:Name="button1" SayHello="button1_SayHello">
      SpecializedButton
    </local:SpecializedButton>
  </Grid>
</Window>
```

Listing 27.11 Typspezifische Bubbled Events im übergeordneten Element auslösen

Natürlich kann das Ereignis SayHello auf gleiche Weise auch im Window ausgelöst werden.

27.4.3 Unterdrückte Ereignisse

Zum Abschluss unserer allgemeinen Betrachtungen der Routed Events bin ich Ihnen noch eine Erklärung schuldig. In Abschnitt 27.2.3 habe ich erwähnt, dass das Beispiel *Sample1* nicht wie erwartet reagiert, wenn wir anstatt des gebubbelten Ereignisses MouseRightButtonDown das Ereignis MouseLeftButtonDown oder MouseDown behandeln. Die Ereigniskette wird abgebrochen und nicht bis zum Wurzelelement Window durchgesetzt.

Hintergrund dieser Verhaltensweise ist, dass in der Methode OnMouseLeftButtonDown das Ereignis als behandelt gekennzeichnet wird und das Click-Ereignis ausgelöst wird.

```
protected override void OnMouseLeftButtonDown(MouseButtonEventArgs e) {
    base.OnMouseLeftButtonDown(e);
    e.Handled = true;
    OnClick();
}
```
Listing 27.12 Ursache des Abbruchs der Ereigniskette der Events »MouseLeftButtonDown«

Um zu erzwingen, dass dennoch alle registrierten Handler abgearbeitet werden, müssen Sie den Handler des Controls, das für den Abbruch der Ereigniskette verantwortlich ist, neu registrieren. Dazu benutzt man eine Überladung der Methode AddHandler.

Um das zu demonstrieren, bietet sich das Beispielprogramm *Sample1* an, das wir in Abschnitt 27.2.2 besprochen haben. Allerdings werden dort die beiden verwendeten Ereignisse PreviewMouseRightButtonDown und MouseRightButtonDown gegen die Entsprechungen, die die linke Maustaste behandeln, ersetzt.

Nun wollen wir die durch das Ereignis Click unterbrochene Ereigniskette vollständig durchlaufen. Dazu ist eine Neuregistrierung des Ereignisses MouseLeftButtonDown erforderlich:

```
public MainWindow() {
    InitializeComponent();
    button1.AddHandler(MouseLeftButtonDownEvent,
                new MouseButtonEventHandler(MouseLeft),
                true);
}
```
Listing 27.13 Neuregistrierung des Ereignishandlers für »MouseLeftButtonDown«

Geben Sie im ersten Argument den Routed Event an, der registriert werden soll, im zweiten Argument den Delegattyp des Ereignishandlers. Dem dritten Parameter muss true übergeben werden. Den Aufruf der Methode AddHandler positionieren Sie am besten wie gezeigt im Konstruktor des Window nach dem Aufruf von InitializeComponent.

Jetzt fehlt nur noch eine Ergänzung. Im Ereignishandler setzen Sie die e.Handled =true.

```
private void MouseLeft(object sender, MouseButtonEventArgs e) {
  // Anweisungen
  e.Handled = false;
}
```

Listing 27.14 Ergänzung im Ereignishandler

> **Anmerkung**
> Sie finden das Beispiel auf der Buch-DVD unter *\Kapitel 27\RoutedEventSamples\Sample4*.

27.5 Mausereignisse in der WPF

Bis hierher haben wir uns die WPF-typischen Routed Events im Detail angesehen und gelernt, wie sie innerhalb der Architektur der WPF arbeiten. Natürlich werden viele Ereignisse bereits von der WPF angeboten. Exemplarisch wollen wir daraus eine Gruppe herausgreifen, nämlich die Mausereignisse.

Es gibt zahlreiche Ereignisse, die im Zusammenhang mit einer Mausaktion ausgelöst werden: `MouseLeftButtonDown`, `MouseRightButtonDown`, `MouseDoubleClick`, `MouseWheel` usw. Die aufgeführten Events sind gebubbelte Events, zu denen sich auch noch die entsprechenden getunnelten gesellen.

27.5.1 Ziehen der Maus

Lassen Sie uns ein wenig über die Mausereignisse sprechen, die im Zusammenhang mit der Bewegung der Maus über eine Komponente stehen:

- `MouseEnter`
- `PreviewMouseMove` / `MouseMove`
- `MouseLeave`

`MouseEnter` und `MouseLeave` sind direkte Ereignisse. Dabei wird `MouseEnter` ausgelöst, wenn der Mauszeiger in den Bereich einer Komponente eindringt, `MouseLeave`, wenn der Mauszeiger den Bereich der Komponente verlässt.

Im Gegensatz zu `MouseEnter` und `MouseLeave` hat die Bewegung des Mauszeigers über eine Komponente zwei Ereignisse zur Folge: `PreviewMouseMove` ist der getunnelte Event, `MouseMove` der gebubbelte.

Alle genannten Mausereignisse haben eines gemeinsam: Sie übergeben dem Ereignishandler ein `MouseEventArgs`-Objekt, das mit zahlreichen Informationen aufwartet. Die wichtigsten können Sie Tabelle 27.3 entnehmen.

Eigenschaft/Methode	Beschreibung
Device	Ruft das Eingabegerät ab (der Auslöser muss nicht zwangsläufig eine Maus sein, es kann sich auch um die Tastatur handeln oder einen Touchscreen).
Handled	Beschreibt einen booleschen Wert. Ist dieser auf true festgelegt, gilt das Ereignis als behandelt.
LeftButton MiddleButton RightButton	Ruft den Zustand der entsprechenden Maustaste ab.

Tabelle 27.3 Die Member der Klasse »MouseEventArgs« (Auszug)

Etwas ungewöhnlich für ein EventArgs-Objekt ist, dass mit GetPosition eine Methode bereitgestellt wird. Diese liefert uns die aktuellen Mauskoordinaten relativ zu dem Objekt, das der Methode als Argument übergeben wird. Der Rückgabewert der Methode ist eine Point-Instanz, die mit den Eigenschaften X und Y die Koordinatenwerte bezogen auf das im Argument genannte Objekt liefert.

Im folgenden Codeschnipsel wird gezeigt, wie die Koordinatenwerte bezogen auf das Window in der Titelleiste des Fensters angezeigt werden können, falls die linke Maustaste beim Ziehvorgang gedrückt ist. Der Koordinatenursprung einer grafischen Komponente ist dabei in der linken oberen Ecke der Bezugskomponente.

```
private void window_MouseMove(object sender, MouseEventArgs e) {
  if (e.LeftButton == MouseButtonState.Pressed) {
    Point pt = e.GetPosition(this);
    Title = "X: " + pt.X + " | Y: " + pt.Y;
  }
}
```

Listing 27.15 Anzeige der Positionskoordinaten in der Titelleiste

Die Eigenschaft LeftButton (und analog ebenfalls MiddleButton und RightButton) ist vom Typ der Enumeration MouseButtonState, die mit Released und Pressed nur zwei Mitglieder aufweist.

27.5.2 Auswerten der Mausklicks

Im Zusammenhang mit dem Klicken auf eine Maustaste haben Sie zahlreiche Möglichkeiten, darauf zu reagieren:

▶ PreviewMouseLeftButtonDown / MouseLeftButtonDown

▶ PreviewMouseRightButtonDown / MouseRightButtonDown

▶ PreviewMouseLeftButtonUp / MouseLeftButtonUp

▶ PreviewMouseRightButtonUp / MouseRightButtonUp

Andere WPF-Komponenten ergänzen die genannten Events noch um weitere Ereignisse. Beispielsweise stellt die Klasse `Control` darüber hinaus auch die Ereignisse `PreviewMouseDoubleClick` und `MouseDoubleClick` bereit.

Die Ereignisse, die im Zusammenhang mit dem Klicken stehen, stellen ein `MouseButtonEventArgs`-Objekt bereit. Die Klasse `MouseButtonEventArgs` ist von `MouseEventArgs` abgeleitet und ergänzt diese um weitere Member, die Sie der folgenden Tabelle entnehmen können.

Eigenschaft	Beschreibung
ButtonState	Wertet den Zustand der Taste aus, die mit dem Event verknüpft ist.
ChangedButton	Ruft die Taste ab, die mit dem Event verknüpft ist.
ClickCount	Ruft ab, wie oft die Taste gedrückt worden ist. Hier lässt sich zwischen einem Klick oder auch einem Doppelklick unterscheiden.

Tabelle 27.4 Zusätzliche Member der Klasse »MouseButtonEventArgs«

Viele Entwickler stehen vor der Frage, ob sie bei Berücksichtigung von Mausereignissen ihren Code in das `MouseDown`- oder `MouseUp`-Ereignis codieren sollen. Die Antwort dazu lautet: In Windows-Anwendungen wird normalerweise immer auf die Up-Ereignisse reagiert.

27.5.3 Capturing

Normalerweise wird kurze Zeit nach dem Auslösen des `MouseDown`-Ereignisses auch das korrespondierende `MouseUp`-Ereignis ausgelöst. Es gibt aber durchaus Situationen, in denen das nicht der Fall ist. Stellen Sie sich einfach vor, Sie würden sich mit der Maus über einem Element befinden, die Maustaste drücken und dann die Maus im gedrückten Zustand aus der Komponente ziehen. Erfolgt das Loslassen der Maus außerhalb der Komponente, ist diese nicht mehr Empfänger des `MouseUp`-Events.

Soll die Komponente dennoch das `MouseUp`-Ereignis empfangen, müssen Maßnahmen ergriffen werden. Dazu stellt die WPF jeder von der Klasse `UIElement` abgeleiteten Komponente mehrere Möglichkeiten zur Verfügung, die Mausereignisse bei Bedarf zu fangen (engl.: *capture*) oder wieder freizugeben (engl.: *release*). Fängt eine Komponente die Maus, werden die Mausereignisse für diese Komponente ausgelöst, auch dann, wenn die Maus den Bereich der Komponente bereits verlassen hat. Erst wenn die Komponente die Maus wieder freigibt, ist das Ereignisverhalten wieder »normal«.

Es stehen mehrere Möglichkeiten zur Verfügung, die Maus zu fangen. Zum einen stellt die Klasse `Mouse` (Namespace `System.Windows.Input`) mit `Capture` eine Methode bereit, der als Argument die Komponente übergeben werden kann, die Besitz von der Maus ergreift.

Zudem erben alle von UIElement abgeleiteten Klassen die Methode CaptureMouse und ReleaseMouseCapture und stellen darüber hinaus mit IsMouseCaptured und IsMouseCaptureWithin zwei Eigenschaften bereit, die Auskunft darüber erteilen, ob die Mausereignisse für die entsprechende Komponente ausgelöst werden. Neben den genannten Eigenschaften lösen die UIElement-Komponenten auch die Ereignisse GotMouseCapture, LostMouseCapture, IsMouseCaptureChanged und IsMouseCaptureWithinChanged aus.

Das Fangen eines Mausereignisses sehen wir uns an einem Beispiel an. Nehmen wir an, in einem Window werde ein Element vom Typ Ellipse in Beige dargestellt. Das Element soll auf die beiden Ereignisse MouseDown und MouseUp in der Weise reagieren, dass beim Drücken der Maus die Ellipse mit der Füllfarbe Blau angezeigt wird, beim Loslassen der Maus soll die ursprüngliche Farbe Beige wieder zu sehen sein.

```
// Beispiel: ..\Kapitel 27\CaptureSample
<Window ...>
  <Grid>
    <Grid.RowDefinitions>
      <RowDefinition/>
      <RowDefinition/>
    </Grid.RowDefinitions>
    <Ellipse Fill="Beige" Grid.Row="0" Name="ellipse"
             MouseDown="ellipse_MouseDown"
             MouseUp="ellipse_MouseUp"></Ellipse>
  </Grid>
</Window>
```

Listing 27.16 XAML-Code des Beispielprogramms »CaptureSample«

Im ersten Entwurf können die beiden Ereignishandler folgendermaßen implementiert werden:

```
private void ellipse_MouseDown(object sender, MouseButtonEventArgs e) {
  Ellipse ellipse = (Ellipse)sender;
  ellipse.Fill = Brushes.Blue;
}
private void ellipse_MouseUp(object sender, MouseButtonEventArgs e) {
  Ellipse ellipse = (Ellipse)sender;
  ellipse.Fill = Brushes.Beige;
}
```

Solange sich der Mauszeiger beim Klicken innerhalb des Bereichs der Ellipse befindet, schaltet ein Drücken der Maus die Füllfarbe auf Blau um und ein Loslassen zurück auf Beige. Halten Sie aber die Maustaste gedrückt, ziehen dann die Maus aus dem Bereich der Maus heraus und lassen erst dann die gedrückte Maustaste los, bleibt die Füllfarbe Blau erhalten.

Um das Problem mit einem Capturing der Maus zu lösen, müssen wir die Maus im Ereignishandler des MouseDown-Events mit der Methode CaptureMouse fangen. Die Methode liefert den

Rückgabewert true, falls der Versuch gelingt. Falls das – aus welchen Gründen auch immer – nicht gelingt, darf die Füllfarbe auch nicht geändert werden. Daher ist der MouseDown-Ereignishandler wie folgt zu ändern:

```csharp
private void ellipse_MouseDown(object sender, MouseButtonEventArgs e) {
  Ellipse ellipse = (Ellipse)sender;
  if (ellipse.CaptureMouse())
    ellipse.Fill = Brushes.Blue;
}
```

Listing 27.17 Der Ereignishandler des »MouseDown«-Events

Jetzt gilt die Maus als gefangen, sie ist im Besitz des Ellipse-Elements. Das Programm funktioniert im ersten Moment wie gewünscht, allerdings gibt die Ellipse die Maus nicht frei. Das hat zur Konsequenz, dass weiterhin alle Mausklicks von der Ellipse empfangen werden – unabhängig davon, ob sich der Mauszeiger im Bereich der Ellipse befindet oder nicht. Zur Mausfreigabe muss zuerst überprüft werden, ob die Maus überhaupt im Besitz der Ellipse ist. Hier liefert die Eigenschaft IsMouseCaptured die notwendige Information. Die Freigabe selbst erfolgt durch Aufruf der Methode ReleaseMouseCapture.

```csharp
private void ellipse_MouseUp(object sender, MouseButtonEventArgs e) {
  Ellipse ellipse = (Ellipse)sender;
  ellipse.Fill = Brushes.Beige;
  if (ellipse.IsMouseCaptured)
    ellipse.ReleaseMouseCapture();
}
```

Listing 27.18 Der Ereignishandler des »MouseUp«-Events

Kapitel 28
WPF-Commands

Im Vergleich der WinForm-API mit der WPF fällt ein wesentliches Unterscheidungskriterium sofort ins Auge: Die Oberflächenbeschreibung ist von der hinter den Elementen befindlichen Programmlogik strikt getrennt. Commands treiben diese Trennung sogar auf ein noch höheres Niveau, denn sie ermöglichen das Schreiben von Programmlogik, so dass alle wesentlichen Operationen sogar vollkommen unabhängig von der Oberfläche werden, die konsequenterweise sogar ausgetauscht werden kann. Umgesetzt wird dieses Prinzip mit einem Konzept, das als *Model View ViewModel* (MVVM) bekannt geworden ist.

Wir wollen auf dieses Pattern in diesem Buch nicht vertiefend eingehen und uns nur am Ende des Kapitels mit einem einführenden Beispiel begnügen. Auch für die Entwickler, die nicht die absolute Trennung zwischen der Oberfläche (View) und dem Programmcode verfolgen, bietet das Command-Konzept genügend Anreize, dessen Fähigkeiten zu nutzen. Das wird der Schwerpunkt dieses Kapitels sein.

28.1 Allgemeine Beschreibung

Das Konzept der Commands ist im ersten Moment vielleicht etwas komplex. Wir wollen uns daher zuerst einmal einen Überblick über die an diesem Konzept Beteiligten verschaffen:

- **Command**: Ein Kommando beschreibt eine bestimmte Aufgabe. Dabei wird verfolgt, ob der Command ausgeführt werden kann oder nicht. Wie Sie noch weiter unten sehen werden, beinhalten die Commands nicht die Logik der Aufgabe.
- **Command-Quelle**: Mit der Quelle ist die Komponente gemeint, die einen Command anstößt. Das kann ein Button oder auch beispielsweise ein Menüelement sein. Allen Quellen ist gemeinsam, die Schnittstelle `ICommandSource` zu implementieren.
- **Command-Ziel**: Damit ist das Element gemeint, auf dem das Kommando ausgeführt wird. In den Beispielen weiter oben waren Textboxen das Ziel.
- **Command-Bindung**: Eine Bindung sorgt für die Verknüpfung eines Commands mit der Anwendungslogik.

28.1.1 Ein einführendes Beispiel

In einem ersten Beispiel möchte ich Ihnen zeigen, wie vordefinierte Commands verwendet werden. Es sei bereits an dieser Stelle angedeutet, dass es nicht immer ganz so einfach ist, wie in diesem Beispiel gezeigt.

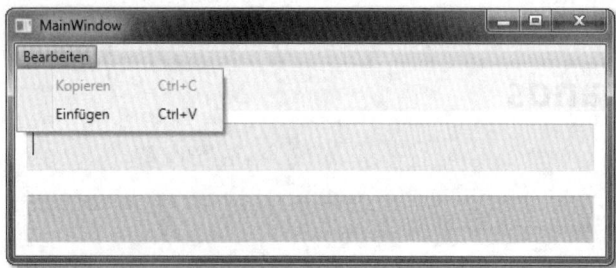

Abbildung 28.1 Das Fenster des Beispiels »Sample1«

Das Fenster enthält eine Menü- und eine Symbolleiste, im Arbeitsbereich des Fensters befinden sich zwei Textboxen. Sowohl die Menü- als auch die Symbolleiste ermöglichen, den in einer der beiden Textboxen markierten Text in die Zwischenablage zu kopieren bzw. den Inhalt der Zwischenablage einzufügen.

```
// Beispiel: ..\Kapitel 28\RoutedCommands\Sample1
<DockPanel>
  <Menu DockPanel.Dock="Top">
    <MenuItem Header="Bearbeiten">
      <MenuItem Command="ApplicationCommands.Copy" />
      <MenuItem Command="ApplicationCommands.Paste" />
    </MenuItem>
  </Menu>
  <ToolBarTray DockPanel.Dock="Top">
    <ToolBar>
      <Button Width="30" Height="30" Command="ApplicationCommands.Copy">
        <Image Source="CopyHS.png" />
      </Button>
      <Button Width="30" Height="30" Command="ApplicationCommands.Paste">
        <Image Source="PasteHS.png" />
      </Button>
    </ToolBar>
  </ToolBarTray>
  <StackPanel>
    <TextBox Name="text1" Margin="10,10,10,5" Height="40"
             Background="AntiqueWhite" FontSize="18"></TextBox>
    <TextBox Name="text2" Margin="10,5,10,10" Height="40"
             Background=" AntiqueWhite" FontSize="18"></TextBox>
  </StackPanel>
</DockPanel>
```

Listing 28.1 Einfacher Einsatz von »Commands«

Solange kein Text in einer der beiden Textboxen markiert ist, ist das entsprechende Menüelement zum Kopieren bzw. die entsprechende Schaltfläche in der Symbolleiste deaktiviert. Das ändert sich, sobald eine Textpassage markiert ist. Nun wird es möglich, über das Menü oder die Symbolleistenschaltfläche den markierten Text in die Zwischenablage zu kopieren. Das ist natürlich völlig unabhängig von der TextBox – es funktioniert mit beiden. Es ist keinerlei Code notwendig, und dennoch arbeitet die Anwendung wie erwartet. Das Programm ist somit voll funktionstüchtig. Beachten Sie außerdem, dass für die Menüelemente und die Symbolleistenschaltflächen keine Beschriftung im XAML-Code angegeben ist. Dass diese Komponenten dennoch korrekt beschriftet werden, ist ebenfalls auf die Commands zurückzuführen. Die Magie wird durch die Bindung der Befehle Copy und Paste an die Symbolleistenschaltflächen und die Menüelemente mit

Command="ApplicationCommands.Copy"

und

Command="ApplicationCommands.Paste"

erreicht. Auch die kürzeren Varianten

Command="Copy"
Command="Paste"

sind erlaubt und werden von der Laufzeit richtig aufgelöst.

28.2 Vordefinierte WPF-Commands

Die von WPF bereitgestellten Command-Objekte (die im Folgenden auch *Befehle* genannt werden) lassen sich in fünf Kategorien unterteilen. Jede Kategorie wird durch eine der Klassen beschrieben, die wie folgt lauten:

- ApplicationCommands (im Namespace System.Windows.Input)
- ComponentCommands (im Namespace System.Windows.Input)
- EditingCommands (im Namespace System.Windows.Documents)
- MediaCommands (im Namespace System.Windows.Input)
- NavigationCommands (im Namespace System.Windows.Input)

Ihnen hier alle Befehle in allen Klassen vorzustellen würde den Rahmen sprengen. Stattdessen möchte ich einige aus meiner Sicht wichtige Befehle aus der Klasse ApplicationCommands vorstellen, damit Sie ein Gefühl dafür bekommen, welche Möglichkeiten mit Commands eröffnet werden.

Command	Beschreibung
Close	Stellt den **Close**-Befehl dar.
ContextMenu	Stellt den **ContextMenu**-Befehl dar.

Tabelle 28.1 Vordefinierte Commands in der Klasse »ApplicationCommands« (Auszug)

Command	Beschreibung
Copy	Stellt den **Copy**-Befehl dar.
Cut	Stellt den **Cut**-Befehl dar.
Delete	Stellt den **Delete**-Befehl dar.
Find	Stellt den **Find**-Befehl dar.
Open	Stellt den **Open**-Befehl dar.
Paste	Stellt den **Paste**-Befehl dar.
Print	Stellt den **Print**-Befehl dar.
Redo	Stellt den **Redo**-Befehl dar.
Save	Stellt den **Save**-Befehl dar.
Undo	Stellt den **Undo**-Befehl dar.

Tabelle 28.1 Vordefinierte Commands in der Klasse »ApplicationCommands« (Auszug) (Forts.)

Bei den einzelnen Befehlen fällt die Unterstützung sehr unterschiedlich aus. Manche können tatsächlich benutzt werden, ohne dass eigener Programmcode erforderlich wird. Beispielsweise unterstützt die TextBox die Befehle Copy, Cut und Paste, wie Sie im Beispielprogramm *Sample1* feststellen konnten. Auch Play, Stop und Pause aus der Kategorie MediaCommands finden Unterstützung durch WPF-Komponenten.

Hinter den meisten anderen Befehlen sind jedoch keine Operationen programmiert. Sie sind gewissermaßen »leer« und müssen in einer Anwendung, falls eingesetzt, mit Programmlogik zum Leben erweckt werden. Sollten Sie jetzt denken: »Dann kann ich doch auch selbst entsprechende Logik komplett bereitstellen«, dann liegen Sie nicht ganz richtig. Denn mit den vordefinierten Befehlen wird eine vollständige Infrastruktur bereitgestellt, die in vielerlei Hinsicht das Programmieren von »Standardoperationen« vereinfacht.

28.3 Commands verwenden

Nicht alle Steuerelemente können vordefinierte WPF-Commands registrieren. Diese Fähigkeit bleibt den Controls vorbehalten, die das Interface ICommandSource implementieren. Dazu gehören beispielsweise ButtonBase, HyperLink und MenuItem sowie deren Ableitungen. Die Schnittstelle stellt dazu die Eigenschaft Command zur Verfügung, bei der ein WPF-Command registriert wird, wie oben im XAML-Code zu sehen ist.

Hinter einem WPF-Command steckt natürlich auch Programmlogik. Textboxen sind bereits so ausgestattet, dass sie mit den WPF-Befehlen Copy, Cut, Paste, aber auch Redo und Undo umgehen können. Klickt der Anwender auf eine Schaltfläche oder ein Menüelement, wird der Befehl automatisch ausgeführt und von der TextBox behandelt, die in diesem Moment den Fokus hat. Bei diesen Operationen handelt es sich um Standardoperationen, die auf dem fokussierten Steuerelement ausgeführt werden. Befehle wie beispielsweise Open oder New kennen solche allgemeingültigen Operationen nicht. Daher bieten diese Kommandos keine Programmlogik, Sie müssen diese selbst schreiben. Dazu sind Befehlsbindungen notwendig, die wir uns nun ansehen wollen.

> **Hinweis**
> Sollten Sie das Beispiel »Sample1« mit Schaltflächen ausprobieren, die sich nicht in einer Menüleiste oder der Symbolleiste befinden, wird das Verhalten zur Laufzeit nicht wie gewünscht sein. Tatsächlich tragen die Elemente Menu und ToolBar dazu bei, die aktuell fokussierte TextBox zu lokalisieren. Im weiteren Verlauf dieses Kapitels kommen wir auf diese Situation noch einmal zu sprechen.

28.3.1 Command-Bindungen einrichten

Schauen wir uns noch einmal die Registrierung eines Commands bei einem command-fähigen Steuerelement an:

```
<Button Command="ApplicationCommands.Help" Content="Hilfe" />
```

Listing 28.2 Registrierung eines Commands

Im Button wird mit der Eigenschaft Command der Help-Befehl mit der Schaltfläche verbunden. Wie oben gezeigt, kann die Eigenschaft auch in der Kurzform

```
<Button Command="Help" Content="Hilfe" />
```

Listing 28.3 Kurzform der Command-Registrierung

ausgedrückt werden.

Der Anwender wird bis zu diesem Zeitpunkt die Schaltfläche nicht nutzen können, denn sie ist deaktiviert. Das ist das Standardverhalten und hat seine Ursache darin, dass mit dem Befehl Help keine Logik verknüpft ist.

Zur Ausführung der Befehlslogik beim Aufruf eines Commands werden Ereignisse ausgelöst, deren Ereignishandler registriert werden müssen. In den Ereignishandlern wird das Verhalten des betreffenden Befehls beschrieben.

Der nächste Schritt besteht also darin, einen Ereignishandler bereitzustellen, der auf den Befehl ApplicationCommands.Help reagiert. Dazu ist eine Instanz der Klasse CommandBinding erforderlich, die den Befehl mit dem Ereignishandler verknüpft. Da innerhalb einer Komponente auch mehrere Commands ausgelöst werden können, werden alle Commands in einer

Collection zusammengefasst, die durch die Eigenschaft `CommandBindings` beschrieben wird. Meistens wird die Liste der Bindungen mit dem `Window` verknüpft.

```xml
<Window.CommandBindings>
  <CommandBinding Command="Help"
                  CanExecute="Help_CanExecute"
                  Executed="Help_Executed" />
</Window.CommandBindings>
<Button Command="Help" />
```

Listing 28.4 Definieren einer Kommandobindung samt ihren Ereignishandlern

`Executed` und `CanExecute` sind zwei Events des `CommandBinding`-Objekts. Dabei wird `Executed` ausgelöst, wenn der Anwender auf das auslösende Element klickt, zum Beispiel auf eine Schaltfläche. Somit verbirgt sich hinter diesem Ereignis die Logik, die der Befehl beschreiben soll.

```csharp
private void Help_Executed(object sender, ExecutedRoutedEventArgs e) {
  MessageBox.Show("Logik des Help-Commands.");
}
```

Listing 28.5 Ereignishandler des Events »Executed«

Das zweite Ereignis `CanExecute` wird ausgelöst, wenn der Befehl seinerseits prüft, ob er für das Befehlsziel ausgeführt werden kann.

```csharp
private void Help_CanExecute(object sender, CanExecuteRoutedEventArgs e) {
  e.CanExecute = true;
}
```

Listing 28.6 Ereignishandler des Events »CanExecute«

Um den Button zu aktivieren, muss im Ereignishandler des `CanExecute` die Eigenschaft `CanExecute` des `CanExecuteEventArgs`-Parameters auf `true` gesetzt werden. `false` ist die Vorgabe und demnach die Ursache dafür, dass der Button zu Beginn dieses Abschnitts zunächst deaktiviert war. In diesem Ereignishandler erfolgt in der Regel die Überprüfung einer Bedingung, um festzustellen, ob die mit dem Befehl verknüpften Controls aktiviert oder deaktiviert dargestellt werden sollen. Für unser Codefragment ist vollkommen ausreichend, die Schaltfläche dauerhaft zu aktivieren.

> **Anmerkung**
> Die Kurzform der `Command`-Registrierung kann nur im Zusammenhang mit vordefinierten Befehlen benutzt werden. Bei benutzerdefinierten Kommandos müssen Sie die folgende Syntaxschreibweise verwenden:
>
> ```xml
> <Button Command="{x:Static UserdefinedCommands.DoIt}" Content="Mach es" />
> ```

28.3.2 Lokalität der Befehlsbindung

Die Bindung des Befehls erfolgte im Beispiel des letzten Abschnitts für das Window innerhalb der Eigenschaft CommandBindings. Diese Eigenschaft besitzen alle Elemente, die entweder von UIElement, UIElement3D oder ContentElement abgeleitet sind. Dazu gehört auch die Klasse Button. Folglich kann die Befehlsbindung auch in der Schaltfläche selbst erfolgen:

```xml
<Button Command="ApplicationCommands.Help">
  <Button.CommandBindings>
    <CommandBinding Command="Help"
                    CanExecute="Help_CanExecute"
                    Executed="Help_Executed" />
  <Button.CommandBindings>
</Button>
```

Listing 28.7 Befehlsbindung innerhalb eines WPF-Elements

Andere Elemente, die sich ebenfalls mit dem Help-Befehl verknüpfen, können diese Befehlsbindung nicht nutzen – sie ist exklusiv für die Schaltfläche. Da die Bindungsangabe im Window für alle Elemente des Fensters, die den Befehl nutzen, gleichermaßen gilt, kann mit einer lokalen Kommandobindung in einem Steuerelement ein objektspezifisches Befehlsverhalten realisiert werden. Dabei wird auch gegebenenfalls eine ebenfalls vorhandene Befehlsbindung im Window für das entsprechende Element außer Kraft gesetzt. Genauso arbeitet übrigens die TextBox im Zusammenhang mit Befehlen, die auf die Zwischenablage zugreifen (Copy, Cut und Paste).

Leider ist es nicht möglich, Befehlsbindungen in der Datei *App.xaml* abzulegen, da die Klasse Application Befehlsbindungen nicht unterstützt. Somit bleibt Ihnen nichts anderes übrig, als alle notwendigen Befehlsbindungen in jedem Fenster ausdrücklich anzugeben.

28.3.3 Befehlsbindung mit Programmcode

Im folgenden Codefragment wird gezeigt, wie man die Befehlsbindung auch mit Code erstellen kann. Es ist sinnvoll, den Code im Konstruktor des Window hinter der Methode InitializeComponent anzugeben.

```csharp
public MainWindow() {
  InitializeComponent();
  CommandBinding binding = new CommandBinding(ApplicationCommands.Help);
  this.CommandBindings.Add(binding);
  binding.Executed += Help_Executed;
  binding.CanExecute += Help_CanExecute;
}
```

Listing 28.8 Befehlsbindung mit C#-Programmcode

28.3.4 Das Befehlsziel mit »CommandTarget« angeben

Wird ein Kommando abgesetzt, ist per Vorgabe das Element, das den Fokus hat, Ziel des Befehls. Mit der Eigenschaft CommandTarget können Sie auch ein anderes Ziel festlegen. Dabei handelt es sich um die Komponente, für die die Ereignisse Executed und CanExecute ausgelöst werden sollen.

Im Einführungsbeispiel *Sample1* dieses Kapitels haben Sie gesehen, dass eine »Magie« dafür sorgt, dass die Befehle Copy und Paste (und natürlich auch Cut) auf dem richtigen Zielelement ausgeführt werden – nämlich der fokussierten TextBox. Im Hintergrund spielt sich dabei ein Prozess ab, der das fokussierte Steuerelement ermittelt. Dieser Prozess wird entweder von den Elementen Menu oder ToolBar gesteuert.

Das Verhalten ändert sich sofort, wenn sich die Schaltfläche, die den abonnierten Command auslöst, nicht innerhalb eines Menu-Elements oder einer ToolBar befindet. In diesem Fall muss das Ziel des Kommandos manuell angegeben werden. Dazu wird die Eigenschaft CommandTarget benutzt. Im Beispiel *Sample2* wird das gezeigt.

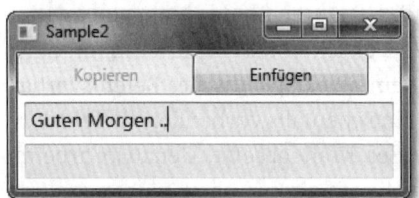

Abbildung 28.2 Fenster des Beispiels »Sample2«

```
// Beispiel: ..\Kapitel 28\RoutedCommands\Sample2
<Window ...
   Title="Sample2" Width="300" Height="135">
  <StackPanel>
    <WrapPanel>
      <Button Width="130" Height="30" Command="ApplicationCommands.Copy"
              CommandTarget="{Binding ElementName=text1}">Kopieren
      </Button>
      <Button Width="130" Height="30" Command="ApplicationCommands.Paste"
              CommandTarget="{Binding ElementName=text1}">Einfügen
      </Button>
    </WrapPanel>
    <TextBox Name="text1" Margin="5" Height="25" Background="AntiqueWhite"
             FontSize="14"></TextBox>
    <TextBox Name="text2" Margin="5,0,5,5" Height="25"
             Background="AntiqueWhite" FontSize="14"></TextBox>
  </StackPanel>
</Window>
```

Listing 28.9 Angabe des Ziels eines »Command«-Aufrufs

Beachten Sie, dass der Eigenschaft `CommandTarget` ein `Binding`-Objekt übergeben wird. Mit `ElementName` wird das Befehlsziel angegeben.

Das Festlegen des Befehlsziels mit `CommandTarget` hat den Nachteil, dass nur ein bestimmtes Element als Ziel angegeben werden kann. Im Beispielprogramm ist es die `TextBox` mit dem Bezeichner *text1*. Besser ist eine Lösung, bei der ein Findungsmechanismus die aktuell fokussierte `TextBox` ermittelt. Dazu wird für die beiden Schaltflächen aus *Sample3* ein eigener Fokusbereich definiert. Die beiden Textboxen dürfen diesem Bereich nicht angehören. Die Folge ist, dass beim Klicken auf eine der Schaltflächen die entsprechende `TextBox` weiterhin den Fokus behält und dieser nicht an die angeklickte Schaltfläche weitergereicht wird.

Ein Fokusbereich wird festgelegt, indem man in einem Containerelement

`FocusManager.IsFocusScope=True`

setzt. Das Containerelement beschreibt damit den Fokusbereich.

```
// Beispiel: ..\Kapitel 28\RoutedCommands\Sample3
<StackPanel>
  <WrapPanel FocusManager.IsFocusScope="True">
    <Button Width="130" Height="30" Command="ApplicationCommands.Copy">
      Kopieren
    </Button>
    <Button Width="130" Height="30" Command="ApplicationCommands.Paste">
      Einfügen
    </Button>
  </WrapPanel>
  <TextBox Name="text1" Margin="5" Height="25" Background="AntiqueWhite"
        FontSize="14"></TextBox>
  <TextBox Name="text2" Margin="5,0,5,5" Height="25" Background="AntiqueWhite"
        FontSize="14"></TextBox>
</StackPanel>
```

Listing 28.10 Dem fokusbesitzenden Element das Kommando zuteilen

28.3.5 Zusätzliche Daten bereitstellen

Steuerelemente, die ein WPF-Kommando abonnieren, implementieren die Schnittstelle `ICommandSource`. Das Interface schreibt neben der Eigenschaft `Command` und `CommandTarget` auch die Eigenschaft `CommandParameter` vor. `CommandParameter` dient dazu, dem Kommando zusätzliche Daten zu übermitteln. Die Eigenschaft ist vom Typ `Object`.

```
<Window.CommandBindings>
<CommandBinding Executed="Help_Executed"
                CanExecute="Help_CanExecute"/>
</Window.CommandBindings>
<Button Command="ApplicationCommands.Help"
      CommandParameter="Guten Morgen liebe Sorgen .." Content="Help">
</Button>
```

Listing 28.11 Kommandoparameter übergeben

Entgegengenommen wird das Objekt im EventArgs-Parameter des Executed-Ereignishandlers. Hier liefert die Eigenschaft Parameter das übermittelte Objekt ab und kann innerhalb der Methode benutzt werden. Im folgenden Listing wird die Zeichenfolge ganz einfach nur in einem Hinweisfenster angezeigt:

```
private void Help_Executed(object sender, ExecutedRoutedEventArgs e) {
  MessageBox.Show(e.Parameter.ToString());
}
```

Listing 28.12 Auswerten der Übergabeparameter

28.3.6 Befehle mit Maus oder Tastatur aufrufen

In Windows-Anwendungen sind häufig bestimmte Befehle mit Tastenkombinationen ausführbar. Denken Sie beispielsweise an die Taste (Esc), um eine laufende Aktion abzubrechen oder ein Fenster zu schließen. Das WPF-Befehlsmodell gestattet es Ihnen, einen WPF-Command entweder mit einer Taste bzw. Tastenkombination auszuführen oder bei Betätigung der Maus.

Zu diesem Zweck dienen die Klassen KeyBinding und MouseBinding. Um zum Beispiel die Tastenkombination (Alt) + (F10) mit dem Befehl Help zu verbinden, genügt der folgende XAML-Code:

```
<KeyBinding Key="F10" Modifiers="Alt" Command="Help" />
```

Listing 28.13 Tastenkombination mit einem »Command« verknüpfen

Der Eigenschaft Key wird ein Member der gleichnamigen Enumeration übergeben, Modifiers gibt die Modifiziertaste an, die der Enumeration ModifierKeys entstammt.

Sehr ähnlich können Sie Mausaktionen mit einem Befehl verbinden.

```
<MouseBinding Gesture="Alt+RightClick" Command="Open" />
```

Listing 28.14 Maus an ein »Command« binden

In diesem Fall wird der Open-Befehl ausgeführt, wenn beim Klicken auf die rechte Maustaste die (Alt)-Taste gedrückt ist. In der MouseAction-Enumeration sind die möglichen Mausaktionen beschrieben, die sich wieder mit einer Modifiziertaste kombinieren lassen und der Eigenschaft Gesture übergeben werden.

Alle Maus- und Tastaturzuordnungen werden in einer InputBindingsCollection zusammengefasst, die über die Eigenschaft InputBindings veröffentlicht wird. Es bietet sich an, die Collection dem Window zuzuordnen.

Im folgenden Beispielprogramm sind im Fenster nur zwei Schaltflächen enthalten, die die Befehle Help und Open abonnieren. Jedem der beiden Befehle ist eine Tastatur- und Mausaktion zugeordnet.

```
// Beispiel: ..\Kapitel 28\RoutedCommands\Sample4
<Window ... >
  <Window.CommandBindings>
    <CommandBinding Command="Help" CanExecute="Help_CanExecute"
                    Executed="Help_Executed" />
    <CommandBinding Command="Open" CanExecute="Open_CanExecute"
                    Executed="Open_Executed" />
  </Window.CommandBindings>
  <Window.InputBindings>
      <KeyBinding Key="F10" Modifiers="Alt" Command="Help" />
      <MouseBinding Gesture="Alt+WheelClick" Command="Help" />
      <KeyBinding Key="F11" Modifiers="Control" Command="Open" />
      <MouseBinding Gesture="Alt+RightClick" Command="Open" />
  </Window.InputBindings>
  <StackPanel>
      <Button Height="45" Content="Help" Command="Help" />
      <Button Height="45" Content="Open" Command="Open" />
  </StackPanel>
</Window>
```

Listing 28.15 Das Beispielprogramm »Sample 4«

Zu diesem Beispiel gehört der folgende XAML-Code:

```
private void Help_Executed(object sender, ExecutedRoutedEventArgs e) {
  MessageBox.Show("Logik des Help-Commands.");
}
private void Help_CanExecute(object sender, CanExecuteRoutedEventArgs e) {
  e.CanExecute = true;
}
private void Open_Executed(object sender, ExecutedRoutedEventArgs e) {
  MessageBox.Show("Logik des Open-Commands.");
}
private void Open_CanExecute(object sender, CanExecuteRoutedEventArgs e) {
  e.CanExecute = true;
}
```

Listing 28.16 Der Ablauf beim Aufruf eines Commands

28.4 Die Anatomie eines »Command«-Objekts

Wir wollen uns nun ansehen, wie die Infrastruktur eines Commands aussieht. Hierbei spielen ein Interface und zwei Klassen eine wichtige Rolle: `ICommand`, `RoutedCommand` und `RoutedUICommand`.

28.4.1 Das Interface »ICommand«

Ausgangspunkt ist die Schnittstelle `ICommand`, mit der vorgeschrieben wird, wie ein `Command` arbeitet. Die Schnittstelle ist wie folgt definiert:

```
public interface ICommand {
  void Execute(object param);
  Boolean CanExecute(object param);
  event EventHandler CanExecuteChanged;
}
```

Listing 28.17 Das Interface »ICommand«

Die Methode `Execute` beschreibt die Anwendungslogik, die sich hinter einem Kommando verbirgt. Tatsächlich wird in `Execute` durch einen Event ein komplexer Prozess angestoßen, an dessen Ende erreicht werden kann, dass ein einziger Command von mehreren Elementen genutzt werden kann. Der Parameter kann dazu verwendet werden, um Daten zur Ausführung des Befehls zur Verfügung zu stellen.

`CanExecute` gibt ganz einfach nur Auskunft darüber, ob ein `Command` ausgeführt werden kann. Der Parameter dient denselben Zwecken wie der der Methode `Execute`.

Der Event `CanExecuteChanged` wird ausgelöst, wenn sich der Zustand des Kommandos ändert. Das kann man als Signal an alle Steuerelemente, die das Kommando benutzen, verstehen, die Methode `CanExecute` aufzurufen und den Zustand des Kommandos zu überprüfen. Ein typisches Beispiel haben wir bereits gesehen im Zusammenhang mit den Befehlen `Copy` und `Paste`: Nur wenn in der `Textbox` tatsächlich Text markiert ist, wird die Schaltfläche KOPIEREN aktiviert.

28.4.2 Die Klassen »RoutedCommand« und »RoutedUICommand«

Kommandos wie beispielsweise `Copy` und `Paste` implementieren allerdings nicht direkt die Schnittstelle `ICommand`. Das übernimmt die Klasse `RoutedCommand`, die darüber hinaus die Infrastruktur bereitstellt, einen Event durch den Elementbaum bubbeln zu lassen. Das Event-Bubbling ist wichtig, wenn die Kommandobindung ins Spiel kommt, die ein Ereignis auslöst. Damit wird sichergestellt, dass das Ereignis an einer Stelle behandelt werden kann, auch wenn unterschiedliche Kommandoquellen im Fenster den Event ausgelöst haben.

Interessant ist, dass `RoutedCommand` das Interface `ICommand` explizit definiert. Daher können die Schnittstellenmethoden nicht direkt aufgerufen werden. Trotzdem werden die beiden Methoden `Execute` und `CanExecute` veröffentlicht, jedoch mit einem zusätzlichen Parameter vom Typ `IInputElement`, der das Zielelement beschreibt. Darunter ist das Element zu verstehen, bei dem die Ereigniskette startet, um dann den Elementbaum nach oben zu bubbeln, bis eine Stelle erreicht wird, die auf den Befehl reagiert.

Das folgende Listing zeigt die Struktur der Klasse `RoutedCommand`:

```
public class RoutedCommand : ICommand
{
  void ICommand.Execute(object param) { }
  bool ICommand.CanExecute(object param) { }
  public bool CanExecute(object param, IInputElement target) { }
  public void Execute(object param, IInputElement target) { }
  [...]
}
```

Listing 28.18 Struktur der Klasse »RoutedCommand«

Neben diesen Methoden werden von `RoutedCommand` noch drei Eigenschaften bereitgestellt, die Sie Tabelle 28.2 entnehmen können.

Eigenschaft	Beschreibung
InputGesture	Diese Eigenschaft beschreibt eine Collection, mit der festgelegt wird, auf welche Tastaturkürzel der Command reagiert.
Name	Liefert den Namen des RoutedCommands zurück.
OwnerType	Liefert den Besitzer der RoutedCommand-Instanz.

Tabelle 28.2 Spezifische Eigenschaften der Klasse »RoutedCommand«

Die meisten Kommandos sind jedoch nicht vom Typ `RoutedCommand`, sondern vom Typ `RoutedUICommand`. Diese Klasse ist direkt von `RoutedCommand` abgeleitet und stellt die zusätzliche Eigenschaft `Text` bereit. Dabei handelt es sich genau um die Eigenschaft, die dafür sorgt, dass beispielsweise ein `MenuItem` mit der passenden Beschriftung versorgt wird.

Alle `Command`-Objekte werden in Klassen gesammelt, die somit einen Pool von Befehlen bereitstellen. Wir wollen uns auch noch die Struktur einer solchen Klasse am Beispiel von `ApplicationCommands` und dem Befehl `Copy` ansehen.

```
public static class ApplicationCommands {
  private static RoutedUICommand copy { get; }
  public static RoutedUICommand Copy {
    get { return copy;}
  }
  static ApplicationCommands() {
    copy = new RoutedUICommand( ... };
    [...]
  }
  [...]
}
```

Listing 28.19 Struktur der Klasse »ApplicationCommands«

> **Anmerkung**
> In ähnlicher Weise können Sie natürlich auch eigene Commands erstellen. Der Konstruktor der Klasse `RoutedUICommand` hat einige Überladungen, die die Vorinitialisierung von Eigenschaften des Objekts ermöglichen.

28.4.3 Das Interface »ICommandSource«

In den drei Beispielen oben wurde mit den Befehlen Copy und Paste operiert, die bereits vollständig implementiert mit der Zwischenablage interagieren. Das ist sinnvoll, denn die Funktionalität der Aktionen lässt keine andere Logik zu.

Die meisten Befehle weisen aber keine Logik auf, weil sie spezifisch ist. Nehmen wir zum Beispiel den Befehl Open, der bei einem Button registriert ist:

```
<Button Command="ApplicationCommands.Open"... />
```

Was genau der Befehl leisten soll, lässt sich nicht für alle Fälle eindeutig bestimmen.

Das Steuerelement, das einen Befehl registriert, muss das Interface `ICommandSource` implementieren. Damit beschränkt sich die Registrierung eines Commands auf Steuerelemente wie beispielsweise `Button`, `MenuItem`, `ListBoxItem` oder `HyperLink`.

`ICommandSource` definiert drei Eigenschaften, die der folgenden Tabelle entnommen werden können.

Eigenschaft	Beschreibung
Command	Ruft den Befehl ab.
CommandTarget	Gibt das Objekt an, auf dem der Befehl ausgeführt wird.
CommandParameter	Definiert einen Wert, der bei Befehlsausführung übernommen werden kann.

Tabelle 28.3 Eigenschaften des Interfaces »ICommandSource«

Die drei folgenden Klassen implementieren das Interface:

- `UIElement`
- `UIElement3D`
- `ContentElement`

Wird auf den Button gedrückt, wird der Befehl aufgerufen, und zwar auf dem Element, das unter `CommandTarget` angegeben ist. Ist `CommandTarget` nicht angegeben, wird automatisch das selektierte Element zum `CommandTarget`.

Der XAML-Code

```
<Button Command="Open" Content="Command-Demo"/>
```

wird dazu führen, dass der Button deaktiviert angezeigt wird. Grund dafür ist, dass der Befehl keine Implementierung hat – dafür wurde bisher keine Ereignisbehandlung registriert. Solange das der Fall ist, sind die entsprechenden Steuerelemente per Vorgabe deaktiviert.

Für die Zuweisung wird die Klasse CommandBinding benutzt. Das kann sowohl im XAML- als auch im C#-Code erfolgen. CommandBinding kann auch in der Quellkomponente festgelegt werden.

```
<Window.CommandBindings>
  <CommandBinding Command="Open" Executed="Open_Executed" />
</Window.CommandBindings>
<Grid>
  <Button Command="Open" Content="Command-Demo"/>
</Grid>
```

Die Operationen zur Ausführung des RoutedCommands sind nicht in den Execute-Methoden enthalten. Execute löst nämlich nur die beiden Ereignisse PreviewExecuted und Executed aus, die die Elementstruktur abwärts oder aufwärts durchlaufen und ein Objekt suchen, das ein CommandBinding beschreibt. Wird ein CommandBinding für den entsprechenden Befehl gefunden, dann wird der an CommandBinding angefügte ExecutedRoutedEventHandler aufgerufen. Diese Handler stellen die Programmierlogik bereit, mit der der RoutedCommand ausgeführt wird.

Das PreviewExecuted-Ereignis und das Executed-Ereignis werden für das CommandTarget ausgelöst. Wenn CommandTarget für die ICommandSource nicht festgelegt ist, werden das PreviewExecuted-Ereignis und das Executed-Ereignis für das Element mit Tastaturfokus ausgelöst.

28.5 Das MVVM-Pattern

Die Oberfläche einer WPF-Anwendung wird meistens mit XAML-Code erfolgen. Da XAML reindeklarativ ist, müssen komplexere Operationen mit C# in der Code-Behind-Datei implementiert werden. Das wiederum hat zur Folge, dass zwischen der XAML-Datei und der Code-Behind-Datei eine starke Abhängigkeit herrscht.

In der Praxis wird sehr häufig versucht, Abhängigkeiten zu vermeiden. Das ist auch bei WPF-Anwendungen der Fall. Das Aufbrechen der engen Kopplung zwischen XAML- und C#-Code hat mehrere Vorteile:

▶ Arbeiten Grafiker und Entwickler gemeinsam an einer WPF-Anwendung, sind die Aufgabenstellungen klarer verteilt, und jeder kann mit seinem »Teil« arbeiten, ohne damit Vorgaben der anderen Seite zu verletzen.

▶ Die grafische Benutzeroberfläche kann ohne Probleme nicht nur geändert, sondern sogar ausgetauscht werden, ohne dass die Programmlogik angepasst werden muss.

- Andererseits kann auch die Programmlogik geändert werden, ohne dass dies eine Änderung der Oberfläche zur Konsequenz hätte.
- Ohne die Benutzeroberfläche anzeigen zu müssen, kann die Logik mit Unit-Test kontrolliert werden.

An dieser Stelle betritt das MVVM-Pattern die Bühne. MVVM ist das Kürzel für **Mode View ViewModel**. Durch das Pattern werden drei Blöcke beschrieben:

- das »Model«
- der »View«
- das »ViewModel«

Wir sollten uns zunächst einmal ansehen, welche Aufgabe diesen drei Teilen zukommt.

- **Das Model**: Dieser Block repräsentiert die Daten, mit denen in der Anwendung gearbeitet wird. Üblicherweise ist keine Logik implementiert, die die Daten weiterbehandelt. Damit ist das Model auch beispielsweise nicht dafür verantwortlich, Text so zu formatieren, dass er nett dargestellt wird. Ein Model kann beispielsweise die Daten einer Datenbank repräsentieren oder auch die Daten eines Person-Objekts beschreiben, wobei Person eine Klasse in der Anwendung ist. Es gibt nur eine Ausnahme hinsichtlich der Aussage, dass innerhalb des Models keine Programmlogik enthalten ist. Dabei handelt es sich um die Validierung.
- **Der View**: Dieser Block des MVVM-Patterns beschreibt das, was der Anwender sieht, also die Darstellung der Daten. Die Programmlogik ist im View nicht enthalten, dazu dient der Block ViewModel. Dennoch muss der View nicht ganz frei von C#-Code sein. Ereignisse, die im Zusammenhang mit der Darstellung stehen, werden innerhalb des Views verarbeitet. Dabei könnte es sich beispielsweise auch um Mausereignisse handeln. Diese werden in der Regel nicht im ViewModel verarbeitet.
- **Das ViewModel**: Zwischen die Daten, repräsentiert durch das Model, und die Darstellung der Daten im View ist das ViewModel geschaltet. Es ist also das Bindeglied zwischen View und Model und bildet somit den Kern des MVVM-Patterns, gewissermaßen den Controller. Das ViewModel kann Eingaben aus dem View entgegennehmen oder mit einem anderen Dienst interagieren, um ein Model zu erhalten, um dessen Daten an den View weiterzuleiten. Zu den Aufgaben gehört ferner, mit Methoden und auch Commands den Status des Views aktuell zu halten oder, falls sich im View Daten ändern, diese an das Model zu leiten.

Das MVVM-Pattern ist kein Pattern, das einen einzigen Weg zur Separierung der Daten und der Datenansicht beschreibt. Es ist kein Gesetz, denn es gibt mehrere Wege, die eingeschlagen werden können und am Ende zum Ziel führen.

Nichtsdestotrotz nehmen die Commands eine bedeutende Rolle in diesem Pattern ein. Deshalb wird das MVVM-Pattern auch in diesem Kapitel behandelt. Doch nähern wir uns dem Pattern langsam in einer sehr einfachen Anwendung.

28.5.1 Ein simples Beispielprogramm

Zunächst einmal sollten wir uns ein Model besorgen. In den folgenden Beispielen dient dazu wieder eine Klasse Person mit den beiden Eigenschaften Name und Alter.

```csharp
public class Person
{
  public string Name { get; set; }
  public int Alter { get; set; }
  public static Person CreatePerson() {
    return new Person { Name = "Franz", Alter = 45 };
  }
}
```

Listing 28.20 Das Model

In der Klasse ist auch die Methode CreatePerson definiert. Diese Methode dient uns einfach nur dazu, Daten einer Person bereitzustellen. Die Methode hat im Kontext des MVVM-Patterns keine Bedeutung.

Wie würde der View ohne Berücksichtigung des Patterns aussehen? Auch das sehen wir uns im folgenden Listing an.

```xml
<Grid>
  <Grid.RowDefinitions>
    <RowDefinition/>
    <RowDefinition/>
    <RowDefinition/>
  </Grid.RowDefinitions>
  <Grid.ColumnDefinitions>
    <ColumnDefinition Width="80"/><ColumnDefinition/>
  </Grid.ColumnDefinitions>
  <Label>Name:</Label>
  <Label Grid.Row="1">Alter</Label>
  <TextBlock Grid.Column="1" Text="{Binding Name}"/>
  <TextBlock Grid.Column="1" Grid.Row="1" Text="{Binding Alter}" />
</Grid>
```

Listing 28.21 Der View

Die Daten des Person-Objekts würden wir, mit dem bisherigen Kenntnisstand, aus einer DataContext-Bindung direkt aus dem Objekt beziehen. Also beispielsweise mit dem folgenden C#-Code in der Code-Behind-Datei unter Einbeziehung der Hilfsmethode CreatePerson:

```csharp
this.DataContext = Person.CreatePerson();
```

Listing 28.22 Bindung an den Datenkontext des Fensters

Es ist nicht schwer zu erkennen, dass die Daten direkt an die Benutzeroberfläche gebunden werden. Zudem kränkelt das System auch daran, das eine Datenänderung des Objekts nicht an den View weitergeleitet wird, da das Interface INotifyPropertyChanged nicht implementiert ist.

Das wollen wir nun besser machen, dazu die wohl einfachste Form des MVVM-Patterns benutzen und zwischen das Model (also die Klasse Person) und den View (die Benutzeroberfläche) eine weitere Klasse schalten, die im Grunde genommen bereits als ViewModel agiert.

```
public class PersonViewModel : INotifyPropertyChanged
{
  private Person _Model;
  // Konstruktor
  public PersonViewModel(Person model) {
    _Model = model;
    _Name = _Model.Name;
    _Alter = _Model.Alter;
  }
  // Schnittstellen-Ereignis
  public event PropertyChangedEventHandler PropertyChanged;
  protected internal void OnPropertyChanged(string propertyname)
  {
    if (PropertyChanged != null)
      PropertyChanged(this, new PropertyChangedEventArgs(propertyname));
  }
  // Eigenschaften
  private string _Name;
  public string Name
  {
    get { return _Name; }
    set
    {
      if (_Name == value) return;
      _Name = value;
      OnPropertyChanged("Name");
    }
  }
  private int _Alter;
  public int Alter
  {
    get { return _Alter; }
    set
    {
```

```
            if (_Alter == value) return;
            _Alter = value;
            OnPropertyChanged("Alter");
        }
    }
}
```

Listing 28.23 Das ViewModel

Das ViewModel stellt dem View eine Bindungsquelle zur Verfügung. Es kapselt das Model und implementiert die einzelnen Komponenten der Person nochmals. Darüber hinaus stellt das ViewModel auch die Schnittstelle INotifyPropertyChanged zur Verfügung, um Datenänderungen entweder an die GUI oder an die private Person-Variable _Model weiterzuleiten.

Im View wird nun eine kleine, aber entscheidende Änderung durchgeführt. Anstatt an die Daten, also das Model, direkt zu binden, erfolgt die Bindung an eine Instanz der ViewModel-Klasse. Damit das ViewModel auch entsprechende Daten zur Verfügung stellen kann, ist in der Klasse PersonViewModel ein Konstruktor definiert.

Die Anbindung an ein Objekt vom Typ des ViewModels in der Code-Behind-Datei ist sehr einfach, wie das folgende Listing zeigt.

```
public MainWindow()
{
    InitializeComponent();
    this.DataContext = new PersonViewModel(Person.CreatePerson());
}
```

Listing 28.24 Anbindung des Views an das ViewModel

Nun ist der View vollkommen unabhängig von den Daten und nur noch an das ViewModel gebunden. Fügen Sie in den View eine Schaltfläche ein, mit der eine Änderung der Objektdaten angestoßen wird, werden die Anzeigesteuerelemente aktualisiert.

Zugegeben, dieses Beispiel ist ausgesprochen einfach, aber es zeigt das MVVM-Pattern in seinen Grundzügen deutlich.

> **Hinweis**
> Sie finden dieses Beispiel auf der Buch-DVD unter ..\Beispiele\Kapitel 28\MVVMPattern\ Sample1.

Kapitel 29
Benutzerdefinierte Controls

Sicherlich hat der eine oder andere Leser dieses Buches bereits Erfahrungen mit der WinForm-API gemacht. Dann werden Sie auch wissen, dass die Entwicklung eigener Steuerelemente mit dieser Technologie sehr detaillierte Kenntnisse erforderlich machte und darüber hinaus auch sehr zeitaufwendig war – selbst dann, wenn nur die äußerliche Präsentation verändert werden musste. Die vergangenen Kapitel haben gezeigt, dass es sehr einfach ist, mit der WPF das Erscheinungsbild der Controls zu beeinflussen. Die Techniken, die das ermöglichen, sind `Styles`, `ControlTemplates` und auch die `DataTemplates`.

Sie können auch auf verhältnismäßig einfache Weise benutzerdefinierte Steuerelemente in der WPF erstellen. Im Vergleich zu den Änderungen mit den erwähnten Techniken können Sie mit benutzerdefinierten Steuerelementen auch die Funktionalität und Verhaltensweisen ändern oder ergänzen, seien es Eigenschaften, Methoden oder Ereignisse. Genau das soll in diesem Kapitel gezeigt werden, ohne dabei aber die eigentliche Darstellung vollkommen eigenständig vorzunehmen. Wir werden daher nur bereits vorhandene Controls nutzen, um daraus ein eigenes Steuerelement mit allerdings auch eigenen spezifischen Verhaltensweisen zu entwickeln.

29.1 Erstellen eines benutzerdefinierten Steuerelements

Sie können ein benutzerdefiniertes Steuerelement in einem üblichen WPF-Projekt neu anlegen. Empfehlenswert ist die Vorgehensweise jedoch nicht, da das Control dann auch nur innerhalb der aktuellen Anwendung zur Verfügung steht. Eine allgemeinere und damit auch bessere Lösung ist es, das neue Steuerelement in einer Klassenbibliothek zu hinterlegen und es innerhalb einer Projektmappe zu testen. Änderungen lassen sich dann sehr einfach testen, mögliche Fehlerquellen sind schneller lokalisiert.

Das wollen wir nun auch konkretisieren und dabei ein Steuerelement entwickeln, das es in einer WPF-Anwendung ermöglicht, mit drei Schiebereglern (`Slider`-Elemente) den RGB-Anteil mit Schiebereglern zu einer Farbe zu mischen, die in einer vordefinierten Fläche innerhalb des Steuerelements angezeigt wird. Wir wollen den Typ des von uns entwickelten Controls `ColorMixer` nennen. Dazu legen wir uns zuerst ein neues Projekt an, wie in Abbildung 29.1 zu sehen ist.

29 Benutzerdefinierte Controls

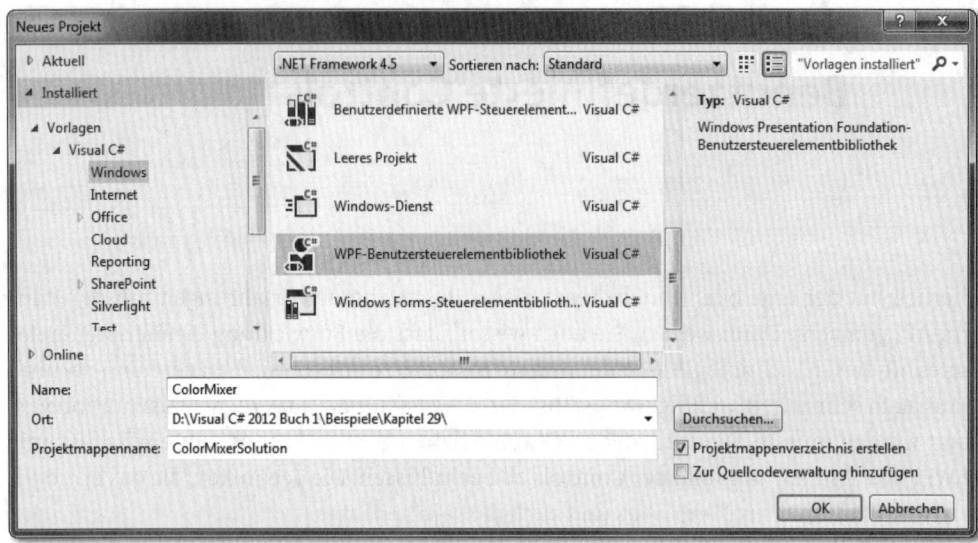

Abbildung 29.1 Anlegen des Beispiels »ColorMixerSolution«

Im Code-Editor wird anschließend die Struktur einer Klasse UserControl1 angezeigt, die von der Basis UserControl abgeleitet ist:

```
public partial class UserControl1 : UserControl
{
  public UserControl1()
  {
    InitializeComponent();
  }
}
```

Listing 29.1 Grundstruktur eines UserControls

Da unsere Klasse ColorMixer heißen soll, müssen wir eine entsprechende Anpassung vornehmen und dürfen dabei weder den Konstruktor vergessen noch die entsprechende Änderung in der XAML-Datei.

Die Anforderungen, die an dieses Beispiel gestellt werden, seien wie folgt beschrieben:

- In einer Fläche soll eine Farbe angezeigt werden, die über drei Schieberegler reguliert wird, die die Farbanteile Rot, Grün und Blau beschreiben.
- Die aus den Farbanteilen gebildete Farbe soll durch die Eigenschaft Color veröffentlicht werden.
- Auch die Farbanteile seien über Eigenschaften separat einstellbar. Die entsprechenden Eigenschaften sollen Red, Green und Blue heißen.
- Es soll ein Ereignis ausgelöst werden, um damit zu signalisieren, dass sich die Eigenschaft Color geändert hat.

- Über ein Command-Objekt soll der Anwender die Möglichkeit haben, zu der vorherigen Farbeinstellung zurückzuwechseln.

Die Anforderungen machen es erforderlich, neben Abhängigkeitseigenschaften (Dependency Properties) und einem Routed Event auch ein Kommando bereitzustellen. Damit kommen noch einmal in einem Beispiel die Themen der Kapitel 26, 27 und 28 ins Spiel.

29.2 Der XAML-Code

Zuerst wollen wir die Oberfläche des benutzerdefinierten Steuerelements bereitstellen. Dazu wählen wir ein Grid als Layout-Container, in dem die drei Slider-Elemente positioniert werden. Die Fläche, innerhalb deren die Hintergrundfarbe die Eigenschaft Color des Steuerelements widerspiegelt, wird durch ein Rectangle-Element beschrieben.

Da wir uns zur Vorgabe gemacht haben, die drei Eigenschaften Red, Green und Blue mit dem Steuerelement zu veröffentlichen, werden die Value-Eigenschaften der Slider an die entsprechenden Eigenschaften gebunden. Die Eigenschaft Fill des Rectangle-Elements hingegen binden wir an die Eigenschaft Color.

Den kompletten XAML-Code können Sie dem folgenden Listing entnehmen.

```xml
<UserControl x:Class="ColorMixerApp.ColorMixer"
             d:DesignHeight="100" d:DesignWidth="200"
             Name="colorMixer">
  <Grid>
    <Grid.RowDefinitions>
      <RowDefinition Height="Auto"></RowDefinition>
      <RowDefinition Height="Auto"></RowDefinition>
      <RowDefinition Height="Auto"></RowDefinition>
    </Grid.RowDefinitions>
    <Grid.ColumnDefinitions>
      <ColumnDefinition></ColumnDefinition>
      <ColumnDefinition Width="Auto"></ColumnDefinition>
    </Grid.ColumnDefinitions>
    <Slider Name="sliderRed" Minimum="0" Maximum="255"
            Margin="{Binding ElementName=colorMixer,Path=Padding}"
            Value="{Binding ElementName=colorMixer,Path=Red}"></Slider>
    <Slider Grid.Row="1" Name="sliderGreen" Minimum="0" Maximum="255"
            Margin="{Binding ElementName=colorMixer,Path=Padding}"
            Value="{Binding ElementName=colorMixer,Path=Green}"></Slider>
    <Slider Grid.Row="2" Name="sliderBlue" Minimum="0" Maximum="255"
            Margin="{Binding ElementName=colorMixer,Path=Padding}"
            Value="{Binding ElementName=colorMixer,Path=Blue}"></Slider>
    <Rectangle Grid.Column="1" Grid.RowSpan="3"
               Margin="{Binding ElementName=colorMixer,Path=Padding}"
               Width="50" Stroke="Black" StrokeThickness="1">
      <Rectangle.Fill>
```

```xml
      <SolidColorBrush Color="{Binding ElementName=colorMixer,Path=Color}"/>
    </Rectangle.Fill>
   </Rectangle>
  </Grid>
</UserControl>
```

Listing 29.2 XAML-Code des Steuerelements »ColorMixer«

29.3 Die Programmlogik des Steuerelements

29.3.1 Die Eigenschaften

Das Steuerelement soll insgesamt vier Eigenschaften veröffentlichen, die als Abhängigkeitseigenschaften implementiert werden sollen. In Kapitel 26 wurde beschrieben, dass dazu `static readonly`-Eigenschaften bereitgestellt werden müssen, die vom Typ `DependencyProperty` sind.

Im ersten Schritt wollen wir diese Felder in der Klasse `ColorMixer` codieren.

```csharp
// Felder
public static readonly DependencyProperty ColorProperty;
public static readonly DependencyProperty RedProperty;
public static readonly DependencyProperty GreenProperty;
public static readonly DependencyProperty BlueProperty;
```

Listing 29.3 Die Abhängigkeitseigenschaften

Wir sollten auch sofort für alle vier Eigenschaften einen Wrapper bereitstellen, damit die Eigenschaften nach außen hin wie jede übliche CLR-Property auftreten.

```csharp
public Color Color {
  get { return (Color)GetValue(ColorProperty); }
  set { SetValue(ColorProperty, value); }
}
public byte Red {
  get { return (byte)GetValue(RedProperty); }
  set { SetValue(RedProperty, value); }
}
public byte Green {
  get { return (byte)GetValue(GreenProperty); }
  set { SetValue(GreenProperty, value); }
}
public byte Blue {
  get { return (byte)GetValue(BlueProperty); }
  set { SetValue(BlueProperty, value); }
}
```

Listing 29.4 Die Eigenschaftswrapper der Klasse »ColorMixer«

29.3 Die Programmlogik des Steuerelements

Initialisiert werden die in Listung 29.3 erstellten Felder im statischen Konstruktor mit der statischen Methode `Register` der Klasse `DependencyProperty`. Dabei werden nicht nur die tatsächlich von den Eigenschaften beschriebenen Datentypen festgelegt, sondern auch die spezifischen Charakteristiken der Abhängigkeitseigenschaften. Dazu wird bei der Initialisierung ein Objekt des Typs `FrameworkPropertyMetadata` übergeben, in dem alle Charakteristiken beschrieben werden.

Einen Umstand können wir bei der Eigenschaftsinitialisierung sofort berücksichtigen. Ändert sich eine der drei Eigenschaften `Red`, `Green` oder `Blue`, ist auch die Eigenschaft `Color` davon betroffen und muss neu festgelegt werden. Wird andererseits die Eigenschaft `Color` verändert, hat das Einfluss auf die durch `Red`, `Green` und `Blue` beschriebenen jeweiligen Anteile.

Um die beschriebene Synchronisation der Farben zu gewährleisten, stellen wir Methoden bereit, die an den Delegaten vom Typ `PropertyChangedCallback` im `FrameworkPropertyMetadata`-Objekt gebunden werden. Die Methodenbezeichner sollen `ColorPropertyChanged` und `RGBPropertyChanged` lauten.

Damit sieht der statische Konstruktor wie folgt aus:

```
static ColorMixer()
{
  ColorProperty = DependencyProperty.Register("Color",
    typeof(Color), typeof(ColorMixer),
    new FrameworkPropertyMetadata(Colors.Black,
    new PropertyChangedCallback(ColorPropertyChanged)));
  RedProperty = DependencyProperty.Register("Red",
    typeof(byte), typeof(ColorMixer),
    new FrameworkPropertyMetadata(new
                 PropertyChangedCallback(RGBPropertyChanged)));
  GreenProperty = DependencyProperty.Register("Green",
    typeof(byte), typeof(ColorMixer),
    new FrameworkPropertyMetadata(new
                 PropertyChangedCallback(RGBPropertyChanged)));
  BlueProperty = DependencyProperty.Register("Blue",
    typeof(byte), typeof(ColorMixer),
    new FrameworkPropertyMetadata(new
                 PropertyChangedCallback(RGBPropertyChanged)));
}
```

Listing 29.5 Der statische Konstruktor der Klasse »ColorMixer«

Jetzt müssen wir die beiden Methoden `ColorPropertyChanged` und `RGBPropertyChanged` implementieren. Widmen wir uns zuerst der Methode `RGBPropertyChanged`, die immer dann ausgeführt wird, wenn sich eine der Eigenschaften `Red`, `Green` oder `Blue` verändert. Dem `EventArgs`-Objekt können wir aus dessen Eigenschaft `Property` die Eigenschaft entnehmen, die verändert worden ist. Das ist wichtig, denn die Gesamteigenschaft `Color` muss dann in ihrem entsprechenden Farbanteil angepasst werden. Den neuen Wert kann man der NewValue-Eigenschaft des EventArgs-Objekts entnehmen.

```
private static void RGBPropertyChanged(DependencyObject sender,
                                       DependencyPropertyChangedEventArgs e){
  ColorMixer colorPicker = sender as ColorMixer;
  Color color = colorPicker.Color;
  if (e.Property == RedProperty)
    color.R = (byte)e.NewValue;
  else if (e.Property == GreenProperty)
    color.G = (byte)e.NewValue;
  else if (e.Property == BlueProperty)
    color.B = (byte)e.NewValue;
  colorPicker.Color = color;
}
```
Listing 29.6 Die Methode »RGBPropertyChanged«

Die vorgesehene Methode ColorPropertyChanged ist sehr ähnlich zu implementieren.

```
private static void ColorPropertyChanged(DependencyObject sender,
                                         DependencyPropertyChangedEventArgs e) {
  ColorMixer colorPicker = (ColorMixer)sender;
  Color newColor = (Color)e.NewValue;
  colorPicker.Red = newColor.R;
  colorPicker.Green = newColor.G;
  colorPicker.Blue = newColor.B;
}
```
Listing 29.7 Die Methode »ColorPropertyChanged«

29.3.2 Ein Ereignis bereitstellen

Nun möchten wir sicherlich auch die Möglichkeit eröffnen, dem Anwender durch eine Benachrichtigung mitzuteilen, dass sich der Farbwert des Steuerelements verändert hat. Dazu müssen wir einen Event in der Methode ColorPropertyChanged auslösen. Im Grunde genommen würde es ausreichen, ein herkömmliches Ereignis zu programmieren. Damit würden wir uns aber der Möglichkeit berauben, das Ereignis im Elementbaum nach oben blubbern zu lassen, um den Event an einer im Elementbaum höheren Stelle zu behandeln. Somit bleibt die Idee der Implementierung eines Routed Events, den wir ColorChanged nennen wollen.

Im ersten Schritt legen wir dazu eine statische, schreibgeschützte Variable an, die mit der Methode RegisterRoutedEvent der Klasse EventManager beim System registriert wird. Natürlich dürfen wir nicht vergessen, mit einem standardmäßigen Ereigniswrapper das Ereignis zu veröffentlichen, um das Registrieren und Deregistrieren mehrerer Ereignishandler zu ermöglichen.

```csharp
public static readonly RoutedEvent ColorChangedEvent =
      EventManager.RegisterRoutedEvent("ColorChanged",
            RoutingStrategy.Bubble,
            typeof(RoutedPropertyChangedEventHandler<Color>),
            typeof(ColorMixer));
public event RoutedPropertyChangedEventHandler<Color> ColorChanged {
  add { AddHandler(ColorChangedEvent, value); }
  remove { RemoveHandler(ColorChangedEvent, value); }
}
```
Listing 29.8 Bereitstellung des Ereignisses »ColorChanged«

Der Typ des `EventArgs`-Parameters ist `RoutePropertyChangedEventArgs<Color>`, in dem sowohl der alte als auch der neue Farbwert bereitgestellt werden. Da wir darüber hinaus die Ereignisauslösung in einer separaten Methode kapseln wollen, die wir `OnColorChanged` nennen, bietet es sich an, den alten und neuen Wert an die kapselnde Methode zu übergeben.

```csharp
public partial class ColorPicker : UserControl
{
  [...]
  private static void ColorPropertyChanged( ... )
  {
    ColorMixer colorPicker = (ColorMixer)sender;
    Color newColor = (Color)e.NewValue;
    colorPicker.Red = newColor.R;
    colorPicker.Green = newColor.G;
    colorPicker.Blue = newColor.B;
    // zusätzliche Anweisungen
    Color oldColor = (Color)e.OldValue;
    colorPicker.OnColorChanged(oldColor, newColor);
  }
  private void OnColorChanged(Color oldValue, Color newValue) {
    RoutedPropertyChangedEventArgs<Color> args =
        new RoutedPropertyChangedEventArgs<Color>(oldValue, newValue);
    args.RoutedEvent = ColorMixer.ColorChangedEvent;
    RaiseEvent(args);
  }
}
```
Listing 29.9 Ereignisauslösung in der Klasse »ColorMixer«

29.3.3 Das Steuerelement um einen »Command« ergänzen

Kommen wir nun zum letzten Schritt. Wir wollen das Steuerelement um ein Kommando ergänzen, das es uns ermöglicht, den letzten Farbwechsel wieder rückgängig zu machen. In der Klasse `ApplicationCommands` finden wir das dazu passend bereitgestellte Kommando `Undo`.

Ehe wir uns an die Programmierung machen, müssen wir erst sicherstellen, dass der alte Wert auch gespeichert wird. Dazu eignet sich ein Feld in der Klasse. Wir wollen es `oldColor` nennen. Es ist empfehlenswert, das Feld als Nullable-Typ zu deklarieren, damit beim Start der Anwendung von dem Feld kein Farbwert beschrieben wird.

```
public partial class ColorPicker : UserControl {
  private Color? previousColor;
  [...]
}
```

Listing 29.10 Ergänzung der Klasse »ColorMixer« um das Feld »oldColor«

Für die Bereitstellung des Kommandos eignet sich die Klasse `CommandManager` mit ihrer statischen Methode `RegisterClassCommandBinding`. Die Methode wird ebenfalls im statischen Konstruktor aufgerufen:

```
CommandManager.RegisterClassCommandBinding(typeof(ColorMixer),
        new CommandBinding(ApplicationCommands.Undo,
                           UndoCommand_Executed,
                           UndoCommand_CanExecute));
```

Listing 29.11 Registrieren des »Command«-Objekts beim System

Zur Fertigstellung unseres Controls bleibt noch, die beiden Ereignisse `CanExcecute` und `Execute` zu implementieren.

```
private static void UndoCommand_CanExecute(object sender,
                                           CanExecuteRoutedEventArgs e){
  ColorMixer colorPicker = (ColorMixer)sender;
  e.CanExecute = colorPicker.oldColor.HasValue;
}
private static void UndoCommand_Executed(object sender,
                                         ExecutedRoutedEventArgs e) {
  ColorMixer colorPicker = (ColorMixer)sender;
  colorPicker.Color = (Color)colorPicker.oldColor;
}
```

Listing 29.12 Die Ereignisse »Execute« und »CanExecute«

29.4 Testanwendung

Nun wollen wir das Steuerelement natürlich auch noch testen. Dazu ergänzen wir sinnvollerweise die Projektmappe um eine Testanwendung, wobei es sich selbstverständlich um eine WPF-Anwendung handelt. Um die Fähigkeiten des Steuerelements zu testen, werden in der Oberfläche des Fensters drei Schaltflächen positioniert. Mit einer Schaltfläche lassen wir uns den aktuellen Farbwert ausgeben, eine zweite stellt den Anfangszustand wieder her, und mit der dritten testen wir das Undo-Kommando.

Der XAML-Code des Fensters (siehe dazu Abbildung 29.2) kann somit wie im folgenden Listing gezeigt aussehen.

```xaml
<Window ...
        Title="ColorMixer" Height="260" Width="300">
  <StackPanel>
    <local:ColorMixer x:Name="colorMixer" Margin="2" Padding="3"
                      ColorChanged="colorMixer_ColorChanged" Color="Yellow"/>
    <Button Click="cmdGetColor_Click" Margin="5,20,5,0" Padding="2"
            Content="Farbe abrufen"/>
    <Button Click="cmdSet_Click" Margin="5,0,5,0" Padding="2"
            Content="Reset"/>
    <Button Command="Undo" CommandTarget="{Binding ElementName=colorMixer}"
            Margin="5,0,5,0" Padding="2" Content="Rückgängig"/>
    <TextBlock x:Name="lblColor" Margin="10"/>
  </StackPanel>
</Window>
```

Listing 29.13 Der XAML-Code der Testanwendung

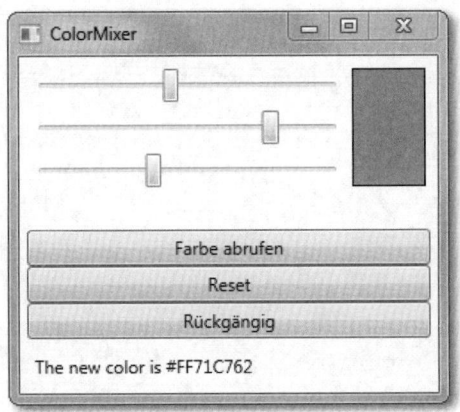

Abbildung 29.2 Die Oberfläche der Testanwendung

In der Code-Behind-Datei der Testanwendung sind nur noch die drei Ereignishandler der Schaltflächen programmiert, die keiner weiteren Erklärung bedürfen sollten.

```csharp
private void cmdGetColor_Click(object sender, RoutedEventArgs e) {
   MessageBox.Show(colorMixer.Color.ToString(), "Farbwert");
}
private void cmdSet_Click(object sender, RoutedEventArgs e) {
   colorMixer.Color = Colors.Black;
}
```

```csharp
private void colorMixer_ColorChanged(object sender, 
                            RoutedPropertyChangedEventArgs<Color> e){
  if (lblColor != null) lblColor.Text = "The new color is " +
                            e.NewValue.ToString();
}
```

Listing 29.14 C#-Code der Testanwendung

> **Hinweis**
> Den vollständigen Code des Beispiels aus diesem Kapitel finden Sie unter ..*Beispiele\Kapitel 29\ColorMixerSolution* auf der Buch-DVD.

Kapitel 30
2D-Grafik

Langsam nähern wir uns dem Ende des WPF-Teils dieses Buches. In diesem Kapitel zur WPF möchte ich Ihnen einen kurzen Einblick in die grafischen Fähigkeiten der WPF geben. Mehr noch als in den anderen Kapiteln zuvor gilt hier, dass wir uns nur auf einen oberflächlichen Streifzug durch die 2D-Grafik begeben. Auf die Betrachtung der 3D-Fähigkeiten und auch das Erzeugen von Animationen oder den Einsatz von multimedialen Elementen müssen wir leider aus Platzgründen verzichten. Das würde eine weiteres Buch füllen (na ja, zumindest aber ein halbes ☺). Eigentlich schade, denn insbesondere diese Themen bieten viele reizvolle Effekte. So beschränken wir uns in diesem Buch auf einen Streifzug durch die 2D-Grafik, so dass Sie zumindest erahnen können, welche Fähigkeiten, jetzt rein aus grafischer Sicht, in WPF stecken.

30.1 Shapes

30.1.1 Allgemeine Beschreibung

Die einfach zu verwendenden Shapes stellen grafische Elemente dar, die sich auf der Oberfläche platzieren lassen. Allen gemeinsam ist die Basisklasse Shape, von der es sechs Ableitungen gibt. Alle verfügen also über eine gemeinsame Grundfunktionalität. Shape selbst leitet sich aus UIElement ab, so wie auch beispielsweise der Button oder die TextBox. Somit können Sie Shapes genauso wie diese Steuerelemente behandeln: Sie zeichnen sich selbst und reagieren sogar auf Maus- und Tastatureingaben.

Eine Besonderheit sollte nicht unerwähnt bleiben. Shapes können keine anderen Elemente aufnehmen, wie es üblicherweise bei den Steuerelementen der Fall ist. Shapes eignen sich, um aus der Kombination mehrerer Shapes komplexere grafische Gebilde zu schaffen. Dazu sollten Sie einen Canvas-Container benutzen, da sich UI-Elemente darin beliebig positionieren lassen.

Als Basisklasse stellt Shape einige spezifische Eigenschaften bereit. Dazu gehört beispielsweise die Eigenschaft Fill, mit der ein Füllmuster angegeben werden kann. Füllmuster werden durch die Klasse Brush beschrieben, der wir uns später ebenfalls noch zuwenden werden. Zur Anpassung an den Umgebungsbereich dient die Eigenschaft Stretch. Zudem werden mit mehreren StrokeXxx-Eigenschaften Möglichkeiten zur Definition von Rahmen, Linien und Linienzügen angeboten.

Die von Shape abgeleiteten Klassen können Sie der folgenden Tabelle entnehmen.

Klasse	Beschreibung
Ellipse	Beschreibt Ellipsen und Kreise.
Line	Beschreibt eine durch Koordinaten definierte Linie.
Path	Beschreibt eine komplexe Struktur, die aus Linien, Bögen und Rechtecken besteht.
Polygon	Beschreibt eine Reihe von Koordinatenpunkten. Der letzte Koordinatenpunkt wird mit dem ersten verbunden, so dass eine geschlossene Fläche entsteht.
Polyline	Beschreibt eine geometrische Struktur, bei der der letzte Punkt nicht mit dem ersten verbunden wird, wie das bei Polygon der Fall ist.
Rectangle	Beschreibt ein Rechteck.

Tabelle 30.1 Die von »Shape« abgeleiteten Klassen

30.1.2 Line-Elemente

Linien werden über zwei Punkte definiert. Dafür dienen die Eigenschaften X1, Y1 und X2, Y2. X1 und Y1 beschreiben den Startpunkt der Linie, wobei als Ursprungspunkt der linke obere Eckpunkt des Containers dient. Die Farbe der Linie wird durch Stroke beschrieben, die Zeichenbreite durch StrokeThickness. Setzen Sie zum Zeichnen die Klasse Pen ein, können Sie die Charakteristik der Linien auch frei gestalten. Beispielsweise ließen sich damit gestrichelte Linien darstellen oder Linienenden abrunden.

```
<Canvas>
    <Line X1="10" X2="100" Y1="110" Y2="40"
          Stroke="Blue" StrokeThickness="4" />
    <Line X1="0" X2="120" Y1="0" Y2="100"
          Stroke="Red" StrokeThickness="2" />
</Canvas>
```

Listing 30.1 Linien im XAML-Code

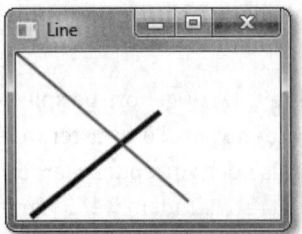

Abbildung 30.1 Liniendarstellung

30.1.3 Ellipse- und Rectangle-Elemente

Im XAML-Code sind sich Rectangle und Ellipse sehr ähnlich. Über Height und Width wird die Ausdehnung der beiden grafischen Elemente beschrieben. Auch hier ist der Bezugsstartpunkt der linke obere Eckpunkt des umgebenden Containers. Eine Besonderheit hat Rectangle zu bieten. Mit RadiusX und RadiusY können Sie abgerundete Ecken erzeugen. Im Gegensatz zu Line ergibt die Eigenschaft Fill hier einen Sinn, da es sich um flächenbeschreibende grafische Figuren handelt.

```
<Canvas>
  <Rectangle Width="120" Height="40" Stroke="Blue"
             StrokeThickness="2" Fill="AntiqueWhite"
             RadiusX="10" RadiusY="30" />
  <Ellipse Width="100" Height="100" Stroke="Black" StrokeThickness="2" />
</Canvas>
```

Listing 30.2 »Rectangle« und »Ellipse« im XAML-Code

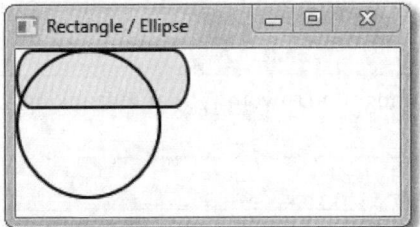

Abbildung 30.2 Rechteck und Ellipse

30.1.4 Polygon- und Polyline-Elemente

Zum Zeichnen eines Polygon- oder Polyline-Objekts werden die einzelnen Punkte durch den Typ Point beschrieben und einer PointCollection übergeben. Diese wird mit der Eigenschaft Points angesprochen. Bei einem Polygon werden der erste und der letzte Punkt automatisch miteinander verbunden, so dass daraus eine geschlossene Fläche resultiert.

In XAML werden die Punkte als Wertepaare angegeben. Jedes Wertepaar kann durch ein Komma getrennt werden, aber das ist optional. Somit sind die beiden folgenden XAML-Ausdrücke identisch:

```
<Polyline Points="0 0 20 30 40 70 60 30" Stroke="Black" />
<Polyline Points="0,0 20,30 40,70 60,30" Stroke="Black" />
```

30.1.5 Darstellung der Linien

Eine Vielzahl von Eigenschaften ermöglicht es, die Darstellung der Linien von Shape-Objekten zu beeinflussen. Stroke und StrokeThickness haben wir bereits benutzt. In der folgenden Tabelle sind einige der beeinflussenden Eigenschaften aufgeführt.

Eigenschaft	Beschreibung
Stroke	Gibt das Füllmuster an. Die Eigenschaft erwartet ein Brush-Objekt. Im einfachsten Fall geben Sie hier nur die Farbe an.
StrokeDashArray	Gibt das Strichmuster der Linie an.
StrokeDashCap	Definiert die Form der Linienenden innerhalb der Linie bei Verwendung von Mustern. Diese Eigenschaft ist vom Typ der Enumeration PenLineCap.
StrokeDashOffset	Beschreibt den Versatz, der beim Zeichnen einer Strich-Punkt-Linie verwendet wird.
StrokeEndLineCap	Definiert die Form des Linienendes und ist vom Typ der Aufzählung PenLineCap.
StrokeLineJoin	Definiert, wie zwei Linienenden miteinander verbunden werden. Die Eigenschaft ist vom Typ der Enumeration PenLineJoin.
StrokeMiterLimit	Legt fest, wie zwei Linienenden beim Aufeinandertreffen ineinander übergehen.
StrokeStartLineCap	Definiert die Form des Linienanfangs und ist vom Typ der Aufzählung PenLineCap.
StrokeThickness	Legt die Zeichenbreite fest.

Tabelle 30.2 Eigenschaften zur Darstellung der Linien

Linienenden werden durch einen Wert der Enumeration PenLineCap beschrieben. Diese Aufzählung beschreibt die Werte Flat, Round, Square und Triangle. Das dürfte keiner weiteren Erläuterung bedürfen. Erklärungsbedürftig sind aber auf jeden Fall die beiden Eigenschaften StrokeDashArray und StrokeDashOffset. Beide gestatten die freie Definition der Linie mit Double-Werten. Die Double-Werte werden in einer Collection gelistet. Es wird immer ein Pärchen gebildet, bei dem die erste Zahl die Länge der Teillinie beschreibt und die zweite die Lücke zwischen zwei Linien. Dabei ist eine Besonderheit zu beachten: Die Werte werden immer mit der Linienbreite StrokeThickness multipliziert. In Abbildung 30.3 sind drei Linien dargestellt, die einige der aufgeführten Eigenschaften nutzen. Die Ausgabe basiert auf dem folgenden XAML-Code:

```
<Canvas>
  <Line X1="10" X2="400" Y1="10" Y2="10" Stroke="Black"
        StrokeThickness="10"
        StrokeDashArray="2 3 2 3 2 3" StrokeStartLineCap="Square"
        StrokeDashOffset="2"
        StrokeDashCap="Round" />
  <Line X1="10" X2="400" Y1="30" Y2="30" Stroke="Blue" StrokeThickness="10"
        StrokeDashArray="1 2 4 2"
```

```
        StrokeDashCap="Triangle"/>
  <Line X1="10" X2="400" Y1="50" Y2="50" Stroke="Red" StrokeThickness="10"
        StrokeDashArray="1 0.5 5 0.5"/>
</Canvas>
```

Listing 30.3 XAML-Code für Abbildung 30.3

Abbildung 30.3 Verschiedene Linienmuster

30.2 Path-Elemente

In den vorhergehenden Abschnitten haben wir uns einige von Shape abgeleitete Klassen angesehen. Eine Klasse haben wir noch nicht betrachtet: Path. Von allen Shapes ist Path sicherlich das mächtigste und vielseitigste mit den meisten Möglichkeiten, denn mit Path lassen sich auch komplexeste Figuren darstellen.

Ein Path beschreibt eine geometrische Figur natürlich ebenfalls mit Linien, Kreisen usw. Sollten Sie jetzt aber der Meinung sein, hier die bereits behandelten Elemente wie Line oder Ellipse verwenden zu können, liegen Sie falsch. Stattdessen verwendet Path andere Elemente, die von der Klasse Geometry abgeleitet sind und in ihrem Bezeichner das Suffix Geometry haben. Dazu gehören LineGeometry, EllipseGeometry und RectangleGeometry. Ein wesentliches Unterscheidungsmerkmal zwischen Line und LineGeometry ist beispielsweise, dass LineGeometry nicht auf Ereignisse reagiert – ganz im Gegensatz zu Line. Das gilt auch für die anderen Geometry-Objekte.

Ein anderes Merkmal ist, dass sich Geometry-Elemente nicht selbst zeichnen können – sie sind beispielsweise auf Path angewiesen. Die Eigenschaften Fill oder Stroke werden Sie daher vergeblich in Geometry-Elementen suchen. Die geometrische Figur, die durch Path beschrieben wird, gibt man der Path-Eigenschaft Data an, die Geometry-Elemente akzeptiert. Dabei kann es sich im einfachen Fall um genau ein Element handeln, aber auch um mehrere.

Genug der Worte, sehen wir uns nun die Festlegung einer Ellipse mit Path an.

```
<Path Stroke="Black">
  <Path.Data>
    <EllipseGeometry Center="100,100" RadiusX="100" RadiusY="60" />
  </Path.Data>
</Path>
```

Listing 30.4 Eine Ellipse mit »Path« im XAML-Code

Es fällt vermutlich sofort auf, dass die Größe der Ellipse nun nicht mehr durch `Height` und `Width` bestimmt wird, sondern durch die Eigenschaft `Center`. Die Größe der Ellipse wird durch `RadiusX` und `RadiusY` festgelegt. `RadiusX` beschreibt dabei den Radius in X-Richtung, `RadiusY` in Y-Richtung.

Ein ähnlicher Unterschied findet sich auch zwischen den Klassen `Rectangle` und `RectangleGeometry`. Hier wird die Eigenschaft `Rect` dazu benutzt, die relative Position und die Abmessungen festzulegen.

```
<Path Stroke="Black">
  <Path.Data>
    <RectangleGeometry Rect="40,10,100,150" RadiusX="20" RadiusY="50" />
  </Path.Data>
</Path>
```

Listing 30.5 Relative Position und Abmessungen festlegen

Die beiden ersten Zahlen geben die Position des Bezugspunkts an (das ist die linke obere Ecke), die beiden letzten die Breite und Höhe. Mit `RadiusX` und `RadiusY` können Sie die Ecken sogar mit den angegebenen Radien runden.

30.2.1 GeometryGroup

So wie in den beiden Listings zuvor gezeigt, können Sie nur eine geometrische Figur ausgeben. Natürlich ließen sich mehrere `Path`-Elemente angeben, um zumindest optisch eine komplexe Figur zu erstellen. Aber es gibt auch einen anderen Weg, bei dem Hilfsklassen zum Einsatz kommen. Unter Zuhilfenahme von Hilfsklassen lassen sich mehrere geometrische Figuren zu einer Gesamtfigur zusammenfassen

Zu diesen Hilfsklassen gehört `GeometryGroup`, die im folgenden Listing ein `EllipseGeometry`- und ein `RectangleGeometry`-Element kombiniert. Die Ausgabe sehen Sie in Abbildung 30.4.

```
<Path Fill="Blue">
  <Path.Data>
    <GeometryGroup FillRule="Nonzero">
      <EllipseGeometry Center="200,185" RadiusX="30" RadiusY="20" />
      <RectangleGeometry Rect="110,110,100,150" RadiusX="20" RadiusY="50" />
    </GeometryGroup>
  </Path.Data>
</Path>
```

Listing 30.6 Beschreibung einer geometrischen Figur

Mit `Fill` wird die Füllfarbe Blau festgelegt, die für den gesamten umschlossenen Bereich der Figur steht. In die `Data`-Eigenschaft ist das `GeometryGroup`-Element eingebettet, das seinerseits die `Geometry`-Elemente des Rechtecks und der Ellipse enthält.

Abbildung 30.4 Die durch »GeometryGroup« beschriebene geometrische Figur

Beachten Sie hierbei auch die Eigenschaft FillRule, mit der beschrieben wird, wie die sich überschneidenden Bereiche der Objekte kombiniert werden. FillRule kann durch EvenOdd und Nonzero beschrieben werden. In Abbildung 30.5 ist die Einstellung EvenOdd.

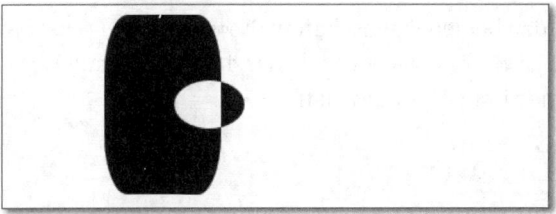

Abbildung 30.5 Auswirkung der Einstellung »EvenOdd« der Eigenschaft »FillRule«

30.2.2 CombinedGeometry

Mit GeometryGroup lassen sich beliebig viele Geometry-Elemente kombinieren, mit CombinedGeometry nur zwei. CombinedGeometry weist mit GeometryCombineMode eine besondere Eigenschaft auf, mit der die Kombination der beiden Elemente beschrieben wird. Die Eigenschaft ist vom Typ der Enumeration GeometryCombineMode, die die Werte Exclude, Intersect, Union und Xor enthält. Die Auswirkungen sollten wir uns in einer Abbildung ansehen.

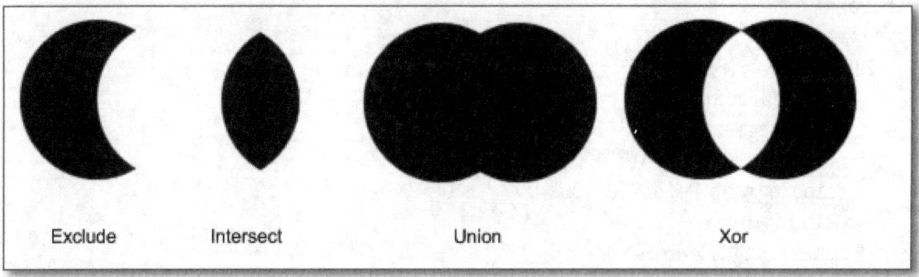

Abbildung 30.6 Auswirkungen der Eigenschaft »GeometryCombineMode«

Der Abbildung liegt der folgende XAML-Code zugrunde:

```
<Canvas>
  <Path Fill="Blue">
```

```
        <Path.Data>
          <CombinedGeometry GeometryCombineMode="Xor">
            <CombinedGeometry.Geometry1>
              <EllipseGeometry Center="100,100" RadiusX="50" RadiusY="50" />
            </CombinedGeometry.Geometry1>
            <CombinedGeometry.Geometry2>
              <EllipseGeometry Center="150,100" RadiusX="50" RadiusY="50" />
            </CombinedGeometry.Geometry2>
          </CombinedGeometry>
        </Path.Data>
      </Path>
</Canvas>
```

Listing 30.7 XAML-Code für Abbildung 30.6

Die beiden Geometry-Objekte müssen mit den beiden Eigenschaften Geometry1 und Geometry2 zugeordnet werden. Anders als bei einer GeometryGroup wird aus der durch die blaue Farbe gekennzeichneten Fläche eine neue geometrische Figur geschaffen.

30.2.3 PathGeometry

GeometryGroup und CombinedGeometry sind noch beschränkt in ihren Möglichkeiten. Zur Darstellung auch komplexester geometrischer Figuren ist das Element PathGeometry bestens geeignet. Die resultierende Gesamtfigur wird dabei in mehrere einzelne Figuren zerlegt, deren Linien schrittweise zusammengefügt werden. Diese Vorgehensweise erfordert viel Detailarbeit, woraus am Ende auch ein unter Umständen sehr komplexer XAML-Code resultiert.

Das folgende Codebeispiel demonstriert den Einsatz des PathGeometry-Elements. Die Ausgabe ist kaum der Rede wert, es handelt sich um ein einfaches Quadrat.

```
<Canvas>
  <Path Stroke="#FF000000">
    <Path.Data>
      <PathGeometry>
        <PathGeometry.Figures>
          <PathFigure StartPoint="0,0" IsClosed="True">
            <LineSegment Point="100,0" />
            <LineSegment Point="100,100" />
            <LineSegment Point="0,100" />
          </PathFigure>
        </PathGeometry.Figures>
      </PathGeometry>
    </Path.Data>
  </Path>
</Canvas>
```

Listing 30.8 Darstellung eines Quadrats

Innerhalb des `PathGeometry`-Elements ist in der Eigenschaft `Figures` ein `PathFigure`-Element eingebettet. In diesem Beispiel handelt es sich nur um ein `PathFigure`-Element, es können aber x-beliebig viele sein. In `PathFigure` sind die grafischen Elemente eingebettet. An der namentlichen Kennzeichnung können Sie bereits erkennen, dass es sich um eine ganz besondere Gruppe von Elementen handelt. Tatsächlich müssen sie von `PathSegment` abgeleitet sein.

`PathSegment` zeichnet sich nur durch zwei Eigenschaften aus: Mit `IsStroked` kann festgelegt werden, ob ein Element gezeichnet werden soll, und mit `IsSmoothJoin` legen Sie fest, ob die Verbindung zum Vorgängerelement abgerundet werden soll oder nicht.

Im Element `PathFigure` wird über `StartPoint` der Startpunkt des geometrischen Objekts definiert. Mit `IsClosed` lässt sich der letzte Endpunkt des letzten geometrischen Objekts mit dem Startpunkt des ersten verbinden, um so ein geschlossenes Objekt zu erhalten.

30.3 Brush-Objekte

Die grafischen Elemente, auf die wohl am häufigsten zugegriffen wird, sind die `Brush`-Elemente, zu Deutsch auch Pinsel genannt. Sie beschreiben die Darstellung von Hintergründen, Füllmustern und auch anderer grafischer Elemente.

Basis aller Füllmuster ist die Klasse `Brush`, die zum Namespace `System.Windows.Media` gehört. Die Klasse `Brush` ist abstrakt definiert und stellt neben anderen Eigenschaften auch die Möglichkeit zur Verfügung, mit der Eigenschaft `Opacity` die Transparenz einzustellen. `Brush` wird durch `TileBrush`, `GradientBrush` und `SolidColorBrush` abgeleitet. Die beiden erstgenannten Klassen sind ihrerseits selbst abstrakt und dienen nur der Bereitstellung weiterer Gemeinsamkeiten an deren Ableitungen. Die Hierarchie sehen Sie in Abbildung 30.7.

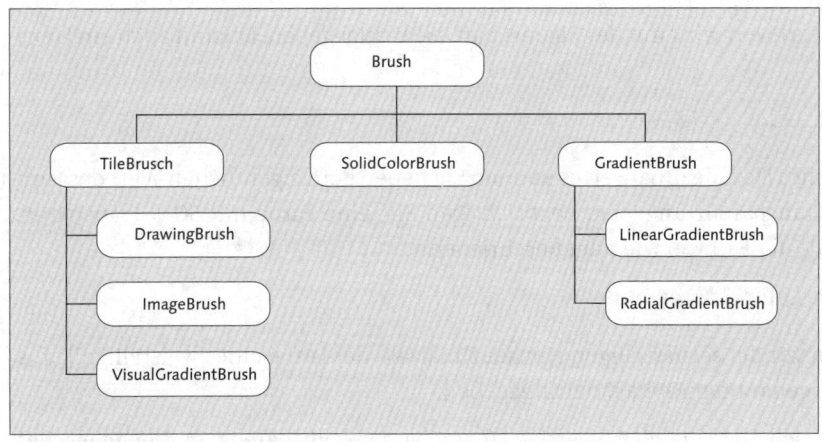

Abbildung 30.7 Die Hierarchie der »Brush«-Klassen

Eine Kurzbeschreibung der Klassen finden Sie in der folgenden Tabelle. Wir werden uns im Verlauf dieses Kapitels die Klassen noch etwas genauer ansehen.

Klasse	Beschreibung
DrawingBrush	Dient zur Füllung eines Bereichs mit grafischen Elementen, Videos und Bildern.
ImageBrush	Füllt einen Bereich mit Bildern.
LinearGradientBrush	Wird verwendet, um einen linearen Farbverlauf darzustellen.
RadialGradientBrush	Wird verwendet, um einen radialen Farbverlauf darzustellen.
SolidColorBrush	Dient zum Füllen mit genau einer Farbe.
VisualBrush	Füllt einen Bereich mit einem grafischen Element.

Tabelle 30.3 Die konkreten Ableitungen der Klasse »Brush«

30.3.1 SolidColorBrush

Möchten Sie eine Fläche mit einer Farbe füllen oder Linien in einer bestimmten Farbe zeichnen, verwenden Sie SolidColorBrush. Geben Sie die Farbe an, können Sie auf die vordefinierten Eigenschaften der Klasse Brushes zurückgreifen, beispielsweise:

```
<Rectangle Width="100" Height="60">
  <Rectangle.Fill>
    <SolidColorBrush Color="BlanchedAlmond" />
  </Rectangle.Fill>
</Rectangle>
```

Listing 30.9 Eine einfache Farbe festlegen

Der gewünschte Farbwert wird mit der Eigenschaft Color angegeben. Er kann auch ein Hexadezimalwert sein:

```
<SolidColorBrush Color="#AA8790" />
```

Bei der Angabe eines Hexadezimalwertes können Sie neben dem eigentlichen Wert des Farbtons auch eine Transparenz angeben. Beabsichtigen Sie, eine Farbe mit 50% Transparenz anzuzeigen, würde der Farbton wie folgt beschrieben:

```
<SolidColorBrush Color="#80AA8790" />
```

Hier wird einfach vor der sechsstelligen Hexadezimalzahl der Farbe eine zweistellige Transparenz für den sogenannten Alphakanal angegeben.

Alternativ bietet sich auch die gleichwertige Übergabe der Transparenz an die Eigenschaft Opacity an:

```
<SolidColorBrush Opacity="0.5" Color="#AA8790" />
```

30.3.2 LinearGradientBrush

Die Klasse `LinearGradientBrush` beschreibt einen Farbverlauf zwischen zwei Punkten. Die Achse des Farbverlaufs wird als Verlaufslinie oder auch Gradientenachse bezeichnet. Diese Linie gibt die Richtung des Farbverlaufs an und wird durch die Eigenschaften `StartPoint` und `EndPoint` beschrieben. Die Definition des Koordinatensystems für den Gradienten sehen Sie in Abbildung 30.8.

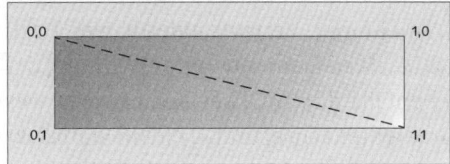

Abbildung 30.8 Koordinatendefinition

Ein Gradient, der von links nach rechts verlaufen soll, beginnt im Punkt »0,0« und endet im Punkt »1,0«. Ein diagonaler Verlauf von rechts unten nach links oben beginnt im Punkt »1,1« und endet im Punkt »0,0«. Um den Effekt des Gradienten zu erfahren, betrachten Sie Abbildung 30.9, in der vier Rechtecke eine jeweils anders verlaufende Gradientenachse haben. Von links nach rechts sind die Farbverläufe wie folgt definiert:

```
<LinearGradientBrush StartPoint="0,0" EndPoint="1,0">
<LinearGradientBrush StartPoint="0,0" EndPoint="1,1">
<LinearGradientBrush StartPoint="1,1" EndPoint="0,0">
<LinearGradientBrush StartPoint="0,1" EndPoint="0,0">
```

Listing 30.10 XAML-Code für Abbildung 30.9

Abbildung 30.9 Farbverläufe mit unterschiedlichen Gradientenachsen

Einen Farbverlauf zu produzieren bedeutet, mindestens zwei Farben anzugeben. Hierzu wird die Klasse `GradientStop` benötigt. Diese versetzt uns sogar in die Lage, beliebig viele Zwischenpunkte innerhalb des Farbverlaufs festzulegen. Der relative Punkt auf der Gradientenachse wird mit der Eigenschaft `Offset` angegeben, die zwischen dem Startpunkt »0« und dem Endpunkt »1« liegen muss. Für jedes `GradientStop`-Element wird mit `Color` die gewünschte Farbe in dem betreffenden Punkt beschrieben.

Sehen wir uns zuerst einen einfachen Farbverlauf von Weiß nach Grau an:

```
<LinearGradientBrush StartPoint="0,0" EndPoint="1,0">
  <GradientStop Offset="0.0" Color="White" />
  <GradientStop Offset="1.0" Color="Black" />
</LinearGradientBrush>
```

Listing 30.11 Einfacher Farbverlauf

Die Darstellung entspricht dann der des linken Quadrats in Abbildung 30.9.

Beeindruckender sind natürlich Farbverläufe mit mehreren Verlaufsänderungen. Dazu geben Sie die »Zwischenstopps« ebenfalls durch GradientStop-Elemente unter Nennung der Farbe an. Die Position des Zwischenstopps wird ebenfalls durch Offset beschrieben, was dann natürlich zwischen »0« (dem Startpunkt der Gradientenachse) und »1« (dem Endpunkt der Gradientenachse) liegen muss. Da Offset vom Typ Double ist, können Sie den Zwischenstopp sehr präzise festlegen.

Im folgenden Listing sind zwei Zwischenstopps in den Farben Grau und Blau in dem ansonsten von Weiß nach Schwarz definierten Farbverlauf enthalten.

```
<LinearGradientBrush StartPoint="0,0" EndPoint="1,0">
  <GradientStop Offset="0.0" Color="White" />
  <GradientStop Offset="0.4" Color="Gray" />
  <GradientStop Offset="0.6" Color="Blue" />
  <GradientStop Offset="1.0" Color="Black" />
</LinearGradientBrush>
```

Listing 30.12 Komplexer Farbverlauf

In Abbildung 30.10 sehen Sie den Farbverlauf.

Abbildung 30.10 Mehrstufiger Farbverlauf

> **Hinweis**
>
> Je nach Farbwahl und der zu füllenden Fläche sind manchmal recht deutliche Sprünge im Farbverlauf zu erkennen. Diese können unter Umständen mit der Einstellung ScRGBLinearInterpolation der Eigenschaft ColorInterpolationMode beseitigt oder doch zumindest deutlich reduziert werden.

30.3.3 RadialGradientBrush

Die Klasse RadialGradientBrush ähnelt der zuvor beschriebenen Klasse LinearGradientBrush mit dem Unterschied, dass keine rechteckigen Grundrisse gefüllt werden, sondern runde.

Für die Angabe des Farbverlaufs benutzt man erneut die Klasse GradientStop. Auch hier werden die Koordinaten zwischen »0,0« und »1,0« angegeben und beziehen sich (zunächst) auf den Mittelpunkt des zu füllenden Objekts. Sie können den Bezugspunkt aber auch mit GradientOrigin beliebig verschieben. Mit »0.0, 0.0« befindet er sich wie bei einem rechteckigen Umriss in der linken oberen Ecke. Folglich wird der Punkt »0.5, 0.5« dem Mittelpunkt der Ellipse entsprechen.

Zur Verdeutlichung der Eigenschaft GradientOrigin werden wieder Farbverläufe von Weiß nach Blau beschrieben. Die vier XAML-Zeilen beschreiben die Kreise (besser: Kugeln), die in Abbildung 30.11 von links nach rechts zu sehen sind.

```
<RadialGradientBrush>
<RadialGradientBrush GradientOrigin="0.3, 0.3">
<RadialGradientBrush GradientOrigin="0.5, 0.5">
<RadialGradientBrush GradientOrigin="0.8, 0.8">
```

Listing 30.13 Die Eigenschaft »GradientOrigin« des »RadialGradientBrush«-Elements

Abbildung 30.11 Die Auswirkungen von »GradientOrigin«

Optisch erinnert die Ausgabe an die Bestrahlung durch einen Scheinwerfer. Mit weiteren Eigenschaften von RadialGradientBrush lässt sich der Lichtkegel nahezu beliebig einstellen. Es handelt sich dabei um die Eigenschaften RadiusX/RadiusY sowie um Center. Ohne lange Worte zu verlieren über den damit zu erzielenden optischen Effekt, schauen Sie sich bitte die beiden folgenden Abbildungen an, in denen verschiedene Eigenschaftseinstellungen gezeigt werden.

Die Eigenschaften »RadiusX« und »RadiusY«

```
<RadialGradientBrush RadiusX="0" RadiusY="0">
<RadialGradientBrush RadiusX="0.3" RadiusY="0.3">
<RadialGradientBrush RadiusX="0.6" RadiusY="0.6">
<RadialGradientBrush RadiusX="1.0" RadiusY="1.0">
```

Listing 30.14 XAML-Code der Abbildung 30.12

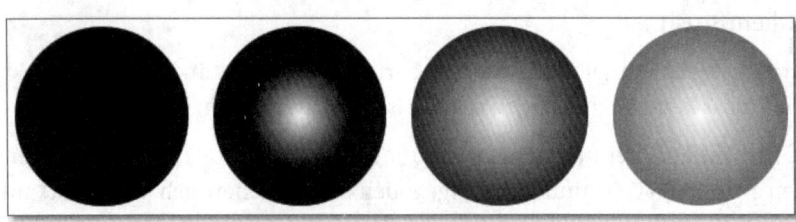

Abbildung 30.12 Die Auswirkungen der Eigenschaften »RadiusX« und »RadiusY«

Die Eigenschaft »Center«

```
<RadialGradientBrush Center="0.0, 0.0">
<RadialGradientBrush Center="0.3, 0.3">
<RadialGradientBrush Center="0.6, 0.6">
<RadialGradientBrush Center="1.0, 1.0">
```

Listing 30.15 XAML-Code der Abbildung 30.13

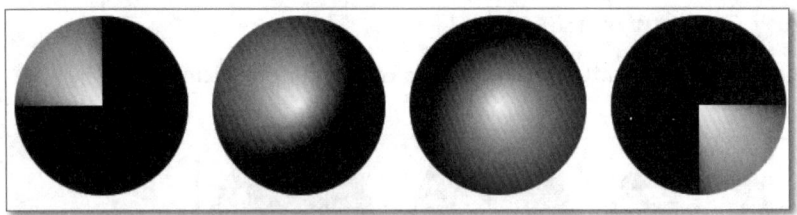

Abbildung 30.13 Die Auswirkung der Eigenschaft »Center«

30.3.4 TileBrush

TileBrush ist die abstrakte Basisklasse der drei Klassen DrawingBrush, ImageBrush und VisualBrush. Es bietet sich an, zunächst die wesentlichsten Fähigkeiten der Klasse TileBrush zu betrachten, um nachher nur noch einen Blick auf die spezifischen Möglichkeiten der Ableitungen zu werfen.

Mit TileBrush werden Muster erzeugt, die wiederholt auf der Oberfläche angezeigt werden. Das erinnert an Kacheln, wodurch sich auch die Bezeichnung der Klasse erklärt (»Tile«, zu Deutsch »Kachel«). Zur Ausgabe mehrerer Kacheln ist zumindest die Angabe der Eigenschaften TileMode und Viewport notwendig. Mit TileMode geben Sie an, ob Sie überhaupt Kacheln anzeigen wollen und in welcher Richtung. Per Vorgabe ist TileMode=Tile eingestellt. Damit werden die Kacheln in horizontaler und vertikaler Richtung auf die Fläche verteilt, mit TileMode=None wird keine Wiederholung des Brushes durchgeführt. Darüber hinaus gibt es mit FlipX, FlipY und FlipXY noch drei weitere Einstellungen. Mit FlipX wird die Brushes-Vorlage entlang der X-Achse gespiegelt, mit FlipY um die Y-Achse. Dass FlipXY gleichzeitig um beide Achsen spiegelt, werden Sie sich nun schon denken können.

Viewport dient der Einstellung des Versatzes und der Wiederholungsrate in X- und Y-Richtung. Sehen wir uns das an einem Beispiel an.

```
<Canvas Margin="10">
  <Rectangle Height="300" Width="350">
    <Rectangle.Fill>
      <ImageBrush Stretch="Fill" TileMode="Tile" ImageSource="Woman.jpg"
                  Viewport="0, 0, 0.333, 0.5" />
    </Rectangle.Fill>
  </Rectangle>
</Canvas>
```

Listing 30.16 Das Element »ImageBrush«

Beim Anwenden eines Brushes auf eine Fläche kann es passieren, dass die Fläche zu klein ist oder nicht ganz ausgefüllt werden kann. Über die Eigenschaft Stretch wird festgelegt, wie der Brush die Fläche ausfüllt.

Die TileMode-Eigenschaft ist hier auf Tile eingestellt, so dass Bildwiederholungen möglich sind. Der Eigenschaft Viewport werden vier Zahlen übergeben: Die ersten beiden beschreiben den Versatz, die beiden letzten die Anzahl der Wiederholungen. Letztere beziehen sich auf die Gesamtfläche. Dabei entspricht der Wert »1.0« der Gesamtbreite bzw. -höhe. Mit einer Breitenangabe von 0.333 beträgt die Gesamtbreite einer Kachel ein Drittel der zur Verfügung stehenden Gesamtbreite. Analog hat die Höhenangabe »0.5« zur Folge, dass die Höhe einer Kachel die Hälfte der Gesamthöhe der Fläche beträgt. Das Bild wird demnach in der Breite dreimal angezeigt, in der vertikalen Richtung bilden sich zwei Reihen (siehe Abbildung 30.14).

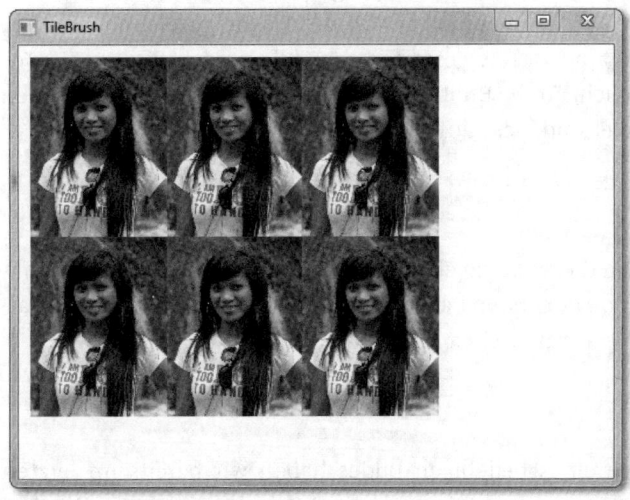

Abbildung 30.14 Gekacheltes Bild

Um den Einfluss des Versatzes zu testen, genügt eine geringe Änderung der an Viewport übermittelten Werte:

```
<ImageBrush Stretch="Fill" TileMode="Tile" ImageSource="Woman.jpg"
            Viewport="0.5, 0.33, 0.333, 0.5" />
```

Die Auswirkungen können Sie in Abbildung 30.15 deutlich sehen.

Abbildung 30.15 Der Einfluss der Eigenschaft »Viewport«

In den Listings wurde die Abmessung einer Kachel abhängig von der Gesamtbreite oder Höhe festgelegt. Soll die einzelne Kachel unabhängig von der Fläche gezeichnet werden, kann die Eigenschaft `ViewportUnits` auf `Absolute` gesetzt werden (die Vorgabe ist `RelativeToBoundingBox`). Dadurch wird es möglich, für die Breite und Höhe einer Kachel absolute Zahlen zu verwenden. Im folgenden Beispiel sind diese auf 120 x 160 festgelegt.

```
ViewportUnits="Absolute" TileMode="Tile" ImageSource="Woman.jpg" Viewport="0, 0,
120, 160" />
```

Zwei letzte Eigenschaften sollten an dieser Stelle ebenfalls erwähnt werden. Mit `AlignmentX` und `AlignmentY` kann die Startposition der ersten Kachel festgelegt werden. Beide Eigenschaften lassen die Einstellungen `Left`, `Center` und `Right` zu.

30.3.5 ImageBrush

Die Klasse `ImageBrush` zur Anzeige eines beliebigen Bildes haben wir bereits im letzten Abschnitt benutzt. Der Eigenschaft `ImageSource` teilen wir die Quelle des Bildes mit. Die Darstellung des Bildes kann mit `Stretch` beeinflusst werden. Die Eigenschaft ist vom Typ der gleichnamigen Enumeration `Stretch`, die vier Werte beschreibt.

Wert	Beschreibung
None	Bei dieser Einstellung bleibt die ursprüngliche Größe des Bildes erhalten.
Fill	Die Größe des Inhalts wird geändert, so dass er die Abmessungen des Ziels ausfüllt. Das Seitenverhältnis wird nicht beibehalten.
Uniform	Die Größe des Bildes passt sich den Abmessungen der Fläche so an, dass es komplett angezeigt wird, ohne dass das Seitenverhältnis verändert wird.
UniformToFill	Die Größe des Bildes passt sich den Abmessungen der Fläche so an, dass die Fläche komplett ausgefüllt wird, ohne dass das Seitenverhältnis des Bildes dabei verändert wird.

Tabelle 30.4 Die Werte der Enumeration »Stretch«

Wie sich die Einstellungen auf die Darstellung eines Bildes auswirken, zeigt Abbildung 30.16.

Abbildung 30.16 Der Einfluss der Eigenschaft »Stretch«

30.3.6 VisualBrush

VisualBrush dürfte wohl das leistungsfähigste aller Brush-Elemente sein. Zur Füllung dienen VisualBrush alle die Elemente, die von Visual abgeleitet sind. Dazu gehören demnach neben Buttons und TextBoxen auch Bilder vom Typ Image.

Prinzipiell können Sie auf zwei Weisen den Inhalt eines VisualBrush-Elements erstellen:

- Sie weisen der Eigenschaft Visual ein neues Element zu.
- Sie verwenden ein bereits vorhandenes Element.

Mit VisualBrush lassen sich tolle Effekte erzielen. Hierbei kommen Eigenschaften ins Spiel, die wir bereits vorher angesprochen haben: Stretch, Opacity, Viewport und TileMode. Sie werden aber auch Eigenschaften finden wie Transform und RelativeTransform. Transformationen sind ein mächtiges Werkzeug der WPF und werden dazu verwendet, geometrische Objekte und UI-Komponenten zu manipulieren. Darunter ist zu verstehen, geometrische Objekte zu drehen, sie rotieren zu lassen, zu skalieren oder gar zu scheren.

Das Zusammenspiel von `VisualBrush` und Transformationen soll das folgende Beispielprogramm demonstrieren. Bevor wir uns dem XAML-Code widmen, sehen wir uns die Ausgabe des Beispielprogramms an.

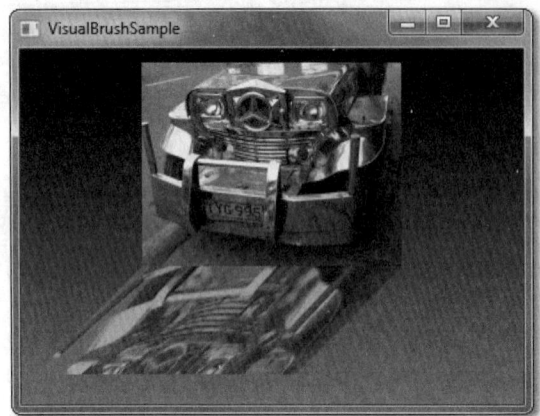

Abbildung 30.17 Ausgabe des Beispielprogramms »VisualBrushSample«

```
// Beispiel: ..\Kapitel 30\VisualBrushSample
<Window ...
        Title="VisualBrushSample" Height="300" Width="400">
  <Grid>
    <StackPanel>
      <StackPanel.Background>
        <LinearGradientBrush StartPoint="0,0" EndPoint="0,1">
          <GradientStop Offset="0.0" Color="Black" />
          <GradientStop Offset="1.0" Color="Gray" />
        </LinearGradientBrush>
      </StackPanel.Background>
      <Image Margin="0,10,0,0" Source="Jeepney.jpg" Name="Jeepney"
             Height="150" Width="200" Stretch="Uniform" />
      <Rectangle Height="80">
        <Rectangle.Fill>
          <VisualBrush Visual="{Binding ElementName=Jeepney}"
                       Stretch="None" Opacity="0.6">
            <VisualBrush.RelativeTransform>
              <TransformGroup>
                <ScaleTransform ScaleY="-1.5" />
                <TranslateTransform Y="1" />
                <SkewTransform AngleX="-12" />
              </TransformGroup>
```

```
            </VisualBrush.RelativeTransform>
          </VisualBrush>
        </Rectangle.Fill>
      </Rectangle>
    </StackPanel>
  </Grid>
</Window>
```

Listing 30.17 Das Beispielprogramm »VisualBrushSample«

Irgendwo im XAML-Code muss die Komponente, die mit Effekten versehen werden soll, bereits definiert sein. In unserem Beispiel handelt es sich um das durch ein `Image`-Element beschriebene Bildchen. Die Eigenschaft `Visual` des `VisualBrush`-Elements wird an das `Image` gebunden und steht somit für effektvolle Manipulationen zur Verfügung. Gleichzeitig wird die Transparenz mit der Eigenschaft `Opacity` auf 60 % festgelegt.

Mit `RelativeTransform` leiten wir die Transformation mit relativen Koordinaten ein. Eine Transformation kann sich aus mehreren Einzeleffekten zusammensetzen. Um diese zusammenzufassen, wird ein `TransformGroup`-Element benötigt. Dieses fasst mehrere Elemente zusammen, deren Basis die Klasse `Transform` ist. Dazu gehören auch die Elemente `TranslateTransform`, `ScaleTransform` und `SkewTransform`. `ScaleTransform` skaliert das visuelle Element, `TranslateTransform` verschiebt es und `SkewTransform` beschreibt einen Neigungswinkel.

30.3.7 DrawingBrush

Das letzte `Brush`-Objekt, über das ich noch Worte verlieren könnte, ist `DrawingBrush`. `DrawingBrush` verwendet zum Füllen der Kacheln Grafiken. Man kann erheblichen Einfluss auf die Zeichnung nehmen, es bleiben fast keine Wünsche offen.

Der Inhalt selbst wird durch ein `Drawing`-Objekt beschrieben, das der gleichnamigen Eigenschaft zugewiesen wird. Mit `DrawingGroup`, `GeometryDrawing`, `GlyphRunDrawing`, `ImageDrawing` und `VideoDrawing` stehen gleich fünf verschiedene `Drawing`-Objekte zur Verfügung.

Es sei an dieser Stelle nur so viel gesagt: Der Aufwand ist enorm. Deshalb werden solche `Brush`-Objekte auch eher mit Tools wie beispielsweise *Expression Blend* erstellt. Im Rahmen eines Buches, das nicht nur speziell auf WPF eingeht, belassen wir es hier dabei. Sollten Sie irgendwann einmal beabsichtigen, sich näher mit dem `DrawingBrush` beschäftigen zu wollen, steht Ihnen zahlreiche spezielle Literatur zur Verfügung.

Kapitel 31
ADO.NET – Verbindungsorientierte Objekte

31.1 Allgemeines

Vor der Einführung von ADO.NET im Jahr 2002 hat Microsoft verschiedene Datenzugriffstechnologien für den Zugriff und das Speichern von Daten eingesetzt. Der direkte Vorgänger von ADO.NET war Microsoft *ActiveX Data Objects* (ADO), eine verbindungsorientierte Datenzugriffstechnologie, der allerdings Schlüsselfunktionen für große, verteilte Anwendungen fehlen.

Von der Idee her soll ADO.NET den Entwicklern dabei helfen, mehrschichtige Datenbankanwendungen über Intranets und das Internet hinweg zu erstellen. Daraus resultiert eine zweischichtige Klassenarchitektur: Es gibt einerseits Klassen, deren Objekte sich direkt mit der Datenbank austauschen, und andererseits Klassen, deren Objekte als unverbundene Objekte bezeichnet werden. Letztgenannte sind völlig unabhängig von der Datenquelle, aus der die Daten stammen. In Konsequenz dieser Aussage sind alle Objekte von ADO.NET zwei Gruppen zuzuordnen:

- die verbundenen Objekte
- die unverbundenen Objekte

Zu den verbundenen Objekten zählen unter anderem die Klassen `Connection`, `Command` und `DataAdapter`, zu den unverbundenen die Klassen `DataSet` und `DataTable`. Auf alle werden wir im Verlauf dieses und der folgenden Kapitel noch eingehen.

ADO.NET beschränkt sich nicht auf Datenbanken. Im Grunde genommen können Sie jede beliebige Datenquelle ansprechen, wenn Sie ODBC- oder OleDB-fähig ist. Beispielsweise ist es kein Problem, Daten aus einer MS-Excel-Tabelle zu importieren oder in diese zu exportieren. Da man im Grunde genommen davon ausgehen kann, dass jede ernstzunehmende Datenbank entweder ODBC oder OleDB unterstützt, kann ADO.NET mit praktisch jeder Datenbank kommunizieren.

Mit Visual Studio 2012 wird standardmäßig auch die SQL Server 2008 Express Edition installiert. Was liegt also näher, als diesen Datenbankserver als Grundlage aller weiteren Betrachtungen zu nehmen. Leider fehlen dieser Version Administrationsprogramme, die mit der Vollversion ausgeliefert werden. Sie können aber *SQL Server 2008 Management Studio Express* kostenlos bei Microsoft downloaden.

Was Ihnen anschließend noch fehlt, ist eine gute Beispieldatenbank. In diesem und den folgenden Kapiteln werde ich mit einer allbekannten und bewährten arbeiten, die ich für Lernzwecke ausgezeichnet finde: *Northwind*. Diese Datenbank kann ebenfalls aus dem Internet kostenlos heruntergeladen und anschließend installiert werden. Folgen Sie dazu dem folgenden Link:

http://www.microsoft.com/en-us/download/details.aspx?id=23654

Sie erhalten dann die Datei *SQL2000SampleDb.msi*. Wenn Sie auf die Datei doppelt klicken, werden Sie durch einen Installationsprozess geführt, der das Verzeichnis **SQL Server 2000 Sample Databases** erzeugt und dort die entsprechenden Skriptdateien ablegt. Im Microsoft SQL Server Management Studio können Sie über DATEI • ÖFFNEN • DATEI die Skriptdatei auswählen. Abschließend klicken Sie noch auf den Button AUSFÜHREN in der Symbolleiste. Das war's.

Damit sind alle vorbereitenden Maßnahmen zum Einstieg in dieses und die folgenden Kapitel erfolgt. Zumindest Grundkenntnisse in der Datenmodellierung und in SQL werden in diesem Kapitel vorausgesetzt.

31.2 Die Datenprovider

Die erste Frage, die es zu klären gilt, ist die, aus welcher Datenquelle die Daten bezogen werden sollen. Damit entscheidet sich auch, welcher Datenprovider zum Einsatz kommt. Das .NET Framework stellt vier zur Verfügung:

- SqlClient-Provider
- OleDb-Provider
- Odbc-Provider
- Oracle-Provider

Ein Datenprovider ist eine Klassenbibliothek, die für den Zugriff auf einen bestimmten Datenspeichertyp geprägt ist. Jeder .NET-Datenprovider implementiert dabei die gleichen Klassen, beispielsweise `Connection`, `Command` oder `DataAdapter`. Der tatsächliche Name hängt vom gewählten Provider ab. So bietet der SqlClient-Provider beispielsweise die Klasse `SqlConnection` an und der OleDb-Datenprovider die Klasse `OleDbConnection`. Unabhängig davon, für welchen Datenprovider Sie sich entscheiden, bleiben die Schnittstellen und damit die Funktionalitäten gleich. Nahezu unabhängig von der Providerwahl ist auch der Programmcode. Sollten Sie gezwungenermaßen zu einem späteren Zeitpunkt den Provider wechseln, brauchen Sie möglicherweise den Programmcode überhaupt nicht oder nur geringfügig zu überarbeiten.

Häufig sind Sie nicht auf einen einzigen Datenprovider festgelegt, sondern können für den Zugriff auf eine Datenquelle zwischen mehreren auswählen. Ist die Datenquelle ein Microsoft SQL Server in der Version 7.0 oder höher, empfiehlt sich der SqlClient-Datenprovider, weil dieser für die genannten Versionen des SQL Servers optimiert ist. Aber auch über den OleDb- oder Odbc-Provider kann der SQL Server abgefragt werden.

Jeder .NET-Datenprovider hat einen eigenen Namespace, der ein Unter-Namespace von System.Data ist und mit using bekannt gegeben werden sollte. Beabsichtigen Sie den Zugriff auf eine Oracle-Datenbank mit dem Oracle-Provider, müssen Sie die Assembly *System.Data.OracleClient.dll* in die Anwendung einbinden.

In den Beispielen dieses Kapitels werden wir ausschließlich den SqlClient-Datenprovider benutzen.

31.3 Die Verbindung zu einer Datenbank herstellen

31.3.1 Das Connection-Objekt

Die erste Entscheidung, die Sie treffen müssen, ist die des Datenproviders. Oben wurden die entscheidenden Kriterien erörtert, die die Wahl beeinflussen. Für die einzelnen Klassen jedes .NET-Datenproviders ist ein separater Namespace in der .NET-Klassenbibliothek vorgesehen. Da wir als Datenquelle den SQL Server 2008 benutzen, bietet sich der Einsatz des SqlClient-Datenproviders an. Daher sollten Sie mit

```
using System.Data.SqlClient;
```

den entsprechenden Namespace zuerst bekannt geben.

Die Verbindung zu einer Datenbank wird durch ein Connection-Objekt beschrieben. Um präzise zu sein, gibt es die Klasse Connection unter ADO.NET nicht. Stattdessen wird, abhängig vom verwendeten .NET-Datenprovider, ein Präfix vorangestellt. Benutzen Sie den SqlClient-Datenprovider, heißt die Klasse SqlConnection, beim OleDb-Datenprovider OleDbConnection. Der Einfachheit halber wird aber im Folgenden oft einfach nur vom Connection-Objekt die Rede sein. Damit wird die Allgemeingültigkeit dieses Typs unterstrichen, denn wie Sie in den folgenden Abschnitten noch sehen werden, unterscheiden sich die providerspezifischen Connection-Objekte nur geringfügig.

Um auf eine Datenquelle wie Microsoft SQL Server 2008 zuzugreifen, werden mehrere Informationen benötigt:

▶ der Name des Rechners, auf dem die SQL Server-Instanz läuft

▶ der Name der Datenbank, deren Dateninformationen ausgewertet oder manipuliert werden sollen

▶ die Anmeldeinformationen, mit denen sich der Anwender authentifiziert

Diese Verbindungsinformationen werden nach einem bestimmten Muster in einer Zeichenfolge zusammengefasst, die als **Verbindungszeichenfolge** bezeichnet wird. Grundsätzlich haben Sie drei Möglichkeiten, die Verbindungsinformationen zu einer Datenquelle anzugeben:

- Sie rufen den parameterlosen Konstruktor der Connection-Klasse auf und übergeben dem erzeugten Objekt die Verbindungsinformationen.
- Sie rufen einen parametrisierten Konstruktor auf.
- Sie benutzen die Klasse SqlConnectionStringBuilder.

31.3.2 Die Verbindungszeichenfolge

Sehen wir uns zuerst den parameterlosen Konstruktor an.

```
SqlConnection con = new SqlConnection();
```

Damit erzeugen wir bereits das Verbindungsobjekt, das aber noch sehr »dumm« ist, da ihm sämtliche Informationen fehlen, die zum Aufbau einer Verbindung zu einer Datenquelle notwendig sind. Diese müssen der Eigenschaft ConnectionString des Connection-Objekts zugewiesen werden:

```
SqlConnection con = new SqlConnection();
con.ConnectionString = "<Verbindungszeichenfolge>";
```

Der parametrisierte Konstruktor gestattet es, die Verbindungszeichenfolge direkt als Argument zu übergeben:

```
SqlConnection con = new SqlConnection("<Verbindungszeichenfolge>");
```

Die Werte der Verbindungszeichenfolge

Alle Informationen, die zum Aufbau einer Verbindung zu einer Datenquelle erforderlich sind, werden in der Verbindungszeichenfolge beschrieben. Eine Verbindungszeichenfolge besteht aus einer Reihe von Attributen (bzw. Schlüsseln), denen Werte zugewiesen werden. Die Attribute sind untereinander durch ein Semikolon getrennt. Die allgemeine Syntax lässt sich wie folgt beschreiben:

```
string strCon = "Attribut1=Wert1;Attribut2=Wert2;Attribut3=Wert3;...";
```

Die Bezeichner der einzelnen Attribute sind festgelegt und hängen vom verwendeten .NET-Datenprovider ab. In der folgenden Tabelle sind die Bezeichner des SqlClient-Datenproviders aufgeführt. Groß-/Kleinschreibung spielt dabei ebenso wenig eine Rolle wie die Reihenfolge der Attribute. Beachten Sie, dass es meistens mehrere Attributbezeichner gibt, die gleichwertig eingesetzt werden können.

Schlüssel	Beschreibung
Connect Timeout, Connection Timeout	Dieser Schlüssel beschreibt die Zeitdauer in Sekunden, die auf eine Verbindung zum Server gewartet werden soll, bevor der Versuch abgebrochen und ein Fehler generiert wird. Der Standardwert beträgt 15 Sekunden.

Tabelle 31.1 Attribute der Verbindungszeichenfolge des SQL-Datenproviders

Schlüssel	Beschreibung
Data Source Server Address Addr Network Address	Entweder der Name oder die Netzwerkadresse der Instanz des SQL Servers, mit dem eine Verbindung hergestellt werden soll.
Initial Catalog Database	Hier wird der Name der Datenbank angegeben.
Integrated Security Trusted_Connection	Bei false werden die Benutzer-ID und das Passwort für die Verbindung angegeben. Bei true werden die aktuellen Anmeldeinformationen des Windows-Kontos für die Authentifizierung verwendet. Gültige Werte sind true, false, yes, no und sspi, das äquivalent mit true ist.
Packet Size	Gibt die Größe der Netzwerkpakete in Byte an, die zum Kommunizieren mit einer Instanz von SQL Server verwendet werden. Die Standardgröße eines Pakets beträgt 8192 Byte, kann aber zwischen 512 und 32767 variieren.
Password, Pwd	Das Passwort für das SQL Server-Konto.
User ID	Das SQL Server-Anmeldekonto.
Workstation ID	Der Name des Computers, der mit dem SQL Server eine Verbindung aufbauen möchte.

Tabelle 31.1 Attribute der Verbindungszeichenfolge des SQL-Datenproviders (Forts.)

31.3.3 Die Verbindung mit einer SQL Server-Instanz aufbauen

Befindet sich der SQL Server auf dem lokalen Rechner und beabsichtigen Sie, die Beispieldatenbank *Northwind* zu öffnen, könnte die Verbindungszeichenfolge wie folgt lauten:

```
SqlConnection con = new SqlConnection();
con.ConnectionString = "Data Source=(local);" +
                       "Initial Catalog=Northwind;" +
                       "Integrated Security=sspi";
```

Listing 31.1 Beispiel einer Verbindungszeichenfolge

Data Source beschreibt den Rechner, auf dem sich die laufende SQL Server-Instanz befindet. Hier können Sie den Rechnernamen und eine TCP/IP-Adresse eintragen. Handelt es sich dabei um den lokalen Rechner, dürfen Sie anstatt des Rechnernamens auch *(local)*, *localhost* oder einfach nur einen Punkt angeben – die beiden Letztgenannten allerdings ohne runde Klammern.

Auf einem Computer können durchaus mehrere Instanzen von SQL Server installiert sein. Das Codefragment oben greift auf die sogenannte Standardinstanz zu. Möchten Sie auf eine andere, benannte Instanz zugreifen, geben Sie zuerst den Rechnernamen und darauf folgend einen Backslash (\) an. Dahinter folgt die Angabe der SQL Server-Instanz. Möchten Sie sich beispielsweise mit der Instanz SQLExpress auf der lokalen Maschine verbinden, sieht das Data Source-Attribut wie folgt aus:

```
Data Source=.\\SQLExpress
```

Hier sind zwei Backslashes notwendig, da C# einen einfachen Backslash als Escape-Sequenz interpretiert. Alternativ können Sie auch vor der Zeichenfolge das Zeichen @ setzen. Hinter Initial Catalog ist die Datenbank angegeben, zum Schluss folgen noch Informationen zur Authentifizierung.

Gleichwertig können Sie auch dem parametrisierten Konstruktor des Connection-Objekts die Verbindungszeichenfolge übergeben:

```csharp
SqlConnection con = new SqlConnection(@"Data Source=.\SQLEXPRESS;" +
                                       "Initial Catalog=Northwind;" +
                                       "Integrated Security=sspi");
```

Listing 31.2 Nutzen des überladenen Konstruktors von »SqlConnection«

Sie müssen nicht unbedingt alle Attribute verwenden. Das Attribut Packet Size wird hier beispielsweise nicht benutzt. Somit werden alle Daten auf der Verbindung in 8192 Byte großen Paketen verschickt. Müssen große Datenmengen vom Server geladen werden, zum Beispiel Bilder, können größere Pakete die Leistung durchaus deutlich steigern.

Die Authentifizierung

Soll die Verbindung zu einer Datenbank aufgebaut werden, muss sich der Anwender bei der Datenbank authentifizieren. Das Connection-Objekt benutzt hierfür die Authentifizierungsinformationen, die in der Verbindungszeichenfolge enthalten sind. Diese werden vom Datenbankserver überprüft.

SQL Server kennt zwei Verfahren zur Authentifizierung:

- **Die integrierte Windows-Authentifizierung**
  Zur Authentifizierung benutzt SQL Server das Authentifizierungssystem von Windows (NT/2000/XP/2003/Vista/Windows 7 ...). Mit Ausnahme der Benutzer mit administrativen Rechten muss der Datenbankadministrator für jeden anderen Benutzer eine entsprechende Datenbankanmeldung definieren.

- **Die SQL Server-Authentifizierung**
  Diese basiert auf der internen Benutzerliste, die von SQL Server verwaltet wird. Die Liste beinhaltet keine Windows-Benutzer. Stattdessen werden Benutzer mit Hilfe des SQL Server Management Studios erstellt und konfiguriert. Den Benutzern werden die gewünsch-

ten Berechtigungen für die entsprechende Datenbank eingerichtet. (Hinweis: Bei der SQL Server Express Edition ist nur die Windows-Authentifizierung möglich.)

Die Authentifizierungsart können Sie bereits bei der Installation von SQL Server festlegen. Per Vorgabe ist die SQL Server-Authentifizierung deaktiviert. Sie können aber auch einen gemischten Modus aus beiden Authentifizierungen wählen. Eine nachträgliche Änderung der Server-Authentifizierung erfolgt im SQL Server Management Studio. Markieren Sie hierzu die SQL Server-Instanz, öffnen Sie über deren Kontextmenü die Eigenschaftsliste, und wählen Sie den Reiter SICHERHEIT.

Bei der integrierten Windows-Authentifizierung müssen weder Benutzername noch Passwort explizit gesendet werden. Mit der Angabe von Integrated Security=sspi verwendet das System automatisch das Windows-Benutzerkonto des aktuellen Users bestehend aus Benutzername und Passwort und reicht es an SQL Server weiter. Vorausgesetzt, der Kontoinhaber hat ausreichende Rechte, kann damit die Verbindung zur Datenbank hergestellt werden.

Die SQL Server-Authentifizierung setzt voraus, dass der Administrator des SQL Servers ein Benutzerkonto mit Passwort eingerichtet hat. Sowohl der Benutzername als auch das Passwort müssen bei diesem Authentifizierungsverfahren in der Verbindungszeichenfolge stehen, beispielsweise folgendermaßen:

```
SqlConnection con = new SqlConnection();
con.ConnectionString = "Data Source=DBServer;" +
                       "Initial Catalog=Northwind;" +
                       "User ID=Testuser;" +
                       "Password=26gf28";
```

SQL Server führt die Authentifizierung durch, indem er überprüft, ob ein Benutzerkonto mit diesem Namen eingerichtet ist und ob das angegebene Passwort stimmt. Falls die übermittelten Anmeldeinformationen falsch sind, misslingt die Authentifizierung, und der Benutzer erhält eine Fehlermeldung.

Es ist grundsätzlich nicht empfehlenswert, die Daten zur Benutzer-Authentifizierung statisch in der Verbindungszeichenfolge zu speichern. Besser ist es, in einem Dialog den Anwender zur Eingabe von Benutzernamen und Passwort aufzufordern und mit diesen Informationen zur Laufzeit die Verbindungszeichenfolge zu bilden.

Änderung des Passwortes bei der SQL Server-Authentifizierung

Bei der SQL Server-Authentifizierung bilden Benutzername und Passwort eine Einheit, die den Zugriff auf Datenressourcen ermöglicht. Seit ADO.NET 2.0 und auch nur im Zusammenspiel mit SQL Server 2008 kann der Benutzer sein Passwort ändern, ohne dass der Datenbankadministrator eingreifen muss. Hier hilft die statische Methode ChangePassword der Klasse SqlConnection weiter. Vorausgesetzt, es wurde zuvor mit bekannten Verbindungsinformationen die Verbindung zu der Datenbank geöffnet, kann unter vorheriger Angabe der alten Authentifizierungsinformationen (Benutzername und Passwort) im zweiten Argument das neue Passwort übermittelt werden.

```
SqlConnection con = new SqlConnection();
con.ConnectionString = "Data Source=DBServer;" +
                       "Initial Catalog=Northwind;" +
                       "User ID=Testuser;" +
                       "Password=26gf28";
con.Open();
SqlConnection.ChangePassword("User ID=Testuser;PWD=26gf28",
                       "4711password");
```

Diese Technik bietet sich auch an, wenn das alte Passwort abgelaufen ist.

Verbindungszeichenfolgen mit dem »SqlConnectionStringBuilder«-Objekt

Fordern Sie den Anwender dazu auf, seine Authentifizierungsinformationen bestehend aus Benutzername und Passwort in einem Dialog einzutragen, besteht die Gefahr, dass »böse Buben« im Log-in- oder Passwortfeld zusätzliche Parameter eintragen. Im Extremfall kann dies zu Sicherheitsproblemen führen, die als SQL-Injection bekannt sind. Abgesehen von böswilligen Eingriffen könnte der Anwender aber auch Zeichen gewählt haben, die in der Verbindungszeichenfolge eine besondere Bedeutung haben, beispielsweise »;« oder »=«. Die Eingabe dieser Zeichen würde zu einer Fehlermeldung führen.

Um diesen Problemen aus dem Wege zu gehen, benutzen Sie die Klasse SqlConnectionString-Builder. Diese Klasse stellt für alle Attribute der Verbindungszeichenfolge Eigenschaften zur Verfügung, denen Sie nur noch die passenden Werte zuweisen müssen. Das Ergebnis wird der Eigenschaft ConnectionString des SqlConnectionStringBuilder-Objekts zugeführt. Sie müssen diese Eigenschaft am Ende nur noch dem Konstruktoraufruf von SqlConnection übergeben.

```
SqlConnectionStringBuilder conBuilder =
            new SqlConnectionStringBuilder();
conBuilder.DataSource = ".\\sqlexpress";
conBuilder.InitialCatalog = "Northwind";
conBuilder.IntegratedSecurity = true;
SqlConnection con = new SqlConnection(conBuilder.ConnectionString);
```

Listing 31.3 Verbindungszeichenfolge mit »SqlConnectionStringBuilder« erzeugen

Lassen Sie sich die erzeugte Verbindungszeichenfolge im Befehlsfenster ausgeben, wird Folgendes angezeigt:

```
Data Source=.\sqlexpress;Initial Catalog=Northwind;Integrated Security=True
```

31.3.4 Öffnen und Schließen einer Verbindung

Die Verbindung öffnen

Das Instanziieren der Klasse SqlConnection und das Bekanntgeben der Verbindungszeichenfolge sind noch nicht ausreichend, um die Verbindung zu einer Datenbank zu öffnen und auf

31.3 Die Verbindung zu einer Datenbank herstellen

die in ihr enthaltenen Daten zuzugreifen. Dazu muss noch die Methode Open auf das Connection-Objekt aufgerufen werden:

```
SqlConnection con = new SqlConnection(@"Data Source=.\sqlexpress;" +
                                      "Initial Catalog=Northwind;" +
                                      "Integrated Security=True");
con.Open();
```

Listing 31.4 Öffnen einer Datenbankverbindung

Weist die Verbindungszeichenfolge keinen Fehler auf, können Sie nun auf die Daten von *Northwind* zugreifen. Es gibt allerdings eine Reihe potenzieller Fehlerquellen, die zu einem Laufzeitfehler beim Verbindungsaufbau führen können:

- Ein Fehler befindet sich in der Verbindungszeichenfolge.
- Der Anwender hat keine Zugriffsrechte auf die Datenbank.
- Der SQL Server ist nicht gestartet.
- Der Rechner, auf dem die SQL Server-Instanz läuft, ist im Netzwerk nicht erreichbar.

Sie sollten daher das Öffnen einer Datenbankverbindung immer in einen Fehlerbehandlungsblock einschließen.

```
try {
  SqlConnection con = new SqlConnection(...);
  con.Open();
}
catch(Exception e) {
  [...]
}
```

Listing 31.5 Einbetten in eine Fehlerbehandlung

> **Anmerkung**
> Wenn in diesem Buch in den folgenden Codebeispielen auf die Fehlerbehandlung verzichtet wird, liegt es daran, dass der Programmcode übersichtlich bleiben soll.

Versuchen Sie, ein bereits geöffnetes SqlConnection-Objekt ein zweites Mal zu öffnen, wird die Ausnahme InvalidOperationException ausgelöst. Sollten Sie sich über den Zustand der Verbindung nicht im Klaren sein, können Sie sie mit der Eigenschaft State abfragen:

```
if(con.State == ConnectionState.Closed) con.Open();
```

Obwohl die Enumeration ConnectionState insgesamt sechs verschiedene Zustände beschreibt, sind aktuell nur zwei, nämlich Closed und Open, abfragbar. Alle anderen sind für zukünftige Versionen reserviert.

Die Verbindung schließen

Man könnte der Meinung sein, dass eine geöffnete Verbindung geschlossen wird, wenn das Connection-Objekt aufgegeben wird. Das wäre zum Beispiel der Fall, wenn die Referenz des Connection-Objekts auf null gesetzt wird oder die Objektvariable ihren Gültigkeitsbereich verlässt. Das stimmt aber nur aus Sicht des zugreifenden Prozesses, denn tatsächlich werden auch auf dem Datenbankserver Ressourcen für die Verbindung reserviert, die nicht freigegeben werden, wenn das Connection-Objekt nur aufgegeben, aber noch nicht vom Garbage Collector bereinigt wird. Stellen Sie sich dazu vor, Sie hätten den folgenden Code in einer Methode programmiert:

```
SqlConnection con = new SqlConnection(...);
con.Open();
[...]
con = null;
```

Das SqlConnection-Objekt wird erzeugt und nach dem Öffnen der Verbindung durch Setzen von null aufgegeben. Mit dem Öffnen werden auch Ressourcen auf dem SQL Server für die Verbindung reserviert. Obwohl das clientseitige Objekt nach dem Verlassen des Handlers null ist, nimmt der Datenbankserver von dieser Tatsache keine Notiz. Er wird weiterhin die Verbindung als geöffnet betrachten. Sie können das sehr schön sehen, wenn Sie im SQL Server Management Studio das Tool *SQL Server Profiler* öffnen und eine Ablaufverfolgung starten. Erst nach dem Schließen der Anwendung wird die Verbindung seitens der Datenbank geschlossen (siehe Abbildung 31.1).

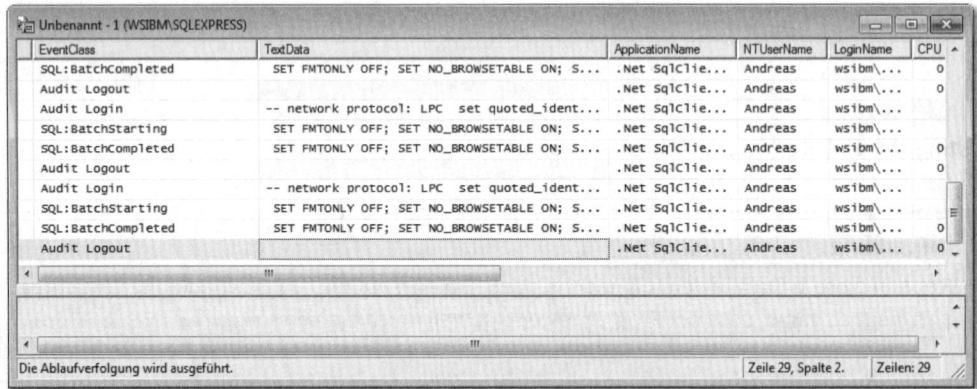

Abbildung 31.1 Die Ablaufverfolgung im Tool SQL Server Profiler

Sie sollten daher immer so schnell wie möglich eine geöffnete Verbindung durch Aufruf der Close-Methode auf das Connection-Objekt wieder schließen.

```
[...]
con.Open();
[...]
con.Close();
```

In unserem Beispiel mit der Schaltfläche wurde zu keinem Zeitpunkt `Close` aufgerufen. Dass dennoch spätestens beim Beenden der Anwendung die Datenbankressourcen für die Verbindungen freigegeben werden, liegt daran, dass der Garbage Collector mit dem Schließen der Windows-Anwendung implizit die `Close`-Methode aufruft. Der Aufruf von `Close` auf eine geschlossene Verbindung löst übrigens keine Ausnahme aus.

Die Möglichkeiten zum Schließen einer Datenbankverbindung sind damit aber noch nicht ausgeschöpft. Sie können auch die Methode `Dispose` des `SqlConnection`-Objekts aufrufen, die ihrerseits implizit `Close` aufruft. Sie sollten sich aber darüber bewusst sein, dass das Verbindungsobjekt damit endgültig aus dem Speicher entfernt wird.

Kurzlebige Ressourcen können auch innerhalb eines `using`-Blocks geöffnet werden, so auch das `SqlConnection`-Objekt:

```
using(SqlConnection con = new SqlConnection())
{
  [...]
  con.Open();
  [...]
}
```

`using` stellt sicher, dass die `Dispose`-Methode am Ende des Blocks aufgerufen wird, selbst wenn eine Ausnahme auftritt, die nicht behandelt wird.

Die Dauer des Verbindungsaufbaus

Standardmäßig wird 15 Sekunden lang versucht, die Verbindung aufzubauen. Verstreicht diese Zeit, ohne dass der Datenbankserver erreicht wird, wird eine Ausnahme ausgelöst. Äußere Umstände wie die Netzwerk- oder Serverbelastung können dazu führen, dass diese Zeitspanne unter Berücksichtigung aller Umstände zu knapp bemessen ist. In der Verbindungszeichenfolge kann daher mit Hilfe des Attributs `Connect Timeout` (bzw. `Connection Timeout`) eine andere Zeitspanne eingestellt werden. Die Angabe erfolgt in Sekunden:

```
SqlConnection con = new SqlConnection("Data Source=localhost;" +
    "Initial Catalog=Northwind;" +
    "Connect Timeout=30;" +
    "Integrated Security=true");
```

Listing 31.6 Dauer für den Versuch des Verbindungsaufbaus festlegen

Das `SqlConnection`-Objekt verfügt auch über eine Eigenschaft `ConnectionTimeout`, die allerdings schreibgeschützt ist. Ihr kann daher auch keine vom Standard abweichende Zeitspanne zugewiesen werden. Somit verbleibt Ihnen nur, eine etwaige Änderung der Standardvorgabe über die Verbindungszeichenfolge vorzunehmen.

Wie lange sollte eine Verbindung geöffnet bleiben?

Grundsätzlich sollte eine Verbindung so schnell wie möglich wieder geschlossen werden, um die dafür beanspruchten Ressourcen eines Datenbankservers möglichst gering zu halten. Im

Zusammenhang mit mehrschichtigen Anwendungen (ASP.NET, Web Services), bei denen man davon ausgehen kann, dass zu einem gegebenen Zeitpunkt sehr viele User gleichzeitig Dateninformationen bearbeiten wollen, ist diese Grundregel immer zu beherzigen.

Etwas anders könnte die Argumentation ausfallen, wenn es sich bei dem Client um ein Windows-Programm handelt, aus dem heraus die Datenbank direkt ohne Zwischenschaltung einer weiteren Schicht auf die Datenressourcen zugreift. Nehmen wir an, dass zur Laufzeit des Programms immer wieder Daten abgerufen und geändert werden und nicht sehr viele Anwender gleichzeitig dieses Programm einsetzen. Sie haben dann die Wahl, sich zwischen zwei Strategien zu entscheiden:

- Sie lassen die Verbindung offen. Damit beansprucht das Programm während der gesamten Laufzeit den Datenbankserver, ist jedoch hinsichtlich der Performance optimal ausgerüstet.
- Sie öffnen die Verbindung nur, wenn Sie Befehle gegen die Datenbank absetzen, und schließen die Verbindung anschließend umgehend. Die Datenbank ist dann nicht so belastet wie bei einer permanent geöffneten Verbindung, Sie bezahlen diesen Vorteil aber mit einem Performanceverlust.

An dieser Stelle sei bereits darauf hingewiesen, dass einige ADO.NET-Objekte Ihnen nur eine eingeschränkte Entscheidungsfreiheit zugestehen. Hier sei die `Fill`-Methode des `SqlDataAdapter`-Objekts exemplarisch angeführt, die Sie später noch kennenlernen.

Es kann keinen auf alle denkbaren Einsatzfälle projizierbaren Tipp geben, um Ihnen die Entscheidung abzunehmen. Zu viele Kriterien können dafür entscheidend sein. Wenn Sie keine Entscheidungstendenz erkennen können, sollten Sie das Verhalten von Anwendung und Datenbankserver zumindest in einer simulierten Realumgebung einfach testen.

31.3.5 Das Verbindungspooling

Stellen Sie sich eine Datenbank im Internet vor. Es könnte sich dabei beispielsweise um eine Datenbank handeln, in der die Angebote eines Touristikunternehmens enthalten sind. Man kann davon ausgehen, dass sich innerhalb einer kurzen Zeitspanne mehrere Anwender über die Angebote des Touristikunternehmens informieren wollen. Das ständige Auf- und Abbauen der Verbindungen ist jedoch nachteilig, denn mit jedem Aufbau und Abbau einer physischen Verbindung werden die Ressourcen belastet, was zu einer schlechteren Antwortzeit des Datenbankservers führt.

Um die Leistung von Datenbankanwendungen zu verbessern, unterstützt ADO.NET das Konzept der Verbindungspools. Eben wurde noch gesagt, dass mit dem Aufruf der Methode `Close` die Verbindung zu der Datenbank geschlossen wird. Wollen wir präzise sein, stimmt diese Aussage nicht (wenn man von den Standardeinstellungen ausgeht). `Close` bewirkt lediglich, dass die Verbindung in einen Pool geschoben wird. Die physische Verbindung bleibt auch dann bestehen, wenn das `SqlConnection`-Objekt aufgegeben wird.

Ein Verbindungspool beherbergt nur Verbindungen, die exakt dieselbe Verbindungszeichenfolge aufweisen. Unterscheidet sich diese, wird ein neuer, zusätzlicher Pool eröffnet. Versucht ein Client, die Verbindung mit einer Datenbank herzustellen, werden zunächst alle vorhandenen Pools daraufhin untersucht, ob es nicht bereits einen Pool mit einer passenden Verbindung gibt. Wenn ja, wird sie dem anrufenden Client zugeordnet, wenn nicht, wird die angeforderte Verbindung neu erstellt. Der Client bearbeitet auf dieser Verbindung die Daten und kann sie am Ende mit `Close` wieder aufgeben. In jedem Fall wird die Verbindung danach einem Pool zugeführt.

Ein Verbindungspool beherbergt nur Datenbankverbindungen, deren Verbindungszeichenfolge identisch ist. Für jeden Client, der nicht aus einem vorhandenen Verbindungspool versorgt werden kann, wird eine neue Verbindung erstellt. Bei stark frequentierten Datenbanken würde das auf die Dauer zu einem inakzeptablen Anwachsen des Pools führen. Daher wird eine Verbindung aus dem Pool gelöscht, wenn sie eine bestimmte Zeit lang nicht mehr aktiviert worden ist. Standardmäßig ist das nach ca. fünf Minuten der Fall.

ADO.NET gestattet es Ihnen, das Poolen der Verbindungen zu steuern. Sie können sowohl die maximale als auch die minimale Poolgröße festlegen, gepoolte Verbindungen manuell freigeben und das Verbindungspooling sogar deaktivieren.

Beispiel für ein Verbindungspooling

Wir wollen uns das Poolen jetzt an einem Beispiel verdeutlichen. Dazu wird im folgenden Code eine Verbindung zehnmal angefordert.

```
// Beispiel: ..\Kapitel 31\VerbindungsPooling
class Program {
  static void Main(string[] args) {
    SqlConnection con = new SqlConnection( ... );
    // Verbindung 10-mal öffnen und schließen
    for (int i = 0; i < 10; i++) {
      con.Open();
      con.Close();
      Thread.Sleep(100);
    }
    Console.ReadLine();
  }
}
```

Listing 31.7 Testen des Verbindungspoolings

Weiter oben in diesem Kapitel haben wir bereits das Tool *SQL Server Profiler* aus dem SQL Server Management Studio eingesetzt, um uns von den Auswirkungen der Methode `Close` zu überzeugen. Natürlich spielte auch bei diesen Beispielen das Verbindungspooling eine Rolle, musste aber zum grundlegenden Verständnis der `Close`-Methode noch nicht berücksichtigt werden.

Nun verwenden wir den Profiler, um das Poolen von Verbindungen zu erleben. In Abbildung 31.2 sehen Sie die Aufzeichnung nach dem Ausführen des Beispielprogramms *Verbindungspooling*. Beachten Sie, dass im Code zwar zehnmal eine Verbindung aufgebaut wird, aber dennoch nur ein Log-in- und ein abschließendes Log-out-Ereignis auftritt. Dies geschieht, weil jede Verbindung nach dem Öffnen und dem darauf folgenden Schließen mit Close zwar aus Sicht des Clients geschlossen wird, tatsächlich jedoch in einen Pool wandert, aus dem sie bei jedem weiteren Schleifendurchlauf mit Open wieder in Anspruch genommen wird.

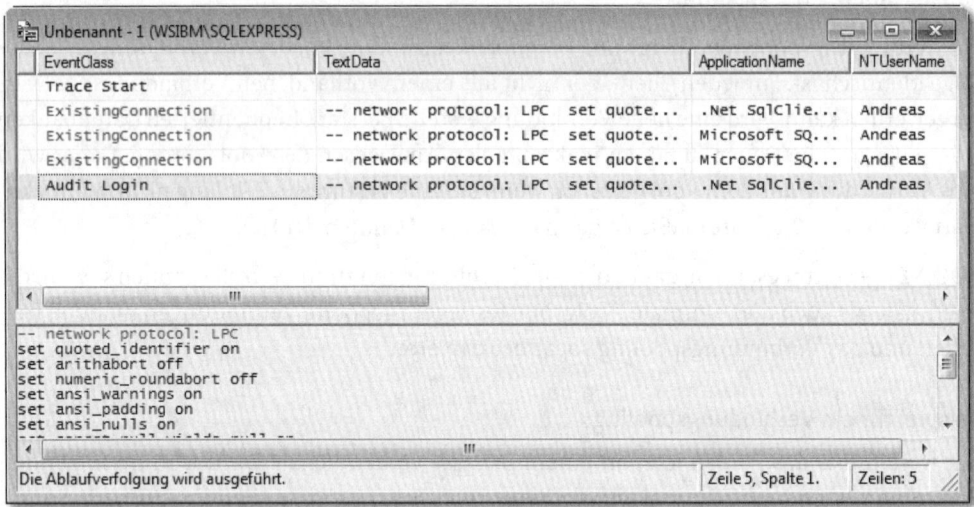

Abbildung 31.2 Das Ablaufverfolgungsprotokoll des SQL Server Profilers beim Poolen

Deaktivieren des Verbindungspoolings

Standardmäßig ist das Pooling aktiviert. Um es zu deaktivieren, ergänzen Sie die Verbindungszeichenfolge wie folgt:

```
SqlConnection con = new SqlConnection(" ...;Pooling=False");
```

Erzeugen Sie die Verbindungszeichenfolge mit einem SqlConnectionStringBuilder-Objekt, so legen Sie dessen Eigenschaft Pooling auf False fest.

In *SQL Server Profiler* kann der Effekt, den das Abschalten des Poolings nach sich zieht, wieder anschaulich beobachtet werden. Für jedes Verbindungsgesuch wird ein Log-in- und ein Log-out-Ereignis protokolliert. Abbildung 31.3 zeigt das Protokoll des Beispiels *Verbindungspooling*, nun jedoch mit ausgeschaltetem Pooling.

Beeinflussen der Verbindungspoolgröße

Sowohl die Maximalgröße als auch die Minimalgröße eines Verbindungspools lassen sich steuern. Per Vorgabe ist die Minimalgröße auf 0 festgelegt, die Maximalgröße auf 100 gepoolte Verbindungen.

31.3 Die Verbindung zu einer Datenbank herstellen

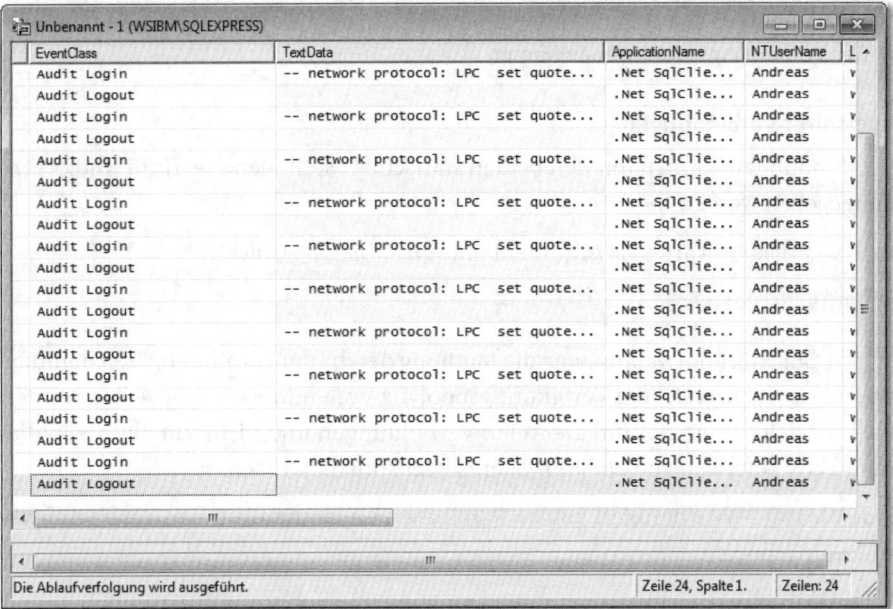

Abbildung 31.3 Das Ablaufverfolgungsprotokoll des SQL Server Profilers, wenn das Poolen abgeschaltet ist

Betrachten wir zuerst die Minimalgröße etwas genauer. Fordert ein Client eine Verbindung an, die sich in keinem Pool befindet, und ist die Minimalgröße auf zehn Verbindungen festgelegt, werden über die angeforderte Verbindung hinaus neun weitere geöffnet und im Pool abgelegt. Es gibt dann also mindestens zehn Verbindungen im Pool. Diese bedienen eventuell anfordernde Clients. Sind mehr Verbindungen notwendig, wird der Pool vergrößert, aber die Mindestanzahl wird nicht mehr unterschritten, auch wenn zeitweise keine Verbindung mehr benötigt wird. Die Lebensdauer von ca. fünf Minuten, die ansonsten für gepoolte Verbindungen gilt, betrifft nicht die zehn Verbindungen, die zur Sicherung der Mindestpoolgröße erforderlich sind.

Die Festlegung der Maximalpoolgröße gewährleistet, dass ein Datenbankserver zu Spitzenzeiten nicht überstrapaziert wird. Zu einem gegebenen Zeitpunkt könnte der Pool ausgeschöpft sein, weil alle darin enthaltenen Verbindungen aktiv von Clients beansprucht werden. Kommt es dann zu einem weiteren Verbindungsgesuch, wird versucht, für die Zeitspanne, die in `Connect Timeout` festgelegt ist, dem anfordernden Client eine Verbindung bereitzustellen. Gelingt das nicht innerhalb der Zeitspanne, wird eine Exception (`InvalidOperationException`) ausgelöst.

Zur Festlegung der minimalen und maximalen Verbindungspoolgröße dienen uns wieder zwei Attribute in der Verbindungszeichenfolge: `Min Pool Size` und `Max Pool Size`. Passend dazu werden von einem `SqlConnectionStringBuilder`-Objekt die beiden Eigenschaften `MinPoolSize` und `MaxPoolSize` angeboten.

```
SqlConnection con = new SqlConnection("...;Min Pool Size=5; Max Pool Size=200");
```
Listing 31.8 Das Verbindungspooling beeinflussen

Freigabe gepoolter Verbindungen

Gepoolte Verbindungen können mit den beiden statischen Methoden `ClearPool` und `ClearAllPools` freigegeben werden.

Die Methode `ClearPool` erwartet als Argument ein `SqlConnection`-Objekt.

```
SqlConnection.ClearPool(con);
```

Das `Connection`-Objekt ist notwendig, weil die Methode daraus die Verbindungszeichenfolge bezieht, um zu wissen, in welchem Verbindungspool die Verbindungen aufgegeben werden sollen. Dabei handelt es sich nur um die freien Verbindungen und nicht um die, die in diesem Moment aktiv sind, also von anderen Clients beansprucht werden.

Die Methode `ClearAllPools` definiert keinen Parameter. Sie löscht alle freien Verbindungen in den Verbindungspools.

31.3.6 Die Ereignisse eines »Connection«-Objekts

Mit `InfoMessage` und `StateChange` besitzt das `SqlConnection`-Objekt nur zwei Ereignisse.

Das Ereignis »InfoMessage«

Bei auftretenden Problemen gibt SQL Server eine Informationsmeldung an den Aufrufer zurück, die das Problem beschreibt. Ein Problem kann mehr oder weniger schwerwiegend sein. Um das genauer zu beschreiben, unterscheidet der SQL Server Fehler in ihrem Schweregrad und definiert dazu 25 Stufen. Die Schweregrade 0 bis 10 stehen ausschließlich für Informationsmeldungen zur Verfügung. Fehler der Schweregrade 11 bis 16 kann ein Anwender selbst beheben, ab Schweregrad 17 muss der Datenbankadministrator aktiv werden.

Das `InfoMessage`-Ereignis wird ausgelöst, wenn vom SQL Server eine Meldung mit einem Schweregrad von 10 oder weniger zurückgegeben wird. Im folgenden Beispiel wird die Anweisung `PRINT` an den SQL Server geschickt. Die hinter `PRINT` angeführte Zeichenfolge wird von der Datenbank als Informationsquelle an den Client gesendet, was zur Auslösung des `InfoMessage`-Ereignisses führt. Die Servermeldung wird der Eigenschaft `Message` des `Args`-Objekts entnommen. Wenn Sie sich den Programmcode dieses Beispiels ansehen, sollten Sie die Anweisungen nach dem Öffnen der Verbindung ignorieren, da Sie die dazu notwendigen Informationen erst im nächsten Kapitel erhalten.

```
// Beispiel: ..\Kapitel 31\InfoMessageEvent
class Program {
  static void Main(string[] args) {
    SqlConnection con = new SqlConnection();
    con.ConnectionString = "...";
```

```
    con.InfoMessage += new SqlInfoMessageEventHandler(con_InfoMessage);
    con.Open();
    SqlCommand cmd = con.CreateCommand();
    cmd.CommandText = "PRINT 'Informationsmeldung'";
    cmd.ExecuteNonQuery();
    con.Close();
    Console.ReadLine();
  }
  static void con_InfoMessage(object obj,SqlInfoMessageEventArgs e) {
    Console.WriteLine("Meldung vom Server: {0}", e.Message);
  }
}
```

Listing 31.9 Das Ereignis »InfoMessage« behandeln

Das `InfoMessage`-Ereignis wird normalerweise nur bei Informations- und Warnmeldungen des Servers ausgelöst. Bei einem tatsächlichen Fehler wird eine Ausnahme ausgelöst. Das könnte im Zusammenhang mit den Methoden `ExecuteNonQuery` oder `ExecuteReader`, die wir in Kapitel 32 behandeln, der Fall sein.

Wollen Sie die Verarbeitung der restlichen Anweisungen unabhängig von den vom Server erzeugten Fehlern dennoch fortsetzen, legen Sie die `FireInfoMessageEventOnUserErrors`-Eigenschaft des `SqlConnection`-Objekts auf `true` fest. Bei dieser Vorgehensweise wird beim Auftreten von Fehlern von der Verbindung das `InfoMessage`-Ereignis ausgelöst, anstatt eine Ausnahme auszulösen und die Verarbeitung zu unterbrechen.

Das Ereignis »StateChange«

Das Ereignis `StateChange` tritt auf, wenn sich die `State`-Eigenschaft ändert. Im Ereignishandler können Sie die Eigenschaften `OriginalState` und `CurrentState` des `Args`-Objekts auswerten, um den alten und neuen Zustand der Verbindung zu überprüfen.

```
// Beispiel: ..\Kapitel 31\StateChangeEvent
class Program {
  static void Main(string[] args) {
    SqlConnection con = new SqlConnection();
    con.ConnectionString = "...";
    con.StateChange += new StateChangeEventHandler(con_StateChange);
    con.Open();
    con.Close();
    Console.ReadLine();
  }
  static void con_StateChange(object obj,StateChangeEventArgs e) {
    Console.Write("Zustand: von {0}", e.OriginalState.ToString());
    Console.WriteLine(" nach {0}", e.CurrentState.ToString());
  }
}
```

Listing 31.10 Das Ereignis »StateChange« behandeln

31.3.7 Verbindungszeichenfolgen aus einer Konfigurationsdatei abrufen

Bisher haben wir die Verbindungszeichenfolgen immer im Code geschrieben (und werden es in diesem Buch auch weiter tun). Das spiegelt die Anforderungen in der täglichen Praxis nicht wider, denn Sie werden nur selten eine Datenbankanwendung entwickeln, die unter Einbeziehung der Produktionsserverdatenbank getestet wird. Stattdessen werden Sie bestenfalls mit einer Kopie der Datenbank arbeiten, die sich auf einem anderen Rechner befindet und somit eine andere Verbindungszeichenfolge erfordert als die Produktionsdatenbank. Nach dem bisherigen Kenntnisstand bedeutet dies, dass Sie nach dem erfolgreichen Testen und vor Auslieferung und Installation der Anwendung die Verbindungsinformationen abschließend ändern und noch einmal kompilieren müssen.

Auch ein anderes typisches Szenario ist denkbar: Die Produktionsdatenbank wird »verschoben«, beispielsweise auf einem anderen Rechner installiert, oder der Rechner, auf dem die Datenbank installiert ist, erhält eine andere TCP/IP-Adresse. Auch hier muss die Anwendung neu kompiliert werden, um mit der neuen Verbindungszeichenfolge den Zugriff auf die Dateninformationen zu gewährleisten.

Eine gute Lösung ist es, die Verbindungszeichenfolge isoliert zu betrachten. .NET bietet mit den Konfigurationsdateien dazu die passende Lösung an. Konfigurationsdateien gibt es auf mehreren Ebenen: beispielsweise die Maschinenkonfigurationsdatei für eine lokale Maschine oder die Anwendungskonfigurationsdatei für ein bestimmtes Programm. Konfigurationsdateien werden, soweit vorhanden, vor dem Starten einer .NET-Anwendung ausgewertet. Verbindungszeichenfolgen lassen sich in Konfigurationsdateien hinterlegen. Der Vorteil dabei ist, dass eine Verbindungszeichenfolge ohne Neukompilierung der Anwendung geändert werden kann, sogar mit jedem einfachen Texteditor, denn Konfigurationsdateien sind XML-Dateien.

An einem Beispiel möchte ich Ihnen zeigen, wie Sie nicht nur eine Anwendungskonfigurationsdatei hinsichtlich der Verbindungszeichenfolge auswerten können, sondern auch, wie Sie mittels Programmcode in die Konfigurationsdatei schreiben.

```
// Beispiel: ..\Kapitel 31\ConnectionStringAppConfig
...
using System.Configuration;
namespace ConnectionstringInKonfdatei {
  class Program {
    static void Main(string[] args) {
      ConnectionStringSettings setting =
          ConfigurationManager.ConnectionStrings["SQL2008"];
      // Prüfen, ob es in der Konfigurationsdatei einen
      // Eintrag 'SQL2008' gibt
      if (setting == null) {
        setting = new ConnectionStringSettings();
        setting.Name = "SQL2008";
        setting.ConnectionString =
```

```
                @"Data Source=.\sqlexpress;Initial Catalog=Northwind;" +
                "Integrated Security=true";
            Configuration config = ConfigurationManager.OpenExeConfiguration
                                    (ConfigurationUserLevel.None);
            config.ConnectionStrings.ConnectionStrings.Add(setting);
            config.Save();
        }
        SqlConnection con = new SqlConnection(setting.ConnectionString);
        con.Open();
        Console.WriteLine("Verbindung geöffnet");
        con.Close();
        Console.ReadLine();
      }
   }
}
```

Listing 31.11 Schreiben und Auswerten der Anwendungskonfigurationsdatei

Beachten Sie bitte, dass Sie die Bibliothek *System.Configuration.dll* unter VERWEISE einbinden müssen. Im Code wird zuerst überprüft, ob es in der Anwendungskonfigurationsdatei einen Eintrag namens *SQL2008* gibt. Wenn nicht, wird er angelegt und eine Verbindungszeichenfolge definiert. Sollte es noch keine Anwendungskonfigurationsdatei geben, wird diese im Code erzeugt. Danach wird der entsprechende Eintrag aus der Konfigurationsdatei als Argument dem `SqlConnection`-Konstruktoraufruf übergeben.

Nun sollten wir uns auch noch die Anwendungskonfigurationsdatei ansehen.

```
<?xml version="1.0" encoding="utf-8"?>
  <configuration>
    <connectionStrings>
      <add name="SQL2008"
            connectionString="Data Source=wsak\\SQL2008;
                    Initial Catalog=Northwind;
                    Integrated Security=sspi" />
    </connectionStrings>
</configuration>
```

Listing 31.12 Verbindungszeichenfolge in einer Anwendungskonfigurationsdatei

Anwendungskonfigurationsdateien werden standardmäßig im Verzeichnis der ausführbaren Programmdatei (*exe*-Datei) gespeichert. Der Dateibezeichner lautet genauso wie der Dateibezeichner der ausführbaren Datei, ergänzt um *.config*. Innerhalb des Stammelements `<configuration>` können eine Vielzahl auswertbarer untergeordneter Elemente definiert werden, zu denen auch `<connectionStrings>` zählt. Jeder Eintrag einer Verbindungszeichenfolge wird mit dem Element `<add>` eingeleitet, das sich `<connectionStrings>` unterordnet. `<add>` definiert drei Attribute, von denen zwei zwingend angegeben werden müssen: `connectionString` und `name`. Das dritte, `providerName`, ist optional und hat die Standardeinstellung

System.Data.SqlClient. Es gestattet, den Datenprovider für die beschriebene Verbindungszeichenfolge festzulegen.

Ändert sich im laufenden Betrieb die Verbindungszeichenfolge, beispielsweise wegen einer Änderung der TCP/IP-Adresse des Datenbankservers, passen Sie die Verbindungszeichenfolge in der Konfigurationsdatei entsprechend an. Eine Neukompilierung der Anwendung mit nachfolgender Neuverteilung ist nicht notwendig.

31.3.8 Verbindungen mit dem OleDb-Datenprovider

Im Gegensatz zum SqlClient-Datenprovider, der nur den Zugriff auf SQL Server ab Version 7.0 ermöglicht, ist der OleDb-Datenprovider sehr flexibel einsetzbar. Sie können ihn zur Kommunikation mit dem SQL Server benutzen. Er unterstützt aber gleichzeitig auch alle OLE DB-Datenbanken, zu denen beispielsweise auch Oracle und Access zählen.

Prinzipiell ändert sich nur wenig, wenn Sie anstelle des SqlClient-Datenproviders den OleDb-Provider einsetzen. Sie sollten aber daran denken, vorher den richtigen Namespace bekannt zu geben:

```
using System.Data.OleDb;
```

Zum Aufbau einer Verbindung benötigt auch der OleDb-Provider ein Connection-Objekt. Der exakte Name der Klasse lautet, angelehnt an den ausgewählten Provider, OleDbConnection. Die Verbindungszeichenfolge wird ebenfalls entweder über den parametrisierten Konstruktor oder über die Eigenschaft ConnectionString bereitgestellt. Die Attribute der Verbindungszeichenfolge gleichen denen des SqlClient-Datenproviders, werden jedoch noch um das Attribut Provider ergänzt, mit dem die Datenquelle genauer zu spezifizieren ist. In Tabelle 31.1 sind die wichtigsten Attribute aufgeführt.

Wert	Beschreibung
SQLNCLI10	Der SQL Server-Datenprovider
Microsoft.Jet.OLEDB.4.0	Datenprovider der Jet-Datenbanken (MS Access)
MSDAORA	OleDb-Datenprovider für Oracle

Tabelle 31.2 Werte des Attributs Provider (Auszug)

In der Tabelle ist ein Wert für den Zugriff auf ODBC-Datenquellen nicht angegeben, denn für diese sollten die Klassen des Namespaces System.Data.Odbc benutzt werden.

Verbindungsaufbau zu einer SQL Server-Datenbank

Das folgende Codefragment zeigt, wie eine Verbindung zur Beispieldatenbank *Northwind* einer SQL Server-Instanz hergestellt wird, die sich auf dem lokalen Rechner befindet. Als

OleDb-Provider dient der Providername SQLNCLI10. Der Authentifizierungsmodus ist bei diesem Codefragment die SQL Server-Authentifizierung.

```
string strCon = @"Provider=SQLNCLI10;Data Source=.\sqlexpress;" +
                "Initial Catalog=Northwind;" +
                "User ID=testuser;" +
                "Password=2zz6sl3";
OleDbConnection con = new OleDbConnection(strCon);
con.Open();
[...]
con.Close();
```

Listing 31.13 Verbindungszeichenfolge mit dem OleDb-Provider für SQL Server 2008

Verbindungsaufbau zu einer Access-Datenbank

Um die Verbindung zu einer Access-Datenbank herzustellen, wird der spezifische Datenprovider *Microsoft.ACE.OLEDB.12.0* benutzt. Handelt es sich um eine andere Version der Datenbank, müssen Sie nur die die Version beschreibenden Ziffern austauschen. Die Verbindungszeichenfolge sieht etwas anders aus als die, mit der die Verbindung zum SQL Server hergestellt wird. Hinter dem Attribut Data Source wird nun nicht mehr der Rechnername angegeben, sondern der Pfad zur *mdb*-Datei, da es sich um eine dateibasierte Datenbank handelt.

```
OleDbConnection con = new OleDbConnection();
con.ConnectionString = @"Provider=Microsoft.ACE.OLEDB.12.0;" +
                        "Data Source=C:\NWIND.mdb";
con.Open();
```

Listing 31.14 Verbindungszeichenfolge mit dem OleDb-Provider für Access 2007/2010

Um die Verbindung genauer zu beschreiben, steht eine Reihe weiterer Schlüsselwörter zur Verfügung. Sie können diese der *Microsoft Data Access SDK* entnehmen.

Authentifizierung mit dem OleDb-Provider

Der OleDb-Datenprovider bietet für SQL Server eine weitere interessante Möglichkeit zur Authentifizierung des Anwenders. Dazu muss weder der Benutzername noch das Passwort in der Verbindungszeichenfolge angegeben werden. Ergänzen Sie diese vielmehr um prompt=prompt, also beispielsweise:

```
con.ConnectionString = "Provider= SQLNCLI10;Data Source=(local);" +
   "Initial Catalog=Northwind;prompt=prompt";
```

Beim Verbindungsaufbau mit der Methode Open wird daraufhin ein Dialog geöffnet, wie in Abbildung 31.4 gezeigt.

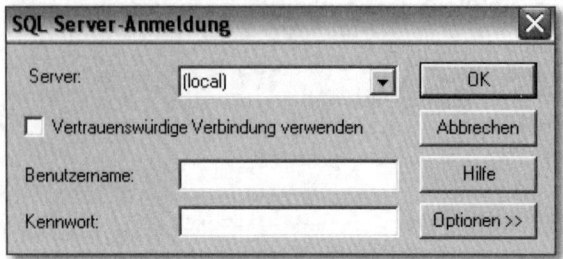

Abbildung 31.4 Anmeldedialog des OleDb-Datenproviders

Beabsichtigt der Anwender, sich über sein aktuelles Windows-Benutzerkonto zu authentifizieren, wird die Auswahlbox VERTRAUENSWÜRDIGE VERBINDUNG VERWENDEN gewählt. Soll die Verbindung über die spezifische SQL Server-Authentifizierung hergestellt werden, muss der Anwender den entsprechenden Benutzernamen und das dazu passende Passwort eingeben.

Kapitel 32
ADO.NET – Das Command-Objekt

32.1 Die Datenbankabfrage

Grundlage einer Datenbankabfrage ist die Verbindung zu der Datenquelle. Wie Sie ein `SqlConnection`-Objekt dazu erzeugen, hat das letzte Kapitel gezeigt. Nun gehen wir den nächsten Schritt und wollen uns damit beschäftigen, wie Daten aus der Datenbank abgerufen werden. Damit wird auch in einem Zug erklärt, wie Daten in der Originaldatenbank verändert, hinzugefügt und gelöscht werden. Für solche Operationen stellt ADO.NET eine weitere Klasse zur Verfügung, die je nach eingesetztem Datenprovider `SqlCommand`, `OleDbCommand` oder `OdbcCommand` heißt. `Command`-Objekte gehören zur Gruppe derjenigen Objekte, die auf die Verbindung zum Datenbankserver angewiesen sind.

Neben der Klasse `SqlCommand` werden Sie weitere wichtige Klassen kennenlernen, allen voran die Klasse `SqlDataReader`, die die Datensätze einer Ergebnisliste durchläuft oder Schemainformationen einer Tabelle abruft. `SqlDataReader` ist tatsächlich in der gesamten ADO.NET-Klassenbibliothek das einzige Objekt, das Dateninformationen abrufen kann. Auch wenn wir uns später mit der Klasse `SqlDataAdapter` beschäftigen, die über die Methode `Fill` ein `DataSet` zu füllen vermag, hält der `DataReader` im Hintergrund die Fäden in der Hand. Von außen betrachtet können wir das allerdings nicht direkt erkennen.

32.2 Das SqlCommand-Objekt

Das `SqlCommand`-Objekt repräsentiert einen SQL-Befehl oder eine gespeicherte Prozedur. In der Eigenschaft `CommandText` wird die SQL-Anweisung bzw. die gespeicherte Prozedur festgelegt. Die Ausführung wird mit einer der `Execute`-Methoden gestartet.

Als kleiner Vorgeschmack soll das folgende Beispiel dienen. Es wird darin die Verbindung zu der Beispieldatenbank *Northwind* des SQL Servers aufgebaut. In der Tabelle *Products*, in der alle Artikel geführt sind, ist unter anderem ein Artikel mit der Bezeichnung *Chai* (Spalte *ProductName*) vorhanden. Angenommen, dieser sei falsch und soll nun in *Sojasauce* geändert werden. Dazu übergeben wir der Eigenschaft `CommandText` des `SqlCommand`-Objekts ein entsprechendes UPDATE-Kommando und führen es mit `ExecuteNonQuery` aus. Der Rückgabewert der Methode ist vom Typ `int` und gibt darüber Auskunft, wie viele Datensätze von der Änderung betroffen sind.

```
// Beispiel: ..\Kapitel 32\ExecuteNonQuerySample
static void Main(string[] args) {
  SqlConnection con = new SqlConnection("...");
  SqlCommand cmd = new SqlCommand();
  cmd.CommandText =
  "UPDATE Products SET ProductName='Sojasauce' WHERE ProductName='Chai'";
  cmd.Connection = con;
  con.Open();
  if( cmd.ExecuteNonQuery() > 0)
    Console.WriteLine("Erfolgreich aktualisiert!") ;
  con.Close();
}
```

Listing 32.1 Die Methode »ExecuteNonQuery«

Die genaue Angabe der Verbindungszeichenfolge ist hier ausgelassen – so wie in den meisten folgenden Beispielen auch. Sie können diese dem Kapitel 31 entnehmen und, falls notwendig, entsprechend Ihrer eigenen lokalen Installation anpassen.

Vom Erfolg der Operation können Sie sich auf verschiedene Weisen überzeugen. Sie können sich einerseits mit dem Tool *SQL Server Management Studio* von SQL Server 2008 den Inhalt der nun geänderten Tabelle anzeigen lassen. Sie können aber auch den SERVER-EXPLORER von Visual Studio 2012 verwenden, den Sie über das Menü ANSICHT öffnen. Fügen Sie über das Kontextmenü des Knotens DATENVERBINDUNGEN die Verbindung zu der Datenbank *Northwind* hinzu. Ein Assistent, den wir uns später in diesem Buch noch genauer ansehen werden, begleitet Sie durch den gesamten Prozess, an dessen Ende Sie die Möglichkeit haben, sich den aktuellen Inhalt der Tabelle *Products* in Visual Studio 2012 anzeigen zu lassen.

32.2.1 Erzeugen eines SqlCommand-Objekts

Um ein Kommando gegen eine Datenbank abzusetzen, wird ein SqlCommand-Objekt benötigt. Es spielt dabei keine Rolle, ob es sich um eine Auswahlabfrage (SELECT) oder Aktionsabfrage (INSERT, UPDATE oder DELETE) handelt. Das SQL-Kommando wird der Eigenschaft CommandText des SqlCommand-Objekts zugewiesen. Das ist aber noch nicht ausreichend, denn zusätzlich zum Befehl muss das SqlCommand-Objekt auch den Datenbankserver und die Datenbank kennen. Das heißt nichts anderes, als dass das SqlCommand-Objekt wissen muss, welches SqlConnection-Objekt die Verbindung zur Datenbank beschreibt.

Um diese Anforderungen zu erfüllen, stehen Ihnen mehrere Konstruktoren zur Verfügung. Sie können, wie im Beispiel zuvor gezeigt, den parameterlosen Konstruktor bemühen, müssen dann aber der Eigenschaft SqlConnection des SqlCommand-Objekts die Referenz auf SqlConnection mitteilen. Einer anderen Konstruktorüberladung können Sie neben dem abzusetzenden Kommando auch die Referenz auf das SqlConnection-Objekt übergeben.

```
SqlCommand cmd = new SqlCommand("UPDATE Products " +
                                "SET ProductName='Sojasauce' " +
                                "WHERE ProductName='Chai'", con);
```

Listing 32.2 Definition eines UPDATE-SqlCommands

32.2.2 Die Methode »CreateCommand« des Connection-Objekts

Es gibt noch eine zweite Variante, eine Referenz auf ein SqlCommand-Objekt zu erhalten. Dazu wird die Methode CreateCommand auf das SqlConnection-Objekt aufgerufen, die als Rückgabewert das providerspezifische SqlCommand-Objekt liefert.

```
SqlConnection con = new SqlConnection("...");
SqlCommand cmd = con.CreateCommand();
```

32.2.3 Ausführen des SqlCommand-Objekts

Die CommandText-Eigenschaft legt das Kommando fest, das ausgeführt werden soll. Es kann sich dabei um ein SQL-Kommando oder eine gespeicherte Prozedur handeln. Bei den SQL-Kommandos werden zwei Kategorien unterschieden:

- Auswahlabfragen
- Aktionsabfragen

Eine Auswahlabfrage basiert auf dem SELECT-Statement und liefert ein Ergebnis zurück. Dazu gehören auch die Abfragen, die eine Aggregatfunktion wie SUM oder COUNT aufrufen und nur einen Ergebniswert liefern. Eine typische Auswahlabfrage wäre zum Beispiel

```
SELECT ProductName, UnitPrice FROM Products WHERE UnitPrice < 100
```

Das Resultat dieser Abfrage bilden alle Datensätze der Tabelle *Northwind*, die diejenigen Produkte beschreiben, deren Preis kleiner 100 ist.

Eine Aktionsabfrage manipuliert die Datenbank. Dabei kann es sich um Folgendes handeln:

- die Aktualisierung der Daten (DML-Abfrage = Data-Manipulation-Language-Abfrage)
- die Änderung der Datenbankstruktur (DDL-Abfrage = Data-Definition-Language-Abfrage)

Mit

```
UPDATE Products
SET ProductName='Sojasauce'
WHERE ProductName='Chai'
```

hatten wir eingangs eine Aktualisierungsabfrage abgesetzt, die zwar einen Datensatz in *Products* änderte, selbst aber keine Ergebnismenge lieferte.

Wie Sie sehen, führt das Absetzen eines Befehls zu ganz unterschiedlichen Reaktionen des Datenbankservers. Das SqlCommand-Objekt trägt dem Rechnung und stellt mit

- ExecuteNonQuery
- ExecuteReader
- ExecuteScalar
- ExecuteXmlReader

vier Methoden zur Verfügung, die speziell auf die einzelnen Abfragen abgestimmt sind und synchron ausgeführt werden. Synchron bedeutet, dass die Clientanwendung nach dem Methodenaufruf so lange wartet, bis das Ergebnis der Frage vom Datenbankserver eintrifft. Gegebenenfalls kann das eine längere Zeitspanne beanspruchen. Daher wurde mit der Einführung von ADO.NET 2.0 auch die Möglichkeit eingeräumt, Datenbankabfragen asynchron auszuführen. Der Client muss dann nicht warten, bis die Abfrageausführung beendet ist, sondern kann weiterarbeiten, bis ihm signalisiert wird, dass die Ergebnisse vollständig vorliegen.

32.2.4 Die Eigenschaft »CommandTimeout« des SqlCommand-Objekts

Wird eine Abfrage mit einer der vier Execute-Methoden ausgeführt, wartet das SqlCommand-Objekt per Vorgabe 30 Sekunden auf das Eintreffen der ersten Abfrageergebnisse. Das Überschreiten dieser Zeitspanne hat eine Ausnahme zur Folge.

Mit Hilfe der Eigenschaft CommandTimeout kann die Voreinstellung verändert werden. Mit der Einstellung 0 wartet das SqlCommand-Objekt eine unbegrenzte Zeit. Empfehlenswert ist das allerdings nicht. Eine Abfrage könnte durchaus so lange andauern, dass die voreingestellte Zeit überschritten wird. Das hat keine weiteren Auswirkungen, weil eine laufende Abfrage nicht unterbrochen wird.

32.3 Aktionsabfragen absetzen

Abfragen, die Änderungen an den Originaldaten der Datenbank nach sich ziehen (UPDATE, DELETE INSERT) oder die Struktur einer Datenbank verändern (CREATE TABLE), werden mit der Methode ExecuteNonQuery abgesetzt.

Handelt es sich bei dem Befehl um ein UPDATE-, INSERT- oder DELETE-Kommando, können Sie über den Rückgabewert die Anzahl der von der Anweisung betroffenen Datenzeilen feststellen.

32.3.1 Datensätze hinzufügen

Im folgenden Beispielprogramm wird der Tabelle *Products* ein Datensatz hinzugefügt. Dabei wird der parametrisierte Konstruktor der Klasse SqlCommand verwendet, der im ersten Parameter den SQL-Befehl und im zweiten die Referenz auf das SqlConnection-Objekt entgegennimmt.

```csharp
// Beispiel: ..\Kapitel 32\DatensätzeHinzufügen
static void Main(string[] args) {
  SqlConnection con = new SqlConnection("...");
  // SQL-Befehl
  string strSQL =
      "INSERT INTO Products(ProductName, Discontinued) " +
      "VALUES('Schweizer Käse',0)";
  try {
    con.Open();
    SqlCommand cmd = new SqlCommand(strSQL, con);
    // Kommando absetzen
    cmd.ExecuteNonQuery();
  }
  catch (Exception e) {
    Console.WriteLine("Fehlermeldung: {0}", e.Message);
  }
  con.Close();
}
```

Listing 32.3 Datensätze zu einer Tabelle hinzufügen

32.3.2 Datensätze löschen

Der Datensatz aus dem vorhergehenden Beispiel soll nun wieder gelöscht werden. Da wir nun daran interessiert sind, ob und wie viele Datenzeilen von einer Löschanweisung betroffen sind, werten wir den Rückgabewert der Methode `ExecuteNonQuery` an der Konsole aus.

```csharp
// Beispiel: ..\Kapitel 32\DatensätzeLöschen
static void Main(string[] args) {
  SqlConnection con = new SqlConnection("...");
  try {
    con.Open();
    string strSQL = "DELETE FROM Products " +
                    "WHERE ProductName='Schweizer Käse'";
    SqlCommand cmd = new SqlCommand(strSQL, con);
    Console.Write("Anzahl der gelöschten Datensätze = ");
    Console.WriteLine(cmd.ExecuteNonQuery());
  }
  catch (Exception e) {
    Console.WriteLine("Fehlermeldung: {0}", e.Message);
  }
  con.Close();
}
```

Listing 32.4 Löschen eines Datensatzes

Nach dem ersten Start des Programms wird der im Abschnitt zuvor hinzugefügte Datensatz gelöscht. An der Konsole sehen wir das bestätigt, da die Zahl 1 ausgegeben wird. Rufen wir das

Programm ein zweites Mal auf, wird kein Datensatz gefunden, der dem Kriterium Product-Name='Schweizer Käse' entspricht. Das spiegelt sich in der Ausgabe

```
Die Anzahl der gelöschten Datensätze = 0
```

wider.

32.3.3 Datensätze ändern

Zu Beginn dieses Abschnitts wurde in dem Beispiel *ExecuteNonQueryDemo* bereits gezeigt, wie Sie Datensätze in der Datenbank editieren können. Daher soll an dieser Stelle auf ein weiteres Beispiel verzichtet werden.

32.3.4 Abfragen, die genau ein Ergebnis liefern

Mit der SELECT-Anweisung können Sie eine Datensatzliste nach bestimmten Auswahlkriterien aus einer Datenbank abrufen. Der Befehl SELECT wird aber auch dann benutzt, wenn eine Aggregatfunktion definiert werden soll. Aggregatfunktionen liefern ein Ergebnis zurück. Beispielsweise können Sie mit

```
SELECT COUNT(*) FROM Products
```

die Anzahl der Artikel in der Tabelle *Products* ermitteln und mit

```
SELECT COUNT(*) FROM Products WHERE CategoryID = 1
```

feststellen, wie viele Artikel zur Kategorie 1 gehören. Neben COUNT stehen noch weitere Aggregatfunktionen zur Verfügung: SUM, um die Summe eines numerischen Ausdrucks zu ermitteln, AVG, um einen Durchschnittswert zu bilden, sowie MIN und MAX, um aus einem gegebenen Ausdruck den Maximal- bzw. Minimalwert zu erhalten.

Um den Rückgabewert einer Aggregatfunktion entgegenzunehmen, rufen Sie die Methode ExecuteScalar auf das SqlCommand-Objekt auf. Der Typ der Rückgabe ist Object, daher muss das Ergebnis noch in den passenden Datentyp konvertiert werden.

```
string textSQL = "SELECT COUNT(*) FROM Products WHERE CategoryID=1";
SqlCommand cmd = new SqlCommand(textSQL, con);
int anzahlDS = Convert.ToInt32(cmd.ExecuteScalar());
```

Listing 32.5 Aufrufen einer Aggregatfunktion

32.4 Das SqlDataReader-Objekt

Mit der Methode ExecuteNonQuery des SqlCommand-Objekts können Sie Datensätze in der Originaldatenbank manipulieren und mit ExecuteScalar ein einzelnes Abfrageergebnis abrufen. Möchte man sich die Datensätze einer Tabelle in einer Anwendung anzeigen lassen, wird die Methode ExecuteReader des SqlCommand-Objekts aufgerufen.

Der Rückgabewert des Methodenaufrufs ist ein Objekt vom Typ SqlDataReader. Dieses ähnelt den anderen Reader-Objekten des .NET Frameworks (TextReader, StreamReader usw.). Ein SqlDataReader-Objekt liest aus einer Ergebnisliste, die schreibgeschützt ist und sich in einem serverseitigen Puffer befindet, also auf der Seite der Datenbank. Sie sollten daher beherzigen, die Ergebnisliste so schnell wie möglich abzurufen, damit die beanspruchten Ressourcen wieder freigegeben werden.

In einer von einem SqlDataReader-Objekt bereitgestellten Datensatzliste kann immer nur zum folgenden Datensatz navigiert werden. Eine beliebige Navigation in der Ergebnisliste ist nicht möglich und ebenso wenig das Ändern der gelieferten Daten. Damit hat ein SqlDataReader nur eine sehr eingeschränkte Funktionalität. Dieses Manko wird andererseits durch die sehr gute Performance wettgemacht – das ist die Stärke des SqlDataReaders.

Das Erzeugen eines DataReader-Objekts funktioniert nur über den Aufruf der Methode ExecuteReader auf die SqlCommand-Referenz, denn die Klasse SqlDataReader weist keinen öffentlichen Konstruktor auf.

```
SqlDataReader reader = cmd.ExecuteReader();
```

32.4.1 Datensätze einlesen

Im folgenden Beispielprogramm wird ein SqlDataReader dazu benutzt, alle Artikel zusammen mit ihrem Preis nach dem Preis sortiert auszugeben.

```
// Beispiel: ..\Kapitel 32\DataReaderSample
static void Main(string[] args) {
  SqlConnection con = new SqlConnection("...");
  string strSQL = "SELECT ProductName, Unitprice " +
                  "FROM Products " +
                  "ORDER BY[UnitPrice]";
  SqlCommand cmd = new SqlCommand(strSQL, con);
  con.Open();
  SqlDataReader reader = cmd.ExecuteReader();
  while (reader.Read())
    Console.WriteLine("{0,-35}{1}",
        reader["ProductName"], reader["UnitPrice"]);
  reader.Close();
  con.Close();
}
```

Listing 32.6 Daten abrufen mit »ExecuteReader«

Zuerst wird die Zeichenfolge des SELECT-Statements definiert, die im nächsten Schritt zusammen mit der Referenz auf das SqlConnection-Objekt dazu dient, ein SqlCommand-Objekt zu erzeugen. Auf das SqlCommand-Objekt wird nach dem Öffnen der Verbindung die Methode ExecuteReader ausgeführt. Der Rückgabewert wird in der Objektvariablen *reader* vom Typ SqlDataReader gespeichert.

SqlDataReader liefert alle Datensätze, die der Reihe nach durchlaufen werden müssen. Um auf die Datensätze zuzugreifen, gibt es nur eine Möglichkeit: die Methode Read des DataReader-Objekts. Jeder Aufruf von Read legt die Position des SqlDataReaders neu fest. Die Ausgangsposition vor dem ersten Read-Aufruf ist vor dem ersten Datensatz. Nach dem Aufruf von Read ist der Rückgabewert true, falls noch eine weitere Datenzeile abgerufen werden kann. Ist der Rückgabewert false, ist kein weiterer Datensatz mehr verfügbar. Damit eignet sich Read, um die Datensatzliste in einer while-Schleife zu durchlaufen.

Beabsichtigen Sie, wiederholt die Datensätze im SqlDataReader auszuwerten, müssen Sie die Methode ExecuteReader erneut aufrufen.

Auswerten der einzelnen Spalten in DataReader

Mit Read wird die Position des SqlDataReaders auf die folgende Datenzeile verschoben. In unserem Beispiel hat jede Datenzeile zwei Feldinformationen, nämlich die der Spalten *ProductName* und *UnitPrice*. Die einzelnen Spalten einer Abfrage werden in einer Auflistung geführt, auf die über den Index des SqlDataReader-Objekts zugegriffen werden kann:

```
reader[0]
```

Sie können auch den Spaltenbezeichner angeben, also:

```
reader["ProductName"]
```

Diese Angaben sind gleichwertig. Bezüglich der Performance gibt es jedoch einen Unterschied. Geben Sie den Spaltennamen an, muss das SqlDataReader-Objekt zuerst die Spalte in der Auflistung suchen – und das bei jeder Datenzeile.

```
while (reader.Read())
   Console.WriteLine("{0,-35}{1}", reader["ProductName"], reader["UnitPrice"]);
```

Um die Leistung Ihrer Anwendung zu steigern, sollten Sie daher den Index der betreffenden Spalte angeben:

```
while(reader.Read())
   Console.WriteLine("{0,-35}{1}",reader[0], reader[1]);
```

Ist Ihnen nur der Spaltenbezeichner, jedoch nicht der dazugehörige Index bekannt, haben Sie mit der Methode GetOrdinal der Klasse DataReader unter Angabe des Spaltenbezeichners die Möglichkeit, vor dem Aufruf von Read den Index zu ermitteln:

```
int intName = reader.GetOrdinal("ProductName");
int intPrice = reader.GetOrdinal("UnitPrice");
while(reader.Read())
    Console.WriteLine("{0,-20}{1,-20}{2,-20}", reader[intName], reader[intPrice]);
```

Listing 32.7 Die Indizes der Spalten mit »GetOrdinal« abrufen

Spalten mit den typspezifischen Methoden abrufen

Mit dem Indexer der Methode `ExecuteReader` werden die Spaltenwerte vom Typ `Object` zurückgegeben. Das hat Leistungseinbußen zur Folge, weil der tatsächliche Typ erst in `Object` umgewandelt werden muss. Anstatt über den Indexer die Daten auszuwerten, können Sie auch eine der vielen `GetXxx`-Methoden anwenden, die für die wichtigsten .NET-Datentypen bereitgestellt werden, beispielsweise `GetString`, `GetInt32` oder `GetBoolean`. Sie müssen nur die passende Methode aus einer (langen) Liste auswählen und beim Aufruf die Ordinalzahl der entsprechenden Spalte übergeben. Wählen Sie eine nicht typgerechte Methode aus, kommt es zur Ausnahme `InvalidCastException`.

```
SqlDataReader reader = cmd.ExecuteReader();
while (reader.Read()) {
  Console.WriteLine(reader.GetString(0));
  Console.WriteLine(reader.GetString(1));
}
```
Listing 32.8 Beste Performance beim Datenabruf

Auch wenn der Programmieraufwand größer ist, zur Laufzeit werden Sie dafür mit einem besseren Leistungsverhalten belohnt.

NULL-Werte behandeln

Spalten einer Tabelle können, soweit zugelassen, NULL-Werte enthalten. In der Tabelle *Products* betrifft das zum Beispiel die Spalte *UnitPrice*. Rufen Sie die Datenwerte über eine der typisierten Methoden ab und ist der Spaltenwert NULL, führt das zu einer Ausnahme.

Um diesem Problem zu begegnen, können Sie mit der Methode `IsDBNull` des `SqlDataReaders` prüfen, ob die entsprechende Spalte einen gültigen Wert oder NULL enthält.

```
SqlDataReader reader = cmd.ExecuteReader();
while (reader.Read()) {
  Console.WriteLine(reader.GetString(0));
  if(! reader.IsDBNull(1))
    Console.WriteLine(reader.GetString(1));
}
```
Listing 32.9 NULL-Inhalte behandeln

32.4.2 Schließen des SqlDataReader-Objekts

Der `SqlDataReader` blockiert standardmäßig das `SqlConnection`-Objekt. Solange `SqlDataReader` durch den Aufruf von `ExecuteReader` geöffnet ist, können keine anderen Aktionen auf Basis der Verbindung durchgeführt werden, auch nicht das Öffnen eines zweiten `SqlDataReader`-Objekts. Daher sollte die Sperre so schnell wie möglich mit

```
reader.Close();
```

aufgehoben werden.

32.4.3 MARS (Multiple Active Resultsets)

Der SQL Server hat ein Feature, das es gestattet, mehrere Anforderungen auf einer Verbindung auszuführen. Damit wird eine Verbindung nicht mehr blockiert, wenn diese einem geöffneten `SqlDataReader` zugeordnet ist. Diese Technik von SQL Server wird als *Multiple Active Resultsets*, kurz MARS bezeichnet. MARS ist per Vorgabe deaktiviert und muss zuvor aktiviert werden, um es zu nutzen. Sie aktivieren MARS entweder durch Ergänzen der Verbindungszeichenfolge um

```
MultipleActiveResultSets=True;
```

oder durch Setzen der gleichnamigen Eigenschaft im `SqlConnectionStringBuilder`.

MARS bietet sich an, wenn auf Basis der Ergebnismenge eines `SqlDataReaders` eine untergeordnete Tabellenabfrage gestartet werden soll. Das folgende Beispiel demonstriert dies. Dazu soll zu jedem Artikel auch der dazugehörige Lieferant ausgegeben werden. Damit stehen die beiden Tabellen *Products* und *Suppliers* im Mittelpunkt unserer Betrachtung, die miteinander in einer 1:n-Beziehung stehen.

Für jede Tabelle werden ein `SqlCommand`-Objekt sowie ein `SqlDataReader`-Objekt benötigt. Das erste `DataReader`-Objekt durchläuft die Artikeltabelle. Mit der in der Spalte *SupplierID* enthaltenen ID des Lieferanten wird eine untergeordnete Ergebnisliste, die der Tabelle *Suppliers*, durchlaufen. Hier wird die ID des Lieferanten gesucht und dessen Firmenbezeichnung zusätzlich zum Artikel ausgegeben.

```csharp
// Beispiel: ..\Kapitel 32\MarsSample
static void Main(string[] args) {
  SqlConnection con = new SqlConnection(
                    " ...;MultipleActiveResultSets=true");
  string textProducts = "SELECT ProductName, UnitsInStock, SupplierID " +
                    "FROM Products";
  string textSupplier = "SELECT CompanyName FROM Suppliers " +
                    "WHERE SupplierID=@SupplierID";
  // SqlCommand-Objekte erzeugen
  SqlCommand cmdProducts, cmdSupplier;
  cmdProducts = new SqlCommand(textProducts, con);
  cmdSupplier = new SqlCommand(textSupplier, con);
  SqlParameter param = cmdSupplier.Parameters.Add("@SupplierID", SqlDbType.Int);
  // Verbindung öffnen
  con.Open();
  SqlDataReader readerProducts = cmdProducts.ExecuteReader();
  // Einlesen und Ausgabe der Datenzeilen an der Konsole
  while (readerProducts.Read()) {
    Console.Write("{0,-35}{1,-6}",
      readerProducts["ProductName"], readerProducts["UnitsInStock"]);
    param.Value = readerProducts["SupplierID"];
    SqlDataReader readerSupplier = cmdSupplier.ExecuteReader();
```

```
      while (readerSupplier.Read()) {
        Console.WriteLine(readerSupplier["Companyname"]);
      }
      readerSupplier.Close();
      Console.WriteLine(new string('-', 80));
    }
    readerProducts.Close();
    con.Close();
}
```
Listing 32.10 Multiple Active Resultsets (MARS)

Der Vorteil von MARS wird in diesem Beispiel deutlich: Es genügt eine Verbindung, um mit den beiden `SqlDataReader`-Objekten zu operieren. Selbstverständlich kann die dem Programmcode zugrunde liegende Forderung auch ohne die Nutzung von MARS erfüllt werden. Allerdings wären dazu zwei Verbindungen notwendig, die einen gewissen Overhead verursachen.

Ein SQL-Statement kann eine parametrisierte Abfrage beschreiben. `SqlCommand`-Objekte unterstützen parametrisierte Abfragen durch eine Parameterliste. Weiter unten werden wir uns den parametrisierten Abfragen im Detail widmen.

32.4.4 Batchabfragen mit »NextResult« durchlaufen

Müssen Sie mehrere Abfragen hintereinander absetzen, können Sie eine Batchabfrage ausführen. Allerdings werden Batchabfragen nicht von allen Datenbanken unterstützt – der SQL Server gehört aber dazu.

Nehmen wir an, Sie benötigen alle Datensätze sowohl der Tabelle *Orders* als auch der Tabelle *Customers*. Um eine syntaktisch korrekte Batchabfrage zu formulieren, werden die beiden SELECT-Statements innerhalb einer Zeichenfolge durch ein Semikolon getrennt angegeben:

```
SELECT * FROM Orders;SELECT * FROM Customers
```

Der Vorteil einer Batchabfrage ist, dass Sie die Methode `ExecuteReader` nicht zweimal aufrufen und nach dem ersten Aufruf den `SqlDataReader` schließen müssen. Selbstverständlich sind Batchabfragen nicht nur auf zwei SELECT-Anweisungen beschränkt, es können beliebig viele festlegt werden.

Das von einer Batchabfrage gefüllte `SqlDataReader`-Objekt enthält nach dem Aufruf der `ExecuteReader`-Methode mehrere Ergebnislisten. Um zwischen diesen zu wechseln, verwendet man die Methode `NextResult`. Die Funktionsweise ähnelt der von `Read`. Sie liefert `true`, wenn eine Datensatzliste durchlaufen wurde und sich noch eine weitere im `DataReader` befindet.

```
do {
  while(dr.Read())
    Console.WriteLine("{0}{1}{2}", dr[0], dr[1], dr[2]);
  Console.WriteLine();
} while(dr.NextResult());
```

Die Überprüfung mit `NextResult` muss in jedem Fall im Schleifenfuß erfolgen. Eine Prüfung im Schleifenkopf hätte zur Folge, dass die erste Datensatzliste überhaupt nicht durchlaufen wird.

Gemischte Batchabfragen

Manchmal ist es erforderlich, eine Batchabfrage zu definieren, die sich aus einer oder mehreren Auswahl- und Aktionsabfragen zusammensetzt. Vielleicht möchten Sie eine SELECT-, eine DELETE- und eine UPDATE-Abfrage in einer Batchabfrage behandeln? Kein Problem. Erstellen Sie eine solche Abfrage genauso wie jede andere, also beispielsweise mit:

```
SELECT * FROM Products;
UPDATE Products SET ProductName='Senfsauce' WHERE ProductName='Chai'
```

In dieser Weise gemischte Abfragen rufen Sie ebenfalls mit der Methode `ExecuteReader` auf.

32.4.5 Das Schema eines SqlDataReader-Objekts untersuchen

Haupteinsatz des `SqlDataReader`-Objekts ist sicherlich die Abfrage von Daten. Darüber hinaus weist dieser Typ aber auch weitere Fähigkeiten auf. Im Einzelnen handelt es sich dabei um die folgenden:

- Abrufen der Schemadaten der Spalten mit der Methode `GetSchemaTable`. Die gelieferten Informationen beschreiben unter anderem, ob eine Spalte Primärschlüsselspalte ist, ob sie schreibgeschützt ist, ob der Spaltenwert innerhalb der Tabelle eindeutig ist oder ob die Spalte einen NULL-Wert zulässt.
- Es lässt sich der Name einer bestimmten Spalte mit der Methode `GetName` ermitteln.
- Die Ordinalposition einer Spalte lässt sich anhand des Spaltenbezeichners ermitteln. Die Methode `GetOrdinal` liefert den entsprechenden Index.

Die Methode »GetSchemaTable«

Der Rückgabetyp der Methode `GetSchemaTable` ist ein Objekt vom Typ `DataTable`. An dieser Stelle wollen wir diesen Typ nicht weiter betrachten. Es genügt am Anfang, zu wissen, dass sich ein `DataTable`-Objekt aus Datenzeilen und Spalten zusammensetzt, ähnlich einer Excel-Tabelle.

Dieser Tabelle liegt ein SELECT-Statement zugrunde, das mit `ExecuteReader` gegen die Datenbank ausgeführt wird. `ExecuteReader` haben wir bisher nur parameterlos kennengelernt; es akzeptiert aber auch einen Übergabeparameter vom Typ der Enumeration `CommandBehavior`. Der Member `CommandBehavior.SchemaOnly` gibt vor, dass die Abfrage nur Spalteninformationen zurückliefert.

```
SqlDataReader reader = cmd.ExecuteReader(CommandBehavior.SchemaOnly);
```

Auf die `SqlDataReader`-Referenz kann man anschließend die Methode `GetSchemaTable` aufrufen. Das ist vorteilhaft, denn die übermittelten Metadaten werden nun für alle Spalten, die im SELECT-Statement angegeben sind, in der Tabelle eingetragen. Dabei wird für jede im SELECT-Statement angegebene Spalte der Originaltabelle eine Datenzeile geschrieben.

```
DataTable table = reader.GetSchemaTable();
```

Die Spalten in der Schematabelle werden durch festgelegte Bezeichner in einer bestimmten Reihenfolge ausgegeben. Die erste Spalte ist immer ColumnName, die zweite ColumnOrdinal, die dritte ColumnSize. Insgesamt werden 28 Spalten zur Auswertung bereitgestellt. Falls Sie nähere Informationen benötigen, sehen Sie sich in der .NET-Dokumentation die Hilfe zur Methode GetSchemaTable an. Das folgende Beispiel untersucht die Spalten *ProductID*, *ProductName* und *UnitsInStock* der Tabelle *Products*. Es soll dabei genügen, nur die ersten vier Metadateninformationen zu ermitteln.

```
// Beispiel: ..\Kapitel 32\GetSchemaTableSample
static void Main(string[] args) {
  SqlConnection con = new SqlConnection("...");
  string strSQL = "SELECT ProductID, ProductName, " +
                  "UnitsInStock FROM Products";
  SqlCommand cmd = new SqlCommand(strSQL, con);
  con.Open();
  // Schemainformationen einlesen
  SqlDataReader reader = cmd.ExecuteReader(CommandBehavior.SchemaOnly);
  // Schematabelle erstellen
  DataTable table = reader.GetSchemaTable();
  // Ausgabe der Schematabelle
  for(int col = 0; col < 4; col++)
    Console.Write("{0,-15}", table.Columns[col].ColumnName);
  Console.WriteLine("\n" + new string('-', 60));
  for(int i = 0; i < table.Rows.Count; i++) {
    for(int j = 0; j < 4; j++) {
      Console.Write("{0,-15}", table.Rows[i][j]);
    }
    Console.WriteLine();
  }
}
```

Listing 32.11 Abrufen von Metadateninformationen

Die resultierende Konsolenausgabe sehen Sie in Abbildung 32.1.

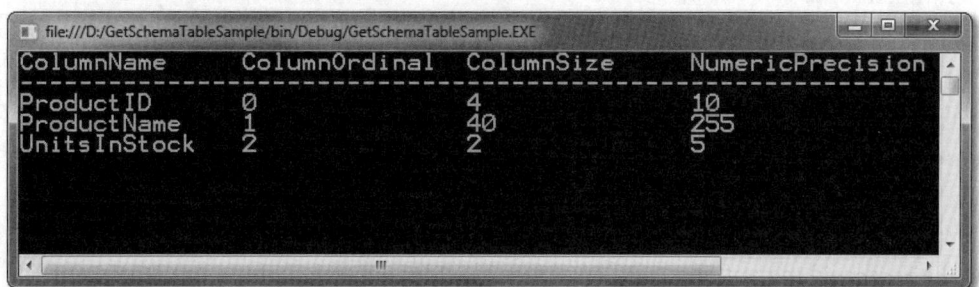

Abbildung 32.1 Ausgabe des Beispiels »GetSchemaTableSample«

Ermitteln des Bezeichners einer Spalte

Möchten Sie den Bezeichner einer bestimmten Spalte in der Ergebnisliste ermitteln, rufen Sie die Methode `GetName` des `SqlDataReader`-Objekts auf und übergeben dabei den Index der betreffenden Spalte in der Ergebnisliste. Der Rückgabewert ist eine Zeichenfolge.

```
Console.WriteLine(reader.GetName(3));
```

Ermitteln des Index einer Spalte

Ist der Index einer namentlich bekannten Spalte in der Ergebnisliste nicht bekannt, können Sie diesen mit `GetOrdinal` unter Angabe des Spaltenbezeichners ermitteln.

```
Console.WriteLine(reader.GetOrdinal("UnitPrice"));
```

Ermitteln des Datentyps einer Spalte

Sie können sowohl den .NET-Datentyp als auch den Datenbank-Datentyp eines bestimmten Feldes im `SqlDataReader` abfragen. Interessieren Sie sich für den .NET-Datentyp, rufen Sie die Methode `GetFieldType` des `DataReaders` auf, ansonsten `GetDataTypeName`.

```
Console.WriteLine(reader.GetFieldType(4));
Console.WriteLine(reader.GetDataTypeName(0));
```

Beide Methoden erwarten den Ordinalwert der betreffenden Spalte.

32.5 Parametrisierte Abfragen

Die Suche nach einem bestimmten Datensatz einer Tabelle wird durch die WHERE-Klausel einer SELECT-Abfrage bestimmt:

```
SELECT ProductName FROM Products WHERE ProductName='Tunnbröd'
```

Unstrittig ist, dass die Hartcodierung dieser Abfrage weder anwender- noch praxisgerecht ist. Was ist, wenn der Anwender nicht nach dem Artikel *Tunnbröd* suchen möchte, sondern die Informationen über den Artikel *Tofu* benötigt? Die Abfrage muss allgemeiner formuliert werden, und zwar so, dass der Anwender zur Laufzeit des Programms den Artikel beliebig bestimmen kann.

Die Lösung lautet: Wir müssen eine parametrisierte Abfrage formulieren. Berücksichtigen Sie bei den folgenden Ausführungen jedoch, dass die Wahl des .NET-Datenproviders maßgeblich die Syntax des SELECT-Statements und des Programmcodes einer parametrisierten Abfrage beeinflusst.

32.5.1 Parametrisierte Abfragen mit dem SqlClient-Datenprovider

Ist die Entscheidung auf den SqlClient-Datenprovider gefallen, könnte das Statement wie folgt lauten:

```sql
SELECT * FROM Products
WHERE ProductName = @Productname OR CategoryID = @CatID
```

Listing 32.12 Parametrisierte SQL-Abfrage

@ProductName und *@CatID* sind benannte Parameter, denen das @-Zeichen vorangestellt wird. Dieses gilt jedoch nur im Zusammenhang mit dem SqlClient-Datenprovider. Die Datenprovider OleDb und Odbc unterstützen benannte Parameter nicht, sondern nur den generischen Parametermarker. Dabei handelt es sich um das Fragezeichen (?). Der Grund für diese Abweichung der Datenprovider ist sehr einfach: Während der OleDb- bzw. Odbc-Datenprovider eine datenbankunabhängige Syntax erlaubt, ist der SqlClient-Provider für den SQL Server gedacht, der benannte Parameter mit diesem Präfix unterstützt.

Die Parameter einer parametrisierten Abfrage werden vom `SqlCommand`-Objekt gesammelt. Dieses besitzt eine `Parameters`-Auflistung, der die einzelnen Parameter hinzugefügt werden. Verwenden Sie den SqlClient-Datenprovider, handelt es sich um den Typ `SqlParameter`. Sie können einen Parameter hinzufügen, indem Sie entweder die `Add`-Methode der Auflistung oder die Methode `AddWithValue` aufrufen.

Das Beispiel *ParametrisierteAbfrage* verwendet zum Hinzufügen die Methode `AddWithValue`. Die beiden Parameter werden mit statischen Werten gefüllt. In der Praxis würden Sie die Werte dem Eingabestrom oder beispielsweise einem Eingabefeld entnehmen.

```csharp
// Beispiel: ..\Kapitel 32\ParametrisierteAbfrage
static void Main(string[] args){
  SqlConnection con = new SqlConnection("...");
  string strSQL = "SELECT * FROM Products " +
                  "WHERE ProductName = @Productname OR " +
                  "CategoryID = @CatID";
  SqlCommand cmd = new SqlCommand(strSQL, con);
  // Parameter hinzufügen und Werte übergeben
  cmd.Parameters.AddWithValue("@Productname", "Konbu");
  cmd.Parameters.AddWithValue("@CatID", "1");
  con.Open();
  SqlDataReader rd = cmd.ExecuteReader();
  while (rd.Read())
    Console.WriteLine("{0,-5}{1,-35}{2}",
            rd["ProductID"], rd["ProductName"], rd["UnitPrice"]);
  rd.Close();
  con.Close();
}
```

Listing 32.13 Parametrisierte Abfrage

Bei benannten Parametern ist die Reihenfolge der Parameter innerhalb der `Parameters`-Auflistung des `SqlCommand`-Objekts unbedeutend.

Bei beiden Parametern handelt es sich in diesem Beispiel um Zeichenfolgen, die auch als solche an die Datenbank weitergeleitet werden. Sie können hier jeden Datentyp angeben, denn das zweite Argument von `AddWithValue` ist vom Typ `Object`.

Einen Haken kann der sehr einfache Einsatz der Methode `AddWithValue` dennoch haben. Verwenden Sie bei der Wertübergabe einen ungeeigneten Datentyp, behandelt die Datenbank die im Parameter gespeicherte Information vielleicht nicht so, wie Sie es erwarten. Unter Umständen gibt der SQL Server sogar eine Ausnahme vom Typ `SqlException` zurück, weil der übermittelte Parameter mit der Typdefinition der entsprechenden Spalte nicht übereinstimmt. Sie können das sehr leicht selbst testen, indem Sie im Code des Beispiels anstelle des Artikelbezeichners *Konbu* eine Integerzahl eintragen.

Der Datenbank diese Verantwortung zu übertragen, ist keine gute Lösung. Der richtige Datentyp sollte zumindest weitgehend im Code des Clients sichergestellt sein. Dazu bietet sich die vielfach überladene Methode `Add` an, die über den Parameterbezeichner hinaus auch den an die Datenbank übergebenen Datentyp steuert. Zudem gibt es noch die Möglichkeit, den Datentyp genauer zu spezifizieren. Beispielsweise können Zeichenfolgen eine unterschiedliche Länge aufweisen. Die Länge kann als drittes Übergabeargument bekannt gegeben werden. In unserem Beispiel oben könnten die beiden Anweisungen

```
cmd.Parameters.AddWithValue("@Name", "Konbu");
cmd.Parameters.AddWithValue("@CatID", 1);
```

durch

```
cmd.Parameters.Add("@Productname", SqlDbType.VarChar, 40).Value = "Konbu";
cmd.Parameters.Add("@CatID", SqlDbType.Int).Value = 1;
```

ersetzt werden.

Übergeben Sie einem der beiden Parameter einen Integer-Wert, wird keine Ausnahme ausgelöst. Das Ergebnis sieht im ersten Moment ernüchternd aus und scheint der vorher gemachten Aussage zu widersprechen, dass die Methode `Add` eine Typüberprüfung gewährleistet. Die Ursache ist allerdings einfach zu erklären: Die Integerzahl wird implizit als Zeichenfolge im Parameter eingetragen. Anders sieht es jedoch aus, wenn ein Parameter als Integer festgelegt wird und Sie versuchen, diesem eine Zeichenfolge zuzuweisen:

```
cmd.Parameters.Add("@Param", SqlDbType.Int).Value = "White";
```

Beim Aufruf von `ExecuteReader` wird die Ausnahme `FormatException` ausgelöst. Diese stammt nicht vom SQL Server, sondern wird von ADO.NET in der Clientanwendung ausgelöst. Damit haben wir ein Ziel erreicht: die Entlastung der Datenbank.

> **Hinweis**
> Der Datentyp, den Sie der `Add`-Methode übergeben, stammt aus der Enumeration `SqlDbType`. Die Mitglieder dieser Aufzählung beschreiben die Datentypen, die SQL Server standardmäßig bereitstellt.

32.5.2 Die Klasse »SqlParameter«

Solange nicht ausdrücklich Parameter hinzugefügt werden, ist die Parameters-Auflistung des SqlCommand-Objekts leer. Die Referenz auf die Auflistung erhalten Sie über die Eigenschaft Parameters. Ein Parameter wird unter Aufruf der Methode Add oder AddWithValue hinzugefügt. Alle anderen Methoden der Auflistung gleichen denen aller anderen üblichen Auflistungen von .NET: Mit Count ruft man die Anzahl der Parameter ab, mit Remove wird ein Parameter gelöscht usw.

Die Methode Add ist vielfach überladen, AddWithValue überhaupt nicht. Beiden ist aber eines gemeinsam: Der Rückgabewert ist die Referenz auf das hinzugefügte SqlParameter-Objekt. Meistens können Sie den Rückgabewert ignorieren. Er ist dann interessant, wenn man die Eigenschaften des Parameters auswerten oder vor dem Absetzen des SQL-Kommandos ändern möchte.

Zum Füllen des Parameters wird der Eigenschaft Value des SqlParameter-Objekts der entsprechende Wert zugewiesen:

```
cmd.Parameters["@ParameterName"].Value = "Chai";
```

Sie rufen den Indexer der SqlParameterCollection auf und übergeben den Bezeichner des Parameters. Alternativ können Sie auch den Index des entsprechenden Parameter-Objekts in der Auflistung verwenden.

32.5.3 Asynchrone Abfragen

Die Methoden ExecuteReader, ExecuteNonQuery oder ExecuteXmlReader arbeiten synchron. Das bedeutet, dass die Anwendung erst dann weiterarbeiten kann, wenn der SQL Server die Anfrage verarbeitet und die erste Datenzeile der Ergebnismenge zurückliefert. Dauert diese Operation eine längere Zeit, wirkt die Clientanwendung wie eingefroren.

ADO.NET löst dieses Problem durch die Bereitstellung asynchroner Methoden. Ergänzt werden die synchronen Methoden durch jeweils ein Methodenpaar: Eine Methode hat das Präfix Begin, die zweite das Präfix End. Beispielsweise lauten die asynchronen Varianten von ExecuteReader BeginExecuteReader und EndExecuteReader, die wie folgt definiert sind:

```
public IAsyncResult BeginExecuteReader(IAsyncResult, Object)
public SqlDataReader EndExecuteReader(IAsyncResult)
```

Mit BeginExecuteReader wird die asynchrone Operation gestartet. Der aufrufende Code wartet jedoch nicht darauf, bis das Resultat vorliegt, sondern führt die Anweisungen aus, die dem asynchronen Aufruf folgen. Es stellt sich nur noch die Frage, wie das Clientprogramm darüber informiert wird, dass die asynchrone Operation beendet ist, und wie die Ergebnismenge abgefragt werden kann. Dazu bieten sich zwei Möglichkeiten an:

▶ Sie fragen in einer Schleife permanent ab, ob die asynchrone Operation bereits beendet ist. Dieses Verfahren wird als Polling bezeichnet.

▶ Sie definieren eine Rückrufmethode (Callback-Methode), die aufgerufen wird, sobald das Ergebnis vorliegt.

Beide Varianten werde ich Ihnen gleich an einem Beispiel vorstellen.

Asynchrone Operationen sind per Vorgabe nicht aktiviert. Damit das `SqlConnection`-Objekt auch asynchrone Abfragen ermöglicht, muss die Verbindungszeichenfolge um

`Asynchronous Processing=true`

ergänzt werden. Alternativ steht Ihnen auch die Eigenschaft `AsynchronousProcessing` des `SqlConnectionStringBuilder` zur Verfügung.

Damit wir in den folgenden beiden Beispielprogrammen auch eine Verzögerung der SQL Server-Anfrage simulieren können, schreiben wir eine Batchabfrage, der wir als erste Anweisung WAITFOR DELAY übergeben. Dieser Anweisung teilen wir mit, wie lange die Batchabfrage blockiert werden soll, beispielsweise zwei Sekunden:

`WAITFOR DELAY '00:00:02'`

Das Polling-Verfahren

Das erste asynchrone Beispielprogramm stellt das Polling-Verfahren vor. Sehen Sie sich zuerst den Beispielcode an.

```csharp
// Beispiel: ..\Kapitel 32\PollingSample
static void Main(string[] args) {
  SqlConnection con = new SqlConnection("...;
                      Asynchronous Processing=true");
  string strSQL = "WAITFOR DELAY '00:00:01';SELECT * FROM Products";
  SqlCommand cmd = new SqlCommand(strSQL, con);
  con.Open();
  // Asynchroner Aufruf
  IAsyncResult result = cmd.BeginExecuteReader();
  int counter = 0;
  while (!result.IsCompleted) {
    DoSomething(counter);
    counter++;
  }
  Console.WriteLine("Das Ergebnis liegt vor: .....");
  SqlDataReader rd = cmd.EndExecuteReader(result);
  while(rd.Read())
    Console.WriteLine(rd["ProductName"]);
  Console.ReadLine();
}
static void DoSomething(int counter) {
  Console.WriteLine(counter);
}
```

Listing 32.14 Das Polling-Verfahren

Beim Polling wird nicht darauf gewartet, bis das Vorliegen der Ergebnismenge der Clientanwendung signalisiert wird. Stattdessen wird in einer Schleife abgefragt, ob der Datenbankserver die Anfrage fertig bearbeitet hat. Der Aufruf der Methode `BeginExecuteReader` liefert ein Objekt zurück, das die Schnittstelle `IAsyncResult` implementiert. Dieses Objekt beschreibt den Status der asynchronen Abfrage, unter anderem durch die Eigenschaft `IsCompleted`. Der Wert lautet `false`, falls die Anfrage noch nicht beendet ist, ansonsten `true`. Beachten Sie, dass in diesem Beispiel die parameterlose Methode `BeginExecuteReader` eingesetzt wird.

Wir werten im Beispielprogramm `IsCompleted` aus. Solange die Ergebnismenge noch nicht vorliegt, wird von der Clientanwendung eine andere Aufgabe erledigt. Hierbei handelt es sich um den Aufruf der Methode *DoSomething*, die einen einfachen Zählerstand in das Konsolenfenster schreibt. Ist die Anfrage an den Datenbankserver beendet, kann das Ergebnis geholt werden. Dazu dient die Methode `EndExecuteReader`, die ihrerseits die Referenz auf ein `SqlDataReader`-Objekt bereitstellt, das wir zur Ausgabe der Spalte *ProductName* benutzen.

Bereitstellen einer Rückrufmethode

Während beim Polling fortwährend geprüft wird, ob der Datenbankserver die Anfrage bearbeitet hat, wird durch das Bereitstellen einer Rückrufmethode auf das Signal der Datenbank gewartet, dass die Operation beendet ist. Das Signal ist der Aufruf einer Methode im Client, der sogenannten Rückrufmethode.

Die »Adresse« der Rückrufmethode, die im folgenden Beispiel *CallbackMethodSample* heißt, wird dem ersten Parameter der überladenen Methode `BeginExecuteReader` übergeben. Es handelt sich dabei um einen Parameter vom Typ des Delegaten `AsyncCallback`, der eine Rückrufmethode vorschreibt, die einen Parameter vom Typ `IAsyncResult` hat und die ihrerseits selbst `void` ist. `BeginExecuteReader` definiert mindestens noch einen zweiten Parameter. Dieser ist vom Typ `Object` und akzeptiert somit jedes beliebige Objekt. Das Objekt wird der Eigenschaft `AsyncState` der `IAsyncResult`-Schnittstelle zugewiesen und kann in der Callback-Methode abgerufen werden. Im Beispiel wird die Referenz auf das `SqlCommand`-Objekt übergeben.

Nach Beendigung der asynchronen Operation wird die Rückrufmethode ausgeführt, aus der heraus `EndExecuteReader` aufgerufen wird. Das dazu notwendige `SqlCommand`-Objekt wurde dem zweiten Parameter der Methode `BeginExecuteReader` übergeben und kann nach Auswertung der Eigenschaft `AsyncState` des `IAsyncResult`-Parameters und vorheriger Konvertierung benutzt werden. Danach steht auch der `DataReader` zur Verfügung.

Nun aber das vollständige Beispiel:

```
// Beispiel: ..\Kapitel 32\CallbackMethodSample
class Program {
  static void Main(string[] args) {
    SqlConnection con = new SqlConnection("...;
                        Asynchronous Processing=true");
```

```csharp
      string strSQL = "SELECT * FROM Products";
      SqlCommand cmd = new SqlCommand(strSQL, con);
      con.Open();
      // Delegaten initialisieren
      AsyncCallback callback = new AsyncCallback(CallbackMethod);
      // Asynchrone Operation starten
      cmd.BeginExecuteReader(callback, cmd);
      // Simulation eines asynchronen Szenarios
      for (int counter = 0; counter < 100; counter++)
      {
          Console.WriteLine(new string('-', 50));
          Console.WriteLine("Counter = {0}", counter);
      }
      Console.ReadLine();
  }
  static void CallbackMethod(IAsyncResult result) {
      SqlCommand cmd = (SqlCommand)result.AsyncState;
      // Ergenisliste holen
      SqlDataReader rd = cmd.EndExecuteReader(result);
      while(rd.Read())
        Console.WriteLine(rd["ProductName"]);
      rd.Close();
  }
}
```

Listing 32.15 Asynchrone Datenabfrage

Die Konsolenausgabe des Beispielcodes ist in Abbildung 32.2 zu sehen. Es ist sehr schön zu erkennen, wie beide Operationen parallel ablaufen.

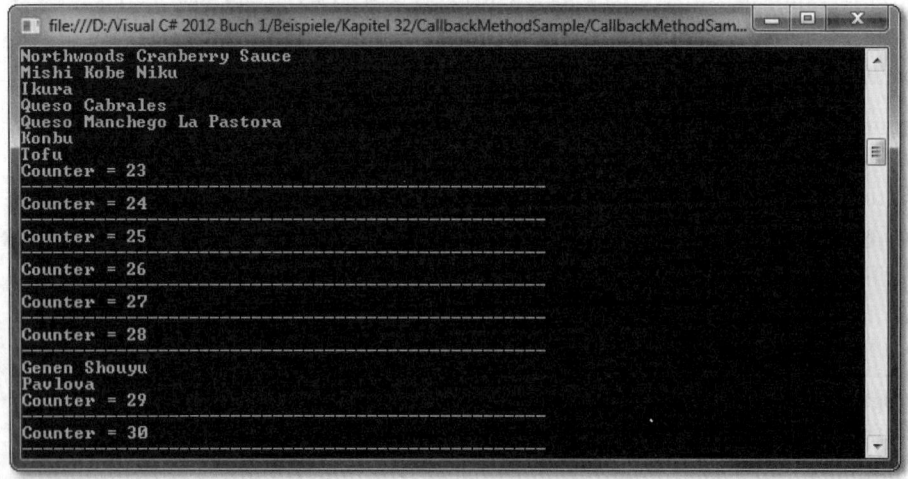

Abbildung 32.2 Die Ausgabe des Beispielprogramms »CallbackMethodSample«

32.5.4 Gespeicherte Prozeduren (Stored Procedures)

Bei einer gespeicherten Prozedur (Stored Procedure) handelt es sich um eine Gruppe von SQL-Anweisungen, die kompiliert werden. Das hat einen entscheidenden Vorteil: Die Leistung verbessert sich deutlich, wenn die gespeicherte Prozedur ausgeführt wird, da die SQL-Anweisungen nicht bei jedem Aufruf neu kompiliert werden müssen.

Eine gespeicherte Prozedur ist nicht schwierig zu verstehen. Wir wollen uns das an einem Beispiel ansehen.

```
CREATE PROCEDURE SearchProducts
(
    @Price money,
    @OrderedUnits smallint
)
AS
    SELECT *
    FROM Products
    WHERE UnitPrice < @Price AND UnitsOnOrder = @OrderedUnits
```

Listing 32.16 Beispiel einer gespeicherten Prozedur

Diese gespeicherte Prozedur beschreibt eine Auswahlabfrage, die alle Artikel der Tabelle *Products* liefert, die eine bestimmte Preisgrenze unterschreiten und eine bestimmte Anzahl von Bestelleinheiten haben. Damit ist die Stored Procedure gleichbedeutend mit dem SqlClient-Datenprovider-Befehl:

```
SELECT *
FROM Products
WHERE UnitPrice < @Price AND UnitsOnOrder = @OrderedUnits
```

Gespeicherte Prozeduren bieten sich besonders an, wenn ein Kommando sehr häufig ausgeführt werden soll. Sie sind nicht nur leistungsfähiger als normale SQL-Kommandos, sondern bieten darüber hinaus weiter gehende Möglichkeiten: Stored Procedures können Berechnungen ausführen, Ein- und Ausgabeparameter entgegennehmen (ähnlich Wert- und Referenzparametern) oder ein Resultat an den Aufrufer liefern.

Mehr möchte ich Ihnen an dieser Stelle nicht zu den gespeicherten Prozeduren sagen. Es gibt viel Literatur zu diesem Thema, wenn Sie es vertiefen möchten. Ich werde Ihnen nachher an einem komplexeren Beispiel zeigen, wie gespeicherte Prozeduren, die die aufgeführten Features haben, mit ADO.NET-Code behandelt werden.

Gespeicherte Prozeduren in Visual Studio 2012 erstellen

Ein herkömmlicher SQL-Befehl wird vom Client gegen die Datenbank abgesetzt. Gespeicherte Prozeduren sind, soweit die Datenbank diese unterstützt, Elemente der Datenbank selbst, so wie beispielsweise die Tabellen oder Sichten. Wenn Sie wollen, können Sie sehr einfach aus Visual Studio 2012 heraus gespeicherte Prozeduren zu einer Datenbank hinzufügen.

Öffnen Sie dazu den SERVER-EXPLORER in Visual Studio 2012. In diesem finden Sie den Knoten DATENVERBINDUNGEN. Im Kontextmenü dieses Knotens wählen Sie VERBINDUNG HINZUFÜGEN. Es öffnet sich ein Dialog, wie er in Abbildung 32.3 zu sehen ist.

Abbildung 32.3 Dialog zum Hinzufügen einer Datenbankverbindung

Tragen Sie im oberen Kombinationslistenfeld den Servernamen ein, auf dem die SQL Server-Datenbank installiert ist, zu der Sie Verbindung aufnehmen wollen. Per Vorgabe ist der Dialog bereits so voreingestellt, dass davon ausgegangen wird, es handle sich um SQL Server. Sie können die Verbindung natürlich auch zu einer anderen Datenbank aufbauen, müssen dann aber zuvor die eingetragene Datenquelle entsprechend anpassen.

Haben Sie die Installationsvorgaben des SQL Servers unverändert übernommen, so ist die Windows-Authentifizierung eingestellt, und Sie brauchen, soweit Sie mit entsprechenden administrativen Rechten ausgestattet sind, keine Änderungen an den Anmeldeinformationen vorzunehmen. Anschließend wählen Sie die gewünschte Datenbank aus. Sie können die eingestellten Verbindungsdaten nun testen.

Im Server-Explorer wird die neue Verbindung zur Datenbank eingetragen. Unter den datenbankspezifischen Knoten finden Sie nun auch *Gespeicherte Prozeduren*. Klicken Sie dann im Kontextmenü des Knotens auf NEUE GESPEICHERTE PROZEDUR HINZUFÜGEN.

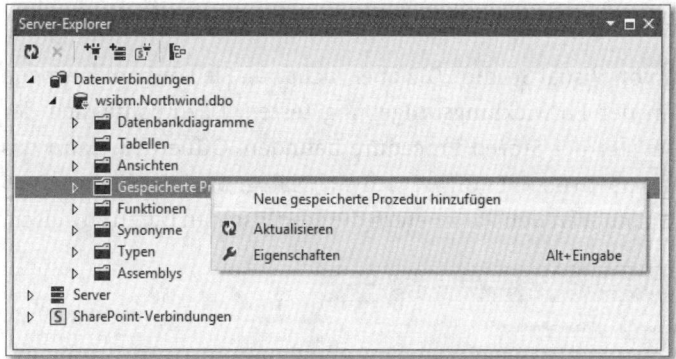

Abbildung 32.4 Eine gespeicherte Prozedur der Datenbank hinzufügen

Im Code-Editor wird daraufhin ein weiteres Fenster geöffnet, in dem bereits die elementare Struktur der Stored Procedure vorgegeben ist. Eine gespeicherte Prozedur wird mit CREATE PROCEDURE eingeleitet; dem schließt sich der Bezeichner an. Einige Teile der Struktur sind mit /*...*/ auskommentiert. Dazu gehört auch der Block, in dem die Parameter angegeben werden. Hinter AS folgen die SQL-Anweisungen. Eine gespeicherte Prozedur wird mit dem optionalen RETURN, das den Rückgabewert der gespeicherten Prozedur angibt, abgeschlossen.

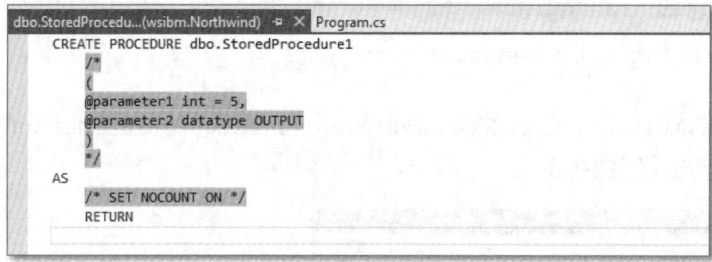

Abbildung 32.5 Das Fenster einer neuen gespeicherten Prozedur im Code-Editor

Als Erstes sollten Sie der Stored Procedure einen beschreibenden Namen geben, z. B. *SearchProducts*. Parameter werden im Block zwischen CREATE PROCDURE und AS definiert. Dabei wird zuerst der Parametername angegeben, der das Präfix @ haben muss. Dahinter folgt der Datentyp. Mehrere Parameter in einer Stored Procedure werden durch ein Komma getrennt.

Standardmäßig sind alle Parameter Eingabeparameter, die von der Stored Procedure zur Ausführung benötigt werden, selbst aber kein Resultat zurückliefern. Gespeicherte Prozeduren kennen aber auch Ausgabeparameter, die mit Referenzparametern vergleichbar sind. Diese liefern dem Aufrufer ein Ergebnis. Ausgabeparameter werden mit OUTPUT gekennzeichnet.

Nachdem der SQL-Code im Code-Editor eingetragen ist, können Sie die Stored Procedure speichern. Gespeichert wird die Stored Procedure allerdings nicht im Projekt, sondern in der Datenbank, was Sie auch sofort im Server-Explorer erkennen. Beim Speichervorgang wird die Syntax überprüft. Sollte die SQL-Syntax einen Fehler aufweisen, werden Sie mit einer Fehlermeldung darauf aufmerksam gemacht.

Damit hört die Unterstützung von Visual Studio 2012 aber nicht auf. Sie können Ihre neue gespeicherte Prozedur auch in der Entwicklungsumgebung testen. Dazu sollte sich der Mauszeiger über dem Code-Fenster der Stored Procedure befinden. Öffnen Sie dann das Kontextmenü, und wählen Sie AUSFÜHREN. Es öffnet sich ein Dialog, wie in Abbildung 32.6 zu sehen ist, in dem Sie in der Spalte *Wert* den Parametern die gewünschten Daten zuweisen.

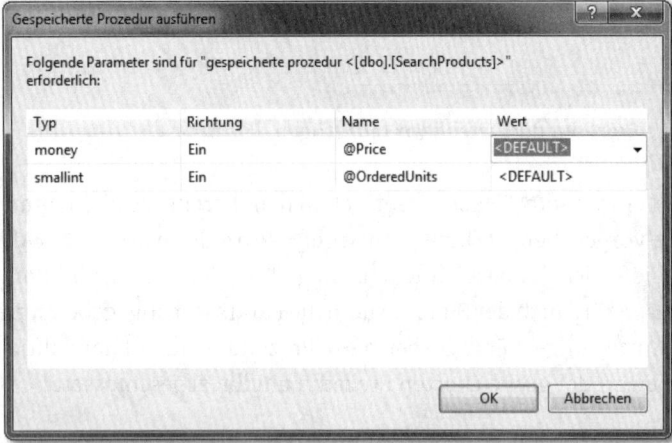

Abbildung 32.6 Dialog, um den Parametern Werte zuzuweisen

Wenn Sie anschließend auf OK klicken, sehen Sie im Fenster AUSGABE das Ergebnis des Aufrufs, ähnlich wie in Abbildung 32.7 gezeigt.

Abbildung 32.7 Das Ergebnis des Aufrufs der Stored Procedure SearchProducts

Eine gespeicherte Prozedur aufrufen

Die soeben entwickelte gespeicherte Prozedur *SearchProducts* soll nun aufgerufen werden. Prinzipiell ist der Weg ähnlich dem, den wir beim Aufruf einer parametrisierten Abfrage beschritten haben. Es gibt aber einen ganz wichtigen Unterschied: Wir müssen dem SqlCommand-Objekt ausdrücklich mitteilen, dass es kein SQL-Kommando, sondern eine gespeicherte Prozedur ausführen soll. Um dem Objekt den Typ eines Kommandos mitzuteilen, wird der Eigenschaft CommandType die passende Information übergeben.

Die Eigenschaft ist vom Typ der gleichnamigen Enumeration, die angibt, wie das unter der Eigenschaft CommandText angegebene Kommando zu interpretieren ist.

Member	Beschreibung
StoredProcedure	CommandText enthält den Namen einer gespeicherten Prozedur.
TableDirect	CommandText enthält den Namen einer Tabelle.
Text	(Standard) CommandText enthält ein SQL-Kommando.

Tabelle 32.1 Die Mitglieder der Enumeration »CommandType«

> **Hinweis**
> Lautet die Einstellung CommandType.TableDirect, können Sie der Eigenschaft einen Tabellennamen zuweisen. Das ist gleichwertig mit dem SQL-Befehl SELECT * FROM <Tabellenname>.

Bisher haben wir die Eigenschaft CommandType nicht benutzt, weil wir immer ein SQL-Kommando abgesetzt haben, das durch die Standardeinstellung Text beschrieben wird. Da wir nun eine Stored Procedure ausführen wollen, müssen wir CommandType den Wert CommandType.StoredProcedure zuweisen. Das SqlCommand-Objekt benutzt diese Information, um die Syntax für den Aufruf der gespeicherten Prozedur zu generieren.

Komplexe gespeicherte Prozeduren

Eine gespeicherte Prozedur ist nicht immer so einfach aufgebaut wie *SearchProducts*, die nur Datensätze als Ergebnis der Ausführung zurückliefert. Eine gespeicherte Prozedur kann sowohl über die Parameterliste als auch über RETURN Werte an den Aufrufer zurückliefern. Dazu ein Beispiel:

```
CREATE PROCEDURE GetProduct
(
  @id int,
  @Artikel varchar(40) OUTPUT,
  @Preis money OUTPUT
```

```
)
AS
  SELECT @Artikel=ProductName, @Preis=UnitPrice
  FROM Products
  WHERE ProductID=@id
RETURN @@ROWCOUNT
```

Listing 32.17 Komplexe gespeicherte Prozedur

Die Stored Procedure definiert neben dem Eingabeparameter *@id* mit *@Artikel* und *@Preis* auch zwei Ausgabeparameter, denen beim Aufruf zwar kein Wert übergeben wird, die aber einen Wert zurückliefern. Der Rückgabewert *@@ROWCOUNT* ist eine Systemfunktion von SQL Server, die die Anzahl der Zeilen angibt, auf die sich die letzte Anweisung ausgewirkt hat.

```csharp
// Beispiel: ..\Kapitel 32\KomplexeStoredProcedure
class Program {
  static void Main(string[] args) {
    SqlConnection con = new SqlConnection("...");
    // SqlCommand-Objekt definieren
    SqlCommand cmd = new SqlCommand();
    cmd.Connection = con;
    cmd.CommandType = CommandType.StoredProcedure;
    cmd.CommandText = "GetProduct";
    // SqlParameter definieren
    cmd.Parameters.Add("@RetValue", SqlDbType.Int);
    cmd.Parameters.Add("@id", SqlDbType.Int);
    cmd.Parameters.Add("@Artikel", SqlDbType.VarChar, 40);
    cmd.Parameters.Add("@Preis", SqlDbType.Money);
    cmd.Parameters["@RetValue"].Direction = ParameterDirection.ReturnValue;
    cmd.Parameters["@Artikel"].Direction = ParameterDirection.Output;
    cmd.Parameters["@Preis"].Direction = ParameterDirection.Output;
    // Übergabewert angeben
    cmd.Parameters["@id"].Value = 1;
    con.Open();
    cmd.ExecuteNonQuery();
    // SqlParameterCollection auswerten
    if ((int)(cmd.Parameters["@RetValue"].Value) == 1) {
      Console.WriteLine("Zuname: {0}", cmd.Parameters["@Artikel"].Value);
      Console.WriteLine("Vorname:{0}", cmd.Parameters["@Preis"].Value);
    }
    Console.WriteLine("{0} Datensatz gefunden.",
                      cmd.Parameters["@RetValue"].Value);
    con.Close();
    Console.ReadLine();
  }
}
```

Listing 32.18 Eine komplexe gespeicherte Prozedur aufrufen

Im ersten Schritt wird nach dem Öffnen der Verbindung das `SqlCommand`-Objekt definiert. Anschließend wird für jeden Parameter der gespeicherten Prozedur der Parameter-Auflistung ein `SqlParameter`-Objekt hinzugefügt. Als Parameter wird auch der von `RETURN` gelieferte Rückgabewert verstanden. Damit benötigt der Aufruf insgesamt vier Parameter-Objekte.

`SqlParameter` können ein unterschiedliches Verhalten haben. Dies muss ADO.NET wissen, um die gespeicherte Prozedur richtig zu verarbeiten. Standardmäßig beschreibt ein `SqlParameter`-Objekt einen Eingabeparameter. Abweichungen davon müssen über die `Direction`-Eigenschaft des `Parameter`-Objekts festgelegt werden, die vom Typ `ParameterDirection` ist, einer Enumeration mit vier Konstanten.

Member	Beschreibung
`Input`	Der Parameter ist ein Eingabeparameter.
`InputOutput`	Der Parameter unterstützt sowohl die Eingabe als auch die Ausgabe.
`Output`	Der Parameter ist ein Ausgabeparameter.
`ReturnValue`	Der Parameter stellt einen Rückgabewert dar.

Tabelle 32.2 Mitglieder der Enumeration »ParameterDirection«

Jetzt muss die Parameterliste gefüllt werden, um das `SqlCommand`-Objekt anschließend auszuführen. Dazu wird dem Parameter *@id* die Spalte *ProductID* zugewiesen, anhand derer der gesuchte Artikel identifiziert werden soll. Weil die gespeicherte Prozedur keine Datensatzliste zurückgibt, genügt der Aufruf der Methode `ExecuteNonQuery` auf das `SqlCommand`-Objekt. Das Ergebnis des Aufrufs kann danach ausgewertet werden, indem sowohl der Inhalt des Rückgabewertes als auch der Inhalt der Ausgabeparameter abgerufen werden.

Kapitel 33
ADO.NET – Der SqlDataAdapter

33.1 Was ist ein DataAdapter?

Weiter oben haben Sie erfahren, wie Sie ein SQL-Kommando gegen eine Datenbank absetzen. Sie wissen, dass mit der Methode `ExecuteNonQuery` des `SqlCommand`-Objekts eine Aktionsabfrage ausgeführt werden kann und von `ExecuteReader` ein `SqlDataReader`-Objekt zurückgeliefert wird, in dem wir eine Datenzeile nach der anderen durchlaufen. Für ganz einfache Anforderungen mag das durchaus genügen. Für die Praxis sind die Anforderungen damit aber nicht ausreichend abgedeckt.

Was ist, wenn wir es dem Anwender ermöglichen wollen, beliebig zwischen den einzelnen Datensätzen zu navigieren? Wie kann ein Anwender die eingelesenen Datensätze aktualisieren? Wie kann seitens der Anwendung sichergestellt werden, dass bei der Aktualisierung Einschränkungen (*constraints*) berücksichtigt werden?

Grundsätzlich ließen sich diese und viele weitere Fragen mit dem `SqlCommand`- und dem `SqlDataReader`-Objekt beantworten. Aber denken wir einen Schritt weiter. Beide Objekte sind von einer geöffneten Verbindung zur Datenbank abhängig. Wollen wir es einem Anwender ermöglichen, durch die Datensätze zu navigieren, müssten wir entweder die Verbindung zur Datenquelle für einen längeren Zeitraum geöffnet halten oder die einzelnen Datensätze lokal zwischenspeichern.

Eine Verbindung länger als unbedingt notwendig geöffnet zu halten, ist aus vielerlei Hinsicht nicht akzeptabel. Stellen Sie sich beispielsweise eine Datenbank im Internet vor: Eine geöffnete Verbindung kostet Geld, und die Netzwerkressourcen werden belastet. Zudem ist die Anzahl der gleichzeitigen Zugriffe auf eine Datenbank begrenzt.

Eine optimale Lösung müsste mindestens die folgende Fähigkeit haben: Einlesen und Zwischenspeichern aller Datensätze im lokalen Speicher. Wir brauchen diesen Ansatz jedoch nicht selbst zu programmieren, er wird uns von ADO.NET angeboten. Als Bindeglied zwischen der Datenquelle und dem lokalen Speicher dient dazu ein spezielles Objekt vom Typ `SqlDataAdapter`. Es hat die Fähigkeit, Daten aus einer Datenquelle abzufragen und sie in einer oder mehreren Tabellen des lokalen Speichers abzulegen. Darüber kann ein `SqlDataAdapter`-Objekt aber auch Änderungen in den Tabellen des lokalen Speichers an die Datenquelle übermitteln. Um die Netzwerk- und Datenbankbelastung so gering wie möglich zu halten, baut das `SqlDataAdapter`-Objekt nur dann eine Verbindung zur Datenbank auf, wenn dies notwendig ist. Sind alle Operationen beendet, wird die Verbindung wieder geschlossen.

33 ADO.NET – Der SqlDataAdapter

Im Zusammenhang mit einem `SqlDataAdapter` spielen auch `SqlConnection`- und `SqlCommand`-Objekte eine wichtige Rolle. Alle drei sind providerspezifisch und werden zu den verbundenen Typen des ADO.NET-Objektmodells gezählt. Die Daten im lokalen Speicher, die von speziellen Objekten verwaltet und organisiert werden, werden zu den unverbundenen Typen des ADO.NET-Objektmodells gerechnet. Ein `SqlDataAdapter` kann daher als Bindeglied zwischen den verbundenen und den unverbundenen Objekten angesehen werden.

Ein `SqlDataAdapter` spielt in zwei Situationen eine wichtige Rolle:

- beim Füllen eines `DataSets` oder `DataTable`
- beim Aktualisieren der geänderten Inhalte von `DataSet` bzw. `DataTable`

In diesem Kapitel werden wir uns ausschließlich mit dem Abrufen von Dateninformationen und dem sich daran anschließenden Füllen der lokalen Objekte beschäftigen. Die andere Fähigkeit des `SqlDataAdapters` sehen wir uns an, wenn wir das `DataSet` ausgiebig studiert haben.

Ein Programmbeispiel

Ehe wir uns mit dem `DataAdapter`-Objekt genauer beschäftigen, möchte ich Ihnen ein Beispiel vorstellen, das einen `SqlDataAdapter` benutzt, um den lokalen Speicher mit allen Datensätzen der Tabelle *Products* zu füllen. Abgefragt werden nur die Spalten *ProductName* und *UnitPrice*. Die lokale Datensatzliste wird anschließend an der Konsole ausgegeben. Dazu werden alle Datensätze in einer Schleife durchlaufen.

```
// Beispiel: ..\Kapitel 33\DataAdapterSample
static void Main(string[] args) {
   SqlConnection con = new SqlConnection("...");
   string strSQL = "SELECT ProductName, UnitPrice FROM products";
   SqlDataAdapter da = new SqlDataAdapter(strSQL, con);
   DataTable tbl = new DataTable();
   da.Fill(tbl);
   // Anzeige der Daten im lokalen Speicher
   for (int i = 0; i < tbl.Rows.Count; i++)
   {
      DataRow row = tbl.Rows[i];
      Console.WriteLine("{0,-35} {1} ", row[0], row[1]);
   }
}
```

Listing 33.1 Einsatz eines »SqlDataAdapter«-Objekts

Vorausgesetzt, Sie haben die Verbindungszeichenfolge so eingerichtet, dass Sie die Northwind-Datenbank auf Ihrem eigenen Rechner adressiert haben, sollten Sie das Ergebnis im Konsolenfenster sehen. Auf die genaue Erklärung des Codes soll hier noch verzichtet werden.

33.2 Die Konstruktoren der Klasse DataAdapter

Der `SqlDataAdapter` stellt die Verbindung zwischen einer Datenquelle und einem `DataSet` bzw. einer `DataTable` her und füllt diese mit den angefragten Daten. Die `DataAdapter`-Klassen (`OleDbDataAdapter`, `SqlDataAdapter` und `OdbcDataAdapter`) verfügen jeweils über vier Konstruktoren mit identischer Parameterliste.

```
public SqlDataAdapter();
public SqlDataAdapter(SqlCommand command);
public SqlDataAdapter(string selectCommand, SqlConnection);
public SqlDataAdapter(string selectCommand, string connectionString);
```

Der `SqlDataAdapter` muss wissen, auf welcher Verbindung er einen Befehl absetzen soll; ebenso muss er selbstverständlich auch den Befehl kennen. Die Konstruktoren bieten daher mehrere Kombinationsmöglichkeiten an, dem `SqlDataAdapter` die von ihm benötigten Informationen zu übergeben.

Das Connection-Objekt dem Konstruktor übergeben

Verwenden Sie in Ihrer Anwendung mehrere `SqlDataAdapter`-Objekte, sollten Sie mit Bedacht den Konstruktor wählen. Übergeben Sie den Konstruktoraufrufen der `SqlDataAdapter`-Objekte eine Zeichenfolge, wird für jedes `DataAdapter`-Objekt eine neue Verbindung eingerichtet. Also beispielsweise:

```
string strCon =@"Data Source=.\sqlexpress;" +
            "Initial Catalog=northwind;Trusted_Connection=Yes";
SqlDataAdapter da1 = new SqlDataAdapter(textSQL1, strCon);
SqlDataAdapter da2 = new SqlDataAdapter(textSQL2, strCon);
```

War das von Ihnen beabsichtigt, gibt es daran nichts zu kritisieren. Reicht Ihnen aber eine Verbindung aus, sollten Sie stattdessen den Konstruktor verwenden, der neben der Abfragezeichenfolge die Referenz auf das `SqlConnection`-Objekt erwartet.

33.3 Arbeiten mit dem SqlDataAdapter

33.3.1 Die Eigenschaft »SelectCommand«

Verwenden Sie den parameterlosen Konstruktor, müssen Sie der Eigenschaft `SelectCommand` die Referenz auf ein `Command`-Objekt zuweisen.

```
SqlDataAdapter da = new SqlDataAdapter();
da.SelectCommand = cmd;
```

Die Klasse `SqlDataAdapter` stellt weder eine Eigenschaft noch eine Methode bereit, mit der wir eine Verbindungszeichenfolge oder ein `SqlConnection`-Objekt festlegen können. Das ist aber nicht von Bedeutung, da das `SqlCommand`-Objekt bereits selbst alle Verbindungsinformationen enthält.

```
string strCon = @"Data Source=.\sqlexpress;" +
                "Initial Catalog=Northwind;Trusted_Connection=yes";
SqlConnection con = new SqlConnection(strCon);
SqlCommand cmd = new SqlCommand("SELECT * FROM Products", con);
SqlDataAdapter da = new SqlDataAdapter();
da.SelectCommand = cmd;
```

Listing 33.2 DataAdapter-Eigenschaften festlegen

33.3.2 Den lokalen Datenspeicher mit »Fill« füllen

Es lässt sich trefflich darüber streiten, welche Methode eines bestimmten Typs die wichtigste ist. Bei einem `SqlDataAdapter`-Objekt sind es wohl zwei Methoden, die den Kern dieses Typs ausmachen:

- die Methode `Fill`
- die Methode `Update`

Mit Hilfe der Methode `Fill` wird der lokale Datenspeicher mit dem Ergebnis einer SELECT-Abfrage gefüllt. Dazu wird für die Dauer der Operation eine Verbindung zur Datenquelle geöffnet und nach ihrer Beendigung wieder geschlossen. Die empfangenen Daten werden in einem `DataTable`-Objekt vorgehalten, das sich in einem `DataSet` befindet. `DataTable` beschreibt alle Spalten, die in der SELECT-Abfrage angegeben sind; die Spaltenbezeichner werden aus der Originaldatenbank übernommen. Der Anwender kann die Daten ändern, Datensätze löschen oder neue hinzufügen. Während dieser Zeit besteht kein Kontakt zur Datenbank. Somit wird er (zunächst) nichts von den Änderungen im `DataSet` bzw. der `DataTable` erfahren.

Zu irgendeinem Zeitpunkt sollen die Änderungen natürlich in die Originaldatenquelle zurückgeschrieben werden. Dazu muss die Methode `Update` des `SqlDataAdapters` aufgerufen werden. Der SqlDataAdapter sorgt dann dafür, dass die Verbindung erneut aufgebaut wird und die geänderten Daten in die Originaldatenbank geschrieben werden. Ist die Aktualisierung beendet, wird die Verbindung automatisch geschlossen. Die Aktualisierung der Datenquelle ist ein komplexes Thema, auf das später noch genauer eingegangen wird.

Die Methode `Fill` wollen wir an dieser Stelle etwas näher betrachten. `Fill` ist vielfach überladen. Zwei Überladungen stellen wir hier vor:

```
public int Fill(DataTable)
public int Fill(DataSet)
```

Dem Aufruf wird im einfachsten Fall entweder ein `DataTable`- oder ein `DataSet`-Objekt übergeben. Beide Typen sind unabhängig vom .NET-Datenprovider und gehören zum Namespace `System.Data`. Ein `DataTable`-Objekt entspricht einer Tabelle in der Datenbank. Es hat die

Spalten, die in der SELECT-Abfrage angegeben worden sind, und enthält die Datensätze, die das Ergebnis der SELECT-Abfrage bilden. Der Rückgabewert der Fill-Methode gibt Auskunft darüber, wie viele Datenzeilen dem DataSet oder der DataTable hinzugefügt worden sind.

Ein DataSet-Objekt können Sie sich als einen Container für mehrere DataTable-Objekte vorstellen. Im Beispiel oben hätten wir auch anstelle eines DataTable-Objekts ein DataSet füllen können. Allerdings würde der Code in der Schleife ein wenig anders aussehen:

```
[...]
DataSet ds = new DataSet();
da.Fill(ds);
for(int i=0; i < ds.Tables[0].Rows.Count; i++) {
  DataRow row = ds.Tables[0].Rows[i];
  Console.WriteLine("{0,1-35} {1}", row[0], row[1]);
}
```
Listing 33.3 Füllen eines DataSets

Nach dem Füllen einer DataTable oder eines DataSets gibt es keine Verbindung mehr zum SqlDataAdapter. Das bedeutet, dass weder der SqlDataAdapter eine Referenz auf das Objekt, das er gefüllt hat, besitzt noch das gefüllte Objekt weiß, von wem es gefüllt worden ist.

33.3.3 Öffnen und Schließen von Verbindungen

Kommen wir noch einmal auf das einführende Beispiel oben zurück. Mit

```
SqlDataAdapter da = new SqlDataAdapter(strSQL, con);
```

wird das SqlDataAdapter-Objekt erzeugt und dabei unter anderem die Referenz auf das Verbindungsobjekt *con* übergeben. Es fällt auf, dass die Open-Methode nicht aufgerufen wird, um die Abfrage zu übermitteln. Das ist auch nicht nötig, denn mit

```
da.Fill(tbl);
```

wird der DataAdapter die Verbindung selbstständig öffnen, die Ergebnisse abfragen und die Verbindung ebenso selbstständig schließen. Das steht ganz im Gegensatz zu den Execute-Methoden des SqlCommand-Objekts, die dieses Verhalten nicht zeigen und auf das explizite Öffnen der Verbindung angewiesen sind.

Sie können allerdings explizit eine Verbindung vor dem Aufruf von Fill mit Open öffnen. Der SqlDataAdapter wird das bemerken und weigert sich schlichtweg, die Verbindung von sich aus zu schließen, wenn die Resultate der Abfrage eingetroffen sind. Es liegt dann in Ihrer Verantwortung, die offene Verbindung zu schließen.

```
[...]
con.Open();
da.Fill(tbl);
con.Close();
```

33.3.4 Doppelter Aufruf der Fill-Methode

Angenommen, Sie rufen zweimal hintereinander die `Fill`-Methode auf, ohne vor dem zweiten Aufruf das `DataSet` oder die `DataTable` zu leeren:

```
[...]
da.Fill(tbl);
da.Fill(tbl);
```

Die Idee, die dem doppelten Aufruf zugrunde liegt, könnte die Aktualisierung des `DataSets` sein. Allerdings werden nun die Datensätze in der Tabelle doppelt erscheinen. Mit dem ersten Aufruf der `Fill`-Methode wird das `DataTable`-Objekt erzeugt, und die Datensätze werden hineingeschrieben. Mit dem zweiten Aufruf werden die Datensätze einfach noch einmal aus der Datenquelle bezogen und in die schon vorhandene Tabelle kopiert.

Grund für dieses im ersten Moment etwas sonderbare Verhalten ist, dass die Primärschlüsselspalte der Originaltabelle nicht automatisch zur Primärschlüsselspalte der `DataTable` wird. Primärschlüssel dienen unter anderem zur Vermeidung von duplizierten Datensätzen und müssen in der Datenquelle festgelegt werden. Die `DataTable` übernimmt diese jedoch nicht.

> **Hinweis**
>
> Das `DataTable`-Objekt besitzt die Eigenschaft `PrimaryKey`. Wird diese gesetzt, wird der `DataAdapter` die doppelten Zeilen finden und die alten Werte verwerfen. Mehr Informationen darüber erhalten Sie in Kapitel 34.

33.3.5 Mehrere DataAdapter-Objekte aufrufen

Wird die Methode `Fill` hintereinander auf verschiedene `DataAdapter` aufgerufen, wird jeweils eine neue Verbindung benötigt. Daran ändert sich auch nichts, wenn allen Aufrufen die gleiche Verbindungszeichenfolge zugrunde liegt.

```
[...]
SqlDataAdapter daProducts = new SqlDataAdapter(strSQL1, con);
SqlDataAdapter daCategories = new SqlDataAdapter(strSQL2, con);
DataSet ds = new DataSet();
daProducts.Fill(ds);
[...]
daCategories.Fill(ds);
```

Listing 33.4 Das DataSet mit mehreren Tabellen füllen (nicht optimal)

Obwohl sich der Aufruf von `Fill` auf *daCategories* aus dem Verbindungspool bedient, darf das nicht darüber hinwegtäuschen, dass in diesem Codefragment unnötigerweise Leistungseinbußen in Kauf genommen werden müssen, weil in jedem Fall ein impliziter Open- bzw. Close-Aufruf auf die Verbindung erfolgt.

Wollen Sie sicherstellen, dass eine Verbindung von beiden SqlDataAdapter-Objekten gleichermaßen benutzt wird, müssen Sie die Steuerung selbst übernehmen und mit der Open-Methode die Verbindung vor dem ersten Füllen des DataSets bzw. der DataTable öffnen.

```
[...]
con.Open();
daProducts.Fill(dsProducts);
daCategories.Fill(dsCategories);
con.Close();
```

Listing 33.5 Das DataSet mit mehreren Tabellen füllen (optimal)

33.3.6 Die Spalten- und der Tabellenbezeichner einer DataTable

Intern bedient sich ein SqlDataAdapter des SqlDataReader-Objekts, um die Ergebnisse einer Abfrage abzurufen. Bevor die Resultate der Abfrage in der DataTable gespeichert werden, benutzt der SqlDataAdapter das SqlDataReader-Objekt, um sich elementare Schemainformationen zu besorgen. Dazu gehören die Spaltenbezeichner und die Datentypen. Aus diesem Grund können Sie über die Spaltenbezeichner auf bestimmte Spalten zugreifen, wenn Sie die Datenzeilen auswerten. Der SqlDataReader ist jedoch nicht in der Lage, den Tabellennamen zu liefern. Standardmäßig heißt die erste Tabelle *Table*, die zweite *Table1*, die dritte *Table2* usw. Im nächsten Abschnitt werden wir uns in diesem Zusammenhang mit der TableMappingCollection des SqlDataAdapters beschäftigen. Anstatt einer TableMapping-Auflistung einen Eintrag hinzuzufügen, können Sie auch eine Überladung der Fill-Methode benutzen, der Sie im zweiten Parameter den Namen der Tabelle übergeben.

```
daProducts.Fill(ds, "Artikel");
```

Nun wird die im DataSet befindliche Tabelle unter dem Namen *Artikel* angesprochen, nicht mehr unter *Table*.

33.3.7 Paging mit der Fill-Methode

Eine interessante Überladung der Fill-Methode möchten wir Ihnen zum Abschluss noch vorstellen. Sie gestattet es, die DataTable mit nur einem Teil des Abfrageergebnisses zu füllen.

```
daProducts.Fill(ds, 0, 10, "Artikel");
```

Dieser Aufruf bewirkt, dass nur die ersten zehn Datenzeilen des nullbasierten Abfrageergebnisses im DataSet gespeichert werden. Tatsächlich werden dabei aber immer noch alle Datenzeilen von der Abfrage zurückgegeben. Der SqlDataAdapter, der sich bekanntlich intern des SqlDataReaders bedient, ruft dabei nur zehnmal die Read-Methode des SqlDataReaders auf.

33.4 Tabellenzuordnung mit der Klasse »TableMappings«

Um ein `DataSet` mit mehreren Tabellen zu füllen, können Sie eine Batchabfrage absetzen:

```
string strSQL = "SELECT * FROM Products;" +
                "SELECT * FROM Suppliers;" +
                "SELECT * FROM Categories";
SqlDataAdapter da = new SqlDataAdapter(strSQL, con);
DataSet ds = new DataSet();
da.Fill(ds);
```

Listing 33.6 Absetzen einer Batchabfrage

Das `DataSet` beherbergt nun drei Tabellen. In jeder sind alle Datensätze der entsprechenden Originaltabellen *Products*, *Suppliers* und *Categories* enthalten. Allerdings stehen wir vor der Frage: Wie können wir eine bestimmte Tabelle im `DataSet` ansprechen, wenn darin mehrere Tabellen enthalten sind?

Ein `DataSet` verwaltet alle in ihm enthaltenen Tabellen in einer Auflistung vom Typ `DataTableCollection`. Die Referenz auf diese Auflistung liefert die Eigenschaft `Tables` des `DataSet`-Objekts.

Jetzt sollte man auch noch wissen, dass ein `DataTable`-Objekt seinen Tabellennamen über die Eigenschaft `TableName` preisgibt. Mit diesen Kenntnissen können wir jetzt die Namen der Tabellen im `DataSet` abfragen:

```
foreach(DataTable table in ds.Tables)
  Console.WriteLine(table.TableName);
```

Die Ausgabe wird nicht – wie vielleicht zu vermuten wäre – *Products*, *Suppliers* und *Categories* lauten, sondern, wie schon vorher behauptet,

```
Table
Table1
Table2
```

Die Zuordnung von *Table* zu *Products*, *Table1* zu *Suppliers* und *Table2* zu *Categories* ist aber in den meisten Fällen nicht wünschenswert. Besser geeignet wären sprechende Bezeichner, die zudem zur Verbesserung der Lesbarkeit des Codes beitragen. Der `SqlDataAdapter` bietet daher einen Mechanismus, um den Tabellen im Abfrageergebnis einen anderen Namen zuzuordnen: die Eigenschaft `TableMappings`, die die Referenz auf ein `DataTableMappingCollection`-Objekt liefert.

```
public DataTableMappingCollection TableMappings{get;}
```

In der Auflistung `DataTableMappingCollection` werden Objekte vom Typ `DataTableMapping` verwaltet. Jedes dieser Objekte ordnet einer Tabelle im `DataSet` einen Tabellennamen zu.

33.4 Tabellenzuordnung mit der Klasse »TableMappings«

Am einfachsten ist es, mit der `Add`-Methode die Auflistung zu füllen. Dazu wird dem ersten Parameter die Zeichenfolge übergeben, unter der die Tabelle per Vorgabe in das `DataSet` gefüllt wird. Dem zweiten Parameter teilt man den gewünschten Tabellennamen mit.

```
public DataTableMapping Add(string, string)
```

Das folgende Codefragment zeigt, wie Sie die `DataTableMappingCollection` des `DataAdapter`-Objekts füllen können. Dabei wird davon ausgegangen, dass die oben angeführte Batchabfrage abgesetzt wird. Die Zuordnung muss vor dem Füllen des `DataSets` mit `Fill` erfolgen, ansonsten bleibt sie wirkungslos.

```csharp
da.TableMappings.Add("Table", "Artikel");
da.TableMappings.Add("Table1", "Lieferanten");
da.TableMappings.Add("Table2", "Kategorien");
DataSet ds = new DataSet();
da.Fill(ds);
[...]
```

Listing 33.7 Beschreiben von TableMappings

`Add` ruft implizit den `DataTableMapping`-Konstruktor auf. Sie können das natürlich auch selbst in die Hand nehmen, müssen dann aber jeder Tabelle über die Eigenschaft `SourceTable` sagen, welchen Standardnamen sie im `DataSet` hat, und über `DataSetTable`, welcher Bezeichner der Tabelle neu zugeordnet werden soll. Das folgende Beispiel zeigt, wie der Code dazu aussieht.

```csharp
DataTableMapping dtm1 = new DataTableMapping();
dtm1.SourceTable = "Table";
dtm1.DataSetTable = "Artikel";
da.TableMappings.Add((object)dtm1);
DataTableMapping dtm2 = new DataTableMapping();
dtm2.SourceTable = "Table1";
dtm2.DataSetTable = "Lieferanten";
da.TableMappings.Add((object)dtm2);
DataTableMapping dtm3 = new DataTableMapping();
dtm3.SourceTable = "Table2";
dtm3.DataSetTable = "Kategorien";
da.TableMappings.Add((object)dtm3);
DataSet ds = new DataSet();
da.Fill(ds);
[...]
```

Listing 33.8 Komplexes TableMapping

Die Klasse `DataTableMapping` gehört zum Namespace `System.Data.Common`, der vorher mit `using` bekannt gegeben werden sollte. Sie erkennen, dass diese Art der Zuordnung mehr Programmieraufwand bedeutet.

33.4.1 Spaltenzuordnungen in einem DataSet

Jeder Spalte der SELECT-Abfrage wird eine Spalte in der DataTable zugeordnet. Als Spaltenbezeichner verwendet ADO.NET dabei den Spaltennamen der Originaltabelle in der Datenbank. Fragen Sie die Datenquelle mit

```
SELECT ProductName, UnitPrice FROM Products
```

ab, lauten die Spalten in der DataTable ebenfalls *ProductName* und *UnitPrice*. Wünschen Sie andere Spaltenbezeichner, können Sie im SELECT-Statement für die einzelnen Spalten ein Alias angeben, z.B.:

```
SELECT ProductName AS Artikelname, UnitPrice As Einzelpreis FROM Products
```

Nun würden in der DataTable die Spaltenbezeichner *Artikelname* und *Einzelpreis* lauten.

Sie können aber auch alternativ einen anderen Mechanismus einsetzen. Ein DataTableMapping-Objekt hat eine eigene Auflistung, mit der den obligatorischen Spaltenbezeichnern neue zugeordnet werden können. Diese Auflistung ist vom Typ DataColumnMappingCollection und enthält DataColumnMapping-Objekte. Jedes DataColumnMapping-Objekt beschreibt für sich eine Neuzuordnung eines Spaltenbezeichners in einer DataTable. Die vielleicht ein wenig komplex anmutenden Zusammenhänge zwischen DataAdapter, DataTableMapping und DataColumnMapping sind in Abbildung 33.1 anschaulich dargestellt.

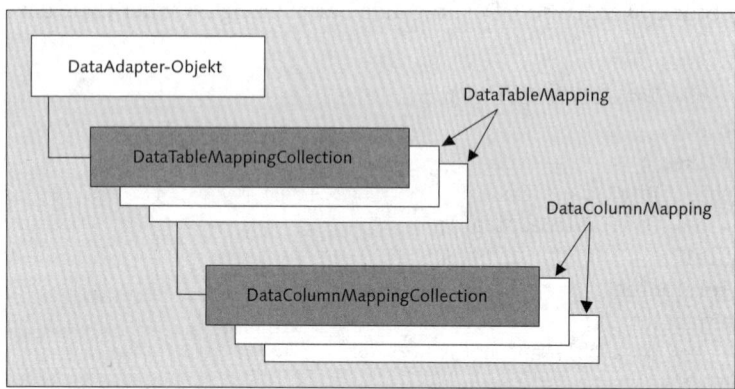

Abbildung 33.1 Die Hierarchie der Zuordnungsklassen

Die Referenz auf die DataColumnMappingCollection stellt die Eigenschaft ColumnMappings der Klasse DataTableMapping bereit:

```
public DataColumnMappingCollection ColumnMappings {get;}
```

Um eine Neuzuordnung festzulegen, bietet sich auch hier der Weg über die Add-Methode des DataColumnMappingCollection-Objekts an.

```
public DataColumnMapping Add(string, string);
```

Analog zur Add-Methode der `DataTableMappingCollection` wird dem ersten Parameter der ursprüngliche Spaltenbezeichner und dem zweiten Parameter der gewünschte übergeben.

Das folgende Codefragment zeigt den kompletten Code, der notwendig ist, um neben dem Tabellennamen auch die Spaltenbezeichner einer Abfrage neu festzulegen. Zum Schluss werden die Spaltenneuzuordnungen zur Bestätigung an der Konsole ausgegeben. Der Code im Schleifenkopf zur Ausgabe der Spaltenbezeichner dürfte ohne weitere Erläuterungen verständlich sein.

```
string strCon = @"...";
SqlConnection con = new SqlConnection(strCon);
string strSQL = "SELECT ProductName, UnitPrice FROM Products";
SqlDataAdapter da = new SqlDataAdapter(strSQL, con);
// Neuzuordnung des Tabellennamens
DataTableMapping dtm = da.TableMappings.Add("Table", "Autoren");
// Neuzuordnung der Tabellenbezeichner
dtm.ColumnMappings.Add("ProductName", "Artikelname");
dtm.ColumnMappings.Add("UnitPrice", "Einzelpreis");
DataSet ds = new DataSet();
da.Fill(ds);
// Konsolenausgabe der Spaltenbezeichner
foreach(DataColumn column in ds.Tables[0].Columns)
    Console.WriteLine(column.ColumnName);
```

Listing 33.9 Tabellen- und Spaltenbezeichner mappen

33.4.2 Spaltenzuordnungen einer DataTable

Übergeben Sie der `Fill`-Methode anstelle eines `DataSet`-Objekts ein `DataTable`-Objekt, müssen Sie ein wenig anders vorgehen, um die Spalten mit eigenen Bezeichnern im lokalen Datenspeicher anzusprechen. Dazu erzeugen Sie wieder ein `DataTableMapping`-Objekt, dem Sie die gewünschten Spaltenbezeichner zuordnen. Bei der Instanziierung von `DataTable` rufen Sie allerdings den parametrisierten Konstruktor auf, dem der im `DataTableMappping` zugeordnete Tabellenname übergeben wird.

```
[...]
DataTableMapping dtm = da.TableMappings.Add("Table", "Products");
// Neuzuordnung der Spaltenbezeichner
dtm.ColumnMappings.Add("ProductName", "Artikelname");
dtm.ColumnMappings.Add("UnitPrice", "Einzelpreis");
DataTable tbl = new DataTable("Artikel");
da.Fill(tbl);
[...]
```

Listing 33.10 Spaltenzuordnungen festlegen

33.4.3 Die Eigenschaft »MissingMappingAction« des DataAdapters

Die Neuzuordnung der Tabellen- und Spaltenbezeichner ist eine Option, die vor dem Aufruf der Methode `Fill` wahrgenommen werden kann. Der `DataAdapter` prüft vor dem Füllen des `DataSets`, ob die Zuordnungsauflistungen gefüllt sind. Dabei interessiert er sich besonders für die Spaltenzuordnungen.

Für jede Spalte des Abfrageergebnisses überprüft der `DataAdapter`, ob dafür eine Zuordnung in der `DataColumnMappingCollection` angegeben ist. Existiert eine solche nicht, überprüft er im nächsten Schritt seine `MissingMappingAction`-Eigenschaft. Hier findet er die Antwort darauf, wie er mit einer fehlenden Spaltenangabe umzugehen hat. Wie Sie bisher erfahren haben, werden Spalten, die nicht im `DataColumnMapping`-Objekt angegeben sind, mit dem Namen, den sie in der Originaltabelle haben, in die entsprechende `DataTable` eingetragen. Der `DataAdapter` kann aber auch angewiesen werden, alle Spalten, die nicht in der Zuordnungstabelle enthalten sind, zu ignorieren. Eine dritte Möglichkeit wäre es, eine Ausnahme auszulösen, wenn keine Zuordnung angegeben ist.

`MissingMappingAction` ist vom Typ der gleichnamigen Enumeration `MissingMappingAction`. Die drei Member der Enumeration lauten `Error`, `Ignore` und `Passthrough`. Letztere ist die Standardeinstellung.

Member	Beschreibung
Error	Fehlt eine Spaltenzuordnung, wird eine Ausnahme ausgelöst.
Ignore	Fehlt eine Spaltenzuordnung, wird die Spalte in der DataTable ignoriert.
Passthrough	Fehlt eine Spaltenzuordnung, wird die Spalte unter ihrem ursprünglichen Namen der DataTable hinzugefügt.

Tabelle 33.1 Mitglieder der Enumeration »MissingMappingAction«

33.5 Das Ereignis »FillError« des SqlDataAdapters

Sollte beim Füllen des `DataSets` oder der `DataTable` ein Fehler auftreten, löst der `SqlDataAdapter` das Ereignis `FillError` aus. Sie können das Ereignis dazu benutzen, um zum Beispiel die Ereignisursache zu protokollieren. Per Vorgabe wird nach Beendigung des Ereignisses eine Exception ausgelöst. Sie können die Ausnahme im Code behandeln, was allerdings nicht sinnvoll ist, weil dazu eigentlich schon der Ereignishandler dient. Sie haben aber auch die Möglichkeit, im Ereignishandler die Fortsetzung des Programms ohne Ausnahme zu erzwingen. Dazu übergeben Sie der Eigenschaft `Continue` des zweiten Parameters des Ereignishandlers mit `true` die entsprechende Anweisung.

33.5 Das Ereignis »FillError« des SqlDataAdapters

Im folgenden Programmbeispiel wird ein Fehler beim Füllen des DataSets ausgelöst, indem die Eigenschaft MissingMappingAction des SqlDataAdapters auf Error gesetzt wird. Im Ereignishandler wird die Folgeausnahme mit e.Continue=true unterdrückt.

```
// Beispiel: ..\Kapitel 33\FillErrorSample
static void Main(string[] args) {
  SqlConnection con = new SqlConnection();
  con.ConnectionString = "...";
  SqlCommand cmd = new SqlCommand();
  cmd.Connection = con;
  cmd.CommandText = "SELECT * FROM Products";
  DataSet ds = new DataSet();
  SqlDataAdapter da = new SqlDataAdapter();
  da.FillError += new FillErrorEventHandler(da_FillError);
  da.SelectCommand = cmd;
  da.MissingMappingAction = MissingMappingAction.Error;
  da.Fill(ds, "Artikel"); // InvalidOperationException
  Console.ReadLine();
}
static void da_FillError(object sender, FillErrorEventArgs e) {
  Console.WriteLine(e.Errors.Message);
  e.Continue = true;
}
```

Listing 33.11 Das Ereignis »FillError« behandeln

Kapitel 34
ADO.NET – Daten im lokalen Speicher

34.1 Allgemeines

Wäre man gezwungen, eine Rangfolge der ADO.NET-Typen nach ihrer Wichtigkeit aufzustellen, würde DataSet zweifelsfrei an erster Position stehen. Diese Klasse bildet den Kern von ADO.NET, um den herum sich fast alles andere rankt.

Ein DataSet ist in erster Linie ein Datencontainer. Organisiert und verwaltet werden die Daten in Form von Tabellen. Wenn Sie sich darunter Tabellen ähnlich denen von MS Excel vorstellen, liegen Sie gar nicht so ganz falsch. Ob es sich um eine oder auch mehrere Tabellen handelt, hängt von der zugrunde liegenden Abfrage ab, die durch das SqlCommand-Objekt beschrieben wird. Enthält das DataSet mehrere Tabellen, können zwischen den Tabellen Beziehungen eingerichtet werden – ganz so wie in der Originaldatenbank.

In Kapitel 32 haben Sie den Typ SqlDataReader kennengelernt. Mit einem Objekt dieses Typs können Sie Daten basierend auf einer Abfrage abrufen. Ein SqlDataReader ist aber nicht so weit ausgebildet, die üblichen Aufgaben einer Datenbankanwendung zu erfüllen. Wie Sie wissen, können Sie nur vorwärts navigieren, zudem sind die Daten schreibgeschützt. Damit ist der SqlDataReader in seiner Funktionalität sehr eingeschränkt. Vorteil des SqlDataReaders ist hingegen seine enorme Effizienz, denn er ist auf Performance ausgelegt. Ein DataSet hingegen ist im Vergleich dazu deutlich leistungsfähiger – aber auch hinsichtlich der Performance schlechter.

Die Daten im DataSet stehen in keinem Kontakt zur Datenbank. Nachdem das DataSet über das SqlDataAdapter-Objekt gefüllt worden ist, gibt es keine Verbindung zwischen DataSet und Datenbank mehr. Nimmt ein Anwender Änderungen an den Daten vor, schreiben sich diese nicht sofort in die Originaldatenbank zurück, sondern werden vielmehr zunächst im DataSet gespeichert. Zum Zurückschreiben der geänderten Daten muss ein Anstoß erfolgen. Häufig kann man sich dazu wieder des SqlDataAdapters bedienen, der die notwendige Aktualisierungslogik bereitstellt. Sollten Sie Erfahrungen mit Datenbanken haben, werden Sie jetzt sicherlich sofort einwenden, dass damit Konfliktsituationen vorprogrammiert sind, wenn ein zweiter Anwender zwischenzeitlich Änderungen am gleichen Datensatz vorgenommen hat. Der Einwand ist korrekt, andererseits gibt uns ADO.NET alle Mittel in die Hand, eine benutzerdefinierte Konfliktsteuerung und Konfliktanalyse zu codieren. Darüber hinaus können Sie eine Konfliktlösung realisieren, ganz so, wie Sie es sich vorstellen. Mit der Aktualisierung der Originaldatenbank werden wir uns in diesem Kapitel jedoch noch nicht beschäftigen.

Damit sind noch nicht alle Fähigkeiten des DataSets erwähnt. In einem DataSet lässt sich die Ansicht der Abfrageergebnisse ändern. Sie können die Daten basierend auf einer oder mehreren Spalten sortieren. Setzen Sie im DataSet einen Filter, sehen Sie nur Daten, die bestimmte Kriterien erfüllen. Zudem ist die Zusammenarbeit eines DataSets mit XML ausgezeichnet. Der Inhalt eines DataSets kann als XML-Dokument in einer Datei gespeichert und der Inhalt einer XML-Datei in ein DataSet eingelesen werden. Darüber hinaus lassen sich die Schemainformationen eines DataSets in einer XML-Schemadatei speichern.

34.2 Verwenden des DataSet-Objekts

34.2.1 Ein DataSet-Objekt erzeugen

Die Klasse DataSet befindet sich, wie viele andere Klassen auch, die nicht providerspezifisch sind, im Namespace System.Data. In den meisten Fällen ist der parameterlose Konstruktor vollkommen ausreichend, um ein DataSet-Objekt zu erzeugen.

```
DataSet ds = new DataSet();
```

Soll das DataSet einen Namen erhalten, bietet sich alternativ der einfach parametrisierte Konstruktor an:

```
DataSet ds = new DataSet("Bestellungen");
```

Der Name kann auch über die Eigenschaft DataSetName festgelegt oder abgerufen werden.

34.2.2 Die Anatomie einer DataTable

Zum Leben erweckt wird ein DataSet-Objekt nicht durch die Instanziierung der Klasse, sondern vielmehr durch den Aufruf der Fill-Methode des DataAdapters.

```
[...]
string strSQL = "SELECT * FROM Products";
SqlDataAdapter da = new SqlDataAdapter(strSQL, con);
DataSet ds = new DataSet();
da.Fill(ds);
[...]
```

Das Ergebnis der Abfrage enthält alle Datensätze der Tabelle *Products*. Die Datensätze sind in einer Tabelle enthalten, die durch ein DataTable-Objekt beschrieben wird. Ein DataTable-Objekt beschreibt die Spalten, die im SELECT-Statement der Abfrage angegeben sind. Jede Spalte wird dabei als Objekt vom Typ DataColumn behandelt. Um eine einfache Verwaltung und einen einfachen Zugriff auf bestimmte Spalten zu gewährleisten, werden alle Spalten in eine Auflistung der DataTable eingetragen. Über die Eigenschaft Columns der DataTable erhalten Sie Zugriff auf die DataColumnCollection.

In ähnlicher Weise ist auch das Ergebnis der Abfrage organisiert. Jeder zurückgelieferte Datensatz wird durch ein Objekt vom Typ DataRow beschrieben. Alle Datenzeilen in einer Tabelle werden von einer Auflistung verwaltet, der DataRowCollection, auf die Sie über die DataTable-Eigenschaft Rows zugreifen können.

Eine DataTable hat eine DataColumn- und eine DataRowCollection. Da ein DataSet nicht nur eine, sondern prinzipiell beliebig viele Tabellen enthalten kann, muss auch der Zugriff auf eine bestimmte DataTable im DataSet möglich sein. Wie kaum anders zu erwarten ist, werden auch alle Tabellen in einem DataSet von einer Auflistung organisiert. Diese ist vom Typ DataTableCollection, deren Referenz die Eigenschaft Tables des DataSets liefert.

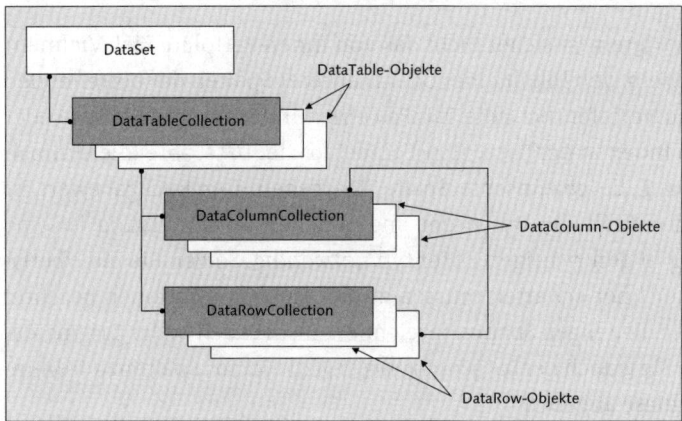

Abbildung 34.1 Die Struktur eines DataSets

34.2.3 Der Zugriff auf eine Tabelle im DataSet

Wenn *ds* ein DataSet-Objekt beschreibt, genügt eine Anweisung wie die folgende, um auf eine bestimmte Tabelle im DataSet zuzugreifen:

ds.Tables[2]

Enthält das DataSet mehrere Tabellen, lassen sich die Indizes oft nur schwer einer der Tabellen zuordnen. Wie Sie wissen, weist der SqlDataAdapter per Vorgabe den Tabellen im DataSet ebenfalls Bezeichner (*Table*, *Table1*, *Table2* usw.) zu. Sowohl die Indizes als auch die Standardbezeichner sind aber wenig geeignet, um den Code gut lesbar zu gestalten. Der SqlDataAdapter unterstützt eine DataTableMappingCollection, um lesbare Tabellennamen abzubilden. Zudem bietet die Überladung der Methode des SqlDataAdapters die Möglichkeit, einer Tabelle einen sprechenden Bezeichner zuzuordnen. Sie sollten beherzigen, eines dieser Angebote zu nutzen, denn die Anweisung

ds.Tables["Artikel"]

wird Ihnen später eher hilfreich sein, den eigenen Programmcode zu verstehen, als die Angabe eines nur schlecht zuzuordnenden Index.

34.2.4 Der Zugriff auf die Ergebnisliste

Ein `DataRow`-Objekt stellt den Inhalt eines Datensatzes dar und kann sowohl gelesen als auch geändert werden. Um in einer `DataTable` von einem Datensatz zum anderen zu navigieren, benutzen Sie die Eigenschaft `Rows` der `DataTable`, die die Referenz auf das `DataRowCollection`-Objekt der Tabelle zurückgibt und alle Datensätze enthält, die Ergebnis der Abfrage sind. Die einzelnen `DataRows` sind über den Index der Auflistung adressierbar.

Mit der folgenden Anweisung wird der Verweis auf die dritte Datenzeile in der ersten Tabelle des `DataSets` der Variablen *row* zugewiesen.

```
DataRow row = ds.Tables["Artikel"].Rows[2];
```

Eine Datenzeile nur zu referenzieren, ist sicher nicht das von Ihnen verfolgte Ziel. Vielmehr werden Sie daran interessiert sein, den Inhalt einer oder mehrerer Spalten der betreffenden Datenzeile auszuwerten. Dazu veröffentlicht die `DataRow` einen Indexer, dem Sie entweder den Namen der Spalte, deren Index in der `DataColumnCollection` der `DataTable` (die Ordinalposition) oder die Referenz auf die gewünschte Spalte übergeben. Der Rückgabewert ist jeweils vom Typ `Object` und enthält die Daten der angegebenen Spalte. Häufig ist eine anschließende Konvertierung in den richtigen Datentyp notwendig. Setzen Sie die Überladung ein, die den Spaltenbezeichner erwartet, müssen zwei Ausgangssituationen beachtet werden: Per Vorgabe setzen Sie diejenigen Spaltenbezeichner ein, die auch in der Originaldatenbank bekannt sind. Haben Sie jedoch der `DataColumnMappingCollection` Spaltenzuordnungen hinzugefügt, müssen Sie diese angeben.

Wir wollen uns dies nun in einem Beispiel ansehen.

```
// Beispiel: ..\Kapitel 34\ShowDataRows
class Program {
  static void Main(string[] args) {
    SqlConnection con = new SqlConnection();
    con.ConnectionString = "...";
    SqlCommand cmd = new SqlCommand();
    cmd.Connection = con;
    cmd.CommandText = "SELECT ProductName, UnitPrice " +
                      "FROM Products " +
                      "WHERE UnitsOnOrder > 0";
    DataSet ds = new DataSet();
    SqlDataAdapter da = new SqlDataAdapter(cmd);
    da.Fill(ds, "Artikel");
    // Ausgabe der Ergebnisliste
    DataTable tbl = ds.Tables["Artikel"];
    for (int i = 0; i < tbl.Rows.Count; i++) {
      Console.WriteLine("{0,-35}{1}",
        tbl.Rows[i]["ProductName"], tbl.Rows[i]["UnitPrice"]);
    }
```

```
    Console.ReadLine();
  }
}
```

Listing 34.1 Ausgabe des Inhalts eines DataSets

Gefragt wird nach allen Artikeln, zu denen aktuell Bestellungen vorliegen. Nach dem Füllen des `DataSets` wird die Ergebnisliste in einer Schleife durchlaufen. Der Schleifenzähler wird dabei als Index der Datenzeile eingetragen. Damit die einzelnen Anweisungen nicht zu lang werden, wird vor Beginn des Schleifendurchlaufs die `DataTable` im `DataSet` in einer Variablen gespeichert.

```
DataTable tbl = ds.Tables["Artikel"];
```

Da alle Datenzeilen von einer Auflistung verwaltet werden, stehen die üblichen Methoden und Eigenschaften zur Verfügung. In diesem Code wird die Eigenschaft `Count` abgefragt, um festzustellen, wie viele Datenzeilen sich in der Ergebnisliste befinden.

Sie können auch statt der `for`-Schleife eine `foreach`-Schleife einsetzen. Der folgende Codeausschnitt ersetzt daher vollständig die `for`-Schleife unseres Beispiels.

```
foreach(DataRow row in tbl.Rows)
  Console.WriteLine("{0,-35}{1}", row["ProductName"], row["UnitPrice"]);
```

34.2.5 Dateninformationen in eine XML-Datei schreiben

Sie können die Dateninformationen eines `DataSets` in eine XML-Datei schreiben und später im Bedarfsfall auch wieder laden. Hierzu stehen Ihnen mit `WriteXml` und `ReadXml` die passenden Methoden zur Verfügung, die auf die Referenz des `DataSet`-Objekts aufgerufen werden. Beiden Methoden können Sie als Parameter den Namen der Datei angeben, in die die Daten gespeichert bzw. aus der die XML-Daten gelesen werden sollen:

```
ds.WriteXml(@"D:\Daten\ContentsOfDataset.xml");
[...]
ds.ReadXml(@"D:\Daten\ContentsOfDataset.xml");
```

Listing 34.2 Daten im XML-Format speichern und laden

Der Parameter beschränkt sich nicht nur auf Dateien. Sie können auch einen `TextReader`, einen `Stream` oder einen `XmlReader` angeben.

Nachfolgend sehen Sie den Teilausschnitt eines XML-Dokuments, dem die Abfrage

```
SELECT ProductID, ProductName FROM Products
```
zugrunde liegt.

```
<?xml version="1.0" standalone="yes"?>
<NewDataSet>
  <Table>
```

```xml
        <ProductID>1</ProductID>
        <ProductName />
    </Table>
    <Table>
      <ProductID>17</ProductID>
      <ProductName>Alice Mutton</ProductName>
    </Table>
    <Table>
      <ProductID>3</ProductID>
      <ProductName>Aniseed Syrup</ProductName>
    </Table>
    <Table>
      <ProductID>40</ProductID>
      <ProductName>Boston Crab Meat</ProductName>
    </Table>
    <Table>
      <ProductID>60</ProductID>
      <ProductName>Camembert Pierrot</ProductName>
    </Table>
    ...
</NewDataSet>
```

Listing 34.3 Daten einer DataTable im XML-Format

34.3 Gültigkeitsprüfung im DataSet

34.3.1 Dem DataSet Schemainformationen übergeben

Die Daten in einer `DataTable` können editiert werden. Sie können auch neue Datenzeilen hinzufügen oder vorhandene löschen. Wie das gemacht wird, werden Sie noch später in diesem Kapitel sehen. Unabhängig davon, welche Änderungen Sie vorgenommen haben, betreffen diese zunächst nur das `DataSet`. Die Produktionsdatenbank weiß davon nichts. Erst zu einem späteren Zeitpunkt werden die Aktualisierungen mit der `Update`-Methode des `SqlDataAdapters` zur Originaldatenbank übermittelt und dort gespeichert.

Viele Spalten der Tabelle in der Datenbank unterliegen Gültigkeitsregeln: Beispielsweise lassen einige nur eine maximale Zeichenanzahl zu, andere schreiben einen eindeutigen Eintrag innerhalb der Datensätze der Tabelle vor oder lassen keinen NULL-Wert zu. Eine `DataTable`, die wir mit `Fill` füllen, ist hingegen sehr »dumm«. Sie enthält zwar alle angeforderten Daten, weiß aber nichts von den Gültigkeitsregeln, die in der Datenbank festgelegt sind. Die Folge ist, dass in der Anwendung die Daten beliebig verändert werden können, ohne dass eine Überprüfung erfolgt. Der anschließende Versuch, die Änderungen in die Datenbank zu schreiben, wird jedoch scheitern, weil die Datenbank vor der endgültigen Aktualisierung zuerst die Änderungen mit den Gültigkeitsregeln vergleicht und eine Verletzung feststellt. Es kommt zu einer Ausnahme.

Im folgenden Beispielprogramm können Sie dies ausprobieren. Hierzu dient uns wieder die schon reichlich bekannte Tabelle *Products* der Datenbank *Northwind*. Das Programm ermöglicht es, den Bezeichner des ersten Artikels, es handelt sich dabei um *Chai*, zu ändern. Dazu werden Sie an der Konsole aufgefordert. Die Änderung wird zuerst in das DataSet geschrieben, anschließend wird die Originaldatenbank aktualisiert. Die Aktualisierungslogik mit der Methode Update des SqlDataAdapters sowie das zuvor erzeugte Objekt vom Typ SqlCommand-Builder sollen uns an dieser Stelle nicht interessieren.

```
// Beispiel: ..\Kapitel 34\FehlgeschlageneAktualisierung
class Program {
  static void Main(string[] args) {
    SqlConnection con = new SqlConnection();
    con.ConnectionString = "...";
    SqlCommand cmd = new SqlCommand();
    cmd.Connection = con;
    cmd.CommandText = "SELECT ProductID, ProductName, UnitsInStock " +
                      "FROM Products";
    DataSet ds = new DataSet();
    SqlDataAdapter da = new SqlDataAdapter(cmd);
    da.Fill(ds);
    // Ausgabe der Ergebnisliste
    Console.WriteLine("Abfrageergebnis:\n");
    foreach (DataRow row in ds.Tables[0].Rows)
      Console.WriteLine("{0,-35}{1}", row[0], row[1]);
    Console.WriteLine(new string('-',60));
    // Datenänderung
    Console.Write("Namensänderung von 'Chai': ");
    ds.Tables[0].Rows[0]["ProductName"] = Console.ReadLine();
    SqlCommandBuilder cmb = new SqlCommandBuilder(da);
    da.Update(ds);
    Console.ReadLine();
  }
}
```

Listing 34.4 Aktualisierung einer Datenzeile

Beachten Sie bitte, dass das Feld *ProductName* in der Datenbank auf eine Maximallänge von 40 Zeichen begrenzt ist. Ändern Sie den Artikelbezeichner innerhalb dieser Grenzen, wird die Datenbank die Änderung annehmen. Sollten Sie jedoch gegen die Beschränkung verstoßen, wird eine Ausnahme vom Typ SqlException ausgelöst, die von der Datenbank initiiert wird. Die geänderte Spalte im DataSet hatte keinen Einwand gegen die vorgenommene Änderung, denn bekanntlich sind die Daten im DataSet »dumm«. Der Versuch der endgültigen Aktualisierung scheitert jedoch an der Feldlängenbegrenzung in der Datenbank.

Obwohl aufgrund der Einschränkungen in der Datenbank sichergestellt ist, dass keine unzulässigen Daten geschrieben werden, stellt der gezeigte Ansatz keine gute Lösung dar. Denken

Sie nur an eine stark frequentierte Datenbank im Internet. Jeder Anwender, der unzulässige Daten übermittelt, würde von der Datenbank in Form einer Ausnahme über das Scheitern der Aktualisierung informiert. Der Datenfluss von der Datenbank zum Anwender würde nicht nur das Netz belasten, sondern darüber hinaus auch die Performance der Anwendung verschlechtern.

Besser ist es, wenn bereits das `DataSet` die Gültigkeitsregeln kennt. Das hat zur Folge, dass Änderungen überprüft werden, bevor sie der Datenbank übermittelt werden. In unserem Beispiel hätte dann das `DataSet` eine Änderung des Artikelbezeichners abgelehnt, ohne dabei die Datenbank zu kontaktieren.

Um eine Gültigkeitsüberprüfung vom `DataSet` vornehmen zu lassen, werden Schemainformationen benötigt, die auf drei verschiedenen Wegen einer Anwendung bereitgestellt werden können:

- Die Schemainformationen werden mittels Programmcode für alle betreffenden Tabellen und Spalten explizit festgelegt.
- Die Schemainformationen werden von der Datenbank mit dem `SqlDataAdapter` bezogen. Dazu bieten sich die Methode `FillSchema` sowie die Eigenschaft `MissingSchemaAction` an.
- Die Schemainformationen werden aus einer XML-Schemadatei bezogen.

Schemainformationen beschreiben Datenüberprüfungsmechanismen, die sogenannten Einschränkungen (Constraints). Dabei handelt es sich um Einschränkungen auf Spalten- und Tabellenebene, die auch von einer `DataTable` und einer `DataColumn` unterstützt werden. Ehe ich Ihnen zeige, wie Sie ein `DataSet` davon überzeugen, eine Gültigkeitsüberprüfung vorzunehmen, sollten wir uns ansehen, wie die Beschränkungen von ADO.NET realisiert werden.

34.3.2 Eigenschaften einer DataColumn, die der Gültigkeitsprüfung dienen

Um die in der Anwendung eingegebenen Daten mittels Programmcode zu überprüfen, veröffentlicht das `DataColumn`-Objekt, mit dem eine Spalte der Abfrage beschrieben wird, einige Eigenschaften.

Eigenschaft	Beschreibung
AllowDBNull	Mit dieser Eigenschaft legen Sie fest, ob eine Spalte den Wert NULL akzeptiert oder nicht.
MaxLength	Mit dieser Eigenschaft legen Sie die Länge einer Zeichenfolge in einer Spalte fest.
ReadOnly	Sollen die Daten einer Spalte schreibgeschützt sein, setzen Sie diese Eigenschaft für die betreffende Spalte auf true.

Tabelle 34.1 Gültigkeitsbeschreibende Eigenschaften einer DataColumn

Eigenschaft	Beschreibung
Unique	Mit dieser Eigenschaft geben Sie an, ob die Werte in einer Spalte eindeutig sein müssen. Ist diese Eigenschaft einer Spalte auf true gesetzt, prüft ADO.NET die Werte in jeder Zeile dieser Tabelle, wenn Sie in einer Datenzeile den Wert einer UNIQUE-Spalte ändern oder einen neuen Datensatz hinzufügen. Wird gegen die Regel verstoßen, wird die Ausnahme ConstraintException ausgelöst.

Tabelle 34.1 Gültigkeitsbeschreibende Eigenschaften einer DataColumn (Forts.)

34.3.3 Die Constraints-Klassen einer »DataTable«

Die folgenden beiden Klassen beschreiben Einschränkungen einer DataTable:

- UniqueConstraint
- ForeignKeyConstraint

Beide Klassen sind von der gleichen Basisklasse Constraint abgeleitet. Da eine DataTable mehrere Einschränkungen beschreiben kann, werden alle Constraint-Objekte in einer Auflistung (Typ: ConstraintCollection) verwaltet. Die Eigenschaft Constraint der DataTable liefert die Referenz auf diese Collection.

Die Klasse »UniqueConstraint«

Ein UniqueConstraint-Objekt wird automatisch angelegt, wenn die Eigenschaft Unique einer Spalte auf true gesetzt wird. Gleichzeitig wird das Objekt der ConstraintCollection hinzugefügt. Sie können ein UniqueConstraint-Objekt natürlich auch per Code erzeugen und dessen Eigenschaft Columns der Spalte übergeben, auf der die Einschränkung gesetzt wird. Das Setzen der Eigenschaft Unique einer Spalte ist aber einfacher. Trotzdem kann das explizite Erzeugen sinnvoll sein. Das ist der Fall, wenn Sie sicherstellen müssen, dass die Kombination von Werten aus mehreren Spalten eindeutig ist.

Die Klasse »ForeignKeyConstraint«

Mit einem ForeignKeyConstraint-Objekt können Sie festlegen, wie sich eine Beziehung zwischen Tabellen bezüglich Datenänderungen auswirken soll. In der Tabelle *Products* der *Northwind*-Datenbank muss die Spalte *CategoryID* einen Wert enthalten, der in der Tabelle *Categories* enthalten ist. Der Spalte *CategoryID* wird dazu ein ForeignKeyConstraint-Objekt zugeordnet. Allerdings müssen Sie dieses nicht explizit erzeugen. Wenn Sie im DataSet eine Beziehung zwischen zwei Tabellen einrichten, wird automatisch ein ForeignKeyConstraint-Objekt erzeugt. Wir werden auf das Thema der Einrichtung einer Beziehung zwischen zwei Tabellen später noch einmal zurückkommen.

Primärschlüsselfelder

Primärschlüssel werden in der `DataTable` definiert. Die entsprechende Eigenschaft lautet `PrimaryKey`. Dass ein Primärschlüssel nicht die Eigenschaft einer `DataColumn` besitzt, liegt daran, dass viele Tabellen mehrere Spalten zu einem gemeinsamen Primärschlüssel kombinieren. Die `PrimaryKey`-Eigenschaft der `DataTable` beschreibt deshalb auch ein Array von `DataColumn`-Objekten. Beim Festlegen der `PrimaryKey`-Eigenschaft wird ein `UniqueConstraint`-Objekt erzeugt, um die Primärschlüsseleinschränkung durchzusetzen.

34.3.4 Das Schema mit Programmcode erzeugen

Verhältnismäßig aufwendig ist die Bereitstellung eines Schemas. Mit den Eigenschaften `AllowDBNull`, `MaxLength` und `Unique` einer `DataColumn` sowie `PrimaryKey` einer `DataTable` können Sie Datenmechanismen implementieren. Mit `ReadOnly=true` haben Sie zudem die Möglichkeit, gültige Daten vor einer Veränderung durch den Benutzer zu schützen.

Auch im folgenden Beispiel soll der Artikelbezeichner eines Artikels der Tabelle *Products* geändert werden. Ein ähnliches Beispiel habe ich ein paar Seiten zuvor schon einmal gezeigt. Diesmal wird die `DataTable` im `DataSet` jedoch mit den Schemainformationen für die abgefragten Felder gefüllt. Aus Gründen der Übersicht wird der entsprechende Programmcode in eine spezielle Methode ausgelagert, die nach dem Füllen des `DataSets` aufgerufen wird.

```csharp
// Beispiel: ...\Kapitel 34\SchemaMitCode
class Program {
  static void Main(string[] args) {
    SqlConnection con = new SqlConnection();
    con.ConnectionString = "...";
    SqlCommand cmd = new SqlCommand();
    cmd.Connection = con;
    cmd.CommandText = "SELECT ProductID, ProductName, " +
        "QuantityPerUnit, Discontinued FROM Products";
    DataSet ds = new DataSet();
    SqlDataAdapter da = new SqlDataAdapter(cmd);
    da.Fill(ds);
    FillSchemaInfos(ds.Tables[0]);
    // Der Artikelbezeichner des Artikels in der ersten Datenzeile
    // soll geändert werden
    DataRow row = ds.Tables[0].Rows[0];
    Console.Write("Produktname ändern: ");
    row["ProductName"] = Console.ReadLine();
    // Änderung in die Originaldatenbank schreiben
    SqlCommandBuilder cmb = new SqlCommandBuilder(da);
    da.Update(ds);
    Console.WriteLine("Aktualisierung erfolgreich.");
    Console.ReadLine();
  }
```

```
// Diese Methode füllt die Tabelle mit Schemainformationen
static void FillSchemaInfos(DataTable tbl) {
  // ProductID
  tbl.PrimaryKey = new DataColumn[]{ tbl.Columns["ProductID"]};
  // ProductName
  tbl.Columns["ProductName"].MaxLength = 40;
  tbl.Columns["ProductName"].AllowDBNull = false;
  // QuantityPerUnit
  tbl.Columns["QuantityPerUnit"].MaxLength = 20;
  // Discontinued
  tbl.Columns["Discontinued"].AllowDBNull = false;
  }
}
```

Listing 34.5 Aktualisierung im Kontext von Metadateninformationen

Sie können selbst bestimmen, welchen Bezeichner der Artikel bekommen soll. Entscheiden Sie sich für einen Bezeichner mit maximal 40 Zeichen, wird die Änderung in die Datenbank geschrieben. Geben Sie aber mehr als 40 Zeichen ein, wird eine Ausnahme vom Typ Argument-Exception ausgelöst. Vielleicht erinnern Sie sich an das ähnliche Aktualisierungsbeispiel weiter oben. Dort wurde das Überschreiten der zulässigen Maximallänge des Feldes *Product-Name* mit einer Ausnahme vom Typ SqlException beantwortet. Diese kam vom SQL Server. Die Ausnahme ArgumentException hingegen wird von ADO.NET in der Clientanwendung ausgelöst.

Vergleichen Sie auch, in welcher Codezeile die Ausnahme ausgelöst wird: Aktualisieren Sie ohne Schemainformationen, ist die Update-Methode des SqlDataAdapters der Urheber. Liegen Schemainformationen im DataSet vor und wird gegen die Einschränkungen verstoßen, handelt es sich um die Anweisung mit der fehlschlagenden Zuweisung, in unserem Beispiel also:

```
row["ProductName"] = Console.ReadLine();
```

Das DataSet nimmt die Änderung überhaupt nicht entgegen. Damit ist gezeigt, dass ein DataSet mit Schemainformationen zur Entlastung des Datenbankservers beiträgt.

34.3.5 Schemainformationen mit SqlDataAdapter abrufen

Schemainformationen mit »FillSchema« abrufen

Enthält ein DataSet mehrere Tabellen mit jeweils vielen Spalten, kann die Codierung der Schemainformationen ziemlich aufwendig sein. Ebenso können Sie mit der Methode Fill-Schema des SqlDataAdapters alle Schemainformationen für das DataSet oder die DataTable abrufen. Die Methode ruft das Schema bei der Datenbank ab. Grundlage ist dabei das in SelectCommand beschriebene SELECT-Kommando. Als Ergebnis des Methodenaufrufs werden die Eigenschaften ReadOnly, AllowDBNull, AutoIncrement, Unique und MaxLength der in der

Abfrage enthaltenen Spalten gesetzt. Außerdem werden die Eigenschaften `PrimaryKey` und `Constraints` der entsprechenden Tabelle festgelegt.

`FillSchema` ist mehrfach überladen. Alle Überladungen erwarten ein Argument vom Typ der Enumeration `SchemaType`. Die Aufzählung hat zwei Mitglieder: `Source` und `Mapped`. Über diese Parameter wird gesteuert, ob der `SqlDataAdapter` die Zuordnungen, die in der `DataTableMappingCollection` und der `DataColumnMappingCollection` angegeben sind, verwenden soll.

Beschreiben Sie mittels Programmcode die Gültigkeitsregeln, können diese zu jedem beliebigen Zeitpunkt gesetzt werden. Es muss nur vor der Aktualisierung der Daten im `DataSet` sein. Benutzen Sie dagegen die Methode `FillSchema`, muss dies vor dem Füllen des `DataSets` erfolgen.

```
[...]
DataSet ds = new DataSet();
da.FillSchema(ds, SchemaType.Source);
da.Fill(ds);
[...]
```

Der Aufruf der Methode ist einerseits natürlich sehr bequem, aber andererseits dürfen Sie nicht vergessen, dass dabei sowohl das Netzwerk als auch die Datenbank selbst belastet werden.

Die Eigenschaft »MissingSchemaAction« des SqlDataAdapters

Per Vorgabe ist der `SqlDataAdapter` so eingestellt, dass Spalten zu einer `DataTable` hinzugefügt werden, wenn diese in der `DataTable` noch nicht existieren. Damit stellt der `SqlDataAdapter` sicher, die Ergebnisse einer Abfrage speichern zu können. Gesteuert wird dieses Verhalten von der Eigenschaft `MissingSchemaAction`, die Werte der gleichnamigen Aufzählung beschreibt.

Wert	Beschreibung
Add	Fügt die erforderlichen Spalten zum Vervollständigen des Schemas hinzu.
AddWithKey	Findet der `SqlDataAdapter` eine Spalte, die noch nicht in der `DataTable` existiert, fügt er die Spalte hinzu und setzt die Eigenschaften `MaxLength` und `AllowDBNull`. Falls die `DataTable` noch nicht existiert, wird die Datenbank zudem nach Primärschlüsselinformationen abgefragt.
Error	Wenn die angegebene Spaltenzuordnung fehlt, wird die Ausnahme `InvalidOperation` ausgelöst.
Ignore	Ignoriert die zusätzlichen Spalten.

Tabelle 34.2 Die Werte der Enumeration MissingSchemaAction

Legen Sie die Eigenschaft `MissingSchemaAction` auf den Wert `AddWithKey` fest, werden ähnlich wie mit der Methode `FillSchema` die Schemainformationen abgerufen. Diese sind jedoch auf den Primärschlüssel der Tabelle sowie die Einschränkungen `AllowDBNull` und `MaxLength` der Spalten beschränkt. `Unique`, `AutoIncrement` und `ReadOnly` werden hierbei nicht berücksichtigt.

Schemainformationen aus einer XML-Schemadatei beziehen

Nun kennen Sie zwei Varianten, Metadaten einer Tabelle im `DataSet` bereitzustellen. Sie wissen, dass es sehr einfach ist, mit `FillSchema` oder `MissingSchemaAction=AddWithKey` zu arbeiten. Nachteil dabei ist die erhöhte Belastung des Netzes und der Datenbank. Daher ist dies wohl eher nur für Ad-hoc-Abfragen geeignet. Alternativ können Sie die Schemainformationen auch mittels Programmcode beschreiben. Zur Laufzeit ist das sicher effektiv, weil das Netz und die Datenbank nur die tatsächlich benötigten Dateninformationen liefern müssen, während die Metadaten im Code beschrieben werden. Allerdings bedeutet das einen nicht zu vernachlässigenden Programmieraufwand.

Die nun vorgestellte dritte Möglichkeit ist wohl in den meisten Fällen diejenige, die sich am besten eignet. Ausgangspunkt sind zwei Methoden des `DataSets`: `WriteXmlSchema` und `ReadXmlSchema`. Mit `WriteXmlSchema` können Sie die Schemainformationen eines `DataSets` in ein XML-Dokument schreiben und es später mit `ReadXmlSchema` auswerten. Das Schema enthält Definitionen von Tabellen, Beziehungen und Einschränkungen. XML-Schemadateien haben üblicherweise die Dateiendung *.xsd*.

Bevor Sie das Schema eines `DataSets` in einer Schemadatei speichern, muss das Schema im `DataSet` bekannt sein. Sie können sich dieses daher zur Entwicklungszeit mit `FillSchema` besorgen und anschließend mit `WriteXmlSchema` in einer Datei speichern.

```
ds.WriteXmlSchema(@"D:\Products.xsd");
```

Die erzeugte Schemadatei muss zusammen mit der Anwendung ausgeliefert werden. In Abbildung 34.2 sehen Sie die Schemadatei, die auf einer Abfrage basiert, die die Spalten *ProductID* und *ProductName* der Tabelle *Products* wiedergibt.

```
<?xml version="1.0" standalone="yes"?>
<xs:schema id="NewDataSet" xmlns="" xmlns:xs="http://www.w3.org/2001/XMLSchema" xm
  <xs:element name="NewDataSet" msdata:IsDataSet="true" msdata:UseCurrentLocale="t
    <xs:complexType>
      <xs:choice minOccurs="0" maxOccurs="unbounded">
        <xs:element name="Table">
          <xs:complexType>
            <xs:sequence>
              <xs:element name="ProductID" type="xs:int" minOccurs="0" />
              <xs:element name="ProductName" type="xs:string" minOccurs="0" />
            </xs:sequence>
          </xs:complexType>
        </xs:element>
      </xs:choice>
    </xs:complexType>
  </xs:element>
</xs:schema>
```

Abbildung 34.2 Beispiel einer mit der Methode »WriteXmlSchema« erzeugten Schemadatei

Sie erkennen, dass die Spalte *ProductID* die Primärschlüsselspalte der Tabelle beschreibt. `AutoIncrement=True` signalisiert, das der Spaltenwert bei einer neu hinzugefügten Spalte automatisch erhöht wird. Infolgedessen gilt für die Spalte *ProductID* auch `ReadOnly=True`. Die Spalte *ProductName* weist lediglich eine Einschränkung auf, nämlich die Begrenzung auf maximal 40 Zeichen.

Die Auswertung einer Schemadatei ist sehr einfach. Zur Laufzeit erzeugen Sie zuerst das `DataSet`-Objekt, lesen anschließend die Schemadatei ein und füllen danach das `DataSet` mit den Daten.

```
[...]
DataSet ds = new DataSet();
ds.ReadXmlSchema(@"D:\Products.xsd");
da.Fill(ds);
```

Dateninformationen und Schemadaten in eine Datei schreiben

Mit `WriteXmlSchema` erzeugen Sie eine Schemadatei, die die Metadaten des `DataSets` beinhaltet. Mit der einfach parametrisierten Methode `WriteXml` des `DataSets` lassen sich die Daten in einer XML-Datei sichern.

Benötigen Sie beide Informationen, müssen Sie nicht zwangsläufig Metadaten und Dateninformationen jeweils in einer separaten Datei speichern. Mit einer Überladung von `WriteXml` lässt sich der aktuelle Inhalt des `DataSets` als XML-Daten mit den Metadaten als XSD-Inlineschema beschreiben. Sowohl Daten als auch Schema sind in einer Datei gespeichert.

```
ds.WriteXml(@"D:\Products.xml", XmlWriteMode.WriteSchema);
```

Der Vorgabewert von `XmlWriteMode` ist `IgnoreSchema`. Das ist die Einstellung, wenn Sie die einfach parametrisierte Methode aufrufen.

34.4 Änderungen in einer DataTable vornehmen

Sehen wir uns nun an, wie wir einer `DataTable` eine neue `DataRow` hinzufügen und eine vorhandene `DataRow` löschen oder editieren können. Um einen wichtigen Punkt gleich vorwegzunehmen: Jegliche Änderung betrifft zunächst nur das `DataSet`. Die Originaldatenbank weiß davon nichts. Erst zu einem späteren Zeitpunkt werden alle Änderungen zur Datenbank übermittelt. Wir behandeln daher in diesem Abschnitt nur die lokalen Aktualisierungen. In Kapitel 35 werden wir uns der Aktualisierung der Originaldatenquelle zuwenden.

34.4.1 Editieren einer DataRow

Es gibt drei Möglichkeiten, eine Zeile zu aktualisieren. Im einfachsten Fall weisen Sie der betreffenden Spalte nur den neuen Inhalt zu:

```
ds.Tables[0].Rows[3]["ProductName"] = "Kirschkuchen";
```

34.4 Änderungen in einer DataTable vornehmen

Die Änderung wird sofort in die angegebene Spalte der entsprechenden Datenzeile geschrieben.

Die zweite Möglichkeit puffert die Änderung. Dazu wird vor Beginn der Änderung die Methode `BeginEdit` auf die zu ändernde Datenzeile aufgerufen und die Änderung mit `EndEdit` bestätigt. Sie können die eingeleitete Änderung auch zurücksetzen und anstelle von `EndEdit` die Methode `CancelEdit` aufrufen. Die Zeile wird dann in den Zustand zurückversetzt, den sie vor `BeginEdit` hatte.

```
DataRow row = ds.Tables[0].Rows[3];
row.BeginEdit();
row["ProductName"] = "Kirschkuchen";
row.EndEdit();
// Alternativ: row.cancelEdit();
```

Listing 34.6 Ändern einer Datenzeile

Die Pufferung der Änderung ist nicht der einzige Unterschied zwischen den beiden Aktualisierungsmöglichkeiten. Die `DataTable` verfügt über mehrere Ereignisse, die nur im Zusammenhang mit `BeginEdit` und `EndEdit` ausgelöst werden. Es handelt sich hierbei um

- RowChanging
- RowChanged
- ColumnChanging
- ColumnChanged

Diese Ereignisse spielen eine Rolle, wenn Änderungen an einer Datenzeile oder Spalte überprüft werden müssen. Die Ereignisse werden nicht ausgelöst, wenn Sie `CancelEdit` aufrufen. Wenn wir uns später dem Zurückschreiben der Änderungen in die Originaldatenbank zuwenden, werden wir noch einmal auf diese Ereignisse zurückkommen.

Die dritte Möglichkeit bietet uns die Eigenschaft `ItemArray`, die ein `Object`-Array beschreibt. Mit dieser Eigenschaft können Sie den Inhalt einer Datenzeile abrufen oder verändern. `ItemArray` arbeitet mit einem Array, in dem jedes Element einer Spalte entspricht. Mit einer Codezeile können Sie mehrere Spaltenwerte abrufen und editieren. Ist in einer Zeile nur eine Teilmenge der verfügbaren Werte zu modifizieren, verwenden Sie `null`, um anzuzeigen, dass der Wert dieser Spalte nicht geändert werden soll.

Im folgenden Codefragment werden drei Spalten der Tabelle *Products* abgefragt. In der ersten Datenzeile soll mit der Eigenschaft `ItemArray` der Produktbezeichner modifiziert werden. Weil der Schlüsselwert nicht geändert wird, muss an der ersten Position `null` in das Objekt-Array geschrieben werden.

```
SqlCommand cmd = new SqlCommand();
cmd.Connection = con;
cmd.CommandText = "SELECT ProductID, ProductName, UnitPrice FROM Products";
DataSet ds = new DataSet();
```

```
SqlDataAdapter da = new SqlDataAdapter(cmd);
da.Fill(ds);
DataRow row = ds.Tables[0].Rows[0];
row.ItemArray = new Object[] {null, "Kirschkuchen"};
```
Listing 34.7 Änderungen mit »ItemArray«

Den Spaltenwert auf NULL festlegen

Möchten Sie den Wert einer Spalte auf NULL setzen, verwenden Sie die Klasse `DBNull`, die sich im Namespace `System` befindet. Mit der Eigenschaft `Value` legen Sie den Wert einer Spalte in einer `DataRow` auf NULL fest.

```
DataRow row = ds.Tables[0].Rows[4];
row["UnitPrice"] = DBNull.Value;
```

34.4.2 Löschen einer Datenzeile

Das Löschen einer Datenzeile ist sehr einfach: Sie rufen hierzu die Methode `Delete` der `DataRow` auf, die gelöscht werden soll.

```
row.Delete();
```

Es ist falsch anzunehmen, dass die betreffende Datenzeile nun aus der `DataTable` entfernt wird. Sie ist immer noch vorhanden, allerdings kennzeichnet ADO.NET sie als gelöscht. Hintergrund der Markierung ist, dass das Löschen zunächst nur das aktuelle `DataSet` betrifft und zu einem späteren Zeitpunkt der Originaldatenbank mitgeteilt werden muss. Es wäre daher auch falsch, eine Datenzeile mit `Remove` oder `RemoveAt` aus der `DataRowCollection` der Tabelle zu entfernen, denn dann findet der Aktualisierungsprozess die Datenzeile nicht mehr.

34.4.3 Eine neue Datenzeile hinzufügen

Eine Datenzeile zu einer `DataTable` hinzuzufügen, ist auch nicht schwierig. Allerdings stellt die Klasse `DataRow` keinen öffentlichen Konstruktor zur Verfügung, denn woher sollte ein auf diese Weise konstruiertes `DataRow`-Objekt etwas von den Spalten wissen, durch die es beschrieben wird?

ADO.NET bietet Ihnen genauso wie zum Editieren einer Datenzeile drei Varianten an, um eine neue Datenzeile zu einer `DataTable` hinzuzufügen. Zunächst einmal sei die Methode `NewRow` der `DataTable` erwähnt. Eine so erzeugte neue Zeile enthält alle Informationen über die Spalten in der Tabelle. Werden im Schema keine Standardwerte vorgegeben, sind die Inhalte der Spalten auf NULL gesetzt. Haben Sie alle Einträge in der neuen Zeile vorgenommen, müssen Sie die neue Zeile der `DataRowCollection` anhängen, denn das leistet der Aufruf von `NewRow` nicht.

```
DataTable tbl = ds.Tables[0];
DataRow row = tbl.NewRow();
```

```
row["ProductName"] = "Erbsensuppe";
row["UnitPrice"] = 2;
row["SupplierID"] = 3;
[...]
tbl.Rows.Add(row);
```
Listing 34.8 Hinzufügen einer Datenzeile

Die zweite Möglichkeit, eine neue Datenzeile hinzuzufügen, bietet eine Überladung der Methode `Add` der `DataRowCollection`. Übergeben Sie dem Methodenaufruf die Spaltenwerte in der Reihenfolge, die der Reihenfolge der Spalten in der SELECT-Abfrage entspricht. Basierend auf der Auswahlabfrage

```
SELECT ProductName, Unitprice, UnitsInStock FROM Products
```

könnte eine neue Datenzeile wie folgt hinzugefügt werden:

```
ds.Tables[0].Rows.Add("Mehl", 20, 0);
```

Im Gegensatz zur Methode `NewRow` wird die neue Datenzeile automatisch der `DataRowCollection` hinzugefügt.

Die dritte Möglichkeit stellt die Methode `LoadDataRow` der `DataTable` dar. Diese Methode arbeitet ähnlich wie die zuvor gezeigte `Add`-Methode der `DataRowCollection`, verlangt aber die Angabe von zwei Parametern. Geben Sie im ersten Parameter ein Array von Werten an, dessen Elemente den Spalten in der Tabelle entsprechen. Tragen Sie im zweiten Parameter `false` ein. Hintergrund ist, dass die so gekennzeichnete Datenzeile als neue Datenzeile interpretiert wird. `LoadDataRow` eignet sich nämlich auch dazu, eine bestimmte Datenzeile zu suchen und zu modifizieren. Dann muss dem zweiten Parameter jedoch `true` übergeben werden.

```
ds.Tables[0].LoadDataRow(new object[] {"Mehl", 20, 0}, false);
```

34.4.4 Der Sonderfall: Autoinkrementspalten

Viele Tabellen in Datenbanken beschreiben das Primärschlüsselfeld mit Autoinkrementwerten. Das ist vorteilhaft, weil eine zentrale Logik immer eindeutige Ganzzahlen erzeugt. Fügen wir jedoch eine neue Datenzeile zu einer `DataTable` hinzu, die ein solches Schlüsselfeld definiert, haben wir keine Verbindung zur Originaldatenbank. Mit anderen Worten: Wir kennen den neuen Wert des Schlüsselfeldes nicht. Den erfahren wir erst, wenn wir die Datenbank aktualisiert haben und eine entsprechende Abfrage starten.

ADO.NET unterstützt uns mit drei Eigenschaften der `DataColumn`, um auch diese scheinbare Problematik zu lösen:

▶ AutoIncrement
▶ AutoIncrementSeed
▶ AutoIncrementStep

Um von ADO.NET in einer `DataTable` Autoinkrementwerte generieren zu lassen, muss die Eigenschaft `AutoIncrement` der betreffenden Spalte auf `true` gesetzt werden. Mit `AutoIncrementSeed` und `AutoIncrementStep` werden die von ADO.NET erzeugten Werte gesteuert. `AutoIncrementSeed` beschreibt dabei den Startwert der Autoinkrementspalte für die erste neu hinzugefügte Datenzeile. `AutoIncrementStep` gibt die Schrittweite an, mit der neue Schlüsselwerte generiert werden. Legen Sie für eine Autoinkrementspalte beispielsweise `AutoIncrementSeed=1` und `AutoIncrementStep=2` fest, lauten die Werte für die drei nachfolgend hinzugefügten Datenzeilen 1, 3 und 5.

Die Werte, die ADO.NET erzeugt, müssen Sie als Platzhalter verstehen. Sie werden später bei der Aktualisierung der Originaldatenbank nicht mit zurückgeschrieben. Die tatsächlichen Schlüsselwerte erzeugt die Datenbank selbst.

Doch welche Werte sollten Sie in der `DataTable` vergeben? Eigentlich müssen Sie nur sicherstellen, dass neue Schlüsselwerte nicht mit den Schlüsselwerten in Konflikt geraten, die bereits in der `DataTable` enthalten sind. Sie können auch davon ausgehen, dass negative Werte in der Datenbank nicht verwendet werden. Empfehlenswert ist daher, die beiden Eigenschaften `AutoIncrementSeed` und `AutoIncrementStep` auf jeweils -1 festzulegen. Zudem sollten diese Einstellungen erfolgen, ehe das `DataSet` mit den Daten gefüllt wird.

Sehen wir uns dazu nun ein Beispiel an.

```
// Beispiel: ..\Kapitel 34\AutoIncrementSample
class Program {
  static void Main(string[] args) {
    SqlConnection con = new SqlConnection();
    con.ConnectionString = "...";
    SqlCommand cmd = new SqlCommand();
    cmd.Connection = con;
    cmd.CommandText = "SELECT ProductID, ProductName FROM Products";
    DataSet ds = new DataSet();
    SqlDataAdapter da = new SqlDataAdapter(cmd);
    // Schemainformationen abrufen
    da.FillSchema(ds, SchemaType.Source);
    // Festlegen, wie die neuen Schlüsselwerte erzeugt werden
    ds.Tables[0].Columns[0].AutoIncrementSeed = -1;
    ds.Tables[0].Columns[0].AutoIncrementStep = -1;
    // DataSet füllen
    da.Fill(ds);
    // Neue Datenzeilen hinzufügen
    DataRow row = ds.Tables[0].NewRow();
    row["ProductName"] = "Kaffee";
    ds.Tables[0].Rows.Add(row);
    row = ds.Tables[0].NewRow();
    row["ProductName"] = "Milch";
    ds.Tables[0].Rows.Add(row);
```

```
    row = ds.Tables[0].NewRow();
    row["ProductName"] = "Zucker";
    ds.Tables[0].Rows.Add(row);
    // Ausgabe des DataSets
    foreach (DataRow tempRow in ds.Tables[0].Rows)
       Console.WriteLine("{0,-6}{1}",tempRow[0],tempRow[1]);
    Console.ReadLine();
  }
}
```

Listing 34.9 Hinzufügen von Datenzeilen mit einer Autoinkrementspalte

Damit der Code überschaubar bleibt, werden aus der Datenbank nur zwei Spalten der Tabelle *Products* abgefragt. Die Primärschlüsselspalte *ProductID* ist als Autoinkrementspalte definiert. Mit FillSchema werden die Metadaten der Tabelle bezogen. In der Praxis würde man diese Methode in einer Anwendung wohl aus den weiter oben angeführten Gründen nicht benutzen, aber für ein Beispielprogramm ist sie durchaus geeignet. Da FillSchema auch AutoIncrement=true für die Spalte *ProductID* setzt, muss diese Eigenschaft der DataColumn nicht mehr gesetzt werden.

Später werden der DataTable drei Datenzeilen hinzugefügt. Der temporäre Schlüsselwert der ersten ist auf –1 festgelegt. Alle weiteren neuen Schlüsselwerte werden mit der Schrittweite –1 generiert, so dass der Schlüsselwert der zweiten neuen Datenzeile –2 ist, der der dritten neuen Datenzeile –3. Beachten Sie, dass die Autoinkrementeigenschaften vor dem Füllen des DataSets gesetzt werden müssen. Ansonsten wirken sich die Eigenschaftswerte nicht auf die Autoinkrementwerte aus, die die DataTable generiert.

Zum Abschluss unserer Betrachtungen zu den Autoinkrementwerten noch eine Anmerkung: Vergessen Sie nicht, dass die generierten Schlüsselwerte nur Platzhalter innerhalb der DataTable darstellen. Erst nach der Übermittlung zur Originaldatenbank werden die tatsächlichen und endgültigen Schlüsselwerte von der Datenbank erzeugt. Sie sollten daher vermeiden, die temporären Schlüsselwerte dem Anwender anzuzeigen. Es könnte unabsehbare Folgen haben, wenn der Anwender sich eine ADO.NET-Schlüsselnummer notiert, die später nach der Aktualisierung nicht mehr existiert.

34.4.5 Was bei einer Änderung einer Datenzeile passiert

Die Eigenschaft »RowState«

Ein DataSet ist im lokalen Cache der Anwendung abgelegt. Während des Löschens, Änderns und Hinzufügens von Datenzeilen besteht zu der Originaldatenbank keine Verbindung. Wenn der Benutzer die geänderten Daten später an die Datenbank übermitteln möchte, muss sich das DataSet daran erinnern können, welche Zeilen von einer Änderung betroffen sind, und natürlich auch, welcher Natur diese Änderung ist. Haben Sie beispielsweise eine Datenzeile gelöscht, muss für die betreffende Datenzeile ein DELETE-SQL-Statement zur

Datenbank geschickt werden, das das Löschen in der Originaltabelle bewirkt. Haben Sie eine Datenzeile geändert, bedarf es eines passend formulierten UPDATE-Statements. Wie die Aktualisierungsabfragen erzeugt werden, sei an dieser Stelle noch nicht erläutert. Das werden wir uns im Detail später noch ansehen. Aber Sie sollten an dieser Stelle erkennen, wie wichtig es ist, dass jede Datenzeile ihren eigenen Aktualisierungszustand beschreiben kann.

ADO.NET speichert die notwendigen Zustandsinformationen in der Eigenschaft `RowState` jeder Datenzeile. Die Eigenschaft wird durch die Enumeration `DataRowState` beschrieben, wie in Tabelle 34.3 aufgelistet.

Member	Beschreibung
Added	Die Zeile wurde einer `DataRowCollection` hinzugefügt.
Deleted	Die Zeile wurde mit der `Delete`-Methode der `DataRow` gelöscht.
Detached	Die Zeile wurde erstellt, ist jedoch nicht Teil einer `DataRowCollection`. Eine `DataRow` befindet sich in diesem Zustand, wenn sie unmittelbar nach ihrer Erstellung noch keiner Auflistung hinzugefügt wurde oder wenn sie aus einer Auflistung entfernt wurde.
Modified	Die Zeile wurde geändert.
Unchanged	Die Zeile wurde nicht geändert.

Tabelle 34.3 Mitglieder der Enumeration DataRowState

Der ursprüngliche und der aktualisierte Inhalt einer Datenzeile

Sie wissen nun, dass eine Datenzeile beschreibt, ob und wie sie modifiziert wurde. Um später die Änderung zur Datenbank zu übermitteln, reicht das aber noch nicht aus: Es fehlen noch dringend notwendige Informationen. Stellen Sie sich dazu nur vor, Sie würden den Artikelbezeichner einer Datenzeile der Tabelle *Products* ändern und die Änderung mit einem UPDATE-Statement der Datenbank mitteilen. Das SQL-Statement könnte wie folgt lauten:

```
UPDATE Products
SET ProductName = @Param1
WHERE ProductID = @Param2 AND ProductName = @Param3
```

Im Parameter *@Param1* wird der geänderte, also neue Wert übermittelt, in *@Param2* der Schlüsselwert der Datenzeile und in *@Param3* der ursprüngliche Wert der Spalte *ProductID*. Setzen Sie ein solches Statement ab, darf natürlich zwischen dem Abrufen der Dateninformationen und der Aktualisierung kein zweiter Benutzer den Produktnamen geändert haben. Die Folge wäre eine Konfliktsituation, weil die anstehende Änderung nicht in die Datenbank geschrieben werden kann. Dieser (scheinbaren) Problematik wollen wir an dieser Stelle noch nicht weiter nachgehen.

Sie sollten erkennen: Um das UPDATE-Statement erfolgreich absetzen zu können, bedarf es nicht nur der geänderten Werte, sondern auch des Originalwertes, um die Datenzeile in der Datenbank zu identifizieren. Für diesen Zweck ist der Indexer einer `DataRow` überladen. Anstatt mit

```
row["Productname"]
```

den aktuellen, also möglicherweise geänderten Wert der Spalte *ProductName* abzurufen, können Sie auch mit

```
row["Productname", DataRowVersion.Original]
```

auf den von der Datenbank bezogenen Originalwert zurückgreifen.

`DataRowVersion` ist eine Aufzählung, mit der die gewünschte Version der betreffenden Spalte in der Datenzeile angegeben werden kann.

Member	Beschreibung
Current	Die Zeile enthält aktuelle Werte.
Default	Die Zeile enthält einen vorgeschlagenen Wert.
Original	Die Standardversion der Zeile, dem aktuellen `DataRowState` entsprechend.
Proposed	Die Zeile enthält ihre ursprünglichen Werte.

Tabelle 34.4 Die Werte der Enumeration DataRowVersion

Sie können sich jetzt sicher vorstellen, dass es von jeder `DataRow` immer zwei Versionen gibt: Zunächst einmal `DataRowVersion.Original` für die Werte, die aus der Datenbank bezogen worden sind, und `DataRowVersion.Current` für die aktuellen und möglicherweise geänderten Werte. Jetzt wird auch verständlich, warum es nach der Einleitung einer Änderung mit `BeginEdit` mittels `CancelEdit` möglich ist, den ursprünglichen Zustand einer `DataRow` wiederherzustellen. Rufen Sie mit

```
row["ProductName"]
```

den Inhalt einer Spalte ab, wird immer `DataRowVersion.Current` ausgewertet. Das ist wichtig zu wissen, denn sollten Sie die `DataRowCollection` in einer Schleife durchlaufen, innerhalb deren zum Beispiel auf Spalten aller geänderten Zeilen zugegriffen wird, dürfen Sie von einer gelöschten Zeile nicht `DataRowVersion.Current` abrufen. Sie können aber sehr wohl `DataRowVersion.Original` auswerten, weil eine als gelöscht markierte Datenzeile nicht aus der `DataRowCollection` entfernt wird.

Das nächste Beispiel zeigt Ihnen die prinzipielle Vorgehensweise: Nachdem das `DataSet` aus der Artikeltabelle mit Daten gefüllt ist, wird zuerst ein weiterer Datensatz hinzugefügt. Anschließend wird in der Tabelle nach einem bestimmten Artikel gesucht (Tofu). Hierzu wird die Methode Select der DataTable aufgerufen, die mehrere Überladungen aufweist. Benutzt wird in diesem Beispiel die einfach parametrisierte Version, der ein Suchkriterium als Zeichenfolge übergeben wird. Die Zeichenfolge entspricht der WHERE-Klausel in einer SELECT-Abfrage ohne die Angabe von WHERE. Zum Schluss wird auch noch die fünfte Datenzeile aus der Liste »gelöscht«.

An der Konsole werden abschließend nur die Datenzeilen angezeigt, die in irgendeiner Form gegenüber dem Original eine Änderung erfahren haben.

```csharp
// Beispiel: ..\Kapitel 34\AusgabeModifizierterDaten
class Program {
  static void Main(string[] args) {
    SqlConnection con = new SqlConnection();
    con.ConnectionString = "...";
    SqlCommand cmd = new SqlCommand();
    cmd.Connection = con;
    cmd.CommandText = "SELECT ProductID, ProductName, UnitsInStock " +
                      "FROM Products";
    DataSet ds = new DataSet();
    SqlDataAdapter da = new SqlDataAdapter(cmd);
    da.FillSchema(ds, SchemaType.Source);
    ds.Tables[0].Columns["ProductID"].AutoIncrementSeed = -1;
    ds.Tables[0].Columns["ProductID"].AutoIncrementStep = -1;
    da.Fill(ds);
    // Neue Datenzeile hinzufügen
    DataRow newRow = ds.Tables[0].NewRow();
    newRow["ProductName"] = "Camembert";
    newRow["UnitsInStock"] = 100;
    ds.Tables[0].Rows.Add(newRow);
    // Datenzeile ändern
    DataRow[] editRow = ds.Tables[0].Select("ProductName='Tofu'");
    if (editRow.Length == 1) {
      editRow[0].BeginEdit();
      editRow[0]["UnitsInStock"] = 1000;
      editRow[0].EndEdit();
    }
    else
      Console.WriteLine("Datenzeile 'Tofu' nicht gefunden.");
    // Datenzeile löschen
    ds.Tables[0].Rows[4].Delete();
    // Ausgabe
    foreach (DataRow tempRow in ds.Tables[0].Rows) {
      if (tempRow.RowState == DataRowState.Added)
        Console.WriteLine("Neue Datenzeile: {0}", tempRow["Productname"]);
      else if (tempRow.RowState == DataRowState.Modified) {
        Console.WriteLine("Modifiziert: {0}", tempRow["Productname"]);
        Console.WriteLine("Alter Wert: {0}",
```

```
                    tempRow["UnitsInStock", DataRowVersion.Original]);
            Console.WriteLine("Neuer Wert: {0}", tempRow["UnitsInStock"]);
        }
        else if (tempRow.RowState == DataRowState.Deleted)
            Console.WriteLine("Gelöscht: {0}",
                    tempRow["ProductName", DataRowVersion.Original]);
        else
            continue;
        Console.WriteLine(new string('-', 40));
    }
    Console.ReadLine();
  }
}
```

Listing 34.10 Anzeige modifizierter Datenzeilen

34.4.6 Manuelles Steuern der Eigenschaft »DataRowState«

Die Eigenschaft RowState ist für jede Datenzeile nach dem Füllen des DataSets auf Unchanged gesetzt. Je nachdem, ob Sie eine Datenzeile ändern, löschen oder hinzufügen, wird ihr Zustand automatisch auf Modified, Deleted oder Added gesetzt.

Mit zwei Methoden können Sie den RowState per Code beeinflussen: AcceptChanges und RejectChanges. Es handelt sich hierbei um Methoden, die Sie auf dem DataSet, der DataTable oder einer bestimmten DataRow aufrufen können.

Die Methode »AcceptChanges«

AcceptChanges setzt den RowState einer Datenzeile von Added oder Modified auf Unchanged. Dabei wird der Inhalt von DataRowVersion.Original durch den von DataRowVersion.Current beschriebenen Inhalt ersetzt.

Trifft die Methode auf eine gelöschte Datenzeile, wird die Datenzeile aus der DataRowCollection entfernt und RowState auf DataRowState.Detached gesetzt. Rufen Sie AcceptChanges auf die Referenz des DataSets auf, wird mit allen Datenzeilenänderungen in sämtlichen Tabellen so verfahren. Der Aufruf auf eine bestimmte Tabelle im DataSet wirkt sich dementsprechend nur auf die betreffenden Datenzeilen der Tabelle aus. Analog können Sie auch den Zustand einer bestimmten Datenzeile ändern.

Die Methode »RejectChanges«

Mit RejectChanges verwerfen Sie alle Änderungen. Die Methode setzt die aktuellen Werte der DataRow auf ihre ursprünglichen Werte zurück. Dabei werden die in der DataRow enthaltenen Änderungen verworfen, also:

DataRowVersion.Current = DataRowVersion.Original

Der `RowState` hängt nach dem Aufruf von `RejectChanges` vom anfänglichen `RowState` ab. Der Zustand `Deleted` oder `Modified` wird zu `Unchanged`, eine hinzugefügte Datenzeile wird zu `Detached`.

Die Methoden »SetAdded« und »SetModified«

`SetAdded` ändert den Zustand einer Datenzeile in `Added` und kann nur für eine `DataRow` aufgerufen werden, deren `RowState` den Wert `Unchanged` oder `Added` hat. Ist der Ausgangszustand ein anderer, wird die Ausnahme `InvalidOperationException` ausgelöst.

Dementsprechend ändert `SetModified` den Zustand in `Modified`. Der Einsatz dieser Methode beschränkt sich auf Datenzeilen, deren Ausgangszustand `Unchanged` ist. Ansonsten wird ebenfalls die eben erwähnte Ausnahme ausgelöst.

34.5 Mit mehreren Tabellen arbeiten

34.5.1 Der Weg über JOIN-Abfragen

Bisher haben wir immer nur eine Tabelle im `DataSet` betrachtet. Das entspricht aber nur in wenigen Fällen den üblichen Anforderungen in der Praxis. Um beispielsweise die Frage zu beantworten, welche Artikel von den einzelnen Lieferanten stammen, sind zwei Tabellen notwendig: *Products* und *Suppliers*. Die meisten Tabellen einer Datenbank stehen mit anderen Tabellen in Beziehung. Meistens handelt es sich dabei um eine 1:n-Beziehung. Beispielsweise stammen von einem Lieferanten mehrere Artikel. Allerdings berücksichtigt die *Northwind*-Datenbank nicht, dass ein bestimmtes Produkt durchaus auch von mehreren Lieferanten angeboten werden könnte. Dann müsste die Beziehung zwischen den beiden Tabellen durch eine m:n-Beziehung beschrieben werden, die normalerweise in drei Tabellen aufgelöst wird, die miteinander jeweils in einer 1:n-Beziehung stehen.

Wenden wir uns für die weiteren Ausführungen nun den beiden Tabellen *Products* und *Suppliers* zu, deren Beziehung Sie in Abbildung 34.3 sehen.

Um Daten aus mehreren Tabellen auszuwerten, werden üblicherweise JOIN-Abfragen benutzt. Wollen Sie zum Beispiel wissen, welche Produkte von den einzelnen Lieferanten angeboten werden, könnte die Abfrage wie folgt lauten:

```
SELECT Suppliers.CompanyName, Suppliers.ContactName,
       Products.ProductName, Products.UnitPrice
FROM Suppliers INNER JOIN
     Products ON Suppliers.SupplierID = Products.SupplierID
```

Das Ergebnis der Abfrage sehen Sie in Abbildung 34.4.

34.5 Mit mehreren Tabellen arbeiten

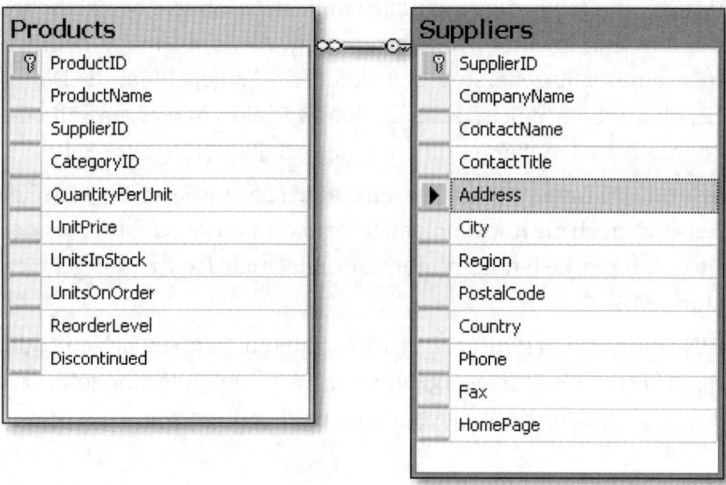

Abbildung 34.3 Die Beziehung zwischen den Tabellen »Products« und »Suppliers«

JOIN-Abfragen haben einige Vorteile:

- Das Ergebnis lässt sich filtern.
- Das Resultat steht in einer überschaubaren Ergebnismenge.
- JOIN-Abfragen sind anerkannter Standard.

Abbildung 34.4 Ergebnisliste einer JOIN-Abfrage

Bei kritischer Betrachtung stehen den Vorteilen auf der anderen Seite aber auch schwerwiegende Nachteile gegenüber:

- Die Daten einer JOIN-Abfrage sind schwierig zu aktualisieren. Insbesondere beim Löschen oder Hinzufügen einer Datenzeile in einer JOIN-Abfrage wird die Problematik deutlich. Löschen Sie beispielsweise eine Datenzeile, stellt sich sofort die Frage, ob nur die Datenzeile in der Detailtabelle, also auf der n-Seite einer Beziehung gelöscht werden soll oder gleichzeitig auch die Datenzeile in der übergeordneten Mastertabelle, also der 1-Seite.
- JOIN-Abfragen geben redundante Daten zurück. Lassen Sie sich beispielsweise die Artikelliste und zu jedem Artikel auch noch die notwendigen Informationen des entsprechenden Lieferanten ausgeben, werden die Lieferanteninformationen mehrfach zurückgeliefert (siehe dazu auch Abbildung 34.4).
- Änderungen in einer JOIN-Abfrage sind schwer zu synchronisieren. Firmiert sich einer der Lieferanten um und tragen Sie das im Abfrageergebnis ein, muss die Änderung sofort zur Datenbank übermittelt und die gesamte Abfrage erneut ausgeführt werden.

34.5.2 Mehrere Tabellen in einem DataSet

ADO.NET löst die Nachteile, die eine JOIN-Abfrage hat, auf eine eigene Art und Weise. Dazu wird die JOIN-Abfrage in Einzeltabellen aufgeteilt, die miteinander in Beziehung gesetzt werden. Mit anderen Worten: Es wird ein Teil der Originaldatenbank abgebildet. Die Beziehung zwischen zwei Tabellen wird durch ein Objekt vom Typ `DataRelation` beschrieben.

Obschon solchermaßen strukturierte `DataSets` schwer zu filtern sind, überwiegen die Vorteile. So werden weniger Daten zurückgegeben als bei einer JOIN-Abfrage. Damit wird sowohl die Netzbelastung als auch die Auslastung des lokalen Speichers so gering wie möglich gehalten. Zudem ist es viel einfacher, Daten zu aktualisieren. Löschen Sie zum Beispiel einen Datensatz aus der Detailtabelle (n-Seite), möchten Sie vermutlich nicht auch gleichzeitig den entsprechenden Datensatz der Mastertabelle (1-Seite) löschen. Beide Informationen sind in einer JOIN-Abfrage jedoch in einer Datenzeile zusammengefasst. Operieren Sie mit einer `DataRelation` zwischen zwei `DataTable`-Objekten, lässt sich der Datensatz aus der Detailtabelle löschen, ohne dass zwangsläufig auch die entsprechende Datenzeile der Mastertabelle gelöscht wird.

34.5.3 Eine DataRelation erzeugen

Mit Hilfe einer `DataRelation` werden zwei `DataTable`-Objekte über `DataColumn`-Objekte miteinander verknüpft. In der *Products/Suppliers*-Beziehung ist die Tabelle *Suppliers* das übergeordnete und die Tabelle *Products* das untergeordnete Element der Beziehung. Dies ist vergleichbar mit einer Primärschlüssel-Fremdschlüssel-Beziehung. Beziehungen werden zwischen einander entsprechenden Spalten in der übergeordneten und der untergeordneten Tabelle erstellt. Das heißt, dass der Datentyp für beide Spalten identisch sein muss.

Aus einer längeren Liste möchten wir Ihnen einen der `DataRelation`-Konstruktoren vorstellen.

```
public DataRelation(string relationName, DataColumn parentColumn,
                    DataColumn childColumn)
```

Dem ersten Parameter teilen Sie mit, unter welchem Namen die `DataRelation` angesprochen werden soll, der zweite Parameter erwartet die Referenz auf die übergeordnete Spalte der Mastertabelle (1-Seite), der dritte Parameter die Referenz auf die untergeordnete Spalte der Detailtabelle (n-Seite).

Nachdem eine `DataRelation` erzeugt worden ist, muss sie dem `DataSet` bekannt gegeben werden. Dazu enthält das `DataSet` eine Auflistung vom Typ `DataRelationCollection`. Die Eigenschaft `Relations` des `DataSets` gibt die Referenz auf die Auflistung zurück.

Das folgende Listing zeigt, wie die Beziehung zwischen den beiden Tabellen *Suppliers* und *Products* festgelegt wird.

```
SqlConnection con = new SqlConnection();
con.ConnectionString = "...";
SqlCommand cmd = new SqlCommand();
cmd.Connection = con;
cmd.CommandText = "SELECT * FROM Suppliers; " +
                  "SELECT * FROM Products";
DataSet ds = new DataSet();
SqlDataAdapter da = new SqlDataAdapter(cmd);
da.TableMappings.Add("Table", "Lieferanten");
da.TableMappings.Add("Table1", "Produkte");
da.Fill(ds);
// Erzeugen einer Beziehung zwischen den beiden Tabellen
DataColumn colMaster = ds.Tables["Lieferanten"].Columns["SupplierID"];
DataColumn colDetail = ds.Tables["Produkte"].Columns["SupplierID"];
DataRelation rel = new DataRelation("LieferantenProdukte",
                                    colMaster, colDetail);
ds.Relations.Add(rel);
```

Listing 34.11 Tabellenbeziehungen mit Programmcode erstellen

34.5.4 DataRelations und Einschränkungen

Erzeugen Sie eine DataRelation zwischen zwei Tabellen, wie zuvor gezeigt, werden ein `UniqueConstraint` auf der Mastertabelle sowie ein `ForeignKeyConstraint` auf der Detailtabelle erstellt.

Haben Sie vor dem Erstellen der `DataRelation` Einschränkungen definiert, die einer Unique- und einer Fremdschlüsseleinschränkung entsprechen, übernimmt die neue `DataRelation` die vorhandenen Einschränkungen und erzeugt implizit keine neuen.

Andererseits können Sie auch das implizite Erzeugen der Einschränkungen unterdrücken. Dazu übergeben Sie dem Konstruktor der `DataRelation` im vierten Parameter `false`:

```
DataRelation rel = new DataRelation("LieferantenProdukte",
                    colMaster, colDetail, false);
```

Das ForeignKeyConstraint-Objekt im Detail

Das `ForeignKeyConstraint`-Objekt gehört zur `ConstraintCollection` der Detailtabelle, also der Tabelle auf der n-Seite einer 1:n-Beziehung. Es weist nicht nur eine Reihe von Eigenschaften auf, um die Beziehung zwischen den beiden Tabellen zu untersuchen, sondern legt darüber hinaus fest, wie sich die beiden Tabellen verhalten, wenn in der übergeordneten Mastertabelle Daten geändert oder Datenzeilen gelöscht werden.

Das folgende Codefragment zeigt, wie Sie die Eigenschaften `Table`, `RelatedTable`, `Columns` und `RelatedColumns` auswerten. Die Auswertung basiert auf der Beziehung, die weiter oben zwischen den beiden Tabellen *Suppliers* und *Products* codiert worden ist.

```
ConstraintCollection constr = ds.Tables["Produkte"].Constraints;
foreach (Constraint cTemp in constr) {
  if (cTemp is ForeignKeyConstraint) {
    Console.Write("Untergeordnete Tabelle: ");
    Console.WriteLine(((ForeignKeyConstraint)cTemp).Table);
    Console.Write("Untergeordnete Spalte(n): ");
    foreach (DataColumn col in ((ForeignKeyConstraint)cTemp).Columns)
      Console.WriteLine(col.ColumnName);
    Console.Write("Übergeordnete Tabelle: ");
    Console.WriteLine(((ForeignKeyConstraint)cTemp).RelatedTable);
    Console.Write("Übergeordnete Spalte(n): ");
    foreach (DataColumn col in ((ForeignKeyConstraint)cTemp).
    RelatedColumns)
      Console.WriteLine(col.ColumnName);
  }
}
```

Listing 34.12 Auswertung in Beziehung stehender Tabellen

`Table` liefert die Referenz auf die untergeordnete Tabelle, `RelatedTable` die auf die übergeordnete Tabelle (Mastertabelle). `Columns` beschreibt die Spalten der untergeordneten Tabelle der Einschränkung, `RelatedColumns` die der übergeordneten Tabelle. Beide zuletzt genannten Eigenschaften liefern ein `DataColumn`-Array zurück, weil mehrere Spalten ein gemeinsames Merkmal für die Beziehung zwischen zwei Tabellen darstellen können.

Wichtiger als die Auswertung der Eigenschaften einer Beziehung sind diejenigen Eigenschaften, über die das Verhalten der Relation festgelegt wird. Löschen Sie beispielsweise eine Datenzeile in der Mastertabelle, stellt sich die Frage, wie sich die verknüpften Datenzeilen in der untergeordneten Detailtabelle verhalten sollen. Sollen Sie ebenfalls gelöscht werden? Oder sollen Sie in der Detailtabelle erhalten bleiben? Was ist, wenn in der Mastertabelle ein Wert geändert wird? Wird dann der Wert in der untergeordneten Tabelle ebenfalls aktualisiert?

Die Steuerung dieses Verhaltens wird von den Eigenschaften `UpdateRule` und `DeleteRule` bestimmt. Beide Eigenschaften sind vom Typ `Rule`. Dabei handelt es sich um eine Enumeration im Namespace `System.Data`. Die Werte der Enumeration sind in der folgenden Tabelle angegeben.

Wert	Beschreibung
Cascade	Hierbei handelt es sich um den Standardwert. Wird eine Datenzeile in der Mastertabelle gelöscht (geändert), werden auch alle Detaildatenzeilen gelöscht (geändert).
None	Es wird keine Aktion ausgeführt und stattdessen eine Ausnahme ausgelöst.
SetDefault	Die Werte in den verknüpften Datenzeilen der Detailtabelle werden auf Standardwerte eingestellt. Die Standardwerte werden über die Eigenschaft `DefaultValue` des `DataColumn`-Objekts festgelegt.
SetNull	Die Werte in den verknüpften Datenzeilen werden auf `DBNull` festgelegt.

Tabelle 34.5 Die Werte der Enumeration Rule

Eine dritte Eigenschaft, die in diesem Zusammenhang auch noch erwähnt werden sollte, ist `AcceptRejectRule`. Sie gibt an, wie mit den verknüpften Datenzeilen umgegangen wird, wenn in der Mastertabelle `AcceptChanges` oder `RejectChanges` aufgerufen wird.

Die Eigenschaft kann nur zwei Werte annehmen: entweder `AcceptRejectRule.None` oder `AcceptRejectRule.Cascade`. Der Vorgabewert ist `None`. Das bedeutet, dass der Aufruf von `AcceptChanges` oder `RejectChanges` auf eine Datenzeile sich nicht auf die untergeordneten Datenzeilen auswirkt. Wenn Sie die Eigenschaft `AcceptRejectRule` auf `Cascade` setzen, wird die Aktion an diejenige untergeordnete Datenzeile weitergegeben, die vom `ForeignKeyConstraint`-Objekt definiert ist.

34.5.5 In Beziehung stehende Daten suchen

`DataRelation`-Objekte werden hauptsächlich dazu benutzt, um Daten, die in verschiedenen `DataTable`-Objekten enthalten sind, zu suchen. Zu diesem Zweck stellt eine `DataRow` drei Methoden zur Verfügung, die auf einer `DataRelation` basieren:

- GetChildRows
- GetParentRow
- GetParentRows

`GetChildRows` sucht, ausgehend von einer Datenzeile in der Mastertabelle, alle zugehörigen untergeordneten Datenzeilen in der Detailtabelle. Dazu übergeben Sie der Methode die `DataRelation`, die beide Tabellen miteinander verknüpft. Sie erhalten als Ergebnis ein `DataRow`-Array.

```
DataRow[] GetChildRows(DataRelation)
```

Ausgehend von der untergeordneten Zeile einer Detailtabelle ruft `GetParentRow` die zugehörige übergeordnete Datenzeile aus einer Mastertabelle ab. Auch dieser Methode müssen Sie die `DataRelation` zwischen den beiden Tabellen angeben; der Rückgabewert ist eine einzige Datenzeile.

```
DataRow getParentRow(DataRelation)
```

Sollte zwischen zwei Tabellen eine n:m-Beziehung bestehen, können Sie die `GetParentRows`-Methode einsetzen.

```
DataRow[] GetParentRows(DataRelation)
```

Ich möchte Ihnen nun in einem Beispielprogramm die Benutzung der Methoden zeigen. Die Aufgabenstellung dazu lautet, dass zu den einzelnen Aufträgen (Tabelle *Orders*) die bestellten Produkte (Tabelle *Products*) aufgelistet werden sollen. Zwischen diesen beiden Tabellen besteht eine m:n-Beziehung, die durch die Tabelle *Order Details* in zwei 1:n-Beziehungen aufgelöst wird (siehe Abbildung 34.5).

Abbildung 34.5 Die Beziehungen zwischen den Tabellen »Orders«, »Order Details« und »Products«

```
// Beispiel: ..\Kapitel 34\DataRelationNavigation
static void Main(string[] args) {
  SqlConnection con = new SqlConnection();
  con.ConnectionString = "...";
  SqlCommand cmd = new SqlCommand();
  cmd.Connection = con;
  cmd.CommandText = "SELECT * FROM Orders; " +
                    "SELECT * FROM [Order Details]; " +
                    "SELECT * FROM Products";
  DataSet ds = new DataSet();
  SqlDataAdapter da = new SqlDataAdapter(cmd);
  da.TableMappings.Add("Table", "Bestellungen");
  da.TableMappings.Add("Table1", "Bestelldetails");
  da.TableMappings.Add("Table2", "Produkte");
  da.Fill(ds);
```

```csharp
// DataRelation zwischen Orders und OrderDetails erzeugen
DataColumn colMaster = ds.Tables["Bestellungen"].Columns["OrderID"];
DataColumn colDetail = ds.Tables["Bestelldetails"].Columns
["OrderID"];
DataRelation rel =
        new DataRelation("Bestellungen_Bestelldetails", colMaster, colDetail);
ds.Relations.Add(rel);
// DataRelation zwischen OrderDetails und Products erzeugen
colMaster = ds.Tables["Produkte"].Columns["ProductID"];
colDetail = ds.Tables["Bestelldetails"].Columns["ProductID"];
rel = new DataRelation("Produkte_ Bestelldetails", colMaster, colDetail);
ds.Relations.Add(rel);
// Zu jeder Bestellung die bestellten Artikel anzeigen
foreach (DataRow rowOrder in ds.Tables["Bestellungen"].Rows)
{
  Console.WriteLine("Autor: {0}", rowOrder["OrderID"]);
  foreach (DataRow rowOrderDetail in rowOrder.GetChildRows(
            ds.Relations["Bestellungen_Bestelldetails"]))
  {
    DataRow rowProduct;
    rowProduct = rowOrderDetail.GetParentRow(
            ds.Relations["Produkte_Bestelldetails"]);
    Console.WriteLine("Artikel: {0}", rowProduct["ProductName"]);
  }
  Console.WriteLine(new string('-', 40));
}
Console.ReadLine();
}
```

Listing 34.13 Navigation unter Nutzung einer DataRelation

In diesem Beispiel werden vor dem Füllen des DataSets den drei beteiligten Tabellen zunächst über TableMappings sprechende Bezeichner zugewiesen. Hier ist ein solches Vorgehen besonders empfehlenswert, um den Code besser lesbar zu gestalten. Nachdem der SqlDataAdapter die Daten abgerufen hat, werden in einer äußeren foreach-Schleife alle Datenzeilen der Tabelle *Orders* nacheinander durchlaufen. Auf jeder Datenzeile (also Bestellnummer) wird GetChildRows aufgerufen. Diese Methode liefert ein DataRow-Array zurück, das alle Datenzeilen aus *Order Details* enthält, die dieser Bestellnummer entsprechen. Aus der gefundenen Datenzeile wird anschließend das Feld *ProductID* extrahiert und mit GetParentRow die entsprechende Datenzeile in der Tabelle *Products* gesucht. Letztere liefert uns den Artikelnamen.

34.5.6 Ergänzung zum Speichern von Schemainformationen in einer XML-Schemadatei

In Abschnitt 34.3.5 habe ich gezeigt, wie Sie die Schemainformationen mit der Methode WriteXmlSchema des DataSets in einer XML-Schemadatei speichern können. Ich hatte Ihnen das auch an einem Beispiel demonstriert, das die Metadaten einer Tabelle in die Schemadatei schrieb. Sie können selbstverständlich auf die gleiche Weise auch die Metadaten mehrerer in einem `DataSet` befindlicher Tabellen in einer Datei bereitstellen. Allerdings gibt es dabei einen besonderen Punkt zu beachten: Beabsichtigen Sie, auch die Beziehungen zwischen den Tabellen in der Schemadatei zu speichern, müssen Sie die Beziehungen zwischen den Tabellen zuerst mit Programmcode definieren, bevor Sie die Methode `WriteXmlSchema` aufrufen.

34.6 Filtern und suchen in einer DataTable

34.6.1 Die Methode »Find«

Wenn Sie in einer DataTable nach einer bestimmten Datenzeile suchen wollen, bietet sich die Methode `Find` der `DataRowCollection` an. Die Methode nimmt ein Objekt entgegen, das den Primärschlüssel der zu suchenden Zeile enthält. Wegen der Eindeutigkeit des Primärschlüssels ist sichergestellt, dass nur eine Zeile zurückgegeben wird. Es gibt auch eine Überladung, die ein `Object`-Array erwartet. Diese ist für die Tabellen gedacht, die einen Primärschlüssel aus mehreren Spalten bilden.

Die Methode `Find` setzt voraus, dass die entsprechende Spalte auch als Primärschlüsselspalte in der `DataTable` bekannt ist. Dazu bietet es sich an, entweder manuell mit der Eigenschaft `PrimaryKey` der `DataTable` die Primärschlüsselspalte als solche zu kennzeichnen oder vorher die Methode `FillSchema` des `SqlDataAdapters` aufzurufen.

Im folgenden Codebeispiel wird die Datenzeile mit dem Primärschlüssel 10 in der Tabelle *Products* gesucht.

```csharp
SqlConnection con = new SqlConnection("...");
SqlCommand cmd = new SqlCommand("SELECT * FROM Products", con);
DataSet ds = new DataSet();
SqlDataAdapter da = new SqlDataAdapter(cmd);
da.FillSchema(ds, SchemaType.Source);
da.Fill(ds);
//Nach der Datenzeile mit PS = 10 suchen
DataRow row = ds.Tables[0].Rows.Find(10);
if (row == null)
  Console.WriteLine("Datenzeile nicht gefunden.");
else
  Console.WriteLine(row["ProductName"]);
```

Listing 34.14 Suchen eines Datensatzes mit einem bestimmten Primärschlüssel

Das Beispiel einer Tabelle mit einem Primärschlüssel, der aus mehreren Spalten gebildet wird, ist die Tabelle *OrderDetails* der *Northwind*-Datenbank, in der der Primärschlüssel durch die Spalten *OrderID* und *ProductID* gebildet wird. Möchten Sie in dieser Tabelle nach einem bestimmten Datensatz suchen, müssen Sie die `Find`-Methode wie folgt aufrufen:

```
DataRow row = ds.Tables[0].Rows.Find(new Object[]{10248,11});
```

34.6.2 Die Methode »Select«

Die `Find`-Methode liefert nur maximal eine Datenzeile. Mit der `Select`-Methode lassen sich auch mehrere Datenzeilen aus einer `DataTable` filtern. Im Gegensatz zur `Find`-Methode ist `Select` eine Methode des `DataTable`-Objekts und ebenfalls mehrfach überladen.

Die einfachste Version ist parameterlos und liefert alle Datenzeilen zurück, allerdings in Form eines `DataRow`-Arrays, beispielsweise:

```
DataRow[] liste = ds.Tables[0].Select();
```

Eine Überladung von `Select` erwartet eine Zeichenfolge als Übergabeargument. Die Zeichenfolge beschreibt ein Filterkriterium, ähnlich der WHERE-Klausel in einer SQL-Abfrage, allerdings ohne WHERE. Auch hier wird die Ergebnisliste durch ein `DataRow`-Array gebildet.

Angenommen, Sie sind an allen Artikeln interessiert, die zur `CategoryID=2` gehören und einen Preis größer 20 haben, können Sie die Liste wie folgt bilden:

```
DataTable tbl = ds.Tables[0];
DataRow[] liste = tbl.Select("CategoryID=2 AND UnitPrice > 20");
foreach (DataRow item in liste)
  Console.WriteLine("{0}, {1}", item["ProductName"], item["UnitPrice"]);
```

Listing 34.15 Filtern mit der Methode »Select«

Durch die zweiparametrige Überladung der Methode können Sie im ersten Parameter das Filterkriterium angeben, im zweiten die Sortierreihenfolge. Das entspricht der ORDER BY-Klausel eines SQL-Statements, wiederum ohne ORDER BY selbst angeben zu müssen. Mit ASC und DESC können Sie auch die Sortierreihenfolge auf- und absteigend festlegen.

```
DataRow[] liste = tbl.Select("CategoryID=6", "ProductName ");
```

Um die Datenzeilenliste ohne zu filtern zu sortieren, geben Sie im ersten Parameter `null` an.

Die vielleicht interessanteste Überladung definiert drei Parameter: den ersten für den Filter, den zweiten für die Sortierung und den dritten vom Typ `DataViewRowState`. Diese Enumeration beschreibt den Zustand der Datenzeilen, die die Ergebnismenge bilden. Beispielsweise können Sie alle als gelöscht markierten Datenzeilen in einem `DataRow`-Array zusammenfassen oder alle geänderten. Da die Enumeration `DataRowViewState` das `FlagsAttribute` aufweist, lassen sich auch mehrere Enumerationsmember miteinander kombinieren. In Tabelle 34.6 sind alle Mitglieder der Enumeration aufgeführt.

Member	Beschreibung
None	Keine
Unchanged	Unveränderte Datenzeile
Added	Hinzugefügte Datenzeile
Deleted	Gelöschte Datenzeile
ModifiedCurrent	Die aktuelle Version einer geänderten Datenzeile
ModifiedOriginal	Die ursprüngliche Version einer geänderten Datenzeile
OriginalRows	Ursprüngliche Zeilen, einschließlich unveränderter und gelöschter Zeilen
CurrentRows	Aktuelle Zeilen, einschließlich unveränderter, neuer und geänderter Zeilen

Tabelle 34.6 Die Enumeration »DataRowViewState«

Interessieren Sie sich ausschließlich für alle gelöschten und hinzugefügten Datenzeilen einer DataTable, müssen Sie mit der folgenden Anweisung filtern:

```
DataRow[] liste = tbl.Select(null, null,
                  DataViewRowState.Added | DataViewRowState.Deleted);
```

34.7 Objekte vom Typ »DataView«

Wenn Sie die Select-Methode der DataTable benutzen, sollten Sie sich über zwei Nachteile im Klaren sein:

- Sie arbeitet nicht effizient mit den Daten.
- Der Rückgabewert ist immer ein DataRow-Array, das von WinForms und Webformularen nicht unterstützt wird.

Diese Nachteile hat ein DataView-Objekt nicht. DataViews repräsentieren eine einfache Möglichkeit, verschiedene Sichten auf einen Datenbestand anzubieten – ähnlich den Views einer Datenbank. Ausgangsbasis für einen DataView ist jedoch kein SQL, sondern eine DataTable. So könnte man zum Beispiel eine DataTable mit den Bestellungen eines Kunden füllen und einen DataView erzeugen, die nur die Bestellungen anzeigt, die noch offen sind. Ein weiterer DataView könnte gleichzeitig alle Bestellungen darstellen, die schon abgeschlossen sind.

Im Gegensatz zur Select-Methode können mehrere Sichten gleichzeitig angezeigt werden können, ohne eine Kopie der Daten erstellen zu müssen. Außerdem werden DataView-Objekte automatisch aktualisiert, sobald sich die Daten in der DataTable ändern. Zudem bietet ein DataView eine bessere Unterstützung für das Filtern von Daten als das DataTable-Objekt.

Ein DataView-Objekt verwaltet keine eigene Kopie der Daten. Stattdessen greift ein DataView auf Daten zurück, die in einer DataTable gespeichert sind. Daten, die in zwei verschiedenen Tabellen gespeichert sind, lassen sich mit einem DataView nicht verknüpfen. Mit anderen Worten: Ein DataView kann nur auf eine DataTable zugreifen.

34.7.1 Einen »DataView« erzeugen

Die Klasse DataView definiert drei Konstruktoren. Der einfachste ist der parameterlose. Wenn Sie diesen benutzen, müssen Sie in einer weiteren Anweisung das DataView-Objekt mit einer DataTable verknüpfen. Dazu dient die Eigenschaft Table.

```
DataView view = new DataView();
view.Table = ds.Tables[0];
```

Der einfach parametrisierte Konstruktor nimmt direkt die Referenz auf die DataTable entgegen.

```
DataView view = new DataView(ds.Tables[0]);
```

Der dritte Konstruktor erinnert an die Select-Methode der Klasse DataTable. Im ersten Parameter erwartet er die Referenz auf die DataTable, im zweiten wird ein Filterkriterium angegeben, im dritten das Sortierkriterium und schließlich im vierten ein Wert vom Typ DataRowViewState.

```
DataView view = new DataView(tbl, "", "", DataViewRowState.Unchanged);
```

Der letztgenannte Konstruktor weist den Eigenschaften

- Table
- RowFilter
- Sort
- RowStateFilter

des DataViews sofort die entsprechenden Werte zu.

34.7.2 Auf die Datenzeilen in einem »DataView« zugreifen

Während Sie über die Eigenschaft Rows einer DataTable an die Auflistung aller Datenzeilen einer DataTable gelangen, verhält sich ein DataView selbst wie eine Collection. Sie können ihn daher in einer foreach-Schleife durchlaufen. Die zurückgelieferte Datenzeile ist vom Typ DataRowView.

Den DataRowView werten Sie aus, indem Sie dem Indexer den Bezeichner der Spalte oder dessen Index übergeben.

```
DataView view = new DataView(ds.Tables["Artikel"]);
foreach (DataRowView rowView in view)
  Console.WriteLine(rowView["ProductName"]);
```

Da sich ein `DataView` wie eine Auflistung verhält, verwundert es nicht, dass die Eigenschaft `Count` die Anzahl der `DataRowView`-Objekte zurückliefert. Damit haben Sie die Möglichkeit, einen `DataView` auch in einer `for`-Schleife zu durchlaufen.

34.7.3 Die Eigenschaft »Sort« und die Methode »Find«

Die `Find`-Methode eines `DataViews` dient dazu, eine ganz bestimmte Datenzeile zu suchen. Allerdings ist daran eine Bedingung geknüpft: Der `Sort`-Methode muss zuvor ein gültiger Spaltenbezeichner übergeben werden. `Sort` beschreibt immer nur einen Spaltennamen, optional gefolgt von `ASC` (aufsteigend) oder `DESC` (absteigend). Der `Find`-Methode wird dann der Wert übergeben, nach dem in der unter `Sort` angegebenen Spalte gesucht wird.

Ungewöhnlich ist der Rückgabewert der `Find`-Methode. Es ist ein Integer, der den Index der gefundenen Datenzeile im `DataView` angibt. Wird keine Datenzeile gefunden, ist der Wert –1.

```
DataView view = new DataView(ds.Tables[0]);
view.Sort = "ProductName";
int index = view.Find("Chai");
if (index != -1)
  Console.WriteLine("Artikel: {0}", view[index]["UnitPrice"]);
else
  Console.WriteLine("Keine Datenzeile gefunden.");
```

Listing 34.16 Suchen in einem DataView

34.7.4 Die Methode »FindRows«

Die `Find`-Methode einer `DataRowCollection` und die `Find`-Methode eines `DataViews` ähneln sich in gewisser Hinsicht, denn beide liefern nur eine Datenzeile zurück. Die `Find`-Methode der `DataRowCollection` tut dies, weil diese `Find`-Methode die Angabe des Primärschlüssels des zu suchenden Datensatzes erwartet, und die `Find`-Methode des `DataViews` verhält sich so, weil sie per Definition nur einen Integer-Wert liefert.

Wenn Sie aber zum Beispiel eine Sicht auf die `DataTable` der Lieferanten erstellen und der `Sort`-Eigenschaft eine Stadt übergeben, könnte es sein, dass mehrere Lieferanten in der angegebenen Stadt sesshaft sind. In diesem Fall ist die `Find`-Methode denkbar ungeeignet. Ein `DataView` stellt dafür die Methode `FindRows` bereit. Im Unterschied zu `Find` ist der Rückgabewert ein `DataRowView`-Array.

```
DataView view = new DataView(ds.Tables[0]);
view.Sort = "CategoryID";
DataRowView[] rowArr = view.FindRows(1);
```

```
foreach (DataRowView row in rowArr)
  Console.WriteLine("Artikel: {0}", row["ProductName"]);
```

Listing 34.17 Mehrere Datensätze filtern

Das Codefragment beantwortet die Frage, welche Artikel der Tabelle *Products* der Kategorie-Nummer 1 zugeordnet werden.

34.7.5 Die Eigenschaft »RowFilter«

Die Eigenschaft RowFilter dient zum Selektieren von Datenzeilen. Sie ist vom Typ einer Zeichenfolge und unterscheidet sich nicht vom Filterausdruck der Select-Methode der DataTable. Sie geben also das Filterkriterium an, als würden Sie in einem SQL-Statement eine WHERE-Klausel definieren. Nur die Angabe von WHERE ist nicht notwendig.

```
DataView view = new DataView(ds.Tables[0]);
view.RowFilter = "ProductName LIKE 'C*'";
foreach (DataRowView rowView in view)
  Console.WriteLine(rowView["ProductName"]);
```

Listing 34.18 Filterkriterium mit der Eigenschaft »RowFilter«

34.7.6 Die Eigenschaft »RowStateFilter«

Die Eigenschaft RowStateFilter akzeptiert Werte der Enumeration DataViewRowState (siehe Tabelle 34.6). Während in der Ausgabe bei einer DataTable unabhängig davon, ob bei der Filterung ModifiedCurrent und ModifiedOriginal benutzt wurden, kein Unterschied festzustellen war, werden bei einem DataView tatsächlich entweder die aktuellen oder die ursprünglichen Werte in der Ausgabe erscheinen.

```
DataView view = new DataView(ds.Tables[0]);
view.RowStateFilter = DataViewRowState.Added | DataViewRowState.Deleted;
foreach (DataRowView rowView in view)
  Console.WriteLine(rowView["ProductName"]);
```

Listing 34.19 Datensätze eines bestimmten Zustands herausfiltern

34.7.7 Änderungen an einem »DataView«-Objekt

Ein DataView ist nicht statisch. Sie können zusätzliche DataRowView-Objekte hinzufügen, Sie können einen DataRowView löschen oder dessen Inhalt ändern.

Um einen DataRowView hinzuzufügen, stellt der DataView die Methode AddNew bereit. Diese gibt ein neues DataRowView-Objekt zurück, dessen Spalten mit Daten gefüllt werden können. Zum Schluss muss auf dem DataRowView die Methode EndEdit aufgerufen werden. Die Änderung ähnelt der einer DataRow. Mit BeginEdit wird die Änderung eingeleitet, und mit EndEdit wird sie abgeschlossen. Ein Abbruch kann mit `CancelEdit` erzwungen werden. Alles sind Methoden des `DataRowView`-Objekts. Um eine `DataRowView` zu löschen, brauchen Sie nur die Methode `Delete` aufzurufen.

Das folgende Beispielprogramm zeigt Ihnen alle zuvor beschriebenen Änderungsmöglichkeiten. Ausgegeben werden sollen am Ende des Programms nur die geänderten `DataRowViews`. Dazu wird der Eigenschaft `RowStateFilter` eine passende Kombination aus den erforderlichen `DataRowViewState`-Konstanten übergeben.

```csharp
// Beispiel: ..\Kapitel 34\EditDataView
class Program {
  static void Main(string[] args) {
    SqlConnection con = new SqlConnection();
    con.ConnectionString = "...";
    SqlCommand cmd = new SqlCommand();
    cmd.Connection = con;
    cmd.CommandText = "SELECT ProductName, UnitPrice FROM Products";
    DataSet ds = new DataSet();
    SqlDataAdapter da = new SqlDataAdapter(cmd);
    da.Fill(ds);
    // DataView erzeugen
    DataView dv = new DataView(ds.Tables[0]);
    // DataRowView hinzufügen
    DataRowView newRow = dv.AddNew();
    newRow["ProductName"] = "Schokolade";
    newRow["UnitPrice"] = 15.99;
    newRow.EndEdit();
    // DataRowView ändern
    dv[0].BeginEdit();
    dv[0]["ProductName"] = "Eisbein";
    dv[0].EndEdit();
    // DataRowView löschen
    dv[1].Delete();
    dv.RowStateFilter = DataViewRowState.Added |
                        DataViewRowState.Deleted |
                        DataViewRowState.ModifiedOriginal;
    // Ausgabe des DataViews
    foreach (DataRowView rowView in dv)
      Console.WriteLine(rowView["ProductName"]);
    Console.ReadLine();
  }
}
```

Listing 34.20 Editieren eines DataViews

34.7.8 Aus einem »DataView« eine »DataTable« erzeugen

Ihnen liegt ein DataView vor, und Sie möchten diesen nun als DataTable speichern? Kein Problem, denn mit der Methode ToTable werden alle Datenzeilen einer DataTable zugeführt, die über die Einstellung der Eigenschaft RowFilter verfügbar sind.

Da ToTable überladen ist, haben Sie mehrere Alternativen, diesen Vorgang zu steuern. So können Sie den Namen der DataTable schon beim Methodenaufruf festlegen und die Spalten angeben, die der DataTable übergeben werden sollen. Ein weiterer Parameter gestattet es, zu spezifizieren, ob die resultierende DataTable nur eindeutige Zeilen basierend auf den angegebenen DataColumns erhält.

Ein Beispiel mit ToTable soll dieses Kapitel abschließen. Zuerst werden die Spalten *ProductName*, *UnitPrice* und *UnitsInStock* der Tabelle *Products* in eine DataTable geladen. Ein DataView beschränkt die Sicht auf einen Teilbereich dieser DataTable und enthält nur die Datenzeilen der Artikel, die mit dem Buchstaben »C« beginnen und deren Einzelpreis kleiner 30 ist. Mit

```
DataTable tbl = dv.ToTable("C_Products", false,
            new string[]{"UnitPrice", "ProductName" });
```

wird der DataView danach in eine DataTable geschrieben, deren Bezeichner auf *C_Products* festgelegt ist. Die neue DataTable enthält aber nur die Spalten *UnitPrice* und *ProductName*. Der boolesche Parameter gibt Auskunft darüber, ob alle Zeilen eindeutig sein sollen. Er ist hier auf false festgelegt, so dass durchaus auch zwei inhaltsgleiche Zeilen in der resultierenden DataTable erscheinen könnten.

```csharp
// Beispiel: ..\Kapitel 34\ToTableMethod
class Program {
  static void Main(string[] args){
    SqlConnection con = new SqlConnection();
    con.ConnectionString = "...";
    SqlCommand cmd = new SqlCommand();
    cmd.Connection = con;
    cmd.CommandText = "SELECT ProductName, UnitPrice, UnitsInStock"'
                    +" FROM Products";
    DataSet ds = new DataSet();
    SqlDataAdapter da = new SqlDataAdapter(cmd);
    da.Fill(ds);
    // DataView erzeugen
    DataView dv = new DataView(ds.Tables[0]);
    dv.RowFilter = "ProductName LIKE 'C*' AND UnitPrice < 30";
    // DataView einer DataTable übergeben
    DataTable tbl = dv.ToTable("C_Products", false,
            new string[] { "UnitPrice", "ProductName" });
    foreach (DataRow row in tbl.Rows)
```

```
            Console.WriteLine("{0,-10}{1}", row[0], row[1]);
        Console.ReadLine();
    }
}
```

Listing 34.21 Eine DataTable aus einem DataView erstellen

Kapitel 35
ADO.NET – Aktualisieren der Datenbank

35.1 Aktualisieren mit dem »CommandBuilder«

Eine `DataTable` können Sie mit Daten aus jeder Datenquelle füllen. Handelt es sich dabei um eine Datenbank und können die Benutzer die Daten auch ändern, müssen die Änderungen zu einem bestimmten Zeitpunkt an die Datenbank übermittelt werden. Des Öfteren habe ich bereits die `Update`-Methode des `DataAdapters` erwähnt, die eine Verbindung zu der Datenbank aufbaut, um deren Datenbestand zu aktualisieren. Vielleicht haben Sie auch schon die `Update`-Methode getestet, nachdem Sie Zeilen Ihres `DataSets` geändert hatten. Sie werden dabei bestimmt einen Laufzeitfehler erhalten haben. Sehen Sie sich dazu das folgende Beispiel an, in dem eine neue Datenzeile hinzugefügt und eine vorhandene geändert wird. Nach Abschluss der Änderungen wird die Methode `Update` des `SqlDataAdapters` aufgerufen.

```csharp
// Beispiel: ..\Kapitel 35\CommandBuilderSample
class Program {
  static void Main(string[] args) {
    SqlConnection con = new SqlConnection();
    con.ConnectionString = "...";
    SqlCommand cmd = new SqlCommand();
    cmd.Connection = con;
    cmd.CommandText = "SELECT ProductID, ProductName, " +
                      "UnitsInStock, Discontinued FROM Products";
    DataSet ds = new DataSet();
    SqlDataAdapter da = new SqlDataAdapter(cmd);
    da.FillSchema(ds, SchemaType.Source);
    ds.Tables[0].Columns["ProductID"].AutoIncrementSeed = -1;
    ds.Tables[0].Columns["ProductID"].AutoIncrementStep = -1;
    da.Fill(ds);
    // Neue Datenzeile hinzufügen
    DataRow newRow = ds.Tables[0].NewRow();
    newRow["ProductName"] = "Camembert";
    newRow["UnitsInStock"] = 100;
    newRow["Discontinued"] = false;
    ds.Tables[0].Rows.Add(newRow);
    // Datenzeile ändern
    DataRow[] editRow = ds.Tables[0].Select("ProductName='Tofu'");
    if (editRow.Length == 1) {
      editRow[0].BeginEdit();
```

```
            editRow[0]["UnitsInStock"] = 1000;
            editRow[0].EndEdit();
        }
        else
            Console.WriteLine("Datenzeile 'Tofu' nicht gefunden.");
        // Datenbank aktualisieren
        int count = da.Update(ds);
        Console.WriteLine("{0} Datenzeilen aktualisiert", count);
        Console.ReadLine();
    }
}
```

Listing 35.1 Aktualisieren einer Datenbank (verursacht einen Fehler)

Wo liegt aber nun die Ursache des in der Anweisung, die die Methode Update aufruft, auftretenden Laufzeitfehlers?

Denken wir einmal daran, wie die Abfolge ist, bis der SqlDataAdapter eine Auswahlabfrage an die Datenbank schickt. Wir hatten ein SqlCommand-Objekt erzeugt und diesem das SELECT-Statement übergeben. Bei der Instanziierung haben wir dem SqlDataAdapter das SqlCommand-Objekt über den Konstruktoraufruf bekannt gegeben. Der SqlDataAdapter speichert das in seiner Eigenschaft SelectCommand.

Der SqlDataAdapter hat aber noch drei weitere Eigenschaften, die nach einem SqlCommand-Objekt verlangen:

- InsertCommand
- DeleteCommand
- UpdateCommand

So wie über SelectCommand die vom SqlDataAdapter abzusetzende Auswahlabfrage bekannt ist, benötigt der Adapter auch noch SqlCommand-Objekte, die die SQL-Statements INSERT, DELETE und UPDATE beschreiben.

Erfreulicherweise stellt der SqlDataAdapter nicht nach festgeschriebenen Regeln automatisch Aktualisierungsstatements bereit. Dieses Verhalten gibt uns jedoch die Möglichkeit, selbst Einfluss auf die Aktualisierung zu nehmen. Darauf werden wir später noch genauer eingehen. Die Folge ist jedenfalls, dass die Eigenschaften Insert-, Update- und DeleteCommand zunächst den Inhalt null haben.

Für das Erzeugen von SQL-Aktualisierungsstatements bietet uns ADO.NET die Klasse SqlCommandBuilder. Übergeben Sie bei der Instanziierung dieser Klasse dem Konstruktor die Referenz auf den SqlDataAdapter.

```
SqlCommandBuilder cmb = new SqlCommandBuilder(da);
```

Da der SqlCommandBuilder nun das SqlDataAdapter-Objekt kennt, weiß er, wie die SELECT-Auswahlabfrage aussieht. Auf dieser Grundlage erzeugt SqlCommandBuilder die SQL-Befehle

INSERT, DELETE und UPDATE, verpackt sie in eine Zeichenfolge und weist sie jeweils einem neuen `SqlCommand`-Objekt zu. Die drei `SqlCommand`-Objekte werden den Eigenschaften `UpdateCommand`, `InsertCommand` und `DeleteCommand` des `SqlDataAdapters` übergeben. Unabhängig davon, ob im `DataSet` eine Zeile gelöscht, hinzugefügt oder editiert worden ist, wird der `SqlDataAdapter` mit den vom `SqlCommandBuilder` erzeugten Kommandos die Originaldatenbank aktualisieren.

Kommen wir zu dem eingangs gezeigten Beispiel zurück. Wenn Sie vor dem Aufruf von `Update` ein `SqlCommandBuilder`-Objekt erzeugen und dessen Konstruktor die Instanz des `SqlDataAdapters` übergeben, wird die Aktualisierung erfolgreich sein.

```
[...]
SqlCommandBuilder cmb = new SqlCommandBuilder(da);
da.Update(ds);
```

35.1.1 Die von »SqlCommandBuilder« generierten Aktualisierungsstatements

`SqlCommandBuilder` erzeugt Aktualisierungscode auf Grundlage des SELECT-Statements. Doch wie sieht die Aktualisierungslogik exakt aus? Wir wollen uns das nun ansehen. Grundlage dazu bildet die Abfrage:

```
SELECT ProductID, ProductName, UnitsInStock FROM Products
```

Sie können sich die Aktualisierungsstatements ausgeben lassen, indem Sie die Methoden `GetUpdateCommand`, `GetInsertCommand` oder `GetDeleteCommand` des `SqlCommandBuilders` aufrufen. Alle liefern ein Objekt vom Typ `SqlCommand`, über dessen Eigenschaft `CommandText` Sie das jeweilige SQL-Statement abfragen können. Es genügt, wenn wir uns nur eines der drei ansehen.

```
UPDATE [Products]
SET [ProductName] = @p1, [UnitsInStock] = @p2
WHERE ((([ProductID] = @p3) AND ([ProductName] = @p4) AND
((@p5 = 1 AND [UnitsInStock] IS NULL) OR ([UnitsInStock] = @p6)))
```

Listing 35.2 Vom CommandBuilder generiertes SQL-UPDATE-Statement

Sie erkennen, dass hinter der WHERE-Klausel alle Spalten der SELECT-Abfrage als Suchkriterium nach dem zu editierenden Datensatz aufgeführt sind. Die Parameter *@p3* bis *@p6* werden mit den Daten gefüllt, die unter `DataRowVersion.Original` aus dem `Dataset` bezogen werden, *@p1* bis *@p3* erhalten die Daten aus `DataRowVersion.Current`. In gleicher Weise werden auch die INSERT- und DELETE-Anweisungen vom `SqlCommandBuilder` generiert.

35.1.2 Konfliktsteuerung in einer Mehrbenutzerumgebung

Meistens werden Datenbanken in einem Netzwerk betrieben. Das ist ein ganz wesentlicher Gesichtspunkt bei der Bereitstellung der SQL-Aktualisierungsstatements, denn in solchen

35 ADO.NET – Aktualisieren der Datenbank

Umgebungen müssen wir nun noch die Möglichkeit betrachten, dass ein zweiter User gleichzeitig mit denselben Daten arbeitet. Dann stellt sich auch sofort die Frage, was passiert, wenn versucht wird, eine Datenzeile zu aktualisieren, die ein anderer Benutzer zwischenzeitlich geändert hat. Möglicherweise tritt dabei ein Konflikt auf. Ob ein Konflikt auftritt, hängt ganz entscheidend davon ab, wie die WHERE-Klausel des Aktualisierungsstatements formuliert ist. Dabei müssen wir mehrere Fälle betrachten, die wir nun theoretisch untersuchen wollen.

Die WHERE-Klausel enthält alle Spalten

Betrachten wir sofort ein Beispiel, wenn alle Spalten der SELECT-Abfrage in der WHERE-Klausel angegeben sind, und nehmen wir an, Anwender A und Anwender B rufen praktisch gleichzeitig dieselbe Datenzeile in der Produkttabelle auf. Ändert Anwender A die Spalte *ProductName*, könnte das UPDATE-Statement beispielsweise wie folgt aussehen:

```
UPDATE Products
SET ProductName="Kuchen", UnitsInStock=18
WHERE ProductID=1 AND ProductName="Chai" AND
UnitsInStock=18
```

In der WHERE-Klausel sind den Spaltenangaben genau die Werte zugeordnet, die Anwender A aus der Datenbank bezogen hat. Anwender A aktualisiert erfolgreich, weil die Datenzeile, die von der WHERE-Klausel beschrieben wird, in der Datenbank gefunden wird.

Danach versucht Anwender B seine Aktualisierung der Datenbank mitzuteilen. Ob er dabei die Spalte *ProductName* geändert hat oder *UnitsInStock*, spielt keine Rolle. Entscheidend ist, dass die WHERE-Klausel die Spalten *ProductID*, *UnitsInStock* und *ProductName* enthält.

```
UPDATE Products
SET ProductName="Senf", UnitsInStock=56
WHERE ProductID=1 AND ProductName="Chai" AND
UnitsInStock=18
```

Der Aktualisierungsversuch wird scheitern. Schade, aber ein Datensatz mit dem Primärschlüssel 1 und den Spalteninhalten *ProductName = Chai* und *UnitsInStock = 18* wird nicht mehr gefunden, weil ein Anwender den Produktnamen vorher geändert hat.

> **Hinweis**
>
> Immer dann, wenn beim Absetzen eines UPDATE- oder DELETE-Statements in der WHERE-Klausel eine Datenzeile beschrieben wird, die nicht in der Datenbank gefunden wird, haben wir es mit einem Konflikt zu tun.

Bei diesem Szenario »gewinnt« immer der Anwender, der als Erster seine Änderungen an die Datenbank übermittelt. Der Anwender, der seine Änderungen später zur Datenbank schickt, hat das Nachsehen. Sein Aktualisierungsversuch misslingt. Es kommt zu einem Parallelitätskonflikt. Dieses Szenario wird auch als **First-in-wins** bezeichnet.

Die WHERE-Klausel enthält nur die Primärschlüsselspalte

Betrachten wir nun einen anderen Fall. Wieder helfen uns die beiden fiktiven Anwender A und B dabei, den Sachverhalt zu verstehen. Beide Anwender rufen praktisch gleichzeitig dieselbe Datenzeile ab und nehmen Änderungen an einer der Spalten vor. Anwender A aktualisiert die Originaldatenbank zuerst, beispielsweise die Spalte *ProductName* des ersten Datensatzes:

```
UPDATE Products
SET ProductName="Marmorkuchen", UnitsInStock=56
WHERE ProductID=1
```

Anwender B übermittelt seine Änderung, nachdem Anwender A den ersten Datensatz geändert hat. Nehmen wir an, Anwender B hat den Inhalt in der Spalte *UnitsInStock* editiert, so könnte sein vollständiges Aktualisierungsstatement wie folgt lauten:

```
UPDATE Products
SET ProductName="Chai", UnitsInStock=56
WHERE ProductID=1
```

Die Aktualisierung wird erfolgreich sein, wenn der Datensatz mit der angegebenen *ProductID* in der Tabelle gefunden wird. Die Änderungen von Anwender A sieht Anwender B nicht; er wird vielleicht auch niemals erfahren, welche Daten Anwender A geändert hat, denn er überschreibt die Änderung von Anwender A in der Spalte *ProductName* mit dem alten Wert. Dieses Szenario, bei dem die letzte Änderung grundsätzlich immer erfolgreich an die Datenbank übermittelt werden kann, wird als **Last-in-wins** bezeichnet.

Die Identifizierung der zu ändernden Datenzeile nur anhand der Primärschlüsselspalte ist folglich denkbar ungeeignet, wenn Sie vermeiden müssen, dass Anwender B unwissentlich geänderte Daten überschreibt. Können Sie davon ausgehen, dass die letzte Aktualisierung zweifelsfrei diejenige mit den »besten« Daten ist, sollten Sie sich für diese Variante entscheiden.

> **Hinweis**
> Natürlich wird es auch hier zu einem Konfliktfall kommen, sollte Anwender A dieselbe Datenzeile nicht geändert, sondern bereits gelöscht haben.

Weitere Szenarien

Die beiden zuvor beschriebenen Szenarien stellen Grenzfälle dar. Zwischen diesen beiden gibt es, abhängig von der zugrunde liegenden Tabelle, unzählige weitere Optionen. Gehen wir beispielsweise wieder davon aus, dass zwei Benutzer mit

```
SELECT ProductID, ProductName, UnitsInStock FROM Products
```

Datenzeilen abrufen. Stellen wir uns weiter vor, dass der Artikelbestand *UnitsInStock* durchaus überschrieben werden darf, aber eine Änderung der Spalte *ProductName* nicht. Unabhängig davon, mit welchem UPDATE-Statement Benutzer A die Datenbank aktualisiert hat, muss unser fiktiver Benutzer B das folgende UPDATE-Statement zur Datenbank schicken:

```
UPDATE Products
SET ProductName="Kuchen", UnitsInStock=18
WHERE ProductID=1 AND ProductName="Chai"
```

Hat Anwender A nur den Lagerbestand *UnitsInStock* geändert, wird der Datensatz gefunden, und die in der SET-Klausel angegebenen Werte werden eingetragen. Dabei werden die neuen Daten des Anwenders A durch die alten Daten überschrieben, weil die Spalte *UnitsInStock* in der SET-Klausel von Anwender B enthalten ist.

Hat Anwender A jedoch den Artikelbezeichner *ProductName* editiert, kommt es zu einem Konflikt.

Selbstverständlich könnte man sich auch vorstellen, dass die SET-Klausel nur die veränderten Spaltenwerte beschreibt und die WHERE-Klausel neben der Angabe der Primärschlüsselspalte nur die Spalten, die als konfliktverursachend eingestuft werden und darüber hinaus auch verändert worden sind. Bezogen auf unser letztes Beispiel sollte das UPDATE-Statement wie folgt aussehen:

```
UPDATE Products
SET ProductName="Kuchen"
WHERE ProductID=1 AND ProductName="Chai"
```

Jetzt wird die Spalte *UnitsInStock* nicht mehr in der SET-Klausel angeführt. Falls Anwender A diese Spalte geändert hat, ist seine Aktualisierung weiterhin gültig, und in der Datenzeile wird nur der Produktbezeichner editiert.

Sollten die beiden Extremszenarien *Last-in-wins* und *First-in-wins* nicht Ihren Anforderungen an die Aktualisierung entsprechen, öffnet sich ein weites Feld der Möglichkeiten, das mit der Komplexität einer Tabelle größer wird. Hier bedarf es sicherlich einer gründlichen Analyse, was im Einzelfall als Konflikt zu betrachten ist.

35.1.3 Die Eigenschaft »ConflictOption« des »SqlCommandBuilders«

Grundsätzlich ist das Aktualisieren einer Datenquelle mit dem `SqlCommandBuilder`-Objekt sehr einfach. Aber diese Einfachheit hat ihren Preis, denn wir müssen uns mit den Charakteristiken des Objekts abfinden und haben nur wenig Einfluss darauf, wie die Daten zurückgeschrieben werden. Der `SqlCommandBuilder` generiert, wie Sie weiter oben gesehen haben, Abfragen, die zur Identifikation einer Datenzeile in der Tabelle einer Datenbank alle Spalten einschließen, die mit SELECT abgefragt worden sind. Er bildet demnach per Vorgabe das *First-in-wins*-Szenario ab. Eine Änderung der Daten in der Datenbank führt zu der Ausnahme `DBConcurrencyException`, wenn ein anderer User eine dieser Spalten genau in dem Zeitraum verändert hat, in dem die ursprünglichen Daten für die Zeile abgerufen und neue Werte für die Zeile übermittelt werden.

Dieses Verhalten ist nicht immer wünschenswert. Daher stellt Ihnen der `SqlCommandBuilder` mit der Eigenschaft `ConflictOption` eine Möglichkeit zur Verfügung, das Aktualisierungsverhalten zu beeinflussen. Die Eigenschaft ist vom Typ der gleichnamigen Enumeration, deren Mitglieder Sie Tabelle 35.1 entnehmen können.

Konstante	Beschreibung
`CompareAllSearchableValues`	UPDATE- und DELETE-Anweisungen schließen alle Spalten aus der Tabelle, nach denen gesucht werden kann, in die WHERE-Klausel ein. Das ist der Standard.
`CompareRowVersion`	Wenn in der Tabelle eine Timestamps-Spalte vorhanden ist, wird sie in der WHERE-Klausel für alle generierten UPDATE-Anweisungen verwendet.
`OverwriteChanges`	Alle UPDATE- und DELETE-Anweisungen enthalten nur die Spalten des Primärschlüssels in der WHERE-Klausel.

Tabelle 35.1 Die Enumeration »ConflictOption«

Der Wert `ConflictOption.CompareAllSearchableValues` ist der Standardwert. In diesem Szenario wird immer die erste Änderung in einer Datenzeile zum Erfolg, die dann folgende Änderung zu einem Konflikt führen. Dieses Szenario entspricht dem *First-in-wins-Szenario*. Das ist die Vorgabe.

Mit `ConflictOption.OverwriteChanges` teilen Sie dem `SqlCommandBuilder` mit, nur die Primärschlüsselspalte(n) in die WHERE-Klausel einzubeziehen. Das hat zur Folge, dass die Änderungen des ersten Benutzers von den nachfolgenden Änderungen überschrieben werden. Diese Einstellung bildet das *Last-in-wins-Szenario* ab.

Ein Timestamp ist ein automatisch generierter, eindeutiger 8-Byte-Wert. Mit Hilfe der Timestamp-Spalte einer Zeile können Sie sehr einfach ermitteln, ob sich ein Wert in der Datenzeile geändert hat, seit er eingelesen wurde. Der Timestamp-Wert wird bei jeder Aktualisierung geändert. Ist er beim Absetzen des UPDATE-Statements identisch, liegt keine andere zwischenzeitliche Aktualisierung vor. Mit `ConflictOption.CompareRowVersion` weisen Sie den `SqlCommandBuilder` an, in der WHERE-Klausel nur die Primärschlüsselspalte(n) und die Timestamp-Spalte aufzunehmen.

35.1.4 Die Eigenschaft »SetAllValues«

Betrachten Sie noch einmal das Beispiel mit Benutzer A und Benutzer B. Es wäre denkbar, dass weder das *Last-in-wins-* noch das *First-in-wins-*Szenario die Forderung passend erfüllt.

Vielleicht soll auch jede Änderung an einer Datenzeile akzeptiert werden, solange dieselbe Spalte nicht von einem anderen User verändert worden ist. Das bedeutet, dass in der WHERE-Klausel neben dem Primärschlüssel auch die jeweils geänderte Spalte mit ihrem

Ursprungswert angegeben werden muss. Benutzer A müsste in einem solchen Fall das folgende UPDATE absetzen:

```
UPDATE Products
SET ProductName = "Cheese"
WHERE ProductID = 55 AND ProductName = "Käse"
```

Ändert Benutzer B unter gleichen Voraussetzungen die Spalte *UnitsInStock*, wird diese Spalte seinem UPDATE-Statement hinzugefügt:

```
UPDATE Products
SET UnitsInStock = 2
WHERE ProductID = 55 AND UnitsInStock = 13
```

Die Aktualisierung wird erfolgreich sein. Mehr noch, die betroffene Datenzeile in der Datenbank wird beide Änderungen aufweisen.

Setzen Sie die Eigenschaft `SetAllValues` des `SqlCommandBuilders` auf `false`, werden neben der Primärschlüsselspalte nur die Spalten der WHERE-Klausel als Suchkriterium hinzugefügt, deren Inhalte sich verändert haben. Das entspricht genau dem gezeigten Muster.

35.2 Manuell gesteuerte Aktualisierung

Mit komplexen Aktualisierungsszenarien kann der `SqlCommandBuilder` nicht umgehen. Er scheidet in solchen Fällen aus und muss durch manuellen Aktualisierungscode ersetzt werden. Wir können dazu durchaus auf das `SqlDataAdapter`-Objekt und dessen `Update`-Methode zurückgreifen. Den Aktualisierungscode, den uns in einfacheren Umgebungen der `SqlCommandBuilder` zur Verfügung stellt, müssen wir allerdings selbst schreiben.

Grundsätzlich ist bei der Aktualisierung mit der `Update`-Methode des `SqlDataAdapters` entscheidend, dass die Eigenschaften

- `UpdateCommand`
- `InsertCommand`
- `DeleteCommand`

des `SqlDataAdapters` ein passendes `SqlCommand`-Objekt beschreiben. Die `Update`-Methode arbeitet im Grunde genommen sehr einfach. Sie sucht in einem `DataSet` bzw. in der `DataTable` nach den Datenzeilen, deren `DataRowState` nicht `Unchanged` ist. Trifft die Methode auf eine in welcher Weise auch immer geänderte Datenzeile, greift sie auf ein entsprechendes `Command`-Objekt zurück, weist die entsprechenden Parameter zu und setzt die Änderung ab.

Der entscheidende Punkt ist, dass der `DataAdapter` sich nicht dafür interessiert, wie das `Command`-Objekt gestaltet ist und aus welcher Quelle es stammt. Wichtig ist ihm nur, dass ein gültiges `Command`-Objekt vorliegt. Damit haben wir auch schon den ersten Ansatz gefunden. Wir stellen eigene Command-Objekte zur Verfügung, nennen wir sie *updateCommand*, *deleteCommand* und *insertCommand*, und weisen sie den entsprechenden Eigenschaften des DataAdapters zu:

```
<SqlDataAdapter>.UpdateCommand = updateCommand;
<SqlDataAdapter>.InsertCommand = insertCommand;
<SqlDataAdapter>.DeleteCommand = deleteCommand;
```

Alle drei Eigenschaften sind vom Typ SqlCommand. Ein Command-Objekt kennt durch seine Eigenschaft CommandText das SQL-Kommando, das gegen die Datenbank abgesetzt werden soll. Damit sind alle Forderungen, welche die Methode Update des DataAdapters stellt, erfüllt.

Etwas erleichtern können wir uns das manuelle Aktualisieren, wenn wir daran denken, dass meistens keine besonderen Anforderungen sowohl hinsichtlich des Einfügens einer neuen Datenzeile als auch des Löschens einer Datenzeile gestellt werden. Hier leistet der SqlCommandBuilder dann oft sehr gute Dienste, um das entsprechende INSERT- und DELETE-Statement zu erzeugen. Sie müssen in diesen Fällen nur ein SqlCommand-Objekt bereitstellen, das den Aktualisierungsanforderungen an eine geänderte Datenzeile entspricht, und dieses der Eigenschaft UpdateCommand des SqlDataAdapters übergeben.

35.2.1 Eigene Aktualisierungslogik

Den folgenden Ausführungen liegt das folgende SQL-Statement zugrunde:

```
SELECT ProductID, ProductName, Unitprice, UnitsInStock, Discontinued
FROM Products
```

Sehen wir uns nun die Methode an, die für das Erzeugen des Kommandos zum Absetzen einer Datenzeilenänderung verantwortlich ist. Auch bei dieser Methode sei angenommen, dass zwischenzeitliche Änderungen durch andere Benutzer bei der Aktualisierung überschrieben werden. Dabei sei gefordert, dass etwaige Änderungen eines anderen Benutzers in der Spalte *ProductName* und *UnitPrice* nicht akzeptiert werden können und zu einem Konflikt führen sollen. Im Suchkriterium ist daher die Angabe des Primärschlüssels und des Originalwertes der Spalten *ProductName* und *UnitPrice* erforderlich.

```
static SqlCommand CreateUpdateCommand(SqlConnection con) {
  string sql = "UPDATE Products SET ProductName=@p1, UnitPrice=@p2, UnitsInStock=@p3
            WHERE ProductID=@p4 AND ProductName= @p5 AND UnitPrice=@p6";
  SqlCommand cmd = new SqlCommand(sql, con);
  cmd.Parameters.Add("@p1", SqlDbType.VarChar, 40, "ProductName");
  cmd.Parameters.Add("@p2", SqlDbType.Money, 8, "UnitPrice");
  cmd.Parameters.Add("@p3", SqlDbType.SmallInt, 2, "UnitsInStock");
  cmd.Parameters.Add("@p4", SqlDbType.Int, 4, "ProductID");
  SqlParameter param;
  param = cmd.Parameters.Add("@p5", SqlDbType.VarChar, 40, "ProductName");
  param.SourceVersion = DataRowVersion.Original;
  param = cmd.Parameters.Add("@p6", SqlDbType.Money, 8, "UnitPrice");
```

```
    param.SourceVersion = DataRowVersion.Original;
    return cmd
}
```

Listing 35.3 Manuell erstelltes UPDATE-Statement

Wird der `DataAdapter` zur Aktualisierung eingesetzt, muss jedem Parameter mitgeteilt werden, aus welcher Spalte der zu editierenden `DataRow` der Wert für den betreffenden Parameter abgerufen werden soll, beispielsweise:

```
cmd.Parameters.Add("@p1", SqlDbType.VarChar, 40, "ProductName");
```

Hier teilen wir dem Parameter mit, dass er den Wert aus der Spalte *ProductName* beziehen soll. Standardmäßig wird der Wert aus `DataRowVersion.Current` bezogen. Vergessen Sie die Angabe des vierten Parameters, kann der `DataAdapter` die Datenzeile nicht an die Datenbank übermitteln. Haben Sie eine explizite Referenz auf den Parameter, können Sie die Spalte auch der Eigenschaft `SourceColumn` bekannt geben.

Die Parameter der Suchkriterien benötigen den Originalwert, um die betreffende Datenzeile in der Tabelle der Datenbank aufzuspüren. Damit der `DataAdapter` die erforderlichen Werte aus `DataRowVersion.Original` einträgt, teilen Sie das dem Parameter in seiner Eigenschaft `SourceVersion` mit:

```
param.SourceVersion = DataRowVersion.Original;
```

Das auf diese Weise in der Methode erzeugte `Command`-Objekt wird an den Aufrufer zurückgeliefert. Wie Sie weiter oben schon gesehen haben, weisen wir dessen Referenz der Eigenschaft `UpdateCommand` des `DataAdapters` zu, der automatisch die Parameter füllt, wenn er auf eine geänderte Datenzeile trifft.

> **Anmerkung**
> Die Primärschlüsselspalte *ProductID* stellt hierbei in der Tabelle *Products* einen Sonderfall dar, da sie als Autoinkrementspalte definiert ist und somit grundsätzlich nicht verändert werden kann. Somit entfällt für diese Spalte die Notwendigkeit, den Wert der Originalversion abzufragen.

35.2.2 Das Beispielprogramm

Planen Sie eine eigene Aktualisierungslogik, unterscheidet sich der Programmcode kaum von dem, den Sie auch unter Benutzung des `CommandBuilders` schreiben würden. Wir wollen im nächsten Beispiel die Methode *CreateUpdateCommand* testen und dabei auf die Dienste des `SqlCommandBuilders` nicht vollständig verzichten. Denn wie bereits weiter oben erwähnt, können die von diesem Objekt erzeugten `Command`-Objekte zum Löschen oder Hinzufügen einer Datenzeile durchaus verwendet werden, weil an diese Vorgänge in der Regel keine besonderen Anforderungen gestellt werden.

35.2 Manuell gesteuerte Aktualisierung

```csharp
// Beispiel: ..\Kapitel 35\ManuelleAktualisierung
static void Main(string[] args) {
  SqlConnection con = new SqlConnection();
  con.ConnectionString = "...";
  SqlCommand cmd = new SqlCommand();
  cmd.CommandText = "SELECT ProductID, ProductName, Unitprice, UnitsInStock,
                     Discontinued FROM Products";
  cmd.Connection = con;
  DataSet ds = new DataSet();
  SqlDataAdapter da = new SqlDataAdapter(cmd);
  SqlCommandBuilder cmb = new SqlCommandBuilder(da);
  da.UpdateCommand = CreateUpdateCommand(con);
  da.FillSchema(ds, SchemaType.Source);
  ds.Tables[0].Columns[0].AutoIncrementSeed = -1;
  ds.Tables[0].Columns[0].AutoIncrementStep = -1;
  da.Fill(ds);
  // Datenzeilen ändern
  ChangeDataRows(ds);
  // Datenzeilen hinzufügen
  AddDataRows(ds);
  // Simulation eines Konflikts
  Console.Write("Konflikt simulieren ...");
  Console.ReadLine();
  // Datenbank aktualisieren
  da.Update(ds);
  Console.WriteLine("Datenbank ist aktualisiert.");
  Console.ReadLine();
}
static void ChangeDataRows(DataSet ds){
  ds.Tables[0].Rows[0]["ProductName"] = "Pfeffer";
  ds.Tables[0].Rows[1]["Productname"] = "Salz";
  ds.Tables[0].Rows[2]["Productname"] = "Banane";
  ds.Tables[0].Rows[3]["Productname"] = "Orange";
  ds.Tables[0].Rows[4]["Productname"] = "Mango";
  ds.Tables[0].Rows[5]["UnitsInStock"] = 125;
  ds.Tables[0].Rows[6]["UnitsInStock"] = 55;
}
static void AddDataRows(DataSet ds) {
  DataRow row1 = ds.Tables[0].NewRow();
  row1["Productname"] = "Suppenhuhn";
  row1["Discontinued"] = 0;
  ds.Tables[0].Rows.Add(row1);
  DataRow row2 = ds.Tables[0].NewRow();
  row2["Productname"] = "Aachener Printe";
  row2["Discontinued"] = 0;
  ds.Tables[0].Rows.Add(row2);
}
```

Listing 35.4 Manuelles Aktualisieren

Die Methoden *ChangeDataRows* und *AddDataRows* beschreiben die an der Tabelle *Products* vorgenommenen Änderungen. Es werden insgesamt sieben Datenzeilen editiert: Fünf Änderungen betreffen die Spalte *ProductName*, zwei die Spalte *UnitsInStock*. Darüber hinaus werden zwei weitere Datenzeilen zur Tabelle hinzugefügt.

In `Main` werden dem `DataAdapter` die Aktualisierungsstatements zugewiesen. Um neue Datenzeilen hinzuzufügen, ohne dafür eine eigene Methode schreiben zu müssen, wird der `SqlCommandBuilder` bemüht. Anschließend erfolgt der Aufruf der Methode *CreateUpdateCommand*, um die manuelle Aktualisierungslogik editierter Datenzeilen durchzusetzen.

Erscheint zur Laufzeit die Meldung »Konflikt simulieren« an der Konsole, können Sie das Konfliktverhalten testen. Öffnen Sie dazu beispielsweise den SERVER-EXPLORER, und stellen Sie eine Verbindung zu der betreffenden Datenbank *Northwind* her. Öffnen Sie danach die Tabelle *Products*, und ändern Sie in einem der ersten fünf Datensätze den Lagerbestand. Setzen Sie danach die Ausführung des Beispielprogramms fort, wird am Ende die erfolgreiche Aktualisierung angezeigt.

Eine Änderung in der Spalte *ProductName* hingegen wird bei einem solchen Test zu einer Ausnahme vom Typ `DBConcurrencyException` führen, die einen Parallelitätskonflikt signalisiert. Das angestrebte Ziel wäre somit erreicht: Wir verursachen einen Konflikt, wenn zwei Anwender in der Spalte *ProductName* (und natürlich auch *UnitPrice*) derselben Datenzeile eine sich überschneidende Änderung vornehmen.

35.3 Konfliktanalyse

Stehen mehrere Datenzeilen zur Aktualisierung an, wird der `DataAdapter` versuchen, eine nach der anderen an die Datenbank zu senden. Wie im letzten Beispielprogramm zu sehen war, wird der `DataAdapter` eine `DBConcurrencyException` auslösen und die verbleibenden Änderungen nicht mehr an die Datenbank schicken. Das ist das Standardverhalten.

Sie können den `DataAdapter` anweisen, nach einem etwaigen Konflikt seine Aufgabe fortzusetzen und die verbleibenden Änderungen zu übermitteln. Dazu setzen Sie seine Eigenschaft `ContinueUpdateOnError=true`. Eine Exception wird in diesem Fall nicht ausgelöst. Stattdessen stehen Ihnen zwei andere Optionen zur Verfügung, mit den aufgetretenen Konflikten umzugehen:

▶ Sie informieren den Benutzer lediglich, welche Datenzeilen nicht aktualisiert werden konnten.

▶ Sie implementieren über die reine Information des fehlgeschlagenen Aktualisierungsversuchs hinaus auch eine Konfliktlösung. Dazu benötigt der Benutzer alle zur Verfügung stehenden Informationen, unter anderem auch diejenige, wie der neue aktuelle Inhalt der konfliktverursachenden Datenzeile in der Datenbank ist.

Beide Szenarien wollen wir uns nun ansehen.

35.3.1 Den Benutzer über fehlgeschlagene Aktualisierungen informieren

Legen Sie vor dem Aufruf der Update-Methode die Eigenschaft `ContinueUpdateOnError` auf `true` fest, verursacht ein fehlgeschlagener Aktualisierungsversuch keine Ausnahme mehr. Stattdessen wird die Eigenschaft `HasErrors` des entsprechenden `DataRow`-Objekts auf `true` gesetzt, ebenso die gleichnamige Eigenschaft des `DataSets` und der `DataTable`. Eine `DataRow` hat eine Eigenschaft `RowError`. Diese enthält nach dem misslungenen Versuch eine Fehlermeldung.

Im folgenden Beispielprogramm wird der Einsatz der Eigenschaften `ContinueUpdateOnError`, `HasErrors` und `RowError` gezeigt. Das Beispielprogramm setzt dasjenige des vorhergehenden Abschnitts fort und ergänzt nur noch die notwendigen Passagen.

```
// Beispiel: ..\Kapitel 35\HasErrorsSample
static void Main(string[] args) {
  [...]
  // Simulation eines Konflikts
  Console.Write("Konflikt simulieren ...");
  Console.ReadLine();
  // Datenbank aktualisieren
  da.ContinueUpdateOnError = true;
  da.Update(ds);
  if (ds.HasErrors) {
    string text = "Folgende Zeilen konnten nicht aktualisiert werden:";
    foreach (DataRow row in ds.Tables[0].Rows)
      if (row.HasErrors) {
        Console.WriteLine(text);
        Console.WriteLine("ID: {0}, Fehler: {1}", row["ProductID"], row.RowError);
      }
  }
  else
    Console.WriteLine("Die Aktualisierung war erfolgreich.");
  Console.ReadLine();
}
```

Listing 35.5 Code des Beispielprogramms »HasErrorsSample«

Nach dem Aufruf von `Update` auf den `DataAdapter` wird zuerst mit

`if (ds.HasErrors)`

das `DataSet` dahingehend untersucht, ob tatsächlich ein Konflikt vorliegt. `HasErrors` ist `false`, wenn die Datenbank die Änderungen angenommen hat. `true` signalisiert hingegen, dass wir alle Datenzeilen in der Tabelle des `DataSets` durchlaufen müssen, um die konfliktverursachenden Zeilen zu finden. Der Code wird fündig, wenn er auf eine Datenzeile mit `HasErrors=true` trifft.

```
foreach (DataRow row in ds.Tables[0].Rows)
  if (row.HasErrors) {
    [...]
  }
```

Jetzt können wir reagieren. Im einfachsten Fall lassen wir uns zumindest die ID des betreffenden »Übeltäters« ausgeben – so wie in diesem Beispiel. Sie können die Information natürlich auch dazu benutzen, dem Benutzer die Möglichkeit zu geben, die Konfliktursache zu beseitigen, denn der Verursacher ist ermittelt.

35.3.2 Konfliktverursachende Datenzeilen bei der Datenbank abfragen

Meist genügt es nicht, nur zu wissen, wer Konfliktverursacher ist. Es wird darüber hinaus auch eine Lösung angestrebt. Dies bedarf aber einer genaueren Analyse der Umstände, die zu einem Konflikt führen können. Dabei sind vier Situationen zu beachten:

- Ein Anwender versucht, eine Datenzeile mit einem neuen Primärschlüssel hinzuzufügen, der bereits in der Tabelle existiert.
- Ein Anwender versucht, einen Datensatz zu ändern, den ein zweiter Benutzer zuvor geändert hat.
- Es wird versucht, eine Datenzeile zu ändern, die zwischenzeitlich gelöscht worden ist.
- Es wird versucht, eine Datenzeile zu löschen, die bereits gelöscht ist. In der Regel wird man aber diesem Konflikt keine Beachtung schenken müssen.

Wird versucht, einen bereits vorhandenen Primärschlüssel für einen neuen Datensatz ein zweites Mal zu vergeben, scheint die Lösung des Problems noch recht einfach zu sein: Es muss nur ein anderer Primärschlüssel vergeben werden. Aber das könnte eine falsche Entscheidung sein. Können Sie denn sicherstellen, dass nicht zwei Anwender versuchen, den gleichen Datensatz zur Tabelle hinzuzufügen? Falls Sie diese Situation nicht berücksichtigen, liegen im schlimmsten Fall zwei identische Datensätze vor.

Um eine präzise Konfliktlösung der beiden anderen relevanten Konflikte zu ermöglichen, fehlen uns Informationen, die nur in der Datenbank zu finden sind. Was wir brauchen, ist eine neue Originalversion der konfliktverursachenden Datenzeile.

Der `DataAdapter` hilft uns an dieser Stelle weiter. Er löst nämlich für jede zu aktualisierende Datenzeile zwei Ereignisse aus, wenn anstehende Änderungen über die Methode `Update` an die Datenbank übermittelt werden:

- `RowUpdating`
- `RowUpdated`

`RowUpdating` wird ausgelöst, bevor eine Zeile übermittelt wird, `RowUpdated` tritt unmittelbar nach der Übermittlung auf.

Für unsere Lösung interessiert uns natürlich nur das Ereignis RowUpdated, dessen zweiter Parameter vom Typ SqlRowUpdatedEventArgs uns mit allen Informationen versorgt, die wir zur Konfliktanalyse und der anschließenden Konfliktlösung benötigen. In Tabelle 35.2 sind die Eigenschaften des EventsArgs-Parameters des RowUpdated-Ereignisses aufgeführt.

Eigenschaft	Beschreibung
Command	Ruft das beim Aufruf von Update ausgeführte SqlCommand ab.
Errors	Ruft alle Fehler ab, die während der Ausführung generiert wurden.
RecordsAffected	Ruft die Anzahl der durch die Ausführung der SQL-Anweisung geänderten, eingefügten oder gelöschten Zeilen ab.
Row	Ruft die durch ein Update gesendete DataRow ab.
StatementType	Ruft den Typ der ausgeführten SQL-Anweisung ab.
Status	Ruft einen Wert der Enumeration UpdateStatus ab oder legt diesen fest.
TableMapping	Ruft das durch ein Update gesendete DataTableMapping ab.

Tabelle 35.2 Die Eigenschaften des »SqlRowUpdatedEventArgs«-Objekts

Der Vollständigkeit halber folgt jetzt auch noch die Tabelle mit den Membern der Enumeration UpdateStatus, die von der Eigenschaft Status des SqlRowUpdatedEventArgs-Objekts offengelegt wird.

Member	Beschreibung
Continue	Der DataAdapter soll mit der Verarbeitung von Zeilen fortfahren.
ErrorsOccured	Der Ereignishandler meldet, dass die Aktualisierung als Fehler behandelt werden soll.
SkipAllRemainingRows	Die aktuelle Zeile und alle restlichen Zeilen sollen nicht aktualisiert werden.
SkipCurrentRow	Die aktuelle Zeile soll nicht aktualisiert werden.

Tabelle 35.3 Die Member der Enumeration »UpdateStatus«

Wie können wir nun das Ereignis zu unserem Nutzen einsetzen?

Es gilt zunächst herauszufinden, ob das Update einer Datenzeile zu einem Konflikt geführt hat. Hierzu prüfen wir, ob die Eigenschaft Status des SqlRowUpdatedEventArgs-Objekts den Enumerationswert UpdateStatus.ErrorsOccured aufweist.

```csharp
private void da_RowUpdated(object sender, SqlRowUpdatedEventArgs e) {
  if (e.Status == UpdateStatus.ErrorsOccurred) {
    [...]
  }
}
```

Listing 35.6 Prüfen, ob ein Fehler beim Aktualisieren aufgetreten ist

Um zu einer Konfliktlösung zu kommen, werden die konfliktverursachenden Datenzeilen in ihrer neuen, aktuellen Originalversion aus der Datenbank benötigt. Deshalb wird innerhalb des Ereignishandlers eine erneute Abfrage an die Datenbank geschickt und der Primärschlüssel der konfliktverursachenden Datenzeile als Filter benutzt. Da uns das EventArgs-Objekt in seiner Eigenschaft Row die Referenz auf die entsprechende Datenzeile mitteilt, stellt das kein Problem dar.

Sinnvollerweise stellt man ein eigenes DataSet-Objekt für alle abgefragten Datenzeilen zur Verfügung (hier: *dsConflict*), ebenso einen separaten SqlDataAdapter (hier: *daConflict*). Der Aufruf der Fill-Methode bewirkt, dass entweder genau eine Datenzeile das Ergebnis des Aufrufs bildet oder keine. Die Fill-Methode teilt uns über ihren Rückgabewert die Anzahl der Datensätze mit, die die Ergebnismenge bilden. Der Rückgabewert ist ganz entscheidend, um festzustellen, welche Ursache der Konflikt hat. Sehen wir uns nun zuerst das entsprechende Codefragment zu dem Gesagten an:

```csharp
DataSet dsConflict = new DataSet();
SqlDataAdapter daConflict = new SqlDataAdapter();
[...]
private void da_RowUpdated(object sender, SqlRowUpdatedEventArgs e) {
  if (e.Status == UpdateStatus.ErrorsOccurred) {
    SqlCommand cmdConflict = new SqlCommand();
    string sql = "SELECT ProductID, ProductName, UnitPrice, " +
                 "UnitsInStock FROM Products WHERE ProductID = " +
                 e.Row["ProductID"];
    cmdConflict = new SqlCommand();
    cmdConflict.Connection = con;
    cmdConflict.CommandText = sql;
    daConflict.SelectCommand = cmdConflict;
    int result = daConflict.Fill(dsConflict);
  }
}
```

Listing 35.7 Abrufen der konfliktverursachenden Datenzeile aus der Datenbank

Grundsätzlich können beim Aktualisieren einer Datenzeile zwei verschiedene Exceptions auftreten:

- SqlException
- DBConcurrencyException

SqlException beschreibt Ausnahmen, die der SQL Server zurückgibt. Das wäre beispielsweise der Fall, wenn ein Datensatz mit einem Primärschlüssel hinzugefügt wird, der in der Tabelle bereits existiert.

DBConcurrencyException hingegen wird ausgelöst, wenn eine Parallelitätsverletzung vorliegt. Das ist der Fall, wenn die Anzahl der aktualisierten Datenzeilen 0 ist. Um festzustellen, welche Ausnahme ausgelöst worden ist, brauchen Sie nur den in der Eigenschaft Errors des SqlRowUpdatedEventArgs-Objekts enthaltenen Ausnahmetyp zu untersuchen.

```
if (e.Errors.GetType() == typeof(SqlException)) {
  [...]
}
else if (e.Errors.GetType() == typeof(DBConcurrencyException)) {
  [...]
}
```

Anschließend kommt es zur Auswertung der Anzahl der Datensätze, die in der Variablen *result* stehen. Es kann sich nur um die Zahl 0 oder 1 handeln, woraus weitere Rückschlüsse gezogen werden können.

Betrachten wir zuerst den Fall, dass Errors ein SqlException-Objekt enthält.

```
if (e.Errors.GetType() == typeof(SqlException)) {
  if (result == 1)
    Console.WriteLine("Der PS existiert bereits.");
}
```

Ist in diesem Fall der Inhalt von *result* 1, handelt es sich um den Versuch, einen neuen Datensatz mit einem Primärschlüssel hinzuzufügen, wobei der Primärschlüssel in der Originaltabelle bereits vergeben ist. Beschreibt *result* die Zahl 0, liegt ein anderer Datenbankfehler vor.

Handelt es sich um den Ausnahmetyp DBConcurrencyException, wurde der Versuch, die Änderung an einer Datenzeile in die Originaltabelle zu schreiben, abgelehnt. Die Parallelitätsverletzung kann zwei Ursachen haben:

- Ein anderer Anwender hat den Datensatz zwischenzeitlich geändert. Der Inhalt der Variablen *result* muss in diesem Fall die Zahl 1 sein. Mit anderen Worten: Der Datensatz existiert noch.

- Wird der Inhalt von *result* mit der Zahl 0 beschrieben, wurde der Datensatz von einem anderen Anwender gelöscht. Der entsprechende Primärschlüssel existiert nicht mehr.

Der else if-Zweig muss demnach wie folgt codiert werden:

```
[...]
else if (e.Errors.GetType() == typeof(DBConcurrencyException)) {
  // ist Anzahl=1 -> anderer Benutzer hat DS geändert
```

```
    if (result == 1)
      Console.WriteLine("Ein anderer User hat den Datensatz geändert.");
    else
      Console.WriteLine("Datensatz existiert nicht in der Datenbank.");
}
```

Das folgende Beispielprogramm zeigt den Code im Zusammenhang. Ausgangspunkt sei wieder das Beispielprogramm *ManuelleAktualisierung,* das entsprechend ergänzt wird. Neben der Implementierung des Ereignishandlers des `RowUpdated`-Ereignisses wird nach der Aktualisierung auch das `DataSet` mit allen konfliktverursachenden Datenzeilen abgefragt und ausgegeben.

```
// Beispiel: .. \Kapitel 35\KonfliktAnalyse
class Program {
  static DataSet dsConflict = new DataSet();
  static SqlDataAdapter daConflict = new SqlDataAdapter();
  static SqlConnection con = new SqlConnection();
  static void Main(string[] args) {
    [...]
    // Datenbank aktualisieren
    da.ContinueUpdateOnError = true;
    da.RowUpdated += new SqlRowUpdatedEventHandler(da_RowUpdated);
    da.Update(ds);
    // Konflikt-DataSet abrufen
    if (dsConflict.Tables.Count > 0) {
      Console.WriteLine("\n{0,-5}{1,-35}{2,-12}{3}",
                        "ID", "ProductName", "UnitPrice", "UnitsInStock");
      Console.WriteLine(new string('-', 65));
      foreach (DataRow item in dsConflict.Tables[0].Rows)
        Console.WriteLine("{0,-5}{1,-35}{2,-12}{3}",
                          item["ProductID"], item["ProductName"],
                          item["UnitPrice"], item["UnitsInStock"]);
    }
    Console.ReadLine();
  }
  static void da_RowUpdated(object sender, SqlRowUpdatedEventArgs e) {
    if (e.Status == UpdateStatus.ErrorsOccurred) {
      SqlCommand cmdConflict = new SqlCommand();
      string sql = "SELECT ProductID, ProductName, UnitPrice, UnitsInStock FROM
                    Products WHERE ProductID = " + e.Row["ProductID"];
      cmdConflict = new SqlCommand();
      cmdConflict.Connection = con;
      cmdConflict.CommandText = sql;
      daConflict.SelectCommand = cmdConflict;
      int result = daConflict.Fill(dsConflict);
      if (e.Errors.GetType() == typeof(SqlException)) {
```

```
      // Prüfen, ob es einen DS mit einem bestimmten PS gibt
      if (result == 1)
        Console.WriteLine("Der PS existiert bereits.");
    }
    else if (e.Errors.GetType() == typeof(DBConcurrencyException)) {
      // ist Anzahl=1 -> anderer Benutzer hat DS geändert
      if (result == 1)
        Console.WriteLine("Ein anderer User hat den Datensatz geändert.");
      else
        Console.WriteLine("Datensatz existiert nicht in der Datenbank.");
    }
  }
 }
}
```

Listing 35.8 Analyse bei einem Konflikt

35.4 Neue Autoinkrementwerte abrufen

Fügen Sie der Tabelle *Products* eine neue Datenzeile hinzu, wird ein Primärschlüsselwert generiert, der automatisch von der Datenbank erzeugt wird. Nicht alle Datenbanken unterstützen dieses Feature, aber der SQL Server gehört dazu. Das Problem bei der Aktualisierung durch Hinzufügen einer neuen Datenzeile ist, dass der DataRow im DataSet nach der Aktualisierung der von der Datenbank erzeugte Primärschlüssel nicht zur Verfügung steht, während jede andere Aktualisierung dazu führt, dass die DataRowVersion.Original den Wert von DataRowVersion.Current annimmt.

Wie also erhalten wir nach dem Hinzufügen den neuen, aktuellen Primärschlüssel einer Autoinkrementspalte? Hier hilft uns der SQL Server mit seiner integrierten Funktion @@IDENTITY. Sie liefert den letzten erzeugten Autoinkrementwert zurück.

Wir können das Beispiel aus dem letzten Abschnitt nun in der Weise ergänzen, dass wir für unsere beiden hinzuzufügenden Datenzeilen die entsprechenden Werte im Ereignishandler zu RowUpdated abfragen und der Spalte *ProduktID* der betreffenden Datenzeile zuordnen.

```
static void da_RowUpdated(object sender, SqlRowUpdatedEventArgs e) {
  // Konfliktanalyse
  if (e.Status == UpdateStatus.ErrorsOccurred) {
    [...]
  }
  // Abfrage der neuen Autoinkrementwerte
  else if ((e.Status == UpdateStatus.Continue) &&
           (e.StatementType == StatementType.Insert)) {
    SqlCommand cmdPS = new SqlCommand();
    cmdPS.CommandText = "SELECT @ProductID = @@IDENTITY";
    cmdPS.Connection = con;
```

```
            SqlParameter param = cmdPS.Parameters.Add("@ProductID", SqlDbType.Int);
            param.Direction = ParameterDirection.Output;
            cmdPS.ExecuteNonQuery();
            e.Row["ProductID"] = cmdPS.Parameters["@ProductID"].Value;
    }
}
```

Listing 35.9 Abfrage der neuen Primärschlüsselwerte

Zunächst muss sichergestellt werden, dass nur die erfolgreiche Aktualisierung einer neu hinzugefügten Datenzeile vom folgenden Code behandelt wird. Die Eigenschaften `Status` und `StatementType` des `EventsArgs`-Objekts gestatten uns eine entsprechende Filterung.

Im Anweisungsblock wird zuerst ein `SqlCommand`-Objekt erzeugt. Der `CommandText`-Eigenschaft weisen wir mit

```
SELECT @ProductID = @@IDENTITY
```

den Rückgabewert von `@@IDENTITY` zu. Der Parameter *@ProductID* muss als Ausgabeparameter festgelegt werden. Nach dem Aufruf der Methode `ExecuteNonQuery` können wir dem Parameter den neuen Wert entnehmen und ihn in die Spalte *ProductID* der entsprechenden Datenzeile schreiben. Bevor Sie die Anwendung testen, müssen Sie noch berücksichtigen, dass aufgrund des Aufrufs von `FillSchema` die Spalte *ProductID* schreibgeschützt ist. Sie müssen deshalb mit

```
ds.Tables[0].Columns["ProductID"].ReadOnly = false;
```

vor dem Aufruf der `Update`-Methode des `SqlDataAdapters` den Schreibschutz wieder aufheben.

> **Hinweis**
> Das komplette Beispiel finden Sie auf der Buch-DVD unter ...*Beispiele\Kapitel 35\AutoInkrementSample*.

Kapitel 36
Stark typisierte DataSets

In den beiden vorangegangenen Kapiteln haben Sie alles Wesentliche im Zusammenhang mit der Klasse `DataSet` erfahren. Grundsätzlich wird aber zwischen zwei verschiedenen `DataSets` unterschieden: **dem untypisierten DataSet** und dem **typisierten DataSet**. Das untypisierte `DataSet` war der Schwerpunkt aller bisherigen Ausführungen. In diesem Kapitel werde ich Ihnen die typisierten `DataSets` vorstellen und dabei zeigen, welche Stärken und Schwächen diese Gruppe aufweist. Dabei werden wir auch den Designer von Visual Studio verwenden.

Wenn Sie ein typisiertes `DataSet` erzeugen, werden auch automatisch `TableAdapter` angelegt. Hierbei handelt es sich um typisierte `DataAdapter`, über die Sie eine `DataTable` mit Daten aus der Datenbank füllen und die Aktualisierungen wieder zurückschreiben können.

36.1 Ein stark typisiertes DataSet erzeugen

Lassen Sie uns zunächst einmal ganz allgemein formulieren, was ein typisiertes `DataSet` ist. Ein stark typisiertes `DataSet` ist eine Klassendefinition, die von der Klasse `DataSet` abgeleitet ist. Es enthält Eigenschaften und Methoden, die auf der Struktur der Datenbankabfrage basieren. Darüber hinaus sind in einem typisierten `DataSet` Klassen für die `DataTable`- und `DataRow`-Objekte definiert.

Es bieten sich zwei Wege an, um ein stark typisiertes DataSet zu erzeugen:

- Sie benutzen den Designer von Visual Studio.
- Sie verwenden das Befehlszeilendienstprogramm *XSD.exe*.

Der einfachere Weg ist natürlich der über den Designer, den ich Ihnen auch als ersten vorstellen möchte.

36.1.1 Typisierte DataSets mit dem Visual Studio Designer erstellen

An einem Beispiel möchte ich Ihnen zeigen, wie Sie auf einfache Weise ein typisiertes *DataSet* erzeugen. Das typisierte `DataSet` soll die beiden Tabellen *Products* und *Categories* beschreiben. Aus der Tabelle *Products* interessieren uns dabei die Spalten *ProductID*, *CategoryID*, *ProductName* und *UnitPrice*, aus *Categories* die Spalten *CategoryID* und *CategoryName*.

Nachdem Sie ein neues Projekt angelegt haben, fügen Sie über den Projektmappen-Explorer ein neues Element hinzu. Markieren Sie dazu den Knoten des Projekts im Projektmappen-

Explorer, öffnen Sie dessen Kontextmenü, und wählen Sie NEUES ELEMENT HINZUFÜGEN. Im sich öffnenden Dialogfenster wählen Sie die Vorlage DATASET aus und geben dem Element einen passenden Namen. Ich habe mich hier für *NWDataSet.xsd* entschieden (siehe Abbildung 36.1).

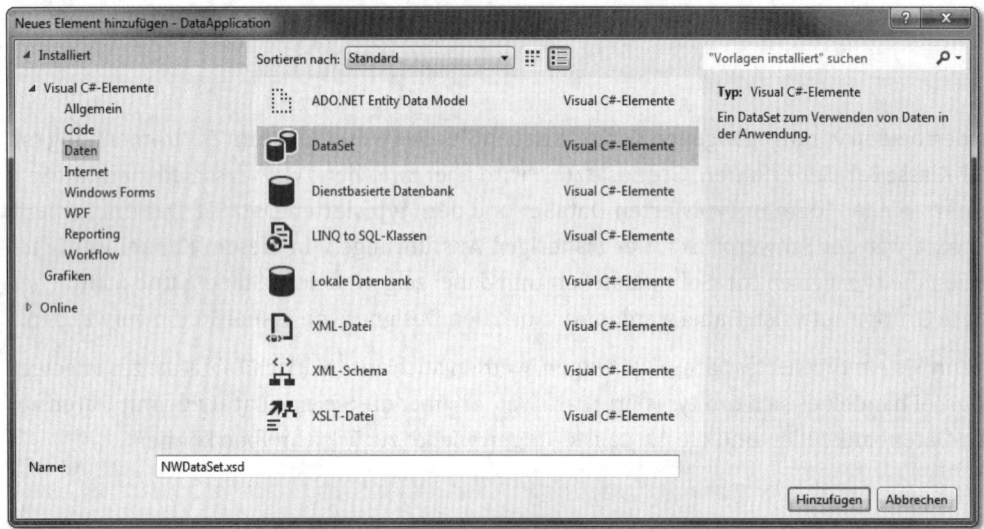

Abbildung 36.1 Dem Projekt ein typisiertes DataSet hinzufügen

Im Designer wird nun ein leeres Fenster angezeigt, dem die gewünschten Tabellen hinzugefügt werden müssen. Dazu setzen wir den Server-Explorer ein, dem wir die benötigte Datenbankverbindung zuvor noch hinzufügen müssen. Sollten Sie das Fenster des Server-Explorers nicht sehen, können Sie es über das Menü ANSICHT öffnen.

Ganz oben im Server-Explorer sehen Sie den Knoten *Datenverbindungen*. Markieren Sie diesen Knoten, und wählen Sie in dessen Kontextmenü den Eintrag VERBINDUNG HINZUFÜGEN. Es wird daraufhin der gleichnamige Dialog angezeigt. Achten Sie darauf, dass im Feld DATENQUELLE »Microsoft SQL Server (SqlClient)« eingetragen ist. Wenn das nicht der Fall ist, können Sie über die Schaltfläche ÄNDERN die Datenquelle wechseln.

Geben Sie nun den Servernamen an. Sollte sich der Datenbankserver auf der lokalen Maschine befinden, reicht die Angabe eines Punktes (.). Gleichwertig können Sie auch »(local)« eintragen, einschließlich der runden Klammern. Vielleicht haben Sie auch die *Northwind*-Datenbank in einer benannten Instanz von SQL Server installiert, beispielsweise *SQLExpress*. Geben Sie dann den Instanzbezeichner von SQL Server getrennt durch ein »\«-Zeichen hinter dem Rechnernamen an, z. B. »(local)\SQLExpress«.

Als Authentifizierungsinformation wird per Vorgabe die Windows-Anmeldung vorselektiert. Wollen Sie die SQL Server-Anmeldung verwenden, müssen Sie auch Benutzernamen und Kennwort eintragen. Diese Option führt natürlich auch nur dann zum Erfolg, wenn der

SQL Server die SQL Server-Authentifizierung unterstützt. Wählen Sie zum Schluss noch die gewünschte Datenbank aus, und testen Sie die Verbindung über die Schaltfläche TESTVERBINDUNG. Danach können Sie die Einstellungen mit OK bestätigen.

Wenn Sie alles richtig gemacht haben, wird die Datenbankverbindung nun im Server-Explorer angezeigt. Erweitern Sie deren Knoten, werden alle Elemente der *Northwind*-Datenbank angezeigt (TABELLEN, ANSICHTEN, TYPEN usw.).

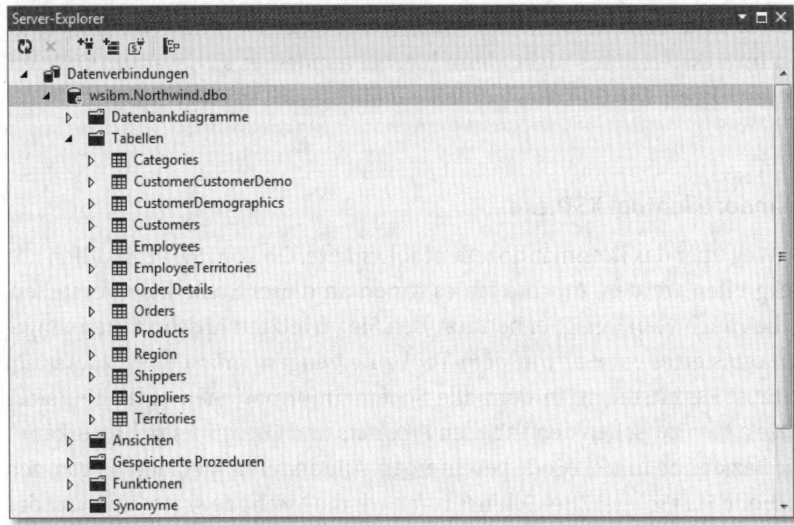

Abbildung 36.2 Der Server-Explorer

Aus dem Server-Explorer heraus können Sie eine markierte Tabelle in den Designer des typisierten `DataSets` ziehen. Dann wären alle Spalten der Tabelle Elemente des typisierten `DataSets`. Da wir uns vorgenommen haben, nur bestimmte Spalten hinzuzufügen, öffnen wir den Knoten der entsprechenden Tabelle und markieren nur die gewünschten Spalten. Halten Sie dabei die [Strg]-Taste gedrückt. Ziehen Sie nun die markierten Spalten in den Designer. Haben Sie die ausgewählten Spalten der ersten Tabelle (z.B. *Products*) in den Designer gezogen, markieren Sie die erforderlichen Spalten der Tabelle *Categories* im Server-Explorer und ziehen diese ebenfalls in den Designer. Das Resultat sollte dann so aussehen wie in Abbildung 36.3.

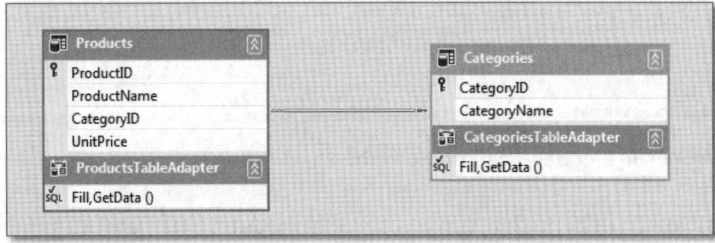

Abbildung 36.3 Das typisierte DataSet im Designer

Das war bereits alles. Wie Sie in der Abbildung sehen können, erkennt der Designer, dass zwischen den beiden Tabellen *Categories* und *Products* eine Beziehung existiert, und fügt diese auch automatisch hinzu.

Sie sollten jetzt noch einen Blick in den Projektmappen-Explorer wagen. Die Schemadatei für das typisierte `DataSet` ist hier als *NWDataSet.xsd* eingetragen. Wenn Sie sich alle Dateien im Projektmappen-Explorer anzeigen lassen (klicken Sie dazu auf die entsprechende Symbolleistenschaltfläche im Projektmappen-Explorer), erkennen Sie, dass der XSD-Datei drei Dateien untergeordnet sind: *NWDataSet.Designer.cs*, *NWDataSet.xsc* und *NWDataSet.xss*. Die beiden letzteren interessieren uns nicht, denn hierbei handelt es sich nur um Dateien, die den Designer unterstützen. Die CS-Datei werden wir aber gleich noch genauer unter die Lupe nehmen.

36.1.2 Das Kommandozeilentool XSD.exe

Aufwendiger ist der Weg über das Kommandozeilentool *xsd.exe*. Obwohl Sie vermutlich nur selten darauf zurückgreifen werden, möchte ich es Ihnen an dieser Stelle kurz vorstellen. Intern wird es natürlich auch vom Designer benutzt, den Sie im letzten Abschnitt kennengelernt haben. Um ein typisiertes `DataSet` mit dem Tool zu erzeugen, müssen wir zuerst ein nicht typisiertes `DataSet` bereitstellen, in dem alle Schemainformationen enthalten sind. Damit auch die `DataRelation` zwischen den Tabellen *Products* und *Categories* richtig erkannt wird, müssen wir die Beziehung mittels Code beschreiben. Alle anderen Metadaten besorgen wir uns über die Methode `FillSchema`. Zum Schluss rufen wir die Methode `WriteXmlSchema` des `DataSets` auf und schreiben die Schemainformationen in eine XSD-Datei.

```
SqlConnection con = new SqlConnection();
con.ConnectionString = "...";
SqlCommand cmd = new SqlCommand();
cmd.Connection = con;
cmd.CommandText = "SELECT ... FROM Products; " +
                  "SELECT ... FROM Categories";
DataSet ds = new DataSet();
SqlDataAdapter da = new SqlDataAdapter(cmd);
da.FillSchema(ds, SchemaType.Source);
DataColumn colDetail = ds.Tables[0].Columns["CategoryID"];
DataColumn colMaster = ds.Tables[1].Columns["CategoryID"];
DataRelation rel = new DataRelation("KategorieProdukte",
                          colMaster, colDetail);
ds.Relations.Add(rel);
ds.WriteXmlSchema(@"D:\DataSetSchema.xsd");
```

Listing 36.1 Schemainformationen in eine Schemadatei schreiben

Nun wollen wir das Tool *xsd.exe* dazu benutzen, um aus der Schemadatei eine Datei zu generieren, die das typisierte `DataSet` enthält. Es wird sich dabei um eine Datei mit der Dateierweiterung *.cs* handeln.

Rufen Sie das Tool an der Kommandozeile auf, und übergeben Sie ihm im ersten Parameter die zuvor erzeugte Schemadatei. Dem zweiten Parameter übergeben Sie »/dataset«, also:

```
xsd.exe DataSetSchema.xsd /dataset
```

Damit ist eine Klassendatei für das typisierte DataSet erzeugt worden, die Sie nun in andere Projekte einfügen und nutzen können.

36.2 Die Anatomie eines typisierten DataSets

Werfen wir einen Blick in die Klassendatei des typisierten DataSets. Öffnen Sie dazu die Datei *NWDataSet.Designer.cs* im Editor.

Die Datei enthält mehrere Klassendefinitionen:

```
public partial class NWDataSet : DataSet
public partial class ProductsTableAdapter : Component
public partial class CategoriesTableAdapter : Component
```

Die Klassendefinition, die in direktem Zusammenhang mit dem typisierten DataSet steht, ist die Klasse NWDataSet. Diese Klasse ist von DataSet abgeleitet. Des Weiteren enthält die Datei für jede der beiden Tabellen eine TableAdapter-Klassendefinition: ProductsTableAdapter und CategoriesTableAdapter. Die Letztgenannten sind direkt von System.ComponentModel.Component abgeleitet. Darauf werde ich später noch eingehen.

Die Klasse NWDataSet ist prall mit automatisch generiertem Code gefüllt. Sie enthält unter anderem auch die beiden Klassen CategoriesDataTable und ProductsDataTable. Beide sind von DataTable abgeleitet. Um die Datenzeilen der beiden Tabellen zugänglich zu machen, sind im typisierten DataSet auch noch die beiden Klassen CategoriesRow und ProductsRow spezifiziert, die die gemeinsame Basisklasse DataRow haben.

36.2.1 Die Datenzeilen einer Tabelle ausgeben

Damit Sie sehen, wie mit einem typisierten DataSet gearbeitet wird, möchte ich Ihnen zunächst ein ganz einfaches Beispiel vorstellen. Es basiert auf dem eben erzeugten typisierten DataSet, das mit NWDataSet bezeichnet worden ist. Dieses DataSet bildet die Grundlage, um uns alle Produktnamen an der Konsole auszugeben. Hier zuerst der dazu notwendige Code.

```csharp
// Beispiel: ..\Kapitel 36\TypisiertesDataSet
using System;
using System.Collections.Generic;
using System.Text;
using TypisiertesDataSet.NWDataSetTableAdapters;
namespace TypisiertesDataSet {
  class Program {
```

```
    static void Main(string[] args) {
      NWDataSet ds = new NWDataSet();
      ProductsTableAdapter tblAd = new ProductsTableAdapter();
      tblAd.Fill(ds.Products);
      foreach(NWDataSet.ProductsRow row in ds.Products) {
        Console.WriteLine("{0}", row.ProductName);
      }
      Console.ReadLine();
    }
  }
}
```

Listing 36.2 Beispielprogramm »TypisiertesDataSet«

Wir benötigen weder ein `SqlConnection`-Objekt noch ein `SqlCommand`-Objekt. Alle Informationen, die wir bisher diesen Objekten mitgeteilt haben, stecken nun im typisierten `DataSet`. Wie Sie weiter oben gesehen haben, lautet dessen Klassenbezeichner `NWDataSet`. Diese Klasse wird als Erstes instanziiert.

In der Datei *NWDataSet.Designer.cs* ist nicht nur `NWDataSet` definiert, sondern darüber hinaus auch die beiden Klassen `ProductsTableAdapter` und `CategoriesTableAdapter`. Ein `TableAdapter` ist ein Objekt, das zum Laden und Speichern einer Tabelle im typisierten `DataSet` dient und zusammen mit der Klasse des typisierten `DataSets` automatisch erzeugt wird.

Schauen Sie sich noch einmal den Code in der Datei *NWDataSet.Designer.cs* an. Sie werden feststellen, dass die beiden `TableAdapter`-Klassen dem Namespace `TypisiertesDataSet.NWDataSetTableAdapters` angehören, einem dem Stamm-Namespace untergeordneten Namespace also. Aus diesem Grund ist der Namespace der `TableAdapter` mit `using` bekannt gegeben worden.

Ähnlich wie ein `DataAdapter` muss auch ein `TableAdapter` instanziiert werden. Gefüllt wird das `DataSet` durch den Aufruf von `Fill` des `TableAdapters`. Allerdings ist diese Methode typisiert, ihr muss also ein ganz bestimmter Datentyp übergeben werden. Wenn Sie sich die Definition der Methode `Fill` in der Klasse `ProductsTableAdapter` ansehen, wissen Sie, welche Tabelle mit Daten gefüllt werden kann:

```
public virtual int Fill(NWDataSet.ProductsDataTable dataTable)
```

Die `Fill`-Methode, die auf der Referenz eines `ProductsTableAdapters` aufgerufen wird, kann demnach nur ein Objekt vom Typ `NWDataSet.ProductsDataTable` füllen. (Beachten Sie, dass die Klasse `ProductsDataTable` eine innere Klasse der Klasse `NWDataSet` ist. Öffentliche innere Klassen können instanziiert werden, allerdings beinhaltet der Klassenbezeichner immer die durch einen Punkt getrennt vorangestellte Nennung der äußeren Klasse.)

Doch was ist nun als Argument der Methode `Fill` zu übergeben? Die Antwort liefert wieder ein Blick in die Klasse `NWDataSet`. Den in diesem Zusammenhang wichtigen Ausschnitt zeigt das folgende Codefragment:

```
public partial class NWDataSet : DataSet {
  private ProductsDataTable tableProducts;
  private CategoriesDataTable tableCategories;
  private void InitClass() {
    [...]
    this.tableProducts = new ProductsDataTable();
    [...]
    this.tableCategories = new CategoriesDataTable();
  }
  public ProductsDataTable Products {
    get
    {
      return this.tableProducts;
    }
  }
}
```

Listing 36.3 Ausschnitt aus der Klasse »NWDataSet«

Auf Klassenebene sind die beiden Variablen *tableProducts* und *tableCategories* deklariert. In der Methode *InitClass*, die intern bei der Instanziierung des typisierten DataSets aufgerufen wird, erfolgt die Initialisierung der beiden Variablen. Genau genommen beherbergt das typisierte DataSet also die beiden Tabellen *Products* und *Categories*. Die Referenz auf die beiden Tabellen wird über schreibgeschützte Eigenschaftsmethoden offengelegt, von denen im Codefragment nur die der *Products*-Tabelle angegeben ist. Daher muss das typisierte DataSet NWDataSet mit

```
tblAd.Fill(ds.Products);
```

gefüllt werden.

Es gilt nun, die Datenzeilen der *Products*-Tabelle zu durchlaufen. In der Klasse NWDataSet sind dazu die beiden inneren Klassen ProductsRow und CategoriesRow definiert. Sie ersetzen im typisierten DataSet die generische Klasse DataRow. Doch wie kommt man an ein Array oder eine Auflistung aller Datenzeilen einer Tabelle?

Jetzt wird das Klassenkonzept interessant. Das ProductsDataTable-Objekt repräsentiert nämlich genau genommen nicht nur die Tabelle *Products*, sondern gleichzeitig auch alle darin enthaltenen Datenzeilen. Sie sehen das bestätigt, wenn Sie sich die Klassendefinition von ProductsDataTable ansehen. Hier finden Sie die Überladung des this-Operators, der als Parameter einen Integer erwartet, der als Index einer bestimmten Datenzeile interpretiert wird.

```
public ProductsRow this[int index] {
  get {
    return ((ProductsRow)(this.Rows[index]));
  }
}
```

Listing 36.4 Indexerdefinition

Mit dieser Erkenntnis kann nun auch die foreach-Schleife konstruiert werden:

```
foreach(NWDataSet.ProductsRow row in ds.Products)
    [...]
```

Sie haben nun gesehen, wie Sie sich mit einem typisierten DataSet die Datenzeilen einer der beiden Tabellen ausgeben lassen können. Wahrscheinlich bleibt bei Ihnen ein flaues Gefühl im Magen zurück. Um dasselbe Resultat zu erzielen, hätten Sie vermutlich effektiver mit den generischen Klassen von ADO.NET gearbeitet. Ganz unrecht kann ich Ihnen nicht geben. Auch mir ging es am Anfang nicht anders, als ich mich zum ersten Mal mit den typisierten DataSets auseinandergesetzt habe. Aber wir sind mit der Thematik auch noch nicht am Ende angelangt, denn mit einem typisierten DataSet werden noch viele andere Dinge möglich, vielleicht sogar einfacher.

Zugegeben, ein wenig abschreckend und auch unübersichtlich sind die automatisch vom Designer erzeugten Klassendefinitionen schon. Um Ihnen ein wenig die Hemmung davor zu nehmen, bin ich in diesem Abschnitt etwas intensiver auf deren Code eingegangen – zumindest im Zusammenhang mit der selbst auferlegten Aufgabenstellung. Wenn Sie mit typisierten DataSets arbeiten, werden Sie nicht umhinkommen, den Code eventuell an die eigenen Anforderungen und Bedürfnisse anzupassen. Werfen Sie daher ruhig auch einen Blick in die Klassendefinitionen, wenn ich Ihnen in den folgenden Abschnitten weitere Möglichkeiten des Einsatzes der typisierten DataSets vorstellen werde.

36.2.2 Datenzeilen hinzufügen

Um eine Datenzeile zu einer typisierten Tabelle hinzuzufügen, wird in der typisierten Tabelle eine Methode mit der folgenden Namenskonvention bereitgestellt:

```
New<Tabellenname>Row
```

Diese Methode ersetzt die Methode NewRow in einem untypisierten DataSet. Ferner finden wir auch eine Methode, um die neue Datenzeile zur Auflistung der Datenzeilen hinzuzufügen:

```
Add<Tabellenname>Row
```

Es stellt sich nun nur noch die Frage, wie man die Werte in die neue Datenzeile eintragen kann. Das ist sehr einfach, weil die Spaltenbezeichner der zugrunde liegenden Abfrage als gleichnamige Eigenschaften der typisierten DataRows abgebildet werden. Im folgenden Codefragment wird das deutlich:

```
NWDataSet ds = new NWDataSet();
ProductsTableAdapter tblAd = new ProductsTableAdapter();
// Tabelle füllen
tblAd.Fill(ds.Products);
// Neue Datenzeile
NWDataSet.ProductsRow row = ds.Products.NewProductsRow();
row.ProductName = "Gewürzgurke";
```

```
row.CategoryID = 2;
row.UnitPrice = 100;
ds.Products.AddProductsRow(row);
```
Listing 36.5 Daten an eine neue Datenzeile übergeben

Sie werden mir zustimmen, dass dieser Code recht intuitiv aussieht und einfach zu lesen ist. Sie werden auch feststellen, dass Sie bei der Codierung durch die IntelliSense-Hilfe eine hervorragende Unterstützung erfahren. Zumindest haben Sie gut lesbaren Programmcode, ohne dass Sie explizit die Spaltenbezeichner angeben müssen (falls Sie keine Indizes verwenden).

Wie die `Add`-Methode der `DataRowCollection` ist auch die Methode `Add<Tabellenname>Row` der typisierten `DataTable` überladen. Rufen Sie diese Überladung auf, wird intern automatisch eine temporäre Datenzeile mit allen Spalten angelegt, und die Spalten werden mit den Daten aus der Argumentenliste gefüllt. Anschließend wird die neue Datenzeile an die Auflistung der Datenzeilen angehängt.

```
ds.Products.AddProductsRow("Gewürzgurke",1, 100);
```

36.2.3 Datenzeilen bearbeiten

Das Ändern von Datenzeilen ähnelt dem Vorgehen in einem nicht typisierten `DataSet`. Es stehen Ihnen auch in einem typisierten `DataSet` die Methoden `BeginEdit`, `EndEdit` und `CancelEdit` zur Verfügung.

```
// Zu ändernde Datenzeile referenzieren
NWDataSet.ProductsRow row = ds.Products[0];
// Die gewünschte Spalte ändern
row.BeginEdit();
row.ProductName = "Hartkäse";
row.EndEdit();
```
Listing 36.6 Editieren einer Datenzeile

Alternativ dürfen Sie auch ohne vorherigen Aufruf von `BeginEdit` sofort den Wert in die betreffende Spalte schreiben. Die Möglichkeit, die Änderung zurückzunehmen, haben Sie dann allerdings nicht.

36.2.4 Datenzeilen suchen

Eine Datenzeile in einer typisierten `DataTable` anhand ihres Primärschlüssels zu finden ist eine ganz simple Angelegenheit. Jede typisierte Tabelle veröffentlicht dazu eine typisierte `Find`-Methode. In der typisierten *Products*-Tabelle lautet sie `FindByProductID`, in der typisierten *Categories*-Tabelle `FindByCategoryID`.

```
NWDataSet.ProductsRow row = ds.Products.FindByProductID(5);
```

Handelt es sich um einen kombinierten Primärschlüssel aus mehreren Spalten, wie beispielsweise in der Tabelle *Order Details*, werden in den Bezeichner der `Find`-Methode die Namen der Spalten übernommen, die den Primärschlüssel bilden. In dieser Reihenfolge geben Sie auch die Werte für die Spalten in der Argumentenliste an.

36.2.5 NULL-Werte im typisierten DataSet

Jede typisierte `DataRow`, die NULL-Werte enthalten kann, bietet zwei Methoden an, um mit den NULL-Werten zu arbeiten. Die erste Methode dient dazu, Werte einer Spalte auf NULL zu setzen, die zweite Methode dient dazu, den Wert einer Spalte auf NULL hin zu untersuchen. In der Tabelle *Products* ist die Spalte *UnitPrice* eine der Spalten, die NULL-Werte erlaubt. Die beiden Methoden, die im Zusammenhang mit den NULL-Werten stehen, heißen `SetUnitPriceNull` und `IsUnitPriceNull`.

```csharp
NWDataSet ds = new NWDataSet();
ProductsTableAdapter tblAd = new ProductsTableAdapter();
// Tabelle füllen
tblAd.Fill(ds.Products);
// Neue Datenzeile hinzufügen
NWDataSet.ProductsRow newRow = ds.Products.NewProductsRow();
newRow.ProductName = "Gewürzgurke";
newRow.CategoryID = 2;
// Den Wert der Spalte 'UnitPrice' auf NULL setzen
newRow.SetUnitPriceNull();
ds.Products.AddProductsRow(newRow);
// Datenzeilenliste ausgeben
foreach(NWDataSet.ProductsRow row in ds.Products) {
  Console.Write("{0,-4}", row.ProductID);
  Console.Write("{0,-35}", row.ProductName);
  if (!row.IsUnitPriceNull())
    Console.WriteLine("{0}", row.UnitPrice);
  else
    Console.WriteLine("NULL");
}
```

Listing 36.7 NULL-Einträge behandeln

36.2.6 Die Daten in einem hierarchischen DataSet

In einem nicht typisierten `DataSet` können Sie mit den Methoden `GetChildRows`, `GetParentRow` und `GetParentRows` durch ein hierarchisches `DataSet` navigieren. Dabei müssen Sie nicht nur die `DataRelation` angeben, über die die Daten abgefragt werden, sondern darüber hinaus auch die beiden verknüpften Spalten auf Seiten der Master- und Detailtabelle.

Beim Erzeugen eines typisierten `DataSets` wird automatisch die Beziehung zwischen zwei oder auch mehr Tabellen erkannt. Sie konnten das im Designer erkennen. Es wird daher ein wenig einfacher, durch das typisierte DataSet zu navigieren. Dazu stellt die Klasse CategoriesRow die Methode GetProductsRows bereit, die ohne Übergabe eines Arguments aufgerufen werden kann und alle verknüpften Datenzeilen der Detailtabelle liefert.

Um von einer Detailtabelle auf eine verknüpfte Datenzeile in der Mastertabelle zuzugreifen, weicht der Methodenbezeichner leider die eingeschlagene Konvention auf und verzichtet auf das Präfix Get. Hier heißt die Methode schlichtweg CategoriesRow.

```
NWDataSet ds = new NWDataSet();
ProductsTableAdapter adProducts = new ProductsTableAdapter();
CategoriesTableAdapter adCategories = new CategoriesTableAdapter();
// Tabelle füllen
adProducts.Fill(ds.Products);
adCategories.Fill(ds.Categories);
// Datenzeilen der Tabelle 'Categories' durchlaufen
foreach (NWDataSet.CategoriesRow rowCat in ds.Categories) {
  Console.WriteLine("Kategorie: {0}\n", rowCat.CategoryName);
  // Datenzeilen der Tabelle 'Products' durchlaufen
  foreach (NWDataSet.ProductsRow rowProduct in rowCat.GetProductsRows())
  {
     Console.WriteLine("   {0}", rowProduct.ProductName);
  }
  Console.WriteLine(new string('-',40));
}
```

Listing 36.8 Daten eines hierarchischen DataSets

36.3 Typisierte DataSets manuell im Designer erzeugen

Ganz am Anfang haben Sie gesehen, dass es ganz einfach ist, unter Zuhilfenahme des Designers ein typisiertes DataSet zu erzeugen. Manchmal kommen Sie aber auch in die Situation, am typisierten DataSet Änderungen vornehmen zu müssen. Vielleicht wollen Sie sogar das komplette typisierte DataSet manuell anlegen.

36.3.1 Eine »DataTable« manuell erzeugen

Um eine DataTable bereitzustellen, aktivieren Sie die Toolbox und ziehen das Element DataTable per Drag & Drop in den Designer des typisierten DataSets. Alternativ bietet sich dazu auch das Kontextmenü des Designers an. Wählen Sie hier den Befehl HINZUFÜGEN, hinter dem sich auch das Angebot einer DataTable verbirgt. Die dritte Alternative ist im Menü ANSICHT • HINZUFÜGEN zu finden.

Per Vorgabe heißt die neue Tabelle *DataTable1*. Sie können sie aber umbenennen. Markieren Sie dazu das Element in der Designeransicht. Im Eigenschaftsfenster können Sie danach den Namen festlegen.

36.3.2 Der »DataTable« Spalten hinzufügen

Die neue Tabelle hat noch keine Spalten – Sie müssen sie im nächsten Schritt festlegen. Markieren Sie dazu die `DataTable` im Designer, und öffnen Sie deren Kontextmenü. Wählen Sie hier HINZUFÜGEN. Im sich öffnenden Untermenü wird Ihnen daraufhin SPALTE angeboten. Auch zu dieser Vorgehensweise gibt es über das Menü DATEN eine alternative Möglichkeit.

Spalten zeichnen sich durch viele Eigenschaften aus. Ist eine Spalte im Designer markiert, können Sie im Eigenschaftsfenster deren Eigenschaften spezifisch einstellen (siehe Abbildung 36.4).

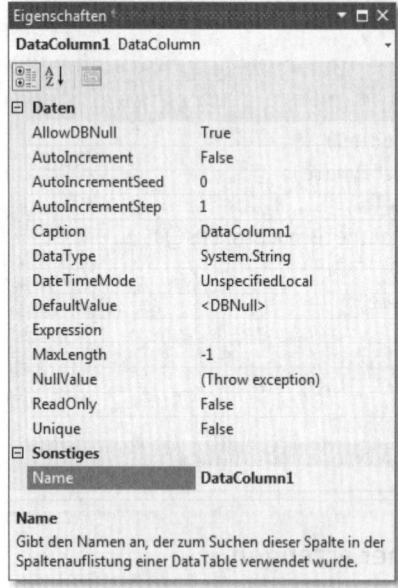

Abbildung 36.4 Die Eigenschaften einer »DataColumn« im Eigenschaftsfenster

Was Sie im Eigenschaftsfenster nicht finden, ist die Angabe, ob die Spalte eine Primärschlüsselspalte ist. Wie Sie sich erinnern, ist das auch eine Eigenschaft der `DataTable`, da mehrere Spalten auch den kombinierten Primärschlüssel einer Tabelle bilden können. Um eine oder auch mehrere Spalten zu Primärschlüsselspalten zu erklären, markieren Sie die in Frage kommenden Spalten im Designer, öffnen danach das Kontextmenü und wählen den Unterpunkt PRIMÄRSCHLÜSSEL FESTLEGEN. Auch über das Menü DATEN können Sie den Primärschlüssel festlegen.

36.3.3 Beziehungen zwischen den Tabellen erstellen

Haben Sie dem typisierten `DataSet` mehrere Tabellen hinzugefügt, möchten Sie vielleicht auch die Beziehung zwischen den Tabellen definieren. Klicken Sie mit der Maustaste auf ein beliebiges Element im Designer, öffnen Sie wieder das Kontextmenü, und wählen Sie HINZU-

FÜGEN und RELATION. Daraufhin öffnet sich ein Dialogfenster, in dem Sie alle Einstellungen der neuen DataRelation vornehmen können.

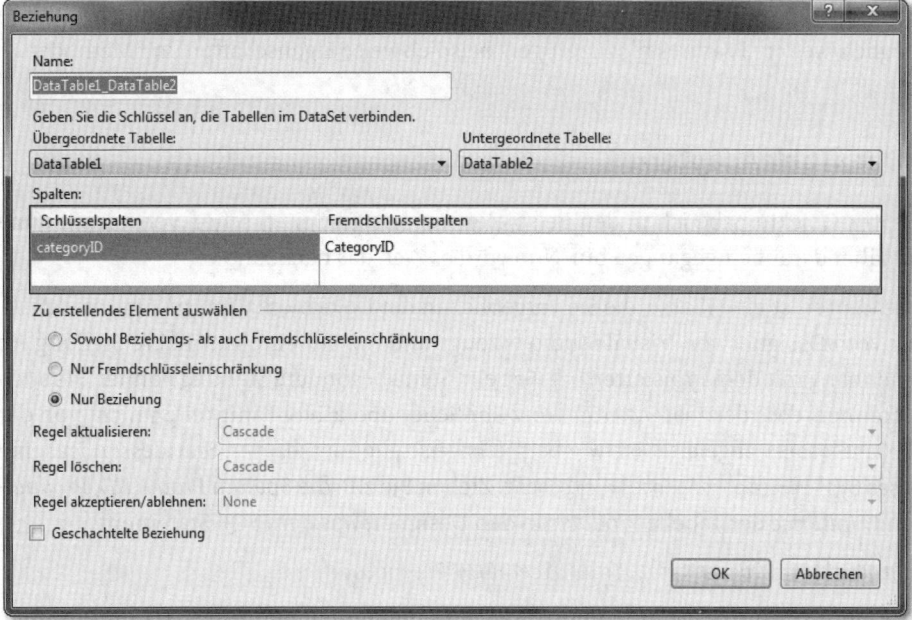

Abbildung 36.5 Dialogfenster zum Festlegen der Eigenschaften einer »DataRelation«

Im oberen Teil des Fensters legen Sie den Namen der DataRelation fest. In den darunter angeordneten Dropdown-Listen wählen Sie die übergeordnete Tabelle (Mastertabelle) und die untergeordnete Tabelle (Detailtabelle) aus. Die Schlüsselspalten der über- und untergeordneten Tabelle werden im Listenfeld meist korrekt angepasst, können aber auch auf andere Spalten eingestellt werden.

In der unteren Hälfte des Dialogs definieren Sie die Eigenschaften der Beziehung. Der Dialog ist per Vorgabe so eingestellt, dass die Beziehung zwar erzeugt wird, nicht jedoch ein ForeignKeyConstraint-Objekt. Vielleicht erinnern Sie sich an die Aussagen in Kapitel 34: Ein ForeignKeyConstraint-Objekt hat die Aufgabe, zu steuern, wie Änderungen zwischen der Master- und der Detailtabelle im DataSet weitergegeben werden. Dient das typisierte DataSet nur dazu, Dateninformationen anzuzeigen, können Sie die Vorgabe des Dialogs beibehalten.

Gehen Sie jedoch davon aus, dass Daten im DataSet modifiziert werden, sollten Sie die Option wählen, die sowohl eine Beziehungs- als auch eine Fremdschlüsseleinschränkung erzeugt. Sie können dann auch festlegen, wie Änderungen weitergegeben werden. Mit REGEL AKTUALISIEREN legen Sie die Eigenschaft UpdateRule des ForeignKeyConstraints fest, mit REGEL LÖSCHEN die Eigenschaft DeleteRule und schließlich mit REGEL AKZEPTIEREN/ABLEHNEN die Eigenschaft AcceptRejectRule.

36.4 Weiter gehende Betrachtungen

Da Ihnen der Quellcode des typisierten DataSets zur Verfügung steht, spricht nichts dagegen, daran auch Anpassungen vorzunehmen, ganz so, wie es Ihren Erfordernissen entspricht. Ebenso ist es möglich, weitere Features hinzuzufügen, beispielsweise Eigenschaften und Methoden.

36.5 Der »TableAdapter«

TableAdapter-Objekte habe ich in den Beispielen der letzten Seiten schon verwendet, ohne dass ich näher darauf eingegangen bin. Nun wird es Zeit, das nachzuholen.

Der TableAdapter ist eine Klasse, die Sie vergeblich in der Dokumentation suchen werden. Er wird nur vom Designer von Visual Studio erzeugt und nimmt eine besondere Stellung im Zusammenhang mit dem typisierten DataSet ein. Seine besondere Stellung können Sie auch daran erkennen, dass der TableAdapter trotz ähnlicher operativer Fähigkeiten nicht von der Klasse DbDataAdapter abgeleitet ist, wie beispielsweise alle DataAdapter. Stattdessen ist seine Basisklasse System.ComponentModel.Component. Ziehen Sie z.B. die Spalten *ProductID*, *ProductName* und *UnitPrice* der Tabelle *Products* in den Designer, was dem SQL-Statement

```
SELECT ProductID, ProductName, UnitPrice FROM Products
```

entspricht, enthält der TableAdapter ein SqlDataAdapter-Objekt, das entsprechend dem SQL-Statement konfiguriert ist. Mit einem TableAdapter können Sie somit eine DataTable in einem typisierten DataSet füllen oder die in einer DataTable anstehenden Änderungen zur Datenbank übermitteln.

36.5.1 Einen »TableAdapter« mit Visual Studio erzeugen

Wenn Sie ein neues typisiertes DataSet generieren, indem Sie aus dem Server-Explorer Tabellen oder Spalten per Drag & Drop in den Designer ziehen, wird in der zugrunde liegenden Quellcodedatei neben der Klasse des typisierten DataSets auch eine TableAdapter-Klasse erzeugt – und zwar für jede Tabelle des typisierten DataSets genau ein TableAdapter. Dieses Verfahren habe ich Ihnen am Anfang des Kapitels bereits gezeigt.

Ein TableAdapter lässt sich aber auch über Visual Studio 2012 erzeugen. Legen Sie dazu zuerst ein leeres typisiertes DataSet an. Wie Sie sich vielleicht erinnern, markieren Sie dazu das Projekt im Projektmappen-Explorer und wählen Neues Element hinzufügen. Im Vorlagendialog suchen Sie die Vorlage Dataset. Einen TableAdapter können Sie nun über das Menü Daten, das Kontextmenü des Designers oder durch Ziehen des Elements TableAdapter in den Designer bereitstellen. Danach öffnet sich ein Assistent, der Sie durch alle Konfigurationsschritte führt. Abbildung 36.6 zeigt dessen erste Seite. Hier wählen Sie entweder eine im Server-Explorer verfügbare Verbindung aus oder richten über die Schaltfläche Neue Verbindung eine neue ein.

36.5 Der »TableAdapter«

Abbildung 36.6 Dialog zum Konfigurieren der Verbindung eines »TableAdapters«

Nachdem Sie die Verbindung eingerichtet haben, verlangt der Assistent im nächsten Schritt die Angabe des Befehlstyps. Sie können hier eine SQL-Anweisung angeben, eine neue gespeicherte Prozedur erstellen oder eine schon vorhandene gespeicherte Prozedur auswählen, um Daten abzurufen, zu aktualisieren, zu löschen oder hinzuzufügen.

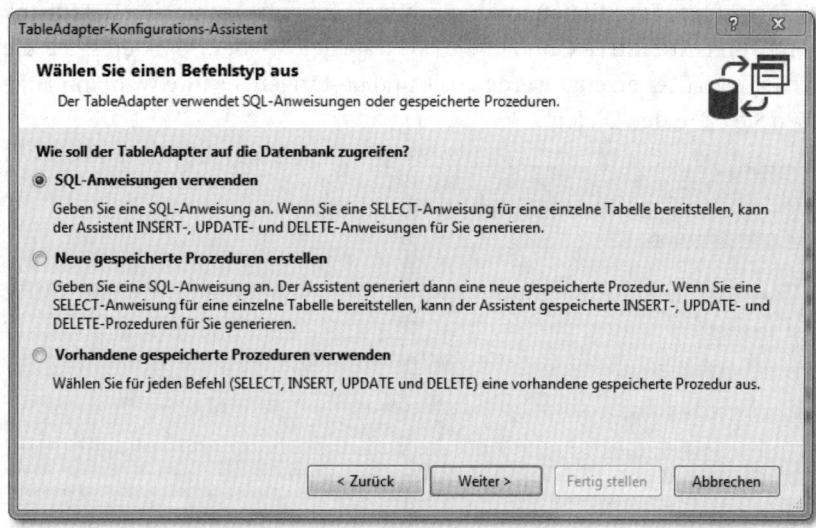

Abbildung 36.7 Festlegen des Befehlstyps

Unabhängig davon, für welche Option Sie sich entscheiden, werden Sie vom Assistenten weiter begleitet. Ich möchte Ihnen an dieser Stelle den Weg zeigen, sollten Sie sich für die oberste Option (SQL-ANWEISUNGEN VERWENDEN) entschieden haben. Im dann folgenden Dialog geben Sie das SQL-Statement ein. Sollten Sie aber weiterhin dem Assistenten vertrauen, können Sie auch auf die Schaltfläche ABFRAGE-GENERATOR klicken.

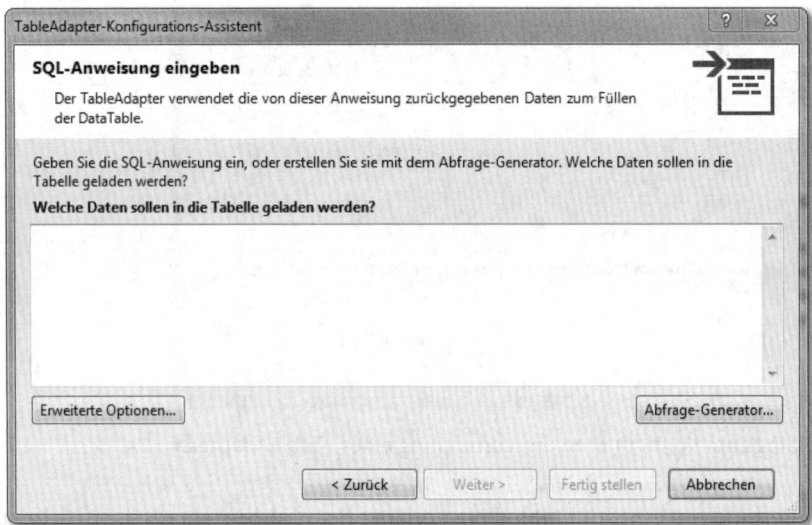

Abbildung 36.8 Erstellen einer SQL-Anweisung im Assistenten

Über die Schaltfläche ABFRAGE-GENERATOR gelangen Sie zu einem Dialogfenster, in dem Sie zwischen Tabellen, Ansichten, Funktionen und Synonymen der entsprechenden Datenbank auswählen können. Unter ANSICHTEN finden Sie alle Tabellen wieder. Markieren Sie die Tabelle, für die der `TableAdapter` erzeugt werden soll, und bestätigen Sie Ihre Wahl mit HINZUFÜGEN. Schließen Sie dann den Dialog.

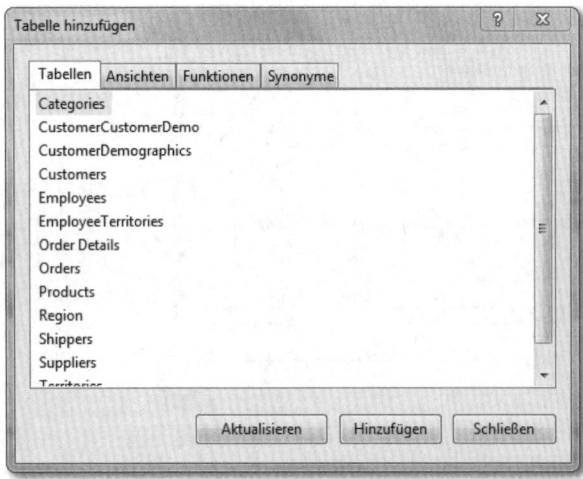

Abbildung 36.9 Die Tabelle für den »TableAdapter« festlegen

Nachdem Sie das in Abbildung 36.9 gezeigte Dialogfenster geschlossen haben, können Sie im nächsten Fenster das SQL-Statement spezifizieren (siehe Abbildung 36.10). In der oberen Hälfte sehen Sie eine grafische Anzeige der ausgewählten Tabelle mit allen ihren Spalten. Wollen Sie alle Spalten in die Abfrage aufnehmen, genügt es, ein Häkchen vor den Listeneintrag *(Alle Spalten)* zu setzen. Interessieren Sie sich nur für bestimmte Spalten, markieren Sie nur die betreffenden.

Im zweiten Block des Dialogs sind alle ausgewählten Spalten aufgeführt. Sie haben in diesem Block noch die Möglichkeit, spezifische Spaltenbezeichner vorzugeben, die Sortierungsart und Sortierreihenfolge festzulegen sowie Auswahlkriterien zu bestimmen. Das resultierende SQL-Statement sehen Sie im dritten Block von oben.

Zum Schluss möchten Sie vielleicht auch noch testen, ob die erzeugte SQL-Anweisung auch das erwartete Ergebnis liefert. Klicken Sie dazu auf die Schaltfläche ABFRAGE AUSFÜHREN, und Sie sehen das Ergebnis im untersten Block des Dialogfensters (siehe Abbildung 36.10). Entspricht es Ihren Erwartungen, schließen Sie das Fenster mit OK.

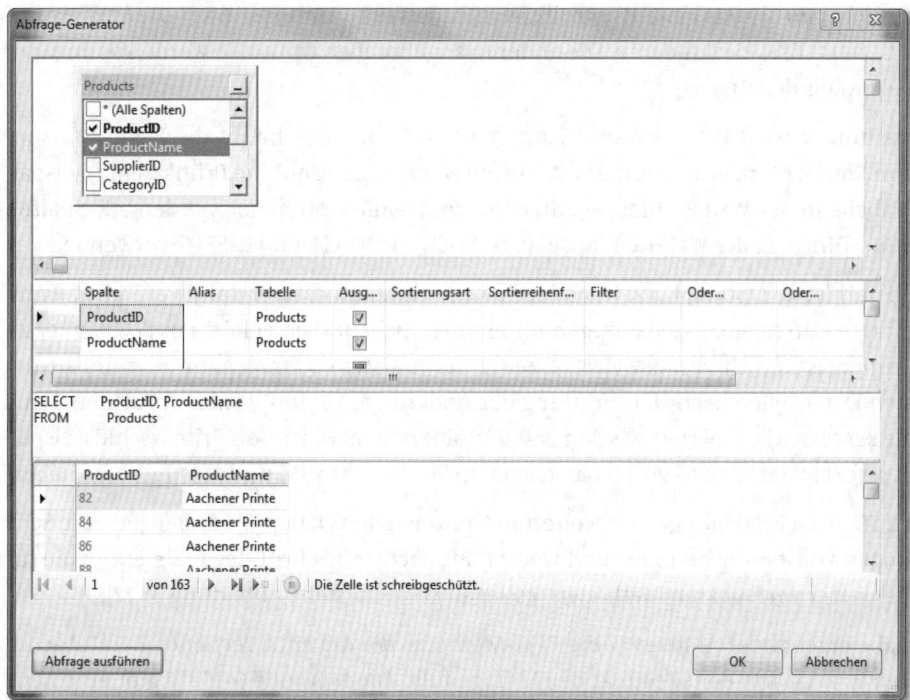

Abbildung 36.10 Abfrage-Generator zum Erstellen einer Abfrage

Nun gelangen Sie wieder zu dem Dialogfenster zurück, das Sie in Abbildung 36.8 sehen können. Für Szenarien mit Aktualisierungen stellt der `TableAdapter`-Konfigurationsassistent weitere Optionen bereit. Diese erreichen Sie, wenn Sie auf die Schaltfläche ERWEITERTE OPTIONEN klicken. Der Dialog, der danach geöffnet wird, ist in Abbildung 36.11 zu sehen.

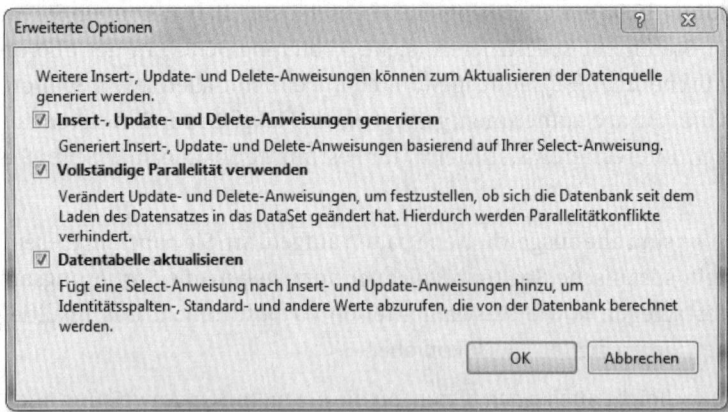

Abbildung 36.11 Die erweiterten Optionen des »TableAdapter«-Konfigurationsassistenten

Sollten Sie Ihren TableAdapter nur dafür benötigen, Dateninformationen aus der Datenbank abzurufen, können Sie das erste Kontrollkästchen (INSERT-, UPDATE- UND DELETE-ANWEISUNGEN GENERIEREN) deaktivieren. Die anderen angebotenen Optionen werden dann automatisch ebenfalls deaktiviert.

Die Einstellung VOLLSTÄNDIGE PARALLELITÄT VERWENDEN beschreibt die Parallelitätsoption. Wenn Sie die Markierung entfernen, nimmt der Assistent nur die Primärschlüsselspalten der Tabelle in der WHERE-Klausel auf. Behalten Sie die Option bei, werden alle Spalten der SELECT-Abfrage in der WHERE-Klausel von INSERT, UPDATE und INSERT verwendet.

Die dritte und letzte Option, DATENTABELLE AKTUALISIEREN, ist nur dann verfügbar, wenn die abgefragte Datenbank Batchabfragen unterstützt. Bekanntlich gehört der SQL Server zu dieser Gruppe. Ist die Option aktiviert, erzeugt der Assistent Abfragen, um den Inhalt der geänderten Datenzeilen nach Übermittlung der Änderungen sofort wieder abzurufen. Neue Werte, die serverseitig generiert werden (z. B. Autoinkrementwerte von Primärschlüsselspalten), sind sofort in der DataRow verfügbar, nachdem Sie die Update-Methode aufgerufen haben.

Schließen Sie nach Festlegung der erweiterten Optionen den Dialog. Sie haben jetzt die SQL-Anweisungen vollständig definiert und werden im nächsten Schritt des Assistenten die für den TableAdapter verfügbaren Methoden festlegen können (siehe Abbildung 36.12).

Per Vorgabe erzeugt der Assistent eine Fill-Methode, die die entsprechende DataTable im typisierten DataSet mit dem Resultat der Abfrage füllt. Die Methode GetData gibt eine neue Instanz der typisierten DataTable zurück, die zugleich das Ergebnis der Abfrage enthält. Beide Methoden können Sie auch nach eigenem Ermessen umbenennen.

Mit der dritten Option werden Methoden erzeugt, um Werte direkt zur Datenbank zu senden, ohne dabei eine DataRow zu erzeugen. Diese sogenannten DBDirect-Methoden werden wir uns später noch einmal ansehen. Damit ist der TableAdapter konfiguriert. Klicken Sie auf die Schaltfläche WEITER des in Abbildung 36.12 gezeigten Dialogs.

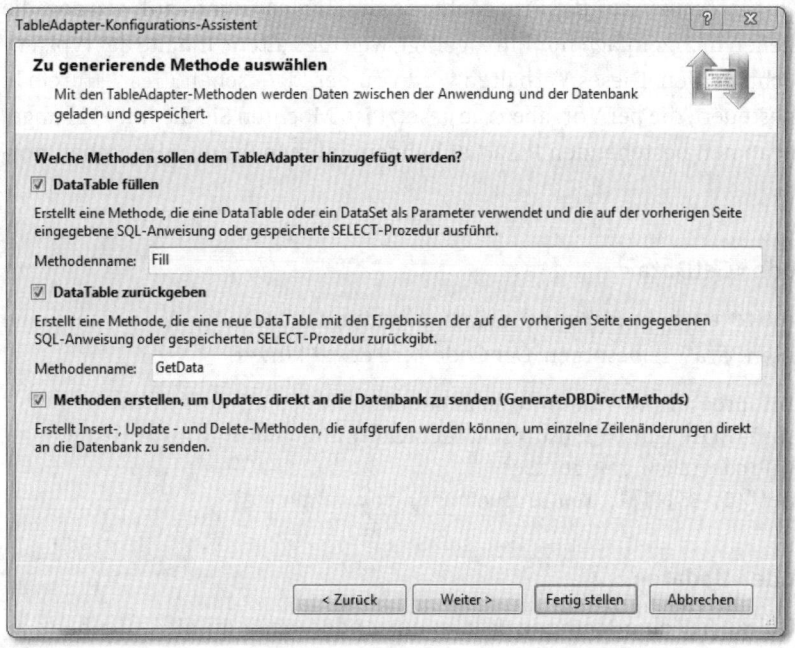

Abbildung 36.12 Die Methoden des »TableAdapters« festlegen

36.5.2 Die Methode »Fill« des »TableAdapters«

TableAdapter haben die Aufgabe, ein typisiertes DataSet zu füllen. Ein TableAdapter vereinfacht dieses Unterfangen, weil Sie bis auf die Instanziierung nichts weiter machen müssen – weder Eigenschaften festlegen noch irgendwelche Argumente an Parameterlisten übergeben.

Per Vorgabe werden TableAdapter zusammen mit der Klasse des typisierten DataSets erzeugt. Dabei ist zu beachten, dass die Klassen der TableAdapter einem anderen Namespace zugeordnet sind als das typisierte DataSet. Damit die Ausdrücke nicht zu lang werden, sollten Sie den Namespace des oder der TableAdapter mit using bekannt geben.

```
using MyApplication.NWDataSetTableAdapters;
// Typisiertes DataSet erzeugen
NWDataSet ds = new NWDataSet();
// TableAdapter instanziieren
ProductsTableAdapter productsTA = new ProductsTableAdapter();
// Tabelle 'Products' des typisierten DataSets
// mit der Methode Fill des TableAdapters füllen
productsTA.Fill(ds.Products);
```

Die Fill-Methode der Klasse SqlDataAdapter wartet mit einer Reihe von Überladungen auf. Im Gegensatz dazu erwartet die Fill-Methode des TableAdapters nur die Instanz der typisierten Tabelle.

Rufen Sie mehrfach hintereinander die Fill-Methode des TableAdapters auf, werden die abgefragten Datenzeilen nicht einfach nur hinzugefügt, weil die »alten« Inhalte der typisierten DataTable gelöscht werden. Dieses Verhalten wird von der Eigenschaft ClearBeforeFill des TableAdapters gesteuert, die per Vorgabe true gesetzt ist. Möchten Sie die mit Fill abgefragten Datenzeilen an den bestehenden Inhalt anhängen, müssen Sie die Eigenschaft vorher auf false setzen.

36.5.3 Die Methode »GetData«

Ähnlich wie Fill arbeitet auch die Methode GetData. Allerdings müssen Sie sich vorher keine Instanz des typisierten DataSets besorgen. Der Code wird etwas kürzer.

```
ProductsTableAdapter productsTA = new ProductsTableAdapter();
NWDataSet.ProductsDataTable tbl = productsTA.GetData();
foreach (NWDataSet.ProductsRow row in tbl)
   Console.WriteLine("{0,-35}{1}", row.ProductName, row.UnitPrice);
```

36.5.4 Die Methode »Update«

Das TableAdapter-Objekt hat eine Methode Update, um Änderungen an die Datenbank zu übermitteln. Die Methode akzeptiert ein typisiertes DataSet oder eine typisierte DataTable als Argument, ebenso auch eine einzelne DataRow oder ein Array von DataRows. Damit unterscheidet sich die Update-Methode des TableAdapters nur unwesentlich von der Update-Methode des SqlDataAdapters.

Eine fünfte Überladung habe ich noch nicht erwähnt. Aber diese ist den DBDirect-Methoden zuzurechnen, die ich Ihnen jetzt vorstellen möchte.

36.5.5 Aktualisieren mit den DBDirect-Methoden

Der TableAdapter verfügt über die Methoden Insert, Update und Delete. Diese Methoden erlauben es, eine Änderung zur Datenbank zu übermitteln, ohne dass dafür eine Änderung an den Datenzeilen in der typisierten DataTable erfolgen muss.

Nehmen wir an, der TableAdapter beschreibt das folgende SQL-Statement:

```
SELECT ProductID, ProductName, CategoryID, UnitPrice FROM Products
```

Möchten Sie auf Basis dieser Abfrage einen Datensatz editieren, löschen oder hinzufügen, müssten Sie nach Ihren bisherigen Kenntnissen zunächst ein DataSet füllen und würden anschließend die Datenbank aktualisieren. Mit den DBDirect-Methoden können Sie auf das Füllen des DataSets verzichten und die gewünschten Änderungen direkt der Datenbank übermitteln. Wie Sie die DBDirect-Methoden einsetzen, zeigt das folgende Codefragment. Ausgangspunkt dafür sei die erste Datenzeile der Tabelle *Products*, die folgende Werte enthält:

```
ProductID = 1
ProductName = Chai
CategoryID = 8
UnitPrice = 18.000
```

Sie können mit den beiden folgenden Codezeilen den Produktnamen durch Aufruf der Update-Methode ändern:

```
ProductsTableAdapter productsTA = new ProductsTableAdapter();
productsTA.Update("Möhren", 8, 100, 1, "Chai", 8, (decimal)18.0, 1);
```

Dem TableAdapter ist die SQL-Abfrage bekannt, anhand derer er die Parameterliste der DBDirect-Methoden definiert. In diesem Beispiel werden den ersten vier Parametern der Reihe nach die Werte für *ProductName*, *CategoryID*, *UnitPrice* und *ProductID* übergeben. Aktualisierungen, die Sie an der Datenzeile vornehmen wollen, übergeben Sie dieser Parametergruppe. Den letzten vier Parametern teilen Sie die ursprünglichen Originalwerte mit, die beim Aktualisierungsvorgang zur Identifizierung der Datenzeile in der Datenbank dienen.

Wird die Datenzeile in der Datenbank nicht gefunden, wird keine Exception ausgelöst. Um darüber Kenntnis zu erlangen, ob die Aktualisierung erfolgreich verlaufen ist, können Sie den Rückgabewert abfragen, der die Anzahl der in der Datenbank aktualisierten Datenzeilen widerspiegelt.

36.5.6 TableAdapter mit mehreren Abfragen

TableAdapter genießen im Vergleich zu einem SqlDataAdapter den Vorzug, dass sie mehrere Abfragen unterstützen. Die Basis bildet hierbei immer das Schema des TableAdapters. Mit anderen Worten: Sie müssen die Spalten der »Basisabfrage« beibehalten (z.B. in unserem Beispiel bei der Tabelle *Products* die Spalten *ProductID*, *ProductName*, *CategoryID* und *UnitPrice*), können diese Spalten aber nach verschiedenen Kriterien selektieren.

Verdeutlichen wir uns das Gesagte, und nehmen wir an, dass wir uns nur Produkte einer bestimmten Kategorie anzeigen lassen wollen. Öffnen Sie dazu in Visual Studio den Designer des typisierten DataSets, und markieren Sie den TableAdapter, der die Tabelle *Products* beschreibt. Im Kontextmenü des TableAdapters finden Sie den Befehl ABFRAGE HINZUFÜGEN, den Sie anklicken. Im sich daraufhin öffnenden Assistenten haben Sie die Wahl, eine SQL-Anweisung zu verwenden, eine gespeicherte Prozedur zu erstellen oder eine vorhandene gespeicherte Prozedur zu verwenden. Wählen Sie die erstgenannte Option.

Im nächsten Schritt geben Sie den Abfragetyp an. Da uns die Produkte einer bestimmten Kategorie interessieren, entscheiden wir uns für die SELECT-Anweisung, die Zeilen zurückgibt (siehe Abbildung 36.13).

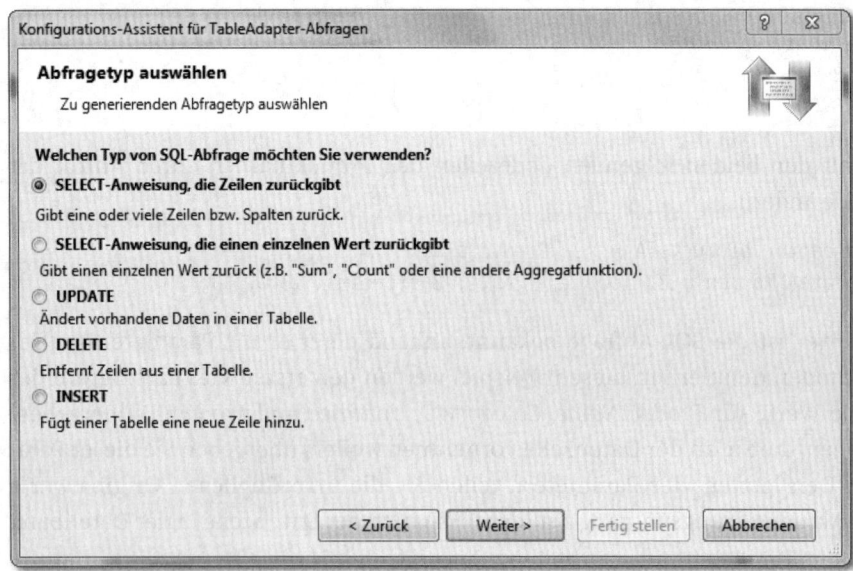

Abbildung 36.13 Festlegen des Abfragetyps

Bestätigen Sie mit WEITER, wird die Basisabfrage des `TableAdapters` angezeigt. Diese können Sie gemäß Ihren Anforderungen erweitern. Tragen Sie also in das Fenster des Assistenten

```
WHERE CategoryID = @CategoryID
```

ein, oder benutzen Sie alternativ dazu wieder den Abfrage-Generator.

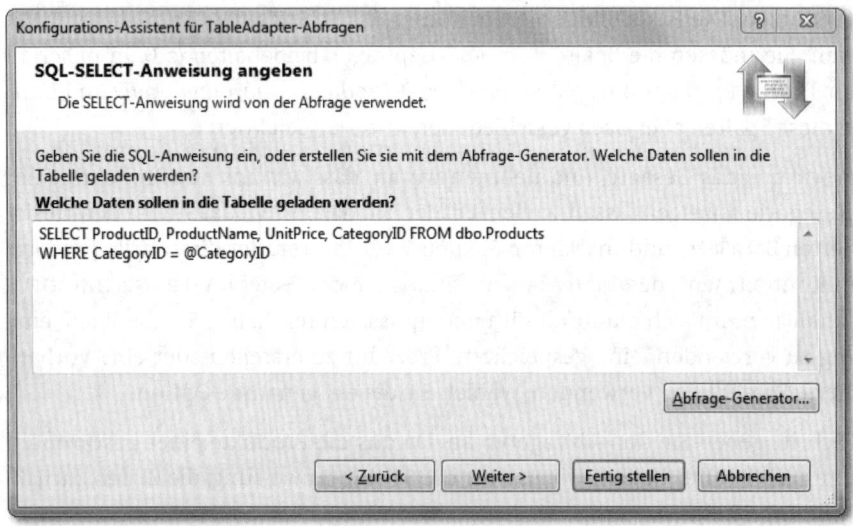

Abbildung 36.14 Ergänzung der Basisabfrage des »TableAdapters«

Auf der folgenden Seite (siehe Abbildung 36.15) werden Bezeichner für die beiden Methoden `GetData` und `Fill` der neuen Abfrage verlangt. Die Vorschläge lauten `FillBy` und `GetDataBy`. Geben Sie den beiden Methoden sprechende Namen, beispielsweise `FillByCategoryID` und `GetDataByCategoryID`. Nach diesem Schritt ist die dem `TableAdapter` hinzugefügte Abfrage fertig.

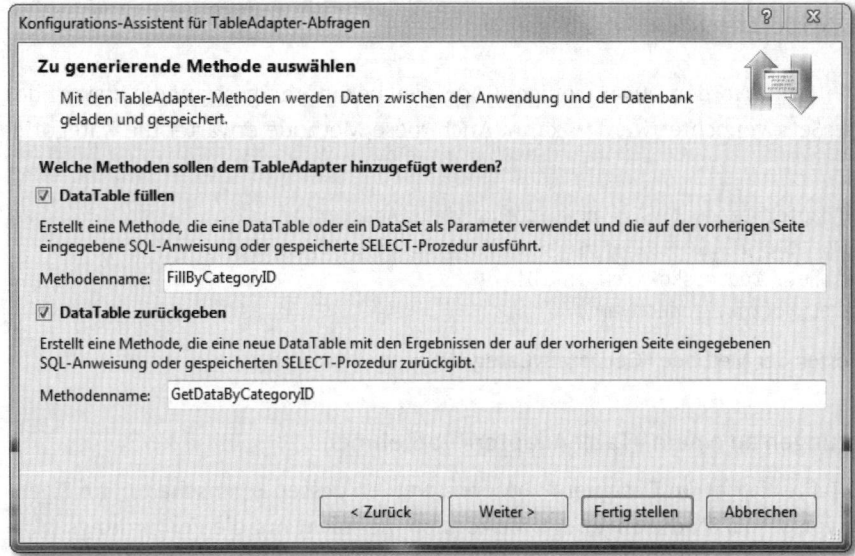

Abbildung 36.15 Die Methoden »Fill« und »GetData« umbenennen

Das Ergebnis sehen Sie anschließend im Designer. Es liegen jetzt zwei parametrisierte Abfragen vor, denen wir *CategoryID* als Argument übergeben müssen.

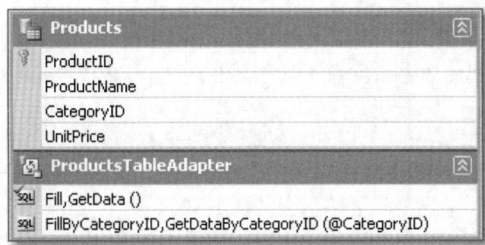

Abbildung 36.16 Der TableAdapter mit einer hinzugefügten Abfrage

Testen wir zuerst die Methode `FillByCategoryID`. Hierzu benötigen wir zuerst eine Instanz des typisierten `DataSets` sowie eine Instanz des `TableAdapters`. Liegen beide Objekte vor, kann die Methode `FillByCategoryID` des `TableAdapter`-Objekts aufgerufen werden. Dabei teilen wir dem ersten Parameter mit, welche Tabelle des typisierten `DataSets` gefüllt werden soll, und geben im zweiten Parameter schließlich die Kategorienummer der auszugebenden Produkte an.

```
NWDataSet ds = new NWDataSet();
ProductsTableAdapter productsTA = new ProductsTableAdapter();
productsTA.FillByCategoryID(ds.Products, 5);
foreach (NWDataSet.ProductsRow row in ds.Products)
  Console.WriteLine(row.ProductName);
```

Listing 36.9 Testen der Methode »FillByCategoryID«

Die Methode `GetData` erfordert etwas weniger Code, weil bekannterweise auf die Instanz des typisierten `DataSets` verzichtet werden kann. Auch diese Methode erwartet die Kategorienummer.

```
ProductsTableAdapter productsTA = new ProductsTableAdapter();
NWDataSet.ProductsDataTable tbl = productsTA.GetDataByCategoryID(5);
foreach (NWDataSet.ProductsRow row in tbl)
  Console.WriteLine(row.ProductName);
```

Listing 36.10 Testen der Methode »GetDataByCategoryID«

36.5.7 Änderungen an einem »TableAdapter« vornehmen

Wenn Sie den `TableAdapter` im Designer markieren, werden dessen Eigenschaften im Eigenschaftsfenster von Visual Studio angezeigt. Sie können hier nicht nur die Verbindungsinformationen neu festlegen, sondern auch die SELECT-Abfrage. Ergänzen Sie diese beispielsweise um eine Spalte, werden die Aktualisierungsabfragen UPDATE, INSERT und DELETE nach vorheriger Bestätigung der Änderung angepasst.

Abbildung 36.17 Das Eigenschaftsfenster eines »TableAdapters«

Besonders interessant sind die Manipulationsmöglichkeiten, die sich hinter den Eigenschaften `DeleteCommand` und `UpdateCommand` verbergen. Wie Sie wissen, sind die in der WHERE-Klausel aufgeführten Spalten entscheidend dafür, wann eine Änderung zu einem möglichen Konflikt führt. Möchten Sie ein vom Standard abweichendes Konfliktszenario realisieren, können Sie über das Eigenschaftsfenster manuell Einfluss darauf nehmen.

In der Klasse des typisierten `DataSets` können Sie bei Bedarf Eigenschaften und Methoden hinzufügen. Gleiches gilt natürlich auch für die Klasse des `TableAdapters`.

36.6 Fazit: Typisierte oder nicht typisierte DataSets?

Sie kennen nun den Unterschied zwischen einem typisierten und einem nicht typisierten `DataSet`. Doch für welchen Typ sollten Sie sich entscheiden? Wenn Sie eine Windows-Anwendung entwickeln und dabei die automatische Datenbindung verwenden, wird Ihnen die Entscheidung bereits abgenommen, denn dabei werden, wie Sie noch sehen werden, typisierte `DataSets` verwendet. Aber was ist, wenn Sie Entscheidungsfreiheit haben?

Grundsätzlich ist zu sagen, dass typisierte `DataSets` im Vergleich zu nicht typisierten starrer sind, weniger beeinflussbar. Sie können zwar den Code typisierter `DataSets` ändern und die Klasse ergänzen, aber dazu müssen Sie sich zuerst durch den Quellcode arbeiten, was bei dem teilweise enormen Umfang nicht ganz einfach ist. Das hat zur Folge, dass Sie im Fall einer Anpassung oder Änderung sehr viel Zeit und Hintergrundwissen benötigen. Zudem wird der Gesamtumfang einer Anwendung durch typisierte `DataSets` deutlich erhöht.

Das Schema eines typisierten `DataSets` ist starr. Ändert sich das zugrunde liegende Schema in der Datenbank, passt sich das typisierte `DataSet` nicht automatisch an die neuen Gegebenheiten an. Das wirkt sich besonders tragisch zur Laufzeit aus, weil eine Exception ausgelöst wird.

Die Vorteile des typisierten `DataSets` bestehen meiner Meinung nach in erster Linie in zwei Punkten: Erstens erfolgt eine Datentypüberprüfung bereits zur Laufzeit, was die Gefahr einer falschen Datentypangabe deutlich reduziert. Laufzeitfehler können dadurch nahezu ausgeschlossen werden. Zudem bietet der `TableAdapter` Möglichkeiten, an die ein `SqlDataAdapter` nicht heranreicht. Besonders gefällt mir dabei die Fähigkeit, mehrere Kommandos anzulegen, die mit spezifischen Methoden aufgerufen werden können.

Dass der Programmcode sich im Vergleich zum Einsatz der generischen ADO.NET-Klassen reduziert, ist vermutlich weniger ein Argument. Der Einsatz der generischen Klassen ist intuitiver, besser kontrollierbar und besser lesbar. Die spezifischen Methoden machen die Lesbarkeit nicht einfacher und bedürfen auch immer einer gewissen Einarbeitung und Analyse des zugrunde liegenden typisierten `DataSets`.

Kapitel 37
Einführung in das ADO.NET Entity Framework

Mit dem Visual Studio 2008 Service Pack 1 wurde die erste Version des ADO.NET Entity Frameworks als neue Plattform für den Datenzugriff veröffentlicht. Das Entity Framework trat damit in Konkurrenz zum klassischen ADO.NET, das bereits mit dem ersten Release von .NET veröffentlicht worden ist. Dennoch kann man das Entity Framework als Aufsatz auf ADO.NET verstehen, mit dem die Differenzen zwischen der objektorientierten Programmierung und den relationalen Datenbanken adressiert werden.

37.1 Kritische Betrachtung von ADO.NET

In einer Datenbank werden die Daten in Tabellen in Zeilen gespeichert. Jede Zeile setzt sich aus mehreren Spalten zusammen. Dieses tabellenartige Format wurde von vielen Entwicklern übernommen, um die Daten in Anwendungen verfügbar zu machen. Nicht anders ist auch das ADO.NET konzeptioniert.

`DataSet` und `DataReader` sind in ADO.NET elementare Objekte, um Daten verfügbar zu machen. Der Einsatz dieser beiden Klassen ist mit wenigen Zeilen Programmcode relativ einfach zu realisieren, und die Objekte können an jedes datenbindungsfähige Steuerelement gebunden werden. Dabei muss man sich vor Augen halten, dass die Bindung an die Struktur einer Datenbank erfolgt. Oder anders ausgedrückt: Die Datenbank bestimmt, wie die Daten in der Anwendung strukturiert werden. Eine Änderung der Datenbank kann sich deshalb katastrophal auf die Anwendung auswirken.

Um die Zellen innerhalb einer `DataRow` auszuwerten, wird meist mit dem Bezeichner der Spalte gearbeitet, z.B.:

```
Object pName = ds.Tables[0].Rows["ProductName"];
```

Dabei handelt es sich um eine Zeichenfolge, die im Code hoffentlich korrekt angegeben wird, denn ansonsten wird die Anwendung beim Testen eine Ausnahme auslösen. Noch schlimmer wäre es, wenn sich nach dem Verteilen der Anwendung der Spaltenbezeichner ändert. Eine Situation, die häufiger auftritt, als Sie vielleicht erwarten. Die Folge wird bestenfalls sein, dass die unweigerlich auftretende Ausnahme zwar behandelt wird, aber die Anwendung nicht mehr richtig funktioniert. Im schlimmsten Fall, wenn nämlich in dem entsprechenden Codeabschnitt keine Ausnahmebehandlung codiert ist, wird die Anwendung unweigerlich abstürzen.

Sehen Sie sich noch einmal die Codezeile von oben an. Sie offenbart ein weiteres Problem. Die Variable ist vom Typ `Object`. Sie müssen Kenntnis vom tatsächlichen Datentyp haben, der von der Spalte `ProductName` beschrieben wird, und die Rückgabe entsprechend konvertieren, also:

```
string pName = (string)ds.Tables[0].Rows["ProductName"];
```

Die Konvertierung eines Wertetyps in einen Referenztyp und umgekehrt geht zu Lasten der Performance, da sich dabei Vorgänge abspielen, die als Boxing und Unboxing bekannt sind.

Bohren wir ADO.NET weiter auf und betrachten den Typ `DataSet` nun etwas genauer im Detail. Das `DataSet` zählt wohl zu den komplexesten Typen im .NET Framework. Jede Instanz dieses Typs enthält ein oder mehrere `DataTable`-Objekte. Diese wiederum beschreiben eine mehr oder weniger große Anzahl von `DataRows` und natürlich, nicht zu vergessen, die Spalten vom Typ `DataColumn`. Die Spalten unterstützen die Versionierung der Datenzeile, enthalten also neben den aktuellen auch die originalen, von der Datenbank bezogenen Werte. Hinzu kommen noch die Beziehungen zwischen den Tabellen, die als Objekte vom Typ `DataRelation` innerhalb des `DataSets` verwaltet werden.

Obwohl in manchen Fällen viele der genannten Features nicht genutzt werden, erzeugt das `DataSet` intern zumindest leere Collections. Häufig werden die Daten auch nur zum Lesen angeboten und können nicht verändert werden. In diesem Fall ist die Versionierung der Datenzeilen innerhalb einer `DataTable` nutzlos. Das mag in einer Standalone-Anwendung durchaus noch akzeptabel sein, aber in einer Umgebung, bei der man von sehr vielen gleichzeitigen Benutzern ausgehen muss, ist das wenig akzeptabel, beispielsweise in einer Webanwendung.

Vielleicht halten Sie die Argumente gegen ADO.NET für übertrieben. Schließlich sind in der Vergangenheit unzählige Anwendungen auf Basis von ADO.NET entwickelt worden und verrichten ihre Dienste auch nach Jahren noch völlig ohne Probleme. Das wird mit Sicherheit auch noch in Zukunft so sein, man sollte aber auch nicht auf der Stelle verharren, denn Stillstand bedeutet gleichzeitig einen Rückschritt. Zum einen werden immer mehr Anwendungen entwickelt, die von vielen Usern in einer n-Tier-Umgebung gleichzeitig genutzt werden. Andererseits sind wir doch als Entwickler immer bestrebt, besseren und gut wartbaren Code zu schreiben. Hier sind durch ADO.NET Grenzen vorgegeben, die erst durch den konsequenten Einsatz der objektbasierten Programmierung durchbrochen werden können. Genau an dieser Stelle betritt das ADO.NET Entity Framework die Bühne.

Die Organisation der Daten in Klassen

Mit ADO.NET werden die Daten in einen `DataReader` oder in ein `DataSet` eingelesen. Diese beiden Typen verwalten jedoch nur Tabellenstrukturen, die in einer Datenbank definiert sind, und stellen nichts anderes dar als untypisierte Container für untypisierte Daten.

Im Gegensatz dazu programmieren Sie mit dem Entity Framework nicht gegen die Datenbank, sondern gegen ein Datenmodell, das vom Entity Framework in Form von Klassen bereitgestellt wird. Die Welt relationaler Datenbanken muss dazu auf das Datenmodell projiziert – man sagt auch gemappt – werden. Daher tritt im Zusammenhang mit dem Entity Framework auch immer der Begriff ORM auf. ORM ist die Abkürzung für **Object-relational Mapping**.

Daten, die das Resultat einer Datenbankabfrage bilden, werden mit dem Entity Framework nicht mehr in tabellenähnliche Strukturen überführt, sondern an Objekte übergeben. Einfach gesprochen wird für jeden Datensatz aus der Ergebnismenge ein neues Objekt erzeugt. Die Umsetzung einer Tabellenstruktur in Objekte und auch der umgekehrte Weg bei der Speicherung einer Änderung wird vom Entity Framework durchgeführt.

Das Bindeglied zwischen der Datenbank und der Anwendung wird durch das **Entity Data Model**, kurz EDM, beschrieben. Das EDM repräsentiert nicht nur das Datenmodell, das auch als **konzeptionelle Schicht** bezeichnet wird. Das Entity Data Model enthält auch eine Beschreibung der Datenbankstruktur, die als **logische Schicht** bezeichnet wird. Die logische Schicht und die konzeptionelle Schicht müssen miteinander in Beziehung stehen, damit die Daten aus einer Schicht auch den korrespondierenden Punkt der anderen Schicht finden. Für die Umsetzung ist die dritte Schicht im Entity Data Model verantwortlich, die sinnvollerweise im deutschen auch als **Zuordnungsschicht** bezeichnet wird.

Das Entity Data Model (EDM) bildet den Kern des Entity Frameworks. Sie arbeiten mit den Klassen, die von der konzeptionellen Schicht des EDM bereitgestellt werden. Das Entity Framework seinerseits sorgt dafür, dass die Verbindung zur Datenbank hergestellt wird, es generiert die SQL-Kommandos, um Daten abzufragen, führt die Abfrage aus und überführt die zurückgelieferten Daten in die entsprechenden Objekte. Darüber hinaus verfolgt das EDM alle Aktualisierungen und schreibt die Änderungen in die Datenbank.

37.2 Ein erstes Entity Data Model (EDM) erstellen

Ehe wir uns noch weiter in die Details vertiefen, sollten wir an dieser Stelle zuerst unser erstes Entity Data Model erstellen und dessen Struktur anschließend analysieren. Wir erstellen dazu zuerst ein neues Projekt vom Typ einer Konsolenanwendung.

Als Grundlage dient uns an dieser Stelle die bereits vertraute *Northwind*-Datenbank. Wir wollen ein Entity Data Model erzeugen, das aus dieser Datenbank die beiden Tabellen *Products* und *Categories* beschreibt. Dazu markieren Sie im Projektmappen-Explorer zuerst das Projekt und öffnen mit der rechten Maustaste das Kontextmenü. Wählen Sie hier HINZUFÜGEN • NEUES ELEMENT... Es öffnet sich ein Dialogfenster, in dem Sie die Vorlage ADO.NET ENTITY DATA MODEL auswählen (siehe Abbildung 37.1).

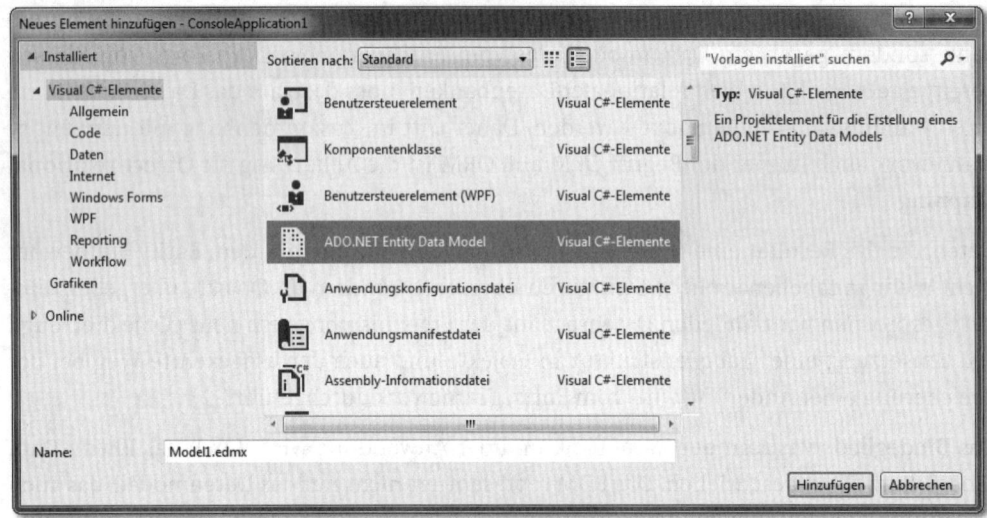

Abbildung 37.1 Hinzufügen eines Entity Data Models (EDM)

Mit dieser Vorlage wird eine EDMX-Datei erzeugt, der Sie den Namen *Northwind* geben sollten.

Nachdem Sie auf die Schaltfläche HINZUFÜGEN geklickt haben, öffnet sich sofort der nächste Dialog. In diesem können Sie auswählen, ob das neue EDM aus einer bestehenden Datenbank erstellt werden soll oder ob Sie ein leeres Modell erstellen wollen (siehe Abbildung 37.2). Sie sollten hier AUS DATENBANK GENERIEREN auswählen und anschließend auf die Schaltfläche WEITER klicken.

Nachdem Sie mit dem Assistenten die Verbindung zur Datenbank festgelegt haben (was ich an dieser Stelle nicht noch einmal beschreiben möchte), öffnet sich der nächste Dialog, in dem Sie die gewünschten Tabellen auswählen können. Beachten Sie in diesem Dialog bitte unbedingt, dass Sie die Option GENERIERTE OBJEKTNAMEN IN DEN SINGULAR ODER PLURAL SETZEN ausgewählt haben (siehe Abbildung 37.3). Versäumen Sie das, werden Bezeichner generiert, die suggerieren, es würde sich um eine Menge handeln und nicht um einzelne Objekte. Ein Objekt, das einen Artikel beschreibt, wäre dann vom Typ Products und nicht, wie im Grunde genommen zu erwarten ist, vom Typ Product.

Anschließend können Sie den Assistenten beenden.

37.2 Ein erstes Entity Data Model (EDM) erstellen

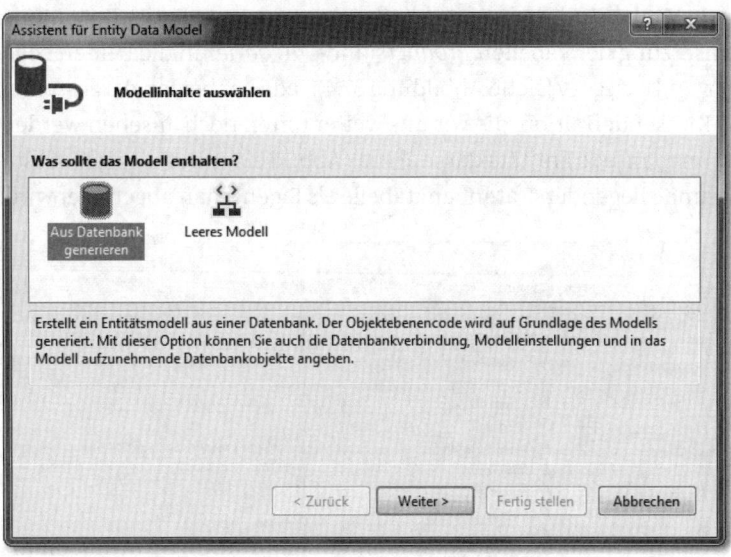

Abbildung 37.2 Das EDM aus einer Datenbank generieren

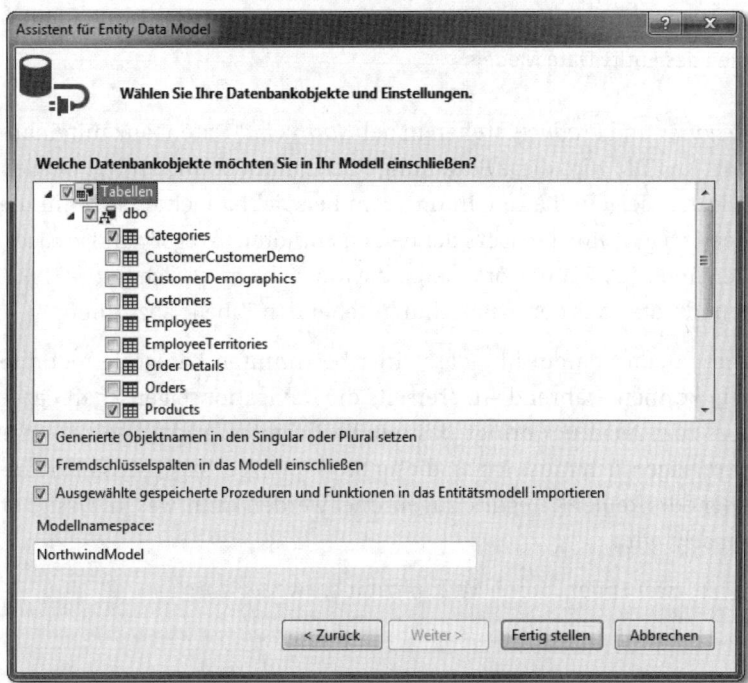

Abbildung 37.3 Auswahl der Tabellen aus der Datenbank

In der Designer-Ansicht von Visual Studio wird anschließend das erzeugte Entity Data Model angezeigt. Es zeigt die Umsetzung der Tabellen *Products* und *Categories* in die beiden sogenannten Entitäten Product und Category (siehe Abbildung 37.4). Jede der beiden dargestellten Entitäten beschreibt eine Klassendefinition, die wir uns weiter unten noch ansehen werden. Im Grunde genommen kann man jede Entitätsklasse als das Abbild eines Datensatzes verstehen, da jedes Feld der zugrunde liegenden Datenbanktabelle als Eigenschaft abgebildet wird.

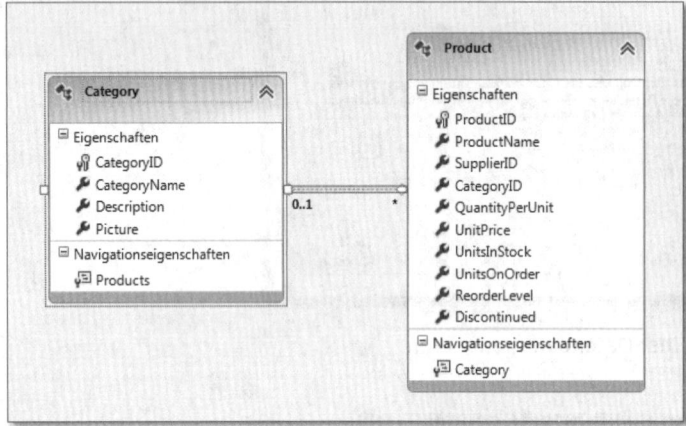

Abbildung 37.4 Die Tabellen des Entity Data Models

Die beiden Tabellen *Categories* und *Products* stehen in der *Northwind*-Datenbank miteinander in einer 1:n-Beziehung. Im EDM wird diese Beziehung übernommen. Unterstützt werden Beziehungen durch Navigationseigenschaften. In unserem Beispiel handelt es sich um die Navigationseigenschaften Category und Products der beiden Entitäten Category und Product. Navigationseigenschaften im Entity Framework bieten die Möglichkeit, zwischen zwei Entitätstypen zu navigieren und Daten aus der in Beziehung stehenden Tabelle abzurufen.

Die Pluralisierung Products deutet darauf hin, dass einer bestimmten Kategorie mehrere Produkte zugeordnet sein können, während andererseits die Navigationseigenschaft Category in der Entität Product zum Ausdruck bringt, dass ein bestimmtes Produkt genau einer Kategorie zugeordnet wird. Eigentlich muss ich an dieser Stelle präziser sagen, dass ein Produkt entweder genau einer oder keiner Kategorie zugeordnet werden kann, was im Designer durch 0..1 kenntlich gemacht wird.

Jede Beziehung im EDM hat zwei Enden, deren Multiplizität entweder durch

- **1** (eins) oder
- **0..1** (keins oder eins) oder
- ***** (viele)

beschrieben wird. Von den Navigationseigenschaften wird entweder ein Objekt zurückgegeben, wenn die Multiplizität »0« oder »1« ist, oder mehrere Objekte, wenn die Multiplizität »*« ist.

Sie haben an dieser Stelle Ihr erstes Entity Data Model erstellt und sind nun in der Lage, unter Zuhilfenahme des EDM Daten abzufragen. Aber ehe wir im folgenden Kapitel dazu kommen, wollen wir uns das Entity Data Model im Detail ansehen, um es besser zu verstehen.

37.3 Das Entity Data Model im Designer

37.3.1 Die übergeordneten Eigenschaften einer Entität

Jede Entität wird im Entity Data Model durch allgemeine Eigenschaften spezifiziert. Damit sind nicht die Eigenschaften gemeint, die die Daten eines bestimmten Objekts vom Typ der Entität speichern (gewissermaßen also die Spalten einer Datenzeile), sondern die Eigenschaften, die den Entitätstyp ganzheitlich beschreiben. Wenn Sie im Designer die Entität Product markieren und dann das Eigenschaftsfenster öffnen, werden Sie diese allgemeinen Eigenschaften sehen (siehe Abbildung 37.5).

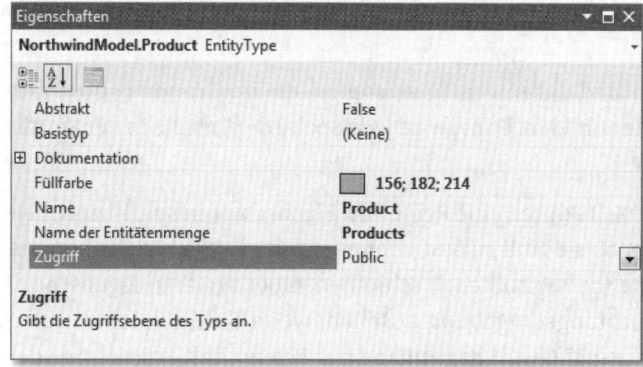

Abbildung 37.5 Die Entität »Product« im Eigenschaftsfenster

- **Abstrakt**: Im Entity Framework können Sie innerhalb des EDM die Vererbung benutzen, um Entitäten miteinander in eine Vererbungsbeziehung zu setzen. Mit dieser Eigenschaft lässt sich festlegen, ob die Entität als abstrakte Basisklasse ihre Eigenschaften nur den ableitenden Entitäten zur Verfügung stellen soll.

- **Basistyp**: Handelt es sich bei der Entität um eine ableitende Klasse, gibt diese Eigenschaft die Basisklasse an.

- **Dokumentation**: Diese Eigenschaft gestattet es, entweder eine kurze oder lange (oder beides) Beschreibung der Entität hinzuzufügen. Die kurze Beschreibung entspricht dem <summary>-Element eines XML-Kommentars, die lange wird in die XML-Dokumentationsdatei des Ausgabeverzeichnisses geschrieben, wenn die entsprechende Option im Projekteigenschaftsfenster aktiviert ist.

- **Name**: Diese Eigenschaft gibt den Bezeichner der Entität an. Sollten Sie im Assistenten in Abbildung 37.4 die Option GENERIERTE OBJEKTNAMEN IN DEN SINGULAR ODER PLURAL setzen nicht ausgewählt haben, würde ein pluralisierender Bezeichner generiert, beispielsweise *Products*.

- **Name der Entitätenmenge**: Diese Eigenschaft legt fest, wie die Eigenschaft heißt, mit der später eine Menge vom Typ der jeweiligen Entität im Code abgefragt werden kann.
- **Zugriff**: Es sollte eigentlich klar sein, dass mit dieser Eigenschaft die Sichtbarkeit der Entität festgelegt wird.

37.3.2 Eigenschaften eines Entitätsobjekts

Eine Entität, wie wir sie im Designer des EDM sehen, kann man als Container verstehen, der drei verschiedene Eigenschaftstypen enthalten kann:

- skalare Eigenschaften
- komplexe Eigenschaften
- Navigationseigenschaften

Skalare Eigenschaften

Unter den skalaren Eigenschaften sind diejenigen zu verstehen, die im Grunde genommen die Spalten einer Datenbanktabelle abbilden. Dabei wird jede Spalte der Tabelle in der Entität durch eine Eigenschaft dargestellt.

Jede Spalte einer Tabelle wird ihrerseits durch eine Reihe von Eigenschaften spezifiziert, beispielsweise durch einen Datentyp, ob sie Null zulässt oder eine feste Länge hat. Sie können sich die Eigenschaften einer Spalte (besser sollte ich schreiben, einer skalaren Eigenschaft) im Eigenschaftsfenster der Entwicklungsumgebung ansehen, wenn Sie im Designer eine Eigenschaft selektieren. In Abbildung 37.6 wird das anhand der Eigenschaft ProductName der Entität Product gezeigt.

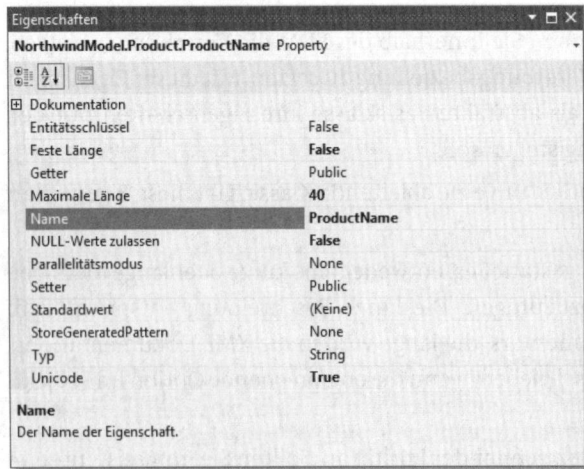

Abbildung 37.6 Die Eigenschaften der Entitätseigenschaft »ProductName«

In Tabelle 37.1 sind die Eigenschaften der »Spalteneigenschaften« erläutert.

Eigenschaft	Beschreibung
Dokumentation	Siehe auch die gleichnamige Eigenschaftsbeschreibung in Abschnitt 37.3.1.
Entitätsschlüssel	Diese Eigenschaft gibt an, ob es sich bei der Spalteneigenschaft um den Primärschlüssel handelt. Jede Entität muss mindestens eine solche Eigenschaft haben. Hat die zugrunde liegende Tabelle der Entität einen zusammengesetzten Primärschlüssel, können auch mehrere Entitätseigenschaften die Einstellung Entitätsschlüssel = true haben.
Feste Länge	Diese Eigenschaft gibt vor, ob diese Entitätseigenschaft eine feste Länge aufweist.
Getter / Setter	Mit dieser Eigenschaft wird der Zugriff auf die Entitätseigenschaft festgelegt.
Maximale Länge	Legt die Maximallänge der Entitätseigenschaft fest. Als Werte sind neben einer individuell eingestellten Länge auch (None) und Max möglich.
NULL zulassen	Gibt an, ob die Entitätseigenschaft null zulässt oder nicht.
Parallelitätsmodus	Diese Eigenschaft hängt mit der Aktualisierung zusammen und beschreibt, ob die Eigenschaft während der Aktualisierung überprüft werden soll.
Standardwert	Legt den Standardwert der Entitätseigenschaft fest.
StoreGeneratedPattern	Diese Eigenschaft gibt an, was getan werden soll, wenn eine Datenzeile hinzugefügt oder geändert werden soll.
Typ	Legt den Datentyp der Entitätseigenschaft fest. Abhängig davon, welche Einstellung hier gewählt ist, werden nur die Eigenschaften im Eigenschaftsfenster angezeigt, die im Zusammenhang mit dem Datentyp sinnvoll sind.
Unicode	Diese Eigenschaft ist nur im Zusammenhang mit dem Datentyp String relevant. Hiermit wird festgelegt, ob die Zeichenfolge im Unicode abgelegt werden soll oder nicht.

Tabelle 37.1 Die Eigenschaften einer Entitätseigenschaft

Komplexe Eigenschaften

Komplexe Typen sind eine Möglichkeit, mehrere skalare Eigenschaften zusammenzufassen. Angenommen, die beiden Entitäten Mitarbeiter und Kundeninformation eines Entity Data Models würden die Adressinformationen von Personen beschreiben, beispielsweise den Namen, den Wohnort und die Straße. Es würde sich anbieten, aus diesen drei Eigenschaften den komplexen Typ Address zu bilden und diesen zu einer Eigenschaft der beiden Entitäten Mitarbeiter und Kundeninformation zu machen.

Komplexe Typen werden als Klassen definiert. Sie können mit komplexen Typen den Code und das Entity Data Model zwar besser strukturieren, sie können aber nicht direkt abgefragt oder separat in der Datenbank gespeichert werden.

Navigationseigenschaften

Widmen wir uns nun der dritten Gruppe der Eigenschaften, den Navigationseigenschaften. Exemplarisch sehen wir uns dazu die Navigationseigenschaft Category in der Entität an. Wie skalare Eigenschaften, so werden auch Navigationseigenschaften durch eigenschaftsspezifische Einstellungen beschrieben, die im Eigenschaftsfenster von Visual Studio angezeigt werden, wenn die entsprechende Navigationseigenschaft im Designer ausgewählt ist (siehe Abbildung 37.7).

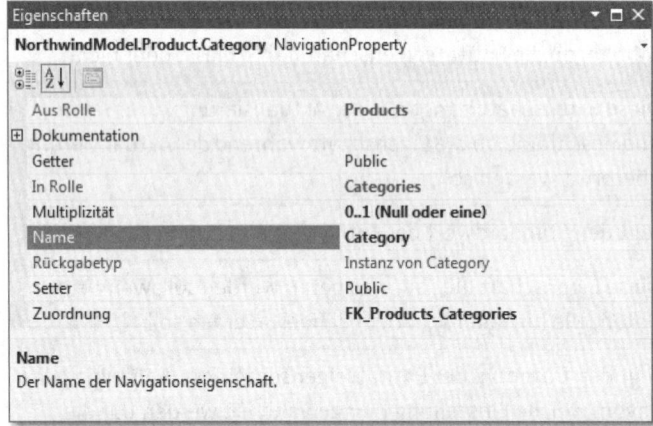

Abbildung 37.7 Die Eigenschaften der Navigationseigenschaft »Category«

Navigationseigenschaften beschreiben, wie zu einer in Beziehung (Assoziation) stehenden Entität navigiert wird. Dabei greifen die Navigationseigenschaften auf im Entity Data Model definierte Assoziationen zurück, die die Beziehung zwischen zwei Entitäten exakt beschreiben. In unserem Beispiel lautet der Bezeichner der Beziehung *FK_Products_Categories*. Die Verknüpfung einer Navigationseigenschaft mit einer bestimmten Assoziation erfolgt mit der Eigenschaft Zuordnung.

Die Eigenschaft Multiplizität gibt an, wie viele Entitäten beim Aufruf der Navigationsmethode als Resultat geliefert werden können. In unserem Beispiel ist es keins, weil ein Produkt nicht zwangsläufig einer Kategorie zugeordnet werden muss, oder genau eins. Der Rückgabetyp ist mit der schreibgeschützten Eigenschaft Rückgabetyp ebenfalls angegeben.

Betrachten wir nun die zweite Entität in unserem EDM: Category. Die Navigationsmethode lautet hier Products und suggeriert uns, dass mit dem Aufruf

Category.Products

eine Liste von Produkten zurückgeliefert wird, unabhängig davon, ob die Liste leer ist, nur ein Produkt oder viele enthält. Die Liste ist dabei vom Typ EntityCollection<T> oder, um es präzise auszudrücken, vom Typ EntityCollection<Product>.

37.3.3 Assoziationen im Entity Data Model

Die Beziehung zwischen zwei Tabellen in einer Datenbank wird im Entity Data Model durch Assoziationen, auch als Zuordnung bezeichnet, abgebildet. Navigationseigenschaften benutzen Assoziationen, um von einer Entität auf in Beziehung stehende Entitäten zuzugreifen.

Wir sollten nun einen Blick auf die Zuordnung zwischen den beiden Entitäten Product und Category im Designer werfen. Da Zuordnungen auch durch Eigenschaften beschrieben werden, markieren wir die Zuordnung im Designer und wenden danach unsere Aufmerksamkeit auf das Eigenschaftsfenster, in dem nunmehr die Eigenschaften der Assoziation angezeigt werden (siehe Abbildung 37.8).

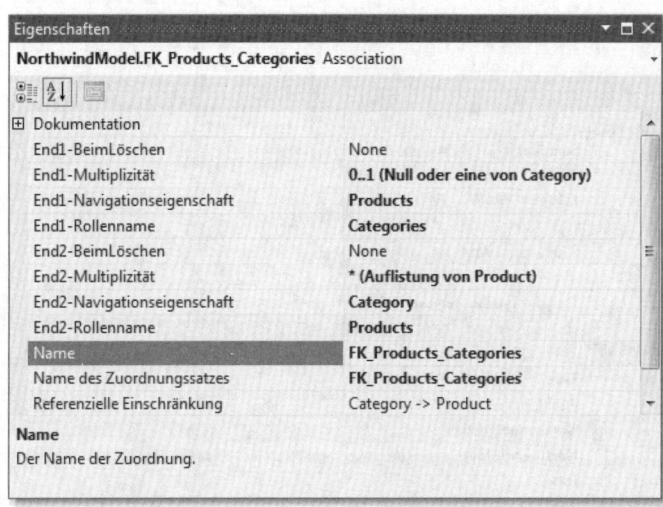

Abbildung 37.8 Eigenschaften der Assoziation

Eine Assoziation beschreibt mit *End1* und *End2* zwei Endpunkte. Bei *End1* handelt es sich um den Endpunkt der Assoziation auf Seiten der Entität Category, *End2* ist der Endpunkt auf Seiten der Entität Product. Der jeweilige Bezeichner der Endpunkte wird von den Eigenschaften End1-Rollenname und End2-Rollenname festgelegt.

Die Multiplizität des jeweiligen Endpunkts wird mit der Eigenschaft End1-Multiplizität bzw. End2-Multiplizität beschrieben. Wie schon weiter oben erwähnt, können die Endpunkte durch »0..1« (null oder eine), »1« (eine) oder »*« (viele) beschrieben werden. Die Navigationseigenschaft der zu einem Endpunkt zugeordneten Entität legt die Eigenschaft End1-/End2-Navigationseigenschaft fest.

37.3.4 Der Kontext der Entitäten

Wir haben in den letzten Abschnitten einen Blick auf die Entitäten und deren Beziehungen untereinander geworfen. Im Grunde genommen wird noch eine weitere Komponente im Designer dargestellt, die jedoch keine grafische Präsentation hat. Es ist das Entity Model selbst mit allen seinen Eigenschaften zur Generierung und Verwaltung. Sie können sich dessen Eigenschaften im Eigenschaftsfenster anzeigen lassen, indem Sie einfach in den freien Bereich des Designers klicken (siehe Abbildung 37.9).

Auf alle Eigenschaften an dieser Stelle einzugehen würde deutlich zu weit führen. Aber auf eine Eigenschaft muss ich Sie aufmerksam machen. Es ist die Eigenschaft Entitätscontainername, der in unserem Modell auf *NorthwindEntities* eingestellt ist. Hier wird der Bezeichner des Containers angegeben, von dem standardmäßig alle Entitäten verwaltet werden. Ohne ein Objekt dieses Containers, der vom Typ ObjectContext ist, geht fast nichts, er bildet das Herzstück der EF-Anwendung.

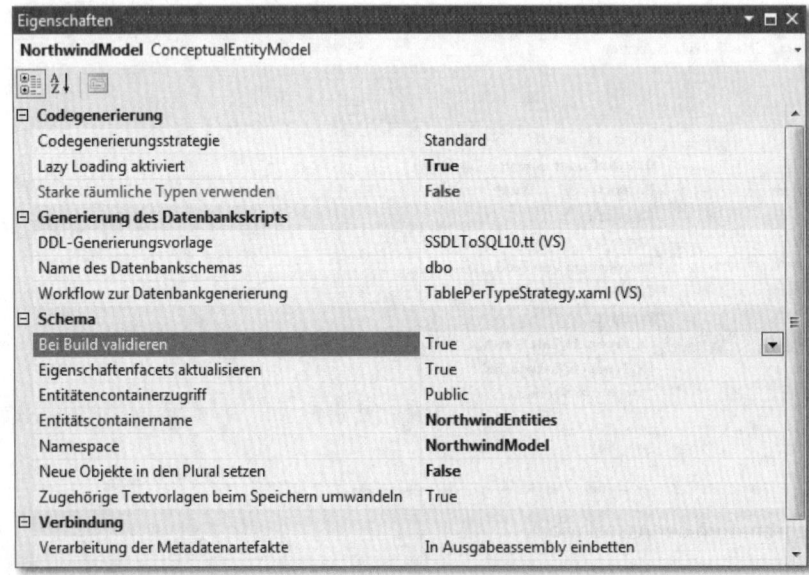

Abbildung 37.9 Eigenschaften des Kontexts

37.4 Der Aufbau des Entity Data Models

Das Entity Data Model können Sie sich auch als Bindeglied zwischen der Datenbank und Ihrem Programmcode vorstellen. Nachdem wir uns im letzten Abschnitt den visualisierten Teil des EDM angesehen haben, wollen wir nun ein wenig hinter die Kulissen sehen, um die Zusammenhänge besser zu verstehen.

Da ein Doppelklick auf die EDMX-Datei nur dazu führt, dass die Designansicht geöffnet wird, wollen wir diese Datei nun auf andere Weise öffnen. Dazu markieren Sie die EDMX-Datei im *Projektmappen-Explorer* und öffnen mit der rechten Maustaste das Kontextmenü. Wählen Sie hier Öffnen mit ... Aus der Ihnen angebotenen Liste von Tools sollten Sie die Option XML Editor auswählen. Sollte in diesem Moment die EDMX-Datei in der Designansicht noch geöffnet sein, werden Sie noch darauf hingewiesen und gefragt, ob die geöffnete Datei geschlossen werden soll. Sie können das bestätigen. In Visual Studio werden Ihnen daraufhin gewissermaßen die »Rohdaten« des Entity Data Models im XML-Format angezeigt.

Im ersten Moment hinterlässt die Datei einen verwirrenden Eindruck. Aber bei genauer Betrachtung gliedert sich die Datei in zwei Hauptabschnitte: ein Abschnitt `Runtime`, der Laufzeitinformationen enthält, und ein Abschnitt `Designer`, der Informationen für die Darstellung in der Design-Ansicht enthält. Der Abschnitt `Runtime` seinerseits beschreibt drei untergeordnete Abschnitte:

- **CSDL (Conceptual Schema Definition Language)**: Dieser Abschnitt beherbergt das konzeptionelle Modell und beschreibt somit die Schicht, gegen die Sie Ihren Programmcode schreiben.
- **SSDL (Storage Schema Definition Language)**: Diese Schicht beschreibt das Schema der Datenbank.
- **MSL (Mapping Specification Language)**: Diese Schicht bildet das konzeptionelle Modell (CSDL) auf das Schema der Datenbank (SSDL) ab.

In Abbildung 37.10 sind die Hauptabschnitte im zusammengeklappten Zustand dargestellt.

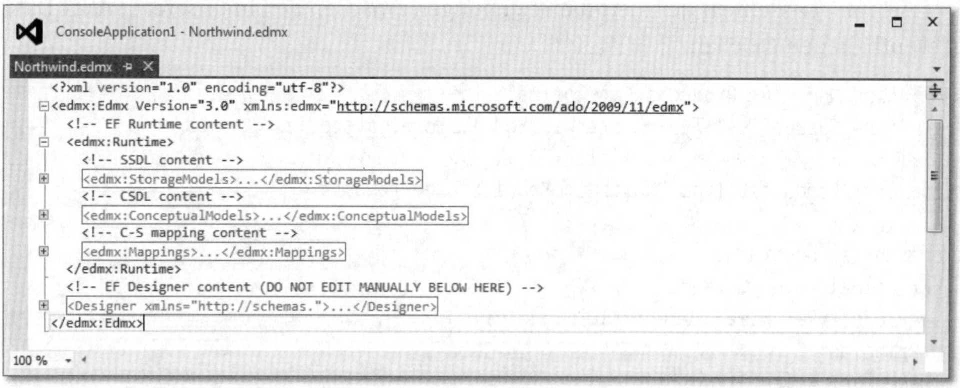

Abbildung 37.10 XML-Struktur des Entity Data Models (EDM)

Der Abschnitt SSDL (Store Schema Definition Language)

Dieser Abschnitt, der häufig auch als **physikalisches Modell** oder **Speichermodell** bezeichnet wird, bildet die Daten der Datenquelle durch XML ab. Diese Sektion wird durch das `<Schema>`-Element beschrieben, das mit `<EntityContainer>`, `<EntityType>` und `<Association>` weiter aufgegliedert wird.

Neben dem `Namespace`-Attribut werden im `<Schema>`-Element auch die Attribute `Provider` und `ProviderManifestToken` angeführt. Die letztgenannten Attribute geben an, über welchen Provider die Verbindung zur Datenbank aufgenommen wird, sowie deren Version.

Das `<EntityContainer>`-Element beschreibt die Struktur der zugrunde liegenden Datenquelle und gliedert sich selbst in die beiden untergeordneten Elemente `<EntitySet>` und `<AssociationSet>`. `EntitySet` stellt eine Tabelle der Datenbank dar, `AssociationSet` die Beziehung zwischen den Tabellen des aktuellen Entity Data Models. Sehen wir uns zunächst den Abschnitt an, der die Tabelle *Categories* beschreibt.

```xml
<EntityType Name="Categories">
  <Key>
    <PropertyRef Name="CategoryID" />
  </Key>
  <Property Name="CategoryID" Type="int" Nullable="false"
            StoreGeneratedPattern="Identity" />
  <Property Name="CategoryName" Type="nvarchar" Nullable="false"
            MaxLength="15" />
  <Property Name="Description" Type="ntext" />
  <Property Name="Picture" Type="image" />
</EntityType>
```

Wir können erkennen, dass jede Spalte der Tabelle hinsichtlich des Namens, des Datentyps und ihrer Einschränkungen durch Attribute des `<Property>`-Elements angegeben ist. Bei den Datentypangaben handelt es sich um die datenbankspezifischen, in unserem Fall um die des SQL Servers. Die Primärschlüsselfelder sind durch das `<Key>`-Element namentlich aufgeführt.

Das `<Association>`-Element definiert die Beziehungen zwischen den in unserem Entity Data Model enthaltenen Tabellen.

```xml
<Association Name="FK_Products_Categories">
  <End Role="Categories" Type="NorthwindModel.Store.Categories"
                      Multiplicity="0..1" />
  <End Role="Products" Type="NorthwindModel.Store.Products"
                      Multiplicity="*" />
  <ReferentialConstraint>
    <Principal Role="Categories">
      <PropertyRef Name="CategoryID" />
    </Principal>
    <Dependent Role="Products">
      <PropertyRef Name="CategoryID" />
```

```
      </Dependent>
    </ReferentialConstraint>
</Association>
```

Eine Beziehung zwischen zwei Tabellen hat zwei Endpunkte. Diese werden, ergänzt um die Angabe der Multiplizität, zuerst angegeben. `<ReferentialConstraint>` definiert die Charakteristik der referenziellen Einschränkung: Die Tabelle *Products* ist die abhängige (engl.: dependent) Seite, also die Detailtabelle, die Tabelle *Categories* die Mastertabelle. In beiden Tabellen lauten die Spalten, zwischen denen die referenzielle Einschränkung definiert ist, `CategoryID`.

Immer dann, wenn Daten zur Datenbank gesendet werden, wird das Entity Framework mit Hilfe des Abschnitts `<ReferentialConstraint>` prüfen, ob gegen die referenzielle Einschränkung verstoßen wird. Sollte das der Fall sein, werden die Daten nicht gesendet.

Der Abschnitt CSDL (Conceptual Schema Definition Language)

Der Abschnitt CSDL stellt das konzeptionelle Schema dar und beschreibt die Schicht, gegen die Sie später programmieren werden. Natürlich werden Sie nicht die XML-Elemente mit dem Code ansprechen, vielmehr dient dieses Schema dem Assistenten dazu, daraus Klassen zu generieren. Diese werden wir uns weiter unten noch ansehen.

Der CSDL-Abschnitt der EDMX-Datei ähnelt sehr stark dem SSDL-Abschnitt. Er enthält ein `<EntityContainer>`-Element, für jede abgebildete Tabelle ein `<EntityType>`-Element und ein Element `<Association>`, um die referenziellen Einschränkungen der Tabellen zu definieren. Dennoch sind einige Unterschiede durchaus erwähnenswert. Beispielsweise bezieht sich der Datentyp in den spaltenbeschreibenden `<Property>`-Elementen nicht mehr auf datenbankspezifische Typen, sondern bildet die Datentypen des .NET Frameworks ab. Einen weiteren wesentlichen Unterschied stellen wir bei den Eigenschaften fest, die Zeichenfolgen beschreiben. Hier werden zusätzliche Attribute angegeben, um zum Beispiel die Länge einer Zeichenfolge festzulegen. Zu den Eigenschaften gesellt sich zudem ein Element `<NavigationProperty>`. Dieses beschreibt, wie zwischen den an einer Beziehung beteiligten Entitäten navigiert wird. Das folgende Codefragment zeigt den Abschnitt `<EntityType>` der Entität *Category*.

```
<EntityType Name="Category">
  <Key>
    <PropertyRef Name="CategoryID" />
  </Key>
  <Property Name="CategoryID" Type="Int32" Nullable="false"
        annotation:StoreGeneratedPattern="Identity" />
  <Property Name="CategoryName" Type="String" Nullable="false"
        MaxLength="15" Unicode="true" FixedLength="false" />
  <Property Name="Description" Type="String" MaxLength="Max" Unicode="true"
        FixedLength="false" />
  <Property Name="Picture" Type="Binary" MaxLength="Max"
        FixedLength="false" />
```

```
            <NavigationProperty Name="Products"
                    Relationship="NorthwindModel.FK_Products_Categories"
                    FromRole="Categories" ToRole="Products" />
</EntityType>
```

Der Abschnitt MSL (Mapping Specification Language)

Die beiden zuvor beschriebenen Abschnitte SSDL und CSDL müssen zueinander in Beziehung gesetzt werden. Diese Aufgabe übernimmt die dritte Schicht im Entity Data Model.

Die Mapping-Sektion der EDMX-Datei lässt sich in einem separaten Fenster visualisieren. Markieren Sie dazu in der Design-Ansicht des Entity Data Models eine Entität, und wählen Sie im Kontextmenü die Option TABELLENMAPPING. Die Mappinginformationen der entsprechenden Entität werden danach im Fenster MAPPINGDETAILS angezeigt (siehe Abbildung 37.11).

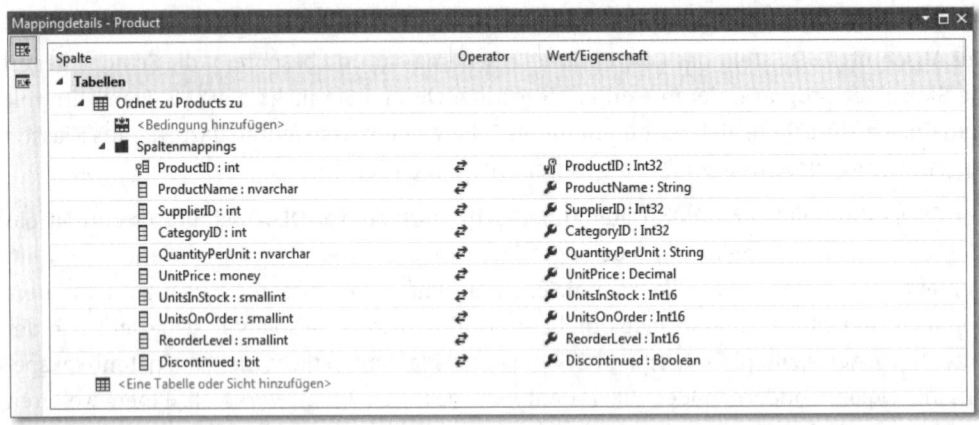

Abbildung 37.11 Mappingdetails der Entität »Product«

Die Abbildung zeigt, wie die Entität Product auf die Tabelle Products der SSDL abgebildet wird. Es ist zu erkennen, dass es sich um 1:1-Mapping zwischen der konzeptionellen und der Speicherschicht handelt. In der Liste *Spaltenmappings* sind auf der linken Seite die Spalten der Speicherschicht angegeben, auf der rechten die entsprechenden Eigenschaften im konzeptionellen Modell. Das ist daran zu erkennen, dass links Datentypen des SQL Servers angegeben sind, auf der rechten Seite die Entsprechungen im .NET Framework.

37.5 Die Klassen des Entity Data Models (EDM)

Wenn Sie mit dem Assistenten ein Entity Data Model bereitstellen, wird neben der EDMX-Datei auch noch eine weitere Datei mit der Dateierweiterung *designer.cs* erzeugt. In dieser Datei sind die Klassen enthalten, die die konzeptionelle Schicht in die Programmiersprache Ihrer Wahl umsetzen. Mit von der Partie sind die Klassen, die die Entitäten des Entity Data

Models beschreiben. Bezogen auf das von uns erstellte EDM handelt es sich um die Klassen `Product` und `Category`. Außerdem wird in der Codedatei noch eine Klasse namens `NorthwindEntities` beschrieben. Diese stellt die Umgebung bereit, innerhalb deren die Entitätsdaten abgefragt und bearbeitet werden können.

37.5.1 Die Entitätsklassen

Im Entity Framework arbeiten Sie nicht direkt mit Datensätzen. Stattdessen werden die von der Datenbank bezogenen Daten eines Datensatzes in einem Entitätsobjekt materialisiert. Die entsprechende Entitätsklasse mit allen erforderlichen Membern beschreibt das Entity Data Model in der Datei mit der Extension *designer.cs*. Wir wollen uns nun die Entität `Product` ansehen, die die Tabelle *Products* der *Northwind*-Datenbank abbildet. Dabei sei auch in diesem Beispiel davon ausgegangen, dass im EDM neben der Entität auch die Entität `Category` beschrieben wird. Jede Entitätsklasse wird von der Basis `EntityObject` abgeleitet:

```
[EdmEntityType(NamespaceName="NorthwindModel", Name="Product")]
[Serializable()]
[DataContract(IsReference=true)]
public partial class Product : EntityObject
```

Damit hat eine Entität von Anfang an eine gewisse Basisfunktionalität. Da ein Objekt vom Typ einer Entität häufig auch die Prozessgrenzen verlassen muss (beispielsweise bei einer Webanwendung), ist die Serialisierbarkeit sehr wichtig. Aus diesem Grund ist jede Entitätsklasse mit den Attributen `Serializable` und `DataContract` verknüpft.

Zu den von der Basis `EntityObject` geerbten Membern gehören die beiden Eigenschaften `EntityState` und `EntityKey`. Beide spielen im Zusammenhang mit der Zustandsverfolgung und der Aktualisierung einer Entität eine wichtige Rolle. Darüber hinaus erbt eine Entität auch die beiden Ereignisse `PropertyChanging` und `PropertyChanged`, die über die Methoden `OnPropertyChanging` und `OnPropertyChanged` ausgelöst werden können.

Der Code einer Entität

Jede Entität, die auch gleichzeitig in Beziehung zu einer anderen im Entity Data Model steht, wird durch drei Methodengruppen beschrieben:

- eine Factory-Methode
- primitive Eigenschaften
- Navigationsmethoden

Betrachten wir zuerst die Factory-Methode ganz am Anfang der Entitätsklasse.

```
// Factory-Methode
public static Product CreateProduct(Int32 productID, String productName,
                                    Boolean discontinued) {
    Product product = new Product();
```

```
    product.ProductID = productID;
    product.ProductName = productName;
    product.Discontinued = discontinued;
    return product;
}
```

Grundsätzlich können Sie natürlich eine neue Entität durch den Aufruf des Konstruktors erzeugen. Das ist beispielsweise dann von Interesse, wenn Sie die neue Entität in die Datenbank als neuen Datensatz zurückschreiben wollen. Da es aber keinen parametrisierten Konstruktor gibt, bleibt Ihnen nichts anderes übrig, als allen Feldern, die nicht null sein dürfen, ausdrücklich einen Wert zu übergeben. Die Factory-Methode in der Entitätsklasse unterstützt Sie dabei in der Weise, dass für jedes nicht-null-fähige Feld ein Parameter definiert ist, dem Sie beim Methodenaufruf ein Argument übergeben müssen.

Jede Spalte in der Datenbank wird in der Entitätsklasse durch eine Eigenschaft abgebildet, die den zugehörigen Wert in einem privaten Feld speichert. Exemplarisch sei an dieser Stelle die Eigenschaft ProductName der Entität Product gezeigt.

```
// Primitive Eigenschaften
[EdmScalarPropertyAttribute(EntityKeyProperty=false, IsNullable=false)]
[DataMemberAttribute()]
public String ProductName
{
  get { return _ProductName; }
  set
  {
    OnProductNameChanging(value);
    ReportPropertyChanging("ProductName");
    _ProductName = StructuralObject.SetValidValue(value, false);
    ReportPropertyChanged("ProductName");
    OnProductNameChanged();
  }
}
private String _ProductName;
partial void OnProductNameChanging(String value);
partial void OnProductNameChanged();
```

Entitätseigenschaften sind mit den Attributen EdmScalarProperty und DataMember verknüpft. Mit dem DataMember-Attribut werden Eigenschaften gekennzeichnet, die beim Aufruf eines Services (z.B. beim Einsatz innerhalb der WCF – Windows Communication Foundation) serialisiert werden müssen. Interessanter ist momentan das Attribut EdmScalarProperty. Dessen Eigenschaft EntityKeyProperty gibt an, ob die mit diesem Attribut verknüpfte Entitätseigenschaft Teil des Entitätsschlüssels (der in der Regel dem Primärschlüssel entspricht) ist. Wie wir wissen, trifft das nicht auf ProductName zu. Die IsNullable-Eigenschaft wiederum gibt an, ob die Entitätseigenschaft den Wert null aufweisen kann. Das trifft auf ProductName nicht zu.

Über den `get`-Zweig der Eigenschaft muss eigentlich kein weiteres Wort verloren werden. Er liefert ausschließlich den Wert der Eigenschaft zurück. Etwas aufwendiger ist da schon der `set`-Zweig implementiert. Inmitten der insgesamt fünf Anweisungen finden wir die Zuweisung des Wertes an das private Feld `_ProductName`. Davor wird das Ereignis `ReportPropertyChanging` ausgelöst und die partielle Methode `OnProductNameChanging` aufgerufen. Ähnliches spielt sich auch nach der Wertzuweisung ab: die Auslösung des Ereignisses `ReportPropertyChanged` und der Aufruf einer partiellen Methode `OnProductNameChanged`.

Wir sollten zuerst über die beiden Ereignisse sprechen. Die Entitätsklasse kann natürlich von mehreren Methoden in der Anwendung genutzt werden. Es ist durchaus vorstellbar, dass im Zusammenhang mit der Zuweisung an die Eigenschaft `ProductName` innerhalb der Methoden unterschiedliche Reaktionen verbunden werden sollen. Vielleicht soll beim Aufruf einer Methode vor der Eigenschaftswertänderung die Aktion in ein Protokoll geschrieben werden, während eine andere Methode nur eine Information an den Anwender sendet. In solchen Fällen, in denen es zu unterschiedlichen Reaktionen kommen soll, bieten sich Ereignisse an – in unserem Fall speziell die Events `ReportPropertyChanging` und `ReportPropertyChanged`.

Einen anderen Zweck verfolgt die Bereitstellung der beiden partiellen Methoden `OnProductNameChanging` und `OnProductNameChanged`. Diese dienen dazu, Code bereitzustellen, der immer dann ausgeführt wird, wenn sich die Eigenschaft ändert. Im ersten Moment scheint nichts dagegen zu sprechen, den gewünschten Code direkt in den `set`-Zweig der Eigenschaft zu schreiben. Es gibt aber dennoch ein Gegenargument: Wird das Entity Data Model aus der Datenbank aktualisiert, geht der zusätzliche benutzerdefinierte Code verloren. Er wird schlicht und ergreifend »aktualisiert«. Diese unerwünschte »Aktualisierung« wird mit partiellen Methoden vermieden. Partielle Methoden werden in einer partiellen Teildefinition der Klasse implementiert. Bei einer gewollten Aktualisierung des Entity Data Models bleibt der partielle Teil mit der Implementierung der partiellen Methoden davon unbetroffen.

Zum Schluss unserer Betrachtungen sollen auch die Navigationsmethoden noch erwähnt werden. In der Entität `Product` lauten sie `Category` und `CategoryReference`. Der Einfachheit halber sei an dieser Stelle nur die Struktur wiedergegeben:

```
public Category Category
{
  [...]
}
public EntityReference<Category> CategoryReference
{
  [...]
}
```

Die Navigationsmethoden dienen dazu, eine bestehende Beziehung zu nutzen, um von einer Entität zu einer in Beziehung stehenden Entität zu navigieren. In den beiden folgenden Kapiteln werden Sie den Einsatz der Navigationsmethoden erfahren.

37.5.2 Der ObjectContext

Neben den im Abschnitt zuvor beschriebenen Entitäten ist der Objektkontext das zentrale Element des Entity Frameworks. Der Objektkontext wird durch ein Objekt beschrieben, das von der Basis `ObjectContext` abgeleitet ist. Ohne den Objektkontext, der gleichzeitig auch der Cache für die Entitätsobjekte ist, können Sie keine Abfragen ausführen oder Objektänderungen speichern. Darüber hinaus überwacht der Objektkontext die Änderungen an den Entitätsobjekten und berücksichtigt dabei auch die Einhaltung der im EDM enthaltenen Assoziationen.

Sehen wir uns nun die elementare Struktur der Klassendefinition des Objektkontextes in unserem EDM an (Abbildung 37.12).

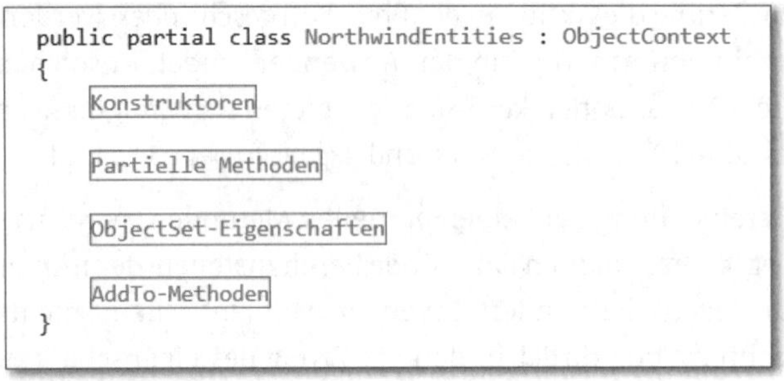

```
public partial class NorthwindEntities : ObjectContext
{
    Konstruktoren

    Partielle Methoden

    ObjectSet-Eigenschaften

    AddTo-Methoden
}
```

Abbildung 37.12 Die Klassendefinition des ObjectContexts

Der Objektkontext definiert mehrere Konstruktoren.

```
public NorthwindEntities() : base("name=NorthwindEntities",
                                  "NorthwindEntities")
{
  this.ContextOptions.LazyLoadingEnabled = true;
  OnContextCreated();
}
public NorthwindEntities(string connectionString) : base(connectionString,
                                  "NorthwindEntities")
{
  this.ContextOptions.LazyLoadingEnabled = true;
  OnContextCreated();
}
public NorthwindEntities(EntityConnection connection) : base(connection,
                                  "NorthwindEntities")
{
  this.ContextOptions.LazyLoadingEnabled = true;
  OnContextCreated();
}
```

Der parameterlose Konstruktor verwendet die in der Konfigurationsdatei (*app.config*) hinterlegte Verbindungszeichenfolge zum Aufbau der Verbindung zur Datenbank. Darüber hinaus haben Sie die Möglichkeit, eine Verbindungszeichenfolge explizit anzugeben oder ein `EntityConnection`-Objekt zu übergeben.

In den Konstruktoren wird die Methode `OnContextCreated` aufgerufen. Hierbei handelt es sich um eine partielle Methode, die es Ihnen ermöglicht, bei der Instanziierung der `ObjectContext`-Klasse eigenen Code hinzuzufügen.

Für jede im Entity Data Model beschriebene Entität wird durch den Objektkontext eine schreibgeschützte Eigenschaft bereitgestellt, die die Menge aller Objekte des entsprechenden Entitätstyps beschreibt. In unserem EDM-Beispiel handelt es sich um die Eigenschaften `Products` und `Categories`. Der Rückgabewert ist jeweils vom Typ `ObjectSet<T>`.

```csharp
private ObjectSet<Category> _Categories;
private ObjectSet<Product> _Products;
public ObjectSet<Category> Categories {
  get {
    if ((_Categories == null)) {
      _Categories = base.CreateObjectSet<Category>("Categories");
    }
    return _Categories;
  }
}
public ObjectSet<Product> Products {
  get {
    if ((_Products == null)) {
      _Products = base.CreateObjectSet<Product>("Products");
    }
    return _Products;
  }
}
```

Wenn wir im nächsten Kapitel unsere LINQ-Abfragen codieren, ist die Menge der Entitäten immer Ausgangspunkt aller weiteren Überlegungen.

37.6 Die Architektur des Entity Frameworks

Inzwischen können Sie ein eigenes Entity Data Model erstellen und wissen, wie dieses strukturiert ist, welche Elemente es enthält. Jetzt wollen wir an dieser Stelle den Bogen etwas weiter spannen und uns das Entity Framework mit seinen Fähigkeiten aus der Vogelperspektive anschauen.

37.6.1 Object Services

Der eigentliche ORM des Entity Frameworks wird durch die Entity Framework **Object Services** beschrieben. Bei den Object Services handelt es sich um die Klassen, die durch den Namespace `System.Data.Objects` beschrieben werden, sowie um die erzeugten Entitäts- und `ObjectContext`-Klassen. Um Ihnen ein Gefühl zu geben, welche Aufgaben in die Verantwortung der Object Services fallen, hier eine unvollständige Liste der Dienste:

- Abfragen von Daten aus Objekten
- Ändern, Hinzufügen und Löschen von Objekten
- Serialisieren von Objekten
- Materialisieren von Objekten
- Verwalten der Beziehung zwischen den Objekten
- Speichern von Änderungen
- Datenbindung an Steuerelemente
- u. v. a.

Object Services stehen damit an der Spitze des Entity Frameworks und arbeiten direkt mit den Objekten. Der Objektkontext steht innerhalb der Object Services im Mittelpunkt der Betrachtungen.

37.6.2 Die Schichten des Entity Frameworks

Wenn Sie Daten von einer Datenquelle abfragen, stehen Ihnen mehrere Möglichkeiten zur Verfügung:

- Vermutlich werden in den meisten Fällen LINQ-to-Entities-Abfragen benutzt. *LINQ to Entities* ist eine LINQ-basierte Abfragesprache, die auf die Object Services des Entity Frameworks spezialisiert ist.
- Eine weitere Möglichkeit eröffnen Abfragen mit Entity SQL, oder auch nur kurz eSQL genannt. Das mit dem Entity Framework eingeführte eSQL ist ein datenbankneutraler SQL-Dialekt.
- Der *EntityClient Provider* wurde ebenfalls mit dem Entity Framework eingeführt. Dieser Provider kann auch dazu benutzt werden, im Stil des klassischen ADO.NET unter Zuhilfenahme von eSQL Datenabfragen abzusetzen.
- Es können auch Abfragen abgesetzt werden, die direkt auf ADO.NET zugreifen.

Die folgende Abbildung zeigt die Architektur des Entity Frameworks und das Einsatzgebiet der verschiedenen Abfragemöglichkeiten.

37.6 Die Architektur des Entity Frameworks

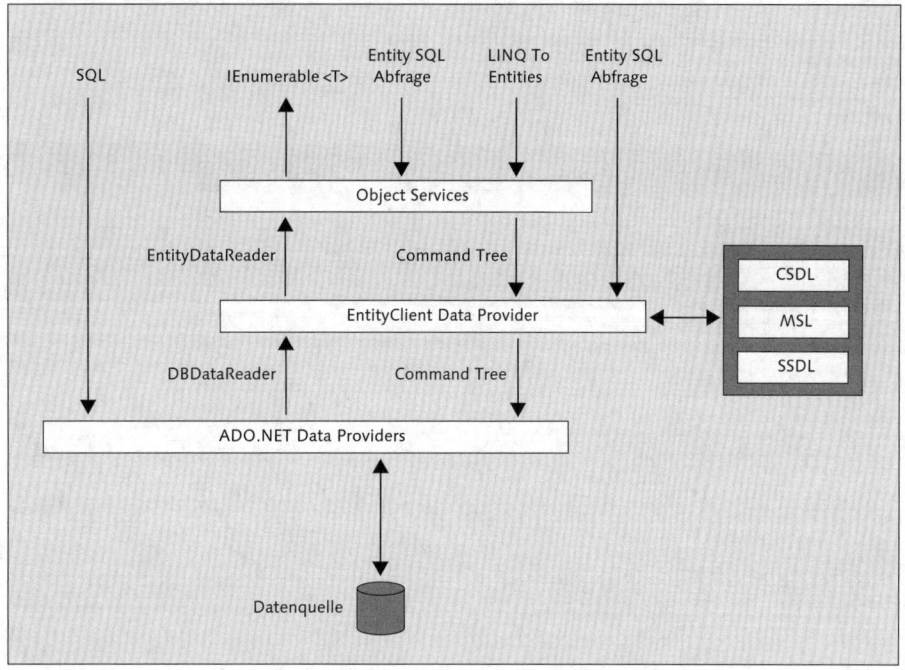

Abbildung 37.13 Die Architektur des ADO.NET Entity Frameworks

Wie Sie sehen können, gibt es mehrere Möglichkeiten, mit dem Entity Framework Daten abzufragen. Bis auf bestimmte Abfragen mit Entity SQL und den ebenfalls möglichen direkten Zugriff auf ADO.NET spielen dabei die Object Services eine tragende Rolle.

Die im Abschnitt zuvor beschriebenen Object Services können direkt von Abfragen, die in *LINQ to Entities* oder *Entity SQL* formuliert worden sind, genutzt werden. Unterhalb des Layers für die *Object Services* wird die nächste Schicht vom *EntityClient Data Provider* gebildet. Dieser fungiert als Bindeglied zwischen dem konzeptionellen Modell zu den datenbankspezifischen ADO.NET-Providern (z.B. MS SQL Server, Oracle), die natives SQL erzeugen.

Kapitel 38
Datenabfragen des Entity Data Models (EDM)

Im letzten Kapitel haben Sie alles Wesentliche rund um das Konzept des Entity Frameworks erfahren. Sie kennen die Strukturen und auch alle wichtigen und grundlegenden Komponenten. In diesem Kapitel wollen wir uns mit den gegen das Entity Data Model (EDM) abgesetzten Datenabfragen beschäftigen und deren Möglichkeiten ausloten.

Ganz am Anfang sei vorab Folgendes klargestellt. Grundsätzlich stehen Ihnen dazu drei verschiedene Techniken zur Verfügung:

- LINQ to Entities
- Entity SQL
- der EntityClient-Provider

Abfragen mit LINQ to Entities sind verhältnismäßig einfach zu formulieren, wenn man sich mit LINQ und den dazugehörigen Spracherweiterungen in C# oder VB.NET vertraut gemacht hat. LINQ kann überall dort eingesetzt werden, wo generell Datenmengen abgefragt, gefiltert oder sortiert werden sollen, und hat sich zu einem regelrechten Standard etabliert. In den meisten Fällen wird LINQ to Entities die erste Wahl sein.

Entity SQL wurde entwickelt, bevor LINQ offiziell das Licht der Welt erblickte. Dass das Entity Framework trotz Einführung von LINQ to Entities auch Entity SQL unterstützt, hat einen simplen Grund: Nicht alle .NET-Sprachen unterstützen LINQ, wie es C# tut. Entwickler, die auf eine .NET-fähige Sprache setzen, die LINQ nicht unterstützt, haben daher mit Entity SQL trotzdem die Möglichkeit, die Vorzüge des Entity Frameworks zu nutzen. Allerdings sei angemerkt, dass Entity SQL trotz der Ähnlichkeit zu SQL (bzw. T-SQL) nicht ganz einfach ist und ein Umdenken erforderlich macht.

Weniger bekannt und auch nicht häufig im praktischen Alltag ist der EntityClient-Provider. Dieser ähnelt in vielfacher Hinsicht den ADO.NET-Providern SqlClient oder OracleClient. Der wesentliche Unterschied zwischen LINQ to Entities und dem EntityClient-Provider besteht darin, wie die Daten dem Client zur Verfügung gestellt werden. Während LINQ to Entities Objekte »materialisiert«, ist das Resultat von EntityClient eine Ansammlung von Spalten und Zeilen, ähnlich dem der anderen ADO.NET-Provider.

Ich werde Ihnen in diesem Kapitel alle drei Techniken vorstellen. Dabei werden wir uns vorrangig mit LINQ to Entities beschäftigen, weil es zumindest beim Einsatz von C# eine herausragende Position einnimmt.

38.1 Abfragen mit LINQ to Entities

38.1.1 Allgemeine Begriffe in LINQ

In LINQ werden Begriffe verwendet, die Sie am Anfang schon einmal gehört haben sollten, da wir sie in diesem Kapitel häufiger verwenden werden: Operatoren und Sequenzen.

- **Operatoren**: Methoden, die speziell auf LINQ zugeschnitten sind, werden als Operatoren bezeichnet. Für LINQ gibt es über 100 Operatoren, die teilweise auch noch überladen sind. Mit Operatoren lassen sich Entitätsmengen (auch Sequenzen genannt, siehe weiter unten) filtern, sortieren und gruppieren. Die Möglichkeiten, die uns durch die Operatoren geboten werden, sollten eigentlich keine Wünsche mehr offenlassen – und wenn doch, können Sie natürlich auch eine eigene, spezifische LINQ-Methode schreiben. LINQ-Abfragen werden samt ihren Operatoren in ein SQL-Statement übersetzt, das von der Datenbank verstanden wird.

- **Sequenzen**: Elementmengen, die sich im Speicher befinden, werden im Allgemeinen als Auflistungen bezeichnet. Im Zusammenhang mit LINQ wird auch der Begriff Sequenz benutzt. Während herkömmliche Auflistungen – wie erwähnt – immer vollständig im Speicher liegen, werden die Elemente einer Sequenz immer erst dann ermittelt, wenn sie benötigt werden. Eine Sequenz ist immer ein Objekt, das die Schnittstelle IEnumerable<T> implementiert.

38.1.2 Einfache Abfragen

Lassen Sie uns mit einer Konsolenanwendung beginnen, der wir ein Entity Data Model (EDM) mit dem Bezeichner *Northwind.edmx* hinzufügen. Das EDM soll die beiden Tabellen *Products* und *Categories* der Northwind-Datenbank beschreiben. Wenn Sie die singuläre und pluralisierende Namensgebung berücksichtigt haben (siehe Abbildung 38.3), werden in der Datei *Northwind.Designer.cs* die drei Klassen NorthwindEntities, Product und Category erzeugt. Dabei ist NorthwindEntities die Klasse, die von ObjectContext abgeleitet ist, während Product und Category die Entitäten beschreiben, die von der Basis EntityObject abgeleitet sind. Mit diesen drei Klassen werden wir in diesem Kapitel durchweg arbeiten.

Die denkbar einfachste Abfrage ist die, die uns alle Artikel der Tabelle *Products* zurückliefert. Dazu schreiben wir den folgenden Code in der Methode Main:

```
using (NorthwindEntities context = new NorthwindEntities())
{
  var products = context.Products;
```

```
  foreach (var prod in products)
    Console.WriteLine("{0,-5}{1}", prod.ProductID, prod.ProductName);
}
```

Listing 38.1 Die denkbar einfachste LINQ-Abfrage

Zuerst wird eine Instanz der Klasse `NorthwindEntities` erzeugt. Sie sollten dazu die `using`-Anweisung verwenden, damit der Objektkontext nach seiner Verwendung sofort ordentlich mit `Dispose` geschlossen wird. Der Objektkontext ist, neben der eigentlichen Abfrage, auch dafür verantwortlich, dass die Verbindung zur Datenbank aufgebaut wird.

Das `NorthwindEntities`-Objekt veröffentlicht mit `Categories` und `Products` zwei Eigenschaften, die jeweils die Menge aller angeforderten Entitäten zurückliefern, also entweder eine Sequenz aller Artikel oder aller Kategorien. Beide Eigenschaften sind vom Typ `ObjectSet<T>` (oder präziser vom Typ `ObjectSet<Product>` und `ObjectSet<Category>`). Die generische Klasse `ObjectSet<T>` gehört zum Namespace `System.Data.Objects` und liefert eine typisierte Menge von Entitäten zurück, in unserem Fall alle Produkte. Daher ließe sich das Abfragestatement auch wie folgt formulieren:

```
ObjectSet<Product> products = context.Products;
```

Da das Ergebnis einer LINQ-Abfrage vom Typ `IEnumerable<T>` ist, wäre auch die Formulierung

```
IEnumerable<Product> products = context.Products;
```

möglich. Sollten Sie jedoch später im Programmcode auf eine spezifische Methode der Klasse `ObjectSet<T>` zugreifen wollen, wäre eine vorhergehende Typkonvertierung notwendig.

Im Haltemodus von Visual Studio können Sie sich sehr einfach den Typ der Rückgabe anzeigen lassen, wenn Sie die Maus über den Bezeichner *products* ziehen (siehe Abbildung 38.1).

```
using (NorthwindEntities context = new NorthwindEntities())
{
    var products = context.Products;
    foreach  products {System.Data.Objects.ObjectSet<EF_Samples.Product>}
        Console.WriteLine("{0,-5}{1}", prod.ProductID, prod.ProductName);
}
```

Abbildung 38.1 Anzeige des Rückgabedatentyps des Listings 38.1

Ausgeführt wird die LINQ-Abfrage nicht an der Position, wo sie definiert ist, sondern in dem Moment, wenn zum ersten Mal die Ergebnismenge verwendet wird. In Listing 38.1 ist das beim ersten Durchlauf der `foreach`-Schleife der Fall. Dabei wird die LINQ-Abfrage in eine SQL-Abfrage übersetzt, die von der Datenbank verstanden wird. Wir können uns das SQL-Statement im SQL Server ansehen, wenn wir aus dem SQL Server Management Studio heraus den SQL Server Profiler starten und ein neues Ablaufverfolgungsprotokoll erstellen. Anschließend starten wir die Laufzeit von Visual Studio und können uns nun im Protokoll die tatsächlich gegen die *Northwind*-Datenbank abgesetzte SQL-Abfrage ansehen. Sie lautet:

```sql
SELECT
[Extent1].[ProductID] AS [ProductID],
[Extent1].[ProductName] AS [ProductName],
[Extent1].[SupplierID] AS [SupplierID],
[Extent1].[CategoryID] AS [CategoryID],
[Extent1].[QuantityPerUnit] AS [QuantityPerUnit],
[Extent1].[UnitPrice] AS [UnitPrice],
[Extent1].[UnitsInStock] AS [UnitsInStock],
[Extent1].[UnitsOnOrder] AS [UnitsOnOrder],
[Extent1].[ReorderLevel] AS [ReorderLevel],
[Extent1].[Discontinued] AS [Discontinued]
FROM [dbo].[Products] AS [Extent1]
```

Das SQL-Statement sieht natürlich anders aus als die LINQ-Abfrage und entspricht eher dem, was ein T-SQL-Entwickler kennt und benutzt.

> **Anmerkung**
>
> Der SQL Server Profiler bietet den Vorteil, alle mit einem SQL-Statement zusammenhängenden Ereignisse zu protokollieren. Sollten Sie sich jedoch nur für das abgesetzte SQL-Statement interessieren, können Sie auch die Methode ToTraceString der Klasse ObjectSet<T> aufrufen, z.B.:
>
> ```
> Console.WriteLine(products.ToTraceString());
> ```

Die Verbindungszeichenfolge

Sobald mit den Daten einer Abfrage Operationen durchgeführt werden sollen, baut der Objektkontext automatisch eine Verbindung zur Datenbank auf. Hierzu holt sich der Objektkontext alle notwendigen Informationen aus einer Verbindungszeichenfolge, die in der Konfigurationsdatei definiert ist. Die Verbindungszeichenfolgen sind im Grunde genommen von ADO.NET her bekannt, allerdings im Entity Framework etwas komplexer.

Nachfolgend sehen Sie die Verbindungszeichenfolge unseres Entity Data Models.

```
<connectionStrings>
  <add name="NorthwindEntities"
      connectionString="metadata=res://*/Northwind.csdl|
                        res://*/Northwind.ssdl|
                        res://*/Northwind.msl;
      provider=System.Data.SqlClient;
      provider connection string=&quot;
      data source=.;
      initial catalog=Northwind;
      integrated security=True;
      multipleactiveresultsets=True;
```

```
            App=EntityFramework&quot;"
            providerName="System.Data.EntityClient" />
</connectionStrings>
```

Neben den allgemein üblichen Informationen wie der Angabe des Providers und der klassischen Verbindungszeichenfolge werden durch das `metadata`-Attribut auch die Dateien angegeben, die die Beschreibungen für das EDM enthalten (CSDL, MSL und SSDL). Da hier eine Verschachtelung von zwei Verbindungszeichenfolgen vorliegt, wird die innere Verbindungszeichenfolge mit &quot eingeschlossen, womit Anführungszeichen beschrieben werden.

Projektionen

Das Beispiel des Listings 38.1 stellt die einfachste Form einer Abfrage dar und liefert alle Daten, die sich in der Tabelle *Products* befinden. In SQL-Syntax entspricht das der Abfrage *SELECT * FROM Products*. In der Regel wird man aber Abfragen formulieren, die nur ganz bestimmte Eigenschaften der Entität in die Sequenz aufnehmen. Hierbei spricht man von einer **Projektion**. Greifen wir auf unser Beispiel aus dem letzten Abschnitt zurück und beschränken uns nun auf die Ausgabe der drei Eigenschaften `ProductID`, `ProductName` und `UnitPrice`. Zusätzlich sollen die abgefragten Daten gefiltert werden, so dass nur die Artikel, deren Preis größer oder gleich 50 ist, die Ergebnismenge bilden. Dazu ändern wir unsere LINQ-Abfrage wie folgt ab:

```
using (NorthwindEntities context = new NorthwindEntities())
{
  var products = from p in context.Products
                 where p.UnitPrice >= 50
                 select new { p.ProductID, p.ProductName, p.UnitPrice };
  foreach (var prod in products)
    Console.WriteLine("{0,-5}{1,-35}{2}",
                      prod.ProductID, prod.ProductName, prod.UnitPrice);
}
```

Listing 38.2 Projektion und Filterung (Abfragesyntax)

Sie können für diese Abfrage, die in der Abfragesyntax formuliert worden ist, auch die gleichwertige Methodensyntax verwenden:

```
var products = context.Products
        .Where(p => p.UnitPrice >= 50)
        .Select(p => new { p.ProductID, p.ProductName, p.UnitPrice});
```

> **Anmerkung**
>
> Während die Abfragesyntax leichter zu lesen ist, erinnert die Methodensyntax eher an eine Programmiersprache. Welche Syntax Sie selbst bevorzugen, ist völlig unerheblich, da das Resultat der Abfrage in jedem Fall dasselbe ist.

Interessant ist für uns an dieser Stelle weniger das Ergebnis der Abfrage. Vielmehr interessiert uns der Datentyp der Ergebnismenge. Schließlich projizieren wir nur einen Teil der tatsächlichen Spalten der Tabelle *Products* in unsere Ergebnismenge. Um den Typ in Erfahrung zu bringen, legen wir einen Haltepunkt in der Entwicklungsumgebung fest, z.B. in der `foreach`-Zeile. Starten Sie danach die Anwendung, und gehen Sie mit dem Mauszeiger auf die Variable `products`. Sie werden feststellen, dass die Ergebnismenge nun vom Typ `ObjectQuery<T>` ist, bei dem der generische Typparameter einen anonymen Typ beschreibt (siehe Abbildung 38.2).

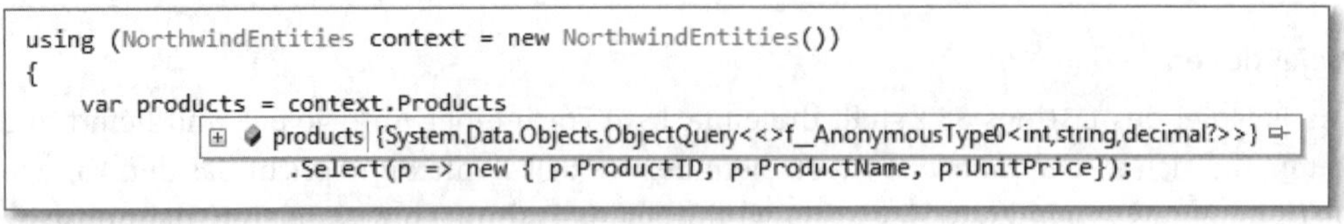

```
using (NorthwindEntities context = new NorthwindEntities())
{
    var products = context.Products
        ⊞ ● products {System.Data.Objects.ObjectQuery<<>f__AnonymousType0<int,string,decimal?>>} ⇨
            .Select(p => new { p.ProductID, p.ProductName, p.UnitPrice});
```

Abbildung 38.2 »ObjectQuery<T>« als Rückgabetyp einer Selektion

Die beiden Klassen `ObjectQuery<T>` und `ObjectSet<T>` sind sich sehr ähnlich. Allerdings ist `ObjectSet<T>` spezialisierter als `ObjectQuery<T>`, da es sich um eine typisierte Entitätenmenge handelt, während es sich bei `ObjectQuery<T>` nur um eine typisierte Abfrage, also unter Umständen auch mit einer definierten Projektion, handelt. Die Ähnlichkeit spiegelt sich auch in den Klassendefinitionen wider: Der Typ `ObjectSet<T>` ist von `ObjectQuery<T>` abgeleitet. Gegenüber der Basis weist `ObjectSet<T>` zusätzliche Funktionalitäten auf, beispielsweise für das Hinzufügen oder Löschen von Objekten.

Einzelne Entitäten abrufen

Unsere bisherigen Abfragen lieferten als Ergebnis Objekte, die die Schnittstelle `IEnumerable<T>` implementieren. Dabei handelt es sich um Sequenzen vom Typ `ObjectSet<T>` oder `ObjectQuery<T>`. Um die einzelnen Entitäten auszuwerten, musste die Ergebnismenge in einer Schleife durchlaufen werden.

Manchmal reicht es aus, wenn das Resultat einer LINQ-Abfrage nur eine bestimmte Entität zurückliefert. Beispielsweise könnte es sich dabei um den Artikel mit der `ProductID = 22` handeln. Für diese Fälle stellt uns das Entity Framework vier Methoden zur Verfügung:

- Single
- SingleOrDefault
- First
- FirstOrDefault

`First` bzw. `FirstOrDefault` bieten sich an, wenn aus einer Sequenz nur das erste Element zurückgegeben werden soll. `Single` bzw. `SingleOrDefault` sind dann geeignet, wenn nur ein Element als Resultat der Abfrage erwartet werden kann.

Es bleibt noch zu klären, was der Unterschied zwischen `Single` und `SingleOrDefault` bzw. `First` und `FirstOrDefault` ist. Die Erklärung ist sehr einfach: Wird kein passendes Element gefunden, lösen `Single` und `First` eine Ausnahme vom Typ `InvalidOperationException` aus, `SingleOrDefault` und `FirstOrDefault` liefern in dieser Situation hingegen den Rückgabewert `null`.

> **Hinweis**
>
> Im Zusammenhang mit den beiden Methoden `Single` und `SingleOrDefault` gibt es noch eine weitere Situation, die zu der genannten Ausnahme führt. Das ist nämlich genau dann der Fall, wenn in der Ergebnismenge mehrere Resultate stehen, während beide Methoden nur ein Resultat erwarten. Sie sollten dann `First` oder `FirstOrDefault` benutzen.

Abfragen, die Sequenzen als Resultat liefern, werden per Vorgabe erst in dem Moment ausgeführt, wenn auf die Elemente der Sequenz zugegriffen wird. Ganz anders verhalten sich die vier in diesem Abschnitt angesprochenen Methoden, die nur ein Element in der Ergebnismenge haben: Sie werden sofort ausgeführt, das Objekt steht also sofort zur Verfügung.

Mit diesen Kenntnissen ausgestattet ist es nun sehr einfach, den Artikel mit der `ProductID` 22 abzurufen.

```
using (NorthwindEntities context = new NorthwindEntities())
{
  var query = (from prod in context.Products
               where prod.ProductID == 22
               select prod).SingleOrDefault();
  if (query != null)
    Console.WriteLine("{0,-20}", query.ProductName);
  else
    Console.WriteLine("Kein entsprechendes Element gefunden.");
}
```

Listing 38.3 Die Methode »SingleOrDefault«

Sie können die Abfrage auch noch einfacher definieren, denn `SingleOrDefault` (aber auch `Single`, `First` und `FirstOrDefault`) ist in der Weise überladen, dass die Filterbedingung als Argument des Methodenaufrufs angegeben werden kann, z.B.:

```
var query = (from prod in context.Products
             select prod).SingleOrDefault(p => p.ProductID == 22);
```

Abfragen mit Paging

Vielleicht wünschen Sie, dass Ihre Abfrage nur einen bestimmten Teilbereich der Tabelle in das Abfrageresultat projiziert. Dann müssen Sie die Technik des Pagings benutzen. Umgesetzt wird das Paging in LINQ to Entities mit den beiden Operatoren `Skip` und `Take`. An den Operator `Skip` übergeben Sie dabei die Anzahl der Elemente, die übersprungen werden sollen, `Take` erwartet die Anzahl der zurückzugebenden Elemente.

Das folgende Listing zeigt den Einsatz der beiden Operatoren. Dabei muss berücksichtigt werden, dass Skip nur auf sortierte Mengen angesetzt werden kann und die Sortierung ausschlaggebend dafür ist, welche Elemente in die Ergebnismenge aufgenommen werden.

```csharp
using (NorthwindEntities context = new NorthwindEntities())
{
  Console.Write("Wie viele DS überspringen?");
  int skip = Convert.ToInt32(Console.ReadLine());
  Console.Write("Wie viele DS anzeigen?");
  int count = Convert.ToInt32(Console.ReadLine());
  var query = (from prod in context.Products
               orderby prod.ProductID
               select prod).Skip(skip).Take(count);
  foreach (var item in query)
    Console.WriteLine("{0,-4}{1}", item.ProductID, item.ProductName);
}
```

Listing 38.4 Das Paging mit »Skip« und »Take« umsetzen

Operatoren mit sofortiger Ausführung

Sowohl Single/SingleOrDefault als auch First/FirstOrDefault werden sofort ausgeführt. Aber auch eine Abfrage, die mehrere Objekte als Resultat liefert, lässt sich sofort ausführen. Die Operatoren, die dazu in der Lage sind, können Sie der Tabelle 38.1 entnehmen.

Operator	Beschreibung
ToList	Erstellt aus einem IEnumerable<T>-Objekt ein List<T>-Objekt.
ToDictionary	Erstellt aus einem IEnumerable<T>-Objekt ein Dictionary<TKey, TValue>-Objekt.
ToLookup	Erstellt aus einem IEnumerable<T>-Objekt ein Lookup<TKey, TElement>-Objekt.
ToArray	Erstellt aus einem IEnumerable<T>-Objekt ein Array.

Tabelle 38.1 Operatoren mit sofortiger Ausführung

Dazu auch noch ein Listing, das den Einsatz des ToList-Operators zeigt:

```csharp
using (NorthwindEntities context = new NorthwindEntities())
{
  List<Product> query = (from prod in context.Products
                         where prod.UnitPrice < 10
                         select prod).ToList();
  foreach (Product item in query)
    Console.WriteLine("{0,-35}{1}", item.ProductName, item.UnitPrice);
}
```

Listing 38.5 Der »ToList«-Operator

Anzumerken sei an dieser Stelle, dass auch die Aggregat-Operatoren von LINQ wie beispielsweise `Count` oder `Max` zu einer sofortigen Ausführung der Abfrage führen. Weiter unten werden wir auf diese Operatoren noch zu sprechen kommen.

38.1.3 Navigieren in Abfragen

Unser EDM bildet die beiden Tabellen *Products* und *Categories* ab, zwischen denen in der Datenbank eine 1:n-Beziehung besteht: Ein Produkt wird genau einer (oder keiner) Kategorie zugeordnet, während mehrere Produkte zu einer Kategorie gehören können.

Im ADO.NET Entity Framework haben Sie zwei Möglichkeiten, um die Beziehung zwischen zwei Entitäten zu nutzen:

- die Navigationseigenschaften
- die Fremdschlüsselspalte von abhängigen Entitäten

Navigationseigenschaften ermöglichen es, sehr einfach in Beziehung stehende Entitäten abzurufen. Bezogen auf unser EDM wird die Beziehung zwischen den Entitäten `Product` und `Category` mit den beiden Navigationseigenschaften `Products` (in der Entität `Category`) und `Category` (in der Entität `Product`) umgesetzt. Die Umsetzung der Fremdschlüsselspalte in eine Eigenschaft der Entität (in `Product` handelt es sich um die Eigenschaft `CategoryID`) lässt sich ebenfalls zur Abbildung einer Beziehung nutzen.

In diesem Moment stellt sich die Frage, warum uns zwei Varianten angeboten werden.

Um diese Frage zu beantworten, müssen wir in der Historie des ADO.NET Entity Frameworks ein wenig zurückblicken. In der ersten Version 3.5 enthielten die Entitäten nur Navigationseigenschaften. Es war dies die strikte Einhaltung eines objektorientierten Ansatzes und dessen Umsetzung im konzeptionellen Modell, in dem auch die Beziehung durch ein Element abgebildet wird.

Nicht in allen Fällen haben sich die Navigationseigenschaften als vorteilhaft erwiesen. Als typisches Beispiel sei hier die Datenbindung erwähnt. Hier war es nur mit verhältnismäßig hohem Programmieraufwand möglich, aus dem Resultat der Navigationseigenschaft den Fremdschlüsselwert zu ermitteln. Das Entwicklerteam sah sich daher gezwungen, den abhängigen Entitäten eine Eigenschaft hinzuzufügen, die den Fremdschlüssel repräsentiert.

Hinweis

Die Fremdschlüsselspalten werden ab EF 4.0 automatisch in den betreffenden Entitäten berücksichtigt. Möchten Sie auf diese Spalten verzichten, haben Sie bei der Definition des Entity Data Models dazu die Möglichkeit, wenn Sie die Auswahl im entsprechenden Optionsschalter des Dialogs (siehe auch Abbildung 37.3) abwählen.

Navigation von der »n-Seite« zur »1-Seite« einer Zuordnung

Jeder Product-Entität wird genau eine Category-Entität zugeordnet. Uns interessiert zunächst im folgenden Beispiel die Kategorie, die jedem Produkt zugeordnet ist. Die Ergebnismenge soll dazu den Produkt- und den Kategoriebezeichner enthalten.

```
using (NorthwindEntities context = new NorthwindEntities())
{
  var query = context.Products
          .Select(p => new { p.ProductName, p.Category.CategoryName});
  foreach (var item in query)
    Console.WriteLine("{0,-35}{1}", item.ProductName, item.CategoryName);
}
```

Listing 38.6 Einsatz der Navigationsmethode »Category«

Sollten Sie sich mehr für die Abfragesyntax begeistern können, hier auch noch die Abfrage in dieser syntaktischen Variante:

```
var query = from p in context.Products
        select new { p.ProductName, p.Category.CategoryName };
```

Wir rufen in beiden Fällen die Navigationseigenschaft Category der Product-Entität auf. Die Navigationseigenschaft liefert uns die Referenz auf die dem Produkt zugeordnete Category-Entität, von der wir die Eigenschaft CategoryName abrufen.

Das Ergebnis der Abfrage ist ein anonymer Typ, der sich aus der Eigenschaft ProductName der Entität Product und der Eigenschaft CategoryName der Entität Category zusammensetzt. Die Sequenz ist vom Typ ObjectQuery<T>.

Sollte Ihnen die Ausgabe nicht gefallen, lässt sich die Ergebnisliste auch sortieren oder filtern. Auch dabei unterstützt uns die Navigationseigenschaft Category der Entität Product. Im folgenden Listing wird primär nach CategoryName sortiert, anschließend innerhalb der Kategorie nach ProductName.

```
using (NorthwindEntities context = new NorthwindEntities())
{
  var query = from prod in context.Products
          orderby prod.Category.CategoryName, prod.ProductName
          select new { prod.ProductName, prod.Category.CategoryName };
  foreach(var item in query)
    Console.WriteLine("{0,-35}{1}", item.CategoryName, item.ProductName);
}
```

Listing 38.7 Sortieren der Ergebnismenge

Die Abfrage nun auch noch in Methodensyntax:

```
var query = context.Products
            .OrderBy(p => p.Category.CategoryName)
            .ThenBy(p => p.ProductName)
            .Select(p => new { p.ProductName, p.Category.CategoryName });
```

Navigation von der »1-Seite« zur »n-Seite« einer Zuordnung

Die Navigation von der 1-Seite einer Zuordnung zu der n-Seite der Zuordnung sieht etwas anders aus. Eine solche Navigation wird in unserem Entity Data Model durch die Eigenschaft Products der Entität Category beschrieben: Jeder Kategorie sind viele Produkte zugeordnet (oder auch keins). Also liefert uns die Navigationseigenschaft Products nicht maximal ein Objekt zurück, sondern unter Umständen sehr viele.

Betrachten Sie dazu das folgende Listing 38.8, in dem alle Produkte abgerufen werden, die entweder der Kategorie *Beverages* (CategoryID=1) oder der Kategorie *Seafood* (CategoryID=8) zugeordnet sind.

```
using (NorthwindEntities context = new NorthwindEntities())
{
  var query = from cat in context.Categories
              where cat.CategoryID == 1 || cat.CategoryID == 8
              select new { cat.CategoryName, Artikel = cat.Products };
  foreach (var item in query)
  {
    Console.WriteLine("{0}", item.CategoryName);
    foreach (var prod in item.Artikel)
      Console.WriteLine("... {0}", prod.ProductName);
    Console.WriteLine();
  }
}
```

Listing 38.8 Einsatz der Navigationseigenschaft »Products«

Die Ergebnismenge setzt sich aus dem Bezeichner der Kategorie und einer Liste der zu der betreffenden Kategorie gehörenden Produkte zusammen, die durch die Eigenschaft Artikel beschrieben wird. Diese Eigenschaft ist vom Typ EntityCollection<T> und kann mit einer foreach-Schleife durchlaufen werden.

Eingebettete Abfragen

Im Listing 38.8 ist das von der Datenbank gelieferte Datenvolumen zur Materialisierung sehr groß, weil alle Produkte mit allen ihren Eigenschaften in die Ergebnismenge geschrieben werden. Interessieren uns aber nicht alle Eigenschaften, sollten wir nur die für uns wesentlichen abrufen. Dazu ist eine Selektion bezogen auf die von der Navigationseigenschaft zurückgelieferten Produkte notwendig. Unsere Abfrage wollen wir daher im nächsten Schritt verbessern und nur die beiden Eigenschaften ProductName und UnitPrice der Product-Entität in die Ergebnismenge aufnehmen. Aus diesem Grund ersetzen wir in der LINQ-Abfrage den Teilausdruck

```
Artikel = cat.Products
```

durch eine Projektion, in der die beiden erwähnten Eigenschaften aufgenommen werden. Dazu formulieren wir eine innere, eingebettete Abfrage, wie im folgenden Codefragment gezeigt wird:

```
using (NorthwindEntities context = new NorthwindEntities())
{
  var query = from cat in context.Categories
              where cat.CategoryID == 1 || cat.CategoryID == 8
              select new { cat.CategoryName,
                    Artikel = from prod in cat.Products
                              select new { prod.ProductName,
                                           prod.UnitPrice }
                  };
  foreach (var item in query)
  {
    Console.WriteLine(item.CategoryName);
    foreach (var item2 in item.Artikel)
      Console.WriteLine("...{0,-35}{1}",item2.ProductName, item2.UnitPrice);
  }
}
```

Listing 38.9 Navigationseigenschaft mit Selektion

Nun wird die Eigenschaft Artikel in der Ergebnismenge nicht mehr durch ein Objekt vom Typ EntityCollection<T>, sondern durch eine Liste (Typ: List<T>) anonymer Typen beschrieben. Jedes der Listenelemente wird aus den Eigenschaften ProductName und UnitPrice der Entität Product gebildet.

Vielleicht haben Sie auch noch eine andere Idee, das Vorhaben zu realisieren, und schreiben die folgende LINQ-Abfrage:

```
var query = from prod in context.Products
            where prod.CategoryID == 1 || prod.CategoryID == 8
            orderby prod.CategoryID
            select new { prod.Category.CategoryName,
                         prod.ProductName, prod.UnitPrice };
```

Beachten Sie, dass nun die Abfrage gewissermaßen umgedreht worden ist: Es wird als Ausgangsmenge der LINQ-Abfrage nicht mehr Categories, sondern Products verwendet. Zuerst werden die Produkte anhand der CategoryID-Eigenschaft gefiltert, anschließend nach Kategorien sortiert. Die Sequenz wird durch einen anonymen Typ gebildet, der alle erforderlichen Eigenschaften enthält, nämlich CategoryName, ProductName und UnitPrice.

Diese LINQ-Abfrage führt offensichtlich zum gleichen Resultat. Dennoch gibt es einen Unterschied: Sobald einer Kategorie mehrere Produkte zugeordnet werden (was in unserer Datenquelle tatsächlich der Fall ist), ist der Kategoriebezeichner (CategoryName) mehrfach in der Ergebnismenge enthalten. Das war im ersten Beispiel nicht der Fall.

Filtern einer »EntityCollection«

Stellen wir uns nun die folgende Aufgabe: Es sollen alle Kategorien ausgegeben werden, die von einem bestimmten Lieferanten bereitgestellt werden können. Nehmen wir an, es würde sich dabei um den Lieferanten *Exotic Liquids* handeln, der in der Tabelle *Suppliers* unter SupplierID=1 geführt wird. (Hinweis: Die Entität Product stellt mit der Eigenschaft SupplierID den Bezug zu dem Lieferanten her. Allerdings ist die Aufgabenstellung so einfach gehalten, dass wir unser EDM nicht durch eine Entität Supplier erweitern müssen.)

Ein erster, etwas naiver Ansatz der Formulierung der LINQ-Abfrage könnte wie folgt aussehen:

```
// ACHTUNG: Falsche LINQ-Abfrage
var query = from cat in context.Categories
            where cat.Products.SupplierID == 1
            select cat;
```

Der LINQ-Ausdruck wird zu einem Fehler führen, da der Teilausdruck cat.Products vom Typ EntityCollection<T> ist und nicht die Eigenschaft SupplierID veröffentlicht, die zur Filterung der Daten notwendig ist.

In dieser Situation hilft uns die Methode Any weiter. Any stellt fest, ob ein Element in einer Menge vom Typ IEnumerable<T> eine bestimmte Bedingung erfüllt. In unserem Fall handelt es sich um die durch cat.Products gebildete Menge vom Typ EntityCollection<T>, die auch die erforderliche Schnittstelle implementiert. Die Lösung der Aufgabenstellung mit Any beschreibt das folgende Listing.

```
using (NorthwindEntities context = new NorthwindEntities())
{
  var query = from cat in context.Categories
              where cat.Products.Any(prod => prod.SupplierID == 1)
              select cat;
  foreach (var item in query)
    Console.WriteLine(item.CategoryName);
}
```

Listing 38.10 Filtern einer »EntityCollection«

Any entnimmt aus der EntityCollection ein Element nach dem anderen und untersucht, ob die Bedingung SupplierID=1 erfüllt ist oder nicht. Alle Kategorien, die mindestens ein Produkt enthalten, das die gestellte Bedingung erfüllt, gehören zur Ergebnismenge der LINQ-Abfrage.

38.1.4 Aggregatmethoden

`Aggregate`, `Average`, `Count`, `LongCount`, `Min`, `Max` und `Sum` sind LINQ-Aggregatoperatoren und ermöglichen einfache mathematische Operationen mit den Elementen einer Sequenz. Wie weiter oben schon erwähnt, stellen alle Aggregatmethoden das Resultat der Abfrage sofort zur Verfügung.

Im Folgenden wollen wir uns den Einsatz der LINQ-Abfrageoperatoren an Beispielen ansehen. Dabei möchte ich Ihnen exemplarisch für alle anderen die beiden Aggregatmethoden `Count` und `Max` vorstellen.

Der »Count«-Operator

Starten wir mit einer sehr einfachen Abfrage, die uns die Gesamtanzahl aller Produkte angibt:

```
int count = context.Products.Count();
Console.WriteLine("Anzahl der Produkte: {0}", count);
```

Hier kommt der Operator `Count` zum Einsatz, der einen Integer als Rückgabewert hat. Sollte die Menge sehr groß sein, d.h. den Wertebereich des Integers überschreiten, würde sich alternativ `LongCount` anbieten, denn dieser Operator hat den Rückgabedatentyp `long`.

Zum tieferen Verständnis sollten wir uns die Definition von `Count` ansehen, wobei es sich selbstverständlich um eine Erweiterungsmethode handelt:

```
public static int Count<T>(this IEnumerable<T> source)
```

Der Parameter deutet an, dass `Count` die Typen erweitert, die die Schnittstelle `IEnumerable<T>` implementieren. Damit rechtfertigt sich auch, dass wir `Count` auf `context.Products` aufrufen, weil der Teilausdruck `context.Products` vom Typ `ObjectSet<T>` ist und somit das genannte Interface implementiert.

`Count` ist überladen. Wir können auch eine Bedingung formulieren, unter deren Berücksichtigung wir ein gefiltertes Resultat haben wollen. Die Bedingung wird als Lambda-Ausdruck formuliert. Die Definition der Überladung sieht wie folgt aus:

```
public static int Count<T>(this IEnumerable<T> source,
                           Func<T, bool> predicate)
```

Um Ihnen ein Beispiel zur `Count`-Überladung zu zeigen, nehmen wir an, dass wir wissen wollen, wie viele Produkte »teuer« sind, sagen wir, einen Preis haben, der größer oder gleich 50 ist.

```
int count = context.Products.Count(p => p.UnitPrice >= 50);
Console.WriteLine("Anzahl der Produkte: {0}", count);
```

Ist doch überhaupt nicht schwer, oder?

Etwas mehr wird uns abverlangt, wenn wir wissen wollen, wie viele Produkte zu jeder Kategorie gehören. Natürlich hilft uns auch hier `Count` weiter.

```
using (NorthwindEntities context = new NorthwindEntities())
{
  var query = from cat in context.Categories
              select new { cat.CategoryName, Count = cat.Products.Count() };
  foreach (var item in query)
    Console.WriteLine("{0,-15}  {1}", item.CategoryName, item.Count);
}
```

Listing 38.11 Weiterer Einsatz von »Count«

Zuerst wird das `ObjectSet<Category>` gebildet. In die Ergebnismenge wird anschließend der Kategoriebezeichner aufgenommen und der Wert, der die Anzahl der Produkte widerspiegelt. Dazu wird für jedes Element in der Ergebnismenge – also für jede Kategorie – die Navigationsmethode `Products` aufgerufen, die alle Produkte der entsprechenden Kategorie liefert. Mit `Count` zählen wir allerdings nur die Produkte und verzichten auf weitere Angaben.

Der »Max«-Operator

Der `Max`-Operator liefert einen Maximalwert aus einer Menge zurück, die die Schnittstelle `IEnumerable<T>` implementiert. Einen relativ einfachen Einsatz des `Max`-Operators zeigt das folgende Listing, das dazu dient, aus allen Produkten das mit dem höchsten Preis herauszufiltern.

```
using (NorthwindEntities context = new NorthwindEntities())
{
  var query = from prod in context.Products
              where prod.UnitPrice == context.Products.Max(p => p.UnitPrice)
              select new { prod.ProductName, prod.UnitPrice };
  foreach (var item in query)
    Console.WriteLine("{0}, {1}", item.ProductName, item.UnitPrice);
}
```

Listing 38.12 Der Operator »Max«

In diesem Listing wird `Max` innerhalb der Filterung mit `Where` dazu benutzt, aus allen Produkten den Höchstpreis festzustellen. Mit diesem werden alle Produkte verglichen und bei Übereinstimmung in die Ergebnismenge eingetragen. In unserem Beispiel handelt es sich zwar um genau ein Produkt, aber es könnten durchaus auch mehrere sein.

38.1.5 Joins in LINQ definieren

Inner Joins

In Listing 38.8 haben wir die Navigationsmethoden dazu benutzt, uns alle Produkte der beiden Kategorien *Beverages* (CategoryID=1) und *Seafood* (CategoryID=8) ausgeben zu lassen. Wir können die LINQ-Abfrage auch ohne Einsatz der Navigationsmethoden formulieren, indem wir mit `Join` diese Assoziation nachbilden. Mit anderen Worten bilden wir die Beziehung zwischen den beiden Entitäten Product und Category nach, ohne die Navigationsmethoden zu bemühen.

Anders als im erwähnten Listings 38.8 wollen wir uns aber nicht auf die zwei Kategorien beschränken, sondern alle berücksichtigen.

```
using (NorthwindEntities context = new NorthwindEntities())
{
  var query = from cat in context.Categories
              join prod in context.Products
              on cat.CategoryID equals prod.CategoryID
              orderby cat.CategoryName
              select new { cat.CategoryName, prod.ProductName };
  foreach (var item in query)
    Console.WriteLine("{0}...{1}", item.CategoryName, item.ProductName);
}
```

Listing 38.13 Inner Join

Auf diese Weise haben wir einen inneren Join erzeugt, der nur die Entitäten berücksichtigt, die eine gemeinsame CategoryID aufweisen. Alle Kategorien, die keine Entsprechung auf der Seite der Produkte finden, gehören nicht zum Ergebnis der Abfrage. Da es in der *Northwind*-Datenbank eine solche Kategorie nicht gibt, sollten Sie in der Tabelle *Categories* der *Northwind*-Datenbank eine weitere Kategorie hinzufügen, z.B. *Magazines*, und die LINQ-Abfrage noch einmal starten. *Magazines* wird nicht in der Ergebnisliste geführt, weil der neuen Kategorie kein Produkt zugeordnet worden ist.

Left Outer Joins mit LINQ

Ein *Left Outer Join* ist ein Join, in dem jedes Element aus der zuerst genannten Elementmenge auch dann aufgeführt wird, wenn in der zweiten Auflistung kein korrelierendes Element existiert. Um einen *Left Outer Join* mit LINQ zu formulieren, bilden Sie einen Group Join und rufen auf diesen DefaultIfEmpty auf. Das klingt kompliziert, daher dazu auch sofort ein Beispiel. Um tatsächlich auch ein Ergebnis zu finden, sollten Sie spätestens jetzt die Kategorie *Magazines* in der Tabelle *Categories* der *Northwind*-Datenbank eintragen.

```
using (NorthwindEntities context = new NorthwindEntities())
{
  var results = from cat in context.Categories
                join prod in context.Products
                on cat.CategoryID equals prod.CategoryID
                into listProd
                from p in listProd.DefaultIfEmpty()
                select new { CatName = cat.CategoryName,
                             ProdName = p.ProductName };
```

```
    foreach (var item in results)
        Console.WriteLine("{0,-15} ... {1}", item.CatName, item.ProdName);
}
```

Listing 38.14 Left Outer Join

Die Sequenz *Categories* ist hier die linke Auflistung, die Sequenz *Products* die rechte. Ein *Group Join*, der in LINQ mit `into` abgebildet wird, erzeugt eine hierarchische Ergebnismenge, in der die Elemente aus der rechten Sequenz dem entsprechenden Element aus der linken Sequenz zugeordnet werden. Ein Group Join kann man sich damit als eine Menge von Objektarrays vorstellen. In unserem Beispiel wird für jedes Element der linken Sequenz, also der Kategorien, mit `into` ein Array gebildet.

Wenn für ein Element der linken Sequenz keine korrespondierenden Elemente aus der rechten Sequenz zugeordnet werden können, erzeugt die `join`-Klausel ein leeres Array.

Anschließend muss jedes Element der linken Elementmenge in die Ergebnisliste aufgenommen werden, selbst wenn dieses Element keine Entsprechung in der rechten Auflistung hat. Dazu rufen Sie `DefaultIfEmpty` für jede Sequenz von übereinstimmenden Elementen aus dem Group Join auf. Die Ausgabe in der Konsole überzeugt: Tatsächlich finden wir die neue Kategorie *Magazines* wieder, obwohl keine entsprechenden Produkte zugeordnet werden können.

Vielleicht interessieren Sie sich nur für die Kategorien, denen noch keine Produkte zugeordnet worden sind. Basierend auf der LINQ-Abfrage des letzten Listings müssen wir nur eine kleine Ergänzung vornehmen und die Elemente aus der Ergebnisliste herausfiltern, die den Wert `null` haben, also:

```
var results = from cat in context.Categories join prod in context.Products
              on cat.CategoryID equals prod.CategoryID
              into listProd
              from p in listProd.DefaultIfEmpty()
              where p == null
              [...]
```

Right Outer Joins mit LINQ

Unter einem Right Outer Join wird die Umkehrung des Left-Outer-Join-Prinzips verstanden: Es werden alle Elemente der zweiten Elementmenge in die Ergebnisliste aufgenommen – auch wenn sich kein entsprechendes Element in der ersten Elementliste befindet. Bezogen auf unser Listing 38.14 würde das bedeuten, dass wir alle Produkte in das Abfrageresultat schreiben, auch wenn das Produkt keiner Kategorie zugeordnet wird (das Feld `CategoryID` darf tatsächlich per Definition `Null` sein).

LINQ unterstützt von Hause aus keine Right Outer Joins. Auch wenn das im ersten Moment ernüchternd klingt, gibt es aber sehr wohl einen Weg, einen Right Outer Join nachzubilden:

Wir müssen dazu nur einen Left Join definieren und die Reihenfolge der angeführten Elementlisten hinter `from` umdrehen.

```csharp
using (NorthwindEntities context = new NorthwindEntities())
{
  var results = from prod in context.Products
                join cat in context.Categories
                on prod.CategoryID equals cat.CategoryID
                into listProd
                from p in listProd.DefaultIfEmpty()
                select new {
                          CatName = p.CategoryName,
                          ProdName = prod.ProductName
                };
  foreach (var item in results)
    Console.WriteLine("{0,-35}{1}", item.ProdName, item.CatName);
}
```

Listing 38.15 Right Outer Joins

> **Anmerkung**
>
> Wenn Sie dieses Beispiel ausprobieren möchten, sollten Sie zuvor der Tabelle *Products* einen weiteren Artikel hinzufügen, aber ohne eine Kategorie anzugeben. Dann können Sie erkennen, dass auch das neue Produkt in die Ergebnisliste aufgenommen worden ist.

38.1.6 In Beziehung stehende Daten laden

Lazy Loading

In den bisherigen Beispielen lieferten uns die LINQ-Abfragen immer das gewünschte Ergebnis. Wir haben uns keine Gedanken darüber gemacht, wann und wie die Daten tatsächlich bereitgestellt werden – das Entity Framework hat das für uns im Hintergrund automatisch erledigt. Dennoch müssen wir uns darüber bewusst sein, dass auch hinsichtlich des Ladens der Daten aus der Datenbank Vorgänge ablaufen, die wir beeinflussen können, besser noch, die wir manchmal sogar beeinflussen müssen.

Zur Verdeutlichung der Problematik sehen Sie sich bitte das folgende Listing an. Die LINQ-Abfrage liefert eine Menge anonymer Typen, in der alle Kategorien sowie die Anzahl der Produkte der betreffenden Kategorie enthalten sind.

```csharp
using (NorthwindEntities context = new NorthwindEntities())
{
  var query = from cat in context.Categories
              select new { cat, Anzahl = cat.Products.Count() };
  foreach (var item in query)
```

```
            Console.WriteLine("Kategorie: {0,-15} Anzahl der Produkte: {1}",
                          item.cat.CategoryName, item.Anzahl);
}
```
Listing 38.16 Anzahl der einer Kategorie zugeordneten Produkte

Dasselbe Resultat liefert auch die LINQ-Abfrage des folgenden Listings. Wir fragen wieder alle Kategorien ab und bilden ein Objekt vom Typ `QuerySet<Category>`. Innerhalb der foreach-Schleife wird bei der Ausgabe über die Navigationseigenschaft `Products` die Summe aller Produkte gebildet, die zu der betreffenden Kategorie gehören.

```
using (NorthwindEntities context = new NorthwindEntities())
{
  var query = from cat in context.Categories
              select cat;
  foreach (var item in query)
    Console.WriteLine("Kategorie: {0,-15}Anzahl der Produkte: {1}",
                      item.CategoryName, item.Products.Count());
}
```
Listing 38.17 Anzahl der einer Kategorie zugeordneten Produkte (Lazy Loading)

Obwohl ganz offensichtlich die Konsolenausgabe identisch ist, unterscheidet sich die Ausführung der beiden Listings ganz deutlich. Wir können uns davon überzeugen, wenn wir den SQL Server Profiler starten und uns den Ablauf der Ausführung protokollieren lassen. In den folgenden beiden Abbildungen sind sowohl für Listing 38.16 als auch für Listing 38.17 die vom SQL Server Profiler aufgezeichneten Protokolle dargestellt.

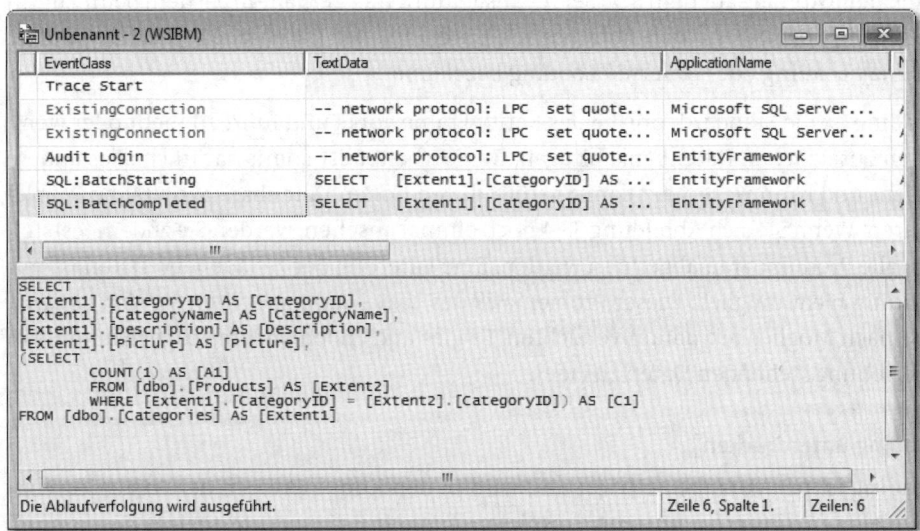

Abbildung 38.3 Ablaufprotokoll des Listings 38.16

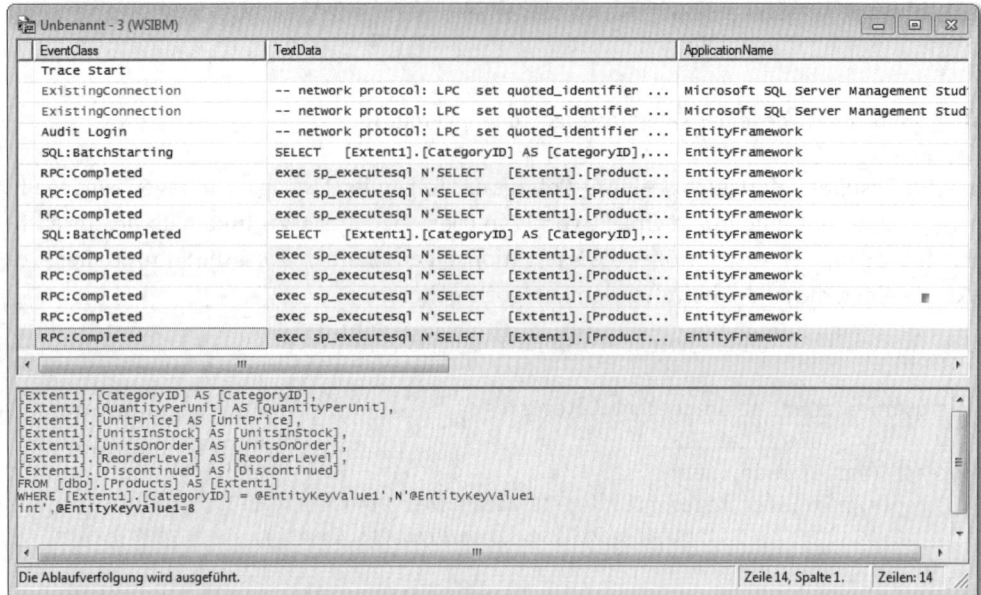

Abbildung 38.4 Ablaufprotokoll des Listings 38.17

Es fällt auf, dass im Fall der Ausführung von Listing 38.16 nur eine Abfrage an den SQL Server geschickt wird, die dann alle erforderlichen Daten enthält.

Fragen wir jedoch zuerst nur alle Kategorien ab und rufen innerhalb der Schleife auch die Navigationseigenschaft auf, um die Summe aller Produkte zu ermitteln, wird für jede Kategorie eine neue Abfrage auf dem SQL Server ausgeführt. Das Verhalten, bei dem beim Zugriff auf eine Navigationseigenschaft automatisch Daten aus der Datenquelle geladen werden, wird als **Lazy Loading** oder **Deferred Loading** bezeichnet.

Lazy Loading ist die Standardvorgabe des Entity Frameworks und führt zu mehr oder wenigen vielen zusätzlichen Datenbankabfragen. Das Verhalten ist somit natürlich alles andere als effizient und kann wegen der damit verbundenen hohen Datenbankaktivität zu Problemen führen. Wenn Sie sich Abbildung 38.4 noch einmal ansehen, werden Sie zudem feststellen, dass alle Produktdaten abgerufen werden. Eine Filterung der zu ladenden Daten ist mit Lazy Loading nicht möglich. Dieser Problematik des Lazy Loadings sollten Sie sich bewusst sein und nach Möglichkeit darauf verzichten. Es gibt auch noch andere Möglichkeiten, um die in Beziehung stehenden Daten zu laden.

Lazy Loading unterdrücken

Lazy Loading ist per Vorgabe aktiviert und wird in den Konstruktoren der von `ObjectContext` abgeleiteten Klasse (in unseren Beispielen `NorthwindEntities`) festgelegt. Sie können es jedoch auf zwei verschiedene Weisen abschalten:

- mit Programmcode
- in der Entwicklungsumgebung

Die Deaktivierung erfolgt über die Eigenschaft ContextOptions des ObjectContext-Objekts. ContextOptions beschreibt selbst die Referenz auf ein Objekt vom Typ ObjectContextOptions, mit dem mehrere spezifische Eigenschaften des ObjectContext-Objekts beschrieben werden. In unserem aktuellen Fall interessiert uns die Abschaltung des Lazy Loadings, die wir durch Setzen der Eigenschaft LazyLoadingEnabled auf false erreichen können.

```
using (NorthwindEntities context = new NorthwindEntities()) {
  context.ContextOptions.LazyLoadingEnabled = false;
  [...]
}
```

Zum Abschalten in der Entwicklungsumgebung markieren Sie das Entity Data Model im Designer, damit dessen Eigenschaften im Eigenschaftsfenster angezeigt werden. Danach stellen Sie die Eigenschaft Lazy Loading aktiviert auf false ein (siehe Abbildung 38.5).

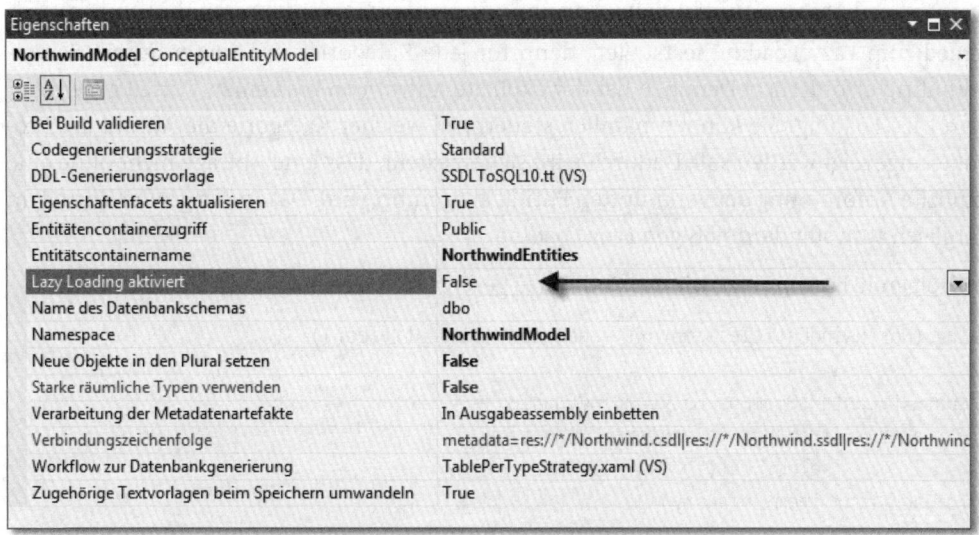

Abbildung 38.5 Die Eigenschaft »Lazy Loading« des konzeptionellen Modells

Mit dem deaktivierten Lazy Loading sollten Sie noch einmal Listing 38.22 ausführen. Sie werden feststellen, dass nun die Daten der Produkte nicht mehr nachgeladen werden und somit auch der Count-Aufruf wirkungslos verpufft: Die Anzeige lautet für jede Kategorie »Anzahl der Produkte: 0«.

Explizites Laden verbundener Objekte

Mit der Deaktivierung des Lazy Loadings haben wir uns zunächst einmal der Möglichkeit beraubt, die Anzahl der zu einer Kategorie gehörenden Produkte zu ermitteln. Dennoch lassen sich die Produkte für jede Kategorie explizit laden. Dazu rufen wir die Methode `Load` auf `Products` in der Schleife auf. `Load` ist eine Methode der Klasse `EntityCollection<T>`.

```
using (NorthwindEntities context = new NorthwindEntities())
{
  context.ContextOptions.LazyLoadingEnabled = false;
  var query = from cat in context.Categories
              select cat;
  foreach (var item in query)
  {
    item.Products.Load();
    Console.WriteLine("{0,-20} 'Anzahl: {1}",
                      item.CategoryName, item.Products.Count);
  }
}
```

Listing 38.18 Explizites Laden mit der Methode »Load«

Wenn Sie sich das Ablaufprotokoll im SQL Server Profiler ansehen, werden Sie keinen Unterschied zum Lazy Loading feststellen, denn für jede Kategorie wird weiterhin ein Server-Roundtrip erforderlich. Dennoch hat der explizite Aufruf von `Load` einen Vorteil gegenüber dem Lazy Loading: Sie können nämlich steuern, zu welcher Kategorie die Anzahl der Produkte angezeigt werden soll. Dadurch wird sichergestellt, dass eine Abfrage nicht ohne eine explizite Anforderung der verknüpften Entität ausgeführt wird. Das ist ein großer Vorteil im Vergleich zum standardmäßigen Lazy Loading.

Das folgende Listing zeigt, wie der Code dazu geschrieben werden muss.

```
using (NorthwindEntities context = new NorthwindEntities())
{
  context.ContextOptions.LazyLoadingEnabled = false;
  var query = from cat in context.Categories
              select cat;
  foreach (var item in query)
  {
    Console.WriteLine(item.CategoryName);
    if (item.CategoryName == "Beverages") {
      item.Products.Load();
      Console.WriteLine("Anzahl: {0}", item.Products.Count());
    }
    Console.WriteLine();
  }
}
```

Listing 38.19 Explizites Laden mit der Methode »Load«

Eager Loading

In Fällen, in denen von vornherein bekannt ist, dass nicht nur die Kategorien, sondern darüber hinaus auch viele Produkte und deren Details von Interesse sind, ist es eine gute Lösung, die Produkte direkt von der LINQ-Anfrage zurückgeben zu lassen. Dass man das mit einem Select in einer Projektion erreichen kann, haben Sie schon erfahren. Die Methode Include, die auf ein ObjectQuery-Objekt aufgerufen wird, ist eine andere Variante und wird als **Eager Loading** bezeichnet.

Include hat gegenüber einer Projektion den Vorteil, dass das Abfrageergebnis Entitäten liefert und nicht nur anonyme Typen. Andererseits ermöglicht Include keine Filterung, was mit einer Selektion wiederum möglich ist. Include wird entweder auf Objekte der Klassen ObjectQuery oder der Klasse ObjectSet aufgerufen. Im Zusammenhang mit Projektionen kann Include nicht verwendet werden.

Kommen wir nun zu unserem Beispiel von oben zurück und rufen die Produkte als Entitäten ab. Dazu übergeben wird den Bezeichner der Navigationseigenschaft Products als Zeichenfolge an die Methode Include. Um auf die Product-Entitäten zuzugreifen, können wir in der Ausgabe die Navigationseigenschaft nutzen, ohne dass es zu einem Server-Roundtrip kommt.

```
using (NorthwindEntities context = new NorthwindEntities())
{
  var query = from cat in context.Categories.Include("Products")
              select cat;
  foreach (var item in query)
  {
    Console.WriteLine(item.CategoryName);
    foreach (Product prod in item.Products)
      Console.WriteLine("  {0}", prod.ProductName);
  }
}
```

Listing 38.20 Eager Loading mit »Include«

Anmerkung

Mit Load und Include lassen sich explizit in Beziehung stehende Daten nachladen. Sie werden immer wieder in die Situation kommen, eine Entscheidung zugunsten der einen oder anderen Variante treffen zu müssen. Load hat, wie oben erwähnt, den großen Nachteil, immer wieder Daten aus der Datenbank nachladen zu müssen. Der Datenbankserver wird damit unter Umständen erheblich belastet. Load genießt aber andererseits den Vorteil, dass man nur dann Daten einer Beziehung nachladen kann, wenn sie tatsächlich benötigt werden. Demgegenüber begnügt sich Include mit einem Aufruf, lädt aber alle Daten, ob Sie sie benötigen oder nicht. Die Entscheidung, ob Include oder Load, kommt der Entscheidung »Pest oder Cholera« gleich. Einen allgemeingültigen Tipp kann man nicht geben, es ist im Einzelfall zu entscheiden, welcher Variante man den Vorzug einräumt.

38.2 Abfragen mit Entity SQL

Entity SQL (kurz: eSQL) ist eine Alternative zu LINQ to Entities. Entity SQL ist ein datenbankunabhängiger SQL-Dialekt, der direkt mit dem konzeptionellen Modell arbeitet. Die Syntax ähnelt der des traditionellen T-SQL und ist auf die Belange der Entitäten hin geprägt. Allerdings wird das einfache Übernehmen einer T-SQL nach Entity SQL zu einem Fehler führen – und natürlich auch in umgekehrter Richtung.

Warum eine weitere Abfragevariante? Zunächst einmal ist festzustellen, dass die Entwicklung von Entity SQL begann, als es LINQ noch nicht gab. Dass man später trotz LINQ Entity SQL weiterverfolgte, hat einen recht einfachen Grund: LINQ ist Teil der Sprache von C# geworden, wird aber von den vielen anderen .NET-fähigen Sprachen unterstützt. Zudem werden in manchen Situationen keine Entitäten (also Objekte) benötigt – beispielsweise wenn nur »nackte« Daten gewünscht werden und die Materialisierung in Entitäten nicht von Interesse ist, ähnlich wie bei den `DataReader`-Objekten von ADO.NET. Solche Anforderungen können nur mit Entity SQL gelöst werden. Ein weiterer Vorteil von Entity SQL ist, dass eine Abfrage erst zur Laufzeit erzeugt werden kann. Das ist mit LINQ to Entities nicht möglich.

Entity SQL unterstützt nur Abfragen. Es gibt daher in Entity SQL zwar ein `SELECT`, aber keine Aktualisierungsstatements wie `UPDATE`, `INSERT` oder `DELETE`.

38.2.1 Ein erstes Beispiel mit Entity SQL

Sehen Sie sich noch einmal Abbildung 37.13 im vorhergehenden Kapitel an. Sie können darin erkennen, dass Sie die Object Services des Entity Frameworks ansprechen können oder die Entity-SQL-Abfrage dem EntityClient-Provider übergeben können. Das folgende erste Beispiel einer Entity-SQL-Abfrage soll die Object Services nutzen.

```
using (NorthwindEntities context = new NorthwindEntities())
{
  var query = "SELECT VALUE p FROM NorthwindEntities.Products AS p " +
              "WHERE p.UnitPrice > 50";
  ObjectQuery<Product> products = context.CreateQuery<Product>(query);
  foreach (Product item in products)
    Console.WriteLine(item.ProductName);
}
```

Listing 38.21 Einfache Entity-SQL-Abfrage

Die Variable *query* beschreibt das Entity-SQL-Statement. Anschließend wird ein Objekt vom Typ `ObjectQuery` erzeugt. Dazu wird auf dem Objektkontext dessen Methode `CreateQuery` aufgerufen und das Entity-SQL-Statement übergeben. Sie sehen, das Entity-SQL-Statement sieht anders aus als ein T-SQL-Statement. Das sollte aber auch nicht verwundern, denn Entitäten unterscheiden sich deutlich von relationalen Daten.

In Listing 38.21 wird ein Objekt vom Typ `ObjectQuery` durch den Aufruf der Methode `CreateQuery` auf den Objektkontext erzeugt. Sie können alternativ auch den Konstruktor der Klasse `ObjectQuery` benutzen, dem Sie zuerst die das Entity SQL beschreibende Zeichenfolge und anschließend die Referenz auf den Objektkontext übergeben. Bezogen auf Listing 38.21 sähe die Anweisung wie folgt aus:

```
ObjectQuery<Product> products = new ObjectQuery<Product>(query, context);
```

38.2.2 Die fundamentalen Regeln der Entity-SQL-Syntax

Sehen wir uns das Entity-SQL-Statement des Listings 38.21 genauer an und ignorieren dabei die WHERE-Klausel.

```
SELECT VALUE p FROM NorthwindEntities.Products AS p
```

In jeder Entity-SQL-Abfrage muss das Entitätenmodell angegeben werden, auf das sich die Abfrage bezieht. In unserem Fall ist das `NorthwindEntities.Products`. Die Groß- oder Kleinschreibung findet hier keine Berücksichtigung.

Die VALUE-Klausel wird benötigt, wenn die einzelnen Resultate nur einen bestimmten Typ beschreiben. Dabei kann es sich um eine Entität, eine Eigenschaft oder auch eine Liste von Entitäten handeln. Um alle Produktbezeichner abzufragen, wären die folgenden Anweisungen notwendig:

```
var query = "SELECT VALUE p.ProductName FROM NorthwindEntities.Products AS p";
var products = context.CreateQuery<string>(query);
```

> **Hinweis**
> Ohne VALUE wird das Resultat der Abfrage tabellarisch geliefert. Um die Daten zu erhalten, muss dann durch die Zeilen und Spalten navigiert werden.

Gehören mehrere Elemente zu einem Rückgabeelement, können Sie auf VALUE verzichten. Angenommen, jedes Element der Ergebnismenge soll durch *ProductName* und *UnitPrice* beschrieben werden, würde das Entity-SQL-Statement wie folgt lauten:

```
var query = "SELECT p.ProductName, p.UnitPrice FROM ... AS p";
```

Etwas Probleme macht nun die Ausgabe an der Konsole, denn wir haben es hier mit einer Projektion zu tun, die unter LINQ zu einem anonymen Typ wird, womit LINQ problemlos umgehen kann. Entity SQL kann das jedoch nicht. Andererseits benötigt die Methode `CreateQuery` eine genaue Typangabe. Die Lösung ist sehr einfach: Tragen Sie den Typ `DbDataRecord` ein, der sich im Namespace `System.Data.Common` befindet. Der Code würde einschließlich des Entity-SQL-Statements wie folgt lauten:

```
using (NorthwindEntities context = new NorthwindEntities())
{
  var query = "SELECT p.ProductName, p.UnitPrice FROM ... AS p";
  var products = new ObjectQuery<DbDataRecord>(query, context);
  foreach (var item in products)
    Console.WriteLine(item.GetValue(0));
}
```

Listing 38.22 Entity-SQL-Statement

Den Einsatz von VALUE kennen Sie nun. Erwähnt werden muss in diesem Statement noch, dass mit AS eine Variable deklariert wird, die die Ergebnismenge darstellt.

> **Hinweis**
> Entity SQL unterstützt nicht das »*«-Zeichen, um alle Spalten an den Aufrufer zurückzuliefern. Das bedeutet, dass alle Spalten, auf die der Aufrufer zugreifen soll, ausdrücklich genannt werden müssen.

38.2.3 Filtern mit Entity SQL

Eine der wichtigsten Operationen einer Abfrage ist das Filtern von Daten. Wie in der klassischen SQL-Syntax verwendet auch Entity SQL zum Filtern von Daten die WHERE-Klausel. Das folgende Listing zeigt, wie diejenigen Produkte in die Ergebnismenge geschrieben werden können, die mit Discontinued=true als Auslaufprodukte gekennzeichnet sind.

```
using (NorthwindEntities context = new NorthwindEntities())
{
  string query = "SELECT VALUE p FROM northwindentities.products AS p " +
                 "WHERE p.Discontinued = true";
  ObjectQuery<Product> products = new ObjectQuery<Product>(query, context);
  foreach (var item in products)
    Console.WriteLine(item.ProductName);
}
```

Listing 38.23 Alle Auslaufprodukte mit Entity SQL herausfiltern

Alle Filteroperatoren von Entity SQL aufzuführen würde den Rahmen sprengen. Nichtsdestotrotz sollen hier die wichtigsten erwähnt werden.

Logische Operatoren

Sie können in Entity SQL die üblichen logischen Operatoren NOT, OR und AND benutzen. Sollten mehrere logische Operatoren verwendet werden, spiegelt die Reihenfolge NOT, OR und AND auch die Prioritätsreihenfolge wider. In C# ist es auch möglich, diese Operatoren durch die sprachspezifischen zu ersetzen. Daher können Sie eine Entity-SQL-Abfrage entweder mit

```
SELECT VALUE p FROM NorthwindEntities.Products AS p
WHERE p.UnitPrice > 20 AND p.UnitsInStock <10
```

oder mit

```
SELECT VALUE p FROM NorthwindEntities.Products AS p
WHERE p.UnitPrice > 20 && p.UnitsInStock <10
```

formulieren.

Vergleichsoperatoren

Zum Vergleich von Werten bietet Entity SQL die üblichen »Verdächtigen« an (siehe Tabelle 38.2):

Operator	Beschreibung
<	Kleiner als ...
>	Größer als ...
>=	Größer als oder gleich ...
<=	Kleiner als oder gleich ...
=	Gleich. In C# kann für diesen Operator auch »==« benutzt werden.
<>	Ungleich. In C# kann für diesen Operator auch »!=« benutzt werden.

Tabelle 38.2 Logische Operatoren von Entity SQL

Mustervergleiche mit Zeichenfolgen

Auch hinsichtlich des Mustervergleichs mit LIKE ähnelt Entity SQL dem klassischen SQL. Mit Platzhaltern wird geprüft, ob die Zeichenkette passend zu einer Vorgabe ist.

Die folgende Entity-SQL-Abfrage liefert beispielsweise alle Artikel, die mit dem Buchstaben »C« im Produktnamen beginnen.

```
SELECT VALUE p FROM ... AS p WHERE p.ProductName LIKE 'C%'
```

Im folgenden Statement wird der Filter erweitert in der Weise, dass alle Produkte, deren erster Buchstabe des Produktbezeichners im Bereich von »A« bis »D« liegt, zurückgeliefert werden.

```
SELECT VALUE p FROM ... AS p WHERE p.ProductName LIKE '[A-D]%'
```

Das »%«-Zeichen dient als Platzhalter für x-beliebig viele Zeichen, mit den eckigen Klammern wird der gewünschte Bereich definiert.

Die Festlegung des Bereichs kann auch negiert werden. Wollen Sie beispielsweise alle Produkte abfragen, die sich nicht im Bereich »A« bis »D« befinden, muss die WHERE-Klausel wie folgt definiert werden:

```
... WHERE p.ProductName LIKE '[^A-D]%'
```

Bereiche von Werten prüfen

Um zu prüfen, ob ein Wert sich innerhalb eines bestimmten Bereichs befindet, benutzen Sie den BETWEEN-Operator. Das folgende Statement liefert alle Produkte zurück, deren Preis zwischen einschließlich 10 und 20 liegt.

```
SELECT VALUE p FROM ... AS p WHERE p.UnitPrice BETWEEN 10 AND 20
```

Anzumerken sei noch, dass sich der BETWEEN-Operator mit NOT negieren lässt.

Der Operator IS NULL

Tabellenspalten einer Datenbank können den Wert NULL haben. Mit den logischen Operatoren wie »=« oder »<>« ein Feld auf NULL hin zu prüfen, erzeugt zwar keinen Fehler, liefert aber andererseits auch nichts zurück, weil ein Wert weder NULL noch ungleich NULL sein kann. Um gegen NULL zu prüfen, gibt es daher in Entity SQL den Operator IS NULL.

Das nächste Entity-SQL-Statement fragt nach allen Datensätzen, die im Feld *CategoryID* den Wert NULL haben. Standardmäßig hat das kein Datensatz in der Tabelle *Products*. Wenn Sie tatsächlich ein Ergebnis sehen wollen, sollten Sie vorher eine Datenzeile hinzufügen, die in dem betreffenden Feld NULL aufweist.

```
SELECT VALUE p FROM ... AS p WHERE p.CategoryID IS NULL
```

38.2.4 Parametrisierte Abfragen

Die meisten Filter einer Datenabfrage sind nicht statisch, sondern dynamisch. Mit anderen Worten heißt das, dass die meisten Abfragen parametrisiert sind. Auch in diesen Fällen unterstützt uns das `ObjectQuery`-Objekt durch die Bereitstellung einer Parameter-Collection, die über die Eigenschaft `Parameters` angesprochen werden kann. Die Parameter werden, angelehnt an T-SQL, mit einem @-Zeichen eingeleitet und mit der `Add`-Methode der Parameterliste des `ObjectQuery`-Objekts hinzugefügt. Dabei muss jedoch beachtet werden, dass beim Hinzufügen das @-Zeichen nicht mit angegeben wird.

```
using (NorthwindEntities context = new NorthwindEntities())
{
  string query = "SELECT VALUE p FROM NorthwindEntities.Products AS p " +
                 "WHERE p.UnitPrice > @preis";
  ObjectQuery<Product> products = context.CreateQuery<Product>(query);
  products.Parameters.Add(new ObjectParameter("preis", 50));
```

```
foreach (Product item in products)
    Console.WriteLine("{0,-35}{1}", item.ProductName, item.UnitPrice);
}
```

Listing 38.24 Parametrisierte Abfrage mit Entity SQL

38.3 Der EntityClient-Provider

Neben LINQ to Entities und Entity SQL gibt es noch eine dritte Möglichkeit, das Entity Data Model abzufragen: mit dem EntityClient-Provider, der alle erforderlichen Klassen und Schnittstellen im Namespace System.Data.EntityClient zur Verfügung stellt.

Es gibt zwischen dem EntityClient-Provider und LINQ to Entities einen großen Unterschied: Mit EntityClient werden die Abfrageresultate nicht als Objekte materialisiert. Stattdessen werden die Daten in Form von Zeilen und Spalten als Objekte vom Typ EntityDataReader an den Aufrufer zurückgeliefert. Dieses Objekt ist dem DataReader von ADO.NET sehr ähnlich. Das bedeutet auch, dass die Daten nur gelesen, nicht aber verändert werden können.

Sollten Sie mit dem SqlClient-, OleDb- oder einem anderen ADO.NET-Provider Erfahrung gesammelt haben, werden Sie sehr schnell feststellen, dass der EntityClient-Provider diesen sehr ähnlich ist. Das macht sich beispielsweise auch in den Klassenbezeichnern bemerkbar. Statt SqlConnection heißt die entsprechende Klasse des EntityClient-Providers EntityConnection, statt SqlCommand gibt es die Klasse EntityCommand.

Da EntityClient nur Daten bereitstellt, die nicht verändert werden können, werden Sie Klassen analog zum DataSet oder zum SqlDataAdapter vergeblich suchen. Im Wesentlichen beschränkt sich der EntityClient-Provider auf die folgenden Klassen:

- EntityConnection
- EntityCommand
- EntityParameter
- EntityDataReader
- EntityTransaction

Die Eigenschaften und Methoden sind denen der entsprechenden Klassen der ADO.NET-Provider sehr ähnlich. Natürlich gibt es kleine Unterschiede, insbesondere hinsichtlich der Abfragezeichenfolge, die nicht in SQL, sondern in Entity SQL formuliert und folglich gegen den EntityClient-Provider abgesetzt wird. Dabei sollten Sie nicht vergessen, dass sich der EntityClient-Provider nicht direkt mit der Datenbank verbindet, sondern immer von dem ADO.NET-Datenprovider abhängt (siehe Abbildung 37.13).

Sehen wir uns nun ein Beispielprogramm an.

```
EntityConnection con = new EntityConnection("Name=NorthwindEntities");
con.Open();
string query = "SELECT VALUE p FROM NorthwindEntities.Products As p";
EntityCommand cmd = new EntityCommand();
cmd.CommandText = query;
cmd.Connection = con;
EntityDataReader reader =
            cmd.ExecuteReader(System.Data.CommandBehavior.SequentialAccess);
while (reader.Read())
{
   Console.WriteLine("{0,-4}{1}", reader["ProductID"], reader["ProductName"]);
}
reader.Close();
con.Close();
```

Listing 38.25 Beispiel mit EntityClient-Provider

Sollten Sie sich mit den ADO.NET-Datenprovidern beschäftigt haben, werden Sie die Ähnlichkeit sofort erkennen. Das Beispiel selbst ist sehr einfach gestrickt: Es wird zuerst eine Datenverbindung aufgebaut, danach ein Kommando definiert und die Abfrage ausgeführt. Die Resultate werden in die Konsole geschrieben.

38.3.1 Verbindungen mit »EntityConnection«

Ein Objekt vom Typ `EntityConnection` ist dafür verantwortlich, die Verbindung zum darunter liegenden ADO.NET-Provider aufzubauen. Der Konstruktor ist selbstredend überladen. In Listing 38.25 wurde die Variante gewählt, die eine formatierte Zeichenfolge entgegennimmt. Diese beginnt mit `Name=`. Dahinter wird der Bezeichner der Verbindungszeichenfolge aus der Konfigurationsdatei angegeben, also:

`Name=NorthwindEntities`

Im Zusammenhang mit dem Typ `EntityConnection` ist die Eigenschaft `StoreConnection` erwähnenswert. Diese Eigenschaft filtert aus der für den Objektkontext hinterlegten Verbindungszeichenfolge denjenigen Teil heraus, der die Verbindung zur physikalischen Datenbank beschreibt. Die Eigenschaft `StoreConnection` ist vom Typ `DbConnection`. Es wird Ihnen damit ermöglicht, direkt ein SQL-Statement zur Datenbank zu schicken. Beachten Sie bitte, dass ich »SQL-Statement« geschrieben habe und nicht »Entity SQL«! Denn Letzteres wird zu einer Ausnahme führen. Listing 38.26 zeigt, wie Sie die Eigenschaft `StoreConnection` im Programmcode benutzen können.

```
using(NorthwindEntities context = new NorthwindEntities())
{
   DbConnection con =
        (context.Connection as EntityConnection).StoreConnection;
```

```csharp
    con.Open();
    Console.WriteLine("Verbindungszeichenfolge:");
    Console.WriteLine(con.ConnectionString + "\n");
    DbCommand cmd = con.CreateCommand();
    cmd.CommandText = "SELECT * FROM Products";
    DbDataReader reader = cmd.ExecuteReader();
    while (reader.Read())
    {
        Console.WriteLine(reader[1]);
    }
}
```

Listing 38.26 Die Eigenschaft »StoreConnection«

Es bleibt noch die Frage zu klären, in welchen Situationen sich der Direktzugriff auf die Datenbank anbietet, der mit `StoreConnection` eingeleitet wird. Dazu muss man sich darüber im Klaren sein, dass das Entity Framework nicht alle denkbaren Szenarien unterstützt. Um Ihnen ein Beispiel zu nennen: Derzeit werden gespeicherte Prozeduren nicht unterstützt, wenn sie mehrere Ergebnislisten liefern. Allerdings muss in diesem Zusammenhang auch erwähnt werden, dass es noch andere Möglichkeiten gibt, SQL-basierte Abfragen gegen eine Datenbank abzusetzen.

38.3.2 Die Klasse »EntityCommand«

Die Klasse `EntityCommand` dient dazu, Entity-SQL-Abfragen oder gespeicherte Prozeduren auszuführen, und unterscheidet sich nicht von den `Command`-Klassen der anderen ADO.NET-Datenprovider: Der Eigenschaft `Connection` wird das `Connection`-Objekt übergeben und der `CommandText`-Eigenschaft eine Zeichenfolge, die die Abfrage beschreibt. Beim EntityClient-Provider handelt es sich um ein Entity-SQL-Statement.

Ähnlich wie bei den ADO.NET-Providern wird die Abfrage mit den Methoden `ExecuteReader`, `ExecuteNonQuery` oder `ExcecuteScalar` abgesetzt, vorausgesetzt, die durch das `EntityConnection`-Objekt beschriebene Verbindung ist geöffnet.

Die `ExecuteReader`-Methode weist eine Besonderheit auf: Sie müssen einen Parameter vom Typ `CommandBehavior.SequentialAccess` übergeben. Das hat Konsequenzen, wenn Sie die Spalten der Rückgabe auswerten, denn Sie müssen die Spalten in der Reihenfolge abgreifen, in der sie eintreffen. Wir können uns das sehr einfach verdeutlichen, wenn wir uns noch einmal den Ausgabecode des Listings 38.25 ansehen:

```csharp
Console.WriteLine("{0,-4}{1}", reader["ProductID"], reader["ProductName"]);
```

Da die Spalte *ProductID* mit Index=0 vor *ProductName* mit Index=1 steht, haben wir keine Probleme. Vertauschen wir jedoch die Positionen, also

```csharp
Console.WriteLine("{0}{1}", reader["ProductName"], reader["ProductID"]);
```

wird eine `InvalidOperationException` ausgelöst. Genau in diesem Punkt unterscheidet sich ein `EntityCommand`-Objekt von den `Command`-Objekten der ADO.NET-Provider, bei denen der Zugriff auf die Spalten innerhalb des Readers beliebig ist. Allerdings müssen wir nicht alle Spalten der Reihe nach auswerten, sondern können uns durchaus nur für diejenigen entscheiden, an denen wir interessiert sind. Hauptsache, die sequenzielle Reihenfolge wird eingehalten.

38.4 Abfrage-Generator-Methoden (QueryBuilder-Methoden)

In einem großen Teil dieses Kapitels haben wir uns den Abfragen mit LINQ to Entities und Entity SQL gewidmet. Sie können aber eine Mischung aus beiden Abfragetechniken verwenden, die Methoden der Klasse `ObjectQuery` verwenden. Diese Methoden verwenden Entity-SQL-Fragmente und ersetzen mit diesen die Lambda-Ausdrücke.

Sehen wir uns dazu sofort ein Beispiel an, das uns alle Artikel zurückgibt, die einen bestimmten Preis übersteigen:

```
var query = context.Products
            .Where("it.UnitPrice >= 50");
```

Es fällt bei dieser Abfrage auf, dass der Methode `Where` kein Lambda-Ausdruck übergeben wird, sondern stattdessen eine Zeichenfolge, die an Entity SQL erinnert. `Where` ist hier die sogenannte QueryBuilder-Methode, die zu der Klasse `ObjectQuery` gehört. Um es ganz deutlich zu sagen: Es handelt sich dabei nicht um eine Erweiterungsmethode.

Ungewöhnlich ist die Verwendung des Präfixes `it`. Dabei handelt es sich um eine implizite Festlegung der Referenz auf das `ObjectQuery`-Objekt.

In der Klasse `ObjectQuery` sind einige QueryBuilder-Methoden definiert: `Where`, `Select`, `GroupBy`, `OrderBy`, `Skip` – um nur einige zu nennen. Allerdings wird auch nicht jede LINQ-Erweiterungsmethode durch eine QueryBuilder-Methode ersetzt. Sollten Sie sich für alle QueryBuilder-Methoden interessieren, informieren Sie sich bitte in der Dokumentation der Klasse `ObjectQuery`.

Lambda-Ausdrücke übergeben Parameter an eine Methode. Mit den QueryBuilder-Methoden werden die Parameter nun durch Zeichenfolgen auf Basis von Entity SQL beschrieben. Das ist der wesentliche Unterschied zwischen den QueryBuilder-Methoden und LINQ to Entities.

Ein etwas aufwendigeres Beispiel beschreibt Listing 38.27. Es werden zuerst Daten abgefragt, die als Parameter der Abfrage dienen. Damit wird die Methode `Where` ausgeführt.

```
using(NorthwindEntities context= new NorthwindEntities())
{
  Console.Write("Preise ab: ");
```

```
    decimal price = Convert.ToDecimal(Console.ReadLine());
    Console.Write("Kategorie-ID: ");
    int catID = Convert.ToInt32(Console.ReadLine());
    var query = context.Products
            .Where("it.Unitprice > @price AND it.CategoryID==@cat",
                    new ObjectParameter("price", price),
                    new ObjectParameter("cat", catID))
            .Select("it.ProductName, it.UnitPrice");
    foreach (var item in query)
      Console.WriteLine("{0,-35}{1}", item.GetValue(0), item.GetValue(1));
}
```
Listing 38.27 QueryBuilder-Methoden

Sie können der `Where`-Methode beliebig viele Parameter übergeben. Jeder Parameter muss aber durch ein `ObjectParameter`-Objekt genau definiert werden. Die entsprechenden Referenzen werden an den zweiten Parameter der `Where`-Methode übergeben, bei dem es sich um einen `params`-Parameter handelt. Das Bemerkenswerte ist dabei die Tatsache, dass die Typen der Parameter korrekt sein müssen.

Listing 38.27 enthält mit `Select` noch eine weitere QueryBuilder-Methode, mit der in unserem Beispiel die Eigenschaften `ProductName` und `UnitPrice` in die Ergebnismenge projiziert werden.

38.5 SQL-Direktabfragen

Nun kennen Sie bereits mehrere Varianten, um eine Abfrage gegen eine Datenbank abzusetzen und das Ergebnis zu materialisieren. Das ist aber immer noch nicht alles. Tatsächlich können Sie sogar ein datenbankspezifisches SQL-Statement absetzen.

Zum Absetzen eines SQL-Statements stellt die Klasse `ObjectContext` drei Methoden bereit, die Sie der folgenden Tabelle entnehmen können.

Methode	Beschreibung
ExecuteStoreCommand	Diese Methode führt einen SQL-Befehl aus, der auch Parameter enthalten kann. Der Rückgabewert der Methode beschreibt die Anzahl der Datensätze, die von dem Befehl erfasst worden sind. Die Methode dient zur Ausführung von Befehlen, die keine Ergebnismenge liefern, eignet sich daher für INSERT, DELETE und UPDATE. ExecuteStoreCommand ähnelt somit der Methode ExecuteNonQuery der Klasse DbCommand.

Tabelle 38.3 Methoden des Objektkontexts zur Ausführung von SQL-Statements

Methode	Beschreibung
ExecuteStoreQuery<T>	Diese Methode ist das Gegenstück zur Methode ExecuteReader der Klasse DbCommand und liefert typisierte Ergebnisse zurück.
Translate<T>	Diese Methode übersetzt ein DbDataReader-Objekt in Objekte des angeforderten Entitätstyps.

Tabelle 38.3 Methoden des Objektkontexts zur Ausführung von SQL-Statements (Forts.)

In Listing 38.28 wird gezeigt, wie Sie die Methode ExecuteStoreQuery einsetzen können, um bestimmte Produkte mit einem T-SQL-Statement aus der Datenbank abzurufen.

```
using (NorthwindEntities context = new NorthwindEntities())
{
  Console.Write("Preise ab ... ");
  decimal price = Convert.ToDecimal(Console.ReadLine());
  var query = context.ExecuteStoreQuery<Product>(
          "SELECT * FROM Products WHERE UnitPrice > @price",
          new object[] {new SqlParameter("@price", price)});
  foreach (var item in query)
    Console.WriteLine(item.ProductName);
}
```

Listing 38.28 Absetzen eines T-SQL-Statements mit der Methode »ExecuteStoreQuery«

Kapitel 39
Entitätsaktualisierung und Zustandsverwaltung

Der Typ `ObjectContext` spielt im Entity Data Model eine eminent wichtige Rolle. Im vorherigen Kapitel haben wir ein Objekt dieses Typs dazu benutzt, einen Kontext zu beschreiben, um Abfragen gegen eine Datenbank abzusetzen. Die Resultate der Abfragen wurden materialisiert oder, mit anderen Worten, als Objekte an die Laufzeitumgebung zurückgeliefert.

Allein mit der Abfrage von Daten werden Sie sich auf die Dauer nicht zufrieden geben. Sie wollen die Daten oder besser gesagt Entitäten sicherlich auch verändern oder gar löschen oder neue Entitäten erzeugen. Diese Änderungen sollen natürlich auch in der Datenquelle gespeichert werden. Das wird der Schwerpunkt in diesem Kapitel sein. Darüber hinaus werden wir einen Blick in den Hintergrund des Entity Frameworks werfen und verstehen, warum neben dem `ObjectContext` und den Entitäten im Datencache weitere Objekte eine wichtige Rolle spielen.

39.1 Aktualisieren von Entitäten

39.1.1 Entitäten ändern

Änderungen an einer Entität vorzunehmen ist sehr einfach. Zuerst gilt es, sich die Referenz auf die zu editierende Entität zu besorgen. Dazu kann man ein `ObjectQuery`-Objekt entsprechend filtern oder das gewünschte Objekt direkt abfragen.

```
using (NorthwindEntities context = new NorthwindEntities())
{
  var prod =(context.Products
                  .Select(p => p)).SingleOrDefault(p => p.ProductID == 1);
  if (prod != null) {
    prod.ProductName = "Aachener Printen";
    prod.UnitsInStock = 0;
    // Änderung in die Datenbank schreiben
    context.SaveChanges();
    Console.WriteLine("Datenbank aktualisiert...");
  }
```

```
      else
        Console.WriteLine("Der Artikel wurde nicht gefunden.");
    }
```

Listing 39.1 Änderung einer Entität mit anschließender Speicherung

Ein bestimmter Datensatz eines Produkts kann aus der Datenbank mit der Methode `Single` oder `SingleOrDefault` abgefragt werden. Beiden Methoden kann die Filterbedingung als Methodenargument übergeben werden (eine Alternative zur `Where`-Erweiterungsmethode). `Single` und `SingleOrDefault` unterscheiden sich hinsichtlich der Reaktion, wenn das entsprechende Produkt in der Datenbank nicht gefunden wird: `Single` löst eine Ausnahme aus, während `SingleOrDefault` den Rückgabewert `null` liefert.

In der LINQ-Abfrage von Listing 39.1 ist keine Selektion angegeben. Damit handelt es sich bei dem Resultat der LINQ-Abfrage um den Typ `Product`. Im Code werden die beiden Eigenschaften `ProductName` und `UnitsInStock` der Entität geändert.

Mit der Methode `SaveChanges` des Objektkontextes wird die an der Entität vorgenommene Änderung in die Datenbank geschrieben. Dabei wird die Änderung in ein passendes SQL-UPDATE-Statement umgesetzt. Sie können sich dieses ansehen, wenn Sie im *SQL Server Management Studio* das Tool *SQL Server Profiler* starten und ein neues Ablaufprotokoll starten. Sie werden dann das folgende SQL-Statement finden:

```
exec sp_executesql N'update [dbo].[Products]
set [ProductName] = @0, [UnitsInStock] = @1
where ([ProductID] = @2)
',N'@0 nvarchar(40),@1 smallint,@2 int',@0=N'Aachener Printen',@1=0,@2=1
```

Erwähnenswert ist, dass nur die Spalten im UPDATE-Statement angegeben sind, die auch tatsächlich einen neuen Wert aufweisen. In unserer Abfrage handelt es sich um `ProductName` und `UnitsInStock`. Die WHERE-Klausel hingegen enthält nur die Angabe des Primärschlüssels des betroffenen Datensatzes.

Mehrere Entitäten editieren

Mit `SaveChanges` werden alle Änderungen, die an einer Entität vorgenommen worden sind, in die Datenbank geschrieben. Nun möchten wir mehrere Entitäten gleichzeitig ändern. Dazu stellen wir uns vor, wir hätten die Absicht, den Lagerbestand aller Artikel, von denen aktuell 20 Stück oder weniger im Lager vorrätig sind, durch eine Nachbestellung auf 100 zu erhöhen. Natürlich könnten wir eine LINQ-Abfrage schreiben, die direkt die Produkte abfragt, die unserer Bedingung genügen. Lassen Sie uns aber annehmen, alle Produkte der Tabelle *Products* würden sich bereits im Datencache befinden, so dass wir eine weitere LINQ-Abfrage gegen den Datencache absetzen.

```
using (NorthwindEntities context = new NorthwindEntities())
{
  // alle Produkte abfragen
  var query = context.Products.Select(p => p).ToList();
  // Produkte herausfiltern, deren Lagerbestand <= 20 ist
  var prods = query
              .Where(p => p.UnitsInStock <= 20)
              .Select(p => p);
  // Lagerbestand erhöhen
  foreach (var item in prods)
    item.UnitsInStock = 100;
  int count = context.SaveChanges();
  Console.WriteLine("Datenbank aktualisiert ({0} Datensätze).", count);
}
```

Listing 39.2 Lagerbestand mehrerer Artikel gleichzeitig erhöhen

Im ersten Schritt besorgen wir uns mit der Methode `ToList` alle Artikel. Die Methode sorgt dafür, dass die Abfrage sofort gegen die Datenbank abgesetzt und die Ergebnismenge gebildet wird. Anschließend bilden wir die Menge der Produkte, die unserer Bedingung hinsichtlich des Lagerbestands entsprechen, und erhöhen diesen auf 100.

Die Methode `SaveChanges` hat einen Rückgabewert, der darüber Auskunft gibt, wie viele Entitäten von der Änderung betroffen sind. Diesen Wert lassen wir uns an der Konsole zur Information ausgeben.

39.1.2 Hinzufügen neuer Entitäten

Um eine neue Entität zu erzeugen und diese so weit vorzubereiten, dass sie in die Datenbank geschrieben werden kann, sind zwei Schritte notwendig:

- Im ersten Schritt muss die neue Entität erstellt werden. Dazu wird entweder der Konstruktor aufgerufen oder die `CreateXyz`-Methode, die von jeder Entitätsklasse bereitgestellt wird.
- Ist eine neue Entität erzeugt, hat sie noch keinen Bezug zum Objektkontext und liegt noch verwaist im Heap. Daher ist die neue Entität im zweiten Schritt dem Objektkontext bekannt zu geben, damit dieser zu einem späteren Zeitpunkt das Objekt in die Datenbank schreiben kann.

Erzeugen einer neuen Entität

Sehen wir uns zuerst den ersten Schritt an, die Erzeugung eines neuen Entitätsobjekts. Dazu können Sie den parameterlosen Konstruktor der Entitätsklassen aufrufen und weisen den Eigenschaften die gewünschten Werte zu, beispielsweise:

```
Product product = new Product();
product.UnitsInStock = 0;
product.ProductName = "Schokolade";
product.Discontinued = false;
```

Neben dem parameterlosen Standardkonstruktor ist in den Entitätsklassen auch eine statische Methode definiert (Factory-Methode), die eine neue Entität der entsprechenden Entitätsklasse erzeugt und deren Referenz über den Rückgabewert bereitstellt. In der Klasse Product lautet diese Methode CreateProduct, in der Klasse Category analog dazu CreateCategory.

Das folgende Codefragment zeigt exemplarisch die vom Assistenten generierte Methode CreateProduct in der Klasse Product.

```
public static Product CreateProduct(global::System.Int32 productID,
                                    global::System.String productName,
                                    global::System.Boolean discontinued)
{
  Product product = new Product();
  product.ProductID = productID;
  product.ProductName = productName;
  product.Discontinued = discontinued;
  return product;
}
```

Die Factory-Methoden haben im Gegensatz zum Standardkonstruktor den Vorteil, eine Parameterliste zu definieren, in der neben dem Primärschlüssel auch die Eigenschaften berücksichtigt werden, die nicht null sein dürfen. Für die Entität vom Typ Product sind das die Eigenschaften ProductName und Discontinued. Daher erwartet die Factory-Methode Werte für diese beiden Eigenschaften, z.B.:

```
Product newProduct = Product.CreateProduct(12, "Wurst", false);
```

Die Factory-Methode garantiert also, dass eine Entität erzeugt wird, die von der Datenbank bei der späteren Aktualisierung in jedem Fall akzeptiert wird, während beim Einsatz des Konstruktors den Eigenschaften explizit ein Wert zugewiesen werden muss.

Hinzufügen zum Objektkontext mit der Methode »AddToXxx«

Nach dem Erzeugen einer neuen Entität muss diese dem Objektkontext übergeben werden, da nur die Entitäten beim Aufruf der Methode SaveChanges erfasst werden, die dem Objektkontext bekannt sind.

Für jede im Entity Data Model definierte Entitätsklasse stellt das Entity Framework dem ObjectContext dazu eine spezielle Methode bereit. In unserem Beispiel beschreibt das Entity Data Model (EDM) die beiden Entitäten Categories und Products. Infolgedessen stellt der Objektkontext die beiden Methoden

▶ AddToCategories(Category category)

▶ AddToProducts(Product product)

bereit. Die neue Entität wird dabei der Methode als Argument übergeben.

Listing 39.3 zeigt im Zusammenhang das Erzeugen eines neuen Artikels, das anschließende Hinzufügen zum Objektkontext und die Aktualisierung der Datenbank.

```
using (NorthwindEntities context = new NorthwindEntities())
{
  Product product = new Product();
  product.ProductName = "Schokolade";
  product.Discontinued = false;
  // oder: Product product = Product.CreateProduct(99, "Kuchen", false);
  context.AddToProducts(product);
  context.SaveChanges();
  Console.WriteLine("Datenbank aktualisiert...");
  Console.WriteLine("Neue ID: {0}", product.ProductID);
}
```

Listing 39.3 Erzeugen einer neuen Entität mit anschließender DB-Aktualisierung

Im ersten Augenblick scheint der Code des Listings nichts Besonderes zu bieten. Spektakulär ist aber beim genaueren Hinsehen die Ausgabe am Ende des Listings. Zur Erinnerung: Der Primärschlüssel der Tabelle *Products* wird durch einen Autoinkrementwert beschrieben, der natürlich von der Datenbank erzeugt wird. An der Konsole wird nach der Aktualisierung tatsächlich der Wert angezeigt, den die Datenbank für den neuen Datensatz generiert hat. Demnach wird beim erfolgreichen Hinzufügen einer neuen Entität der zugeteilte Primärschlüssel automatisch vom ObjectContext übernommen. Ein sehr nettes Feature, das uns einiges an Programmcode erspart.

Hinzufügen zum Objektkontext mit der Methode »AddObject«

Es gibt mit der Methode AddObject noch eine zweite Variante, ein neues Objekt dem Objektkontext zu übergeben. Die Methode wird von zwei Klassen bereitgestellt:

▶ ObjectContext

▶ ObjectSet

Beide Varianten unterscheiden sich nur in der Anzahl der erwarteten Argumente. Während AddObject beim Aufruf auf die Instanz des Objektkontextes die Angabe des Bezeichners der Entitätenmenge und der Referenz auf die hinzuzufügende Entität erwartet, begnügt sich die Methode beim Aufruf auf ObjectSet nur mit der Angabe der neuen Entität.

Um ein neues Produkt, dessen Referenz *product* lautet, dem Objektkontext bekannt zu geben, können Sie demnach entweder die Anweisung

```
context.Products.AddObject(product);
```

oder

```
context.AddObject("Products", product);
```

codieren.

> **Hinweis**
> Wird ein Datensatz mit einem bereits existierenden Primärschlüssel zur Datenbank hinzugefügt, wird eine `InvalidOperationException` ausgelöst. Das kann jedoch im Zusammenhang mit den beiden Entitäten `Product` und `Category` nicht passieren, da hier die Primärschlüssel durch Autoinkrementwerte beschrieben werden.

Hinzufügen zu Master- und Detailtabelle

Im praktischen Alltag werden häufig Master- und Detailtabelle gleichzeitig ergänzt. Angenommen, es soll der Tabelle *Products* ein Produkt hinzugefügt werden, das einer Kategorie zugeordnet werden muss, die noch nicht von der Tabelle *Categories* beschrieben wird. In üblichen Szenarien wird man zuerst die neue Kategorie in die Tabelle *Categories* eintragen und dann den neuen Schlüsselwert abrufen. Mit diesem kann anschließend auch das Produkt in die Tabelle *Products* eingetragen werden.

Das Entity Framework ist wesentlich intelligenter, denn `SaveChanges` macht das alles selbstständig. Das sehen wir uns auch sofort an einem Beispiel an.

```
using (NorthwindEntities context = new NorthwindEntities())
{
  Category newCat = Category.CreateCategory(-1, "Backwaren");
  Product newProduct = new Product();
  newProduct.ProductID = 0;
  newProduct.ProductName = "Jubel's Eierkuchen";
  newProduct.Discontinued = false;
  newProduct.Category = newCat;
  context.AddToCategories(newCat);
  context.SaveChanges();
  Console.WriteLine("Datenbank aktualisiert ...");
}
```

Listing 39.4 Gleichzeitige Aktualisierung von Master- und Detailtabelle

Im Listing werden zuerst eine neue Kategorie und ein neuer Artikel erzeugt. Die Referenz auf die neue Kategorie wird der Eigenschaft `Category` des Artikels zugewiesen, und danach wird die neue Kategorie mit der Methode `AddToCategories` dem Objektkontext bekannt gemacht. Weil der neue Artikel seinerseits selbst mit der neuen Kategorie in Beziehung steht, ordnet er sich ebenfalls automatisch dem Objektkontext zu.

Der Objektkontext weiß nun, dass zwei Entitäten hinzugefügt worden sind, die miteinander in Beziehung stehen, und aktualisiert beim Aufruf von SaveChanges in der erforderlichen Reihenfolge: Zuerst fügt er die neue Kategorie zur Datenbank hinzu, anschließend das neue Produkt.

Davon können wir uns im SQL Server Profiler überzeugen. Es werden der Reihe nach die entsprechenden SQL-UPDATE-Statements abgesetzt. Als Erstes wird

```
exec sp_executesql N'insert [dbo].[Categories]([CategoryName],
                            [Description], [Picture])
values (@0, null, null)
select [CategoryID]
from [dbo].[Categories]
where @@ROWCOUNT > 0 and [CategoryID] = scope_identity()',
                    N'@0 nvarchar(15)',@0=N'Backwaren'
```

abgesetzt, danach

```
exec sp_executesql N'insert [dbo].[Products]([ProductName], ...)
values (@0, null, @1, null, null, null, null, null, @2)
select [ProductID]
from [dbo].[Products]
where @@ROWCOUNT > 0 and [ProductID] = scope_identity()',N'@0 nvarchar(40),@1 int,@2 bit',@0=N'Jubel''s Eierkuchen',@1=10,@2=0
```

Auch hier werden automatisch die neuen, von der Datenbank generierten Primärschlüssel bezogen.

39.1.3 Löschen einer Entität

Kommen wir nun zur dritten Aktualisierungsmöglichkeit, dem Löschen. Die Methode dazu lautet DeleteObject, die Sie entweder auf das ObjectContext-Objekt aufrufen können oder auf das ObjectSet. Damit wären die beiden folgenden Anweisungen möglich, falls *product* die Referenz auf die zum Löschen anstehende Entität beschreibt:

```
context.DeleteObject(product);
context.Products.DeleteObject(product);
```

Natürlich wollen wir uns auch dazu ein komplettes Listing ansehen.

```
using (NorthwindEntities context = new NorthwindEntities())
{
  var prod = context.Products
                  .Select(p => p).First(p => p.ProductID == 78);
  context.DeleteObject(prod);
  context.SaveChanges();
  Console.WriteLine("Artikel gelöscht.");
}
```

Listing 39.5 Löschen einer Entität

Nach dem Aufruf von `SaveChanges` ist das betreffende Produkt in der Datenbank gelöscht.

> **Anmerkung**
> Sollten Sie das Beispiel des Listings 39.5 erfolgreich ausführen wollen, sollten Sie berücksichtigen, dass Sie vorher auch einen neuen Artikel mit der `ProductID = 78` hinzugefügt haben, denn ursprünglich weist die Tabelle *Products* nur Produkte bis zum Schlüsselwert 77 auf.

Löschen von in Beziehung stehenden Daten

Beim Löschen eines Datensatzes kann es passieren, dass gegen die referenzielle Integrität verstoßen wird, weil der zu löschende Datensatz in Beziehung zu mindestens einem weiteren Datensatz in einer anderen Tabelle steht und die Beziehung eine Löschweitergabe nicht erlaubt. In diesem Fall wird eine Ausnahme vom Typ `UpdateException` ausgelöst. Das würde beispielsweise bei dem Versuch passieren, aus der *Northwind*-Datenbank einen Artikel zu löschen, der Bestandteil einer Bestellung und somit in der Tabelle `Order_Details` eingetragen ist.

Um trotzdem das Ziel zu erreichen und den Artikel zu löschen, ist es notwendig, auch die in Beziehung stehenden Einträge aus der Tabelle *Order_Details* zu löschen. Dazu wäre zuerst ein entsprechendes Entity Data Model Voraussetzung, in dem zumindest die beiden Entitäten `Product` und `Order_Detail` enthalten sind. Sie können dazu das bereits vorhandene EDM um die erforderliche zusätzliche Entität ergänzen, indem Sie im Bereich des Designers mit der rechten Maustaste das Kontextmenü öffnen und hier MODELL AUS DER DATENBANK AKTUALISIEREN... auswählen. Bereits im nächsten Schritt können Sie das EDM um die Entität `Order_Details` ergänzen (siehe Abbildung 39.1).

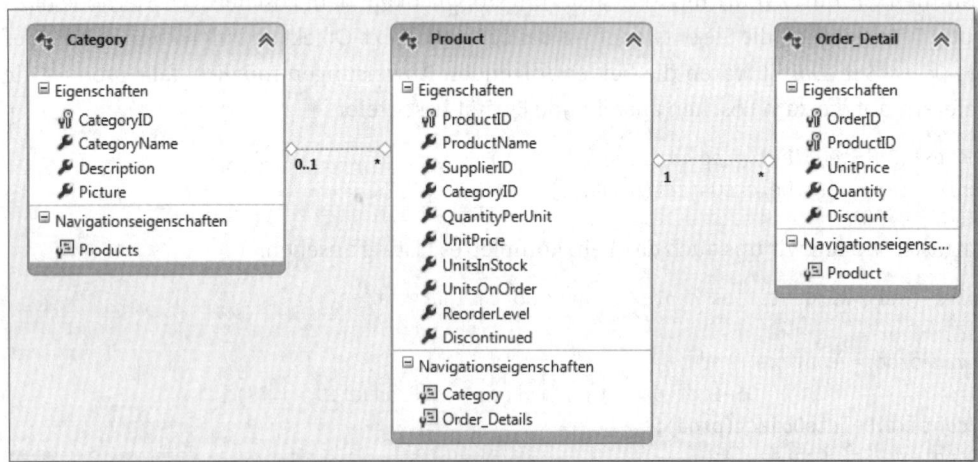

Abbildung 39.1 Entity Data Model (EDM) für das Listing 39.6

Den Ablauf zum Löschen des Artikels sehen Sie im Listing 39.6.

```
using (NorthwindEntities context = new NorthwindEntities())
{
  var prod = context.Products.First(p => p.ProductID == 2);
  var orders = context.Order_Details
                      .Where(order => order.ProductID == prod.ProductID);
  context.DeleteObject(prod);
  foreach (var item in orders)
    context.DeleteObject(item);
  context.SaveChanges();
  Console.WriteLine("Artikel (samt der Bestellungen) gelöscht.");
}
```

Listing 39.6 Löschen von in Beziehung stehenden Daten

Zuerst wird das zu löschende Produkt in den Objektkontext geladen, und mit dessen ID-Wert werden die entsprechenden Bestellungen abgerufen. Normalerweise würde man zuerst die Bestellungen löschen und anschließend das Produkt, aber beim Entity Framework spielt die Löschreihenfolge keine Rolle: Der Objektkontext sorgt für die richtige Löschreihenfolge beim Ausführen der Methode SaveChanges. Sie können sich davon wieder im Ablaufverfolgungsprotokoll des SQL Server Profilers überzeugen. Demnach werden zuerst alle Bestellungen mit

```
exec sp_executesql N'delete [dbo].[Order Details]
where ((([OrderID] = @0) and ([ProductID] = @1))',
        N'@0 int,@1 int',@0=11077,@1=2
```

gelöscht. Anschließend kommt es zum Löschen des entsprechenden Artikels.

```
exec sp_executesql N'delete [dbo].[Products]
where ([ProductID] = @0)',N'@0 int',@0=2
```

Ist die Beziehung mit Löschweitergabe zwischen zwei Tabellen definiert, ist es sehr einfach, diese zu nutzen. Angenommen, in der *Northwind*-Datenbank wäre das bei der Beziehung zwischen den beiden Tabellen *Products* und *Order_Details* der Fall. Dann würde es genügen, die betreffende Product-Entität im Objektkontext zu löschen und die Methode SaveChanges aufzurufen.

```
var product = context.Products.First(prod => prod.ProductID == 32);
context.DeleteObject(product);
context.SaveChanges();
```

In der Datenbank würden automatisch alle entsprechenden Einträge in der Tabelle *Order_Details* ebenfalls gelöscht.

39.2 Der Lebenszyklus einer Entität im Objektkontext

39.2.1 Der Zustand einer Entität

Wie Sie eine Entität ändern, löschen oder hinzufügen und anschließend die Aktualisierungen in die Datenbank schreiben können, haben Sie im letzten Abschnitt gelernt. Bei genauerer Analyse der Listings, die alle die Aktualisierung der Datenbank mit der Methode `SaveChanges` enthielten, stellt sich die Frage, woher das Entity Framework die Informationen nimmt, ob eine Entität verändert, gelöscht oder hinzugefügt worden ist. Diese Information ist nicht nur entscheidend dafür, welche Entität verändert worden ist, sondern auch dafür, welches SQL-Statement (UPDATE, DELETE oder INSERT) gegen die Datenbank abgesetzt werden muss.

Die Lösung ist sehr einfach: Jede Entität wird durch einen Zustand beschrieben. Auskunft über den aktuellen Zustand der Entität gibt die Eigenschaft `EntityState`. Diese Eigenschaft ist vom Typ der gleichnamigen Enumeration (siehe Tabelle 39.1).

Wert	Beschreibung
Added	Die Entität wurde dem Objektkontext hinzugefügt.
Deleted	Die Entität wurde aus dem Objektkontext gelöscht.
Detached	Die Entität existiert bereits, wurde aber dem Objektkontext noch nicht hinzugefügt. Dieser Zustand gilt auch für Entitäten, die nicht mehr vom Objektkontext verwaltet werden.
Modified	Die Entität wurde verändert.
Unchanged	Die Entität wurde nicht verändert.

Tabelle 39.1 Die Werte der Enumeration »EntityState«

39.2.2 Das Team der Objekte im Überblick

Die Organisation der Zustandsverwaltung der Entitäten gehört zu komplexeren Szenarien des Entity Frameworks. Vielleicht haben Sie im Moment den Eindruck, dass alles vom Objektkontext gesteuert wird. Dem ist aber nicht so, denn bei genauer Betrachtung betreten drei weitere Typen die Bühne des Entity Data Models: `ObjectStateManager`, `EntityKey` und `ObjectStateEntry`. Im Zusammenspiel mit dem Objektkontext bilden diese vier ein Team, das für die gesamte Zustandsverwaltung zuständig ist und uns mit allen erforderlichen Informationen versorgen kann. Auf die genauen Zusammenhänge und den Nutzen für uns bei der Programmierung gehen wir noch genauer ein, aber lassen Sie uns zuerst einen kurzen Blick auf die drei erwähnten Typen werfen.

Der Typ »ObjectStateManager«

Ändert sich der Zustand einer Entität durch Löschen, Hinzufügen oder eine Änderung, müssen die Vorgänge protokolliert und verfolgt werden, damit die Änderungen später an die Datenbank weitergegeben werden können. Dafür ist ein Objekt vom Typ ObjectStateManager verantwortlich, das mit dem ObjectContext fest verbunden ist. Jeder Objektkontext hat nur exakt einen ObjectStateManager, dessen Referenz die Eigenschaft ObjectStateManager des ObjectContext-Objekts liefert:

```
ObjectStateManager osm = context.ObjectStateManager;
```

Tatsächlich ist der ObjectStateManager sogar für die meisten Abläufe im Objektkontext verantwortlich. Da jedem Objektkontext genau ein ObjectStateManager zugeordnet wird, ist es nicht verkehrt, davon zu sprechen, dass der Objektkontext die Zustandsänderungen verfolgt.

Der Typ »ObjectStateEntry«

Im Zusammenhang mit der Zustandsverwaltung nur den ObjectStateManager zu erwähnen würde nur einen Teil der Wahrheit bedeuten. Tatsächlich ist mit jeder Entität, deren Zustand verfolgt wird, noch ein Objekt vom Typ ObjectStateEntry verknüpft. Das ObjectStateEntry-Objekt hat nicht nur die Aufgabe, den aktuellen Zustand der verknüpften Entität zu beschreiben, sondern enthält darüber hinaus eine Reihe weiterer Informationen. Beispielsweise können wir aus diesem Objekt neben den aktuellen auch die ursprünglichen Werte der Entitätseigenschaften abrufen oder in Erfahrung bringen, welche Eigenschaften der Entität verändert worden sind.

Der Typ »EntityKey«

Um den Überblick über alle am Lebenszyklus und der Zustandsverwaltung einer Entität beteiligten Objekte zu vervollständigen, muss an dieser Stelle auch noch ein letztes Objekt erwähnt werden: der EntityKey. Dieses Objekt stellt das Bindeglied zwischen einem ObjectStateEntry-Objekt und der zugehörigen Entität dar.

39.2.3 Neue Entitäten im Objektkontext

Entitäten, die nicht zum Objektkontext gehören, werden nicht zustandsüberwacht. Das ist zum Beispiel der Fall, wenn Sie eine neue Entität durch den Aufruf des Konstruktors erzeugen:

```
Product product = new Product();
```

Das Objekt *product* gehört in diesem Moment nicht zum Objektkontext. Der Zustand wird mit seiner Eigenschaft EntityState zwar als Detached beschrieben, dennoch hat das Objekt noch kein verknüpftes ObjectStateEntry-Objekt und wird damit auch nicht zustandsverfolgt. Der Aufruf der SaveChanges-Methode würde das neue Objekt folglich nicht als neuen Datensatz in die Tabelle *Products* eintragen.

Neue Entitäten, die durch den Aufruf des Konstruktors der Entitätsklasse erzeugt werden, müssen mit einer AddXxx-Methode zum Objektkontext hinzugefügt werden. Xxx steht dabei für das gleichnamige EntitySet. In unserem Entity Data Model heißt daher die Methode AddToProducts. Der Methode wird die Referenz auf die neue Entität übergeben, z.B.:

```
context.AddToProducts(product);
```

In diesem Moment wird mit der neuen Entität ein ObjectStateEntry-Objekt verknüpft – eine Voraussetzung, damit es später von SaveChanges erfasst werden kann.

Entitäten einem anderen Objektkontext übergeben

Es gibt Szenarien, in denen eine Entität von einem Kontext einem anderen übergeben wird. Wie sich dabei der Zustand einer Entität verändert, kann unter Umständen von entscheidender Bedeutung sein. Sehen Sie sich dazu bitte das folgende Listing an.

```
using (NorthwindEntities context1 = new NorthwindEntities())
{
  Product product = context1.Products.First();
  product.ProductName = "Brathering";
  Console.WriteLine("Im context1: {0}", product.EntityState);
  // Entfernen der Entität aus dem aktuellen Objektkontext
  context1.Detach(product);
  Console.WriteLine("Ohne Context: {0}", product.EntityState);
  using (NorthwindEntities context2 = new NorthwindEntities())
  {
    // Hinzufügen der Entität zu einem anderen Objektkontext
    context2.Attach(product);
    Console.WriteLine("Im context2: {0}", product.EntityState);
  }
}
```

Listing 39.7 Eine Entität einem anderen Objektkontext übergeben

Im ersten Schritt wird das erste Produkt aus der Tabelle *Products* abgefragt und dessen Eigenschaft ProductName geändert. Danach wird der Zustand in die Konsole geschrieben. Er lautet Modified.

Mit der Methode Detach des ObjectContext-Objekts erfolgt im nächsten Schritt die Deregistrierung der Entität bei seinem aktuellen Objektkontext. Es unterliegt danach nicht mehr der vom Objektkontext zur Verfügung gestellten Zustandsüberwachung. Sein Zustand ist Detached. Auch das sehen wir in der Konsolenausgabe.

Anschließend wird ein zweiter Objektkontext erstellt. So wie mit der Methode `Detach` des Objektkontextes eine Entität der Verwaltung des Objektkontextes entzogen wird, kann mit der Methode `Attach` eine Entität hinzugefügt werden. Genau das wird mit der Produktreferenz *product* gemacht, mit darauffolgender Ausgabe des Zustandes. Er lautet nicht, wie möglicherweise erwartet, `Modified`, sondern `Unchanged`.

> **Anmerkung**
> Eine Entität kann nicht gleichzeitig von zwei `ObjectContext`-Objekten verwaltet werden. Daher ist es notwendig, die Entität zuerst mit `Detach` bei einem Objektkontext zu deregistrieren, bevor sie einem anderen Objektkontext mit `Attach` hinzugefügt wird.

Lassen Sie uns die wichtige Erkenntnis, die das Beispiel liefert, allgemein formulieren:

Der Zustand der Entitäten reflektiert nicht den Zustand im Vergleich zum korrespondierenden Datensatz in der Datenbank. Der Entitätszustand ist nur innerhalb seines umgebenden Objektkontextes zu betrachten. Man könnte auch sagen, dass der Objektkontext in der Anwendung hinsichtlich der Entitäten die Rolle der Datenbank übernimmt.

Hätte der Zustand einer Entität Bezug zum korrespondierenden Datensatz in der Datenbank, hätte er sich im zweiten Objektkontext nicht verändert. Stattdessen wird der Zustand aber auf `Unchanged` gesetzt, weil der neue Objektkontext nichts von der Änderung am Produktbezeichner weiß, die in einem anderen Objektkontext erfolgt ist.

39.2.4 Die Zustände einer Entität

Die Mitglieder der Enumeration `EntityState` beschreiben die möglichen Zustände einer Entität (siehe Tabelle 39.1). Die Zustände können sich ändern. Bis auf das Ändern einer Eigenschaft sind dabei immer Methodenaufrufe im Spiel. Einige habe ich Ihnen zu Beginn des Kapitels schon gezeigt: Beispielsweise `DeleteObject` und `AddToXxx`. Beide haben zur Folge, dass der Zustand der Entität automatisch angepasst wird. Im letzten Abschnitt habe ich in Listing 39.7 die Methode `Attach` benutzt, um eine Entität bei einem Objektkontext zu registrieren, und `Detach`, um die Entität dem Objektkontext zu entziehen. Auch diese beiden Methoden bewirken eine Zustandsänderung.

Es gibt noch ein paar weitere Methoden, die eine Zustandsänderung bewirken. Dabei können die Zustände nicht x-beliebig wechseln. So ist es zum Beispiel nicht möglich und würde auch keinen Sinn ergeben, eine als `Deleted` gekennzeichnete Entität in den Zustand `Modified` zu überführen.

Die Zusammenhänge der einzelnen Zustandsübergänge und die dazugehörigen Methoden können Sie Abbildung 39.2 entnehmen.

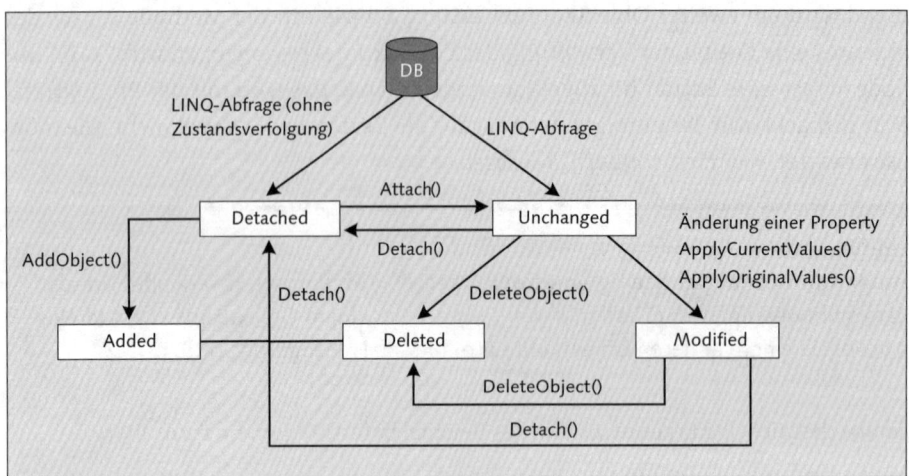

Abbildung 39.2 Die Zusammenhänge der Zustandsänderungen im Objektkontext

An dieser Stelle sollten wir kurz auf die einzelnen Zustände im Detail eingehen.

Der Zustand »Unchanged«

Eine Entität ist nach dem Ausführen einer LINQ-Abfrage zuerst im Zustand Unchanged. In diesem Zustand befindet sich eine Entität auch dann, wenn sie mit der Methode Attach bei einem Objektkontext registriert wird. Diese Erfahrung haben wir auch im letzten Listing machen können.

Der Zustand »Modified«

Den Zustand Modified kann eine Entität nur annehmen, wenn sie sich vorher im Zustand Unchanged befunden hat und einen korrespondierenden Datensatz in der Datenbank hat. Dass die Änderung einer Eigenschaft zu diesem Zustand führt, wissen Sie. Es gibt aber mit ApplyCurrentValues und ApplyOriginalValues noch zwei andere Methoden, die wir bisher noch nicht behandelt haben.

Aus dem Modified-Zustand kann eine Entität noch in Deleted oder Detached überführt werden, aber ein Rollback von Deleted bzw. Detached zurück nach Modified ist nicht möglich – zumindest nicht auf direktem Weg.

Der Zustand »Added«

Eine Entität kann nur dann den Zustand Added annehmen, wenn sie vorher Detached war. Ändern Sie eine Added-Entität, wird sie natürlich nicht in den Zustand Modified überführt, da die Entität keinen korrespondierenden Datensatz in der Datenbank hat. Gleiches gilt auch für Deleted.

Der Zustand »Deleted«

Damit eine Entität den Zustand Deleted annimmt, muss auf eine als Unchanged oder Modified gekennzeichnete Entität die Methode DeleteObject aufgerufen werden.

Der Zustand »Detached«

Eine Entität gilt als Detached, solange sie an keinen Objektkontext gebunden ist. Für die Entität bedeutet das, dass Sie alles mit der Entität machen können, für das Entity Data Model ist das alles bedeutungslos. Es gibt keine Zustandsverfolgung, die Entität agiert eigenständig. In Konsequenz dessen bedeutet das aber auch, dass Detached der Standardzustand für jede neu erzeugte Entität ist, die nicht aufgrund einer LINQ-Abfrage erstellt wird.

39.2.5 Zusätzliche Entitäten in den Datencache laden

Sollte eine Datenabfrage dazu führen, dass Entitäten zurückgeliefert werden, die sich bereits im Objektkontext befinden, werden die im Objektkontext befindlichen Entitäten nicht ersetzt. Nur Entitäten, die sich zum Zeitpunkt der Abfrage noch nicht im Objektkontext befinden, werden diesem auch hinzugefügt. Gleichzeitig werden auch alle Entitäten zustandsüberwacht. Das ist das Standardverhalten.

39.2.6 Die Zustandsverfolgung mit »MergeOption« steuern

In Abbildung 39.2 ist zu erkennen, dass nicht jede LINQ-Abfrage zwangsläufig zu einer aktivierten Zustandsverfolgung führt. Sie können die Zustandsverfolgung auch abschalten. Das wäre beispielsweise sinnvoll, wenn die Entitäten nicht verändert werden können und nur der Ansicht dienen.

Das Verhalten, wie die von einer Abfrage zurückgegebenen Objekte dem Objektkontext hinzugefügt werden sollen, kann mit der Eigenschaft MergeOption des ObjectQuery- oder ObjectSet-Objekts beeinflusst werden. Die Eigenschaft ist vom Typ der gleichnamigen Aufzählung MergeOption, deren mögliche Werte Sie der Tabelle 39.2 entnehmen können.

Membername	Beschreibung
AppendOnly	(Standardeinstellung) Objekte, die im Objektkontext nicht vorhanden sind, werden dem Kontext hinzugefügt. Sind die Objekte bereits im ObjectContext, werden sie nicht aus der Datenquelle geladen.
OverwriteChanges	Objekte, die im Objektkontext nicht vorhanden sind, werden an den Kontext angefügt. Wenn ein Objekt bereits im Kontext vorhanden ist, werden die aktuellen und ursprünglichen Werte mit den neuen Werten aus der Datenquelle überschrieben.

Tabelle 39.2 Die Memberliste der Aufzählung »MergeOption«

Membername	Beschreibung
PreserveChanges	Die Objekte werden immer aus der Datenquelle geladen. Änderungen an im Kontext befindlichen Objekten werden dabei nicht überschrieben.
NoTracking	Objekte erhalten den Detached-Zustand. Der Zustand dieser Objekte wird nicht vom ObjectStateManager verfolgt.

Tabelle 39.2 Die Memberliste der Aufzählung »MergeOption« (Forts.)

In Listing 39.8 werden die Produkte abgerufen, die ein bestimmtes Preislimit überschreiten. Aus dieser Menge wird zu Testzwecken das erste Produkt abgerufen, nachdem die Eigenschaft MergeOption des LINQ-Abfrageresultats auf NoTracking festgelegt worden ist. Da das Ergebnis einer LINQ-Abfrage vom Typ IEnumerable ist, muss das Abfrageresultat in den Typ ObjectQuery konvertiert werden, damit darauf die Eigenschaft MergeOption aufgerufen werden kann.

```
using (NorthwindEntities context = new NorthwindEntities())
{
  var query1 = from prod in context.Products
               where prod.UnitPrice >= 50
               select prod;
  ((ObjectQuery)query1).MergeOption = MergeOption.NoTracking;
  var query2 = query1.First();
  Console.WriteLine(query2.EntityState);
}
```

Listing 39.8 Die Eigenschaft »MergeOption« eines Abfrageresultats

Die Ausgabe des Entitätszustands ist Detached. Kommentieren Sie die Anweisung, die die Eigenschaft MergeOption festlegt, aus, wird der Zustand Unchanged sein, also dem Standard entsprechen.

Bei der Festlegung der Eigenschaft MergeOption auf ein ObjectSet sollten Sie etwas vorsichtiger sein, da es hierbei auf die Position der entsprechenden Anweisung ankommt. Sehen Sie sich hierzu das folgende Listing 39.9 an.

```
using (NorthwindEntities context = new NorthwindEntities())
{
  var query1 = from prod in context.Products
               where prod.UnitPrice >= 50
               select prod;
  context.Products.MergeOption = MergeOption.NoTracking;
```

```
    var query2 = query1.First();
    Console.WriteLine(query2.EntityState);
}
```

Listing 39.9 Festlegung der Eigenschaft »MergeOption« auf ein »ObjectSet« (falsch)

Wenn Sie das Beispiel ausprobieren, werden Sie feststellen, dass der Zustand der Entität query2 Unchanged ist, obwohl sich im Vergleich zu Listing 39.8 nur sehr wenig geändert hat – nur das der Eigenschaft MergeOption zugrunde liegende Objekt hat sich verändert. Anscheinend ist die Festlegung MergeOption.NoTracking wirkungslos, und es bleibt die Standardvorgabe aktiv.

Um den erwarteten Zustand Detached zu erreichen, muss die Eigenschaft MergeOption vor der Definition der LINQ-Abfrage eingestellt werden, wie in Listing 39.10 gezeigt wird.

```
using (NorthwindEntities context = new NorthwindEntities())
{
  context.Products.MergeOption = MergeOption.NoTracking;
  var query1 = from prod in context.Products
               where prod.UnitPrice >= 50
               select prod;
  var query2 = query1.First();
  Console.WriteLine(query2.EntityState);
}
```

Listing 39.10 Festlegung der Eigenschaft »MergeOption« auf ein »ObjectSet« (richtig)

Dieses sehr unterschiedliche Verhalten lässt sich sehr einfach erklären, wenn wir den Ausdruck

```
from prod in context.Products
```

genauer analysieren. Mit context.Products wird die Property Products in der Klasse NorthwindEntities des Entity Data Models aufgerufen. Diese Eigenschaft liefert als Rückgabe ein Objekt vom Typ ObjectSet<Product>, wie das folgende Beispiel zeigt:

```
public ObjectSet<Product> Products {
  get {
    if ((_Products == null)) {
      _Products = base.CreateObjectSet<Product>("Products");
    }
    return _Products;
  }
}
```

Beim ersten Aufruf von context.Products wird das ObjectSet neu erstellt und danach gecacht. Gecacht werden dabei natürlich auch die Eigenschaften mit den Werten, die in dem

Moment für das ObjectSet gesetzt sind. In Listing 39.10 ist das für `MergeOption` die Einstellung `AppendOnly`. Das spätere Setzen auf `NoTracking` hat keine Auswirkungen mehr, weil der Ausdruck `query1.First()` das gecachte `ObjectSet` abruft. In Listing 39.10 hingegen wird das `ObjectSet` mit der gewünschten Einstellung `MergeOption.NoTracking` gecacht. Deshalb wirkt sich diese Einstellung auf den Zustand von Objekt `query2` wie erwartet aus.

39.3 Das »ObjectStateEntry«-Objekt

Sobald der Objektkontext eine Entität erzeugt und die Zustandsverwaltung nicht deaktiviert ist, stellt der Objektkontext zu jeder Entität auch noch ein Objekt vom Typ `ObjectStateEntry` bereit. Wir können also sagen, dass jede Materialisierung mit Zustandsverfolgung im Grunde genommen zwei Objekte zur Folge hat:

- das Entitätsobjekt
- das dazu gehörende `ObjectStateEntry`-Objekt

Das `ObjectStateEntry`-Objekt ist für die Zustandsverfolgung der zugeordneten Entität zuständig und stellt dafür entsprechende Eigenschaften und Methoden bereit, während die Entität im Grunde genommen nur die aus der Datenquelle bezogenen Daten kapselt. Da der Zustand einer Entität nicht unbedingt verfolgt werden muss, ist die Trennung zwischen Entität und `ObjectStateEntry` auch durchaus sinnvoll.

Sie erhalten die Referenz auf ein `ObjectStateEntry`-Objekt einer bestimmten Entität, wenn Sie die Methode `GetObjectStateEntry` des `ObjectStateManagers` unter Übergabe der Referenz der Entität aufrufen, z.B.:

```
ObjectStateManager osm = context.ObjectStateManager;
ObjectStateEntry entry = osm.GetObjectStateEntry(prod);
```

In diesem Codefragment repräsentiert die Variable *prod* die Entität, deren zugeordnetes `ObjectStateEntry` abgefragt wird.

> **Hinweis**
> Wird eine Entität vom Objektkontext getrennt (durch Aufruf der Methode `Detach`), wird das zugehörige `ObjectStateEntry`-Objekt aus dem Objektkontext entfernt.

Das `ObjectStateEntry`-Objekt beschreibt mit seiner Eigenschaft `State` nicht nur den Zustand der zugeordneten Entität (die dafür ihrerseits selbst auch noch die weiter oben angesprochene Eigenschaft `EntityState` hat, die der Eigenschaft `State` des zugeordneten `ObjectStateEntry`-Objekts entspricht). Darüber hinaus werden auch die Referenzen auf das übergeordnete `ObjectStateManager`-Objekt und das `EntitySet` geliefert, zu dem die Entität gehört.

Von besonderem Interesse sind insbesondere auch die Werte, die von den Eigenschaften `CurrentValues` und `OriginalValues` bereitgestellt werden. `OriginalValues` enthält dabei die Eigenschaftsdaten, die ursprünglich aus der Datenquelle bezogen worden sind. Sie spiegeln somit Werte des Datensatzes in der Datenbank wider. `CurrentValues` beschreibt hingegen die aktuellen Daten der Entität im Objektkontext, die unter Umständen vom Anwender geändert worden sind.

Ein Überblick über die wichtigsten Eigenschaften der Klasse `ObjectStateEntry` ist in Tabelle 39.3 zu sehen.

Eigenschaft	Beschreibung
`CurrentValues`	Ruft die aktuellen Eigenschaftswerte des Objekts ab. Diese Eigenschaft ist im Grunde genommen ein Array und hat den Rückgabetyp `DbDataRecord`.
`Entity`	Ruft das Objekt ab, das dem `ObjectStateEntry` zugeordnet ist.
`EntityKey`	Ruft den `EntityKey` ab, der dem `ObjectStateEntry`-Objekt zugeordnet ist.
`EntitySet`	Ruft das `EntitySet` des Objekts ab, das dem `ObjectStateEntry`-Objekt zugeordnet ist.
`IsRelationship`	Diese Eigenschaft beschreibt einen booleschen Wert, der angibt, ob das `ObjectStateEntry`-Objekt eine Beziehung darstellt. Die meisten anderen Eigenschaften sind null, wenn diese Eigenschaft auf true gesetzt ist.
`ObjectStateManager`	Ruft den `ObjectStateManager` des `ObjectStateEntry`-Objekts ab.
`OriginalValues`	Ruft die originalen Eigenschaftswerte des Objekts ab. Diese Eigenschaft ist im Grunde genommen ein Array und hat den Rückgabetyp `DbDataRecord`.
`State`	Ruft den Zustand des `ObjectStateEntry`-Objekts ab.

Tabelle 39.3 Eigenschaften der Klasse »ObjectStateEntry«

Hinweis

Im ersten Kapitel haben Sie erfahren, dass Entitäten durch drei verschiedene Eigenschaften beschrieben werden: skalare Eigenschaften, komplexe Eigenschaften und Navigationseigenschaften. Es sei an dieser Stelle darauf hingewiesen, dass nur skalare Eigenschaften vom `ObjectStateEntry`-Objekt verfolgt werden, nicht jedoch komplexe Eigenschaften oder Navigationseigenschaften.

39.3.1 Die Current- und Originalwerte abrufen

Das folgende Beispiel zeigt, wie die Originalwerte und aktuellen Werte einer Entität mit den Eigenschaften `CurrentValues` und `OriginalValues` abgerufen werden können.

```
using (NorthwindEntities context = new NorthwindEntities())
{
  var cat = (context.Categories
            .Where(c => c.CategoryID == 1)
            .Select(c => c)).First();
  // Kategoriebezeichner ändern
  cat.CategoryName = "Getränke";
  // ObjectStateEntry abfragen
  ObjectStateManager osm = context.ObjectStateManager;
  ObjectStateEntry entry = osm.GetObjectStateEntry(cat);
  // aktuellen Wert abrufen
  DbDataRecord actValues = entry.CurrentValues;
  Console.WriteLine("Aktueller Wert: {0}",
          actValues.GetValue(actValues.GetOrdinal("CategoryName")));
  // Originalwert abrufen
  DbDataRecord origValues = entry.OriginalValues;
  Console.WriteLine("Originalwert: {0}",
       origValues.GetValue(origValues.GetOrdinal("CategoryName")));
}
```

Listing 39.11 CurrentValue und OriginalValue abrufen

Im Beispiel wird zuerst die zu ändernde Kategorie in den Objektkontext geholt, danach die Eigenschaft `CategoryName` geändert. Wie wir wissen, kann das `ObjectStateEntry`-Objekt Auskunft über die aktuellen Werte und die Originalwerte der Eigenschaften liefern. Folglich benötigen wir die Referenz auf das entsprechende `ObjectStateEntry`-Objekt unserer Entität im Objektkontext. Hier hilft uns die Methode `GetObjectStateEntry` des `ObjectStateManagers` weiter, der wir als Argument die Referenz auf die Entität übergeben.

Die Eigenschaft `CurrentValues` (und im Folgenden auch `OriginalValues`) liefert ein Objekt vom Typ `System.Data.Common.DbDataRecord` zurück, mit dem mehrere Einzelwerte zusammengefasst werden. Bei uns ist das die Liste der Eigenschaften der Entität. Aus der gilt es, den Wert der betreffenden Eigenschaft zu ermitteln. Im Grunde genommen reicht dazu die Methode `GetValue` aus. Allerdings erwartet `GetValue` einen Integer, der den Ordinalwert der gewünschten Spalte beschreibt. Deshalb rufen wird auf die `DbDataRecord` deren Methode `GetOrdinal` auf und übergeben dabei den Eigenschaftsnamen als Zeichenfolge.

Übergeben Sie an `GetObjectStateEntry` ein Objekt, das nicht zustandsverwaltet wird, hat das die Ausnahme `InvalidOperationException` zur Folge.

39.3.2 Die Methode »TryGetObjectStateEntry«

Dasselbe Ziel wie die Methode GetObjectStateEntry verfolgt die Methode TryGetObjectStateEntry. Beide unterscheiden sich darin, wie sie auf die Angabe einer nicht vom ObjectStateManager verwalteten Entität reagieren. Während GetObjectStateEntry eine Ausnahme auslöst, gibt TryGetObjectStateEntry einen booleschen Wert zurück, der false ist. Damit eignet sich die Methode sehr gut zur Formulierung einer Bedingung. In Listing 39.12 wird das gezeigt.

```
using (NorthwindEntities context = new NorthwindEntities())
{
  Product prod = new Product(){ ProductName = "Kuchen",
                                Discontinued = false };
  context.AddToProducts(prod);
  var osm = context.ObjectStateManager;
  ObjectStateEntry entry;
  if(osm.TryGetObjectStateEntry(prod, out entry))
  {
    var ordinal = entry.CurrentValues.GetOrdinal("ProductName");
    Console.WriteLine( entry.CurrentValues.GetValue(ordinal));
  }
  else
    Console.WriteLine("Objekt nicht im 'ObjectStateManager'");
}
```

Listing 39.12 Die Methode »TryGetObjectStateEntry«

Wenn Sie TryGetObjectStateEntry verwenden, müssen Sie vor dem Aufruf eine Variable vom Typ ObjectStateEntry deklarieren. An diese übergibt die Methode über den out-Parameter die Referenz des korrespondierenden ObjectStateEntry-Objekts, falls eine entsprechende Entität gefunden wird.

> **Hinweis**
> Sowohl die Methode GetObjectStateEntry als auch die Methode TryGetObjectStateEntry sind überladen. Anstatt der Angabe einer Entität können Sie auch ein Objekt vom Typ EntityKey angeben. Mit dem Typ EntityKey werden wir uns weiter unten beschäftigen.

39.3.3 Abrufen bestimmter Gruppen

Vielleicht sind Sie daran interessiert, welche Entitäten dem Objektkontext hinzugefügt oder geändert worden sind? Vielleicht möchten Sie auch gleichzeitig alle Entitäten abrufen, deren Zustand von Unchanged abweicht. Dazu müssen Sie alle ObjectStateEntry-Objekte, die Ihrer Bedingung entsprechen, aus dem Objektkontext herausfiltern. Auch dabei ist Ihnen eine Methode des ObjectStateManagers behilflich: GetObjectStateEntries. Sie übergeben der Methode einen Member der Enumeration EntityState oder, da diese Enumeration das Attribut `Flags` hat, mehrere Member, die bitweise kombiniert werden. Der Rückgabewert der Methode ist vom Typ `IEnumerable`.

Im folgenden Listing wird ein Artikel aus der Tabelle *Products* abgefragt und dessen Produktbezeichner geändert. Danach wird ein neuer Artikel erzeugt und dem Objektkontext mit der Methode `AddToProducts` hinzugefügt. Über die Methode `GetObjectStateEntries` werden alle `ObjectStateEntry`-Objekte abgefragt, deren Zustand durch `Modified` oder `Added` beschrieben wird. Die Ergebnisliste wird in einer Schleife durchlaufen und die Current-Version der Eigenschaft `ProductName` in die Konsole geschrieben.

```
using (NorthwindEntities context = new NorthwindEntities())
{
  // einen Artikel dem Kontext zuordnen und editieren
  var prod = context.Products
                  .Select(p => p).First(p => p.ProductID == 1);
  prod.ProductName = "Spülmittel";
  // einen neuen Artikel anlegen
  Product product = new Product() { ProductName = "Senf",
                                    Discontinued = false };
  context.AddToProducts(product);
  // alle Produkte abfragen, die geändert oder hinzugefügt worden sind
  ObjectStateManager osm = context.ObjectStateManager;
  var items = osm.GetObjectStateEntries(
                  EntityState.Modified | EntityState.Added);
  foreach (var item in items)
  {
    var values = item.CurrentValues;
    Console.WriteLine(values.GetValue(values.GetOrdinal("ProductName")));
  }
}
```

Listing 39.13 Ausgabe aller editierten und hinzugefügten Entitäten

39.3.4 Die Methode »GetModifiedProperties«

Das `ObjectStateEntry`-Objekt weist noch eine sehr interessante Methode auf: `GetModifiedProperties`. Die Methode gibt an den Aufrufer eine `IEnumerable<string>`-Liste der Eigenschaften einer Entität zurück, die sich verändert haben, also als `Modified` gekennzeichnet sind.

In Listing 39.14 wird der Einsatz der Methode anhand der Änderung von drei Eigenschaften eines Artikels gezeigt.

```
using (NorthwindEntities context = new NorthwindEntities())
{
  var product = (context.Products
                    .Where(prod => prod.ProductID == 1)
                    .Select(prod => prod)).First();
```

```
    product.ProductName = "Orangensaft";
    product.UnitPrice = (decimal?)2.98;
    product.UnitsInStock = 10;
    ObjectStateManager osm = context.ObjectStateManager;
    ObjectStateEntry entry = osm.GetObjectStateEntry(product);
    // die Liste der veränderten Eigenschaften ausgeben
    foreach (var item in entry.GetModifiedProperties())
      Console.WriteLine(item);
    Console.ReadLine();
}
```

Listing 39.14 Einsatz der Methode »ObjectStateEntry.GetModifiedProperties«

39.4 Die Klasse »EntityKey«

Jede vom Objektkontext verwaltete Entität hat ein korrespondierendes ObjectStateEntry-Objekt, in dem die aktuellen und originalen Werte der Entitätseigenschaften verfolgt werden. Der Zustand der Entitäten wird von einem ObjectStateManager-Objekt verwaltet, das dem Objektkontext zugeordnet ist.

Handelt es sich bei der Entität und dem ObjectStateEntry-Objekt um korrespondierende Objekte, werden beide über dasselbe EntityKey-Objekt miteinander verknüpft. Im Entity Data Model hat ein EntityKey dieselbe Aufgabe, die einem Primärschlüssel in einer relationalen Datenbank zukommt, nämlich Eindeutigkeit zu gewährleisten. Das EntityKey-Objekt wird automatisch erstellt, wenn die Abfrage ein Objekt zurückliefert und materialisiert. In der Regel entspricht der von EntityKey beschriebene Wert dem Wert in der Primärschlüsselspalte oder der zugrunde liegenden Tabelle.

EntityKey-Objekte weisen nicht allzu viele spezifische Merkmale auf. **EntityKeyValues** und **IsTemporary** sind die beiden Eigenschaften, die an dieser Stelle genannt werden sollen. EntityKeyValues liefert ein Array von EntityKeyMember-Objekten. Eigentlich logisch, denn ein Schlüssel kann auch aus mehreren einzelnen Schlüsseln zugeordnet werden. IsTemporary spielt im Zusammenhang mit dem Hinzufügen neuer Entitäten eine Rolle. Erzeugen Sie nämlich eine neue Entität und ordnen diese dem Objektkontext zu, wird die neue Entität dem ObjectStateManager mit einem temporären Schlüssel bekannt gegeben.

Sowohl Entitäten als auch ObjectStateEntry-Objekte verfügen über die Eigenschaft EntityKey, mit der das zugeordnete EntityKey-Objekt abgerufen werden kann.

39.4.1 Die Methoden »GetObjectByKey« und »TryGetObjectByKey«

Die weiter oben behandelten Methoden GetObjectStateEntry und TryGetObjectStateEntry setzen voraus, dass sich die entsprechende Entität bereits im Datencache befindet, und liefern als Resultat des Aufrufs ein ObjectStateEntry-Objekt zurück.

GetObjectByKey und TryGetObjectByKey hingegen liefern auf Grundlage eines Keys tatsächlich die Referenz auf eine Entität zurück. Sollte sich diese nicht im Objektkontext befinden, wird eine Abfrage gegen die Datenbank abgesetzt. Wird der angegebene Schlüssel auch in der Datenbank nicht gefunden, löst GetObjectByKey eine Ausnahme vom Typ ObjectNotFoundException aus, während TryGetObjectByKey einen booleschen Wert zurückliefert, der Auskunft gibt, ob das Objekt mit dem angegebenen EntityKey gefunden wurde (true) oder nicht (false). Im folgenden Listing wird der Einsatz der Methode TryGetObjectByKey demonstriert, bei dem eine Entität angefordert wird, die sich nicht im Cache befindet.

```
using (NorthwindEntities context = new NorthwindEntities())
{
  EntityKey key = new EntityKey("NorthwindEntities.Products",
                               "ProductID", 92);
  object @object;
  if (context.TryGetObjectByKey(key, out @object))
  {
    Product product = (Product)@object;
    Console.WriteLine(product.ProductName);
  }
  else
    Console.WriteLine("Kein passendes Objekt zum Löschen gefunden.");
}
```

Listing 39.15 Ein Objekt mit der Methode »TryGetObjectByKey« abrufen

Um eine Entität auf Basis ihres Keys abzurufen, muss dieser erstellt werden. Dazu wird die Klasse EntityKey instanziiert, deren Konstruktor mehrfach überladen ist. Im einfachsten Fall geben Sie zuerst die Entitätsmenge als Zeichenfolge an, die durch Voranstellung des Entity-Containers qualifiziert werden muss. Das zweite Argument gibt das Schlüsselfeld als Zeichenfolge an und das dritte den Schlüsselwert.

Das gebildete EntityKey-Objekt wird an den ersten Parameter der Methode TryGetObjectByKey übergeben. Der zweite Parameter ist ein out-Parameter, in den die Methode die gefundene Entität einträgt. Sie können nun, wie im Listing, Eigenschaften abfragen, Sie können die Entität aber auch editieren oder löschen.

39.5 Komplexere Szenarien

Entitäten, die vom Objektkontext verwaltet werden, werden per Vorgabe zustandsüberwacht durch Schaltung eines korrespondierenden ObjectStateObject-Objekts. Wir haben uns diesem Thema in diesem Kapitel ausgiebig gewidmet. Allerdings waren die Szenarien sehr einfach, denn sie beschrieben im Grunde genommen nur Clientanwendungen, aus denen heraus direkt mit Hilfe des Entity Frameworks auf die Datenquelle zugegriffen wurde.

Interessanter wird es, wenn die Entitäten über Prozessgrenzen hinweg ausgetauscht werden müssen. Das wäre zum Beispiel in n-Tier-Anwendungen wie dem Webdienst der Fall, der die Clients mit Entitäten versorgt und bei dem die Clients die Entitäten bearbeiten und danach speichern können. Wie Sie wissen, muss dem Zustand der Entitäten beim Austausch über Prozessgrenzen hinweg besondere Aufmerksamkeit geschenkt werden. Wechselt nämlich eine Entität von einem Objektkontext zu einem anderen (und das wäre zum Aktualisieren in einer Webdienstanwendung ausgehend vom Client in Richtung des Webdienstes der Fall), dann muss die vom Client übermittelte Entität dem Objektkontext des Webdienstes mit der Methode Attach hinzugefügt werden. Schlecht ist, dass dabei der Zustand der Entität auf Unchanged wechselt, obwohl sie möglicherweise tatsächlich verändert worden ist.

Sehen wir uns daher abschließend in diesem Kapitel noch an, welche Möglichkeiten der Zustandsbeeinflussung wir auf eine Entität ausüben können und welche Konsequenzen das hat.

39.5.1 Die Methode »ChangeState«

Mit der Methode ChangeState, die auf ein ObjectStateEntry-Objekt aufgerufen wird, können Sie den Zustand einer Entität auf Added, Deleted, Modified oder Unchanged festlegen. Im folgenden Codefragment wird zum Beispiel der Zustand einer Entität auf Added gesetzt.

```
using (NorthwindEntities context = new NorthwindEntities())
{
  var prod = context.Products.First();
  ObjectStateEntry ose = context.ObjectStateManager.GetObjectStateEntry(prod);
  ose.ChangeState(EntityState.Added);
  [...]
}
```

Man muss sich natürlich darüber bewusst sein, dass die manuelle Zustandsänderung Folgen hat. In diesem Fall weist die Entität danach keine Originalwerte mehr auf. Wird SaveChanges anschließend aufgerufen, wird die Entität in die Datenbank geschrieben, weil der Zustand von Unchanged abweicht. Im schlimmsten Fall hätten Sie dann dasselbe Produkt zweimal in der Tabelle *Products*.

Ändern Sie den Zustand einer unveränderten Entität in Modified, hätte das nicht so gravierende Auswirkungen. Allerdings wird nun jede Eigenschaft der Entität als Modified gekennzeichnet, was zu einem UPDATE-Statement führt, in dem alle Eigenschaften aufgeführt sind. Nur eine Änderung in den Zustand Deleted hat keine negativen Konsequenzen, da der Effekt derselbe ist wie beim Aufruf der Methode DeleteObject.

Unsere Betrachtungen bezogen sich bis hierher auf ursprünglich unveränderte Entitäten. Bei der manuellen Zustandsänderung mit ChangeState ist noch eine weitere Situation zu betrachten. Diese stellt sich ein, wenn der Zustand einer Entität Modified ist und dann auf Unchanged gesetzt wird. In diesem Fall werden alle Current-Werte in die korrespondierenden

Originalwerte geschrieben – obwohl man im ersten Moment vermuten würde, der Vorgang müsste sich genau andersherum abspielen.

Summa summarum sollten Sie also die Methode ChangeState nur mit Bedacht aufrufen und sich immer der möglichen Folgen bewusst sein.

39.5.2 Die Methoden »ApplyCurrentChanges« und »ApplyOriginalChanges«

Ein Entitätsobjekt ist fest mit seinem Objektkontext verbunden. Darüber hinaus darf eine Entität auch nur zu einem Objektkontext gehören. Das führt dazu, dass der folgende Code zu einer Ausnahme führt, weil versucht wird, die Entität über den Methodenaufruf von DoSomething einem anderen Objektkontext, hier context2, zu übergeben.

```
static void Main(string[] args)
{
  using (NorthwindEntities context1 = new NorthwindEntities())
  {
    var prod = context1.Products.First();
    prod.ProductName = "Currywurst";
    DoSomething(prod);
  }
}
static void DoSomething(Product product)
{
  using (NorthwindEntities context2 = new NorthwindEntities())
  {
    context2.Attach(product);
  }
}
```

Es gibt nur eine Möglichkeit, diesen Fehler zu vermeiden, indem man vor dem Aufruf der Methode DoSomething in Main die Entität mit Detach beim ersten Objektkontext deregistriert. Damit lautet der Code in Main wie folgt:

```
using (NorthwindEntities context1 = new NorthwindEntities())
{
  var prod = context1.Products.First();
  prod.ProductName = "Currywurst";
  context1.Detach(prod);
  DoSomething(prod);
}
```

Widmen wir unser Augenmerk nun dem Code in der Methode DoSomething. Da wir die Entität mit Attach dem Objektkontext *context2* hinzufügen, wird der Zustand der Current- und Original-Werte anschließend identisch sein. Dabei geht aber nicht die Änderung der Eigenschaft

ProductName verloren. Stattdessen wird der neue Wert (»Currywurst«) an OriginalValue übergeben, wie sich sehr einfach durch Ergänzung der Methode DoSomething beweisen lässt.

```
static void DoSomething(Product prod)
{
  using (NorthwindEntities context2 = new NorthwindEntities())
  {
    context2.Attach(prod);
    ObjectStateEntry ose = context2.ObjectStateManager.GetObjectStateEntry(prod);
    Console.WriteLine("Current: {0}", ose.CurrentValues.GetValue(1));
    Console.WriteLine("Original: {0}\n", ose.OriginalValues.GetValue(1));
  }
}
```

Mit dieser Erkenntnis müssen wir feststellen, in einem Dilemma zu stecken. Soll nämlich DoSomething dazu dienen, die Entitätsänderung durch Aufruf der Methode SaveChanges in die Datenbank zu schreiben, wird kein UPDATE-Statement erzeugt, weil der Zustand Unchanged lautet.

In dieser Situation hilft uns die Methode ApplyOriginalValues weiter, die entweder auf den Objektkontext oder ein EntitySet aufgerufen werden kann. Sie können die Methode dann benutzen, wenn die zustandsverfolgte Entität zwar die richtigen Current-Werte aufweist, aber die Originalwerte nicht stimmen. Das ist in unserem Beispiel genau der Fall. Sehen wir uns zunächst an, wie die Methode DoSomething implementiert werden muss.

```
using (NorthwindEntities context2 = new NorthwindEntities())
{
  // Original-Entität aus der Datenbank abrufen
  var dbprod = context2.Products
                  .Where(p => p.ProductID == prod.ProductID).Single();
  context2.Detach(dbprod);
  // Entität zum Objektkontext hinzufügen
  context2.Attach(prod);
  Console.WriteLine("Zustand (vorher): {0}", prod.EntityState);
  // Originalwerte neu festlegen
  context2.Products.ApplyOriginalValues(dbprod);
  // Ausgabe
  ObjectStateEntry ose = context2.ObjectStateManager.GetObjectStateEntry(prod);
  Console.WriteLine("Zustand (nachher): {0}", prod.EntityState);
  Console.WriteLine("Current: {0}", ose.CurrentValues.GetValue(1));
  Console.WriteLine("Original: {0}\n", ose.OriginalValues.GetValue(1));
}
```

ApplyOriginalChanges benötigt die aktuellen Werte für die übergebene Entität. Dazu wird der Methode ein anderes Objekt übergeben, das die erforderlichen Werte enthält. Dieses Objekt wird als Erstes in der Methode DoSomething von der Datenbank abgerufen.

In einem Objektkontext kann sich zu einem gegebenen Zeitpunkt immer nur ein Objekt mit einer bestimmten Schlüsselinformation befinden. Da wir wissen, dass wir auch die geänderte Entität zur Zustandsverwaltung hinzufügen müssen, wird die von der Datenbank bezogene Entität *dbprod* beim Objektkontext deregistriert. Dass sich dabei der Zustand in Detached ändert und alle Originalwerte verloren gehen, hat keinen Einfluss. Letztendlich sind die erforderlichen Informationen immer noch unter CurrentValues vorhanden.

Nach dem Aufruf von ApplyOriginalValues hat die Entität alle benötigten Originalwerte, und der Zustand hat sich in Modified geändert. Damit wäre das Objekt so weit vorbereitet, die Änderung am ProductName erfolgreich in die Datenbank zu schreiben.

Sehr ähnlich arbeitet auch die Methode ApplyCurrentValues. Während ApplyOriginalValues aber die Daten eines Objekts an die Originalwerte einer Entität übergibt, sind es mit ApplyCurrentValues die Current-Werte der Entität.

> **Hinweis**
> Den Programmcode zu diesem Beispiel finden Sie auf der Buch-DVD unter *\Beispiele\Kapitel 39\SeveralObjectContexts*.

Kapitel 40
Konflikte behandeln

Konflikte sind das Grauen aller Softwareentwickler. Sie treten auch in unserem Alltag auf, obwohl wir diese Situationen nicht unbedingt als Konflikt ansehen. Nehmen wir beispielsweise an, Sie möchten über das Internet eine Reise buchen und haben bereits eine passende bei einem Anbieter gefunden. Allerdings vergeht eine mehr oder weniger lange Zeit zwischen dem Finden der Reise und Ihrer Entscheidung, diese zu buchen. Nun könnte es bei dem Versuch der Buchung passieren, dass ein anderer Interessent Ihnen die gewählte Reise regelrecht vor der Nase weggeschnappt hat. Das war, im Datenbankjargon, ein Konflikt, der allerdings nicht von der Software behandelt werden muss und schlicht und ergreifend der Rubrik »Pech gehabt« zugeordnet werden kann.

Konflikte treten immer dann auf, wenn in verbindungslosen Umgebungen mit Daten gearbeitet wird. Das Entity Framework gehört dazu. In diesem Kapitel wollen wir uns mit der Behandlung von Konflikten innerhalb des ADO.NET Entity Frameworks beschäftigen und erläutern, welche Möglichkeiten wir beim Auftreten von Konflikten haben, um auf diese zu reagieren.

40.1 Allgemeine Betrachtungen

Was ist überhaupt ein Konflikt? Stellen wir uns zur Beantwortung dieser Frage das folgende Szenario vor. In einem Unternehmen arbeiten mehrere Mitarbeiter mit einer Software, die auf eine Datenbank zugreift. Die Mitarbeiter sollen die Datenbank pflegen, also bestehende Datensätze ändern und ergänzen, andere löschen. Nicht selten kann es dabei vorkommen, dass ein Mitarbeiter des Unternehmens, nennen wir ihn einfach User1, denselben Datensatz wie User2 bearbeitet. Wenn User2 seine Änderungen in der Datenbank speichert, bevor User1 seine eigenen Änderungen zurückschreibt, wie soll die Anwendung reagieren? Sollen die Änderungen von User2 durch die Änderungen von User1 überschrieben, also ersetzt werden? Oder soll eine Ausnahme User1 darauf aufmerksam machen, dass ein anderer Kollege dieselbe Datenzeile bereits editiert hat?

Die Problematik dürfte grundsätzlich klar sein, ist aber auch nicht neu. Das führte in der Vergangenheit dazu, dass zwei Sperrstrategien entwickelt worden sind:

- optimistische Sperren
- pessimistische Sperren

Lassen Sie uns diese beiden Strategien etwas näher betrachten.

40.1.1 Das pessimistische Sperren

Wenn man sichergehen will, dass eine Änderung nicht zu einem Konflikt führt, ist das exklusive physikalische Sperren der Daten in der Datenbank der sicherste Weg. Solange die Daten bedingt durch ein Änderung gesperrt sind, können andere Benutzer nicht schreibend – und in manchen Fällen auch nicht lesend – darauf zugreifen. Niemand kann die Daten ändern, bis die Sperre aufgehoben wird. Dieses Verhalten wird als pessimistisches Sperren bezeichnet.

Der Vorteil des pessimistischen Sperrens ist der garantiert exklusive und problemlose Zugriff eines Users auf Daten. Andererseits werden durch pessimistisches Sperren andere Probleme auftreten, wie beispielsweise eine schlechtere Performance und eine schlechte Skalierbarkeit. Möchte ein anderer User auf gesperrte Daten zugreifen, ist er darauf angewiesen, dass der Benutzer, der die Sperre verursacht hat, möglichst schnell die Sperre wieder aufhebt – die Produktivität sinkt. Stellt man sich zudem vor, dass viele Benutzer gleichzeitig auf die Daten zugreifen wollen, stellt das pessimistische Sperren wegen der schlechten Verfügbarkeit der Daten einen völlig indiskutablen Lösungsansatz dar.

40.1.2 Das optimistische Sperren

Pessimistisches Sperren hat Vor- und Nachteile. Oftmals wiegen die Nachteile stärker als die Vorteile. Das optimistische Sperren, ein gänzlich anderer Lösungsansatz, geht die Problematik anders an: Dabei spielt die Idee, dass der gleichzeitige schreibende Datenzugriff nicht sehr häufig auftritt, die tragende Rolle. Werden Daten nicht sehr häufig geändert und ist die Wahrscheinlichkeit, dass dieselben Daten quasi parallel geändert werden, nicht sehr hoch, dann müssen die Daten tatsächlich nur in dem Moment gesperrt werden, wenn der schreibende Zugriff erfolgt.

Optimistische Sperren erhöhen die Produktivität durch Verbesserung der Performance einer Anwendung, da allen Benutzern gleichermaßen das Recht eingeräumt wird, Daten zu lesen und zu ändern. Allerdings muss beim Zurückschreiben geänderter Daten geprüft werden, ob sich der Datensatz seit dem Lesevorgang verändert hat. Die beste Lösung ist in solchen Fällen, eine Spalte zu einer Tabelle hinzuzufügen, deren Wert sich mit jeder Änderung an der Datenzeile ebenfalls ändert und somit gewissermaßen eine Art Versionierung darstellt. In einer Umgebung mit mehreren Benutzern wird der erste Benutzer seine Änderung problemlos in die Datenbank schreiben können, alle anderen danach werden bei dem Versuch scheitern.

Der SQL Server verwendet für die Versionierung **Timestamp**-Spalten (bzw. RowVersion-Spalten), deren Wert sich bei jedem Einfüge- oder Aktualisierungsvorgang automatisch verändert. Um festzustellen, ob sich seit dem Lesevorgang eine Datenzeile geändert hat, muss der Wert der Timestamp-Spalte, der beim Lesen der Datenzeile aktuell war, zusammen mit dem Primärschlüssel in die WHERE-Klausel aufgenommen werden, z.B.:

```
UPDATE ... SET ... WHERE ID = ... AND VersionColumn = ...
```

Kann die Datenzeile nicht aktualisiert werden, weil sich in der Zwischenzeit der Wert der Timestamp-Spalte geändert hat, liegt ein Parallelitätskonflikt vor.

Nicht jede Tabelle hat eine Timestamp-Spalte. In solchen Fällen bleibt nichts anderes übrig, als die Spalten, die als konfliktverursachend angesehen werden, in die WHERE-Klausel mit aufzunehmen.

Optimistisches Sperren sichert einer Anwendung hohe Verfügbarkeit und Skalierbarkeit. Allerdings kaufen wir uns diese Vorteile nur durch einen höheren Programmieraufwand ein, da wir bei einem auftretenden Konflikt in der Regel darauf reagieren müssen, weil beispielsweise die neuen aktuellen Daten aus der Datenbank gelesen werden müssen.

40.2 Konkurrierende Zugriffe mit dem Entity Framework

40.2.1 Das Standardverhalten des Entity Frameworks

Das Entity Framework unterstützt nur das optimistische Sperren, nicht aber das pessimistische. Das Entity Framework speichert Objektänderungen in der Datenbank, ohne die Parallelität zu überprüfen. Sehen wir uns zuerst das Standardverhalten an, wenn mehrere Benutzer gleichzeitig dieselbe Datenzeile aktualisieren. Dazu dient das folgende Listing.

```
using (NorthwindEntities context = new NorthwindEntities())
{
  var query = context.Products.First(p => p.ProductID == 1);
  query.ProductName = "Kuchen";
  // Konflikt simulieren
  Console.WriteLine("2. User simulieren ...");
  Console.ReadLine();
  // Änderungen speichern
  context.SaveChanges();
  Console.WriteLine("DB aktualisiert.");
}
```

Listing 40.1 Das Standardverhalten bei konkurrierenden Zugriffen

Wir besorgen uns die erste Datenzeile aus der Tabelle *Products* und ändern die Eigenschaft `ProductName`. Das Listing erlaubt es, einen zweiten Benutzer zu simulieren. Dazu können Sie beispielsweise in Visual Studio das Fenster SERVER-EXPLORER öffnen und, falls nicht schon vorhanden, eine Verbindung zur Datenbank *Northwind* herstellen. Öffnen Sie dann die Tabelle *Products*, und editieren Sie die erste Datenzeile. Dabei spielt es keine Rolle, ob Sie die Spalte `ProductName` editieren oder eine andere. Am Ende wird, nach Fortsetzung des Konsolenprogramms, die Änderung des Produktbezeichners aus der Anwendung heraus in »Kuchen« erfolgreich verlaufen. Es liegt kein Konflikt vor.

Sehen wir uns an, welches SQL-Statement vom Entity Framework gegen die Datenbank abgesetzt wird.

```
exec sp_executesql N'update [dbo].[Products]
set [ProductName] = @0
where ([ProductID] = @1)
',N'@0 nvarchar(40),@1 int',@0=N'Kuchen',@1=1
```

Die alles entscheidende WHERE-Klausel enthält nur die Angabe der Primärschlüsselspalte. Solange die Datenzeile in der Datenbank nicht gelöscht worden ist, wird die Aktualisierung zu einem erfolgreichen Abschluss führen.

40.2.2 Das Aktualisierungsverhalten mit »Fixed« beeinflussen

Nehmen wir an, die beiden Benutzer A und B würden gleichzeitig dieselbe Datenzeile editieren. Dabei müssen Sie aber sicherstellen, dass eine Änderung von Benutzer A im Feld *ProductName* nicht blindlings von Benutzer B überschrieben wird. Um das zu gewährleisten, muss die Eigenschaft ProductName in die WHERE-Klausel mit aufgenommen werden. Diese Forderung lässt sich sehr einfach umsetzen, wenn man die Eigenschaft ConcurrencyMode (in der deutschen Version von Visual Studio leider in Parallelitätsmodus übersetzt) der Entitätseigenschaft ProductName im Eigenschaftsfenster des EDM-Designers auf Fixed einstellt (siehe Abbildung 40.1). Bei der Verwendung dieses Attributs wird die Datenbank vom Entity Framework vor dem Speichern von Änderungen auf Änderungen hin geprüft.

Abbildung 40.1 Setzen des Parallelitätsmodus einer Eigenschaft

Diese Eigenschaftsänderung bewirkt auch eine Anpassung der Beschreibung der Eigenschaft ProductName im konzeptionellen Modell:

```
<Property Name="ProductName" Type="String" Nullable="false" MaxLength="40"
         Unicode="true" FixedLength="false" ConcurrencyMode="Fixed" />
```

Führen Sie das Listing 40.1 mit dieser Änderung noch einmal aus und simulieren den konkurrierenden Zugriff auf ProductName, kommt es zu einer Ausnahme vom Typ OptimisticConcurrencyException. Interessanter ist für uns aber in diesem Moment zunächst das SQL-Statement, das gegen die Datenbank abgesetzt wird:

```
exec sp_executesql N'update [dbo].[Products]
set [ProductName] = @0
where (([ProductID] = @1) and ([ProductName] = @2))
',N'@0 nvarchar(40),@1 int,@2 nvarchar(40)',@0=N'Kuchen',@1=1,@2=N'Chai'
```

Es ist zu erkennen, dass die Einstellung Fixed der Eigenschaft ProductName dafür gesorgt hat, dass die Spalte in die WHERE-Klausel aufgenommen wird. Das gilt nicht nur für eine Aktualisierung mit UPDATE, sondern auch dann, wenn eine Datenzeile mit DELETE gelöscht werden soll.

Möchten wir, dass jede Änderung eines anderen Benutzers zu der Ausnahme führt, müssen wir alle Eigenschaften der Entität entsprechend auf Fixed einstellen. In solchen Fällen ist es besser, sich spätestens jetzt Gedanken über eine Timestamp-Spalte in der Tabelle zu machen.

40.2.3 Auf die Ausnahme »OptimisticConcurrencyException« reagieren

Um auf die Ausnahme OptimisticConcurrencyException des Listings 40.1 zu reagieren, benötigen wir einen entsprechenden try-catch-Block. Zumindest die ausnahmeauslösende Methode SaveChanges muss hier innerhalb des try-Blocks codiert werden.

```
using (NorthwindEntities context = new NorthwindEntities())
{
  var query = context.Products.First(p => p.ProductID == 1);
  query.ProductName = "Kuchen";
  // Konflikt simulieren
  Console.WriteLine("2. User simulieren ...");
  Console.ReadLine();
  // Änderungen speichern
  try
  {
    context.SaveChanges();
  }
  catch (OptimisticConcurrencyException ex)
  {
    Console.WriteLine(ex.Message);
    Console.ReadLine();
    return;
  }
  Console.WriteLine("DB aktualisiert.");
}
```

Listing 40.2 Behandlung der Ausnahme »OptimisticConcurrencyException«

Damit behandeln wir zwar die aufgetretene Ausnahme, aber eine Lösung des Konflikts haben wir noch nicht erreicht. Wie könnte die Lösung überhaupt aussehen?

Grundsätzlich stehen Ihnen im Entity Framework zwei allgemeine Lösungsansätze zur Verfügung:

40 Konflikte behandeln

- Entweder der Benutzer setzt seine Änderungen gegenüber den Änderungen in der Datenbank durch, die ein anderer Benutzer gemacht hat. Dieser Ansatz wird als **ClientWins** bezeichnet.

- Die Änderungen des Benutzers werden verworfen. Dieser Ansatz heißt **StoreWins**.

Wir wollen uns nun diese beiden Konzepte genauer ansehen.

40.2.4 Das »ClientWins«-Szenario

Das ClientWins-Szenario arbeitet nach dem folgenden Prinzip: Tritt ein Parallelitätskonflikt auf, werden im ersten Schritt die neuen aktuellen Werte der betreffenden Datenzeile bei der Datenbank abgefragt und zu den neuen Originalwerten der Entität im Objektkontext. Die Current-Werte, die auch die Änderungen durch den Benutzer beinhalten, bleiben unverändert. Zudem werden alle Eigenschaften als Modified gekennzeichnet.

Zur Aktualisierung der Werte der konfliktverursachenden Entität veröffentlicht der Objektkontext die Methode Refresh, die zwei Parameter definiert. Dem ersten Parameter wird entweder die Option RefreshMode.ClientWins oder RefreshMode.StoreWins übergeben. Damit wird festgelegt, wie die Werte der Entität weiter behandelt werden. Der zweite Parameter erwartet die Referenz auf die konfliktverursachende Entität.

Im folgenden Listing wird das ClientWins-Szenario genutzt, um bei einem auftretenden Konflikt die Änderungen des Benutzers gegenüber den zuvor erfolgten Änderungen durchzusetzen.

```
using (NorthwindEntities context = new NorthwindEntities())
{
  var query = (context.Products).FirstOrDefault(p => p.ProductID == 1);
  query.ProductName = "Kuchen";
  // Konflikt simulieren
  Console.WriteLine("2. User simulieren ...");
  Console.ReadLine();
  try
  {
    // Änderungen speichern
    context.SaveChanges();
  }
  catch (OptimisticConcurrencyException ex)
  {
    context.Refresh(RefreshMode.ClientWins, ex.StateEntries[0].Entity);
    context.SaveChanges();
  }
  Console.WriteLine("DB aktualisiert.");
}
```

Listing 40.3 Konfliktlösung mit dem »ClientWins«-Ansatz

Im catch-Zweig wird mit der ersten Anweisung zunächst die konfliktverursachende Entität ermittelt. Die entsprechende Information wird durch die Eigenschaft StateEntries des Exception-Objekts bereitgestellt, bei der es sich um eine schreibgeschützte Collection von ObjectStateEntry-Objekten handelt. Danach wird auf den Objektkontext dessen Methode Refresh aufgerufen unter Bekanntgabe der Option RefreshMode.ClientWins.

Die Refresh-Methode sorgt dafür, dass die in dem Moment aktuellen Werte der konfliktverursachenden Datenzeile aus der Datenbank abgerufen werden und an OriginalValues des ObjectStateEntry-Objekts der konfliktverursachenden Entität eingetragen werden. Nun kann erneut die Methode SaveChanges aufgerufen werden. Da nun in der WHERE-Klausel die in dem Moment tatsächlich vorliegenden Werte zur Identifizierung des Datensatzes herangezogen werden, wird die Aktualisierung nun gelingen. Der Client hat sich gegenüber den zuvor erfolgten Änderungen durchgesetzt.

Sie können sich das ansehen, wenn Sie den catch-Zweig des Listings 40.3 wie nachfolgend gezeigt ergänzen:

```
catch (OptimisticConcurrencyException ex)
{
  context.Refresh(RefreshMode.ClientWins, ex.StateEntries[0].Entity);
  // Ausgabe der Current-Werte des ObjectStateEntry-Objekts
  Console.WriteLine("Current\n" + new string('-', 50));
  DbDataRecord actual = errorEntry.CurrentValues;
  for (int i = 0; i < actual.FieldCount - 1; i++)
    Console.WriteLine("{0,-35}{1}", actual.GetName(i), actual.GetValue(i));
  // Ausgabe der Current-Werte des ObjectStateEntry-Objekts
  DbDataRecord orig = errorEntry.OriginalValues;
  Console.WriteLine("\nOriginal\n" + new string('-', 50));
  for (int i = 0; i < orig.FieldCount - 1; i++)
    Console.WriteLine("{0,-35}{1}", orig.GetName(i), orig.GetValue(i));
  // Daten speichern
  context.SaveChanges();
}
```

Listing 40.4 Änderung des catch-Zweiges aus Listing 40.3

> **Hinweis**
>
> Vielleicht stellen Sie sich die Frage nach dem Unterschied zu dem Szenario, in dem der Konflikt komplett ignoriert wird (die WHERE-Klausel enthält zur Identifizierung der zu ändernden Datenzeile in der Datenbank nur den Primärschlüssel). Die Antwort ist in den Spalten zu finden, die an die Datenbank übermittelt werden. Wird der Parallelitätskonflikt ignoriert, werden im SQL-Aktualisierungsstatement mit SET nur die Felder (Eigenschaften) angegeben, die tatsächlich durch den Benutzer verändert worden sind. Beim Updaten nach dem Aufruf

> der `Refresh`-Methode mit der Option `RefreshMode.ClientWins` hingegen werden jedoch **alle Felder** angegeben. Damit werden natürlich alle Änderungen, die ein Benutzer zuvor an einer Datenzeile vorgenommen hat, überschrieben.

Wiederholter Aufruf der Methode »SaveChanges«

Wird im `catch`-Zweig `SaveChanges` erneut aufgerufen, besteht die Gefahr, dass erneut eine Ausnahme ausgelöst wird. Auch darauf muss reagiert werden, damit die Anwendung nicht unplanmäßig durch einen nicht behandelten Fehler beendet wird. Verfolgt man den Ablauf weiter, müsste man sehr viele ineinander verschachtelte `try-catch`-Zweige programmieren.

Das ist natürlich eine schlechte Lösung, ohne dass am Ende die Gewähr besteht, dass eine beliebige Anzahl aufeinander folgender Ausnahmen behandelt werden kann. Hier gibt es einen besseren Lösungsansatz, wenn man die von der Klasse `ObjectContext` geerbte Methode `SaveChanges` überschreibt. Bezogen auf unser Entity Data Model, in dem die Klasse `NorthwindEntities` den Objektkontext beschreibt, müsste eine partielle Klasse bereitgestellt werden, innerhalb deren die Methode `SaveChanges` rekursiv aufgerufen wird.

Das folgende Codefragment zeigt das Prinzip des rekursiven Aufrufs von `SaveChanges`.

```
public partial class NorthwindEntities {
  public override int SaveChanges(SaveOptions options)   {
    try   {
      return base.SaveChanges(options);
    }
    catch (OptimisticConcurrencyException ex)   {
      Refresh(RefreshMode.ClientWins, ex.StateEntries[0].Entity);
      return SaveChanges(options);
    }
    catch (UpdateException ex)   {
      throw ex;
    }
  }
}
```

40.2.5 Das »StoreWins«-Szenario

Im zweiten denkbaren Konfliktbehandlungsszenario werden die Benutzerdaten im Objektkontext durch die aktuellen Daten aus der Datenbank ersetzt. Dabei gehen natürlich auch sämtliche Änderungen des Benutzers verloren. So wenig verlockend dieses Szenario im ersten Moment auch klingt, es kann bei einigen Anwendungen durchaus die beste Lösung darstellen. Zwar muss der Benutzer alle seine Daten neu eingeben, aber das kann natürlich auch von der Anwendung übernommen werden – falls die Benutzeränderungen vorher gesichert worden sind.

Kapitel 41
Plain Old CLR Objects (POCOs)

Alle Entitätsklassen, die wir bisher behandelt haben, waren von `EntityObject` abgeleitet. Natürlich ziehen wir zahlreiche Vorteile aus dieser Tatsache, beispielsweise die Zustandsverfolgung im Zusammenspiel mit dem Objektkontext. Damit lassen sich zweifelsfrei viele Szenarien abdecken, aber eben nur viele und nicht alle. Stellen Sie sich beispielsweise vor, Sie möchten Entitätsobjekte über einen Webservice Clients zur Verfügung stellen, die nicht auf .NET basieren. Das ist mit Objekten, die von `EntityObject` abgeleitet sind, nicht möglich.

Einen Ausweg aus diesem Dilemma bieten **Plain Old CLR Objects**, kurz POCOs oder auch Datenklassen genannt. POCOs weisen keine bestimmte Basisklasse auf und implementieren auch keine Interfaces. Sie beschreiben im Grunde genommen nur die Eigenschaften, die das Entity Data Model den Entitäten vorschreibt. Damit koppeln sich POCOs komplett von der Infrastruktur des Entity Frameworks ab und werden von diesem vollkommen unabhängig. Diese strikte Trennung führt in Konsequenz zur Unabhängigkeit der Datenklassen von den Anforderungen des Entity Frameworks oder auch einzig und allein nur zu besser wartbarem Code.

41.1 Ein erstes Projekt mit POCO-Klassen

41.1.1 Erstellen einfacher POCO-Klassen

POCO sind Datenklassen, die nicht von `EntityObject` abgeleitet sind. Weil die Zustandsverfolgung und die Persistenz im Entity Framework auf der Kopplung zwischen `EntityObject` und `ObjectContext` basieren, sind die Datenklassen zunächst einmal verwaist. Nichtsdestotrotz, ein »Umfeld«, in dem die POCOs nicht nur materialisiert, sondern zu einem späteren Zeitpunkt auch in die Datenbank zurückgeschrieben werden können, muss dennoch bereitgestellt werden. Dazu ist ein Entity Data Model notwendig, in dem die Entitäten im konzeptionellen Modell zwar beschrieben, aber nicht – wie bisher – erzeugt werden.

Die Vorgehensweise sehen wir uns am besten in einem neuen Projekt an. Dabei sollen die POCO-Klassen in einer Klassenbibliothek codiert werden, das Entity Data Model samt dem Testcode in einer Konsolenanwendung.

Zuerst legen wir ein neues Projekt vom Typ einer Konsolenanwendung an. Im ersten Schritt erstellen wir das EDM auf dieselbe Weise wie in allen anderen Beispielen zuvor. Das EDM soll auch in diesem Projekt die beiden Entitäten `Product` und `Category` beschreiben. Wenn das erledigt ist, folgt ein ganz wichtiger Schritt. Da wir POCO-Klassen bereitstellen wollen, können wir auf das automatische Erzeugen der beiden Entitäten und der ObjectContext-Klasse verzichten. Wir erreichen das, indem wir uns im Eigenschaftsfenster von Visual Studio die Eigenschaften des EDM anzeigen lassen und hier die Eigenschaft Codegenerierungsstrategie auf Keine einstellen (siehe Abbildung 41.1). Der Vorgabewert dieser Eigenschaft lautet Standard.

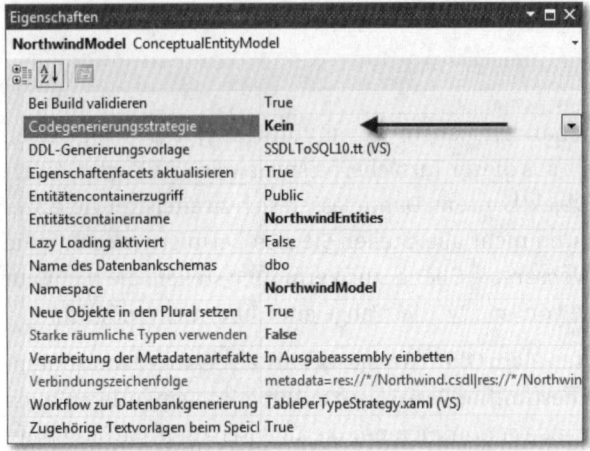

Abbildung 41.1 Unterbinden der automatischen Codeerzeugung

Mit dieser Einstellung erreichen wir, dass zwar weiterhin die Schemadateien SSDL, CSDL und MSL erstellt werden, jedoch bleibt die Datei *Northwind.Designer.cs* leer. Gewissermaßen zwingen wir uns mit diesem Schritt, entsprechende POCO-Klassen zu codieren und darüber hinaus eine eigene ObjectContext-Klasse zu schreiben.

Lassen Sie uns als Nächstes die POCO-Klassen erstellen. Um die strikte Trennung der Datenklassen und der Clientanwendung zu verdeutlichen, fügen wir der Projektmappe ein neues Projekt vom Typ Klassenbibliothek hinzu. Wir geben dem neuen Projekt den Bezeichner *NorthwindPOCOS*. Anschließend erstellen wir zwei Klassen und geben diesen die Namen Product und Category. Hierbei handelt es sich um das Grundgerüst der beiden POCO-Klassen.

Da POCO-Klassen mit dem Entity Framework zusammenarbeiten sollen, gibt es ein paar Regeln, die es zu beachten gilt:

- POCO-Klassen müssen public sein und dürfen nicht mit sealed oder abstract gekennzeichnet werden.
- Die Bezeichner der POCO-Klassen müssen mit der entsprechenden Vorgabe im Entity Data Model übereinstimmen.
- POCO-Klassen müssen einen parameterlosen Konstruktor haben.
- Jede Eigenschaft, die im konzeptionellen Modell beschrieben ist, muss eine gleichnamige Entsprechung in der POCO-Klasse haben. Das gilt auch für die Navigationseigenschaften.
- Die Navigationseigenschaften, die eine Menge repräsentieren, müssen durch einen Datentyp beschrieben werden, der ICollection<T> implementiert.

Mit diesen Vorgaben sehen die beiden POCO-Klassen wie in Listing 41.1 gezeigt aus.

```
public class Category {
  public int CategoryID { get; set; }
  public string CategoryName { get; set; }
  public string Description { get; set; }
  public byte[] Picture { get; set; }
  public ICollection<Product> Products { get; set; }
}
public class Product {
  public int ProductID { get; set; }
  public string ProductName { get; set; }
  public int SupplierID { get; set; }
  public string QuantityPerUnit { get; set; }
  public decimal UnitPrice { get; set; }
  public short UnitsInStock { get; set; }
  public short UnitsOnOrder { get; set; }
  public short ReorderLevel { get; set; }
  public bool Discontinued { get; set; }
  public int CategoryID { get; set; }
  public Category Category { get; set; }
}
```

Listing 41.1 Die beiden POCO-Klassen »Product« und »Category«

Da die Klassen- und Eigenschaftsbezeichner denen der Entitäten und deren Eigenschaften entsprechen, sind unsere POCOs darauf vorbereitet, mit dem Entity Framework zu interagieren, ohne gleichzeitig von diesem abhängig zu sein. An dieser Stelle sei noch einmal ausdrücklich darauf hingewiesen, dass POCO-Klassen nicht von der Basis `EntityObject` abgeleitet sind und damit auch keinerlei Möglichkeit haben, mit dem Objektkontext, den wir im nächsten Schritt noch erstellen müssen, zu kommunizieren.

> **Anmerkung**
> Im weiteren Verlauf dieses Kapitels werden Sie erfahren, dass an POCO-Klassen manchmal noch weitere Anforderungen gestellt werden, um die Zustandsverwaltung des Objektkontextes zu unterstützen. Für den Anfang und die ersten Experimente soll aber der bisherige Klassencode ausreichend sein.

41.1.2 Erstellen des Objektkontextes

Wollen wir POCOs, oder allgemein gesagt Datenklassen, zur Datenbearbeitung mit dem Entity Framework nutzen, benötigen wir in jedem Fall einen Objektkontext, der die Schaltzentrale des Entity Frameworks darstellt: Er ermöglicht es, Abfragen abzusetzen, Entitäten zu materialisieren, den Zustand der Entitäten zu verfolgen und Änderungen in die Datenbank zu schreiben.

Da wir die automatische Codeerzeugung beim Erstellen des Entity Data Models unterdrückt haben, müssen wir die erforderliche Klasse selbst schreiben, die natürlich von `ObjectContext` abgeleitet werden muss. Um die strikte Trennung zu den vom Entity Framework unabhängigen POCO-Klassen nicht aufzubrechen, implementieren wir den Objektkontext sinnvollerweise in der Konsolenanwendung.

```
public class NorthwindContext : ObjectContext
{
  // Felder
  private ObjectSet<Category> _categories;
  private ObjectSet<Product> _products;
  // Konstruktor
  public NorthwindContext()
        : base("name=NorthwindEntities", "NorthwindEntities")
  {
    _categories = CreateObjectSet<Category>();
    _products = CreateObjectSet<Product>();
  }
  // Eigenschaften
  public ObjectSet<Category> Categories
  {
    get { return _categories; }
  }
  public ObjectSet<Product> Products
  {
    get { return _products; }
  }
}
```

Listing 41.2 Die Klasse, die den Objektkontext beschreibt

Der Konstruktor leitet den Aufruf an den Konstruktor der Basisklasse um. Dabei wird neben der in der Datei *App.config* definierten Verbindungszeichenfolge auch der Bezeichner des Entitätscontainers übergeben. Die Menge aller Entitäten des EDM wird durch die schreibgeschützten Eigenschaften `Categories` und `Products` beschrieben, die beide vom Typ `ObjectSet<T>` sind. Initialisiert werden die beiden Eigenschaften im Konstruktor.

Damit wir in der Konsolenanwendung auf die POCO-Klassen zugreifen können, muss in der Konsolenanwendung ein Verweis auf die Klassenbibliothek gelegt werden.

Damit hätten wir bereits alle notwendigen Arbeiten erledigt: Wir haben die POCO-Klassen, die als vom Entity Framework unabhängige Komponenten die abgefragten Daten aufnehmen können, und wir haben einen Objektkontext bereitgestellt, der als Bindeglied zwischen den POCOs und dem Entity Framework agiert.

41.2 Datenabfrage mit Hilfe der POCOs

So weit wäre alles vorbereitet. Nun sollen die Klassen und das Konzept der POCOs noch getestet werden. Dazu schreiben wir in der Methode `Main` den folgenden Programmcode:

```
using (NorthwindContext context = new NorthwindContext())
{
  var query = from p in context.Products
              where p.Category.CategoryID == 1
              select p;
  foreach (var item in query)
    Console.WriteLine(item.ProductName);
  Console.ReadLine();
}
```

Listing 41.3 Testen der POCO-Klassen

> **Hinweis**
> Sie finden das gesamte Projekt auf der Buch-DVD unter ...\Beispiele\Kapitel 41\POCO_Sample1.

41.2.1 In Beziehung stehende Daten laden

Wir müssen an dieser Stelle auch ein paar Worte über das Nachladen verknüpfter Objekte verlieren. In Kapitel 38 haben Sie gelernt, dass Ihnen dazu mit den Methoden `Include` und `Load` sowie mit dem Lazy Loading (Deferred Loading) mehrere Möglichkeiten zur Verfügung stehen, `EntityObject`-Entitäten abzurufen. Natürlich können Sie auch verknüpfte POCO-Entitäten abrufen. Allerdings sind dabei Unterschiede zu beachten – je nachdem, welche Lademethode Sie verwenden.

Die Methode »Include«

Zu der Methode `Include`, mit der verknüpfte Objekte mit Eager Loading zurückgegeben werden, gibt es nichts weiter zu sagen. Es funktioniert mit POCO-Entitäten genauso wie mit `EntityObject`-Entitäten.

Laden verknüpfter POCO-Entitäten mit »LoadProperty«

Mit der Methode `Load` lassen sich verknüpfte `EntityObject`-Entitäten über die Navigationseigenschaften nachladen. Die Methode wird auf Objekte vom Typ `EntityCollection` oder `EntityReference` aufgerufen.

Nun ist es Fakt, dass die Navigationseigenschaften der POCO-Entitäten nicht vom Typ `EntityCollection` bzw. `EntityReference` sind. Infolgedessen steht die `Load`-Methode den POCO-

Objekten nicht zur Verfügung. Aus diesem Grund bietet der Objektkontext mit seiner Methode LoadProperty für POCO-Entitäten eine gleichwertige Alternative an.

Wie Sie die LoadProperty-Methode einsetzen können, zeigt das folgende Listing, in dem die verknüpften Produkte einer bestimmten Kategorie abgerufen werden.

```
using (NorthwindContext context = new NorthwindContext())
{
  var cat = context.Categories.First();
  context.LoadProperty(cat, c => c.Products);
  foreach (var item in cat.Products)
    Console.WriteLine(item.ProductName);
}
```

Listing 41.4 Der Einsatz der Methode »LoadProperty«

Lazy Loading mit POCO-Entitäten

Beim Lazy Loading werden verknüpfte Entitäten beim Zugriff auf eine Navigationseigenschaft automatisch aus der Datenbank nachgeladen. Auch POCOs unterstützen das Lazy Loading. Allerdings muss man dazu auf einen kleinen Trick zurückgreifen: Sie müssen alle Navigationseigenschaften in den POCO-Klassen mit dem Modifizierer virtual kennzeichnen. Um Lazy Loading in unseren POCO-Klassen Product und Category zu ermöglichen, sind also die folgenden Änderungen notwendig:

```
public class Category {
  ...
  public virtual ICollection<Product> Products { get; set; }
}
public class Product {
  ...
  public virtual Category Category { get; set; }
}
```

Listing 41.5 POCO-Klassen auf das Lazy Loading vorbereiten

Das ist aber noch nicht alles. In einem weiteren Schritt muss das Lazy Loading des Objektkontextes mit

```
context.ContextOptions.LazyLoadingEnabled = true;
```

aktiviert werden.

Das folgende Listing 41.6 zeigt, wie mittels *Lazy Loading* die Anzahl der Produkte je Kategorie ermittelt werden kann. In dem Beispiel wird die Anzahl der Produkte ermittelt, die zu jeder Kategorie gehören.

```csharp
using (NorthwindContext context = new NorthwindContext())
{
  // Lazy Loading aktivieren
  context.ContextOptions.LazyLoadingEnabled = true;
  var query = from cat in context.Categories
              select cat;
  foreach (var item in query)
    Console.WriteLine("Kategorie: {0,-15}Anzahl der Produkte: {1}",
                      item.CategoryName, item.Products.Count());
}
```

Listing 41.6 Das Lazy Loading testen

Aktivieren Sie das Lazy Loading nicht, erhalten Sie als Ergebnis des Aufrufs zu jeder Kategorie die Zahl »0« ausgegeben.

41.3 Änderungen verfolgen

41.3.1 Die Methode »DetectChanges«

Verwenden wir POCO-Klassen in unserer Anwendung, liefert uns das Abfrageergebnis abhängig von der Abfrage mehr oder weniger viele POCO-Objekte. Für jedes dieser Objekte erzeugt der Objektkontext ein `ObjectStateEntry`-Objekt. Das Verhalten unterscheidet sich also nicht von dem, wenn wir Entitäten verwenden, die von `EntityObject` abgeleitet sind. Trotzdem gibt es einen wichtigen Unterschied: `EntityObject`-basierte Objekte kommunizieren mit dem Objektkontext und teilen ihm automatisch mit, wenn sich eine Eigenschaft verändert hat. Der Objektkontext ist daher in der Lage, den Zustand der Objekte zu verfolgen und das zugehörige `ObjectStateEntry`-Objekt mit dem Objekt zu synchronisieren.

POCO-Objekte hingegen leiten nicht die Klasse `EntityObject` ab und sind auch nicht in der Lage, dem Objektkontext Informationen über Änderungen mitzuteilen. Daher ist die Zustandsverfolgung seitens des Objektkontextes zunächst einmal nicht möglich. Besondere Umstände verlangen besondere Maßnahmen. Es muss daher eine andere Möglichkeit geben, die es dem Objektkontext ermöglicht, die Daten eines POCO-Objekts mit denen des entsprechenden `ObjectStateEntry`-Objekts zu synchronisieren. Genau diese Aufgabe übernimmt die Methode `DetectChanges` des Objektkontextes. Die Arbeitsweise von `DetectChanges` zeigt das folgende Listing.

```csharp
using (NorthwindContext context = new NorthwindContext())
{
  Product p = (from prod in context.Products
               where prod.CategoryID == 1
               select prod).First();
  ObjectStateEntry ose = context.ObjectStateManager.GetObjectStateEntry(p);
  Console.WriteLine(ose.State);
```

```
  // Änderung einer Eigenschaft
  p.ProductName = "Möhren";
  Console.WriteLine(ose.State);
  // Änderung synchronisieren
  context.DetectChanges();
  Console.WriteLine(ose.State);
}
```

Listing 41.7 Einsatz der Methode »DetectChanges«

Wir fragen zuerst eine Datenzeile ab und lassen uns deren Zustand über das zugeordnete `ObjectStateEntry`-Objekt ausgeben. Er ist `Unchanged`. Danach ändern wir eine Eigenschaft und lassen uns erneut den Zustand der Entität ausgeben. Er ist immer noch `Unchanged`, obwohl sich offensichtlich eine Eigenschaft geändert hat. Das `ObjectStateEntry`-Objekt spiegelt in diesem Moment noch nicht den tatsächlichen Zustand der Entität wider.

Im dritten Schritt rufen wir die Methode `DetectChanges` auf. Erst danach wird das `Object-StateEntry`-Objekt der geänderten POCO-Entität als `Modified` gekennzeichnet. Somit ist bewiesen, dass die Methode `DetectChanges` in der Lage ist, das POCO-Objekt mit seinem zugeordneten `ObjectStateEntry` zu synchronisieren.

Natürlich werden Sie die Änderung auch in die Datenbank schreiben wollen. Wie Sie sich erinnern, ist dafür die Methode `SaveChanges` des Objektkontextes zuständig. Sie müssen jetzt nicht glauben, dass aufgrund der zuvor gemachten Ausführungen die Methode `DetectChanges` vor dem `SaveChanges`-Aufruf ausgeführt werden muss, denn das geschieht implizit in der Methode `SaveChanges`. Sie können sich davon überzeugen, wenn Sie das folgende Listing testen.

```
using(NorthwindContext context = new NorthwindContext())
{
  Product product = (from prod in context.Products
                     where prod.CategoryID == 1
                     select prod).First();
  // Änderung einer Eigenschaft
  product.ProductName = "Möhren";
  context.SaveChanges();
}
```

Listing 41.8 Speichern einer geänderten POCO-Entität

Die Änderung wird tatsächlich in die Tabelle *Products* der Datenbank *Northwind* geschrieben, wie das Öffnen der Tabelle beispielsweise im SQL Server Management Studio beweist.

Hinweis

Sie finden das gesamte Projekt auf der Buch-DVD unter ...*Beispiele\Kapitel 41\POCO_Sample2*.

41.3.2 In Beziehung stehende POCOs aktualisieren

In einem Entity Data Modell, das auf Entitäten basiert, die von `EntityObject` abgeleitet sind, werden Änderungen auf beiden Seiten einer Beziehung automatisch verfolgt. Nehmen wir an, wir würden ein neues Produkt erstellen und es der `EntityCollection` der Kategorie zuordnen, zu der das neue Produkt gehört. Automatisch wird dann auch die `EntityReference` des neuen Produkts mit der entsprechenden Kategorie verknüpft.

Im folgenden Listing wird das demonstriert. Zur Laufzeit wird an der Konsole *Beverages* ausgegeben, also die Kategorie, zu der das Produkt gehört. Beachten Sie, dass in diesem Beispiel `EntityObject`-basierte Entitäten benutzt werden und keine POCOs.

```
using (NorthwindEntities context = new NorthwindEntities())
{
  var cat = (from c in context.Categories.Include("Products")
             select c).First(c => c.CategoryID == 1);
  Product prod = new Product { ProductName = "Gurke",
                               Discontinued = false };
  cat.Products.Add(prod);
  Console.WriteLine(prod.Category.CategoryName);
}
```

Listing 41.9 Aktualisierung in Beziehung stehender Entitäten (keine POCOs)

Lassen Sie uns nun denselben Code in einem Entity Data Model ausführen, in dem die Entitäten durch POCOs beschrieben werden. Sie werden feststellen, dass in der Zeile der Konsolenausgabe eine Ausnahme vom Typ `NullReferenceException` ausgelöst wird, weil die Eigenschaft `Category` des neuen Produkts den Wert `null` aufweist. Das ist auch weiter nicht verwunderlich, da in den POCO-Klassen keine automatische Unterstützung der Beziehung codiert ist, die dafür sorgt, dass die Eigenschaft `Category` auf eine gültige Kategorie verweist – nämlich die, zu der das neue Produkt gehört.

Zur Lösung unseres Problems bieten sich drei Ansätze an:

- die Methode `DetectChanges`
- die Bereitstellung spezifischer Methoden in den POCO-Klassen
- Proxy-Objekte für POCO-Entitäten

Wir wollen uns diese drei Ansätze etwas genauer ansehen.

Variante 1: Die Methode »DetectChanges«

Die einfachste Lösung ist sicherlich die des Aufrufs der Methode `DetectChanges`, auf die ich weiter oben schon eingegangen bin. Bezogen auf das Beispiel im vorangehenden Listing müssen wir `DetectChanges` aufrufen, nachdem das neue Produkt der Liste aller Produkte hinzugefügt worden ist.

```
using (NorthwindContext context = new NorthwindContext())
{
  ...
  cat.Products.Add(prod);
  context.DetectChanges();
  Console.WriteLine(prod.Category.CategoryName);
}
```

Listing 41.10 Objektkontext und POCO-Entität synchronisieren

Die Methode `DetectChanges` zwingt den Objektkontext dazu, die `ObjectStateEntry`-Objekte, die bekanntlich der Zustandsverfolgung dienen, zu aktualisieren. Gewissermaßen besorgt sich der Objektkontext damit einen Schnappschuss des aktuellen Zustands der skalaren Eigenschaften einer POCO-Entität. Darüber hinaus sorgt die Methode auch dafür, dass die gegenseitige Abhängigkeit der beteiligten POCO-Entitäten berücksichtigt wird – in unserem Beispiel also die der `Category`- und `Product`-Entität.

Es scheint verlockend, sich immer für diesen einfachen Ansatz zu entscheiden. Jedoch sollten Sie dabei immer im Auge behalten, dass die Operation von `DetectChanges` auf jede im Objektkontext befindliche Entität ausgeführt wird.

Variante 2: Spezifische Methoden in den POCO-Klassen

Einen besseren Ansatz verfolgt die folgende Variante. Dabei werden in den beiden POCO-Klassen Ergänzungen vorgenommen, die die Beziehung zwischen `Category` und `Product` hinsichtlich der gegenseitigen Abhängigkeit widerspiegeln.

Sehen wir uns zuerst die Änderung in der Klasse `Category` an. Hier wird eine benutzerdefinierte Methode bereitgestellt, die zwei Aufgaben bewerkstelligen muss:

1. Sie muss das neue Produkt zur Liste aller Produkte der betreffenden Kategorie hinzufügen.
2. Sie muss dem neuen Produkt mitteilen, zu welcher Kategorie es gehört.

In Listing 41.11 heißt die Methode `AddProduct`, kann aber auch beliebig anders benannt werden. Als Argument erwartet sie die Referenz auf das neue Produkt.

```
public class Category {
  public int CategoryID { get; set; }
  public string CategoryName { get; set; }
  public string Description { get; set; }
  public byte[] Picture { get; set; }
  public virtual ICollection<Product> Products { get; set; }
  public void AddProduct(Product prod)
  {
    if (Products == null) Products = new List<Product>();
    if (!Products.Contains(prod)) Products.Add(prod);
```

```
      if (prod.Category != this) prod.Category = this;
   }
}
```
Listing 41.11 Anpassung der POCO-Klasse »Category«

Wichtig ist in der Methode AddProduct die letzte Prüfung, bei der untersucht wird, ob das neue Produkt bereits eine Referenz auf die entsprechende Kategorie hat. Vergessen Sie die Prüfung, befinden Sie sich (unter Berücksichtigung der noch zu ändernden Product-Klasse) in einer Endlosschleife.

In der POCO-Klasse Product müssen wir die automatische Eigenschaft Category auflösen, weil im set-Zweig eine zusätzliche Anweisung notwendig ist. In dieser rufen wir die AddProduct-Methode der Category-Referenz auf und übergeben ihr das neue Produkt.

```
public class Product {
   public int ProductID { get; set; }
   public string ProductName { get; set; }
   public int SupplierID { get; set; }
   public string QuantityPerUnit { get; set; }
   public decimal UnitPrice { get; set; }
   public short UnitsInStock { get; set; }
   public short UnitsOnOrder { get; set; }
   public short ReorderLevel { get; set; }
   public bool Discontinued { get; set; }
   public int CategoryID { get; set; }
   private Category _Category;
   public virtual Category Category
   {
      get { return _Category; }
      set {
         _Category = value;
         _Category.AddProduct(this);
      }
   }
}
```
Listing 41.12 Anpassung der POCO-Klasse »Product«

Die Methode AddProduct muss in unserer Testanwendung natürlich berücksichtigt werden, wenn wir ein neues Produkt hinzufügen wollen.

```
using(NorthwindContext context = new NorthwindContext())
{
   var cat = (from c in context.Categories.Include("Products")
              select c).First(c => c.CategoryID == 1);
   Product prod = new Product { ProductName = "Gurke",
                                Discontinued = false };
```

```
      cat.AddProduct(prod);
      Console.WriteLine(prod.Category.CategoryName);
}
```

Listing 41.13 Testen der POCO-Klassen der Listings 41.10 und 41.11

> **Hinweis**
>
> Sie finden das gesamte Projekt dieses Abschnitts auf der Buch-DVD unter ...*Beispiele\Kapitel 41\POCO_Sample3*.

Variante 3: Proxy-Objekte für POCO-Entitäten

Auf sehr einfache Weise können Sie POCO-Objekte erstellen, die sich nicht von den üblichen `EntityObject`-Objekten unterscheiden. Dazu müssen Sie nur in der POCO-Klasse ausnahmslos jede Eigenschaft `virtual` kennzeichnen. Erfüllen Ihre POCO-Klassen diese Bedingung, wird das Entity Framework um die POCO-Klassen automatisch einen Wrapper vom Typ `DynamicProxy` erzeugen, der von der POCO-Klasse abgeleitet ist. Die Proxy-Klasse ist in der Lage, zur Laufzeit zahlreiche Features zur Verfügung zu stellen, die von `EntityObject` her bekannt sind. Dazu gehört neben dem Lazy Loading auch die für uns so wichtige Zustandsverwaltung. Der aktuelle Zustand kann mit der Ergänzung sofort über das `ObjectStateEntry`-Objekt abgefragt werden, und der Aufruf der Methode `DetectChanges` erübrigt sich.

```
public class Category {
  public virtual int CategoryID { get; set; }
  public virtual string CategoryName { get; set; }
  public virtual string Description { get; set; }
  public virtual byte[] Picture { get; set; }
  public virtual ICollection<Product> Products { get; set; }
}
public class Product {
  public virtual int ProductID { get; set; }
  public virtual string ProductName { get; set; }
  public virtual int SupplierID { get; set; }
  public virtual string QuantityPerUnit { get; set; }
  public virtual decimal UnitPrice { get; set; }
  public virtual short UnitsInStock { get; set; }
  public virtual short UnitsOnOrder { get; set; }
  public virtual short ReorderLevel { get; set; }
  public virtual bool Discontinued { get; set; }
  public virtual int CategoryID { get; set; }
  public virtual Category Category {get; set;}
}
```

Listing 41.14 Vorbereitung der POCO-Klassen zur Erstellung von Proxy-Objekten

41.3 Änderungen verfolgen

Mit diesen Änderungen wird der Beispielcode aus Listing 41.6 auch dann einwandfrei funktionieren, wenn wir auf den Aufruf von `DetectChanges` verzichten.

```
using (NorthwindContext context = new NorthwindContext())
{
  var cat = (from c in context.Categories.Include("Products")
             select c).First(c => c.CategoryID == 1);
  Product prod = new Product { ProductName = "Gurke",
                               Discontinued = false };
  cat.Products.Add(prod);
  Console.WriteLine(prod.Category.CategoryName);
}
```

Listing 41.15 Testen der Proxy-Objekte

> **Hinweis**
>
> Sie finden das gesamte Projekt dieses Abschnitts auf der Buch-DVD unter ...*Beispiele**Kapitel 41**POCO_Sample4*.

Interessant ist es, wenn wir die Proxy-Klasse etwas genauer unter die Lupe nehmen. Dazu legen wir einen Haltepunkt in der Anweisung fest, in der die Konsolenausgabe codiert ist. Abbildung 41.2 zeigt den für uns wesentlichen Ausschnitt im Lokal-Fenster.

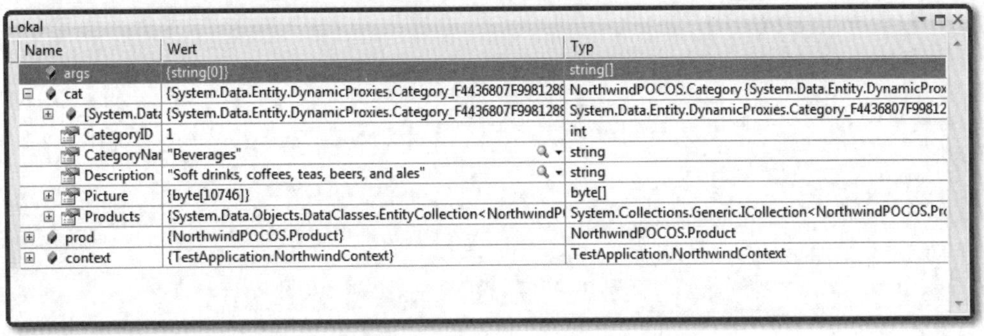

Abbildung 41.2 POCO-Objekt im Debugger

Wir müssen feststellen, dass es sich bei dem Objekt *cat* nicht einfach nur um ein Objekt vom Typ `Category` handelt. Tatsächlich wird der Typ des Objekts durch eine Kombination aus dem tatsächlichen Typ und einem Hash gebildet. Die Navigationseigenschaft `Products` hingegen wird auf den Typ `EntityCollection<T>` abgebildet.

Index

Call by Value	164
CancelEdit (Methode)	1205
CancelEventArgs	730
CanGoBack (WPF)	823
CanGoForward (WPF)	823
CanRead	486
CanRead (Stream)	486
CanRedo (WPF)	852
CanSeek	486
CanSeek (Stream)	486
CanUndo (WPF)	852
Canvas	791
CanWrite	486
CanWrite (Stream)	486
Capacity	686
Capacity (StringBuilder)	686
Capturing	1073
case	115
catch	302
CellEditingTemplate	1035
CellTemplate	1035
ChangedButton	1073
ChangePassword (Methode)	1133
ChangeState	1359
Char	75
char	75
Chars	672, 687
Chars (StringBuilder)	686
Checkbox	847
checked	84
Children (WPF)	790
Class Designer	742
class-Schlüsselwort	138
ClearAllBindings	931
ClearBinding	931
ClearValue	1050
ClickCount	1073
ClickMode	843
ClickMode (WPF)	843
ClickOnce	753
ClientWins	1368
Close (StreamWriter)	499
Close (WPF)	813
Closed (Methode)	1135
Closed (WPF)	813
Closing (WPF)	813
CLR	45
Code Snippet	750
Codeausschnitt	750
Code-Editor	53
CoerceValueCallback	1043, 1052
Collapsed (WPF)	840, 885
Collect (Klasse GC)	252
CollectionsUtil	334
CollectionsUtil (Klasse)	334
CollectionView	1017
ColumnDefinition (WPF)	799
ColumnDefinitions	799
ColumnDefinitions (WPF)	799
Columns	805
ColumnSpan (WPF)	802
CombinedGeometry	1113
ComboBox	860
ComboBoxItem	860
CommandBuilder	1231
CommandText	1151
CommandTimeout (Eigenschaft)	1152
Common Language Runtime	45
Common Language Specification (CLS)	42
Common Type System	43
Compare	344, 673, 674
CompareOrdinal	674
CompareOrdinal (String)	672
CompareTo	341, 673, 674
ComponentCommands	1079
Concat (String)	681
Conceptual Schema Definition	1289
ConditionalAttribute	326
Configuration	730
ConfigurationManager	730
ConfigurationSaveMode	734
ConflictOption	1236
Connect Timeout	1137
ConnectionState	1135
ConnectionString-Eigenschaft	1133
ConnectionStrings	730
Console	68
const	185
const (Schlüsselwort)	185
ConstraintCollection	1199
Constraints (Generic)	363
ContainsValue	352
Content (WPF)	836
Content (WPF-Eigenschaft)	779
ContentControl	778, 780
ContentElement	834, 1060
ContentPropertyAttribute	778
ContentRendered	773
ContentTemplate	1008
ContextMenu	873
ContextMenu (WPF)	873
ContextMenuService	874
continue	127, 130
continue-Anweisung	127
ContinueUpdateOnError	1242
Control	834
Convert	82, 996
Methoden	82
Convert (Klasse)	82
ConvertBack	996
Converter	924, 998
ConverterParameter	998

Index

Copy	470
Copy (File)	470, 471
Copy (WPF)	851
CopyTo	477, 687
CopyTo (FileInfo)	477
CornerRadius (WPF)	886
Count	457
Create	470, 477
Create (File)	470
Create (FileInfo)	477
CreateCommand (Methode)	1151
CreateDirectory	478
CreateDirectory (Directory)	478
CreateText	470, 477
CreateText (File)	470
CreateText (FileInfo)	477
CreationTime	476
CreationTime (FileInfo)	476
CryptoStream	489
CSDL	1289
CTS	43
CultureInfo	698
Cursor (WPF)	791
Cut (WPF)	851

D

Data (Exception)	310, 311
DataColumn	1192
DataColumnCollection	1192
DataColumnMappingCollection	1188
DataContext	931, 934, 977
DataErrorValidationRule	992
DataGrid	1030
DataGridCheckBoxColumn	1033
DataGridComboBox	1033
DataGridHyperLinkColumn	1033
DataGridTemplateColumn	1033
DataGridTextColumn	1033
DataMemberAttribute	1294
DataRelation	1216
DataRow	1193
DataRowCollection	1193
DataRowState	1210
DataRowVersion	1211
DataSet	1186, 1191
DataTable	1183, 1192
DataTemplate	1006, 1008
DataTrigger	960, 1010
DataView	1224
Datei	
kopieren	471
löschen	472
öffnen	473
Daten binär speichern	502

Datenfeld	100
Datenfeld (Array)	100
Datenfelder	100
Datenkapselung	147
Datenprovider	1129
Datentypen	74
DatePicker	889
DateTime	690
AddSeconds	694
Day	692
DayOfWeek	692
Eigenschaften	692
Hour	692
Methoden	693
MilliSecond	692
Minute	692
Month	692
Second	692
Ticks	690
Today	693
ToFileTime	693
ToLongDateString	693
ToLongTimeString	693
ToShortDateString	693
ToShortTimeString	693
UtcNow	692
Year	692
DateTimeFormatInfo	698, 700
Day	692
Day (DateTime)	692
DayOfWeek	692
DayOfWeek (DateTime)	692
DBConcurrencyException	1242, 1247
Deadlock	634
Debug	320, 321
Assert	323
IndentLevel	322
Write	322
WriteIf	322
WriteLine	321
WriteLineIf	322
Debug (Klasse)	320
Methoden	322
Debug (Schalter)	324
Debugging	319
Debug-Konfiguration	324
Decimal	75
decimal	75
default	115
default (Generic)	366
default (switch-Anweisung)	115
DefaultIfEmpty	466
Deferred Loading	1320
Delay (WPF)	845
delegate	262
delegate (Schlüsselwort)	261

Index

Delete 470, 477, 478
Delete (Directory) 478
Delete (File) 470
Delete (FileInfo) 477
Delete (Methode) 1206
DeleteCommand 1232, 1239
DeleteObject-Methode 1341
Dependency Properties 768
Dependency Property 1041
DependencyObject 834, 1045
DependencyProperty 923, 1044, 1100
DependencyPropertyChangedEventArgs 1049
Dequeue 355
Deserialize 512
Deserialize (Methode) 512
Destruktor 184
DetectChanges 1377
Dezimalzahlen 76
Dialogfenster 812
DictionaryEntry 351
DiffHours 695
DiffSeconds 695
Directory 476, 478
   CreateDirectory 478
   Delete 478
   Exists 478
   GetCreationTime 478
   GetDirectories 479
   GetFiles 479
   GetFileSystemEntries 479
   GetParent 479
   Move 479
   SetCreationTime 479
Directory (FileInfo) 476
Directory (Klasse) 478
DirectoryInfo 478
DirectoryInfo (Klasse) 478
DirectoryName 476
DirectoryName (FileInfo) 476
DirectoryNotFoundException 304, 471
Direkter Event 1059
Direktfenster 330
DispatcherObject 834
DisplayDate (WPF) 889
DisplayDateStart (WPF) 889
DisplayMemberBinding (WPF) 862
DisplayMemberPath 982, 1006
DisplayMode (WPF) 889, 890
Distinct 456
DockPanel 796
DockPanel (WPF) 871
DocumentViewer 913
do-Schleife 129, 130
Double 74
double 74
DrawingBrush 841, 1125
DriveFormat 484
DriveInfo 484
DriveType 484
DropDownClosed (WPF) 861
DropDownOpened (WPF) 861
dynamic 426
Dynamisches Binden 426

E

Eager Loading 1323
EditingCommands 1079
EditingMode (WPF) 891
EDM 1279
EdmScalarProperty 1294
Eigenschaft 134
Eigenschaft-Element-Syntax 777
Eigenschaften
   lesegeschützt 149
   readonly 186
   schreibgeschützt 149
   set-Accessor 150
Eigenschaftsfenster 55
Einfache Datentypen 74
Einzelschritt 328
Elementare Datentypen 74
ElementAt 465
Elementbaum 770
ElementName 923
ElementName (WPF) 783
ElementOrDefault 465
EllipseGeometry 1111
else 109, 111
Encoding 500
Encoding (StreamWriter) 500
EndChange (WPF) 852
EndEdit (Methode) 1205
EndInit (WPF) 888
EndInvoke 640, 644, 648
EndRead 640
EndRead (FileStream) 640, 647
EndsWith 675
EndsWith (String) 675
EndWrite 640
EndWrite (FileStream) 640, 647
Enqueue 355
EnsureCapacity 687
Enter 631
Enter (Monitor) 631
Entitätscontainername 1288
Entitätsklasse 1293
Entity Data Model 1279
Entity SQL 1324
EntityClient-Provider 1329
EntityCollection 1311

1389

EntityConnection ... 1330
EntityDataReader ... 1329
EntityKey ... 1345, 1357
EntityObject ... 1371
EntityState ... 1347
Enum
   GetValues ... 297
enum ... 295, 296
Enumerationen ... 295
Equals ... 665, 666
Ereignis ... 270
Ereignis (allgemein) ... 270
Ereignisempfänger ... 270
Ereignishandler ... 274
Ereignisquelle ... 270
ErrorsTemplate ... 993
Erweiterungsmethode ... 389
Escape-Zeichen ... 72
event ... 282
event (Schlüsselwort) ... 272
EventManager ... 1102
Except ... 457
Exception ... 300
   HelpLink ... 310
   InnerException ... 310
   Source ... 310
   StackTrace ... 310
   TargetSite ... 310
Exception (allgemein) ... 300
   benutzerdefiniert ... 315
   weiterleiten ... 307
Exception (Klasse)
   Eigenschaften ... 310
ExceptionValidationRule ... 989
ExecuteNonQuery ... 1152
ExecuteNonQuery (Methode) ... 1152
ExecuteReader ... 1155
ExecuteReader (Methode) ... 1152
ExecuteStoreCommand-Methode ... 1333
ExecuteStoreQuery-Methode ... 1334
ExecuteXmlReader ... 1152
Exists ... 470, 472, 477, 478
Exists (Directory) ... 478
Exists (File) ... 470, 472
Exists (FileInfo) ... 475, 477
Exit ... 631
Exit (Monitor) ... 631
Expanded (WPF) ... 885
ExpandedDirection (WPF) ... 885
Expander ... 885
explicit ... 405
Explizite Implementierung (interface) ... 242
Explizite Konvertierung ... 81
Explizite Typumwandlung ... 222

Extension ... 476
Extension (FileInfo) ... 476
ExtraData (WPF) ... 828

F

Factory-Methode ... 1338
FallbackValue ... 924
Feld ... 134
Feld (Eigenschaft) ... 145
File ... 469
   AppendText ... 470
   Copy ... 470
   Create ... 470
   CreateText ... 470
   Delete ... 470
   Exists ... 470
   GetAttributes ... 470
   GetCreationTime ... 470
   GetLastWriteTime ... 470
   Move ... 470
   Open ... 470
   OpenRead ... 470, 473
   OpenText ... 470, 473
   OpenWrite ... 470, 473
   SetAttributes ... 471
   SetCreationTime ... 471
   SetLastAccessTime ... 471
   SetLastWriteTime ... 471
File (Methoden) ... 470
FileAccess ... 474
FileAccess (Aufzählung) ... 474
FileInfo ... 475
   AppendText ... 477
   Attributes ... 476
   CopyTo ... 477
   Create ... 477
   CreateText ... 477
   CreationTime ... 476
   Delete ... 477
   Directory ... 476
   DirectoryName ... 476
   Exists ... 475, 477
   Extension ... 476
   FullName ... 476
   LastAccessTime ... 476
   LastWriteTime ... 476
   Length ... 476
   MoveTo ... 478
   Name ... 476
   Open ... 478
   OpenRead ... 478
   OpenText ... 478
   OpenWrite ... 478
FileInfo (Klasse) ... 475
FileLoadException ... 735

FileMode 473
FileMode (Aufzählung) 473
FileNotFoundException 304
FileShare 474
FileShare (Aufzählung) 474
FileStream 489, 639, 647
   BeginRead 640
   BeginWrite 640
   EndRead 640
   EndWrite 640
   Lesen aus 491
   Lesen von Textdatei mit 494
   Schreiben in 490
FileStream (Klasse) 490
Fill (Methode) 1180
FillError (Ereignis) 1188
FillSchema (Methode) 1198, 1201
Finalize 665
finally 308
Find
   DataView 1226
FindRows
   DataView 1226
First 463
FirstDayOfWeek (WPF) 890
First-Methode 1306
FirstOrDefault 464
FirstOrDefault-Methode 1306
fixed 431
Flags (Attribut) 415
FlagsAttribute 415
float 74
FlowDirection 794
FlowDirection (WPF) 794, 805
FlowDocumentPageViewer 912
FlowDocumentReader 912
FlowDocuments 899
FlowDocumentScrollViewer 911
FlowDocumentViewer 911
Flush (StreamWriter) 499
Focusable (WPF) 791
FontFamily (WPF) 842
FontSize (WPF) 842
FontStretch (WPF) 842
FontStyle (WPF) 842
FontWeight (WPF) 842
foreach-Schleife 128, 170
Foreground (WPF) 841
ForeignKeyConstraint 1199
Format (String) 697, 699
Formatangaben 71
Formatausdruck 69
Formatausdruck (Konsolenausgabe) 70
Formatausgabe (Tabelle) 71
Formatierung 701
Formatierung (Datum und Zeit) 703

for-Schleife 118
Frame 817
FrameworkContentElement 834
FrameworkElement 834
FrameworkPropertyMetadata 1047, 1050, 1101
FrameworkPropertyMetadataOptions 1050
Freezable 834
Friend Assembly 707
from 443, 445
FullName 476
FullName (FileInfo) 476
Func 438

G

GAC 711, 716
gacutil.exe 720
Ganzzahlige Datentypen 75
Garbage Collector (Thread) 616
GC
   Collect 252
Gemeinsame Assembly 710
Generic
   Constraints 363
   default 366
   generische Methoden 367
Generische Delegates 371
Generischer Typparameter 361
Geometry 1111
GeometryGroup 1112
get-Accessor 150
GetAttributes 470
GetAttributes (File) 470
GetChildrenCount 772
GetChildRows 1219
GetCreationTime 470, 478
GetCreationTime (Directory) 478
GetCreationTime (File) 470
GetCustomAttribute 423
GetDirectories 479
GetDirectories (Directory) 479
GetDirectoryName 482
GetDirectoryName (Path) 482
GetEnumerator 356
GetExtension 482
GetExtension (Path) 482
GetFileName 482
GetFileName (Path) 482
GetFileNameWithoutExtension 483
GetFileNameWithoutExtension (Path) 483
GetFiles 479
GetFiles (Directory) 479
GetFileSystemEntries 479
GetFileSystemEntries (Directory) 479
GetFixedDocumentSequence (WPF) 914

Index

GetFullPath 483
GetFullPath (Path) 483
GetHashCode 665
GetLastAccessTime 470
GetLastAccessTime (File) 470
GetLastWriteTime 470
GetLastWriteTime (File) 470
GetLength 105
GetLogicalTree 772
GetMaxThreads 628
GetModifiedProperties 1356
GetName (Methode) 1162
GetObjectByKey 1357
GetOrdinal (Methode) 1160
GetParent 479
GetParent (Directory) 479
GetParentRow 1219
GetPathRoot 483
GetPathRoot (Path) 483
GetSchemaTable (Methode) 1160
GetSection 730
GetTempFileName 483
GetTempFileName (Path) 483
GetTempPath 483
GetTempPath (Path) 483
GetType 665, 666
GetValue 1045
GetValues (Klasse Enum) 297
GetVisualTree 772
Gliederungsblöcke 61
Global Assembly Cache 711, 716
Global Assembly Cache → GAC
Globale Assembly 710, 716, 720
GoBack (WPF) 823
GoForward (WPF) 823
goto 117
goto-Anweisung 116
Grid 798
Grid.Column 802
Grid.Row 802
GridSplitter 802
GridView 861
GridViewColumn (WPF) 861
Groß- und Kleinschreibung 63
GroupBox 882
GroupBy 451
GroupJoin 454
GroupName (WPF) 847
GroupStyle 1006
GZipStream 489

H

Haltemodus 327, 328
Haltepunkt 328

Handled (Routed Event) 1063
HasDropShadow (WPF) 874
HasErrors (Eigenschaft) 1243
Hashtable 349
Hashtable (Klasse) 349
Header (WPF) 857
HeaderedContentControl 780
HeaderedItemControls 857
HeaderedItemsControl 780
Heap 144
Height (WPF) 791
HelpLink 310
HelpLink (Exception) 313
HelpPaneContent 895
Herausgeberrichtliniendatei 721, 735
Hidden (WPF) 840
Hide (WPF) 813
Hintergrundthread 627
HorizontalAlignment (WPF) 791, 839
HorizontalContentAlignment (WPF) 840
HorizontalScrollBarVisibility (WPF) 850
Hour 692
HybridDictionary 334
HybridDictionary (Klasse) 334
HyperLink (Eigenschaft) 819

I

IAsyncResult 640, 645
ICollection 335, 336
IComparer 343
Icon (WPF) 811
IDataErrorInfo 991
IDictionary 335, 348
    Keys 349
    Remove 348
    Values 349
IDictionary (Eigenschaften und Methoden) 349
IEnumerable 335, 356
IEnumerable<T> 440
if 108
if-Anweisung 108
IFormatable 697
IFormatProvider 698
IFormatter
    Serialize 512
ILDASM.EXE 713
ildasm.exe 713
IL-Disassembler 713
IList 336
Image 887
Image (WPF) 887
ImageBrush 841, 1122
implicit 404
Implizite Konvertierung 81

Index

Implizite Typumwandlung	220
IMultiValueConverter	999
Include-Methode	1323
Indent	322
IndentLevel	322
Indexer	407
IndexOf	675
IndexOf (String)	675
InfoMessage (Ereignis)	1142
Inhaltseigenschaften	778
Inherited	419, 420
Inherited (Attribut)	419
Inherits	1050
Initialisierung	66, 141
Initialisierungsausdruck	119
InitializeComponent	775
InitialShowDelay (WPF)	881
InkCanvas	890
InkCanvasEditingMode (WPF)	891
Inline-Elemente	905
Inner Joins (EF)	1315
InnerException	310, 313
INotifyCollectionChanged	984
INotifyPropertyChanged	284, 980, 984
InputGestureText (WPF)	872
Insert	679, 687
Insert (String)	679, 680
Insert (StringBuilder)	688
InsertCommand	1232, 1239
Inserts (String)	679
Instanziierung	183
int	74
Int16	74
Int32	74
Int64	74
Interface	237
interface	238
internal	140, 154
Klasse	140
internal-Konstruktoren	181
InternalsVisibleTo	708
Intersect	457
Interval (WPF)	845
InvalidCastException	360
InvalidOperationException	1135
InvokeMember	426
IOException	304, 469
is (Operator)	223
IsAlive	621
IsAlive (Thread)	621
IsAsync	924
IsBackground	627
IsCancel (WPF)	814, 843
IsChecked (WPF)	845
IsCompleted	643
IsDBNull	1157
IsDefault (WPF)	814, 843
IsDefaulted (WPF)	844
IsDirectionReversed (WPF)	882
IsEditable (WPF)	860
IsHyphenationEnabled (WPF)	853, 900
IsIndeterminate	881
IsMoveToPointEnabled (WPF)	882
is-Operator	99, 223
IsOptimalParagraphEnabled (WPF)	900
IsPressed (WPF)	843
IsReady	484
IsSnapToTickEnabled (WPF)	881
Ist-ein(e)-Beziehung	208
IsThreeState (WPF)	845
ItemArray (Eigenschaft)	1205
ItemCollection	1017
ItemContainerStyle	1006, 1008
ItemControls (WPF)	857
ItemHeight (WPF)	796
Items (WPF)	857
ItemsControl	780
ItemSource (WPF)	862
ItemsSource	982, 1006
ItemTemplate	982, 1006
ItemWidth (WPF)	796
IValueConverter	996

J

JIT	41
Join	453, 622
Join (Thread)	622, 624
Journal (WPF)	820

K

KeepAlive (WPF)	817
Keys	349
Keys (IDictionary)	349
Klasse	133
hinzufügen	136
Zugriffsmodifizierer	140
Klassenbibliothek	705
Klassendefinition	136
Klassendesigner	742
Klassendetails	745
Kommentar	62
Komplexe Eigenschaft	1286
Konfigurationsdateien	721
Konsolenanwendung	57, 64
Main-Prozedur	64
Konstanten	185
Konstruktor	178, 208

1393

Konstruktorverkettung 182, 210
Kontravarianz 269, 379
Kontrollstrukturen 108
Konvertierung 80, 220
Konvertierung mit der Klasse Convert 82
Konvertierungsoperator 81
Kovarianz 268, 379

L

Label 848
Lambda-Ausdruck 387
Language (WPF) 852
Last 464
LastAccessTime 476
LastAccessTime (FileInfo) 476
LastChildFill 797
LastChildFill (WPF) 797
LastIndexOf 675
LastIndexOf (String) 675
LastOrDefault 464
LastWriteTime 476
LastWriteTime (FileInfo) 476
Laufender Thread 614
Laufzeitfehler 300
LayoutTransform (WPF) 869
Lazy Loading 1318
Left Outer Joins (EF) 1316
LeftToRight 794
LeftToRight (WPF) 794
Length 106
Length (FileInfo) 476
Length (Stream) 486
Length (String) 672
Lesegeschützte Eigenschaften 149
Lesen aus FileStream 491
Line 1108
LinearGradientBrush 841, 1117
LineBreak (WPF) 853
LineRight (WPF) 883
LINQ 435
ListBox 857
ListBoxItems 858
ListCollectionView 1017
ListDictionary 334
ListDictionary (Klasse) 334
ListView 861
Literale Initialisierung 101
Literale Initialisierung (Array) 101
LoadCompleted (WPF) 824
Load-Methode 1322
lock 632
lock (Thread) 632
lock-Anweisung 632

LogicalTreeHelper 772
Logische Operatoren 91, 92
Logischer Elementbaum 770
Lokal (Debuggen) 332
Lokal (Debugmodus) 332
Lokale Variable 162
Lokal-Fenster 332
long 74
LongCount 457

M

machine.config 721
Main (Klasse Console) 124
Main-Prozedur 64, 123
MainWindow.xaml 763
MainWindow.xaml.cs 764
Manifest 50, 710, 712
Mapping Specification 1289
Margin 835
Margin (WPF) 791, 835
MarkerOffset (WPF) 903
MarkerStyle (WPF) 903
Markup Extensions 782
Markup-Erweiterungen (WPF) 788
MARS (Multiple Active Resultsets) 1158
Maschinenkonfigurationsdatei 721
Max 460
MaxCapacity 686
MaxCapacity (StringBuilder) 686
MaxHeight (WPF) 791
MaxLength (Eigenschaft) 1200
MaxLines (WPF) 849
MaxWidth (WPF) 791
MediaCommands 1079
Mehrdimensionale Arrays 103
Mehrfachvererbung 206
MemberwiseClone 665, 667, 668
MemoryStream 489
MemoryStream (Klasse) 489
Menu 870
Menu (WPF) 870
MenuItem 870
MenuItem (WPF) 870
MergeOption 1349
Message 310
Message (Exception) 310
MessageBox 828
MessageBox (Klasse) 829
MessageBoxButton (WPF) 829
MessageBoxButtons 829, 830
MessageBoxButtons (Aufzählung) 829, 830
MessageBoxImage (WPF) 830
MessageBoxResult (WPF) 830
Metadaten 49

Index

Methode 135, 153
   Parameterliste 157
   Referenzparameter 163
   Wertparameter 163
Methoden mit Parameterliste 157
Methodenaufruf 156
MethodImplAttribute 637
Millisecond 692
Min 460
MinHeight (WPF) 791
MinLines (WPF) 849
Minute 692
MinWidth (WPF) 791
MissingMappingAction (Eigenschaft) 1188
MissingMappingAction (Enumeration) 1188
MissingSchemaAction (Eigenschaft) 1198
MissingSchemaAction (Enumeration) 1203
Modale Fenster 813
Mode 924
Monitor 631
   Enter 631
   Exit 631
   Wait 633
Monitor (Klasse) 631
Monitor (Threadsynchronisation) 631
Month 692
MouseEnter 1071
MouseEventArgs 1063
MouseLeave 1071
MouseMove 1071
MouseRightButtonDown 1060
Move 470, 479
Move (Directory) 479
Move (File) 470, 472
MoveCurrentToFirst 1018
MoveCurrentToLast 1018
MoveCurrentToNext 1018
MoveCurrentToPosition 1018
MoveCurrentToPrevious 1018
MoveNext 356
MoveTo 478
MoveTo (FileInfo) 478
mscorlib.dll 714
MSIL-Code 41
MSL 1289
MultiBinding 999
MultiDataTrigger 1010
MultipleActiveResultSets 1158
Multithreading 614
MultiTrigger 959
Mutex 638

N

Name (FileInfo) 476
Namensbereiche 193

Namespace 47, 193
NameValueCollection 334, 734
Navigate (WPF) 822
Navigated (WPF) 824
Navigating (WPF) 823
NavigationCommands 1079
NavigationFailed (WPF) 824
NavigationProgress (WPF) 824
Navigationseigenschaft 1282, 1286, 1310
NavigationService 822
NavigationService (WPF) 819
NavigationStopped (WPF) 824
NavigationWindow 809, 814
NetworkStream 489
NetworkStream (Stream) 489
new 134
new (Generic) 366
new (Instanziierung) 139
new (Modifizierer) 216, 229
new-Modifikator 216
new-Operator 99
NewRow (Methode) 1206
NewValue (WPF) 865
newVersion (Attribut) 735
NextResult (Methode) 1159
NonSerialized (Attribut) 514
NonSerializedAttribut 514
NonSerializedAttribute 514
NotifyOnSourceUpdate 924
NotifyOnSourceUpdated 930
NotifyOnTargetUpdate 924
NotifyOnTargetUpdated 930
NotifyOnValidationError 995
Now 690, 692
Now (DateTime) 692
Nullable<T> 373
Nullable-Typen 373
NumberFormatInfo 698

O

Object 75, 206, 665
   Equals 665
   GetHashCode 665
   GetType 665
   Methoden 665
   ReferenceEquals 665
   ToString 230, 665
object 75
Object Services 1298
ObjectContext 1288, 1296, 1335
ObjectDataProvider 1014
ObjectQuery 1306
Object-relational Mapping 1279
ObjectSet 1303

ObjectSet<T>	1297
ObjectStateEntry	1345, 1352
ObjectStateManager	1345
Objekt	133
Objektmethoden	153
Objektorientierung	133
Objektvariable	139
ObservableCollection	984
ObservableCollection<T>	984
OldValue (WPF)	865
oldVersion (Attribut)	735
OleDbCommand	1149
OnContentRendered	773
Open	478
Open (File)	470
Open (FileInfo)	478
Open (Methode)	1135
OpenExeConfiguration	731
OpenMachineConfiguration	731
OpenRead	470, 478
OpenRead (File)	470, 473
OpenRead (FileInfo)	478
OpenText	470, 478
OpenText (File)	470, 473
OpenText (FileInfo)	478
OpenWrite	470, 478
OpenWrite (File)	470, 473
OpenWrite (FileInfo)	478
Operanden	88
--Operator	88
-Operator	99
operator	396
Operatoren	87
Operatorüberladung	396, 397
Operator-Vorrangregeln	99
OptimisticConcurrencyException	1367
OrderBy	450
OrderByDescending	450
Orientation	794
Orientation (WPF)	792
OriginalSource (Routed Event)	1063
out (Schlüsselwort)	165
OverflowMode (WPF)	876
override	229

P

Pad	677
Padding	835
Padding (WPF)	835
PadLeft	678
PadLeft (String)	678
PadRight	678
PadRight (String)	678
Page (WPF)	810, 815, 816

Paging (EF)	1307
Paragraph (WPF)	901
ParameterDirection (Enumeration)	1175
ParameterizedThreadStart	619
Parameterliste	157
Parameters-Auflistung	1163
Parametrisierte Abfrage	1162
params (Schlüsselwort)	170
params-Parameter	170
Parent (WPF)	864
partial	140
partial (Schlüsselwort)	140
Partielle Methoden	393
Pass-Through-Stream	485
Password (WPF)	853
PasswordBox	852
PasswordBox (WPF)	852
PasswordChanged (WPF)	853
PasswordChar (WPF)	853
Paste (WPF)	851
Path	482, 923, 1111
GetDirectoryName	482
GetExtension	482
GetFileName	482
GetFileNameWithoutExtension	483
GetFullPath	483
GetPathRoot	483
GetTempFileName	483
GetTempPath	483
Path (Klasse)	482
Path (WPF)	923
PathGeometry	1114
Placement (WPF)	874
PlacementRectangle (WPF)	881
PlacementTarget (WPF)	881
POCO	1371
Polling-Verfahren	1166
Polygon	1109
Polyline	1109
Pop	354
Position (Stream)	486
Positionale Parameter	421
Prädikat	389
Predicate<T>	1022
PreviewMouseMove	1071
PreviewMouseRightButtonDown	1060, 1062
PrimaryKey (Eigenschaft)	1200
Priority	625
Priority (Thread)	625
private	154, 210
Private Assembly	710
private-Konstruktoren	181
Programmschleifen	117
Progressbar	881
Projektion	389, 1305

Projektmappe	706
Verwalten mehrerer Projekte	706
Projektmappen-Explorer	54
PropertyChanged	284, 980
PropertyChangedCallback	1049
PropertyChangedEventArgs	980
PropertyGroupDescription	1026
PropertyMetadata	1047, 1052
protected	154, 209, 210
protected internal	154
Prozedurschritt	328
Prüfen auf Initialisierung	141
public	140, 154
Klasse	140
Pulse	633
Pulse (Monitor)	633
PulseAll (Monitor)	634
Punktnotation	69
Push	354

Q

Queue	353
Queue (Klasse)	353
QueueUserWorkItem	627
QuickAccessToolBar	895

R

RadialGradientBrush	841, 1119
RadioButton	847
Read	68
Console	68, 73
Read (Klasse Console)	69
Read (Stream)	487
Read (StreamReader)	500
ReadAllBytes	470
ReadAllLines	470
ReadAllText	471
ReadByte	487
ReadByte (Stream)	487, 488
ReadKey	58
ReadLine	59, 68, 73
ReadLine (Klasse Console)	69
readonly	186
ReadOnly (Eigenschaft)	1200
readonly (Schlüsselwort)	186
readonly-Modifikator	186
ReadToEnd (StreamReader)	500
RectangleGeometry	1111
Redo (WPF)	851
ref (Schlüsselwort)	165
Refactoring	747
ReferenceEquals	665, 666

Referenz	139
Referenzparameter	163
Referenztyp	143, 144
Refresh	1369
RefreshSection	731
Register	1044
RegisterAttach	1054
RegisterRoutedEvent	1102
Reinitialisierungsausdruck	119
RejectChanges	1213, 1219
RelativeSource	924, 931
Release (Schalter)	324
Release-Konfiguration	324
Remove	348, 679, 687
Remove (IDictionary)	348
Remove (String)	679
Remove (StringBuilder)	689
RepeatButton	845
Replace	679, 680, 687
Replace (String)	679, 680
Replace (StringBuilder)	689
ReportPropertyChanged	1295
ReportPropertyChanging	1295
RequestNavigate (WPF)	825
Reset	356
ResetAbort (Thread)	622
ResizeMode (WPF)	811
return	132, 155
Reverse	451
Ribbon	893
RibbonButton	896
RibbonGroup	898
RibbonTab	894
RichTextBox	915
Right Outer Join (EF)	1317
RightToLeft	794
RightToLeft (WPF)	794
RootDirectory	484
RotateTransform (WPF)	869
Routed Events	769, 1057
RoutedEventArgs	1063
Routing-Strategien	1058
RowChanged (Ereignis)	1205
RowChanging (Ereignis)	1205
RowDefinition (WPF)	799
RowDefinitions	799
RowDefinitions (WPF)	799
RowDetailsTemplate	1039
RowFilter	
DataView	1227
Rows	805
RowSpan (WPF)	802
RowState (Eigenschaft)	1209
RowStateFilter	1227
RowUpdated	1244

Index

RowUpdating 1244
Rule (Enumeration) 1219

S

SaveChanges-Methode 1337
SByte 74
sbyte 74
Schemainformationen 1196
SchemaType (Enumeration) 1202
Schleifen 117
Schlüsseldatei 718
Schreiben in FileStream 490
Schreibgeschützte Eigenschaften 149
ScrollToLeftEnd (WPF) 883
ScrollViewer 883
sealed 208, 231
Second 692
Seek 487, 493
Seek (Stream) 487
SeekOrigin 487
SeekOrigin (Aufzählung) 487
Select 449
select 443
SelectAll (WPF) 851
SelectCommand (Eigenschaft) 1179
SelectedDate (WPF) 890
SelectedDateFormat (WPF) 889
SelectedDates (WPF) 890
SelectedIndex (WPF) 858, 859
SelectedItem (WPF) 858, 859, 865
SelectedItemChanged (WPF) 865
SelectedItems (WPF) 858, 859
SelectedText 851
SelectedText (WPF) 851
SelectedValue (WPF) 865
SelectedValuePath (WPF) 865
SelectionLength (WPF) 851
SelectionMode (WPF) 857, 890
SelectionStart (WPF) 851
SelectMany 449
Separator (WPF) 870
Sequenz 1302
Serialisierung 511
Serialisierung im XML-Format 596
Serializable (Attribut) 513
SerializableAttribute 513
SerializationException 513
Serialize 512
Serialize (Methode) 512
Server-Explorer 56
set-Accessor 150
SetAdded (Methode) 1214
SetAllValues 1237
SetAttributes 471

SetAttributes (File) 471
SetBinding 923
SetCreationTime 471, 479
SetCreationTime (Directory) 479
SetCreationTime (File) 471
SetLastAccessTime 471
SetLastAccessTime (File) 471
SetLastWriteTime 471
SetLastWriteTime (File) 471
SetLoadCompletedHandler (WPF) 828
SetModified (Methode) 1214
Settings 728
SettingsChanging 729
SettingsSaving 729
SetValue 1045
Shape 1107
short 74
Show (Methode der MessageBox) 829
Show (WPF) 812
ShowDialog (WPF) 812
ShowDuration (WPF) 881
ShowInTaskBar (WPF) 811
ShowNavigationUI (WPF) 816
ShowPreview (WPF) 803
Single 74, 465
Single-Methode 1306
SingleOrDefault 465
SingleOrDefault-Methode 1306
SizeToContent (WPF) 811
Skalare Eigenschaft 1284
Skip 462
SkipWhile 462
Slider 881
SLN-Datei 706
sn.exe 719
SoapFormatter 512
SolidColorBrush 841, 1116
Sort 344
 DataView 1226
SortDescription 1021
SortDescriptions 1021
SortedList 334
Source 310, 924, 931
Source (Exception) 310
Source (Routed Event) 1063
Source (WPF) 887
SourceColumn (Eigenschaft) 1240
SourceUpdated 930
SourceVersion (Eigenschaft) 1240
SpellCheck (WPF) 852
SpellingReform (WPF) 852
Split 679, 680
Split (String) 679, 680
SqlClient-Provider 1128
SqlCommand 1149

Topmost (WPF) 811
ToShortDateString 693
ToShortDateString (DateTime) 693
ToShortTimeString 693
ToShortTimeString (DateTime) 693
ToString 230, 665, 666, 701
TotalFreeSpace 484
TotalSize 484
ToTraceString-Methode 1304
ToUpper 679
ToUpper (String) 679
Trace 324
Trace (Klasse) 324
Translate-Methode 1334
TreeView 863
TreeViewItem 864
Trigger 956
Trim 677
TrimEnd 677
TrimStart 677
try 302
TryGetObjectByKey 1357
TryGetObjectStateEntry 1355
Tunneling 1059
Tunneling-Event 1059
typeof-Operator 99, 297
Typfeststellung 223
Typinferenz 385
Typisierte DataSets 1251
Typkonvertierung 80
Typkonvertierung (WPF) 781
Typkonvertierungsoperator 81
Typmetadaten 711, 712
Typsuffix 77
Typumwandlung 220

U

Überwachen (Debuggen) 332
Überwachen (Debugmodus) 332
Überwachen-Fenster 332
UIElement 780, 834
UIElement3D 1060
UIElementCollection 780
uint 74
UInt16 74
UInt32 74
UInt64 74
UIPropertyMetadata 1047
ulong 74
Unboxing 298
unchecked 84
Undo (WPF) 851
UndoLimit (WPF) 852
Unicode-Zeichen 77

UniFormFill (WPF) 887
UniformGrid 804
Unindent 322
Union 456
Unique (Eigenschaft) 1200
UniqueConstraint 1199
Unmanaged Code 429
unsafe 429
Unsicherer Programmcode 429
UpdateCommand 1232, 1239
UpdateException 1342
UpdateSourceTrigger 924, 928
UpdateSourceTrigger.Explicit 929
UpdateStatus (Enumeration) 1245
UpdateTarget 930
UriSource (WPF) 888
UserControl 1098
ushort 74
using (Anweisung) 256
using (Objektzerstörung) 256
using-Anweisung 256
using-Direktive 196
UtcNow 692
UtcNow (DateTime) 692
UTF-8-Zeichensatz 498

V

ValidatesOnExceptions 990
ValidateValueCallback 1043, 1051
ValidationErrorEventArgs 995
ValidationResult 990
ValidationRule 990
ValidationRules 989
ValueConversionAttribute 998
value-Parameter (Eigenschaft) 148
Values 349
Values (IDictionary) 349
var 385
Variablen 66
  initialisieren 67
Variablenbezeichner 67
Variablendeklaration 66
Verbindung
  öffnen 1134
  schließen 1136
Verbindungspooling 1138
Verbindungszeichenfolge 1129, 1130
Vererbung 205
Vergleichsoperatoren 91
Verkettung von Zeichenfolgen 98
Verschachtelte Schleifen 125
Versiegelte Methode 230
Versionierung 710, 717
Versionierung (Assemblys) 717

Index

Versionsumleitung 734
VerticalAlignment (WPF) 791, 839
VerticalContentAlignment (WPF) 840
VerticalScrollBarVisibility (WPF) 850
Verweise
    hinzufügen 708
Verzweigte Arrays 106
ViewBase 861
Virtuelle Methode 227
Visibility (WPF) 840
Visual 834
VisualBrush 841, 1123
VisualTreeHelper 772
Visueller Elementbaum 770
void 157
Vollqualifizierter Name 196
VolumeLabel 484
Vordergrundthread 627

W

Wahrheitstabellen 93
Wait 633
Wait (Monitor) 633
WaitCallback 627
WaitOne 629, 639
Wartender Thread 614
Warteschlange 614
Wertebereich elementarer Datentypen 74
Wertetyp 143, 144
Wertparameter 163
where 446
while-Schleife 129
Width (WPF) 791
Window 810
WindowStartupLocation (WPF) 811
WindowState (WPF) 812
WindowStyle (WPF) 812
WindowTitle (WPF) 816
WPF-Anwendung 762
WPF-Benutzersteuerelementbibliothek 762
WPF-Browseranwendung 762
WrapPanel 795
Write 68
    Console 68
    Debug 322
Write (Debug) 322
Write (Klasse Console) 68
Write (Stream) 487
WriteAllBytes 471
WriteAllLines 471
WriteAllText 471
WriteByte 487
WriteByte (Stream) 487, 488
WriteIf 322
WriteIf (Debug) 322
WriteLine 68, 321
WriteLine (Debug) 322
WriteLine (Klasse Console) 68
WriteLineIf 322
WriteLineIf (Debug) 322
WriteXmlSchema (Methode) 1203

X

x
    Array 788
    Class 787
    Code 787
    Key 788
    Name 788
    Null 788
    Static 788
    Type 788
XAML (Beschreibung) 773
XmlArray 598
XmlArrayAttribute 598
XmlArrayItem 598
XmlArrayItemAttribute 598
XmlAttribute 598
XML-Dokumentation 736
XmlElement 598
XmlElementAttribute 598
XmlIgnore 598
XmlIgnoreAttribute 598
XML-Namespaces (WPF) 785
XmlnsDefinitionAttribute 787
XmlRoot 598
XmlRootAttribute 598
XmlSerializer 512, 596

Y

Year 692
yield 356
yield return 358

Z

Zeichenfolge → String
Zeichenfolgenverkettung 98
Zeigerarithmetik 432
Zeigerdeklaration 430
Zugriffsmodifizierer 140
    Klasse 140
Zuweisungsoperatoren 98

- Alle Phasen in der Praxis: vom Entwurf zum Deployment

- Best Practices, echte Fallbeispiele, Technologieempfehlungen

- Inkl. Einführung in Windows Communication Foundation und Workflow Foundation

Matthias Geirhos

Professionell entwickeln mit Visual C# 2012
Das Praxisbuch

Sie beherrschen C#, möchten aber gerne noch effizienter entwickeln? In diesem Buch finden Sie eine Vielzahl an Dos & Don'ts, mit denen Sie alle Phasen Ihres Projekts sicher meistern: OOA & OOD, GUIs, TPL und Multi-threading, Code Smells, WCF, ADO.NET, Workflow Foundation, Unit Tests, Softwarepflege, Deployment u.v.m.

950 S., 2. Auflage, mit CD, 49,90 Euro
ISBN 978-3-8362-1954-9
www.galileocomputing.de/3175

Galileo Press

- Einstieg in Windows Presentation Foundation und XAML

- Attraktive GUIs und Multimedia-Anwendungen erstellen

- Umstieg von WinForms, 3D-Grafiken, Windows Store Apps u. v. m.

Thomas Theis

Einstieg in WPF 4.5

Grundlagen und Praxis

Der praktische Schnelleinstieg für alle, die WPF kennenlernen und schnell produktiv einsetzen möchten. Sie erfahren, wie Sie Benutzeroberflächen entwickeln, Grafiken und Animationen erstellen, Multimediadateien einbinden, mit Dokumenten arbeiten u.v.m. Alle Beispiele gibt es sowohl für C# als auch für Visual Basic. Entsprechende Programmierkenntnisse vorausgesetzt, wird Ihnen der Einstieg in WPF mit diesem Buch sicher gelingen!

525 S., 2. Auflage 2013, mit DVD, 29,90 Euro
ISBN 978-3-8362-1967-9
www.galileocomputing.de/3214

- Professionelle GUI-Entwicklung mit der WPF

- Aktuell zu .NET 4.5 und Visual Studio 2012

- Inkl. Einführung in XAML, 2D- und 3D-Grafiken, Multimedia, Animationen u.v.m.

Thomas Claudius Huber

Windows Presentation Foundation 4.5
Das umfassende Handbuch

Geballtes Wissen zum Grafik-Framework von .NET! Ob Grundlagen, XAML, GUI-Entwicklung, Datenbindung, Animationen, Multimedia oder Migration - hier finden Sie auf jede Frage eine Antwort! Grundkenntnisse in C# vorausgesetzt, ist dieses Buch sowohl zum Einstieg als auch als Nachschlagewerk optimal geeignet.

1.244 S., 3. Auflage, mit DVD und Referenzkarte, 49,90 Euro
ISBN 978-3-8362-1956-3
www.galileocomputing.de/3179

Galileo Press

- Installation, Migration, Datenbankmodellierung
- T-SQL, .NET-Programmierung, XML und Webservices
- Einsatz als Programmierplattform und Datenbankmanagement-Server

Dirk Mertins, Jörg Neumann, Andreas Kühnel

SQL Server 2012
Das Programmierhandbuch

Vom ersten Datenbankentwurf und den SQL-Grundlagen, der Migration von SQL Server 2008 oder SQL Server 2005 bis hin zu den neuen Features und konkreten Programmierbeispielen beschreiben die Autoren alles Notwendige, um den SQL Server 2012 als Programmierplattform und Datenmanagement-Server zu nutzen.

1294 S., 5. Auflage 2012, 59,90 Euro
ISBN 978-3-8362-1944-0
www.galileocomputing.de/3153

Leseprobe im Web!

- Von den Grundlagen der neuen Windows Runtime (WinRT) bis zur Veröffentlichung der App im Windows Store

- GUI-Gestaltung mit XAML, Einsatz von Styles und Templates, 2D-Grafiken, Animationen, Sensor-Unterstützung von Tablets u.v.m.

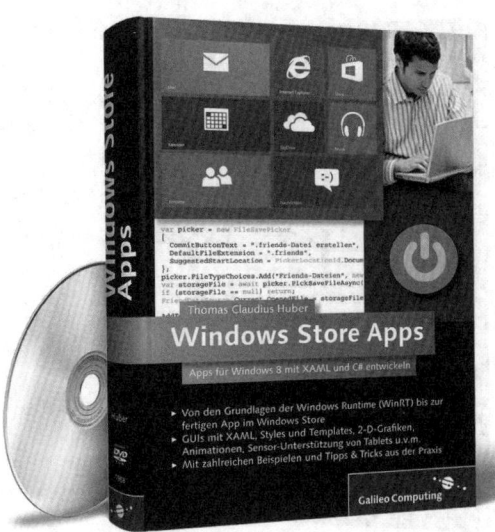

Thomas Claudius Huber

Windows Store Apps mit XAML und C#

Professionelle Apps für Windows 8 entwickeln

Machen Sie Ihre Idee zur App! Als Programmierer mit Erfahrung in C# und .NET lernen Sie in diesem Buch alles, was Sie zur Entwicklung von Windows Store Apps auf Basis der neuen Windows Runtime und zur Veröffentlichung im Windows Store wissen müssen. Alle Grundlagen wie z. B. die Funktionsweise der WinRT, XAML oder Controls sowie fortgeschrittene Techniken wie Styles, Templates, Data-Binding oder Steuerung von Hardware und Sensoren werden mit zahlreichen Praxisbeispielen und Beispiel-Apps leicht verständlich illustriert. Jetzt einfach einsteigen!

ca. 750 S., mit CD, 49,90 Euro
ISBN 978-3-8362-1968-6, April 2013
www.galileocomputing.de/3196

Galileo Press

- Für Webdesigner, Entwickler und Administratoren

- SharePoint-Webanwendungen: planen, gestalten, programmieren

- Inhalte und Prozesse organisieren und verwalten; inkl. Automatisierung, Skalierung und Performance-Optimierung

Ulrich B. Boddenberg

Microsoft SharePoint 2010

Publishing, Customizing & Design

Jetzt gestalten Sie Ihre SharePoint-Projekte funktional und optisch ansprechend! Dieses Buch vermittelt Ihnen leicht verständlich die Grundlagen und fortgeschrittene Kenntnisse zu SharePoint, ASP.NET Masterpages, CSS-Layouts und dem Einsatz von SharePoint Designer. Konkrete Projektbeispiele führen Sie von ersten Anpassungen zur Gestaltung ganzer Webseiten, Anpassungen der Publishing Infrastructure, Verbesserung von Workflows u.v.m.

510 S., 2012, 49,90 Euro
ISBN 978-3-8362-1417-9
www.galileocomputing.de/2131

Ausführliche Informationen: www.galileocomputing.de

In unserem Webshop finden Sie unser aktuelles
Programm mit ausführlichen Informationen,
umfassenden Leseproben, kostenlosen Video-Lektionen –
und dazu die Möglichkeit der Volltextsuche in allen Büchern.

www.galileocomputing.de

Galileo Computing

Wissen, wie's geht.